Friedrich Kluge / Alfred Götze

Etymologisches Wörterbuch

der deutschen Sprache

Sechzehnte Auflage

Walter de Gruyter & Co.

vormals G. J. Göschen'sche Verlagshandlung · J. Guttentag, Verlags-
buchhandlung · Georg Reimer · Karl J. Trübner · Veit & Comp.

Berlin 1953

Archiv-Nr. 45 08 53

Printed in Germany

Satz: Walter de Gruyter & Co., Berlin W 35
Druck: Thormann & Goetsch, Berlin SW 61

Vorwort zur fünfzehnten Auflage

Daß sich ein sprachgeschichtliches Wörterbuch siebzig Jahre lang, und dazu in immer steigendem Maße, der Gunst der Benutzer erfreut, ist gewiß keine alltägliche Erscheinung. Seitdem im Jahre 1881 Friedrich Kluge, damals 25 Jahre alt, sein „Etymologisches Wörterbuch der deutschen Sprache" zum ersten Male der Öffentlichkeit vorgelegt hat, ist es zu einem Grundwerk der deutschen Sprachwissenschaft, sein Name zu einem allgemein geläufigen Begriff geworden. Zehn starke Auflagen des an Güte und Umfang ständig wachsenden Werkes konnten bis zu des Verfassers Tod im Jahre 1926 erscheinen. Nicht nur von den Fachkreisen wurde das Buch dankbar aufgenommen, es wurde zu einem Hausbuch aller derer, die Aufklärung über Ursprung und Geschichte des deutschen Wortschatzes suchten.

Nach Friedrich Kluges Tod nahm sich sein Schüler Alfred Götze, der schon von der 7. Auflage an dem seit 1902 erblindeten Verfasser bei der Herausgabe des Werkes beigestanden hatte, des verwaisten Buches an. Mit Unterstützung von Wolfgang Krause, der die etymologischen Angaben an Hand der neueren Forschung nachprüfte, bearbeitete Götze die 1933—1934 erschienene 11. Auflage, der er durch die sorgfältige Fassung der Wortgeschichten eine neue und stark erweiterte Gestalt gab. Der Erfolg dieser Neubearbeitung, die das Buch erst wahrhaft volkstümlich machte, gab Götze recht: bis 1948 konnten drei weitere unveränderte Neuauflagen erscheinen.

Aber die Anerkennung, die das altbewährte, nunmehr unter der Bezeichnung „Kluge=Götze" zitierte Wörterbuch genoß, ließ Alfred Götze nicht rasten. Obwohl ihn seit 1936 die Redaktion des im Auftrag der Arbeitsgemeinschaft für deutsche Wortforschung herausgegebenen Sammelwerks „Trübners Deutsches Wörterbuch" mehr als reichlich beschäftigte, arbeitete er dauernd weiter an der Vervollkommnung des „Etymologischen Wörterbuchs", für dessen weitere Ausgestaltung ihm nicht nur die immer mehr verfeinerte etymologische und wortgeschichtliche Forschung, sondern auch die gleichzeitig erscheinenden Teile des „Trübner" sowie zahllose Einsendungen dankbarer Benutzer ständig neue Anregungen boten; besonders hervorzuheben ist die Mithilfe von Herrn Prof. Dr. Hans Krahe, der in jahrelanger Arbeit das Wörterbuch Wort für Wort (bis zum Buchstaben schm=) durchsah und eine Fülle von etymologischen Ergänzungen und Berichtigungen zur Einarbeitung in das Manuskript beisteuerte. So erstellte Alfred Götze in rastlosem Schaffen, das bis zu seinem am 27. November 1946 erfolgten allzu frühen Tod währte, die Druckvorlage für die vorliegende 15. Auflage. Man muß das Manuskript mit seinen zahllosen Berichtigungen, Zusätzen, Neufassungen, die auch den Umfang des Werkes beträchtlich erhöhten, gesehen haben, um die Gewissenhaftigkeit und die Liebe würdigen zu können, die Götze dem Erbe Friedrich Kluges geschenkt hat. „Damit wünsche ich den Fachgenossen einen wirklichen Dienst zu tun, auch dem kommenden Geschlecht der Germanisten, das es in vielem so ungleich schwerer hat", so kennzeichnete er in einem Brief vom Mai 1946 an den Mitunterzeichneten die Bedeutung der neuen Auflage.

Leider ließ sich die Drucklegung des von Alfred Götze bei seinem Tod abgeschlossen hinterlassenen Manuskripts aus wirtschaftlichen und technischen Gründen nicht sofort ermöglichen, so sehr der Verlag auch darum bemüht war. Erst im Juni 1950 konnte der mühevolle und zeitraubende Neusatz beginnen. Nachdem Herr Prof. Krahe das Manuskript nochmals in etymologischer Hinsicht durchgesehen und an zahlreichen Stellen Berichtigungen sowie Hinweise auf inzwischen erfolgte Neuerscheinungen eingefügt hatte, wurde die Überwachung der Drucklegung dem Mitunterzeichneten übertragen. Dieser ließ sich dabei von dem Grundsatz leiten, von Götzes Manuskript nur in den dringendsten Fällen abzuweichen. Nur wo offensichtliche Versehen, Schreibfehler und dergleichen nachweisbar waren oder wo Neuerscheinungen wichtige Ergänzungen oder Berichtigungen boten, wurden Änderungen in schonender Form angebracht. Im übrigen aber sah der Herausgeber, beseelt von dankbarer Pietät, seine Aufgabe darin, Götzes Nachlaß in unveränderter Form der Öffentlichkeit vorzulegen. Es ist, wie auch das Titelblatt sagt, sein Wörterbuch, aufgebaut auf den von Friedrich Kluge geschaffenen Grundlagen.

Wertvolle Mithilfe bei der Korrekturlesung leistete Herr Studienrat i. R. Max Gottschald, der mit Götzes wissenschaftlicher Denkweise durch die Mitarbeit an „Trübners Deutschem Wörterbuch" und durch jahrelangen Briefwechsel aufs innigste vertraut ist. Wichtige Ergänzungen aus seiner siebenbürgischen Heimatmundart steuerte für den zweiten Teil Herr Prof. Friedrich Krauß, jetzt in Mainz-Ginsheim, bei. Teile des Wörterbuchs sah Herr Prof. Dr. Jan van Dam in Amsterdam auf die Richtigkeit der niederländischen Angaben durch. Von vielen weiteren Benutzern konnte der Herausgeber Einzelanregungen zur weiteren Verbesserung und Ergänzung dankbar entgegennehmen. Wenn sie nicht alle verwertet werden konnten, so ist dies auf den oben angeführten Grundsatz der tunlichsten Nichtantastung von Götzes Hinterlassenschaft zurückzuführen. Es muß einer künftigen Neuauflage vorbehalten bleiben, das Werk in Götzes Geist weiter auszugestalten und in Einklang mit der ständig anwachsenden etymologischen und wortgeschichtlichen Forschung zu halten, damit die Würdigung recht behält, die Alfred Götze wenige Monate vor seinem Tode in einem Schreiben an den Verlag seinem Wörterbuch gab:]

„Innerlich ist bei diesem Werk alles gesund und in Ordnung. Ich freue mich, der Welt diese beste Gabe zu bringen, die ich den Mitforschenden geben kann. Es ist ein ganz neues Buch, voll auf der Höhe der Zeit, und es wird seinen Weg gehen."

Pfingsten 1951

Walter de Gruyter & Co.   Alfred Schirmer

Vorbemerkung zur sechzehnten Auflage

Die vorliegende Neuausgabe bringt den unveränderten Wortlaut der 15. Auflage, berichtigt aber eine Anzahl vorwiegend drucktechnischer Mängel, Irrtümer und Versehen.

Ostern 1953   Walter de Gruyter & Co.

Inhalt

Abkürzungen

a-	=	alt-	fär.	=	färöisch	lapp.	=	lappisch
Abstr.	=	Abstraktum	finn.	=	finnisch	lat.	=	lateinisch
Adj.	=	Adjektiv	flekt.	=	flektiert	lett.	=	lettisch
Adv.	=	Adverb	fränk.	=	fränkisch	lit.	=	litauisch
afries.	=	altfriesisch	Frequent.	=	Frequentativum	lomb.	=	lombardisch
afrz.	=	altfranzösisch	fries.	=	friesisch	m-	=	mittel-
aglfrz.	=	anglofranzösisch	frz.	=	französisch	M.	=	Maskulinum
ags.	=	angelsächsisch	gäl.	=	gälisch	Ma.	=	Mundart
ahd.	=	althochdeutsch	gall.	=	gallisch	magy.	=	magyarisch
aind.	=	altindisch	Gen.	=	Genitiv	mal.	=	malaiisch
air.	=	altirisch	gallorom.	=	galloromanisch	md.	=	mitteldeutsch
Akk.	=	Akkusativ	germ.	=	germanisch	mengl.	=	mittelenglisch
alat.	=	altlateinisch	Ggs.	=	Gegensatz	mgr.	=	mittelgriechisch
alb.	=	albanisch	gleichbed.	=	gleichbedeutend	mhd.	=	mittelhochdeutsch
alem.	=	alemannisch	got.	=	gotisch	mir.	=	mittelirisch
amerik.	=	amerikanisch	gr.	=	griechisch	mlat.	=	mittellateinisch
anfr.	=	altniederfränkisch	Grdf.	=	Grundform	mnd.	=	mittelniederdeutsch
anglonorm.	=	anglo-	hd.	=	hochdeutsch	mnl.	=	mittelniederländisch
		normannisch	hebr.	=	hebräisch	Mz.	=	Mehrzahl
anord.	=	altnordisch	hettit.	=	hettitisch	n-	=	neu-, nieder-
Aor.	=	Aorist	holl.	=	holländisch	N.	=	Neutrum
apers.	=	altpersisch	idg.	=	indogermanisch	nd.	=	niederdeutsch
apreuß.	=	altpreußisch	Imp.	=	Imperativ	nfrz.	=	neufranzösisch
arab.	=	arabisch	ind.	=	indisch	ngr.	=	neugriechisch
aram.	=	aramäisch	indekl.	=	indeklinabel	nhd.	=	neuhochdeutsch
arkad.	=	arkadisch	Inf.	=	Infinitiv	nl.	=	niederländisch
armen.	=	armenisch	Instr.	=	Instrumentalis	nnd.	=	neuniederdeutsch
asächs.	=	altsächsisch	Interj.	=	Interjektion	nnl.	=	neuniederländisch
aslav.	=	altslavisch	intr.	=	intransitiv	nnord.	=	neunordisch
Attr.	=	Attribut(iv)	ion.	=	ionisch	Nom.	=	Nominativ
avest.	=	avestisch	ir.	=	irisch	nord.	=	nordisch
bair.	=	bairisch	isl.	=	isländisch	norw.	=	norwegisch
bask.	=	baskisch	ital.	=	italienisch	obd.	=	oberdeutsch
Bed.	=	Bedeutung	jüd.	=	jüdisch	obl.	=	obliquus
bret.	=	bretonisch	Kaus.	=	Kausativ	osk.	=	oskisch
chald.	=	chaldäisch	kelt.	=	keltisch	osset.	=	ossetisch
churw.	=	churwelsch	klass.	=	klassisch	ostasiat.	=	ostasiatisch
dän.	=	dänisch	Kollekt.	=	Kollektivum	ostgerm.	=	ostgermanisch
Dat.	=	Dativ	Kompar.	=	Komparativ	ostidg.	=	ostindogermanisch
d(t).	=	deutsch	Konj.	=	Konjugation	Part.	=	Partizipium
dial.	=	dialektisch	Konjunkt.	=	Konjunktion	Perf.	=	Perfekt
dor.	=	dorisch	Kons.	=	Konsonant, -nanz	pers.	=	persisch
els.	=	elsässisch	korn.	=	kornisch	piem.	=	piemontesisch
engl.	=	englisch	krimgot.	=	krimgotisch	Plur.	=	Plural
europ.	=	europäisch	kymr.	=	kymrisch	Plur. tant.	=	Pluraletantum
F.	=	Femininum	langob.	=	langobardisch	poln.	=	polnisch

portug.	= portugiesisch	schott.	= schottisch	ved.	= vedisch
Pos.	= Positiv	schw.	= schwach flektierend	venet.	= venetisch
Präd.	= Prädikat(iv)	schwäb.	= schwäbisch	venez.	= venezianisch
Präf.	= Präfix	schwed.	= schwedisch	Verbaladj.	= Verbaladjektiv
prakrt.	= prākritisch	sem.	= semitisch	Verbalwz.	= Verbalwurzel
Präp.	= Präposition	serb.	= serbisch	Vergr.	= Vergrößerung
Präs.	= Präsens	Sg.	= Singular	Verkl.	= Verkleinerung
Prät.	= Präteritum	skyth.	= skythisch	Vok.	= Vokativ
Prät.-Präs.	= Präterito-Präsens	slav.	= slavisch	vorahd.	= voralthochdeutsch
preuß.	= preußisch	span.	= spanisch	vorgerm.	= vorgermanisch
Pron.	= Pronomen	st.	= stark flektierend	vulg.	= vulgär
prov.	= provenzalisch	St.	= Stamm	wal.	= walisisch
rät.	= rätisch	Subst.	= Substantivum	westgerm.	= westgermanisch
rätorom.	= rätoromanisch	Suff.	= Suffix	westidg.	= westindogermanisch
Redupl.	= Reduplikation	Superl.	= Superlativ	westsächs.	= westsächsisch
refl.	= reflexiv	thrak.	= thrakisch	Wb.	= Wörterbuch
röm.	= römisch	toch.	= tocharisch	Wz.	= Wurzel
roman.	= romanisch	trans.	= transitiv	Zs.	= Zeitschrift
rotw.	= rotwelsch	tschech.	= tschechisch	Ztw.	= Zeitwort
russ.	= russisch	ugr.	= ugrisch	*	= erschlossene Form
sächs.	= sächsisch	umbr.	= umbrisch	<	= entstanden aus
		urgerm.	= urgermanisch	>	= geworden zu
		uridg.	= urindogermanisch		

Lautzeichen

‾ über einem Vokal bedeutet Länge.

˘ über einem Vokal bedeutet Kürze.

′ über einem Vokal bedeutet Betonung.

. unter stimmhaftem Mitlaut (l, m, n, r) bezeichnet silbischen Wert.

˯ unter i und u bedeutet Halbvokal.

˛ unter einem Vokal in baltoslav. Wörtern bedeutet Nasalierung, sonst offene Aussprache.

′ hinter und ‸ über einem Konsonanten bezeichnen die Erweichung (Palatalisation).

ẹ bedeutet kurzes, geschlossenes e (Umlaut von a).

ë bedeutet kurzes, offenes e.

ə bedeutet gemurmeltes e (wie in Lage).

æ bedeutet offenes ä.

œ und ø bedeuten ö.

ƀ bedeutet stimmhaften labialen Reibelaut (w).

č bedeutet stimmloses tsch (wie in tschechisch).

ð bedeutet stimmhaften Lispellaut (wie in engl. that).

þ bedeutet stimmlosen Lispellaut (wie in engl. thing).

з bedeutet stimmhaften velaren Reibelaut (wie in nd. hāзər).

ƕ bedeutet die gotische Konsonanz h + w.

ł ̶ deutet dumpfes, velares l.

з bedeutet die mhd. Vorstufe des nhd. ß (herkömmliche, aber ungesicherte Aussprache s).

š bedeutet stimmloses sch, ž stimmhaftes.

χ bedeutet den Ich-Laut, x den Ach-Laut.

ŋ bedeutet den velaren Nasal (wie in lang).

Got. ai wird als ä, got. aú als o, got. ei als i gesprochen; got. gg = ŋg, gk = ŋk.

Hilfsmittel

Adelung, Johann Christoph: Versuch eines vollständigen grammatisch-kritischen Wörterbuchs der Hochdeutschen Mundart. 1—5. Leipzig 1774—86.

— —: Grammatisch-kritisches Wörterbuch der Hochdeutschen Mundart. 1—4. Leipzig 1793 bis 1801.

Alberus, Erasmus: Novum dictionarii genus. Frankfurt a. M. 1540.

Albrecht, Karl: Die Leipziger Mundart. Leipzig 1881.

Amaranthes (d. i. Gottlieb Siegmund Corvinus): Nutzbares, galantes und curiöses Frauenzimmer-Lexicon. Leipzig 1715.

Angerstein, Johann Karl: Kurze Anweisung, die gemeinsten Schreib- und Sprachfehler im Deutschen zu vermeiden. 1. 2. Stendal 1791—93.

Angstmann, Else: Der Henker in der Volksmeinung. Bonn 1928.

Apinus, Sigmund Jacob: Glossarium novum ad aevi hujus statum adornatum. Nürnberg 1728.

Aubin, Hermann, Theodor Frings, Josef Müller: Kulturströmungen und Kulturprovinzen in den Rheinlanden. Bonn 1926.

Avé-Lallemant, Friedrich Christian Benedict: Das deutsche Gaunerthum. 1—4. Leipzig 1856—62.

Bahder, Karl von: Zur Wortwahl in der frühneuhochdeutschen Schriftsprache. Heidelberg 1925.

Bartholomae, Christian: Altiranisches Wörterbuch. Straßburg 1904.

Bauer, Karl: Waldeckisches Wörterbuch hg. von Hermann Collitz. Norden und Leipzig 1902.

Behaghel, Otto: Geschichte der deutschen Sprache. 5. Auflage. Berlin u. Leipzig 1928.

— —: Deutsche Syntax. 1—4. Heidelberg 1923—32.

Beitr. = Beiträge zur Geschichte der deutschen Sprache und Literatur. Halle 1874 ff.

Belemnon: Curiöses Bauern-Lexicon, Worinnen die meisten in unserer Teutschen Sprache vorkommende fremde Wörter erkläret. Freystatt 1728.

Benecke, Georg Friedrich: Mittelhochdeutsches Wörterbuch. Ausgearbeitet von Wilhelm Müller und Friedrich Zarncke. Bd. 1. 2, 1. 2. 3. Leipzig 1854—61.

Berneker, Erich: Slawisches etymologisches Wörterbuch. Heidelberg 1908 ff.

Berthold, Luise: Hessen-nassauisches Volkswörterbuch. 1 ff. Marburg 1927 ff.

Beyschlag, Daniel Eberhard: Sammlung ausländischer Wörter. Augsburg 1774.

Bloch, Oscar, und W. v. Wartburg: Dictionnaire étymologique de la langue française. 1. 2. Paris 1932, 2. Auflage 1950.

Boisacq, Emile: Dictionnaire étymologique de la langue grecque. Heidelberg 1916; 4. Auflage 1950.

Braun, Heinrich: Deutsches orthographisch-grammatisches Wörterbuch. München 1793.

Brem. Wb. = Versuch eines bremisch-niedersächsischen Wörterbuchs. Herausgegeben von der bremischen deutschen Gesellschaft. 1—6. Bremen 1767—1771 und 1869.

Brückmann, Franz Ernst: Catalogus exhibens adpellationes omnium potus generum. Helmstädt 1722.

Buchrucker, Bruno: Wörterbuch der Elberfelder Mundart. Elberfeld 1910.

Büchmann, Georg: Geflügelte Worte. 25. Auflage. Berlin 1912.

Campe, Joachim Heinrich: Proben einiger Versuche von deutscher Sprachbereicherung. Braunschweig 1791.

— —: Zweiter Versuch deutscher Sprachbereicherung oder neue, stark vermehrte Auflage des ersten. Braunschweig 1792.

Campe, Joachim Heinrich: Dritter Versuch über die Reinigung und Bereicherung der deutsche Sprache (Preisschrift). Braunschweig 1794. Nachtrag dazu daf. 1795.

— — —: Wörterbuch zur Erklärung und Verdeutschung der unserer Sprache aufgedrungene fremden Ausdrücke. Braunschweig 1801.

— — —: Dasselbe. Neue Ausgabe. Braunschweig 1813.

— — —: Wörterbuch der Deutschen Sprache. 1—5. Braunschweig 1807—1811.

Crecelius, Wilhelm: Oberheffisches Wörterbuch. 1—2. Darmstadt 1897—99.

Dähnert, Johann Karl: Platt-Deutsches Wörter-Buch nach der alten und neuen Pommersche und Rügischen Mundart. Stralsund 1781.

Dasypodius, Petrus: Dictionarium Latinogermanicum, et vice versa Germanicolatinur Argentorati 1535 (spätere Ausgaben: Straßburg 1537—1625).

Diefenbach, Lorenz: Glossarium latino-germanicum mediae et infimae aetatis. Frankfu a. M. 1857.

— —: Novum glossarium latino-germanicum. Frankfurt a. M. 1867.

— — und E. Wülcker, Hoch- und niederdeutsches Wörterbuch der mittleren und neueren Ze Basel 1885.

Dietz, Ph.: Wörterbuch zu Dr. Martin Luthers deutschen Schriften. 1ff. (A—H). Leipzig 187

Dijkstra, Waling: Friesch Woordenboek. 1—3. Leeuwarden 1900—1911.

Dombrowski, Ernst v.: Deutsche Weidmannssprache. 2. Auflage. Neudamm 1897.

ten Doornkaat Koolman, J.: Wörterbuch der ostfriesischen Sprache. 1—3. Norden 18 bis 1884.

Dornseiff, Franz: Der deutsche Wortschatz. Berlin 1934; 3. Auflage 1943.

— —: Die griechischen Wörter im Deutschen. Berlin 1950.

Duez, Nathan: Nova nomenclatura quatuor linguarum. Amsterdam 1644 (frühere Ausga 1642, spätere 1652 ff.).

DWb. = Deutsches Wörterbuch (f. Grimm).

Deutsche Wortgeschichte. Festschrift für Alfred Götze zum 17. Mai 1941. Herausgegeben v Friedrich Maurer und Fritz Stroh. 1—3. Berlin 1943.

Eilenberger, Rudolf: Pennälersprache. Straßburg 1910.

Falk, Hjalmar S., und Alf Torp: Norwegisch-dänisches etymologisches Wörterbuch. Deuts Ausgabe. 1—2. Heidelberg 1910—11.

Feist, Sigmund: Vergleichendes Wörterbuch der gotischen Sprache. 3. Auflage. Leiden 19:

Fischer, Hermann, u. Wilhelm Pfleiderer: Schwäbisches Wörterbuch. Bd. 1—5. 6, 1. Tübingen 1904—36.

Follmann, Michael Ferdinand: Wörterbuch der deutsch-lothringischen Mundarten. Leipzig 19

Franck, Johannes: Etymologisch Woordenboek der nederlandsche Taal. Tweede Druk d N. van Wijk. Haag 1912.

Frings, Theodor: Germania Romana. Halle 1932.

Frisch, Johann Leonhard: Teutsch-Lateinisches Wörterbuch. 1—2. Berlin 1741.

Frischbier, Hermann: Preußisches Wörterbuch. 1—2. Berlin 1882—83.

Frischlin, Nikodemus: Nomenclator trilinguis, graecolatinogermanicus. Frankfurt a. 1586 u. ö.

Fulda, Friedrich Karl: Sammlung und Abstammung germanischer Wurzelwörter. Halle 17

— —: Versuch einer allgemeinen teutschen Idiotiken-Sammlung. Berlin und Stettin 178

Gamillscheg, Ernst: Etymologisches Wörterbuch der französischen Sprache. Heidelberg 19

Gombert, Albert: Bemerkungen und Ergänzungen zu Weigands deutschem Wörterbuche. Sch programme Groß-Strehlitz 1875—97, Breslau 1898/99.

Götze, Alfred: Anfänge einer mathematischen Fachsprache in Keplers Deutsch. Berlin 19

— —: Akademische Fachsprache. Heidelberg 1929.

— —: Frühneuhochdeutsches Glossar. Bonn 1912. 2. Auflage. Bonn 1920.

— —: Nomina ante res. Heidelberg 1917.

Graff, Eberhard Gottlieb: Althochdeutscher Sprachschatz Bd. 1—6. Bd. 7: Index, ausgearbe von H. F. Maßmann. Berlin 1834—46.

Grimm, Jacob und Wilhelm: Deutsches Wörterbuch. 1—16. Leipzig 1854 ff.

Günther, Ludwig: Die deutsche Gaunersprache. Leipzig 1919.

Güntzel, Johannes: Haubtschlüssel der teutschen und italiänischen Sprache. Augsburg 16

Haltaus, Chr. Gottlob: Glossarium germanicum medii aevi. Leipzig 1758.

Heggstad, Leiv: Gamalnorsk Ordbok med nynorsk Tyding. Oslo 1930.

elfft, Johann Jacob: Encyklopädisches Wörterbuch der Landbaukunst. Berlin 1836.

llquist, Elof: Svensk etymologisk Ordbok. Lund 1925; 3. Auflage 1948.

—: Det svenska ordförradets älder och ursprung. 1—3. Lund 1929—32.

nisch, Georg: Teutsche Sprach und Weißheit. 1. Augsburg 1616.

ntrich, Konrad: Wörterbuch der nordwestthüring. Mundart des Eichsfeldes. Göttingen 1912.

rtel, Ludwig: Thüringer Sprachschatz. Weimar 1895.

upold, Bernhard: Dictionarium erklärend allerley schwäre vnbekanndte Teutsche, Griechische etc. auch anderer Nationen Wörter, so in die Teutsche Spraach eingerissen. Basel 1620.

ynatz, Johann Friedrich: Handbuch zu richtiger Verfertigung und Beurtheilung aller Arten von schriftlichen Arbeiten. Berlin 1775.

— —: Versuch eines deutschen Antibarbarus. 1—2. Berlin 1796—97.

yne, Moriz: Deutsches Wörterbuch. 1—3. 2. Auflage. Leipzig 1905/06.

ler, M.: Deutsches Krankheitsnamen-Buch. München 1899.

nig, Fritz: Wörterbuch der Kölner Mundart. Köln 1905.

thausen, Ferdinand: Altenglisches etymologisches Wörterbuch. Heidelberg 1934.

—: Altfriesisches Wörterbuch. Heidelberg 1925.

—: Etymologisches Wörterbuch der englischen Sprache. 3. Auflage. Göttingen 1949.

—: Gotisches etymologisches Wörterbuch. Heidelberg 1934.

—: Vergleichendes und etymologisches Wörterbuch des Altwestnordischen. Göttingen 1948.

ps, Johannes: Waldbäume und Kulturpflanzen im germanischen Altertum. Straßburg 1905.

n, Paul: Grundriß der neupersischen Etymologie. Straßburg 1893.

—: Die deutsche Soldatensprache. 2. Auflage. Gießen 1905.

n, Wilhelm: Sprachkörper und Sprachfunktion. 2. Auflage. Leipzig 1923.

schmann, Heinrich: Armenische Grammatik. Bd. 1: Armenische Etymologie. Leipzig 1897.

ziker, Johann: Aargauer Wörterbuch. Aarau 1877.

tl, Joseph: Die alten deutschen Kunstworte der Anatomie. Wien 1884.

tikon, Schweizerisches. Wörterbuch der schweizerdeutschen Sprache bearbeitet von Friedrich Staub, Ludwig Tobler, Albert Bachmann u. a. Bd. 1 ff. Frauenfeld 1881 ff.

ein, Joseph: Volkssprache und Volkssitte im Herzogtum Nassau. 1—3. Weilburg und Bonn 1862—72.

ein, Joseph u. Franz: Wörterbuch der Weidmannssprache. Wiesbaden 1871.

erling, Johann Friedrich August: Über die Reinigkeit der deutschen Sprache. Berlin 1795.

leben, Christian Wilhelm: Studenten-Lexikon. Halle 1781.

, Heinrich: Die deutsche Druckersprache. Straßburg 1900.

: Schelten-Wörterbuch. Straßburg 1910.

, Friedrich: Von Luther bis Lessing. 5. Auflage. Leipzig 1918.

Rotwelsch. I: Rotwelsches Quellenbuch. Straßburg 1901.

Seemannssprache. Halle 1911.

Nominale Stammbildungslehre der altgermanischen Dialekte. 3. Auflage, bearbeitet n L. Sütterlin u. E. Ochs. Halle 1926.

Deutsche Studentensprache. Straßburg 1895.

Urgermanisch. Vorgeschichte der altgermanischen Dialekte. 3. Auflage. Straßburg 1913.

Wortforschung und Wortgeschichte. Leipzig 1912.

er, Matthias: Das neue Dictionarium. Nürnberg 1678.

mer, Paul: Wortgeographie der hochdeutschen Umgangssprache. Göttingen 1918.

duard: Lüneburger Wörterbuch. Bd. 1. Neumünster 1942.

rg, Werner: Verschollenes Sprachgut und seine Wiederbelebung in nhd. Zeit. Frankfurt M. 1933.

dorf, Otto: Historisches Schlagwörterbuch. Straßburg 1906.

, Hans: Wörterbuch der Antike. Leipzig 1933.

er, Erich: Cronenberger Wörterbuch. Marburg 1908.

, Matthias: Mittelhochdeutsches Handwörterbuch. 1—3. Leipzig 1872—78.

ntisches Wörterbuch. Leipzig 1862.

ann, Enno: Morgenländische Wörter im Deutschen. 2. Auflage. Tübingen 1924.

, Karl: Etymologisches Wörterbuch der europäischen (germanischen, romanischen und schen) Wörter orientalischen Ursprungs. Heidelberg 1927.

, Christian: Teutsch-englisches Lexikon. Leipzig 1716.

, Josua: Die Teutsch Spraach. Zürich 1561.

Martin, Ernst, und Hans Lienhart: Wörterbuch der elsässischen Mundarten. 1. 2. Straßburg 1899—1907.

Marzell, Heinrich: Wörterbuch der deutschen Pflanzennamen. Leipzig 1937 ff.

Maußer, Otto: Deutsche Soldatensprache. Straßburg 1917.

Meier, John: Basler Studentensprache. Basel 1910.

—: Hallische Studentensprache. Halle 1894.

Meisinger, Othmar: Hinz und Kunz. Deutsche Vornamen in erweiterter Bedeutung. Dortmund 1924.

—: Wörterbuch der Rappenauer Mundart. Dortmund 1906.

—: Vergleichende Wortkunde. München 1932.

Melber, Johannes: Vocabularius praedicantium sive variloquus Straßburg 1486.

Menantes (d. i. Christian Friedrich Hunold): Die allerneuste Art, höflich und galant zu schreiben nebst einem zugänglichen Titular- und Wörterbuch. Halle 1702.

Mensing, Otto: Schleswig-holsteinisches Wörterbuch. 1—5. Neumünster 1927—35.

Meyer, Gustav: Etymologisches Wörterbuch der albanesischen Sprache. Straßburg 1891.

Meyer-Lübke, W.: Romanisches etymologisches Wörterbuch. 3. Auflage. Heidelberg 1920.

Moratori, Antonio: Bequemes Korrespondenz- u. Konversations-Lexikon. 1727.

Moritz, Karl Philipp: Grammatisches Wörterbuch der deutschen Sprache. 1—4. Berlin 1793—1800.

Muller, Friedrich: Altitalisches Wörterbuch. Göttingen 1926.

Müller, Josef: Rheinisches Wörterbuch. Bd. 1 ff. Bonn u. Berlin 1928 ff.

Müller, Joseph, und Wilhelm Weitz: Die Aachener Mundart. Aachen u. Leipzig 1836.

Müller-Fraureuth, Karl: Wörterbuch der obersächsischen und erzgebirgischen Mundarten. 1. 2. Dresden 1911—14.

New English Dictionary on Historical Principles. Herausgegeben von J. A. H. Murray, H. Bradley, W. A. Craigie, C. T. Onions. 1—10 und Suppl. Oxford 1888—1933.

Nieremberger, Benedikt Friedrich: Deutsch-lateinisches Wörterbuch. Regensburg 1753.

Ochs, Ernst: Badisches Wörterbuch. Vorbereitet von F. Kluge, A. Götze, L. Sütterlin, F. Wilhelm. Bd. 1 ff. Lahr (Baden) 1926 ff.

Palander, Hugo: Die althochdeutschen Tiernamen. Teil 1: Die Namen der Säugetiere. Darmstadt. 1899.

Palmer, Philip Motley: Neuweltwörter im Deutschen. Heidelberg 1939.

Paul, Hermann: Deutsches Wörterbuch. 4. Auflage von Karl Euling. Halle 1935.

Pfaff, Wilhelm: Zum Kampf um deutsche Ersatzwörter. Gießen 1933.

Rädlein, Johann: Europäischer Sprach-Schatz. Leipzig 1711.

Reallexikon der germanischen Altertumskunde hgg. von Johannes Hoops. 1—4. Straßburg 1911—19.

Deutsches Rechtswörterbuch (Wörterbuch der älteren deutschen Rechtssprache). Bearbeitet von Richard Schröder und Eberhard Freiherrn v. Künßberg. Bd. 1 ff. Weimar 1914 ff.

Regel, Karl: Die Ruhlaer Mundart. Weimar 1868.

Richey, Michael: Idioticon Hamburgense. Hamburg 1743 (neue Ausg. 1754).

Richter, Joseph: Grammatisches Wörterbuch der deutschen Sprache. Leipzig u. Wien 1791.

Rot, Simon: Ein Teutscher Dictionarius daz ist ein außleger schwerer vnbekanter Teutscher, Griechischer, Lateinischer, Hebräischer, Welscher vnd Französischer etc. Wörter. Augspurg 1571.

Sanders, Daniel: Fremdwörterbuch. 1. 2. Leipzig 1871.

— —: Wörterbuch der Deutschen Sprache. 1. 2, 1. 2. Leipzig 1860—76.

— —: Ergänzungs-Wörterbuch der deutschen Sprache. Berlin 1885.

Sattler, Johann Rudolf: Teutsche Orthographey Vnd Phraseologey. Basel 1607.

Schade, Oskar: Altdeutsches Wörterbuch. 2. Auflage, Band 1. 2. Halle 1872—82.

Schambach, Georg: Wörterbuch der niederdeutschen Mundart der Fürstentümer Göttingen und Grubenhagen. Hannover 1858.

Scheid, Paul: Studien zum spanischen Sprachgut im Deutschen. Greifswald 1934.

Schiller, Karl, und August Lübben: Mittelniederdeutsches Wörterbuch. 1—6. Bremen 1875—81.

Schirmer, Alfred: Wörterbuch der deutschen Kaufmannssprache. Straßburg 1911.

Schmeller, Johann Andreas: Bayerisches Wörterbuch. 1—4. Stuttgart 1827—37.

— —: Bayerisches Wörterbuch. Zweite, mit des Verfassers Nachträgen vermehrte Ausgabe von G. Karl Frommann. Stuttgart 1872—77.

Schmidt, Charles: Historisches Wörterbuch der elsässischen Mundart. Straßburg 1901.

— —: Wörterbuch der Straßburger Mundart. Straßburg 1896.

Schönsleder, Wolfgang: Promptuarium germanico-latinum. Augsburg 1618 (spätere Ausgaben München 1622 ff.).

Schottelius, Justus Georg: Ausführliche Arbeit von der Teutschen HaubtSprache. Braunschweig 1663.

Schreger, Odilo: Lustig- und nutzlicher Zeitvertreiber. Stadt am Hof 1753.

van der Schueren, Gerard: Teuthonista of Duytschlender, uitgeg. door J. Verdam. Leiden 1896.

Schullerus, Adolf, Georg Keintzel u. a.: Siebenbürgisch-Sächsisches Wörterbuch. 1 ff. Straßburg u. Berlin 1908 ff.

Schulz, Hans, und Otto Basler: Deutsches Fremdwörterbuch. Bd. 1 ff. Straßburg u. Berlin 1913 ff.

Schweiz. Jd. s. Staub-Tobler.

Seiler, G. A.: Die Basler Mundart. Basel 1879.

Sibeth, Friedrich Gustav: Wörterbuch der Mecklenburgisch-Vorpommerschen Mundart von Mi. Leipzig 1876.

Siebs, Theodor: Helgoland und seine Sprache. Cuxhaven 1909.

— — und Wolfgang Jungandreas: Schlesisches Wörterbuch. Breslau 1935 ff.

Skeat, Walter William: Etymological Dictionary of the English Language. Oxford 1928.

Spanutius, J. H.: Teutsch orthographisches Schreib-, Conversations-, Zeitungs- und Sprichwörterlexikon. 1720.

Sperander (F. Gladow): A la Mode-Sprach der Teutschen Oder Compendieuses Hand-Lexicon. Nürnberg 1727.

Spieß, Balthasar: Beiträge zu einem Hennebergischen Idiotikon. Wien 1881.

Sprach-Verderber, Der Unartig Teutscher, (1643) hg. von Herman Riegel. Wissensch. Beihefte zur Zeitschrift des Allg. deutschen Sprachvereins, Reihe I, Nr. 1. Berlin 1891.

Stalder, Franz Joseph: Versuch eines Schweizerischen Idiotikon. 1. 2. Aarau 1812.

Staub, Friedrich, und Ludwig Tobler: Schweizerisches Idiotikon. 1 ff. Frauenfeld 1881 ff.

Steinbach, Christoph Ernst: Deutsches Wörterbuch vel Lexicon latino-germanicum. Breslau 1725.

— — —: Vollständiges deutsches Wörterbuch. 1. 2. Breslau 1734.

Steudel, Johannes: Altes Erbgut in der ärztlichen Sprache der Gegenwart. Bonn 1944.

Stieler, Kaspar: Der Teutschen Sprache Stammbaum und Fortwachs. Nürnberg 1691.

— —: Zeitungs-Lust und Nutz. Hamburg 1695. 2. Ausgabe, Hamburg 1697.

Stiven, Agnes Bain: Englands Einfluß auf den deutschen Wortschatz. Zeulenroda 1936.

Stokes, William: Urkeltischer Sprachschatz (Vergleichendes Wörterbuch der Indogermanischen Sprachen von August Fick. 4. Aufl., Teil 2). Göttingen 1894.

Stosch, Samuel Joh. Ernst: Versuch in richtiger Bestimmung der gleichbedeutenden Wörter der deutschen Sprache. 1—3. Frankfurt a. d. Oder 1770—73.

Suolahti, Hugo: Der französische Einfluß auf die deutsche Sprache im 12. (13.) Jahrhundert. Mémoires de la Société néophilologique T. 3 (8). Helsingfors 1902 (1929).

— —: Die deutschen Vogelnamen. Straßburg 1909.

Teller, Wilhelm Abraham: Vollständige Darstellung und Beurtheilung der deutschen Sprache in Luthers Bibelübersetzung. 1. 2. Berlin 1794. 95.

Tobler, Titus: Appenzellischer Sprachschatz. Zürich 1837.

Torp, Alf: Nynorsk etymologisk Ordbok. Kristiania 1919.

—: Wortschatz der Germanischen Spracheinheit, unter Mitwirkung von Hjalmar Falk gänzlich umgearbeitet (= Vergleichendes Wörterbuch der Indogermanischen Sprachen von August Fick. 4. Aufl., Teil 3). Göttingen 1909.

Trautmann, Reinhold: Baltisch-Slawisches Wörterbuch. Göttingen 1923.

Trier, Jost: Der deutsche Wortschatz im Sinnbezirk des Verstandes. 1. Heidelberg 1931.

Trübners Deutsches Wörterbuch. Herausgegeben von Alfred Götze. 1 ff. Berlin 1936 ff.

Uhlenbeck, C. C.: Kurzgefaßtes etymologisches Wörterbuch der altindischen Sprache. Amsterdam 1898.

Unger, Theodor: Steirischer Wortschatz, bearbeitet von Ferdinand Khull. Graz 1903.

Vasmer, Max: Russisches etymologisches Wörterbuch. Heidelberg 1950 ff.

Veith, Heinrich: Deutsches Bergwörterbuch. Breslau 1871.

Verdam, J.: Middelnederlandsch Handwoordenboek. Haag 1911.

Vilmar, August Friedrich Christian: Idiotikon von Kurhessen. Marburg 1868. — Mundartliche und stammheitliche Nachträge durch Hermann Pfister. daf. 1886. — Erstes u. zweites Ergänzungsheft durch Hermann v. Pfister. daf. 1889. 94.

Voigt, Christian Friedrich Traugott: Deutsches Handwörterbuch für die Geschäftsführung, den Umgang und die Lectüre. 1. 2. Leipzig 1805.

Wächtler, Johann Christian: Commodes Manual oder Hand=Buch. Leipzig 1703 u. ö.

Walde, Alois: Lateinisches etymologisches Wörterbuch. 3. Auflage, neu bearbeitet von J. B. Hofmann. Heidelberg 1938.

—: Vergleichendes Wörterbuch der indogermanischen Sprachen. Hg. u. bearbeitet von Julius Pokorny. 1—3. Berlin u. Leipzig 1927—32.

v. Wartburg, Walther: Französisches etymologisches Wörterbuch. 1ff. Bonn (Leipzig) 1928ff.

Weekley, Ernest: An Etymological Dictionary of Modern English. London 1921.

Weigand, Friedrich Ludwig Karl: Deutsches Wörterbuch. 5. Auflage, neu bearbeitet von Karl v. Bahder, Herman Hirt u. Karl Kant. 1. 2. Gießen 1909/10.

Wick, Philipp: Die slavischen Lehnwörter in der neuhochdeutschen Schriftsprache. Marburg 1939.

Wörterbuch der luxemburgischen Mundart. Luxemburg 1906.

Woeste, Friedrich: Wörterbuch der westfälischen Mundart. Neu bearbeitet von Erich Nörrenberg. Norden und Leipzig 1930.

Wossidlo, Richard und Hermann Teuchert: Mecklenburgisches Wörterbuch. 1ff. Neumünster 1937ff.

Zeiller, Martin: 600 Episteln oder Sendschreiben von allerhand politischen Sachen. Marburg 1656.

— —: Centuria Epistolarum Miscellanearum. Ulm 1663.

Zf. f. dt. Alt. = Zeitschrift für deutsches Altertum. Berlin 1841ff.

Zf. f. dt. Phil. = Zeitschrift für deutsche Philologie. Stuttgart 1869ff.

Zf. f. d. Wortf. = Zeitschrift für deutsche Wortforschung. Herausgegeben von Friedrich Kluge. Bd. 1—15. Mit Beiheft 1—5. Straßburg 1901—14.

Ziesemer, Walther: Preußisches Wörterbuch. Königsberg 1935ff.

Zincke, G. H.: Ökonomisches Lexikon. 1742; 2. Auflage 1744 (spätere Auflagen 1753ff.).

A

=a, =ach häufig zur Bildung von Bach- und Flußnamen verwendet, nach denen wieder Orte heißen können. Im ganzen ist =ach (Urach, Steinach, Salzach, Rotach, Schwarzach) mehr oberd., =a mehr md. und ndd. (Fulda, Werra, Schwarza): aus ahd. aha 'fließendes Wasser' = got. aƕa 'Fluß' (weiteres unter Au), woher auch die Flußnamen Aa (Schweiz und Westfal.), Ohe (Heff.), Aach (Baden), Ach (Bayern und Württemberg). Vgl. =aff.

Aal M. Ahd. asächs. āl, agf. ǣl, anord. āll führen auf germ. *ēla-. Außergerm. Verwandte fehlen, wie denn die idg. Sprachen wenig gemeinsame Fischnamen haben (f. Lachs, Münne). Vielleicht liegt Wurzelverwandtschaft mit Ahle vor wegen der pfriemenförmigen Gestalt des Aals.

Aalraupe F., der Fisch Lota lota seit Calvisius 1610, im 16. Jh. a(a)rup(p), mhd. ruppe und rutte, die über ahd. *rupta zurückführen auf lat. rubēta: der Fisch wird mit der Kröte verglichen, wie auch in nd. Aalquappe, nnl. kwabaal (f. Quappe). Die mittel- und nrhein. Bez. rufolk, mnd. rufölke, dreht die Bestandteile um. Der germ. Name lebt in schwäb. treusch, alem. trüsch, trisch: John Loewenthal 1929 Beitr. 53, 436 vermittelt ihn über germ. *preutskōn mit agf. þrēat 'Gedränge'.

Aar M. Ahd. aro, got. ara, anord. are führen auf germ. *aran, ahd. mhd. arn, mnd. arn(e), arnt, mnl. arent, agf. earn, mengl. ern(e), anord. ǫrn auf einen u-Stamm *arn-u, der aus flektierten Formen von *aran gefolgert ist. Dies ist urverwandt mit gleichbed. aslav. orilŭ, lit. erēlis, korn. breton. er, kymr. eryr, wohl auch mit gr. ὄρνις 'Vogel', das die Grundbed. des idg. Worts festhält. Ahd. ist aro Normalform, daneben tritt im 12. Jh. adelare 'edler Aar' auf, eine Folge der Falknerei, die die Jagdvögel in edle und unedle einteilt. Mhd. ar(e) tritt daneben zurück; im 16. Jh. ist Aar 'milvus', Adler 'aquila'; im 17. Jh. stirbt Aar außer in Zus.-Setzungen wie Fisch=, Hühner=, Stockaar fast aus. Es muß — nun feinerseits als edleres Wort — von Gleim 1756, Goeckingk 1781 usw. neu belebt werden:

Suolahti 1909 Vogelnamen 345 ff.; Kluge 1912 Wortf. und Wortgesch. 83 ff.

Aas N. mhd. ahd. asächs. ās N. = agf. ǣs 'Aas': Ableitung zu essen; germ. *ēsa- aus *ēttá- (wie lat. ēsus 'gegessen' aus *ēd-tos). Wegen der ursprgl. Bedeutung beachte Gryphius 1639 Sonntagssonette 26, 9 Himmelsaas 'Himmelsspeise'. S. Aser und äsen.

ab Adv., frühnhd. (noch jetzt schweiz. schwäb.) auch Präp. (daher noch abhanden eigtl. 'von den Händen') mhd. abe, ab Präp. 'herab von, von weg, ab' — Adv. 'herab', ahd. aba Präp. 'von weg, von hinab' — Adv. 'herab' = got. af (ab) Präp. 'von herab, von' (auch Adv.), mnl. af, ave, asächs. af 'von', agf. engl. of, anord. af 'von': urverwandt mit aind. ápa 'von — weg', gr. ἀπό, lit. apačià 'der untere Teil', lat. ab (für *ap statt *apo). — Vgl. aber[1].

A B - ab als Bezeichnung der Anfangsgründe im Syllabieren (und Buchstabieren): Becher 1668 Methodus Didactica S. 83[b] „ein Kind das Ab ab lehren"; Stoppe 1729 Gedichte II 136 „das a. b. ab der Wissenschaften kennen"; Musäus 1782 Märchen II 93 „das sehr vernünftige moralische a=b=ab"; Goethe 1821 Weim. Ausg. I 3, 180 „und so wäre manches Wunder wie A B, Ab auszusprechen".

Abbild N. vereinzelt im 17. Jh.; wird bekannter durch Haller 1730 (Ode „Doris" V. 14), der das Wort gebrauchte und deswegen von Schönaich im Neolog. Wb. 1754 noch verspottet werden konnte. Zeugnisse für das Umsichgreifen des Wortes bieten Withofs Gedichte und K. G. Lessing, Die reiche Frau. Noch Adelung bezeichnet das Wort als ungewöhnlich.

abblitzen Ztw. (meist in den Verbindungen „er ist abgeblitzt", „sie hat ihn abblitzen laffen") seit etwa 1840 bezeugt, z. B. Grabbe 1838 Hermannsschl. 128. Das Bild stammt von dem wirkungslos aufblitzenden Schießpulver: „Das Pulver war nur der Pfanne abgeblitzt" Tieck 1834 Nov.-Kranz 4, 113.

Abc N. seit etwa 1200 allgemein üblich: für mhd. ābēcē stehen zahlreiche Belege des 13. Jh. zur Verfügung. Dafür spätagf. (11. Jh.) abecede (Anglia VIII 332), welche Bezeichnung im Zusammenhang mit lat. abecedarium 'Gedicht, in dem jeder Vers mit einem neuen Buchstaben des Alphabets beginnt' zu beurteilen ist; entsprechend auch mhd. ābēcēdē. Auch in älteren nd. Quellen des 15. und 16. Jh. abecede und abecete, aber daneben auch im deutschen Nordwesten verkürzt ābē bes. in der Zusammensetzung abēbuch (= nnl. AB-boek), woneben in nd. Gebieten wieder ein verkürztes A-Book (Firmenich, Völkerstimmen III 36). Daneben beachte die Nachweise unter Alphabet, Fibel und Namenbuch. Vgl. Walther, Nd. Korrespondenzbl. III 93 und Schlutter Zs. f. d. Wortf. 14, 137.

Abc=Schütz M. verdeutlicht seit dem 16. Jh. (ABC=Schützigen: Neander 1587 Menschenspiegel 78b) ein älteres Schütze (s. d.) im gleichen Sinn. Fibelschütze seit 1755 Neue Erweiterungen zur Erkenntnis 6, 178. Nyström 1915 Schulterminologie 47 u. 198 belegt Abc=Schule um 1700, Abecedarius seit 1577, Abeceschüler seit 1592.

Abele F. 'Pappel'. Zum lat. Adj. albus 'weiß' stellt sich albulus 'weißlich'. Aus dessen Verkleinerungsform *albellus geht afrz. albel, später aubel 'Weißpappel' hervor, dessen vortoniges au beim Übergang in germ. Sprachen zu a erleichtert wird: mnl. nnl. abeel, engl. abele, mnd. abēle. Heute gilt das von Voß gebrauchte Wort vom Rhein bis Pommern. Vgl. Alber.

Abend M. Ahd. āband, mnl. āvent weisen auf idg. *ēponto. Es ist verwandt mit gr. ἐπί 'auf', ὄπιθε 'hinten', ὀψέ 'spät', bedeutet somit zunächst 'der hintere (spätere) Teil des Tags'. Asächs. āband mit d statt ð erklärt Holthausen 1921 Asächs. Elementarb. § 257 aus gramm. Wechsel. Agf. ǣfen, engl. eve, anord. aptann usw. sind in ihrer Bildung von Morgen beeinflußt, wie auch agf. ǣfnung, engl. evening dem Gegenwort morning und umgekehrt nhd. morgenblich dem Adj. abendlich entspricht. Das Got. biegt in andanahti 'Vornacht' und saggqs 'Sinken' aus. Schweiz. ōbə 'Abend werden' ist aus dem Subst. abgeleitet, wie arbə 'arbeiten' aus arbət.

Abendrot N. in der älteren Sprache nur selten bezeugt und erst am Ende des 18. Jh. geläufig, z. B. Schmidt v. Werneuchen 1796 Gedichte S. 253. Alter Abendröte, mhd. ābentrœte: 1587 Theatrum diabolorum I 66b „Abendröte, Morgenschön, Morgenröte bringt Wind oder Flut"; Keppler 1604 Von einem neuen Stern S. 2b „in der klaren Abendröte leuchten". Nachbildungen der schon früher belegten Morgenrot, Morgenröte.

Abenteuer N. umgebildet aus mhd. āventiure F. 'Wagnis': dies ein ritterliches Modewort vom Ende des 12. Jh. aus frz. aventure.

aber¹ Adv.=Konjunkt. mhd. aber (aver) —

abe (ave) Adv.=Konj. 'wieder, abermals; dagegen, aber', ahd. abur, avar Adv.=Konj. in beiden Bedeutungen (dazu ahd. avarōn 'wiederholen' unter äfern). Vgl. got. afar Präp. 'nach' — Adv. 'nachher', anord. afar 'sehr' in Zusammensetzungen; den sächs. Dialekten fehlt das Wort, wozu aber die Ableitung asächs. abaro, agf. eafora 'Nachkomme' (vgl. got. afar 'nachher') vorhanden ist. Verwandtschaft mit ab und seiner Sippe ist wahrscheinlich; dazu vgl. noch ind. ápara 'der Spätere' — aparám Adv. 'später, künftig' — aparī 'Zukunft'.

aber² äber Adj. (oberd.), äfer (fränk.), äper (tirol.) 'von Schnee frei, bloßgelegt', = agf. ǣbeer, ābere 'offenbar'. Dazu mit anderem ersten Glied norw. afberr 'aufgetaut'; zum zweiten Glied s. bar Adj. 'nackt'.

Aberglaube M. im 15. Jh. aufgekommen; Luther bevorzugt Mißglaube vor Aberglaube und Afterglaube (dies auch bei Dürer 1525 Unterweisung der Messung Bl. A 1b). Alberus 1540 unterscheidet diffidentia Mißglaub und superstitio Aberglaub. Der Vocab. Opt. Leipzig 1504 hat für superstitio nur Mißglaub oder Unglaub. Die in Zürich entstandenen Wörterbücher von Frisius und Maaler wie auch oberrhein. Schriftsteller des 16. Jh. kennen zwar Aberglaub, bevorzugen aber ein seltsames Apostützerei (das an mb. Schriftstellern wie Luther, Alberus, auch Dasypodius fremd ist); dies ist jedoch schon im 17. Jh. hinter Aberglaube auch in Oberdeutschland zurückgetreten. Im Nd. besteht biglōve (Chyträus Kap. 132 bygelove). Die landschaftliche Herkunft von Aberglaube ist unklar; das erste Wortelement ist dasselbe wie in mhd. aberlist 'Unklugheit', frühnhd. Abergunst 'Mißgunst', Abername 'Spottname', Aberwille, Aberwandel; s. noch Aberwitz.

abermal Adv. erst nhd., für mhd. aber 'wieder, abermal', mit Suffix mal gebildet.

Aberraute F. Gr.=lat. abrotanum 'Stabwurz' gelangt früh zu uns und ergibt ahd. avarūza, frühnhd. abrausch, obd. affrusch M.; s. auch Ebritz. Unverschobenes asächs. abarata, aberūthe, mnd. āverrūte, nnl. averuit gerät unter Einfluß von Raute F. und ergibt ahd. Aberraute.

Aberwitz M. mhd. aberwitze, abewitze 'Unverstand'; vgl. mhd. abe 'ab' wie in mhd. abegunst 'Mißgunst' und Aberglaube.

Abfütterung F. modernes Scherzwort z. B. Kotzebue 1807 Kleine Romane (Des Pfarrers Tochter) I 7. Abfüttern 'pabulum praebere' bucht Kirsch 1718.

abgebrannt Adj. 'wessen Haus durch Feuersbrunst zerstört ist' (z. B. 1587 Theatrum diabolo-

rum II 167ᶜ „Abgebrante, und die durch Wolcken-
brüche und Waſſersnoht ſchaden gelitten, ſeyn
die Jar her jhrer nicht wenig geweſen");
im 30jähr. Krieg in die Soldatenſprache übergegangen als 'verarmt': Moſcheroſch 1640 S. 314
„Underwegs ſtieſſe uns auff ein gut Geſell, den
ich wol kante, der beklagte ſich, daß er abge-
brant war, das iſt nach der Feldſprach ſo viel
als daß er umb alles kommen und erarmet war,
daß er alles zugeſetzt und verlohren hatte"; am
Ende des 18. Jh. ſtudentiſch geworden (Zſ. f. dt.
Wortf. 12, 272) u. von da gelegentlich literariſch:
Goethe 1812 Jub.-Ausg. 23, 127 „Da er es (das
Geld) ablehnen wollte und mit einiger Schalk-
heit zu verſtehen gab, daß er nicht ſo abgebrannt
ſei, als es ausſehen möchte". Vgl. Brandbrief.

abgeſeimt ſ. Feim.

abgeſchmackt Adj. (übertr.) gebucht ſeit
Duez 1664; durch das 18. Jh. geläufig; z. B.
Köhler 1734 Einleitung zur deutſchen Poeſie
S. 4; früheſter Beleg Schottel 1663 Haubt-
ſprache S. 1219 „abgeſchmakt und kindiſch"; dafür ältere Lautform abgeſchmack z. B. Grimmelshauſen 1669 Simpliciſſimus S. 59. Vielleicht Umformung für mhd. ā-smec 'geſchmack-
los'.

Abgott M. 'falſcher Gott; etwas wie Gott
Verehrtes', mhd. daz abgot, diu abgot neben
der abgot, die abgote, -goter, ahd. daz abgot
(Mz. abgot, -a, -i, -ir, entſprechend dem be-
verwandten Wicht), aſächſ. mnl. nnl. afgod,
mnd. afgot, afrieſ. ofgod M.: eine erſt chriſtliche
Bildung, denn für den Heiden gab es keine Ab-
götter. Wohl als Miſſionswort dem got. Adj.
afgu̯ps 'gottlos, frevleriſch, ruchlos' entlehnt, das
im Gegenſatz zu gagu̯ps 'fromm' ſteht und zur
Wiedergabe des gr. ἀσεβής 'gottlos' gebildet
war. Ihm entſprechen die unabhängigen Bildungen weſtflam. afgod, norw. mundartl. avgud
'gottloſer Menſch': E. Karg-Gaſterſtädt 1944
Beitr. 67, 420 ff.

Abgrund M. mhd. abgrunt, mnd. afgrunt
(daraus entlehnt dän. ſchweb. afgrund), mnl.
afgront, nnl. afgrond M.; älter mhd. abgründe
N., ahd. abgrunti, aſächſ. afgrundi, anfr. afgrundi, mnl. afgronde, agſ. æfgrynde aus
weſtgerm. *afgrundia- N. 'Stelle, an der der
Grund abſtürzt'. Abweichend gebildet iſt das
gleichbed. got. afgrundiþa F.

abhanden Adv., nd. afhenden, mhd. abe
handen, ahd. aba hantum, anord. af hǫndum
zuſ.-gerückt aus Präp. ab (ſ. d.) u. dem Dat.
Plur. von Hand in der umlautloſen Form des
alten u-Stammes. Grundbed. 'von, aus den
Händen', Gegenwörter vor-, zuhanden. Fügungen wie von a. bringen, ſich von a.
machen, die ſeit dem 15. Jh. auftreten, ſtammen aus Landſchaften, denen die Präp. ab

fremd iſt. Lebendig iſt allein die Verbindung
von a. mit kommen geblieben.

Abhang M. erſt frühnhd. z. B. Schedel-Alt
1500 Buch d. Chroniken S. 71ᵇ, aber erſt im
18. Jh. durchgedrungen z. B. Haller 1721
Alpen Str. 35 (noch beanſtandet von Schönaich
1754 Neolog. Wb. S. 3); ſeit Heynatz 1796 gebucht. Sinnverwandt ſüdweſtdeutſch Halde
und bair.-oſtfränk. Leite; dichteriſch ſeit Klopſtock Hang.

Abhilfe F. eine Wortbildung vom Beginn
des 19. Jh.; ſeit Campe 1807 gebucht, aber
von Stieler 1691 bis auf Adelung nicht verzeichnet noch belegt. Das F. entſpricht dem
frz. remède, wie das zugehörige abhelfen dem
frz. remédier à qc.

abhold Adj. ſeit dem 15. Jh. in Oberdeutſchland bezeugt und von Maaler 1561 bis
Friſch 1741 verzeichnet; den älteren md. Schriftſtellern von Luther bis ins 18. Jh. fremd, iſt es
erſt ſeit Wieland, Schiller u. Goethe Literatur-
wort: Kuhberg 1933 Verſchollenes Sprachgut 33.

ablang Adj. im Beginn des 17. Jh. nach
lat. oblongus gebildet und ſeit Friſch 1741 gebucht (noch nicht bei Stieler 1691). Belege aus
Kepler 1616 gibt Götze 1919 Keplers Deutſch 14.

Ablaß M. mhd. áblāz M. ahd. áblāz N.
'Ablaß, Erlaß, Vergebung' = got. áflēts M.
'Erlaß, Vergebung' zu aflētan 'erlaſſen, ver-
geben', ahd. oblāzzan.

Ablaut M. zuerſt bei J. P. Zweigel 1568
Formularbuch 3ᵇ; bei Schottelius 1673 Bellum
gramm. mehrfach vom ungleichmäßigen Lauf
der ſtarken Verba, als herabſetzende Bildung wie
Abſchaum. Von J. Grimm 1819 Dt. Gramm.
1, 10 für den geſetzmäß. Wechſel des Wurzel-
vokals dieſer Verba: Leſer 1914 Zſ. f. d. Wortf.
15, 28; Schoppe 1923 Germ.-rom. Monatsſchr.
11, 184.

abmarachen ſchw. Ztw., meiſt ſich a. 'ſich abquälen', weſtfäl. ſik afmarakeln, altmärk. ſik
(af)marach'n. 1812 begegnet rotw. abrachme-
nen 'anſtrengen, ängſtigen (F. Kluge 1901
Rotw. 294), das auf hebr. aram. ragam 'ſteinigen'
beruht. Deſſen Part. meragem ergab marachen:
E. Weißbrodt 1939 Zſ. f. dt. Phil. 64, 308. Der
Begriff des Steinigens iſt erweitert zu dem des
Quälens. Mit anderer Erweiterung bedeutet
ſchwäb. marixlen 'töten': H. Fiſcher, Schwäb.
Wb. 4 (1914) 1476. Vgl. abmurkſen.

abmergeln ſ. ausmergeln.

abmurkſen ſchw. Ztw. '(heimlich) umbringen'
bringt aus leichter Umgangsſprache des 19. Jh.
vereinzelt ins nhd. Schrifttum. Zuerſt um 1800
im ſtudent. Kreis, damit jünger als weſtobd.
morixlen, das 1727 bei Baſel auftaucht in dem
offenbar ſtudentenſprachl. Sprichwort Ut vixit,
ita morixit: Scherzbildung für mortuus eſt:

A. Debrunner 1927 Idg. Forsch. 44, 150. An der Umdeutung von 'sterben' zu 'töten' mag abmurksen beteiligt gewesen sein. In md. Mundarten ist murksen 'herumarbeiten, -schneiden, -pfuschen', älter nd. murken 'töten', mnd. morken 'zerdrücken', ags. murc 'drückend' (vom Hunger), murc(n)ian 'sich grämen'.

Abort M. Euphemismus für 'Abtritt' (s. d.) urspgl. allgemein mnd. afort 'abgelegener Ort'. Synonyma bei Popowitsch 1780 Mundarten 4.

abrackern s. Racker.

Abrakadabra M. (z. B. Voß, Idyllen 66) ein bes. auf Amuletten gebrauchtes Zauberwort von Nekromanten und Quacksalbern des 16. Jh.; bei Thurneysser 1583 Onomast. 181 gebucht und bei Spangenberg 1594 Adelspiegel II 366ᵇ belegt: ein Wort des späten Mittellateins (Ducange), zufrühst bezeugt im 3. Jh. n. Chr. bei Quintus Serenus Sammonicus Kap. 52.

abrüsten Ztw. (Abrüstung F.) Verdeutschung für frz. désarmer, die 1866 üblich geworden ist (Sanders 1871 Fremdwb. I, XIII), aber früher schon bezeugt in der Bedeutung 'ein Gerüst abbrechen'.

Absage F. spätmhd. abesage 'Aufkündigung der Freundschaft; Fehdebrief': von der Mitte des 16. Jh. bis zum Ende des 18. kaum bezeugt. Von Campe, dessen Zeit es nur als 'Lossagung von etw.' kennt, 1807 mit Erfolg als der Erneuerung würdig empfohlen in den Bedeutungen 'Aufkündigung der Freundschaft' und 'Ankündigung feindlicher Handlungen'. Zu absagen schw. Ztw. 'Gesagtes widerrufen, einem die Freundschaft kündigen, Fehde ansagen'. Das Part. abgesagter Feind 'einer der sich als Feind erklärt hat' mit aktivem Sinn wie trunken, gelernt u. ä.: O. Behaghel 1924 Dt. Syntax 2, 397ff.

Abschach N. in Lessings Nathan II 1; nach Selenus 1616 das Schach- oder Königsspiel 111 'Abzugsschach'; schon mhd. abschäch. Vgl. von Bahder Beitr. 22, 522.

abschätzig Adj. Zu abschätzen 'eine Ware für minderwertig erklären' stellt sich (wie gäng zu gehen, gäbe zu geben) das i-Adj. abschätze zuerst in Tirol 1410 (Font. rer. Austr. II 34, 465). ä wird obd. zu a (Schmeller² 2, 492), abschatz ist als Adj. schwer kenntlich u. wird verdeutlicht durch Zusatz von -ig, zuerst in Graubünden 1431 (Schweiz. Id. 8, 1681). Das in den Ma. des dt. Südwestens bis heute lebendige Adj. wird durch Wieland ins Nhd. eingeführt (z. B. Agathon 2, 213), Lessing weist 1759 im 14. Lit.-Brief darauf hin, Jean Paul folgt 1789 Ausw. a. d. Teufels Papieren 2, 222 der Empfehlung. Seit Campe 1807 gebucht. Im älteren Bair. stehen hoch- u. ringschätzig daneben.

Abseite F. mhd. apsíte F. 'überwölbter Nebenraum in einer Kirche' mit volksetymologischer Anlehnung des mlat. ahd. absida (gr. ἀψίς) 'Gewölbe' an síte 'Seite'.

abseits Adv., so seit Stieler 1691, vorher abseit: -s ist angetreten wie in dies-, jenseits usw.: O. Behaghel 1924 Dt. Syntax 2, 48. Die auffallende Bildung erklärt sich aus Umkehrung des früher danebenstehenden seitab 'zur Seite weg'. Im 18. Jh. war abseits auf das Obd. zurückgedrängt, im übrigen Gebiet galt beiseite. Seit Campe 1807 wird das von Goethe und Schiller verwendete abseits wieder als geläufig gebucht. Eine ähnliche Zeit des Zurücktretens durchlebt das Adj. abseitig: Kuhberg 33.

Absicht F. nur nhd. (von da entlehnt schwed. afsigt), verzeichnet seit J. L. Frisch, Frz.-dt. Wb. 1712, noch nicht bei Stieler 1691. Absicht ersetzt um 1700 den subst. Inf. Absehen 'zielendes Blicken auf etwas; Visier' und wird von da zu 'Richtung des Geistes auf etwas'. So schon 1721 bei J. Chr. Günther, Sämtl. Werke 4, 243 „doch hab ich schon so manchen Freyer, Ohn Absicht einem zu gefallen, genau und sinnreich ausstudirt". — Absichtlich nicht vor Adelung 1 (1793) 108; fehlt bei ihm noch 1774.

abspenstig Adj., mit e geschrieben, weil die Sprachmeister des 18. Jh. die Herkunft nicht durchschauten (wie bei Gespenst, s. d.). Zu spannen in seiner Bed. 'locken' gehört ahd. spanst F. 'Verlockung', dazu das spätahd. Adj. spenstig 'verlockend'. Während frühnhd. abspennig häufig ist, erscheint abspänstig nicht vor Schweinichen 1566 Script. rer. Siles. 4, 74, in den Wb. erst seit Kirsch 1718, ein wieder verklungenes namentlich schweiz. (Gesinde) abspänstigen 1728/46. Heute lebt vor allem die Formel einem etw. (jem.) abspenstig machen.

Abstand M., nd. nl. dän. afstand, schwed. afstånd. Mhd. abstân, -stên bedeutet 'auf etwas verzichten' und '(von einem Amt) zurücktreten'. In beiden Bedeutungen entspricht Abstand, das im 16. Jh. im rechtl. Bereich entspringt. Nur die erste Bed. lebt fort in Abstand nehmen von etwas, die zweite ist abgestorben, ebenso die später entwickelten 'Beiseitetreten', 'Reugeld' und 'Tod'. Eine neue Entwicklung setzt damit ein, daß Phil. Zesen in Mt. Dögens Kriegsbaukunst 1648 A. als Lehnübersetzung für Distanz vorschlägt. Chr. Wolff führt das gute Ersatzwort in die Fachsprache der Mathematik ein, auch im Heer und bei den Turnern hat es sich durchgesetzt. Das Ztw. abstehen im entspr. Sinn ist gefolgt.

Abstecher M. In nnl. Seemannssprache, aus der wir seit 1681 afsteeken 'mit Hilfe des Boots-

hakens abfahren' kennen (Kluge 1911 See=
mannsspr. 8), ist seit 1718 een afsteker maken
bezeugt: es ist die kurze Fahrt im kleinen Boot,
das mit dem Bootshaken vom großen Fahrzeug
'absticht'. Kurz danach Affsteker 'Wegschlei=
chung, Verschwindung' aus Reinbek bei Ham=
burg (Zs. f. d. Wortf. 8, 200). 1781 bucht
Dähnert enen afstäker maken aus pomm.
Mundart. Schon 1772 wird nhd. Absteecher
durch Bode, Humphry Klinker I 114 u. ö.
literaturfähig.

abstimmen schw. Ztw. 'die Stimme abgeben',
seit den Tagen der Frz. Revolution ("Abstim=
mungen sämmtlicher Mitglieder der anmaßlichen
Französischen National-Convention über das
Endurtheil Ludwigs XVI." 1793) für älteres
stimmen (K. Ph. Moritz 1785 Reisen e. Deut=
schen in England 56 „Endlich aber kömmt es
doch zum Stimmen"). Ersatzwort für votieren;
dies zu lat. votum wie stimmen zu Stimme.

abstufen Ztw. seit Adelung 1793 in der heuti=
gen Bedeutung gebucht und von Heynatz 1796
Antibarbarus I 59 als neues Wort behandelt.
Beleg: Nicolai 1783 Reise II 452.

Absud M. eigtl. 'Abgesottenes' (zu sieden):
seit Adelung 1793 verzeichnet und wohl auch
erst im 18. Jh. aufgekommen.

absurd Adj. seit dem 17. Jh. geläufig; zu=
erst bei Wallhausen 1616 Kriegsmanual 198
mit der Bedeutung 'ungereimt' gebucht. Lehn=
wort aus lat. absurdus. — Absurdität F.
schon bei Keppler 1604 Von einen neuen Stern
Bl. 1ᵇ; Weise 1673 Erznarren Ndr. 136.

Abt M. Aram. abbā, ein altes Lallwort für
'Vater', ergibt über bibelgr. ἀββᾶς im 4. Jh.
kirchenlat. abbas, Akk. abbātem, volkslat. *abbā=
dem. Auf den lat. Bezeichnungen des Kloster=
vorstands beruhen die westeurop., z. B. ital.
abáte; afrz. ábes, Akk. abé, frz. abbé; ags. abbud,
engl. abbot; air. abb, Akk. abbaith. Mit Wör=
tern der röm. Kirche wie Mönch, Nonne,
Papst, Priester, Propst gelangt abbātem
zu den Germanen und ergibt mit Erstbetonung
ahd. abbāt, mhd. abbāt, abbet, apt, mnd. mnl.
abbet, nnl. abt, afries. abbet, ebbede. Auf
Weitergabe aus verschiednen westgerm. Spra=
chen beruhen anord. abbati (umgedeutet zu
āboti, indem das Wort als 'Sittenverbesserer'
gefaßt wurde), schwed. abbot, dän. abbed.

Abtei F. mit Lehnsuffix =ei zu Abt (wie
Kaplanei, Propstei zu Kaplan, Propst).
Dagegen beruhen ahd. abbateia, mhd. abbeteie,
mnd. ab(be)die, mnl. ab(e)die, nnl. abdij auf
kirchenlat. abbātīa, das über roman. *abbaïdïa
afrz. abbaïe ergeben hat; hieraus frz. abbaye
und engl. abbey. Auf Weitergabe des mnd.
abbedïe beruht dän. abbedi.

Abteil N. aus Abteilung verkürzt wie Be=

such aus Besuchung: E. Lohmeyer 1893 Zs. d.
Sprachv. 8, 177. O. Sarrazin schlägt in der
Köln. Ztg. vom 18. Juli 1886 Abteil für
Coupé vor und verteidigt es in seinen Beitr. z.
Fremdwortfr. (1887) 44. Das auch nach seiner
amtlichen Einführung stark angegriffene Ersatz=
wort kommt im ersten Weltkrieg langsam in
Aufnahme und hat sich erst nach 40 Jahren voll
durchgesetzt: Pfaff 16f.; W. Linden 1943 Dt.
Wortgesch. 2, 384. S. Bahnsteig.

Äbtissin F. 'Vorsteherin einer Abtei': spät=
mhd. ebtissīn erweitert (wie Prinzessin für
Prinzeß) neben mhd. eppetisse, ahd. abba=
tissa. Dies aus kirchenlat. abbatissa, das zuerst
in Glossen des 6. Jh. auf roman. Sprachboden
begegnet. Auf volkslat. *abbādissa beruhen
asächs. abdiska, mnd. abdisse (hieraus anord.
abbadīs, dän. abbedisse), mnl. abbedesse,
nnl. abdis, ags. abbudisse, engl. abbess.

Abtritt M. in der heutigen Bedeutung in der
Verbindung „heimlicher Abtritt, forica" Stieler
1691. Frühster Beleg: Kellner 1589 Beschrei=
bung d. Königreichs China S. 24 „derselbigen
Gassen jede hat drey oder vier Abtritt oder ge=
meine Örter" (Schoppe, Mittl. d. Ges. f. schles.
Volksk. 20, 121). S. Abort.

abtrünnig Adj. mhd. abetrünnec (abetrünne),
ahd. abatrunnīg (abatrunni) 'abtrünnig': eigtl.
'wer sich von etwas abtrennt', denn trennen
enthält den gleichen Stamm; vgl. auch ahd.
anttrunno 'Flüchtling', mhd. trünne 'abgeson=
derte Schar'. Vgl. entrinnen.

Abweg M. mhd. abewëc, nnl. afweg 'vom
rechten abführender Weg': Luther 1534 Sprüche
2, 15. Dazu abwegig Adj. 'aus dem Weg
liegend, irrig', zuerst in Nürnberg 1482. Das
Wortpaar ist vom 17. Jh. an zurückgetreten und
erst zur Zeit der Klassiker durch Wieland und
Campe neu belebt worden: Kuhberg 34.

Abwesenheit F. Ahd. abawësan begegnet bei
Notker als Lehnübers. des lat. abesse. Die fi=
niten Formen des Ztw. haben nie eine Rolle ge=
spielt, wohl aber die Nominalformen. Das
Part. afwesend erscheint in Magdeburg 1409
genau schon im Sinn unseres abwesend: hier
gewann das Nhd. die Entsprechung zu lat. ab=
sens. Auch der subst. Inf. Abwesen N. setzt im
15. Jh. auf nd. Boden ein; dabei bildet mnd.
in sinen affwesene das lat. in absentia nach.
Mentels Bibel (Straßb. 1466) bietet Phil. 2, 12
in meim abwesent, die Zainersche (Augsb. 1473)
Hebr. 4, 1 in abwesen. Dazu afwesenheit (zu=
erst Schwerin 16. Jh.), gebucht seit Hulsius 1596,
während die obd. Belege erst 1648 einsetzen.
Zum Inf. sind auch mhd. wësenheit, vermögen=
heit, nhd. Unwissenheit, Wohlhaben=,
redenheit gebildet. — Unserm Anwesen=
heit geht der subst. Inf. Anwesen 'praesentia'

voraus. Die Entwicklung ist hier schleppender, weil Beiwesen u. Gegenwart den Bedarf decken. In bīwesen entspricht dem lat. in praesentia, anwesend dem lat. praesens.

Abzucht, Andauche F. 'Abzugsgraben', mhd. ab(e)duch(e), eizuch(t) usw., mnd. ag(h)etuch(t), akeducht usw., mnl. (h)agedochte: in ahd. Zeit über Gallien entlehnt aus vulgärlat. āqua(e)ductus, in westdt. Ma. von der Schweiz bis zum Niederrhein lebendig (z. T. in Formen, die außer Entstellungen auch Anlehnung an heimisches Wortgut zeigen: Jos. Müller 1928 Rhein. Wb. 1, 63 f.; Th. Frings 1932 Germania Romana 138 f.), während Zeugnisse des 13. bis 16. Jh. (Dt. Rechtswb. 1, 355. 418 f.) auch den Osten von Lübeck über Schlesien bis zur Steiermark umspannen. Auf Moselfranken des 12. Jh. gehen siebenb. uͤzach, nösn. ōzǫch zurück: Siebenb.-sächs. Wb. 1 (1924) 44.

ach Interj. mhd. ach ahd. ah; dazu mhd. nhd. Ach, ahd. ah N. 'das Weh', sowie die spätmhd. Ableitung ächzen eigtl. 'ach sagen'.

Achat M. Den Edelstein haben nach Plinius die Alten zuerst am sizil. Fluß Achates gefunden. Gr. ἀχάτης ergab alat. *acāta, worauf roman. *agata und die westeurop. Formen ital. agata, frz. engl. agate beruhen. Dem lat. achātes ist um 1200 mhd. achāt(es) entlehnt, uns zuerst greifbar als achātes bei Wolfram v. Eschenbach, Parz. 791, 11. Vgl. Bernstein.

Ache rhein. für Nachen. Zum Abfall des anlautenden n vgl. Otter².

Achel s. Ahre.

acheln Ztw. 'essen' ein judendeutsches Wort, von hebr. ākhál 'essen'; schon im Rotwelsch vom Beginn des 16. Jh. bezeugt.

Achse F. Mhd. ahse, ahd. asächs. ahsa, afries. axe, ags. eax, anord. ǫxull setzen ein gemeingerm. Wort voraus, das mit gleichbed. aind. ákṣa-h, gr. ἄξων, lat. axis, apreuß. assis, aslav. osĭ usw. auf idg. *ages-, *aks- zurückweist. Den Wagen und seine Teile kennen die Jdg. schon in ihrer gemeinsamen Zeit; den Namen der Achse bilden sie vom Verbalstamm *ag- (in lat. agere, gr. ἄγειν 'führen') aus, der ursprünglich 'mit geschwungnen Armen treiben' bedeutete. Für unser Wort ergibt sich 'Achse samt den Rädern' als Ausgangsbed., die in gr. ἄμ-αξα 'Karren' deutlich wird. Nicht zufällig bedeuten die balt. Ausdrücke für 'Achse' (lit. ašìs, lett. ass) zugleich 'Klafter': alle Bezeichnungen der Armspanne gehen von Verben aus, die ein Recken der Arme ausdrücken. H. Reichelt 1929 Wörter u. Sachen 12, 112 ff.; Bl. Banaţeanu 1943 Rev. ét. indo-europ. 3, 136 f.

Achsel F. Mhd. ahsel, ahd. ahsala, asächs. ahsla, mnd. asle, assel, mnl. assel(e), afries. ax(e)le, ags. eaxl, anord. ǫxl (daraus entlehnt engl. axle),

dän. aksel, schwed. axel führen auf germ. *ahslō 'Achsel'. Daneben dehnstufig mnl. oecsel(e), nnl. oksel, ohne l-Formans mhd. uohse, üehse 'Achselhöhle', ahd. uochisa, uohsa(na), -ina, ags. ōxn F. 'Achselhöhle'. Außergerm. entspricht am nächsten lat. āla (aus *akslā) 'Achsel', später 'Flügel' mit axilla (aus *akslolā) 'Achselhöhle; kleiner Flügel' (entlehnt zu air. oxal 'Achselhöhle'), weiterhin armen. anut' (aus *asn-) 'Achselgrube', avest. ašayå̊ Gen. Dual. 'der beiden Achseln', aind. ákṣa- 'Schlüsselbein': alle zu der unter Achse (s. d.) entwickelten idg. Wurzel *aĝ- '(mit geschwungnen Armen) treiben'. Der Körperteil ist benannt nach der Anschauung der aus den Achseln bewegten Arme.

acht Zahlw. Ahd. ahto, ags. eahta, engl. eight, got. ahtau vereinen sich mit gr. ὀκτώ, lat. octō, altir. ocht, toch. B okt, lit. aštuonì, aind. aṣṭáu auf idg. *oktōu, offenbar eine Dualform, die als 'zwei Vierer' zu deuten sein dürfte. Zur Wurzel *ak-, ok- 'spitz' gehört mit gleichem Suffix wie *(de)km-tom 'Zehnerreihe, Hundert' zu idg. *dekm 'zehn' ein idg. *oketom 'Spitzenreihe', das im Dual *okᵉtōu die zwei mal vier Spitzen der Finger beider Hände (ohne Daumen) bezeichnen konnte: F. Muller 1927 Jdg. Forsch. 44, 137. Zur Viererzählung s. Dutzend, Zwölf, Schock.

Acht¹ F. Mhd. āht(e), ahd. āhta, mnd. mnl. achte, ags. ōht 'Verfolgung, Friedlosigkeit' führen auf *anhtō. Dazu ächten, mhd. æhten, ahd. āhten, asächs. āhtian, ags. æhtan aus westgerm. *āhtjan, germ. *anht-jan 'verfolgen'. Das älteste germ. Zeugnis bietet im 1. nachchr. Jh. der Männername Actumōrus. Außergerm. vergleicht sich ir. ēcht (aus *anktu-) 'Totschlag aus Rache'; alle weiteren Verknüpfungen (auch die mit gr. ἀνάγκη 'Zwang') bleiben ungewiß. Zur Sache E. v. Künßberg, Acht (Weimar 1910) u. Dt. Rechtswb. 1 (1932) 361 ff. Gemeinsprachl. drohte Acht im 18. Jh. zu veralten; erst seit 1791 findet es sich wieder regelmäßig gebucht. Noch länger war nach M. Kuhberg 1933 Verschollenes Sprachgut 34 ächten gefährdet.

Acht² s. unter achten.

achtbar Adj. mhd. ahtbære, mnd. ach(t)bar 'ansehnlich' gehört zu Acht F. in seiner Bed. 'Stand, Rang' u. ist als 'angesehen, ehrbar' von Personen, 'bedeutend, groß' von Sachen namentl. älteren Rechtstexten geläufig: Dt. Rechtswb. 1 (1932) 382 f. In nhd. Zeit verzeichnen es die Wbb. von Maaler (Zürich 1561) bis Frisch (Berlin 1741) regelmäßig. Von Adelung wird es 1774, von Heynatz 1796 veraltet genannt, von Campe 1807 zur Belebung empfohlen, die das 19. Jh. durch Schriftsteller wie G. Freytag wirksam vollzogen hat: Kuhberg 1933 Verschollenes Sprachgut 34.

achte Ordnungszahl mhd. ahtede, meist verkürzt zu ahte, ahd. ahtodo = got. ahtuda, agſ. eahtoda, engl. eighth. Die dreiſilbige Form achtede ſtirbt im 15. Jh. aus (vereinzelt noch bei Steinhöwel), aber im 15. und 16. Jh. finden wir die Nebenformen achtende (nach ſiebende gebildet) und achteſte.

Achtel N. ſ. unter Teil.

achten ſchw. Ztw., mhd. ahten, ahd. aſächſ. ahtōn 'beachten, überlegen, erwägen', afrieſ. achtia, agſ. eahtian 'ſchätzen, beraten, wachen über, preiſen' neben Acht F., mhd. ahte, ahd. ahta 'Beachtung, Aufmerken', mnd. afrieſ. achte, agſ. eaht 'Rat, Beratung, Schätzung, Wert'. Zugrunde liegt der germ. Verbalſtamm *ah- in got. ahjan 'glauben, meinen', inahs 'verſtändig' uſw. Außergerm. laſſen ſich gr. ὄκνος 'Bedenklichkeit' und ὀκνεῖν 'zaudern' auf den gleichen idg. Verbalſtamm *ok- 'überlegen' zurückführen.

achter nd. für after (z. B. Achterwaſſer 'Hinterwaſſer') ſ. unter After.

ächzen Ztw. Intenſiv- und Iterativbildung zu ach, wie duzen zu du, ihrzen zu ihr; ſchon mhd. echzen.

Acker M. Mhd. mnd. mnl. acker, ahd. ackar, acchar, ahhar, aſächſ. akkar, nnl. akker, afrieſ. ekker (alle mit weſtgerm. Konſ.-Dehnung unmittelbar vor r), agſ. æcer, engl. acre (hieraus im 12. Jh. frz. acre), anord. akr, norw. aaker, ſchwed. åker (beide mit Vokaldehnung in offner Silbe), dän. ager, got. akrs führen auf germ. *akra-, idg. *aĝro-. Außergerm. vergleichen ſich lat. umbr. ager, gr. ἀγρός, armen. art 'Acker', aind. ájra-. Deſſen altertümliche Bedeutung '(grasbewachſene) Ebene' führt auf den Urſprung: Acker gehört (wie Trift zu treiben) als r-Bildung zur idg. Wurzel *aĝ- 'treiben' in aind. ájati, aveſt. azaⁱti 'treibt', toch. A āk-, B āk- armen. acem 'führe, bringe', gr. ἄγω, lat. ago 'führe', ir. ad-aig 'er treibt heran', kymr. korn. bret. a 'er treibt'. Acker hat zunächſt umfaſſend Feld und Flur als 'Weideland' bezeichnet. Davon wurde, als nach der Wanderzeit der Ackerbau die Viehzucht zurückdrängte, das Ackerland abgetrennt. In Deutſchland, England und Frankreich hat ſich Acker früh zum Landmaß entwickelt wie lat. acnua, actus quadrātus.

Ackermennig ſ. Odermennig.

Adagio N. Ital. adagio Adv. 'langſam' begegnet ſeit Prätorius 1619 als Vorſchrift in Noten, das Subſt. 'Muſikſtück mit langſamem Tempo' belegt H. Schulz 1913 Fremdwb. I 5 ſeit Mattheſon 1739.

Adamsapfel M. Der ſeltſame Ausdruck beruht darauf, daß jede Erhabenheit des menſchlichen Körpers hebr. tappūach 'Apfel' heißt und daß ādām 'Menſch' zum Namen des erſten

Mannes geworden iſt. Der hervorſtehende Schildknorpel des Mannes heißt tappūach ha ādām. Umdeutung hierzu iſt der Volksglaube, dieſer Knorpel ſei ein Stück des verbotenen Apfels aus dem Paradies, der auf roman. Boden ſeit dem 15. Jh. bezeugt wird. Daher die Namen morsus et pomum Adami C. Bauhin 1592 De corp. humani part. 30, wofür ſeit M. Krämer 1678 Dt.-ital. Wb. Adamsbiß, ſeit Chr. Ludwig 1716 Dt.-engl. Lex. Adamsapfel erſcheint. Entſprechende Namen greifen über ganz Europa. Da Adam den Apfelbutzen oder -grotzen erhalten haben ſoll, heißt der Knorpel pfälz. Adamskrotze, heſſ. -grüwes, ſächſ. -griebs, elſ. ſchwäb. tirol -butzen. Sonſt Adamszäpfel, Bierkröpfl, -knoten (Zedler 1, 453. 3, 1803), Sauffnubbel, Gurgelknopf, Kehlknübel. Außerhalb des Dt. vergleicht ſich engl. Adam's apple, außerhalb des Germ. kymr. afal Adda; ähnlich afal breuant, abret. abal brouant 'Apfel der Kehle'.

Adamskind N. 'Menſchenkind' ſeit frühnhd. Zeit z. B. Matheſius, Chriſt. I, 12a und Abr. a St. Clara 1723 Lauber-Hütt S. 222, 234. Gleichwertig damit „Kind Evä" z. B. bei H. Sachs (1558) Fabeln und Schwänke Nr. 194 „Die ungleichen Kinder Evae". Parallelbildung Eventochter 'weibliches Weſen' z. B. Wieland 1771 Amadis IX Str. 22. Vgl. auch Enakskind.

addieren Ztw. 'zuſammenzählen' 15. Jh. (gleichzeitig mit ſummieren, ſowie ſubtrahieren und multiplizieren) entlehnt aus lat. addere: A. Schirmer 1912 Wortſch. d. Math. 2.

ade Abſchiedsgruß. Lat. ad Deum '(ich empfehle dich) der Gottheit' ergibt im 12. Jh. frz. adé, woraus mhd. adē 'Gott befohlen', das von etwa 1210 bis ins 17. Jh. vorherrſcht und als Wort der Dichter, der Kinder und des Volks bis heute möglich iſt. Daneben mit dem roman. beſtimmten Artikel ſpätmhd. aldē; ſo noch Murner, Pauli, Fiſchart und Sachs. Adis, adjes, nach dem Vorbild von bona dies im 18. Jh. durchgedrungen, in Belemnons Cur. Bauern-Lex. 1728 S. 8 als mißbräuchlich bezeichnet, iſt weſentlich auf die Mundarten beſchränkt geblieben; adjüs hält ſich vom Niederrhein bis Mecklenburg. Adieu dringt ſeit 1600 als Modewort ein, erlangt bald auch im Volk Geltung, wird hier aber entſtellt, ſüdweſtdt. zu atjē, in Berlin zu tchö. Jtal. addio iſt in Künſtlerkreiſen beliebt und ſteht ſeit etwa 1600 auch bei dt. Schriftſtellern, ohne doch je ins Volk zu bringen, das mit dem 20. Jh. immer mehr zu dt. Grüßen zurückkehrt, behüt Gott oder (weltlich) lebe wohl.

Adebar M. heißt der Storch (ſ. d.) außer im

Nd. in Hessen, Nassau, der Rheinpfalz und in Teilen des Schwäb.: E. Christmann, Teuth. 10, 190 f. Die alten Zeugnisse (bei W. Krogmann, Nd. Korr.-Bl. 51, 71) führen auf eine and. Grundform *odabaro, durch gramm. Wechsel aus *odafaro entstanden. Dies beruht auf germ. *uda-faran-. Für den ersten Wortteil germ. *ud- läßt sich aus dem ablautenden ags. waðum(a) M. 'Woge, Strom, Flut, Meer' (zum Verbalstamm idg. *eudh- 'feuchten, fließen': Krogmann, Anglia 60, 35) die Bedeutung 'sumpfige Stelle, feuchte Wiese' erschließen; der zweite gehört zu faran 'gehen' (s. fahren): 'Sumpfgänger' heißt der Sumpfvogel Ciconia alba mit bestem Recht. Früh ist sein Name zu *ōdaboro 'Segenbringer' (aus asächs. ōd, ahd. ōt, anord. auðr 'Glück, Reichtum', vgl. Allod, Odal und -boro 'Träger', s. gebären) umgedeutet worden. Daraus konnte sich der Glaube entwickeln, der Storch bringe dem Hause Segen, auf dem er nistet. Eine Besonderung dieses Glaubens ist der Storch als Kinderbringer, bei dem der Wunsch nach Beschwichtigung kindlicher Wißbegier mitgewirkt hat. — S. Uttenschwalbe.

Adel M. ahd. adol, edili, asächs. aðali, edili, agf. æðelu 'edle) Art, Familie, Abstammung', anord. aðal 'Natur, Beschaffenheit, Wesen, Anlage'; dazu die unter edel verzeichneten Adj. u. (mit Dehnstufe) ahd. uodal, asächs. ōðil, agf. ōðel 'Heimat, Aufenthaltsort, Land', anord. ōðal N. 'Heimat, Eigentum, Grundbesitz, Stammgut' (s. Otto Behaghel, Odal. München 1935), als erster Teil in den Männernamen Uhland u. Ulrich (Uodal-lant, -rīch), als zweiter in ahd. heim-ōdil, got. haim-ōþli N. 'Grundbesitz in der Heimat'. Mit dem Blick auf ahd. Uota 'Urgroßmutter' u. afries. ēdila 'Urgroßvater' erwägt man für germ. *aþala-: *ōþela- die Ausgangsbed. 'Väterliches' u. knüpft an das in den idg. Sprachen weit verbreitete Lallwort atta 'Vater' an: W. Krogmann 1938 Zf. f. dt. Phil. 63, 189 ff.

Ader F. ahd. ādara, mhd. mnd. āder 'Ader, Sehne', agf. ǣdre, aschwed. āþra, schwed. ådra. Daneben führt anord. ǣðr (mit bloß nominat. r) auf einfaches germ. *ēþ-. Das diesem entsprechende vorgerm. *ēt- vergleicht man mit gr. ἦτορ 'Herz', ἦτρον 'Bauch', wozu an ahd. inādiri, air. inathar, akorn. enederen 'Eingeweide' zu erinnern ist. Auch mhd. mnd. āder bedeuten im Plur. 'Eingeweide'.

adieu s. ade.

Adjutant M. Zu lat. adjūtāre 'unterstützen' gehört adjūtor 'Helfer'. Dagegen hat sich frz. adjudant, span. ayudante 'Hilfsoffizier' ausgebildet. Beide können Vorbild unseres Fremdworts sein, das H. Schulz 1913 Fremdwb.

I 6 zuerst aus Fritsch 1667 de Augusta 82 nachweist.

Adler s. Aar.

adlig Adj. Mhd. adellich, ahd. adallīh, nnl. adellijk, dän. adelig, schwed. adlig, agf. æðellic: von Adel mit Endung -lich gebildet, die in unbetonter Stellung ihr ch in g wandelt wie in billig, untablig, -zählig, ähnlich in den anord. und mengl. Adj. auf -lic. Noch Wieland, Goethe und J. H. Voß schreiben adelich. Mitsprechen mag, daß l der Endung mit dem des Stamms verschmolzen ist, wonach man das Wort als auf -ig gebildet faßte, das weithin als -ich gesprochen wird. Aber der Lautwandel ist nicht auf Adj. auf -lich beschränkt. Er gilt z. B. auch in Essig (s. d.) und dem Flußnamen Kinzig (ahd. Kinzicha, mundartl. Kinzich).

Admiral M. Zu arab. amara 'befehlen' stellt sich amīr 'Befehlshaber', das als Emir (s. d.) in alle europ. Sprachen gelangt ist. Mit ar-raḥl 'Transport' wird amīr verbunden zum Titel des Führers der Flotte, die die Verbindung zwischen Nordafrika u. Andalusien herstellt. Über afrz. amiral gewinnen wir um 1200 die gleichlautende mhd. Form. Unter Quereinfluß des lat. admirari 'bewundern' wird im 16. Jh. frz. admiral entwickelt. Diese Form setzt sich bei uns in frühnhd. Zeit durch: K. Lokotsch 1927 Etym. Wb. Nr. 69a; H. Suolahti 1929 Frz. Einfl. 45; W. Kurrelmeyer, Mod. lang. notes 34, 264. 36, 483.

adoptieren schw. Ztw. 'an Kindesstatt annehmen' aus gleichbed. lat. adoptāre, urspr. 'hinzuwünschen'. Zuerst von röm. Verhältnissen bei Carion 1532 Chron. 76ᵃ, von dt. Verhältnissen seit 1564 Zimm. Chron.² 1, 561 Barack. Hier auch Adoption F. (nach lat. adoptio), das schon in Worms 1513 auftritt: D. v. Pleningen, Sallust O 4ᵃ.

Adresse F. in der Bedeutung 'Briefaufschrift' in den Fremdwörterbüchern seit Scheibner 1695 und Sperander 1727 verzeichnet und wohl schon während des 30jähr. Krieges entlehnt („meine Briefe an Monsieur Rhümling adressiert" Armatus-Rist 1642 Rettung der edlen teutsch. Hauptsprache). Zwischen 1750—1850 findet sich Behörde („den Brief an seine Behörde abgeben") als Verdeutschung. — Die bei uns seit Anfang des 18. Jh. auftretende Bedeutung 'feierliches Schreiben' ist von England ausgegangen, wo address seit der Restauration 1662 als 'Schriftstück des engl. Parlaments an den König' (diese Bedeutung wird in Deutschland bezeugt in der 1. Hälfte des 18. Jh. und z. B. bei Moratori 1727 gebucht) auftritt. Zugrunde liegt die Sippe frz. adresse.

Advokat M. Das als Ausgangspunkt von Vogt (s. d.) dargestellte lat. advocatus spielt

als Fachwort des röm. Rechts eine Rolle.
Spätmhd. advocate begegnet zuerst 1392 in
einem Rechtshandel, den der Dt. Orden in Rom
führt. Im 15. wird Advokat rasch allgemein,
s. Rechtsanwalt und W. Kurrelmeyer 1921
Mod. lang. notes 36, 484.

äfer s. aber².

äfern Ztw. 'wiederholen' ein oberd. Wort:
mhd. äveren ahd. avarōn; s. unter aber¹.

-aff Grundwort in Bachnamen, nd. -apa,
ahd. -affa. Vor allem in Hessen, im Gebiet der
Sieg und Ruhr, bis zur untern Aller und Haase,
in den Niederlanden, Belgien und Nordwestfrankreich; selten südlich vom Main. Auf Bachnamen beruhen Ortsnamen wie Lennep,
Laasphe (alt Laspe aus Lahs-apa), Honnef,
Aschaffenburg. In Fällen wie Aschaff (zu
Esche), Salzschlirf (zu mhd. slier 'Lehm,
Schlamm'), Walluf (ahd. Wald-affa), Wies-
lauf (1027 Wisilaffa) sind heimische Bestim-
mungswörter eine Verbindung mit fremdem
Grundwort eingegangen, wie oft. Ein vermu-
tetes kelt. *apa 'Wasserlauf' ist nirgends zu erweisen, auch fehlt unsre Bildung gerade auf dem
alten Keltenboden Süddeutschlands und Frankreichs. Am ehesten kommt illyr. Herkunft in
Frage, wozu (im allgemeinen richtig) J. Pokorny 1937 Mélanges Holger Pedersen 541 ff.
Illyr. *apa gehört zu aind. āp- 'Wasser', apreuß.
ape 'Fluß' usw.: H. Krahe 1932 Glotta 20,
188 ff. Nicht überzeugend M. Gottschald 1935
Zs. f. dt. Bildg. 11, 35 f. und J. Schnetz 1942
Zs. f. Namenf. 18, 101 ff.

Affe¹ M. mhd. affe ahd. affo M. (dazu im
Ahd. die Femininbildungen affa, affin, affinna
'Affin') = anord. api, ags. apa, engl. ape
(daraus entlehnt ir. gäl. apa), asächs. apo 'Affe'.
Sachliche und sprachliche Gründe sprechen
dafür, daß germ. *apan- aus altruss. opica,
altböhm. opice als uraltes Lehnwort auf un-
bekanntem Handelsweg zu den Germanen kam;
O. Schrader hält für möglich, daß das durch
Hesychius bezeugte urkelt. ἀβράνας (für *ἀβ-
βαν-) 'Affe' vor der ersten Lautversch. ins
Germ. entlehnt ist. Jedenfalls ist es sicher, daß
es kein gemeinidg. und auch kein westidg. Wort
für Affe gegeben hat; so stammt mnl. simme,
simminkel 'Affe' (daraus nnl. scharminkel)
durch alte Entlehnung aus lat. sīmia, *simiun-
cula (anl. *simmia aus lat. sīmia). Frz. singe
beruht auf lat. sīmius, desgl. akorn. sīm, korn.
simach. S. auch Munaffe und Schlaraffe.

Affe² M. 'Tornister' neuerdings in der
Soldatensprache, weil der Gaukler den Affen
auf der Schulter trägt.

Affekt M. im Anfang des 16. Jh. auftretend und von Simon Roth 1571 und Henisch
1616 verzeichnet: aus lat. affectus (frühe Be-

lege: 1526 in der Polit. Korrespond. von Straßburg I 263; Seb. Francks Übersetzung von
Erasmus' Lob der Thorheit 100ᵇ).

Affolter M. 'Apfelbaum' unter Apfel.

After M. Zum idg. Stamm *opi- 'hinter,
nach' gehört mit homer. ὄπιθε(ν) 'hinten,
hinterher' ein gemeingerm. Adv., das got. als
aftarō '(von) hinten' und aftra 'rückwärts' erscheint. Nord- u. westgerm. ist es zur Präp. entwickelt: anord. eptir, ags. æfter, afries. efter,
mnl. achter, asächs. ahd. aftar, mhd. after. Sie
bedeutet 'nach' im räuml., zeitl. u. modalen
Sinn u. regiert urspr. den Dat., nachmals auch
Instr., Gen. u. Akk.: J. Schröbler 1942 Beitr. 66,
278 ff. In alter Sprache durchaus lebendig,
werden Adv. u. Präp. after schon im höfischen
Mhd. gemieden, in nhd. Schriftsprache kommen
sie nach 1630 als selbständige Wörter nicht
mehr vor. Nur als erstes Glied von Zus.-
setzungen wie Aftermiete 'Untermiete',
Afterrede 'Nachrede' u. einigen andern ist
After- noch möglich, doch auch hier zum Absterben verurteilt. Daran ist schuld der störende
Gedanke an After M. Aus dem Adv. war
ein Adj. ahd. aftaro entwickelt; der aftaro (teil)
diente als Lehnübersetzung des euphemist. lat.
(pars) posterior, u. so wurde Hauptbed. von
After 'anus', während die jüngere Lehnübers.
der hintaro (teil) Glimpfwort für 'podex' geworden ist.

Ag(a)laster s. Elster.

Agave F. die amerikan. Baumaloe, aus gr.
ἀγαυή F. zu ἀγαυός 'prächtig'. Gleichlautend
im Engl. seit 1830, frz. seit 1783. Bei uns seit
P. Löfling 1766 Reise n. d. span. Ländern 19.
382. Gebucht seit Campes Nachtr. z. Fremdwb.
1809: Palmer 17.

Agio N. 'Aufgeld beim Wechseln'. Diese
Bed., in der frühnhd. Aufwechsel steht, hat
ital. l'aggio 'die Bequemlichkeit' vor allem in
den piemont. u. venez. Formen agio, azo
entwickelt. Von da erscheint Lagio seit 1588,
Laso 1610, Lazo 1657 bei deutschen Kaufleuten. Die heutige Form setzt sich im 18. Jh.
durch: A. Schirmer 1911 Wb. d. d. Kaufmannsspr. 7; vgl. B. Penndorf 1913 Gesch. d.
Buchhaltung in Deutschl. 84.

Aglei F., nd. Ak(e)lei, Aquilegia vulgaris
L., mhd. ackelei, ag(e)leie, ahd. (seit dem 10. Jh.)
agaleia, ag(e)leia, mnd. ak(e)leye, acolei(d)e,
nl. akelei, akolei, dän. akeleie, schwed. (seit
1538) akleja: entlehnt aus mlat. aquileja, das
vielleicht zu aquila gehört: die auffälligen, mit
einem hakig einwärts gekrümmten Sporn versehenen Honigblätter haben schon Albert den
Großen an Adler erinnert. Allerhand Anlehnungen an heimisches Wortgut und eine Fülle

von Volksnamen bei H. Marzell 1943 Wb. d. dt. Pflanzennamen 1, 359ff.

Agraffe F. 'Spange, Klammer, Schmuck' um 1700 entlehnt aus frz. agrafe 'Eisenklammer, Spange'. Gebucht in Leipzig 1715 als 'Häcklein an einem Juwel': Amaranthes, Frauenz.=Lex. 40. Das frz. F., seit dem 16. Jh. bezeugt, ist Rückbildung aus dem Ztw. agrafer 'zuhaken'. Dies gilt als Kreuzung von afranz. agraper 'anklammern' mit afrz. grafe 'spitziges Werkzeug'.

Agstein M. s. Bernstein.

Ahle F., das uralte Werkzeug, mit dem Schuhmacher und Sattler dem Draht oder Faden vorstechen. Jdg. *ēlā F. 'Ahle' ist gesichert durch aind. ắrā und das urverwandte germ. *ēlō in ahd. āla, mhd. āle, mnd. āl, nnl. aal, agf. æl, mengl. ēl. Got. *ēla wird vorausgesetzt durch die daraus entlehnten balt. Sinnverwandten: lit. ýla lett. ĩlens, apreuß. ylo. Daneben mit Ablaut anord. alr M. (hieraus entlehnt engl. awl). Zu dessen Ablautstufe mit derselben Endung wie Sense (s. d.) gleichbed. germ. *alisnō in mnd. else(ne), mnl. elsen(e), nnl. dithmarf. els, älter dän. else, sowie in got. *alisna, gesichert durch die daraus entlehnte roman. Wortsippe: span. alesna, afrz. alesne, frz. alène, ital. lesina. Daneben mit Suffixablaut (F. Kluge 1926 Stammbild. § 86) germ. *alasnō in ahd. alasna, alansa, alem. alsne, alse, schwäb. alseⁿ, sowie in engl. mundartl. (Orkney) alison. — Im neueren Deutsch ist die Geltung von Ahle durch Bed.=Verwandte wie Ort, Pfriem und Säule landschaftlich eingeschränkt.

Ahn M. Jdg. *an- als uraltes Lallwort für 'männl. oder weibl. Vorfahren' ist gesichert durch lat. änus 'altes Weib', gr. ἀννίς 'Großmutter', apreuß. ane 'alte Mutter', lit. anýta 'Schwiegermutter', hettit. annaš 'Mutter'. Aus germ. Bereich gehören dazu die Namen got. Anala, -ila, anord. Āli (aus *Anilo), agf. Anela, Onela, ahd. Anulo 'Älterchen'. Das Appellativ bewahrt nur das Deutsche: ahd. ano, mhd. an(e), ene, mnd. ane M. u. ahd. ana, mhd. ane F. Das Ahd. geht von der Bed. 'Vorfahren' aus, die sich auf 'Urgroßeltern' u. 'Großeltern' einengen kann. Zu neuer Bestimmtheit gelangt A. vor Ende des 17. Jh. durch Einfluß von Niederdeutschland her, wo die Bed. 'Vorfahren' nie erschüttert war. Im 18. Jh. war A. in Gefahr zu veralten: Haller, der es verwendet, wird darum von Schönaich 1754 verhöhnt. Erst Goethe festigen es neu u. adeln es zum Gefäß, würdig, einen über verjährten Ahnenstolz u. über den Spott der Aufklärung erhabenen Begriff der in uns lebendigen Reihe der Vorfahren aufzunehmen: Kuhberg 35.

ahnden schw. Ztw. 'strafen', mhd. nd. anden, ahd. antōn, anodōn 'strafen, rügen', urspr. 'seinen Zorn auslassen': abgeleitet von mhd. ande 'Gefühl der Kränkung', ahd. anto, anado 'Ärger, Zorn', agf. anda, anoða 'Aufgeregtheit, Zorn, Leidwesen'. Dies ist als 'Aufgebrachtsein, Hochgehen' eine westgerm. Ableitung zur Präp. an; zur Endung -áþan u. -(a)ðán Kluge 1926 Stammbild. § 119. Die herkömmliche Verknüpfung mit der idg. Stamm *an- 'atmen' von got. uz-anan 'ausatmen', lat. animus, anima, ἄνεμος air. animm 'Seele' usw. scheitert an dem alten zweiten Vokal von ahd. anado, agf. anoða. — Ein anderes ahnden f. u. ahnen.

Ahne F. 'verholzte pflanzliche Splitter, z. B. von Flachs= und Hanfstengeln; Getreidegrannen, Spreu'. Mhd. agene, ahd. agana, mnd. age(n), agf. egenu, Mz. ægnan, anord. ǫgn (hieraus entlehnt spätags. agen, engl. awn), got. ahana führen auf germ. *ahanō und (mit gramm. Wechsel) *azanō. Aus dem Germ. entlehnt sind gleichbed. finn. akana, liv. agän, estn. hagan. Die Urverwandten weisen auf idg. *ak-, *ak- 'spitz' mit n=Formans, z. B. apreuß. ackons 'Grannen', alat. agna (aus *acnā) 'Ähre', gr. ἄχνη 'Spreu, Flaum, Schaum', aind. aśáni- 'Pfeilspitze'. S. acht und Ähre.

ähneln Ztw. Für frühnhd. ähnlichen (so noch Stieler 1691) seit W. Scherffer 1652 Ged. 197. Noch von Heynatz 1775 Handb. 185 als „Wort aus dem gemeinen Leben" abgetan, doch von Lessing und Thümmel durchgesetzt: F. Kluge 1909 Zf. f. d. Wortf. 10, 226.

ahnen schw. Ztw. Mhd. anen erscheint vor Ende des 12. Jh. u. verbreitet sich, ohne häufig zu werden, über alle Landschaften, wie es auch in heutigen Mundarten fast ohne Unterschied gilt. Moselfränk. Siedler tragen es nach Siebenbürgen. Über nd. Vermittlung werden im 17. Jh. dän. ane u. schwed. ana entlehnt. Das Ztw. ist (wie Frisch 1741 zuerst gesehen hat) von der Präp. an abgeleitet (wie äußern von außer): ez anet mir (alt auch: mich) 'mich kommt an, überkommt' als Traum, Gesicht, Empfindung. Magisch=religiöser Ausgangspunkt ist zu vermuten, aber nicht zu erweisen, da schon die ersten Belege die heutige abstr. Bed. 'ein dunkles Vorgefühl haben' zeigen. Persönl. Fügung (ich ahne) nicht vor 1350: gemäß der damals neuen Weltauffassung trägt nun das Geschöpf die Vorempfindung in sich selbst. — Aus mir (mich) ant(e), hät g(e)ant entwickelt sich als irrige Rückauflösung andet(e), geandet in Landschaften, in denen bint, fint aus bindet, findet geworden war. Mich andet findet sich schon in Handschriften des 13. Jh.; ich ant steht zuerst bei Alberus (Wetterau 1540), mich antet, das hat mein hertz gandet bei H. Sachs, mich thut anden bei J. Ayrer (Nürnberg um 1600). Ahnden ist dann, wohl auf ostmd. Grundlage, die Form Klopstocks, durch den sie in der klass. Zeit starke Verbreitung gewinnt. Herder und Campe haben sie (wegen des störenden Gleichklangs mit **ahnden** 'strafen') mit Erfolg bekämpft: Virg. Moser 1938 Zj. f. Mundartforsch. 14, 65ff.

ähnlich Adj. dem Mhd. fremd; bei Luther als enlich geläufig und in Drucken des westlichen Mitteldeutschlands im 16. Jh. in der Nebenform **einlich**, **ainlich** (Erasm. Alberus 1540 eynlich), was für das ostmitteld. önlich Ableitung zu **ein** erweist; vgl. lat. similis zu semel. Mit dieser Deutung von ähnlich verträgt sich, daß es dem älteren Oberdeutschen fremd war, wie es noch heute der oberd. Volkssprache fehlt; das Basler Bibelglossar von Adam Petri 1522 und im Anschluß daran andere Bibelglossare übersetzen Luthers ehnlich mit gleich (glich), und dazu stimmt, daß Dasypodius und Frisius lat. similis mit gleich (glych) übersetzen und ähnlich überhaupt nicht verzeichnen; auch gebrauchen oberdeutsche Schriftsteller für unser ähnlich vielfach gleich, zumal in frühnhd. Zeit. Einen inhaltlichen Unterschied zwischen beiden Wörtern scheint zuerst Kepler zu machen, wenn er 1616 Österr. Wein-Visier-Büchlein 114ᵇ Gleich 'aequalis' von Enlich 'similis' unterscheidet. In der ahd. Zeit überwiegt gilih auch für 'ähnlich' (im Rheinfränk. auch anagilih, analih, mhd. anelich). Im Siebenbürg. begegnet vielfach ēnəš, inəš als 'gleich, ähnlich'.

Ahorn M. Acer, vor allem Bergahorn (A. pseudoplatanus L.), während der Feldahorn (A. campestre) Mäpel, Mapeldorn, Maßholder heißt, der Spitzahorn (A. platanoides) Lähne, Lenne, Leimbaum, Lie. In Oberdeutschland kamen schon in ahd. Zeit alle drei Arten vor; ob sie auch in Niederdeutschland überall heimisch waren, ist zweifelhaft. Mhd. ahd. asächs. mnd. ahorn (aus *ahurna-) und gr. ἄκαρνα 'Lorbeer' führen auf idg. *akṛ-, adän. ær (aus *ahira-) und lat. acer auf idg. *aker-. Ob ved. akráh als 'Ahorn' gedeutet werden darf, steht dahin. Das n-Formans teilt das germ. Wort mit gr. ἄκαρνα; daneben ἄκαστος (aus *ἄκαρστος) 'Ahorn'. Die Länge des ā- in schweiz. und westfäl. Mundartformen ist kaum ursprünglich. Auf Entlehnung aus dem Ahd. beruht aslav. *(j)avorŭ 'Platane', das in ruff. jávorŭ, bulg. jávor ufw. fortlebt und zu dem das Adj. aslav. avorovŭ bezeugt ist. Aus dem Mhd. entlehnt sind nnl. dän. ahorn und lit. aornas. Die Bäume heißen nach ihren spitz eingeschnittenen Blättern, s. Ahre.

Ahre F. aus dem Plur. von mhd. eher, ahd. ehir, ahir N. 'Ähre' = nnl. aar, ags. ear (aus *eahor) u. æhher, engl. ear. Damit eins sind (da r der Ableitung für älteres s steht) got. ahs, anord. ax 'Ähre'. Zugrunde liegt ein alter neutr. s-Stamm germ. *ahiz, vorgerm. *akes. Er erscheint ebenso in lat. acus, -eris 'Granne, Spreu' und gr. ἀκοσ-τή 'Gerste' (eig. 'die Grannige'). Mit anderem Suffix gebildet sind ahd. ahil, nhd. Achel 'Ährenspitze' (wegen des ch entlehnt aus nd. aggel mit spirant. g), agf. egle 'Granne', engl. (veraltet) ail 'Bart an Weizen u. Gerste'. Alle diese Bildungen gehen zurück auf eine idg. Wurzel *ak- 'spitz sein', die auch in gr. ἄκανος 'Distel', ἄκαινα 'Viehstachel', ἄκων 'Wurfspeer', ἄκρος 'spitz', lat. aculeus 'Stachel', acies 'Schärfe' erscheint. S. Ahorn, Ahne u. Eck.

Ähren, E(h)rn, Hause(h)rn, Öhrn M. 'Hausflur', mhd. ẹr(e)n 'Grund, Erd-, Fußboden, Tenne', ahd. arin, ẹrin 'Fußboden': entlehnt aus lat. arēna 'Sand(boden), für das überzeugende idg. Anknüpfungen fehlen. Zur frühen Entlehnung stimmt das mundartl. Verbreitung von Rheinland, Pfalz, Elsaß, Schweiz und Schwaben bis Hessen und Thüringen. An der Grenze zum Nd. setzt sich Ähren gegen Diele ab. Aus der Mundart ist das heute veraltende Wort zu Dichtern wie Schiller, H. Kurz und H. Hesse gelangt. Die sonst vermuteten Beziehungen zu anord. arinn M. 'erhöhte Plattform, Herd', urnord. aRina Akk. 'Grabhügel' lat. āra 'Altar' oder lit. aslà 'Steindiele' lassen sich nicht aufrechterhalten.

Akademie F. Eine Flur vor Athen, nach dem Heros Akademos 'Ακαδήμεια benannt, ist von 385 v. Chr. bis 529 n. Chr. Sitz der platonischen Akademie gewesen. Diese wurde Vorbild aller Philosophen- und Hochschulen der Alten Welt, noch bevor im 11. Jh. von Kaiser Konstantinos Monomachos in Byzanz glanzvoll erneuerten, die nahe an die Gründung der westeurop. Hochschulen heranreicht. Der ital. Humanismus greift den altgriech. Namen auf, von da wird er 1511 auf Wittenberg, 1520 auf Leipzig übertragen. Als gelehrte Gesellschaft wurde 1652 in Halle die Academia naturæ curiosorum gegründet, dagegen nannte Leibniz seine Berliner Gründung 1700 „Societät der Wiss." und erst Friedrich d. Gr. taufte sie 1744 zur Académie um. Otto Immisch, Academia. Freiburg i. B. 1924.

Akazie F. gr. ἀκακία (zum Stamm von ἀκίς 'Spitze'), der von Frisch 1741 u. a. Schotendorn genannte, urspr. ägyptische Baum, der mit seinem lat. Namen acacia in die Sprachen der Erde gelangt ist. Bei uns seit Wieland 1767 Idris 4 Str. 30. Die aus Nordamerika stammende Robinie (nach Jean Robin in Paris, der sie um 1600 aus Samen zog), heißt Akazie wegen ihrer Dornen, gefiederten Blätter und weißen Blüten.

Akelei s. Aglei.

Akkord M. Aus lat. ad 'zu' und cor, cordis 'Herz' entsteht mlat. accord(i)um, frz. accord 'Übereinkunft', ein Wort der Staats- und Kriegskunst, das 1614 im deutschen Staatsleben, 1617 im Heerwesen erscheint: Zs. f. d. Wortf. 14, 32. Über die allg. Bed. 'Vertrag', die im 18. Jh. gilt, wird in der Wendung im A. arbeiten die Bed. 'Stücklohnvertrag' erreicht, die in Gegensatz zu Tage-, Stunden-, Zeitlohn tritt. Auf frz. accorder wirkt corde 'Saite' ein, so daß im 15. Jh. die Bed. '(Instrumente) stimmen' auftritt. Bei uns ist A. „Übereinstimmung der Saiten eines Instruments" seit Prätorius 1619, „Zusammenklang" seit Walther 1732: H. Schulz 1913 Fremdwb. I 18.

Akt M. in allen Bed. aus lat. actus 'Handlung': von den Humanisten für 'feierliche Handlung', von je mit lat. Endung, doch Tauf-, Festakt; als 'Aufzug eines Theaterstücks' im 16. Jh. actus, Act seit Pape 1605 Jonas A 5ᵃ; bei Malern des 19. Jh. 'Stellung eines (nackten) Modells, danach entworfene Skizze': H. Schulz 1913 Fremdwb. I 21.

Akten Plur. 'Schriftstücke bei Behörden, bes. Gerichten'. Die lat. Form acta 'Verhandeltes' herrscht seit 1500 und gilt in der Formel ad acta bis heute. Der deutsche Plur., zuerst 1546 Notariat und Rhetorik 4ᵇ, in der Zus.-Setzung Ratsacten bei Henisch 1616, setzt sich im 18. Jh. durch.

Aktie F. Lat. actio ist mit den Bed. 'Klage, klagbarer Anspruch, Anteilrecht' ein Wort des röm. Rechts. Mit diesem gelangt es in die Niederlande: action erscheint in Brügge 1441, actije in Amsterdam 1474. Von da wandert A. nach Niederdeutschland: axien 'Klage' taucht in Bremen 1472, actie 'Anspruch' in Emden 1580 auf. Der erste aktienrechtl. Beleg betrifft die Ostind. Companie 1606: te coopen alle de actien, doermede ... B. participeert (Perels 1932 Dt. Rechtswb. 1, 473f.). Aus nhd. Sprachgebrauch werden „Actien bey der ostindischen, africanischen und hudsonbaischen Compagnie" seit Ludwig 1716 verzeichnet. Von hier aus wird die Bed. erweitert auf 'Vermögens-, Gesamtlage': Kortum 1784 Jobsiade 1, 32, 13 „Jedoch als sich die Actien verschlimmert".

Akzent M. unter dem Einfluß der lat. und deutschen Grammatik im 16. Jh. aus lat. accentus (frz. accent) entlehnt, schon 1571 in Simon Roths Dictionarius und von Henisch 1616 als Fremdwort verzeichnet (es ist schon 1564 Zimmer. Chronik II 573 belegt).

Alabaster M. mhd. alabaster N. (nnl. albast, got. alabalstraún) aus lat.-gr. alabastrum.

Alant¹ M. der Süßwasserfisch Squalius cephalus, landschaftlich auch Squalius leuciscus. Mhd. alant, ahd. alant, alunt, asächs. alund, dazu anord. qlunn 'Makrele'. Als nächster außergerm. Verwandter gilt nir. ala (aus *alāto-) 'Forelle'. Zu idg. *elu-: *olu- gehört als Dehnstufe *ēlo-, s. u. Aal.

Alant² M. Die Pflanze Inula hat ihren lat. Namen aus gr. ἑλένιον erhalten. Unter Anlehnung an lat. inuleus 'Hirschkalb' ist Umstellung von l u. n erfolgt, aber nicht allgemein durchgedrungen. Vielmehr hat sich das unverändert übernommene helenium mit inula gekreuzt zu vulgärlat. (h)el(e)na, das in afrz. eaune (frz. aunée) fortwirkt u. agf. eolone F. (engl. elecampane) ergeben hat. Ein von Westen andringendes *iluna wird umgebildet zu ahd. mhd. mnd. alant, -des: scheinbar Part. Präs. zu got. alan 'wachsen' (s. alt), so daß A. als 'der Wachsende' aufzufassen wäre (wie Heiland als 'der Rettende'). Die Umdeutung lag nahe, weil die Pflanze bes. kräftig u. hochwüchsig ist; daher auch unser Volksname „der große Heinrich": R. Loewe 1935 Beitr. 59, 254f.; J. Sofer 1930 Glotta 18, 115f. Vgl. Albeere.

Alarm M. Der Ruf zu den Waffen, ital. all'arme, gelangt in spätmhd. Zeit über die Alpen zu uns. Justinger, Berner-Chron. 175 Studer berichtet 1420 über ein Ereignis von 1388 do wurdent die frömden bogner der hut ('des Hinterhalts') gewar und schruwen alerm. Frühnhd. Formen sind Lerman, Ellérma(n), Alarm(a), weiter führt die Entwicklung zu nhd. Lärm, s. d. Dem Ital. ist, gleichfalls im 14. Jh., frz. crier à l'arme nachgebildet (frz. wäre as armes). Durch das Frz. sind mengl. alarme u. nnl. al(l)arme vermittelt, durch mnd. allarm dän. schwed. (a)larm.

Alaun M. mhd. mnd. alūn M. 'Alaun' aus lat. alūmen, woher auch nnl. aluin, frz. alun, engl. alum und (über akymr. *alifn) agf. ælefn(e). Auf mnd. alūn beruhen lit. alūnas, lett. alūns, aluons: J. Sehwers 1925 Kuhns Zs. 53, 108.

Albatros M. Arab. al kādūs 'der Krug' hat span. alcaduz 'Brunnenrohr' ergeben, woraus die Namen des großen Sturmvogels span. alcatraz, port. alcadroz, angloind. albatross entstanden sind, die über engl. nnl. albatros zu uns gelangen. Namengebend wirkt die den Sturmvögeln eigene, hornige Röhre, in der sich die Nasenhöhle auf dem Oberschnabel fortsetzt: Lokotsch 1927 Etym. Wb. 988 (al als arab. Artikel noch in Alchimie, Alhambra, Alizarin, Alkalde, Alkazar, Alkohol, Alkoran, Alkoven, Almanach, Alpaka).

Albe[1] F. mhd. albe ahd. alba F. 'weißes beim Meßopfer gebrauchtes Chorhemd' nach dem gleichbed. kirchl.-lat. alba (engl. alb, ags. albe).

Albe[2] F. 'Weißfisch' mhd. albel M., dem lat. albula zugrunde liegt, woraus auch frz. able.

Albeere F. nd. 'schwarze Johannisbeere', mnd. albere, nnl. aalbes, aalbezie. Erstes Glied ist Alant[2]: an diesen erinnert die schwarze Johannisbeere im Geschmack. Auch Alantbeere ist bezeugt.

Alber F. M. 'Weißpappel, Populus alba L.', ahd. albāri, mhd. alber(boum), in heutigen Mundarten Albele, Alber=, Allerbaum: J. Hoops 1905 Waldbäume 231. Das lat. Adj. albulus 'weißlich' (s. Abele) liefert ein spätlat. albarus 'Weißpappel' (es lebt in ital. albaro fort), das ins Dt. entlehnt unter Einfluß der Baumnamen auf ahd. -āri (s. Felber) zu ahd. albāri umgestaltet wird: H. Meyer-Lübke in Wölfflins Arch. 13, 50; N. O. Heinertz 1914 Zs. f. dt. Wortf. 15, 241 f.; E. Ohmann, Neuphil. Mitt. 1942, 20 f.

albern Adj. In der Sippe von wahr (s. d.) spielt die alte Bed. 'freundlich' eine Rolle: anord. værr 'freundlich, ruhig, angenehm', got. *unwērs 'unwillig', wozu unwērjan 'unwillig sein', ahd. miti-wāri 'sanftmütig'. An ihr hat die Zus.-Setzung mit dem Stamm von all (s. d.) Anteil, die im Fem. anord. alvāra 'Wohlwollen, Beständigkeit, Ernst' u. im Adj. ǫlvǣrr 'munter', ahd. ála-wāri 'gütig, freundlich, zugeneigt' (daneben auch 'ganz aufrichtig') vorliegt. Im Übergang zu mhd. álwære wandelt sich die Bed. '(allzu) gütig' zu 'dumm' (vgl. frz. bonhomme, gr. εὐήθης 'gutmütig; töricht'), die auch für frühnhd. alber gilt. Dabei ist die Länge im zweiten Glied der alten Zus.-Setzung verkürzt (wie in Adler, Grummet, Nachbar), die Gruppe -lw- über die nicht mehr empfundene Wortfuge hinweg zu -lb- gewandelt (wie in Felber, Milbe, Schwalbe). Alber ist Luthers Form, die er siebzehnmal in die Bibel setzt u. damit in die nhd. Schriftsprache einführt, während seinen obd. Zeitgenossen einfältig, närrisch, unweise geläufig sind. Weiterhin gelangt -n aus den obliquen Formen in den Nom.; nd. alvern geht dabei voran. Gottsched u. Adelung setzen albern durch; noch Lessing schreibt alber, Herder Alberheit. Während a. bei Luther allg. den Mangel an Vorsicht u. Überlegung ausdrückt u. noch Wieland sagt „Ich merk Euch schon, so albern bin ich nicht", beziehen sich Adj. u. Adv. heute wesentlich auf das Unschickliche im Benehmen. Dafür gilt in der Umgangssprache Österreichs vielmehr blöd; auch dem Bair., Schwäb. u. Alem. fehlt a. im schriftsprachl. Sinn.

Albertät F. Das Subst. zu albern heißt bei Lessing nach ostmd. Weise Alberei. Von frühnhd. alber geht auch die burschikose Wortbildung Albertät aus, zuerst bei Meyfart 1636 Von dt. Hochschulen 270. In den gleichen Kreis gehört Albertist 'alberner Mensch': Prätorius 1668 Rübezahl 188.

Album N. Lat. album 'das Weiße' hat die Bed. 'weiße Tafel zu Aufzeichnungen' entwickelt. Meum album 'meine Notiztafel' erscheint in dt. Text bei Prätorius 1666 Anthropodemus 1, 243. Die seit dem 18. Jh. alleinherrschende Bed. 'Stamm=, Gedenkbuch' zuerst bei Nehring 1684 Manuale 112. Frz. nl. schwed. Album sind im 18. Jh. aus dem Nhd. entlehnt.

Alchimie s. Chemie.

alert Adj. ein landschaftlich (z. B. alemann., bair. u. hess.) volkstümliches Lehnwort aus frz. alerte, schon 1695 von Stieler, 1720 von Spanutius und 1727 von Sperander verzeichnet (frz. à l'erte eigtl. das 'Herausrufen' der Schildwachen): H. Schulz 1913 Fremdwb. I 24.

Alfanzerei F. mhd. alevanz M. 'Possen, Betrug'; nach Fischer, Schwäb. Wb. I 123 in der Grundbedeutung 'Betrug, Gewinn' entlehnt aus ital. all' avanzo 'zum Vorteil'.

Alge F. zuerst in Zusammensetzungen wie Schlauch= und Süßwasseralgen bei L. Oken 1841 Allg. Nat.=Gesch. 3, 181. Aus lat. alga 'Seegras, Tang', urverwandt mit dän. ulk 'Frosch', norw. mundartl. ulka 'Schimmel, Schleim', ulka 'eitern, ekeln', alka 'sudeln': g-Erweiterungen der idg. Wurzel *el-, *ol- 'modern, faulen', die unerweitert und schwundstufig vorliegt in norw. ul 'verschimmelt', schwed. ul 'ranzig'. Dt. Volksnamen der Algen bei H. Marzell 1943 Wb. d. dt. Pflanzennamen 1, 190 f.

Alkohol M. 1583 von Thurneysser, Onomast. als alcofol mit anderer Bedeutung ('Puder') bezeugt; die heutige Bedeutung findet sich in Deutschland zuerst 1597 bei Libavius, Alchemia 338 (alcool vini); als deutsch wird es zuerst 1616 von Henisch verzeichnet ("Alcool das Subtilist eines jeden Dinges, als alcool vini 'der Branntwein'"). Im 16. Jh. ist das Wort in der abendländischen Alchimie geläufig als 'feinstes Pulver' (span. port. engl. alcohol, nnl. alcohol). Es entstammt dem arab. alkohl 'Bleiglanz zum Färben der Brauen' (span. alcohol in gleicher Bedeutung = frz. alquifoux). Vgl. Mahn, Etymol. Unters. S. 107.

Alkoran s. Koran.

Alkoven M. 'nischenart. Schlafzimmer, Nebenraum'. Arab. al-gubba 'gewölbtes Gebäude, Gemach' wird entlehnt zu span. alcoba 'Schlafgemach'. Dies ergibt im 17. Jh. gleichbed. frz. alcôve F. u. 1703 (wie nl. alkoof, engl. alcove) nhd. Alcove (zum arab. Artikel s. Albatros).

1705 erscheint das nhd. Wort weiter entlehnt zu schwed. alkov. Die Form Alcove gilt bis Bodmer 1752 Noah 34. Der schw. Dat. u. Akk. Alkoven ist die meistgebrauchte Form, danach setzt sich im 19. Jh. der gleichlautende Nom. Sg. durch. Das Mask. danken wir dem Vorbild von bt. Wörtern wie Hof u. Ofen, an die Mundarten A. angelehnt haben. Etwa gleichzeitig mit Mansarde (s. b.) ist Wort u. Sache in die dt. Städte u. von da als gesunkenes Kulturgut aufs Land gedrungen, wo es sich am Rhein u. an der Wasserkante am zähesten hält. — Vgl. Kuppel.

all Adj. Mhd. ahd. asächs. nl. afries. al (-ll-), ags. eall, engl. dän. schwed. all, anord. allr, got. alls führen auf germ. *alla-. Daneben wird germ. *ala- vorausgesetzt durch ahd. ala-wāri 'ganz wahr' (s. albern), asächs. ala-hwīt 'ganz weiß', got. ala-mans 'Menschheit', denen lit. al-vienas 'ein jeder', aliái Adv. 'jeder-, völlig' entsprechen. Beide Ansätze vereinen sich, wenn ll durch Angleichung aus älterem ln hervorgegangen ist (wie in Elle, voll, Welle, Wolle). Auch lat. allers 'gelehrt', urspr. 'omni arte praeditus', hat ein gleichbed. alers neben sich, dessen Bestimmungswort auf idg. *alo- zurückweist. Daneben gilt *alnos als Part. zu idg. *al- 'wachsen' (in got. alan 'aufwachsen', s. alt): von 'ausgewachsen' über 'vollständig' hätte all die Bed. 'omnis' erlangt.

All N. von Opitz zuerst gewagtes, von Lohenstein u. Brockes verwendetes Ersatzwort für Universum. Von Schönaich 1754 verhöhnt, von Adelung 1774/93 als veraltet u. unanschaulich abgetan. Campe läßt 1794 All nur neben Weltall (s. b.) allenfalls zu u. tritt erst 1807 dafür ein, nachdem Herder es verwendet u. Heynatz 1796 eine Lanze dafür gebrochen hat: Kuhberg 1933 Verschollenes Sprachgut 35.

alldieweil s. weil.

alle in den Verbindungen 'alle sein, alle werden' ist eigtl. nur md. nd.; im Oberd., z. B. in der Schweiz, unbekannt. Erasm. Alberus 1540 hat alle werden 'deficere' (x IIᵃ) und Luther verwendet es auch in der Bibel (das Bibelglossar von Thomas Wolf, Basel 1523, übersetzt dieses all mit „lär, öd, verzehrt, schwach"). Wahrscheinlich beruhen diese Formeln auf Ellipse; eigtl. etwa „alle verbraucht werden, sein"?

Allee F. Volkslat. alāre, Kurzform des lat. ambulāre 'gehen', ergibt gleichbed. frz. aller. Hierzu seit dem 13. Jh. das F. allée 'Gehen, Gang, Weg' (woraus engl. alley 'Baumgang; Gasse'). In der frz. Gartenkunst wird der Lustgang zwischen zwei Baumreihen wichtig: in solchem Sinn begegnet nl. allee seit 1598. Teils von da, teils aus Frankreich unmittelbar ge-

langt das Wort zu uns seit M. Zeiller 1644 Episteln 4, 261. Die Umwelt der Gartenkunst zeigt M. Dalhover 1687 Areolae oder Gartenbethlein I b 3ᵃ „mit ihren nach wol in Acht genommener GartenArchitectur angerichteten Compartamenten, Blumen-Schulen, Bethen, Gängen, Alleen". H. Schulz 1913 Fremdwb. 1, 25.

Allegro N. Ital. allegro 'munter' weist H. Schulz 1913 Fremdwb. I 26 seit Speer 1687 als Vorschrift in deutschen Noten nach, das Subst. A. 'munteres Tonstück' seit Mattheson 1739. Vgl. Adagio.

allein Adj. aus gleichbed. mhd. al-ein, al-eine, wie spätags. eall-āna, mittelengl. al-ōne, engl. alone 'allein' und nnl. alleen.

Alleinherrscher M. Lehnübersetzung für Monarch (s. b.), kaum vor Chr. Garve 1792 Versuche über versch. Gegenst. 1, 532, während das 16./17. Jh. nur Alleinherr kannte. Campe nennt Alleinherrscher Wb. 1 (1807) 98ᵇ „zwar noch neu, aber doch schon allgemein eingeführt", was zu dem Vorkommen bei Goethe u. Schiller stimmt. Beide kennen auch Alleinherrschaft, während mit Alleinherrschung für monarchia schon Fischart 1586 Bienenkorb 37ᵃ überrascht. — Dän. enehersker folgt dem nhd. Vorbild.

alleinig ist in obb. Ma. das Adj. zu dem attributiv nicht verwendbaren allein. Nach der weiten Verbreitung zu schließen (H. Fischer 1904 Schwäb. Wb. 1, 136) kann die Bildung nicht jung sein. Schriftsprachlich tritt alleiniglich 'unice' seit Fischart 1586 Bienenkorb 31ᵇ auf. Da allein den adverbialen Bedarf decken konnte, ist alleiniglich nicht so zur Entfaltung gekommen wie alleinig, das Stieler 1691 als erster bucht. Nach Anfechtung durch Frisch 1741, Adelung 1774 u. Heynatz 1796 wird a. erst seit Campe 1807 als bekannt bezeichnet: Kuhberg 1933 Verschollenes Sprachgut 35.

allerdings (Partikel) in der heutigen Bedeutung erst durch das 19. Jh. geläufig; in der Bedeutung 'gänzlich, völlig' durch das 17. und 18. Jh. (frühester Beleg Widmanns Faustbuch 1599 S. 409). Im 16. Jh. herrscht allerdinge und seltener allerdingen. Vereinzelt allerdinges Lessing 2, 563. Vgl. neuerdings, schlechterdings und, wegen der Endbetonung, allerliebst.

allerhand Adv. zusammengewachsen aus mhd. aller hande eigtl. 'aller Seiten' (Hand = 'Seite'): mhd. hande ist in dieser Verbindung Gen. Plur. wie ahd. hanto (allero hanto). Das Wort Hand ging im Urdeutschen einmal nach der u-Deklination, woher auch der Dat. Plur. in abhanden, vorhanden. — **allerlei** s. unter -lei.

Allermannsharnisch M., frühnhd. allerman-
harnsch heißt Allium victorialis L. zuerst bei
H. Brunschwyg, Liber de arte distillandi
(Straßb. 1500) 120ᵃ. Entstellungen und andre
Namen bei H. Marzell 1937 Wb. d. dt. Pflanzenn. 1, 214. Die an felsigen und grasigen
Orten der Alpen, Vogesen und Sudeten wachsende Lauchart trägt um ihre langgestreckte
Zwiebel ein dichtes Netz abgestorbner Wurzel-
fasern, das zum Zeichen des gepanzerten Ge-
schützseins genommen wurde und dem Krieger
empfahl, den Wurzelstock um den Hals zu tragen,
„daß er nit wund solt werden im Krkeg, vnd
alle seine Feind überwinde": G. Eberle 1941
Natur u. Volk 71, 445.

Alligator M. das amerikan. Krokodil, aus
dem gleichlautenden frz. engl. Worte, das entstellt ist aus span. el lagarto (de Indias). Dies
zu lat. lacerta 'Eidechse'. Bei uns seit J. L.
Gottfried 1631 Newe Welt S. 152 „viel See,
in welchen es Guianische Alligatoren . . . gibet".
Gebucht seit Hübner 1717: Palmer 19ff.

Alliteration F. erst im 17. Jh. nachweisbar
und zwar zunächst für England 1656 und für
Schweden 1663; in Deutschland zuerst bei
Campe 1813 gebucht. Vgl. Stabreim.

Allmacht F. ahd. alamaht nach lat. omni-
potentia; mhd. nur almehtecheit, das noch bei
Luther den Begriff deckt. Allmacht erst wieder
bei Henisch 1616, nun als Rückbildung aus dem
Adj. mhd. almähtec, ahd. alamahtig, asächs.
alomahtig, agf. ælmihtig, engl. almighty,
anord. almättigr: dies nach lat. omnipotens.
Das F. wird im Nhd. allgemein seit M. Opitz
1624 Buch v. d. dt. Poet. 14 Ndr. „die Allmacht Gottes": D. Nichtenhauser 1920 Rückbildungen 23.

allmählich Adj., älter allmächlich und all-
gemach aus mhd. almechlich 'langsam'. Die
Nebenform allmälig beruht auf Anlehnung
an allemal, aber der mhd. Form liegt
gemach zugrunde.

Allmende F. mhd. al(ge)meinde, almende
'was allen gemein ist', Wald, Weide, Wiesland,
Wasser u. Wege der Gemarkung, sowie das
Recht der Nutzung. Der zweite Wortteil deckt
sich mit dem von Gemeinde. Zuerst im Elsaß
1125 potestas secandi in silva publicali, quod
vulgo almeide dicitur (Alsatia diplomatica
Schöpflini 1 Nr. 817). Im Mittelalter gilt das
Wort von der Küste bis zu den Alpen, heute vor
allem im obd. Südwesten. Aus dortiger Rathaussprache haben es Volkswirte u. Wirtschafts-
historiker des 19. Jh. aufgenommen. Die Sache
ist gemeingerm.: aschwed. almænninger, adän.
almænning, -minning, wnord. almenningr.
Dem Engl. fehlt ein dem dt. A. entsprechendes
Wort.

Allod N. ein germ. Rechtswort, fränk. alodis
F. (M.), latinisiert alodus, später al(l)od(i)um.
Zuerst in der Lex Salica, danach häufig in allen
fränk. Quellen u. (schon in fränk. Zeit) auch in
alem., bair. u. thür. Rechtstexten in lat. Sprache,
stets in der fremden Form, in ahd. Glossen seit
dem 10. Jh. mit eigen verdeutscht. Ahd. *alöt
ist so wenig bezeugt wie agf. *alēad, anord.
*alauðr, got. *alauds, doch ist die got. Form
des Wortes in alaudes der westgot. Urkunden
enthalten. Erst im 19. Jh. hat sich die dt.
Rechtssprache das Wort in der Form Allod
angeeignet. J. Grimm vermutet (gewiß mit
Recht) Zus.-Setzung aus al 'voll, ganz' und
*öd, der fränk. Entsprechung von germ. *auda-
'Gut, Besitz in gleichbed. got. auda-, anord. auðr,
agf. ēad, asächs. öd, ahd. öt. Dem entspricht
die Grundbed. 'Vollgut, Gut in vollem Eigen,
freies Vermögen', von der die reiche Verwendung des Worts ausgeht, die sich freilich mit
den wirtsch. u. rechtl. Wandlungen des Vermögens mehrfach verschoben hat. — Auf Entlehnung aus dem Fränk. beruhen frz. alleu,
prov. alo(c), brab. alloy 'Freigut'.

Allvater M. übersetzt den eddischen Beinamen
Odins alfǫðr zuerst Gottsched 1745 N. Bücherf.
8, 85. Ihm folgen Klopstock 1769 Hermannsschl.
VIII. XII und Denis 1772 Lieder Sineds des
Barden (zwanzigmal). Für Zeus 1782 in Schil-
lers Jugenddichtung 'Semele'. Ferner bei
Cramer, Goethe, Gotter, Voß; gebucht seit
Campe 1807. Odins Beinamen Valfǫðr, den
er als Vater der auf der Walstatt Gefallenen
führt, bildet Simrock, Mythol. 187 mit Wal-
vater nach, ihm folgt R. Wagner 6, 69 (Walk.2).
Kluge 1924 Neuphil. Mitt. 25, 124.

Alm s. Alpe.

Almanach M. Gr. ἀλμενιχιακά wurden
nach Eusebius (†340) Praepar. evang. 3, 4 die
ägypt. Kalender genannt; das Wort gilt für
koptischen Ursprungs. Durch mlat. almanachus
vermittelt erscheint 1267 engl. almanac, 1345
ital. almanaco, früh im 15. Jh. frz. almanach.
Uns erreicht das Wort über die Niederlande:
almanag steht 1426 in flandr. Rechnungen bei
C. Sattler 1887 Handelsrechn. d. Dt. Ordens
487. Die übliche Herleitung aus dem Arab. (s.
Albatros) scheitert daran, daß das arab. Wort
für 'Kalender' takwîm (hieraus mailänd. tac-
cuino) lautet und daß ein im 13. Jh. in Spanien
auftretendes arab. almanah aus dem Mlat.
entlehnt ist.

Almer F. 'Schrank, Kasten' (im 16.—17.
Jh. bei md. und oberd. Schriftstellern bezeugt)
mhd. almer, almære M. aus lat. armarium
(= frz. armoire) mit der dissimilierten Nebenform almarium (afrz. aumaire, magy. almárion
'Schrank'). Das noch von Stieler 1691 ver-

zeichnete Almer (mit der Nebenform Alme=
rei) lebt in der Schweiz, Bayern, der Ober=
pfalz, im Erzgebirge und in Schlesien in vielen
Formen.

Almosen N. schon bei Luther in dieser eigtl.
nd. Lautform; im 16. Jh. war sonst Almusen
die md., Almüsen (selten Armüsen) die obd.
Form (Henisch 1616 verzeichnet bereits nur
Almosen). Aus mhd. almuosen, ahd. ala-
muosan N. = nnl. aalmoes, mnl. aelmoese, agf.
ælmesse, engl. alms, anord. olmusa: mit der
Einführung des Christentums entlehnt aus dem
gleichbed. kirchenlat. eleemosyna (gr. ἐλεημο-
σύνη). In ahd. Zeit war man sich, wie die gelehrte ahd.-asächf. Nebenform elemosyna, eli-
mosina zeigt, des lat.-gr. Ursprungs ebenso bewußt, wie bei ahd. kirihha = Kirche aus
κυριακόν. Dabei ist zu fragen, auf welchem
Weg das kirchliche Wort so früh ins Germ.
drang, daß es den festländischen Germanen mit
den nördlichen gemeinsam ist. Das Fehlen eines
entsprechenden got. Wortes (dafür armaiō) erklärt sich daraus, daß wir das Wort von den
Romanen Galliens bezogen haben, wie die
übereinstimmende Lautform beweist: gallisch-
roman. *al(i)mosna nach frz. aumône, afrz. al-
mosne, prov. almosna (ital. limosina = span.
limosna); dazu noch altir. almsan, aslav.
almužino, poln. jalmužna. woraus lit. jal-
mužnas. Vgl. G. Baist 1910 Zf. f. d. Wortf.
12, 299; Th. Frings 1932 Germania Romana
39. 46.

Almrausch M. 'Alpenrose' eine tirolische
Lautform für Alpenrose, als Albrausch bei
Schmeller 1827 Bayer. Wb. 1, 140 = Unger-
Khull, Steir. Wortschatz S. 16. Wohl eines mit
Rauschbeere, auch Rausch genannt als Be-
zeichnung für eine Heidelbeerart. Quelle lat.
ruscum?

Aloe F. schon mhd. ālōe: ein biblisches Wort
= lat. aloe, gr. ἀλόη (hebr. 'ahālīm).

Alp M. mhd. alp (b) 'gespenstisches Wesen,
Alp, Alpdrücken': ursprgl. die Benennung der
mythischen Elfen, asächf. mnd. alf, agf. ælf,
ielf, engl. elf, anord. alfr (die Skandinavier
unterschieden Lichtelfen und Dunkelelfen);
diese scheinen mit den altind. ṛbhú identisch
(ṛbhú eigtl. 'kunstreich, Bildner, Künstler');
dies waren drei kunstreiche Genien (Elfenkönig war ṛbhu-kṣán). Sie scheinen früh zu
tückischen Wesen umgestaltet zu sein. Daher hat
von den Alben in urgerm. Zeit das Alpdrücken
seinen Namen; vgl. agf. ælfädl, ælf-sogoða
'Alpkrankheit, Alpschluchzen' (der Hexenschuß
heißt in engl. Dialekten awfshots, agf. ylfa
gescēot). Die nd. Benennung für 'Alp' f.
unter Mahr. Auch das Obd. hat abweichende
Benennungen, darunter Drude (f. dies). Sonst

kommen als Synonyma schweiz. toggeli, toggi,
strädl, stræssl, schrättel (Dasypodius und Frisius haben nur schrättele), bair.-österreich. und
schwäb. schrettele, schwäb. druckerle, elsäff.
letsel in Betracht; dazu fränk. trempe. Aus
älteren Glossarien seien noch blecklin und
nachtmännlin (Frischlin 1592 Nomencl. 160)
erwähnt. Alp (schon bei Luther und Alberus
bezeugt) gehört eigtl. nur Mitteldeutschland
(Hessen, Franken, Thüringen, Sachsen) an. Im
Nd. der Provinz Preußen ist alf der Papier-
drache der Kinder, in Kärnten und Gottschee
alp eine feurige Lufterscheinung; in der Augsb.
Ausgabe des Nomencl. Hadr. Junii (von Matth.
Schenck 1599) steht Alb für das medizinische
mola 208, während 204 für das Alpdrücken
„das Schrötelin, Nachtmenlin" gilt. Aber die
Leipziger Ausgabe desselben Glossars 1571 ersetzt das oberd. Schrettel durch Alp.

Alpaka N. die kleinere Art des peruan. Lamas, die nicht Lasten trägt, sondern wegen der
Länge und Feinheit ihrer Wolle geschätzt wird.
In der Keshua-Sprache ist pako 'gelbrötlich',
dazu der Name des Tiers al(l)paca, den europ.
Sprachen durch span. alpaca vermittelt. Auch
das aus der Wolle hergestellte Zeug heißt so:
E. Littmann, Morgenl. Wörter (1924) 144. In
nhd. Texten begegnet Paco seit 1590, Alpaca
seit 1781. Gebucht wird Alpaka zuerst von
D. Sanders, Fremdwb. 1 (1871) 43. Peruan.
Ursprungs sind auch Chinin, Guano, Kaut-
schuk und Lama: R. Loewe 1933 Zf. f. vgl.
Sprachf. 60, 150f.; Palmer 21f.

Alpe F., mhd. albe F. 'Weideplatz auf einem
Berg'; in diesem Sinn gelten Alb, Alp und
Alm (aus alben) in der Schweiz und ihren dt.
Nachbarlandschaften bis heute. Das lat. Alpēs
Mz. (daraus gr. Ἄλπεις auf der einen, ahd.
Albūn auf der andern Seite; hieraus wieder
anord. Alpia-, Alpinar-fjall) 'Alpen' soll nach
Servius kelt. sein. Dazu J. U. Hubschmied 1926
Festschr. f. L. Gauchat 438 und B. Bertoldi 1926
Zf. f. rom. Phil. 56, 183. Verwandt ist eine
Reihe von Namen im kelt., ital. und ligur. Ge-
lände: gall.-lat. Albion 'Britannien', mir. Albu,
Gen. Alban, ir. gäl. Alba 'Schottland' und die
ligur. Namen für hochgelegne Orte wie Alba,
Albium, Albinnum. Voraus liegt offenbar ein
voridg. *alb- 'Berg', das die Volksetymologie
schon des Altertums mit lat. albus 'weiß' ver-
knüpft hat.

Alpenveilchen N. heißt Cyclamen europaeum
L. nicht vor 1862: H. Marzell 1943 Wb. d. dt.
Pflanzennamen 1, 1287 (das. 1282ff. die Fülle
der landschaftlichen Namen). Noch jünger sind
nnl. alpenviooltje, dän. alpeviol, schwed. alp-
viol usw.

Alphabet N. Von einem semit. Stamm um

1500 v. Chr. erfunden, gelangt die Buchstabenschrift durch die Phönizier zu den Griechen und
durch sie zu allen andern Völkern. Aus den semit. Namen der beiden ersten Buchstaben ist lat.
alphabetum gebildet, nicht vor Tertullian (um
200 n. Chr.). Mhd. alfabēte um 1275: Paß. 55,
46 Hahn; mnd. alfabēt Braunschw. Schulvertr.
1420 M. 43: schrīven und lesen dat alfabēt. Nyström 1915 Schulterminologie 198 f. belegt Al-
phabetarius 'Abc-Schütz' von 1520 bis 1673,
Alphabetist seit 1555. — 'Summe von 24
mit A bis Z. gezeichneter Bogen im gedruckten
Buch': Martin 1637 Neu Parlement 471; so
noch J. Paul 1793 Unsichtb. Loge 247. — In
Europa sind die Namen der Buchstaben früh
abgekürzt worden, s. Abc.

Alraun M., **Alraune** F. Das Nachtschatten-
gewächs Mandragora wurde im klass. Altertum
zu Liebeszauber u. als Betäubungsmittel benutzt; die Menschenähnlichkeit der Wurzel war
bekannt. Der Name mandragora ist noch nicht
befriedigend gedeutet; vielleicht ist er altpersisch.
Auf diese Giftpflanze wurden Vorstellungen
übertragen, die Flavius Josephus Bell. Jud. 7,
6, 3 an die syr. Wurzel baaras knüpft, namentlich der Schrei, mit dem sie beim Ausraufen den
Frevler tötet, u. die Fähigkeit, ihren Besitzer
reich zu machen. Weil die südeurop. Pflanze
auf dt. Boden nicht wächst, ersetzte man sie bei
uns durch heimische Wurzeln, namentlich durch
die der gleichfalls giftigen Zaunrübe (Bryonia).
Im Ahd. gab man der Zauberwurzel einen altheimischen Namen. Glossen zu 1. Mos. 30, 14.
16 (Ahd. Glossen 3, 387, 9) setzen alrūna für
lat. mandragora, das seinerseits hebr. dūdaīm
wiedergibt: so nennt die Bibel die gelben Beeren
einer Tollkirschenart, die zum Liebeszauber dienen. Ahd. alrūna vergleicht sich Frauennamen
wie Fridurūn, Gudrun, Sigrun (s. raunen). Als Name einer Seherin ist aus Tacitus,
Germ. 8 Albrūna 'die mit der Zauberkraft der
Alben Begabte' zu gewinnen; als Frauennamen
sind ahd. Albrūn, agf. Ǣlfrūn, anord. Alfrūn
seit dem 10. Jh. bezeugt. Die Menschengestalt
der Wurzel gab Anlaß, ihr einen Menschen-
namen zu geben, wie den in Menschengestalt
gedachten Kobolden (s. Heinzelmännchen).
Die Drittkonsonanz lbr ist früh zu lr erleichtert.

als Konjunkt., mhd. als, alse, also 'ebenso,
so, als, als ob, weil', daher mit also eigtl.
identisch; ahd. alsō 'ebenso, wie' ist aus al
'ganz' und sō 'so' zusammengesetzt wie das
entsprechende agf. ealswā (engl. as) aus eal
'ganz' und swā 'so'.

als Adv., mhd. allez, besonders am Oberrhein
und Main, an der Mosel, in Hessen und Thüringen vielfach in die Rede eingeschoben und weder
durch gewöhnlich, öfters, bisweilen noch

durch pflegen zu ersetzen: A. Waag, Bed.-
Entw. unseres Wortsch. (1926) Nr. 451; H.
Lorch, Stilbildung (1936) 79 ff. Das Adv. ist
aus dem Akk. Sg. N. von all entstanden und
aus der mhd. Bed. 'immerfort' abgeschwächt.
Nur lautlich ist es mit der Konjunkt. als (s. d.)
zusammengefallen. Ähnlich unübersetzbar sind
österr. halt und bair. fei(n).

alsbald Adv. gleich gebildet wie sofort.

Alse F. ein Fisch, mhd. *alse, ahd. alosa: aus
dem gallolat. Fischnamen (4. Jh. bei Ausonius,
Mosella V. 127) alausa, woher auch frz. alose.

Alsem M. 'Wermut'. Gr. ἀλόη ὀξίνης (die
bittere Artemisia absinthium wird mit der
bittern Aloe verglichen) ergibt frühmlat. aloxinum. Das Wort wird mit der Heilpflanze im
6. Jh. (vielleicht durch einen byz. Leibarzt der
Merowinger) nach Nordfrankreich gebracht. Aus
der Mz. aloxina entsteht afrz. aluisne. Während
frz. aluine bis auf geringe Reste durch schriftsprachl. absinthe verdrängt ist, lebt das im 10. Jh.
daraus entlehnte ahd. alahsna, mnl. alsene F.
(von da stammt mnd. alsene) in den westrhein.
Mundarten von Lothringen bis zur Rheinmündung in Formen wie alse(m), alsch, batteralsem,
nl. alsem M. In Formeln wie mnl. met alsine
sap tritt das Subst. unter den Einfluß der Stoffadj. auf -in: daher umgelautete Formen wie
rhein. els(en). Westgerm. Wermut (s. d.) ist
somit durch einen frühgeschichtl. Einbruch aus
Gallien zurückgedrängt: Th. Frings 1932 Germania Romana 142 f.

also Adv. neben als wie neuengl. also neben
as; eins mit als.

Alt M. Lat. vox alta 'hohe Stimme' erscheint zuerst bei Er. Alberus 1540 als Alt.
Im 16./17. Jh. kämpft Altus mit diesem Wort,
nachmals wird ital. alto maßgebend dafür, daß
es statt der hohen Männer- die tiefe Frauenstimme bezeichnet. Engl. alto kann neben der
tieferen Frauenstimme noch immer die (hohe)
Tenorstimme bezeichnen.

alt Adj. ahd. mhd. alt, asächs. afries. ald, agf.
eald, ǣld, engl. old, krimgot. alt, anord. ellri
'älter', elztr 'ältester' (im Posit. nur poet. u.
selten aldr, wofür gewöhnl. gamall). Got. mit
j-Ableitung alpeis. Westgerm. *al-da- ist tō- Part.
(lat. al-tus 'hoch', adultus 'herangewachsen')
wie andere Adj. (s. kalt) und gehört zu got.
alan 'aufwachsen', anord. ala 'hervorbringen',
agf. alon 'nähren' (mit lat. alo, altir. alim
'ernähre', gr. ἄναλτος 'unersättlich' verwandt):
eigtl. 'aufgewachsen'; daher vielleicht ursprgl.
zunächst immer mit der Zahl von Lebensjahren
usw. gebraucht (vgl. lat. x annos natus), aber
früh auch absolut 'vetus'. S. Alter, Eltern.
Die idg. Bezeichnungen für 'alt' *yet-, *sen(o)-,
*stru- (zu denen lat. vetus, senex und air.

2

sruith 'alt' gehören) sind bei uns durch die nur germ. Neubildung früh verdrängt worden. Zu deren Begriffsentwicklung vgl. aind. vṛd-dhá-s Part. Adj. 'erwachsen, großgeworden; groß, hoch; alt, bejahrt' zu aind. várdhatē 'wächst, gedeiht'.

Altan M. Luther noch fremd und vor Stieler 1691 nicht verzeichnet. Eigtl. als Altane F. ein schwäb.-bair.-österr. Wort, das um 1470 als altān F. bei M. Beheim und 1489 in der Münchener Bauordnung begegnet. Es stammt aus dem ital. altana (daher hat Ecks Bibel 1537 Althana als Randglosse zu Söller 1. Sam. 9, 26 und Hans Sachs 1535 Fastnachtsp. VIII V. 280 „Altanen auf welsch Manier"). Vgl. auch z. B. Bruder Felix 1556 Fahrt ins heilige Land 187ᵇ „Nach der Meß horten wir ain groß geschrey vnd büchsen schuß auff dem Meer. Also stiegen wir auf das hauß auff die Altan, vnd sahen viel grippen vnd fusten mit reisigen Heyden in die port faren." E. Ohmann, Neuphilol. Mitt. 1942, 27.

Altar M. (auch Neutr. bei schles. Dichtern wie Lohenstein und Günther und in schles. Mundart) unter stets neuer Beeinflussung des zugrunde liegenden lat. altāre aus mhd. álter, altāre, altære ahd. altāri, álteri, agf. altar(e), altre, alter, engl. altar: das Christentum brachte das Wort im 8. Jh. zu uns. Das Got. gebraucht dafür hunslastaps eigtl. 'Opferstätte', das Agf. wēofod wīhbed für *wīhbēod 'heiliger Tisch, Tempeltisch' (f. weihen und Beute¹). Aus mnd. altar weiterentlehnt sind lit. altōrius und lett. altāris.

Alter N. mhd. alter, ahd. altar 'Leben(salter), Zeitabschnitt' (seit mhd. Zeit Gegensatz zu Jugend), asächs. aldar 'Leben(salter)', afries. alder, agf. ealdor 'Alter, Leben, Ewigkeit', anord. aldr 'Lebens-, Greisenalter'; got. *aldra- ist aus dem Adj. fram-aldrs 'bejahrt' zu erschließen. Außergerm. vergleicht sich am nächsten air. altram 'Ernährung': auf idg. -tro- gebildet zu der unter alt entwickelten idg. Wurzel *al- 'wachsen (machen), nähren': F. Kluge 1926 Stammbildungsl. § 141. Weitere Verwandte f. u. Welt.

altfränkisch Adj. im 16. Jh. bei oberd. Schriftstellern geläufig (Dürer 1520 Tagebuch 55; Seb. Franck 1534 Übersetzung von Erasmus, Lob der Thorheit 7; 1564 Zimmer. Chronik ²I 480; II 116). Zufrühst bezeugt im 14. Jh. in Laßbergs Liedersaal 3, 89 in der Lautform altfrensch und bei Vintler 1410 Blume der Tugend V. 3392 in der Schreibung altfränkisch. Die ältere Lautform altfrensch für altfrenksch findet sich noch im 15. und 16. Jh. Die Bezeichnung beruht auf dem Widerspruch gegen die von Frankreich herübergekommenen neumodischen Rittersitten; vgl. Hugo v. Trimberg

1300 Renner V. 22313/14 Man sprichet gern, swen man lobet hiute, er sî der alt frenkischen liute. Vgl. Lüdtke u. Götze 1905 Zf. f. d. Wortf. VII, 15. S. frank.

Althee F. M. das heilkräftige Malvengewächs Althaea officinalis L., mhd. (14. Jh.) altē nach lat. althaea, dies aus gr. ἀλθαία 'Heilkraut' (von ἄλθειν 'heilen'). Daneben mnd. dialtē nach mlat. dyalthea. Dem Volksmund angepaßt durch Angleichung an all, alt, Tee und Ehe. Einen andern Namen derselben Pflanze f. u. Eibisch.

althochdeutsch Adj. ein von Jacob Grimm 1819 eingeführtes Wort; noch mit dem Stempel der Neuheit bei Goethe 1830 Tagebücher XII 182 „die problematischen sogenannten althochdeutschen Gedichte".

Altkanzler M. neue südwestdeutsche Wortbildung; vgl. schweiz.-bad. Altbürgermeister 'gewesener Bürgermeister', schweiz. Altlandammann (Schillers Tell II 2) 'gewesener Ammann'; vgl. noch Altvordern.

Altmeister M. In den Zünften wurde das Amt des Obermeisters in der Regel vom Ältesten ausgeübt. Demgemäß bucht Stieler (1691) 2376: Altmeister, senior curionum, in sodalitio opificum. Jean Paul 1793 Werke I 2, 311 Berend verwendet A. als Ersatzwort für Senior, Campe empfiehlt diesen Gebrauch 1807/13, Uhland spricht 1814 Werke (1863) 1, 207 von „Altmeister Voß", Friedr. Förster schreibt 1826 den Vers „Nun ich hier als Altmeister sitz", der in Goethes Werke (Ausg. I. H. 47, 93) gelangt u. dem Wort zum Durchbruch hilft, nachdem Chamisso 1836 Reise um d. Welt 1, 263 von „Altmeister Goethe" gesprochen hatte: Wh. Pfaff 1933 Kampf um dt. Ersatzwörter 17 f.

Altreiß M. bes. bei Nürnberger Schriftstellern der frühnhd. Zeit (z. B. bei H. Sachs) für 'Flickschuster' gebraucht; vgl. Schoppe, Mitteilgn. d. Gesellsch. f. schles. Volkskunde 20, 123. Schon mhd. der alte riuze Haupts Zf. VIII 342. Wohl verwandt mit Riester (germ. Wz. reut).

Altvordern Mz., mhd. altvorderen, ahd. alt-vordoro M. 'Vorfahr': eigentlich 'die Altfrühern'. Zur Verwendung von alt vgl. ahd. mhd. alt-vater 'Großvater', ahd. alt-hērro 'Ahnherr', alt-māg 'Vorfahr', agf. ealddagas 'frühere Tage', ealdgewyrht 'früheres Leben' usw. In den Wörterbüchern bis 1741 wird Altvordern regelmäßig verzeichnet, aber 1754 zeigt Schönaichs Spott über den Gebrauch des Worts in Naumanns 'Nimrod', daß es in Gottscheds ostmd. Kreis unbekannt war. Campe empfiehlt es 1807 als landschaftliches Wort, wobei er sich u. a. auf Wieland beruft: Kuhberg 35 f.

Altweiberſommer M. die ſeit Adelung 1801 und Campe 1807 ſchriftſprachlich werdende Benennung der im Herbſt umfliegenden Spinngewebe, wofür die Mundarten viele abweichende Namen haben. Wie ſchweiz. witwenſömmerli zeigt (entſprechend auch bahr. Anlſummer), beruht der Name auf einem Vergleich mit der ſpäten Liebe älterer Frauen. In Niederdeutſchland iſt mettkenſamer (Pommern) — darüber ſ. unter Metten — weitverbreitet; weſtfäl. auch allewiwerſuꝛmer, allerhilligenſuꝛmer. In Mitteldeutſchland dafür das von Jean Paul (z. B. 1795 Firlein 182) häufiger gebrauchte fliegender Sommer (man nimmt an, der Sommer fliege weg); vgl. Kirſch 1739 Cornu copiae II 299 „der im Herbſt fliegende Sommer". In Bahern Unſer lieben Frauen Geſpunſt, Mutter Gottes Geſpinſt (daher auch Marienfäden, Mariengarn, Marienſeide als Überbleibſel vom Rocken der gen Himmel fahrenden Maria). In Tirol Gallſümmerle nach dem St. Gallustag (16. Okt.). Sonſt vgl. engl. gossamer (Gänſeſommer), nnl. mariendraadjes, frz. fils de la vierge, ſchwed. dwärgsnät. Der Volksglaube hält die herbſtlichen Sommerſäden vielfach für ein Geſpinſt von Elfen, Zwergen oder Maria; vgl. die Jenaer Diſſertation De filamentis D. Virginis der Sommer= oder Mariengarn von Madeweis 1671, neuerdings die Diſſertation von Art. Lehmann, Altweiberſommer 1911 u. A. Göze 1914 DWb. 14, 1, 410.

Aluminium N. Das Metall heißt nach der Aluminit (ſ. Alaun) genannten Halliſchen Erde, aus der es Friedr. Wöhler 1827 zuerſt dargeſtellt hat.

Amarant M. Zum gr. Adj. ἀμάραντος 'unverwelklich' gehört das gleichlautende M. als Name der Kompoſite Tauſendſchön. Über gleichbed. lat. amarantus gelangt der Blumenname zu uns; ſeit Maaler (Zürich 1561) wird er gebucht. Die hier und oft (auch in engl. amaranth) auftretende Schreibung mit th zeigt Einfluß von gr. ἄνθος 'Blume'. Seit Friſch (Berlin 1741) erſcheint der Name übertragen auf den Gartenfuchsſchwanz mit ſeinen ausdauernden Scheinähren: Marzell 1, 239f.

Amarelle ſ. Ammer².

Amber, Ambra M. Der früher auch als Arznei geſchäzte Duftſtoff aus dem Indiſchen Ozean iſt den Sprachen der Welt unter dem arab. Namen 'anbar bekannt geworden, der mit Angleichung 'ambar geſprochen wird. Unſre Doppelformen beruhen auf frz. ambre (ſo ſeit dem 13. Jh.) und mlat. ital. ambra. Dieſe Form ſeit F. v. Hagedorn (†1754) Sämmtl. poet. Werke 1, 137 „Steckt Ambra nicht in Kachelotten?" (frz. cachalot 'Pottwal'), amber

ſchon bei Wolfram v. Eſchenbach 1210 Parz. 789, 29.

Amboß M. mhd. anebōz, mnd. an(e)bōt, ambōt, ahd. anabōz mit dem Gegenſtück mhd. bœzel 'Schläger', mnd. bōtel (ſ. Beutel¹), agſ. bietel, *bētel, engl. beetle 'Hammer', anord. beytill nur in der übertragnen Bed. 'Zeugungsglied des Hengſtes': zu ahd. bōzzan, mhd. bōzen, mnd. bōten, agſ. bēatan. engl. beat, anord. bauta 'ſchlagen, ſtoßen'; vgl. Beifuß. Ahd. anabōz (eigentlich 'Aufhau') braucht nicht dem lat. incus (zu cudere) nachgebildet zu ſein: die Schmiedekunſt iſt bei den Germanen früh und ohne ſüdlichen Einfluß ausgebildet. Neben dem vorwiegend hd. Amboß ſteht ahd. anafalz (in Aachen afilts, Solingen amfilt, weſtfäl. ānefilt), mnl. an(e)vilt(e), agſ. anfealt, -filte, engl. anvil (zum Grundwort ſ. falzen, Filz), ſodann mhd. anehou, noch als Anhaw bei J. Geiler v. Kaiſersberg 1517 Bröſaml. 1, 8ᵇ, endlich mnd. ānebelte, -bolt, ambolt, pomm. oſtfrieſ. dithmarſ. dän. ambolt, mnl. aenbelt, ānebelt, -bilt, nnl. aan-, aambeeld, im Grundwort vielleicht verwandt mit lit. béldžiu 'klopfe'.

Ameiſe F. Mhd. āmeize, ahd. āmeiza, agſ. ǣmette (engl. emmet, ant) führen auf weſtgerm. *āmaitjōn, *aimaitjōn: die Vorſilbe, die in mhd. āſchrōt 'Abgeſchnittenes' u. āſwinc 'Abfall von Flachs' wiederkehrt, iſt vor den Stamm des germ. Ztw. *maitan 'ſchneiden' (in gleichbed. got. maitan, anord. meita, ahd. meizan; dazu Meißel, ſ. d.) getreten. Die Weſtgermanen haben die A. beim Abſchroten von Holzteilchen, Nadeln u. Halmen beobachtet. Der alte Name des Inſekts ſpiegelt ſich in krimgot. miera, anord. maurr, ſchwed. myra, mnl. mnd. mire. Er führt mit gleichbed. aveſt. maoiriš, perſ. mōr, air. moirb, kymr. myr, aſlaw. mraviji uſw. auf idg. *moru̯o-'Ameiſe'. Vergröbert erſcheint das Wort in nd. pismīre, engl. pismire: ſo und md. pis-ämpṇ, michamptṇ, ſěch-amsṇ heißen die Tiere, weil ſie in der Abwehr Säure ausſprizen: H. Teuchert 1944 Sprachreſte 15. 61 ff. u. ö.

Amelmehl N. 'Kraftmehl', dafür im 16. Jh. auch am(e)lung: über gleichbed. mlat. amylum entlehnt aus gr. ἄμυλον N. 'nicht (auf der Mühle) gemahlnes Mehl', wozu ſchon gr. ἄμυλος M. 'Kuchen aus feinſtem Mehl'. S. Amulett.

Amethyſt M. der violettfarbene Edelſtein, mhd. (ſeit 1194) ametiste nach afrz. ametiste. Dies aus lat. amethystus, das vom gr. ἀμέθυστος F. ſtammt. Das gr. Wort bedeutet urſpr. 'nicht trunken': man glaubte, der Träger des Steins ſei vor Trunkenwerden gefeit. Gr. μέθη 'Trunkenheit' ſ. u. Met.

Amerikanismus M. Amerikaniſierung nennt E. du Bois=Rehmond 1877 Reden 1, 280 als gangbares Schlagwort; Amerikanismus kaum vor Eckstein 1892 Dombrowsky 2, 110. Den Beginn des Bekanntwerdens in weiteren Kreisen setzt O. Basler 1930 Dt. Rundschau 56, 2, 142 ff. auf 1926.

Ammann M. (nd. und alem.; dafür fränk. Heimbürge) aus mhd. amman, das verkürzte Nebenform zu amb(e)tman 'Amtmann' ist: eigtl. 'Diener, Beamter', dann auch 'urteilsprechende Gerichtsperson'. S. auch Amt und Ammeister.

Amme F. mhd. amme F. 'Mutter, insofern das Kind von ihr genährt wird, Amme', ahd. amma F.; dazu anord. amma 'Großmutter' (schwäb.=bayr. noch jetzt 'Mutter', aber nassau. bei Weilburg 'Großmutter'): wahrscheinlich ein Lallwort (s. unter Bube), da — zweifelsohne unabhängig vom Germ. — auch roman. und andere Sprachen ähnliche Worte für Amme haben; vgl. span. port. ama 'Amme'.

Ammeister M. mhd. ammeister aus ambetmeister wie Ammann aus ambetman: mhd. ammanmeister und ammeister 'Zünftemeister (in Straßburg)'. Vgl. Amt.

Ammer[1] F. Die Finkenart Emberiza heißt ahd. amero, mhd. asächs. amer, ags. amor(e) und (mit Suffixablaut) emer, engl. (h)ammer. Das ist (wie isarne aus isarnovogal, s. Eisvogel) gekürzt aus *amarovogal und gehört zu ahd. amaro 'Sommerdinkel', von dem sich der Vogel nährt, der auch Gerstammer und Kornvogel heißt, wie auch Distelfink und Hänfling nach ihrer bevorzugten Nahrung benannt sind. Die mundartlichen Namen Emmeritz und Emmerling (neben ahd. amerino und mnl. emmerick) entsprechen den ahd. Koseformen amirizo, amer(l)ing, die (wie Dietize und Dieter-(l)ing zu Dietrich) vom ersten Namensteil ausgehen. Schwäb. Lemeritz ist aus gelemeritz verstümmelt, dessen Bestimmungswort sich dem des engl. yellow-(h)ammer vergleicht. Im Hd. entspricht seit dem 13. Jh. goltamir (der Vogel trägt an Kopf und Unterleib hochgelbes Gefieder), mundartlich gollammer, golmar, galammel: H. Suolahti 1909 Vogelnamen 101 ff.; D. v. Kralik, Gött. gel. Anz. 1914, 135.

Ammer[2] F. 'Sauerkirsche' (z. B. J. D. Witeberg 1583 Heimfart des Herrn Friederich Wilhelms C 3) mit den Nebenformen Amarelle und Marille (s. auch Aprikose) beruht auf mlat. amarellum zu lat. amarus 'sauer'; vgl. Liebich, Beitr. 23, 224.

Ammern[3] Mz. 'Funkenasche', ein in dt. Mundarten (z. B. als westfäl. åmer) lebendig gebliebenes Wort, das von Luther außerhalb der Bibel gebraucht und von Stieler 1691 verzeichnet wird. Mhd. eimer, ahd. eimuria, mnd.

emere, nordfries. emering, ags. æmyrie, engl. embers, anord. eimyrja führen auf germ. *aimuzjōn. Das Bestimmungswort lebt in engl. Mundarten als oam 'warmer Luftstrom' aus ags. *ām, entsprechend dem anord. eimr 'Rauch, Dampf'. Damit in Ablaut steht anord. īm 'Staub' (woraus entlehnt engl. mundartl. ime 'Ruß'), isl. ima 'Hitze'. Dem Grundwort stehen nahe ahd. usil-far 'aschfarben', mhd. üsele, mnd. ösele, ags. ysle, engl. isel 'Funke, glühende Asche', anord. usli 'Feuer, glühende Asche', ysja 'Feuer'. Urverwandt sind lat. ūrō 'brenne', ustiō 'Brand', gr. εὕω 'senge', aind. ōṣati 'brennt', uṣṭá- 'heiß', sämtlich zur idg. Wurzel *eus- 'brennen': F. Kluge, Zf. f. vgl. Sprachf. 26, 84. Zur Behandlung des Tonvokals im Nhd. vgl. zwanzig.

Ammonshorn N. Nach dem Gott Ammon, bei dessen Tempel in der ägypt. Wüste das sal ammoniacum (Salmiax seit Dasypod 1537, Ammoniacum Grimmelshausen 1673 T. Michel 61, 52 Khull) vorkommt, heißen versteinerte Schnecken bei Plinius Ammonis cornua, ebenso Olearius 1674 Gottorp. Kunstkammer 33, Ammonshorn Scheuchzer 1734 Schweizerland, Ammons=Hörnlein Zedler 1735 Univ.=Lex. 12, 399. Nach Scheuchzer bei Schiller 1803 Tell 4, 3.

Amnestie F. Gr. ἀμνηστία 'Vergessen (früherer Straftaten)' (zu μνῆστις 'Gedenken', urverwandt mit Minne, s. d.) ergibt über lat. amnestia im 16. Jh. frz. amnistie. Wie hier erscheint i für gr. η in frühnhd. Amnistia bei C. Spangenberg 1561 Wahrh. Bericht B 7ᵃ und J. C. v. Friedensberg 1597 Discurs 10ᵃ. Als modisches Fremdwort gescholten im Sprachverderber (1643) 22; im 30jähr. Krieg stellt sich gleichbed. Generalpardon daneben. Zesen versucht ohne Glück, mhd. undāht 'oblivio' zu beleben. H. Schulz 1913 Fremdwb. 1, 29.

Ampel F. Ahd. amp(ul)la, mhd. ampulle, ampel sind nach Abschluß der hd. Lautversch. entlehnt aus lat. ampulla (aus *amporla) 'kleine Flasche', Verkl. zu amp(h)ora (s. Eimer), das auch in nd. md. Pulle 'Flasche' fortlebt. Gleichzeitig sind nl. ampel, ags. ampulle, -elle F., anord. ampli M. 'Gefäß' entlehnt. A. hat bis ins späte Mittelalter nur die ewige Lampe der Kirche bezeichnet, die an langer Schnur von der Decke herabhängt u. in deren gläsernem Gefäß der Docht auf dem Öl schwimmt. Erst im 14. Jh. geht die A. in häusl. Gebrauch über, wird tönern, bekommt einen Henkel u. ihm gegenüber eine Tülle, durch die der Docht das Öl saugt. So hat sich A. als obd. Wort von Lothringen bis Kärnten u. Siebenbürgen gehalten, ist aber seit dem 16. Jh. bedroht durch Lampe (s. d.), das mit der Luthersprache u. mit dem sachlichen Wandel

unſerer Leuchtkörper Raum gewinnt: Kuhberg 36.

Ampfer M. die Pflanze Rumex: mhd. ampfer, ahd. ampfaro, nd. amper, agſ. ampre iſt die
ſubſt. Form des Adj. nl. ſchweb. norw. amper
'bitter', anord. apr (aus *ampraR), dän. mundartl. aber 'ſcharf', dazu nd. ampern 'ſauer
ſchmecken'. Germ. *ampra- führt auf idg.
*ambro- mit Gleitlaut b aus älterem *am-ro-
'bitter'. Beide Formen kehren in aind. am(b)lá-
'ſauer; Sauerklee' wieder. Urverwandt iſt auch
lat. amárus 'bitter', ferner armen. amok', alb.
ëmbl'ë 'ſüß'. — Sauerampfer, auch umgebildet zu Sauer-rampf, iſt eine tautologiſche
Bildung (wie Windhund).

Amſel F. Die Droſſelart Turdus merula
heißt ahd. amusla, amsala, mhd. amsel, agſ.
ōsle (aus *amsle), engl. ousel. Auf amsala
beruhen mundartl. Formen wie elſ. amsel,
ſchwäb. amsl; eine Zwiſchenform *amstala
iſt vorauszuſetzen für elſ. ſchweiz. amstel, ſchwäb.
thür. bair. kärnt. amśl, wett. omśl. Auf amusla
gehen zurück manſf. amessl, heanz. omischl,
elſ. amalse, heſſ. ummelśe. Aus der ahd.
Variante ampsla entwickeln ſich henneb. weſtthür.
weſterw. ansbel, onſpel, unsbel, ospel, uspel.
Der ahd. Name führt zurück auf weſtgerm.
*amuslōn-, entwickelt aus idg. *ames-, das
auf der andern Seite zu lat. merula geführt
hat. Das lat. Wort hat in der volkslat. Form
*merla, auf der auch frz. merle und dadurch
vermittelt engl. merle 'Amſel' beruhen, am
Mittel- und Niederrhein den germ. Namen
verdrängt: ahd. mërla, mhd. mërle, mërlin,
mnl. mërle, nnl. merel, luxemb. mērel, mierel,
weſtfäl. merdel: A. Suolahti 1909 Vogelnamen 54ff.

Amt N. Cäſar erzählt Bell. Gall. 6, 15 von den
galliſchen Großen: ut quisque est genere copi-
isque amplissimus, ita plurimos circum se am-
bactos clientesque habet. Feſtus beſtätigt:
ambactus apud Ennium lingua Gallica servus
appellatur ... servus ambactus, id est cir-
cumactus dicitur. Polybios 2, 17 ſpricht bei
den Keltiberern von συμπεριφερόμενοι mit
ſinngemäßer Überſetzung des kelt. Part. Perf.
Med. ambacti 'die ſich um den Herrn bewegen'
(aus Vorſilbe amb-, ſ. um, und idg. Verbalſtamm *aĝ-, ſ. Achſe). Die germ. Fürſten
übernehmen vor der germ. Lautverſchiebung
den Brauch ihrer Nachbarn ſamt dem Namen:
germ. *ambahtja M. 'Gefolgsmann' ſpiegelt
ſich in ahd. ampaht(i), aſächſ. ambahteo, agſ.
ambiht (an-, and-, on-, ymbiht mit Anlehnung
an heimiſche Vorſilben). Gleichbed. oſtgot.
andbahts zeigt ebenfalls Angleichung an eine
heimiſche Vorſilbe. Neben das entlehnte M.
ſtellen alle Germanen ein N.: ahd. ampaht,

aſächſ. ambaht, agſ. ambiht, anord. ęmbǽtti,
got. andbahti 'Dienſt'. Über mhd. ambe(h)t,
ammet hat es nhd. Amt ergeben; als erſtes
Glied ſteht es in Ammann u. Ammeiſter,
ſ. d. Frühe Entlehnungen aus dem Kelt. ſ.
auch u. Eid, Eiſen, Geiſel, Ger, Glocke,
Reich, reich. Weſtgot. *ambahti N. 'Dienſt'
hat roman. *ambaisa 'Auftrag' ergeben, aus dem
prov. ambaisada 'Geſandtſchaft' ſtammt, das
einerſeits zu ital. ambasciata, anderſeits zu frz.
ambassade entlehnt iſt. M. Gottſchald 1932 Zſ.
ſ. Deutſchkde. 46, 732f. Der Gen. in der Wendung das iſt meines Amtes folgt dem Vorbild des lat. hoc mei officii est.

Amtsſchimmel M. 'bürokratiſches Verfahren;
Bürokratie': neuerdings immer gedankenloſer
gebrauchtes Schlagwort, z. B. in der 'Welt am
Montag' vom 8. Nov. 1915 „Der Amtsſchimmel
als Sprachmeiſter". A. F. Storfer 1935 Wörter
und ihre Schickſale 312f. will darin das simile,
den vorgedruckten Muſterentſcheid der öſterr.
Kanzleien ſehen, nach denen der Similereiter
jeden neuen Fall erledigt. Ein von ihm ange-
führter Mitarbeiter der Königsb. Allg. Ztg. vermutet darin den Schimmelüberzug alter Akten-
deckel. Aber die Wendung „auf dem obrigkeit-
lichen Schimmel herumreiten" iſt alt: ſchon 1824
erklärt ſie M. Kirchhofer in Zürich (Wahrheit
u. Dichtung; Sammlg. ſchweiz. Sprüchw.) als
Erinnerung an die längſt abgeſchafften eid-
genöſſiſchen berittnen Boten: Schweiz. Jd. 8
(1920) 774.

Amulett N. 'Abwehrmittel gegen Unheil'.
Lat. amulētum iſt urſprünglich 'Speiſe, Brei
aus Kraftmehl' (ſ. Amelmehl) und wird volksetymologiſch zu āmōlīrī 'abwenden' bezogen,
wie die Gloſſe āmōlīmentum/ φυλακτήριον
zeigt. Wie frz. amulette und engl. amulet ſeit
etwa 1600 auftreten, ſo erſcheint Amuletum
bei uns zuerſt 1582 in Thurneyſers Onomasti-
cum 172, Amulett ſeit Papſt 1596 Arzneibuch
92ff. Noch Maaler (1561) 30c hilft ſich mit
der Umſchreibung „Artzney ſo man ann Hals
henckt". Im 17./18. Jh. iſt Anhängſel ein
beliebtes Erſatzwort.

amüſieren ſchw. Ztw. Als Ableitung von galloroman. musus 'Schnauze' erſcheint im 12. Jh.
frz. amuser 'machen, daß jem. das Maul auf-
reißt', ſpäter 'ihn (gut und luſtig) unterhalten'.
Bei uns bietet K. Stielers Zeitungsluſt 1695
amuſiren 'aufhalten, Maulaffen feil haben',
Spanutius 1720 Amüſement 'Zeitvertrei-
bung'. Die heutige Bedeutung des Ztw. konnten Leſſing und ſeine Zeitgenoſſen dem Frz.
ihrer Tage entlehnen.

an Präp. Adv. mhd. ane, ahd. ana Präp.
Adv. 'an, in, auf'; entſprechend got. urnord. ana
Präp. Adv. 'an, auf, in', agſ. engl. on Präp.

Abv., nl. aan, aſächſ. an: urverwandt mit gr. ἀνά 'auf', an', aweſt. ana 'auf', lat. an- in anhēlare 'aufatmen', aſlav. vŭ (für *on).

Ananas F. Aus der Tupi-Sprache des einſt portug. Braſiliens, wo die Ananaspflanze wild wächſt, iſt über portug. anánas (auch engl. ananas trägt den Ton auf der Mittelſilbe) der Name der Frucht in die europ. Sprachen gelangt, ins Nhd. zuerſt durch de Bry 1590 America 3, 143. Weder die vorher verſuchte Einbürgerung von ſpan. piña (vgl. engl. pine-apple) noch die im 18. Jh. angebahnte Übertragung Königs-apfel hat ſich durchgeſetzt: Littmann 1924 Morgenländ. Wörter 146 f.; Rich. Loewe 1933 Zſ. f. vergl. Sprachf. 60, 167 ff.; Palmer 23 f. Braſil. Urſprungs ſind auch Jaguar u. Tapir.

Anarchie F. Gr. ἀναρχία 'Zuſtand ohne Anführer' (ἀρχός) gelangt über lat. anarchia in die Sprachen der Erde u. erſcheint in lat. Form im deutſchen Text ſeit Nehring 1684, als Anarchie ſeit Wächtler 1709. Anarchiſt, für das ein gr.-lat. Vorbild fehlt, iſt dem frz. anarchiste, einem Revolutionswort, durch Wieland und Görres nachgebildet: O. Ladendorf 1906 Schlagwb. 5 f.; H. Schulz 1913 Fremdwb. I 33. Zuerſt Voſſ. Ztg. 1793 Nr. 73: „Uns, die man Anarchiſten, Desorganiſateurs nennt".

anbahnen Ztw. zuerſt von Campe 1807 gebucht, aber erſt um 1848 durchdringend, doch auch ſchon in den dreißiger Jahren belegt: O. Ladendorf 1904 Zſ. f. d. Wortf. V 106.

anbandeln Ztw. zufrühſt bei Loritza 1847 Idiot. Vienn. als öſterreichiſch, anbändeln, anbandeln bei Schmeller 1827 als bairiſch verzeichnet, in der Literatur ſeit etwa 1860 langſam vorbringend, früh bei B. Auerbach 1875 Drei einzige Töchter 3.

Anbeginn M., mhd. anbeginne N., md. anbegin M. 'erſter Anfang', Kreuzung von mhd. anegin(ne) mit begin. Achtmal in der Lutherbibel und durch deren Anſehen gehalten, bis es Adelung 1774 für veraltet erklärt. Durch Klopſtock, Wieland, Campe und Platen neu belebt: Kuhberg 36. Eine willkürliche Bildung iſt das Ztw. anbeginnen bei Bürger und Goethe 1832 Fauſt II 8260.

anberaumen Ztw. mit mundartlicher Umwandlung von ā in au, die unter Einfluß von Raum vollzogen ſein und durch die Sprache der Kanzlei (ſ. Kaiſer, verſöhnen) allgemein gültig geworden ſein mag, aus mhd. rāmen 'Vorſchläge machen, trachten, ſtreben' (berämen 'feſtſetzen'), ahd. rāmēn, aſächſ. rāmōn 'trachten, ſtreben', nnl. beramen 'anberaumen'; dazu mhd. rām 'Ziel' und ein umgelautetes Ztw. ræmen neben umlautloſem rāmen.

anbiedern Ztw. junge, ſeit 1800 bezeugte Bildung zu dem erſt am Ende des 18. Jh. durch-

gedrungenen bieder; z. B. E. Th. A. Hoffmann 1819 Leiden eines Theaterdirektors S. 18 „Erlauben Sie mir, Ihnen zu erklären, daß dieſe Art ſich anzubiedern mir ſehr mißfallen muß".

Anchovis ſ. Anſchovis.

Andacht F. mhd. anedāht, ahd. ánadāht. Idg. Verſchlußlaute vor t haben Wandlungen erfahren, die bis heute nachwirken: neben k in denken ſteht ch (aus h) in dachte. Unter gleichen Bedingungen ſteht deſſen ti-Abſtr. ahd. mhd. dāht, erhalten in Andacht 'Lenken der Gedanken an ein Ziel'. Die Richtung auf Gott u. Göttliches haben der A. im 12. Jh. obd. Kluniazenſer gegeben: fortan wird A. im Deutſchen (im Gegenſatz zu nl. aandacht 'Aufmerkſamkeit') weſentl. in geiſtl. Sinn verwendet. In neuer Gebrauchsweiſe, die ſcheinbar zur Grundbed. zurückkehrt („der Brüder Grimm A. zum Unbedeutenden") liegt uneigentl. Verwendung des geiſtl. Sinnes vor.

Andante N. Ital. andante 'ſchreitend' (Part. zu andare 'gehen' aus volkslat. *ambitare, das mit andrer Endung neben gleichbed. lat. ambulare tritt) iſt Vorſchrift zum Vortrag eines Muſikſtücks 'in gehender Bewegung', dann das langſam vorzutragende Tonſtück ſelbſt. Adagio und Allegro erleben denſelben Bed.-Wandel.

Andauche ſ. Abzucht.

ander Adj. Pron., mhd. nl. ander, ahd. andar, aſächſ. āðar, ōðar, afrieſ. ōther, agſ. ōðer (engl. other), anord. annarr, got. anþar 'anderer'. Außergerm. entſprechen gleichbed. lit. añtras, apreuß. antars, aind. ántara-. Daneben ſtehen mit gleichem Sinn aind. anyá-, aveſt. a(i)nya-, apreuß. aniya-. In beiden Reihen ſieht man Ableitungen zum Pron.-Stamm idg. *eno-, *ono-, zu dem nhd. jener gehört. Idg. -tero-iſt Kompar.-Suffix. Urſpr. iſt ander zugleich Ordnungszahlwort der Zweizahl („Da ward aus Abend u. Morgen der ander Tag" 1. Moſ. 1, 8); Reſte ſind anderthalb, anderweit, ſelbander (ſ. d.), ein anderer Homer. Sonſt iſt ander als Ordnungszahl durch die junge Bildung zweite verdrängt. — Zum Verhältnis *antero-: *alio- (auch lat. alter: *antero-) ſ. A. Debrunner 1943 Rev. des ét. indo-europ. 3, 5 ff.

anderthalb ſ. halb.

anderweit Adv. bei Luther noch in der älteren Bedeutung 'zum zweiten Mal' = mhd. anderweit, anderweide; das 2. Wortglied erſcheint als Suffix noch in mhd. drīweit, vierweide, vierzecweide 'dreimal' uſw. und iſt gleich Weide (mhd. weide 'Fahrt, Reiſe'). — Über die Adj. anderweit und anderweitig (beide ſchon ſeit dem 17. Jh. angehörig) ſ. Gomberts Programm 1893 S. 6.

Andorn M. Marrubium vulgare. Ahd. antorn

und (mit Anlehnung an Dorn) andorn, -thorn, mhd. mnd. andorn, nnl. andoorn, frühnhd. andern. Schwed. andorn beruht auf Entlehnung aus dem Deutschen. Auszugehen ist von ahd. antorn. Das dem ahd. t, nd. d entspr. urgerm. ð kann auf idg. dh zurückgehen, wie es in aind. ándha- 'Kraut', gr. ἄνθος 'Blüte' vorliegt. Idg. *andhøs-nó-s heißt das Kraut, weil es ungemein reich blüht: E. Björkman 1902 Zs. f. d. Wortf. 3, 264; R. Loewe 1935 Beitr. 59, 255 f. 318.

Andreaskreuz N. 'schrägliegendes Kreuzzeichen in der Gestalt X' (an einem solchen Kreuz soll der Apostel Andreas gekreuzigt worden sein): im 18. Jh. bei Frisch 1741 und Adelung 1793 gebucht, aber schon im 16. Jh. ganz geläufig, z. B. 1507 Wilwolt v. Schaumburg S. 132. Besonders in der Künstlersprache üblich: Schwenter 1636 Deliciae phys.-math. S. 219 „in form eines Andreas Creutz, wie die Künstler nennen" (so auch bei Dürer 1525 Unterweisung der Messung F 1 a „Endrescreutz").

Andrienne F. (eine Art Schleppkleid) durch das ganze 18. Jh. (z. B. bei Dan. Stoppe, in Gellerts Lustspielen und bei Wieland) üblich: aus frz. andrienne (benannt 1704 im Anschluß an die Aufführung der Andria des Terenz in Barons Bearbeitung.)

Anekdote F. Prokop v. Cäsarea schrieb in Byzanz im 6. Jh. n. Chr. ein Buch Ἀνέκδοτα 'noch nicht herausgegebene, daher neue u. bes. fesselnde Geschichten'. Über das Lat. u. Frz. wird Anekdote im 18. Jh. bei uns bekannt, zunächst als Büchertitel in Prokops Sinne, seit Ramler 1749 als 'Geschichtchen': H. Schulz 1913 Fremdwb. 1, 34. Das gr.-lat. Neutr. Plur. ist zum frz.-nhd. Fem. Sg. geworden.

anfachen s. fächeln.

Anfangsgründe Plur. seit Campe 1807 gebucht; frühester Beleg nach Gombert 1889 Weitere Beiträge S. 3 in des Philosophen Chr. Wolff „Anfangsgründen der Mathemat. Wissenschaften" 1710. Ersatz für lat. elementa.

Anführungszeichen s. Gänsefüßchen.

Angebinde N. 'Geburtstagsgeschenk' seit Stieler 1691 und Amaranthes 1715 gebucht; eigtl. 'was einem Geburtstagskind als Geschenk angebunden wird' (Geburtstagsangebinde Kind 1802 Dramat. Gemälde III 13). Dazu Anbindbrieflein als Titel von Büchern von Wolsh. Spangenberg 1611 und Ed. Gärtener 1659. Durch das Anbinden soll das Geschenk dauernd mit dem Beschenkten verbunden werden: W. Aly 1927 Handwb. d. dt. Abergl. 1, 435. Zusammenhang mit dem Amulett (s. d.) ist trotz P. Lessiak 1912 Zs. f. dt. Altert. 53, 152 nicht erwiesen. Über Binden im Zauberbrauch ders. 155 f.

Angel F. ein gemeingerm. Wort: ahd. angul, mhd. mnd. agf. angel (engl. angle), anord. ǫngull M. sind Weiterbildungen zu ahd. ango, mhd. ange, agf. anga 'Haken'. Die idg. Verwandten mir. ēcath, bret. ankoe 'Fischhaken', lit. anka 'Schlinge, Schleife', aslav. ǫkotŭ 'Haken', lat. ancus 'gekrümmt', gr. ἄγκος 'Widerhaken', ἀγκών 'Bug, Ellenbogen', aind. añčati 'biegt, krümmt' usw. weisen auf idg. *ank-: *onk 'biegen, Krümmung zurück. Die Benennung der Lockspeise ist erst einzelsprachlich (s. Köder). Der Übergang zum F. (vgl. Distel, Geißel, Hummel, Mandel) beginnt mit Luther bei der Bed. 'Türhaken'.

Angelegenheit F. eig. 'was einem angelegen, wichtig ist', schwed. angelägenhet, nnl. aangelegenheid. Von A. Gombert 1893 Progr. 7 S. 6 seit 1619 belegt, gebucht seit Kirsch 1718.

angenehm Adj. aus mhd. genæme, spätahd. gināmi. Noch einfacher ahd. nāmi, mhd. nęme 'annehmbar', anord. næmr, norw. næm, dän. nem 'gelehrig' akt. neben pass. -næmr 'was genommen, gelernt werden kann': germ. *nāmia- ist Verbaladj. zu nehmen, wie got. andanēms 'angenehm' zu andniman 'annehmen'.

Anger M. mhd. mnd. anger, ahd. asächs. angar führen auf westgerm. *angra- ungepflügtes, wildgrünes Grasland'. Dazu die Kollektivbildung angria im Namen des westgerm. Stammes der Angrivarii 'Bewohner des Angerlands', der Weiden u. Flußauen an der Weser, später auch im westfäl. Gau Angeron 'Engern'. Mit dem westgerm. Wort zu verbinden sind anord. kaupangr 'kl. Stadt' u. isl. bodangr 'kl. Flecken'. Außerhalb des Germ. entspricht bis auf das Geschlecht lat. ancræ 'bepflanzter Streifen an Flüssen, Bucht'. Bildungen ohne r haben gleiche Bed.: auf germ. *angiō beruhen anord. dän. eng, schwed. äng 'Wiese', mnl. enc 'Grasplatz'; außergerm. entsprechen gr. ἄγκος N. 'Tal, Schlucht', ἀγκών M. 'Biegung, Vorgebirge, Schlucht', weiterhin die unter Angel entwickelte Sippe mit der Grundbed. 'Krümmung': der dem gewundenen Flußlauf folgende Grünstreifen liefert der frühesten Viehzucht die nötigen Weiden.

Angesicht N. mhd. angesiht N. 'das Anschauen, Antlitz', nl. aan(ge)zicht: zu Gesicht, sehen.

Angst F. Mhd. angest, ahd. anfr. angust, mnd. angest, anxt, mnl. anxt, nnl. angst, afries. ångost 'Angst' beruhen auf vorgerm. *anghos-ti-. Die nächsten außergerm. Verwandten sind lat. angustiae 'Enge, Klemme, Schwierigkeiten' (daraus über afrz. anguisse engl. anguish 'Qual, Kummer') und aslav. ązostĭ 'Beengung'. S. eng. Zur Wortbildung vgl. hettit. dalugašti- 'Länge' neben dalugi-

'lang'. — Das erst nhd. Adj. angst ist aus dem F. entwickelt in Sätzen wie mir ist, wird angst. Vereinzelt der Kompar. ängster bei Luther und Grimmelshausen. Vgl. bange.

Angster M. Zu lat. angustus 'eng' gehört ital. anguistara 'Flasche mit engem Hals', zu spätmhd. angster umgebildet und im Südsaum des dt. Sprachgebiets bis ins 17. Jh. gebraucht: E. Ohmann, Neuphil. Mitt. 1941, 104. Dasselbe angustus führt in seiner Bed. 'dünn' zum Namen einer Scheidemünze, die vom 14. bis 17. Jh. vor allem in der Schweiz angster hieß.

Angströhre F. als scherzhafte Bezeichnung des Zylinders nach Dunder 1849 Denkschrift über die Wiener Oktober-Revolution S. 805 in Wien 1848 aufgekommen (Arnold 1907 Zf. f. d. Wortf. IX 156). Klassischer Beleg: Keller 1874 Leute v. Seldwyla 2, 131. Vgl. auch Schlosser².

anheben st. Ztw., mhd. anehęben 'beginnen', eigentlich 'ein Werkstück oder dergl. angreifen, um es zu bewegen'. Oft in der Lutherbibel durch deren Ansehen erhalten, bis es Heynatz 1771, Adelung 1774 und Teller 1794 für veraltet erklären. Goethe und Schiller retten das Wort für die gehobene Sprache: Kuhberg 36f.

anheimeln Ztw. eigentl. ein südwestdeutsches Dialektwort (in der Schweiz ist auch das einfache heimeln in gleicher Bedeutung volksüblich; desgl. der Gegensatz anfremden), als solches von Hebel 1803 (Irrlichter Str. 8) gebraucht; auch bei Graß 1815 Sizilische Reise II 94. Es wird von dem Schweizer Denkler, Clav. Ling. Lat. (Basel 1697) verzeichnet und durch schweiz. Schriftsteller (wie Joh. v. Müller) um 1800 in die Literatur eingeführt und von Fulda 1788 und Campe 1807 gebucht; vgl. auch Stalder 1812 Schweiz. Idiot. II 33. Die l-Ableitung in Zeitwörtern bedeutet im Oberd. gern 'nach etwas schmecken oder riechen'; also heimeln 'nach der Heimat schmecken oder riechen'; vgl. alem. eſſeln 'nach Essig riechen', brenzeln 'nach Brandigem riechen'. S. Heimweh und Kluge, Wortforschg. u. Wortgeschichte (1912) S. 76—82.

anheischig Adj. unter Anlehnung an heischen entstanden aus mhd. antheizec, antheize Adj. 'verpflichtet': zu mhd. ahd. antheiz 'Gelübde, Versprechen', das mit got. andahait 'Bekenntnis', agſ. ondettan 'bekennen' aus der Partikel ant- und Wz. *hait 'heißen' zusammengesetzt ist.

Anhöhe F. eine gegen Ende des 18. Jh. auftretende, von Adelung und Campe zuerst verzeichnete Nachbildung des älteren gleichbed. Anberg, das von Chyträus 1582 Kap. 8 als Amberg 'clivus' und auch sonst als nd. (z. B. im Brandenburgischen und Livländischen sowie

bei Voß) bezeugt ist. Belege: Joh. v. Müller 1786 Gesch. d. Schweiz. Eidgen. I 537. II 691; Campe 1786 Reise S. 225.

Anis M. Gr. ἄνισον 'Anis' ergibt über lat. anisum frz. anis, mnl. anijs und mhd. anis, enis N. Das Frühnhd. kennt (wie obd. Mundarten bis heute) erstbetonte, umgelautete Formen. Der Schriftform mit ihrem engen Anschluß ans Lat. bahnt Luthers Anyß Matth. 23, 23 den Weg.

Anke² M. 'Butter', heute alem. südschwäb. (E. Ochs 1940 Bad. Wb. 1, 53f.), mhd. anke, ahd. anko: der altheimische Vorgänger des Lehnworts Butter (ſ. d.), wofür auch ahd. anc-, kuosmëro (ſ. Schmer). Idg. *ongʷen. 'Salbe, Schmiere' auch in lat. unguen(tum), umbr. umen 'Fett, Salbe'; idg. *n̥gʷen- in air. imb, aforn. amen-en, bret. amann, amanenn 'Butter', gleichbed. das umgelautete kymr. ymen-yn. Den Subst. voraus liegt der idg. Verbalstamm *ongʷ- 'salben' in lat. unguo 'salbe, bestreiche', apreuß. ancte 'Butter', armen. aucanem 'salbe', aind. añj-, anákti 'salbt, bestreicht, schmückt'.

Anke¹ F. 'Genick' am Mittelrhein und in Schwaben üblich: mhd. anke, ahd. anka F. Im fränk. Nordteil Badens Anke(l) 'Nacken(grube)'. S. Enkel¹.

Anker¹ M. Zur Sippe von lat. uncus 'gekrümmt; Haken' (ſ. Angel) stellt sich gr. ἄγκυρα für die griech. Erfindung des zweiarmigen Ankers, dessen Bezeichnung in die meisten europ. Sprachen gelangt ist. Die Germanen, die ihre Schiffe in urtümlicher Weise mit Steinen (ahd. senchil, sinchila, anord. stiöri) festlegten, übernahmen die Sache als lat. ancora von der Römerflotte an Niederrhein und Nordsee, gleichzeitig mit Naue und Riemen. Die Agſ. erhielten ihr M. ancor möglicherweise noch auf dem Festland; anchar ist erst spätahd. vorhanden: das alte Küstenwort ist langsam stromaufwärts gewandert. Durch Auslautgesetz verlor das lat. Wort mit dem -a sein fem. Aussehen, daher das agſ. und ahd. Mask., dem ein nd. und nord. Neutr. gegenübersteht.

Anker² M. 'ein Flüssigkeitsmaß' erst nhd., aus nd. nnl. anker, mit dem das gleichbed. engl. anker, schwed. ankare auf mlat. anceria, ancheria (im 14. Jh. belegt) 'cupa minor' weist. Herkunft dunkel.

Anlage F. mhd. anlāge 'Bitte, mit der man jem. anliegt; seit Mitte des 14. Jh. 'Steuer, Umlage', die den Untertanen auferlegt wird; seit frühnhd. Zeit 'Beisteuer, Hilfe, Entschädigung'; erst mhd. 'urkundliche Beilage' eines Briefs oder Aktenstücks. Aus Anlage eines Parks oder Werks wird das Angelegte selbst. Was in einem jungen Menschen angelegt ist wie

der Keim in der Knospe, bildet seine Anlage
'natürliche Begabung'; so kaum vor 1750. Ganz
jung Anlage von Geldern, Ersparnissen und
diese selbst.

Anleihe F. ersetzt im 18. Jh. (kaum vor
J. Beckmann 1789 Anleitung z. Handlungs-
wissensch. 65 „die Anleihen großer Summen
für ganze Staaten oder ihre Fürsten") das N.
Anlehen, mhd. anlēhen, ahd. analēhan 'Hingabe vor allem von Geld gegen Erstattung,
Borg'. S. Lehen.

Anmut F. Das nur deutsche Wort erscheint
zuerst 1338 als anemuot M. in Grimms Weistümern 1, 726. Das M. begegnet noch bei
Goethe 1788 (Briefw. mit Knebel 349 Guhrauer), doch setzt sich seit dem 16. Jh. das F.
durch. Grundbed. ist 'der an etwas gesetzte
Sinn, das Verlangen'; noch im 18. Jh. kann
A. für 'Lust' stehen, aber schon Stieler verzeichnet 1691 als nachmals alleingültige Bed.
'amabilitas, venustas'. Anmutig, das 1510
erscheint, geht von 'verlangend' zu 'Verlangen
erweckend, gefällig, lieblich' über. Das Adj.
geht aus vom Ztw. anmuten, mhd. anemuoten
'jem. etw. zumuten'. Seit dem 18. Jh. hat
zumuten diese Bed. übernommen; die Klassiker
setzen anmuten 'angenehm berühren' durch.

annektieren Ztw. Aus lat. annectere gelangt annectirn 'aneinanderknüpfen' in Simon
Rots Fremdwb. (1571). Noch Campes Fremdwb. (1811) kennt allein diese Bed. Eine über
lat. nexus geleitete Entwicklung führt zu frz.
annexer mit annexion, engl. to annex mit
annexation. Dies wurde politisch gewendet, als
1845 die Ver. Staaten dem benachbarten
Mexiko Texas abnahmen. Damals gelangt
annexieren ins Deutsche, wie Lothar Bucher
1855 bezeugt, der 1862 die Besserung zu
annektieren nachträgt: Schoppe 1923 Germ.-
rom. Monatsschr. 11, 184. Schlagwort wird
a. durch Napoleons III. u. Viktor Emanuels
Politik gegen Sardinien, Savoyen u. Sizilien:
A. Götze 1918 Grenzboten 77 I 207 f.

anranzen Ztw. 'derb anfahren' erst im 19. Jh.
durchdringend und auch den Wbb. von Adelung
1775 und Campe 1807 noch fremd. Zufrühst
als elsässisch gebucht bei Klein 1792 Provinzialwb. I 17 mit der abweichenden Bedeutung
'jem. anreden und aufhalten, wenn man ihm
begegnet'. Ältere Belege: Maler Müller 1778
Fausts Leben II 66 („sonst ranzt er mich um
seine Nießen an"); 1781 Lob der Narrheit
(Erasmus) S. 166 und Arnold 1816 Pfingst-
montag V 7 (im Glossar dazu als 'dreist anreden'). Adelung verzeichnet erst ranzen 'lärmen', dazu Stalder 1812 Schweiz. Idiot. II
258 ränzen 'knurren, keifen'; vgl. Schweiz.
Idiot. VI 1159. Doch auch im Nd. begegnet

anranzen, anranden 'anrufen, anreden' 1768
Brem. Wb. III 432; noch früher bezeugt nl.
aanranden, aanrensen 'dreist ansprechen'.

anrempeln s. rempeln.

anrüchig Adj. 'übel beleumdet' erscheint zuerst in Lübeck 1294 als mnd. anruchtich 'in-
famis' und wird mit dem lübischen Recht weit
verbreitet: ostmnl. aenruchtich, siebenb. urä-
chich. In der Form anrüchtig wandert es
seit dem 15. Jh in hd. Rechtsquellen; Luther
verwendet es außerhalb der Bibel und führt es
der nhd. Schriftsprache zu, während es den hd.
Mundarten fremd geblieben ist. Anrüchtig gehört (wie berüchtigt, Gerücht und ruchbar)
zu mnd. ruchte N. 'Leumund', das mit nd. cht
für hd. ft (s. beschwichtigen, echt, Nichte,
sacht, Schacht, Schachtelhalm, Schlucht,
sichten) dem gleichbed. mhd. ruoft M. entspricht und mit ihm zu rufen (s. d.) gehört.
Anrüchig ist urspr. jem., der anfängt, in üblen
Ruf zu geraten. Luthers Form anrüchtig
bucht noch Campe 1807 als einzige. Daneben
wird anrüchig seit Lauterbeck 1558 Regentenbuch 63 immer häufiger. Während Verlust des
t in ruchtbar als Erleichterung der Drittkonsonanz zu verstehen ist, kann anrüchig nicht auf
lautlichem Weg entstanden sein. Neben dem
Vorbild von ruchbar muß Anlehnung an
riechen im Spiele sein: anrüchig ist als 'einer
der in schlechtem Geruch steht' verstanden worden.

anschaulich Adj. ist ein Wort der spätmittelalterl. Mystik, von Tauler und seinen Zeitgenossen vom Anschauen der Gottheit gebraucht.
Im älteren Nhd. bedeutet es 'ansehnlich, angesehen', Lessing verwendet es im Sinne unseres
augenscheinlich. Weiter tritt anschaulich
an Stelle des Part. anschauend, das (wie:
eine wohlschlafende Nacht, die vorhabende
Reise, essende Speise) pass. verwendet wurde:
etwas anschauend zu machen wissen. Neuere
philos. Sprache verwendet das Adj. als 'der
Anschauung dienend', ebenso seit Basedow die
Pädagogik z. B. der „etwas anschaulich zu machen
wissen" und „anschaulicher Unterricht" zu wichtigen Schlagwörtern aufgestiegen sind. — Auch
anschouwunge geht von den Mystikern aus und
wird weiterhin mit Anblick gleichbedeutend.
In philos. Fachsprache bezeichnet Anschauung
die „unmittelbar auf den Gegenstand als einzelnen sich beziehende Erkenntnis" (Kant). Umgangssprachlich steht es für Ansicht. — An-
schaulichkeit nicht vor Herder 7, 538 Suphan.

anschirren Ztw. (Zugtiere) 'anspannen'; erst
innerhalb der nhd. Zeit nachweisbar (Stieler
1691 Sp. 1769): zu Geschirr in der Bedeutung
'Leder- und Riemenwerk der Zug- und Reit-
tiere'; vgl. ahd. satalgiscirri, mhd. satel-
geschirre 'Reitzeug'.

anschnauzen schw. Ztw. 'grob anfahren',
zuerst bei Joh. Mathesius 1563 Vom Ehestandt
34ᵃ; auch weiter vorwiegend ein Wort des dt.
Ostens. Der üblichen Herleitung von Schnauze
F. widerspricht, daß das Ztw. anschnüzen z. B.
auch in ostpreuß. Mundart lautet (Frischbier 1,
30), wo für das Fem. snůte gilt. So muß (an)-
schnauzen als Intensivbildung zu (an)schnau-
ben gelten, dem es in der Bed. unbedingt nahe-
kommt.

Anschovis F. 'Engraulis encrasicholus' (s.
Sardelle). Der bask. Fischname anchu gelangt über nnl. ansjovis ins Deutsche: An-
schioven Anchinoander 1653 Gramm. It. Voc.
c 2/ᵇ. Noch Hermes 1778 Sophiens Reise 1,
406 erläutert Anschowis mit 'Sardellen'.

Ansprung M. die Hautflechte lat. mentagra
'die das Kinn befällt', zu lat. mentum 'Kinn'
und gr. ἀγρεῖν 'ergreifen' (Plinius, Nat. hist.
26, 3). Der dt. Krankheitsname geht im 16. Jh.
von Obersachsen aus und hält sich dort vor
allem: K. Müller-Fraureuth 1911 Wb. d.
obersächs. Ma. 1, 26. Ein vom 15. bis 19. Jh.
bezeugtes Ansprung bedeutete 'Anspringen,
Anlauf, Beginn'.

Anstalt F. 'Anordnung, Einrichtung' zuerst
bair. um 1250; zum Ztw. anstellen 'anordnen,
einrichten' mit dem a von dessen mhd. Prät.
stalte u. Part. gestalt gebildet, mit Gestalt
(s. d.) eines unserer jüngsten ti-Abstrakta (vgl.
Blüte, Brut, Nut, Saat usw.). Noch in
frühnhd. Zeit bleibt Anstalt selten, erst im
17. Jh. dringt es von der Kanzlei aus vor,
meist in Formeln wie Anstalt machen, treffen, die nun durch veranstalten zurückgedrängt sind. Das Preuß. Landrecht führt 1794
die neue Bed. 'Organisation, der die Rechts-
persönlichkeit verliehen ist' ein, die durch Goethe
1809 literarisch wird. In Zus.-Setzungen wie
Armen-, Heil-, Straf-, Versicherungsanstalt
tritt an Stelle der Einrichtung das Haus, in dem
sie untergebracht ist. Umgangssprachlich steht
der junge räumliche Sinn heute im Vordergrund.

anstatt Präp. (auch Konjunkt.) bei Luther
stets an statt getrennt geschrieben; ursprgl.
= 'an der Stelle' (daher mit dem Genit.);
s. Statt.

anstellig Adj. von Adelung noch nicht, erst
von Campe 1807 verzeichnet: ursprgl. ein
schweiz. Dialektwort, das als solches bei Stalder
1812 Versuch e. schweiz. Idiot. II 397 verzeichnet ist. Zu Anstelligkeit bemerkt Lavater 1776 Physiogn. Fragm. II 283 „ein
Schweizerwort, die Geschicklichkeit mancherley
Dinge gut einzurichten und anzuordnen und
sich in alles leicht zu finden; wer diese Geschicklichkeit hat, heißt ein anstelliger Mensch",

und Physiogn. Fragm. III 329 empfiehlt
er das gut schweiz. anstellig den Deutschen
zur Naturalisierung. Es ist dann von Nicolai
(1783 Reise II 336, bes. V 290 und 1794 Gesch.
eines dicken Mannes I 69) aufgegriffen und
von Schiller im Tell I 3 gebraucht (Luther hat
dafür 1. Kön. 11, 28 ausrichtig, andere an-
schlägig; im 18. Jh. galt vielfach aktiv und
agil). Vgl. Heynatz 1796 Antibarb. S. 134;
Kluge 1908 Bunte Blätter 207; 1909 Zf. f. d.
Wortf. 10, 223 f.

ant= Vorsilbe, heute nur noch in Antlitz und
=wort, verdunkelt in anheischig und Handwerk, früher in nominalen Zusammensetzungen
so geläufig wie in verbalen die unbetonte Entsprechung ent=, s. d. Als nach dem Wirken des
Vernerschen Gesetzes, aber längst vor dem Einsetzen der Denkmäler das Germ. den Haupton
auf die erste Wortsilbe zurückzog, war die Zusammensetzung des Nomens schon vollzogen
(daher bieder, Imbiß, Urlaub, Urteil), die
des Ztw. mit Vorsilbe noch nicht (daher er-
láuben, ertéilen). Dem mhd. ahd. ant- entsprechen asächs. agf. anord. and-, got. and(a)-
und die got. Präp. and mit Akk. 'entlang, über
hin, auf hin'. Außergerm. vergleichen sich lat.
ante (aus *anti) 'vor', gr. ἄντα, ἄντην Adv.
'gegenüber', ἀντί (aus *ἄντι) 'gegen', alit.
anta, lit. añt 'auf, zu', arm. ənd Präp. mit
Akk. (wie got. und lat.) und Gen. (wie gr.),
aind. ánti Adv. 'gegenüber'. In den Grundformen idg. *anta, *anti 'gegenüber, angesichts' und 'über hin, entlang' sind offenbar
mehrere Quellbäche zusammengeflossen. S.
Ende.

antediluvianisch s. vorsündflutlich.

Antenne F. 'Sende- und Empfangsdraht
des Rundfunks', nach dem Weltkrieg mit Mar-
conis Erfindung entlehnt aus gleichbed. ital.
antenna, das urspr. 'Rahe' bedeutet und auf
dem gleichbed. lat. antenna beruht. Dies aus
*an(a)tempnā 'die Ausgespannte', verwandt
mit templum, s. Tempel. Die Reichspost hat
1924 Luftdraht, =leiter eingeführt und unterscheidet Dach-, Hoch-, Rahmen- und Zimmer-
Luftleiter: Mutterspr. 1925, 174. 1928, 138;
weitere Vorschläge das. 1932, 54.

antik Adj. 'altgriechisch, altrömisch', mit
Antike F. beim Aufblühen der kunstgesch.
Studien, die von Franzosen wie Graf Caylus
bestimmt sind, aus frz. antique Adj. und Subst.
übernommen. Antiquen Gottsched 1760
Handlex. 106; antikes Kunstwerk Allg. dt.
Bibl. I 2 (1765) 2. Unabhängig davon war
mindestens 30 Jahre vorher antique ohne
Beziehung auf das klass. Altertum aus dem frz.
Adj. entlehnt worden; antikisch (aus lat. an-
tiquus) hatte im 16./17. Jh. gegolten, Anti-

quitäten (aus lat. antiquitates) seit Anfang des 16. Jh.: H. Schulz 1913 Fremdwb. 1, 37 ff. So steht im Engl. antique als junge Entlehnung aus frz. antique neben älterem ántic 'altertümlich, sonderbar' aus ital. antico. Zu der älteren Entlehnung gehören engl. antic 'Possenreißer', Mz. antics 'Possen'.

Antilope F. Spätgr. ἀνθόλοψ 'Blumenauge' ist der Name des Physiologus für das von ihm umsabelte Tier. Aus dem Gr. stammt mlat. antalopus, von da engl. antelope, dem im 17. Jh. frz. antilope entlehnt ist, woraus nnl. antilope. Bei uns kaum vor J. G. Forster 1803 Sakontala 92. Campe 1813 Wb. z. Verd. 114 schlägt dafür Hirschziege, -geiß vor. S. Gazelle.

Antipathie F. 'Abneigung'. Gr. ἀντιπάθεια ergibt lat. antipathia, in dieser Form von Leonh. Thurneysser 1578 Hist. u. Beschr. influentischer Wirkungen 88 bis Grimmelshausen 1669 Simpl. 42 Ndr. Zunächst naturwiss. gemeint: „auch sagen etliche Musici, sey eine sonderliche antipathia zwischen den Wolffs- und Schafssaiten" Schwenter 1636 Delitiae phys.-math. 233. Eingedeutscht und verallgemeinert kaum vor 1668: „ist gewiß, daß in der Sprach ein große Sympathy vnd Antipathy stecket" Becher, Methodus didactica c 4b. H. Schulz 1913 Fremdwb. 1, 38.

Antlaßtag M. 'Gründonnerstag' eigtl. 'Tag der Sündenvergebung' zu mhd. antlâz 'kirchlicher Ablaß': ein hauptsächlich bair. Wort (ahd. intlāzzan, agf. onlǣtan 'vergeben'). Vgl. Gründonnerstag und Osterei.

Antlitz N. mhd. antlitze, ahd. antlizzi, anfr. anliton, afrief. andlete, agf. andwlita, anord. andlit(e), got. *andawliti (überliefert ein offenbar verwandtes, doch in seiner Bildung unklares N. andawleizn) 'Gesicht', ursprünglich 'das Entgegenblickende'. Zur Vorsilbe f. ant-; ohne sie das M. asächf. wliti, afrief. agf. wlite, anord. litr, got. wlits 'Aussehen, Gestalt'. Nächstverwandt das Ztw. agf. wlītan 'sehen', wlātian 'starren', anord. lita 'schauen', leita (aus *wlaitōn) 'sich umsehen', got. wlaitōn 'umherblicken'. Ein den t-Formen entsprechendes hd. *antliz, -lizzes ist nicht überliefert; ahd. mhd. tz weist auf germ. tj. Die nhd. Form ist durch das 86malige Andlitz der Lutherbibel bestimmt. Jdg. *uleid- ist Erweiterung der Wurzel *uel- 'sehen' in lat. vultus 'Miene', im Namen der Seherin Veleda (Tacitus, Germ. 8) und in air. fili (aus *velēt-) 'Dichter', ursprünglich 'Seher', sowie in mkymr. gwelet, kymr. gweled 'sehen'.

Antwort F. mhd. antwort, älter -würte, ahd. antwurti F., -wurti N., asächf. andwordi, afrief. ondwarde, agf. andwyrde, got. andawaúrdi N. 'Antwort'. Zur Vorsilbe f. ant-; das Grund-

wort ist Sammelbildung zu Wort. Der durch i der Endsilbe verursachte Vokalwechsel ist im Nhd. durch Angleichung beseitigt. Das schw. Ztw. antworten greift ebenfalls über die meisten germ. Sprachen. Zum gleichbed. engl. answer usw. f. schwören.

Anwalt M., mhd. anwalte, ahd. anawalto, agf. onwealda 'advocatus', eine westgerm. Bildung, zu der Entsprechungen im Nord., Fries., M. und Mnd. fehlen u. die auf nd. Boden erst mit hd. Urkunden des 15. Jh. gelangt. Bair. anbolt ergibt rätoroman. abolt, aboll 'Richter'. Das urspr. schw. M. ist Ableitung zu einem im 16. Jh. abgestorbnen F. ahd. anawalt, agf. onwealt 'Gewalt'. Grundbed. ist demgemäß 'einer der Gewalt über etwas hat', urspr. im Sinn des aus eigner Kraft Waltenden, des Urhebers oder Anstifters, seit dem Erstarken der Fürstengewalt im 14. Jh. nur noch im Sinn des Beauftragten, der in Vertretung eines Herrn handelt, also 'Bevollmächtigter, Abgeordneter, Bote' u. weiterhin 'Stellvertreter'. Mit Übergang aus dem öffentlichen ins bürgerliche Recht wird A. 'Vertreter vor Gericht, Sachwalter' u. verdrängt die Fremdwörter Prokurator, Konsulent u. Advokat. Der alte Fürsprech hat sich nur in Teilen der Schweiz gehalten, Rechtsanwalt (so seit H. v. Kleist, Mich. Kohlhaas 1808) wird im Reich 1878 amtliche Standesbezeichnung. Seit 1877 sind Staats-, Amts- u. Reichsanwalt Beamte, die die Sache des Staats vor Gericht vertreten.

Anwärter M. wird im Februar 1899 in der Berliner 'Post' für Aspirant vorgeschlagen. Die Zf. d. Sprachv. 14 (1899) 60 hätte Anwart vorgezogen, doch setzt sich die vollere Bildung (mit Beamten- und Offiziersanwärter) durch: W. Linden 1943 Dt. Wortgesch. 2, 385f.

Anwesenheit f. Abwesenheit.

Anze F. 'Gabeldeichsel', ein Wort des Südostens, z. B. bair. ánz, ánzn, kärnt. ānaze, steir. ánzn. Von hier gelegentlich schriftbt.: Sepp Keller 1937 Das ewige Leben 210 „wurden die Perweinrößer neuerlich an die Anzen der einspännigen Bockschlitten gespannt". Aus sloven. ojnice 'Gabeldeichsel', Mz. von oje 'Deichsel'. Dazu steir. Anzenfuhre als Maßeinheit, schwäb. enze 'einspännig fahren'.

Anzeige F. 'Ankündigung', bei Kant, Winckelmann und Goethe auch im Sinn von lat. indicium, wie unser gänzlich verschiedenes Anzeichen. Mit Voranzeige das einzige Subst., in dem mhd. zeige 'Weisung (des Wegs), Anweisung', ahd. zeigä 'assignatio, demonstratio' fortlebt. Verbalabstr. zu dem gleichfalls nur hd. zeigen (f. d.): T. E. Karsten 1926 Klugefestschr. 65f.

anzetteln Ztw. frühnhd.; Maaler 1561 verzeichnet es in gutem und schlechtem Sinn („Krieg, Zank und Hader, Heil anzetteln"); die heutige Einschränkung auf den schlechten Sinn soll sich in Niederdeutschland vollzogen haben. Der Ausdruck stammt eigtl. aus der Weberei 'ein Gewebe befestigen' (s. Zettel).

anziehend Adj. eine seit der 2. Hälfte des 18. Jh. übliche Neubildung in Vertretung des fremden interessant; öfters zuerst bei Wieland 38, 187. 258.

Anzug M. spätmhd. anzuc, nd. antoch. Die ältesten Bedeutungen, 'Einspruch' (seit 1408: Dt. Rechtswb. I 800), 'Forderung, Klage, Antrag, Berufung' gehören der Sprache vor Gericht an und beruhen auf transf. anziehen 'herbeiziehen' im Sinne des lat. allēgāre. Hierher anzüglich, s. d. Zu dem gleichfalls transf. anziehen im Hinblick auf Kleider (dafür obd. anlegen) gehört Anzug in seiner heute gangbarsten Anwendung auf Männerkleidung, dem dt. Süden fremd, so daß es der Berner J. V. Widmann 1890 Gemütl. Geschichten S. 176 für 'Frauenkleid' setzt. Heimisch ist in der Schweiz Anzug 'Bettüberzug': P. Kretschmer 1918 Wortgeogr. 119f. Ein Gewitter u. dgl. ist im Anzug stellt sich zu intrans. anziehen; dazu auch angezogen kommen (wie angefahren, -geflogen, -gelaufen kommen): an gehört hier eng zu kommen.

anzüglich Adj. Das transf. anziehen wird frühnhd. von tadelndem Anführen, besonders vom Verklagen vor Gericht gebraucht. Daneben ist sich etw. anziehen 'als auf sich gemünzt empfinden'. Zu beiden kann anzüglich gehören, das sich seit Stieler 1691 gegen Moscheroschs anzügisch und Harsdörffers anzügig durchsetzt: F. Kainz 1943 Dt. Wortgesch. 2, 193.

Aolsharfe F. seit Campe 1813 Fremdwb. S. 90 gebucht. Belege: Just. Kerner 1809 Werke IV 284; Goethe, Faust I 28 (Zueignung), II 4613; benannt nach dem griech. Windgott Αἴολος. Dafür Windharfe J. Paul 1807 Schmelzle S. 19.

Aonen Mz. 1752 auftretend (Bodmers Noah S. 32; Wielands Empfindungen eines Christen S. 48; Bodmerias 1754 S. 19), zunächst von Schönaich 1754 Neolog. Wb. verspottet: aus gr. αἰών, dem auch engl. æon, eon entstammt.

Apache M. Die Indianer von Texas, Arizona usw. werden durch Gabr. Ferry, Coureur des bois (1853) u. Gust. Aimard, Les Peaux-Rouges (1888) als besonders wild bekannt. Nach Aimard verbindet Vict. Moris 1902 in seinen Apaches de Belleville mit dem Namen den Begriff der Bestie in Menschengestalt. Seit 1905 ist frz. apache 'Zuhälter, Plattenbruder' ge-

läufig; bald danach wird Apache bei uns Schelte für das gewalttätige Gesindel der Großstädte: A. Barth 1935 Vox Romanica 1, 19ff. Dazu Apachenhaufe 'Gewaltverbrecher' bei Gerh. Hauptmann 1910 Narr in Christo 220.

Apanage F. in der 2. Hälfte des 17. Jh. aus frz. apanage (daher auch engl. apanage seit dem 17. Jh.); schon von Liebe 1686, Scheibner 1695, Spanutius 1720 und Speranber 1727 als Fremdwort verzeichnet (ältere Schreibung Appenage). Wegen des im 18. Jh. auftretenden abteilen für apanagieren gilt vereinzelt im 18. Jh. Abteil für Apanage. Mlat. appanare eigtl. '(Brot,) Nutznießung geben'.

apart Adj., ursprgl. nur Adv.: aus frz. à part, dem auch engl. apart entstammt. Das in den Fremdwbb. seit Liebe 1686 bezeugte Wort ist wahrscheinlich im 30jährigen Krieg entlehnt.

aper s. aber².

Apfel M. (in der Schweiz, in Schwaben und der Oberpfalz ist die Mz. Apfel zur Sing.-Form geworden), mhd. apfel, ahd. apful (Mz. epfeli), afful, asächs. nd. nl. afries. appel, ags. æppel (engl. apple) mit westgerm. Kons.-Dehnung vor l, anord. apall M., daneben epli N. (norw. eple, dän. æble, schwed. äpple) aus germ. *ap(a)lja-. Got. *apl(u)s wird durch krimgot. apel vorausgesetzt. Auch der Apfelbaum hat einen gemeingerm. Namen: mhd. apfalter, ahd. apholtra, asächs. apuldra, ags. apulder, -or, anord. apaldr führen auf germ. *apuldra- (zur Bildungssilbe s. Flieder), das sich in Ortsnamen wie hd. Affolter(n), Affaltrach, md. Apolda, nl. Apeldoorn, engl. Appledore erhalten hat, von denen wieder Familiennamen wie schweiz. Affolter und Affeltranger ausgehen können. Auch außergerm. Orte sind nach ihren Apfelbäumen benannt, z. B. osk. Abella in Campanien und gall. Aballo (heute Avallon). Auch sonst bieten die kelt. Sprachen Entsprechungen: gall. avallo 'poma', air. ubull (aus *ablu-) 'Apfel', aball (aus *abalno-) akorn. auallen 'Apfelbaum', akymr. aball(en), akymr. afall 'Apfelbaum', afal, korn. bret. aval 'Apfel'. Außerdem entspricht der germ. Wortsippe baltoslav. *ābōl-, *ābl(u)-in lit. óbalas, óbuolas M., lett. ābuōl(i)s, apreuß. woble F. 'Apfel', lit. obelis, lett. ābele F. 'Apfelbaum'; aslav. (j)ablŭko 'Apfel', (j)ablanŭ 'Apfelbaum'; hierzu wieder Ortsnamen wie Gablonz. Nordeurop. *abel- galt ursprünglich den agrestia poma des Tacitus (Germ. 23), den Holzäpfeln des Nordens. Die veredelte Frucht heißt frz. pomme, lat. pōmum, mālum, gr. μῆλον. Beim Eindringen des röm. Obstbaus hat sich Apfel als einziger altheimischer Name einer Baumfrucht behauptet. Be-

achtenswert ist, daß für Augapfel im Ahd.
apful (wie ougapful) allein gebraucht werden
kann; vgl. agf. æppel 'Augapfel', engl. apple
of the eye (auch eye-ball), nnl. oogappel; dafür
anord. aber augasteinn.

Apfelschimmel M. equus pomelatus Stieler
(1691) 1795. Vorher ahd. apfulgrā ros und
entsprechend asächs. appulgrē, mnd. appelgrāwe,
anord. apalgrār. Im Engl. umgedeutet zu
dapple-grey (dapple 'gefleckt' zu anord. depill
'Fleck'). Beowulf 2165 mearas æppelfealuwe,
f. fahl. Außerhalb des Germ. kommt frz. (gris)
pommelé am nächsten.

Apfelsine F. erst nhd., aus nnl. (dialekt.)
appelsien. Das Wort, in Rists Neuem Teutschen Parnaß 1652 S. 83 noch ungekannt, geht
um 1700 von Hamburg aus, wo 1755 appelsina
als Dialektwort bezeugt ist, und zwar hat zunächst Appelsina — Appelsine als hd.
Form gegolten (Krünitz 1774 Oecon. Encycl.
III 92), wofür um 1770 Apfelsine (wegen
Apfel) herrschend wird (schon 1716 in Ludwigs Teutsch-engl. Lex. Apflesina). Frisch
1741 kennt erst Chinapfel, noch nicht Apfelsine; vgl. Ettner 1697 Unwürdiger Doktor
S. 181 Sineser Apfel. Nach Krünitz waren
Hamburg und Amsterdam die Hauptmärkte für
Norddeutschland, während in Oberdeutschland
die Italiener damit handelten (daher Orange
und Pomeranze als oberd. Benennung). Die
Heimat der Apfelsinen ist das südliche China und
Cochinchina, von woher sie von den Portugiesen
um 1500 nach Europa gebracht wurden (vgl.
Sinarose bei Voß für 'Chinarose'; Sina
galt um 1700 allgemein bei uns für China);
im Ital. heißt die Apfelsine daher auch die
portugiesische (portogallo), im Bulgar. por-
tokal. — Die md. (Altenburg) Dialektform
appeldesine weist auf frz. pomme de Sine
(= engl. China orange). Vereinzelt findet
sich im Beginn des 18. Jh. auch kurzweg
Sina z. B. Zucchelli 1715 Reisebeschreibung
nach Congo S. 88 „Die Pomeranzen sind alle
süß, und diejenige, die wir Sina nennen,
sind so süß als immer mehr das Honig sehn
kan". Vgl. Orange, Pomeranze und P.
Kretschmer, Wortgeogr. (1918) 82ff.; J. Graul
im Festalbum J. Teirlinck (Löwen 1931) 173ff.

Apotheke F. (von Maaler 1561 als deutsch
verzeichnet) seit mhd. (13. Jh.) apotēke allgemein üblich: aus gr.-lat. apotheca. Aus dem
dt. stammen lett. aptiēka, lit. aptiekà: J.
Sehwers 1925 Zf. f. vgl. Sprachf. 53, 108.

Appetit M. Lat. appetītus 'Verlangen' (aus
ad 'zu' und petere 'wonach verlangen') ergibt
im 13. Jh. frz. appétit, das alsbald auf 'Eßlust'
eingeschränkt wird und in diesem Sinn in Minden 1404 bei Eberhard Cersne, Der Minne

Regel 2720 erscheint. Bis tief ins 16. Jh. sind
Zusätze wie „Appetit (zu) der Speiß" und Umschreibungen wie „Gelust zu Essen" die Regel.
Noch 1575 schreibt J. Fischart, Geschichtklitt.
152 „Der Gelust vnnd Appetit kompt allweil
man ißt". Gleichbed. stehen nb. möge in Hamburg und Bremen, jrāt in Magdeburg, gröt in
Mecklenburg. Appetitlich kaum vor Mitte
des 17. Jh.: H. Schulz 1913 Fremdwb. 1, 44f.

Aprikose F. in Norddeutschland seit 1665
G. Greflinger, Der französ. Baum- u. Stauden-
gärtner 21. 56; Apricose 1669 bei v. d. Groen,
Der ndl. Gärtner u. 1673 bei Pancovius,
Herbarium (Cölln a. d. Spree) 47: aus nnl.
abrikoos — engl. apricot, frz. abricot, span.
albaricoque, ital. albercocco aus arab. albarkōk.
Letzte Quelle lat. praecocium eigtl. 'das Frühreife', woraus entlehnt gr. πραικόκια. Der
Name ist durch die Niederlande (nnl. abrikoos,
das wohl auf dem Plur. frz. abricots beruht;
vgl. Birne) ins Nd. gedrungen, während Oberdeutschland andere Namen dafür aufweist. Im
18. Jh. galt Aprikose erst nur als nd.-ober-
sächs. Dialektwort. — Neben Aprikose bestehen andere Benennungen, von denen österr.-
bair. marille (schles. morelle) am entschieden-
sten konkurriert hat; es beruht auf ital. armenillo
(gemischt mit amarello?) 'Weinkirsche'. Außerdem gilt für 'Aprikose' schweiz. barelli N.
oder barillen (parīli, mareiəli, laringeli) —
1541 Frisius: Morillen, Parenle; 1561 Maaler:
Berillele, Ammarellen; Dentzler 1709 Clav.
Ling. Lat.: Amarillen, Barrilelein — die wohl
von ital. armenilli ausgehen; ebendaher auch
noch elsäss. mellele, schwäb. möllele N. (jetzt
herrscht im Schwäb. abrikō mit frz. Aussprache). Im Ostfränk. werden Marillen
und Aprikosen als 'kleine' und 'große' Aprikosen unterschieden. Im 16./17. Jh. bestanden
noch manche andere Benennungen: in Böhmen
Merunken (= böhm. merunka; Vocab.
Trilingue Prag S. 74) und in Schlesien und
im Vogtland Marunken (Colerus 1656 Oecon.
Ruralis II 212); Eber-Peucer 1558 hat „Ama-
rellen, Mißwachs", Henisch 1616 Sp. 62. 120
„Amarill, Molleten, Armellen, St. Johannis
Pfirsich", welche Namen auch sonst im 16./17.Jh.
vielfach begegnen.

April M. mhd. aprille M.: aus lat. Aprīlis
(vgl. frz. avril, ital. aprile, nnl. April, engl.
April): wie Mai und Jänner (früher März)
im Beginn der mhd. Zeit entlehnt an Stelle
des ahd. ōstarmānōd 'Ostermonat'.

Aprilnarr M. seit Frisch 1741 gebucht (Beleg:
Hoffmannswaldaus u. a. auserles. Ged. 1725
VI 52; unklar Rabeners Märchen vom 1. April
1755), dann auch bei Adelung und Campe:
Nachbildung des entsprechenden engl. April-

fool. Im 18. Jh. kannte man auch die Verbindung „jem. April schicken" Zs. f. d. Wortf. 12, 174, auch „in Aprilen schicken" Schönsleder 1618 Prompt. germ. S. B 5 b. Die Sitte der Aprilscherze ist für England, Frankreich und Deutschland seit dem 17. Jh. bezeugt. Der Aprilscherz heißt frz. poisson d'avril und der Aprilnarr schott. April-gowk. S. auch Mückenfett.

apropos im 17. Jh. aufkommend, von Fremdwörterbüchern seit Wallhausen 1616 Kriegsmanual S. 200 und Liebe 1686 verzeichnet: aus frz. à propos: H. Schulz 1913 Fremdwb. I 46.

Äquator s. Gleicher.

Ar N. Flächenmaß, Quadrat von zehn Metern Seitenlänge. 1868 amtlich übernommen aus gleichbed. frz. are, das durch Verordnung von 1793 geschaffen ist und sich seinerseits an lat. ärea 'freier Platz' anlehnt.

Arabeske F. Die Araber, denen der Koran die Darstellung lebender Wesen verbietet, bilden in Büchern und Bauwerken Laubgewinde usw. nach dem Muster der Alten fort, die seit dem 16. Jh. frz. arabesques 'arabische (Verzierungen)' heißen u. bei uns in frz. Form von Penther 1744 bis Campe 1813 gelten. Die heutige Schreibung seit Goethe 1789: H. Schulz 1913 Fremdwb. I 48. Im 19. Jh. von Musikstücken mit entspr. Verschlingungen.

Arbeit F. Unter arm und Erbe ist der Stamm idg. *orbho-, germ. *arb- 'verwaist' entwickelt. Zu ihm gehört ein intr. Ztw. germ. *arbējō 'bin ein verwaistes (u. darum zu harter Arbeit verdingtes) Kind', dazu wieder germ. *arbējiđiz 'Mühsal' in got. arbaiþs F., anord. erfiđi, ags. earfođ(e) N., afries. arbêd, mnl. arbeit (d), asächs. arabed(i), ahd. arabeit(i), mhd. ar(e)beit F. In der alten Gleichsetzung von Arbeit u. (unwürdiger) Mühsal lebt die von Tacitus Germ. 15 bezeugte Gesinnung: der freigeborene Germane überläßt die tägliche Arbeit den Unfreien. Erst das Rittertum gibt dem Begriff einen posit. Wert; die Mystik erhebt die weltliche Arbeit zum Beruf (s. d.) in christl. Sinn. Luther gibt mit der Lehre vom allg. Priestertum der Arbeit ihren entscheidenden Sinn; freilich verwendet auch er noch das Wort für 'Mühsal': Hildburg Geist im Lutherjahrbuch 1931 S. 83ff. Das scheinbare Grundverb schweiz. arban, nassau. erwə 'arbeiten' nur junge Neuschöpfung zu Arbeit.

Arche F. Lat. arca 'Verschluß', das mit dem Adj. arcānus 'geheim' zum Ztw. arcēre 'einhegen' gehört, ist in vorchristl. Zeit, etwa gleichzeitig mit Kiste und Sack, zu allen Germanen gelangt: got. arka, ahd. (buoh)arahha, mnd. mnl. arke, afries. erke, ags. earc(e), engl.

ark 'Kasten, Arche', anord. ǫrk. Auch westeurop. Sprachen haben das lat. Wort entlehnt: afrz. arkë 'Kasten', kymr. mkorn. arch, bret. arc'h. Die zunächst weltlichen Bed. 'Kasten, (Geld-)Kiste, Sarg' werden umgefärbt, nachdem die Vulgata in der germ. Missionssprache getreten ist, die arca für Noahs Kasten (so Luther) braucht. Die nhd. Form mit ch statt k weist auf Oberdeutschland. Aus dem Germ. stammen aslav. raka 'Grabhöhle', tschech. rakev 'Sarg', apreuß. arkan (Akk.) 'Arche'.

Archiv N. Gr. ἀρχεῖον 'Regierungsgebäude' (zu ἀρχή 'Regierung') ergibt lat. archivum, das als 'Aufbewahrungsort für Urkunden' im 16. Jh. in deutschen Texten erscheint, zunächst lat. flektiert. Die heutige Form 1618 in Landesarchiv, 1689 in Stadtarchiv: H. Schulz 1913 Fremdwb. I 49. Archivar, ohne klass. Vorbild, gibt Stieler 1691 mit Erzschreinhalter, wie Erzschrein das Ersatzwort der Fruchtbringenden Gesellschaft für Archiv darstellt.

arg Adj., mhd. arc (g), ahd. ar(a)g 'feig, nichtswürdig, geizig', mnd. arch, anl. arug 'perversa', mnl. arch, erch, nnl. erg, afries. erg 'böse, schlimm', ags. earg 'feige, träge, elend, erbärmlich, unnütz', anord. argr und (mit Metathese) ragr 'unmännlich, weich, wollüstig, schlecht', dän. schwed. arg, dän. arrig 'bösartig'. Paulus Diaconus bezeugt arga als Scheltwort bei den Langobarden. Got. *args fehlt bei Ulfilas, doch kann span. aragan 'träge' nur aus dem Got. stammen. Auf Entlehnung aus dem Germ. beruht finn. arka 'feig', so daß das Adj. in diesem Sinne gemeingerm. ist. Außergerm. vergleichen sich aind. ṛghāyáti 'bebt, tobt', gr. ὀρχεῖν 'schwingen, bewegen', meist ὀρχεῖσθαι 'beben, hüpfen, tanzen', vielleicht auch avest. ərəγant- 'arg, abscheulich' und lit. rāgana 'Hexe'. Grundbed. des germ. Adj. ist demgemäß 'angstbebend'. — Dazu das subst. Adj. Arg N., mhd. arc, ahd. arg 'Böses, Übel'.

ärgern Ztw. Ahd. argirōn 'schlechter machen', wie afries. ergeria, mnl. argheren zum Kompar. von arg; Gegenwort bessern. In der Bibelsprache entwickelt das Ztw. den Sinn 'zum Bösen veranlassen' u. 'Anstoß erregen'. Subst. dazu ist Ärgernis, das noch Heynatz 1775 Handb. 197 allein gelten läßt. Ärger wird um 1750 durch nd. Schriftsteller wie Dusch und Bode gewagt: es ist aus dem Ztw. rückgebildet wie Geiz aus geizen, Handel aus handeln, Opfer aus opfern. — Das Adj. ärgerlich tritt zuerst in Nürnberg 1482 in dem durch die Bibel bestimmten Sinn 'scandalosus' auf. Demgemäß verwendet es Luther, von da für 'anstößig' bei den Pietisten (Dt. Viert.-Schr. 8, 504), durch die es Alltagswort wird.

Argusaugen Pl. 'scharfblickend mißtrauische

Augen'. Die griech. Mythe stattet den Hirten Argos Panoptes, durch den die eifersüchtige Juno die in eine Kuh verwandelte Jo bewachen läßt, mit hundert Augen aus. Durch Äschylus und Ovid den Humanisten vertraut, wird durch Schiller Argus (Kab. u. Liebe 3, 6) und Argusblick (Maria Stuart 2, 8) beflügelt. Argus-Augen seit Gichtel 1696 Briefe 10, 38: Büchmann 1912 Gefl. Worte ²⁵ 83; H. Schulz 1913 Fremdwb. I 50.

Argwohn M. Aus arger wän (so noch 1287 Wormser Urk.-B. 1, 279) ist frühmhd. arcwān zus.-gerückt. Nach w ist ā zu ō verdumpft wie in wo, Woge u. a. Luther schwankt zwischen Argwahn u. Argwohn, noch Zesens Form ist argwähnisch. Aus dem Dt. entlehnt sind mnl. archwänich u. nnl. argwaan. In der Zus.-Setzung hat Wahn (s. d.) seinen alten Sinn 'Vermutung' bewahrt, 'schlimme Vermutung' ist die Bed. des namentlich für unser altes Rechtsleben wichtigen Wortes.

Ariadnefaden M. Nach Ovid gibt Ariadne dem Theseus, als er das Labyrinth betritt, einen Knäuel mit, den er abrollen läßt. An diesem Leitfaden findet Theseus den rettenden Ausgang. Danach Chr. Edelmann 1741 Christus und Belial 21 „Das vermeinte Filum Ariadnes per Labyrinthum oder der Leit-Faden aus dem Irr-Garten." Kant 1747 und Lessing 1751 bürgern L. ein: Gombert 1902 Zf. f. d. Wortf. 3, 317. Dän. ledetraad ist dem nhd. Wort nachgebildet. S. auch Füllhorn, Irrgarten, Labyrinth, Zankapfel.

Arie F. Ital. aria 'Lied' (subst. Fem. des lat. Adj. aerius 'zur Luft gehörig': die Luft ist Trägerin des Klangs) erscheint als „Aria vel Air . . . eine hübsche Weise oder Melodey" bei Prätorius 1619. 1638 läßt Hnr. Albert seine „Arien oder Melodeyen" erscheinen, doch überwiegt bis Sperander 1727 die ital. Lautform. 'Durchkomponiertes Opernlied' wird A. erst in der ital. gestalteten Oper seit 1745: H. Schulz 1913 Fremdwb. I 50.

Arier M., arisch Adj. Indoiran. arya- Adj. 'rechtmäßig, edel' wird zum Namen der idg. Einwohner auf pers. und ind. Boden im Gegensatz zur (farbigen) Urbevölkerung. Aus dem Volksnamen entsteht der Ländername avest. airya-nam, heute Iran. Idg. *ario- M. 'Herr, Gebieter' lebt in den germ.-kelt. Männernamen Ariovistus, -bindus, -manus wie in air. bō-aire 'Gemeinfreier, der Zinsbauern unter sich hat', wohl auch in gr. ἄριστος 'der beste'. Als Lehnwort aus Persien erscheint gr. Ἄριοι seit Herodot († 425 v. Chr.); der frz. Übersetzer des Zend-Avesta Anquetil du Perron vermittelt 1763 den Völkernamen dem Abendland, nach ihm prägt J. F. Kleukers 1776 die nhd. Namens-

form Arier, deren Ausdehnung auf alle Idg. Friedr. Schlegel anbahnt, die Schule des Grafen J. A. Gobineau († 1882) vollzieht. 1881 spricht Rich. Wagner unklar genug von der „arischen Race", wobei den Juden die Rolle der Nicht-Arier zufällt. Dt. Sprachwissenschaft ist bei der Anwendung auf die indoperf. Sprachen geblieben. Nachweise bei H. Siegert 1944 Geist. Arbeit Jg. 11, Nr. 7/9, S. 1; dazu J. Trier 1944 Beitr. 67, 111 ff.

Aristokratie F. Gr. ἀριστοκράτεια 'Herrschaft der Vornehmsten' gelangt über lat. aristocratia zu uns und wird im 16. Jh. in lat. Form in deutsche Texte gestellt. Über Aristocrat(e)y im 17. Jh. wird die heutige Form bei Nohr 1718 Staatsklugh. 250 erreicht. — Aristokrat M., aus dem F. abgeleitet wie Anatom aus Anatomie, begegnet seit Schubart 1774 D. Chronik 585. Als frz. aristocrate 1789 Schelte für alle Gegner der Revolution wurde, bekam das M. auch bei uns vorübergehend gehässigen Klang: O. Ladendorf 1906 Schlagwb. 10 f.; H. Schulz 1913 Fremdwb. I 50.

Arithmetik F. Gr. ἀριθμητική (τέχνη) 'Rechenkunst' (zu ἀριθμός 'Zahl') gelangt über lat. arithmetica seit 1489 in deutsche Lehrbücher. Kepler und manche Mathematiker vor und nach ihm bleiben bei Rechenkunst (A. Götze 1919 Anfänge e. math. Fachsprache 143), doch hat schon das 16. Jh. für A. und arithmetisch entschieden: A. Schirmer 1912 Zf. f. d. Wortf. 14, Beiheft S. 6.

Arkade F. Frz. arcade 'Laubengang', das seinerseits über ital. arcata auf lat. arcus 'Bogen' zurückgeht, gelangt seit 1684 als Wort erst der Gärtnerei, dann der Baukunst in die Sprache der Gebildeten und drängt das alte Laube zurück: H. Schulz 1913 Fremdwb. I 50 f.

Arlesbaum M. ahd. arliz-, erlizboum 'Cornus mas', seine Früchte Arlesbeeren (auch die von Sorbus torminalis): H. Fischer 1904 Schwäb. Wb. I 104. 314. Die Blätter ähneln denen der Erle, so daß der Baumname schon in ahd. Zeit mit erila verbunden worden sein mag. E. Björkman 1902 Zf. f. d. Wortf. 2, 214 sieht in A. den Baum von Arles an der Rhone (gall. lat. Ar(e)lātě) und erinnert an die gleichbed. Bezeichnungen welscher Kirschbaum, Welschkirsche.

Arm M. Ahd. ar(a)m, mhd. asächs. mnd. anfr. mnl. nnl. engl. dän. schwed. arm, afries. erm, agf. earm, anord. armr, got. arms führen auf germ. *arma-, idg. *arəmo- 'Arm, Gelenk, Gefüge'. Urverwandt sind aslav. ramo 'Schulter' mit vielen slav. Folgeformen, lit. armaī 'Vorderarm des Wagens', irmliga, -ėdė 'Armfraß, Gicht', apreuß. irmo 'Arm', agall. *aramo-

'Gabelung eines Flusses, einer Bergkette, einer Deichsel' in gall. Ortsnamen und in frz. mund-artl. alamō, aramo, armō 'Deichselarme' (U. Hubschmied, Vox Roman. 3, 69 und Zs. f. kelt. Phil. 23 (1943) 217), lat. armus 'Oberarm, Schulterblatt', armilla 'Armband', armillum 'einhenkliger Weinkrug', gr. ἁρμός 'Zusammen-fügung, Schultergelenk', ἅρμα 'Wagen', ἅρ-μενος 'angefügt', armen. armukn 'Ellenbogen, osset. ärm 'hohle Hand', ärm-ärin 'Ellenbogen, avest. arəma-, aind. īrmá- 'Arm'. Die m-Bil-dungen gehören zu der verbreiteten idg. Wurzel *ar- 'fügen, passen' (s. Art¹). Körperteilnamen mit reicher idg. Verwandtschaft sind z. B. auch Arsch, Auge, Fuß, Herz, Knie, Nagel und Zahn.

arm Adj. Ahd. ar(a)m, mhd. asächs. mnl. arm, afries. erm, ags. earm, anord. armr, got. arms führen auf germ. *armaz, bestätigt durch das früh entlehnte finn. armas (über 'mitleidswert' in die Bed. 'lieb' überführt). Wie kaum, warm u. a. mit dem Adj.-Suffix germ. -ma, idg. -mo gebildet. Über germ. *arbma-, idg. *orbhmo- läßt sich Anknüpfung an die Sippe von Erbe (s. d. und J. Weisweiler 1923 Jdg. Forsch. 41, 304 ff.) gewinnen. Ausgangsbed. ist somit 'ver-einsamt, verlassen'; über 'mitleidswert' trat Ver-tiefung im Sinn des Christentums ein; dazu tritt seit westgerm. Zeit arm in Gegensatz zu reich ('mitleidswert' weil 'besitzlos'). S. Arbeit, barmherzig, erbarmen.

Armada s. Armee.

Armbrust F. Lat. arcuballista 'mit Bogen versehene Schleuder' (Grundwort ballista 'Wurf-maschine' zu gr. βάλλειν 'werfen') ergibt zur Zeit des ersten Kreuzzugs über volkslat. ar-balista afrz. arbaleste (frz. arbalète), woraus um 1100 agf. arblast. Mhd. armbrust N. ist Eindeutschung vom Ende des 12. Jh. Ihm entsprechen mnl. mnd. armborst und das dem Mnd. entlehnte spätanord. armbrist mit dän. armbrøst und schwed. armborst: O. Schlutter 1912 Zs. f. dt. Wortf. 14, 139.

Armee F. Zu lat. armātus 'bewaffnet' stellt sich frz. armée 'bewaffnete Macht', das kurz vor dem 30jähr. Krieg ins Nhd. gelangt: Wallhausen 1617 Corp. Mil. 46 u. ö. Schill 1644 Ehrenkranz 4 wendet sich gegen armée wie gegen das gleich junge trouppe. Span. Armada ist als 'Kriegsflotte' eingebürgert. Zuerst begegnet Armata 'Ausrüstung' 1522, die Bed. 'Flotte' seit 1551: Kurrelmeyer 1919 Mod. lang. notes 34, 262 f.

Armel M. 'Armbekleidung', mhd. ermel, ahd. ermilo, armilo, ags. earmella M.: ver-dunkelte Verkl. zu Arm (noch durchsichtig war asächs. armilo 'Armring'). Das Gewandstück ist nach dem Körperteil benannt, den es be-

deckt (ähnlich Brüstchen, Leibchen; Bein-, Däum-, Fäustling; Gesäß, Kragen, Mie-der, Schiene, Schnürbrust, -leib; umge-kehrt heißt der Körperteil nach dem Kleidungs-stück in Fällen wie Schoß und Sohle). Die l-Verkl. zu Arm ist alt: auf germ. *armila-lausa beruht lat. armilausa 'ärmelloses Klei-dungsstück'. Mit gleicher Haplologie ist der Stammesname Arma-, Armilausi(ni) (R. Much 1937 Die Germania des Tacitus 189. 366) aus *Armila-lausi(ni) entstanden. Abwegig J. Sofer 1929 Glotta 17, 26 f.

Armut F. ahd. ar(a)muotī, asächs. armōdi, mnl. armoede. Ein Suffix westgerm. -ōdi, ahd. -ōti bildet zu Substantiven Abj. des Sinnes 'versehen mit': asächs. hringōdi 'beringt', ags. hōcēde 'mit Haken versehen'. So gehört zum Adj. arm ahd. armōti 'arm', dazu als Fem.-Abstrakt ar(a)muotī, das sein uo einer An-gleichung an ahd. muot verdankt: Kluge 1926 Stammbild. § 234; Braune 1911 Ahd. Gramm. § 38. Dän. schwed. armod sind aus dem Mnd. entlehnt. Obersächs. bed. Armut N. 'die Armen', so Gellert 1745 Betschw. 142.

Arnika F. Die dem Altertum und noch Brunfels, Bock und Fuchs unbekannte Heil-pflanze erscheint als arnich bei Matthäus Syl-vaticus im 14. Jh. Vielleicht entstellt aus lat. ptarmicum 'Niesmittel' (zum lautmalenden gr. πτάρνυμαι 'niese'). Auch Niesblum und Schneeberger sind Volksnamen der Arnica montana: H. Marzell 1943 Wb. d. dt. Pflanzen-namen 1, 399 ff. S. Wohlverleih.

aromatisch Adj. Gr. ἀρωματικός 'würzig' (zu ἄρωμα 'Gewürz') gelangt über lat. arōma-ticus im 16. Jh. zu uns. Schon Ficinus 1537 Buch des Lebens 24a braucht das Adj. von würzigen Düften, entspr. steht bei Grimmels-hausen 1669 Simpl. 85. 477 Aromata von stark duftenden Gewürzen, womit das erst im 19. Jh. auftretende Aroma 'würziger Duft' vorbereitet ist: H. Schulz 1913 Fremdwb. I 51; Schoppe 1914 Zs. f. d. Wortf. 15, 177.

Aronstab M. Die Arazee Arum maculatum trägt einen von Haus aus ägypt. Namen: Pli-nius, Nat. hist. 19, 96 in Aegypto aron vocant. Danach gr. ἄρον, lat. arum. Entspr. auch bei uns: Hier. Bock, Kräuterb. (Straßb. 1539) „Der Aron kompt auch im Hornung, wa die Sonn hinscheinen mag, herfür gekrochen". Volksetym. wird der Name mit dem des Hohenpriesters Aaron, dessen Stab grünt u. blüht (4. Mos. 17, 23) verknüpft. Zuerst B. F. Nieremberger 1753 Dt.-lat. Wb. A 1ᵃ „Aaron .. ein Kraut, sonst Aaronswurzel, arum". Die Fülle der sonstigen Benennungen bei H. Marzell 1934 Zs. f. Volkskde. 6, 36 ff.

Arrak M. Der ostindische, aus Reis hergestellte Branntwein ist dem Abendland durch die Arab. vermittelt und demgemäß arab. 'araq 'Saft' (vgl. Borretsch) benannt, das zu uns in den frz. Formen arack und rack gelangt (daher Rack bei Klopstock und Voß, so z. B. auch im Lipp. Jnt.=Blatt 1768 Sp. 137. Vgl. Rasch). Jn Deutschland dringen Wort und Sache von der Küste südwärts: Arrac aus Reinbeck bei Hamburg bald nach 1700 Zf. f. d. Wortf. 8, 202. Die türk. Form ist raqi; daraus bulg. rakijà, rum. rachiŭ 'Branntwein'.

Arras M. Jn der nordfrz. Stadt Arras (gall. Atrebates) wurde im Mittelalter ein leich= ter Wollstoff (mlat. arracium, arrasium) her= gestellt, der seit dem 14. Jh. in Deutschland eingeführt, hier nachgewebt und 1370 arreis, 1417 arras (wie engl. arras), frühnhd. rasch (wie engl. rash, frz. nnl. mnd. ras) genannt wurde. Zum Wandel von s zu sch f. W. Horn 1942 Arch. f. d. St. d. n. Spr. 182, 51. Die Form Rasch hat mundartl. bis ins 19. Jh. gelebt: H. Fischer 1904 Schwäb. Wb. I 326. Über Toll=Harras, =Rasch als Name eines Gewebes aus Wolle und Leinen f. Stosch 1909 Zf. f. d. Wortf. 11, 1. Alter dän. arrask 'Wollzeug' stammt aus dem Deutschen. Andere Gewebe heißen nach Orten wie Châlons, Kamerijk, Tricot und Tulle.

Arrest M. 'Haft' aus mlat. arrestum N. 'gerichtl. Beschluß', später 'Haftbefehl' im 15. Jh. zunächst in die Sprache des Rechts über= nommen, lebt am zähesten in Heer und Schule. Arrestant, das seit 1722 häufig wird, über= nimmt die passive Bed. 'Gefangener' von älterem Arrestat; im 16./17. Jh. ist Arrestant der Beamte, der die Verhaftung vornimmt. Arretieren 'verhaften' ist aus frz. arrêter 1714 übernommen, nachdem seit 1432 ar= restieren (aus mlat. arrestäre) gegolten hatte: Kurrelmeyer 1924 Mod. lang. notes 39, 351.

Arsch M. ahd. mhd. aſächſ. ars, mnd. ars, ers, frieſ. ers, mnl. aers, e(e)rs, nnl. (n)aars (mit n aus Verbindungen wie den, eenen aars), agſ. ears, anord. ars und rass (mit Metatheſis wie arg). Germ. *arsa-z aus idg. *órso-s ist urverw. mit gr. ὄρρος (aus *orsos, armen. oṙ 'Steiß', hettit. arraš 'Hinterer'. Jn Ablaut dazu altir. err F. (aus *ersä) 'Schwanz', dessen Ab= lautstufe in mnl. usw. ers wiederzukehren scheint. Dehnung des a vor r mit Dental bezeugt Schot= telius 1663 Ausführl. Arbeit 1277 mit den Schreibungen Aars und Ahrs. Mhd. -rs ergab frühnhd. -rš wie in Barsch, birschen, herrschen, Hirsch, Kirsche. Ein alem. herschen 'Hüften' im 16. Jh. zeigt eine Sekundärbildung auf -n neben dem ahd. starken Mask.: Festschr. f. Eugen Mogk (1924) 456.

Arsenal N. 'Zeughaus, Rüstkammer'. Arab.

dār (es) sinā'a 'Haus der Handwerksarbeit, Schiffswerft' ergibt ital. arsenale und ge= langt unter dem Eindruck namentlich der ve= nez. Werften und Docke kurz nach 1500 ins Nhd. Kurrelmeyer 1919 Mod. lang. notes 34, 265. S. Gondel, Zeughaus.

Arsenik N. Gr. ἀρσενικόν 'das stark wirkende Gift' (subst. Neutr. zum Adj. ἀρσενικός 'männ= lich, stark') gelangt in der lat. Form arsenicum zu uns (zuerst im 15. Jh.: Nürnb. Polizeiord= nungen 142 Baader) und bleibt viersilbig, bis sich spät im 18. Jh. die heutige Form, die engl. frz. arsenic entspricht, durchsetzt. Frühnhd. und mundartl. gelten gleichbed. Operment (aus lat. auripigmentum) und Hüttenrauch: im Rauchfang von Metallschmelzen wurde das dort niedergeschlagene Pulver gewonnen.

Art[1] F. Mhd. art M. F. 'angeborne Eigen= tümlichkeit, Natur, Beschaffenheit, Herkunft, Abkunft' (ahd. art ist in entspr. Bed. nicht be= zeugt), mnd. art 'natürliche Beschaffenheit, Ab= stammung', mnl. aert (d), nnl. aard, agſ. eard M. 'Lage; Fügung, Schicksal' (dazu anord. einarðr 'einfach, aufrichtig', einorð 'Zuver= lässigkeit') führen auf idg. *ar-ti- 'Fügung', t=Bildung zum idg. Verbalstamm *ar- 'fügen, passen' (f. Arm). Urverwandt sind aind. r̥tá- 'passend, recht', r̥tu- 'Regel', r̥tí 'Art und Weise'; armen. ard 'Bau, Schmuck'; gr. ἄμ-αρτῆ 'gleichzeitig', ὁμ-αρτεῖν 'sich anschließen', ἄρτί 'eben, gerade', ἄρτιος 'angemessen'; lat. artus 'eng, straff', ars, artis 'Kunst', artus 'Glied, Gelenk', artīre 'zusammenfügen'; lit. artì 'nahe'. Zur idg. Sippe gehören Ausdrücke wie armen. ordi 'Sohn', aslav. rodŭ 'Geschlecht', lat. oriri 'abstammen', vielleicht auch aind. r̥dhyati 'ge= deiht'. So ist die auch bei uns früh auftretende Bed. 'Herkunft, Abstammung' sicher ursprünglich. Vor der Entlehnung von Rasse im 17. Jh. vertrat Art dessen Stelle.

Art[2] F. in Artacker, =feld, =land, zaun, artbar, =haft, mhd. ahd. art F. 'Ackerung, =bau, =land', asächſ. ard 'Aufenthalt, Wohnung', mnd. art (d), agſ. eard 'Heimat, Land, Gegend, Wohnplatz, bebauter Grund, Erde', anord. ǫrð F. 'Ernte, Ertrag' führen auf germ. *ardi-, idg. *ar-ti- 'Ackerung' zum idg. Verbalstamm *arā- 'pflügen', zu dem auch die gleichbed. germ. Ausdrücke gehören: ahd. erien, aſrieſ. era, aſächſ. agſ. erian, engl. ear, anord. erja, got. arjan 'pflügen'. Urverwandt sind lat. aräre, gr. ἀρόειν 'pflügen', lat. arätrum, gr. ἄροτρον 'Pflug', mir. airim, kymr. arddu 'pflügen', lit. ariù, arti, lett. aru, aslav. orja, orati 'pflügen', arm. araur, toch. āre 'Pflug'. Den arischen Sprachen fehlt der Stamm.

artig Adj., mhd. ertec, -ic 'von angestammter, guter Beschaffenheit': zu Art[1] in seiner Bed.

'gehörige Art'. Die Zeit der Klaſſiker kannte Bedeutungen wie 'hübſch, nett, intereſſant; auffallend, eigentümlich, ſonderbar'. Seither iſt der Kreis des Wortes enger geworden; heute gelten nur die drei Beſonderungen 'zierlich, anmutig', 'wohlgezogen' (von Kindern) und 'höflich'. Gut= und bösartig ſind Zuſammenbildungen aus gute, böſe Art.

Artillerie F. Mlat. articula, abgeleitet von ars 'Kunſt', ergibt prov. artilla 'Feſtungswerk'; deſſen Beſtückung iſt frz. artillerie. In frz. Form gilt das Wort bei uns ſeit Wallhauſen 1616 Kriegsmanual 146. Vorher, ſeit 1475, herrſcht ein bunter Formenreichtum, je nachdem ital. artiglieria oder ſpan. arteglieria Vorbild war. Frühnhd. arculey, arkeley, archallei ſind ältere Entwicklung aus art(il)lerei oder aus *articularia etwa mit Anlehnung an lat. arcus 'Bogen'. Zur Bed.=Entw. vgl. lat. ingenium > frz. engin: H. Fiſcher 1904 Schwäb. Wb. I 314; H. Schulz, Fremdwb. I 53; F. Helbling 1912 Zſ. f. d. Wortf. 14, 47 f.; W. Kurrelmeyer 1919 Mod. lang. notes 34, 416; W. Horn 1942 Arch. f. d. St. d. n. Spr. 182, 51.

Artiſchocke F. Arab. al-harſôf ergibt über ſpan. alcarchofa norditalienisch articiocco, das erſtmals bei dem Züricher Friſius 1556 Nomencl. 180a als Artiſchock erſcheint, nachdem noch Leonh. Fuchs 1543 Neu Kräuterbuch 340 welſcher Diſtel geſagt hatte. Die ital. Endung noch in Artiſchocho Oſtermann 1591 Voc. analyt. 1, 274.

Arve F. Zirbelkiefer, ein in den ſchweiz. Alpen bodenſtänd. Grundwort, dort ſeit dem 16. Jh. als arbe, arve belegt: Schweiz. Jd. 1 (1881) 421, als Handelsware am Bodenſee arb, ärb H. Fiſcher 1904 Schwäb. Wb. 1 302. Ohne ſichere Verwandte.

arzen Ztw. 'heilen', ſpätmhd. arzen aus mhd. arz(e)nen, ahd. arzinôn, iſt älter als Arznei. Nhd. arznen wird Allg. dt. Biblioth., Anh. zu Bd. 10/12 S. 617 getadelt. Das ſeit dem 15. Jh. belegte arzneien gilt noch in Tierarzneiſchule. Die frühnhd. und mundartl. Bildung (ver=)arzten gehört zu mhd. arzâtîe 'Arznei'.

Arznei F. Das germ. Wort für 'heilen' war got. lêkinôn, anord. lækna, agſ. lâcnian, aſächſ. lâknôn, ahd. lâchinôn, mhd. lâchenen (urſprünglich 'beſprechen', urverwandt mit gr. λέγειν, lat. legere). Ihm iſt das halbfremde ahd. arzinôn, erzinen, mhd. erzenen nachgebildet. Dazu wird auf die im 12. Jh. eingebürgerte roman. Endung -îe das F. mhd. arzenîe, erzenie 'Heilkunſt, =mittel' gebildet. Daneben mhd. arzatîe, mnl. arsedîe, die ihr t und d unter neuer Einwirkung von Arzt erhalten haben.

Arzt ſt. M. (bei bair.=öſterr. Schriftſtellern auch ſchw. M.). In der Umgangsſprache heute wohl überall durch Doktor erſetzt, nur in Haus=, Roß=, Tier=, Zahnarzt noch üblich. Schon im 16. Jh. nimmt Doktor die Bedeutung 'Arzt' an (1561 Maaler 30ᶜ und 1616 Heniſch 1, 126 bieten Doctorey; ſchon zu Beginn des 17. Jh. ſteht verdoctern: „ich habe ſo viel Geld verdoctert" Nik. Volckmar, Vierzig Dialogi (Thorn 1625) 162ᵇ). Arzt, mhd. arzet, arzât, ahd. (ſeit dem 9. Jh.) arzât, iſt ein dem Engl., Nord. und Got. fremdes Wort (dafür got. lêkeis, anord. læknir, dän. læge, agſ. læce, afrieſ. lêza, aſächſ. lâki, mnd. lâk, ahd. lâchi, urſprünglich 'Beſprecher', ſ. Arznei. Dazu Familiennamen wie Lachmann und Lachner, dies aus mhd. lâchenære). Die mnl. Form arsatre, aſächſ. ercetere 'Arzt' (mnd. nd. arste) beweiſt Urſprung aus ſpätlat. archiâter (gr. ἀρχίατρος) 'Oberarzt'. Lautliche Schwierigkeiten, ahd. arzât mit arzâter, arciâter, archiâter zu vermitteln, ſind nicht vorhanden, da die aſächſ. und mnl. Form ſelbſt auf die mlat. Grundform hinweiſt. Auch ſonſt ſind Kunſtwörter der gr. Heilkunde, z. B. Büchſe, Fliete, Pflaſter, früh ins Abendland gedrungen, ſtets durch lat. und roman. Vermittlung. Die Entlehnung hat kaum vor dem 8. Jh. ſtattgefunden, weil in arc(h)iater das ci, cj als z aufgenommen iſt; bei früherer Entlehnung ſtünde ki. Arzäte(r), das nach H. Schuchardt, Zſ. f. rom. Phil. 16, 521 im Baskiſchen mittelbar für das Roman. bezeugt iſt, fehlt heute den roman. Sprachen (dafür ital. medico, afrz. mire, frz. médecin; bei uns im 17. Jh. Medicus). Über arz= als Vertreter von gr. ἀρχι- ſ. Erz=. Die wegen mrhein. Mühlarzt 'Ausbeſſerer von Mühlen' aufgeſtellte Erklärung von ahd. arzât aus lat. artista iſt lautlich wie geſchichtlich unberechtigt. Erſt im ſpäten Mittelalter wird mlat. artista für Ärzte gebraucht (wie frz. artiste vétérinaire); auch iſt es dem älteren Roman. fremd. Archiatri finden wir bereits bei dem Frankenkönig Childebert und bei Karl d. Gr. Zuerſt hatten einen ἀρχίατρος die Seleukiden in Antiochia; ſpäter führten die beamteten Gemeindeärzte helleniſtiſcher Städte den Titel, den ital. Städte um 400 übernehmen: Steudel 7 f.

As N. erſt nhd. nach frz. as M. 'die Eins auf Würfel oder Karte, ein kleines Gewicht' (lat. as), woher auch engl. ace (mengl. âs); in mhd. Zeit herrſchte als Bezeichnung für die 'Eins im Würfelſpiel' esse, das aus lat. assis (jüngere Nebenform von as) ſtammt. Vgl. Daus und Unze¹.

Aſch M. (mitteld.) 'Gefäß', ſchleſ. Aſchel, dazu Aſchkuchen: aus mhd. asch, ahd. asc M. 'Schüſſel, Becken'; ſchwed. ask 'Schachtel'. Zufrühſt für 'Boot' bezeugt in der Lex Salica

als ascus (= anord. askr, agſ. æsc, ahd. asc
'Boot'). Eigtl. wohl 'Boot aus Eſchenholz'.
S. Eſche.

Aſche¹ F. (dafür rhein. mit š-Umlaut ešə),
mhd. mnd. asche, ahd. anfr. asca, agſ. asce,
æsce, engl. ash, anord. ſchweb. aska, dän. ask,
ſämtlich mit germ. k aus idg. g. Daneben mit
germ. g aus idg. gh got. azgō F., aus dem span.
port. ascua 'glühende Kohle' entlehnt ſind. Jdg.
*as-gōn-, *as-ghōn- F. 'Aſche' gehören zur idg.
Wz. *äs- 'trocken, heiß ſein', die ſelten rein begegnet: aind. āsa- 'Aſche, Staub', toch. as, lat.
ārēre 'trocken ſein', meiſt mit Erweiterungen,
ſo -d- in gr. ἄζω (aus *azdi̯ō) 'dörre, trockne',
ἄζα F. 'trockner Schmutz', -gh- in got. azgō,
-g- in germ. *askōn und ebenſo in arm. azazam
(aus *azg-) 'dörre', ačiun 'Aſche'. Da für das
zugehörige lat. āra 'Altar' eine Grundbed.
'Brand(altar)' vorauszuſetzen iſt, öffnet ſich der
Blick auf den urzeitlichen Aſchenplatz als Opfer-
ſtätte.

Aſche², Aſche F. der Flußfiſch Thymallus
vulgaris, mhd. asche, ahd. asco M. aus idg.
*oskon- im Ablaut mit idg. *esok- 'Lachs' in
ir. éo, Gen. iach (aus *esōks, Gen. *esokos),
bret. eok 'Lachs'. — Norw. ſchweb. heißt Thymallus harr aus germ. *harzu- (daraus entlehnt finn. harju-). Der nächſte außergerm.
Verwandte iſt lit. karšis 'Bleihe'. Dieſe Namen
tragen die Fiſche nach ihrer dunklen Farbe:
aind. kṛṣṇa- 'ſchwarz'. Vgl. Harder.

Aſchenbrödel N. im 16./17. Jh. M., z. B.
Weiſe 1673 Erznarren 71. 105; bedeutet eigtl.
'Küchenjunge', ſo öfters bei Luther (ſchon mhd.
ſeit dem 14. Jh.: aschenbrodele Wiener Oswald
323 Fuchs) und als Aſcherbrödel bei Mathesius;
bei Seb. Franck, Arche 17a. 30a dafür Aſcher-
läpel M. In der heutigen Bedeutung von
Aſchenbrödel verwendet Geiler von Kaiſersberg (Bröſamlein, Schaaf, Paradies) Eſchen-
grüdel als Mask. beſ. von einem Mädchen (auch
„in den Eſchen grübeln"). Bei Rollenhagen 1695
Froſchmäusler S. 6 Aſchenböſſel; bei Cruſius
1562 Gramm. graeca I, 100 Kolrüſelin
(ſchweiz. ruessel). — S. brodeln. Gleichbed.
engl. Cinderella (zu cinder 'Aſche') bildet das
nhd. Wort nach.

Aſchermittwoch M. Aſcher iſt eine Mehr-
zahlform von Aſche, die neben mhd. aschen
namentlich in Zuſ.-Setzungen begegnet: Aſcher-
brod, -brödel, -kuchen, aſcherfarb 'grau'.
Hierzu Aſchermittwoch, das 1469 mhd. asch-
tac abzulöſen beginnt: W. Kurrelmeyer, Journ.
of Engl. and Germ. Philol. 19, 510f. Im Engl.
entſpricht Ash-Wednesday.

Aſchlauch ſ. Schalotte.

Aſen Mz. die nordiſche Bezeichnung der
germ. Götter, bei uns im 19. Jh. eingebürgert

aus agſ. ōs, anord. āss M. 'heidniſcher Gott'
(noch in ſchweb. åska 'Donner' aus *ās-ækia
'Fahrt des Gottes, Thors' und in dän.-norw.
Namen wie Asbjørn und Osmund): lautgeſetzlich
entwickelt aus germ. *ans- 'Gott', das in Namen
wie ahd. Anshelm und Vīh-ansa erſcheint. Anses
'Halbgötter' bei Jordanes um 550 ſpiegelt ein
got. *anseis Mz., beſtätigt durch die got. Männernamen Ansemundus und -rīgus. Man vergleicht venet. ahsu- (d. i. āsu- aus *ansu-)
'Götterbild, Herme(?)', das auch in der Stammbildung mit germ. *ansuz übereinſtimmt (F.
Sommer 1942 Jdg. Forſch. 42, 132) und ſetzt
eine Grundbed. 'Balken' an, die in got. ans,
anord. āss M., mhd. ansboum 'Brückenbalken',
bair. ans 'Balken als Faßunterlage' erſcheint.
So gefaßt iſt der Name Aſen ein Zeugnis für
den urtümlichen Gottesdienſt unſrer älteſten
Vorfahren.

äſen Ztw. in der Weidmannsſprache (vom
Hirſch geſagt) 'freſſen': zu Aas (eigtl. 'Speiſe').

Aſer, Äſer M. 'Ranzen, Speiſeſack' ein
oberd. Dialektwort (auch in der Weidmannsſprache üblich), ſpätmhd. āser, ēser: Ableitung
zu mhd. ās 'Speiſe' (unter Aas).

Aſpe ſ. Eſpe.

Aſphalt M. N. 'Erdpech' als Mineral iſt dt.
Gelehrten unter ſeinem lat. Namen ſchon im
16. Jh. bekannt. Zum Bau ſtädtiſcher Straßen
wird es in Hamburg 1838 nach dem um einige
Jahre älteren Pariſer Muſter verwendet, nun
nach frz. asphalte M. benannt, das über ſpätlat.
asphaltus auf gr. ἄσφαλτος F. zurückgeht. So
ſchon Herodot. Es iſt zuerſt vom Toten Meer
her bekannt geworden, daher Judenpech. Vgl.
Naphtha.

Aſſel F. M. erſt nhd.; wegen des gleichbed.
Eſel(chen), Kellereſel, Mauereſel und
mit Rückſicht auf gr. ὄνος, ὀνίσκος 'Eſel,
Aſſel' meiſt aus lat. asellus 'kleiner Eſel' (vgl.
ital. asello 'Aſſel') abgeleitet. Die Formen
des 16. Jh. ſind jedoch Naſſel und Noſſel
(Peucer 1563 hat nossel, ossel neben eselchyn).
Forer hat in der Überſetzung von Geßners
Fiſchbuch nassel, und dieſe Form wird als
bair. (nassel, nastel) beſtätigt. Dazu eine
elſäſſ. Form Atzel in dem gleichbed. Ohratzel
Golius 1582 Onomast. S. 328. 330. Das
Tierchen hat die mannigfaltigſten Namen in
den Mundarten: in Heſſen, Franken und
Schwaben Kellereſel, in Schwaben und
Elſaß Mauereſel, im Elſaß Mohre, Mohrle,
in Augsburg Dungeſel (dieſe Benennungen
knüpfen an ital. asello, gr. ὄνος an). Aus nd.
Ma. wird freſeln genannt, nnl. muurvarken
(Chyträus Kap. 87 steinworm, erdtrupe).
Die Benennung Aſſel gilt als öſterr. Daſy-
podius und Alberus 1540 kennen keinen Namen

3*

für die Aſſel, und Friſius 1541 ſowie Maaler 1561 benennen ihn Graswurm (d. h. 'Raupe'), Maaler auch Drenmittel.

Aſt M. mhd. ahd. aſächſ. mnl. (ſelten) ast, got. asts. Dazu mit Ablaut mnd. nnd. agſ. öst, mnl. aest, nnl. (n)oest 'Knoten, Knorren', urſpr. 'was zum Aſt gehört' (wie Huhn neben Hahn). Germ. *asta- führt mit gleichbed. gr. ὄζος (aus *ósdos) und arm. ost auf idg. *ŏ-zdos 'was (am Stamme) anſitzt', mit Vorſilbe ŏ- zum Stamme sed- (ſ. ſitzen und Neſt). Im Nnd. ſind (de dicken) telgens und tangs bevorzugt, nfränk. gilt tak. Aus Fügungen wie den, einen Aſt iſt die Form Naſt erwachſen, die ſeit 1525 im Obd. erſcheint und heute von da vereinzelt bis zur Küſte auftritt. Neuere Volksſprache kennt Aſt für 'Buckel', ſich einen Aſt lachen für 'ſich bucklig lachen'. Gelegentlich heißt der Bucklige geradezu Naſt o. ä., doch iſt der Ausdruck zu jung, als daß er die Fam.=Namen Aſt, Naſt und Neſtle erklären könnte. Dieſe ſind vielmehr (wie Bengel, Flegel, Knebel, Knorr) Übernamen des kurz angebundenen Grobians.

aſten ſchw. Ztw. '(das Feld) tragbar machen', ſeit dem 14. Jh. vorzugsweiſe in oberheſſ. Urkunden und Weistümern (Crecelius 1, 50), ſteht in gramm. Wechſel mit den unter Ernte entwickelten Bed.=Verwandten: Beitr. 8, 525. 30, 64f. Jdg. Wurzel *es-en, *os-en 'Erntezeit, Sommer'.

Aſter F., die Gartenblume Aster chinensis, im 18. Jh. bei uns eingeführt, nach lat. aster, gr. ἀστήρ M. 'Stern' benannt und nach dem Vorbild von Blume zum F. gewandelt. Goethe führt den zuerſt bei C. F. Reuß 1781 Dict. botan. 1, 43 in dt. Text verwendeten Namen 1797 (Jub.=Ausg. 1, 236) in unſre Dichtung ein, verwendet ihn 1809 mehrfach (daſ. 21, 224. 289) und verdeutlicht ihn zu Aſterblume (21, 295). Ohne Erfolg ſchlägt Campe 1813 vor, Sternblume oder =pflanze dafür zu ſagen: Wb. zur Verd. 132ª.

Äſthetik F. ſeit Baumgartens Aesthetica 1750 aufgekommen und ſchnell durchgedrungen.

Aß ſ. As.

Atem M. Mhd. ātem, āten, ahd. ātum 'Hauch, Geiſt'; in gleicher Bed. weſtgerm.: aſächſ. āđom, mnl. āđem, afrieſ. ēthma, agſ. ǣđm führen auf germ. *ēþmá-, idg. *ētmó-. Urverw. iſt aind. ātmán- 'Hauch, Seele'. Auf idg. -mó-, germ. -má- werden maſk. Abſtrakta wie Ruhm u. Traum gebildet, neben denen die entſpr. Verbalſtämme früh fehlen können. — Luthers Form Odem bietet ō aus ā wie Argwohn.

Äther M. Gr. αἰθήρ 'die obere Luft' (Bildung auf -r zur idg. Wurzel *aith 'brennen, leuchten') ergibt lat. aether, engl. ether uſw. 1730 überträgt Frobenius das klaſſiſche Wort auf das von ihm dargeſtellte Betäubungs= und Löſungsmittel, das bis heute ſo heißt. Im urſprünglichen Sinn wird das Wort aufgenommen von Bodmer 1752 Noah S. 220; mit ätheriſch iſt es ein Lieblingswort des jungen Klopſtock. Schönaichs Neologiſches Wb. ſpottet 1754 darüber. In naturwiſſ. Fachſprache des 19. Jh. wird Äther die unendlich feine Maſſe jenſeits der Lufthülle der Erde, ſodann die zwiſchen den kleinſten Teilchen der Körper.

Atlas[1] M. Name eines morgenländiſchen Stoffs, der auf arab. atlas 'glatt' beruht; ſeit ſpätmhd. Zeit bezeugt, ſchon im 16. Jh. ſehr gebräuchlich und in den abendländiſchen Sprachen verbreitet.

Atlas[2] M. als Benennung von Erdkarten uſw. (zuerſt von Sperander 1727 verzeichnet) geht zurück auf Mercators kartographiſches Werk Atlas, Duisburg 1595, das nach einem mythiſchen König Atlas von Mauretanien (bei Diodor III 60; IV 27) benannt iſt. Mercators Werk, das in der 1. Hälfte des 17. Jh. zahlreiche Ausgaben erfuhr, war nach Zeiller 1646 Epiſteln III 625 ſehr beliebt und verbreitet.

Atmoſphäre F. aus neulat. atmosphaera und in der lateiniſchen Lautform von den Fremdwörterbüchern ſeit Sperander 1727 gebucht. Dafür im 18. Jh. auch die Lehnüberſetzung Dunſtkreis.

Atout N. (im Kartenſpiel) Lehnwort des 30jähr. Kriegs aus frz. à tout; früheſtes Zeugnis 1644 im „Sprach= uſw. Verderber": „jetzunder muß man es a tout nennen" (was Trumpf heißt).

ätſch Interjekt. (meiſt gedoppelt ätſch ätſch!) ſpöttiſcher Ausruf der Schadenfreude, z. B. Wieland 1774 Abderiten III 8; in älterer Zeit wiedergegeben durch Schaberübchen, bei Stieler 1691 und Friſch 1741 gebucht mit der Formel „Rübchen ſchaben: die zwei Zeigefinger einem zum Spott ſchaben, wie man eine kleine Rübe ſchabt". ätſch wird zuerſt von Klein 1792 Prov.=Wb. S. 10 als mundartlich gebucht. — Dazu das tranſit. Ztw. ausätſchen, oberſächſ. aushietſchen, ausziehtſchen, dies mit Anklang an gleichbed. ziſch aus: K. Müller-Fraureuth 1914 Wb. d. oberſächſ. Ma. 2, 708f. u. E. Th. A. Hoffmann, Nußknacker (Werke hg. v. Griſebach 6) 234.

Attacke F. — **attackieren** Ztw. Fremdwörter des 30jährigen Kriegs nach frz. attaque — attaquer: H. Schulz 1913 Fremdwb. I 60.

Atte, Atti M. ſchwäb. alem. 'Vater', mhd. atte, ahd. atto 'Vater'. Die umgelautete Form iſt Verkl., wie das -i des ſchweiz. ätti zeigt. Lallwort gleichen Sinnes iſt got. atta, dazu Attila, mhd. Etzel, urſpr. 'Väterchen'. Auch weſtfäl. heite läßt ſich anſchließen. Außerhalb des Germ. ſtehen am nächſten gr. ἄττα, lat. atta 'Vater', aind. attā 'Mutter'. Die Geminata fehlt dem aſlav. otĭ-cĭ 'Väterchen' mit otĭ-nĭ 'väterlich': Ed. Hermann 1935 Jdg. Forſch. 53, 97 f. Anzureihen iſt hettit. attaš 'Vater': J. Friedrich 1935 Glotta 23, 207.

Attentat N. Zu lat. *attentare 'antaſten, beizukommen ſuchen' ſtellt ſich als ſubſt. Part. *attentatum das frz. attentat 'Anſchlag', ſeit dem 14. Jh. bezeugt. Bei uns ſeit 1566 Zimm. Chron.² 2, 441 so hette er auch ohne sein . . . vorwissen diß attentat angefangen. Verbreitet durch die Zeitungen des 30jähr. Kriegs, gebucht ſeit Scheibner 1695.

Attentäter M. ſeit dem zweiten Attentat auf Kaiſer Wilhelm I. allgemein üblich; eigtl. eine ſcherzhafte Wortbildung, die nach Tſchechs Attentat auf Friedrich Wilhelm IV. 1844 in einem Drehorgellied (als Reimwort zu Hochverräter) aufgebracht worden iſt: Sanders 1885 Ergänzungswb. S. 21c; Ladendorf 1906 Schlagwb. S. 15.

Attich M. 'Sambucus ebulus', mhd. attech (atech), ahd. attah (attuh, atah), aſächſ. aduc(h): Björkman 1905 Zſ. f. dt. Wortf. 6, 177. Früh entlehnt aus gleichbed. gall. odocus. Zu deſſen idg. Sippe ſ. Walde-Hofmann 1932 Lat. etym. Wb. 388 f.

Atzel F. eine der Endformen des Vogelnamens Elſter (ſ. d.), die in Weſtdeutſchland von der Schweiz bis Waldeck und Kaſſel reicht, von Auswanderern nach Oſtpreußen getragen worden iſt: H. Suolahti 1909 Die dt. Vogelnamen 194. Das Volk verwechſelt Corvus pica vielfach mit dem rotbrüſtigen Häher (Corvus glandarius). Daher iſt Atzel zum Spottnamen der (fuchſigen) Stutzperücke geworden, uns zuerſt greifbar bei J. K. Fulda, Sammlg. germ. Wurzelwörter, Berlin 1788.

atzen, ätzen ſchw. Ztw., mhd. atzen, etzen, ahd. azzōn, (ga)azzen: Faktitiv zu eſſen, wie tränken zu trinken, beizen zu beißen. Im Wortſtamm wechſelt ss (aus t zwiſchen Vokalen) mit tz (aus tj) wie bei naß gegen benetzen, vergeſſen gegen ergötzen uſf. Aus der Grundbed. 'eſſen machen' (ſo anord. etja) iſt ſchon bei got. fra-atjan 'zur Speiſung austeilen' entwickelt. Der ſehr mannigfaltige Gebrauch im Deutſchen, einſt unterſtützt durch Atzung (Kuhberg 37), Ätzung, Ätzgeld, -koſten u. ä., iſt umgangsſprachlich abgeſtorben. Geblieben iſt ätzen in techn. Sprache: indem man eine Säure ſich in Metall einfreſſen läßt, ätzt man (mit ihr), ätzt man (mit Umſprung des Obj.) das Metall.

au Interj., aus mhd. ou lautgerecht entwickelt. Auf unſrer älteſten Sprachſtufe iſt die naturtreue Wiedergabe des Schmerzenſchreis nicht aufs Pergament gekommen. Das Zuſammentreffen mit älterem o(u)wē, agſ. ēa 'oh', oder mit lat. au 'oho', poln. au, tſchech. ou iſt mit dem Naturlaut gegeben und geſtattet keine ſprachgeſchichtlichen Schlüſſe.

Au, Aue F. Unter -a, -ach iſt die germ. Entſprechung von lat. aqua 'Waſſer' entwickelt. Dazu iſt ein Adj. des Sinnes 'wäſſerig' gebildet, deſſen Fem. in der Bed. 'Land am oder im Waſſer' ſubſtantiviert iſt. Von germ. *ahwō, idg. *aqʷā F. 'Waſſer' iſt dieſes *awjō (aus *agwjō-; g wird greifbar im anord. Namen des Meergotts Ægir, eig. 'Fluter') durch gramm. Wechſel geſchieden. Es iſt als got. *awi, Gen. *aujōs anzuſetzen und erſcheint in anord. ey, Gen. eyjar (norw. øy, dän. ø, ſchwed. ö), agſ. īeg (g = j) 'Inſel' (mengl. ei), anfr. -ō (nnl. -ouw), mnd. ō(ge), ōch, ou(we) 'Inſel, feuchte Wieſe', ahd. auwia, ouwa 'Land am Waſſer, naſſe Wieſe, Inſel', mhd. ouwe, mlat. augia. Erſter Wortteil iſt es in Eiland (ſ. d.), zweiter in Scadinavia (agſ. Scedenīg, anord. Skāney) und in den Namen vieler Inſeln: Färöer, Fanö, Hiddenſee, Langeoog, Norderney; Lindau, Mainau, Reichenau, Ufenau uſf. Einfaches Au(e) begegnet in Namen kleiner Orte, auch in Formen wie Aub, Ob, Ohe und Eyb. Meiſt hat w den Umlaut von ou verhindert (wie in Frau), in Rhd. iſt w lautgeſetzlich geſchwunden (wie in bauen, hauen, trauen). S. Inſel und vgl. Kuhberg 37.

auch, mhd. ouch, ahd. ouh, aſächſ. anl. ōk, afrieſ. āk, agſ. ēac, engl. eke, anord. got. auk: die gemeingerm. Partikel u. die Konjunkt. ſind zwieſachen Urſprungs. Zufügendes auch gilt nord- u. weſtgerm.; es iſt urſpr. Imperativ eines Ztw. 'vermehren', das in got. aukan, anord. auka, agſ. *ēacan, aſächſ. ōkian, ahd. ouhhōn vorliegt und mit gleichbed. lat. augēre, gr. αὔξειν, αὐξάνειν urverwandt iſt. Daneben begegnet got. auk in begründendem Sinne 'denn', ahd. ouh in entgegenſetzendem Sinne 'aber'. In dieſen beiden Bedeutungen geht das Wort auf eine gemeinſame Wurzel zurück, die ihren nächſten Vertreter in griech. αὖγε 'wiederum' hat. Rhd. lebt nur die zufügende Bed. In ihr Gebiet teilt ſich auch mit und, ſ. d. und Brüggemann, Wortſchatz u. Sprachform 73 ff.

Audienz F. im 16. Jh. ſchon allgemein, z. B. bei Alberus, Franck und H. Sachs üblich (früher Literaturbeleg: Polychorius 1536 Suetonüberſetzung 11a. 53a; in Staatsſchriften begegnen ältere Belege); ſ. H. Schulz 1913 Fremdwb. I 50: aus frz. audience (= ital. audienza, mlat. audientia 'Gehör, Anhörung').

Aue F. 'weibliches Schaf'. Neben Vieh (f. d.) ist ein idg. Name des Schafs *oui-s. Er spiegelt sich in aind. avi- M., gr. ὄις, οἰς, lat. ovis, umbr. oui, lit. avìs, lett. avs F. 'Schaf', lit. āvinas, lett. àuns, apreuß. awins, aslav. ovĭnŭ M. 'Widder', air. ōi 'Schaf', kymr. ewig, akorn. euhic 'Hirschkuh'. Im Germ. ist zu dem idg. Worte das F. *auiō- (Nom. *auī, Gen. *auiōz) gebildet, das sich fortsetzt in anord. ǽr (dän. aalam), agf. ēowu, ēowe (engl. ewe), afrief. ei, mnl. ooi(e), oo, ou(we), nnl. ooi, asächf. ę(u)wi, ahd. ou(wi), mhd. (selten) ouwe F. 'Mutterschaf'. In neuerer Zeit ist das Wort, gefährdet durch die Ähnlichkeit mit Au(e) F. 'Flußinsel' und sachlich entbehrlicher als früher, auf die Mundarten zurückgedrängt, die es von den Alpen bis zur Ostsee hie und da noch kennen, auch in der Bed. 'weibliches Lamm'. Got. erscheinen nur awēþi N. 'Schafherde' und awistr N. 'Schafstall', dies mit stā- 'stehen' als zweitem Glied. S. Schaf.

Auer in Auerochs M., mhd. ūr(ochse), ahd. ūr(ohso), mnd. ūrosse, agf. ūr, anord. ūrr, Gen. ūrar (u-Stamm), schwed. mundartl. ure 'stößiger Stier'. Das Wort ist durch Klopstock in der alten Form Ur (f. d.) erneut; geblieben ist nd. üren 'nach dem Stier verlangen'. Bei röm. Schriftstellern der ersten Jahrhunderte begegnet ūrus. Macrobius irrt, wenn er das Wort keltisch nennt: es ist urgerm. und hat altes r (vor r aus s müßte im Nord. z-Umlaut auftreten, daher nicht zu aind. usrá- 'Ochse'). Die nächsten germ. Verwandten sind anord. ūr N. 'feiner Regen', norw. ȳr 'Nebel' mit dem Adj. agf. ūrig, anord. ūrigr 'feucht'. Außergerm. vergleichen sich mir. faraim 'gieße', kymr. gweren 'Feuchtigkeit', lat. ūrīna 'Harn', ūrīnārī 'tauchen', gr. οὖρον 'Harn', οὐρία 'Wasservogel', lit. júrės 'Meer', apreuß. wurs 'Teich', toch. A wär, aind. vārī F., vār(i) N. 'Wasser'. Idg. Wurzel *uer- 'feuchten; naß'. Zur Benennung männlicher Tiere mit einem Wortstamm dieses Sinnes f. Ochse.

Auerhahn M. Aind. r̥ṣabhá- 'Stier' und avest. aršan 'Mann, Männchen' vereinen sich mit gr. ἄρσην 'männlich' auf gleichbed. idg. *r̥són-, dem germ. *urzan- entspricht. In anord. orri, schwed. orre ist daraus über 'männlicher Vogel' die Bez. von Tetrao urogallus geworden, bei dem das männl. Tier die den Jäger anziehende Rolle spielt. Der kurze Name wird verdeutlicht zu norw. aarfugl, -hane, dän. mundartl. aarkok, ahd. *or(re)han, mhd. orrehan, frühnhd. orhan; entspr. noch in obd. Ma. Tetrao schien unter den Vögeln, was der Auer(ochs) unter den Vierfüßern war. Durch Vermischung entstehen ahd. ūrhano, mnd. ūrhane, frühnhd. ūrhan, awerhan. Dän. urhane

ist aus dem Mnd. entlehnt. Ungeklärt ist das Verhältnis zu dem seltenen nnl. woerhaan: H. Suolahti, Die dt. Vogelnamen (1909) 248 ff.

Auf¹ f. Uhu.

Auf² M. 'Zäpfchen' (im Halse) ein bair. Wort, auf lat. ūva 'Zäpfchen' beruhend; als medizin. Fachausdr. auch schon mhd. ūve, ahd. ūvo. Die Entlehnung geschah wohl nicht vor dem 8./9. Jh., wie die Aussprache von lat. v als f beweist (vgl. Vers). Näheres bei Suolahti 1909 Zf. f. d. Wortf. 10, 225 und F. Holthausen 1930 Idg. Forsch. 48, 260.

auf Adv. Präp., mhd. ahd. ūf, mb. uf, nd. nl. dän. op, asächs. afries. engl. up, agf. anord. schwed. upp, got. (mit Hochstufe) iup. Für idg. *upo wird als Bedeutung 'unten an etw. heran' vorausgesetzt; daraus ist '(von unten) hinauf' geworden. Schon idg. *upo ist Präverb. (aind. úpa-i, griech. ὕπ-ειμι, lat. sub-eo) und Präp. mit verschiednen Kasus. Urverwandt sind aind. úpa 'hin — zu; an, bei, zu', avest. upa, apers. upā, griech. ὕπο, ὑπό, lat. sub (der Anlaut ist Rest eines ex-, vgl. griech. ἐξ-ύπερθεν, air. fo 'unter', kymr. uch (auch dies mit Hochstufe).

aufbauschen f. Bausch.

aufsen Ztw. frühnhd. 'aufbringen, mehren' (bei H. Sachs und S. Franck) mhd. ūfen, ahd. ūffōn (aus auf, ahd. mhd. ūf abgeleitet). Neuerdings wieder bei schweiz. Schriftstellern (z. B. G. Keller) äufnen; schon in des Schweizers Stumpf Chronik aufnen (121b. 194b. 482b), ebenso Joh. v. Müller VII 223 (dafür in Lirers Vorarlberg. Chron. II 13 öffnen).

aufgeräumt Adj. in der heutigen übertragenen Bedeutung schon dem 17. und 18. Jh. allgemein geläufig. Ursprünglich dafür wohl aufgeräumt (neben übel aufgeräumt) und zunächst wohl gebraucht von aufgeräumten Zimmern; dann auch vom Äußeren der Kleidung und des Putzes (so schon bei Fischart). Vielleicht bildete wohlaufgeräumtes Frauenzimmer das Bindeglied zwischen der eigentlichen und der übertragenen Bedeutung, so daß man aufgeräumt zunächst vom Frauengemach, dann von seinen Bewohnerinnen gebraucht hätte.

aufheben in der Verbindung „ein Aufhebens machen" während des 17. Jh. zunächst ein Ausdruck der Fechtkunst (Stieler 1691: in arte pugillatoria est colligere arma cum ceremoniis quibusdam); vgl. Lessing (1778) 10, 239 „Endlich scheinet der Herr Hauptpastor Göze, nach so langem ärgerlichen Aufheben, welches nur bey der schlechtesten Art von Klopffechtern im Gebrauch ist, zur Klinge kommen und bey der Klinge bleiben zu wollen".

aufhören Ztw. 'ablassen', mhd. ūf hœren; auch das einfache hœren hat im Mhd. gelegent-

lich dieſe Bedeutung, welche ſich aus hören
'audire' entwickelt hat (eigtl. 'aufhorchend von
etwas ablaſſen').

aufklären ſchw. Ztw., nnl. opklaren, dän.
opklare, ſchwed. klara upp 'hell machen', zum
Adj. klar, ſ. d. Nach nl. Vorbild iſt aufklaren
in der Seglerſprache 'klar Schiff machen'. Nach
dem Vorbild des frz. éclairer (vulgärlat. *ex-
clariare für lat. exclarāre) ſteht aufklären in
dt. Heeresſprache; hierzu ſeit 1935 Aufklä-
rungsflieger. Das Part. aufgeklärt zielt
auf Erleuchtung namentlich in geiſtlichen Dingen
und ſteht damit am nächſten beim F. Aufklärung. Nachdem Carteſius in den Principia
philos. 1644 das lumen naturale (vgl. Thomas
v. Aquino unter Einfluß von der göttlichen
Offenbarung geſchieden hatte, fordert der ſtark
von Leibniz beſtimmte Chr. Thomaſius 1691
Einl. in die Vernunftlehre 1, 1 das urſächliche
Wiſſen als Weg zur Erkenntnis. Damit begründet er die Aufklärung in dem von Kant
1781 beſtimmten Sinne als „Ausgang des Menſchen aus ſeiner ſelbſtverſchuldeten Unmündig-
keit". Als Schlagwort iſt Aufklärung (frz. les
lumières) nicht vor Mitte des 18. Jh. nachgewieſen, Aufklärer erſt 1786 (Moſer, Fabeln
180). Das romantiſche Hohnwort Aufkläricht
mit ſeinem Anklang an Kehricht prägt Hnr. Leo
1840: Heimpel-Michel, Die Aufklärung, 1928.

aufkratzen ſchw. Ztw. (ſ. kratzen) mußte
man wollene Gewebe mit der Kardendiſtel, um
ſie ſcheren zu können: M. Heyne 1903 Hausaltert. 3, 217. Von da C. W. Kindleben, Stud.-
Lex. (Halle 1781) 19 „Geſtern war ich recht
aufgekratzt' 'vergnügt'; H. Sudermann 1910
Dram. Werke 1, 320 (Bettler v. Syrakus 4, 1)
„Später will ich ihn (einen Mißgeſtimmten)
wandeln, wie man Wolle kratzt". Dazu W.
Ziesemer 1939 Preuß. Wb. 1, 239.

aufmerken ſchw. Ztw., ſpätmhd. ûfmerken,
nnl. opmerken 'ſein Merken auf ein Ziel richten', alſo zur Präp. auf. Selten geblieben iſt
die Bed. 'aufzeichnen'. Aufmerkſam Adj. hat
ſeit dem 17. Jh. das im 16. Jh. gebildete auf-
merkig zurückgedrängt und iſt entlehnt zu dän.
opmærkſom, ſchwed. uppmärkſam. Aufmerkſamkeit F. kaum vor Stieler 1691 und L. v.
Schnüffis 1695 Maultrummel 204.

aufmutzen ſ. mutzen.

aufpaſſen Ztw. 'achtgeben, auflauern', dem
älteren Oberd. fremd, in nd. Mundarten weit
verbreitet als up paſſen: 1768 Brem. Wb. III
298; Danneil 1859 Wb. der altmärkiſch-platt-
deutſchen Mundart 152b. Dazu die nd. Redensart uppaſſen as een Scheet-hund 'aufpaſſen
wie ein Schießhund' und der Hundename
Paſſup (Brem. Wb. III 298, IV 647). Schon
im Mnd. geläufig; entſprechend nnl. oppaſſen.

Daneben 1498 Reinke de Voß B. 6476 „Jk en
paſſe nicht vele up dine vrunde"; Burckhardt
1618 Cometen Predigt B 3b „wann die böſen
Buben nicht wollen paſſen und achten auff
ſeine Wort". S. paſſen.

Aufruhr ſ. Ruhr.

Aufſchluß M. Mhd. ûfſliezen, das wie nnl.
opſlüten meiſt in körperl. Sinne 'ein verſchloſſe-
nes Behältnis öffnen' bedeutet, iſt daneben ſchon
bildlicher Verwendung fähig: der mir ûf ſluzet
diſen haft. Ihrer bemächtigt ſich die religiöſe
Sprache vor allem der Pietiſten, die ſich vom
hlg. Geiſt die Wahrheiten der Schrift, die Offenbarung uſw. aufſchließen laſſen. Hier knüpft
Aufſchluß an, das wohl ſchon als mhd. ûfſluz
'Löſung eines Rätſels' bedeutete, aber erſt
bei Zinzendorf u. a. Pietiſten häufig wird. Sie
vermitteln es den Klaſſikern. Gottſched 1758
Beobachtungen 36 verwirft das „neugebackene
Wort" als entbehrlich und undeutlich; die lebendige Sprache iſt (wie meiſt) über den Einſpruch des Sprachmeiſters hinweggeſchritten:
Dt. Vierteljahrsſchr. f. Lit.-Wiſſ. 8 (1930) 505.

aufſchneiden Ztw. 'prahlen', durch das ganze
17. Jh. (z. B. 1696 Mißbrauch d. Medizin 111)
geläufig, beſ. in der Formel „mit dem großen
Meſſer aufſchneiden" (z. B. Simpliciſſ. 1669;
Caron, Unluſtvertreiber 214); ebenſo alt Auf-
ſchneider (Weiſe 1673 Erznarren 26) und
Aufſchneiderei (Opitz 1629 Poem. I 251;
Anderſen 1669 Orient. Reiſeb. 137; Weiſe 1673
Erznarren 101). Kein weidmänniſcher Ausdruck.
Mathesius, Chriſt. I 71a ſagt dafür herein-
ſchneiden. Caron, Unluſtvertr. 215 ſagt für
Aufſchneider „Herr Schneidauf", Logau III
135 Schneiduffus.

Aufſchnitt M. (in der Verbindung „kalter
Aufſchnitt") erſt ſeit 1850 geläufig, dafür als
öſterr. Dialektwort bei Nicolai 1785 Reiſe V
Beilage 74 Aufgeſchnittenes 'in Scheiben
geſchnittener Schinken oder kalter Braten';
dafür bei Iffland, Höhen 44 kalter Anſchnitt.

aufſtöbern ſ. ſtöbern.

Auftritt M. mhd. ûftrit 'Höhe', nachmals
'Tritt in die Höhe, Tritt auf den Boden, öffent-
liches Erſcheinen, Auftreten eines Schauſpielers,
Unterabſchnitt eines Bühnenſtücks'. Seit Chr.
Weiſe († 1708) als Erſatz für frz. scène; ſeit
E. v. Kleiſt († 1759) wie das frz. Wort auch für
'auffallender Vorgang'. S. Aufzug.

aufwichſen Ztw. 'auftiſchen' ſeit Klein 1792
Provinzial-Wb. 27 und Campe 1807 gebucht,
aber ſchon 1781 und 1795 in Wörterbüchern
der Studentenſprache. Um 1800 auch verbreitet in der Bedeutung 'herausputzen', die
Campe 1807 auf das Aufwichſen des Schnurrbarts mit heißem Wachs zurückführt. Vgl.
auch Wichs.

aufwiegeln ſchw. Ztw. erſcheint mit auf-
wigler ſeit 1476: Mod. lang. notes 37, 396. In
der Entfaltung der obd. Sippe führt die Schweiz,
wo üfwiggle Volkswort iſt. Ahd. *wigilōn iſt
Intenſitivbildung zu wëgan, ſ. wegen Ztw.

aufziehen ſt. Ztw., mhd. ûfziehen, ahd. ûf-
ziohan, mnd. uptehen, -tien, -teyn, -tēn 'in die
Höhe ziehen'. Immer iſt von der körperlichen
Bedeutung des Grundworts auszugehen. Die
Gewichte der alten Turmuhren wurden in die
Höhe gewunden, daher: eine Uhr aufziehen.
Die Armbruſt wurde mit nach unten gerichtetem
Bogen geſpannt, indem man die Sehne hoch-
zog, daher: eine Armbruſt aufziehen. Bei
der Folter wurde das Opfer mit beſchwerten
Füßen an den Armen hochgewunden, daher:
einen aufziehen 'ihn (quälend) verſpotten,
zappeln laſſen'. Ein Kind aufziehen knüpft
an ziehen 'erziehen, educare' an, ſo mnd.
upteyn ſchon 1405. Intr. ziehen 'in einem
Zug daherkommen' ſteckt in die Wache, ein
Poſten zieht auf; ſ. Aufzug und Dt. Wortgeſchichte 2 (1943) 193. 412.

Aufzug M. mhd. ûfzuc 'Vorrichtung zum
Aufziehen; Aufſchub; Anziehung, Einfluß'. Die
neueren Verwendungen laſſen ſich zurückführen
auf 'das Emporziehen u. was dazu dient'. Die
dt. Bühne dankt A. Gryphius († 1664) Aufzug
'Akt'. Harsdörffer ſagt 1642 dafür Handlung
u. verwendet Aufzug im Sinne unſres Auftritt, ſ. d. Ferner vgl. Fahrſtuhl.

Auge N. mhd. ouge, ahd. ouga, aſächſ. anfr.
ōga, mnd. ōge, mnl. ōghe, nnl. oog, afrieſ. āge,
agſ. eage, engl. eye, anord. auga, ſchwed. öga,
dän. øie, got. augō. Man vermutet Angleichung
an got. ausō N. 'Ohr' (eine ähnliche Erſcheinung
ſ. bei Haupt) und ſetzt germ. *agō- an, mit
dem man lit. akìs, aſlav. oko, lat. oculus, gr.
ὄκκος (Dual ὄσσε), arm. akn, toch. A ak,
B ek, aind. akṣi- vergleicht, die ſich zum idg.
Verbalſtamm *oqʷ- 'ſehen' (in gr. ὄσσομαι
'ſehe, ahne' uſw.) ſtellen: F. Specht 1935 Zſ.
ſ. vgl. Sprachf. 62, 211. Die Namen der wich-
tigſten Körperteile (Arm, Arſch, Fuß, Haupt,
Herz, Kinn, Knie, Nagel, Naſe, Niere,
Ohr, Zahn uſw.) haben eine ausgedehnte idg.
Verwandtſchaft.

Augenblick M. urſpr. 'das Blicken der Augen';
dieſen Sinn hat mhd. ougenblic ſchon vor 1200,
z. B. bei Walther v. d. Vogelweide 112, 17:
Ir vil minneclîchen ougenblicke rüerent mich.
Seit dem 14. Jh. zeigt das M. zeitlichen Sinn,
ſo in Wackernagels Altdt. Predigten 12, 74:
in eime ougönblicke, alſo ſchiere ſō ein ouge
ûf unde zuo iſt getân. Vom Hd. gelangt dieſe
Bed. zu mnd. mnl. ögenblic, nnl. oogenblik,
dän. øjeblik, ſchwed. ögonblick, älter öghna-
blik. Außerhalb des Germ. vergleicht ſich frz.

clin d'œil. — Augenblicklich Adv. Adj. verdrängt ſeit ſpätmhd. Zeit älteres ougenblickic.

Augenbraue ſ. Braue.

Augendiener M. In Cleve 1477 tritt
ogendienre für lat. adulator auf (G. v. d.
Schueren, Teuthonista 253 Verdam), faſt
gleichzeitig hd. augendiener für lat. oculiſta
(Voc. inc. teuton. b. 2ᵃ). Stieler 1691 ſetzt
Augendiener für servus ad oculum, Friſch
1741 für ὀφθαλμόδουλος, Augendienſt für
ὀφθαλμοδουλία. Die beiden griech. Wörter
ſind kirchlich beſtimmt. Über die Moraliſten des
16. Jh. iſt Augendiener in obd. Mundarten
gelangt (H. Fiſcher, Schwäb. Wb. 1, 442. 6,
1551). Die Beziehung zu gleichbed. engl. eye
servant (ſeit 1552) iſt ſpät hergeſtellt; bei
Leſſing 1772 Emilia Galotti 4, 3 wird ſie beſtehen.

Augenlid ſ. Lid.

Augenmaß N. frühnhd. augenmeß, dem dt.
Wort nachgebildet ſchwed. ögonmått 'durch
bloßes Sehen, ohne Nachmeſſen gewonnene
Schätzung einer Größe; Fähigkeit, derart zu
ſchätzen'. Das Wort erſcheint 1551 im Stadt-
recht von Laufenburg am Oberrhein. Es bleibt
lange auf Marktgeſetzgebung, Holzhandel,
Schießkunſt und auf die Werkſtätten der Handwerker beſchränkt. Unter dieſen entwickeln
manche ein erſtaunlich ſicheres Augenmaß, auf
das ſie ſtolz ſind. Im Siegerland ſagt der
Schreiner „de het en Auemaß twe e Zemmer-
mann", in Holſtein heißt es „good Oogenmaat
drügtt ni, ſä de Timmermann, do harr he den
Balken tein Foot to kort ſneden". In vielen
Mundarten bewahrt das Wort ſchriftſprachliche
Form.

Augenmerk N. dem mnl. ögemerc N. nachgebildet. Dort iſt merc (zum Ztw. merken,
ſ. d.) 'Aufmerkſamkeit', nnl. het oogmerk wird
auch 'Blickpunkt, Abſicht, Ziel'. Alle dieſe Bedeutungen zeigt das dt. Wort ſeit 1604 in Werken, die aus dem Nl. überſetzt ſind, 1671 erſcheint es als 'Zielpunkt der Aufmerkſamkeit'.
In dieſem Sinn, für den bei uns eine Deckung
fehlte, hat ſich die Lehnüberſetzung eingebürgert. Ihr Glück macht ſie durch Zinzendorf und
die Pietiſten. Durch ſie gelangt ſie zu Goethe,
der dazu 1805 Hauptaugenmerk bildet.
Gleichbed. dän. øjemærke und ſchwed. ögon-
märke ſind ähnliche Wege gegangen. Reiche
Nachweiſe bei Gg. Schoppe 1916 Mitt. d.
ſchleſ. Geſ. f. Volkskde. 18, 75 ff.

Augentroſt M. ſpätmhd. ougentrōſt: die
Wieſenblume Euphrasia officinalis, an deren
Heilkraft man glaubte, weil ſich der dunkle
Fleck in der Blütenmitte der menſchlichen Pu-
pille verglich (vgl. Lungenkraut). Der hd.
Name hat ſich über das Gebiet der Hanſe aus-

gebreitet: mnd. ögentröst, nl. (seit dem 16. Jh.) oogentroost, dän. øjentrøst, schwed. (seit Ende des 16. Jh.) ögonträst. Trost steht (wie sonst) für die Sache, die Trost spendet. Als Halbschmarotzer, der den Graswuchs schädigt, führt Euphrasia Scheltnamen wie Heuschelm, Milchdieb, Wiesenwolf.

Augenweide F. mhd. ouge(n)weide, mnd. ögenweide, mnl. öge(n)weide. Zuerst in Augsburg 1185 (Obd. Servatius 563), beflügelt durch Hartm. v. Aue, häufig in allen Werken der mhd. Blütezeit, bei Fortsetzern, Epigonen und in den Wörterbüchern bis 1480, dann erst 1684 (Das teutsche Gespenst 192) dem dichterischen Sprachgebrauch neu zugeführt; unserer Prosa so fremd wie aller Volkssprache. Die vorausliegende Anschauung, der Anblick der Schönheit bedeute für das Menschenauge ebensoviel wie die sommerliche Weide für die Herde — bei Ohrenschmaus ist uns Vergleichbares vertraut geblieben — ist neuerem Empfinden fremd (vgl. bäumen).

Augiasstall M. Den Stall der 3000 Rinder des elischen Königs Αὐγείας, der 30 Jahre nicht gereinigt war, säuberte Herkules nach Diodor 13, 3 und Apollodor 2, 55 in einem Tag. Lukian und Seneca denken des Vorgangs, wo es gilt, gehäufte Mißstände zu beseitigen. Die deutsche Zs.-Setzung kaum vor dem 19. Jh.: Büchmann 1912 Gefl. Worte[25] 87.

Augstein s. Bernstein.

August M. Der achte Monat heißt lat. (mensis) Augustus zu Ehren des ersten Kaisers. Nachdem Karl d. Gr. ahd. aran-mānōd 'Erntemond' nicht hatte einbürgern können, wurde das lat. Wort von Klosterschule und Kanzlei durchgesetzt und ergab ahd. a(u)gusto, mhd. ougest(e), was mundartl. in au(g)st 'Ernte' fortlebt (vgl. frz. août). Die Kanzlei des 16. Jh. entlehnt Augustus aufs neue, Zesen versucht es vergeblich durch Erntmond zu verdrängen (Zf. f. d. Wortf. 14, 72); im 18. Jh. wird die lat. Endung abgestoßen wie in gleichbed. engl. August.

Auktion F. wie gleichbed. engl. auction aus lat. auctio (zu augēre 'vermehren', mit Versteigerung im 15. Jh. sinngemäß übersetzt) erscheint zuerst bei S. Rot 1571. Ihm folgt verauktionieren seit 1700.

Aurikel F., meist in der Mz. Die Bergschlüsselblume, Primula auricula, heißt nach der Form ihrer Blätter, wie der landschaftliche Name Bärenöhrlein bestätigt: lat. auricula 'Ohrchen', Verkl. von auris, s. Ohr. Aurikeln seit B. H. Brockes 1736 Ird. Vergnügen in Gott 5, 32.

aus Adv. Präp., mhd. ahd. ūz, asächs. anfr. afries. agf. anord. got. ūt, mnl. uut, nnl. uit,

schwed. ut, dän. ud. Verwandt sind außen und außer (f. d.), urverwandt das aind. Präverb ud- 'empor, hinaus' sowie die Kompar. aind. úttara- 'der spätere' und gleichbed. gr. ὕστερος (aus *úd-tero-s). Man setzt idg. *úd 'empor, hinaus' an. Das idg. und gemeingerm. Wort war nur Adv., die Präp. ist auf das Westgerm. beschränkt. Zunächst trat üt verdeutlichend neben die Präp. 'aus', die got. us lautet und in unsern Vorsilben er-, ur- fortlebt: got. uskusun imma ūt us baúrg 'hinaus aus der Stadt'. Indem die alte Präp. us wegblieb, wurde üt zur Präp. des Sinnes '(hinaus) aus'.

ausarten schw. Ztw., tritt bei Stieler 1691 als Lehnübersetzung des lat. degenerare auf; Schottel kennt es 1663 noch nicht. Abarten begegnet seit 1635, entarten schon mhd. Dän. udarte und schwed. urarta (seit 1788) sind dem dt. Ztw. nachgebildet. Echter Volkssprache bleibt ausarten fremd; dafür: von der Art kommen, aus der Art schlagen. Klopstocks Rückbildung Ausart hat keinen Anklang gefunden; Kant und Wieland setzen Ausartung durch, das auch die Naturforscher übernehmen.

Ausbeute F. hat sich (nachdem die Lutherbibel das vorwiegend ostmd. Wort oft für 'Kriegsbeute' gebraucht und diese Bed. lange lebendig erhalten hatte: Zf. f. d. Wortf. 10, 82) im bergmänn. Sinn 'Reinertrag einer Grube' durchgesetzt. So seit Agricola 1556 De re metallica: Zf. f. d. Wortf. 3, Beih. S. 7; Veith 1871 Dt. Bergwb. 37. — Ausbeuter ist Kampfwort des 19. Jh.: O. Basler 1914 Zf. f. dt. Wortf. 15, 269.

Ausbund M. Kaufleute nehmen Warenproben „aus den Bünden" und binden sie als Schauende, -falt, -stück obenauf, daher mhd. überbunt, seit Geiler v. Kaisersb. ußbund. Die dazu erlesene Ware heißt mnd. ütbundich, nnl. uitbundig, frühnhd. seit 1488 Chron. der dt. Städte 3, 171 außbündig.

ausdrucksvoll Adj. Wie nhd. Ausdruck (seit Ludwig 1716) für älteres Ausdruckung (seit Luther) frz. expression ersetzt, so ist ausdrucksvoll dem frz. expressif nachgebildet. Früh bei Nicolai 1783 Reise I 255.

Ausflug M. mhd. ūzfluc. Ausflucht, seiner Herleitung von fliegen gemäß zunächst vom ersten Ausfliegen der Vögel und Bienen gebraucht, ist frühnhd. die Fahrt des Menschen ins Weite mit Rückkehr zum Ausgangsort. In diese Bed. rückt, nachdem Ausflucht zunächst in hd. Rechtssprache zu 'Vorwand, Ausrede' vergeistigt war, Ausflug nach, früh bei Gröben 1694 Orient. Reisebeschr. 19. Bei norddt. Schriftstellern hält sich Ausflucht, nd. ütflucht: Zf. f. d. Wortf. 10, 82. 12, 175. 13, 41

Ausguck M. als Seemannswort entspricht

einem nd. ütkĩk (seit 1807), nnl. uitkijk (seit
Winschooten 1681 Seeman 334). Die hd. Form
begegnet seit Gerstäcker, Ausgew. Erzähl. I 50.
53, und zwar gleichzeitig als 'Ort für den
Beobachtungsposten an Bord' und 'Mann auf
diesem Posten': Kluge 1911 Seemannsspr. 42 f.

Aushängebogen M. Reindruck der einzelnen
Bogen eines Buchs, wie sie einst an der Presse
ausgehängt wurden. Nach Hnr. Klenz 1900
Druckerspr. 15 zuerst bei Joh. Gg. Hager 1740
Die so nöthig als nützliche Buchdruckerkunst.

Aushängeschild N. ausgehängtes Gewerbe-
schild, namentl. an Wirtshäusern. Gebucht seit
Campe 1807, zu belegen schon aus d. Teutschen
Merkur, Dez. 1796. Uneigentl. seit Tieck 1828
Schriften 3, 10.

auskneifen Ztw. Zu mnd. knepe, nnl. knijp
'Klemme' gehört nd. knipen gän 'sich aus der
Klemme machen, weglaufen' Brem. Wb. 2
(1767) 826, später ütknipen. 1831 erscheint
auskneifen 'heimlich durchgehn' bei Raginsky,
Der flotte Bursch. Schon seit 1813 kennt die
Göttinger Stud.-Sprache exkneifen (Kluge
1895 Stud.-Spr. 89), das auch literarisch wird:
Holtei 1860 Eselsfresser 2, 115.

Auskunftei F. von dem Germanisten Herm.
v. Pfister 1889 für ein Geschäft gebildet, das
kaufmänn. Auskünfte vermittelt. Vorbilder
sind Kauffahrtei, Hausvogtei, Pfarrei,
Propstei, Kaplanei. Schles. ist Schultisei
die Amtswohnung eines Schultheißen. Schiller
hat in Jena in einer Schrammei gewohnt,
Hnr. Leo in der Wucherei; berühmt war dort
die Schnurrbartei, die Wachstube der Stadtsoldaten. Auch in Tübingen und Heidelberg ist
die Bildungsweise lebendig.

Ausland N. Eine Rückbildung wie Aussatz,
Blödsinn, Blutgier, Doppelsinn, Festland usw. Während üzlendisch schon mhd.
ist (Beitr. 24, 488) und außlender seit H.
Sachs 1535 Fastnachtsp. Nr. 7 V. 327 häufig
wird (H. Ruppel 1911 Rückbildung deutscher
Subst. aus Adj. 35), begegnet Ausland nicht
vor Klopstock 1768 Mein Vaterland V. 61. Noch
Frisch 1741 Wb. I 574a bemerkt: „Länder kan
wie ländisch an einigen Partikeln oder Prae-
positionen stehen, ob man gleich sonst das Wort
Land nicht daran setzen kan. Als ein Ausländer, da man doch nicht sagt das Ausland."
Alt ist agf. ütland mit ütlendisc und ütlenda
'Ausländer'.

ausmergeln, abmergeln Ztw., nnl. uit-
mergelen, dän. udmarve, schwed. utmärgla.
In Grimms Weistümern 4, 6 (Elsaß 14. Jh.)
erscheint mergeln 'einen Acker mit Mergel
düngen', was den Boden auf die Länge entwertet, worauf die Bauernregel zielt: „Mergeln macht reiche Väter und arme Söhne"

Pistorius 1716 Sprichwörterschatz 1, 62. Im
16. Jh. steht dieses mergeln in der Bed. 'ent-
kräften', was auf Vermischung mit einem zweiten Grundwort deutet: Maaler (1561) 44 „ein
Erdrich ausmärgeln", „das Mark ausziehen"
erweist Beziehung zu mhd. marc, marges. Ein
drittes Grundwort, lat. marcor 'Schlaffheit',
marcidus 'welk' hat mindestens als med. Fachwort eingewirkt: G. Liebich, Beitr. 23, 223;
S. Singer, Zf. f. d. Wortf. 3, 223; A. Götze,
das. 10, 49.

ausmerzen Ztw. Im März werden die über-
zähligen, zur Zucht untauglichen Schafe aus-
gesondert, daher Märzschaf und mhd. merzen,
frühnhd. (aus)merzen. Entspr. span. marzear
'die Schafe (im März) scheren'. Die Ausmuste-
rung im Spätjahr heißt (aus)bracken (zu nd.
wrak 'untauglich'). Luthers Wort ist aussondern. Ausmerzen wird bis ins 18. Jh. allein
von Schafen gesagt.

ausmitteln s. ermitteln.

Ausnahme F. im heutigen Sinn bildet lat.
exceptio nach, wie ausnehmen im entspr.
Sinn Lehnübersetzung von excipere ist: Zf. f. d.
Wortf. 3, 223. Das Subst. kaum vor Krämer
1678. Landschaftlich bezeichnet A. als altes
Rechtswort, was der Bauer bei der Hofübergabe
ausnimmt. Unter Einfluß von Altenteil kann
es M. werden: Zf. f. d. Wortf. 10, 83.

Ausrufzeichen N. seit Stieler 1691 Lehrschrift
34 für nlat. signum exclamandi, exclama-
tionis. Gottsched 1749 Sprachkunst 76 Aus-
rufungszeichen; M. Claudius 1789 Werke 5,
52 Exclamationszeichen. Über die mit
Gueintz 1641 einsetzenden Versuche, das Satz-
zeichen deutsch zu benennen, Leser 1913 Zf. f. d.
Wortf. 15, 40.

Aussatz M. Während das Adj. üzsäzeo
'leprosus' schon ahd. vorhanden ist und üzsetzio
'einer der von der Gesellschaft ausgesetzt ist' seit
dem Frühnhd. begegnet, tritt üzsatz 'Lepra'
erst seit Ausgang des 13. Jh. auf. Das Subst.
bleibt selten neben ahd. misalsuht, mhd. miselsuht, das nach mlat. misellus die Kranken als
'arme Leute' bezeichnet, wie sie mhd. guote liute
hießen, in immer wiederholtem Suchen nach
gemildertem Ausdruck gegenüber got. þrutsfill,
ahd. horngibruoder, mhd. vëlt-, vërre-, sunder-,
üzsiech.

außen Adv. mhd. üzen, ahd. üzana, üzän
Adv. Präp. 'außen, außerhalb, aus, ohne', agf.
üton, altnord. ütan Adv. 'von außen', got.
ütana Adv. Präp. 'von außen, außerhalb, aus'.
— Dazu **außer** Adv. Präp. aus mhd. üzer,
ahd. üzar Präp. 'aus, aus — heraus'; vgl.
asächs. anord. ütar, afries. üter, agf. üt or. Verwandt mit aus.

Außenseiter M. im Rennsport 'Pferd, auf das nicht gewettet wird; Sportsmann, der nicht zum Tattersall gehört', im Handel 'verbandfremder Nichtfachmann', im geselligen und geistigen Leben 'Uneingeweihter, Eigenbrötler': als Lehnübersetzung des engl. Sportausdrucks outsider seit 1894 nachweisbar: Stiven S. 82 und 98 mit Anm. 546 und 769.

Außenwelt F. zuerst Withof 1745 Akad. Ged.² I 178 (nach Gomberts Programm 1893 S. 10).

Außerlichkeit F. soll zuerst bei Lavater 1775 Physiogn. Fragmente I 48 vorkommen und von diesem gebildet sein.

außerordentlich Adj. Adv. Lehnübersetzung von lat. extraordinarius, zuerst Stieler (1691) 1400 „Auserordendlich/extra ordinem". Schwed. utomordentlig, dän. overordentlig sind dem nhd. Wort nachgebildet. Zf. f. d. Wortf. 2, 60.

ausstaffieren, (auf)staffieren Ztw. Zu dem unter Stoff behandelten Subst. stellt sich afrz. estofer, das über mnl. stofferen im 15. Jh. mnd. stofferen, stafferen 'ausschmücken' ergab. Das im Nd. volksübliche Wort (brem. upstofferen, westfäl. ütstofferen) wird im 16. Jh. schriftsprachlich. Das einfache staffieren begegnet seit 1516: Mod. lang. notes 36, 484. Vom Mnd. geht auch dän. staffere aus.

Ausstand M. Das seit 1844 aus engl. strike entlehnte Streik (s. d.) wird seit etwa 1890 durch Ausstand ersetzt, das als 'Entfernung vom Dienst' in obd. Sprache (Schmeller 2, 766) älter ist. Es gehört hier zu ausstehen, das von der Bed. 'außer Dienst sein' (H. Fischer, Schwäb. Wb. 1, 525) zu der von 'streiken' gewandelt wird: Höltje 1905 Der Herr Landrat 135 „Lassen Sie die Bergleute ausstehen, so bald sie wollen". Nach Zf. d. Sprachv. 9 (1894) 106 und 18 (1903) 61 ist Ausstand im neuen Sinn bei einer Lohnbewegung der Bergleute des Ruhrgebiets von der Köln. Ztg. eingebürgert worden.

Aust s. August.

Auster F. Die eßbare Seemuschel ist nach ihren Schalen benannt: gr. ὄστρεον N. 'Auster' ist nächstverwandt mit ὄστρακον 'harte Schale, Scherbe' und gehört mit ὀστέον, aind. ásthi-, lat. ōs, ossis zur idg. Wurzel *ost(h)- 'Knochen'. Über lat. ostreum N., ostrea, volkslat. ostria F. gelangt das Mittelmeerwort nach West- und Nordeuropa: afrz. oistre (von da engl. oyster), frz. huitre, agf. ostre F., von da anord., norw. mundartl. ostra, schwed. ostron, dän. (unter Einfluß der nd. Mz.) östers: O. Mensing 1931 Schlesw.-holst. Wb. 3, 923) östers. In neu. nnl. oester (sprich: üster) ist der Tonvokal gedehnt (wie in mnl. plaester 'Pflaster' und priester 'Priester'). Von da nd. (16. Jh.) üster, frühnhd. Uster (F.

Fischart 1575 Geschichtklitt. 393 Ndr.), nhd. Auster, dies nicht vor Rumpolt 1587 Kochbuch 15ᵇ. Als Entlehnungen unmittelbar aus dem Lat. erscheinen mhd. (1350) oster, frühnhd. ostria bei A. Dürer 1520 Tageb. 69, ostreen bei M. Heer 1534 Neue Welt 2ᶜ. Ahd. aostorscala in 3. der Basler Rezepte ist nach Steinmeyer 1916 Kl. ahd. Sprachdenkm. 39 ff. Abschrift eines Agf. aus Fuldaer Vorlage des 8. Jh. Über agf. osterhläf 'Auster in Brothülle, Austernpastete' s. O. B. Schlutter 1912 Zf. f. dt. Wortf. 14, 139 f. Die Kjökkenmöddinge zeigen, daß Austern früh im germ. Norden gegessen worden sind. Ein heimisches Wort fehlt, wohl weil sie unter dem umfassenden Namen anord. skel 'Muschel' gingen.

ausverschämt Adj. Nd. ütverschämt 'einer der sich ausgeschämt hat, sich nicht mehr schämt' (gebucht erst seit Schütze 1806 Holst. Idiot. 4, 21) erscheint verhochdeutscht zu ausverschämt seit Fleming 1651 Poemata 153 u. ö.

auswärts s. -wärts.

ausweiden s. Weide und Eingeweide.

auswendig s. wendig.

Auto(mobil) s. Kraftfahrzeug, -wagen.

Autor M. 'Urheber' aus gleichbed. lat. au(c)tor, das als Subst. zu augēre 'vermehren' urspr. 'Förderer' bedeutet, zuerst bei Steinhöwel 1473 Clar. mul. 336 „der auctor bises büchlins" (Zf. f. d. Wortf. 3, 208. 8, 55. 9, 185 ff.). Zesens Verdeutschungen Schrift-, Urverfasser, Urschreiber (das. 14, 72) sind nicht durchgedrungen. Autorschaft seit Rabener 1752 (das. 9, 205). Engl. author (aus afrz. autour) hat h-Schreibung aus der Renaissancezeit und spätere Schreibaussprache mit þ.

Autorität F. 'Ansehen'. Lat. auctoritas erscheint als mhd. auctoriteit (Lexer 1878 Nachtr. 36), ist dem 16. Jh. geläufig und wird seit Rot 1571 gebucht. Die Bed. 'maßgebende Persönlichkeit' in Nachahmung von Ciceros Wortgebrauch seit Paracelsus 1530 Franz. Krankh. A 2ₐ.

Avemaria N. kathol. Gebet, nach den Worten von Gabriels Gruß an Maria Luk. 1, 28: Ave, gratia plena. Dem Protestantismus mit der Marienverehrung fremd geworden, im kath. Süden und Westen ausgedehnt auch auf das Abendläuten und seine Zeit. Das lat. Grußwort (h)ave ist (wie bei uns Adieu, Salut, Servus) fremden Ursprungs: phön.-pun. hawê 'du sollst leben'. H. Fischer 1904 Schwäb. Wb. 1, 545. 6, 1575; Religion in Gesch. und Gegenw. 2 (1910) 931; Littmann 1924 Morgenl. Wörter 11.

Avers M. 'Bildseite einer Münze' (das Gegenwort Revers s. u. Kehrseite), bei Campe 1813 Wb. z. Verd. 139ᵃ mit frz. Aussprache. Frz. avers M. zum lat. Adj. adversus 'mit der Vorderseite zugewendet'.

Axt F. Der Dental ist im 13. Jh. angetreten wie in Obst, Palast, Papst usw.; die Schreibung mit x setzt Luther im Nhd. durch. Mhd. ackes, ahd. ackus, alem. acchus, asächs. anfr. ac(c)us, mnd. ackes, exe, nd. ekse, mnl. aex, nnl. a(a)ks(t), afries. axe, ags. æces, æx, æsc (aus *æcces), engl. ax(e) (ck durch westgerm. Konsonantdehnung unmittelbar vor altem w, wie in nackt), anord. ex, øx, ox, norw. øks, dän. økse, schwed. yxa, got. aqizi F. führen auf germ. *akwizjō, *akuzjō aus idg. Nom. *aǵ-u̯esī, Gen. *aǵusiās (zur Endung F. Kluge 1926 Stammbildungsl. § 85). Außergerm. vergleichen sich gleichbed. lat. ascia (aus *acsiā, urspr. *aksī), gr. ἀξίνη und das Grundwort des

hom. τανατ́κης 'mit langer Schneide' (vom Beil). Jdg. Wurzel *ak̑-, *aǵ- 'scharf' in Ahorn, Ähre, Eck, Egge.

Azur M. 'Lasurstein, Kornblumenblau, Himmelsbläue'. Pers. läzwärd 'Lasurstein, lasurfarben' ergibt arab. lāzaward. Indem l als Artikel gefaßt wurde, entstanden roman. Formen wie mlat. azura, ital. azzurro, frz. azur. Von da bringt azurblau 'himmelblau' vor Ende des 18. Jh. bei uns durch. Im Mhd. hatte lāsūr(e) aus mlat. lazurium mit lāsūrblā und -var gegolten; dazu lasieren (mhd. lāsüren) 'mit durchsichtiger Farbe leicht übermalen'. Die Sippe, zu der sich Lapislazuli 'Lasurstein' (mit einem auf roman. Boden entwickelten l) gesellt, zeigt, wie der von Arabien ausgehende Mittelmeerhandel sprachlich nachwirkt.

B

Baas M. Spät im Mnl. erscheint baes 'Meister, Herr', das auf *basa- zurückweist und sich an den Küsten und Strömen ausbreitet: fries. baes, nnl. nd. baas (nam. seemännisch, mit Zus.=Setzungen wie Heuerbaas 'Stellenvermittler für Matrosen', Zimmerbaas 'Zimmermeister', Schlafbaas 'Matrosenwirt': Kluge 1911 Seemannsspr. 50), norw. dän. schwed. bas 'Obmann', hyrebas 'Stellenvermittler'. Dem Nnl. ist engl.=amer. boss 'Herr' entlehnt. Die Zuordnung zu Base F. (nd. wase), die dem Wort als urspr. Bed. 'Oheim' zuweist, leidet außer der Schwierigkeit im Anlaut an der Verschiedenheit der Verbreitungsgebiete.

babbeln s. **pappeln.**

Babe, Bäbe F. 'Topf=, Napf=, Aschkuchen', ein ostmd. Wort, das in Ostpreußen, Posen, Obersachsen und Schlesien seit dem 18. Jh. auftritt und von da gelegentlich literarisch wird: K. v. Holtei † 1880 Erzähl. Schriften 15, 66. Auszugehen ist von aslav. poln. baba 'altes Weib': das uralte Lallwort ist in slav. Bauernhäusern auf einen ausgehöhlten Lehmklumpen übertragen worden, worein man Kohlen schüttete, an deren Glut sich die Alten wärmten und der auch zum Kuchenbacken zu brauchen war: H. Frischbier 1882 Preuß. Wb. 1, 48; K. Müller=Fraureuth 1911 Wb. d. obersächs. Ma. 1, 50; Herz 76; A. Senn 1933 Journ. of Engl. and Germ. Phil. 32, 507 f. 528.

Babuschen Plur. 'Hausschuhe', im Osten und Norden des deutschen Sprachgebiets so verbreitet, wie Finken (s. d.) im Südwesten. Eine pers.=türk. Bez. der Fußbekleidung, uns durch frz. babouche im 18. Jh. vermittelt: Pambou-

schen Müller v. Itzehoe 1779 Siegfr. v. Lindenberg 64. Magy. papucs bedeutet 'Pantoffel'.

Bach M. Mhd. bach, ahd. bah, asächs. beki, mnd. mnl. bēke, nnl. beek, fries. bitze, ags. bece führen auf germ. *baki, ags. becc, anord. bekkr (hieraus engl. beck), dän. bæk, schwed. bäck auf germ. *bakja. Die nächsten außergerm. Verwandten sind mir. būal (aus *bhoglā) 'fließendes Wasser', lit. bangà, aind. bhaṅga-h 'Welle': idg. *bheg-: *bhog-. Das Geschlecht schwankt bei Luther und den schles. Dichtern; F. gilt mundartlich im Elsaß, am Mittelrhein, in Hessen, Mittel= und Niederdeutschland: H. Paul 1917 Dt. Gramm. 2, 100.

Bachbunge F. die Pflanze Veronica beccabunga, der lat. Name nach nd. bekebunge: zu mhd. bunge, ahd. bungo, pungo M. 'Knolle'. Nächstverwandt anord. bingr, aschwed. binge 'Haufen', mit Kons.=Schärfung anord. bunki 'verstaute Schiffsladung', norw. bunka 'kleiner Haufen, Beule', nnl. bonk 'Klumpen'. Außergerm. vergleichen sich aind. bahú- (aus *bhahú-), gr. παχύς (aus *φαχύς) 'dicht'. Sämtlich zu idg. *bhengh-: *bhn̥gh- (Adj. bhn̥ghús) 'dick, dicht, feist'.

Bache F. '(wildes) Mutterschwein': von dem unter Backe[1] entwickelten Ausdruck für 'Schinken' auf das ganze Schwein übertragen. Nur deutsch, urspr. weidmännisch, zuerst bei Meißen 1541 Handbüchl. 44 Bach 'Wildsau'.

Bachen M. 'Speckseite' s. Backe[1].

Bachstelze F. Als ältester dt. Name des Vogels Motacilla ist ahd. *wagistarz vorauszusetzen, das in hd. wagesterz, nd. wagestert fortlebt. Beide Wortteile sind umgebildet, der erste (wagi- zu wäc, s. Woge) nach dem Aufenthalt am Wasser (dem wir auch das in bair. Quellen seit dem 14. Jh. auftretende pachstelz verdanken), der zweite nach demselben alem. Lautgesetz, das Kirche in alem. xilx gewandelt hat. Seit dem 11. Jh. begegnet, zuerst in alem. Glossen, wazzerstelza, das sich über den dt. Süden und Südwesten ausbreitet, während der Nordwesten u. Norden bei -stert bleibt. Gleichen Sinnes sind in dt. Mundarten die Namen quickstert, wippzagel, steinbertsə, bewesterz, wippstert-(je), in verwandten Sprachen nnl. kwikstaart, engl. wagtail, dän. rumpevrikker, schwed. sädesärla; gr. σεισοπυγίς, ital. squassacoda, coditremola, frz. hochequeue. Weil die Bach=stelze hinter dem pflügenden Landmann Wür=mer pickt, heißt sie md. seit dem 16. Jh acker=mann, nd. ackermennecken, afries. bōmantje, tirol. bauvogel, südostdt. hirt, els. schollehopp=ler; entspr. agf. ierōling (zum F. ierō 'das Pflügen'): H. Suolahti, Die dt. Vogelnamen (Straßb. 1909) 87ff.; R. Hallig, Die Benen=nungen d. Bachstelze in d. rom. Sprachen (Lpz. 1933); F. Freitag, Die Namen d. Bachstelze in d. bair.=österr. Mundarten: Zf. f. Mundart=forsch. 13 (1937) 157ff.; K. Ranke, Bachstelze: Beitr. 62 (1938) 286ff.

Back N. 'tiefe hölzerne Schüssel, in der einer bestimmten Anzahl der Schiffsmannschaft Spei=se aufgetragen wird', wie viele Seemanns=worte aus dem Niederd. entlehnt: nd. back 'Schüssel', engl. back 'Gefäß, Kufe'; vgl. das daraus oder aus nnl. bak entlehnte nfrz. bac 'Kufe der Bierbrauer, Braubottich'; man leitet sie ab aus spätlat. bacca 'Wassergefäß', woher auch frz. bac 'Fähre', nnl. bak, engl. back 'flachbodiges Schiff'.

Backbord N. 'linke Schiffsseite', nd. nl. bak=boord (daher über das Normann. entlehnt frz. bâbord), agf. bæcbord. In alter Zeit war das Steuer auf der rechten Seite des Schiffs, so daß die linke dem Steuermann im Rücken (asächs. mnl. bak, agf. bæc, s. Backe¹) lag. Vgl. Steuerbord und F. Kluge 1911 Seemanns=spr. 55.

Backe¹, Backen M. F. 'Rücken(stück)', auch in Arsch=, Hinterbacke: mhd. (ars)backe, bache, ahd. bahho 'Schinken, Speckseite', asächs. baco, mnl. bake(n) 'Speckseite' (von da ent=lehnt afrz. bacon 'Speck', aus dem gleichbed. engl. bacon stammt): zu ahd. bah, asächs. mnl. anord. bak, afries. bek, agf. bæc, engl. back 'Rücken'. Dies zum idg. Verbalstamm *bheg-'biegen, wölben'. Der Bedeutungswandel ver=gleicht sich dem von Rücken, das mit aind. kruñc- 'sich krümmen' urverwandt ist.

Backe², Backen F. M., mhd. backe, bache schw. M. 'Backe, Kinnlade', ahd. backe, bahho.

Häufig ist seit alters die Zus.=Setzung mhd. kinnebacke, -bache, ahd. chinnibahho, anfr. kinnibako, nnl. kinnebak. Germ. *bak(k)an-, vorgerm. *bhagon- 'Kinnlade', urspr. 'Esser' (vgl. Zahn) findet eine außergerm. Entspre=chung in gr. (Hesych) φαγόνες 'Kinnlade' und gehört mit gr. φαγεῖν 'essen' zum idg. Verbal=stamm *bhag- 'zuteilen; als Anteil, Portion erhalten': R. Much 1902 Zf. f. dt. Wortf. 2, 283.

backen st. Ztw. Mhd. backen, ahd. backan (obd. pacchan), daneben asächs. bakkeri 'Bäk=ker', nnl. bakken 'backen', mengl. bacche, engl. batch 'Gebäck' weisen auf germ. *baknō aus idg. *bhagnō. Häufiger mhd. bachen, ahd. bahhan, mnl. baken, fries. bāk, agf. bacan, bōc, engl. bake, anord. baka (dies schw. Ztw.) aus germ. *bakō, idg. *bhagō mit schwund=stufiger Wurzelform gegenüber gr. φώγω 'röste'. Grundbedeutung 'erwärmen'. Jdg. *bhōg-ist g=Erweiterung (mit ō=Stufe) von *bhē-'erwärmen', das in bähen vorliegt; s. d. und Bad.

Backfisch M. Junge Fische, die schon zu groß sind, um wieder ins Wasser geworfen zu werden, eignen sich ihrer jugendlichen Zartheit wegen besser zum Backen als die ausgewachsenen Fische. Darum und wegen des Anklangs an baccalaureus heißen unreife Studenten Back=fisch: Alberus 1550 Fabeln 40, 129; Zf. f. d. Wortf. 3, 94. Von halbwüchsigen Mädchen seit Bebel 1555 Facet. 393. Nnl. bakvisch, dän. bakfisk stammen aus dem Mhd.

Backpfeife F. 'Backenstreich', von J. Grimm 1854 DWb. I 1068 gedeutet als 'Schlag, der an den Backen pfeift'. Ein nordostd. Wort: Kretschmer 1918 Wortgeogr. 103f., literarisch nicht vor Immermann 1839 Münchh. I 203.

Bad N. ahd. bad, mhd. mnl. bat, asächs. bath, afries. beth, agf. bæð 'Bad', anord. bað 'Dampfbad'. Ein für die germ. Kultur wich=tiges Wort: schon die röm. Schriftsteller be=zeugen, daß Baden den Germ. tägliches Be=dürfnis war (vgl. laben). Auch das denomina=tive Ztw. ist schon gemeingerm.: ahd. badōn, mnl. bāden, agf. baðian, anord. baða. Bad ist mit Suffix idg. -to, germ. -þa (-ða) abgeleitet zum Stamm des Ztw. bähen (s. d.), wie Frost zu frieren, Brand zu brennen usw. Grundbed. ist somit 'wärmen'. Baden als Orts=name ist Nachbildung von lat. Aquae, eig. Dat. Plur. 'zu den Bädern', entspr. engl. Bath.

Bader M. Mhd. badære, asächs. bathere, ist der Besitzer einer Badestube, der die Baden=den bedient, sie zur Ader läßt, schröpft und ihre Haare pflegt: daher die nhd. Bed.

Basel M. 'Ausschußware, wertloses Zeug; dummes, nutzloses Gerede', im Obd. von der Schweiz bis Kärnten allgemein, vom Schwäb.

aus gelegentlich in die Dichtung gedrungen: E. Mörike 1838 Ged. 417 „Sie (die Muse), mit verstelltem Pathos, spottet' mein, Gab mir den schnöden Bafel ein". Aus talmud. babel, bafel 'verlegene, minderwertige Ware'. Dazu pobelig 'ärmlich', verbafeln 'verderben', ausboweln 'Ladenhüter ausverkaufen'.

baff Interj. Ein mhd. baffen, beffen, mnl. mengl. baffen 'bellen', das in deutschen Mundarten fortlebt, ist des gleichen, lautmalenden Ursprungs wie nhd. baff als Bezeichnung für den Schall des Schusses. Das Ztw. bäfz(g)en ist Abl. von bäffen. Dän. bjeffe, älter bæffe 'bellen' gilt als Entlehnung aus dem Deutschen.

Bäffchen s. Beffchen.

Bagage F. Für 'Heeresgepäck' ist Plunder der alte Ausdruck. Daneben tritt seit Eyzinger 1590 Relationen 1, 106 bagage auf, dessen seit 1605 bezeugte Schreibung bagagia die Entlehnung aus dem Niederländ. verrät. Dahin kommt das Wort aus frz. bagage (von da auch engl. baggage), das mit junger Endung aus älterem frz. bagues 'Gepäck' gebildet ist, dem mlat. baga F. 'Kasten, Sack' vorausliegt. Für dieses vermutet Johansson in Kuhns Zs. 36, 361 Herkunft aus anord. baggi M. 'Bündel'. — Noch im Heeresbereich wurde der Wortbegriff ausgedehnt auf die (militärisch minderwertige) Mannschaft, die das Gepäck begleitet: hier entspringt die nur deutsche Bed. 'Gesindel' in ähnlicher Entwicklung wie bei Pack und Troß: H. Schulz 1913 Fremdwb. I 68.

Bagatelle F. 'unbedeutende Kleinigkeit', bei uns zuerst als Pagadelle bei Phil. Hainhofer 1611 Quellenschr. f. Kunstgesch., N. F. 6, 161. Aus dem gleichbed., seit dem 16. Jh. bezeugter frz. bagatelle, das aus ital. bagatella stammt. Dies (wie ital. bagola 'Beere') Verkl. zu lat. baca 'Beere', urspr. 'Weinbeere', das als Wort einer voridg. Mittelmeersprache mit lat. Bacchus, gr. (thrak.) Βάκχος zusammengehört.

bägern Ztw. Zu jugend. peger, peiger 'Leichnam', peigeren 'verenden' gehört schwäb. (auf)bägere 'dahinsterben'. Davon zu trennen ein gleichfalls schwäb. bägere 'quälen', das Wieland brieflich verwendet und das zu ahd. bägan, mhd. bägen 'zanken, streiten' gehört. Dazu weiterhin ahd. bäga 'Zank', asächs. bäg 'Prahlerei', anord. bägr 'schwierig, verdrießlich' mit seinen nnord. Folgeformen. Außergerm. vergleicht sich air. bäg 'Kampf'. H. Fischer 1904 Schwäb. Wb. I 363 576.

baggern Ztw. Das heimische Wort für das Ausschlammen von Fahrrinnen ist nd. plögen: Brem. Wb. 6, 236. Dafür setzt sich baggern mit Bagger M. 'Hafenräumer' seit dem

18. Jh. durch. Das Wort kommt aus Holland, wo schon mnl. baggheren neben bagghen M. 'Schlamm' gilt, dies nach v. Wijk, Idg. Forsch. 24, 231 verwandt mit russ. poln. bagno 'Morast'.

bähen schw. Ztw. 'durch Umschläge wärmen; Brot rösten', mhd. bæ(je)n, ahd. bäjan, bäen 'erwärmen', aus idg. *bhē- 'erwärmen'. S. backen und Bad.

Bahn F. Das Wort fehlt der ältesten Zeit und tritt erst als mhd. ban(e), mnd. mnl. bāne auf. Grundbed. scheint 'Schlag, Schlagfläche', vgl. westfäl. baanen 'aushämmern' zu baan 'flacher Teil des Hammerkopfs'. Verwandt wären dann got. banja, anord. ben 'tödliche Wunde', anord. bane 'Tod, Totschläger', ags. bana, asächs. bano 'Totschläger', ahd. bano, mhd. ban(e) 'Tod, Verderben'; kymr. bon-clust 'Ohrfeige'.

Bahnsteig M. für Perron schlägt O. Sarrazin in der Köln. Ztg. vom 18. Juli 1886 vor (s. Abteil). In seinen Beitr. z. Fremdwortfrage (1887) 37 ff. muß er es gegen viel Widerspruch verteidigen: W. Pfaff 1933 Kampf um dt. Ersatzwörter 18. 1888 wird auf Berliner Bahnhöfen die Aufschrift Perron durch Bahnsteig ersetzt: Zs. d. Sprachv. 3, 202. Im ersten Weltkrieg gelangt Bahnsteig zur Herrschaft, nur die Schweiz bleibt bei Perron (urspr. 'Freitreppe', aus volkslat. petrōne 'großer Stein'): W. Linden 1943 Dt. Wortgesch. 2, 384.

Bahre F. Ahd. asächs. bāra, mhd. mnd. mnl. bāre, afries. bēre, ags. bær(e), engl. bier stellen sich mit Bürde, entbehren, gebären zur Wurzel germ. *bĕr-, idg. *bher- in lat. fero, gr. φέρω, got. baíra, ahd. biru, mhd. bir 'ich trage'.

Bai F. Ein vermutlich bask. Wort (s. Bajonett) erscheint bei Isidor v. Sevilla († 636) als baia 'Meerbusen': J. Sofer 1928 Glotta 16, 28 ff. Aus span. bahia wird im 14. Jh. frz. baie 'Bucht' entlehnt, woraus mengl. baie, engl. bay stammen. Zu uns gelangt das Wort durch niederländ. Vermittlung im 15. Jh.: Kluge 1911 Seemannsspr. 59. Damals beginnt das Baisalz (mnl. bayesout) im deutschen Handel seine Rolle zu spielen: rohes Seesalz aus Bai südlich von Nantes. Hd. Bahje kaum vor Aldenburgk 1627 Westind. Reise B 2b.

Bajadere F. In port. bailadera 'Tänzerin' (zu Ball³) tritt um 1500 mundartl. Wandel von ail zu alh ein. Port. Matrosen bringen die Form balhadera an die Westküste Vorderindiens. Indoport. balliadera 'Freudenmädchen' erscheint 1596. Durch nnl. Vermittlung entsteht frz. bayadère bei Sonnerat 1782 Voyage aux Indes orientales, der 1797 in der Übersetzung von Zürich 1783 Goethes Quelle wird: Elise Richter 1932 Volkst. u. Kultur d. Rom. 5, 1—20.

Bajazzo M. 'Possenreißer' wird bei seinem
ersten Vorkommen 1785 noch durch „Hanswurst" erläutert, seitdem von Süden her rasch
verbreitet, den Mundarten geläufig in Formen
wie els. bäjass, schweiz. bad. bájass, schwäb. ba-,
bojatsl, obersächs. baiatz, -as. Entlehnt aus
gleichbed. ital. pagliaccio in der Mailänder
Form pajazz: zu mail. paja 'Stroh' (aus lat.
palea 'Streu'), also ursprünglich 'Strohsack'.
Beide Bedeutungen vereinigt auch frz. paillasse,
das auf die westdt. Formen gewirkt hat, z. B.
auf rhein. Peijaß bei Wh. Schmidtbonn, An
e. Strom geboren 27.

Bajonett N. Die Stadt Bayonne im südwestl. Frankreich (ihr Name ist bask. und bedeutet
'guter Hafen', s. Bai) liefert seit dem 16. Jh.
die stählerne Stoßwaffe und damit den Namen
frz. bayonnette, baïonnette, der um 1700, entstellt zu banet, in Ulm auftritt: H. Fischer 1904
Schwäb. Wb. 1, 613. Dort weitere mundartl.
Entstellungen wie bankenet. Die nhd. Form
seit Fleming 1710 Vollk. t. Soldat 199. Dän.
schwed. bajonet (seit 1693) ist durch das Nhd.
vermittelt, engl. bayonet stammt aus dem Frz.

Bake F. 'Landmarke, Richtzeichen der Seeleute', ins Hd. entlehnt seit Wallhausen 1617
Corpus milit. 107 aus mnd. bāke 'Leuchtfeuer',
das auf gleichbed. afries. bāken beruht. Mit
fries. Vokalismus weithin entlehnt: mnl. bāken,
nnl. baak, anord. bākn 'Zeichen', dän. bayn.
schwed. (fyr)båk, finn. paakku (Karsten 1926
Klugefestschr. 68). Da fries. ā einem germ. au
entspricht (s. Kaper), liegt germ. *baukna-
voraus, das nach J. Modéer, Namn och Bygd
1943 S. 131 ff. auf Entlehnung aus lat. būcina
'Signalhorn' (urspr. 'aus einem Rinderhorn
gefertigtes Blasgerät') beruht. Dieselbe germ.
Grundform setzen voraus asächs. bōkan, agf.
bēacen, engl. beacon, ahd. bouhhan, mhd.
bouchen 'Zeichen, Signal'. Mhd. bouchen lebt
fort im Bodenseewort Bauche 'Boje': E. Ochs
1940 Bad. Wb. 1, 28. 127. Vgl. Boje und
Posaune.

Bakel M. 'Schulstock zum Züchtigen'. Lat.
baculum, nachklaff. baculus 'Stab' hat in der
Schulsprache namentlich des 17. und 18. Jh.
eine große Rolle gespielt und erscheint seit
Spangenberg 1621 Lustg. 565 in eingedeutschter
Form. Dabei entspricht Bakel der lat. Kürze,
Bakel zeigt tonlanges a in Schülermund (wie
schulmäßiges diäbolus, bōnus). Wo obd.
Mundarten (H. Fischer, Schwäb. Wb. 1, 564;
Schweiz. Jd. 4, 1105) bägl, bäggel als 'Stecken,
Spazierstock' bewahren, verrät die komische
Färbung ihre Herkunft.

Balbier M. dissimiliert aus Barbier, s. d.
Erstmals begegnet balbirer 1421 Script. rer.
Siles. 6, 12. Als balbiērius ins Lit. entlehnt.

bald Adj. Got. *balþs 'kühn' (im Adv.
balþaba 'kühn', Fem. balþei 'Kühnheit', Ztw.
balþjan 'kühn sein'), ahd. asächs. bald 'kühn,
eifrig, schnell', anl. baldo Adv. 'zuversichtlich',
agf. beald 'mutig' (mit d aus þ nach l, s. Gold,
Wald), anord. ballr 'furchtbar, gefährlich'
führen auf germ. *balþa- 'kühn, tapfer', vorgerm. *bhol- 'geschwollen' zu der unter Ball²
genannten idg. Wz. *bhel-: *bhol-? Im
Hd. hat sich die Bed. zu 'kühn, schnell' gewendet,
wie die entlehnten ital. baldo, afrz. prov. baut
'keck' bestätigen, daher auch die Entwicklung
des Adv. ahd. baldo, mhd. balde zu 'schnell,
sogleich'. An das Adv. ist in seiner Bed. nhd.
Bälde F. angelehnt, während ahd. baldī, mhd.
belde 'Kühnheit' bedeutete (wie got. balþei).
Zur Ausgangsbed. der Männername Balduin,
der im Tierepos zum Namen des Esels geworden ist, wie auch afrz. Baudouin, mnl.
Boudewijn. S. auch =bold.

Baldachin M. 'Trag=, Thronhimmel' begegnet im Nhd. seit 1667: Fritsch, De Augusta
99 „unter einem gantz Goldstucken Baldachin
oder Himmel". Voraus geht die ital. Form seit
1609: Carolus, Relation Nr. 15b „ein Tapeze-
rey vnd Baldachino zu einem Bett". Ital. bal-
dacchino, von dem auch frz. span. baldaquin,
port. baldequino, nl. baldakyn, engl. baldachin
ausgehen, ist Ableitung vom Namen der Stadt
Bagdad, die mlat. Baldac, ital. Baldacco
heißt. Die Grundbed. 'golddurchwirkter Seidenstoff aus Bagdad' liegt schon in dem früh wieder
untergegangenen mhd. baldakīn M. N. vor.

Baldober, =ower M. 'Herr (hebr. ba'al)
der Sache (hebr. dōbōr, alt dābhār), geistiger
Leiter', ausbaldowern 'auskundschaften', besonders eine Gelegenheit zum Stehlen. Ursprünglich ein Wort jüdischer Verbrecher:
F. Kluge 1901 Rotwelsch 1, 346; H. Fischer 1936
Schwäb. Wb. 6, 1582.

Baldrian M. 'Katzenkraut'. Aus mlat. vale-
riāna ist mit Einschiebung des Gleitlauts d
spätmhd. baldriān hervorgegangen. Ihm entspricht mnd. boldriān, das zu lett. buldrijāns
weiterentlehnt ist: J. Sehwers 1925 Zf. f.
vgl. Sprachf. 53, 108. Das mlat. Wort hat im
13. Jh. frz. valériane ergeben, auf dem engl.
valerian beruht. Die seit dem 15. Jh. begegnenden mhd. Namen katzenkrūt, -liep beruhen
darauf, daß die Katzen dem Geruch des Wasser-
baldrians nachgehen. Im Volksglauben wie in
der (Tier=)Heilkunde spielt die stark riechende
Pflanze ihre Rolle: Heidt 28.

Balg M. mhd. balc (Pl. belge), ahd. balg
(Pl. balgi, belgi) M. = got. balgs (Pl. balgeis)
'Schlauch', eigtl. 'die zum Aufbewahren von
Flüssigkeiten abgestreifte Tierhaut'; anord.
belgr 'Balg'; agf. belg, bylg, engl. belly 'Bauch'

(Balg auf den geschwollenen Leib spezialisiert) und engl. bellows Pl. 'Blasebalg': germ. Wurzel *bëlg 'anschwellen' in ahd. asächs. bëlgan, mhd. bëlgen 'zornig sein' (dazu nnl. verbolgen, ags. bolgen, anord. bolgenn 'zornig') und die unter Polster behandelte Sippe und Bulge. Vorgerm. Form der Wurzelsilbe *bhelgh in altir. bolgaim 'schwelle', ir. bolg, gallolat. bulga 'Sack'.

balgen Ztw. eigtl. 'zornig reden, zanken' (welche Bedeutung dem Ztw. im Schwäb.-Alemann. noch jetzt eignet), dann 'sich prügeln': Ableitung von der germ. Verbalwz. *bëlg 'anschwellen' in ahd. bëlgan, mhd. bëlgen 'zornig sein', anord. bëlgja 'aufschwellen'; s. Balg.

Balken M. Mhd. balke, ahd. balko, balcho, asächs. balko, nnl. balc, nnl. engl. balk, afries. balka, ags. balc, langob. *balko- führen auf westgerm. *balkan-. Daneben nordgerm. *bel-kan- in anord. bjalki, schwed. bjälke, dän. bjelke, und *balku- in anord. bǫlkr. Mit Schwundstufe vergleicht sich ags. bolca M. 'Laufplanke'. Aus fränk. *balk ist im 13. Jh. afrz. bauc entlehnt, das frz. bau 'Quer-, Deckbalken' ergeben hat. Die nächsten außergerm. Verwandten sind gr. φάλαγξ 'Baumstamm', lit. balžiena 'Längsbalken', russ. mundartl. bòlozno 'Brett' und slov. blazína 'Dachbalken'. S. Balkon.

Balkon M. zuerst in Stielers Zeitungslust 1695 als 'Fenster, Erker', im heutigen Sinn kaum vor Lünig 1720 Theatr. ceremon. 2, 1459ᵇ „Einer trat hinaus auf den Balcon". Entlehnt aus frz. balcon, das im 16. Jh. aus ital. balcone übernommen ist, wie engl. balcony. Dies aus langob. *balko-, s. Balken. Abwegig Edw. Schröder, Zf. f. dt. Altert. 49, 484.

Ball[1] M. 'Anschlag der Jagdhunde' zum Stamme von bellen.

Ball[2] M. 'kugelrunder Körper', mhd. ahd. bal (Gen. balles) M. (engl. ball, mengl. balle ist dem aus dem Deutschen übernommenen roman. Worte [frz. balle] entlehnt). Urverwandt ist anord. bǫllr 'Kugel', ags. bealloc 'Hode', eigtl. 'Bällchen', engl. ballock. Wurzelsilbe bal (ahd. bollôn 'werfen, rollen') erscheint mit anderer Ablautstufe noch in Bille und Bolle; vgl. auch Ballen. Urgerm. *ball- ist wahrscheinlich aus *bholn- entstanden und ist eine Erweiterung der idg. Wurzel *bhel, *bhol 'schwellen'. Dem germ. Wort am nächsten stehen lat. follis (aus *folnis) 'Ballon', griech. φαλλός 'penis'. Vgl. mit anderen Wurzelerweiterungen Balg, Polster.

Ball[3] M. 'Tanzfest' aus frz. bal 'Tanz' (afrz. baller 'tanzen' und seine roman. Sippe,

wozu schon lat. ballare bei Augustin, leitet man aus gr. βαλλίζω 'tanze' ab). In der 2. Hälfte des 17. Jh. bürgerte sich das Wort bei uns ein; die Fremdwörterbücher verzeichnen es seit Scheibner 1695 und Menantes 1702, aber Stieler 1691 bucht das Ball erst im Sinne von 'Ballett'.

Ballade F. von Goethe 1771 und Bürger 1773 übernommen aus engl. ballad 'erzählendes Gedicht sagenhaften Inhalts'. Das engl. Wort stammt aus afrz. balade 'Tanzlied', dies aus prov. balada 'Tanz', das eine Ableitung von prov. balar 'tanzen' ist; s. Ball³. Aus London meldet der Hamb. Correspondent 1727 Nr. 21 „Zwey Personen von Distinction, welche wegen einer Satyrischen Balade . . . in Worthe gerathen, haben sich duelliren wollen".

Ballast M. wie andere Ausdrücke des Schiffswesens aus dem Nd. Zufrühst ist das Wort in den nord. Sprachen belegt, wo es seit etwa 1400 — zunächst als barlast (eigtl. wohl *barmlast, vgl. ags. bearm scipes 'Schoß des Schiffes', oder anord. barmr 'Rand'?) — erscheint; die assimilierte Nebenform ballast, welche im Schwed. und Dän. schon im 15. Jh. erscheint, ist bald nach 1500 nach England gewandert (engl. nnl. ballast). In Niederdeutschland war es früh geläufig (Chyträus Kap. 36 ballast 'saburra'), während es dem Hochdeutschen im 16. Jh. ungeläufig blieb; Dasypodius 1537 hat Schiffsand, Er. Alberus 1540 „unreiner Sand" für lat. saburra; die meisten lat.-hd. Wörterbücher des 16. Jh. geben für saburra eine Umschreibung. Aber schon der hd. Vocabularius Optimus (Leipzig 1504) hat Ballast; Henisch 1616 verzeichnet es dann als sächs., Stieler 1691 ohne Einschränkung. Im Mhd. konnte man für 'Ballast' noch einfach last (daraus frz. lest) sagen. Opitz 1625 Poemata S. 116 hat dafür Lastsand und des Schiffes Sand; Hulsius 1632 Schiffahrt XXII 89 gebraucht schon Ballast, das überhaupt seit 1600 bekannter wird. Genauere Nachweise bei Schröder, Jahrbuch d. Vereins f. ndd. Sprachforschg. 43 (1917) 123 ff.

Ballei F. 'Amtsbezirk' aus mlat. ballia; dies nach frz. bailli, baillif 'Landvogt' (mlat. ballivus, engl. bailiff), das mittels -ivus aus lat. bajulus 'Lastträger' weitergebildet ist.

Ballen M. mhd. balle, ahd. balo: schwach flektierende Nebenform zu dem stark flektierenden Ball. An die Differenzierung der Form schloß sich Differenzierung der Bedeutung: eigtl. 'rundliche Papierrolle', dann 'eine gewisse Quantität zusammengerollten oder gepackten Papiers, Tuchs u. dgl.'. Engl. bale und nnl. baal sind entlehnt aus dem seinerseits dem Deutschen abgeborgten frz. balle. S. Ballon.

ballen Ztw. aus mhd. ballen 'zu einem
Ball machen'.

Ballett N. seit Zeiller 1643 Episteln III 301
von den Fremdwörterbüchern verzeichnet. Belege: Moscherosch 1642 Philander I 473; 1643
Deutscher Sprache Ehrenkranz S. 312. Lehnwort aus ital. balletto, frz. ballet, zu Ball³
gehörig. Älter in der Bedeutung 'Tanzlied'
seit Th. Morleys „Lieblichen frölichen Balletta"
(Nürnberg) 1609: H. Schulz 1913 Fremdwb.
I 72. Vgl. Ball³.

bal(l)hornisieren, verbal(l)hornen Ztw.
'verschlimmbessern': Ableitung vom Namen des
Buchdruckers Joh. Balhorn d. J. in Lübeck, bei
dem 1586 das Lübische Recht „Auffs Newe
vbersehen, Corrigiret" erschien. Die Ausgabe
nennt die Bearbeiter nicht, in der Folgezeit
heißt sie Editio Balhorniana. Sie enthält folgen-
schwere Schlimmbesserungen. Die stürmisch
einsetzende Verurteilung hielt sich an den unschuldigen Drucker, der beim Neudruck 1595
seinen guten Namen für das verfehlte Werk
nicht mehr hergab: Paul Hagen 1929 Zs. für
Bücherfreunde 21, 10ff. In jenen 9 Jahren
muß das Spottwort in Lübeck entstanden sein:
G. A. Brüggemann 1925 Wortschatz u. Sprachform 98ff. Verjohannballhornung Bürger
1781 Briefe III 50; Verballhornung Heine
Werke VI 189.

Ballon M. zuerst von M. Schenck 1571 verzeichnet in seiner Bearbeitung des Nomencl.
Hadr. Junii 146, während noch 1561 Maaler
380ᶜ von „Spilballen auffgeblasen wie in
Italia" spricht. Vorbild ist ital. pallone, Vergr.-
Form von palla 'Kugel' aus langob. *palla.
S. Ballen. Aus dem Ital. entlehnt ist im
16. Jh. frz. ballon, das seit 1783 mit der beginnenden Luftfahrt (vgl. Gas und Gondel)
zu uns gelangt.

Ballotage F. 'Kugelwahl' (Goethe 1811
Dichtung und Wahrheit I 235 „eine auf venezianische Weise verwickelte Ballotage"), nach
frz. ballottage. Dafür nach dem Vorgang
Campes Kugelung Goethe 1811 Werke 26,
58. 59. Dazu ballotieren 'die Stimmen
vermittelst kleiner Kugeln einsammeln' Adelung
1793. Älter ballotieren 'mit Bällen spielen'
Sperander 1727 (noch früher Ballotierer
'Schweineschneider' Stieler 1691). Quelle
ital. ballotta 'Kugel' — ballottare 'mit Kugeln
wählen'. Nach Joh. Hübner 1722 Zeitungslex.
waren Balloten die kleinen gezeichneten
Kugeln, die bei der Wahl des venezianischen
Dogen gebraucht wurden.

Balsam M. Hebr. bāsām 'Balsamstrauch und
sein Harz' ist über gr. βάλσαμον in die europ.
Sprachen gelangt: lat. balsamum, ital. balsamo,
frz. baume. Ulfila bietet got. balsan N.,

sonst sind in den germ. Sprachen seit ahd.
balsamo die m-Formen fest: mhd. balsam(e),
balsem, mnl. balseme, agf. balsam, engl. balm,
anord. balsamr. Dazu Balsamine F. 'Spring-
kraut', Impatiens Balsamina L., aus nlat. balsamina, das auf gr. βαλσαμίνη 'Balsampflanze'
beruht. Sie diente zu einem Wundbalsam.
Vgl. Bisam.

Balustrade F. 'Geländer, Brustlehne' seit
Campe 1813 gebucht (Wieland 1767 Idris
und Zenide IV Str. 14 „Rings um dies Paradies
herrscht eine goldene Balustrade"; Goethe 1812
Dichtung und Wahrheit II 271 „Zu oberst
sieht man das Ganze durch die Balustrade der
Galerie"): nach frz. balustrade, span. balau-
strada, ital. balaustrata. Quelle lat. balaustium
'Blüte des wilden Granatbaums'. Die Form
des Kapitells der Säulen hat also den Namen
hergegeben.

Balz F. 'Paarungsort, -zeit, Begattung(s)ruf)
des Federhochwilds; Jagd auf diese Vögel';
balzen schw. Ztw. 'um die Gunst des Weib-
chens werben' vom Federhochwild, dann von
Säugetieren, endlich von Menschen. Mhd. valz
'Brunftstelle' erscheint 1340 in des Bayern
Hadamar v. Laber 'Jagd' Str. 212, gleichzeitig in dem hess. Flurnamen ame hanen
baltzen. Die Zweiheit von obd. f gegen md. b
setzt sich durch die Jh. fort; im Südsaum von
Kärnten bis Oberschwaben gesellt sich pfalz dazu,
das aus b' Falz entstanden sein wird. Jene
Zweiheit erklärt Walde-Pokorny 1927 Vgl.
Wb. d. idg. Spr. 2, 184 aus gramm. Wechsel:
neben ahd. anafolz, agf. anfilte 'Amboß' steht
gleichbed. mnd. anebelte, anebolt N. Damit
rückte Balz in die Sippe des norw. mundartl.
bolt 'männl. Waldvogel, Kater', bolta 'vor-
wärtsstürmen', älter dän. bolte 'sich rollen':
Falk-Torp 1910 Norw.-dän. etym. Wb. 1, 92.

Bambus M. nnl. bamboe(s), engl. bamboo,
frz. bambou, span. portug. bambu; die Benennung bambû, welche auf Sumatra und
Java heimisch ist, wird am Schluß des 16. Jh.
in Europa bekannt (1563 hat der Spanier
Garcia de Orta, Simples e Drogues 194 als
ind. Benennung mambu, noch mambu).

bammeln s. baumeln und bummeln.

banal Adj. 'alltäglich, abgedroschen, fade,
flach', so kaum vor Goethe 1830 (Weim. Ausg. I
42, 1, 56 „bei den banalen Wildheiten der Renn-
jagd") und 1831 (das. 29, 85 „hält seine herkömmliche banale Rede"). Heuberger 1818
Hdwb. ² bietet für banal erst die Bed. 'mit
Zwang belegt, gebieterisch'; noch 1835 kennt
Heyses Fremdwb. nur die Bed. 'zwangsmäßig'.
Das Quellwort frz. banal ist germ. Ursprungs:
es tritt im 13. Jh. als Ableitung von afrz. ban
(s. Bann) auf und bezeichnet, was den in einem

Gerichtsbezirk angesiedelten Hörigen gemeinsam gehört, steht demgemäß von Backöfen und Mühlen. Von da hat sich das frz. Adj. zu 'gemeinnützig', aber auch zu 'unoriginell' entwickelt.

Banane F. beruht (wie engl. span. banana u. frz. banane) auf port. banana. Zuerst bietet Garcia de Orta, Simples e drogues (Goa 1563) 93b port. banana, das aus gleichbed. banam der gleichzeitigen Kongosprache umgebildet ist. Dapper 1670 Beschr. v. Afrika 457 nennt die Frucht bi-tébbe; dazu stimmt, daß in heutiger Kongosprache Baum u. Frucht tiba heißen: Rich. Loewe 1933 Zs. f. vgl. Sprachf. 61, 112ff.; Palmer (1939) 147ff.

Banause M. um 1800 als Lieblingswort des Grafen Fr. Leop. Stolberg sich ausbreitend (Arnold 1903 Zs. f. d. Wortf. 5, 257): aus griech. βάναυσος 'Handwerker'.

Band M. N. zu binden: mhd. bant, Pl. bęnder (und bant) N., ahd. bant, Pl. bęntir (und bant), asächs. band, nnl. band M., anord. band; got. mit anderer Ableitung bandi (dazu agf. bend, engl. bend neben jüngerem band, das dem frz. bande entstammt). Dazu mir. bainna 'Armband' aus idg. *bhondiā. Vgl. Bendel und das flg. Wort.

Bandage F. 'Wund-, Schutzverband, Verbandzeug', in der Mz. übernommen und seit Heister 1724 Chirurgie 813 in ärztlicher Fachsprache heimisch, seit Sperander 1727 in den allg. Fremdwb. verzeichnet. Die Einzahl, in der unser F. sichtbar wird, kaum vor Zedler 1 (1732) 276. Das vorausliegende frz. bandage M., das im 16. Jh. für 'Bindezeug, Verband' erscheint, gehört zu bander 'verbinden'. Dies ist entweder im 12. Jh. entlehnt aus fränk. *bindan (s. binden), oder es ist Ableitung von afrz. bende, frz. bande, mlat. (10. Jh.) benda 'Binde', als Soldatenwort entlehnt aus dem gleichbed. got. *binda F. In jedem Fall germ. Ursprungs.

Bande¹ F. in Billardbande 'erhabener Rand'; bei Tapezierern 'Stück Zeug oder Papier, mit dem ein Zimmer ausgeschlagen werden soll'; Mz. Banden 'schmale Seitengänge auf Schiffen': im 18. Jh. entlehnt aus frz. bande F. 'Binde', das aus gleichbed. got. *binda F. stammt. S. Bandage.

Bande² F. als „Schar Soldaten" seit Wallhausen 1616 Kriegsmanual 201, als bande commedianten bei Friedrich I. 1707 Briefe 116, als „Bande Musicanten" seit Rohr 1729 Zerem.-Wissensch. 2, 744. 1737 ist die Bed. zu „Diebs- und Räuber-Banden" gesunken (Jüd. Baldober 3b), so daß Künstler fortan Truppe vorziehen. Im 17. Jh. entlehnt aus frz. bande F. 'Trupp, Schar', urspr. 'Kriegerschar mit ge-

meinsamer Fahne' (vgl. Fähnlein), dies aus got. bandwa, bandwō F. 'Zeichen', vgl. mlat. langob. bandum 'Banner'.

Bandelier N. 'Wehrgehenk', im 30jähr. Krieg (Belege: Martin 1628 Colloques S. 21; Simpliciss. S. 200) entlehnt und von Schönsleder 1632 (als Pantalier) und Stieler 1691 gebucht; bei Wallhausen 1616 Kriegsmanual S. 202 „Bandelier daran die Pulver masen der Musquet hangen": aus frz. bandoulière.

bändigen Ztw. von bändig (gewöhnlich nur in der Zusammensetzung unbändig; mhd. bęndec 'festgebunden, ein Band anhabend'); bändigen daher 'in Bande legen'.

Bandit M. Afränk. *bannjan 'verbannen' (s. Bann), das gleichbed. frz. bannir ergeben hat, mischt sich mit der gleichfalls ins Roman. entlehnten Sippe des got. bandwa 'Zeichen', westgerm. *banda (s. Banner). So entsteht ital. bandire 'verbannen', dessen Part. bandito die Bed. 'Straßenräuber' entwickelt u. im 16. Jh. zu uns über die Schweiz zurückentlehnt wird. Hier begegnet es zuerst in Edlibachs Chronik 1513: vor den banditten vnd Francosen, die noch allenthalben jn schlossen lagen. Kurrelmeyer 1919 Mod. lang. notes 34, 413.

bange Adj. Adv., ursprünglich nur Adverb, dem Nd. Md. angehörig und seit Luther allmählich schriftdeutsch geworden (das Oberdeutsche des 16. Jh. bevorzugt engstig, das in den Bibelglossaren von Ad. Petri und von Thom. Wolf 1522 und in obd. Bibelbearbeitungen für Luthers bange vorherrscht). Obd. Mundarten ist bange heute noch vielfach fremd: A. Götze 1907 Alemannia N. F. 8, 220. Schon mhd. gilt bange Adv. 'ängstlich' und Subst. 'Angst, Sorge'. Da enge das zugehörige Adj. ist, kann in bange nur das Adv. mhd. ange, ahd. ango stecken, das dann zum Adj. geworden ist. Das b aus dem unbetonten Präfix be (bi) entstanden wie g in glauben aus ge; s. be-. Vgl. Angst.

Bangert M. 'Obstbaumgarten' für bän-, bāmgart, mhd. boumgarte; vgl. Baum und Garten; entsprechend nnl. bongerd für ursprgl. boomgaard. Vgl. Hampfel und die dort genannten Formen.

Bank¹ F., obd. M. Mhd. banc, Mz. bęnke, ahd. bank, Mz. bęnki M. F., asächs. mnd. nnl. bank, mnl. banc, afries. bank, bęnk, agf. bęnc, engl. bench, anord. bękkr, dän. schwed. bänk führen auf germ. *banki- aus vorgerm. *bhongi-. Daneben hat das Germ. noch andre Stammformen gehabt, bezeugt durch agf. banca M. 'Lager, Bett', anord. bakki 'Erhöhung' und durch Entlehnungen ins Roman., wie frz. banc (aus fränk. *bank), banque (aus ital. banca, galloroman. *banca) usw., s. die folgenden

Wörter. In vorgerm. *bhong- sieht man eine nasalierte Nebenform zu dem unter Backe[1] entwickelten idg. *bheg- 'biegen, wölben'.

Bank[2] F. bezeichnet urspr. den Tisch des Wechslers, wird aber unter Einfluß von ital. banca (s. Bank[1]) und vielfach in dessen Form zu 'Geldinstitut'. Belegt ist banc 'Wechselbank' zuerst für die Schweiz 1409, Bancho in Augsburg 1518 (Math. Schwartz, Buchhalten 7f.), Banco in Nürnberg seit 1558. Einfluß von frz. banque (woraus engl. bank) äußert sich in Geschlecht und Schreibung seit 1716: A. Schirmer 1911 Wb. d. dt. Kaufmannsspr. 26f. Die Verwendung von Bank im Glücksspiel (nicht vor 1754) stammt aus dem Frz.: H. Schulz 1913 Fremdwb. I 75.

Bänkelsänger M. Die im 16. Jh. beginnende Zeitung wird seit dem 17. vertrieben durch Avisen=Sänger (Chr. Weise 1685 Regnerus und Ulvilda 13), die auf den Gassen und Märkten (Gassen=, Marktsänger Stieler 1695 Zeitungsl. 137) von einer Holzbank aus (Bänklein=Sänger Neukirch 1709 Sammlung 6, 343) ein Bild ausdeuten, indem sie ein Lied ableiern, eine Geschichte dazu erzählen (Lied und Geschichte bilden die Moritat, s. d.) und fliegende Blätter vertreiben, alles in ernster, lehrhafter Absicht. Die spöttische Auffassung stammt aus den häufigen Parodien. Den Namen Bänkelsänger (mit thür.=erzgebir. Deminutiv) hat Gottsched 1730 Krit. Dichtk. 13. 75 aufgebracht, der selbst auch Bänkchensänger sagt (Beitr. 6, 392). In der Schweiz entspricht Ständlisänger: Pestalozzi 1781 Lienh. u. Gertr. 204. Zusammenhang mit ital. cantambanco ist möglich. Zur Sache H. Naumann, Zs. d. Ver. f. Volksk. 1921, 1ff.

Bank(e)rott M. entlehnt aus ital. bancarotta, wörtlich 'zerbrochene Bank'. Die übliche Erklärung, man habe dem zahlungsunfähigen Wechsler die Bank auf offnem Markt zerbrochen, scheitert daran, daß ein solcher Brauch nie bezeugt ist. Lat. roptus, ital. rotto bedeutet seit Beginn des 14. Jh. 'zahlungsunfähig', entsprechend afrz. avoir banque rompue, im 16. Jh. banqueroute. Bei uns gehen die Niederlande voran. J 15. Jh. bietet der Coutume de la seigneurie de St. Pierre les Gand 124 § 73 Berten alle banckeroeten, de liede thuere ontdraeghen bij bedrogh ende looshede, sullen gestraft werden. 1518 steht bei Math. Schwartz, Buchhalten 47[a] „sollich Leut fallirn liederlich, und machen bald Bankharota". Im 17. Jh. erstarkt die frz. bestimmte Form. Nach 1650 entwickelt sich das präd. Adj. bankerott, nachdem J. Fischart schon 1575 Geschichtklitt. 78 Ndr. Banckprüchig gewagt hatte.

Bankert, älter Bankart — Bankhart

(= nnl. bankaard) M., mhd. banchart M. 'uneheliches, eigentlich auf der Bank, nicht im (Ehe=)Bett, erzeugtes Kind': Zusammensetzung mit Bank (woher auch in gleicher Bedeutung im älteren Mhd. Bänkling, Bankbein im Magdeburgischen üblich, Bankkind, Bankresse); der zweite Teil ist das in Eigennamen wie Gebhart, Reinhart häufige =hart und beruht auf Nachbildung und Angleichung an Bastard (älter Bastart, auch Basthart geschrieben). Frühnhd. Synonyma sind schweiz. Hübschkind und elsäss. Liebkind (Fischart mit nb. Lautgestalt Liffkindeken), sowie nd. md. Mantelkind.

Bankett N. 'Festmahl'. Das aus unserm Bank entlehnte ital. banco liefert banchetto, das als banquet ins Frz. und Engl. gelangt. Kurz vor 1500 wird das ital. Wort ins Deutsche zurückentlehnt, als Modewort 1510 Ein neu Gedicht vom Fürwitz der Welt Str. 5 nun haist es ein pancket; Zwingli 1525 Vom Tauff P 2[b] die fröid vnd fest oder bancket (als man yetz redt). Der ital. Ursprung ist noch bewußt bei Joach. Westphal 1565 Hoffartsteufel N 7 ein welsch Bancket. Daneben stellt sich seit Dürer 1520 Tagebuch S. 66ff. und Maaler 1561 die frz. Schreibung Banquet: Kurrelmeyer 1919 Mod. lang. notes 34, 414; F. Panzer, Neue Heidelb. Jbr. 1940, 95ff.

Bankier M. Das erste Zeugnis stammt aus Oberschwaben 1474: A. Schulte, Große Ravensb. Handelsges. 3, 7 „gen Venedy schryben von B. S. schuld, ist ain bankir". Seit 1490 erscheint in Augsburger Quellen Banker 'Inhaber einer Bank', eine rein deutsche Bildung zu Bank[2]. 1518 bietet Weitnauer, Venez. Handel d. Fugger 199 „Vns sol Aluixo Bisani, el banchier, duc. 420½", 1616 A. Neudörffer, Arithm. 82: „ein Panciero oder Wechsler zu Meyland". Frz. banquier tritt 1621 auf, die Weiterbildung Bankirer spielt von 1659 bis 1691 eine Rolle. Engl. banker stammt aus anglofrz. banquĕr.

Banknote F. Engl. bank-note, seit 1695 belegt, tritt 1778 bei uns auf: Hermes, Sophiens Reise 4, 626. Der Ursprung bleibt noch lange bewußt: englische Banknoten Bretzner 1790 Leben eines Lüderlichen I 134. Vorher galten Bankzettel und Bankbillet: A. Schirmer 1911 Wb. d. dt. Kaufmannsspr. 28. Papiergeld (s. d.) nicht vor 1739.

Bann M. Die idg. Verbalwurzel *bhā- in gr. φημί 'ich sage', lat. fāri 'sagen' liefert mit einem urspr. nur präsent. n (vgl. rinnen) aind. bhánati 'tönt, klingt', armen. ban 'Wort', air. bann 'Gesetz'. Hierzu das st. Ztw. germ. *bannan 'unter Strafandrohung ge= oder verbieten'. Zu dem verlorenen Ztw. gehört das

M. ahd. ban, bannes 'Gebot unter Strafandrohung, Verbot, Gerichtsbarkeit und deren
Gebiet', entspr. mhd. ban, agf. bann, engl. ban
'Bann, Acht, Aufgebot, Bekanntmachung',
anord. bann 'Verbot'. Aus dem germ. Wort ist
die roman. Sippe von frz. ban 'öffentliche
Verkündigung' (afrz. arban 'Heerbann') entlehnt: E. Wießner 1935 Twing u. Bann 15ff.
118ff. Vgl. Distrikt.

Banner N. Dem got. bandwa 'Zeichen' entspricht gleichbed. westgerm. *banda, das mit
germ. Heeressprache zu den Nachbarn gelangt.
Dazu die roman. Ableitung *bandiere 'Ort, wo
die Fahne aufgestellt wird', die (unter Kreuzung
mit afrz. banir 'ankündigen, öffentlich ausrufen' aus fränk. *bannjan 'verbannen') im
12. Jh. durch bannière 'Heerfahne' ersetzt erscheint. Das afrz. F. wird um 1200 entlehnt
zu mhd. banier(e). F. N., das sich im Dt.
rasch verbreitet und unter Rückziehung des Tons
nhd. Banner ergibt. Dies veraltet im 18. Jh.
und wird erst durch Schiller 1801 neu belebt:
Kuhberg 37. — Daneben bewahrt Banier
(seit dem 15. Jh. auch Panier) in Fühlung
mit den Nachbarsprachen die fremden Laute.
Pani(e)r ist Luthers Form; sie muß seinen
obd. Zeitgenossen mit Baner, Benle verdeutlicht werden: F. Kluge 1918 Von Luther
bis Lessing 110.

Bannware s. Konterbande.

Banse F. 'Scheunenraum neben der Tenne',
so seit dem 15. Jh. (Germ. 18, 260), wesentlich
md. und nd.: heff. ostfäl. banse(n) M. 'Korn-
raum' (Vilmar 25), holst. holtbanse 'aufge-
stapeltes Brennholz' (Schütze 1, 67), dazu Neocorus 1598 Chron. v. Dithmarschen 1, 165 am
einen ende de vehstall, se nömen it de boeß,
d. i. mnd. bôs. Aus benachbarten und älteren
Sprachen vergleichen sich südholländ. (voor-,
achter-) boes 'Teil des Kuhstalls', schott. boose
'Kuh-, Pferdestall', engl. boosy, sylt. böster
'Stalltür', agf. bôsig 'Stall, Krippe', anord.
báss 'Krippe, Stand', got. bansts (aus idg.
*bhondh-sti-) 'Scheune'. Alle zum idg. Ver-
balstamm *bhend-: *bhondh- 'binden, flechten'
(f. binden). Anders gewendet afrief. bôste
(aus idg. *bhond-stu-) 'eheliche Verbindung'.
Außergerm. vergleichen sich gall. benna 'Korb'
(f. Benne), lit. bandà 'Vieh, Rinderherde'
(urspr. 'Hürde'), gr. φάτνη, πάθνη (aus *bhndhnā) 'Krippe'. Auf Entlehnung aus dem Got.
beruhen vulgärlat. ban(a)sta, span. banasta,
afrz. ban(a)ste 'Korb'.

-bar Adjektivsuffix, das aus einem vollen
Adj. eigtl. -bäre, mhd. -bære, ahd. -bâri entstanden ist. Mhd. standen neben den Adj. auf
-bære Adverbia auf -bâre (ahd. -bâro): ihre
Form hat in nhd. -bar gesiegt. Grundbed. ist

'tragend', vgl. fruchtbar, lastbar, auch dankbar; weiterhin nimmt -bar, zum Suffix geworden, die heutige Bedeutung an. Das ältere
Adjektiv gehört zu dem unter Bahre entwickelten st. Ztw. beran: germ. Wz. *bër (idg. *bher)
'tragen'. Auch im Agf. erscheint -bäre, z. B. in
wæstmbære 'fruchtbar'.

bar Adj. mhd. ahd. bar (Nomin. mhd. barer,
barwer ahd. barêr) Adj. 'nackt, bloß, entblößt,
ledig, leer', asächs. bar, agf. bær, engl. bare,
anord. berr 'nackt, bloß' (urgerm. *baza-). Daß
das r der außergot. Sprachen altes s (nicht r)
ist, beweist besonders die Verwandtschaft mit
aslav. bosŭ, lit. bãsas 'barfüßig', die mit den
germ. Adjektiven auf ein idg. *bhosó-s 'entblößt'
(wegen des Alters dieses Begriffes f. nackt)
führen; dazu noch armen. bok 'nackt', das auf
*bhos-ko- beruht. Dazu barfuß (f. d.)

Bär[1] M. 'ursus'. Mhd. bër, ahd. bëro, mnd.
bëre, bare, mnl. bëre, nnl. beer, agf. bëra, engl.
bear führen auf den n-Stamm germ. *beran-.
Daneben mit Übergang zum u-Stamm anord.
bjǫrn (aus germ. *bernu-), dän. bjørn, schwed.
björn. Der Tiername ist das substantivierte
Adj. idg. *bhero- 'braun', das in lit. bëras, lett.
bërs seine Grundbedeutung wahrt und mit
andrer Substantivierung in Biber begegnet;
auch braun ist verwandt. Als Tabuwort haben
die Germanen den alten Namen des Bären gemieden, der aus aind. ŕkša-, avest. arša-, gr.
ἄρκτος, lat. ursus, gall. artos als *ŕkpos zu
erschließen ist. In der dt. Tiersage heißt der
Bär Braun, in der engl. Bruin, während anord.
bolmr 'Bär' ursprünglich 'der Dicke, Massige'
ist (zur idg. Wurzel *bhel- 'schwellen' in Ball
usw.). Andre Umgehungen des Tabuworts sind
aslav. medvědi 'Honigwisser' und kymr. mel-
fochyn 'Honigschwein'. Bär als 'Rammklotz'
ist der Tiername in jüngerer Übertragung, im
Nhd. greifbar seit Henisch 1616. Ähnliches bei
Bock, Kran, Ramme; die Vorfahren gaben
den Klötzen gern Tiergestalt. 'Dichtbehaarte
Raupe und deren Schmetterling' wird Bär im
18. Jh.; Bärenraupe seit J. L. Frisch 1721
Beschreibung v. allerlei Insecten 2, 38. Das
Sternbild nennen wir Bär nach gr.-röm. Überlieferung: gr. ἄρκτος hat schon in Homers
Odyssee diese Bedeutung, aind. ŕkša begegnet
als Sternbild schon im Rigveda.

Bär[2] M. 'Zuchteber'. Ahd. mhd. mnd. bër,
asächs. bër- (in bërswin N. 'Eber'), mnl. nnl.
beer 'männliches Schwein, Ferkel', agf. bär,
bær, engl. boar 'Eber', langob. -pair (in sonor-
pair 'Herdeneber') führen auf germ. *baira-,
für das keine außergerm. Beziehungen gesichert sind. Dazu die anord. Koseform bassi
(wie isl. assa Kosename des Adlers ist). Gemeindeutsch ist Bär[2] am Gleichklang mit Bär[1]

zugrunde gegangen; auch in den Mundarten ist der 'Eber' auf dem Rückzug. Verbreitet sind Zuf.-Setzungen wie österr. Schweineber und Familiennamen wie Berhaupt, -halter, -sauter, Behrenstecher, Bierschneider, -hof.

Baracke F. Zu span. barro 'Lehm', das iber. Herkunft zu sein scheint, gehört barraca 'Hütte aus Luftziegeln', das über frz. baraque zu uns gelangt, zuerst als Wort des Heeresbedarfs: Adam Freitag 1631 Archit. milit. 50 „Vor die Soldaten werden die baracken nahe an den Wall angeordnet". Nnl. barak, engl. barracks 'Kaserne' stammen aus dem Frz., dän. barakke aus dem Nhd.

Barbar M. Urverwandt mit dem lautmalenden aind. Adj. barbara- 'stammelnd', dessen Mz. zur Bezeichnung nichtarischer Völker geworden war, ist das gr. Adj. βάρβαρος 'nicht griechisch; von unverständlicher Sprache'. Daraus seit Naevius († um 200 v. Chr.) das lat. M. barbarus, das zu spätmhd. barbar, -ber entlehnt wird. Noch Uz und Ramler betonen die erste Silbe; der zugehörige Frauenname Barbara, Bärbel ist dabei geblieben. Betonung der zweiten Silbe nach frz. Vorbild führt Gellert ein. Gleichen Ursprungs ist Berber 'Bewohner Nordafrikas'. Das Adj. barbarisch übersetzt lat. barbarus 'unrömisch, ausländisch' seit Baldemann 1341 Vom röm. Reich 231: üz barbarischer terre. Die Humanisten verwenden es von der Sprache, zuerst Albr. v. Eyb 1472 Vorr. zu den Zwillingen des Plautus 65 „so ich barbarisch kriechisch vnd nitt verstendlich reden würd". Die Entwicklung führt von hier über 'unkultiviert, roh' zum heutigen 'unmenschlich, grausam': H. Schulz 1913 Fremdwb. 1, 76.

Barbe F. Der Flußfisch Cyprinus barbus L., zuerst von Ausonius 370 Mosella 94. 134 genannt, heißt lat. barbus nach seinen vier Bartfäden (zu lat. barba 'Bart'). In der Zeit der Klostergründungen wird ahd. barbo entlehnt, das mundartlich bis heute M. geblieben ist, während in mhd. barbe F. obsiegt, wie in afrz. barbe (hieraus engl. barb). Das volkslat. Demin. barbellus, zu dem ital. barbolo, afrz. (und daraus engl.) barbel, frz. barbeau, mnl. barbeel gehören, ist nicht ins Deutsche gedrungen.

bärbeißig Adj. 'zänkisch, auffahrend', so seit Adelung 1774. Zu Bärenbeißer M., das weidmänn. bei Tänzer 1682 erscheint. Die Hunderasse der Boxer (bair. Boxerl) ist urspr. zur Tierhatz gezüchtet: gedrungene Gestalt, breite Brust, kurzer dicker Kopf, Vorbiß und schwarze Maske geben ihnen unfreundlichen Ausdruck. Zunächst vergleicht sich ihnen der urspr. zum Stierkampf gezüchtete Bullenbeißer, nd. bullenbiter, engl. bulldog. Früher

spielte auch der Wolfbeißer (so im Voc. theut., Nürnb. 1482, Oo 4) eine Rolle: spätahd. wolfbizzo.

Barbier M. Zu lat. barba 'Bart' ist auf die den Handwerker bezeichnende Endung -ārius spätlat. barbārius 'Bartscherer' gebildet, auf dem ital. barbiere, frz. (seit dem 13. Jh.) mnl. nnl. barbier, anglonorm. barbēr und engl. barber beruhen. Vom mhd. Ztw. barbieren abgeleitet ist spätmhd. barbierer, mnd. barbērer (hieraus schwed. barberare, dän. barbēr), bei dem Luxemburger Karl IV. am 26. Juni 1358 (Cod. dipl. Moenofrancof. 655 Böhmer): Is kumpt zu euch Nickel barbirer von den Cotten, unser alter diener. Daraus gekürzt barbir zuerst in Österreich 1461: W. Kurrelmeyer 1921 Mod. lang. notes 36, 485. In den seit frühnhd. Zeit begegnenden Balbier (s. b.) und balbieren (entspr. im Schwed. und Dän.) ist r vor r in l ausgewichen.

Barch M. 'verschnittener Eber'. Mhd. barc (g), ahd. asächs. bar(u)g (woneben ablautend mnd. nd. borch), mnl. bar(e)ch, nnl. barg, agf. bearg (woneben wieder mit Ablaut gealt-borg), engl. barrow, anord. -borgr führen auf germ. *baruʒa-. Mit aslav. bravŭ (aus borvŭ), russ. bórov, slov. brâv 'verschnittnes Ferkel; Schöps' zu der unter bohren dargestellten Sippe von idg. *bher- 'schneiden, schaben, bohren'.

Barchent M. Arab. barrakān 'grober Stoff' ergibt über span. und frz. barracan einerseits mlat. barracanus, das uns über mhd. barkān 'Gewebe aus Ziegenhaar, Kamel- und Schafwolle' ein heute veraltetes Berkan geliefert hat, anderseits mlat. parchanus, das mhd. barchan(t) ergab. Aus dem Wollgewebe ist vor allem in Ulm ein Zeug aus Baumwolle und Leinen geworden, daher dän. Olmerdug, während nnl. barkaan, engl. barrakan gleichen Ursprungs mit unserm Wort sind. Els. barchert mit r aus n in unbetonter Silbe: F. Mentz 1914 Zf. f. d. Wortf. 15, 236 ff.

Barde M. Gall. *bardo- '(kelt.) Sänger ergibt gleichbed. lat. bardus, aus dem im 16. Jh. frz. barde hervorgeht. Von da wird das Wort im 17. Jh. ins Nhd. übernommen; Henisch umschreibt es 1616 „der Gallier gelerte Leut". Mit anderm Irrtum erscheint es bei Schottel 1663 Ausführl. Arbeit 1018 als „die alten Tichtere oder Poeten bey den Teutschen". Dieser Irrtum wirkt unter offianischem Einfluß, der auch für nnl. gäl. ir. kymr. engl. schwed. bard. bdm. barde maßgebend wird, fort bei Klopstock, Lessing, Möser, Adelung, Campe, die den Ausdruck lebendig halten: Kuhberg 37 f.; Stiven 29.

Bardiet N. Tacitus, Germania Kap. 3 bezeugt barditus für den Schildgesang der Germanen bei Beginn des Sturms. Klopstock 1769

„Hermanns Schlacht. Ein Bardiet für die Schaubühne" erneut das Wort und prägt es im Gedanken an Barde (mit dem es nichts zu tun hat) um zur Bed. „vaterländisches Gedicht". Barditus ist ungedeutet: G. Ehrismann 1918 Gesch. d. dt. Lit. 1, 18 f.; Hans Naumann 1927 Germ.-rom. Monatsschr. 15, 260; R. Much 1937 Die Germania des Tacitus 49—57; Kuhberg 38.

Bärenhäuter M. In humanist. Ausschmükkung von Tacitus, Germania Kap. 15, wonach die Germanen im Frieden faulenzten, und Kap. 17, wonach sie Felle als Kleider trugen, entsteht im 16. Jh. aus der Redensart „auf der Bärenhaut liegen" unser Wort, das bei Luther und H. Sachs noch fehlt. Die Schelte zielt im Anfang auf Landsknechte, im 18. Jh. oft auf Studenten (Zs. f. d. Wortf. 1, 40. 8, 107. 13, 50) und gelangt aus den gebildeten Kreisen in die Mundarten: H. Fischer 1904 Schwäb. Wb. 1, 641.

Barett N. Das von Gallien ausgehende lat. birrus 'Überwurf mit Kapuze' entwickelt mlat. birrētum, später barrētum. Im 15. Jh. bürgern sich biret(e), barete 'schirmlose Kopfbedeckung zumal von Geistlichen und Würdenträgern' bei uns ein. Unter Einfluß von frz. barrette siegt nhd. Barett, wie nnl. baret.

barfuß Adj. mhd. barvuoz, mnd. barvōt, mnl. ba(e)rvoet, afries. berfōt, ags. bǣrfōt, anord. berfœttr. Das Subst. steht adjektivisch wie in barhaupt, mhd. barhoubet (Zs. f. d. Wortf. 11, 103), barkopf(s) (das. 10, 88), mhd. barbein, anord. berbeinn.

Barkasse F. das größte Beiboot, das ein Schiff mit sich führt. Bei uns gebucht seit J. Hübner 1720 Staats-, Zeitungs- u. Conv.-Lex. 1, 376. Damals über gleichbed. nl. barkas entlehnt aus span. barcaza: das vorausliegende ital. barcaccia ist Vergrößerungsform zu barca (s. Barke), also 'Großboot'.

Barke F. mhd. mnl. mnl. adän. barke, nnd. nnl. engl. dän. schwed. bark, anord. barki 'Schiffsboot'. Ein Wort der Nilschiffahrt, kopt. barī 'Nachen', wird entlehnt zu gleichbed. gr. βᾶρις F. Mit -ica als Fem.-Zeichen (vgl. tünchen) entsteht über *bārica lat. bārca, das uns um 200 n. Chr. in Portugal greifbar wird (Corp. Inscr. Lat. II 12; Thes. ling. Lat. b. W.) und in port. span. prov. ital. barca, afrz. bargue, frz. engl. barge, afrz. pik. barque, engl. bark fortlebt. Auf dem Pik. beruht mnl. barke, auf diesem mhd. barke, das 1195 zuerst auftritt. Die zweisilbige Form hat sich für 'kleineres Fahrzeug namentlich in südlichen Gewässern' im Nhd. erhalten. Dagegen ist sie seemännisch nach einem Kampfe, der vom 17. bis ins 19. Jh. gewährt hat, der nnl.-engl. Form erlegen. Bark ist heute 'mehrmastiges Vollschiff, dessen achterer

Mast gaffel-getakelt ist, während der oder die andern Masten Rahensegel führen'. P. Katz 1940 Idg. Forsch. 57, 264; E. Öhmann 1940 Neuphil. Mitt. 41, 145 f.

Bärlapp M. Ahd. lappo 'flache Hand' verbindet sich mit dem Namen des Tiers, um die lappig wachsende Moosart Lycopodium als 'Vordertatze des Bären' zu bezeichnen. Der Pflanzenname berlapp zuerst in Euchar. Rößleins Kräuterb. (Frf. 1533). Vorher begegnet Bernlappe 'Bärenfuß' als Übername im Breisgau 1303: Urk.-Buch d. St. Freiburg I 167 Schreiber. Auf entspr. Anschauung beruht die jüngere gr.-lat. Benennung, aus der dän. ulvefod, engl. wolf's-claw übersetzt sind.

Barlauf s. Barre.

Bärme F. 'Bierhefe'. Zu der unter Brot entwickelten idg. Wurzel *bh(e)reu- 'wallen, gären' stellen sich alb. brumë, lat. fermentum 'Gärungsstoff, Sauerteig' und westgerm. *barma 'Bierhefe' in agf. beorm(a), engl. barm, nl. berm(e), mnd. barm, berm, nd. barme. Aus dem Nd. ist das Wort im 17. Jh. ins Hd. übernommen; aus dem Mnd. stammen dän. bærme, norw. berm.

barmherzig Adj. Kirchenlat. misericors 'wer ein Herz für die Armen hat' ist in Lehnübersetzung der ersten Glaubensboten zu den Germanen gelangt: got. armahaírts, anord. armhjartaðr, ags. earmheort, ahd. arm(a)hërzi. Daraus wird durch Anlehnung an ahd. (ir)barmēn (s. erbarmen), mhd. barmhërzec, ebenso mnd. barmhërtich mit den daraus entlehnten dän. barmhærtig, schwed. barmhertig. Dem Subst. lat. misericordia 'Güte gegen Arme' entsprechen got. armahaírtei und -haírtiþa, ahd. armherzī und armiherzida F.

Barn M. 'Krippe, Raufe, Heustock', ahd. barno, mhd. barn(e), in obd. und md. Mundarten weithin lebendig: H. Fischer 1904 Schwäb. Wb. 1, 649 f. Urspr. 'Träger', zu der unter Bahre, entbehren, gebären behandelten Wurzel *bër- 'tragen'. Engl. barn 'Scheune' ist fernzuhalten, weil es auf ags. bere-ern 'Gerstenhaus' zurückgeht.

barock Adj. Die üblichen Herleitungen (im Überblick bei Wh. Schulte 1926 Lit.-wiss. Jb. d. Görresges. 1, 48) überholt durch A. Schmarsow 1909 Abh. d. sächs. Ges. d. Wiss., phil.-hist. Kl. 26 Nr. 4. 5. Die ältesten Belege bei H. Schulz 1913 Fremdwb. 1, 77 (1754 „im barokschen Geschmack", 1759 en gout Baroque) zeigen, daß das Modewort aus frz. baroque zu uns gelangt ist, aus dem auch engl. baroque stammt. Nach Frankreich kamen Sache und Wort aus Italien: anzuknüpfen ist an den Begründer des Barockstils in der Malerei, Federigo Barocci von Urbino (1526—1612)

Baron M. Ahd. baro 'Mann' (als 'streitbarer Mann' zu anord. berjask 'streiten', aslav. borjǫ 'kämpfe') ergibt mlat. baro, -onis, frz. baron. Von da dringt um 1600 Baron 'Freiherr' ins Nhd. Baronesse für frz. baronne setzt sich im 18. Jh. durch. Als ältere Entlehnungen aus dem Frz. hatten mhd. barūn, mnl. baroen 'Edelmann' gegolten.

Barre F. ist um 1200 aus frz. barre 'Schranke' entlehnt, wie mnl. bare, mengl. barre, engl. bar. Das roman. Wort, galloroman. *barra, ist Sammelbildung zu gall. *barros 'buschiges Ende', das als M. in Oberitalien und der östl. Provence fortlebt. Über 'Buschhecke, Heckenzaun, Zaun' ist afrz. barre zum 'absperrenden Balken' geworden. Nhd. Barren M. ist im Kern dasselbe Wort, von F. L. Jahn zum Namen des Turngeräts entwickelt: Kuhberg 38. — Barlauf um 1200 entlehnt aus afrz. corre as barres 'zu den Grenzlinien laufen', frz. jouer aux barres. Als ritterl. Spiel gelangt der B. zu den Germanen: mnl. spelen, lopen ter baren, nnl. baarloopen, mengl. ournen at þe bars, mhd. die barre loufen, frühnhd. (der) barr laufen, vielfach in lebender Mundart (Schmeller 1² 401. 1448; H. Fischer 1, 652; Schweiz. Jd. 3, 1139. 4, 1435), aus der Jahn Barlauf in die Turnsprache übernehmen konnte: Suolahti 1915 Neuphil. Mitt. 17, 117 ff.

Barriere F. 'Schutzgatter, Schranke, Schlagbaum'. Zu frz. barre 'Stange' (s. Barre) tritt im 14. Jh. nach Art der Weiterbildungen auf lat. -ārius das Sammelwort barrière, auf dem engl. barrier beruht. Das frz. F. setzt sich zu Beginn des 18. Jh. bei uns durch, nachdem das von Zesen 1644 dafür vorgeschlagne Laufschranke kein Glück gehabt hatte: Zs. f. dt. Wortf. 14, 72.

Barrikade F. Zu gallorom. *barra in seiner Bed. 'absperrender Balken' gehört ital. barricare 'verrammeln'. Hierzu wird das F. barricata gebildet, im 16. Jh. entlehnt zu frz. barricade 'Verrammlung', woraus weiter engl. barricade. Weil in die Straßenhindernisse Fässer eingebaut wurden, fand Anlehnung an frz. barrique 'Stückfaß' statt. Als 'Verschanzung aus Fässern' tritt barricade erstmals bei Blaise de Monluc (†1577) Commentaires 2 (1593) 155 auf (Sperber 1919 Lit.-Bl. 40, 386). Beflügelt wird das Wort durch den Pariser Barrikadensonntag, den 12. Mai 1588 (Ljunggren 1918 Studier tillegn. Es. Tegnér 398 ff.). Danach wird nhd. Barrikade in den Kriegen des 17. Jh. eingebürgert. Zesen 1667 sagt dafür „Stachelwehren oder Spanische Reiter" (Zs. f. dt. Wortf. 14, 72), Ab. Freitag 1665 Archit. milit. 9 „friesische Reuter". Ins Volk dringt Barrikade erst 1848: A. Gombert 1902 Zs. f. d. Wortf. 3, 165 f.

Barsch M. Der Raubfisch Perca fluviatilis führt einen westgerm. Namen: mhd. md. asächs. bars, westfäl. bas, mnl. ba(e)rse, nnl. baars, ags. bærs, bears, engl. barse, bass sind verwandt mit Borste, Bürste: der Fisch heißt nach seiner stachligen Rückenflosse. Frz. bar(s) 'Wolfsbarsch' ist im 13. Jh. aus dem Ml. entlehnt. Gleichbed. schwed. abborre, dän. aborre, älter aghborre (mit Ablaut und rr aus rs) zeigen germ. *ag- 'Spitze' als Bestimmungswort. Obd. Nebenform ist Bersich, ahd. bersih, mhd. bersich, frühnhd. bersich, -ing, alem. berši, schwäb. bersing. Wieder hat Entlehnung zu den roman. Nachbarn stattgefunden: frz. persegue, ital. persico.

barsch Adj. Den obd. Mundarten fremd, seit 1750 in der Literatursprache aufkommend, und zwar nach Kinderling 1795 Reinigkeit S. 362 durch Goeckingk allgemein bekannt geworden (Beleg: Goeckingk 1781 Gedichte II 14), doch von Heynatz 1796 Antibarbar. I 199 noch verpönt; aber schon Ludwig 1716 Teutsch-engl. Wb. bietet barsch im eigtl. und im übertragenen Sinne; von den hd. Wb. wird es seit Stieler 1691 verzeichnet. Das Wort ist nd. Herkunft; es wird als barsch (hamburg. basch, brem. bask) in der sinnlichen Bedeutung 'scharf, strenge' (auch 'ranzig') von Geschmack (wie Pfeffer, Rettich, Käse) für Preußen, Pommern, Mecklenburg, Hamburg, Bremen und andere nd. Mundarten angegeben, wo es z. T. auch in der übertragenen Bedeutung unseres schriftsprachlichen barsch auftritt. Die Existenz des nd. barsch läßt sich nicht über das 16. Jh. (Chyträus Kap. 116 astringens 'barsch') zurückverfolgen. Das nd. Wort, aus dem schwed. barsk, nnl. barsch entlehnt sind, dürfte aus der unter Barsch und Borste behandelten germ. Wz. *bars 'spitz' abgeleitet sein.

Bart M. Mhd. ahd. bart (t), asächs. *bard in unbardoht 'bartlos', mnl. baert (d), nnl. baard, afries. berd, ags. engl. beard führen auf westgerm. *barda-, das früh im Namen der Langobardi 'Langbärte' erscheint. Das anord. Wort für 'Bart' ist skegg (s. Barte¹), spätanord. barð 'Bart' beruht auf Entlehnung aus mnd. bart (d), während anord. barð N. 'Hügel; Schiffssteven' von unserm Wort zu trennen und mit aslav. brido 'Hügel' usw. zur idg. Wurzel *bher- 'hervorstehen' zu stellen ist. Zu idg. *bhar-dhā 'Bart' gehören (außer Barte, s. d.) lat. barba (mit Angleichung aus *farbā) 'Bart' sowie gleichbed. aslav. brada, russ. borodá, apreuß. bordus, lett. bàrda, lit. barzdà. Der Bart heißt nach seinen Borsten (s. d. und

Barſch) wie die Gerſte (idg. *bhares- in agſ. bere, lat. far uſw.) nach ihren Grannen.

Barte[1] F. 'Beil', mhd. barte, ahd. barta (dem Bair. und Oberheſſ. fremd; ſchwäb. öſterr. nur in Fleiſchbarte 'Metzgerbeil', aſächſ. anfr. barda, mnl. ba(e)rde. Anord. barða beruht auf Entlehnung aus dem Aſächſ. Aſlav. brady F. 'Axt' und afrz. barde 'Zimmerart' ſind den germ. Nachbarn entlehnt. Die Sippe iſt nächſtverwandt mit Bart (ſ. d.): die Alten ſahen in der Axt 'die Bärtige', wie auch anord. skeggja 'Barte' zu skegg 'Bart' gehört oder mengl. barbe (aus lat. roman. barba 'Bart') u. a. 'Schneide der Axt' bedeutet. Mit ähnlicher Anſchauung iſt der Bart des Schlüſſels benannt. S. Hellebarde.

Barte[2] F. 'Fiſchbeinzahn des Walfiſchs' erſt nhd.: eigtl. wohl Plural von Bart; entſprechend nnl. baarden Pl., dän. ſchwed. barder Pl. und ſpan. port. barbas Pl.

Baſalt M. Der verwitterte Lavaboden der Landſchaft Baſan im Oſten Paläſtinas gab dem Eruptivgeſtein ſeinen lat. Namen basanites. Bei Plinius, Nat. hist. 36, 58 ſteht in geringeren Handſchriften u. danach in alten Drucken basaltes. Von da legt Gg. Agricola De natura fossilium (Baſel 1546) S. 310 u. 315 dem Geſtein des Schloßbergs in Stolpen bei Pirna den Namen bei, der von da in alle neueren Sprachen gedrungen iſt: Wh. Sieglin 1935 Forſch. u. Fortſchr. 11, 199f. Basaltes in nhd. Text noch bei Minerophilus (Zeiſig), Bergwerksler., Chemnitz 1730. Baſalt erſt ſeit Goethe und Humboldt 1845 Kosmos 1, 9. Entſpr. wird im Engl. basaltes ſeit 1694 gebraucht, basalt ſeit 1769.

Baſar, Bazar M. aus perſ. türk. bāzār 'Markt'; das Wort, im 17. Jh. im Abendland durch Orientreiſende bekannt geworden, bleibt anfänglich auf morgenländiſche Verhältniſſe beſchränkt (Schönaich 1754 Neolog. Wb. 36 tadelt die Verwendung deſſelben für ägyptiſche Märkte bei Bodmer, der es im „Jakob und Joſeph" gebraucht hatte). Die deutſchen Wörterbücher verzeichnen Baſar im Anfang des 19. Jh. noch nicht (es fehlt noch bei Heinſius 1818). Erſt neuerdings bürgert es ſich in den modernen abendländiſchen Kulturſprachen ein, nach G. Baiſt durch „Tauſend und eine Nacht".

Baſe F. (mundartl. jede entferntere weibliche Verwandte bezeichnend, z. B. baſler. 'Tante, Nichte, Geſchwiſterkind'), mhd. base, ahd. basa 'Schweſter des Vaters'. Die anglofrieſ. Sprachen haben dafür ein mit Vater verwandtes Wort: agſ. faðu (dazu mnd. vade), afrieſ. fethe; das germ. Grundwort 'faþōn iſt gewiß nur eine Koſeform für faþer-, fader-swēſtar 'Vaterſchweſter' (vgl. ſchwed. faster aus fader-syster). Wahrſcheinlich iſt auch ahd. basa Koſeform für

eigtl. badar-, fadar-swēſō (Bugge, Beitr. 13, 175). Falls ahd. basa für germ. *baswōn ſteht, darf mlat. (langobard.) barba-s 'Vaterbruder' = ital. barba 'Onkel' (aus germ. *baswon) verglichen werden. Vgl. Baas und Waſe.

Baſilisk M. die fabelhafte Schlange mit Kopf, Flügeln und Füßen eines Hahns, deren Blick tötet. Mhd. basiliske um 1230 entlehnt aus lat. basiliscus, das dem gr. βασιλίσκος 'aſiat. Königseidechſe' (zu βασιλεύς 'König') entſtammt. Der Name rührt nach Plinius, Nat. hist. 8, 33 daher, daß man die Eidechſe wegen eines weißen Flecks auf dem Kopf als gekrönt anſah.

Baß M. Ital. basso aus mlat. bassus 'niedrig' wird kurz vor Alt (ſ. d.) als 'vox infima' erwähnt. Aus der im 17. Jh. geläufigen Zuſammenſetzung Baßgeige (zuerſt bei Prätorius 1619) iſt unſer Baß als Name des Streichinſtruments verkürzt. Baſſiſt, nach ital. Vorbildern wie altista und tenorista gebildet, ſeit Trochus 1517: H. Schulz 1913 Fremdwb. I 79.

baß Adv. des Komp. 'beſſer', mhd. ahd. baz, aſächſ. bat, bet, afrieſ. agſ. bet, anord. betr, got. *batis: das alte Adv. zu dem unter beſſer behandelten Adj. Die Endung -is iſt um 500 n. Chr. den Auslautgeſetzen zum Opfer gefallen (vgl. eher, halt, ſeit). Dazu eine große germ. Sippe, z. B. mnd. bate, anord. bati, afrieſ. bata 'Vorteil', ahd. bazēn, mnd. nl. baten, afrieſ. batia, agſ. batian 'beſſer werden' neben anord. batna, got. gabatnan 'Vorteil erlangen'. Vgl. Buße und Männernamen wie ahd. Bazwin, got. Batwins, agſ. Bata. Man ſetzt eine idg. Wz. *bhǎd- 'gut' an und vergleicht aind. bhadrá 'erfreulich, glücklich, günſtig, gut', súbhadra-h 'herrlich', aveſt. hubadra- 'glücklich'. Im Nhd. iſt baß zurückgedrängt, das Adj. beſſer hat (wie ſonſt allgemein) die Aufgaben des Adv. mit übernommen; die Bildung des alten Adv. wird nicht mehr verſtanden. S. fürbaß.

Baſt M. iſt allen germ. Sprachen außer dem Frieſ. u. Got. gemeinſam: ahd. aſächſ. mnl. anord. baſt, agſ. bæst. Dehnſtufe (germ. *bōsta) zeigt mhd. buoſt 'aus Baſt verfertigter Strick'. Früh iſt das germ. Wort ins Roman. entlehnt: frz. bâtir 'mit groben Stichen heften' ſetzt gallorom. *basta 'Heftnaht' voraus; hinzu treten prov. bastir 'Seſſel flechten', vielleicht auch mlat. *bastum in ital. basto, frz. bât, prov. basta 'Korb der Saumtiere, Waſchkorb' (zur Bed. vgl. ſchweiz. oberelſ. baſt 'Sattel'). Der Baſt hat demnach in germ. Frühzeit eine bedeutſame Rolle geſpielt. Der Urſprung des Worts iſt ungewiß. Durch lat. fascia 'Binde', fascis '(Ruten-)Bündel' u. die Sippe des mir. base 'Halsband', kymr. baich, mbret. beach,

bret. beac'h 'Last, Bürde' wird ein idg. *bhas-
qo- 'Bund, Bündel' vorausgesetzt. Zu dessen
Stamm könnte, mit t- statt mit q-Suffix, germ.
*basta- gebildet sein. Ihm am nächsten steht
die (wohl messapische, also illyrische) Hesych-
Glosse βαστά· ὑποδήματα. 'Ιταλιῶται: K. F.
Johansson, Jdg. Forsch. 19, 121. Wegen nperf.
bänd, bästan vgl. E. Abegg das. 46, 267.

basta 'genug' aus gleichbed. ital. span. basta
'es ist genug'; die deutschen Fremdwb. bieten
basta 'es ist genug, es mag sein' seit Stielers
Zeitungslust 1695; das Wort ist im 30jähr.
Krieg zu uns gedrungen (vgl. Gryphius 1663
Horribilicr. S. 80). Vulg.-lat. *bastare 'genug
sein' ist aus gr. βαστᾶν für βαστάζειν
'tragen' entwickelt. Im Übergang stehen die
Bedeutungen 'ertragen, aushalten, dauern,
Genüge leisten'.

Bastard M. 'uneheliches Kind, Mischling;
aus einer Kreuzung gewonnenes Tier'. Mhd.
bast(h)art zuerst bei Herbort v. Fritzlar 1210
Lied v. Troye 4809, entlehnt aus afrz. (seit
11. Jh.) bastard 'anerkannter Sohn eines Adligen, der nicht von der rechtmäßigen Frau
stammt'. Das Frz. hat das Wort unmittelbar
oder mittelbar auch andern Sprachen geliefert.
Dem frz. bâtard voraus geht afrz. fils de bast
'uneheliches Kind'. Afrz. bast 'Kebsehe' stammt
aus dem Germ. Hier begegnet es zuerst im
Namen der Bastarnen, eines über das Stammland weit nach Südosten vorgeschobnen Volks,
bei dem sich Verbindungen germ. Männer mit
fremden Frauen häuften, so daß sie 'Bastarde'
heißen konnten, etwa im Gegensatz zu den
Skiren, den 'Leuten von reinem Geblüt'. Gebildet ist der Stammesname wie got. widuwaírna 'Waise' und germ. *pewernō 'Jungfrau' (s. u. Dirne): R. Much 1937 Die Germania des Tacitus 416f.

Bastei F. Zum Stamm des frz. bâtir (afrz.
bastir) 'bauen' stellt sich ital. bastia 'Vollwerk
einer Festung', das im 14. Jh. als Wort des
Festungsbaus (s. Bastion) entlehnt wird: H.
Bindewald 1928 Sprache d. Reichskanzlei unter
Wenzel 194. In der Schweiz ist das Fachwort
bald nach 1400 volkläufig: Hnr. Wittenwiler,
Ring V. 9637 Des waren ir der scharen drei,
Jedeu schluog auf ein bastei Und lagend da mit
starker macht, in Schwaben etwas später: Zf.
f. d. Wortf. 14, 32. 62. 72; Neuphilol. Mitt.
1941, 82. 1942, 27.

basteln Ztw. ein verbreitetes Volkswort, das
aber von Adelung 1793 und Campe 1807 noch
nicht anerkannt ist. Zuerst gebucht bei Klein
1792 Provinzialwb. II 45 passeln, bei Stalder
1812 Schweiz. Jdiot. I 139 bäscheln, bei
Schmid 1831 Schwäb. Wb. S. 45 bäscheln,
bästeln. Das in allen oberd. Mundarten lebende

Ztw. bezeichnet 'kleine, nicht anstrengende und
nicht förmlich erlernte Handarbeit tun'; es ist erst
in der 2. Hälfte des 19. Jh. literarisch etwas mehr
durchgedrungen. Auffällig früher Beleg Hermes
1778 Sophiens Reise I 663 basteln 'Flickarbeit machen'; dazu bei Stieler 1691 bestelen
'Flickarbeit machen' — Besteler 'Flickschneider'
und bei H. Sachs 1541 Fabeln und Schwänke I
214 pesteln (von der Arbeit des Flickschusters).
Wohl verwandt mit mhd. besten 'schnüren,
binden' (s. Bast).

Bastion F. Ital. bastione, Vergr.-Form von
bastia (s. Bastei), wird um 1500 als Wort des
Festungsbaus entlehnt zu frz. bastion. Bei uns
erscheint Bastion 1616 in Wallhausens Kriegsmanual. Zur Bildungsweise vgl. Balkon,
Ballon, Kanone.

Bataillon N. 'Truppenabteilung von etwa
tausend Mann': vor Beginn des 30jähr. Krieges
als Ersatz des älteren Fähnlein entlehnt aus
gleichbed. frz. bataillon, dies aus ital. battagli-
one, augmentativer Ableitung von battaglia
'Schlachthaufen'. Als M. seit Wallhausen 1616
Kriegsmanual S. 162f., um 1800 auch F.:
Kurrelmeyer 1923 Mod. lang. notes 38, 400f.

Batate F. Die Süßkartoffel Batatis edulis
Thunb. heißt in der südamer. Arawakensprache
(die uns auch Guajak, Hängematte, Kai-
man, Kanu, Leguan, Mahagoni, Mais,
Savanne, Tabak u. a. geliefert hat) batatas.
Vermittelt durch span. patata erscheint Batata
1534 bei uns: Palmer 27. Das t nach t weicht in
k aus, daher heißen die Kartoffeln in Ostfranken
Pataken: Kretschmer 261ff.; Littmann 147f.
In engl. potato erscheint o für roman. a.

Batengel M. die Pflanze Betonica, nachmals
auch die Schlüsselblume. Seit dem 16. Jh. allgemein (z. B. 1540 bei Er. Alberus und bei
Braunfels, 1582 bei Golius, Onom. 415): eine
zuerst von Henisch 1616 registrierte Umbildung
aus lat. betonicula, während frz. bétoine, mhd.
batōnje auf betonica beruhen.

Batikarbeit, -kunst F., batiken Ztw. Aus
javan. baṭik 'gesprenkelt' (von Stoffen) über
nnl. gebatikt 'auf ostindische Art gesprenkelt'
um 1900 ins Nhd. gelangt, wie auch in andere
europ. Sprachen.

Batist M. 'feines Gewebe', im 18. Jh. entlehnt aus frz. batiste, das im 16. Jh. auftritt
und den Namen einem Fabrikanten Baptiste
dankt, der im 13. Jh. in Cambrai (s. Kammertuch) gelebt haben soll. Bei uns kaum vor 1746:
Ramler, Briefe 1, 51.

Batterie F. Zu frz. battre 'schlagen' stellt
sich frz. batterie 'schlagende Kriegsschar, Artillerie'. Bei uns seit Dilich 1608 Kriegsb. 261:
F. Helbling 1912 Zf. f. d. Wortf. 14, 51; H.
Schulz 1913 Fremdwb. 1, 80.

Batzen M. Ein Ztw. batzen 'klebrig, weich sein' ist aus älterem *backezen zuf.-gezogen. Dazu frühnhd. der Batzen 'Klumpen, dickes Stück'. Dies wird Name der seit 1495 in Salzburg, 1497 in Bern geprägten Dickpfennige (grossi) im Gegensatz zu den Blechstücken von Brakteaten. In Umdeutung nach dem Bären, den Bern im Wappen führt, entsteht die schweiz. Nebenform bëtz und (schon 1514) die Übersetzung ursierus, urserius. Ital. bezzo 'Geld' stammt aus dem deutschen Wort; in frz. Patois sind bache, batche 'Batzen' gedrungen.

Bau M. mhd. ahd. bū M.; s. bauen.

Bauch M. Mhd. būch, ahd. būh, būhhes, mnd. anfr. afrief. būk, mnl. buuc, nnl. buik, agf. būc, anord. būkr, norw. schweb. buk, dän. bug führen auf vorgerm. *bhūg-. Grundlage ist die idg. Wurzel *bhōu-: *bhū- 'schwellen', die z. B. in gr. φωῖδες, φῴδες 'Brandblasen' erscheint. Mit g-Erweiterung kehrt sie wieder in lit. búože 'Knopf, Knauf, Buckel, Keule', ruff. puzo 'Bauch, Wanst', puzyrí 'Blase'. Erweiterung mit l in Beule, mit s in Bausch, bausen und Busen, f. d.

bauchen, beuchen schw. Ztw. 'in heißer Lauge einweichen, damit waschen', spätmhd. būchen, biuchen, mengl. bouken, engl. buck. Dän. byge, schweb. byka, norw. bykja, bøykja sind entlehnt aus mnd. būken, frz. buer aus afränk. *būkōn. Auch in slav. Sprachen ist westgerm. *būkōn, *būkjan gedrungen. Heute gelten nd. būken, nordthür. bīχə, fränk.-henneb. böχ, hess. bīχn, rhein- u. moselfränk. bouxə, beixə, siebenb. beχn, nöss. baiχn, elf. būχə, schweiz. būxə. Unbekannt im Fries., Nl., Obersächs., Ostthür. und Bair. (hier sextələ, zu seihen). Die Lauge wurde urspr. aus Buchenasche hergestellt, darum zu Buche (f. d.) in der urgerm. Form *būk, die in Ablaut mit griech. φηγός und lat. fāgus steht.

Bauchredner M. seit Adelung 1793 gebucht. Belege: Bretzner 1788 Leben e. Lüderlichen III 223; Jean Paul 1794 Hesperus S. 156, bauchrednerisch Goethe, Faust II 8227, daneben Bauchrednerei Veit Weber 1793 Holzschnitte S. 94. Ältestes Wortzeugnis bei Casp. Franck 1576 Catalogus Hæreticorum S. 471 Bauchrednerin 'pythonissa' („geben seltsame Antwort durch unverschämte Örter des Leibs"). Bauchredner ist Lehnübersetzung des gleichbed. spätlat. ventriloquus.

Baude F. 'Hirtenhütte auf dem Gebirge', ein Dialektwort des östlichen Mitteldeutschlands, das der Schlesier Steinbach 1734 zuerst verzeichnet, und zwar als 'Jahrmarktsbude' mit den Zusammensetzungen Glücks-, Herings-, Käse-, Kramer-, Kreide-, Krepfel-, Spiel-, Trinkbaude. Zufrühst um 1300 in

Obersachsen bezeugt: nicht eins mit mhd. buodə (f. Bude), sondern jung entlehnt aus tschech. bouda, das (wie poln. buda) auf Entlehnung aus dem Dt. beruht. Anders B. Schier, Jb. d. Dt. Riesengebirgs-Vereins 1924, 72 ff.

bauen Ztw., mhd. būwen, ahd. asächs. būan schw. Ztw. mit Resten starker Flexion) 'wohnen, bewohnen, bebauen, pflanzen'. Wegen der Bedeutung 'wohnen' vgl. Bau, Bauer und Bude. Dem ahd. būan entspricht im Got. bauan, awestnord. būa, aostnord. bōa 'wohnen, bewohnen'. Die Wurzel ist idg. *bhū, als deren Grundbedeutung nach ind. bhū, gr. φύω, lat. fui (futurus) usw. 'sein, werden, entstehen, erzeugen' zu gelten hat; zur selben Wurzel stellen sich flg. Nomina, die für die Grundbedeutung der Wurzel wichtig sind: altind. bhūmi 'Erde' — bhūtí 'Dasein', gr. φῦμα 'Gewächs' — φύσις 'Natur'.

Bauer[1] M. N. dem Obd. fremd (schles. ist Gebauer, anderwärts Käfig, Korb, Krätze, Steige), mhd. būr 'Aufenthalt, Käfig der Vögel'. Ahd. būr hat noch die umfassende Bedeutung 'Haus, Kammer', entsprechend anord. agf. būr 'Kammer, Hütte' (f. Nachbar), engl. bower 'Wohnung, Gemach', woneben mundartl. byre 'Viehstall', agf. bȳre 'Stall, Schuppen Hütte'. Ihm steht am nächsten ahd. asächs. būri 'Behausung' in Ortsnamen wie Beuron, Beuern 'zu den Häusern', Benedikt-, Blau-, Kaufbeuren, nd. Buer, Büren, Ibbenbüren, Wesselburen. Aus dem Germ. entlehnt ist afrz. buron 'Hütte', wonach der engl. Adelsname Byron (der Dichter sprach seinen Namen meist biron; ὁδὸς Βύρωνος in Athen). — Vorgerm. *bhū-ro- (Ableitung auf -ro- zu der unter bauen entwickelten idg. Wurzel *bhū-) hat einen bildungsgleichen Verwandten in messap. (illyr.) βύριον 'Wohnung, Haus': H. Krahe, Jdg. Forsch. 47 (1929) 326 und 57 (1939) 116 f.

Bauer[2] M. in Erbauer, Ackerbauer, mhd. būwære, ahd. būāri: zu bauen.

Bauer[3] M. 'rusticus' wortgeschichtlich von Bauer[2] geschieden: es lautet mhd. gebūrə, ahd. gibūro M., das zu dem unter Bauer[1] besprochenen būr 'Wohnung' gehört und eigtl. 'Mitbewohner, Miteinwohner', dann 'Nachbar, Mitbürger' (vgl. Geselle 'wer einen Saal mit bewohnt') und weiterhin 'Dorfgenosse, Bauer' bedeutet. S. Nachbar. Bair. *pour ist schon für das 11. Jh. vorauszusetzen: damals ist daraus ung. pór entlehnt, fortlaufend bezeugt seit 1211: Melich 1933 Festschr. f. Gid. Petz 178f.

Bauernfänger M. um 1850 zunächst Bauernfänger: aus der Berliner Diebessprache stammend. Von da Zimmermann 1847 Diebe in Berlin S. 142.

Bauer(n)wetzel ſ. Ziegenpeter.

baufällig Adj. gebildet wie fußfällig und
kniefällig (urſprgl. Partiz. auf -ende); ſeit
frühnhd. Zeit allgemein üblich: Fincelius 1566
Wunderzeichen I B 4a; Heberer 1610 Beſchreibung
S. 88; Schnüffis 1695 Maul=Trummel S. 58.

Baum M. Mhd. ahd. boum M., aſächſ. mnd.
nnd. bōm (aus dem Mnd. entlehnt dän. bom
'Schlagbaum' und älter ſchwed. bom 'Stange')
mnl. nnl. boom 'Baum', afrieſ. bām 'Baum,
Galgen, Stange', agſ. bēam 'Baum, Balken,
Galgen, Säule', engl. beam 'Baum, Balken,
Strahl' führen auf wgerm. *bauma-, das auf
germ. *baugma-z (ſ. Traum) beruhen kann.
Auf dieſe Form weiſen gleichbed. got. bagms
und aſchwed. bagn; auch anord. baðmr und
barmr laſſen ſich damit vereinigen. Als gemein=
germ. Ableitung zu biegen (ſ. d.) bezeichnet
Baum urſpr. das (im Wind) ſich biegende Ge=
wächs. Ältere Namen des Baums ſ. u. Affol=
ter und Wiedehopf.

baumeln Ztw. vielleicht aus der thüringiſch=
oberſächſ. Ma. im Lauf des 18. Jh. vorgedrun=
gen und wohl Lautvariante zu dem mehr nd.
bammeln. Aber bei Luther und Matheſius
(auch mnd.) dafür pampeln. S. auch bum=
meln.

bäumen Ztw. erſt nhd., eigtl. 'ſich in die Höhe
richten wie ein Baum' (ſchweiz. ūfbäumen 1530
Züricher Bibel 3. Maccab.).

Baumfalter M. ſchriftſprachliche Form für
mundartliches baufalter in Schwaben, z. B.
Ehinger 1619 Cometen Hiſtoria (Augsburg)
S. 24 „große menge Baumfalter, feurige S.
Johannis würmlein, vnnd andere unbekannte
fliegen in der lufft"; auch bei Fiſchart bezeugt.
Weiteres unter Falter und Weinfalter.

Baumpicker ſ. Specht.

Baumſchlag M. forſtmänniſch 'eine Anzahl
Bäume, die gemeinſam geſchlagen werden
ſollen'. Bei Malern und Kupferſtechern 'die
äußere Erſcheinung der Bäume (vgl.: er iſt von
gutem Schlag), ihres Laubwerks und ihrer
Wiedergabe im Bild'. So zuerſt bei Adelung
1774. In deſſen Umwelt führt G. Keller 1879
D. grüne Heinrich I Kap. 19 (Werke 1, 199):
„nebſt einigen verblaßten Farbenſkizzen und
einer großen, in Öl gemalten Eiche. Dies nannte
er Baumſchlag ... und machte ein großes Weſen
daraus. Das Geheimnis desſelben hatte er im
Jahre 1780 in Dresden erlernt bei ſeinem ver=
ehrten Meiſter Zink".

Baumſchule F. ſeit Stieler 1691 gebucht und
mit dem 17. Jh. geläufig.

baumſtark Adj. von den Wb. des 18. Jh.
allgemein gebucht, aber ſchon im 16./17. Jh.
durchaus geläufig: 1584 Reisbuch des heil.
Landes S. 47b; Aldenburgk 1627 Weſtind.

Reiſe E 2b; Saar 1662 Oſtind. Kriegsdienſte
(Zugab) S. 19; Praetorius 1672 Satyrus
etymol. S. 303; Gröben 1694 Guineiſche Reiſe=
beſchr. S. 38.

Baumwolle F. mhd. (12. Jh.) boumwol(l)e,
dazu das Adj. baumwollen, 1380 boumwollen
Germ. 28, 360. Herodot 3, 106 erzählt von
'Bäumen, von denen die Inder ihre Kleider
machen'. Unſre Baumwolle ſtammt aber von
dem Strauch Gossypium herbaceum, hieße
alſo richtiger Strauchwolle. S. Kattun und
Watte.

Bauſch M. Mhd. būsch 'Knüttel, Schlag der
Beulen gibt, Wulſt' und weſtfäl. büsken 'Bund,
Bündel' führen auf idg. *bhūs-ko-. Nächſtver=
wandt ſind gr. φύσκη 'Magen, Darm' aus idg.
*bhus-kā und lat. fūstis 'Knüttel' aus idg.
*bhūs-ti-: alle drei beruhen auf s=Erweiterun=
gen zu der unter Bauch, bauſen, Beule,
böſe und Buſen genannten idg. Wurzel *bhōu-:
*bhū 'ſchwellen'. — Etwas wird in Bauſch
und Bogen verrechnet, bezahlt, verurteilt, mit
einem Bild aus der alten Papiermühle, ſ.
Bockwitz, Kulturgeſch. d. Papiers (S.=A. a. d.
Chron. d. Feldmühle, Stettin 1935) 62 „auf
den abgelegten Bogen kam ſogleich ein neues
Filztuch, auf das der nächſte Bogen auf=
gepreßt wurde, bis 181 Bogen zwiſchen 182
Filzen lagen, bis ein Pauſch, 'ein Bauſch Pa=
pier in Bogen' daſtand".

bauſen Ztw. 'zechen, ſchwellen' aus Baus
mhd. būs 'Aufgeblaſenheit, ſchwellende Fülle';
der gleiche Stamm auch in engl. to bouse, mnd.
būsen 'zechen'. S. Bauch, Bauſch, Beule
und Buſen.

Bauten Plur. bei Jean Paul 1794 Hesperus
S. 590; Goethe 1809 Wahlverw. 2, 5 (Weim.
Ausg. I 20, 248; der Sg. Baute Fauſt II V.
11157); ſowie Jean Paul, Werke V 28; darüber
das lehrreiche Zeugnis von Hegewiſch 1791 Re=
gierung Kaiſer Karls des Großen 146 „Bauten
iſt zwar ein Provinzialwort, aber es verdient
in die Schriftſprache aufgenommen zu werden,
wozu man ſchon zu Berlin das Exempel gibt".
Baute, ein um die Mitte des 18. Jh. in der
Mark Brandenburg auftretendes Wort der Ver=
waltungsſprache, zuerſt von Heynatz 1775 Hand=
buch 207 (1796 Antibarbarus S. 199) ver=
zeichnet, fehlt noch bei Adelung und Campe. Ade=
lung unter Bau erwähnt Bauten als Plur.
zu Bau für das nd. Norddeutſchland. 1781
wird büwte 'Baute' als pommer. Dialektwort
verzeichnet. Voraus liegt mnd. büwete.

Bauxit N. Aluminiumhydroxyd, der für die
Herſtellung von Aluminium uſw. nötige Aus=
gangsſtoff. Benannt nach ſeinem erſten Fund=
ort Les Baux in den Rhonemündungen. Der
Ortsname, prov. li Baus, bedeutet 'die Felſen'.

baxen Ztw. in der 2. Hälfte des 18. Jh. für boxen.

Bazar s. Basar.

be= Vorsilbe aus mhd. be-, eigtl. Verbalpräfix aus ahd. got. bi, das keine ausgeprägte Bedeutung hat; eines mit der Präp. bei, aus ahd. mhd. bī (got. bi), agf. bī, engl. by. Für be= erscheint eine kürzere Form in bange, barmherzig, bleiben usw.

beachten s. achten.

Beamter s. Amt.

beben schw. Ztw., mhd. biben, ahd. bibēn; e der nhd. Tonsilbe (für altes i) ist nd.: mnd. mnl. nnl. beven für asächs. bibōn, afrief. bevia neben älterem bivia, agf. bĭfian, biofian, anord. bĭfa, norw. biva neben schwed. bäva, dän. bæve. Beben ist Luthers Form, seinen obd. Zeitgenossen muß sie mit bidmen (f. d.) erläutert werden. Ahd. bi-bē-m, bi-bē-s, bi-bē-t (idg. *bhi-bhoi-ti) zeigen Präf.=Redupl. wie die bed.= verwandten got. rei-rai-þ und ahd. zi-ttarō-t (aus germ. *ti-trō-d). Die Bed. 'zittern' läßt sich bei belebten Wesen mit idg. *bhī- 'fürchten' vermitteln: diese Wurzel liegt vor in aind. bháyatē 'er fürchtet sich', aslav. bojati sę 'sich fürchten', lit. bijóti-s 'sich fürchten', báimė 'Furcht', bajùs 'fürchterlich': Beitr. 8, 342. 34. 558; Zf. f. vgl. Sprachf. 26, 85. 41, 305; Idg. Forsch. 43, 174 ff.

Becher M. Gr. βῖκος 'irdenes Gefäß' ergibt volkslat. bīcārium (woraus ital. bicchiere) mit der Nebenform *piccārium (prov. afrz. pichier; hieraus engl. pitcher 'Krug'). Nach volkslat. Regel wird Langvokal im Vorton verkürzt. Dergestalt ist das Wort um 500, etwa gleichzeitig mit Kelch, in Deutschland eingebürgert worden: ahd. bëhhāri, mhd. bëcher, asächs. bikeri (hieraus lett. bik'eris: J. Sehwers 1927 Zf. f. vgl. Sprachf. 54, 167), mnd. mnl. nnl. beker, anord. bikarr (hieraus schott. bicker, mengl. biker, engl. beaker), norw. bikar, schwed. bägare, dän. bæger.

Beck M. 'Bäcker' (alem. schwäb. bair. südthüring. ostfränk. Dialektwort), mhd. bëcke, ahd. bëcko zu backen (germ. *bakjan-, bakkjan-). Nhd. Bäcker ist Neubildung nach dem Muster der Nomina Agentis auf -er (agf. bæcere, bæcestre, engl. baker). Im Nhd. erhielt sich Beck, Boeck, wie Becker als Familienname. Vgl. noch Pfister.

Becken N. mhd. bëcken, bëcke, ahd. bëckīn (bëcchī), mnl. bëckijn, becken: Quelle vulgärlat.=roman. *baccīnum, bacchīnon (vgl. ital. bacino, frz. bassin, engl. basin) 'Becken', das man von dem unter Back behandelten spätlat. bacca 'vas aquarium' ableitet; vgl. Pickelhaube und Schüssel.

Bedarf M. mnd. bedarf, bederf: zum Präf.=

Stamm von bedürfen gebildet, von Henisch 1616 aus der Kanzleisprache verzeichnet; dazu Geltbedarf bei Stieler 1691. Im 18. Jh. fast nur als Wort des norddt. Handels bezeugt; von Goethe, Voß, Frh. v. Stein und Platen für die nhd. Schriftsprache gerettet: Kuhberg 38.

bedeuten s. deuten.

beeinträchtigen schw. Ztw., zuerst in schlef. Kanzleisprache 1605, als Ersatz für präjudicieren von Schottelius 1641 Sprachkunst 489 vorgeschlagen, von Stieler 1691 übergangen, von Frisch 1741 als „seltames Juristen=Compositum" abgetan und erst von Wieland 1766 Agathon 3, 395 außerhalb der Kanzlei verwendet: G. Schoppe, Mitt. d. schlef. Ges. f. Volkskde. 19, 219; W. Pfaff 1933 Kampf um dt. Ersatzwörter 18. Voraus liegt Eintrag M. in seiner Bedeutung 'Einschlag beim Weben, Querfäden des Gewebes', dann 'Einspruch, Hemmung' (woher noch einem Eintrag tun 'ihm in die Quere kommen, ihn schädigen'). Dafür Eintracht M., das bei Luther für 'Einschlag beim Weben' steht und nach ihm die Bedeutung 'Hemmung' annimmt, unabhängig von Eintracht F. 'concordia', das aus mhd. in ein (über ein) tragen 'übereinkommen' zusammengebildet ist. Nachträglich ist Eintracht (wie Zwietracht) an trachten angelehnt.

Beelzebub s. Fliegengott.

Beere F. aus dem Plural des gleichbed. mhd. bër, ahd. asächs. bëri N., got. basi (nur in weinabasi N. 'Weinbeere', asächs. wīnbėri). Das ahd. r in bëri setzt ein älteres *bazi voraus; zu dem s des got. Wortes stimmt mnd. bëseke, nnl. bes 'Beere' (mit grammatischem Wechsel auch agf. berie, engl. berry, anord. ber). Doch f. auch Besing. Urgerm. *basia, *bazia ist möglicherweise mit agf. basu 'purpurn' verwandt; dann wäre der nächste außergerm. Verwandte mir. base 'rot'.

Beet N. 'Stück Gartenland'; älter nhd. und noch jetzt gemeinoberd. auch Bett (in Schwaben dafür auch Ländle): eines mit Bett; denn mhd. ist bėtte, ahd. bėtti auch 'Gartenbeet'. Der Form nach ist Beet (vgl. Biene) aus dem N. Sg. got. badi, Bett aus den Kaf. mit got. dj (Gen. badjis, Dat. badja, N. Akk. Pl. badja usw.) entstanden. Auch nl. engl. bed bedeutet 'Beet' (so schon agf. wyrtbed, allerdings auch riscbed, hrēodbed; auch engl. hotbed 'Mistbeet'). Die schriftsprachliche Scheidung von Beet und Bett scheint aus Mitteldeutschland zu stammen. Sie findet sich schon in Zehners Nomencl. 1622; Grimmelshausen 1673 T. Michel 72, 14 „Länder oder Beth".

Be(e)te F. 'rote Rübe'. Der Name entstammt mit vielen Pflanzennamen aus dem Bereich der Kochkunst dem Lat.: bēta wurde bereits

vor dem 8. Jh. entlehnt und bei uns eingebürgert, denn das Wort erscheint im Ahd.
als bieza mit ie aus ē (vgl. Priester, Brief,
Ziegel, Spiegel, ahd. Pietar aus lat.
Petrum) und mit Verschiebung von t zu z:
daraus mhd. bieze, bair. österreich. Bießen —
Bießkohl (Henisch 1616 verzeichnet Bießen
als schles.). Die nhd. Lautgestalt ist nd. (H.
Reincke 1932 Nd. Studien, Festschr. f. C. Borchling; Th. Baader 1939 Beitr. 63, 117 ff.), wie
denn Frisch 1741 Beete als niedersächs. verzeichnet. Aus lat. bēta (ital. bieta, frz. bette)
stammt auch agf. bēte, woraus engl. beet.
In einer anderen Gruppe lat. Lehnwörter
wurde lat. ē zu ī (vgl. Feier aus fēria); daher
erscheint auch für beete — bieze gelegentlich
Beißrübe (Lueder 1773 Küchengarten S. 373)
und dial. beiße, beiße, deren ei mhd. ī voraussetzt.
Ahd. Formen wie bizza, beiza, peiza (E. Karg-
Gasterstädt 1938 Beitr. 62, 159 f.) bleiben
schwierig. In nd. Gestalt ist das Wort in die
baltoslav. Nachbarsprachen übergegangen: F.
Sehwers 1927 Zs. f. vgl. Sprachf. 54, 37 f.

befangen ft. Ztw. mhd. bevā(he)n, ahd.
bifāhan 'einengend umgeben', rückbez. 'sich mit
etwas befassen'. Das Part. befangen ist zum
Adj. geworden und bedeutet 'unfreien Geistes
und Gehabens'. Es war im 18. Jh. ungebräuchlich geworden; Goethe, Schiller, Jean Paul,
Platen und Uhland haben es für die nhd.
Schriftsprache gerettet: Kuhberg 38.

befehlen ft. Ztw., mhd. bevëlhen, md. be-
vëlen 'übergeben, überlassen, anempfehlen, (zum
Schutz) anvertrauen, anheimstellen', ahd. bi-
fël(a)han 'anvertrauen, übergeben, bergen, begraben', asächs. bifëlhan, mnl. nnl. bevelen,
afries. bifëla, agf. befëolan; aus mnd. bevalen
entlehnt sind dän. befale und schwed. befalla.
Sie führen insgesamt auf germ. *bifëlhan 'anvertrauen, übergeben, bergen'. Aus einem
etwas befehlen 'ihm Auftrag wozu geben'
ist spät die heutige Hauptbed. 'gebieten' entwickelt (vgl. empfehlen). Das einfache Ztw.
in anord. fëla 'verbergen, übertragen' und got.
filhan 'verbergen, begraben' (mit af-, ana-, ga-,
usfilhan). Die germ. Wurzel *felh- beruht auf
vorgerm. *pelk- 'bergen' in apreuß. pelkis
'Mantel'.

Beffchen N. 'Predigerkragen' (Fulda 1788
Idiotikensammlg. 24 Bäffchen) ein von Voß
1795 Luise II 99 gebrauchtes, von Schütze
1800 Holstein. Idiot. I 85 gebuchtes nd. Dialektwort (wofür man in Süddeutschland nach
Kurz 1855 Sonnenwirt 54 vielmehr Über-
schlägchen sagt; Kindleben 1781 Studenten-
ex. S. 213: in Sachsen Überschlägelchen):
Verkl. zu mnd. beve, beffe 'Chorhut und Chor-
rock der Prälaten' (Schiller-Lübben I 306ᵇ)

mnl. (Verdam 1 683) beffe 'Kragen, Pelz-
kragen' (Kilian 1599 S. 48). Nach G. Gundermann entlehnt aus mlat. biffa (afrz. biffe)
'Mantel, Überwurf'. Die Bedeutungsentwicklung der mittelalterlich-kirchlichen Wortgruppe
erinnert an die Bedeutungsentfaltung unter
Kappe und Mütze.

befindlich Adj. im 16./17. Jh. zunächst (zu
befinden) in der Bedeutung 'wahrnehmbar,
bemerkenswert' und so bei Maaler 1561 und
Stieler 1691 gebucht; in der heutigen Bedeutung 'praesens, existens' (zu sich befinden)
allgemein seit Frisch 1741.

beflissen f. Fleiß.

Befreiungskrieg f. Freiheitskrieg.

begabt Adj. Das Part. Prät. von mhd. be-
gäben 'mit Gaben ausstatten' ist eingegrenzt
auf die Bed. 'mit Geistesgaben ausstatten':
Dt. Mystiker d. 14. Jh. I 279 begäbet mit göt-
licher gnäde. Dazu hochbegabet Ludwig
1716. — Begabung F., seit dem 14. Jh. beliebt
als Rechtswort 'Schenkung, Stiftung; Beschen-
kung; Vorrechte', folgt im 18. Jh. dem Adj. und
bedeutet nun 'Ausstattung mit Talenten'. Der
Bericht Matth. 25, 15 ff. hat (wie auf Talent,
f. d.) auch auf das Wortpaar begabt, Begabung eingewirkt. Entsprechend ist es mit lat.
dotatus und frz. doué gegangen.

Begehr N. (so Luther), früher auch M., frühnhd. mhd. begër F., in md. Quellen neben
begir F. N. (zu begehren, f. d.) 'innere Regung
wonach; Äußerung einer solchen Regung'. Im
18. Jh. wird Begehr mehrfach als veraltet bezeichnet, Campe empfiehlt es 1807, Goethe
nimmt es auf. Ähnlich steht es mit Begier:
Kuhberg 38 f.

begehren Ztw. mhd. begërn, meist einfach
gërn, ahd. gërōn: zu ahd. gër Adj. 'gierig';
f. Gier, Begierde, Geier.

Begeisterung F. nach Gombert, Progr. 1893
S. 11 zuerst bei Gottsched 1730 Crit. Dichtk.
333, 335 gebraucht; das Ztw. begeistern in
der Bedeutung 'beleben' schon bei Stieler 1691
gebucht und bei Gryphius und Weise belegt.

Begierde F. mhd. begirde F., aber meist girde
aus ahd. girida: dies Adjektivabstraktum zu dem
unter Gier behandelten Adj. ahd. gër.

Beginn M., mhd. begin M. N., ahd. (Isidor)
bighin N., nnl. begin 'Anfang': zu beginnen,
f. d. Im 18. Jh. als veraltet bezeichnet, wird
Beginn durch Goethe, Voß und Platen für
die Schriftsprache gerettet. Mit beginnen
steht es ähnlich: Kuhberg 39.

beginnen Ztw., mhd. mnd. nnl. beginnen,
ahd. asächs. anfr. beginnan, mnl. beghinnen,
afries. bijenna, agf. ā-, be-, onginnan, got.
duginnan 'anfangen', nnl. ontginnan 'urbar
machen'. Außergerm. vergleicht sich alb. zë, zä

'berühre, fange an' aus *ǵhenō, neben dem (als Grundlage für germ. -nn-) *ǵhenu̯ō anzusetzen ist.

Begriff M. im 16./17. Jh. überwiegend (wie mhd. begrif) 'Umfang, Bezirk, z. B. einer Stadt („Begriff einer Stadt ambitus urbis" Stieler 1691); seit dem Beginn des 18. Jh. mit der Wolffschen Philosophie 'zusammenfassende Vorstellung'. Die Verbindung „im Begriff sein" (zeitlich) zeigt sich erst im Beginn des 18. Jh. (Schoppe, Mitteilgn. d. schles. Gesellsch. f. Volksk. 18, 77).

behäbig Adj. um 1800 aufkommend und langsam durchdringend: für älteres gehäbig, häbig, die ihrerseits auf Habe (mhd. habe) zurückgehen. Heynatz 1796 Antibarbarus I 215 kennt nur erst ein oberd. behäbig mit der Bedeutung 'nicht leck' (von Gefäßen) und empfiehlt dieses zur Aufnahme in die Schriftsprache. Früheste Belege für behäbig in der heutigen Bedeutung bei Goethe.

behagen schw. Ztw., dem Obd. heute fremd, nicht bei Luther und Maaler; bei Steinbach (Breslau 1734) als vox non ubique usitata. In den Tagen von Heynatz und Campe vom Nd. her neu belebt (Kuhberg 39). Mhd. nnl. behagen schw. Ztw., asächs. bihagon, mnl. behaghen, afries. hagia, agf. ge-, onhagian 'gefallen, passen', anord. haga 'passen, einrichten'. Ahd. das st. Part. bi-, gihagan 'heiter', das im mhd. Adj. behagen 'frisch, freudig' fortlebt. Anord. wird alter a: ō-Ablaut greifbar: hagr Adj. 'passend, geschickt', M. 'Lage, Bequemlichkeit', hǫttr (aus *hahtuz) 'Art und Weise' neben hōgligr, hǫgr 'passend, bequem', hǭgja 'erleichtern'. Nicht völlig gesichert ist die Verknüpfung mit aind. śaknōti 'hilft, kann', śakti- 'Hilfe' (ti-Bildung neben der anord. tu-Bildung), śakrá- 'vermögend', śāka- 'Kraft, Hilfe', śāká- 'kräftig, helfend': zur idg. Wurzel *kaq- 'vermögen, helfen'.

behaupten schw. Ztw., mhd. behoubeten, mnd. behöveden. Auszugehen ist von der Bed. 'sich als Herrn (mhd. houbet) von etw. zeigen', daher 'siegreich gegen Angriffe verteidigen' (so heute noch möglich). Daran knüpft sich 'eine Aussage oder Meinung verteidigen, an ihr festhalten' (so bei den Klassikern) und endlich 'als Meinung aufstellen'.

behelligen s. helligen.

behende Adj. mhd. behende Adj. 'passend, bequem, geschickt, schnell'; zufrühst aber mhd. behende Adv., was auf ahd. bi henti weisen würde (dafür zi henti 'sofort'). Die Präposition ist mit dem Dat. des Substantivs ahd. hant, Dat. henti zusammengesetzt; vgl. abhanden und zufrieden. Aus Präp. und Subst. bestehen auch Adj. wie lat. obvius 'ent-

gegen' und gr. ἐγκέφαλος 'im Kopf befindlich'.

beherzigen Ztw. von Luther 1523 verpönt, öfters zuvor gebraucht bei Emser (Belege in Gomberts Progr. 1893 S. 11) u. a. der Kanzleisprache nahestehenden Schriftstellern. S. herzig.

Behörde F. in der heutigen Bedeutung im Zeitalter Adelungs und Campes aufgekommen (z. B. Goethe 1830 Tag- u. Jahreshefte 35, 53 Oberbehörde). Eigtl. 'Stelle, Ressort, wohin etwas gehört'; behören scheint die nd. Entsprechung für hochd. gehören zu sein, wie es auch im Frühnhd. ein obd. Gehörde für nhd. Behör 'Zubehör' gibt.

Behuf M. 'Erfordernis, Zweck', mhd. behuof, mnd. behúf, nrhein. behöf 'wessen man bedarf, was nützlich, förderlich ist, Geschäft, Gewerbe, Zweck, Absicht, Vorteil', ahd. bihuobida 'praesumtio', mnd. afries. agf. behóf, engl. behoof 'Nutzen', anord. hóf 'rechtes Maß', hófi N. 'das Passende', hófa 'passen', osnabr. höiwe F. 'Aufbewahrungsort', westfäl. haüwen 'nötig haben', mnd. behöven, agf. behófian 'bedürfen', agf. behéfe 'passend, nötig', got. gahōbains 'Enthaltsamkeit'. Mit derselben Ablautstufe vergleichen sich lit. kúopa 'Schar, Lösegeld', gr. κώπη 'Griff', die übrige Sipp f. u. haben, Habicht, Hafen, Haff, Haft, -haft, haschen, heben, Heft, heften: sämtlich zum idg. Verbalstamm *qap- 'fassen'.

bei Präp. Adv. mhd. ahd. bī (vgl. noch Beichte und Beispiel), die volltonige Form zu dem tonlosen Präfix be-. Das Englische unterscheidet wie das Deutsche: agf. bī, engl. by 'bei', aber be- als Präfix. Dazu urnord. bi 'an', altnord. (als Präverb) b-. Im Got., wo bī für beide Fälle gilt, hat bī die Bedeutung 'um — herum, bei'; dadurch wird Verwandtschaft mit gr. ἀμφί, lat. amb(i)- gesichert, deren erstes Kompositionsglied dem germ. Worte fehlt (s. beide); vgl. auch um aus älterem umbi.

Beichte F. mhd bīht aus mhd. ahd. bijiht, bígiht zusammengezogen (entsprechend asächs. bigihto und nnl. beicht): regelmäßiges Verbalnomen zu mhd. bejëhen, ahd. bi-jëhan st. Ztw. 'beichten, bekennen'; auch das nicht zusammengesetzte jëhan, meist 'sagen, aussagen', hat zuweilen die Bedeutung 'gestehen, beichten' (vgl. Urgicht); daraus afrz. gehir. Ahd. jëhan führt auf idg. *iek 'sprechen'. Nächstverwandt ist lat. iocus 'Scherz', urspr. 'Rederei'.

beide Zahlwort mhd. beide, bēde M. F. (beidiu N.), ahd. beide, bēde (beido F., beidiu N.), asächs. bêthia. Für die Beurteilung des Worts ist auszugehen von der Tatsache, daß der Stamm des Zahlworts in seinen ältesten Formen keinen Dental gehabt hat: agf. bēgen (älter bœgen), bā, bū, got. bai, ba (urnord. Nom. Akk.

Fem. baijoʀ, anord. Gen. beggja) 'beide', wozu noch das bis jetzt unerklärte got. bajōþs 'beide'. Dazu aus den übrigen idg. Sprachen mit einem ersten Kompositionsglied, das dem germ. Worte fehlt, aind. ubháu, gr. ἄμφω, lat. ambō, aslav. oba, lit. abù. Die deutschen Formen mit Dental sind zweifellos sekundär; sie haben ihren Dental infolge einer verhältnismäßig jungen Verschmelzung des primären ba- 'beide' mit dem Artikel (vgl. Sievers, Beitr. 10, 495), so daß ahd. bēde aus bē de, beidiu aus bei diu, mittelengl. bōthe (engl. both) aus agf. bā þā entstanden wäre (anord. bāper aus bai þai). Im Got. wird ba mit dem Artikel verbunden: ba þō skipa 'beide Schiffe'; ähnlich im Griech. ἄμφω (ebenso ahd. beidiu diu scéf 'beide Schiffe'). Durch die Annahme einer solchen Zusammensetzung im Westgerm. erklären sich vielleicht auch einige nhd. Dialektformen für die drei Geschlechter (bair. bēd, bōd, beid, schwäb. bēd, bued, boad (beede ist z. B. noch Hölderlins Form), wetterauisch bīd, būd, bād), doch beruhen sie wahrscheinlicher auf junger Nachahmung von mhd. (frühnhd.) zwēne, zwō, zwei.

Beiderwand N. M. geringes Gewebe aus Leinen und Wolle, als 'beiderlei Gewand, Tuch von beiderlei Garn' bezeichnet, zu wand 'Tuch, Zeug' wie in Gewand und Leinwand. Ein vorauszusetzendes *beiderwāt ist nicht belegt, Spielformen sind seit dem 15. Jh. zwischen Ostsee und Main bederwen, beidermann, -wolle, beierwand: Schiller-Lübben 1, 206; Stosch 1909 Zs. f. d. Wortf. 11, 1, südlich vom Main Peter, Bett-, Sackpeter, Peterskittel u. ä.: E. Ochs 1940 Bad. Wb. 1, 168ª.

beiern Ztw. Nach afrz. bayart 'der Rotbraune' heißt mnl. beiaert 'Glockenspiel'. Dazu stellt sich im 13. Jh. mnl. beiaerden 'die unbewegten Glocken mit dem Klöppel anschlagen', das lautgeʃetzl. nnl. beieren ergibt. Von da gelangt beiern in die Mundarten vom Rhein bis Preußen und an den Nordsaum Mitteldeutschlands: Kern 1912 Zs. f. d. Wortf. 14, 214; Gailliard, Verslagen der Vlaamsche Acad. 1913, 302. 688.

Beifuß M. Die Wermutart Artemisia vulgaris, heute eine an Fluß- und Bachufern sowie auf Ödland und Viehweiden wuchernde Wildpflanze, gilt im Altertum und Mittelalter als mater herbarum und erscheint bei uns seit dem 9. Jh. als ahd. pīpōz, ahd. mhd. bībōz, mnd. bibōt, frühnhd. peipus. Der zweite Wortteil gehört zum germ. Verbalstamm *baut- 'stoßen' (ʃ. Amboß). Danach hat man vermutet, der Name bedeute 'Gewürz, das zur Speise hinzugeʃtoßen wird', aber es gibt stärker würzende Kräuter als Artemisia, und derartige Verwen-

dung tritt in alter Zeit nicht hervor, sondern gilt erst in neuerer Zeit in einem md. Streifen, der vom Riesengebirge über Karlsbad, Leipzig und Thüringen nach Lothringen reicht und in dem Formen wie lauʃ. oberʃächʃ. oʃtthür. baips, weʃtthür. bīps, braunʃchw. bi., bäibote fortleben. So wird ahd. bōzzan eher im Sinne der geiʃterabwehrenden Kraft in den Namen der alten Heilpflanze eingegangen ʃein. Das Ztw. iʃt zumal im Nd. früh abgeʃtorben; nd. bibōt fand im Sprachgefühl keine Stütze mehr, im Weʃtfäl. des 13. Jh. erʃcheint es umgedeutet zu bīvōt. Man erinnerte ʃich aus Plinius und der Kloʃterkultur des Glaubens, daß auf der Reiʃe nicht müde werde, wer ʃich Beifuß ans Bein bindet (Hier. Bock 1539 N. Kräuterb. 1, 99ª). So fand die nach Fuß umgedeutete Form als mnl. bīvoet, nnl. bijvoet, nd. bīfōt, hd. (ʃeit dem 14. Jh.) bīvuoz weite Verbreitung, gelangte ins Nhd. und herrʃcht als pomm. bīfōt, weʃtfäl. bifaut, ʃchwäb. beifuǝs uʃw. in den Mundarten des Nordens und Südens: E. Karg-Gaʃterʃtädt 1938 Beitr. 62, 55 ff.

Beige F. 'aufgeʃchichteter Haufen' (ein oberd. Wort), mhd. bīge ahd. bīga 'Getreidehaufen' (ital. bica 'Haufen Garben' iʃt langobard. Urʃprungs). Die nhd. Schreibung Beuge hat eu durch hyperhochdeutʃche Anlehnung an beugen erhalten.

Beil (bair. noch Beichl) N. Mhd. bīl, älter bīhel, ahd. bīhal N. (zur lautlichen Entwicklung vgl. Feile), mnd. bīl N., bīle F., mnl. bīle, nnl. bijl, anord. bildr M. 'Haueiʃen', bilda F. 'Beil', norw. bile, dän. bil 'Breitaxt', ʃchwed. bila 'Axt' führen auf germ. *bíþla- idg. *bheitlo-m (wegen hl aus þl vgl. Gemahl). Daneben Schwundʃtufe, Endbetonung und darum gramm. Wechʃel in idg. *bhi-tló-, germ. *biðla-, ʃpäter *billa- in ahd. mhd. bil, -lles N. 'Spitzhacke, Steinhaue', aʃächʃ. bil, agʃ. engl. bill 'Schwert'. Außergerm. Verwandte ʃind aslav. biti 'ʃchlagen', ruʃʃ. bilo 'Schlegel', aslav. bičĭ 'Geißel' (ʃ. Peitʃche), arm. bir 'Knüppel', gr. φιτρός 'Stamm, Block, Scheit', air. biail (aus *bhīali-) 'Axt', benim 'ʃchneide, ʃchlage'; ohne das präʃ.-bildende n kymr. bidio 'Bäume beʃchneiden': ʃämtlich zur idg. Wurzel *bhei- 'ʃchlagen'. Der Bildung nach vergleichen ʃich ahd. stadal 'Stadel', gr. nębla 'Nabel', gr. χύτλον 'Flußwaʃʃer' mit idg. tl nach vokaliʃch auslautender Wurzel: F. Kluge 1926 Nom. Stammbildungsl. § 97a; C. Karʃtien 1938 Zʃ. f. vgl. Sprachf. 65, 154 ff.; V. Piʃani 1942 daʃ. 67, 226 f. Sinnverwandt Axt, Barte, Deichʃel².

Beileid N. von P. Fleming († 1640) geprägt für 'mitempfundene Trauer', von Schottelius (1663) 626ᵇ zuerʃt gebucht, nach A. Dornblüth, Observationes 288 noch 1755 obb. nicht allgemein verstanden, von Frisch 1741 mit commiseratio übersetzt wie Mitleid (s. d.), von dem es doch von vornherein und immer klar geschieden ist: „Mitleid kann beleidigen, Beileid nie“ J. Grimm 1854 DWb. 1, 1379.

beilen Ztw. 'Wild durch Bellen zum Stehen bringen' nach mhd. bîl, ahd. pîl 'Augenblick, wo das gejagte Wild steht und sich gegen die Hunde zur Wehr setzt; Umstellung durch die bellenden Hunde', mhd. bilen 'durch Bellen zum Stehen bringen, intr. bellen'. Vielleicht besteht (nach Sievers, Idg. Forsch. 4, 339) Zusammenhang mit got. beidan, ahd. bîtan, mhd. bîten st. Ztw. 'warten' (verwandt mit lat. fīdo 'vertraue'); germ. ī kann aus vorgerm. dl hervorgegangen sein; dann wäre germ. *bîl für *bîdlo- eigtl. 'das Warten'.

Beilke s. Billard.

Bein N. Mhd. ahd. anord. bein, asächs. afries. bên, mnl. nnl. been, ags. bān, engl. bone, dän. schwed. ben führen auf west- und nordgerm. *baina- N. 'Knochen', eine Neubenennung, der schon die ostgerm. Entsprechung fehlt. Am ehesten verknüpft man *baina- mit dem Adj. anord. beinn, norw. ben 'gerade' und nimmt an, eine Bezeichnung der geraden Röhrenknochen habe den idg. Knochennamen, der z. B. in aind. asthi, gr. ὀστέον und lat. osseum vorliegt, bei uns verdrängt. Auch das nord. Adj. bleibt ohne außergerm. Beziehungen. — Das Nhd. bewahrt die ältere und noch oberd. vorherrschende Bedeutung 'Knochen' in Schlüsselbein, Elfenbein, Fischbein, Falzbein, Eisbein. Die jüngere Bedeutung 'Unterschenkel' ist schon im Ahd. Mhd. Anord. bezeugt; in den Ma. ist es in dieser Bedeutung aber nicht überall geläufig, indem Fuß z. B. in Schwaben, am Rhein (auch in Siebenbürgen) oder Sokn in Westfalen dafür herrscht. Dasypod 1537 unterscheidet Fuß 'Unterschenkel' und Bein 'Knochen'.

Beinkleid N. s. unter Hose.

Beinwell M. das Kraut Symphyton officinale L., mhd. beinwelle, ahd. beinwalla, -wella, mnd. bênwell, schwed. mundartl. benvälla, sonst Wallwurz, s. d. Wie gleichbed. Beinheil bestätigt, traute man der Pflanze heilende Kraft bei Knochenbrüchen zu, wie schon im klass. Altertum (daher gr. σύμφυτον, lat. consolida). Das Grundwort gehört zu wallen als Kunstwort unsrer alten Heilkunde: die Wunde wallt 'wächst zu, wird heil'.

Beispiel N., spätmhd. bīspil, mhd. bīspël (zum Vokalwechsel s. Kirchspiel) 'lehrhafte Erzählung, Gleichnis, Sprichwort', ahd. bīspël (vgl. bī in Beichte), ags. bīspëll 'Spruch, Sprichwort, Gleichnis'. Grundwort ist mhd.

ahd. spël (ll), asächs. ags. engl. spell, anord. spjall, got. spill 'Wiedergabe eines Geschehens, Bericht, Rede, Botschaft, Sage, Fabel'. Unter Annahme einer idg. Wurzel *(s)pel- 'laut, nachdrücklich sprechen' vereinigt sich germ. *spell-, dessen Grundbedeutung nach Edw. Schröder, Zs. f. dt. Alt. 37, 241 ff. '(günstiger) Zauberspruch' sein soll, während Andr. Heusler offenbar mit mehr Recht darin den alten Kunstausdruck für 'Merkdichtung' voraussetzt, mit gr. ἀπειλή (aus *ἀπελνια) 'Drohung, prahlerische Versprechung' und lett. pelt 'schmähen'.

beißen st. Ztw., gemeingerm.: mhd. bīzen, ahd. bīzzan, asächs. bītan, mnd. mnl. bīten, nnl. bijten, afries. anord. bīta, ags. bītan, engl. bite, schwed. bita, dän. bide, got. beitan 'beißen', urspr. 'spalten'. Dazu Bissen, Biß, bißchen, bitter, s. d. Die idg. Wurzel *bheid-, die auch in aind. bhid- und lat. findere 'spalten' vorliegt, ist erweitert aus dem unter Beil entwickelten idg. *bhei- 'schlagen'.

Beitel s. Beutel[1].

bei-, eintreiben st. Ztw. von Schulden, Zinsen u. a. Außenständen. Urspr. von den Zinstieren, die in den Stall des Gläubigers getrieben wurden, wenn der Schuldner nicht pünktlich zahlte: Dt. Rechtswb. 2 (1935) 1474. — S. Schatz.

Beitzker M. Der Fisch Cobitis fossilis (Schlammbeißker) gibt beim Ergreifen einen pfeifenden Ton von sich, indem er Luft aus der Schwimmblase preßt. Zu poln. pisk 'Pfiff', das selbst lautmalend ist, wird sein Name poln. piskorz gebildet, der ähnlich in allen slav. Sprachen gilt, tschech. als piskoř. Er wird an der Oder und Elbe ins Dt. übernommen und begegnet in den ersten Jahren des 15. Jh. (Diefenbach, Gloss. 330ª) in Schlesien als peysker. Alberus (1540) q2 bietet Beitscher, Conr. Gesner, De piscibus 101. 269 Beißker (als Wort der Elbfischer), Hadr. Junius 1571 u. 1599 Beisker. H. Sachs bevorzugt die Form Bißgurre, die in Bayern, Österreich und der Steiermark noch lange gilt. Im übrigen wird der Fremdname unter Anlehnung an beißen zu Schlamm-, Steinbeißer umgebildet (ahd. steinbīza, mhd. steinbīze hieß der sich an Steine ansaugende Fisch Cobitis taenia). Er verdrängt die heimischen Synonyma Kurpietsch, Meergrundel, Mehertrusche, Mistgurre, Pritzger, Pute, Schachtfeger, Scheck, Wetterfisch: Wick 18.

beizen Ztw. mhd. beitzen (beizen) schw. Ztw. 'beizen, mürbe machen, Vögel mit Falken jagen', ahd. beizzen (beizen) eigtl. 'beißen machen' ist Bewirkungsztw. zu ahd. bīzzan, s. beißen; das entsprechende engl. to bait 'ködern, beizen, füttern, das Pferd auf der Reise füttern', daher auch 'auf der Reise einkehren, anhalten' entstammt dem anord. beita, das mit ahd. beizzen, agf. bǽtan eines ist.

bejahen f. ja.

bekannt Adj., urspr. Part. zu bekennen in seiner alten Bed. 'kennen'. Demgemäß ich bin in der Stadt bekannt paffivisch 'man kennt mich darin', dann erst aktivisch 'ich bin dort orts-kundig'. So war auch lat. cognitus paffivisch, das daraus entwickelte afrz. cointes ist aktivisch geworden. Zum Weg des Bed.=Wandels M. Leumann 1927 Jdg. Forsch. 45, 111 f.

bekennen schw. Ztw., ahd. bikennen, mhd. bekennen (f. kennen) bedeutete bis ins 17. Jh. '(er)kennen'. Gehalten hat sich der alte Sinn in dem als Adj. gebrauchten Part. bekannt (f. d., mhd. noch bekennet neben bekant) sowie in der Bekannte, unbekannt und bekannt-lich. Bekanntschaft steht zuerst bei Krämer 1678, Bekanntmachung bei Campe 1807. Bekennen 'zur Kenntnis bringen' gehört der alten Rechtssprache an, als 'eingestehen' ist es zugleich Kirchenwort. Von hier aus entwickeln die Mystiker im 14. Jh. den Sinn 'confitēri; als eigne Überzeugung anerkennen und aus-sprechen', wozu sich bekennen, Bekenner 'confessor' und Bekenntnis 'confessio': dies als mhd. bekanntnisse zum Part., daher bis ins 18. Jh. Bekänntnis geschrieben.

beklommen f. Klamm.

belangen schw. Ztw., f. lang. Ahd. mich pelanget, mhd. mich b(e)langet 'mich ver-langt' hat sich in obd. blangen erhalten. Früh-nhd. belangen ist 'sich erstrecken, betreffen' wie nnl. belangen, engl. belong. Nhd. steht dafür meist anbelangen. Im 18. Jh. er-scheint transf. belangen 'einen vor Gericht ziehen', ursprünglich 'ihn mit einer Klage er-reichen'. Das M. Belang, nnl. belang, hat sich in der Kanzleisprache aus belangen 'be-treffen' entwickelt und ist im 18. Jh. Mode ge-worden, vor allem in verneinten Formeln (von keinem Belang, nicht(s) von Belang). Die Mz. Belange wird von Südosten her auch außer-halb solcher Formeln üblich, um das Fremdwort Interessen 'was von Wichtigkeit ist' zu er-setzen. G. Wustmanns 'Sprachdummheiten' haben die Belange noch 1903 bekämpft. Seit-her haben sie sich einigermaßen durchgesetzt, aber ihren papiernen Klang behalten.

beläftigen Ztw. in der heutigen Bedeutung schon bei Maaler 1561.

Belche¹ F. 'eine Salmart', f. Bolch und Bolle.

Belche² F. 'Bleßhuhn' mhd. belche, ahd. belihha. Der nur deutsche Vogelname ist wurzelverwandt mit lat. fulica und gr. φαλαρίς. Die deutsche Bildungssilbe ist dieselbe wie in got. ahaks 'Taube'; f. auch Lerche, Habicht

und Kranich. Zugrunde liegt dem Vogel-namen ein mit gr. φαλός (φάλιος) 'bleich' verwandtes germ. *bala- 'weiß' (dazu aslav. bĕlŭ 'weiß', lit. báltas 'weiß', lett. bãls 'bleich'). Der schwarze Vogel hat demnach den Namen von dem weißen Stirnfleck erhalten. Ent-sprechende Namengebung in engl. ball 'Pferd mit weißem Fleck am Kopf' und mgr. βάλας (so hieß nach Prokop, Bell. Goth. I 18, 6 Be-lifars Roß); vgl. Bleffe. — Möglicherweise ist Belchen als Name obd. Berge, die Schnee-flecke auf dunkelm Grund zeigen, vom Vogel-namen aus zu deuten: Edw. Schröder 1891 Zf. f. dt. Alt. 35, 238.

belemmern Ztw. kommt ins Nhd. aus dem Nd., wo das Brem. Wb. 3 (1768) 52 die Bed. 'hindern, in Verlegenheit bringen' bucht. Das legt Ableitung vom Kompar. zu lahm nahe. Sie wird bestätigt durch mnl. belemmeren, Frequent. zu belemmen 'lähmen'. Andere Einflüsse mögen die Entwicklung gekreuzt haben.

belesen Adj. mit dem Gegensatz unbe-lesen zuerst bei Frisius 1541. Schon durch das 16. Jh. reichlich bezeugt: Schoppe, Mit-teilgn. d. schles. Gesellsch. f. Volksk. 18, 78. Vereinzelt spätmhd. belesen 'durchlesen'. — Belesenheit F. 1768 Der falsche Spieler S. 158; Unbelesenheit Hederich (1729) 2452.

belfern Ztw. tritt zuerst bei Luther 1542 als belueren neben bellen auf. Die Bed. bleibt lange und mundartlich bis heute auf ein mattes, halb winselndes Bellen beschränkt: Zf. f. d. Wortf. 12, 11 f., entspr. obd. belfzen daf. 1, 228. Dem wird Herleitung von Welf M. 'junger Hund' am besten gerecht, dessen Anlaut im Gedanken an bellen verändert wäre.

bellen schw. Ztw. (so seit frühnhd. Zeit), mhd. bëllen, ahd. bëllan st. Ztw., mnl. bellen, sämtlich vom Hund; agf. bellan 'bellen, brüllen, schreien, grunzen', engl. bell 'röhren' (vom Hirsch in der Brunft). Ohne Erweiterung, also mit einfachem l, mnl. belen vom Hund, anord. belja 'brüllen' (von Kühen), norw. bælje 'brül-len, schreien'. Den Formen mit ll (aus idg. ls) vergleichen sich aind. bhaṣā- 'bellend' und bháṣatē 'redet' (mit ṣ aus ls). Grundbed. von idg. *bhel- ist 'lärmen'. — Heutige dt. Mund-arten kennen viel gleichbed. Wörter: nfränk. blaffen, westfäl. blikn, hess. naff. pfälz. gautso, rheinpfälz. beffe, westthür. bouf, tirol. steierm. kallen. S. auch Bellhammel und poltern.

Belletrift M. Frz. belles-lettres 'schöne Wissenschaften' ist im 18. Jh. als Bell=Lettres (so 1796 Xenien 418) eingebürgert. Dazu Belletrist zuerst 1774 in Goethes Werther (Weim. Ausg. I 19, 92), schon mit der Ein-engung auf den schöngeistigen Schriftsteller und mit leiser Verachtung. 1782 geben J. C. Schulz und Erbstein einen „Almanach der Belletristen und Belletristinnen" heraus.

Bellhammel M. 'Leithammel; Rädelsführer', zuerst als 'vervex sectarius' bei Henisch (1616) 274: ein nd. und nl. Wort, brem. westfäl. ostfries. nnl. (seit 1598) belhamel, in Holstein und Hamburg belhamer (l nach l ist in r ausgewichen), von Dichtern jener Landschaften wie K. A. Kortum (Bochum 1784) ins Nhd. verpflanzt. Im Engl. entspricht bell-wether (s. Widder), im Frz. bélier M. (neben belière F. 'Glocke des Leithammels; Klöppelring der Glocke'), in der Tierfabel Bellin. Bestimmungswort ist md. mnd. nd. mnl. agf. belle, nnl. bel, engl. bell, anord. bjalla 'Glocke'; es geht auf dieselbe Wurzel zurück wie bellen, s. d. Die Auffassung wird bestätigt durch frz. cloc(he)man (mnl. Ursprungs) und mouton à la sonnette. Die hd. Entsprechung Leithammel begegnet seit E. Alberus (Ffm. 1540) X 3ᵇ und Th. Golius, Onomast. (Straßb. 1579) 298. Hier entspricht als Widdername der Tierfabel Hermann (s. d.) seit J. Maaler (Zürich 1561). Vorher kennt Luther (Jen. Ausg. 8, 222) hermen als Lockruf für Schafe.

Belt M. Name der Meerengen zwischen den dän. Inseln, im 17./18. Jh. auch der Ostsee; eines mit lat.-german. Baltia, mare Balticum (daraus das Adj. baltisch); schon spätmhd. beltemęre (Germ. 18, 261) für 'Ostsee'.

belzen Ztw. 'pfropfen', auch pelzen (in österreich. Werken des 16. Jh. auch pfelzen) mhd. bëlzen, ahd. bëlzōn in derselben Bedeutung; damit verwandt provenz. empeltar 'pfropfen', gallorom. *impeltare zu lat. pelta 'leichter Schild in Halbmondgestalt': Spitzer Teuthonista 4 (1928) 184.

bemänteln s. Deckmantel.

bemitleiden Ztw. von Adelung 1807 noch nicht anerkannt und als niedrig bezeichnet, aber nach Heynatz 1796 Antibarbarus 234 selbst bei guten Schriftstellern wie Wieland häufiger üblich; Mendelssohn bezeichnet das Ztw. in einem Brief an Lessing (Januar 1757) als schweizerisch. Kramer bietet es 1719 in seinem Hd.-ndl. Wb.

Bemme F. 'geschmierte Brotschnitte', für berlin. Stulle, schles. Schnitte, thür. (Butter-)Fladen, rhein. Butterram (weitere bei P. Kretschmer 1918 Wortgeogr. 510f.) im östlichen Mittel- u. Norddeutschland. e aus ö ist Umlaut aus dem häufigen Demin. Bemchen, mundartl. vielfach bomme, Luther 1525 Weim. Ausg. 17 II 56 putterpomme. Nach F. Panzer 1926 Klugefestschr. 99 ff. entlehnt aus wend. pomazka 'Butterschnitte', dies mit po 'auf' zu dem Verbalstamm, der in aslav. mazati 'schmieren', gr. μάσσω 'streiche'

wiederkehrt. Die slav. Vorsilbe hat im Deutschen den Stammsilbenton auf sich gezogen, dabei wird (wie in Halunke u. Kalesche) das offene slav. o zu a in mundartl. bamme, das schon in butterbam Luther 1532 Weim. Ausg. 36, 329, Butterbamme Zehner 1622 Nomencl. 408 u. Stieler (1691) 90 erscheint.

bemoost Adj. Schmeller 1² 1672 verzeichnet aus dem Bayr. Wald es wachst əm s Mias auf m Buckl 'er befindet sich schon lange auf der, in der nemlichen Stelle'; ən aldə Miasbuckl 'alte Person'. Der in Altdorf gebildete Frisch 1741 bucht 1, 669ᵇ bemoset 'musco obductus', für Erlangen gilt Zaupser 1789 Bair.-oberpfälz. Jd. 52 „es wachst iehms Mies aufm Mantel. Dieß sagt man von alten Studenten". Vorher bei Dan. Stoppe 1729 Teutsche Ged. 2, 141 „Gehe mit deinem bemoosten Gehirne". Im 19. Jh. auf Burschen im 5., 6. oder letzten Semester eingegrenzt; literarisch durch Goethe 1832 Faust II V. 6638 „bemooster Herr". Von Roderich Benedix (1811—73) gibt es ein Lustspiel 'Das bemooste Haupt': Kluge 1895 Stud.-Spr. 83; Zf. f. d. Wortf. 3, 96. 4, 310.

benauen Ztw. 'in die Enge treiben, ängstigen' im 17. Jh. entlehnt aus nd. benouwen. Das diesem zu Grund liegende nouw (nnl. nauw) entspricht hd. genau (s. d.). Wegen dieses Zus.hangs und der Bed. vgl. den Ausdruck mit genauer Not. Part. benaut, bei Stieler (1691) 1336 benauet 'beklommen' im 18. 19. Jh. bei Norddeutschen: Zf. f. d. Wortf. 13, 306.

Bendel M. ahd. bentil, mhd. mengl. bendel, anord. bendell: gemeingerm. l-Demin. zu Band (vgl. Angel, Hügel, Kiesel, Nestel, Seckel, Stengel). In obd. Ma. vom jungen Demin. das Bändel geschieden, z. B. schwäb. bęndl gegen bändle.

Bene N. Das lat. Adv. bene 'wohl' wird von Studenten in deutschen Text gestellt: Dresdener Avanturier (1755) 16 „er that sich davor, nach der gewöhnlichen academischen Redensart, etwas bene". Dazu substantiviert ein, das Bene seit Amadis (1569) 8 Keller: Kluge 1895 Stud.-Spr. 83; Zf. f. d. Wortf. 12, 273.

benedeien Ztw. 'segnen', mhd. benedien als kirchl. Ausdruck dem ital. benedire nachgebildet, das aus lat. benedicere 'Gutes wünschen' stammt. Schon im Bibellatein bedeutet benedicere 'segnen' (wie maledicere 'fluchen'). Wenn Abr. a S. Clara 2, 58 Strigl „dieser gebenedeite Orden des heiligen Benedictus" sagt, so ist ihm noch 1679 das lat. Vorbild neben dem Lehnwort lebendig.

Benefiz N. 'Vorstellung zugunsten eines Künstlers'. Nach frz. au bénéfice d'un acteur fagt Mozart 1787 Briefe 266 „(die Oper wurde) zu meinem Benefiz aufgeführt". Entfpr., bis Börne 1833 Briefe aus Paris 5, 254 wagt „es ift ihr Benefiz." Zuf.-Setzungen wie Benefiz-vorftellung find älter: H. Schulz 1913 Fremdwb. 1, 82.

Bengel M. mhd. bengel, mnl. benghel 'Knüppel', engl. mundartl. bangle 'Knoten-ftock', anord. bǫngull als Beiname. Wie Schlegel zu fchlagen gebildet zum Ztw. anord. banga, engl. bang, nd. bangen 'klopfen', zu dem fich mit Ablaut mhd. bunge F. 'Trom-mel' ftellt. Urverw. lett. bungât 'einen Rippen-ftoß geben'. Die feit dem Frühnhd. erfcheinende Bed. 'Lümmel' wie bei Flegel und Preß-bengel, f. auch Knabe, Knappe, Knecht und Stift.

Benne F. 'Wagenkaften', ins Weftobd. ent-lehnt aus gall. benna (Grundform *bhendh-nā) 'zweirädriger Karren mit geflochtnem Korb' (Feftus), nächftverwandt mit kymr. benn 'Fuhr-werk'. Gleichen Urfprungs find nnl. ben 'Korb, Mulde', agf. binn(e) F. 'Kaften, Korb, Krippe', engl. bin 'Kaften', frz. banne 'Laftkorb, Kohlen-wagen', benne 'Schubkarren, Weidenkorb, Fifchzaun'. Verwandte des kelt. Worts f. u. Banfe. Aus Südbrabant haben nl. Siedler des 12. Jh. benne 'Raufe im Schafftall' in die Mark Brandenburg gebracht. Die heutige Aus-dehnung zeigt H. Teuchert 1944 Sprachrefte 367 f.

benfchen Ztw. jüd. 'den Segen fprechen', aus lat. benedicere.

Benzin N. wurde zuerft durch Erhitzen von Benzoe-Säure hergeftellt. Das Benzoe-Harz ftammt aus Sumatra, das man mit Java verwechfelte. Arab. lubân dfchāwî 'javanifcher Weihrauch' hat über ital. bengiuì (gi für arab. dfch) die europ. Namen erft des Benzoe-Gummis, dann Benzin u. Benzol ergeben; z für dž ftammt aus einer nordital. Mundart.

bequem Adj. mhd. bequæme, ahd. biquāmi 'paffend, tauglich'; dazu agf. gecwēme, mittel-engl. iquēme, quēme 'angenehm, paffend': Grundftammform gēmi- ift Verbaladjekt. zu got. qiman, ahd. kuman 'kommen', für das eine Bedeutung 'fich ziemen, paffen' voraus-gefetzt wird, die in got. gaqimiþ 'es ziemt fich' vorliegt, vgl. agf. becuman, engl. to become 'zukommen, geziemen', kommen und das urverwandte lat. convenire 'zufammen-paffen, fich ziemen, paffen'. Zum Verhältnis der Bedeutungen von bequem und kommen f. J. Weisweiler 1935 Jdg. Forfch. 53, 55. Vgl. unbequem.

berappen Ztw. 'bezahlen' ift ins Nhd. aus der Studentenfprache gelangt, in der es feit 1848 bezeugt ift (Zf. f. d. Wortf. 12, 273 f.).

Im Gebiet des alten Rappenmünzbunds, alfo in fchweiz., elf., bad. u. fchwäb. Mundart, lautet das Ztw. be-, birappe: wäre es bodenftändig, fo wäre b'rappe zu erwarten. Auch reicht die Bezeugung nicht entfernt an die Zeit des Rappenmünzbunds (1403—1584) heran. Wohl aber ift berappen 'bezahlen' in fchwäb. Krämerfprachen heimifch (Kluge 1901 Rotw. I 479). Offenbar ift es dahin gelangt aus 2. Mof. 21, 19 (wer einen im Streit ver-letzt) rappō jerappē 'bezahle die Arztkoften': M. Buttenwiefer, Zf. f. Deutfchk. 1922, 181.

Berberitze f. Saurach.

bereit Ad. mhd. be-, gereit(e) 'bereitwillig, dienftfertig; bereit gemacht, zur Hand, ausge-rüftet, fertig', ahd. reiti, mnd. (ge)rēd(e), afrief. rēde, agf. gerād, -ræde 'bedingt, gefchickt, fertig', engl. ready 'bereit', anord. (g)reiðr 'bereit, einfach, klar', got. garaiþs 'angeordnet'. Außer-germ. vergleichen fich ir. rēid (aus *reidhi-) 'eben' (urfprünglich 'fahrbar') und kymr. rhwydd 'leicht, frei' (urfprünglich 'fahrtbereit'), die lehren, daß das Wort zu der unter reiten be-handelten Wurzel gehört und fich entwickelt hat wie fertig, f. d. und R. Thurneyffen 184 Kelto-roman. 76.

Berg M. Mhd. bërc (g), ahd. afächf. anfr. afrief. bërg, mnl. berch (gh) 'Berg', agf. beorg 'Berg', (Grab-)Hügel', engl. barrow 'Grab-hügel', nl. fchwed. norw. isl. berg, anord. bjarg, dän. bjerg, got. *baírg- 'Berg' in baírg-ahei F. 'Gebirgsgegend' (zu *baírgahs 'ge-birgig') führen auf germ. *berga- aus idg. *bhergho- in Ablaut mit der Sippe von Burg, f. d. Außergerm. vergleichen fich kymr. bera 'Schober, Miete, Pyramide', akorn. bret. bern 'Schober, Haufen, Stapel', mir. bri, Akk. brig 'Berg', armen. berj 'Höhe'; für urverwandt mit abweichendem Velar, nicht für entlehnt, dürfen auch aflav. brěgŭ 'Ufer', ferbokroat. brijeg 'Hügel, Ufer, Rain' gelten. Mit dem germ. Stammesnamen der Burgunden (Burgundiōnes 'Bewohner von Bornholm, der hochragenden Infel'), dem kelt. Stammesnamen Brigantes 'Berg-, Alpenbewohner' und dem Stadtnamen Bregenz (kelt. Brigantia; an aus ŋ) gleich-gebildet find aind. bṛhant-, aveft. bərəzant-'hoch', fämtlich aus *bhṛghont-. Die idg. Wurzel *bhergh- 'hoch, erhoben' gilt als Er-weiterung von *bher- 'tragen, heben': H. Güntert 1932 Labyrinth 30 f.; P. Kretfchmer 1933 Glotta 22, 100 ff. und 113 ff.

Bergamotte F. Türk. beg 'Herr', der Titel des muhammed. Feudaladels, heute bey, wurde dem Namen einer bef. edlen Birne voran-geftellt: beg armudy 'Herrenbirne' (wie Königs-kerze, basilicum, κρίνον βασιλικόν). In Italien mit Anlehnung an Bergamo umgebildet

zu bergamotta, kommt B. über frz. bergamote
zu uns: Bergamottenbirne Rist 1652 Parnaß
81.

Bergbau M. zu Berg 'erzreiche Stelle, erz=
haltiger Boden', tritt 1624 im Erzgebirge an
Stelle von Bergwerk 'Inbegriff aller Arbeiten
zur Gewinnung nutzbarer Mineralien': Dt.
Rechtswb. 1 (1932) 1582. Mhd. bërcwërc ist
eine erzgebirgische Bildung des ausgehenden
14. Jh.: das. 2 (1935) 27. Bergknappe,
mhd. bërcknappe 'Bergarbeiter, besonders
Häuer' wird uns zuerst in Regensburg 1350
greifbar: Konrad Megenberg, Buch d. Natur
109, 7 Pfeiffer. Bergmann steht zuerst in
den Goslarer Statuten von 1359: Rechtswb. 2,
4, bergmännisch gar erst 1553 in der Ferdi=
nandeischen Bergordn. für Niederösterreich,
Art. 24. Die Wortgruppe tritt (wie die ent=
sprechenden mit frz. mont, engl. mount) erst
auf, als man beginnt, Stollen in Bergflanken
zu treiben. Der Tagebau der Frühzeit arbeitet
mit mhd. vëlt, vëltbüwære und vëltgebü; ge=
blieben im magy. Lehnwort földtany. Berg=
bau usw. haben sich gehalten, als die Grabungen
auf Kohle ausgedehnt und ins Flachland ver=
legt wurden.

bergen st. Ztw. Mhd. bërgen '(ver)bergen,
in Sicherheit bringen', ahd. asächs. bërgan
'(ver)bergen', anfr. bërgin, mnl. berghen, nnl.
bergen, agf. beorgan, mengl. berwen, anord.
bjarga, schwed. berga, dän. bjerge, got. (ga)=
bairgan führen auf eine idg. Wurzel *bhergh=
'verwahren, tollendo servare'. Außergerm. ver=
gleichen sich mit Sicherheit nur aslav. brěgǫ 'be=
wahre, behüte' und ostlit. birǵinti 'sparen'. —
S. Wimberg.

bergenzen Ztw. Zu den unter faulenzen
entwickelten Verben auf =enzen 'nach etwas
riechen, schmecken, klingen' stellt sich bergen=
zend 'auf bergmännische Art', in erzgeb. Quel=
len seit 1684, doch auch noch bei Adelung 1
(1793) 1845: Zf. f. d. Wortf. 6, 40. 13, 107.

Bergfex s. Fex.

Bergfried M. Mhd. perfrit N. 'hölzernes
Turmgerüst, das an die Mauern einer belagerten
Feste geschoben wird', erscheint um 1130 in der
Vorauer Hf. von Lamprechts Alexander B. 792.
Die Formen berfrid u. berefrit N. M. sowie die
Bed. 'fester Turm einer Burg, im Mauerring
oder frei stehend, auf oder vor Brücken; Warte'
sind jünger. Mnd. berch=, borchvrede beruht
auf dem Hd., dän. schwed. barfred, norw. brafrø
auf dem Mnd. Die mlat. Formen bal=, bel=,
bilfredus, belfragium, berefridus, berfredus
mögen z. T. etwas älter sein als die mhd. Afrz.
(12. Jh.) berfroi, frz. beffroi 'Belagerungs=
Wachturm, Glockenstuhl, Feuerglocke' wird auf
das dt. Wort zurückgeführt, engl. belfry 'Be=

lagerungs=, Glockenturm' auf das frz. Die Her=
kunft des durch Anlehnung an battere 'schlagen'
umgestalteten ital. battifredo 'Bergfried' bleibt
zu untersuchen. Nach allem ist die Anlehnung
an Berg u. Friede erst nachträglich vollzogen.
Wahrscheinlich liegt Umformung eines Fach=
worts der oström. Belagerungskunst vor, das
durch die Kreuzzüge ins Abendland gelangt ist.
Wenn der fahrbare Turm der Byzantiner dem
von Elefanten getragenen πύργος φορητός
des Altertums nachgebildet ist, bietet sich in
diesem Wort, dessen υ und η als i gesprochen
wurden, der Ausgangspunkt: A. Götze 1935
Beitr. 59, 316 f.; P. Kretschmer 1933 Glotta
22, 114 Anm. 2.

Beriberi F. Europäer haben die Krankheit
im 16. Jh. auf Ceylon kennen gelernt. Der
Name stammt aus dem Singalesischen: Litt=
mann 1924 Morgenländ. Wörter 126.

Bericht M. mhd. beriht 'Belehrung, Ver=
söhnung'. Zu recht.

beritten Part. zu mhd. berīten, kaum vor
M. Crusius 1566 Gramm. Graeca 1, 236 „curo
tibi equum/ich mach dich beritten" für gleichbed.
mhd. gerīten, das sich über das 16. Jh. hinaus
nur in der Formel kurz geritten 'kurz ange=
bunden' hält: Gottfr. Hoffmann, Eviana (Lpz.
1696) 110. Im 18. Jh. steht beritten auch
für 'bewandert', z. B. K. A. Kortum 1784
Jobsiade 1, 19, 10 „Herr Krisch, ein Mann von
guten Sitten, Ungemein stark in Postillen be=
ritten". Neuere Soldatensprache nennt den
Feldgeistlichen „berittenes Wort Gottes": Dt.
Wortgesch. 2 (1943) 398.

Berkan s. Barchent.

Berline F. 'Reisewagen mit rückzuschlagen=
dem Verdeck', wie er im 17. Jh. von einem Bau=
meister des Kurfürsten von Brandenburg her=
gestellt wurde. Frz. berline F. 'Wagen nach
Berliner Art' ist seit 1712 bezeugt; dazu berlin=
got 'Wagen ohne Vordersitz'. Nhd. Berline
zuerst bei K. F. Bahrdt, Lebensbeschr. 4 (Bln.
1791) 16.

Berliner M. 'Felleisen der Handwerksbur=
schen', von seinen rotwelschen Trägern seit etwa
1890 überallhin verbreitet, als 'Wachstuchpaket
des Wanderburschen, Ranzen' usw. verzeichnet
seit F. Kluge, Rotwelsch 1 (1901) 485. Nach
Kleemann (bei H. Groß, Arch. f. Kriminologie
30, 272) umgedeutet aus spätlat. pellina, dies
zu lat. pellis 'Fell'. Danach Charlottenbur=
ger 'Umhängetasche' und Potsdamer 'kleines
Reisebündel': L. Günther 1919 Dt. Gaunerspr.
37. 41. 132.

Berlocke F. 'Uhranhängsel' im 18. Jh. (Ber=
loquen F. Möser 1775 Patr. Phant. 1, 54) ent=
lehnt aus frz. berloque, einer seltnen, heute ver=
alteten Nebenform des frz. breloque 'zierliche

Kleinigkeit'. Die Gehänge, im Süden oft in Hörnerform vom kretischen Stierkult her, dienen ursprünglich der Abwehr des bösen Blicks. Der Name scheint aus der Zauberformel berlicke — berlocke gewonnen (Goethe 1786 Jub.-Ausg. 26, 84; Zs. f. dt. Wortf. 2, 17; B. H. van't Hoof 1926 Das holl. Volksb. v. Faust 105f.): mit berlicke ruft man den Teufel, mit berlocke macht man ihn verschwinden: H. Lamer, Humanist. Gymn. 1924, 161f.

Bernstein M. mnd. (seit dem 13. Jh.) born-, barn-, bernstēn, mnl. bern-, nnl. barnsteen, schwed. bärnsten: das brennbare Erdharz, in Ostpreußen gefunden, dort aber erst um 1490 als bornstein bezeugt (Script. rer. Pruss. 4, 720; von da entlehnt poln. bursztyn), während später das Bestimmungswort meist bern- lautet: W. Ziesemer 1939 Preuß. Wb. 1, 537. Es gehört zu nd. bernen, umgestellt aus brennen, s. d. Das Grundwort Stein bedeutet 'Edelstein', das beweist die mlat. Wiedergabe lucida gemma bei dem karolingischen Hofdichter Ermoldus Nigellus, In laudem Pippini V. 126. Seit Anfang des 14. Jh. ist Bornstein im Hd. vorauszusetzen: 1327 erscheint der ungar. Ort Borostyánko im Burgenland, ursprünglich 'Bärenstein', als Borostyán: das ist damals wie heute der magy. Name des Bernsteins: E. v. Schwartz 1929 Dt.-ungar. Heimatbl. 1, 52. Während in hd. Glossaren des 15. Jh. schon Bernstein begegnet, schwanken die Schriftsteller bis nach 1650 zwischen diesem und Born-, Börn-, Brennenstein. Erst mit Schottelius 1663 darf Bernstein für durchgesetzt gelten. Die nord. Entsprechungen anord. brennusteinn, norw. brennestein, adän. brænnæsteen bedeuten 'Schwefel'. Die ältere hd. Benennung des Bernsteins ist Ag-, Augstein (aus lat. achates). Gleichbed. ahd. gismelzi; nordfries. reaf, spätanord. raf, dän. rav; mnd. glār, agf. glǣr (s. Glas; elektrisch). Die apreuß. Benennung Gentarn (lit. gintāras, giñtaras, ruß. jantar') erwähnt J. Mathesius 1562 Sarepta 77ᵃ.

Berserker M. Anord. berserkr (Grundwort anord. serkr 'Gewand', Bestimmungswort *beri 'Bär', nicht mit Holthausen 1945 Altwestnord. etym. Wb. 15 berr 'nackt') bezeichnet den in Bärenfelle gehüllten Krieger. Wie ulf-heðnar (eigentl. 'Wolfwämser') ist es schon eddisch zum Ehrennamen der wilden Krieger der Vorzeit geworden: E. Noreen, Ark. f. nord. filol. 48 (= 3. F. 4) 242ff. So wird es ins Nhd. übernommen wie Norne, Skalde, Walhall, Walküre, Wiking. Berserkerwut nicht vor J. v. Eichendorff 1824 Krieg den Philistern (Werke 1841 III 440) und Goethe 1831 Weim. Ausg. 1, 29, 87f.

Bersich s. Barsch.

bersten st. Ztw., mhd. nd. bërsten, mnl. bersten, barsten, borsten, nnl. barsten, afries. bërsta, agf. bërstan, engl. burst 'brechen': mit Umstellung für mhd. brësten, ahd. asächs. brëstan, anfr. brëston, anord. brësta 'brechen', unpersönl. 'gebrechen, mangeln'. Die Umstellung neben r (auch in Born neben Brunnen usw.) beginnt um 850 in Niedersachsen, stößt bis zum 14. Jh. vor bis ins Bair. und Hochalem., danach drängt sie ein Gegenstoß auf die obd./md. Sprachgrenze zurück; Reste bleiben südlich davon: B. Martin 1939 Die dt. Mundarten 41. Das dem Obd. ursprünglich fremde, bei Dasypodius, Frisius, Maaler und Denzler fehlende bersten hat Luther aus dem Md. in die nhd. Schriftsprache eingeführt: F. Kluge 1918 Von Luther bis Lessing 99. 113. Germ. Verwandte s. u. Gebresten und prasseln. Außergerm. stellen sich zur idg. Wurzel *bhres- 'brechen'; prasseln air. brissim 'breche', brisc, bret. bresk 'brüchig', mkorn. bresel 'Streit', mbret. bresel, bret. brezel 'Krieg' sowie die Männernamen air. Bresal, akymr. Combresel; lit. braßkù 'krache', bárßku 'klappre'.

-bert, Bert- in Eigennamen, aus mhd. bërht, ahd. asächs. bëraht 'glänzend'. Gleichbed. agf. beorth, briht, engl. bright, anord. bjartr, norw. bjerk, got. baírhts. Außergerm. Verwandte sind kymr. berth 'schön', lit. brékšti 'anbrechen', béršti 'wird weiß', tschech. bresk, poln. brzask 'Morgendämmerung', ruß. berësta 'Birkenrinde', bérest 'Ulme', alb. barϑ 'weiß'. S. Birke.

Bertram M. der in Nordafrika und Kleinasien heimische Korbblütler Anacyclus pyrethrum DC. mit der aus den Mittelmeerländern stammenden Abart Deutscher Bertram, Anacyclus officinarum Hayne. Ahd. ber(ch)tram, berethram u.ä., mhd. ber(h)tram, frühnhd. berchtram, mnd. bartram, bertrem. Aus dem Dt. entlehnt ist bertram ins Dän. schon um 1300, ins Schwed. um 1560, ins Engl. 1578, noch später ins Poln. Die brennend schmeckende Wurzel wird von je in der Heilkunde verwendet und trägt der Pflanze den gr. Namen πύρεθρον (Dioscurides) ein, der uns durch lat. pyrethrum (Celsus) vermittelt und an den Männernamen ahd. Berhtram (s. -bert, Rabe) angeglichen wird. Auch Feuerwurzel (nnl. vuurwortel) heißt die Pflanze nach dem brennenden Geschmack, sonst Geiferwurz und Speichelkraut wegen der starken Speichelabsonderung, die das Kauen der Wurzel bewirkt: H. Marzell 1943 Wb. d. dt. Pflanzennamen 1, 251f.

berüchtigt 'worüber (übles) Gerede umläuft', adjektivisch gebrauchtes Part. eines noch Luther geläufigen schw. Ztw. berüchtigen 'ins Gerede bringen', mnd. beruchtigen, wofür man im 16. und 17. Jh. berüchten (mnd. beruchten) sagte. Es bedeutet ursprünglich 'durch öffentlichen Nachruf verfolgen, beschreien': Dt. Rechtswb. 2 (1935) 48. Außer Gerücht vgl. anrüchig und ruchbar: alle sind mit rufen verwandt und stammen, wie cht für ft zeigt, aus dem Nd.

berücken schw. Ztw. 'listig täuschend fangen', ursprünglich vom Fisch- und Vogelfang, also 'mit dem Netz über sein Opfer rücken'. In die nhd. Schriftsprache eingeführt von Luther 1524 Pred. 9, 12 „wie die Fisch gefangen werden mit eym bosen Hamen, vnd wie die Vogel mit eym Strick gefangen werden, so werden auch die Menschen berückt zur bosen Zeyt, wenn sie plötzlich vber die fellt". Luthers Berückung (Röm. 11, 9) wird in Basel 1523 mit vahung verdeutlicht. Obd. Volkssprache ist das Wortpaar dauernd fremd geblieben.

Beruf M. bedeutet zunächst 'Berufung zu etwas', besonders im geistlichen Sinn: Gott läßt einen Ruf an den Menschen ergehen, an den Heilsgütern teilzunehmen. So entspricht Ruf, später Beruf(ung), dem neutestamentl. κλῆσις, kirchenlat. vocatio 'wozu jem. berufen ist'. Seit 1522 setzt Luther Beruf und berufen auch im weltlichen Sinn für 'Amt, Stand; tätig sein lassen', entscheidend 1. Kor. 7, 20 „Ein jeglicher bleibe in dem Beruf, darin er berufen ist": K. Holl, Sitz.-Ver. d. preuß. Akademie 1924, XXIXff.; R. L. Schmidt in Kittels Theol. Wb. zum Neuen Test. 3, 492. Damit ist Luther maßgebend noch für die heutige Schriftsprache, in der der hohe Klang des Wortes unverbraucht fortwirkt, etwa bei Arth. Schnitzler 1898 Die Gefährtin (Theaterstücke 2, 69): „Ein Mensch, der einen Beruf hat, ich meine nicht eine Beschäftigung, einen Beruf, kann sich überhaupt nie einsam fühlen". Ed. Brodführer 1939 Trübners Dt. Wb. 1, 286f.; Dt. Wortgesch. (1943) 2, 109ff. 193. 3, 162.

Beryll M. Der glashelle Halbedelstein, aind. **vaidūrja**, prakrt. vērulijam, gelangt über gr. βήρυλλος, lat. berýllus, afrz. beril(le) zu uns und heißt mhd. berillus im Thurgau 1194, berille in Hessen 1210, später auch barille wie in frz. Mundarten. Die weitere Entwicklung s. u. Brille.

Besan M. 'am achteren Mast geführtes Gaffelsegel': mit dän. schwed. mesan, nnl. bezaan, engl. miz(z)en, span. mesana entlehnt aus ital. mezzana (wozu albero di mezzana 'achterer, Besanmast'). Dies aus arab. mazzān, das in Ägypten für den Mast gebraucht wird, dessen Segel das Schiff in gleichmäßiger Fahrt erhält, wie es bis heute Aufgabe des Besans ist; darum auch Treiber. Mit Admiral, Havarie, kalfatern u. a. See-

wörtern arab. Ursprungs ist Besan durch den Mittelmeerhandel dem Norden zugeführt. Bei uns erscheint missan 1487, Meisan 1636, Besan 1664. Das anlautende b stammt aus dem Nnl., wo besane mit dem nach der Vorsilbe begewandelten Anlaut seit 1567 begegnet: E. Öhmann 1940 Neuphilol. Mitt. 41, 148f.

beschäftigen schw. Ztw. 'jem. tätig (geschäftig) machen'. Die Bildung geht vom Md. aus, wo in mhd. Zeit das Wortpaar scheftic 'tätig' und bescheften bezeugt ist. Das fehlende Glied, md. *bescheftic, ist nach mnd. bescheftich 'geschäftig' zu ergänzen. Beschäftigung F. wird uns (vielleicht zufällig) nicht greifbar vor Lessing 1749 Freigeist 4, 3.

beschälen schw. Ztw. 'bespringen, inire equam': eine erst mhd. Ableitung zu mhd. schël, ahd. scëlo M. 'Beschäler, Zuchthengst'. S. Schellhengst und H. Palander 1899 Ahd. Tiernamen 88f.

bescheiden st. Ztw., mhd bescheiden, ahd. bisceidan, s. scheiden. Seit alters in zwei Fügungen: 1. einem etwas bescheiden 'es ihm zuweisen, bestimmen', z. B. letztwillig. Hierher mit der alten Form des Part. das biblische „mein bescheiden (Goethe: beschieden) Teil", heute umgedeutet, s. u. 2. einen (eines Dinges) bescheiden 'ihn worüber belehren; ihm Bescheid geben'. Hierher: einen abschlägig bescheiden; einen wohin bescheiden 'beordern, bestellen'. Sich bescheiden ist ursprünglich 'zur Einsicht kommen', dann 'sich zufrieden geben, begnügen'. An das Refl. hat sich die Bedeutung des zum Adj. gewordenen Part. bescheiden angelehnt, das vordem 'belehrt, erfahren' bedeutete. Freidanks Bescheidenheit (um 1230) zielt auf das Vermögen, Gut und Böse zu unterscheiden; Luther setzt das F. für 'Erkenntnis, γνῶσις'.

bescheren schw. Ztw., mhd. beschern 'zuteilen, verhängen' (von Gott und Schicksal), ahd. scërjan, ags. scierian, westgerm. *skarwjan 'zuteilen, bestimmen': zu ags. scearu, engl. share, afries. skere 'Anteil' (s. Schar). Dazu auch ahd. biscërjan, ags. biscierian '(seines Anteils) berauben': G. Neckel 1908 Beitr. 33, 469f.

beschnüffeln, beschnuppern schw. Ztw. 'schnaufend beriechen' wie engl. snivel, snuff(le), nnl. snuffelen und schnaufen, s. d.

beschummeln schw. Ztw. wird 1770 im Versuch e. brem.-nsächs. Wb. 4, 712 in der Bedeutung 'auf gut Jüdisch betrügen' zuerst gebucht. Das legt Ableitung von jüd. Schmul 'Samuel' oder hebr. šāmal 'verhüllen' nahe, und auch die ersten literarischen Belege (Neue Erweit. d. Erkenntnis 3 (1754) 478. 490) lassen an jüd. Ursprung denken. Aber den älteren rotw. Quellen fehlt das Wort, während es nach seiner Verbreitung zumal in nd. Mundarten alt sein muß. Hier gilt einfaches schummeln, nnl. schommelen, seit dem 16. Jh. Es bedeutet 'sich schlotternd oder haftig bewegen, heimlich fortschaffen, durch Geschwindigkeit und List betrügen'. Auch an westfäl. (sik) schummeln, schubbeln 'scheuern' ist zu erinnern: Beitr. 38, 334. 39, 570; Zf. f. dt. Wortf. 1, 40. 4, 310.

beschuppen schw. Ztw. 'betrügen'. Die Stammsilbe schupp begegnet in rotw. Freyerschupper 'Falschspieler', schuppen 'betrügen' F. Kluge, Rotw. 1 (1901) 168 f. aus Dresden 1687; beschuppen 'bestehlen' das. 215 aus Bayreuth 1750. In Graz gilt schupfen 'aus Gewinnsucht tauschen'. Es gibt Uhrenschupfer, die sich an Bauern zum Uhrentausch heranbrängen, und Häuserschupfer, die unredlichen Häuserhandel treiben. Weitere Zeugnisse Beitr. 38, 334. 39, 570; Schmeller-Frommann 1, 817. 2, 441; H. Fischer, Schwäb. Wb. 2, 1732. 6, 1623; Schweiz. Jd. 8, 1027. Erklärt ist das Wort weder aus dem Hebr. noch aus dem Deutschen.

Beschwerde F. mhd. beswærde 'Bedrückung, Kummer' (ahd. nur swārida 'drückende Last'): zum Ztw. beswæren, wie erbermede 'Barmherzigkeit' zu erbarmen: W. Wilmanns 1899 Dt. Gramm. 2, 343. Die heutige Hauptbed. von Beschwerde, die von sich beschweren ausgeht, keimt in hd. Rechtssprache des 15. Jh. Häufiger ist dort noch lange der zum trans. beschweren gehörige Sinn 'Belastung, Zins': Dt. Rechtswb. 2 (1935) 125.

beschwichtigen Das Ztw. zeigt nd. cht für hd. ft (s. anrüchig) u. erscheint in nhd. Texten nicht vor Hermes 1778 Sophiens Reise 6, 636 (hier noch mit frz. calmer erläutert). Schwichtigen seit Klopstock 1774 Gelehrtenrep. 90. Richey 1755 Hamb. Jd. 13 verzeichnet beswichtigen als Wort der nd. Mundart, wieder älter u. mnl. swichten 'zum Schweigen bringen', denen ahd. gi-swiftōn 'still werden', mhd. swiften 'stillen' (zum Adj. swift 'ruhig') entspricht. Weiterhin gelten für verwandt got. sweiban 'aufhören' u. anord. svīfa 'von etw. zurückweichen'. Außergerm. steht am nächsten messap. σιπτα 'schweig': H. Krahe, Jdg. Forsch. 47, 327. 58, 150 Anm. 1.

besebeln Ztw. 'betrügen'. Hebr. zebel 'Mist' liefert 1510 rotw. sefeln 'scheißen': Kluge 1901 Rotw. I 55. Dazu (als judendeutsche Entsprechung zu älterem bescheißen) besefelen seit Fischart 1575 Garg. 302 Ndr. Entspr. in westobd. Mundarten: Martin-Lienhart 2, 329; Ochs 1, 159; H. Fischer 6, 1624.

beseitigen Ztw. gehört (wie begegnen zum Adv. mhd. begegene) zum Adv. mhd. besīte, demgemäß bedeutet es 'beiseite stellen' Goethe 1808 Weim. Ausg. I 50, 292; entspr. Campe 1 (1807) 488. Vordem (nach Heinatz

1796) nur in obd. Staatsschriften: es scheint, daß Goethe ein Wort der Wiener Kanzlei eingebürgert hat. Als einfache Bildung geht piseitit 'repudiet' Ahd. Glossen I 238, 31 voraus.

Besemer M. 'Hand-Schnellwaage mit nur einer Schale und verschiebbarem Gewicht'. Türk. batman gelangt früh in slav. Sprachen u. ergibt russ. bezmén, lit. bezménas. Von da geht ein Weg junger Entlehnung zu schwed. besman, dagegen ist mnd. bisemer dem Slav. so früh (kurz nach 1200) entnommen, daß es anord. bismari liefern konnte. In nd. Mundarten gelten auch Umbildungen wie Desem(er), Desener, Diesen: Wick 19.

Besen M. Mhd. bёs(e)me, bёsem, ahd. bёs(e)mo, asächf. bёsmo, mnl. bes(s)em, nnl. bezem, afries. agf. bёsma, engl. besom führen auf westgerm. *besman 'Besen, Rute' aus *bit-sman- (wie ahd. rosamo aus *rut-sman- 'Rost' neben asächf. rotōn 'rosten': F. Kluge 1926 Nom. Stammbildungsl. § 155). Als 'Geflochtnes' gehört *bit-sman- schwundstufig zur idg. Wurzel *bheidh- 'binden, flechten' (wie lat. fiscus 'geflochtner Korb' aus *bhidh-sko-). — Studentensprachl. Besen 'Mädchen (niederen Stands)' ist zuerst aus Halle 1795 bezeugt: F. Kluge 1895 Stud.-Spr. 19. 83). Die den Ursprung begründende Jenaer Sage (Zf. f. b. Wortf. 12, 274) widerlegt sich dadurch, daß schon Fischart 1574 Haußbäsem als Schelte kennt. Die Bed. ist umgesprungen wie bei Flegel, Pennal, Pfeffersack, Roßkamm.

Besing M. 'Beere', besonders 'Vaccinium myrtillus L., Heidelbeere', örtlich auch 'Erdbeere'. Das Schwanken der Bedeutung beruht darauf, daß besje Verkl. von mnl. bes 'Beere' war. Flämische Siedler der alten Schicht haben um 1150 ihre Form in die Mark Brandenburg getragen; dort ist bёsinge daraus geworden, wie sich Schlesien zu Schlesingen gewandelt hat. Von der Mark hat sich Besinge bis Mecklenburg, Pommern, Preußen und Schlesien verbreitet; poln. besynki 'Holunderbeeren' ist daraus entlehnt: P. Kretschmer 1918 Wortgeogr. 114; H. Teuchert 1932 Brandenburgia 41, 2; ders. 1944 Sprachreste 216 ff.; M. Bathe 1932 Herkunft d. Siedler in d. Landen Jerichow 73 f.; W. Mitzka 1943 Dt. Wortgesch. 3, 26. S. Beere.

besser Kompar. (s. das zugehörige Adv. baß), Superl. best: aus mhd. bёzzer, bёst, älter bёzzist, ahd. bёzziro, bёzzisto. Entsprechend in den verwandten Sprachen, z. B. agf. bёtera, bёtst, engl. better, best, got. batiza, batists. Schon im Urgerm. bildet gut seine Steigerungsgrade mit Wörtern fremden Stamms und verwandter Bedeutung. Zu dieser s. Buße.

Best N. ein nd. Wort, über afrz. beste aus

volkslat. *besta entlehnt. Im Nd. iſt bēſt
(= engl. beast, mengl. bēst) allgemein für 'Tier'
(z. B. Helvig 1611 Orig. Dict. Germ. S. 74); es
wird ohne üblen Nebenſinn in Bugenhagens nd.
Bibelüberſetzung Geneſ. 1, 24 gebraucht. Das
Hochdeutſche hat, dem Lat. bestia entſpr., ſeit
dem 14. Jh. (z. B. auch bei Luther) Beſtie
(mhd. bestie) und ſeit Anfang des 16. Jh. auch
die Ableitung beſtialiſch.

beſtallt Partiz. zu beſtellen, wofür jetzt
beſtellt.

beſtatten ſchw. Ztw., mhd. bestaten 'an ſeine
Statt bringen', beſonders den Toten ins Grab.
Als feierliches Wort in ſeltnem Gebrauch, bis
es die Feuerbeſtattung (ſ. Krematorium)
ſeit 1878 neu belebt: K. Wagner 1943 Dt.
Wortgeſch. 2, 328.

beſtimmt Adj. Adv. 'entſchieden, ſicher' (Beteuerung) ſeit Campe 1807 gebucht, um 1800
als Modewort aufgekommen (Schoppe, Mit-
teilgn. b. ſchleſ. Geſellſch. f. Volkſk. 18, 78).

beſtmöglichſt Adv., ſeit etwa 1600 (DWb. I
1680) für mhd. als ich beste kan (daſ. 1661).
Mit doppelter Steigerung, wie got. frumists,
agſ. fyrmest, engl. foremost, afrieſ. formest
'erſter' oder hom. πρώτιστος zu gr. πρῶτος
'der erſte'.

Beſuch M. in der heutigen Bedeutung ſeit
dem 18. Jh. geläufig, ſeit Ludwig 1716 und
Steinbach 1734 bezeugt: für älteres Beſu-
chung: ſo noch 1746 Mahler der Sitten I 35.
Im deutſchen Südweſten fehlt Beſuch in der
Volksſprache, dafür Viſite und viele Sonder-
worte: Heimgarten, Lichtgang, Hochſtube,
Stubengang, Maie (Götze, Alemannia N. F.
8, 220).

beſudeln ſ. ſudeln.

beſulbern Ztw. 'arg beſchmutzen' aus mhd.
sülwen, sulwen 'beſchmutzen', daneben auch süln
ahd. süllen; vgl. agſ. sylian, got. sauljan 'beflecken'. S. Suhle.

betätigen Ztw. in der Mitte des 18. Jh. für
aktiv ſein aufkommend und bei Gadebuſch 1763
zuerſt verzeichnet: Ableitung zu Tat, wie be-
erdigen zu Erde und begnadigen zu Gnade.
Heynatz tut 1796 b. als „Wort der After-
geſchäftsſprache" ab, Goethe ſetzt es ſeit 1805
durch, Campe bucht es 1807: Wh. Pfaff 1933
Kampf um dt. Erſatzwörter 19.

betäuben Ztw. eigtl. 'taub machen'; ſ. taub.

Betel M. Mal. bĕtul 'echt, wahr' wird ſubſtantiviert zur Bed. 'einfaches, bloßes Blatt'.
Das iſt für den Malaien das Blatt der Kletterpflanze Chavica betle, das als Narkotikum gekaut wird. Über port. bétel gelangt das Wort
nach Europa: ſpan. frz. engl. betel. Frühnhd. Betele ſeit Huſſius 1595 Schiffahrt I
22. Lokotſch 1927 Etym. Wb. Nr. 2149.

beten Ztw. mhd. bĕten, ahd. bĕtōn, Ableitung
vom F. ahd. bĕta, got. bida 'Bitte, Gebet':
zu bitten.

Beting M. F. 'Ständer an Bord, um die
man die Ketten u. Taue des verankerten Schiffs
windet', vordem in Form von Querbalken, die
auf ſolchen Ständern ruhten. In deutſcher
Seemannsſpr. der Bäting zuerſt 1702, nnl.
beeting ſeit Winſchooten 1681 Seeman 17.
Aus dem Nnl. ſtammen auch dän. bed(d)ing,
norw. beiting, ſchwed. beting. Verwandt ſind
anord. biti 'Balken', engl. bit(t)s 'Beting',
mhd. bizze 'Holzkeil'. Aus d. Germ. ſtammen
mlat. bitus 'Schandpfahl', frz. bitte, ital. bitta,
ſpan. bita 'Balken, Beting'. Die weitere Sippe
ſ. u. Boot.

Beton M. 'Gußmörtel', bei uns ſeit J. J.
Helfft 1836 Encykl. Wb. d. Landbaukunſt 45
gebucht, doch erſt nach Erfindung des Eiſen-
betons allgemein durchgeſetzt. Der Name nach
gleichbed. frz. béton M., das auf lat. bitūmen
N. in ſeinen jungen Bedeutungen 'Schlamm,
Sand' beruht. S. Kitt.

betonen Ztw. Nachdem Gottſched 1749
Sprachkunſt 40 Accent durch Betonung erſetzt hatte, buchen Adelung 1793 u. Campe 1807
betonen als Erſatz für akzentuieren.
Die heutige Bed. 'nachdrücklich hervorheben'
kaum vor 1850.

Betonie F. die Blume Vettonica, benannt
nach den aus Cäſar, Livius u. a. bekannten
Vettōnes, einem Volk am Tajo in Spanien.

beträchtlich Adj. ſeit 1527 in Bedeutungen
wie 'spectabilis, anſehnlich' vereinzelt nachweisbar. Im Sinn des frz. considérable von
Leſſing 1767 (Hamb. Dramat. I, Stück 8) verwendet und raſch durchgeſetzt. Das jüngere obd.
Kanzleiwort Betracht M. wird durch Wieland
eingeführt.

Bett N. Mhd. bĕt(te), ahd. bĕtti, aſächſ.
bĕd(di), mnd. mnl. bedde, nnl. engl. dän. bed,
afrieſ. agſ. bĕdd, anord. bĕðr, ſchwed. bädd,
got. badi führen auf germ. *badja- (hieraus
früh entlehnt finn. patja 'Deckbett'), idg.
*bhodhi̯o-. Grundbed. 'in den Boden ein-
gegrabne Lagerſtätte, Schlafgrube'; geſtützt
durch aſchwed. bädil, norw. mundartl. bed
'Lager eines Tiers'. Dieſelbe Wurzel idg.
*bhedh-: *bhod- '(in den Boden) ſtechen' auch
in lat. fodere 'graben', fossa 'Graben'; lit. bedù,
bèsti 'ſtechen, bohren, graben', lett. bedu, bedù
'begraben', badaũ, badýti 'ſtoßen', bêdre
'Grube', apreuß. boadis 'Stich', em-baddusiſi
'ſie ſtecken'; aſlav. bodǫ, bosti 'ſtechen'; kymr.
bedd, korn. bedh, bret. béz 'Grab'; hettit. beda-
'ſtechen'. Dasſelbe Wort iſt Beet, ſ. d.

Bettel M. 'Geringfügiges', früh bei Chr.
Weiſe 1673 Erznarren 111 Nbr.: zu mhd. bĕtel

'das Betteln' (wie in nhd. Straßenbettel). Rückbildung zum Ztw. betteln, s. d.

betteln schw. Ztw., mhd. bëtelen, ahd. bëtalōn: Iterativbildung zu ahd. bëtōn 'bitten'. Dazu Bettler M., mhd. bëtelære, ahd. bëtalāri.

betucht Adj. Zu hebr. bāṭaḥ 'sicher sein, sorgenlos leben' gehört das Part. bāṭūaḥ, jubendt. betūche 'sicher'. Das nach dem Muster der dt. Part. umgebildete betu(e)cht bedeutet zunächst 'vermögend, vertrauenswürdig'. Daraus entwickeln sich 'verschwiegen, in sich gekehrt, gedrückt, verdutzt'. Die Übernahme aus dem Rotwelschen in obd. Mundarten belegt H. Fischer, Schwäb. Wb. 1 (1904) 977; 6 (1936) 1631. Sie wird bestätigt durch F. Kluge 1901 Rotw. 1, 374. 395. 437. 485.

Betzel, Petzel M. 'Kopfbedeckung', mhd. bezel F. 'Haube', dessen Herkunft noch ungeklärt ist.

beugen schw. Ztw. Mhd. böugen, ahd. bougen, asächs. bōgian, afries. bēia, agf. bīegan, anord. beygja, schwed. böje, dän. bøie vereinigen sich auf germ. *baugjan, Bewirkungsztw. zu dem ursprünglich nur intranf. biegen, s. d. Auf 'biegen machen' lassen sich alle späteren Bedeutungen von beugen zurückführen. Beugen als Ersatz für flektieren nennt Adelung 1774 und 1793 unbequem. Jean Paul verwendet es 1796 unbekümmert um Adelungs Einspruch und setzt es durch: Wh. Pfaff 1933 Kampf um dt. Ersatzwörter 19.

Beule F. mhd. biule, ahd. asächs. būlia, afries. bēle, agf. bȳle (engl. boil) weisen auf twgerm. *būli(ōn). Daneben ein M. in mnl. buul, afries. bēl, agf. bȳl u. ein F. ohne i-Suffix in asächs. anl. būla, mnl. mnd. būle. Aus dem Mnd. entlehnt sind dän. bule, schwed. bula; als echt nord. Bildungen stehen daneben ält. dän. bugle, schwed. mundartl. buggla 'Erhebung'. Isl. Ablautform ist beyla 'Buckel', das sich zu got. ufbauljan 'aufblasen' stellt. Die Sippe gehört als l-Erweiterung zu der unter Bauch entwickelten idg. Wurzel *bhōu-: *bhū-. Zu ihr mit der gleichen Erweiterung die außergerm. Bed.-Verwandten air. bolach 'papula' u. serb. búljiti 'die Augen vorstrecken, glotzen'. Weitere Verwandte s. u. Balg, Bausch, bausen und Busen.

Beunde F. mhd. biunde, biunt(e), ahd. biunt(a) 'ländliches Privatgrundstück, dem Gemeinderecht entzogen, urspr. eingezäunt'. Vor allem ein Wort der Mundarten: schweiz. bünt, bad. baint, schwäb. beuⁿd, bair. point, in westfäl. Flurnamen bain: Bohnenberger 1925 Germanica 184 ff. Es lebt fort in Ortsnamen wie Haselpoint, Lindpaint (Solmsen, Idg. Eigennamen 62) und davon abgeleiteten Fam.-Namen (Gottschald, Dt. Namenkunde² 1942 S. 188 f.).

Mnd. bi-wende 'umzäunter Platz' zeigt, daß von ahd. *bi-wand, *bi-wenda 'um was sich (der Zaun) herumwindet' auszugehen ist. Wegen bi 'ringsherum' s. bei.

Beute¹ F. 'Backtrog, Bienenstock', mhd. biute, ahd. biutta F. Ableitung aus ahd. biot, got. biups, agf. bēod, anord. bjōðr 'Tisch, Brett', das fortlebt in schweiz. biet 'Ende des Nachens', bad. schwäb. bair. biet 'Kelterbett, Mühlsteinlager'. In germ. *biudaz sieht man 'das mit Boden versehene Gerät'.

Beute² F. 'Kriegsbeute' ein zufrühst im Mnd. bezeugtes Wort, das gleichmäßig nach Nord, West, Süd und Ost (ins Ordensland) ausgestrahlt ist. Mnd. būte 'Tausch, Wechsel, Verteilung', (ūt)būten '(aus)tauschen, verteilen, Beute machen', vrībüter '(See-)Räuber' bilden eine Gruppe, deren Glieder nach Skandinavien wie nach den Niederlanden entlehnt sind, dabei hat das Ztw. (mnl. büten, anord. bȳta) einen Vorsprung, der die Anknüpfung an die nur subst. air. būaid 'Sieg', kymr. budd 'Gewinn' erschwert u. Auffassung als *biūtian (zum Adv. ūt) empfiehlt; vgl. anord. ȳta 'darreichen', dän. yde 'gewähren'. Nrhein. Krämersprachen (Kluge 1901 Rotwelsch I 457 aus Breyell 1874) haben ihr beuten 'kaufen, kosten' offenbar aus dem Mnl. Die Wendung auf die Kriegsbeute bekommt das Wort dadurch, daß es im 15. Jh. von Soldaten nach Mittel- und Oberdeutschland getragen wird; in den Mundarten hier hat es keinen Boden. Frz. butin, span. botin, ital. bottino 'Raub' sind german. Ursprungs.

Beutel¹ M. 'Meißel, Gerät zum Mürbeschlagen von Flachs usw.' Das Ztw. ahd. bōzzan 'stoßen, schlagen', das in Amboß steckt, lautet agf. bēatan, engl. beet, anord. bauta u. führt auf eine germ. Wz. *baut- 'stoßen, schlagen'. Dazu mit dem Suffix germ. -ila, das mask. Gerätnamen zu primären Verben bildet (Hebel zu heben, Schlägel zu schlagen, Schlüssel zu schließen, Zügel zu ziehen) agf. bȳtel, engl. beetle, anord. beytill, mnd. nd. bōtel. Dies ist mit nd. t ins Nhd. des 18. Jh. gelangt. Hd. Entsprechung ist mhd. bōzel, bœzel 'Prügel'. Die bei Handwerkern gangbare Form Beitel mag durch den Vokal des gleichgebild. Meißel beeinflußt sein.

Beutel² M. 'Säckchen', ahd. būtil, mhd. biutel, asächs. būdil, nnl. bui(de)l aus mnl. būdel; von da entlehnt afries. būdel. Darüber hinaus vergleichen sich Bildungen ohne l-Suffix wie isl. budda 'Geldbeutel', schwed. mundartl. bodd 'Kopf', agf. budda 'Mistkäfer', mengl. budde 'Knospe; Käfer', Grundbed. 'Geschwollenes'. Wohl zu einer in vielen Spielarten bezeugten Wz. *b(h)u 'schwellen', zu der auch Bauch, Beule u. Busen gehört.

Beutheie F. 'Böttcherschlegel zum Antreiben der Reifen', nicht vor Adelung 1775. Das gleichbed. Pochheie führt darauf, im ersten Wortteil das unter Beutel[1] entwickelte Ztw. der Bed. 'stoßen' zu sehen; sonst ließe sich auch an Beute[1] in der Bed. 'Faß, Zuber' denken. Grundwort ist ahd. heia, mhd. heie 'Schlägel, hölzerner Hammer', mnd. heie 'Rammblock'; dazu mnl. heien 'schlagen, stoßen, rammen', schweiz. heien 'stampfen; Hanf brechen': unerweiterte Gestalt der Wurzel, die um idg. d erweitert vorliegt in aind. khidáti 'stößt', khēdayati 'belästigt', khédā 'Hammer' und lat. caedō 'haue'.

Bevölkerung F., zuerst bei Stieler 1691, ist Ableitung von bevölkern 'mit Volk besetzen'. Die Bed. 'Volksmenge', die B. als Ersatzwort für Population im 18. Jh. annimmt, lehnt noch Adelung 1774 ab: Wh. Pfaff 1933 Kampf um dt. Ersatzwörter 19 f.

bevor Konjunkt. Aus mhd. (be)vor ē: vor war Adv. der Bed. 'früher', ē Träger der Satzanknüpfung: daz ez diu wunde wesse vor, ē der ander vrost kœm her nāch Wolfr. v. Eschenbach 1204 Parz. 493, 2. Die Konjunkt. ē ist weggeblieben; nhd. bevor führt den Nebensatz ein, dessen Handlung vor der des Hauptsatzes liegt. — Bevorab, gekürzt aus bevorab weil, im 17. Jh. vereinzelt im Sinn von lat. praesertim: O. Behaghel 1928 Dt. Syntax 3, 88 f.

bevorzugen Ztw. um 1800 auftretend und seit Campe 1807 verzeichnet.

bewähren schw. Ztw. 'als wahr, zuverlässig erweisen', mhd. bewæren, ahd. biwār(r)en (aus *biwārjan): zum Adj. wahr, s. d. Heute recht lebendig sind nur sich bewähren und bewährt (mhd. bewæret) 'durch Erfahrung tüchtig befunden'.

bewahrheiten schw. Ztw. ist als Ersatz für verifizieren im 18. Jh. dem weit älteren nl. bewaarheiden (Ml. Woordenb. 2, 2371) nachgebildet. Adelung lehnt b. 1793 als „albernes Wort einiger Neulinge" ab, Campe steht der Bildung zurückhaltend gegenüber. Lavater verwendet b., Heynatz nennt es 1796 „schon sehr geläufig": Wh. Pfaff 1933 Kampf um dt. Ersatzwörter 20.

bewegen. Ein intrans. u. ein trans. Ztw. sind zus.-geflossen: das st. Ztw. ahd. (bi)wegan mhd. (be)wegen 'sich bewegen' u. das Kausativ dazu, das schw. Ztw. ahd. (bi)wecken, (bi)wegen, mhd. (be)wegen 'machen, daß sich etwas bewegt'. Außerhalb des Deutschen vergleichen sich agf. węgan, anord. vēga, got. ga-wigan 'bewegen, schütteln'. Zum idg. Verbalstamm *u̯egh- 'bewegen' f. Wagen.

Beweggrund M. Beim Gebrauch von Mo-

tiv (Schulz-Basler 1926 Fremdwb. 2, 157 f.) ist bewußt geblieben, daß das Fremdwort zu lat. movēre 'bewegen' gehört. So umschreibt S. Roths Fremdwb. (1571) motif mit 'Bewegung'. Als Verdeutschung tritt demgemäß 1663 Bewegungsgrund auf (Gryphius, Trauersp. 386; Zf. f. d. Wortf. 13, 43), seit 1719 gekürzt zu Beweg-Grund: C. H. v. Canstein, Vorrede zu den Ged. des Freih. v. Canitz 1734 XXI. An Widerspruch gegen beide Lehnübersetzungen hat es nicht gefehlt: Wh. Pfaff 1933 Kampf um dt. Ersatzwörter 20 f.

Beweis M. in math. Fachsprache seit J. C. Sturm 1670 T. Archimedes 39 für demonstratio, rückgebildet aus bewisunge, das in mhd. Rechtssprache eine Rolle spielt, in der auch bewis im Sinn von 'Weistum' schon gilt: A. Götze 1919 Anfänge einer math. Fachspr. 27 f.

bewerkstelligen Ztw. Aus der Formel mhd. ze werke stellen in der Bed. 'zur Ausführung bringen' gebildet, belegt seit Butschky 1677 Pathmos 611, gebucht nicht vor Steinbach 1734.

bezichtigen Ztw. Neben mhd. bezihen 'einer Tat beschuldigen' (f. zeihen) steht bezîht F. 'Beschuldigung', dazu frühnhd. bezichten, bei Goethe u. a. bezüchtigen (unter Anlehnung an Zucht). Entsprechend steht schon frühnhd. bezüchtigen neben üblicherem bezichtigen, das zum Adj. ahd. bizihtîg 'beschuldigt' gebildet ist.

beziehen st. Ztw., ahd. piziohan, mhd. beziehen, mnd. betē(e)n, afrief. bitiā, got. bituhan: zu ziehen, f. d. In alter Zeit geht beziehen von intranf. ziehen aus, das durch die Vorsilbe transf. wird. So bis ins 18. Jh. mit Krieg beziehen, noch heute: eine Wohnung beziehen; Soldaten beziehen Posten, Quartier, ein Kaufmann die Messe. Öfter liegt seit mhd. Zeit transf. ziehen voraus: dann liegt beziehen 'ziehend mit etwas versehen': Pappe, ein Bett mit einem Überzug, die Geige mit Saiten. Hier ist das Obj. von der Vorsilbe abhängig, dagegen vom Ztw. in Wendungen wie Gehalt, Waren, Prügel beziehen, auch beim rückbez. „der Himmel bezieht sich mit Wolken". Sich beziehen an wird in der Rechtssprache 1450 (Dt. Rechtswb. 2, 307) 'den Rechtszug nehmen, appellieren'. An die Stelle des an rückt auf, der Sinn lockert sich, der papierne Klang bleibt: „ich beziehe mich auf mein gestriges Schreiben"; dann auch transf.: „sie bezog die Anspielung auf sich". Hier schließt das 1671 auftauchende F. Beziehung an, zu dem sich 1755 das schlimme Adv. beziehungsweise gesellt (Wustmann-Schulze 1935 Sprachdummh. 343), das stets zu meiden ist: man entscheide sich für und, oder, vielmehr. Der Bezug geht von sinnlichen Bedeutungen aus: mhd. bezoc war 'Unterfutter'; noch heute sprechen wir von Kissenbezügen. Häufiger unsinnlich: Bezug einer Zeitung; Dienstbezüge. Im Geschäftsleben: „ich nehme Bezug auf Ihr geehrtes Schreiben", ganz schlimm: „unter Bezugnahme auf Ihr wertes Geehrtes". Das Adj. bezüglich 'relativ' bucht Campe 1807 als neugebildetes Wort. 1813 fügt er hinzu: „Diese Verdeutschung schmeckt aber freilich sehr nach der Kanzellei". Seitdem hat man bezüglich zur Präp. verbildet: „bezüglich Ihrer Anfrage". Da auch das noch nicht steif genug klang, führte man nach Mitte des 19. Jh. diesbezüglich ein.

Bezirk M. Lat. circus 'Kreis' ist frühestens in ahd. Zeit entlehnt, wie z für lat. c lehrt. Zu mhd. zirc 'Umkreis' stellt sich spätmhd. bezirken 'im Umfang bestimmen', u. dazu wieder gleichzeitiges bezirc, das einfaches Zirk bis auf mundartliche Reste (H. Fischer 1924 Schwäb. Wb. 6, 1239 f.) verdrängt hat.

bezwecken schw. Ztw., im 18. Jh. nach dem Vorbild des älteren bezielen als Ersatz für intendieren gebildet, wird von Lavater u. Goethe gegen den Widerspruch von Adelung u. Heynatz durchgesetzt: Wh. Pfaff 1933 Kampf um dt. Ersatzwörter 21.

Bibel F. mhd. bibel, älter biblie F.: über kirchenlat. biblia in die Sprachen der Welt gedrungen, bei uns spät heimisch geworden; vgl. Fibel. Die Griechen benannten ihre Bücher nach dem syrischen Hafen Byblos (heute Dschebêl), weil von da der nötige Papyrus kam. Gr. βύβλος wird nach βιβλίον (die Folge υ—ι ist zu ι—ι angeglichen) zu βίβλος umgestaltet. Dessen Mz. ergibt kirchenlat. biblia, umgedeutet zum F. Sg.

bibelfest Adj. 'wer Bibelstellen gedächtnismäßig beherrscht', allgemein seit Gottsched 1736 Ged. 1, 560. Schon seit Rädlein 1711 kapitelfest 'zuverlässig in Angabe der biblischen Kapitel'.

Biber M. Mhd. biber, ahd. bibar, asächs. bibar, mnd. mnl. nnl. bever, ags. be(o)for, engl. beaver, anord. biôrr (dän. bæver, schwed. bäver beruhen auf Entlehnung aus dem Mnd.) führen auf germ. *bebru-, idg. *bhebhrú-, redupl. Schwundstufe zu dem unter Bär¹ erschlossenen idg. Adj. *bhero- 'braun'. Aind. babhrú- bedeutet als Adj. 'braun', als M. 'Ichneumon'. Urverwandt sind ferner avest. bawrô, lat. fiber, aslav. bebrǔ, poln. bóbr, tschech. bobr, lit. bêbras, lett. bêbris, apreuß. bebrus, gall. beber 'Biber' (hierzu kelt. Ortsnamen wie Bibracte, deutsche wie Biberach). Aus afränk. *beuvor entlehnt ist frz. bièvre; aus germ. Nachbarsprachen stammen auch spätlat. beber, ital. bevero, span. bibaro, akorn. befer.

Bibernelle s. Pimpernelle.

Bibliothek F. 'Büchersammlung'. Gr. βιβλιοθήκη ist über lat. bibliotheca in humanist. Zeit zu uns gelangt: Bibliothec Hedio 1531 Josephus, Vorr. 4, doch gilt frühnhd. überwiegend das aus lat. libraria gewonnene Liberey. Lat. bibliothecarius, jahrhundertelang mit der fremden Endung gebraucht, verliert diese ein erstes Mal bei Schubart 1774 Chronik 91. S. Bücherei.

Bickbeere F. 'Heidelbeere': im Lübecker Schulvocabular von 1511 (Nd. Jb. 16, 114): vaccinium/eyn heydelbere efte bikbere; nnl. (Kilian 1599) bickbere. Heute mundartlich im mittleren Teil des nördlichsten Deutschlands: Kretschmer 114; Mensing 1 (1927) 338; Kück 1 (1942) 155; Teuchert 62 f. 217 f. Die Beere heißt nach ihrer pechschwarzen Farbe; der erste Lippenlaut von mnd. *pikbere ist dem zweiten angeglichen.

Bicke F. — **Bickel** M. 'Spitzhacke', mhd. bicke(l) neben mhd. bicken, ahd. (ana)bicchan schw. Ztw. 'stechen, stoßen': verwandt mit ags. bëcca, engl. beak-iron 'spitziges Eisen'. Weiterhin ist Beziehung zu einer kelto-roman. Sippe (ital. becco, frz. bec, nnl. bek, engl. beak 'Schnabel', frz. bêche 'Grabscheit', ital. beccare 'hacken' usw.) wahrscheinlich; Urverwandtschaft von engl. beck, ags. becca 'Spitzhacke' mit gall.-lat. beccus 'Schnabel' ist so gut möglich wie Entlehnung. S. picken.

biderb altertümelnd für bieder.

bidmen Ztw. ein in der Literatur des 16. Jh. übliches oberd. Wort, das etwa mit Goethe aus der Sprache der Literatur schwindet; mit beben gleichbed. und verwandt: mhd. bidemen 'beben' (ahd. *bidimôn) muß für *bibimôn = bibinôn stehen; vgl. ahd. pfëdamo neben pëbano unter Pfebe wegen der Konsonantenverhältnisse. Ahd. bibinôn ist eine reduplizierte Präsensbildung mit präsentischem nö- zu der starken Verbalwz. *bhī in beben. Vgl. noch Erdbidem.

Bieber 'Fieber' nur in der Zusammensetzung mit -klee, -kraut, -wurz, mhd. biever, N. 'Fieber'; sein Verhältnis zu lat. febris ist vieldeutig; wahrscheinlich ist es umgebildet aus vieber, s. Fieber und vgl. das Verhältnis von Bibel zu Fibel. Ags. fëferfüge F. 'Mutterkraut' beruht auf lat. febrifugia; gleichbed. engl. feverfew ist abgeleitet durch afrz. feverfue.

bieder Adj. Adv., mhd. biderbe, ahd. biderbi, älter -darpi, nd. bedarve, -derve, westfäl. biärwe, mnl. berf: die betonte Vorsilbe bi- ist vor den Stamm von dürfen getreten. Als älteste Bedeutung ergibt sich 'dem Bedürfnis entsprechend', dann über 'brauchbar' die endgültige 'brav, wacker'. So in Biedermann, mhd. (seit 1250) bider(b)man, das durch die ganze Neuzeit üblich bleibt, während bieder den Wörterbüchern von Maaler 1561 bis Adelung 1793 fehlt oder von ihnen als veraltet bezeichnet wird. Nach F. v. Logau 1654 Sinnged. 1229, der bieder neu aus Biedermann folgert, empfiehlt Lessing 1759 das Adj. (Logau-Bearbeitung 74; Logau-Wb. 25), 1772 gebraucht er es selbst (Emilia Galotti 1, 4). Schon 1767 war G. A. Bürger Lessings Anregung gefolgt; durch die Dichter des Hainbunds wird bieder mehrfach verwendet, so daß C. W. Kindleben, Stud.-Lex. (Halle 1781) 35 sagen kann: „Dieses Wort ist zwar veraltet; es fängt aber jetzt an, wieder Mode und von vielen guten Schriftstellern gebraucht zu werden". Obwohl der kluge Berliner J. F. Heynatz 1775 Handbuch 217 meinte, es werde sich kaum wieder einführen lassen, hat sich bieder durchgesetzt, auch neuen Zus.-Setzungen wie Biederfürst, -herz, -sinn, ton zu einem freilich meist kurzen Leben verholfen. Mit Spitze gegen Adelung sagt Campe 1807, „daß es lächerlich sein würde, es zu den veralteten zu zählen". Kuhberg 40 f.

Biedermeier M. Der dem Fam.-Namen Biedermann nachgebildete Ausdruck stammt von A. Kußmaul u. L. Eichrodt. 1853 erscheint er in Eichrodts „Gedichten in allerlei Humoren", seit 1855 wird er verbreitet durch die mit „Biedermaier" gezeichneten Gedichte der beiden in den 'Fliegenden Blättern'. Für den Namen mochte den Freunden auch F. Th. Vischers 1825 geprägter Deckname Schartenmayer Vorbild gewesen sein. Als Urbild nennen sie Sam. Friedr. Sauter, „Lehrer und Poet in Flehingen und Zaisenhausen" (1766 bis 1846), der aus kindhaft-zufrieden-beschränktem Sinn seine unschuldigen Verse geformt hatte: R. Majut 1932 Germ.-rom. Monatschr. 20, 401 ff. Aus dem (meist ironisch genommenen) Vertreter biedermännischer Anständigkeit wird nach der Gründerzeit der ernst gemeinte Träger einer bürgerlichen Kultur, deren innigschlichter Lebens- und Kunststil die in sich gerundete Formwelt eines Zeitraums ausdrückt, der sich von Vor- wie Nachwelt bewußt abhebt. Kaum vor 1900 Biedermeierei, Biedermeierzeit, -stil; wieder jünger das Biedermeier als Ausstattung in Büchern, Möbeln u. dgl.: M. Gottschald 1939 Trübners Dt. Wb. 1, 328.

biegen st. Ztw. Mhd. biegen, ahd. biogan, got. biugan führen auf idg. *bheugh-. In Ablaut damit mnd. bügen, mnl. büghen, nnl. buigen, ags. būgan, anord. *būga (Plur. Prät. bugu, Part. boginn). Germ. Verwandte sind beugen, Bogen, Bucht, bücken. Außer-

germ. vergleichen sich aind. bhujáti 'biegt, schiebt weg', bhugnáh 'gebogen' und (mit gewandelter Bedeutung) lat. fugiō, gr. φεύγω 'fliehe'. Auch ags. būgan kann 'fliehen' bedeuten.

Biene F. Mhd. bin(e) F., ahd. asächs. bini F., dehnstufig österr. bein, mhd. bīn, ahd. bīna (G. Kisch 1938 Zf. f. Mundartf. 14, 108): mit n der schw. Beugung am Stamm germ. *bī-, idg. *bhī-. Dieser erscheint ohne n in alem. asächs. aschwed. bī, mhd. bīe, ahd. bīa, mnl. bie, nnl. bij, ags. bīo, engl. bee, anord. bý N. (in bý-fluga), norw. bia, dän. schwed. bi: germ. *bī-ōn-. Zu demselben Stamm anders gebildet gleichbed. aslav. bičela, apreuß. bitte, lit. bìtė, bitìs, lett. bite sowie akymr. bydaf 'Bienenstock'. Auf idg. *bheko- beruhen gall. *bekos, air. bech 'Biene', kymr. begegyr 'Drohne'. Über frz. bigre f. Imker. Falls die seit J. Grimm erwogne Zugehörigkeit zur idg. Wurzel *bhū- (Präs. *bhu-iio) von bauen zutrifft, bedeutet das Wort zunächst 'Arbeitsbiene'. Sinnverwandte Ausdrücke s. u. Imme und Zeidler. E. Müller-Graupa 1930 Glotta 18, 137.

Bienenkorb M. mhd. binekorp: wohl verdeutlichende Umbildung für ein älteres mhd. bine-kar, ahd. bini-kar, worin das Grundwort 'Gefäß, Kasten' bedeutet; daneben bair. tirol. beikar, bad. schwäb. binker(t) aus ahd. (auch asächs.) bī-kar (f. Kar). Weitere Synonyma Immhäußle Maaler 1561; schweiz. bī-hūs; graubünd. bijitrikchli; mhd. imbenvaz; elsäss. bungst eigtl. 'Baumkasten, ausgehöhltes Stammstück mit Flugloch u. Bretterdeckel' (Teuthonista 2, 314 f.); Bienenstock (Abr. a St. Clara 1723 Lauberhütt 140), spätmhd. binestoc eigtl. 'Baumstamm für Bienen'); ahd. kafteri (f. Käfter); nd. rump; mnd. hūve, ags. hyf, engl. hive; siebenbürg. baibes eigtl. 'Bienenfaß'; ahd. biutta, mhd. biute unter Beute[1].

Biensaug f. Thymian.

Bier N. mhd. bier, ahd. asächs. bior, afries. biär, ags. bēor (engl. beer), mnd. mnl. bēr: ein nur westgerm. Wort, das dem Got. fehlt u. im Anord. lediglich als Entlehnung aus dem Westgerm. (björr) erscheint. Kein Wort aus heimischem Stamm, sondern klösterl. Fremdwort des 6./7. Jh., dem vulgärlat. biber (Mz. biberes) 'Trunk' vorausgeht, das sich von Westen her verbreitet hat u. aus dem subst. Inf. lat. bibere 'Trinken' stammt. Das urspr. nur von Klöstern geübte Bierbrauen hängt zusammen mit dem Hopfenbau, der hauptsächlich in den Klöstern Nordgalliens blühte, f. Hopfen. Das gehopfte Bier stellte sich neben das ungehopfte, das unter dem Namen ags. ealu, engl. ale, asächs. alu, anord. ǫl bei den älteren Germanen üblich war (daraus entlehnt finn. alut sowie lit. alùs). Das deutsche Wort drang im 16. Jh. unabhängig von mlat. biber in roman. Sprachen: ital. birra, frz. bière aus frühnhd. bier. Vgl. Heyne 1901 Hausaltert. II 341. S. auch Butter.

Bierbaß M. seit Campe 1807 gebucht und seit Ende des 18. Jh. oft bezeugt, zuerst Bretzner 1788 Leben eines Lüderlichen III 270.

Biest N., **Biestmilch** F. 'erste Milch einer Kuh nach dem Kalben', ahd. asächs. biost, mhd. mnl. biest, ags. bēost, engl. beest mit der gleichbed. Abl. ags. bīesting, engl. beestings, biestings. Im Ablaut damit germ. *buzdōn in norw. budda 'Biestmilch'. Dazu viel Entstellungen, wohl mit Anlehnung an Brust oder Brieschen: isl. ā-brystur, alem. brieß(t), frühnhd. briester, schwäb. kuhbriester, briestermilch. Dieser Entstellung ist Pfaffenmilch in südwestd. Ma. nachgebildet. Oberhess. österr. biesen 'melken' steht für urspr. *biesten. Wie aind. píyūša- 'Biestmilch' zu páyate 'schwillt, ist voll' gehört, so könnte ahd. biost über mhd. mundartl. Baust 'Wulst', bauste(r)n 'schwellen' mit der unter Bausch entwickelten Sippe vermittelt werden.

bieten Ztw. mhd. bieten, ahd. biotan st. Ztw. 'anbieten, darreichen, gebieten' (ähnliche Bedeutungen vereinigt das mhd. Wort für befehlen), ags. bēodan 'ankündigen, anbieten, (engl. bid vereinigt unser bieten und bitten)' anord. bjōða 'bieten, entbieten', got. anabiudan 'befehlen, anordnen' — faúrbiudan 'verbieten' (ahd. farbiotan, mhd. verbieten, ags. forbēodan, engl. forbid). Got. biudan deutet mit dieser ganzen Wortgruppe auf eine vorgerm. Wz. *bheudh; gr. πυθ (für *φυθ) in πυνθάνομαι, πυθέσθαι 'fragen, forschen, durch Fragen erkunden, hören' nähert sich der einen Bedeutung des germ. Ztw.; dies hat die aktive 'verkündigen, mitteilen', das gr. Mediopassiv die Bedeutung 'durch Mitteilung wissen, erfahren'. Dazu die aind. Verbalwz. *budh (für *bhudh) meist 'wachsam, rege sein', dann 'aufmerken, achten'; und dazu fügt sich aslav. bǔdēti, lit. budēti 'wachen', budrùs, aslav. bǔdrǔ 'wachsam'; auf lit. baũsti 'züchtigen', lett. bauslis 'Gebot' und altir. buide 'Dank': ein idg. Verbalstamm mit reicher Bedeutungsentwicklung, deren Hauptformen 'darreichen (beschenken) — anempfehlen (gebieten, mitteilen) — tätig sein, wachen' sind. Zum gleichen Stamm gehören Bote und Büttel.

Bieten M. schweiz. 'Vorderteil des Schiffs' Maaler (Zürich 1561), vorher: Vorderbieten 'prora', Hinterbieten 'puppis' Frisius 1556 Dict. 1080. Falls urspr. 'Brett', zu got. biups unter Beute¹. S. auch Grans.

Bigamie F. 'Doppelehe'. Gr. δίγαμος 'zweimal verheiratet' gelangt über kirchenlat. bigamus nach Deutschland u. ergibt zunächst als Ausdruck des Kirchenrechts frühnhd. bigami, von H. Schulz 1913 Fremdwb. 1, 84 seit 1525 belegt. Später mag auch frz. bigamie eingewirkt haben.

bigott Adj. Span. hombre de bigote 'der einen Knebelbart trägt', danach 'Mann von ernster Sinnesart' ergibt frz. bigot M. 'Mann von abergläub. Frömmigkeit', bigot Adj. 'übertrieben fromm' u. das zugehörige bigotterie F. Dies gelangt nach H. Schulz 1913 Fremdwb. 1, 84 seit 1685 ins Nhd., das M. seit 1740, das Adj. erst 1755. Dies allein sollte Zukunft haben; in der Schreibung ist es an Gott angelehnt.

Bilanz F. Ital. bilancio 'Waage, Gleichgewicht' (aus lat. bilanx, d. i. bis lanx 'zwei Schüsseln, Waagschalen habend') wird in der doppelten Buchhaltung zu 'Gleichgewicht zwischen Einnahme und Ausgabe; Rechnungsabschluß'. In Oberschwaben bedeutet balanc 1479 'Aufstellung über die voraussichtliche Geldlage': Al. Schulte, Große Ravensb. Handelsges. 3, 138 „Ainost schraib man unßß alweg ain Balanc, was man samlat bißß Wichanächten". Die sinnliche Ausgangsbedeutung bleibt lange lebendig: Math. Schwartz, Buchhalten (Augsburg 1518) 3ᵇ „Das Schuldtbuech vergleicht sich einer Wag, das nennen die Walhen Bilanza"; J. Fischart 1575 Geschichtklitt. 288 Ndr. „Er kondt auch auff eim Arm auff ein Stock sich steuren, daß der Leib wie ein Kauffmännische Bilantz inn der Wag stund". Das alte M. hat sich unter Einfluß von frz. balance und nhd. Waage zum F. gewandelt.

Bilch M. Aslav. plüchü (aus *pilchü) 'Bilchmaus' wird in den Ostalpen entliehen u. ergibt ahd. bilih, mhd. bilch(mūs). Als slav. Lehnwort steht Bilch in einer Reihe mit Zobel. Das slav. Wort ist verwandt mit lit. pelě 'Maus', dies (nach lit. pelěti 'schimmeln', pelěsiai 'Schimmel') urspr. 'das graue Tier': Palander 1899 Ahd. Tiernamen 68 f.; Wick 19 f. Vgl. Siebenschläfer.

Bild N. mhd. spätahd. bilde, ahd. (seit dem 8. Jh.) bilodi, -adi, -idi, asächs. biliði, mnd. bilde, belde, anfr. bilithe, mnl. beelde, nnl. beeld, afries. bild. Im Ags., Anord. und Got. nicht bezeugt. Spätanord. bilěti, schwed. beläte, bild, dän. billede (älter belede) beruhen auf Entlehnung aus dem Nd. Das hd. Wort ist ins Sloven., Magy. und Rumän. entlehnt. Nd. fränk. bilidi stand gegen obd. bilodi, -adi. Dem Ansturm von Norden und Westen ist alem. bilodi früh erlegen, vom 10. Jh. an auch abair. piladi. Die zueinander im Ablaut der 4. Reihe stehenden Endungen sind an den germ. Stamm bil- getreten, der auch in billig, Bilwiß, Unbilde und Weichbild begegnet, überall '(über=, ungewöhnliche) Kraft, Wunderkraft' bezeichnend. Demgemäß bedeutet asächs. bilidi zunächst 'Wunder(zeichen)', dann erst 'Bild, Abbild; Gleichnis', ahd. bilidi erst 'Wesen, Gestaltetes', danach 'Abbild, Nachbildung'. Dem entsprechen die Ztw.: die alte -jan-Bildung ahd. biliden ist 'einer Sache Gestalt und Wesen geben', erst das jüngere bilidôn 'eine vorgebildete Gestalt nachbilden'. Alfr. Wolf, Die germ. Sippe bil-: Språkvetenskapl. Sällskapets Förhandl., Uppsala 1928/30, Bil. B; E. Karg-Gasterstädt 1942 Beitr. 66, 291—308.

Bilderschrift F. für die altägypt. Hieroglyphen seit Fischart 1575 Garg. 189 Ndr., vereinzelt im 17. Jh. (DWb. 2, 17; Reichel, Gottsched=Wb. 1, 833), gebucht seit Frisch 1741 Teutsch=Lat. Wb. 1, 96. S. Keilschrift.

Bildhauer M. in der heutigen Bed. schon im 16. Jh. geläufig, z. B. Dürer 1520 Tagebuch 86 „do haben mich zu gast geladen in meiner herberg die mahler und bildthawer"; Erasmus=Herold 1542 Christl. Ee Institution 148ᵃ „Was schand und laster ist aber, das die bildhawer und maaler yetzund nit für die augen stellen?" Frühester Beleg: Riederer 1493 Spiegel d. wahren Rhetorik 59ᵇ (Bildhower). Seit Maaler 1561 gebucht. Vgl. mhd. ein gehowen bilde — ein bilde houwen von der Arbeit des Bildhauers.

bildsam Adj. Längst bevor Wieland 1751 das Wort im Sinn von 'plastisch' in Umlauf bringt (A. Gombert 1893 Schulprogr. 7, 15), seinerseits bestimmt durch unbildsam 'formlos' bei Klopstock 1748 Messias 2, 386, braucht es Joh. v. Neumarkt 1380 Leben des hl. Hieronymus im Sinn von 'vorbildlich' (Schoppe 1923 Germ.=rom. Monatsschr. 11, 184).

bildschön Adj. erst im 19. Jh. geläufig. Bei Adelung 1774 noch nicht verzeichnet, aber in der 2. Aufl. 1793 als niederes Volkswort gebucht. Zufrühst bei Zaupser 1789 Nachlese z. bair.=oberpflz. Idiot. 12; bei Klein 1792 Provinzialwb. I 49 als Provinzialwort für Oberdeutschland angegeben. Eigtl. wohl 'schön wie Heiligenbilder oder Engelbilder' und daher zuerst in katholischen Landschaften heimisch. Belege: Wieland 1775 Teutscher Merkur I 173 Anm.; Meißner 1781 Alcibiades I 110 („der bildschöne Jüngling"); Wieland 1783 Clelia u. Sinibald III B. 29 („ein netter bildschöner junger Herr"). Vgl. bildhübsch Hauff 1827 Mann im Monde 8. Seit dem 16. Jh. dafür oft engelschön.

Bildung F. spätahd. bildunga, mhd. bildunge; noch frühnhd. bildung ist vorwiegend 'Schöpfung, Verfertigung', ja noch im 18. Jh. herrscht

'äußere Erscheinung bes. des Gesichts' vor. Die Entwicklung zu 'Geisteskultur' knüpft an das inbilden der Mystiker an, denen bildunge etwa 'bildhafte Vorstellung' bedeutet. Ihren Sprachgebrauch nimmt Jac. Böhme auf, für den körperl. u. geistiges Bilden ineinanderfließen. Otinger braucht das Ztw. zuerst im philos. Sinn, kennt auch schon „das Herz bilden" u. Gemütsbildung. Neuen Antrieb bringen, nun von der ästhet. Seite, Leibniz u. Shaftesbury: in der Übersetzung von dessen Werken (1738) erscheinen Bildung 'formation of a genteel character' u. innere B. 'inward form.' Klopstock bürgert das Wort in der pädagog. Welt ein, aber noch 1765 klagt M. Mendelssohn 2, 246 „Die Worte Aufklärung, Kultur, Bildung sind in unserer Sprache noch neue Ankömmlinge. Sie gehören vorderhand bloß zur Büchersprache, der gemeine Haufe versteht sie kaum". Gellert, Wieland u. Herder gewinnen dem Wort seine heutige Geltung, während Lessing abseits steht. Goethe verwendet auch schon Bildungsgang, =stufe u. Geistesbildung: Ilse Schaarschmidt, Der Bed.=Wandel der Worte bilden u. Bildung. Diss. Königsberg 1931.

Bildungsphilister M. um 1860 aufkommend; frühester Beleg: F. Scherr 1866 Studien II 298 („Menschen, für welche man den glücklichen Ausdruck Bildungsphilister erfunden"); auch R. Haym 1870 Romantische Schule 88 und Karl Grün 1874 Ludwig Feuerbach 23. Wahrscheinlich rührt das Schlagwort von dem Historiker Leo in Halle her. Neuerdings Schlagwort geworden seit und durch Nietzsche 1873 Strauß der Bekenner I 186. Bei ihm auch Bildungskosak, =kamel, vorher Kulturphilister und Bildungsplebs: A. Götze, Ilbergs Neue Jahrb. 1921 I 453.

Bill F. 'Gesetzesentwurf' aus gleichbed. engl. bill, das auf gleichbed. anglonormann. bille eigtl. 'zylinderförmiges Stück Holz' dann 'aufgerollte Urkunde' (frz. dafür rôle s. Rodel) beruht; ein gleichbed. frz. *bille steckt in der Verkleinerungsform Billett, s. d. Als engl. Lehnwort wird Bill zuerst 1695 in Scheibners Galant Interprète verzeichnet.

Billard N. Im alten Kastilien war vilorta ein Spiel, bei dem mit einem kurzen Schäferstab (vilorto) ein Ball zwischen Pflöcken hindurchgetrieben wurde. Der Name ist nach H. Schuchardt Zs. f. rom. Phil., Beih. 6 S. 49 durch Kreuzung von vitis 'Rebe' u. retorta 'Weidenband' entstanden, das l stammt aus neuer Kreuzung mit volumen 'Band'. Die Basken machten daraus billarda; daher frz. billard. Nhd. Billard seit Fischart 1575 Garg. 262, im 18. Jh. Biliard, vorher bil(i)ken-, peilkentafel.

Bille F. 'Hinterbacke', mnd. (ars)bille, mnl. e(e)rsbille, nnl. bil: ablautend mit Ball² (s. d.), zu dem sich mit gleicher Bedeutung die alte Mz.-Form ahd. asächs. (ars)bęlli 'nates' stellt. Bei J. Lauremberg 1652 Scherzged. 4, 678 Kennwort der Nd.: „Ihr (die Hochdeutschen) sitzet auff Arsbackn, wy sitten up den Billen". Seemännisch wird Bille zur 'unteren Rundung des Schiffs hinten, wodurch der Spiegel mit der Seite des Schiffs vereinigt wird'. In einem hd. Seetext zuerst 1742: F. Kluge 1911 Seemannsspr. 97 f.

Bille F. 'Hacke, Pickel' s. Beil.

Biller Plur. 'Zahndamm, Kieferränder', im 16. Jh. auch verdeutlicht Zahnbiller, mhd. biler(n), mnd. bilre, ahd. bilarn, Plur. bilarna. In obd. Ma. noch weit verbreitet, auch mit Sproßlaut bilder, -ger und einem aus dem als Plur. gefaßten Biller rückgebildeten Sing. Bill: Fischer 1904 Schwäb. Wb. 1, 1114; Ochs 1928 Bad. Wb. 1, 229. Frühnhd. verdrängt durch Zahnfleisch.

Billett N. Ital. bolletta 'Berechtigungsschein' (zu mlat. bulla 'Urkunde') dringt im 16. Jh. in obd. Sprache u. hält sich als alem.-schwäb. bolét(e) 'Zettel, Ausweis'. Frz. billet (de logement) (zu mlat. billa 'Blase, Siegelkapsel, untersiegeltes Schriftstück') erscheint seit 1627 als 'Quartierschein der Soldaten'. Die Grundbed. von frz. billet '(gesiegeltes) Briefchen' bei uns nicht vor 1719, kurz vorher das zugehörige Billet-Doux 'Liebesbrief': H. Schulz 1913 Fremdwb. 1, 85.

billig Adj. (für älteres, bis ins 18. Jh. reichendes billich), mhd. billich, ahd. (seit dem 11. Jh.) billîch. Umwandlung von unbetontem -lich in -lig wie in adlig; vgl. Essig. Germ. Verwandte s. unter Bild, Bilwiß, Unbill und Weichbild. Außergerm. Beziehungen sind nicht gesichert. Billiger Preis war der 'angemessene Preis'. Unter dem Einfluß der Warenanpreisung wurde es im 19. Jh. 'niedriger Preis', das ältere wohlfeil verdrängend: K. Wagner 1943 Dt. Wortgesch. 2, 335.

Billion F. 'eine Million Millionen'. Frz. billion, das erst im jüngeren Dezimalschema die Bed. 'tausend Millionen' angenommen hat, ist künstlich von Gelehrten gebildet, um die Potenz der Million zu bezeichnen. Im Nhd. gilt die ältere frz. Bed. seit Brockes 1724 Ird. Vergn. in Gott 4, 382; gebucht seit Moratori 1727. Die jüngere frz. Bed. übernimmt bei uns Milliarde.

Bilsenkraut N. Die Giftpflanze Hyoscyamus niger heißt ahd. bil(i)sa (Zs. f. d. Wortf. 2, 220), mhd. mnd. bilse, mnl. bilse, bilsen-, belsemcruut. Zum gleichen Stamm mit anderen Bildungssilben gleichbed. mnl. beelde; dän.

bulmeurt, schwed. bolmört; ags. beolone, westsächs. belene, asächs. bilina, mnd. billen, nhd. mundartl. bilme, älter dän. bylne, diesem vergleichbar russ. belená, poln. bieluń, tschech. blin; gall. belenuntia 'Bilsenkraut'. Sämtlich zu idg. *bhel- 'weißlich': die Pflanze heißt nach ihren graugrünen Blättern: P. Kretschmer 1925 Glotta 14, 96 f.

Bilwiß M. F. 'Kobold, Zauberer, Hexe', mhd. pilwiz, mnd. bel(le)wit(te), mnl. belewitte; die neuere Formenfülle bei Mogk 1900 Grundriß d. germ. Philol. 3² 273 u. Mackensen 1927 Handwb. d. dt. Abergl. 1, 1309. Apreuß. lit. pilwitus, pilwitte sind aus dem Nd. entlehnt. Bestimmungswort ist das unter Bild entwickelte germ. *bil- 'Wunderkraft'; das Grundwort gehört zum Stamm von wissen. Um Wunderkräfte wissen vor allem die Hausgeister. Schwierig bleibt ags. bilewit Adj. 'rein, ehrlich, gütig'.

Bims, Bimsstein M. Lat. pūmex, -icis hat, als schon Kürzung des ū und z-Aussprache des c galten, ahd. bumiz geliefert. Der namentlich zum Glätten von Pergament gebrauchte Stein heißt mhd. bümez. Daraus ist mit denselben Lautvorgängen, die mhd. bülez zu Pilz und krëbez zu Krebs gewandelt haben, nhd. Bims entstanden. Aus lat. pūmex (zu spūma 'Schaum': der Stein heißt, wie schon Isidor sah, nach s. schaumigen Art) stammen auch ags. pumicstān, mnd. pomes, mnl. pums, nnl. puimsteen. Aus dem Deutschen sind entlehnt dän. pimpsten, schwed. pim(p)sten.

bin Ztw. mhd. ahd. bin, älter ahd. bim 'ich bin'; entspr. asächs. bium, ags. bēo: Mischform (s. bringen) aus idg. *bheu̯ō (zu westgerm. *biu) und idg. *esmi (zu westgerm. *im(m), got. im). Urverw. mit lat. fio 'ich werde', fui 'ich bin gewesen', air. biu 'ich pflege zu sein'. Weitere Verwandte s. u. sein.

binden st. Ztw., ahd. bintan, got. asächs. ags. bindan, anord. binda. Vorgerm. Gestalt der starken Verbalwz. war *bhendh, vgl. aind. bandh 'fesseln, befestigen', lat. offendix 'Priesterbinde', gr. πεῖσμα aus *bhendhsmn̥ 'Band, Tau', auch πενθερός 'Schwiegervater', sowie aind. bándhu 'Verwandter'. Im Germ. entstammen zahlreiche ablautende Bildungen derselben Wz., z. B. Band, engl. bond, bend. Entlehnt sind ital. benda 'Binde', bendare 'verbinden'.

Bindewort N. für Konjunktion steht seit Stieler 1691 neben älterem Füg(e)wort, das Adelung begünstigt. Gottsched setzt sich 1762 für Bindewort ein: Wh. Pfaff 1933 Kampf um dt. Ersatzwörter 21 f.

Bindfaden M. als Gegenwort zu Nähfaden

zuerst 1491 Voc. rerum 15ª. Zur Abgrenzung gegen Kordel, Schnur, Spagat, Strick, Strippe u. a. P. Kretschmer 1918 Wortgeogr. 120; B. Martin 1928 Teuthonista 4, 282.

Bingelkraut N. 'mercurialis', älter Büngelkraut, verdeutl. für Büngel, dies zu mhd. bunge, ahd. bungo 'Knolle' (s. Bachbunge). Die auch Bäumle-, Franzosenkraut, Kühwurz, Melde, Waldmanna, Wintergrün genannte Pflanze trägt Fruchtknollen. Ahd. bungil, mhd. büngel muß eine Pflanze mit knolligen Wurzeln gewesen sein, die in Notzeiten genossen wurde. Dän. bingelurt ist aus dem Nhd. entlehnt.

binnen Präp. Mhd. war innen (s. b.) Präp. mit Dat. oder Gen. Nhd. ist es verdrängt durch das vom Nd. ausgehende binnen (so auch mnd., mnl.; afries. binna, ags. binnan), aus bi-, be-innan. Die Vorsilbe hat ihren Vokal verloren wie in bange, barmherzig, erbarmen. Die alte räumliche Bed. (dem Adv. geblieben in Binnenland, -see, -staat) ist der zeitlichen gewichen u. hier hat die Beziehung auf die Zukunft gesiegt.

Binse F., frühnhd. bintz(e), aus dem Plur. des gleichbed. mhd. bin(e)z, ahd. binuz M. Entspr. asächs. binut, ags. beonet, engl. bent-(grass). Dazu nl. nd. Ortsnamen wie Benteloo, Bentheim, Bentlage, gegenüber obd. wie Bins-, Binz-, Bünzwangen. Von Notker stammt die kaum zutreffende Herleitung aus bi und naz; eher scheint man norw. bunt 'Grasart mit hoher Spitze' vergleichen zu dürfen. Unverwandt der gleichbed. Stamm biusa in nnl. bies, mnd. bēse, fries. büs. — Binsenwahrheit 'Selbstverständlichkeit', eig. 'binsenglatte Wahrheit' nach dem knotenlosen Schaft der Binse; vgl. in scirpo nodum quaerere bei Plautus und Terenz.

Birke F. 'Betula alba', mhd. birke, obd. birche, ahd. birka, obd. bir(i)hha (schweiz. Bilche neben Birche), asächs. birka, berka, mnd. mnl. berke, nnl. berk, ags. beorc(e), bierce, engl. birch, anord. biǫrk, norw. bjerk, schwed. björk (dän. birk mit dem Vokal des Sammelworts anord. birki aus germ. *berkia-): einer der wenigen gemeingerm. Baumnamen (*berkō-, *birkiō- aus *berkiō-) von idg. Alter (vgl. Buche). Außergerm. entsprechen aind. bhūrja- 'eine Art Birke', osset. bärz, lit. bérzas, lett. bērzs, berža, apreuß. berse, russ. berëza (auch im Flußnamen Beresina), atschech. brieza, serb. brëza 'Birke', lat. farnus, fraxinus 'Esche' (in Südeuropa ist die Weißbirke nicht heimisch). Vorgerm. *bherəgā, *bherəgiā gehören zur idg. Wurzel *bhereĝ- 'glänzen; weiß' in ahd. bёraht, mhd. bёrht, nhd. in Namen Bert-, -bert, -brecht. Die Birke ist nach ihrer hellen Rinde benannt. Borke ist unverwandt.

Birkhuhn N., mhd. birkhuon, ahd. birihhuon heißt der Vogel Tetrao tetrix L., weil er in Birkenwaldungen angetroffen wird und sich von den Knospen der Birke nährt: H. Suolahti 1909, Die dt. Vogelnamen 251. Kennzeichnend sind auch Namen wie Laubhahn und Mooshuhn. Vgl. Haselhuhn.

Birne F. Getrocknete Früchte des in fast ganz Europa gedeihenden Holzbirnbaums (Pirus communis L.) hat man in steinzeitlichen Pfahlbauten auf heute dt. Boden gefunden (J. Hoops 1905 Waldb. u. Kulturpfl. 541). Sie sind in überreifem Zustand eßbar und wurden noch im dt. Mittelalter gedörrt (M. Heyne 1901 Nahrungswesen 86). Wie unsre vorgeschichtl. Vorfahren Baum u. Früchte genannt haben, erfahren wir nicht. Die Kenntnis edlerer Birnensorten verdanken die Germanen den Römern (s. Kirsche, Pfirsich, Pflaume usw.), die mit einem voridg. Mittelmeerwort den Baum pirus, die Frucht pirum nannten. Nrhein. pēr, mnl. pēre, nnl. peer, ags. pere, -u, engl. pear beweisen, daß das lat. Wort zur Römerzeit in unsern Nordwesten gelangt ist. Der dt. Süden (die Grenze des mundartl. pēr gegen bīr zieht J. Müller 1928 Rhein. Wb. 1, 710) hat erst nach Abschluß der hd. Lautversch. klosterlat. pira entlehnt: hierauf beruht ahd. pira, bira (b wie in Bimsstein, bunt), mhd. bir schw. F. (Th. Frings 1932 Germania Rom. 152). Mundartl. gilt bir bis heute, so auch im Fam.-Namen Bierbaum. Das n des frühnhd. Nom. ist aus den übrigen Fällen verallgemeinert (vgl. Braune als Nebenform zu Braue); seit dem 17. Jh. herrscht Birne mit sekundärem -e (H. Paul 1917 Dt. Gramm. 2, 87). Mnd. bēre, bērbōm beruhen auf Entlehnung aus dem Hd.; anord. pera (dän. pære, schwed. päron) ist dem Ags. entlehnt. Über Weiterentlehnung ins Balt. s. J. Sehwers 1927 Zf. f. vgl. Sprachf. 54, 27.

birschen schw. Ztw. 'jagen', mhd. birsen, bair.-österr. pirsen: kurz vor 1200 entlehnt aus afrz. berser (mlat. bersāre) 'mit dem Pfeil jagen', dessen Ursprung dunkel ist. Birsen zuerst im Thurgau 1194, schon 1215 bis Kärnten, 1217 bis Thüringen verbreitet mit der Schnelligkeit des höfischen Modeworts, das im Gegensatz zu jagen die höfische Art des Weidwerks bezeichnet. In frühnhd. Zeit dringt rš für rs durch wie in Barsch, Bursche, herrschen usw. Adelung setzt bürschen an: ü war allerorten verbreitet, doch bieten die Klassiker birschen; seither hat sich p- durchgesetzt. Der Gegensatz zur Treibjagd ist dem Wort geblieben. Die Pirsch(e) ist Rückbildung des 16. Jh. — S. preschen.

bis Adv. Präp. Konjunkt. Mhd. biz, Nebenform mit; mnd. bit; dafür mnd. wente, ahd. unz(i). Der Ursprung des Adv. ist dunkel: es kann

weder aus bīaz noch aus bīte entstanden sein, da
bī alt nur bei intranslokalen, biz stets bei trans-
lokalen Vorstellungen erscheint. Auch geht az früh
im Ahd. unter, biz erscheint erst mhd. Zur Präp.
wird bis, indem in biz an, biz ūf die zweiten
Glieder unterdrückt werden, zur Konjunkt., indem in der Formel biz daz das funktionslos
gewordene daz ausfällt: Behaghel, Dt. Syntax
2, 30. 3, 89 f.

Bisam M. 'Moschus', der aufdringlich riechende Saft aus dem Beutel des asiat. Bisam-
tiers, heißt altsemit. *bascham, hebr. besem,
syr. besmō 'Wohlgeruch'. Die über Griechenland in den europ. Handel gelangende Droge
heißt einerseits Balsam (s. d.), andrerseits mlat.
bisamum, ahd. bisam(o), mhd. bisem; daneben
(mit Ausweichen des Anlauts) mhd. tiseme,
tesem, asächs. desemo, ags. disem M. Sie
dient auch als Arznei u. Gewürz: Amaranthes
1715 Frauenz.-Lex. 221. Der Bisamapfel
(Luther Jes. 3, 20; Zs. f. d. Wortf. 12, 218)
u. das Bisamkraut (Adoxa moschatellina L.)
heißen nach ihrem Duft.

Bischof M. Gr. ἐπίσκοπος 'Aufseher' wird
durch das Neue Test. zum Kirchenwort. Als
got. aípiskaúpus erscheint es bei Ulfila 1. Tim.
3, 1 und Tit. 1, 7, sowie im got. Kalender. Die
übrigen Germanen haben Bischof, das man
auf altroman. *piscopu zurückführt, früh durch
roman. Vermittlung erhalten: dafür zeugen der
Schwund des anlaut. e- und das b von ahd.
biscof (ff), mhd. bischof, -oves, asächs. biskop,
mnd. bischop, anfr. biscop, nnl. bisschop,
afries. biskop, ags. biscéop, engl. bishop, anord.
biskup, nnord. biskop, bisp. Finn. piispu beruht auf dem Nordgerm., magy. püspök ist im
10. Jh. aus dem Bair. entlehnt, aslav. jepiskupŭ
bleibt der gr. u. got. Form nahe. Lett. bĩskãps
ist aus dem Nd. entlehnt: J. Sehwers 1927 Zs.
f. vgl. Sprachf. 54, 173. Dasselbe Wort ist
Bischof 'Glühwein'. Das Getränk ist (wie
engl. bishop seit 1738 und dän. biskop) nach
seiner violetten Farbe benannt; bei uns kaum
vor Adelung 1 (1774) 926. Ähnliche Getränke
sind Kardinal (s. d.) und der aus Burgunder-
wein hergestellte Prälat.

Bise F. 'Nordostwind', in alem. Form
schriftd. geworden, frühnhd. beiswind, mhd.
bīse, ahd. (Notker) bīsa, asächs. bisa 'Wirbelwind', mfränk. bis 'Regenschauer aus
Norden', nnl. dial. bijs 'Bö'. Aus dem Deutschen stammen piem. prov. bisa, afrz. frz.
mengl. bise. Urdeutsch *bīsa 'Wirbelwind'
zur germ. Wz. *bīs, *bīz 'aufgeregt einher-
stürmen'. Dieselbe Wz. in ahd. bīsōn, mhd.
mhd. (dial.) bisen 'umherrennen wie von
Bremsen geplagtes Vieh' (wozu mit Rhotazismus gleichbed. beiern in der Ma. von Henneb.

u. Fulda), aschwed. bisa 'laufen', dän. bisse
'unruhig rennen'. Weiter ist Zus.-hang mit
Wz. *bī 'beben' möglich: Schweiz. Id. 4, 1682;
Zf. f. d. Wortf. 9, 164; Kluge, Seemannsspr.
99; Ochs, Bad. Wb. 1, 238.

Biskuit N. Lat. biscoctus (panis) 'zweimal
gebackenes (Brot)' ergibt ital. biscotto, das als
mhd. piscot um 1260 beim Tannhäuser erscheint, als bischot in Nürnberg 1460 bei Arigo,
Dekameron 494, 15 Keller. Die Mz. Biscotti
1536 in Scheurls Briefbuch 2, 162 in Nürnberg,
daselbst 1537 biscotten (W. Kurrelmeyer 1923
Mod. lang. notes 38, 402); in Straßburg 1540
(H. v. Eppendorff, Türk. Kaiser Ankunft 86)
richtig gedeutet: „zwyr gebachen Brot oder
Biscockten". Obd. bišgə́də gilt bis heute:
H. Fischer 1904 Schwäb. Wb. 1, 1139; E. Ochs
1940 Bad. Wb. 1, 238. Die Mundartform wird
bedrängt durch frz. biscuit, das über das Elsaß
eindringt und von J. Fischart 1582 Geschichtklitt. 24 Ndr. durchschaut wird: „ein wider gebachen Schiffbrot vnd Biscuyt". Die hier vorliegende Bedeutung 'Schiffszwieback' wird nach
Eindringen der Lehnübersetzung Zwieback
(s. d.) ersetzt durch die jüngere 'Pastetenbrot,
feines Gebäck', so seit G. A. Böckler 1683 Haus-
u. Feldschule 706: H. Schulz 1913 Fremdwb.
1, 86.

bislang Adv. Klammerform für frühnhd.
bissolange aus mhd. biz sō lange.

Bison s. Wisent.

Bißchen N. urspgl. 'ein kleiner Bissen', von
eßbaren Sachen, z. B. „ein Bißchen Brot", älter
„ein Bißchen Brotes". Bei Stieler 1691 nur
erst Bißlein für das heutige Bißchen. Im
17./18. Jh. übernimmt die Verkl.-Form Bißchen die allgemeine Bedeutung 'ein wenig',
z. B. Riemer 1678 Glückl. Bastart 166 „das
bißgen Eisen". Diese Bedeutung wird seit
Steinbach 1734 allgemein gebucht.

Bissen M. mhd. bizze, ahd. bizzo, ags. bita,
engl. bit: zu beißen.

Bistum N. mhd. bis(ch)tuom aus älterem
bischoftuom, mhd. biscoftuom. So geht mhd.
herzentuom auf herzogentuom zurück, Bismarck auf Bischofsmark: die Stadt Bismark
heißt nach ihrer Lage an der Nordgrenze des
Bistums Magdeburg.

bisweilen Adv. Das seit Schwartzenberg
1534 Ciceros Offic. 20 belegte Wort ist aus
bis zu erklären. Es löst mhd.
bi wilen (beiweilen noch bei Luther) und ze
wilen ab und darf vielleicht aus bī z(e) wilen
hergeleitet werden.

Bißgurre s. Beißker.

bitten Ztw. mhd. ahd. bitten (aus bittjan,
biddjan), got. bidjan, asächs. biddjan, ags.
biddan, engl. to bid, anord. biðja. Das starke

6

Ztw. der ĕ-Reihe gehört ursprgl. der i-Reihe an (got. bidja *baiþ *bidum bidans wäre daher zu vermuten); eine Spur dieses Ablauts zeigt noch das Faktitiv got. baidjan, anord. beiða, agf. bǽdan, ahd. beiten mit der Bedeutung 'gebieten, fordern, zwingen'. Die vorgerm. Wz. *bheidh: *bhidh stimmt zu gr. πιθ (für *φιθ) in πείθω 'durch Bitten bewegen, erbitten, überreden'; dazu weiterhin lat. fido (gleich dem gr. Medium πείθομαι) 'sich auf jemand verlassen' (Osthoff, Beitr. 8, 140). An diese Bed. schließt sich noch germ. bidan 'harren, vertrauensvoll warten' (got. beidan, anord. bíða, ahd. bītan, agf. bīdan, engl. to bide). S. beten und Gebet.

bitter Adj. mhd. bitter, ahd. bittar; dessen t(t) liegt ein gemeingerm. t zugrunde: vor r unterbleibt die Verschiebung von t zu z, tz (vgl. Eiter, lauter, Otter, zittern, treu); entsprechend and. bittar, agf. bitter, biter, engl. nnl. bitter, anord. bitr; got. dafür mit Fallton baitrs. Verwandt mit beißen (germ. bītan); das Adj. heißt eigtl. 'stechend, scharf' mit Besonderung auf den Geschmack, die auch beim Ztw. beißen möglich ist. Über die im Germ. seltne Wortbildung auf -ra- s. F. Kluge 1926 Nom. Stammbildungsl. § 194 Anm.

Bittersüß s. Jelängergelieber.

Bittschrift F. für lat. supplicatio, frz. supplication, die als frühnhd. supplicaz im Rechtsleben eine Rolle gespielt hatten, seit Rist 1642 Rettung d. t. Hauptspr. F 6ᵇ, gebucht seit Stieler 1691: F. Kluge 1921 Zs. d. Sprachv. 36, 131.

Bittsteller M. für Supplikant nach dem Vorbild von Brief=, Schriftsteller gebildet von Campe 1791 Proben einiger Versuche v. d. Sprachbereich. 40, gebucht seit Richter 1791 Gramm. Wb. 803ᵇ. Trotz dem Widerspruch der Allg. Lit.=Ztg. (Jena 1792) 1, 336 von Jean Paul 1793 Unsichtb. Loge 1, 141 Hempel aufgenommen u. durchgesetzt: F. Kluge 1912 Wortforsch. u. Wortgesch. 90; Wh. Pfaff 1933 Kampf um dt. Ersatzwörter 22. Vgl. Flugschrift, Stelldichein.

Bitze F. 'Baum=, Grasgarten', ein westmd. Wort (in Hessen, Wetterau, Nassau und auf dem Hunsrück üblich) aus mhd. bī-ziune, bī-züne, ahd. bī-zūni, bī-zūna 'eingezäuntes Grundstück', woher auch tirol. bĭtzent 'Weg zwischen zwei Zäunen'. Erstes Glied bi 'ringsherum', zweites Zaun: Bitze also eigtl. 'Umzäuntes'. Zur Wortbildung vgl. Beunde.

Biwak N. 'Feldnachtlager'. Nd. bī-wake 'Beiwache im Freien neben der in einem Bau untergebrachten Hauptwache' gelangt in roman. Sprachen: frz. bivouac, span. vivac. Aus dem Frz. wird das Wort im 17. Jh. rückentlehnt u.

zuerst von Scheibner 1695 Galant Interprète gebucht.

bizarr Adj. Span. bizarro 'tapfer, ritterlich' (aus bask. bizar 'Bart') ergibt (weil die bärtigen u. tapferen Spanier den Franzosen wunderlich vorkamen) frz. bizarre 'seltsam'. Aus dem Frz. ins Nd. übernommen seit Lauremberg 1652 Scherzged. 3, 382, ins Hd. seit Abr. a S. Clara 1695 Judas 4, 373. Bizarrerie 'Seltsamkeit' zuerst in der Zs. 'Der alte Deutsche' (Hamb. 1730) 61.

Blachfeld N. verdankt sein Dasein einer Dissimilation aus Flachfeld und ist durch Luther in die Schriftsprache gelangt: Edw. Schröder, Nachr. d. Gel. Ges. Göttingen, phil.=hist. Kl. 1908, 15. Ein Adj. *blach 'flach' hat es im Mhd. nicht gegeben; Luther erschließt es 1523 aus Blachfeld 2. Sam. 15, 28 „ich will verzihen auff den blachen Felde". Seb. Franck u. a. folgen bald: W. Stammler 1938 Zs. f. dt. Phil. 63, 397, doch währen die Anfechtungen bis zum Ende des 18. Jh.: Zs. f. dt. Wortf. 11, 104.

Blackfisch M. 'Tintenschnecke' (im Hochdeutschen seit Conr. Geßner 1575 Fischbuch 111 belegt, seit Henisch 1616 verzeichnet) aus nd. blakfisk; blak ist die nd. Bezeichnung für 'Tinte' (blakhorn 'Tintenfaß'); vgl. agf. blæc 'Tinte', engl. black 'schwarz, Schusterschwärze', ahd. blach.

Blahe F. s. Plane.

blähen Ztw. mhd. blæjen, ahd. blājan schw. Ztw. (ahd. auch 'blasen'); afries. blē 'blies', agf. blāwan st. Ztw., engl. to blow 'blasen, wehen'. Westgerm. *blā- führt über germ. *blē- auf idg. *bhlē-. Daneben steht idg. *bhlā- in lat. flāre. Vgl. Blase, blasen, Blatt, Blatter.

blaken schw. Ztw. 'qualmen' von Kerze und Lampe, deren Flamme zu hoch brennt und daher rußt. Ein Wort wesentlich der norddt. Umgangssprache, als nhd. gebucht seit Campe 1807, mundartlich von der Ostsee bis in den Nordsaum des Md. verbreitet: B. Martin 1934 Teutonista 10, 103ff. Mnd. mnl. blaken 'qualmen' (dazu blaker M. 'Leuchter') führen auf germ. *blakōn, Intensivbildung zum st. Ztw. *blikan, dessen Faktitiv im schw. Ztw. blecken (s. d.) fortlebt. Sinnverwandt sind im westl. Norddeutschland schwalgen, am Mittelrhein schwademen, sonst flammen, funzeln, pflanzen, qualmen, rahmen, rauchen, rohmen, rußen, schwelen, stechen, zipfen: P. Kretschmer 1918 Wortgeogr. 122ff.

Blamage F., blamieren Ztw. Nach frz. blâmer 'tadeln' wird blamieren 'schmähen' üblich seit Wallhausen 1616 Kriegsmanual 202. Die ältere Studentensprache (z. B. Kindleben 1781 Stud.=Lex. 40) pflegt die Bed. 'beschimpfen'. Das mildere 'bloßstellen, lächerlich machen' kommt erst im 19. Jh. hoch. — Blamage 'Beschimpfung' ist zunächst Stud.-Wort: Fischer 1781 Kom. Burschiade 9; Laukhard 1804 Eulerkapper 113. Es gehört in die mit Renommage beginnende Reihe von Ulkwörtern auf -age: F. Kluge 1895 Stud.-Spr. 64. Frz. besteht nur blâme, Endergebnis aus kirchenlat. blasphemia.

Blamüser M. Der Reichsadler auf alten Münzen ist als Fledermaus, Wiedehopf, Kukuck usw. verspottet worden, auf den Adlerschillingen von Friesland wurde er seit Beginn des 17. Jh. als unedler, mäusejagender Falke verhöhnt. Dessen Name müser ist unter Bussard erklärt; blau ist sein Schnabel. Der Münzname hat nrhein. westf. bis ins 20. Jh. gelebt und Achtталern, Dreigroschenstücken, halben Kopfstücken, Sechsstübern und ndl. Schillingen gegolten: Edw. Schröder 1910 Blätter für Münzfr. 45, 4347.

blank Adj. mhd. ahd. blanc (k) 'blinkend, weiß, glänzend'; vgl. engl. blank 'weiß' (ags. blanca, blonca, anord. blakkr 'Schimmel, weißes Pferd'); dazu anord. blakra 'blinken': zu Wz. *blek in Blitz (vgl. auch blecken) durch Ablaut gebildet. Das Adj. drang mit blau, braun u. a. ins Roman. (ital. bianco, frz. blanc), woher Blankett, ebenso in östliche Nachbarsprachen: A. Senn 1925 Lehnwortstudien 15. Zu blank hat das Nhd. eine seltenere Nebenform blink aus dem Ztw. blinken neugebildet. Während im Mhd. blanc allgemein üblich war, ist es im 16. Jh. selten, wie es denn auch von Maaler 1561 nicht verzeichnet wird; vereinzelt bei Luther planck (blanck bei B. Waldis 1553 Theuerdanckbearbeitung 71b und Dresserus 1581 Part. Corp. Hum. 23 'argenteus'). Die nhd. Wörterbücher verzeichnen es seit Henisch 1616 und Helvig 1611 allgemein. Wurzelverwandt ist ohne n-Infix die Sippe blaken (s. d.).

Blankett N. 'ein nur mit Unterschrift versehenes weißes Blatt', in frühnhd. Kanzleispr. zum Adj. blank gebildet, zuerst Blancketen Plur. Luther 1539. Ein lat. Vorbild fehlt; ital. gilt carta bianca, frz. carte blanche, die seit dem 17. Jh. auch bei uns umlaufen: H. Schulz 1913 Fremdwb. 1, 87.

Blankscheit N. 'Fischbein im Mieder' um 1700 umgedeutet aus frz. planchette; verzeichnet bei Amaranthes 1715 Frauenzimmerlexikon 224 (bei Duez 1652 Nomencl. 47 dafür Planschett).

Blase F. mhd. blâse, ahd. blâsa F. 'Harnblase': zu blasen mhd. blâsen, ahd. blâsan st. Ztw. 'hauchen, schnauben', anord. blâsa, got. blēsan; im Engl. hat sich die Ableitung agf.

blǽst 'Blasen, Flamme', engl. blast 'Sturmwind' erhalten. Zu der unter blähen entwickelten Wurzel idg. *bhlē-: *bhlā- 'schwellen' gehört eine s-Erweiterung, zu der sich außer ahd. blâsa(n) auch mhd. bluost F. 'Blüte' und lat. flōs, flōris M. (aus idg. *bhlōs-) 'Blume' stellen.

blasiert Adj. 'abgestumpft'. Frz. blasé 'übersättigt' (von Flüssigkeiten) kommt Ende des 18. Jh. auf, zunächst als naturwiss. Fachausdruck, von da übertragen auf Menschen u. Zeiten. In deutschem Text seit Bouterwek 1793 Graf Donamar 3, 72.

Blässe s. Blesse.

blaß Adj., mhd. blas 'kahl; schwach, gering, nichtig', ahd. nur in der Verbindung blas ros 'Pferd mit Blesse', asächs. blas 'candidus' (Ahd. Glossen 2, 716, 14), mnl. bles 'mit weißem Fleck an der Stirn'. In seiner heutigen Bed. geht blaß im 14. Jh. vom Deutschordensland aus, von da dringt es langsam vor. Die hd. Wörterbücher des 16. Jh. kennen nur bleich, Luther sagt bleich neben erblassen. 1611 bezeugt Helvig, Orig. dict. Germ. 82 blaß neben bliß für Pommern, 1663 Schottelius 1288 blaß für Braunschweig. Dem gesamten Obd. und vielen md. Gegenden fehlt blaß bis heute. Nächstverwandt ist Blesse, s. d.

Blatt N. Mhd. ahd. blat, asächs. nnl. dän. schwed. blad, mnl. blat (d), afries. bled, agf. blæd, angl. blade, anord. blað führen auf germ. *blaða-, idg. *bhloto-, Part. Perf. Act. zu dem in blühen (s. d.) vorliegenden Verbalstamm. Grundbed. 'Ausgeblühtes'. Außergerm. vergleicht sich am nächsten toch. pält 'Blatt'. Die Redensart „das Blatt hat sich gewendet" beruht auf Beobachtung vor allem der Pappel, deren Blätter um den Johannistag ihre Stellung ändern, so daß danach der Baum keinen Schutz mehr gegen Regen bietet: H. Kügler 1939 Mutterspr. 54, 35; E. Kück, Lüneb. Wb. 1 (1942) 168. In „mir schießt das Blatt" für 'ich werde aufmerksam' aber auch 'mir geht ein Licht auf' ist das Zwerchfell gemeint, das frühnhd. Herzblatt hieß.

blätteln Ztw. Die alte Kunst, auf der Kante eines Blatts zu musizieren, nam. um Wild anzulocken, wird literarisch schon bei Wolfram, Parz. 120, 13 er brach durch blates stimme en zwic. Der Ausdruck mhd. blaten, bei Rädlein 1711 blatten und so noch z. B. in Nassau, Westfalen und im Rheinland, ist unter Einfluß obd. Mundarten landschaftlich dem Demin. gewichen: blätteln Vischer, Auch Einer 146.

Blatter F. mhd. blâtere F. 'Blase, Pocke' ahd. blâttara F. 'Blase', asächs. blâdara, nnl. blaar, agf. blǽdre, engl. bladder 'Blase, Blatter, Harnblase, Bläschen auf der Haut'; germ. *blēdrön- mit drö- als Ableitung, entsprechend dem gr. -τρο (wie ahd. muoltra 'Backtrog', mulhtra 'Melkkübel', riostra 'Pflugsterz': F. Kluge 1926 Nom. Stammbildungsl. § 96), gehört zu Wz. *blē in **blähen**.

blättern schw. Ztw. 'Blätter (im Buch) umschlagen', mhd. (über)bletern. Anders gebildet anord. blędja 'pflücken'.

blau Adj. Mhd. blā, blāwer, ahd. blāo, blāwēr, asächs. blāo, mnd. blā(w), mnl. blā, nnl. blauw, afries. blāu, ags. blǣ(w) 'hellblau', dazu blāwen (aus blǣwina) 'bläulich', anord. blār 'dunkelblau, schwarz' (blāmaðr 'Mohr'), dän. blaa, schwed. blå führen auf germ. *blǣwa, idg. *bhlēu̯o-. Urverwandt sind lat. flāvus 'goldgelb, blond' (hierzu F. Sofer 1930 Glotta 18, 125f.), schott.-gäl. blàr 'mit einer Blesse im Gesicht, von Tieren', air. blār, kymr. blawr 'grau'. Auf Entlehnung aus dem Germ. beruhen lett. blāws 'bläulich, blaß' (weiteres bei A. Senn 1925 Germ. Lehnwortstudien 15f.), ital. biavo, frz. bleu; hieraus entlehnt engl. blue. Die Bedeutungen schwanken wie bei vielen Farbnamen; blau, gelb und blond zielen alle auf lichte Farben. — Blau 'betrunken' geht von der Farbe der Trinkernase aus. — Solange mit Waid (s. d.) blau gefärbt wurde, mußte die Wolle, nachdem sie zwölf Stunden im Färbebad gelegen hatte, ebenso lange an der Luft oxydieren. Sonntags ließ man sie 24 Stunden im Bad, worauf sie den ganzen Montag an der Luft liegen mußte. Die Gesellen konnten müßig gehen, wenn in solcher Weise blau gemacht wurde.

Blaubuch N. 'fürs Parlament gedruckte Darlegung der äußeren Politik mit Beifügung der wesentlichen Aktenstücke'. Vorbild ist das seit 1715 nachweisbare engl. blue-book. Bei uns gilt Blaubuch seit 1850 als politisches Schlagwort. 1869 wird es durch Verhandlungen im Reichstag des Norddt. Bunds in weiteren Kreisen bekannt: Stiven S. 49 mit Anm. 251. Danach Gelb-, Rot-, Weißbuch usw.

Bläuel s. Bleuel. — **bläuen** s. bleuen.

Blaustrumpf M. heißen wegen ihrer farbigen Strümpfe die Polizeidiener des 17./18. Jh. Der Spottname dringt durch Vermittlung der Leipziger u. Hallischen Studenten in das Schrifttum und gilt in der Bed. 'Angeber' von Chr. Weise 1680 Böse Katharina (Dt. Nat.-Lit. 39, 260) bis Immermann 16, 21 Hempel. — Ein anderes B. ist (wie frz. bas-bleu seit 1820, nl. blauwkous, dän. blaastrømpe, schwed. blåstrumpe) Lehnübers. des engl. blue-stocking. Im Londoner Haus der Lady Elis. Montague versammelte sich seit etwa 1750 ein schöngeistiger Kreis, in dem Benj. Stillingfleet mit blauen Wollgarnstrümpfen (statt der sonst üblichen schwarzen Seiden-

strümpfe) erschien, weshalb Admiral Boscawen The blue stocking society verspottete. Blaustrumpf 'gelehrtes Frauenzimmer' begegnet zuerst in der Jenaer Allg. Lit.-Ztg. 1797 Nr. 384 u. wird in der Dt. Monatsschr. 1798, 2, 284ff. erläutert. Eingebürgert erst vom Jungen Deutschland seit Börne 1830 Pariser Briefe 47.

Blech N. mhd. blëch, ahd. blëh (hh) 'Blech', mnd. blik, mnl. blic 'Blech', anord. blik N. 'Helmgitter' (auf engl. Boden unbekannt): es ist mit ahd. Wandel von urgerm. i zu e aus der in bleichen steckenden Wz. *blik mit der Bedeutung 'glänzend' gebildet.

blechen Ztw. 'Geld geben'. Als Gaunerwort für 'Pfennigmünze' begegnet in rotw. Quellen 1490 blëch 'plaphart', 1510 blechlin 'crützer' (Kluge 1901 Rotw. I 20. 53). Das bei dem Zustand des Kleingelds der alten Zeit naheliegende Versteckwort, in Konr. Gesners Mithridates 1555 als rotwelsch verzeichnet, lebt noch bei Stieler 1691. Dazu erscheint in den Wörterbüchern der Studentensprache seit Kindleben 1781 das Zeitwort blechen 'bezahlen' (Kluge 1895 Stud.-Spr. 59. 85), das durch die Dichter des Sturms und Drangs literarisch geworden ist.

blecken Ztw. 'die Zähne zeigen', mhd. blëcken 'sichtbar werden, sehen lassen', ahd. blëcchen urgerm. *blakjan): Faktitiv zu urgerm. *blikan, das nach den Regeln der Lautverschiebung mit gr. φλέγω 'brenne, leuchte' (vgl. φλογ- in φλόξ 'Flamme'), lat. flagro 'brenne', verwandt ist; ahd. blëcchen bedeutet auch 'blitzen, glänzen'; s. blaken, Blitz.

Blei N. Mhd. blī (Gen. blīwes), ahd. blīo (für *blīw), asächs. mnd. mnl. blī, anord. blȳ, schwed. dän. bly (doch ags. lēad, engl. lead, mnl. lood, s. Lot) führen auf germ. *blīwa- mit dem Suffix -wa der Farbnamen grau und blau, s. d. Wie die bleiernen Kugeln „blaue Bohnen" heißen, so ist Blei „das blaue Metall". Die Bildung deckt sich mit lit. blȳvas 'lila, veilchenblau'; stammverwandt sind asächs. blī N. 'Farbe', Adj. 'farbig', afries. blī N. 'Farbe', bli 'schön', ags. blīo N. 'Farbe, Erscheinung, Form'.

bleiben Ztw. mhd. belīben, ahd. bilīban st. Ztw., ags. belīfan, got. bileiban 'bleiben' (wozu das Faktitiv bilaibjan 'bleiben machen, übriglassen', ags. lǣfan, engl. to leave 'lassen'). Nicht zu lat. linquō, gr. λείπω usw., wozu vielmehr leihen gehört; bilibō 'ich bleibe' muß auf vorgerm. *leipō (Wz. auch idg. *lip- 'kleben') zurückgehen: gr. λιπαρός 'fett, glänzend' = λίπος N. 'Fett'; λιπαρέω 'beharre' schließt sich in Bedeutung dem germ. Ztw. zunächst an; vgl. aslav. lipnati, lit. lipti 'klebenbleiben'. An die erste Bedeutung 'kleben' schließt sich vielleicht unser nhd. Leber, an die Bedeutung 'beharren, verbleiben' unser Leib — leben an; s. d. einzelnen.

bleich Adj. mhd. bleich, ahd. bleih (hh), asächs. blēk, ags. blāc, nnl. bleek, anord. bleikr 'blaß' (daraus entlehnt engl. bleak) aus der in bleichen steckenden Wz. *blik. Ableitungen Bleiche F., mhd. bleiche 'Ort, Kunst zu bleichen, bleiches Aussehen' — bleichen schw. Ztw., mhd. bleichen 'bleich machen, bleich werden'.

bleichen, st. Ztw., nhd. nur in er-, verbleichen, Ztw., mhd. blīchen, ahd. blīhhan st. Ztw., agf. blīcan, mittelengl. blīken 'bleich werden', anord. blikja 'erscheinen, glänzen, leuchten'. Verwandt ist vielleicht die Wurzel von aslav. bliscati 'funkeln' (für *bligskati) — blěskŭ 'Glanz'. Die vorgerm. Wurzelform wäre *bhlig mit der Bedeutung 'heller Glanz' (vgl. noch Blech, bleich). — Bleichart, -cher(t) M. 'blaßroter Wein', frühnhd. Ableitung von bleich.

Bleide F. 'Steinschleuder, Belagerungsgerät'. Zu gr. βάλλειν 'schleudern' stellt sich *βαλίδα, das über mlat. blida mhd. mnd. mnl. blīde ergibt u. als frühnhd. bleide, pleide, pleude(r), nnl. blijde bis ins 17. Jh. lebt. Anord. blīða stammt aus dem Mnd.

Bleifeder s. Bleistift.

Blei(h)e F. nd. Benennung einer Weißfischart; vgl. nl. blei, mnd. mnl. bleie, agf. blæge, engl. blay, bley: aus *blajjön für *blaigiön (vgl. ahd. reia, agf. ræge aus *raigjön s. unter Reh). Wie neben ahd. reia nhd. Ricke steht, so neben nd. bleie mhd. nhd. (schweiz.) blicke, schwäb. blecke; Grundbed.: 'der weiß schimmernde Fisch'.

Bleistift M., nur deutsch, zuerst als Bleystefft in Nürnberg 1653 (G. Ph. Harsdörffer Math. Erquickstunden 3, 179) als Klammerform aus Bleyweißstefft, das in Nürnberger Ratsprotokollen 1662 danebensteht. Das klassische Altertum kannte Bleischeiben zum Zeichnen und Linienziehen (H. Lamer, Phil. Wochenschr. 1933, 845), stilos plumbeos verwendeten zu Ende des 12. Jh. nachschreibende Schüler in Paris, um asteriscos und obelos in Pergamenthandschriften anzubringen (Dan. v. Morley, Philosophia ed. Rose: Hermes 8, 347). Daß sie aus den Bleifassungen von Butzenscheiben in Stiftform gegossen und mit einem Messer gespitzt wurden, bezeugt ein ital. Zeichner um 1400 (Eitelbergers Quellenschr. f. Kunstgesch. 1, 10). Die erste Erwähnung des Graphitstifts danken wir C. Gesner, De rerum fossilium figuris (Zür. 1565) 104, Graphit hat aber erst Scheele 1778 von Plumbum marinum einwandfrei geschieden, so daß nicht auszumachen ist, wie viele der Zeugnisse für Schreiben und Zeichnen mit Bleikreide, -weiß, Reiß-, Schreib-

und Wasserblei schon auf Graphitstifte unsrer Art zielen. Bleikreide/plumbum molle, ad scribendum aptum kennt K. Stieler, Stammbaum 1034 in Erfurt 1691. Bleiweiß s. besonders. Reißblei erscheint in Hamburg 1721 (B. H. Brockes, Jrd. Vergn. 1, 170), in Wien 1723 (Abr. a S. Clara, Lauberhütt 52). Schreibblei steht 1622 bei einem Schwaben (A. J. Ulsheimer, Beschr. seiner Reise nach Guinea: Alem. 7, 105), es kehrt wieder in Erfurt 1691 (Stieler 194) und Hamburg 1795 (P. A. Nemnich, Polygl.-Lex. 4, 1016). Wasserblei, zuerst in Nürnberg 1645 (S. v. Birken, Fortf. d. Pegn.-Schäf. 70), erscheint auch in Chemnitz 1706 (J. G. Schmidt, Rockenphil. 1, 13). Sieger über alle ist Bleistift geblieben, wofür nächst Nürnberg 1653 (s. o.) Zeugnisse aus Leipzig 1715 (Amaranthes, Frauenz.-Lex. 228) und Dresden 1774 (Adelung, Versuch 1, 962) vorliegen, das 1796 in Berlin gefordert wird (J. F. Heynatz Antibarb. 1, 267) und das auch umgangssprachlich die wichtigsten Orte für sich hat: P. Kretschmer 1918 Wortgeogr. 127ff. Am zähsten war der Kampf mit Bleifeder (Krünitz 1775 Öc. Encycl. 5, 706; Th. G. v. Hippel 1778 Lebensläufe 3, 5; Jean Paul 1796 Fixlein 197), das unterlegen ist, weil es umgangssprachlich nicht so günstig lag.

Bleiweiß N., spätmhd. blīwiz 'weiße Farbe aus Bleikarbonat', in Bleyweißstefft (Nürnberg 1662, s. Bleistift) zum Zeichnen und Schreiben benutzt, wie auch in Berlin 1719 (J. L. Frisch, Neues frz.-dt. Wb. 1283 „portecrayon/eine Reiß-Feder, worin man Bleyweiß oder Röthel stecken kann"), entsprechend 1733 (Zedler, Univ.-Lex. 4, 140 „Bleyweiß-Stangen zum Zeichnen und Schreiben auf weiß und schwarz Pappier") und 1755 (M. Richey, Id. Hamb. 290 Bley-Witt-Stikken). Dazu die Klammerform Bleistick(en) in Holstein (J. G. Müller v. Itzehoe, Siegfr. v. Lindenberg 1784 S. 287 Reclam; O. Mensing 1927 Schlesw.-holst. Wb. 1, 386). Bleiweiß schlechthin gilt für 'Bleistift' um 1770 in Hohenlohe, Wien und Steiermark (P. Kretschmer 1918 Wortgeogr. 129), von da wird kroat. blajbas, flajbas entlehnt. Adelung erwähnt 1774 den Bleyweißschneider, der den Stoff zu Bleistiften zubereitet, und erst nach 1910 wird in St. Gallen Bleiweiß von Bleistift verdrängt: A. Senn 1933 Journ. of Engl. and Germ. Phil. 32, 509.

blenden schw. Ztw. 'blind machen', mhd. mnd. blenden, ahd. blenten, afries. blenda, agf. blęndan (dafür engl. blind mit Anlehnung an das gleichlautende Adj.): Bewirkungsztw. zu blind. Daß eine germ. Bildung *blandjan mit Ablaut zu einem Adj. gebildet ist (vgl. taufen und Zf. f. dt. Wortf. 7, 168), verliert alles Auffällige, wenn man die formal gleichen Ztw. aslav. blǫditi 'irren' und lit. blandýtis 'die Augen niederschlagen' heranzieht. — **Blende** F. ist eine erst nhd. Rückbildung aus blenden.

Blendling M. 'Mischling, Bankert', mhd. blendelinc, anord. blendingr: zum Ztw. mhd. blenden, agf. *blendan (vorausgesetzt durch engl. blend) 'mischen' neben gleichbed. mhd. blanden, ahd. blantan, asächf. agf. got. blandan, engl. bland, anord. blanda. Mit lit. blandùs 'trübe' zu gleichbed. idg. *bhlandh-, zu dem sich auch blind (f. d.) mit Grundbed. 'getrübt' stellt.

Blesse F. 'weißer Fleck (auf der Stirn); Haustier mit solchem Fleck', mhd. blasse, ahd. blassa 'weißer Fleck, bef. an der Stirn von Tieren' (Ahd. Glossen 2, 655, 43), mnd. bles, blesse (aus *blasjō) 'Blesse', anord. *bles- in blesöttr 'mit weißem Fleck gezeichnet'. Auch schwed. bläs bedeutet sowohl 'weißer Fleck auf der Stirn' als 'Tier (Pferd) mit solchem Fleck'. Nächstverwandt ist blaß, f. d. Daneben mit Rhotazismus (*blazō) mnd. blare 'weißer Fleck; Kuh mit Blesse', nnl. blaar 'Blesse; Kuh mit Stirnfleck'. Ablautend nd. Blüse 'Leuchtfeuer', agf. blȳsa 'Fackel; Flamme', blyscan 'erröten', anord. blys N. 'Flamme, Lodern': fämtlich zur idg. Wurzel *bhles- 'glänzen', einer nur im Germ. nachweisbaren s-Erweiterung von *bhel- 'glänzen' (f. Belche²).

Bleuel M. 'hölzerner Schlegel zum Wäscheklopfen' u. dgl., mhd. bliuwel, ahd. bliuwil: mit der Endung der männl. Gerätnamen zum Ztw. bleuen, f. d. Dazu Pleuelstange.

bleuen Ztw. 'schlagen', vom neueren Sprachgefühl zu blau gezogen (etwa 'braun und blau schlagen'), aber zugrunde liegt mhd. bliuwen, ahd. bliuwan, asächf. bleuwan, mnl. nnl. blouwen, mengl. blēwe (aus *blēawan), got. bliggwan (ggw aus ww) ft. Ztw. 'schlagen'. Die Vorgeschichte dieses germ. *bleuwan liegt im Dunkel (doch f. blöde, bloß); im Nord. ist es neben der Fülle gleichbed. Wörter schon vor Einsetzen der Denkmäler abgestorben.

Blick M. mhd. blick 'Glanz, Blitz, Blick der Augen'; entsprechend ahd. blic (blicches) M. 'Blitz' (auch blicfiur 'Blitzfeuer'). Die Bedeutung des mhd. Wortes war eigtl. wohl 'heller Strahl'; Strahl wird übertragen vom Auge wie vom Blitz gebraucht; die physische Bedeutung des Stammes hat sich in Blitz erhalten. Als Wz. ist vorgerm. *bhleg unter blecken und Blitz erwiesen.

blind Adj. Den idg. Sprachen fehlen gemeinsame Wörter für Gebrechen wie blind, taub, lahm, stumm. Immer greifen sie nur über zwei, höchstens drei Sprachen. So hat lat. caecus 'blind' Verwandte in air. cáech; got. ist das entfpr. haihs in die Bed. 'einäugig' gedrängt, weil blinds die alte Rolle übernommen hat. Dessen Grundbed. ist, wenn Verwandtschaft mit Wz. *bland 'mischen' anzunehmen, 'gemischt, getrübt' (f. Blendling), doch ist die Bed. 'blind' (neben 'dunkel, trübe') schon gemeingerm.: ahd. blint, agf. blind, anord. blindr. Altertümlich auch das Faktitiv urgerm. *blandjan (f. blenden). Urverwandt. lit. blandýti '(die Augen) niederschlagen', blendžiúo-s, blēstis 'sich verfinstern', blísti 'dunkel werden'.

Blinddarm M. 'Stück Darm, das unten ohne Öffnung ist' überfetzt mlat. colon coecum. Aristoteles, De partibus animalium 3, 14 beschreibt den Körperteil beim Tier als τοῦ ἐντέρου τυφλόν τι. Schon im Altertum wird der Name voreilig auf den Menschen übertragen; er hat sich trotz Vesals Einspruch gehalten: Steudel 9. 19.

Blindekuh F., im älteren Nhd. in getrennten Wörtern u. mit dem für Spielnamen kennzeichnenden Gen. der blinden Kuh spielen. Die Bez. geht vom Ostmd. aus und gelangt ins Nhd. durch Luther, 1526 Weim. Ausg. 19, 207: „also spielt auch die Vernunft der blinden Kue mit Gott". Das Mhd. setzt (wie das Obd. noch im 17. Jh.) statt der Kuh die Maus, so zuerst Meister Altswert (Elf., 14. Jh.): zwei spilten blinder miusen. Im Elsaß schwebt möglicherweise schon Otfrid 4, 19, 73 die Spielhandlung vor, wenn er die Verspottung Christi schildert: thiu ougun si imo buntun, thaz zi zi spile funtun, wo Luk. 22, 63 lediglich bot: illudebant ei caedentes et velaverunt eum. Das allen europ. Völkern bekannte Spiel bedient sich wechselnder Tiernamen. Die blinde Kuh ist nur deutsch, die Maus haben wir mit den Südslaven gemeinsam: serb. slijepi miš, illyr. slépi mis; ihr steht nahe bair. blinde Kätzel fangen. Der germ. Norden bevorzugt Fuchs (isl. skolla leikar), Bock u. Geiß (dän. blindebuk, blindegied, schwed. blindbok) u. gibt den Bock an östl. Nachbarn weiter (finn. sokka, sokkoinen, estn. sögge sik 'blinder Bock'). Die Geiß kehrt wieder in span. cabra ciega. Sonst spielen die span. Kinder gallina ciega 'blinde Henne', die ital. mosca cieca 'blinde Fliege', wie schon die agriech. μυῖα χαλκή oder μυῖνδα. Wo keine Tiernamen gelten, bleibt bei den germ. Nachbarn doch die Vorstellung blind: nl. blindemannetje spelen, älter blind(en)spel, 't blindeken, engl. to play at blindman's buff, hoodman-blind, schwed. mundartl. blind gubbe 'blinder Alter', wieder mit Ausstrahlung zu östl. Nachbarn: poln. ślepa babka, ciuciu babka 'blinde Alte'. Sonst tritt bei Slaven an Stelle des Blindseins das Blinzeln: poln. mzýk, mzytek, zmružek, ruff. jmurka, guljutška, tschech. mžjtek, mžutek 'die Blinzelnde', wie ngriech. τυφλοματι 'Blinzelauge'. Junge Abweichung zeigt frz. jouer à colin-maillard (C. M. 'Hans Knüppel' Eigenname aus der Hirtendichtung des 16. Jh.), uralte lit. gūžýnė 'Blindekuhspiel' (nach der heidn. Reisegöttin Gùžė).

Blindschleiche F. mhd. blintsliche, ahd. blintslihho, asächs. blindesliko M.: ursprünglich 'der blinde Schleicher'. Das Tier wird wegen seiner winzigen Augen fälschlich für blind gehalten, gehört auch nicht zu den Schlangen, sondern zu den Eidechsen. O. Schrader nimmt Umdeutung und verdeutlichende Erweiterung aus spätlat. ablinda (ein Reptil) an, das ein alpines Wort dunkeln Ursprungs ist. Übrigens ist auch der lat. Name einer Eidechsenart caecilia (ital. cicigna 'Blindschleiche') von caecus 'blind' abgeleitet. Beachte auch engl. blind-worm, dän. blindorm.

blinken Ztw. erst nhd.; verwandt mit blank; vgl. nnl. blinken, mengl. blinken, engl. blink 'blinken'. Die Wurzel kann gleich der von bleichen (blīkan) sein, indem die i-Wurzel einen Nasal erhielt; blinken wäre dann als Verb der e-Reihe gefaßt, und weiter müßte blank eine sekundäre Bildung sein. Jedenfalls ist blink Adj. junge Neuschöpfung aus dem Ztw.

blinzeln Ztw. spätmhd. blinzeln, Weiterbildung zu mhd. blinzen. Die in bair.-österreich. Mundarten auftretende Form blinkitzen macht Ursprung aus blink(e)zzen wahrscheinlich. Als Grundbedeutung hat 'glänzen' zu gelten. Vgl. das verwandte blank.

Blitz M. mhd. blitze, blicze, blicz M. 'Blitz' (schweiz. noch jetzt blitzg für blitz): Ableitung aus mhd. blicze n 'blitzen', ahd. blécchazzen (gebildet wie das gleichbed. got. lauhatjan). Dazu das ursprünglichere ahd. mhd. blic 'Blitz', s. Blick. tz über kz aus ck wie bei Quitze, s. d.

Blitzableiter M. Die Sache ohne den Namen weist Buchner, Das Neueste von gestern 3, Nr. 588 aus dem Jahr 1752 nach. Das Wort zuerst daf. aus der Haude-Spenerschen Ztg. 1783, Nr. 588 „In Arras hatte ein Gelehrter sein Haus mit einem Blitzableiter versehen lassen". Gleichbed. stehen daneben Wetterableiter (C. F. Bretzner 1790 Leben e. Lüderlichen 1, 116), elektrische Stange (Th. Abbt 1780 Werke 4, 181), Wetterstange (Campe 1811 aus Schiller), Auffang- und Saugstange (D. Sanders 1885 Erg.-Wb. 508 a). Jean Paul, Biogr. Belust. 31 schwankt noch 1796 zwischen Gewitterableiter, Gewitterstange und Wetterstange.

Blitzmädel N. seit Adelung 1818 V 172 mit einem Beleg aus Lessing gebucht. Das erste

Glied faßt er als Verstärkung wie in Blitzkerl 'vorzüglich listiger, geschickter, unternehmender Mensch'. Vgl. Blitzbub Schiller, Räuber 3, 2; Blitzjunge M. Iffland 1785 Jäger II 7.

Block M. eine zuerst von Henisch 1616 verzeichnete ursprgl. nd. Nebenform für eigtl. oberd. Bloch (so noch jetzt in Franken und der Oberpfalz), mhd. bloch, ahd. bloh (hh) 'Klotz, Bohle'. Die Gruppe drang ins Roman., s. blockieren. Zugrunde liegt unserm Block ein idg. *bhlugno-, mit dem an. blog 'Bruchstück' verwandt sein dürfte. Unter Annahme von idg. *bheleg- läßt sich Beziehung zu Balken herstellen.

blockieren schw. Ztw. Mnl. blochuis 'aus Balken gezimmertes Haus' ergibt im 14. Jh. gleichbed. wallon. pikard. blocquehuis, das im Frz. des 15. Jh. die Bedeutung 'Festungsfort' entwickelt. Dazu das frz. bloquer 'mit einem Fort sperren', das unser blockieren geliefert hat, zuerst 1616 bei J. J. v. Wallhausen, Man. milit., als modisches Fremdwort im Teutschen Michel (1617) 7. Das zugehörige F. Blockade (die Herkunft aus dem subst. Part. wird in ital. bloccata deutlich) erscheint in span. Form als Blocquada in Grimmelshausens Simpl. (1669) 444 Scholte, der frz. Form angenähert im Dienstagischen Postillon (Berlin) 1680, 25. Woche „Die Franzosen wollen im geringsten nichts nach Franckenthal folgen lassen, also, daß sie solchergestalt einen Anfang zu einer Blocquade machen".

blöde Adj. mhd. blœde 'gebrechlich, schwach, zart, zaghaft', ahd. blōdi, asächs. blōdi 'zaghaft', agf. blēaþ 'schwach', anord. blauþr 'furchtsam, weibisch' (got. *blaubus 'schwach, kraftlos' läßt sich aus dem davon abgeleiteten schw. Ztw. blaupjan 'kraftlos, ungültig machen, abschaffen' erschließen): vorgerm. Lautform *bhláutu-s. Das Wort ist wahrscheinlich mit bleuen u. bloß wurzelverwandt. Daraus entlehnt frz. éblouir 'blenden'.

blödsinnig Adj. nach A. Gombert 1893 Progr. 7, 15 seit 1617 bezeugt, mehrfach bei Opitz. Blödsinn M. ist daraus im 18. Jh. rückgebildet u. nicht vor Adelung 1774 nachgewiesen. Rückbildungen sind auch Doppel-, Eigen-, Hoch-, Kalt-, Leicht-, Scharf-, Tief-, Un-, Wahn-, Widersinn: H. Ruppel 1911 Rückbild. deutscher Subst. 19 ff.

blöken Ztw. Nachahmung des Lauts vor allem der Schafe, wie gr. βληχᾶσθαι 'blöken', βληχή 'Geblök', ins Nhd. aus nd. blöken, bleken übernommen, noch älter mnl. bloken. Daneben frühnhd. blöcken, blecken, dies noch Kirsch 1739 Cornu cop. 1, 75. Lautnachahmend auch die gleichbed. agf. blǣtan, engl.

bleat, nnl. blaten, mnd. blarren, blerren, mhd. blæjen. S. brüllen und plärren.

Blomeuſer ſ. Blamüſer.

blond Adj. Frz. blond hat vereinzelt mhd. mnd. blunt ergeben, zumeiſt als Beiwort der blonden Iſolde. Feſtgeſetzt hat ſich das Fremdwort gleichzeitig mit blümerant u. brünett im 17. Jh. H. Schulz 1913 Fremdwb. 1, 89 belegt es ſeit 1688 (lexikaliſch erſcheint es ſchon 1676 bei M. Kramer) u. vermutet Entlehnung zugleich mit den frz. Perücken (ſeit 1650). Die Bez. auf die Haarfarbe iſt dem Adj. geblieben, hier erſetzt es die heimiſchen fahl, (gold)gelb, weiß, die in den Mundarten u. Familiennamen den Begriff nach wie vor decken. Für frz. blond, ſpan. blondo, ital. biondo, mlat. blundus wird angen. Herkunft angenommen: den Römern fiel die germ. Haarfarbe auf; mit Farbnamen wie blank, blau, braun, greis mögen ſie germ. *blunda- übernommen haben, das über vorgerm. *bhlṇdo- mit aind. bradhná- 'rötlich' zu vermitteln iſt.

Blondine F. nach 1700 aus frz. blondine entlehnt. Gebucht ſeit Wächtler 1709, Blondingen für nnl. blontje ſeit M. Kramer 1719.

bloß Adj. mhd. blôz, mnd. mnl. bloot, agſ. blēat, mengl. blēte, mit abweichender Bed. ahd. blôz 'ſtolz' u. anord. blautr 'weich, friſch, zart'. Wegen obd. nd. blutt, ſchwed. blott 'federlos, unbekleidet' iſt die lautliche Beurteilung von germ. *blauta- zweifelhaft. Iſt das Wort vom Nd. ausgegangen? Verwandt iſt gr. φλυδαρός 'weich von Näſſe' und (ohne Dentalſuffix) φλύω 'walle über', lat. fluo 'fließe', nhd. bleuen u. (mit anderm Dentalſuffix) blöde.

blüffen ſ. verblüffen.

blühen Ztw. mhd. blüen, blüejen, ahd. bluoen, bluojan, aſächſ. blôian, afrieſ. blôia: ein ſchw. Ztw., früher ſtark geweſen mit Ausweis des gleichbed. agſ. blôwan, engl. blow. Der germ. Stamm blô- iſt weitverzweigt: ſ. Blatt, Blume, Bluſt, Blüte, Blut. Die Grundbed. 'blühen' ſteht feſt.

Blume F. mhd. bluome M. F., ahd. bluoma F., bluomo, aſächſ. blômo, got. blôma, anord. blôme M., von da entlehnt engl. bloom. -man iſt Ableitungsſilbe, blô- als Wz. (ſ. blühen) zeigt als Grundbed. 'das Blühen'. Verwandt ſind nnl. bloesem (neben bloem), agſ. blôstm(a), engl. blossom; vgl. lat. flôrēre (für *flôsē-re) u. flôs, flôris. Ohne ableit. s erſcheint die idg. Wz. *bhlô- in air. blath, engl. dial. blooth 'Blume'. Der ſchon ahd. Übergang vom M. zum F. (den Blume mit Schlange, Schnecke u. ä. teilt) mag durch das in ahd. Zeit entlehnte Pflanze mitbedingt ſein.

Blumenkohl M. Brassica botrytis cauliflora

iſt vor Ende des 16. Jh. von Zypern nach Italien gelangt u. heißt hier cavolfiore (zu cavolo 'Kohl' u. fiore 'Blume'). Der ital. Name iſt, wie er ſpan. coliflor u. engl. cauliflower geliefert hat, mannigfach ins Deutſche gedrungen: Balth. Paumgartner 1587 Briefe 80 „Das ander ſoll ein rechter cavolifiorſamen ſein"; Henisch 1616 Carifior; Amaranthes 1715 Frauenz.-Lex. 322 Carfiol. Karfiol gilt bis heute in Öſterreich, Oberſchleſien, Bayern u. Württemberg, hier im Rückzug vor Blumenkohl. Dieſe Lehnüberſetzung tritt zuerſt auf bei Tabernämontanus 1588 Kräuterb. 2, 111 „Blumenköll", gewinnt raſch Boden: Schwenckfeld 1600 Stirp. Siles. Catal. 244 „Blumenköl, Salatköl, Käslinköl, Cauliflor"; Hulsius 1605 Blumköl; Henisch 1616 Blumenköl, u. gilt heute von der Schweiz bis Livland: Kretſchmer 1918 Wortgeogr. 131. Auch frz. chou-fleur iſt Lehnüberſ. aus dem Ital.

blümerant Adj. Frz. bleu-mourant 'mattblau' iſt nach „Der teutſchen Sprache Ehrenkranz" (1644) 315 im 30jähr. Krieg als bleumourant nach Deutſchland gelangt. Zeſen 1651 Roſenmand 66 ſucht es durch ſterbeblau zu verdrängen; Schönaich 1754 Neolog. Wb. 61 tadelt es an Naumanns Nimrod (1753) als nicht literariſch. Trotzdem lebt es noch bei Brentano und Immermann, umgangsſprachl. ſogar bis heute in der Wendung mir wird blümerant 'ſchwindlig', wobei an den Gedanke an flimmern mitgewirkt haben mag.

Bluſe F. In der ägypt. Stadt Peluſium wurden die mit Indigo blau gefärbten Kittel hergeſtellt, die ſchon die Kreuzfahrer über die Rüſtungen zogen. Daher mlat. pelusia 'peluſiſches Gewand', frz. engl. blouse. Das frz. Wort kommt 1827 mit einer neuen Frauentracht zu uns. Auch dän. bluse, ſchwed. blus ſind frz. Urſprungs. Seit der belg. Revolution 1831 gilt die Bluſe als Arbeiterkleid, von da wird Bluſenmann 1848 zu 'Revolutionär, Proletarier': Lokotſch 1927 Etym. Wb. Nr. 1647; H. Schulz 1913 Fremdwb. 1, 89.

Bluſt M., alem. ſchwäb. blueſt M. N., mhd. bluost F. 'Blüte' gehört zu der auch in agſ. blôsma, engl. blossom, lat. flôs und flôrēre (für *flôs-ēre) bewahrten Wurzelform idg. *bhlôs-, einer Erweiterung von idg. *bhlô- in blühen, ſ. d.

Blut N. Mhd. ahd. bluot, aſächſ. afrieſ. agſ. blôd, anfr. bluod, mnl. bloet (d), nnl. bloed, engl. blood, anord. blôð, ſchwed. blôd und (mit gramm. Wechſel) got. blôþ, blôþis, krimgot. plut (mit unerklärtem p) führen auf vorgerm. *bhlôto-. Die idg. Wurzeln *ēsr- und *qreu- (in alat. aser und lat. cruor) 'Blut' ſind im Germ. aus abergläubiſcher Scheu aufgegeben. Statt dessen deckt den Begriff das Part. Perf. Act. zu idg. *bhlō- (s. blühen): vom Rot als der eindrucksamsten Blütenfarbe her hat dichterische Anschauung der Germanen den Bedeutungswandel vollzogen, den keine der verwandten Sprachen teilt.

blutarm, -jung Adj.: das Bestimmungswort hat mit Blut von Haus aus nichts zu tun, sondern ist blutt, s. bloß.

Blüte F. aus dem Plur. oder dem Gen. Dat. Sing. des gleichbed. mhd. bluot (Pl. blüete), ahd. bluot (Pl. bluoti) F.: germ. *blōdi-, Ableitung aus Wz. blō in blühen; im Oberd. wird Blüte durch bluešt (s. Blust) vertreten.

Blutegel M. mhd. mnd. egel, ahd. ëgala F. Zum gleichen idg. *ëghi- wie Igel, s. d. Die kleine, nur die Haut durchschneidende Blutegelwunde macht auf den Laien den Eindruck eines tiefen Stichs, weil sie heftig u. lange blutet; die Narbe sieht aus, als rühre sie von einem Stich mit dem Dreikanteisen her. — Nach der Ähnlichkeit mit der Gestalt des Blutegels ist später der Leberegel (Distomum hepaticum) benannt, der in den Lebergängen der Wiederkäuer schmarotzt. Schweiz. äggla F. erweist Zugehörigkeit zum gleichen Stamm.

Blutfink s. Gimpel.

blutrünstig s. rünstig. — **blutt** s. bloß.

Bö F. 'Windstoß' aus nd. Seemannssprache, hier bezeugt seit Röding 1794, älter buy Brem. Wb. 1 (1767) 176, bui Olearius 1696 Reisebeschr. 2, 2. Entlehnt aus nnl. bui, das seit Kilian 1598 als buy(d)e auftritt u. auch dän. by(g)e, norw. bya, schwed. by geliefert hat. Wenn man germ. *būjō- ansetzen darf, läßt sich Anschluß an ein lautmalendes idg. *bhu- 'aufblasen' gewinnen, das auch für aslav. buji (aus idg. *bhou-jo-) 'wild' u. russ. bújnyj 'ungestüm' vorausgesetzt wird. S. Bühl und Pocke.

Boa F. Im Lat. tritt boa F. 'Wasserschlange' seit Plinius als Fremdwort unbekannter Herkunft auf; die Anlehnung an bovēs 'Rinder', die zu vulgärlat. bova geführt hat, ist volksetymologisch: Palmer (1939) 149. Aus dem Lat. gelangt Boa 'große Schlange' seit C. Gesner 1589 Schlangenbuch S. 30 ins Nhd. Pariser Mode des beginnenden 19. Jh. nennt den schlangenförmigen Halspelz boa; danach bei uns seit 1831: H. Schulz 1913 Fremdwb. 1, 89f.

Bocher M. 'Schüler'. Hebr. bāchūr 'Jüngling' ergibt jüdenb. bocher 'Talmudbeflissener, Schüler des Rabbi', rotw. '(Polizei-)Beamter, der die Gaunersprache kennt'. Schriftsprachl. seit Gutzkow 1859 Zauberer v. Rom 4, 272.

Bock M.¹ Mhd. ahd. boc, -ckes, asächs. anfr. engl. buck, mnd. buck, bock, mnl. boc, buc, mnl. bok, agf. bucca (bucc 'männlicher Hirsch'),

anord. bukkr, bokkr, schwed. bock, dän. buk führen auf germ. *bukka- aus idg. *bhugnó-. n erscheint in dem urverwandten zigeuner. buzni 'Ziege'. Auf idg. *bhūgo- 'Bock' (F. 'Ziege') beruhen avest. būza- M. 'Ziegenbock', pers. buz 'Ziege; Bock', armen. buc 'Lamm'. Die kelt. Formen (air. bocc, ir. boc usw.) vereinigen sich auf urkelt. *bukko-, offenbar einer frühen Entlehnung aus dem Germ.: H. Güntert 1930 Beitr. z. n. Lit.-Gesch. 16, 10. Die sachlich zugehörigen Tiernamen (Geiß, Habergeiß, Hitte, Zecke, Zicklein, Ziege usw.) s. bei A. Janzén, Bock und Ziege (Göteborg 1938).

Bock² M. 'Fehler', erst nhd., wohl eine scherzhafte Umdeutung, die durch nhd. Verstoß 'Fehler' veranlaßt wurde. Die Redensart einen Bock schießen mag daher rühren, daß bei Schützenfesten in alter Zeit (z. B. in Lenzkirch 1479: A. Götze 1942 Frühnhd. Lesebuch 29, 33) der schlechteste Schütze einen Bock als Trostpreis erhielt. Vgl. nhd. eine Lerche schießen gleich 'kopfüber fallen' sowie einen Pudel (auch eine Ente) schießen.

Bock³ M. (daraus frz. boc) für Bockbier erst im 19. Jh. auftretend; um 1800 nur erst Dambock oder Ambock als Münchener Wort (statt Eimbecker Bier); vgl. die Entstehung von Taler. An der Entstehung der Benennung mag mitgewirkt haben, daß auch Schöps (in Schlesien), Stehr, Geiß und Ente Bezeichnungen für Bierarten waren.

Bock⁴ M. 'Sitz des Kutschers hinter den Pferden' seit Frisch 1741 gebucht und durch das ganze 18. Jh. geläufig, z. B. Hölty 1772 Ged. I 69; M. Claudius 1789 Sämtl. Werke V 49. Die im 16./17. Jh. noch nicht auftretende Bed. geht zurück auf 'vierbeiniges Gestell oder Gerüst zum Tragen'. Nebenform Kutschbock, z. B. Jean Paul 1793 Grönl. Prozesse 85.

bockbeinig Adj. in der übertragenen Bedeutung 'störrisch' im 19. Jh. aus dem Bairischen vordringend, aber noch nicht bei Adelung 1818 (V 178). Zufrühst bockbeinigt 'hartnäckig' Westenrieder 1782 Beschr. v. München 324, bayr. bockboani 'hartnäckig' Zaupser 1789 Bair.-oberpf. Idiot. 17, dazu schwäb. bockbeinisch Schmid 1831 Schwäb. Wb. 84, Loritza 1847 Idiot. Vienn. 28 bockbanig und tirol. bockbainerig Schöpf 1866 Tirol. Idiot. 49. Vgl. auch Conlin 1709 Närrinnen I 406 „aus Bockbainigkeit und dückischer Weiß".

böckeln Ztw. 'nach Bock riechen' heißt mhd. bocken, böcken, bokezen, frühnhd. bockelen, böckelen. Mundartlich treten hinzu alem. geißböckele, bair. bockeinen, md. bockenzen, schles. bockinzen, böckelinzen, thür. böckern, ostfränk. böckelzen, westmd. bocksern. Vereinzeln werden alle einmal literarisch, häufiger nur (ihrem Verbreitungsgebiet entspr.) bocken-zen, -inzen: A. Feuerstein 1922 Die nhd. Verba mit der Bed. 'riechen nach etw.' 48. S. anheimeln, faulenzen.

Bocksbeutel[1] M. heißt ein Würzburger Edel-wein nach der Form der Flaschen, einst dem Hodensack eines Bocks nachgebildet, der in ältester Zeit zum Aufbewahren von Flüssig-keiten gedient hat.

Bocksbeutel[2] M. 'steif bewahrter Brauch', an das vorige nur äußerlich angeglichen, urspr. nd. böks büdel. An der Hamburger Petri-kirche stand bis zum Brand 1842 eine weib-liche Figur, die ihr Gesangbuch in einem Beutel trug. Darauf spielt zuerst ein Hamburger Hochzeitsgedicht von 1640 an, in dem der booksbüdel kennzeichnend für das zähe Fest-halten der Frauen am Herkömmlichen steht. Schupp nennt noch 1684 das Scherzwort hamburgisch. Weiter dringt es durch H. Borcken-stein 1742 Bookesbeutel. Näheres in Heit-müllers Neudruck dieses vielgespielten Lokal-stücks u. Zs. f. d. Wortf. 3, 136 f.

Bockshorn N. in der Redensart jem. ins Bockshorn jagen. Das beim Haberfeld-treiben (s. d.) gebrauchte Bocksfell hieß ahd. *bokkes hamo (s. Hemd, Leichnam). Es wurde, nachdem mhd. ham(e) M. 'Hülle' un-verständlich geworden war, entstellt zu Horn. Der bei der Friedloslegung in ein Bocksfell Gezwängte wurde damit in Angst gejagt. Der alte Gefühlston ist der Wendung geblieben, die man schon bei ihrer ersten Erwähnung kurz vor 1500 durch Seb. Brant in Basel (Zarnckes Ausg. S. 160b) nicht mehr verstand. Weiterhin haben Vorstellungen andrer Herkunft auf die altem Rechtsbrauch entsprungene Redensart ge-wirkt: W. Hartnacke 1942 Neuphilol. Monatsschr. 13, 227 f.; Th. Heinermann 1944 Beitr. 67, 482 ff.

Boden M., frühnhd. mhd. bodem, ahd. bodam, urgerm. *buþma. Mit anderem Dental agf. botm (engl. bottom), anord. botn. Die beiden Formenreihen weisen auf idg. Wurzelauslaut t neben d. Idg. dh wird be-zeugt durch aind. budhná, gr. πυθμήν 'Boden', während lat. fundus 'Stück Bodens' u. air. bond 'Sohle', kymr. bon 'Grundlage' in ihrem Wurzelauslaut (idg. d oder dh) doppeldeutig sind. S. Bühne. — Der Bodensee hat s. Namen seit der Karolingerzeit (vorher lacus Brigantinus 'Bregenzer See') von der kaiserl. Pfalz Bodman, ahd. Bodema, deren Name Plur. zum Subst. Boden sein kann.

bodmen Ztw., mnd. (ver)bodmen 'den Boden eines Schiffs, Schiff u. Ladung be-leihen', nfächf. bodemrije 'foenus nauticum,

usura maritima' (1599), von da ausgehend nnl. bodemerij, engl. bottomry, frz. bomerie, bilden den Ausgangspunkt des Reederei-geschäfts. Der Gläubiger des Bodmereibriefs (so seit 1610: Schirmer, Kaufm.-Spr. 35) heißt Bodmereigeber (seit 1732: Kluge, Seemanns-spr. 110). Dagegen ist Bodmer als alem. Familienname (wie Boden, Imboden, Boden-mann) 'wer auf einem Talboden wohnt', Gegensatz Berg(l)er.

Bofist, Bovist M. Die zischend platzenden Staubschwämme (sonst Flohball, Hexen-staub, Staubsäckel) werden mit den Bauch-winden (s. Fist) verschiedener Tiere ver-glichen. Gr. λυκόπερδον, nlat. lycoperdon ist gleichbed. mit nnl. wolfsveest. Im 15. Jh. tritt vohenfist (zu mhd. vohe 'Füchsin') als Name des Pilzes auf (Lexer 3, 432). Der Anlaut des Worts wird gegen den des zweiten Wortglieds dissimiliert, Bofist als ostmd. Form wird nhd. (vgl. die Entwicklung von Flachfeld zu Blachfeld). Anderwärts wird der unverständlich gewordene erste Wortteil zer-deutet: nd. pöfist (so Voß) geht mit Pfauen-fist Zehner 1622, das bair. u. henneberg. fort-lebt, nd. bovist, schwäb. bubefiftlet mit Buben-fist Bock 3 (1546) 1b; Bauhin 1598 Hist. Font. Boll. 210.

Bogen M. mhd. boge, ahd. bogo M., agf. boga, engl. bow 'Bogen, Biegung'. Urver-wandt ir. fid-bocc '(hölzerner) Bogen': Ableitung von biegen, wozu die gleichbed. Sippe von Bucht. Vgl. die urgerm. Zusammensetzungen Ellenbogen und Regenbogen. Ein Bogen Papier ist wohl urspr. Maßbez.: 'soviel man zu-sammenbiegt, -faltet'. — Vgl. Bausch.

Bohle F. Aus der Übereinstimmung der siebenbürg. Formen mit den rhein. ergibt sich afränk. *bolo für die Zeit vor 1141; das älteste nd. Zeugnis ist aus bolscip einer pomm. Urk. von 1286 (Hanf. Urk.-B. 1, 1005) zu entnehmen. Nächstverwandt mit mnd. bol(l)e 'Planke' u. mnl. bolle 'Baumstamm' ist anord. bolr 'Baum-stamm', aus dem gleichbed. mengl. bole ent-lehnt ist und das mit anord. bola 'Bäume fällen', bol-øxi u. a. unser Wort als gemein-germ. erweist; vgl. schwed. bål 'Stamm, Rumpf'. Überall liegt o aus germ. u vor. Ur-verwandt sind aind. bhurijāu 'Deichselarme', lat. fulcīre '(durch Balken) stützen' u. (mit an-derer Ablautstufe, vgl. Balken) gr. φάλ-αγγαι 'Planken', φάλαγξ 'Stamm, Balken; Schlacht-reihe'. Eine dritte Stufe des Ablauts zeigt mnd. bāle, das in Pommern als bālə in Schleswig-Holstein als bǭlə fortlebt. Auf obd. Gebiet ist B. nicht bodenständig, in die Schriftsprache ge-langt es (wie das verwandte Bollwerk) durch Luther, der es aus seiner thür. Heimat kennt.

Bohne F., mhd. mnd. mnl. bōne, ahd. asächs. bona, nnl. boon, afries. bāne, agf. bēan, bien, engl. bean, anord. baun, norw. bauna, dän. bønne, schwed. bōna. Baunōnia 'Bohnenland' als Name einer fries. Insel bei Plinius, Nat. hist. 4, 94 (eine andre heißt Fabaria: daf. 4, 97) sichert *baunā als germ. Ausgangsform, die (aus *babnā dissimiliert) auf idg. *bhabhā 'Saubohne' zurückweist. Dies ist die redupl. Stammform auch für gleichbed. lat. faba, ruff. bob und apreuß. babo, während gr. φακός 'Linse' und alban. baθε (aus *bhakā) 'Saubohne' als Ableitungen auf verklein. -ko der Redupl. nicht bedurften. Den Ausgangspunkt bildet eine Lautvorstellung idg. *bha, die von den aufgeblähten Backen auf die geschwollene Schote übergegangen ist. Die Bohne unfrer Urzeit war Vicia faba L.: J. Hoops 1913 Realleg. 1, 301. Unfre Gartenbohne (Phaseolus vulg. L.) stammt aus Amerika: derf. 1905 Waldb. u. Kulturpfl. 400. Über Kaffeebohne f. Kaffee.

bohnen Ztw. Das Wichsen oder Wachsen der Böden (diese beiden Wörter in Süddeutschland, Österreich u. der Schweiz) heißt im nd. Osten bohnern, im nd. Westen bohnen. Über die Abgrenzung Kretschmer 1918 Wortgeogr. 138. Bohnern ist Iterativbildung (wie räuchern, schillern, schimmern, erschüttern) zu mnd. bōnen 'blank reiben'. Dies führt mit gleichbed. mnl. nnl. boenen, agf. bōnian auf westgerm. *bōnian zur Wz. germ. *bōn, vorgerm. *bhān. Zu ihr air. bān 'weiß', gr. φαίνω, πέφηνα 'mache sichtbar', aind. bhānú- 'Schein, Licht, Strahl'.

Bohnenlied N. in den Redensarten: etwas geht über das Bohnenlied 'ist nicht mehr erträglich' und: einem das B. singen 'ihm den Laufpaß geben' zurückzuverfolgen bis ins 15. Jh. Das Lied selbst (Text bei F. M. Böhme, Altd. Lieberb. 435) schildert Verkehrtheiten u. Albernheiten. Es hat den Namen von f. Kehrreim: Nu gang mir aus den Bohnen 'Laß mich ungeschoren': A. Kopp 1917 Zf. d. Ver. f. Volksk. 27, 35; H. Fischer 1904 Schwäb. Wb. 1, 1289.

Bö(h)nhase M. 'Pfuscher' zu Böhn 'Boden' (f. Bühne), der obd. Volkssprache fremd, ursprgl. die im nördlichen Niederdeutschland übliche Bezeichnung für den unzünftigen Schneider. In der Schreibung Beinhase Felsenburg 2, 190; bei Stieler 1691 Beenhase. Im Oldenburg. Böhnhase (auch Balkhase) Name der Katze; die übertragene Bedeutung erinnert an das im Salzburgischen für den unzünftigen Zimmermann übliche Dachhase (eigtl. 'Katze') oder Zaunhase (eigtl. 'Igel'): in der Heimlichkeit der Arbeit auf Bühne oder Speicher liegt die Vergleichung; nach Walther, Zf. f. d. Wortf.

8, 191 war Böhnhase, das im 14. Jh. zunächst als Personenname auftritt, eine nd. Scherzbenennung für 'Katze'. Anderseits bietet die in Hamburg 1755 bezeugte Wendung Böhnhasen jagen (die zünftigen Schneidermeister hatten das Recht, die unzünftigen Schneider unter Erlaubnis des Bürgermeisters mit polizeilicher Hilfe zu verfolgen, was Peister 1685 De vernac. et rer. Germ. significatione 31 schildert) einen weiteren Anhalt für die Bezeichnung Böhnhase. Sie begegnet schon in der Wismarer Schneiderrolle von 1568, in einer Preuß. Landesordnung von 1577, sowie 1592 im nd. Wegekörter a 1b und wird von Zeiller 1644 Episteln 4, 319 besprochen. Die hd. Literatursprache des 16. Jh. (z. B. Luther) sagte Hümpler und Stümpler für 'Pfuscher'. Sonst begegnen für den unzünftigen Schneider die Benennungen Schneiderfretter und Störer, auch Hosenkoch und Ferkenstecher (aus Neuß 1575 u. Deutz 1731: Mod. lang. notes 36, 485); der unzünftige Fleischer hieß in Zeitz Buhle.

bohren schw. Ztw. mhd. born, ahd. asächs. borōn, mnl. nnl. boren, agf. borian 'bohren', engl. bore (auch 'belästigen, langweilen', wie frz. scier aus 'sägen' zu 'langweilen' geworden ist), anord. bora, schwed. borra, dän. bore 'bohren': zur idg. Verbalwurzel *bher- 'mit scharfem Gerät bearbeiten' mit schwundstufigem Wurzelvokal wie gr. φάρω 'spalte', φαρόω 'pflüge', während lat. forāre 'bohren' auf hochstufigem idg. *bhorā- 'das Bohren' beruht. Urverwandt sind ferner mir. bern 'Kluft', armen. beran, lit. burnà 'Öffnung, Mund', alb. brimë 'Loch', aind. bhrnáti 'versehrt'. S. Barch.

Boi M. Ein Wollgewebe, feiner als Fries und gröber als Flanell, heißt afrz. baie, wohl nach lat. badius 'kastanienbraun'. Von den Franzosen kommen Wort und Sache früh zu allen Nachbarn: ital. baietta, mnl. baeysch läken, engl. bay, baize (dies aus dem Plur.), dän. bai. Während nd. baie über nnl. baaei zu uns gelangt und gelegentlich ins Hd. dringt (bayh(e) Henisch 1616), kann Boy (so seit Stieler 1691) dem Frz. erst entnommen sein, als dort boie galt. Schwed. boj entstammt dem Nhd.

Boisalz f. Bai.

Boje F. 'an Anker, Netze u. dgl. geketteter Schwimmer, Wahrtonne': in nd. Seemannssprache zuerst 1575 als boye 'Ankertonne', vermittelt durch gleichbed. mnl. bo(e)ye (nnl. boei), das (wie engl. buoy) aus afrz. boye (frz. bouée) stammt. Die afrz. Form ist lautgesetzl. entwickelt aus nfränk. *bōkan 'Zeichen', das auf dem unter Bake entwickelten germ. *baukna- beruht (k-Ausfall wie in frz. jouer aus lat.

iocare): J. Modéer, Namn och Bygd 1943
S. 143.

Bolch M. Name versch. Fische: Kabeljau,
Schellfisch, Wels, Hausen. Mhd. (seit 1329)
bollich, frühnhd. bul(l)ich, bol(i)ch, mnl.
bul(l)ik, bulk, mnl. bol(li)e, bule, nnl. bolk.
Die Fische heißen nach ihren dicken Köpfen;
schwäb. bolchekopf ist geradezu 'dicker Kopf':
H. Fischer 1904 Schwäb. Wb. 1, 1271. Ver=
wandt sind Belche¹ und Bolle; außergerm.
vergleicht sich vor allem gr. φάλλαινα, φάλη
'Walfisch'.

=bold in Zuf.=Setzungen wie Lügen=,
Rauf=, Sauf=, Witzbold ist Nachbildung
altd. Männernamen wie Gari-, Huni-, Sigibald
mit bald 'kühn' im zweiten Teil, deren Förste=
mann 199 aufführt. Im Nebenton ist für ahd.
-bald mhd. -bolt eingetreten. Von den appel=
lativen Nachbildungen stehen die ältesten er=
kennbar im Übergang vom Eigennamen:
hetzebolt ist erst Name eines bestimmten
Jagdhunds, dann 'Jagdhund' allgemein.
Kurz(e)bolt ist zunächst Übername eines
Untersetzten, dann 'kurzes Gewand'. Außer=
dem leben schon mhd. trunken- und wankelbolt.
Frühnhd. trunkenbolz ist hyperhd. Form.
Der zweite Teil ist verselbständigt, wenn im
16. Jh. trunkener Bold erscheint, im 19.
(Rückert) kleine Bolde. Schillebold
'Libelle' enthält nd. bolt 'Bolzen' u. ist mit -d
unserer Gruppe nur angeglichen.

bölken Ztw. 'brüllen', zumal von Rindern,
nnl. bulken, md. (15. Jh.) bülken; bed.=
verwandt nnl. balken (vom Esel), mnl. mnd.
belken. Sämtlich mit k-Formans zur gleichen
Wz. wie bellen: Zf. f. d. Wortf. 12, 34.

Bolle F. Aus einer Grundbed. 'Knollen=
artiges' hat sich einerseits 'Zwiebel', anderseits
'Knospe, rundliches Gefäß, Schale' entwickelt.
Bei der ersten Entwicklung mag ital. cipolla
(s. Zwiebel) mitgewirkt haben. Die Bed.
'Schale' ist schon in ahd. agf. bolla, anord.
bolle vorhanden. Engl. bowl 'Napf' hat um
1770 nhd. Bowle ergeben, zuerst in Göttingen.
Kennzeichnend für den Begriff der 'rundlich
erhöhten Form' ist ahd. hirni-, agf. héafod-
bolla 'Hirnschale'. Weiter sind verwandt mhd.
boln, ahd. bolōn 'rollen, werfen', vielleicht
auch Ball. Vgl. Belche¹ und Bolch.

Böller M. In Regensburg erscheinen 1343
die ersten pöler, die Schmeller ²1, 231 als
'Schleudermaschinen' deutet. Sie kehren
in der Zeit der beginnenden Feuerwaffen als
kleine Kanonen wieder (H. Fischer 1, 1277),
wie sie noch heute zu Signalschüssen u. Festen
benutzt werden. Zu mhd. boln 'schleudern'
(f. Bolle): während sonst die zu tranf. Ztw.
gebildeten Mask. auf -er den Träger der Hand=

lung bezeichnen, hat sich bei Böller dieselbe
alte Freiheit der Bildung bewahrt, wie in
Pelzer, Pfropfer, Senker: A. Götze
1909 Zf. f. d. Wortf. 11, 269.

Bollwerk N. Ein im 15. Jh. auftretendes
mhd. bol(e)werk 'Wurfmaschine' kann die
Auffassung von Böller (f. d.) stützen, mit
dem es zu boln 'schleudern' gehört. Zukunft
hatte allein gleichzeitiges bolwerk 'munimen'
(Lexer 1, 324; H. Fischer 1, 1279), das an Bohle
F. (f. d.) anzuschließen ist: aus starken Planken
wurde das Werk, der Schutzbau geschichtet.
Gleichen Ursprungs sind mnd. mnl. nnl.
bolwerk, aus dem Deutschen entlehnt frz.
boulevard (aus älterem boulevert), engl. bul=
wark, spätanord. bolvirki, dän. schwed. russ.
bolverk, lett. bulverk'is: J. Sehwers 1925 Zf.
f. vgl. Sprachf. 53, 101.

Bolzen M. mhd. ahd. bolz, mnd. bolte(n)
'Bolzen, Fußfessel, Meßstab, Rolle', mnl. bout(e),
nnl. bout, agf. engl. dän. bolt, schwed. bult. Die
got., anord., afrief. u. asächs. Formen entgehen
uns. Auf Entlehnung aus dem Germ. beruht
das seit dem 8. Jh. bezeugte mlat. boltio, das
ital. bolzone ergeben hat. Urverwandt sind lit.
beldù, báldau 'klopfe', baldas 'Stoßstange', mit
denen B. auf einen idg. Stamm *bheld- 'pochen'
zurückweist, der mit einem nur präsentischen d
zur Wz. *bhel 'schallen' gehört, so daß B. in seiner
vorgeschichtl. Grundbed. 'Holznagel' nach dem
Klang beim Einklopfen benannt wäre. Auf
'Holznagel' beruhen die geschichtl. Bed. des
Worts: J. Brüch 1936 Zf. f. dt. Alt. 73, 75ff.

bombardieren f. Bombe.

Bombardon N. Die Baßposaune hieß
frühnhd. Pommer; daneben tritt Bom=
bardon (nach ital. bombardone) seit Prätorius
1619 Syntagma mus. 2, 36.

Bombasin M. leichter Baumwollstoff, doch
auch Mischgewebe mit Wolle, Kamelshaar
oder Seide. Perf. panbä 'Baumwolle' liefert
über gr παμβάκιον lat. bombacium, das ital.
bombagino und frz. bombasin ergibt: Lokotsch
1927 Etym. Wb. 1617. Die Sache gelangt
von Süden u. Westen zu uns, so daß an frühnhd.
bombasin (so seit Frisius 1556 Dict. 1425 a,
spätmhd. wammasin M.) beide roman. Nach=
barsprachen Anteil haben dürften: Schweiz.
Id. 4, 1258; H. Fischer 1, 1283; Lexer 1, 325.

Bombast M. Zu den unter Bombasin
entwickelten Baumwollstoffen stellt sich engl.
bombast, ein Gewebe, das vor allem zur
Auswattierung der Wämser benutzt wurde.
So ging das engl. Wort in die Bed. 'Schwulst'
über, es wurde in der weiteren Bed. 'Wort=
schwall' zum Schlagwort der literar. Kritik u. als
solches durch Gottsched 1730 Crit. Dichtk. 228
bei uns bekannt. Lessing hat es eingebürgert.

Bombaſtiſch ſeit Wieland 1774 Abderiten 3, 2. Bombaſt, ſeit dem 15. Jh. Beiname der Herren von Hohenheim bei Stuttgart, alſo auch des Theophr. Paracelſus, iſt unmittelbar auf mlat. bombacium zurückzuführen; auch Wams iſt ſchwäb. Familienname.

Bombe F. Frz. bombe aus ital. bomba 'Sprengkugel' erſcheint bei uns ſeit Wallhauſen 1616 Kriegsmanual 94. Das frz. Wort bed. 'ſummendes Geſchoß' u. gehört zu lat. bombus, gr. βόμβος 'dumpfes Geräuſch'. Zuſ.=Setzungen des 19. Jh. wie Bombenerfolg, =gedächt= nis, =rolle, =mäßig entſtammen der Schau= ſpielerſprache. Frz. bombarder liefert ſeit Stieler 1691 bombardieren, bombardement ſeit 1708 Leopold d. Gr. 1, 55 Bombardement 'Be= ſchießung': H. Schulz 1913 Fremdwb. 1, 90.

bombenfeſt, =ſicher Adj. bezeichnen in eigentl. Bed. etwas als ſo feſt u. ſicher, daß auch ein Volltreffer es nicht zerſtören kann. So Nettel= beck 1823 Lebensbeſchr. 3, 177 „ein Wein= keller, den man für bombenfeſt hielt". Erſt neuerdings unſinnlich: „das ſteht b., mein Wort iſt b."

bömig Adj. 'ſtumpf von den Zähnen nach Genuß von Saurem', ein Ausdruck der Mark Brandenburg und ihrer Nachbarlandſchaften, von den alten Siedlern aus den ſüdl. Nieder= landen mitgebracht, wo ſeit langem boomig gilt. Die Auffaſſung 'ſich bäumen' wird geſichert durch den gleichbed. Ausdruck „es ſtehen einem die Zähne auf", den man im oſtfränk./oberpfälz. Grenzgebiet gebraucht, wenn man Allzuſaures zu eſſen bekommt. Die niederſächſ. Entſprechung ägig (auch egg, ege, äge) gehört zu *ag= in mnd. egge F. 'ſcharfe Kante, Schneide'. Sie ſtimmt zu egghighe tanden 'ſtupidi dentes', das von je in den nördl. Niederlanden gilt: H. Teuchert 1932 Brandenburgia 41, 5f.

Bonbon N. Das nach Kinderart doppelt geſetzte frz. bon 'gut' hat frz. bonbon 'Zucker= plätzchen' ergeben, das obd. Gut(e)le, Gutſ(e)le entſpricht, aber ſich mit abweichender Bed. (Gutſel das im Haus gebackene Zucker= werk, B. die im Laden gekauften Leckereien ohne Mehl: H. Fiſcher, Schwäb. Wb. 1, 1284. 3, 967) daneben erhält, ſeit es um 1770 (H. Schulz, Fremdwb. 1, 91) entlehnt iſt. Moritz 1793 Gramm. Wb. 170 befürwortet das Fremd= wort, Kinderling 1795 Reinigk. 116 u. Campe 1813 Verd.=Wb. 154 ſind mit ihrem Wider= ſpruch nicht durchgedrungen. Bonbonniere F. aus frz. bonbonnière (ſ. Barriere) ſeit 1794 Neuer Teutſcher Merkur 3, 204 „Ich habe heute noch die Bonboniere mit ihrem Portrait in Händen gehabt, die mir der engliſche Ge= ſandte geſchenkt hat". Weſtfäl. gilt klümpken für 'Bonbon'.

Bonmot N. Frz. bon-mot 'Witzwort' tritt zuerſt 1708 in deutſchem Text auf: H. Schulz 1913 Fremdwb. 1, 91. Die anfangs lebendige Wortgruppe, die bis 1790 den Plur. Bons mots bildet, erſtarrt, ſo daß Prof. Will in Altdorf 1749 eine Kritik der Bonmots ſchreibt. Bon= motiſtiſch Neſtroy Zſ. f. d. Wortf. 12, 243.

Bonne F. Aus der frz. Anrede ma bonne „meine Gute" (ſo Bürger 28b Bohtz) iſt der Name der Kinderfrau hervorgegangen, bei uns ſeit Campe 1801 gebucht.

Bonvivant M. 'Lebemann' (ſ. d.) aus frz. bon vivant, das ſeit langem hinter frz. viveur zurücktritt. In nhd. Text belegt H. Schulz 1913 Fremdwb. 1, 92 bon vivant ſeit 1714.

Bonze M. Japan. bonsō 'buddhiſt. Prieſter', dahin aus chin. fan-səng 'religiöſe Perſon' mit dem Buddhismus entlehnt, iſt in der engl. frz. Form bonze über die Welt verbreitet. Bei uns zunächſt rein beſchreibend Bonzy Plur. (Schultze 1676 Oſtind. Reiſe 134a), dann ſchon kritiſch Bonzier (ſeit Hübner 1732 Staatslex. 276), ſeit der Aufklärungszeit in frz. Form Bonze als Spottwort für bigotte Pfaffen (Wieland 1767 Agathon 2, 7), dazu Bonzenweſen von prieſterl. Beſchränktheit (Seume 1800 Mein Leben 8), Bonzengift u. Bonzerei (Ladendorf 1906 Schlagwb. 31), neuerdings von Vorgeſetzten u. harmlos von Würdenträgern jeder Art, aber auch von Fa= natikern ihrer Überzeugung (Parteibonzen): Zſ. f. d. Wortf. 13, 98. 15, 179; H. Schulz 1913 Fremdwb. 1, 92; Lokotſch 1927 Etym. Wb. Nr. 331.

Boot N. Agſ. bāt, mengl. bōt, engl. boat, anord. beit, anl. beitel führen auf germ. *baita=, das von Lidén, Uppſala-Studier S. 34 zu anord. bite 'Balken' gezogen u. als 'Einbaum' gedeutet wird (ſ. Beting). Von England wird das Wort in der Bed. 'Boot' verbreitet: anord. bātr, mnl. (14. Jh.) boot, tymr. bād, ital. batto, battello. ſpan. batel, frz. bateau. Im Nd. iſt boet M. 'kleines, offenes Beiſchiff' zuerſt Ham= burg 1292 bezeugt, dazu viele Zuſ.=Setzungen, von denen bōsman 'Matroſe' zuerſt ſchrift= ſprachlich wird: boßleut Waldis 1548 Eſop 2, 30. Später nimmt das Wort die etymologi= ſierende Geſtalt Bootsmann u. die Bed. 'Unteroffizier auf Kriegs= u. Handelsſchiffen' an. Bootsmaat iſt Klammerform aus Boots= mannsmaat. Zu der Kurzform Boots Zſ. f. d. Wortf. 8, 40. In hd. Text tritt podel oder poet ſeit Ulr. Schmidel 1554 Reiſen 27 auf. Seit He= niſch 1616 wird Boot gebucht, fortan drängt es md. Kahn und Zille, obd. Nachen, Naue, Schelch u. Weidling zurück, die in frühnhd. Zeit allein galten. Zuſ.=Setzungen wie Boots= geſell u. =knecht haben einen gewiſſen Vor=

ſprung vor dem einfachen Wort, das erſt um 1750 für eingebürgert gelten kann, nun auch als 'kleineres, ſelbſtändiges Fahrzeug zu Fiſchfang u. Küſtenfahrt': Fr. Kluge 1911 Seemannsſpr. 117. Die nd. Herkunft iſt (wie bei den Seemannsworten Bake, Ducht, Ebbe, Flotte, leck, ſtoppen, Takel, Tau u. v. a.) auch äußerlich erkennbar, in Neuenheimer Schifferſprache z. B. auch am Genus die Boot: L. Sütterlin 1904 Zſ. f. d. Wortf. 6, 69.

Borax M. Perſ. büräh 'borſaures Natron' iſt über arab. bûrak, baurak in die europ. Sprachen gelangt. über mlat. borax entſteht ſpätmhd. buras, frühnhd. borros. Daraus iſt nhd. Bor, Borſäure, ⸗waſſer gewonnen.

Bord M. N. 'Deck⸗ und Seitenplanken eines Schiffs', mit Back⸗ u. Steuerbord aus nd. bo(o)rd mit unverſchobenem d entlehnt. bord als Schiffsausdruck begegnet zufrühſt im Agſ., wo es tabula überſetzt. Es iſt eine gemeingerm. Ablautvariante für Brett (ſ. d.) u. entſpricht dieſem in der Bed. Jdg. *bhr-tó-m und *bhretóm gehören zu der unter bohren genannten Wurzel *bher-. In einer oſtfrieſ. Urkunde von 1457 iſt von einem ſchepe van vyff borden grot 'fünf Planken hoch' die Rede; vgl. Dreibord. Die urſpr. Bed. kehrt wieder in got. fötubaúrd 'Fußbrett' und nnl. dambord 'Damenbrett'. Mit dieſem vergleicht man aſlav. brazda 'Furche'. — Kluge 1911 Seemannsſpr. 127.

Börde F. mnd. börde, ſo zuerſt in Hildesheim 1300 und Magdeburg 1314, älter gebörde, ahd. gibürida F. 'was einem zukommt, zufällt'. Es gehört zu aſächſ. ahd. bëran (lat. ferre) '(ein)tragen' und bezeichnet im Mnd. ein der Stadt(kirche) zins⸗ oder ſteuerpflichtiges Landgebiet, ſpäter 'Gerichtsbezirk, Landſchaft', heute in Fügungen wie Soeſter, Magdeburger Börde 'fruchtbare Ebene, Flußebene': Dt. Rechtswb. 2 (1935) 408; E. Schröder 1941 Nd. Jb. 65/66, 33f.

Bordell N. Mhd. bort 'Brett' (ſ. Bord) wird früh ins Roman. entlehnt u. entwickelt hier ein Demin. mlat. bordellum, ital. bordello, frz. bordel 'Hüttchen', das in der Bed. 'Freudenhaus' zu den germ. Nachbarn zurückkehrt: engl. bordel, brothel, mnl. bordeel. Bei uns zufrühſt Bordäl Fiſchart 1575 Garg. 90; bordeel bucht Schueren, Teuthoniſta (Kleve 1477), ebenſo noch Heniſch (Augsb. 1616). Das Wort iſt, mhd. vrouwenhûs verdrängend, den Rhein hinauf, die Donau hinab gewandert. Bordellerey Laukhard 1802 Mein Leben 5, 133, Bordelliſt daſ. 130 beleuchten den Anteil der Studenten an der Wortgeſchichte

bordieren Ztw. Dem afränk. *bord 'Rand' entſtammt frz. border 'den Rand beſetzen, einfaſſen', das ſeit Fiſchart 1575 Garg. 185 rückentlehnt erſcheint. Nachmals ſpielen das Part. (ver)bordiert u. die Ableitung Bordüre F. 'Einfaſſung' eine Rolle: H. Schulz 1913 Fremdwb. 1, 92.

Borg(ſchwein) ſ. Barch.

borgen Ztw. Im Ablaut zu bergen (ſ. b.) ſteht ein germ. ſchw. Ztw. der Grundbed. 'jem. Sicherheit gewähren', das ſich einzelſprachlich in den Dienſt der beginnenden Geldwirtſchaft geſtellt hat: ahd. bor(a)gën 'ſich vor etwas hüten, ſich ſchonen', dann 'jem. mit Zahlung verſchonen', mnl. borghen 'beſchirmen', dann 'Bürge ſein für jem.', agſ. borgian 'behüten', dann 'leihen', ſpät anord. borga 'Bürgſchaft übernehmen für jem.'

Borke F. Die rauhe Baumrinde heißt hd. Rinde; Borke iſt von Haus aus ein nd. Wort (mnl. barc, mnd. borke, weſtfäl. bark, borke), das umgangsſprachl. bis zu einer Linie Barmen-Breslau gilt (Kretſchmer 1918 Wortgeogr. 141), aber auch ſchriftſprachl. u. in Borkenkäfer, ⸗tier auch wiſſenſch. gebraucht wird. Mit anord. borkr (Grundform *barku-) u. dem daraus entlehnten engl. bark weiſt es auf urgerm. *barkus. Hierin ſieht Peterſſon, Jdg. Forſch. 23, 403 eine g⸗Erweiterung des Verbalſtammes *bher- 'ſchneiden'. Er kann ſich dabei auf das Verhältnis von lat. cortex 'Rinde' zu gr. κείρειν 'ſchneiden' uſw. berufen.

Born M. md. nd. Form für Brunnen.

borniert Adj. Zu frz. borne F. 'Grenzzeichen, Ziel' ſtellt ſich borner Ztw. 'beſchränken', deſſen Part. bornirt ſeit Schiller 1787 Briefe 1, 362 in nhd. Text erſcheint. Dazu im 19. Jh. Borniertheit F.: H. Schulz 1913 Fremdwb. 1, 93.

Borretſch M. Die Pflanze Borrago officinalis L. iſt von den alten Ärzten als ſchweißtreibendes Mittel verwendet worden. Arab. abû 'araq 'Vater des Schweißes' (zum zweiten Glied der Formel vgl. Arrak) hat über mlat. borrâgo (ſo ſeit dem 14. Jh.) die europ. Formen geliefert. Spätmhd. borretſch iſt uns durch das Roman. vermittelt. Das unmittelbar auf dem Lat. beruhende borage(n) lebt mundartlich fort: H. Fiſcher 1904 Schwäb. Wb. 1, 1296.

Börſe F. Mlat. bursa 'Geldbeutel' (zu gr. βύρσα 'Leder') hat im 13. Jh. der Brügger Kaufmannsfamilie van der Burse den Namen gegeben, die drei Geldbeutel im Wappen führte. Im 15. Jh. ging der Name burse auf den Platz vor deren Haus in Brügge über, wo die lombard. Kaufleute zu Geſchäftszwecken zuſ.⸗traten. 1409 iſt mnl. burse die Zſ.⸗Kunft der Kaufleute in Antwerpen. 1518 bekommt sie ein Haus, das 1531 Bursa heißt: damit ist die Bed. 'Börsengebäude' erreicht. Seit 1558 bringt der Name über Hamburg nach Deutschland, zunächst in der Form Börs, die dem nnl. beurs entspricht. Vom Gebäude geht die Bez. auf die Versammlung der dort handelnden Kaufleute über. Seit etwa 1850 bedeutet Börse auch 'Markt für versch. Waren', womit Zus.-Setz. wie Geld-, Getreide-, Trödler-, Warenbörse ermöglicht sind. Ein Vorschlag, das Fremdwort durch Handelshof zu ersetzen, ist bisher nicht durchgedrungen. — Auch in seiner alten Bed. 'Geldbeutel' bringt nnl. (geld)beurs ins Nhd., zuerst 1730 als Gold-Beurse, seit Zachariä 1754 Schnupftuch (1, 278) Börse. S. Bursche.

Börsianer M. nach Goethianer, Wagnerianer zuerst Glagau 1876 Börsenschwindel 88, nachdem noch Spielhagen 1874 Ultimo 452 allein Börsenmann gebraucht hatte.

Borst M. 'auseinandergebrochene Stelle', mnd. burst, borst, agſ. byrst N. 'Landsturz', engl. burst 'Riß, Bruch'. Zu bersten, ſ. d.

Borste F. mhd. borste F. — bürst, borst M.N., ahd. burst M.N., agſ. byrst u. mit l-Ableitung brystl, engl. bristle 'Borste', anord. burst F. 'steifes Haar, Dachrücken', bursti M. 'Bürste': *bors als germ. Gestalt der Wurzelſilbe steckt auch in engl. bur 'Klette' aus agſ. *burr (für *burzu- 'die Vorstige'). Vorgerm. *bhers- kehrt wieder in aind. bhr̥ṣ-ti 'Spitze, Zacke, Ecke', lat. fastīgium 'äußerste Kante', lit. barštis 'Rübe', ruff. boršč 'Bärenklau'.

Borte F. 'Band, Besatz aus Goldfäden u. Seide', älter einfach 'Rand', mhd. borte M. 'Einfassung, Band, Rand', ahd. borto 'Saum, Besatz' (ital. bordo 'Rand, Einfassung', frz. bord sind germ. Ursprungs), agſ. borda 'Saum, Besatz'. Vgl. das verwandte Bord.

Böschung F. Mit der unter Busch behandelten Sippe ist durch ein Mittelglied bosch 'Grasbüschel' ein alem. Wort zu verbinden, das in der Schweiz als bosch 'mit Gras bewachsenes Stück Boden' seit langem u. heute noch lebt (Schweiz. Jd. 4, 1763). Dazu wird im 16. Jh. Böschung 'mit Rasen bekleidete Abdachung eines Walls' gebildet. Es tritt bei Kriegsschriftstellern wie Speckle 1589 Architect. 9ᵃ u. ö. auf und gelangt in die Gemeinsprache als 'Abdachung'. Zugleich wird das kurze ö zur Länge.

böse Adj. Mhd. bœse, ahd. asächſ. bōsi, mnd. mnl. böse, nnl. boos, afrieſ. *bās (in bās(a)feng 'unzüchtiger Griff'), schwed. mundartl. bös 'wild, verwegen, hochfahrend', norw. baus 'stolz, keck' führen auf germ. *bausia-, *bausu-. Nächstverwandt sind mengl. bösten, engl. boast 'prahlen', ursprünglich 'sich aufblähen'. So

stellt sich das Adj. als s-Erweiterung der idg. lautmalenden Wurzel *bhōu- 'aufblasen' dar, die auch unter Bauch, Bausch, bausen, Beule und Busen genannt ist. — Bosheit und boshaft bleiben ohne Umlaut, weil ahd. i der Fuge schwand, ehe es Umlaut wirken konnte. Dagegen ist mhd. bœsewiht (mit innerer Beugung) jüngere Zuf.-Rückung des Adj. mit Wicht, ſ. d.

Boß M. 'Halbstiefel'. Das dem frz. botte prov. bòta F. 'Stiefel' vorausliegende roman. bota ist vor der hd. Lautverschiebung entlehnt worden u. hat danach mhd. boz(schuoch) (Lexer 1, 336f.), alem. boß, bößle (Schweiz. Jd. 4, 1735), schwäb. bosse (H. Fischer 1, 1315), bair. poß(en), poßschu (Schmeller ²1, 294) ergeben. Entlehnung von frz. botte in frühnhd. Zeit hat elſ. bot(t)schüh (Ch. Schmidt 1901 Hiſt. Wb. d. elſ. Ma. 51), schwäb. botschuoh geliefert. Dieses lebt in botsche 'Hausschuhe' bis heute, gleicher Herkunft ist österr. Patschen 'Pantoffeln'.

Boße M. 'Bund Stroh oder Flachs', ahd. bōzo, mhd. bōze, mnd. bōte, weſtfäl. baute 'Bund Flachs', stellt sich zu dem unter Amboß, Beutel¹ und bosseln behandelten Ztw. mhd. bōzen 'stoßen'. Heute gilt das Wort in der Westmark und Rheinpfalz, ferner in obd. Ma. vom Elsaß und der Schweiz bis Kärnten, ſ. H. Fischer 1, 1310, das zur Bed.-Entfaltung an den "Stoß Papier" erinnert.

bosseln Ztw. ist in den Bed. 'Kegel schieben', 'kleine Arbeit verrichten' u. 'erhabene Arbeit machen' gleichen Ursprungs. Das unter Amboß u. Beutel¹ entwickelte Ztw. bōzen hat schon mhd. neben seiner gangbaren Bed. 'stoßen' die jüngere 'Kegel schieben' entwickelt (Lexer 1, 336). Dazu mhd. bōzkugel u. als Demin. unser erstes bosseln. Das zweite hat landschaftlich dieselbe Verkürzung des Stammvokals erfahren; das spätmhd. bözeln bed. etwa 'klöpfeln'; ein Maſk. boss(el) 'geringer Knecht' in obd. Ma. ist wohl erst aus dem Ztw. rückgebildet. Mit dem gleichbed. basteln ist dieses bosseln unverwandt. — Neben ahd. bōzan stand afränk. *bōtan '(aus)schlagen, sprießen' mit der Ableitung *bōtja 'Sproß'. Sie wird entlehnt zu gallorom. *bottia, das in prov. bosa, frz. bosse 'Beule, erhabene Arbeit' fortlebt. Hieraus wird im 16. Jh. frz. bosseler 'erhabene Arbeit machen' abgeleitet, woraus in der Renaissancezeit das gleichbed. frühnhd. bosseln entlehnt ist. Aus ital. bozza 'Erhabenheit' (das eben auch germ. Ursprungs ist) stammt spätmhd. possen M. 'Körpergestalt' bei Osw. v. Wolkenstein († 1445) 4, 6. 21, 6. 30, 12 Schatz. Dazu posnieren 'nachbilden' daſ. 68, 17. 94, 24.

Botanik F. 'Pflanzenkunde'. Zu gr. βοτάνη 'Pflanze' stellt sich botanική (ἐπιστήμη), das

über nlat. botanica (scientia) seit Schorer 1663
Arzn. b. Reis. 178 „Botanic oder Kräuter-
Wissenschaft" ergibt. Botanisch ist in lat.
botanicus vorgebildet, botanisieren (seit
Thilo 1716) in gr. βοτανίζειν 'Pflanzen sammeln'. Als Mask. galten im 18. Jh. Botanist
nach frz. u. Botanicus nach lat. Vorbild;
erst seit Campe 1801 erscheint Botaniker:
H. Schulz 1913 Fremdwb. 1, 94.

Bote M. ahd. boto, asächs. anl. bodo, afries.
agf. boda, anord. boði führen auf germ
*budan-, Nomen agentis zu der in bieten ent-
haltenen Wz. germ. *bud, idg. *bhudh: zu entbieten u. Gebote auszurichten war sein Amt.
Auch Botschaft F. ist schon gemeingerm.: ahd.
botoscaft, älter botascaf, asächs. bodscepi,
afries. bodiscip, agf. bodscipe. S. =schaft.

botmäßig Adj. 'zu Gehorsam verpflichtet,
untertan', spätmhd. potmæzzig 'verpflichtet,
sich nach den Geboten zu richten', im 15. Jh.
als Behördenwort zu mhd. bot N. 'Gebot,
Befehl' gebildet. Der alte Sinn war verdunkelt,
als im 19. Jh. unbotmäßig 'widersetzlich'
aufkam.

Botschafter M. Frühnhd. gilt für 'Gesandter'
das konkret gebrauchte Botschaft, zuerst in den
Reichsabschieden vom Ende des 15. Jh., zuletzt
im Regensburger Abschied von 1654. Nach
Kundschafter u. Gesellschafter stellt sich
Botschafter seit Heyden 1584 Plinius 408 in
nichtamtlichem Gebrauch ein, z. B. für Brieftauben oder Merkur als Götterboten; als 'Führer einer Gesandtschaft' nicht vor Tectander 1610
Iter Pers. 14. Amtlich wird Botschaft abgelöst
durch Ambassadeur, zu dessen Verdrängung
Heräus 1721 Ged. 273 Botschafter empfiehlt,
mit Erfolg vor allem darum, weil der Wiener
Hof im Streit der diplomatischen Rangklassen,
der in Nimwegen 1677 einsetzte, einen gehobenen Ausdruck brauchte (Abgesandter galt für
envoyé). So gilt im Reich, von Wien ausgehend,
seit Anfang des 18. Jh. Botschafter für den
mindestens kurfürstl. Vertreter.

Bottich M. mhd. botech(e), ahd. botahha
entlehnt aus mlat. butica 'Kübel' (zu buta
'Faß'). Der Übergang zum M. fand statt unter
Einfluß von ahd. botah (agf. bodig, engl. body)
M. 'Körper': P. Kretschmer 1933 Glotta 22,
118. Das Nomen agentis Bött(i)cher (spät-
mhd. botecher, Luther büttiger, bötticher,
nd. boddiker, bödeker, dän. bødker, schwed.
böckare) ist Schriftwort von nd. und md.
Osten her geworden, wo von alters Bier das
Hauptgetränk war. Der Handwerker heißt
nach dem Braubottich. Im alten Weinland am
Rhein u. Main gilt Küfer, in Altbayern
Schäffler, fränk.-alem. Kübler, ostfränk.
Büttner, im ganzen Südsaum Binder. S.

die Karte bei Leo Ricker 1917 Zur landschaftl.
Synonymik d. dt. Handwerkernamen; A. Götze
1918 Neue Jahrb. 41, 130; P. Kretschmer 1918
Wortgeogr. 142.

Boudoir N. Zu frz. bouder 'schmollen', das
etwa von 1750 bis 1850 auch bei uns gegolten
hat, ist nach einem Vorbild wie dortoir 'Schlaf-
saal' im 18. Jh. boudoir gebildet, das sich alsbald aus 'Schmollwinkel' zu 'Zimmer der
Dame' entwickelt hat. So bei uns seit J. Möser
1778 Patr. Phant. 3, 132 mit der Umschreibung
Launewinkel. Das von Campe empfohlene
Ersatzwort Schmollwinkel entspricht dem
Sprachgebrauch der Lausitz.

Bouillon F. 'Fleischbrühe' seit Amaranthes
1715 Frauenz.-Lex. 109 aus frz. bouillon M.,
das im 12. Jh. aus gallorom. *bullione 'Auf-
wallung' entwickelt ist. Dies gehört als Fem.-
Abstr. zu lat. bullīre 'sieden', urspr. 'Blasen
aufwerfen' (s. Bulle). Unser Fem. steht unter
Einfluß von Brühe u. Suppe.

Bovist s. Bofist.

Bowle s. Bolle.

boxen schw. Ztw. 'mit Fäusten kämpfen'.
Gleichbed. engl. box (vielleicht verwandt mit
pochen) gelangt im 18. Jh. zu uns und erscheint mit a, das auch in Frack (s. d.) dem engl.
o entspricht: baaksen Verf. e. brem. Wb. 1
(1767) 42; backsen F. M. Klinger 1776 Sturm
u. Drang 3, 3; bei K. A. Kortum 1784 Jobsiade
2, 6, 26 im Reim auf wachsen; baxen noch bei
Campe 1807, Baxer bei H. v. Kleist 1810 Werke
4, 194 E. Schmidt. Unsre Form tritt mit neuer
Berufung auf England seit K. Niebuhr 1778
Reisebeschr. 2, 175 auf: H. Schulz 1913
Fremdwb. 1, 95.

Boykott M. Über Hauptmann Charles Boycott, Gutsverwalter zu Lough-Mask in der
irischen Grafschaft Mayo, sprach die irische Land-
liga 1880 ihren Bann aus, so daß niemand für
ihn arbeitete oder mit ihm verkehrte u. B. das
erste Opfer des nach ihm benannten Verfahrens
wurde. Bismarck hat B. 'Verruf' alsbald aufgenommen. Das Ztw. boykottieren entspricht dem engl. to boycott, nnl. boycotten.

Brache F. ahd. brāhha, mhd. brāche, mnd.
mnl. brāke (zu brechen wie Sprache zu
sprechen) 'Umbrechung des Bodens im Juni'
(ahd. brāhmānōt), ein Kunstwort der Dreifelderwirtschaft, bei der ein Drittel der Feldflur in, ze brāche liegt. Indem in der Formel
die Präp. schwindet (wie in preisgeben,
wettlaufen: Behaghel 1928 Gesch. d. dt.
Sprache 350), entsteht ein junges Adj. brach,
das Verbindungen wie Brachfeld, =land
eingeht. Dagegen zum Subst. gehört Brachvogel, ahd. brāhfogal als Name versch. Vogel-
arten, die sich gern auf Brachland aufhalten:

Suolahti 1909 Vogelnamen 59. 272. 281 ff.
Dän. brokfugl, schwed. brockfågel sind aus dem
Nd. entlehnt.

Brachse s. Brassen.

Brack N. 'Ausschuß', brack Adj. 'minderwertig', bracken Ztw. 'ausmustern': seit dem
14. Jh. als Wörter des norddeutschen Handels
belegt von A. Schirmer 1911 Wb. d. dt. Kaufm.-
Spr. 212, woneben im nd. Text wrack und
wracken gelten. Dies ist das Ursprüngliche
(s. Wrack): br ist Lautsubstitution für das den
Hd. ungewohnte wr: Behaghel 1928 Gesch. d. dt.
Sprache S. 385.

Bracke M. 'Spürhund', mhd. mnd. mnl.
bracke, ahd. braccho, dazu asächs. Bracka als
Name eines Jagdhunds. Auf den germ. Wörtern beruhen ital. bracco, afrz. brac(on), frz.
brachet, braque, mlat. bracco 'Jagdhund',
barmbraccus 'Schoßhund'; aus dem Frz.
stammt engl. brach 'Spürhund'. Mit mhd.
bræhen 'riechen' und lat. fragrāre 'stark riechen'
zu idg. *bhrag-ros 'riechend'.

Brackwasser N. 'Gemisch von süßem und
Salzwasser', in hd. Text seit Andersen 1669
Orient. Reisebeschr. 23, doch schon Olearius 1647
Reise 275 „da freilich das Wasser ... süße oder
Brack ist". Häufiger nd. nl. brakwater zu mnl.
brac 'salzig'; dazu engl. brackish (water), dän.
brakvand, schwed. brakvatten. Das Wasser
heißt nach seinem schneidenden Geschmack: idg.
*bhrogos gehört zum Verbalstamm *bher
'schneiden' wie nl. brine 'Salzwasser' zu dessen
gleichbed. Erweiterung *bhrēi.

Brägen M. 'Gehirn'. Herm. Osthoff, Mor-
pholog. Untersuch. 5, 92 setzt idg. *mregh,
*mrogh an, woraus einerseits gr. βρεχμός
'Vorderhaupt', anderseits das wurzelverw.
germ. *bragna- 'Gehirn' hervorgegangen ist,
das durch agf. brægen, engl. brain, afrief. nl.
brein, mnd. bregen gesichert ist. Zur Vertretung von idg. mr durch germ. (m)br im Anlaut
s. Kluge 1913 Urgerm. S. 80.

Bram- in Bramrahe, -segel, -stange usw.
nl. bramra, -zeil, -steng wird aus bram 'Prunk'
gedeutet, so daß diese Segel usw. urspr. 'Re-
nommiersegel' wären. Zu stützen durch gleichbed. engl. top-gallant-sail (zu galant) und
Schönfahrsegel. Die älteren deutschen Formen brandsegel, -stenge u. ä. beruhten dann
auf irrender Umdeutung: Kluge 1911 Seemannsspr. 135.

Bramarbas M. 'Prahlhans'. „Bramarbas,
Cyperns Herr und Kaiser' beginnt eine Ode in
der anonymen Satire „Cartell des Bramarbas
an Don Quixote" hg. von B. Mencke 1710
Unterr. von d. d. Poesie 220, durch Gottsched
1741 D. Schaubühne 3, 16 beflügelt: Büchmann

1912 Gefl. Worte 111; H. Schulz 1913 Fremdwb. 1, 95. Dazu bramarbasieren 'großtun'
seit Gellert 1751 Briefe vom Geschmack 4,
149. Dem unbekannten Urheber mögen
neutest. Namen wie Βαραββᾶς, Βαρνάβας vor-
geschwebt haben.

Brand M. Ahd. brant, Mz. brenti, mhd.
mnl. brant (d), asächs. mnd. nnl. agf. engl. dän.
schwed. brand, afries. brond, anord. brandr
führen auf germ. *branda-, das dichterisch (wegen
des Glanzes) für 'Schwert' steht, auch im entlehnten afrz. brant, ital. brando. So ist es in
Namen wie Brandolf und Hildebrand gemeint, während Orts- und Flurnamen wie
Eben-, Neuenbrand an eine durch Brennen
gerodete Waldstelle erinnern. Das M. ist zum
Stamm des st. Ztw. brennen (s. d.) auf germ.
-pa, idg. -to gebildet wie Frost zu frieren,
gr. θάνατος 'Tod' zu θανεῖν 'sterben',
πότος 'Gelage' zu πίνειν 'trinken': F. Kluge
1926 Stammbildungsl. § 117. Die roman.
Sippe von frz. brandon 'Fackel' stammt aus
afränk. *brand 'brennendes Holzstück'.

Brandbrief M. tritt in Bayern 1396 als 'Verordnung gegen Brandstifter' auf, ohne in dieser
Bed. über den Anfang des 15. Jh. hinaus fort-
zuwirken. In Hamburg begegnet brantbref
zuerst 1514 als 'Schreiben, wodurch das Ab-
brennen von Haus u. Hof angedroht wird'.
Dieser Gebrauch, der etwa den des hd. Fehde-
briefs entspricht, gilt im Raum zwischen Antwerpen, Braunschweig, Erfurt, Berlin u.
Lübeck bis ins 19. Jh.; nach Süddeutschland
dringt nur gelehrte Kenntnis davon. Von hier
geht 1617 die Hauptbed. aus: 'obrigkeitl. Verfügung, die zum Sammeln von Gaben für
Brandgeschädigte berechtigt'. So in der Schweiz,
Württemberg u. Sachsen; hier entspringt der
verallgemeinerte Gebrauch 'dringlicher Brief
(um Geld)', der durch Vermittlung der Stud.-
Sprache von Leipzig (seit 1767), Halle usw. in
Umgangssprache u. Mundarten dringt.

branden Ztw. das Wallen erregten Wassers
haben die Alten gern dem Brennen u. Sieden
verglichen: Brunnen, Sod, lat. aestus. So
gehört nd. nl. branden zu Brand M. u. bedeutet urspr. 'sich wie Flammen bewegen'.
Nhd. erst durch Klopstock u. Voß eingebürgert. —
Brandung, nd. nl. branding, dän. brænding,
schwed. bränning, seit Vischer 1720 Robinson 1,
66 in hd. Texten, löst älteres Brennung ab,
das nd. branning, barning entspricht: Kluge
1911 Seemannsspr. 141. 147.

Brander M. nd. nnl. dän. brander 'mit
Brennstoff geladenes Schiff, mit dem man
feindliche Schiffe in Brand zu stecken sucht'.
In nhd. Texten seit Schultze 1676 Ostind. Reise
262ᵇ, vorher (seit Hulsius 1613 Schiffahrt 10, 38)

das hd. Bildungsgesetzen entsprechende Brand=
schiff: Kluge 1911 Seemannsspr. 139.

brandmarken Ztw. 'ein Zeichen einbrennen'
erst nhd. Dän. brændemerke, schwed. bränn=
märka sind aus dem Deutschen entlehnt. Das
Subst. heißt frühnhd. brandmerk. Die Sitte,
Verbrechern oder Gefangenen stigmata einzu=
brennen (s. Kainszeichen), auch bei Griechen
u. Römern.

brandschatzen schw. Ztw., spätmhd. brant=
schatzen 'eine Geldauflage festsetzen, durch die
Gebäude usw. von kriegsüblichem (Plündern
und) Niederbrennen losgekauft werden'. Über=
tragen 'stark in Anspruch nehmen'.

Brandsohle F. die innere Sohle des Schuhs
(so seit Ludwig 1716) aus Brandleder (seit
Stieler 1691), d. i. solchem, das durch das Brand=
zeichen der Tiere geschädigt ist: W. Kramer 1941
Gestaute Flut 64. Klammerform aus Brand=
(leder)sohle. Die Schuhmacher kaufen beim
Gerber Brandsohlenleder: E. Ochs 1940
Bad. Wb. 1, 307.

Brasse F. Die Bed. 'Seil am Ende der
Segelstange' ist schon an lat. brachium ent=
wickelt, das urspr. 'Arm' bedeutet. Sie geht
über frz. bras auf nnl. bras über u. gelangt von
da 1702 in hd. Seeschriften. Gleichen Ur=
sprungs ist engl. brace. — brassen Ztw. 'die
Rahen durch Ziehen an den Brassen in Stellung
bringen', vom vorigen abgeleitet, im hd. mit
ihm gleich alt. Nd. nl. brassen, dän. brase,
schwed. brassa, engl. to brace aus frz. brasser.

Brassen M., Brachse F. Zwei verschiedene
Fischgattungen führen sprachlich nahverwandte
Namen. Die artenreiche Seefischfamilie der
Sparidae heißt Brassen, eine Gattung der
Karpfenfamilie umfaßt die Brachsen (Abra=
mis). Im hd. Sprachgebiet, für das allein der
Süßwasserfisch in Betracht kommt, ist der alte
Velar vor s erhalten: daher schweiz. brachsme,
schwäb. brachse wie mhd. brahsem, ahd. brah=
s(i)a, brahsema, brahsima; dazu schwed.
braxem. Im Gebiet des Seefischs ist h vor s
geschwunden: md. brasme, mnd. brassem,
münsterl. braissem (ai aus ā), nl. brasem, dän.
brasen, norw. brasma, mlat. brasmus. Mit Ab=
laut stehen daneben md. brēsme, Alberus 1550
Fabeln 19, 71 bressum, asächs. brēssemo, mnd.
mnl. brēssem. Aus *brahsima ist frz. brème
entlehnt, daraus engl. bream. Der Name der
glänzenden Fische gehört zu germ. *brehwan
'glänzen' (idg. Verbalstamm *bhereḱ-); s.
Braue.

Brast M. 'Gram', mhd. brast, im 18. Jh.
ausgestorben. Zu Gebresten.

Braten M. Im 6. Jh. erscheint bei dem
westfränk. Arzt Anthimus brādō, -ōnis M.
'Schinken', ein Wort germ. Ursprungs, das in

aprov. brazon 'Wulst am **Arm**', afrz. braon
'Wade, Wulst' fortlebt. Ihm entsprechen asächs.
brādo 'Wade', ahd. brāt(o) 'Fleisch ohne Speck
u. Knochen, schieres Fleisch', ags. bræd 'Fleisch',
anord. brād 'Fleisch als Nahrung für Menschen
oder Tiere'. Mhd. brāte, mnd. mnl. brāde
werden durch das unverwandte Ztw. braten
in die Bed. 'gebratenes Fleisch' umgelenkt; ein
Rest der alten Bed. hält sich in Wildbret. Falls
der Anlaut auf idg. mr- beruht, kann Verwandt=
schaft mit mürb vorliegen.

braten Ztw. mhd. brāten, ahd. brātan,
asächs. brādan, mnl. brāden, afries. brēda, ags.
brǣdan. Verwandt mit Brodem u. brüten.
Zugrunde liegt wohl eine idg. Wz. *bhrēt, zu
der auch lat. fretum 'Wallung des Meers',
fretāle 'Bratpfanne', fervēre 'sieden' und fer=
mentum 'Sauerteig' gehören. Ohne Dental=
erweiterung auch Brühe.

Bratenrock M. Stieler 1691 verzeichnet
Bratenwams 'vestis convivalis'; seit der
Biedermeierzeit spielt der Gehrock (s. d.) seine
Rolle. Dazwischen steht der Bratenrock, der
bei Müller 1789 Emmerich 6, 150 als Gewand
der Leipziger Stutzer auftritt, gefolgt vom
Bratenkleid 1790 Origines Backel 1, 93.
J. Tobler 1837 Appenz. Sprachsch. 79 ver=
zeichnet broteshosa neben brotesrock, Ch.
Schmidt 1896 Wb. d. Straßb. Ma. 21ᵇ ge=
brodesrock. Vgl. engl. roastmeat clothes: W.
Fischer 1943 Dt. Wortgesch. 2, 361.

Brätling M. der Pilz Lactarius volemus,
der in Butter gebraten genossen wurde: H.
Fischer 1904 Schwäb. Wb. 1, 1360; H. Marzell
1943 Der Biologe 12, 180.

Bratsche F. 'Altgeige' ist im 17. Jh. verkürzt
aus älterem Bratschgeige, das seinerseits
Lehnübersetzung aus ital. viola da braccio
'Armgeige' ist u. im Gegensatz zur Knie=
geige, ital. viola di gamba, unserm Gambe,
steht: H. Schulz 1913 Fremdwb. 1, 96. 235.

Bratwurst F. Ahd. mhd. brātwurst gehört
zum st. M. brāt 'Fleisch ohne Speck u. Knochen,
schieres Fleisch' u. ist Dauerware wie unsere
Fleisch=, Mett=, Zervelatwurst, nach dem
Hauptbestandteil der Füllung benannt wie
Blut=, Hirn=, Leberwurst. Die zu raschem
Verbrauch in gebratenem Zustand bestimmten
Bratwürste sind jung. S. Braten, Wild=
bret und Edw. Schröder, Anz. f. d. Alt. 41, 96.
53, 234; L. Wolff, Muttersprache 1949, 333.

brauchen Ztw. mhd. brūchen, ahd. brūhhan,
afries. brūka, ags. brūcan 'genießen, ver=
dauen, ertragen', engl. brook, asächs. brūkan,
got. brūkjan. Dem Nord. ist das Ztw. urspr.
fremd. Die vorgerm. Gestalt der Wz. *bhrūg
stimmt zu lat. fruor, das über *frūuor aus
*frūguor entstanden ist. Part. frūctus u. Wz.

frūgēs zeigen den Velar im Wurzelauslaut. Nominalbildung zu Wz. *brūk (bhrūg) ist nhd. Brauch, ahd. brūh M.

Brauchtum N. 'Gesamtheit der (volkstümlichen) Gebräuche einer Landschaft, einer Zeit, einer Volksgruppe': seit etwa 1917 rasch durchgedrungen.

Braue F. mhd. brā(we), afries. brē, agf. brǣw. Zwei laut- u. bed.-verwandte Wörter gehen im Germ. nebeneinander her, die sich mehrfach gemischt haben. Den alten Unterschied zeigen anord. brūn 'Augenbraue', brā 'Wimper'. Im Ahd., wo das alte brū 'Braue' (idg. ainb. bhrū-, gr. ὀφρύς, aflav. brŭvĭ, lit. bruvis 'Braue', air. brū 'Rand') ausstarb, sagte man dafür ubarbrāwa, obarun brāwa, wie agf. oferbrūa, mengl. uvere brējes. Mit idg. *bhrū- steht ahd. brāwa in keiner Verwandtschaft. Es beruht vielmehr auf idg. *bherek- 'glänzen' u. ist verwandt mit got. brahv augins 'Augenblick', anord. augnabragð 'Zwinkern mit den Augen', bregða 'eine rasche Bewegung machen'.

brauen Ztw. Mhd. brūwen, briuwen, brouwen, ahd. briuwan, brūwan, asächf. breuwan, mnd. brūwen schw. Ztw., mnl. brouwen, brū-wen, nnl. brouwen, afries. briūwa, agf. brēowan st. Ztw., engl. brew, anord. brugga (Part. brugginn), norw. brugga, bryggja, schwed. brygga, dän. brygge 'brauen' führen auf idg. *bh(e)reu-: *bh(e)rū- 'wallen, aufbrausen, gären', wozu auch Brand, brennen, brodeln, Brot, Brunnen, Brunst, brunzen, Windsbraut. Außergerm. Verwandte sind lat. fervēre 'sieden', dēfrūtum 'eingekochter Most', gr. φρέαρ 'Brunnen', thrak. βρῦτος (Hesych βροῦτος), βρῦτον 'Gerstenbier', air. bruth 'Glut; Wut', mir. bruith 'kochen', bret. broud 'heiß; gärend'.

braun[1] Adj., die Farbe des Bären und Bibers (f. d.), mhd. ahd. asächf. afries. agf. brūn, mnl. bruun, nnl. bruin, engl. brown, anord. brūnn, dän. schwed. brun. Der gemeingerm. Farbname der vielfach auch 'blank, glänzend' bedeutet (Ingerid Dal, Germ. brūn als Epitheton von Waffen, Oslo 1937), ist früh zu den Nachbarn entlehnt worden, nach Westen (seit Isidor, † 636) mlat. brūnus, frz. brun, ital. bruno, nach Osten lit. brúnas, tschech. bruný, serb. brun. Urverwandt sind ruff. mundartl. brynét', ablautend brunét' 'weiß, gelblich, grau schimmern', ruff. bron 'weiß; bunt (von Pferden)', kleinruff. breníty 'falb werden, reifen'; gr. φρύνη, φρῦνος 'Kröte' (ursprünglich 'die Braune'): -n-Bildungen zu idg. *bhĕros, *bherus 'hell, braun'. — Die von Tobias Hübner 1622 geprägte Barockformel braune Nacht bildet frz. nuit brune 'düstre Nacht' (seit Ron-

sard) nach; ital. ombra bruna begegnet schon bei Petrarca, Bojardo und Tasso: K. Viëtor 1938 Zs. f. dt. Philol. 63, 284ff.

braun[2] Adj. 'violett'. Lat. prūnum (das, vor der hd. Lautverschiebung entlehnt, den Namen der Pflaume ergeben hat) ist in ahd. Zeit nochmals entlehnt worden, nun zur Bezeichnung der zwischen rot und blau schwebenden Farbe der Frucht: ahd. prūn, mhd. brūn, nhd. braun, bräunlich bezeichnen zumal im Süden u. Westen die Farbe des Veilchens, die kirchl. Trauerfarbe usw. bis zur späten Entlehnung von violett und lila: A. Götze 1910 Zs. f. d. Wortf. 12, 200; derf. 1918 Wege des Geistes in der Sprache 20; K. Borinski, Sitz.-Ver. d. Bayr. Akad., phil.-hist. Kl. 1918, 10. 1920, 1. K. Viëtor 1938 Zs. f. dt. Philol. 63, 284ff.

Bräune F. mhd. briune 'Braunsein', später in verschied. Richtungen besondert: zum Namen des Braunsteins Zs. f. d. Wortf. 13, 108, wie zu den versch. Krankheiten der Luftwege, die die Schleimhäute braunrot verfärben. Zuerst preün H. Sachs 1554 Fabeln 144, 135; gleichlaufend mlat. prunella, ital. prunela, frz. prunelle.

Brausche F. mhd. brūsche, nd. brūs(ch) '(mit Blut unterlaufene) Beule'. Der nächste germ. Verwandte ist anord. briósk 'Knorpel': Bildung auf -k zur idg. Wurzel *bhreus- 'schwellen', die unerweitert in air. brū 'Bauch' und Brünne (f. d.) vorliegt und zu der als -t-Bildung Brust gehört; f. d. und Bröschen.

Brausekopf M. kaum vor 1792 T. Merkur, Nov. 317 „Fanatismus wilder Brauseköpfe". Gebucht seit Campe 1807.

brausen Ztw. mhd. mnd. brūsen, von da entlehnt dän. bruse, schwed. brusa. Falls die Bed. 'rauschen' aus älterem 'wallen, sieden' entwickelt ist, mag brausen s-Erweiterung zur Wz. von brauen sein. — Braus M., mhd. brūs 'Lärm' ist aus dem Ztw. rückgebildet, wie Saus aus fausen, nnl. bruis 'Schaum, Gischt' aus bruisen 'schäumen'. — Eine zweite Rückbildung ist Brause F., der das Wasser mit Gebraus durchlassende Ansatzteil von Gießkanne u. Dusche, dann diese selbst. Aus nd. brūse Brem. Wb. 1 (1767) 150 durch Schriftsteller wie Lüeder 1773 Küchengarten 500 u. Voß 1777 Ged. 1, 44 in die Schriftsprache eingeführt.

Braut F. In lat. u. griech. Inschriften Dalmatiens erscheint seit dem 3. Jh. brutis, βροῦτις 'verheiratete Tochter, junge Frau': Domaszewski, Beitr. 32, 560; Gundermann, Zs. f. d. Wortf. 1, 240. Darin ist t Lautsubstitution für þ: gemeingerm. *brūþi- 'Neuvermählte, bef. am Hochzeitstag' (so noch engl. bride) spiegelt sich in got. brūþs 'Schwieger-

7*

tochter', anord. brūðr, agſ. brŷd, afrieſ. breid, aſächſ. brūd, ahd. mhd. brūt. Außergerm. Verwandte ſind nicht geſichert. Aus dem Germ. entlehnt iſt afrz. bru 'Schwiegertochter', das ſich in nordfrz. Ma. als 'junge Ehefrau' erhält. Die alte Bed. 'Neuvermählte' bleibt nach Braune, Beitr. 32, 30 u. Kauffmann, Zſ. f. d. Phil. 42, 129 in Geltung, bis Luther die aus dem oſtmd. Literaturdialekt ſtammende Bed. 'Verlobte' durchſetzt u. mhd. gemahel aus dieſem Sinn verdrängt. Mundartlich gilt Hochzeiterin. Frühnhd. und nd. iſt Herr Braut Anrede der Braut am Hochzeitstag: Sommer 1608 Ethographia 2, 48; Weichmann 1732 Poeſie d. Niederſachſen 2, 176. Vgl. Bräutigam, Brautlauf, Gemahl und W. Krogmann 1931 Jdg. Forſch. 49, 202; derſ. 1932 Glotta 20, 177; derſ. 1934 Wörter u. Sachen 16, 80 ff.

Bräutigam M. bedeutet urſpr. (übereinſtimmend mit der Grundbed. von Braut) 'junger Ehemann am Hochzeitstag', ſo ahd. brūtigomo, mhd. briutegome, aſächſ. brūdigumo, agſ. brŷdguma, anord. brūðgumi. Zweiter Wortteil (in engl. bridegroom angelehnt an groom 'Jüngling') iſt ahd. gomo, got. agſ. guma 'Mann', urverw. mit lat. homo, lit. žmõgus, žmogùs, älter žmuõ 'Menſch, Mann' aus idg. *gh(ə)mon. In nd. und md. Mundarten hat ſich Bräutigam, wenn auch vielfach entſtellt (weſtfäl. brümer nach Vorbildern wie Bruder) erhalten, dagegen iſt es elſ. ſchwäb. bair. durch Hochzeiter erſetzt, wie Braut durch Hochzeiterin. Thür. gilt Braut für 'Bräutigam', ähnlich frühengl. bride für bridegroom. Got. erſcheint brūþ-faþs, eig. 'Brautherr'; das zweite Glied, got. faþs, entſpricht dem gr. πόσις (aus *πότις), aind. pati 'Herr'.

Brautlauf M. ahd. brūthlauft, ſpäter brūtlouft, mhd. brūtlouf(t), aſächſ. brūdloht, mnl. bruudlocht, anord. brūðhlaup, ſpätagſ. brŷdhlop. Die germ. Bez. der Hochzeit, urſpr. 'Tanz des Bräutigams auf die Braut zu': Edw. Schröder, Zſ. f. d. Alt. 61, 17; W. Krauſe, Die Frau in d. Sprache der aiſl. Familiengeſch. 216 f. Wie in Bräutigam ſteckt auch in Brautlauf als erſtes Glied Braut 'junge Frau am Tag der Hochzeit', ebenſo in nhd. Brautführer, -jungfer, mhd. brūtleich 'Hochzeitlied', agſ. brŷdlāo 'Hochzeit', mnd. brūtkoſte 'Hochzeitmahl', -dach 'Hochzeittag'. Zweites Glied iſt das Verbalnomen germ. *hlaufti zu laufen, nur in der anord. u. der daraus entlehnten agſ. Form das Maſk. anord. hlaup 'Lauf'.

brav Adj. Lat. barbarus 'ausländiſch' hat mlat. die Bed. 'wild' entwickelt. Von da ſtammt ſpan. bravo 'unbändig' (von Tieren). Im 16. Jh.

gelangt das ſpan. Adj. ins Frz. u. wird hier zu brave 'tüchtig' (von Menſchen). Die Aufnahme des roman. Worts durch die Germanen iſt uneinheitlich: im Schwäb. ſetzen 1532 Belege ein wie „der Amtmann zu Nerenſtetten (bei Ulm) ſei brav" Württemb. Vierteljahrsh. N. F. 4, 321: ſo iſt dort vor Mitte des 16. Jh. brav im Sinn bürgerlicher Brauchbarkeit eingewurzelt. Nnl. braaf tritt nicht vor Kilian 1599 auf u. ſteht hier noch unter den fremden Wörtern. Opitz tadelt 1617 im Ariſtarch (Witkowſkis Ndr. der Poemata S. 155) einen Satz: „Der Monſieur als ein brave cavallier, erzeige mir daß plaiſir" als modiſche Geckerei. Im Innern Deutſchlands hat der 30jähr. Krieg das Fremdwort eingebürgert, zunächſt im Sinn militäriſcher Tapferkeit. Dän. bra(v), ſchwed. bra 'gut' ſtammt aus dem Nd.

bravo. Der Beifallsruf der ital. Oper bravo 'du tüchtiger Mann' (daneben brava als Zuruf an die Künſtlerin, bravi an eine Mehrzahl) dringt bei uns ein ſeit Callenbach 1715 Wurmland 125. Wieland, Schiller u. Goethe ſetzen ihn durch. Der ital. Superl. braviſſimo ſeit Schiller 1784 Kabale 3, 2: H. Schulz 1913 Fremdwb. 1, 96. Abwegig K. Krauſe, Wörter u. Sachen Jg. 1938, H. 4.

brechen Ztw. mhd. brëchen, ahd. brëhhan, aſächſ. anl. agſ. brëcan, engl. break, afrieſ. breka, got. brikan: zur ſt. Verbalwz. germ. *brëk, idg. *bhreg, dazu mit Tiefſtufe Bruch (idg. *bhr̥go-). Nächſtverwandt iſt lat. frango 'breche' mit präſent. n (Perf. frēgimus, got. brēkum), außerdem aind. giri-bhraj- 'aus den Bergen hervorbrechend'. Im Ausgang ſteht beim dt. Ztw. der tranſ. Gebrauch „etw. in Stücke brechen", aus ihm iſt der intr. entwickelt. Die Bed. 'eine ſchnelle Bewegung vollziehen' in Wendungen wie „aus dem Buſch brechen" iſt abzuleiten aus älterem „den Buſch durchbrechen". Für ſich (er)brechen 'vomere' ſteht frühnhd. der magen (er)bricht ſich (mit gewalt). Dän. (ſig) bräkke iſt aus dem Deutſchen jung entlehnt, ebenſo ſchwed. bräcka. S. Brache, Brocken.

Brecher M. 'Sturzſee' im Sing. hd. kaum vor 1883 in Nachbildung von gleichbed. engl. breaker, vorher hd. Brechſee: Kluge 1911 Seemannsſpr. 146. Der Plur. nd. bräkers 'Brandung' daſ. ſeit 1855.

Bregen ſ. Brägen.

Brei M. Mhd. brī(e), ahd. brīo, Gen. brīwes, mnd. mnl. brī, nnl. brij, agſ. brīw führen auf weſtgerm. *brīwa-, das man als 'Sud, Gekochtes' (vgl. öſterr. Koch N. 'Mehlſpeiſe') mit lat. frīgo, gr. φρύγω 'röſte, dörre' verknüpft. Jdg. *bhrīg- und *bhrūg- ſind Erweiterungen zu *bher- 'wallen, kochen' (ſ. Brühe). In bair.

brein ist n der schw. Dekl. in den Nom. gewandert: Schmeller-Frommann 1, 353. Dieses Brein ist seit 1621 in der Bed. 'Hirse' bezeugt, die bis heute in Kärnten gilt. In Teilen von Bayern und Hessen-Nassau ist Brei 'Grütze', im Elsaß und in der Schweiz kommt das Wort kaum vor, um so häufiger schwäb., hess., fränk., thür., obersächs. und nd. Die Grenzen gegen bed.verwandtes Koch, Mus, Papp zieht Kretschmer 1918 Wortgeogr. 173.

breit Adj. Mhd. ahd. breit, asächs. afries. brēd, mnl. breet (d), nnl. breed, agf. brād, engl. broad anord. breiðr, norw. brei(d), schwed. dän. bred, got. braiþs führen auf germ. *braiþa-. Daneben mit Ablaut und gramm. Wechsel ahd. brēta 'flache Hand', afries. brede, agf. bred 'Fläche' aus germ. *bridōn-. Außergerm. Beziehungen sind nicht gesichert.

Breme, Bremse F. Name versch. Insekten. Zu dem unter brummen entwickelten lautmalenden Ztw. stellt sich als Nomen agentis ahd. asächs. brëmo, anfr. brem, mhd. brëme, frühnhd. brem, bräm, das in obd. u. md. Mundarten noch lebt, desgl. im Familiennamen Bre(h)m. Schriftsprachl. drängt sich seit Ende des 16. Jh. Bremse von Norden ein: mnd. bromese, mnl. bre(e)mse, fries. brims, agf. brimse, dän. bremse, schwed. broms. Während noch Luthers Wort Breme ist, verzeichnen die hd. Wb. seit Henisch 1616 Bremse neben Breme. Andere Bildungen zum gleichen Stamm sind ahd. primissa u. asächs. bremmia: O. Paul 1939 Wörter u. Sachen 20, 37.

Bremse F. 'Hemmschuh'. Zum Ztw. mnd. nl. pramen 'drücken' (vielleicht wurzelverwandt mit mhd. pfrengen 'zwängen', got. anapraggan 'bedrängen') stellen sich mnl. prame, nnl. pram 'Zwang, Druck', westfäl. präm(e) 'Presse' z. B. für Flachs. Dazu (mit demselben fem. Gerätnamensuffix germ. *-isjō wie Hülse, Klinse, Lünse, Pritsche) mnd. premse, aus dem spätmhd. bremse, frühnhd. bremes 'Klemme, Maulkorb' stammt. Den md. und obd. Mundarten ist dieses Bremse großenteils fremd geblieben, dafür Micke, das westfäl. 'Strebe zur Stütze von Pfählen' bedeutet.

brennen Ztw. vereint in seiner Bed. mhd. brinnen (ahd. asächs. got. brinnan) st. Ztw. 'brennen, leuchten, glühen' und das zugehörige Kausativ brennen (ahd. brennan, got. brannjan) schw. Ztw. 'brinnen machen, anzünden'. Entsprechend sind im engl. burn zwei agf. Ztw. vereinigt: intr. biornan und transf. bærnan. Im Anord. sind intr. und transf. Ztw. nur im Präs. brenna vermischt. nn ist auf nw zurückzuführen: idg. *bhrenu̯ō. Die Form mit einfachem n zeigt sich noch in agf. bryne (zu anord. bruni) M.

'Feuersbrunst'. Vorgeschichte und außergerm. Verwandtschaft f. u. brauen.

Brennpunkt M. Lehnübersetzung aus lat. punctum ustionis (das neben focus galt), zuerst bei Schwenter 1636 Math. Erquickstunden 301, von Harsdörffer 1651 aufgenommen, doch erst von Chr. Wolff 1716 Math. Lex. 641 durchgesetzt: Schirmer 1912 Zs. f. d. Wortf. 14, Beiheft S. 12.

Brente F. Ein Alpenwort *brenta 'offenes Geschirr, Kübel mit ovalem Grundriß, auf dem Rücken getragenes Gefäß', das weder mit roman. noch mit germ. Sprachmitteln zu deuten ist, strahlt nach Nord u. Süd aus u. liefert nordital. brenta wie spätmhd. brënte, das in den obd. Mundarten von Lothringen bis Kärnten und nordwärts in den weinbauenden Landschaften bis zu einer Linie Worms—Nürnberg gilt. Verbreitet ist auch eine Nebenform brenk: E. Öhmann, Neuphil. Mitt. 1941, 105 f.

brenzeln Ztw. Der Begriff 'verbrannt riechen u. schmecken' wird durch eine Reihe Ableitungen zu Brand u. brennen gedeckt, die A. Feuerstein, Die nhd. Verba mit der Bed. 'riechen u. schmecken nach etw.' (Diff. Freiburg i. B. 1922) S. 51 ff. darstellt. Zu Brand gehören brandeln, brändeln, brändinzen, brandern, brandschelen u. a., zu brennen brenneinen, brenninzen, brennern u. f. f. Unter ihnen hat sich brenzeln, zuerst bei Dasypod 1536, als Schriftwort durchgesetzt, weil es in den meisten md. u. obd. Ma. galt. Es ist Demin. zu brenzen, zuerst bei Brunschwig 1509 Distillierbuch 14a, das mit got. -atjan, ahd. azzen, mhd -zen (gr. -αζειν) gebildet ist: Wilmanns 1899 Wortbild. S. 106.

Bresche F. Die durch Beschießung hergestellte Maueröffnung heißt frühnhd. lucke. Dafür erscheint 1597 Bresche, 1608 prescha, entlehnt aus frz. brèche u. ital. breccia, die ihrerseits auf germ. brëkan 'brechen' beruhen. Kurz vor 1600 liefert das frz. Wort nnl. bres(se), von dem die im 17. Jh. bei uns vorwiegenden Formen bresse, press(e) ausgehen. Zesen 1645 Ibrahim 248 sucht B. durch Mauerbruch zu ersetzen: Zs. f. d. Wortf. 14, 65. 73; H. Schulz 1913 Fremdwb. 1, 97.

Brett N. ahd. mhd. mnd. brët, asächs. agf. bred weisen auf idg. *bhretóm, eine ablautende Nebenform zu Bord. Die Mz. lautet ahd. regelrecht brët, häufiger (nach dem Vorbild der alten neutralen -es/-os-Stämme, lat. genus, ahd. lamb) britir. Der vor i der Endung gebrochene Stammvokal kehrt in der Ableitung Pritsche wieder. Das schwarze Brett ist von der Wandtafel der Schulstube im 16. Jh. in die Zunftstube nd. Städte übertragen, im

17. Jh. in akad. Gebrauch: J. Warncke 1928 Nd. Zs. f. Volksk. 6, 179; A. Götze 1929 Nachr. der Gieß. Hochschulges. 7, 1.

Brezel MF. Zu lat. brachium 'Arm' gehört ein klosterlat. *brachītum 'Gebäck in Gestalt verschlungener Arme' (vgl. Stuten) mit Demin. *brachiatellum, das in bracidelli (Corp. Gloss. Lat. 5, 618, 18), ital. bracciatello, prov. brassadel sichtbar wird: Thomas, Romania 35, 301; Salvioni, Arch. Glott. 16, 304. Aus *brachītum entwickelt sich ahd. brezita, nhd. bræzte, schwäb. bretzet H. Fischer 1, 1411; auf das Demin. gehen die übrigen Formen zurück: ahd. brez(i)tella, brecedela, pricella, mhd. breze(l) u. seine Folgeformen. Indem breztella mit falscher Silbentrennung zu bret-stelle aufgelöst wurde, entstand die els. Mundartform Brettstell: so seit 1395 (Ch. Schmidt 1901 Hist. Wb. der els. Ma. 54). Entspr. ist Echse aus Eidechse gefolgert, Tapse aus Fußtapfe. Zs. f. d. Wortf. 7, 54. 14, 175.

Brief M. Lat. brevis (libellus) 'kurzes Schreiben, Urkunde' ist entlehnt, als roman. v schon nicht mehr den Wert eines u hatte wie germ. w (s. Pfau, Weiher, Weiler, Wein). Früher als dt. w ist lat. rom. v zum labiodentalen Reibelaut geworden (schon im Air. wird lat. v als f gesprochen), dem germ. w nicht entspricht. Daher wird es (auch in Käfig, Pferd, Veilchen, Vers, Vesper, Vogt) durch den ebenfalls labiodentalen Reibelaut f ersetzt: R. Johl, Jdg. Forsch. 44, 36. ě von lat. brevis war zur Zeit der Entlehnung schon zu ẹ gedehnt, so daß (wie bei Fieber, Fliete, Priester, Riegel, Spiegel, Tiegel, Ziegel) über ea ahd. ia, mhd. ie, nhd. ī entstand. Demgemäß erscheint im 9. Jh. briaf, weiterhin brief, so auch mnl., während asächs. mnd. afries. anord. brēf erhalten bleibt u. die nord. Sprachen das Neutr. von breve (scriptum) bewahren. Dieses breve ist als Breve (des Papsts) im 15. Jh. zu uns gelangt. Die Ausgangsbed. hält sich in Brief u. Siegel, Adels-, Kauf-, Lehens-, Schuldbrief und verbriefen; die heutige Bed. wird frühnhd. durch das genauere Sendbrief umschrieben. Mit dem Übergang von den Runen zur Lateinschrift entfalten sich auch Buch, schreiben, Tinte.

Briefkasten M. Mnd. brēfkaste war 'Urkundentruhe', z. B. in Braunschweig 1408: Urk.-Buch d. Stadt Braunschweig I: Statute und Rechtebriefe 153 Hänselmann. Unser heutiger Briefkasten wird 1824 eingeführt: K. Wagner 1943 Dt. Wortgesch. 2, 333.

Briefmarke, Freimarke F. Die Voraussetzung für beide Wörter ist gegeben, seit die Postverwaltungen Marken einführten, um damit die Sendungen postfrei (dies schon 1755 bezeugt) zu machen (hierfür frankieren seit 1660). England war 1840 vorangegangen; auf dt. Sprachgebiet folgten Zürich 1843, Bayern 1849, Preußen 1850. Ältere Belege fehlen: J. Grimm verzeichnet im DWb. weder 1860 Briefmarke noch 1863 Freimarke. Dagegen erscheint bei G. Keller 1874 Leute v. Seldw. 2, 146 Frankomarke. Dieser älteste Ausdruck scheint nacheinander durch Frei- u. Briefmarke abgelöst worden zu sein, während neuerdings auch Marke allein gilt.

Briefschaften Plur., nur deutsche Kollektivbildung zu Brief, gebucht seit J. L. Frisch 1712 Frz.-t. Wb., zu belegen seit Schnabel 1731 Insel Felsenburg 1, 138. Vorbild mag Gerätschaft gewesen sein. -schaft tritt selten an Subst. nicht persönlicher Bed.: Wilmanns 1899 Wortb. 391.

Brieftaube F. Vom Nildelta bringt die Taubenpost (so seit Joh. Prätorius 1676 Storchs u. Schwalben Winter-Quartier, Register) zu uns. Das Wort Brieftaube bucht, nachdem die Sache von deutschen Pilgern schon seit 1376 beschrieben war, als erster Adelung 1774, belegbar ist es seit Jean Paul 1793 Unsichtb. Loge 280. Vorher Posttaube Nürnberg 1565: Kluge 1908 Bunte Blätter 151. Dazu H. Fischl 1909 Die Brieftaube im Altert. u. im Mittelalter, Schweinfurter Schulprogr.; Wilmar Hager, Brieftauben, ihre Geschichte u. ihre Leistungen. Berlin o. J.

Briefträger M., mhd. brieftreger zuerst am Oberrhein 1343 als 'Bote, der gerichtliche Schreiben zu bestellen hat': Urk. z. Gesch. d. Stadt Speyer 426 Hilgard. In Livland 1418 als 'Kurier' (Liv-, esth- und kurländ. Urk.-Buch 5, 321 Bunge), 1430 tadelnd wie 'Zwischenträger' (das. 8, 198): Dt. Rechtswb. 2 (1935) 506.

Briefwechsel M. von Harsdörfer 1644 Frauenz.-Gespr. 1, Schutzschr. 22 als Ersatz für Korrespondenz gebildet u. sogleich im 17. Jh. von Schriftstellern wie Butschky u. Stieler aufgenommen. Briefwechseln seit 1675 Alamod. Interim 206, Briefwechsler seit Hermes 1787 Für Töchter 3, 129.

Brieschen s. Bröschen.

Brigade F. Zu ital. briga F. 'Streit' stellen sich brigare Ztw. 'kämpfen' u. brigata F. 'Kampftruppe'. Als span. brigada, frz. brigade geht das Wort in die Kriegskunst des 30jähr. Kriegs ein. In Gustav Adolfs Heer wird so der geschlossene Verband zweier Regimenter unter einheitl. Befehl genannt; so erscheint das Wort bei uns seit v. Troupitzen 1638 Kriegskunst.

Brigant M. Zu ital. briga F. 'Streit', das Brigade geliefert hat und das seinerseits auf gall. *brīga 'Streitmacht' (vgl. schott.

brigh, kymr. bri 'Macht') zurückgeführt wird, stellt sich brigante 'gefährlicher Mensch, Räuber', das vor der Mitte des 16. Jh. zu uns gelangt: Scheurl 1537 verdeutschte Verrufung des Anstands in Picardien a 4 und b 2. — Die Weiterbildung ital. brigantino M. 'Raubschiff' erscheint im 16. Jh. in den Sprachen der Nordsee als brigantine F. 'kleiner, schneller Zweimaster', daher nhd. Brigantine. Mit Entlehnung unmittelbar aus dem Ital. frühnhd. brigantin Arigo 1460 Decameroun 345, 35 Keller, und bergentinschiflein Ulr. Schmidel 1567 Reise 55, 12.

Brigg F. 'Zweimaster mit Rahen an Fock- und Großmast' ist seemännische Kürzung aus dem soeben entwickelten Nordseewort brigantine, die seit 1720 in engl., um 1780 in nnl. Quellen auftritt und bei uns zuerst von Röding 1794 Allg. Wb. der Marine gebucht wird: Kluge 1911 Seemannsspr. 148. Dän. brig u. schwed. brigg (seit 1768) sind desselben Ursprungs.

Brikett N., Mz. Brikette (früher Briquett, Briquetts) 'Preßkohle': im 19. Jh. entlehnt aus gleichbed. frz. briquette F., Verkl. zu brique F. 'Ziegelstein', das im 15. Jh. aus gleichbed. mnl. bricke entlehnt war. Dies lebt in nnl. brik 'Backstein' fort; letzter Ursprung dunkel: Kurt Wagner 1943 Dt. Wortgesch. 2, 327.

brillant Adj. Zum Namen des Halbedelsteins gr.-lat. beryllus, dem die Brille (s. d.) Ursprung und Namen verdankt, ist frz. briller 'glänzen' gebildet. Dazu ist Part. Präs. frz. brillant, das in seiner Ausgangsbed. 'glänzend' seit Sperander 1727 in den Fremdwb. erscheint, seit 1730 in der Hamburger Zs. „Der alte Deutsche" S. 70 gebraucht wird. Als um 1820 brillant Pariser Modewort für 'hervorragend' wurde, griff die Modewelle auch auf Deutschland über: H. Schulz 1913 Fremdwb. 1, 97. — Brillant M. 'geschliffener Diamant', seit Rohr 1729 Zeremonialwiss. 2, 183 aus frz. brillant entlehnt, setzt die urspr. Bed. fort: der Beryll bedarf starker Facettierung, und diese Form des Schliffs will das Mask. urspr. kennzeichnen.

Brille F., von Haus aus Plur. zu spätmhd. b(e)rille M., dem gr.-lat. beryllus (s. Beryll). Man schliff Berylle in Reliquiare und Monstranzen ein, um den Inhalt sichtbar zu machen, erkannte daran die optische Wirkung des Halbedelsteins und erfand so um 1300 die Brille. Deren Linsen wurden aus Beryll (und Bergkristall) geschliffen, bis man Glas ohne Bläschen herstellen lernte, inzwischen aber war der Name Brille (neben dem Augenspiegel stets nur begrenzte Geltung hatte) fest geworden, Brillenglas wurde nicht als Widerspruch empfunden. Der Schwund des e der unbe-

tonten ersten Silbe dürfte (wie in bleiben, Glaube, Gnade u. a. isolierten Wörtern) im Deutschen selbständig erfolgt sein, während er bei brillant aus dem Frz. übernommen ist.

Brimborium N. 'Umschweife, Vorbereitungen', lebendig nur als geflügeltes Wort aus Goethes Faust I V. 2650. Mit lat. Endung aus frz. brimborion 'Kleinigkeiten', das seinerseits aus lat. breviarium 'kurzes Verzeichnis, Brevier' umgebildet ist.

bringen Ztw. ahd. agf. bringan, mhd. bringen, anfr. bringon, engl. bring, got. briggan: abl. Ztw. gegenüber der schw. Neubildung *brangjan in asächs. brengjan, afrief. brenga, mnl. brenghen, mnd. mb. frühnhd. brengen, agf. brengan. Dem Nord. fehlt das Ztw. von Haus aus; dän. bringe, schwed. bringa beruhen auf Entlehnung aus dem Deutschen. Die idg. Gestalt der germ. Wz. ist *bhrenk-. Außergerm. Verwandte finden sich nur im brit. Zweig des Keltischen: kymr. he-brwng 'senden', mkorn. hem-bronk 'wird führen': idg. *bhronk-. Vorbrit. und vorgerm. Sprachen standen in räumlicher Berührung. Schwierigkeiten bleiben, auch wenn man mit K. Brugmann 1901 Idg. Forsch. 12, 154ff. vermutet, bringen beruhe auf Mischung der beiden in gr. φέρω und ἐνεγκεῖν 'tragen' vorliegenden Ztw. Zur Möglichkeit solcher Mischformen f. bin. — g des Präs.-Stamms wechselt mit ch in brachte, gebracht wie in mögen, pflegen, tragen, biegen, wiegen gegen mochte, Macht, Pflicht, Tracht, Bucht, Gewicht: in der zweiten Formenreihe wurde der idg. Verschlußlaut unmittelbar vor t zur harten Spirans. Das Part. Prät. lautet mhd. bräht: die an sich perfektive Bed. des Ztw. bedarf des perfektivierenden ge- so wenig wie mhd. komen, lāzen, troffen, vunden, worden. Die Form bracht gilt bis auf Gryphius und den jungen Goethe: Zf. f. d. Wortf. 1, 291.

Brink M. 'Grashügel', vielfach im nd. Gelände, in Ortsnamen wie Hasen-, Heid-, Kreienbrink, danach in Familiennamen wie Brinkmann, Tenbrink, Piepenbring. Das Appellativ im Nhd. bekannt geworden durch Schriftsteller wie J. Möser (Zs. f. dt. Wortf. 13, 44), aus gleichbed. nd. brink, mnl. brinc 'Grasrain'. Daneben nnl. brink 'Rand, Grasrand, -feld', mengl. engl. brink 'Rand, Kante, Ufer', anord. brekka (aus germ. *brinkōn) 'steiler Hügel', älter dän. brink 'steil': sämtlich zu idg. *bhreng-, Erweiterung von *bhren- 'hervorstehen, Kante' in ir. braine 'Schiffsvorderteil'. Mit andrer Erweiterung (idg. *bhrenq-) anord. bringa 'Brust (korb), Brustbein bei Vögeln', lit. brìnkti (aus *bhrn̥k-) 'schwellen', ruff. nabrjáknut' 'anschwellen'.

Brise F. 'leichter Wind': span. brisa, das selbst ungeklärten Ursprungs ist, ergibt im 16. Jh. engl. breeze, wird als Nordseewort (nnl. bries, dän. brise, norw. schwed. bris) allg. und erscheint bei uns als Brise seit Röding 1794: Kluge 1911 Seemannsspr. 150.

Brocken M. mhd. brocke, ahd. brocco, broccho (ein ahd. *brohho spiegelt hochalem. broχχə), anders gebildet got. gabruka F.: sämtlich mit Ablaut zu brechen (wie Trotte zu treten), also 'das Abgebrochene'. Dazu brocken, bröckeln, bröck(e)lig. Der Wechsel von ch in gebrochen mit ck in Brocken spiegelt (wie der in Dach, wach, Loch gegen decken, wacker, Lücke) Wechsel von altem k mit kk und ist eine Folge der westgerm. Konsonantdoppelung. Das ausl. -n ist in den Nom. Sg. aus den obliquen Formen gelangt, die der Bed. gemäß im Übergewicht waren, s. Batzen, Bissen, Flicken, Groschen, Knochen usw.

brodeln schw. Ztw., spätmhd. brodelen, spätmnl. bordelen, nnl. borrelen: Abl. von germ. *bruda-, agf. broþ, engl. broth, ahd. prot, bair. bród N. 'Brühe'. Im Ablaut mit germ. *brauđa- (s. Brot) u. dem zweiten Wortteil von Windsbraut, weiterhin mit brauen, Brühe u. deren außergerm. Verwandten. Brodeln bezeichnet die Unruhe siedender Flüssigkeiten, landschaftl. steht es auch von Leuten, die mit wallendem Wasser u. dgl. zu tun haben. So ist bair. Bierbrudler Scherzname des Brauers. Vgl. Aschenbrödel.

Brodem M. mhd. mnd. brädem 'Dunst', ahd. brädam 'Hauch, Hitze', in der Wortgestalt von Atem beeinflußt, hat seine nächsten Verwandtem in agf. bræþ M. 'Geruch, Ausdünstung, Dampf', engl. breath 'Brodem, Atem'. Weiterhin zu braten, brüten, Brut, s. d.

Brokat M. 'Prunkseide'. Zu ital. brocco 'Kräuselung' gehört broccato 'mit Kräuselungen versehen', das als Brokat seit 1681 in nhd. Quellen auftritt: H. Schulz 1913 Fremdwb. 1, 99. Wenn daneben um 1710 Brocard erscheint, so beruht das auf der jüngeren frz. Form brocart.

Brombeere F. mhd. mnd. brämber, ahd. brämberi ist die Beere des Dornstrauchs, der ahd. bráma, -o, mhd. bráme heißt und mundartlich den Namen Bram, nnl. braam bewahrt. Nächstverwandt agf. bróm, engl. broom 'Ginster, Pfriemkraut'. Weiterbildungen sind ahd. brämma 'Dornstrauch', asächf. hiopbrämio 'Hagedorngebüsch', brämalbusk 'Brombeerbusch', brämal, agf. brémel, engl. bramble (mit auffälligem a) 'Dorn-, Brombeerstrauch'. Im Dt. ist altes ä vor Nasal zunächst zu ō geworden wie in Monat, Mond, Ohm, ohne,

Ohnmacht, dann vor Doppelkonf. verkürzt wie in den verdunkelten Zusammensetzungen Hochzeit, Hoffahrt, Lorbeer. Das den germ. Formen vorausliegende idg. *bhrem-: *bhrom-: *bhrēm- gehört zur Wurzel *bher 'hervorstehn, eine Spitze oder scharfe Kante bilden'. S. verbrämen.

Bronze F. gelangt nach der Mitte des 16. Jh. aus den roman. Nachbarsprachen zu uns. Nachdem in Thurneyssers Onomast. (1583) brunzo, seit 1698 treuer nach ital. Vorbild Bronzo aufgetreten war (H. Schulz 1913 Fremdwb. 1, 99), setzt sich seit 1717 (Zf. f. d. Wortf. 12, 176) die frz. Form Bronze durch, seit 1755 auch in der Bed. 'Kunstwerk aus Bronze'. Die Vorgeschichte des roman. Worts ist umstritten; letzte Quelle vielleicht perf. piring, biring 'Kupfer': K. Lokotsch 1927 Etym. Wb. 1657; R. Toole, Wortgesch. Studien: toupin und bronze (Berl. Beitr. z. roman. Philol. 3/4); Schrader-Krahe, Die Indogermanen (1935) 42.

Brosam M., **Brosame** F. Mhd. brōsem(e), brōsme, ahd. brōs(a)ma, asächf. brōsma, nnl. brōsem(e) 'Krume, Bröckchen' führen auf idg. *bhrous-men-. Die nächsten germ. Verwandten sind agf. brosnian 'zerfallen' und brysan (aus germ. *brūsjan) 'zerquetschen, zerstoßen', engl. bruise 'zerstoßen'. Außergerm. stellen sich zur idg. Wurzel *bhreus- 'zerschlagen, zerkrümeln' air. brosna 'trocknes Kleinholz', mir. brūim (aus idg. *bhrūs-i̯ō) 'zerschlage, zerschmettre', lat. frustum (aus *bhrus-to-) 'Brocken, Stückchen', alb. breṡën 'Hagel' (ursprünglich 'Körnchen'). Die Endung -ma(n) kehrt wieder in Atem, Baum, Darm, Keim, Riemen, Saum, Strom, Zaum: F. Kluge 1926 Stammbildungsl. § 88. 155. Die alte Kürze der zweiten Silbe ist nhd. unter dem Nebenton gedehnt wie Trübsal, urbar, genügsam. Zum Geschlecht H. Paul 1917 Dt. Gramm. 2, 107. 109. Zum N. Bröselein, der Verkl. von Brosam, gehört das Ztw. bröseln 'bröckeln'.

Brosche F. Gall. *brokkos 'Spitze' hat über gallorom. *brocca im 12. Jh. frz. broche 'Spieß, lange Nadel' ergeben, das bei uns, zuerst Broche geschrieben, seit 1859 als 'Vorstecknadel mit Schmuckstück' erscheint: H. Schulz 1913 Fremdwb. 1, 99.

Bröschen N. Die Brustdrüse des Kalbs, die gebacken verzehrt wird, heißt (Kalbs-)Milch im größten Teil Nord- und Mitteldeutschlands, Schweser u. ä. an der Elbmündung, Midder von Bremen bis Westfalen, Kern in Braunschweig, Sog am Niederrhein. Sonst überall, auf dem Boden fränk. und obd. Ma., führt die Thymusdrüse Namen, die an schwed. bräss, norw. bris, dän. brissel 'Kalbsmilch', bryske, engl. brisket, frz. brechet 'Brust der

Tiere' erinnern (Bries, Gebries, Briesle, -chen, Bröschen, Kalbsbriese, -priese) und ſich auf frühnhd. brüs vereinigen laſſen. H. Fiſcher 1904 Schwäb. Wb. 1, 1478 ſtellt demgemäß B. zur germ. Wz. *brus in Broſam und läßt die Drüſe nach ihrem bröſeligen Ausſehen benannt ſein. E. Ochs 1932 Bad. Wb. 1, 325 vermutet eine nb.-nord. Grundform *wris 'Runzel, Knötchen'. S. auch Brauſche, Midder und P. Kretſchmer 1918 Wortgeogr. 248 f.

Broſchüre F. 'geheftetes Buch'. Frz. brochure begegnet als Brochüre bei M. Mendelsſohn 1759 Lit.-Br. 1, 130, als Broſchüre ſeit S. La Roche 1771 Frl. v. Sternheim 1, 116. Die Endung hat den frz. Tonvokal bewahrt wie in Bordüre und Lektüre, abweichend von Friſur, Garnitur, Montur, Skulptur u. v. a. — Aus frz. brocher 'ſtechen, (mit Stichen) heften' (zu broche F. 'Nadel', ſ. Broſche) iſt unſer broſchieren hervorgegangen, kaum vor Schlözer 1782 Staatsanz. 1, Vorber. Nr. 8: H. Schulz 1913 Fremdwb. 1, 99.

Brot N. Mhd. brōt, ahd. prōt (mit hd. t), aſächſ. brōd, afrieſ. brād, agſ. brēad, engl. bread, anord. brauð, krimgot. brœ haben das aus der Zeit des ungeſäuerten Brots ererbte Laib zurückgedrängt, das in got. hlaifs allein gilt und ſo bedeutſame Reſte wie Lord und Lady (agſ. *hlāfweard, hlāford 'Hausherr', urſpr. 'Brotwart', hlǣfdige 'Herrin') gelaſſen hat. Früh erſcheint Brot in agſ. bēobrēad, engl. beebread, aſächſ. bibrōd, mhd. biebrōt, nhd. Bienenbrot 'Honigſcheibe', doch hat nicht die Geſtalt namengebend gewirkt, ſondern die Herſtellung durch Gärung: germ. *brauda- 'mit Sauerteig hergeſtelltes, geſäuertes Brot' vergleicht ſich mit lat. dēfrūtum 'eingekochter Moſt', thrak. βρῦτος 'gegorener Gerſtentrank' als -to- Ableitung zur idg. Verbalwz. *bh(e)reu-. 'wallen, gären' in nhd. brauen, ſ. d. und brodeln.

Brotneid M. 'Neid auf das Einkommen des andern', zumal in Handwerk und Kleinhandel, ſüddeutſch häufiger Futterneid mit dem noch verbreiteteren Adj. fueternidig, urſpr. von Tieren, die ſich das Futter in Krippe und Raufe zu entreißen ſuchen. Brotneid bucht Adelung 1793, zu belegen ſchon 1769 Proteſt. Univ. 67; Hermes 1778 Sophiens Reiſe 2, 427. 3, 409.

Brotſtudium N. kaum vor 1769 Proteſt. Univerſitäten 67.

Bruch[1] M. mhd. bruch, ahd. bruh (hh) M.: durch Ablaut aus brechen gebildet. Für den Vorgang des Brechens ſteht Bruch in Zuſ.-Setzungen wie Damm-, Schiff-, Wolkenbruch, für das Ergebnis eines Brechens in

Neu-, Windbruch, für einen Gegenſtand, an dem das Brechen vorgenommen wird, in Marmor-, Schwefel-, Steinbruch. Übertragner Gebrauch liegt vor in Ehe-, Friedens-, Treu-, Wortbruch. Ärztlichen Fachwörtern wie Knochenbruch liegt lat. fractura voraus. Bruch(zahl) iſt Lehnüberſetzung des lat. numerus fractus; dazu die Redensart in die Brüche gehen, urſpr. 'nicht glatt aufgehen', dann 'zunichte werden'.

Bruch[2] M.N. 'feuchte Wieſe' (elſäſſ. fränk. ſchwäb. ſächſ.), mhd. bruoch, ahd. bruoh (hh) N. M. 'Moorboden, Sumpf, nb. brōk, nl. broek 'Moraſtgrund', agſ. brōc 'Bach, Strömung, Fluß', engl. brook 'Bach'. Ähnlich vereint mhd. ouwe die Bedeutungen 'Waſſer, Strom, wäſſeriges Land, Inſel'. Verwandtſchaft des weſtgerm. *brōka- mit brechen, woran man der agſ. Bedeutung 'Gießbach' wegen gedacht hat, erörtert Baiſt, Zſ. f. d. Wortf. 10 (1909) 261.

Bruch[3] F. N. 'Hoſe'. Mhd. bruoch, ahd. bruoh, aſächſ. afrieſ. brōk, nnl. broek, agſ. brōc, anord. brōk, norw. ſchwed. brok, dän. brog führen auf germ. *brōk-, idg. *bhrōg-. Das Kleidungsſtück iſt (wie Ärmel, Geſäß, Leibchen, Mieder, Wams, frz. culotte, corset) nach dem Körperteil genannt, den es bedeckt. Das wird beſtätigt durch anord. brōk 'Oberſchenkel', agſ. brēc, engl. breech 'Geſäß', ſchweiz. bruech 'Schamgegend'. Germ. *brōk- 'podex' hat ſeine nächſten Verwandten in air. braigim 'pedo', lat. fragor 'Krachen' und frangere 'brechen'. Auf Entlehnung aus dem Germ. beruht gall. brāca mit lautgeſetzlichem ā aus idg. germ. ō (fortlebend in lat. brāca, brācēs 'Knie-, Pluderhoſe', ſpan. port. bragas, engad. brajas 'Hoſen' ſowie rumän. bracă, ital. brache, frz. braie, ſpan. port. braga 'Windel'). Die Finnen haben die germ. Mz. *brōkez entlehnt, ehe -ez zu -iz geworden war: altfinn. *rōkez iſt als Sg. gefaßt und dazu die Mz. *rōkezet gebildet, die finn. ruokkeet 'Hoſen' ergeben hat.

Brücke F. ahd. brucca, aſächſ. -bruggia, afrieſ. bregge, brigge, agſ. brycg, engl. bridge, anord. bryggja führen zurück auf germ. *brugjō(n). Daneben ſetzen ſchweiz. brügi 'Holzgerüſt' und das nächſtverwandte Prügel, mhd. brügel 'Holzſcheit' ahd. *brugi, germ. *brugi voraus. g geht (wie in Jugend, got. junda, lat. juventa) auf w zurück: urgerm. *bruwi iſt verwandt mit gall. briva (aus *bhrēwa) 'Brücke', abulg. brŭvŭno 'Balken', ſüdſlav. (ſerb.) brv (mit r̄ aus r) 'Steg'. Die german. Brücken waren, ſolange die Flüſſe in Fähren und Furten überſchritten wurden und die verſumpften Ufer die ſchlimmſten Schwierigkeiten bereiteten (Edw. Schröder 1912 Realler. der germ. Alt.-Kde. 1, 332 ff.),

Knüppeldämme, was mannigfach nachwirkt: anord. bryggja 'Landebrücke, Hafendamm', henneberg. brücke 'Bretterfußboden', bair. bruck 'Bretterbank am Ofen', schwäb. bruck 'Knüppeldamm, Ruhegestell, erhöhter Arbeitsplatz der Schneider und Schuster, Verkaufsbank, Schaugerüst', schweiz. brügi 'Heuboden, Bretterfußboden im und um den Stall, Bühne, Schafott'. Vom gepflasterten Straßenübergang gehen aus agf. brycgian 'pflastern', nd. stěnbrügge 'Steinpflaster'. Aus dem Germ. entlehnt ist lit. brùkas 'Steinpflaster'.

Bruder M. Mhd. ahd. bruoder, asächs. brōthar, anfr. bruother, mnl. nnl. broeder, afrief. brōther, agf. brōðor, engl. brother, anord. brōðir, schwed. dän. broder, got. brōþar führen auf germ. *brōþar, idg. *bhráter-, *bhrátor-. Urverwandt sind gleichbed. aind. bhrátar-, avest. brātar-, toch. A pracar, armen. elbair, gr. φράτηρ, φράτωρ, lat. fráter, air. bráthir, akorn. broder, bret. breur, aslav. bratrŭ, apreuß. bráti, Verkl. lit. broterélis (lett. brālis f. u. Buhle). Wie die meisten Verwandtschaftsnamen ist Bruder ererbt aus der Zeit, da alle idg. Stämme noch ein Volk ohne viel mundartliche Unterschiede waren. Die Familie war (wie auch Base, Mutter, Oheim, Schwester, Sohn, Tochter, Vater, Vetter usw. lehren) in jener Zeit, die mehr als drei Jahrtausende vor unsrer Zeitrechnung liegt, kräftig entwickelt. — Uneigentlicher Gebrauch liegt vor in Amts-, Bundes-, Duz-, Kloster-, Milch-, Sauf-, Verbindungs-, Waffenbruder. Mit der biblischen Auffassung, daß alle Menschen Brüder seien, macht die Herrnhuter Brüdergemeine Ernst. „Das ist unter Brüdern so viel wert" weist auf den engsten Kreis, in dem man sich nicht überteuert.

Brüderlichkeit F. von Lavater 1776 Schreiben an f. Freunde 4 eingeführt, seit Adelung 1793 gebucht; fälschlich von Campe als eigene Wortschöpfung zum Ersatz des frz. fraternité in Anspruch genommen (Campe 1790 Briefe aus Paris 86 „Brüderlichkeit, wenn es erlaubt ist, für ein so neues Schauspiel ein neues Wort zu prägen"): Wh. Pfaff 1933 Kampf um dt. Ersatzwörter 22f.

Brühe F. mhd. brüeje, mnl. broeye, nnl. brui, mengl. breie: Verbalsubst. zum schw. Ztw. brühen, mhd. brü(ej)en, mnd. brōien, mnl. broeyen. Das jan-Verbum ist mit Brei, Brodem, Brut, brüten usw. wurzelverwandt u. gehört mit agf. beorma 'Sauerteig', aind. jarbharīti 'züngelt' usw. zum idg. Verbalstamm *bh(e)rē 'heiß aufwallen'. über 'heiß machen' ist die junge Hauptbed. erreicht, die 'flüssige heiße Kost' in den Mittelpunkt rückt.

Brühl M. 'feuchte Wiese, feuchter Platz',

frühnhd. bryel u. a. 'fette, auch mit Buschwerk bestandene Wiese', mhd. brüel 'bewässerte, buschige Wiese', ahd. bruil, broil 'Aue', mnl. prayeel 'Rasenfläche': die germ. Wörter beruhen, wie die roman. (ital. broglio 'Küchengarten', rätorom. brögl 'Einfang, Baumgarten', prov. bruelh, frz. breuil 'eingehegtes Gebüsch') auf gall. *brogilo, mlat. (seit 723) bro(g)ilus. Dies zu gall. brogae 'Acker', der Entsprechung von bret. schott. bro 'Bezirk', air. mruig, bruig 'Mark, Landstrich', die zu lat. margō 'Rand', ahd. marca gehören, f. Mark[1]. Im Nhd. ist das alte Appellativ, das sich landschaftlich als 'Wiesengrün' erhalten hat, meist zum Namen im Gelände geworden. Hier bedeutet Brühl urspr. (nach Viktor Ernst 1920 Mittelfreie 72ff.; 1926 Entst. b. d. Grundeigentums 113 ff.) die Wiesen des grundherrl. Salhofs (Ritterguts, Meierhofs), an diesen grenzend, dicht beim Dorf, wie die Breite das grundherrl. Ackerland.

brüllen Ztw. Obd. brüələ, briələ, mhd. brüelen führen auf urdeutsch *brōljan. Die nhd. Kürze ü aus altem Diphthong ist zuerst vor Doppelkonf. (Prät. brüllte, Part. gebrüllt) entstanden, vgl. die entspr. Entwicklung bei nhd. müssen aus mhd. müezen. In Ablaut zu jenem *brōl- steht mhd. bral, Gen. bralles 'Schrei' mit dem Ztw. schwäb. brallə 'schreien' und seinen Faktitiven alt brellen, neuer bréllen (so steht got. gōljan 'grüßen' neben ahd. gëllan 'schreien'). Mit dieser Sippe hat sich ein andres mhd. brüelen gemischt, das durch Dissimilation aus gleichbed. blüelen entstanden und mit blöken und plärren verwandt ist. Es ahmt ursprünglich den Schaflaut nach; durch immer neue Nachbildung des Naturlauts ist die Lautverschiebung gestört; insofern besteht Urverwandtschaft mit lett. blēju, blēt 'blöken, meckern', aslav. russ. blēju, blējati 'blöken', gr. βληχάομαι 'blöke', βληχή 'das Blöken'.

brummen Ztw. Spätahd. mhd. brummen steht in Ablaut mit gleichbed. mnd. brammen u. mit mhd. mengl. brimmen, mhd. brëmen, ahd. brëman ft. Ztw. Weiterhin sind verwandt anord. brim 'Brandung', mengl. brim 'Glut', engl. brimstone 'Schwefel', sowie Brem(f)e und Brunft. Die Wz. germ. *brëm, vorgerm. *bhrem erscheint wieder in lat. fremere 'knirschen'. Aind. bhram- bedeutet als Verbalstamm 'sich unstet bewegen', bhramá 'wirbelnde Flamme', bhŕmi 'Wirbelwind'. — Durch Bed.-Sonderung entstanden ist brummen 'im Gefängnis sitzen': aus der Sprache der Gefangenen (L. Günther 1919 Gaunerspr. 112) in die der Studenten (Kluge 1895 Stud.-Sprache 85) und Schüler (Eilenberger 1910 Pennälerspr. 13. 52) gelangt, seit Gutzkow 1852 Ritter v. Geist 9, 343 auch schriftsprachlich. Brummstall 'Gefängnis' seit Laukhard 1804 Culerkapper 251.

brünett Adj. Zu frz. brun, dessen Quelle ahd. brūno 'braun' ist, gehört mit roman. Demin.-Endung brunet, eigentl. 'bräunlich'. Dafür steht frühnhd. braunschwarz, bräunlich. Entlehnt wird zunächst das subst. F. Brünette 'Frau von dunkler Haar- und Gesichtsfarbe' Moscherosch 1646 Philanders Gesichte 2, 208. Auch das seit Amaranthes 1710 Proben 295 folgende Adj. wird zunächst nur von Frauen gebraucht: H. Schulz 1913 Fremdwb. 1, 100. S. blond, blümerant.

Brunft F. mhd. brunft. „Brunfft ist ein Jäger-Wort und heißt die Häfftigkeit der Begird, wie die Hirsche haben, wann sie sich paaren" Schnüffis 1695 Maul-Trummel 209. Seit Fleming 1719 Vollk. dt. Jäger 105 regelmäßig verzeichnet. Wie Kunft zu kommen, Vernunft zu vernehmen, Zunft zu ziemen, gehört Brunft zu ahd. brëman (s. brummen): vom verlangenden Geschrei des Rotwilds ist der Ausdruck auf seine Paarungszeit übertragen.

Brünne F. 'Harnisch, zumal für Hals und Brust', von Uhland, Simrock, Schwab, Rich. Wagner und Geibel erneuert aus mhd. brünne. Dies mit gleichbed. ahd. brunia, brunna, asächs. brunnia, mnd. bronnie, ags. byrne, anord. aschwed. brynja (künstlich belebt in dän. brynje und schwed. brynja; dagegen scheint norw. brynja 'breites Band mit Eisenringen' Erinnerung an die Wikingzeit zu sein), got. brunjō aus germ. *brunjōn. Aus dem Germ. entlehnt sind nach Westen gleichbed. mlat. brunia, afrz. brunie, prov. bronja, nach Osten aslav. brünja, lett. brunas, apreuß. brunyos Mz. 'Panzer'. Die Herkunft des Wortes Panzer (s. d.) legt nahe, Brünne als 'Brustschutz' mit Brust zu verbinden. Das jetzt Entlehnung des germ. Worts aus dem Kelt. voraus, wo air. bruinne (aus urkelt. *brunnī, idg. *bhrusnīo), akorn. kymr. bret. bron(n) 'Brust' den Anknüpfungspunkt bieten (s. Brausche, Bröschen, Brust). Zur La-Tène-Zeit in der zweiten Hälfte des letzten vorchristl. Jahrtausends war das kelt. Handwerk in der Bearbeitung des Eisens führend. — Nicht überzeugend M. Szadrowsky 1943 Germ.-rom. Monatsschr. 31, 273, der germ. *brunjōn als -jōn-Ableitung zu germ. *brūna- (s. braun) faßt, das in seiner Bedeutung 'glänzend' oft als Beiwort von Waffen diente. Dann wäre etwa 'schimmernde (Wehr)' die Grundbedeutung von Brünne.

Brunnen M., mhd. brun(ne), ahd. asächs. anfr. brunno, mnd. mnl. borne, nnl. bron, afries. burna, ags. brunna, burna 'Quelle, Brunnen', engl. bourn 'Bach', anord. brunnr, norw.

brunn, brynn, dän. brønd, schwed. brunn, got. brunna 'Quelle, Brunnen': mit anord. breyma 'brünstig sein', gr. φρέαρ, φρῆαρ 'Brunnen', lit. briáutis 'sich vordrängen', russ. brujá 'Strömung', armen. albeur 'Quelle' zum Stamm des Ztw. brennen, s. d. und brauen. Auch in Brandung wird wallendes Wasser mit züngelnden Flammen verglichen, Sod 'Quell' gehört zu sieden. Dasselbe Wort ist Born: die r-Metathese beginnt im 9. Jh. im Asächs., gelangt auf md. Gebiet an Rhein und Saar, erobert bis Mitte des 14. Jh. das Elsaß, den Nordsaum der Schweiz, Baden, Württemberg und den Westen Bayerns. Von dort erfolgt der Gegenstoß, der Born (bis auf Spuren namentlich in Ortsnamen) wieder auf md. und nd. Gebiet beschränkt: E. Küppersbusch 1931 Teuthonista 8, 55—94.

Brunnenkresse s. Kresse.

Brunst F. ahd. anl. mhd. brunst, got. -brunsts: ablautende, auf nord. und engl. Boden fehlende Abl. auf germ. -sti zum st. Ztw. got. ahd. brinnan (wie Geschwulst zu schwellen, Gunst zu gönnen, Kunst zu können) mit Grundbed. 'Brand' (wie in Feuersbrunst). Die jüngere Bed. 'geschlechtliche Erregtheit' mag durch die Nachbarschaft von Brunft gefördert worden sein.

brüsk Adj. Aus lat. bruscum N. 'Knorren am Ahorn' wird ein Adj. *bruscus 'knorrig' gefolgert, das frz. brusque Adj., ursprüngl. 'knollig', dann 'schroff' geliefert haben soll. In deutschen Fremdwbb. seit Sperander 1727 in frz. Form gebucht, ist brüsk durch Wieland eingebürgert. Brüskieren nach frz. brusquer 'jem. schroff behandeln' nicht vor 1788: H. Schulz 1913 Fremdwb. 1, 100.

Brust F., altes Dualetantum (kons. Stamm), mhd. ahd. afries. brust, mnd. mnl. nnl. borst, got. brusts. Damit ablautend das N. asächs. briost, afries. briast, ags. brēost, engl. breast, anord. brjóst. Der nächste germ. Verwandte ist mhd. briustern 'aufschwellen', mit ihm zur idg. Wurzel *bhreus- 'schwellen' wie mir. bruasach (aus *bhreus-to-) 'mit starker, breiter Brust'. Vgl. Brausche, Bröschen, Brünne.

Brustbild N. nnl. borstbeeld, zuerst Sleidan übers. v. Stamler (1557) 202 a; für gr. προτομή Crusius 1563 Gramm. graeca 2, 781. Gebucht kaum vor Stieler (1691) 147.

Brüstung F. bei den Kahnbauern an der Elbe für die 'Verengung des Kahns nach vorne und hinten' Röding 1794 Allg. Wb. der Marine 1, 395. Aus diesem Bereich auch die Buchung bei Adelung 1774, doch hier auch schon 'Mauer, welche nur bis an die Brust reicht'. Dazu Fensterbrüstung Jean Paul 1797 Jubel-

senior 94. Vorher Brüstung 'superbia'
Stieler (1691) 169 zu sich brüsten.

Brut F. mhd. bruot 'durch Wärme Belebtes, Belebung durch Wärme', nnl. broed,
agf. bród. Der Dental ist Suffix, die Stammsilbe
ist unter Brühe behandelt, der Grundstamm
bed. 'erwärmen, erhitzen'; vgl. auch brauen und
Brot. — brüten schw. Ztw., mhd. brüeten,
ahd. bruoten, agf. brēdan, engl. breed (dies mit
Bed.-Erw. 'erzeugen, erziehen'). Bemerkenswert ist, daß nnl. broeien, nd. bröjen und mundartl. brühen auch 'brüten' bedeuten.

brutal Adj. Zu lat. brūtus Adj. 'schwerfällig, gefühllos' gehört spätlat. brūtālis 'unvernünftig', das zuerst in der Eindeutschung
brutalisch Gockel 1667 Vetr. des Zorns 10
erscheint, als brutal 'roh' seit Thomasius 1688
Monatsgespr. 1, 61. Brutalität ist schon
von Albertinus 1598 Sendschr. 2, 5 b dem
lat. brūtālitas nachgebildet; brutalisieren
(nach frz. brutaliser) spielt seine bescheidenere
Rolle seit Fr. Creuzer 1805 Br. an Caroline
v. Günderode 118.

brutto Adv. 'im Rohgewicht'. Aus dem unter
brutal genannten lat. brūtus ist über vulgärlat.
*bruttus ital. brutto Adj. 'roh' entwickelt. Als
Handelswort von der mit Verpackung gewogenen Ware seit Meder 1558 Handelbuch 29a.
Das süddeutsche Synonym sporko stammt von
lat. spurcus 'unrein', das Gegenwort netto bed.
urspr. 'sauber', s. nett. A. Schirmer 1911 Wb.
d. dt. Kaufm.-Spr. 37.

Bube M. mhd. buobe, ahd. Buobo nur als
Männername wie asächs. Bōvo (wozu ablautend
Bavo) u. agf. Bōfa, daneben agf. Bōja als
Vorstufe zu engl. boy, fries. boi 'Knabe',
die an gleichbed. obd. bua, buə erinnern.
Unverschoben wie Bōfa auch mnl. boeve,
nnl. boef, mnd. bōve, md. būfe (z. B. beim
jungen Luther), Büfchen (bei Dichtern des
17. u. 18. Jh.), ostthür. (spitz)bufe. Andere
Ablautstufe im ahd. Männernamen Babo,
hochalem. (tokχə)bābi, (titti)bæbi, mengl.
babe, engl. baby. Diese Formenfülle vereinigt sich auf germ. *baban-, *bōban-, vielleicht
redupl. Koseform für Bruder (wie lat. pūpus
'Kleines' zu puer 'Kind'), das heute als Kinderwort flandr. boe, norw. boa lautet. Dazu stimmt
die Bed., die alt immer 'männliches Kind' war;
'Sohn, Unverheirateter, Geliebter' sind jüngere
Ausbiegungen. Die Bed. 'Nichtswürdiger'
(auch in Bubenstück, Büberei, bübisch)
ist nd. md., durch Schriftsteller wie Alberus u.
Luther verbreitet. Dessen „böse Buben" ersetzen obd. Bibeln durch „Kinder Belials". Obd.
ist Bub(e) das umgangssprachl. Wort für md.
Junge, schriftsprachl. Knabe: Kretschmer
1918 Wortgeogr. 244. S. auch Bäbe.

Buch N. Das Schriftstück heißt gemeinhin
nach dem Stoff, auf den geschrieben wird: gr.
βίβλος nach dem Papyrus, lat. liber nach dem
Bast, cōdex (zu cūdere 'schlagen') nach dem
Holzbrett, und so Buch nach dem Buchenholz,
aus dem die Schreibtafeln zuerst geschnitten
wurden. Das durch Zusammenheften solcher
Tafeln (tabulae, tabellae) entstehende Werk
heißt urspr. pluralisch urgerm. *bōkiz, got.
bōkōs, anord. bœkr, agf. bēc, ahd. buoh. Erst
als der Begriff des Geschriebenen stärker
hervortrat und sich der Name des Buchs von
dem der Buche auch lautlich abzuheben begann,
siegte der Sing. in ahd. buoh N., asächs. afries.
agf. anord. bōk, engl. book. Bedeutungsmäßig
ist der Vorgang derselbe, wie wenn anord. askr,
lind, ȳr, agf. æsc, lind, īw aus Namen für
Esche, Linde, Eibe zu Bezeichnungen von
Speer, Schild und Bogen werden, die aus deren
Holz hergestellt wurden (s. Asch, Tanne). Da
der Ausdruck für 'Buch' gemeingerm. ist, muß
sehr früh auf Holztafeln geschrieben worden
sein; bezeugt ist es erst für das 6. Jh. durch
Venantius Fortunatus 7, 18: Barbara fraxineis
pingatur rūna tabellis. An das Schreiben
auf Tafeln erinnern noch lange die Präp.:
got. gakunnan ana bōkōm, anord. rīta á bōkum,
ahd. lesan ana buohhun, mhd. lesen an den
buochen: Hoops 1913 Reallex. 1, 338. Aslav.
buky 'Buchstabe', Plur. bukŭve 'Buch, Schrift'
ist aus dem Got. entlehnt, mit den die Verteilung der Bed. (bōk(a) Sg. 'litera', bōkōs
Plur. 'litterae') zum Lat. stimmt.

Buche F. Fagus silvatica L. trägt einen gemeingerm. Namen. Mhd. buoche, ahd. buohha,
asächs. bōke, mnd. bōke, mnl. boeke, nnl. beuk,
agf. bōc, bœce, engl. beech, anord. bōk, norw.
bōk, bøk, schwed. bok, dän. bøg führen auf
germ. *bōk(i)ōn-, idg. *bhāgos. Dieselbe Ablautstufe zeigen lat. fāgus 'Buche', gr. φηγός
'Eiche', gall. *bāgos in Ortsnamen wie Bagusta
und Bagacon. Auf idg. *bhāūg- beruhen isl.
baukr 'Büchse' und beyki (aus *baukja-) 'Buchenwald'. Idg. *bhūg- liegt dem Ztw.
bauchen (s. d.) voraus. Germanen wie Italiker wohnen innerhalb des Verbreitungsgebiets
der Buche, westlich einer Linie, die von Königsberg über Warna zur Krim führt (Karte bei
J. Hoops 1913 Reallex. 1, 343). Außerhalb
wohnende Indogermanen haben den Namen
auf andre Bäume übertragen, außer gr. φηγός
'Eiche' vgl. russ. buz, buzína 'Holunder' und
kurd. būz 'Ulme'. So haben auch die Baumnamen Eibe, Eiche, Föhre, Heister, Holunder, Linde und Tanne die Bedeutung gewechselt: auf ihren vorgeschichtlichen Wanderungen trafen die Völker neue Baumarten, die
sie mit einem alten Namen belegten, wenn sie

die frühere Baumart nicht mehr vorfanden. Auf dem Baumnamen in seiner germ. Bedeutung beruht Bācēnis silva 'Harz' bei Cäsar, Bell. Gall. 6, 10 und die Bezeichnung der Rhön als mlat. Bōcōnia. S. auch Hainbuche.

Buchel F. Die Frucht der Buche heißt nd. und md. von Hessen bis Schlesien seit 1420 Bucheder (s. Ecker). Das Demin. Buchel, Büchel(e) im Rheinfränk., Alem., Schwäb. und Bair. ist zu beurteilen wie das bed.verwandte Eichel und geht auf mhd. büechel F. zurück. Daneben steht in west-, ostfäl. bauk, els. büch, schweiz. buech N. das unabgeleitete Wort meist kollektivisch, etwa ein lat. *fāgum neben fāgus voraussetzend, wie lat. pirum, mālum neben pirus, mālus stehen. Buchnuß in Teilen Ostmitteldeutschlands, Buchnüßl in Österreich, Bucheichel bei Adelung runden das Bild.

buchen Ztw. 'in die (Handlungs-)Bücher eintragen' als Nachbildung des gleichbed. engl. to book oder nnl. boeken seit 1733 Der in allen Vorfällen vorsicht. Banquier 1, 477, aber 1766 Allg. dt. Bibl. 2, 2, 303 als hart und undeutsch gescholten, der Tadel noch von Berghaus 1796 Handb. f. Kaufl. 1, 129 wiederholt. Literarisch erst durch Jean Paul 1804 Flegelj. 144 Hempel. Auch verbuchen und Buchung sind urspr. kaufmännisch: A. Schirmer 1911 Wb. d. dt. Kaufmannsspr. 38.

Bücherei F. dem aus lat. libraria gewonnenen Liberey, das H. Wunderlich 1915 Zentralbl. f. Bibl.-Wesen 32, 125 von 1425 bis 1716 nachweist, entspricht nl. boekerij, dem Comenius 1658 Orbis pictus 193 Bücherei nachbildet. Spätere Anfechtung hat dem guten Ersatzwort für Bibliothek nicht geschadet: Wh. Pfaff 1933 Kampf um dt. Ersatzwörter 23.

Bücherhalle F. geprägt von Konst. Nörrenberg, Comeniusblätter 1896, 61 (vom 11. Juni). S. Kreuzkatalog.

Bücherwurm M. von den die Bücher durchbohrenden Larven übertragen auf den darin lebenden Gelehrten, kennzeichnend zuerst im Demin. „Dein Herr, das Bücherwürmchen" Lessing 1747 D. j. Gel. 3, 2. So in den Wbb. seit Adelung.

Buchhalter M. Als Lehnübersetzung des ital. tenere i libri erscheint die Bücher halten erstmals in Ravensburg 1480: Al. Schulte, Gesch. der Großen Ravensb. Handelsges. 3 (1923) 180. Die Herkunft aus der ital. Buchhaltung wird deutlich bei Luk. Rem, Tageb. (Augsb. 1495) 5 darnach gieng ich auf ain schül (in Venedig), da man biecher halten lernt. Als Hauptwort gilt zunächst Buchhalten, seit Mitte des 16. Jh. Buchhaltung: Schirmer. Wb. d. dt. Kaufm.-Spr. (1911) 38. Buchhalter kaum vor

Math. Schwartz 1518 Was das Buchhalten sey (Handschr. d. Stadtbibl. Danzig) 1b „zum Zornal hat es ein aigenen Menschen, diesen nent man den Buchhalter".

Buchs, Buchsbaum M. Buxus sempervirens L., im Südsaum des deutschen Sprachgebiets vom Schweizer Jura bis Südtirol altheimisch, hat keinen germ. Namen, weil die germ. Stämme erst in geschichtl. Zeit eingewandert sind. Gr. πύξος ist über lat. buxus (wie nach Westeuropa: ital. bosso, frz. buis, agf. engl. box) zu uns gelangt, als die Deutschen von den Römern die Verwendung des Holzes zu Drechslerarbeiten lernten (Kamm und Ring aus B. schon in Funden der Saalburg). Ahd. buhsboum muß, weil u nicht zu o geworden und x zu hs verschoben ist, vor 600 übernommen sein. Daraus stammen mhd. buhsboum, mnd. mnl. busbōm, während die nhd. Form (wie nnl. buksboom, dän. buks-, schwed. buxbom) auf neuer Angleichung an die lat. Form beruhen: J. Hoops 1911 Realler. 1, 347; H. Marzell Wb. d. dt. Pflanzennamen 1 (1943) 702f.

Büchse F. Die aus Buchs (s. d.) gedrechselte Arzneibüchse, gr. πυξίς 'Dose aus πύξος-Holz' ist über lat. buxis und vorahd. *buhsja zu uns gelangt mit Arzt, Fliete, Pflaster u. a. Kunstwörtern der griech. Heilkunde: ahd. buhsa, mhd. bühse, mnl. bosse, busse, agf. engl. box (aus lat. *buxem für buxidem wie frz. boîte aus *buxida). Ihr b (gegen gr. π) danken alle westeurop. Formen dem Latein. Dessen x war etwa im 6. Jh. zu hs verschoben; unser ks beruht auf neuer Anlehnung an buxis. chs in älteren obd. Quellen kann auch die velare Spirans meinen. — Büchse 'Feuerwaffe' (so auch nl. bus, norw. bøsse) ist seit dem 14. Jh. über die Bed. 'Hohlzylinder' entwickelt, vgl. Feuerrohr und Mörser.

Buchstabe M. Fast alle Runen haben einen senkrechten Hauptstrich, den Stab, nach dem das ganze Zeichen asächs. stab, agf. (rūn)stæf, anord. (rūna)stafr heißt. Im Unterschied zu den Runen heißen die lat. Schriftzeichen, weil sie zum Gebrauch im Buch (nicht auf Holz, Stein, Metall, Elfenbein) bestimmt sind, agf. bōcstæf, anord. bōkstafr, asächs. bōkstaf, ahd. buohstap. Dem Got. fehlt der Ausdruck, der erst gebildet werden konnte, nachdem Buch (s. d.) aus 'Holztafel' zu 'Pergamentband' geworden war, also wohl in agf. Christentum, mit dem er nach dem Norden und nach Deutschland gelangt sein mag. Mit dem Schwinden der Runenschrift erweitert sich B. zu 'littera' überhaupt, das Kompos. verdrängt das einfache Stab: Hoops 1911 Realler. 1, 349; W. Krogmann 1930 Jdg. Forsch. 48, 268.

buchstabieren Ztw. Nachdem mhd. büchstaben noch Luthers Wort gewesen war, setzen die Grammatiker des 17. Jh. buchstabieren durch: Schottelius 1641 T. Sprachk. 75. Das Ztw. ist (wie Buchstabe) in die balt. Sprachen gelangt: J. Sehwers 1927 Zs. f. vgl. Sprachf. 54, 181. Der germ. Ausdruck ahd. anfr. spellōn, mnl. spellen hat über afrz. espelir (hieraus engl. spell 'buchstabieren') frz. épeler ergeben.

Bucht F. Als Verbalabstr. zu biegen geht westgerm. *buhti-, ags. byht, engl. bight, mnd. bocht, nd. bucht von der Bed. 'Krümmung' aus, die anord. bōt in knēs-, olbogabōt bewahrt. Die verengte Bed. 'Krümmung der Strandlinie', engl., nl. und nd. gleichmäßig entwickelt, erscheint in hd. Text seit Andersen 1669 Orient. Reisebeschr. 80 „sahen folgenden Tag in einem Inwig oder Bucht vor uns liegen die ... Stadt Columbo“; entspr. Seebucht seit 1675: Kluge 1911 Seemannsspr. 156. Eine andere Besonderung, 'Einfriedigung, Verschlag für Haustiere' (bes. in Saubucht), ist bes. norddeutsch geblieben. Dän. bugt, schwed. bukt stammen aus dem Nd.

Buchweizen M. Fagopyrum esculentum ist zu Beginn des 15. Jh aus Mittelasien zu uns gelangt. Den vorwiegend nd. Namen (mnd. bōkwēte, mnl. boecweit, engl. buckwheat, dän. boghvede, schwed. bohvete) dankt es der Form der Samen, die an Bucheckern erinnern, und dem weizenähnlichen Geschmack der Körner. Sonst wird die Pflanze (wie in tschech. pohanka zu pohan 'paganus', frz. blé de Turquie, de Barbarie, blé sarrazin, ital. grano saraceno) nach ihrer Herkunft benannt: aus mhd. frühnhd. schwäb. heidenkorn (Lexer 1, 1208; Zs. f. d. Wortf. 14, 142; H. Fischer, Schwäb. Wb. 3, 1338) verkürzt sind bair. österr. haidn, haidl (Schmeller 1, 1052), westerwäld. hæns, westf. hailf, hēlf. Auf nd. grick F. 'griech. Korn' beruhen poln. gryka, lit. grìkai, lett. grik'i, die als Gricken ins Ostdt. rückentlehnt sind. Zwei weitere Namen sind aus Nachbarstaaten entlehnt: nordb. tadder, tarre aus poln. tatarka, finn. tattari 'tatarisches Getreide', ostschwäb. bair. tirol. blende, plent aus ital. polenta. Mehr vereinzelt heißt die Pflanze frühnhd. buzweiß, nhd. Franzweizen (Campe 1, 643), Grübe, Knöterich.

Buckel M. Lat. buccula, Verkl. zu dem lautmalenden bucca 'aufgeblasene Backe', ergibt afrz. boucle 'halbrund erhabener Metallbeschlag in der Mitte des Schilds' (hieraus engl. buckle 'Schnalle, Spange'), das seit etwa 1200 als buckel F. ins Mhd. übergeht und unter dem Einfluß von Gerätnamen auf -el (Hebel, Schlegel, Schwengel) Mask. wird. In derber Volkssprache übernimmt

B. seit dem 16. Jh. die Bed. 'Rücken', unterstützt durch das Adj. buckelëht, -oht 'höckrig' die Vorstufe unseres bucklig. Puckel in nordb. Aussprache (auch nnl. pochel, dän. pukkel, schwed. puckel) wie in Panier, Pickelhaube, Pilz, Pokal, Posaune, deren Anlaut gleichfalls auf lat.-rom. b beruht.

Buckelorum M. 'Buckliger'. Ein halblat. buckelus, scherzhaft in den Gen. Plur. gesetzt, ergibt das rhein. Volkswort Buckelorum, das aus Frankfurter Ma. 1804 in Goethes Götz 4, 15 (Weim. Ausg. I 13, 1, 300) bringt. Buckelorium 'Buckel' schon bei Grimmelshausen 1669 Simpl. 4, 330 Kurz. Anklingende Scherznamen für den Buckligen sind nrhein. Buckelanes, -ines J. Müller 1928 Rhein. Wb. 1, 1084, obersächs. Buckelinski, Buckelomini K. Albrecht 1881 Leipz. Ma. 95, Buckolini J. Callenbach 1714 Quasi 78.

bücken Ztw. mhd. bücken, bucken, mnd. bucken, mnl. bocken: Intensitivum zu biegen (wie nicken und schmücken zu neigen und schmiegen). Schweiz. bukche (mit bukch M. 'Biegung') weist auf ahd. *bucchen, vorahd. *bukjan. Umlaut von u ist obb. vor ck unterblieben, die Schriftform bücken stammt aus dem Md.

Bücking M. 'geräucherter Hering'. Der Fisch heißt (a foedo odore Kilian 1599) nl. boksharing. Ableitung von nl. bok 'hircus' ist mnl. buckinc, mnl. bokking, mnd. (seit dem 14. Jh.) buckink, spätmhd. bücking. Die jüngere Form Bückling (seit 1480) dankt ihr l dem Umstand, daß viele mask. Konkretwörter auf -ing ein l im Stammauslaut hatten (Hämmling, Kiesling, Schilling, Zwilling).

Bückling M. 'Verbeugung' der Männer im Ggs. zum Knicks der Frauen. Als Abl. zu bücken ist frühnhd. bücking (daneben Bicking seit Martin 1628 Colloques 153) 'sich bückender Mensch', wie Ankömmling, Eindringling 'ankommender, eindringender Mensch' bedeuten. Mit demselben Übergang wie bei Diener ist aus der Bez. der Person die der Handlung geworden. Der Wandel des älteren -ing zu -ling vollzieht sich im 17. Jh.: „einem einen Bückling geben“ Schottel 1663 Haubtspr. 370: Zs. f. d. Wortf. 2, 190. 4, 183. 12, 118.

Buddel s. Buttel.

Bude F. Unter Baude ist gezeigt, daß dieses Wort zufrüßt um 1300 in Obersachsen begegnet und auf den md. Osten beschränkt bleibt. Im Gegensatz dazu ist mhd. buode, mnd. bōde, mnl. boede altheimisch, eines mit gleichbedeut. ahd. bōth. Von da entlehnt ist engl. booth 'Bude'. Der Vokal von anord. būð F. 'Wohnung' ist umgefärbt durch Anlehnung an būa 'wohnen'. Außerhalb des-

Germ. sind die nächsten Verwandten air. both (aus *butā) 'Hütte' und lit. bùtas 'Haus'. Sämtlich zur Sippe von bauen. — Stud.-sprachl. Bude 'Zimmer' dringt seit 1850 von Leipzig aus vor, wo die Meßbude eine beherrschende Rolle spielt, und löst älteres Kneipe 'Studentenwohnung' ab. Auch Budenangst 'Gemütszustand des einsam auf seiner Bude hausenden Studenten' geht von Leipzig aus. Gebucht seit K. Müller-Fraureuth, Wb. d. obersächs. Ma. 1 (1911) 165.

Budget N. Lat. bulga 'lederner Sack', ein Wort gall. Ursprungs (s. Balg, Bulge²), ergibt gleichbed. frz. bouge mit der Verkl. bougette. Das hieraus entlehnte engl. budget erreicht über 'Vorrat, verfügbare Mittel' die Bedeutung 'Staatshaushaltsplan'. Das engl. Wort wird bei uns durch Berichte über Pitt und die Whigs zu Ende des 18. Jh. bekannt und von Campe 1801 erstmals gebucht. Seit Frankreich 1806 das engl. Wort amtlich einführt, wiegt bei uns die frz. Aussprache vor, die sich z. B. bei Görres 1819 in der Schreibung Finanzbüdget verrät. Halb scherzhaft vom Privathaushalt seit Kotzebue 1812: H. Schulz 1913 Fremdwb. 1, 100.

Budike F. Frz. boutique erscheint, zunächst in frz. Schreibung, im kaufm. Deutsch seit 1677 als Gegenwort zu Magazin. Es sinkt im 18. Jh. unter Einfluß von Bude zu 'schlechtes Haus, mindere Gastwirtschaft'. Der Inhaber einer kleinen Kellerwirtschaft heißt im 19. Jh., hauptsächlich in Berlin, Budiker: H. Schulz 1913 Fremdwb. 1, 101; P. Kretschmer 1918 Wortgeogr. 269.

Büfett N. Ital. buffetto gelangt im 16. Jh. als Puffet in die Schweiz (Id. 4, 1047), frz. buffet seit Beginn des 18. Jh. in unser höfisches Schrifttum. Der Ursprung der roman. Wörter ist ungeklärt, die Bed. schwanken zwischen 'Anrichte, Geschirrschrank, Schenktisch, Schankraum': Zs. f. d. Wortf. 8, 56; H. Schulz 1, 101.

Büffel M. Gr. βούβαλος, lat. bũbalus, der klass. Name der Gazelle, wird wegen des Anklangs an gr. βοῦς 'Rind' auf die Büffel übertragen, die um 600 als Geschenk des Avarenchans an den Langobardenkönig Agilulf nach Italien kamen und in den Maremmen zur Arbeit gezähmt wurden. Die Nebenform bũfalus (z. B. bei Venant. Fort.) ergibt frz. buffle, aufgenommen als spätmhd. büffel, mnd. buffel; von da schwed. und älter dän. buffel. Der figürl. Gebrauch 'Klotz, Tölpel' ist frühnhd. entwickelt. Die hart arbeitenden Tiere (büffelerbeit Luther, böffelarbeit S. Franck) gaben Anlaß, das Ztw. büffeln zu bilden: „hart und lang püflen" Mathesius 1571

Sarepta 40 b, das Lieblingswort der Studenten geblieben ist (Kluge 1895 Stud.-Spr. 85; Zs. f. d. Wortf. 12, 275) und ein jüngeres ochsen nach sich gezogen hat.

Bug M. 'oberes Gelenk an Arm und Bein, vorderer Oberschenkel bei Tieren, Strebe zur Verbindung des Gebälks'. Ahd. buog, mhd. buoc führen mit ags. bōg, böh 'Schulter, Arm, Ast' (gleichsam 'Gelenk am Baum') auf germ. *bōgus, vorgerm. *bhāghús 'Arm, Vorderfuß'. Auswärts entsprechen aind. bāhú-, avest. bāzu 'Arm', gr. πῆχυς (aus *πᾶχυς) 'Ellenbogen, Unterarm'. Mit dem Ablaut von ahd. biogan (biugu, boug, bugum, gibogan) ist ahd. buog nicht zu vermitteln. — Die Bed. 'rundes Vorderteil des Schiffs', die wohl auf Vergleich des Schiffs mit einem Roß beruht, ist in nd. boog, nl. boeg, engl. bow, dän. bov, schwed. bog gleichmäßig vorhanden und überall alt, nam. in anord. bógr. In hd. Text seit Aldenburgk 1627 Westind. Reise E 1 b: Kluge 1911 Seemannsspr. 157. Am Neckar dafür die Bucht, während die Zus.-Setzung Buchanker zeigt, daß es sich um dasselbe Wort handelt: Sütterlin 1904 Zs. f. d. Wortf. 6, 69.

Bügel M. erst nhd. zu biegen wie Schlüssel zu schließen. In alter Zeit gilt baug, der Steigbügel heißt Stegreif (s. d.) und erst spätmhd. bügele F., mnl. böghel, nnl. beugel. Alt ist nur asächs. armbugil 'Armreif'. Ob das Bügeleisen nach seinem gebogenen Griff heißt und ob (Wäsche) bügeln (beide nicht vor Krämer 1678) hierher gehört, ist strittig: H. Fischer 1904 Schwäb. Wb. 1, 1267. Zur Abgrenzung gegen die nordd. Ausdrücke plätten, Plätteisen usw. Kretschmer 1918 Wortgeogr. 373.

bugsieren Ztw. 'ein Schiff durch ein anderes schleppen'. Port. puxar 'ziehen, schleppen' (aus lat. pulsāre 'stoßen') wird ins Nl. entlehnt und tritt hier im 16. Jh. als boesjaar(d)en, boechseerden auf. Die Umgestaltung zu nnl. boegseeren vollzieht sich unter Einwirkung des unverwandten Bug (s. d.). Vom Nl. gehen gleichbed. dän. bugsere, schwed. bogsera, russ. buksirowat' aus. Im Deutschen findet sich buxiren 1627, boucheren 1629, büksieren 1675, büchsiren 1681 mit ch als Zeichen nl. Herkunft. Erst im 19. Jh. setzt sich bugsieren und damit die Anlehnung an Bug auch in der Schreibung durch: Kluge 1911 Seemannsspr. 159.

Bugspriet M. 'schräg über den Bug (s. d.) hinausragender Mast'. Mnd. bugh-, baghspret (zuerst Greifswald 1465: Kluge, Seemannsspr. 160) ist älter als nnl. boegspriet (seit 1599). Von ihnen gehen mengl. bouspret, engl. bowsprit, dän. bugspryd, schwed. bogspröt, frz.

beaupré aus. In hd. Text Buchsbred Hulsius 1623 Schiff. 11, 6, Bugspriet mit nd. Lautstand seit Vischer 1720 Glossar z. Rob. Crusoe 2, 393. Buchtspriet am Neckar Zf. f. d. Wortf. 6, 69. Zum zweiten Wortglied f. Spriet.

Bühl M. 'Hügel', mhd. bühel, ahd. buhil. Das obd. bis heute häufige Wort fehlt den nd. und md. Ma., hier statt dessen Hübel, Hügel. Doch begegnet bül in münsterländ. Hofnamen wie Bühlmeier. Im Vogtland ist Pöhl Ortsname, im Gelände begegnen dort Ochsen-, Preiselpöhl. Zugehörigkeit von Bühl (idg. *bheug- 'schwellen; bucklig, rundlich') zu biegen (idg. *bheugh- 'biegen') ist nicht aufrechtzuerhalten. Darf man in *bheuq- eine Erweiterung von *bhu- 'aufblasen' sehen, so besteht Beziehung zu Bö, f. d.

Buhle M. mhd. buole 'naher Verwandter, Geliebter, Liebhaber', ahd. Buolo, agf. Bōla nur Männername, mnd. bōle, mnl. boel(e) 'naher Verwandter, Bruder' ist (wie Bube) kindliche Koseform zu Bruder. Die alte Zeit kennt B. nur als Mask.; noch im 16. Jh. konnte das Mask. 'amica' bedeuten; buole F. ist noch spätmhd. selten, das verdeutlichte Buhldirne nicht vor Gottsched 1730 Crit. Dichtk. 14. In der Neumark bed. bileken(kinner), in Pommern boele(ken) 'Geschwister', auf der Rhön bülich 'Geschwisterkinder'. Auswärts vergleichen sich westfläm. boe, norw. dial. boa als Koseformen für 'Bruder', lett. bālińš, bālulītis 'Brüderchen' zu brālis 'Bruder'. Aus der Koseform für Bruder (vorgerm. *bhālo- < *bhrālo- < *bhrātrlo-) ist Buhle trauliche Anrede für andere männliche Verwandte, endlich 'Geliebte(r)' geworden. Einen vergleichbaren Bed.-Wandel vollzieht Base in schweiz. bäsy, bäsle 'amica' Maaler 1561. — Buhler nicht vor Geiler 1494 Bilger 94a, Buhlerin schon bei Muskatblüt (bair. Oberfranken vor 1438): Siegfr. Junge 1932 Studien zu Musk. 131. Das mhd. buolen Ztw., mnd. bōlen, als bulen neunmal in der Lutherbibel, wird seit 1600 durch das Modewort galanisieren bedrängt: Zf. f. d. Wortf. 2, 278.

Buhne F. Als Küstenwort der Bed. 'Lattenwerk, Uferschutzbau' ist nl. bun, mnd. bune stromaufwärts gedrungen und erscheint bei Zesen 1641 Dt. Helikon J 4 b und Kindleben 1781 Stud.-Lex. 50 an Elbe und Saale. Zeugnisse für Weser, Donau und die ostpreuß. Flüsse bei Kluge 1911 Seemannsspr. 161. Goethe 1832 Faust 11545 und Helfft 1836 Wb. d. Landbauk. 65 kennen B. als Kunstausdruck des Wasserbaus. Verwandtschaft mit Bühne wird vermutet.

Bühne F. Mhd. bün(e), mnd. böne, nd. bön (f. Böhnhase), nnl. beun vereinen sich auf

ahd. germ. *buni. Namentlich in obd. Mundarten (Schmeller ²1, 246, H. Fischer 1, 1526, Schweiz. Jd. 4, 1319) in einer Fülle von Bedeutungen verbreitet, die sich zurückführen lassen auf 'Brettergerüst mit waagrechter Fläche'; über den sonstigen Boden erhöhte Bretterlagen. Auch nhd. Bühne, im 18. Jh. verkürzt aus Schaubühne (Reichel, Gottsched-Wb. 1, 946), ist urspr. 'Podium'. Dadurch wird Verwandtschaft mit Boden glaubhaft: durch agf. bydme 'Schiffsboden' wird wahrscheinlich, daß germ. *buni mit uraltem Ausfall eines Dentals für *bhu(dh)niā steht. Verwandt scheinen avest. buna 'Boden', air. bun 'das untere Ende'.

Bü(h)re F. 'Bettüberzug'. Das frz. F. bure 'grobes Tuch', das unser Büro (f. d.) ergeben hat, ist über mnl. beddebuur als buer 'Kissenbezug' in nl. Mundarten gedrungen und hat mnd. bure, nd. büre geliefert, das Heynatz 1775 bucht und Voß 1784 Luise 3, 2, 588 aufnimmt.

Buie F. 'Wiege', aus ostmd. Mundart bei Schoch 1657 Stud.-Leben F 3 b, als Boije bei Prätorius 1663 Mägdetröster 406. Mit dem zugehörigen Ztw. boien 'in der Wiege schaukeln' (L. Hertel 1895 Thür. Sprachschatz 71; K. Müller-Fraureuth 1911 Wb. d. obersächs. Ma. 1, 129) offenbar lautmalend.

Bukett N. Zu frz. bois 'Wald' tritt im 14. Jh. die Verkl. boschet, die als bosket 'Gebüschpflanzung' ins Engl. gelangt u. im 18. Jh. mit Park u. a. Ausdrücken der engl. Gartenkunst ins Nhd. entlehnt wird: J. Möser 1776 Patr. Phant. 2, 465 „ein englisches Boßkett". Inzwischen hat im Frz. die pikard. Form bouquet gesiegt; sie gelangt im 17. Jh. zu uns. Zesen, der sie Ibrahim (1645) 139 zuerst kennt, will sie durch Blumenstrauß ersetzen. Die unfrz. Aussprache verrät Wächtler 1709: „Bouquet (Bucket)"; südwestdt. Ma. kennt búkkĕ. Gleichbed. stehen außer nhd. Strauß daneben alem. Maien, bair. Buschen, westfäl. Lust M.

Bulge¹ F. 'Meereswelle', mhd. mnd. fruhnhd. bulge (Zf. f. d. Wortf. 14, 194), nd. bülge, anord. bylgja (woraus engl. billow 'Welle' entlehnt), schwed. bölja führen auf eine Grundform germ. *bulgiōn, Fem. zur Verbalwz. *bëlg 'schwellen' in Balg und Polster. Grundbed. somit 'Anschwellung'.

Bulge² F. 'lederner Wasserbehälter'. Das mit Balg usw. verwandte gall. bulga (mir. bolg 'Sack') gelangt als bulga 'Ledersack' ins Lat., beteiligt sich über frz. bouge an der Bildung Budget (f. d.), kommt als ahd. bulga, mhd. bulge 'Ledersack' zu uns und spielt in obd. Ma. auch in Bed. wie 'Reisetasche, Wasserkübel, Feldflasche, Schlauch, Futteral' eine

Rolle: Schmeller ²1, 237; H. Fischer 1, 1513;
Schweiz. Jd. 4, 1213; J. Vendryes 1941 Bull.
de la Soc. de Ling. 41, 2, 135ff.

Bulle M. 'Stier' erst nhd. (obd. unbekannt),
mnd. bulle, mnl. bul(le), nnl. bul, anord. boli,
engl. bull. Ableitung dazu agſ. bulluc 'Stier-
kalb', engl. bullock 'junger Ochſe' (zur Bildungsweiſe Kluge 1926 Stammbildungsl.
§ 61b), zu denen agſ. bealluc, engl. ballock
'testiculus' in Ablaut ſtehen. Der Zuchtſtier
heißt mit pars pro toto nach ſeinem Zeugungsglied. In der Bed. vergleichen ſich heſſ. bille,
gr. φαλλός und air. ball 'penis': ſämtlich zur
idg. Wurzel *bhel- 'aufblaſen, -ſchwellen,
ſtrozen'. Der Wechſel zwiſchen l und ll erklärt
ſich daraus, daß das Wort alter n-Stamm iſt
und ln zu ll angeglichen werden konnte. Gleichbed. Farre, Hagen, Heigel, Heime,
Hummel, Muni. — Ein Mask. Bulle 'Pedell' in der Stud.-Spr. von Freiburg i. B.
1813f. (Zſ. f. d. Wortf. 4, 311) iſt offenbar zerſpielt aus Pedell.

Bulle F. 'päpſtliche Verordnung' mhd. mnl.
agſ. frz. bulle, engl. bull, nnl. bul: aus lat.
bulla 'Blaſe, Buckel, Kapſel'. Nach dem in
einer Kapſel angehängten Siegel iſt mit pars
pro toto die ganze Urkunde benannt. Vgl.
Bill.

Bullenbeißer M. zu Stierkämpfen gezüch-
teter und abgerichteter Hund, urſpr. (wie
Bulle M.) ein nd. Wort (bullenbyter Richey
1755 Hamb. Jd. 27), als Boll-Beißer bei
Fleming 1719 T. Jäger 170, als Bollen-
beißer auf einen biſſigen Menſchen übertragen: Stoppe 1729 Ged. 2, 161. Vom Nd.
geht dän. bulbider aus, während nnl. bullhond,
engl. bulldog gilt: Zſ. f. d. Wortf. 14, 176.

Bulletin N. 'amtlicher u. ä. Bericht, Be-
kanntmachung'. Zu mlat. bulla 'Urkunde'
(ſ. Bulle F.) gehört das Demin. ital. bullettino
'Zettel, Blatt, gedrängter Bericht' (von da
als polletin entlehnt: F. v. Troilo 1676 Orient.
Reiſebeſchr. 466), das über frz. bulletin vor
1800 zu uns gelangte, als Bonaparte ſeine
Berichte ſo überſchrieb. Demgemäß bucht
Kinderling 1795 Reinigk. d. dt. Spr. 118:
„Bulletin, Tageszeitung". Ladendorf 1906
Schlagwb. 38.

Bult M., **Bülte** F. 'bewachſener Erdhaufe,
Hügelchen', mehrfach bei Voß, aus nd. bult,
mnd. bulte 'Hauſen, Strohſack'. In Ortsnamen
begegnet ſchon aſächſ. bolt. Mit gleichbed.
mnl. bult(e) über weſtgerm. *bultian- zu der
unter Ball entwickelten vorgerm. Wz. *bhel-
'ſchwellen, rund ſein'. Schwed. und älter dän.
bylte 'Bündel' ſtammen aus dem Mnd.

Bumerang M. 'gekrümmtes Wurfholz', gehört mit Emu, Känguruh, Tabu, täto-

wieren und Wombat zu den wenigen Wörtern, die das Nhd. einer auſtraliſchen Sprache
verdankt. Nicht vor Mitte des 19. Jh., anfangs
in der engl. Schreibung Boomerang: Sanders 1871 Fremdwb. 1, 163.

bummeln Ztw. Zu dem Dreiklang in Nachahmung des Glockentons bim-bam-baum
(ſ. baumeln) tritt als tiefſte Note bum. Mit
Schallnachahmung und Lautſymbolik (F. Sommer 1933 Jdg. Forſch. 51, 248) verbindet ſich
der Gedanke an die ſchwere Pendelbewegung
namentl. der ausſchwingenden Glocke. So entſteht bummeln 'hin und her ſchwanken' (gebucht ſeit Ludwig 1716) und daraus 'ſchlendern,
nichts tun' (zuerſt im Brem. Wb. 1767). Leichte
Umgangsſprache fügt dazu „Spaziergänger
und ſogenannte Bummler" Zeitg. f. d. eleg.
Welt 1837 S. 318b; 1848 wird Bummler
zum polit. Schlagwort (Ladendorf 1903 Zſ.
f. d. Wortf. 5, 107). Die Stud.-Sprache nimmt
das Nomen Agentis auf (Bacheliade 1857
S. 5. 44) und prägt es zur Schelte der Nicht-
inkorporierten in Marburg und München 1860
(Zſ. f. d. Wortf. 8, 107. 12, 275). Durch
Rückbildung gewinnt ſie damals das Mask.
Bummel 'gemächlicher Spaziergang'. Dän.
bumle, boemelen ſtammen aus dem
Nhd. S. Schlachtenbummler.

Bund M. mhd. mnd. bunt (Gen. bundes),
mnl. bont, nnl. bond, aſächſ. gibund 'Bündel'.
Mit dem Ztw. binden im Ablaut der 3. Reihe.
Das zugehörige Demin. Bündel, mhd. bündel,
agſ. byndel, engl. bundle, alt und mundartl.
M., geht im Nhd. des 18. Jh. zum N. über:
H. Paul 1917 Dt. Gramm. 2, 64. — bündig
Adj., mhd. bündec 'feſtgebunden, verbündet',
mnl. bondich, nnl. bondig 'rechtlich ver-
pflichtend', bei Leſſing 10, 337, 8 bindig
mit demſelben Schwanken wie gleichzeitig
Knüttel, tüfteln, Tüttel, zernüllen.

Bundſchuh M. mhd. buntschuoch M.
'grober Schnürſchuh der Bauern (mit Riemen
zum Feſtbinden)', noch jetzt in Oberöſterreich
und Steiermark üblich (daraus tſchech. puncocha
'Strumpf'). Dann, weil als Feldzeichen in
Bauernaufſtänden gebraucht, ſeit Ende des
15. und im Anfang des 16. Jh. verwandt für
'Empörung'.

Bunge F. 'Trommel' (und trommelähn-
liche 'Fiſchreuſe') mhd. bunge 'Trommel': offenbar eins mit ahd. bungo 'Knolle' unter Bachbunge.

Bunker M. Behälter für Kohlen auf Damp-
fern und in Fabriken: im 19. Jh. entlehnt aus
gleichbed. engl. (coal-)bunker; dazu bun-
kern 'kohlen'. Im erſten Weltkrieg erhält das
Wort die neue Bedeutung 'Betonfort', die mit

dem Bau des Westwalls 1939 Gemeingut geworden ist: W. Linden 1943 Dt. Wortgesch. 2, 401.

bunt Adj. mhd. mnd. bunt, mnl. nnl. bont, stets mit nt auch in den flektierten Formen, somit nicht aus dem Ahd., dessen nt als mhd. nd erscheint. Bunt gehört dem Nhd. als ostmd. Wort an; in Wien gilt von Stoffen färbig, in Schwaben sagt man lieber gscheckt, scheckig, sonst obd. gefleckt, gespräckelt; dies meist in den obd. Bibeln des 16. Jh. für Luthers 21maliges bunt. 'Vielfarbig' ist mhd. vēch und missevar; mhd. bunt bed. 'schwarz-weiß' von Pelzwerk, daneben steht daz bunt, des buntes 'Pelzwerk', bes. mehrfarbiges, in Ggf. zu mhd. grā, mnd. grāwerk. Auszugehen ist vom Part. mlat. punctus 'punktiert', einem Klosterwort, das eig. das mit verschieden gefärbten Fäden auf Zeug Gestickte bezeichnet: M. Heyne 1903 Hausaltert. 3, 240. Auch in ital. punto 'Punkt' ist c ausgefallen, ebenso in Spund und Tinte. Wenn für das Pelzwerk die verbindenden Glieder im roman. Westen fehlen, so ist andrerseits das Verhältnis zu einigen östl. Wörtern noch ungeklärt: rumän. bunde, magyar. serb. tschech. bunda 'Pelzwerk' sind sämtlich jung. An lat. mūs Ponticus 'Hermelin' zu denken, verbieten formelle Schwierigkeiten. Dän. buntmager, schwed. buntmakare 'Kürschner' stammen aus gleichbed. mnd. buntmaker.

Bunzen s. Punzen.

Bürde F. mhd. bürde, ahd. burdī, mnd. borde, got. baúrþei, anord. byrðr F. 'was (auf einmal) getragen wird'. Zur Verbalwz. idg. *bhër 'tragen' in Bahre, entbehren, gebären, nl. beuren 'aufheben, tragen' gehört das Part. idg. *bhr̥tó-, aind. bhr̥tá-. Dazu ist das germ. Fem. auf -īn (für älteres -iōn), das unserm Bürde vorausliegt, Adj. -Abstrakt, dem lat. col-, ē-, translatio bildungsgleich, auch darin, daß diese gleichfalls neben den Part. col-, ē-, translātus stehen: Kluge 1908 Zf. f. d. Wortf. 10, 64. Dazu die gleichbed. Weiterbildung asächs. burthinnia, mnd. börde(ne), agf. byrðen, engl. burden.

Burg F. Mhd. burc, ahd. burg, bur(u)c 'Burg, Stadt', asächs. anfr. afries. agf. burg, mnl. burch, borch(t), nnl. burcht, burg, engl. borough, burrow, -bury, anord. dän. schwed. borg, got. baúrgs führen auf idg. *bhr̥gh- 'befestigte Höhe (als Fluchtburg)', in Ablaut mit Berg, s. d. mit genauen Entsprechungen in avest. *borəz- 'Höhe' und kelt. *brig- 'Hügel'. Auf Entlehnung aus dem Afränk. beruht frz. bourg (12. Jh.: borc) 'Marktflecken'. Unsre ältesten Zeugnisse zeigen Weiterbildung auf -ja: saltus Teutoburgiensis und Asciburgium (Tacitus, Ann. I 60; Germ. 3: Ptolemäus 2, 11, 27).

In germ. Urzeit ist B. eine Volks- oder Fluchtburg mit offener Sieblung, dazu kann ein Herrenhof treten wie im Fall von Marbods Herrschersitz (regia castellumque iuxta situm Tacitus, Ann. 2, 62). In karol. Zeit wird der Herrenhof befestigt, seit 900 zieht der Herr vom Hof in eine kleine Festung, die fortan auch Burg heißt, nun im Sinn der lat. arx. Die Namen der um 1100 einsetzenden Städte enden auf -burg nur, wenn sich unter den Teilen, aus denen sie zusammenwachsen, eine Volksburg (Hammel-, Würzburg) oder Herrenburg (Lüne-, Magde-, Merseburg) befindet. Aus solchen Fällen wird buro in seiner mhd. Hauptbed. 'Stadt' verselbständigt. Daneben erhält mit dem Aufblühen der Ritterburgen die Bed. 'arx' neuen Auftrieb: F. Panzer 1933 Zf. f. dt. Bildung 9, 225ff.

Bürge M. Zum Ztw. borgen (wozu anord. ābyrgð 'Verantwortung', ābyrgjask 'sich verbürgen') treten ahd. purgeo, burigo, asächs. burgio, afries. borga, agf. byrga M. als westgerm. Bezeichnung dessen, der bei einem Borggeschäft Sicherheit leistet.

Bürger M., mhd. burgære, burger, mb. bürgære, ahd. burgāri, mnd. borgere, mnl. borgher, agf. burgware, germ.-lat. burguarii. Auf Entlehnung aus dem Dt. beruhen mnl. burgher, nnl. burger, dän. borger, schwed. borgare, magy. polgár (Melich 1933 Festschr. f. Gideon Petz 172. 179). Bestimmungswort ist Burg, s. d., Grundwort das M. Plur. ahd. -wari, agf. -ware (auch in Römware 'Römer' Cantware 'Kenter'), anord. -veri, -verjar, in germ. Stammesnamen wie Amsivarii 'Emsanwohner', Angrivarii 'Angerbewohner' usw. Die Bed. 'An-, Einwohner' ist aus älterem 'Verteidiger' entwickelt, s. wehren. In mhd. burgære, burger ist das alte Grundwort zum Suffix gedrückt (wie in Kiefer, Wurzel). Mit Ausbildung einer dt. Stadtverfassung im 12. Jh. erhält Bürger neben dem umfassenden Sinn 'Stadtbewohner' den engeren 'vollberechtigtes Gemeindemitglied' (W. Vogel 1936 Hanf. Gesch.-Bl. 60, 10f.). Obd. bleibt Burger (auch als Fam.-Name) ohne Umlaut wie Gartner, Kammerer, Glockner, Kohler, Schuler, Stuber.

Bürgermeister M. 'magister civium'. Mhd. frühnhd. u. mundartl. weithin stehen bürge-, burgemeister neben bürger-, burgermeister, entspr. nl., dän. u. schwed. Von dem zweiten Formenpaar ist sinngemäß auszugehen; das erste ist entstanden, indem der Auslaut des ersten Bestandteils gegen den des zweiten dissimiliert wurde (wie nhd. Gänsebraten gegen mhd. gensenbraten): Edw. Schröder 1898 Anz. f. dt. Alt. 24, 22. Nhd. Bürgermeister hat gesiegt als Luthers Form (zweimal in der Bibel).

Bürgerschule F. Als 'Schule für die Bürgerkinder einer Stadt' und insofern gleichbed. mit älterem Stadtschule belegt Nyström 1915 Die dt. Schulterminologie 1, 5 Burgerschuel zuerst aus Schlettstadt kurz vor 1550. Die Bed. 'Volksschule' setzt Pestalozzis Wirken voraus. In Leipzig wird 1804 die erste B. eröffnet; Campe bucht 1807 das Wort als neugebildet.

Bürgertum N. Ersatz für frz. bourgeoisie, nicht vor Fichte 1797 Grundlage des Naturrechts 2, 21. Vielleicht von ihm gebildet.

Burgfriede M. mhd. burcvride, mnd. mnl. borchvrede: zunächst der erhöhte Friedenszustand unter Ganerben, denen gemeinsam eine Burg gehört, dann 'erhöhter Friede am fürstlichen Hof, an öffentlichen Orten'; 'studentischer Versammlungsfriede' (seit dem Wartburgfest 1817). Endlich 'Gebiet, in dessen Grenzen Schutz gegen Gewalttat gewährt wird', besonders 'Stadtgebiet'.

burlesk Adj. Demin. zu dem unter Büro genannten lat. burra 'zottiges Gewand', dessen Plur. schon bei Ausonius 'Possen' bedeutet, ist lat. burrula. Daraus stammt ital. span. burla 'Posse', dazu wieder stellen sich ital. burlesco, frz. burlesque und das gleichlautende frz. Fem., die seit Morhof 1682 Unterr. v. d. dt. Sprache 610 in Deutschland bekannt sind, aber erst durch Gottsched 1730 Crit. Dichtk. 42 geläufig werden: H. Schulz 1913 Fremdwb. 1, 102.

Burnus M. Gr. βίρρος 'Oberkleid' ist mit Spaltung des rr zu rn in die semit. Sprachen Vorderasiens gelangt und hat arab. burnus 'weiter Mantel mit Kapuze' ergeben. Über frz. bournous ist es in die europ. Sprachen gekommen, ins Nhd. seit 1848 Treitschke, Briefe 1, 31.

Büro N. Lat. burra 'zottiges Gewand', dessen Sippe Walde 1910 Lat. etym. Wb. 91 darstellt, ergibt über afrz. bure u. dessen Demin. burel frz. bureau, das über die Bed. 'Tuch, mit Tuch bezogener Tisch' zu 'Amtstisch, Amtsstube' wird. Demgemäß erscheint das Fremdwort seit Scheibner 1695 in den Bed. 'Schreibtisch' und 'Geschäftszimmer'. Im 16./17. Jh. galt dafür — wie obd. noch heute — Schreibstube. Frz. bureaucratie (nach Schulz 1913 Fremdwb. 1, 102 von V. de Gournay 1764 den älteren aristo-, démocratie nachgebildet) begegnet seit 1790 in deutschen Berichten über die frz. Revolution, Bürokrat und bürokratisch nicht vor Görres 1819.

Bursche M. Mlat. bursa 'Geldbeutel', das auf dem Weg über fremde Sprachen Börse ergeben hat, liefert in deutscher Entwicklung über mhd. burse (mit demselben Lautwandel wie Barsch, birschen, herrschen, Kirsche, knirschen, Kürschner, morsch) frühnhd. bursch(e) 'Haus, das von einer aus gemeinsamem Beutel lebenden Gesellschaft bewohnt wird; aus einer Kasse zehrende Gesellschaft von Studenten, Handwerkern, Soldaten', das bis ins 17. Jh. gilt. Der einzelne Teilnehmer hieß burßgesell, bursant, mitbursch(e), bis (mit einer Bed.-Entw. vom Sammelbegriff zum Einzelwesen wie bei Frauenzimmer, Imme, Rat) Bursch(e) zur Bez. des einzelnen Jungmannen wurde. Gefördert wurde die Entw. dadurch, daß der Sammelbegriff die Bursch(e) als Plur. gefaßt und durch einen jungen Sing. der Bursch(e) ergänzt werden konnte. Norw. busse 'Freund, Kamerad', schwed. buss 'mutiger, kräftiger Kerl', nnl. borst 'junger Mann' sind aus nd. bu(r)s entlehnt, das landschaftlich in entsprechenden Bedeutungen begegnet. Zum stud. Gebrauch Zs. f. d. Wortf. 1, 40. 3, 97. 12, 275.

Burschenschaft F. wurde gebildet, nachdem Bursche vom Sammelbegriff zur Bezeichnung des einzelnen Studenten geworden war, und erscheint bei Laukhard seit 1791 (Kluge 1895 Stud.-Spr. 85) für 'Gesamtheit der Studenten'. Als 1815 ein neuartiger stud. Bund zur Pflege vaterländ. Gesinnung erstand, fand er in B. den auch durch das ältere Landsmannschaft (seit 1748 Zs. f. d. Wortf. 1, 44) vorgebildeten Namen schon vor. — Burschenschafter M. seit 1822 Das Leben auf Universitäten 202, gleichzeitig Landsmannschafter.

burschikos Adv. Adj. Nachdem Bursche zu 'Student' geworden war (Stieler, Erfurt 1691: studiosi artium liberalium se hoc nomine salutant) erscheint für selteneres auf Burschmanier (Stieler: 'more studentico') zuerst 1720 in einem Wittenberger Stammbuch βουρσικῶς, mit der Endung des griech. Adverbs, wie das schon bei Schoch 1657 Kom. v. Stud. Leben 91 auftretende studentikōs und die halblat. floricôs, hausticôs (austrinken) die schon Multibibus 1616 Jus potandi § 9 kennt. Die Gruppe verhöhnt theol. Kunstwörter des 16. Jh. wie συμβολικῶς und πνευματικῶς. Sie gehört zu den stud.-sprachlich beliebten Zwitterbildungen (gassatim, Hallore, Schwulität). Das Adj., nicht vor Schnabel 1748 Finnländerin Salome 38, setzt sich noch im 18. Jh. durch: Kluge 1895 Stud.-Spr. 48. 85; ders. 1912 Wortforschg. u. Wortgesch. 128; Zs. f. d. Wortf. 1, 41. 4, 310.

Bürste F. mhd. bürste. Neben dem st. M. ahd. mhd. borst 'Borste' steht burst, dessen Plur. als Sammelbegriff zum F. Bürste geworden ist. Vgl. Fährte, Gräte, Stätte neben Fahrt, Grat, Statt. — Das Ztw.

bürsten bedeutet auch 'trinken', wobei man heute an ein Putzen der Kehle denkt. Ursprünglich geht der Wortgebrauch von Burse 'Zechgesellschaft' (s. Bursche) aus. Mit einem Witz des 16. Jh. wird einer, der sich auf das Handwerk dieses Bürstens gut versteht, ein Bürstenbinder genannt, zuerst von J. Fischart 1571 Der Barfüßer Kuttenstreit 2255.

Burzel M. Das Kraut Portulāca oleracea, nach lat. portula benannt, weil sich die Samenkapsel mit einem Deckelchen öffnet, innerhalb des Lat. nach porcus 'Schwein' hin umgedeutet zu porcilāca, kommt mit z-Aussprache (wie Kreuz, Panzer, Zentner) zu uns und ergibt ahd. purcela, burzela, -ala, -ila, mhd. burzel, bürzel. Das Fremdwort wird M. nach dem Vorbild der Gerätnamen auf -el (Hebel, Schlegel, Schwengel). Mit Einfuhr südamerikanischer Arten wird die Pflanze als Ziergewächs, Gemüsekraut und Suppenwürze neu beliebt und darum der gelehrte Name als Portulak (M. nach Lack) neu entlehnt. Die ahd. Form purcelān stammt mit mnl. porceleine und afrz. porcelaine aus ital. porcellana, einer Umformung von portulāca: Zs. f. d. Wortf. 5, 22. 6, 179.

Bürzel M., frühnhd. bürtzel (Maaler, Zürich 1561), pirtzel (Luther), mit obd. burz M. 'rundliche Erhöhung, Steiß des Geflügels' zum Ztw. borzen 'hervorstehen', das seinerseits zu ahd. bor (s. empor) gehört. S. auch purzeln.

Busch M. Ahd. asächs. (11. Jh.) busc, mhd. busch, bosch(e), mnd. busch, busk, mnl. busch, bosch, nnl. bos(ch), mengl. busch, busk, engl. bush. Auf Entlehnung aus dem Dt. beruhen dän. schwed. norw. busk(e) und mlat. buscus, boscus. Verkl. dazu ist Büschel N. M., mhd. büschel, nl. bussel. Man sieht in westgerm. *busk- eine k-Erweiterung zur germ. Wurzel *bus- 'schwellen', s. Bausch. Die Redensart „auf den Busch klopfen" stammt von der Jagd: alsam ein jegere ob eines hasen legere ûf den busch trischet Stricker 1220 Daniel 3647 und Zs. f. d. Wortf. 10, 101. Vgl. Böschung.

Buschklepper M. gleichbed. mit Strauchritter, Heckenreiter, insofern frühnhd. klepper neben 'Pferd' auch 'Reiter' bedeutete und Busch in der Bed. 'Strauch(werk)' galt. Buschklöpper 'Straßenräuber, Wegelagerer' seit Zesen 1645 Ibrahim 1, 417, -klöpfer von Schupp (1663) 305 bis Wieland 2, 2, 473. Durchdenbusch als Name für Wegelagerer von 1300 bis 1526: DWb. 5, 1149.

Büse F. 'Boot zum Heringsfang', mit nd. ü ins Nhd. gelangt, wie Bühre, Küken, Süd. Ins Nd. entlehnt aus nnl. buis, mnl. büse; dahin aus afrz. busse. buce 'Ruderschiff';

dies aus mlat. buza, bucia 'größeres Fahrzeug' das (selbst ungeklärten Ursprungs) unmittelbar entlehnt ahd. būzo 'Seeräuberschiff', mhd. būze, mnd. būtze, anord. būza 'Kriegs-, Handelsschiff', ags. būtsecarl 'Matrose', engl. buss 'Heringsboot' ergeben hat. In der ahd. Glosse paro/būzo wird die ganze Bedrängnis der Normanneneinfälle lebendig.

Büsel N. Frz. pièce gelangt als Name einer Silbermünze von zwölf Sous ins Elsaß, ergibt els. schweiz. bad. schwäb. bair. biesle u. ä. (H. Fischer 1904 Schwäb. Wb. 1, 1105) und bringt mehrfach in deutsche Dichtung: Bieselchen N. Götz 1785 Verm. Ged. 1, 146; Büeßli Hebel; Büsel Goethe 1812 Dichtg. u. Wahrh. 9. Buch.

Busen M. Mhd. buosem, -en, ahd. buosam, -um, frühnhd. busam, bosam, -em, -en, asächs. bōsom, mnl. boesem, nnl. boezem, afries. ags. bōsm, engl. bosom führen auf westgerm. *bōsma-. Nord- und ostgerm. ist das Wort vor Einsetzen unsrer Überlieferung untergegangen. Gebildet mit derselben Endung germ. -ma(n)- wie Brosam, Deisem 'Sauerteig'. s-Erweiterung zu derselben idg. Wurzel *bhōu-: *bhū- 'schwellen', zu der die g-Erweiterung unter Bauch (s. d.) entwickelt ist. Vgl. Bausch, bausen und Beule. In deutschen Mundarten ist B. lebendig z. B. in Dithmarschen, Pommern, Braunschweig, der Wetterau, sonst z. T. in veränderter Bed.: schwäb. buoso 'Brustteil des Gewands', schweiz. 'Kuheuter, Brusttuch, Rocktasche'; westfäl. bausem 'Rauchfang über dem Herd', beus 'Jacke' (Kreis Ahaus).

Buseron M. 'Buhlknabe'. Widernatürl. Unzucht kennen die Deutschen der Reformationszeit von Florenz: frühnhd. florenzen bed. 'der Knabenliebe frönen'. So liegt das gleichbed. florentin. Ztw. buggeräre dem zuerst auf Dürers Bild „Arion der erst Buseron" belegten Subst., dem altvenez. buzzerone M. entspricht, zugrunde, das dann bei H. Folz, Hutten, Luther, Sachs eine Rolle spielt und von Fischart zu Buberon umgedeutet wird. Österr. hat sich Busero(n) als 'verkehrter Stoß, Vorbandenstoß' beim Billardspiel erhalten: Zs. f. dt. Phil. 27, 116; Schweiz. Jd. 1, 1206. 4, 1220. 1749; E. Ohmann, Neuphil. Mitt. 1941, 82.

Bussard M. Der wesentlich vom Mäusefang lebende Raubvogel heißt ahd. mūsāri, mhd. mūsaere, mnd. mūser, ags. mūsere. Diese Formen scheinen im Anschluß an die häufigen -arja-Bildungen entstellt zu sein aus *mūs-aro, ahd. mūsaro 'Mäuseaar'. Manche Mundarten halten den alten Namen fest: steir. mauser, anhalt. mauser, schweiz. stockmūser. Eine scherzhafte Anwendung s. u. Blamüser. Im Schrifttum ist der deutsche Name seit dem 13. Jh. zurückgedrängt durch būsant aus afrz. buson (frz. buison), seit 1555 durch Bußhard, Bußhart, Bußaar aus frz. busart (woher auch engl. buzzard, nnl. buizert), das auf gleichbed. lat. būteo beruht. Dies lautnachahmend. Weitere Namen des Vogels bei Suolahti 1909 Vogeln. 352 ff.

Busserl N. 'Kuß'. Das Kinderwort Buß 'Kuß' (auch im gleichbed. engl. buss) liefert ein frühnhd. verbreitetes Ztw. bussen, pussen 'küssen'. Während Abr. a St. Clara 1688 Judas 1, 183 Bußl sagt, gilt seit Conlin 1709 Närrinnen 1, 212 Busserl mit bair.-österr. Demin. und strahlt zu den Nachbarn aus: H. Fischer 1904 Schwäb. Wb. 1, 1558.

Bussole F. 'Seekompaß'. Die in einer Kapsel verwahrte Magnetnadel heißt nach dem Demin. zu mlat. buxis (s. Büchse) ital. bussola. Als busola erscheint das Mittelmeerwort seit 1672 bei uns: H. Schulz 1913 Fremdwb. 1, 102.

Büste F. Zu lat. ūrere 'brennen' stellt sich infolge falscher Trennung von amb-ūrere 'ringsum sengen' und combūrere (aus *co-amb-ūrere) bustum 'das Verbrannte'. Die Etrusker legten die Asche Verstorbener in hohle Tonbilder, die den Toten darstellten, nachmals in deren Abbreviatur, die Büste mit einem Loch mit Deckel am Hinterkopf. Sie sind Vorbild der berühmten Renaissancebüsten geworden: Lamer 1933 Wb. der Antike 88. Daher ital. busto 'auf einem Grabmal angebrachtes Brustbild eines Verstorbenen'. Das ital. Mask. erscheint als „Buste oder Busto" bei uns seit 1717 (Zs. f. d. Wortf. 12, 176), seit Gottsched siegt frz. buste (woraus engl. bust) als Vorbild. Die im Frz. verengte Bed. 'weibliche Brust' wird um 1860 entlehnt: H. Schulz 1913 Fremdwb. 1, 103. Zum Genus Zs. f. d. Wortf. 15, 180; H. Paul 1917 Dt. Gramm. 2, 145.

Buße F. Mhd. buoz(e), ahd. buoz(a), asächs. bōt(a), afries. bōte, ags. anord. bōt, engl. boot, schwed. bot, dän. bod, got. bōta führen auf germ. *bōtō F., für das als ablautende Bildung zu baß (s. d.) die Bed. 'Besserung' vorauszusetzen ist. Daraus ist seit frühdeutscher Zeit die Bed. der strafrechtlichen Genugtuung entwickelt, aus der — nachdem das Wort im Zauberspruch eine Rolle gespielt hatte — in der Bekehrungszeit die religiös-sittliche Genugtuung hervorgegangen ist (hierfür got. idreiga 'μετάνοια' zur anord. Vorsilbe iđ- 'wiederum', die z. B. auch in isl. Iđunn, dem Namen der altwestnord. Göttin der Verjüngung, erscheint): J. Weisweiler, Buße (Halle 1930); J. Trier, Anz. f. dt. Alt. 50, 25 ff. Aus vorchristl. Bereich stammen auch Abendmahl, Andacht, Beichte, fromm, Gott, Heiland, Reue, Vorsehung.

büßen schw. Ztw., mhd. büezen, ahd. buoz-

zen, asächs. bōtian, afries. bēta, ags. bōetan, anord. bøta, got. (ga)bōtjan 'bessern, wiederherstellen': nächstverwandt mit Buße. Die gemeingerm. Bildung vergleicht sich dem jungen vergüten. In Lücken büßen hat sich der alte Sinn 'ausbessern' erhalten, wie er auch in alem. büətsə noch lebt. Dort auch Albiez als Fam.-Name aus alt-büeze 'Flickschuster'. Seine Lust büßen zeigt Vergeistigung zu 'befriedigen'. S. Lückenbüßer.

Butt(e) M. F. Die Flachfische Butt (Rhombus), Steinbutt, aschwed. törnbut, woraus afrz. engl. turbot (Rhombus maximus) und Heilbutt (Hippoglossus) — nd. butte, frühnhd. butt (nicht vor Gesner 1556 De piscibus 108), mnd. but, mnl. bot(te), but(te), nnl. bot, dän. bøtte, schwed. butta — sind in einem Gebiet benannt, in dem das Adj. nd. butt, mnl. bot, norw. butt 'stumpf, plump' gilt, das weiterhin mit ahd. bōzzan 'stoßen' (s. Amboß) verwandt sein mag. Sie heißen offenbar nach ihrer ungegliederten, massigen Gestalt. — Heilbutt (hd. nicht vor Nemnich 1795) wird klar aus nd. hillig-, hillebutt, engl. hali-, holibutt: es ist der an Heiligentagen gegessene Butt. — Der Steinbutt (so seit Adelung 1780) kommt gelegentlich mit Steinen vom Meeresgrund in der Haut ins Netz.

Bütte, Butte F. Mhd. büt(t)e, büten, ahd. butin(na), asächs. budin, mnd. bōdene, ags. byden 'offnes Daubengefäß' kann mit gleichbed. mnd. mnl. butte, ags. bytt(e) 'Schlauch, Flasche', engl. butt 'Stückfaß', anord. bytta 'Faß' nur vermittelt werden durch Annahme gemeinsamer Entlehnung in ahd. Zeit. Auszugehen ist von gr. πυτίνη 'umflochtene Weinflasche' (s. Buttel), das über lat. butina, volkslat. *budina die Sippe von span. bota 'Schlauch', frz. botte 'Weinfaß' ergeben hat, in deren Bedeutungen ebenso wechseln, wie in den germ. Lehnwörtern. — Der zugehörige Handwerkername Büttner, mhd. bütenære, bütener (nicht vor 1482) ist ostfränk. und strahlt zu den oberpfälz., böhm., hess., thür. und sächs. Nachbarn aus. Sonst gelten Böttcher, Büttenmacher, (Faß-) Binder, Kim(t)er, Kübelbinder, -macher, Kübler, Küfer, Schäffler: A. Götze 1918 Jlbergs Neue Jbr. 41, 131; Th. Frings 1932 Germania Romana 90.

Buttel F. nd. buddel, engl. bottle: aus frz. bouteille, afrz. boteille, das seinerseits auf spätlat. buticula zurückgeht, Verkl. von lat. buttis F. 'Faß'. Dies entlehnt aus dem Gr., vgl. βοῦττις 'Tonne' (s. Bütte). Zu uns gelangt das Fremdwort vor Ende des 17. Jh. mit ausländischen Weinen (die heimischen zapfte man vom Faß). Es hat bis ins 19. Jh. als Bouteille auch in der Schriftsprache gegolten: H.

Schulz 1913 Fremdwb. 1, 103. Aus dem Dt.
entlehnt sind lett. budele, butele, lit. bùtelis.

Büttel M. Mhd. bütel, ahd. butil, asächs.
budil, mnd. böd(d)el, nd. bödel, anfr. *bedel
(daraus entlehnt afrz. bedel, auf dem engl.
beadle beruht), mnl. buel, nnl. beul, ags. bydel
führen auf westgerm. *budila-. Aus dem Mnd.
entlehnt sind dän. bøddel, schwed. bödel. Das
westgerm. Nomen agentis ist auf -ila zum
Stamm des st. Ztw. bieten in dessen Bedeutung 'ge-, entbieten' gebildet (wie Wärtel zu
warten). Es bezeichnet ursprünglich den Beamten, der im Namen des Richters die Pflich-
tigen zu Gericht und Versammlung entbietet.
Durch Amterbindung ist daraus ein nd. Name
des Scharfrichters geworden: Angstmann 7ff.
S. Pedell und Weibel.

-büttel in westnd. Ortsnamen wie Bruns-,
Isen-, Ritzebüttel, die auf Zuwanderer
nordelbischen Stammes zurückgehen und namentlich zwischen Holstein und Wolfenbüttel
häufig sind. Ihr Alter ist beträchtlich, wie Harz-
büttel bei Braunschweig (1007 Herskesgebutle)
mit dem Cheruskennamen im ersten Teil erweist. Asächs. -butli, afries. bold, ags. botl, bold
'Haus, Wohnung, Halle, Tempel' führen auf
westgerm. *buþla- neben *bôþla- aus idg.
*bhô(u)-tlo-. Urverwandt sind mir. both
'Hütte', kymr. bod, lit. bùtas 'Haus', bùklas
'Tierlager', bùklà 'Wohnung' (diese mit lautgesetzl. kl aus tl). S. bauen und Edw. Schröder
1938 Dt. Namenkde. 296f.

Butter F., obd. M., mhd. buter M. F., spätahd. afries. butera, nl. boter, ags. butere F.,
engl. butter. Desselben Ursprungs wie die
westgerm. Wortgruppe ist die gleichbed. roman.:
ital. burro, afrz. burre, frz. beurre M. Den
Ost- und Nordgerm. fehlt ein vergleichbares
Wort, dafür anord. smjǫr, smør, dän. smør,
schwed. smör, s. Schmer. Die Kelten sind bei
dem Erbwort geblieben, das sich auch in alem.
Anke M. gehalten hat, s. d. Die Völker des
klassischen Altertums haben neben ihrer Öl-
kultur keine heimischen Namen für die fetten
Bestandteile der Milch, die den Rohstoff für die
Butter abgeben. Durch Lehnübersetzung oder
Umbildung eines skyth. Worts der pontischen
Steppe gelangen die Griechen spät zu βούτυρον
'Kuhquark', das seit Varro († 27 v. Chr.) als

lat. bũtýrum begegnet. Plinius († 79 n. Chr.)
berichtet Nat. hist. 28, 133 von den Germanen:
e lacte fit et butyrum, barbararum gentium
laudatissimus cibus et qui divites a plebe
discernat. Tacitus schweigt davon. Im Edictum Diocletianum (vor 305) steht bũtũrum.
Sidonius († 479) setzt den Abl. bũtýrõ in den
Vers. Kürze des ersten Vokals ist auch für
den volkslat. Kollektivplur. *butũra vorauszusetzen, der die Grundlage der westgerm. und
roman. Wörter bildet: M. Förster 1941
Themse 585.

Butterröhrling M. der Pilz Boletus luteus
L., dessen Hut mit dickem, schmierigem Schleim
bedeckt ist, daher auch Butter-, Schmer-
pilz, Rotzer u. ä. Im Böhmerwald Masling nach tschech. máslník (zu maslo 'Butter'),
in Westböhmen Glouskerl nach tschech. klouzek
(zu klouzavý 'schlüpfrig'): H. Marzell 1943 Wb.
d. dt. Pflanzennamen 1, 617ff.

Büttner s. Bütte.

Butzen M. 'Klumpen, Unreinigkeit, Schlacke,
Kernhaus des Obstes' tritt im 15. Jh. auf und
ist vor allem im dt. Südwesten verbreitet.
Grundbed. 'abgeschnittnes Stück'. Mit unver-
schobnem tt entspricht nd. butt 'stumpf, plump',
wozu der Fischname Butt(e); dort die weitere
Verwandtschaft. — Andre Namen des Kern-
hauses s. u. Griebs.

Butzenscheibe F. 'runde Fensterscheibe mit
schlackenartiger Erhöhung in der Mitte', von
Nürnberg aus verbreitet, hier nicht vor Schmeller 1827 Bair. Wb. 1, 230 bezeugt. Zum vorigen
Wort in der Bed. 'Schlacke, Unreinigkeit'.

Buxe F. 'Hose'. Wie mnd. lêrse über lederse
aus lederhose zus.-gezogen ist, so stammt mnd.
buxe aus *buck-hose 'Hose aus Bocksfell'
(gleichbed. engl. buckskins). Das nd. Wort
ergibt dän. bukse, schwed. byx(a); als nsächs.
verzeichnet Buchsen Helvig 1611 Orig. dict.
germ. 91, Bixen 'Schifferhosen' Henisch (1616)
578.

Byzantinismus M. 'unwürdige Schmeichelei
gegen Hochgestellte', wie frz. byzantinisme in
geschichtlicher Kenntnis der Zustände am Kaiser-
hof in Byzanz gebildet. Gebucht nicht vor
Sanders 1871 Fremdwb. 1, 182; „byzantinisches
Wesen" Scheffel 1866: Ladendorf 1906 Schlagwb. 39f.

C
(f. auch unter K, Sch und Z)

Cello f. Violoncell(o).

Cerevis N. Gall.=lat. cervēs(i)a, cervisia 'eine Art Bier' ergibt stud.=sprachl. Cerevis 'Bier', mit der Beteuerung „auf Cerevis" zu Beginn des 19. Jh. gangbar. Dazu Cerevismütze 'Kneip= und Zimmermütze ohne Schirm, mit den Verbindungsfarben und einer wütenden Quaste' Vollmann 1846 Burschik. Wb. 108. Daraus ist nach 1850 Cerevis im heutigen Sinn gekürzt: Kluge 1895 Stud.=Spr. 86.

Chamäleon N. Die farbenwechselnde Ei=dechsenart Chamaeleon, besonders Cham. vulgaris Daud., wird bei uns von den Mittelmeer=ländern her zu Beginn des 13. Jh. bekannt. Freidank (Tirol vor 1233) Bescheidenh. 109, 18 Grimm: Gamäliōn des luftes lebt; Reinbot v. Durne (Augsburg vor 1253) 1252 Kraus: Ga=maleōn (: dōn). Die Formen weisen auf Ver=mittlung des afrz. gamalion. Das voraus=liegende gr. χαμαιλέων (zu χαμαί 'am Boden' und λέων 'Löwe') ist ein Stück der dem Tier stets gewidmeten Sagenbildung.

Champagner M. 'Schaumwein'. Frz. vin de Champagne gelangt zu Beginn des 18. Jh. zu uns und ergibt seit 1710 (Mencke, Ged. 100) Champagne=Wein, seit 1727 (B. Aler, Dict. germ.=lat.) Champagnier Wein, das als Champagnerwein z. B. von Goethe noch 1808 bevorzugt wird (Faust B. 2268). In=zwischen setzt sich in Frankreich die Kürzung Champagne durch, die England sogleich als Champaign übernimmt. In Übersetzung von bright Champaign erscheint zuerst „der schön springende Champagner" Schwabe 1734 Anti=Longin 133: Walz 1910 Zs. f. d. Wortf. 12, 176f. S. Schampus.

Champignon M. zuerst 1692 bei Schell=hammer, Die Köchin S. 444 „die Garten=Schwämme oder Schampinionen, wie sie die Franzosen nennen", nachmals auf die Psalliota=Arten eingeengt, während frz. champignon um=fassend 'eßbarer Pilz' bedeutet. Ursprünglich ist es 'der auf dem Brachfeld (lat. campania, hierzu gallorom. *campaniolus) wachsende Pilz'. Ein altheimischer Name des Champignons ist Egerling (zu obd. Egert 'unbebautes Land'), am Rhein heißt er Drieschling (zu Driesch 'brachliegendes Land').

Champion M. 'Preiskämpfer'. Lat. campus 'Feld' ergibt über spätlat. campio 'Kämpfer' frz. champion, das seit Musäus 1782 Volks=märchen hg. v. Zaunert 1, 293 in deutschem Text erscheint, in Wbb. seit Nehring 1710. Seit 1825 ist engl. champion belegt, das seit

Ende des 19. Jh. in deutschen Sportberichten auftritt. Die Aussprache ist frz. geblieben, auch das Urteil der Allg. dt. Bibl. 6, 1, 202 hat Kraft behalten, daß dieses Fremdwort ent=behrlich sei. S. Kämpe.

Chance f. Schanze.

Chaos N. Gr. χάος N. 'Kluft' (zu χαίνειν Ztw. 'aufklaffen') steht in der Vulgata Luk. 16, 26 und ist durch die Reformatoren beflügelt worden (zuerst Joh. Eberlin 1523 Sämtl. Schriften 3, 113). Als 'verworrene Urmasse' brauchen chaos Plato und Ovid; so übernimmt das Wort zuerst der Humanist Chr. Wirsung 1559: H. Schulz 1913 Fremdwb. 1, 108. Der blassere Sinn 'Wirrwarr' wird häufig seit Gott=sched 1741. — Für chaotisch Adj. (zuerst Leibniz 1702 Schriften 2, 338) ist frz. chaotique 'ungeordnet' Vorbild.

Charakter M. Zu gr. χαράσσειν 'einritzen' stellt sich χαρακτήρ 'Gepräge', das über lat. character spätmhd. karacter 'Schrift=, Zauber=zeichen' ergibt. So gilt das Wort noch im 18. Jh. Inzwischen entwickelt frz. caractère die Bed. 'amtliche Eigenschaft, Rang', wobei die Standes=abzeichen („seines Zeichens ein Schmied") eine Rolle spielten. So ist der Ansatz bei Stieler 1695 Zeitungslust gemeint: „Charakter eigtl. ein Kennzeichen, hernach ein Ehrennahm, Stand und Amt." Über 'Kennzeichen' wird die sitt=liche Bed. 'Haupteigenschaft, eigentüml. Natur eines Wesens' erreicht, die von Thomasius und Leibniz vor 1700 neu aus frz. caractère ent=liehen wird: H. Schulz 1913 Fremdwb. 1, 109. — charakterisieren (wie gr. χαρακτηρίζειν, frz. caractériser) wiederholt seit dem 17. Jh. dieselbe Bed.=Entwicklung, charakteristisch und Charakteristik folgen im 18. Jh.

Charge F. Zu lat. carrus, das als Karren entlehnt ist und zu dem über carruca 'Last=wagen' unser Karch gehört, stellt sich vulgärlat. carricare, das Grundwort von frz. charger 'beladen'. Das zugehörige Fem. charge 'Last, Amt, dienstliche Stellung' erscheint seit 1628 in deutschem Text, anfangs auch als Scharge und Scharse: H. Schulz 1913 Fremdwb. 1, 110.

Chaussee F. 'Landstraße'. Lat. (via) *cal=ciāta 'mit Kalkstein gepflasterte Straße' ergibt frz. chaussée, das seit dem Bau der ersten deutschen Kunststraße zwischen Nördlingen und Öttingen 1753 bei uns eindringt, Adelung für unentbehrlich gilt und durch Kunststraße (Campe, Jean Paul), Dammweg (Goethe), Hochweg (nach engl. highway) nicht ver=drängt worden ist.

Chauvinismus M. Ein Veteran Nic. Chauvin aus Rochefort verhalf als überhitzter Napoleonschwärmer den Vertretern der idolâtrie napoléonienne zu dem Spottnamen chauvins, den früh im 19. Jh. junge Soldaten auf Lithographien von N. T. Charlet tragen. Beflügelt wird Chauvin als Name eines Rekruten im Lustspiel La cocarde tricolore der Brüder Cogniard 1831. An ihn knüpft das Schlagwort frz. chauvinisme, engl. chauvinism an. Zu uns überträgt Chauvinismus 1870 Du Bois-Reymond 1, 76 f. Reichschauvinismus Gutzkow 1877 Die neuen Serapionsbrüder 2, 161. Im Kern dasselbe Wort ist Kalvinismus: der schweiz. Reformator hieß in seiner pikard. Heimat Cauvin, die Genfer nannten ihn Chauvin; Calvinus ist die lat. Form.

Chef M. Lat. caput (s. Kapitän) ergibt frz. chef 'Haupt, Führer', das als Wort des Heerwesens seit Wallhausen 1616 Kriegsman. bei uns erscheint, im 18. Jh. zu 'Führer, Vorgesetzter' verallgemeinert wird (1741 Chef einer Secte, 1748 einer Parthey) und seit Berghaus 1796 Handb. f. Kaufl. 1, 175 'Geschäftsinhaber' bedeutet: A. Schirmer 1911 Wb. d. d. Kaufmannsspr. 39; H. Schulz 1913 Fremdwb. 1, 111.

Chemie F. Zu gr. χύμα N. 'Guß' (s. gießen) gehört gr.-lat. chymia F. Hieraus unser Chymie, das bis in den Anfang des 19. Jh. gegolten hat. Das gr. F. gelangt zu den Arabern u. wird mit deren Artikel (s. Albatros) zu al-kīmijā'. Durch span. Vermittlung entsteht frz. alchimie, bei uns als Alchimy seit Maaler (Zürich 1561). Im späteren Griech. wird η als ī gesprochen; darauf beruht die Form χημεία u. hierauf unser nicht vor Heynatz 1775 Handbuch 234ª belegtes Chemie.

-chen. Die Verkleinerungssilbe ahd. asächs. -īn (s. Füllen, Schwein) tritt mit dem gleichfalls verkleinernden nd. k, hd. ch (s. Habicht, Kranich; Kluge 1926 Stammbildungsl. § 61) zusammen in asächs. skipilīn, md. (11. Jh.) bruoderchīn, lörichīn 'Kaninchen', von mhd. Dichtern nachgeahmt mit blüemekīn, gebürekīn, schappelekīn, von Luther (der -lein bevorzugt) in Hänsichen, Söhnichen, Lenichen, Bierichen angewendet, mit Kaninchen Ps. 104, 18 und Salzierichen 'Tunkennapf' Glosse zu 4. Mos. 7, 14 in die Bibelübers. eingelassen. Opitz bietet Häusichin, Seelichin, Wäldichin; Rist, Dach und Weise schreiben -gen (Büfgen), Goethe noch im Faust 7736 Mühmichen. Der erste Grammatiker, der -chen als die im hd. übliche Endung empfiehlt, ist Joh. Bödiker, Grund-Sätze d. dt. Sprachen (Cölln an d. Spree 1690) 132: Gürtler 1909 Zs. f. d. Wortf. 11, 181 ff.

Cherub s. Greif.

Chiffon M. 'dünner Stoff': arab. šiff 'leichtes Gewand' ergibt afrz. chiffe 'geringes Gewebe' und mit roman. Endung frz. chiffon 'Lumpen, durchsichtiger Stoff', das ins Nhd. gelangt: Lokotsch 1927 Etym. Wb. 1893; Sanders 1871 Fremdwb. 1, 206.

Chiffre F. Arab. sifr, das unser Ziffer (s. d.) geliefert hat, ist Quellwort auch für frz. chiffre M. 'Zahlzeichen', das mit der Geheimschrift, in der die Buchstaben durch Zahlen ersetzt wurden, zu Beginn des 18. Jh. zu uns kam und nach dem Vorbild von Ziffer F. wurde. Bald danach erscheinen chiffrieren für chiffrer und dechiffrieren (wofür entziffern seit Wieland 1771) aus déchiffrer: H. Schulz 1913 Fremdwb. 1, 111 f.; E. Littmann 1924 Morgenl. Wörter 76 f.

Chinin N. Heilmittel aus der Rinde des Chinabaums, der bei den Ureinwohnern seiner peruanischen Heimat quinaquina heißt. Noch Arndt 1839 Briefe an e. Freundin 154 Gülzow nennt die Fieberrinde China; unser Chinin stammt aus ital. chinina. Die Endung wie bei Kokain und vielen Arzneinamen: Littmann 1924 Morgenl. Wörter 149 f.; Rich. Loewe 1933 Zs. f. vgl. Sprachf. 60, 153 ff.; Palmer 32. 150 f.

Chirurgie F. 'Wundheilkunde'. Gr. χειρουργία 'Arbeit mit der Hand' gelangt über lat. chirūrgia ins Frühnhd. und erscheint als Cirurgy bei Th. Murner 1512 Narrenbeschw. 30, 1. Diese Form vergleicht sich dem afrz. cirurgerie, auf dem engl. surgery beruht. Für Chirurg ist bis 1800 die lat. Form chirurgus vorherrschend. Volkslat. *cirurgiānus 'Wundarzt' hat über afrz. cirurgien, surgien mengl. surgien, engl. surgeon ergeben.

Chlor N. im 19. Jh. nach der Farbe benannt: gr. χλωρός 'grüngelb' ist urverwandt mit Galle (s. Cholera), gelb, Gold, Glut.

Chloroform N. von J. Liebig durch Einwirkung von Chlor auf Alkohol dargestellt und in Poggendorffs Annalen im Nov. 1831 beschrieben. Die Formel von Dumas 1834 gefunden, demgemäß erst damals der Stoff benannt. Erste Vollnarkose durch J. H. Simpson in Edinburgh 1848: M. Speter 1931 Chemikerztg., Heft 81.

Cholera F. Gr. χολέρα 'Gallenbrechruhr' (zu χολή F. 'Galle') ist über gleichbed. lat. cholera als colera ins Mhd. des 15. Jh. gelangt und hat noch im 18. Jh. eine Rolle gespielt. Als im 19. Jh. die asiat. Seuche, die ind. Mordexin heißt, Europa erreichte, wurde um der Ähnlichkeit der Symptome willen der Name Cholera morbus auf sie übertragen, erstmals wohl im Titel einer Schrift von Schnurrer (Stuttgart 1830): A. Götze 1917 Nomina ante res 14. Vgl. Koller M.

Chor M. Gr. χορός ergibt über lat. chorus

ahd. chōr 'Chor der Geistlichen in der Kirche'. Schon mhd. kōr ist erweitert zu 'Sängerschar'. Daneben steht die lat. Form Chorus noch in Goethes Faust V. 2198, das Chor bei demſ. 1797 Gott und Bajadere. Aus Wendungen wie mhd. ze kōre stēn 'ein Hochamt halten' entwickelt sich die Bed. 'Ort, den die singenden Geistlichen im Gotteshaus einnehmen (der hohe Chor). Aus dem Dt. entlehnt ist lett. koris.

Choral M. Mlat. cantus choralis 'Chorgesang' ergibt frühnhd. Choralgesang. Das im 17. Jh. daraus verkürzte Choral bedeutet (wie nnl. koraal) 'kirchlicher Gemeindegesang'.

Christ[1]. Der Name got. Christus (mit früher Kürzung gegenüber gr. χριστός 'gesalbt', lat. Christus; die Länge wird von den roman. und kelt. Formen vorausgesetzt) gelangt mit der arianischen Mission nach Deutschland, verliert durch die Auslautgesetze um 500 seine Endung und lautet demgemäß ahd. aſāchſ. mhd. Krist, Gen. Kristes. Die verkürzte Form des Namens Christus bleibt in Kirchenliedern, in Christbaum und Christkind (ſ. d.) Der Bücherdruck bringt dann auf gelehrtem Weg die volle Form, die Luther in lat. Weise abwandelt.

Christ[2] M. Lat. christiānus ergibt (wie frz. chrétien) über ahd. kristāni mhd. kristen 'christlich' (das somit eine ganz andere Formgeschichte hat als Heide). Dazu mhd. kristenheit, -tuom, die das alte -en- bewahren, während das ſubſt. der kristene ſein ausl. -e verliert, zunächſt in allen Formen kristen lautet und einen neuen Nom. Sg. kriste entwickelt, der (wie in Fürst, Herr u. a. ſchw. Mask.) der verkürzten Form Christ gewichen ist. Sie ist auch in christlich (für mhd. kristenlich) durchgeführt.

Christbaum M. ein md. Wort, das zuerst 1755 in einer Weim. Forſt- und Jagdordn. auftritt und kaum vor Jean Paul 1797 Jubelſen. 126 literariſch wird. Das von Haus aus südweſtd. Weihnachtsbaum zuerst in Straßburg 1642: Dannhawer, Kat.-Milch 5, 649; den Verkauf von Tannenbäumen zur Weihnachtsfeier weiſt O. Winkelmann 1922 Fürsorgeweſen der Stadt Straßburg 1, 146 dort schon für 1539 nach. Tannenbaum gilt von Osnabrück bis Rostock und Schleswig (Kretschmer 1918 Wortgeogr. 556 f.), Zucker- und Lichterbaum in Hessen (Hesſ. Blätter für Volkskde. 27, 134 ff.). Die Sitte, bei Festen das Haus mit Grün zu ſchmücken, wirkt im Winter als Analogiezauber: man verſchafft ſich einen grünen Baum, um ein grünes Jahr zu bekommen. Der Brauch knüpft ſich an Weihnachten als Jahresanfang: A. Götze 1922 DWb. 14 I 717.

Christkind N. Christ[1] hält ſich in Christ-

abend, -baum, -markt, -nacht, -stolle, -tag uſw. Christkind ist urspr. 'Christus als neugeborenes Kind', insofern dem alem. wienecht-chindli (DWb. 14 I 724) vergleichbar. Mit Entfaltung der Schenkſitte (daſ. 713) erhält Christkindchen die Bed. 'Weihnachtsgeschenk', so zuerst in Kleins Provinzialwb. 1792 für Rheinpfalz und Westfalen, als Christkindel 1776 in Wagners Kindermörderin 9. Dafür ostmd. der heilige Christ (zuerst 1661 in e. sächs. Polizeiordn.), erzgeb.-vogtl. Bornkinnel, pomm. Kindeken-Jēs, ſonſt nordd. der, das Weihnach(ten): A. Tille 1893 Gesch. d. d. Weihnacht; Kretschmer 1918 Wortgeogr. 558 f.

Chronik F. Gr. τὰ χρονικά (βιβλία) Plur. 'Zeit-, Geschichtsbücher' ergibt über gleichb d. lat. chronica, -orum mhd. krōnik(e) F., neben dem die lat. Form bis ins 17. Jh. fortbesteht. Läster-, Schand-, Skandalchronik überſetzen ſeit dem 18. Jh. frz. chronique scandaleuse: H. Schulz 1913 Fremdwb. 1, 114.

chronisch Adj. Vom gleichen Ausgangspunkt wie Chronik hat die lat. Medizin den Begriff morbi chronici 'langwierige Krankheiten' entwickelt (im Gegensatz zu den akuten). Die dt. Form kaum vor 1783 Onomatologia med.-pract. 1, 1081: H. Schulz 1913 Fremdwb. 1, 114.

Clique F. Zu dem lautmalenden frz. Ztw. cliquer 'klatschen' gehört la clique 'das Klatschen, beifallklatschende Gesellschaft', das bei uns in literar. Sinn seit Wieland 1782 auftritt und 1830 ins polit. Leben übertragen wird. Das gleichgebildete Claque 'Schar bezahlter Beifallklatscher' kommt 1839 aus Paris: H. Schulz 1913 Fremdwb. 1, 115 f.

Clown M. Die Zirkussprache hat im 19. Jh. aus dem Engl. Attraktion, Exzentrik, Star aufgenommen. Dazu ſtellt ſich Clown, das ſeit 1831 (H. Schulz 1913 Fremdwb. 1, 116; Stiven 68) älteres Bajazzo verdrängt. Lat. colōnus 'Bauer' ergibt über frz. colon 'Siedler' engl. clown: ſo heißt im älteren engl. Schauſpiel die Charakterrolle des tölpelhaft Witzigen.

Couch ſ. Kautſch.

Cousin M., Cousine F. Lat. consobrinus, -ina 'Geschwisterkind' (zu soror) ergeben frz. cousin, -ine, die im 17. Jh. deutsches Vetter und Muhme zurückdrängen. Cusine ſeit Rahot 1643 Souhait des Alemans; Cousin kaum vor Schupp 1663 Schriften 1, 274.

Creme F. Gr. χρίσμα 'Salbe' ergibt über lat. chrisma und älter frz. chrême nfrz. crème, das um die Wende des 17./18. Jh. mit vielen Namen süßer Speisen und Gebäcke (Bisκuit, Kompott, Konfitüre, Marmelade, Torte) ins Deutsche gelangt. Kennzeichnend Amaranthes 1715 Frauenz.-Lex. 388: „Creme...

Die Teutschen Köche heissen es eine gesulzte Milch."

Croupier M. Die Fachwörter des Glücksspiels (Lotterie, Lotto, Niete, Roulette, Terne, Totalisator) sind fremd, so auch der seit Jean Paul 1789 (H. Schulz 1913 Fremdwb. 1,121) auftretende Croupier. Er gehört zu frz. croupir 'hocken', croupe F. 'Hinterhand des Pferds' und ist der hintenauf Hockende, der Hintermann des Bankhalters, sein Spielgehülfe.

Curaçao, M. Die kleine Antille, die den port. Namen Curaçao führt, liefert die Pomeranzen, aus deren Schalen der Likör gebrannt wird, der seit Karmarsch 1854 Techn. Wb. 2, 602 Curassao heißt. Th. Fontane 1897 Stechlin 47 „Pomeranzen, oder, wie sie jetzt sagen, Curaçao". Der Name ist uns (wie den Franzosen, die ihn seit 1835 kennen) durch die Niederländer vermittelt, denen die Insel gehört. Engl. curaçao begegnet zuerst 1810: Palmer 34 f.

D

da[1] Ortsadv., ahd. dār, mhd. dār, dā. Abfall des ausl. r auch in hie, wo und mhd. sā aus ahd. sār 'alsbald' (verwandt mit engl. soon). Dem ahd. dār entspricht nnl. daar, afries. thēr, ags. þǣr, engl. there 'dort, hier'. Dagegen zeigen got. anord. þar und afries. ther kurzen Vokal, in schwachtoniger Stellung entstanden. Das Adv. ist eine Bildung aus dem unter der behandelten altgerm. Demonstrativpronomen þa-, gr. τo-; das r von ahd. dār und got. þar zeigt sich in altind. tárhi 'damals' (hi ist eine angehängte Partikel wie gr. γέ); vgl. auch aind. kárhi 'wann' unter wo. Über den Wechsel von demonstrativer und relativer Bedeutung in da s. der.

da[2] Zeitadv. (dann auch Konjunktion) spätmhd. da für mhd. ahd. dō = frühahd. asächs. thō (ags. þā): zum Pronominalstamm des Artikels der, die, das gehörig und zwar wohl als Aff. Sing. Fem. (got. þō), wobei ein Begriff wie 'Zeit' zu ergänzen wäre. Die Form erinnert an das Adv. lat. tām 'so' (für *tām), in der Bedeutung aber mehr an das mask. lat. tum 'damals'. Vgl. noch dann.

da capo Adv. Ital. da capo 'von Anfang an' (zu lat. caput 'Haupt') ist im Notendruck Anweisung zu wiederholen (so seit 1710 in deutschem Text), wird von da Zuruf an Künstler in Konzerten und seit Ende des 18. Jh. auch 'Wiederholung' allgemein: H. Schulz 1913 Fremdwb. 1, 121 f.

Dach N. Mhd. dach 'Dach, Bedeckung, Decke, Verdeck; das Oberste, Höchste, Schirmende', ahd. dah (hh) mnd. mnl. nnl. dak afries. thek, ags. þæc 'Dach', engl. thatch 'Strohdach', anord. þak 'Decke, Hausdach; Birkenrinde', schwed. tak, dän. tag 'Dach', früher auch 'Rohr, Langstroh' führen auf germ. *paka-, idg. *togo-. Von den außergerm. Verwandten kommen am nächsten akorn. kymr. bret. to (aus *togo-s) 'Dach(decke)' und lat. tōga 'Bedachung; Bekleidung'. Ablaut (idg. *teg- zeigen air. tech 'Haus', teglach

'Hausgenossenschaft'; lat. tegō 'decke', tegulum 'Decke, Dach, Hülle', teges 'Matte'; gr. τέγος, τέγη 'Dach, Haus'. Im idg. Osten herrschen Formen mit anlautendem s: gr. στέγω 'decke, schütze', στέγος, στέγη 'Dach, Haus', στεγ(α)νός 'deckend'; aslav. o-stegnąti 'decken'; lit. stíegin, stíegti 'ein Dach eindecken', stíegtojas 'Dachdecker', stógas (mit altem ā), apreuß. stogis 'Dach', steege 'Scheuer'; aind. sthágati, sthagayati 'verhüllt, verbirgt'. S. decken.

Dachhase s. Böhnhase.

Dachs M. mhd. ahd. dahs, mnl. nnl. das, asächs. im Ortsnamen Thahshēm, anord. *þox in Ortsnamen, norw. dän. svintoks 'Dachs'. Aus dem Germ. stammen mlat. taxus, taxo (4. Jh.), ital. tasso, frz. taisson, span. tejon, älter texon. Mundartl. ist das Tier nach seiner Grabkunst benannt: in Westfalen griewel, Osnabr. griwelink, Pommern grǣwink. Wenn darum aind. tákṣati 'er zimmert', tákṣan-, avest. tašan 'Bildner', gr. τέκτων 'Zimmermann' bedeutet, so könnte germ. *þahsu- zu idg. *tekþ- 'bauen' gehören und in naheliegender Übertragung den Namen des Handwerkers bewahren, zu dem sich mit lat. texere 'bauen, flechten, weben', textor 'Weber', gr. τέχνη (aus *τέξνᾱ) 'Handwerk, Kunst', aslav. tesla, air. tāl 'Axt' auch ahd. dëhsa(la) 'Beil' (s. Deichsel[2]) und mhd. dëhsen 'Flachs brechen' stellen. Daneben besteht die Möglichkeit, s des Tiernamens aus Vorbildern wie Fuchs und Luchs herzuleiten und germ. *þahsu- über vorgerm. *togo-s mit idg. *tegu- 'dick' zu verknüpfen. Dachs wäre dann 'Dickling': F. Sommer, Idg. Forsch. 31, 359; G. Burchardi das. 47, 103; O. Paul, Wörter u. Sachen 20, 41.

Dachtel F. frühnhd. tachtel 'Schlag mit der flachen Hand an den Kopf', mundartlich weit verbreitet, z. B. kärnt. tǫxtl, steir. dǫxtl, tǫxtl, schweiz. daxtle nd. ortagtel. Man denkt heute an die Dattel (spätmhd. dahtel) und vergleicht Kopfnuß, Maulbirne (nnl. muilpeer), Ohrfeige, die aber mindestens teilweise gleichfalls auf Umdeutung beruhen. Die Dattel ist, obwohl in der Bibel erwähnt, dem Volke fremd geblieben, auch steht für 'Ohrfeige' immer nur Dachtel, nie Dattel. Auszugehen ist vielmehr von mhd. dâht F. 'Denken'; der aufrüttelnde Schlag soll als Denkzettel dienen: G. Weitzenböck 1937 Zf. f. Mundartforschg. 13, 26.

daheim Adv. aus mhd. dâ heime für älteres heime 'zu Haus'. Die Partikel dâ tritt gern vor mhd. Ortsbezeichnungen: dâ zen Burgonden, dâ ze Wiene 'in Burgund, in Wien'. Mhd. heime, ahd. heime, älter heimi ist lokativisches Ortsadv. der Ruhe neben akkusativischem heim 'nach Hause', s. heim. Heynatz nennt 1796 daheim veraltet und in ernsthaftem Gebrauch unmöglich; seitdem ist es schriftsprachlich wieder belebt, in der Umgangssprache freilich weithin verklungen (dafür zu Hause).

dahlen Ztw. 'tändeln, albern schwätzen' erst nhd., schon im 16. Jh., häufiger im 18. Jh. bei obersächs. Schriftstellern, auch bei Wieland 1767 Jdris V Str. 118, 1774 Abderiten 94. Henisch 1616 verzeichnet dallen, Stieler 1691 dalen, dalmen (schweiz. talfern, talmen). Engl. dally 'tändeln, spielen', mengl. dalien 'schwatzen' stammt aus afrz. dalier 'plaudern', ob dies aber auch die Quelle des nhd. Wortes ist, bleibt unsicher. S. Dohle.

Dahlie F. Die mexik. Pflanze Acocotli kam zu Ende des 18. Jh. nach Madrid, wo sie Cavanilles 1791 nach Linnés Schüler A. Dahl benannte. A. v. Humboldt sandte Samen an K. L. Willdenow, Leiter des Botan. Gartens in Berlin, wo die Pflanze 1805 zum erstenmal blühte. Willdenow nannte sie zu Ehren des Petersburger Akademikers Georgi Georgine. Im Volksmund hat sich dieser Name vielfach gehalten.

Dalles M. Zu hebr. dal 'schlapp', später 'arm' gehört als Abstr. dallûth 'Armut', judendeutsch dalles. Aus Frankfurt a. M. ist es weithin in deutsche Mundarten gelangt, zumal ins Hessische und Fränkische.

dalli Adv. 'schnell' aus dem poln. Zuruf dalej 'vorwärts' über Berlin und das Ostmd. verbreitet: H. Schulz 1913 Fremdwb. 1, 122; Wick 77.

damals Adv. frühnhd. auch damal(en), mhd. des mâles 'in jener Zeit'. Erster Wortteil ist da², zweiter der adv. gestellte Gen. von mhd. mâl N. 'Zeitpunkt'.

Damast M. Ein feines in Damaskus hergestelltes Gewebe heißt mlat. damascenus, ital. damasco, damasto. Danach mnd. damask, frühnhd. damasch, damast mit den Adj. damasken, damasten. Zum Namen der gleichen Stadt gehört Zwetsche. Nach arab. Orten

heißen auch Baldachin, Gamasche, Maroquin (Leder aus Marokko), Musselin.

damaszieren Ztw. 'flammend ätzen' (vom Stahl), frz. damasser, damasquiner, nnl. damasceeren. Die Kunst, durch Ätzen die Metallfaser der Klinge bloßzulegen, wurde zuerst in Damaskus geübt, von da stammen die Damaszenerklingen, ital. damaschino.

Dambock, Damhirsch M. Ein altheimischer Name des Damwilds hat sich erhalten in alem. Ortsnamen wie Debrunnen, -schwandi, -wald, -wangen. Im Hauptgebiet früh abgestorben, wird er durch lat. dāma ersetzt: ahd. tām(o), mhd. tāme, mnl. dāme. Die Schreibung mit mm sucht für das unverständliche Wort eine Anlehnung. In agf. dā (von da entlehnt akorn. dā), engl. doe (von da entlehnt dän. daa) hat sich derselbe idg. Name fortgesetzt, wie im Alem. Außergerm. vergleicht man air. dam 'Ochse', dam allaid 'Hirsch' (eig. 'wildes Horntier'), kymr. dafad 'Schaf', alb. dente 'Kleinvieh', gr. δαμάλης 'Jungstier'. Darf man darin eine Bezeichnung gezähmter Horntiere erblicken, so stellt sich die Sippe zu der von zähmen, s. d.

Dambrett N. 'Brett zum Damenspiel'. Dieses ist dem Schach nachgebildet: wie dort die Königin (lat. domina, frz. dame), so wird hier der Doppelstein genannt. Frz. jouer aux dames, jeu de dames, damer finden ihre Nachbildung, wie in mnd. damspil, nnl. dän. dam, so in frühnhd. Damenspill (Hainhofer 1617); Damm und Schachtspiel (Schwenter 1636); im dam spielen, Dambrett (Duez 1664).

Dame F. Lat. domina hat ital. dama, frz. dame ergeben. Beide sind im 17. Jh. entlehnt: Dama seit Hock 1601 Blumenfeld 41, Dame seit Opitz 1622 Hercynia 2, 255. In der zweiten Hälfte des Jh. sinkt das vom T. Michel 1638 und noch von Lauremberg 1652 bekämpfte Wort zu 'Geliebte, Dirne', zu gleicher Zeit wird es aber fester Titel der Frau in Hof- und Adelskreisen, aus denen es seit 1800 in die bürgerl. Gesellschaft sinkt: H. Schulz 1913 Fremdwb. 1, 122.

dämisch, dämlich Adj., erst nhd., ein md. nd. Wort (bair. schwäb. damisch). Zu einer germ. Wz. *þēm, ind. tam in aind. tāmyati 'er wird betäubt, ermattet', lat. tēmulentus 'trunken'. K. Müller-Fraureuth, Wb. d. obersächs. Ma. 1, 191; A. Götze, Beitr. 24, 507.

Damm M. mhd. tam (mm), mnd. mnl. nnl. engl. dam, afries. dāmm, anord. dammr. Dazu dämmen schw. Ztw., mhd. ahd. temmen, mnd. demmen, afries. anord. demma, agf. fordemman, engl. dam 'aufdämmen, stauen', got. faúrdammjan 'versperren'. Luther 1523 Hiob 38, 10 u. ö. schreibt tham; Helvig 1611 stellt dem nd. Damm ein hd. Tamm gegenüber. Nhd. Damm (so seit Ravellus 1616 gebucht) hat nd. Anlaut: Wasserbauten wurden auch in Süddeutschland von Küstenbewohnern ausgeführt; vgl. Deich. Die Bed. 'Fahr-, Straßendamm' bleibt auf Norddeutschland beschränkt: P. Kretschmer 1918 Wortgeogr. 162; A. Bretschneider 1943 Dt. Wortgesch. 3, 90. Außergerm. vergleicht H. Güntert 1932 Labyrinth 30 gr. θεμεῖν 'festmachen', θεμέλιον 'Grundlage', θέμεθλα Mz. 'Grundlagen eines Gebäudes; das Tiefste, Innerste': zum idg. Verbalstamm *dhē- 'setzen, stellen, legen'.

Dämmer M. 'Dämmerung' nicht vor Goethe 1775 Urfaust V. 42, das Ztw. dämmern nicht vor Schottel 1663, dagegen schon mhd. dëmerunge, ahd. dëmerunga. Das N. ahd. dëmar 'Finsternis' hat seine nächsten germ. Verwandten in mnl. deemster 'finster', bedemen 'finster werden', isl. þám 'dunkle Luft', þāmaðr 'dunkel', fär. tám 'dünner Nebel'; s. diesig und finster. Außergerm. vergleichen sich air. temel 'Finsternis', mir. teim, temen 'dunkel', mbret. (1219) themer, (1330) demer N. 'Dunkel', bret. teṇval, tewal (aus *temesel) Adj. 'düster'; aslav. russ. tǐma 'Finsternis', russ. temnotá 'Dunkel', lit. tamsùs 'dunkel, schwarz', tamsà 'Finsternis', témti 'dunkel werden'; lat. temere 'blindlings', temerāre 'beflecken', urspr. 'verdunkeln', tenebrae (aus *temafrā) 'Finsternis'; aind. támas-, tamisrā 'Dunkel', tāmrá- 'dunkelrot', timirá-, tamsra- 'dunkel'. Idg. Wurzel *tem(ə)- 'dunkel'.

Dampf M. mhd. dampf, tampf, ahd. damph, mnd. mnl. nnl. fries. engl. dän. damp, urspr. 'Dunst': durch Ablaut aus einem st. Ztw. mhd. dimpfen 'dampfen, rauchen' gebildet, wozu das Faktitiv dämpfen, mhd. dęmpfen, ahd. dęmpfan schw. Ztw. 'rauchen machen', d. h. '(das Feuer) mäßigen, ersticken'. Gleichfalls mit germ. p (idg. b) nd. dumpig 'dumpf, feucht, moderig', nhd. dumpfig, dumpf (s. d.). Daneben mit germ. b (idg. bh) ahd. mhd. timber 'dunkel, finster, schwarz', anord. dumba 'Staub(wolke)', norw. damb N. 'Staub', schwed. mundartl. dimba 'dampfen, rauchen, stieben', dimba 'Dampf': Erweiterungen zur idg. Wurzel *dhem- 'stieben, rauchen; Rauch, Dunst, Nebel' in aind. dhámati 'bläst', pers. damidan 'blasen, wehen', gr. θεμερ-ῶπις 'ernst, finster blickend', mir. dem 'schwarz, dunkel', deime 'Dunkelheit', norw. daam 'dunkel', daama 'Wolkenschleier'; vgl. dunkel.

Dampfer M., **Dampfschiff** N., Nachbildungen der gleichbed. engl. steamer und steamship. Dampfschiff zuerst 1816 Allg. Zeitung Nr. 20 S. 79, Dampfschiffahrt seit Chamisso 1836 Reise 1, 145. Dampfer dankt seine Umlautlosigkeit dem nd. damper; hd.

wurde zuerst Dämpfer versucht: Dingelstedt 1847 Jusqu'à la mer 3. — F. Kluge 1911 Seemannsspr. 173 f.

Dämpfer M. zu dämpfen 'mäßigen' (s. o.): Vorrichtung zum Vermindern der Tonstärke und Verändern der Klangfarbe bei Geige, Cello u. ä. Daher jem. einen Dämpfer aufsetzen wie engl. to put a damper on, frz. mettre une sordine à ses prétentions.

Dampfmaschine F. zuerst bei J. Görres 1819 Teutschland 50. Frz. machine à vapeur ist jünger.

Danaergeschenk N. Das Riesenpferd vor Trojas Mauer begrüßt Laokoon bei Vergil, Aneis 2, 49 mit der Warnung: Quidquid id est, timeo Danaos et dona ferentes. Daraus gestaltet Seneca, Agamemnon 624 Danaum fatale munus, woraus im 19. Jh. unser D. 'unheilbringendes Geschenk' entsteht: Büchmann 1912 Geflügelte Worte[25] 374.

Dandy M. Engl. Dandy, die Koseform von Andrew, entwickelt in London 1815 die Bed. 'Stutzer' und erscheint seit 1830 in deutschem Text (H. Schulz 1913 Fremdwb. 1, 124). Dazu Dandysmus 1835 (Schoppe 1914 Zf. f. d. Wortf. 15, 180).

Dank M. mhd. ahd. danc M. = got. þagks (þanks), agf. þanc, engl. thank, asächs. thank 'Dank': eigtl. Verbalnomen zu denken. Also Dank 'das in Gesinnung, nicht in Tat sich äußernde Gefühl'. Dank wissen wie frz. savoir gré.

dann, Nebenform denn, von der es bis ins 18. Jh. in der Bedeutung nicht getrennt ist, aus mhd. dan(ne), dęn(ne), ahd. thanne, dęnne, asächs. afries. than(na), agf. þan(ne), þon(ne), þænne, engl. than 'als', then 'damals', run. þą, anord. þā, got. þan 'dann; wann'. Die Verwendung an der Spitze des begründenden Satzes ist den altdt. Formen fremd. Diese sind 1. vergleichend nach Komparativen und 2. leiten sie Sätze ein, deren Handlung der des vorhergehenden Satzes nachfolgt oder auch gleichzeitig ist. In beiderlei Verwendungen sind sie gleichen Ursprungs mit dem räumlichen Adv. ahd. dana 'von dannen', mit dem die Vergleichspartikel in ihrem ältesten Auftreten auch formal zusammenfällt (ahd. danahalt, got. þanamais, -seiþs). In der Bedeutung 'sodann' ist demnach dann ursprünglich 'von da aus'. Die Verwendung neben Komparativ (got. þanamais) weist auf die gleiche Grundbedeutung (der alte Vergleichskasus ist der Ablativ: „größer als das" eigentlich 'von da aus groß'). Ahd. da-na zum Pronominalstamm germ. *þa-, idg. *to- (s. der, das). Die spätere Kausalbedeutung kam dadurch zustande, daß im Spätmhd. wan und dan gleichwertig geworden waren in der Verwendung nach Komparativ und nun auch die kausale Bedeutung von wan auf dann überging: O. Behaghel 1899 Gebrauch der Zeitformen im conj. Nebensatz § 43.

dannen Adv. nur noch in von dannen bewahrt: mhd. dannen, ahd. dannana, dannān, danān 'inde, illinc', agſ. þanon, engl. thence. Für got. *þanana galt ein aus gleichem Stamm gebildetes þaþrō.

dar Adv. etymologisch eins mit da¹ (dazu die Zuſ.-Setzungen daran, darin, darum uſw.), auch mit ahd. dara 'dorthin'.

darben Ztw. Ahd. darbēn, aſächſ. tharbōn, mnl. darven, derven uſw. ſtehen in Ablaut der 3. Reihe zu dürfen (ſ. d.), zu dem weſtgerm. *þarbēn, -ōn ſchw. Sekundärbildung iſt, endbetont und darum mit gramm. Wechſel (b aus f). In obb. Ma. fehlt darben vielfach (H. Fiſcher 1908 Schwäb. Wb. 2, 71). Wo es die Lutherbibel bietet (Luk. 15, 14 u. ö.), ſetzt Petri (Baſel 1522) Not, Armut leiden, Eck (Ingolſtadt 1537) Gebrechen haben: Kluge 1918 Von Luther bis Leſſing 107; Schütt 1908 Adam Petris Bibelgloſſar 28.

Darge F. 'Hechtangel', anord. dorg F., norw. dorg, ſchwed. dörj. Über Jütland in nordd. Ma. gelangt und von Canitz 1692 für Brandenburg bezeugt (DWb. 2, 774 f.). Die Angel wird hinter dem Boot hergezogen, alſo mit Ablaut zu anord. draga 'ziehen' (ſ. tragen). Finn. torko 'Dreieckangel' iſt aus dem Nord. entlehnt.

Darm M. Ahd. dar(a)m, mhd. mnd. mnl. nnl. darm, aſächſ. tharm, afrieſ. therm, agſ. þearm, anord. þarmr, dän. ſchwed. tarm führen auf germ. *þarma-, idg. *tormo-. Dies mit derſelben maſk. Endung germ. -ma- wie Broſam, Deiſem, Keim, Saum uſw. zur idg. Wurzel *ter- 'durchbohren'. Mit der germ. Bildung deckt ſich gr. τόρμος 'Loch (in das ein Zapfen geſteckt wird)'. Urverwandt ſind auch gr. τρῆμα 'Bohrung', τράμις (aus *tṛmi-) 'Damm zwiſchen After und Scham'; anderes ſ. u. drehen. Die Germanen benennen den Darm vom After aus, während gr. ὀρύα 'Darm' nach Ausweis des lat. arvina 'Bauchfett' vom Gekröſe ausgeht, arm. ganjak und aind. vakšánā den Körperteil als Hohlröhre ſehen und die Sippe von Garn (ſ. d.) an die Bänder und Saiten denkt, die man aus den Därmen der Schlachttiere herſtellt.

Darre F. 'Hürde zum Trocknen von Obſt uſw.', mhd. mnd. darre, ahd. darra, ſchwed. mundartl. tarre, gr. ταρσιά, τρασιά: mit dorren, dörren, dürr und Durſt zur idg. Wurzel *ters-: *tṛs- 'trocknen'. Aus anſr. *þarrjan ſtammt frz. tarir 'trocken legen, vertrocknen'. S. dürr.

Daſein N. Aus nlat. existentia (zu lat. existere, bei uns exiſtieren ſeit Wächtler 1709) iſt Exiſtenz geworden ſeit Seckendorff 1685 Chriſtenſtaat 2, 11. Der ſubſt. Inf. Daſein erſcheint in der Bed. 'Anweſenheit' bei Talander 1699 Reiſebeſchr. 866, als Erſatzwort für Exiſtenz zuerſt in Verſen Gottſcheds von 1725, die er Crit. Dichtk. 534 mitteilt: „Mein Daſeyn iſt umſonſt, wenn Jahre, Tag' und Stunden . . . Vergebens untergehn." Zſ. f. d. Wortf. 3, 338; 8, 156; H. Schulz, Fremdwb. 1, 187.

daſig Adj. In Hnr. Camerers Überſetzung von Boccaccios Decamerone (Nürnberg um 1470) tritt daſig 'eben dieſer, derjenige' auf (K. Dreſcher 1900 Arigo 132), das bei Geiler († 1510), Schaidenreißer 1537 Odyſſ. 93. 116. 174 und Stieler (1691) 268. 299 wiederkehrt. Es beruht auf mhd. *dāwëſec 'dort befindlich', wie hieſig auf *hiewëſec u. ſteir. dozig 'derjenige; jener' auf *dortwëſec: A. Götze 1940 Beitr. 64, 204 f.

daß. Unſere wichtigſte Konjunkt. iſt ſprachgeſchichtl. eines mit dem Neutr. des Pronomens das, vgl. die entſpr. Entwicklung von gr. ὅτι und lat. quod. Aus der Verbindung zweier parataft. Sätze mit das am Ende des erſten (ich höre das: er kommt) iſt das hypotakt. Gefüge (ich höre, daß er kommt) hervorgegangen: O. Behaghel 1928 Deutſche Syntax 3, 128 ff. Die Entwicklung iſt gemeingerm.: got. þata, anord. at, agſ. þæt, aſächſ. that, ahd. mhd. daz. Die Schreibung daß für die Konjunkt. führt zuerſt Maaler (Zürich 1561) folgerecht durch, nachdem ſie Kaſp. Scheidt im Grobianus (Worms 1551) angeſtrebt hatte.

Dattel F. Gr. δάκτυλος 'Finger' heißt eine lange, fingerartige Sorte Datteln (Iſidor, Etym. 17, 7, 1: similitudine digiti; vgl. Palme). Den andern europ. Sprachen iſt der Name von Frucht und Baum durch lat. dactylus vermittelt, deſſen ct im 3. nachchriſtl. Jh. zu volkslat. ht geworden war. Daher afrz. *datle, *dadle, frz. datte (woraus mnl. dade und engl. date). Entſprechend ahd. dahtilboum (Zſ. f. dt. Wortf. 6, 179), mhd. tahtel (ſ. Dachtel). Humaniſten ſchreiben Dactel: Hereſbach 1570 De re ruſt. 175ᵇ; J. Fiſchart 1574 Onomaſt. 85ᵇ. Erſt nachdem in den Nachbarſprachen c an t angeglichen und ſpan. datil, ital. dattilo zu uns gedrungen war, ſiegen nhd. Dattel und nnl. dadel. Vgl. Lattich aus lat. lactuca. Nach der äußeren Ähnlichkeit bezeichnet landſchaftlich Dattel die Schmetterlingspuppe.

Datum N. Das lat. Part. datum 'gegeben' (aus der Formel litteras dare 'einen Brief ſchreiben') leitet regelmäßig die Zeitangaben von Urkunden ein. Von da wird es ſchon im 13. Jh. als 'Zeitangabe eines Schreibens' substantiviert: H. Schulz 1913 Fremdwb. 1, 124. Dazu datieren seit Roth 1571.

Daube F. zu gleichbed. mhd. dūge (nnl. duig) 'Faßdaube'. Die mhd. Form mit g findet sich als dūg am Oberrhein (Maaler 1561 Dauge, Faßdauge, Dasypodius 1540 unter axis Dugen), ebenso schwäb. dougə. Dieses dūge ist wohl gleichbed. mit mlat. doga. Die schon bei Luther auftretende Form mit b (Daube) ist md., sie scheint sich an frz. douve 'Daube' näher anzuschließen. Dazu bair.-österr. taufə(l) 'Daube'. Die auch mlat. Doppelheit dōga, dōva (mailänd. dova) erklärt die germ. Formen; frühmlat. doga selbst wird auf gr. δοχή 'Behälter' zurückgeführt. W. Kaspers 1943 Zs. f. Namenforsch. 19, 245 f.

däuchten Ztw. von Anfang des 16. Jh. bis heute meist in der Formel „mich (mir) däucht" auftretend; vereinzelt begegnet durch die ganze nhd. Zeit in Wbb. wie in Literaturwerken der Infinitiv däuchten (sogar 3. Sg. däuchtet). Zugrunde liegt mhd. diuhte, das (als Prät. Konj. zu dünken) schon im späteren Mhd. präsentisch und indikativisch wird.

dauern[1] Ztw. 'beharren' ein dem Hochdeutschen ursprgl. fremdes Wort, das auch im Ahd. unbezeugt ist; auch in mhd. Zeit fehlt es dem Oberdeutschen (z. B. bei Hartmann, Walther und Gottfried), vereinzelt allerdings tūren, dūren, das von Norddeutschland allmählich seit dem 12. Jh. nach Süden vordringt (bei Wolfram bezeugt). Lat. dūrāre ist als *dūrōn ins älteste Nd.-M. aufgenommen, bezeugt ist erst afrief. dūria, mnd. mnl. dūren (Erasm. Alberus 1540 Diction. dd bietet ich dur = lat. dūro als niedersächs.). Das bei Luther fehlende, von Maaler 1561 noch nicht verzeichnete Wort wird erst seit etwa 1550 in hd. Schriften häufiger (austauern und dauerhaftig bei Mathesius 1562 Sarepta 71ᵇ. 73ᵇ. 284ᵇ); Henisch 1616 verzeichnet es zuerst. Das im Oberdeutschen durch währen vertretene Ztw. lebt volksüblich als düren in den meisten nd. Ma. (z. B. Pommern, Altmark, Westfalen), dringt aber auch in obd. Ma. (bair. daərn), sowie ins Rheinfränk. Engl. dure (endure) stammt aus frz. durer, dies aus lat. dūrāre.

dauern[2], bedauern Ztw. schon mhd. tūren, mnd. dūren; im Ggf. zu dauern[1] im Nd. und Obd. volksüblich. Es wird von Maaler 1561 als dauern — bedauern verzeichnet, wie es auch in schweiz. bair. Ma. fortlebt (beachte bair. taurlich 'wahrscheinlich'). Im Mhd. sagt man: mich tūret ein ding oder eines dinges 'mich dünkt etwas zu kostbar, mir ist etwas kostbar, teuer'. Mhd. tūren steht daher im Ablautverhältnis zu teuer, mhd. tiure; vgl. traurig im Verhältnis zu agf. drēorig. Auffällig ist,

daß das Ztw., dessen Bildung, dem Ablaut nach zu urteilen, sehr alt sein muß, den älteren Dialekten ganz abgeht (nur mengl. douren 'Schmerz empfinden'). Luther schreibt tauren, Lessing (be)tauern. Der heutige Anlaut d entspricht ostmd. Aussprache.

Daumen M. (abweichende Mundartformen sind ostthür. daumel, fränk.-henneb. dīme, schwäb. dūm) mhd. mnd. dūme, ahd. asächs. thūmo M., nnl. duim, agf. þūma, engl. thumb; dazu anord. þumall, þumalfingr (l-Ableitung, aber mit Bedeutungsänderung, zeigt auch agf. þymel, engl. thimble 'Fingerhut'). Diese Bezeichnung des 'Daumens' (*þūman-) ist somit gemeingerm.; aber während die übrigen Finger schon in erw. Zeit Bezeichnungen hatten, die mit Finger zusammengesetzt waren (f. Finger), ist Daumen aus altem selbständigem Wortstamm gebildet; dadurch ergibt sich Daumen als uralt: Grdf. idg. *tūmon- substantiviertes Adj. zu avest. tuma (nur in Eigennamen) 'feist' (aind. tutumá 'stark'): Daumen also eigtl. 'der starke' (Finger), ganz wie lat. pollex 'Daumen' zu pollēre 'stark sein' (dagegen gr. ἀντίχειρ 'Gegenhand'). Verwandt sind noch lat. tumeo 'schwelle', aind. túmra 'fett', gr. τύλος, τύλη 'Schwulst' 'Buckel'; zugrunde liegt eine idg. Wz. *tū 'schwellen' in tirol. doll (f. Dollfuß) und tausend.

Daune F. entlehnt aus gleichbed. nd. dūne (mit hd. Tonvokal, aber nd. Anlaut). Mnd. dūn(e) ist seit etwa 1350 bezeugt. Von hd. Wörterbüchern verzeichnen es zuerst Schottel 1663 als Dunen und Donft, Stieler 1691 als D(a)unen. Am verbreitetsten ist das Wort in der seit etwa 1700 eingebürgerten Zusammensetzung Eiderdaunen, bei Leibniz 1717 Collectan. etym. 33 Edderdunen, im 18. Jh. oftpreuß. Edderdunen (G. E. S. Hennig 1785 Preuß. Wb. 56), österr. schweiz. elf. Eider-, Eiterdom. Diese Zusammensetzung (isl. æðardūn, woher engl. eiderdowns, nnl. eiderdons, frz. édredon; vgl. Eiderente) weist auf Entlehnung aus dem Nord.: nd. dūne, nfries. dün, engl. down beruhen auf aisl. dūnn M. Germ. *dū-na-, wozu anord. dýja 'schütteln', gehört zu der verbreiteten idg. Wurzel *dheu- 'stieben, wirbeln', die z. B. in lit. dujà 'Stäubchen; feinstes Mehl, Dunst; Staubregen' erscheint. — Obd. entsprechen Flaumfeder und Federstaub: Haushalterin 1703 S. 185 „isländischer Federstaub oder so genannter Eiderdom".

Daus N. 'zwei Augen im Würfelspiel; As in der Spielkarte'. Zeugen der altdeutschen Spielfreude (Tacitus, Germ. 24) find gefallen, Hund, Sau; mit jüngeren Spielen stellt sich eine Fachsprache aus der Fremde ein: As, doppeln, Pasch, Schanze, Treff, Trumpf

Wenzel. Spätahd. dûs (nach 1000 im Summarium) stammt aus südfrz. daus 'zwei Augen im Würfelspiel', das frz. deux (hieraus engl. deuce) entspricht und auf lat. duos (für duo) beruht.

Debatte F. 'Erörterung'. Frz. débattre 'mit Worten kämpfen' liefert seit Chr. Weise 1673 Erznarren 154 debattieren, zu dem sich unter Einfluß von frz. débat M. 'Wortgefecht' zunächst ein Plur. Debatten stellt, aus dem (zuerst bei Sperander 1727) der Sing. gefolgert wird: H. Schulz 1913 Fremdwb. 1, 124 f

Debet N. 'Schuld'. Lat. debet 'er schuldet' verdrängt als Seitenüberschrift im Kassenbuch das ältere Soll seit Schurtz 1662 Buchhalten 73 Als Subst. setzt sich Debet gegen älteres Debit (aus ital. debito) durch: A. Schirmer 1911 Wb. d. d. Kaufmannsspr. 41; H. Schulz 1913 Fremdwb. 1, 125.

Debüt N. 'erstes Auftreten eines Schauspielers, Erstlingsleistung'. Zu frz. but 'Ziel' stellt sich début, eig. 'erster Schuß nach der Scheibe'. Mit seinem Ztw. débuter u. a Fachwörtern der frz. Bühnensprache (Benefiz, Chorist, Geste, improvisieren, Statist) wird Debüt im letzten Viertel des 18. Jh. unter starker Teilnahme Schillers entlehnt: H. Schulz 1913 Fremdwb. 1, 125.

Dechant M. Lat. decānus (s. Dekan) ergibt bei Entlehnung vor der hd. Lautverschiebung ahd. tëchân, mhd. tëchan(t), dëchent, mnd. mnl. deken. Der Ton ist zurückgezogen (so noch österr.) wie bei Abt, t angetreten wie in Pergament und Zimt. In Nachbarsprachen entsprechen ital. decano, frz. doyen, engl. dean.

Decher M. 'zehn Stück (Felle)'. Germ. Stämme hatten (nach Tacitus, Ann. 4, 72) Felle als Tribut an die Römer zu liefern, darum wird lat. decuria 'Zehnzahl' (wonach in der Kaiserzeit die Felle gezählt werden) vor der hd. Lautverschiebung entlehnt und erscheint als mhd. tëcher, dëcher, mnd. dëker, pomm. dækr, westfäl. diekr, frühneuengl. dicker. Spätlat. *teguria wird durch schweiz. Ziger 'zehn Pfund Milch' (Stalder 2, 473) vorausgesetzt.

dechiffrieren Ztw. seit 1723 (H. Schulz 1913 Fremdwb. 1, 112) aus frz. déchiffrer. Dies zu frz. chiffre 'Zahlzeichen' (aus arab. ṣifr 'Null', s. Ziffer). In geheimen Schriftstücken wurden die Buchstaben durch Ziffern ersetzt: E. Littmann 1924 Morgenl. Wörter 77.

Dechsel s. Deichsel².

Deck N. Der Übergang vom offenen Schiff zu dem mit durchgehender Beplankung wird im mittelmeerischen Schiffsbau vollzogen und führt zu ital. coperta, frz. couvert. Verdeutschung dazu ist das nur zufällig spät belegte

und aufs Binnenland zurückgedrängte Verdeck, Kürzung hieraus engl. deck (seit 1513), nnl. dek (zuerst 1675, overdek schon 1599), das seither über das Nd. vordringt, als deutsch zuerst bei Ludwig 1716 T.-engl. Lex. erscheint, aber noch von Campe als nd. nl. Mundartwort behandelt wird: Kluge 1911 Seemannsspr. 177.

decken schw. Ztw. Ahd. dëcchen, dëcken, mhd. mnd. mnl. dëcken, asächs. thëkkian, nnl. dekken, afries. thëkka, ags. þeccan, engl. thatch anord. þekja, got. *þakjan führen auf germ. *þakjanan, Intensivbildung zu dem in lat. tegō 'bedecke' vorliegenden st. Ztw. Dem ahd. dëcchiu 'ich bedecke' entspricht (bis auf das -r) gleichbed. air. -tuigiur. Decke F., ahd. dëcchī, dëcki, ist Verbalabstrakt. e-Schreibung und geschlossene Aussprache sind ungestört geblieben, weil den alten Grammatikern die Verwandtschaft mit Dach (s. d.) nicht klar war. In Sätzen wie „der Hengst deckt die Stute" übersetzt decken frz. couvrir.

Deckmantel M. mhd. (seit Ausgang des 13. Jh.) dëckemantel -mentellīn; gebucht seit J. Frisius, Dict. lat.-germ. Zürich 1541. Die bildliche Verwendung von Mantel teilt Deckmantel mit dem seit frühnhd. Zeit häufigen bemänteln; sie liegt schon vor im kirchenlat. pallio christianae dilectionis tegere.

Defekt M. Lat. defectus 'Abnahme, Mangel' erscheint als defect zuerst 1531 in deutschem Text, wird sogleich konkret vom einzelnen Fehler gebraucht und im 17. Jh. auf Mängel in Büchern eingeschränkt. Das Adj. defekt 'lückenhaft' nicht vor 1668: H. Schulz 1913 Fremdwb. 1, 126.

defensiv Adj. aus mlat. defensivus, Defensive aus frz. la défensive, Defensivkrieg nach nlat. bellum defensivum: H. Schulz 1913 Fremdwb. 1, 126 f. Zuerst in Nürnberg 1538: Scheurls Briefbuch 2, 205 „das der König . . . zu Wasser vnnd Landt offensiue vnd defensiue widern Turcken . . . laiste". Für Defensiv- und Offensivbündnis empfiehlt Leibniz 1717 Unvorgr. Ged. § 67 nach schweiz. Vorbild Schutz- und Trutzbündnis.

defilieren Ztw. 'reihenweise vorüberziehen' seit 1702 als Wort des Heerwesens aus frz. défiler. Dies zu frz. file 'Reihe' aus lat. filum 'Faden'.

definieren schw. Ztw. (aus lat. dēfinīre 'abgrenzen') und Definition (aus lat. dēfinitio 'Bestimmung der Grenzen') sind alte Kunstwörter der Logik. Sie erscheinen seit der Reformationszeit in dt. Text, seit 1518 auch außerhalb der philos. Schulsprache: H. Grammateus, Rechn. auf Kaufmannsch. L 6ᵇ „Die Diffinition oder Beschreibung der Proportion". Das nicht vor dem 19. Jh. bezeugte Adj. definitiv 'endgültig' ist ursprünglich ein Wort der Gerichte, aus dem lat. Adv. dēfinītīve und Zusammensetzungen wie Definitiv=Urtheil entwickelt: H. Schulz 1913 Fremdwb. 1, 127.

Defizit N. Lat. dēficit 'es fehlt' wird über frz. déficit in der Revolutionszeit entlehnt, erscheint seit Bürger 1788 in deutschem Text und ersetzt bald das ältere Defekt. Redender Beleg bei Girtanner 1791 Hist. Nachr. v. d. frz. Revolution 2, 181 „Das Wort Deficit ist, seit einigen Jahren, in Frankreich ein Modewort geworden... dieses Deficit, welches die eigentliche Ursache der Revolution ist... Unter dem Deficit des Staates versteht man einen, mehr oder weniger großen, Überschuß der Ausgabe über die Einnahme".

deftig Adj. 'tüchtig, trefflich'. Zur idg. Wz. *dhabh 'passen' (in lat. faber 'Handwerker', aslav. dobrŭ 'schön, gut', doba 'Gelegenheit', lit. dabìnti 'schmücken', dabnùs 'zierlich') gehören got. gadaban 'passen', gadōfs 'schicklich', ags. gedafen, gedéfe 'geziemend', gedæfte 'mild, sanft' u.v.a. Hierzu das holl.=fries. deftig das im 17. Jh. als 'belangreich, gewichtig' auftritt und nnl. zu 'anständig, vornehm' wird. Es wandert die Küste ostwärts und den Rhein aufwärts, erscheint bei Schottel (Braunschweig 1663) 1300 und Stieler (Erfurt 1691) 313 als 'firmus, eximius, solidus', in seiner Bed. vielleicht durch kräftig beeinflußt. Deftig ist in nordd. Umgangssprache geläufig, ohne literaturfähig zu werden. Die Verwandtschaft mit got. gadaban erkennt J. Grimm 1857: Nd. Jb. 23, 129.

Degen[1] M. 'Kriegsmann'. Zum idg. Verbalstamm *tek-: *tok- 'erzeugen' gehört als Part. *teknó- 'Kind' (vgl. gr. τέκνον zu τίκτειν, Aor. ἔτεκον). Das entspr. germ. *þegna- erscheint als ahd. asächs. thegan 'masculus', sonst sind ahd. asächs. thegan, ags. anord. þegn zu 'Gefolgsmann, Diener' entwickelt (vgl. Knabe, Knappe, Knecht), woraus mnl. dēghen, mhd. dēgen 'Held' entsteht. Nach hoher Blüte wird das Wort seit dem 15. Jh. äußerst selten. Logau 1654 Sinnged. 2513 verwendet es, dadurch wird Lessing 1759 Wb. zu Logau 30 aufmerksam darauf und belebt es 1772 Em. Gal. 1, 4, worauf es durch Bodmer, Bürger, Wieland, Schiller und Goethe von neuem Modewort wird.

Degen[2] M. Das im Germ. unbezeugte Wort erscheint zuerst um 1400 im dt. Osten (Mod. lang. notes 36, 485) und wird im 15. Jh. allenthalben häufig: Zf. f. d. Wortf. 14, 24. 43. Es ist entlehnt aus frz. dague, dem im 12. Jh. mlat. dagua in England und Schottland vorausgeht, das aus gäl. brit. dag(er) 'Dolch' entlehnt scheint. Von da auch engl. dagger, dän. daggert, mnd. mnl. dagge 'kurzes Schwert'. Nhd. e für ge=

meinfrz. a (vgl. Lärm) stammt aus ostfrz. Ma. Auch mag Anlehnung an Degen[1] im Spiel sein. — Degenknopf, in eigtl. Bed. seit Frisch 1741, steht später mit pars pro toto für 'Haudegen', so nam. nd. degenknöp seit Dähnert 1781 Pomm. Wb. 75. In Rauf= und Haudegen (s. d.) ist das im 18. Jh. neu belebte Degen[1] mit Degen[2] in eine sprachgeschichtlich nicht begründete Verbindung gebracht.

dehnen Ztw. Die schw. Bildungen ahd. mhd. den(n)en, asächs. thennian, ags. þenian, anord. þenja, got. uf-þanjan 'ausdehnen' vereinigen sich auf gemeingerm. þanjan, sekundär zu einem ablautenden Primärverb *þinan. Dies zur idg. Verbalwz. *ten in aind. tanóti 'spannt, währt', tántu 'Faden', tantí 'Schnur', gr. τείνειν 'spannen', τάσις 'Spannung', lat. tenus 'Strick', tenēre 'halten', tendere 'spannen', aslav. teneto, tonotŭ 'Strick'. Vgl. Dohne, dünn, gedunsen.

Deich M. mhd. dīch (nicht vor dem 15. Jh.: Hess. Urk. 4, 126. 5, 155 Baur), mit der Kunst, Ströme einzudeichen, südwärts gewandert. Ursprünglich ein Wort der Nordseeküsten: nd. asächs. afries. dīk, mnl. dijc, nnl. dijk (von da entlehnt frz. digue 'Fangdamm'), ags. dīc 'Erdwall, Graben', engl. dike, ditch, anord. dīki 'Moor, Sumpf, Graben'. Die hd. Form Teich tritt frühnhd. oft für 'Schutzdamm' auf. Die verschiedenen Bedeutungen vereinigen sich auf 'Ausgestochenes'. Die nächsten außergerm. Verwandten sind lit. díegti 'stechen', dygùs 'spitzig', lat. fīgō 'stecke', sämtlich zur idg. Wurzel *dhēig-'stechen'. Über Deich in Ortsnamen s. W. Mitzka 1933 Zf. f. Ortsnamenf. 9, 8f.

Deichgraf M. mnd. (seit 1290) dīkgrēve 'gewählter oder ernannter Vorsteher eines Deichbezirks oder =gerichts', wesentlich norddeutsch, in hd. Text seit C. Spangenberg 1591 Adelsspiegel 1, 323. S. Graf.

Deichsel[1] F. 'Zugstange am Wagen'. Mhd. dīhsel, ahd. dīhsala, asächs. thīsla, mnl. diesel, nnl. dissel, ags. þīxl, þīsl(e), anord. þīsl führen auf germ. *þinhslō. Die Endung -slä bildet Gerätnamen, der idg. Verbalstamm *tengh- 'ziehen' kehrt wieder in aslav. tęgnǫti 'ziehen' und (mit nur arischem þ) in avest. θanjayeiti 'zieht'. Den Wagenbau kannten schon die Idg. vgl. Joch, Nabe, Rad, Wagen.

Deichsel[2] F. 'Axt mit kurzem Stiel'. Mhd. dëhse(l), ahd. dëhsa(la), mnd. dëssele, mnl. dissel, engl. mundartl. thixel, anord. þexla, norw. teksel, dän. tængsel führen auf germ. *þehsalōn: mit Endung germ. -(i)lō(n), die auch die weibl. Gerätnamen Drischel, Feile, Geißel, Gürtel, Hechel, Schaufel, Sichel, Spindel, Windel bildet, zum idg. Verbalstamm *tekþ- 'zimmern, Holz behauen', der auch in mhd. dëhsen 'Flachs brechen', dëhse 'Spindel' vorliegt und dessen reiches außergerm. Zubehör unter Dachs angedeutet ist. Das ei des nhd. Worts beruht auf Störung durch das unverwandte Deichsel[1]. Die Mundarten, vorab die obd., bewahren e.

deichseln Ztw. in Stud.- und Umgangssprache 'eine schwierige Sache meistern', zu Deichsel[1], weil mit ei auch in Mundarten, die in Deichsel[2] an e festhalten. Es braucht Kunst und Kraft, einen Wagen an der Deichsel rückwärts durch eine Torfahrt u. ä. zu lenken.

dein Poss.-Pron. Mhd. dīn, ahd. thīn, asächs. anfr. afries. thīn, mnl. nnl. dijn, agf. þīn, engl. thine, thy, anord. þīnn, nnord. din, got. þeins führen auf germ. *þīna-, idg. *t(u)ei-no-s, eine Ableitung vom idg. *tŭ. Vgl. du, mein, sein. Dein als Gen. von du (mhd. dīn, ahd. thīn, dīn, asächs. afries. thīn, agf. þīn, anord. þīn, got. þeina) hat eine außergerm. Entsprechung im gleichbed. toch. tñi.

deinig s. meinig, seinig.

Deist M. Die Anhänger eines natürlichen Glaubens an Gott (lat. deus) ohne Offenbarungsglauben heißen frz. déistes. 1563 wird das frz. Wort als ganz neu bezeichnet. Seckendorff übernimmt es 1685 ins Deutsche. Deismus und deistisch sind jünger. Engl. deist und deism stammen gleichfalls aus dem Frz.: H. Schulz 1913 Fremdwb. 1, 128 f.

Deixel M. entstellt aus Teufel (s. d.) bezeugt seit dem 17. Jh. Unsre Mundarten bieten viele solcher Verhütungsformen, schwäb. Deibel, Deiger, Deigeler, bad. Deigsl, Deiner, Drigsl usw.

Dekan M. Lat. decānus bedeutet in seiner Zugehörigkeit zu lat. decem 'zehn' zunächst 'Führer von zehn Mann', kirchenlat. 'Vorgesetzter von zehn Mönchen', nachmals unter Einbuße seines etym. Sinns 'Vorsteher des Domkapitels'. Schon diese geistlichen Dekane hatten Anspruch auf die Anrede spectabilis. Mit ihr geht der Titel auf den Vorsitzenden der Fakultät über, s. Dechant und A. Götze 1929 Akadem. Fachsprache 7.

deklamieren Ztw. Lat. dēclāmāre 'laut aufsagen' ist in der Schule der Reformationszeit Kunstwort für die zunächst lat. Redeübungen. Declamiern im deutschen Text zuerst um 1550 bei einem ostmd. Schulmann, Declamation nicht vor 1708: H. Schulz 1913 Fremdwb. 1, 129.

delikat Adj. Lat. dēlicātus 'verzärtelt' (zu dēlicāre 'anlocken, ergötzen', das neben gleichbed. dēlicere vorauszusetzen ist) gelangt über frz. délicat mit allen dort entwickelten Bed. ins Nhd., zuerst um 1600 als 'heikel', bald danach als 'feinfühlig', erst nach 1650 als 'köstlich' von

Essen und Trinken. Für Delikatesse 'Leckerbissen' wird gleichzeitig frz. délicatesse Vorbild, während in Österreich geraume Zeit ital. delicatezza gilt. Die Bed. 'Feinfühligkeit' tritt nach frz. Muster seit 1747 auf: H. Schulz 1913 Fremdwb. 1, 131.

Delinquent M. Lat. dēlinquere 'sich verfehlen' entwickelt schon in der lat. Bibel (Eccl. 27, 3) ein subst. Part. 'Verbrecher', das als Delinquent seit 1599 im deutschen Text erscheint, wo vorher Beklagter, Frevler, Gefangener, Getäter stand: H. Schulz 1913 Fremdwb. 1, 132. Unsere Rechtssprache liebt solche Part.: Arrestant, Denunziant, Inkulpant, Malefikant.

Delirium N. Zu lat. līra 'Furche im Ackerbeet' (verwandt mit Geleise, Leisten, leisten) gehört dēlīrāre 'von der geraden Linie abweichen', daher 'verrückt sein'. Dazu dēlīrium 'Irresein' als altes Wort der Heilkunst, seit 1697 in nhd. Text: H. Schulz 1913 Fremdwb. 1, 132.

Delle, Telle F. 'Vertiefung im Gelände, Geschirr, Hut'. Neben Tal und Tülle (s. d.) stehen germ. *dalja, *daljō 'Talartiges' in got. ib-dalja 'Berglehne', agf. dęll 'Tal, Höhle, Vertiefung', -dęle 'abwärts gerichtet'; N. 'Abhang', engl. dell 'Schlucht, Tal', fries. mnl. mnd. delle, spätmhd. telle, frühnhd. dälle, dell(e). Heute schwankt die Schreibung, weil das für Mundarten (K. Müller-Fraureuth 1911 Obersächs. Wb. 1, 208) und Flurnamen (H. Fischer 1908 Schwäb. Wb. 2, 40) wichtige Wort kaum je literarisch wird.

Delphin M. Gr. δελφίς (Gen. δελφῖνος) ergibt über lat. delphīnus mhd. dël-, tëltalfīn, das doch erst neuerdings den Namen ahd. mëriswīn, mhd. mërswīn verdrängt, den das Tier offenbar wegen seines Specks führt: H. Palander 1899 Ahd. Tiernamen 162. Auch agf. (seit dem 9. Jh.) mëreswīn, älter nengl. mere-swine, dän. schwed. marsvin, frz. marsouin, lat. maris sus, ital. porco marino, akorn. morhoch, kymr. morhwch bedeuten 'Delphin'. Zesen hofft noch 1687 Meerschwein durchsetzen zu können: Zs. f. dt. Wortf. 14, 73. Als vormals wichtiges Wappentier hat der Delphin der frz. Dauphiné den Namen geliehen. Seit sie im 14. Jh. endgültig dem frz. Königshaus abgetreten wurde, heißt der Kronprinz Dauphin.

Delta N. Der Name des vierten Buchstaben des phön.-griech. Alphabets (Δ) wird schon von Herodot auf den zwischen den Nilmündungen liegenden Teil Ägyptens übertragen. Im Deutschen von der Nilinsel seit Münster 1550 Kosmogr. 1258, von gabelnden Flußmündungen überhaupt kaum vor Oken 1833

Allg. Nat.-Gesch. 1, 556: H. Schulz 1913 Fremdwb. 1, 556.

Demagog M. Gr. δημαγωγός, urspr. 'Volksführer', und δημαγωγία haben schon im alten Athen den bösen Sinn angenommen, mit dem bei uns Demagogie seit Leibniz 1670, Demagog seit Heynatz 1775 auftreten: H. Schulz 1913 Fremdwb. 1, 132 f. Demagogische Umtriebe als polit. Schlagwort seit den Karlsbader Beschlüssen 1819: Ladendorf 1906 Schlagwb. 48.

Demant M. Der härteste Edelstein heißt gr. ἀδάμας 'der Unbezwingbare'. Daraus ist, indem sich lat. adamas, -antis mit gr. δια- (in διαφαίνειν 'durchscheinen' u. ä.) kreuzt, vulgärlat. *adiamante entstanden, das im 12. Jh. frz. diamant ergibt. Das daraus entlehnte mhd. dïemant erscheint zuerst bei Walther 80, 35 Lachm. (vor 1220). Die afrz. Nebenform demande liefert Luthers Demant, das sich als dichterisches und mundartliches Wort zäh hält. Für den Endsieg von Diamant ist der von ital. diamante ausgehende Kultureinfluß entscheidend geworden.

Dementi N. geht auf frz. démentir 'Lügen strafen' zurück. Die Wendung donner un démenti liefert seit Heynatz 1775 die Formel: ein démenti geben. Dazu dementieren kaum vor dem 19. Jh.: Zf. f. d. Wortf. 8, 64. 13, 285.

Demokrat M. Gr. δημοκρατία 'Herrschaft des Volks' erscheint bei uns im 16. Jh. in der lat. Form democratia, seit 1639 als Democratey. Aus dem F. bildet der Genfer F. Bonivard um 1550 das frz. M. démocrate zurück, das in der Revolution Fahnenwort wird und bei uns 1789 als Schelte des Republikaners auftritt: Teutscher Merkur 1789, 4, 56 „die Demokraten, die dermalen in Frankreich den Meister spielen". Dort 3, 234 demokratisch, das ohne Tadel schon J. Hübner 1741 Staatslex. 1260 verwendet: „mit dem ... democratischen Staate". Demokratisches Prinzip seit J. Görres 1814, Demokrat vom reinsten Wasser Schlagwort von 1848: O. Ladendorf 1906 Schlagwb. 50.

Demut F. Ahd. dio-muotī, mhd. die-müete F. ist Subst. zu dem älteren Adj. ahd. deomuoti 'demütig'. Dies ist zus.-gesetzt aus ahd. *dio 'Knecht' (in urnord. þewaR, got. þius 'Diener'; f. dienen) und einer Abl. von ahd. muot (f. Mut). 'Gesinnung eines Dienenden' ist die Grundbed. des mit barmherzig, erbarmen, Gewissen, Mitleid unserer ältesten Missionssprache angehörigen Worts (Wh. Braune, Beitr. 43, 397). In nhd. Demut statt des zu erwartenden *Diemūt(e) beruht ū auf nd. Einfluß (so entspricht dem hd. Männernamen

Dietlieb nd. Detlev), die Endung auf Anlehnung an Armut (mit Suffix ahd. -uotī).

dengeln Ztw. mhd. tengeln 'hämmern' zu ahd. tangol 'Hammer', mask. Gerätname (mit demselben Suffix wie Drischel, Hebel, Schlegel, Schwengel zu dreschen, heben, schlagen, schwingen) zu dem st. Ztw. ahd. *tingan, mengl. dingen 'schlagen', das den schw. Ztw. mhd. (wider)tengen, agf. dencgan, engl. dinge, anord. dengja vorausliegt. e ist eng geblieben, weil keine verwandten a-Formen ablenkend wirken konnten. Daß sich im 18. Jh. d- durchgesetzt hat, beruht (wie bei Damm, Deich, Dohle, Dotter usw.) auf mundartl. Einfluß, der bei dem landwirtschaftl. Wort naturgemäß stark war. Gleichbed. mnd. mnl. hären (zu mhd. hare 'scharf', vgl. herb), die mundartl. namentlich in Hessen und Niederdeutschland fortleben.

denken Ztw. Ahd. mhd. denken, asächs. thenkian, afries. thenzia, anfr. thencon, agf. þencan, anord. þekkja, got. þagkjan führen auf germ. *þankjan. Dies bed. als Faktitiv zu unserm dünken (das alt st. Ztw. der Bed. 'scheinen' war) urspr. 'machen, daß etw. einleuchtet', dann 'überlegen, erwägen'. Engl. think ist vermischt aus agf. þencan 'denken' und þyncan, mengl. thinchen 'dünken'. Urverw. ist lat. tongēre 'wissen', osk. tanginúd (Abl.) 'Ansicht'. Das Prät. *þanhta (mit Synkope des Bindevokals) verliert seinen Nasal unter Ersatzdehnung und lautet schon got. þāhta; nhd. ist a vor Doppelkonf. gekürzt.

Denker M. Das Werden der Formel „Dichter und Denker" führt Büchmann 1912 Gefl. Worte 123f. zurück auf Musäus 1779. Denker als Ersatzwort für frz. penseur tadelt Adelung 1774 als „gezierte Schreibart einiger Neuern". Jean Paul u. Campe setzen das gute Wort durch: Wh. Pfaff 1933 Kampf um dt. Ersatzwörter 24.

Denkzettel M. Mit denkzedel übersetzt Luther 1522 Matth. 23, 5 φυλακτήριον 'Gedenkriemen mit Gesetzessprüchen', den die Juden nach 4. Mos. 15, 38 an Haupt und Arm tragen. Von da wird D. schon bei ihm zu 'Liste dessen, was man nicht vergessen will', wofür sonst frühnhd. gedenkzettul, nnl. gedenkcedel steht. Jetzt bildlich: 'körperlich fühlbare Erinnerung'.

denn Konjunkt., eins mit dann, f. d. und O. Behaghel 1928 Dt. Syntax 3, 112 ff.

Depesche F. Lat. impedicāre 'verstricken' (zu pedica 'Fußschlinge') ergibt frz. empêcher 'hindern'. Zum Gegenwort dépêcher 'beschleunigen' gehört als Rückbildung dépêche 'Eilbrief', um die Mitte des 17. Jh. entlehnt zu Depesche. Das F. geht zu Napoleons Zeit auf die durch Signalpost beförderten Mitteilungen über: Neuer Teutscher Merkur 1795, 1, 206 „vermuthlich die größte Depesche ... die bis jetzt durch eine Fernschreibemaschine befördert worden fey". Wenig später telegraphische Depesche (Voss. Ztg. 1799, Nr. 141). Nach Ausbreitung der elektr. Telegraphie um 1850 für 'Telegramm': H. Schulz 1913 Fremdwb. 1, 134.

deputieren Ztw. Die Sippe des lat. dēputāre 'einem etw. bestimmen' liefert unmittelbar Deputat N. 'zugewiesener Anteil' seit 1529 (H. Schulz 1913 Fremdwb. 1, 136); Deputation F. 'Abordnung' seit 1569 (Germ. 29, 350); deputieren Ztw. 'abordnen' 1580 (Kursächf. Schulordn.); durch Vermittlung von frz. député 1574 Deputierter (Zf. f. d. Wortf. 15, 181). Die Verdeutschung Abgeordneter seit 1618 belegt: Dt. Rechtswb. 1, 91f.

=der als letzter Teil von Pflanzennamen wie Flieder, Holunder, Maßholder, Reckholder, Wachholder sowie =ter in Affolter, Heister, Rüster ist urspr. ein selbständiges Wort: asächf. trio, afrief. anord. trē, agf. trēo (engl. tree), got. triu N. 'Holz, Baum', urspr. 'Eiche' weisen auf germ. *treu-. Dessen idg. Sippe f. u. Teer und Trog.

der Artikel, hervorgegangen aus dem ahd. mhd. Demonstrativ= und Relativstamm dē-, da-. Got. þa entspricht gr. το-, aind. ta-.

derartig Adj. kaum vor 1815 Rhein. Merkur 299: uneigentliche Zusammensetzung wie das noch jüngere andersartig.

derb Adj. beruht in seiner heutigen Bed. auf Vermischung zweier versch. Stämme. Ahd. mhd. dërp (b), agf. þeorf, anord. þjarfr bed. 'ungesäuert' und wird so bis Frisch 1741 geführt. Von Norden her beginnt übertragener Gebrauch: anord. þjarfr 'niedrig, gemein', þirfingr 'niedrige Person'; afrief. therf 'heftig'. Im Nhd. greift die Übertragung um sich, seit Schottel 1663 derb 'crassus, solidus' bucht und „derbe Ohrfeigen" als Beispiel gibt. Daneben ist die Bed.=Entw. von derb durch ein nd. Wort beeinflußt: mnd. afrief. derve 'derb, geradezu', asächf. derbi (aus *darbia-) 'kräftig, böse; dazu ablautend anord. þjarfr 'kühn', ferner norw. mundartl. dirna (aus *dirfna) 'wieder zu Kräften kommen, zunehmen', agf. gedeorfan ft. Ztw. 'arbeiten; umkommen', (ge)deorf N. 'Arbeit, Mühfal'. Der erste Stamm weift auf eine idg. Wz. *(s)terp- 'steif werden' (f. sterben), der zweite Stamm auf eine idg. Wz. *dherbh- in armen. derbuk 'rauh, roh', lit. dìrbu, dìrbti 'arbeiten', dárbas 'Arbeit', darbùs 'arbeitfam'.

dereinst Adv. Die Formel der māle eines 'von den Malen einmal' erscheint in der Luther-

bibel siebenmal als dermahleins. Gleichlaufend mit mhd. anders, ieze, selbes, sus u. v. a. nahm auch sie ausl. -t an. Daneben steht bei Luther außerhalb der Bibel (Zf. f. d. Unt. 11, 211) die Klammerform dereins, bei der (wie in Feldsee, Ölzweig, Rückenmark, Salzburg, Sonnabend, Weißbäcker aus Feldbergfee, Olbaumzweig, Rückgratmark, Salzachburg, Sonntagabend, Weißbrotbäcker) der mittlere Teil des Drittkompositums als der zum Verständnis entbehrlichfte gespart wird. Ausl. -t erscheint in dereinst seit Gryphius 1663 Trauerfp. 384.

dermaßen Adv. 'in solchem Grad', früher 'in solcher Weise', stets mit folgendem daß: verkürzt aus in der māzen ('Art'). S. maßen.

dero, ahd. dēro, Gen. Pl. von der und die, hat sich im Alem. lange in dieser Form erhalten und ist von da um 1500 in die Geschäftssprache der Behörden gedrungen, anfangs als Demonstr.= und Relativpron., nachmals nur in höfischer Anrede „dero Gnaden": O. Behaghel 1923 Dt. Syntax 1, 283. S. ihro.

Derwisch M. Perf. därwēš 'Bettler' gelangt über türk. derwiš 'moh. Bettelmönch' in den Gesichtskreis deutscher Reisender und erscheint als dermschler bei Seb. Franck 1530 Cronica d. Türcken H 3a u. ö. Unfere seit 1669 bezeugte Form Derwisch stimmt zu engl. dervish und frz. derviche; vor ihr galt Dervis entspr. nnl. dervis: H. Schulz 1913 Fremdwb. 1, 136; Lokotsch 1927 Etym. Wb. Nr. 496.

Desem(er) f. Befemer.

deshalb Adv. Zu mhd. halbe F. 'Seite, Richtung' gehört als erstarrte Kasusform halb(en), mit vorausgehendem Gen. im Sinn von 'wegen, hinfichtlich' gebraucht. Geblieben ist frühnhd. deshalben und daraus verkürzt deshalb 'in Bezug darauf', jetzt immer auf Grund und Ursache angewendet. Ein relat. Gebrauch (es sein irrungen erwachsen, deshalb herr Johanns ... ein gütlichen tagk fürgenommen) bildet die relat. Anknüpfung des lat. quam ob rem nach: O. Behaghel 1928 Dt. Syntax 3, 738.

desinfizieren Ztw. Lat. inficere 'anstecken' ist als inficieren der Fachsprache der deutschen Ärzte seit dem 16. Jh. geläufig. Nach seinem Vorbild wird frz. désinfecter 'von Anstectungsstoff reinigen' zu desinfizieren umgestaltet, als es im 19. Jh. nach Deutschland übernommen und im Cholerajahr 1831 volkläufig wird: H. Schulz 1913 Fremdwb. 1, 137.

Despot M. 'Gewaltherr'. Gr. δεσπότης (aus *dems-potes 'Hausherr' in Ablaut mit gr. δῶμα, lat. domus 'Haus'; zweites Glied wie in lat. hospes 'Gaftfreund', aind. dám-pati-ḥ 'Hausvater') wird bei uns seit 1423 bekannt

9*

(Mod. lang. notes 35, 405; Schweiz. Geschichts=
forscher 7, 332. 334. 398) als Titel der Fürsten
von Serbien, Bulgarien usw. Von da der ge=
hässige Klang, der zur Zeit der Frz. Revolution
allgemein wird: H. Schulz 1913 Fremdwb. 1,
137.

Dessert s. Nachtisch.

destillieren schw. Ztw. Lat. dēstīllāre 'ab=
träufeln' (zu stīlla 'Tropfen'), spätlat. distil-
lare, ergibt im 15. Jh. distillieren 'flüchtige
und flüssige Teile eines Stoffs durch Erhitzen
in verschlossenem Gefäß absondern'. Die heutige
Form wird vor Ende des 16. Jh. erreicht. Der
Branntweinbrenner heißt nach frz. distil-
lateur im 18. Jh. Destillateur. Die Destil-
lationsanstalt wird in Aufschriften des
19. Jh. gekürzt zur Destillation; hieraus
(von Berlin ausgehend) das junge Destille
'Branntweinschenke'.

desto Adv. Der Instr. des Artikels, got. þē,
anord. þvī, ags. þȳ, engl. the, hat vor Kompar.
(engl. the more) die Kraft unseres desto.
Er verwächst mit dës, dem Gen. des Artikels:
aus ahd. dës diu wird spätahd. dësde, mhd.
dëste. Daneben setzt Notkers Form testo (O.
Behaghel 1928 Gesch. d. dt. Spr. 331) eine
Lautentwicklung von -iu über -ü) (und u?) zu
-o voraus; -ō ist erst nach nhd. Regel gedehnt
worden. Danach ist desto erst wieder aus
rheinfränk. u. schles. Kanzleien des 15. Jh.
nachgewiesen, im Schwäb. seit 1475, in Mainz
seit 1520, bald danach in Staatspapieren
Karls V. Es muß unentschieden bleiben, ob
nhd. desto unmittelbare Fortsetzung der alt=
alem. Form ist, die dann ihr Gebiet ausgedehnt
hätte (wie dero, ihro), oder eine Neubildung
der Kanzlei nach Vorbildern wie jetzo (vgl.
füro, hero).

Detail N. Zu lat. tālea 'abgeschnittener
Zweig' gehört frz. détailler 'zerschneiden' mit
der Formel en détail '(Waren) im Ausschnitt
(verkaufen)', die zu Anfang des 18. Jh. in die
deutsche Kaufmannssprache übernommen wird
und später zu Bildungen wie Detail=Krämer,
=Händler, =Handel führt. Detail 'Einzel=
heiten von Schilderungen und Bildern' beruht
auf neuer Entlehnung in Kunstkreisen des
späteren 18. Jh.: A. Schirmer 1911 Wb. d.
dt. Kaufmannsspr. 45; H. Schulz 1913 Fremdwb.
1, 138.

Detektiv M. wird 1868 aus engl. detective
übernommen, das 1856 als Kürzung von
detective policeman 'Geheimpolizist' auftritt:
H. Schulz 1913 Fremdwb. 1, 139.

Deube s. Dieb.

Deut M. mnd. doyt, nnl. duit, mnl. duit,
deyt, doyt, dueyt, engl. doit, dän. døjt 'Münze
von geringstem Wert'. Mit anord. þveit(i)

geringe Münze', urspr. 'abgehauenes Stück',
zu anord. þveita 'abhauen'.

deuten schw. Ztw. Mhd. ahd. diuten, mnd.
düden, mnl. dieden, düden, nnl. duiden, afries.
(bi)thiōda '(be)deuten', ags. gepīedan 'über=
setzen', anord. þȳða '(be)deuten, erklären',
schwed. tyda, dän. tyde führen auf germ.
*þeudian, abgeleitet von dem unter deutsch
(s. d.) entwickelten germ. *þeudō- 'Volk'.
Die Ausgangsbedeutung 'volksverständlich ma=
chen' gilt ursprünglich wohl vom Priester, der
aus dem Opferbefund den Willen der Gottheit
deutlich macht: J. Trier 1942 Beitr. 66, 238.

deutsch Adj. ahd. diutisc, mhd. tiu(t)sch,
asächs. thiudisk, got. þiudiskō 'heidnisch',
anord. þȳð(v)e(r)skr, dän. schwed. tysk, mnl.
duutsc, nnl. duitsch 'holländisch', woraus
gleichbed. engl. Dutch. Als Adj. auf =isch ist
d. gebildet wie völkisch zu Volk: mit i=Um=
laut gehört diutisc zu ahd. diot, mhd. diet,
asächs. thioda, afries. thiade, ags. þēod, anord.
þjōð, got. þiuda 'Volk'. Germ. *þeudō- ist
urverwandt mit gleichbed. gall. Teutā- in Ei=
gennamen, air. tuoth 'Volk', kymr. tud 'Land',
korn. tus, bret. tud 'Leute', osk. touto, umbr.
(Akk.) totam 'civitas', illyr. Τευτα- in Eigen=
namen, apreuß. tauto 'Land', alit. lett. tauta
'Volk', lit. Tauta 'Deutschland', mit denen es
auf idg. *teutā- zurückweist. Wenn aus ahd.
diutisc nhd. tiutsch geworden ist, so scheint
(wie in täht 'Docht' und tūsent '1000') t-
durch Angleichung an das ausl. t entstanden
zu sein. Luthers Form ist deudsch. Teutsch
ist lange durch Berufung auf den angeb=
lichen Stammvater Teut gestützt worden,
bis Gottsched, Adelung und J. Grimm durch
Hinweis auf die richtige Etymologie d. durch=
setzen konnten (H. Paul 1916 Dt. Gramm.
1, 332 f.). — Das Wort, das den Deutschen
ihre Einheit als Volk ins Bewußtsein gehoben
hat, wird zuerst in Westfranken um 700 von
der Sprache gebraucht, die die Stämme vor
ihrer staatlichen Einigung allein verband. Dort
entspringt mlat. theodiscus. Karls d. Gr.
Kaplan Wigbod (aus der Gegend von Trier)
berichtet dem Papst 786 von einer Synode
unter König Offa von Merzien, die Beschlüsse
seien verlesen worden tam latine, quam
theodisce, quo omnes intelligere possent
(Mon. germ. hist., Epist. 4, 28). Die fränk.
Rechtssprache ist in den Reichsannalen 788
gemeint, die berichten, der Reichstag von In=
gelheim habe Herzog Tassilo von Bayern
des Verbrechens schuldig erkannt, quod Theodisca lingua herisliz dicitur. Dieselbe For=
mel kehrt 801 wieder: Karl d. Gr. nimmt
auf lombard. Boden für sich in Anspruch,
theodisce zu sprechen. Er hebt seine Sprache

ab gegen die romanische und kann das mit „fränkisch" nicht tun, weil ein Teil der Franken verwelscht war. Auch weiterhin steht theodisce von der Sprache der unverwelschten Franken bes. links vom Rhein, so vor 871 bei Otfrid I 1: cur scriptor hunc librum theotisce dictaverit. Aus dem mlat. Adj. ist um 950 ahd. diutisc gewonnen, zuerst als Erklärung zu teutonicus. Notker (um 1000) braucht diutisca zunga auch von der Sprache nichtfränk. Stämme, seit dem Annolied (um 1080) wird diutisch auch von Land und Leuten gebraucht: F. Vigener 1901 Bez. f. Volk und Land der Deutschen; A. Dove 1916 Studien zur Vorgesch. d. dt. Volksnamens; O. Behaghel 1928 Gesch. d. dt. Spr. 97 f.; Eug. Rosenstock 1928 Mitt. d. schles. Ges. f. Volksk. 29, 1—66; W. Krogmann 1936 Deutsch; J. Leo Weisgerber 1940 Theudisk; H. Brinkmann, Theodiscus: Altdt. Wort u. Wortkunstwerk (1941) 20—45; Th. Frings, Das Wort Deutsch: das. 46—82; E. Lerch 1942 Das Wort Deutsch; L. Weisgerber 1948 Die Entdeckung der Muttersprache 61 ff.

Deutschheit F. Während im Mhd. zu Adj. auf =isch Bildungen auf =heit möglich sind (hovescheit, judescheit), bleiben nhd. nur solche, die das Suffix mit der Stammsilbe haben verschmelzen lassen. Neben Hübschheit steht das von Osw. v. Wolkenstein († 1445) gebildete teutschikait, das als Deutschheyt bei J. M. Schneuber 1644 Ged. 1, 8 wiederkehrt, aber keine Rolle spielt, bis es durch Klopstock und den Hainbund belebt und namentlich durch Claudius, Bürger und Jahn zum Schlagwort wird: W. Wilmanns 1899 Dt. Gramm. 2 § 291; Zs. f. d. Wortf. 6, 107; O. Ladendorf 1906 Schlagwb. 54.

Deutschland N. Eigentliche Zus.=Setzungen, in denen das erste, adjektivische Glied zu dem folgenden Subst. im Verhältnis eines Attributs steht, sind got. ala-mans 'alle Menschen', ahd. smala-nōzir 'pecora' u. a. Diesen alten Vorbildern entsprechend entsteht aus den syntaktischen Gruppen mhd. daz tiusche lant, Plur. diutsche lant (Annolied), in allen tiuschen landen (Walther) im 15. Jh. die Zus.=Setzung Deutschland, dadurch begünstigt, daß in alter Sprache der Nom. Neutr. des Adj. unflektiert bleiben kann. Noch lange steht die Zus.=Setzung im Wechsel mit der offnen Gruppe das teutsch Land. Luther flektiert Nom. Deutschland, Gen. deutsches Lands, Dat. im deutsch Lande — in Deutschland, Akk. in ganz Deutschsland, Dat. Plur. in Deutschenlanden — in Deutschlanden. Erst später im 16. Jh. setzt sich Deutschland in allen Kasus durch, weil man einen kurzen Ersatz für Germania, Teutonia, Ale-

mannia brauchte: Rud. Hildebrand, Kl. Schr. 217; W. Wilmanns 1899 Dt. Gramm. 2 § 401.

Deutschtum N. Die Endung =tum kann seit ahd. Zeit an Adj. treten (W. Wilmanns 1899 Dt. Gramm. 2 § 295). Deutschtum ist (wie Preußen=, Volks=, Franzosentum: Zs. f. d. Wortf. 2, 269) erst in den Freiheitskriegen gebildet: Goethe 1816 Weim. Ausg. I 49, 18; Arndt 1818 Geist d. Zeit 4, 308. Ein früher iron. Ton (Goethe, Br. an Zelter 28. Aug. 1816), der Deutschtümelei und deutschtümeln (Zschokke, Nov. und Dicht. 3, 10, 12) stets beherrscht, ist noch 1860 (DWb. 2, 1053) nicht verklungen.

Devise F. Zu lat. dīvidere 'teilen' (s. dividieren) gehört das gleichbed. volkslat. dīvisāre, hierzu ital. divisa, frz. devise, das aus 'Abteilung (eines Wappens)' über 'Wahrspruch im Wappen(abteil)' zu 'Sinnspruch' geworden sind. Seit J. Fischart 1575 Geschichtklitt. 185 Ndr. faßt Divis bei uns Fuß. Im 18. Jh. trugen Lotterielose einen Sinnspruch, z. B. Pour la vertu bei C. F. Gellert 1746 Das Loos in der Lotterie. Man hat vermutet, daß auch den Pariser Wechselvordrucken um 1800 ein Wahrspruch aufgedruckt war: dadurch wäre Devise zu 'Wechsel auf einen ausländischen Platz' geworden. In diesem Sinn wird es noch 1833 „ein gezierter und übel angewandter Ausdruck" gescholten. Die zunächst nur kaufmännische Bedeutung 'Zahlungsmittel, das auf ausländische Währung lautet' ist erst um 1923 in weitere Kreise gedrungen. Ausführlich: A. Schirmer, Muttersprache 1949, 66 ff.

devot Adj. Lat. dēvōtus, urspr. 'zum Opfer geweiht', spaltet sich in die Bed. 'gottergeben' und 'unterwürfig'. In der ersten erscheint devot bei uns seit Messerschmid 1615, in der zweiten seit Thomasius 1688. Schon Opitz 1624 kennt Devotion 'Unterwürfigkeit', bei dem wenigstens teilweise frz. dévotion vermittelt hat: H. Schulz 1913 Fremdwb. 1, 139 f.

Dezember M. Der lat. Monatname December (mit einem noch nicht eindeutig bestimmten Suffix zu decem 'zehn': die Römer begannen das Jahr mit dem 1. März) erscheint im Deutschen erst nach Mitte des 16. Jh. (A. Götze 1913 Zs. f. d. Wortf. 14, 317), weit nach März, April, Mai und August. Alte Namen sind Christ=, Hart=, Heilig=, Schlacht=, Winter=, Wolfmonat, s. K. Weinhold, Die deutschen Monatsnamen, Halle 1869.

Dezennium N. Bevor 1730 Jahrzehnt (s. d.) aufkommt, deckt das Fremdwort den Begriff, das aus lat. decennium (zu decem 'zehn' und einer Ableitung zu annus 'Jahr') seit Liebe 1686 übernommen ist.

Dezernat N. Von decernieren im Sinne

des lat. decernere 'entscheiden' spricht die Reichs=
kammergerichtsordn. 1570/1717 I 22 § 10. Die
Preuß. Prozeßordn. nennt 1781 den Beamten
„der dem Collegio vorträgt" Decernent.
Das Sachgebiet, das dieser verwaltet, heißt
im 17./18. Jh. Expedition u. Deputation,
in der Preuß. Regierungsinstr. von 1817 De=
partement. Später im 19. Jh. tritt in Preu=
ßen Decernat an die Stelle: Lev. Schücking,
Broußch. 2, 249 „keine Sache, die zu Ihrem
Geschäfts=Decernat gehört". Der Vorsitzende
einer größeren Behörde verteilt die Geschäfte,
indem er auf die Akten schreibt: Decernat col=
lega N., dabei ist decernat 3. Sg. Konj. Präs.
„er möge entscheiden". Nachmals wohl aus der
Abkürzung dec. mißdeutet „N. hat das D.",
als läge ein lat. N. auf -ātum (wie relātum)
vor: H. Dunger 1903 Wiss. Beih z. Zs. d.
Sprachv. 4, 117; J. v. Henle 1930 Mutter=
spr. 45, 253. S. Inserat, Referat.

Diadem N. Gr. διάδημα (zu διαδεῖν 'um=
binden') 'Binde; das um den Turban des
Perserkönigs geschlungene, blauweiße Band'
wird über lat. diadēma mit dessen Betonung
seit Stielers Zeitungslust (1695) entlehnt.

Diakon M. Gr. διάκονος 'Diener' ergibt
über kirchenlat. diaconus 'Pfarrhelfer' mhd.
diäken und mit Rückgreifen auf das Neue
Testament in der Reformationszeit Diakon(us)
Als F. tritt dazu kirchenlat. diaconissa 'Kirchen=
dienerin' seit dem 4. Jh. Pfarrer Fliedner
nahm, als er 1836 die erste Diakonissenanstalt
in Kaiserswerth gründete, das alte Kirchen=
wort als 'protest. Krankenpflegerin' auf: H.
Schulz 1913 Fremdwb. 1, 140 f.

Dialekt M. Gr. διάλεκτος F. 'Unterredung'
zu διαλέγεσθαι 'sich unterreden' ist in den
Formen des lat. dialectus seit Spee 1634
Trußnacht., Vorr. übernommen. Dialectus
noch Sperander 1727, Dialect seit Ramler
1749. Das Wort ist (wie frz. dialecte) M.
geworden, weil die meisten Subst. auf gr. -ος,
lat. -us M. sind. Das Ersatzwort Mundart
(s. d.) hat Zesen 1640 gefunden. Die Weiter=
bildung gr. διαλεκτική (τέχνη) ergibt Dia=
lektik mit dialektisch seit 1534: Schulz 1913
Fremdwb. 1, 141.

Dialog M. Gr. διάλογος 'Zwiegespräch'
erscheint nach Lukians Vorbild in der lat. Form
dialogus im Titel deutscher Schriften der
Reformationszeit. Im 18. Jh. wird Dialog
unter Einfluß von frz. dialogue eingebürgert
für 'Gespräch' bes. im Schauspiel.

Diamant s. Demant.

Diarium N. Zu lat. dies 'Tag' stellt sich
diārium 'Buch für tägliche Einträge'. Kaum
vor 1604 Reisebericht d. hans. Gesandtschaft
nach Moskau (Hans. Gesch.=Bl. 1888, 31)

„auß deme von seinem Herrn gehaltenen Di=
ario wörtlich also communicirt und mitt seiner
eignen Handt in diß Buch geschrieben".

Diarrhöe F. Gr. διάρροια (zu διαρρεῖν
'durchfließen') wird in der lat. Form diarrhoea
Fachwort auch der deutschen Ärzte, in nhd.
Text seit Wächtler 1711. Frühnhd. Durch=
lauf (seit Dasypod 1535) ist Lehnübersetzung
dazu, seit Rädlein 1711 verdrängt durch das
minder genaue Durchfall. Das derbe Volks=
wort, das diese u. a. Hüllwörter verbergen
sollen, mhd. diu schize (Lexer 2, 764), ist
namentlich obd. noch bei kräftigem Leben:
H. Fischer 5, 750. Dazu Scheißete 5, 752,
Dünnschiß 2, 471.

Diät F. 'ärztlich vorgeschriebene Lebens=
weise'. Gr. δίαιτα 'Lebensart' erscheint seit
Hippokrates in ärztlich verengtem Sinn und
wird über lat. diaeta zum Kunstwort der
europ. Heilkunde. Bei uns seit S. Brant 1494
Narrenschiff 38, 3.

Diäten Mz. 'Tagegelder' (seit F. Callen=
bach 1714 Wurmland 37) gekürzt aus Di=
ätengelder (Voss. Ztg. 1732, Nr. 120), dessen
Bestimmungswort frz. diète 'tagende Versamm=
lung' aus nlat. dieta entwickelt ist, einer Ablei=
tung von lat. dies 'Tag'.

dibbern Ztw. '(leise) reden'. Hebr. dibbēr
'reden' (Intensiv zu dābār 'Wort', dies in
gaunersprachl. baldowern 'auskundschaften')
ergibt jüdend. dibbern, das vielfach in die
Mundarten nam. Oberdeutschlands gedrungen
ist. Daneben landschaftl. döbern mit Ge=
döber 'Geschwätz' (DWb. 4, 1, 1, 2030) für
häufigeres Gedibber: Littmann 1924 Morgenl.
Wörter 49 f.; Lokotsch 1927 Etym. Wb. Nr. 514.

dicht Adj. Zur germ. Wz. *þinh in gedeihen
(s. d. und gediegen) gehört (wie leicht zur
Wz. *ling in gelingen oder wie seicht zu
seihen) germ. *þinht(i)a > þiht(i)a in anord.
þéttr (aus *þihtr), agf. mete-þiht 'dick vom
Essen', maga-þiht 'magenstark', mengl. thight,
mundartl. tight, mhd. dīhte. Dessen gerad=
linige Fortsetzung liegt in frühnhd. preuß.
livl. estl. deicht vor. Nhd. dicht zeigt Kür=
zung vor Doppelkons., die aus nordd. Ma.
eingedrungen ist (schon mnd. mnl. dichte), wie
denn das Wort im Obd. seit langem fehlt:
H. Fischer 2, 187. Unter Einfluß von schwed.
dän. tät oder von engl. taut 'straff' zeigen mengl.
engl. tight t im Anlaut. Zur idg. Wurzel
*tenq-, wie ir. técht und lit. tánkus 'dicht'.

dichten Ztw. Ahd. dihtōn, tihtōn 'schreiben,
schriftlich abfassen, ersinnen', mhd. tihten,
mnd. mnl. dichten führen auf *dihtōn,
afries. dichta, agf. dihtan 'ordnen, herrichten'
(engl. dight Part. 'geschmückt') auf *dihtjan.
Beide geraten im 9. Jh. unter Einfluß von lat.

dictāre 'zum Nachschreiben vorsagen, vorsagend anfertigen, verfassen', s. diktieren. Unberührt erhält sich mhd. tichen 'schaffen, ins Werk setzen', für das Zus.-Hang mit lat. fingere 'gestalten' (idg. *dheig- neben *dheigh-) vermutet wird. Anl. t noch bei Luther und den schles. Dichtern; zu nhd. d vgl. dauern, Dom, Drache, dumm.

Dichter M. zum vorigen, tritt nach A. Maas 1905 Zs. f. d. Wortf. 6, 234 im König Rother vor 1160 V. 4859 zuerst auf. Vor 1217 erklärt Herbort v. Fritzlar, Lied v. Troie V. 17870 Poet mit dem gebräuchlicheren tichtere. In mhd. Zeit, bei Meistersingern und Humanisten selten, stirbt das Wort im 17. Jh. ab und wird erst durch Gottsched und die Schweizer neu belebt. Adelung nennt 1774 Dichter „die landläufige Bezeichnung in der anständigeren Schreibart für das verächtlich gewordene Poet".

dick Adj. Adv. Mhd. dic(ke) Adj., dicke Adv. 'dicht, dick; oft, häufig', ahd. dicki, dichi Adj. 'dick, dicht', thicco, dicco Adv. 'oft', asächs. thikki Adj. 'dick', mnl. dicke, nnl. dik, afries. thikke Adj. 'zahlreich', ags. þicce 'dick, dicht; fest, steif; zahlreich, häufig; finster, neblig', engl. thick, anord. þykkr, þjukkr, þiokkr, norw. tjukk, schwed. tjock, dän. tyk führen auf germ. *þeku-, *þekwia- (aus dem Germ. entlehnt finn. tiukka), idg. *tegu-. Gleiche Wurzel haben air. tiug, kymr. korn. tew, bret. teo 'dick'. Mit dicht (idg. *tenq-) besteht keine Verwandtschaft, vielleicht aber mit Dachs. 'Oft' als mhd. Bed. des Adv. hat sich mundartlich gehalten, auch in nl. dikwijls.

Dickicht N. Zu dick 'dicht' stellt sich Dickicht 'dick bewachsene Stelle', das seit Täntzer 1682 Jagdgeheimn. in der Form Tückigt als Jägerwort auftritt. Es ist wie Dornicht, Eichicht, Kehricht, Röhricht, Weidicht mit ahd. -ahi gebildet, dessen a vor Palatal zu unbet. i gewandelt ist (vgl. Harnisch, heilig, Honig, Lattich, töricht) und an das -t antrat wie in Habicht, Predigt, Spülicht. Um 1700 löst Dickicht älteres Dickung ab, mhd. gedic dicke F. voraus: Wilmanns, Dt. Gramm.² 1 § 152; 2 § 276; DWb. 2, 1081; 14, 1, 599.

Dieb M. mhd. diep, diup, -bes, ahd. thiob, diob, diub, asächs. thiof, mnl. nnl. dief, afries. thiāf, ags. þēof, engl. thief, anord. þjófr, norw. tjuv, schwed. tjuf, dän. tyv, got. þiufs (b). In der Bed. 'Diebstahl' tritt dazu das F. mhd. diubde, mnd. dûfte, mnl. diefte, afries. thiūvethe, ags. þiefþ, engl. theft, anord. þýfð, urgerm. *þiubiþa. An dessen Stelle rückt im Dt. die fem. j-Ableitung ahd. diub(i)a, diuva, mhd. diube, diuve, frühnhd. Deube, dazu Wilddeube 'Wilddiebstahl'. Tautologisch hierzu mhd. diupstāle, nnl. diefstal 'Die-

bereitstehlung'. In nhd. Diebstahl hat das konkrete M. das absterbende abstr. F. aus dem ersten Wortteil verdrängt. Das Grundwort lebt in ahd. stāla F. auch selbständig. Der nächste germ. Verwandte von Dieb ist Ducht (s. d.), urspr. 'Bank, auf der gehockt wird', zum idg. Verbalstamm *teup- 'sich niederkauern, hocken (um sich zu verbergen)' in gr. ἐντυπάς Adv. 'hockend', lit. tūpiù, tūpti 'sich hinhocken', tūpiù, tupėti, lett. tupt 'hocken'.

diebio Notschrei über Diebe, zuerst dibi jo 1470 Decam. 1, 248b, im 16. und 17. Jh. allgemein, nach Vilmar 1868 Jd. v. Kurhessen 186 bis 1829 zu hören. In Königshofen im Grabfeld schrie des Nachrichters Knecht den Dieb am Pranger aus: „Waffen, Waffen über mein und dieses Landes Dieb Dieb ja!" Wie in feurio, mordio, waffenio tritt an den Vokativ der weithinaushallende Ruf: F. Kluge 1902 Zs. f. d. Wortf. 2, 47 ff.

Diechter N. 'Enkel', mhd. diehter, tiehter, mit aind. tōká- N. 'Kinder, Nachkommenschaft', tṓkman 'junger Gerstenhalm', tōkma-h 'junger Halm, Schößling', avest. taoxman- 'Keim, Same', Mz. 'Verwandtschaft', apers. taumā 'Geschlecht', pers. tuxm 'Same, Geschlecht' zu idg. *teuq- 'Keim, Same, Nachkommenschaft'. Das bei uns spät auftretende Wort setzt germ. *þiohter, idg. *teuqtēr voraus. Innerhalb des Jdg. ist die durchsichtige Bildung offenbar jünger als *poter, *māter usw. Vom 13. bis in den Anfang des 18. Jh. ist diechter(in), -lein im Rhein- und Ostfränk. zwischen Bingen und Bamberg gut bezeugt und hier auch zum Fam.-Namen geworden. Danach wird es durch Enkel verdrängt. Heute lebt es nur in Mundarten des bair. Franken, des Vogtlands und Südthüringens: K. v. Bahder 1925 Wortwahl 82f.

Diele F. mhd. dil(le) 'Brett(erwand), bretterne Seitenwand des Schiffs, Verdeck, Schiff', ahd. dil(o) M. 'Bretterdiele, -wand', dilla F. 'Brett(erdiele), Schiffsdeck'. Nächstverwandt sind ags. þille F. 'Diele', anord. þil(i) N. 'Bretterwand, Getäfel, Dielung', þilja F. 'Brett im Schiffsboden', schwed. tilja 'Diele am Fußboden'. Aus dem Nord. früh entlehnt ist finn. teljo 'Ruderbank'. Germ. *þiliz 'Brett' und *þiljōn F. 'aus Brettern Hergestelltes' zeigen alte Beziehung zum Bootsbau, ebenso lit. tíles, lett. tilandi 'Bodenbretter im Kahn'. Gleichen Stammes, aber abweichend gebildet ist mnd. dele, nnd. dël(e) F. 'Tenne, Hausflur, Fußboden'. Die heutigen Mundartformen (E. Nörrenberg 1938 Westfäl. Forsch. 1, 326 ff.) weisen auf germ. *þëlō, das auch von ags. þëlu F. 'Fußboden' vorausgesetzt wird. Denselben Vokal haben ags. þël N. 'Fußboden', anord. þël N. 'Grund (eines Gewebes)', die auf germ. *þela-, idg. *telo- zurückweiſen. Dies iſt in der Bed. 'Fläche' erſter Wortteil von toch. A śalpem 'die beiden Fußſohlen' (den zweiten ſ. u. Fuß: R. Schneider 1941 Idg. Forſch. 58, 172). Auch die urverw. aind. tala- 'Fläche, Ebene, Fußſohle', taliman 'Eſtrich', gr. τηλία 'Würfelbrett', lat. tellus, air. talam 'Erde', apreuß. talus 'Fußboden' vereinen ſich auf eine Grundbed. 'Fläche, Boden'. Von ihr aus hat germ. *þiliz die Bed. 'Brett' entwickelt: es war urſpr. 'das zum Fußboden gehörige Brett'.

dienen ſchw. Ztw. Wie got. reikinōn 'herrſchen' zu reiks 'Herrſcher', fraujinōn 'Herr ſein' zu frauja 'Herr', ſo gehört dienen (ahd. dionōn, aſächſ. thionōn, anl. thienon, afrieſ. thionia, anord. þjōna) zu einem primären Maſk. der Bed. 'Knecht': got. þius (Stamm þiwa-), urnord. þewar, anord. -þēr (in Männernamen), agſ. þeow, ahd. *dio, *deo (in Demut), Grundbed. iſt ſomit 'Knecht ſein', ganz wie bei got. skalkinōn neben skalks, lat. servīre neben servus.

Diener M. 'Verbeugung'. Aus der mit Verneigung geſprochenen Formel „gehorſamſter, ergebenſter Diener" iſt (nach dem Vorgang von Kompliment) die neue Bed. hervorgegangen, zuerſt 1784 in ſchwäb. Dienerle H. Fiſcher 2, 197; literariſch Dienerlein Arnim 1817 Kronenw. 1, 240; Diener Tieck 1836 Tiſchlermſtr. 368.

Dienſt M. mhd. dien(e)ſt, ahd. dionōſt, aſächſ. thionōſt, mnd. dēneſt, mnl. nnl. dienſt, afrieſ. thiānoſt, agſ. þēoneſt, anord. þjōnuſta, þēnaſta, ſchwed. tjänſt, dän. tjeneſte: poſtverbal zu dienen mit derſelben Endung germ. idg. -ſt wie die poſtnominalen Bildungen Angſt und Ernſt, ſ. d. Die Endung ſteht in gleicher Funktion poſtverbal in lit. augeſtis 'Wuchs' zu áugti 'wachſen', keĩkeſtis 'Fluch' zu keĩkti 'fluchen', poſtnominal in lit. gaĩveſtis 'Erquickung' zu gaivùs 'friſch, munter', pilnaſtis 'Fülle' zu pìlnas 'voll', aſlav. mǫdroſtĭ 'Weisheit' zu mǫdrŭ 'weiſe', miloſtĭ 'Erbarmen' zu milŭ 'erbarmenswert', hettit. dalugašti 'Länge' zu dalugi- 'lang', palhašti 'Breite' zu palhi- 'breit'.

Dienſtag M. Lat. Martis dies (ital. martedì, frz. mardi) iſt an der langen Grenze, an der ſich Germanen mit Romanen berühren, verſchiedentlich nachgebildet worden. Dem röm. Mars entſpricht ſachlich germ. *Tiwaz (älter *Teiwaz, vgl. teiva des Negauer Helms und Alateivia als inſchriftl. Name einer Göttin) in agſ. Tīw, anord. Tȳr, ahd. Zīu. Dazu gehören anord. tȳ(r)sdagr, agſ. tīwesdæg, engl. Tuesday, afrieſ. tiesdi, ahd. zīostag, mhd. zīestac, wozu zīſtic in ſüdweſtb. Ma. Zum Kriegsgott hatten die Germanen den alten Himmelsgott umgebildet: gr. Ζεύς, Διός und lat. Diēspiter, Jup(p)iter weiſen zurück auf idg. *dieus in lat. deus, dīvus, alat. deivos 'göttlich' und aind. dyāus 'Himmel, Tag'. — Von dem nrhein. Beinamen des Kriegsgotts Thingsus, den er als Schützer des Dings (ſ. d.) führt, ſtammt mnl. dinxendach, nnl. dingsdag, mnd. dingesdach. Das Nordſeewort wandert durch die Jh. landeinwärts, als Dinstag iſt es Luthers Wort, im 17. Jh. erreicht es Süddeutſchland und drängt ziſtig (ſo in Hebels Allem. Ged.) zurück. Oberrhein. Zinstag (Daſypod 1535, Maaler 1561, Golius 1582) iſt unter Anlehnung an Zins M. gemiſcht aus heimiſchem ziſtic und eindringendem Dienstag. — In den Grenzen des Bistums Augsburg iſt Z. durch das kirchlich unverfängliche Aftermontag 'Nachmontag' erſetzt. — Öſtlich vom Lech gilt in vielen Formen Ertag, mhd. ertac, älter erintag: durch Vermittlung von got. *areinsdags mit der arianiſchen Miſſion donauaufwärts gelangt; Quelle gr. Ἄρεως ἡμέρα; vgl. Pfinztag, Woche. Sämtliche Nachweiſe bei Th. Frings u. J. Nießen 1927 Idg. Forſch. 45, 303 f.; Kranzmayer 1929 Namen d. Wochentage 91 ff., dazu F. Wrede 1930 Dt. Sprachatlas, Karte 26.

Dienſtbote M. Spätmhd. dienestbote, gebildet wie die älteren fröne-, sent-, sicher-, waltbote, iſt 'cliens, Höriger für Hausdienſt' (DWb. 2, 1123). Daraus wird im 16. Jh. 'mit (Haus-)Dienſt Beauftragter', doch bleibt das Wort in frühnhd. Zeit ſelten. Literariſch wird es kaum vor Eyering 1603. Das ältere Ehalte hält ſich im Süden, auch im Familiennamen Ehehalt.

Dienſtmädchen N. nicht vor Campe 1807; mhd. dienest-maget, das ſich als (Dienſt-)Magd landſchaftlich hält, während Dienſtmädchen raſch gemeinh. geworden iſt, nur daß es im Südweſten auf -mädle, im Südoſten auf -mäde(r)l ausweicht: Kretschmer 1918 Wortgeogr. 175.

dieſer Pron. Während das Got. den Artikel þa (ſ. der) mit einem deiktiſchen Pronomen -h (das dem lat. -ce in hic, huiusce uſw. entſpricht) zuſ.-ſetzt, wobei nur das erſte Wortglied flektiert wird (sah, sōh, þatuh), verbinden die anderen germ. Sprachen þa mit dem deiktiſchen got. sai, ahd. sē 'ecce'. Anord. sāsi, sūsi, þatsi zeigen auch hier das erſte Glied allein flektiert. Ahd. iſt Gen. Sg. N. dës-se (Muſpilli 103) der einzige Reſt dieſes urſpr. Verfahrens. Im übrigen geht die Flexion, zuletzt ausſchließlich, auf das Wortende über (zur Formentfaltung Kluge 1901 Grundriß d. germ. Phil.² 1, 464; iſt ahd. deſēr ein älteres *dese hēr, entſprechend dem frz. celui-ci?) und es entſteht unser stark flekt., deiktisches und anaphorisches Pronomen, dessen Syntax O. Behaghel 1923 Dt. Syntax 1, 286 ff. darstellt.

diesig Adj. 'unsichtig' von Luft und Wetter, ein Seewort. Mit nnl. dijzig (ältere Nebenform deinzig), schwed. disig, dän. disig, -et 'neblig, dunkel' zu dän. dis, nordfries. dīs 'Dunst'. Nächstverwandt mnd. dīsinge F. 'Nebelwetter' und das ostmd. F. Dämse 'schwüle, drückende Hitze'. Sämtlich zur idg. Wurzel *tem(ə)- 'dunkel', s. Dämmer. F. Kluge 1911 Seemannsspr. 183 f.; K. Müller-Fraureuth 1911 Wb. d. obersächs. Ma. 1, 193 f.

Dietrich M. 'Nachschlüssel'. Mhd. diep-, miteslüzzel, ahd. aftersluzzil werden seit 1400 (zuerst in Frankfurt a. M. und Rottweil) von dieterich, mnd. diderik, frühnhd. auch diez (Fastnachtssp. 1289) abgelöst, einer urspr. scherzhaften Übertragung des Männernamens, die weit zu den Nachbarn greift: dän. dirk, schwed. dyrk, poln. wytrych, lit. vitrikis, slov. veternik. Luther (seit 1527: Weim. Ausg. 23, 118, 3), Alberus 1540 und Maaler 1561 kennen Diet(e)rich. Mit andern gangbaren Taufnamen heißt der Sperrhaken Peterchen, -ken (mit Anspielung auf Petrus, den Himmelspförtner), Klaus, Klöschen, engl. Kate, ital. Grimaldello, Gariboldel. Auch frz. monseigneur steht nahe, so daß gewiß nicht auf mlat. derectarius 'qui fores effringit furandi animo' zurückzugreifen ist. In der Gaunersprache (in deren alten Wortlisten Dietrich fehlt) heißt das Brecheisen (langer) Lude, Langhansel, langer Heinrich, Panzerheinrich: Wh. Grimm 1860 DWb. 2, 1145; H. Fischer 1908 Schwäb. Wb. 2, 202; L. Günther 1919 Gaunerspr. 199; O. Meisinger 1924 Hinz u. Kunz 18. Im Engl. stehen männliche Taufnamen auch für andre Werkzeuge, z. B. derrick 'Drehkran, Ladebaum', dirk 'Dolchmesser', betty und jemmy 'Brecheisen', jack 'Stiefelknecht'.

diktieren Ztw. Lat. dictāre 'zum Nachschreiben vorsagen' liefert vor Ende des 15. Jh. gleichbed. dictiren, s. dichten. Das Part. dictātum 'Diktiertes' begegnet lat. flektiert in deutscher Kanzlei- u. Kathedersprache seit 1600: H. Schulz 1913 Fremdwb. 1, 143.

Dilemma N. Gr. δίλημμα 'Doppelsatz' ist in der Logik der Satz der Formel 'entweder — oder'. Das Wort spielt in unserer Gelehrtensprache eine Rolle, sobald sie Ende des 17. Jh. deutsch wird. Im 19. Jh. verflacht sich der Sinn zu 'Klemme, Wahl zwischen zwei unangenehmen Möglichkeiten': H. Schulz 1913 Fremdwb. 1, 143.

Dilettant M. Lat. dēlectāri 'sich ergötzen' ergibt gleichbed. ital. dilettarsi, zu dem als Part. Präs. dilettante tritt, Schelte des Halb-

wissers, der namentlich Kunst ohne Ernst und Schulung treibt. Seit 1764 bei uns, zunächst in ital. Form und Flexion, durch Schubart 1774 eingedeutscht: H. Schulz 1913 Fremdwb. 1, 144.

Dill M. der Doldenblütler Anethum graveolens L. Mhd. tille F., ahd. tilli M., tilla F. (Zf. f. dt. Wortf. 2, 230. 5, 2. 21), asächs. dilli, mnl. nnl. dille, ags. dile, engl. schwed. dill, dän. dild führen auf germ. *dilja-. Damit ablautend mhd. tülle, nhd. mundartl. düll, mnl. dulle, ags. dyle, älter dän. dylle; mit andrer Bed. anord. norw. dylla 'Gänsedistel, Sonchus arvensis'. Vielleicht mit gr. θυλάς, θύλακος 'Sack', θύλαξ 'Kopfkissen' zur idg. Wz. *dhū-, *dheuā- 'schwellen'. Ins Mhd. ist der nd. Anlaut d- eingeführt wie in Damm, Deich, Dohle usw.; das ausl. -e des ja-Stamms ist abgefallen wie in Hirt, Weck usw. Aus dem Mnd. entlehnt sind lit. dìle, meist Mz. dìles, lett. dilles, estn. till 'Dill': H. Marzell 1943 Wb. d. dt. Pflanzennamen 1, 305.

Diner N. Auf mlat. *disjējūnāre 'das Fasten brechen' (aus lat. dis- 'zer-' und jējūnus 'nüchtern') beruht ital. desināre, afrz. disner 'zu Mittag essen', dessen subst. Inf. im 18. Jh. unser Fremdwort geliefert hat.

Dinformat N. genormte Größe von Papieren. Das Bestimmungswort 1922 gewonnen aus den Anfangsbuchstaben der Wörter Deutsche Industrie-Normen.

Ding N. Mhd. dinc (g), ahd. ding, älter thing 'gehegtes Gericht, Gerichts-, Volksversammlung, Rechtssache, Angelegenheit', asächs. anfr. afries. engl. thing, mnl. dinc (gh), nnl. ding, ags. þing, anord. þing 'gerichtliche Zusammenkunft, Volksversammlung', schwed. dän. ting, langob. thinx 'rechtliche Zusammenkunft, Versammlung' führen auf germ. *þingaz 'gehegte Versammlung'. Dazu Mars Thingsus (germ. *Tius þingsaz) 'der Gott als Heger der Versammlung'. In gramm. Wechsel damit steht got. þeihs 'Zeit' aus *'zu bestimmter Zeit gehegte Versammlung', germ. *þenhaz. Idg. *ténḱos und lat. tempus 'Zeit' sind verschiedene Erweiterungen der idg. Wurzel *ten- 'dehnen' (s. d.), spannen, ziehen', die in air. tan 'Zeit' unerweitert vorliegt. Die heutige Bedeutung von Ding hat sich entwickelt wie die von Sache oder von frz. chose (aus lat. causa 'Gerichtshandel'). Der ältere Sinn blickt durch in (be)dingen, Bedingung, verteidigen, den Ursinn enthüllt die alte Entlehnung finn. tanhua 'Hürde'. S. Dienstag.

dingfest Adj., nur deutsch und nur in der Formel „einen d. machen". Literarisch nicht vor Bog. Golz 1852 Jugendleben 1, 90; gebucht seit Weigand³ 1878. Gegenwort zu mhd. dincflühtic 'der sich durch Flucht dem Gericht entzieht', begriffsverwandt mit handfest, das in Wendungen begegnet wie „einen handfest machen" 'catenas alicui injicere' Stieler (1691) 471.

Dinkel M. Das Getreide Triticum spelta, sonst Emmer, Kern, Korn, Spelt, Vesen, Zweikorn, heißt ahd. dinchel, thincil, dinkil (Zf. f. d. Wortf. 3, 266 f.), mhd. dinkel. Hauptgebiet des Dinkelbaus ist Schwaben (H. Fischer 2, 218), im dortigen Gelände häufen sich die Dinkeläcker, -brunnen, -gassen, -märkte, -straßen; fern von da wird dem Wort die Schriftfähigkeit abgesprochen: Schönaich 1754 Neolog. Wb. 101. Das undurchsichtige Wort ist nur hd.

Diphtheritis F., neuer auch Diphtherie, heißt die Rachenbräune mit einem med. Fachwort des 19. Jh.: -itis, die Endung der Krankheitsnamen (vgl. Bronchitis, Iritis, Parotitis) ist an den Stamm des gr. διφθέρα 'Haut' getreten. Für die Krankheit kennzeichnend ist eine hautartige Ausschwitzung, daher früher häutige Bräune, Angina membranacea.

Diplom N. Gr. δίπλωμα, urspr. 'gefaltetes (Schreiben)' (zu διπλοῦν 'doppelt zusammenlegen') gelangt über lat. diplōma 'Urkunde' in dessen Form und Betonung im 17. Jh. zu uns. Die durch Kürzung eingedeutschte Form nicht vor 1775. — Diplomat M., urspr. 'durch Beglaubigungsschreiben ausgewiesener Staatsmann', seit 1811 aus frz. diplomate, das 1792 erscheint; vorher Diplomatiker, entspr. frz. agent diplomatique; diplomatisch zuerst Voss. Ztg. 1791, Nr. 77; aufgenommen von A. W. Iffland 1795 Reise nach d. Stadt 2, 8 „die diplomatische Carriere". Bei Goethe seit 1796: H. Schulz 1913 Fremdwb. 1, 145.

Dirigent M. Während dirigieren gelehrte Entlehnung des 16. Jh. aus lat. dirigere 'leiten' ist und seit 1534 in dialektischen wie jurist., seit 1619 in musikal. Werken begegnet, tritt das als Part. Präs. zugehörige Dirigent 'Kapellmeister' nicht vor 1827 auf. Vorher spricht man vom Direktor eines Chors: H. Schulz 1913 Fremdwb. I 146.

Dirne F. Mhd. diern(e), ahd. asächs. thiorna, mnd. dërne, anfr. (Gen. Pl.) thierno, mnl. dierne, deerne, nnd. nnl. deern, anord. þerna, schwed. tärna, norw. mundartl. u. bän. terna (dem Fries., Ags., Engl. und Got. fremd) führen auf germ. *þewernō F. 'Jungfrau', das dem M. *þegnaz 'Knabe' entspricht wie got. mawi F. dem M. magus. Wie Degen[1] (f. d.) gehört Dirne zum idg. Verbalstamm *tek-: *tok- 'erzeugen': E. Karg-Gasterstädt 1942 Beitr. 66, 308 ff. Zur Bildung vgl. got. widuwairna 'Waise' und den Stammesnamen der Bastar-

nen (unter Bastard). Die Bed. sinkt zu 'Dienerin' u. weiter wie in Frauenzimmer, Mädel, Mensch, Person. Nhd. i für ie ist vor Doppelkonf. eingetreten wie in Fichte, Licht, ging, hing, (n)irgend.

Diskant M. In kontrapunktischer Verwendung ist cantus diversus seit dem 13. Jh. der gegen eine andre Stimme geführte Gesang. Daraus geht das bis ins 17. Jh. bezeugte M. cant hervor, früh zu discant(e) verdeutlicht. Weil der Gegengesang in der Regel einer Tenorstimme, die die Choralmelodie festhält, übergeordnet ist, wird Diskant zu 'Oberstimme'. Diese Bedeutung setzt schon mhd. discantieren 'die Oberstimme singen' voraus. Seit dem 16. Jh. erscheint Diskant aus kontrapunktischer Verwendung gelöst: Jörg Schiller 1505 Des Maien Zeit (Zwick. Faksim.-Drucke Nr. 25) Str. 2 „Sie (die Vögel) sangen meysterlichen her Discanten". S. Tenor und H. Schulz 1913 Fremdwb. 1, 146 f.

Diskont M. Zu lat. computāre 'zusammenrechnen' (f. Konto) gehört mlat. discomputus 'Abzug bei Zahlung vor dem Ziel', das in der ital. Form disconto seit Schurtz, Buchhalten (1662) begegnet. Diskontieren Ztw. seit 1676: A. Schirmer 1911 Wb. d. d. Kaufmannsspr. 46.

diskret Adj. Lat. discrētus, Part. zu discernere 'trennen, unterscheiden' bezeichnet in frz. discret ben, der zu unterscheiden weiß, taktvoll und besonnen verfährt. In diesem Sinn bei uns seit 1599, mit neuer Besonderung 'verschwiegen' seit 1771: H. Schulz 1913 Fremdwb. 1, 147. — Diskretion F. 'Gutbefinden; Verschwiegenheit', entspr. frz. discrétion, schon 1581: Script. rer'Siles. 4, 274.

diskutieren schw. Ztw. 'erörtern': im 16. Jh. als Wort des gelehrten Betriebs entlehnt aus lat. discutere 'auseinanderschlagen, auflösen'; dies aus dis- 'auseinander' (der Entsprechung von ahd. zi-) und quatio 'schüttle, erschüttere'. Dazu (zugleich unter frz. Einfluß) Diskussion und diskutabel.

Dispens M. Zu lat. pensāre 'wägen' (Intens. zu gleichbed. pendēre, dazu als Part. Pensum 'Zugewogenes, Aufgabe') gehört dispensāre 'austeilend abwägen', aus dem mhd. dispensieren hervorgegangen ist. Auch lat. dispensātio liefert schon im 14. Jh. dispensācie. Unser Dispens stammt aus kirchenlat. dispensa 'Erlaß einer Pflicht', demgemäß frühnhd. und in kathol. Gegenden bis heute F. Unser M. entsteht durch Einwirkung von Konsens, lat. consensus 'Übereinstimmung': H. Schulz 1913 Fremdwb. 1, 148.

Dissertation F. Lat. dissertātio 'Erörterung' (zu dissertāre 'auseinandersetzen', Intens. zu gleichbed. disserere) iſt bei Humaniſten ſeit Melanchthon 1527 häufig als Titel gelehrter Abhandlungen. Die zur Promotion geforderte Arbeit heißt bis ins 18. Jh. Diſputation, weil ſie vor der Fakultät verteidigt werden mußte. Erſt ſeit Ende des 18. Jh. wird Diſſertation als 'Doktorſchrift' geläufig: H. Schulz 1913 Fremdwb. 1, 150.

Diſſident M. Zu lat. dissidēre, wörtlich 'voneinander ſitzen' gehört als Part. Präſ. dissidens, -entis 'Andersdenkender'. Der Warſchauer Religionsfriede von 1573 nennt die poln. Proteſtanten Dissidentes, um das Wort Häretiker zu meiden. So gemeint Hamb. Correſp. 1724, Nr. 193 „über dieſes ſol der Raht (in Thorn) ins künftige halb aus Catholiquen und halb aus Dißidenden beſtehen"; daſ. 207 „Die armen Dißidenten zu Thoren". Entſprechend noch Sperander 1727. Über 'akatholiſch' gelangt Diſſident vor Ende des 18. Jh. (wie gleichzeitig in England und Frankreich) zu der weiteren Bed. 'wer keiner Staatskirche angehört': H. Schulz 1913 Fremdwb. 1, 150.

Diſtel F. der Korbblütler Carduus L. Mhd. mnd. mnl. nnl. distel M. F., ahd. distil M., distila F., aſächſ. thĩstil, agſ. þĩstil, engl. thistle, anord. þĩstill, norw. tĩstel, ſchwed. tistel, dän. tidsel führen auf germ. *þĩstila-, älter *þĩhstila-, Verkl. von *þĩhs-ta (zur Bildung vgl. Wanſt oder agſ. ōxta, älter ōcusta 'Halsgrube'), t-Erweiterung eines s-Stamms, der unerweitert in aind. tējas 'Schärfe, Schneide, Spitze' vorliegt. Jdg. Wurzel *(s)teig- 'ſtechen'. Vom Stechen gehen die meiſten Diſtelnamen aus: oberbair. ſtipferlen, nd. nl. stikel, stekel, ſchwed. stingsel. Zu aſlav. bosti 'ſtechen' gehören tſchech. bodlák, poln. bodlak, ruſſ. bodjak 'Diſtel'. Abſeits ſteht got. wigadeinō F. 'Wegdiſtel', engl. waythisle, ſchwed. vägtistel. Auf altes ĩ weiſen pomm. dĩstel, braunſchw. dəistele, hildeſh. deußl, lipp. duißl: daher Diſtel noch ſpät bei hd. ſchreibenden Niederdeutſchen, ſo auch mnl. und in nl. Mundarten. Reſte des ahd. distil M. (Zſ. f. dt. Wortf. 2, 221) noch bei Paracelſus und Gg. Rollenhagen; in der Lutherbibel nur die Mz. Diſteln. Schott. thristle dankt ſein r dem Vorbild von engl. bristle 'Borſte'.

Diſtelfink ſ. Stieglitz.

Diſtrikt M. Zu lat. distringere '(auf der Folter) auseinanderzerren; zwingen' gehört das im 6. Jh. ſubſt. Part. districtus 'Gebiet mit zwingender Gewalt'. Es ſteht der fränk.-alem. Rechtsformel Twing und Bann nahe. Simon Roth 1571 Fremdwb. 306 Ohmann ſetzt District gleich „eingenommnes Ort, Gebiet, Reſir, Gegent". Die Herkunft aus der Behördenſprache bleibt weithin deutlich: W. Feldmann 1906 Zſ. f. dt. Wortf. 8, 65. S. Bann.

Diſziplin F. Neben lat. discipulus 'Schüler' (zu discipio 'nehme geiſtig auf', mit discere unverwandt; zur Entlehnung Nyſtröm 1915 Schulterminol. 185) tritt disciplina 'Lehre, Wiſſenſchaft, Zucht', das als geiſtliches Lehnwort des 14. Jh. mhd. discipline 'geiſtliche Züchtigung, Zucht' ergibt. Im 15. Jh. ſtellt ſich in humaniſt. Entlehnung die Bed. 'wiſſ. Einzelfach' ein; wie im 16. Jh. die Bed. 'Ordnung, Mannes-, Schulzucht' folgen, ſtellt H. Schulz 1913 Fremdwb. 1, 151 dar. Zu Diſziplin als Kriegswort Zſ. f. d. Wortf. 14, 33. 67; Disciplinierung daſ. 8, 65.

dito Adv. 'desgleichen, dasſelbe'. Lat. dictum 'das Geſagte' wird zu ital. ditto, detto, frz. dito. Es tritt zu Ende des 15. Jh. in deutſche Proſa, meiſt zur Wiederholung eines Monatsnamens (Al. Schulte, Große Ravensb. Handelsgeſ. 3, 29 „uff 12. Set. (1477) ... uff 20. ditto"), in kaufmänn. Stil allg. zur Aufnahme beliebiger Wörter. So ſeit Ende des 18. Jh. ſcherzhaft auch in der Umgangsſprache: Schirmer 1911 Wb. d. bt. Kaufm. 47.

Diva F. Ital. diva 'Göttin', das ſubſt. Fem. zu lat. dīvus 'göttlich' wird bei uns 1867 verherrlichende Bez. ital. Sängerinnen, ſeit 1884 auf deutſche Künſtlerinnen übertragen: H. Schulz 1913 Fremdwb. 1, 152.

Dividende F. Zu lat. dividere (aus dis 'auseinander' und dem Stamm von vidua 'Witwe', viduus 'beraubt', ſ. Waiſe) 'teilen' gehört als Gerund. dividendum 'das zu Teilende', frz. le dividende, in der Geſchäftsſprache der engl.-ind. Kompanie dividend 'Gewinnanteil'. Von da 1733 zu uns: Schirmer 1911 Wb. d. d. Kaufmannsſpr. 47. Derſelbe widerlegt bei E. E. F. Meſſing 1932 WirtſchaftsLinguiſtik 13 B. Fehrs Verſuch, Dividende von tallia dividenda herzuleiten, das in England 1284 für 'Kerbholz' ſteht.

dividieren Ztw. Lat. dīvīdere (ſ. o.) ergibt ſpätmhd. dividieren als muſik. Kunſtwort. In math. Fachſprache zuerſt Cleve 1445: off ghy wilt enen numerus diuideren: Zſ. f. d. Wortf., Beih. zu Bd. 14, S. 16. J. Köbel 1532 Rechnen und Viſieren zieht teilen vor, Kepler kehrt 1616 zu dividieren zurück: A. Götze 1919 Anfänge e. math. Fachſpr. 42 f.

Diviſion F. Lat. dīvīsio 'Teilung' gelangt im 15. Jh. in unſere math. Fachſprache: A. Schirmer 1912 Zſ. f. d. Wortf., Beih. zu Bd. 14, S. 16. Als Name eines Heeresteils kommt frz. division um 1700 auf, bei uns ſeit Chr. Ludwig 1716 T.-engl. Lex.

Diwan M. Perſ. dīwān 'Amtszimmer, (bequemer) Sitz des Beamten', dann 'morgenländ. Gedichtſammlung' gelangt über Arabien und die Türkei ins Abendland: ital. divano, frz. engl.

divan. Bei uns ist Divan als Name des türk. Staatsrats seit 1647 belegt; als 'Polsterbank' erscheint D. 1806; die Bed. 'Gedichtsammlung' wird durch Goethe 1819 geläufig: H. Schulz 1913 Fremdwb. 1, 152.

Döbel M. 'Pflock, Holznagel'. Zur Wz. idg. *dhubh (in gr. τύφος für *θυφος 'Keil'), germ. *dub 'schlagen' stellen sich mit dem l-Suffix mask. Gerätnamen (wie Hebel, Schlegel, Schwengel), durch späteren Untergang des Ztw. verwaist (wie Sichel, Tümpel) ahd. (gi)tubili, mhd. tübel, mnd. dövel, engl. dowel(-pin). Die nhd. Form zeigt nd. Anlaut (wie Deich, Drohne, Düne) und Tonvokal (wie versöhnen). Dän. dyvel ist aus dem Deutschen entlehnt, ebenso lit. dùbelis 'Nagel'. Zum gleichen Stamm mit anderm Suffix gebildet sind gleichbed. mnd. dövicke, nnl. deuvik, schwed. dövika.

doch Konjunkt. In ahd. doh, asächs. thoh, afries. thäch, ags. þeah, anord. þõ, got. þauh spiegelt sich urgerm. *þauh, urnord. *þoh (vorausgesetzt durch das daraus entlehnte engl. though), zus.-gesetzt aus germ. *þau, idg. *tou (zu dem aind. tu 'doch' in Ablaut steht) und got. -uh 'und', das mit gleichbed. lat. -que urverwandt ist. Dän. dog, schwed. dock sind entlehnt aus mnd. doch. Das deutsche o ist in unbet. Stellung verkürzt aus õ. Im isolierten Wort sind õ und -ch nhd. erhalten geblieben. Zum Gebrauch der Konjunkt.: Behaghel 1928 Dt. Syntax 3, 154 ff.

Doches M. Hebr. tāchath 'unten', von obd. Juden dõches gesprochen, ist rotw. zu der Bed. 'Hinterer' gelangt und so weithin in unsere Mundarten gedrungen, auch in Formen wie dauches und dõkes.

Docht M. Zur idg. Wz. *tek in armen. t'ek'em 'drehe, flechte, webe', lat. texere 'weben' steht im Ablaut germ. *þēh und (mit gramm. Wechsel) *þēg. Dazu mit Grundbed. 'Geflochtenes' (zur Sache M. Heyne 1899 Wohnungswesen 60. 125) anord. þáttr 'Faden', bair. dähen, els. dõche, schweiz. dohe 'Docht', daneben (mit gramm. Wechsel) schweiz. dægel. Ahd. mhd. täht M. N. weisen t aus þ auf wie tausend. Nhd. Docht (H. Paul 1916 Dt. Gramm. 1, 333) zeigt d für t wie Dohle, Dotter, Duft, dumm usw., o für ā vor Doppelkons. wie Brombeere. Mundartlich ist die Länge õ erhalten. Andere Namen des Dochts sind Köder und Wieche, sie mögen das Genus unseres Worts (H. Paul 1917 Dt. Gramm. 2, 63) beeinflußt haben.

Dock N. 'ausgemauertes Wasserbecken, in dem Schiffe gebaut und ausgebessert werden'. Ein Seewort: mnd. mnl. docke, engl. frz. dock, nnl. norw. dok; dän. dokke, schwed. (seit 1698)

docka, diese beiden aus dem Ml. In Hanseakten von 1436 (Hans. Rezesse 2, 2, 91) gilt der Ausdruck Londoner Anlagen: deme manne, de dat schip in de docke lede. Unverkennbar besteht Zus.-Hang mit mnl. docke 'Wasserrinne', das mit Dusche (s. d.) auf nlat. *ductia 'Wasserleitung' (zu lat. dūcere) beruhen mag. Nach engl. dry dock (so schon 1627) spricht man seit 1864 von Trockendocks. Dem 1868 belegten engl. floating dock wird um 1900 Schwimmdock nachgebildet. Wie engl. dock, nnl. dokken gilt nhd. docken trans. und intrans.: F. Kluge 1911 Seemannsspr. 187 ff.; Stiven 16 f.

Docke F. mhd. tocke 'Puppe, Mädchen; walzenförmiges Stück, Stückholz, Schwungbaum der Schleudermaschine; Bündel, Büschel', ahd. tocka, toccha 'Puppe', mnd. docke 'Puppe, Figur; Strohbündel zum Dachdecken', fries. dok 'Bündel, Knäuel', ags. docca (M.?) in fingirdoccana, -docuna Gen. Pl. 'Fingermuskeln', engl. dock 'Schwanzstummel', anord. dokka 'Mädchen; Ständer; Bündel', schwed. docka 'Puppe, Spielzeug; Mädchen', dän. dukke 'Puppe; Fadenbündel; kurze Säule'. Germ. *dudkõn 'Puppe' ist offenbar ein kindliches Lallwort. Heute weicht das Erbwort vor dem fremden Puppe (s. d.) zurück, doch bewahrt z. B. die Ostschweiz Töggelischuel 'Kindergarten', schles. Dogge 'Libelle'. Auch Docke, Döckchen als Maß für Nähseide oder Garn gehören dazu. Die Fachsprache mancher Handwerke hält Docke 'Zapfen, Säule von Holz' fest, hierher Teichdocke 'Schleuse des Fischteichs'. Luther schreibt Tocke; nhd. d- wie in Damm, bedauern usw.

Dogge F. Ags. docga (so seit 1050: Germ. 23, 398; Ursprung unbekannt), mengl. dogge, engl. dog liefert frz. dogue, nnl. dog, dän. dogge, schwed. dogg. Bei uns rühmt Heresbach 1571 De re rust. 353b diese Hundeart, Fischart 1575 Garg. 295 kennt ihren Gebrauch bei Stierhetzen: „die Englische Docken an Bären und Bollen üben". Auch forthin steht dock(e) M. und F. mit dem Zusatz „englisch". Dogg M. (gg als Zeichen junger Entlehnung aus dem Nd. wie in baggern, Flagge, schmuggeln) seit Henisch 1616, Dogge F. seit Schottel 1663.

Dohle F. Nach seinem hellen Lockruf heißt der Vogel vorgerm. *dhakw-, westgerm. *dahwõn, ahd. taha, mhd. frühnhd. tahe. In gramm. Wechsel dazu steht westgerm. *dagwõn, das sich in mengl. dawe, engl. (jack-)daw spiegelt. Aus dem Deutschen ist *tahala als taccola (mlat. tacula) ins Ital. übergegangen. Einen zweiten Namen, der im 13. Jh. als tole erscheint und nachmals in den Formen dul, dalle spielt (Luther hat für die thür. Form Dohle entschieden), hat der Vogel durch seine

Geschwätzigkeit erworben: das lautmalende dalen, tallen, tullen heißt in vielen Mundarten „schwatzen", s. dahlen. Auch weitere Namen (erzgeb. gäke; ahd. kaha, nd. kauw, mnd. fries. kā, engl. chough usw.) sind lautmalend. Im mnd. Tierepos heißt die Dohle Aleke 'Adelheid': von da ist ihr in Göttingen und Grubenhagen der Name āl(e)ke geblieben. In der Altmark heißt sie Klaos, in Lübeck Klas, in Flandern Hanneken: Suolahti 1909 Vogelnamen 185 ff.

Dohne F. 'Schlinge zum Vogelfang'. Zur ablautenden Wurzel idg. *ten 'spannen' (s. dehnen, dünn) stellen sich aind. tántu-, tantrī 'Strick', gr. τένων 'Sehne', lat. tenus, -oris 'Schnur mit Schlinge zum Vogelfang', lit. tiñklas, apreuß. tinclo 'Netz', aslav. teneto, tonotů 'Schlinge zum Vogelfang'. Hierzu mit Schwundstufe westgerm. *þunō in agf. þone, asächs. thona 'Ranke', ahd. dona 'Zweig', mhd. don(e) 'Spannung'. Neben ahd. donēn 'gespannt sein' stellt sich Dohne als 'Zweig, der zum Vogelfang gebogen ist'. Gleichbed. dän. done, schwed. dona sind aus dem Nd. entlehnt. Stammverwandt ist westmb. döne 'Zimmerdecke, Tragbalken' aus mhd. don, ahd. dono M. 'Ausgespanntes' in ubardono 'Bahrtuch'.

Dokes s. Doches.

Doktor M. Lat. doctor bed. 'Lehrer' als Nomen agentis zu docēre 'lehren'. Demgemäß spricht Luther 1520 Adel 29 von den „Doctores der Universiteten, die darumb besoldet sein". Doktor allein ist ihm noch 'Lehrer', z. B. 1529 Weim. Ausg. 28, 626 „dem wil ich von hertzen gerne zu fuß sitzen und in lassen meinen Doctor sein". Daraus ist in langsamer Entwicklung, die sich weit früher vorbereitet, der Titel des Univ.-Lehrers geworden, dem das Lehrfach beigefügt wird: Dr. med. bed. zunächst 'akad. Lehrer der Heilkunde'. Daraus erst geht Doktor als akad. Würde hervor, auch solchen verliehen, die nicht zum Lehrkörper gehören (s. Professor). Die Bed. 'Arzt' zuerst in einer Straßb. Zunftordn. von 1500 (s. Arzt).

Dokument N. Zu lat. docēre in der Bed. 'beweisen' gehört documentum 'Beweis', das in der mlat. Bed. '(beweisende) Urkunde' 1620 entlehnt wird, zunächst im Plur. Documenten: H. Schulz 1913 Fremdwb. 1, 154.

Dolch M. 'kurze Stichwaffe', fast nur schriftsprachlich, der Umgangssprache wenig vertraut, ohne Stütze in den Mundarten, tritt in frühnhd. Zeit unvermittelt auf. Die ersten Belege für tolgken, dolgken, dollich und Dolch führen nach Augsburg 1512 und 1529, Straßburg 1537 und Nürnberg 1558. So ist man versucht, an Entlehnung zu denken, zumal Degen und Rapier etwa zur gleichen Zeit ihre fremden Namen erhalten. Aber tschech. poln. tulich, sloven. tolich sind vielmehr aus dem Dt. entlehnt, ebenso nnl. dän. schwed. dolk. Lat. dolō 'Stockdegen, Stilett' (aus gr. δόλων, -ωνος 'kleiner Dolch') reicht allein nicht aus, das dt. Wort zu erklären, hat aber vielleicht die heimische Sippe in Anlaut Tonvokal und Bed. umgefärbt, die in anord. dálkr 'Nadel, Messer', agf. dalc 'Spange, Armband' vorliegt und in air. delg 'Dorn, Nadel', lit. dilgė 'Nessel', dilgùs 'stechend' außergerm. Verwandte hat, die sich auf idg. *dhelg- 'stechen, Nadel' vereinigen.

Dolde F. Mhd. tolde F., ahd. toldo M. 'Pflanzenkrone' (dazu mhd. toldel N. 'Rispe des Hafers') führen auf germ. *dulþan M. 'Baumwipfel, Dolde', mit dem man vielleicht ahd. tola F. 'Kamm der Weintraube' verbinden darf. Weitere Anknüpfungen sind völlig ungewiß. Nhd. d- wie in Docht, Dohle, Dotter usw. Zum Genuswechsel H. Paul 1917 Dt. Gramm. 2, 94.

Dole F. 'bedeckter Abzugsgraben', heute weithin ein Wort der ländlichen Sprache, mit nd. Anlaut in frühnhd. dol 'Mine', ahd. (?) dola 'Röhre, Graben, Rinne' (die hd. Entsprechung s. u. Tülle), entsprechend nd. dölle 'kurze Röhre', und (auf altes ō weisend) dôle 'kleine Grube', mnl. doel 'Graben', anord. dœla Rinne', dœld 'kleines Tal': in Ablaut mit Tal; s. d. und Delle.

Dollar s. Taler.

Dollfuß M. 'Klumpfuß', gebucht zuerst in Nürnberg 1482, doch im Fam.-Namen Dollfuß (nd. Dolevot u. ä.) schon seit dem 13. Jh. Ausgangsbed. ist 'Stelzfuß', Bestimmungswort Dolle F. 'Pflock', das als mnd. dolle, nl. dol(le), afries. tholl, agf. þoll, engl. thole, schwed. tull, norw. toll, isl. þollr 'Ruderpflock' bedeutet und in lit. tulìs, gr. τύλος 'Pflock, Nagel' seine nächsten außergerm. Verwandten hat: G. Chrismann, Beitr. 20, 61.

Dolman M. 'Husarenjacke' aus türk. dolaman 'roter Tuchmantel der Janitscharen' um 1500 über die Sprachen des Balkans und Ungarns entlehnt: Lokotsch 1927 Etym. Wb. Nr. 530.

Dolmen M. 'vorgeschichtliches Kultdenkmal', im 19. Jh. entlehnt über frz. dolmen 'keltisches Steindenkmal'. Voraus liegt korn. Tol-vaen, das schon im 14. Jh. als Flurname begegnet: Megalithen mit einem großen Loch in der Mitte stehen in solchen Fluren. Dazu stimmt korn. töll 'Loch' (nkymr. twll, nbret. toul). In der Bretagne hat man das Wort auf andre megalith. Formen angewendet, so vor allem auf Grabkammern mit tischartiger Deckplatte über dem Eingang. Daher die irrende Deutung als 'Tafelstein' (nbret. taol 'Tisch'). Daß irgend ein Dolmen Altar gewesen wäre, ist nicht erwiesen.

Dolmetsch M. In der kleinasiat. Mitanni-Sprache begegnet im 15. Jh. v. Chr. talami 'Dolmetsch'. Von da stammt nordtürk. tilmač, tilmadž 'Mittelsmann, der die Verständigung zweier Parteien ermöglicht, die verschiedene Sprachen reden'. Das türk. M. ist über magy. tolmács ins Mhd. gelangt und erscheint hier im 13. Jh. als tolmetsche. Daneben steht gleichbed. mhd. tolke, das mit nord. tolk dem aslav. tlŭkŭ 'interpretatio' (auch in apreuß. tolke, lit. tùlkas, lett. tulks) entstammt: Wick 20. Ausdrücke für 'Dolmetscher' werden mit Vorliebe fremden Sprachen entlehnt, vgl. außer Dragoman mkymr. gwal-stód aus *walstód, der angl. Form des ags. wealh-stód 'Dolmetscher', urspr. 'Britenstütze, -helfer': M. Förster, Münch. Sitz.-Ber. 1941, 1, 157, 845.

Dom[1] M. 'Hauptkirche'. Aus gr. οἶκος τῆς ἐκκλησίας wird lat. domus ecclesiae 'Gemeindehaus mit Wohnung der Geistlichkeit', daher 'Stift, Kollegium von Geistlichen'. Der Dom als Gotteshaus heißt urspr. Ecclesia de domo: P. Kretschmer 1906 Zf. f. vgl. Sprachf. 39, 546; ders. 1931 Dt. Lit.-Ztg. 52, 647. In entspr. Verwendung hat (wie die aus domus entwickelten ital. duomo, frz. dôme) das daraus entlehnte ahd. mhd. tuom gegolten, entspr. nhd. Thum bis ins 18. Jh. Mit Entlehnung aus dem Roman. erscheint 1591 Domkirche, 1608 Domthurm, 1616 Dompropst usw., seit 1619 auch einfaches Dom: H. Schulz 1913 Fremdwb. 1, 155.

Dom[2] M. Gr. δῶμα N. 'Söller, Dach' hat über lat. dōma, frz. dôme M. 'Kuppel' ergeben, das 1744 als Fachwort der Baukunst zu uns gelangt und unter Teilnahme Gottscheds und der Klassiker rasch allgemein wird. Hierzu Himmels-, Sternendom.

Dom[3] M. schwäb. tǎum, mhd. toum 'Dunst, Duft, Dampf': zu taumeln. Daher „vom Dom umzingelt ('umzüngelt')" beim jungen Schiller.

Domäne F. Zu lat. dominus 'Herr' gehört dominium 'Herrschaft', woraus frz. domaine M. 'landesherrliches Gut', das 1630 (mit Genuswechsel wegen der Endung) Domähne F. 'Kammergut' ergibt: H. Schulz 1913 Fremdwb. 1, 155.

Domino M. Aus lat. dominus 'Herr' wird ital. domino 'langer Winterrock des Geistlichen', als Maskenkleid bevorzugt und über frz. domino früh im 18. Jh. zu uns gelangt: Voss. Ztg. 1729, Nr. 137 „Was kost der Domino mit Spitzen ausgeziert, Wenn man sie (die Ehefrau) Winters Zeit auf die Redoute führt?"

Domino N Das Spiel heißt im Ital. so, weil, wer seine Steine zuerst abgesetzt hat,

domino 'Herr' ist. Über frz. domino M. im 18. Jh. zu uns entlehnt.

Dompfaff s. Gimpel.

Dönchen N. 'Anekdote' seit M. Claudius 1774 Sämtl. Werke 1/2, 220 bei nordd. Schriftstellern, aus nd. döneken (1767 Brem. Wb. 1, 228), woneben gleichbed. nd. döntjes (Schütze 1800 Holst. Jd. 1, 235). Mit Ton, das gelegentl. die Bed. abgelenkt hat, ist Dönchen unverwandt. Es ist gekürzt aus frühnhd. Catönichen, Verkl. zu Cato, dem Titel eines mittelalterl. Schulbuchs. Luther braucht Catönichen verächtlich für 'Possen, Kindereien', entspr. Herberger 1613 Herz-Postilla 1, 750 „Die Propheten hielten sie alle für geringe Katönichenschreiber."

Donner M. mhd. doner, toner, donre, tunre, ahd. thonar, asächs. thunar, mnd. dunner, doner, mnl. donre, donder, nnl. donder, afries. thuner, ags. þunor, engl. thunder, anord. þórr, zugleich Name des Wettergotts, s. Donnerstag. Dazu mhd. dunen, mnd. dönen, ags. þunian 'donnern'. Die nächsten außergerm. Verwandten sind lat. tonāre 'donnern', tonitrus 'Donner', aind. tanayitnú- 'donnernd', tányati, äol. τέννει 'es rauscht, tönt, donnert', afghan. tanā, pers. tundar 'Donner', vielleicht auch der keltische Flußname Tanaros als 'der Donnernde'. Nicht davon zu trennen aind. stánati 'es donnert', stanayitnú- 'Donner', so daß eine idg. Schallwurzel *(s)ten- vorauszusetzen ist; vgl. stöhnen.

Donnerkeil M. Für die wiss. Belemnit genannten Versteinerungen, an die sich viel Aberglauben knüpft und die auch Alpschoß, -stein, Donnerbeutel, -stein, -strahl, Fingerstein, Hexenfinger, Kröten-, Luchs-, Pfeil-, Rappen-, Storchstein, Strahlhammer, -pfeil, -stein, Teufelsfinger, -kegel, Wetter-, Zapfen-, Zwergstein heißen, tritt seit Papst 1589 Wetterspiegel B 2 der Name Donnerkeil auf. Er beruht auf dem Glauben, der niederfahrende Blitz erzeuge den Belemniten. Luther kennt Donnerkeil erst als 'herabfahrenden Blitzstrahl', von hier aus ist das Wort (wie Donnerwetter) zum Fluch geworden. Mundartl. Spielarten wie Dunderkeidel (H. Fischer 1936 Schwäb. Wb. 6, 1756) entsprechen den obd. Formen von Keil (s. d.).

Donnerstag M. Den heutigen Namen des fünften Wochentags (obd. donstig, md. dor(n)-schd, nd. dunrdach) entsprechen mhd. donerstac, ahd. Donares tag, mnd. doner(s)-dach, mnl. donresdach, nnl. Donderdag, afries. thunresdei, ags. þunres dæg (daneben unter altostnord. Einfluß þur(e)sdæg, hieraus engl. Thursday), anord. þórsdagr, dän. schwed. Torsdag, die sich auf germ. *þonares dag ver-

einigen: der germ. Wettergott (ſ. Donner)
iſt an die Stelle des Planetengotts Jupiter-
Zeus getreten, der in lat. Iovis dies (ital.
giovedì, frz. jeudi, im 12. Jh. juesdi) gr.
ἡμέρα Διός entſpricht: R. Much, Der germ.
Himmelsgott (1898) 39; derſ., Die Germania
des Tacitus (1937) 123; G. Jungbauer 1938
Handwb. d. dt. Abergl. 9, 682 ff.; M. Förſter
1944 Anglia 68, 2 Anm. Vgl. Gründonnerstag. Bair.-öſterr. Pfinztag, mhd. pfinztac,
iſt durch Vermittlung eines got. *paíntē dags
aus gr. πέμπτη ἡμέρα (ngr. Πέφτι) 'fünfter
Tag' entlehnt. Abgrenzung und Nachweiſe
bei E. Kranzmayer 1929 Namen d. Wochentage 50 ff. mit Karte 8 f.

doof ſ. taub.

Doppelgänger M. ſeit Jean Paul 1796
Siebenk. I 93 für Leute, die wähnen, ſie ſeien
doppelt zu ſehen oder könnten an zwei Orten
zugleich ſein; ſo noch Heine 1827 Buch d. Lied.
105. Daraus entwickeln E. Th. A. Hoffmann
1822 in der Novelle „Die Doppeltgänger" und
Hauff 1826 Mem. d. Sat. II 189 die geltende
Bed. 'der einem andern täuſchend ähnlich iſt'.

doppeln Ztw. 'würfeln', mhd. top(p)eln,
dopeln ſeit Wolframs Parz. nach prov. doplar
'den Einſatz verdoppeln' (ſchon lat. duplo
ludere): Suolahti 1929 Frz. Einfluß 260.
Mit dieſem Lehnwort berührt ſich das heimiſche Döbel (ſ. d.): aus 'Pflock, Holznagel'
iſt weſtfäl. dob(b)el 'kubiſcher Körper, Würfel'
geworden, mhd. top(p)el bedeutet 'Würfelſpiel',
topelen 'würfeln', dän. ſchwed. dobbel 'Glücks-
ſpiel'. Vgl. die entſpr. Entwicklung von frz.
hasard, das auf arab. az-zahr 'Spielwürfel'
beruht.

Doppelpunkt M. Gr. κῶλον, lat. cōlon war
'Glied (der Rede)' und wird erſt im 16. Jh. zum
Namen des Zeichens, das zwei Satzglieder
trennt. Ickelſamer 1522 Gramm. 47 umſchreibt
dies mit „zwen punct" und bildet damit
Doppelpunkt vor, das Gueintz und Schottel
1641 in die Schulgramm. einführen: H. Schulz
1913 Fremdwb. I 354 f.; E. Leſer 1914 Zſ. f. d.
Wortf. 15, 40. Anfeindungen durch Adelung,
Heynatz und Campe haben der guten Bildung
nicht geſchadet: Wh. Pfaff 1933 Kampf um
dt. Erſatzwörter 24.

doppelt Adj. Zu afrz. doble (aus lat. duplus
'zweifältig') hatte Wolfram mit Willehalm
deutſcher Endung dublīn gebildet, ohne es
durchſetzen zu können. In Cleve 1477 (Schueren,
Teuthoniſta 77 Verdam) erſcheint mit neuer Entlehnung aus dem Frz. dobbel, wofür frühnhd.
doppel herrſchende Form wird. Das -t des Auslauts ſtellt ſich ſeit Daſypod 1537 ein, offenbar
aus Vermiſchung mit dem Part. gedoppelt,
das vom 16. bis 18. Jh. gern in adj. Gebrauch

erſcheint. Damit erklärt ſich, daß Zſ.-Setzungen
wie Doppeladler, -punkt ohne t bleiben.

Dorado ſ. Eldorado

Dorf N. Mhd. dorf, ahd. dorf, älter thorf,
thorph, aſächſ. thorp, tharp, afrieſ. thorp, therp,
weſtfrieſ. terp, mnl. nnl. dorp, agſ. þorp, þrop,
engl. thorp, anord. þorp, aſchwed. thyrp,
thŏrp, nnord. torp, got. þaúrp führen auf
germ. *þurpa-. Daß die Germanen außer
Einzelhöfen auch ſchon Dörfer bewohnt haben,
bezeugt Tacitus, Germ. 16. Die Bed. ſchwankt
mit den wechſelnden Wohnweiſen; ſie kann im
Mhd. und Nord. ausbiegen zu 'Gehöft'; got.
þaúrp (nur Neh. 5, 16) ſteht für 'Acker', während haims in die Bed. 'Dorf' nachgerückt iſt:
O. Hoffmann 1938 Jbg. Forſch. 56, 2. Die
nächſten außergerm. Verwandten ſind akymr.
treb 'Haus, Wohnung', kymr. tref, abret.
treb 'Wohnung', ir. treb 'Wohnſitz', air. a-
treba 'er wohnt', agall. Atrebates 'Beſitzer;
Seßhafte', osk. tríbúm (Acc.) 'Haus', lit.
trobà, lett. trāba 'Gebäude'. Die apreuß.
Entſprechung iſt zu erſchließen aus dem Namen
des weſtpreuß. Dorfs Troop bei Stuhm:
Th. Siebs 1931 Mitt. d. ſchleſ. Geſ. f. Volkskde.
31/32, S. 46; M. Erikſſon, Namn og Bygd
1943, S. 72 ff.

Dorn M. mhd. dorn, ahd. dorn, älter thorn
'Dorn, Stachel, Dornbuſch', aſächſ. anfr. afrieſ.
engl. thorn, mnl. nnl. doorn, doren, agſ.
þorn 'Dorn(ſtrauch)', anord. þorn, nnord. torn,
got. þaúrnus 'Dorn'. Außergerm. vergleichen
ſich aind. tŕna- 'Grashalm', gr. τέρναξ 'Arti-
ſchocken-, Kaktusſtengel', ir. tráinín 'kleiner
Grashalm', aſlav. trŭnŭ 'Dorn': ſämtlich zur
idg. Wurzel *ter- in Bezeichnungen ſteifer,
ſtechender Pflanzenſchäfte, die dem idg. Verbalſtamm *ter- 'durchdringen' naheſteht, ſ.
drehen.

Dorndreher M. 'Neuntöter'. Der Vogel Lanius, der ſeine Beute mit dem Schnabel faßt
und auf Dornen ſpießt, heißt ahd. warc-hęngil,
wurgel-hähe 'Würger-Henker', ſpäter entſtellt zu
würgengel, wörgengel und umgeſtellt zu hang-
ware, nachmals handwerk. Die heutige Benennung Dorndreher iſt mißverſtanden aus
ahd. dorn-dragil 'der durch Dornbüſche ſchlüpft',
zu got. þragjan 'laufen'. Die von Kralik,
Gött. gel. Anz. 1914, 130 ff. aufgeſtellte Herleitung wird geſtützt durch gleichbed.
zünsluphil, -sluphe, nd. tünhüpper, -krüper,
(hage-)krüperke.

dorren ſchw. Ztw., zu dürr wie faulen zu
faul uſw. Ein Primärverb gleichen Sinnes
liegt in got. ga-þaírsan 'verdorren'. Die übrigen Verwandten ſ. u. dürr.

Dorſch M. Zur idg. Wz. *ters- (ſ. dorren)
ſtellt ſich der Name des Fiſchs, der (zu Stock-

fiſch) gedörrt wird: anord. þorskr, mnd. mnl. dorsch; von da ins Hd. entlehnt. Urverwandt iſt vielleicht gleichbed. ruſſ. treská. Den nordoſtdt. Namen von Gadus morrhua L. ſ. u. Pomuchel.

Dorſche F. 'Stengel, Strunk von Kohl oder Salat'. Gr. θύρσος 'Schaft' liefert über lat. thyrsus eine roman. Sippe, der ital. torso, afrz. tros 'Strunk, Stumpf, Bruchſtück' angehören. Von da entlehnt iſt ahd. torso, mhd. torse. rsch wie in Barſch, birſchen, herrſchen, forſch, morſch uſw.

dort Adv., mhd. dort, ahd. dorōt, thorōt, älter tharōt, aſächſ. tharod, afrieſ. thard 'dorthin'. Dies zu ahd. uſw. thar, got. þar 'dort', wie ahd. warōt, aſächſ. hwarod 'wohin' zu hwar 'wo'. thar gehört zum Stamm des Dem.-Pron. (ſ. da), die Endſilbe weſtgerm. -od vergleicht ſich (falls von idg. Alter) der Endung -uta des lat. aliuta 'anderswie', doch kann (falls jünger) auch das unter=wärts entwickelte -ward darin enthalten ſein. Obd. dert (E. Ochs 1940 Bad. Wb. 1, 512), mhd. dert, ahd. (bei Notker) deret hat Umlaut aus den häuſigen Formeln dort bin, iſt, ſind. Das ſeit 1500 auftretende dorten iſt umgebildet nach draußen, drüben, hüben, oben.

Doſe F. tritt mnl. ſeit 1361, in Cleve 1477 auf: dose 'lade, coffer' Schueren, Teuthonista 84 Verdam. Es ſcheint eines mit gr.=lat. dosis 'Gabe', indem jede Doſis Arznei in der Apotheke ihre eigene Büchſe (ſ. d.) erhielt. Vom Niederrhein ſtrahlt das Wort aus: nnl. doos, nd. dose, dän. daase, ſchwed. dosa Schottel führt 1663, doos 'capsa' nur als nd. an, erſt Stieler 1691 bucht das Wort als hd. 'Geldbüchſe' bed. those ſeit 1687 im Rotw.: Kluge 1901 Rotw. I 168 ff.

döſig Adj. dringt im 19. Jh. (gebucht ſeit Campe 1807) aus dem Nd. vor, wo es ſeit Richey 1755 Hamb. Jd. 38 verzeichnet wird. Voraus liegen mnd. dösich, agſ. dysig 'betäubt', denen ahd. tūsig 'töricht' entſpricht. Zur weiteren Sippe ſ. Duſel; A. Gebhardt 1906 Zſ. f. dt. Unt. 20, 659 f.; Falk u. Torp 1 (1910) 178 f.

Doſis F. Gr. δόσις 'Gabe' (zu διδόναι 'geben') erſcheint lat. flektiert ſeit 1519 in med. Fachſchriften als 'einmalige Gabe einer Arznei'. Auf menſchl. Eigenſchaften übertragen (eine Doſis Ehrgeiz, Aberglauben, Eigenliebe) ſeit 1729: Walz 1910 Zſ. f. d. Wortf. 12, 177; H. Schulz 1913 Fremdwb. 1, 156.

Doſt M. Die in Büſcheln blühende Pflanze Origanum vulgare, mhd. doste, toste, ahd. dost(o), thosto, tosta. Dasſelbe Wort wie mhd. doste, toste 'Strauß, Büſchel', ſchwäb. dost(e) 'Blumenſtrauß', bair. dosten 'Buſch': man hat die Pflanze nach ihrem auffälligſten Merkmal, den Blütenbüſcheln, ſelbſt 'Büſchel, Strauß'

genannt. An die idg. Wz. *tēu-'ſchwellen' (z. B. in aind. tāuti 'iſt ſtark') tritt idg. *stó-s 'ſtehend' (das z. B. in lat. caelestis 'in caelo stationem habens' vorliegt): 'in Schwellung ſtehend' iſt Grundbed. von ahd. dosto: F. Holthauſen 1930 Jdg. Forſch. 48, 257; R. Loewe 1935 Beitr. 59, 256 ff. Dän. tost, ſchwed. dosta 'wilder Thymian' beruhen auf Entlehnung aus dem Nhd.

Dotter M. (F.) R. mhd. toter, tuter ſchw. M., ſt. N., ahd. totoro (daneben die Zuſ.=Setzung tutar-ei), aſächſ. dodro, nd. dodder, mnl. doder, nnl. doo(ie)r; dafür agſ. dydring. Benannt iſt das gallertartige Innere des Eis wohl nach ſeinem elaſtiſchen Zittern. Dann vergliche ſich norw. mundartl. dudra 'zittern', gr. θύσσομαι 'zittre', θύσανος 'Troddel', aind. dōdhat-'erſchütternd, tobend'. Luthers Form iſt Totter ſt. M. Nhd. d- wie in Damm, dauern, Dill, Dohle uſw. Zum Geſchlechtswandel H. Paul 1917 Dt. Gramm. 2, 49 ff. Die verſchiedenen Dotter(blume) benannten Pflanzen heißen nach ihren gelben Blüten; Bedenken dagegen bei H. Marzell 1943 Wb. d. dt. Pflanzennamen 1, 754.

Drache(n) M. Das Fabeltier aus Vogel und Schlange iſt den Germanen zufrühſt als Kohortenzeichen anſchaulich geworden. Gleichfalls ſchon in den erſten Jh.en bot es ihrer Märchenphantaſie Stoff und bildete die heimiſche Vorſtellung vom Lindwurm um. Wie Greif vor der hd. Lautverſchiebung entlehnt, ergab lat. draco (aus gr. δράκων, eig. „der ſcharf Blickende“, zu δέρκομαι „ich ſehe“) ahd. trahho, mhd. trache. Daneben prägt ſich vulgärlat. dracco in altobd. traccho, mhd. tracke aus (wie vulgärlat. laccus neben lat. lacus in mhd. lacke). Gleich alt iſt die Entlehnung von agſ. draca, anord. dreki. Lat. draco hat auch aforn. draic, kymr. draig, ir. drac, draic ergeben. Unſer anlaut. d beruht auf neuer Einwirkung des fremden Grundworts (wie bei Daus, dichten u. a.). Das Kinderſpielzeug bezog im 18. Jh. den Namen von der Drachengeſtalt, die man ihm gab. Entſprechendes war im 16. Jh. mit Geſchützen der Fall: H. Fiſcher 1908 Schwäb. Wb. 2, 301.

Drachenſaat F. 'Saat der Zwietracht', Klammerform für *Drachenzahnſaat: die 178. Fabel des Hyginus und Ovid, Metam. 7, 120 ff. erzählen, wie Kadmos die Zähne des von ihm erlegten Drachen ausſät und unterpflügt, wie aus ihnen Krieger erwachſen, die einander erſchlagen bis auf fünf, mit denen er Theben gründet.

Dragoman M. Aſſyr. targumānu 'Dolmetſch' gelangt durch nomadiſierende Aramäer, die in das Zweiſtromland eingefallen waren, an die nachrückenden Araber. Arab. tardſchū-man „Dolmetſcher" haben die Europäer in Ägypten entlehnt, wo arab. dsch als g ge-ſprochen wird. Von da auch mhd. tragemunt als Eindeutſchungsverſuch des 12. Jh. Mit An-lehnung an Turco „Türke" iſt das arab. Wort zu ital. turcimanno umgebildet, daraus über frz. trucheman frühnhd. drutzel-, trutſchel-mann. — S. Dolmetſcher und Br. Meißner, Forſch. u. Fortſchr. 1932, S. 405; M. Förſter 1941 Themſe 845.

Dragoner M. Frz. dragon „(feuerſpeiender) Drache" (aus lat. dracōn-, Stammform von draco) war zuerſt Name einer Feuerwaffe, ſeit dem 16. Jh. des damit ausgerüſteten leichten Reiters. „Dragoens, ſonſt auch Dragoner" treten ſeit Wallhauſen 1616 Kriegskunſt 2 bei uns auf. Im Teutſchen Michel 1638 wird Tragoner als Modewort verſpottet. Dabei iſt die Form auf -er urſpr. als Plur. gemeint. — S. Küchendragoner.

Draht M. Mhd. ahd. drāt (t), mnd. drāt (d), aſächſ. thrād, afrieſ. thrēd, mnl. draet (d), nnl. draad, agſ. þrǣd, engl. thread, anord. þrāðr, dän. traad, ſchwed. trād führen auf germ. *þrēduz 'der Gedrehte': auf idg. -tu-gebildet zu *trē-, einer Ablautſtufe der unter drehen entwickelten Wurzel *ter- 'drehend reiben'. Außergerm. kommen am nächſten gr. τρητός 'durchbohrt' und die ti-Bildung τρῆσις F. 'Bohrloch'. Im Nhd. vergleichen ſich Naht und Saat neben nähen und ſäen. Der Me-tallfaden, der gezogen wird, iſt ſpät nach dem gedrehten Faden aus Wolle oder Flachs be-nannt. Draht 'Geld' iſt im 19. Jh. der Sprache der Handwerksburſchen entnommen (F. Kluge 1901 Rotwelſch I 422), es ſtammt von der Land-ſtraße (daſ. 451. 481. 492). Jeder Handwerker ſetzt für 'Geld' ſein Hauptbindemittel: der Schreiner Leim, der Glaſer Kitt, der Maurer Gips, der Schloſſer Blech, der Schneider Zwirn. Draht iſt Werkſtoff für Metallarbeiter, Bürſtenbinder und Schuſter.

Drahtantwort F. kommt kurz vor 1870 als Erſatz für „telegraphiſche Antwort" auf: San-ders 1871 Fremdwb. 1, XIII. Nach ihm wurde damals amtlich in Baden für „Depeſche" (ſ. o.) Drahtbericht gebraucht. Sanders ſchlägt dort (zurück)drahten und (Rück=) Drahtung vor. In der Preſſe iſt Draht für „Telegraph" beliebt geworden, zumal ſeit Bismarcks Wort: „der Draht zwiſchen Peters-burg und Berlin darf nicht zerriſſen werden". Daß ſich ſeither der drahtloſe Verkehr durch-ſetzt, ändert an dieſem Sprachgebrauch nichts: Dunger 1895 Wiſſ. Beihefte zur Zſ. des Sprachv. 2, 123; Feldmann 1912 Zſ. f. d. Wortf. 13, 286; Sarrazin 1914 Zſ. des Sprachv. 29, 193.

Drake ſ. Enterich.

drakoniſch Adj. kommt gegen Ende des 18. Jh. nach älterem frz. draconique auf, das Geſetze als ſo hart wie die des Drako bezeichnet, die Athen 624 v. Chr. erhielt. Damit wird ein ſprichwörtl. Gebrauch aufgenommen, der ſchon bei Ariſtoteles und Plutarch galt: Büch-mann 1912 Gefl. Worte [25] 425; Zſ. f. d. Wortf. 2, 71.

drall Adj. Zu dem einſt ſtarken Ztw. drillen ſ. d.) gehört das Adj. mnd. dral 'raſch (ſich drehend)', nd. drall, drell 'feſt gedreht, derb'. Canitz 1734 Ged. 266 führt „eine drelle Dirne" als märkiſch ein. Einen Sprachgebrauch wie „den brallen Gang" Leſſing 1779 Nathan II 5 rügt noch Heynatz 1796 Antibarb. 304. Von Norddeutſchen wie Voß (De Geldhapers, Idyllen S. 59), Hermes (Sophiens Reiſe 4, 166) und Campe durchgeſetzt.

Drama N. Gr. δρᾶμα 'Handlung' (zu δρᾶν 'tätig ſein') liefert über lat. drama, -atis 'Schauſpiel' frz. le drame. Als ſich um die Mitte des 18. Jh. das deutſche Bühnen-ſpiel derart hob, daß der geſunkene Name Spektakel nicht mehr genügte, wurde von Kritikern wie Abbt 1763 und Sulzer 1771 das zunächſt fremd flektierte Drama durch-geſetzt: H. Schulz 1913 Fremdwb. I 157; Zſ. f. d. Wortf. 8, 66. 14, 74. — **dramatiſch** Adj. nach frz. dramatique ſchon 1676: Seiler 1924 Entw. d. d. Kultur 3, 244.

Drang M. mhd. dranc (g) 'Gedränge, Bedrängnis', wie gleichbed. nnl. drang, agſ. (ge)þrong, engl. throng, anord. þrong zu drin-gen. Zu dieſem ſt. Ztw. iſt drängen, mhd. mnd. drengen Faktitiv, eig. „dringen machen".

Drangſal F. N. ſpätmhd. Bildung auf -ſal, ſ. d. Zum Genuswechſel H. Paul 1917 Dt. Gramm. 2, 113 f. Verwandt mit got. þreihsl N. 'Bedrängnis' zu þreihan 'drängen' aus *þrenhan (mit gramm. Wechſel). — **drangſalieren** Ztw. mit fremder Endung nach Muſtern wie den gleichbed. tribulieren und vexieren gebildet, kaum vor Schmeller 1827 I 414.

drapieren Ztw. Ein ſpät auftretendes mlat. drappus 'Tuch', das ſelbſt wohl gall., beſtimmt idg. Herkunft iſt, liefert gleichbed. frz. drap. Das hierzu gebildete Ztw. draper 'be-kleiden' ergibt ſeit Hübner 1712 Naturlex. 430 unſer drapieren. Gleichzeitig Draperie F. nach frz. draperie, zunächſt als Wort dre Maler und Kunſtrichter: H. Schulz 1913 Fremdwb. I 157.

draſtiſch Adj. Gr. δραστικός 'wirkſam' (zu δρᾶν ſ. Drama) wird über lat. drasticus zum Wort der älteren, auch deutſchen Medizin.

Insbef. sind (remedia) drastica Abführmittel. Beleidigend heißt danach im alten Gießen (Zf. f. d. Wortf. 8, 100. 12, 276) der keiner Verbindung angehörige Student Drasticum. Unser übertragener Gebrauch von drastisch im Sinn von 'handgreiflich, kräftig' folgt dem von frz. drastique und ist kaum älter als 1852: H. Schulz 1913 Fremdwb. I 157f.

draus, draußen Adv. aus daraus, daraußen wie mhd. drabe aus dar abe, nhd. dran und drin aus daran und darin.

drechseln schw. Ztw. Mhd. dræhsel(er), drëhsel(er), ahd. drähsil, thräsläri (Zf. f. dt. Wortf. 14, 178) M. 'Drechsler' führen auf germ. *þrēhs-ilaz; nächstverwandt agf. þrēstan (aus germ. *þrēhstian) 'drehen, (zer)drücken, zwingen, quälen'. Vom M. abgeleitet ist das mhd. Ztw. dræhseln, jünger drëhseln, mit Kürzung des mhd. æ wie ächten, brächte, dächte, Rettich, Schächer; schon im Jüng. Titurel (bair. um 1470) reimt drëhsel auf wëhsel. Außergerm. vergleichen sich aind. tarkú-, gr. ἄτρακτος 'Spindel', alb. tjer̄ 'spinne', lat. torquēre 'drehen, winden, martern', torquēs 'Halskette', apreuß. tarkue 'Bindriemen', aslav. traků 'Band, Gurt': sämtlich zum idg. Verbalstamm *terek- 'drehen', zu dem sich im Germ. mit Dehnstufe der zweiten Silbe *þrēh(s)- stellt. Landschaftlich tut das nicht unmittelbar verwandte drehen dem Ztw. drechseln Eintrag, wie auch der Fam.-Name Dreher (Dreer, Dreier, Treyer; nd. Dräger, Dregger) neben Drechsel (Drächsle, Thräxl, Drössel, Trachsel; Dräxler, Drößler; Traxler, nd. Dressel, Dreisler, Drösler) steht: E. Christmann 1944 Zf. f. Namenf. 19, 115ff.

Dreck M. Späthd. mhd. mnd. mnl. drëc, Gen. -ckes, mnl. drek, afrief. threkk, agf. þreax 'Fäulnis, Abfall, Kehricht', anord. þrekkr, schwed. träck, ält. dän. træk führen auf germ. *þrekka-, idg. *tregnó-. Auf eine idg. Wurzel *(s)terg-, *(s)treg- weisen auch gr. στεργάνος 'Dung', τάργανον 'verdorbener Wein, Essig, Nachwein', τρύξ, -γός 'junger, noch trüber Wein, Weinhefe', lat. troia (aus *trogia) 'Sau' (eigentl. 'die Dreckige'). Daneben idg. *(s)terk- in lat. stercus 'Dünger', sterculinum 'Misthaufen', lit. teršiù, teršti 'beschmutzen'. — Heute ist das derbe Wort durch Kot und Schmutz eingeengt, landschaftlich auch ganz verdrängt (Kretschmer 1918 Wortgeogr. 178. 343) oder in seiner Bed. gewandelt (Zf. f. d. Wortf. 14, 144). — dreckig Adj. ist erst frühnhd., älter dreckicht(t). Dreckig lachen ist junge Nachbildung zu schmutzig lachen, das aus mhd. smuzelachen 'schmunzeln' entwickelt ist: Zf. f. d. Wortf. 13, 169.

drehen schw. Ztw., mhd. dræhen, dræ(je)n, ahd. dräen, asächs. thräian, mnl. draeyen, nnl. draaien, agf. þrāwan 'drehen', engl. throw 'werfen'; dän. dreie, schwed. dreja sind dem nd. dreien entlehnt. Die nächsten außergerm. Verwandten sind gr. τρῆμα 'Loch', τείρω (aus τέριω), lat. terō, lit. trinù 'reibe', aind. tarathar 'Bohrer', turá- 'wund': zur idg. Wurzel *ter- (drehend) reiben, (reibend) durchbohren'. Vgl. Darm, Draht, drall, drechseln, drillen, drollig.

Drehorgel F. zuerst bei Trichter 1742 Ritterlex. 265; im ganzen 18. Jh. nur zur Abrichtung von Singvögeln gebraucht.

drei Zahlwort von höchstem Alter wie alle Einer: mhd. drî, drîe M. F., driu N., ahd. drî M., drîo F., driu N., asächs. thria M. F., thriu N., mnl. drî, drie, nnl. drie, afrief. thrē, thria, thriū, in Zuf.-Setz. thri-, agf. þrïe M., þrïo F. N., in Zuf.-Setz. þri-, engl. three (aus dem agf. F.), urnord. þrijōr Nom. F., anord. þrïr, þrjär, þriū, dän. schwed. tre, got. *þreis M. F., þrija N. führen auf germ. *þrijiz. Idg. *treies spiegelt sich u. a. in lat. trēs M. F., tria N., dazu trī-ginta 'dreißig', gr. τρεῖς M. F., τρία N., lit. trỹs, aslav. trije, tri, air. trī, alb. trē, trī, toch. trē, tri, aind. tráyas. S. Drillich, dritte.

Dreibord N., mhd. dribort (zuerst Frankfurt a. M. 1329) heißt an Nieder- und Mittelrhein ein schmaler, aus drei Brettern (s. Bord) gefügter Nachen. Elf. entspricht dribördel, an der Mosel draubert (aus mhd. *driubort): Kluge 1911 Seemannsspr. 194.

Dreibund M. wagt Schubart 1789 Vaterl. Chron. 544. 687 als Lehnübersetzung von frz. triple-alliance. Er wird dafür von Pfarrer Kern 1789 Sendschr. 66. getadelt. Campe bucht 1807 Dreibund, das er irrig für eine Neubildung von Heynatz hält: Zf. f. d. Wortf. 11, 105; Wh. Pfaff 1933 Kampf um dt. Ersatzwörter 25.

Dreidecker M. 'Schiff mit drei Decken' seit Röding 1794 Wb. d. Marine 1, 454. Zur nd. Lautform drēdecker s. Kluge 1911 Seemannsspr. 194. Nd. ist an der Bildung, daß (wie bei Ableger, -stecher, Schmöker, Senker, Überzieher) ein Mask. auf -er nicht den Träger einer Handlung bezeichnet, wie obd. stets: Zf. f. d. Wortf. 11, 269.

Dreieck N. Während Fünf- und Sechseck seit Dürer 1525 Unterw. der Messung E 3 a. G 1 a begegnen, tritt Dreieck nicht vor 1539 auf (Schirmer 1912 Wortsch. d. Math. 17), und zwar als Rückbildung aus dem schon mhd. vorhandenen Adj. drïecke(ht). Das Subst. lautet in Lehrbüchern noch spät im 19. Jh. Triangel, bei Kepler 1616 Triangul: Götze 1919 Anf. e. math. Fachspr. 44. Vgl. Viel=, Viereck.

Dreier M. 'Dreipfennigstück', spätmhd. drier Lexer, Nachtr. 126, wird frühnhd. häufig in Landschaften, die Viertelgroschen schlagen wie Baden und Württemberg (H. Fischer 2, 358) oder Sachsen (Müller=Fraureuth 1, 246). Während ältere Mask. auf -er zu Zahlwörtern persönl. Bed. haben (Wilmanns 1899 Dt. Gramm. 2, 291), sind Münznamen schon mhd. vierer, sehser, zehener (daf. 293).

Dreimaster M. heißt ein Segelschiff mit drei Masten zuerst bei M. Claudius 1774 Sämtl. Werke 1/2, 42. Die gewiß ältere nd. Form dremast ist nicht vor Schütze 1800 Holst. Jd. 1, 248 gebucht. Sie zuerst wird (wie Nebelspalter) auf den dreieckigen Hut (des Seeoffiziers) übertragen.

dreist Adj. Ahd. dristi, asächs. thrist(i), mnl. drijst(e), driest(e), nnl. driest, agf. þrist(e) 'kühn, schamlos' führen auf idg. *treisti- oder *tristi- 'trotzig, finster gelaunt' wie lat. tristis 'finster gelaunt, traurig'. Nd. driste ist als driste in die Oberlauf., als dreist(e) ins Obersächs. und von da in die Schriftsprache gedrungen. Luther kennt es nicht, Henisch 1616 bucht drijste in nl. Form. Dreust als Form des 18. Jh. und der Klassiker spiegelt die Unsicherheit dem nd. Lehnwort gegenüber. Die Umgangssprache in Süddeutschland, Österreich und der Schweiz ist dreist fremd geblieben, dafür dort keck, sonst frech und unverschämt: Kretschmer 1918 Wortgeogr. 179 f. 604. Die mnd. Weiterbildung dristich (auch in Dreistigkeit) ist als dristig in die neunord. Sprachen entlehnt.

Drell M. 'Leinengewebe aus dreifachen Fäden', ins Nhd. entlehnt aus mnd. (15. Jh.) drel(le), auf dem auch älter dän. drel und schwed. (seit 1637) dräll beruhen. Nach K. Brugmann, Abh. d. sächs. Ges. d. Wiss. 25, Nr. 5, S. 34 ist das einsilbige Wort zusammengezogen aus älterem drinal, einer Bildung wie ahd. zwinal 'doppelt' (f. Zwilling). Wie Drillich (f. d.) gehört Drell zu drei; nähere Verwandtschaft besteht nicht.

dreschen ft. Ztw. Mhd. dreschen (mit e aus ë vor sch), dröschen, ahd. dröskan, älter thröskan, mnd. dörschen, dörschen, mnl. dörscen, darscen, dorscen, nnl. dorschen, agf. þerscan, älter þröscan, engl. thrash, anord. þryskva, þriskja, spät auch þröskja, norw. treskja, tryskja, dän. terske, schwed. tröska, got. þriskan führen auf germ. *þreskanan, vorgerm. *tre-skō 'lärmend mit den Füßen stampfen' in aslav. trěskŭ 'Krach', lit. trėskéti 'rasseln, klappern', (su-)trěskinti 'entzweischlagen', toch. A trisk 'tönen, dröhnen'. Wie noch die Südgermanen draschen, zeigen die

Lehnwörter ital. trescare 'trampeln, tanzen', prov. trescar, drescar, afrz. treschier 'tanzen', tresche 'Springtanz', span. port. triscare 'mit den Füßen Lärm machen'; vgl. tanzen. Durch roman. Vermittlung lernen die Germanen das Dreschen mit dem Flegel (f. d.) kennen. Nach dem Vorbild dieses Lehnworts wird ahd. driscil (mhd. dristel, agf. þerscel, þyrscel, þriscel, engl. threshel), das als Drischel mundartl. bis heute lebt, mit dem l=Suffix und -i- als Mittelvokal gebildet, das mask. Gerätnamen von primären Verben ableitet (Flügel, Griffel, Schlüssel, Wirbel, Würfel, Zügel).

dressieren Ztw. Das Part. directus zu lat. dirigere 'richten', das als Adv. direkt aus dem Lat. entlehnt ist, liefert über spätlat. directiare ein ital. dirizzare, frz. dresser 'abrichten', das in deutscher Jägersprache seit Döbel 1746 für das Abrichten von Jagdhunden gilt. Subst. dazu ist frz. le dresser, le dressage; die nhd. Neubildung Dressur kaum vor Goethe 1808 Faust B. 1173: H. Schulz 1913 Fremdwb. I 158.

Driesch M. 'Brache', mnd. drēsch, drisch, mnl. driesc, nnl. dries(ch): ein nl. =westfäl. Wort dunklen Ursprungs, das aus westgerm. Gemeinschaft stammt, in die Mark Brandenburg von Sieblern nl. Herkunft, nach Mecklenburg und Vorpommern von westfäl. Sieblern getragen: M. Bathe 1932 Herk. d. Siedler in den Landen Jerichow 110; H. Teuchert 1944 Sprachreste d. nl. Siedlungen des 12. Jh. 97. 164. 195. 472. Träger des Fam.=Namens Driesch stammen wohl meist aus dem Nordwesten.

Drilch f. Drillich.

Drill f. Mandrill.

drillen schw. Ztw. Zu der unter drehen entwickelten idg. Wurzel *ter- 'drehend bohren' gehört mit Wurzeldeterminativ l germ. *þrel- 'drehen' in mhd. mnd. drillen. Ablautend dazu das mhd. Part. gedrollen 'rund' und das Adj. drall, f. o. Seit Beginn des 17. Jh. begegnet die Bed. 'einexerzieren'; die alten Infanterievorschriften heißen Drillbücher: das Exerzieren wird einem Herumwirbeln verglichen. Über das im 17./18. Jh. häufige t des Anlauts H. Paul 1916 Dt. Gramm. 1, 324. Dän. drille, schwed. drilla stammen aus dem Nd. S. drollig.

Drillich M. Zu lat. licium 'Faden' gehört trilix, -licis 'dreifädig', das in bequemer Umbildung ahd. drilich Adj. 'dreifach' ergeben hat. Dabei ist dri- die ältere Form von drei in der Zus.=Setzung (f. Drilling, dritte, Zwilling). Subst. Adj. ist mhd. dril(i)ch M. 'mit dreifachem Faden gewebte Leinwand'. Entsprechend benannt sind Samt und Zwillich. Vgl. Drell.

Drilling M. Während in älterer Sprache das mit zwei anderen geborene Kind Dreiling heißt (Zf. f. d. Wortf. 4, 184), wird seit Zehner 1609 Nomencl. 301 Drilling bevorzugt, dem älteren Zwilling entsprechend. Wie bei diesem ist der Sing. aus dem älteren Plur. entwickelt, ebenso bei mhd. zwelfbote 'Apostel'. — Zu drillen 'drehen, in Reihen säen' gehören Drilling M. 'Triebrad einer Mühle', Drillmaschine usw.

bringen st. Ztw. Zu einer idg. Wz. *trenq- (in air. di-fo-traco 'wünschen', lit. trenkiù (treñkti) 'so stoßen, daß es dröhnt', trañksmas 'Getöse, Getümmel' dazu als Part. avest. θraχta 'zusammengedrängt') stellen sich germ. *þrinh-, *þring- in got. þreihan (aus *þrinhan) 'bedrängen', anord. þryngva, agf. þringan 'drücken', ahd. dringan. Das dem idg. k entspr. germ. h, sonst durch gramm. Wechsel in g gewandelt, ist erhalten in mhd. drīhe 'Sticknadel' mit drīhen schw. Ztw. 'sticken': diese Arbeit wird als ein Zuf.-Drängen der Fäden aufgefaßt; vgl. ahd. dringan 'flechten, weben'. — S. auch drängen.

Drischel f. dreschen.

dritte Zahlw., mhd. drit(t)e, ahd. dritt(i)o, asächf. thriddio, afrief. thredda, agf. þridda þirda, engl. third, anord. þriði, dän. tredie, schwed. tredje, got. þridja: zum Stamm von drei (f. d. und Drillich) auf idg. -io- gebildet wie avest. þritya-, aperf. þritīya-, lat. tertius (aus *tritios), kymr. trydydd (aus *tritiio-). Mit anderen Ablautstufen aind. tṛtīya-, aflav. tretiji, lit. trẽčias, apreuß. tirtis, tīrts, air. triss, tress- (aus *tris-ti-); ohne -io- gr. τρίτος, äol. τέρτος, alb. tretë, toch. A trit, B trite, trice.

Drittel f. Teil.

Droge F. 'Spezerei, Apothekerware', entlehnt aus im 14. Jh. auftretenden frz. drogue 'chemisches Material'. Dies aus mnd. droge-fate 'trockne Fässer', d. h. 'Güter in Packfässern', in dem droge irrig als Bezeichnung des Inhalts der Packungen verstanden wurde: E. Gamillscheg 1918 Etym. Wb. d. frz. Spr. 327. Drogerey tritt bei uns 1505 auf, Droges in Köln 1588, Drogen bei Hulsius 1600 Schiffahrt 9, 42, Drogist das. 3, 19. Für Drogerie steht in Leipzig und Umgebung gut deutsch Kräutergewölbe.

drohen schw. Ztw. Mhd. drōn ist junge Bildung zu mhd. drō F. 'Drohung'. Das alte Ztw. ist dräuen aus mhd. dröuwen, ahd. drewen, drouwan, dem agf. þrēan (Prät. þrēa-de) entspricht, wie dem ahd. drōa, drawa, throuwa das agf. F. þrēa. Germ. *þrawō- 'Drohung' beruht auf einer idg. Wz. *tereu-; diese auch in air. trū 'Elend', gr. τρύω 'reibe auf, plage',

aflav. trygǫ 'reibe', trovǫ, truti 'aufreiben, ruff. travít' 'hetzen, jagen'.

Drohne F. mhd. trëne, ahd. trëno M., asächf. drān, drëno, mnd. drāne, drone, agf. drǣn, drān F., mengl. drane, engl. dän. drone, älter dän. drene, schwed. drönare, mundartl. drönje 'männliche Biene', gelegentlich auch für andre Insekten. Die biologischen Verhältnisse sind der alten Zeit unklar, daher der Geschlechtswandel. Mit Entlehnungen von einer germ. Sprache zur andern ist zu rechnen. Außergerm. kommen am nächsten gr. τενθρήνη 'Biene; Wespe', ἀνθρήνη 'wilde Biene', θρῶναξ 'Drohne': zur idg. Schallwurzel *dher(eu)- : *dhren- 'murren, brummen, dröhnen'. S. dröhnen und Traum. Die mhd. Form wirkt in frühnhd. träne, tränbiene fort; so reimt in Metzen Hochzeit (Laßbergs Liedersaal 3, 400) die Mz. tren auf den Inf. gen 'gehen'. Die nhd. Form, bei Schottel (1663) 1305 „drone F. eine binenart", gelangt im 17. Jh. aus dem Nd. in die Schriftsprache; kennzeichnend E. Francisci, Alleredelste Veränderung (Wien 1671) 112 „etliche große Bienen, die man auff Nieder-Teutsch Thronen, hiesiger Orter aber Threnen heißt".

dröhnen schw. Ztw., nhd. zuerst bei Schottel (1663) 1305 „drönen/ob motum violentum tremere", aus nd. mnd. drönen, dem mnl. dreunen, dän. drøne, schwed. dröna entsprechen. Germ. Verwandte f. u. Drohne und Traum, dazu norw. isl. drynja 'brüllen', got. drunjus 'Schall'. Außergerm. vergleichen sich u. a. gr. θρῆνος 'Klagelied' und aind. dhránati 'tönt'. Idg. Schallwurzel *dher(eu)-: *dhren- 'murren, brummen, dröhnen'.

drollig Adj. In Ablaut mit drall u. drillen (f. d.) steht mnl. drol(le) 'Alp, Klabautermann', nnl. drol 'Knirps, Possenreißer', deren Grundbed. '(gedrechselter) Kegel' in norw. droll 'kleine Kugel' eine Entsprechung findet. Vor 1599 wird dazu das nl. Adj. drollig gebildet und ans Nd. weitergegeben. In hd. Text erscheinen bei Schottel 1663 droll 'daemonum genus' und drollig, das die Klassiker aufnehmen. Obd. Volkssprache bleibt das Adj. fremd. Einwirkung des frz. Adj. drôle ist möglich.

Dromedar N. Als Substantivierung des gr. δρομάς 'laufend' bildet gr.-lat. dromas (camēlus) die Brücke zu mlat. dromedārius 'Kamelreiter', das (mindestens teilweise vermittelt durch afrz. dromedaire, mnl. dromedarijs) zu Anfang des 13. Jh. mhd. dromedār M. ergeben hat. Neutr. ist das Wort nach dem Vorbild von Kamel geworden. Der Vorschlag, den Namen (in Abgrenzung von Trampeltier) auf das Kamel mit einem Höcker zu beschränken, stammt von Nemnich 1793 Polygl.-Lex. 1, 775.

Droſchke F. Zu ruſſ. doróga 'Weg' gehört drožki Plur. tant. 'leichter Wagen'. Als 'leichter Mietwagen' erſcheint 1784 Troſka in Riga (J. A. Chriſt, Schauſp.-Leben 198), 1820 Droſchke in Poſen, aber ſchon 1815 Troſchke in Berlin: Zſ. f. d. Wortf. 7, 45. 8, 124 f. 379. Zur ſüdweſtd. Nebenform Drotſchke H. Fiſcher 1908 Schwäb. Wb. 2, 407, zur Abgrenzung von gleichbed. Einſpänner, Fiaker, Fuhrmann, Kutſche u. a. Kretſchmer 1918 Wortgeogr. 181 f. 604. Wick 21.

Droſſel[1] F. der Vogel Turdus. Ahd. drōsca-(la), mhd. bair. drōſchel, ſchwäb. alem. drōſtle führen auf germ. *þrau(d)-st-, -sk-. Germ. *þrŏst-lo- wird vorausgeſetzt von aſächſ. throsla, agſ. þrostle, engl. throstle. Hiermit ablautendes anord. þrǫstr (aus *þrastuR), norw. trost, ſchwed. trast weiſt auf idg. *trozdos. Die verſchiednen germ. Vokaliſierungen ſind erſt einzelſprachlich entwickelt. Außergerm. kommen am nächſten gleichbed. abret. trascl, bret. trask, draskl, kymr. tresglen (aus *tro(t)sklo-), lat. turdus (aus *turzdos), ſerbokroat. bulg. poln. drozd, ruſſ. drozd, apreuß. tresde; mit s- lit. strãzdas, lett. strazds. In dt. Mundarten heißt der Vogel weſtfäl. gaidling, gētling; liſter, luxemb. ſiebenb. leiſtr, nnl. lijster, frieſ. lyster. Ahd. listera wird über germ. *lïhstrōn verknüpft mit der Sippe von Leich M. 'Tanz, Spiel', ſ. d.

Droſſel[2] F. 'Kehle', weidmänn. 'Luftröhre des Rot- u. Schwarzwilds', auch in (er)droſſeln, im Märchennamen des Königs Droſſelbart, mundartl. in abweichenden Bed. wie bair. drossel 'Fettwulſt unter dem Kinn' (Zſ. f. d. Wortf. 8, 163), ſchwäb. drüssel 'Hals, Geſicht, Schnauze' (H. Fiſcher 2, 428), l-Ableitungen zu ahd. drozza, mhd. drozze, benen agſ. þrotu, engl. throat 'Kehle' und (mit der gleichen l-Abl.) engl. throttle 'Kehle, erdroſſeln' entſprechen. Gleichbed. Verwandte zeigen eine um s im Anlaut erweiterte Wz.: aſächſ. strota, nheſſ. weſtf. štruete, mnl. ströte, storte, nnl. strot, mhd. strozze. Der oberpfälz. Marktflecken Vohenſtrauß heißt urkundlich Vohendrüzze. Aus dem Hd. iſt das Wort ins Roman. gedrungen: ital. strozza 'Kehle', strozzare 'erwürgen'. Außergerm. vergleichen ſich aſlav. trustī, ruſſ. trost' 'Rohr'.

Droſte M. 'Amtshauptmann', die nd. Entwicklung von Truchſeß (ſ. d.), über mnd. dros(sē)te; entſpr. nnl. drossaard aus mnl. drossäte. Dazu die Landdroſteien im ehemaligen Königreich Hannover. Zur Wortkürzung ſ. Inſte.

Druck M. ahd. mhd. druc (-ckes). Wurzelverwandt mit drohen (ſ. d.) iſt die germ. Wz. *þrūg, die in anord. þrūga 'drücken' erſcheint.

Zu ihr ſtellen ſich als Intenſivbildungen agſ. þryccan, ahd. drucchen, mhd. drucken, drücken.

Drückeberger ſ. Schlauberger.

drucken Ztw. Im Obd. hindert ck den Umlaut des u; wie bruck, muck, bucken, rucken, zucken heißt es darum hier drucken für md. nhd. drücken (ſ. Druck). Da die wichtigen Mittelpunkte des frühen Buchdrucks in Oberdeutſchland liegen, hat ſich die umlautloſe Form durchgeſetzt. Zuvor wurde das Wort vom Zeugdruck gebraucht. 1428 begegnet im Steuerbuch von Nördlingen Wilhelm Brifdrucker, der einſeitig Heiligenbilder und Ablaßbriefe mit dem Reiber druckte; 1440 in Frankfurt der Drucker Henne Cruse von Menze. Zuerſt in Bamberg 1462 (das Albrecht Pfiſter gedrucket hat) gilt das Ztw. vom Buchdruck. Daneben hat das fremde prenten (= nnl. prenten, engl. print durch frz. Vermittlung zum Part. von lat. premere) nur begrenzt gegolten, zuerſt in der Chronik der Sachſen (Mainz 1492), ſpät noch bei Stieler 1695 Zeitungsluſt 18. Aus dem Dt. entlehnt iſt lett. drukāt 'drucken'.

druckſen Ztw. Iterativ zu drucken wie ahd. geiliſōn, luſtiſōn, reiniſōn zu geilen, luſtōn, reinōn, nhd. einheimſen zu mhd. heimen 'heimführen'. Bei Adelung 1774 als neues Wort, ſeit Wieland 1781 Abderiten 13, 185 buchfähig, mit Druckſer(ei) bei Goethe (Weim. Ausg. 12, 4; Briefe 11, 248), mundartl. bei Klein 1792 Prov.-Wb. 1, 91; H. Fiſcher 1908 Schwäb. Wb. 2, 419.

Drude F. 'Zauberin', urſpr. 'Geſpenſt, das Alpdruck erzeugt', ſpätmhd. trute, weithin in Mundarten (thür. trüde, ſchwäb. bair. öſterr. rheinfr. trüd) und Nachbarſprachen (dän. drude, gotländ. druda). Der nhd. Anlaut wie in Donau, Docke, bucken, Dult uſw.; mhd. trute zu got. trudan, anord. troða 'treten', ſ. d. Das Fünfwinkelzeichen (Pentagramm) wird als ihr Fußabdruck gedacht und dann zur Abwehr auf die Schwelle gemalt. Schon ſpätmhd. trutenvuoz.

Druiden Mz. 'Prieſterkaſte der alten Kelten'. Lat. druidēs übernimmt Cäſar, druidae Cicero und Tacitus aus dem Gall., vgl. ir. drüi, Gen. druad, kymr. dryw 'Zauberer' aus urkelt. *druuid- 'eichenkundig' (von den Zauberbräuchen mit der Eichenmiſtel). Beſtimmungswort iſt *d(a)ru- 'Eiche', ſ. Holunder, Lärche uſw. Das Grundwort gehört zum Stamm ſo wiſſen, ſ. d. Gleichen Urſprungs ſind frz. druide und engl. druid. Klopſtock ſang von „der hohen Drüden Verſammlungen".

Drüſe F. Dem ahd. mhd. druos, mnd. drȫse, drüse, nnl. droes entſpricht Druſe 'verwittertes Erz' und 'Drüſenkrankheit der

Pferde'. Unser Drüse ist in spätmhd. Zeit aus dem Plur. (ahd. druosi, mhd. drüese) entwickelt wie Blüte, Hüfte, Hürde, Säule usw. Die vorauszusetzende Wz. germ. *prōs, idg. *trō(u)s- ist aus verwandten Sprachen nicht sicher nachgewiesen.

Drusen Mz. 'Hefe'. Mhd. drusene, -ine F. 'Bodensatz', ahd. truosana F. 'beim Keltern zuerst abfließender Schaum; Bodensatz, Hefe', mnd. drōsem, mnl. droes(e), droesen(e), nnl. droesem, agf. drōs(na) M., drōsne F. 'Bodensatz, Hefe; Schmutz, Ohrenschmalz', engl. dross 'Schlacke, Unrat' führen auf germ. *drōhsna- aus idg. *dhrāksno-, älter *dhr-āgh-sno- 'Drusen': Erweiterung zum idg. Stamm *dher- 'trüber Bodensatz'. Zwei andre Erweiterungen zu demselben Stamm f. u. Treber und Trester. Drusen ist heute vor allem das alem. Wort für Preßrückstände von Trauben, Obst und Ölfrucht.

Dschiu-Dschitsu N. 'Ringkampf mit japan. Kunstgriffen'. Neuerdings aus jap. jūjutsu (zu jū 'zehn' und juts 'Kunst(griff)') übernommen: Lokotsch 1927 Etym. Wb. Nr. 963.

Dschungel N. Aind. jangala, ind. dschāngäl 'unbebauter Boden', ist durch Vermittlung des engl. jungle 'undurchdringliches tropisches Dickicht' im 19. Jh. zu uns gelangt. Zur Schreibaussprache vgl. Dumdum, Guttapercha, Punsch und viele ind. Ortsnamen.

Dschunke F. Mal. dschüng 'großes Schiff' ist Arabern und Europäern früh bekannt geworden. Chr. Weises Zeit-Lex. (1703) verzeichnet Juncke und kommt damit engl. junk am nächsten.

du Pron. Mhd. dŭ, ahd. dŭ, älter thŭ, asächs. afrief. thŭ, mnl. dū (im Nnl. verloren), agf. đŭ, đe, engl. thou, anord. got. þŭ, dän. schwed. du, anorw. þo führen auf idg. *tŭ 'du'. Urverwandt sind lat. tu, gr. dor. τύ, att. σύ (nach dem Dat. σοί und Akk. σέ, deren σ aus τF stammt), lit. tù, aflav. ty, armen. du, alb. ti, air. avest. tū, aind. tv-ám (nach ahám 'ich'). Vgl. dein, dich, dir.

Dübel f. Döbel.

Dublette F. 'Doppelstück'. Zu frz. double (f. doppelt) gehört doublet M., das im 18. Jh. entlehnt und nach Vorbildern wie Amorette, Stiefelette umgebildet wird. Bibliothekstechn. seit 1776: H. Schulz 1913 Fremdwb. 1 159.

Ducht F. 'Ruderbank', mnd. ducht, mnl. docht(e), mit cht für hd. ft (f. beschwichtigen, Nichte, sacht, Schacht) ins Nhd. des 19. Jh. gelangt: F. Kluge 1911 Seemannsspr. 198. Ahd. dofta, agf. þoft(e), anord. þopta, norw. tofte, dän. schwed. toft(e) führen auf germ. *puftōn F. 'Ruderbank', ursprünglich 'Bank,

auf der gehockt wird'. Dazu ahd. gidufto 'Mitruderer, Genosse', agf. gehofta 'Genosse', anord. þopti M. 'Mitruderer' und agf. þyften F. 'Magd'. Der nächste germ. Verwandte ist Dieb, dort die außergerm. Sippe.

ducken Ztw. Als Frequent. zu mhd. tûchen 'tauchen' (f. d.) erscheint mhd. tücken, obd. tucken 'sich schnell nach unten neigen'. Mit nd. Anlaut und obd. Umlautlosigkeit ist daraus nhd. ducken geworden.

Duckmäuser M. 'Leisetreter'. Zu mhd. tockelmûsen Ztw. 'Heimlichkeit treiben' tritt duckelmûser zuerst bei Brant 1494 Narrensch. 105, 19. Zarncke bringt zu dieser Stelle die Fülle der frühnhd. Formen bei; dazu Zf. f. d. Wortf. 11, 105 und H. Fischer, Schwäb. Wb. 2, 441. 6, 1784. Nhd. Duckmäuser beruht auf neuer Anlehnung an ducken; mhd. mûsen ist 'mausen, (diebisch) schleichen'; duckeln 'mit heimlichem Betrug umgehen' Schmeller ²1, 490.

dudeln Ztw. Türk. duduk 'Flöte' liefert über bulg. serb. duduk 'Pfeife, Schalmei' tschech. dudy 'Dudelsack'. Das von Osten vordringende Instrument drängt die ältere Sackpfeife (mhd. sacphîfe) zurück; es heißt Dudei bei Fleming 425 u. Freyer, Orthogr. 374; polnischer Bock in den Schausp. d. engl. Kom. u. bei Logau; Dudelbock W. Scherffer 1652 Grob. 131. Noch im 17. Jh. bürgert sich Dudelsack ein, gebucht seit Stieler (1691) 311. 1658. Das urspr. lautmalende Ztw. dudeln ist jung bezeugt von Kärnten und Steiermark bis Schwaben u. Schleswig-Holstein. Es mag von der fremden Sippe beeinflußt sein. Wick 21f.

Duell N. Lat. duellum (ältere Form von bellum) 'Krieg' tritt als Glossenwort seit dem 13. Jh. hervor und erscheint in deutschem Text unverändert seit Wunderer 1590 Reise in Moskau 212, als Duell (frz. le duel, danach auch bei uns M.: Feldmann 1905 Zf. f. d. Wortf. 7, 52; H. Paul 1917 Dt. Gramm. 2, 142) seit Wallhausen 1616 Kriegsmanual 207. Volksetym. Anlehnung an duo 'zwei' verschafft dem mlat. Wort die Bed. 'Zweikampf', so bei uns seit Albertinus 1599 Guevaras Sendschr. 3, 11 a: H. Schulz 1913 Fremdwb. 1, 159.

Duett N. Ital. duetto M. 'Gesang zu zweien' (zu due 'zwei') wird vor der Mitte des 18. Jh. entlehnt. In nhd. Text steht Duetto Haude-Spenersche Ztg. 1749, Nr. 15, Duett seit Ramler 1758: H. Schulz 1913 Fremdwb. 1, 160.

duft(e) Adj. rotw. 'gut' aus gleichbed. hebr. tōb, judend. toff: F. Kluge 1901 Rotw. 1, 342. 437. 481; L. Günther 1919 Gaunerspr.

11; H. Fiſcher, Schwäb. Wb. 2, 246. 445. 6, 1754. 1785.

Duft M. Zur ſtarken Verbalwz. von mhd. dimpfen 'rauchen' (in Ablaut zu Dampf) gehört mit Tiefſtufe und t-Suffix *dumft, *dunft, das (wie Vernunft eine Nebenform frühnhd. vernuft hat), ahd. duft, mhd. tuft ergibt: F. Kluge 1907 Zſ. f. d. Wortf. 9, 127. Mundartl. überwiegen (wie in alter Sprache) die Bed. 'Dampf, Nebel, Reif'; 'Geruch' iſt mindeſtens in Süddeutſchland nur ſchriftſprachlich: H. Fiſcher 1908 Schwäb. Wb. 2, 444.

Dukaten M. Kaiſer Konſtantin X. führt den Beinamen Δούκας, der während ſeiner Regierung (1059—67) den byzant. Goldmünzen aufgeprägt wird. Mit Umdeutung zu mlat. ducātus 'Herzogtum' erſcheint das Wort ſeit 1140 auf Münzen, die Roger II. von Sizilien als Herzog von Apulien ſchlagen ließ. Über ital. ducato entſteht mhd. ducāte, frühnhd. ducat. Aus dem Dt. entlehnt iſt lett. dukāts: F. Sehwers 1925 Zſ. f. vgl. Sprachf. 53, 111.

Dukdalben Mz., nnl. dukdalf. Im Jahr, nachdem Herzog Alba 1567 niederländ. Boden betreten hat, erſcheint in dem ihm anhängenden Amſterdam duc Dalba für 'Pfahlgruppen, die zur Befeſtigung von Schiffen in den Hafen eingerammt ſind': L. Darmſtädter 1908 Handb. z. Geſch. d. Techn.² 91. F. Ritter 1912 Upſtalsboom 1, 83 bietet ein Zeugnis aus Emden 1581 als erſtes von der nd. Küſte: J. H. Röding 1794 Wb. d. Marine 1, 487; F. Kluge 1911 Seemannsſpr. 197.

Düker M. die nd. Form von Taucher, Fachausdruck für die Leitung von Waſſer unter Waſſer, nam. von unterird. Waſſerleitungen (Grundrinnen) unter Kanälen. Entſpr. nnl. duiker. Dazu Unterdükerung: Zſ. d. dt. Sprachver. 23 (1908) 235.

dulden Ztw. Zu dem germ. Nomen *þuldi, das als ga-thuldi in nhd. Geduld (ſ. d.) enthalten iſt, gehört das ſchw. Ztw. germ. *þuldjan, ahd. mhd. dulten, mnd. mnl. dulden, afrieſ. thelda, agſ. geþyldian. Grundbed. 'Geduld haben'. Umlaut von u unterbleibt wie in ſchuldig und mhd. guldīn. ld für lt beginnt ſchon in mhd. Zeit ſich einzuſtellen (wie in mhd. halden, valden, ſchelden, wolde, ſolde).

Dult F. 'Feſt, Jahrmarkt', vor allem bair. berühmt die Auer Dult, ein Markt mit Trödelwaren u. Altertümern in der Münchner Vorſtadt Au: Schmeller-Frommann 1 (1872) 502. Vordem über Schwaben u. die Schweiz bis ins Elſaß verbreitet: H. Fiſcher, Schwäb. Wb. 2, 448. 6, 1786; A. Senn 1933 Journ. of Engl. and Germ. Philol. 32, 513. 528. Auch in Teile des Fränk. ausgedehnt mhd. ſpätahd. dult, umgeſtellt aus ahd.

tuld: Schatz 1927 Ahd. Gramm. § 184. Dieſem ſcheint urſpr. der Sprengel von Salzburg den Rahmen beſtimmt zu haben (Gutmacher 1914 Beitr. 39, 234; Frings 1932 Germ. Rom. 28 ff. 55). Deutlich ſetzt ſich Dult in unſerer älteſten Kirchenſprache gegen Feier (ſ. d.) ab, das vom Rhein ausſtrahlt. Dieſe Art der Verbreitung erweiſt ahd. tuld als frühe Entlehnung aus got. dulþs F. 'Feſt', in dem man ti- Abſtr. zum Stamm des aſächſ. dwëlan, ahd. gitwëlan 'ſäumen' ſieht. Ausgangsbed. 'Ruhezeit': K. Brugmann 1904 Kurze vgl. Gramm. 106; Weſche 1937 Beitr. 61, 94 ff.

Dumdumgeſchoß N. Perſ. dämdamā 'Hügel, Erdwall, erhöhte Batterie' heißt der Standort der bengaliſchen Artillerie bei Kalkutta, in dem die zerfleiſchenden Geſchoſſe mit abgeſtumpftem Vorderende zuerſt hergeſtellt wurden. Um die Ausſprache von ind. dämdam zu erzielen, ſchreiben die Engländer dumdum, das wir buchſtäblich nachſprechen. Vgl. Dſchungel, Guttapercha, Punſch.

dumm Adj. Adv., mhd. tump (b), ahd. tumb, aſächſ. anfr. afrieſ. agſ. engl. dumb, mnl. dom(p), nnl. dom, anord. dumbr, ſchwed. dän. dum, got. dumbs. Germ. Grundbedeutung iſt 'ſtumm' (ſ. d.), von da geht eine verzweigte Entwicklung aus, die ſchon ahd. zu 'jugendlich unerfahren, töricht' geführt hat. Angleichung des alten mb zu mm vollzieht ſich in mhd. Zeit unter Vorantritt des Mb. (wie in Imme, krumm, Lamm, Zimmer). d des Anlauts ſetzt ſich (wie in Docke, Dung, dunkel uſw.) im 18. Jh. vom Weſtmb. und Obd. her durch, wo d- und t- lautlich zuſammengefallen waren. Got. dumbs uſw. gilt als naſalierte Nebenform eines Farbadj., das im Namen der Taube (ſ. d.) erſcheint, die wohl nach ihrem dunklen Gefieder heißt. Jdg. *dhumbos 'dunkel' wird durch ſlav. Folgeformen geſtützt. Der Bedeutungswandel von 'dunkel' zu 'ſtumm' wird durch 'unverſtändlich' vermittelt.

Dummbart M. Eine zunächſt nd. Schelte des Dummkopfs, ſ. d. Gebucht ſeit Richey 1755 Hamb. Jd. 46 und Strodtmann 1756 Jd. Osnabr. 353; hd. nicht vor Bürger und Wieland. Seit im 12. Jh. das glatte Geſicht Regel geworden war, liefert der nun auffallende Bart Dutzende von Übernamen: Heintze-Caſcorbi 1925 Familiennamen 125.

dummdreiſt Adj. Adv., in nhd. Text zuerſt bei J. G. Hamann in einem Briefe vom 1. Dez. 1765, der das zufällig erſt 1767 (Verſuch e. brem. niederſächſ. Wb. 1, 249) gebuchte nd. dumdriſt 'kühn ohne Klugheit' übernimmt, womit er bei Bode, Mylius uſw. raſch Nachfolge findet. Alter bezeugt ſind dummkeck und -kühn, gleichgebildet tolldreiſt und -kühn. Mnd.

dum konnte 'toll, ferox' bedeuten, so daß sich die beiden Wortglieder von mnd. *dumdrīst in ihrer Bedeutung sehr nahe kamen. Erst durch spätere Umdeutung sind sie zu 'stolide ferox' auseinandergetreten. Dvandva-Zusammensetzung ist auch bittersüß, lat. dulcamarus, und ahd. sunufatarungo 'Sohns und Vaters Leute' Hildebr. 4.

Dummerjan M. Nachdem im 16. Jh. die Formel 'ein dummer Jan' gegolten hat, tritt seit Henisch 1616 Dummerjan auf. Wie in Janhagel (s. d.) ist Jan nd. Kurzform von Johann. Ins Obd. ist dumrjän nur vereinzelt gedrungen; dän. dumrian stammt aus dem Nd.; schwed. gilt dummerjöns.

Dummkopf M., zuerst bei Nieremberger (Regensb. 1753) als 'stupidus et bardus homo', gleichbed. mit Dummbart (s. d.) und nd. dummsnüte (DWb.2, 1522): drei sog. Bahuvrihi-Bildungen; wie Blaubart, Löwenherz; vgl. W. Henzen, Dt. Wortbildung (1947) 84 ff.

dumpf Adj., nur nhd., von da entlehnt dän. dump. Im Ablaut zu Dampf (s. d.) steht (ver)bumpfen Ztw. 'modrig riechen', das Stieler (1691) 277 neben Dumpf M. 'mucor' und dumpficht Adj. 'mucidus' verzeichnet. Vom Adj. dumpf begegnet zuerst bei Krämer (1678) der Komp. bumpffer, womit unratsam wird, im Adj. das prädikativ gestellte Subst. Dumpf zu sehen. Vielmehr wird bumpf verkürzt sein aus älterem bumpficht, -ig, nnl. dompig.

Düne F. 'Sandhügel der Küste'. Zur idg. Wz. *dhū 'schütte(l)n' in aind. dhūnóti 'schüttelt, erschüttert', anord. dýja 'schütteln', lit. dujà 'Staub' stellt sich Düne, das demnach mit Daune verwandt ist und urspr. 'Aufgeschüttetes' bedeutet. Es ist zunächst ein Wort der nl. und kent. Küste, lautet mlat. duna (daraus frz. dune, ital. span. duna), agf. dūn (dazu adūne, ofdūne 'vom Hügel herab', engl. down), mnl. dūnen, nnl. duin. Für die deutsche Küste ist Düne erst seit dem 15. Jh. bezeugt (vorher Sandhügel, -berg, drīfsand u. ä.); ü ist (wie bei Büse, Klüver, Stüber, Süden) Zeichen der Entlehnung aus dem Nl. — Auf Wangeroog heißt die Düne hæll, auf Helgoland halōm nach den Halmen des Dünengrases: Kluge 1911 Seemannsspr. 199f.

Dung M. Die mhd. Bed. gilt in mhd. tunge, ahd. tunga F., afries. agf. dung und im Ztw. büngen, mhd. tungen, afries. denga, agf. dynga. Daneben besteht ahd. tung, mhd. tunc F. 'Keller, halb unterird. Webraum', mnd. agf. dung F. 'Gewahrsam', anord. dyngja 'Frauengemach'. Die zweite Bed. ist die urspr.: nach Tacitus Germ. 16 und Plinius Nat. hist. 19, 1 waren die Winterräume zur Abwehr der Kälte mit Dung bedeckt. Zu der vorauszusetzenden idg. Wz. *dhengh gehören air. dingim 'drücke', lit. deñgti 'bedecken': K. Müllenhoff, Altertumsk. 4, 290; M. Heyne 1899 Wohnungsw. 46 f.

dunkel Adj. Mhd. tunkel, dunkel, ahd. tunkal, dunkal, tunchal, tunchar, asächs. dunkar, mnd. wfries. dunkar, anfr. duncal, mnl. donker, donkel, nnl. donker (dän. schwed. dunkel sind aus dem Dt. entlehnt). Zur gleichen Wurzel mit andrer Ablautstufe gleichbed. afries. diunk, wfries. (d)jonk, anord. døkkr aus germ. *dinqwaz, vorgerm. *dhengwos. Nach Ausweis von norw. schwed. mundartl. dunken 'feucht, dumpfig, schwül', engl. dank, mundartl. dunk 'feucht' hat als Ausgangsbed. 'nebligfeucht' zu gelten. Damit ist vorgerm. *dhengwos als Erweiterung von idg. *dhem- 'stieben, rauchen' (s. Dampf) gerechtfertigt. — d- im nhd. Anlaut setzt sich vom 15. bis zum 18. Jh. langsam durch; bei Luther und den schles. Dichtern ist t- noch fest.

Dunkelmann M. Im Kampf gegen Kölner Finsterlinge gab Reuchlin 1514 seinen Briefwechsel mit humanist. Berühmtheiten als Clarorum virorum epistolae heraus. 1515 verhöhnt Crotus Rubeanus in den Epistolae obscurorum virorum alle lichtscheue Rückständigkeit der Zeit in Briefen, die sich geben, als kämen sie von Reuchlins Gegnern. Die Übersetzung Dunkelmann zuerst 1809 in der Zs. Jason 3, 271.

dünken Ztw. mhd. dünken, dunken, ahd. dunchen, asächs. thunkian, afries. thinka, agf. þyncan, engl. think, anord. þykkja, got. þugkjan, Prät. þūhta (mit ū aus un, idg. n). Ein urspr. starkes Ztw., zu dem denken als Faktitiv gehört. Dünkel M. ist eine erst nhd. Rückbildung aus dem alten Ztw. Dem germ. *þunk, þank liegt eine idg. Wz. *tong, teng voraus, die auch in lat. tongēre 'kennen', prä-nestinisch tongitio 'Kenntnis' sichtbar wird.

dünn Adj. Mhd. frühnhd. dünne, ahd. dunni, älter thunni, asächs. thunni, mnd. mnl. dunne, nnl. dun, afries. thenne, agf. þynne, engl. thin, anord. þunnr, norw. tunn, tynn, schwed. tunn, dän. tynd führen auf germ. *þunnu- aus *þunwa- (mit nn aus nu wie Kinn, Mann, rinnen), idg. *tₑnú-s 'dünn', urspr. 'lang gedehnt' (s. dehnen). Von den außergerm. Verwandten kommen dem germ. Adj. am nächsten lat. tenuis 'dünn, fein, zart' und aind. tanvī F. 'dünn, zart, schmächtig, unbedeutend'. Die Bed. 'dünn' teilen auch die balto-slav. und kelt. Entsprechungen; gr. τανυ- bedeutet 'lang'.

Dunst M. Ahd. tun(i)st 'Sturm, Hauch', mhd. tunst, agf. dūst, engl. dust 'Staub' führen auf westgerm. *dunstu- 'Ausdünstung', das sich mit aind. dhvams- 'zerstieben' zur idg. Wz. *dhwens stellt. Nhd. d- wie in **dumm**, **dunkel** usw. Ags. und asächs. ist n vor s unter Ersatzdehnung des vorausgehenden Vokals ausgefallen, mnd. ū vor Doppelkonf. verkürzt. Das lautgesetzlich entstandene nb. Duſt iſt im 17. Jh. ins Nhd. entlehnt worden. Zur Bed. Zſ. f. b. Wortf. 2, 286, zum Genus daſ. 7, 54.

Dunſtkreis M. von Weigel 1661 Himmelsspiegel B 3 als Lehnüberſetzung von Atmoſphäre eingeführt, das (eine Schöpfung der Physik des 17. Jh.) den von Himmelskörpern angeblich ausſtrömenden und ſie umgebenden Dunſt bezeichnet und in deutſchem Text nicht vor 1680 begegnet. Die Wortglieder ἀτμός 'Dunſt' und σφαῖρα 'Kugel' werden überſetzt.

Dünung F. 'Seegang nach Sturm', aus der Seemannsſprache. Nb. dünen 'das Heben und Niederfallen der Wellen', zuerſt im Brem. Wb. 1 (1767) 272, iſt Abl. zu düne F. 'Hügel' (ſ. Düne). Nnl. entſpricht duynen 'tumēre' mit duyninghe, deyninghe 'fluctus decumānus', beide ſeit Kilian 1599. In hd. Text kämpft Deining (ſeit Röding 1794 Allg. Wb. der Marine 1, 455) mit Dünung (nicht vor 1864): Kluge 1911 Seemannsſpr. 200. Wieder (wie bei Büſe, Düne, Klüver, Stüber, Süden) beruht ü auf dem nl. Wandel von ū zu ü.

Dunzel F. Mlat. dom(i)nicella 'kleine Herrin', ital. donzella, afrz. dameiſele, frz. donzelle, engl. damsel, ergibt das weſtmb. Wort für 'Mädchen', das am Rhein als dunzel, in der Wetterau als donzel, im Weſterwald als donſel lebt. Über 'leichtfertiges Mädchen' iſt vielleicht ſchwäb. dunzele N. 'Liebkoſung' anzuknüpfen: H. Fiſcher, Schwäb. Wb. 2, 472. 6, 1788. Literariſch iſt Dunzel ſeit Callenbach 1714 Wurmland 91; vgl. DWb. 2, 1566.

Duodez N. Die Größe von Büchern wird nach der Zahl der Blätter beſtimmt, in die der volle Bogen (Folio; ſ. Foliant) gefaltet iſt: Sekond, Quart, Sext, Oktav, Duodez, Sedez. In duodecimo kommt im 17. Jh. auf für das Format, bei dem der Bogen 12 Blätter, also 24 Seiten hat. Weil es ſehr klein iſt, ſchließen ſich Bildungen wie Duodezfürſt, =ſtaat u. ä. an, zufrühſt Duodezland 1712: H. Klenz 1900 Druckerſpr. 34; H. Schulz 1913 Fremdwb. 1, 160.

düpieren Ztw. 'verblüffen, narren'. Wie dies zu Narr, ſo gehört das Vorbild des Fremdworts, frz. duper, zu dupe M. 'Dummkopf'. Dies wohl über uppe aus lat. upupa 'Wiedehopf', dem Namen des närriſchen Vogels. In deutſchem Text tritt dupiret zuerſt 1718 auf: H. Schulz 1913 Fremdwb. 1, 160.

Dur N. Tonart mit hartem Dreiklang (großer Terz), zu mlat. b durum 'der Ton h' Mhd. bēdūre zuerſt 1292 im alem. Reinfr.

v. Braunſchweig 23093 Bartſch. Dur in nhd. Text ſeit 1681: Schulz-Basler 1926 Fremdwb. 2, 140.

durch Präp. Mhd. dur(ch), ahd. durah, dur(u)h, älter thuruh, aſächſ. thuru(h), anfr. thuro, mnl. dore, nnl. door, afrieſ. thruch, agſ. þorh, þurh, engl. th(o)rough, mit Ablaut agſ. þerh, got. þairh (das Nordgerm. hat die Wortſippe früh verloren) führen auf idg. *tr̥-q(u̯)e, *ter-q(u̯)e zur Wurzel *tr̥-, *ter- 'hindurch'. Der Velar iſt verſtärkende Partikel wie im zugehörigen aind. tiras̄-cā́ 'quer durch', aveſt. taras̄-ča 'durch . . . hin'. Denſelben Velar weiſt ahd. dërh 'durchlöchert' auf, dem mit andrer Ablautſtufe ahd. dur(i)hil, mhd. dürhel, dürkel, agſ. þyrel 'durchbohrt' entſprechen. Außergerm. Verwandte ſind u. a. air. tre, tri 'durch und lat. trāns 'jenſeits'.

durchfallen Ztw. Die Wendung „durch den Korb fallen" (woraus die jüngere „jem. einen Korb geben" ſtammt) ſetzt den mittelalterl. Schwank von Virgil im Korbe voraus: R. Hildebrand 1873 DWb. 5, 1802; Borchardt-Wuſtmann 1925 Sprichwörtl. Redensarten 266. Das Mädchen läßt dem nicht genehmen Liebhaber einen Korb mit ſo ſchwachem Boden hinunter, daß er beim Heraufziehen durchfällt. Von Studenten auf Prüfungen übertragen in nlat. corbiſſāre 'durchs Examen fallen' Facetiae facetiarum (1657) 334. Doch auch ſchon Crigingerus 1555 Reicher Mann O 4 a „Da ich nun meint zu promovirn Setzt mich in Korb, lies mir hoffiern, Pletſch fiel ich durch den Korb hinweg Vnd lag hinieden in dem Dreck". Zſ. f. b. Wortf. 1, 69, 3, 97. 12, 277.

durchlaucht Adj. Mhd. durchliuhten 'durchſtrahlen' entwickelt neben ſeinem Part. durchliuhtet mit ſog. Rückumlaut (H. Paul 1917 Dt. Gramm. 2, 252; O. Behaghel 1928 Geſch. b. b. Sprache 445) die vorwiegend md. Form durchlüht, die als Lehnüberſetzung von lat. perillustris (ſ. erlaucht) ſeit Beginn des 16. Jh. in den Titel fürſtlicher Perſonen tritt.

Durchmeſſer M. Gr. διάμετρος 'durch einen Mittelpunkt gehende Linie' ergibt über lat. diametros ſeit 1400 mhd. dyameter, das noch bei Chr. Wolff in math. Fachſprache vorwiegt. Nachdem Kepler 1616 mit Durchzug und Querlinie nicht durchgedrungen war, bildete J. C. Sturm 1667 die Lehnüberſetzung Durchmeſſer, die ſich ſeit 1700 langſam durchſetzte: A. Schirmer 1912 Wortſch. b. Math. 18; A. Götze 1919 Anf. e. math. Fachſpr. 39.

durchqueren ſchw. Ztw. Queren für traverſieren wagt K. Müller 1814 Verb.-Wb. b. Kriegsſprache. Durchqueren für engl. cross wird veranlaßt durch Gerh. Rohlfs 1874 Quer durch Afrika, und, trotzdem es Guſt. Wuſtmann

1891 Sprachdummheiten 96 schilt, rasch durchgesetzt: Wh. Pfaff 1933 Kampf um dt. Ersatzwörter 25.

Durchsicht F. nicht vor Steinbach 1734 Vollst. d. Wb. 2, 568, als Ableitung von durchsehen viel jünger als das schon mhd. durchsihtec: Ruppel 1911 Rückbild. deutscher Subst. 30.

dürfen Ztw. Die ablautenden Prät.-Präs. got. þaúrban (in gramm. Wechsel zur 1. Sg. þarf, der schon ahd. ausgeglichen ist), anord. þurfa, agf. þurfan, afrief. thurva, asächf. thurban, ahd. durfan führen auf die germ. Verbalwz. *þrf, für die sich aus den Verwandten Bedürfnis, Notdurft und (mit gramm. Wechsel) bieder(b), darben die germ. Grundbed. 'einer Sache bedürfen' ergibt. Ist diese aus 'an etw. Befriedigung finden' entwickelt, so läßt sich der idg. Verbalstamm *terp- 'sich sättigen, genießen' in aind. tarpati 'sättigt sich, wird befriedigt', gr. τέρπω 'sättigen, erfreuen', lit. tarpà 'Gedeihen', lett. tãrpa 'was gute Hoffnung gibt', apreuß. enterpo 'nützt' vergleichen.

dürr Adj. Mhd. dürre, durre, ahd. durri, älter thurri, asächf. thurri, nnl. dor, agf. þyrre, anord. þurr, adän. thyrr, dän. tør, schwed. torr, got. þaúrsus führen auf germ. *þurzú- 'dürr'. Außergerm. entspricht aind. *tṛṣú- *(be)gierig', urspr. 'dürstend nach', avest. taršu- 'trocken, fest', alat. torrus 'trocken', lat. torridus 'dürr', terra (aus *tersā) 'Land', air. tír (aus *tēros) 'Land'. Zur idg. Wurzel *tṛs- 'trocken sein' gehört auch Durst. Germ. ur aus ṛ wie in ahd. druscun 'draschen', rr aus rz wie in irren. Neben der Anwendung auf Trockenheit der Kehle ist die auf Stimme und Sprache uralt: das Germ. teilt sie mit aind. tṛṣtá- 'heiser' und gr. τραυλός (aus *τρασυλός) 'lispelnd'. Die umfassende Bedeutung bleibt in Darre und dörren. Das alte -jo-Adj. dürre ist noch bei Luther zweisilbig (wie dicke, dünne, feste, schwere).

Durst M. ohne Mz. Mhd. durst, ahd. asächf. anfr. thurst, mnd. dorste, mnl. nnl. dorst, wfriej. toarst, agf. þurst (daneben þyrst, engl. thirst), anord. þorsti, norw. mundartl. torste, dän. tørst, schwed. törst, got. þaúrstei: Abstr.-Bildung zum Stamm got. *þaúrsta- 'durstig', der auch dem schw. Ztw. dürsten (ahd. dursten, asächf. thurstian, agf. þyrstan, engl. thirst, anord. þyrsta) zugrunde liegt. Von den außergerm. Verwandten stehen am nächsten air. tart 'Durst', lat. tostus (aus *torstos) 'verbrannt', gr. ταρσός 'Darre' und aind. tṛṣyati 'dürstet'. Gegenüber dem Adj. dürr zeigt das M. gramm. Wechsel (wie mhd. torste gegen türren 'wagen'), gegen Darre zugleich Ablaut.

Dusche F. Zu lat. dücere 'leiten' gehört lat. ductio 'Leitung', das über ital. doccione

'Leitungsröhre' ital. doccia 'Gießbad' ergibt und als gleichbed. frz. douche in dessen Schreibung 1779 zu uns gelangt: Sturz, Schriften 1, 347.

Düse F. Unter Tier ist aslav. duša 'Atem, Seele' genannt. Es lebt fort in tschech. duše F. u. entwickelt hier Bedeutungen wie 'Kern, Mark, Seele (von Gußstücken)'. In böhm. Erzschmelzen übernehmen es deutsche Hüttenleute: t(h)üsel Mathesius 1562 Sarepta 211ᵇ. 213ᵃ ist die Röhre, durch die der Blasebalg in den Schmelzofen mündet. Von da hat sich der neuere techn. Gebrauch entfaltet: Wick 22.

Dusel M. Zur Wz. idg. *dhus, germ. *dus (dazu mit anderer Ablautstufe agf. dwǣs, nnl. dwaas 'töricht'), deren hd. Gestalt in Tor und töricht erscheint, gehören agf. dysig 'töricht', engl. dizzy 'schwindlig' und nd. dusel 'Betäubung', das in nd. Lautform ins Hd. entlehnt wird. Hier erscheint Dusel seit Henisch 1616. Die junge Bed. 'unverdientes Glück' beruht auf der schon biblischen (Psalm 127, 2) Vorstellung, daß es der Herr den Seinen im Schlafe gibt; auch an das sprichwörtliche Glück der Betrunkenen, die „im Dusel" sind, darf erinnert werden.

Dust s. Dunst

düster Adj. Asächf. thiustri 'lichtlos' beruht mit afrief. thiustere, mnl. duuster, agf. þýstre auf germ. *þiustria-, urverwandt mit russ. túsklyj 'dunkel', tusk 'Finsternis', serb. s-tuštiti se 'sich umwölken'. Düster wird mit nd. Lauten im 16. Jh. ins Nhd. entlehnt. Luther verwendet es Jes. 59, 10. Md. und obd. Mundarten nehmen es so früh auf, daß hess.-nass. deuster die Diphthongierung des ü hier miterlebt. Die vor Doppelkonf. übliche Vokalkürzung unterbleibt wie in Kloster, Priester, Wüste usw., weil s und t verschiedenen Silben angehören. Dän. schwed. dyster sind aus dem Mnd. entlehnt.

Düttchen N. Der Adler einer seit 1528 geprägten polnischen Dreigroschenmünze wurde spottweise dem in Polen häufigen Wiedehopf verglichen und mit dessen poln. Namen dudek (Plur. dudki) verhöhnt. Als Gattungsname für poln. Groschen gelangt düttgen (so seit 1597), nd. düttke in den deutschen Osten; der Ostpreuße nennt das Zehnpfennigstück Dittchen. Seit Mitte des 17. Jh. erscheint der Name auf die niederelbischen Sechzehnteltaler übertragen und findet so Verbreitung bis Osnabrück und Thüringen: Edw. Schröder 1907 Nd. Jb. 33, 190ff. In der ersten Hälfte des 18. Jh. wird das Wort als dik'is ins Lett. entlehnt: J. Sehwers 1925 Zf. f. vgl. Sprachf. 53, 111.

Dutzend N. Afrz. dozeine tritt im 14. Jh.

im Elſaß als totzén auf. Im 18. Jh. bringt die ſeit Steinbach 1734 gebuchte Form Dutzend durch. -d iſt angetreten wie in jemand, niemand, nirgend, weiland; der Plur. Dutzende ſpielt alt keine Rolle, weil in Verbindung mit Zahlwörtern die unflektierte Form gebraucht wird. Obd. dutzet hat n lautgeſetzlich verloren (ſo heißt die 3. Perſ. Plur. ſchwäb. ſi nemet); dotzet mag an ital. dozzina anzuknüpfen ſein. S. Großhundert und Schock.

duzen Ztw. zuerſt in Wolframs Parz. 749, 29 neben gleich altem irzen; jünger erzen und ſiezen. Vorbild ital. t(u)izzáre. Über ſchwäb. dauze H. Fiſcher 2, 121.

Dynamit M. hat der Schwede Alfred Nobel den von ihm erfundenen Sprengſtoff 1867 nach gr. δύναμις genannt.

Dynamo M. Werner Siemens nennt die von ihm erfundene Maſchine, die Arbeitskraft unmittelbar in elektr. Strom umwandelt, „dynamo-elektriſche Maſchine", kürzt aber ſogleich 1867 dieſen Namen zu Dynamo-Maſchine. Dazu wieder die Kurzform Dynamo, die zuerſt 1882 in England auftritt: H. Schulz 1913 Fremdwb. 1, 161.

E

Ebbe F. 'das regelmäßige Fallen des Seewaſſers', wie es namentlich an der Nordſee täglich zweimal zu beobachten iſt und mit der Flut zu den Gezeiten (Tiden) gehört. Demgemäß iſt Ebbe ein Nordſeewort, nhd. begegnet erſt 1583 Eppenflut, 1617 Ebe, 1630 Ebbe; nd. bb iſt (wie bei Krabbe, Robbe, Schrubber u. a. Wörtern nd. Herkunft) geblieben. Viel älter ſind aſächſ. ebbiunga, mnd. (ſeit 1430) mnl. mnl. ebbe (von da entlehnt ſchwed. ebb, äbb, dän. ebbe, frz. èbe), afrieſ. agſ. ebba, engl. ebb. Dazu anord. eſia, norw. evja, ſchwed. ävja, dän. mundartl. eve, norw. evje in Bedeutungen wie 'Schlick, Schlamm, verſumpfte Bucht', ohne Umlaut norw. ave, ſchwed. ava, ave 'Waſſerloch, Sumpf': die Bed. iſt gewandelt, weil man im größten Teile Schwedens und Dänemarks den Gezeitenwechſel nicht kannte. Germ. *ab(j)an, -ōn F. ſtellt ſich zu nhd. ab (ſ. d.) und iſt verwandt mit anord. ǫfugr 'rücklings'.

eben Adj. Adv. Mhd. ëben(e), md. ëven, ahd. ëban Adj., ëbano Adv., aſächſ. ëban Adj., ëfno Adv., mnd. mnl. mnl. effen, even, afrieſ. engl. even, agſ. efen, anord. jafn, norw. jamn, ſchwed. jämn, dän. jævn, got. ibns vereinigen ſich auf germ. *ebna-, das auf idg. *imno- beruhen kann. Schon in den älteſten germ. Belegen erſcheint die abſtr. Bedeutung 'gleich' (wie in Ebenbild, ſ. d.); der konkrete Sinn 'gleichmäßig hoch' (wie in Ebene, ahd. ëbani; vgl. neben) iſt jünger. Inſofern rechtfertigt ſich Verknüpfung mit lat. imāgo 'Bild', imitāri 'nachahmen' und dem damit ablautenden aemulus 'nach-, wetteifernd; Nebenbuhler'.

Ebenbild N. mhd. ëbenbilde: Lehnüberſetzung des 14. Jh. für lat. configuratio.

Ebenholz N. Altägypt. hbnj, deſſen Vokaliſation wir nicht kennen (arab. türk. abenos), wird zu gr. ἔβενος, lat. (h)ebenus. Von da ſpätahd. ebēnus, noch in lat. Weiſe flektiert, mhd. ebēnus und umgedeutet e(b)boum, frühnhd. ebenbaum. Dazu heben holtz Luther 1532 1. Kön. 10, 11 u. ö.

Eber M. Ahd. ëbur, aſächſ. ëbur, agſ. eofor. anord. jǫfurr (nur in übertragenem Sinn 'Fürſt') führen auf germ. *ëbura. Nächſtverwandt ἔβρος · τράγος βάτης bei Heſych als Wort einer nordbalkaniſchen Barbarenſprache: A. v. Blumenthal 1931 Jdg. Forſch. 49, 174. Urverwandt ſind ferner die gleichbed. lat. aper, deſſen a aus lat. caper 'Bock' (ſ. Habergeiß) ſtammt, und mit v-Vorſchlag aſlav. veprĭ, lett. vepris. Auch Ferkel, Sau und Schwein haben europ. Verwandte. In den Mundarten iſt nhd. Eber zurückgedrängt: nd. gilt bēr (ſ. Bär²) und kempe, heſſ. watz, thür. kunz.

Eberesche F. 'Sorbus aucuparia L.', zuerſt als ëberboum in Oſtpreußen um 1410 (Lexer, Nachtr. 134), Eberaſch Köln 1534, Eberaſchen Fſm. 1588, Ebereſche zuerſt bei einem Schleſier 1599 (Weigand-Hirt 1, 401). Formen wie frühnhd. Ab(e)reſch(e) treten nur in Gebieten auf, in denen mhd. ë lautgeſetzlich durch a vertreten wird. Die Auffaſſung von Aber-Eſche als 'unechte, minderwertige Eſche' beruht auf Volksdeutung, desgleichen die in weſtfäl. häweresche enthaltene (F. Holthauſen 1929 Germ.-rom. Monatsſchr. 17, 67). Das Beſtimmungswort mhd. ëber- ſetzt man in Beziehung zum Namen der Eibe (ſ. d.), der urſpr. verſchiednen Bäumen galt, die durch ihre Beeren auffielen. Auch das urverwandte gr. οἴη (aus οἴuā bedeutet 'Vogelbeerbaum'. S. Quitze.

Ebritz M. Lat. abrotonum, das nhd. Aberraute (ſ. o.) ergeben hat, wird im Gedanken an Eber (auch Eberwurz kommt vor) umgedeutet zu ſpätmhd. eberitz (ebereize).

Echo N. Gr. ἠχώ 'Widerhall' (zu ἠχή 'Schall', ſ. Katechismus) gelangt über lat. ēchō im 16. Jh. zu uns und erſcheint bei Fiſchart 1575

Garg. 63, zunächst als F. wie noch bei Herder und Schiller. In Anlehnung an die älteren Synonyma Widergalm, -hall, -schall, -ton stellt sich noch vor 1600 M. ein, das N. setzt sich seit 1619 durch wie in Konto, Porto, Tempo. Dafür entschied Adelung 1774. Zur Flexion H. Paul 1917 Dt. Gramm. 2, 128. 130; zum Geschlecht ders. 2, 148 und H. Schulz 1913 Fremdwb. 1, 162. Im alten Norden heißt das Echo dvergsmāl 'Zwergsprache'.

Echje s. Eidechse.

echt Adj. Zu Ehe in seiner alten Bed. 'Gesetz' ist asächs. ahd. mhd. -haft 'gesetzlich' gebildet, dessen nd. nl. Entsprechung früh kontrahiert ist, vgl. afries. āfte, ëfte. Indem ft lautgesetzlich zu cht (s. anrüchig) und ō vor Doppelkonf. verkürzt wird, entsteht mnl. mnd. echt(e). Mit den aus dem Sachsenspiegel geflossenen Gesetzbüchern bringt nach Luthers Zeit die nd. Form ins Nhd. und erscheint seit Henisch 1616 in der Rechtsformel echt und recht. Aus dem Mnd. entlehnt sind dän. egte, schwed. äkta.

Eck N., Ecke F. Mhd. ecke, egge, ahd. ecka, egga, asächs. eggia, mnl. egghe, nnl. eg(ge), afries. anord. egg, agf. ecg, engl. edge, dän. eg(g) 'Ecke, Kante, Schärfe, Schneide' führen auf gleichbed. germ. *agjō- zur idg. Wurzel *ak- 'scharf, spitz, kantig'. Von den außergerm. Verwandten stehen am nächsten bret. ek 'Spitze', lat. aciēs 'Schärfe, Schneide; Schlachtreihe', gr. ἀκμή, ἀκίς 'Spitze', aslav. os(i)la 'Wetzstein', lit. akstìs 'Bratspieß'. S. acht, Ähre, Egge. Neben dem urspr. F. kommt schon mhd. eck N. vor, zuerst bei Hnr. v. d. Türlin (Kärnten 1215). Das N. ist namentlich in Oberdeutschland weit verbreitet, N. allein buchen Dasypod 1535 und Maaler 1561; auch Drei-, Vier-, Vieleck sind stets M.: H. Paul 1917 Dt. Gramm. 2, 118ff.

Ecker F. erst in nhd. Zeit aus nd. ecker 'Eichel, Buchecker' entlehnt. Die obd. Form zeigen mhd. ackeram, schweiz. acheram, schwäb. eckern, bair. akram; vgl. das Eckerndaus der Spielkarte. Dem anord. akarn N., agf. æcern, engl. acorn, nl. aker, mnd. ackeren, eckeren 'Eichel' steht got. akran N. 'Ertrag, Frucht' mit der alten, weiten Bed. gegenüber, die doch wohl erlaubt, das germ. Wort als 'wilde Frucht' zu Acker (got. akrs) in seinem ältesten Sinn 'unbebautes Land' zu stellen. Urverwandt sind lat. agrestis, gr. ἄγριος 'wild', kymr. aeron 'Früchte', bret. irin, ir. áirne 'Schlehe'. Zu den Bed.-Schwankungen vgl. air. mess 'Frucht; Eichel', bret. mëz 'Eicheln', kymr. mês 'Buchecker' (aus *messu 'Nahrung').

edel Adj. Das in lat. ūtilis, humilis, fragilis erscheinende Adj.-Suffix kehrt wieder in got. aglus, agf. egle 'schwer', asächs. suigli, agf.

swegle 'hell', ahd. tougali, agf. dēagol 'heimlich'. Entsprechend gehört zu germ. *aþ-ala M. (s. Adel) westgerm. *aþ-ilu Adj. 'von Adel, vornehm', erwiesen durch agf. ædele, afries. ethele, asächs. ẹdili, ahd. ẹdili. Adelung und Heynatz fordern im Gedanken an Adel offene Aussprache des e, dringen aber damit nicht durch, weil die Bed.-Entwicklung den Zus.Hang mit dem M. gelockert hat: Fr. Vogt, Der Bed.-Wandel des Wortes edel (1909). Dän. schwed. ædel sind aus dem Mnd. entlehnt. Übertragung der Standesbez. auf Geistiges und Sittliches auch bei ital. gentile und frz. noble.

Edelmut M. nicht vor Stieler (1691) 1299, Rückbildung aus dem Adj. edelmütig, das in der Ableitung edelmüetekeit F. schon Mhd. Wb. 2, 260 belegt ist.

Edelrost M. seit P. Heyse, Nov.-Schatz 2, 130 zus.-gezogen aus der schon bei Wieland und Börne begegnenden Formel edler Rost, die ihrerseits Lehnübersetzung von aerugo nobilis ist: Zs. f. d. Wortf. 2, 63.

Edelstein M. Ahd. stein, gisteini bed. vielfach 'Edelstein', mhd. ẹdel gesteine ist eine verdeutlichende Formel, in der vor N. das Adj. unflektiert bleibt (so auch in nnl. edelgesteente), während der ẹdele stein noch bei Luther flektiert werden kann. Daneben ist mhd. edelstein seit dem 14. Jh. bezeugt. Dän. schwed. ädelsten stammen aus dem Nd.

Edelweiß N. Der älteste Name von Leontopodium alpinum geht von der wolligen Behaarung aus: Wullblumen bietet Aretius 1561 in seiner Beschreibung des Stockhorns aus berndt. Ma. In Berchtesgaden und Teilen Tirols galt Bauchwehblume: man sammelte die Blütenköpfchen zu Tee gegen Leibschmerzen. Edelweiß begegnet seit K. E. v. Moll 1785 Naturhist. Briefe über Österreich 2; Jirasek 1806 Beitr. z. bot. Nomenkl.; Schmeller 1827 Bayer. Wb. 1, 28. Der Name folgt dem Vorbild von Edelraute: mit beiden räucherten nach Moll die Zillertaler den Stall aus, wenn eine Kuh ein geschwollenes Euter hatte. Als Edelvais und Vais ist das Wort in ital. Ma. der Venetianer Alpen entlehnt: H. Marzell 1935 Jb. d. Ver. zum Schutze der Alpenpflanzen u. -Tiere 7, 45ff.

Efeu M. N. Ahd. ëbah, agf. ifig, schlef. ewich M. zeigen im Namen der Kletterpflanze einen Stamm, der vielleicht in lat. ibex 'Steinbock' (eig. 'Kletterer') wiederkehrt. Wie nahe diese Benennung liegt, lassen nnl. ofries. westf. klimop, münsterländ. ailauf 'Efeu' erkennen. Der alte Name erfährt früh Anlehnungen: an Laub in mnd. iflöf, iwlöf, nl. eiloof, siebenb. bümlüf. an Heu in ahd. ëba-hẹwi (Zs. f. d. Wortf. 2,

226), mhd. ëbe-, ëp-höu N., schweiz. räb-heu. Aussprache mit getrenntem b-h gilt obb. bis heute. Schreibung mit f (kaum vor Harsdörfer 1643 Frauenz.-Gesprechsp. 3, 406 und Stieler 1660 Geh. Venus 15) beruht auf ostmd. thür. westf. ěfai, ěfa: diese Formen sind nicht mundartecht, sondern folgern die Aussprache f aus falscher Auffassung des ph. Auf Verwechslung mit dem Doldengewächs Eppich (s. u.) weist schles. eppich.

Effendi M. Gr. αὐθέντης 'Herr' lautet im ngr. Vokativ af(th)endi und wird im Türk. ehrende Anrede '(mein) Herr'. Uns im 19. Jh. vermittelt durch frz. ef(f)endi.

egal Adj. Lat. aequālis 'gleich beschaffen' wird zu frz. égal, das zuerst Nehring 1684 in der Bed. '(gleich)förmig' bucht. Aus Wendungen wie frz. cela m'est bien égal stammt unsere Bed. 'gleichgültig' (seit 1833). Im Sinn von 'immerfort' tritt das Adv. seit dem 19. Jh. in den Mundarten von Hessen und Mecklenburg bis Schlesien auf: H. Schulz 1913 Fremdwb. 1, 164

Egel s. Blutegel, Igel.

Egge[1] F. 'Tuchkante' die nd. Form von Ecke (s. o.), die seit Ludwig 1716 gebucht, aber noch von Heynatz 1775 zugunsten der hd. Form abgelehnt wird. Schweiz. gilt endi, fränk. selbend, thür. salbend (s. Salband).

Egge[2] F. Mhd. mnd. egede, ahd. egida, asächs. egitha, mnl. eghede, nnl. eg(ge), afries. eide, ags. eg(e)de führen auf germ. *agiþō, idg. *okétā 'die mit Spitzen besetzte'. Urverwandt sind gleichbed. lit. akéčios, apreuß. aketes, akymr. ocet, kymr. oged. Die Endung germ. -iþō, idg. -etā bildet Gerätnamen (vgl. agf. sigðe 'Sense' zum Stamm des lat. secāre 'schneiden'). Umstellung zu *otikā setzt lat. occa 'Egge' voraus, mit andrer Endung ist gleichbed. gr. ὀξίνη zur gleichen Wurzel idg. *ok- 'spitz' gebildet. Aus dem Subst. rückgebildet sind germ. *agjan, ahd. mhd. ecken, egen, lat. occāre, lit. akéti. Auf mhd. mnd. egede beruhen Mundartformen wie thür. ěde, hess. eide, westfäl. ě¹de. Als Neubildung aus dem Ztw. begegnet zuerst bei Muskatblüt 28, 106 ege, das seit spätmhd. Zeit häufiger wird und nhd. Egge ergibt: F. Specht 1935 Zf. f. vgl. Sprachf. 62, 210ff.

Egoismus, Egoist M. Zu lat. ego 'ich' werden um 1700 frz. égoisme, égoiste gebildet, die seit Chr. Wolff 1720 Vernünft. Ged. über Gott 2 zu uns gelangen, zunächst im Sinn des heutigen Solipsismus, der nur das Ich als gegeben setzt, gegen Ende des 18. Jh. in die heute allein übliche prakt. Bed. übergehend, für die vorher mit hiatfüllendem t Egotismus galt, dem frz. égotisme, engl. egotism entsprechend. Unser egoistisch gibt engl. egoistic

wieder. Selbstsucht (seit 1795) und selbstsüchtig (seit Garve 1783) sind Lehnübersetzungen, ebenso Selbstler bei Goethe 1809 (Wahlverw. 1, 14, Jub.-Ausg. 21, 112).

ehe Adv. Konjunkt. Neben mhd. ěr (s. eher) steht ě wie dä neben där, wā 'wo' neben wär. Die Konjunkt. entsteht aus dem älteren Adv. der Bed. 'vordem': der Satz „ich gehe nicht, ehe er kommt" stammt aus „ich gehe nicht, eher ('vordem') kommt er": Behaghel 1928 Dt. Syntax 3, 166.

Ehe F. ist in der Bed. 'Gesetz' westgerm.: ahd. anl. afries. ěwa, mhd. ě, asächs. ěo, ags. ǣ(w). Wenn als Grundbed. 'ewig geltendes Recht' angesetzt werden darf, ist ewig (s. d.) verwandt. Die heutige Bed. beruht auf einer zuerst von Notker um 1000 vorgenommenen Besonderung: unter den gesetzmäßigen Verträgen war der zur Ehe führende der wichtigste. Beruht die nhd. Zweisilbigkeit auf wirklicher Lautentwicklung? Vgl. auch M. Mincoff 1934 Anz. f. dt. Alt. 53, 232f.

Ehehälfte F. Zu Ehepaar, das seit Stieler 1691 als 'neuvermähltes Paar' auftritt, wagt zuerst Jean Paul 1793 Grönl. Proz. 85 die ergänzende Neubildung Ehehälfte. Vorher Hälfte entspr. frz. moitié, nachmals bessere Hälfte nach engl. my better half (geflügeltes Wort aus Sidneys Arcadia 1590: Büchmann²⁵ 295). Mundartl. Gegenteil.

eher Adv. ahd. mhd. ě(r) 'früher, vormals': Adv. eines Kompar. got. airis zu air 'frühe', agf. ǣr, engl. ere 'bevor', anord. ār 'früh, vormals'. S. ehe, erst. Verwandt gr. ἦρι (aus *āieri) 'früh', avest. ayar 'Tag'.

ehern Adj., mhd. ahd. ěrīn, afries. ěren, agf. ǣren: zu dem vom unverwandten Wanderwort Erz (s. d.) verdrängten N. mhd. ahd. asächs. ěr, agf. ǣr, ār, ōra, engl. ore, anord. eir, älter dän. eer, got. aiz, germ. *a(i)iz- (urverwandt mit lat. aes, avest. ayō, aind. áya- aus idg. *aios, Gen. *aieses)'Erz', genauer wohl 'Kupfer' und demgemäß von Ajasja, dem alten Namen der Insel Kypros (s. Kupfer) herzuleiten. Das germ. Adj. auf -īna ist gebildet wie die Stoffadj. ahd. hulzīn, asächs. līnīn, got. gulpeins; außergerm. entspricht -īno in lat. lupīnus, gr. λίθινος. Die nhd. Form dankt die Schriftsprache Luther, der von seiner Jugendform ehrn in der Bibelübersetzung zu ehern übergegangen ist, entweder unter dem Eindruck von Vorbildern wie kupfern, oder unter Entwicklung einer Silbe aus r wie im Adj. eher aus mhd. ěr.

Ehezärter M. Lat. cartula 'Urkunde' ergibt über gleichbed. frz. chartre nd. zerter Brem. Wb. 5 (1771) 310, das die Zus.-Setzung e. 'Ehevertrag' liefert, zuerst in Hamburg 1581

(Schiller-Lübben 1, 632) und von dort verbreitet: Patriot 3 (1729) 182; Zf. f. d. Wortf. 10,
103; H. Fischer 1908 Schwäb. Wb. 2, 904. Eine
Bed. 'Gatte' bei Hauff 1827 Mann im Mond
19. 45 beruht auf irrender Anlehnung an zart.

Ehrbartät f. Grobian.

Ehre F. mhd. mnd. mnl. afrief. ēre, ahd.
asächf. anfränk. ēra 'Gnade, Gabe, Ehre', nnl.
eer, agf. ār 'Wohltat, Schonung, Ehre, Glück',
anord. eir 'Schonung, Friede'. Got. ist nur die
Ableitung aistan 'sich vor jem. scheuen, ihn
achten' bezeugt, die über got. *aiza 'Scheu,
Achtung' auf einen idg. Verbalstamm *ais-
'ehrfürchtig sein, verehren' führt. Dieser liegt
den altital. Mundartformen erus, aisis 'den
Göttern' voraus, ebenso dem gr. αἴδομαι
'scheue, verehre' und αἰδώς 'Ehrfurcht, Scheu'.
Mit Tiefstufe entsprechen griech. ἱερός 'heilig'
und aind. iḍé 'verehre, preise, flehe an'. Aus
der Ehrfurcht vor den Göttern hat sich der
weltliche Ehrbegriff spät entwickelt.

Ehrenhandel M. geht als Studentenwort von
Jena 1798 aus: Zeichn. v. Jena 167. Literarisch seit Gotter Ged. 3 (1802) 182.

Ehrenmann M. vir honestus erscheint seit
Ende des 15. Jh. in Schweizer Quellen (DWb.
2, 63) und verbreitet sich von da (Schweiz. Jd. 4,
252) zunächst nach Süddeutschland (Murner
1512 Narrenbeschw. 13, 74), fehlt aber z. B.
noch in der Lutherbibel.

Ehrenpreis M. heißen die verschiedenen Arten des Rachenblütlers Veronica zuerst im
Schwyzer Arzneibuch des 15. Jh. (Schweiz. Jd.
5, 795). 1500 folgt des Straßburgers Hier.
Brunschwig Kunst der Destillierung 43ᵇ; die
schwäb. Zeugnisse setzen mit Leonh. Fuchs
1543 Kräuterb. 59 ein. Seitdem allgemein;
auf Entlehnung aus dem Mhd. beruhen nnl.
eereprijs, dän. ærenpris, schwed. ärenpris
(dies seit 1578). Gleiches Lob klingt aus den
Namen Ehrenkerze, -wert, Grundheil (seit
1500), Heil allen Schaden, Heil (Trost)
aller Welt, Machtheil, Hīl de wᵉangt (Siebenbürgen), dat wäre krūt (Schleswig), Stā
up un gā weg. Es gilt der Kraft der Pflanze,
Hexen zu vertreiben, den Blitz abzuwehren,
Wunden und die Pest zu heilen: Marzell 1930
Handwb. d. dt. Aberglaubens 2, 594 f.

ehrenrührig Adj. Wie bau=, fuß=, kniefällig ältere Part. auf -ende ersetzen, so steht
in spätmhd. ērenrūerec 'an die Ehre rührend'
(Grimms Weistümer 1, 489) -ig für urspr.
-ende.

Ehrensold M. zuerst bei Dan. Gg. Morhof
1682 T. Ged. 129, von Campe als Ersatz für
Honorar empfohlen (Wb. zur Verd. 1813
S. 353). von Jean Paul seit 1793 Grönl.

Proz. 62 viel gebraucht, von Wieland im
T. Mercur, März 1797 aufgenommen.

Ehrfurcht F. ist aus dem seit Melanchthon
nachgewiesenen Adj. ehrfürchtig spät rückgebildet, offenbar um den Begriff des lat.
reverentia zu decken. Das seit Frisch 1741 gebuchte Subst. ist nicht vor Chr. Gryphius 1698
Poet. Wälder 303 zu belegen: D. Nichtenhauser
1920 Rückbildungen 25.

Ehrgeiz M. Für mhd. ēr(en)gītec 'ambi-
tiosus' setzt Luther Gal. 5, 26 ehrgeitzig, mhd.
ērgītecheit (Lexer 1, 631. Nachtr. 155; H.
Fischer 1908 Schwäb. Wb. 2, 798) spiegelt 1529
sein ehrgeitigkeit Weish. 14, 18, doch ist auch
die seit Henisch (1616) gebuchte Kürzung Ehrgeiz bei ihm schon vorhanden: Ph. Dietz
1870 Wb. zu Luthers Schriften 1, 487.

Ehrn f. Ahren.

ei als Ausruf der Verwunderung, der Freude
und des Spotts, mhd. ei, führt auf idg. *ai
als Ausruf. Ebenso aind. ai bei Anruf, Anrede
und Sichbesinnen, avest. āi bei Anruf vor
Vokat., gr. αἴ, αἶ bei Verwunderung, Staunen
und Schmerz, lit. aĩ, ái 'ach, wehe'. Im Ablaut hierzu ahd. mhd. ī, dem sich lat. ei 'ach',
air. he he 'gut so', aind. ē als Ausruf der Anrede, des Sichbesinnens usw. vergleichen. Dem
erweiterten, schon mhd. eia entspricht gr. εἴα,
εἶα 'wohlan, frisch'; daraus entlehnt gleichbed.
lat. eia.

Ei N. Mhd. ahd. asächf. mnd. mnl. nnl.
agf. æg, anord. egg (von da entlehnt engl.
egg), schwed. ägg, dän. æg, got. *addja (erschlossen aus krimgot. ada 'ovum') führen auf
germ. *ajjaz; -es-Stamm ist durch die Mz. ahd.
eigir, agf. ægru erwiesen. Außergerm. kommen
am nächsten gleichbed. aslav. ajice, serb. jáje,
russ. jajcó. Ferner stehen akorn. uy, bret.
ui neben vi, kymr. ŵy (gesprochen ūi); lat.
ōvum, gr. ᾠόν. Wahrscheinlich besteht Verwandtschaft mit idg. *auei- (lat. avis, avest.
vīš, aind. víh, véh) 'Vogel', doch läßt sich nicht
entscheiden, ob der Vogel als 'Eiertier' benannt ist oder das Ei 'das vom Vogel Gelegte'. Für die mancherlei Spielformen, die
lautgesetzlich schwierig bleiben, macht man
Kindersprache der Vorzeit verantwortlich.

Eibe F. Ahd. īwa, mhd. mnd. īwe mnl. nnl.
ijf, agf. īw, engl. yew, anord. ȳr 'Taxus baccata L.' Neben den w-Formen stehen solche mit
einem (wie in Jugend, f. d.) jüngeren Velar:
schweiz. iche, ige, ahd. īha, iga, asächf. īch,
agf. ī(o)h 'Eibe'. Daß mhd. īwe und anord. ȳr
'Bogen', schwäb. eib 'Armbrust' bedeuten, beruht darauf, daß man seit der Steinzeit das
Holz zum Bogen von der Eibe genommen hat:
H. Fischer, Schwäb. Wb. 2 (1908) 554; F.
Hoops 1913 Realler. 1, 517 ff. Der kultisch be-

deutfame Baum war einst bei uns so häufig, daß es Cäfar auffiel: taxo, cuius magna in Gallia Germaniaque copia est (Bell. Gall. 6, 31). Die in Westeuropa fast überall altheimische Eibe fehlt östlich einer Linie von den Alands-Inseln zur Donaumündung, greift also nur wenig über die Buchengrenze nach Osten. Lett. īve, apreuß. iuws 'Eibe' sind dem Mnd. entlehnt. Das urverwandte tschech. jiva, mundartl. íva, hat unter dem Einfluß der dt. Nachbarn die Bedeutung 'Eibe' angenommen, urspr. aber 'Weide' bedeutet (zum Bedeutungswandel vgl. Buche). Den Eibennamen haben die Germanen nur mit den Kelten gemeinsam: gall. (inschriftl.) ivos (das in frz. if fortlebt), ir. eo, kymr. yw(en), akorn. hiuin, bret. ivin 'Eibe' führen auf urkelt. *iu-os. Urverwandt sind ferner gr. oἴη (aus *ōiuā) 'Vogelbeerbaum' (f. Eberefche), lat. ūva 'Traube', arm. aigi 'Weinstock', lit. (j)ievà, lett. iēva 'Faulbaum', ruff. íva, ferbokroat. íva 'Weide'. Demnach haben idg. *ōiuā, *ōiuā, *īuā Gewächse bezeichnet, die durch ihre Beeren auffallen. In der Bed.-Entfaltung spielt die Farbe des Holzes eine Rolle: Eibe und Weide haben im Alter rotbraunen Kern, auch das Holz des Faulbaums ist gelb oder rot.

Eibisch M. mhd. ībische, ahd. ībisca F. 'Althaea officinalis L.' (f. Althee). Einen kelt. Namen der Heilpflanze hat Vergil in der Poebene als lat. ibiscum aufgenommen, von da ist er durch Mönche ins Ahd. gelangt; auch gr. ίβίσκος stammt aus dem Lat. Der Schleim aus Blüten, Blättern und Wurzeln ist als Mittel gegen Hals- und Magenleiden beliebt geblieben, aber auch als Zierpflanze wächft Eibisch in dt. Bauerngärten: R. Heidt 1942 Gegenw. Kenntnis u. Anwendg. einheim. Heilpflanzen 39; H. Marzell 1943 Wb. d. dt. Pflanzennamen 1, 229f.

Eiche F. Die Eiche war für alle Germanen außer den Goten und Isländern der hervorragendfte Waldbaum, in ihrer Mächtigkeit und faft unbegrenzten Lebensdauer (Plinius Hist. nat. 16, 6) ehrwürdig und (wie die Donareiche bei Geismar, die Bonifaz 725 fällen ließ) den Göttern verbunden. Ihr Name germ. *aiks F. M. spiegelt sich in anord. eik, agf. āc, engl. oak, afrief. afächf. mnl. ēk, ahd. eih (hh). Außergerm. Verwandte sind lat. aesculus 'Bergeiche' (aus *aigsklo-, Endung nach populus, ebulus), gr. αΐγίλωψ 'eine Eichenart', αΐγειρος 'Schwarzpappel', κρᾱτ-αιγος, κρατ-αιγών 'eine Baumart'. Hoops 1913 Reallex. 1, 520; F. Specht 1944 Zf. f. vgl.Sprachf. 68, 196. Zum Bedeutungswandel bei Baumnamen f. Buche.

Eichel F. Ahd. eihhila, mhd. eichel, mnd. ēkel, mnl. eikel sind Demin. zu Eiche (bef.

deutlich in schwäb. Eichele) und bed. urspr. 'das Junge der Eiche' (wie obd. Dieterle der Sohn, Nachkomme eines Dieter ist). So ist mhd. büechel 'Buchnuß' zu Buche gebildet. Ahd. armilo 'Armel' und agf. þýmel 'Däumling' gehören als verdunkelte Deminutiva zu ahd. arm und dūmo.

eichen schw. Ztw. 'amtlich abmessen, prüfen'. Spätmhd. īchen, mnd. mnl. īken sind trotz der späten Bezeugung vor der hd. Lautverfch. als westgerm. *īkōn aus gleichbed. spätlat. aequāre (Corp. Gloss. Lat. 5, 503. 620; Corffen, Spr. d. Etrusker 1, 693) entlehnt. Lat. ae ift dabei (anders als im noch älteren Lehnwort Kaiser) behandelt wie lat. ē (vgl. Pein). Entspr. ift afrz. essever 'eichen' aus *exaequāre entwickelt (Thomas, Mél. 72). Eichen ist vorwiegend ein Wort des Nordens und Westens. Alem. gilt sinnen (f. d.), schwäb. pfachten (zu lat. pactum), öfterr. abhaimen, zimentieren. Aus pfachten hat spätmhd. īchten sein t bezogen.

Eichhorn N. Sciurus vulgaris hat als ausgefprochenes Waldtier einen idg. Namen, der sich aus urkelt. *vēver, lat. viverra, lit. voverē̃ (aus *voi-ver), lett. vãvere (aus *vō-ver), apreuß. vevare (aus *ve-ver), aflav. vēverica, ngr. βερβερίτζα, npers. varvarah ufw. ergibt, die z. T. auch 'Frettchen, Männchen von Iltis oder Marder' bedeuten. Er ist redupliziert wie Biber (f. o.) und viele Tiernamen in Kindermund. Der einfache Stamm ist zweiter Teil von *aik-wernan, das sich aus anord. ikorni, agf. ācweorna, ācwérn, mnl. eencoren, mnd. ēkeren, ahd. eihhurno, eihhorno (Palander 1899 Ahd. Tiernamen 66) als germ. Form des Tiernamens ergibt. Erster Wortteil ift germ. *aik- 'Eiche'. Die Anlehnung an Horn tritt nicht vor dem 11. Jh. auf; nach dem umgedeuteten Namen hat die Naturwiff. die ganze Familie der Hörnchen (Sciuridae) mit Backen-, Erd-, Flatter-, Flug- und Taghörnchen benannt, wie die Echfen nach der falsch getrennten Eidechse (f. d.). Vielfach gelten jüngere Namen: über die weite Verbreitung von Eichkatze, -kater, Katteiker f. Kretschmer 1918 Wortgeogr. 183f.; öfterr. Eichhafe f. u. Hafe. In Teilen von Hessen gilt Baumfuchs, naff. kawaixrt, wefterwälb. kauərtxn 'Konradchen'. In schwäb. Eichhalm, oəkhirmle ist Harm (f. Hermelin) zweiter Wortteil. Schleswig-Holft. kennt nebeneinander Ekerbuck, -katt, Eekhorn, -katt, Ekenaap, Ekerken, Kadebik, Katte(i)ker, Katteke(l), Katteker(t) u. a.: O. Menfing 1, 993. 3, 74.

Eid M. Got. aiþs, anord. eiðr, agf. āþ, afrief. afächf. ēth, ahd. eid führen auf germ.

*aiþa-z, vorgerm. *ói-to-s, das in air. ōeth
'Eid' vorliegt. Bei der staatsrecht. Überlegen-
heit, die die Kelten zur Zeit der Abgabe von
Wörtern wie Amt (s. b.) bewährt haben
(Cäsar, Bell. Gall. 6, 24 fuit antea tempus,
cum Germanos Galli virtute superarent), ist
wahrscheinlich, daß sie ihren germ. Nachbarn
auch die bedingte Selbstverfluchung vermittelt
haben: C. S. Elston 1934 The earliest relations
between Celts and Germans 65f. Zu ihr
fand sich der Ausdruck schwören durch Bed.-
Verengung eines germ. Ztw. Auf Bed.-Ver-
engung beruht auch air. ōeth, falls mit air.
ethae 'itum est', gr. οἶτος 'Gang, Schicksal'
und aind. ēta- 'eilend' zum idg. Verbalstamm
*ei- 'gehen': dann hätte eine Bed. 'Eidgang,
Vortreten zur Eidesleistung' vermittelt; vgl.
schwed. ed-gång 'Eidablegung'. Zugehörig die
schwundstufige Bildung gr. ἴτας · ὅρκος bei
Hesych: A. Schott, Hirtfestschr. 2, S. 74f.,
Nr. 124.

Eidam M. Ahd. mnd. eidum, mhd. eidem,
afries. āthom, agf. ādum führen auf westgerm.
*aiþuma. Alte und neue Anknüpfung an Eid
ist volksetymologisch. Eidam gehört zu ost.
aeteis 'des Teils', avest. aēta 'Anteil', gr. αἶσα
'Gebühr', ἰσσασθαι 'Anteil erlangen', bezeichnet somit den, der einheiratet und am Erbe
(der Tochter) teilnimmt: E. Hermann, Nachr.
d. Gött. Ges. d. Wiss. 1918, 217. Ausl. m ist
erhalten wie in Atem, Brodem, Odem,
voller Vokal aus frühnhd. m neu entwickelt wie
in Brosam, Pilgrim: A. Semler 1909 Frühnhd. Endungsvokale 9. Das in der Lutherbibel
noch zwölfmal gebrauchte Wort gilt als ēdm
in Westfalen, ēdn in Schlesien, Oberlausitz,
Erzgebirge, Thüringen, Koburg, āre in Nassau
und der Wetterau, ain in der Oberpfalz und
Bayern, eiden in Böhmen, oadn in Tirol.
Südwestdeutsch gilt seit langem Tochtermann,
in der Schriftsprache hat sich vom Nd. her
Schwiegersohn durchgesetzt: P. Kretschmer
1918 Wortgeogr. 454.

Eidechse F. Ahd. egidęhsa, asächs. ęgithassa
und (mit gramm. Wechsel) ęwithęssa, mnd.
ęgedesse, mnl. haghedisse, nnl. hagedis, agf.
āþexe, engl. ask(er) erweisen den Namen
als westgerm. Das erste Wortglied (germ.
*agi-, *awi-, idg. *ógu̯hi-, *ogu̯hí-) scheint
in gr. ὄφις, aind. áhi-, avest. aži 'Schlange'
wiederzukehren, im zweiten vermutet man (unter Hinweis auf russ. weretenica 'Eidechse' zu
wereteno 'Spindel') germ. *þahsiō, ahd.
*dęhsa, mhd. dęhse 'Spindel'. Auf falscher
Worttrennung beruht der von Oken 1836
Nat.-Gesch. 6, 581 in die Naturwiss. eingeführte
Sammelname Echsen mit Gürtel-, Jo-
hannis-. Kröten-, Meer-, Ringel-,

Schienen-, Schön- und Wühlechse (vgl.
Eichhorn, Falter). In lebender Volkssprache ist das Wort Eidechse unter Anlehnung
an Glas, Hag, Hecke, Heide, Ochse,
Öl, Reh u. v. a. Wörter in unzählige Spielformen zersplittert: tirol. hegedex, egerex,
schles. heidox, edox, henneb. äderse, ederessle,
hēdeše uff. Den Reichtum entfalten für
Schwaben H. Fischer 1908 Schwäb. Wb. 2, 562,
für Baden E. Ochs 1940 Bad. Wb. 1, 638ff.,
für die Niederlande Franck-v. Wijk 1912 Etym.
Woordenb. 225. Seltsam treffen in einem andern
Namen der Eidechse zusammen fränk.-hen-
neb. firxebē, dän. firebeen, schwed. fyrfota
altmärk. fērfōtś, ostfrz. catrepiš aus spätlat.
quadrupedia (Corp. gloss. Lat. 3, 188).

Eider, Eiderente F. Jdg. *ētī- als Vogelname, in Ablaut mit gr. ὠτίς 'Trappe' ist zu
erschließen aus aind. ātī- F. 'ein Wasservogel'
und germ. *ēðī-, nordgerm. *āðī- in anord.
ǣðr F., ǣðarfugl, das zum Namen von Soma-
teria mollissima wird, die an den nördl. Küsten
Europas häufig ist. Isl. ǣþr, Gen. ǣþar (gesprochen aiðar) gelangt gegen Ende des 17. Jh.
durch den Daunenhandel nach England, Holland,
Dänemark und Deutschland: engl. eider(-duck,
down), nnl. eider (-dons, -eend, -gans, -vogel),
dän. ederdun, -fugl, nhd. eider, eider gans
seit Klein 1750 Hist. avium prodr. 130. Belege für Eiderdaune seit 1717 s. Daune.

Eierkuchen M. Das flache, pfannenrunde
Gebäck aus Eiern, Milch und etwas Mehl heißt
nordd. meist Eierkuchen (spätmhd. eier-
kuoche, nnl. eijerkoek, anord. eggjakaka, dän.
äggekage), südd. vorwiegend Pfannkuchen.
Urspr. gingen beide Wörter nebeneinander her,
wobei E. das zumeist aus Eiern hergestellte
Gebäck meinte, P. auf stärkeren Zusatz von
Mehl zielte. Von Ostmitteldeutschland und
Berlin aus ist P. zum Namen der kugelförmigen
(gefüllten) Krapfen aus Hefenteig geworden.
Österreich und die Schweiz bevorzugen das
frz. Omelette. Die mit Hefen gebackenen,
dünnen, gerollten Buchweizenkuchen heißen
ostd. Plinze, Flinse u. ä. nach gleichbed.
russ. blinéc, Demin. zu blin. Ein dickerer Eierkuchen nordd. Puffer; wien. Palatschinken
s. d. und Kretschmer 1918 Wortgeogr. 184ff.
605.

Eierstock M., seit Siber 1579 Gemma 41 und
Ulsheimer 1600 Reise (Alemannia Bd. 7) S.
115, für lat. ōvārium.

Eiertanz M. zuerst bei Goethe 1795 Wh.
Meisters Lehrjahre II 8 und III 6 von einem
ital. Kunsttanz zwischen ausgelegten Eiern.
Als festlicher Volkstanz am Ostermontag im
19. Jh. aus obd. Landschaft beigebracht: M.
R. Buck († 1888) bei H. Fischer, Schwäb. Wb.

2, 568. Übertragen steht der Ausdruck von einem, der sich mit schönen Worten um heikle Dinge herumdrückt, wie frz. il passerait sur des œufs sans les casser.

Eifer M. Zuerst erscheint das M. eifrær 'zelotes' bei Konrad v. Megenberg 1349 Buch d. Natur 237. 286, der subst. Inf. eifern N. 'Eifersucht' bei Hans Vintler 1410 Blume d. Tugend 3589; yfer bei Brant 1494 Narrensch. 89, 19 steht für yferer 'Eifersüchtiger'. Das M. einer nicht vor Luther, der sich der Neuheit bewußt ist: zelus Neyd . . . haß invidia est, Eyfer transtulimus, sed nuperum vocabulum est Weim. Ausg. 14, 596. Er verwendet Eifer und seine Sippe über neunzigmal in der Bibelübersetzung, während die Basler Bibelglossare von Petri u. Wolf 1523 ihren Lesern Luthers Eyffer mit ernst erläutern. Als Bibelwörter erscheinen nd. dän. schwed. iver, nnl. ijver. In mhd. *ifer erkennt W. Schulze 1935 Zs. f. vgl. Sprachf. 62, 198 Substantivierung des Adj. ahd. eivar, eibar, agf. äfor 'herb'. Dies mit lit. aibrumas 'Sodbrennen' zu idg. *aibhro- 'scharf, herb', einer Erweiterung der idg. Wurzel *ai- 'brennen', s. eher.

Eifersucht F. Nachdem Eifer zugunsten seiner heutigen Bed. die ursprüngliche 'Eifersucht' aufgegeben hatte, rückt in diese die verdeutlichende Zus.-Setzung eyffersucht nach, zuerst bei Sachs 1533 Fabeln 35, 117 (nie bei Luther). Daß damals das Wort noch im Werden ist, zeigt Herold 1542 Christl. Ee Institution 155 „von der torechten sucht ('Krankheit') des eifers". Eifersüchtig kaum vor Stieler (1691) 2016. Nnl. ijverzucht (17. Jh.), ijverzuchtig (18. Jh.) stammen aus dem Nhd.—K. v. Bahder, Zs. f. hd. Ma. 1, 300; Idg. Forsch. 14, 261; M. Grzywacz 1937 „Eifersucht" in d. roman. Sprachen (Arb. z. roman. Philol. 42).

eigen Adj. Das aus ahd. eigan, asächs. egan, afries. egin, agf. ägen, anord. eigenn zu folgernde germ. *aiganaz ist Part. zu einem Ztw., das im germ. Bereich als Prät.-Präs. der Bed. 'besitzen' erscheint: got. áigan in gramm. Wechsel zu áih 'ich habe', anord. eiga, agf. ägan, afries. äga, ahd. eigan. Die darin bewahrte Wz. germ. *aig (aih) aus vorgerm. *aik kehrt wieder in aind. iš- 'besitzen', dessen Part. içaná- (mit altem i) in Ablaut zu germ. *aiganaz (mit idg. oi) steht. S. Fracht.

Eigenbrötler M. 'der sich nicht in seine Dinge hineinreden läßt, sonderlich und selbstisch ist', im 19. Jh. entwickelt aus der schwäb.-alem. Bezeichnung des Junggesellen mit eignem Haushalt, dessen Ausdruck das selbstgebackne Brot ist. Kaum vor J. Chr. Schmid 1831 Schwäb. Wb. 160 „Eigenbrödler(in) . . . unverheiratete Person, die ein eigenes Hauswesen führt".

Gleichbed. daneben Eigenbrätler Auerbach 1856 Barfüßele 64, Eigenbrägler H. Fischer 1908 Schwäb. Wb. 2, 571; Einmüßler 'Lediger, der für sich eine eigene Haushaltung führt' Stalder 1812 Versuch e. Schweiz. Id. 1, 341 (aus Unterwalden); mhd. einbrœtec 'der sein eigenes Brot ißt' Lexer 1, 522. Vgl. Gottfr. Keller, Gr. Heinr. I 18 (Ges. Werke 1, 191) „Der Bauer ist der einzige, welcher nur sein Brot als das beste erachtet und es als solches jedermann anbietet".

eigenmächtig Adj. Adv., zuerst verzeichnet von Schottelius (1663) 458, zusammengebildet aus der Kennzeichnung dessen, der aus eigener Macht handelt; von Gottsched durchgesetzt. Eigenmacht F. begegnet bei Stieler, Kant und Schiller; mit eigenmächtig teilt es den Beisinn des Angemaßten. In echter Volkssprache haben beide so wenig Raum wie Eigenmächtigkeit.

Eigenname M. Lehnübersetzung aus lat. nomen proprium, zuerst J. P. Titz 1642 Kunst hd. Verse zu machen B. 1, Kap. 1, 11; vorher eygene nammen Kolroß 1530, eygentliche namen Opitz 1635, das Eigene Gueintz 1641; N. Vortisch 1910 Gramm. Termini 46; E. Leser 1914 Zs. f. d. Wortf. 15, 43. Nomen als Fachwort der Schulgrammatik umfaßte mit Nomen substantivum und adjectivum zugleich den Bezirk der Apellativa. Darum war es nötig, die Eigennamen als eigentliche (propria) nomina herauszuheben. Entspr. frz. nom propre.

Eigenschaftswort N. wird von Adelung 1782 Umständl. Lehrgeb. 1, 278 empfohlen und gegen das von Gottsched 1762 Dt. Sprachk. 152 begünstigte Beiwort durchgesetzt. Der Widerspruch von Heynatz und Campe hat dem E. nicht geschadet: Wh. Pfaff 1933 Kampf um dt. Ersatzwörter 25f.

Eigensinn M. kaum vor Wieland 1766 Agathon 1, 147, vorher in zwei Worten: „eigen sinn vnd stolzer mut" Alberus 1550 Fab. 2, 51. Rückbildung aus mhd. eigensinnec (Lexer 1, 520. Nachtr. 137), das schon im 14. Jh. vorhanden ist. Auch Blöd-, Doppel-, Hoch-, Kalt-, Leicht-, Scharf-, Tief-, Un-, Wahn-, Widersinn sind aus den entspr. Adj. rückgebildet: H. Ruppel 1911 Rückbildung deutscher Subst. aus Adj. 19ff. Eigensinnig wird landschaftlich ohne Tadel gebraucht, z. B. im Vogtland als 'selbständig denkend'.

eigentlich Adv. Adj. mhd. eigenlich Adj. 'eigentümlich, ausdrücklich', eigenliche Adv. 'bestimmt' (s. eigen). Gleitlaut t, der den Übergang von n auf l erleichtert, findet sich in (un)eigentlich schon vor 1350 in md. Texten. Allgemein fest wird er im zweiten Viertel des 16. Jh. Seither behaupten sich Formen ohne

11

t nur im Hochalem. Entspr. Entwicklung zeigen bescheidentlich, freventlich, geflissentlich, (an)= gelegentlich, morgendlich, namentlich, öffent- lich, (un)ordentlich, vermessentlich, vollkomment- lich, wesentlich und wöchentlich: H. Paul, Dt. Gramm. 1 (1916) 327. Heute wird das Adj. nur attributiv gebraucht; es bedeutet, daß das Wort, dem es beigefügt wird, im genauen Sinn zu nehmen ist. Das Adv. bedeutet 'im eigentlichen Sinne des Worts, der Sachlage gemäß, im Grunde', früher auch 'genau'.

Eiland N. Das oben behandelte Au F., das in ags. ēg und in Zus.=Setzungen wie Auster-, Scadin-avia 'Insel' bedeutet, geht im Afries. die gleichbed. Verbindung eiland ein. Von da stammen anord. eyland, ags. ēglond, mnl. eilant (d), mnd. eilant. Seemänn. öland 'Insel' schon 1292 im Ältesten Hamb. Schiff- recht § 12. Mhd. einlant, das durch Assimilation spätmhd. eilant ergab (Lexer 1, 525. Nachtr. 138) ist fernzuhalten: es war längst ausgestorben, als im 17. Jh. durch küstennahe Schriftsteller und durch Reisebeschreibungen Eiland in unsere Literatursprache eindrang: Kluge 1911 See- mannsspr. 206 f.

Eilbote M. Spätahd. īleboto (Ahd. Glossen 4, 164) war längst vergessen, als seit Kindlebens Stud.=Lex. (1781) und Schubart 1789 Vaterl. Chron. 349. 541 Eilbote für das frz. Courier eingeführt wurde: Feldmann 1909 Zs. f. d. Wortf. 11, 106; Wh. Pfaff 1933 Kampf um dt. Ersatzwörter 26 f., wo auch Campes Eilpost (für frz. diligence) gewürdigt wird. Eil-, Schnellreiter konnten sich daneben nicht behaupten. Dem erfolgreichen Ersatzwort folgt Eilbrief, das Jahn 1835 Werke 1, 443, 523 für älteres Expreßbrief vorschlägt. Durch- gesetzt hat es Reichspostmeister Hnr. Stephan durch Verfügung vom 21. Juni 1875.

eilen schw. Ztw., mhd. mnd. mnl. īlen ahd. īlen, īllan, asächs. īlian, anfr. īlon, nnl. ijlen führen auf westgerm. *īljan 'schnell gehen'. Gleichbed. dän. ile, schwed. ila sind aus dem Mnd. entlehnt. Zum Ztw. gehört das F. Eile, mhd. mnd. mnl. īle, ahd. īla, nnl. ijl 'Hast', das Adj. eilig, mhd. īlec, ahd. īlīg und das Adv. eilends, spätmhd. īlends, mnd. īlende(s), mnl. ijlen(d)s, nnl. ijlings. Germ. *ijilian ist Intensiv=Bildung zur idg. Wurzel *ei- 'gehen' (in lat. īre, gr. ἰέναι, aind. i); *eieliō ist gebildet wie lat. sepeliō 'bestatte' zur idg. Wurzel *sep- 'etwas mit innerem An- teil betreiben, besorgen'. S. Jahn, Jahr.

eilig Adj. 'stumpf' von Zähnen, zuerst 1587 Theatr. diab. 1, 180 „daß in die Zeene darüber wässern vnd eylig werden", daneben Zehner 1645 Nomencl. 281 „dens stupidus / Ein älger Zahn". Dazu frühnhd. ilgern 'stumpf wer-

den'. Wohl verwandt mit ahd. ilgī 'Hunger' und lit. álkti 'hungern'.

Eilpost s. Eilbote.

Eilzug M. Während Kaltschmidt 1851 Gesamtwb. 199 mit „Eilzug, ein eiliger Zug, ein schneller forcirter Marsch" einen Zug von Menschen meinen dürfte, zielt ein Brief Grill- parzers vom 10. August 1855 mit Eilzug auf den Schnellzug der Eisenbahn, mit dem zu- gleich ihn J. Grimm im DWb. 1862 erstmals bucht. S. Kurier.

Eimer M. Aus gr. ἀμ(φι)φορεύς 'Gefäß, das auf beiden Seiten einen Träger (Henkel) hat' ist als Buchwort lat. amphora entlehnt. Daneben steht (mit der altlat. Aussprache des gr. φ, die im Volkslatein erhalten blieb, s. Elefant) lat. ampora, dessen Demin. am- pulla 'Flasche' fortlebt. Das Volkswort, das die Germanen mit der Sache kennenlernen, wird in einer roman. Form mit b und Wandel zum Mask. entlehnt und ergibt ahd. ambar, ags. amber, ambor. Bestätigt wird diese Form, die in österr. amper fortwirkt, durch die gleichbed. Ableitungen ahd. amprī N., ags. embren sowie durch die aus dem Germ. entlehnten aslav. ǫborŭ, aruss. uborŭk, poln. węborek und das aus dem Slav. stammende apreuß. wumbaris. Die jüngeren Formen ahd. eim-, einbar, asächs. ēmbar beruhen auf volksetym. Anleh- nung an ein und bёran 'tragen', vollzogen, nachdem sich die zweiohrige Kruke zum Kübel mit Henkel gewandelt hatte (s. Zuber). Weiter- hin ist mb zu mm assimiliert (mnd. mnl. emmer) und (wegen des vorausgehenden Diphth.) zu m vereinfacht worden. Dän. ember, schwed. ämbar sind vor jener Assimilation aus dem Mnd. entlehnt. Wie lat. amphora war Eimer von vornherein auch Flüssigkeitsmaß; in den Alpenländern ist diese Bed. heute die wich- tigste. Umgangssprachlich wird das Gebiet des Wortes bedrängt von Bütte und Kübel: Kretschmer 1918 Wortgeogr. 186 ff.

ein¹. Das gemeingerm. Zahlwort für eins (ahd. mhd. ein, asächs. ēn, afries. ags. ān, anord. einn, got. ains) entspricht dem gleichbed. alat. oinos, lat. ūnus, air. ōen, aslav. inŭ, lit. vienas, apreuß. ains. Dazu gr. dial. οἰνός 'ein' und οἰνή 'Eins auf dem Würfel, As'. Zum unbest. Art. ist schon ahd. ein abgeschwächt, engl. hat dieser in a(n) eigene Formen neben dem Zahlwort one.

ein² Adv. 'hinein', ahd. in neben gleichbed. in. Die gedehnte Form ist aus der kurzsilbigen entstanden, wie die Verwandtschaft mit der Sippe von in (s. d.) zeigt.

einander. In der Zusammenstellung mit andar bewahrt ahd. ein die unflektierte Form: ein aftar anderemo giang Otfrid 3, 17, 45.

Aus Fügungen mit Dat. oder Akk. Plur. (also ungelīk sint sie alle ein anderēn Notker 1, 491) geht einander hervor, dessen Erstarrung zur Formel schon im Ahd. beginnt: Behaghel 1923 Dt. Synt. 1, 409f. 447; Giulio Subak, Einander (Triest 1930).

Einbaum M. Das aus einem Baum gehöhlte Boot heißt E. zuerst bei Zaupser 1789 Bair.oberpfälz. Jd., Nachlese 45. Die μονόξυλα sind bei den Nordseegermanen uralt. Sie werden als Kriegsfahrzeuge von Tacitus Hist. 5, 23 und Plinius Nat. hist. 16, 76 beschrieben (Realler. d. germ. Altertumsk. 1, 537) und heißen ahd. einboumīg scif Ahd. Glossen 4, 205, anord. askr, eikja, ags. ān-bȳme scip, mnd. ēke, nb. bōmschipp: Kluge 1911 Seemannsspr. 207; Schweiz. Jd. 4, 1234.

Einbeere F. Name zweier Gewächse, zuerst der Paris quadrifolia, die eine einzige (giftige) Beere trägt: ahd. einber(e) Zf. f. d. Wortf. 3, 285; mhd. ein-, embere, dän. etbær, engl. one-berry. Bei Stieler 1691 und Steinbach 1734 aus ostmd. Ma. Sodann erhält der nord. und nb. Name des Wacholders (anord. einir, schwed. en, nb. ēneke, ēnke, germ. *jainia-, idg. *joinio- in lat. iūniperus) den verdeutlichenden Zusatz Beere, insofern vergleichbar mit Elen-, Maul-, Murmeltier, Hirschkäfer, Samstag, Schmeißfliege, See-, Windhund, Thunfisch, Tuffstein, Walfisch.

einbilden schw. Ztw., mhd. inbilden, danach nnl. inbeelden, dän. indbilde, schwed. inbilla: kommt Ende des 13. Jh. auf als Wort der Mystiker (wie Einfall, einleuchten, Einschlag u. a.). Ausgangsbed. ist 'in die Seele hineinbilden', in häufigem kirchl. Gebrauch verblaßt zu 'einprägen, vor die Vorstellung bringen', seit Luther 'eine irrige Vorstellung beibringen'. Entsprechend unter Einfluß des frz. s'imaginer, se figurer sich einbilden 'sich vorstellen', später 'wähnen', besonders 'eine (zu) hohe Meinung von sich haben'. Das Part. eingebildet kann außer der gewöhnlichen paff. Bedeutung (eine eingebildete Krankheit) auch akt. Sinn haben: der eingebildete Kranke (nach Molières Malade imaginaire), ein eingebildeter Mensch (wie: ein gelernter Arbeiter, der Studierte, ein Bedienter). — Einbildung F., mhd. inbildunge, geht etwa den gleichen Weg. Ohne Tadel bleibt Einbildungskraft, das seit dem 17. Jh. für lat. vis imaginationis steht. S. Phantasie.

einblasen s. vorsagen.

Einblick M. mhd. inblic, dän. indblik: bei den Mystikern im Sinn des lat. intuitus, z. B. Hnr. Seuse † 1366 Dt. Schriften 20 Bihlmeyer: nu tū einen frœlichen inblic in dich. Auch seither mit Vorliebe von geistigem Erfassen.

Eindruck M. Schon das Alte Test. braucht den Vorgang des Siegelns als Bild für die unio mystica; aus Cant. 8, 6 übernimmt ihn Apokal. 5, 9. 9, 4. Plato und Aristoteles vergleichen das Beharren von Vorstellungen im Gedächtnis dem Verbleiben eines Siegelabdrucks im Wachs. Von den Stoikern übernehmen Cicero und Augustin impressio, das samt seinen roman. Folgeformen das dt. Wort beeinflußt. Mhd. indruck, neben ingesigel häufig bei den Mystikern des 14. Jh., geht von der rein sinnlichen Bed. aus. In nicht-mystischer Sprache tritt es bis 1700 zurück, wird dann von den Pietisten belebt und erst von ihnen aus in weltl. Sprachgebrauch überführt: G. Lüers 1926 Sprache d. dt. Mystik 201; H. Sperber 1930 Dt. Vierteljahrsschr. für Lit.-Wiss. 8, 508; Dt. Wortgesch. 1, 208. 235. 253. 260. 2, 107.

einfach s. -fach.

Einfall M. 'unerwarteter Gedanke', mhd inval seit den Mystikern des 14. Jh. (Lexer 1, 1445; DWb. 3, 170). Das Ztw. invallen in entspr. Sinn, bei dem Lehnübersetzung aus lat. incidere vermutet werden kann, kaum vor 1500: Weißbrodt 1914 Zf. f. d. Wortf. 15, 290.

Einfalt F. Ahd. einfaltī, got. ainfalþei, Abstrakta zum Adj. ahd. einfalt, got. ain-falþs, dies vielleicht Lehnübersetzung von lat. simplex, offenbar von frühen Glaubensboten vollzogen. Zur späteren Bed.-Verschlechterung vgl. albern, eitel, gemein, gewöhnlich, mäßig, schlecht. Der zweite Wortteil ist urverwandt mit gr. -παλτος in δίπαλτος 'zwiefach'.

Einfaltspinsel s. Pinsel.

Einfluß M., mhd. invluz, nnl. invloed, dän. indflydelse, schwed. inflytelse. Bildliches influere in animos steht bei Cicero, influence in astron. Sinn bei Jean de Meung, influxus in religiöser Bed. bei Thomas v. Aquino. Dessen Satz Opusc. 70: Lux influxa divinitus in mentem est lux naturalis führt zugleich zu Aufklärung, s. d. und Dt. Wortgesch 1, 208. 235. 257.

einfriedigen Ztw. Zu mhd. vride 'Umzäunung' (s. Friedhof) gehört mhd. (be)vriden, frühnhd. bevridigen. Dafür bringt seit 1772 (Bode, Klinker 3, 31) e. von Norddeutschland ein.

Eingang M. mhd. inganc, nnl. ingang, dän. indgang, schwed. ingång: Lehnübersetzung des lat. introitus. Aus dem 'Hineingehen' als Handlung ist die 'Stelle, an der man ins Haus, in den Saal geht' geworden, neuerdings auch die 'Gesamtheit der eingegangenen Geschäftssachen, Mannschaften' usw. Vgl. Zugang.

Eingetüm N. 'Eingeweide'. Mit lat. abdōmen 'Wanst' (Glotta 2, 54) urverwandt, gilt ahd. intuoma 'exta' (Ahd. Glossen 2, 632), mnd. ingedōme. Das alte Wort hält sich in Mecklenburg und wird von da gelegentlich literarisch: Seidel 1890 Hühnchen als Großvater, Kap. 1.

Eingeweide N. mhd. frühnhd. ingeweide, mit in 'innerhalb' verdeutlicht aus mhd. geweide; dazu ausweiden 'die E. ausnehmen', weidwund 'ins E. getroffen'. Wie diese ist E. ein altes Jägerwort; es bezeichnet urspr. das Geröse des erlegten Wilds, das der Meute zum Fraß vorgeworfen wird. S. Weide² und Wunderlich 1911 DWb. 4, 1, 3, 5430.

einhändigen schw. Ztw. 'überreichen': Kanzleiwort des 17. Jh., nicht vor 1618 nachgewiesen (Londorp 1622 Acta publica des Teutschen Krieges 1, 375ᵇ), gebucht seit Duez 1664. Aushändigen erscheint erst seit Zesen 1645 Adr. Rosemund 19 Ndr., behändigen ist älter: Luther verpönt es 1523 Vorr. zu den 5 Büchern Mosis als „von der herrn Cancelleyen, lumpenpredigern und puppenschreibern neu erdichtet", gleichwohl ist es in der Wetterau schon 1484 vorhanden. Mhd. galt gleichbed. behenden, Zutat der Kanzlei ist -igen (vgl. beherzigen). Bei einhändigen mag die Endung begünstigt sein durch das Adj. einhändig 'manui insertus' das seit 1568 in Fügungen wie „einem etw. zustellen u. inhändig machen" bezeugt ist. Schwed. inhändiga bed. seit dem 18. Jh. 'in die Hände bekommen': Impiwaara 1934 Annales Acad. Scient. Fenn. B 30, 323 ff.

einhellig Adj. spätmhd. einhëllec 'übereinstimmend': aus ahd. einhël(li) Adj., das seinerseits aus der verbalen Formel in ein hëllen (so bei Notker) abgeleitet ist. S. hell und mißhellig.

Einhorn N., mhd. einhorn, -hurne, -hürne, ahd. einhurno 'Nashorn', agf. ānhurn(a) M. neben ānhyrne dēor. Dafür im dt. Südwesten Eingehürn, frühnhd. einkürn; ein Schwabe heißt 1283 Hainricus dictus Einkurne. Lehnübersetzung des 9. Jh. für lat. ūnicornis M., achtmal im Alten Testament für gr. μονόκερως 'Rhinozeros'. Entsprechend engl. unicorn, frz. unicorne, bret. akorn. uncorn, kymr. ungorn.

einig Adj. ahd. einag, agf. ǽnig, anord. einigr 'einzig, allein'; Ableitung von ein. — einigermaßen Adv. kaum vor Leibniz 1699 Dt. Schriften 2, 122, doch begegnet noch tief im 18. Jh. einiger Maßen als Gen.-Formel in zwei Worten, z. B. Heister 1739 Chirurgie 7.

Einkorn N. Triticum monococcum ist seit der jüngeren Steinzeit eine der wichtigsten Getreidearten Mitteleuropas, die sich z. B. in Thüringen und Schwaben bis heute als Winterfrucht gehalten hat. Den Namen ahd. einkorn, ein(a)chorn(o), einkurne (Zf. f. d. Wortf. 3, 285), mhd. einkorn trägt diese Dinkelart daher,

daß man ihr nur ein Korn in jeder Hülse zuschrieb.

einleuchten Ztw. 'als Licht in etwas dringen'. Die Mystiker des 14. Jh. brauchen inliuhtunge F. 'Erhellung' (Lexer 1, 1437), S. Franck einleuchtend (H. Fischer 2, 626. 6, 1806. 1811) im Sinn religiöser Eingebung. Die Pietisten beleben diesen Gebrauch (Sperber 1930 Dt. Vierteljahrsschr. für Lit.-Wiss. 8, 508), ins Weltliche wenden ihn Lessing (Vorr. zum Laokoon 1766) und Wieland (DWb. 3, 227).

Einmut F. im heutigen Sinn, nicht vor Adelung und Klopstock, ist Rückbildung aus einmütig, das seit Sachs 1535 Faßtn. 8, 128 häufig begegnet. Ebenso sind Frei-, Froh-, Groß-, Klein-, Miß-, Sanft-, Schwer-, Stark-, Wankel- und Wehmut aus ihren Adj. rückgebildet, s. Eigensinn und H. Ruppel 1911 Rückbildung deutscher Subst. 11 ff.

Einöde F. Ahd. einōti N., asächs. ēnōdi, agf. ānad sind zu ein 'einsam, allein' mit Suffix ahd. -ōti, germ. -ōdus (got. manniskōdus 'Menschlichkeit'), vorgerm. -ātus (lat. magistr-, sen-ātus) gebildet, vgl. Armut, Heimat. In mhd. Zeit ist einœte durch Anlehnung an Ode zu einœde geworden. Die Volksetymologie hat auch das Genus bestimmt und die Bed. umgefärbt.

einsam Adj. im 15. Jh. zu mhd. ein 'allein' mit der Endung -sam (s. d.) gebildet, wobei als Vorbild namentlich das schon ahd. gimeinsam dienen konnte. Luther verwendet einsam zwanzigmal in der Bibel, auch für 'unverheiratet', und führt es damit in die nhd. Schriftsprache ein. Unter deren Einfluß stehen nl. eenzaam, dän. ensom, schwed. ensam, die z. T. bodenständige Bildungen verdrängen oder umgestalten: älter dän. ensamen, anord. einn saman (einn samt), später einnsamann, einn samall, norw. mundartl. eismall. — Einsamkeit F. erscheint zuerst in Wörterbüchern des 15. Jh. für lat. sōlitūdo. Es fehlt der Lutherbibel, findet aber Nachfolge in nl. eenzaamheid, dän. ensomhed und schwed. emsamhet.

einsehen st. Ztw., eigentl. 'in etwas hineinsehen', übertragen 'verstehen, erkennen'. Mhd. insëhen, Lehnübersetzung des lat. inspicere (Zf. f. dt. Wortf. 3, 225), verwendet Joh. Tauler im Sinn religiösen Erkennens. Dieser Gebrauch, selten bei Luther (Ph. Dietz 1870 Wb. zu Luthers Dt. Schr. 1, 517) wird von Pietisten wie Zinzendorf, Petersen, Gichtel belebt: Dt. Vierteljahrsschr. f. Lit.-Wiss. 8 (1930) 506f.

Einsicht F., nicht vor J. C. Günther 1719 Sämtl. Werke 6, 95 Krämer nachgewiesen, noch 1755 von Aug. Dornblüth, Observationes 65 bekämpft, in der Zwischenzeit aber durch fromme Dichter wie Tersteegen im Sinn des Erkennens religiöser Wahrheiten eingebürgert, von Kant und Goethe ins Weltliche gewendet.

Einsiedel M. ahd. einsidilo zu ahd. sēdal 'Sitz' (s. u. siedeln). Lehnübers. von gr.-lat. monachus (s. Mönch). Zu Einsiedler (spätmhd. einsidelære) s. Behaghel 1901 Zs. f. d. Wortf. 1, 64.

einst Adv. (in den Ma. dafür einmal) ahd. eines, agf. ǽnes: adv. Gen. zu ein, wie ander(e)s 'zum zweitenmal' zu ander. Schon bei Notker steht einēst; einest ist noch Luthers Form. In einstmals für älteres einsmals, mhd. eines māles, liegt sekundäre Vermischung vor, ebenso in dermaleinst aus mhd. der māle eines: Paul 1916 Dt. Gramm. 1, 328; W. Horn 1923 Sprachkörper 114; N. Glasser 1940 Indog. Forsch. 57, 186f.

Eintagsfliege F. tritt im 18. Jh. als Lehnübersetzung von gr.-lat. ephemera auf, wird 1774 und noch 1793 von Adelung getadelt, aber von Grammatikern wie Heynatz 1796 Antibarb. 1, 348 und Schriftstellern wie Jean Paul 1796 Siebenk. 3, 577 durchgesetzt. Die bair. Entsprechung Eintagsmücke bei Herm. Schmid 1873 Der Loder 44 Kösel.

Eintracht F. Zu tragen in Wendungen wie over ein dragen 'übereinstimmen' gehören mnd. eindracht und eindrachtich, die als eintraht und eintrehtec bei md. Schriftstellern der nachklassischen Zeit auftreten. Einträchtig sind zwei, die Wasser an einer Stange tragen. Luthers eyntrechtig wird in Ecks und der Zürcher Bibel durch einerlei Sinns ersetzt: Kluge 1918 Von Luther bis Lessing 100. Vgl. Zwietracht.

Eintrag M., frühnhd. īntrag (J. Geiler v. Kaisersb.), eintracht (Luther) 'die in den Aufzug am Webstuhl eingebrachten Querfäden', wie sonst Einschlag. In dt. Rechtssprache seit 1388 'die in die Beweisführung des Gegners eingeworfenen Einreden, -wände', daher 'Abbruch, Nachteil'. Hierzu beeinträchtigen, s. d. Eintrag tun war Rechtsformel im Sinn von 'widersprechen'. Unabhängig davon ist Eintrag seit dem 16. Jh. 'was Fleiß ins Haus trägt, Ertrag, Einnahme, Gewinn', dazu einträglich 'gewinnbringend', zuerst in Köln 1336.

eintreiben s. beitreiben.

eintrichtern s. Trichter.

einwecken Ztw. Den oberbad. Familiennamen Weck (urspr. Übername eines Bäckers, wie Flad, Hebel, Hornoff, Stoll) trug der Öflinger Fabrikant, der 1894 ein Verfahren, Obst, Gemüse und Fleisch keimfrei einzukochen, erfand. Die von seiner Firma hg. Zeitschrift 'Frischhaltung' verwendet das Ztw. seit 1906.

Einzahl F. für lat. (numerus) singularis bei Campe 1807 als dessen Schöpfung. Einzele zal hatten Gueinz und Schottel schon 1641 gesagt, Einzelzahl Stieler 1691: E. Leser 1914 Zs. f. d. Wortf. 15, 50.

einzeln, einzig Adj. Vom Zahlwort ein ist ein seltenes Adj. ahd. einaz abgeleitet, dessen Spirans ableitend ist, wie die von emsig. Mit verwandtem Suffix ist gr. κρυπτά-διος 'heimlich' gebildet. Zu einaz gehören mit bisher unerklärtem Sprung von der Spirans zur Affrikata mhd. einz-ec (wie einig), einz-el (wie lützel), einz-eht (wie töricht). Dieses lebt in bair. schwäb. elf. einzecht fort, die beiden ersten sind schriftsprachlich geworden. Dabei hat einzel (so bis ins 19. Jh. und noch in Einzelhaft, -heit) ein ausl. n entwickelt, wie alber zu albern geworden ist. Vorbild mochten bleiern, eisern, ledern sein.

Einzelwesen N. schlägt Campe 1791 Sprachbereicherung 33 für lat. individuum vor. Früh aufgenommen von Jean Paul 1807 Levana (Werke 55, 8. 21 Hempel).

Eis N. Mhd. ahd. asächs. mnd. afries. agf. īs, mnl. nnl. ijs, engl. ice, anord. iss, Mz. īsar, dän. schwed. is führen auf germ. *īsa-. Außergerm. vergleichen sich afghan. asaī 'Frost', avest. isav- Adj. 'frostig', aēχa- 'Eis', pamir. iš 'Kälte', offet. yǝχ, iχ 'Eis'. Es ist nicht gelungen, die für die Frage der Urheimat wichtige idg. Wurzel *eis- an Stämme andern Sinnes anzuschließen. — Die nhd. Bedeutung 'Speiseeis' greift nirgends über die dt. Grenzen hinaus. Österr. gilt Gefrorenes (entsprechend dem ital. gelato), in der Schweiz das frz. Glace, wovon unser Eis Lehnübersetzung ist: Kretschmer 1918 Wortgeogr. 188f.

Eisbein N. Entwicklungen von zwei verschiedenen Ausgangspunkten her haben zur gleichen Endform geführt. Lat. ischia, -orum 'Hüftgelenk' (entlehnt aus gr. τὰ ἰσχία, Mz. zu ἰσχίον 'Hüftbein', dessen Ableitung Ischias 'Hüftweh' bei uns lebt) gelangt in die ärztliche Fachsprache und steht mit früher Umdeutung in ahd. īspein, asächs. mnd. isbēn, mnl. isebeen, nnl. ijsbeen, mundartl. ischbeen, engl. mundartl. ice-bone, dän. isben. Die Wiedergaben schwanken zwischen Hüft-, Scham- und Sitzbein. Im Mhd. begegnet dieser Name eines Beckenknochens seit Vegardi 1539 Index sanit. 27ᵃ. Die Herkunft hat schon Frisch 1741 richtig erkannt. — In heutiger Umgangssprache ist Eisbein 'Schienbein des Schweins'; alte Zeugnisse für diese Bed. fehlen. Mit dem ansitzenden Fleisch gilt norddt. Eisbein für ein Gericht, das md. Schweinsknochen, bair.-österr. Schweinshaxen, in Teilen der Rheinpfalz Eisknochen, im Südwesten Schweinsfüße heißt: Kretschmer 1918 Wortgeogr. 189f. Nur für diesen Knochen trifft die von Sperber 1914 Wörter u. Sachen 6, 51 ff. gegebene Deutung zu: aus dem 'Eisknochen' wurden Schlittschuhe gefertigt; die das Schienbein nach vorn abschließende Gerade gab die Kufe. Entspr. ist in schwed. Mundarten isläggor Mz., norw. islegg, isl. isleggr (Grundwort anord. leggr 'Wade; Röhrknochen') zum Namen der Knochenschlittschuhe geworden: E. Hellquist 1922 Svensk etym. Ordb. 748ᵃ.

Eisen N. Mhd. isen, ahd. isan, älter isarn, asächs. anord. isarn, mnl. iser, seltener isen, nnl. ijzer, afries. iser(n), irsen, agf. ise(r)n, iren, engl. iron, got. eisarn führen auf germ. *isarna-. Aus *irarn (älter *izarn) mag durch Dissimilation anord. iarn, später järn entstanden sein, dem schwed. järn, dän. jern folgen. Auf urkelt. *isarno- beruhen der gall. Festungsname Isarnodori und der brit. Männername Isarninus. Urkelt. -s- ist lenisiert zu -h- (Cat-ihernus heißt ein breton. Priester des 6. Jh.), das später verstummt ist: air. iarann, iarn, kymr. haiarn, akorn. hoern 'Eisen'. Die germ. wie die kelt. Wörter gelten für entlehnt aus dem Illyr.: die illyr. Hallstattkultur war im wesentlichen schon eine Eisenkultur. Nur im Illyr., nicht im Germ. oder Kelt., konnte ī aus ei entstehen, eine Grundform *eisarnom aber wird vorausgesetzt durch das urverwandte lat. ira (aus *eisā) 'Zorn, Heftigkeit': Eisen ist das starke, kräftige Metall im Gegensatz zur weicheren Bronze. Lat. aes 'Erz' ist unverwandt.

Eisenbahn F. tritt zunächst im Bergbau an Stelle von Förder=, Holzbahn zur Bezeichnung der Gleise, auf denen gefördert wird. Gußeiserne Schienen hat 1775 Maschinendir. Friedrich in Klausthal eingeführt. Der Name E. 1818 im Konv.=Lex. 2² 368. Im Anschluß daran wird sogleich bei Beginn des Dampfbetriebs 1825 das neue Verkehrsmittel E. genannt, wie frz. chemin de fer, schwed. järnväg, ital. ferrovia, span. ferro-caril, ngr. σιδηρόδρομος auch nachdem die Schienen stählern geworden waren: Goethe 1825 Briefe 39, 216; Götze 1917 Nomina ante res 9.

Eiß M., **Eiße** F. 'Blutgeschwür; Eiterbeule', obd., s. Eiter.

Eisvogel M. In früher Vorzeit, als das blauglänzende Eisen erst zur Herstellung von Schmuck diente, ist der blauglänzende Vogel danach benannt worden. Neben ahd. isarnovogal stellt sich die Kürzung isarno, agf. isern 'der Eiserne', wie neben amarvogal ahd. amero (s. Ammer¹). Als die Farbvorstellung beim Eisen verblaßte, wurde isarno unter Einfluß des gelehrten Berichts, alcedo hecke im Winter (Plinius Nat. hist. 10, 47), umgedeutet zu is-aro 'Eis=Aar', wobei die Raubvogelweise,

mit der er nach Fischen stößt, den Vergleich erleichtern mochte. Gemildert zu spätahd. mhd. isvogel wird der deutsche Name Vorbild für nl. ijsvogel, dän. isfugl, schwed. isfågel: Kralik, Gött. gel. Anz. 1914, 134 ff.

Eiszeit F. von dem Naturforscher Karl Schimper aus Mannheim 1837 gebildet: Burg 1909 Zs. f. d. Wortf. 11, 10 ff.

eitel Adj. ahd. ital, asächs. idal, anl. idil, afries. agf. idel: nur westgerm.; dän. schwed. idel sind aus dem Mnd. entlehnt. Außergerm. Verwandte lassen sich nicht glaubhaft nachweisen. Aus der Grundbed. 'leer' entwickelt sich der Sinn 'für sich, nichts als' (eitel Gold; Eitel Friedrich gegenüber Friedrich Wilhelm) sowie 'eingebildet': dies, weil Gehaltlosigkeit oft mit einer in Mißverhältnis dazu stehenden Selbstschätzung verbunden ist.

Eiter M. Der Sippe von lat. aemidus 'geschwollen', gr. οἶδος, οἶδμα 'Geschwulst', οἰδάω 'schwelle', aslav. jadro 'Schwellen, Busen', jadü 'Gift' (über *ědo- aus *oido-) entsprechen die germ. Stämme *aita-, *aitra- 'giftiges Geschwür'. Der erste ergibt anord. eitill, ahd. mhd. eiz, alem. eisse, bair. aiß 'Eiterbeule, Geschwür'. Im zweiten bleibt tr unverschoben (wie in bitter, lauter, Otter, treu, Winter, zittern), daher anord. eitr, agf. āt(t)or, afries. āt(t)er, asächs. ettar, ahd. eit(t)ar. Zum Genus Feldmann 1905 Zs. f. d. Wortf. 7, 56; H. Paul 1917 Dt. Gramm. 2, 69. 71.

Eiweiß N., das Wendungen wie mnd. eiges witt, dat witte van dem eie ablöst, ist bisher nicht vor Jean Paul 1795 Hesp. 4, 163 nachgewiesen. Schon frühnhd. ist Eierweiß (Heußlin 1557 Vogelb. 135a), dem anord. eggjahvita F. entsprechend und urspr. auf das Weiße im gekochten Ei beschränkt. Beim rohen Ei heißt der entspr. Teil anord. eggjaklār, mhd. frühnhd. eierklār N. Das Wort lebt in Süddeutschland, der Schweiz und Österreich fort. Nordd. gilt Eigelb für das dort nicht volkstümliche Dotter: Kretschmer 1918 Wortgeogr. 190.

Ekel M., bei Luther meist Eckel, mußte seinen obd. Zeitgenossen verdeutlicht werden mit Greuel, Grauen, Abscheu, Unlust u. ä.: F. Kluge 1918 Von Luther bis Lessing 99. 113. Alter ist das Adj. ekel, nd. ēkel, so da entlehnt dän. ekkel 'heikel', wie schwed. äcklig auf gleichbed. nd. eklig beruht. Vorauszusetzen ist germ. *aikla-, woneben *aikkla- in md. eckel, so Luther, z. B. Weim. Ausg. 30, 1, 126, 21. Weitere Verknüpfungen sind bisher nicht gesichert.

Ekelname M. 'Spitzname'. Zu der unter auch entwickelten Sippe von germ. *auk-'mehren' stellen sich anord. aukanafn 'Bei-

übername', schwed. öknamn, dän. øgenavn,
mengl. eke-, nekename, nd. ökelname, das
unter Zurückdrängung von mhd. āname ins
Nhd. gelangt und hier in Anlehnung an Ekel
entstellt ist.

Eklat M. 'Glanz, Aufsehen, aufsehenerregen=
der Vorfall', eklatant Adj. 'glänzend, aufsehen=
erregend, deutlich, schlagend': am Ende des
17. Jh. entlehnt aus frz. éclat, älter esclat.
Bei uns zuerst als esclat 'Glanz' J. Rachel 1677
Sat. Ged. 116 Ndr. Afrz. esclater 'lärmend
brechen' stammt über vulgärlat. *esclattare aus
got. *slaitjan 'zerreißen', s. schleißen.

Ekstase F. Gr. ἔκστασις 'Heraustreten (der
Seele aus dem Leib)' wird über kirchenlat.
ecstasis im 16. Jh. entlehnt. Häufiger wird
es erst, seit im 17. Jh. frz. extase 'höchste
Erregung' zu wirken beginnt. Ekstatisch
'begeistert' seit Wieland 1759 Cyrus 1, 402:
H. Schulz 1913 Fremdwb. 1, 166.

Elan M. Bei Fürst Pückler 1831 Briefe
1, 263 erscheint élan noch in frz. Schreibung.
Älter frz. élans zu élancer aus mlat. lanceāre
'die Lanze schwingen'.

elastisch Adj. Im älteren Deutsch wird der
Begriff durch weich gedeckt: „weiche ding sein
gut zu piegen" A. v. Eyb, D. Schriften 1, 10
(DWb. 14, 1, 460). Das Fremdwort (über
nlat. elasticus zu gr. ἐλαύνειν 'treiben') steht
seit 1651 bei Naturforschern in der Formel
vis elastica für die Treibkraft der Luft. Von
ihr auch Elasticitet Scheuchzer 1711 Phys.
2, 21, der doch 2, 56 das F. auch schon auf die
Schnellkraft anderer Körper anwendet: H.
Schulz 1913 Fremdwb. 1, 166 f.

Elbs M. 'Schwan' (s. d.), mhd. elbiz, albiz,
germ. *albiti-, mask. i=Stamm, neben dem als
F.=Bildung agf. ielfetu (Epinaler Glossen ælbi=
tu), anord. elptr steht, dazu mit Suffixablaut
anord. olpt (aus germ. *albut-). Die Endung
germ. -t hat wie in Binse und Hirsch ursprüng=
lich verkleinernden Sinn: A. Bach 1943 Dt.
Pers.=Namen 104. 617. Der germ. Vogelname
ist urverwandt mit dem gleichbed. aslav. russ.
lebedĭ (aus urslav. *olbedĭ), serb. làbud, poln.
łabędź. Er gehört zu lat. albus 'weiß', gr. ἀλφός
'weißer Ausschlag', benennt den Vogel nach den
Federn und lebt (außer im Fam.=Namen Elbs)
entwickelt in dem alten ahd. Männernamen Albizo)
fort in schwäb. bad. elbs, hochalem. ölbs 'Schwan'.
Zu idg. *albho- 'weiß' gehören auch der Name
der Elbe und der frz. Aube sowie nl. alft, elft
'Weißfisch', ahd. alba 'Insektenlarve', nl. elften,
norw. alma 'Engerlinge'.

Elch M. Caesar Bell. Gall. 6, 27 nennt das
Tier alcēs (Plur.), Pausanias 5, 12 und 9, 21
ἄλκη. Beide geben damit ein germ. Wort
wieder, ihr k ist Lautsubstitution für germ. h.

Ahd. ëlaho, agf. eolh führen auf idg. *elk-.
In Ablaut dazu steht *olk, das vorgerm.
*alkís, germ. (mit gramm. Wechsel) *algiz
ergibt, wie es durch anord. elgr, schwed. älg
vorausgesetzt wird. Urverw. sind gleichbed.
russ. los', apoln. łoś aus urslav. *olsĭ, idg.
*olki, desgl. aind. ŕśas, ŕśyas 'Bock der Gazelle'.
Cervus alces war nach Ausweis von Orts=
namen wie Ellwangen einst über Deutsch=
land verbreitet; seit frühnhd. Zeit ist das Wort
zurückgedrängt durch Elentier, s. d.

Eldorado N. 'Gold=, Wunderland'. Span.
el dorado (país) 'das vergoldete (Land)' ist
seit den Tagen des Pizarro († 1541) das in Ve=
nezuela gesuchte Goldland (d- aus lat. de-
aurāre auch in frz. dorer 'vergolden'). Sagen=
bildend wirkte die Kulthandlung des Kaziken
von Guatafila, der, am ganzen Körper mit
Goldstaub gepudert, im heiligen See badete:
G. Buschan 1909 Völkerkunde 151. Aus dem
Span. gelangt das Wort 1579 ins Nhd.:
Palmer 35. Die engl. Entsprechung ist seit
1596, die frz. seit 1745 bezeugt.

Elefant M. Das Tier heißt altägypt. 'bw
und wohl danach gr. ἐλέφας, -αντος. Über
lat. elephantus erhalten die Germanen das
Wort vor der hd. Lautverschiebung und vor
Abwanderung der Angelsachsen. Germ *el=
pandus (mit der dem Volkslat. eignen Unter=
drückung des Mittelvokals und mit altlat. Aus=
sprache des φ als p, s. Eimer) lebt in agf. el=
pend, ylpend, ahd. ëlpfant, ëlafant als ge=
lehrter, hëlfant als volkstümlicher Form (s.
Elfenbein), deren h offenbar auf Anlehnung
an ahd. hëlfan beruht. Aus volkslat. Lautvor=
gängen erklärt sich die Lehnwortgruppe got. ul=
bandus, anord. ulfaldi, aschwed. ulvalde,
ahd. olbanta, asächs. olbundeo, agf. olpend(a),
-e, die die Bedeutung 'Kamel' angenommen
hat: statt el erscheint ol wie in lat. volvō 'wälze'
aus älterem *velvō (gr. ἐλύω), colō 'bewohne'
aus *quelō (gr. πέλομαι). In der Folge ol
+ Konf. wird o weiter zu u wie in lat. ulcus 'Ge=
schwür' (gr. ἕλκος), vult 'er will' über volt
aus *uelti-. Aslav. velibǫdǔ 'Kamel' ist durch
eine germ. Nachbarsprache vermittelt. — Nhd.
Elefant für 'Person, die die Aufmerksamkeit
(von Liebespaaren ab und) auf sich lenkt'
wie der Elefant bei der Tierschau, begegnet
zuerst 1856 bei Bäuerle, Direktor Carl.

elegant Adj. Lat. ēlegans, -antis 'wählerisch',
Nebenform zum Part. ēligens von ēligere
'auswählen', gelangt über frz. élégant 'ge=
schmackvoll' Anfang des 18. Jh. zu uns, zu=
nächst als Wort der künstlerischen Kritik, von
da vor Ende des Jh. auf Kleider u. ä. über=
tragen. — Eleganz F. war im 16. Jh. aus
lat. ēlegantia 'Gewähltheit' als literar. Ausdruck

entlehnt worden. In umfassendem Sinn wird
es im 18. Jh. aus frz. élégance neu übernommen und nun erst volkstümlich: F. Seiler
1912 Entw. d. d. Kultur 4, 190; H. Schulz
1913 Fremdwb. 1, 167.

elektrisch Adj. Zu gr. ἠλέκτωρ M. 'strahlende
Sonne', das mit aind. ulkā 'Feuerbrand' urverwandt ist, gehört ἤλεκτρον N. 'Bernstein', woraus gleichbed. lat. electrum entlehnt ist. Der
engl. Physiker Gilbert, der im Bernstein den
Hauptträger der unbenannten Kraft sah,
bildete dazu in s. Schrift De magnete (1600)
nlat. electricus. In Deutschland spricht als
erster Otto v. Guericke 1672 Experimenta nova
136 von der electrica attractio. Electrisch
seit Scheuchzer 1711, electrisiren und Elec-
tricität seit 1744: H. Schulz 1913 Fremdwb.
1, 168. S. Bernstein und Glas.

Element N. mhd. elemênt von Feuer,
Wasser, Luft und Erde, im 13. Jh. entlehnt
aus lat. elementum 'Grundstoff'. Diese und
die andern philos. Bedeutungen des lat. Wortes
beruhen auf Lehnübersetzung des gr. στοιχεῖα
(von στοῖχος 'Reihe'). Älteste Bed. ist 'Schriftzeichen': die Kinder der Vornehmen lernten
das Buchstabieren an elfenbeinernen Buchstaben,
demgemäß aus *elepantum, lat. Lehnwort aus gr. ἐλέφας (s. Elfenbein). Der
Wandel von p zu m mag unter Einfluß des
sinnverwandten rudimentum vollzogen sein. —
Elemente 'Anfangsgründe' nicht vor Wächtler
1709: W. Hartnacke 1943 Muttersp. 58, 53 f.

elend Adj. ahd. ęli-lęnti, asächs. ęli-lęndi,
agf. ellende 'in fremdem Land, aus dem Frieden der angeborenen Rechtsgenossenschaft ausgewiesen, verbannt', mhd. ęllende 'unglücklich,
jammervoll'. Dazu das Abstr. Elend N., ahd.
ęli-lęnti, asächs. ęli-lęndi, mhd. ęllende 'Ausland, Verbannung, Not'. Der erste Wortteil
kehrt wieder in Elsaß (frühmlat. Alisātia zu
ahd. Eli-sāzzo 'Bewohner des andern Rhein-
ufers'), got. aljis 'anderer', urverw. mit gleichbed. lat. alius, gr. ἄλλος, air. aile; vgl. gall.
Allo-broges. Der Pron.-Stamm *alja- ist
früh durch *anþera- verdrängt, doch unmittelbar mit ahd. ęlięnti vergleichbar urnord.
alja-markiR 'Ausländer', anord. elja 'Neben-
buhlerin', eig. 'die andere'.

Elentier N. steht verdeutlichend (wie Kamel-,
Maul-, Murmel-, Renntier) für frühnhd.
Elen(d) („Ellendt platiceros" Pinician Augsbg.
1516), das aus gleichbed. lit. élnis entlehnt
ist. Dieses, alit. ellenis, aslav. jelenĭ 'Hirsch',
weist mit aslav. lani 'Hinde' auf idg. *olnia,
zu dem sich gr. ἐλλός (aus *ἐλνός) 'Hirschkalb' und kymr. elain 'Hinde' stellen. Die
Sippe ist mit n-Suffix zum gleichen Stamm
gebildet, zu dem mit k-Suffix Elch gehört.

elf Zahlw. ahd. einlif (tirol. noch aindlif),
asächs. ēlleban (aus *ēnliban), agf. ānleofan,
anord. ellifu, got. ainlif: aus ein und -lif,
das in zwölf (got. twalif) wiederkehrt. f ist
verschobenes p, das für idg. qᵘ steht (vgl. Wolf
mit gr. λύκος). So gelangt man zu idg. *liqᵘ-
'übrig sein' (s. leihen) und faßt elf als 'eins
darüber'. Entspr. bildet das Lit. die Reihe 11
bis 19: vienuólika (zu víenas 'eins'), dvý-,
trý-, keturió-lika usw. Dem mhd. eil(if)
entspr. gilt eilf noch bei Adelung 1793. Die
Form ölf beruht auf Vorausnahme des Vokals von zwölf beim Hersagen der Zahlenreihe.

Elfe F., **Elf** M. Dem mhd. alp (s. Alp) entspricht engl. elf aus agf. ælf M. Das engl.
Wort rückt durch Bodmer in den deutschen
Gesichtskreis. Er hatte 1732 faerie elves in
Miltons Verl. Paradies durch „zauberische
Waldfeyen" wiedergegeben. 1742 setzt er
'z. Aelfen'; in seiner gleichzeitigen Abhandlung
über Miltons Sprache verteidigt er den Gebrauch von „Aelfen, Wasser-, Landälfen, so
oft wir die Art Geister anzeigen wollen, welche
die Angelsachsen mit diesem Nahmen genannt
hatten". Demgemäß verwendet Wieland 1764
das Wort in s. Übersetzung von Shakespeares
Sommernachtstraum und 1771 Amadis 10
Str. 5: Walz 1913 Zf. f. d. Wortf. 14, 204.

Elfenbein N. mit deutscher Betonung, die
bei Elefant (s. d.) der fremden gewichen ist. Wie
gr. ἐλέφας, lat. elephas kann ahd. hělfant
allein schon 'Elfenbein' bedeuten, als das
einzige, was man von dem Tier zu sehen
bekam, ebenso frz. olifant (so seit dem 13. Jh.;
die schwer erklärbare Grundform *olifantus
wird auch durch germ. Mundarten vorausgesetzt). Auch im Kymr. hieß oliffant 'Elfenbein'
(heute veraltet). Das Breton. scheidet nur in der
Mz.: 'Elefanten' heißt olifant-ed, 'Elfenbeine'
olifant-ou. Verdeutlichend tritt wie agf. elpen-,
ylpenbān ahd. hělfantbein 'Elefantenknochen'
auf, woneben schon im 10. Jh. die abgeschwäch-
ten Formen hělfan-, hělfenbein erscheinen. Das
anl. h hält sich bis ins 17. Jh., für die Weglassung wird Luthers elphen-, elffenbein maßgebend. Die roman. Namen des Elfenbeins,
die auf lat. ebur zurückgehen, liefern engl. ivory
und nl. ivoor, aber keine deutschen Formen.

Elixier N. Gr. ξηρίον 'trockenes Heilmittel'
hat dem Stein der Weisen seinen Namen
arab. al-iksīr geliefert. Dem Glauben an
seine heilende und verjüngende Kraft entspricht die Bed. 'Heiltrank', die das von da
entspringende elixīrium des Alchimisten-Lateins
seit dem 13. Jh. den europ. Sprachen vermittelt hat.

Elle F. Eines der verbreitetsten natürlichen
Längenmaße, vom Ellenbogen bis zur Spitze

des Mittelfingers, demgemäß idg. *olenā
'Vorderarm' benannt (vgl. Fuß, Klafter,
Spanne), wie sich aus gr. ὠλένη, lat. ulna,
air. uilen (aus *olinā), germ. *alinō ergibt,
das seinerseits aus got. aleina, anord. ǫln,
agf. eln, asächs. ahd. elina zu erschließen ist.
Nach Schwund des Mittelvokals ergab Angleichung von n an l mhd. elle.

Ellenbogen M. eig. 'Armbiegung', zu Elle
'Vorderarm'. Bei fast allen Germanen: ahd.
el(l)inbogo, mnl. ellenbōghe, agf. elnboga,
anord. ǫlnbogi; vgl. asächs. armbugil.

Eller f. Erle.

Elritze F. Der Fischname begegnet seit
Peucer-Ebner (1556) G 7 und wird in Gesner-
Forers Fischbuch (1575) 159 meißn.-nsächs.
genannt. Dazu stimmt, daß das Wort heute
im Thüring., Obersächs. und Schlesischen gilt.
Fürs Westmd. bezeugt Tabernämontanus 1593
Wasserschatz 18. 234 erlitz; dem entspricht
irlitse in der heutigen Wetterau. Diese Formen
und ahd. mhd. erling, bair. Erling erweisen
Verwandtschaft mit Erle; zu dessen Nebenform Else stellt sich mnl. elzenvoorntje, zu
Eller gehört der Name Ellerling, den der
Fisch am Harz führt. Die Zugehörigkeit des
Fisch- zum Baumnamen läßt sich dadurch
stützen, daß auch im Magy. derselbe Fisch
(egri) seinen Namen von der Erle (eger, éger,
Stamm egr-) hat: O. Beke 1934 Idg. Forsch.
52, 137. Am Bodensee und im Südosten heißt
Phoxinus laevis pfrille, im Neckargebiet pfelle
(aus mlat. pelanus), im Elsaß milling, im
alten Zürich bachbamebele, härlüchli, oberlauf. botr-fißl, blut-atsl, westfäl. grimpel,
sauerländ. gremb, asächs. grimpo, gr. χρέμψ.

Elsbaum, -beere f. Erle.

Elster F. Corvus pica L. Der Vogelname erscheint schon ahd. und asächs. in vielen Gestalten, die auf zwei Grundformen zurückgehen:
asächs. nfränk. mfränk. agastr(i)a, sonst agalstra.
Beide sind um eine Endung erweitert; agf. agu
führt auf westgerm. *agō, wohl 'die Spitzige'
(f. Eck) wegen des spitzen Schwanzes. Mit der
Bildungssilbe, die Ammer (f. d.) zu Em-
meritze erweitert, entsteht got. *agatja,
ahd. agaz(z)a, dessen Nebenform *agiza die
heute schwäb. Benennung Hetze ergeben hat,
indes ital. gazza, frz. (seit 14. Jh.) agace,
engl. haggess auf agaz(z)a beruhen. Die erweiterte Form *agazala liefert über ackzel
(so im 15. Jh.) nhd. Atzel, f. d. Auch aga(l)stra,
mhd. agelster (hieraus über eilster nhd. Elster), mnd. ekster (im Namen der Extern-
steine, 1093 Agisterstein) sind aus *aga erweitert, und zwar mit (-l- und) -(i)strjōn:
F. Kluge 1926 Stammbildungsl. § 49. Die
Kons.-Häufung wird auf verschiedne Arten er-

leichtert, so daß ägerst, alster (über *aglster),
a(g)laster u. v. a. Formen entstehen, über die
H. Suolahti 1909 Die dt. Vogelnamen 191 ff.
berichtet. Ferner J. W. Bruinier, Zs. f. vgl.
Sprachw. 34, 344 ff.; E. Kranzmayer 1933
Bayer. Wochenschr. f. Pflege v. Heimat u.
Volkst. 1, 7 ff. 23 ff. 37 ff.

Elsternauge N., mnl. exteroge, nnl. ek-
steroog, wie Hennen-, Hühner-, Krähen-,
Krebsauge ein Name des Leichdorns, zuerst
in einer Münchner Handschrift des 14. Jh. bei
Schmeller-Frommann, Bayer. Wb. 1 (1871)
48 „wiltu machen Wasser zu Wartzen vnd
Agelesteraugen vnd Hor vertreiben". Seit
dem 16. Jh. in Schwaben, Baden, dem Elsaß und der Schweiz, großenteils bis heute.
Literarisch durch H. Brunschwig, Dasypodius,
Paracelsus usw.

Eltern Plur. ahd. altiron, eltiron, asächs.
eldiron, mnl. ouderen, afries. eldera, ield(e)ra,
agf. eldran, yldran: in allen westgerm. Sprachen
ist der Plur. des Kompar. von alt 'die älteren'
zur Subst.-Bed. erhoben. Agf. wird der zugehörige Sing. yldra zu 'Vater'. Vgl. Herr,
Jünger und got. airizans 'Vorfahren'.

Email N., **Emaille** F. Der Stamm unseres
Ztw. schmelzen (f. u.) ist früh ins Roman.
gelangt und hat mlat. smeltum, ital. smalto
'Schmelzglas' geliefert. Mit der frz. Miniatur-
malerei kommt frz. émail 'Schmelzglas, email-
liertes Stück' seit Sperander 1727 zurück, nach
frz. émailler wird schon 1699 emailliren gebraucht, Emaille seit Schiller 1787: H. Schulz
1913 Fremdwb. 1, 169 f.

Emanzipation F. Lat. ēmancipātio 'Frei-
lassung' (urspr. durch dreimalige mancipātio
'Übernahme zu Eigentum' und manumissio
'Entlassung aus der Gewalt'), schon in den
Tagen der Frz. Revolution politisches Schlagwort, wird vollends dazu, seit (etwa 1830
beginnend) die Befreiung der amerik. Neger-
sklaven erörtert wird. Von E. der Juden wird
seit Börne 1833, von E. der Frauen seit Gutzkow
1839 gesprochen, während emancipirt schon
in kirchenpolit. Kämpfen des 17. Jh. eine Rolle
spielt: H. Schulz 1913 Fremdwb. 1, 170 f.

Embonpoint N. En bon point 'in gutem
Zustand' befindet sich der, den wir gleich
schonend 'wohlbeleibt' nennen. Der frz.
Euphemismus gelangt 1783 zu uns: H. Schulz
1913 Fremdwb. 1, 171.

Emir M. Arab. amîr 'Befehlshaber' (zu
amara 'befehlen') ist in der Aussprache emîr
in fast alle europ. Sprachen gelangt. Bei
uns erscheint es, vermittelt durch nnl. emier,
seit 1728: K. Lokotsch 1927 Etym. Wb., Nr. 69a.
Vgl. Admiral.

Emmer M. Triticum dicoccum, im alten Deutschland wichtiger als heute, da es nur in der Schweiz und in Teilen Süddeutschlands angebaut wird, hieß ahd. amar(o), amari. Zur ersten Form s. Ammer[1], die letzte ergibt emmer(-korn), schwäb. auch Merkorn (H. Fischer 4, 1620. 6, 1822). Im alten England heißt die Getreideart spelt, im Norden ist sie nie gediehen, außergerm. Verwandte des Namens fehlen. Sinnverwandt sind Dinkel, Einkorn, Spelt, Vesen.

Emmeritz, Emmerling s. Ammer[1].

empfangen, empfinden s. ent-.

empfehlen st. Ztw., mhd. entfëlhen angeglichen zu enpfëlhen, md. enpfëlen; mnd. entfëlen. Unter befehlen (s. d.) ist 'bergen' als Grundbed. des abgestorbenen einfachen Ztw. (mhd. vëlhen, ahd. fëlahan) entwickelt. Demgemäß war *entfëlahan 'zur Verbergung, Verwahrung übergeben', dann 'übertragen, anvertrauen', wie noch in seine Seele Gott empfehlen. Aus der Übergabe ist nhd. der bloße Hinweis als auf etwas Annehmbares geworden.

Empfindelei F. für Sentimentalität beansprucht Campe 1791 Proben einiger Versuche von d. Sprachbereich. 12 als seine Schöpfung, doch steht es seit 1778 mehrfach bei Wieland, Kant, Gotter u. a., zuerst Allg. Dt. Bibl. 35, 1, 184: Zs. f. d. Wortf. 6, 304.

empfindsam Adj. für engl. sentimental schlug Lessing 1768 seinem Freund Bode, dem Übersetzer von Yoricks empfindsamer Reise (von L. Sterne) vor. Beide meinten, es sei damit neu geprägt, doch findet es sich mehrfach schon seit 1757, zuerst in einem Brief der Gottschedin, der freilich erst 1771 gedruckt wurde: Feldmann 1905 Zs. f. d. Wortf. 6, 307; Wh. Pfaff 1933 Kampf um dt. Ersatzwörter 28 f.

Emphase F. Gr. ἔμφασις 'Kraft des Ausdrucks' und ἐμφατικός 'nachdrücklich' gelangen über gleichbed. lat. emphasis und emphaticus zu uns: emphatisch seit Zeidler 1700 Sieben böse Geister 105, das F. in lat. Gestalt bei Sperander 1728, in der durch frz. emphase bestimmten seit Forster 1788 Kl. Schr. 89: H. Schulz 1913 Fremdwb. 1, 172.

empor Adv., frühnhd. entbor, mhd. enbor(e), ahd. in bor 'in die Höhe', in bore 'in der Höhe': Präp. in mit Akk. und Dat. des F. mhd. ahd. bor 'Höhe, oberer Raum'. Dies zum ablautenden Ztw. ahd. bëran 'tragen' (s. Bahre, Bürde, entbehren, Gebärde, gebären, Gebühr, Geburt, Urbar) mit derselben Stufe des Ablauts wie ags. borettan 'schwingen', urspr. 'emporheben'. Als Ableitung gehört zum F. bor ahd. burian, mhd. bürn 'erheben'. Die Entwicklung des Gleichlauts t in frühnhd.

entbor wie in entbehren, der Wandel von entbor zu empor wie in wintbrā zu Wimper. Dehnung des o in geschlossener Silbe vor einfachem r wie in vor.

Empore F. 'erhöhter Raum', namentlich in Kirchen. Im 18. Jh. gekürzt aus Emporkirche (s. empor). Dafür mhd. borkirche, alem. borkilche seit 1303. Ein gleichbed. nd. prichel, prickel beruht auf germ. *brugi, s. Brücke.

empören Ztw. ahd. anaboren, mhd. enboeren, zu mhd. bor 'Trotz', das mit ahd. burian (s. empor) zusammenhängt. Als Faktitiv bed. empören urspr. 'erheben machen'. Ins Nhd. führt Luther das Ztw. ein; Ad. Petris Bibelglossar muß es 1523 seinen Basler Lesern mit erheben, strensen verdeutlichen.

Emporkömmling M. für frz. parvenu (Schulz-Basler 1933 Fremdwb. 2, 387) bedarf noch bei Campe 1807 der Erläuterung durch das Fremdwort: Zs. f. d. Wortf. 13, 99. Brandes 1787 Berl. Monatsschr. Nov. 397 lehnt E. ab: „Man verzeihe das frz. Wort. E. für Parvenu klingt zu gezwungen und ist nur von Einem Schriftsteller gebraucht worden." Nach H. Dunger 1882 Wb. v. Verdeutschungen 45 ist das Posselt. Aufgenommen wird E. von Ramler 1796 Beitr. z. dt. Sprachk. 2, 81 und Wieland 1804 Hor. Sat. 2, 233, durchgesetzt im Kampf gegen Napoleon: Ladendorf 1906 Schlagwb. 68 f. Goethe I 12, 213 bleibt bei Parvenu. S. Glückspilz und Wh. Pfaff 1933 Kampf um dt. Ersatzwörter 29.

emsig Adj. ahd. emazzig, emizzig (auch mit tz) 'beständig, beharrlich, fortwährend'. Neben mhd. emzec (mit lautgesetzl. Ausfall des mittleren e) steht emez-liche, womit Ableitung aus ahd. emiz Adj. 'beständig' erwiesen ist, dessen nächste germ. Verwandte man in anord. ama 'plagen, belästigen', amask 'Anstoß nehmen, Unwillen fühlen, sich mit etw. abplagen', isl. amstr 'rastlose Arbeit' sieht. Auch Amali als Name des ostgot. Königshauses und ags. Amuling, ahd. Amalung der Heldensage gehören dazu. Außergerm. vergleicht man aind. áma- M. 'Andrang', ámate 'bedrängt', gr. (hom.) ὁμοῖος 'plagend', ὁμοκλή 'Drohung'.

Emu M. Der australische Strauß wurde von seinen Entdeckern dem Kranich (portug. ema) verglichen und, weil er nicht fliegt, ema di gei 'Erdkranich' benannt. Daraus gekürzt engl. emu. Mit Bumerang, Känguruh, tabu, tätowieren, Wombat eines der wenigen Wörter, die das Nhd. Australien und seiner Inselwelt verdankt.

Enakskind N. sagen wir nach 4. Mos. 13, 23. 29 für 'Riesenkind, riesig starker Mensch'. Wortbildung wie Adamskind; KinderIsrael. Goethe liebt das geflügelte Wort (Wahl-

verw. I 11; W. Meisters Wanderj. III 1),
Wieland (Amadis 1771 I Str. 24) zieht Enaks=
sohn vor.

Ende N. Ahd. anti, enti, asächs. endi, afries.
enda, anl. ags. ende, anord. ende(r), got.
andeis M. führen auf germ. *andja- aus vor=
germ. *antjó-, das in aind. ánta- M. 'Grenze,
Rand' wiederkehrt; dieselbe -io=Bildung in aind.
antya 'der äußerste, letzte'. Ahd. anord. Bed.
wie 'Spitze, Stirn, Front' legen Zus.=Hang mit
air. étan (aus *antano-) 'Stirn', lat. antiae
'Stirnhaare' nahe. Damit ist Beziehung zu lat.
ante 'vor', gr. ἀντί 'gegen' gegeben. Zur
Stammbildung H. Paul 1917 Dt. Gramm. 2,
61, zum Genus ders. 2, 64.

endgültig s. gelten.

endigen schw. Ztw., spätmhd. endigen, nnl.
eindigen: Ableitung zu einem seltenen Adj.
mhd. endec 'zu Ende kommend'.

Endivie F. Im Januar (ägypt. tybi) gibt
es in Ägypten das Gemüse Cichorium endivia
L., daher gr. ἐντύβιοι Mz. Hieraus lat. intu-
bus M. F. und intubum N. In der Kaiserzeit
erscheint, der gr. Aussprache angenähert, lat.
intybum N., später intiba F., volkslat. *entiba,
landschaftlich auch *endiba. Bei uns wirkt zu=
nächst lat. u fort: 794 intubas im Capitulare de
villis, mhd. um 1400 enduvie, während noch
nhd. endivie von der volkslat. Form ausgehen,
woneben Einfluß von mlat. ital. endivia und
frz. endive nicht auszuschließen sind: R. Lokotsch
1927 Etym. Wb. 2124; H. Marzell 1943 Wb. d.
dt. Pflanzennamen 1, 988f.

Endzweck M. Jakob Böhme verwendet
Zweck im Sinne von 'Ziel'. Gleichzeitig über=
setzt Joh. Arndt, Vier Bücher vom wahren
Christentum (1606—09) lat. causa finalis mit
Endzweck (A. Gombert 1896 Bemerk. u. Er=
gänz. 8, 19). Leibniz nimmt die Lehnübers. auf
(H. Dunger 1895 Wiss. Beih. z. Zs. d. Sprachv.2,
123), Kant, Goethe u. Schelling setzen sie durch.

Energie F. Gr. ἐνέργεια 'Tatkraft' (zu
ἔργον, s. Werk) gelangt über lat. energia zu
uns, zuerst Zinzendorf 1732 T. Sokrates 301.
Durch Herder 1787 bekommt das Wort seinen
wiss. Sinn 'wirkende Kraft': A. Gombert 1908
Bresl. Progr. 10; G. Schoppe 1916 Mitt. der
schles. Ges. f. Volkskde. 19, 224.

eng Adj. Adv., mhd. enge Adj., ange Adv.,
ahd. engi, älter angi Adj., ango Adv., asächs.
engi Adj., nnl. enghe Adj., anghe Adv., anl.
eng, ags. enge Adj., ange Adv., anord. ongr,
got. aggwus 'eng': zur idg. Wurzel *angh-
'eng, einengen, schnüren'. Außergerm. ver=
gleichen sich u. a. lat. angiportus 'Gäßchen',
angō 'drücke zusammen', angor 'Angst', gr.
ἄγχω 'schnüre', ἀγχόνη 'Strick, Erdrosslung',
ἄγχι, ἀγχοῦ 'nahe', ἄσσον (aus *ἀγχ-ιον)

'näher', aslav. ozota 'Enge', ozükü, lit. añkštas,
arm. anjuk, aind. ąhú- 'eng', ąhas- 'Enge'.
Kelt. Verwandte wie bret. enk 'eng', ir. kymr.
ing 'bedrängte Lage' setzen idg. *engh- voraus.
— Die Beziehung zu Angst und bange (s. o.)
haben die Grammatiker des 17. Jh., als sie
die Schreibung mit e vorschrieben, nicht er=
kannt (so wenig wie die von anstrengen, edel,
Stengel zu Strang, Adel, Stange).

Engel M. Neutestamentl. ἄγγελος 'Bote',
Lehnübersetzung von hebr. malāk 'Bote (Got=
es)' gelangt mit der ersten Welle des Christen=
tums zu allen Germanen. In ahd. angil,
engil, asächs. engil, mnd. ags. engel, anord. en=
gell wirkt das i von got. aggilus fort: Engel ist
mit seinem Gegenwort Teufel schon von der
arianischen Gotenmission des 5. Jh. donau=auf=
wärts getragen worden. Lat. angelus hätte
im 8. Jh. angel ergeben, so lautet das Wort
aber nur im Afries.: Kluge 1909 Beitr. 35, 135.
Aus dem Mnd. ist lett. engélis entlehnt: J.
Sehwers 1927 Zs. f. vgl. Sprachf. 54, 172.

Engelsüß N. Die Wurzel des Farnkrauts
Polypodium vulgare hat süßen Geschmack. Nach
dem Volksglauben ist es als Mittel gegen
Schlaganfall von Engeln zur Erde gebracht,
daher spätmhd. engelsüeze, nnl. engelzoet, dän.
engelsød.

Engerling M. Zu idg. *angu(h)i- 'Wurm',
das in lat. anguis, aslav. oži, lit. angìs 'Schlan=
ge', ankštirai 'Finnen, Engerlinge', mir. esc-
ung 'Aal' erscheint, stellt sich ahd. angar(i),
mhd. anger, enger 'Made'. Verkl. Ableitung
hierzu ist ahd. engirinc (g), mhd. enger(l)inc
'Wurm, Finne'. Die Bed. 'Maikäferlarve' teilt
das Nhd. mit dem Nnl. Engering hält sich
in Bayern; in der Schweiz gelten anger,
inger(i), engerich, ostmd. enderle.

Enkel[1] M. 'Fußknöchel'. Ahd. anchlāo, mnl.
anclau, ánkel, ânkleu, agf. ancleow, engl. ankle,
anord. okkla zeigen Anlehnung an Klaue.
Ursprünglicher sind schwed. ankel, ahd. anchal,
enchil, mhd. mnd. mnl. enkel, die das Wort
als Verkl. zu mhd. anke M. 'Gelenk' (heute
in Bayern, Schwaben und am Mittelrhein für
'Nacken') erkennen lassen, s. Anke F. Damit er=
gibt sich Beziehung zu aind. ánga 'Glied', ánguli
'Finger'. Heute ist Enkel[1] außer in Bayern und
Tirol nur im Nordsaum (von Westfalen und Ost=
friesland bis Vorpommern) lebendig. Dafür
thür. knorrn N., schwäb. knöd, knedle.

Enkel[2] 'Kindeskind'. Spätahd. eninchilī,
mhd. eninkel, enenkel sind Verkl. zu ahd.
ano 'Ahn': der Großvater gibt dem Enkel die
Anrede 'Großvater' freundlich zurück. Dadurch
ist der idg. Name des Enkels, der in lat.
nepōs fortbesteht, bei uns verdrängt (s. Neffe)
Frühnhd. begegnet neben enigklein, enigke

gleichbed. en-lein mit l-Demin., während Enkel altes -inklī(n) aufweist, das in ahd. huon-inklīn 'Hühnchen' wiederkehrt, ſ. Hünkel. Demin. zu Ahn (ſ. d.) ſind auch aſlav. vŭnukŭ 'Enkel' und lat. avunculus 'Oheim'. Luther ſagt ſelten Enckel, meiſt Kindskind oder Neffe. Oſtfränk. gilt Diechter (ſ. d.), in dem Nordſaum, der Enkel[1] bewahrt, Groß-, Klein-, Kindskind. Im Freiberger Stadt-recht um 1300 bedarf Enkel noch der Er-läuterung „eninckel daz ſint kindeskint" Cod. dipl. Sax. reg. II 14, 41.

Enquete F. Frz. enquête (zu lat. quaestio 'Befragung') erſcheint bei uns ſeit Fallati 1846 Zſ. f. d. geſ. Staatswiſſ. 3, 517 als ſtaats-wiſſ. Fachwort. Von da in den 80er Jahren ver-allgemeinert: H. Schulz 1913 Fremdwb. 1, 174 f.

ent- Vorſilbe, die ſowohl die Richtung auf etwas hin bezeichnet, als die Trennung von etwas. Dem gr. ἀντί 'gegen, ſtatt', lat. ante 'vor' entſpricht germ. *and(a), das im Got. als Präp. and 'entlang, auf etw. hin' erſcheint, als betonte Vorſilbe in nhd. Antlitz, -wort fortbeſteht (ſ. d. und ant-, anheiſchig, Hand-werk). Als unbetonte Vorſilbe (vor Verben und ihren Ableitungen) entſpricht ahd. int-, mhd. ent-. Vor f wird es zu emp-, daher emp-fangen, -fehlen, -finden aus ahd. int-fāhan, -*fëlhan, -findan. Gerät ein ſo entſtandenes pf in Mundarten, die kein pf als Ergebnis der hd. Lautverſchiebung beſitzen, ſo können Formen wie empangen entſtehen (wie hambel, mumbel, drump, oppern aus Hand-, Mund-voll, Trumpf, opfern): Behaghel 1928 Geſch. d. dt. Spr. 422. Nur ſcheinbar liegt die Vorſilbe ent- vor in entbehren, ent-gegen, entlang, entweder (ſ. d.) und entzwei (mit tz für z aus mhd. enzwei, ahd. in zwei 'in zwei Teile').

entbehren Ztw. ahd. inbëran, mhd. enbërn: vor das unter Bahre und gebären behandelte ſt. Ztw. ahd. bëran 'tragen' iſt die unter nein, nicht, nie dargeſtellte Negation gerückt. Die urſpr. Bed. 'nicht tragen' iſt über 'nicht haben' zu 'ermangeln' entwickelt. Der Gen., den das Ztw. bis ins Nhd. regiert, iſt der von der Negation abhängige Partitiv. Gleichgebildet ſind lat. nescīre 'nicht wiſſen', nolle 'nicht wol-len', agſ. nytan, nyllan, næbban 'nicht wiſſen, wollen, haben'. Belege für ſtarke Beugung von entbehren bietet noch das 16. Jh. t tritt nach dem Vorbild der vielen mit ent- anlautenden Ztw. ein, zufrühſt im Mnd., aus dem dän. undvære entlehnt iſt.

entdecken ſchw. Ztw., mhd. endecken, en-tecken, ahd. intdecchan, mnl. onddekken. Dazu das F. Entdeckung, im 14. Jh. intteckunge. Die alte ſinnliche Bedeutung (Luther 1543

Jeſ. 47, 2 „entdecke den Schenckel") wird ſeit langem von aufdecken und entblößen ge-tragen. Die entſprechende uneigentliche Ver-wendung (Luther 1530 Heſek. 16, 57 „da deine Bosheit noch nicht entdeckt war") hält ſich bis über die Tage der Klaſſiker. Heute iſt ent-decken meiſt 'etwas bis dahin Verborgenes, Un-bekanntes gewahr werden, auffinden'. Frz. découvrir durchläuft dieſelbe Entwicklung.

Ente[1] F. Ahd. anut, mhd. ant, mnd. an(e)t, aſächſ. anad (in Ortsnamen), mnl. aent, agſ. ænid, ened, anord. ǫnd führen auf germ. *anudiz, urverw. mit gleichbed. lat. anas, lit. ántis, aſlav. ǫty, gr. νῆσσα (aus *nātiə), aind. ātíṣ. Dies aus *n̥tí-, weniger wahrſcheinlich (wegen des Akzents) aus *ēti- 'Eider'. Der reich entwickelte Ablaut (idg. *(a)nāt- : *anət- : *n̥t-) ſpricht für das hohe Alter des Vogelnamens. Neben dem fem. i-Stamm anut ſteht ahd. erwei-tertes anata und (mit Suffixablaut) ęnita. Dies liegt der nhd. Form voraus, nd. Mundarten ſind bei änt(e) geblieben. Die verdeutlichende Zuſ.-Setzung anetvogel lebt vom 13. Jh. bis in heu-tige Mundart. Bei der zahmen Ente haben Koſe-formen wie pīle, wudle, wurri den Entennamen vielfach erſetzt; eine davon, das zum laut-malenden Ztw. rätſchen gehörige rätſch(er), bedeutet alem. 'Enterich'. Deſſen ahd. Name iſt anutrehho, mhd. antrech aus *anut-trahho, deſſen zweites Glied (weſtgerm. *drako 'Männ-chen'?) als ſelbſtändiger Name im gleichbed. engl. drake, nd. drāke, thür. drache, ſchwäb. (t)rech begegnet. S. Schelldrack. Die alte Bildung antrech hat ſich nachmals an die Män-nernamen auf -rich angelehnt: ſo iſt nhd. En-terich entſtanden und hat ſeine Bildungsweiſe auf Gänſerich u. a. ausgedehnt. Von Preu-ßen bis Braunſchweig gilt Erpel (ſ. d.), im nördl. Weſtfalen wīk, wiēk, wæk, das mit meckl. wetik, weddik auf aſlav. vedicī 'Führer' zurückgehen ſoll. wärt an der Waſſerkante iſt lautnachahmend. Weiteres bei Suolahti 1909 Vogelnamen 419 ff.

Ente[2] F. 'Zeitungslüge' hat mit der früh-nhd. Wendung „von blauen Enten predigen" nichts zu tun, ſondern tritt nach 1850 als Über-ſetzung von frz. canard auf, das ſeit 1711 in Formeln wie donner des canards 'einem etwas vorlügen' auch Deutſchen bekannt iſt, während frz. bailleur de canards ſchon 1612 begegnet. Herleitung aus einem Lügenbericht des Nieder-länders Cornelißen von 1804 über die Ge-fräßigkeit der Enten iſt demnach zeitlich un-möglich; ein anderer Erklärungsverſuch bei Mur-ray 1893 New Engl. Dict. 2, 60; vgl. W. Feld-mann 1912 Zſ. f. d. Wortf. 13, 286 f.; A. F. Storfer 1935 Wörter u. ihre Schickſale 99 ff.

Enterich ſ. Ente[1].

entern Ztw. Lat. intrāre 'hineingehen' liefert frz. entrer, das als nl. enteren die Bed. 'ein feindl. Schiff besteigen, um es zu überwältigen' erlangt. In hansischen Urkunden seit 1468, nhd. seit Stieler 1695 Zeitungslust: Kluge 1911 Seemannsspr. 222.

entgegen Adv. ahd. ingagan, ingegin, mhd. engegen, asächs. angegin, agf. ongean, engl. again. S. gegen und ent-. Die Entwicklung von en- zu ent vergleicht sich äußerlich dem Vorgang bei entbehren, s. d. Die Zus.-Setzungen mit entgegen- bleiben bis etwa 1740 auf Ztw. der Bewegung begrenzt (entgegengehen, -laufen). Kurz vor dem Auftreten Klopstocks, von ihm dann mächtig gefördert, tritt ein pietist. Gebrauch auf, der seelische Empfangsbereitschaft bezeichnet (entgegenjauchzen, -lächeln, sich e.-sehnen): Sperber 1930 Dt. Vierteljahrsschr. f. Lit.-Wiss. 8, 511.

Enthusiasmus M. Gr. ἐνθουσιασμός 'Gottbegeisterung' (zu ἔν-θεος 'gottbegeistert') gelangt als lat. enthusiasmus in die Sprache der Gelehrten und der Kirche. Hier spielt auch gr. ἐνθουσιαστής 'Begeisterter, Schwärmer' dauernd eine Rolle. Die religiöse Bed. weicht im 18. Jh. den weltlichen „Begeisterung eines nach hohem Ziel strebenden Menschen" und „Erregtheit des schaffenden Künstlers" (vgl. Schillers „des Gottes voll"). Daran haben frz. enthousiasme, enthousiaste, enthousiasmer Anteil. Wie sich die Gruppe seit dem 16. Jh. mit deutschem Geist durchtränkt, wird erkennbar bei H. Schulz 1913 Fremdwb. 1, 175f.

entlang Adv. Präp. Gleichbed. engl. along aus mengl. on long. Entlang, nicht vor Campe 1807 als schriftsprachlich anerkannt, stammt aus dem Nd. Dem Meer entlang ist mit Ersparung der ersten Präp. entwickelt aus bī dem mere in lanc. Dieses e. folgt urspr. dem Dat. Ein adv. Akk. kann durch e. näher bestimmt werden: er geht den Weg e., daraus mnd. wart em lang den wech nä röpen — eine dritte Fügung, die sich mit den vorigen mischt: „längs dem Meer" Arndt; „entlang des Waldgebirges" Schiller; „manchen jugendlichen Tag entlang" Goethe. — S. längs und Behaghel 1924 Dt. Syntax 2, 49f.

entrinnen st. Ztw., mhd. entrinnen, ahd. intrinnan, nur hd., fehlt der Umgangssprache und den Mundarten. Zwei Bildungen sind zus.-gefallen: 1. ent-rinnen, von Flüssigem gesagt, zum st. Ztw. rinnen, s. d. 2. enttrinnen 'fliehend entkommen'. Das einfache trinnen (ahd. trinnan, wozu abtrünnig) ist untergegangen, sein Bewirkungsztw. als trennen (s. d.) erhalten.

entrüsten Ztw. Mhd. entrüsten 'die Rüstung ausziehen' ist abgeschwächt zu der Bed. 'aus seinem geordneten Zustand bringen'. Dies mit

Obj. wie geist, muot oder reflexiv gebraucht ergibt 'aus der Fassung bringen, kommen'. Nd. ontrusten hat eine entspr. Entwicklung hinter sich. S. rüsten.

Entsagung F. im heutigen Sinn wird noch von Klinger 1794 Faust² 372 mit Resignation erläutert. Um dies zu ersetzen, hat man E. aus seiner im 17. Jh. auftretenden Bed. 'Absage (einer Freundschaft)' abgebogen: Feldmann 1904 Zs. f. d. Wortf. 6, 108.

entsetzen Ztw. mhd. entsetzen 'absetzen, außer Fassung bringen', Faktitiv zu mhd. entsitzen, ahd. intsizzen 'aus dem Sitz kommen, sich fürchten'. Wie nahe der Übergang liegt, zeigen got. and-sitan mit seiner Bed. 'scheuen' und nhd. erschrecken, s. d.

entsprechen Ztw. im heutigen Sinn 'gemäß sein' ist alem. Lehnübersetzung von frz. répondre, seit Geiler belegt. Aus schweiz. Sprachgebrauch nimmt der junge Wieland e. auf und wird dafür von Lessing 1759 gelobt: „Dieses entsprechen ist itzt den Schweitzern eigen, und nichts weniger als ein neugemachtes Wort" 6, 31 Lachm. Heynatz hatte 1775 Handb. 255 e. als Modewort verpönt, 1796 Antibarb. 365 billigt er es.

enttäuschen Ztw., eig. 'aus einer Täuschung herausreißen'. Campe 1813 Wb. z. Verdeutschung 256 sagt zu frz. désabuser: „Man könnte enttäuschen dafür bilden. C. Cramer hat das Wort schon gebraucht." 260 bietet er e. als Lehnübers. von frz. détromper. Von Goethe und Arnim aufgenommen, hat sich das Ztw. rasch durchgesetzt. Enttäuschung seit Huber 1828 Skizzen a. Spanien 1, 258.

entweder Konjunkt. Als Pronomen, das eine von zwei gegebenen Größen ausschließt, besteht asächs. ēndihwēdar, mhd. eintwēder. Ahd. ist nur ein weder (aus Notker) zu belegen, das seine Stütze in asächs. ōdar hwēdar findet. Behaghel 1928 Dt. Syntax 3, 169 versteht das als ein — ōdar, hwēdar 'eines oder das andere — welches von beiden?' und faßt t im mhd. Pron. eintwēder als nachträglich entwickelten Gleitlaut. Das Neutr. dieses Pron. wird zur Konjunkt. in Sätzen wie Hnr. v. Melf 1150 Todesgehügede 188: eintweder diu schrift hät gelogen oder si choment 'eines von beiden: die...' Das zweite Glied wird regelmäßig durch oder eingeleitet. Wenn auch dort wieder entweder steht, so hat das Vorbild der Formel weder — weder gewirkt.

entwerfen st. Ztw., mhd. entwërfen, mnl. mnl. ontwerpen, urspr. von der Bildweberei, die mit dem Weberschiffchen die Kunstleistung vollbringt: der Einschlag wird in den Aufzug oder die Kette (mhd. werf, mnl. warp) eingeschossen. Mhd. warf und webel, mnl. warp off webel, agf. wefl in warp erweisen eine westgerm. Formel. Von der Bildweberei ist entworfen 'zum Bild gestalten' auf jede Kunst und schon im Mittelalter auch auf literarische und geistige Entwürfe übertragen. Durch Einfluß des mlat. projectäre bringt der Begriff des Vorläufigen ein, der im M. Entwurf 'projectum' (nicht vor Ph. Zesen 1645 Ibrahim 153) von vornherein enthalten ist: Zs. f. dt. Wortf. 4 (1903) 127; Edw. Schröder 1931 Zf. f. dt. Alt. 68, 283f.

entziffern f. Ziffer.

entzwei f. ent=.

Enzian M. Für die als Heil= und Genußmittel wichtige Pflanze fehlt ein gemeingerm. Name, wohl weil ihre Arten zerstreut auftreten und in vielen Teilen des germ. Wohngebiets fehlen. Auf Oberdeutschland beschränkt bleibt ahd. mädalgēr, mhd. mädelgēr, frühnhd. und mundartl. mödelger u. ä., das von Haus aus Männername mit germ. *maþla 'Versammlung' im ersten Glied ist. In anord. sœtæ 'Süße' führt die Bitterwurz einen iron. Namen. Lat. gentiāna mag illyr. Ursprungs sein, wenn auch die von Plinius 25, 71 erzählte Entdeckung durch den Illyrerkönig Gent(h)ius eine Volksetymologie sein wird. Das lat. Wort ergab — wir wissen nicht, wieso es sein g= verloren hat, das im afrz. gentiane und daraus stammenden engl. gentian erhalten ist — ahd. enciān, mhd. enzian, frühnhd. ention, entzion, dessen heutige Formen (schwäb. enzēau mit äu aus ān wie gäu, läu) mundartecht sind: Bohnenberger 1902 Zf. f. d. Wortf. 2, 4; Björkman 1904 daf. 6, 180; Hoops 1913 Reallex. 1, 614.

Epaulette F. 'Achselstück'. Frz. épaulette ist Demin. von épaule 'Achsel', das Uniformstück ist nach demselben Verfahren benannt wie Ärmel, Leibchen, Korsett. Bei uns seit Wagner 1776 Kindermörd. V. 289, zunächst mit Plur. auf =s: H. Schulz 1913 Fremdwb. 1, 177.

Epidemie F. Zum gr. Adj. ἐπι-δήμιος 'im Volk (δῆμος) verbreitet' stellt sich ἐπιδημία νόσος 'Volkskrankheit', das in der mlat. Form epidēmia seit 1529 in deutschen Texten erscheint, um 1735 als Epidemie eingebürgert wird: H. Schulz 1913 Fremdwb. 1, 177f.

Epigone M. Gr. ἐπί-γονοι 'Nachgeborene' heißen bei Pindar und Euripides die Söhne der im ersten theb. Krieg gefallenen Heerführer, bei Strabo u. a. die Nachkommen von Alexanders d. Gr. Nachfolgern, dann allg. schwache Nachtreter berühmter Vorgänger. Bei uns lebt E. als geflügeltes Wort, seit sich Karl Immermann 1830 entschloß, in einem Roman „Die Epigonen" Segen und Fluch des Nachgeborenseins zu schildern: Schulz, Fremdwb. 1, 178.

Epigramm N. Gr. ἐπί-γραμμα, eig. 'Aufschrift', ist schon bei den Alten in die Bed. 'Sinngedicht' (f. d.) übergegangen. Während Opitz 1624 Poet. 24 Epigramma schrieb, veröffentlicht Lessing 1771 Anmerkungen über das Epigramm: H. Schulz 1913 Fremdwb. 1, 178.

episch Adj., **Epos** N. Gr. ἔπος N., urverwandt mit erwähnen (f. d.), bedeutet ursprünglich 'Gesagtes', dann 'Erzählung', seit Xenophon († 354 v. Chr.) 'Gedicht'. Die Mz. ἔπεα setzen Herodot und Pindar für 'Heldengedichte, =lieder'. Seit dem 18. Jh. gilt Epos in unsrer Kunstlehre. Das gr. Adj. ἐπικός ist Attribut von ποίησις (f. Poesie), entsprechend lat. epicus, frz. épique, engl. epic. Bei uns wird von epischen Gedichten zuerst 1744 gesprochen: H. Schulz 1913 Fremdwb. 1, 178.

Episode F. Frz. épisode M. 'Nebenhandlung, Einschiebsel' ist um die Mitte des 18. Jh. entlehnt worden, als es noch F. war. Es stammt aus gr. ἐπ-εισ-όδιον als Fachwort der Bühne: 'Handlung, die zwischen zwei Chorgesänge eingeschoben ist'. Urspr. hieß nur das erste Stück des Dialogs so, weil die Schauspieler, die es vortrugen, zum Chor, der schon vorher aufgetreten war, „noch hinzutraten". Episodisch (seit Campe 1813) hat sein Vorbild in frz. épisodique: Seiler 1924 Entw. d. d. Kultur 3² 248.

Epoche F. Gr. ἐποχή 'Innehalten, Haltepunkt in der Zeitrechnung, bedeutsamer Zeitpunkt' gelangt über lat. epocha und in dessen Form in das Gelehrtendeutsch des 17. Jh. Bevor sich (mit Ramler und Wieland) die heutige Form durchsetzt, schreiben unter Einfluß des frz. (bei den Enzyklopädisten beliebten) époque Möser, Klopstock u. a. jahrzehntelang Epoke. „Epoche machen" bildet frz. faire époque nach: H. Schulz 1913 Fremdwb. 1, 178.

Eppich M. Apium graveolens L., als Kulturpflanze im frühen Mittelalter aus Italien nach Deutschland gelangt, mhd. epfich, ahd. epfi(ch), epfe u. ä., md. nnd. eppe 'Sellerie'. Ins Rhd. mit md. pp aufgenommen. Entlehnt aus lat. apium 'von der Biene (apis) bevorzugte Pflanze, Sellerie'. Aus dem Nd. und Ostmd. in die slav. Sprachen weiterentlehnt: poln. russ. opich, tschech. apich, slov. kroat. opih. Verwechslung mit Efeu (f. d.) ist ostmd. Sie beginnt im 16. Jh., begegnet bei Dichtern der schles. Schulen, von da gelegentlich bei Goethe (Weim. Ausg. I 6, 197).

Equipage F. 'herrschaftliche Kutsche'. Unser Neutr. Schiff gelangt in unverschobener Form früh ins Roman. Anord. skipa 'ein Schiff ausrüsten' ergibt gleichbed. afrz. esquiper. Dazu frz. équipage M., das nacheinander 'Ausrüstung, Aufzug, den ein Herr mit Wagen, Pferden und Dienern macht, Kutsche' bed. Rückentlehnt zuerst im Heerwesen: 'Reise-, Kriegsausrüstung' Wallhausen 1616 Kriegsmanual; 'Rüstwagen eines Stabsoffiziers' Scheibner 1695. Zum Genuswechsel Zs. f. d. Wortf. 7 (1905) 57, zur Abgrenzung gegen Kutsche Kretschmer 1918 Wortgeogr. 312.

er, es Pron. ahd. mhd. ěr, ěȥ, got. is, ita, urverw. mit lat. is, id, zum idg. Pron.-Stamm der 3. Pers. *i-. Nhd. ist der Vokal vor r in geschl. Silbe gedehnt, wie in der, wer, mir, empor, vor. Bei Anlehnung an vorhergehendes Ztw. wird er zu ɽ; schon mhd. reimt bat er auf vater. Enklitisches es wird s.

er- als Vorsilbe (ahd. ar-, ir-, ur-, mhd. er-) ist die unbetonte Entsprechung der Tonform ur-, f. d.

erbarmen Ztw. ist mit barmherzig (f. o.) Lehnübersetzung von lat. miserēre und misericors aus der Zeit vor Ulfilas. Got. (ga-)arman 'sich erbarmen' gehört zum Adj. arms wie lat. miserēre zu miser, während gr. ἐλεεῖν als Vorbild nicht in Frage kommt. Da asächs. armōn, ahd. armēn in der Bed. 'arm sein' festlagen, griffen die Glaubensboten, um den Sinn 'erbarmen' zu erzielen, zur Erweiterung durch Vorsilbe. Ags. of-earmian, altlimb. onf-ermen zeigen, daß das af- war. Dem entspricht hd. ab-, das in ahd. (ir-)b-armēn aus *ab-armēn sein anl. a- verloren hat, mit derselben Verlegung der Silbengrenze, wie sie asächs. tōgjan gegenüber got. at-augjan 'vor Augen führen' aufweist: Kluge 1906 Zs. f. d. Wortf. 8, 29.

erbauen schw. Ztw., mhd. mnd. erbūwen: zunächst körperlich 'zu Ende bauen', doch schon im Mittelalter nach bibelgr. οἰκοδομεῖν, lat. aedificāre geistlich gewendet, wie schon agf. ontimbran: M. Förster, Beibl. z. Anglia 1944 S. 239. Die Pietisten verbreiten Erbauung und erbaulich.

Erbe N. M. Die Vorgeschichte von arm (f. d.) ergibt einen Stamm germ. *arb-, idg. *orbho- 'verwaist', der bestätigt wird durch lat. orbus 'beraubt', gr. ὀρφ(αν)ός 'verwaist', armen. orb 'Waise', aind. árbha 'klein, schwach; Kind'. Hierzu mit jo-Ableitung das N. got. arbi, agf. ierfe, afries. erve, asächs. ęrbi, ahd. ęrbi 'das Erbe (als Besitztum eines Verwaisten)'. Dazu wieder (mit Suffix germ. -an: Kluge 1926 Stammbild. § 16) das M. got. arbja, urnord. arbija, agf. ierfa, afries. ęrva, mnd. ęrve, ahd. ęrb(e)o 'der Erbe'. Zum N. gehört das schw. Ztw. erben, ahd. mhd. ęrben, mnd. ęrven, afries. ęrvia, agf. ierfan, anord. erfa. Wie alt die Gruppe ist, verrät das Zus.-Treffen von got. ga-arbja und air. com-arbe 'Miterbe'. Die

Urbed. beleuchtet anord. erfi N. 'Leichenschmaus, Begräbnismahl'. S. Arbeit.

Erbfeind M. Mhd. erbe-vīnt ist seit Herb. v. Fritzlar 1212 Troj. 2665 der Teufel, dessen Feindschaft die Menschheit mit der Erbsünde (Lehnübers. von peccatum hereditarium) von Adam geerbt hat. So noch bei Goethe. Des Teufels Sohn ist der Türke, auf den das Schlagwort im 15. Jh. übertragen wird. Die Türkenliteratur des 16./17. Jh. bringt die Hochblüte des Worts; Nachklänge noch im 19. Jh. Von diesem Gebrauch ausgehend spricht Kaiser Maximilian 1513 vom Franzosen als „dem Erbfeind, der gegen den Rhein steht": Janssen, Frankreichs Rheingelüste[2] 17. Sein Wort findet Nachfolge in den Freiheitskriegen und im Weltkrieg. Übertragung auf Russen, Spanier u. a. tritt zurück: Behrend 1916 Altd. Stimmen 7—25; Schoppe 1917 Mitt. d. schles. Ges. f. Volksk. 19, 224 f.

Erblasser M. zus.-gebildet aus der mhd. Formel daz erbe lān. Bei Schottel 1663 Ausf. Arbeit 333 nur von dem, der ab intestato beerbt wird. Seit Stieler (1691) 1073 auch vom testator, den Schottel u. noch Kinderling 1795 Reinigkeit 73 Erbsetzer nennt. Für Erblasser entscheiden Jean Paul u. Campe: Wh. Pfaff 1933 Kampf um dt. Ersatzwörter 29 f.

Erbschleicher M. Nachbildung von lat. hēredipeta, kaum vor Thomasius 1696 Ausübg. der Sittenl. 292. Gebucht seit Steinbach 1734.

Erbse F. Pisum sativum ist den Südgermanen in vorgeschichtl. Zeit von Süden her bekannt geworden. Die Namen ahd. araweiz, -wiz (Björkman 1902 Zs. f. d. Wortf. 2, 231 f.), mhd. arw(e)iz, ärw(e)iz, bair.-österr. arbe(i)s, asächs. er(iw)it, mnd. mnl. erwete vereinigen sich auf germ. *arwait-. Trennt man als zweiten Teil germ. *ait- 'Korn' (in agf. āte, engl. oats 'Hafer') ab oder sieht man auch in -ait Suffix, so darf man für den ersten (*arwo-) Urverwandtschaft mit lat. ervum 'Hülsenfrucht', gr. ὄροβος, ἐρέβινθος 'Kichererbse', mir. orbaind 'grains' vermuten; Grundform idg. *eregᵘ(h)- mit den entspr. Ablautformen. Als die Angelsachsen im 5. Jh. abwanderten, hatte die Erbse Jütland noch nicht erreicht. In England wurde agf. peose, pise aus gallorom. pisa (Mz.) entlehnt, daneben ist das seltene agf. earfe 'Wicke' Lehnwort aus lat. ervum. Nach dem 5. Jh. gelangte asächs. erit nach dem Norden, erhielt im Dän. ein Plural-r, das bei Weitergabe an die andern nord. Sprachen als stammhaft gefaßt wurde. Daher anord. ertr, Plur. Gen. ertra, Dat. ertrum (statt erta, ertum): Hoops 1913 Reallex. 1, 622 ff.; A. Debrunner 1918 Neue Jbr. 41, 445.

Erchtag f. Dienstag.

Erdbeere F. Fragaria vesca L., ahd. ërd-
bẹri, agſ. eorðberie ſind nach der Erde benannt,
an der ſie wachſen. Auch agſ. strēawberie, engl.
strawberry (zu strēaw 'Stroh') tragen einen
einzelſprachlichen Namen. Das Lat. bewahrt
mit frāgum ein Erbwort, dem jede befriedigende
Anknüpfung abgeht. Die Griechen haben die
Erdbeere nicht gekannt. Schwäb. brästling M.
'Gartenerdbeere' iſt etym. dunkel (H. Fiſcher
1, 1355. 6, 1684); bair. pröbstling (Schmeller 1²
467) beruht auf Volksetym., denn mhd. liegt
bresteling voraus (Lexer 1, 350). Ebenfalls
nach der Erde benannt ſind ruſſ. zemljanika,
poln. pozimka, lit. žemoge, lett. zemene 'Erdbeere': J. Sehwers 1927 Zſ. f. vgl. Sprachf.
54, 30.

Erdbidem N. 'Erdbeben' ſ. bidmen.

Erde F. Mhd. ërde, ahd. ërda, aſächſ. anfr.
ërtha, mnl. eerde, aerde, nnl. aarde, afrieſ.
ërthe, agſ. eorðe, engl. earth, anord. jǫrð, dän.
ſchwed. jord, got. aírþa führen auf germ.
*erþō 'Erde': Dentalerweiterung des gleichbed. germ.
*erō, das unerweitert in ahd. ëro und gr. *ἔρᾱ
'Erde' (in ἔραζε 'zur Erde') auftritt. Eine -ųo-
Erweiterung erſcheint in anord. jǫrfe M.
'Sand(feld)', kymr. korn. erw F. 'Landſtreifen,
Morgen Felds', akorn. erw, ereu, abret. ero
'Furche'. Jdg. Wurzel *er-, *ert-, *erų 'Erde'.

erden ſchw. Ztw. 'mit der Erde verbinden',
von Telegraphen- und Fernſprechleitungen auf
das Rundfunkgerät übertragen. Nach B. Buchrucker 1916 Zſ. d. Sprachv. 31, 343 von weſtdt.
Telegraphenarbeiten gebildet.

Erdkunde ſ. Geographie.

erdroſſeln Ztw. Ableitung des 17. Jh. zu
Droſſel², ſ. d.

Erdgeſchoß ſ. Parterre.

Erdöl N. galt in der Umgangsſprache des
dt. Südweſtens von je für Petroleum, ſ. d.
1899 erhob der Entwurf zum Zolltarifgeſetz den
umgangsſprachlichen Ausdruck zum amtlichen.
Er konnte zu Öl (mit Ölgebiet, -geſellſchaft,
-herrſchaft, -könig, -tank, -turm, Rohöl
uſw.) vereinfacht werden, nachdem das frühere
Öl zum Speiſeöl verengt war. Die Entwicklung vergleicht ſich der von Veloziped und
Automobil über Fahrrad und Kraftwagen
zu Rad und Wagen: W. Linden 1943 Dt.
Wortgeſch. 2, 384f.

Erdſchocke F. eingedeutſcht aus Artiſchocke,
ſ. d.

ereignen Ztw. Ahd. (ir-)ougen 'vor Augen
ſtellen' (Ableitung zu ahd. ouga N. 'Auge') ergibt mhd. eröugen, frühnhd. ereugen. Nebenform dazu iſt mhd. eröugnen, das ſich auf dem
Boden entrundender Mundarten zu ereignen
entwickelt und (geſtützt auf das unverwandte
Adj. eigen) im 17. Jh. ſchriftſprachlich wird.

So hat Schleife (aus mhd. slöufe) an ſchlei-
fen Stütze gefunden, (ab)ſtreifen (aus mhd.
ſtröufen) an ſtreifen 'umherſchweifen': H. Paul
1916 Dt. Gramm. 1, 222.

erfahren Ztw. mhd. ervarn urſpr. 'reiſend
erkunden'. Zu fahren, ſ. d.

Erfolg M. Mhd. ervolgen, frühnhd. erfolgen
'erreichen, erlangen' zieht die Rückbildung Erfolg (kaum vor Helvicus 1619 Sprachkunſt 35)
nach ſich, wie die Ztw. abbilden, aufwenden,
beweiſen, einwenden, erlöſen die Subſt. Abbild,
Aufwand, Beweis, Einwand, Erlös. Auch das
gleichgebildete frz. succès (nach succéder 'folgen') beſchränkt ſich auf günſtige Ausgänge.

Ergebnis N. für Reſultat ſeit Veit Weber
(Leonh. Wächter) 1792 Sagen d. Vorz. 4, 430
„dann rief er das Ergebniß ſeiner Gedanken
aus". Ein falſch gebildetes Ergiebniß Groß-
mann 1791 Leſſings Denkmal 12 ff. iſt raſch
erſtickt worden, indem Heynatz und Campe für
Ergebnis eintraten: Campe 1813 Wb. z. Verd.
534f. Noch 1798 verwendet Senckenberg, Gedanken über einige Gegenſt. d. dt. Spr. 2 Reſultat mit der Anm.: „Ungerne bediene ich
mich dieſes fremden Worts, weil ich noch kein
gleichgeltendes teutſches geleſen habe, auch kein
dergleichen mir einfallen will". Das im 17. Jh.
entlehnte frz. réſultat ſtammt aus kirchenlat.
resultatum, Part. zu lat. reſultāre 'zurückprallen, widerhallen, mlat. auch 'entſpringen,
entſtehen'.

ergötzen Ztw. Zu ahd. irgëzzan, mhd. ergëzzen 'vergeſſen' (ſ. d.) gehört als Faktitiv
ahd. irgetzan, mhd. ergetzen 'vergeſſen machen
(beſ. Kummer)'. ö tritt für e zuerſt obd. im
16. Jh. ein, wie in Hölle, Löffel, Schöffe, zwölf.
Bis ins 19. Jh. ſchwankt der Schreibgebrauch:
H. Paul 1916 Dt. Gramm. 1, 215. Irrig trennen
Wood in Kuhns Zſ. 45, 69 und K. Schneider
1941 Jdg. Forſch. 58, 47 ergötzen von vergeſſen und ſtellen es zu den ſlav. Verwandten
von Gatte und zu toch. kät-k 'ſich freuen'.

erhaben Adj., urſpr. Part. zu mhd. erhëben
'in die Höhe heben'. Im Paradigma iſt (er)-
hob — (er)hoben nach Vorbildern wie wob —
woben, wog — wogen im 18. Jh. durchgeführt: H. Paul 1917 Dt. Gramm. 2, 235. Die
Entwicklung von körperl. Sinn (erhabene Arbeit) zum äſthet. und ſittl. Begriff wie in hoch,
frz. relevé (mit Relief), nnl. verheven.

erheblich Adj. Mlat. relevans 'ſchwer genug,
um die andere Waagſchale zu heben' entwickelt
ſich zum Kanzleiwort im akt. Sinn 'ausricht-
ſam, durchſchlagend'. Dazu als Gegenwort lat.
irrelevans, ital. (ir)rilevante. Unſere Lehnüberſ. (un)erheblich verdrängt nach Mitte
des 16. Jh. ein nicht viel älteres erheblich im
paſſ. Sinn 'erreichbar, tunlich', zuerſt in Frankf.

Archivalien von 1553 „wider ein vnerhebliche im rechten vnd der geschichten vngegrundte exception": A. Göße 1909 Zf. f. d. Wortf. 11, 254 ff.

Erika F. heißt das Heidekraut erst seit dem 19. Jh. und mehr im Munde der Gärtner und Städter, als in dem des Volks. Gr. ἐρείκη hat über lat. ērīcē roman. *erīca, ital. érica ergeben. Die dt. Erstbetonung hat nichts mit der roman. Kürzung der Mittelsilbe zu tun, sondern beruht auf Annäherung an den Vornamen Erika (neben Erich): H. Marzell 1943 Wb. d. dt. Pflanzennamen 1, 734.

erinnern Ztw. Zum Kompar. ahd. innaro 'der Innere' ist ahd. innarōn, mhd. (er)innern gebildet. Die urspr. Bed. 'machen, daß jem. etwas innewird, bekannt machen mit' ist schon bei Luther (2. Makk. 15, 9; Joh. 14, 26; 1. Kor. 15, 1) der des lat. monēre gewichen. Aus dem Nhd. stammen nnl. herinneren, dän. erindre, schwed. erinra.

Erker M. Mhd. arkēre, ärkēr, erker(e) erscheint im 12. Jh. (zuerst im Herzog Ernst und in Veldekes Eneit) als Lehnwort aus ält. nordfrz. arquiere 'Schießscharte', eig. 'Schützenstand'. Vorauszusetzen ist mlat. *arcuarium zu lat. arcus 'Bogen'. Vom Wehrbau ist der Bauteil in den Wohnbau gewandert. Frühnhd. (alem.) ärkel zeigt Dissimilation von r gegen r wie Mörtel, murmeln, Turteltaube. M. Heyne 1899 Wohnungsw. 210. 319. 349; G. Baist 1909 Zf. f. d. Wortf. 10, 209 ff.

erklecklich Adj. Ahd. kleckan, mhd. klecken wandelt seine Grundbed. 'tönend schlagen' über 'gut vonstatten gehen' zu 'gut ausgeben'. Demgemäß bedeutet das allein noch übliche Adj. (kaum vor Stieler 1691) 'ausreichend'. Gleichbed. dän. klækkelig ist aus dem Nhd. entlehnt. S. klecken und Klecks.

erlangen f. gelangen.

erlauben Ztw. Zur ablaut. Wz. germ. *lub, *liub, *laub gehört mit Lob, lieb und Glaube auch ahd. irlouben, mhd. erlouben, erlöuben, agf. ālȳfan, got. uslaubjan. Grundbed. ist 'gutheißen', urverw. aind. lōbháyati 'erregt Verlangen, lockt an'. Ein altes Abstr. zu erlauben ist Urlaub. Vor Labial ist obd. kein Umlaut des alten ou eingetreten. Von da ist die umlautlose Form in die Schriftsprache gelangt, während Luther und md. Schriftsteller noch des 17. Jh. erleuben schreiben. Entspr. verhalten sich glauben, Haupt, kaufen, raufen, Taufe.

erlaucht Adj. mhd. erliuht, md. erlüht, Part. zu erliuhten (f. leuchten): unter denselben Bedingungen wie durchlaucht (f. o.) als Lehnübers. von lat. illustris verwendet.

erläutern f. lauter.

Erle F. Alnus glutinosa, auch Eller und Elsbaum, ist im germ. Wohngebiet von je häufig, auch waldbildend und in der Volksheilkunde wichtig. Den Namen teilen die Germanen mit Kelten, Slaven, Balten, Griechen und Italikern. Ahd. ẹrila (mit Umstellung aus älterem ẹlira, wozu Eller), asächf. ẹlora, mnd. alre, ẹlre (*alizō), mnl. ẹlse, nnl. els (dazu Elsbaum, -beere), agf. alor, engl. alder, anord. ọlr (*aluz), isl. jọlstr (*ẹlustrā), got. *alisa (zu erschließen aus span. aliso 'Erle') vereinen sich auf germ. *alisō-. Frz. alise 'Elsbeere' beruht auf gall. *alisia, zu folgern aus Bachnamen wie Alisontia (heute Alsenz, Elsenz) und Ortsnamen wie Alisia, Alsincum. Dem germ. *alisō- unmittelbar gleichzusetzen ist ruff. ólicha 'Erle', auch maked. ἄλιξα 'Weißpappel', während aslav. jelicha auf *elisā beruht. Lit. alksnis, elksnis, apreuß. alskande führen auf *alisnis, lat. alnus über *alsnos auf idg. *alisnos. Zu idg. *el-: *ol- in Baumnamen gehört auch Ulme; vielleicht besteht Beziehung zu ahd. elo 'gelb'. Vgl. Elritze, zur Umstellung auch Essig. — Dem Adj. erlen, ahd. erlīn 'aus Erlenholz' vergleicht sich baltoslav. *al(i)seina- in lit. alksninis, ostlit. alksninis, aslav. jelišinŭ.

Erlkönig M. Herder hat, als er 1778 Erlkönigs Tochter aus dem Dän. übersetzte, dän. ellerkonge (aus elverkonge) 'Elfenkönig' mißverstanden. Goethe übernimmt 1782 den Irrtum.

ermitteln schw. Ztw. hat in seiner heutigen Bedeutung 'feststellen, ausfindig machen' im 19. Jh. die Nachfolge des seltner gewordenen ausmitteln angetreten. Im 17. Jh. bedeutete ermitteln 'durch angewandte Mittel möglich machen'.

ermutigen Ztw. Nach nnl. aanmoedigen bildet Zesen 1679 Simson 534 anmutigen. Wohl im Anschluß daran erweitert Stieler (1691) 1301 die Gruppe auf mutigen, an-, auf-, be-, ent-, ermutigen. 1768 verzeichnet das Brem. Wb. 3, 170 (an)modigen 'den Mut beleben'. Von Norddeutschland haben sich um 1800 nhd. ent-, ermutigen durchgesetzt.

Ern f. Ähren.

Ernst M. mhd. ẹrn(e)st, mnd. ẹrnest, ahd. asächf. ẹrnust 'Kampf, Festigkeit', agf. eornost 'Ernst, Eifer, Kampf', engl. earnest: mit derselben Endung wie ahd. dionōst und angust zum ablautenden Stamm des got. Adv. arniba 'sicher', dem anord. ẹrn 'tüchtig' und jarna 'Kampf' nahestehen. Zur Bed.-Entw. vgl. Krieg. Der nächste außergerm. Verwandte ist avest. arənu- '(Wett-)Kampf'. Als Männername ist schon ahd. Ernust häufig. Das Adj. ernst ist jung, es entspringt Sätzen wie mhd.

12

mir iſt ĕrneſt, nhd. es iſt, wird Ernſt: W.
Schulze 1935 Zſ. f. vgl. Sprachf. 62, 198.

Ernte F. mhd. ĕrnde F., ahd. *arnôti,
Mz. zu arnôt M., agſ. ĕrnð F. 'Kornernte':
mit Endung -ôd (F. Kluge 1926 Stammbil=
dungsl. § 135) gebildet zu fränk. alem. ärn,
mhd. ĕrn(e), ahd. ar(a)n, afrieſ. agſ. ĕrn M.
'Ernte' (auch in rugĕrn 'Roggenernte, Auguſt').
Dazu ahd. arnēn, -ôn 'ernten'. Außerhalb des
Weſtgerm. vergleichen sich anord. ǫnn (aus
*aznu) 'Feldarbeit' (zuſammengefloſſen mit
ǫnn 'Eifer, Anſtrengung') und got. asans
F. 'Ernte, Sommer'. Mit Bed.=Entwicklung
von 'Feldarbeit' zu 'Verdienſt daraus' ſind
zu vermitteln aſächſ. asna 'Lohn, Abgabe',
mnd. asne 'Einkünfte', afrieſ. ĕsna 'Lohn';
ahd. arnēn, mnd. arnen, agſ. earnian, engl.
earn 'verdienen'; ahd. asni, ĕsni, agſ. ĕsne,
got. asneis 'Knecht'. Die nächſten außergerm.
Verwandten sind aſlav. jeseni, ruſſ. óſen',
apreuß. assanis (für *essanis?) 'Herbſt'. —
Ein M. wie ſchwäb. ĕ(r)nət ſteht unter Einfluß
von Heuet M. 'Heuernte'. Die Schreibung
Arnte sind wir spät losgeworden: Gottsched
forderte sie, weil das Wort von Ahre komme. —
Vgl. aſten.

erobern Ztw. Ahd. obarōn, mhd. (er)obern
bed. gemäß seiner Herleitung von ober (ſ. d.)
urſpr. 'der Obere bleiben, werden', danach
'(durch Waffengewalt) überwinden'.

erörtern ſchw. Ztw. begegnet zuerſt als
Rechtswort 'verhandeln' in Speyer 1514.
Schon mhd. iſt örtern 'genau unterſuchen',
zum Plur. Orter von Ort (ſ. d.) im Sinne
des lat. terminus, ſomit Lehnüberſetzung von
determinare 'ein Urteil auf ſeine termini
(gr. τόποι 'Begriffsgrenzen') zurückführen.
Die frühnhd. Parallelbildung ausecken iſt
nicht durchgedrungen.

erotiſch Adj. Zu gr. ἔρως M. 'Liebe' gehört
ἐρωτικός Adj. Über frz. érotique kommt seit
Wieland 1775 e. auf, zunächſt zur Bez. von
Dichtwerken: H. Schulz 1913 Fremdwb. 1, 179.

Erpel M. mnd. mnl. fläm. erpel 'Enterich'.
Bei uns zuerſt in Magdeburg 1497 und Witten=
berg 1552, vorher in Flandern. Dorther haben
es Siedler in die Mark Brandenburg mitge=
bracht, von wo es nach allen Seiten, bis Wal=
deck und Oſtpreußen, ausſtrahlt: H. Teuchert
1926 Kluge=Feſtſchr. 149; derſ. 1944 Sprach=
reſte d. nl. Siedlungen 16. 66ff. Neben dem
unter Rebhuhn entwickelten idg. *rebh=
'dunkel' ſteht ein ablautendes *erebh-, zu dem
über idg. *erbhnó-, germ. *erp(p)a- das
Farbadj. anord. jarpr, agſ. eorp, ahd. ĕrpf
'dunkel' gebildet iſt. Es war längſt verklungen,
als erpel 'Enterich' aufkam, weshalb der Vogel
nicht unmittelbar der 'Dunkle' genannt ſein

kann, was auch ſachlich kaum paßt. Das Adj.
war in Männernamen wie aſächſ. Erpo, ahd.
Erpfo eingegangen, die in Ortsnamen wie
Erfurt (8. Jh. Erpesford), ſchwäb. Erpfingen,
Erpfenſchwang fortleben. Der Enterich
trägt in Erpel einen Männernamen, wie der
Gänserich in Gäret und Gaber ('Gerhart'
und 'Gabriel').

erpicht Adj. seit Stieler 1691 (auf das Lernen,
die Arbeit e.), vorher verpicht (Grimmels=
hausen 1669 Simpl. 2, 20), eig. 'wie mit Pech
an ein Tun geklebt'. Mit ähnlichem Bild: auf
etw. verſeſſen ſein.

erquicken Ztw. ahd. irquicchan 'neu beleben'.
Zu keck (ſ. d.) in ſ. urſpr. Bed. 'lebendig'.
Vgl. Queckſilber.

erratiſch Adj. 'wandernd': lat. erraticus
(zu errāre 'irren') gelangt über frz. bloc erratique
'wandernder Stein' als Fachwort der Geologie
1832 zu uns. Durch Scheffels Gedicht „Der
erratiſche Block" im Gaudeamus 1864 allg.
bekannt geworden: H. Schulz 1913 Fremdwb.
1, 179.

Errungenſchaft F. zuerſt in der rheinpfälz.
Kanzlei 1582 als Lehnüberſ. von mlat. ac-
quaestus (frz. acquêt, engl. acquest) zur
Bezeichnung des von Ehegatten während der Ehe
erworbenen Vermögens. Seit Wehner 1624
Pract. juris 130 gebucht, wahrt es ſeinen
Kanzleiklang noch bei Heynatz 1 (1796) 384.
Erſt Görres 2 (1814) 110 ſtreift den jur. Sinn
ab. Durch den Berliner Aufſtand im März
1848 wird E. zum Fahnenwort: es kenn=
zeichnet die der Regierung abgenötigten Zu=
geſtändniſſe. Dazu Märzerrungenſchaften,
Verlorenſchaft (Gutzkow), Verſprochen=
ſchaft (Scherr). Von da wird E. zum Wort
der Gemeinsprache: Arnold 1905 Zſ. f. d.
Wortf. 6, 359; Ladendorf 1906 Schlagwb. 72.

erſchrecken Ztw., mhd. erſchrecken, da=
neben erſchricken, ahd. irſcricchan 'auf=
ſpringen': ſ. Schreck.

erſchüttern Ztw., r-Intenſivum zu mhd.
erſchütten, ahd. irſcutten 'ſchütteln, erſchüt=
tern'. Verwandt mit ſchütte(l)n. Alt auch
intranſ.: H. Paul 1909 Zſ. f. d. Wortf. 10, 112.

erſprießlich Adj. Erſprießen 'hervor=
ſprießen' wird frühnhd. gern im übertragenen
Sinn von 'gedeihen' gebraucht. Dazu e. 'ge=
deihlich' seit Anfang des 16. Jh. (DWb. 3, 962),
von Luther 1523 Einl. zu den 5 Büchern
Moſis (Bindſeil 7, 315) als junges Kanzlei=
wort abgelehnt, zugleich mit behändigen,
beherzigen und erſchießlich: F. Kluge
1918 Von Luther bis Leſſing 51.

erſt Adj. Ahd. aſächſ. ēristo, agſ. ǣreſt, engl.
(veraltet) erſt: Superl. zu dem bei eher ent=
wickelten Kompar. got. airiza, agſ. ǣrra, afrieſ.

erra, ahd. ēr(i)ro 'der frühere'. Den Poſitiv be=
wahren got. air, anord. ār, agſ. ǣr, engl. ere
'frühe', ahd. ēr-acchar (aus *ēr-wakkar) 'frühe,
wach'. Wahrſcheinlich wurde der Stamm urſpr.
nur von der Tageszeit gebraucht, wie früh und
der idg. Verwandte gr. ἦρι (aus *ājeri) 'mor=
gens.'

Erſtaufführung ſ. Uraufführung.

erſticken Ztw. Erbe des mhd. Intranſ.
erſticken und des davon abgeleiteten tranſ.
Faktitivs erſtecken 'erſticken machen'. Zu
ſtecken (ſ. d.), Grundbed. von ahd. irsticchen
iſt 'mit dem Atem ſtecken bleiben'.

Ertag ſ. Dienstag.

ertappen Ztw. 'erwiſchen' ſeit d. 16. Jh. zu
frühnhd. tappe 'Pfote', ſ. d.

erwähnen Ztw., mit Vorſilbe er= kaum vor
J. R. Sattler, Teutſche Orthographey (Baſel
1607). Statt deſſen mhd. gewähenen, gewuoc,
gewagen, ahd. giwahan(en), giwahinen (mit
-en aus -jan) ſchw. Präſ. mit ſt. Prät. giwuog
(mit gramm. Wechſel, ohne präſ. n), Part.
giwaht neben giwahanit. Dazu (wieder mit
gramm. Wechſel) mhd. wüegen 'gedenken
machen, in Erinnerung bringen', aſächſ. giwęgi
'suggerat', mnd. gewagen, mnl. ghewaghen,
gewoech 'vermelden', mnl. gewagen, ahd.
giwaht 'Ruhm', md. gewach M. 'Erwähnung',
mnd. gewach, mnl. ghewach, mnl. gewag
'Vermeldung', agſ. wōm(a) M. 'Lärm', anord.
ōmun F. 'Stimme' (aus *wōhma-), vātta (aus
*wahtōn) 'bezeugen', vāttr (aus *wahtaz)
'Zeugnis', iſl. ōmr 'Laut'. Von Wahn und
wähnen iſt die Sippe zu trennen. Außergerm.
Verwandte ſind u. a. apreuß. wackis 'Ge=
ſchrei', lat. vōx 'Stimme', vocō 'ruſe', gr.
ἔπος 'Wort', ὄψ 'Stimme', toch. A wak, B
wek 'Stimme', aind. vákti 'redet', vāk, vācas
'Rede'. Alle zum idg. Verbalſtamm *u̯equ̯-:
*u̯oqu̯- 'ſprechen'. — Nhd. ā durch Kontraktion
aus ähe wie in Ahre, vermählen, Zähre,
mit dieſen einer der Fälle, in denen h früh
zum bloßen Dehnungszeichen geworden iſt.

Erz N. ahd. aruz(zi), aſächſ. arut N. (Ahd.
Gloſſen 2, 572). Dazu altgutniſch ertaug, aiſl. er-
tog, ørtug F. '¹⁄₃ Öre' aus urnord. *aruti-
taugu 'Erzfaden'. Die Sippe, unverw. mit
got. ais, ahd. ēr 'Erz' (ſ. ehern), iſt mit lat.
raudus 'formloſes Erzſtück als Münze', aſlav.
ruda 'Erz, Metall' u. a. entlehnt, am eheſten
aus ſumer. urud(u) 'Kupfer': H. Hirt, Jdg.
Gramm. 1, 168; T. E. Karſten 1928 Die Ger=
manen 196.

Erz= als Vorſilbe ſtammt aus gr. ἀρχι-
(geſprochen arki) 'der erſte, oberſte', vermittelt
durch kirchenlat. archi- mit der von Nordafrika
ausgehenden z-Ausſprache (vgl. Arzt). Nach
einem Vorbild wie archi-episcopus entſteht

ahd. ęrzi-biſchof, mhd. ſolgen ęrz-prieſter
-ęngel, dieſem wieder ęrz-bote und im 15. Jh.
weltliche deutſche Bildungen wie erz-buobe,
-kanzler, -marschalc, -schelm, im 17. Jh.
Adjektiva wie erzfaul, =dumm.

erzen Ztw. 'mit Er anreden' ſeit Zaupſer
1789 Bair.=oberpf. Jd. 23. Nach duzen, ſ. o.

Erzeugnis N. fehlt noch bei Adelung 1774,
erſcheint als Wiener Erſatzwort für Produkt,
in Deutſchland ungebräuchlich, bei C. F. Ni=
colai 1785 Beſchr. e. Reiſe im Jahr 1781,
Bd. 5, 310 „Erzeugniſſe der k. k. Erblanden",
beifällig aufgenommen von Adelung 1793,
Heynatz, Antibarb. (1796) 395 und Campe 1801
Verd.=Wb. 550ᵃ. Allgemein durch Schiller,
Goethe und J. H. Voß 1800 Virgils Ländl.
Ged. 3, 259. Weſentlich iſt geworden, daß
das Bürgerl. Geſetzb. (ſchon im Entwurf 1896
§ 196) von (land= und forſtwirtſchaftlichen)
Erzeugniſſen ſpricht. — Nnl. voortbrengsel iſt
älter.

es Pron. ahd. mhd. ęz, Gen. ęs: zu dem
unter er (ſ. d.) entwickelten Pron. der 3. Perſ.
idg. *i-. Kürze iſt geblieben, weil neben es
keine flektierten Formen ſtanden, in denen
der Vokal offen werden konnte. Mhd. z iſt
zu s geworden, damit ſind beide Formen zu=
ſammengefallen. Der Gen. in Wendungen
wie „es iſt Zeit", „ich bin's zufrieden" wird als
ſolcher nicht mehr empfunden, ſondern zum
Nom. oder Akk. umgedeutet und demgemäß
nachgebildet: „das walte Gott".

Eſch M. 'Gemarkung'. Mit lat. ador (aus
*ados-) 'Spelt' urverwandt ſcheint got. atisk
'Saatfeld, Feldflur'. Ihm entſprechen ahd.
ęzzisc, mhd. ęzzesch, aſächſ. ezk (aus *etisk)
in Ortsnamen wie Vareneſch in Oldenburg,
Schildeſche und Terneſche (889 Ternezca) in
Weſtfalen, mnd. esch 'Saat, Feldflur', bair.
ęš(t), ſchwäb. ōš, heſſ. ęš, weſtfäl. oſtfrieſ. esk:
Solmſen, Jdg. Eigennamen (1922) 61.

Eſche F. 'Fraxinus exelsior L.' Mhd. ęsche
F., asch M., ahd. aſächſ. dän. ſchwed. ask,
mnl. ęsce, nnl. esch, nordfrieſ. esk, agſ. æsc,
engl. ash, anord. askr M. weiſen auf urgerm.
*askiz, idg. *osk-, das wohl auf *os-sko- zu=
rückzuführen iſt. Dieſelbe Grundform ſetzen
voraus gr. ὀξύη, ὀξέα 'Buche; Speer', alban.
ah 'Buche', armen. haçi 'Eſche'. Mit n-Er=
weiterung entſprechen urſlav. *aseni, *asenŭ
'Eſche' mit breitem, gleichbed. Gefolge, lat. ornus
(aus *osinos) 'wilde Bergeſche; Speer', urkelt.
*onnā (aus *osnā) mit air. huinnius, kymr. akorn.
onnen, bret. ounnen 'Eſche'. Das unerwei=
terte idg. *ōsis zeigen lit. úsis, lett. ùsis, apreuß.
woasis 'Eſche'. Die Eſche iſt ein Charakterbaum
der Urheimat geweſen; zuerſt im Germ. iſt
Asci-burgium (Tacitus) und Ἀσκιβούργιον

ὄρος bezeugt. Mhd. Esche hat Umlaut aus der Mz. (wie Gräte, Schläfe, Schürze, Träne, Tücke, Zähre), auch das Adj. eschen (mhd. eschin) mag mitgewirkt haben. Umlautloses Asche noch bei Goethe in Briefen (hg. v. Ph. Stein II 191 und 217; III 272). Aus Eschenholz werden Lanzen, Schiffe und Geräte hergestellt, die darum oft den Baumnamen tragen, s. Asch und anord. askr 'Speer, kleines Schiff, Gefäß', ags. æsc 'Speer', mnd. asch, esch 'Gefäß, Dose': Hoops 1913 Reallex. 1, 631.

Esel M. mhd. mnd. mnl. esel, ahd. asächs. esil, nnl. ezel, ags. e(o)sol, got. asilus: sämtlich aus lat. asinus mit l aus n (wie Igel, Kessel, Kümmel), dagegen anord. asni entlehnt aus afrz. asne. Dän. æsel ist dt. Lehnwort. Die Germanen haben sehr früh das Tier von den Römern kennengelernt; germ. *asiluz gehört zu unsern ältesten lat. Lehnwörtern. Lat. asinus (schon bei Plautus, † 184 v. Chr.) ist wie gleichbed. gr. ὄνος durch thrak.-illyr. Vermittlung aus einer kleinasiat. Sprache im Süden des Schwarzen Meers entlehnt; dazu armen. ēš 'Esel'. Die Verbindung mit der Mühle, wo der Esel die Steine drehte, bevor er die Säcke trug, zeigen schon got. asilu-qaírnus und ags. esulcweorn. Aus dem Germ. stammt aslav. osĭlŭ. Auf jüngerer Entlehnung aus dem Slav. beruhen lit. ãsilas und apreuß. asilis: J. Brüch 1926 Festschr. f. P. Kretschmer 10ff.; E. Schwentner, Jdg. Forsch. 55, 147. Gleichbed. mit Esel sind das zunächst rotw. Langohr (Rotw. Gramm. 1755 S. 14) und der Märchenname Grauschimmel. Kelleresel 'Assel' bildet ital. asello nach. (Maler-)Esel 'Staffelei' seit Stieler (1691) 206 „Bock ... lignum cui tabula cum pingitur imponi solet, alias ein Esel" stammt (wie engl. easel) aus nl. ezel: mit Stilleben (s. d.) eine Erinnerung an die Vorherrschaft der holl. Malerei.

Eselsbrücke F. pons asinorum ist nach Eislers Wb. d. philos. Begriffe urspr. eine 'logische Verhältnisse veranschaulichende Figur'. Demgemäß J. Chr. Günther 1735 Ged. 462 „ein Schulfuchs, der die Eselsbrücke tritt". Adelung bucht 1774 E. als 'Schwierigkeit, welche Unwissende in Verlegenheit setzt'. Seit Schwan 1783 Deutsch-frz. Wb. 1, 80 in heutiger Bed. 'pont aux ânes, ein elender Behelf für Unwissende': Zs. f. d. Wortf. 4, 127. 7, 139. Dafür in neuerer Schülersprache auch pons F.

Eselsohr N. 'Knick im Blatt eines Buchs' seit Martin 1637 Parlement nouv. 12. Im 18. Jh. auch Ohr schlechtweg. Schwed. hundöra.

Eskorte F. Spätlat. *excorrigere 'achtgeben' liefert ital. scorgere 'einen Zug ordnen, ihn geleiten'. Dazu ital. scorta, frz. escorte

'Schutzgeleit', das seit Scheibner 1695 bei uns erscheint. Unmittelbar aus ital. scorta war frühnhd. scart F. 'Wache' entlehnt, als neues Wort bei J. v. Schwarzenberg 1534 Kummertrost 17 V. 45 Scheel.

Espan M. N., mhd. (seit 1290) ëspan 'Weideplatz' in 'Gemeindebesitz', als Flurname allerorten im obd. Gelände. Die Fülle der Formen bei M. Lexer, Mhd. Handwb. 1, 720 und Nachtr. 170; Schmeller-Frommann, Bayer. Wb. 1 (1872) 161; Schweiz. Jd. 4 (1901) 1276; H. Fischer, Schwäb. Wb. 2 (1908) 875ff.; Dt. Rechtswb. 3 (1938) 326; E. Ochs, Bad. Wb. 1 (1940) 715. Früh auch in Fam.-Namen, so im tirol. Sarntal 1371 Nikehle an dem Espan sun weiland Albrechtz an der Hamel (Ad. Bach 1943 Dt. Pers.-Namen 1, 400). Die entscheidenden Beispiele enthalten ahd. ë- im Bestimmungswort; das Grundwort gehört zum Ztw. spannen in seiner Bed. 'das Vieh am raschen, freien Lauf hindern'. Demgemäß 'gesetzlich festgelegter Spannplatz; Weideland, wo man das Vieh spannen muß': J. Schnetz, Zs. f. (Orts-) Namenf. 1, 121. 8, 51. 11, 200.

Espe F. 'Populus tremula L.', mhd. aspe, ahd. aspa, mnd. mnl. ëspe, nnl. esp, ags. æsp(e), anord. ǫsp, dän. schwed. engl. asp. Dazu das Adj. espen, mhd. ahd. espīn, mnd. afries. espen ags. æspen, engl. aspen (dies umgefärbt nach dem Subst.). Germ. -sp- ist umgestellt aus älterem -ps- (vgl. ags. æpse und Wespe). Außergerm. entsprechen gleichbed. lett. apsa, apreuß. abse, nordlit. apušìs, russ. osína (aus *opsina; vgl. mhd. espīn), poln. os(in)a. Aus dem ältesten Armen. entlehnt sind türk. apsak 'Pappel' und tschuwaschisch ëwës 'Espe', ein idg. *apsā bestätigend. Damit ist die Espe als Charakterbaum der Urheimat von Germanen und Indogermanen gesichert, s. Esche. Aus dem dort Gesagten deutet sich auch das seit dem 15. Jh. auftretende nhd. Espe.

Esplanade F. Zu lat. explānāre 'ausebnen' gebildet ist span. ex-, esplanada, frz. esplanade 'Raum zwischen Stadt und Zitadelle, der dieser auch nach der Stadtseite freies Schußfeld sichert'. Gelangt im 17. Jh. mit dem frz. Festungsbau zu uns. Zesen 1667 Handb. der jetzt üblichen Kriegsbaukunst 30 schlägt dafür Feldschutt vor.

Esse F. Zur idg. Wz. *as 'brennen' (in lat. āridus 'dürr', ardēre 'brennen', avest. ahya 'Darre') stellt sich germ. *asjō (vorausgesetzt durch das früh entlehnte finn. ahjo) 'Esse, Feuerherd des Metallarbeiters'. Lautgerecht entwickeln sich daraus aschwed. æsja, schwed. ässja, ahd. essa (über *essja aus *assia), mhd. esse. Die Schreibung Asse haben die Sprachmeister lange begünstigt, um das Wort gegen essen abzuheben. Osse hält sich von Geiler bis Goethe als hyperhd. Schreibung. Heute ist Esse 'Abzugsrohr für den Rauch' wesentlich ein Wort des östl. Mitteldeutschlands. Gleichbed. gilt nordd. Schornstein, thür. nordbair. Schlot, südwestd. und tirol. Kamin, österr. Rauchfang. Auf das Gebiet von Esse ist das junge Essenkehrer (nie Fam.-Name!) beschränkt (gegenüber Schornstein-, Schlot-, Rauchfangkehrer, Kaminfeger): Kretschmer 1918 Wortgeogr. 436 ff. Vgl. Asche¹.

essen st. Ztw., mhd. ëzzen, ahd. ëzzan, asächs. agf. ëtan, anfr. ëton, mnd. mnl. nnl. eten, afrief. ëta und (mit Übergang in die i-Klasse) ita, engl. eat, anord. eta, schwed. äta, dän. æde, got. itan: mit Aas, atzen, ätzen, fressen und Zahn zur idg. Wurzel *ed- 'essen' in lat. edō, Perf. ēdī, gr. ἔδομαι, lit. ēdu, früher ëmi (aus *ēdmi), lett. ēmu, aslav. ja(d)mĭ, aind. ádmi, hettit. edmi 'ich esse'. Wie alt die Sippe ist, verrät die Übereinstimmung unfres subst. Inf. Essen, ahd. ëzzan N., mit gleichbed. gr. ἐδανόν, aind. ádana-, hettit. adanna, oder des dehnstufigen Prät. wir aßen, got. ētum, mit gleichbed. lat. ēdimus, aind. ādimá.

Essenz F. Lat. essentia als Lehnübersetzung von gr. οὐσία 'Wesen' geht auf Cicero zurück. Bei uns tritt essenzje 'Wesen' spätmhd. auf (Germ. 18, 272), als theol. Wort wirkt es noch lange fort: G. Schoppe 1914 Zf. f. b. Wortf. 15, 183. Wichtiger wird E. als Wort der Alchimisten. Nach pythagoreischer Lehre ist neben den vier Elementen quinta essentia der unsichtbare Luft- oder Ätherstoff; daraus entwickelt sich Quintessenz 'Auszug aller feinen Kräfte'. Paracelsus († 1541) widmet das 4. Buch seiner Archidoxa der Quinta Essentia und wechselt im Ausdruck (z. B. F 3 b) zwischen q. e. und essencia. Nach ihm hat Leonh. Thurneysser 1578 Essentz vollends eingebürgert: H. Schulz 1913 Fremdwb. 1, 180.

Essig M. Mit dem Wein (f. d.) bringt aus Rom die Kenntnis des Weinessigs (DWb. 14, 1, 907) früh nach Deutschland. Lat. acētum (mit acidus 'sauer' und acēre 'sauer sein' zu ācer 'scharf' wie gr. ὄξος N. 'Weinessig' zu ὀξύς 'scharf') ergibt got. akeit, asächs. ekid, agf. ëced, schweiz. achiss, echiss. Dagegen sind über *atēcum entlehnt: asächs. mnl. anord. edik, mnd. et(t)ik, ahd. mhd. ëzzīh. Ähnliche Kons.-Umstellungen bei Erle, Fieber, kitzeln. Ahd. mhd. ī, anzusetzen wegen spätmhd. eszeich, entspricht dem lat. ē, vgl. Münze und M. Förster 1941 Themse 579. Nhd. -g aus -ch ist in nachtoniger Silbe lautgesetzlich entstanden, f. adlig, billig, Reisig. Durch got. Vermittlung ge-

langen Wort und Sache nach Osteuropa: aus got. akeit stammt aslav. ocĭtŭ. Altheimische Benennung des Essigs im westl. Niederdeutschland ist sür N.

Essigmutter F. 'Bodensatz im Essig' zu Mutter² 'Hefe', das z. B. bei Stieler 1691 und Frisch 1741 allein für E. steht. Dieses kaum vor Thurneysser 1578 Hist. u. Beschr. 61, nachmals beliebt bei Jean Paul. Merkwürdig das Zus.-Treffen mit einer gleichbed. roman. Sippe: venez. madre, mailänd. mader, afrz. mere, sav. meire, mare '(Essig-)Hefe'.

Ester M. 'chemische Verbindung, die durch Vereinigung von Säure und Alkohol unter Wasseraustritt entsteht'. Zuerst bei Leop. Gmelin 1848 Handb. d. organ. Chemie⁴ 1, 182. Kurz vorher (wohl in Gmelins Heidelberger Laboratorium) als Klammerform aus Essigäther entstanden: A. Götze 1939 Mutterspr. 54, 337f. Entsprechend hat Zeise 1833 Merkaptan aus Corpus Mercurium captans gebildet, 1835 J. C. Poggendorff Aldehyd aus Alcohol dehydrogenatum.

Estrich M. Frühmlat. astracus, astricus 'Pflaster' (die Formen stehen nebeneinander wie monacus und monicus 'Mönch' und gehen zuletzt auf gr. ὄστρακον 'Scherbe' zurück, wie pavimentum testacium auf testa 'Scherbe') ergeben urdeutsch *astrak, *astrik, woraus ahd. astrīh, ëstirīh, mnd. astrak, esterik, mhd. ësterīch. Römische Siedler haben das Wort mit der Sache ins Rhein- und Donautal gebracht; es fehlt dem Md., auch Luther kennt es nicht. Von Tirol bis Basel heißt der (früher manchmal gepflasterte) Dachraum E., rheinpfälz. die Zimmerdecke: Kretschmer 1918 Wortgeogr. 134. 168; zur Sache M. Heyne 1899 Wohnungswesen 78. 251 f. Zum Wandel von gr. ὄστρακον zu lat. astracus ist wichtig Isidor, Etym. XV 8, 11 = XIX 10, 26: Ostracus est pavimentum testaceum, eo quod fractis testis calce admixto feriatur; testa enim Graece ὄστρα dicunt. Dazu F. Sofer, Glossa 18, 129.

Etage F. Zu lat. stāre 'stehen, verweilen' gehört mlat. *staticum N., ital. staggio, frz. étage M. 'Aufenthalt, Wohnung, Stockwerk', das im 17. Jh. bei uns eindringt. Genuswechsel wie bei den andern auf -age (Blamage, Renommage, Stellage). Zesen schlägt 1664 für das damals junge Fremdwort Übersatz, Verhöhung vor, es hat sich aber von Köln bis Oberbayern eingenistet für Gaden, Geschoß, Stock(werk): Kretschmer 1918 Wortgeogr. 538.

Etappe F. Mnl. stäpel 'Stapelplatz' ergibt afrz. estaple 'Warenniederlage', frz. étape 'Verpflegplatz fürs Heer, Rastort, Standquartier'. Seit Sperander 1728 in unser Heerwesen übertragen, hat das Wort auch erweiterte Bed. wie 'Strecke, Halt in einer Entwicklung' angenommen.

Etikette F. Nd. sticke 'Stiftchen', verwandt mit Stecken, ergibt nordfrz. estiquete, frz. étiquette, das sich kaufmännisch über 'Stift zum Anheften eines Zettels' zu 'Bezeichnungszettel' entwickelt. So bei uns zuerst in einem bair. Generalmandat vom 26. Nov. 1701 Arznei=Etiquetten. Im Gebrauch des Pariser Hofs wird e. aus 'Zettel' zu 'Zettel mit der Hofrangordnung', danach 'Inbegriff der (bei Hof geübten) Förmlichkeiten'. So zuerst in Wien 1708: H. Schulz 1913 Fremdwb. 1, 182. Zum Genus Zs. f. d. Wortf. 7, 57; H. Paul 1917 Dt. Gramm. 2, 148.

etlich Pron. Zu got. aiþþau 'vielleicht, etwa' (f. oder) stellt man ein pronominales ahd. ëdde(s) 'irgend', das in ahd. ëdde(s)hwëlih mit welch verbunden erscheint. Mit innerer Kürzung wird hieraus ahd. ëta-, ëteslîh, mhd. ëte(s)lich 'irgendeiner', Plur. 'manche'. Spätmnl. etlick, nnl. ettelijk ist aus dem Mhd. entlehnt. Formeln wie „etliche zwanzig" aus älterem „etliche und zwanzig" lassen die Einerzahl unbestimmt, vgl. „zwanzig Gulden und ungerade Kreuzer" bei Hebel. O. Behaghel 1923 Dt. Syntax 1, 385 f.

Etter M. 'Grenze zwischen Wohnort (Dorf, Stadt) und Feldflur; Ortsbereich; überbauter Teil der Gemarkung', vordem 'Zaun': so mhd. ëter, ahd. ëtar, asächs. ëder, agf. eodor. Ablautend mnd. ader 'Zaunpfahl', anord. jaðarr, jǫðurr 'obere Zaunstange, Rand', norw. jadar, jær, schwed. mundartl. jäder 'Rand, Kante (eines Gewebes)'. Heute lebt das hd. Wort wesentlich in der Rathaussprache des Südwestens, das nd. in Westfalen: in Emsdetten bei Münster äddern die Wannenmacher ihre Wannen, indem sie um den oberen Rand ein Geflecht ziehen, sie 'umzäunen'. Erbzaun, nd. er(f)tün (7 oder 9 ërtün zur Bezeichnung der Höhe) enthält eder 'Querlatten der Zäune': Höfken 1931 Westfalen 15, 162. Außergerm. vergleichen sich aslav. odrŭ 'Bettgestell', odrina 'Stall', tschech. odr 'Pfahl', Mz. odry 'Gerüst'. Idg. Wurzel *edh- 'Zaunstecken, Zaun aus Pfählen'.

Etui N. 'Kapsel, Behältnis', bei uns seit J. T. Hermes 1778 Sophiens Reise 5, 439. Aus gleichbed. frz. étui, afrz. estui. Dies ist Rückbildung aus afrz. estuier 'in eine Hülle legen' aus vulgärlat. *studiare 'eifrig um etw. bemüht sein'.

etwa Adv., mhd. ëtewär 'irgendwo', f. etlich und wo. Entspr. etwan, mhd. ëtewanne

'irgendeinmal', etwas N. zu ahd. mhd. ëtewër 'irgendeiner'.

Etymologie F. Zu gr. ἔτυμος 'wahrhaft' und λόγος 'Wort' gehört ἐτυμο-λογία 'Nachweis des Ursprungs eines Worts', das über lat. etymologia in die deutsche Wissenschaft gelangt, zuerst als ethimologey bei Emser 1521 Quadrupl. C 1a (Luther und Emser hg. v. Enders 2, 145). Eingebürgert seit 1641 durch Gueintz und Schottelius. Etymologisch kaum vor Bödiker 1729: Zs. f. d. Wortf. 15, 15f.

euch Pron. Mhd. iu(wi)ch, ahd. iuwih Akk. (Dat. ahd. mhd. iu), agf. ëow(ic) Akk., ëow Dat., anord. yðr, yð(v)ar (mit ð aus R, dies aus z), got. izwis (für Dat. und Akk.). H. Hirt 1932 Handb. d. Urgerm. 2, 73 sieht in es-, s- den Stamm des Pron. der 2. Pers., an den germ. *-wis (idg. *-wes, aind. vas, lat. vōs) getreten ist. Dann wäre germ. *eswis ein alter Dual wie gr. σφώ 'ihr beide' aus idg. s- und *bhō 'beide'. Anders F. Kluge 1909 Zs. f. d. Wortf. 10, 65.

euer Poss.=Pron. ahd. iuwër, agf. ëower, got. izwar. Gebildet wie unser, ahd. unsēr, got. unsar.

Eulan N. Schutzmittel gegen Mottenfraß, von seinem Erfinder, dem Chemiker Meckbach in Leverkusen, benannt nach gr. εὖ 'wohl' und lat. lāna 'Wolle': Muttersp. 46 (1931) 450.

Eule F. Ahd. ūwila, mhd. iuwel, iule, agf. ȳl-twist 'Vogelfalle' (mit Lockeule) weisen auf germ. *uwwilōn, Ūl- in ahd. Männernamen, mnd. nd. agf. üle, nnl. uil, engl. owl, anord. ugla (aus *uggwala mit lautgesetzl. Übergang von germ. ww in nordgerm. ggw) auf germ. *uwwalōn. Beide stehen verkleinernd zu *uwwōn, der lautmalenden Bezeichnung der größten Eulenart (f. Uhu): H. Güntert 1930 Beitr. z. neuer. Lit.=Gesch. 16, 10. — Der runde Besen aus Borsten heißt wegen seiner Ähnlichkeit mit einem Eulenkopf nd. (här)üle, nhd. (Kehr=)Eule. Dazu nd. ülen 'fegen' Kretschmer 1918 Wortgeogr. 229f. Eulenspiegel, eig. 'verre podicem', verbindet dieses ülen mit einem zunächst weidmänn. Spiegel 'culus' (DWb. 10, 1, 2239 f.; Zs. f. dt. Phil. 63, 235ff.). Eulenflucht, nd. ülenvlucht, nl. uilenvlugt 'Zeit da die Eulen fliegen, Abenddämmerung' zeigt (wie Ausflucht, f. d.) Flucht im Sinn von 'Flug'.

Eust schweiz. 'Schafstall' f. Schaf.

Euter N., mhd. üter, iuter N. M., ahd. ūtar(o), ūtir, asächs. mnd. mnl. afries. agf. üder, nnl. uier, engl. udder. Daneben mit Ablaut mnd. jeder, afries. jäder, anord. jū(g)r (aus *jūðr), norw. jur, dän. yver, schwed. juver. Idg. *ēudh-, *ōudh-, *ūdh- 'Euter' wird gestützt durch gleichbed. aind. ūdhar, gr. οὖθαρ, lat. über, aslav. vymę (aus *ūdh-men-). Neben diesem steht russ. udét', udět' 'anschwellen': Euter ist 'das Schwellende'. Dazu stimmt volsk. Oufens, Ufens als Flußname.

evangelisch Adj. wird dem lat. evangelicus (zu gr. εὐ-αγγέλιον 'gute Botschaft') im 11. Jh. entlehnt, zunächst in der Bed. 'zum Neuen Testament gehörig'. Luther, der den Begriff Evangelium auf die ganze Bibel ausdehnt, nennt seine Lehre seit Dez. 1520 evangelisch, sofern sie überall vom Bibeltext ausgeht. Wie dieser vorkonfessionelle Gebrauch in den konfessionellen mündet, wird Zs. f. d. Wortf. 13, 1 ff. gezeigt.

Ewer M. 'Flußfahrzeug der unteren Elbe', asächs. *ēnvaro 'Schiff das nur ein Mann führt', fläm. (1252) ēnvare, mnd. ēvar, ēver (mit Lautwandel wie Schonfahrsegel zu Schobersegel). Ever in hd. Text seit Hamburg 1668. Vgl. Einbaum; Kluge 1911 Seemannsspr. 229 ff.; Szymanski 1932 Der Ever der Unterelbe (Quellen u. Darst. zur hanf. Gesch., N. F. 9).

ewig Adj. mhd. ēwīc, ahd. asächs. ēwig, mnl. nnl. eeuwig, afrief. ēwich, abgeleitet von dem germ. Wort für Ewigkeit, das bei uns neben diesem abgestorben ist und nur noch in nnl. eeuw 'Menschenalter; Jahrhundert' lebt: got. aiws M. 'Zeit, Ewigkeit', anord. ǣvi 'Lebenszeit', ahd. ēwa, ēwī(n) 'Ewigkeit'. Dazu anord. lang-ǣr (aus *-aiwiz) 'long-aevus' sowie das Adv. got. aiw 'je', anord. ǣ, ei, ey, agf. afrief. ā, ahd. ēo, io 'immer' (f. je). Die nächsten außergerm. Verwandten sind lat. aevum, gr. αἰών 'Zeitalter, Lebenszeit, Ewigkeit', αἰεί (aus αἰϝεσι) 'immer', aind. ā́yu- 'Leben'. Vorauszusetzen ist idg. *aiu-, *āiu- 'Leben(sdauer), lange Zeit, Ewigkeit'. — Vgl. Ehe.

Examen N. Lat. exāmen 'Prüfung' (urspr. 'Ausschlag der Waage', aus ex und *agsmen zu agere) erscheint in deutschem Text seit 1555: H. Schulz 1913 Fremdwb. 1, 184. Examinieren, schon im 14. Jh. gebildet (Lexer, Nachtr. 168), steht seit 1528 in schultechn. Sinn.

Exekution F. Zu lat. exsequi 'verabfolgen, vollziehen' gehört ex(s)ecūtio 'Vollzug'. Das bei uns seit 1453 geltende Kanzlei- und Rechtswort gelangt nach Mitte des 17. Jh. zur Bed. 'Hinrichtung': H. Schulz 1913 Fremdwb. 1, 185.

Exempel N. Zu lat. eximere 'herausgreifen' ist über *ex-em-lom mit Entwicklung von ml zu mpl exemplum 'Beispiel' gebildet, das seit dem 13. Jh. als mhd. exempel erscheint. Die Weiterbildung lat. exemplar ist gleichzeitig in der Bed. 'Vorbild' entlehnt, die seit dem 17. Jh. allein im Adj. exemplarisch fortlebt. 'Einzelner Abzug eines Buchs' ist Exemplar seit Beginn des Buchdrucks, während die heute gangbare Bed. 'einzelnes Stück einer Gattung von Naturerzeugnissen' auf gelehrter Entlehnung des 19. Jh. beruht: H. Schulz 1913 Fremdwb. 1, 185 f.

exerzieren Ztw. nach lat. exercēre 'ohne Rast beschäftigen, üben', ist im 16. Jh. aufgekommen: Rot 1571 bucht, Fischart 1575 Garg. 288 verwendet es. Als milit. Fachwort seit 1601: Zs. f. d. Wortf. 14, 68.

Existenz f. Dasein.

exklusiv Adj. Engl. exclusive 'sich absondernd' (letzte Quelle lat. ex-clūdere 'ausschließen') wird um 1830 entlehnt, etwa gleichzeitig mit Dandy, fashionable, Gentleman u. a. Ausdrücken der engl. Gesellschaftssprache: H. Schulz 1913 Fremdwb. 1, 187.

Exkönig M. eine nach Mustern wie spätlat. ex-consul, frz. ex-ministre 'gewesener Konsul, Minister' im 18. Jh. auftretende Bildungsweise, die Campe 1813 Wb. z. Verd. 299 mit Exminister, -rat belegt. Vorher Exjesuit Haude=Spenersche Ztg. 1773, Nr. 120; Exschuster Müller 1784 Siegfr. v. Lindenberg 148; Exdekan Jean Paul 1794 Hesp. 1, 93; Exmönch Seume 1801 Mein Leben 56; Exküster Seume 1806 Mein Sommer 47; Exkönig Heine, Werke 6, 381. Andere hybride Bildungen beginnen mit hyper=, super=, Vize=.

exotisch Adj. Gr. ἐξωτικός 'ausländisch' gelangt über lat. exoticus 1727 zu uns, besonders zur Kennzeichnung von Pflanzen, Tieren und Menschen ferner Länder.

expreß Adv. Lat. expresse 'ausdrücklich', Adv. zu expressus, dem Part. zu exprimere 'ausdrücken', wird im 16. Jh. entlehnt und teils unverändert gebraucht, teils in den Weiterbildungen expressenlich und expresslich. Gebrauch als Adj. ("ein expreß Verbot") beginnt im 17. Jh., der Expresse (seit Ende dieses Jh.) ist Kürzung aus expresser Bote; Expreßzug übersetzt das seit 1845 bezeugte engl. express train: H. Schulz 1913 Fremdwb. 1, 191. Als Entlehnung aus frz. exprès gilt vom Mittelrhein bis zur Schweiz expreß für nordd. mit Willen, md. mit Absicht, südd. mit (zu, aus) Fleiß: Kretschmer 1918 Wortgeogr. 336.

extern Ztw. 'beunruhigen, kleinlich quälen, necken', ein md. nd. Wort, früh bei Hermes 1778 Sophiens Reise 3, 97 und Kindleben 1781. Die übliche Herleitung von frz. exciter 'aufregen' zwänge dazu, die gleichbed. obersächs. äksern, thür. eckseln, hess. ickern von extern zu trennen: K. Müller=Fraureuth 1911 Wb. der obersächs. Ma. 1, 12; Zs. f. d. Wortf. 13, 314.

extra Adv. Adj. mit der lat. Präp. extra 'außerhalb' nur formgleich. Auszugehen ist von der lat. Wendung extra ordinem 'außer der Ordnung', die seit Mitte des 16. Jh. in deutsche Kanzleitexte eingeschoben erscheint und nlat. extraordinarius, frühnhd. extraordinari 'außerordentlich, besonders' liefert. Nach dessen Muster entstehen hybride Bildungen wie extrafleißig, Extrageld, die in syntakt. Zerlegung („was man extra braucht") im 18. Jh. das Adv. extra 'besonders' ergaben, an das sich zu Ende dieses Jh. Gebrauch als Adj. („was Extras") anschloß: H. Schulz 1913 Fremdwb. 1, 192 f.

Extrakt M. Lat. extractum (subst. N. von extractus, Part. zu extrahere 'herausziehen') liefert frühnhd. das extract, neben Essenz (s. d.) als Fachwort bei Alchimisten wie Thurn-

eyßer 1583. Entspr. extrahieren seit Paracelsus († 1541). Die Chemie führt das alte Fachwort über Leibniz zu Liebig fort; das Genus wandelt sich nach Vorbildern wie Aus-zug und Saft: H. Schulz 1913 Fremdwb. 1, 195.

Exzellenz F. aus lat. excellentia 'Herrlich-keit' am Ende des 16. Jh. entlehnt: H. Schulz 1913 Fremdwb. 1, 196.

exzentrisch Adj. nlat. excentricus von Kreisen, die nicht den gleichen Mittelpunkt haben, demgemäß in math.-astron. Fachsprache seit Meißner 1737 Philos. Lex. Die übertragene Bed. 'überspannt, verstiegen' seit Philippi 1743 Regeln der Reimschmiedekunst 130.

F

Fabel F. Lat. fābula (mit fāri 'sprechen', fatēri 'bekennen', fāma 'Gerücht' usw. zur Wz. idg. *bhā 'sprechen', s. Bann) gelangt über afrz. fable 'Märchen, Erzählung' zu Beginn des 13. Jh. ins Mhd. (Suolahti 1929 Frz. Einfluß 276). Auf die äsopische Fabel wird das Wort erst in den Tagen Hagedorns und Gellerts be-schränkt; die umfassende Bed. bleibt in fabeln und fabelhaft. Fabulieren seit 1515 nach lat. fābulāri: Kluge 1918 Von Luther bis Les-sing 154; H. Schulz 1913 Fremdwb. 1, 197 f.

Fabrik F. Frz. fabrique (aus lat. fabrica 'Handwerkarbeit', zu faber M. 'Handwerker'; ein germ. Verwandter unter deftig) gelangt im 17. Jh. zu uns in der Bed. 'Herstellung(sart)', die sich seit Anfang des 18. Jh. wandelt in 'Gebäude zur Herstellung von Waren': H. Schulz 1913 Fremdwb. 1, 198. Dazu etwa gleichzeitig entlehnt Fabrikant und fabri-zieren; dagegen ist Fabrikat N. dt. Neu-bildung vom Ende des 18. Jh.

Fach N. mhd. vach, ahd. fah 'Teil, Abteilung e. Raums oder Gewässers', asächs. fak, mnd. nnl. vak 'Einzäunung, abgeteilter Raum', afries. fek, agf. fæc 'Abteilung, Zeitraum' (diese Bed. nach Ausweis von mnd. vāken, nnl. vaak 'oft' auch festländisch). Ein nur wgerm. erhaltenes Wort, Grundbed. 'Fügung'. Idg. *pāk- und *pāg- 'festmachen' in lat. pāgus 'Bauernge-meinde, Gau', pangere 'befestigen', gr. πηγνύναι 'dass.', πάγη 'Schlinge, Falle, Fischreuse', russ. pazú 'Fuge'. Nach Edw. Schröder, Dt. Namen-kunde (1938) 271 ff. dankt das Wort s. Verbrei-tung (auch in Ortsnamen wie Fach, Vacha, Fecht, Fachingen, Vachdorf, -heim, -statt) Flechtwerken, die nam. Thüringer, Cherusker, Katten und Franken zum Lachsfang durch Flüsse zogen. Vgl. fangen und fügen.

-fach Adj.-Suffix, mhd. -vach in manec-, zwivach, das ahd. noch fehlt. Mhd. vach N. bed. auch 'Falte': so mag manec-vach 'viele Falten, Abteilungen habend' älterem manec-valt 'mannigfaltig' nachgebildet sein. S. manch.

fächeln Ztw., kaum vor Schaidenreißer 1537 Odyssea 56, 12 Weidling: zu frühnhd. fechel M. 'Fächer', s. d.

Fächer M. Mlat. focāre 'entfachen' (zu lat. focus 'Feuerstätte') wird früh entlehnt, ist aber erst bezeugt als spätmhd. fochen 'blasen'. Dazu frühnhd. focher 'Gerät zum Windmachen' mit Nebenformen wie fechel, focht, focker, fucker. Fächer 'umbrella' (zuerst Reyher 1686) setzt sich seit Gellert 1746 Loos 4, 3 durch und verdrängt gleichbed. pfälz. wedel, schwäb. wendelin (aus frz. éventail), österr. waderl, schles. schatten, nd. waier.

fachsimpeln Ztw. Frz. simple 'einfältig' liefert das obd. Scheltwort Simpel M. 'Dummkopf' (kaum vor 1626: H. Fischer 1920 Schwäb. Wb. 5, 1407). Dazu hin-, versimpeln, und danach fachsimpeln '(zur Unzeit) Fach-gespräche führen', das in der 2. Aufl. der Allg. b. Stud.-Sprache (Jena 1860) auftaucht.

Fackel F., mhd. vackel, ahd. faccala, facchela (aus westgerm. *fakkla mit Kons.-Dehnung un-mittelbar vor 1), asächs. fakla, mnl. fackel(e), nnl. fakkel: entlehnt aus facla (Gramm. Lat. 4, 198), der volkslat. Form von lat. facula, das in der Kaiserzeit lat. fax, -cis F. 'Fackel' verdrängt hatte. Unverkürztes lat. facula, auf dem auch kymr. fagl beruht, hat früh agf. fæcele ergeben. Altheimisch ist das gleichbed. mhd. mnd. blas, agf. blæse, engl. blaze, verwandt mit blaß und Blesse, s. d. Aus volkslat. *torca, mlat. torti-cium (zu lat. torquēre 'drehen') stammen frühnhd. Tortſch, nnl. toorts, engl. torch, frz. torche 'Fackel'. Windlicht ſetzt ein mhd. wintliht 'Wachsfackel' fort.

fackeln Ztw. mhd. (14. Jh.) vaeklen, urſpr. 'unſtet ſein wie die Flamme einer Fackel', ſo Friſch 1 (1741) 236 'ardere ut faces solent'. Seit Nieremberger (Regensb. 1753) „nicht lange fak= keln, nihil cunctari, morari". Ahd. gafaclita hat mit dem ſo viel jüngeren Ztw. nichts zu tun: E. Ochs, Neuphilol. Mitt. 1921, 124.

fade Adj. Für lat. fatuus 'mit Dummheit geſchlagen, ungeſalzen' tritt unter Kreuzung mit lat. vapidus 'fahmig, verderbt' ſpätlat. *fatidus ein, das im gleichbed. frz. fade fortlebt. Das frz. Adj. wird im 18. Jh. merkwürdig zögernd entlehnt: J. Chr. Günther 1735 Ged. 457 „Sie thut, ich weiß nicht wie? Der Frantzmann nennt es fade", aber auch noch 1761 Bibl. d. ſchönen Wiſſ. 1, 391 „ſie verfallen in ein ſüßes und unſchmackhaftes Weſen, welches die Franzo= ſen mit einem Worte fade nennen". In deutſchem Text ſeit Richeys Hamb. Ztg. „Der alte Deutſche" 1730 S. 287, doch noch 1772 rügt die Allg. Dt. Bibl. 17, 1, 303 „Für fade hat man das deutſche Wort unſchmackhaft, wenigſtens in vielen Fällen". Seither bis tief in die Mundarten gedrungen, im Südoſten auch auf Menſchen angewendet: Zſ. f. d. Wortf. 7, 251. 8, 69; H. Schulz 1913 Fremdwb. 1, 198 f.

Faden M. Mhd. vadem, vaden (ſo ſeit dem 14. Jh., -em noch im 17.), ahd. fadum, -am 'Faden', aſächſ. fathmos Mz. 'die ausgebreiteten umfaſſenden Arme; Klafter', afrieſ. fethem 'Zwirn', agſ. fædm 'Umarmung, Klafter; Schutz, Schoß; Faden, Elle; Macht, Ausdeh= nung, Fläche', engl. fathom 'Faden, Klafter', anord. faðmr M. 'beide Arme; Buſen; Um= faſſung', dän. favn, norw. ſchwed. famn 'Fa= den, Klafter' führen auf germ. *faþ-ma- 'Um= ſpannung mit den Armen', dann 'ſo viel Garn, als man mit ausgebreiteten Armen abmißt'. Auf dieſelbe idg. Bildung *pet-emā- führen über urkelt. *etami 'Faden' ſchott. aitheamh, akymr. etem, mkymr. adauet Mz., kymr. edaf edeu, Mz. edafedd. Ohne m=Suffix entſprechen innerhalb des Germ. ahd. fedelgold, agſ. gold= fell 'Blattgold', mhd. vate, fade, got. faþa F. 'Zaun, Scheidewand', anorw. Fǫð, Gen. Faðar als Name eines Grenzfluſſes. Außerhalb ver= gleichen ſich aveſt. paþana- 'weit, breit'; gr. πέταλος 'ausgebreitet, flach', πετάννυμι, πίτνημι, πίτνω; lat. pando 'breite aus', pateo 'ſtehe offen', patulus 'ausgebreitet, offen', patera 'Opferſchale', passus (aus *pat-tus) 'Klaf= ter; Schritt'; lit. petŷs, apreuß. pettis 'Schul= ter(blatt)'. Jdg. Wurzel *pet(ə)- 'ausbreiten', beſonders die Arme.

fadenſcheinig Adj. Zum mhd. Adj. ſchīn

(Lexer 2, 746 f.) ſtellt ſich frühnhd. faden= ſchein Adj. Geiler 1517 Bröſ. 2, 54b „ein Rock der fadenſchein iſt". Dazu fadenſchein iſch ſeit Moſcheroſch 1652 Exerc. acad. 181, faden= ſcheinig von Tuch Jablonſki=Schwabe 1767, in übertrag. Sinn erſt im 19. Jh.

Fagott N. Ital. fagotto iſt aus 'Reiſig= bündel' (zu lat. fāgus 'Buche') zum Namen des Holzblasinſtruments geworden, bei dem das einſt geſtreckte Anſatzrohr gebündelt er= ſcheint. Unſern Muſikſchriftſtellern ſeit Prä= torius 1614 geläufig, ſeit Heniſch 1616 gebucht. Dem frz. fagot M. entſpricht im 18. Jh. der Fagot: H. Schulz 1913 Fremdwb. 1, 199.

fähig Adj. ſpätmhd. vēhig, bei Luther fehig (ſeit 1528, nicht in der Bibel: Dietz 1, 623), obd. geht pfachig (1450: H. Fiſcher 1908 Schwäb. Wb. 2, 917) voraus, mhd. gevæhic: bed. als Abl. zu fahen (ſ. fangen) 'imſtande zu faſſen' und ſteht frühnhd. vorwiegend in dieſem körperl. Sinn. Bed.=Entw. wie bei frz. capable zu lat. capere 'faſſen, kapieren'.

fahl Adj. Mhd. val, valwer, ahd. falo, aſächſ. falu, anfr. *falw (geſichert durch mlat. falvus, das im 9. Jh., und frz. fauve 'falb, rötlichgrau', das im 12. Jh. daraus entlehnt iſt), mnl. valu, vale, nnl. vaal, agſ. fealu, Gen. fealwes, engl. fallow, anord. fǫlr, got. *falb- (erſchloſſen aus dem Roßnamen mgr. φάλβας Zſ. f. dt. Alt. 66, 93) führen auf germ. *falwa-, Daneben zeigen obd. rheinfr. falch 'Kuh, Pferd mit fahler Haut', gfalchet 'fahl' aus germ. *falha-, idg. *polkos, dieſelbe k=Erweiterung wie lit. pálšas, lett. palss 'fahl'. Außergerm. vergleichen ſich mir. liath, kymr. llwyd (aus *pleitos) 'grau', lit. palvas, aſlav. plavŭ 'hellgelb, bleich', lat. palli= dus 'bleich', pallor 'Bläſſe', gr. πολιός 'grau', πελιός, πελλός 'dunkel', armen. alik' 'weißes Haar', aind. palitá- 'grau', pāṇḍu- 'gelblich': idg. Wurzel *pel-: *pol- in Ausdrücken für unſcharfe Farben. Vgl. blau, blond, falb, greis.

fahnden Ztw. Als Intenſivbildung zu Mz. *fēnþ in finden (ſ. d.) treten ahd. fantōn 'beſuchen', aſächſ. fandon, afrieſ. fandia, agſ. fandian 'prüfen, erforſchen' auf. Die deutſche Entwicklung des Ztw. mag nach Laut (Dehnung des a) und Bed. durch fahen beſtimmt ſein. vgl. auch ahnden.

Fahne F. (frühnhd. obd. rheinfr. M.). Ahd. aſächſ. fano, afrieſ. fona, agſ. got. fana 'Tuch' führen auf germ. *fanan-, idg. Wurzel *pān-. Urverw. lat. pannus 'Tuch', gr. πῆνος 'Gewand', πηνίον 'Einſchlagfaden', πήνη 'Ge= webe'. Die heute alleingültige Bed. ſtellt ſich (während ahd. ougafano 'Schleier', halsfano 'Halstuch' u. a. geblieben ſind) ein, indem aus ahd. gundfano, agſ. gūþfana, anord. gunnfani

'Kampftuch' (die in afrz. gonfalon, ital. gonfalone fortwirken) das einf. Wort die Bed. der Zus.-Setzung übernimmt (vgl. frz. fanon 'Lappen', fanion 'Fähnchen'). Die alte Bed. wirkt in Fähnchen 'leichtes Gewand' fort; in Fähnlein heißt die Kriegerschar nach ihrem sichtbaren Zeichen. Vgl. Flagge.

Fähnrich M. Zu ahd. fano gehört faneri M. 'Fahnenträger', das in schweiz. Venner fortlebt. Während mhd. venre außerhalb der Schweiz abstirbt, stellt sich nach Vorbildern wie Dietrich, Friedrich, Wüterich frühnhd. venrich ein, z. B. Wilwolt v. Schaumburg (1507) 120. 175. -d- in Fähndrich, nnl. vaandrig, dän. fændrik ist Gleitlaut wie in minder, nd. Hendrik oder in gr. ἀνδρός, Gen. zu ἀνήρ. Zum Plur. auf -s: H. Paul 1917 Dt. Gramm. 2, 132.

Fähre F. Mhd. mnd. ver(e) F. N., nnl. vēre, nnl. veer, anord. ferja F. (wohl daraus entlehnt engl. ferry), schwed. färja, dän. færge vereinigen sich auf germ. *farjōn 'Überfahrtsmittel'. Daneben das schw. Ztw. mhd. vern, ahd. asächs. ferjan 'übersetzen, -führen', afries. feria, agf. ferian 'führen, bringen', engl. ferry, anord. ferja 'übersetzen', schwed. färja, got. farjan 'zur See reisen': Bewirkungsztw. zum st. Ztw. fahren (f. d. und führen), somit ursprünglich 'fahren machen'. Vgl. Ferge und Prahm. Zur Sache M. Heyne 1899 Hausaltert. 1, 328f.

fahren Ztw. Einer idg. Wz. *per, *por in gr. περᾶν 'durchdringen', πόρος 'Gang, Durchgang', πορεύειν 'bringen', πορεύεσθαι 'reisen', lat. peritus 'erfahren', aslav. perǫ (pirati) 'fliegen' entspr. germ. *far in got. faran 'wandern', anord. afries. fara, agf. asächs. ahd. faran. Grundbed. ist 'Fortbewegung jeder Art', vgl. fertig, führen, Furt.

Fahrgast M. (f. Gast) gebucht seit Sanders 1860 Wb. 1, 544; als Ersatz für Passagier eingeführt durch Sarrazin 1889 Verd.-Wb. 190.

Fahrkarte F. für Billett vorgeschlagen von O. Sarrazin 1889 Verd.-Wb. 27, durfte schon 1895 für eingebürgert gelten: Wiss. Beihefte zur Zf. des Sprachv. 2, 142.

fahrlässig Adj. Zu mhd. varn län in der Bed. 'vernachlässigen' tritt in Vokab. des 15. Jh. varlessig 'negligens', varlessigkeit 'negligentia': Diefenbach 1857 Gloss. 377. Vorwiegend Rechtswort: H. Fischer 2, 956.

Fahrrad N. für das von Baader 1862 erfundene Veloziped seit O.Sarrazin 1889 Verd.-Wb. 287; mit Radfahrer, Radler und radeln schnell durchgedrungen: O. Ladendorf 1906 Schlagwb. 257; A. Götze 1917 Nomina ante res 10. Heute meist Rad kurzweg: W. Linden 1943 Dt. Wortgesch. 2, 387.

Fahrstuhl M. Zum engl. Ztw. lift 'lüften, heben', das aus gleichbed. anord. lypta (f. Luft) entlehnt ist, stellt sich seit 1851 das Hauptwort lift 'Personenaufzug in Häusern'. Das Fremdwort erscheint 1889 bei uns (W. Stammler, Zf. f. dt. Phil. 54, 30). Den Aufzug, in Bergwerken, in der Kriegstechnik und auf Hochbauten schon im dt. Mittelalter vorhanden, hat Erhard Weigel in Jena 1672 auf Wohnhäuser übertragen und „Fahrsessel oder Fahrstuhl" benannt. 1880 erfand Werner Siemens dazu den elektrischen Antrieb: F. M. Feldhaus 1908 Zf. d. Sprachv. 23, 223; Stiven S. 93 mit Anm. 718 bis 720.

Fahrt F. Ahd. mhd. vart, asächs. vard, anfr. farth, afries. ferd, agf. fierd, anord. ferð führen auf germ. *farði-, vorgerm. *por-ti- F., -ti-Abstrakt zur Wz. von fahren, f. d.; Grundbed. 'Fortbewegung'. — Fährte ist der erstarrte Plur. zu vart, in der Bed. von diesem entfernt wie Gräte, Stätte von Grat, Statt. Über 'Wege (des Wilds)' ist die Besonderung auf 'Wildspur' erfolgt. Noch bei Opitz eignete diese Bed. auch dem Sing. Fahrt. Der Plur. Fahrten ist jung.

Fahrzeug N. Aus nd. fārtüg, nnl. vaartuig 'Schiff jeder Art' (von wo auch dän. fartøi, norw. farty, schwed. fartyg entlehnt sind) seit 1668 in hd. Reisebeschr. gelangt (Kluge 1911 Seemannsspr. 239), bis Spanutius 1720 in den Fremdwb. geführt und erst seit Adelung als schriftsprachlich anerkannt. Alt scheint das Wort binnenländ. nur für das schwebende Gerüst der Dachdecker zu stehen. Die Bed. 'Fuhrwerk' kaum vor dem 19. Jh. Ein frühnhd. schiffszeug f. u. Flotte.

Fakir M. Arab. faqir 'arm' ist in die europ. Sprachen als Name des mohamm. Bettelmönchs übergegangen und als solcher z. B. vom Grafen Schack (Sanders 1871 Fremdwb. 1, 371) gebraucht. Nachmals wird dieser Begriff durch Derwisch (f. o.) gedeckt und Fakir tritt irrig an Stelle von Dschogi 'ind. Büßer' (aind. yōgin).

Faksimile N. Der lat. Befehl fac simile 'mache etwas Ähnliches', im Engl. schon im 17. Jh. substantiviert, tritt bei uns als 'genaue Nachbildung von Handschriften u. ä.' nicht vor 1806 auf: H. Schulz 1913 Fremdwb. 1, 199. Den Plur. bildet F. auf -s wie andere auf vollen Vokal ausgehende Fremdwörter (Echos, Känguruhs, Lamas), auch wenn sie nicht aus dem Frz. stammen, doch ist F. so mangelhaft eingedeutscht, daß es vielfach unflektiert bleibt, etwa wie Inkognito, Publikum.

faktisch Adj. 'tatsächlich' als Ableitung zu dem Gerichtswort Faktum 'Tatsache' seit

1796 nachzuweisen; das Adv. schon bei Goethe bloße Verstärkung: H. Schulz 1913 Fremdwb. 1, 200.

Faktotum N. Der lat. Befehl fac totum 'tu alles' ist gleichzeitig mit engl. factotum zur Bezeichnung des allseitig nützlichen Dieners geworden, zuerst bei Bucer 1540 (H. Schulz 1913 Fremdwb. 1, 201). In lat. Text hatte es schon Luther 1533 Tischr. 1, 342 Weim. gebraucht.

Fakultät F. Lat. facultas aus *fakli-tät-s wie alat. facul aus *fakli 'was sich tun läßt' (lat. facilis 'leicht') übersetzte in seiner Bed. 'Kraft' gr. δύναμις, das Aristoteles als 'Fertigkeit in einem Wissenszweig' braucht, und gelangt so zu dem Sinn 'Wissenszweig, Forschungsgebiet'. Bei Gründung der Hochschulen wird Fakultät zum Namen der Gesamtheit von Lehrern und Hörern einer Wissenschaft, deren Lehrkörper zunächst collegium facultatis heißt. Erst nachträglich rückt Fakultät in die Bedeutung 'Gesamtheit der Lehrer einer Grundwissenschaft', so 1508 Cod. dipl. Sax. reg. 2, 6, 408 „Ordinarius und ander Doctores der Juristenfacultet in der hochen Schule zcw Leypczk".

falb Adj. Aus mhd. val, valwer haben sich zwei nhd. Wörter entwickelt, fahl (s. d.) und falb, die bis ins 18. Jh. gleichwertig gebraucht werden. Während das entspr. Nebeneinander von geel und gelb (mhd. gél, gélwer) ausgeglichen ist, besteht fahl als wesentlich nd. Form neben hd. falb fort. Schwäb. fehlen beide, Luther und Alberus verwenden beide, Bugenhagens nd. Bibel und Chyträus nur fahl. Vergleichbare Doppelformen zeigen quer und zwerch, nordd. Fuhre und Furche.

Falbel F. Auf afrz. frepe, felpe 'Franse' beruht südfrz. *farbellas 'fransenartig'. Hierzu im 17. Jh. frz. ital. span. falbala 'Faltensaum'. Eine alte Nebenform mit r hält sich in gleichbed. engl. furbelow, sonst gelten in den entlehnenden germ. Sprachen l-Formen: nnl. falbela, dän. falb(e)lad(e), schwed. falbolan. Bei uns gilt unter frz. Einfluß falbala von Amaranthes 1715 Frauenz.-Lex. 523 bis Goethe, falbel seit Nieremberger (Regensb. 1753). Landschaftl. auch für die Volkstracht wichtig, die hier sichtbar von gesunkenem Kulturgut zehrt: H. Fischer, Schwäb. Wb. 2, 918. 6, 1854; K. Müller-Fraureuth, Wb. d. obersächs. Ma. 1, 312.

Falke M. nahezu gemeingerm.: ahd. falc(h)o, mhd. falche, später (im Einklang mit Wh. Wilmanns 1897 Dt. Gramm. 1, 64) valk(e), mnd. mnl. valke, nnl. valk, spätanord. falki, dän. schwed. falk. Auf dem Germ. beruht das roman. Wort: zuerst vulgärlat. (bei J. Firmicus Maternus um 330 n. Chr.) falco, das früh als 'Sichelträger' zu lat. falx 'Sichel' bezogen wurde, wobei man an die starken krummen Klauen oder den Schnabel des Vogels denken mochte. Entspr. afrz. (12. Jh.) fauc, faulcon (hieraus engl. falcon), frz. faucon, ital. falcone, span. halcón, port. falcão. Germanen haben den an Stärke, Gewandtheit und Mut unvergleichlichen Vogel, den ihre Dichtung immer wieder zum Preise der Helden verwendet, benannt, längst bevor die im Morgenland heimische Beizjagd zu ihnen gelangt ist. Dafür zeugt Falco als langob., westgot. und westfränk. Männername, dem sich ags. Westerfalca vergleicht. Das Vogelnamensuffix germ. k (F. Kluge, Stammbildungsl. 1926 § 61b) kehrt in den M. Kranich, Storch und got. ahaks 'Taube' sowie in den F. Belche 'Bläßhuhn' und Lerche wieder. Der Stamm ist eines mit dem der Adj. fahl und falb (s. d.): der Vogel heißt nach seinem graubraunen Gefieder.

Fall M. Mhd. ahd. asächs. mnd. mnl. nnl. val, afries. fäll, ags. fiell, engl. anord. fall, schwed. dän. fal (die got. Entsprechung entgeht uns) führen auf germ. *falla-, *falli-, während das nhd. F. Falle (mhd. valle, ahd. asächs. falla, ags. fealle) ein germ. *fallō- spiegelt. Die meisten Übertragungen gehen vom Fallen der Würfel aus; sie bezeichnen eintretende Möglichkeiten, Glücks-, Unglücks- und Zufälle. Nach der Mannigfaltigkeit des Würfelfalls haben die Stoiker die einzelnen Bildungsformen in den Deklinationen gr. πτῶσεις genannt; lat. Grammatiker haben dies mit casus übersetzt. Frz. cas und engl. case behalten das bei. Die Lehnübersetzung Fall zuerst bei Christoph Helwig († Gießen 1617) 'Sprachkünste'. Von Gueintz 1641 und Gottsched 1749 abgelehnt, setzt sich das Fachwort in Adelungs Tagen durch: Zf. f. dt. Wortf. 3, 226. 13, 82. 15, 52.

Fallbeil N. früh bei Lohenstein 1680 Cleop. 102, 676 „hängt Fallbeil in das Schlafgemach"; Türkengefahr (1663) H 2a „steckten den Kopf willig unter das F.", ohne daß die morgenl. Vorrichtung klar würde. Als dann die Guillotine (1789, bei uns seit 1792) aufkam, wird F. als Ersatzwort von Campe 1808 vorgeschlagen.

Falle F. 'decipula' ahd. asächs. falla, ags. fealle, anord. fella. Die Fallen der alten Zeit hatten stets eine Falltür (wie unsere Mausefallen). S. Fall.

fallen starkes Ztw., früher redupl. Ztw., gemeingerm.: mhd. mnd. mnl. nnl. vallen, ahd. asächs. fallan, anfr. fallon, afries. anord. schwed. falla, ags. feallan, engl. fall, dän. falde; nur die got. Entsprechung entgeht uns. ll beruht auf älterem ln; n war urspr. wohl Präsenszeichen. Urverwandt sind lit. púolu, pùlti, lett. púolu, pult 'fallen' (aus *phŏlō), apreuß. aupallai 'findet' (aus *'verfällt worauf'), armen. p'ul 'Einsturz' (aus *phŏlo-), p'lanim 'falle in', p'lucanem 'mache einfallen, zerstöre'. Sämtlich zum idg. Verbalstamm *phŏl- 'fallen', der den übrigen idg. Sprachen fehlt.

fällen schw. Ztw., mhd. vęllen, ahd. fęllan, aſächſ. fęllian, mnl. nnl. vellen, afrieſ. fälla, agſ. fiellan, engl. fell, anord. fella, ſchwed. fälla, dän. fælde. Nur im Got. nicht bezeugt. Bewirkungswort zu fallen, gebildet wie hängen zu hangen.

fallieren Ztw. Afrz. fa(il)lir '(ver)fehlen', (woraus engl. fail 'fehlſchlagen'), das über volkslat. *fallīre auf lat. fallere 'betrügen' zurückgeht, liefert zu Beginn des 13. Jh. mhd. faillieren, fal(l)ieren '(ver)fehlen, fehlgehen': H. Suolahti 1929 Frz. Einfluß 277. Das roman. Wort iſt ſeit dem 12. Jh entlehnt zu akorn. fellet 'ſchwach geworden', mkorn. falle, bret. fallaat 'verſagen'. Im 16. Jh. wird das aus dem gleichen lat. Wort entwickelte ital. fallire 'bankerott werden' ins Dt. entlehnt, gleichzeitig mit Bankerott und Kaſſe. Das im 16./17. Jh. übliche fallieren 'betrügen' ſtammt unmittelbar aus lat. fallere: A. Schirmer 1911 Wb. d. dt. Kaufmannsſpr. 59; H. Schulz 1913 Fremdwb. 1, 202.

Fallreep N. Fallen kann in alter Sprache 'ſich gleiten laſſen' bed., ſ. Kniefall und Kluge 1906 Zf. f. d. Wortf. 8, 32 f.; nd. rēp, engl. rope iſt 'Seil'. Demgemäß bed. nd. nl. valrēp urſpr. 'Tau zum Herabgleiten aus dem Schiff'. Als ſpäter das Tau durch eine Leiter, dieſe ſpäter durch eine Treppe erſetzt wurde, ging der Name auf dieſe über: Kluge 1911 Seemannsſpr. 243 f.

falls Konjunkt. Bei der Anwendung auf das Fallen der Würfel wird Fall 'eintretende Möglichkeit'. Der Gen. dazu erſtarrt in der adverbialen Bed. 'im Falle'. Wird die urſpr. darauffolgende Konjunkt. daß erſpart, ſo wird das Adv. zur Konjunkt. (wie bis, nachdem, ſintemal), ſo zuerſt bei Stieler (1691) 419.

Fallſchirm M. zuerſt bei Jean Paul 1795 Heſperus (Hempels Ausg. S. 400), gebucht ſeit Campe 1808. Fallſchirmjäger als Truppe ſeit 1939.

Fallſtrick M. Schlinge, urſpr. zum Tierfang. Gefl. Wort durch Luther, Luk. 21, 35 und Hiob 40, 19.

falſch Adj. Lat. falsus 'falſch' (zu fallere 'betrügen') gelangt über afrz. fals (woraus engl. false und frz. faux) ins weſtl. Mitteldeutſchland und lautet hier im 12. Jh. vals. In nordfrz. Ma. entwickelt das frz. Adj. ein Fem. falske (nach Vorbildern wie freis, freiske; tieis, tieiske): von da entſpringt valsc im Mnl.

und bei Hnr. v. Veldeke, das durch den Einfluß dieſes Dichters ſchnell mhd. u. mnd. wird. Aus dem Mnd. ſtammt nord. falsk.

fälſchen Ztw. ahd. (gi)falscōn, (gi)felscen, mhd. velschen, mnd. mnl. valschen, velschen, afrieſ. falskia aus gleichbed. ſpätlat. falsicāre, gekürzt aus falsificāre.

Falſchmünzer M. noch von Heynatz 1796 Antibarb. 1, 403 getadelt, der dafür falſcher Münzer verlangt, das ſich von Luther 1527 bis Goethe I 34, 1, 369 findet. Aber Falſchmünzer iſt ſeit Emmel 1592 Nomencl. 419 nicht ſelten.

Falſchſpieler M. aus falſcher Spieler ſeit Stieler (1691) 2086.

Falſett N. 'höhere, durch Zuſammenpreſſen der Stellknorpel erreichte Stimmlage' aus gleichbed. ital. falsetto ſeit Reinfrid v. Braunſchweig (alem., nach 1291): Suolahti 1929 Frz. Einfl. 278. Im 17. Jh. neu entlehnt: H. Schulz 1913 Fremdwb. 1, 202.

-falt, **-fältig** Adj.-Suffix, ahd. -falt, aſächſ. afrieſ. -fald, agſ. -feald, engl. -fold, anord. -faldr: gemeingerm. Endſilbe zur Bildung von Multiplikationszahlen. Urverw. mit gr. (δί)-παλτος -πλάσιος 'zwiefältig'. S. doppelt, Einfalt, falten, Zweifel.

Falte F. mhd. valte F., ahd. falt M. ſtimmt zu dem urverw. aind. puṭa- (aus *pulta-) 'Falte'.

falten Ztw. Mhd. valten, valden, ahd. faldan (lt infolge gramm. Wechſels kommt urſpr. nur dem Plur. und Part. Prät. zu), mnd. volden, mnl. vouden, nnl. vouwen, agſ. fealdan, engl. fold, anord. falda, ſchwed. fålla, dän. folde, got. falpan (die afrieſ. Entſprechung entgeht uns) führen auf germ. *falp-, vorgerm. *polt-. Dies wird beſtätigt durch mir. alt (aus *pəlt-) 'Verbindung, Gelenk', akorn. chef-als 'Gelenk' (mit Vorſilbe com- 'zuſammen'), aind. puṭa M. N. (aus *pulta-) 'Falte, Tüte, Taſche', puṭati 'er umhüllt mich': ſämtlich t-Erweiterungen des idg. Verbalſtamms *pel- 'fallen' (ſ. Zweifel). Got. falpan iſt noch redupl. Ztw. (Prät. faifalp); über die ſtarke iſt es in die ſchwache Konj. übergegangen, doch ſteht noch bei Schiller 1781 „mit gefalteten Händen".

Falter M. Zum Stamm von gr. πάλλειν 'ſchütteln', πελεμίζειν 'ſchwingen' gehört mit Intenſiv-Redupl. (wie mhd. wiwint 'Wirbelwind' zu Wind) lat. pāpilio: Schmetterling iſt 'der die Flügel Schwingende'. Die entſpr. gemeingerm. Bildung *fifalðrōn- wird in anord. fifrildi, agſ. fifealde, aſächſ. fifoldara, vivaldra, ahd. vīvaltra, mhd. vīvalter ſichtbar. Aus der urſpr. Form ſind entwickelt mnl. viveltre, nnl. vijfwouter, weſtfäl. fifoulstr, bonnländ.

fifaltr, schweiz. fifalter(e). Häufiger sind Umgestaltungen wie Baum=, Wein=, Zwei= falter (f. d.), denen sich schweiz. pfif-falter, schwäb. boufaltr, bair. faier-, fein-, beinfalter, oberpfälz. erzgeb. zweifels-, zweigsfalter an= reihen. Überall ist die Neigung deutlich, als zweites Glied Falter abzuspalten, wie Echse, Schleiche, Schricke aus Eidechse, Blind= schleiche, Heuschrecke. Selbständiges Falter begegnet seit Adelung und Fulda 1788, wissensch. seit Nemnich 1798 Dt. Wb. d. Nat.=Gesch. 5, 140, literar. seit Jean Paul 1805 Flegelj. 308 Hempel. Dazu Nachtfalter Jean Paul 1800 Titan 100, Tagfalter derf. 1804 Flegelj. 366. Gleichbed. Schmetterling und Sommervogel (f. d.). Herm. Krause 1918 Gesch. d. zool. Nomenkl. 48; W. Oehl 1922 Bibl. dell'Archivum Rom. 3, 73ff.

Faltstuhl M. 'Klappstuhl', mhd. valtstuol, ahd. faltistuol, asächs. anfr. faldistōl, nnl. vouwstoel, agf. fealde-, fieldestōl, engl. fald-, foldingstool. Aus dem Germ. entlehnt sind mlat. faldistolium, -storium, ital. faldistorio, afrz. faldestoel, frz. fauteuil. Auf Umdeutung beruht nhd. Feldstuhl, woraus dän. feltstol, wieder umgedeutet schwed. fällstol (nach fäll= bord 'Klapptisch', fällkniv 'Taschenmesser'). Als höfisches Fremdwort kehrt frz. fauteuil im 18. Jh. zurück, zuerst wohl in einem Bericht vom Tode des ersten Königs von Preußen: Geschriebene Berliner Ztg. 1713 (bei Buchner, Das Neueste von gestern 2, Nr. 62) „verschieden kurz darnach auf einer Fauteuil, woselbst Jhro Majestät fast den ganzen Morgen über gesessen hatten".

falzen Ztw. Zwei Bildungen sind zu unter= scheiden: ein urspr. redupl. Ztw. ahd. *falzan 'schlagen' führt auf eine Wz. germ. *falt, idg. *peld, die in lat. pellere (aus *peldere) 'stoßen' wiederkehrt. Das Ztw. ist bei uns ausgestorben, Verwandte f. u. Amboß und Filz. — Das schw. Ztw. ahd. (ga)falzjan, mhd. valzen, velzen ist Intensiv=Bildung auf germ. -atjan und steht neben falten (f. d.) wie ahd. ātumezen neben ātumōn, lohazzen neben lohen: Wil= manns 1899 D. Gramm. 2, 108. Grundbed. ist 'zusammenlegen'. Falz, mhd. valz M. ist postverbales Nomen wie lat. pugna 'Schlacht' nach pugnāre '(mit Fäusten) kämpfen'. Dän. schwed. fals stammen aus dem Deutschen.

Familie F. Lat. familia 'Hausgenossenschaft' (zu alat. famul 'Diener') bürgert sich seit dem 16. Jh. ein, zunächst in lat. Form, die sich im Nom. Familia lange hält, während die flektierte Form Familien seit 1546 auftritt: H. Schulz 1913 Fremdwb. 1, 203. Frz. Aus= sprache scheint nach Frisch 1741 im 17. Jh. überwogen zu haben. Vor der Einbürgerung des Fremdworts galt Weib und Kind in

häufiger Formel (DWb. 14, 1, 338), daneben wird bei Luther, dem F. fehlt, der Begriff durch Haus gedeckt. Wieder älter mhd. hiwische, (f. Heirat), ahd. asächs. hīwiski N. — Fami= liär Adj. nach lat. familiāris 'zum Hause ge= hörig; vertraut' als familiar in einer bair. Hof= ordnung von 1589: A. Kern, Dt. Hofordn. 2, 217.

famos Adj. Zu lat. fāma F. 'Gerücht' stellt sich das Adj. fāmōsus 'viel besprochen, berüch= tigt', das als Wort der Gerichte seit 1602 ein= gebürgert wird und gegen Ende des 18. Jh., beeinflußt durch frz. fameux, auch in günstigem Sinn 'wohlbeleumdet, berühmt' auftritt. Von hier aus bringt es die Stud.=Sprache um 1830 bei den Gebildeten neu in Schwung: Kluge 1895 Stud.=Spr. 89; H. Schulz 1913 Fremdwb. 1, 203 f.

Famulus M. Lat. famulus 'Diener' tritt zuerst in Heidelberg 1558 in seinem akad. Sinn auf, den es z. B. in Leipzig noch bewahrt: Kluge 1895 Stud.=Spr. 89; H. Schulz 1913 Fremdwb. 1, 204.

Fanatiker M. Zu lat. fānum N. 'heiliger Ort' (verwandt mit Feier und Ferien), das auch in profan (f. d.) fortlebt, gehört das Adj. fānaticus 'von der Gottheit ergriffen, rasend'. Das subst. Adj. steht in lat. Form seit Leben= wald 1680 Teufels List 3, 90 „Der gleichen Fanatici oder vnsinnige Wahrsager waren die Colophonij". In England gilt fanatic 'religiöser Schwärmer' seit 1640. Auch das dt. Fanatiker (kaum vor dem 18. Jh.) bezeichnet anfangs immer den wütenden Kämpfer für religiöse Grundsätze. Der Bed.=Wandel geht von Frank= reich aus: im Aufruhr der Camisarden in den Cevennen (1702—06) wird fanatique zum Wort des politischen Kampfs. Unter frz. Ein= fluß steht: Hamb. Corresp. 1723, Nr. 79 „Zu Montpellier war ein anderer, und ein anderer vermeynter Prophet, Chef derer Fanatiquen, gehangen"; entsprechend Zedler 1735 Univ.= Lex. 9, 212. Auch das M. Fanatismus er= halten wir von Frankreich: Voss. Ztg. 1760, Nr. 137 „Man spielte dabey die Tragödie Mahomet oder der Fanatismus". — Vgl. F. Schalk 1947 Roman. Forsch. 60, 206ff.

Fanfare F. '(schmetternder) Tusch, Trom= petengeschmetter', bei uns seit Gottsched 1760 Handlex. 672 „Fanfare bedeutet das Getön einer Kriegsmusik mit Pauken, Trompeten und Pfeifen". Entlehnt aus frz. fanfare 'Trompeten= geschmetter'; dies postverbal zu fanfarer 'Trom= peten blasen', Ableitung zum Stamm von fanfa= ron 'Aufschneider, Prahler', das aus gleichbed. span. fanfarron, älter fafarron entlehnt ist. Letzte Quelle arab. farfār 'leichtsinnig, ge= schwätzig'. Vgl. Schamade, Tusch.

fangen Ztw. Die idg. Wz. *pāk-: *pāg-
'festmachen' von aind. pāśa- 'Strick', iran. pas
'fesseln', gr. πάσσαλος (aus *pakialos) 'Nagel',
lat. pacisci 'festmachen', pāx 'Friede' hat eine
nasalierte Nebenform in lat. pangere 'befestigen', aind. pañjara- 'Käfig'. Auf idg. *pank-
beruht germ. *fanh-, womit *fang- in gramm.
Wechsel steht. anh wird āh, demgemäß sind
got. ahd. asächs. fāhan, mhd. vāhen, afries. fā,
agf. fōn (beide aus *fōhan), anord. fā (mit
erweit. Beb. 'bekommen, reichen') die alten Präs.-
Formen. Wenn afries. fangia, anord. fanga,
mnd. mnl. vangen steht, so ist der dem Prät.
und Part. zukommende Konsonantismus verallgemeinert worden. Die nächsten außergerm. Verwandten scheinen insofern lat. pancra
'Raub' und impancrāre 'einfallen' zu sein. —
Noch Luther schreibt meist fahen; fangen siegt
etwa mit Schottel 1663. Fortan behauptet sich
fahen nur landsch., in gehobener und altertümelnder Sprache: H. Paul 1917 Dt. Gramm 2,
242. ie des redupl. Prät. mhd. vienc ist zuerst
im Md. verkürzt, die Schreibung fieng hält sich
unter obd. Einfluß, noch Adelung ist mit seiner
Vorschrift fing nicht durchgedrungen. — Fang
M. ist postverbal: ahd. asächs. fang, mhd.
vanc, Plur. venge, agf. feng 'Griff, Umfassung' (i-Stamm), anord. fang (neutr. o-
Stamm).

Fangobad f. feucht.

Fant M. Vom Nl. geht eine an das F.
Feme (f. d.) anknüpfende Bildung aus. Während mnd. veme nur in der Einschränkung auf
'heimliches Gericht' gilt, bedeutet mnl. veem
umfassend 'Genossenschaft'. Dazu veem(ge)-
noot, vennoot 'Genosse', vent 'Bursche', das
früh nach Osten wandert und als mnd. vent(e),
venteke 'Knabe' auftritt. In nd. Mundarten
gilt das entspr. fent von Ostfriesland bis an die
Ostsee, von Westfalen bis in die Altmark. Von
Norden bringt das M. nach Mitteldeutschland,
in nhd. Dichtung erscheint Fäntgen seit Chr.
Weise, Erznarren (1673) S. 78 Ndr., Fentchen
bei Hölty († 1776) Ged. 179 Halm. — Damit
mischt sich das auf ital. fante 'Knabe, Knecht'
(f. Infanterie) beruhende obd. Fant, in den
Mundarten von der Schweiz bis Wien als
'Junge, Geck' verbreitet, seit Wieland 1780
Oberon 4, 47 in nhd. Dichtung, seit Campe 1808
verzeichnet: K. v. Bahder 1897 Beitr. 22, 527ff.
Fernzuhalten sind mhd. vent, vende 'Knabe,
Fußgänger, Bauer im Schachspiel', vanz
'Schalk', sowie alevanz 'Possen, Betrug' (f.
Alfanzerei) und Firlefanz, f. d.

Farbe F. mhd. varwe, ahd. farawa 'Aussehen, Gestalt, Farbe' ist das subst. F. des Adj.
mhd. var (varwer), ahd. faro (farawēr), germ.
*farhwa- 'farbig', auf idg. -no- gebildet wie

blau, falb, gelb, grau; lat. flavus, fulvus,
furvus. Es gehört als idg. *pork-uó- zu der
auch für Forelle vorausgesetzten Wurzel idg.
*perk-, *prek- 'gesprenkelt, bunt'. Wandel des
mhd. rw zu nhd. rb auch in Erbse, (Schaf-)
Garbe, gerben, mürb, Narbe, Sperber.
Der entspr. Wandel von mhd. lw zu nhd. lb
in albern, falb, gelb, Milbe, Schwalbe.

Farbverlehrer f. Rotkappe.

Farce F. Zu lat. farcīre 'stopfen' gehört
frz. farce 'Fleischfüllsel', das von Amaranthes
1715 Frauenz.-Lex. 525 eingeführt wird:
„farce heißt in der Küche klein gehacktes Fleisch...
Die Teutschen Köche nennen es ein Gehäck".
Als 'Füllsel im Schauspiel, lustiger Zwischen-
aft' ist frz. farce seit 1398 bezeugt. Diese Bed.
erscheint in deutschen Texten seit 1599: H.
Schulz 1913 Fremdwb. 1, 205. — Daß Fratze
(f. d.) auf Farce beruhe, hat W. Hartnacke,
Neuphil. Wochenschr. 1943 S. 37f. nicht erweisen können.

Farn M., **Farnkraut** N. mhd. ahd. asächs.
farn, mnd. var(e)n, mnl. nnl. varen, agf. fearn,
engl. fern; die Nebenform ahd. faram, mhd.
farm, nnl. mundartl. varem entstand, indem
sich das Suffix -na dem labialen Anlaut an-
glich (vgl. Boden). Filix heißt nach seinen
federartigen Wedeln. So steht gr. πτέρις
'Farn' neben πτερόν 'Feder'. Insofern ist
idg. *por-no- 'filix' eins mit aind. parṇá-
'Feder; Blatt'. Zum gleichen Stamm mit
t-Formans ruff. páporotŭ, lit. papártis, lett.
paparnīte, gall. ratis (aus *pratis), breton.
raden, air. raith 'Farn'. — S. Rainfarn.

Farre M. 'Stier'. Ahd. far, farres (Wz.
farri, ferri) st. M., seltner farro schw. M., mhd.
far, farres und farre, farren, mnd. varre; nhd.
nur schwach, aber mnl. var(re), nnl. vaar, vaars,
agf. fearr, anord. farri (aus *farza-), afries.
fēring (aus *ferring). Im Engl. und Nnord.
ausgestorben. Das zweite z ist aus germ. stimmhaftem s entwickelt, f. Färse. Daneben sind
die nächsten germ. Verwandten westfries. fear,
westfäl. fear 'unfruchtbar', agf. fōr, mnd. vōr,
engl. farrow 'Ferkel'. Urverw. sind aind.
prthuka- 'Tierjunges', armen. ort' 'Kalb', gr.
πόρ(τ)ις, πόρταξ 'junge Kuh', tschech.
s-pratek 'vor der Zeit geborenes Kalb', kleinruff. vyportok 'Frühgeburt', lit. pēras 'Bienen-
brut': sämtlich zum idg. Verbalstamm *per-
von lit. periù 'brüte', lat. pario 'gebäre':
O. Paul 1939 Wörter u. Sachen 20, 38.

Färse F. 'junge Kuh', urspr. 'bald gebär-
fähige Kuh'; spätmhd. mnd. mnl. verse nnl.
vaars führen auf germ. *fársī, Gen. *fársjōs,
durch gramm. Wechsel von Farre (f. d.) geschieden, rs neben rr wie in Durst neben dürr.
Seit Zesen 1641 Helikon 74 Fährse für ein

„in Meißen sehr übliches Wort" erklärt hat, steht die Schreibung mit ä fest, die an die Verwandtschaft mit Farre erinnert, der offnen Aussprache des Umlaut-e vor r gerecht wird und das Wort von Ferse 'talus' abhebt. Wie in diesem Wort und in Hirse, Mörser, Pfirsich gehören r und s verschiednen Silben an; darum ist nicht die Entwicklung zu rsch eingetreten, wie in barsch, Dorsch, morsch usw. Die dt. Zeugnisse beginnen in Anhalt 1222 mit dem Sachsenspiegel 3, 73, 3; danach seit 1420 in schles., westfäl. und Kölner Glossaren, in den Wörterbüchern seit Frisch 1741, literar. kaum vor J. H. Voß, Sämmtl. Ged. 2 (1825) 186. Mundartl. in Ostfriesland, im Westraum von Aachen bis zur Saar, und im Ostmb. Nordbt. Sterke, s. d.

farzen mhd. varzen schw. Ztw., daneben ablautend das st. Ztw. mhd. vërzen, ahd. fërzan, mnd. vërten, agf. *feortan (bezeugt ist feorting F.), engl. fart, anord. (mit Umstellung des r) freta, schwed. fjärta, mundartl. fräta, dän. fjerte. Dazu Furz M., mhd. vurz, spätahd. furz, nd. furt, fort; mnl. vort; dazu wieder das schw. Ztw. furzen, spätmhd. furzen, mb. forzen. Die lautmalende idg. Wurzel *perd- auch in den Ztw. aind. párdatē, gr. πέρδω, πέρδομαι, alb. pjerϑ, lit. pérdžiu, sloven. prdéti, ruff. perdét' 'laut furzen', und in dem Fem. gr. πορδή, alb. pordë, lit. pirdis, kymr. rhech 'Bauchwind'. Daneben idg. *pezd- 'leise einen Wind streichen lassen' in lat. pēdo, gr. βδέω, kleinruff. pezd'íty usw. — S. Bofist und Fist.

Fasan M. Nach der Stadt Phasis am Ostufer des Schwarzen Meers nennen die Griechen den Vogel φασιανός, den nachmals die Römer als phasiānus hegten. Als *fasiän übernahmen ihn die Deutschen vor den Tagen Karls d. Gr. Der Vogel wird (wie der Pfau) als Huhn aufgefaßt und sein Name umgestaltet zu fasihōn, um 1200 aber durch das frz. Lehnwort fasān ersetzt: Suolahti 1909 Die deutschen Vogelnamen 226 ff.; derf. 1929 Frz. Einfluß 278.

Faschine F. Aus lat. fascis 'Rutenbündel', ital. fascio, stammt ital. fascina, frz. fascine F. 'Reisigwelle zu Belagerungsarbeiten'. Bei uns fasine Ärdüser 1653 Archit. von Festungen 71; Faginne Saar 1662 Ostind. Kriegsdienst 115; Faschine zuerst Krämer 1678, als entbehrliches Fremdwort von Schönaich 1754 verhöhnt: Zf. f. d. Wortf. 8, 70.

Fasching M. der österr.-bair. Name der Fastnacht tritt zuerst in der Passauer Weberordnung von 1283 in den Formen vastschang und vaschanc auf. a der zweiten Silbe herrscht in den alten Belegen wie in der Volkssprache;

i als Folge der Angleichung an das Suffix -ing kaum vor Abr. a S. Clara 2, 22 Strigl. Mnd. vastganc, anord. fostugangr 'Fastnachtumzug' ist nach Ursprung, Sinn und Verbreitung ein anderes Wort. Mhd. vast-schang bed. urspr. 'Ausschenken des Fastentrunks': Fr. Wilhelm 1924 Münch. Muf. 4, 86.

faseln Ztw. 'wirr reden' kaum vor Chr. Weise 1685: Zf. f. d. Wortf. 2, 27. Gebucht seit Frisch 1741 neben Faseler M.; Faselhans seit Claudius 1782 Werke 4, 185. Vorher nur fasen Ztw. 'ineptīre' (z. B. Stieler 1691), das mit dem zweiten Teil von anord. arga-fas 'Narretei' verwandt sein mag.

Faselschwein N. 'Zuchtschwein' neben älterem Faselsau, -hengst, -vieh zu mhd. vasel M. 'Zuchtvieh', ahd. fasal, agf. fæsl, anord. fosull 'Nachkommenschaft'. Im Ablaut der germ. Wz. *fas steht mhd. visel(līn) 'männl. Glied'. Idg. entspricht *pos : *pes in gleichbed. aind. pásas, gr. πέος (aus *pesos), lat. pēnis (aus *pesnis).

Fas(e)nacht s. Fastnacht.

Faser F. spätmhd. vaser zu mhd. vase M. F., mnd. mnl. vēse, ahd. faso M., fasa F., agf. fæs 'Faser, Franse, Saum', engl. feare, dän. fjæser 'Fasern'. Als 'lose hangender, im Wind wehender Faden' zum idg. Verbalstamm *pēs 'blasen, wehen', zu dem sich auch aslaw. pëchyrì 'Blase', pachati, ruff. pachnút' 'wehen', páchnut' 'duften', serbokroat. pachalj 'Flocke' u. a. stellen. Vgl. Zaser.

Faß N. ahd. mhd. vaz (zz), anfr. mnd. vat, asächf. anord. fat, afriesf. fet, agf. fæt, engl. vat, bed. urspr. 'Behälter'. Da Fessel (s. d.) verwandt ist, setzt man für germ. *fat- eine Bed. 'zuf.-halten' voraus. Vorgerm. entspr. *podo-. Dazu mit Dehnstufe lit. púodas (aus *pōdo-) 'Topf'. Das älteste Faß hatte nur einen Boden; höher wurde die Böttcherei erst ausgebildet mit Entwicklung der Milchwirtschaft, der Braukunst und des Weinbaus. Lett. vāte, vāts 'Faß' beruht auf Entlehnung aus dem Mnd. S. fassen, Gefäß.

Fassade F. Lat. faciēs 'Gesicht' hat ital. faccia ergeben, dazu facciata 'Gesichtsseite' nam. eines Gebäudes in einem die Vorderseiten betonenden Baustil. Von da kommt im 17. Jh. Facciade zu uns, während das entspr. frz. façade nicht vor Wächtler 1714 wirkt und kaum vor Wieland 1774 Abderiten 60 als Fassade erscheint.

fassen schw. Ztw. mhd. vazzen, ahd. fazzōn, mnd. vāten, mnl. vatten, afriesf. fatia, agf. fatian, anord. fata veg: zu Faß, s. d. Die Bed. lassen sich zurückführen auf urspr. 'in ein Gefäß tun' und (mit Faß als Subj.) 'in sich aufnehmen'. Wenn anord. fot Plur. N. zur

Bed. 'Kleider' gewandelt iſt, ſo entſpricht dem mhd. vazzen 'ſich bekleiden'. Die Bed. 'ergreifen' geht (mit Feſſel) auf Faß als 'in ſich Begreifendes' zurück. Übergang in geiſtige Bed. wie bei begreifen, vernehmen, fähig, lat. comprehendere, frz. comprendre, saisir, capable. Einzig mhd. ſich vazzen 'gehen' ſcheint näher zu Fuß (agſ. fæt 'Schritt') zu gehören. Zur Flexion H. Paul 1917 Dt. Gramm. 2, 258.

Faſſon F. Aus lat. factiō, -ōnis F. 'das Tun', Verbalabſtr. zu lat. facere 'machen' (urverwandt mit tun), geht ſeit dem 12. Jh. frz. façon 'Verarbeitung' uſw. hervor. In Oberſchwaben erſcheint 1477 (Al. Schulte, Große Ravensb. Handelsgeſ. 3, 402) „Find wier niemat, der ſi (bonet 'Mützen') macha well nauch der faitzonn, auß man ſi gernn het"; daſ. 1480 (Schulte 3, 433) fazon. Auch in A. Dürers Schreibung fatzon 1525 zeigt ſich frz. Einfluß, während H. Sachs mit faction 'Machart' beim lat. Vorbild bleibt. Wenn G. Heniſch in Augsburg 1616 fatson bucht, ſo iſt nnl. fatsoen wirkſam, deſſen Einfluß im 30jährigen Krieg durch den frz. verdrängt wird. Sans façon ſeit Scheibner 1695. In Frankreich verſchmilzt das Wort mit afrz. façon 'Geſichtchen' (zu lat. facies, mit facere verwandt): daher ſeit dem 18. Jh. die Bedeutung 'äußere Geſtalt' auch bei uns: H. Schulz 1913 Fremdwb. 1, 206 f.

faſt Adv. Die adj. i-Stämme feſt, ſchön, früh, ſpät, ahd. feſti, ſcōni uſf., haben umlautloſe Adv.: ahd. faſto, ſcōno uſf. Während bei früh und ſpät der Umlaut in das Adv. übertragen iſt, ſind faſt und ſchon zu ſelbſtändigen Wörtern mit eigner Bed. erſtarkt. Daneben wird als neues Adv. zu feſt ſchon mhd. veſte gebildet. Noch frühnhd. war faſt Verſtärkung (als ſolche durch ſehr abgelöſt); in ſeiner heutigen Bed. hat es älteres ſchier verdrängt. Am frühſten iſt der Wandel in Fällen, wo ſtrenggenommen keine Verſtärkung möglich war: faſt alle, faſt nicht(s). Danach ſchon bei Luther: faſt die ganze Stadt. Verwandte Entwicklung bei bereits, recht, ziemlich.

faſten Ztw. Der chriſtl. Begriff findet bei allen Germanen gleiche Deckung: got. (ga)faſtan, ahd. faſtēn, agſ. fæstan, engl. fast, anord. faſta. Auch das zugehörige Abſtr. (got. faſtubni, aſächſ. faſtunnia) greift über mehrere germ. Sprachen. Beide ſind früh ins Slav. entlehnt: aslav. poſtiti 'faſten', poſtŭ 'des Faſten'. Der Gedanke, die gebotene Enthaltſamkeit als ein 'Feſt-Sein' zu bezeichnen, muß von einem Punkt ausgehen. Wenn faſtan zufrühſt bei got. Chriſten auftritt, mag das Wort mit

Engel, Kirche, Pfaffe, taufen, Teufel u. v. a. von arianiſchen Glaubensboten, die die Angeln noch in ihren feſtländ. Sitzen trafen, donauaufwärts getragen worden ſein.

Faſtnacht F. mhd. ſeit 1200 vaſtnaht, ſpäter (mit Erleichterung der Drittkonſonanz) vas(e)naht. Die Germanen zählen Abend und Nacht zum folgenden Tag, z. B. bed. agſ. frigeǣfen 'Donnerstagabend', frigeniht 'Nacht von Donnerstag auf Freitag'. So kommt Nacht zur Bed. 'Vorabend'; zuſ.-geſetzt mit ahd. faſta, mhd. vaſte F. 'das Faſten' bed. es 'Vorabend vor der Faſtenzeit', d. i. (ſeit das Konzil von Benevent 1091 den Beginn der öſterl. Faſten auf Mittwoch vor Invokavit gelegt hat) Dienstag vor Aſchermittwoch. In Öſterreich ſteht dafür Faſchingdienstag. Pfaffen- oder höflicher Herrenfaſtnacht iſt der Sonntag Eſtomihi, weil das Faſten der Geiſtlichkeit ſchon am Roſenmontag (ſ. d.) beginnt. 'Vorabend' bed. auch der zweite Teil von mnd. vaſt(el)ävend, dän. faſtelavn, nnl. vaſtenavond.

fatal Adj. Lat. fātālis 'vom Schickſal geſandt' wird im 16. Jh. entlehnt. Es erſcheint ſeit 1577 als fataliſch, ſeit 1664 als fatal in der Bed. 'verhängnisvoll'. Im 30jähr. Krieg wirkt frz. fatal 'widerwärtig' auf das Fremdwort; ſeit 1657 erſcheint es in dieſem abgeſchwächten Sinn: H. Schulz 1913 Fremdwb. 1, 207 f. Von Brockes 1732 in Weichmanns Poeſie der Niederſ. 4, 2 als unentbehrl. Fremdwort behandelt, iſt f. ſeit Ende des 18. Jh. durch verhängnisvoll (ſ. d.) zurückgedrängt.

Fata Morgana F. Arab. marǧān 'Koralle', das ſeinerſeits aus gr. μαργαρίτης 'Perle' ſtammt, wird zum Frauennamen und iſt in ital. fata Morgana 'Fee M.' enthalten. Auf ſie führt der Volksglaube die in der Straße von Meſſina beſ. häufigen Luftſpiegelungen zurück, die darum mit dem Namen der Fee benannt werden, der ſeit Goethe 1796 auch bei uns auftritt. Über mlat. fata Morgana gelangt afrz. fee Morgane in die Artusſage; in Wolframs Parz. wandelt ſich der Frauen- zum Ländernamen Feimurgān: H. Schulz 1913 Fremdwb. 1, 208; Lokotſch 1927 Etym. Wb. Nr. 1416; Suolahti 1929 Frz. Einfluß 279.

Fatzke ſ. Faxe.

fauchen ſ. pfauchen.

faul Adj. Mhd. ahd. mnd. aſächſ. afrieſ. agſ. fūl, engl. foul, nnl. vuul, nnl. vuil, anord. füll, norw. dän. ſchwed. ful, got. fūls zeigen ableitendes -la an einem Stamm, der rein in anord. fūinn 'verfault' erſcheint. Dies iſt Part. zu einem Ztw., das ſelbſt verloren, deſſen Faktitiv aber in anord. feyja 'faulen laſſen' erhalten iſt. Der Wurzel germ. *fū (zu der mehrere germ. Sprachen ein Subst. der Bed. 'weibliches Glied' bilden, f. Hundsfott), entspricht idg. *pū- (aus einer lautmalenden Interj. *pu 'pfui') in aind. pūyati 'verweft, ftinkt', lat. pūs, gr. πύον 'Eiter', πύθειν 'faulen laffen', lit. púliai (Nom. Plur.) 'Eiter'. In Anwendung auf den Trägen ift faul ein ftarkes Wort, deutlich noch in ftinkfaul, das mit demselben Bild arbeitet wie die Schelten Aas, Keib, Luder, Schelm.

Faulbett N. etwas jünger als Lotterbett (f. d.), ein Wort des 16. bis 18. Jh., bei Luther nur außerhalb der Bibel, von Goethe noch im Fauft I 1692 verwendet. Seither durch Kanapee verdrängt, an deffen Stelle im 19. Jh. Sofa nachgerückt ift.

faulenzen Ztw. Um Verba der Bed. 'riechen, schmecken nach etw.' zu bilden, steht mhd. das Suffix -zen, z. B. bietet Berthold von Regensburg bockezen; auch vūlezen 'faulicht schmecken' ift schon mhd. (Lexer 3, 561). Während sich die z-Bildungen an Rhein und Untermain halten, wird schriftsprachlich vom Oftmd. her die nasalierte Nebenform auf -enzen (faulenzen 'träge sein' seit Triller 1555 Schles. Singebüchl. M 3; 'in Fäulnis übergehen' Joh. Colerus 1591 Kalender). Schles. faulinzen bucht Steinbach 1734. Eine Parallelbildung auf -einen (zu den Stoffadj. auf mhd. -in) ift an Naab und Pegnitz üblich; in Iglau gilt faulainen. Sämtl. Nachweise bei Alfr. Feuerstein, Die nhd. Verba mit der Bed. riechen und schmecken nach etw., phil. Diff. Freiburg i. B. 1922. Vgl. bergenzen; Zf. f. d. Wortf. 14, 219; Kluge 1918 Von Luther bis Lessing 185.

Faultier N. Die Familie der Faultiere in der Ordnung der Zahnarmen, die als Nachttiere durch die Trägheit ihrer Bewegungen bei Tage auffallen, wird den Europäern aus dem tropischen Südamerika bekannt. Der Name steht seit J. L. Gottfried 1631 Neue Welt 116 feft: Palmer 36. Er hat früh die Übertragung auf Menschen herausgefordert, für die wir doch erft aus dem 19. Jh. Zeugniffe erhalten.

Fauna F. Den Namen der altröm. Fruchtbarkeitsgöttin Fauna (Schwester des Feld- u. Waldgotts Faunus, des Wolfsähnlichen: sein Name mit gr. θαύνον, illyr. Daunus, zu idg. *dhau-no- 'Würger, Wolf') verwendet Karl Linné 1746 als Titelstichwort seiner Fauna Suecica. Durch häufige Nachahmung des Titels kam die Bed. 'Tierwelt eines Landes' zuftande: H. Schulz 1913 Fremdwb. 1, 208.

Fauft F. Mhd. ahd. mnd. asächs. fūst, mnl. vuust, nnl. vuist, afries. fest, agf. fyst, engl. fist (die nord- und oftgerm. Entsprechungen

sind in vorgeschichtl. Zeit abgestorben) vereinigen sich auf germ. *fūsti- aus *funsti-, idg. *pn̥-sti-s 'Fauft'. Gleichbed. aslav. pęstĭ aus urslav. *pin-stĭ weift auf dieselbe Grundform. Weitere Beziehungen fehlen, da das sonst beigezogene lit. kùmstė (aus *kumpsti) 'Fauft' vielmehr mit kum̃pas 'krumm' zur idg. Wurzel *qamp- 'biegen' gehört und Zusammenhang mit Finger oder fünf nicht zu erweisen ift.

Fauteuil f. Faltstuhl.

Faxe F. Ein lautmalendes fickfacken 'sich hin und her bewegen' (wie es nam. Poffenreißer tun) ift über viele Mundarten verbreitet. Dazu als Subst. fickesfackes, fixfax 'Poffen, lose Streiche' und daraus abgelöft gleichbed. fackes, facks. Der Plur. Faffen, Faxen wird literar. seit Mozart, Briefe 178; von Heynatz, Handbuch (1775) als schriftdeutsch anerkannt. An faks tritt in Berlin das Demin. -ke (wie in Raffke, Steppke); in fakske 'Poffenreißer' wird ksk diffimiliert zu tsk: so entsteht Fatzke mit Gehirn-, Patentfatzke, Fatzke de Gama (nach Vasco da Gama) und Fatzke Domini: Ag. Lasch, Berlinisch 198f. Vgl. fackeln.

Fayence F. 'Halbporzellan'. Faenza in der Romagna liefert Steingut, das im 16. Jh. frz. vaisselle de Faïence heißt, später gekürzt zu faïence. Nr. 134 der Voff. Ztg. von 1769 meldet aus Petersburg „eine dauerhafte, schon sehr weit gediehene Fayancefabrik wird zu Czarskoje Selo gefunden". F. Nicolai 1779 Berlin 413 berichtet über „eine Niederlage von Potsdamischem unächten Porzellan oder Fayance": H. Schulz 1913 Fremdwb. 1, 208f.

Fazilett f. Taschentuch.

Fazit, N. Lat. facit 'es macht', aus lat. Rechnungsbüchern schon des 14. Jh. dem Rechenunterricht geläufig, erscheint seit 1452 in Rechenbüchern substantiviert zu 'Ergebnis, Summe' (A. Schirmer 1911 Wb. d. dt. Kaufm.-Spr. 60 f.) und bringt im 16. Jh. in die Literatur, wo es auf logische und sittliche Verhältniffe übertragen wird: Zf. f. d. Wortf. 8, 69; Beih. zu Bd. 14, S. 23; A. Götze 1919 Anf. e. math. Fachspr. 54.

Februar M. Zu lat. februāre 'reinigen' gehört februārius 'Reinigungsmonat': gegen Ende des letzten Monats im röm. Jahr fanden Sühnopfer statt. Im 16. Jh. (Zf. f. d. Wortf. 14, 317; H. Fischer 1908 Schwäb. Wb. 2, 996) verdrängt der gelehrte Name Sporkel und Hornung (f. d. und Kluge 1918 Von Luther bis Lessing 154). Zesen 1671 hat Hornungsmond nicht wieder in die Schriftsprache einführen können: Zf. f. d. Wortf. 14, 74.

Fechſer M. frühnhd. fechser 'bewurzelter Schößling der Rebe, des Spargelkrauts, der Erdbeere uſw.', zuerſt im Voc. theut. (Nürnberg 1482) b 5ᵇ, ſeitdem vor allem im Weinbau Thüringens. Abgeleitet von mhd. vahs 'Haar', das mit gleichbed. ahd. aſächſ. fahs, afrieſ. fax, agſ. feax und mit anord. fax 'Mähne' auf vorgerm. *pokso- führt und mit gr. πόκος 'Vlies', weiterhin mit lat. pecu(s) 'Vieh' uſw. verwandt iſt, ſ. Vieh. In Teilen des Md./Nd. ſchwindet ch vor s; Luthers Form iſt Feſer, von ihm geht 1527 (Jeſ. 5, 7. 16, 8 u. ö.) der übertragene Gebrauch aus: (junger) Fechſer gilt ſeitdem vielfach für 'Sproß eines Geſchlechts'.

fechten Ztw. ahd. aſächſ. anl. fëhtan, afrieſ. fiuhta. Ob das ſt. Ztw. von je zur e-Reihe gehört hat, iſt fraglich. Es kann aus der u-Reihe (agſ. feohtan, engl. fight) in die e-Reihe übergetreten ſein. Dann wäre urgerm. *fiuhtan *fauht *fuhtum *fuhtanaz vorauszuſetzen (ſtatt *fëhtan *faht *fëhtum *fehtanaz). Dieſe Annahme ermöglicht Verknüpfung mit gr. πύξ Adv. 'mit der Fauſt', lat. pugnus M. 'Fauſt', pugnāre Ztw. 'kämpfen': Kluge 1902 Zſ. f. d. Wortf. 2, 298f. F. Specht 1944 Zſ. f. vgl. Sprachf. 68, 205 tritt unter Hinweis auf lit. su-si-pëšti 'ſich raufen' für Verknüpfung mit lit. pešù, pèšti 'rupfen', lat. pectere, gr. πέκτειν 'kämmen' ein. Die Bed.-Entfaltung im germ. Bereich ließe ſich ſachlich rechtfertigen. — Die Bed. 'bettelnd wandern' haben Handwerker des 16. Jh. erzielt, indem ſie ſ. von ihren Fechtſpielen auf ihren Wanderbettel übertrugen. Gebucht iſt dieſe Bed. ſeit Krämer 1678.

Feder F. Mhd. mnd. mnl. vëder(e), ahd. fëdara, aſächſ. fëthara, anfr. fëthera, nnl. ve(d)er, afrieſ. fëder, engl. feather, anord. fjǫðr, norw. fjør, dän. fjær, ſchwed. fjäder führen auf germ. *feþ(a)rō-, vorgerm. *pétrā- zur idg. Wurzel *pet- 'auf etw. los- oder niederſtürzen, fliegen' (ſ. Fittich). Dazu auch abret. etn, mbret. ezn, kymr. edn 'Vogel', während akymr. atar, kymr. adar 'Vögel' auf idg. *pət- weiſt. Urverwandt ſind ferner lat. penna (aus *petnā) 'Feder', petō 'ſtrebe', accipiter 'Habicht', pro(p)tervus 'vorwärtsſtrebend'; gr. πέτομαι 'fliege', πτερόν, πτέρυξ 'Flügel'; aſlav. pero 'Feder'; aind. pátra- 'Flügel', pátati 'fliegt', patará- 'fliegend'. Ob bei Übertragung von der Vogel- auf die Metallfeder die Elaſtizität (Adelung) oder die vorwärtstreibende Kraft (J. Grimm) vermittelt hat, kann vom Deutſchen aus nicht entſchieden werden. Das entſprechende frz. ressort gehört zu ressortir 'zurückprallen' und hat die Bedeutung des Vorwärtstreibens erſt durch die Uhrfeder und deren bildliche Verwendung erhalten. Ebenſo wird es auch bei Feder geweſen ſein.

Federfuchſer M. Schelte für Schreiberſeelen, die andere durch ihr Schreibwerk ärgern und quälen. Kaum vor Schiller 1782 Kab. und Liebe 1, 2. Zu landſchaftlichem fucken 'unruhig hin und her fahren' iſt über *fuckeren ein ſeltenes fuchſen 'quälen, plagen' gebildet; geläufig ſich fuchſen 'ſich ärgern'.

Federleſen N. Daß jem. dem Höhergeſtellten angeflogene Federn vom Gewand lieſt, galt ſpätmhd. (Lexer 3, 39) als niedrige Schmeichelei; wie das wenig jüngere fëderklüben (daſ.). Später (H. Fiſcher, Schwäb. Wb. 2, 1003. 6, 1864) wird es als Zeitvergeudung gefaßt. 'Nicht viel Umſtände machen' kaum vor 1648: Zſ. f. d. Wortf. 4, 80.

Fee F. Aus lat. fātua 'Weisſagerin' (zu fāri 'ſprechen') wird volkslat. fāta 'Schickſalsgöttin' (noch in Fata Morgana 'Luftſpiegelung'), das ſeit dem 12. Jh. als frz. fae, fée erſcheint (aus dem engl. fay entſpringt). Daneben ſteht mit paraſitiſchem i oſtfrz. feie; dieſe Form gelangt um 1200 als fei(e) ins Mhd.; Albr. v. Halberſtadt reimt einer feyen: meyen: H. Suolahti, Frz. Einfl. (1929) 279; (1933) 377. Wie neben afrz. galie 'Ruderſchiff' mhd. galin(e) tritt, ſo hier eine Nebenform mhd. feine, als Fein(in) noch 1588 in B. Jobins Vorwort zu J. Fiſcharts 'Peter v. Staufenberg'. Das Simplex ſtirbt frühnhd. ab, nur Meer-, Waldfei halten ſich. 1741 wird frz. fée (nun in dieſer Form) neu entlehnt (Zſ. f. dt. Wortf. 14, 199) und namentlich durch Wieland eingebürgert, der 1767 Feenland, -märchen bildet: Idris 5, Str. 9; 4, Str. 2. Seit Adelung 1775 wird Fee allgemein gebucht. S. gefeit.

fegen Ztw. Mhd. mnd. vëgen, aſächſ. vëgon, mnl. veghen ſtehen in Ablaut mit mnl. vāghen, nnl. (weg)vagen, anord. fāga 'ſchmücken, reinigen', fægja 'glänzend machen': zum idg. Verbalſtamm *pek-: *pēk-: *pōk- 'hübſch machen' in lit. pùsziu, -ti 'ſchmücken', lett. pùschu 'reinige, ſäubere, ſchmücke', rückbez. 'puße mich'. Sofern die Ausgangsbed. umſpringt zu 'aufgeräumt, vergnügt ſein', laſſen ſich ahd. gifëhan, agſ. gefëon 'ſich freuen', ahd. gifëho, agſ. gefëa, got. faheþs 'Freude' uſw. anknüpfen. —Zur landſchaftl. Verbreitung von nhd. fegen und zur Abgrenzung gegen kehren Kretſchmer 1918 Wortgeogr. 194ff. Vgl. Eule.

Fegfeuer N. Mhd. vëgeviur, mnd. vëge(n)vür, mnl. veghe(n)vuur zu mhd. vëgen 'reinigen': ſeit etwa 1190 durchdringende, zunächſt wohl weſtdt.-nl. Lehnüberſetzung des mlat. purgatorius (purgationis) ignis, das im älteren Obd. wiedergegeben wurde durch das

lüttere fiur, agf. durch þæt clænsiende fȳr,
anord. durch hreinsonar, skīrslar eldr: E.
Ochs, Neuphil. Mitt. 1924 S. X.

Feh F. 'sibir. Eichhorn', mhd. vēch N.
'buntes Pelzwerk': subst. Adj. zu ahd. fēh,
agf. fāh, got. filu-faihs 'sehr mannigfach'.
Zur germ. Wz. *faiha- 'bunt' gehört ein schw.
Ztw. *faihian, agf. fāen, anord. fā 'malen',
urnord. faihido 'ich malte'. Wurzelverw. mit
toch. A pek-, B paik- 'malen', gr. ποικίλος
'bunt', aslav. pisati 'schreiben', aind. piš-
'schmücken', pišá- 'Damhirsch'.

Fehde Mhd. vēhe(de), vēde, ahd. (ge)-
fēhida, mnd. vēde, veide, mnl. vēde, jünger
vēte, nnl. veete, afrief. faithe, feithe, agf.
fǣhþ(u) führen auf westgerm. *faih-iþō F.
'Feindseligkeit', Abstraktbildung zu dem Stamm,
der vorliegt im Adj. mhd. gevēch, ahd. gifēh,
mnl. ghevee 'feindselig', afrief. fāch 'straffällig',
agf. fāg, fāh 'feindlich, geächtet; schuldig', sowie im M. agf. (ge)fāh, engl. foe 'Feind'. Vom
Adj. abgeleitet ist das schw. Ztw. ahd. fēhan
'hassen', asächf. āfēhian 'feindlich behandeln',
got. bi-, gafaíhōn 'übervorteilen'. Nächstverwandt ist feig, s. d. Außergerm. kommen am
nächsten lit. pìktas 'böse', pỹkti 'böse werden',
peĩkti 'tadeln', apreuß. popaikā 'betrügt'. Jdg.
Wurzel *peik-: *poik- 'feindselig'. Das dt. F.
stirbt mit dem Rittertum ab, Luther kennt nur
beuehden, beuehder, vhedbrieff. Neu belebt
wird Fehde durch Bodmer 1732: Zf. f. dt.
Wortf. 9, 309. 10, 181. 232. 11, 106. 12, 179.
15, 303.

fehlen Ztw. Lat. fallere 'täuschen' ist Quellwort wie für ital. fallire (f. fallieren) so für
afrz. fa(il)lir '(ver)fehlen, sich irren, mangeln',
das um 1200 mhd. vælen, vēlen, feilen ergibt.
Wenig später wird aus frz. faille 'das Fehlen,
der Fehl' mhd. væl(e), feil entlehnt, aus der
Formel sanz faille mhd. sunder væl: Suolahti
1929 Frz. Einfluß 277. Aus den frz. Wörtern
sind seit dem 13. Jh. auch mnl. falen 'zu kurz
schießen', feilen 'Gebrechen haben', engl. fail
'fehlen' hervorgegangen.

Fehler M. zum vorigen, tritt um 1500 als
'Fehlschuß' auf und ist insofern Gegenwort
zu Treffer. Die heutige Bed. kaum vor
Maaler 1561.

Fehltritt M. seit Mathefius 1566 Luther 74b,
gebucht nicht vor Schönsleder 1647. Frz. faux
pas beruht auf derselben Vorstellung. Vorbild
für beide ist lat. fallens vestigium.

feien f. gefeit.

Feier F. Zu lat. fēriae 'Tage, an denen
keine Geschäfte vorgenommen werden' (mit
fānum 'heiliger Ort' zum Stamm fas, fēs
'religiöse Handlung') wird mlat. fēria gebildet,
das ahd. fīr(r)a, mhd. vīre 'Festtag, Feier'

ergibt. Lat. ē ist zu ī erhöht wie in Kreide,
Pein, Seide, Speise. Die Entlehnung
ist den festländ. Germanen gemeinsam (anl.
firinga, firlīc, afrief. fira), fehlt aber England
und dem Norden.

Feierabend M. Spätmhd. vīr-ābent 'Vorabend eines Fefts' (f. Sonnabend unter
Samstag) wird frühnhd. umgedeutet zu '(Beginn ber) Ruhezeit am Abend'; dabei bleibt
das Bed.-Element 'Ruhe von der Arbeit' erhalten, das unser Feier eingebüßt hat.

feiern Ztw. ahd. fīr(r)ōn, asächf. fīrion,
afrief. firia 'einen Festtag begehen' nach gleichbed. mlat. feriāre.

feig Adj. Die unter Fehde entwickelte Wz.
wird aus ihrer Grundbed. 'feindselig' in die
jüngere 'zum Tod bestimmt' übergeführt, sofern der Friedbrecher durch seine Tat zugleich
ein moribundus wird: Cl. v. Schwerin 1913
Realler. d. germ. Altertumsk. 2, 16. Demgemäß bed. anord. feigr, adän. fēgh, agf.
fǣge, schott. fey, asächf. fēgi, ahd. feigi (aus
idg. *poikió- 'dem Tod verfallen, ihm nahe'.
Mundartl. hat sich diese Bed. vielfach gehalten
(nnl., brem., westfäl., hesf., rheinfränk.); vorausgesetzt wird sie bei tirol. feig 'fast reif' (von Obst,
das schwarze Kerne hat), schweiz. feig 'morsch'.
Wer weiß, daß er bald sterben muß, ist in Gefahr,
sich verzagt zu benehmen: diese Bed. ist dem nd.
fēg in Ostfriesl., Westf., Pommern usw.
eigen, ebenso dem ostmb. fēχe. Sie dringt
spätmhd. in die Literatur und wird durch die
Lutherbibel (2. Mof. 15, 15 u. o.) geläufig.
Thom. Wolfs Bibelglossar (Basel 1523) erläutert
Luthers feig mit 'verzagt, erschrocken' (Z.
f. d. Wortf. 11, 274 f.). Noch Wachters Gloss.
1727 bez. es als vox nova. Hd. Ma. wie das
Hesf. und Schwäb. haben sich dieser Bed. bis
heute verschlossen.

Feige F. Die an das Mittelmeer vorstoßen-
den Jdg. haben den Namen aus einer voridg.
Mittelmeersprache, etwa der des kretischen Kul-
turkreises, entlehnt. Dabei sind armen. t'uz
(aus *tŭgh), böot. τῦκον, gr. σῦκον, lat.
ficus unabhängig voneinander. Die den Germanen von Haus aus fremde Frucht wird von
ihren Stämmen verschieden benannt. Die Goten gelangen auf noch unbekannten Wegen zu
smakka. Das got. Wort wirkt fort in aslav.
smokŭ und seinen Nachkommen. Die Deutschen entlehnen das aus lat. ficus entwickelte
prov. figa: ahd. asächf. figa (9. Jh.). Offenbar
wurde der Name mit der Frucht eingeführt,
während agf. fīc-æppel, -bēam, -trēow auf gelehrter Entlehnung aus ficus der lat. Bibel beruhen, ganz wie anord. fīk(j)a.

Feigenblatt N. Nach Luthers Übersetzung
von 1. Mof. 3, 7 ist F bildlicher Ausdruck für

13*

'schamhafte Verhüllung' geworden. Früh bei Spangenberg 1594 Adelsspiegel 2, 467a; gebucht seit Stieler 1691: Zs. f. d. Wortf. 12, 182.

Feigwarze F. Wie gr. σῦκον, lat. ficus, ital. fico, so bed. auch mhd. mnd. vīc M. N. 'Hämorrhoiden'. Hierzu verdeutlichend vīcwarzen N., -werze F., ebenso vīcbläter: M. Heyne 1903 Hausaltert. 3, 128. 134.

Feigwurzel F., ahd. vīgwurz, agf. fīcwyrt (Zs. f. d. Wortf. 3, 286. 6, 182), Name von Ficaria verna.

feil Adj. mhd. mnl. veil(e), ahd. feili, fāli (aus vorgerm. *pēlio-), mnd. vēle, nnl. veil, anord. falr (aus vorgerm. *polo-), norw. schwed. fal 'verkäuflich'. Man setzt idg. *pel- 'verkaufen, verdienen', *pelnos 'Verdienst' an und vergleicht aind. pana- (aus *palna-) 'Wette, versprochener Lohn', pánatē 'handelt ein, tauscht ein, kauft'; lit. pelnas 'Verdienst, Lohn', pelnaũ, -ýti 'verdienen', lett. peˀlns, peˀlˀna 'Verdienst', peˀlnīt 'gewinnen'; aslav. plěnŭ (aus *pelno-), russ. polón 'Beute'; gr. πωλεῖν 'verkaufen', πωλή 'Verkauf'. Die vokal. Verhältnisse bleiben schwierig. S. feilschen.

Feile F. mhd. mnd. mnl. vīle, ahd. fīla (unter Einfluß von bīhal 'Beil' auch fīhala), asächs. fīla, nnl. vijl, agf. fīol(e), fīl, engl. file, älter dän. fel, aschwed. fǣl. Dän. schwed. fil beruhen auf Entlehnung aus dem Nhd. Gleichbed. altnord. þēl zeigt þ- für f- wegen des folgenden l (vgl. finster). Germ. Grundform *finhlō: mit der Bildungssilbe germ. -(i)lō(n) (wie Hechel, Schaufel, Sichel, Spindel, Windel und viele weibliche Gerätnamen) zum Stamm von aind. piṃśáti 'hackt aus', gr. πείκω 'schneide, kratze', πικρός 'scharf'. Die röm. Flachfeile aus Eisen lernen die Germanen erst in geschichtl. Zeit von Westen her kennen, West- und Nordgermanen benennen aber das für sie neue Werkzeug mit steinzeitlichen Sprachmitteln. Der ostgerm. Name entgeht uns. Über Entlehnungen in flav. Sprachen E. Fraenkel, Jdg. Forsch. 53, 133.

feilschen Ztw. Zum Kompar. feilis von feil (f. o.) gehört ahd. *feilisōn 'käuflicher machen', das über mhd. frühnhd. feilsen zu feilschen geführt hat. Wenn durch Ausfall eines Mittelvokals s nach Konf. zu stehen kommt, wird š daraus: Pritsche, Etsch aus ahd. britessa, Etisa (O. Behaghel 1928 Gesch. d. dt. Sprache 399 f.). Ableitungen zu Kompar., in den verwandten Sprachen selten (gr. νεωτερίζειν 'neuern', lat. minuere 'verkleinern'), sind bei uns von je geläufig.

Feim M. 'Schaum'. Ahd. mhd. veim, frühnhd. auch faum M. (Zs. f. dt. Wortf. 14, 146), agf. fām N., engl. foam 'Schaum', norw.

mundartl. feim 'Anstrich', feime 'Fetthaut', feimen 'klebrig, unklar'. Die außergerm. Verwandten führen zum Ansatz idg. *(s)poimno-, -ā 'Schaum, Gischt': aind. phéna-, lat. spūma 'Schaum', pūmex 'Schaum=, Bimsstein' (f. Bims), lit. spáine 'Schaumstreifen auf bewegter See', apreuß. spoayno, aslav. pěna 'Schaum' mit mehreren Folgeformen. — Abgefeimt ist von 'abgeschäumt' zu seiner heutigen Bed. gelangt wie raffiniert (zu frz. raffiner 'läutern'). Vergleichbar auch durchtrieben, mit allen Wässern gewaschen.

Feimen 'Kornschober' f. Fimme.

fein Adj. Lat. finis 'Grenze, Ende' (aus *figsnis 'Festgestecktes' zu figere 'anheften', ohne germ. Verwandte) wird abgelöst durch gallorom. *finus, das in Wendungen wir afrz. ço est fins 'das ist das Äußerste, Beste' Bedeutungen wie 'äußerst; zart' entwickelt. So wird das frz. Adj. in die germ. Sprachen entlehnt: mhd. fīn, mnl. nnl. fijn, engl. fine, spätanord. isl. finn, schwed. dän. fin. In Deutschland zuerst in einer Glosse tenere/finlīho, zeizo (Graff 3, 523), dann seit etwa 1230 mfränk. und md., erst nach 1250 alem.; bair.=österr. noch lange selten: Steinmeyer, Zs. f. d. Alt. 34, 282; H. Suolahti 1929 Frz. Einfluß 286 f.

Feind M. Mhd. vī(e)nt, ahd. fiant, asächs. afries. fiond, -und -and agf. fīond, engl. fiend, anord. fjändi, got. fijands (germ. *fijand-): erstarrtes Part. Präs. wie Freund, Heiland, Weigand. Das vorausliegende Ztw. erscheint als ahd. fīēn, agf. fīon, anord. fjā, got. fijan 'hassen, verfolgen', woneben got. faian 'tadeln', das auf vorgerm. *pēi̯ō beruht. Die germ. Bildungen führen mit aind. píyati 'schmäht, höhnt' und pīyāru- (aus *pī-āru) 'schmähend, höhnend, übelwollend' auf einen idg. Verbalstamm *pēi-, *pī- 'schmähen'.

feindselig Adj. eine frühnhd. Bildung, die nicht vor Stieler 1691 gebucht wird. Sie folgt Vorbildern wie irr=, saum=, trübselig, obwohl ein F. fehlt, das Irr=, Saum=, Trübsal entspräche.

Feingefühl N. von Campe 1808 als Ersatz für Takt vorgeschlagen, f. d. und Zartgefühl. Auch feinfühlig bucht er damals zuerst.

Feise F. 'Stube der Knappen u. Mahlgäste in der Mühle', kommt aus ostmd. und nordd. Ma. gelegentlich in die Literatur: Chr. Weise 1678 Pol. Näscher 364. M. Vasmer 1947 Zs. f. slav. Phil. 19, 449 vermutet slav. věža, osorb. wěža „Turm" als Quelle.

feist Adj. mhd. veiz(e)t, ahd. feiz(z)it, anfr. feitit: Part. zum schw. Ztw. germ. *faitian 'mästen' (ahd. feizen, agf. fǣtan, anord. feita), das seinerseits ein Adj. germ. *faita- 'fett' (ahd. feiz, mhd. veiz(e), mnd. vēt, anfr. feit, anord. feitr) voraussetzt. Germ. Verwandte sind fett (s. d.), anord. fita F. 'Fett', fitna 'fett werden' und fit F. 'niedrige Wiese am Wasser, Wiesenland'. Ihm vergleicht sich gr. πίσεα Pl. N. 'feuchte Orte, Wiesen', πιδύω 'lasse durchsintern, quelle hervor, sprudle hervor', πιδαξ 'Quelle', πιδήεις 'quellenreich'. Das vorausliegende idg. *poid-, *pid- ist d-Erweiterung der idg. Wurzel *poi-, *pi- 'von Feuchtigkeit strotzen' in aind. páyate 'strotzt', gr. πιμελή, πιαρ 'Fett', lat. opimus 'fett' usw. — Die nd. Entsprechung von feist ist fett (s. d. und Kluge 1918 Von Luther bis Lessing 90).

Felber M. 'hochstämmige Weide, Salix alba'. Spätmhd. vëlber, vëlwer, spätahd. vëlare, fëlwar sind auf ahd. -āri gebildet zu gleichbed. mhd. vëlwe, ahd. fël(a)ha. Baumnamen auf -āri sind auch Alber (s. d.) sowie mnl. appelaer, perelaer, prumelaer, mispelaer, notelaer, nnl. hazelaar, rozelaar; l hier verallgemeinert nach dem Vorbild der Ableitungen von Apfel und Hasel: N. O. Heinertz 1914 Zs. f. dt. Wortf. 15, 240ff. Salix alba ist nach der Farbe ihrer Blätter benannt, s. fahl, falb, Salweide und F. Holthausen, Jdg. Forsch. 25, 150. Felberich heißt der Gilbweiderich (Lysimachia), weil seine Blätter denen der Weide ähneln.

Felchen M. Der Fisch Coregonus Wartmanni in ausgewachsenem Zustand, in den Seen und Flüssen des alem. Gebiets seit dem 14. Jh. als mhd. vëlche, mlat. velcho bezeugt. Nebenformen im Schweiz. Jd. 1 (1881) 800, bei H. Fischer, Schwäb. Wb. 2 (1908) 1034 und E. Ochs, Bad. Wb. 2 (1942) 37f. In Konstanz wurde der Fisch 1860 mit dem Ruf felcho ausgeboten, 1902 hieß es felchio, 1913 felichō. Das Umlaut-e der mundartlichen Formen führt auf germ. *falhjan, abgeleitet von fahl, s. d.

Feld N. Mhd. vëlt (d), ahd. fëld, asächs. afries. ags. fëld (mit d aus þ), engl. field, anfr. fëlt (d) weisen auf germ. *fëlþ, vorgerm. *pélto-m 'Feld'. Die got. Entsprechung entgeht uns, weil Ulfilas griech. ἀγρός mit haiþi übersetzt (s. Heide). Früh aus dem Germ. entlehnt ist gleichbed. finn. pelto 'Acker'. Mit andrer Stufe des Ablauts entsprechen anord. fold 'Erde', ags. folde, asächs. folda 'Boden'. Anord. fjall N. 'Gebirge' mit seinen Folgeformen faßt man ihrer Bedeutung wegen besser nicht als *fëlpa-, sondern stellt es als *fëlza- zu Fels. Die nächsten außergerm. Verwandten sind lit. plóti 'die Hände breit zusammenschlagen; dadurch etwas breitschlagen', lett. plãt(ìt) 'dünn aufstreichen', air. lāthar (aus *plātro-) 'Verteilung', mir. lāthair 'Fläche', lāthrach 'Lage'. Alle sind mit idg. -to zum Stamme *pelā- 'flach, ausbreiten, breitklatschen' gebildet, der z. B. in lat. palam 'öffentlich' (urspr. 'in flacher

Hinbreitung') wie in Palme (s. d.) erscheint aber auch als aslav. polje 'ausgebreitete Fläche Feld' dem Lande Polen den Namen gegeben hat und in aschwed. fala 'Ebene' wiederkehrt, wozu Namen wie Falbygden, Falköping, Falun; Falster.

Feldglocke F. wird der Galgen von Spitzbuben wohl schon des Mittelalters getauft, wenn auch das Wort nicht vor Murner 1512 Schelmenzunft 26, 31 zu greifen ist. Mit dem gleichen Humor, der den Galgen umspielt, heißt erst der Gehenkte, dann der Henkenswerte Galgenschwengel 'Klöppel in der Feldglocke'. Zs. f. d. Wortf. 3, 252 (wo π statt II zu lesen ist); 10, 115.

Feldherr M. in den Kriegen Kaiser Karls V. aufgekommen, gebucht seit Dasypodius (Straßb. 1537) 326a. Die sinnverwandten älteren Ausdrücke bei F. Helbling 1912 Zs. f. dt. Wortf. 14, 36f.

Feldmarschall M. Lehnübersetzung des ausgehenden 16. Jh. für frz. maréchal de camp. S. Marschall.

Feldpost F. Die Aufgabe, Nachrichten vom Feldheer in die Heimat und umgekehrt zu befördern, regelt 1693 das Feldpostreglement des Kurfürsten Johann Georg v. Sachsen, 1716 die Feldpostdienst-Instruction Friedrich Wilhelms I. v. Preußen. Das Wort Feldpostbrief wird 1848 für den Deutschen Bund durchgeführt, die Feldpostkarte tritt 1870 ins Leben, s. Postkarte und F. Stuhlmann, Die dt. Feldpost (Bln. 1939). Das Wort Feldpost ist spät aus älteren Zus.-Setzungen wie Feldpostmeister (gebucht seit Frisch 1741) gewonnen und erscheint nicht vor Campe 1808.

Feldscher, -scherer M. 'Heereswundarzt' seit H. Sachs 1555 Fab. 161, 83. Zu mhd. schërn '(ab)schneiden', s. scheren. So stehen nebeneinander mhd. tuochschër und -schërer 'Tuchschneider', vgl. Behaghel 1901 Zs. f. d. Wortf. 1, 64. Zum Plur. Feldschers H. Paul 1917 Dt. Gramm. 2, 131f. Dän. feltskjær(er), schwed. fältskär stammen aus dem Deutschen.

Feldstuhl s. Faltstuhl.

Feldwebel M. frühnhd. feldweibel: seit Micyllus 1535 Tacitus 295 tritt Feld vor das viel ältere Weibel 'Gerichtsdiener' (s. d.). Zu ahd. weibōn, mhd. weiben 'sich hin und her bewegen'. Daß nhd. ē gesiegt hat, beruht auf ostmd. Einfluß: DWb. 14, 1, 378; H. Paul 1916 Dt. Gramm. 1, 190f. Den Tressen an der Uniform des F. (er hat Schmant am Kragen) wird der Bierschaum im gefüllten Glas verglichen, der darum seit Jordan 1885 Seebalds 2, 298 Feldwebel heißt.

Felge[1] F. mhd. mnd. vëlge, ahd. fël(a)ga, asächs. fëlga, agf. fielg, engl. felly aus westgerm.

*fëlzō 'Radfelge'; daneben gleichbed. mnl. velghe, nd. falg, agf. felg(e), engl. felloe aus westgerm. *falziz: die Krummhölzer des Radkranzes heißen vorgerm. *pelk- mit k=Erweiterung der z. B. in mnd. wēl, agf. hwēol, engl. wheel, gr. κύκλος, toch. kukäl 'Rad' vorliegenden idg. Wurzel *qͧel- '(sich) drehen'. Mit alter Übertragung heißt Felge ein gebogenes Gerät des Metzgers zum Ausspannen des Darms beim Wurststopfen. F. L. Jahn hat 1816 Turnkunst 89f. zwei Turnübungen Felge benannt, bei denen sich die Füße in der Bahn der Felgen eines Rads schwingen. S. Felge².

Felge² F. 'zweites und drittes Pflügen; Brachland nach dem Umpflügen': zu mhd. valgen, velgen 'umackern, =graben'. Obd. falg, mnd. valge, agf. fealg, engl. fallow 'gefelgte Brache' weisen auf gleichbed. germ. *falgō, vorgerm. *polkā 'Gewendetes', in Ablaut zu der Vorform von Felge¹, f. d. Germ. *felgan 'wenden' wird bestätigt durch ahd. ungifolgan 'ungewendet' und die agf. Präterita fealh, fulgon 'wendete(n)'. Die kelt. Entsprechung hat lautgesetzl. ihr anlautendes p= verloren und begegnet seit dem 7. Jh. als gall. olka 'Brachland', seit dem 13. Jh. als frz. ouche 'gutes Ackerland, Gartenboden'. Ohne k=Erweiterung bedeutet gr. πόλος 'gewendeter Acker'.

Fell N. ahd. mhd. vël (ll), agf. fëll, engl. fell, anord. fjall, got. fill (in filleins 'ledern', pruts-fill 'Aussatz', faúra=filli 'Vorhaut') führen auf germ. *fella= 'Haut von Mensch und Tier', vorgerm. *pello= aus *pelno-. Urverwandt sind (gleichfalls mit ll aus ln) lat. pellis, gr. πέλλα 'Haut, Leder', ἄπελλος '(hautlose) unverharschte Wunde'; vgl. ἐρυσίπελας 'Hautentzündung, Rose', ἐπίπλοος 'Netzhaut', dies aus ἐπίπλοος zu lit. plèvē 'Netzhaut, Haut'. S. fillen, Film.

Fellach M. Zu arab. falaḥa '(die Erde) spalten' gehört fallāḥ 'Pflüger'. In Ägypten ist fellāḥ, Plur. fellāḥīn der Name der seßhaft gewordenen Araber; Littmann 1924 Morgenländ. Wörter 67; Lokotsch 1927 Etym. Wb. Nr. 580.

Felleisen N., spätmhd. velis(en), frühnhd. felliß, -us, -es, nnl. (seit d. 17. Jh.) valies, tschech. filec 'Manteljack'. Ein seit dem 13. Jh. bezeugtes mlat. valisia 'Satteltasche' ist (nach der Endung zu schließen) gall. Ursprungs u. bedeutet als Ableitung zum Stamme val- 'umgeben' urspr. 'Einfassung'. Aus valisia entsteht frz. valise F. 'Handkoffer', erst seit dem 16. Jh. bezeugt, aber notwendig älter, weil längst vorher Entlehnungen daraus vorliegen. Auf Entlehnung aus dem Frz. beruht gleichbed. ital. valigia, das seit etwa 1300 nach Kärnten, Steiermark, Südtirol und an andre Stellen des dt. Südsaums gelangt. Am Niederrhein lebt fëlis in Zuf.=Hang mit nnl. valies. Unser übriges Sprachgebiet dankt das Wort unmittelbar dem Frz.; das Eindringen ist 1462 an der Mosel, 1470 in Schwaben, 1473 in Ostfranken zu beobachten. Anlehnung an Fell und Eisen, der die Volkssprache fernbleibt, wandelt in nhd. Schriftsprache Umlaut=e der Tonsilbe zu ë, das alte F. zum N. Die heutige Form kaum vor Äg. Albertinus 1619 Gusman v. Alfarche 78. Die richtige Deutung bahnt J. L. Frisch 1741 an.

Fels M. mhd. vëls(e), ahd. fëlis M., fëlisa F., aſächſ. (im Heliand dreizehnmal neben häufigerem stēn) fëlis, mnd. (ſelten) völs, mnl. (einmal) vëlt (mit falscher Umsetzung wie aſächſ. tins, ſ. Zins), ohne Verwandte im Angloſries., Nord= und Ostgerm. Nach J. Müller 1931 Rhein. Wb. 2, 382 begegnet fëlts nur in den Mundarten des rhein=moselfränk. Gebirgslands, hier ist es F. wie gall. *faliſia, das dem frz. falaise 'Klippe' vorausliegt. Nach Th. Frings 1932 Germ. Rom. 215 ist Fels am Mittelrhein der kelt. Vorbevölkerung entlehnt. M. ist es nach dem Vorbild von Stein geworden.

Feluke F. Gr. ἐφόλκιον 'Beiboot' (zu ἐφέλκειν 'heranziehen') ergibt arab. fulūka, maur. felūka, das (vermittelt durch span. faluca und frz. félouque) 1678 als Felucque bei uns erscheint.

Feme F. 'heimliches Gericht', mnd. veime, md. vēme, mhd. veime, mnl. vēme, veem, nnl. veem. Dazu verfemen, mhd. verveimen, md. vervēmen, afrieſ. (for)fēma. Die Sache geht von Westfalen aus, darum ist gegen die hd. Regel ē durchgedrungen, wie in Geest und Reede. Die Vorgeschichte bleibt aufzuhellen. Anknüpfung an die Sippe von lat. poena (ſ. Pein) ist lautlich unmöglich, Verbindung mit Fehde so unbeweisbar wie die mit Feind. M. veem 'Vereinigung, Zunft' ist möglicherweise eines mit Feme. Das in Westfalen 1252 zuerst auftauchende vēme, dem Zuf.=Setzungen wie vimenoth 'Femgenoffe' feit 1227 vorausgehen, ist zur Zeit der Aufklärung völlig vergessen. J. Möser belebt die Kenntnis aus den Quellen und teilt sie Goethe mit, durch dessen 'Götz' 1773 sie in die Ritterstücke gelangt. 1810 sorgt H. v. Kleists 'Käthchen v. Heilbronn' für neue Belebung.

Fenchel M. Lat. fēniculum (wegen seines Heuduſts nach fēnum benannt) gelangt in der späten Form *feniclum zu uns und ergibt ahd. fënihhal (weitere Formen Zſ. f. d. Wortf. 6, 181), mhd. vën(i)chel, aſächſ. fencal, mnd. nnl. vënekel. Unabhängig davon ist über die Vorstufe von afrz. fenoil (frz. fenouil) agſ. finu(g)l (engl. fennel) entlehnt. Nd. Fennkohl beruht auf derselben Umdeutung wie dän. dial. fennekaal, schwed. fenkål. Das nd. Wort ist als venkåls ins Lett. entlehnt: J. Sehwers 1925 Zf. f. vgl. Sprachf. 53, 110. S. Pfenich.

Fenn N. Eine idg. Bez. des Sumpfs (aind. paṇka-, apreuß. pannean, gall. anam; dazu air. an aus *pano 'Wasser') lautet germ. *fanja und erscheint als got. fani 'Schlamm', anord. agf. fen, afrief. fenne, afächf. feni, ahd. fenna, fennī 'Sumpf'. Das Wort lebt fort in dän. norw. fen; nnl. veen 'Morast'; in nordwestd. Geländenamen wie Veen(husen), Vehnemoor, Venrath, -trup; in Mecklenburg und der Mark Brandenburg als 'Sumpfinsel im See; durch Gräben eingehegtes Marschland'. Von da im 19. Jh. gelegentl. literar.: Jahn 1806 Bereich. d. hd. Sprachsch. 1, 123. 438; Heyse, Nov.-Schatz 24, 135; Storm, Schimmelr. 18. 37 u. ö.

Fenster N. mhd. venster, vênster, ahd. fênster, agf. fenester, mnd. mnl. venster(e), vinster(e), westfäl. finster, nnl. venster, schwed. fönster, älter fynster, finster (dies aus dem Mnd.). Zugleich mit Kalk, Kammer, Keller, Mauer, Mörtel, Pfeiler, Söller usw. entlehnt aus volkslat. fĕnĕstra F., das der Endung nach (vgl. aplustra, genista, lanista) auf dem Etruf. beruht, nach Stamm und Grundbed. noch dunkel ist. Der Ton war schon im späteren Lat. zurückgezogen. Aus derselben Quelle stammen frz. fenêtre (seit dem 12. Jh.), air. feinester, akorn. fenester, kymr. ffenest(r), bret. fenest(r). Als F. übernommen bleibt Fenster F. im Mnl., Mfränk., Lothr. Sonst ist es früh zum N. geworden unter dem Einfluß sinnverwandter germ. Neutra wie got. áugadaúro, agf. ēagduru, -ðyrel, ahd. augatora (vgl. Ochsenauge); anord. vindauga, afchwed. vindögha, dän. vindue, engl. window; afrief. andern, norw. mundartl. anddor. Das verglaste Fenster ist bei uns durch röm. und kirchl. Vorbilder langsam eingeführt worden. Die Verdeutschung Tageleuchter (f. d.) hat dem alten Lehnwort nicht geschadet.

Ferge M. Zum Ztw. fahren, das schon in got. farjan 'zu Schiff fahren' bed., gehört Fähre (f. o.). Dazu mit -jan-Suffix (wie ahd. grävjo 'Graf', scerjo 'Scharmeister', f. Kluge 1926 Stammbildungsl. § 13) ahd. ferjo. Gen. und Dat. lauten ahd. ferin, Akk. ferjun; unter Verallgemeinerung der j-Formen entsteht mhd. verje. j nach r wird zu g wie in Latwerge, Scherge. Über Ferger an Rhein und Main f. Kluge 1911 Seemannsspr. 247. Mylius 1777 Hamiltons Märlein 550 nennt Ferge veraltet. Die Berufsbezeichnung lebt fort in Familiennamen wie Ferg(g), Förch, Vörg, Ferch(el), Verch, Fehr(e), Föhr.

Ferien Plur. Lat. fĕriae, das früh unser Feier geliefert hat, tritt seit 1521 Reichsordn.

100ᵃ in der Bed. 'geschäftsfreie Tage' auf, zuerst in Gerichtssprache, danach für einzelne freie Tage bei Universität und Schule. Wie dann im 18. Jh. (1749 Vergn. Abendstunden 2, 270) Schulferien eingeführt werden, setzt sich das Wort auch dafür durch; daneben südostd. Vakanz: H. Schulz 1913 Fremdwb. 1, 209.

Ferkel N. mhd. verhelīn, ahd. farhilī(n), Verkl. zu ahd. far(a)h 'Schwein', das mit agf. fearh M. N. 'Ferkel' (engl. farrow), schwed. mundartl. farre 'Eber' (wohl Kurzform zum gleichbed. schwed. fargalt) auf germ. *farhaz beruht; dazu dän. fare 'Ferkel werfen'. Urverw. sind gr. πόρκος, lat. porcus (gleichfalls mit l-Verkl. porculus, porcellus), lit. paršas (mit l-Verkl. paršēlis), aflav. prasę, apreuß. prastian, mittelir. orc (aus *pork): westidg. *porkos 'Wühler' (zum idg. Verbalstamm *perk- 'aufreißen', f. Furche) ist damit als europ. Name des Schweins erwiesen. Die ahd. Nom.-Form, die als Farch in obd. Mundarten fortlebt, hat zu einer Nebenform mhd. ferchel(in) geführt. Das ch im Silbenanlaut ist frühnhd. zu k geworden, wie in mhd. nechein (f. kein), vgl. auch mhd. dürkel 'durchlöchert' neben durch, Gen. markes zum Nom. march 'Roß'. Mnd. verken, nnl. varken beruhen auf *farh-kīn. Dem Indo-Iran. ist das Wort fremd, f. Bache, Bär², Barch, Eber, Faselschwein, Frischling, Gelze, Kämpe, Keiler, Sau, Schwein, Spanferkel.

Fermate F. Ital. fermata 'Aufenthalt' erscheint seit Lessing 1755 als 'Ruhepunkt im musik.Vortrag': H.Schulz 1913 Fremdwb. 1, 210.

fern¹ Adj. Adv. mhd. vërren(e), vërne, ahd. vërrana, vërranān Adv. 'von fern'. Als Adv. auf die Frage wo? gilt mhd. vërre, ahd. vërro. Als Adj. steht mhd. vërre, ahd. vër, wohl erst aus dem Adv. abgeleitet. Die andern germ. Sprachen haben kein urspr. Adj.; als Adv. treffen wir got. faírra, anord. fjarre, agf. feor, afächf. fër. Neben diesen Wörtern für räuml. Entfernung verfügt das Germ. über verwandte Bezeichnungen für Entfernung in der Zeit, f. fern². Außergerm. Verwandte der Wz. germ. *fër-, *for-, vorgerm. *per-, *pr̥- sind aind. pára 'entfernter', paramá 'fernste, höchste', parás Adv. 'darüber hinaus, jenseits', armen. heri 'fern', gr. πέρα 'weiter', πέραν 'jenseits', lat. porrō 'vorwärts'.

fern² Adv. 'im vorigen Jahr', so noch bei Luther, bis heute in Schwaben (fernd) und der Schweiz. Mhd. vërne ist Temporaladv. zum germ. Adj. fërna 'vorjährig' in agf. fyrn 'ehemalig', afächf. fërnun gēre, got. faírnin jēra 'im vorigen Jahr', ahd. firni, mhd. virne 'alt' (f. firn). Dazu mit andrer Stufe des Ablauts mhd. vorn 'früher, vormals', anord. forn 'alt'.

Die Wendung auf die Zeit teilen die urverwandten lett. pērns Adj. 'vorjährig', lit. pérnai, gr. πέρυσι, aind. parut- Adv. 'im vorigen Jahr'. S. fern¹.

Fernbeben N. junge Klammerform für Fernerdbeben.

Ferner M. f. firn.

Fernglas N. Der 1608 von Joh. Lippersheym in Middelburg erfundene (verre)kyker (so M. Kramer 1759 Holl.-dt. Wb. 1, 852. 1816. 2, 160) erscheint bei Schwenter 1636 Math. Erquickstunden 262 als „Holländisch- oder Amsterdamische Fernglas". Daneben bucht Stieler 1691 Ferngucker, das dem gelehrten Teleskop am nächsten kommt. Dieses will Zesen 1645 Sofon. 276 mit Fernschauer übersetzen. Um die Mitte des 17. Jh. gilt auch Ferngesicht, im 18. Jh. Sehrohr. Fernrohr kaum vor Er. Francisci 1676 Lusthaus 389. Perspectiv zur Erläuterung von Fernglas Schnüffis 1695 Maultrummel 141.

Fernsprecher M. Von Wolke im Reichsanzeiger 1795 Nr. 167 Sp. 1653 für den damals viel besprochenen optischen Telegraphen vorgeschlagen. Von Reichspostmeister Hnr. Stephan 1875 für die 1854 in Frankreich so benannte téléphonie électrique eingeführt: Feldhaus 1908 Zf. b. Sprachv. 23, 223.

Ferse F. Ahd. fërsana, asächs. anfr. fërsna, got. fairzna weisen auf germ. *fërs-nō, vorgerm. *pērsnā (mit derselben Endung wie ahd. uohsana 'Achsel', goufana 'offene Hand', ëlina 'Elle', lat. ulna, gr. ὠλένη), agf. fyrsn auf germ. *fërs-nī, vorgerm. *pērsni, gebildet wie gleichbed. aind. pārṣṇi, F. Außerdem sind urverwandt gleichbed. avest. pāšna, gr. πτέρνη, lat. perna (aus *persna) 'Hinterkeule, Schinken', pernix 'schnell'. Im Engl. hat heel (agf. hēla) unser Wort verdrängt, entspr. gilt anord. hœll.

Fersengeld N. Mhd. vërsengëlt gëben eine seit dem 13. Jh. geläufige Umschreibung für fliehen. Urspr. vom heimlichen Verlassen der Herberge vor der Zahlung, die man mit der Ferse leistet, statt mit der Hand: Murner 1512 Schelmenz. 7, 25 „Mit meynen ferssen bzalt ich das, Was an der kerben zeichnet was." Gleichbed. mit der vërsen gësëgenen. Vgl. Hasenpanier und Borchardt-Wustmann 1925 Sprichw. Redensarten 119f.

fertig Adj. ahd. fartig, mhd. vërtec, mnl. vaerdich, mnd. verdich (von da entlehnt spätanord. ferdugr). Als Ableitung von Fahrt urspr. 'bereit zum Aufbruch' (wie noch in reisefertig), erweitert zu 'bereit' (so in buß-, dienst-, fried-, schlagfertig). Hierbei trat die Vorstellung in den Vordergrund, das Bereitmachen sei vollendet: von da aus entwickelte sich die nhd. Bed. Vgl. bereit, rüstig.

Fes M. Die von den Arabern tarbûsch benannte Kopfbedeckung bez. die Türken nach der marokkan. Hauptstadt Fes, von wo sie urspr. kam. Bei uns kaum vor 1804: H. Schulz 1913 Fremdwb. 1, 210.

fesch Adj. in Wiener Umgangssprache gekürzt aus engl. fashionable, das seit Brun 1809 Episoden 2, 147 belegt ist und durch Fürst Pückler Mode wird. Fesch zuerst bei Gutzkow 1838 Blasedow 3, 167; den Zus.-Hang erweist Holtei 1860 Eselsfresser 3, 163: „flotte Wiener, die man im Jargon der Kaiserstadt mit fäsch bezeichnet, ein Wort, welches die brittische Abstammung schon vergaß". Zur Kürzung eines langen Worts auf seine erste Silbe f. Mob.

Fesen f. Vesen.

Fessel¹ F., früher auch M. und N. Mhd. vezzel M., ahd. fezzil, mnd. vetel, agf. fëtel(s) M., engl. fettle, anord. fëtill, norw. fetel 'Wehrgehenk, Schulterband' führen auf germ. *fatila- zur idg. Wurzel *pēd-: *pōd-, f. Faß und fassen. Zu seiner jüngeren, umfassenden Bedeutung ist Fessel durch Vermischung mit einem im hd. noch 1540 bezeugten Wort andern Ursprungs gelangt: frühnhd. fesser, mhd. vëzzer, ahd. fëzzara, -era, asächs. fëteros M. Mz., mnl. vëter, agf. fëtor F., engl. fetter, anord. fjǫturr M., schwed. fjätter, älter dän. fjæder 'Bande', urverwandt mit lat. pedica 'Schlinge', compes, -pedis 'Fußschelle', impedīre 'hindern', expedīre 'das Hindernis wegnehmen', oppidum 'Schranken (im Zirkus)'; Landstadt (ursprünglich Fluchtburg)', gr. πέδη '(Fuß-)Fessel', πεδάω 'feßle'. Idg. *pedaro- '(Fuß-)Fessel' zur Wurzel *pēd-: *pōd-, f. Fuß.

Fessel² F. 'Teil des Fußes am Pferd', f. Fuß.

Fest N. Das subst. N. zum lat. Adj. fëstus 'der relig. Feier gewidmet' (verwandt mit Feier und Ferien) liefert im 13. Jh. mhd. vëst N. Der Plur. lat. fësta, als Sing. Fem. gefaßt, hat afrz. feste F. ergeben, das gleichzeitig als vëste F. ins Mhd. gelangt. Das durch beide und älteres Feier zurückgedrängte Erbwort f. u. Dult.

fest Adj. Ahd. asächs. fësti ist das Adj. zu dem unter faft behandelten Adv. fasto. Nur im hd. ist das Wort zu den ja-Stämmen (daher noch landschaftl. die zweisilbige Form feste) übergetreten: asächs. anl. engl. fast, mnl. mnd. schwed. dän. vast, afries. fest, agf. fæst, anord. fastr weisen auf urgerm. *fastu-. Got. ist nur die Abl. fastan (f. fasten) bewahrt. Urverwandt sind armen. hast 'fest' und aind. pastyā 'Behausung', pastyā Plur. (tantum) 'Haus und Hof', urspr. wohl 'fester Wohnsitz': zur idg. Wurzel *pasto- 'fest'. Zur Syntax O. Behaghel 1923 Dt. Synt. 1, 705; zur Schreibung vest H. Paul 1916 Dt. Gramm. 1, 280.

Festland N. Wörterbücher und Schriften des 17./18. Jh. kennen immer nur die Formel das feste Land (Kluge 1911 Seemannsspr. 247 f.). Über festländisch ist Festland als Rückbildung 1813 erreicht: damals bietet sie Campes Verd.-Wb. 221ᵃ als Ersatz für Kontinent. Durch die Kontinentalsperre 1806 ff. hat die Gruppe einen starken Auftrieb erfahren.

Fetisch M. Lat. factītius 'künstlich' hat portug. feitiço ergeben, das die Entdecker den Trägern magischer Kraft bei afrik. und westind. Negern beilegten. Bei uns erscheinen Formen wie fetisso, fetisie, fitiso seit Hulsius 1606 Schiffahrten 7, 23. Durch Brosse 1760 Du culte des dieux fétiches erlangt die frz. Form Übergewicht; sie wird bei uns durch Wieland, Kant und Goethe eingebürgert.

fett Adj. mnd. mnl. vet, anfr. feitit, agſ. fǽted, engl. fat, Part. germ. *faitida- zum Ztw. *faitian 'mästen': die nd. Entsprechung zu dem unter feist entwickelten ahd. feizzit. Für fett der Lutherbibel setzen Eck und die Züricher feißt. Noch Helvig 1611 Orig. dict. Germ. 118 stellt feist und fett als hd. und nd. Form einander gegenüber. Anderseits kann Lexer 3, 331 vet seit dem 14. Jh. aus md. Texten nachweisen; aus Frankfurt a. M. 1472 bringt K. Bücher 1886 Bevölkerung 1, 545 Mosche von Eppenstein, des vetten Jacobs sone bei, so daß fett weit vor Luther hd. Gebiet zu erobern begonnen hat. Die Substantivierung Fett N. teilt das Dt. mit dem Nnl., Frieſ. und Neunord. — Die Redensarten jem. sein Fett geben, sein Fett kriegen, (weg) haben stehen dem sinnverwandten jem., sich etwas einbrocken nahe. Auch daran ist zu erinnern, daß jem. abschmieren 'ihn prügeln' hieß. Keiner Widerlegung bedarf der Einfall, es sei halbe Übersetzung des frz. donner à qn. son fait, avoir son fait, oder iron. Verwendung des frz. faire fête à qn. 'jem. viel Ehre antun'. Bei jem. ins Fettnäpfchen treten (norw. dän. komme i fedtefadet) enthält ein ähnliches Bild wie es bei jem. verschütten, verschüttet haben, schweiz. de chübl umstoße. Der Tiroler Oswald v. Wolkenstein († 1445) nennt einen Tölpel Haintzl Trittenprey.

Fetzen M. spätmhd. vetze. Unter fassen ist des Zuſ.-Treffens von ahd. fazzōn 'sich kleiden' mit anord. fǫt 'Kleider' gedacht. Zu dieser Bed., die in mhd. vazzen fortbesteht, stellt sich mhd. vetze, das in Zuſ.-Setzungen wie Alltags-, Sonntagsfetzen die Bed. 'Kleid' bewahrt. Schreibung mit e hat sich durchgesetzt, weil keine Formen mit a danebenstehen.

feucht Adj. mhd. viuhte, ahd. fûht(i), mnd. mnl. vucht, nnl. vocht, aſächſ. agſ. fûht 'feucht'. Aus der Weiterbildung mnd. vuchtich sind gleichbed. dän. fugtig, schwed. fuktig entlehnt; von Haus aus spielt feucht in den nord- und ostgerm. Sprachen so wenig eine Rolle wie im Frieſ. Die westgerm. Form hat lautgesetzlich ein n eingebüßt: *fûht- ist unter Ersatzdehnung aus germ. *funhtuz entwickelt. Das vorausliegende idg. *pn̥kt(i)o- hat eine hochstufige Entsprechung in armen. zanganem (aus *z-hang-) 'kneten, zusammenrühren' und aind. paṇka- M. N. 'Sumpf, Schlamm', wie im gleichbed. germ. *fanga-, das in frz. fange, span. ital. fango fortlebt und in Fangobad zu uns zurückgekehrt ist. Neben idg. *paṇ-qo- steht ohne Formans -qo idg. *pan- 'Schlamm, Sumpf; feucht'; dazu Fenn, ſ. d.

feudal Adj. Der Stamm des ahd. fihu 'Vieh', got. faihu 'Vermögen, Gut' liefert mlat. feum, in das nach dem Vorbild von allodium ein d eingeschoben wird, so daß feudum 'Lehngut' mit feudālis 'das Lehnwesen betr.' entsteht. Feudal(iſch) erscheint im 17. Jh. als Fachwort in Schriften über das Lehnswesen; über 'herrenmäßig' wird die Bed. 'vornehm' erreicht, in der feudal seit 1885 als Modewort auftritt: H. Schulz 1913 Fremdwb. 1, 210 f. H. Krawinkel, Feudum (Weimar 1938).

feudeln Ztw. Frz. faille 'Mantel' liefert nnl. ostfrieſ. feil 'Scheuertuch', das für Hamburg 1755 als feuel(dook), für Ostpreußen 1882 als feideltuch bezeugt ist. In den Hansestädten und ihrer Nachbarschaft bed. heute Feudel (Feul) 'Scheuerlappen', feudeln (feulen) 'den Boden aufwischen': Kluge 1911 Seemannsspr. 248; Kretschmer 1918 Wortgeogr. 320 f.

Feuer N. Ahd. fiur, älter fuir, mhd. aſächſ. afrieſ. fiur, anfr. fûir, mnl. nnl. vuur, agſ. fŷr (aus *fúir), engl. fire, anord. (als Dichterwort) fúrr. Dän. schwed. fyr beruhen auf Entlehnung aus mnd. vûr. Außergerm. vergleichen sich tschech. pýr 'glühende Asche', umbr. pir, gr. πῦρ armen. hur, toch. A por, B pwār 'Feuer'. Auf -n statt -r enden gleichbed. got. fōn, Gen. funins, anord. funi, wie außergerm. apreuß. panno (ſ. Funke). Der alte r-/n-Stamm (idg. *peu̯ōr, Gen. *punés, Lok. *pu̯éni) ist noch deutlich in hettit. paḫḫur, Gen. paḫḫuenaš. Der Unterschied von westgerm. *fúir gegen got. fōn ist durch Ausgleich nach verschiednen Seiten entstanden, ähnlich wie bei Wasser (ſ. d.) gegen got. watō.

Feuereifer M. Von Luther 1522 Septemberbibel Hebr. 10, 27 geprägt, in den Basler Bibelglossaren 1523 (Kluge 1918 Von Luther bis Lessing 66. 108) umschrieben „feuriner ernst, erbrantter ernst", von Stieler 1691 aufgenommen: 'zelus ignescens, quasi Dei est'. Luthersche Prägungen sind auch Bubenstück, Geschlechtsregister, Lästermaul, Linsengericht, Mördergrube, Splitterrichter; s. auch Sündenbock und Luther im Sachverzeichnis.

Feuerprobe F. alt nur als 'Läuterung des Goldes durch Feuer'. Den Anstoß gibt Spr. 17, 3, wo Luther 1523 übersetzt „Wie das sylber vnd der offen das gold, also pruffet der herr die hertzen". Joh. Arndt 1605 Wahres Christent. 2, 317ᵇ „lernet man in dieser Feuerprobe die wahre Demuht". Die Bed. 'Gottesurteil' kaum vor Gellert 1746 Loos 4, 4.

Feuertaufe F. Das Wort des Johannes Matth. 3, 11 „der nach mir kommt ... wird euch mit dem heiligen Geist und mit Feuer taufen" hat Anlaß zur Bildung des Wortes gegeben, das noch Campe 1808 unter Berufung auf Klopstock als 'Ertheilung der übernatürlichen geistlichen Gaben' bucht. Erst später im 19. Jh. folgt die Umdeutung auf das erste Schlachtenfeuer im Krieg.

Feuerwehr F. seit Gründung der ersten freiw. Feuerwehr in Meißen 1841 durchgedrungen (A. Götze, DWb. 14, 1, 157), noch nicht bei Nadler 1847 Brand im Hutzelwald.

Feuerzauber M. gilt im 18. Jh. für 'Kunstfeuer'. Geflügeltes Wort ist es durch Rich. Wagners Walküre 1863 geworden.

Feuilleton N. Frz. feuilleton, Demin. zu feuille (lat. folium 'Blatt') war urspr. das dem Hauptblatt e. Zeitung beigelegte 'Blättchen'. Als 'Unterhaltungsteil' gelangt es 1813 zu uns: H. Schulz 1913 Fremdwb. 1, 211; Feldmann 1912 Zs. f. d. Wortf. 13, 287 f.

feurio Von den Notschreien (s. diebio) einer der häufigsten und zähesten. Die Überlieferung beginnt im 15. Jh. mit viurā, fiuriō (Gesamtabent. 2, 308. 688 Hagen), alem. ist fúrio noch heute Sturmruf in Feuersnot: DWb. 3, 1594; H. Fischer 1908 Schwäb. Wb. 2, 1464; O. Behaghel 1928 Dt. Syntax 3, 438.

Fex M. Ein bair. Wortpaar Fecks, Feckin bed. 'crétin, crétine': Schmeller-Frommann 1872 Bayer. Wb. 1, 689. In Tirol erscheint die Bed. 'Narr': Klein 1792 Prov.-Wb. 1, 112, so Mozart briefl. am 11. Nov. 1777 und 9. Mai 1781. Dazu die Zus.-Setzung Bergfex, die von Tirol her schriftsprachl. geworden ist: Jh. Nordmann 1880 Meine Sonntage 315. Goethe 1832 Faust 6199 bildet Hexen-Fexen. Älter sind Formen mit anderm Vokal: Feix, Feux Raue 1648 (Altpreuß. Monatsschr. 28, 27. 28); Veix 'Unerfahrener' Rachel 1664 Satiren 6 V. 391; Jus potandi D 2; westfäl. Fiks in luerfiks 'Aufpasser', knirfiks 'Knirps'. S. Fuchs².

Fiaker M. In Paris konnte man seit 1640 Lohnkutschen in dem das Bild des hlg. Fiacrius tragenden Hôtel St-Fiacre in der Rue St-Antoine mieten. Von da heißen Lohnkutschen in Paris allgemein fiacre; danach buchen Sperander 1728, Zedler 9 (1735) 793 und Val. Trichter 1742 Ritterlex. F. als 'Kutschen in Paris'. 1778 wird der Name mit der Sache nach Berlin übernommen, weicht aber hier bald der von Osten verbreiteten Droschke (s. d.). Fiaker hält sich im bair.-österr. Sprachgebiet. In Wien, für das Nikolai 1784 Reise 3, 261 F. 'Mietkutsche' bezeugt, kennt Mozart (briefl. am 28. Dez. 1782) auch schon die Bed. 'Droschkenkutscher': H. Schulz 1913 Fremdwb. 1, 211; Kretschmer 1918 Wortgeogr. 182.

Fiasko N. Rud. Hildebrand 1873 DWb. 5, 1143 untersucht die frühnhd. Wendung ein klemperlein anhängen 'ihm etw. am Zeug flicken'. Ders., Vom dt. Sprachunterr.¹⁸ 133 erinnert an Schand- und Büttelflaschen, die noch im 18. Jh. Weibern zur Strafe angehängt wurden, und verknüpft damit ital. appiccar il fiasco ad alcuno 'einem einen Schimpf antun': einst muß etwa dem durchgefallenen Sänger zum Schimpf eine Flasche umgehängt worden sein. Über frz. faire fiasco kommt das Wort seit etwa 1837 zu uns, wesentl. in der Begrenzung auf mißglückte Bühnenaufführungen: H. Schulz 1913 Fremdwb. 1, 211. Vorher war frz. bouteille 'Fehler im Reden oder Schreiben' bei uns bekannt: Rondeau 115.

Fibel F. Die Abc-Bücher der Kinder enthielten Lesestücke aus der Bibel. In Kindermund ist der Anlaut dieses Worts vor dem folgenden b in f ausgewichen. Erstmals erscheint fibele in Ribnitz bei Rostock kurz nach 1400 (Nyström 1915 Dt. Schulterm. 1, 200; dort auch Nachweise für Fibelist 'Abc-Schütz', das neben Bibelist Mathesius 1562 Sarepta 230⁶ tritt). Auch weiterhin gilt das Wort mit seinen Ableitungen vorwiegend im Norden. Durch Luther 1525 (Ph. Dietz 1870 Wb. zu Luthers dt. Schriften 1, 663) schriftsprachlich geworden, hat es landschaftl. Abc-Buch, A-Buch, Grund-, Namen-, Stimmenbuch, Tafel(büchle) nie ganz verdrängt. Gleichbed. lit. pýbelės stammt aus dem Nd.; preuß. fiblatschker ist aus Fibelist entwickelt. Die richtige Deutung von Fibel schon bei Alberus 1540 Dict. Yy 3 und Stieler 1691.

Fichte F. 'Picea excelsa'. Ahd. fiohta, mhd. viehte; nhd. i aus ie vor Doppelkonf. wie in Dirne, fing, ging, hing, Licht, (n)irgend und (trotz der Schreibung) in Viertel, vierzehn, vierzig. Häufiger ist (gemäß Wh. Braune 1911 Ahd. Gramm. § 47) ahd. fiuhta, asächs. fiuhtia (aus *fiuhtjōn), das in bair.-österr. feuchten, schwäb. fəixt, schweiz. füechte,

münsterl.=ravensb. fychtə fortlebt, auch in
Ortsnamen wie Feichtbichel, Feuchtenhäule,
Feuchtwangen (H. Fischer 1908 Schwäb. Wb. 2,
1467) und in Fam.=Namen wie Feichter, Feucht,
Feucht(n)er. Ndl., fries., engl., nord. fehlt der
Name, weil Picea excelsa vom Gebiet der Nord=
see bis Südschweden in frühgeschichtl. und
mittelalterl. Zeit nicht gedieh. Zu vorgerm.
*peuktā stellen sich verwandte Nadelholznamen:
ir. ochtach (aus kelt. *puktāko-), apreuß.
peuse 'Fichte, Föhre', lit. pušìs, gr. πεύκη
'Fichte'. Die germ.=kelt. Wortform ist um
eine dentale Ableitung voller als das balt.=gr.
Wort. Hoops 1913 Realler. 2, 39 ff.

Ficke F. 'Tasche' gebucht seit Schottel 1663,
literar. seit Chr. Weise 1673 Erzn. 103, doch kaum
je über den nd. md. Kreis hinausgelangt, in
dem das Wort auch mundartl. gilt: von der
Pfalz und Thüringen bis an die See; ober=
sächs. oberlauf. daneben Tasche, obd. Sack.
Mit Rücksicht auf gleichbed. Fächlein (so
Frisch 1741) als Ableitung zu Fach gedeutet
(asächs. *fikkja neben fak). Dän. fikke, schwed.
ficka (seit 1741) sind aus dem Nd. entlehnt.

Fickmühle F. die günstige Stellung im
Mühlenspiel, bei der derselbe Zug, der eine
Mühle öffnet, die andere schließt. Schon über=
tragen bei Geiler 1510 Seelenpar. 101ᵈ. Zum
Ztw. ficken (mhd. vicken), das urspr. wohl 'in
die Tasche stecken' bedeutet (s. Ficke). Die Ähn=
lichkeit der vagina mit einer Tasche hat dem
Ztw. die Bed. 'futuere' eingebracht. Fick=
mühle gilt obd. vom Elsaß bis Wien (Schmeller
1, 689); Luther, Adelung und ihre Landschaften
bevorzugen Zwickmühle.

Fideikommiß N. 'unveräußerliches, unteil=
bares Stammgut'. Aus lat. fideicommissum
'auf Treu und Glauben (fides) Anvertrautes
(commissum)'. In deutschem Text seit 1696:
H. Schulz 1913 Fremdwb. 1, 212.

fidel Adj. Dem lat. fidēlis 'treu' entspr. seit
1683 in nhd. Text gebraucht; von Studenten
in Jena kurz vor 1754 (Studentenmoral 23)
zu 'lustig' gewandelt, wobei gewiß der Kehrreim
des Krambambuli=Lieds (Danzig 1747) mit=
gewirkt hat: Toujours fidèle et sans souci
C'est l'ordre de Crambambuli: Kluge 1895
Stud.=Spr. 34; Schulz 1913 Fremdwb. 1, 212:
Zf. f. d. Wortf. 1, 42. 2, 292. 4, 311. 8, 70.
12, 277 f.

Fidibus M. 'Zündstreifen aus gefaltetem
Papier', bei Raue 1648 (Altpreuß. Monatsschr.
28, 28) Papirichen, bei Rachel 1664 Sat. 7,
81 Zündpapier genannt. Dazwischen tritt
um 1660 in Schochs 'Sauflied' fidibus auf;
es wird von Weise 1673 Erzn. 158 aufgenom=
men. Die Schreibung scheint Mor. Haupt

recht zu geben, der vermutete, beim Pfeifen=
anzünden habe ein Bursche Horaz Od. 1, 36
angeführt: Et ture et fi dibus iuvat placare... deos
'mit Weihrauch und Saitenspiel laßt uns die
Götter besänftigen'. Mit ture habe er statt
des Weihrauchs den Tabaksqualm gemeint, für
den Zündstreifen sei fidibus übrig geblieben und
durch Wiederholung des Scherzes fest geworden:
Seiler 1912 Entw. d. dt. Kultur 4, 468. Die
Form Vidimus (nicht vor 1722: H. Schulz
1913 Fremdwb. 1, 212) beruht schon auf Um=
deutung. Frz. fil de bois kann schon darum
nicht Ausgangspunkt sein, weil der alte F. nie
aus Holz war.

Fieber N. Got. heitō, brinnō und ags. bryne
benennen die Krankheit nach ihrer fühlbarsten
Erscheinung. Fieberfrost wirkt namengebend
in mhd. friezen, frœrer, daz kalte (wē) und
mnd. frēsent, kolde sūke. Ein gemeingerm.
Wort für 'Fieber', das uns nur im Got. entgeht,
spiegelt sich in spätanord. riða (für älteres
*hriða), norw. mundartl. rida, älter dän. ride,
ags. hriþ, asächs. hrido, ahd. hrit(t)o, mhd.
rit(t)e, frühnhd. ritte(n) M., das bei uns im
17. Jh. abstirbt. Es ist urverwandt mit gleich=
bed. mir. crith, kymr. cryd, bie zu kymr. ysgryd
'zittern' gehören und mit lett. kraitât 'taumeln',
lit. skriečiù 'drehe', skrytìs 'Felge', lett. skri=
tulis 'Rad' nächstverwandt sind, bezeichnet so=
mit die Erscheinung nach dem Zittern des er=
krankten Körpers. Die heimischen Namen
weichen dem lat. febris (zu favilla 'glühende
Asche' und fovēre 'warm machen'), das ahd.
fiebar, mnd. vēver (hieraus dän. schwed.
feber), ags. fēfer (M. Förster 1941 Themse 574),
engl. fever liefert. Dabei ergibt volkslat. ē
(so seit dem 5. Jh.) ahd. ie wie in Brief usw.
(Braune=Helm 1936 Ahd. Gramm. § 36c).
Mhd. steht biever neben vieber: dabei ist Konf.=
Tausch eingetreten wie in Essig (s. d.), zugleich
mag beben eingewirkt haben. Frühnhd. Fe=
ber beruht auf neuer Anlehnung ans Lat.
Zum N. ist das lat. F. geworden nach Vor=
bildern wie daz kalt (wē): M. Heyne 1903
Hausaltert. 3, 118 ff.

Fiedel F. das Instrument des wandernden
Spielmanns seit karolingischer Zeit (nicht des
germ. Hofsängers). Zu lat. vītulāri 'froh=
locken' gehört volkslat. vītula 'Saiteninstrument'
die Stammform von ital. prov. viola, frz. viole,
vielle 'Geige'. Als *fipula ins Germ. entlehnt,
nachdem i gekürzt und t (bevor es schwand) zu
þ verschoben war, lebt das F. als ahd. (seit Ot=
frid 5, 23, 198) fidula, mhd. videl(e), mnd. mnl.
vedel(e), nnl. ve(d)el, ags. fiðele, engl. fiddle,
anord. fiðle, älter dän. fidle, fejle, norw. fele,
schwed. fela bei den meisten Germanen. Roman.
v hat deutsches f ergeben wie in Firnis (s. d.)

und (troß der Schreibung) in Veilchen, Vers, Vesper und Vettel.

fieren Ztw. '(Tau oder Kette) nachlassen, straffes Tau entspannen', zuerst in Bremen 1564: dat grote anker vnd touwe vthgefiret; in Hamburg 1755: dat Tau fyren: F. Kluge 1911 Seemannsspr. 250. In der gleichen seemänn. Bed. nl. vieren, fries. fierje, engl. veer, dän. fire, schwed. fira (aus dem Mnd.): mit ahd. fiaren 'eine Richtung geben' zu dem unter Ufer entwickelten germ. *fĕr- 'Neigung (des Bodens), Seite': N. Törnqvist 1941 Studia neophilol. 13, 276 ff.

fies Adj. 'ekelhaft, widrig; Ekel empfindend, wählerisch, zimperlich', nnl. (seit 1598) vies. Ein Wort der nd. Mundarten und Umgangssprache, früh in einer nd. Satire vor 1700 (bei Lappenberg, Laurembergs Scherzged. 134, 45), in deren Schlußvers (82) fi 'pfui' begegnet: Adj. auf -isch zu dieser Interj., die lautmalend die Gebärde des Ausspuckens andeutet. Zum Adj. bildet Wh. Raabe, Villa Schönow 1883 ben redenden Fam.-Namen Fiesold.

Figur F. Lat. figūra 'Gestalt' (zu fingere 'bilden') und das daraus entwickelte afrz. figure sind an dem kurz nach 1200 auftretenden mhd. figūre, figure gleichmäßig beteiligt: Suolahti 1929 Frz. Einfluß 285. Über die von etwa 1450 bis nach 1650 geltende Bed. 'arab. Ziffer' Schirmer 1912 Wortsch. d. Math. 23 f.

Filiale F. Das Adj. zu lat. filia 'Tochter', mlat. filiālis, wird als subst. N. Kirchenwort im Sinn von 'Tochtergemeinde'. So spielt Filial N. seit frühnhd. Zeit bis in lebende Sprache eine Rolle. Filiale F. 'Zweiggeschäft' ist nach Mitte des 19. Jh. an Stelle der wenig älteren Filialgeschäft, -handlung, -magazin gerückt: H. Schulz 1913 Fremdwb. 1, 213.

Filigran N. Auf lat. filum 'Faden' und grānum 'Korn' beruht ital. filigrana F. 'feine Flechtarbeit aus Goldfäden und Perlchen', wie sie zumal in Florenz blühte. Von da vor 1700 nach Wien entlehnt: H. Schulz 1913 Fremdwb. 1, 213.

fillen Ztw. 'geißeln' ahd. mhd. mnd. mnl. villen: zu Fell.

Film M. Zum Stamm von Fell stellt sich westgerm. *fĕlm-ōn 'Haut' z. B. in agf. ǣgfelma 'Eihäutchen', zu dem als Ableitung auf -īna (Kluge 1926 Stammbildungsl. § 57) agf. filmen, afries. filmene 'zarte Haut' gehört (New Engl. Dict. 4, 218). Das daraus entwickelte engl. film 'Membran' gelangt 1891 ins Nhd. in der Bed. 'lichtempfindlicher Zellhornstreifen für Lichtbilder', die im 20. Jh. gewandelt wird zu 'Bildstreifen im Lichtspiel'. Dazu filmen 'als Laufbild aufnehmen': Sti-

ven S. 88 mit Anm. 645; W. Linden 1943 Dt. Wortgesch. 2, 390.

Filou M. Aus engl. fellow 'Bursche', das in Südengland zum Scheltwort geworden war, ist im 17. Jh. frz. filou 'Spitzbube' entlehnt, das unverändert übernommen wird seit La Zelande 1682 Der listige und lustige Spitzbube 193. Ende des 18. Jh. tritt Milderung zu 'Schlaukopf' ein: H. Schulz 1913 Fremdwb.1, 213 f.

Filter M. N. Aus germ. filt (s. Filz) entsteht im 10. Jh. mlat. filtrum 'Seihgerät aus Filz'. Bei uns erscheint „Filtrum oder Seyhfilz" seit Sebiz 1580 Feldbau 429. Diese Form gilt bis Campe 1813, Filter bringt im 19. Jh. durch. Filtrirn aus frz. filtrer, mlat. filtrāre, seit Thurneysser 1583 Chymia 45.

Filz M. Ahd. mhd. vilz, asächs. filt, agf. felt weisen auf germ. *felti- 'Gestampftes' zu der unter Amboß genannten Wz. von ahd. anafalz, agf. anfilte. Aus germ. *felti- entlehnt ist mlat. filtrum mit ital. feltro, frz. feutre (s. Filter). Auch andere Wörter der Weberei hat das Germ. dem Roman. geliefert, s. Haspe, Rocken. Wegen seiner Lodenkleidung (mhd. vilzgebūr) heißt der Bäurische spätmhd. vilz, wegen seines Geizes wird dieser Filz zum 'Geizhals'.

Fimme F. 'Getreide-, Heuhaufen'. Mhd. mnd. mnl. vimme, ahd. asächs. fimba führen vielleicht auf idg. *pemphā- zur Wz. *pemph 'schwellen' in lat. pampinus 'Trieb der Rebe', gr. πομφός 'Brandblase', πομφόλυξ 'Wasserblase, Schildbuckel'. Nhd. Feim(en) M., Feime F. 'Garben-, Heuhaufe' und seine Nebenform Dieme(n) sind unverwandt, so nahe sie in ihrer Bed. stehen. Feim(en) gehört zu ahd. fīna, mnd. vīne, agf. fīn F. 'Haufe, Stoß', anord. wudu-fīn 'Holzhaufen', Dieme(n) zu afrz. disme 'Zehent' (Beitr. 72, 299).

Fimmelhanf M. der kürzere, männliche Hanf, der nach der Besamung vor dem weiblichen verholzt, darum früh ausgezogen wird und feinere Gewebe liefert. Schon bei Maaler 1561 als 'kurzer Hanf', ebenso bei Kilian 1599 nnl. fimel 'cannabis brevior': aus lat. femella (cannabis). Das lat. (cannabis) mascula liefert schweiz. maschele, rätoroman. engad. maschel 'weiblicher, Samenhanf'. Die alte Zeit, die die Geschlechtlichkeit der Pflanzen nicht kannte, nennt stärkere und längere Arten Männlein, schwächere und kürzere Weiblein. Daher hier die Umkehr der botan. Verhältnisse: H. Fischer 1908 Schwäb. Wb. 2, 1501.

Finanzen Plur. Neben lat. finīre 'beenden' tritt mlat. fināre. Dazu gehört als Plur. Neutr. des Part. Präs. finantia, das sich zum Sg. Fem. entwickelt und über 'Beendigung, endgültiger Entscheid, Zahlungsbefehl' zu 'Zahlung' wird. Vorbild war gr. τὰ τέλη, das von 'Ende' über 'Zahlungsverpflichtungen, die endgültig abgelöst werden müssen' zu 'Steuern' geworden war. Finantien erscheint in deutschem Text zuerst in Köln 1341, und zwar bei dem altdeutschen Mißtrauen gegen jede Art moderner Kapitalnutzung als 'Geldgeschäft im üblen Sinn, Wucher'. Finanz in dieser Bed. bleibt bis ins 18. Jh. geläufig (Zs. f. d. Wortf. 14, 54); das dazu gebildete finanzer ist eins der wenigen Fremdwörter der Lutherbibel: Kluge 1918 Von Luther bis Lessing 108. 152; hierzu finanzerei Zs. f. d. Wortf. 15, 184. — Erfolgt die verfügte Zahlung an die Staatskasse, so erhält finantia in Staaten, deren sicherste Einkünfte auf solchen Zahlungen bestehen, die Bed. 'Staatseinkünfte, Geldwesen des Staats'. Das war in Frankreich der Fall, finantia wird Quellwort für frz. finances; es wird über dieses im 17. Jh. neu zu uns entlehnt. Henisch 1616 bucht „Finantz pecunia publica, summa rei quaestoriae", Stieler 1695 'Steuern, Einkommen einer königl. und fürstl. Kammer'. — Finanzierung verwendet Bismarck 1898 Ged. u. Erinn. 1, 113 als Wort der Börse. H. Schulz 1913 Fremdwb. 1, 214.

finden Ztw. Ahd. findan, asächs. findan, fithan, ags. findan, engl. find, anord. finna, got. finþan führen auf eine starke Verbalwz. germ. *fenþ-, idg. *pent-, die mit den Bed. 'gehen, Pfad, Spur, Brücke' in zahlreichen Abarten vorliegt: ahd. fendo, ags. fēða 'Fußgänger', ahd. funden 'eilen'; ainb. pánthā-, aslav. pǫti 'Pfad', lat. pons 'Brücke', gr. πόντος 'Meer', air. és (aus *penttā) 'Spur'. Daß sich aus einem Ztw. für 'gehen' die Bed. 'finden' entwickeln kann, bestätigen lat. in-venire, aslav. na-iti 'finden', vgl. erfahren, fahnden, Pfad.

Finesse F. Frz. finesse 'Feinheit' (zu fin 'fein, listig') erscheint für 'Arglistigkeit' bei Wallhausen 1616 Kriegsmanual, für 'argslistiger Kniff' Horneck 1684 Österreich 42, im 18. Jh. für 'Lüge, Schlauheit'. Die geltende Bed. 'schwierige Einzelheit einer Kunst' kaum vor Kotzebue 1810 Sorgen (24, 226): H. Schulz 1913 Fremdwb. 1, 214 f.

Finger M. ahd. fingar, ags. finger, anord. fingr, got. figgrs. Am ehesten dürfte fünf verwandt sein. A. Meillet 1928 Bull. de la soc. de linguistique 29, 36 versicht Zus.-Hang mit armen. hinger-ord 'der fünfte' und verweist zur Stütze auf den möglichen Zus.-Hang von Hand mit gr. -κοντα. Auch Hand und Zehe sind ausgesprochen germ. und noch nicht sicher gedeutet. Schon im Germ. gab es feste Namen für die einzelnen Finger, am frühesten für den Daumen. Über die andern Fingernamen s. Wh. Grimm, Kl. Schriften 3, 425.

Fink M. Der Name des Singvogels fringilla ist westgerm.: ahd. finc(h)o, mhd. vinke, nnl. vink, ags. finc, engl. finch. Schwed. fink, dän. finke sind aus dem Nd. entlehnt. Die entspr. echt nord. Wörter zeigen im Anlaut sp: schwed. spink 'Sperling', norw. dial. spikke 'kleiner Vogel'; wohl aus dem Nord. entlehnt ist engl. (seit etwa 1425) spink 'Buchfink'. Dazu gr. σπίγγος 'Buchfink', σπίζα (aus *spigja) 'kleiner Vogel'; vgl. σπίζειν (aus σπιγγειν) 'pfeifen'. Die deutschen Formen vereinigen sich auf *fink(i)an, die ags. beruht auf einem i-Stamm *finki-. Die roman. Bezeichnungen (ital. pincione, frz. pinson, span. pinchón, heute pinzón) klingen nahe an, weil beiderseits der Ruf pink pink des Buchfinken nachgebildet ist. Daher auch die Ähnlichkeit mit kymr. pino, breton. pint, slov. pinka, magy. pinty(öke) usw.: Suolahti 1909 Vogelnamen 109 ff. Über ags. *pinc(a) M. Förster 1938 Anglia 62, 66 f. Wie aus Schnepfenstrich Schnepfe (s. d.) als Schelte der Straßendirne gewonnen ist, so hat Finkenstrich Fink als Übernamen des ungeregelt lebenden Jünglings (wie lockerer Zeisig) ergeben. Von da wird Fink (zuerst in Jena um 1740) zur Schelte des Studenten, der keine Farben trägt: A. Götze 1906 Zs. f. d. Wortf. 8, 100.

Finkeljochen M. 'Branntwein', aus der Gaunersprache in die Mundarten und seit dem 17. Jh. vereinzelt in unser Schrifttum gelangt. Rotw. Jochem (aus hebr. jájin) 'Wein', fünkeln 'brennen', somit wörtl. Übersetzung von Branntwein, das ohnehin älter (seit Frankfurt a. M. 1360) bezeugt ist.

Finken Plur. 'Hausschuhe, bes. solche aus Tuchenden', in schwäb.-alem. Mundart so verbreitet, wie Babuschen (s. o.) im Osten. Zuerst von Maaler (Zürich 1561) gebucht, doch ist aus mlat. ficones ein schon altalem. *finchun (mit Vorausnahme des Nasals) zu gewinnen.

Finne[1] F. 'Floßfeder, Spitzflosse': im 16. Jh. (Trochus 1517 Voc. rer. prompt. J 2^b: ein vinne von dem fische) ins Nhd. gelangt aus gleichbed. nd. finne. Mnd. mnl. vinne, ags. finn, engl. fin 'Floßfeder', schwed. fina 'Flosse' führen auf germ. *finnō, *finōn. Man vermutet darin eine s-lose Nebenform zu lat. spīna 'Dorn'.

Finne[2] F. 'tuber, scrophula', mhd. vinne, pfinne 'Finnen; fauler; ranziger Geruch' nnl. vin 'Finne', norw. dial. finn(e) 'Vorstengras, Hornzapfen, poröse Knochenspitze im Horn, Fleisch am Pferdehuf', schwed. dial. fen(a), fläm. (mit anderm Suffix) vimme 'Kornähre'. Allen Wörtern liegt die Bed. 'spitzer Auswuchs' zugrunde; insofern sind sie eins

mit Finne¹. Die mhd. Nebenform mit pf-
dankt ihren Anlaut dem bed.-ähnlichen pfinne
'Pinne', s. d. Der Höhenzug Finne im nördl.
Thüringen wird aus kelt. penn- 'Kopf, Gipfel'
erklärt.

finster Adj., mhd. vinster, ahd. finstar,
finstrēr; asächs. *finistar zu folgern aus finistar N. und finistri F. 'Finsternis'. Nur
deutsch, entwickelt aus mhd. dinster, ahd.
dinstar 'dunkel', indem Zahnlaut d vor Zahnlaut n in den Lippenlaut f auswich (vgl. Feile).
Wieder altertümlicher asächs. thim 'dunkel', aus
dem sich ergibt, daß der Lippenlaut m von ahd.
*þimstar unmittelbar vor dem Zahnlaut s
zum Zahnlaut n geworden ist. Zugleich wird
damit die Brücke zu dem nächstverwandten
Dämmer geschlagen, s. d.

Finsterling M. prägt Wieland 1787 auf
Magnetiseure und Geisterseher. 1788 nennt
er Amadis „den schönen F." und übersetzt
damit beau ténébreux, gibt somit dem Wort
die Bed. 'verdüstert'. Durch Arndt, Voß,
Campe wird F. fest im Sinn des vir obscurus,
als Licht- und Bildungsfeind: Ladendorf 1906
Schlagwb. 84; Büchmann 1912 Gefl. Worte
100; Zs. f. d. Wortf. 2, 66. 191; 4, 127. 186;
6, 216; 8, 6; 12, 120.

Finte F. Das subst. Fem. des Part. Perf.
zu lat. fingere 'erdichten' ergibt ital. finta
'List, Trugstoß', das als Fachwort der Fechtkunst 1619 entlehnt, bald auch in der frz. Form
feinte (zu feindre) gebraucht und auf Ver-
stellung andrer Art übertragen wird: H. Schulz
1913 Fremdwb. 1, 215.

Firlefanz M. Afrz. vire-lai 'Ringellied'
ergibt mhd. virlei 'ein Tanz'. Das Wort
wird unter Einfluß von mhd. tanz umgestaltet
zu gleichbed. mhd. virlefanz. Diese Prägung
hält sich so zäh, daß noch Rachel 1664 Sat. 6,
305 den Tanzlehrer „Meister Firlefanz" nennen
kann. Die Ableitung firlefanzen 'ineptire'
(so Luther 1522: Ph. Dietz 1870 Wb. zu
Luthers deutschen Schr. 1, 670) entwickelt
Spielformen wie firofantzen 'spiegelfechten'
Henisch 1616; firlfantzen Schottel 1663:
O. Weise 1902 Zs. f. d. Wortf. 3, 123 f.

Firma F. '(Handels-)Unterschrift; Handelsname; -haus; Geschäftsschild'. Das subst.
F. des lat. Adj. firmus 'fest' ergibt ital. firma
'(sichere) Unterschrift', woraus sich im Nhd.,
nachweisbar seit 1733, über 'sichere Unterschrift eines Kaufmanns' und 'Handelsname' die
nur bt. Bedeutung 'Handelshaus' entwickelt
hat. Der Sinn 'Geschäftsschild' (landschaftlich
das Firma mit Geschlechtswandel nach dem
Vorbild von Schild) begegnet nur bei uns
und kaum vor 1894: A. Schirmer 1932 bei E.
E. J. Messing, Wirtsch.-Linguistik 20 ff.; F.

Rauhut 1943 Germ.-rom. Monatsschr. 31,
194 ff.

Firmament N. Lat. firmāmentum 'Himmelsgewölbe' (von firmus 'fest') ergibt das mhd.
Lehnwort firmamēnt. Es ist eines der wenigen
lat. Fremdwörter der Lutherbibel (Sir. 43, 9),
wird aber 1. Mos. 1, 6. 8 durch Feste ersetzt,
wo die Züricher Bibel Underschlacht sagt:
Kluge 1918 Von Luther bis Lessing 90.

firn Adj. Die unter fern¹ belegte In-
anspruchnahme dieses Adj. für Entfernung in
der Zeit prägt sich aus in got. fairneis, ahd.
firni, mhd. virne, einer Sekundärbildung zum
germ. Adj. *ferna-. Als Besonderung dazu
teilt schweiz. firn mit fern² die Bed. 'vorjährig'. Substantivierung dazu ist Firn M.,
Firne F. 'Altschnee', ein seit dem 16. Jh.
bezeugtes Wort der Schweizer Alpen, dem
österr. Ferner entspricht. Firnewein 'alter
Wein' ist zus.-gerückt aus mhd. der virne wîn.

Firnis M. Der maked. Frauenname Βερενίκη
(gleich gr. Φερενίκη 'Siegbringerin') geht auf
ägypt. Königinnen und durch Berenike II.
(gest. kurz nach 221 v. Chr.) auf die Stadt in der
Kyrenaïke (heute Bengasi) über, aus der das
späte Altertum den lackartigen Anstrich kennt.
Gr. *βερονίκη (neugr. βερνίκι) liefert über mlat.
veronix (8. Jh.) die roman. Namen dieses
Anstrichs: ital. vernice, frz. vernis. Von da
(wie engl. varnish) mhd. vernîs, virnîs, frühnhd.
firneis mit dem schon mhd. Ztw. virnîsen.
Dän. fernis, schwed. fernissa stammen aus
mnd. fernis. Zum Anlaut s. Fiedel. Förster,
Zs. f. rom. Phil. 32, 338; Thomas, Comptes
rend. de l'Acad. des Inscr. vom 14. Aug. 1908;
F. Dornseiff 1950 Gr. Wörter im Dt. 33. 39.

First M. F. Aind. pr̥šthá N. 'Rücken, Gipfel',
avest. paršti 'Rücken', lat. postis (aus *porstis)
'Pfosten' sichern ein idg. *pr̥-, *per-, *por-sti
'Hervorstehendes', das wiedererscheint in ags.
first, fyrst, mnl. verste, vorst, asächs. ahd.
first, mhd. virst, md. vorst, hess. thür. foršt.
Noch ahd. ist die Bed. 'Bergrücken' greifbar;
die Übertragung auf den Dachfirst ist westgerm.:
Osthoff, Idg. Forsch. 8, 1 ff. Ahd. u. mhd. war
virst M.; F. belegt H. Paul 1917 Dt. Gramm.
2, 100 von Dithmarschen bis zum Schwarzwald,
Senn 1933 Journ. of Engl. and Germ. Phil. 32,
514 für die Schweiz.

Fisch M. Mhd. visch, älter visc, vesc, ahd.
asächs. afries. ags. fisc, mnl. visc, nnl. visch,
engl. fish, anord. fiskr, schwed. dän. fisk, got.
fisks führen auf germ. *fiskaz. Idg. *p(e)isqo-
*p(e)isqi- 'Fisch' spiegelt sich auch in air. iasc,
Gen. eisc, lat. piscis 'Fisch', poln. piskorz
'Beitzker', russ. piskar' 'Gründling'. Vergleichen lassen sich ferner fischen, got. fis-
kōn mit lat. piscāri und mhd. vischîn Adj.

'von Fisch' mit lat. piscīna 'Fischteich':
W. Krogmann, Zs. f. vgl. Sprachf. 62, 267 f.
Gleichbed. idg. *ĝhðū lebt in gr. ἰχθύς, armen.
jukn, lit. žuvìs, lett. zuvs, zivs und apreuß.
suckis 'Fisch': der Osten scheidet sich vom
Westen. Einzelne Fische, die nicht erst einzel-
sprachlich benannt sind, s. u. Schleie, Stör,
Wels und Zander. Das einzige idg. Wort
für Meer (s. d.) gilt bei Germanen, Kelten,
Italikern und Baltoslaven.

Fischbein N. Für die Barten des Walfisch
ist Walfischbein seit Ludwig (1716) 2375
bezeugt. Der Name muß älter sein, denn
das seit Hulsius 1599 Schiffahrten 4, 5 belegbare Vischbein ist daraus gekürzt (wie Wöchnerin aus Sechswöchnerin).

Fischotter s. Otter[1].

Fisigunkes s. Physicuncus.

Fisimatenten Plur. 'Flausen, Umständlich-
keiten, Ausflüchte'. Visae patentes (literae)
'ordnungsgemäß verdientes Patent', im 16. Jh.
als visepatentes reichlich belegt, wird durch
spöttische Auffassung des Bürokratischen 'über-
flüssige Schwierigkeit'. Unter Einfluß von
visament 'Zierat' tritt m an die Stelle des p,
so schon 1499 „it is ein viserunge und ein
visimatent". Alle Nachweise bei Spitzer,
Teuthonista 1, 319 und Schoppe, Mitt. d.
schles. Ges. f. Volkskde. 29, 298.

fispeln, fispern s. Fist.

Fist M. 'leiser Bauchwind', mhd. vīst,
mnd. vīst, agf. fisting, engl. fisting. Dazu ablautend mnl. nnl. veest mit ē aus germ. ai: ti-
Bildungen zum Stamm des st. Ztw. frühnhd.
veisen, anord. fīsa 'einen Wind streichen lassen',
norw. mundartl. fisa 'pusten'. Außergerm.
Verwandte zeigen, daß Fist als verhüllender
Ausdruck für die Sippe von farzen eingetreten
ist: aind. picchōrā 'Pfeife, Flöte', aslav. pištą,
piskati 'pfeifen, flöten', serbokroat. pištati
'zischen': sämtlich zu idg. *peis- 'blasen', zu
dem auch nhd. fispeln und fispern gehören.
Daneben idg. *spis- in lat. spīrāre 'blasen,
wehen, hauchen, atmen', spīritus 'Hauch, Atem,
Seele, Geist', spīraculum 'Luftloch, Dunsthöhle'.
S. a. Bofist.

Fistel F. mhd. mnd. vistel 'eiterndes Geschwür', ahd. fistul 'tiefgehendes Geschwür':
entlehnt aus lat. fistula 'Rohrpfeife', das vielleicht als *flistlā zur lautmalenden idg. Wurzel
*bhleis- in anord. blistra 'blasen, pfeifen' ge-
hört, nachmals aber Bedeutungen wie 'Rohr-
(stengel), Röhre, tiefgehendes Geschwür' angenommen hat. Für die Übertragung des nhd.
Fistel auf die hohe Singstimme war bestimmt,
daß lat. fistula für die σῦριγξ der Hirten galt.

Fittich M. mhd. vittich, vëttäch M. N.,
vëttache F. M., mnd. vit(te)k, ahd. fëttäh;

ältere Formen, die auf tt aus germ. þþ, idg.
tn'- weisen, bei Braune-Helm 1936 Ahd.
Gramm. § 167, Anm. 10. Sammelbildung zu
einem Subst., das sich von Feder (s. d.) durch
die Stammbildung unterscheidet. Entspr. gehört asächs. fëtherac, ahd. fëdaräh, mhd. fë-
drach 'Flügel' (germ. *feþarak-) zu Feder
(germ. *feþ-rō-). F. Kluge 1926 Stammb.
§ 68b vergleicht gr. πτέρυξ, -υγος 'Flügel'
neben πτερόν 'Feder'. Im übrigen bleibt die
Bildungsweise vereinzelt und schwierig. Nhd.
-ich für ahd. -ah wie in Bottich. Luthers
Fittich (4. Mos. 15, 38. 5. Mos. 22, 12) mußte
in Basel 1523 erläutert werden: F. Kluge 1918
Von Luther bis Lessing 113; A. Schütt 1909
Zs. f. d. Wortf. 11, 271. 275. S. Schlafittich.

Fitze F. (obersächs. Fitz M.: Müller-Fraureuth 1911 Wb. d. obersächs. Ma. 1, 335 f.)
'Gebinde Garn', mhd. vitze, ahd. fizza 'eine
beim Haspeln abgeteilte und für sich verbundene Anzahl Fäden, Gebinde Garn';
dazu asächs. fittea, agf. fitt (engl. fit) 'Abschnitt eines Gedichts'; anord. fitja 'die
Enden des Schergarns zus.-knüpfen'; vgl. nhd.
verfitzen. Ferner gehören hierher anord. fit
F. 'Haut zwischen den Krallen, Schwimmhaut',
neuisl. fit 'Borte'. Dem entspricht genau gr.
πέζα (aus *pedja), das auch bis Fuß-Entw.
zeigt: 'Fuß; das Äußerste und Unterste; Kante
am Gewand'. Wurzelverwandt mit Fuß.

fix Adj. Lat. fixus, Part. Perf. zu fīgere
'festsetzen', wird in seiner Bed. 'fest' Kunstwort der Alchimisten zur Bez. des festen Ag-
gregatzustands (so seit Ficinus 1537). Aus
diesem Bereich führt es unter Beihilfe des
frz. fixe die Kunstlehre des 18. Jh. (Schiller
1793) zu allg. Anwendung im Sinn von 'gebunden'. Schon vorher (A. H. Francke 1702)
wurde das Wort von Geldbeträgen gebraucht;
für nlat. idea fixa 'Zwangsvorstellung' seit
Hommel 1773. Am Wandel der Bed. zu
'rasch' scheint die Stud.-Sprache Anteil zu
haben: fix tanzen, ein fixer Fechter konnte
von 'sicher' über 'gewandt' zu 'rasch' gewandelt
werden: H. Schulz 1913 Fremdwb. 1, 216 ff.;
Zs. f. d. Wortf. 8, 71. 15, 184.

fixieren Ztw. ist wesentlich im Kreis von
lat. fīxāre geblieben, dem schon 1572 Fixirung
nachgebildet wird. Die Bed. 'scharf ansehen'
nach frz. fixer quelqu'un (avec l'œil) aus
urspr. fixer les yeux sur qn. Bei uns seit
Iffland 1789 zunächst ein Wort der Bühnen-
anweisungen: H. Schulz 1913 Fremdwb. 1,
217; Zs. f. d. Wortf. 8, 71. 126.

Fixstern M. Lat. fixa stella der Astronomen
wird bei uns seit Kepler 1598 Opera 1, 406
mit F. gegeben, engl. fixed star ist jünger.
Zesens Verd.-Versuch starrstehende Sterne

1670 (Zf. f. d. Wortf. 14, 74) konnte nicht durchbringen, ebensowenig die Lehnübersetzung Haftstern, die Kurrelmeyer 1924 Mod. lang. notes 39, 351f. seit 1660 nachweist. Insofern die Fixsterne unsere Sternbilder gestalten, erscheint der Vorschlag Bildstern (Mutterspr. 50, 86) annehmbar.

Fjord M. 'schmaler Meerbusen', jung entlehnt aus gleichbed. dän. norw. schwed. fjord, die auf anord. fjǫrðr, urnord. *ferþu-, idg. *pertu- beruhen; dies mit Endung -tu zum Verbalstamm *per- 'übersetzen', s. fahren und Furt. Ein ablautendes gall. *ritum 'Furt' im gall.-lat. Ortsnamen Augustoritum. Auch engl. firth, frith 'Seebucht' beruhen auf Entlehnung aus dem Nordischen.

flach Adj., mhd. vlach, ahd. flah (hh), mnd. nnl. vlak, mnl. vlac, Gen. vlākes. Dän. flak und schwed. flack sind aus dem Mnd. entlehnt. Dazu mit Ablaut ags. flōc, engl. fluke, anord. flōki M. 'Flachfisch, Flunder', nordengl. flookfooted 'Plattfuß'. Weitere germ. Verwandte sind asächs. flaka 'Sohle', nd. flake 'Scholle', norw. flak 'Scheibe, Scholle', tirol. Flecken 'Brett'. Die germ. Wortsippe geht, wie lat. plaga 'Netz; Gegend', plagella 'Lappen', gr. πέλαγος 'Meeresfläche', πλάγος 'Seite' usw. auf eine idg. Wurzel *p(e)lāg- 'breit, flach; ausbreiten' zurück. Daneben liegt in gr. πλάξ, πλακός 'Fläche (des Meers, eines Bergs)', lat. placēre, placāre, placidus usw. idg. *plāqvor, dessen germ. Nachkommen unter Fluh behandelt sind.

Flachs M. In der Bronzezeit hat der Flachs die Germanen in Dänemark und Südschweden erreicht. Plinius Nat. hist. 19, 8 und Tacitus Germ. 17 berichten von der Vorliebe der germ. Frauen für leinene Kleider, die in unterird. Räumen gewoben wurden (s. Dung). Den versch. Sorten der Pflanze dienen versch. Namen. Den europ. Sprachen gemeinsam ist Lein, mit dem Nordgerm. teilt das Deutsche Haar M., die Wortsippe von Hede ist nd. und engl. Westgerm. ist Flachs: ahd. flahs, asächs. flas, afries. flax, ags. fleax: mit ableit. s zur idg. Wz. *plek- 'flechten' in lat. plicāre, gr. πλέκειν, ahd. flёhtan: Hoops 1913 Reallex. 2, 58ff. Neben unserm hd. Mask. Flachs steht ein nd. nl. fries. ags. Neutr.: H. Paul 1917 Dt. Gramm. 2, 62.

flackern Ztw. mhd. vlackern von der Flamme, dagegen ahd. flogarōn 'volitare'. Dazu ags. flacor 'fliegend', mengl. flakeren 'volitare', mnl. flockeren, anord. flǫkra 'flattern' neben gleichbed. flökta. Man vermutet als Ausgangsbed. 'mit den Flügeln schlagen' und verknüpft die Wortgruppe mit idg. *plāq-: *plāg- 'schlagen' in gr. πληγνύναι, lat. plangere usw.

Fladen M. 'flacher Kuchen'. Mhd. vlade 'breiter, dünner Kuchen; Honigscheibe; Kuhfladen', ahd. flado 'Opferkuchen', mnd. mnl. vlade, nnl. vla(de), mengl. flaþe 'Kuchen', norw. mundartl. fla(d)e 'flache Wiese' weisen auf germ. *flaþōn. Mit Ablaut entspricht mhd. vluoder 'Flunder' (nasalierte Formen s. u. Flunder): sämtlich zur idg. Wurzel *plet-: *plēt-: *plāt- 'breit und flach; ausbreiten', die z. B. in gr. πλατύς 'breit', πλάτος 'Breite', πλάτανος 'Platane' vorliegt. Danebenstehendes idg. *plad- s. u. Flöz. Aus dem Westgerm. entlehnt sind ital. fiadone 'Honigwabe', mlat. flado, frz. flan 'Kuchen', hieraus wieder engl. flawn 'Eierkuchen'.

Fladuse s. Flöte.

Flagge F. Mit dem Raben Odins im Banner zogen die Wikinger in den Kampf, auf den Vordersteven stellten sie den gunn-fani, später hängten sie ihn über den Mast, s. Fahne. Die Tapeten von Bayeux stellen die Schiffe Wilhelms des Eroberers mit Flaggen dar. Das Wort flag (zu flag Ztw. 'schlaff hangen', anord. flǫgra 'flattern') tritt in England um 1480 auf und verbreitet sich zu den Nachbarn: dän. flag 1569, nnl. vlag 1599, schwed. flagg(a) 1605, fries. (auf Sylt) fläg 'Fahne'. In hd. Text seit G. Wintermonat 1609 Calend. hist. decenn. 300, gebucht seit Fontanus 1613 Dict. 1079, nachdem frühnhd. Fahne auf dem Segelbaum, Schiffähnlein gegolten hatte. Nd. gg wie in baggern, Dogge, schmuggeln. Kluge 1911 Seemannsspr. 254ff.

flaggen Ztw. Während engl. to flag erst um 1850 auftritt, begegnet flaggen an der Ostsee seit 1732 in der Bed. 'Flaggensignal (für den Lotsen) geben'. Für Bremen ist nd. flaggen 'die Fahne ausstecken' seit 1767 bezeugt, in hd. Text seit 1798 Zeichn. der Univ. Jena 148.

Flamberg M. Das Schwert des Haimonkinds Renaud führt den Namen Floberge, dem der westfränk. Frauenname Fröde-, Flötberga (zu *hrōd- 'Ruhm' und bergan 'schützen') vorausliegt. Daraus wird in Anlehnung an flambe 'Flamme' frz. flamberge, das Fischart 1575 Garg. 179, Frisch 1741 Wb. 1, 86 und Mylius 1777 Märlein 180ff. als Flamberg(e) F. 'Schwert' übernehmen. Danach als M. bei Körner 1814 Leyer und Schwert 78; Heine 1838 Werke 4, 312; Immermann 1838 Oberhof 43 Hesse: Albert Maier 1909 Glossar zu den Märlein des Mylius 163f.

Flamme F. Lat. flamma (zu flagrāre 'lodern' mit demselben Suffix wie gr. φλογμός 'Flamme', φλέγμα 'Brand', lett. blāzma (aus *blāgmā) 'Schimmer, Glanz') gelangt in altnl. Klöster und ergibt im 9. Jh. flamma, dann erst wieder mnd. mhd. vlamme F. M. Das M., eingeführt nach dem Vorbild des durch Flamme verdrängten ahd. mhd. louc M. 'Lohe' (f. d.), gilt westobb. bis heute; Eck, die Wormser Propheten und die Zürcher Bibel setzen es für Luthers F.: Kluge 1918 Von Luther bis Lessing 100. Dän. flamme, schwed. flamma stammen aus dem Deutschen.

Flammeri M. Engl. flummery 'Hafermehlbrei' erscheint bei Heyse, Fremdwb.¹² (1859) noch mit der Nebenform Flommri als 'kalter Pudding'.

Flanell M. Zu kymr. gwlan 'Wolle' (mit diesem und gleichbed. lat. lāna urverwandt) gehört das Adj. gwlanen 'wollen'. Daraus engl. flannel 'Wollgewebe', das im 17. Jh. das gleichbed. frz. F. flanelle ergibt. Bei uns zuerst in Leipzig 1715 (Amaranthes 547): „Flannell ist ein englischer, insgemein grob und leicht gewürkter, wollener krauser Zeug, dessen sich das Frauenzimmer meistens zum Unterfutter zu bedienen pfleget", dagegen dem Frz. genähert in Berlin, Voss. Ztg. 1729, Nr. 138: „So sind auch sechs arme Französische Kinder in weißen Flanell bekleidet ... worden". Hier wird zuerst das männliche Geschlecht erkennbar, die frz. Betonung eindeutig erst 1775.

Flanke F. Ahd. afränk. hlanca 'Seite, Hüfte, Lende' (f. Gelenk und lenken) hat über galloroman. *flanca, später *flancum im 12. Jh. frz. flanc 'Weiche' ergeben (germ. hl zu rom. fl wie in flau und Frack), das um 1600 rückentlehnt wird, zunächst in die Heeressprache: die Flanquen Wallhausen 1616 Kriegsman. 14. 43, die flancs derf. 1617 Corp. milit. 215f. Das Fem. ist aus der häufigen Mz. gewonnen, auch können Seite und Weiche als Vorbilder gewirkt haben. Ital. fianco beruht auf früher Entlehnung aus einer germ. Nachbarsprache; nnl. (nach 1599) flank und engl. flank sind durch das Frz. vermittelt, dän. flanke und schwed. (seit 1671) flank aus dem Dt. entlehnt. Westfäl. lankâir'n 'flankieren' gehört mit fremder Endung zu mnd. lanke 'Seite': F. Holthausen 1929 Germ.-rom. Monatsschr. 17, 388.

Flappe F. ein in md. und nd. Volkssprache verbreitetes Wort für 'herabhängende Lippe, Mund, klatschender Schlag'. Nd. vlabbe Waldis 1527 Verl. Sohn 853, hd. seit Gosky 1634 Glücks- und Kunstprobe 40. 64. Dän. flab, schwed. flabb 'hängender Mund' stammen aus dem Deutschen; in älterer Sprache hat das offenbar lautmalende Wort Beziehung nur zu mengl. flappen, engl. to flap 'schlagen, herabhängen'.

Flasche F. erscheint als mhd. mnd. vlasche, ahd. anord. schwed. norw. flaska, mnl. flassce,

agf. flasce, flaxe, engl. flask, dän. flaske. Wulfila hat keine Gelegenheit, die got. Entsprechung anzuwenden; gleichwohl hat *flaskō, *flaska als gemeingerm. zu gelten. Die alte Zeit arbeitet mit umflochtenen Gefäßen; germ. *flahsk-, idg. *ploksqo- 'Geflecht' gehört zum Stamme von flechten (f. d.); es wird auch von alb. pl'af 'Wolldecke' vorausgesetzt: J. Brüch 1923 Anz. f. dt. Alt. 42, 195; derf. 1932 Beitr. 56, 350f. Aus germ. Sprachen entlehnt sind mlat. flasco, flasca (von da mgriech. φλασκίον), ital. fiasco(ne), rät. flascha, afrz. flasche, frz. flacon; slav. *plosky, serb. ploska; finn. lasku, lapp. lasko. š-Umlaut führt zu mhd. mnd. vlesche, mnl. flessce, nnl. flesch, rhein. westfäl. alem. schwäb. bair. ostfränk. fläsch(e): K. Bohnenberger 1902 Zf. f. dt. Wortf. 2, 4; O. Behaghel 1928 Gesch. d. dt. Spr. 289. Die gläserne Flasche kommt erst spät mit frz. Weinen nach Deutschland: E. Schröder 1897 Anz. f. dt. Alt. 23, 157; A. Götze 1925 DWb. 14, 1, 914.

Flaschenpost F. Beförderung von Nachrichten in fest verschloßnen Flaschen, die von Bord ins Meer geworfen und durch dessen Strömungen fortgeführt werden. Zuerst 1802 zu Forschungen über den Golfstrom planmäßig benutzt, die Hnr. Berghaus (*Kleve 1797) ausgewertet hat. Durchgesetzt hat das dt. Wort Gg. v. Neumayr (*Kirchheimbolanden 1826) als Leiter der Dt. Seewarte in Hamburg, deren Gründung er 1865 angeregt hatte.

Flaschenzug M. Zuerst bei Denzler, Basel 1709. Die flaschen(hals)förmigen Rollengehäuse haben im 18. Jh. dem Hebezeug den Namen gegeben.

Flaschner M. in Teilen der Schweiz, von Baden, Württemberg, Vorarlberg und Ostfranken Name des Handwerkers, der nord- und md. Klempner (f. d.), südd. meist Spengler, sonst Blechner, Blechschläger, Blechschmied heißt. Der mittelalterl. vlaschener stellt blecherne und zinnerne Flaschen her (vgl. Bett-, Wärmflasche): Kretschmer 1918 Wortgeogr. 283 f.

flattern Ztw. (Henisch 1616 und Schottel 1663 bevorzugen flutteren, flotteren, Steinbach 1725 flabern) aus frühnhd. vladern, spätmhd. flatern neben vlēdern (f. Fledermaus) und vlodern. Außerdeutsch vergleicht man engl. flutter, flitter.

flau Adj. Ein ahd. *hlāo 'lau' (f. d.) gelangt ins Roman. und ergibt mit derselben Lautsubstitution wie Flanke (f. o.) afrz. flau, frz. flou 'sanft, weich'. Das wird Nordseewort: mnl. vlau, flaeu, nnl. flauw, engl. (veraltet) flew, flue, norw. schwed. flau, dän. flov, mnd. flau. Für Bremen wird flau 1767 als mundartlich an-

14

gegeben, für Livland bei J. G. Lindner 1762 Beitr. zu Schulhandl. 230, für den Mittelrhein 1792. Als 'kraftlos' vom Wind ist flau seit Röding 1794 verzeichnet, dazu Flaute 1842, abflauen 1892. Im Bild von da ist flau seit dem 18. Jh. für Handel und Börse wichtig geworden.

Flaum M. 'weiche Bauchfeder; erster Bartwuchs'. Lat. plūma (aus *plusma) 'Flaumfeder', urverwandt mit Flaus (s. d.), wird früh entlehnt und ergibt ahd. pflūma, mhd. phlūme, asächs. *plūma F. 'Flaumfeder', plūmon Ztw. 'mit Federn füllen', mnl. plūme, agf. plūmfedere. Auch air. clūm 'Feder', akymr. plumauc 'Kissen' stammen aus dem Lat. Die Entlehnung geschieht zu Beginn unserer Zeitrechnung im Rahmen der von Plinius bezeugten Ausfuhr von Gänsefedern nach Rom (E. Hahn 1913 Reallex. d. germ. Alt. 2, 112; s. auch Kissen, Pfühl). Obb. Form (H. Fischer 1904 Schwäb. Wb. 1, 1060; H. Paul 1916 Dt. Gramm. 1, 283) ist Pflaum, in frühnhd. Zeit durchaus, doch auch noch bei Schiller 1781 Räuber 1, 2. Dazu **pflaumweich** von halbhart gekochten Eiern, scherzhaft auch von schlappem Wetter. Anl. f mag sich wie in pfauchen unter ostmd. Einfluß durchgesetzt haben. Das entspr. germ. Wort, das im Norden allein gilt, s. u. Daune. S. auch Flom.

Flaus, Flausch M. 'Büschel Wolle; wollner Rock'. Das unter Flaum genannte vorlat. *plusma 'Feder' gehört zur Sippe von mir. lō Plur. loa 'Wollflocke', lit. plùskos 'Haarzotten', lett. pluskas 'Zotten, Lumpen'. Germ. Entspr. ist (neben Vlies, s. d.) mnd. vlūs(ch) 'Schaffell'. Hd. tritt Flaus(rock) 'Überrock' seit 1750 als Lehnwort aus dem Nd. auf, hallische Studenten scheinen vermittelt zu haben: Kluge 1895 Stud.-Spr. 90; Zf. f. d. Wortf. 12, 278.

Flause F. meist Mz. Daraus entlehnt norw. flause, dän. flovse 'fade Bemerkung'. Zuerst 1595 Dt. Fundgruben z. Gesch. Siebenbürgens 33 Trauschenfels „(Fürst Sigismund Báthory) in persona selbst mit vieler Ceremonie und Flaußen ministriret". Dann erst wieder bei Hermes 1772 Sophiens Reise 4, 78; gebucht nicht vor Adelung 1796. Bei uns überall in den Mundarten, vorab in Landschaften mit alter Weberei: deren Bevölkerung sind die herumfliegenden Wollflocken und Fasern im Gegensatz zum festen Gewebe das gegebene Bild für lockere Reden und unzuverlässiges Treiben. Die Laute stimmen zu Flaus, s. d.

Fläz M. 'Flegel'. Zuerst bucht Helvig 1611 Orig. dict. germ. 124 Flöetz 'homo insigniter impudens atque insulsus' als Wort der pomm. Mundart. Gleichlautend Henisch 1616, Flotz

Schottel 1663, Flötz und Fläz Stieler 1691, Fläz Heynatz 1775. Heute holst. flöts, lauenb. flöäts, meckl. fläts mit dem -s nd. Scheltwörter wie (f)laps, runks, slaps, slöks, slunks, taps. Hnr. Schröder 1909 Germ.-rom. Mon. 1, 703 stellt mnd. *vlotes zu vlote 'breiter Abrahmlöffel', das zu nd. vlot 'Rahm' gehört. Auch frühnhd. löffel und gleichbed. nd. sleif, sléf sind zu Schelten des Flegelhaften geworden. (Sich hin-)fläzen ist junge Abl. zum M., vgl. sich flegeln, (hin)lümmeln.

Flechse F., bair. flaksn 'Sehne', in der Schriftsprache zuerst als Flechs bei Henisch 1616. Bevor man Draht aus Metall und Stricke aus Fasern herstellte, spielte die Sehne in allem Flechtwerk die größte Rolle. Demgemäß führt Gg. Weitzenböck 1934 Teuth. 7, 157 Flechse auf Flecht-Sehne, im älteren Bair. flah(t)sin, zurück (s. Hechse, Ochsenziemer, Sehne). Auf den Gebrauch von Flechse durch Ärzte, der mit P. Fleming († 1640) einsetzt, hat lat. flexus, eig. 'Beugung' (zu flectere 'beugen') erkennbar eingewirkt.

Flechte F., spätmhd. vlëhte '(Haar-)Flechte', postverbal zu flechten, s. d. Für Flechte im botan. Sinne (vgl. Winde zu winden) fehlt es an alten Zeugnissen. In den Mundarten scheint diese Verwendung keinen Rückhalt zu haben.

flechten Ztw. Flechtwerk als Vorstufe der Weberei spielt seit ältester Zeit im Haushalt des Menschen eine bedeutende Rolle, s. Hürde, Kratte, Krätze, Krebe, Krippe, Reuse, Schanze, Wand, Zeine. Wie leicht sich hier Bedeutungen wandeln, zeigt westfäl. flächte 'Seitenbrett des Wagens' (urspr. aus Flechtwerk). Sprachlich war der Unterschied zwischen Flechten und Weben schon idg. ausgeprägt. Ahd. asächs. flëhtan, agf. fleohtan, anord. flëtta, got. *flaihtan (vorausgesetzt durch flahta F. 'Haarflechte') führen auf germ. *fleht- aus vorgerm. *plekt- in gleichbed. lat. plectere, aslav. pletǫ, plesti (aus *plektō). Darin ist t urspr. präsensbildend, es fehlt in lat. plicāre 'falten', gr. πλέκειν 'flechten', πλοκή 'das Flechten', πλόκος 'Haarflechte', aind. praśna- 'Geflecht, Korb'. Sie erweisen als idg. Wz. *plek, die wiederum aus *pel erweitert ist, s. falten.

Fleck, Flecken M. in vielerlei Bed. (s. Kutteln), die doch alle auf einen Punkt zurückführen. Mhd. vlëc, vlëcke, ahd. flëc, flëccho, mnl. vlecke, anord. flekkr (Gen. Plur. flekkja) M. 'andersfarbiger Fleck, Makel' mit ë, das vor a der Folgesilbe aus i hervorgegangen ist. S. flicken. Zum Wandel der Bed. bei starker und schw. Stammbildung vgl. Lump, Tropf neben Lumpen, Tropfen. Im urverw. lat. plaga zeigt sich die Bed. 'Gegend' neben plagella

'Lappen'. Noch weiter zurück weist lat. plangere 'schlagen': über 'Breitgeschlagenes' mag sich die Beb. 'Ausgebreitetes' entwickelt haben. Auch ahd. flēc(cho) bebeutet neben 'Stück Land' noch 'Schlag'.

Flebermaus F. 'vespertilio'. Der älteste dt. Name des Handflüglers ist ahd. mūstro M. 'Tier, das einer Maus ähnelt', zu mūs gebildet wie zu aind. açva 'Pferd' açvatará- 'Tier, das dem Pferd ähnelt, Maultier' oder zu lat. māter 'Mutter' mātertera 'Frau, die der Mutter ähnelt, Mutterschwester' (F. Kluge 1917 Beitr. 43, 146). Diese uralte Bildung wird im 10. Jh. abgelöst durch ahd. flēdarmūs (H. Palander, Ahd. Tiernamen 1899 S. 22). Bestimmungswort ist ahd. flēdarōn, mhd. vlēdern 'flattern', eine Ablautform zu flattern, s. d. Die Benennung als 'flatternde Maus' wirkt fort in mhd. mnd. vlēdermūs, mnl. vledermuus, nnl. vle(d)ermuis. Unter dt. Einfluß stehen schwed. flädermus, dän. flaggermus, engl. flittermouse (E. Hellquist, Svensk etym. Ordbok 1922 S. 147). Im Ahd. haben sich ältere und jüngere Bezeichnung gekreuzt zu flēdaremūstro, -mūstra (W. Krogmann 1932 Jdg. Forsch. 50, 281). Der ags. Name hrēaðemūs (zu mhd. rütten 'rütteln') greift mit zwei Glossen aufs Festland: rodamus in Wolfenbüttel, radamus in Trier; auch er faßt (wie russ. letutšaja myš') das Tier als 'fliegende Maus'. Daneben gilt 'kahle Maus' in lat. calva sorex, frz. chauve-souris (E. Eggenschwiler, Die Namen der Flebermaus auf frz. u. ital. Sprachgebiet, Diff. Bern 1934). Lat. vespertilio benennt das Tier nach seiner abendlichen Flugzeit. Ahd. flēdarmūs wurde auf Nachtfalter und Motte übertragen, weil auch sie nachts umherflattern. Wo (wie in der Rheinpfalz und Südhessen) diese Beb. mundartl. fortlebt, heißt vespertilio Speckmaus: man sieht sie winters im Rauch hängen, wie Speck. Das ermutigt, die Namen mengl. backe, dän. aftenbakke, aschwed. natt-bakka (schwed. natt-blacka) zu germ. *bakon 'Speck' (s. Bachen) zu ziehen. Westfäl. leerspecht rührt von der lederartigen Flughaut. Mhd. Übertragungen sind weiße Fl. 'Liebesbriefe' Sätze v. b. Lesselei 1593 Scheibles Schaltjahr 3, 644; Fl. 'Rechnung' Abele 1658 Selts. Gerichtshändel 2, 155; 'Mahnzettel' Callenbach 1710 Almanach 146. 167; 'Steckbrief' Abr. Beier 1717 Handww. Gesell 241; 'hohes kleines Segel' Pomay 1671 Indic. univ. 740; 'Groschen mit schlechtgeprägtem Adler' Steinbach 1734. Den an die Flebermaus geknüpften Aberglauben sammelt Riegler 1930 Handwb. b. bt. Abergl. 2, 1579 bis 1598.

Flederwisch M. Mhd. stand vēderwisch 'Gänseflügel zum Abwischen', dafür mit Beziehung auf vlēdern 'flattern' frühnhd. flederwisch 'Wisch zum Abfächeln', das Goethe (Faust 3706) verächtlich für 'Degen' setzt.

Fleet N. 'schiffbarer Kanal in der Stadt', für Hamburg seit Richey 1755 bezeugt, mnd. vlēt (von da ins Fries. entlehnt), mnl. nnl. vliet, agf. flēot, engl. fleet, anord. fljōt. Ortsnamen wie Fleeth in Mecklenburg, Flieth in Brandenburg, Barsfleth in Dithmarschen, Depenfleeth in Oldenburg, Bützfleeth in Hannover halten die nd. Bildung fest. Im Mhd. entspricht vliez M. N. 'Fluß, Bach, Strömung'; demgemäß lauten die Ortsnamen Alten-, Hohen-, Schönfließ.

Flegel M. Lat. flagellum 'Geißel' geht in christl. Zeit zur Beb. 'Dreschflegel' über. Die Westgermanen lernen mit dem Verfahren zu breschen (s. d.) das Gerät durch roman. Vermittlung (frz. fléau aus afrz. flael) kennen und nennen es ahd. asächs. flegil, mengl. fleiel, engl. flail. Das heimische Drischel ist dem Fremdwort erst nachgebildet; M. sind beide nach dem Vorbild von Gerätnamen wie Griffel, Schlüssel, Zügel. Frühnhd. obb. pflegel (Zs. f. b. Wortf. 14, 149; H. Fischer 1908 Schwäb. Wb. 2, 1555 f.) wird aus d'flegel erklärt: H. Paul 1916 Dt. Gramm. 1, 284. Die Beb. 'Lümmel', früh bei Scheidt 1551 Grob. 3129, zunächst vom Bauern, der den Dreschflegel schwingt; die Übertragung (wie bei Bengel, Besen, Pfeffersack, Roßkamm), die ja nicht von bäuerl. Kreisen ausgeht, ergreift kaum je die Form pflegel.

Flegeljahre Plur. 'die Übergangszeit, in der sich Halbwüchsige formlos benehmen'. Zuerst Hermes 1778 Sophiens Reise 3, 231. Im Anschluß an Jean Pauls Roman 'Flegeljahre' gebucht seit Campe 1808. Daneben Flegeltage Jean Paul 1795 Siebenk. 2, 5: Zs. f. b. Wortf. 9, 280. 12, 269.

flehen Ztw. Einer vorgerm. Wz. *tlik, *tloik in got. gaplaihan 'freundlich zureden', gaplaihts F. 'Trost' entspricht westgerm. *flaih, *flēh, *flih und (mit gramm. Wechsel) *flig. Zum Anlaut vgl. fliehen. Die Grundbeb. 'schmeicheln' entwickelt sich über 'unaufrichtig sein' zu ags. flāh, anord. flār 'falsch, hinterlistig'; anderseits gilt die nhd. Beb. 'dringend bitten' schon in ahd. flēhan, -ōn, flēhōn, -gōn, asächs. flē(h)on, flēhōn, -gōn, mnl. vleien. ë ber ahd. Form wirkt fort in Reimen auf sehen und geschehen bei Opitz. In frühnhd. Zeit stirbt das Wort landschaftlich aus; Adam Petris Bibelglossar (Basel 1523) muß Luthers flehen mit 'bitten, ernstlich begehren' erläutern. Außergerm. Verwandte sind nicht gesichert.

flehentlich Adj. mhd. vlēhelich, frühnhd. flehenlich: t entwickelt sich als Gleitlaut zwischen n und l wie in eigentlich, gelegentlich, hoffentlich; kaum darf man (wie etwa in wissentlich) Ableitung aus dem Part. Präf. vermuten.

Fleisch N. ahd. anl. fleisc, asächs. afries. flêsk, agſ. flæsc, anord. flesk (nur von Schweinefleiſch, Schinken und Speck, während das umfaſſende Wort anord. kjǫt iſt, wie got. mimz N.). Formen wie nl. vleezig 'fleiſchig', mnd. vlês 'Fleiſch' haben ihr k erſt nachträglich verloren. Weitere Anknüpfungen bleiben ſchwierig, außergerm. Beziehungen unſicher. In obb. Ma. erſcheint Fleiſch (wie Geiſt und heilig) gern mit ſchriftſprachl. Vokalismus (z. B. ſchwäb. flaiš ſtatt floeš), eine Folge der kirchl. Rolle des Worts: F. Wrede, Anz. f. d. Alt. 20, 331 f.

Fleiſcher M. Klammerform für Fleiſchhauer (wie Spießer zu Spießbürger): nach dem Chemnitzer Urk.-Buch 205, 29 und 220, 22 erſcheint Eraßimus Fleiſchawer 1471 als Erasmus Fleiſcher 1474. Zuerſt tritt Fleiſcher 1366 auf: Urk.-Buch von Magdeburg 1, Nr. 130. Das alte Geltungsgebiet von Fleiſchhauer und -hacker (dies nach Keutgen, Urk. z. ſtädt. Verf.-Geſch. Nr. 269 zuerſt in Wiener-Neuſtadt 1310) umſchließt rings das jüngere von Fleiſcher, das heute von Nordbayern bis Pommern und Samland, von Poſen und Schleſien bis Mansfeld reicht. Das älteſte Bremer Laſſungsbuch (1434 bis 1558) bietet von vornherein ſlachter neben knokenhouwer. Judendeutſch iſt Katzuff. Fleiſcher als ſiegendes Schriftwort verdrängt Bein-, Knochenhacker, -hauer, Küter, Metzger, Metzler und Schlächter: P. Kretſchmer 1918 Wortgeogr. 413; A. Götze 1918 Jlbergs N. Jahrb. 41, 128.

Fleiß M. mhd. ahd. vlîz, aſächs. afrieſ. agſ. flît, mnl. nnl. vlijt. Schwed. flit, dän. flid ſind aus mnd. vlît entlehnt. Das ahd. aſächſ. agſ. Subſt. bedeutet urſpr. 'Streit, Kampf(eifer), Ärgernis'; das ſt. Ztw. mhd. vlîzen (von dem die Part. be-, gefliſſen noch leben) hat neben ſich agſ. aſächſ. flîtan, engl. mundartl. flite 'ſtreiten'. Außergerm. Beziehungen ſind bisher nicht geſichert.

flennen Ztw. 'nach Kinderart weinen': in dieſer Bed. und Form erſt nhd. Südweſtd. (H. Fiſcher 1904 Schwäb. Wb. 1, 1066) und frühnhd. pflennen, z. B. Riederer 1493 Rhetoric 51 „von ſchrhgen, hüwlen, weinen, pflennen habend die hüſer im whderton erhollen". Südoſtd. iſt flehnen: Stranitzky 1713 Reiſebeſchr. 38; Zaupſer 1789 Bair.-oberpf. Jd. 26. Neben 'weinen' begegnet die Bed. 'lachen' (Lohenſtein 1673 Jbrahim 2), ſo daß von einer Bed. 'das Geſicht verziehen' auszugehen iſt. Sie liegt vor in ahd. flannēn 'os contorquere' (Notker), das

zugleich die Brücke zu mhd. vlans 'Maul', mundartl. flunſch ſchlägt. Falls weiter auf eine Bed. 'die Zähne entblößen' zurückgeſchloſſen werden darf, ſind norw. ſchwed. mundartl. flîna 'die Zähne zeigen, grinſen' und anord. flim 'Spott' zu vergleichen, die zuſammen mit lit. plýnas 'eben, bloß, kahlköpfig', plýnė 'kahle Ebene', plinkù 'ich werde kahlköpfig' auf idg. *plēi-, *ploi-, *pli- 'kahl, bloß' führen. Zur Doppelbed. vgl. greinen.

fletſchen Ztw. mhd. vletzen 'die Zähne weiſen' urſpr. 'den Mund breit ziehen', zu ahd. flaz 'flach, breit'. S. Flöz. tz iſt im Übergang zum Nhd. zu tſch entwickelt wie in glitſchen, klatſchen, knutſchen, Pritſche, quetſchen, quietſchen, rutſchen, tätſcheln, zwitſchern: H. Paul 1916 Dt. Gramm. 1, 351.

Flett ſ. Flöz.

Flibuſtier M. 'Seeräuber' ſtammt wohl mit ital. filibuſtiere u. frz. flibuſtier aus ſpan. filibuſtero, älter finibuſtero. So nannten im 17. Jh. die Spanier die Freibeuter, die Weſtindien unſicher machten. Cervantes ſpricht in ſeiner Novelle La iluſtre Fregona von dem verrufenen Zahara an der äußerſten Südküſte Spaniens, donde es el finibuſterre de la picoresca 'wo das Finibus Terrae der Gauner iſt'. Danach wäre das lat. (in) finibus terrae Ausgangspunkt für die Bezeichnung der Seeräuber als 'Höllenſöhne'. Soweit ältere Formen mit Fr- anlauten, mag Freibeuter eingewirkt haben: New Engl. Dict. 4, 212 f. In nhd. Text erſcheint Flibuſtier zuerſt 1717: Palmer 37.

flicken Ztw. aus mhd. vlicken 'einen Fleck an-, aufſetzen': zu Fleck, wie pichen, ſchmieren, ſpicken zu Pech, Schmer, Speck. Luthers flicken (Matth. 4, 21 u. ö.) erläutert Petris Bibelgloſſar (Baſel 1523) mit bletzen.

Flieder M. Sambucus nigra, der Strauch mit weißen Blüten in ſchirmförmigen Ständen, der im Herbſt ſchwarze Beeren trägt, iſt von je bei uns heimiſch und war als Arzneipflanze geſchätzt. Syringa vulgaris, der Strauch mit meiſt lilafarbigen Blütentrauben, kommt durch die Türken aus Perſien nach Konſtantinopel und wird durch den Geſandten Busbek 1566 nach Flandern gebracht. Aber auch von Spanien, wohin ſie die Araber gebracht haben, gelangt die Pflanze nach Deutſchland (daher Syringa luſitanica). Im 18. Jh. wird ſie wegen Ähnlichkeit mit Sambucus in dem Gebiet, wo dieſer Flieder hieß, ſpaniſcher, welſcher, türkiſcher Flieder genannt. Die Adj. können wegbleiben, und ſeither herrſchen ſchwierige, durch Vermengung mit Holunder, Nägelchen, Syringe (gr. σῦριγξ 'Hirtenflöte': aus den Zweigen werden Pfeifen geſchnitten) noch mehr verwirrte Namenverhältniſſe: Kretſchmer 1918 Wortgeogr. 199 ff. Von Haus aus gilt der

Name Flieder immer dem Strauch Sambucus, dessen Holz schon in Schweizer Pfahlbauten gefunden ist. Asächs. *fliodar (im Ortsnamen Fliadarlōh), mnd. vlēder, mnl. vlie(de)r, nnl. vlier sind mit demselben Baumnamensuffix germ. -dra gebildet wie Holunder, Maß=, Reckholder, Wacholder, hd. Affolter, Heister, Rüster. Der erste Wortteil bleibt dunkel. Das urspr. nur nordd. Wort tritt hd. nicht vor Fischart 1574 Onomast. 192 auf; noch bei Henisch 1616 werden Flederbaum und Fliederbeer als nd. bezeichnt. Aus dem Dt. ist im 18. Jh. lett. pliederi entlehnt.

Fliege F. mhd. vliuge, vleug(e), vliege, ahd. fliuga, flioga, fliege, asächs. fliega, mnd. vlēge, mnl. vlieghe, mnl. vlieg, agf. flēoge, engl. fly, anord. isl. schwed. fluga, norw. fljuge, dän. flue (älter fluge) sind zu verschiednen Ablautstufen des Ztw. fliegen (s. d.) mit der Endung germ. -(j)ōn gebildet. Ahd. iu, veranlaßt durch j der Endung, wirkt fort in mhd. fliuge, frühnhd. obb. fleug, schwäb. fluig. In obb. Umgangssprache gilt weithin gleichbed. muck, wie schon Eck, Wormser Propheten und Zürcher Bibel (1537) Mucken für Luthers Fliegen setzen. Für nhd. Mücke steht dann Schnake.

fliegen st. Ztw. Mhd. nnl. vliegen, ahd. asächs. fliogan, mnd. vlēgen, anfränk. fliugon, mnl. vlieghen, afries. fliäga, agf. flēogan, engl. fly, anord. norw. fljūga, schwed. flyga, dän. flyve (älter flyge) führen auf vorgerm. *pleuq-, das durch lit. plaukiù, plaũkti 'schwimmen' bestätigt wird. Ohne velare Erweiterung entspricht idg. *pleu- 'rinnen, fließen; schwemmen, gießen' in toch. plu 'fliegen' usw., s. fließen. Daß der im st. Ztw. fliegen zu erwartende gramm. Wechsel überall ausgeglichen ist, beruht offenbar auf dem Bestreben, unser Ztw. von fliehen (s. d.) abzuheben, nachdem dieses seinen germ. Anlaut þl- aufgegeben hatte. Die frühnhd. Formen fleugst, fleugt entsprechen den ahd. fliugist, fliugit: vor i der Folgesilbe hat germ. eu ahd. iu ergeben. Der Inf. ahd. fliugan und der Imp. mhd. vliuc, frühnhd. fleug haben ihren Vokal durch Analogiewirkung erhalten. Vgl. Fliege, Flug, Flügel, flügge. — **Flieger** M. ersetzt Aviatiker (Fehlbildung zu lat. avis M. 'Vogel') seit etwa 1908: Zf. d. Sprachv. 23, 214f.

Fliegengott M. heißt der Teufel, weil die Septuaginta 2. Kön. 1, 2 u. ö. Beelzebub wörtlich mit Βάαλ μυῖα θεός übersetzt. Bei uns seit Fischart 1575 Garg. 208, bekannt durch Goethe, Faust 1334. Dadurch verdrängt Fliegenfürst Hagedorn 1780 Poet. Werke 2, 115.

Fliegenpilz M. Amanita muscaria Pers., Blätterpilz mit rotem Hut. Eine Abkochung des Pilzes mit Milch wird seit alters zum Vergiften von Fliegen verwendet, daher seit 1350 mhd. muckenswam, seit dem 16. Jh. Fleugenschwamm, später Fliegenkredling, =pilz, =teufel, =tod. Entsprechend in den germ. und europ. Nachbarsprachen: H. Marzell 1943 Wb. d. dt. Pflanzennamen 1, 237.

fliehen st. Ztw. Mhd. vliehen, ahd. asächs. fliohan, anfränk. flien, mnl. vlie(de)n, nnl. vlieden, afries. fliä, agf. flēon (aus *flēohan), engl. flee, anord. flǿja (aus *flauhian) und flȳja (aus *fleuhian), schwed. dän. fly zeigen fl- gegenüber germ. þl- im gleichbed. got. þliuhan (Lautwandel wie in flehen, s. d.). Alle got. Wörter dieses Anlauts sind ohne gesicherte Deutung. Die 2. 3. Sg. fleuchst, fleucht und der Imp. fleuch erklären sich wie die entspr. Formen des unverwandten fliegen, s. d. Dort auch der Grund, weshalb der gramm. Wechsel ausgeglichen ist; schon ahd. lauten Plur. und Part. Prät. nur immerfluhum, giflohan.

Fliese F. 'kleine dünne Steinplatte'. Die Entsprechung von ahd. flins, mhd. vlins 'Steinsplitter' (s. Flinte) hat in mnd. vlise, nnl. vlijs 'Steinplatte' ihr n unter Ersatzdehnung lautgesetzlich verloren (wie Gans, fünf dort zu gōs, fīf geworden sind). Seit Ende des 17. Jh. tritt das nd. Wort in hd. Texten auf, kaum vor Scriver 1681 Seelenschatz 1, 700. Ahd. flins (aus *flint-sa-) stellt sich mit anord. fletta (aus *flintōn) in fletta-grjōt 'Feuerstein' und norw. mundartl. flinter 'Stückchen', nl. flenter 'Fetzen' als s-lose Form neben spleißen, s. d.

fließen st. Ztw., mhd. vliezen, ahd. fliozan, asächs. fliotan, mnd. vlēten, anfr. *fliatan (3. Sg. Präs. flūtit), mnl. nnl. vlieten, afries. fliäta, agf. flēotan, engl. fleet, anord. fljōta, schwed. flyta, dän. flyde. Germ. Verwandte sind z. B. Fleet, Floß, flott, Fluder, Fluß, Flut. Außergerm. stehen am nächsten lit. plúdau 'werde flott, fließe über' und lett. plūdî 'Flut': d-Erweiterung zur idg. Wurzel *pleu- 'rinnen, fließen, schwimmen', die unerweitert vorliegt in ahd. flouwen, flewen, mhd. vlæjen 'spülen'. Eine q-Erweiterung zur gleichen Wurzel s. u. fliegen.

Fliete F. 'Eisen zum Aderlaß'. Gr. φλεβοτόμος (zu φλέψ 'Ader' und τέμνειν 'schneiden') wird über lat. phle(bo)tomus entlehnt und ergibt ahd. fliedima, mhd. vliete(n), agf. flȳtme, afries. flieme, mnl. vlīme, nnl. vlijm. Zum Wandel des Tonvokals s. Brief, Fieber, Priester, Spiegel, Tiegel, Ziegel. Wh. Horn 1923 Sprachkörper 15 verweist zur Kürzung des lat.

Worts im Übergang zum Ahd. auf presbyter, imputāre, paraverēdus > ahd. prēstar, impf(it)ōn, pfari(fri)t. Das Wort lebt auch im Familiennamen Fliedner.

flimmern Ztw. nur nhd. (zuerst Chr. Reuter 1696 Schelmufsky 65), Weiterbildung zu flimmen, das lautmalend neben flammen steht. Flimmer M. (nicht vor Steinbach 1734) ist aus dem Ztw. rückgebildet wie Schimmer aus schimmern: Nichtenhauser 1920 Rückbild. 19. Dän. flimre ist aus dem Nhd. entlehnt.

flink Adj. ist vom Nd. ins Nnl., Dän., Schwed. und Hd. ausgestrahlt, hier kaum vor Stieler 1691, obd. Volkssprache dauernd fremd. Nd. flink bed. urspr. 'glänzend, blank', so Ludwig 1716, Frisch 1741. Ein Ztw. flinken 'glänzen', Musculus 1555 Hosenteufel 3; Flinken Plur. heißt bei Henisch 1616 eine Art Weißfische; mhd. kupfervlinke 'flimmerndes Kupferschüppchen'. Im Ablaut dazu bair. flank 'Funke'; nhd. flunkern (s. d.). Die außergerm. Verwandten von germ. *flinka- 'flimmernd' entbehren des Nasals: aind. phalgú-, phálguna- 'schimmernd'; andre weisen anlautend s- auf: lett. spulguot 'glänzen, funkeln', spulgis 'Morgenstern' (urspr. der Funkelnde'), spulgans, spilgans 'schillernd'.

Flinte F. zuerst bei A. Olearius, Beschr. d. orient. Reise (1647) 14, verkürzt aus Flintbüchse (wie gleichbed. dän. flint aus flintbøsse); daneben stand Flintrohr (Olearius 228). Beide Zus.-Setz. meinen 'Gewehr mit Steinschloß': die langrohrige Handfeuerwaffe gab bis in den 30jähr. Krieg mit Radschloß und Lunte Feuer. Um 1630 stattete ein frz. Erfinder den fusil à silex mit dem Feuerstein aus, den bis dahin nur die mit éiner Hand gelösten Fäustlinge oder Puffer (s. Pistole) gehabt hatten. Der Steinsplitter heißt ahd. flins, mhd. vlins (s. Fliese). Daß Flintbüchse die (nd. nl. engl. nord.) Form flint erhielt, beruht entweder darauf, daß in den entscheidenden Jahren Holland in der Waffenherstellung führend war oder daß im großen Krieg schwed. flinta F. 'Feuerstein' maßgebend wurde. Das wäre dann die einzige Spur des schwed. Krieges in unserm Wortleben. Die Herleitung vom Feuerstein zuerst bei Frisch 1741, nachdem noch Stieler 1691 gemeint hatte, Flinte komme von flink „dieweil es flink und ohngespannet abgehet". Flinte, heute wesentlich 'Gewehr des Jägers', war einst auch soldatische Waffe. Erinnerung daran ist die Redensart die F. ins Korn werfen 'hastam abicere', die von dem zum Schlachtfeld gewordenen Kornfeld stammt. — Lett. plinte ist um 1750 aus dem Dt. entlehnt.

flirren schw. Ztw., tritt unvermittelt bei Schottelius (Braunschw. 1663) 1317 als 'vo-

litare' auf. Die Bed. 'flimmern' erscheint bei Bürger 1778, die erste Buchung folgt bei Campe 1808. Aus den Mundarten läßt sich beiziehen ostfries. fliren 'flimmern, schwirren': Doornkaat Koolman 1, 512. J. Sommer 1933 Jdg. Forsch. 51, 250 vermutet Mischbildung aus flimmern (oder fliegen) und schwirren.

Flirt M. rückgebildet aus dem Ztw. flirten, das 1894 im Titel eines Lustspiels von Klara Ziegler erscheint. Es kommt um 1890 für 'kokettieren' auf und ist entlehnt aus engl. to flirt 'sich benehmen wie ein Courmacher', das aus afrz. fleureter 'mit Blumen verzieren' stammt: O. Ladendorf, Schlagwb. (1906) 85f.; H. Schulz, Fremdwb. 1 (1913) 219; E. Gamillscheg, Etym. Wb. d. frz. Sprache (1928) 425.

flispern schw. Ztw. 'flüstern; beim Sprechen mit der Zunge anstoßen'. Seit Mitte des 18. Jh. wesentlich aus Norddeutschland beizubringen. Mischbildung aus flüstern (s. d.) in seiner älteren Form flistern und wispern. Auch wispeln und lispeln mögen mitgewirkt haben: V. Pisani 1930 Jdg. Forsch. 48, 243; F. Kainz 1943 Dt. Wortgesch. 2, 309.

Flitter M. Um einen Begriffskern 'unstete Bewegung' sammeln sich mhd. vlittern Ztw. 'flüstern, kichern', gevlitter N. 'heimliches Gelächter, Gekicher', ahd. flitarezzen 'schmeicheln, liebkosen' (vgl. Flitterwochen), mengl. fliteren 'flattern', engl. flittermouse 'Fledermaus'. Frühnhd. Rückbildung zum älteren Ztw. ist Flitter M., das im 16. Jh. als 'kleine, blinkende Blechmünze' erscheint, wie sie auch Bestandteil von Frauentrachten wird. Früh bei B. Trochus 1517 Prompt. L 4a: flammule/flittern.

Flitterwochen Plur. (kaum vor Sachs 1539 Fabeln 55, 19) schließt sich an frühnhd. flittern 'liebkosen'. Als diese Bed. verklungen war, suchten die Erklärer andere Wege, so Frisch 1741 Wb. 1, 278 „von den Hauben und Bändlein mit Flittern geziert ... welche die jungen Weiber noch eine Zeitlang nach der Hochzeit trugen" — was schon sachlich nicht zutrifft. Gleichbed. frühnhd. kusswoche, küssmonat, österr. käßwoche, bair. kuderwoche (zu kudern 'kichern'), schweiz. trütlerwoche (zu trüteln 'liebkosen'), nordd. zärtelwoche, westfäl. stütenwēken (Stutenwochen Fritz Reuter 1866 Dörchläuchting 6), nnl. wittebroodsweken, schwed. smekmånad und (selten) honungsvecka, engl. honeymoon, vielleicht umgedeutet aus anord. hjūnōttsmānaþr 'Hochzeitsnachtmonat', doch vgl. frz. lune de miel, ital. luna di miele: Nysvenska Studier 18 (1938) 107.

flitzen schw. Ztw. Zum Verbalstamm von fliegen (s. d.) gehört mit germ. Bildungs-

silbe -ikōn ein F. afränk. *fliugika 'Fliegendes; Pfeil', gesichert durch das daraus entlehnte frz. flèche, greifbar in mnl. vlieke,
mnd. flieke, fléke 'Pfeil'. Im 16. Jh. kehrt
das frz. Wort heim und ergibt nl. flits, nnd.
frühnhd. fli(t)sche, flitz(e): Hnr. v. Stade 1579
Moskauer Staat 21. Weil das einfache Wort
nicht überall verstanden wurde, verdeutlichte
man es zu Flitschen-, Flitz(e)pfeil (Seb.
Franck 1531 Chron. 246ᵃ), das zu Beginn des
19. Jh. ausstarb. Zäher ist Flitzbogen (Hnr.
v. Eppendorff 1540 Türk. Kaiser Ankunft 14),
das sich als Wort norddt. Jungensprache noch
hält. Zu Flitze F. gehört flitzen 'mit Pfeilen
schießen' (Hnr. v. Stade 1555 Reisen 172
Klüpfel), das mit dem Wandel der Schußwaffen in seinem alten Sinn aus der Schriftsprache geschwunden ist, in der Volkssprache
aber bleibt u. als 'sich pfeilschnell bewegen'
aus dem Berlin. u. Schles. des 19. Jh. wieder
in die Schriftsprache gelangt, zuerst durch K.
v. Holtei 1824 Theater 2, 141. Das im DWb.
1862 noch nicht gebuchte Ztw. kann seit Ende
des 19. Jh. für eingebürgert gelten, auch in
Zus.-Setz. wie an-, davon-, hin-, vorbei-,
vorüber-, zurückflitzen.

Flocke F. Mhd. vlock st. M., vlocke schw. M.
'Flocke (vom Schnee, von den Blüten der Bäume
und den Funken des Feuers), Flaum, Flock-
wolle', ahd. floccho, flocko, mnd. mnl. vlocke,
nnl. vlok, engl. flock, dän. flok(ke), schwed.
flock(a) führen auf vorgerm *pluqnón-. Die
verschiedenen Verwendungsweisen vereinigen
auch die Urverwandten, z. B. lett. plauki
'Schneeflocken' und plaukas 'Fasern, Abgang
von Wolle und Flachs'. Damit wird die Annahme entbehrlich, Flocke 'Wollbüschel' sei
dem gleichbed. lat. floccus entlehnt (dessen germ.
Verwandte s. u. Plane). Wenn dagegen obd.
Flocken M. 'Mönchsgewand' bedeutet, so beruht das darauf, daß die Wollkutte der Bene-
diktiner mlat. floccus hieß.

Floh M., landschaftl. auch F. 'Pulex irri-
tans L.', mhd. vlō(ch), ahd. flōh, mnd. mnl.
vlō, nnl. vloo, agf. fléah, engl. flea, anord.
flō: gemeingerm. Bildung zu fliehen (s. d.),
somit 'der Aufspringende, Entkommende', wie
schon J. Fischart 1573 Flöhhaz 1183 richtig sieht:
„Vom Fliehen will ich Floh dich nennen".
Verwandtschaft mit lat. pūlex ist lautlich unmöglich; dies steht wieder vereinzelt gegenüber gr. ψύλλος, ψύλλα, aslav. blücha und
lit. blusà 'Floh'. Die nnord. Sprachen haben
anord. flō aufgegeben: die Neubildung norw.
mundartl. schwed. loppa, dän. loppe 'Floh'
wird als 'kleiner Klumpen' gedeutet. — De-
kliniert wurde mhd. vlöch Sing., vlœhe Plur.
Hier, im Inlaut vor unbet. Vokal, ist h laut-

gesetzl. verstummt, aber in der Schreibung
beibehalten (wie in nahe, Rehe, zähe).
Das bestimmte nachmals die Aussprache auch
des Sing. (wie in nah, Reh, zäh).

Flom, Flaum M., meist Mz. Flomen,
mnd. vlōme F. 'das rohe Bauch- und Nierenfett der Schweine, Gänse, Fische', heute wesentlich ein Wort der norddt. Umgangssprache
und Mundarten. Von Kurhessen bis zur
Schweiz entspricht Flame(n), Fläme(n)
F. M., das auch als 'Rahm auf der Milch, Fett
auf der Suppe, Schimmel, dünner Belag'
erscheint und auf mhd. vlæme F. 'Fetthaut'
beruht. Es ist urspr. das oben schwimmende
Fett; insofern setzen die ablautenden Formen
ahd. floum 'Fett, Sahne; Spülicht' fort (zu
ahd. flouwen, flewen 'spülen, waschen'), dem
anord. flaumr, norw. flaum, ostnorw. flōm
'Strömung', dän. flom 'Sumpf', jüt. auch
'Schaum' und weiterhin gr. πλῦμα 'Spülicht'
entsprechen. Stammbildung wie in Blume;
wie neben diesem Blüte, so Flut neben unsern Wörtern: P. Kretschmer, Wortgeogr.
328; E. Damköhler 1927 Wiss. Beih. z. Zs. d.
Sprachv. 6, 185ff.; E. Christmann 1930 Zf.
f. dt. Philol. 55, 230 ff.

Flor M. 'feines Gewebe', im 16. Jh. entlehnt aus gleichbed. nl. floers; dies über afrz.
velous aus lat. villōsus 'haarig'. Einschub
eines r auch in frz. velours 'Samt'. Auch unser
Flor kann 'Haare am Samt' bedeuten: Zf.
f. d. Wortf. 14, 149.

Florett N. Der Stoßdegen heißt nach dem
knospenähnlichen Knopf (lat. flōs) an seiner
Spitze frz. fleuret. Danach bei Krämer 1678
Flöret; seit Trichter 1742 Ritterlex. 804
latinisiert zu Florett: H. Schulz 1913 Fremdwb. 1, 220.

Florin M. Der Gulden (s. d.) wird fl. abgekürzt
wegen seines mhd. Namens flōrīn. So heißt
die zuerst in Florenz geprägte Goldmünze
nach mlat. flōrīnus (zu lat. flōs 'Blume'),
weil sie die Lilie des Stadtwappens zeigte.

Floskel F. Lat. flosculus M., Verkl. zu
flōs 'Blume', erscheint in deutschen Texten seit
1689 neben gleichbed. Blümlein, Wort-
blumen. Die eingedeutschte Form, seit
Schubart 1774, folgt (auch im Geschlecht) dem
älteren Formel: H. Schulz 1913 Fremdwb. 1,
220.

Flosse F. ahd. flozza zu fließen in seiner
Bed. 'schwimmen'. Neben mhd. vlozze tritt
gleichbed. vlozvédere, dazu frühnhd. fisch-
feder. Entspr. stand asächs. féthara 'Flosse';
auch gr. πτέρυξ und lat. pinna vereinen die
Bed. 'Flosse' und 'Feder'.

Floß N. ahd. mhd. vlōz M. N. auch in den
Bed. 'Strömung, Flut, Fluß', zu fließen.

Ebenso nnl. vlot 'Floß' neben mnd. vlot, dän. fløde 'Sahne', schwed. flott 'Schmalz', agf. flēot, flota 'Schiff' neben flȳte 'Rahm, flos lactis'. Vgl. asächs. thurh-flōtian und vlotōn.

flößen, flözen, schw. Ztw. Zum st. Ztw. mhd. vliezen, vlōz gehört als Faktitiv vloetzen. vloezen 'fließen machen, hinabschwemmen'. Die Doppelheit der Formen (wie bei mhd. heitzen, reitzen neben heizen, reizen) beruht auf der germ. Flexion *flautju, *flautiz: tj wurde über tt zu hd. tz, einfaches t zu z.

Flöte F. Auf prov. fläut 'Flöte' beruhen afrz. flaüte, fleute, die über mnl. flûte, fleute, floite (nnl. fluit) mhd. vloite, flöute, frühnhd. Fleute geliefert haben. Das Fremdwort ist im Nib.-Lied (österr. um 1200) schon vorhanden. Der Vokal von nhd. Flöte (seit Virdung 1511) beruht auf Lautsubstitution. Das ostmd. nb. Fladuse 'Schmeichelei' bezeichnet urspr. die Flötengattung fleute douce und ist unter Einfluß von frz. flatter umgebildet.

flötengehen Ztw. Hebr. pelēṭā 'Entrinnen, Rettung' (zu pālaṭ 'er ist entwischt'), das über ostjüd. plēte unser pleite (s. d.) ergeben hat, ist in portug.-hebr. Aussprache feleta in die Niederlande gelangt und hat in Amsterdamer Geschäftssprache des 17. Jh. Wurzel gefaßt. Dat Geld is fleuten gahn Richey 1755 Hamb. Jd. 63 als hamb. Mundartwort; gebucht seit Adelung 1774, literar. durch Hermes 1778 Sophiens Reise 1, 672. Walther, Nd. Korr.-Bl. 1908, 41; Lokotsch 1927 Etym. Wb. 1643.

flott Adj. Zu fließen (asächs. fliotan) gehört nd. nl. vlot 'schwimmend', das als Schiffswort in der Formel flott werden seit Olearius 1647 Reise 208 ins Hd. gelangt. Auch die verhochdeutschte Gestalt floß wird gelegentlich gewagt. Die naheliegende Übertragung „flott leben" stammt aus der Stud.-Sprache und gelangt von da um 1750 in die Schriftsprache: Kluge 1911 Seemannsspr. 271.

Flotte F. ein Nordseewort: agf. (8. Jh.) flota, mnnl. vlōte, vloot, mnd. (nicht vor 1368) vlōte, anord. floti, dän. flaade: sämtlich in Ablaut zu fließen. Aus dem Germ. stammen frz. flotte, ital. flotta (mit tt, das aus der germ. Silbentrennung flot-a stammt), die nachmals auf das heimische Wort zurückgewirkt haben, so daß frühnhd. seit Ende des 16. Jh. flotta gilt, als Fremdwort 1617 im Teutschen Michel 29 verhöhnt. Hd. ist Schiffung, Schiffszeug, Modewort um 1600 (Schiff-)Armada. Engl. navy beruht auf afrz. navie 'Flotte': Kluge 1911 Seemannsspr. 271 ff.; Kurrelmeyer, Mod. lang. notes 34, 263. 36, 485 f.

Flottille F. Zu den aus Flotte stammenden roman. Lehnwörtern gesellt sich span. flota.

Dessen Demin. flotilla wird als Name der kleinen span.-amer. Silberflotte bei Hübner 1717 und Frisch 1741 gebucht. Nach Zedler 1735 seit Anfang des 18. Jh. auf kleine Ostseeflotten ausgedehnt, recht eingebürgert doch erst im 19. Jh.: Kluge 1911 Seemannsspr. 274.

Flöz N. 'waagrechte Schicht Gestein, Erz oder Kohle, mit hyperhd. ö aus frühnhd. fletz. Die bergmännische Verwendung beginnt im Erz- und Riesengebirge im 16. Jh.: H. Veith 1871 Bergwb. 188 f.; E. Göpfert 1902 Bergmannsspr. 26 f. Voraus liegt mhd. vletze, vlez 'geebneter Boden, Tenne, Hausflur, Stubenboden, Lagerstatt', ahd. flezzi, älter flazzi 'Tenne, Hausboden', asächs. flet, Gen. flettis, nnl. engl. anord. flet, afries. agf. flett 'Flur, Boden; Halle, Wohnung': Substantivbildung zum Adj. ahd. flaz, asächs. flat, anord. flatr 'flach, eben', das in andrer Substantivierung ahd. flazza 'Handfläche' ergeben hat. Außergerm. kommen am nächsten lett. plade 'Mutterkuchen', pladina 'flaches Boot', plandīt 'breit machen': zur idg. Wurzel *plad- 'breit und flach; ausbreiten'. Größeres Gefolge hat gleichbed. idg. *plāt-, s. u. Fladen. Zum Flett des germ. Hauses Hj. Falk 1913 Reallex. d. germ. Alt.-Kde. 2, 66.

fluchen Ztw. Mhd. vluochen schw. Ztw., ahd. fluohhan, -ōn (Part. farfluahhan 'verworfen'), asächs. flōkan (Part. farflōkan 'verflucht'), mnd. vlōken, nl. vloeken, afries. flōka (Part. ûrflōkin 'verwünscht'), agf. flōcan und got. flōkan (Prät. faiflōk) vereinigen sich auf ein gemeingerm. redupl. Ztw. *flōkan. Wie die urverwandten lat. plangere '(die Hand auf die Brust) schlagen', gr. πληγή 'Schlag', πληγύναι 'schlagen' usw. lehren, ist die Grundbed. 'schlagen'. Sie wird von got. flōkan vorausgesetzt, das für gr. κόπτεσθαι 'sich trauernd an die Brust schlagen' steht. Für das Urnord. ist die sinnliche Bed. gesichert durch anord. flōkinn 'verwirrt', flōki (gestampfter) Filz', norw. floke 'wirre Masse'. Agf. flōceð hyre folmum deutet Max Förster 1921 Texte u. Forsch. z. engl. Kulturgesch. 155 'sie schlägt mit ihren Händen die Verwünschungsgeste'. Mit dem Blick auf die bei mittelmeerischen Idg. noch übliche Verwünschungsgebärde gewinnt man den Übergang von 'schlagen' zu 'maledicere'. Geschickt haben deutsche u. fries. Glaubensboten mit dem gemeingerm. Ztw. den kirchlichen Begriff 'fluchen' in allen Fällen seines Vorkommens zu decken verstanden. — Postverbal ist Fluch M., mhd. vluoch, ahd. fluoh, mnd. vlōk, nl. vloek.

Flucht[1] F. Ahd. fluh-t ist ti-Abstrakt zu fliohan (wie fart, zuht, traht zu faran, ziohan, tragan). Die Bildung ist westgerm.: asächs.

fluht, anl. flucht, afrief. flecht, agf. flyht, engl.
flight, dagegen anord. flötte, got. plaúhs M.

Flucht² F. 'zuf.-fliegende Schar Vögel', in
Zuf.-Setz. wie Bauflucht, Fluchtlinie auch
'Richtung, Gerade', gelangt im 17. Jh. ins
Nhd. aus älterem nd. flugt. Diefes ist (mit
mnd. nnl. vlucht, engl. flight 'Flug') ti-Ab=
straft zu fliegen.

Fluder N. 'Gerinne der Mühle'. Zur Wz.
von fließen, Fluß u. Flut (f. d.) stellt sich (mit
anord. flau-mr 'Strömung, Flut', ahd. flouwen, flewen 'waschen, spülen') germ. *flau-þra
N. in ahd. flödar 'Tränenstrom', mhd. vlöder
'das Fließen, Fluten, Gerinne'. Die Bildungs=
filbe idg.-tro, germ.-þra auch in Köder und
Ruder.

Flug M. mhd. vluc (Pl. vlüge), ahd. flug,
afächf. flugi, agf. flyge, anord. flugr: gemeingerm. Verbalabstr. zu fliegen. — flugs, nnl.
fluks, ist der zum Adv. erstarrte Gen. zu Flug,
mhd. fluges 'schnell'. Kürze hat sich vor Dop=
pelkonf. erhalten wie in hübsch neben Hof,
gerben neben gar, die verkürzte Gen.=Form
wie in abermals, keineswegs, tags zuvor.

Flugblatt N. dem frz. feuille volante von
Schubart 1787 nachgebildet, der dafür von
Pfarrer Kern 1789 Sendschreiben an Herrn
Schubart (Zf. f. d. Wortf. 11, 108) getadelt
wird. Von Campe 1808 aufgenommen. Dän.
flyveblad stammt aus dem Nhd.

Flügel M. mhd. vlügel, mnd. vlögel, mnl.
vlöghel, spätanord. flygill, agf. norw. flygel:
jüngere Bildung zu fliegen (wie Griffel,
Schlägel, Schlüffel, Wirbel, Würfel,
Zügel zu greifen, schlagen, schließen,
werben, werfen, ziehen). Auffallend ge=
nug fehlt ein gemeingerm. Synonym, f.
Farn, Feder, Fittich. In den Bed. 'Seite,
Flanke eines Gebäudes, einer Mühle, eines
Heeres, der Nafe' hat lat. āla, teilweise auch frz.
aile eingewirkt. Flügel, dän. schwed. flygel,
heißt eine Art Klavier wegen der Gestalt; so
zuerst als mnd. vloghel 'Harfe' in Wismar
1343; in nhd. Text kaum vor Hermes 1778
Sophiens Reise 3, 144.

flügge Adj. Zum Stamm von fliegen ist
westgerm. *fluggj- gebildet, das agf. flycge,
engl. fledge, mnl. vlugghe, mnd. vlügge,
nnl. vlug 'gewandt, schnell ergeben hat. Mit
regelrecht zu ck verschobenem gg entspricht
ahd. flucki, mhd. vlücke, das in obd. Ma. als
fluck fortlebt; so noch bei Rückert. Das Schrift=
wort flügge ist in Luthers Tagen aus nd.
flügge entlehnt und hat von da gg behalten (wie
baggern, Dogge, Flagge, schmuggeln).
Grundbed. ist 'imstande zu fliegen'. So
stehen ahd. lucki, mhd. lücke, afächf. luggi,
nordhumbr. lycce 'lügnerisch' neben lügen.

flugs f. Flug.

Flugschrift F. für frz. feuille volante von
Schubart 1788 gebildet, ihm verübelt wie
Flugblatt (f. d.), von Campe 1794 Reini=
gung 3, 247 empfohlen, von Goethe I 26, 204
aufgenommen. Damit find Broschüre, Pam=
phlet, Pasquill zurückgedrängt.

Fluh F. 'Fels'. Mhd. vluo, ahd. fluoh
'Fels(wand)', agf. flöh F. 'Stück, Fliefe', flöh
stánes 'Felsftück', anord. flö N. 'Schicht', Mz.
flǽr, flár 'Absatz an einer Felswand (germ.
*flah-iz), schwed. mundartl. und norw. flo
'Schicht, Lage'. Das alte Wort hat sich in
schweiz. Mundarten erhalten und ist von da in
Schillers Tell 4, 1 gelangt. Aus 'Bergabsturz'
ist 'Vorderteil des Schiffs' geworden in ober=
rhein. Fluhe bei J. Geiler v. Kaisersberg:
F. Kluge 1911 Seemannsspr. 276. Daneben
steht mit Ablaut und gramm. Wechsel mhd.
vlage, anord. flaga 'dünne Erdschicht', norw.
flag 'offne See'. Außergerm. entsprechen lit.
plokas 'Estrich', lett. plakt 'flach werden',
plaka 'Kuhfladen', plakans 'flach', pluoci
'Lage, Schicht', gr. πλάξ 'Fläche', Mz. πλάκες
'Hochebenen', πλακόεις 'flach', lat. placidus
'eben, glatt, ruhig', placēre 'gefallen', placāre 'ebnen, beruhigen', toch. pläkäm 'Zu=
stimmung'. S. Nagelsluh und flach.

Flunder F. M. Neben der idg. Wz. *plat
'flach sein' in Fladen usw. steht eine nasalierte
Form idg. *plant, z. B. in lat. planta 'Fuß=
sohle'. Beide haben andere Stufen des Ab=
lauts neben sich. So stehen als Namen des
flachen Fischs, den die Germanen in Ost= und
Nordsee fingen, mhd. vluoder, spätmhd. nd.
flander, mnd. vlundere, neunorw. schwed. flun-
dra. Weisen die letzten Formen auf germ.
*flunþrōn, so wird *flunþriōn vorausgesetzt
durch norw. flynder, dän. flyndre. Flunder
wird von Gesner 1556 De piscibus 119 als engl.
Name verzeichnet; dahin ist flounder aus dem
Nord. gelangt.

flunkern Ztw. Zu flink in seiner Bed.
'schimmernd' gehört frühnhd. flinken 'glänzen'.
Damit nächstverwandt ist flunkern 'flimmern'.
Über 'Schein erregen' hat sich die zunächst nd.
Bed. 'gloriose mentiri' entwickelt, früh im
Brem. Wb. 1 (1767) 430, doch auch in nnl.
flonkeren.

Flunfch f. flennen.

Flur M. F. Mhd. vluor '(Feld=)Flur,
Saatfeld; Samen, Saat; Boden(fläche)', mnd.
vlōr, mnl. nnl. vloer, agf. flōr M. F. 'Flur,
Fußboden; Pflaster, Grund, Boden', engl.
floor 'Flur', anord. flōrr, norw. flor 'Diele des
Viehstalls zwischen den Standreihen der Kühe;
Viehstall' führen auf germ. *flōrus, *flōra,
idg. *plāros, *plāra. Außergerm. entsprechen

air. lär, kymr. llawr M. F., bret. leur F. 'Boden'. Zur gleichen Wurzel idg. *pelā- 'breit und flach'; ausbreiten' auf -n gebildet sind apreuß. plōnis, lett. plāns 'Tenne', lit. plónas 'dünn', lat. plānus 'flach', gr. πέλανος 'Kuchen'. — Die Gebietsteilung, daß Flur M. 'area', F. 'ager, seges' bedeutet, ist erst nhd. Über die Verbreitung von Flur 'Hausgang' in hd. Umgangssprache s. P. Kretschmer 1918 Wortgeogr. 203f.

fluschen Ztw. In Ablaut mit nd. flaschen 'vonstatten gehen' steht gleichbed. flüschen, berühmt durch den Ruf der pomm. Landwehr, die in der Schlacht von Großbeeren am 23. Aug. 1813 die im Regen unbrauchbaren Flinten umkehrte und mit den Kolben arbeitete: Dat fluscht bäter. Literar. durch Chamisso 1839 Werke 6, 139. Grundbed. ist 'flammen, auflodern' (vgl. engl. flash 'schimmern, blitzen', flush 'erröten'): zu 'glücken' wird das bei der alten Feuerbereitung, wenn der Funken zündet.

Fluß M. mhd. ahd. vluz (zz), asächs. fluti (dies noch als Grundwort in Ortsnamen wie Winkelsflüete bei Harsewinkel im westfäl. Kreis Warendorf): eine bloß deutsche Bildung zu fließen (s. d.), auf germ. *fluti- weisend. Alte Ausdrücke für 'fließendes Wasser' sind -a(ch), Au, Fleet, Strom. Unserm Adj. flüssig entsprechen nur mhd. vlüzzec und ahd. fluzzig. — Fluß als Name rheumatischer Leiden beruht auf gr. ῥεῦμα, weißer Fluß übersetzt lat. fluor albus.

flüstern schw. Ztw., frühnhd. und bis ins 19. Jh. flistern, nd. flüstern, flustern, nnl. fluisteren. Hat mit den ahd. Glossen fovit/flist(i)rit (Steinmeyer-Sievers 1, 224, 25) nichts zu tun, sondern ist eine Bildung des 15. Jh. (zuerst: sibilare/flisteren myd der tunghen Diefenbach, Gloss. lat.-germ. 532ª), die aus nd. Ma. ins Nhd. bringt, als Lautmalerei schon von Frisch 1741 erkannt. Bodenständig ist flüstern im Nordsaum des Rheinlands, in Ostfriesland, Bremen, Holstein u. Pommern, von da setzt sich spät auch ü gegen älteres i durch (vgl. gültig, rüffeln, Würde u. H. Paul 1916 Dt. Gramm. 1, 204). Hd. Ma. verfügen über eine Fülle sinnverwandter Ausdrücke.

Flut F., einst auch M. Mhd. ahd. fluot, mb., vlūt, asächs. afries. ags. flōd, anfr. fluod, mnl. vloet (d), nnl. vloed, engl. flood, anord. flōð, schwed. dän. flod, got. flōdus führen auf germ. *flōdus, vorgerm. *plōtú-s: auf idg. -tu- (F. Kluge 1926 Stammbildungsl. § 133) gebildet zur idg. Wurzel *plō- in gr. πλώειν 'schiffen', πλωτός 'schwimmend'. Zur gleichen Wurzelstufe gehören Fluder (s. d.) und ags. flōwan, anord. flōa 'überfließen'; im übrigen s. fließen

und Fluß. — Flut, mnd. flōt als Gegenwort zu Ebbe ist seit dem 15. Jh. bezeugt: F. Kluge 1911 Seemannsspr. 276.

flutschen schw. Ztw. 'schnell, auch flüchtig arbeiten, gut vorankommen, =gehen'. Jüngere lautmalende Bildung, nd. und ostmd.

Focksegel N. 'Segel am Vormast', erst nhd. und nicht seemännisch. Dort vielmehr seit etwa 1500 nd. nl. dän. schwed. fok, fock(e). So urspr. (seit Comenius 1638 Sprachentür § 463) ins Hd. entlehnt: Kluge 1911 Seemannsspr. 278. Während das Segel hinten im Boot Treiber heißt (daf. 793), ist F. 'Zieher': zu älter nd. focken 'Segel hissen', nnl. fokken 'aufziehen'. Nach der Dreieckgestalt des Segels heißt fries. fok 'dreieckiges Stück Land', norw. fokka 'keilförmiges Stück Erde'. Schon isl. ist Fokka als Ortsname bezeugt.

Fohe F. 'Füchsin' s. Fuchs.

Fohlen N. Ahd. asächs. folo, agf. fola, anord. foli, got. fula führen auf eine gemein-germ. Bezeichnung des Jungen von Pferd und Esel, die aus vorgerm. *pulon- entstanden ist und in Ablaut zu alban. pel'ë 'Stute', gr. πῶλος 'junges Pferd, Junges' (s. foltern), lat. pullus 'junges Tier' steht; idg. Wz. *pō(u)l-: *pəul-: *pul-. Hierzu frz. poulain 'Füllen'. Fohlen ist hess. und nd. allein üblich, während hd. Füllen (s. d.) dort fehlt. Zu den Fem.-Bildungen anord. fylja, ahd. fulihha, mhd. fülhe 'weibl. Füllen' s. Kluge 1926 Stammbild. § 38. 45.

Föhn M. 'heiß zu Tal stürzender Südwind', ahd. phönno, mhd. fœnne 'Regen=, Tau=, Wirbelwind'. Ein Wort zunächst des Hoch- und Mittelalem., danach auch des Oberschwäb., Südbair. und Tirol., spät erst des Rhd. Lat. (ventus) favōnius 'lauer Westwind', urspr. 'der wärmende' (zu fovēre 'warm machen') ergibt vulgärlat. faōnius, das früh zu den Germanen gelangt: über *faūnjo, *fáunjo sind die ahd. und späteren Formen entwickelt. Churw. favougn, favoign, fagugn, fuogn, tessin. fogn, schweiz.=frz. foé, foën haben nicht vermittelt. Urspr. M., ist Föhn seit dem 14. Jh. in Teilen der Schweiz F. geworden, offenbar nach dem Vorbild von Bise (s. d.). Damals konnte der Artikel d' mit dem anlautenden f verschmelzen: daher der Anlaut pf- in Mundarten der Schweiz und Oberschwabens. In der Schriftsprache hat sich das M. (das Schiller 1804 Tell 1, 3 bei J. J. Scheuchzer 1706 Beschr. d. Nat.=Gesch. des Schweizerl. 1, 182. 2, 87 vorfand) nach Vorbildern wie Sturm und Wind behauptet: H. Wehrle 1907 Zf. f. dt. Wortf. 9, 166f.

Föhre F. 'Pinus silvestris, gemeine Rotkiefer'. Mhd. vorhe, ahd. for(a)ha, asächs. furie, agſ. furh, anord. ſchweb. fura, norw. furu, dän. fyr (hieraus entlehnt engl. fir) führen auf germ. *forhu-. Die urſpr. Beb. iſt 'Eiche', der Sinn hat ſich gewandelt, ſ. Buche. Die ablautenden ahd. fëreheih, langob. fereha bedeuten 'Speiſeeiche'. Jdg. *perqᵘ(o) liegt vor in aind. parkatī- 'heiliger Feigenbaum' und (mit offenbar älterer Beb.) ind. pargāi 'Steineiche', ſowie in lat. quercus (aus *perqus) 'Eiche'. Eine Beb.-Entwicklung von 'Eiche' über '(Eich=)Wald' zu '(Wald=)Gebirge' vorausſetzend, ſchließen ſich an kelt. Ἀρκύνια ὄρη, Hercynia silva, Orcynia 'das deutſche Mittelgebirge'. Vor dem im Kelt. lautgeſetzlichen Schwund des p-, alſo ſehr früh, entlehnt iſt lat.-germ. Fergunna, Firgunnea, ahd. Virgunnia, -undia als Name mb. Gebirgszüge. Aus dem Namen in appellativen Gebrauch überführt ſind got. faírguni 'Gebirge' und agſ. fiergen- 'Bergwald'. Föhre iſt mit Birke, Buche und Fichte unter unſern Baumnamen einer der wenigen, die über das Germ. hinausgreifen. Nächſtverwandt ſind Forſt und Kiefer. Die Götternamen anord. Fiörgynn, lit. Perkúnas, gr. Ζεὺς φηγωναῖος bleiben fern. Vgl. W. Horn 1929 Behrens-Feſtſchr. 110.

folgen ſchw. Ztw., mhd. mnd. nnl. volgen, ahd. folgēn, aſächſ. folgon, mnl. volghen, afrieſ. folgia, fulgia, agſ. folgian, fylgan, engl. follow, anord. iſl. norw. fylgja, ſchwed. följa, dän. følge. Die got. Entſprechung entgeht uns, weil Wulfila laistjan (ſ. leiſten) vorzieht. Um die Deutung haben ſich ſchon die Alten bemüht, ihre Bildungen (agſ. ful ēode 'er folgte', agſ. aſächſ. fulgangan, ahd. fola gān 'folgen') ſind ſämtlich irreführend. Vielmehr iſt germ. *folg- urverwandt mit kymr. ol '(Fuß=)Spur', ar ol 'nach, hinter', olafiad 'Nachfolger', korn. ol 'Fußſpur' und abret. ol, Mz. olg-ou 'Aufſpürung, Unterſuchung', die auf idg. *polgh- zurückführen, das auch dem germ. Ztw. vorausliegt. — Folge F. iſt poſtverbal; ahd. allein in Notkers Zuſ.-Setzung ſelbfolga 'Partei'. Das Adj. folglich, zuerſt bei Stieler 1691, hat Gottſched durchgeſetzt.

folgenſchwer Adj. für frz. gros de conséquences bei Schubart um 1780: Zſ. f. d. Wortf. 11, 108.

folgerecht, =richtig Adj. treten ſeit Knigge 1788 als Erſatz für konſequent auf. Danach folgewidrig für inkonſequent Campe 1813 Wb. z. Verd. 370, von Goethe aufgenommen: Zſ. f. d. Wortf. 4, 128. 6, 216.

Folgezeit F. 'posterior aetas', bekannt durch Gg. Neumark († 1681) 'Wer nur den lieben Gott läßt walten' Str. 5 „Die Folgezeit verändert viel Und ſetzt jeglichem ſein Ziel". Gern bei Hagedorn, Denis, Niebuhr; durchgeſetzt von den Klaſſikern.

Foliant M. 'Buch in ungefalteten Bogen (ſ. Duodez), zu älterem Folio um 1650 gebildet: H. Schulz 1913 Fremdwb. 1, 221.

Folter F. zuerſt in Jsny 1406 Oberſchwäb. Stadtrechte 1, 207 „ain ſchädlichen Man mit Föltrit im Turn gichtigen", das Ztw. (nnl. ſeit 1599 foltern) ſchon 1396 Quellen z. Geſch. d. Stadt Köln 6, 436 „gevangen, bitterligen gefoltert ind gepynigt". Die dem germ. Recht fremde Folter iſt vom Mittelmeer zu uns gekommen. Das ſcharfkantige Geſtell, auf das der Verdächtigte mit beſchwerten Füßen geſetzt wurde, hieß nach der Ähnlichkeit mit einem Fohlen ſpätgr. πῶλος. Dazu in nachklaſſ. Latein poledrus, das mit Hilfe des gleichbeb. ciceronianiſchen eculeus 'Pferdchen' durchſichtig blieb u. bei der Übernahme in der Richtung auf Fohlen umgeſtaltet werden konnte. Fem. iſt Folter Ende des 15. Jh. nach dem Vorbild des älteren Marter geworden. Folter, foltern mit Folterer, folteriſch u. zahlreichen Zuſ.-Setzungen finden ſich jahrhundertelang nur in Rechts- und Geſchichtsquellen; wahrer Volksſprache iſt die Sippe ſtets fremd geblieben.

Fontäne F. Zu lat. fons, fontis 'Quelle' gehört ſpätlat. fontāna, das über afrz. fontaine 'Quelle' kurz nach 1200 mhd. fontāne, funtāne, über mnl. fontaine mnd. fonteine ergibt. Die nl. Gartenkunſt liefert fontein 'Springbrunnen' 1604 Volksb. v. d. Heymonsk. 177; fontin v. d. Groen 1669 Nl. Gärtner C 2. Als Entlehnung aus frz. fontaine begegnet Fontaine in hd. Zeitungen ſeit 1603: H. Schulz 1913 Fremdwb. 1, 222.

foppen Ztw. Das Augsburger Achtbuch von 1343 brandmarkt fopperin, die nement ſich unſinne an vnd warſagens (Kluge 1901 Rotw. 1, 2). Entſpr. vopper Basl. Betrügn. um 1450 (daſ. 13 f.), vopper(in) Liber vagat. 1510 (46), hier auch voppen 'lügen', das zuerſt bei Brant 1494 Narr. 63, 42 begegnet und von der Schweiz aus ſeit H. R. Manuel 1548 Weinſp. 219 ſchriftſprachlich wird: H. Schulz 1908 Zſ. f. d. Wortf. 10, 242. Nnl. foppen iſt aus dem Hd. entlehnt. Da -pp- in einem heimiſchen Worte des obd. Bodens, auf dem foppen jahrhundertelang allein auftritt, unmöglich iſt und einleuchtende Vorbilder im Hebr. wie in andern Fremdſprachen fehlen, iſt foppen wohl als Wort für den Gebrauch der Gauner künſtlich zurechtgemacht, vielleicht nach Vorbildern, die uns entgehen.

Förde F. 'Meerbuſen' zunächſt in Schleswig-Holſtein, mnd. ford, anord. fjǫrðr 'Meeresbucht', woraus entlehnt ſchott. firth, frith. Zum Stamm von fahren, wie Furt und lat. portus 'Hafen': Kluge 1911 Seemansſpr. 282.

fordern ſchw. Ztw., mhd. vo(r)dern, ahd.

fordarōn, mnd. vorderen. Nnl. vorderen, dän.
fordre, ſchwed. fordra und ſlav. fodrować be=
ruhen auf Entlehnung aus dem Deutſchen. Das
Ztw. iſt in ahd. Zeit zu vorder (ſ. d.) gebildet
und bedeutet urſprünglich 'verlangen, daß etwas
(jemand) hervorkommt'. Vergleichbare Bildun=
gen ſind außer fördern (ſ. d.) ändern, an=,
erwidern, äußern, hindern. Die Form
ſod(b)ern geht im 14. Jh. vom Oſtmd. aus
und überwiegt ſchriftſprachlich noch im 18. Jh.,
zumal im Reim; mundartlich gilt ſie weithin bis
heute. Vor dem zweiten r iſt das erſte, das vor d
ſtand, geſchwunden wie in Köder. Wie For=
derung F., mhd. vo(r)derunge, ahd. fordrunga
'praerogativa' (Steinmeyer=Sievers 2, 551, 50)
hat fordern ſein Glück als Rechtswort durch
den Sachſenſpiegel gemacht.

fördern Ztw. ahd. furdiren, mhd. vürdern,
mnl. vorderen, agſ. fyrðran, (ge)forðian, engl.
afford: weſtgerm. Bildung *furþirjan zum Adv.
ahd. furdir, mhd. vürder 'vorwärts' (ſ. fürder),
demgemäß die Bed. 'vorwärts bringen, kom=
men', die zweite noch im 18. Jh. gut entfaltet
(Zſ. f. d. Wortf. 10, 116). Bergm. fördern
eig. 'aus dem Schacht fortſchaffen' ſeit Mathe=
ſius 1562 Sar. 196. Ausfall des erſten r wie in
fordern, ſ. d.

Forelle F. Salmo fario L. Mhd. forhe(n),
forhel, ahd. forhana weiſen auf weſtgerm.
*forhna, beſtätigt durch aſächſ. furnia, mnd.
vorne, mnl. voorne, agſ. forn(e) 'Forelle'; da=
neben mit Ablaut ſchwed. färna (aus *ferhna)
'Weißfiſch'. Vorgerm. *pŗknā, dem gr. πέρκη,
lat. perca 'Barſch', porcus 'Stachelfloſſer',
neuir. earc 'Lachs' (neben earc 'rot, geſpren=
kelt') am nächſten ſtehen, wird zu aind. pŗśni-,
gr. πέρκ(ν)ός 'bunt' (ſ. Farbe) gezogen: die
Forelle heißt nach ihren roten Tupfen (wie ruſſ.
pestruška 'Forelle' nach pestryj 'bunt'). Unſre
Schriftform hat Adelung durchgeſetzt. Den Ton
auf der ſchweren Mittelſilbe bezeugt zuerſt E.
Alberus 1550 Fab. 25, 74. Die nhd. Form be=
ruht auf der mhd. Nebenform forhel (Suffix=
wechſel wie in Orgel). Thür. fórelle, rheinfr.
fürälle wahren den alten Ton. Infolge der Ton=
verſetzung entſtehen elſ. lux. heſſ. ſauerl. frell(e).
Ohne l bleiben bair.=öſterr. förchen, fehrne,
älter ſchwäb. forhen, ſchweiz. for(n)e. Auf Ent=
lehnung aus dem Nhd. beruhen dän. forelle,
ſchwed. forell, norw. forel.

Forke F. Eiſerne Heu= und Miſtgabeln ſind
mit dem röm. Handel früh zu den Germanen
gekommen. Ihr Name, lat. gemeinroman.
furca (frz. fourche) ergibt agſ. force F., forca
M. (engl. fork), mnl. vorke, mnd. forke,
förke. Er lebt in rhein. furək, weſtfäl. oſtfrieſ.
forke 'Miſt=, Heugabel' bis heute. Unabhängig
von dieſer frühen Entlehnung des Nordweſtge=

biets wird im Südſaum mit der klöſterl. Gar=
tenkunſt ſpätahd. furka aus dem Lat. über=
nommen. Als ſchweiz. ſchwäb. furke lebt die
jüngere Entlehnung in den Mundarten des
Südweſtens; im Gelände bezeichnen Furka,
Furggelen (lat. furcula) Päſſe und Talgabe=
lungen. Zur 'Tiſchgabel' iſt Forke ſelten ge=
worden. Vgl. Gabel, Gaffel, Zwieſel.

Form F. Lat. forma, deſſen Deutung un=
ſicher iſt u. deſſen Zuſ.=Hang mit gleichbed. gr.
μορφή ſchwierig bleibt, ergibt um 1250 mhd.
forme; ſo noch bei Luther 1543 (Dietz 1, 692),
anderſeits form 'Geſtalt' ſchon bei Konr. v.
Megenberg 1350 B. d. Natur 271. — Format
N., das ſubſt. Part. zu lat. formāre 'geſtalten',
erſcheint ſeit Rivius 1558 Büchſenmeiſterei 3,
1, 29, ſeit 1634 bei den Buchdruckern: Klenz
1900 Druckerſpr. 43. — Formel F. in dieſer
Geſtalt ſeit S. Rot 1571, lautet im 16. Jh. formul
und bleibt damit dem lat. formula, Demin.
von forma, näher. Im algebr. Sinn ſeit 1747:
Schirmer 1912 Wortſch. d. Math. 24.

formgewandt, =vollendet Adj. nach A. Gom=
berts Programm von 1908 nicht vor 1840.

Formular N., nl. (ſeit 1599) formulaer 'Vor=
druck' nach lat. formulārium, ſ. Formel. 1484
begegnet Formulari als Titel eines ge=
druckten Briefſtellers. Die endgültige Form
in kaufmänniſchem Bereich bei Math. Schwartz,
Buchhalten (Augsburg 1518) 4b 'der kan ſich auß
dem Muſter oder Formular wohl verrichten".
Die Mz. bleibt dem Lat. näher: Fab. Frangk
1531 Kanzleibüchl. 3 b „auß den ſelben Formu=
larien des Brieffdichtens".

forſch Adj. Frz. force 'Kraft' (von lat. fortis
'ſtark') war im 16. Jh. entlehnt worden, im
17. hatte es nach der deutſchen Lautregel, die rs
auch in Barſch, birſchen, Burſche uſw. zu
rſ wandelt, Forſche ergeben. Demgemäß wird
die nd. Neubildung fors 'kräftig' zu forſch.
Greifbar zuerſt bei Bach 1812 Alberts Jugend=
jahre 11, älter offenbar in Studentenmund.
Kluge 1895 Stud.=Spr. 91; Zſ. f. d. Wortf. 4,
311. 12, 278.

forſchen ſchw. Ztw., mhd. vorſchen, ahd.
forskōn (aus *forhskōn) 'fragen nach': eine
hd. Bildung zu ahd. forsca F. 'Frage'. Mnd.
nnl. vorschen ſind aus dem Mhd. entlehnt, dän.
forske, ſchwed. forska aus dem Nhd. Dem
ahd. F. entſpricht aind. pṛcchá 'Frage, Er=
kundigung'. Daneben ſind aind. pṛccháti 'fragt',
toch. prakäsmār 'fragen', lat. poscere (aus
*porcscere) 'fordern' -sko=Präſentien (*pṛk-
skō) zur idg. Wurzel *perk-: pṛk- 'fragen,
bitten' (ſ. fragen): Idg. Forſch. 45, 156f.
58, 129.

Forſt M. F. Zu ahd. forha (ſ. Föhre) iſt
mit der Bildungsſilbe germ. -istra (F. Kluge,

Nom. Stammbildungsl. 1926 § 94 a) *forhist 'Föhrenwald' gebildet, das im merow. Westfranken sein h verliert und seine Bedeutung über 'Nadelwald' und 'Wald' wandelt zu '(königl.) Bannwald, in dem das Holzen und Jagen verboten ist'. So zuerst 648 in e. Urkunde Sigeberts III., durch die der König den Mönchen von Stablo-Malmedy ein umfangreiches Gebiet schenkt „in foreste nostra nuncupata Arduenna" (Mon. Germ., Dipl. I 22). Als 'Bannwald' tritt forst M. um 800 Ahd. Glossen I 214, 316 auf, in dt. Waldnamen bald danach von der Nordsee bis Österreich. Die geschlossene Belegreihe für das mhd. Appellativ forëst beginnt erst kurz vor 1200. Daneben zeigen mhd. forëht, furëht N. eine Übergangsstufe des verstummenden afrz. s, mhd. foreis(t) beruht auf ostfrz. Formen mit parasit. i. Frühe Verkürzung zu forst mag das Vorbild von hurst bewirkt haben. Neunord. forst ist aus dem Deutschen entlehnt: Suolahti 1929 Frz. Einfluß 295 f.; E. Gamillscheg, Rom. Germ. 1 (1934) 155. 212 f.; E. Christmann 1938 Beitr. z. Flurnamenforschg. d. Saarpfalz 11 f. Anders J. Trier 1940 Nachr. v. d. Ges. d. Wiss. zu Göttingen, phil.-hist. Klasse, Fachgruppe 4, Bd. 3, Nr. 4.

Fort N. Lat. fortis Adj. 'stark' liefert gleichbed. frz. fort, das im 16. Jh. als 'fester Platz' substantiviert und kurz vor dem 30jähr. Krieg ins Deutsche entlehnt wird: Fort N. 'Feste' Henisch 1616; Forten Plur. Wallhausen 1616 Kriegsmanual 78. Gleichzeitig wirken gleichbed. nnl. fort und ital. forte ein.

fort Adv. mhd. vort 'vorwärts, weiter, fortan', asächs. afries. forth, ags. forþ 'weg'. Germ. Stamm *forþa, idg. *pr̥to, von *pro 'vorwärts' gebildet wie got. hvaþ 'wohin' zum germ. Pron.-Stamm *hwa, aljaþ 'anderswohin' zum Stamm von aljis 'anderer'. Verwandt mit vor, vorder, fördern.

Fortschritt M. Lehnübersetzung von frz. progrès, nach Kinderling 1795 Reinigk. 388 nach 1750 von Mylius und Wieland eingeführt; etwa 1830 (wiederum wie frz. progrès) polit. Schlagwort: Rich. M. Meyer 1900 Vierh. Schlagw. 91; O. Ladendorf 1906 Schlagwb. 87 f.; Zs. f. d. Wortf. 2, 66. 3, 226. 8, 6. 10, 235. 13, 99.

Fourage s. Furage.

Foyer N. Zu lat. focus 'Feuerstätte' ist über focārius 'zum Herd gehörig' frz. foyer 'heizbarer Raum' gebildet, das seit Matthisson 1803 als 'Gesellschaftssaal im Theater' bei uns erscheint: H. Schulz 1913 Fremdwb. 1, 224.

Fracht F. Ein urspr. fries. Wort, das nach allen Seiten ausgestrahlt ist: mnl. vracht, mnd. fracht, frucht (seit 1292: Kluge 1911 See-

mannsspr. 282 f.), dän. fragt, schwed. (seit 1529) frakt, engl. fraught, freight (dies aus der mnd. mnl. Nebenform vrecht). Aus dem Nd. gelangt das Handelswort seit 1522 ins Hd. (Schirmer 1911 Wb. d. d. Kaufm.-Spr. 65). Auszugehen ist von germ. *fra-aihti (das zweite Glied zum gleichen Stamm wie eigen, s. d.), dessen Bed. aus ahd. frēht 'Lohn, Verdienst' erkennbar ist. Über 'Preis der Überfahrt' wurde die Bed. 'Ladung' erreicht. Frz. fret, port. frete, span. flete 'Mietpreis, Schiffslohn, Befrachtung' stammen aus dem Germ.

Frack M. Afränk. *hrok (s. Rock) ergibt frz. froc 'Kutte' (mit demselben Wandel des Anlauts wie frappieren; vgl. Flanke, flau) und weiterhin engl. frock, das nach 1750 rückentlehnt wird. Der Frack (so seit Goethes Werther 1774) mit a, weil engl. o nach a hin klang: K. Luick, Hist. Gramm. d. engl. Spr. § 534 Anm. 1; vgl. boxen, Fächer, Labskaus, Torte. W. Fischer 1943 Dt. Wortgesch. 2, 360.

fragen Ztw. ahd. frāhēn, mit gramm. Wechsel frāgēn, asächs. frāgōn, ags. frāgian, afries. frēgia, mnl. vrāghen; dazu mit Ablaut ahd. fergōn 'bitten'. Außerhalb des Deutschen ist nächstverwandt gleichbed. ags. fricgan (aus *fregjan). Daneben mit n-Präsens got. fraíhnan (frah, frēhum), anord. fregna, ags. frignan, frīnan 'fragen'. Germ. Wz. *freh- (mit gramm. Wechsel *freg-) aus idg. *prek-: pr̥k- (s. forschen). Dazu lat. preces 'Bitten', precāri 'bitten', procus 'Freier', aind. praśná 'Befragung', aslav. prositi, lit. prašýti 'fordern, bitten'. Vgl. Pracher.

Fragezeichen N. übersetzt lat. signum interrogationis seit Schottel 1641 Sprachkunst 540: Zs. f. d. Wortf. 15, 40.

Fragment N. Lat. fragmentum 'abgebrochnes Stück' (zu frangere 'brechen', s. d.) gelangt im 16. Jh. auf gelehrtem Weg zu uns und erscheint in deutschem Text zuerst in der Zimm. Chron. 1, 187; gebucht seit Sim. Rot 1571. Die Lehnübersetzung Bruchstück verzeichnet zuerst Duez 1642.

Fragner s. Pfragner.

fragwürdig Adj. von Aug. Wh. Schlegel dem engl. questionable in Shakespeares Hamlet 1, 4 nachgebildet, das dort die ungewöhnliche Bed. 'zum Befragen auffordernd, des Befragens würdig' hat. Von der Bühne her wurde das ungewohnte Wort zu 'unsicher, bedenklich' umgedeutet; es erreichte damit den gangbaren Sinn des engl. Vorbilds: G. Ellinger 1935 Zs. f. dt. Phil. 60, 22.

Fraktur F. Lat. fractūra zu frangere 'brechen' ist 'Bruch' in jedem Sinn, z. B. als 'Knochenbruch'. In Anwendung auf die 'deutsche Schrift' mit ihren gebrochenen Linien ist

F. seit Sim. Rot 1571 verkürzt aus Fraktur-
buchstabe. Der übertragene Gebrauch, heute
in Wendungen wie „Fraktur mit einem reden",
beginnt 1612 mit der Formel „mit grober
Fractur hindten auff den Buckel schreiben":
Klenz 1900 Druckerspr. 44; Zs. f. d. Wortf. 7,
134. 8, 127; Ladendorf 1906 Schlagwb. 89;
Mitt. d. schles. Ges. f. Volkskde. 20 (1918) 137.

frank Adj. 'frei'. Der Stammesname der
Franken gelangt zu den roman. Nachbarn und
wird über mlat. francus 'fränkisch' als frz.
franc, ital. span. port. franco zur Bezeichnung
des freien Mannes: die Franken waren in ihrem
nordfrz. Herrschaftsgebiet franc et libres de
toutes tailles. Spät im 15. Jh. wird das franz.
Adj. zurückentlehnt und in der Formel frank
und frei viel gebraucht. Im 17. Jh. gelangt
ital. franco zurück; vom Sprachverderber 1644
wird es erstmals gerügt. Aus der Formel
(il) porto (è) franco 'das Tragen ist frei' gelangt
franko zur Bed. 'postfrei'. Das zugehörige
frankieren ist seit Schupp 1663 Schriften 256
dem ital. francare 'freimachen' nachgebildet.
S. Porto und altfränkisch.

Franse F. Lat. fimbria 'Franse, Troddel
am Gewand' (seit Cicero; wohl zu lat. fibra
'Faser') ergibt über spätlat. *frimbia afrz.
fringe, frenge und weiterhin mnl. frange,
frandje. Spätmhd. franze F. setzt ein vor 1250
entlehntes mhd. *franse voraus: nur so erklärt
sich s für frz. z̆, denn zwischen 850 und 1250
wurde ahd. s wie š gesprochen: M. Förster 1941
Themse 557 f. Danach wandelten auch Wörter
mit ursprünglichem š dieses in z, daher das
spätmhd. Ztw. franzen 'mit Troddeln besetzen'.
In obd. Mundarten gelangt das Lehnwort aus
ital. frangia. Gleichbed. engl. fringe hat die
afrz. Aussprache bewahrt.

Franzband M. 'Ledereinband nach frz. Art',
kaum vor Swift 1729 Märchen v. d. Tonne 129:
Zs. f. d. Wortf. 12, 182.

Franzbranntwein M. 'frz. Branntwein' seit
Ettner 1697 Chymicus 507. Vgl. Kognak,
Weinbrand. — Etwas älter ist Franzwein
'frz. Wein': Birken 1669 Brandenb. Ulysses 62.

Franzbrot N. kommt um 1700 für eine
Art frz. Pasteten auf und wird von Amaranthes
1715 Frauenz.-Lex. 569 mit Mund-Semmel
umschrieben: Zs. f. d. Wortf. 12, 183. In Leipzig ist es gegenüber der gröberen Semmel eine
feinere Art Brötchen.

Franzmann M. 'Franzose' seit Krämer 1678
wie nnl. Fransman (zu frans Adj. 'französisch').
Dafür im 18. Jh., z. B. bei Goethe, Franze;
dazu bei dems. Franztum. Deutsches z für
frz. c auch in Lanze, Latz, Litze, ranzig,
Schanze.

frappieren schw. Ztw. Afränk. *hrapōn 'rupfen, raufen, raffen' gelangt ins Roman. und ergibt (mit demselben Lautwandel wie Frack, s.
d.) im 12. Jh. frz. frapper 'schlagen'. Als frappieren kehrt es zu Beginn des 18. Jh. zurück
(Belege seit 1719 bei H. Schulz 1913 Fremdwb.
1, 225), nun im übertragnen Sinn 'treffen, Eindruck machen'. Entspr. frappant seit Lessing
1758; um 1770 Modewort: Zs. f. d. Wortf. 8, 71.

Fraß M. mhd. vrāz 'das Essen' postverbal
zu fressen. Ahd. frāz, mhd. vrāz bed. auch
'Fresser'.

Fratze F., österr. Fratz M. Ital. frasche, Mz.
von frasca 'Laubast, wie er vor allem als Schank-
zeichen ausgesteckt wird', gelangt infolge des aus-
gelassenen Treibens beim Ausschank zur Bed.
'Possen'. So lernt Luther in Italien das
Wort kennen, er braucht seit 1521 (Weim. Ausg.
3, 523) Fratzen als 'Possen, albernes Gerede';
durch ihn und seine Anhänger (Waldis, Kirchhof, Fischart) kommt das Wort in Schwung,
immer als 'Possen'. Die Bed. 'entstelltes
Gesicht' wird im 18. Jh. über Fratzengesicht
(so Frisch 1741 Wb. 1, 290) erreicht. Aus dem
Mhd. stammt nnl. fratsen, aus dem Ital. frz.
frasque. Dem germ. Norden bleibt das Wort
fremd. Unhaltbar Hollander 1906 Zs. f. d.
Wortf. 7, 296; Littmann 1924 Morgenland.
Wörter 47 f. und W. Hartnacke, Neuphil. Wochenschr. 1943 S. 37 f.

Frau F. mhd. vrouwe, ahd. frouwa 'Herrin',
asächs. frūa, anord. Freyja: Fem.-Bildung zu
germ. *frawan, *fraujan (idg. *prouon) 'Herr';
vgl. ahd. frō (aus *frawō), got. frauja 'Herr';
dazu anord. Freyr (aus *fraujaz). Das Mask.
ist bei uns früh ausgestorben, doch s. Fron(e),
fron. Außergerm. sind verwandt die ablautenden Bildungen aind. pūrva (idg. *pruo-)
'früherer, erster', aslav. prǔvǔ 'erster', aind.
pūrvyá 'früher'. Ohne w-Suffix zeigt sich
die Wz. in gr. πρό 'vor', air. ro 'sehr'. Bed.-
Wandel von 'erster' zu 'Herr' hat auch Fürst
vollzogen.

Frauenglas s. Marienglas.

Frauenmantel M. heißt Alchemilla vulgaris L. seit etwa 1500 nach den großen, rundlichen,
etwas gefalteten Blättern, die mit dem Mantel
verglichen werden, wie ihn auf Heiligenbildern
Maria trägt. Landschaftliche Namen wie Lieb-
frauen-, Muttergottes-, Marienmantel
stützen die Deutung, ebenso mlat. (16. Jh.) S.
Mariae pallium, nl. (lieve)vrouwenmantel, engl.
(1548) (our)Lady's mantle, schwed. (1638) Ma-
riekåpa, dän. (1772) vor frues kaabe.

Frauenzimmer N. Im 15. Jh. erscheint
vrouwenzimmer 'Frauengemach'. Diese Bed.
gilt in der Lutherbibel (Esther 2, 3. 9) und
hält sich bis 1750. Daneben erscheint zuerst in
Schwaben 1450 die Bed. 'Gesamtheit der

Frauen im Gemach': Dt. Texte des MA. 24,
Nr. 10, V. 422 In dem so kumpt bereyt Ir
frauwenzymmer gantz. An die Stelle dieser
Sammelbed. tritt (wie bei Bursche, Imme,
Kamerad, Rat) das Einzelwesen: das. V. 539
Der frauwenzymmer vil Der ich keins nennen
wil Denn besunder zwey (Frau Aventüre und
Venus). Noch Luther kennt diese dritte Bed.
nicht; sie wird seit 1595 häufiger, zunächst bei un=
bestimmtem Artikel und in der Anrede, bei den
schles. Dichtern auch in freiem Gebrauch, den
doch noch Gottsched 1758 Beobacht. 424 als lä=
cherlich verwirft zugunsten von Weibsperson
(DWb. 14, 1, 451). Trotzdem wird das Wort
nach 1750, zunächst für vornehme Frauen,
allgemein schriftdeutsch, Plur. und Verkl.
werden möglich, bis im 19. Jh. der sozial ge=
sunkene Ausdruck durch Dame, Frau, Fräu=
lein, Mädchen abgelöst wird: C. Müller,
Seidenadel, Jellinek Zs. f. d. Wortf. 3, 253.
5, 59ff. 6, 380; Edw. Schröder 1937 Zs. f. d.
Alt. 74, 163.

Fräulein N. Mhd. vrouwelīn als Verkl.
zu vrouwe 'Herrin' geht im 12. Jh. von obd.
Höfen aus; als md. nd. Ausdruck steht ihm
Mädchen zur Seite. Die Bed. 'Jungfrau
vornehmen Stands' gilt von Anbeginn bis
1820 (deutlich so Goethes Faust V. 2906 „der
Herr dich für ein Fräulein hält"). Im 19. Jh.
löst F. nach Rüdigers Vorschlag Mamsell
und Demoiselle ('dominicella', verhält sich
zu Dame 'domina' wie Fräulein zu Frau)
als 'Mädchen bürgerl. Stands' ab, was noch
Campe 1813 für undurchführbar hält. Für
die Tochter von Adel rückt gnädiges F. nach,
das seit Mitte des 19. Jh. zu den Bürger=
lichen sinkt. Wie bei Mädchen und Weib
(DWb. 14, 1, 332 f.) geraten bei Fräulein
natürl. und gramm. Geschlecht in Widerstreit;
die F. seit Gryphius 1698 Ged. 1, 846. Plur.
Fräuleins häufig seit Gottscheds Dt. Schau=
bühne 4, 190: H. Paul 1917 D. Gramm.
2, 118. 131; Zs. f. d. Wortf. 2, 278. 5, 23. 6,2.

frech Adj. Mhd. vrëch 'mutig, kühn, tapfer,
keck, dreist, lebhaft', ahd. frëh (hh) 'ungezähmt,
geizig, habsüchtig', mnl. vrek 'gierig, böse', ags.
frec 'gierig, eifrig, kühn, gefährlich', anord. frekr
(dän. fræk und schwed. fräck beruhen auf junger
Entlehnung aus dem Dt.), got. friks (in fashu=
friks 'habgierig', s. Vieh) führen auf germ.
*frëka- mit der Grundbed. 'gierig', die früh zu
'kampfgierig' gewendet erscheint. Daher ags.
freca M. 'Held, Krieger' und Männernamen
wie Friculf, Fricarius, Fricco (ähnliche Beson=
derungen auf Kampf und Krieg erleben bereit,
fertig, kühn und rüstig). Afrz. frique und
nprov. fricaud 'munter, lebhaft' sind germ. Ur=
sprungs. Im Ablaut mit *frëka- stehen schwed.

norw. mundartl. frakk (vgl. frank), ags. fræc
'gierig', norw. fræk 'mutig, tüchtig, stark',
anord. frøkn, frøkinn, asächs. frōkni, ahd.
fruohhan 'gefährlich, kühn'. Urverwandt sind
poln. pragnąć 'gierig verlangen', kymr. rhe=
widd (aus *pragio-) 'Geilheit'. So gelangt
man zu idg. *preg- 'gierig, heftig'.

Fregatte F. erscheint für Mittelmeerschiffe
seit 1565 in Formen wie rahaden, fra-, fre-, fri-,
fro-, frugatte in obb. Quellen, zunächst als
'Schiffsbeiboot', dann als 'navigium explorato=
rium', seit 1572 als 'kleineres, schnelles Kriegs=
schiff' und nicht vor 1658 als 'dreimastiges
Handelsschiff'. Goethe, Jub.=Ausg. 26, 261
schreibt am 26. März 1787 aus Neapel: „Don=
nerstag ... geh' ich mit der Korvette, die ich,
des Seewesens unkundig, in meinem vorigen
Briefe zum Rang einer Fregatte erhob, endlich
nach Palermo". Das Wort ist roman. Ursprungs.
Frz. frégate, zuerst 1521 als fragate, beruht auf
span. fragata, frégade bei F. Rabelais auf
venez. fregada. — Der tropische Seevogel
Pelicanus aquilus heißt seit Beginn des 18. Jh.
wegen seines schnellen, kühnen Flugs bei unsern
Seeleuten Fregatte, bei den engl. man of war
bird: Kluge 1911 Seemannsspr. 284ff.

frei Adj. Ahd. asächs. frī, ags. frēo, frī, got.
freis führen auf germ. *frija- 'frei'. Weil der
Sklave einen Ring um den Hals trug, ist ahd. mhd.
frīhals M. 'der Freie'; anord. ist das entspr.
frjáls als Adj. an Stelle des dort fehlenden *frīr
getreten; got. freihals, ags. frēols sind aus
'Zustand der Freihalsigkeit' zum Abstr.=Begriff
'Freiheit' entwickelt. So ist die heutige Bed.
'frei' schon gemeingerm., auch kymr. rhydd (aus
*prijos) teilt sie. Gleichwohl sind Spuren
einer älteren Bed. vorhanden: ostschweiz. frī
'lieb, freundlich, artig'; got. frijōn 'lieben',
frijaþwa 'Liebe', ags. frēod (für *frijōdus)
'Gunst', frīgu 'Liebe', frēodryhten 'der liebe
Herr', frēo-bearn 'das liebe Kind'. Die damit
erwiesene Wz. germ. *frī erscheint auch in got.
frei-djan, mhd. vrī-ten 'schonen' (s. freien,
Freund, Friede, Friedhof). Die Freunde,
die man liebt und schont, sind urspr. die Stamm=
verwandten, die der Germane frei nennt im
Gegensatz zu den fremdbürtigen Sklaven (O.
Schrader, Zs. f. Sozialwiss. 1, 342). 'Lieb'
als Grundbed. wird gesichert durch urverw. aslav.
prijati 'beistehen', prijatelji 'Freund', aind.
priyá- 'lieb, beliebt' zur Wz. *prī 'erfreuen, ge=
neigt machen'. Aind. bed. das Fem. des Adj.
priyā 'Gattin, Tochter': dazu stimmt ahd. Frīa,
asächs. frī, ags. frēo F. 'Weib', anord. Frigg
(aus urgerm. *frijjō, idg. *prijā). S. Freitag.

Freibeuter M. Ein fürs Mnl. voraus=
zusetzendes op vrijbuit gaen (Horae belg. 2² 82)
liefert nnl. vrijbuiten Ztw., vrijbuiter M.

Dieses ergibt nd. frībūter und erscheint 1579 als Freybeuter in Sibers Gemma gemm. 262. Aus dem Mnl. stammen auch engl. free-booter (seit 1570), dän. fribytter, schwed. fribytare 'Seeräuber': Kluge 1911 Seemannsspr. 287.

Freidenker M. Engl. freethinker ist seit 1692 belegt und wird von Toland 1711 aufgenommen. 1713 entwickelt Collins in seinem Discourse on Freethinking ein von Dogma und Autoritätsglauben freies Christentum, redet von einer Sekte der freethinkers und verschafft dem von aufgeklärten Zeitgenossen als Selbstbezeichnung aufgegriffenen Namen weite Verbreitung: frz. libre penseur, ital. liberi pensatori. Nhd. Freidenker seit 1715: Guhrauer, Leibniz 2, 487.

freien Ztw. Zu dem unter frei entwickelten asächs. frī N. 'Weib' gehört mnd. md. vrīen 'zur Frau machen, zur Ehe nehmen'. Als 'heiraten' verwendet Luther das Ztw. In Stellen wie Matth. 5, 32 „wer ein abgescheidete freiet, der bricht die ehe" konnte daraus 'werben' entstehen. In diesem Sinn ist das Ztw. nach anfänglichem Widerstand (Kluge 1918 Von Luther bis Lessing 35. 108) ins Hd. gelangt.

Freigeist M. Im 14. Jh. spielt die Sekte der Brüder des frīen geistes eine Rolle, von ihren Gegnern die valschen frīen geiste gescholten. Für Luther sind die freien geiste die leichtfertigen Religionsverächter (Dietz 1, 703). Die Zus.-Setzung, als Lehnübersetzung von frz. esprit libre, seit Schottel 1663 Hauptspr. 488: Ladendorf 1906 Schlagwb. 91 ff.; Zf. f. d. Wortf. 3, 227. 6, 95. 7, 140. 10, 236. 13, 99.

Freihandel M. seit 1848 Zf. f. d. ges. Staatswiss. 5, 275, Lehnübers. des engl. free-trade, das selbst von Cobbet 1823 aus älterem freedom of trade zus.-gezogen ist. Freihändler, Lehnübers. des engl. free-trader, scheint etwas jünger zu sein.

Freiheitskrieg M. steht zuerst für den Unabhängigkeitskrieg Nordamerikas: Schubart 1775 dt. Chron. 579. Seit 1793 wird es auf den Kampf der Frz. Republik um ihr Gedankengut angewendet, bei H. v. Kleist 1811 Werke 4, 166 auf den Aufstand der Niederlande. Im Zeitalter Napoleons fordern Arndt u. Schenkendorf zum Freiheitskampf, 1814 erscheint J. C. Gädickes Chronol. Gesch. oder Tagebuch vom dt. Freiheitskriege. Befreiungskrieg zuerst in den 'Zeiten' 46 (1816) 7: Stammler 1934 Zf. f. dt. Philol. 59, 203 ff.

freilich Adv. Mhd. vrīliche, eig. 'unverdeckt', daher 'offenbar, sicherlich', gehört zum Adj. frī, wie ganz-, sælec-, milteclīche zu ganz, sælec, milte. Wie andere Adv., die der Be-

stätigung dienen (ja, zwar, wohl, schon, allerdings, gewiß), ist freilich zum Träger eines Gegensatzes geworden: man kommt dem Gesprächspartner durch eine Anerkennung seiner Aussage entgegen und macht dann erst die eigenen Bedenken geltend: Behaghel 1928 Dt. Syntax 3, 49 f. 174 f.

Freimarke s. Briefmarke.

Freimaurer M. Engl. free mason war im späteren Mittelalter der Bauhandwerker, genauer Steinmetz, der die Gesellenprüfung bestanden hatte und frei durchs Land ziehend Arbeit suchen durfte. Dem ihn einstellenden Meister bewies er das durch Geheimzeichen. Als zur Renaissancezeit die aus Italien eingeführte neue Bauweise den Anteil auch der Gebildeten fand, wurden Vornehme als accepted masons in die Bauhütten (lodges 'Lauben') aufgenommen und in deren geheime Verkehrsformen eingeführt. Um 1700 gründeten engl. Deisten einen Geheimbund, der seinen Religionsübungen jene Zeichen zugrunde legte, indem er sie zu Sinnbildern umdeutete. Daraus erwuchs 1717 die engl. Großloge. Der Name der Brüder erfuhr Lehnübersetzung zu frz. franc-maçon und nhd. Freimaurer. Dies zuerst in der Voss. Ztg. 1733, Nr. 6 (Buchner, Das Neueste von Gestern 2, Nr. 600) „Bey der neulich zu Londen gehaltenen Versammlung der Fremesen oder Frey-Maurer-Gesellschaft ... dergleichen Fremesen oder Frey-Maurer". S. Loge.

Freimut M. Während freimütig und Freimütigkeit schon bei Maaler (Zürich 1561) auftreten, begegnet Freimut nicht vor Stieler (Erfurt 1691), als das einmalige mhd. vrīmuot (Lexer 3, 520) längst verklungen war. S. Einmut und die dort genannten Bildungen auf -mut: H. Ruppel 1911 Rückbild. deutscher Substantiva 12.

Freis F. Mhd. vreise F. M. 'Gefährdung, Schrecken', ahd. freisa F. 'Schreck, Gefahr', asächs. frēsa F. 'Schaden', afries. frēse, frāse 'Gefahr' mit mhd. vreisen 'in Gefahr, Angst bringen', ahd. freisōn, asächs. frēson 'gefährden, versuchen', ags. frāsian 'fragen, erforschen, versuchen', anord. freista, älter dän. freste, dän. friste, schwed. fresta, got. usfraisan 'versuchen' führen auf vorgerm. *perǝī-, zu dem auch gr. πεῖρα 'Erfahrung, Versuch', πειράω, -άζω 'versuche', lat. experīrī 'versuchen, prüfen', comperīre 'erfahren', perītus 'kundig' und perīculum 'Gefahr' gehören. Das Nhd. hat die Sippe eingebüßt, auch freislich (s. d.) und freissam 'schrecklich' begegnen höchstens einmal in altertümelnder Sprache. Lebendig ist in obd. Volkssprache Freis als Name einer Kinderkrankheit, der Eklampsie oder Epilepsie, nach

verbreitetem Volksglauben durch ein Schreck-
männlein verursacht, daher auch (Nacht=)
Schrecken, Schauer, Schäuerchen, lat.
pavor nocturnus, engl. night-terrors, frz. la
peur 'Eklampsie': P. Lessiak 1912 Zs. f. dt.
Alt. 53, 136.

Freischütz M. Auf dem Glauben an Schützen,
die sich durch Teufelsbündnis Freikugeln verschaffen, von denen sechs treffen, während
die siebente vom Teufel gelenkt wird, beruht
eine aus den Monatl. Unterredungen von
dem Reiche der Geister 1730 St. 5 geschöpfte
Erzählung „Der Freischütz" bei Apel und Laun
1810 Gespensterbuch 1, 1. Aus ihr stammt
Fr. Kinds Text, den F. M. v. Weber 1821
seiner Oper zugrunde gelegt hat. Unabhängig
davon verwendet E. Th. A. Hoffmann 1814
Elixiere des Teufels 121 Freischütz als
'Wilderer'; diese Bed. buchen Adelung und
Campe: Rh. Köhler, Kl. Schr. 3, 200.

Freisinn M. und **freisinnig** Adj. bucht
Campe 1808 als neugebildete Wörter. In der
Tat waren damals freisinnig 'geistig gesund'
(H. Sachs, Werke 5, 305 Keller) und Frey-
sinnigkeit (Moscherosch 1643 Insomnis cura
par. 20) längst verklungen. Freisinnig
ersetzt seit Börne 1819 das in polit. Sinn
zuerst in den span. Cortes 1812 gebrauchte
liberal. Freisinn ist schon 1840 verfemtes
polit. Schlagwort. Zu parteiamtlicher Geltung
kommt die Gruppe erst 1884 durch die deutsche
freisinnige Partei: Zs. f. d. Wortf. 3, 226;
Ladendorf 1906 Schlagwb. 94 f.; Schulz-
Basler 1942 Fremdwb. 2, 24.

freislich Adj. Zu mhd. vreisen 'in Schrecken
bringen' (s. Freis) gehört vreislich 'furchtbar,
grimmig' (Lexer 3, 498; gekürzt aus dem als Vorsilbe aufgefaßten Anlaut nnl. ijselijk 'grauen-
erregend'), das im 15. Jh. aus den Handschriften verschwindet: A. Vorkampff=Laue 1906
Leben und Vergehen mhd. Wörter, Tab. XIX.
R. Wagner erneut mit Brünne, dingen,
Eigenhold u. v. a. auch dieses Wort, zuerst
1848 in Siegfrieds Tod: F. Ott 1916 Wagners
poet. Wortschatz 17; Zs. f. d. Wortf. 10, 116.

Freistaat M. als Ersatzwort für Republik
seit Wieland 1774 Abderiten 6.

Freistatt, =stätte F. 'öffentliche Schutz-
stätte für flüchtige Verbrecher', zuerst 1326 in
westfäl. Flurnamen vrīstad. Ph. v. Zesen
1645 Ibrahim Bassa 549 empfiehlt Freistatt
als Ersatzwort für Asyl. In Nürnberg 1678
folgt die erste Buchung in M. Krämers N. Dict.,
seitdem allgemein: Zs. f. dt. Wortf. 12, 183.
13, 48. Vereinzelt bleibt die Bed. 'Richtstätte':
Dt. Rechtswb. 3 (1938) 824.

Freitag M. gemeingerm. Benennung des
(nach christlicher Zählweise) sechsten Wochentags: ahd. (seit dem 9. Jh.) frīa-, frījetag, mhd.
vrītac, mnd. mnl. vrīdach, nnl. Vrijdag, afries.
frīa-, frīgen-, frēdei, agf. frīge-, Friggandæg,
engl. Friday, anord. frjā-, Friggjardagr, dän.
schwed. Fredag. Im 4. Jh. dem spätlat. Veneris dies (frz. vendredi) nachgebildet, das
seinerseits gr. Ἀφροδίτης ἡμέρα übersetzt. Die
Gleichsetzung der gr.=röm. Liebesgöttin mit ahd.
Frīa, anord. Frigg ist sachlich berechtigt, denn
deren Name ist urverwandt mit aind. priyā́
'Geliebte' (s. frei und freien). Altbair.
pferintag (Ahd. Glossen 1, 255. 815) ist durch
got. paraskaíwē F. 'Rüsttag' vermittelt aus gr.
παρασκευή 'Freitag': F. Kluge 1909 Beitr.
35, 139. Der christlichen Zählweise folgt von
den roman. Namen des Freitags portug. sexta
feira. Dagegen mit Montag-Anfang heißt
der Freitag im Balto=Slav. 'der fünfte Tag',
z. B. lit. pětnyczia, russ. pjatnica: M. Förster
1944 Anglia 68, 2.

Freite F. 'Brautwerbung' mhd. vrīāt(e),
Abstr. zu freien; wie dieses erst spät ins Hd.
gelangt. Gebildet wie Predigt.

Freitod M. vorbereitet durch Nietzsche, der
1883 die 22. Rede Zarathustras 'Vom freien
Tode' überschrieb und dabei als klass. Philolog
gewiß an die mors voluntaria der Alten dachte.
Freitod hat Fritz Mauthner am 2. Sept. 1906
in seinem Vorwort zu Walther Calés Nachgel.
Schriften geprägt. Für die Verbreitung ist
Hans Blüher verantwortlich. S. Selbstmord
und K. Baumann, Selbstmord und Freitod,
Diss. Gießen 1934.

fremd Adj. Zum Stamm der Präp. got.
fram, anord. frā, agf. engl. from 'fern von,
weg von' und des ahd. Adv. fram 'vorwärts,
fort' stellen sich got. framaþs, agf. frembe,
fremde, asächs. fremithi, ahd. framadi, fremidi,
sämtlich in den Bed. des nhd. fremd. Daneben
weisen mnd. vrömede, westfäl. (Soest) frywmd,
auf asächs. *frumiði.

Fremdwort N. Der Begriff kommt dem
Kreis um Schottel, Gueintz und Zesen 1641
zum Bewußtsein, doch lautet das Fachwort
noch Jahrhunderte lang fremde Wörter,
bei Stieler und Gottsched auch ausländische
Wörter: Zs. f. d. Wortf. 15, 43. Fremdwort bildet Jean Paul 1819 Vorr. zur 3. Aufl.
des Hesperus; noch Campe und J. Grimm
verwenden das Wort nicht, doch bucht es
dieser DWb. 4, 1, 1, 131. Spät erfaßt man
den Unterschied vom Lehnwort, s. d.

frenetisch Adj. Gr. φρενιτικός 'an Hirn-
entzündung (φρενῖτις F., zu φρήν F. 'Hirn')
leidend' hat über lat. phrenēticus 'hirnwütig'
frz. frénétique ergeben. Dies wird in der
Formel applaudissements frénétiques zum
Vorbild des Kraftworts frenetischer Beifall

15

das vor 1869 von Wien aus in die Presse bringt: H. Schulz 1913 Fremdwb. 1, 226.

Fressalien Mz. von J. Grimm 1862 der Aufnahme ins DWb. gewürdigt und mit 'alimenta, esculenta, cibaria, Lebensmittel' umschrieben. Dem älteren Schmieralien 'Bestechungsgelder' nachgebildet, das als Scherzwort in Schreiber- und Studentenkreisen des 16. Jh. aufkommt. -alia ist der Plur. Neutr. der lat. Adj. auf -alis.

fressen Ztw. ahd. frëzzan aus *fra-ëzzan mit Synkope des unbetonten a, das im entspr. got. fra-itan noch erhalten ist, dagegen Prät. auch got. schon frēt(un) aus *fraēt(un). Die gangbare Entsprechung von got. fra- ist ahd. fir-, far-, mhd. ver-: demgemäß bildet das Mhd. ein neues verëzzen mit der Bed. des etymologisch ihm gleichen vrëzzen. S. essen, Frevel, ver-.

Frett, Frettchen N. 'Putorius furo'. Auf lat. für 'Dieb' (verwandt mit ferre 'forttragen') beruhen spätlat. furo 'Iltis' und furetus 'Frett'. Das zweite Wort verbreitet sich mit der röm. Kunst, das Tier zur Jagd auf Ratten, Kaninchen und Vögel anzusetzen, über Westeuropa: ital. furetto, frz. mnl. furet, mnl. fret, engl. ferret, dän. fritte. Frühnhd. frett(e) seit G. Agricola 1546, häufiger die Verkl. fretlen Plur. 1557 (Schweiz. Jd. 1, 1339), frettel seit Fischart 1578 Ehezuchtb. L 1a, Frettchen kaum vor Adelung. Weiterbildung zu spätlat. furo ist mfränk. siebenb. Feierling (Siebenb.-sächs. Wb. 2, 333), auch als Fam.-Name (urspr. Übername eines Mannes mit durchbringendem Blick). S. Furunkel u. Geiz.

Freude F. mhd. vröude, vreude, ahd. frewida aus *frawiþō, mit dem Abstraktsuffix germ. -iþō zu *frawa-, dem Stamm des Adj. froh, s. d. Gleichgebildet Begierde, Beschwerde, Gemeinde, Zierde: Kluge 1926 Stammbildungsl. § 122.

Freudenmädchen N. Der frz. Glimpfausdruck fille de joie wird mit F. wörtlich übersetzt, zuerst bei Bretzner 1788 Leben e. Lüderlichen 3, 97, nachdem Wieland 1778 Töchterchen, Schiller 1783 Töchter der Freude gewagt hatte: Gombert 1905 Zs. f. d. Wortf. 7, 141.

freuen Ztw. mhd. vröuwen, mnd. mnl. vro(w)en, ahd. frewen, frouwen aus urgerm. *frawjan (Prät. *frawiþō). Faktitiv zum Adj. froh (s. d.), somit urspr. 'froh machen'. Aus ahd. frewit(a) ist mhd. freut(e) entstanden, indem w nach Ausstoßung des i mit dem vorhergehenden Vokal zum Diphthongen verbunden wurde.

Freund M. Zu der unter frei entwickelten germ. Wz. *frī 'hegen' gehört das got. Ztw. frijōn 'lieben', das nach Lauten und Bed. ein germ. frijōn fortsetzt. Dazu als Part. Präs. got. frijōnds 'φίλος', agf. frēond, (engl. friend), afries. asächs. friund, ahd. friunt 'Freund, Verwandter'. Dazu anord. frændi (dessen Stammvokal nach dem Plur. frændr, älter friendr, umgebildet ist) 'Blutsverwandter' (im Gegensatz zu māgr 'Verschwägerter'). Die Bed. 'Verwandter' hat sich weithin, bis in lebende Mundarten, gehalten, auch Freundschaft bed. vielfach noch 'Gesamtheit der Verwandten' (A. Götze 1910 Zs. f. d. Wortf. 12, 93 ff.). Für amicus (das neben amāre steht wie Freund neben *frijōn) gilt dann guter F. Gegenwort ist Feind. Zur Wortbildung vgl. die alten Part. Heiland und Weigand.

freundnachbarlich Adj. zu der Formel 'Freund und Nachbar', wie freundschwägerlich zu 'Freund und Schwager', beide seit Stieler 1691; dazu seit Adelung freundbrüderlich und -vetterlich. Da alle aus der Kanzleisprache stammen, darf man an Ersparung der Bildungssilbe -lich denken (Zs. f. d. Wortf. 3, 1 ff.; vgl. das. 12, 183), wenn auch Belege für freund- und nachbarlich fehlen.

Frevel M. Der idg. Wz. *op 'stark sein' (in lat. ops, opis 'Reichtum', gr. ὄμπνη 'Ausbeute') entspricht germ. *ab in got. abrs 'stark', anord. afl, agf. afol N. 'Kraft', ahd. avalōn schw. Ztw. 'zuwege bringen'. Dieser Stamm ergibt mit Vorsilbe fra (s. Fracht, fressen) twgerm. *fr(a)afla- und (mit gramm. Wechsel) *fr(a)abla- in agf. fræfele, asächs. frabolo Adv. 'hartnäckig', ahd. fravalī, frabarī F. 'Kühnheit', fraballīhho Adv. 'keck', mhd. vrävel, vor-, ver-evel F. M. 'Übermut, Gewalttätigkeit', mnl. vrēvel 'Gewalttat', vrēvelīke 'dreist'. Unser Adv. freventlich dissimiliert das erste l von mhd. vrävellīche gegen das zweite (wie Knoblauch) und schiebt im Md. seit 1550 t als Gleitlaut zwischen n und l ein wie eigentlich: s. d. und H. Paul 1916 Dt. Gramm. 1, 326 f. 366, während obd. fräfenlich noch im 17. Jh. gilt.

Friede(n) M. Ahd. fridu, asächs. frithu, afries. frethu, agf. friðu, anord. friðr, got. *friþu (in gafriþōn 'versöhnen' und Friþareiks 'Friedrich') führen auf germ. *fri-þu, idg. *pri-tu-s: mit demselben Suffix wie Flut, Furt, Gewalt, Lust, Tod zur Wz. germ. *fri, idg. *prī 'lieben' (s. frei, freien, Freund), somit urspr. 'Zustand der Freundschaft, Schonung'. Der Bildung nach vergleicht sich am nächsten aind. prīti- 'Freude, Befriedigung'. Die idg. Sprachen haben weder für 'Frieden' noch für 'Krieg' (s. Hader) ein gemeinsames Wort. Kluge 1926 Stammbildungsl. § 133.

Friedenspfeife F. Das Rauchen der F. spielt eine Rolle in den Lederstrumpferzählungen, die aus Romanen James Fenimore Coopers (1789—1851) zus.-gestellt sind: Büchmann 1912 Gefl. Worte 310.

Friedhof M. urspr. 'eingefriedigtes Grundstück', ahd. mhd. vrīthof zu mhd. vride 'Einfriedigung', ahd. frīten 'hegen', got. freidjan 'schonen'. Asächs. frīdhof bed. noch 'Vorhof' vor dem Herrenhaus. In ungestörter Entwicklung ist Freithof entstanden (wie es z. B. Abr. a St. Clara und obb. Mundarten von Schwaben bis Österreich bieten), durch späte Einwirkung des urverw. Friede nhd. Friedhof, das von den nicht diphthongierenden Mundarten ausgeht. Zur landschaftl. Abgrenzung gegen Kirchhof und Gottesacker s. Kretschmer 1918 Wortgeogr. 275 ff.

frieren Ztw. mhd. vriesen, ahd. friosan, agf. frēosan, engl. freeze, anord. frjōsa, got. *friusan (zu folgern aus frius N. 'Kälte'). Die durch gramm. Wechsel im Plur. Prät. und Part. geltenden r (ahd. frurum, gifroran) sind wie bei verlieren auf das ganze Ztw. analogisch ausgedehnt, Frost (s. d.) bewahrt s wie Verlust. Formen mit s (du freust, er freust) reichen bis in den Anfang des 17. Jh. — Da starke Kälte und starke Hitze z. T. gleichartige Wirkungen hervorrufen, so sind mit der germ. Wz. *freus-, idg. *preus- verwandt einerseits aind. pruṣvá 'Reif, gefrorenes Wasser', lat. pruīna (aus *prusvīna) 'Reif', akorn. reu, bret. reo, kymr. rhew (aus idg. *preusos) 'Frost', anderseits aind. pruṣṭa 'verbrannt', alb. pruš 'brennende Kohlen, Glut', lat. prūna (aus *prusna) 'glühende Kohle', prūrio (aus *preusio) 'jucke'.

Fries[1] M. 'krauses Wollzeug': im 15. Jh. entlehnt aus gleichbed. frz. frise, das selbst auf mnl. frise 'krauses, flockiges Tuch' beruht. Verwandt mit Fries[2] und frisieren.

Fries[2] M. 'Zierstreifen, langes steinernes Band an Tempelwänden'. Der Stammesname der Friesen (lat. Frisii, Frisiones, in Ablaut dazu ahd. Frieson) beruht auf der Haartracht, vgl. afrief. frisle 'Lockenhaar'. Das zugrunde liegende Adj. liefert früh frz. frise 'kraus' (wozu friser 'kräuseln', s. frisieren und Fries[1]) und dessen Substantivierung frz. frise, ital. fregio 'krause Verzierung', die im 16. Jh. engl. frieze, nnl. friese, frühnhd. phriesz 'Säulenverzierung' ergibt. Winckelmann, Goethe und Schiller haben Friese F.

Frieseln Plur. Die Bläschen des Hautausschlags sind nach ihrer Ähnlichkeit mit Hirsekörnern benannt. Russ. prosjanica 'Frieselausschlag, Hirsegrütze' führt auf aslav. proso 'Hirse', dazu im Ablaut vorgerm. *pres-ilo.

Der Krankheitsname tritt als Friesel M. seit Liebe 1686 auf; dän. frisler, schwed. frisel sind aus nd. frisln entlehnt: Jokl, Jagić-Festschr. S. 484.

Frikadelle F. 'gebratenes Fleischklößchen', seit 1692 in dt. Kochbüchern als Frikadelle. Dafür (in Vermengung mit frz. fricandeau 'gespickte und gebratene Kalbsschnitte') Frikandelle seit 1715: H. Schulz 1913 Fremdwb. 1, 227. Voraus liegt gallorom. *frīgicāre, Intensivbildung zu lat. frīgere 'rösten'.

Frikassee N. aus frz. fricassée 'Fleischragout in Tunke', seit dem 15. Jh. als Ableitung von fricasser 'schmoren, rösten', das aus prov. fricassà (in gleicher Bedeutung) entlehnt ist. Dieses beruht auf dem unter Frikadelle genannten galloroman. *frīgicāre. Zu dem im 17./18. Jh. üblichen frikassieren 'in Stücke hauen' s. Zs. f. dt. Wortf. 1, 44. 4, 311.

frisch Adj. Adv., mhd. vrisch (von da entlehnt mnd. vrisch, nnl. frisch), ahd. frisc, md. virsch, mnd. nnl. versch, afries. fersk, agf. fersc, engl. fresh, anord. (entlehnt aus dem Agf.) ferskr, dän. fersk, schwed. färsk; mit späterer Entlehnung aus dem Mnd.: dän. norw. schwed. frisk. Die Bedeutungen bewegen sich von 'eben erst entstanden, neu in Gebrauch genommen, noch nicht abgenutzt' über 'regsam' und 'kühl' bis zu 'nicht durch Gärung sauer geworden' und 'nicht eingesalzen'. Westgerm. *friska- ist entlehnt zu ital. span. port. fresco, frz. frais. Dem Adj. nächstverwandt ist Frischling, s. d. Außergerm. vergleicht sich aslav. prěsnŭ (aus *praisko-) 'frisch, ungesäuert'; von da früh entlehnt lit. prēskas 'ungesäuert'. Idg. *proiskos, *priskos 'frisch, nicht durch Gärung sauer geworden': F. Mentz 1938 Zs. f. vgl. Sprachf. 65, 263 ff.

Frischling M. 'junges Wildschwein', seltner 'junges Schaf; Zicklein', alt 'Opfer', Zinstier', ursprünglich 'frischgeborenes, junges Tier': zum Adj. frisch, s. d. Mhd. vrisch(l)inc, ahd. frisking mit schwierigen Nebenformen wie fr(i)usking, frinsking, frunsking, asächs. ferskang, -ung. Auf Entlehnung aus germ. Nachbarsprachen beruhen afrz. fresange, fraissengue, sizil. frisinga 'junges Schwein': H. Palander, Ahd. Tiernamen (1899) 131 ff.; F. Kluge, Stammbildungsl. (1926) § 22.

frisieren Ztw. aus dem unter Fries[2] abgeleiteten frz. friser 'kräuseln' seit Henisch 1616 entlehnt. Die dort und bei Schottel 1663 geltende Form friseren weist auf Vermittlung durch nnl. friseeren hin. Frisiert 'gekräuselt' werden Perücken; den Übergang zur heutigen Bed. zeigt Goethe 1776 Jub.-Ausg. 11, 60 f. „das Gekämmte zu frisieren, das Frisierte zu kräuseln und das Gekräuselte am Ende zu ver-

15*

wirren". Frisur 'Haartracht' seit Nehring
1684: H. Schulz 1913 Fremdwb. 1, 227.

Frift F. Mhd. vrist F. M. N. 'freigegebene
Zeit, nach deren Ablauf ein andres Verhältnis
eintritt, Aufschub', ahd. asächs. frist 'mora,
spatium, limes temporis', mnd. verst, mnl.
verste, afries. agf. frist, first, anord. frest, ferst
N., dän. schwed. frist 'Zeit(raum)' führen
auf idg. *presto-, *prestā 'Zeit'. Am nächsten
vergleicht sich toch. praʒt 'Zeit': F. Holthausen
1930 Studier i mod. språkvetensk. 10, 1 ff.;
A. J. van Windekens 1944 Morphologie com-
parée du tokharien 49.

Fritt(bohrer) M. 'kleiner Handbohrer, besonders der Böttcher', von Adelung 1775 aufgenommen aus nd. frit N., dies über nnl.
vret N. entlehnt aus gleichbed. frz. foret M.
Voraus liegt mlat. forētum 'Bohrgerät' zu lat.
forāre (frz. forer) 'bohren', urverwandt mit
nhd. bohren, s. d.

Fritte F. 'Gemenge aus Sand oder Kiesel-
erde und Laugensalz', von Adelung 1775 aufgenommen aus der Fachsprache der Glashütten.
Quelle gleichbed. ital. fritta aus lat. fricta
'geröstete (Masse)' zu lat. frīgere 'dörren':
durch Schmelzen jenes Gemenges entsteht
Glasfluß. **Fritten** schw. Ztw. 'zusammen-
schmelzen'.

frivol Adj. 'leichtfertig, vermessen, schlüpfrig'
aus gleichbed. frz. frivole entlehnt während
der Frz. Revolution; den ersten Beleg bringt
H. Schulz 1913 Fremdwb. 1, 227 aus dem Jahr
1789 bei. Das frz. Adj. beruht auf lat. frī-
volus 'wertlos', das in dt. Gerichtssprache schon
1684 eindringt: Nehring, Manuale jur.-pol.
448 frivole 'vergeblich, nichts werth'. Das lat.
Adj. bedeutet urspr. 'zerbrechlich' und gehört
zu lat. friāre 'zerreiben, zerbröckeln', fricāre
'(ab)reiben'. Insofern besteht Beziehung zu
dem Fremdwort Friktion F. 'Reibung'. Vgl.
frottieren.

froh Adj. Mhd. mnd. mnl. vrō, ahd. frao,
frō, frawēr, asächs. fra(h)o, frā, frō, afries.
frō stimmen in der Bedeutung 'froh' überein.
Anord. frār 'schnell' und mengl. frow 'eilig'
stimmen lautlich völlig, wegen der Bedeutung
vgl. die Entwicklung unsres glatt gegenüber
engl. nnord. glad 'froh'. Die mengl. und
anord. Bedeutung werden als ursprünglich erwiesen durch die außergerm. Verwandten: unbedingt zu germ. *frawa- stimmt aind. pravá-
(idg. *prou̯ó-) 'flatternd'. Auf ein damit ablautendes idg. *preu̯etai weist aind. právate
'springt auf, hüpft, eilt'. Außerdem vergleichen sich russ. pryt' 'schneller Lauf', prytkij
'hurtig': sämtlich zur idg. Wurzel *preu-
'springen'; s. Frosch. Abstr. zu froh ist
Freude, Bewirkungsztw. freuen, s. d.

frohlocken Ztw. Zu mhd. leichen 'springen'
(s. Leich) gehört als Intens. lecken 'hüpfen'.
Das dazu gebildete *vrō-lecken, -löcken 'vor
Freude springen' wurde unter Einfluß von
locken umgeformt, als lecken in frühnhd. Zeit
unterging. Zur Entwicklung des Part. froh-
lóckt Zs. f. d. Wortf. 1, 313. Vgl. v. Bahder
1925 Wortwahl 93.

Frohmut M. Während frohmütig seit
Maaler 1561 in heutiger Bed. erscheint, tritt
Frohmut nicht vor Bürger auf: H. Ruppel
1911 Rückbildung dt. Subst. 12 f. Vgl. Ein-,
Freimut.

fromm Adj. Zu den germ. Verwandten
von gr. πρόμος, lat. prīmus, lit. pìrmas 'der
erste' (s. fort, fürder, Fürst, vor) gehören
anord. framr 'vorzüglich', agf. fram 'förderlich,
tapfer' und mit Tiefstufe anord. frum- (in
Zus.-Setzungen) 'erst', ahd. fruma F. 'Nutzen,
Vorteil' (erhalten in der Formel „zu Nutz und
Frommen"). Aus dem präd. gestellten Subst.
geht (wie bei Schade) ein zunächst präd. Adj.
mhd. vrum, vrumer 'förderlich' hervor, das auf
Personen bezogen zunächst 'tüchtig', danach
'rechtschaffen' bedeutet und wesentlich durch die
Bibel die Beziehung auf religiöses Verhalten
bekommt. Von da entwickelt sich die Bed.
'fügsam' in lamm-, militärfromm.

frommen Ztw. Zu ahd. fruma F. (s. fromm)
gehört die -jan-Bildung asächs. frummian, ahd.
frummen 'fördern, vollbringen'. Afränk. *frum-
jan wird durch das daraus entlehnte frz. fournir
'versehen' vorausgesetzt. Die urspr. Form
zeigt prov. formir, älter fromir. Das alte
Ztw. ist in der Bed. 'nützen' noch Luther
geläufig, im 17. Jh. wird es selten, um nach
Heynatz 1796 Antibarb. 'von einigen Neuern'
wieder belebt zu werden.

Fron M. Das Adj. mhd. vrōne 'öffentlich'
(s. u.) steht in der Formel mhd. der vrōne bote
(mnd. de vrōne bode) 'Amts-, Gerichtsbote',
die in Fronbote fortlebt. Aus ihr ist gleichbed.
mhd. vrōne (afries. frāna) verkürzt, das frühnhd. zu Gerichtsfron verdeutlicht wird und
so von Ayrer bis Lessing eine Rolle spielt.

fron Adj. Zu ahd. frō 'Herr' (s. Frau) gehört als Gen. Plur. frōno 'der Götter, göttlich'. Indem das heidn. Wort dem Christentum
angepaßt wurde, entstanden Formeln wie
daʒ chrūzi frōno, wo f. die Bed. 'heilig' annehmen konnte, die es in mhd. vrōnalter
'Hochaltar', vrōnspîse 'Abendmahl' weiter entwickelte. Anderseits bildete sich die heidn.
Grundbed. um zu 'dem Staat gehörig, öffentlich': so in mhd. vrōnbote 'Gerichtsbote' (s. o.),
-veste 'öffentliches Gefängnis', -rëht 'öffentliches Recht', -dienst 'Herrendienst'. Als un-
dekl. nachgestelltes Adj. gilt f. noch bei Spreng

1610 Aneis 105a: Behaghel 1923 Dt. Syntax 1, 479.

Fronde F. Lat. fundula, Demin. zu funda 'Schleuder', ergibt über *flunda frz. fronde 'Straßenschleuder', das während der Minderjährigkeit König Ludwigs XIV. Spottname der Pariser Partei wird, die den Kardinal Mazarin bekämpft. Im 18. Jh. mit Frondeur und frondieren entlehnt, um 1897 auf das Verhalten Bismarcks angewendet: Ladendorf 1906 Schlagwb. 96 f.

Frone F. Nachdem das unter fron entwickelte ahd. fröno zum mhd. Adj. vröne geworden war, wird daraus mhd. vröne F. 'Frondienst' substantiviert. Dazu mhd. vrönen, vroenen 'Frondienste leisten', nhd. fronen, frönen '(dem Gemeinwesen) dienen': H. Möller 1903 Zf. f. d. Wortf. 4, 95 ff.

Fronfasten N. 'Quatember-, Weihfasten' in Süddeutschland und der Schweiz, im weltlichen Bereich wichtig für vierteljährliche Zahlungen. Zuerst 1300 Fürstenberg. Urk.-Buch 2, 41.

Fronleichnam M. 'der Leib des Herrn', dann der ihm geweihte zweite Donnerstag nach Pfingsten mit feierlichem Flurumgang und Weihespielen, als Fest der Kirche seit 1246 begangen und mhd. vrönlîcham benannt. Oft in Wetterregeln.

Front F. Frz. front 'Stirn(seite)' erscheint seit Wallhausen 1616 Kriegskunst zu Pferdt 82. 92 in Formeln wie „fronte dieser Compagnie", „fronte deiner Bataillien": Helbling 1912 Zf. f. d. Wortf. 14, 59. Fronte noch Schiller 1781 Räuber 1, 1.

Frosch M. Mhd. vrosch, ahd. dän. engl. mundartl. frosk, mnd. nnl. vorsch, mnl. vorsc, frosc, frox, anord. froskr. führen auf germ. *fruska- und setzen nach W. Porzig, Jdg. Forsch. 45, 165 ein sk-Präsens vorgerm. *pruskō 'hüpfe' voraus. Es gehört zu der unter froh entwickelten idg. Wz. *preu- 'springen'. Ags. frogga, engl. frog, mundartl. frock, anord. frauki 'Frosch' gehören zu der um Velar erweiterten Wurzelgestalt, die auch in russ. prýgat' 'hüpfen' und pryg 'Sprung, Satz' vorliegt. Auch die meisten Synonyma bezeichnen den Frosch als 'Hüpfer': westfäl. höpper, in Remscheid hepkrät, Koblenz höperling, alem. hopzger. Andere sind lautnachahmend wie nd. marks. Wieder anders nd. pogge, padde, mengl. padde, tadde, engl. paddock.

Frost M. Ahd. asächs. mhd. vrost, agf. forst M., anord. frost N. vereinen sich auf gemeingerm. *frus-ta, Dentalabstr. zur Wz. *freus 'frieren': Kluge 1926 Stammbild. § 117.

frottieren schw. Ztw. 'mit Tüchern abreiben', seit Wieland 1778 entlehnt aus frz. frotter

'reiben', das aus vulgärlat. *frictāre, einer Intensivbildung zu lat. fricāre 'reiben' (f. frivol) entwickelt ist, mit dem sich ein gall. Wort gekreuzt haben mag.

Frucht F. Lat. frūctus M. (zu fruor 'ich genieße' aus *frūgwōr) ist gleichzeitig mit Pflanze usw. zu uns gelangt und hat ahd. mhd. anl. vruht M., asächs. fruht F., afries. frucht F. ergeben. Später entlehnt ist anord. fruktr M. Zur Entwicklung des lat. ct zu ht f. Pacht; fruchtbar (seit dem Mhd., Mnd., Mnl., Afries.) f. -bar. Das dt. Wort ist F. geworden nach dem Vorbild der F.-Abstrakta auf idg. -ti, germ. -ði, ahd. -t: Brut, Flucht, Geburt, Geduld, Schuld, Vernunft, Zucht. Vgl. Mauer.

früh Adv. Adj. mhd. vruo Adv. (daher zuweilen noch fruh ohne Umlaut), vrüe(je) Adj., ahd. fruo Adv., fruoji Adj., mnd. vrō(ch), mnl. vroe(ch), nnl. vroeg Adv. In den andern germ. Sprachen ist das alte Wort vor Einsetzen unfrer erhaltenen Denkmäler durch die Verwandten von eher (f. d.) verdrängt worden. Außergerm. entsprechen gleichbed. gr. πρωΐ Adv., πρώϊος Adj. auch darin, daß die Bildung vom Adv. ausgeht. Auch aind. prā-tár 'früh, morgens' ist vom gleichbed. idg. Adv. *prō abgeleitet, mit dem auch Fürst, ver-, und vorder verwandt sind. Wie früh seine enge Bedeutung erweitert, zeigt Frühling.

Frühling M., frühnhd. vrüeling ist im 15. Jh. nach dem Vorbild von Spätling 'Herbst' gebildet. Das in der Lutherbibel 1. Mos. 30, 41 f. stehende Wort muß deren obb. Lesern 1523 mit „der ersten Zeit" verdeutlicht werden: F. Kluge 1918 Von Luther bis Lessing 113. Frühjahr N. ist im Md. heimisch und wird uns seit M. Kramer (Nürnbg. 1678) greifbar. Spätjahr N. 'Herbst' erscheint erst 1736: H. Fischer, Schwäb. Wb. 5 (1920) 1489. Auswärts ist ein bair.-österr., aber auch heff. Volkswort. Sonst gilt vielfach Meie (f. Mai). Das westgerm. Lenz (f. d.) ist noch Luthers Wort und gilt bair. bis heute. Der idg. Name der Jahreszeit, *u̯esr, *u̯esr, *u̯es(e)n, erreicht das Germ. in anord. vār, norw. dän. vaar, schwed. vår, afries. wars, wärstíd. Ihnen entsprechen lit. vasarà 'Sommer', lat. vēr, gr. ἔαρ, perf. bahār 'Frühling'; daneben die gleichbed. nt-Bildung aind. vasantá, die im Kelt. Vergleichbares hat.

Frühstück N. spätmhd. vruostücke, vrüestüc, eig. 'Stück Brot, das man morgens ißt', wie mnd. vrōkost (woraus dän. frokost, schwed. frukost) eigtl. 'Morgenkost'. Landschaftlich ist die Geltung des Schriftworts Frühstück eingeschränkt, z. B. herrscht in schweiz. Umgangssprache Morgenessen: A. Senn 1933 Journ.

of Engl. and Germ. Philol. 32, 516. Ins Ostfrz. ist Frühstück als frich(e)ti 'Leckerbissen, Imbiß' entlehnt.

Fuchs[1] M. Mhd. ahd. fuhs, asächs. vohs, anfr. vus(s), mnd. mnl. nnl. vos, ags. engl. fox führen auf westgerm. *fuhsa-; dazu ags. foxung 'List'. Anord. fox 'Betrug' stammt aus dem Ags., dän. fuks 'rotes Pferd' aus dem Nhd. Fuchs und Luchs (s. d.) führen -s als Endung der männlichen Tiernamen: J. Kluge 1926 Stammbildungsl. § 28. Daneben das F. auf germ. -ōn in Fohe, mhd. vohe, ahd. foha, mnd. vohe, vō, südnl. voo, anord. fōa, got. faúhō, wofür spätahd. fuhsin, ags. fyxen, engl. vixen. In W. Raabes 'Unruhigen Gästen' nennt der Waldarbeiter Fuchs sich selbst Rä-kel (s. Rekel), seine Frau Feh; auch weidm. ist das alte Wortpaar lebendig. Außergerm. vergleichen sich russ. poln. puch 'feines, wolliges Haar', russ. pušnój továr 'Pelzwerk', aind. púccha- 'Schwanz'. Idg. Wurzel *pŭq-: *peuq- 'dicht behaart, buschig'. Daß der Fuchs nach seinem buschigen Schwanz benannt wird (auch lit. uodĕgis 'Fuchs' nach uodegà 'Schwanz') ist wohl Tabu-Erscheinung.

Fuchs[2] M. 'angehender Student'. Wie in der burschikosen Zoologie Esel, Kamel, Mu-lus usw. seit alters ihre Rolle spielen, so tritt die Schelte Fuchs im 16. Jh. auf, zuerst in nd. Form Foß Sachs 1545 Fab. 195, 48, also wohl von Wittenberg aus verbreitet. Als vulpes für Altdorf 1661 bezeugt. Literarisch seit Stoppe 1728 Ged. 133, woneben Pennal und Feix (s. Fex): Kluge 1895 Stud.-Spr. 50f. 91; Zf. f. d. Wortf. 1, 42. 3, 93. 12, 278. Vgl. Schul-fuchs.

fuchsen s. Federfuchser.

Fuchsia F. Der süd- und mittelamerikanische Strauch ist von Linné zu Ehren des obd. Bo-tanikers Leonh. Fuchs (1501—66) benannt, der die 1788 in Europa eingeführte Pflanze noch nicht kannte. Fuchsia ist im Frz. seit 1765, im Engl. zuerst 1789, nhd. bisher nicht vor Oken 1833 Nat.-Gesch. 3, 1879 nachgewiesen: Pal-mer 37f.

Fuchsschwanz M. die kurze Stoßsäge der Schreiner und Zimmerleute, nach der Ähnlich-keit des Umrisses benannt, belegt nicht vor Röding 1794, noch jünger nd. Foßstert: J. Saß 1927 Sprache des nd. Zimmermanns XV und 15.

Fuchtel F. Frühnhd. fochtel, fuchtel ist zum Ztw. fechten gebildet nach Vorbildern wie Spindel zu spinnen, Windel zu win-den. Aus dem 'Fechtdegen' ist das Symbol straffer, soldatischer Zucht geworden, weiterhin der Schlag mit der flachen Klinge. Dazu (herum)fuchteln, von vornherein in bildl. Ge-brauch. Dän. fugtle ist aus dem Nhd. entlehnt.

fuchtig Adj. Adv. 'erbost' gelangt aus ostmd. und obd. Volkssprache gelegentlich ins Schrift-tum. Zur Sippe von fechten (s. d. und Fuch-tel): der Wütende ficht mit Armen und Händen durch die Luft. Gleichbed. fuchtelig bedeutet ursprünglich 'bereit, Fuchtel auszuteilen' (wie wichsig 'bereit jem. zu verwichsen').

Fuder N. Mhd. vuoder 'Fuhre, Wagenlast', ahd. fuodar, asächs. fōther, mnl. voeder, nnl. voer, ags. fōdor, engl. fother führen auf westgerm. *fōdra- 'das Umfassende': Bildung auf germ. -ra-, ablautend mit der unter Faden (s. d.) dargestellten Sippe. Frz. foudre 'großes Weinfaß' tritt im 15. Jh. als voudre auf und ist aus dem Hd. entlehnt.

Fug M., **Fuge** F., mhd. vuoc, vuoges M. 'Schicklichkeit' neben gleichbed. vuoge F.: post-verbal zu fügen, s. d.

Fuge F. (Tonstück). Aus lat. fuga 'Flucht' geht mlat. fuga 'Wechselgesang' hervor, „quia vox vocem fugat". Schulz 1913 Fremdwb. 1, 228 zeigt, wie sich die deutsche Form seit 1480 vom Plur. her einbürgert, während im Sing. Fuga noch bei Henisch 1616 gilt.

fügen schw. Ztw. Mhd. vüegen 'passend zu-sammen-, hinzufügen, verbinden; bewerkstel-ligen', ahd. fuogen, asächs. fōgian mnl. voeghen, nnl. voegen, afries. fōgia, ags. fōgan, engl. fay: mit gr. πήσσω (aus *pākjō) 'befestige', lat. pāx 'Friede', aind. pāśáyati 'bindet' usw. zu der unter fangen entwickelten idg. Wurzel *pāk-: *pāg- 'festmachen'. Zu deren Vokalis-mus s. H. Hendriksen 1938 Idg. Forsch. 56, 24.

Fügewort s. Bindewort.

fühlen schw. Ztw. Mhd. vüelen, ahd. fuolen, asächs. fōlian, mnd. fōlen, fäulen, mnl. nnl. voelen, afries. fēla, ags. fōlan, engl. feel führen auf westgerm. *fōljan; dän. føle be-ruht auf Entlehnung aus mnd. võlen. Mit andrer Ablautstufe entspricht anord. falma 'betasten'. Die außergerm. Beziehungen blei-ben unsicher. Man vergleicht aind. ā-sphālayati 'läßt anprallen, schlägt auf', griech. ψηλαφάειν 'betasten', ψάλλειν 'schnellen, raufen', ψαλμός 'Saitenspiel', ψαλτήρ 'Saitenspieler', lat. palpāre 'tätscheln', palpitāre 'zucken', palpetra 'Augenlid'. S. Gefühl. Mhd. vüelen stirbt obd. ab, Luthers fülen wird in obd. Bibeln durch empfinden, spüren, merken, grei-fen, wissen, verstehen ersetzt. Heute ist emp-finden vorwiegend der bair.-österr. Ausdruck, während schwäb.-alem. spüren und merken gelten. Die ärztliche Formel „den Puls füh-len" ist als Ganzes nach Süddeutschland ent-lehnt: Kretschmer 1918 Wortgeogr. 210f.;

Kluge 1918 Von Luther bis Lessing 96. 100. 108; v. Bahder 1925 Wortwahl 8.

Fuhre F. Ahd. fuora, mhd. vuore: postverbal zu fahren in dessen versch. Bed. Das Alter der Bildung beleuchtet agf. för F. 'Fahrt, Fahrzeug'.

führen schw. Ztw. Ahd. fuoren, mhd. vüeren, md. vüren, vören, asächf. förjan; mnd. vören, mnl. nnl. voeren, afries. fēra, agf. föeran, anord. föra, schwed. föra, dän. före vereinigen sich auf germ. *förjan; Bewirkungsztw. zum st. Ztw. **fahren** (f. b.) mit der Grundbedeutung 'fahren machen', die sich obb. (der Knecht führt den Wagen) erhalten hat und auch nb. Bildungen wie Lokomotivführer vorausliegt. Außergerm. vergleicht sich aind. pāráyati 'führt hinüber'. So gehört **leiten** als Bewirkungsztw. zu ahd. lîdan 'gehen'.

fuhrwerken Ztw., im 18. Jh. von dem md. seit 1380 bezeugten vürwerc abgeleitet, bed. urspr. '(jem.) mit dem Wagen befördern'. Im 19. Jh. als Burschenwort beliebt (Zf. f. b. Wortf. 12, 279), entwickelt es in herum- und hinausfuhrwerken (G. Keller 1874 Leute v. Seldw. 2, 131) freiere Bedeutungen.

füllen Ztw. Zu germ. *folla 'voll' gehören als Faktitiva got. asächf. fulljan, ahd. fullen, afries. fella, agf. fyllan, anord. fylla, die sich überall bis in lebende Sprache fortsetzen. — **Fülle** F. war got. (ufar)fullei, anord. fylli, agf. fyllu, ahd. fullī, mhd. vülle.

Füllen N. Neben dem unter Fohlen entwickelten germ. *fulan- steht *fulīn(a)- mit Suffix -īn, das auch in Küken und Schwein zur Bez. von Tierjungen dient. Auf urgerm. *ful-īna weisen ahd. fulī(n), mhd. füli(n), mnd. mnl. völen, nnl. veulen. Anord. fyl ist urgerm. *ful-ja-. Auf urgerm. *fuliki weist ahd. fulihha, mhd. vülhe F. 'weibl. Füllen'. Heute herrscht Füllen vorwiegend in Schwaben und der Schweiz, während Fohlen hess. und nd. ist.

Füllhorn N. Lat. cornu copiae (seit Plautus), urspr. 'Horn der Göttin des Erntesegens' erscheint als Horn der Fülle bei Erasm. Francisci 1668. Das lat.-dt. Wb. von Kirsch Abundantissimum cornu copiae ... führt seit 1718 die lat. Formel den Gebildeten immer neu vor Augen. Die Lehnübers. Füllhorn gelingt Christ. Günther 1723 Ged. 215, während Frisch 1741 auf Fruchthorn abgleitet. Vergleichbare Lehnübers. sind Kaiserschnitt, Leitfaden, Zankapfel. Im Engl. bürgert sich Ende des 16. Jh. das Fremdwort cornucopia ein: Philol. Quarterly 1923, 2, 3.

Füllsel N. spätmhd. vülsel N.: mit der unter Rätsel behandelten Endung -sel (aus ahd. -isal, got. -isl) zum Ztw. füllen.

fummeln schw. Ztw., nnl. fommelen, norw. schwed. (seit 17. Jh.) fumla 'betasten; schlecht arbeiten'. Engl. fumble 'fühlen, tappen' beruht auf Entlehnung aus dem Nordischen. Schriftsprachlich belegt seit Bode, Tristr. Schandi 2 (1774) 16 „wenn ... Trienchen zu lange in der Tasche fummelt (um den Fingerhut zu suchen)", mundartlich seit M. Richey (Hambg. 1754). Aus der Grundbed. 'reiben' hat sich (wie bei ficken) früh 'futuere' entwickelt, wie das abgeleitete F. Fummel landschaftl. zu 'weibl. Glied' und 'Dirne' geworden ist, was der Aufnahme des Wortpaars ins Nhd. entgegenwirkt. Nach F. Sommer 1933 Idg. Forsch. 51, 247 zielt fummeln als lautnachahmende Bildung ursprüngl. auf das mit dem Reiben verbundene Geräusch.

Fund M. mhd. vunt M. 'das Finden, das Gefundene', postverbal zu **finden**. Ebenso anord. fundr, fyndr, nnl. vond 'Fund, Erfindung'.

Fundament N. Zu lat. fundus 'Grund' gehört fundāre 'den Grund wozu legen', dazu wieder fundāmentum 'Grundlage'. Seit dem 9. Jh. entlehnt als ahd. mhd. fundamēnt, daneben Eindeutschungen wie fundamunt, fulle-, vollemunt M. Zunächst immer baugewerblich, seit dem 14. Jh. auch in geistl. u. a. Übertragungen. Die Lutherbibel ersetzt das von Eck verwendete F. durch Grund, Tschudi schlägt dafür Grundvesti vor: Kluge 1918 Von Luther bis Lessing 152. 190.

Fundgrube F. Bergmännisch seit 1454 (Fontes rer. Austr. II 2, 47) für Fundpunkt und Grubenfeld, wo zuerst das gemutete Erz bloßgelegt wird. Ins Geistl. übertragen 1490 durch die „Himml. Fundgrube" des Augustiners Joh. v. Paltz, die es bis 1521 auf 12 Drucke brachte, seit 1502 auch lat. als Coelifodina erschien (Wh. Creizenach 1902 Zf. f. b. Wortf. 2, 73). Dem Gebrauch des Worts in der Reformation war günstig, daß diese von Ostmitteldeutschland ausging (Luther, Staupitz, Mathesius), wo in Harz, Erz- und Riesengebirge der Bergbau blühte.

fünf Zahlw. Ahd. funf, finf, asächf. agf. fīf, anord. fimm, got. fimf ergeben germ. *fēmf(e). Auf idg. *penque weisen einwandig aind. páñca, tochar. pän, armen. hing, gr. πέντε (äol. πέμπε). In lat. quinque, air. cōic, gall. pompe-, akymr. pimp (britann. p aus qu) hat sich der Anlaut der ersten dem der zweiten Silbe angeglichen; in germ. *fēmf(e) liegt die umgekehrte Angleichung vor. Das Ordinale **fünfte** ist (wie alle Ordinalia) Ausläufer einer alten Bildung: got. fimfta, ahd. fimfto, funfto, asächf. fifto, agf. fīfta vergleichen sich dem gall. pinpetos, lat. quintus (für *quinctos), gr. πέμπτος, aind. pañcathá, lit. peñktas, aslav. pętĭ.

Funke(n) M. Spätahd. funcho, mhd. (nicht klaff.) vunke, mnd. funke, mnl. vonke, mnl. vonk, mengl. fonke 'kleines Feuer, Funke', engl. funk 'Funke, Zunder, Gestank'. Ablautend daneben im klaff. Mhd. und im Frühnhd. vanke M., das bair.-österr. fortlebt, aber sowenig wie gleichbed. mhd. ganeist, schwäb.-alem. glunse in die nhd. Schriftsprache bringt, in der vom Md. her Funke(n) siegt: K. v. Bahder 1925 Wortwahl 63f. Funke ist abgeleitet von den n-Formen des alten r-/n-Stamms Feuer, f. d. Neben idg. *puŏn-, das dem got. fōn 'Feuer' vorausliegt, steht mit Ablaut idg. *puŏn-, zu dem mhd. vanke gehört. Im Alem. ist Funke in der Bedeutung 'Freudenfeuer' verbreitet, daher Funkensonntag der Sonntag nach Aschermittwoch, an dem auf den Höhen Freudenfeuer lodern.

funken schw. Ztw. mhd. vunken 'Funken von sich geben, blinken' ist in älterer Sprache weniger wichtig als die von ihm ausgehende Intensivbildung funkeln (so zuerst Eltville 1469) mit funkelneu (Nürnberg 1678) und funkelnagelneu (seit 1789). Für die 1897 von Marconi erfundene drahtlose Telegraphie schlägt O. Sarrazin Zf. d. Sprachw. 29 (1914) 193ff. funken vor, das sich bald durchsetzt. Funkspruch begegnet schon 1903; im Oktober 1923 wird der dt. Rundfunk öffentlich durchgeführt. Über den sonstigen Wortschatz des Funkwesens W. Linden 1943 Dt. Wortgesch. 2, 389; J. Weinbender 1944 Jahrb. d. dt. Spr. 2, 214. Vom Heer aus ist funken als Kraftwort für 'schießen' verbreitet: Haupt-Heydemarck 1934 Soldatendeutsch 68.

Funse(l) F. 'schlecht brennende Lampe', erst nhd. Vielleicht mit Schwund eines Velars aus vonksel 'Zündstoff' (so Kilian 1632), dies mit Endung -fal (f. d.) zu Funke. Das schriftsprachl. nicht anerkannte Wort spielt in vielen Formen: Heller-Funtze J. Chr. Günther 1714 Ged. 1100, sonst Fonse(l), Funzel. — Das zugehörige funseln gilt landschaftl. vom Schwelen der Lampe.

Fuppe F. 'Tasche', ein ostpreuß.-livländ. Wort; vgl. engl. fob und Ficke.

für Präp. ahd. furi 'vor, für', asächs. furi 'vor', mhd. für. Nhd. ist der Vokal gedehnt in dem auf einfaches r ausgehenden Wort wie in bar, wer, wir, empor. Verwandt mit aind. purás, avest. parō 'vor', vgl. die Sippe unter vor und Ludw. Geismar, Vor und für im Nhd. (Gießen 1928).

Furage F. 'Futter, Mundvorrat'. Der Stamm von nhd. Futter hat mlat. foderāre 'Futter auftreiben' geliefert, auf dem frz.

fourrage M. 'Futterlieferung (fürs Heer)' beruht. Als Kriegswort um 1600 entlehnt, erscheint fouteraschi 1617 mit Anlehnung an Futter, die zufällig das Richtige trifft. Genuswechsel wie bei Bagage usw. — Frz. fourrager 'auf Futterholen ausgehen' ergibt noch im 30jähr. Krieg furagieren, 1665 umgebildet zu futtragiren.

fürbaß Adv. 'besser fort, weiter', mhd. vürbaz, md. auch vorbaz. Aus für und baß, f. d.

Furche F. Mhd. afrief. furch, ahd. fur(u)h, mnd. mnl. vore, nnl. voor, agf. furh (engl. furrow) mit agf. engl. furlong 'Furchenlänge' als Längenmaß, anord. norw. for 'Abzugsgraben', schwed. fåra, dän. fure, älter for(e) 'Furche' weisen auf germ. *furh-, idg. *prk-. Daneben hochstufig *perk- in norw. mundartl. fere, schwed. mundartl. fjäre 'Erhöhung zwischen zwei Furchen, Ackerbeet'. Außergerm. entsprechen lat. porca 'Erhöhung zwischen zwei Furchen im Acker' mit porculētum 'in Beete geteiltes Feld, Ackerbeet', air. -rech, kymr. rhych 'Furche', abret. rec 'ich pflüge'. Die hochstufige Form ist ursprünglich eins mit idg. *perk- 'aufwühlen' in aind. pársāna- 'Kluft', lit. pra-peršis 'Blänke im Eis', praparšas 'Graben', lat. porcus 'Schwein' (eigentlich 'Wühler'). Eines der wenigen schon idg. Fachwörter des Ackerbaus. Die Bed. 'Furche' und 'Ackerbeet' berühren sich auch in der Sippe von Gleis; f. d. und Beet.

Furcht F. zu fürchten, f. d. Mhd. vorhte, ahd. asächs. for(a)hta, afrief. fruchte; agf. fyrhtu, fryhtu, engl. fright mit Umlaut, den got. faúrhtei erklärt. Dies ist gebildet wie got. afgudei F. 'Gottlosigkeit', das dt. Abstraktum wie Schande. Der schweiz. Umgangssprache fehlt Furcht; dafür Angst.

fürchten Ztw. mhd. vürhten, Prät. vorhte; ahd. furihten, forahtan, Prät. forahta; asächs. forahtian, afrief. fruhtia, agf. forhtian, got. faúrhtjan. Aus dem alten Part. erwächst das Adj. ahd. asächs. foraht, agf. forht, got. faúrhts 'furchtsam'. Der Dental des ursprünglich st. Ztw. ist Präs.-Ableitung. Dem Stamm germ. *furh-, idg. *prk- ordnen sich außergerm. zu toch. A praski, B prosko, proskye 'Furcht' zum Verbalstamm A pärsk-, prask-, B pärsk-, präsk- (aus *praksk) 'sich fürchten'.

fürder Adv. mhd. vürder, ahd. furdir 'weiter nach vorn, weiter fort, weg'. Wohl oblique Kasusform des Kompar. Neutr. (wie got. faúrbis 'früher') zu fort (f. d.). Vgl. agf. furbor Adv. 'weiter, ferner' (got. faúrbōs), engl. further 'weiter'.

Furie F. Zu lat. furere 'rasen' gehört furia 'Wut' und 'Rachegöttin'. In der ersten Bed.

erscheint furia zuerst 1575 in deutschem Text, furie sei 1619; so vielfach in den Mundarten. Die röm. Rachegöttinnen liefern unsere Bed. 'wütende Person' seit 1719: H. Schulz 1913 Fremdwb. 1, 229 f.

Furier M. Zu dem unter Furage entwickelten mlat. foderāre 'Futter auftreiben' gehört fodrārius; daraus frz. fourrier 'der für Futter (und Quartier) zu sorgen hat'. Von da wird im 14. Jh. am Rhein mhd. forir entlehnt (Lexer 3, 472), doch erst im 16. Jh. bürgert sich furier(er) 'Quartiermacher' ein, um im 17. Jh. von neuem der frz. Form zu weichen: Zs. f. d. Wortf. 14, 29. 55 f. 15, 185.

Furke s. Forke.

fürliebnehmen st. Ztw. 'sich mit etwas genügen lassen' seit dem 17. Jh., während schon mhd. für guot, verkürzt vergout, gilt. Vom Nd. hat sich vorlieb eingestellt (kaum vor Lessings Brief an Ebert vom 5. Okt. 1773: Sämmtl. Schr. 12, 402 Lachmann), während fürwahr, nichts für ungut nach nhd. Regel bei für geblieben sind.

Fürst M. Zu der verzweigten idg. Wurzel *per, *pro 'vorwärts, voran' (s. fort, für, vor) gehören (wie gr. πρόμος 'vorderster', lit. pìrmas 'erster') asächs. afries. agf. forma 'der erste, früheste'. Kompar. zum gleichen Stamm ist ahd. furiro, anord. fyrre 'der frühere, vorzüglichere', Superl. ahd. asächs. furist, afries. ferest, agf. fyr(e)st, engl. first, anord. fyrstr 'der erste'. Dieser Superl. erscheint substantiviert in ahd. furisto, das sich zunächst mit hēristo (s. hehr, Herr) in die Bedeutung 'princeps' teilt, um 1120 aber zu 'Reichsfürst' erstarrt, offenbar unter Vorangang der geistlichen Fürsten. Vom Hd. greift die Entwicklung über auf asächs. furisto, mnl. vorste, afries. vorsta, fersta: Edw. Schröder 1924 Zs. d. Sav.-Stiftg. f. Rechtsgesch., Germ. 44, 1 ff.; K. Stegmann v. Pritzwald, Dankesgabe f. A. Leitzmann (Jena 1927).

Fürstenschule F. Lateinschule, vom Landesherrn zur Sicherung des Nachwuchses an Staats- und Kirchendienern gestiftet. Zuerst richtete Kurfürst Moritz v. Sachsen die Fürstenschulen von Pforta und Meißen 1543, 1550 Grimma ein; der Name nicht vor 1578: Nyström 1915 Dt. Schulterm. 1, 35 f.

Furt F. (obd. furt M., md. fort, nd. ford F.). Asächs. agf. ford, afries. forda, ahd. furt sind M. Bei mhd. vurt wird spät das alte M. durch das von Norden her eindringende F. zurückgedrängt. Ortsnamen wie hd. Fürth (aus *Furti) und nd. Vörde erweisen das Alter des fem. i-Stamms, der von vornherein neben dem mask. u-Stamm stand und die Bedeutung

eines Nomen actionis hatte, wie agf. fyrd F. neben ford M. erweist, das mit den deutschen Wörtern auf gemeingerm. *furdu-, idg. *pr̥tú- 'Durchgang' zurückgeht. Daneben hochstufig anord. fjǫrðr (dän. schwed. fjord; schott. firth aus dem Nord. entlehnt) 'schmale Meeresbucht', aus idg. *pértu-. Die germ. Bildungen beruhen auf Dentalerweiterung des idg. *per- 'hinüberführen, -bringen, -kommen' (s. fahren). Dieselbe Erweiterung liegt vor in lat. portus 'Hafen', angiportus 'enge Durchfahrt, Nebengäßchen' und avest. pərətuš (aus *pr̥túš), pəšuš (aus *pŕ̥tuš) 'Durchgang, Furt, Brücke'; vgl. den Namen des Flusses Euphrat, avest. hu-pərəθwa 'gut zu überschreiten'. Am nächsten vergleicht sich die kelt. Sippe von gall. ritu- 'Furt' in Ritumagus 'Furtfeld' und gallolat. Augustoritum 'Augustusfurt', ir. rith in Humarrith, akymr. rit, kymr. rhyd, korn. rit 'Furt', die lautgesetzlich das anlautende p in urkelt. Zeit verloren hat, vgl. Ferkel, Flur, Föhre und M. Förster 1941 Der Flußname Themse 22. 187.

Fürtuch N. 'Schürze', z. T. auch 'Serviette'. Spätmhd. gilt vortuoch, das als fartuch ins Poln., als fartuk ins Russ. entlehnt und aus einer slav. Sprache als kvartūkas, -tūgas ins Lit. gelangt ist. Im 15. Jh. tritt fürtuoch an die Stelle, das in westfäl. füäördöuk fortlebt und als Volkswort im gesamten Südsaum unsres Sprachgebiets eine Rolle spielt. So muß 1847 Wiener Schulkindern eingeprägt werden, daß sie Schürze statt Fürtuch zu sagen haben: P. Kretschmer 1918 Wortgeogr. 20; A. Senn 1933 Journ. of Engl. and Germ. philol. 32, 516. 528.

Furunkel M. Lat. fūrunculus ist Verkl. zu für(o) 'Dieb' (wie homunculus zu homo), s. Frettchen. Röm. Winzerhumor nannte fūrunculus 'kleiner Spitzbube' einen Nebentrieb am Rebstock, der dem Haupttrieb die Kraft entzog. Nach der Ähnlichkeit mit dem Auge am Rebstock ist, schon von den altröm. Ärzten, das Blutgeschwür benannt. E. Müller-Graupa 1933 Philol. Wochenschr. 53, 764 ff. Bei uns erscheint Fürunkel 1588: Tabernämontanus, Kräuterb. 724. — S. Geiz.

Fürwort N. Frühnhd. fürwort bedeutet 'Scheingrund, Ausflucht'; dazu tritt im 17. Jh. die Bed. 'Fürsprache'. Neben ihr kennt Stieler 1691 Fürwort 'praepositio'. Nachdem Gottsched unserm für den Bereich des lat. pro gesichert hat, prägt er 1734 Beitr. z. krit. Hist. 7, 496 Fürwort auf den Sinn des lat. prōnōmen: Wh. Pfaff 1933 Kampf um dt. Ersatzwörter 30.

Furz s. farzen.

fuschen s. pfuschen.

Fusel M. 'schlechter Branntwein' tritt 1724

in Duisburg als fussel auf (Kluge 1901 Rotwelsch 1, 184), demnächst im Gebiet von Nordhausen 1733/39: „Korn=Brandewein vulgo Fusel" J. G. Schnabel, Stolberg. Slg. neuer Weltgesch. 124; „Couragewasser oder Fusel" ders. Insel Felsenb. 3, 458. 1743 bezeugt Richey die Bed. 'gemeiner Branntwein' für Hamburg, 1771 J. Möser, Patr. Phant. 2, 153 für Westfalen. Von da greift (nach dem DWb. 4, 1, 1, 962) das Wort über Pommern, Rügen und Ostpreußen bis Liv= und Estland; aus Norddeutschland ist es nach Dänemark, Schweden und (als foezel) ins Nnl. entlehnt. Nach Süddeutschland gelangt F. spät, so daß sich Herleitung aus dem vorwiegend bair. fuseln 'übereilt und schlecht arbeiten' (Schmeller 1² 769) verbietet. In der Schweiz wird der unter Aufsicht des Bundes hergestellte Branntwein Bundesfusel gescholten. Die landschaftl. Bed. 'schlechtes Zeug, dünner Kaffee, geringer Tabak' sind abgeleitet: Zs. f. d. Wortf. 3, 245. 13, 48. 15, 251. Man leitet Fusel von lat. fusile her; dies zu lat. fundere 'gießen'.

Füsilier M. Zu lat. focus 'Feuerstätte' ist über vulgärlat. *focile 'zum Feuer gehörig' und ital. fucile frz. fusil 'Feuerstahl' gebildet, nach dem die um 1630 eingeführte Feuersteinflinte fusil (à silex) heißt. Das dazu gebildete fusilier 'Schütze' erscheint als Fuselier seit 1697 bei uns: H. Schulz 1913 Fremdwb. 1, 230.

Fuß M. ahd. fuoz, mhd. vuoz, asächs. agf. fōt, engl. foot, anord. fōtr, got. fōtus. Es handelt sich um die konsonant. Wurzel idg. *pōd- im Ablaut zu *ped-. Der lange Vokal war zunächst nur im Nom. Sg. berechtigt: gr. (dor.) πώς, Gen. ποδός, lat. pēs, pedis, aind. pāt, padás; toch. A pe, B pai 'Fuß', A pem, B paine 'die beiden Füße': K. Schneider 1941 Jdg. Forsch. 58, 170. Dazu mit Stammerweiterung armen. otn, Pl. otkh. Die e-Stufe ist auch in versch. germ. Ableitungen erhalten: anord. fet N. 'Schritt' (als Maß 'Fuß'); vgl. aind. padá N. 'Schritt, Spur, Ort', armen. het 'Spur', gr. πέδον 'Boden', πέδη 'Fessel', lat. peda 'Fußspur', lit. pėdà 'Fußstapfe' (è aus ē); mit Ablaut aslav. podŭ 'Boden'. Von anord. fet ist abgeleitet feta 'den Weg finden'; ihm entspricht agf. fetian, spätagf. feccan, engl. fetch 'holen' mit agf. sīþfæt 'Reise'; vgl. anord. fjǫturr (s. Fessel), fit F. 'Haut zwischen den Klauen der Vögel'; mengl. fitlok, fetlak, engl. fetlock 'Fesselhaar, Kötenhaar der Pferde', mhd. vizzeloch N. 'Hinterbug des Pferdefußes', nhd. Fißloch: Ableitungen aus *fet 'Fuß'.

Fußball M. seit 1894 als Lehnübersetzung des engl. football gebucht, das noch 1909, fast

dreißig Jahre nach Aufnahme des Spiels, auch bei uns gebraucht wurde: A. B. Stiven 1936 Englands Einfluß auf d. dt. Wortsch. S. 96 mit Anm. 746; Dt. Wortgesch. 2 (1943) 341. 393.

Fußbank F., seit 1505 belegt, ist die nordd. Bez. des niederen Bänkchens für die Füße, gegenüber südd. (Fuß-)Schemel: Kretschmer 1918 Wortgeogr. 211f.

Fußfall M. Ahd. fuazfallönti 'knieend' bildet Otfrid, mhd. vuozvallen N. 'das Knieen' Wolfram. Gleicherweise zu der Formel zu Fuße fallen (so z. B. Stieler 1691) gehören fußfällig (Henisch 1616; Zs. f. d. Wortf. 15, 223), das neben dem Part. steht, wie kniefällig neben kniefallend, wohlhäbig neben wohlhabend, und Fußfall, mhd. vuozval (seit Hartmann v. Aue; frühnhd. z. B. bei Wolfh. Spangenberg 1606 Saul V. 2018). — S. Fallreep, Kniefall.

Fußtapfe F. zu stapfen. Vielfach dafür Fuß=tapfe mit falscher Abteilung, die weiterhin zu einem Ztw. tapfen für stapfen geführt hat.

futsch Interj. Adv. 'zunichte, verloren, weg': zuerst aus ober= u. mrhein. Ma. bei A. v. Klein 1792 Prov.=Wb. 1, 128, wenig später literarisch durch den Gießener F. C. Laukhard 1799 Schilda 3, 47. Verbreitet über die Mundarten von der Schweiz bis an den Niederrhein, von Siebenbürgen bis Schleswig und Ostpreußen, im bair.-österr. Gebiet als pfutsch, bei dem der lautmalende Ursprung besonders deutlich wird: hànn 'in vougl giwèllt derwisch·n — pfutsch, is ar weck (M. Lexer, Kärnt. Wb. 26). Fremd klingende Weiterbildungen (futschikato, -kara, -kana, futschito) sind jünger und hätten nicht dazu verführen sollen, der lautmalenden Interj. fremden Ursprung anzudichten (L. Spitzer 1913 Wörter u. Sachen 5, 212).

Futter[1] N. 'Nahrung'. Mhd. vuoter, ahd. fuotar, mnd. vôder, mnl. voeder, nnl. voe(de)r, agf. fōdor, engl. fodder, anord. fōðr, dän. schwed foder führen auf germ. *fōþra-, *fōðra-. Die nächsten germ. Verwandten sind agf. fōda, engl. food, anord. føði, got. fōdeins 'Nahrung', ahd. fuotten, asächs. fōdian, afries. fēda, agf. fœ̄dan, engl. feed, anord. fœ̄ða, got. fōdjan 'nähren', asächs. fōster, agf. fōstor, engl. foster, anord. fōstr 'Unterhalt'. Mit Ablaut stehen daneben ahd. fatōn 'weiden', fatunga 'Nahrung', mnd. ve(de)me F. 'Buchen=, Eichelmast'. Außergerm. steht am nächsten gr. πατέομαι 'esse und trinke': -t-Weiterbildung zur idg. Wurzel *pā- 'Vieh weiden, hüten', woraus 'füttern' in lat. pāscō 'weide', pāstor 'Hirt', pābulum 'Futter', pānis 'Brot', aslav. pasti 'weiden'. Auf Entlehnung aus dem Germ. beruhen frz. feurre 'Stroh', fourrage 'Viehfutter, Futterlohn'.

Futter² N. 'Unterfutter', mhd. vuoter 'Unterfutter, Futteral, Schwertscheide', ahd. fuotar, älter fōtar 'Überzug', mnd. vōder, mnl. voeder, afries. fōder, agf. fōdor, anord. fōðr '(Kleider=) Futter', got. fōdr N. 'Scheide'. Auf Entlehnung aus dem Germ. beruhen mlat. fōtrum, afrz. prov. fuerre 'Scheide'. Urverwandt sind aind. pātra- 'Behälter', pāti 'schützt', gr. πῶμα 'Deckel', hettit. paddar 'Korb'. Jdg. Wurzel *pō-'schützen'.

Futteral N. Zu mlat. fōtrum (s. Futter²) gehört als Weiterbildung fōtrale, futrale N.

'Scheide, Kapsel'. 1390 erscheint in einer ostdt. Rechnung (Monum. medii aevi hist. res gestas Polon. illustr. 15, 47): pro 4 futralibus supra balistas, 1419 in e. bair. Vocabular (Schmeller 1² 779) „futär vel futral/futrum", bald danach erklärt als „fuoder, dar eine tafelen inne steckt" (Dieffenbach, Nov. Gloss. unter futrale). Im 16. Jh. wird fueteral 'Behältnis' häufiger.

füttern Ztw. ahd. fuotiren, mhd. vuotern, vüetern, aus germ. *fōdrian. zu Futter¹.

Futterneid f. Brotneid.

G

Gabe F. Dem mhd. gābe (zu geben) entsprechen mnd. mnl. gāve, anord. gāfa. Ahd. gilt nur die ältere Bildung gëba (in mhd. gëbe und mundartl. gippe fortlebend), die sich mit asächs. gëba, anl. gëva, afries. gëve, agf. giefu, anord. gjǫf, got. giba als gemeingerm. erweist. In ihrer Bedeutung sind mhd. gābe und gëbe geschieden: Wolframs Parz. 116, 20f. Des wart ir gābe ('Ergebnis des Schenkens; Geschenk') niuwe Ze himel mit endelōser gebe ('Handlung des Gebens; Schenken').

gäbe Adj. mhd. gæbe, mnd. gëve, mnl. gāve, ghëve, afries. jëve 'annehmbar', anord. gæfr 'angenehm, dienlich'. Verbaladj. zu geben wie (an)genehm zu (an)nehmen, bequem zu bekommen, gäng zu gehen. Neben der verbreiteten pass. Bed. 'was gegeben werden kann' steht in neunordw. gjæv 'freigebig' die akt. 'wer gern gibt'.

Gabel F. mhd. gabel(e), ahd. gabala, asächs. gafala, mnd. mnl. gaffel(e), nd. nl. gaffel (s. Gaffel), agf. gafol, geafel, engl. mundartl. gaffle. Asächs. gaflie ist Mz.: das Gerät hat mehrere Zinken. Schwed. dän. gaffel ist dem Mnd., finn. gaffeli, kaffeli dem Germ. entlehnt. Urverwandt sind air. mir. gabul 'gegabelter Ast, Gabel, Gabelungspunkt der Schenkel', kymr. gafl 'Gabel, Schenkelgabel', bret. gavl, gaol 'Gabelung'. Lat. gabalus 'Galgen, Kreuz' ist aus dem Gall. entlehnt. Mit der kelt. Sippe führt die germ. auf idg. *ghabh-l-, f. Giebel. Beide sind Ableitungen vom Stamme des lat. habēre und bezeichnen das Gabelholz als Haltegerät (vgl. span. tenedor 'Gabel' zu tener 'halten'): J. Trier 1939 Zf. f. dt. Alt. 76, 42. Die Gabel der Vorzeit ist hölzern (ihre eiserne Nachfolgerin f. u. Forke) und dient der Landwirtschaft zum Heben und Wenden von Dünger, Garben und Heu (vgl. Zwiesel). Die Gabel als Tischgerät war den Alten nicht bekannt. Im Mittelalter diente sie zum Vorlegen, bei ihrem ältesten Vorkommen in Monte Cassino 1023 zum Vorlegen und Essen zugleich. In Frankreich taucht die Gabel als Eßgerät 1379 auf: Edw. Schröder 1917 Zf. d. Ver. f. Volksf. 27, 123f. Am Hofe von Aragon wird seit 1423 zwischen einer dreizinkigen Zerleggabel und einer zweizinkigen Vorleggabel unterschieden, 'mit der man essen kann, ohne sich die Hände zu salben'. Zusammenhang mit ital. Tischsitte ist hier wahrscheinlich. Der Gebrauch der Gabel zum Essen, im 15. und 16. Jh. noch beschränkt, verbreitet sich im 17. Der Piron (dazu E. Öhmann, Neuphil. Mitt. 1941, 105) bei Grimmelshausen ist ein Gerät zum Vorlegen von größerem Obst; in Venezien ist pirone die einzige Bezeichnung der Tischgabel.

gackern, gackfen Ztw. erst nhd. Lautnachahmende Bildung wie obd. gatzen (aus gagzen), ahd. gackizōn, gackazzen 'meckern, schnattern'. Lautnachahmend auch nl. gaggelen 'schnattern', engl. gaggle 'gackern', nord. gagga 'heulen wie ein Fuchs', gagl 'Schneegans'.

Gadem, Gaden M. N. ahd. gadum, -am, mhd. mnd. gadem, -en 'Haus von nur einem Zimmer; Saalbau; Gemach'. Ein von Haus aus nur hd. Wort, das sich auch in Ortsnamen wie Berchtesgaden (alt Berchtoldes gadem) findet. Ursprung dunkel.

Gaffel F., die nd. nl. Form von Gabel, dient seemännisch seit dem 17. Jh. als Name von Segelstangen, die ein gabelförmiges Ende haben: F. Kluge 1911 Seemannsspr. 292f.

gaffen schw. Ztw., md. gaffen. Ahd. *gaffēn ist aus geffida F. 'Betrachtung' zu folgern. Grundbed. 'mit offnem Mund anstarren', vgl. mnd. nd. mnl. gapen, engl. gape 'den Mund aufsperren, gähnen', agf. ofergapian 'vergessen, vernachlässigen', anord. gapa 'den Mund aufsperren', gap 'weite Öffnung'. S. auch jappen; außergerm. Beziehungen sind nicht gesichert. Im dt. Mittelalter wurde der Begriff durch das un-

verwandte mhd. kapfen, ahd. chapfēn, asächſ.
kapōn gedeckt, das in agſ. capian 'blicken, gaffen'
ſeinen nächſten Verwandten hat.

Gagat M. eine Kohlenart, mhd. gagātes aus
dem gleichlaut. gr.-lat. Worte, nach der Stadt
Gagai am Fluß Gages in Lykien: Littmann
1924 Morgenl. Wörter 17. Von da auch frz.
jais, im 12. Jh. jaiet; die engl. Form Jett
im 19. Jh. nochmals ins Nhd. entlehnt.

Gage F. Germ. *wadja- 'Handgeld, Unterpfand' (ſ. Wette) gelangt ins Roman. und
ergibt frz. gage M. 'Pfand', das ſeit Wallhauſen 1616 Kriegsman. 210 als gehobener
Ausdruck für 'Sold' zurückentlehnt erſcheint.
Genuswechſel wie bei den andern Subſt. auf
-age. Als entbehrliches Fremdwort gekennzeichnet Ehrenkranz (Straßb. 1644) 4, Lauremberg 1652 Scherzged. 3, 180; F. Schlegel,
Heidelb. Jahrb. 1808 S. 181 (Kluge 1918 Von
Luther bis Leſſing 212. 269), dennoch ausgedehnt auf die Sprache der Flotte (Kluge 1911
Seemannsſpr. 293) und der Bühne (H. Schulz
1913 Fremdwb. 1, 230 f.).

Gähnaffe M. Der Kienſpanhalter der Vorzeit, urſpr. ein fratzenhafter Tonkopf mit ſchmal-
geſchlitztem Mund, ſpäter ein Holz- oder Eiſen-
geſtell mit Klemme zum Feſthalten des brennenden Kienſpans, heißt frühnhd. ginaff, öſterr.
ſteir. geanmaul, maulauf, böhm. gānofe,
mäulâff. Nach Bruno Schier 1929 Sudetendt.
Zſ. f. Volksk. 2, 167 entſpringen hier die Schelten Gähnaffe, Maulaffe. Ungeklärt iſt,
warum ſie gern mit den Ztw. feilhalten
oder verkaufen verbunden werden.

gähnen Ztw. mit nhd. ä für e, mhd. genen,
ginen, geinen, ahd. ginēn, geinōn, asächſ. ginōn,
mnl. ghēnen, agſ. ginian, gānian. Mit präſent.
n wie agſ. tōgīnan, anord. gīna 'klaffen'. Ohne
dies n ahd. gīēn 'gähnen', anord. gjā 'Spalte,
Kluft'; mit ableitendem w ahd. giwēn, gëwen
'den Rachen aufſperren', mnl. ghēwen 'gähnen',
agſ. giwian 'fordern'. Germ. Wz. *gei-: gī-,
idg. *ĝhēi-: *ĝhī- in lat. hiāre, hīscere, aſlav.
zijati 'gähnen, klaffen', lit. žióti 'den Mund
aufſperren', aind. vi-hāya- 'Luftraum'.

Gala F. Arab. chil'a 'Ehrengewand, wie es
morgenl. Herrſcher ihren Günſtlingen ſchenken'
gelangt über ſpan. gala 'Kleiderpracht' an den
Wiener Hof Leopolds I. (1658—1705). Nach
ſpan. vestido de gala bildet Abr. a S. Clara
1689 Judas 2, 58 Galaklayd. Gala iſt 1706
in Hannover verſtändlich, in Süddeutſchland
und Paris unbekannt. Dazu das ſpan. Adj.
galano 'in Gala gekleidet, höfiſch, artig', das
ſubſtantiviert zu Galan M. ſeit 1601 bei uns
erſcheint, wieder ohne frz. Vermittlung, während ital. ſpan. galante 'zierlich und modiſch
gekleidet' über frz. galant im 17. Jh. unſer

galant ergibt: A. Götze 1902 Zſ. f. d. Wortf. 2,
279; H. Schulz 1913 Fremdwb. 1, 231; F.
Schramm 1914 Schlagw. d. Alamodezeit 49 ff.;
K. Lokotſch 1927 Etym. Wb. Nr. 864; Elſe
Thurau 1936 „Galant", e. Beitr. z. frz. Wort- u.
Kulturgeſchichte.

Galeaſſe F. Ital. galeazza 'größeres Kriegsſchiff' wird ſeit 1565 in deutſchen Texten erwähnt. Die Bed. 'Zweimaſter mit hohem
Vormaſt' (nicht vor 1794) iſt uns durch nnl.
galjas vermittelt, das über frz. galéace aus
ital. galeazza ſtammt. Deſſen Grundwort ital.
galea ſ. u. Galeere. Kluge 1911 Seemannsſpr. 294.

Galeere F. Gr. γαλέη 'Wieſel' wird übertragen auf einen Seefiſch, mgr. γαλία von
da auf die großen Ruderſchiffe des Mittelmeers.
Über mlat. galea entſteht ital. galera, das
zuerſt 1609 als gallere in deutſchem Text erſcheint. Zeſens Verſuch, es durch „Walſchiff
oder Walleie" zu erſetzen, bleibt ohne Erfolg:
Zſ. f. d. Wortf. 6, 381. 14, 74; H. Schulz 1913
Fremdwb. 1, 232.

Galerie F. Die Vorhallen vor den Kirchen
werden, zunächſt in Rom, mit dem bibl. Namen
Galilea bezeichnet, danach auch afrz. galilée 'Vorhalle'. Seit dem 10. Jh. erſcheint dafür ital.
galleria. Von da gelangt Gallerei 1580 zu
uns, zunächſt als Wort der Gartenkunſt, danach
des Feſtungsbaus und der Feldbefeſtigung, bald
auch als 'Bilderſaal' und 'Erker, Balkon':
H. Schulz 1913 Fremdwb. 1, 233; Zſ. f. d.
Wortf. 14, 32. 64. 74; E. Gamillſcheg, Etym.
Wb. d. frz. Spr. (1928) 453.

Galgant M. Die dem Ingwer verwandte
Pflanze iſt in China heimiſch und heißt dort
Ko-léung-kéung 'milder Ingwer des Bezirks
Kao'. Um 875 tritt die Pflanze als chineſ. Erzeugnis in Arabien auf, noch vor dem 12. Jh.
bringen ſie Araber nach Europa, in Deutſchland
beſchreibt Hildegard v. Bingen († 1179) ihre
Vorzüge. Arab. ḥalangān liefert mgr. γαλάγγα,
mlat. galanga, ahd. galangan, galegan, mhd.
galgān, galgan(t): Zſ. f. d. Wortf. 6, 182;
Lokotſch 1927 Etym. Wb. Nr. 795.

Galgen M. Einem vorgerm. *ghalgha-, erwieſen durch armen. jalk, lett. žalga, lit. žalgà F.
'Stange', entſpricht gemeingerm. *galgan- in
got. galga, anord. galgi, agſ. gealga, afrieſ. galga
aſächſ. ahd. galgo. In allen germ. Sprachen
wird das Wort von Chriſti Kreuz gebraucht; die
vorgerm. Bed. 'Stange' liegt noch in anord.
gelgja vor. Mundartl. heißt G. der Teil des
Webſtuhls, an dem die Weblade hängt: Zſ. f. d.
Wortf. 8, 283. Der Nom. auf -en ſeit dem 14.
Jh., Gen. Galgen noch im 17. Jh.: H. Paul
1917 D. Gramm. 2, 38 f.

Galgenfriſt F. ſeit Sleidan 1542 Reden 2,

119 als 'dem Verbrecher unter dem Galgen gewährter Aufschub'; bildlich schon Er. Alberus 1539 Wider Witzeln B 3 a.

Galgenhumor M. kaum vor Redwitz 1879 H. Stark³ 2, 24, weit nach der Zeit des Galgens.

Galgenschwengel M. mhd. galgenswengel 'galgenreifer Schelm', seit 1300 allgemein. Das Scherzwort beruht auf dem Vergleich des Gehenkten mit dem Schwengel (zu schwingen) einer Glocke. S. Feldglocke.

Galgenstrick M. spätmhd. galgenstric 'Strick, mit dem der Verbrecher an den Galgen geknüpft wird'; seit Hayneccius 1582 Hans Pfriem V. 1397 'galgenreifer Schelm'. Gleichbed. die landschaftl. Galgendraht, -holz, -nagel. Den Ton einer gewissen Anerkennung teilt das Wort mit frz. roué, eig. 'Geräderter': Zf. f. d. Wortf. 10, 231.

Galgenvogel M. In Schwaben und der Schweiz Name des Raben, der sich bei Aas und Leichen einstellt (Suolahti 1909 Vogelnamen 179), und so einst allgemein, doch schon seit Herold 1542 Christenl. Ee Inst. Hh 4a in die jüngere Bed. von Galgenstrick übergeführt. Ähnlich Galgenhuhn, -rabenvieh: Zf. f. d. Wortf. 11, 190. 14, 237.

Galimathias M. N. 'verworrenes Gerede'. Frz. galimatias (aus neulat. gallimathia, gelehrte Zusammensetzung von galli- und gr. -μάθεια, urspr. wohl 'Wissen eines Gallus', d. i. 'Hahns, Disputanten') ist auf Wegen, die Axel Nelson 1922 Strena philol. Upsaliensis 289 ff. untersucht, in die Disputationen der Sorbonne gedrungen und seit Montaigne († 1592) als Subst. galimathias 'propos sans suite' literarisch geworden. Das frz. M. wird als Fachwort der Poetik neben gleichbed. phoebus von Christ. Gryphius 1698 Poet. Wälder, Vorw. 4ᵇ übernommen und hält sich als Schlagwort der literar. Kritik: Zf. f. d. Wortf. 7, 56. 8, 72. 13, 48; H. Schulz 1913 Fremdwb. 1, 233 f.; E. Gamillscheg 1928 Etym. Wb. d. frz. Spr. 454.

Galion N. Span. galeón, Augmentativbildung zu mlat. galea (s. Galeere) bez. eine bestimmte Art großer Kriegsschiffe. Als galjoen ins Mnl. übernommen, erfährt es Besonderung auf den Vorbau am Steven, den dort angebrachten figürl. Schmuck und den Schiffsschnabel unter der Figur. In diesen Bed. gelangt das Wort im 16. Jh. über das Nd. zu uns: Kluge 1911 Seemannsspr. 295 ff.

Gallapfel M. nd. nl. galappel, dän. galæble: Verdeutlichung zu Galle², die mhd. eichapfel ablöst. Zu lat. galla, woher auch gleichbed. agf. gealloc; vgl. engl. oak-gall (gall-oak) 'Galleiche'.

Galle¹ F. 'fel'. Ahd. asächs. anl. galla F., agf. gealla M., engl. gall, anord. gall N. weisen auf germ. *gallōn- mit ll aus ln. Urverwandt sind gleichbed. gr. χολή, χόλος, lat. fel, fellis, aslav. žlŭčŭ, zlŭtĭ, avest. zāra: die Galle trägt (wie Fuß, Herz, Nase, Niere, Ohr u. a. Namen von Körperteilen) eine idg. Bez. Wurzelverwandt mit gelb, Gold, glühen; vgl. russ. zelknut 'gelb werden'. S. auch Cholera.

Galle² F. 'Geschwulst an Pflanzen und Tieren', spätmhd. galle 'Geschwulst am Pferdefuß', mnd. galle 'wunde Stelle', nnl. gal, agf. gealla 'Geschwulst, wunde Stelle', engl. gall: entlehnt aus lat. galla 'Gallapfel'; dies zu der unter Kots genannten idg. Wurzel *gel- 'ballen; Geballtes'.

Gallert(e) N. F. Ein Gericht wurde nach urspr. röm. Vorschrift aus Fischen bereitet, die mit Kräutern in Wein eingelegt ein Gallert ergaben, in das Fischstücke eingebettet wurden, das man aber auch zu anderm Fleisch reichte. Im 6./7. Jh. heißt es lat. gelāta, später gelatria, geladia: man verglich den Vorgang des Gerinnens einem Einfrieren. Unter noch ungeklärten Kreuzungen oder Anlehnungen entsteht daraus mhd. galreide, das in Bayern 1214 zuerst auftritt, und neben das sich mhd. galrēde (so noch Luther) stellt. Über galered ist obersächs. Gallerte entstanden, das Adelung zum Sieg führt.

Galmei M. 'kohlensaures Zink'. Hebr. kedem 'Osten' liefert die gr. Bezeichnungen des Zinkerzes καδμία, καδμεία (denen wir den Namen des Elements Kadmium verdanken), die (mit demselben Wandel von d zu l wie alat. dacruma zu lat. lacrima) mlat. calamina ergibt. Diese über Europa verbreitete Benennung liefert über frz. chalemin(e) mhd. kalemīne (Suolahti 1929 Frz. Einfluß 115), frühnhd. kalmei, galmey (neben gadmey): Thes. gloss. Lat. 1, 625; Lokotsch 1927 Etym. Wb. Nr. 1149.

galoniert Part. 'mit Borten, Tressen besetzt': Rest des Ztw. galonieren, das, aus frz. galonner, älter *garlonner 'verbrämen' entlehnt, im 18. Jh. eine Rolle gespielt hat. S. Girlande.

Galopp M. Karl Martell ist der Schöpfer des fränk. Reiterheers; aus afränk. wala hlaupit 'es springt gut' stammt die Bezeichnung für die aus Sprungbewegungen bestehende Gangart des Reitpferds afrz. waloper, galoper, prov. galaupar 'galoppieren', aus der im 12. Jh. das frz. M. galop rückgebildet ist. Um 1200 werden die frz. Wörter rückentlehnt u. ergeben mhd. walap, balap, galopieren, kalopieren, wozu Wolfram v. Eschenbach (nach Vorbildern wie puneiz 'Anprall' zu punieren) galopeiz M. bildet. Bei Wanderung nach Süden entstehen aus dem frz. Wortpaar ital. galoppo u. galoppare, die kurz vor 1550 ins Dt. rückentlehnt werden. Bis 1616 lautet das dt. M. Galoppo, im 30jähr. Krieg ſetzt ſich unter frz. Einfluß die heutige Form durch. Seit 1839 iſt Galopp auch Name eines Tanzes, der gegen Anfang des 19. Jh. Galoppade hieß: H. Schulz 1913 Fremdwb. 1, 234; H. Suolahti 1929 Frz. Einfl. 302 f.; Th. Frings 1936 Zſ. f. rom. Phil. 56, 189 f.

Galoſche F. 'Überſchuh'. Für lat. solea Gallica 'galliſche Sandale' ſteht (unter Anlehnung an lat. caligula 'Soldatenſtiefelchen') ſpätlat. gallicula. Daraus auf noch ungeklärten lautlichen Wegen frz. galoche 'Überſchuh', für das 13. Jh. durch die Ableitung galochier 'Verfertiger von Überſchuhen' geſichert (E. Gamillſcheg 1928 Etym. Wb. d. frz. Spr. 455). Das frz. Wort gelangt im 15. Jh. zu uns, zunächſt als Bezeichnung lederner Überſchuhe. Nachdem 1839 der Amerikaner Goodyear die Vulkaniſierung des Kautſchuks erfunden hatte, ging G. in die Bed. 'Gummiſchuhe' über: A. Götze 1917 Nomina ante res 8.

galſtern ſchw. Ztw. 'zaubern', mundartl. auch 'plaudern, ſchreien, lärmen; verwirren'; entſpr. **vergalſtern**. Zu mhd. galster, ahd. galstar M. '(Zauber-)Geſang, Zauber', ahd. galsterāri M. 'Zauberer', galsterāra, agſ. gælstre F. 'Hexe', ferner ahd. aſächſ. agſ. galan, anord. gala '(Zauberlieder) ſingen', ahd. galtar, agſ. gealdor, anord. galdr 'Geſang, Lied, Zauberſpruch', galend 'Zauberer' (urſpr. 'Singer'). Ein alter Ausdruck für 'ſingen' hat im Germ. die Bed. 'zaubern' entwickelt: F. Pfiſter 1930 Handwb. d. dt. Abergl. 3, 281. Mit **gellen** und **Nachtigall** zur idg. Schallwurzel *ghel-'rufen, ſchreien'.

Galvanismus M. Die Berührungselektrizität wurde von Volta 1796 nach Luigi Galvani benannt, der ſie in Bologna 1780 zuerſt beobachtet hatte. Dazu **galvaniſieren** 1800, **galvaniſch** 1819, **Galvanoplaſtik** 1837: H. Schulz 1913 Fremdwb. 1, 235.

Gamander M. Das Kraut Teucrium chamaedrys heißt wegen ſeiner eichenähnlichen Blätter altgr. χαμαίδρυς 'Bodeneiche'. In Anlehnung an ἄνδρες 'Männer' entſteht früh eine Form *χαμάνδρυς, die in neugr. χαμανδρυά 'Teucrium lucidum' fortlebt u. mlat. Formen wie chamandros ergeben hat. Hieraus mhd. gamandrē: der Gedanke an ahd. gaman, mhd. gamen 'Freude' hat das ungewohnte ch des Anlauts nicht zu k werden laſſen (wie in Kamille, ſ. d.); die fremde Betonung iſt geblieben. Jenes n auch in ital. calamandrea u. frz. germandrée (hieraus engl. germander): E. Björkman 1905 Zſ. f. dt. Wortf. 6, 182; R. Loewe 1936 Beitr. 60, 163 f.

Gamaſche F. Arab. gadāmasī 'Leder aus Gadames in Tripolis' liefert ſpan. guadamecí 'gepreßtes Leder' und gorromazos 'Reiterſtiefel aus ſolchem Leder'. Über prov. garamacha entſteht frz. gamaches 'knöpfbare Überſtrümpfe', das bei uns 1615 als Gammachen erſcheint: K. Lokotſch 1927 Etym. Wb. Nr. 633; H. Schulz 1913 Fremdwb. 1, 235.

Gambe ſ. Bratſche.

Gambit N. eine Eröffnung des Schachſpiels. Über gleichbed. ſpan. gambito aus arab. ǧanbī 'ſeitlich' zu ǧanba 'Seite'.

Ganerbe M. Die Geſamtheit der zu einem Erbe Berufenen heißt lat. coheredes. Frühahd. entſpricht ganarp(e)o, aſächſ. ganerv(i)o, mnd. ganerve. Schreibungen wie geanervon zeigen das kollektive ge- vor ana. Im 13. Jh. begegnet auch die Umſtellung anegerve (aus ahd. *ana-gi-erbo).

ganfen Ztw. Hebr. gānabh, judendt. ganaf 'ſtehlen' ergibt im Liber Vagat. 1510 gleichbed. genffen (Kluge 1901 Rotw. 1, 53), das mit Ganeff (vgl. hebr. gannābh 'Dieb'), ganfer 'Dieb', ganfe 'Diebin' gaunerſprachlich fortlebt (daſ. 116. 345. 486 u. o.) und weithin in die Mundarten ſowie in die Umgangsſprache gedrungen iſt: DWb. 4, 1, 1219; 4, 2, 3392; H. Fiſcher, Schwäb. Wb. 3, 42; Lokotſch 1927 Etym. Wb. Nr. 659. Zur Entwicklung von f aus bh vgl. Katzuff.

Gang M. mhd. mnl. ganc, ahd. aſächſ. anfr. nnl. agſ. dän. gang, afrieſ. gang, gung, anord. gang(r), ſchwed. gång, got. gagg, ablautend nd. gink: Verbalnomen zum ſt. Ztw. ahd. gangan, anord. ganga, got. gaggan 'gehen', von dem nhd. nur Prät. ging, Part. gegangen und Adj. gangbar geblieben ſind (ſonſt im Weſtgerm. verdrängt durch das unverwandte gehen, ſ. d., deſſen Entſprechungen die oſt- und nordgerm. Sprachen verloren haben). Die idg. Wurzel *ghengh-: *ghongh- 'ſchreiten' erſcheint u. a. auch in aind. jáṅhā F. 'Bein, Fuß', aveſt. zanga- 'Fußknöchel', lit. žengiù (aus *ghengh-) 'ich ſchreite', pra-žanga 'Übertretung'.

gäng Adj. 'was gehen, umlaufen kann', mhd. genge, ahd. gengi: i-Adj. zu dem unter Gang entwickelten Ztw. ahd. gangan. Gebildet wie gäbe zu geben; weiteres bei Kluge 1926 Nomin. Stammbildungsl. § 232. Schriftſprachl. nur in der Formel gäng und gäbe, in der ausl. e vor Vokal ſeit dem 16. Jh. ausgelaſſen wird. Die junge Nebenform gang beruht auf Diſſimilation gegen gäbe.

Gängelband N. 'Band, an dem Kinder laufen lernen' ſeit Ludwig 1716 gebucht, zu dem ſeit Luther bezeugten Ztw. gängeln 'ein Kind gehen lehren', Iterativ zu mhd. gengen 'laufen machen', das ſeinerſeits Faktitiv zu ahd. gangan (ſ. Gang) iſt.

Gangſpill N. 'aufrechtſtehende Winde, namentlich zum Verholen des Schiffs', bei uns ſeit 1796, nach nnl. gangspil. Spill 'Winde' iſt nd. Entſprechung von hd. Spindel, ſ. d. Die Matroſen bedienen das G., indem ſie die Handſpaken faſſen und um die Achſe gehen.

Gans F. Der gemeingerm. konſ. Stamm, der dem ahd. mhd. mnl. gans, mnd. afrieſ. agſ. gōs, engl. goose, anord. gās vorausliegt, iſt urverw. mit lat. anser (aus *hanser), gr. χήν, dor. χᾱ́ν (aus *χανσ-, s nach n mit Erſatzdehnung geſchwunden), lit. žąsìs, apreuß. sansy. Aſlav. *gǫsĭ iſt germ. Lehnwort, ſpan. ganso ſtammt aus got. *gansus. Dazu mit anderer Bed. aind. haṃsá 'Gans, Schwan, Flamingo'. Gans iſt einer der wenigen Vogelnamen idg. Alters. In ſeinem Anlaut (ſ. gackern) vermutet man einen Naturlaut, der offenbar in ganta wiederkehrt, das ſeit Plinius, Hist. nat. 10, 53 mehrfach als weſtgerm. Name der Wildgans bezeugt iſt und in Lehnwörtern wie prov. ganta, afrz. jante die alte Bed. bewahrt. In agſ. ganot, weſtfäl. gante, ahd. ganazzo, ganzo, mhd. ganze, nachmals ganzer, gänsert, ganauſer uſw. lebt es als Name des Gänſerichs fort, deſſen nhd. Bezeichnung nicht vor Geſner 1555 Hist. avium 136 auftritt, eine ſpäte Nachbildung von Enterich (ſ. Ente), neben der bair. nnl. engl. gander, mnd. ganre, agſ. gan(d)ra ſtehen. In der Rheinpfalz heißt er Gäret, in der Schweiz Gäber: damit ſind die Männernamen Gerhart und Gabriel (wieder mit lautmalendem Anlaut) auf ihn übertragen. H. Suolahti 1909 Vogelnamen 410ff.; H. Güntert 1930 Beitr. z. neuer. Lit.-Geſch. 16, 6; O. Paul 1939 Wörter u. Sachen 20, 39.

Gänſefüßchen Plur. Das signum citationis, ſeit Anteſperg 1749 Kaiſerl. Dt. Gramm. 301 mit der Lehnüberſetzung Anführungszeichen gegeben, wird nach Gottſched 1749 Grundlegung e. dt. Sprachkunſt 77 „von den Buchdruckern Gänſeaugen genennet". Dieſer Name hält ſich in dän. gaaseøine; bei uns wird er verdrängt durch Haſenohr, -öhrchen (Jacobſſon 1782 Technol. Wb. 2, 14). Seit Jean Paul 1795 Qu. Fixlein 19 tritt Gänſefüße auf; Täubel 1805 Wb. d. Buchdruckerk. bucht zuerſt Gänſefüßchen: Hnr. Klenz 1900 Dt. Druckerſpr. 45; derſ. 1901 Zſ. f. d. Wortf. 1, 75; E. Leſer 1914 daſ. 15, 41.

Gänſeklein N. Füße, Kopf und Eingeweide des Schlachttiers heißen nhd. bis ins 18. Jh. Kleinod. Demgemäß heißen die kleinen Teile der geſchlachteten Gans, die zuſammen gekocht zu werden pflegen, oberſächſ. Gänſekleint (ſo

zuerſt Dresden 1730 Arch. f. Kulturgeſch. 6, 212), ſeither in Mittel- und Norddeutſchland Gänſeklein (ſo gebucht ſeit Adelung 1775). Über Alter und Verbreitung der gleichbed. Gänſegekröſe, -geſchlächt, -geſchnader, -geſchnirr, -pfeffer, -ragout, -ſchwarz, Gansjung, Kidding uſw. Kretſchmer 1918 Wortgeogr. 213; zum entſpr. Haſenklein daſ. 215.

Gänſerich[1] M. ſ. Gans.

Gänſerich[2] M. Das Kraut Potentilla anserina heißt frz. bec d'oie 'Gänſeſchnabel'. Zu Grans 'Schnabel' (ſ. u.) gehört ſein ahd. Name grensing, neben dem doch ſchon ahd. gensing tritt: die Anlehnung an Gans offenbar darum, weil das Kraut ein Lieblingsfutter der Gänſe iſt. Entſpr. tritt neben frühnhd. grenserich ſeit Alberus 1541 Dict. EE 4a genſerich. S. Grenſing. Gleichbed. ital. piè d'oca (wörtl. 'Gänſefuß') weiſt auf die Blattform.

Gant F. 'Verſteigerung', nur obd. Der Ruf des Verſteigerers lat. in quantum 'wie hoch (wird geboten)?' führt zu mlat. inquantāre 'verſteigern' mit der Rückbildung roman. (in)canto, ital. incanto 'Verſteigerung'. Mhd. gant tritt ſeit 1372 in der Schweiz und am alem. Oberrhein auf: Dt. Rechtswb. 3 (1938) 1161. Das unbehauchte roman. c hat g ergeben wie in Galmei, Ganter, Gardine, Gugel, Günſel: H. Paul 1916 Dt. Gramm. 1, 302.

ganz Adv. Adj. ahd. mhd. ganz 'heil, unverletzt, vollſtändig': ein urſpr. nur hd. Wort, das ins Mnd., Mnl., Frieſ. und Nord. vordrang und das ſonſt übliche heil gefährdete. In dem ſeit dem 7. Jh. bezeugten Adv. ſieht Möller, Zſ. f. dt. Alt. 36, 349 Rückbildung aus ahd. (ir-)ganzēn 'vollſtändig werden', das er als Entlehnung aus gleichbed. aſlav. konĭčati (sę) 'enden' faßt. Es iſt unglaubhaft, daß die Bayern des 7. Jh. von den Slowenen ein Wort von ſo wenig ſinnlicher Bed. übernommen hätten. G. Weitzenböck 1936 Zſ. f. dt. Mundartf. 12, 129ff. ſieht in ganz eine Bahuvrīhi-Bildung aus ga- und dem Stamme *nut- (ſ. nütze) mit 'völlig brauchbar' als Ausgangsbed. Aber in den mehr als 30 ahd. Belegen für ganz begegnen keine unverkürzten Formen, die (nach Braune-Helm 1936 Ahd. Gramm. § 66) unbedingt die Mehrzahl bilden müßten. So iſt doch wohl mit B. Schmidt 1914 Jbg. Forſch. 33, 313ff. Urverwandtſchaft mit gr. χανδόν Adv. 'in vollen Zügen' und Zugehörigkeit zur idg. Wurzel *ghan- 'klaffen' vorzuziehen, zu der ſich auch Gans ſtellt.

gar Adj. ahd. garo, garawēr, mhd. gar (gär), garwer 'bereitgemacht, gerüſtet, vollſtändig', aſächſ. garo, agſ. gearo, engl. **yare** 'eifrig, fertig, bereit', anord. gǫrr 'bereit, be-

gabt' (aſchwed. run. karuR). Das Adj. iſt aus
altem Part. entwickelt: Suffix -wo bildet z. B.
zu aind. pac 'kochen' das Part. pakvá 'gekocht,
gar'. Zugrunde liegt die idg. Wz. *gu̯her- 'heiß'
in aind. haras- 'Glut', armen. jer 'Wärme',
gr. θέρος 'Sommerhitze' uſw., zu der auch
gären und warm gehören, ſ. b. — Verbale
Ableitung zu gar iſt gerben, ſ. d.

Garantie F. als Wort der Staatsverträge
ſeit 1661 aus frz. garantie übernommen, ga-
rantieren ſchw. Ztw. 1670 dem frz. garantir
nachgebildet, das neben Bürge und Gewährsmann vollends entbehrliche Garant M. neuerdings nach frz. garant 'Bürge; bürgend'. In
den frz. Wörtern kreuzen ſich zwei Stämme:
afrz. garir 'beſchützen, verteidigen' aus gleichbed. afränk. *warjan neben ahd. werian (ſ.
Wehr) und afränk. *wërand 'Gewährsmann'
neben gleichbed. ahd. wërand (ſ. gewähren).

Garaus M. Aus dem Ruf Gar aus 'vollſtändig vorbei'! wurde im alten Regensburg
(1498) und namentl. in Nürnberg der Glocken-
ſchlag, der von den Türmen das Ende des
Tags verkündete und damit in den Wirtſchaften
Polizeiſtunde gebot. Das wie Kehraus und
Voraus ſubſtantivierte Wort bed. in Nürnberg noch 1797 (Serz, Dt. Idiotismen 48)
'hora diei, noctis ultima'. In Verbindung
mit machen erſcheint G. ſeit Fincelius 1566
Wunderzeichen D 7a gleichbed. mit 'Ende',
bei Stieler 1691 als 'ruina, interitus rei'.

Garbe[1] F. 'manipulus', ahd. garba, mhd.
garbe, md. garwe, aſächſ. garba, mnd. mnl.
garve, nnl. garf. Auf Entlehnung aus den
weſtgerm. Sprachen beruhen mlat. (ſeit dem
7. Jh.) prov. ſpan. garba, afrz. (13. Jh.) jarbe,
frz. gerbe F. 'Garbe'. Ihre nächſten dt. Verwandten hat die weſtgerm. Bildung in grab-
beln und grapſen. Sie bedeutet 'das Zu-
ſammengegriffene' und gehört zur idg. Wurzel
*gh(e)rebh- 'ergreifen'. Urverwandt ſind aſlav.
grabiti 'rauben', lit. grébiu, grébti 'harken,
greifen', aind. gr̥bhṇā́ti 'er greift', grābhá-
M. 'Handvoll'.

Garbe[2] F. ſ. Schafgarbe.

Garde F. Germ. *warda (ſ. Warte) iſt
früh ins Roman. gelangt und hat hier frz.
garde, ital. guardia ergeben. Beide kehren
in der Bed. 'Leibwache' zurück: zuerſt heißt
1474 am Niederrhein die burgund. Truppe im
Heer Karls des Kühnen garde; 1597 wird
Gwardi als „beynah teutſch geworden" bezeichnet: H. Schulz 1913 Fremdwb. 1, 236.

Garderobe F. Frz. garderobe iſt aus zwei
Beſtandteilen germ. Urſprungs zuſ.-geſetzt: zu
garde 'bewahre' ſ. Garde; robe, prov. mlat.
rauba, iſt aus ahd. rouba 'Raub, (erbeutetes)
Gewand' entlehnt. Aus dem Nordfrz. ſtammt

mnl. wa(e)rderobe, nnl. garderobe. Im Deutſchen erſcheint gardenrobbe 1564 Zimm. Chron.
3, 161. Wie im älteren Frz. iſt hier die Bed.
'Gemach für Silbergeſchirr'; daſ. 238 bed. G.
'Kleiderſchrank', wie heute noch in Teilen der
Schweiz (Jd. 2, 416). Demnächſt wurden die
Bed. '(fürſtliche) Kleiderkammer, Kleidervorrat,
Bedientenzimmer, Dienerſchaft, Abort' entlehnt: H. Schulz 1913 Fremdwb. 1, 236 f.
Zeſens Verſuch von 1645, G. durch „Kleiderkammer" zu verdrängen, ſcheiterte an der Viel-
deutigkeit des Fremdworts: Zſ. f. d. Wortf.
14, 74.

Gardine F. Gr. αὐλαία 'Vorhang (beſ.
vor der Bühne)' gehört zu αὐλή 'freier Platz,
Hof'. Dieſem Wort wird volkslat. curtis (in
frz. cour) 'Hof' gleichgeſtellt. Dazu gehört cor-
tína '(Bett=)Vorhang' in der lat. Bibel und bei
Iſidor v. Sevilla, das Stammwort des gleichbed. frz. courtine, mundartl. gordène, das ins
Mnl. entlehnt wird, hier gordíne lautet und
nnl. gordijn ergibt. Am Niederrhein wird das
Wort als 'Bettvorhang' entlehnt und im 16.Jh.
ans Nd. weitergegeben. Schriftſprachlich ſeit
Heniſch 1616 anerkannt, bleibt G. dem Obd.
dauernd fremd (dafür Um-, Vorhang). Vortoniges a für fremdes o auch in Halunke,
Kaninchen, Karnöffel, Kattun, lavieren, Rakete, ſtaffieren. Die Entwicklung
zu 'Fenſtervorhang' erfolgt im 19. Jh.

Gardinenpredigt F. Die nächtliche Strafrede der Frau heißt predig ſchon bei Seb.
Brant 1494 Narrenſchiff 64, 29. Die Vorſtellung des Bettvorhangs tritt hinzu bei J.
Hulsbuſch 1568 Silvae sermonum 81: cui uxor
in cortinali concione ita affatur. Nhd. Gardinenpredigt iſt nicht vor 1743 nachgewieſen
(Schoppe, Mitt. d. Geſ. f. ſchleſ. Volkskunde
18, 82. 103), ſo daß nnl. gordijnmis (ſeit 1562),
górdijnpreek (1630) und engl. curtain lecture
(ſeit 1633) zuvorkommen. Auf dem nhd.
Ausdruck beruht bän. gardinenpræken, während ſchwed. sparlakansläxa (ſeit 1725) eigne
Wege geht.

gären Ztw. Ein idg. Verbalſtamm *ies-
'wallen, ſchäumen' wird vorausgeſetzt durch
aind. yásyati 'ſprudelt, ſiedet', aveſt. yaēšyeiti
'ſiedet (intranſ.)', toch. A yäs 'ſieden', yäslu
'Feindſchaft' (K. Schneider
1940 f. Idg. Forſch. 57, 198. 58, 174), gr.
ζέω 'ſiede', ζέσμα 'Abſud', ζόη 'Giſcht' (mit
ζ aus i̯ wie ζυγόν, lat. jugum, ſ. Joch);
kymr. ias 'Sieden', bret. go 'gegoren'. Dieſer
Sippe ordnen ſich ein mhd. gërn, jësen, ahd.
jësan ſt. Ztw. 'gären', ihm nächſtverwandt
gleichbed. ſchwed. mundartl. esa, norw. æse;
dazu das Faktitiv anord. øsa (aus *jøsjan)
'in heftige Bewegung ſetzen'. Daneben die

unserm Gischt (s. d.) entsprechende Ableitung
anord. jǫstr M., jastr N., ags. giest, mnd.
giest 'Hefe'. Damit ist ein Ztw., das idg. vom
kochenden Wasser gegolten hatte, von Germanen und Kelten auf den Vorgang des Gärens
übertragen, den man zuerst an Milch, Käse und
Brotteig beobachtete und nutzte. Die Übertragung liegt nahe, wie lat. fermentum 'Hefe'
neben fervēre 'kochen' zeigt. Neben dem st.
Ztw. ahd. jësan (gësan, jas, järum, gijësan)
'in Gärung geraten' steht (wie nähren neben
genesen) das schw. Ztw. ahd. jërien, mhd.
gerjen 'in Gärung versetzen': Edw. Schröder
1931 Anz. f. dt. Alt. 50, 212. Die beiden Bildungen haben sich gegenseitig beeinflußt und
sind durch gären 'gar machen' (Ableitung zu
gar) abgelenkt worden. Der gramm. Wechsel
ist beim Ztw. zugunsten von r ausgeglichen,
der Anlaut g schriftsprachlich verallgemeinert
aus der lautgesetzl. 3. Sg. gisit. Der noch mhd.
Wechsel zwischen i und e ist zugunsten von e
aufgehoben (wie in bellen, melken, pflegen, weben usw.). Durch Übertritt in eine
andre Konj. (wie bei pflegen) erscheint seit
Ende des 15. Jh. gegoren, danach seit dem
16. Jh. gor.

Garn N. gemeingerm., nur im got. nicht
bezeugt. Mhd. mnd. garn, ahd. garn, karn,
mnl. gaern, garen, nnl. garen, ags. gearn,
engl. yarn, anord. garn führen auf germ.
*garna-. Daneben wird germ. *garnō 'Darm'
vorausgesetzt durch gleichbed. anord. gǫrn F.,
Mz. garnar, und garnmǫrr 'Bauchfett'. Die
germ. Bed. 'aus getrockneten Därmen gedrehte Schnur' wird bestätigt durch ahd. mitti-
(la)garni, mhd. mittiger, asächs. midgarni,
ags. mid-, micgern(e) 'in der Mitte der Eingeweide sitzendes Fett'. Die urverwandten Wörter gehen sämtlich von der Bed. 'Darm' aus:
lit. žárna und žarnà, lett. zaŕna 'Darm', lat.
hernia 'Eingeweidebruch', haru-spex 'Ein-
geweideschauer, Wahrsager', hariolus 'Wahrsager', gr. χορδή '(Darm=)Saite', alb. soŕë,
aind. híra- 'Band', hirā 'Ader'. Für den damit
gesicherten idg. Nominalstamm *gher- 'Darm'
ist bisher keine glaubhafte Anknüpfung gefunden.

Garnele F. Die Krebsfamilie der Carididae
ist ausgezeichnet durch ihre langen Fühler und
danach benannt. Zu Granne (s. d.) stellt
sich mlat. grano 'Barthaar', granones 'Schnurrbart'. Dazu mnl. gheernaert, das einerseits
afrz. guerniere, fläm.=frz. grenades, anderseits die deutschen Namen liefert: garnad,
garnol Apherdianus 1545 Tyrocinium 74; ger-
nier Forer 1563 Fischb. 127.

garnieren Ztw. Ein germ. *warnjan, schw.
Ztw. wie ahd. warnōn 'Sorge tragen' (s.
warnen) ergibt afrz. guarnir, frz. garnir 'mit

etw. versehen', das kurz vor 1700 als garnieren 'verzieren' heimkehrt. Das zugehörige F.
frz. garniture liefert schon 1677 garnetour
'Schmuck'; über die Bed. 'Anzahl zus.=gehöri-
ger Schmuckstücke' wird um 1700 der Sinn
'Satz' erreicht: H. Schulz 1913 Fremdwb. 1,
237f.

Garnison F. Frz. garnir (s. garnieren)
erlangt u. a. die Bed. 'mit etw. besetzen'.
Das zugehörige ville de garnison 'Truppen-
standort' wird gekürzt zu gleichbed. garnison und
in dieser Bed. 1602 entlehnt. Schon seit 1481
steht garnison 'Besatzung' in nhd. Texten:
Argovia, Jahresschr. d. hist. Ges. des Kantons
Aargau 6, 343. Das bei Wilwolt v. Schaumburg 1507 S. 142ff. begegnende Gardison
scheint durch Garde abgelenkt: Zs. f. d. Wortf.
14, 56; H. Schulz 1913 Fremdwb. 1, 238;
Kluge 1918 Von Luther bis Lessing 199. 212.
S. Standort.

garstig Adj. mit nnl. garstig 'unschmackhaft,
verdorben' die allein überlebende Weiterbildung
zu mhd. mnd. garst 'verdorben schmeckend', zu
dem sich auch ahd. gerstī F. 'bitterer Geschmack' (Zs. f. d. Wortf. 14, 150) stellt, desgl.
anord. gerstr 'erbittert': mit lit. grasà 'Ekel',
grasùs 'ekelhaft, armen. garšim 'habe Abscheu',
vielleicht auch lat. fastīdium 'Ekel' zur idg.
Wurzel *ghers- 'Widerwille'.

Garten M. mhd. garte, ahd. garto, asächs.
gardo, afries. garda 'Garten', got. garda schw.
M. 'Hürde'. Daneben das st. M. got. gards
'Haus, Familie, Hof', anord. garðr 'Zaun,
Gehege, Hof(raum)', ags. geard (engl. yard)
'Umfriedigung', ahd. gart 'Kreis, chorus':
zu vereinigen auf 'Haus als umzäumter Besitz'. Aus dem Afränk. entlehnt ist afrz. jart,
jardin, aus pikard. gardin engl. garden. Die
nächsten dazu. Verwandten F. u. Gurt, Gürtel, gürten. Außergerm. vergleichen sich air.
gort 'Saatfeld' (mit schwierigem o), kymr.
garth 'Hof, Umzäunung, Garten', bret. garz
'Hecke, Zaun', lat. hortus 'Garten', gr. χόρτος
'eingefriedigter Raum, Hof, Gehege', hettit.
gurtaš 'Festung': sämtlich aus idg. *ghor-tó-.
Germ. *garda- kann auch auf idg. *ghordho-
zurückgehen wie aind. gr̥há- (aus *gr̥dhá-)
'Haus, Wohnstätte', avest. gərəðō 'Höhle', 'älter
'Haus', toch. B kercīye 'Palast', lit. gaŕdas
'Hürde', aslav. usw. gradŭ 'Einhegung,
Stadt' (vgl. Ortsnamen wie Beograd), russ.
gorod 'Stadt' (Nowgorod), alb. garð,-δi 'Hecke',
phryg. -gordum 'Stadt'. Die beiden Sippen
vereinigen sich als -to- und -dho-Erweiterungen
der idg. Wurzel *gher- 'fassen', die unerweitert
z. B. in gr. χείρ 'Hand' begegnet.

Gas N. Von gr. χάος, das seit Paracelsus
für 'Luft' gebraucht wird, zweigt der Brüsseler

Chemiker J. B. v. Helmont († 1644) gas als Name der von der atmosphär. Luft verschiedenen Luftarten ab; anl. g sprach er nach nnl. Weise als stimmhaften Reibelaut. Lange auf Fachkreise beschränkt (Hübner 1712 Handl.-Lex.; Krünitz 1779) ist das Wort nach Wieland, T. Merk. 1, 75 in Deutschland noch 1784 unbekannt. Im gleichen Jahr empfiehlt Minckelaers die Gasbeleuchtung, die (neben den 1783 beginnenden Luftfahrtversuchen) das Wort durchgesetzt hat. Adelung bekämpft es noch 1796. — Gasometer M. nach frz. gazomètre, von Lavoisier 1789 gebildet: H. Schulz 1913 Fremdwb. 1, 238; Nagel Zs. f. dt. Unt. 26, 547; Lit. Zentr.-Bl. 1922, 337; R. Loewe 1936 Zs. f. vgl. Sprachf. 63, 118 ff.

Gasel N. Gedicht von 7 bis 17 gereimten Versen, aus arab. ghazal 'Liebesgedicht' durch Platen und Rückert eingeführt; entspr. frz. ghazel.

gassatim Adv. Zu lat. grassāri wird ein Schulausdruck grassatum gehen 'herumschwärmen' und (nach den häufigen ostiatim, virgatim der mlat. Schulsprache) grassatim gebildet. Weil die Gasse Schauplatz des Treibens war, wird daraus stud. gassatim, mundartl. gassaten gehen: Kluge 1895 Stud.-Spr. 41; Zs. f. d. Wortf. 2, 39. 292. 12, 279; H. Fischer, Schwäb. Wb. 3, 78. 6, 1981; Nyström 1915 Schulterminologie 1, 224.

Gasse F., gemeingerm. Neubildung ohne idg. Verwandte. Got. gatwō übersetzt gr. πλατεῖα 'Straße in einer Stadt', während Wulfila ῥύμη 'schmaler Weg' mit staiga F. wiedergibt. Für das Nord. ist *gatva vorauszusetzen; anord. erscheint gata. Der alte Gen. gotu hat sich erhalten, auch die Bed. 'Fahrweg zwischen Hecken' wirkt altertümlich. Norw. schwed. gata, dän. gade sind lautgerecht entwickelt, ebenso ahd. gazza, mhd. gazze. Den ingwäon. Sprachen ist das Wort in ihrer vorgeschichtl. Zeit verloren gegangen. Dem Fries. fehlt es bis heute, engl. gate 'Weg' ist im 12. Jh. aus dem Nord. entlehnt. Im Nd. sind Gang und Twiete (s. d.) bodenständig; mnd. mnl. gate beruhen auf Entlehnung von Süden her, noch deutlicher ist das bei Ostmnl. gas (Verkl. gesken) der Fall. Auch zu Nichtgermanen ist das Wort entlehnt, ins Finn. als katu. Wend. gassa, hassa stammen aus dem Hd., lett. gate 'Weg zwischen zwei Zäunen' (in Westlivland) aus dem Mnd. Als das nord. Wort noch nicht gata lautete, ist es entlehnt worden zu lett. gatva, nordlit. gãtvė 'Straße, Gasse'. Von den vielen Deutungsversuchen kann keiner Glaubwürdigkeit beanspruchen.

Gassenhauer M. Frühnhd. hauen ist Kraftwort für 'gehen', G. demgemäß 'Pflaster-

treter', bald aber auch die von Nachtbummlern gestampften Tänze mit ihren Weisen, seit Aventin 1517 Werke 1, 542 gassenhawer die man auf das lauten schlecht; seit Frisius (Zürich 1556) gebucht als 'carmen triviale'. Im 18. Jh. galt G., bis 1773 Herder Volkslied einführt, für engl. ballad: Zs. f. d. Wortf. 4, 8.

Gast M. Mhd. gast, geste 'Fremder; Krieger; Gast', ahd. gast, gesti, asächs. nl. gast, afries. jest, ags. giest, anord. gestr (daraus entlehnt engl. guest), urnord. (in Namen) -gastiʀ, got. gasts, gasteis (dazu gastigōps 'gastfrei') führen auf gemeingerm. *gastiz. Damit urverwandt aslav. gostĭ 'Gast' und lat. hostis, das in ältester Zeit 'Fremdling', seit der Zeit der großen Kriege (343 bis 272 v. Chr.) 'feindlicher Fremder, (Kriegs-) Feind' bedeutet (F. Schroeder 1931 Zs. f. d. Phil. 56, 385 ff.), während hospes, -itis (*hosti-potis) aus 'Herr des Fremden' zu 'Gastfreund' geworden ist. Westidg. *ghosti-s war der Fremde, dem man Obdach und Lager gewährte, aber vor der verschlossenen Tür des eignen Hauses. Die Germanen, deren hohe Gastlichkeit Cäsar, Tacitus und Pomponius Mela rühmen, entwickeln daraus den Gast, der die schönsten Vorrechte genießt. Zus.-Setzungen u. Ableitungen wahren z. T. noch spät die Bed. 'Fremder'. — S. Fahrgast.

Gastfreund M. Wie freundnachbarlich (s. d.) aus der älteren Formel „Freund und Nachbar", so scheint G. aus der noch im 16. Jh. vorherrschenden Formel „Gast und Freund" zus.-gezogen. Gebucht seit Maaler 1561, Gastfreundschaft seit Henisch 1616 (Frisius 1556: gastliche Freundschaft), gastfreundlich kaum vor Wieland 1780 Oberon 4, 38. Durchgedrungen ist G. erst, seit Voß 1781 Odyssee 1, 313 u. o. gr. ξεῖνος damit wiedergab.

gastieren Ztw. Neben älteres gasten 'bewirten' tritt gleichbed. gastirn seit Grimmelshausen 1669 Simpl. 250: es ist die Zeit, die es für zierlich hält, an die fremde Endung an deutsche Wörter wie Amt, Buchstabe, Drangsal, Grille, Grund, Haus usw. zu hängen. Die alte transf. Bed. 'bewirten' gilt noch bei Goethe, die neue intransf. 'eine Gastrolle geben' wird von Jean Paul 1795 verbreitet, gebucht erst von Heinsius 1819.

gastrisch Adj. Zu gr. γαστήρ F. 'Bauch' stellt sich nlat. gastricus Adj. 'den Unterleib betreffend', dessen Fügung febris gastrica (frz. embarras gastrique) Ende des 18. Jh. mit gastrisches Fieber übersetzt wird: H. Schulz 1913 Fremdwb. 1, 238 f.

Gaststätte F. begegnet seit 1909 als umfassender Name für Hotel und Restauration in

den dt. Alpenländern (Zf. d. Sprachv. 24, 218.
28, 218). Die Verdeutschungswelle von 1914
setzt Gaststätte für Restauration durch (W.
Linden 1943 Dt. Wortgesch. 2, 404), aber noch
am 21. Okt. 1928 warnt Edw. Schröder in der
Weserztg. 663/4 vor dem „neu aufkommenden
Wort Gaststätte", das er „wegen seiner uner-
träglichen Zischlaute unglückselig, totgeboren, le-
bensunfähig" schilt (Mutterspr. 44, 23). Mit
dem Gaststättengesetz von 1931 (das. 46, 11)
ist der Sieg des guten Ersatzworts besiegelt.
Schon 1937 ist Restauration in dt. Städten
kaum mehr anzutreffen (das. 52, 204), das
Fachblatt „Der gastronomische Beobachter"
heißt seit 1938 „Die deutsche Gaststätte" (das.
53, 32).

Gat N. 'Loch', in nd. Mundarten verbreitet, darum seemännisch. Asächs. mnd. mnl. nnl.
gat, afries. jet, ags. geat 'Tor, Tür, Öffnung'
(hieraus entlehnt ir. gead 'Steiß'), engl. gate
'Tor', anord. gat N. 'Loch', norw. gat 'Loch,
Fuge, Falz' (während dän. gat, schwed. gatt
'Loch' im 18. Jh. aus dem Nd. entlehnt sind).
Eine nl. niedersächs. Bedeutung 'Meerenge'
liegt in Kattegat vor. Die seemännische Bedeutung 'Schiffshinterteil' schließt sich an nd.
gat 'podex' an. Man erwägt Urverwandtschaft mit aind. hádati 'cacat', avest. zadah-
'Steiß', armen. jet; 'Tierschwanz', gr. χόδανος
'Hinterteil', χέζω, alb. djes 'caco', ndjete
'abscheulich': idg. Wurzel *ghed- 'cacare'.

gäten s. jäten.

gätlich Adj. 'passend', ein wesentlich nd. md.
Wort, bei Fritz Reuter gadlich, bei Goethe
gätlich. Das Grundwort liegt in ahd. gigát Adj.
'stimmend zu' vor, weiterhin verwandt sind
Gatte und gut. Nnl. entspricht gadelijk
'vereinbar', außergerm. aslav. godŭ 'günstige
Zeit', godĭnŭ 'genehm', goditi 'genehm sein',
poln. godlo 'verabredetes Zeichen'. Aus dem
Slav. entlehnt ist älter lit. gãdas 'Übereinkunft'.

Gatte M. Mhd. gegate wird zu gate, indem
die bedeutungslos gewordene Vorsilbe schwindet
(vgl. Bauer, weder, Zelt, Zeug, Zwerg
und Behaghel 1928 Gesch. d. dt. Spr. 348).
Urspr. ist ge- bedeutsam, denn Grundbegriff
ist 'Zus.-Gehöriges'; als Besonderung daraus
hat die heutige Bed. erst im 18. Jh. die Vor-
macht erhalten. Das Alte zeigen asächs. gi-
gado 'seinesgleichen', ags. gegada 'Genosse',
gædeling, asächs. gaduling 'Stammesgenosse',
got. gadiliggs 'Verwandter'. (Sich) gatten
Ztw. aus mhd. gaten 'zus.-kommen'; mhd.
gater, nl. te gader, ags. geador, tögædere
'zusammen'; ahd. geti-lôs 'haltlos' (Zf. f. d.
Wortf. 14, 150). In Ablaut zu Gatte steht
gut, urspr. 'passend'. Außergerm. Verwandte
s. gätlich. — Vgl. auch vergattern.

Gatter N., mhd. gater N. M., ahd. gataro
M. 'valvae, ostia', mnd. gaddere, ostmnl.
gader 'Zaun, Gattertor', aschwed. gadder
'Gatter'. Die Deutung muß auf die unverschobenen Formen, das nahverwandte Gitter (s. d.) und auf den Sinn Bedacht nehmen.
Unhaltbar sind Anknüpfung an Gat 'Loch'
und Herleitung aus ahd. *ga-toro, Sammelwort zu Tor. Dagegen empfiehlt sich der Gedanke an die Sippe von Gatte (s. d.), namentlich steht mnd. gaddere dem Adv. gadder 'zusammen' unbedingt nahe. Grundbed. wäre
dann 'Zusammenfügung', was zu dem ver-
schränkten Stäbewerk als Tor, Schranke und
Zaun gut paßt.

Gau M., bair. schwäb. schweiz. Gäu N., mhd.
göu, gouwes, ahd. gewi, gouwes, asächs. anfr.
-gā, -gō, mnd. mnl. nnl. gouw, afries. gā, ags. -gē, got.
gawi, gaujis 'Gau, Land, Bezirk', auch in den
got. Personennamen Gōar und Gōi-senda. Zu
erwägen ist Urverwandtschaft mit armen. gavar
'Landstrich, Gegend': dann stellte sich vorgerm.
*ghawiom 'freies, leeres Land' zur idg. Wur-
zel *ghau- 'gähnen, klaffen', zu der (mit anderer Ablautstufe) u. a. auch gr. χάος gehört
(s. Gaumen). Ebensogut möglich ist die Rück-
führung auf germ. *ga-awja 'Landschaft am
Wasser', Kollektiv (daher alt und mundartl. N.)
zu der unter Au behandelten Ableitung aus
ahd. aha 'Wasser'. Die reich bewässerte ist zugleich die fruchtbare Landschaft: A. Burk 1902
Zf. f. d. Wortf. 2, 341. Unsre alten Gaunamen
gehen fast alle von Wasserläufen aus. Noch
heute haftet z. B. in Württemberg (H. Fischer
1911 Schwäb. Wb. 3, 93) der Name Gäu an
wasserdurchflossenen, waldarmen Gebieten. Gau
und Au werden alt durcheinander gebraucht, neben Rhein- und Maingau stehen Logenau
'Lahn Au' und Mortenau, die daneben
Logen-, Mortengau heißen; s. Rietschel
1913 Reallex. 2, 124. Mit anderer Vorsilbe
stellt sich zum gleichen Grundwort ahd. in-ouwa
'Wohnung': O. Heinertz 1927 Etym. Stud.
zum Ahd. 49. Der lautgesetzl. umgelautete
Nom. haftet bis heute in Bayern, Allgäu,
Schwaben, der Schweiz; daneben haben die
unumgelauteten obliquen Formen landschaftlich einen umlautlosen Nom. verursacht. Aus
solchen Landschaften ist das lange abgestorbene
Wort durch Goethe, Bürger, Schiller und St.
George neu belebt worden; den Sprachreinigern und Turnern wurde es erwünschter
Ersatz für Distrikt, Kanton, Revier. Auch
die auflebenden altdeutschen Studien begünstigen Gau (wie bieder, Fehde, Ger, hehr,
Hort, Lindwurm, Minne, Recke): Kuhberg 48; W. Linden 1943 Dt. Wortgesch. 2,
408.

16*

Gauch j. Kuckuck.

Gauchheil N. .Das Unkraut Anagallis arvensis L. heißt seit dem 15. Jh. hd. gouchheil, nl. guichelheil, weil es bei den alten Ärzten als Mittel gegen Geisteskrankheiten galt (daher auch Gecken-, Narrenheil, Vernunft-, Wutkraut). Der Name wurde vermengt mit dem älteren gähheila 'schnell heilende Pflanze', der Heilkräutern wie der Schafgarbe galt: H. Marzell 1943 Wb. b. dt. Pflanzennamen 1, 253.

Gaucho M. Der berittene Bewohner der Pampas von Argentinien und Uruguay heißt araukan. cauchu. In nhd. Text erscheint Gaucho zuerst bei A. Caldcleugh 1826 Reisen in Südamerika 120. Engl. guachos ist seit 1824 nachgewiesen: Palmer 38.

Gaudieb M. 'Gauner'. In hd. Text zuerst bei Schupp, Freund in b. Not (Hamb. 1657) 42 Ndr., deutlich aus nd. gaudeef (Richey 1743 Jb. Hamb. 71), von wo auch dän. gavtyv. Älter nnl. gauwdief, mnl. gouwe dief: zum Adj. jäh (j. b.) in seiner mnd. Form gauwe und seiner Bed. 'schnell, behend'.

Gauje F. 'hohle Hand', mhd. goufen, ahd. goufana, anord. norw. gaupn, schwed. göpen. Dazu die gleichbed. Weiterbildung germ. *gaupisa, mnd. göpse, gepse, gespe, nnl. gaps, mengl. gepse. In hd. und nd. Mundarten leben viele Endformen fort, eine davon j. u. Gof. Die Endung germ. -nö kehrt wieder in ahd. uohsana, elina usw.: F. Kluge 1926 Nom. Stammb. § 87. Mit Hilfe des urverwandten lit. žiùpsnis 'etwas weniger als eine Handvoll' gelangt man auf idg. *gheub-, eine Erweiterung des Stammes *gheu- 'klaffen' in Gaumen, j. b.

gaukeln schw. Ztw., ahd. gouggolōn und (mit Dissimilation gegen den Anlaut) goukolōn, mhd. goug(g)eln, jünger goukeln, mnd. göukeln, mnd. gökelen (hierzu ostmd. gökeln 'mit dem Feuer spielen'), mnl. göghelen, häufiger gökelen, nnl. goochelen 'Zauberei, Narrenpossen treiben'. Abgeleitet von Gaukel M. (Adelung), mhd. goukel, -gel, ahd. goucal, coukel N. 'Zauberei, Taschenspielerei, närrisches Treiben'; daraus über das Nd. entlehnt dän. gjøgl, schwed. gyckel 'Spaß'. Zum Ztw. das M. Gaukler, mhd. goukelœre 'Zauberer, Taschenspieler' ahd. gouggalāri, jünger goukalāri, mnd. gökeler (hierzu entlehnt dän. gjøgler, schwed. gycklare), mnl. göghelāre, häufiger gökelāre, nnl. goochelaar, agf. gēog(e)-lere. Ein reiches, ablautendes Zubehör verbietet, in den westgerm. Wörtern Entlehnungen aus lat. ioculāri, ioculāris, ioculātor zu sehen, die immerhin eingewirkt haben mögen, so gut wie Gauch: ahd. gougarōn, mhd. gougern 'umherschweifen', mhd. gogel Adj. 'ausgelassen', gogelen 'sich ausgelassen benehmen', giege(l) M. 'Betörter' (wozu österr. Gigerl 'Kleidernarr'), nnl. guig 'Narr'. Außergerm. vergleicht sich lett. gaugties 'sich ergötzen'. Jdg. Wurzel *gheugh- '(Zauber-)Possen treiben'.

Gaul M. gilt heute, im Süden von Roß, im Westen und Norden von Pferd umschlossen, im Gebiet zwischen Kaufbeuren, Birkenfeld, Paderborn und Bohenstrauß. Die Bed. schwankt zwischen 'elendes Pferd' (so seit dem 14. Jh.) und 'stattl. Pferd' (so von Luther 1530 Jer. 8, 16. 50, 11 bis Voß 1793 Jlias 4, 500). Voraus geht mhd. gūl 'Eber; männl. Tier', frühmhd. 'Ungetüm', mnl. gūle '(schlechtes) Pferd', nnl. guil f. 'noch nicht trächtig gewesene Stute'. Falls Gaul ursprünglich 'geschlechtsreifes männliches Tier' bedeutet, läßt es sich mit Ferd. Sommer 1912 Jdg. Forsch. 31, 362 ff. zum idg. Verbalstamm gheu- (j. gießen) ziehen und (ähnlich wie Ochse, j. b.) als 'Samengießer' deuten. Vgl. Else Herkner 1914 Roß, Pferd, Gaul (Marb. Diss.); Kretschmer 1918 Wortgeogr. 61. 600; F. Wrede 1926 Dt. Sprachatlas, Text S. 35 f., Karte 8.

gaumen schw. Ztw. 'achthaben, Sorge tragen', heute auf das Obd. zurückgedrängt und hier meist auf das Haushüten während Gottesdienst und Feldarbeit beschränkt. Das vorausliegende F. Gaume ist auch im Obd. verklungen und lebt etwa nur im Chiemgau als gäum 'Hirtenhütte; Austraghäuschen'. Beide waren gemeingerm.: mhd. ahd. goumen 'achthaben; nach etw. trachten; schmausen', asächs. gōmian 'hüten, bewirten', mnl. gōmen, agf. gieman 'sich kümmern, beachten, -trachten, heilen', anord. geyma 'beachten, sorgen für, hüten', norw. gjøyma, schwed. gömma, dän. gjemme 'verwahren', got. gaumjan 'bemerken': zum Subst. mhd. goum(e) 'prüfendes Aufmerken; Mahlzeit', ahd. gouma 'Beachtung; Schmaus', asächs. gōma 'Bewirtung, Gastmahl', mnd. gōm 'Sorge, Sorgfalt, Acht', mnl. gōme, ostfries. gōme, nordfries. gōme, gūme 'Hochzeit, Taufe', anord. gaum(r) 'Obacht'. Ablautend asächs. fargumon 'versäumen', agf. for-, ofergumian 'vernachlässigen', isl. guma 'achten auf'. Aus dem Germ. entlehnt sind lett. gaūme 'Geschmack' und gaūmêt 'sich merken; beobachten; schmecken'. Ohne das ableitende m anord. gā (germ. *gawēn) 'auf etwas achten, sich worum kümmern'. Die idg. Wurzel *ghou- 'wahrnehmen, beobachten, Rücksicht nehmen auf' erscheint außergerm. in aslav. gověti 'verehren', tschech. hověti 'begünstigen, schonen', russ. govět' 'sich durch Fasten zum Abendmahl vorbereiten'. Hieraus entlehnt lit. gavéti, lett. gavêt 'fasten'.

Gaumen M. mhd. goume, ahd. goumo, vorgerm. *ghǝu-men-; damit ablautend mhd. guome, ahd. guomo, agf. gōma 'Gaumen, Kiefer, Zahnfleisch', engl. gum 'Zahnfleisch', anord. gōmi 'Gaumen', gōmr 'Zahnfleisch', norw. gōm 'Gaumen, Zahnfleisch', schwed. gom, dän. gumme 'Gaumen', vorgerm. *ghō(u)-men; wieder mit anderer Stufe des Ablauts asächf. mnd. mhd. gûme, ahd. giumo, vorgerm. *ghǝu-men-. Den germ. Wörtern stehen am nächsten lit. gomurȳs 'Gaumen' und lett. gãmurs 'Luftröhre'. Die entferntere Beziehung zu gr. χαῦνος 'klaffend', χαυλιόδους 'mit klaffenden Zähnen' und χάος 'Kluft' erweist Zugehörigkeit zum idg. Verbalstamm *ghǝu-: *ghō(u): *ghǝu- 'klaffen'. S. Gau.

Gauner M. Nach F. Kluge, Rotwelsch 1 (1901) 15 (vgl. daf. 19. 28. 54. 77. 93. 195. 198) tritt in Basler Gaunerkreisen kurz nach 1430 (ver)junen '(ver)spielen' auf; in Zürich 1490 folgt juonner 'Spieler', im Elsaß 1494 (Brant, Narrenschiff 63, 46) junen 'falschspielen', im Raum von Straßburg 1510 jonen 'spielen' und Joner 'Spieler'. Erst 1547 erscheinen jonen und Joner verallgemeinert zu 'betrügen' und 'Betrüger' (wie Stirnenstößel von 'Hennendieb' auf 'Hausierer, Fechtbruder' Schnorrer von 'Bettelmusikant' auf 'Bettler, Hausierer' erweitert ist). Lautwandel von ō zu au tritt im 17. Jh. ein wie in mauscheln (f. dies u. kofcher). Im Nordbair., Ostfränk. und Obersächf. (wo Jahr und jung als gār und gung erscheinen) wird j- zu g-: die endgültige Form Gauner zuerst bei Lessing 1747 D. junge Gelehrte I 6. Im Rotwelschen hält sich die alte Beziehung auf (falsches) Spiel: Jauner 'Karte' 1812, Gaune 'ein Spiel Karten' 1820, Jauner 'Karten' 1856 (Kluge a. a. O. 299. 349. 414), von ihr hat die Deutung auszugehen. Die Vorgeschichte von Gauner fällt in die Zeit der Türkenkriege, die 1453 zur Eroberung von Konstantinopel geführt und viele Griechen heimatlos gemacht haben. Der Grieche heißt hebr. jōwōn, d. i. Jonier; ein rotw. *jōwōnen '(falsch) spielen wie ein Grieche' kann als Vorstufe des Ztw. jōnen, jünen von 1430 ff. vermutet werden. Dabei ist an frz. grec 'Falschspieler' zu erinnern.

Gaupe F. 'Dachluke, -kammer' tritt zuerst in Frankfurt a. M. 1411 als gûpe auf, bleibt wesentlich westmd. und bed. urspr. 'Ausguck (am Torturm)', wie die Nebenform Gauke F. in ihrem Verhältnis zu gauken 'ausspähen' bestätigt.

Gavotte F. 'kleines, zum Tanzen gemachtes Tonstück', älter 'eine bestimmte Tanzart'; so bei uns seit 1677 Machiavell. Hocuspocus 605. Entlehnt aus frz. gavotte 'Art Tanz', im 17. Jh.

aus nprov. gavoto F. 'Volkstanz' übernommen. Das F. gehört zu nprov. gavot M., das aus 'Grobian, Lümmel' zur Schelte der Alpenbewohner in der Provence geworden war. Den Ursprung des M. klärt E. Gamillscheg 1928 Etym. Wb. d. frz. Spr. 463.

Gaze F. 'Flortuch, durchsichtiges Gewebe' erscheint bei uns 1693 als Gaße, Gase in einer Übersetzung aus dem Nnl.: H. Schulz 1913 Fremdwb. 1, 239. Demnach vermittelt uns nnl. gaas (so seit dem 17. Jh.) das frz. gaze 'Gaze, Schleier', das seit dem 16. Jh. belegt ist und herkömmlich mit dem Namen der Stadt Gaza in Südpalästina gleichgesetzt wird. Da aber dort weder Herstellung solcher Gewebe noch Handel damit in alter Zeit nachzuweisen ist, wird frz. gaze vielmehr aus span. gasa 'durchsichtiges, feines Leinen- oder Seidengewebe' und dies aus arab. kazz 'Roh-, Flockseide' stammen. Das arab. Wort ist entlehnt aus gleichbed. perf. käž: K. Lokotsch 1927 Etym. Wb. Nr. 702. 1147.

Gazelle F. Arab. ghazāla hat in seiner nordafrikan. Aussprache ghazēl (Lokotsch 1927 Etym. Wb. Nr. 699) ital. gazzella geliefert. Von da zuerst 1536 Paracelsus, Gart der Gesundheit 25ᵇ. Außerhalb des gelehrten Kreises kaum vor 1611 (H. Schulz 1913 Fremdwb. 1, 239). Noch jünger Antilope, f. d.

ge- Vorsilbe, mhd. ge-, ahd. ga-, gi-, asächf. gi-, i-, afrief. e-, agf. ge-, älter gi-, später i-, engl. i in handicraft, y in everywhere, e in enough, anord. g- in granni 'Nachbar'. Germ. *ga- gibt den Zeitwortformen die Beziehung auf Eintritt oder Abschluß der Handlung: mhd. gestān 'sich stellen' gegen stān 'stehen' (ohne Blick auf Beginn und Ende des Stehens), geligen 'zum Liegen kommen' gegen ligen 'liegen', geswîgen 'verstummen' gegen swîgen 'schweigen' usw. Dasselbe tut idg. *ge- in aind. ja-bhāra 'gebar', oskf. ce-bnust (lies: ge-bnust) 'er wird hergekommen sein'. In Ablaut mit diesem *ge- steht idg. *go-. Daß seinem g ein germ. g entspricht, liegt an der Stellung in unbetonter Vorsilbe. So steht d in got. du- wie in aslav. do (gegenüber engl. to, ahd. zuo), got. dis- wie lat. dis-, gr. δια- (gegen asächf. te-, hd. zer-): G. Bonfante 1939 L'Antiquité classique 8, 15 ff. Für germ. *ga- in nomin. Zuf.-Setzung (Gebrüder, Gemahl, Geschwister; Gebirge zu Berg, Gefilde zu Feld, Gestirn zu Stern) sind keine idg. Beziehungen gefunden. Dem lat. com- entspricht germ. *ham-: J. Schnetz, Zf. f. Ortsnamenf. 12, 171.

gebaren schw. Ztw., mhd. gebāren, -bæren 'jammern, heulen; sich benehmen, verfahren', ahd. gipārōn, -bāren, asächf. gibārian 'sich benehmen', agf. gebǣran 'jubeln; sich benehmen'

führen auf germ. *gabārian 'sich (traurig) ge=
bärden; rufen, klagen': zu ahd. mhd. bâr F. M.,
mhd. gebâr M. 'Art'. Dies zur germ. Wurzel
*ber- 'tragen' in Bahre, =bar, Bürde, ent=
behren, gebären, Gebühr, Geburt usw.,
die auch in nhd. Gebaren N. fortlebt. — Zum
schw. Ztw. ist (wie Behörde zu behören) ahd.
gibârida F. 'Benehmen, Aussehen, Wesen' ge=
bildet, das über gleichbed. mhd. gebærde unser
Gebärde ergeben hat: B. v. Lindheim 1938
Beitr. 62, 421 ff.

gebären st. Ztw., mhd. gebërn, ahd. gibëran,
agf. geberan, anord. bera (aus *ga-beran), got.
gabaíran 'hervorbringen, gebären', eig. 'zu
Ende tragen'. Zur Sippe des Verbalstamms
germ. *bër, vorgerm. *bher f. Bahre und Ge=
bärde. Aind. bhṛ, bhar bedeutet '(als Leibes=
frucht) tragen', vgl. lat. fertilis 'fruchtbar' zu
ferre 'tragen'. Von derf. Wz. stammen ahd.
barm, agf. bearm, anord. barmr 'Schoß',
ahd. mhd. barn 'Kind'.

geben st. Ztw. Von dem idg. Verbalstamm
*dō- 'geben' in aind. dâ-, gr. δίδωμι, lat. dō
ufw. hat sich in den germ. Sprachen keine Spur
erhalten. Als gemeingerm. Neuschöpfung tritt
auf: got. giban, anord. gefa (schwed. giva, dän.
give), agf. giefan (engl. give beruht auf Ent=
lehnung aus dem Nord.), afrief. jeva, anl.
gëvan (mnl. gheven, nnl. geven), asächf. gëban
(mnd. geven), ahd. gëban, mhd. gëben. Mit
dem Ztw. vereinen sich die nächsten nominalen
Verwandten (got. gabei F. 'Reichtum', gabeigs
'reich', anord. gofugr 'ansehnlich', gœfr 'ange=
nehm', gœfa F. 'Glück', mhd. gæbe 'annehm=
bar', s. auch Gabe, gäbe, Gift) auf eine idg.
Wurzel *ghabh-. Zu ihr gehören auch air.
gaibim 'nehme', gabâl F. 'das Nehmen', lit.
gabanà 'Armvoll', gabénti 'fortschaffen', ga=
béntis 'mit sich nehmen' und lat. habēre.

Gebet N. ahd. gibët, asächf. gibëd, anfr.
gebët (d), agf. gebëd. Das bloß deutsche beten
kann nicht Ausgangspunkt des westgerm. N.
sein. Vielmehr zu bitten, wie Gebot zu
bieten, mhd. (ge)sëz N. 'Sitz' zu sitzen, mëz
N. 'Maß' zu messen. Auf der Mz. von agf.
(ge)bed beruht mengl. bẹ̈de 'Gebete; Kugel des
Rosenkranzes; Perle'. Daher engl. bead 'Kugel
am Rosenkranz', to tell one's beads 'den Rosen=
kranz beten'.

Gebiet N. Neben Gebot, die alte Ableitung
zu gebieten (f. bieten), tritt im 13. Jh.
gebiet(e) zunächst als 'Befehl'. Über 'Befehls=
bereich' wird die umfaffende Bed. 'Bereich'
entwickelt.

Gebirge N. Ahd. asächf. gibirgi steht als
Kollektiv neben Berg, wie Gefieder neben
Feder, Gefilde neben Feld, Gestirn neben
Stern. Die vom 15. bis 19. Jh. häufige Form

Gebürge, veranlaßt durch landschaftl. Zuf.=Fall
von i mit ü, wird gestützt durch die frühnhd.
häufige Vermengung von =berg und =burg in
Ortsnamen.

Gebresten N. 'Gebrechen', subst. Inf. zu
mhd. ge-brësten, f. bersten.

Gebrüder Plur. ahd. gibruoder, asächf.
gibrōthar, agf. gebrōðor: Pluralbildung, die
zugleich die Zuf.=Gehörigkeit von Verwandten
hervorhebt, wie got. ganiþjôs 'Vettern' zu
niþjis 'Vetter', agf. gedohtru 'Töchter' zu
dohtor, mhd. gevriunt 'Verwandte' zu vriunt,
gediehter 'Enkel' zu diehter. Vgl. Gelichter,
Geschwister.

gebühren schw. Ztw., gemeingerm.: ahd.
giburian (vgl. Börde), asächf. giburian, agf.
gebyrian, anord. byrja; got. *gabaúrjan
läßt sich erschließen aus gabaúrjaba Adv.
'gern', gabaúrjôþus M. 'Luft', krimgot.
borrotsch 'Wille'. Die Bed. 'sich ziemen,
Sorge tragen, statthaben, geschehen' sind jung
gegenüber ahd. burjan, burren 'erheben', das
gestattet, die Sippe mit empor zu verbinden;
f. dort die weitere Verwandtschaft. — Gebühr
F. ist im 14. Jh. aus dem Ztw. rückgebildet
und nicht allgemein geworden; 1523 meint
Adam Petri seinen Baslern Luthers gebür F.
(Luk. 12, 42) mit billich, gemeesz erklären zu
müssen. Dän. gebyr ist aus dem Nhd. entlehnt.

Geburt F. ahd. giburt, asächf. giburd, afrief.
berd, agf. gebyrd, anord. byrð (von da mengl.
byrthe, engl. birth), got. gabaúrþs: Verbal=
abstr. zu gebären, f. d. Die ti=Bildung ist von
idg. Alter; sie findet genaue Entsprechungen in
aind. bhṛti 'das Tragen, Unterhalt' und lat.
fors 'Zufall'. Die idg. Wz. *bher 'tragen' ent=
wickelt die entspr. Bed. auch in air. brith
'Geburt', got. baíran 'gebären', barn 'das Ge=
borene, das Kind' und bërusjôs 'die geboren
Habenden, die Eltern'.

Geburtshelfer M. Für frz. accoucheur wird
um 1800 Hebarzt vorgeschlagen, das sich an
Hebamme anlehnt. Daneben bezeichnet
Campe 1813 Verd.=Wb. 80a Geburtshelfer
als gebräuchlicher. Jean Paul belebt es durch
bildlichen Gebrauch (f. DWb.). Verzeichnet seit
Adelung 1775.

Geburtstag M. 'dies natalis', so seit Luther.
Mhd. geburttac, ahd. giburt(i)tag(o) 'Tag der
Geburt', dann 'Tag, an dem die Geburt sich
jährt und gefeiert wird', insofern zu Tag
'Jahres=, Gedenktag'. Für nhd. Geburts=
tagskind, sächf.=thür. Geburtsäger, setzt
Jean Paul Geburtsheld. Wiegenfest steht
mehr in gehobener Sprache: F. Boehm, Ge=
burtstag u. Namenstag im dt. Volksbrauch
1938. S. Namenstag.

Geck M. 'Narr; Stutzer', mnd. gëck ſeit 1320 als Schimpfwort, mnl. gec, nnl. gek. Engl. geck iſt aus dem M., dän. gjæk, ſchwed. gäck aus dem Mnd. entlehnt. Das urſpr. niederſächſ. Wort dringt ins Nfränk., 1385 heißen in Aachen die Hofnarren der Biſchöfe von Köln und Lüttich ihre gecke; ihre Geiſteserben ſind die Gecken 'Narren' des rhein. Karnevals geworden. Noch im 14. Jh. betritt gëc(ke) hd. Boden in Heſſen, kurz nach 1410 in Thüringen. Weiter ſüdlich ſtößt es auf gleichbed. obd. gagg, gaggel, gagger u. ä., von denen es auch ſeiner Bildung nach nicht getrennt werden darf: beide ſind lautmalende Schelten des Halbgeſcheiten, der unverſtändliche Töne ausſtößt: — Das Adj. geck (jäck) 'verrückt, närriſch', das heute namentlich in rhein. Mundarten eine Rolle ſpielt, iſt aus dem Subſt. entwickelt. Es begegnet zuerſt in Oldenburg 1473 u. Lübeck 1485.

Gecko M. Die Eidechſenart der Geckonen heißt nach ihren auffälligen Kehllauten malaiiſch gēkok; mit Abfall des ķ gelangt der lautmalende Name über nnl. gekko im 19. Jh. in die europ. Sprachen: Lokotſch 1927 Etym. Wb. Nr. 707.

Gedächtnis N. ahd. kithēhtniſſi 'devotio', mhd. gedæhtniſſe, mnd. gedectenis, mnl. gedachteniſſe: zu gedenken (ſ. denken), von deſſen Part. ahd. gidäht die Bildung ausgeht, wie mhd. gedenkniſſe vom Präſ.-Stamm. Das neutr. Genus hat (gegen früheres F.) die Lutherbibel durchgeſetzt: Kluge 1918 Von Luther bis Leſſing 100.

Gedanke M. ahd. ga-, gidanc, -dancho, mhd. gedanc ſt. M., mnd. gedanke ſchw. M., aſächſ. githanko, agſ. geþonc: Verbalabſtr. zu denken. Mnd. entſpricht danke M., dem neunord. tanke ſeine Bed. 'Gedanke' verdankt. Zum Eindringen der ſchw. Formen ins Nhd.: H. Paul 1917 Dt. Gramm. 2, 36.

Gedankenfreiheit F. von Schiller 1787 Don Carlos 3, 10 geſchaffen, von Herder 1793 aufgenommen (ſ. DWb.), ſeit Campe 1808 gebucht. Schiller meint genauer die Freiheit, Gedanken auszuſprechen.

Gedankenſtrich M. kaum vor M. Claudius 1774 Sämtl. Werke 1/2, 84; gebucht ſeit Adelung 1775; beliebt durch J. Paul (ſ. DWb.).

gedeihen ſt. Ztw., mhd. gedīhen, ahd. (gi)dīhan, aſächſ. (bi)thīhan, mnl. (ghe)dīen, nnl. (ge)dijen, afrieſ. thīgia, agſ. (ge)þīon, got. (ga)þeihan 'gedeihen, ſprießen'. Im Nord. früh abgeſtorben, ebenſo in einzelnen dt. Mundarten, z. B. dem Alem., wo drüǝǝ (anord. þrīfa, engl. thrive 'gedeihen') die Aufgabe mit übernommen hat. Das agſ. Prät. þungon mit Part. geþungen 'gediegen; erwachſen' zeigt den alten Naſal der Stammſilbe, der vor h unter

Erſatzdehnung geſchwunden iſt. Vorgerm. *ténqō- hat ſeine nächſten Verwandten in ir. con-tēcim 'gerinne', tēcht (aus *tenqto-) 'geronnen', perſ. tanjidan 'zuſammenziehen' und aind. tañc-, tanákti 'zieht zuſammen'. Von *tenq- 'gerinnen' als Ausdruck der idg. Milchwirtſchaft ſind in die Bed. des Gedeihens übergeführt auch kymr. tynged 'Glück' und breton. toñket 'Schickſal' (vgl. dicht und dick). Dem germ. Ztw. kam e-Ablaut zu. Nach Verluſt des Naſals zeigt es got. und ahd. i-Ablaut, ſo noch mhd. dīhen, dēch, digen, gedigen. Der gramm. Wechſel der beiden letzten Formen iſt nhd. zugunſten des h ausgeglichen, das nachmals verſtummen mußte. Nur das alte Part. gediegen (ſ. d.) hält ſich in adj. Gebrauch, in ſeiner Bed. vom jungen Part. gediehen abgehoben.

gediegen Adj. mhd. gedigen 'ausgewachſen, feſt, dürr, lauter', ahd. gidigan: das alte Part. zu gedeihen (aſächſ. githigan), g in gramm. Wechſel mit h wie Herzog neben ziehen, Riege neben Reihe. Nach E. Ochs, Beitr. 44, 318 beſteht Zuſ.-Hang mit ahd. gidëht 'fromm', das allerdings auf eine i-Wurzel zurückgeht.

Gedöber N. 'Geſchwätz' ſ. bibbern.

Geduld F. Mhd. gedult, -dolt, -dulde, ahd. gidult, älter githuld, aſächſ. githuld, anfränk. gethult (d), mnd. ghedout (d), nnl. geduld, agſ. geþyld führen auf germ. *gaþuldis F., Verbalabſtr. wie Fahrt, Geburt, Macht u. v. a. Das vorausliegende ſt. Ztw. (idg. Wurzel *tel-, *tļ-) erſcheint in lat. tollo (idg. *tļ-nō), tuli, lātum (aus *tļ-tó-m) 'aufheben, tragen' und gr. τλῆναι 'ertragen'. Es iſt im Germ. erſetzt durch die durative Sekundärbildung ahd. dolēn, aſächſ. tholōian, agſ. þolian, anord. þola, got. þulan, þulaida 'ertragen', dem gleichbed. lat. tolerāre vergleichbar. So ſteht ahd. wërēn 'währen' neben wësan 'ſein', got. haban 'halten' neben hafjan 'heben': Kluge 1906 Zſ. f. d. Wortf. 8, 28. Dulden (ſ. d.) gehört als germ. *þuldjan ſchw. Ztw. zu *(ga-)þuldis F. — Wenn Rumex alpinus u. a. Pflanzen Geduld heißen, ſo beruht das auf Fehlüberſetzung von lat. lapathium 'Sauerampfer', verurſacht durch die frz. Volksetymologie la patience: Götze 1926 Teuthoniſta 2, 315.

gedunſen Adj., das allein erhaltene Part. eines ſt. Ztw., das mundartl. (z. B. in heſſ. dinſen 'ziehen') noch lebt, in got. at-þinſan 'herbeiziehen', anl. thinſan, ahd. dinſan, mhd. dinſen 'reißen, ſich ausdehnen' eine Rolle ſpielt. Der germ. Wz. *þens entſpricht vorgerm. *tens in aind. tams- 'ziehen', lit. tęsiù (tęsti) 'dehnen'. Dieſes *tens iſt Erweiterung der in dehnen ſteckenden Wz. *ten.

Geeſt F. das hochliegende Heideland mit Sandboden im Gegenſatz zur flachen Marſch

(f. b.) mit ihrem fruchtbaren Lehmboden. Ein Wort der Nordseeküste, mnd. (seit 1139) gêst, mnl. gheest, nnl. geest, afrief. gâstland, frief. gâst. Früher auch weiter landeinwärts bis Westfalen und ins Rheinland, wo Flurnamen wie am Geist i als Dehnungszeichen nach e zeigen. Im Kern eins mit dem Adj. nb. gêst, afrief. gâst 'unfruchtbar, trocken, hoch', ohne -t im gleichbed. agf. gæsne sowie in ahd. keisinī F. 'Unfruchtbarkeit, Armut'. Urgerm. *gais- (auch in isl. gisinn, aschweb. gistinn 'vor Trockenheit rissig', norw. mundartl. gista 'sich öffnen, dünn werden, vom Walde') ist s-Erweiterung zum idg. Verbalstamm ghêi- 'klaffen' (f. gähnen).

geeignet Adj. Lehnübersetzung für quali= fiziert, von Campe 1801 vorgeschlagen, von Goethe u. a. sogleich aufgenommen. Vorstöße zugunsten von be=, geeigenschaftet waren vorher mißlungen. Auch sich eignen für 'sich qualifizieren' (von Heynatz 1796 Antibarb. 1, 328 neu genannt) bezeichnet Campe als seinen Vorschlag. Es konnte sich anlehnen an ein älteres sich eignen, das bei Logau u. a. 'sich gebühren' bedeutet. Die Begriffe des Gezie= menden und Dienlichen wohnen auch in sich passen, schicken, lat. convenire nah beisammen.

Gefahr F. mhd. (seit dem 14. Jh.) gevâre 'Hinterlist, Betrug, böse Absicht' (f. ohn=, ungefähr). Den heutigen Gebrauch kennt noch Luther nur in der Formel mit Gefahr des Lebens; Gefahr laufen (seit 1716) wie frz. encourir danger. In Fährlichkeit steht noch heute eine Form ohne ge=, wie in älterer Sprache allgemein: mhd. vâre, ahd. fâra 'Nach= stellung, Gefährdung', asächf. fâr M. 'Nach= stellung', nnl. (veraltet) vaar 'Gefahr', agf. fær M. 'plötzliche Gefahr, Unglück, Angriff', engl. fear 'Furcht', anord. fâr 'Zorn, Feindschaft; Schade, Not; Betrug'. Got. *fêra 'Nachstellung' ist zu erschließen aus fêrja M. 'Aufpasser'. Außergerm. vergleicht man gr. πεῖρα 'Er= fahrung, Versuch', lat. perīculum 'Gefahr', experimentum 'Versuch, Prüfung', perītus 'er= fahren': idg. Wurzel *per- 'versuchen, wagen; Gefahr'.

Gefährte M. mhd. geverte, mnd. geverde, ahd. giferto aus *gi-farteo 'Fahrtgenosse'. Ge= bildet wie Gehilfe, Genosse, Geselle, Ge= sinde, Gespiele sowie die fremden Kamerad, Kollege, Kumpan.

gefallen Ztw. mhd. gevallen stets mit den Zusätzen wol, baz, beste oder übele, ahd. gifallan 'zufallen, zuteil werden'. Ein Ausdruck des altdeutschen Kriegerlebens, dem Würfeln oder Losen um Beute oder Erbe entlehnt: ez gevellet mir wol 'das Los, die Würfel fallen mir günstig'. So stammt aus dem Spielerleben Wurf im übertragenen Sinn, desgl. Sau 'As im Kartenspiel', das von da zu 'Glück' wurde, aus dem Zecherleben schenken in seinem Wan= del von 'einschenken' zu 'geben'.

Gefallsucht F. zuerst bei J. Paul 1793 Grönl. Proz. 78, als Verdeutschung für Koketterie von Campes Preisschrift 1795 aufgenommen. Gefallsüchtig für kokett folgt bei Heynatz 1797 Antibarb. 2, 13.

Gefängnis N., älter F. (Zf. f. d. Wortf. 7, 55), bed. alt 'Gefangenschaft, Gefangennahme', so immer mhd. (ge)vancnisse F. N. Mit mnd. gevencnisse, mnl. gevancnesse, nnl. gevangenis zu fangen. In der geltenden Übertragung auf Haus und Raum tritt G. als gewählter, amtlicher Ausdruck an Stelle der älteren Kerker, Schloß, Turm und der derberen Käfig, Loch kaum vor Ende des 15. Jh.

Gefäß N. Urverwandt mit lit. pėda-s 'Garbe', lett. pē'da 'Bund' sind got. fêtjan 'schmücken' (die Bed. entwickelt aus 'einfassen mit etw.'), gafêteins F. 'Schmuck' (aus dem Westgot. entlehnt portug. fato, span. hato 'Klei= dung, Gerät, Habe'), anord. fæta 'mit etw. zu tun haben', agf. fæt N. 'bearbeitetes Metall, Goldschmuck', fætan 'schmücken'. Damit nächst= verwandt sind ahd. giuâzi '(Proviant=)Ladung', mhd. gevæze, md. gevêze 'Schmuck, Aus= rüstung; Eß= u. Trinkgeschirr'. Grundbed. war die des Haltens, vgl. die verwandten fassen, Faß und Fessel. Unsere Bed. 'Geschirr' er= scheint im Ostmd. vor Ende des 13. Jh. und ist wesentlich von Luther eingebürgert, während das Obd. Geschirr vorzieht, wie die Basler Bibelglossare von 1523, die Zürcher und Ecks Bibel von 1537: Kluge 1918 Von Luther bis Lessing 100. 108.

gefaßt Adj. Das Part. Prät. Pass. zu (sich) fassen, mhd. gevazzet (und gewâfenet), bed. im 16. Jh. '(mit Kriegsvorräten und Soldaten gut) gerüstet'. Übertragen auf geistige und innerliche Vorbereitung findet sich gefaßt kaum vor P. Fleming († 1640) Dt. Ged. 1, 283 Lappenberg; sich gefaßt machen bucht Stieler 1691. Nnl. gevat 'schlagfertig' ist nach 1700 dem Nhd. nachgebildet.

gefeit Part. Zu dem unter Fee entwickelten mhd. feine F. 'Fee' gehört keinen 'nach Feen= art bezaubern, fest machen'. Es verliert sein n unter Einfluß von ostfrz. feie und behält sein ei, als Fei dem neu entlehnten Fee weicht. Doch ist gefeit nicht vor den Freiheits= kriegen belegt.

Gefieder N. ahd. gifidiri, mhd. gevidere 'Gesamtheit der Federn': Kollektiv zu Feder wie Gebirge (f. d.) zu Berg. In älterer Sprache auch 'Menge von Vögeln' (mit dem=

selben Bed.-Wandel wie Geflügel), seltener vom einzelnen Vogel: Zf. f. d. Wortf. 10, 118.

Gefilde N. mhd. gevilde, ahd. gifildi, agf. gefilde 'Gesamtheit von Feldern', mit i neben ë wie Gebirge, Gefieder, Gericht, Gestirn, Gewitter neben Berg, Feder, Recht, Stern, Wetter.

geflissen s. Fleiß.

Geflügel N. Zu ahd. fogal stellt sich das Kollektiv ahd. gifugili, mhd. gevügel, das bis in frühnhd. Zeit häufig bleibt: gefügel noch Ryff 1544 Spiegel der Gesundh. 32b; Pictorius 1566 Leibsarznei 10a ff. Daneben tritt unter Anlehnung an Flügel M. dessen Kollektiv mhd. gevlügel, das nhd. die Bed. 'Federvieh, das als Nahrung dient' gewinnt.

Gefreiter M. Lehnübersetzung von lat. exemptus 'ausgenommen (vom Schildwachstehen)'. Zuerst Junghans 1589 Kriegsordn. E 2b. Gefrejder im älteren Dän. stammt aus dem Nhd. Zf. f. d. Wortf. 12, 148.

Gefühl N. gebucht nicht vor Krämer 1678, bei den schles. Dichtern statt dessen Fühle F., auch md. vüle, nd. föle F., mnl. ghevoelen N. und erst im 17. Jh. nnl. gevoel. Verbreitet hat sich Gefühl in der 1. Hälfte des 18. Jh. durch die von Shaftesbury und Hutcheson beeinflußten Philosophen. Die 2. Hälfte wird die Zeit der Gefühlsseligkeit, die unser Wort, dem frz. engl. sentiment entsprechend, heraufführen hilft: E. Lerch 1938 Arch. Roman. 22, 320 ff. S. fühlen.

gegen Präp. mit Akk. (so in neuerer Sprache nach dem Vorbild von wider; vorher mit Dat. O. Behaghel 1924 Dt. Syntax 2, 38), mhd. gegen, ahd. gegin, gagan. Dazu das Adv. mhd. gägen aus ahd. gagani neben gegen aus ahd. gagini. Außerhalb des Hd. entsprechen die umgelauteten Formen asächs. gegin-, afries. jën, agf. anord. gegn, und die umlautlosen agf. geagn-, gëan-, anord. gagn-. Engl. again 'wieder, zurück' beruht auf Kreuzung von agf. on gægn mit anord. gegn; engl. against 'wider, entgegen' entspricht einem agf. tö-gegnes, anord. í gegn. Der Ursprung der germ. Stämme *gagina-: *gagana- liegt noch im Dunkel; außergerm. Beziehungen fehlen.

Gegenbesuch M. Für span. contravisita erscheint bei Birken 1669 Brandenb. Ulysses 118 Gegen-Visita, für frz. contrevisite seit Ludwig 1716 Teutsch-engl. Lex. 292 Gegenbesuch.

Gegend F. Ital. contrada, frz. contrée 'gegenüberliegendes Gelände' (zu lat. contra 'gegen'), aus dem engl. country stammt, ergibt im 13. Jh. mhd. conträte. Lehnübersetzung des roman. Worts mit abweichender Endung ist ahd. geginöti, mhd. gegende, gegent, md. ge-

genöte, mnd. mnl. jegenöde: Zf. f. d. Wortf. 2, 321. 3, 227. 14, 150; Kluge 1918 Von Luther bis Lessing 35. 108.

Gegengift N. Gr. ἀντίδοτον wird entlehnt zu lat. antidotum. Dies wird in mlat. contravenenum nachgebildet. Danach im 16. Jh. die Lehnübersetzungen frz. contrepoison, engl. counterpoison, im 17. Jh. nhd. Gegengift, zuerst 1638 bei P. Fleming, Dt. Ged. 1, 199. Ihm folgen nnl. tegengif 1719, später dän. modgift und schwed. motgift. Neu gebildet ist isl. gagneitur: A. Götze 1909 Zf. f. dt. Wortf. 11, 260 ff.; W. Betz 1944 Beitr. 67, 302.

Gegenreformation F. für den Zeitraum von etwa 1555 bis 1648 geprägt von dem Göttinger Staatsrechtslehrer J. St. Pütter 1776, der bis dahin immer nur von „katholischer Reformation" gesprochen hatte. Unsere Auffassung bestimmt Leop. v. Ranke, der als erster von einem „Zeitalter der G." spricht: A. Elkan 1914 Hist. Zf. 112, 473 ff.

Gegenschwäher Plur. M. die 'beiderseitigen Schwiegerväter', ein Wort vor allem des Südwestens, bekannt geworden durch G. Keller und J. Gotthelf, gebucht seit Frisius (Zürich 1541), ebenso Gegenschwager 'Schwager herüber und hinüber' (urkundl. seit 1410); jünger Gegenschwieger, Gegenschwiegervater, -mutter: Schweiz. Jd. 9, 1766. 96. 98; Martin-Lienhart 2, 522. 529; H. Fischer 1911 Schwäb. Wb. 3, 180; Zf. f. d. Wortf. 2, 329.

Gegenstand M. eig. 'das Gegenüberstehende'. Ein frühnhd. gegenstand 'Widerstand, Gegenwehr, -satz' erscheint zuerst im Kreis der Fruchtbringenden Gesellschaft um 1625 umgebogen zur Lehnübersetzung des schon im 14. Jh. eingebürgerten Objekt (lat. oculo objectum). Der von Wolffs philos. Schule begünstigte Wortgebrauch wird noch von Dornblüth 1755 Observ. getadelt. Gottsched setzt ihn durch, während Lessing die älteren Lehnübers. Gegenwurf und Vorwurf bevorzugt: Wh. Pfaff 1933 Z. Kampf um dt. Ersatzwörter 30 f. Dän. gjenstand ist aus dem Nhd. entlehnt. Die Mystiker hatten auch understöz für subjectum gewagt. — Gegenständlich als neu bei Campe 1808.

Gegenstück N. als Ersatz für Pendant seit Adelung 1775 gebucht, doch Schubart 1789 Vaterlandschron. 796 noch unbekannt (Zf. f. d. Wortf. 11, 100) und erst seit 1790 durch Kant, A. W. Schlegel, Jean Paul u. Goethe durchgesetzt: Wh. Pfaff 1933 Z. Kampf um dt. Ersatzwörter 31 f.

gegenüber Präp. Adv. zuerst gebucht von Stieler (1691) 1374, der doch selbst als einziges Beispiel „gegen der Kirchen über" bietet, wie noch bei Gesner, Klopstock, Wieland, Goethe der abhängige Dativ zwischen beiden Wörtern stehen kann. Die Verschmelzung geht von Fällen aus, in denen der abhängige Kasus aus dem Zus.= Hang ergänzt, nicht ausdrücklich gesetzt wird (vnd tratten gegen vber von fernen Luther 1523 2. Kön. 2, 7). Als Zus.-Rückung aus Präp. und Adv. vergleicht sich das jüngere mitunter. — Gegenüber N., gebucht seit Campe 1808, literar. durch Goethe 1809 Wahlverw. 2, 337, ahmt das subst. frz. vis-à-vis nach.

Gegenwart F. ahd. geginwartī, Abstr. zum Adj. geginwart, woraus mhd. gegenwertec. S. =wärts. Als Fachwort für Präsens setzt noch Campe 1808 „die gegenwärtige Zeit".

Gegner M. kommt als Lehnüberf. von lat. adversarius im 14. Jh. in Norddeutschland auf, verbreitet sich aber erst im 17. Jh. über das ganze Sprachgebiet: Schottel 1663 Hauptspr. 338. Gegnerisch (kaum vor J. G. Bolz 1731 Auserl. in Stylo curiae vork. teutsche Redensarten 6) bleibt Rechtswort, was mnd. jegenēre, Subst. zu jegenen 'entgegentreten', zuerst auch war: C. Walther 1905 Zf. f. d. Wortf. 7, 35.

gehaben Ztw. in sich gehaben aus ahd. sib gihabēn 'halten, sich befinden': zu haben. Vgl. engl. behave 'sich benehmen'. Der Wunsch gehabe dich wol schon mhd.

Gehasi M. Der biblische Name, der mit seinem Anklang an Hase den Spott reizte, wurde seit Schupp 1663 Schriften 530 (nach 2. Kön. 5, 20) Schelte des Nasesweisen und hielt sich bis ins 19. Jh. namentlich in Studentenmund. Das geflügelte Wort „Woher, Gehasi?" aus 2. Kön. 5, 25: Zf. f. d. Wortf. 1, 42; H. Fischer 1911 Schwäb. Wb. 3, 186.

Gehäuse N., spätmhd. gehiuse 'Hütte, Verschlag': Kollektiv zu Haus.

Gehege N. mhd. gehege 'Einfriedigung': zu Hag, hegen.

geheim Adj., spätmhd. geheim, bed. urspr. (wie das ältere heimlich, s. d.) 'zum Haus gehörig' und geht über 'vertraut' in seine heutige Bed. über. Als Subst. steht frühnhd. geheim N., das im Adv. in(s)geheim erhalten ist; die Bildung Geheimnis wird durch die Lutherbibel, die sie 5. Mos. 29, 29 und noch 36mal verwendet, verbreitet. In Basel 1523 wird Luthers geheymnüß durch heimlikeit ersetzt. Geheim(e)rat enthält als ersten Wortteil das mhd. F. geheim(d)e 'Heimlichkeit' (gebildet wie Güte). Die Trennung in Geheimer Rat setzt das Adj. geheim 'vertraut' voraus.

gehen Ztw. ahd. mhd. gān, gēn, asächs. mnd. gān, mnl. gaen, überall ergänzt durch Formen des unverwandten Stamms gang- (s. Gang). Soweit die Formen ā enthalten,

geht dies auf germ. idg. ō zurück (erhalten in krimgot. geen). Das zunächst bair. fränk. gēn bleibt schwierig: vielleicht ist bei dem lässig gesprochenen Wort, bes. bei seinem Imperat., bair. fränk. ē gegen die sonstige Regel aus ai monophthongiert. Dem hd. gān entspricht älter dän. schwed. gā (heute dän. gaa, schwed. gå), der urspr. diphth. Form gēn afries. ags. gān. So gelangen wir zum Ansatz der beiden Wurzeln germ. *gē, *gai, idg. *ghē, *ghēi, haben es also mit einer urspr. auf -ēi ausgehenden Wz. zu tun. Diese tritt in dem Nebeneinander von aind. já-hā-ti (idg. *ghē-ghē-ti) 'er geht weg, verläßt' und hi-ná- 'verlassen' (ī Tiefstufe zu ēi) zutage. Hierher gehört ferner gr. κίχημι (idg. *ghi-ghē-mi) 'ich erreiche'. Die idg. Wz. *ei- in gr. ἰέναι, lat. īre, lit. eīti 'gehen' (s. eilen) scheint in einer ā-Erweiterung (wie sie auch in lit. jóju 'ich reite' und aind. yāmi 'ich gehe' vorliegt) in den Aoristformen got. iddja, ags. ēode 'ich ging' erhalten zu sein. G. Subak, Gehn e Stehn. (Triest 1930).

Gehenna F. 'Hölle'. Hebr. gē ben Hinnōm 'Tal des Sohnes Hinnoms' am Südhang des Zionsbergs ergab, weil dort erst dem Moloch Kinder geopfert, später Schutt und Müll abgeladen wurden, gēhinnōm 'Hölle', das über gr. Γέεννα und lat. Gehenna in die europ. Sprachen gelangt ist. K. Lokotsch 1927 Etym. Wb. Nr. 705.

geheuer Adj. Der idg. Verbalstamm *keiin gr. κεῖμαι usw. bedeutet 'liegen'. Aus dem Begriff des Lagers hat sich 'Heimstätte' entwickelt (in Heim und Verwandten), das entspr. Adj., urspr. 'der gleichen Siedlung angehörig', ist zu 'traut, lieb' geworden, so besonders in aind. çéva- und germ. *hīwa- (s. Heirat). Dazu mit -ro-Erweiterung anord. hȳrr 'freundlich, gütig', ags. hīere, hīore 'angenehm, mild', asächs. ahd. unhiuri 'unheimlich, grauenhaft' (s. ungeheuer). Gehiure 'sanft, behaglich' ist erst mhd. überliefert, doch steht schon ahd. neben unhiuri auch ungehiuri. Das Mnd. bietet gehūre, das Mnl. gehuer, gehuire.

Gehirn s. Hirn.

gehorchen, Gehorsam s. horchen, hören.

Gehren M. 'Schoß', mhd. gēre, ahd. gēro 'keilförmiges Stück Zeug oder Land; Schoß' ags. gāra 'Zeugstück' (engl. gore), anord. geire 'dreieckiges Zeugstück': Ableitung zu Ger (s. d.), der Bed. wegen vgl. Schoß. Aus dem germ. Wort stammt die roman. Sippe von frz. giron, ital. gherone 'Schoß'.

Gehrock M., möglicherweise gekürzt aus Ausgehrock (G. Keller, Sinnged. 154), erscheint nach A. Gombert 1907 Bemerkg. 12 zuerst 1814; Braten=, Leib=, Überrock sind älter. W. Fischer 1943 Dt. Wortgesch. 2, 361.

Geier M. Der größte Raubvogel, der mit zwei Arten (Bart- und Gänsegeier) im deutschen Gebiet heimisch ist, heißt ahd. mhd. gīr, mnd. gīre, nl. gier. Das darin enthaltene westgerm. *gīr-a(n) ist Subst. eines Adj., das in ahd. gīri, mhd. gīre, westmd. geier 'gierig' begegnet und als ro-Bildung (wie bitter, wacker) zu der unter gähnen entwickelten Wz. idg. *ghī- 'das Maul aufsperren' gehört. S. Gier.

Geifer M. 'ausfließender Speichel', nur hd., kaum vor Heinrich Wittenwiler (Thurgau um 1400) Ring 529 aus sīnem maul der gaifer prast. Zum Ztw. geifen 'klaffen', das z. B. bair. von Wunden, Gewändern und Schuhen steht: germ. *gīp-, vorgerm. *ĝheib-, Erweiterung der idg. Wurzel *ĝhēi- 'klaffen, gähnen', die unerweitert in ahd. giēn 'gähnen' und lat. hiāre 'klaffen' vorliegt. Vgl. gähnen und Geier.

Geige F. Spätahd. gīga 'tricordum' tritt im 12. Jh. auf (Ahd. Glossen 4, 235, 8). Kennzeichnend für die spät auftretenden Streichinstrumente ist das Schwanken des Bogens, demgemäß knüpft Meringer, Idg. Forsch. 16, 133 an ein germ. Ztw. *gīgan (in anord. geiga 'schwanken', agf. gægan 'abirren') an, das seinen ursprünglichen Sinn in mundartl. geigen 'sich hin und her bewegen' bewahrt. Aus mhd. gīge stammen mnl. gige, anord. gīgja, dän. gige, aber auch ital. giga, frz. gigue, woher weiter engl. jig 'leichter Tanz' und die Scherzbildung frz. gigot 'Hammelkeule'. Die ältere Fiedel (f. d.) war ohne Griffbrett.

geil Adj., mhd. ahd. nnl. geil, asächf. mnd. gēl, mnl. gheil, gheel, agf. gāl 'lustig, lüstern, unzüchtig', anord. geiligr 'schön'; dazu mhd. geilen, got. gailjan 'erfreuen'; mnd. gīlen 'begehren', nl. gijlen 'gären', anord. gil-ker 'Gärbottich': mit lit. gailas 'heftig', gailùs 'jähzornig, wütend, rachsüchtig; scharf, beißend, bitter' und aslav. dzělo, alttschech. zielo, russ. do zěla' 'sehr' zur idg. Wurzel *ghoilo-s 'aufschäumend'. Abwegig Edw. Schröder Zf. f. dt. Alt. 42, 65.

Geisel M. Mhd. mnd. gīsel, ahd. asächf. gīsal, mnl. ghīsel, nnl. gijzelaar, afrief. jēsel, agf. anord. gīsl, dän. gissel, schwed. gisslan führen auf idg. *gheisalo-. Außerhalb des Germ. vergleicht sich der gall. Männername Congeistlus, der sich mit air. gīall, kymr. gwystl, akorn. (12. Jh.) guistel 'Geisel' auf idg. *gheistlo- vereinigt. Daneben mit Ablaut ir. gell (aus *ghislo-) 'Einsatz, Pfand'; idg. Wurzel *gheis-: *ghis- 'bürgen; Pfand', wozu *gheis(t)-lo- 'Bürgschaftsgefangner'. Da der Begriff demselben bei den Kelten besonders früh und gut entfalteten Sinnbezirk angehört wie Amt,

Eid und Reich, ist die Möglichkeit nicht auszuschließen, daß die Germanen auch Geisel von den kelt. Nachbarn entlehnt haben. Jede glaubhafte Beziehung zu andern idg. Sprachen fehlt.

Geisha F. Japan. gēiša 'berufsmäßige Sängerin, Tanzmädchen' ist über engl. geisha in die europ. Sprachen gelangt. In Deutschland durch eine Operette des Titels beliebt geworden. Japan. sind auch Bonze, Dschiu-Dschitsu, Harakiri, Kimono, Mikado und Sojabohne.

Geiß F. mhd. ahd. geiz, asächf. gēt, mnl. gheet, nnl. geit, agf. gāt, engl. goat, anord. norw. geit, schwed. get, dän. gjed, got. gaits F. 'Ziege', ursprünglich im umfassenden Sinne, erst nach der Aufnahme von Bock auf das weibliche Tier beschränkt. Außergerm. vergleicht sich Laut um Laut lat. haedus 'Ziegenbock' aus idg. *ghaido-. Dazu idg. *ghaideinos, germ. *gaitīna- in ahd. geizīn, agf. gǣten Adj. 'von Ziegen', got. gaitein N. 'Zicklein'. Unmittelbar vergleichbar lat. haedīnus Adj. 'vom Bock', M. 'Ziegenfleisch' (zur Bildung vgl. Schwein und F. Kluge 1926 Nomin. Stammbildungsl. § 58ª). — Der Geltungsbereich von Geiß ergänzt sich heute mit dem von Ziege und Kitze[1] (f. d.). Das östlich angrenzende slav. koza hat Verwandte in germ. *hōkīna-, das in mnd. hōken, mnl. hoekijn, agf. hǣcin 'Zicklein' fortlebt.

Geißel F. ahd. geisila, mnl. ghēsele 'Peitsche', anord. geisl 'Skistab', geisli 'Stab, Strahl'. Das Wort ist mit dem Suffix -ilō(n) der weibl. Gerätnamen (vgl. Gabel, Gürtel, Hechel, Schaufel, Spindel, Windel) von einer älteren Form des germ. *gaizá- (f. Ger) abgeleitet, in der Verners Gesetz noch nicht gewirkt hatte, bed. somit urspr. 'kleiner, spitzer Stab; Treibstecken'. In Ablaut dazu langobard. gisil 'Pfeil'. Mhd. ist der Geltungsbereich von Geißel durch den slav. Eindringling Peitsche (f. d.) eingeengt. Unser Wort gilt im Erzgebirge, in Westthüringen, Hessen, Luxemburg sowie obd. Siebenb. gissl stimmt zu moselfränk. geißel.

Geißfuß M. Name verschiedener Geräte, vor allem eines Heb- oder Brecheisens mit gespaltener Angriffsfläche, einer Stange mit Doppelklaue am Ende, eines Nagel- und Zahnziehers sowie eines Beitels (f. Beutel[1]) mit gewinkelter Schneide. Vor Mitte des 15. Jh. nach der Ähnlichkeit mit dem Huf der Ziege geizvuoz genannt: Kluge 1911 Seemannsspr. 309; H. Fischer, Schwäb. Wb. 3, 239. 6, 1997.

Geist M. mhd. ahd. geist 'Geist' (im Gegensatz zum Körper), überirdisches Wesen', asächf.

gēst, mnl. gheest, nnl. geest, afriej. jēst, gäst, agf. gǣst, gäst, engl. ghost, jomit weſtgerm., während got. ahma galt (j. achten). Nächſtverwandt ſind agf. gǣſtan (aus *gaiſtjan) 'in Schrecken verſetzen', engl. aghaſt 'aufgeregt, zornig', ghaſtly 'gräßlich'. Außergerm. vergleichen ſich aind. hēḍ- 'zürnen', hḗḍa- M. 'Zorn', hḭḍati 'erregt, kränkt', aveſt. zōizdiſta- 'der Abſcheulichſte': ſämtlich zu idg. *g̑heizd-, einer Erweiterung zur Wurzel *g̑heis- 'aufgebracht (ſein)', die unerweitert vorliegt in got. usgeisnan 'außer Faſſung geraten', usgaisjan 'außer Faſſung bringen', anord. geiski M. 'Schreck', geiskafullr 'entſetzt', aveſt. zaēša- 'ſchauderhaft', zōišnu- 'ſchaudernd'. Der Geiſt iſt nach der (kultiſchen?) Aufgeregtheit als einer früh beſonders ſichtbaren Form benannt.

Geiſtesgegenwart F. Frz. présence d'esprit ergibt ſeit 1754 (Mod. lang. notes 44, 137) „Gegenwart des Geiſtes". Die Zuſ.-Setzung kaum vor Herder 1791 Ideen 4, 320.

Geiſteskultur ſ. Kultur.

geiſtlich. Das Adj. ahd. geiſtlich iſt zu geiſt gebildet, wie lat. spirituālis zu spiritus. Auch das im 15. Jh. auftretende Subſt. der Geiſtliche iſt Lehnüberſetzung des entſpr. Gebrauchs von spirituālis.

geiſtreich Adj. Luther, der nach Matth. 5, 3 geiſtarm 'πτωχοὶ τῷ πνεύματι' prägt, bildet 1526 auch geiſtreich gemäß ſeinem Gebrauch von Geiſt 'spiritus sanctus'. Auch bei ſeinen Nachfolgern bed. geiſtreich vorwiegend 'des heiligen Geiſtes voll'; noch Friſch 1741 umſchreibt 'religione plenus, voller Andacht'. Daneben ſtehen ſchon bei Luther die Formeln „geiſtreicher kopff, poet". Unter Einfluß des frz. spirituel dehnt ſich im 17. Jh. der weltliche Gebrauch aus, ſo daß Stieler 1691 nur die Bed. 'cordatus, illustratus, illuminatus' bucht.

Geiz M. bedeutet in älterer Sprache 'Habſucht, Gier'. Die Grundbedeutung hat ſich in Ehrgeiz erhalten. Der heutige Sinn (geizig 'der nichts ausgeben will') tritt zuerſt als Nebenvorſtellung auf und fängt im 18. Jh. an der übliche zu werden. Mhd. ahd. gīt 'Gier, Habgier' mit dem Adj. mhd. gītec, ahd. gītag '(hab)gierig' und dem ſchw. Ztw. mhd. gīten '(hab)gierig ſein'. Daneben die gleichbed. Weiterbildung mhd. gīt(e)sen, gīzen, aus der ſpätmhd. gize, nhd. Geiz rückgebildet wird, wie Scherz aus ſcherzen. Das nächſtverwandte agf. gītsian 'begehren, verlangen' zeigt t aus d vor s. Außergerm. entſprechen aſlav. žido, židati, ruſſ. ždu, ždát' 'warten' ſowie lit. geidžiù 'begehre', gaidas 'Verlangen', gidis 'gierig'; lett. gàidu, gàidît 'warten', gaida 'Erwartung'; apreuß. gēide, gīeidi 'ſie

warten'. Idg. Wurzel *gheidh- 'begehren, gierig ſein'. Dasſelbe Wort iſt das ſeit 1721 bezeugte Geiz M. 'Nebentrieb an Rebſtock, Tabak- und Tomatenpflanze': urſprünglich 'der den Saft zu gierig an ſich ſaugende Sproß'. S. Furunkel.

Geize F. mhd. geize, ahd. geiza 'Pflugſterz', das gegabelte Holzſtück, an dem der Bauer den Pflug hält, wie eine Geiß bei den Hörnern: -jōn-Fem. zu Geiß, das im Schwäb. auch ſelbſt 'Pflugſterz' ſein kann, wie anderwärts Reh: H. Fiſcher, Schwäb. Wb. 3 (1911) 234. 5 (1920) 246 f. So ſteht Röhre neben Rohr, ahd. gibilla neben gibil, ſ. Giebel[1].

Geizhals M. iſt im 16. Jh. dem Wortſinn gemäß 'gieriger Rachen'. Über 'Schlund eines Gierigen' wird es ſeit Luther mit pars pro toto zur Schelte des Habgierigen, nachmals des Geizigen. In dieſem Sinn tritt ſeit Campe 1808 Geizkragen daneben; dabei ſteht Kragen in ſeiner alten Bed. 'Hals'.

Gekröſe N. mhd. gekrœse 'das kleine Gedärm', wofür auch krœse. Vorauszuſetzen iſt ein gleichbed. ahd. *krōsi; belegt iſt nur chrōse N. 'Krapfengebäck'. Außerdeutſch vergleicht ſich mnl. croos, nnl. kroost 'Eingeweide geſchlachteter Tiere'. Sämtlich zu kraus (ſ. d.), zu dem ſich auch frühnhd. gekrös(e), kröß N. 'vielgefältelte Krauſe' ſtellt.

Gelächter N., mhd. gelehter, älter lahter, ahd. (h)lahtar, agf. hleahtor, engl. laughter, anord. hlātr, norw. laatt, dän. latter: ſ. lachen und F. Kluge 1926 Stammbildungsl. § 141.

Gelage N. zu legen, ſomit 'Zuſammengelegtes', dann 'Schmauſerei', ganz wie got. gabaúr M. (zu baíran 'tragen') über 'Zuſammengetragenes' zu 'Feſtgelage' geworden iſt. Anknüpfung an die im Liegen gehaltenen Feſte der Alten iſt unmöglich, weil das zuerſt im 14. Jh. auftretende nrhein. gelöch, geloyg nicht aus humaniſt. Kreiſen ſtammt. Zur Bed. vgl. Picknick, Zeche. Frühnhd. ſteht dafür kollaz F. aus lat. collatio, das auch in ſchwed. kalas (älter collatzie, collats) 'Schmaus, Feſt' nachwirkt.

Geländer N. Im 14. Jh. tritt gelanter, im 15. gelenter, gelender als Kollektiv zu mhd. lander N. F. 'Stangenzaun' auf, das mit lit. lentà 'Brett' verglichen wird.

gelangen Ztw. ahd. gilangōn 'erreichen', eig. 'einen langen Weg gehen': ſekundäres Ztw. zum Adj. lang, ſ. d.

Gelaß N. mhd. gelæze '(Art der) Niederlaſſung' zu gelāzen 'ſich niederlaſſen'. Das zugehörige Part. mhd. gelāzen iſt in der Sprache der Myſtiker über 'maßvoll in der Gemütsbewegung' zu '(gott)ergeben' geworden; mit gelāzenheit F. '(Gott-)Ergebenheit' haben es die Schwärmer und Täufer des 16. Jh. aufgenommen. Unter Luthers Widerspruch sind beide ins Nhd. gelangt und von den Pietisten des 18. Jh. durchgesetzt worden: Kluge 1918 Von Luther bis Lessing 48; Sperber 1930 Dt. Viert.-Schr. 8, 508.

Gelatine F. Zu lat. geläre 'frieren' (urverw. mit kalt, s. d.) gehört als Part. gelätus 'gefroren'. Dazu bilden Alchimisten des 16. Jh. nlat. gelatina F. 'Gallertstoff', das, zunächst lat. flektiert, seit 1721 in deutschen Texten erscheint: H. Schulz 1913 Fremdwb. 1, 239.

gelb Adj. Jdg. -wo bildet Farbnamen wie lat. fulvus, furvus, flavus, gilvus, rāvus, aind. çyāvá 'braun', aslav. sivŭ 'grau', plavŭ 'weiß', lit. palvas 'falb', šìrvas 'grau'. Aus dem Germ. haben gleiche Bildung ahd. faro 'farbig', blāo 'blau', grāo 'grau', salo 'dunkel', asächs. falo 'fahl', agf. baso 'purpurn', haso 'grau', anord. hoss 'grau': Kluge 1926 Stammbild. § 187. In diesen Kreis stellt sich gelb, mhd. gël, ahd. gëlo (Gen. gëlwes), asächs. gëlo, mnl. ghële, agf. geolo, engl. yellow (doch anord. gulr). Dem germ. *gëlwa- entspricht vorgerm. *ghelwo- in lat. helvus 'honiggelb'. Zur Wz. idg. *ghel, *ghlo gehören auch gr. χλω-ρός 'grün, gelb', χλόη 'Grünes', aslav. zelenŭ 'gelb, grün', lit. želvas 'grünlich', avest. zari- 'gelb', aind. hári 'gelblich'. Weiterhin sind verwandt Galle, glühen, Gold. Sich gelb ärgern beruht auf guter Beobachtung: nach starkem Ärger tritt die Galle infolge eines Krampfzustands der Gallenwege nicht in den Darm, sondern in die Blutbahn. Die gleiche Erscheinung zeigt die Gelbsucht, mhd. gëlsuht, mnl. gheelsucht, asächs. gëlasuht. Das gleichbed. frz. jaunisse beruht auf derselben Anschauung. Die Gelben 'Freiorganisierten' im polit. Kampf stammen aus frz. les jaunes. Darüber wie über gelbe Presse E. Lerch 1940 Journ. of Engl. and Germ. Philol. 39, 201 ff. Vgl. Schwarzarbeiter. Gehl steht neben gelb wie fahl neben falb; dazu obersächs. Gehlchen 'Pfifferling'.

Gelbschnabel M. Wie frz. béjaune (aus becjaune), nnl. geelbec in eigentl. und übertragenem Sinn gebraucht werden, so wird G., das von Haus aus 'junger Vogel, der an den Seiten des Schnabels noch gelb ist' bedeutet, bei Stieler (1691) 1894 verzeichnet als Gälschnabel 'imberbis juvenculus' mit der Redensart „Einem das Gelbe vom Schnabel wischen.... vitia juvenum objurgare". Geelschnabel schon bei Mathesius 1586 Sirach 1, 33.

Geld N. zu gelten, s. d. Ahd. mhd. gëlt, Gen. gëltes 'Vergeltung, Vergütung, Einkommen, Wert'. Die Bed. 'geprägtes Zahlungsmittel' ist jung und fehlt den verwandten germ.

Wörtern, s. Gilde. Dafür got. skatts (s. Schatz), fashu (s. Vieh), agf. feoh, engl. money. Wandel von t zu d wie in dulden, Geduld, Gilde, Kobold, milde, Mulde, Schild, schildern; d erscheint in flektierten Formen schon mhd., bef. in md. Texten; anderseits hält sich t bis ins 17. Jh.

Gelee N. Das F. des unter Gelatine entwickelten lat. gelätus 'gefroren' ergibt frz. gelée F. 'Geronnenes'. Bei uns erscheint das F. als Küchenwort für 'gestandener Saft' seit Amaranthes 1715 Frauenz.-Lex. 45. 641ff. Wie bei Entree und Frikassee bringt im 19. Jh. N. durch.

gelegen Adj. Das Part. zu ahd. giligan ist gilëgan 'angrenzend, verwandt', mhd. gelëgen 'benachbart, zur Hand, passend', das davon abgeleitete mhd. gelëgenheit 'Art wie etwas liegt, Stand der Dinge, Beschaffenheit'. Nhd. Gelegenheit bedeutet zunächst nur 'Lage'. Erst allmählich ist das Wort in die Rolle hineingewachsen, lat. occasio, frz. occasion usw. zu vertreten: E. Lerch 1942 Geistige Arbeit Jg. 9, Nr. 21, S. 5f. Gelegentlich aus mhd. gelegenlich 'angrenzend, gelegen' zeigt seit Beginn des 18. Jh. zwischen n und l denselben Gleitlaut wie eigentlich, s. d.

Geleise s. Gleis.

Gelenk N. mhd. gelenke 'biegsamer Teil des Leibs zwischen Rippen und Becken', von diesem Gelenk des ganzen Körpers wird frühnhd. gelenk(e) auf jeden biegsamen Körperteil übertragen: Sammelbildung zu mhd. lanke, ahd. (h)lanca 'Hüfte' als 'Stelle, wo man sich biegt'. Mit agf. hlence 'Glied oder Ring in einer Kette' und anord. hlekkr 'Ring', Mz. hlekkir 'Fessel, Kette' zur idg. Wz. *qleng- 'biegen, winden', die außergerm. in lat. clingō 'ich umgürte, umschließe' erscheint. — Schreibung mit e hat sich in Gelenk gehalten, weil keine Formen mit a daneben standen (vgl. Ferkel, Gespenst, Kerker, welsch). Unser Adj. gelenk(ig), mhd. gelenke 'biegsam, gewandt' gehört zu lenken, wie beredt zu reden. Vgl. Flanke und lenken.

Gelichter N. Ausdrücke für 'Geschwister' gehen mehrfach auf Grundwörter der Bed. 'Mutterschoß' zurück, z. B. gr. ἀδελφός 'Bruder' auf δελφύς 'uterus', anord. (poet.) barmi 'Bruder' auf barmr 'Schoß'. So stellt sich ahd. *gilihtiri 'Geschwister' zu lëhtar 'Gebärmutter', das seinerseits zu ahd. ligan gehört, somit 'Ort des Liegens' bedeutet. Erschlossen muß die Bed. 'Geschwister' auch noch für mhd. gelihter werden, denn schon in den ältesten Belegen bedeutet das im 13. Jh. auftretende Wort 'Sippe, Art', später 'Zunft, Stand'. Seit dem 17. Jh. bringt (wie in Gesinde und Sippschaft) herabsetzender Sinn durch. Schwäb. gelichtergit 'zu einem Paar gehörig' ist gebildet wie geswistergit (s. Geschwister). Eine Spur des alten Sinnes wahrt auch siebenb. geläftr 'ein Stück von einem Paar'. Auffällig ist hier und in bair. tirol. glifter das ft, literarisch seit Abr. a Sta. Clara 1686, darüber P. Kretschmer 1910 Glotta 2, 207.

gelingen st. Ztw., mhd. gelingen 'Erfolg haben, glücken', mhd. mnd. lingen 'vorwärtsgehen, gedeihen', ahd. gilingan 'glücken'. Mit leicht, Lunge, lungern zur idg. Wurzel *le(n)gʷh- 'leicht in Bewegung und Gewicht'.

gellen schw. Ztw. ahd. göllan st. Ztw. 'laut tönen, schreien', mhd. gëllen (gille, gal, gullen), mnl. ghellen, ags. giellan, engl. yell, anord. gjalla 'ertönen': zur idg. Schallwurzel *ghel- 'rufen, schreien' wie galstern und Nachtigall. Außergerm. vergleichen sich gr. χελῑδών 'Schwalbe', κίχλη 'Drossel' κιχλίζω 'zwitschern'.

geloben Ztw. ahd. gilobōn, mhd. geloben, mnd. geloven bed. als Zus.-Setzung mit loben urspr. 'billigen, beistimmen'. Über 'beipflichtend versprechen' ist die heutige Bed. früh erreicht.

Gelse F. Name der schlanken Stechmücken in Österreich, auch in der Zips und Siebenbürgen. Zum Ztw. mhd. gelsen 'schreien' (das z. B. in els. gelse 'laut schreien', bair. gelse(l)n 'summen', kärnt. gölsn 'heulen' fortlebt), einer Weiterbildung zu gellen, s. d. Das F. tritt im 15. Jh. auf: Kretschmer 1918 Wortgeogr. 341 f.

gelt, galt Adj. 'keine Milch gebend, unfruchtbar'. Ahd. mhd. obd. galt, md. mnd. gelde, mnl. ghelt (d), nnl. geld, ags. gielde, engl. (schott.) yeld, anord. geldr, aschweb. galder, schwed. gall, norw. gjeld, dän. gold führen auf germ. *galð(i)a-, Part. zu ahd. galan (s. Nachtigall) '(Zauberlieder) singen', also 'beschrieen, verhext', zum idg. Verbalstamm *ghel- 'schreien': P. Lessiak 1912 Zf. f. dt. Alt. 53, 146. — Vgl. Gicht[1].

gelt Interj., mhd. (14. Jh.) gëlte, Konj. Präs. zum Inf. gelten; mit dem man sich zur Wette erbietet: 'es möge gelten'. Frühnhd. begegnen auch gleichbed. was gelt's und der Plur. geltet, wie heute in Österreich geltns? Heute ist gelt vorwiegend ein Wort des Südens und Westens; dem Nd. fehlt es: Kretschmer 1918 Wortgeogr. 23.

Gelte F. Mlat. gallēta 'Gefäß, Kübel' (wozu die roman. Sippe von lomb. galeda, engad. gialaida, afrz. jaloie 'Eimer') gelangt in karol. Zeit ins Germ. und ergibt ags. gellet, ahd. gellita, mhd. gelte 'Gefäß für Flüssigkeiten'. Das einst verbreitete Wort gilt noch in Thüringen und der Pfalz, obd. vom Elsaß bis Kärnten.

gelten st. Ztw. Mhd. gëlten, ahd. gëltan '(zurück)zahlen, wert sein, entschädigen; op-

fern', asächs. gëldan, mnl. ghelden, nnl. gelden, afries. jelda, ags. gieldan, engl. yield, anord. gjalda, dän. gjælde, got. fra-, usgildan führen auf germ. *gelðan 'erstatten, entrichten (besonders in Opferhandlungen)'. Daneben wird gleichbed. germ. *gelþan vorausgesetzt durch aschwed. gjalla, schwed. gälla. Die germ. Sippe ist gut entwickelt (s. Geld, Gilde), dagegen fehlen dem vorgerm. *ghel-tō 'zahle' außergerm. Beziehungen, wenn, wie lit. geliúoti 'gelten' auf junger, so aslav. žlědǫ 'zahle' auf alter Entlehnung aus dem Germ. beruht.

Gelübde N. ahd. gilubida F., mhd. gelüb(e)de F. N., zu ahd. gilobōn (s. geloben) wie Behörde zu behören, Gebärde zu ahd. gibārēn. Das F. gilt von Notker bis ins 18. Jh.; das im Md. durchdringende N. hat offenbar ein ahd. *gilubidi zur Voraussetzung.

gelüsten schw. Ztw., mhd. gelüsten, ahd. gilusten, asächs. lustian, mnl. nnl. lusten, ags. gelustian, lystan, engl. list, anord. lysta: die gemeingerm. -jan-Bildung zu Lust (s. d.) wird unpersönlich verwendet. Daneben das gleich alte got. ahd. lustōn 'begehren' in persönlichem Gebrauch.

Gelze F. mhd. galze, gelze, ahd. galza, gelza, mnd. gelte 'verschnittenes Mutterschwein', ags. gielte, engl. yilt, anord. gylta, älter dän. gylt(e) 'junge Sau': mit Dentalerweiterung zum idg. Verbalstamm *ghel- 'schneiden', der durch aind. hala 'Pflug', armen. jlem 'furche, pflüge' und ags. gielm 'Garbe' gesichert ist. Heute ist Gelze noch häufig in Fam.-Namen wie Gelzer, Gölz(n)er, Gelzenleichter, -leuchter, Gelzmann.

Gemach N. Zu machen in s. Grundbed. 'formen, fügen' stellt sich (ausgehend von einer Bed. 'was sich gut fügt') ahd. gimah (hh) N. 'Bequemlichkeit, Vorteil', mhd. gemach 'Ruhe, Behagen, Pflege', seit der klass. Zeit auch 'Ort, wo man sich pflegt; Zimmer': diese Bed. zuerst in Sätzen wie an sîn gemach gên. Frz. commodité, nnl. (geheim) gemak sind den gleichen Weg gegangen; entspr. hat anord. hvíla 'Ruhe' die Bed. 'Ruhelager' erlangt in Verbindungen wie ganga til hvílu. Unser Adj. gemach wahrt den alten Sinn; ihm entspricht asächs. gimak, ags. (ge)mæc, anord. makr 'passend'. Dazu das Adv. gemächlich, ahd. gimahlīhho, nnl. gemakkelijk 'bequem'. Vgl. allmählich.

Gemächt N. ahd. gimaht(i) F. N. 'Zeugungsglied, testiculi' mhd. gemaht, Plur. gemëhte, anl. gimaht 'penis': zu Macht F. in der Sonderbed. 'Zeugungskraft (des Mannes)' mit späterer Übertragung auf die den diese Kraft tragenden Körperteil, wie Scham. — Dagegen ist Gemächt(e) N. 'Geschöpf' ein ahd. gimah-

hida, -idi, mhd. gemächede, zu machen wie
Behörde, Gebärde, Gelübde zu be=
hören, gebaren, geloben.

Gemahl M. mhd. gemahel(e) 'Bräutigam,
Gatte'; gemahel(e), -mehele, -mäl F. (N. seit
und durch Luther) 'Braut, Gattin'; dafür Ge=
mahlin seit P. D. Longolius 1648 Sich. Nachr.
1, 28. Ahd. gimahalo M. 'Bräutigam, Gatte';
gimahala F. 'Braut': dt. Bildungen zu germ.
*mahla-; dies mit dem unter Beil erörterten
Lautwandel aus älterem *mapla-: *maðla-,
idg. *mod-tlo-. N. 'öffentliche Versammlung,
Verhandlung' in ahd. asächs. mahal, ags. mæðel,
anord. mäl, got. mapl, mlat. mallum, auch ent=
halten in Ortsnamen wie Detmold (8. Jh.
Theotmalli) und Mecheln (mlat. Machlinium)
sowie in langob. gamahal 'Eideshelfer'. Im
Ausgangspunkt steht das feierlich vor der Volks=
gemeinde gegebene Wort; got. mapljan 'reden'
usw. vergleichen sich dem gr. ἀγορεύειν 're=
den' neben ἀγορά 'Markt'. Die germ. Wort=
gruppe stellt sich zur idg. Wurzel *mōd- oder
*mād-: *mǝd- 'begegnen, herbeikommen' in
mhd. muoze, asächs. agf. anord. mōt, engl.
moot 'Versammlung', asächs. mōtian, afries.
mēta, agf. mētan, engl. meet, anord. mōta, got.
gamōtjan 'begegnen'. Außergerm. vergleicht
sich armen. matčim 'nähere mich'. S. Mahl[1]
und vermählen.

Gemälde N. spätahd. gemälidi, mhd. ge=
mæl(d)e 'Malerei, Bild'. Zu malen, s. d.
Bildungsweise wie bei Behörde, Gebärde,
Gelübde, Gemächt(e).

gemäß Adv. ahd. gemäze 'angemessen', agf.
(ge)mǣte: zu messen, wie genehm zu
nehmen.

gemein Adj. Mhd. gemein(e), ahd. gimeini
'gemeinsam, zusammengehörig, gemeinschaft=
lich, allgemein', asächs. gimēni, mnd. gemeine,
-mēn(e) (hieraus entlehnt dän. schwed. gemen),
anfr. gemeini, mnl. ghemēne, nnl. gemeen,
afries. mēne, agf. gemǣne 'allgemein, gemein=
sam; schlecht, falsch', engl. mean 'gemein, nie=
drig', got. gamains 'gemeinsam; unheilig'
führen auf germ. *gamaini-. Ebenso gebildet
ist lat. commūnis (alat. Akk. co-moinem) 'ge=
meinsam'. Unter Meineid wird das einfache
Adj. ahd. mhd. mein und seine Verwandtschaft
entwickelt; dort wird auch der Zusammenhang
der Sippe mit Wörtern des Sinnes 'Tausch,
Wechsel' nachgewiesen. Gemein hat seine
Bedeutung von 'mehreren im Wechsel zu=
kommend' verschoben zu 'mehreren in gleicher
Art gehörig'; darin ist es heute durch allge=
mein und gemeinsam eingeschränkt. Was
alle gemein haben, kann nicht edel sein; daher
verächtlich: gemeiner Kerl, Sinn. Nur so das
Adv.: gemein handeln.

Gemeinde F. ahd. gimeinida, mhd. ge=
meinde, asächs. gimēntha, mnl. ghemeende
'(kirchl. und bürgerl.) Gemeinschaft', gebildet
wie Begierde, Freude, Zierde. Das
Zus.=Treffen mit lat. commūnio (frz. com=
mune) legt nahe, an Lehnübersetzung im kirchl.
Bereich zu denken, wie bei got. gamainþs
'Versammlung'.

Gemeingeist M. Engl. public spirit er=
scheint bei Leibniz in frz. Text als esprit pu=
blic. Herder kann 1795 im Zitat aus Leibniz
(Suphans Ausg. 17, 268) Gemeingeist sagen,
weil F. H. Jacobi 1785 über die Lehre des
Spinoza S. 166 diese Prägung gebraucht
hatte, vielleicht gestützt auf ein Lied Zinzen=
dorfs von 1737, in dem Gemeingeist als
'Geist der religiösen Gemeinde' begegnet.
Schiller nimmt Jacobis Prägung 1792 auf
und entscheidet damit gegen das sonst versuchte
Allgemeingeist: Zf. f. dt. Wortf. 2, 67. 6,
325; F. Kainz 1943 Dt. Wortgesch. 2, 226. 241.

Gemeinplatz M. Das bei den Humanisten
des 16. Jh. beliebte locus communis (frz. lieu
commun, nnl. gemeenplaats) ergibt engl.
commonplace. Wieland gibt es 1770, Jean
Paul 1783, Goethe 1786 mit der Lehnüberf.
Gemeinplatz wieder, die Adelung noch 1796
schroff ablehnt. Kant und Lessing sagen Ge=
meinort, Goethe auch Gemeinspruch, er
und Schiller Gemeinsatz. Campe setzt Ge=
meinplatz durch. Sein gemeinplätzlich (für
banal, trivial) hat Schiller sogleich aufge=
nommen: Wh. Pfaff 1933 Kampf um dt.
Ersatzwörter 32.

gemeinsam Adj. Adv., mhd. gemeinsam,
ahd. gameinsam, nnl. gemeenzaam. Das Vor=
bild des gleichbed. lat. communis ist deutlich,
doch fügt die Lehnübersetzung die kennzeichnende
Endung hinzu. Gemeinsamkeit 'communio,
communitas' zuerst in Nürnberg 1482. Älter
Gemeinsame F., heute vor allem im alem.
Gebiet, mhd. gemeinsame(de), ahd. gimeinsamī
'communio'.

Gemeinsprache F., vorbereitet durch Luthers
„gemeine teutsche Sprache", geprägt erst von
Campe 1807 Wb. d. dt. Spr. 1, VIII „Kein
Theil unsers gemeinsamen Vaterlandes ... soll
sich anmaßen, seine besondere Mundart den
andern Theilen als Gemeinsprache aufzu=
dringen". Bei ihm mit den Begriffen Hoch=
deutsch, Schrift= und Umgangssprache,
von späteren auch mit Einheits=, Hoch=
Kultur= und Literatursprache unerträglich
gemischt. Die notwendigen Grenzen ziehen
erst H. Naumann, Gesch. d. dt. Literatur=
sprachen (1926), K. Kaiser, Mundart u. Schrift=
sprache (1930) sowie E. Broßführer 1939
Trübners Dt. Wb. 3, 94f.

Gemme F. 'geschnittener Stein'. Lat. gemma (urspr. 'Auge, Knospe am Rebstock') ist in der Bed. 'Edelstein' als ahd. gimma, mhd. gimme, agſ. gimm, gemme, ir. kymr. gem geläufig geweſen, aber zu Ausgang des Mittelalters verlorengegangen. Neu entlehnt wird das Fachwort, ſeit mit Leſſing 1768 die geſchnittenen Steine der Alten aus ital. Sammlungen neu in den Geſichtskreis deutſcher Forſcher traten. Engl. gem beruht auf frz. gemme: H. Schulz 1913 Fremdwb. 1, 240.

Gemſe F. Antilope rupicapra. Als vorroman. Alpenwort erſcheint camox 448 n. Chr. in lat. Text, weiterhin ergibt es ital. camozza, ſpan. camuza, katal. gamussa, frz. chamois, rätorom. chamotſch. Dazu ſtimmt ahd. *gamuz F. (Endung nach hiruz 'Hirſch'), das für mhd. gam(e)z, bair. tirol. gams vorauszuſetzen iſt. Im Suffix weicht ahd. gamiza ab, das ſeit dem 12. Jh. in öſterr. tirol. Texten auftritt und mhd. gemz liefert. Daneben ſetzt mhd. gemeze, nhd. Gemſe ein ahd. *gamiza voraus: Palander 1899 Ahd. Tiernamen 112 f. H. Güntert 1932 Labyrinth 22 bezieht das Alpenwort camox zu voridg. *kam- 'Stein' und vergleicht Steinbock.

Gemüſe ſ. Mus.

Gemüt N., mhd. gemüete, nnl. gemoed bedeutet als Sammelbildung zu Mut (ſ. d.) urſprünglich 'Geſamtheit der ſeeliſchen Kräfte und Sinnesregungen', erſt in ziemlich junger Zeit wird es zum 'Sitz der inneren Empfindung': R. Hildebrand 1893 DWb. 4, 1, 3293 ff. Getrennt davon gehört zum Adj. ahd. gimuoti, agſ. gemœde 'mit Sinn und Wunſch übereinſtimmend, dem Sinn gemäß, angenehm, lieb' deſſen Subſtantivierung mhd. gemüete, mb. gemüde, aſächſ. gimōdi, mnl. gemoede N., erhalten in dem vor allem mfränk. Rechtsausdruck gemœde N. 'was jem. nach dem Sinn iſt', beſonders in der Formel bī ēnes gemœde 'mit ſeiner Zuſtimmung'. Wieder getrennt von der ja-Bildung beſteht ein adj. a-Stamm mhd. gemuot, mb. gemüde 'einen muot habend, geſinnt, geſtimmt', der namentlich in wohlgemut (ſ. d.) fortlebt: W. Braune 1918 Beitr. 43, 356 ff.

gemütlich Adj. Mhd. gemüetlich 'genehm; wohlgemut' löſt die einfachere Bildung ahd. gimuatī 'wohltuend' ab, bleibt aber ſelten; ebenſo frühnhd. gemütlich 'das Gemüt angehend, lieb'. Seit etwa 1700 in pietiſt. Schriften bevorzugt, wird g. von Klopſtock den Herrnhutern zugewieſen, von Goethe in vertiefter Bed. der Schriftſprache zugeführt. — Gemütlichkeit F., kaum vor Adelung 1775, nennt Görres 1814 als neues Stichwort zeitgenöſſiſcher Deutſchtümler. Der deutſchen G.

folgt die Wiener 1839, die ſächſiſche 1847: Zſ. f. d. Wortf. 5, 111; 13, 99; Ladendorf 1906 Schlagwb. 53; Sperber 1930 Dt. Viert.- Schr. 8, 504.

gen Präp., verkürzt aus frühnhd. gehn, dies aus mhd. gein, das ſeinerſeits aus ahd. gegini 'gegen' zuſ.-gezogen iſt. Luther braucht gen von der Richtung nach einem Ort. Aus der Bibelſprache wirkt namentlich die Formel gen Himmel nach. Die verwandten Sprachen kennen ähnliche Zuſ.-Ziehungen, z. B. afrieſ. jēn 'gegen', agſ. gęgn 'gerade; wider', anord. gęgn (woraus entlehnt engl. gain) 'gerade, recht', dän. gen- 'gegen(über)'.

genau Adj. ſpätmhd. (mb.) (ge)nou, Gen. nouwes 'ſorgfältig', wozu als Adv. (ge)nouwe 'kaum', nnl. nauw 'eng, pünktlich'. Wohl eines mit agſ. hnēaw, anord. hnøggr 'karg', zu hnøggva 'ſtoßen', ahd. hniuwan, gr. κνύειν 'ſchaben'.

Gendarm M. Frz. gens d'armes 'Bewaffnete', unter Karl VII. im 15. Jh. eingeführt, bezeichnet in der Königszeit die ſchwere Kavalerie. Entſpr. heißt bis 1806 ein preuß. Küraſſierregiment; daher der Gendarmenmarkt in Berlin, z. B. Voſſ. Ztg. 1770, Nr. 130 „Der Schauplatz iſt auf dem Gens d'Armenmarkt in der großen Bude daſelbſt". In der Frz. Revolution zum Namen der 1791 gegründeten Polizeitruppe geworden, findet Gendarm '(Land-)Poliziſt' ſeit etwa 1809 Aufnahme auch in den deutſchen Staaten: H. Schulz 1913 Fremdwb. 1, 240.

genehm Adj. zu nehmen, wie angenehm (ſ. d.) zu annehmen.

General M. Lat. generālis 'allgemein' (zu genus N. 'Gattung') war im Kirchenlatein üblich für 'Haupt eines Mönchsordens'. Dem wird im 14. Jh. mhd. general M. nachgebildet. Seit dem 15. Jh. ſpielt das Wort im frz. Heerweſen eine Rolle, bei uns zuerſt 1454 im Bereich des Dt. Ordens: Mod. lang. notes 34, 258 f. 36, 486. Beſonders erſcheint capitaine général und daraus gekürzt général für den Höchſtkommandierenden. Die Nachbildung General Oberſt erſcheint ſeit Fronſperger 1555 Kriegsreg. 2ᵇ, die Kürzung General ſeit Dilich 1608 Kriegsb. 34. 1637 iſt Generalmajor der oberſte Befehlshaber der Wachen am ſächſ. Hof: A. Kern 1907 Dt. Hofordn. 2, 66. Zur weiteren Entwicklung Helbling 1912 Zſ. f. d. Wortf. 14, 37; H. Schulz 1913 Fremdwb. 1, 241.

geneſen ſt. Ztw. ahd. aſächſ. ginēsan 'lebend davonkommen' und daraus beſondert 'geheilt werden' und 'entbunden werden', agſ. genēsan, got. ganisan 'geſund, gerettet, ſelig werden'. Die germ. Verbalwz. *nes, zu der als Faktitiv nähren (f. b.) gehört, ſtimmt zu aind. násatē 'liebevoll herangehen, ſich geſellen zu', auch im Namen der Götterärzte Nāsatyāu, toch. A nas 'ſein', naṣu 'befreundet', toch. B nes 'ſein' (K. Schneider 1940 Jdg. Forſch. 57, 198f.), gr. νέομαι 'ich komme zurück', νόστος M. 'Heimkehr' (mit wieder anderer Wendung der Grundbed.). Aus dem Germ. entlehnt ſind aſlav. gonisti, goniznǫti 'erlöſt werden', gonozitelji 'Heiland'.

Genick N. mhd. genic(ke): zu dem mit Nacken (wozu Genack, Genäck) in Ablaut ſtehenden nëcke. Sammelbildung wie Gebirge und Geſtirn zu Berg und Stern. Mit dem Ztw. nicken unverwandt.

Genie N. Lat. genius, urſpr. 'Perſonifikation der Zeugungskraft' (zu gignere 'zeugen'), dann 'Schutzgeiſt', liefert das urſpr. gleichbed. frz. génie, das (wie ital. genio ſeit 1700) ſchon im Frz. zu 'Geiſt, feuriger Schöpfergeiſt' gewandelt wird und ſo ſeit Beginn des 18. Jh. bei uns erſcheint. Allgemein wird es ſeit J. A. Schlegels Überſetzung von Batteux, Les beaux-arts réduits à un même principe (1751). Seit Liscow 1739 wird auch der einzelne Träger dieſes Geiſtes Genie genannt, wie im Sturm und Drang (Geniezeit) allgemein. Genialiſch (ohne Vorbild im Frz.) folgt formal dem lat. geniālis, deſſen Bed. 'erfreulich, heiter' es doch fernſteht. Das ſeit Lavater 1777 nachgewieſene Adj. kürzt Schiller 1797 zu genial: H. Schulz 1913 Fremdwb. 1, 242 f.

genieren Ztw. Zu ahd. jëhan 'geſtehen' (ſ. Beichte, Gicht[1], ja) gehört als Faktitiv fränk. *jahjan 'zum Geſtehen bringen', das, ins Afrz. entlehnt, jehir 'zum Geſtändnis zwingen' ergibt. Dazu im 13. Jh. gehine 'durch die Folter erpreßtes Geſtändnis', das über 'Folter' zu 'Zwang' u. 'Störung' wird. Dieſe Entwicklung begleitet gêner, das als geniren, ſcheniren ſeit 1776 bei uns erſcheint, in der Bed. 'beläſtigen' und refl. als 'ſich Zwang antun'. Während hier die Schreibweiſe Aufnahme in die Volksſprache verrät, bleiben Gene F. 'Zwang' und genant Adj. 'beläſtigend' den Gebildeten vorbehalten: H. Schulz 1913 Fremdwb. 1, 243. An der Übernahme der Sippe iſt die Stud.-Sprache beteiligt: Goethe 1817 Briefe 28, 411; Vollmann 1846 Burſchik. Wb. 201; Zf. f. d. Wortf. 12, 279.

genießen ſt. Ztw. mhd. geniezen, ahd. (gi)niozan, aſächſ. niotan, anl. nieton 'beſitzen', afrieſ. nieta, agſ. nēotan 'nehmen, gebrauchen', anord. njōta 'Freude, Nutzen haben', got. niutan 'treffen, erreichen, e. Sache froh ſein', ganiutan 'fangen' (nuta 'Fiſcher'). Grundbed. der Wz. germ. *nut-, idg. *neud- iſt 'Erſtrebtes ergreifen, in

Nutzung nehmen' (vgl. Genoſſe, Nießbrauch, nütze). Dazu ſtimmen als urverw. lit. naudà 'Ertrag, Beſitz', lett. náuda 'Geld'.

Genoſſe ſchw. M., aus mhd. genōze, ahd. ginōzo, anord. -nauti, germ. *ganauta-. Daneben das gleichbed. ſt. M. mhd. genōz, ahd. ginōz, aſächſ. ginōt, afrieſ. nāt, agſ. genēat, anord. nautr: zum gemeingerm. N. *nautaz (ahd. nōz, aſächſ. nōt, afrieſ. nāt, agſ. nēat, anord. naut) 'wertvolle Habe, Nutzvieh', demgemäß 'der ſeinen Beſitz mit andern gemeinſam hat' und damit eine Erinnerung an den Gemeinbeſitz einer ſehr frühen Wirtſchaft; vgl. genießen. So iſt got. gahlaiba 'Genoſſe' als Abl. zu hlaifs 'Brot' urſpr. 'der dasſelbe Brot hat'; vgl. das nach germ. Muſter gebildete mlat. companio, frz. compagnon, ſowie Gefährte, Geſelle, Geſinde, Geſpiele, ferner Bauer, Matroſe und Knote: Edw. Schröder 1923 Zf. f. d. Alt. 60, 70; W. Krogmann 1936 Beitr. 60, 398f. Auf Anregung von Franz Mehring nennen ſich die Sozialdemokraten ſeit 1879 Genoſſe, womit der erſte Teil des Parteinamens überſetzt wird: A. Götze 1909 Zf. f. d. Wortf. 11, 266.

Genoßſame F. Zu ahd. ginōzsam 'geſellig' ſtellt ſich ginōzsemī, mhd. genōzsame 'Geſellſchaft'. In obd. Ma. hat ſich das F. lange gehalten (Schmeller-Frommann 1872 Bayer. Wb. 1, 1763; H. Fiſcher 1911 Schwäb. Wb. 3, 367; Schweiz. Jd. 4, 823), namentlich in Uri als 'Gemeindebezirk'. Von da Schiller im Tell 2, 2, der es aus Klopſtock 1774 Gel.-Rep. 115 kannte.

Genre N. Lat. genus, -eris N. 'Gattung' (urverw. mit Kind, ſ. d.) ergibt in gleichbed. frz. genre M. zugleich das Malerwort für die typiſche Darſtellung von Landſchaften, Tieren und Menſchen im Gegenſatz zur Hiſtorienmalerei. Im letzten Viertel des 18. Jh. entlehnt, dazu (nach peinture de genre) Genremaler(ei), -bild, -haft.

Gentleman M. Engl. gentleman, dem frz. gentilhomme 'Edelmann' nachgebildet, bei uns ſeit J. Hübner 1709 Staats-, Zeitungs und Conv.-Lex.: „diejenigen, welche nicht allein von Adelichem Herkommen … ſind, ſondern auch die ſich als ein Gentleman aufführen können, ob ſie ſchon der Kaufmannſchaft, Künſten und Handwerken zugetan ſind". Durch Berichte aus England ſtändig aufgefriſcht, z. B. Voſſ. Ztg. 1769, Nr. 28: „Ein Gentlemen hat (in Jamaika) allein gegen 3000 Negers inoculirt ('geimpft')". Dadurch im Nhd. des 18. Jh. als 'Herr der guten Geſellſchaft, mit Bildung und Anſtand' weithin bekannt, von Campe 1813 umſchrieben: 'feiner oder rechtlicher Mann, ein Mann von Erziehung'. Seit etwa 1830 wird das Wort all gemein auf das gesellschaftliche Mannesideal Deutschlands angewendet. In diesem heute noch geltenden Sinn löst es ältere Schlagwörter ab: Biedermann galt im 16. Jh., Kavalier und galanter Mensch im 17., Weltmann im 18. Die Kürzung gent, Mz. gents wird im Engl. des 19. Jh. üblich. Echt berlinisch der Wortwitz Gent Lehmann: H. Schulz 1913 Fremdwb. 1, 244; Stiven 36. 119.

genug Adj. ahd. ginuog(i) mit Adv. ginuog 'hinreichend', asächf. ginōg, afrief. (e)nōch, agf. genōh, engl. enough, anord. gnōgr, got. ganōhs. Ableitung zum germ. Prät.=Präf. got. ganah, ahd. ginah 'es genügt', zu dem auch got. ganaúha M., ahd. ginuht F. 'Genüge' gehören. Über die Form genung, die zu dem ersten Nasal einen zweiten entwickelt hat (wie nun, die meinsten, dial. nünt 'nichts', mēndr 'mehr', emens 'Ameise') Behaghel 1928 Gesch. b. dt. Spr. 298. Zur Wz. germ. *nōh-, *nah-, idg. *(e)nek- gehören u. a. aind. náśati, avest. nasaiti 'er erreicht', lat. nancisci 'erlangen'.

genugsam Adj. Zu dem unter genug entwickelten ahd. ginuht F. 'Genüge' (agf. genyht, anord. gnōtt) gehört ahd. ginuhtsam, mhd. genuhtsam 'reichlich'. Daraus ist nach dem Aussterben des F. in mhd. Zeit genuocsam geworden, unter Anlehnung an das bed.=gleiche genug. Genungsam ist im gleichen Raum verbreitet wie genung.

Geographie F. Gr. γεωγραφία 'Erddarstellung, =beschreibung' (zu γῆ F. 'Erde' und γράφειν 'schreiben') ist über Ciceros geōgraphia in die abendländ. Wissenschaft gelangt und taucht bei uns als Geographei 1521 auf, Geograph nicht vor 1595, nachdem noch die Zimm. Chron. 1, 11 das M. lat. flektierte. Die gute Verdeutschung Erdkunde verzeichnet Adelung 1774.

Georgine f. Dahlie.

Gepäck f. Bagage und Pack(en).

gepunzt f. Punzen.

Ger M. ahd. mhd. asächf. gēr, agf. gār, anord. geirr. r beruht auf z, weil sonst anord. *gärr zu erwarten wäre. So ergibt sich germ. *gaizas, idg. *ghaisos, dessen Bed. 'Stecken' aus Geißel (f. b.) und urverw. gr. χαῖος 'Hirtenstab zu folgern ist. Aus dieser Grundbed. war die von aind. hēša- 'Geschoß', langob. gaida (idg. *ghai-tá) 'Pfeilspitze' leicht zu entwickeln. Die Kelten (f. Amt) hatten ihr *gaisa- zum Namen des Speers mit Eisenspitze entwickelt, bezeugt durch gr. γαῖσον, lat. gaesum, air. gae 'Speer'. Als ihn die Germanen der La-Tène-Zeit kennenlernten, engten sie ihr *gaiza- auf dieselbe Bed. ein. Mit regelrechter Vertretung des germ. z wird finn.

keihäs 'Spieß' entlehnt. In got.-lat. Männernamen entspricht Hariogaisus, ahd. Herigēr. Während das Wort in deutschen Namen wie Gerbert, =hart, =trud lebendig bleibt, stirbt das Appellativ vor Ende des Mittelalters aus und wird von Jahn und Eiselen 1816 Turnkunst 116 ff. im Gedanken an Brünhilts Wettkämpfe erneut.

gerade[1] Adj. 'durch 2 ohne Rest teilbar'. Zu got. raþjō F. 'Zahl' (f. Rede) gehört ga-raþjan 'zählen' (in seiner Form dem mhd. gereden entsprechend). Das vom gleichen Stamm abgeleitete, dem lat. ratus 'berechnet' vergleichbare ahd. girat, mhd. gerat 'gleichzählend' erscheint als frühnhd. gerad seit 1483 in algebr. Sinn, während ungerade seit Notker im Gegensinn bezeugt ist. Mit gerade[2] ist die Sippe nur durch Volksetymologie verbunden, die freilich noch heutige Gelehrte beherrscht. A. Schirmer 1912 Wortschatz der Mathem. 27; A. Götze 1919 Anf. e. math. Fachspr. 67. 195.

gerade[2] Adj. 'in unveränderter Richtung gehend'. Dem Adj. got. raþs, raþizō 'leicht, leichter' (f. rasch) entspricht mhd. gerat 'schnell bei der Hand, gewandt, frisch aufgewachsen und dadurch lang', spätmhd. auch 'lotrecht'. Die Vermischung mit gerade[1] war geometrischer Verwendung günstig.

Gerät N. Als Sammelbildung zu Rat (f. d.) bedeutet ahd. girāti 'Beratung, Fürsorge', nachmals 'Ausrüstung'. Asächf. girādi ist 'Vorteil'. In mhd. geræte, mnd. gerēde haben die Bedeutungen 'Aus=, Zurüstung, Vor=, Hausrat' gesiegt. Luthers gered (2. Mos. 27, 3 u. ö.) wird in Basel 1523 umschrieben mit allerley geschirre vnd haußradt F. Kluge 1918 Von Luther bis Lessing 113.

geraum, geräumig f. Raum.

Geräusch[1] N. f. rauschen.

Geräusch[2] N. 'Eingeweide geschlachteter Tiere', spätmhd. in-geriusche (zur Vorsilbe vgl. Eingeweide), frühnhd. (in)gereusch. Das Simplex nur in gleichbed. nd. rüsch, mnd. rüsch. Schon die Bez. zu norw. rusk 'Abfall, Plunder' ist ungewiß: Schmeller=Frommann 1877 Bayer. Wb. 2, 156; Zf. f. d. Wortf. 14, 151.

gerben Ztw. Als Ableitung zu gar (f. d.) bed. ahd. garawen (aus *garwjan), gariwen, asächf. garuwian, gerwean, agf. gearwian, westsächf. gierwan 'bereitmachen', doch bahnt sich in ahd. lēdargarawo 'Gerber' schon die Entwicklung an, die in mhd. gerwen um 1300 das Ziel erreicht. Anderseits ist anord. gør(v)a zu 'machen' allgemein geworden. Mhd. rw hat nhd. rb ergeben wie in Farbe, mürb, Narbe, Schafgarbe, Sperber. Das Leder wird beim Gerben geknetet und gepreßt, darum steht mund-

atü. gerben vom Hinunterwürgen des Fut-
ters durch hungriges Vieh (DWb. 4, 1, 1, 1338).
Von da stud. gerben 'würgen, sich erbrechen'.

gerecht Adj. ahd. girëht, grëht, das sich zu
recht (s. d.) stellt, wie lat. directus zum urverw. rectus, hat auch die Bed. 'directus', so
daß der Verdacht der Lehnübersetzung naheliegt.
Unsere Bed. 'dem Rechtsgefühl entsprechend',
für die ahd. rëhtwis, ags. rihtwis, engl. righteous
aufkommen, stellt sich erst für mhd. gerëht ein
In got. garaihts war sie schon vorhanden.

Gerfalke M. Der nord. Jagdfalke heißt seit
dem 12. Jh. anord. geirfalki nach geiri 'speer-
förmiges Stück, Striemen' (s. Ger, Gehren):
das blendend weiße Gefieder von Falco gyr-
falco ist mit Schaftstrichen überstreut, die wie
Pfeilspitzen aussehen. Bei uns tritt das nord.
Wort als Männername Gerualcus seit 1070, als
mhd. gervalch seit dem 14., als geirfalck seit
dem 15. Jh. auf. Entlehnung aus dem Norden
ist deutlich; Gier-, Greif-, Heerfalke beruhen auf Umdeutung. Durch rhein. Vermittlung sind die Romanen zu frz. gerfaut,
ital. gerfalco gelangt: Suolahti 1909 Vogeln.
334 ff.

Gericht N. ahd. girihti 'Gerichtsversammlung
Urteil', während mhd. geriht(e) darüber hinaus
auch 'Einrichtung, Hausrat; angerichtete Speise'
bedeutet. Sämtlich zu recht, s. d. und Ahd.
Glossen 3, 237, 50.

gerieben Adj. 'schlau', zuerst in Nürnberg
1482 Voc. theut. m 1ª: aus dem Part. von
reiben (s. d.) entwickelt, wie ags. abǽred
'pfiffig' zu berian 'zerdrücken, zerreiben'. Vgl.
durchtrieben, verschlagen, verschmitzt
und M. Förster, Anglia 68, 96 Anm. 2.

gering Adj. ahd. (gi)ringi 'leicht', ungiringi
'gewichtig' (DWb. 11, 3, 820), afries. ring,
mnl. gheringhe, mnd. mhd. (ge)ringe 'leicht,
schnell bereit, klein' mit einer Bed.-Entwicklung,
die an die von klein erinnert. Nur südgerm.;
schwed. ringa, dän. ringe sind aus dem Mnd.
entlehnt. Außergerm. wird gr. ῥίμφα 'leicht',
ῥιμφαλέος 'geschwind' verglichen, mit dem
sich germ. *ring- auf eine idg. Wurzel *rengh-
vereinigen läßt.

Gerippe N. kommt als Kollektiv zu Rippe
(s. d.) seit Grimmelshausen 1669 Simpl. 305
Ndr. auf und wird seit Stieler 1691 gebucht.
Von 'Gesamtheit der Rippen' wird die Bed.
mit pars pro toto auf das ganze Knochengerüst
erweitert. An der Umbildung beteiligt sind
frühnhd. geröffel, geriffel N. 'Knochengerüst',
die zu Reff¹ N. '(Stab-)Gestell' gehören (s. d.).

Germanist M. 'Kenner des german. Rechts'
seit Ende des 18. Jh. und so noch 1839 bei
J. Grimm (Briefw. hg. von Gürtler und
Leitzmann 259). Für die Umbildung zu 'Er-

forscher des german. Altertums' ist die erste
Germanistenversammlung (Frankfurt a. M.
1846) wichtig geworden. Romanist hat den
entspr. Wandel früher vollzogen.

gern Adv. Ahd. gërno, mhd. gërne Adv.
zum Adj. ahd. asächs. gërn, ags. georn 'eifrig',
anord. gjarn 'begierig', got. (faíhu)gaírns
'habsüchtig' neben gaírnjan 'verlangen'. Aus
germ. *gërnaz entlehnt ist finn. kernas 'willig'.
Die germ. Wz. *gër- (aus idg. *gher-) 'heftig
verlangen' mischt sich mit der r-Ableitung der
bed.-verw. Wz. *gi- (idg. *ghī-), s. begehren,
Begierde, Geier, Gier. Zu idg. *gher-
stellen sich aind. háryati 'er hat gern', gr. χαρά
'Freude', osk. heriest 'er wird wollen'. Unser
Adv. gern zeigt die Grundbed. 'begierig' abgeschwächt in Sätzen wie „der Marder säuft
g. Blut". Vollends in Formeln wie „ich glaube
es g." bleibt nur der Verzicht auf Widerspruch.
Vergleichbar ist die Entwicklung von frz.
volontiers.

Gernegroß M. ein Kleiner, der gerne groß
wäre. Gerngroß, appellativ kaum vor Fischart
1575 Garg. 56 Ndr., begegnet als Familienname
schon in Augsburg 1333, wie nd. Gernegrot,
sonst auch Gernreich, Gernhübsch: Heintze-
Cascorbi 1925 Die dt. Fam.-Namen 185;
Brechenmacher 1928 Dt. Namenbuch 320. Zur
Bildungsweise vgl. Habenichts, Springinsfeld, Störenfried, Tunichtgut, Wagehals.

Gerste F. Mhd. mnd. nd. gërste, ahd.
asächs. gërsta, mnl. gherste, nnl. gerst führen
auf vorgerm. *ghérzdā- F. Hordeum sativum
L. ist das Hauptgetreide der Jbg. und trägt doch
nach Sprachgruppen verschiedene Namen: aind.
yáva-, lit. javaĩ, gr. ζειαί, got. *baris (gefolgert aus dem Adj. barizeins 'gersten'),
afries. ber, ags. bere, engl. bear (häufiger barley
aus ags. bær-lic 'gersten'), anord. barr (aus
*barz-); bygg. Gerste ist ursprünglich ein
Adj. 'die Stachlige', in dieser Bedeutung bestätigt durch das ablautende ags. gorst 'Stech-
ginster; Brombeerstrauch'. Hiermit ablaut-
gleich sind lat. horrēre 'starren' und hordeum
'Gerste' (über *horzdeiom (far, frumentum)
aus idg. *ghrzdeiom 'Grannengetreide', subst.
Stoffadj. zum F. *ghrzdā 'Granne'), gr. κρῖ
N., κριθή Mz. (aus *ghrzdā) 'Gerste' und
alb. driϑ, driϑë M. N. (aus *ghrzd-) 'Getreide, Gerste'. Außeridg. Beziehungen bestehen vielleicht zu gleichbed. bask. garagar und
georg. qeri (hieraus entlehnt armen. gari).
J. Hoops 1905 Waldb. u. Kulturpfl. 364 ff.

Gerstenkorn N. 'Samenkorn der Gerste',
mhd. gërstenkorn, ahd. gërstun korn. Für
'kleine Geschwulst am Augenlid' zuerst bei E.
Alberus (Frankfurt a. M. 1540) T 2ᵇ. Lehn-

17*

übersetzung des gleichbed. lat. hordeolus, das seinerseits gr. κριθή übersetzt: so nennt Hippokrates das Leiden. Mit ähnlichen Bildern Augenhaber, Erbse, Haber, Hagelkorn, -stein, Kise, Perle, frz. grain d'orge, orgelet; hieraus schweiz. ürseli. Gerstenkorn von Geweben, heute vor allem für leinene Handtücher, stand ursprünglich für schwere Damasttischtücher, unter Heinrich IV. (1589—1610) von den Brüdern Graindorge eingeführt (H. de Balzac, Médecin de campagne, Kap. 3), die den mittelbaren Berufsnamen des Gerstenbauern oder -händlers tragen.

Gerstensaft M., das Alberus 1540 Dict. tt 1ᵃ für 'Gerstenschleim' gebucht hatte, erscheint seit Steinbach 1734 u. Brockes 1748 Jrd. Vergn. 9, 145 für 'Bier' u. wird bei Dichtern wie Wieland Gegenwort zu dem älteren Rebensaft (s. d.). An beiden Wörtern ist die Stud.-Sprache beteiligt: Zeichnung der Univ. Jena (1798) 100.

Gerte F. Neben idg. *ghast-, das in lat. hasta 'Speer' und mir. gas 'Schoß, Reis' erscheint, wird ein idg. *ghazdh- in mir. gat 'Weidenrute', air. tris-gataim 'ich durchbohre' sichtbar. Ihm entspricht germ. *gazda- in got. gazds 'Stecken', anord. gaddr, ahd. mhd. gart M. 'Stachel, Treibstecken'. jō-Ableitung dazu (germ. *gazdjō) ist agf. gerd, gyrd, engl. yard 'Elle', afrief. ierde asächs. gerd(i)a, ahd. gart(e)a, gerta, mhd. gerte 'Rute, Zweig, Stab'. Vgl. agf. gorst 'Ginster'.

Geruch M. mhd. geruch, mnl. gheroke: zu mhd. ruch M. 'Duft, Dunst'. S. riechen.

Gerücht N. Zu rufen (s. d.) gehört ahd. gehruafti 'Rufen, Geschrei', das in mhd. geruofte, gerüefte fortlebt. Daneben tritt (zunächst als Eindringling aus nsächs. Rechtsquellen) spätmhd. gerücht, entspr. mnd. gerüchte 'Gerede' mit cht für ht (s. lärüchig). Luthers Gerücht (Matth. 4, 24 u. o.) wird in Basel 1523 durch geschrey, leümed ersetzt: Kluge 1918 Von Luther bis Lessing 108.

geruhen Ztw. Eine germ. Wz. *rak, *rōk, deren idg. Entsprechung in gr. ἀρήγειν 'helfen', ἀρωγός 'Helfer' greifbar wird, erscheint in ahd rahha 'Rechenschaft', ruohha 'Bedacht, Sorge'. Dazu das schw. Ztw. anord. rœkja 'sorgen', agf. *rēcan, reccan, engl. reck 'sich kümmern', asächs. rōkjan, ahd. (gi)ruochan 'sorgen, Rücksicht nehmen auf'. Während mhd. frühnhd. geruochen 'belieben' die Linie fortführen, ist nhd. geruhen durch ruhen abgelenkt, wie in Luthers geruwen besonders deutlich wird. Geruhen mit Inf. steht unter Einfluß des entsprechend gebrauchten frz. daigner und lat. dignāri (Judith 9, 6: castra Aegyptiorum videre dignatus es). Von Gott auch im ersten mhd. Zeugnis, Rolandlied 6900 Bartsch: herre,

thīnon boten ruoche mir ze senden. Daneben hält sich die ältere Fügung ohne zu bis ins 16. Jh.

Gerüst N. Zu ahd. (h)rustan (s. rüsten) gehört gi(h)rusti 'Zurichtung, Aufbau', mhd. gerüste. Die alte Dreisilbigkeit hält sich noch bei Schiller und H. v. Kleist; die Bed.-Entfaltung vergleicht sich der von lat. armatura, frz. armature.

gesamt Adj. mhd. gesament, gesamnet, ahd. gisamanōt: Part. zu samanōn schw. Ztw. 'sammeln', s. d.

Gesandter M. Unter Botschafter ist die Entwicklung der diplomat. Titel angedeutet. Bevor Abgesandter als Lehnübers. für frz. envoyé hochkam, ist Gesandter zu Beginn des 16. Jh. aus gesanter pote gekürzt, das z. B. im Vocab. theuton. (Nürnberg 1482) m 1ᵇ gilt. Gesandtschaft F. wird im 17. Jh. dem seit 1598 bezeugten nl. ghesandschap nachgebildet.

Geschäft N. Die älteren Sprachstufen kennen in got. gaskafts (F. Kluge 1926 Stammbildungsl. § 128ᵇ), agf. (ge)sceaft, asächs. ahd. gaskaft Bildungen, die gemäß ihrer Zugehörigkeit zum st. Ztw. schaffen (s. d.) 'Schöpfung; Geschöpf' bedeuten. So noch Luther 1523 Psalm 92, 5 „das ich guther Ding byn vber den Geschefften deyner Hende". Die Vorgeschichte des nhd. Geschäft beginnt erst mit mhd. gescheft(e), das als Abstr.-Bildung zum schw. Ztw. schaffen von der Bedeutung 'was man zu schaffen hat' ausgeht. Die Einengung auf Staatsgeschäfte gehört dem 18. Jh. an, die Anwendung auf Handelsgeschäfte beginnt im 15. Jh., entfaltet sich aber erst im 19. Jh. in die Breite.

Geschäftsmann M. von Goethe und Schiller begünstigte Lehnübers. des frz. homme d'affaires.

Geschäftsordnung F. setzt sich 1819 in den Bundestagsverhandlungen und in der Badischen 2. Kammer durch, die frz. règlement ausdrücklich verwirft: A. Gombert 1905 Zf. f. d. Wortf 7, 144 f.

Geschäftsträger M. für frz. chargé d'affaires seit Adelung 1775.

geschehen st. Ztw. Die germ. Wz. *skëh- (zu der als urverw. aslav. skokŭ 'Sprung', skakati 'springen', air. scuchim 'ich gehe weg, vergehe' stimmen) entwickelt das Ztw. agf. scēon, afrief. skia, ahd. scëhan 'vagari', mhd. schëhen 'eilen'. Auf westgerm. *gi-skëhan vereinen sich agf. gescëon, ahd. gascëhan, mhd. geschëhen, mnl. ghescien, nnl. geschieden. Dazu Geschichte, s. d.

gescheit Adj., mhd. geschîde 'schlau', gehört zum Ztw. schîden (s. scheiden). Grundbed.

iſt dieſer Herkunft gemäß 'geiſtig ſondernb'. Geſcheut, das von Schupp 1663 bis Schiller 1781 gilt, beruht auf umgekehrter Schreibung in Landſchaften, die jedes eu zu ei entrundeten, und wurde durch falſche Beziehung zu ſcheuen geſtützt. Vgl. Heurat, keuchen, reuten neben Heirat, mhd. kichen, reiten.

Geſchichte F. Als Abſtr. zu geſchehen (ſ. d. und Schicht) beb. ahd. gi-ſciht 'Ereignis, Zufall, Hergang', mhd. geſchiht auch 'Sache, Weiſe, Schicht', frühnhd. geſchicht auch 'Erzählung von Geſchehenem'. Die Vertiefung ſeines Begriffs dankt G. Kant und Herder: Zſ. f. d. Wortf. 6, 108; 10, 7 f. Dabei erſetzt es das im 13. Jh. eingedeutſchte Hiſtorie (H. Schulz 1913 Fremdwb. 1, 268), ſo daß nun auch der Plur., der zuerſt bei Wilwolt v. Schaumburg (1507) 5 geſchichten lautet, mit Fügungen wie „mach keine Geſchichten" in die Bed. des frz. hiſtoires (ne faites pas d'hiſtoires) nachrücken kann: Zſ. f. d. Wortf. 4, 128. — Geſchichtlich 'hiſtoricus, -ice' ſeit Stieler 1691, nachdem mhd. geſchihteclichen Adv. 'zufällig' bedeutet hatte. Unerſetzt bleibt Hiſtoriker, das nicht in allen Fällen durch Geſchichtsforſcher oder -ſchreiber erſetzt werden kann. Paul E. Geiger, Das Wort 'Geſchichte' (Phil. Diſſ. Freiburg i. B. 1908); J. Hennig 1938 Dt. Vierteljahrsſchr. 16, 511—52.

Geſchick N. mhd. geſchicke 'Begebenheit, Ordnung, Bildung, Geſtalt' iſt Abſtr. zu ſchicken, ſ. d. — **geſchickt** Adj., mhd. geſchicket, von Haus aus Part. zu mhd. ſchicken in deſſen Bed. 'anordnen, einrichten'.

Geſchirr N. Zu ahd. ſcëran 'ſchneiden' (ſ. ſcheren) ſtellt ſich ahd. giſcirri, das urſpr. 'Zurechtgeſchnittenes' beb. haben muß, aber nur in den Bed. '(ausgehöhltes) Gefäß, Gerät, Werkzeug' greifbar wird: N. O. Heinertz 1916 Beitr. 41, 489—95. Mhd. geſchirre iſt neben 'Werkzeug jeder Art' auch 'Beſpannung'. Dieſe Bed., durch Kürzung aus ahd. ſatalgiſcirri 'iumentorum cingula' (Ahd. Gloſſen 2, 727, 12) gewonnen, wird in nhd. anſchirren deutlich. Gut G. machen 'ausgelaſſen ſein' iſt dem frz. faire bonne chère nachgebildet. Darin iſt afrz. chiere F. 'Miene', über vulgärlat. cara entlehnt aus gr. κάρα 'Haupt, Antlitz'.

geſchlacht Adj. ahd. gislaht, mhd. geſlaht 'wohlgeartet, edel geartet'; ungeſchlacht, ahd. ungiſlaht, mhd. ungeſlaht, mnl. ongeſlacht (DWb. 11, 3, 846) 'unedel, niedrig'. Dazu Geſchlecht N. ahd. giſlahti, mhd. geſlähte 'Stamm, Eigenſchaft'. Als 'Art' ebenſo wie nhd. Schlag (vgl. die Verbindungen Menſchen-, Volks-, Vieh-, Baumſchlag), der alten Sprache fremb. Ahd. ſlahan, anord. ſlä bedeuten allein ſchon 'nacharten, nachſchlagen' (z. B.

ahd. näh dēn fordorōn slahan 'den Vorfahren nacharten'), ganz wie ſpätmhd. näch-slahen, nhd. nachſchlagen. Wahrſcheinlich hatte ſchon germ. slahan die Nebenbed. 'eine Richtung einſchlagen'. Dann wäre *ga-slahta- zunächſt 'was dieſelbe Richtung einſchlägt'. Wegen der außergerm. Verwandten ſ. Schlag.

Geſchlechtsregiſter N. Von Luther Matth. 1,1 für liber generationis geſchaffen, als Lutherwort von Maaler 1561 wie noch 1774 von Wieland, Abderiten 4, 6 aufgenommen, ſonſt durch Stammbaum verdrängt. Lutherſche Bildungen ſ. u. Feuereifer, vgl. Kluge 1918 Von Luther bis Leſſing 65 f.

Geſchlechtswort N. für Artikel erſcheint bei Gueintz u. Schottel 1641, Gottſched ſetzt es durch. Anfechtungen durch Adelung u. Campe können es nicht mehr aufhalten: Wh. Pfaff 1933 Kampf um dt. Erſatzwörter 32 f.

Geſchlinge N. Zu Schlung, einer Nebenform zu Schlund (ſ. d.), wird mhd. *geſlünge gebildet (wie Gebirge, Gefilde, Gehäuſe zu Berg, Feld, Haus). Das Kollektiv beb. urſpr. 'Schlund mit Zubehör', iſt aber ſchon bei ſeinem erſten Auftreten im Leipziger Gebiet ſeit 1462 (geslinc, geslynct Germ. 20, 38; DWb. 4, 1, 3921) auf Lunge und Herz des Schlachttiers erweitert. Kennzeichnend J. S. V. Popowitſch 1780 Verſuch e. Vereinigg. der Mundarten von Teutſchland 153 „der Schlund hanget auch daran, wird aber nur von armen Leuten darunter geſchnitten". Schon die erſten Belege zeigen die Entrundung des ü zu i, die ſich von dem nord- und mitteld. Geltungsbereich des Worts (Kretſchmer 1918 Wortgeogr. 216 f.) her auch ſchriftſprachl. durchgeſetzt hat, wie in Bimsſtein, Gimpel, Gipfel, kirre, Kiſſen, Kitt, kitzeln, Pilz, Schlingel, ſpritzen, Strippe, wirken, Zille. Geſtützt wurde das i durch den Quergedanken an ſchlingen, wie das von Findling (zu Fund) durch den an finden.

Geſchmack M. ahd. gismac, gismah(ho), mhd. gesmac(h): zu ſchmecken, ſ. d. Die übertragene Bed., die G. nach dem Vorgang des ſpan. (buen) gusto (wonach auch ital. gusto, frz. (bon) goût ſeit Boileau) erhielt, begegnet vereinzelt ſeit Harsdörffer 1651 Fortpflanzung der Fruchtbr. Geſellſchaft, häufiger ſeit Thomaſius 1687 Von Nachahmung der Franzoſen, bedarf aber noch bei J. U. König 1734 Unterſ. v. guten G. eingehender Verteidigung. Ital. gusto noch bei Sperander 1727 und Goethe. Landſchaftl. iſt G. bis heute ungewohnt, z. B. gilt im Schwäb. ſinnlich Gu, äſthetiſch Guſto: H. Fiſcher 1911 Schwäb. Wb. 479 f. 890. 939; entſpr. in der Schweiz: Jd. 2, 492. 9, 877; Zſ. f. d. Wortf. 10, 8. 17 f. 14, 164.

Geschmeide N. Zur germ. Wz. *sml 'in Metall arbeiten' stellt sich außer der Sippe von Schmied und ahd. smeidar 'Metallkünstler' ein ahd. smida F. 'Metall'. Hierzu gehört (wie Gefilde zu Feld) das Kollektiv ahd. gismīdi N. 'Metall', das als mhd. gesmide auch die Bed. 'Metallgerät, eherne Waffen, Schmuck' annimmt. Dazu wieder geschmeidig Adj., mhd. gesmīdec 'leicht zu bearbeiten, gestaltbar'.

Geschmeiß N. Unter Schmeißfliege ist aus mundartl. Formen das mhd. Grundwort *smeize entwickelt, zu dem mhd. gesmeize N. 'Unrat, Brut, Gezücht' als Kollektiv gehört. S. ferner schmeißen.

Geschoß N. mhd. geschoz M. N. und geschōz N., ahd. giscoz, mnd. mnl. geschöt, agf. gescot N.: zu schießen, zunächst passivisch 'was geschossen wird', Pfeil, Bolzen, Kugel; so heute besonders in gewählter Rede. Früher auch aktivisch 'Gerät, mit dem man schießt', Bogen, Armbrust, Kanone. Beides vereinigt die Sammelbildung agf. gescoot 'Pfeil und Bogen'. Zu intranf. schießen 'schnell in die Höhe wachsen' gehört Geschoß 'abgeschlossener Gebäudeteil', Erd-, Dach-, Zwischengeschoß. Entsprechende Bedeutung konnte schon agf. gescot haben. Veraltet ist Geschoß 'Abgabe, Steuer, Zins', das zu schießen im Sinne von 'beisteuern, zuschießen' gehört. — Kollektiven Sinn hatte Geschütz N., mhd. geschütz(e), md. geschutze, mnd. geschutte N. 'Schießzeug, Schußwaffen', später auf die großen Schußwaffen (Artillerie) begrenzt, jetzt auf die einzelne Kanone. Vgl. Gewehr.

Geschwader N. Zu ital. squadrāre (aus volkslat. *ex-quadrare 'viereckig aufstellen') gehört squadra F. 'in ein Viereck geordnete Truppe, bes. Reitertruppe'. Daraus wird spätmhd. swader N. (Genuswandel nach Fähnlein, Heer, Volk), bei obd. Heerführern des ausgehenden 15. Jh. das schwader. Den kollektiven Sinn verdeutlicht gleichzeitig geschwader: Mod. lang. notes 34, 417. 36, 486. Die Übertragung des Begriffs auf Schiffe (seit 1672: Kluge 1911 Seemannsspr. 311) wird vermittelt durch die Anwendung auf Scharen von Seevögeln: so Fischart 1575 Garg. 376 Ndr.: ein geschwader Merchen (Tauchervögel).

Geschwei MFN. 'durch Verschwägerung Verwandte, bes. Schwager und Schwägerin', ahd. giswio M., giswîa F., mhd. geswîe M. F. Die Vorsilbe ist zu beurteilen wie in Gebrüder, Geschwister, somit eine ahd. Sammelbildung *giswiun N. Plur. 'Schwager und Schwägerin' vorauszusetzen, mit quantitativem Ablaut gegenüber dem germ. Adj. *swija 'eigen' (wozu der taciteische Name der Schweden Suiones, eig. 'die Vettern'), zu idg. *sue- in Verwandtschafts-

namen wie Schwager, Schwäher, Schwester, Schwieger; vgl. lat. socer 'Schwiegervater', socrus 'Schwiegermutter' in ihrem Verhältnis zu suus 'sein', ferner serbokroat. svȁst „Schwägerin, Schwester der Frau", lit. svainis „des Weibes Schwestermann", svainē „Schwester der Frau" u. dgl. Seit frühnhd. Zeit ist Geschwei auf den deutschen Süden und Westen beschränkt: Kluge 1918 Von Luther bis Lessing 90. 115; Schmeller-Frommann 1877 Bayer. Wb. 2, 615; H. Fischer 1911 Schwäb. Wb. 503 f.

geschweigen schw. Ztw. ahd. gisweigen Fattitiv zum st. Ztw. swigan (f. schweigen), somit 'zum Schweigen bringen'. — Dagegen ist nhd. geschweige verkürzt aus mhd. ich geswîc (wie bitte, danke aus ich bitte, ich danke). Nach Unterdrückung des funktionslos gewordenen Pronomens hat geschweige (daß) den Charakter einer Konjunkt. angenommen: Behaghel, Dt. Syntax 2, 3; 3, 177 f.

geschwind Adj. mhd. geswinde 'schnell, ungestüm', mnd. geswinde 'stark'; daneben frühnhd. schwind(e), mhd. swint, swinde 'gewaltig, stark'. Ahd. nur in Namen (Suindbert, -frid, Adal-, Amalswind, Irminswinda); afries. swithe Adv. 'sehr', asächs. agf. swîd 'kräftig, geschickt', anord. svinnr 'verständig', got. swinþs 'stark'. Hier tritt die Grundbed. zutage, deren Wandel zu 'rasch' entspricht dem von bald und schnell. Zur Schwundstufe der gleichen Wz. nhd. gesund, f. d. Außergerm. sichere Abkömmlinge der idg. Wurzel *suento-: *sunto- 'rege, rüstig, gesund' sind bisher nicht ermittelt. In heutiger Umgangssprache ist geschwind wohl überall bekannt, doch wird es nur in Süddeutschland und Österreich häufig gebraucht; außerdem nur Geschwindigkeit als Fachwort zunächst der Physik.

Geschwister Plur. (N. Sg. vereinzelt bei Lessing, Goethe u. a.), mhd. geswister mit den Weiterbildungen geswister-de, -îde, -gît: E. Hermann 1935 Idg. Forsch. 53, 101 f. Wie Gebrüder 'Brüder zusammen', so bedeutet ahd. asächs. gi-swēstar Plur. 'Schwestern (zusammen)'. Das alte Wort für 'Geschwister' war Gelichter, f. d. Mit anderer Ableitung steht anord. systkin N. Plur. 'Geschwister'. S. Schwester.

Geschwulst F., ahd. giswulst: Abstr. zu schwellen, f. d. und Schwulst.

Geschwür N. zum st. Ztw. schwären, f. Schwäre. Nhd. ü aus älterem ie (Geschwier ist die Schreibung des 17./18. Jh.) wie lüderlich, Lüge, trügen. Mit anderer Ablautstufe steht ahd. giswer, mhd. geswer und noch bei Lessing Geschwär.

Geseire(s) N. 'unnützes, verworrenes Gerede'. Neuhebr. gezērā, Plur. gezēröth 'Ve-

hauptung, erregtes Geſpräch' iſt über Judendeutſch und Gaunerſprache eingedrungen und
ſpielt in den Mundarten zwiſchen Wien, Mannheim und Königsberg eine Rolle.

Geſelle M. mit kollektivem ge= zu Saal
(ſ. d.) wie Gefährte zu Fahrt. Ahd. giſell(i)o
'Saal-, Hausgenoſſe', ſpäter 'Gefährte, Freund'
mhd. geſelle auch 'Handwerksgehilfe'. Dazu
geſellig Adj., mhd. geſellec 'zugeſellt, verbunden'; mhd. geſellecheit F. 'Verhältnis als
geſelle'; geſellen Ztw., mhd. geſellen 'vereinigen, verbinden'.

Geſetz N. mhd. geſetze, woneben gleichbed.
geſetzede, ahd. giſezzida F.: zu ſetzen, woher
auch Satzung. In Luthers Tagen war ſtatt
des von ihm durchgeführten geſetz die obd.
Schriftform g(e)ſatz(t): Kluge 1918 Von Luther
bis Leſſing 100.

Geſicht N. zu ſehen; mhd. geſiht(e), ahd.
giſiht, agſ. geſihþ 'das Sehen, Anblick, Traum,
Geſicht als Sinn'. Geſichtserker M. ſoll von
Zeſen († 1689) als Erſatz für das übrigens gut
deutſche Naſe vorgeſchlagen ſein, begegnet aber
erſt bei Matthiſon 1795 Schriften 3, 377 als Verſuch eines ungenannten Puriſten. Erkerlein
G. Keller 1874 Leute v. Seldw. 2, 135. — Son-
ſtigen Spott über Zeſen ſammelt Kluge 1918
Von Luther bis Leſſing 221 f.

Geſichtskreis M. für Horizont erſcheint bei
Boterus 1596 Allg. Weltbeſchr. 1, 149 „den
Horizontem oder Geſichtskreis", und wird im
17. Jh. von Zeſen, Harsdörffer und Comenius
durchgeſetzt. Campes Eintreten für Sehkreis
hat dem älteren Erſatzwort nicht mehr geſchadet:
Wh. Pfaff 1933 Kampf um dt. Erſatzwörter 33.

Geſichtspunkt M. Als Kunſtwort des perſpek-
tiviſchen Zeichnens prägt Dürer († 1528) Unter-
weiſung d. Meſſung K2ᵇ des geſichts punct
nach lat. punctum viſus. Wie dann frz. point
de vue bei uns eine Rolle zu ſpielen beginnt,
überträgt Leibniz geſichtpunct auf die geiſtige
Perſpektive: DWb. 4, 1, 4103.

Geſims ſ. Sims.

Geſinde N. mhd. geſinde, ahd. giſindi, aſächſ.
giſiði, agſ. geſíþ, anord. ſinni N. 'Reiſegefolge,
Kriegsgefolgſchaft': Sammelbildung zum M.
mhd. geſint (d), ahd. giſind(o), aſächſ. giſíð,
agſ. geſíð(a), got. gaſinþ(j)a, anord. ſinni 'wer
eine Heerfahrt mitmacht, Gefolgsmann'. Dies
zu ahd. ſind 'Weg, Richtung', aſächſ. agſ. ſíþ,
afrieſ. ſíth 'Reiſe', anord. ſinn 'Gang, Mal', got.
ſinþs 'Gang'. Germ. *ſinþa- 'Weg' gehört zur
idg. Wurzel *ſent- 'eine Richtung nehmen', ſ.
ſenden und Sinn. Außergerm. vergleichen
ſich aveſt. hant- 'gelangen (laſſen), armen.
ənt'aç 'Weg, Gang', lit. ſiunčiù, lett. ſùtu
'ſende', air. ſét 'Weg' und der gall. Ortsname
Gabroſentum 'Geiß-Pfad'.

Geſindel N. Frühnhd. gesindlein, -lin
Verkl. zu Geſinde, wird noch von Luther
gleichbed. mit dieſem gebraucht. Der verächtl.
Sinn, den zunächſt Hudelmanns-, Lumpen-
geſindel tragen, früh bei Void 1618 Joſeph
2, 2 „Joſeph hat nichts gemein mit dem
übrigen Geſinde, das man eher Geſindlein
nennen ſollte."

Geſinnung F. Zu geſinnen in ſeiner einſt
verbreiteten Bedeutung 'begehren, verlangen,
anſuchen' gehört mnd. geſinnunge 'das An-
ſinnen, Begehren'. Die heutige Anwendung
des F. zuerſt in der Mz.: Leſſing 1751 Sämmtl.
Schr. 3, 244 Lachmann „man habe die Ge-
ſinnungen und die Aufführung eines Mannes,
der die Welt kennt". Das Adj. geſinnungs-
tüchtig begegnet ſeit 1844 lobend; zum Hohn
wird es in Zeitungen der Linken 1848. Zugleich erfährt das 1845 geprägte F. Geſin-
nungstüchtigkeit denſelben Wandel. Ge-
ſinnungsvoll beflügelt Friedrich Wilhelm IV.
am 19. Nov. 1842 durch ſein Wort zu Gg.
Herwegh „Ich liebe eine geſinnungsvolle Oppo-
ſition".

Geſpan M. mhd. mnd. geſpan 'Gefährte',
urſpr. 'der mit einem andern dieſelben Spann-
dienſte beſorgt'. Aus der Sprache der Fuhr-
leute: Alberus 1540 Dict. Hh 3ᵃ carpentarii
vocabulo Geſpan ſe invicem ſalutant. Dazu
Kampfgeſpan im Siebenbürg. Jägerlied „Ich
ſchieß den Hirſch..." von J. v. Schober 1826.
Ein anderes Geſpan M. 'Kreishauptmann' iſt
magy. iſpán, ſeinerſeits entlehnt aus ſlav.
župan 'Burggraf'.

Geſpenſt N. mhd. gespanst, -ſpenſt F.,
-ſpenſte N. 'Lockung, teufliſches Trugbild, Geſpenſt', ahd. (gi)ſpanſt, aſächſ. giſpenſti 'Verlockung': Verbalabſtr. zum ſt. Ztw. ahd. ſpanan
'locken', ſ. abſpenſtig. Daß die Grammatiker
des 17./18. Jh. e (nicht ä) vorſchreiben, beweiſt,
daß ihnen die Verwandtſchaft mit dem Ztw.
abſpannen 'weglocken' des Lutherſchen Katechismus nicht bewußt war.

Geſt ſ. Giſcht.

Geſtade N. mhd. geſtat (d) 'Ufer' ſ. Staden.

geſtalt Adj. in ungeſtalt (ahd. ungiſtalt
'häßlich'; mhd. neben dem Adj. ungeſtalt das
ſubſtantivierte ungeſtalt F. 'Mißgeſtalt') und
wohlgeſtalt (mhd. wolgeſtalt, wol geſtellet
'gut ausſehend'): Part. zu mhd. ſtellen in
ſeiner Bed. 'geſtalten'.

Geſtalt F. tritt als mhd. geſtalt 'Ausſehen,
Beſchaffenheit' erſt zu Ausgang des 13. Jh.
auf und mag aus dem älteren ungeſtalt F.
(ſ. geſtalt) gefolgert ſein.

geſtatten ſchw. Ztw., ahd. giſtatōn 'gewähren', urſpr. 'günſtige Gelegenheit bereiten':

zu ahd. stata F. 'günstige Gelegenheit'. S.
Statt.

Geste F. Lat. gestus M. 'Gebärdenspiel des
Redners oder Schauspielers' (zu gerere 'sich
benehmen') erscheint um 1500 in der Formel
gesten machen von öffentlichen Spaßmachern
(Diefenbach 1857 Gloss. 261ᶜ), dann durch
das ganze 18. Jh. in lat. Form Gestus, die
z. B. in schwäb. Mundart als geštes fortlebt
(H. Fischer 1911 Schwäb. Wb. 3, 556). Vom
Plur. Gesten geht bei Lessing 1767 die
Eindeutschung aus, die den Sing. erst
mit Schiller 1795 erreicht: H. Schulz 1913
Fremdwb. 1, 245 f.

gestehen Ztw., ahd. gistān 'stehen bleiben,
hintreten (zu einer Aussage), einräumen';
dazu geständig. S. verstehen.

gestern Adv. (mundartlich vielfach verdrängt
durch nächten), mhd. gëster(n), ahd. gëstaron,
gësterēn, nd. gistern, mnl. ghist(e)ren, mnl.
gisteren, agf. geostra(n), gëstrandæg, engl.
yesterday. Daneben ahd. ēgëstern 'übermor-
gen', got. gistradagis 'morgen', mit Ablaut
anord. ī gǣr 'morgen, gestern'. Die Grundbed.
'am andern Tage, von heute aus gerechnet' war
der doppelten Entwicklung zu 'gestern' und
'morgen' fähig: F. Kluge 1916 Beitr. 41, 182.
Grundlage ist nach F. Specht 1944 Zf. f. vgl.
Sprachf. 68, 201 ff. idg. demonstratives *ǵh-;
dazu mit der Endung des Komparativs aind.
hyás (aus *ǵhi̯os) 'gestern'. Wie die zwei
Formen zeigt lat. hesternus 'gestrig' (zu heri
'gestern') eine zweite Kompar.-Endung -tero-,
während gr. χθές (aus *ǵhtes) 'gestern' in dem
t ein zweites Demonstrativ enthält. Urverwandt
sind ferner air. indhé, kymr. doe, alban. dje
'gestern' und toch. ksär 'morgen'. Für 'heute'
und 'morgen' fehlen gleich alte Wörter.

Gestirn f. Stern. — **Gestöber** f. stöbern. —
Gesträuch f. Strauch. — **Gestrüpp** f.
struppig. — **Gestüt** f. Stute.

gesund Adj. ahd. gisunt (t); daneben gisunt
M. 'Gesundheit', das in bair. der Gesund
heute noch lebt. Das Adj. auch in anl. gisund,
afriej. sund, agf. gesund, engl. sound. Dem
Nord- und Ostgerm. fremd; dän. schwed. sund
sind entlehnt aus mnd. (ge)sunt (d). Westgerm.
*sunda- ist Tiefstufe zu dem unter geschwind
entwickelten Stamm, f. d.

Getreide N. mhd. getregede 'was getragen
wird: Kleidung, Gepäck; was der Boden trägt:
Blumen, Gras, Frucht'; ahd. (seit 11. Jh.)
gitregidi 'Ertrag, Einkünfte, Besitz'. Die
nhd. Bed. tritt md. im 14. Jh. auf und ist
Luther geläufig. Sein getreyde (Luk. 6, 1
u. ö.) wird in Basel 1523 zu korn, frucht:
Kluge 1918 Von Luther bis Lessing 108.

getreu f. treu. — **getrost** f. trösten.

Getto M. N. 'Judenviertel'. Bei uns seit
1627, zunächst zur Kennzeichnung ital. Zustände: H. Schulz 1913 Fremdwb. 1, 246.
Der erste ital. ghetto ist 1516 in Venedig errichtet, zunächst offenbar für die nicht bodenständigen Juden. Wie diese in Triest Greghi
'Griechen' heißen, so könnte man in Venedig an
Aegyptius denken.

Gevatter M. Ahd. gifatero 'geistl. Mit-
vater' übersetzt kirchenlat. compater, das als
cumpæter 'Pate' ins Agf. entlehnt ist. Danach
ahd. gifatera F. 'Gevatterin, Patin'. S.
Gote, Pate, Pfetter. Gevatter stehen
geht auf mhd. ze gevatter stēn zurück; entspr.
hieß es ze wache, ze pfande stēn: Behaghel
1928 Dt. Syntax 3, 479.

gewahr Adj. Zur Sippe von wahren
(f. d.) gehören ahd. asächs. giwar, mnl. ghewāre,
agf. gewær, engl. aware, woneben anord. varr
'be(ob)achtend, aufmerksam', got. wars 'behutsam'. Unsere Formel gewahr werden,
eig. 'aufmerksam werden' ist schon westgerm.
Das subst. Adj. liegt in mhd. gewar F. 'Obhut'
vor, Subst. eines Adj. auf -sam (f. d.) in
Gewahrsam, mhd. diu gewarsame 'Aufsicht,
Sicherheit'. Das schw. Ztw. gewahren,
spätmhd. gewarn 'gewahr werden' ist aus dem
Adj. abgeleitet.

gewähren schw. Ztw. Mhd. (ge)wërn, ahd.
(gi)wërēn 'zugestehen, (Gewähr) leisten', afries.
wëra 'Gewähr leisten' führen auf germ. *werai-,
idg. *u̯er(o)- 'Freundliches, Frohes erweisen'
in gr. ἑορτή 'Liebeserweisung an die Gottheit,
Feier', ἔρανος 'Gastmahl, zu dem jeder bei-
steuert', *Fηρ in hom. ἦρα φέρειν 'einen Gefallen tun', ἐπίηρανος 'wohlgefällig', lat.
sevērus 'ohne freundliches Wesen, streng', kymr.
cywir 'recht, treu, aufrichtig' (vgl. wahr). Das
Part. ahd. wërēnto bringt ins Roman. und
liefert die Sippe von Garantie, f. d. Über
die Formel gewähren lassen Klaeber 1919
Journ. of Engl. and Germ. Phil. 18.

Gewalt F. ahd. giwalt MF.: zu walten.

Gewand N. Neben ahd. giwāti, mhd. gewæte
'Kleidung' (f. Leinwand) treten im 11. Jh.
badagiwant 'Badekleid', untarwanth 'Unter-
kleid'. Ahd. giwant (zu wenden, f. d.) hatte
'Wendung' bedeutet. Unter Auslassung des
Begriffs 'Tuch, Gewebe' wird gewant 'das
Gewendete, in Falten Gelegte und Aufbewahrte, der Tuchballen': H. Wunderlich 1903
Jdg. Forsch. 14, 406—420; Zf. f. d. Wortf. 4,
327. 14, 152. Mhd. gewanthūs ist zunächst das
städt. Gebäude, in dem Tuchballen zu Schau
und Verkauf lagern.

gewandt Adj. Das Part. zu wenden wird
im 17. Jh. zur Bez. des Geschickten, der sich
zu wenden versteht; zuerst von Tieren und

Schiffen. So gehört lat. versūtus 'wendig' zu versāre 'sich wenden'.

Gewann(e) F. 'Grenze, Grenzstreifen; Acker (von bestimmter Größe); Flur; die aus gleichwertigen Äckern, Wiesen usw. bestehende, ein Ganzes bildende Unterabteilung der Gemarkung'. Mhd. mnd. mnl. gewande F. 'Grenze, Umkreis, Acker(beet), Ackerlänge'. Ursprünglich 'Ackergrenze, an der gewendet wird', zu wenden.

gewärtig Adj., mhd. gewertec 'achthabend, dienstbereit' zu gewarten 'sich bereithalten' s. warten.

Gewehr N. Zum schw. Ztw. ahd. werian 'wehren' gehört als Abstr. (gi)węrī F., mhd. gewęr F. N. Die urspr. Bed. 'was zur Verteidigung dient' wird früh eingeschränkt auf 'Schutzwaffe', dann erweitert auf 'Waffe' überhaupt und neu begrenzt auf die wichtigste Waffe der Neuzeit, die Flinte, s. d. Kollektiver Sinn hält sich lange in Wendungen wie „ins Gewehr treten, rufen"; auch Seiten-, Stoßgewehr, Gewehr als 'Hauer des Wildebers' wahren Erinnerungen an den älteren Sinn. S. wehren.

Geweih N. Neben älterem Gehörn (f. Horn) tritt im 13. Jh. mhd. hirzgewih, hirzgewie auf, neben dem im 14. Jh. mit Gleitlaut (wie in eiger 'Eier', leige 'Laie', meige 'Mai') hirschgewige u. ä. erscheint; hieraus verkürzt ein noch spätmhd. seltnes gewige, dazu als kollett. Weiterbildung frühnhd. Gewicht. Anknüpfung an węgen st. Ztw. oder wie M., die Geweih als 'Gewichtiges' oder 'Kampfwaffe' deuten würde, verbietet sich, weil der Belar den ältesten Zeugnissen fehlt. Vielmehr ist ein ahd. *wī M. N. oder *wīa F. vorauszusetzen, dessen Bed. sich aus urverw. aind. vayā́, aslav. vēja 'Zweig' ergibt: Geweih ist als 'Geäst des Hirschs' zu fassen (vgl. zwei, Zweig). Gestützt wird die Deutung durch mnd. hertestwich 'Hirschgeweih' neben twich 'Zweig'. Nnl. gewei ist im 18. Jh. aus dem Nhd. entlehnt, dän. gevir ist der Plur. der nd. Form. Gleichbed. weidmänn. Gestamb, Gestänge, Stange, österr. Gestämme (zu Stamm).

Gewerbe N. mhd. gewěrbe 'Geschäft, Tätigkeit': zu werben.

Gewerkschaft F. Im 13. Jh. tritt md. gewěrke M. 'Handwerks-, Zunftgenosse' auf, das sich bald auf 'Teilnehmer an einem Bergwerk' verengt. Hierzu 1562 in Joachimsthal und Budweis zugleich Gewerkschafft 'Gesamtheit der Gewerken einer Bergzeche'. Seit Ende des 18. Jh. auf Angehörige andrer Berufe ausgedehnt; 1868 aufgenommen für 'Arbeiterverband', Gegenbildung gegen die von M. Hirsch begründeten Gewerkvereine (engl. tradeunions).

Gewicht¹ N. f. Geweih.

Gewicht² N. 'pondus' ahd. *giwiht, agf. gewiht, anord. vǣtt: Verbalabstr. zu wiegen, f. d.

gewiegt Adj. erst frühnhd., Part. zu wiegen (f. Wiege F.), also in etw. gewieget 'darin erzogen, groß geworden'. Gleichbed. frz. je suis bercé de cela gehört zu bercer 'wiegen'. Mit demselben Bild die schwäb. Formel gwicklet und gwiegt 'gewandt, in allem sehr tüchtig' H. Fischer 1924 Schwäb. Wb. 6, 754.

gewinnen st. Ztw. Ahd. giwinnan 'durch Mühe, Arbeit oder Sieg zu etw. gelangen' neben ahd. agf. winnan 'sich abarbeiten, streiten', anord. vinna 'arbeiten, leisten, gewinnen', got. (ga)winnan 'leiden, sich plagen' führen auf germ. *winnan 'mühevoll arbeiten' (bef. von Kampfesmühe) aus *win-w-an mit präsent. w. Dazu aind. vanóti (neben vánati) 'er wünscht, liebt, erreicht, siegt'. Wie das ind. Etymon zeigt, sind wurzelverwandt auch ahd. wini, agf. wine, anord. vinr 'Freund' sowie Wonne.

Gewissen N. Ahd. giwizzanī F. tritt zuerst bei Notker in St. Gallen um 1000 als Lehnübersetzung des lat. conscientia auf, das seinerseits gr. συνείδησις übersetzt, von Ulfila mit got. miþwissei nachgebildet. Der Form nach ist ahd. giwizzanī Adj.-Abstr. zum Part. giwizzan (f. wissen), während in mhd. gewizzen N., mnd. gewěten, nnl. geweten der Inf. substantiviert ist. Das lat. Wort ist in frz. engl. conscience bewahrt. Dem dt. Vorbild folgen dän. samvittighed, schwed. samvete, isl. samviska: F. Zucker 1928 Syneidesis-Conscientia (Jenaer akad. Reden 6); W. Betz 1944 Beitr. 67, 302.

Gewissensfreiheit F. Das von Boethius geprägte lat. libertas conscientiae spiegelt sich in frz. liberté de conscience, das seit 1598 nachzuweisen ist. Der Westfäl. Friede 1648 spricht von conscientiae libertas und übersetzt das: „mit Erhaltung eines jederen Gewissens Freiheit". Die Zus.-Setzung Gewissens-Freiheit seit Zesen 1661; das Gegenwort Gewissenszwang schon 1521: Wunderlich 1911 DWb. 4, 1, 6316 ff. 6338.

gewiß Adj. Ahd. giwis (ss) mit Adv. giwisso, asächs. wis, Adv. giwisso, anl. *gewis(s), Adv. gewisso, afries. wis(s), agf. (ge)wiss, got. unwiss Adj. 'ungewiß' führen auf germ. *wissa- aus idg. *wid-to-, Part. zur idg. Verbalwz. *wid (f. wissen). Die Grundbed. 'was gewußt wird' hat sich ins Prägnante gesteigert zu 'was als sicher gewußt wird'. So wandelt sich laut 'was gehört wird' zu 'was deutlich zu vernehmen ist', schön 'was geschaut wird' zu 'was ansehnlich erscheint'. Vergleichbar lat. certus 'gewiß' als Part. zu cernere 'sehen'.

Gewitter N. ahd. giwitiri, asächs. giwidiri, agf. gewidere, mnl. geweder 'Unwetter, Hagel, Witterung': Kollektiv zu Wetter, das mundartl. vielfach 'elektrisch sich entladendes Unwetter' ist. Von da hat sich die entspr. Bed. von Gewitter im Nhd. durchgesetzt, dem mhd. gewiter(e) fehlt sie noch und erscheint nicht vor Maaler (Zürich 1561). Erinnerung an die neutrale Bed. 'Witterung' ist, daß Ungewitter neben Gewitter steht, wie Unwetter neben Wetter. Euphemistisch ist die Anrede liebes Gewitter: Zf. f. d. Wortf. 10, 151. 13, 228.

gewogen Adj. Zu mhd. gewëgen st. Ztw. 'Gewicht haben, angemessen ein' (f. wiegen) gehört das Part. gewëgen, das in Anwendung auf Münzen von '(wohl) gewogen' zu 'annehmbar, angenehm' wird und so die Bed. 'einem geneigt' erlangt. Wandel von gewëgen zu gewogen ist md. (wie bei bewogen, gepflogen).

gewöhnen Ztw. Zu germ. *wana-, anord. vanr Adj. 'gewohnt' ist das schw. Ztw. *wanjan gebildet, das in anord. venja, agf. gewennan, ahd. giwennan (Prät. giwęnita) erscheint. Nach w ist e mhd. gewęnen zu mhd. ö geworden, wie in wölben und zwölf. In Ablaut zu germ. *wana- steht ahd. giwona, mhd. gewon Adj. 'gewohnt', das in md. Mundarten als gowöno fortlebt, schriftsprachlich aber unter Einfluß des alten Part. giwęnt zu gewohnt geworden ist. So steht im Schwed. das gleichbed. Adj. van neben vand, Part. zu vänja 'gewöhnen'. Gewöhnlich und Gewohnheit sind ohne t geblieben. Urspr. Bedeutung von gewöhnen ist nach E. Rooth, Språkvet. sällsk. i Uppsala Förhandl. 1922/24, S. 93—106 'auffüttern, ernähren'. Vgl. Idg. Forsch. 46, 367.

Gezäh(e) N. 'Arbeitsgerät des Bergmanns' f. zauen.

Gezeiten Plur. 'Wechsel von Ebbe und Flut'. Zu Zeit (f. d.) stellt sich mnd. getide N. 'Flutzeit', dessen Verhochdeutschung das Gezeit 1618 auftritt: Kluge 1911 Seemannsspr. 782.

Giaur M. Perf. gäbr 'Feueranbeter' ist in der türk. Form giaur zur Schelte des Ungläubigen geworden und in die meisten europ. Sprachen gedrungen.

Gicht[1] F. ahd. (seit dem 8. Jh.) fir-, gegiht(e), mhd. gegihte, giht, mnd. gicht, jicht, mnl. ghicht(e), nnl. jicht 'Gliederlähmung, Zuckungen, Krämpfe'. Alt nur im festländ. Westgerm., von hier entlehnt sind gleichbed.

adän. aschweb. norw. isl. ikt, dän. gigt, schwed. gikt. Die ahd. Formen, auch gijicht, das aus gihith Ahd. Glossen 3, 171, 35 herzustellen ist, zeigen das alte Verbalabstr. und die urspr. Einheit mit ahd. jicht, mhd. giht, jiht, mnd. gicht, mnl. gichte, jechte, nnl. jicht, afries. iecht 'Aussage, Bekenntnis', die auf germ. *jehti, Verbalabstr. zu ahd. jëhan 'sagen, bekennen' beruhen. Demgemäß deutet P. Lessiak 1912 Zf. f. dt. Alt. 53, 101 ff. Gicht als die durch Beschreien (incantatio) angezauberte Krankheit. Auch der Gichtbrüchige der Lutherbibel (Matth. 4, 24 u. ö.), in Basel 1523 (ge)gichtsüchtig, ist ein Gelähmter, dessen Leiden man sich als angezaubert dachte. Abweichend E. Müller-Graupa 1931 Glotta 19, 57 f. — Vgl. auch gelt, galt.

Gicht[2] F. als Wort der Hütten- und Bergmannssprache, erst seit dem 17. Jh. bezeugt, aber gewiß älter: eins mit mhd. giht F. 'Gang', Verbalabstr. zu gân 'gehen': als 'Gang' wurden die Erzmenge mit Zuschlag und die Kohlenmenge, die eine Beschickung des Hochofens bilden, aufgefaßt: H. Teuchert 1942 Anz. f. dt. Alt. 61, 47. Das geläufige eine Reise Wasser 'Tracht von zwei Eimern' bestätigt die Deutung, ebenso siegerl. Räis 'Betriebszeit der früheren Hütten- u. Hammerwerke': Heinzerling-Reuter, Siegerl. Wb. (1938) 206.

Gickelhahn M. Der Haushahn heißt südwestd. gul(er), guli u. ä. mit einem lautmalenden Namen, der mit verdoppelter Tonsilbe (vgl. Kuckuck) als güggel (Frisius 1541), göcker (Faustbuch 1587 Ndr. 91) erscheint, verdeutlicht (wie Klapperstorch) als gickelhan (Stieler 1691), Göckel-Hahn (Frisch 1741), Gockelhahn (Abr. a Sta. Clara 1719 Bescheid-Essen 361). Gickelhahn (mit thür. i aus ü) ist als Name eines Bergs, der nach seiner Gestalt so heißt, durch Goethe berühmt geworden: Kluge 1918 Von Luther bis Lessing 261.

gicksen schw. Ztw. mhd. giksen (gëksen), ahd. gicchazzen: mit Iterativendung ahd. -azzen, -azzen und einem den höheren Ton andeutenden i zu einer verbreiteten lautmalenden Wurzel, die z. B. in agf. geoxa M. 'Schluck, Aufstoßen', geoxian 'schluchzen, aufstoßen' und im Namen der Gans (f. d.) weitere Vertreter hat.

Giebel[1] st. M., mhd. gibel, ahd. gibil (daneben gibili N.), mnd. nnl. gevel, mnl. ghevel, got. gibla schw. M. 'Giebel', daneben ahd. gibilla, asächs. gibilla 'Schädel'; mit Ablaut anord. gafl 'Endwand eines Hauses, Spitze einer Insel', dän. gavl, schwed. gavel 'Giebel', norw. gavl 'Querseite, -wand'. Giebel führt auf idg. *ghebh-l-; dieses ist im Griech. über *χεφαλή mit Hauchdissimilation

zu κεφαλή 'Kopf' entwickelt: es ist in die Bed.
von Haupt eingerückt, dessen Entsprechung im
Griech. schon vor geschichtl. Zeit ausgefallen ist.
Grundbed. von *ghebh-l- (in Ablaut mit
*ghebh-l-, s. Gabel) ist 'Stelle des Hausge=
rüsts, an der die Firstpfette in der Astgabel der
Firstsäule ruht'. In Notkers nord-. suntkibel,
himelgibel hat das Haus den Polen des Him=
mels einen Namen geliehen, wie mit ahd.
gëbal, mhd. gëbel 'Schädel(dach)' dem Kopf
des Menschen, der aber bei uns (im Gegensatz
zum Griech.) nicht fest geblieben ist, weil Haupt,
Kopf und Schädel zur Deckung des Begriffs
bereitstanden: J. Trier 1939 Zs. f. dt. Alt. 76,
13 ff.

Giebel² M., auch **Gieben**, der Fisch Carassius
gibellio, Steinkarausche, frühnhd. gibel, ahd.
guva: wohl entlehnt aus lat. gōbio, das aus gr.
κωβιός stammt.

Gienmuschel F. Unter **gähnen** ist ahd.
ginēn entwickelt, das in seiner Bed. 'klaffen
den ersten Teil im Namen der klaffenden
Muschel bildet. Dasselbe Bild im gleichbed.
M. Gaffer. Die mittelmeerische Benennung
(lat. chāma nach gr. χήμη) geht von gr. χαινειν
'gähnen' aus: K. Krause 1938 Wörter u.
Sachen 19, 158.

Gier F. mhd. gir, ahd. girī F. 'Begierde':
Abstr. zum Adj. ahd. mhd. gër 'verlangend',
das zu der unter Geier (s. d.) entwickelten
Wz. idg. *ghī- gehört und ein germ. Adj. *gī-ro-
'gierig' voraussetzt. Das alte Adj. gër (mit
seiner Nebenform ahd. giri, mhd. gir) ist ver=
drängt durch gierig, ahd. girig. Vgl. be=
gehren, Begierde. Das schw. Ztw. gieren
'gierig verlangen' tritt zufrühst als mnd.
giren auf.

Gierfalke s. Gerfalke.

Giersch M., das Doldengewächs Aegopodium
podagraria L. Mhd. (seit dem 12. Jh.) gires,
girst, gers, mnd. gerse(le), nl. mundartl.
geer(s) vereinigen sich mit gleichbed. lett.
gārša, lit. garšvė sowie lit. garšvà 'Angelika',
garšas 'Unkraut' und alb. grožël 'Trespe' auf
idg. *ghers-: *ghors- als Unkrautnamen.

gießen st. Ztw. Ahd. giozan, asächs. giotan,
afries. giata, ags. gēotan, anord. gjōta, got.
giutan führen auf die Verbalwz. germ. *gut,
idg. *ghud, wozu gleichbed. lat. fundo (Perf.
fūdi). Weiterhin besteht Zus.-Hang mit Wz.
*ghu-, gr. *χυ- in χέειν 'gießen', χεῦμα, wo=
für später χύμα 'Guß', χυλός M. 'Saft', aind.
hu- 'opfern'.

Gießkanne F. Das Gerät kommt im 17. Jh.
auf; gießkann heißt es seit Comenius 1640
mit einem Namen, der frühnhd. die Zinn=
kanne für das Handwasser bezeichnet hatte (H.
Fischer 1911 Schwäb. Wb. 3, 653). Noch ohne

Brause war das Gießfaß Ostermann 1591
Vocab. analyt. 1, 218. Gleichbed. Sprengkrug
Böckler 1683 Haus= und Feldschule 569; Spritz=
kanne Abr. a Sta. Clara 1699 Etwas für Alle
1, 290; 'Brause, Gießer, Gießspritze, Spritz=
kanne' Lueder 1773 Küchengarten 501.

Gift N., früher auch M. (so nach Goethe 1801
Faust I V. 1053). Das Verbalnomen zu ge=
ben (s. d.) lautet ahd. mhd. nnl. ags. gift, mnd.
gifte, mnl. ghifte, afries. jeft(e), anord. gipt,
got. -gifts. Die alte Bed. 'Gabe, Schenkung' hat
sich im zweiten Wortteil von Braut=, Mit=
gift F. erhalten; das N. ist, gewiß unter dem
Einfluß von gr.-lat. dosis, das lat. venenum
zurückgedrängt hatte, als Euphemismus in
die Bed. von got. lubja-, ahd. luppi, mhd.
lüppe 'venenum' gerückt und hat dieses Wort
nicht in die nhd. Schriftsprache gelangen lassen.
Die idg. Wurzel *ueis- (in aind. višá-, gr. ίός,
lat. vīrus, ir. fī) 'Gift' hat im Germ. nur Ab=
kömmlinge abweichenden Sinnes: mnd. afries.
wase, engl. ooze 'Schlamm', ags. wāse 'Sumpf=
land', anord. veisa 'Sumpf'. Auch mhd. ver=
gëben 'zum Verderben geben, vergiften' ist ein
Euphemismus, so gut wie frz. poison (aus
lat. potio 'Trank'). In Österreich bed. ver=
geben heute noch 'Gift eingeben'.

Gig F. 'Ruderboot des Kapitäns', bei uns
seit 1831, entlehnt aus engl. gig 'leichtes Boot',
das seit 1790 bezeugt ist, sonst auch 'leichter
Wagen' und 'Kinderkreisel' bedeutet: wohl
zu der unter Geige behandelten Sippe.

gigantisch Adj. 'riesenhaft': über lat. giganteus
und gr. γιγάντειος zu γίγας M. 'Riese'. Bei
Mengering 1638 mit unmittelbarer Beziehung
auf die Riesen der griech. Mythologie, seit
Bodmer 1752 als Dichterwort: H. Schulz 1913
Fremdwb. 1, 246.

Gigerl M. N. 'Modegeck' geht 1885 von
Ed. Pötzl in Wien aus (Ladendorf 1906 Schlag=
wb. 107 f.), der damit ein zwischen Traun
und Enns gangbares Mundartwort für 'Hahn'
umprägt. Die übliche Anknüpfung an mhd.
giege(l) M. 'Narr' scheitert an der Verschieden=
heit des Tonvokals. Zs. f. d. Wortf. 2, 336.
8, 8. 9, 247.

Gilbe F. ahd. gëlawī, giliwī, mhd. gilwe:
Abstr. zu gelb, s. d. — Dazu vergilben
Ztw. 'gelb färben'.

Gilde F. Zum st. Ztw. gelten (s. d.) ge=
hört der neutr. o=Stamm Geld (s. d.): mhd.
ahd. gëlt, asächs. gëld, afries. ield, ags. g(i)eld,
anord. gjald, got. gild in Bedeutungen wie
'Opfer, Zahlung, Steuer; Bruderschaft', dies
nach den gemeinsamen Opfergelagen der Hei=
denzeit. Daneben (wie Gefilde neben Feld)
das neutr. Sammelwort ags. gegilde, anord.
gildi 'Gildengemeinschaft'. Übergang zum schw.

F. vollzieht mnd. gilde; hieraus entlehnt afrief. jelde und in Luthers Tagen nhd. Gilde. Mlat. gilda, gildonia übersetzt des nd./hd. F.: G. v. Below 1914 Realler. b. germ. Alt.=Kde. 2, 253f.; M. Förster 1941 Themse 791.

Gilet f. Weste.

Gilletteklinge F. Der Name des Amerikaners King Camp Gillette († 71jährig am 10. 7. 1932) hat durch den Gedanken, biegsame Rasierklingen herzustellen, Weltgeltung erhalten.

Gimpel M. Ahd. löhfinco (zu ahd. löh 'Hain') begegnet vom 9. Jh. bis in lebende Mundart. Zu Verkürzungen wie schles. luh vgl. Ammer¹ und Eisvogel. Ihrer zinnoberroten Unterseite dankt Pyrrhula zwei Namen: Goldfink ist westmd. und reicht als goudvink in die Niederlande; schwäb. verkürzt zu goll(e). Blutfink, zuerst in Köln 1544, greift von da bis in die Schweiz und herrscht in Hessen. Dahin tragen Harzer Vogelhändler den Namen Dompfaff, den der Vogel wegen seiner schwarzen Kappe trägt und der ostdeutsch seit dem 16. Jh. gilt; nd. dömpāpe, -herre, dän. dompap, -herre, schwed. domherre bleiben im protestant. Bereich. Das Schriftwort Gimpel, spätmhd. gümpel, geht von Tirol aus, gehört zu mhd. gumpen 'hüpfen', zielt auf die ungeschickten Sprünge des Vogels auf flachem Boden und ist vom leicht zu fangenden Tier auf den einfältigen Menschen übertragen: Suolahti 1909 Vogelnamen 137ff.; Edw. Schröder 1910 Anz. f. d. Alt. 34, 3. S. auch Liebich.

Ginster M. Lat. genista hat roman. Tochterformen wie ital. ginestra und afrz. geneste, frz. genêt. Demgemäß schwankt die ahd. Lehnform zwischen genester und geneste (Zf. f. d. Wortf. 6, 182. 14, 153). Mundartl. hält sich Ginst bis heute. Das Lehnwort hat den altheimischen Namen verdrängt, der in nnl. nd. brem, engl. broom noch lebt; s. Brombeere.

Gipfel M. Als Nebenform zu Kuppe (f. b.) tritt mhd. gupf(e) 'höchste Spitze' auf, zu dem als Verkl. spätmhd. güpfel, gipfel gehört. Während frühnhd. güpfel gilt, wird das Wort schriftdeutsch mit ostmd. Entrundung von ü zu i (wie Gimpel, kirre, Kissen, Kitt, Pilz, Schlingel, spritzen).

Gips M. Gr. γύψος F. hat über lat. gypsum N. den europ. Sprachen den Namen geliefert, wobei für spätahd. mhd. gips die Aussprache des mgr. v als i maßgebend geworden ist (wie für Kirche). Das Wort ist noch bei Goethe N.; M. hat sich nach dem Vorbild von Kalk durchgesetzt. Über jips ist lautgesetzlich bair. schwäb. rheinfr. ips entstanden (wie St. Jlgen über Jilgen aus Egidien, vgl. Jngwer): Horn, Beitr. 22, 218. Über rotw. gips 'Geld'

Zf. f. d. Wortf. 7, 164; H. Fischer 1914 Schwäb. Wb. 4, 46. Die morgenländ. Quelle des gr.=lat. Grundworts bei Lokotsch 1927 Etym. Wb. Nr. 716.

Giraffe F. Das innerafrik. Tier ist in Abessinien benannt und dort in den Gesichtskreis der Araber getreten, die es mit einem Fremdwort zurâfa nennen. In der vulgärarab. Form dschräfa nach Deutschland gebracht, tritt schraffe als schw. M. um 1270 im Jüng. Titurel Str. 6010 auf. Inzwischen sehen Deutsche das Tier in Babylon 1377 und Algier 1434. Sie nennen es geraff und seraph. g- für arab. z- weist auf Vermittlung von ital. giraffa: E. Burger 1909 Zf. f. d. Wortf. 11, 304; Suolahti 1929 Frz. Einfl. 22. 232.

Girlande F. 'Gewinde von Blättern und Blumen'. Das unter galoniert genannte frz. galonner 'verbrämen' scheint aus *garlonner entwickelt u. mit afrz. garlander 'schmücken, bekränzen' verwandt zu sein. Hierzu afrz. garlande, guerlande F. 'Kreis', das als mlat. gerlenda 1344 'kreisförm. Frauenschmuck' bedeutet (Ducange unter Mulier levis) und zu ital. ghirlanda 'Geflecht, Ranke, Kranz' entlehnt wird. Das ital. Fem. wandert im 16. Jh. als guirlande ins Frz. zurück. Bei uns erscheint Guirlande 1784 in Schillers Kabale und Liebe 3, 476 Goedeke.

Giro N. Gr. γῦρος M. 'Runde, Kreis' ergibt über lat. gyrus 'Kreis' ital. giro M. 'Umlauf, Übertragung eines Wechsels', das in deutschen Wechselordnungen seit 1635 erscheint. Das Genus mag sich nach dem Vorbild von Agio (f. o.) gewandelt haben. Aus der Lombardei stammen auch Indossament, Protest, Rimesse, Tratte u. a. Fachwörter des Bankwesens: A. Schirmer 1911 Wb. b. dt. Kaufmannsspr. 74.

girren Ztw. Der Liebeston der Turteltaube, den lat. turtur, schott. gurr trifft, wird im Deutschen mit gur nachgebildet. Dazu mhd. gurren, zu dem garren und gerren als Nachahmung anderer Tierstimmen in Ablaut stehen. Nhd. girren (Luther: ich girrete Jes. 38, 14) entsteht durch Vermischung mit frühnhd. kirren 'einen hohen Ton geben': O. Hauschild 1909 Zf. f. d. Wortf. 11, 176; P. Kretschmer 1924 Glotta 13, 136f.

Gischt M., älter Gäscht 'Schaum' nach gleichbed. mhd. gëst, jëst; entspr. agf. gi(e)st, engl. ye(a)st, nd. gest, nnl. gist F. 'Hefe'. Dazu gischen, älter gäschen, mhd. gischen, gëschen: Nebenformen zu jësen st. Ztw., zu dem unser gären (f. b.) Faktitiv ist.

giffen schw. Ztw. Germ. *getan 'erlangen' (f. vergessen) hat in einer Weiterbildung *getsianan die Bed. 'raten, vermuten' ange=

nommen und in schwed. norw. gissa, dän. gisse, isl. gizka, westfäl. gissen bewahrt. An den Küsten, ungewiß ob zuerst in mnd. gissen, mnl. ghissen, fries. gezze oder mengl. gessen, hat sich die Bed. 'mutmaßen' verengt auf 'Ort und Weg des Schiffs nach Log und Kompaß, ohne Himmelsbeobachtung, bestimmen': Kluge 1911 Seemannsspr. 320.

Gitarre F. Gr. κιθάρα F. (s. Zither) gelangt über das Aramäische zu den Arabern. Deren kittāra ergibt span. guitarra. Diese Form gilt bei uns noch 1715, daneben schon 1621 das eingedeutschte Gitarre: H. Schulz 1913 Fremdwb. 1, 247; E. Littmann 1924 Morgenländ. Wörter 91.

Gitter N. Während vergitern schon 1311 in Nürnberg auftritt (Polizei-Ordn. 291 Baader) und Gegitter neben Gatter in Böhmen 1470 steht (Mlat.-hd.-böhm. Voc. 58 Diefenbach), wird (eysen)gitter erst 1482 in Nürnberg greifbar (Voc. theut. f 7b). Neben den anfangs im Vordergrund stehenden Bed. 'Fenster-, Tür-, Käfiggitter' tritt doch auch schon im 15. Jh. der später wichtigere Sinn 'Zaun, Umfriedigung' hervor. Ein Verhältnis zu Gatter (s. d.) besteht somit, und Zugehörigkeit zum idg. Verbalstamm *ghadh- 'vereinigen, eng verbunden sein', älter 'umklammern, fest zusammenhalten' ist unbedenklich. Doch bleibt zweifelhaft, ob man das neben mhd. gater M. auftretende geter N. auf ahd. getiri und Gitter mit mundartlichem Lautwandel (wie Hippe, Trichter, wichsen neben heppe, trechter, wechsen) darauf zurückführen darf: P. Lessiak, Zs. f. dt. Altert. 53, 111.

Glanz M. Spätahd. mhd. glanz M. neben dem Adj. ahd. mhd. glanz 'hell'. Zur gleichen Sippe mhd. glander 'Glanz, glänzend', glanst, glinster 'Glanz' sowie glinzen st. Ztw. 'glänzen'; vgl. schwed. glinta, engl. glint. Zugrunde liegt eine germ. Wz. *glent aus idg. *ghlend, wozu air. a-t-gleinn (Wz. glend) 'er unterweist ihn' und aslav. ględati 'sehen'.

Glas N. Mhd. ahd. glas ('electrum' Ahd. Glossen 1, 653), asächs. glas, gles, mnd. glas (von da in die nord. Sprachen und ins Lett. entlehnt), mnl. nnl. glas, ags. glæs, engl. glass führen auf germ. *glása-. Damit im Ablaut stehen lat. glēsum (Tacitus, Germ. 45; Muchs Ausg. 1937 S. 405ff.), glaesum (Plinius, Hist. nat. 37, 42) 'Bernstein', Glēsaria 'Bernsteininsel' (das.), mnd. glār, ags. glær 'Baumharz', und anord. glæsa 'mit etwas Glänzendem schmücken'. Daneben mit grammatischem Wechsel (germ. *glazá-) mnd. (1419) glar 'Harz', ags. glær 'Bernstein, Harz', anord. gler, älter dän. glar 'Glas'; hierzu frühnhd. glar(r)en 'starren, stieren'. Mit glänzen, Glast, glin-

zen usw. zum idg. Verbalstamm *ghel-: *ghlē-: *ghlo- 'schimmern'. Der heimische Bernstein diente als Perlenschmuck; als das fremde Glas zunächst in Form von Glasperlen eingeführt wurde, übernahm es den vorhandenen Namen, während electrum mit Ag-, Aug-, Bernstein neu benannt wurde. S. elektrisch.

Glast M. 'Schimmer', frühmhd. mnd. glast, weiterhin ein wesentlich obd. Wort. Belege von Straßburg 1536 und 1551 sowie von Nürnberg 1660 bei W. Kurrelmeyer 1924 Mod. lang. notes 39, 352. Im 17. und 18. Jh. tritt Glast zurück, in Wittenberg 1665 hält es A. Buchner, Anl. z. dt. Poeterey 43 für schweizerdt., in Berlin 1796 nennt es J. F. Heynatz, Antibarbarus 2, 61 veraltet. Im 19. Jh. bringen es süd- und westdt. Schriftsteller neu zu Ehren, Goethe lernt es 1803 durch J. P. Hebels Allem. Ged. kennen. In den Mundarten lebt es von der Schweiz bis Österreich, vom Elsaß bis Nassau. Glast, im Ablaut mit glosten (s. d.), ist st-Erweiterung zur idg. Wurzel *ghel- 'schimmern', die auch in Glas vorliegt, und hat außergerm. Verwandte in ir. glass 'grün, grau, blau', kymr. glas 'blau', bret. glaz (aus *glasto-) 'grün', wozu gall.-lat. glastum 'Waid' aus agall. *glaston, idg. *ghlost-.

Glasur F. 'glasartiger Überzug an irdenem Geschirr u. ä.' Mit roman. Endung von Glas abgeleitet, im Frühnhd. seit 1508 bezeugt. Dazu bei Luther 1534 Sir. 38, 34 das Ztw. glasuren; statt dessen schon im 15. Jh. (Lexer, Nachtr. 213) glasieren. Vorbild war Lasur (aus mlat. lasūrium: Schulz-Basler 1942 Fremdwb. 2, 11). Nnl. glazuur beruht auf Entlehnung aus dem Hd.

glatt Adj., gemeingerm. (nur got. nicht bezeugt): mhd. g(e)lat 'glänzend, eben, schlüpfrig', ahd. glat, clat 'glänzend', asächs. gladmōd 'froh', nd. glad(d), nl. glad 'schlüpfrig, eben', afries. gled 'schlüpfrig', ags. mengl. glæd 'glänzend, froh, angenehm', engl. glad 'froh', anord. glaðr 'blank, hell, froh', nnord. glad 'froh'; daneben dän. norw. glat, schwed. glatt 'eben, schlüpfrig' als Lehnwort aus dem Hd. Germ. *glada- weist auf idg. *ghlədho-, auf dem auch lat. glaber 'glatt, kahl' beruht, während aslav. gladúkú 'eben, poliert', lit. glodùs 'glatt anliegend, sanft' und apreuß. glosto 'Wetzstein' vollstufiges ā enthalten. Weiterhin sind verwandt Glanz, Glas, Glast, Glatze, gleißen, gleiten, glimmen und glitzern.

Glatze F. in heutiger Bed. seit Luther. Dafür mhd. gla(t)z M. 'Kahlkopf', urspr. 'kahle Stelle der Kopfhaut', frühmhd. glitze F. von Fincelius 1566 Wunderz. 2, y 3a bis 1653 Fons latin. 107. Mit Intensivgemination zu ahd. mhd. glat 'glänzend', s. glatt.

glau Adj. 'glänzend; schmuck, glatt; klug, pfiffig', heute wesentlich nd.: H. Brömse 1942 Mutterspr. 57, 181; F. Kainz 1943 Dt. Wortgesch. 2, 300. Ahd. asächs. glau, mhd. (selten) gelower mit glouheit F. 'Scharfsinn', ags. glēaw 'klug, geschickt', anord. glǫggr, norw. glǫgg 'scharfsinnig, -sichtig', schweb. mundartl. glägg 'lebhaft', got. glaggwō, -wuba 'genau'. Dazu schwed. norw. glugga 'blicken, lauern', anord. gluggi 'Lichtöffnung'. Germ. *glaɥɥu- aus idg. *ghloɥú- zur idg. Wurzel *ghleu-, die der großen Sippe *ghel- 'glänzen, schimmern' angehört. Außergerm. Verwandte sind lat. luridus 'fahl', ir. gluair 'klar, rein', bret. glaou 'Kohle'.

Glaube M. mhd. gloube, synkop. aus älterem geloube, ahd. giloubo, asächs. gilōbo, agf gelēofa (engl. belief). Dazu glauben, mhd. gelouben neben frühnhd. gleuben, mhd. glöuben, asächs. gilōbian, agf. gelȳfan, gelēfan, got. galaubjan. Als Faktitiv zu lieb (f. d.) hat glauben die Grundbed. 'sich etw. lieb, vertraut machen'; über 'gutheißen' wird die endgültige Bed. erreicht. Die Fügung glauben an Gott führt Luther ein. Gemäß dem bibellat. credere in, frz. croire en usw. haben die dt. Katholiken das alte glauben in noch lange beibehalten. Zur gleichen Wz. *lub gehören erlauben und loben.

gleich Adj. Adv. Mhd. gelich(e), ahd. gilíh Adj. 'von derselben Gestalt, ähnlich, gleich', gilícho Adv. 'in gleicher Weise', asächs. gilīk(o), anfr. gelíc, mnl. ghelijc, nnl. gelijk, afrief. lík, agf. (ge)líc, engl. like, anord. (g)líkr, schweb. lik, dän. lig, got. galeiks führen auf germ. *ga-lîka-. Diese nur germ. Bildung ist zus.-gesetzt aus der Vorsilbe ge- (f. d.) und dem Subst. *lîka- 'Körper' (f. Leiche). Für das vorausliegende idg. *lig- ist nach Ausweis der balt. Entsprechungen die Bed. 'dieselbe Gestalt habend' schon vorauszusetzen. Das Nomen hat entspr. Bed., auch wo es als Endsilbe zu -lich geworden ist (f. d.), z. B. bed. weiblich urspr. 'mit der Gestalt einer Frau begabt'. Die Endsilbe ist auch in solch und welch enthalten, f. d. — -gleichen in Fügungen wie meinesgleichen beruht auf dem schwach flektierten Adj. (ahd. mîn gilíhho).

Gleicher M. tritt im 17. Jh. als Lehnübersetzung von Äquator auf, wird von Schönaich 1754 Neolog. Wb. 160 getadelt, gerät in Vergessenheit und wird erst von Jean Paul 1795 wieder aufgenommen: Wh. Pfaff 1933 Kampf um dt. Ersatzwörter 33 ff.

Gleichgewicht N. erscheint als Lehnübersetzung von lat. aequilibrium, frz. équilibre seit Hoffmannswaldau († 1679) Werke 6 (1709) 257. Das engl. Schlagwort balance of Europe (so seit 1675) erscheint in Deutschland 1716 in der lat. Gestalt bilanx Europae. Nach vielem Herumtasten wird die Formel „europäisches Gleichgewicht" 1798 erreicht: Ladendorf 1906 Schlagwb. 75 f.; Zf. f. d. Wortf. 3, 228. 6, 49. 9, 289. 10, 235. 14, 217.

Gleichmaß N. erst bei Krämer 1678, Rückbildung aus gleichmäßig, das Luther verwendet, Dasypodius 1537 bucht: Nichtenhauser 1920 Rückbildungen 25.

Gleichmut M. nicht vor Stieler 1691, Rückbildung aus gleichmütig Adj., das schon 1528 in Luthers Postille steht und im Adv. gleichmütiglich (Geiler 1514 Klappermaul 80 ᵇ) einen frühnhd. Vorgänger hat: Nichtenhauser 1920 Rückbildungen 25.

Gleichnis N. ahd. gilihnissa F., mhd. gelichnisse F. N. Aus der Grundbed. 'was sich mit etwas anderem vergleichen läßt' sind 'Vorbild, Nachbild, Parabel' abgeleitet. Theologen beider Bekenntnisse haben der letzten Bed. zum Sieg verholfen: Zf. f. d. Wortf. 8, 214.

gleichsam Adv. Konjunkt. Zus.-gerückt aus gleich und sam (f. d.), mhd. dem geliche sam: Behaghel 1928 Dt. Syntax 3, 181.

gleichwohl beiordnende Konjunkt., die Tatsachen einführt, die geliche wol 'ebenso wirksam' sein sollen, wie wenn andere Tatsachen nicht entgegenstünden: Behaghel 1928 Dt. Syntax 3, 181 f.

Gleis N. für Geleise (mit derselben Synkope wie glauben, gleich usw.) zu mhd. seltenem geleis F. 'betretener Weg', gewöhnl. leis(e) F 'Spur', ahd. waganleisa 'Wagenspur'. Zu der unter leisten entwickelten germ. Wz. *lais- 'gehen'. Idg. *loisā spiegelt sich (genau wie in ahd. -leisa) in aslav. lěcha 'Ackerbeet'. Damit ablautend *lis- in apreuß. lyso 'Ackerbeet', lit. lýsé 'Gartenbeet', *lis- in ahd. lēsa, mhd. lēse F. 'Spur, Furche, Runzel'. Dagegen wird idg. *leisā vorausgesetzt von lat. lira F. 'Furche', dēlīrāre Ztw. 'von der Furche abweichen, rasen'. Für idg. Ackerbau zeugt auch die Übereinstimmung unseres F. Furche mit lat. porca 'Ackerbeet'.

Gleisner M. 'Heuchler'. Ahd. gilîhhisōn 'jem. gleichtun; sich verstellen' (zu gleich wie lat. simuläre 'heucheln' zu similis 'ähnlich') entwickelt neben regelrechtem mhd. gelichesen ein mhd. gelichsenen 'sich verstellen'. Dazu mhd. gelichs(e)nære und (mit Erleichterung der Drittkonsonanz) glisnære, frühnhd. gleisner: Germ. 20, 39; Zf. f. dt. Alt. 63, 214; Behaghel 1928 Gesch. d. dt. Spr. 367. Neben Heuchler (f. d.) ist Gleisner das alte obd. Wort.

Gleiße F. das Doldengewächs Aethusa cynapium L., mhd. (seit dem 13. Jh.) glīze. Zum Ztw. gleißen, wegen der stark glänzenden Blätter. Schwed. glis ist aus dem Dt. entlehnt.

gleißen Ztw. 'glänzen' mhd. glizen, ahd. glizzan, asächs. glitan, anord. glita; dazu die Weiterbildungen got. glitmunjan, agf. glitenian 'glänzen'; anord. glitra, engl. glitter; nhd. glitzern, s. d. Germ. *glīt- führt auf idg. *gh'eid-: *ghlid- in gr. χλιδή 'Weichlichkeit', χλιδᾶν 'üppig sein'.

gleiten ft. Ztw. mhd. glīten, ahd. glītan. afries. glida, asächs. agf. glīdan, engl. glide 'gleiten'. Dem Anord. fehlt das Wort; dän. glide, schwed. glida sind entlehnt aus mnd. gliden. Doch sind wz.-verw. isl. gleiðr, norw. gleid 'auseinandergleitend, gespreizt'. In idg. *ghleidh- 'gleiten' sieht man Erweiterung der Wurzel *ghel- 'glänzen', zu der u. a. Galle, Glut und Gold gehören.

Gletscher M. Dem lat. glacies 'Eis', frz. glace, entspricht in roman. und danach alem. Alpenmundarten glatsch, gletsch 'Eis, Glatteis, Gletscher', auch im Namen des am Rhonegletscher gelegenen Orts Gletsch. Die Weiterbildung lat. *glaciārium, frz. glacier, ergibt tessinisch giascei, die Ausgangsform von gletzer, gletscher, das so seit Petermann Etterlin 1507 Kron. 69ᵇ bezeugt ist. Gleichbed. schweiz. Wörter bei Joh. Rud. Wyß, Skizze e. mahl. Reise (Bern 1816): „Die Eisberge nennt man allgemein Gletscher, ausgenommen im Glarnerland, wo man sie Firnen heißt, und in Graubünden, wo sie Wadrer oder Wadrez genamset werden" (s. firn; Kees): Schweiz. Jd. 2, 656; W. Meyer=Lübke 1902 Zf. f. d. Wortf. 2, 73.

Glied N. mhd. mnd. gelit (d), mnl. ghelit, nnl. gelid, ahd. gilid N. M., häufiger lid M. N., asächs. afries. mengl. lith, mnl. lit, let (d), nnl. lid, agf. liþ, in Zusammensetzungen liođu-, anord. liðr, dän. schwed. led, got. liþus M. 'Glied'. Außergerm. kommen am nächsten lat. lituus 'Krummstab der Auguren' (zu *litus 'Krümmung') und toch. A let- 'fortgehen': mit Dentalsuffix zur Wurzel germ. *li-, idg. *lei- 'beweglich sein, biegen', zu der auf m gebildet sind agf. lim, engl. limb, anord. lim(r), norw. lim, dän. schwed. lem 'Glied, Mitglied, Zweig', anord. līmi 'Reisigbündel, Besen' wie lit. liemuõ 'Baumstamm'.

Gliedmaßen Plur. 'Glieder', spätmhd. lidemäz, mnd. lidmäte, -mēte, mnl. litmäte, afries. lithmäta. Der zweite Teil gehört zu messen, Grundbed. 'Maß, Länge der Glieder'. Unterarm (Elle) und Fuß dienten als Maße, mhd. gelidemæze F. bed. 'Leibeslänge'. Dagegen gehen gleichbed. isl. liðamöt, dän. ledemod, schwed. ledamot (zu anord. mōt N.

'Begegnung') von einer Grundbed. 'Treffstelle der Glieder' aus: Zf. f. d. Wortf. 14, 153.

glimmen ft. Ztw., mhd. glimmen 'glühen', glimmern schw. Ztw., mhd., glimmern 'glühen' mit glamme F. 'Glut', glim M. 'Funke', gleime (ahd. gleimo) M. 'Glühwürmchen' (daher der Fam.=Name Gleim). Unserm glimmern entspricht agf. *glimorian, engl. glimmer, wozu agf. gliomu und glæm, engl. gleam 'Glanz'. Die in der Sippe enthaltene germ. Wz. *glīm ist erweitert aus einer Wz. *glī in anord. gljä 'glänzen', wozu gr. χλιαρός 'warm', χλιαίνειν 'wärmen', air. glē (aus *gleivo-) 'glänzend, klar'. Hierzu mit anderer Wz.=Erweiterung gleißen. — Glimmer M. Das leuchtende Gestein ist im 16. Jh. mit Rückbildung aus glimmern benannt, kaum vor Gg. Agricola 1530 De re met. 134. Dän. schwed. glimmer stammt aus dem Nhd. Vgl. Gneis.

Glimmstengel M. tritt um 1820 gleichzeitig mit Zigarre (s. d.) als Ersatzwort für dieses auf: E. Th. A. Hoffmann 1820 Brautwahl Kap. 2 „Glimmstengel oder Tabacksröhrlein, wie die Puristen den Zigarro benannt haben wollen". G. Keller, der im Grünen Heinrich 2 (1854) 30 das Wort scherzhaft verwendet, kürzt es in den Leuten v. Seldw. 2, 80 zu Stengel.

Glimpf M. mhd. g(e)limpf 'artiges Benehmen', ahd. gilimpf 'Angemessenheit': mit gilimpflīh 'angemessen' zum ft. Ztw. gilimpfan 'angemessen sein', mhd. gelimpfen 'angemessen sein, machen', agf. gelimpan 'sich zutragen'. Ein nur westgerm. Wort (dän. lempe 'Glimpf' usw. sind aus dem Mnd. entlehnt). Eine Grundbed. 'herabhängen' ergibt sich aus mhd. lampen 'welk niederhängen', limpen 'hinken', engl. limp 'schlurfen', alem. lampe F. 'Wamme'. Germ. Wz. *lemp-, idg. *lemb- in aind. lámbatē 'hängt herab'. Ahd. gilimpf ist also urspr. 'übereinstimmendes Herabhängen'. S. Lumpen.

glitschen schw. Ztw., obd. und rhein. Intensivbildung zu gleiten, die seit 1469 hervortritt. Obd. Nachdrucke der Lutherbibel setzen glitschen für Luthers gleiten: Kluge 1918 Von Luther bis Lessing 77. Schriftsprachlich wird glitschen erst durch Wieland und Schiller: H. Fischer 1911 Schwäb. Wb. 3, 697 f.; G. Schoppe, Mitt. d. schles. Ges. f. Volkskde. 19, 230.

glitzern Ztw. mhd. (14. Jh.) glitzern: Iterativbildung zu mhd. glitzen 'glänzen'. Vergleichbar sind die unter gleißen entwickelten anord. glitra, engl. glitter 'glänzen'.

Globus M. Lat. glōbus 'Kugel' (im Ablaut zu glēba 'Erdkloß', urverwandt mit Kolben, s. d.) wird nlat. gern von der Erdkugel gebraucht, seit Martin Behaim (Nürnberg 1492) auch von ihren Nachbildungen. Bis ins 18. Jh. lat flektiert: H. Schulz 1913 Fremdwb. 1, 248. Neben **Sphera** ist **Globus** im 16. Jh. math. Fachwort für 'Kugel': Schirmer 1912 Wortsch. d. Math. 42.

Glocke F. Air. cloco M. 'Schelle, Glocke' (mit akorn. kymr. clōch, bret. cloc'h aus dem lautmalenden abrit. F. *klokkā; die kelt. Sippe seit dem 5. Jh. bezeugt) gelangt mit irischen Glaubensboten zu den Germanen und ergibt agf. clugge, clucge, asächf. glogga, mnd. nd. klocke, ahd. glocka (erst kurz vor 800, daher hochalem. klokke ohne Verschiebung zur Affrikata), mhd. glocke, glogge (mit dem g- des Lehnworts aus mlat. clocca, f. u.), dän. klokke, schwed. klocka. Zu den irischen Handglocken — wundervoll gearbeitete Stücke aus alter Zeit sind erhalten — stimmt bis heute die vierkantige Form der alpinen Herdenglocken. Spätanord. klokka, klukka stammt aus mnl. clocke, dies aus dem Afrz. (f. u.); engl. clock 'Uhr' ist im 14. Jh. von holl. Uhrmachern nach London gebracht worden. Daß das dt. Wort an ahd. cloccōn, clochōn 'klopfen' anklingt, beruht darauf, daß beide lautmalenden Ursprungs sind, wie auch aslav. klakolŭ, russ. kolokol 'Glocke'. Mlat. clocca (bezeugt seit 692), afrz. cloque (12. Jh.), frz. cloche sind ebenfalls kelt. Herkunft; das roman. Erbwort erscheint in ital. span. campana.

Glockenspeise F. 'Glockenmetall', mhd. (glocken)spīse, mnd. klock(en)spīse: der zweite Teil ist (wie **Speise** und **Spesen**) aus lat. expensa 'Aufwand' entwickelt. Auch das entspr. frz. despoise bedeutet 'Mischung für Glockenguß'.

Glorie F. Lat. glōria 'Ruhm' (wohl aus *gnō-ria 'Kunde' zu gnō-sco 'kenne') liefert spätmhd. glōrje, frühnhd. glori 'Heiligenschein'. Dazu im 17. Jh. glorwürdig, urspr. 'des Heiligenscheins würdig', im 18. Jh. glorreich.

Glosse F. Lat. glōssa (aus gr. γλῶσσα 'Zunge, Sprache') tritt in lat. Gelehrtensprache in die Bed. von glōssēma N. (gr. γλώσσημα) über und bezeichnet ein schwieriges Wort, das der Erläuterung durch ein bekanntes bedarf. Aus entspr. mlat. glōsa ist mhd. glōse F. übernommen, die Humanisten des 16. Jh. stellen bei uns die klass. Form her, ebenso glossieren für mhd. glōsieren 'deuten' (lat. glōssāre, agf. glēsan): H. Schulz 1913 Fremdwb. 1, 249; Zf. f. d. Wortf. 3, 228. 14, 74. 15, 18.

glosten schw. Ztw., mhd. glosten 'glänzen', seit frühnhd. Zeit auch 'glimmen, schwelen, ohne helle Flamme brennen'. Früher auf das Westobd. begrenzt, ist glosten durch Dichter wie E. Jünger, K. Bröger und Sperl zum Modeausdruck geworden. Es steht als Ableitung von mhd. glost(e) F. 'Glut' im Ablaut zu **Glast** (f. d.) und hat einen außergerm. Verwandten in ir. gluss (aus idg. *ghlə̄sto-) 'Helligkeit'.

glotzen schw. Ztw., mhd. glotzen. Nächstverwandt sind mengl. glouten, engl. glout 'starren, betrübt oder mürrisch dreinsehen', gloat (aus *glotian) 'hämisch blicken, anstarren', anord. glotta 'grinsen', schwed. glutta, dän. glytte 'gucken': sämtlich zu idg. *ghlŭd-, einer Erweiterung der verbreiteten Wurzel *ghel- 'glänzen'; f. **gleiten**.

Gloxinie F., aus dem tropischen Südamerika eingeführte Blume aus der Familie der Gesneriazeen, erstmals erwähnt in den naturwiss. Schriften des Straßburger Botanikers P. B. Gloxin († 1784), nach ihm benannt von dem Pariser Pflanzenforscher Ch.-L. L'Héritier de Brutelle (1746—1800).

Glück N. ist auffallend spät bezeugt: mhd. (seit 1160) g(e)lücke, mnd. (ge)lucke, älter *gilukki (woraus entlehnt lit. giliùkis 'Glück'), mnl. (ghe)lucke, (ge)luc N., nnl. geluk. Entlehnt sind afries. lukk, mengl. (15. Jh.) luk(ke), engl. luck, spätanord. (14. Jh.) norw. lukka, lykka F., dän. lykke, schwed. lycka F. Von den vielen Anknüpfungsversuchen überzeugt allein der von A. Lindqvist 1912 Gramm. ok psykol. Subj. 146: aus idg. *leug- 'biegen' (in gr. λυγίζειν) ist über 'zubiegen, zuziehen' die germ. Bedeutung 'schließen' entwickelt, die in got. asächs. lūkan, anord. afries. lūka, agf. lūcan, ahd. lūhhan vorliegt, f. **Luke**. Glück wäre aus 'Art wie etwas schließt, endigt, ausläuft' zu 'was gut ausläuft, sich gut trifft' geworden. Auf die Entwicklung mögen mhd. gelinc M., gelinge F. N. 'Gelingen' eingewirkt haben. Vergleichbar sind dann lat. fortuna und successus, frz. succès und réussir. Den Begriff 'Glück' deckte das mit **selig** verwandte ahd. sālida, asächs. sālda, agf. sælþ, anord. sæld; in obd. Mundarten ist gfell das bodenständige Wort, während Glück als Zeichen seines Eindringens von Norden her den obd. unmöglichen Umlaut wahrt.

Glück auf Zuruf, das Gegenstück zu der älteren Grußformel Glück zu, die seit Ausgang des 15. Jh. als Begegnungs- wie Abschiedsgruß beliebt geworden war. Ihm tritt zuerst in Nürnberg 1597 (Jac. Ayrer d. Ä., Dramen 5, 236 Keller) der ermunternde Zuruf Glück mit anfeuerndem auf an die Seite. Im Erzgebirge wird er um 1675 zum bergmänn. Gruß, mit dem sich die Knappen vom Glück zu der städt. Zünfte absetzen: H.-F. Rosenfeld 1942 Ann. Acad. Fenn., Ser. B, Bd. 50, 4.

Glucke F. 'Bruthenne', auch **Klucke**, nd. klukse, mhd. kluck(e) zu dem lautmalenden

Ztw. mhd. glucken, klucken, mnl. klokken. agſ. cloccian, engl. cluck. Lautmalend auch ital. chioccia, ſpan. clucca 'Bruthenne' und die Ztw. lat. glōcīre, ital. chiocciare, frz. glousser, gr. κλώσσειν.

Glückshaube F. 'in dem gemeinen Aberglauben, wenn bey der Geburt die Haut, in welcher das Kind liegt, zu ſtark iſt, als daß ſie zur rechten Zeit zerreißen könnte, weil das ein glückliches Kind werden ſoll' Adelung. Derſelbe Glaube in mlat. secundina, das mit frühnhd. kindfel. (kinds)bürdlin gegeben wird: Diefenbach 1857 Gloſſ. 523ᶜ; Höfler 1899 Krankheitsnamenb. 221. 229; H. Fiſcher 1911 Schwäb. Wb. 3, 716. Im Engl. entſpricht ſeit 1547 caul (aus afrz. cale 'Netz').

Glückskind N. urſpr. 'mit Glückshaube geborenes Kind' (wie das ältere Sonntagskind 'am Sonntag geborenes Kind'). Stieler 1691 bucht „Glückskind / albae gallinae filius" nach Juvenal 13, 141. Zuſ.=Hang mit lat. fortunae filius (Horaz, Sat. 2, 6, 49) iſt fraglich.

Glückspilz M., das bei Adelung noch 1796 fehlt, wird von Campe 2 (1808) 409 beſtimmt als 'Menſch, der ein ſchnelles unvermuthetes Glück macht, der im Glücke gleichſam aufſchießt'. Im literar. Gebrauch gehen Kenner des Engl. wie Mylius 1785 Pickle 3, 264 und Wieland 1788 Lucian 3, 271 voran: ſo mag engl. mushroom 'Pilz, Emporkömmling' eingewirkt haben.

Glufe F. 'Stecknadel', ſpätmhd. glufe, guffe: ein Wort des Südſaums, das vom Elſaß bis Vorarlberg reicht (mit der alem. Nebenform gufe, ſoloth. baſelld. gulfe) und dort das Schriftwort Stecknadel nur bei den Gebildeten aufkommen läßt, wird bei Schriftſtellern jener Gebiete gelegentlich literariſch. Doch ändert z. B. Wieland Glufen Liebe um Liebe 5, 70 (T. Merkur 1776, 3, 49) in den Werken 21, 63 zu Nadeln. Oſterr. gilt Spannadel. Ausgangsbed. iſt 'Spange' (ſo Brack 1489 Voc. rer. d 2ᵇ): gemäß der heutigen Verbreitung Lehnwort aus oberital. (friaul.) glove 'Aſtgabel', das ſeinerſeits aus ahd. klobo 'geſpaltenes Holz' (ſ. Kloben) ſtammt: H. Fiſcher 1911 ff. Schwäb. Wb. 3, 717. 6, 2051; Kretſchmer 1918 Wortgeogr. 485.

gluh Adj. 'glühend': als Rückbildung zum Ztw. glühen von Luther 1523 Daniel 10, 6 bis Klamer Schmidt 1782 Poet. Briefe 92. 111.

glühen Ztw. mhd. glü(ej)en, ahd. gluoen, aſächſ. glōian, agſ. glōwan, anord. glōa. Mit Glut F. (germ. *glōdi-, ahd. mhd. gluot, agſ. glēd) zur germ. Wz. *glō, *glē, zu der auch agſ. glōm(ung) 'Dämmerung' und anord. glāmr 'Mond' (Dichterwort, eig. 'der Blaßgelbe') gehören. In idg. *ghlōu- ſieht man eine Erweiterung der Wurzel *ghel- 'glänzen', ſ. gleiten.

Glyzerin N. 1776 von K. Wh. Scheele durch Zerſetzung von Bleiglätte mit Olivenöl dargeſtellt und Ölſüß benannt. Frz. Chemiker bauen die Entdeckung aus, nach gr. γλυκερός 'ſüß' heißt nun das Scheeleſche Süß auch bei uns Glyzerin (wie frz. glycérine).

Glyzinie F. der oſtaſiat. Kletterſtrauch Wistaria sinensis, nach ſeinen Blüten auch Blauregen oder blaue Akazie genannt. Von Linné mit der heutigen Phaſeoleengattung glycine (zu gr. γλυκύς 'ſüß') vereinigt. In nhd. Text kaum vor Mitte des 19. Jh., während frz. glycine ſchon im 18. Jh. auftritt.

Gnade F. mhd. g(e)nāde 'Ruhe, Behagen, Freude, helfende Geneigtheit, Gunſt; göttliche Hilfe und Erbarmung', ahd. gi-, ganāda 'Wohlwollen, Gunſt; göttliche Gnade', aſächſ. (gi)nātha, anfr. ginātha, mnl. ghenāde, mnl. genade 'Gnade', afrieſ. nēthe 'Ruhe, Schutz, Sorgfalt, Nutzen; Gnade', anord. (ſeit etwa 1300) nāð 'Gnade, Hilfe, Barmherzigkeit', Mz. nāðir auch 'Ruhe (des Schlafs)', ganga til nāða 'ſich legen', dän. naade, ſchwed. nåd 'Gnade': ur Ablaut mit got. niþan 'helfen'. Außergerm. Beziehungen ſind nicht geſichert. Aus einer Grundbed. 'ſich neigen' iſt einerſeits 'ſich zur Ruhe neigen' geworden (ſo in der mhd. Wendung diu sunne gie ze gnāden: Weiſth. 1, 744 Grimm; in Schlesw.=Holſtein bis heute: he kann ni to Gnaden kamen: O. Menſing 2, 406), andererſeits 'ſich huldvoll neigen'. Dieſe zweite Bed. haben iriſche Glaubensboten um 700 genutzt, das vorher nur weltliche Wort für kirchenlat. gratia einzuführen. Statt deſſen hatten got. Glaubensboten in Bayern anst geſetzt, während in Fulda (nach agſ. giefu 'Gnade') gëba, im Fränk. u. Nd. das alte Gefolgſchaftswort huldi vorgezogen wurde. Später hat ſich Gnade überall durchgeſetzt: P. Wahmann, Gnade (1937). — Nach 1. Kor. 3, 10 nennen ſich ſeit dem 5. Jh. Kirchenfürſten „von Gottes Gnaden"; von den Karolingern an ſetzen auch weltliche Herrſcher dieſe Formel vor ihren Titel. — In der Anrede Euer Gnaden ſteht die Mz. (daher im Fortgang des Satzes mit Sie aufgenommen, das hier ſeinen Urſprung als höfliche Anrede hat). Die Formel überſetzt ſpätlat. Vestra clementia. — Gnade finden wie frz. trouver merci.

Gneis M. als Name der Geſteinsart tritt im 16. Jh. im Erzgebirge auf; auch Formen wie G(e)neuß und Knauſt begegnen. Das führt auf Verwandtſchaft mit mhd. g(a)neist(e), ahd. gneisto, agſ. gnāst, anord. gneisti 'Funke': das Geſtein iſt nach ſeinem Glanz benannt. Vgl. Glimmer.

Gnitze F., mnd. gnitte, oſtfrieſ. gnit 'Simulia, Kriebelmücken der kleinen, in Schwärmen auftretenden Art', ein nord= und ostdt., auch Berliner Wort: Kretschmer 1918 Wortgeogr. 340. Damit ablautend hd. mundartl. Gnaße, nd. gnatte, agſ. gnætt, engl. gnat 'Mücke'. Jdg. *ghneid(h)= gilt als Erweiterung der Wurzel *ghen= in nagen uſw.

Gnom M. 'Erd=, Berggeiſt', frz. engl. gnome, ital. gnomo: aus gleichbed. mlat. gnomus, das vermutlich Paracelſus († 1541), De nymphis et pygmaeis 2 = Opera 9 (1605) 41 in Anlehnung an gr. γνώμη 'Verſtand' künſtlich gebildet hat. Daneben wird Entſtellung aus gr. *γηνόμος 'Erdbewohner' erwogen: Murray, New Engl. Dict. 4, 247. Belegt iſt aber nur θαλασσονόμος 'im Meere lebend'.

Gnu N. Die Antilopengattung Catoblepas nennt Gg. Forſter 1777 Voyage round the world 1, 83 gnoo; die dt. Ausgabe (Berlin 1778) 1, 62 druckt Gnu. Damit gibt Forſter das Kaffernwort ngu wieder; ſeine Auffaſſung iſt auch für nl. gnoe, frz. gnou, ital. gnu maßgebend geworden: Rich. Loewe 1933 Zſ. f. vgl. Sprachf. 61, 119f. Die Buren des Kaplands nennen das Tier wildebeest. Negerwörter ſind auch Kral, Schimpanſe, Tſetſefliege und Zebra.

Gobelin M. Nach dem berühmten Pariſer Wollfärber Jean Gobelin (um 1500) iſt 1667 das Hôtel Royal des Gobelins benannt, deſſen Kunſttapeten ſeit Ende des 18. Jh. auch bei uns Gobelins heißen: H. Schulz 1913 Fremdwb. 1, 249.

Gockel ſ. Gickelhahn.

Gof M. 'Knabe', F. 'Mädchen', meiſt Mz. Goſen: in weſtobd. Ma. Unmutswort für 'Kinder' (wie norddt. Gören, Rangen). Auch im Rotw. und in ſchwäb. Krämerſprachen: Schweiz. Jd. 2 (1885) 130; F. Kluge, Rotw. 1 (1901) 483; H. Fiſcher, Schwäb. Wb. 3 (1911) 735. Eins mit Gauſe (ſ. d.) in ſeiner Bed. 'Handvoll', vergleichbar dem bad. hampfele für einen gewichtloſen Menſchen, eine 'halbe Portion'. In manchen Mundarten der Schweiz bedeutet göf F. 'kleines Gebund rohen Wergs', was gleichfalls von der Bed. 'Handvoll' ausgeht. Schweiz. tockete 'Puppe' iſt ebenfalls zu 'Bund Werg' geworden, wie weſtobd. Bündel auch 'Kind' bedeuten kann.

Gold N. Mhd. anfr. golt, ahd. aſächſ. afrieſ. agſ. engl. gold, mnl. gout, nnl. goud, anord. gull= goll, dän. guld, ſchwed. gull, got. gulþ führen auf germ. *gulþa=. Daraus iſt früh ſinn. kulta 'Gold' entlehnt. In Ablaut mit idg. *g̑h to= ſteht *g̑holto=, das dem gleichbed. aſlav. zlato, ruſſ. zoloto vorausliegt, während lett. zelts ein idg. *g̑helto= vorausſetzt. Zum gleichen Stamm ſtellen ſich mit andrer Endung aind. híraṇya= und aveſt. zaranya=; wieder mit ab-

weichender Endung gehört dazu phryg. γλουρός. Der überall wiederkehrende Stamm bedeutet gelb, ſ. d. Daneben bedeuten lat. aurum (aus *auſom), apreuß. ausis und lit. áuksas 'das leuchtende (Metall)'. Da die Jdg. Bezeichnungen für 'Gold' aus ihren eignen Sprachen nehmen, haben ſie wohl Gold in ihrem Land gefunden. Bei fremder Herkunft hätten ſie auch die fremden Bezeichnungen entlehnt, wie die Griechen χρυσός aus dem Semit., die Iren ór aus dem Latein. — S. auch Gulden.

Goldammer ſ. Ammer[1].

Goldfink ſ. Gimpel.

Goldkäfer M., Cetonia aurata, nach den goldgrünen Flügeldecken ſeit M. Cruſius 1562 Gramm. Graeca 1, 245. Sonſt Goldſchmied, =vogel.

Goldlack M. heißt Cheiranthus Cheiri L. (ſ. Levkoje) wegen ſeiner goldglänzenden Blüten. F. Hübner 1717 Cur. Natur= und Handl.=Lex. 959 erklärt: "eine ſehr ſchöne Blume, welche auch daher an einigen Orten einen prächtigen Namen führet und güldener Lack genennet wird". Nach dem Nhd. nnl. goudlak, dän. gyldenlak, ſchwed. gyllenlack. Lack ſchlechthin ſeit Campe 1809.

Golf M. 'Meerbuſen'. Gr. κόλπος 'Buſen, Meerbuſen' liefert in ſeiner ſpäten Form κόλφος ital. golfo, frz. golfe, engl. gulf, nl. golf. Bei deutſchen Paläſtinafahrern 1346 zu der chullfen, 1436 durch einen culphum, 1470 uff den golff: Kluge 1911 Seemannsſpr. 323; E. Öhmann 1940 Neuphil. Mitt. 41, 151.

Golf N. das Ball= und Raſenſpiel geht von Schottland aus und iſt hier ſeit 1457 als golf belegt. Die ſchott. Ausſprache gouf legt nahe, den Spielnamen von ſchott. gowf 'ſchlagen, Schlag' abzuleiten: New Engl. Dict. 4, 283.

Gondel F. ſeit Duez 1664, gondelein, gündelein ſeit 1574 in dt. Zeitungen über ital. Zuſtände. Entlehnt aus venez. gondola F. 'Nachen', woneben friaul. gondolà 'ſchwanken'. Vulgärlat. *gondula ſetzt man in Beziehung zu lat. gandeia F. 'Fahrzeug der Afrikaner'. S. Arſenal, Paſſagier.

Gong M. Das Schallbecken aus Metall heißt auf Java (e)gung. In die Sprachen Europas gelangt das malaiiſche Wort über anglo=ind. gong. In England wird das Gerät 1816 als 'now in present use' bezeichnet. Aus deutſchen Reiſebeſchr. bucht es Sanders 1871 Fremdwb. 1, 449. In deutſchem Hausgebrauch bei Bismarck 1898 Ged. und Erinn. 1, 110. Über malaiiſche Wörter im Nhd. Littmann 1924 Morgenl. 'Wörter 127—131.

gönnen Ztw. mhd. gunnen, ahd. (gi)unnan, aſächſ. agſ. unnan, anord. unna. Im Ahd. und Mhd. Prät.=Präſens. Es iſt wohl ein urſpr.

Präf. mit -nu-Suffix anzunehmen: ahd. unnum 'wir gönnen'. Alle weiteren Beziehungen umstritten. S. Gunst.

Göre F. Ein alter Name der Stute, mhd. gurre, hat früh herabsetzenden Sinn bekommen, weil das weibl. Pferd rascher verbraucht ist als Hengst oder Wallach (f. Mähre). Nd. Mundartformen, z. B. westfäl. güre 1697, zwingen von altem *guri auszugehen. Wie Range 'Sau', Tewe 'Hündin', Rekel 'Bauernhund' u. a. Tiernamen, auch schwäb. schweiz. gurr, wird daraus entwickeltes nd. göre im 16. Jh. auf Menschen übertragen. In Berlin und von da ausstrahlend ist Jöhre 'Mädchen', der Plur. 'Kinder'; anderwärts steht dat gör für 'Knabe' und 'Mädchen': Ag. Lasch 1927 Berlinisch 201. 339 f.

Gorilla M. Den riesigsten aller Affen trifft der punische Seefahrer Hanno um 460 v. Chr. an der afrik. Westküste. Am Ende seines Periplus beschreibt er Wesen, „die von den Dolmetschern γορίλλα genannt wurden". In neuer Zeit ist der Name von da erneut.

Gösch F. Nnl. geus(je) 'kleine, viereckige Flagge auf dem Bugspriet', eins mit nnl. geus aus frz. gueux 'Bettler' (wie gleichbed. engl. jack urspr. 'Kerl, Hanswurst'), tritt 1683 als göschung in einer hd., seit 1702 als geusje, geesge in nd. Quellen auf und hat auch dän. gjøs, schwed. gös geliefert: Kluge 1911 Seemannsspr. 324 f.

Gose F. mnd. gose urspr. 'Goslarer Bier' (Fischart 1575 Garg. 86), aus dem Wasser des Flüßchens Gose gebraut.

Gosse F. anl. gota, mnl. nd. göte, nnl. goot, frühnhd. gossen F. Geht als ablaut. Bildung zu gießen (f. d.) von Bed. wie 'Abzugskanal' aus, wird von Stieler 1691 als Fachwort der Schmelzhütten gebucht, daneben als 'fusorium coquinae'; als 'Straßenrinne' kaum vor Adelung 1775.

Gössel F. 'junge Gans', Verkl.-Form zu nd. gös, literarisch durch den Livländer Lenz († 1792) Anm. über das Theater. Der Pommer Hermes bietet Güssel: Sophiens Reise 3 (1778) 247.

Gote F. 'Patin'. Wie unter Gevatter und Pate zu sehen, gelten Pate und Patin als geistliche Eltern ihrer Patenkinder. Demgemäß heißen sie 'Vater, Mutter in Gott': ahd. *gotfater, -muoter, agf. godfæder, anord. guðfaðer, -möðer, sowie hierzu die Koseformen schwed. gubbe 'Greis', gumma 'Greisin', so stellen sich ahd. *goto, gota, mhd. göt(t)e. got(t)e neben *gotfater, -muoter. Die Mundarten hegen diese Koseformen, z. B. steht österr. ged M. neben godl F.; auch Entsprechungen zu agf. godsunu, -dohtor begegnen.

gotisch Adj. Frz. gothique wird im 16. Jh. für deutsche Schrift und Bauart des Mittelalters üblich; entspr. gotisch bei uns seit Jablonski 1721 Lex. d. Künste und Wiss. 255. Der frz. Nebensinn 'roh, geschmacklos' auch im deutschen Sprachgebrauch des 18. Jh.: A. Götze 1899 Beitr. 24, 475 f.; G. Lüdtke 1903 Zf. f. d. Wortf. 4, 133 ff.

Gott M. ahd. mhd. got, gotes, asächs. agf. god, anord. guð, got. guþ, gudis. Die Form des anord. und got. Worts ist neutr. (f. Abgott, Gütchen), das Genus (unter christl. Einfluß) maskl.; anord. goð N. wird meist im Plur. gebraucht: E. Karg-Gasterstädt 1944 Beitr. 67, 420 ff. Germ. *guda- N. beruht auf idg. *ghu-tó-m, worin -to- Part.-Endung ist (wie in alt, kalt, laut, traut usw.); *ghu- als idg. Wz. erscheint in aind. hū 'Götter anrufen' mit Part. hūtá (puruhūtá 'der Vielgerufene' ist in den Veden das gewöhnl. Beiwort des Gottes Indra). So aufgefaßt wäre Gott 'das angerufene Wesen'. Eine gleichfalls mögliche Deutung knüpft an gr. χέειν 'gießen' an und hält 'gegossenes (Bild)' für den Ausgangspunkt (germ. *guþa = gr. χυτόν 'gegossen'): Aufrecht, Bezz. Beitr. 20, 256. Daneben gibt es viele andere Erkl.-Versuche: Wimmer, Zf. f. kath. Theol. 41, 625 ff. Gott ist ausgesprochen germ.; der einzige Name, den das Germ. mit verwandten Sprachen teilt, liegt vor in aind. devá, lat. deus, anord. tivar 'Götter', auch im Namen des Himmelsgottes germ. *Tiwaz, älter *Teiwas (inschriftl. Dat. M. Teiwa, F. Alateiviae), anord. Týr, agf. Tiw; f. Dienstag. — Göttin F. ist westgerm.: ahd. gutin(na), mnl. gödinne, agf. gyden. Schon anord. gyðja ist abweichend gebildet.

Götterdämmerung F. Anord. ragna rök 'Götterschicksal' hat (in Vermengung mit ragna rökkr 'Götterverfinsterung') Denis 1772 Lieder Sineds des Barden S. 46 mit „der Götter Dämmerung", S. 51 mit „Götterdämmrung" verdeutscht, nachdem noch Wieland 1755 Der verbesserte Hermann „Abend der Götter" gesagt hatte. Etwa als 'jüngster Tag' steht G. 1804 bei J. Paul 41, 43; H. Heine 1826 in d. Überschrift eines Gedichts der 'Heimkehr'; Baggesen 1836 Poet. Werke 2, 148; Mohnicke 1842 Tegnérs Fritjofssage 117. Rich. Wagner nennt das zuerst 'Siegfrieds Tod' betitelte Schlußstück seines 'Rings' 1853 G. und beflügelt das Wort durch die Bayreuther Aufführungen seit 1876. Darauf münzt Nietzsche 1888 sein Hohnwort Götzendämmerung: Ladendorf 1910 Zf. d. Sprachv. 25, 348 f.; Kluge 1924 Neuphilol. Mitt. 25, 124.

Gottesacker M. frühnhd. gotsacker, dem ital. campo santo entspr., tritt neben dem älteren

Freit=, Friedhof zuerst in Wien 1369 ff. als goczach(k)er auf, in Augsburg kurz vor 1474 (Chron. dt. Städte 5, 90). Im Unterschied zum Kirchhof ist G. zunächst der von der Kirche getrennte, zwischen Äckern liegende Begräbnisplatz, um den ein Streit zwischen Luther (Ob man für dem Sterben fliehen möge, 1527) und Gg. Wicel (Obdormitio Christianorum² 1542, darin 126ª gottesacker) entbrennt. Nachmals weithin mit Fried= und Kirchhof gleichbed. geworden, gilt G. statt dieser oder als gewählter Ausdruck neben ihnen in Thüringen und fast ganz Süddeutschland vom Elsaß bis Linz und Innsbruck: Kretschmer 1918 Wortgeogr. 276. 609. Über engl. God's acre Walz 1913 Festschr. f. Kittredge 217 ff.

Gottesfurcht F. frühnhd. Rückbildung (kaum vor Luther 1522 Ephes. 5, 21 nach gr. φόβος θεοῦ) aus dem schon nhd. Adj. gottverliebt: Ruppel 1911 Rückbildg. dt. Subst. 41 f.

gottlob Adv. Der ahd. Satz gote sī lob ist verkürzt zu dem mhd. Ausruf got(e)lop und schon frühnhd. zum Adv. geworden.

Gottseibeiuns M. 'Teufel'. Den Schutzruf, den man beim Anblick des Teufels ausstößt, benutzt abergläubische Furcht, den gefährlichen Namen zu meiden. So zuerst Hermes 1778 Sophiens Reise 3, 677. Gekürzt zu Seibeiuns (weil auch Gottes Name nicht unnütz geführt werden darf) seit Bretzner 1788 Leben e. Lüderl. 3, 223. Wortbildung wie Vergißmeinnicht.

Götze M. Zu unsern zweigliedrigen Männernamen werden Koseformen gebildet, indem man -izo an den ersten Namensteil fügt. So tritt Diet-izo neben Diet-rich, entspr. Hinz, Kunz, Uz neben Heinrich, Konrad, Ulrich, so auch Götz (aus Got-izo) neben Gottfried. Dieses Götz(e) ist (wie Gottlieb u. a. Vornamen) appellativ geworden und begegnet vom 15. Jh. bis in lebende Ma. als 'Dummkopf, Schwächling'. Von den Namen greift die Bildung der Koseformen in den appellativen Bereich, wenn zugleich Beziehung auf Namen und Appellativ möglich ist. Petz (s. d.) ist zunächst Koseform zu Bernhard, dann aber auch zu Bär. So stellt sich zu Gott M. frühnhd. götz(e) 'Heiligenbild' zuerst in Frankfurt a. M. 1376: Heincz Franke, gotzendreger 'Straßenverkäufer von Heiligenbildern' Zf. f. d. Phil. 49, 286. Luther wendet seit 1520 den Sinn zu 'falscher Gott', doch muß sein götzenopffer Apg. 15, 29 noch in Basel 1523 mit abgötteropffer verdeutlicht werden. Vgl. Gütchen, Hinz, Olgötze, Spatz, Wanze.

Gouvernante F. Frz. gouvernant= 'Erzieherin' (Part. Präs. F. zum Ztw. gouverner) wird durch Vermittlung der Fürstenhöfe ins dt. Haus übernommen und zu Gouvernantin weitergebildet (so von Wächtler 1709 bis Rabener 1777 Schriften 6, 9). Gouvernante seit Wieland 1783: H. Schulz 1913 Fremdwb. 1, 251.

graben st. Ztw. mhd. graben, ahd. graban, asächs. -graban, agf. grafan, engl. grave, anord. grafa, dän. grave, got. graban 'graben'. Daneben gleichbed. afrief. grēva, anorw. grefa, schwed. gräva. Dazu Grab N. (ahd. grab) und Graben M. (ahd. grabo), ferner Grube und grübeln. Außergerm. vergleichen sich aslav. po-grebǫ 'begrabe' und lett. grebt 'aushöhlen': sämtlich zur idg. Wurzel *ghrebh-: *ghrobh-'kratzen, scharren, graben', die man als lautmalend beurteilt.

Grad M. Lat. gradus 'Schritt, Stufe' wird seit 1379 an dt. Hochschulen von den baccalariatus ac licentiaturae gradus, seit 1505 in dt. Musik von Tonschritten gebraucht. Schon vor 1650 gilt Grad allg. für 'Stufe, Maß': H. Schulz 1913 Fremdwb. 1, 251.

Graf M. ahd. grāvo, mhd. grāve, md. grābe, mnl. grāve, nnl. graaf. Daneben ahd. grāvio, md. grēbe, mnd. grēve (hieraus entlehnt anord. greifi, dän. schwed. greve), mnl. grēve, afrief. grēva, mlat. -gravius 'Vorsitzer des königl. Gerichts'. Auf altem *grābion- beruht auch Gräf(e) in dt. Mundarten und Familiennamen. Die alte Bedeutung liegt dem siebenb. grēf 'Richter' voraus; sie ist abgeblaßt in hess. grēbe 'Dorfvorstand', aachn. grīf 'Gildemeister' und Zusammensetzungen wie mnl. pluimgraaf 'Wärter des Federviehs', mhd. halgrāve (s. Halle), nhd. Salz=, Deichgraf. Leo Meyer 1869 Got. Spr. 76 verbindet die afränk. Amtsbezeichnung mit got. gagrēfts F. 'Beschluß', indem er beiden Wörtern ein got. *grēfan 'gebieten' zugrunde legt. — Grafschaft F. mhd. grāve-, grā(f)schaft, nl. graafschap, ahd. grāscaf schon 818 im Trierer Capitulare: Anz. f. dt. Alt. 24, 17.

gram Adj., mhd. ahd. asächs. agf. gram, anord. gramr, dän. gram 'böse'. Dazu das M. Gram, seit mhd. Zeit verkürzt aus der grame muot. Dem schw. Ztw. grämen entsprechen mhd. gremen, ahd. gremmen aus gremjan, mnd. gremmen, agf. gremman, anord. gremja, got. gramjan 'erzürnen'. Aus dem germ. Adj. stammt ital. giamo 'betrübt'. Die Wortgruppe steht in Ablaut mit grimm, s. d. Außergerm. entsprechen gr. χρόμαδος 'Knirschen', χρεμίζειν 'wiehern', lit. graméti 'mit Gepolter in die Tiefe fallen', lett. gremju 'murmeln', aslav. vŭzgrimitŭ, russ. gremět 'donnern', avest. gram- 'ergrimmen'. Idg. Wurzel *ghrem-'laut und dumpf tönen'.

Gramm N. Gewichtseinheit von $18^1/_{25}$ Gran, 1868 im Norddt. Bund eingeführt aus frz. gramme, das in Frankreich seit 1800 gilt. Das frz. Wort stammt aus gr.=lat. gramma 'Schrift= zeichen'; ¹/₂₄ Unze'. S. Grammatik.

Grammatik F. Zu gr. γράμμα N. 'Buchstabe' gehört lat. (ars) grammatica 'Sprachlehre', das in lat. Form noch in dt. Texten von 1534 steht, während Luther seit 1521 grammatick sagt. Die Bed. 'Lehrbuch der Grammatik' trägt dies Wort seit 1524: H. Schulz 1913 Fremdwb. 1, 252. Dazu frühnhd. grammatist 'Lateinschüler, der die Anfangsgründe hinter sich hat': S. Nyström 1915 Dt. Schulterm. 1, 33. 201 f.

Grammel j. Griebe.

Gran M. N. 'kleinstes Gewicht' namentlich der Apotheker und Goldarbeiter. Neben lat. grānum (gleichbed. und urverwandt mit Korn, j. d.) tritt mlat. grānus. Bei uns seit 1489: Joh. Widmann, Behende u. hübsche Rechnung y 2ª „1 Karat vnd ye 1 Karat 4 Gran"; 1518 H. Grammateus, Rechn. auf Kaufmansch. E 1ᵇ „welcher Karat ains hielt 4 Gran"; E 8ᵇ „18 Karat 3 Gran". S. Karat.

Granatapfel M. Lat. mālum grānātum 'mit Kernen versehener Apfel' ist in mhd. (mala)granātapfel, unl. granaatappel halb ent= lehnt, halb übersetzt. Dagegen ist mlat. pōmum grānātum in afrz. pome grenate, engl. pome= granate unangetastet geblieben.

Granate F. Das mit Sprengladung gefüllte Hohlgeschoß wird dem Granatapfel verglichen und ital. granata benannt. Von da als Granate entlehnt Wallhausen 1616 Kriegsman. 67ff. Das zugehörige Grenadier (j. d.) gehört einer etwas späteren frz. Lehnschicht an. Hand=Granate schon bei Schildknecht 1652 Harmonia 2, 64.

Grand M. 'Sand', in nhd. Zeit aus dem Nd. entlehnt. Dazu älter dän. grand 'grober Sand'. Zugrunde liegt die unter Grind ent= wickelte Wurzel. S. auch Grund.

Grandezza F. Span. grandeza 'Würde eines Granden' (zz seit ital. Schreibung) ge= langt durch den habsburg. Hof zu Beginn des 17. Jh. nach Deutschland. Es wird 1638 im Teutschen Michel Str. 46 verspottet, von Andersen 1669 Orient. Reisebeschr. 20 in der Bed. 'steife Würde' verwendet, die sich fortan hält. In dieselbe Lehnschicht gehören Dame, Gala, Galan; weitere bei F. Schramm 1914 Schlagworte der Alamodezeit.

grandig Adj. 'groß, stark': mit deutscher Endung zu ital. grande 'groß', seit 1620 gauner= sprachl. (Kluge 1901 Rotw. 1, 137. 140. 159. 164. 218 u. ö.), durch Vermittlung der Sol= datenspr. literarisch (Grimmelshausen 1669 Simpl. 195. 276), vielfach in obd. Mundarten: H. Fischer, Schwäb. Wb. 3, 790. 6, 2062; Greyerz 1929 Berner Mattenengl. 11.

grandios Adj. Ital. grandioso 'großartig' gelangt vor 1781 als Künstlerausdruck nach Deutschland und wird noch 1813 der Malerei zugewiesen. Seit 1816 gibt ihm Goethe, der das Wort liebt, allgemeinere Bed.: A. Gombert 1902 Zf. f. d. Wortf. 2, 69; H. Schulz 1913 Fremdwb. 1, 252 f.

Granne F. 'Borste, Stachel' an Mensch, Tier u. Pflanze: mhd. mnd. gran(e) 'Spitze des Haars, Barthaar an der Oberlippe; Gräte' (dies noch mundartlich), ahd. grana, ags. granu F. 'Schnurr= bart', anord. grǫn 'Barthaar, Nadel', got. *granō F. 'Bart(haar)', erschlossen aus granus bei Isidor († 636) Orig. 19, 23, 7, mlat. granus, -a 'Schnurr= bart, Zopf'. Im Jahr 898 ist der langobard. Männername Ansegranus bezeugt. Ablautend siebenb. grunen 'Schnurrbart'. Aus dem Germ. entlehnt aspan. greñon, span. greña, afrz. grenon 'Bart'. Urverwandt sind mir. grend 'Backen= bart', kymr. gran 'Augenlid', bret. grann 'Augen= braue', aslav. russ. grani 'Ecke, Spitze', alb. krąδé 'Strohhalm'. Zur idg. Wurzel *gher- 'hervor= stechen' wie Grat und Gräte.

Grans M. 'Hinter= und bef. Vorderteil des Schiffs', urspr. 'Schnabel des Vogels', ein alem., seltener schwäb. und bair.=österr. Mund= artwort, in der Schweiz schon in ahd. Zeit als prora/grans(o)bezeugt; aus Tschudi 1, 239 in Schillers Tell 4, 1. Dazu der Pflanzenname Grensing (j. d.). Die Sippe mag mit der von Granne verwandt sein und von einer Grundbed. 'spitzes Ende' ausgehen. Zupitza, Gutt. 176 vergleicht aslav. russ. grani 'Ecke' (j. Grenze): Kluge 1911 Seemannsspr. 326; Schweiz. Jd. 2, 782; H. Fischer, Schwäb. Wb. 3, 792. 6, 2062; F. Specht 1941 Altdt. Wort u. Wortkunstwerk 122.

Graphit M. 'Reißblei' 1789 von dem Geo= logen Abr. Gottl. Werner zu gr. γράφειν 'schreiben' geschaffen; frz. graphite ist jünger: H. Schulz 1913 Fremdwb. 1, 253.

grapjen schw. Ztw., erst nhd. Wohl urverw. mit der Sippe von Garbe (j. d.), nd. grab= beln, engl. grab, grasp 'packen', norw. mund= artl. grapsa, lit. gróbti 'raffen', aind. grbh= 'greifen'.

Gras N. ahd. mhd. asächj. gras, agj. græs (gærs), engl. grass, anord. gras 'Kraut, Gras', got. gras 'Kraut': urverw. mit lat. grāmen 'Gras' (aus *ghras-men). Dazu ein urspr. kollek= tiv gemeintes *gras-ja in dän. græs, schwed. gräs. Ferner mit Ablaut mhd. gruose 'junger Trieb, Grün der Pflanzen'. Gewiß ist Gras mit s-Suffix zum gleichen Stamm gebildet wie grün mit n-Suffix.

Graßaffe M. Schelte junger (grüner) Leute, urspr. wohl solcher, die das Tun Erwachsener nachäffen. Als Grasaff südwestdeutsch, so bei Goethe (Faust V. 3521; Briefe vom 28. Sept. und 20. Dez. 1779). H. Fischer 1911 Schwäb. Wb. 3, 797.

Grasmücke F. Ahd. grasemucca hat trotz der Kleinheit des niedrig in Gebüsch und Hecken lebenden Vogels mit Mücke urspr. nichts zu tun, sondern ist entstellt aus *grasa-smucca 'Grasschlüpfer'. Dessen zweiter Teil gehört zum Ztw. smucken, Intensitivbildung zu mhd. smiegen (s. schmiegen und Schmuck). Das wird deutlich durch Schlüpfernamen wie schwed. gärdsmyg, dän. græssmutte, gjærdesmutte, nd. heckenkrüper, engl. nettlecreeper: Suolahti 1909 Vogelnamen 69.

grassieren Ztw. 'wüten, herrschen' von Krankheiten. Zu lat. grassāri 'wandern' tritt spätlat. pestilentia als Subjekt. Frühnhd. wird dieser Sprachgebrauch mit unserm wandern nachgeahmt (DWb. 13, 1681), seit Sim. Rot 1571 findet sich das Fremdwort mit pest(is) als Subjekt: H. Schulz 1913 Fremdwb. 1, 253.

gräßlich Adj. zu frühnhd. graß; dies aus mhd. graz 'wütend', wozu ahd. grazzo Adv. 'heftig'. Weitere Entsprechungen fehlen; dän. græsselig, schwed. gräslig sind entlehnt aus mnd. greselik. Man vergleicht got. grētan 'weinen', mhd. grāzen 'schreien', aind. hrādate 'er tönt'; s. grüßen.

Grat M., **Gräte** F., mhd. grāt, mnl. graet (d), nnl. graat 'Fischgräte, Granne, Rückgrat, Bergrücken'. Im Nhd. sind Grat und Gräte nach den Bedeutungen auseinanderentwickelt; ursprünglich waren es Einz. und Mz.: A. Lindqvist, Plurale Sing.-Formen 63. 76. Idg. *ghrēti- stellt sich zur schweren Basis *ghrēder idg. Wurzel *gher- 'hervorstechen', zu der mit Schwundstufe poln. grot, tschech. hrot 'Pfeilspitze, Wurfspieß' und russ. grot 'Wurfspeer' gehören. Die gleiche Wurzel mit n-Suffix s. u. Granne.

gratis Adv. 'unentgeltlich'. Lat. grātīs (kontrahiert aus grātiīs, Abl. Plur. zu grātia F. 'Freundlichkeit') 'aus Freundlichkeit' erscheint seit 1558 unverändert in dt. Texten: H. Schulz 1913 Fremdwb. 1, 253. Zur Bed. 'unentgeltlich' konnte das lat. Wort kommen in Wendungen wie gratiis stare 'nur Dankesworte kosten'.

gratulieren Ztw. Lat. grātulāri (aus *grātitulāri, zu grātēs und tollere 'Angenehmes darbringen') erscheint bei uns seit 1563 als gratuliren. Wie im Lat. mischen sich die Bedeutungen 'frohe Teilnahme bekunden' und 'Glück für die Zukunft wünschen': H. Schulz 1913 Fremdwb. 1, 253.

grau Adj. Mhd. mnl. grā, ahd. grāo (Plur. grāwe), afries. grē, agf. grǣg, engl. gray, anord. grār führen auf germ. *grēwa-. Nächstverw. lat. rāvus (mit r- aus ghr-) 'grau(gelb)'. Zur Bildung s. blau und gelb.

grauen, grausam s. Greuel.

Graupe F. Seit Luther 1542 Name der geschälten Gerste, die zu Suppe gekocht wird und sonst (geschälte) Gerste, in Österreich Gerstel, Rollgerstl heißt, in Schlesien, Sachsen, der Oberpfalz und Nordostdeutschland. Die Verbreitung läßt slav. Ursprung vermuten: lauf.-wend. und serb. krupa bed. 'Getreidegraupe' (über nhd. g- aus fremdem k- s. H. Paul 1916 Dt. Gramm. 1, 302). Zugleich ist dort die Bed. 'Hagelschloße' (entwickelt aus aslav. krupa 'Krümchen, Körnchen') daheim, die im 15. Jh. in schles. eysgrüpe, bei Luther (Weim. Ausg. 16, 280) im Ztw. graupen 'hageln', seit Stieler 1691 im gleichbed. graupeln, seit Kind 1802 Dram. Gemälde 2, 18 in Graupelwetter erscheint. Frühnhd. graupen, greuplein 'graupenförmiges Zinnerz; grobe Stücke gepochten Erzes' ist im böhm. Erzgebirge entwickelt. Von der Sippe des norw. graupe, mundartl. grøypa, schwed. gröpa 'Korn schroten' mit dem Subst. gröpe 'geschrotetes Korn' ist Graupe nach Form wie Bed. getrennt. Wick 22 f.

Graus M., mhd. grūs 'Schrecken' zu grausen, mhd. grūsen, griusen, ahd. grū(wi)sōn 'Schrecken empfinden': mit der alten Endung -isōn zu derselben Wurzel, die in ahd. ingrūēn, mhd. grū(w)en 'schaudern, fürchten', mhd. griu(we)l 'Schrecken', ahd. grunn 'Jammer', griuna 'Begier' enthalten ist. Das vorausliegende idg. *ghreud- ist Erweiterung zur idg. Wurzel *ghreu-: *ghrou- 'scharf darüber reiben, zerreiben, zermalmen' (in mhd. grien 'Kies' usw.), die auch im Slav. auf Seelisches übertragen erscheint: aslav. grŭdŭ 'schauderhaft', serbokroat. grst 'Ekel', grustiti 'ekeln', russ. grust' 'Kummer'. Vgl. Greuel.

Grauschimmel M. 'graues Pferd' seit Zehner 1645 Nomencl. 241, wie vordem Graumann (frühnhd. gra-, groman, -men Ch. Schmidt 1901 Hist. Wb. d. elf. Ma. 157), das in die Bed. 'schlechtes Pferd' übergegangen war. Als Euphemismus für 'Esel' erscheint Grauschimmel seit Wieland 1774 Werke 12, 188 (Verkl. Amor); dafür Grauchen Bertuch 1775 Don Quixote 1, 271; dagegen Grauchen als Birnenname (16. Jh.) wohl eher zu serbokroat. krùška 'Birnbaum', osorb. krúšwa 'Birne' mit g- für k- wie in Graupe; vgl. M. Vasmer 1947 Ztschr. f. slav. Philol. 19, 449.

Grauß M. 'Sand, Schutt', mhd. grūz, neben Grieß, s. d.

Grazie F. 'Anmut'. Lat. grātia 'Wohlgefälligkeit' hatte frz. grâce ergeben und war als Grace um 1700 bei uns üblich geworden. Es wird verdrängt durch Grazie, dem Winckelmann 1759 mit seiner Schrift „Von der Grazie in den Werken der Kunst" Bahn bricht. Frz. gracieux erscheint bei uns in wechselnden Schreibungen seit 1700: H. Schulz 1913 Fremdwb. 1, 254 f.

Greif M. Der assyr. k'rub am Palast des Assurnasirpal, ein Riesenvogel mit Löwentatzen und Menschenkopf, gelangt als hebr. kerûb 'geflügelter Engel' in die Bibel, als γρύψ zu den Griechen, über vulgärgr. γρυπός als grýphus nach Rom. Von da stammt germ. *grîp-, das unter Anlehnung an grîpan 'greifen' zum märchenhaften Vogelungeheuer ausgebildet wird. Daher ahd. grîf(o), mhd. grîf(e) und unser Vogel Greif. Entsprechend in den Nachbarsprachen.

greifen st. Ztw., mhd. grîfen, ahd. grîfan asächs. agf. grîpan, engl. gripe, got. greipan: ein gemeingerm. Ztw., woraus frz. gripper 'ergreifen' und griffe 'Kralle' zu versch. Zeiten entlehnt sind. Außergerm. zeigt sich idg. *ghrîb in lit. griebiù (griẽbti) 'greifen', lett. griba 'Wille', gribēt 'wollen'. S. auch Griff.

greinen schw. Ztw. 'weinen; lachen' (zur Doppelbedeutung vgl. flennen), mhd. grînen, ahd. grînan st. Ztw. '(lachend oder weinend) den Mund verziehen, murren, knurren', woneben mhd. grinnen 'knirschen', engl. grin (agf. grennian) 'grinsen', groan (agf. grānian) 'stöhnen, seufzen', anord. grīna 'die Zähne weisen'. Dazu ahd. grennen, anord. grenja 'heulen', sowie grinsen, s. d. Afrz. grigner und ital. digrignare 'die Zähne fletschen' beruhen auf Entlehnung aus dem Dt. Grundbedeutung der nur im Germ. entfalteten Ztw.-Gruppe ist 'offenstehen, klaffen'.

greis Adj. asächs. mnd. mhd. grīs 'greis', unl. grijs 'grau'; dazu Greis M., mhd. grise 'alter Mann'. Dem dt. Wort, das vom Nd. ins Hd., schließlich auch in obd. Ma. vorgedrungen ist, entspringt die roman. Sippe von mlat. grīseus, ital. griso, grigio, frz. gris 'grau'. Dazu anord. grīss 'Ferkel', eig. 'graues Tier'. Vielleicht liegt Wurzelverwandtschaft mit grau vor.

Greißler M. 'Gemischtwarenhändler' in Österreich und Mähren, Teilen Schlesiens und Böhmens. Früher Gräußler, dies zu Greußel, Verkl. von grauß, mhd. grūz 'Korn', verwandt mit Grieß, s. d. Greißler, zuerst in Wien 1466 (P. Kretschmer 1918 Wortgeogr. 269 f.), erscheint bei Abr. a S. Clara, Nestroy, Rosegger u. a. Auch die Fam.-Namen Greisler, Grießler usw. sind im obd. Osten daheim.

grell Adj. mhd. (nur auf md. Boden) grël (ll)

'zornig, rauh' zu grëllen 'vor Zorn schreien'; dem Ahd. fehlend, obd. Ma. vielfach fremd, um so häufiger im Nd., vgl. agf. gryllan 'knirschen, grell tönen'. Älteste Bed. ist 'zornig', demgemäß verwandt mit Groll, s. d. Auch als verbale Bez. des Brüllens stehen grellen, grillen, grollen nebeneinander: Hauschild 1910 Zf. f. d. Wortf. 12, 35.

Grempelmarkt s. Krempel.

Grenadier M. Zu ital. granata (s. Granate) gehört granatiere, das als Granadier(er) seit dem 30jähr. Krieg eine Rolle spielt und namentlich obd. bis 1795 gilt. Daneben wird 1683 frz. grenadier 'Werfer von Handgranaten' entlehnt. Die Form Grenadier setzt sich mühsam durch, lange ist Grenadierer üblich: H. Schulz 1913 Fremdwb. 1, 255.

Grensing M. ahd. mhd. grensinc (Zf. f. d. Wortf. 3, 268): die Pflanze Potentilla anserina. Zu mhd. grans 'Schnabel' (s. Grans); vgl. frz. bec d'oie und Gänserich².

Grenze F. Zu aslav. granĭ 'Ecke' (urverwandt mit Granne und seiner Sippe) gehören russ. poln. granica, tschech. hranice im Sinn des dt. Mark. Im preuß. Ordensland kommt im 13. Jh. greniz(e) auf, zuerst granizze Thorn 1262. Im 15. Jh. bringt das Fremdwort aus der Grenzmark in den nd. und hd. Westen, gemeindeutsch wird es erst durch Luther, der es liebt. Sein grentze verdeutlichen sich die obd. Zeitgenossen mit (land)mark, gegend, umkreis; ende, dar ein lant keret. Im 17. Jh. noch Formen wie gränitze, gräinitze, daneben vielfach Frontier. Aus dem Dt. stammen nnl. grens (seit 1573), dän. grænse, schwed. gräns. Wick 23.

Greuel M. mhd. griu(we)l, mnl. grüwel 'Schrecken, Grauen': zum Ztw. grauen, mhd. grūwen, ahd. ingrūen 'schaudern'. Dazu auch grausam (mhd. grūwesam) 'Schrecken erregend' und greulich (mhd. griuwelich). Die außergerm. Verwandten s. u. Graus.

Griebe F. 'die Reste von Fettwürfeln, zur Schmalzgewinnung ausgebraten', mhd. griebe, ahd. griobo mit den obd. Nebenformen mhd. griube, ahd. griubo (alem. grübi, schwäb. gruib, bair. groibm), agf. elegrēofa 'Ölgriebe' (Zf. f. dt. Wortf. 14, 154), engl. mundartl. groves. Das vorausliegende idg. *ghreubh- gilt als Erweiterung der idg. Wurzel *ghrēu-: *ghreu- '(zer)reiben', s. Griebs. Neben Griebe gelten viele landschaftliche Ausdrücke: P. Kretschmer, Wortgeogr. (1918) 219 f.; Jos. Müller 1931 Nachr.-Bl. f. rhein. Heimatpfl. 3, 94 f.; H. Teuchert (1944) 290 f. Unter ihnen ist österr.-siebenb. Grammel Sammelbildung zu räumen: 'was nach dem Abgießen des Fetts aus der Pfanne geräumt werden muß'. Grieb als südwestdt.

Fam.-Nam. ist ursprünglich übername des Mageren.

Griebs M. 'Kerngehäuse des Obstes' aus mhd. (15. Jh.) grübiz mit Verlust der Lippenrundung (wie Mieder, Striezel aus mhd. müeder, strützel), weil wesentlich ein Wort entrundender Mundarten zwischen Schlesien und dem Elsaß. Neben ahd. *grubiz ist *grobaz anzusetzen, das im 15. Jh. als grobes, grobiß hervortritt und nhd. Gröbs liefert. Gebildet ist das Wort wie ahd. obaz 'Obst', mhd. ebiz 'Kerngehäuse'; zum Stamm (idg. *ghreubh-) s. Griebe. Die Bed. 'Kehlkopf', die G. von Hulsius (Frankf. a. M. 1596) bis in lebende md. Ma. aufweist, beruht auf dem Volksglauben, Adam sei der G. des von Eva (1. Mos. 3, 6) gereichten Apfels in der Kehle steckengeblieben (s. Adamsapfel), daher auch: jem. am G. kriegen. Andere Namen für Kernhaus sind Butzen (s. d.), Grotzen, Hunkepost, -pul, Hunkunst, Ketsche (s. d.), Kläue, Knirps, Mengel, Pöpel, Schnirps, Strunk, Ürbsi: Jos. Müller 1931 Nachr.-Bl. f. rhein. Heimatpflege 3, 90 f.

grieslachen Ztw. 'das Hohnlächeln mit etwas vom Pinsel und Tölpel zugleich' Arndt, Reisen 4, 71: ein Wort der nd. Ma. zwischen Elbe und Memel, seit mnd. Zeit verzeichnet (Schiller-Lübben 2, 146; Brem. Wb. 2 [1767] 541), seit Hermes 1778 Sophiens Reise 3, 255 bei Schriftstellern wie Voß, Jahn, Gutzkow; von Nicolai 1776 Nothanker 3, 156 verhochdeutscht zu greislachen. Fritz Reuter schreibt grifflachen. Nebenform gruflachen Richey 1755 Hamb. Jd. 82, gniffel-, grimlachen Doornkaat 1879 Ostfries. Wb. 1, 650. 685, glimlachen (aus älterem grimlachen) Nnl. Wb. 5, 81. 776. Man vergleicht norw. greivast 'verwundert die Augen aufreißen', greivlar 'Zacken am Geweih', grivla 'sich abzweigen', erwägt aber auch Verwandtschaft mit greinen.

Griesgram M. als 'grämlicher Mensch' erst seit Campe 1808 gebucht, vorher 'mürrische Stimmung' u. ä. Mhd. grisgram M. 'Zähneknirschen' ist rückgebildet aus mhd. mnd. grisgramen, ahd. grisgramōn 'mit den Zähnen knirschen'; daneben ahd. grusgramōn, -grimmōn. Verknüpfung des zweiten Wortglieds mit ahd. gram 'zornig' (s. Gram) empfiehlt sich wegen gr. χρόμος, χρόμη 'Knirschen'. Das erste Glied wird durch ahd. gristgramo, asächs. gristgrimmo 'Zähneknirschen' verbunden mit ags. grist-bītian 'mit den Zähnen knirschen'. Der zugrunde liegende Stamm grist gehört zu ags. ā-grīsan 'schaudern'. Weitere Umgestaltungen in nd. grimmgramsen, bair. grame(l)n 'mit den Zähnen knirschen'.

Grieß M. N. mhd. griez, grüz 'Sand(korn), Kies' (die nhd. Bed. erst in spätmhd. griezmël

'grob gemahlenes Mehl'), ahd. grioz, asächs. griot, ags. grēot 'Sand', anord. grjōt 'Gestein'. Zufrühst ist germ. *greuto- im Volksnamen der strandbewohnenden Greutungi (wozu E. Hermann, Gött. Nachr., phil.-hist. Kl. 1941, N. F. 3, 207—91) sowie in finn. riutta 'Sandbank, Klippe' bezeugt. Die nhd. Bed. knüpft an die nahverwandte Sippe von Grütze an. Außergerm. sind verwandt lit. grúdžiu 'ich stampfe', grúdas 'Korn', graudùs 'spröde, brüchig', lett. gráuds 'Korn', aslav. gruda 'Erdscholle', lat. rūdus N. 'Geröll' und ohne Dentalerweiterung akorn. grou, kymr. gro 'Sand'.

Griff M. 'das Greifen; Klaue der Raubvögel; der Teil eines Geräts, an dem man es greift und handhabt': ahd. mhd. grif, ags. gripe, engl. grip führen auf germ. *gripi-; daneben germ. *gripa- in mnd. mnl. grepe, nnl. greep, dän. greb, schwed. grepp. Gemeingerm. Abstr.-Bildungen zu greifen, s. d.

Griffel M. ahd. griffil. Gr. γραφεῖον N. 'Schreibgerät' (zu γράφειν 'schreiben') ergibt über lat. graphium das gleichbed. afrz. grafe, das entlehnt wird zu ahd. graf (Ahd. Glossen 1, 255, 24). Unter Anlehnung an ahd. grīfan 'greifen' und die starke Gruppe der mask. Gerätnamen auf ahd. -il (Kluge 1926 Stammbild. § 90) entsteht ahd. griffil, mhd. griffel. Auf Entlehnung aus dem Dt. beruht gleichbed. lett. gripele: F. Sehwers 1927 Zs. f. vgl. Sprachf. 54, 185.

Grille F. Gr. γρύλλος M. 'Heuschrecke' ergibt über lat. grillus ahd. grillo. Seinen Einzug hält das Fremdwort über das Bair., wo es auch M. geblieben ist, während es nhd. F. wurde wie viele schwach flektierte Wörter (H. Paul 1917 Dt. Gramm. 2, 93 f.). Bodenständige Namen des Insekts s. u. Heimchen und Heuschrecke. Die Bed. 'Laune' tritt im 16. Jh. auf; sie beruht auf humanist. Kenntnis von lat. grilli 'Gebilde der Groteskmalerei'.

Grillenfänger M. zu Grille in seiner Bed. 'Laune', demgemäß immer im übertragenen Sinn 'Mensch der wunderliche Einfälle hat und sich entspr. benimmt'. Seit Rist 1653 Friedejauchz. Teutschl. 90 rasch beliebt geworden und bald zu Bed. wie 'einsamer Kauz, Sonderling', später auch zu 'Griesgram, Murrkopf' entwickelt.

grillisieren schw. Ztw. 'seinen Launen nachhängen': Mischbildung wie gast-, halb-, haus-, schimpfieren usw. Greifbar seit Moscherosch 1650 Gesichte 1, 471, doch wohl schon im 16. Jh. entstanden.

Grimasse F. Anord. grīma 'Maske' erlaubt auf gleichbed. got. *grīma rückzuschließen, das, früh ins Span. entlehnt, mit der pejorativen Endung -āceum span. grimazo ergab,

Hieraus im 15. Jh. frz. grimace. F. 'verzerrte Miene'. Dies wird seit 1688 als Plur. Grimacen zurückentlehnt, wohl als Wort der Bühne. Der Sing. Grimasse nicht vor Lavater 1776: H. Schulz 1913 Fremdwb. 1, 255. Engl. grimace ist dem gleichlautenden frz. Wort entlehnt.

grimm Adj. Adv., mhd. grim(me), ahd. asächs. afries. agf. grimm, engl. grim, anord. grimmr 'grimmig', dän. grim, norw. mundartl. grem 'häßlich'; dazu **grimmig**, mhd. grimmec, ahd. grimmig, asächs. grimmag: zum st. Ztw. ahd. asächs. grimman, das in Ablaut zu gram und seiner Sippe steht, s. d. Der Grimm ist junge Substantivierung des Adj. grimm, gekürzt aus mhd. der grimme muot, daher M.: W. Schulze 1935 Zf. f. vgl. Sprachf. 62, 198. Aus germ. Nachbarsprachen entlehnt sind prov. grim 'betrübt' und ital. grimo 'runzlig'.

Grimmen N. (in Bauchgrimmen), spätmhd. grimme M.: zu ahd. krimman, mhd. krimmen st. Ztw. 'drücken, kneipen', das, beeinflußt durch ahd. asächs. grimman st. Ztw. 'wüten' (s. grimm), seinen Anlaut geändert hat.

Grind M. 'Ausschlag, Wundschorf', mhd. grint (d), ahd. grint; schwäb.-alem. Grind 'Kopf'. Dazu nnl. grind, grint 'grober Sand'; grobes Mehl' (mnl. grinde auch 'Schorf, Grind'). Zum st. Ztw. agf. grindan 'reiben, kratzen, knirschen; mahlen, schärfen, schleifen', engl. grind 'mahlen'. Got. grindafrapjis 'kleinmütig' setzt *grinda- 'zerrieben' voraus. Mit Ablaut entspricht Grand, s. d. Urverwandt sind lat. frendere '(zer)knirschen, zermahlen, sich zürnend beklagen', lit. gréndžiu 'reibe', alb. grundë (aus *ghṛndhā) 'Kleie', gr. χόνδρος (aus *χρονδ-ρος) 'Graupe, Korn, Pille'. Idg. *ghrend(h)- ist Erweiterung der idg. Wurzel *ghren- 'scharf über etwas streifen, zerreiben', die unerweitert in Grund erscheint, s. d.

grinsen Ztw. 'lachen; weinen'. Zu mhd. grinnen 'knirschen' (s. greinen) ist mit -zen (aus ahd. -azzen, germ. -atjan) frühnhd. grinzen gebildet, das so noch zu Anfang des 19. Jh. steht und mundartl. z. B. in Ostpreußen und Elsaß-Lothringen bis in die Gegenwart gilt. Grinsen hält als ostmd. Form mit Stieler 1691 Einzug.

Grippe F. 'Influenza' mit den gleichbed. frz. grippe, nnl. griep 1782 aus russ. chrip 'Heiserkeit': Zf. f. d. Wortf. 9, 21; Wick 24. Vom fernen Osten (Schmeller-Frommann 1872 Bayer. Wb. 1, 1006) griff damals die „russische Grippe oder Influenza" (A. Streicher 1836 Schillers Flucht 49) über Europa (Campe 1813 Wb. zur Verd. 375). Ital. influenza 'Beeinflussung' (ursprünglich durch die Sterne: Steudel 12), seit 1500 auch 'Ansteckung'

(H. Schulz 1913 Fremdwb. 1, 292) war zum Namen der 1743 von Italien über Europa greifenden Seuche geworden, ist aber in Deutschland gleichfalls erst 1782 nachgewiesen (Ebstein, Jb. der Samml. Kippenberg 3, 107). Von den späteren Seuchenstößen nennt Philipp Hackert (bei Goethe, Weim. Ausg. I 46, 411) den von 1806, Chamisso den von 1833 (Gedicht „Nach der Grippe"), J. v. Laßberg die von 1839 und 41 (Berl. Sitz.-Ver., phil.-hist. Kl. 1931 S. 1090 f. und 1095 f.), Bismarck den von 1871 Grippe (E. Westphal 1922 Bism. als Gutsherr 57). Seit 1889 wiegt Influenza vor (H. Fischer, Schwäb. Wb. 3, 841. 4, 35). 1890 kämpft die Zf. d. Sprachv. 5, 32 für Grippe gegen Influenza. Im 1. Weltkrieg nur Grippe. An Pips (s. u.) angelehnt ist die oberpfälz. Form **Grips**: Zaupser (1789) 33; Kurrelmeyer, Journ. of Engl. and Germ. Phil. 19, 513.

Grisette F. aus frz. grisette F., das zunächst ein einfaches graues Gewebe bezeichnet, dann auch die Trägerinnen solcher Stoffe, berufstätige Mädchen, Näherinnen, Putzmacherinnen usw. Bei uns seit 1806 als 'Mädchen, das unter der Hand das Gewerbe einer Lustdirne betreibt': H. Schulz 1913 Fremdwb. 1, 255 f.

grob Adj. Adv., nur deutsch: mhd. g(e)rop, ahd. g(e)rob 'dick, ungeschickt, unfein', mnd. mnl. nnl. grof. Spätanord. grófr 'groß, grob' ist aus dem Nd., engl. gruff 'mürrisch' aus dem Nl. entlehnt. Die ahd. und mhd. Formen zeigen die Vorsilbe ge-; ohne sie ahd. (h)riob, agf. hréof, anord. hrjúfr 'schorfig, rauh' neben ahd. (h)ruf, mhd. ruf 'Schorf', bair. Ruff F. 'Kruste auf rasch getrocknetem Erdreich', mnd. rove 'Wundkruste', anord. hrúfa 'Wundrinde', hrýfe 'Schorf'. Außergerm. vergleichen sich altkelt. *kreu(p)anā in kymr. crawen, korn. crevan 'Kruste', lit. nukrùpes 'schorfig, kraupùs 'rauh', lett. kraûpa 'Grind': sämtlich zur idg. Wurzel *qreup- 'Schorf; sich verkrusten'. Somit ist grob zunächst von der Haut gebraucht worden.

Grobian M. Als humanistische Scherzbildung bietet der Voc. theut. (Nürnb. 1482) e4a „bauer / rusticus, grobianus". Brant 1494 Narrensch. 72, 1 beflügelt das Wort „Eyn nnwer heylig heißt Grobian / Den will yetz syren yederman": er faßt die an grob gehängte Endung nach dem Vorbild von Heiligennamen wie Cassian, Cyprian, Damian. Murner und Sachs greifen Wort und Bild auf, die Literatur der Zeit erhält damit ihr kräftigstes Schlagwort. Scheidt 1551 Grobianus 3032 zerlegt es in grober Jan und bildet danach Grobhans; das. 2283 tritt zuerst das Adj. grobianisch auf, das nachmals zum Kennwort der Zeit wird. Im gleichen Geist die Nachbildungen Grobhardus Scheidt 2678, Schweinhardus Wickram 1539 Loosbuch M 1b, Grobitet F. 'flegelhaftes Benehmen' Scheidt 1068, grobitetisch (im Wortspiel mit gravitätisch) Fischart 1, 434 Hauffen; später Ehrbartät 1597 Schildbürger 379, Albertät, Liebetät, Schwulität (f. d.).

Grog M. Der engl. Admiral Vernon, der wegen seines Rocks aus Kamelhaar (engl. grogram aus frz. gros grain) den Übernamen Grog führte, befahl als erster, den Rum der Matrosen zu verdünnen. Danach ist seit 1770 engl. grog als Scherzname des heißen Getränks aus Rum, Wasser und Zucker aufgekommen, bei uns seit 1784: Forster, Cooks Reise 2, 370. Kluge 1924 Neuphilol. Mitt. 25, 124.

grölen Ztw. geht von Magdeburg und Braunschweig aus, wo es im 15. Jh. grälen lautet: Chron. dt. Städte 16, 103. Zu mhd. grâl M., das im späteren Mittelalter vom Heiligtum der Gralsritter zu einem bürgerl. Turnierfest gesunken war, bei dem in einer Zeltstadt Gäste bewirtet wurden, wobei der Lärm die Hauptsache war. Danach 1767 Versuch eines brem.=nsächs. Wb. 2, 532 f.: „Graal, ein rauschendes Lärmen.... In Hamburg ist grölen lärmen, laut seyn, Gegröl ... ein Gelaut, strepitus hominum vociferantium". A. Götze 1924 Neuphilol. Mitt. 25, 118; derf. 1928 Nd. Zf. f. Volksf. 6, 190.

Groll M. Unter grell ist die Sippe mit der Ausgangsbed. 'zornig' entwickelt, zu der sich das im Mhd. des 14. Jh. zuerst auftretende grolle M. 'Zorn' stellt. Dazu nhd. grollen Ztw., mhd. grüllen 'zornig murren'. Weiterhin vergleichen sich agf. gryllan 'knirschen', mengl. grillen 'ärgern'.

Groman f. Grauschimmel und Hermann.

Grönländer M. 'schmales, einsitziges Boot mit Paddelruder', nach Art des Kajaks (Männerboots) der Grönland=Eskimos gebaut, der seit 1580 in dt. Reisewerken beschrieben wird. Um 1880 im Gebiet der Elbe und Saale allgemein; heute durch Falt=, Klepper=, Paddelboot zurückgedrängt: Kluge 1911 Seemannsspr. 328.

Groom M. Engl. groom 'Bursche, Reitknecht' wird kurz nach Jockei entlehnt und zuerst von Heyse 1835 gebucht: H. Schulz 1913 Fremdwb. 1, 256.

Groß[1] N. 'Hauptmasse' aus gleichbed. frz. gros M. (zu mlat. grossus 'dick') als Wort der Heeressprache entlehnt, seit Lohenstein 1689 Arminius 1, 34a literarisch.

Groß[2] N. 'zwölf Dutzend'. Frz. la grosse (douzaine) ist seit dem 16. Jh. Handelswort bei Waren, die in Posten von 144 Stück gehandelt werden; entspr. ital. grosso, nnl. gros. Bei uns erscheint Groß seit Marperger 1702 Kaufm.=Mag. 557. Durch nl. Vermittlung wird in Niederdeutschland grôs allg.: Brem. Wb. 2 (1767) 549; Adelung tritt für ō ein, wobei der Gedanke an Groß[1], groß oder Großhundert im Spiel sein mag. Für den Genuswandel sind Vorbilder wie Dutzend und Schock verantwortlich.

Groschen M. Lat. grossus 'dick' steht im Namen des seit 1266 in Tours geprägten denarius grossus oder grossus Turonensis (f. Turnose). Mit der Münze verbreiten sich ital. grosso, frz. gros, spätmhd. gros(se), daraus verniederdeutscht grot (engl. groat). Einem tschech. Lautgesetz, das s zu š wandelt und in unserm Fall tschech. groš ergibt, dankt die böhm. Kanzlei des 14. Jh. die Form grosch(e), gemeindeutsch geworden, weil der böhmische Groschen Vorbild des deutschen wurde: Hübner 1922 DWb. 4, 1, 6, 447 ff.; Wick 24 f.

groß Adj. Das idg. Wort für 'groß', das in gr. μέγας, Stamm μεγαλ-, lat. magnus, magis vorliegt, deckt den Begriff auch im Germ.: got. mikils, anord. mikill, agf. micel, jünger mycel, mengl. müchel, engl. much, anfr. asächf. mikil, ahd. mihhil; in schwed. mycken, norw. mykjen, dän. megen lebt es noch. An seine Stelle tritt als westgerm. Neuerung ahd. mhd. grôz, asächs. grôt, nl. groot, afries. grât, agf. grēat, engl. great. Dem westgerm. *grauta- entspricht anord. grautr 'Grütze' (f. Grieß und Grütze): als Grundbed. ist 'grobkörnig' anzunehmen, die z. B. agf. grēat in der Anwendung auf Salz und Hagel zeigt. Sie wandelt sich (wie bei grob) zu 'umfangreich, dick'; kennzeichnend ist, daß mhd. grôz 'schwanger' bedeuten kann, wie auch im Engl. seit 1200 great with child steht. Ahd. ist schon im 8. Jh. die heutige Bed. erreicht.

großartig Adj. steht als Ersatz für grandios (f. d.) seit Mengs 1762 Schönheit und Geschmack 41. Das bei Adelung und Campe noch fehlende Adj. wird erst mit der Romantik häufiger: Zf. f. d. Wortf. 2, 69.

Großhändler M., Lehnübersetzung des frz. marchand en gros, ersetzt seit etwa 1700 das um 1600 aufgenommene Fremdwort Grossierer, das frz. marchand grossier nachbildet. Erst nach 1800 gilt Grossist. Auch die dem Frz. nachgeschaffene Formel ins große, im großen handeln unterstützt die Bildung der Subst.: A. Hübner 1935 DWb. 4, 1, 6, 541. Im Schwed. entspricht storhandlare.

Großherzog M. 1569 hat Pius V. den

Herzog von Florenz zum gran duca (im Lat. der Kurie magnus dux) ernannt. 1575 spottet Fischart, Garg. 392 „aber diß wöllen wir dem Großherzogen, nein, Größherzogsten zu Rom vorbehalten haben". Im Bienenkorb (1579) 144b kommt Fischart darauf zurück: „da er (Pius) den Herzogen von Florenz nie präuchlicher Weiß hat auf moscovitisch zum Großherzogen gemacht" (Großfürst für russ. velikij knjaz das. 47b). Vom 16. bis 18. Jh. wird der Titel im Deutschen vorwiegend von den Großherzögen von Toskana verwendet; als Napoleon 1806 Murat das Großherzogtum Berg verlieh, nahm eine Anzahl deutscher Fürsten den Titel an: Hübner 1925 DWb. 4, 1, 6, 548.

Großhundert N. '120 Stück' wie **Großtausend** '1200 Stück'. Neben dem für die Jdg. gesicherten dezimalen Hundert haben alle Germanen das duodezimale Hundert gekannt; s. Dutzend und Schock. Ulfilas' hund 1. Kor. 15, 6 wird durch die got. Glosse taihuntēwi 'dezimal' erläutert. Anord. heißt tolfrētt hundrað '12 mal 10', tīrētt hundrað '10 mal 10'. In England (bes. Worcester, Norfolk, Somerset) heißt es long oder great hundred, entspr. im Kymrischen von Wales. Die Lex Salica liefert ein Subst. tualepti 'Zwölfheit' im Sinn von 'Großhundert'. In den Rechtsbüchern der Ripuarier und Langobarden ist 12 die Grundzahl für gerichtl. Bußen. In deutscher Handelssitte hat sich das Großhundert vor allem an der Seeküste gehalten, bei Torf, Brettern, Fischen, Früchten und Eiern. Sprachlich kommt es nicht immer zum Ausdruck. Köbel 1532 Rechnen und Visieren 120 kennt einfaches hundert für '120' im Stockfischhandel, ähnlich Colerus 1656 Oecon. 326; Friese 1658 Rekenk. 174 kennt hundert für '6 Stiege, 120 Stück' bei Dielen, Latten, Sparren usw.; Overheide 1668 Schreibk. 304 „ein Großtausend in Schullen, nordische Deelen, Wagenschotte, Zitronen". Unser von Adelung aus dem gemeinen Leben aufgenommenes Wort seit Deter 1654 Arithm. nova: „ein Großhundert ist 6 Steige als Bretter, Dehlen, Wagenschoß, Latten, Posen, Wallnüsse, Schullen, Buchen, Klippfisch, Kese usw." Kluge 1913 Urgerm. 255; 1920 Sprachgesch. 70.

großkotzig Adj. Adv. 'vornehmtuerisch, prahlerisch, anmaßend' gelangt aus Berliner, brandenb. und sächs. Umgangssprache gelegentlich zu einem Schriftsteller wie M. Kretzer 1893 Irrlichter 1, 245. Das Wort gehört zu hebr. kōzīn 'vornehm, reich' und entstammt dem Rotwelschen; Großkotz 'Prahler'.

Großmacht F. zus.-gerückt aus große Macht seit Stieler 1691, der es demgemäß mit summum imperium umschreibt. Erst seit etwa 1850 steht G. (nach dem Vorbild von frz. grande puissance) von bestimmten großen Staaten. Das Adj. großmächtig als verstärktes mächtig oder als gesteigertes groß (aus den unverbunden zus.-gerückten beiden Adj.) ist schon durch die ganze frühnhd. Zeit häufig: Zj. f. d. Wortf. 3, 231. 11, 112; Ruppel 1911 Rückbildung dt. Subst. 36.

Großmogul M. Pers. Mugāl 'Mongole' ist in Indien Gattungsname aller fremden Mohammedaner geworden. Die Könige von Delhi aus dem Haus Timur heißen zuerst port. o grão Mogor; über frz. grand mogol gelangt die Bez. im 18. Jh. zu uns; heute auch in dt. Mundarten als Schelte geschwollener Tröpfe: Lokotsch 1927 Etym. Wb. Nr. 1494.

Großmut F. löst erst in Fischarts Tagen das spätmhd. grōzmüetekeit ab; großmütig Adj. spielt schon bei den Mystikern des 14. Jh. eine Rolle als Gegenwort zu kleinmütig.

Großmutter F., **Großvater** M. Das Begriffspaar wird durch ahd. ano M., ana F. (s. Ahn) gedeckt; entspr. noch in obd. Mundarten: schwäb. ēni M., ānə F.; österr. ǣnl M., ǟnl F.; tirol. nēnə M., nūnə F. Altertümlich auch awwə M. im Niederlahngau (zu anord. āi 'Urgroßvater', got. awō 'Großmutter', lat. avus 'Ahnherr'). Im mittleren Westen vielfach Neubildungen aus dt. Wurzel: henneb. hērlə (Herrlein), frēlə (Fräulein), rheinhess. herxə, frauxə, oberhess. ellervater, -mutter (eller), rheinfr. altvater, -mutter, westfäl. bestəfaər, -moər. Großvater und Großmutter kommen nach dem Vorbild von frz. grand-père, grand'mère im 12. Jh. am Mittelrhein und Mosel auf. Die nachmaligen Siebenbürger, die damals das moselfränk. Gebiet verlassen, nehmen die Vorformen ihrer großfūətr und großmən schon mit. Belege treten erst seit 1399 auf, fast so spät wie die für entspr. nl. grootvader, -moeder, engl. grandfather, -mother; Großeltern bei uns kaum vor 1576: Gg. Rollenhagen, Tobias V. 2870. In Niederdeutschland sind die fremdbestimmten Wörter vielfach mundartl. geworden: braunschw. jrōtəfaər, jrōtmudr; pomm. grōtfadr, -mōdr; nicht überall mundartisch: waldeck. grōsmoter, altmärk. großmauder. In Teilen Nordthüringens ist große M. 'Großvater', F. 'Großmutter', dagegen beruht schwäb. bad. grōsələ N. 'Großmutter' auf Großähnlein.

Großstadt F. seit Jean Paul und Campe, rückgebildet aus Großstädter M. (Val. Herberger 1609 Himml. Jerus. 109) oder großstädtisch Adj. (Gerstenberg 1766 Schlesw Lit.=Briefe 87). Dieselben Verhältnisse bei Kleinstadt und seiner Gruppe: Ruppel 1911 Rückbild. dt. Subst. 38 f.

Großtat F. Das schon mhd. vorhandene Adj. gröz-tætic 'groß handelnd', wohl dem lat. magnificus nachgebildet, führt im 17. Jh. zu der Rückbildung Großtat: Ruppel 1911 Rückbild. dt. Subst. 39 f.

grotesk Adj. Zu ital. grotta (s. Grotte) gehört grottesco Adj. Damit werden Wand= gemälde röm. Fundstätten gekennzeichnet, wie sie Goethe 1796 Benv. Cellini (Weim. Ausg. I 43, 85) schildert. Über frz. grotesque ge= langt das Wort zu Fischart 1575 Garg. 17 „grubengrotteschische krüg", wird aber erst seit 1728 von Malereien, nach 1750 als allg. Kunst= wort verwendet: H. Schulz 1913 Fremdwb. 1, 256 f.; H. Lamer 1933 Wb. der Antike 441 f.

Grotte F. Gr. κρυπτή (κάμαρα) 'bedeckter Gang; Gewölbe' (s. Gruft) ergibt bei früher Entlehnung (volks)lat. crupta 'Korridor, Grot= te, Gruft'; hieraus ital. grotta; zur lautlichen Entwicklung s. Rotte. Im Lat. der Kaiser= zeit erscheint Aussprache mit ü (y), die im Kir= chenwort Krypta bis heute gilt. Als Kunst= ausdruck steht ital. grotta von den unterir= dischen Wandgemälden in den Thermen des Titus, die durch Rafael bekannt werden. Bei uns tritt Grotta früh im 17. Jh. auf; über die Mz. Grotten (1627) wird der nhd. Sing. Grotte erreicht, der zugleich dem frz. grotte entspricht. S. grotesk.

Grube F., gemeingerm. Ableitung zu gra= ben (s. d.): ahd. gruoba, anfr. gruova, mnl. nnl. groeve, anord. gröf F., norw. gröv 'Bach, Flußbett', got. gröba F. 'Grube, Höhle'. Mengl. gröfe, gröve beruht auf Entlehnung aus dem Mnl., schwed. grube ist jung aus dem Nhd. entlehnt. Im alten Niederdeutschland war gröve Gassenname: in Lübeck 1259 Fossa piscatorum, 1397 Vischergröve; in Hörter heißt die von einem Bach durchflossene Hauptstraße bis heute die Grube. In andern Strichen Niederdeutschlands ist das F. in Bedeutungen wie 'Gruft, Begräbnis' übergeführt oder ausge= storben (Kretschmer 1918 Wortgeogr. 499); nord= münsterl. de gröwe ('Beerdigung') anseggen; gröwenfräine 'entfernte Verwandte, die man noch zur Beerdigung einladet'.

grübeln schw. Ztw., ahd. grubilön 'bohrend graben, genau nachforschen': Iterativbildung zum st. Ztw. graben (wie klingeln zu klin= gen, sudeln zu sieden). Damit hat sich eine schwundstufige Ablautform von krabbeln ver= mengt, die außerhalb des Hd. rein erhalten ist in Bedeutungen wie '(tastend) umhergreifen,

herumwühlen': nd. grubbeln, nl. grobbeln, engl. grubble, norw. gruvla.

Grude F. 'Strohasche, glühende Asche, Koks= staub, Koks von Braunkohlen', mnd. (zuerst 1417) grude/favi la. In Halle heißt 1482 und 1670 der Knecht, der das unter die Salzpfanne geworfene Stroh grudete 'schürte', Gruder. Dies M. begegnet 1343 in Barth in Pommern als Berufsbezeichnung, 1418 als Familienname. Das F. wird von Gg. Rollenhagen, Frosch= meuseler (Magdeb. 1595) Z 2a verhochdeutscht zu Graud 'Asche'. In nd. Mundarten ist grüde ein tief in den Feuerherd gehendes Loch, in dem man Töpfe in Kohlenrückständen warm hält. Danach im 19. Jh. Grudefeuerung, =herd, =koks, =ofen: Kurt Müller 1933 Bar= ther Personennamen 61; Arth. Hübner 1935 DWb. 4, 1, 6, 627.

Gruft F. Der Grenzgraben zwischen Sachsen und Thüringen heißt 979 girophti (Mon. Germ. hist., Diplom. 2, Nr. 191), eine Flur in Ge= markung Lipsheim im Elsaß 1268 üf die gruft: beides deutlich Verbalabstr. zu graben. Wenn in ahd. Glossen seit dem 10. Jh. die Schreibung kruft und die Bed. 'crypta' über= handnimmt, so hat sich ebenso deutlich An= lehnung an das unter Grotte behandelte gr.=lat. Wort vollzogen, das als altlat. crupta in karol. Zeit zu uns gelangt ist. Daß sich mhd. gruft durchsetzt, wird dadurch begünstigt, daß schon mlat. grupta erscheint.

Grüh(e) M. F. 'kleine, als Köder verwendete Fische', mit dem Grü(he)netz gefangen. In der Mark Brandenburg seit 1551 bezeugt, an Havel und Spree samt ihren Nebenflüssen bis heute wichtig. Mundartlich diphthongiert und entrundet zu grei. Warnemünde, wo man von grü spricht, hat das Wort über See erhalten, in die Mark haben es Siedler aus den Nieder= landen gebracht: nnl. groei M. 'Fisch der noch wächst', zu groeien, westgerm. gröian wachsen' (s. grün): Ml. Wb. 5, 800; H. Teuchert 1932 Brandenburgia 41, 8; DWb. 4, 1, 6 (1935) 635.

Grum(me)t N. Mhd. gruonmāt F. 'zweite Mahd des Grases, vollzogen, wenn die Wiese grün, nicht mehr blumig ist', tritt im 13. Jh. auf. In der verdunkelten Zus.=Setzung ist der Tonvokal vor Doppelkons. verkürzt (wie in Brombeere, Hoffart, Winzer), der unbetonte Vokal der zweiten Silbe zu e ge= worden (wie in albern, Drittel), nm zu mm angeglichen (wie in Stimme, ver= dammen, Zimmet). S. Mahd, Ohmd.

grün Adj. Ahd. gruoni, asächs. gröni, afries. agf. gröne, engl. green, anord. grönn führen auf germ. *grö-ni: mit Suffix -ni abgeleitet aus der germ. Wz. *grö in ahd. gruoen, mhd. grüejen agf. gröwan, engl. grow, anord. gröa 'wachsen, gedeihen'. Dazu Gras mit seiner Sippe.

Grund M. Mhd. grunt (d), ahd. grunt, asächs. afries. agf. grund 'Boden, Abgrund; Erde, Ebene; Tiefe, Meer', engl. ground, anord. grunn 'Untiefe', grunnr 'Grund', grund F. Ebene, flaches Land', got. grundu-waddjus 'Grundmauer', afgrundiþa 'Abgrund' führen auf idg. *ghṛn-tu- 'Sandboden'. Dies zur idg. Wurzel *ghren- 'scharf über etwas streifen, zerreiben', die auch in gr. χραίνω (aus *ghṛn-i̯ō) '(be)streiche' erscheint und zu der mit Dentalerweiterung die Sippe von Grind gehört; s. d. und Grand. H. Kunisch, Das Wort Grund (Münster 1929).

Gründer M. Als nach Beendigung des deutsch-franz. Kriegs 1871 zahlreiche Aktiengesellschaften leichtsinnig gegründet wurden, begann die dt. Gründerzeit. Vorausgegangen war 1868/69 ein österr. Gründungsschwindel, zu dessen Abwehr der wesentliche Wortschatz schon entwickelt war: Ladendorf 1906 Schlagwb. 112; Gombert 1907 Bemerk. 13.

Gründonnerstag M. 'Donnerstag der Karwoche'. Die Beziehung auf den Genuß grüner Kräuter (s. Ostereier) beruht auf irrender Volksdeutung. Der grüne donerstac, um 1200 dem lat. dies viridium 'Tag der Grünen' nachgebildet, erscheint zuerst in Erfurt um 1220 (Ebernand, Kaiser u. Kaiserin 1917), auch danach nur in md. Gedichten (Albertus, Hlg. Ulrich 534; Elisabeth 2920. 40; Passional 103, 67 Hahn), erst nach 1400 auch im obb. Westen und Südwesten. Hier ist der alte Name mhd. antlaztac 'Tag des Erlasses (der Kirchenbußen)': die öffentlichen Büßer (das sind die virides nach Luk. 23, 31) schritten nach 40tägiger Buße zum Abendmahl. Bischof Burchard v. Worms bekundet zu Beginn des 11. Jh., für quadragēna sage das Volk carēna, -ina (zu ahd. kara 'Trauer'; s. Karfreitag): darin mit A. M. Koeniger, Schwäb. Landesztg. Nr. 31 vom 16. April 1946 den Ursprung des Grün- zu sehen, ist kaum nötig.

Grundriß M. erscheint zuerst bei Faulhaber 1632 Continuatio des math. Kunstspiegels 16 und bleibt lange ein Wort der Techniker und Baumeister, die auch in Aufriß und Reißbrett, -schiene, -zeug Erinnerungen an reißen 'zeichnen', Riß 'Zeichnung in Linien' bewahren.

Grundruhr F. mhd. gruntruore, mnd. gruntröringe 'Strandung eines Schiffs; gestrandetes Gut; Rechte der Grundherren daran'. Voraus geht mhd. den grunt rüeren: Zarncke 1854 zu Brants Narrensch. 36, 17; Kluge 1911 Seemannsspr. 337.

gruneln, grüneln Ztw. 'nach frischem Grün riechen oder schmecken' (von Früchten, Gemüse, Tabak, der Natur), literarisch durch Goethe, Faust V. 8266 und West-östl. Divan (Weim. Ausg. I 6, 26. 290); in den Mundarten weithin neben grunenzen, grinzen, grün(t)schelen: A. Feuerstein 1922 Mhd. Verba der Bed. riechen und schmecken nach etw. (Diss. Freiburg i. B.) 77 f.

Grünkohl M. ist der wesentl. nord- und md. Name der Brassica oleracea, die sonst Kohl schlechtweg oder Blau-, Braun-, Kraus-, Winterkohl heißt. Die Vorstufe grüner Kohl ist landschaftl. erhalten: Kretschmer 1918 Wortgeogr. 221.

Grünspan M. mhd. grüenspān, gleichbed. vom 13. bis 19. Jh. Spangrün: beides Lehnübersetz. des mlat. viride hispanicum, nach Spanien benannt, weil im Handel von da Kupferoxyd zuerst nach Deutschland kam. Um 1300 ist mhd. grüenspān ins Tschech. entlehnt worden; das älteste dt. Zeugnis: grüenspāt, ain chraut spängrüen (Prag um 1260) zeigt schon die auch weiterhin geläufige Anlehnung an Spat: Arth. Hübner 1935 DWb. 4, 1, 6, 960 f.; Gerh. Eis 1939 Meister Albrants Roßarzneibuch 30.

grunzen Ztw. ahd. grunnizōn, mhd. grunzen aus germ. *grunnatjan, agf. grunnettan, mengl. grunten, engl. grunt: Intensivbildung zu frühuhd. grunnen 'grunzen', agf. grunnian 'knirschen', das (wie gleichbed. lat. grunnire aus grundire und gr. γρύζειν) lautmalend ist: O. Hauschild 1910 Zf. f. d. Wortf. 12, 41 f.; P. Kretschmer 1924 Glotta 13, 135.

Gruppe F. Aus lat. co- 'mit' und einer Ableitung von afränk. *rēp 'Seil' entsteht gallorom. *co-repare, später *croppare, prov. gropar 'verknüpfen'. Rückbildung dazu ist prov. grop M. 'Knoten', das als gruppo ins Ital. gelangt und hier die Bedeutung 'Vereinigung' annimmt. Als Lehnwort aus dem Ital. tritt im 17. Jh. frz. groupe M. 'Vereinigung, Gruppe' auf, das in dieser Schreibung seit 1708 in dt. Texten erscheint, zuerst bei P. J. Marperger, Kaufm.-Mag. 561; das M. Grupp noch bei Bodmer 1746 Mahler d. Sitten 1, 263. Der Wandel zum F. Gruppe (vollzogen bei Chr. L. Hagedorn 1762 Betracht. über d. Mahlerey 663) folgt Vorbildern wie Truppe, s. d. Als Ausdruck der bildenden Künste war G. zu uns gelangt. Im 19. Jh. ist es durch L. Strümpell 1844, H. v. Treitschke 1859 und Ferd. Tönnies 1887 zu einem Kernwort der Gesellschaftslehre geworden: H. L. Stoltenberg 1939 Nachr. d. Gieß. Hochschulges. 13, 54 ff.

gruseln Ztw. Zu mhd. grüsen (s. Graus)

gehört die Intensivbildung mhd. griuseln 'Grausen empfinden'. Die Form ohne Umlaut und Diphthongierung scheint unter norddeutschem Einfluß schriftdeutsch geworden zu sein.

Grus M. 'Zerbröckeltes, Schutt, Kohlenklein', die nd. Form, der bei Goethe Graus 'Steingeröll, -schutt' entspricht; mhd. grūz 'Sand-, Getreidekorn', agf. grūt 'grobes Mehl', engl. grout 'dünner Mörtel'. Nächstverwandt mit Grieß und Grütze, s. d.

grüßen schw. Ztw., mhd. grüezen (obb. grüetzen), ahd. gruozen (obb. gruozen) 'anreden, angreifen', afächf. grōtjan 'anreden', mnd. grōten, grūten 'zum Kampf auffordern, grüßen', mnl. groeten, grueten, nnl. groeten, afrief. grēta 'grüßen, anklagen', engl. greet 'grüßen', anord. grœta 'weinen machen'. Germ. *grōtjan ist Kausativ zum st. Ztw. got. grētan, anord. grāta, agf. grētan 'weinen, klagen', schott. greet 'weinen', afächf. grātan mhd. grāzen 'schreien' (f. gräßlich), für das nach Ausweis seiner idg. Verwandten (aind. hrādatē 'tönt', hrāda- M. 'Geräusch', gr. κέχλαδα 'rausche, brause', κοχλάζω 'klatsche, plätschere', air. ad-glādur 'ich rede an') die Ausgangsbed. 'schallen' anzusetzen ist. Demnach bedeutet *grōtjan ursprünglich 'zum Reden bringen': das war der Sinn der grüßenden Anrede in der alten Zeit, die noch keine hohlen Höflichkeitsformen kannte. — Gruß M., mhd. ahd. gruoz, mnd. grōt, nl. groet ist im 12. Jh. aus dem Ztw. rückgebildet. Vorher hat unfern Altvordern ein Wort für 'Gruß' gefehlt: Wh. Bruckner 1939 Schweiz. Arch. f. Volkskde. 37, 65 ff.

Grütze F. 'Getreideschrot; aus Körnern bereiteter Brei': mhd. grütze, ahd. gruzzi, mnd. grütte, görte, mnl. gort(e), nnl. gort, agf. grytt, engl. grit 'Grütze', urspr. 'Grobgemahlenes', dazu viele Sinnverwandte in verschiedenen Ablautstufen. Verwandt mit Grieß und groß, f. d. Ital. gruzzo 'Haufe zusammengetragener Sachen' ist aus einer germ. Sprache entlehnt, ebenso mlat. grūtum 'Mehl', dessen Weiterbildung volkslat. *grūtellum über afrz. gruel 'Grütze' das gleichbed. engl. gruel ergeben hat. Auf idg. *ghreud-, einer Erweiterung der Wurzel *ghrēu-: *ghrǝu-'scharf darüber reiben' (f. Graus) beruhen auch lat. rūdus, -eris 'zerbröckeltes Gestein', lit. grúdžiu 'stampfe', graudùs 'brüchig', grúdas 'Korn', lett. grūžu 'stoße', grūdenes 'Graupen', aslav. grudā 'Erdscholle'. — Grütze 'Verstand' beruht auf Umbildung von frühnhd. kritz (hess. gritz), das sich aus 'Kitzel' zu 'Vorwitz, Scharfsinn' entwickelt hat und zu frühnhd. kritzeln 'kitzeln, jucken' gehört.

Guanako N. Lamaart der Anden. Der Name durch gleichbed. span. guanaco vermittelt aus huanacu der südamer. Keschua-Sprache. In dt. Text zuerst bei J. de Acosta 1598 Geogr. Beschr. v. America 29 „die Guanacos ... ein Art wilder Geißen": R. Loewe 1933 Zf. f. vgl. Sprachf. 60, 151 f.; Palmer 40 f.

Guano M. In der peruan. Keschua-Sprache hat huanu neben der umfassenden Bedeutung 'Mist' die engere 'Dünger von Seevögeln', wie er sich auf Inseln und Klippen in mächtigen Lagen findet. Über span. guano gelangt das Wort 1601 in den dt. Gesichtskreis: R. Loewe 1933 Zf. f. vgl. Sprachf. 60, 152 f.; Palmer 41.

gucken schw. Ztw. dringt seit dem 15. Jh. durch und gilt im 16. Jh. obd. Md. entspricht gücken mit Umlaut des u, der obd. vor ck lautgesetzlich unterblieben ist (vgl. ducken, schlucken, spucken). Da das Wort in schweiz. Ma. nicht mit kch vorkommt, muß ahd. *guckan aus westgerm. *guggjōn stammen (f. Gaupe). In Nürnberg gilt eine Weiterbildung gutzen (aus *guckezen), im Nd. ein unverwandtes kīken. Auf dessen Einfluß beruht der Anlaut von nordd. kucken.

Guckindiewelt M. seit Voß 1784 Luise 1, 592; daneben Gieck in die Welt Bretzner 1790 Leben e. Lüderl. 1, 214. Satzname wie Gernegroß, Springinsfeld, Störenfried, Taugenichts, Tunichtgut, Wagehals. Das urspr. einleitende 'ich' ist weggeblieben wie vor bitte und danke.

Guckkasten M. kaum vor Lessing 1759 Lachm. 6, 106; gebucht seit Adelung.

Gugel F. 'Kapuze' f. Kugel[1].

Gugelhupf M. in Oberdeutschland eine Kuchenart, bei Kirsch 1739 Cornu cop. 2, 172 Gogelhopff. Erster Bestandteil mhd. gugele 'Kapuze' (wegen der Gestalt); der zweite vielleicht zu Hefe.

Guillotine F. Das auf seinen angeblichen Erfinder, den Arzt J. J. Guillotin (1738—1814), getaufte Fallbeil der Frz. Revolution wird bei uns zuerst von Lichtenberg 1792 so benannt; guillotinieren (nach frz. guillotiner 1790) seit Brentano 1800: H. Schulz 1913 Fremdwb. 1, 258.

Guitarre f. Gitarre.

Gulasch N. 'Pfefferfleisch'. Zu magy. gulya 'Rinderherde' stellt sich gulyás 'Rinderhirt'. Das von den Hirten im Kessel gekochte einfache Mahl hieß gulyás hus 'Fleisch' oder g. lé 'Saft, Suppe'. Später werden beide verkürzt (f. Kutsche). Über Österreich bringt Gulasch 1850 uns ein.

Gulden M. Die unter Florin behandelte Goldmünze heißt mnl. gulden florijn; auf dt. Boden begegnen die Formeln guldīn

pfenninc und **aureus denarius**. Aus dem nach
obd. Regel umlautlosen Adj. (ahd. asächs.
guldīn, afries. gelden, ags. gylden, anord.
gullinn, got. gulþeins) entwickelt sich der
Münzname mhd. guldīn, nhd. nl. gulden.
Frühnhd. guldein, gülden zeigen bair.-österr.
und md. Lautstand. Von gülden geht dän.
gylden aus. Nach Erstarrung des Namens
und entspr. Sachwandel wird eine Bildung wie
Silbergulden möglich.

Gülle F. 'Pfütze; Jauche', heute ein Wort
der westobd. Ma., von da bei Hebel 1803
Allem. Ged. (Irrlichter V. 59), mhd. gülle F.
'Lache, Pfütze', mnd. göle 'Sumpf', schweb.
göl 'Tümpel'. Ein Fluß im Limburgischen,
heute Geul, heißt 891 Gulia; ein früh entlehntes afrz. goille 'Pfütze' lebt in ostfrz. Ma.
bis heute. Germ. *guljō hat früh finn. kulju
'Tümpel' ergeben. Über ahd. tunc-culle
s. Beitr. 43, 148.

Gully M. N. Schacht zum Abfangen von
Schlamm und Sand, in städt. Straßen eingebaut. Dt. Städte folgen darin dem Vorbild
von London, demgemäß ist das Wort aus dem
Engl. entlehnt. Hier ist gully seit dem 17. Jh.
auf Wasserbauten übertragen; urspr. bedeutet
es 'Schlund' und geht über afrz. goulet
zurück auf lat. gula 'Schlund'.

gültig s. gelten.

Gummi N. M. Altägypt. kmj.t ist über gr.
κόμμι, lat. cummi, mlat. gummi ins Spätmhd.
gelangt, zuerst als 'Klebsaft aus Bäumen': Luther 1521 Weim. Ausg. 7, 254 „myrren, der ain
starcker kiener ('kiener') gesafft ist auß den
bömen in Arabia fließend wie ain gummi",
dann als Arznei: Paracelsus 1530 Arch. f.
Ref.-Gesch. 15, 135. Die Entwicklung von
G. arabicum und elasticum bei H. Schulz
1913 Fremdwb. 1, 258. Vgl. Kautschuk.

Gummischuhe Plur. seit 1842 eingeführt,
heute im größten Teil Deutschlands so benannt. S. Galosche und Kretschmer 1918
Wortgeogr. 221 ff.

Gundelrebe F., **Gundermann** M. Glechoma hederaceum, ein Kraut mit kriechendem,
an den unteren Knoten wurzelndem Haupt-
stengel. Dieser klammert sich an den Grund,
wie die Rebe an Stamm und Mauer. Danach
ist für die Pflanze (vielleicht in freier Nachbildung des mlt. hedera terrestris, das gleichbed.
Erdefeu, engl. ground-ivy s. geliefert
hat) der ahd. Name *grund(e)rëba vorauszusetzen. Das erste r schwand vor dem zweiten:
so entsteht im 9. Jh. gunderëba, das über mhd.
gunderëbe zn nhd. Gundelrebe geführt hat.
Im 12. Jh. wird der Pflanzenname nach dem
Vorbild des Männernamens Gundram umgebildet zu gunderam. Umdeutung des 17. Jh.

ist Gundermann: E. Björkman 1902 Zs. f.
dt. Wortf. 3, 287; R. Loewe 1936 Beitr. 60,
164 ff. Über westfäl. hüdräwe s. Rebe.

Günsel M., früher auch F. 'Ajuga reptans L.',
daneben gelber Günsel 'Ajuga chamaepitys' und Heidegünsel 'Ajuga genevensis'.
Mhd. (seit dem 13. Jh.) cunsele entlehnt aus
lat. ital. consol(i)da (von consolidäre 'festmachen'), dies Lehnübersetzung des gr. σύμφυτον
als Name von Pflanzen, die das Zuheilen befördern. Denselben Ursprung haben frz.
(seit dem 14. Jh.) consou(l)de und engl. (1807)
consound 'Beinwell, Schwarzwurz'. Aus dem
Dt. weiterentlehnt ist poln. gądziel. Der roman.
Anlaut ist bei uns behandelt wie in Galmei,
Gant, Gardine usw.

Gunst F. mhd. mnd. gunst M. F. 'Wohlwollen, Erlaubnis' aus *ge-unst zu ahd.
gi-unnan 'gönnen'. Dafür ahd. unst F. Dazu
mit Ablaut ahd. anst, got. ansts, ags. ēst
'Gunst', anord. āst 'Liebe'. Germ. Stamm
*un-, *an- mit Suffixverbindung -s-ti, wäh-
rend mhd. gunt 'Gunst', anord. ǫfund, urnord.
afunþ 'Mißgunst' einfaches -ti- zeigen. S.
gönnen.

Gürbe F. M. Aus lat. curvus Adj. 'gebogen' ist frz. courbe 'Krummholz' entwickelt,
das in frühnhd. Zeit die alem. Fremdwörter
gürben Plur. 'Schiffsrippen' und vergurben
'mit Rippen versehen' liefert: Kluge 1911
Seemannsspr. 339. Zur Behandlung des
Anlauts s. Günsel.

Gurgel F. Der Begriff war durch ahd.
quërcha(la), mnd. quërke, anord. kverk
'Gurgel' gedeckt. Aus dem damit urverwandten
lat. gurgulio M. 'Luftröhre' wird auffällig
früh (z. B. weit vor Körper, s. d.) ahd.
gurgula, mhd. gurgel, mnd. nl. gorgel entlehnt.

Gurke F. Pers. angārah ergibt spätgr.
ἀγγούριον N. 'Wassermelone', woraus mit
Verkleinerung russ. oguréc, poln. ogórek
'Cucumis sativus' entlehnt sind. Das slav.
Wort dringt an versch. Stellen bei uns ein:
Johannes dictus Kurke 1362 Urk.-B. der
Stadt Freiberg i. Sa. I 408 führt den Übernamen offenbar nach seiner Nase; der Anlaut ist
noch slav. Vom östl. Niederdeutschland vordringend, steht gurken oder pluzern bei Frei-
gius 1579 Quaest. phys. 839, augurken bei
Chytraeus, Nomencl. lat.-sax. (Rostock 1582)
Kap. 117. Auffallend früh steht unser Wort
bei W. H. Ryff, Confectb. (Frankfurt a. M.
1544) 156. Die landschaftl. Verbreitung zeigen
österr. omorken, umurke, lüb. agurke, brem. ostfries. augurke, nnl. augurk, engl. gherkin,
dän. agurk, schweb. gurka. Sorb. korka und
lett. agurk's stammen aus dem Deutschen:

Wick 25 f., wohl auch tschech. okurka. Dagegen gelten im dt. Süden und Westen seit dem 13. Jh. Abkömmlinge von lat. cucumer, -eris: oberpfälz. ostfränk. kümerling, schwäb. guckummer, gommer, mrhein. südheff. kumr, in Koblenz und Aachen kumkumr, nnl. komkommer.

Gurt M. mhd. gurt (auch in über-, umbe-, undergurt): Rückbildung zum schw. Ztw. gürten, mhd. gürten, gurten, ahd. gurtan, -en, asächs. gurdian, afries. gerda, ags. gyrdan, engl. gird, anord. gyrða neben dem gleichbed. st. Ztw. got. bi-, ufgairdan. Dazu Gürtel M., frühnhd. auch F., mhd. gürtel M. F., ahd. gurtil M., gurtila F., mnd. gördel, afries. gerdel, ags. gyrdel, engl. girdle, anord. gyrðill neben gjǫrð, got. gairda F. Mit Garten (s. d.) zur idg. Wurzel *gherdh- 'umgürten'. Die gleichbed. Wurzeln *iōs- (in gr. ζώννυμι und ζώνη), *kenk- (in lat. cingō) und *qert- (in air. criss 'Gürtel') haben keine germ. Folgeformen ihres Sinnes hinterlassen. Die Sitte des Gürtens war für die idg. Tracht kennzeichnend.

Guß M. ahd. mhd. guz (zz), mnd. göte, ags. gyte: zu gießen.

gut Adj. ahd. mhd. guot, ags. gōd, anord. gōðr, got. gōds. In allen älteren germ. Sprachen hat gut noch eine kräftigere Bed., etwa 'trefflich'. Grundbed. ist 'passend', wie die unter gätlich genannten Etyma beweisen. Wegen der Steigerung s. baß, besser. Vgl. F. Nietzsche, Werke 7, 303 ff.

Gutachten N. Zu gut als Ausdruck der Billigung (wie in Gutbedünken) stellt sich frühnhd. guetachten in Kanzleiformeln wie „nach Ihrer Gnaden G." (Überlingen 1585: H. Fischer 1911 Schwäb. Wb. 3, 960). Das N. erstarrt im Sinn des frz. mémoire und wird seit Henisch 1616 gebucht.

Gütchen N. 'Kobold', ein ostmd. Wort, literar. durch Goethe 1832 Faust 5848. Früh bei Siber 1579 Gemma gemm. 225 „cobalus / ein Güttgen"; vorher im md. Nachtsegen des 14. Jh.: (behüte mich) vor den swarzen unde wizen, dī dī güten sint genant Zf. f. dt. Alt. 41, 342. Wie mhd. güt(t)el 'Kobold' Verkl. zu Gott: K. v. Bahder, Beitr. 22, 534. S. Götze, Heinzelmännchen, Kobold.

Guttapercha F. Mal. getah 'Pflanzensaft, Baumharz', perčah der Baum Isonandra gutta, der den Malaien zuerst in den Wäldern um Singapur bekannt wurde und dessen eingedickter Saft seit 1843 nach Europa kam. Von den europ. Bezeichnungen verläßt das mal. Vorbild nur frz. gomme-gutte: hier übersetzt den zweite Teil den ersten: Lokotsch 1927 Etym. Wb. Nr. 712. Zur Schreibaussprache vgl. Dschungel, Dumdum, Punsch.

Gymnasium N. Gr. γυμνάσιον 'öffentlicher Platz für Leibesübungen', die nackt (gr. γυμνός) vorgenommen wurden; dann 'Versammlungsplatz der Philosophen'. In diesem Sinn um 1250 von den Gründern der ersten Universitäten aufgenommen. Von den Humanisten gern verwendet zur Vermeidung der unklass. Wörter studium und universitas; seit Wimpfeling (Straßburg 1501) von Lateinschulen (vgl. Akademie): S. Nyström 1915 Dt. Schulterm. 1, 23.

Gymnastik F. Die γυμναστική τέχνη der Griechen (zu γυμνός 'nackt') erscheint schon bei Plautus im alten Rom als gymnastica ars. Bei uns zuerst gimnastisch Fischart 1575 Garg. 280, auf die Turnkunst der Alten bezogen wie alle Belege vor Gutsmuths 1793 Gymnastik für die Jugend. Das von Jahn 1811 aufgebrachte turnen mit seinen Abl. verhindert damals die Entfaltung unserer Gruppe.

H

Haar M. '(nicht zubereiteter) Flachs'. Mhd. har, ahd. haro, Gen. harwes, afries. her, anord. hǫrr, Dat. hǫrvi, norw. mundartl. horr, dän. hør führen auf germ. *hazwa- 'das Abgekämmte' zur idg. Wurzel *qes- 'kämmen' in aslav. česati 'kämmen, (Beeren) abstreifen', lit. kasà 'Haarflechte', kasýti 'kratzen', lett. kast 'harken', apreuß. kexti 'Zopfhaar', gr. κεσκίον 'Werg'. S. Hede.

Haar N. 'crinis', mhd. ahd. asächs. anord. hār, ags. hǣr, nnl. haar 'Haar': germ. Stamm *hēra- (nicht verwandt mit dem vorigen; germ. *hēza- hätte anord. hēr ergeben: Detter 1898 Zf. f. dt. Alt. 42, 55). Nächstverwandt lit. šerỹs 'Borste', šértis 'haaren', aind. *śala- (idg. *ḱóro-) in kapucchala 'Haar am Hinterkopf'. Weitere Anknüpfungen, z. B. an anord. skǫr 'Rand, Haar', sind unsicher: Walde-Pokorny 1930 Vgl. Wb. der idg. Spr. I 427. — Eine alte Abl. zu Haar, ahd. hār(r)a, afränk. *hārja, ags. hǣre 'härene Decke, grobes Gewand', drang ins Roman. und ergab frz. haire 'Bußkleid, Haardecke', das auf engl. hair 'Haar' eingewirkt hat.

Haarbeutel M. als Männertracht löst nach Mitte des 18. Jh. den Zopf der Männer ab. Einen Zopf haben, heimschleifen u. ä. bedeutet 'berauscht sein'. Wie Zopf steht auch Haarbeutel für 'Rausch', zuerst in e. Brief Bürgers von 1773 (Strodtmann I 139). Auch Affe, Ballen, Fahne, die man etwa einem Betrunkenen auflädt oder anhängt, stehen für 'Rausch': H. Fischer, Schwäb. Wb. 3, 1171; 6, 1260; DWb. 4, 2, 24; 16, 81.

Haarwachs M. N. spätmhd. harwahs 'Flechse, sehnig durchwachsenes Fleisch', in den Ma. vielfach lebendig, kaum je schriftsprachlich. Das erste Glied zu Haar M., zum zweiten s. das gleichbed. Wildwachs.

Habe F. ahd. haba, nl. have 'Besitz': zu haben.

Habemus M. 'Rausch' in Kleins Prov.-Wb. 1792 als Wort der pfälz. Ma. bezeugt, noch heute obd. und nass. bekannt, literar. bei Gaudy 1844 Werke I 194. Aus dem stud. Papstspiel des 17. und 18. Jh., in dem der Ruf „habemus papam" zugleich allg. Bezechtheit ankündigte. In Nassau können Knaben einem Betrunkenen nachrufen: „Er hott! Er hott!"

haben Ztw. ahd. habēn, asächs. hebbjan, anl. hebon, afries. hebba, habba, agf. habban, anord. hafa, got. haban. Der gemeingerm. Stamm *habai- gehört als Durativ mit gramm. Wechsel zu dem unter heben behandelten Verbalvz. *haf in got. hafjan 'heben', lat. capere 'ergreifen', wie währen (ahd. wērēn) zu ahd. wësan 'sein'. Urverwandtschaft mit lat. habēre besteht nicht.

Haber s. Hafer

Haberecht M.: einer, der die Worte „ich habe recht" im Munde führt. Früh bei Lessing 1756 Vor Diesem 3; gebucht seit Campe 1808; westfäl. hebberecht. Zur Wortbildung Behaghel 1924 Neuphilol. Mitt. 25, 133.

Haberfeldtreiben N. nächtliches Rügegericht gegen Sünder, die sich an der Volkssitte vergangen haben, ohne daß man sie gerichtlich fassen könnte; am längsten in Oberbayern lebendig geblieben, einst als Friedloslegung weit verbreitet. Ehe der Haberfeldmeister dem Schuldigen sein Sündenregister verliest, wird dieser in ein Hemd gezwungen, das an Stelle eines Bocksfells getreten ist. Haber ist der unter Habergeiß entwickelte Name des Bocks, Feld entstellt aus Fell: H. Jaekel 1906 Zf. d. Sav.-Stift. f. Rechtsgesch. 40 Germ.Abt. 121 Vgl. Bockshorn.

Habergeiß F. Der idg. Name des männl. Tiers *kapro-, der in lat. caper zu 'Ziegenbock', in gr. κάπρος 'Eber' abweichend entwickelt ist, lebt fort in agf. hæfer, anord. hafr 'Bock', wie in schwäb. ostfränk. haberling, heberling 'einjähr. Ziegenbock'. Koseform zu mhd. *haber 'Bock' scheint bair. thür. hess. heppe F. 'Ziege', das als Hippe mit Hipplein ins Frühnhd. gelangt ist. Noch weiter verbreitet

ist der alte Stamm in einem Vogelnamen. Die Bekassine erzeugt beim Balzflug einen Laut, der die Germanen von je an das Meckern der Ziege erinnert hat: daher agf. hæferblǣte 'Bockblökerin', meckl. hawerblarr und vor allem Habergeiß, seit dem Voc. inc. theut. (Nürnb. 1482) weithin, namentl. in den Mundarten: Suolahti 1909 Vogelnamen 276; Schlutter 1912 Zf. f. d. Wortf. 14, 154.

Habgier, -sucht F. kommen kurz vor 1750 auf an Stelle der älteren Bed. von Geiz, s. d.

habhaft Adj., mit Suffix -haft vom F. Habe abgeleitet, bedeutet frühnhd. 'mit Habe versehen, wohlhabend'; so noch schweiz. Die schriftsprachl. allein gebliebene Wendung „einer Sache h. werden" seit Londorp 1619 Acta publ. 1, 135.

Habicht M. Das ausl. t tritt nicht vor 1450 auf und ist zu beurteilen wie in Mond, Hüfte usw. Ahd. habuh, mhd. habech, asächs. habuc, mnd. havec, mnl. havik, agf. h(e)afoc, mengl. hauk, engl. hawk, anord. haukr (aus *hǫbukr) vereinen sich auf germ. *habuka-, das im finn. Lehnwort havukka erscheint. Darin steckt dieselbe Bildungssilbe wie in westgerm. *kranuka- (s. Kranich, Lerche). Mit den nächsten außergerm. Verwandten (russ. kóbec, poln. kobuz 'Name von Falkenarten') vereinigen sich die germ. Wörter auf idg. *gabh-, eine Wurzelvariante zu der unter haben und heben vorausgesetzten Wurzel *qap- 'fassen'. Wie in seinen jüngeren Namen (Hühnerräuber, Stößer, Stoßfalk, -vogel, geflügelter Teufel) war der Habicht schon den Germanen der gefährliche Räuber: Suolahti 1909 Vogelnamen 360.

habilitieren refl. Ztw. 'an einer Hochschule als Privatdozent eine Lehrtätigkeit eröffnen', urspr. allg. 'sich geschickt erweisen' (nach mlat. habilitāre 'geschickt machen'), so Mengering 1638 Soldatenteufel 199; im akad. Bereich seit Nehring 1684 Manuale 463. Die Lehrtätigkeit begann formlos nach Erwerbung des Lizentiatengrads; Habilitationsbestimmungen sind zuerst in Preußen 1819 erlassen worden. Die Sache kehrt im Norden, in der Schweiz und Italien wieder: H. Schulz 1913 Fremdwb. 1, 260.

Habseligkeiten Plur. gebildet wie Arm-, Saum-, Trübseligkeit, die mit selig nichts zu tun haben, sondern auf Bildungen wie Drang-, Labsal zurückweisen. Der Sing. „Habseligkeit / opulentia, habentia" seit Stieler 1691 hält sich mundartl., z. B. Zaupser 1789 Bair.-oberpfälz. Jd. 35. Der Plur. herrscht vor seit Wieland 1774 Abder. 5, 10. Ein Adj. habselig 'reich' wohl nur bei Ludwig 1716 und Frisch 1741.

Hachſe, Hechſe F., bair. haksn, bezeichnet urſpr. die Achilleſſehne, nachmals auch den Ferſenbug, Unterſchenkel und Fuß von Menſch und Tier. Geſchlachtete Rinder uſw. werden an dieſer Sehne aufgehängt, darum ſieht Gg. Weitzenböck 1934 Teuth. 7, 156 im erſten Wortteil germ. *hanh-, ahd. hāh-, agſ. afrieſ. hōh(ſ. hängen). Zweiter Wortteil iſt Sehne (ſ. d.), nach dem einſilbigen Beſtimmungswort früh verſtümmelt: ahd. hahsa, mhd. hähse, während in agſ. hōhsinu F. 'Ferſenſehne', afrieſ. hōxene 'Kniekehle', anord. hā-sin 'Flechſe' die Zuſ.-Setzung erkennbar geblieben iſt. Vgl. Flechse, Ochſenziemer.

Hackbrett N. urſpr. 'Brett zum Hacken von Fleiſch u. dgl.', allein ſo ſpätmhd. und in vielen Ma. Nach der äußeren Ähnlichkeit wird danach das mit Holzſchlegeln geſchlagene Muſikgerät genannt, zuerſt in Cleve 1477 bei Schueren, Teuth. 138 Verdam. In Augsburg ſeit 1512: H. Fiſcher 1911 Schwäb. Wb. 3, 1010.

Hacke F. 'Ferſe; Abſatz am Schuh; Ferſenteil am Strumpf': haken/calces zuerſt im 12. Jh. (Ahd. Gloſſen 3, 439, 58), dem Mhd. wie dem geſamten Obd. fehlend; nhd. „auf den Hacken" 1663 bei dem oſtpreuß. Freiherrn v. Eulenburg (Arch. f. Kulturgeſch. 8, 205), heute vorwiegend ein Wort des Nordens, das in Schleſien, dem Erzgebirge, Vogtland, Thüringen und Heſſen an ſübl. Ferſe grenzt: Kretſchmer 1918 Wortgeogr. 223 f. Neben dem F. Hacke ſteht Haken M. (wie bei Kante, Karre, Rahmen), ohne daß landſchaftl. Abgrenzung möglich wäre. Mnl. entſpricht hac(ke) M., nnl. hak, frieſ. hakke. Norw. hak beruht auf Entlehnung aus dem Nd. Dazu die Verkl. anord. hōkill 'Kniegelenk am Hinterbein'. Germ. *hak-: *hōk- weiſen auf idg. *kog- 'Bug'. Der nächſte außergerm. Verwandte iſt lat. coxa 'Hüfte', ſ. Kiſſen.

hacken ſchw. Ztw., mhd. mnd. hacken, ahd. hacchōn, afrieſ. hackia, agſ. haccian, engl. hack. Im Ausgangspunkt ſteht das Bearbeiten mit krummen Krallen oder mit der krummzähnigen Hacke, was Verknüpfung mit Haken, Hechel uſw. ermöglicht. Poſtverbal ſind Hacke F. (mhd. hacke), Häckerling M. (ſeit 1571 Nomencl. Hadr. Junii 28) und Häckſel. Seit frühnhd. Zeit werden hacken, Hacke, Fleiſch-, Holzhacker in Süddeutſchl. bevorzugt, während nordd. hauen, Axt, Beil, -hauer gelten: Kluge 1918 Von Luther bis Leſſing 115; Kretſchmer 1918 Wortgeogr. 233 f.

Hader[1] M. Das Germ. kennt eine u-Abl. *haþu- 'Kampf', die weſtgerm. nur als erſtes Glied von Namen wie Hadumār (Catumērus

bei Tacitus für germ. *Chathu-mērus) erhalten iſt. Anord. erſcheint einmal (bei dem älteſten Skalden Bragi) Akk. hǫð 'den Kampf', ſonſt iſt Hǫð Name einer Walküre und Hǫðr der eines mytholog. Königs ſowie von Balders Bruder. Ihnen liegt wohl *Haþus als Name eines germ. Kriegsgottes voraus. Man vergleicht damit den thrako-phryg. Männernamen Kότυς (zugleich Name einer Göttin). Mit Sicherheit ſind verwandt gr. κότος 'Groll', κοτεῖν 'zürnen', air. cath M. 'Kampf', wozu der gall. Völkername Catu-riges 'Kampfkönige' und Cata-launi (frz. Châlons). Die r-Abl. aſlav. kotora 'Kampf' vergleicht ſich unſerm Hader, das (nachdem germ. *haþu durch Kampf, Krieg, Streit längſt verdrängt und nur in Namen wie Ham(m)er und Hedwig, unkenntlich genug, geblieben war) ſeltſam ſpät im 14. Jh. oſtmd. auftaucht und durch Luther ſchriftdeutſch wird. Haß iſt unverwandt.

Hader[2] M. 'Lumpen', mhd. hader 'zerriſſenes Stück Zeug', ahd. hadara F. 'Lappen'. Daneben auf -l mhd. hadel 'Hader' (woraus entlehnt afrz. *haille; dazu im 12. Jh. frz. haillon 'Hader, Lumpen'), aſächſ. hathilīn 'lumpicht'. In Ablaut damit hudeln, ſ. d. Außerhalb des Deutſchen vergleichen ſich älter dän. hjad 'unordentliches Frauenzimmer', hjatte 'ſudeln', ſchwed. mundartl. haska 'hudeln, ſchmieren' und norw. mundartl. haska 'zuſammengrapſen'. Germ. *haþrō- führt auf idg. *kótrā-. Die außergerm. Verwandten zeigen eingefügtes n: lat. centō 'aus Lappen zuſammengenähtes Kleid', gr. κέντρων 'Lumpenrock, Flickgedicht', aind. kanthā 'geflicktes Gewand'.

Hafen[1] M. 'Topf', ahd. havan, nur in obd. und einem Teil der md. Ma., ſelten mfränk. (heffen Pilgerf. d. träum. Mönchs 1647). Schriftſprachl. im Gewerbe (dazu Hafner 'Töpfer') und in Glückshafen. Zu der in heben enthaltenen Wz. germ. *haf, vorgerm. *qap faſſen.

Hafen[2] M. 'portus', ein dem Obd. urſpr. fremdes Wort, erſt in nhd. Zeit aus dem Nd. entlehnt. Obd. Stadtnamen wie Friedrichs-, Ludwigshafen ſind jung gegenüber nd. wie Bremer-, Curhaven. In frühnhd. Zeit überſetzen die Wbb. lat. portus mit Schifflände, Anfurt; dies iſt Luthers Wort, der nur Ezech. 25, 16 am haue bietet. Fiſchart ſagt vereinzelt Anfurthafen. Seit 1470 begegnet obd. habe, ſeit Friſius (Zürich 1541) Meer-, Schiffhafen. Einfaches Hafen bringt im 17. Jh. durch; es entſpricht mnd. (ſeit 1259) havene F., engl. haven aus agſ. hæfene (11. Jh.), dies entlehnt aus anord. hǫfn F.

'Hafen'. Als Ableitung zu haben und heben aus der Wz. vorgerm. *qap in lat. capere usw. bed. es urspr. 'Behälter'. Verwandt scheint air. cŭan (aus *kopno-) 'Seehafen'. Kluge 1911 Seemannsspr. 340 f.

Hafer M. Avena sativa L. Der Anbau, in Mitteleuropa seit der Bronzezeit nachweisbar, scheint von den Gebirgsländern des Balkans auszugehen: H. Marzell 1943 Wb. d. dt. Pflanzennamen 1, 531. Das germ. Wort fehlt afries., ags. und got. Die hd. Formen sind ahd. habaro, mhd. haber(e); Hafer ist erst in nhd. Zeit aus dem Nd. übernommen (wie Roggen): asächs. habero, mnd. mnl. haver(e), nnd. häwer, nnl. haver, anord. hafri, isl. Mz. hafrar, norw. schwed. dän. havre. Nordengl. haver ist dem Nord. entlehnt, im Engl. hat oats (ags. āte 'Unkraut') das Erbwort verdrängt (wie bei Mohn). Hafer wurde ursprünglich nur als Viehfutter gebaut: K. Classen 1931 Idg. Forsch. 49, 253. Man sieht in dem nur germ. Wort (die Kelten wie die Slaven brauchen unverwandte Benennungen) eine Ableitung von dem unter Habergeiß entwickelten idg. Namen des Ziegenbocks: 'Bocksgetreide'.

Haff N. wie zahlreiche Seewörter urspr. nd. An der Ostsee ist die Bed. 'Küstenbucht' verengt aus der älteren, umfassenden 'Meer'. Diese Bed. zeigen wie mnd. haf auch afries. hef, ags. hæf (Plur. heafu), anord. haf N. Auch die lautlich entspr. mhd. hap, habes N. und habe F. bedeuten 'Meer' neben 'portus'. Etym. ist das Wort als 'sich Erhebendes' im Sinn von lat. altum 'hohe See' zu heben (s. Hafen¹ und ²) zu ziehen.

Haft M. 'Fessel, Band' ahd. haft M. N., ags. hæft, anord. hapt. Zur germ. Wz. *haf in heben 'fassen, ergreifen'. — Vgl. Heftel.

Haft F. 'Gefangenschaft' ahd. mhd. haft (i-Stamm), ahd. asächs. hafta F. Dazu das Adj. ahd. mhd. asächs. haft, ags. hæft 'gefangen', anord. haptr M. 'Gefangener', hapta F. 'Gefangene'. Die Wz. *haf (s. heben) hat in diesen Bildungen ihre alte Bed. bewahrt, vgl. lat. captus, captīvus, air. cacht, kymr. kaeth 'Gefangener'. S. -haft.

-haft Adj.-Suffix (in schmerz-, lebhaft usw.), urspr. ein selbständiges Adj. 'verbunden mit', das schon vor ahd. Zeit zum Suffix wurde, vgl. got. audahafts 'mit Glück behaftet, glückselig'. Im Kern eines mit dem unter Haft F. entwickelten Adj. hafta-, lat. captus.

Hag M. ahd. mhd. hac, hages 'Umzäunung, umzäuntes Grundstück, Hain, Dornstrauch', vereinzelt auch 'urbs' (daher die Orte namens Hagen u. die auf -hag, -hagen). Außerhalb des Hd. vergleichen sich asächs. hago, ags. haga, engl. haw 'Einfriedigung', anord. hagi 'Wei-

deplatz', außerhalb des Germ. lat. caulae 'Schranken', abret. caiou 'Schanzen', kymr. cae 'Zaun', korn. kê 'Gehege', gall. caii 'Schranken', caio 'Umwallung' (hieraus frz. quai 'Flußdamm'). Die idg. Wurzel *qagh- hat urspr. '(ein)fassen' bedeutet, nachmals Besonderung auf 'Flechtwerk, Hürde' erfahren.

Hagebuche, Hainbuche F. Das Birkengewächs Carpinus betulus L. wird oft als Hecke angepflanzt. Wegen der glatten Rinde und der Ähnlichkeit der Blätter wird es nach der unverwandten Buche benannt: mhd. hagenbuoche, ahd. haganbuohha, nnl. haagbeuk, mnd. hageböke. Hieraus (unter Anlehnung an dän. avne 'Achel, Spelze', s. Ahne) dän. (seit 1563) avnbøg, daraus schwed. (1740) avenbok, während schwed. (1640) hagebok dem Nd. entlehnt ist. — S. hanebüchen.

Hagebutte F. Die Frucht der Heckenrose (Rosa canina) heißt mhd. butte F. Das Wort ist verwandt mit Butzen 'Kerngehäuse' und gilt z. B. im Elsaß bis heute. Es wird im 15. Jh. verdeutlicht zu hagebute (Diefenbach 1857 Gloss. 152a), wobei mhd. hagen 'Dornstrauch' vorgetreten ist. Mit Kürzung, wie sie in Männernamen üblich ist (Hein aus Heinrich) ist westobd. hegə (H. Fischer 1911 Schwäb. Wb. 3, 1036) zum Namen der Frucht, hegəmark zu dem daraus hergestellten Marmelade geworden. Auf Kontraktion beruht nordd. hän(e)-, hambutten. Das entspr. fränk. Wort ist Hiefe (ahd. hiafo, mhd. hiefe) F., ostobd. gilt Hetschepetsch (nach Schmeller-Frommann 1872 Bayer. Wb. 1192 aus gleichbed. tschech. šipek): Kretschmer 1918 Wortgeogr. 225.

Hagedorn M. 'Crataegus', gemeingerm.: mhd. hage(n)dorn, anl. haginthorn, ags. hæg-, haguþorn, engl. hawthorn, anord. hagþorn. Urspr. 'Dornstrauch, der zu Hecken benutzt wird'. Durch Vermittlung von Ortsnamen wie Hage-, Heidorn entstehen die entspr. Familiennamen.

Hagel M. Ahd. asächs. hagal, ags. hagol, hægel, anord. hagl N. führen auf gemeingerm. *hag(a)la-. Das einzelne Hagelkorn heißt frühnhd. hagelstein wie ags. hægelstān, anord. haglsteinn, mundartl. auch kiesel(stein); dazu es kieselt (E. Alberus 1542 Der Barf. Münche Eulensp. Kap. 249); vgl. Kies¹. Vielleicht geht Hagel selbst von e. Bed. 'Kiesel' aus, wenigstens steht der Herleitung aus vorgerm. *kaghlo-, gr. κάχληξ 'Kiesel' nichts im Weg. Zur landschaftl. Abgrenzung gegen gleichbed. Graupe(l)n, Schauer, Schloßen s. Kretschmer 1918 Wortgeogr. 226 f.

hager Adj. (dafür obd. rahn), urspr. ein nd. Wort, das in nachklass. Zeit ins Mhd. vordringt und vor Schottel 1663 kaum als nhd.

gebucht wird. Germ. *hag(a)raz vereinigt sich mit lit. nukašėti 'ganz entkräftet werden' und avest. kasu 'klein, gering' auf eine idg. Wurzel *qak- 'abmagern'.

Hagestolz M. mhd. hagestolz, älter hagestalt, ahd. hagustalt, eig. 'Hagbesitzer' (zu got. staldan 'besitzen'): ein germ. Rechtswort, das vor Übersiedlung der Angelsachsen nach England schon bestand. Gemeint war im Gegensatz zum Besitzer des Hofs (den der älteste Sohn erbte) der eines eingefriedigten Grundstücks, zu klein, um darauf einen eignen Haushalt zu gründen. So steht schon in ahd. Glossen hagustalt für 'caelebs', hagustaltlīp für 'eheloses Leben'. Darum bed. das über *haistaud entlehnte afrz. hétaudeau 'Kapaun'. Es entsprechen norw. dial. haugstalt 'Hagestolz, Witwer', schwed. dial. hogstall 'Witwer'. Andere Bed.-Entw. zeigt anord. haukstaldr 'Krieger, Fürst', asächs. hagustald 'Knecht, Diener, junger Mann', ags. hægsteald, hagosteald 'Jüngling, Krieger'. In den urnord. Runeninschr. findet sich das Wort je einmal in der Form hagustadaʀ (für -staldaʀ) und hagustaldiʀ: beidemal scheint es sich um einen aus Beinamen erwachsenen Männernamen zu handeln: Bugge-Olsen, Norges Indskrifter II 563.

Häher M. Ahd. hēhara F., mhd. hēher F. M. und in gramm. Wechsel damit mnd. hēger, ags. higora, higre führen auf westgerm. *hēharōn, *higurōn. Damit stimmen die anord. Reihernamen hēri (aus *hēharo) und hegri, die mit ahd. heigaro (s. Reiher) durch Ablaut verbunden und von ags. hrāgra nicht zu trennen sind. Reiher und Häher sind gleichmäßig nach ihrem rauhen Geschrei idg. *kraikr-, *krikr- benannt gewesen. In hēhara ist das erste r durch Dissimilation geschwunden, in ahd. hēra, alem. hēr(e), hērevogel ist Kontraktion eingetreten und Umdeutung zu Herrenvogel angebahnt. — Als geschickter Nachahmer von Tierstimmen hat der Häher im 13. Jh. den Namen des Spötters aus der volkstüml. Dichtung erhalten, Markolf. Namentlich in rhein. Ma. ist dieser Name geblieben, im Reineke Vos ist Markwart de Hegger daraus geworden: Suolahti 1909 Vogelnamen 198 ff.; E. Christmann 1930 Der Häher in den pfälz. Ma.: Zs. f. Volkskde. 40, 217 ff. Die Fülle der mundartl. Synonyma bei L. Berthold 1930 Hessen-nass. Volkswb. 2, 255 ff.

Hahn M., **Henne** F., **Huhn** N. Die Jdg. hatten den Hahn noch nicht gezähmt. Erst zu Kampfspielen und als Tagverkünder geschätzt, wird er zu versch. Zeiten als Nutzvogel entdeckt und einzelsprachl. benannt. Gemeingerm. *ha-

nan- (mit Lautsubst. als finn. kana früh entlehnt) lebt in ahd. asächs. hano, mhd. mnd. mnl. dän. schwed. hane, afries. ags. got. hana, anord. hani. Neben das M. tritt (wie nd. krön zu germ. *krana- 'Kranich', mnd. swön zu *swana- 'Schwan') der ablautende -es-Stamm *hōnes-N. in ahd. mhd. huon, asächs. mnd. hōn, nl. hoen, anord. hōns(n) N. Plur.; daneben mit derselben Stufe des Ablauts *hōniōn F. in anord. hōna, dän. høne, schwed. höna. Germ. *hanan- ist urverwandt mit air. canim 'singe', mir. cētal 'Gesang', lat. canō 'singe', canōrus 'wohlklingend', carmen (aus *canmen) 'Lied', gr. καναχαι 'mit Geräusch fließen', καναχή 'Getön', tochar. kan- 'Singweise'. Derselbe Stamm liegt vor in lat. galli-cinium 'Hahnengesang', gr. ἠϊ-κανός 'Frühsinger, Hahn'. So stehen lit. gaidỹs, aslav. pětlŭ, alb. kéndés 'Hahn' zu giedóti, pěti, kéndóń 'singen'. In Teilen Österreichs heißt der junge Hahn Singerl. Das F. Henne bleibt auf die westgerm. Sprachen beschränkt: mhd. mnd. mnl. henne, ahd. henin, Gen. henna (aus *hanenā, -iās) und henna (aus *han(e)nī, -iās), afries. ags. henn, nnl. mengl. engl. hen. Als das F. 'die zum Hahn Gehörige' gebildet wurde, konnte *hanan- nicht mehr als 'Sänger' empfunden werden. Namen des kleinen, jungen Huhns s. u. Hünkel, Küchlein. Die Fülle der lautmalenden und Kinderwörter, die in der Mundarten Hahn usw. bedrängen, bei Suolahti 1909 Vogelnamen 228 ff. In md. und obd. Volkssprache ist Hahn fast nur für den Drehzapfen an Brunnen und Faß geblieben, dem das 15. Jh. Hahnengestalt gegeben hatte, wie der Wetterfahne und dem Hahn am Gewehr (engl. cock): M. Heyne 1901 Nahrungswesen 366; F. Holthausen 1942 Beitr. 66, 270.

Hahnenkamm M. Der sonst Klappertopf genannte Rachenblütler heißt wegen Form und Farbe von Blüte und Hochblatt gr.-lat. alectorolophus (zu gr. ἀλέκτωρ 'Hahn' und λόφος 'Kamm'), lat. crista galli. Die Lehnübersetzung Hanenkamp zuerst in Bautzen 1594 bei J. Franke, Hortus Lusatiae 138. Entsprechend nnl. hanenkam, schwed. (1683) hanekamb, dän. (1688) hanekam.

Hahnrei M. mnd. (15. Jh.) hanerei, hanreyge; aus Niedersachsen seit dem 16. Jh. als hanrey, hahnreh ins Frühnhd. getragen. Ausgangsbed. ist 'verschnittener Hahn, Kapaun'. Von da wird die nhd. Bed. 'betrogener Ehemann' erreicht, wie in den Wendungen "einem Hörner aufsetzen, Hörner tragen": den Kapaunen setzte man, um sie aus der Schar herauszukennen, die abgeschnittenen Sporen in den Kamm, wo sie fortwuchsen und eine Art von Hörnern bildeten. Der (untüchtige und

darum) betrogene Ehemann wird alſo 'Kapaun' geſcholten. So heißt der Gatte der
untreuen Frau frz. bélier 'Widder' (eig. 'verſchnittener Schafbock'), cerf 'Gehörnter' (eig.
'Hirſch') und cocu 'Kuckuck'. Der zweite Wortteil von Hahnrei, der 'Kaſtrat' bedeuten muß,
klärt ſich von oſtfrieſ. hänrūne 'Kapaun; betrogener Ehemann' aus: hier iſt rūne, nnl.
ruin 'verſchnittenes Pferd' zweiter Wortteil
(ſ. wrinſchen). In nd. Mundarten, die dieſes
ui (geſpr. öi) entrunden, entſtehen Formen
wie rein, die Doornkaat Koolman 1884 Wb. der
oſtfrieſ. Spr. 3, 71 nachweiſt. Weiteres bei
Dunger, Germ. 29, 62 ff.; Zſ. f. d. Wortf. 1, 64.
3, 228. 14, 155.

Hai M. aus nnl. haai ſeit Hulſius 1624
Schiffahrt 7, 145 in obd. Reiſewerke übernommen. Das nl. Wort iſt (wie ſchott. hoe)
aus gleichbed. isl. hai entlehnt, das auf anord.
hār M. zurückgeht, deſſen Vokal nach Snorris
Edda naſaliert war. Germ. *hanha- iſt nächſt-
verw. mit aind. śaṅkú 'ſpitzer Pflock, Pfahl',
das daneben auch ſchon ein unbekanntes Seetier
bezeichnet. Die Doppelbed. greift auf das
Anord. über, wo hār zugleich 'Ruderdolle'
bedeutet. Zu dieſer Art von Doppelbed. vgl.
Nadel, das zugleich eine Art kleiner Fiſche und
beſtimmter Libellen bezeichnet, oder anord.
gedda 'Stachel; Dorſch', norw. geir 'Spitze;
kleiner Fiſch'. Vgl. Lurch.

Haiduck ſ. Heiduck.

Hain M. Ahd. hagan 'Dornſtrauch', mhd.
hagen 'gehegter Wald' entwickelt md. im 14. Jh.
die kontrahierte Form hain, die in viele, namentl. thür. Ortsnamen eingeht. Das Appellativ in der Bed. 'geweihter Wald; Luſtwäld-
chen', oft bei Luther, iſt deſſen obd. Zeitgenoſſen
unverſtändlich (Kluge 1918 Von Luther bis
Leſſing 113. 116) und ſtirbt auch ſchriftdeutſch
bald wieder ab. Klopſtock erneut es in der
Ode an Ebert 1748, ſeither vor allem Dichterwort. — Vgl. Hag.

Hainbund M. die am 12. Sept. 1772 in einem
Eichengrund vor Göttingen zwiſchen J. H.
Voß, Hölty, F. M. Miller u. a. geſtiftete
Dichterfreundſchaft, „Hain" benannt nach Klopſtocks Ode „Der Hügel und der Hain" 1767,
worin Hain als Symbol german. Dichtkunſt
ſteht im Gegenſatz zum Hügel, dem Parnaß
der Alten. Den Namen erweitert Voß 1804
zu Hainbund in ſeiner Ausgabe von Höltys
Gedichten, Vorrede S. XXIX.

Haken M. mhd. hāke, ahd. hācko, hāko
neben mhd. hägge, ahd. häg(g)o. Ablautend
einerſeits aſächſ. haco, mnl. engl. ſchwed. hake,
agſ. haca, isl. haki, andererſeits mnd. afrieſ. hōk,
mnl. hoec, houc, agſ. hōc, engl. hook; mit derſelben Ablautſtufe ſchwed. mundartl. hōk

'Ecke, Vorſprung' und anord. hǫkja (aus
*hōkiōn-) 'Krücke'. Die nächſten außergerm.
Verwandten vermutet man in ruſſ. kógot'
'Klaue; Fänge des Raubvogels; gekrümmte
Eiſenſpitze' und oberſorb. kocht 'Dorn, Stachel
des Schlehdorns, Weißdorns'. Idg. Wurzel
*keg-: *kek- 'kleiner Pflock, beſonders zum
Aufhängen; Haken, Henkel'.

halali, der weidmänn. Ruf am Ende der
Hetzjagd, iſt im 18. Jh. aus gleichbed. frz.
halali entlehnt. Für den frz. Ruf vermutet
man maur. Urſprung: das arab. Bekenntnis
lā ilāh illa'llāh 'es gibt keinen Gott außer
Allah' war zum Kampfruf geworden: Lokotſch
1927 Etym. Wb. Nr. 59 d.

halb Adj. ahd. halb, aſächſ. afrieſ. mnl. half,
agſ. healf, anord. halfr, got. halbs. Das ſubſt.
F. bedeutet in got. halba, anord. halfa, aſächſ.
halba, ahd. halba, mhd. halbe 'Seite'. Urverw. iſt vielleicht aind. kḷptá 'geordnet, geſchnitten'. Schon gemeingerm. iſt unſere
Zählweiſe 1½ anderthalb, anord. halfr
annarr, agſ. ōþer healf; 2½ dritthalb,
anord. halfr þriði, agſ. þridda healf; 3½
viertehalb, anord. halfr fjǫrði, agſ. fēorþa
healf: Behaghel 1923 Dt. Syntax 1, 443. Mhd.
anderhalp, ſpätmhd. anderthalp mit jungem t
wie innerthalben, (n)iendert; auch das Vorbild von dritthalb uſw. mochte wirkſam ſein.
In prädikativer Verwendung ſind die Formen
halb und halber gleichwertig geworden;
damit hat halber die Beziehung auf einen
beſtimmten Numerus und ein beſtimmtes
Genus verloren: „wir waren, ſie war halber
tot": Behaghel 1928 Geſch. d. dt. Sprache 532 f.

-halb, **-halben** Präp. 'wegen' aus gleichbed.
mhd. halp, halbe(n): urſpr. Kaſus des unter
halb entwickelten Subſt. mhd. diu halbe
(beweiſend got. in þizai halbai 'in dieſer
Hinſicht') und darum (Behaghel 1924 Dt. Syntax
2, 48) mit Gen. verbunden: mhd. mīn, dīn, der
hërren, ſëhens halp. Im 15. Jh. tritt halber
'wegen' an die Stelle, wieder eine erſtarrte
Kaſusform; ebenſo der Dat. Plur. halben,
der an Stelle des Inſtr. Sing. ahd. halb
(Präp. ſeit Notker) getreten iſt.

Halbbruder M., **-ſchweſter** F. ſind in alter
Sprache des Nordens möglich: anord. half-
brōðir, afrieſ. halfbrōther, mnd. halfsüsken.
Die lebenden Bildungen ſind ſeit dem 17. Jh.
von Norddeutſchland aus vorgedrungen, Belege bieten Schottel 1641 Sprachk. 365; Stieler
(1691) 1975; Amaranthes 1715 Frauenz.-Lex.
728; Hippel 1794 Kreuz- und Querz. 2, 284.
Auf hd. Sprachraum gelten alt nur die Bildungen mit Stief-.

Halbfiſch M. ſpätahd. halpfisc, mhd. halp-
visch, mnd. halfvisk: Name verſch. Fiſche

(Rotauge, Karauſche, Platteiſe, Scholle), die nach Größe, Geſtalt oder Wert nicht für voll gelten.

halbieren Ztw. Spätmhd. halbieren gilt zunächſt von der Tracht, die das frz. mi-partir kennzeichnet. So iſt h. unter den bei grilli=ſieren entwickelten Miſchbildungen die älteſte. Das Trachtenwort wird im 15. Jh. zum Fach=ausdruck der Rechenkunſt (im Sinn des mhd. halben, agſ. helfan, engl. halve), zunächſt neben medieren (nach lat. mediāre); Halbierung ſeit 1514: Schirmer 1912 Wortſchatz der Mathem. 30. Aus dieſer Fachſprache tritt das Ztw. um 1500 in den freieren Gebrauch des Alltags.

Halbinſel F. Dem gr. χερσόνησος 'Feſt=landinſel' entſpricht lat. paeninsula nur halb. Lehnüberſetzungen des lat. Worts (das in engl. peninsula übernommen wird) ſind frz. pres-qu'ile und nnl. schiereiland. Dem dt. Sprach=gefühl hätte Faſtinſel widerſprochen: in Straßburg 1537 begegnet „ein halb Inſel", Halbinſul zuerſt in Nürnberg 1678. Dem Nhd. folgen dän. halvø, ſchwed. halfö. Das Isländ. bleibt außerhalb mit ſeinen alten Wör=tern nes und skagi: W. Betz 1944 Beitr. 67, 301.

Halbſchweſter ſ. Halbbruder.

Halbwelt F. 1855 ſchreibt der jüngere Alex. Dumas ein Luſtſpiel, deſſen Titelwort Le Demi-monde er als 'die Klaſſe der aus ihrer Klaſſe Ausgeſchloſſenen' beſtimmt. In vergröbertem Sinn erlebt frz. demi-monde 1868 oder kurz vorher (DWb. 4, 2, 220) Lehnüberſetzung zu Halbwelt.

Halde F. ahd. halda 'Bergabhang': Ablei=tung aus dem Adj. ahd. hald, agſ. heald, anord. haldr 'geneigt'. Wurzelverw. mit hold und Huld. Mit lit. šalìs 'Seite, Gegend' zu idg. *kel- 'neigen'.

Hälfte F. Einem ahd. *halb-ida entſpricht mnd. helfte, mnl. afrieſ. anord. helft: ſtimm=loſes f iſt neben t aus ſtimmhaftem v entſtanden, das hd. b entſpricht. Die glückliche Bildung dringt im 15. Jh. ins Oſtmd.: 1421 erſcheint helfte im Schleſ. (Lexer, Mhd. Handwb. 1, 1231), 1429 in Leipzig (Cod. dipl. Sax. regiae 8, 114), 1483 in Thüringen (Lexer, Nachtr. 234). Luther verwendet helfft Mark. 6, 23 u. ö., ſeinen obd. Zeitgenoſſen muß es mit halb(teil) verdeutlicht werden (Kluge 1918 Von Luther bis Leſſing 109). haltel (aus halbteil) iſt noch heute das ſchweiz. Wort; in Heſſen, Naſſau und Öſterreich gilt Halbſcheid (ahd. halpgiscid: Ahd. Gloſſen 2, 274, 16), das der Oſtmd. Schönaich 1754 Neol. Wb. als unverſtändlich verhöhnt.

Halfter[1] F. M. N. 'Zaum zum Halten eines Tieres', mhd. halfter F., ahd. halftra, mnd. halchter, anfr. heliftra, mnl. halfter, halchter,

nnl. halster, agſ. hælfter, -tre, engl. halter: weſtgerm. Ableitung zu dem unter Helm[2] ent=wickelten Stamme mit Grundbed. 'Handhabe'.

Halfter[2] F. 'Piſtolenhalter' ſ. Holfter.

halkyoniſch Adj. Während der Brutzei=des Eisvogels (gr. ἀλκυών) um die Winter=ſonnenwende herrſcht nach altgr. Sage auf der See Windſtille (Lukian, Alkyon 1, 58; in Wielands Überſetzung 5 [1788] 266). Die ſchon Ariſtoteles (Hiſt. anim. 5, 8) geläufige Vorſtellung liefert den lat. Ausdruck dies (h)alcyonei (Ovid, Metamorph. 11, 410), ſie iſt dt. Humaniſten vertraut (Er. Alberus 1552 Vom Wintervogel Halcyon) und wird Theologen zum Bild der Kirche in den Stürmen der Welt. Das geflügelte Wort, dem Kreis um Hartleben geläufig, erlangt durch Nietzſche 1886 neue Schlagkraft: Büchmann 1912 Gefl. Worte 88; H. Schulz 1913 Fremdwb. 1, 261; Zſ. f. d. Wortf. 2, 69. 3, 146. 7, 45. 10, 34. 15, 127. 186.

Halle F. 'von Säulen getragener (Vor-)Bau', ahd. aſächſ. halla, agſ. heall, engl. hall, anord. hǫll: zur germ. Wurzel *hel- 'verbergen' (ſ. hehlen). Grundform *kolnā in Ablaut mit lat. cella (aus *kelnā) zum gleichbed. cēlāre. Grund=bed. 'die Verdeckte, Geborgene', vgl. aind. śālā 'Hütte, Haus, Stall' und air. cuile (aus *koliā 'Keller'. Das im Ahd. ganz ſeltene Wort taucht in md. Urkunden des 13. Jh. neu auf, gewinnt Verbreitung durch Luther, deſſen obd. Zeitge=noſſen es mit Vorlaub Fürſchopff, Ingang u. ä. verdeutlicht wird (Kluge 1918 Von Luther bis Leſſing 100, 109), lebt im 17. Jh. weſentlich als Bibelwort und kommt durch Klopſtocks Oden „Der Rheinwein" 1753, „Kaiſer Heinrich" 1764 neu in Aufnahme, außer durch die Bibel ge=ſtärkt auch durch die Shakeſpeare-Überſetzungen. Dasſelbe Wort iſt vielleicht Halle als 'Siedehaus der Salzwerke', ſo ſchon in ahd. halhūs 'salina', mhd. halgrāve 'Vorſteher und Richter eines Salzwerks' neben halle 'Salzquelle'. Der früher behauptete Einfluß des kymr. halen 'Salz' iſt nicht beweisbar: Edw. Schröder 1915 Nd. Korr.=Blatt 35, 54 f.; H. Güntert, Labyrinth (1932) 29; Zſ. f. Ortsnamenf. 1, 187. 3, 38. 40. 175. 4, 135. 141.

halleluja, kirchenlat. alleluja aus hebr. halle=lūjāh 'preiſt Jahwe'.

hallen Ztw. ſ. hell.

Hallig F. 'flache, gegen die Flut nicht ge=ſchützte Inſel' vor der Weſtküſte Schleswigs, ſeit 1758 in nhd. Texten: Kluge 1911 Seemanns=ſpr. 348. Nach Löffſtedt, Nordfrieſ. Dialekt=ſtudien (Lund 1931) S. 7 zu Holm[1], ſ. d.

Hallimaſch M. der eßbare Pilz Armillaria mellea Quél. (Agaricus melleus Vahl., das Bei=wort nach dem honiggelben Hut). Als Halli=maſch bei Hayne 1830 Schwämme 38, Halli-

maſchwamm F. Holl 1833 Wb. dt. Pflanzenn.
44, Halimaſch J. F. Caſtelli 1847 Wb. d. Ma.
in Oſterr. u. d. Enns 163, auf Wiener Märkten
auch halawatſch und halamarſch. Die letzte
Form führt zur Deutung, wenn man erfährt,
daß der Pilz, reichlich genoſſen, abführend wirkt
(H. Marzell 1943 Wb. d. dt. Pflanzenn. 1, 396)
und daß das mhd. Adj. hæl(e) 'glatt, ſchlüpfrig'
(ahd. hāli, agſ. hǣlig, anord. hāll, ſchwed. hal,
unbekannter Herkunft) öſterr. hāl lautet:
Schmeller-Frommann 1872 Bayer. Wb. 1, 1073.
So verſtanden iſt Hallimaſch eine Art Gegenpol
zur Hagebutte, die ſeit dem 15. Jh. weithin
Arſchkitzel (frz. gratte-cul) heißt. Armillaria
mellea heißt in Nordböhmen Wenzel- und
Michaeliſchwamm, weil ſie Ende September
am eheſten zu finden iſt (Wenzeltag iſt der 28.,
Michaelitag der 29. Sept.). Bei Sonneberg in
Thüringen heißt der Pilz Schulmeiſter, wir
wiſſen nicht warum. Stuakſchwammala im
Egerland und Stubbling im Warthebruch deuten darauf, daß der Pilz an Baumſtümpfen
wächſt. Ähnlich heißt anderwärts Pholiota
mutabilis.

hallo der endbetonte Imperativ zu ahd. halōn
'holen', eines mit holla (ſ. d.). Vom Zuruf
an den Fährmann (hol über) auf Jagd und
Fernſprecher übertragen.

Hallore M. 'Arbeiter in den Salzwerken
(von Halle)', ſonſt hall-bube, -burſche, -knecht
-leute, -volk. Die Endung des lat. Gen. Plur.
-orum liefert im 17. Jh. ſtudent. Ulkwörter
wie Buckelorum (ſ. o.). So erſcheint ſeit
Mengering 1642 Gewiſſensrüge 339 Hallorum
als pſeudolat. Bildung zu Halle 'Salzkote'.
Das Scherzwort muß älter ſein, denn ſchon
1630 begegnet der doch wohl daraus abge-
ſchliffene Plur. Halloren: Zſ. f. d. Wortf. 10,
205.   Zur Wortbildung vgl. burſchikos,
Pfiffikus, Schwulität.

Halm M. Ahd. hal(a)m, mhd. mnd. mnl. nnl.
dän. ſchwed. halm, agſ. healm, engl. ha(u)lm,
anord. halmr führen auf germ. *halma- 'Stroh,
Getreide-, Grasſtengel'. Mit lat. culmus (aus
*kolomos) 'Halm, Strohhalm, Strohdach'; gr.
κάλαμος, καλάμη (unter Vorausnahme des
a aus *kol-) 'Rohr' (daraus entlehnt ind. kalá-
ma- 'eine Reisart'; Schreibrohr' und lat. calamus
'Rohr, Stengel, Pfropfreis', woraus wieder
akymr. calamen, kymr. calaf, mbret. coloff, bret.
colo 'Strohhalm'); ſlav. *solma (aus *kolomā)
F. 'Stroh' in bulg. sláma, ſerbokroat. slàma,
ruſſ. solóma; apreuß. salme 'Stroh', lett. saĺms
'Strohhalm', Mz. saĺmi 'Stroh' aus idg. *kolomos, *kolomā 'Halm, Rohr'. S. Kalmus.

Halma N. ein ſchon im Altertum bekanntes
Brettſpiel, benannt nach gr. ἅλμα N. 'Sprung',

dies zu ἅλλομαι 'ſpringe', das mit gleichbed·
lat. salio zur idg. Wurzel *sel- 'ſpringen' gehört.

Hals M. Mhd. ahd. aſächſ. nd. nl. afrieſ. anord.
nnord. got. hals, agſ. heals, engl. mundartl. halse
führen auf germ. *halsa-. Urverwandt iſt
gleichbed. lat. collus aus *colsus, idg. *qʷolsos
zur verbreiteten Wurzel *qʷel- 'drehen' in lat.
colere, colōnus, incola, gr. πέλομαι uſw. Der
Hals iſt als Dreher des Kopfes benannt. So
gehören aſlav. vratŭ 'Hals' zu vratiti 'drehen',
lit. kãklas, lett. kakls 'Hals' (aus *qʷoqʷlo-)
zu gr. κύκλος 'Kreis', aind. cakrá- 'Rad'. —
Aus afränk. *halsbërg 'Halsſchutz' ſtammt gleichbed. afrz. hausberc mit der Verkl. haubergeon
'Panzerhemdchen'. Auch ital. usbergo 'Küraß,
Schutz' beruht auf Entlehnung aus dem Germ.

Halseiſen N. 'Pranger' gilt vom 13. bis zum
19. Jh. vor allem im Südweſten Deutſchlands,
aber auch ſonſt im Geltungsbereich der Bamberg.
Halsgerichtsordn., deren meiſte Drucke in Art.
223 branger oder halsſeiſen bieten: E. v. Künßberg 1926 Rechtsſprachgeogr. 31 ff.

halſen Ztw. 'umarmen' ſchon gemeingerm.:
ahd. halſōn, aſächſ. helsian, agſ. healsian,
anord. halsa. Seemänn. halſen 'ein Schiff
vor dem Wind wenden' gehört zu Hals in der
ſeemänn. Bed. 'Ecke des Segels'. Entſpr.
ſchon anord. halsa und hals: Kluge 1911 Seemannsſpr. 348 ff.

halsſtarrig Adj. frühnhd. 'wer die Hals-
ſtarre, einen ſteifen Hals hat'. Von da auf
den Willen übertragen unter Einfluß von
mhd. halsſtarc, frühnhd. halsſtark 'hartnäckig'. Starrhals heißt an der Zwiebel-
pflanze der noch nicht blühende, auffallend ſtarre
Stengel. Schwed. halsſtarrig (ſeit 1640) beruht
auf Entlehnung aus dem Mhd.

Halt M. N.   Seit dem 15. Jh. vereinzelt
aus Formeln wie Halt gebieten, halt-
machen, in denen halt urſpr. Imperativ zum
Ztw. halten iſt. Vgl. Kehrt, Reißaus.

halt Adv., urſpr. Kompar.-Adv. ahd. halt,
aſächſ. hald 'vielmehr' zum Poſitiv ſpätahd.
halto Adv. 'ſehr'; im heutigen Obd. im Sinne
des tonloſen 'eben'. hald ſteht für germ. *haldiz
nach Ausweis von got. haldis, anord. heldr
'vielmehr'. Das durch Auslautgeſetz geſchwun-
dene -iz war das kompar. Element wie in
germ. *batiz 'beſſer' (ſ. baß), lat. magis 'mehr'.
Zur Bed. und Syntax von halt ſ. O. Behaghel
1928 Dt. Syntax 3, 182 ff.

halten ſt., einſt redupl. Ztw., mhd. halten,
ahd. haltan, aſächſ. haldan, mnd. halden, mnl.
nnl. houden, afrieſ. halda, agſ. healdan, engl.
hold, anord. halda, dän. holde, ſchwed. hålla
'halten', got. haldan 'hüten, weiden': dies als
Grundbedeutung erwieſen auch durch ahd. hirta
haltente, agſ. heorde healdan, anord. halda

geitr. Daraus konnte die alt verbreitete Bedeutung '(einen Stamm) lenken' unmittelbar hervorgehen, während der außergot. Übergang zu '(fest)halten', wofür obd. bis heute heben, auch im urverwandten aind. kāláyati 'treibt; hält, hält dafür' vollzogen ist. Germ. *halðan gehört als dh-Präsens zur idg. Wurzel *qel- '(zu schneller Bewegung) antreiben' in gr. κέλλειν '(das Schiff an Land) treiben', lat. celer 'schnell', dem sich das in Ablaut mit nd. halden stehende mnd. hilde, hille 'rasch, eifrig' vergleicht. S. auch Held.

Halunke M. Vortoniges o fremder Wörter gibt nhd. a in Gardine, Kaninchen, Kattun, lavieren, Rakete, staffieren. Zu tschech. holy 'nackt' (urverwandt mit kahl) gehört holomek 'nackter Bettler', das als holunck 'Nichtswürdiger' bei B. Waldis, Verl. Sohn (Riga 1527) B. 879 erscheint. In gleicher Bed. kehrt Hollunk 1541 in einer Prager Zeitung wieder (Germ. 20, 68). Die Formen mit a setzen bei Alberus 1542 Der Barf. Münche Eulensp. Nr. 94 ein. Im Frühnhd. Schlesiens bezeichnet helunke, holunke, holanke niedere Schloßbedienstete: in Görlitz 1511 'Salzaufseher', 1514 'Heideläufer', in Penzig 1514 u. in Prag 1541 'Wächter', in Brieg 1564 'laufende Boten', in Oppeln 1569 'Wächter': A. Kern 1906 Zs. f. d. Wortf. 7, 307, Kurrelmeyer 1920 Mod. lang. notes 35, 405. Dän. halunk stammt aus dem Deutschen. Wick 26 f.

Hamen M. In der nhd. Form sind drei unverwandte Wörter zus.-gefallen: 1) Ahd. hamo, mhd. mnd. hame, eins mit dem zweiten Wortteil von ahd. līh-hamo (s. Leichnam), der urspr. 'Hülle' bedeutet (s. Hemd und Himmel). Aus einer Grundbed. 'Gewebe' mag bei Fischern und Jägern über 'Gewebe zum Fang' die Bed. 'Fangnetz' entstanden sein, die das Wort seit alters zeigt. 2) Ahd. hamo, mhd. ham(e) 'Angelrute, -haken', mundartl. Hamen: entlehnt aus gleichbed. lat. hāmus. 3) Westmd. Hamen 'Kummet', mnl. hāme, nnl. haam, daraus entlehnt engl. hame: s. Kummet.

hämisch Adj. Zum Stamm des ahd. hamo 'Hülle' (s. Hamen¹, Hemd, Leichnam) gehört ein mhd. Adj. hem 'zu schaden beflissen, aufsässig', in dem der Begriff des Heimlichen dem des Böswilligen gewichen ist. Dazu tritt (wie höhnisch zum mhd. Adj. hœne) mhd. hem(i)sch 'versteckt boshaft, hinterlistig', zuerst um 1290 bei Heinrich v. Freiberg und im Seifrid Helbling, 1309 bei Ottokar v. Steier, nach 1355 bei Nik. v. Jeroschin, fortan auch in obd. und md. Mundarten häufig; frühnhd. mit heimisch vermischt; auch heimlich begegnet im 16./17. Jh. für unser hämisch, dessen Tonvokal nicht auf mhd. ei beruhen kann. S.

heimtückisch und A. Götze 1900 Beitr. 24, 503 ff.

Hamme F. 'Hinterschenkel, -keule bes. des Schweins' in obd. Mundarten, mhd. mnd. mnl. hamme, ahd. hamma F. 'Hinterschenkel, Kniekehle', nnl. engl. ham, agf. hamm F. 'Schinken, Hinterschenkel', anord. hǫm F. 'Schenkel von Tieren', schwed. ham 'Knieflechse'. Über germ. *hanmā läßt sich Urverwandtschaft mit griech. κνήμη F. 'Schienbein' und air. cnäim 'Knochen' vermitteln.

Hammel M. mhd. mnd. mnl. nnl. hamel, ahd. (12. Jh.) hamal 'verschnittener Schafbock' ist das subst. Adj. ahd. hamal 'verstümmelt', zu dem auch ahd. hamalōn, afries. hamelia, agf. hamelian, engl. hamble, anord. hamla 'verstümmeln' und ahd. hamal-scorro 'abgebrochener Fels' gehören (H. Palander 1899 Ahd. Tiernamen 128 f.), ebenso mhd. hamelstat 'Richtplatz' und frühnhd. hemling M. 'Eunuch'. Die Wörter stehen in einer großen idg. Sippe der Bed. 'schneiden', der z. B. auch russ. komólyj 'hornlos', aind. šamala 'Fehler' und Kapaun angehören. In nhd. Umgangssprache ist das Gebiet von Hammel eingeschränkt durch das wesentlich ostmd. und österr. Schöps sowie durch tirol. Kastraun, s. d. und P. Kretschmer 1918 Wortgeogr. 227 ff. Der Fam.-Name Ham(m)el ist meist mittelbarer Berufsname des Metzgers.

Hammelsprung M. parlament. Scherzwort für ein Abstimmungsverfahren, bei dem alle Abgeordneten den Saal verlassen und (den Parteiführern wie Leithämmeln folgend) ihn durch die Ja- und Nein-Tür wieder betreten. In den 70er Jahren des 19. Jh. in Berlin aufgekommen. Im alten Rom hieß der Abstimmungsplatz auf dem Marsfeld ovīle 'Schafhürde'.

Hammer M. mhd. mnl. nnl. hamer, ahd. asächf. hamar, -ur, afries. hâmer, agf. hamor, dän. engl. hammer, anord. hamarr, schwed. hammare; got. unbezeugt; früh als hamara ins Finn. entlehnt. Das Wort reicht aus uralter Zeit in unsre Tage (vgl. Messer) und bezeichnet ursprünglich den Steinhammer. Kennzeichnend ist, daß anord. hamarr auch 'Fels, Klippe' bedeuten kann, daß das Isl., Norw. und schwed. Mundarten diese Bed. festhalten und daß Ortsnamen wie norw. Hammerfest, schwed. Hammarby, -kind, Hamra, Osthammar von auffälligen Felsbildungen ausgehen. Demgemäß reihen sich (mit -l statt -r) an: mhd. hamel 'steile Höhe, Klippe' (auch in Ortsnamen wie Hammelburg), anord. hǫmulgrÿti 'steiniger Boden', norw. mundartl. humul 'Stein'. Urverwandt sind aind. asmará 'steinern', ásman-, avest. a man- 'Fels', gr.

ἄκμων '(steinerner) Amboß', ἀκόνη 'Wetzstein', gall. acaunum 'Stein', lat. acaunomarga
'Steinmergel', lit. akmuõ 'Schärfe', lett. as-
mens 'Schneide', aslav. kamy 'Stein'; dies
wieder in Ortsnamen wie Chemnitz, Kamenz,
Kammin. Abwegig die Verknüpfung mit
voridg. Sprachgut bei H. Güntert, Labyrinth
(1932) 21.

Hampelmann M. Ein vorwiegend nd. Ztw.
hampeln 'sich hin und her bewegen' (weiteres
Zugehörige bei F. Holthausen 1930 Jdg. Forsch.
48, 258 und F. Sommer 1933 daf. 51, 249) geht
zuerst bei Lindener 1558 Katzip. L 8a die
Verbindung Hampelman 'Einfaltspinsel' ein.
Hempel-Männer 'hüpfende Puppen' seit
Stieler 1660 Geh. Venus 98.

Hampfel F. 'Handvoll' seit Stieler 1691.
Aus mhd. hant-vol wie Arfel, Mumpfel
aus arm-, mundvoll. Schriftsprachlich sind
solche Abschwächungen geworden in heute,
Messer, Rübsen, Schulze, Viertel,
Weibsen, Welt; mundartlich gehen sie
noch viel weiter: hochst, wingert, wolfel aus
Hochzeit, Weingarten, wohlfeil usw.

Hamster M. Ahd. hamustro, asächs. hamustra
glossiert stets lat. curculio, erst im 13. Jh.
ist hamastra als Name des Nagetiers gesichert.
Aber mlat. curculio bedeutet neben 'Korn-
wurm' auch 'Feldmaus', und die Bed. 'Cricetus
frumentarius' ist wegen siebenbürg. hânšpr
für frühe Zeit anzunehmen. Das Wort ist
nur deutsch (nnl. dän. schwed. hamster sind
aus dem Nhd. entlehnt), man vermutet —
zumal das Tier ostwärts bis zum Ob verbreitet ist — frühe Entlehnung aus gleichbed.
aslav. choměstorŭ, dessen zweiter Wortteil in
lit. staras 'Hamster' wiederkehrt: Wick 27; andrerseits leitet M. Vasmer 1947 Ztschr. f. slav.
Philol. 19, 449 das slav. Wort aus iran. ha-
maēstar- 'der zu Boden wirft, unterdrückt' her.
Mundartl. heißt Cricetus im Oberlauf.
grintsch, gritsch (mhd. grutsch, grutz), in
Koblenz Kornwolf, in Schwaben Zeiselmaus. — Die heute so häufige Übertragung
von Hamster (und hamstern) beginnt um
1880 bei G. Keller, Gr. Heinr. 4, 5: „als ein
angehender Geldhamster nahm ich mir nun vor,
nie mehr ohne Beutel zu wirtschaften".

Hand F. Mhd. ahd. anfr. mnl. hant, asächs.
nnl. afries. ags. engl. schwed. hand, anord. hǫnd,
dän. haand, got. handus führen auf germ.
*handu- 'die Fassende, Greifende', in Ablaut
mit got. -hinpan st. Ztw. 'fangen', frahunpans
M. 'Gefangener'. Dem zugehörigen got. hunps
M. 'Fang, Beute' entsprechen ahd. hunda, ags.
hūþ F. 'Plünderung'; ein weiterer germ. Verwandter ist aschwed. hanna, schwed. hinna, dän.
mundartl. hinde 'erreichen'. Die Sippe ent-

faltet W. Oehl 1926 Innsbr. Jb. f. Völkerkde.
u. Sprachw. 1, 50 ff.; über den möglichen Zus.-
hang mit gr. -κοντα s. Finger. Der alte
u-Stamm ist schon ahd. in die i-Dekl. übergetreten, doch haben sich Spuren der u-Dekl.
erhalten (s. vorhanden und H. Paul 1917 Dt.
Gramm. 2, 78). Aus mhd. hant 'Seite', das
in ze beiden handen vorliegt, entwickelt sich die
Bed. 'Art' in allerhand; mhd. auch vier hande
'viererlei'.

Handbuch N. Gr. ἐγχειρίδιον (zu χείρ
'Hand') erfährt Lehnübersetzung zu lat. manuāle
(zu manus 'Hand'). Das lat. Manuale gehörte
zu den kirchlichen Büchern, die jeder Geistliche
besitzen mußte, daher agf. hand-bōc besonders
früh und häufig. Danach engl. handbook. Die
ahd. mhd. Entsprechung entgeht uns gewiß nur
zufällig; erst in Nürnberg 1482 erscheint hant-
puch/manuale.

handeln Ztw. Zu Hand ist ahd. hantalōn
'mit Händen fassen, bearbeiten' gebildet, woraus
altlothr. handeleir 'fegen' entlehnt ist. Maurer
handeln, indem sie sich Backsteine zuwerfen.
Handel M., urspr. 'etwas, womit man zu tun
hat', dann (wie Geschäft) auf kaufmänn. Bed.
eingeengt, ist eine erst spätmhd. Rückbildung
aus handeln, wie Ärger, Geiz, Opfer
aus ärgern, geizen, opfern.

handelseinig Adj. im 19. Jh. zus.-gebildet
aus der Wortgruppe (des) Handels einig,
die 1768 Der falsche Spieler 109, aber auch noch
Schiller 1787 Carlos 2, 8 getrennt verwenden.

Handelshof s. Börse.

handfest Adj. In mhd. hantvest fallen verschiedene Bildungen zusammen: 1) 'gefangen',
ursprünglich 'im Gefängnis mit den Händen in
den Stock geschlossen', meist in der Formel
einen handfest machen, der die jüngere
dingfest (s. d.) machen nachgebildet
ist; 2) 'mit der Hand kräftig', von Menschen,
ihren Spielen und Taten; 3) agf. gehandfæstan
'verloben' mit handfæstung F. 'Handschlag, der
ein Versprechen bekräftigt': zu ahd. asächs.
fast(i)nōn, afries. fęstnia, agf. fæstnian, engl.
fasten, anord. fastna 'sichern, verloben'.

Handhabe F. ahd. hanthaba 'Handgriff',
daneben ein älteres anthaba eig. 'Gegengriff'
mit Vorsilbe ant- (wie Antwort; vgl. Handschuh, -werk), das schon innerhalb des Ahd.
unter Einfluß von Hand umgedeutet worden
ist. Der zweite Wortteil (ahd. haba 'Griff', agf.
hafu F. 'Hebung') gehört näher zu heben
als zu haben; vgl. gr. κώπη 'Griff', lat.
capulus 'Handhabe' zu capere 'greifen'. Das
Ztw. handhaben, urspr. 'schützen', ist Lehnübersetzung von lat. manutenēre (Sperber
1926 Gesch. d. dt. Spr. 88) und nachträglich
unter Einfluß von Handhabe umgedeutet.

Handlanger M. tritt schon in Nürnberg 1420 in gewerbl. Sprache auf, während das Ztw. handlangen spät im 16. Jh. daraus rückgebildet ist: Nichtenhauser 1920 Rückbild. im Nhd. 31.

Handmehr N. 'Stimmabgabe durch Aufheben der rechten Hand', ein schweiz. Wort des 19. Jh., literar. bei G. Keller, Nachgel. Schr. 272. S. Mehrheit, Stimmenmehrheit.

Handschrift F. Spätmhd. hant(ge)schrift erscheint nach Mitte des 15. Jh. für gr.-lat. chirographus, das dann selbst durch die Lehnübersetzung lat. manuscriptum verdrängt wird. Die Lutherbibel hilft mit siebenmaligem Handschrifft dem nhd. Wort zum Siege. Im 18. Jh. ist die Bed. 'Schuldverschreibung mit eigenhändiger Unterschrift' gangbar. Vgl. Urschrift.

Handschuh M. ahd. hantscuoh; daneben deuten mhd. hentschuoch, mundartl. händschig auf den ahd. Gen. henti. Ein germ. *andaskōhaz 'Gegenschuh', auch im agf. Männernamen Andscēoh, ist umgedeutet zu ahd. Hantscuoh; dazu der Ortsname Handschuhsheim. Auch im agf. Beowulf-Epos begegnet Handscōh als Männername. Ein germ. Name des Handschuhs ist unter Wanten (f. d.) nachgewiesen; einen andern bezeugt finn. kinnas (Gen. kintaan) 'Handschuh', entlehnt aus germ. *skinþaz 'abgezogene Tierhaut', anord. skinn 'Leder': f. schinden und Schinnen. Zur Sache M. Heyne 1903 Fünf Bücher dt. Hausaltertümer 3, 300 ff.

Handstreich M. kommt im 16. Jh. für 'Schlag mit der Hand' auf und spielt lange die Rolle des heutigen Handschlag. Mundartl. gilt es bei Kaufabschluß, Verlobung und Heirat. Unabhängig davon wird (etwa zur Zeit der Freiheitskriege) frz. coup de main 'Überrumpelung' mit der Lehnübersetzung Handstreich wiedergegeben. Vgl. Staatsstreich.

Handwerk N. ahd. mhd. hantwërc 'Handarbeit', in mhd. Zeit gelegentl. vermengt mit antwërc N. 'Werkzeug', dem agf. andweorc 'Werkstoff' entspricht.

hanebüchen Adj. mhd. hagenbüechīn 'vom Holz der Hagebuche' (f. d.), mit der älteren Nebenform hainbüchen (f. Hain) gern für 'derbgrob, klotzig' verwendet, so schon 1723 Jungfer Robinsone 91 "auf das hanbüchenste mit jem. umgehen". S. Hagebuche.

Hanf M. Cannabis sativa L. Mhd. han(e)f, -if, ahd. (seit dem 9. Jh.) hanaf, -if, -uf, asächs. hanap, mnd. mnl. nnl. hennep, agf. hænep, engl. hemp, anord. hampr, dän. hamp, schwed. hampa (hieraus finn. hamppu) führen auf germ. *hanapa- (*hanipi-, *hanupi-), vorgerm. *kanab- in gr. κάνναβις (hieraus lat. cannabis, volksslat. canabum, canaba und westeurop. Lehnformen). Daneben eine Grundform mit altem p in ruff.-kirchenslav. konoplja (hieraus die balt. Entsprechungen, aus denen wieder eftn. kanep und finn. kaneppi stammen), alb. kanëp, armen. kanap'ufw. Da Herodot 4, 74 bei der ersten abendländ. Erwähnung den Hanf im Lande der Skythen αὐτομάτη καὶ σπειρομένη nennt, vermutet man die gemeinsame Quelle der europ. und vorderasiat. Hanfnamen im Skythischen. Nachweise bei H. Marzell 1943 Wb. d. dt. Pflanzennamen 1, 775 ff.; dazu E. Lewy 1935 Jdg. Forsch. 53, 122.

Hang f. Abhang.

Hängematte F. Auf Haiti lernt Kolumbus die schwebenden Betten der Eingebornen kennen; er nennt sie schon 1492 mit einem westind. Wort hamaca. Ihnen werden die hängenden Schlafstellen der europ. Matrosen nachgebildet. Die Franzosen kürzen span. hamaca zu hamac (M. nach frz. lit.). Über das Frz. entsteht nl. hangmak u. mit weiterer Umdeutung hangmat. Von da nhd. Hengmatten seit Aldenburgk 1627 Westind. Reise F 4b; gemeindeutsch durch Vischer 1720 Robinson Crusoe I 422: Kluge 1911 Seemannsspr. 352 f.; R. Loewe 1933 Zf. f. vgl. Sprachf. 61, 57 ff.; Palmer 42 ff.

hängen Ztw. Ahd. hāhan (hiang, gihangan), mhd. hāhen (hienc, gehangen) entwickelt sich wie fangen, ahd. fāhan. Vor h ist ein n unter Ersatzdehnung geschwunden (wie in ahd. dāhta, brāhta neben denchan, bringan). Entspr. weisen nl. hangen, agf. hōn (aus *hōhan), got. hāhan auf germ. *hanhan. Außergerm. vergleicht sich am nächsten, auch in der Bedeutung, hettit. gang-: kank- 'hängen' (das Schwanken in der Schreibung hat keine lautgesch. Bedeutung), woneben kankuwar̄ 'Gewicht' (wie lat. pondus neben pendere). Ferner vergleicht sich got. hāhan 'in der Schwebe lassen' mit lat. cunctor 'zaudere' und aind. śáṅkatē 'schwankt'. Das alte st. Ztw. hat sich bei uns mehrfach mit jüngeren schw. Formen gemischt, dabei verbindet sich intranf. Bed. mit transit.: Behaghel 1928 Gesch. d. dt. Spr. 449. 462; F. Rißleben, Gesch. d. Verbgruppe hāhan—hengen—henken (Diff. Greifsw. 1931). S. Hachse.

Hans, seit dem 14. Jh. aus dem Taufnamen Johannes verkürzt, fortan volksüblich in Zuf.-Stellungen wie Hansnarr, -wurst und Prahl-, Schmalhans; auch in Tiernamen wie H. Huckebein 'Rabe', H. Langohr 'Esel, Hase', H. hinter der Mauer 'Hahn'. Dazu treten seit dem 15. Jh. scheinbare Männernamen wie H. Liederlich, H. in allen Gassen, H. Ohnesorge,

H. Unmut, H. Sempervoll, H. such den Trunk (Ostermann 1591 Voc. analyt. I 173. 187). Vgl. Janhagel, Prahlhans sowie Meisinger 1924 Hinz und Kunz 29 ff.

Hanse F. Mhd. hans(e), mnd. hanse, hense 'Handelsgesellschaft', agf. hōs 'Gefolge, Schar' (nur bezeugt im Instr. mægda hōse 'in der Schar der Mägde'), ahd. (seit 830) hansa 'Kriegerschar', got. hansa 'Schar, Menge' führen auf germ. *hansō F. 'Schar'. Daraus früh entlehnt karel. kanža 'Versammlung', finn. hansa 'Gesellschaft; Volk', estn. käz(a) 'Genosse, Gatte, Gattin'. Auf jüngerer Entlehnung beruht mlat. hansa 'Handelsabgabe' (so seit 1127), 'Handelsrecht; Verein'. J. Schnetz 1922 Bayer. Blätter f. Gymn.-Schulw. 58, 37 f. vermutet, vorgerm. *kand-tā gehöre (wie Schar zu scheren) als 'abgetrennter Teil' zur idg. Wurzel *(s)kand- 'abspalten' in lat. scandula 'Schindel', air. scandred 'Zerstreuung', gäl. sgann 'Menge'. Zu den Nachweisen bei S. Feist 1939 Vgl. Wb. d. got. Spr. 245 f.: W. Krogmann 1936 Herrigs Arch. 169, 1 ff.; J. Trier 1942 Beitr. 66, 234 f. — Die Bedeutung 'Genossenschaft' wird durch das zu Beginn des 12. Jh. auftretende hanshūs 'Gildehalle' vorausgesetzt. Nachdem mhd. mnd. hans(e) gemeindeutsch geworden war, trat in Lübeck 1358 düdesche hense als Name des norddt. Städtebunds auf.

hänseln schw. Ztw. 'jem. in eine Körperschaft aufnehmen', zuerst in Köln 1259 hansin 'in die Kaufgenossenschaft aufnehmen': der Ankömmling mußte harte Mut- und Standhaftigkeitsproben bestehen, wie sie vielfach fortleben: W. Stammler 1939 Trübners Dt. Wb. 3, 326 f. Das dem Obd. wenig vertraute hänseln (dafür bair.-österr. frozeln: Kretschmer 1918 Wortgeogr. 547) wird hier nachträglich an Hans angelehnt, was durch Zusammensetzungen wie Hansdumm, -narr, -wurst sowie dadurch erleichtert wurde, daß das bedeutungsverwandte uzen zu Utz 'Ulrich' gehört.

Hanswurst M. erscheint als Hans worst 1519 in der Rostocker Bearbeitung des Narrenschiffs, wo Brant (Basel 1494) 76, 83 Hans Myst geboten hatte. Es ist eine nd., danach obersächs. Schelte des unbeholfen Dicken, dessen Gestalt einer Wurst gleicht: Siber 1579 Gemma 220 „ventricosus, ventriosus / Schmehrbauch, Hans Wurst." Daß in Fastnachtaufzügen der Narr eine armlange, lederne Wurst schwingt (H. Fischer 1911 Schwäb. Wb. 3, 1160), ist erst aus dem Namen abgeleitet. Luther bezeugt die Erweiterung des Wortgebrauchs auf 'Tölpel' Wider Hans Worst 1541 Ndr. 4 „(du weißt, daß) dis wort, Hans Worst, nicht mein ist noch von mir erfunden, Sondern von andern leuten gebraucht wider die groben tolpel, so

klug sein wollen, doch vngereimbt vnd vngeschickt zur sachen reden vnd thun. Also hab ichs auch offt gebraucht, sonderlich vnd allermeist in der Predigt". Für den Narren im Lustspiel begegnet Hans Wurst zuerst in einem Stück von 1573, nachdem der Bauer im Fastnachtspiel schon seit 1553 so geheißen hatte. Von Bühne und Zirkus aus heute Spottwort für jem., der sich wie der H. dort beträgt; in Österreich gekürzt zu Wurschtl, sonst auch Hansnarr, Hansdampf, Kasperl, Bajazzel. Vgl. frz. Jean Potage, engl. Jack Pudding.

Hantel F. Ein nd. hantel 'Handhabe' hat Jahn 1816 in die Turnsprache übernommen.

hantieren Ztw. mnd. hantēren, mhd. hantieren 'Handel treiben'. Afrz. hanter 'hin und her ziehen, oft besuchen' (aus agf. hämettan 'beherbergen') gelangt über mnl. hantieren im 14. Jh. ins Deutsche und wird in Schreibung und Bed. an Hand angelehnt, mit dem es wegen seines nt nichts zu tun hat.

hapern Ztw. Wörter mit einf. p zwischen Vokalen (wie Kiepe, kneipen, Köper, Küper, Raupe, Stapel, stäupen) können nicht hd. Ursprungs sein. Hapern geht von mnl. häperen 'stottern' aus, das sich zunächst über nd. und md. Mundarten ausdehnt: Brem. Wb. 2 (1767) 594; Klein 1792 Prov.-Wb. 1, 185, und von da aus seit Schottel 1663 Hauptspr. 1333 literar. wird: haperen, woran stoßen 'impedire, moram causari'. Dabei ist die Bed. vom Stocken in der Rede auf das im Geschäftsgang usw. erweitert. Seither ist das Wort auch in obd. Mundarten vorgedrungen und dabei wesentlich auf unpersönl. Gebrauch eingeschränkt: es hapert 'geht nicht vonstatten, steht bedenklich'.

Happen M. 'Bissen' ein urspr. nd. Wort, das auf der Interj. happ(s) beruht, die mit ihrem pp das Lippenschließen malt. Literar. kaum vor Ludewig 1744 Gel. Anzeigen 2, 885 'das Essen in Happen und Bissen zertheilen'. Verbreitet durch Nord- und Ostdeutsche wie Arndt, Holtei, Reiske. Noch deutlicher lautmalend das berlin. Happenpappen: Zs. f. d. Wortf. 2, 22. Aus dem M. ist im 12. Jh. frz. happer 'weg-, erschnappen' entlehnt.

Harakiri N. Zu japan. hara 'Bauch' und kiri 'schneiden' gehört die Bez. für die japan. Form des Selbstmords in Ehrensachen. Mit Dschiu-Dschitsu, Geisha, Kimono, Mikado, Sojabohne im 19. Jh. zu uns gelangt: Sanders 1871 Fremdwb. 1, 467.

Harder M. Der Küstenfisch Mugil cephalus heißt agf. heardhara, -hera, -ra, mnl. mnl. harder, herder, nd. harder. Der nd. Name erscheint hd. seit Er. Alberus 1540 Dict. q 3b. Der Fisch heißt nach seiner Farbe, s. Asche[2].

Hardt s. hart.

Harem M. Zu arab. harām 'verboten' gehört türk. harem als Name des für Fremde unzugängl. Frauenraums. Seit 1645 müht sich Zesen um Verdeutschungen (Zs. f. d. Wortf. 14, 75). Sperander bucht 1728 Haram, Herder 1769 Suphan 3, 293 verdeutlicht zu Weiberharem. Für Harem M. entscheidet Wieland 1780.

Harfe F. Im 6. Jh. führt Venantius Fortunatus 7, 8 harpa als germ. Musikgerät an. Ins Roman. ist das germ. Wort als frz. harpe, ital. span. port. arpa entlehnt. Innerhalb des Germ. sind asächs. harpa 'Foltergerät', nnl. harp 'Sieb', obd. harpfe 'Gestell zum Trocknen von Korn' jüngere Entwicklung. Auszugehen ist von ahd. harpha, ags. hearpe (engl. harp), anord. harpa, got. *harpa, die auf germ. *harppō, vorgerm. *qorbá führen. Dies, im Ablaut zu *qerb- 'mit gekrümmten Fingern zupfen' (in anord. herpask 'sich krampfartig zus.-ziehen', russ. koróbit' 'krümmen', gr. κράμβος 'eingeschrumpft') bezeichnet die Harfe als 'Zupfe': F. Meringer, Jdg. Forsch. 16, 128; F. Holthausen das. 48, 258; H. Sperber, Wörter und Sachen 3, 68; W. Wunsch, Heldensänger in Südosteuropa, 1937.

Harke F. mit seinem Ztw. harken ist auf Norddeutschl. beschränkt, Mitte und Süden sagen Rechen, rechen; die Grenze zieht Kretschmer 1918 Wortgeogr. 231 f. Ausgangspunkt für mnd. harke (wie für schwed. harka 'Egge mit Eisenzähnen') ist mnl. harke. Verwandt sind nd. harken 'scharren, kratzen, sich räuspern', anord. harka 'fortschleifen', norw. harka 'schaben, kratzen'. Jdg. Basis *k(h)ereg in aind. kharjati 'es knarrt', kharju 'das Jucken, Kratzen', khṛgala 'Bürste', gr. κράζειν 'schreien', lit. krégėti 'grunzen'.

Harlekin M. Herrequin, Graf v. Boulogne, starb 882 eines plötzlichen Todes, der als Strafe für den Kampf gegen seinen Oheim aufgefaßt wurde. Afrz. Hellequin wurde 'der wilde Jäger', ital. Alichino ein Teufel in Dantes Inferno, arlecchino der Tölpel der Commedia dell' arte, frz. arlequin die lustige Person der Komödie. Bei uns spricht zuerst Moscherosch 1642 vom „Harlequin oder Hans Wurst", s. d. und Pickelhering, sowie O. Driesen 1904 Urspr. d. Harlekin, Forsch. z. n. Lit.-Gesch. 25, 242 ff.; M. Rühlemann 1912 Etym. des Wortes harlequin (phil. Diss. Halle); H. Schulz 1913 Fremdwb. 1, 262; Th. Siebs 1930 Zs. f. Volkskde. N. F. 2, 49 ff.

Harm M. Ahd. har(a)m, asächs. harm, afries. herm, ags. hearm, anord. harmr führen auf germ. *harma-, idg. *kormo- in mpers. npers. šarm 'Scham', aslav. sramŭ (aus *sormŭ) M. 'Schande', ir. cron 'Unrecht, Leid'. Während die Zus.-Setzung ahd. haramskara, asächs. harmskara F. 'schimpfliche, qualvolle Strafe' in mhd. harm-, harnschar 'Plage' fortlebt, wird das Simplex im Mhd. selten und stirbt frühnhd. in den meisten Landschaften aus. Am Leben bleibt H. im Ostmd., von hier aus wird es durch Opitz neu belebt, von den schles. Dichtern u. dem Hainbund aufgenommen. Engl. harm 'Schaden, Nachteil, Unrecht' ist schon wegen seiner im 18. Jh. abweichenden Bed. an der Neubelebung unbeteiligt: Walz 1935 Germ. Review 10, 2, 98 ff.

harmlos Adj. nicht Nachahmung des engl. harmless, sondern von Bodmer 1747 Lobged. 136 zu Harm (s. d.) gebildet. Die dt. Ausgangsbed. 'ohne Leid' geht schon im Noah (1750) 1, 79. 2, 63 in 'unschädlich, -schuldig' über; Bodmer wird damit Vorbild für Wieland 1753 u. Lessing 1767. Den Mundarten bleibt h. fremd.

Harmonika F. Die 1762 von Benj. Franklin erfundene Glasharmonika benannte ihr Erfinder mit dem subst. F. des gr.-lat. Adj. harmonicus 'harmonisch'. Der Erfinder der Ziehharmonika, Damian in Wien, überträgt 1829 den damals seit fast 50 Jahren bei uns eingebürgerten Namen auf sein ganz andersartiges Instrument, den es später mit der Mundharmonika (anfangs „Mundäoline") teilt. — Harmonium hat Debain in Paris 1840 den von G. J. Grenié 1802 erfundenen orgue expressif genannt.

Harn M. Mhd. harn, harm, ostmd. frühnhd. harm, ahd. har(a)n 'urina' (das lat. Wort ist unverwandt). Dazu mit Ablaut mhd. hurmen 'mit Jauche) düngen'. Außergerm. vergleichen sich nur einige balt. Wörter: lit. šarmas, lett. sārms, apreuß. (mit der Ablautstufe des mhd. hurmen) sirmes 'Lauge'. Sämtlich zur idg. Wurzel *kormno-: *kṛmno- 'ätzende Flüssigkeit': Wh. Schulze 1933 Kl. Schriften 113.

Harnisch M. Afrz. harnais, -eis 'Rüstung', das man aus anord. *hernest 'Heeresvorrat' ableitet, wird um 1200 entlehnt zu mhd. harnas, -næs(t), harneisch, -nusch, -nisch. Das ausl. sch der mhd. Normalform beruht auf afrz. *harnasc. Der Akzent ist bei der Übernahme zurückgezogen (wie bei Herold). Der Vokal der damit tonlos gewordenen zweiten Silbe wird mhd. zu ə, vor sch hat sich (wie in unsern Adj. auf -isch, mhd. himlesch, irdesch usw.) ein nhd. i gebildet. Suolahti 1929 Frz. Einfluß 103 f.

Harpune F. Zu mfrz. harper 'ankrallen' gehört die Rückbildung harpe F. 'Klaue' und dazu (mit der in Balkon, Ballon, Karton,

Salon wiederkehrenden Endung) harpon 'Eisenklammer, Harpune', entlehnt zu mnl. harpoen 'Wurfspieß zur Walfischjagd', das als Harpon M. zuerst 1627 in hd. Text erscheint: Kluge 1911 Seemannsspr. 355. Nhd. ū entspricht nl. oe auch in Krug, Luv, prusten.

harren schw. Ztw., mhd. (be-, er-)harren, urverwandt mit lett. cerêt 'meinen, vermuten, hoffen', cerêklis 'worauf jem. seine Hoffnung setzt; das Warten', ist von idg. Alter (Wurzel *qer- 'harren, hoffen'), tritt aber merkwürdig spät auf. Durch ostmd. Schriftsteller gelangt es ins Nhd. Luthers obd. Zeitgenossen muß sein harren mit beiten, verziehen, warten verdeutlicht werden (Kluge 1918 Von Luther bis Lessing 100. 109), wenn auch obd. harren in frühnhd. Zeit nicht unerhört ist: Zs. f. d. Wortf. 14, 155; H. Fischer 1911 Schwäb. Wb. 3, 1182; v. Bahder 1925 Wortwahl 8. 93. 121 f.

Harsch M. 'Schneekruste, gefrorener Schnee', ein alem., schwäb. und bair. Wort, verwandt mit mnd. harsch 'rauh'. Dazu verharschen 'sich verhärten' (bes. von Wundflächen), frühnhd. mit umgekehrter Schreibung verharsten (man spricht isch und schreibt ist). Mit mnd. harst 'Rechen' zur idg. Wurzel *qars- 'kratzen' wie lit. karšiù, karšti 'kämmen', aslav. krasta, russ. korósta 'Krätze', lat. carrere '(Wolle) krämpeln', aind. kaṣati 'reibt'. Vgl. scharren.

Harst M. F. Spätmhd. harst M. F. 'Kriegsschar, Vortrab' klingt in alem. und schwäb. Quellen fort und lebt noch in Harsthorn G. Keller, Gr. Heinr. 3, 108; Harschhorn C. F. Meyer, Nov. 2, 282. Harscher M. 'Kriegsknecht, Freibeuter' ist zum schwäb. Fam.-Namen geworden: H. Fischer 3, 1183. Harst ist mit dem Zugehörigkeitssuffix -st- zur idg. Wurzel *qor- 'Krieg, Kriegsheer' gebildet. S. Heer.

hart. Alte Sprache scheidet das Adv. (ahd. harto, mhd. harte) vom Adj. (ahd. harti, herti, mhd. herte), doch bringt schon mhd. hart als Adj. vor. Außerdeutsch entsprechen agf. heard, anord. harðr, got. hardus 'hart, streng'. Germ. *harðu- aus idg. *qar-tú- hat seine nächsten außergerm. Verwandten in gr. (hom.) κρατύς 'stark', κάρτιστος 'stärkst'. Beide sind t-Erweiterungen zur idg. Wurzel *qar- 'hart' in aind. karkara- 'rauh', gr. κραναός 'felsig'. — Engl. hard 'hart, schwer, herb' ist aus agf. heard entwickelt, dagegen ist engl. hardy 'stark, tapfer' entlehnt aus frz. hardi 'kühn', das seinerseits aus hart stammt.

Hart F. 'Bergwald, waldiger Höhenzug', heute vorwiegend in Namen (die Haardt, Waldgebirge in der Rheinpfalz; die Hardt, Wald südl. von Leipzig; Spessart aus mhd. Spëhteshart, zu Specht), alt weithin auch appellativ: ahd. hard M. F. N., dazu inherda 'waldeinwärts' Ahd. Glossen I 393, 2, mnd. hart (d) agf. harað, -eð, hared, anord. Hǫrðar als Name eines waldbewohnenden Stammes mit dem Hauptort Harðangr; dazu die Harudēs bei Cäsar. Germ *harð- ist d h.-Erweiterung der in westfäl. hār 'Anhöhe' und im Geländenamen Haar (Haarstrang, Rothhaar) vorliegenden Wurzel wie gr. κόρθυς 'Erhöhung, Haufen'. Daneben als d-Erweiterung Harz für unser nördlichstes Waldgebirge, früher auch für den rheinpfälz. Höhenzug: Newenstadt am Hartz.

hartnäckig Adj. Das der Lutherbibel (2. Kön. 17, 14; Jes. 48, 4) geläufige Bild ist vom Zugtier genommen, wie stiernackig, anders als halsstarrig. Eine Glosse zum Terentius zu Tütsch (Straßb. 1499) 76b „wann einer toll ist, so spricht man, er hab ein harten Gnick" läßt in die Vorgeschichte des Adj. blicken, das als hardneckisch zuerst in der Gemma (Köln 1495) E 1c greifbar wird. Dän. haardnakket, schwed. hårdnackad stammen aus mnd. hardenacket.

Hartriegel M. Cornus sanguinea L., ahd. hart(t)rugil, mhd. hartrügele: Zs. f. dt. Wortf. 2, 215. 5, 21; H. Marzell 1943 Wb. d. dt. Pflanzennamen 1, 1173 ff. Das Bestimmungswort zielt auf das harte Holz des Strauchs. Das Grundwort kommt selbständig im Ahd. nicht vor, ist aber aus afränk. *trugil entlehnt worden zu wallon. trôl, frz. mundartl. trouille, truèle, die die germ. Endung -ila voraussetzen, während sie in frz. troène 'Hartriegel' durch -ina ersetzt ist. Der Stamm germ. *truga- aus idg. *dru-kó- ist als k-Ableitung zu idg. *dereu(o)- 'Baum' verwandt mit Teer, Trog, Truhe, s. d.

Harz N. ahd. mhd. harz (daneben ahd. harzoh, das in thür. hörtsɣ fortlebt), asächs. mnd. hart (nd. harts, nl. hars sind dem Hd. entlehnt). In andern germ. Sprachen nicht nachgewiesen. Außergerm. sind wurzelverw. aind. kard-áma M. 'Schlamm, Schmutz', gr. κάρδ-οπος F. 'Mulde zum Teigkneten': Loewenthal, Beitr. 52, 457. Bed.-Verwandte s. u. Bernstein, Kitt, Teer, Glas; dazu alem. glori 'Baumharz'.

Hasardspiel N. Aus arab. az-zahr 'Würfel zum Spielen' wird im 12. Jh. afrz. hasart 'Art Würfelspiel' entwickelt, das sich zu frz. hasard 'glücklicher Wurf, Zufall' wandelt. Daraus wird ins Mhd. des 13. Jh. has(e)hart übernommen, wobei Anlehnung an die dt. Namen auf -hart eingetreten ist: H. Suolahti 1929 Frz. Einfluß 105. Neuer Entlehnung von frz. hasard 'Glücksfall' im 17. Jh. sucht Leibniz 1698 Unvorgreifl. Ged. § 71 durch Empfehlung des gleichbed. nd. schlump zu begegnen. Frz.

jeu de hazard 'Glücksspiel' erscheint 1728 in dt. Text, 1750 übersetzt zu Hasardspiel (Voss. Ztg. 1750, Nr. 69), wozu Hasard junge Kurzform ist: H. Schulz 1913 Fremdwb. 1, 263.

Haschee N. 'Hackfleisch'. Während im Frz. der Begriff durch hachis M. gedeckt wird, erscheint bei uns für älteres (Lungen=)Gehacke seit 1701 ein scheinfrz. Hachée, substantiviert aus dem Part. viande hachée. Zum Ztw. hacher 'hacken' (dies zum F. hache 'Axt', s. Hippe). Trotz der Fem.=Endung setzt sich das Genus von Hackfleisch und Gehacktes durch: H. Schulz 1913 Fremdwb. 1, 263f.

Haschekater M. Name des sonst Fangen(s), Hasch(en), Haschemann genannten Kinderspiels im Umkreis von Leipzig. Von da stammt auch Fr. Kind, der Dram. Gemälde 3 (1802) 37 den ersten Beleg bietet. Die gejagten Kinder vergleichen sich mit Mäusen und necken den Fangenden mit dem Zuruf, der zum Namen des Spiels geworden ist: Müller=Fraureuth 1911 Obersächs. Wb. 1, 479. Dafür oberlaus. **Haschekel** K. G. Anton 1834 Alph. Verz. 8, 18.

haschen Ztw.: zu Haft und heben (lat. capere) gehört ein germ. *hafskōn, das über *haskōn zu ostmd. (er)haschen geführt hat, wie es im 14. Jh. (Lexer, Mhd. Handwb., Nachtr. 156) auftritt und durch Luther (z. B. Psalm 10, 9; Joh. 6, 15, aber auch 1526 Weim. Ausg. 19, 381, 29) ins Nhd. gelangt. Seinen obb. Zeitgenossen muß Luthers (er)haschen mit ergreifen, erwischen, fahen, halten verdeutlicht werden (Kluge 1918 Von Luther bis Lessing 100. 109), nd. wird (nach Helvigius 1611 Orig. dict. germ. 150) erwischen bevorzugt, siebenb. hes 'fangen'. Dem Obb. ist haschen fast völlig fremd geblieben: Schütt 1908 Ad. Petris Bibelglossar 52; K. Bachmann 1909 Einfl. v. Luthers Wortsch. 56 f.; H. Fischer 1911 Schwäb. Wb. 3, 1201; Schlutter 1913 Zf. f. d. Wortf. 14, 155; Kretschmer 1918 Wortgeogr. 589 f.; W. Porzig 1927 Jdg. Forsch. 45, 162.

Häscher M. 'Büttel' tritt im Gebiet von haschen seit Luther auf, wird aber von ihm der Bibelsprache ferngehalten und von Rädlein 1716 Sprachmeister I Vorr. b als meißnisch verpönt.

Haschisch N. Arab. ḥašīš 'Gras, Kraut' ist auf den indischen Hanf eingeengt, aus dem ein vor allem in Ägypten gerauchtes Rauschgift hergestellt wird: Lokotsch 1927 Etym. Wb. Nr. 839. Bei uns seit 1860 nachgewiesen von Sanders 1871 Fremdwb. 1, 479.

Hase M. Mhd. nd. mnl. hase, ahd. haso, nnl. haas, afries. hasa weisen auf germ. *hasan-,

ags. hara, engl. dän. schwed. hare, anord. heri auf *hazan-. Nächstverwandt sind mhd. heswe 'bleich', ahd. hasan, ags. hasu, anord. hoss 'grau', denen gleichbed. lat. cānus (aus *casnos) entspricht: mit einem Hüllnamen heißt der Hase 'der Graue'. So gehört russ. sěrjak 'grauer Hase' zu sěryj 'grau'. Unsre Jäger sagen der Krumme. Ein andrer alter Name des Tiers bedeutet 'Springer': zu aind. śáśati 'springt' gehören śaśá-, gr. (Hesych) κεκήν, apreuß. sasins 'Hase': H. Hendriksen 1938 Jdg. Forsch. 56, 27. Offenbar entgeht uns der idg. Name des Hasen als Tabu=Wort. — Aus dem Mhd. im 16. Jh. entlehnt ist frz. hase 'Häsin'. Mundartlich ist Hase (auch Stallhase) oft 'Kaninchen', dann steht für 'Hase' Feldhase. Dazu westfäl. scharphase 'Igel', schwäb. Seehase 'Meerschwein' (scherzhaft auch für die Anwohner des Bodensees), österr. Eichhase 'Eichhorn' und die Schelte Angsthase: Abr. a S. Clara 1719 Bescheidessen 30.

Hasel F. Corylus avellana L. Ahd. hasal, mnd. has(s)el, mnl. hasel, ags. hæsel, engl. hazel, anord. norw. hasl M., dän. schwed. hassel führen auf germ. *haslaz M. aus idg. *qós(e)lo- 'Hasel'. Urverwandt sind air. akymr. kymr. akorn. bret. coll (aus *coslo-) und mit Rhotazismus lat. corulus, jünger corylus nach gr. *κόρυλος 'Hasel', vielleicht auch altlit. kasulas 'Jägerspieß' (s. Esche). Von germ. *haslaz M. ist ein F. *hasla '(Hasel=)Zweig' abgeleitet, das in der Lex Ripuaria 257, 13 Sohm als hasla 'Zweig', im Anord. als hasla 'Haselrute' auftritt. Spätahd. hasala, mhd. hasel erscheinen nach dem Vorbild andrer Baumnamen als F. Der Umlaut in frühnhd. häsel F. stammt aus dem Adj. ahd. hesilīn: H. Marzell 1943 Wb. d. dt. Pflanzennamen 1, 1199f.

Haselhuhn N. ahd. hasal-, hasilhuon, mhd. haselhuon, mnd. haselhōn, nnl. hazelhoen; dän. hasselhøne stammt aus dem Mnd. Tetrao bonasia heißt nach seinem liebsten Aufenthalt, dem Haselgebüsch, ist somit benannt wie das Birkhuhn. Allgemeiner ist der luxemb. Name böschhong 'Waldhuhn'. Das im 14. Jh. auftretende hasenhuon (entspr. heute steir.) beruht auf Umdeutung. Suolahti 1909 Vogelnamen 253 f.

Haselnuß F. Die vor Einführung der Walnuß (s. d.) einzige Nuß des deutschen Waldes bedurfte keiner unterscheidenden Benennung. Wie mhd. kol schlechthin 'Holzkohle' war, so bedeutet in alter Sprache Nuß (s. d.) ohne weiteres 'Haselnuß'. Spätahd. hasalnuz, ags. hæselhnutu, mnl. mnd. häselnöte und selbst noch mhd. haselnuz sind selten.

Hasenpanier N. Wie der Schwanz des Eichhorns weidmänn. Fahne heißt, so konnte der des Hasen scherzhaft Panier genannt werden. Da man es meist auf seiner Flucht zu sehen bekam, wurde nd. hāsenbanīr Spottwort für 'Flucht': Neocorus 1598 Chron. v. Ditmarschen I 353 „doch sindt de Meisten dorch dat Hasen-Bannier errettet". Frühnhd. Wendungen wie „das H. aufwerfen, aufstecken, erwischen" sind verdrängt durch Luthers Prägung „das H. ergreifen": Borchardt-Wustmann 1925 Sprichw. Redensarten 189. S. Fersengeld.

Hasenscharte F. 'angeborene Spaltung der Oberlippe' tritt bei uns zuerst 1323 als Hausname auf, doch besteht schon agf. hærsceard (dafür engl. hare-lip, nnl. hazelip, doch dän. hareskaar), afries. hasskerde 'hasenschartig', auch der anord. Spottname Skarði, unserm alem. Fam.-Namen Hasenfratz vergleichbar. Die naheliegende und volkskundlich gestützte Benennung (die Mutter des Hasenschartigen soll sich an einem Hasen „versehen" haben) kehrt in lat. labium leporinum und frz. bec de lièvre wieder.

Haspe F. **Haspen** M. in fast allen germ. Sprachen mit dopp. Bed. 'Türhaken, -angel, -riegel' und 'Weise, Docke, Strang Wolle', so mhd. mnd. haspe, hespe (md. Nebenform hispe 'Spange'), ahd. haspa, mnl. dän. haspe, agf. hæsp, engl. norw. hasp, anord. hespa, schwed. hasp(e). Die agf. Nebenform hæpse 'Haspe' ist bildungsgleich mit lat. capsa 'Behältnis' zu capiō 'fasse', von dessen Stamm (s. haben) aus sich beide germ. Bedeutungen entwickeln lassen. Zur Umstellung des ps zu sp vgl. Wespe. Wie andere Kunstwörter der Spinnerei (s. Haspel, Rocken) ist H. ins Roman. gelangt, daher mailänd. aspa, ital. aspo.

Haspel M. F. ahd. haspil, mhd. mnd. mnl. haspel 'Weise', Ableitung von mhd. haspe mit dem -el der Gerätnamen (Angel, Knüttel, Scheffel, Stempel, Stengel). Aus dem Mhd. entlehnt ist gleichbed. afrz. hasple. Über den Eintrag, den das im Md. des 15. Jh. entsprechende Weise unserm Wort getan hat, s. A. Götze 1915 DWb. 14, 1, 630.

Haß M. Mhd. ahd. haz, hazzes, asächs. heti (mit hōti 'feindselig'), mnl. hate, nnl. haat, agf. hete, anord. hatr, schwed. hat, dän. had, got. hatis führen auf den s-Stamm germ. *hatiz. Dazu das schw. Ztw. hassen, mhd. hazzen, ahd. hazzēn, -on, asächs. anfr. hatōn, nl. haten, afries. hatia, anord. norw. schwed. hata, agf. hatian, engl. hate, got. hatan. Aus dem Altfränk. ist über gallorom. *hatire frz. haïr entstanden. Eine Weiterbildung s. u.

hetzen. Zur idg. Wz. *kād- 'seelische Verstimmung, Kummer, Haß' gehören auch avest. sādra- 'Leid', gr. κῆδος, dor. κᾶδος 'Sorge', κήδειος 'der Sorge wert, lieb, teuer', κήδιστος 'der liebste', osk. cadeis Gen. 'Feindschaft', mir. caiss, kymr. bret. cas 'Haß', korn. cueth 'Leid, Zorn'.

Häß N. 'Gewand', ein Wort der schwäb. und alem. Ma., mhd. hæze N. neben hāz M. 'Kleidung'. Verwandt mit agf. hæteru Plur., engl. mundartl. hater 'Kleider'. Aus der westgot. Entsprechung könnte gleichbed. port. fato entlehnt sein. Man vermutet Beziehung zu aind. chadis- N. 'Decke', chādáyati 'verbirgt' und setzt einen idg. Verbalstamm *sked- 'bedecken' an.

häßlich Adj. Ahd. hazlīh, mhd. haz-, hezzelich, asächs. hetilik, agf. hetelīc, mengl. hatelich bed. als Ableitung zu Haß urspr. 'Haß erregend, gehässig' in akt. Sinn und steht dem in der Anwendung auf Sittliches (h. Worte, Gesinnung) bis heute nahe, wird aber auch hier zum Gegensatz von schön umgedeutet, zu dem es, von pass. 'hassenswert' ausgehend, in ästhet. Gebrauch frühnhd. geworden ist: A. Götze 1906 Zf. f. d. Wortf. 7, 202—220. Landschaftlich wird das Gebiet von h. durch garstig, schiech u. wüst, auch durch mies eingeschränkt: Kretschmer 1918 Wortgeogr. 232f.; v. Bahder 1925 Wortwahl 148.

Hast F. Die germ. Sippe des nhd. heftig (s. d.), zu der got. haifsts 'Streit', ahd. heisti, agf. hæste 'heftig' gehören, gelangt ins Roman. und ergibt afrz. haste (woraus frz. hâte, engl. haste). Das frz. Wort liefert nl. haast F., und dies gelangt im 15. Jh. ins Mnd. Von da stammen dän. schwed. hast. Gg. Rollenhagen ist der erste, der (Magdeb. 1595) das Wort in hd. Versen verwendet, danach verbreitet es sich im Nhd. schnell und allgemein. Obd. Volkssprache bleibt es fremd. Der Vokal erscheint mit lautgesetzl. Dehnung im Engl., Nnl. und Westfäl. (Holthausen 1930 Idg. Forsch. 48, 257), nhd. ist er vor Doppelkons. gekürzt.

hätscheln Ztw. 'streichelnd liebkosen' tritt seit Mengering, Gewissensrüge (Altenb. 1642) 1511 vorwiegend bei Ostmd. auf und wird seit Stieler (Erfurt 1691) gebucht. Aussprache mit ä verlangt Heynatz 1775 Handb. 289b. Tirol. entspricht gleichbed. hatschen. Wohl lautmalend: tsch malt gern die Ausbreitung über eine Fläche (vgl. fletschen, latschen, Matsch, quetschen, trätschen).

Hatschier M. Zu ital. arco 'Bogen' gehört arciere 'Bogenschütz', das im 15. Jh. als hartschier, hertschier in obd. Quellen erscheint. Die weitere Bed.-Geschichte hat frz. archer mitbestimmt. Zum Verlust des ersten r vor Dental und r der Folgesilbe s. fordern und H. Paul 1916 Dt. Gramm. 1, 357 f., zu späterem Hatschierer O. Behaghel 1901 Zs. f. d. Wortf. 1, 64.

Haube F. Mhd. hûbe 'Kopfbedeckung für Mann und Frau; Sturmhaube für Krieger', ahd. hûba, asächs. hûva, mnd. mnl. afries. hûve, nnl. huif (auch 'Bienenkorb', wie münsterl. immhûve), ags. hûfe, schott. how, anord. hûfa, schwed. huva, dän. hue 'Haube' führen auf germ. *hûbōn-. Innerhalb des Germ. vergleichen sich ags. hŷf, engl. hive 'Bienenkorb', anord. hûfr 'Schiffsbauch', norw. schwed. huv 'Wetterdach, Kuppe' aus germ. *hûba-. Die nächsten außergerm. Verwandten sind poln. kubek 'Becher', gr. κύφος 'Buckel', kret. κυφή 'Kopf', aind. kubhra- 'höcerig', sämtlich zur idg. Wurzel *qeubh-. Grundbed. ist 'Wölbung'. Von ihr können auch Besonderungen ausgehen wie westfäl. hûwe 'Leinendecke auf Frachtwagen': Holthausen 1930 Idg. Forsch. 48, 260.

Haubitze F. Durch den Hussitenkrieg (1419 bis 1436) wird tschech. houfnice 'Steinschleuder' bei uns bekannt: Wick 28. Frühnhd. hauf(e)niz geht in die Bed. 'grobes Geschütz' über, weiter auf die damit geschleuderten Geschosse. Die Form haubiz in Iglau 1611: Quellen d. Gesch. Mährens 2 (Brünn 1861) 285. Auf nhd. haubiz beruht frz. obus (17. Jh.). Von Osten her bereichert wird unser altes Kriegswesen auch durch Dolch, Husar, Pallasch, Säbel, Tornister, Ulan.

Hauch M. 'Zäpfchen im Hals', Nebenform von Auf², s. d.

hauchen Ztw. Zur Sippe von keuchen (s. d.) gehört mhd. kûchen, frühnhd. kauchen 'hauchen', für das ostmd. seit dem 13. Jh. hûchen erscheint. Hauchen ist Luthers Wort, das seinen obb. Zeitgenossen mit blasen, wehen verdeutlicht wird (Kluge 1918 Von Luther bis Lessing 109). Wie Hain, Halle, hehr und andre Wörter der Bibelsprache wird hauchen von Dichtern des 18. Jh. neu belebt. Hauch M. ist aus dem Ztw. rückgebildet, es erscheint nicht vor Zesen 1645 Rosemund 16: Nichtenhauser 1920 Rückbild. im Nhd. 19.

Haudegen M. erscheint bei Stieler (1691) 270 als gladius ad cæsim feriendum und bleibt in den Buchungen bis Kindleben 1781 Stud.-Lex. 102 'Hiebwaffe' im Gegensatz zum Stoßdegen. Nachdem zu Ende des 18. Jh. Degen¹ neu belebt ist, tritt mit ungeschichtlicher Vermischung als pars pro toto Haudegen 'Draufgänger' auf, zuerst Seume 1803 Spazierg. 1, 33.

Hauderer M. Zu dem unter Heuer F.

'Miete' entwickelten Stamm gehört ein umlautloses Ztw. hûren 'im Mietwagen fahren', das im 15. Jh. in Mitteldeutschland auftritt, wie die von O. Weise Zs. f. d. Ma. 1907, 206 ff., F. Kluge 1907 Zs. f. d. Wortf. 9, 318 und H. Paul 1916 Dt. Gramm. 1, 226 dargestellten brauen, graulen, kauen, Knaul, traun usw. Wie in schlaudern 'nachlässig gehen, arbeiten' (zu mhd. slûr M. 'nachlässiger Mensch') stellt sich ein hiatfüllendes d ein in md. haudern 'langsam fahren', das Goethe in e. Brief vom 25. Dez. 1773 und im Schwager Kronos V. 5 „Ekles Schwindeln zögert Mir vor die Stirne dein Haudern" verwendet (Jub.-Ausg. 2, 289). Dazu Hauderer M. 'Miet-, Lohnfuhrmann' seit Kiechel 1600 Reisen 9; aus Mannheim Mozart briefl. am 14. Febr. 1778 „Es giebt hier so Leute, die man H. nennt, welche die Leute wohlfeil fahren". Das heute schwindende Gebiet seiner Geltung umschreibt Kretschmer 1918 Wortgeogr. 313 f.

hauen Ztw. ahd. houwan st., houwōn schw., mhd. houwen st. und schw. Ztw. Das Prät. hieb (mhd. hie, Plur. hiewen) begegnet seit dem 14. Jh. (Passional und Nik. v. Jeroschin). Entspr. asächs. hauwan, ags. hēawan, anord. hǫggva: germ. *haw(w)- aus einer vorgerm. Wz. *kāv- (oder *kōv-): *kəv- in toch. A ko-, B kau- 'töten', aslav. kowǫ, kovati 'schmieden', lit. káuju (káuti) 'schlagen, schmieden', kovà 'Kampf'. Dazu mit präsent. -d- lat. cūdō 'schlage'. Die landschaftl. Verbreitung der versch. Bed. von nhd. hauen umschreibt Kretschmer 1918 Wortgeogr. 233. Vgl. Heu und Hieb.

Haufen M. Ahd. hûfo, mhd. hûfe, mnd. hûpe und ahd. mhd. houf, diesem entspr. asächs. hōp, ags. hēap: germ. *haupa- im Ablaut mit *hûpon. Idg. *keup-nó-. Wahrscheinlich verwandt sind aslav. kupŭ M. 'Haufen', lit. kaũpas 'Haufen', kuprà 'Höcker', lett. kupt 'sich ballen'.

häufig Adj., erst nhd., eig. 'haufenweise'.

Haupt N. Mhd. houb(e)t, houpt, md. hôubet, ahd. houbit, -pit, asächs. hôbid, nd. hôwət, hôft, anfr. hôvid, mnl. hôvet, hooft (d), nnl. hoofd, afries. hâved, hâfd, ags. hēafod, engl. head, anord. haufuð, schwed. hufvud, got. haubiþ führen auf germ. *haub-uða, -ida aus vorgerm. *qaup-ut, -it. Dessen au beruht auf Vermengung mit einer zur Sippe von Haube (s. d.) gehörenden Wortgruppe (eine ähnliche Erscheinung s. bei Auge). Ags. hafud-, anord. hǫfuð, dän. hoved führen über germ. *ha-buða- auf idg. *qap-ut, das durch aind. kaput- und lat. caput bestätigt wird. Daneben stehen Bildungen auf -l wie ags. hafola, afries. heila (aus *havila) 'Kopf'. Ihnen entsprechen aind.

kapālam '(Hirn-)Schale, Schädel, Pfanne am Schenkel', Pelehvi kapōli 'Kniescheibe', kapōla-'Wange', so daß als Ausgangsbed. 'Schalenförmiges' anzusetzen ist. — Heute ist Haupt im Dt. weithin durch Kopf (s. d.) verdrängt; von den Mundarten bewahrt nur das Siebenb. heft, sonst halten sich etwa nur Kohl-, Kraut-, Mohnhaupt und Stückangaben wie „sieben Haupt Vieh". Haupt als Fam.-Name ist oft durch ältere Hausnamen vermittelt, kann aber auch auf Bezeichnungen im Gelände ('Gipfel; Quelle') beruhen. Luthers Form war von Haus aus Heupt (F. Kluge 1918 Von Luther bis Lessing 100); später geht er zur umlautlosen obd. Form über und wird damit maßgebend (vgl. Laube, taufen). Umlaut hält sich in der Formel zu Häupten (ahd. zi houbitum), gestützt durch das gegensätzl. zu Füßen.

Hauptaugenmerk s. Augenmerk.

Haupthahn M. in der Burschensprache des beginnenden 19. Jh. für sonstiges Hauptkerl, wie schon früher Hahn den unter seinesgleichen Hervorragenden bezeichnet: DWb. 4, 2, 163. Von da gelegentl. literar.: Kluge 1895 Stud.-Spr. 93 f.; Zs. f. d. Wortf. 12, 280. — In heutiger techn. Sprache steht Haupthahn als Klammerform für Hauptgashahn, Hauptwasserhahn.

Hauptmann M. ahd. houbitman, mhd. houbetman 'Erster unter seinesgleichen', frühnhd. hauptman 'Befehlshaber', ags. hēafodman, engl. headman 'Führer'. Im preuß. Heer führt Friedrich Wilhelm IV. 1842 H. als Lehnübersetzung für Kapitän ein: Zs. f. d. Wortf. 1, 76. 3, 229. 12, 151. Russ. hetman beruht auf Entlehnung des dt. Wortes.

Hauptwort N. als Fachwort der Grammatik für Substantiv schlägt Morhof 1682 Unterricht 469 vor, Prasch greift es 1687 auf, Gottsched setzt es seit 1730 durch: E. Leser 1914 Zs. f. d. Wortf. 15, 42; Wh. Pfaff 1933 Kampf um dt. Ersatzwörter 34.

Haus N. Ahd. mhd. asächs. afries. anl. ags. anord. hūs, got. -hūs (nur in gudhūs 'Tempel', sonst verdrängt durch razn, s. Rast) führen auf germ. *hūsa-, idg. *qūso-, s-Erweiterung zur idg. Wurzel *qeu- 'bedecken, umhüllen', zu der mit t-Erweiterung Hütte (s. d.) gehört. Aus germ. *hūza- 'einräumiges Haus' stammt gleichbed. aslav. chyzŭ. — Die seit Beginn des 19. Jh. auftretende Redensart „aus dem Häuschen sein, geraten" ahmt petites-maisons (den Namen eines Pariser Irrenhauses) in älteren frz. Redensarten nach: Zs. des Sprachv. 37 (1922) 63 f.

hausbacken part. Adj., nnl. huisbacken. Während Henisch (1616) 520, 30 „grob hausgebacken Brot" bietet, steht bei Stieler (1691)

246 „Hausbacken-Dienerbrot sive Rockenbrot": Anfügung der Vorsilbe ge- unterbleibt wie in den mit Nomen zus.-gesetzten Part. alt-, neubacken, willkommen sowie in dem zum Adj. gewordnen trunken. Das Bäckerbrot pflegt reizvoller zu sein, daher steht hausbacken seit Goethe und Niebuhr für 'alltäglich, nüchtern, schwunglos'.

Hausehre F. Mhd. hūsēre 'Ehre des Hauses' geht in die Bed. 'Haushaltung, Hauswesen' über (Zs. f. d. Alt. 6, 387 ff.). Treu dem Wort „hausehr ligt am weib, und nit am man" Agricola 1560 Sprichw. 236b wird schon spätmhd. die Bed. 'Hausfrau' erreicht (etwa vergleichbar dem Brauch, Hochgestellte Euer Gnaden, Liebden anzureden). Aus Psalm 68, 13 ist der Sprachgebrauch lebendig geblieben; ins Scherzhafte gewendet erscheint er schon bei H. Sachs 1531 Fab. und Schwänke I Nr. 11 V. 50.

Hause(h)rn s. Ähren.

Hausen M. ahd. hūso, mhd. hūse(n), mnd. hūsen: der Fisch Acipenser huso, eine Störart, die unsern Vorfahren an der Donau bekannt wurde. Gleichbed. tschech. vyz(a), poln. wyz sind früh aus dem Germ. entlehnt. Benannt ist der Stör nach dem mit Schildplatten gepanzerten Schädel: norw. mundartl. hūse M. 'Hirnschale von Fischen' aus anord. hauss M. 'Hirnschale' hat eine ausgebreitete Verwandtschaft, s. Hose. — Die zu Leim verarbeitete Schwimmblase heißt bei J. Mathesius 1562 Sarepta 47b Hausenplase. Nhd. Hausenblase, nd. hūsenblās, mnl. huyzenblas, nnl. huisblas, dän. husblas, schwed. husbloss, älter husblās (aus dem Nd. entlehnt) bedeuten geradezu 'Fischleim'.

Haushalt M. Aus mhd. hūs halten ist das frühnhd. Ztw. haushalten zus.-gerückt. Daraus rückgebildet erscheint haushalt seit Maaler (Zürich 1561) 214d als Ersatz für gr.-lat. oeconomia: Nichtenhauser 1922 Rückbild. im Nhd. 22.

hausieren Ztw. Nach dem Vorbild von Fremdwörtern wie regieren, spazieren, studieren sind halbfremde Ztw. gebildet wie erlustieren, gastieren, grillisieren, halbieren, hofieren, schimpfieren, schnabulieren. Ihnen gesellt sich im 15. Jh. hausieren, das als Ableitung von Haus 'hausen' und (unter Auslassung von übel) 'schlimm hausen, lärmen und schelten' bedeuten kann (so mhd. hūsēren), aber schriftsprachlich in der Bed. 'feilbietend von Haus zu Haus ziehen' fest geworden ist. Entspr. seit dem 16. Jh. Hausierer: Zs. f. d. Wortf. 10, 123. 12, 280.

Hausmannskost F. im 16. Jh. zu Hausmann in seiner Bed. 'Hausvater' gebildet, somit

20

'Nahrung, wie sie ein Hausvater den Seinen bereiten läßt'. Es gab auch Hausmannsbier.

hauß(en) Abv. ahd. mhd. hûze für hie ûze 'hier außen' wie mhd. hinne für hie inne, dûze für da ûze. S. aus und außen.

Hauste(n) M. mhd. hûste 'auf dem Feld zus.-gestellter Haufe Heu oder Getreide'. Ein Wort des fränk. Gebiets, aus Cleve 1477 huust, (corn)huyst Schueren, Teuth. 160. 191 Verdam. Aus *hûfste zu hûfe 'Haufen'. Vgl. dieses, lit. kùpstas 'Erdhöcker' und russ. kust 'Busch, Strauch, Staude'.

Haut F. Mhd. ahd. hût, asächs. hûd, mnl. huut (d), nnl. huid, afries. hêd, agf. hŷd, engl. hide, anord. hûð, dän. schwed. hud (die got. Entsprechung entgeht uns) führen auf germ. *hûdi- F., idg. *qeut- in gleichbed. lat. cutis (zum Ablaut û : u vgl. laut und Sohn), gr. κῦτος 'Hülle', apreuß. keuto 'Haut', lit. kiautaï 'Hülsen' (auch schweiz. hût kann noch 'Hülse' bedeuten), kutỹs 'Beutel', kymr. cwd 'Hodensack' (s. Hode). Daneben idg. *(s)qeut- in lat. scûtum 'Schild', gr. σκῦτος 'Leder', σκῦτον 'Haut, erbeutete Rüstung'. Die idg. Wurzel *(s)qeu- 'bedecken, umhüllen', zu der *(s)qeut- als Erweiterung gehört (s. Hütte), erscheint unerweitert z. B. in Scheuer.

Havarie F. Arab. 'awâr 'Schaden' ist Grundwort zu 'awârīja 'beschädigte Güter'. Daraus im 14. Jh. entlehnt ital. avaria 'Schaden an Schiff oder Ladung', das über Genua in fast alle europ. Sprachen gelangt. Hd. im heutigen Sinn kaum vor W. Sartorius, Rechenbüchl. (Danzig 1592) O 1ᵇ „wird nach Außweisung des Seerechts auff Haferey berechnet". Nd. haferye sei 1582, nl. averij, frz. avarie noch früher im 16. Jh.: F. Kluge 1911 Seemannsspr. 359; Schirmer 1911 Wb. d. dt. Kaufmannsspr. 83f.; Littmann 1924 Morgenländ. Wörter 97; Lokotsch 1927 Etym. Wb. Nr. 138.

Havelock M. 'ärmelloser Herrenmantel mit Umhang', benannt nach dem engl. General Sir Henry Havelock (1795—1857), der bei Niederschlagung des indischen Aufstands 1857 einen Nackenschutz aus weißem Tuch an der Uniformmütze trug. So seit 1861 im amerif. Bürgerkrieg verwandt, als Amerikanismus bei der Bed. 'Nackenschutz' in allen engl. Wörterbüchern geblieben. Erst bei uns 'Art Mantel' seit D. Sanders 1871 Fremdwb. 1, 480, in Bayern scherzhaft umgestaltet zu Haferlrock: W. Fischer 1943 Dt. Wortgesch. 2, 373; Stiven 68.

Haxe s. Hachse.

Hebamme F. mhd. hebamme, umgedeutet aus gleichbed. ahd. hevianna, dies aus *hafjan-(d)jô- 'die Hebende', Part. Präs. F. zu heben.

Da der ältesten Zeit Sache und Wort fehlen (Sudhoff 1915 Realler. d. germ. Alt. 2, 466), haben sich einzelsprachl. Ausdrücke reich entfaltet. Der älteste Name hevianna ist seit dem 8. Jh. obb. der verbreitetste, hess. gilt elter, eller, kinner-, borneller, siebenb. gruisso, preuß. großmutter; mnl. heve(l)moder, mnd. hevemoder, westfäl. hiawelsche; nl. vroedvrouw, westfäl. wîsemôar, samländ. klôk frü (vgl. frz. sagefemme); nd. bademôme, sudet. bâdeäle, ostb. bademutter, ostmb. kindermutter, kindmuhme, thür. hess. kindfrau, westmb. amm, saigamm, mainfränk. ammafrā, -fräla, siebenb. ommfræ, schweiz. chüechlimueter, helgol. buntə(r)wîf: A. Götze 1911 DWb. 14, 1, 143 f. unter Wehmutter.

Hebel M. 'Hebestange' spätmhd. hebel. Voraus geht als Ableitung zu heben ahd. hevil(o) M. 'Hefe', eig. 'Hebemittel'.

heben Ztw. mhd. heben, heven, ahd. heffan, hevan (Sg. heffu, hevis, hevit, Pl. heffemês, Inf. heffan), got. hafjan '(auf)heben'. Germ. Wz. *haf, *hab; b kommt im st. Ztw. dem Plur., Prät. und Part. zu, dringt aber in andere Formen ein; vgl. agf. hebban (Sg. hebbe, hefst, hefþ), engl. heave, nl. heffen, anord. hefja. Dem germ. *hafja entspricht genau lat. capio (idg. Wz. *qap-) 'fasse'. Germ. Reste dieser Bed. s. u. haben, Haft, Handhabe.

Hechel F. Mhd. hechel, hachel, nd. nl. hekel (asächs. ihekilôd 'gehechelt'), mengl. hechel, engl. hatchel und hackle, schwed. häckla, dän. hegle setzen germ. *hakilô, *hakulô voraus. Wahrsch. zu germ. *hakjan, ahd. mhd. hecchen, hecken 'stechen' (bes. von Schlangen), weiter zur Sippe von Haken (engl. hook). Weibl. Gerätbenennung wie Gabel, Geißel, Gürtel, Schaufel, Spindel, Windel.

Hechse s. Hachse.

Hecht M. mhd. hech(e)t, ahd. hechit, hachit, asächs. hact, mnd. heket, agf. hacod, hæced, heced. Am nächsten steht mnd. hekele 'Stichling', sodann Haken und Hechel (s. d.) und ahd. hecchen, mhd. hecken 'stechen', norw. hekel 'Zipfel', hekla 'Stoppel'. In denselben Zus.-Hang führen mnd. hôk, westfäl. hauk 'Hecht' (F. Holthausen 1930 Idg. Forsch. 48, 258). Der Raubfisch dankt seinen westgerm. Namen den spitzen Zähnen. Entspr. ist engl. pike 'Hecht' eins mit pike 'Stachel'; frz. brochet 'Hecht' gehört zu broche 'Spieß', nord. gedda 'Hecht' zu gaddr 'Stachel'.

Heck N. 'Oberteil des Hinterschiffs', in hd. Text nicht vor 1782, beruht auf mnd. heck 'Umzäunung', nnl. hek 'Gitterwerk': der Platz des Steuermanns war eingehegt: F. Kluge 1911 Seemannsspr. 360.

Hecke[1] F. ahd. hegga 'Gehege', mhd. hecke, hegge 'Wildzaun, Hecke', mnl. hegge 'Hag, Umzäunung', mnl. heg(ge), agf. hecg F., engl. hedge 'Hecke': westgerm. -jō(n)=Bildung zu dem in Hag (f. d.) enthaltnen Stamm.

Hecke[2] F. 'Fortpflanzung', engl. hatch, mengl. hacche (unverwandt mit Hecke[1], engl. hedge, mengl. hegge). Dazu das schw. Ztw. hecken, mhd. hecken, mengl. hacchen, engl. hatch 'sich fortpflanzen'; damit verwandt ahd. hegidruosa, mhd. hegedruos F. 'Hode', westfäl. hiägelte 'Drüse am Hals', ebenso Hagen, mhd. hagen, schwäb. heigel 'Zuchtstier' und Hacksch 'Zuchteber'. Die Wortsippe weist auf eine vorgerm. Wurzel *kak- 'männl. Glied', zu der auch gleichbed. lett. kakale gehört.

Heckenschütz M. 1914 für frz. franc-tireur (wörtlich 'Freischütz') aufgekommen. Nach der Zf. d. Sprachv. 30 (1915) 61 zuerst durch Nanny Lambrechts Kriegsroman „Die eiserne Freude" verbreitet. Vorbilder waren Heckenjäger, =krieg, reiter, =wirt.

Heckenwelsch N. im mittleren Baden für sonstiges Kauderwelsch, f. d.

Heckschär f. Wachtelkönig.

Hede F. 'Werg', mnd. mnl. afrief. hēde: das Wort hat (wie Miete[1]) unter Ersatzdehnung ein r verloren, das im gleichbed. nl. herde, agf. heordan, engl. hards noch vorhanden ist. Germ. *hezdōn 'Flachsfaser' hat außergerm. Verwandte in gr. κεσκέον, tschech. pačes, russ. čéska 'Werg': sämtlich zur idg. Wurzel *ges- 'kratzen, kämmen', zu der auch anord. haddr (aus *hazda-) 'Kopfhaar der Frau' gehört (f. Haar und verheddern). Hede gelangt durch Schriftsteller wie Möser und Hermes ins Nhd. und wird seit Adelung gebucht. Obd. gilt Werg, das dem Nd. fremd bleibt.

Hederich M. ahd. hēderīh (Zf. f. dt. Wortf. 6, 182), mhd. hēderich, mnd. hed(d)erick, nl. he(de)rik. Name verſch. Ackerunkräuter: weißer H. Raphanus raphanistrum, gelber H. Sinapis arvensis, aber auch für Glechoma hederaceum u. a. Wenn urſpr. rankende Unkräuter gemeint sind, darf man an Umbildung aus lat. hederāceus 'efeuähnlich' denken, vollzogen unter Einfluß des älteren Wegerich (Zf. f. dt. Wortf. 2, 209). Loewes abweichende Deutung (Beitr. 60, 166ff.) würden Umlaut -e vorausſetzen, die Mundarten weisen aber auf altes ë.

Heer N. mhd. her(e), ahd. asächs. afrief. heri, anfr. heri-, here-, mnl. here, nnl. heir, heer, agf. here, anord. herr, dän. hær, schwed. här, got. harjis 'Heer', urſpr. 'das zum Krieg Gehörige'. Drei idg. Stämme sind zu unter=

scheiden: 1. *koros 'Krieg', lit. kãras 'Krieg, Streit, Hader' neben gr. κείρω (aus *keri̯ō) 'verheere' (wie φόνος 'Mord' neben θείνω 'schlage'); 2. *korios, Zugehörigkeitsbildung 'zum Krieg gehörig', deren Substantivierung die Bedeutung 'Heer' erreicht in lit. kãrias, got. harjis usw., auch in germ. Männernamen der Römerzeit wie Chariovalda und -mērus; 3. *koris, i=Stamm in altlit. karìs, lit. kãrė 'Krieg', in germ. Männernamen wie Harigasti (Helm von Negau) und Harimella: F. Specht 1933 Zf. f. vgl. Sprachf. 60, 130ff.; G. Neckel daſ. 282ff.; W. Krogmann 1937 daſ. 64, 269ff. Vgl. Harst, Herberge, Herzog, verheeren.

Heerbann M. ahd. heriban 'Aufgebot der waffenfähigen Freien zur Heeresfolge', mhd. herban, mlat. heribannus auch 'aufgebotene Mannſchaft'. Jahrhundertelang wenig gebraucht, von F. Möſer, Schiller, Jahn und Campe erneuert: Kuhberg 49.

Heerschau F. Mhd. her-schouwe tritt im 13. Jh. auf und erscheint in frühnhd. Zeit bei Siber 1579 Gemma 141. Im 17. und 18. Jh. wird es gebraucht, um Parade und Revue zurückzudrängen: Zf. f. d. Wortf. 11, 112.

Hefe F. Ahd. hevo M., mhd. heve M. F. über *hafjo zur Wz. *haf 'heben'; ebendaher gleichbed. ahd. hevilo, mhd. hevel M. N. ſowie mnl. heffe, agſ. hæf(e): der Gärung wirkende Stoff ist als 'Hebemittel' bezeichnet, wie ahd. urhab zu heben, frz. levain und levure zu lever 'heben' gebildet sind. Daneben stehen mit verwandter Bed. ahd. hëpfo, mhd. hëpfe M., mit den andern germ. Formen nicht zu vereinen, vielmehr auf einen vorgerm. Stamm *kepn'- zurückweisend. Vgl. Hebel.

Heft[1] N. ahd. hefti, mhd. hefte, mnd. hechte 'Meſſergriff', eig. 'Halter': zur Wz. *haf in heben und haben.

Heft[2] N. 'Schreib-, Druckheft': Rückbildung des 16. Jh. zum Ztw. heften, f. d.

Heftel M. N. mhd. haftel(în), heftel(în) N. 'Spange, Häkchen', frühnhd. auch 'Stecknadel' (v. Bahder 1925 Wortwahl 149): Demin. zu Haft M.

heften Ztw. ahd. mhd. heften: Faktitiv zu ahd. haft 'gefeſſelt', das genau dem lat. captus (zu capere) entspricht.

heftig Adj. Gleichen Stammes mit got. haifsts M. 'Zank' (f. Haft) ist das spätahd. Adj. heifte 'ungestüm', das über gleichbed. mhd. heifte ein an Inn und Salzach noch lebendes bair. haift 'schnell' ergeben hat. Dazu spätahd. heiftig, Adv. heifteclichen 'ungestüm', frühmhd. haifdichen Adv. Früh wird ei zu ē (wie in Lehm) und dies vor Doppelkonf. gekürzt (wie in elf), so daß heftec mhd. Normalform ist. In den germ. Sprachen sind verwandt ahd. heisti, afrief. 'gewaltsam', agf. hǽst 'Gewalt', hǽste 'heftig', anord. heipt, heifst 'Feindschaft'. Nnl. dän. heftig, schwed. häftig stammen aus mnd. heftich.

hegen Ztw. ahd. heg(g)an 'mit einem Hag umgeben, umzäunen', mhd. hegen 'pflegen, bewahren': Faktitiv zu Hag. Vgl. heikel.

Hehl N. M. mhd. hæle, md. hēle F. 'Verheimlichung' neben ahd. hāli, mhd. hæle Adj. 'verhohlen', agf. on-hǽle 'geheim, verborgen': Ableitungen aus mhd. hëln (f. hehlen), dehnstufig wie lat. cēlāre. Zum Absterben der Nomina in frühnhd. Zeit: v. Bahder 1925 Wortwahl 135 f.

hehlen Ztw. ahd. asächs. agf. hëlan, mnl. helen, afrief. hëla zur germ. st. Verbalwz. *hël, vorgerm. *kël 'verbergend bedecken', von der auch Halle, Hehl, Helm, Hölle, Hülle, Hülse ausgehen. Urverw. lat. cēlāre, occulere 'verbergen', clam 'heimlich', color 'Farbe', gr. καλύπτειν 'verhüllen', καλιά 'Hütte', air. celim 'verhehle'.

hehr Adj. ahd. asächs. hēr 'vornehm, erhaben, herrlich', mhd. hēr 'vornehm, stolz, froh', auch 'heilig', in den meisten Mundarten abgestorben (hess. als 'fein, zart' erhalten, bei Luther z. B. Psalm 111, 9; von da (während von 1570 bis 1780 Belege fehlen) durch Klopstock 1781 An Freund und Feind V. 71 belebt, so daß Campe 1808 schon neue Dichterstellen bieten kann, während Adelung noch 1796 hehr 'im Hochdeutschen völlig veraltet' nennt. Der Kompar. ahd. hēriro wird aus der Bed. 'der Vornehmere' in die von Herr (f. d.) übergeführt. Grundbed. des Adj. 'grauhaarig' und daher 'ehrwürdig', vgl. anord. hārr, agf. hār, engl. hoar(y) 'grau'. Germ. *haira- geht auf das idg. Farbadj. *koiro- zurück. In Ablaut damit steht *keiro- in mir. cīar 'dunkel'. Nach der Farbe benannt ist die aind. Schlangenart sŕabha-. Vgl. herrlich.

Heide[1] F. die Pflanze Heidekraut (spätmhd. heidekrūt), Erika (kaum vor dem 19. Jh.). Ahd. heida, mhd. mnd. nl. heide, asächs. hēth(i)a, agf. hǽd führen auf westgerm. *haiþjō, gewiß eins mit Heide[2] und daraus entwickelt. In Sätzen wie „die Heide blüht", nd. de hēde is brūn konnte eines für das andere genommen werden.

Heide[2] F. Mhd. nl. heide, asächs. hētha, mnd. hēde F., agf. hǽþ M. N., engl. heath 'unbebautes, unbewohntes Land', anord. heiðr F. 'wüste Hochfläche', schwed. hed, dän. hede, got. haiþi F. 'Feld, Acker' führen auf vorgerm. *koitjā- 'unbewohntes Land, Wildnis'. Außergerm. vergleicht sich urkelt. *kəito- in gall. caeto- (im Ortsnamen Καιτόβριξ), cēto-

(in Ortsnamen wie Cētobriga, Etocētum), akymr. coid, kymr. coed, akorn. cuit, bret. koad, coet 'Wald'. Kelt. Ursprungs ist =scheid in rhein. Ortsnamen wie Reifferscheid aus *Rīpherecētom (mit roman. Aussprache des c).

Heide M. ahd. heidano, mhd. heiden M. 'Nichtchrist': Substantivierung des Adj. ahd. heidan, mhd. heiden 'heidnisch'. Got. haiþnō F. 'Heidin' Mark. 7, 26 ist Substantivierung desselben Adj.-Stamms germ. *haiþ-na-; daneben zeigen germ. -ina asächs. afrief. hēthin, agf. hǽðen, engl. heathen, anord. heiðinn. Die christliche Bedeutung ist überall gleich und offenbar von Rom zu allen Germanen gelangt: eine Lehnübersetzung des lat. pāgāni (zu pāgus 'Gau, Heim'), in der Bedeutung 'Heiden' seit 368 bezeugt, wäre von vorulfilanischen Glaubensboten zu den Goten gebracht, von der agf. Mission nach Oberdeutschland und dem Norden getragen. Das Grundwort germ. *haiþa-, idg. *koito- 'Heim' ist (wie gr. κοῖτος, κοίτη 'Lager', bret. argud (aus *arekoito-) 'leichter Schlaf') zur idg. Wurzel *kei- 'liegen' (f. Heirat) auf -t gebildet wie Heim auf -m, geheuer auf -r. Ein ablautendes idg. *keito- lebt in anord. hið, norw. hi, schwed. hid 'Wildlager'. Die Ableitung germ. *haiþina-, -ana erscheint in der vorchristlichen Bedeutung des lat. pāgānus im ahd. Männernamen Heidin-, Heidanrīh (8. Jh.), dem bei Ptolemäus bezeugten Völkernamen Χαιδεινοι und den anorw. Heinir 'Bewohner von Heiðmǫrk': W. Krogmann 1934 Zf. f. dt. Phil. 59, 209 ff.

Heidekorn f. Buchweizen.

Heidelbeere F., mhd. heidelbër, heitbër, ahd. heitpëri N., agf. hǽdbërie F.: zu Heide[2]. Vaccinium myrtillus L. heißt in einem großen Gebiet zwischen Bodensee und Lech bis heute die Heidel. Darin ist der frühnhd. Name der Frucht enthalten, der auch im Namen der Stadt Heidelberg lebt. Wie die Eichel auf der Eiche, so wächst die Heidelbeere auf der Heide; es ist die zur Heide gehörige Beere, wie der Ärmel das zum Arm gehörige Gewandstück. Im 12. Jh. kommt heidelbër als Verdeutlichung hoch, daneben bleiben landschaftlich Besing (f. d.), Bickbeere (f. d.), Blau=, Schwarz=, Wald=, Staudel=, Tau=, Hasel=, Moos=, Eigelbeere: R. Vollmann, Bayer. Hefte f. Volkskde. 1916, S. 119 ff.; P. Kretschmer 1918 Wortgeogr. 114 ff.; H. Hepding 1923 Hess. Blätter f. Volkskde. 22, 1 ff.; J. Schwietering 1939 Jdg. Forsch. 57, 43; E. Christmann 1941 Obd. Zf. f. Volkskde. 15, 79 ff.

Heidenlärm M. schriftsprachl. seit K. Gutzkow 1852 Ritter v. Geist 5, 339 „Solchen Heidenlärm schlagen"; entspr. W. Raabe 1857

Chronik d. Sperlingsgasse 61; G. Keller 1878 Züricher Nov. (= Ges. Werke 6, 284, Fähnl. d. sieben Aufrechten) „Als nun ein Heidenlärm entstanden war". Auch fortan nur bei Protestanten. Psalm 2, 1 Quare fremuerunt gentes? übersetzt Luther 1523 „Warumb toben die Heyden?" Heidenblindheit nach Röm. 11, 25; entspr. Heidenangst, -geld, -spektakel, -wetter.

heidi Interj., ein nordd. Volkswort, gedruckt seit Richey 1755 Hamb. Jd. 93 in den beiden Bed. „heydy lustig: exclamatio laetantis" und „heydy gahn verloren gehen, verderben". Literar. seit G. Müller 1782 Siegfr. v. Lindenberg 4, 204.

Heidschnucke s. Schnucke.

Heiduck M. Magy. hajdūk, Plur. von hajdū 'Räuber' wird als Sing. gefaßt und in den Bed. 'Infanterist; Diener in ungar. Tracht' in die Nachbarsprachen übernommen: Lokotsch 1927 Etym. Wb. Nr. 781. Zu uns gelangt es (wie Trabant) durch Vermittlung des Wiener Hofs. Die fremde Tracht ist maßgebend für eine Bildung wie Heiduckentanz Slavorum saltatio Stieler (1691) 2256.

heikel Adj. heute gemeindeutsch in der Bed. 'schwer zu behandeln', obb. 'wählerisch im Essen' (wie nd. kiesätig). Literar. kaum vor J. Nas, Warnungsengel (Jngolst. 1588) 102 „sein sehr heikel, wie man stettes erfehrt". Zu mhd. hei(e) F. 'Hegung' (s. hegen) gehört das schw. Ztw. mhd. heien 'hegen', das einen Gleitlaut j, später g entwickelt. Zu heigen wurde (wie ahd. wankal zu wankōn) ein Adj. *heigla, später *heikla, heikel gebildet, das zunächst 'zur Schonung geneigt, sorgfältig' bedeutete, dann auch pass. Sinn entwickelte. Gleichbed. heiklig aus heikel-lich (wie adlig aus adel-lich), früh bei Abr. a S. Clara, Judas 2 (1688) 132 „der Schatz der Jungfrauschaft ist so haiklich als ein Spiegel, der von geringstem Athem verdunckelt wird". Gg. Weitzenböck 1937 Zs. f. Mundartf. 12, 229ff.

heil Adj. Mhd. ahd. heil (im Hd. durch ganz zurückgedrängt, s. b.), asächs. hēl, mnl. nnl. heel, afries. hāl, hēl, agf. hāl, hǣl, engl. hale, whole, anord. heill (daraus entlehnt engl. hail), dän. schwed. hel, got. hails 'gesund' führen auf germ. *haila-, *hailu-. In alter Zeit diente der Nom. des Adj. als Gruß: got. hails 'χαῖρε', agf. (seit 1130) wes hāl: A. Bezzenberger 1922 Zf. f. vgl. Sprachf. 50, 146. Urverwandt sind kymr. coel 'Vorzeichen', akymr. coilou (Mz.) 'Vorzeichen', abret. coel 'Zeichendeuter', aslav. cělŭ 'gesund, ganz, unversehrt', apreuß. kailūstiskan 'Gesundheit', Trinkgruß kails — pats kails 'heil — selbst heil'. Alle weisen auf idg. *qailo-, *qailu- 'unversehrt, vollständig; jem. ausschließlich eigen;

von guter Vorbedeutung'. Weiteres bei W. Krogmann 1941 Wörter u. Sachen 21, 45.

Heil N. Mhd. ahd. heil, asächs. afries. hēl 'Glück', agf. hǣl 'günstiges Vorzeichen', anord. heill 'gute Vorbedeutung, Glück' führen auf germ. *hailiz, einen s-Stamm (wie gr. γένος, lat. genus, -eris), nächstverwandt mit dem Adj. heil, s. d.

Heiland M. ahd. mhd. mnl. heilant, asächs. hēliand, nnl. heiland, agf. hǣlend: eine den westgerm. Sprachen gemeinsame Lehnübersetzung des kirchenlat. salvātor, das seinerseits gr. σωτήρ übersetzt. Das a des subst. Part. Präs. war auch in mhd. vālant 'Teufel', viant 'Feind' und wīgant 'Kämpfer' geblieben; außer in Fam.-Namen wie Volland, Weigand, Wiegand hat es sich nur in dem heiligen Wort gehalten. Verschieden davon ist Heiland als ehrerbietige Anrede des Monds bei Zehner 1622 Nomencl. 133 „Luna, der Mond, vulgo der Heyland", und Grimmelshausen 1670 Kalender 60 „so nennen die Bauren uff dem Schwartz-Walt und im Preyßgau den Mon, wann sie ihn ehrerbietig nennen wollen". Die Anrede, von Hutabnehmen begleitet (A. Wuttke, Volksabergl.³ 11; dazu österr. Monähnl, Ahne, Großvater) ersetzt den Wunschsatz „Sei Heilbringer" und enthält ein ahd. heilanti (für *heilwanti: F. Kluge 1926 Stammbildungsl. § 245), agf. hālwende 'zum Segen gereichend'.

Heilbutt s. Butt(e).

heilen Ztw. Zum Adj. heil (s. d.) gehören in den germ. Sprachen zwei schw. Ztw., vorgebildet in got. (ga)hailjan 'gesund machen' und gahailnan 'gesund werden'. Die zweite Bedeutung, die ahd. heilēn getragen hatte, wird seit langem durch genesen gedeckt, s. d. In nhd. heilen lebt mhd. ahd. heilen, asächs. hēlian, afries. hēla, agf. hǣlan, anord. heila, germ. *hailjan 'gesund machen' fort. Dem zugehörigen F. ahd. heilida 'Gesundheit' entspricht gleichbed. agf. hǣlþ, engl. health. — Ein in obd. Mundarten seit dem 15. Jh. bezeugtes heilen 'kastrieren' (von Ochse, Schaf, Schwein, selten Pferd), mnd. hēlen, heilen, mnl. heylen, agf. (tō)hǣlan, ist nach M. Leumann 1942 Zs. f. vgl. Sprachf. 67, 215 Lehnübersetzung des gleichbed. lat. sānāre 'dem männlichen Tier durch Wegschneiden der Hoden die Wildheit nehmen'. Insānus ist Fachausdruck für Tiere, die wegen ihrer Wildheit für Pflug, Wagen usw. unbrauchbar sind. Auch ital. sanare kann 'kastrieren' bedeuten, wie nd. böten 'heilen' und 'kastrieren' zugleich ist: K. v. Bahder 1925 Wortwahl 156; M. Förster 1944 Fortleben antiker Sammellunare 98f.

heilfroh Adj. 'ganz und gar froh', zum Adj. heil in seiner Bedeutung 'völlig' in nord- und

mitteldt. Mundarten (z. B. K. Hentrich 1912
Wb. d. nordwestthür. Ma. des Eichsfelds 23),
vereinzelt bei Gebildeten dieses Gebiets wie
Goethe, Thümmel, Spielhagen; W. v. Humboldt an Caroline 1. Dez. 1813 (Briefe 4, 186).

heilig Adj. Mhd. heilec, ahd. heilig, -ag,
asächs. hēlag, anfr. heilig, mnl. heilich, hēlich,
nnl. heilig, afries. hēlich, agf. hǽlig, hālig, engl.
holy, anord. heilagr, dän. hellig, schwed. helig,
got. hailags, run. hailag (N.) führen auf germ.
*hailaga-. Dies ist abgeleitet aus dem germ.
Adj. *haila-, -u-, das in unserm Adj. heil (f. o.)
vorliegt. Die beiden stehen nebeneinander wie
ahd. einag 'einzig' und ein 'ein', oder wie ahd.
gōrag 'elend' und got. gaúrs 'betrübt'. Ausgangsbedeutung von heilig ist 'eigen', wie
anord. helga 'zueignen' und isl. helga sēr 'als
sein Eigen erweisen' bestätigen: W. Krogmann
1941 Wörter u. Sachen 21, 43 ff. Was einer
Gottheit zu eigen gehört, ist ihr geweiht, daher
der Bedeutungswandel zu 'sanctus'. Unter dem
Einfluß der agf. Glaubensboten drängt heilig
die ahd. Entsprechung wīh (f. weihen) zurück,
die im ältesten Obd. überwiegt und dem got.
weihs entspricht: W. Braune 1918 Beitr. 43,
398 ff. Daß heilig (wie Fleisch und Geist)
in den Mundarten vielfach mit schriftsprach-
lichem Vokal erscheint (O. Behaghel 1928 Gesch.
d. dt. Spr. 219), dankt es dem Kanzelgebrauch.
W. Baetke, Das Heilige im Germanischen.
Tübingen 1942.

Heilsarmee F.: die gute Lehnübersetzung
des engl. Salvation Army (1878) fehlt bei uns
noch 1883; 1886 ist sie vorhanden: W. Feldmann
1911 Zf. f. dt. Wortf. 13, 100; Stiven S. 78
mit Anm. 531; W. Linden 1943 Dt. Wortgesch. 2, 401.

Heim N. Während das Adv. heim (f. u.)
stets lebendig geblieben ist, fehlt das N. der nhd.
Schriftsprache vom 16. bis zur Mitte des 18. Jh.,
um dann (wie Elfe und Halle; f. Kuhberg 50)
unter engl. Einfluß neu belebt zu werden:
G. Tersteegen 1768 Geistl. Blumengärtl. 436
„Mein Heim ist nicht von dieser Zeit". Das
Subst. ist gemeingerm. in der Bedeutung
'Heimat eines Stamms' (Boi(o)haemum Ta-
citus, Germ. 28; Vellejus Paterc. 2, 109;
Βουϊαιμον Strabo 7, 290), einer Gemeinde
(so in den vor allem fränk. Ortsnamen auf
-heim), endlich des einzelnen, dies erst mit
dem Erstarken des Privateigentums am fränk.
Niederrhein; von da frühestens im 7. Jh. in den
Norden gelangt: G. Neckel, Dt. Lit.-Ztg. 1935,
1651 f. Mhd. heim N., ahd. heim M. N. 'Heimat,
Wohnort, Haus', asächs. hēm M. N. 'Heimat,
Wohnort, -sitz eines Geschlechts', mnl. heem,
heim N. 'Wohnplatz, Erbe', afries. hem, hām
M. N. 'Heim, Dorf', agf. hām M. 'Dorf, Land-

gut, Haus, Wohnung', engl. home, anord. heimr
M. 'Wohnung, Welt', heima N. 'Heimat', schwed.
älter dän. hem, dän. (jüt.) hjem, got. haims F.
'Dorf', haimōs Mz. 'Land' führen auf germ.
*haima-, -i-. Auf Entlehnung aus dem Germ.
beruhen lit. káimas 'Dorf', kiēmas 'Bauernhof',
apreuß. caymis 'Dorf'. Wie die germ. Wörter
sind von der idg. Wurzel *kei- 'liegen' (f. Heirat) auf m gebildet air. cōim, cōem, korn. cuf,
akymr. cum 'lieb, teuer, angenehm', ferner gr.
κώμη 'Dorf', κοιμάω 'bringe zu Bett' (vgl.
mhd. heimen 'heimführen', agf. hǽman 'bei-
schlafen'), aslav. sěmija, lit. šeim'yna, apreuß.
seimīns, lett. sàime 'Hausgesinde'.

heim Adv. mhd. heim, hein, ahd. anord.
heim, agf. hām Akk. Sg. 'nach Haus' (mhd.
heime, ahd. heimi Lok. 'zu Hause' f. daheim).
Dem Got. fehlen noch die entspr. Kasusformen
in adv. Gebrauch; über das Germ. greifen sie
nirgends hinaus. S. Heim.

Heimat F. ahd. heimōti, -uoti, mhd. heimōt,
-uot(e), -ūete N. F., mnd. hēmōde N. F. (got.
nur die im zweiten Glied abweichende Zusammensetzung haimōþli N. 'Grundbesitz', die
in ahd. heimōdil, oberösterr. hoamatl N. 'Gut,
Anwesen' wiederkehrt): mit derselben Endung
wie Armut und Einöde (f. d.) zu germ.
*haima-, -i, f. Heim. a als Abschwächung aus
vollem Vokal wie in Monat, Pilgram,
Zierat.

Heimchen N. 'Hausgrille', mhd. heime, ahd.
heimo, mnd. hēme, agf. hāma M.: zum germ.
Adj. *haima-z 'traut', einer Ableitung von
*haima-, f. Heim. Somit 'heimeliges Wesen',
quod tempore hiemali cantat in stupis (Zf. f.
dt. Wortf. 5, 10). Dazu md. heymchin kaum
vor E. Alberus 1540 Dict. Cc 3 (daf. 11, 189).
Ahd. entspricht heimili, mhd. heimelin, in Cleve
1477 heymken (G. v. d. Schueren, Teuth. 145
Verdam), älter ist ahd. heinmeke 'cicada' (Zf.
f. dt. Wortf. 14, 156): wie schweiz. heimuch
(Schweiz. Jd. 2, 1285 f. 4, 62), schwäb. heimmauch
(H. Fischer 3, 1375. 6, 2137) umgestellt aus ahd.
mūh-heimo, mhd. mūcheime, dessen Bestimmungswort zu got. mūka- 'sanft' gehört. So
wird das gemeinhin als Verkl. gefaßte Heimchen vielmehr eine verdunkelte Zusammensetzung sein: R. Much 1932 Zf. f. dt. Alt. 69,
46 ff.

heimleuchten schw. Ztw., aus der eigentlichen Bedeutung 'facem alicui praeferre/einem
die Fackel fürtragen, heimleuchten' Ostermann
1591 Voc. anal. 1, 28 übertragen zu 'plagis
aliquem domum pellere' Frisch 1741 Wb. 1, 609.
Im 16. Jh. war Heimleuchter 'Fackelträger':
Zf. f. dt. Wortf. 13, 111.

heimlich Adj. Ahd. heimilîch bedeutet als
Ableitung von Heim (f. d.) 'zum Haus ge-

hörig'. Mhd. heim(e)lich geht von 'einhei=
miſch' über zu 'vertraut' und iſt ſeit dem 12. Jh.
auch ſchon '(Fremden) verborgen'. Mnd. hē=
melik, frühnhd. heimlich, mnl. heime-, hēmelijc,
nnl. heimelijk ſind die gangbaren Ausdrücke für
dieſen Begriff; ſie ſiegen über mhd. tougen-
(lich), hæle, hælinc: K. v. Bahder 1925 Wort=
wahl 136. — Heimlicher M., mhd. heime=
lichære, iſt Lehnüberſetzung des lat. secretarius
und bedeutet in obd. Urkunden (Schweiz. Jd. 2,
1288) 'Geheimſchreiber, Ratsherr'. Von da er=
neut durch Jean Paul 1796 Siebenkäs 50 ff. —
S. geheim.

Heimſuchung F. 'Strafe, Unglück; Beſuch'.
In der Lutherbibel überwiegend vom ſtrafenden
Nahen Gottes, doch auch vom ſegnenden Kom=
men (Luk. 7, 16). Überfall eines Hauſes und
ſeiner Bewohner mit bewaffneter Schar
heißt als Bandenverbrechen in germ. Rechten
aſchwed. hēmſōkn, adän. hēmæſōkn, weſtnord.
heimſōcn, agſ. hāmſōcne, afrieſ. hāmſēkenge;
abweichend altbair. heimzucht. Rechtswort
iſt noch mhd. heimſuochunge 'Hausfriedens=
bruch'. Luther bildet H. um zu 'Beſuch des
ſtrafenden Gottes'. Mhd. heime suochen ergibt
nach den von Behaghel 1928 Geſch. d. dt. Spr.
329 entwickelten Akzentregeln nhd. heim=
ſuchen.

Heimtücke F. Für die z. B. bei H. Sachs
beliebten Formeln heimliche, hemiſche dück
(ſ. hämiſch und Tücke) treten nhd. Heim=
tücke F. und (ſeit Fiſchart 1575) heimtückiſch
ein. Noch Leſſing und Adelung ſchreiben
hämtückiſch: A. Götze 1900 Beitr. 24, 505.

heimwärts Adv., frühnhd. heimwerts, mhd.
heimwart, -wert, ahd. heimwartes, -ort(es):
=wärts (ſ. d.) verlangt ſtets Ergänzung durch
eine Richtungsbeſtimmung. Das iſt hier das
Adv. heim (ſ. d.), wie auch in ab=, auf=, aus=,
ein=, her=, hin=, nord=, vorwärts und
allen älteren Bildungen Adv. ſteht. Jünger iſt
Zuſammenſetzung mit Subſt.: abgrund=,
erd=, flut=, land=, rück=, ſee=, ſeit=, tal=
wärts. Für ſich ſtehen die gleichfalls jungen
aller= und anderwärts.

Heimweh N. erſcheint, nachdem den Begriff
ahd. (Otfrid I 18, 32) iāmar, mhd. (Minnef.)
jāmer, mundartl. (ſchwäb.) jāmer, (tirol.
kärnt.) weilláng, (öſterr.) Zeitlang getragen
hatten, zuerſt bei Sam. Haber 1592 Gründl.
Antw. auf den unwahrh. Gegenbericht etl.
ſchweiz. Theol. 45. Zunächſt überwiegt (vorab
bei ſchweiz. Ärzten) die med. Bed.; ſo gemeint
iſt Joh. Jak. Harders „Diss. medica de Νοσταλ-
γία oder Heimwehe“ (1678). Dabei iſt noſtal-
gia eine mediziniſche Lehnüberſetzung von
Heimweh. Dieſes bleibt lange ſchweiz. und
gilt noch in Hallers Tagen nicht als ſchriftfähig;

noch in Schillers Tell wird es gemieden. Goethe
nimmt es 1774 von Lavater auf und verwendet
es z. B. am 13. Jan. 1804 in e. Brief an Schiller
über den Tell: Weim. Ausg. 4, 17, 12. Wieland
gebraucht Schweizerheimweh briefl. am
28. Dez. 1787: Zſ. f. d. Wortf. 2, 234. 345. 3,
129. 229. 5, 296. 11, 27. 12, 184. 280. 294. 13, 79.
Vgl. anheimeln.

Hein, Heine, die als Vor= und Familien=
name verbreitete Kurzform für Heinrich,
iſt in der Formel Freund Hein Hüllwort
für den Tod geworden. Daß der Taufname
vorausliegt, beweiſt gleichbed. Beinheinrich
Schweiz. Jd. 2, 1315. Ein Flugblatt nach
1650 (Illuſtr. dt. Monatshefte, Juli 1872,
S. 381) ſagt: „Freund Hain läßt ſich abwenden
nit Mit Gwalt, mit Güt, mit Trew noch Bitt“.
Literariſch durch Matth. Claudius 1774 Sämtl.
Werke 1/2, 81: Meiſinger 1924 Hinz und
Kunz 39. Scheu, den Namen Tod auszu=
ſprechen, führt zum gleichbed. engl. Old Henry.

heint(e), hinte Adv. 'vergangene, kommende
Nacht': in ahd. hina, mhd. hi-naht tritt der unter
heuer und heute entwickelte Pron.=Stamm
hi- 'dieſer' vor den Inſtr. des Fem. Nacht
(ſ. nächten). Vermiſchung mit heute zeigt
die vom 14. bis 18. Jh. häufige Form heunt.
Im Südoſten hat heint die Aufgaben von
heute übernommen und dieſes verdrängt.

Heinzelmännchen N. 'Hausgeiſt' zu Heinze,
Kurzform zum Taufnamen Heinrich, wie die
gleichbed. Hinzelmann, Hinzemännchen, Henze=
männche uſw.: Meiſinger 1924 Hinz und
Kunz 36. Luther erwähnt einen Hausgeiſt
Heinzlein. Heinzelmännchen gilt heute
im Gebiet von Fulda und Oberheſſen bis Köln;
dazu ſtimmt das erſte Vorkommen bei Alberus
1540 Dict. BB 3a und die literariſche Ver=
wertung durch Kopiſch 1836. Bei Prätorius
1668 Anthropod. 311 ſtehen gleichbed. Gütchen,
Wichtlichen, Erdmänrichen, Hellekeplein, Ko=
bolde, Stepgen.

Heirat F. mhd. ahd. hîrāt M. F. 'Ver=
mählung', urſprünglich 'Hausverſorgung', agſ.
hîwræden 'Familie, Haushalt', hîrēd 'Haus=
ſtand, Familie, Gefolge'. Das Grundwort ſ. u.
Rat (anord. rāð N. kann allein ſchon 'Heirat'
bedeuten). Das Beſtimmungswort idg. *kei-
uo-, germ. *hîwa- gehört zur idg. Wurzel *kei-
'liegen; Lager', bedeutet urſprünglich 'zur
Hausgenoſſenſchaft gehörig' und iſt im Germ.
weit verbreitet: got. *heiwa- 'Hausſtand' in
heiwafrauja 'Hausherr'; anord. hjū(n), hjōn
Mz. 'Mann und Frau, Ehepaar; Hausdiener=
ſchaft', hȳski 'Familie', hȳbȳli N. Plur. 'Haus=
weſen'; agſ. hîwan Mz. 'Angehörige', engl. hind
'Knecht'. Dem anord. hȳski entſpricht agſ.
hîwisc, ahd. aſächſ. hîwiski N. 'Haushalt'; ahd.

begegnen hīwo 'Gatte', hīwa 'Gattin', hīun 'Eheleute; Dienſtboten'. Außergerm. verglei= chen ſich u. a. lat. cīvis 'Haus=, Gemeinde= genoſſe, Bürger', aſlav. po-ſivŭ 'fähig, geeig= net', lett. siēva 'Weib', aind. śéva- 'freundlich, lieb, wert', ablautend śivá- 'günſtig, gütig' (in ihrer Bedeutung entwickelt wie lat. familiāris, domesticus, gr. οἰϰεῖος). Urverwandte Bil= dungen auf m und r ſ. u. Heim und geheuer. — Als Ztw. für 'heiraten' begegnet von Luther bis H. v. Kleiſt heien, heuern: junge Rückbil= dung zu mundartl. heiret (wie alem. arben 'arbeiten zu arbeit, äben 'Abend werden' zu äbet).

heiſchen ſchw. Ztw., mhd. (h)eiſchen, ahd. (h)eiscōn 'fragen'. Das anlautende h beruht auf Anlehnung an heißen. Aſächſ. ēscon, mnl. eiscen, afrieſ. āskia, agſ. āscian, engl. ask, dän. æske, ſchwed. äska führen auf germ. *aiskōn zum Nomen *aiskō in ahd. eisca 'Forderung', eins mit armen. aiç (aus *ais-skā) 'Unter= ſuchung'. Ferner vergleichen ſich umbr. eiscurent 'arcessierint', gr. ἵμερος 'Sehnſucht', lit. (j)ieš= kóti, aſlav. iskati 'ſuchen', aind. icchāti, aveſt. isaiti 'er ſucht': ſämtlich zur idg. Wurzel *ais- 'wünſchen, begehren, aufſuchen': W. Porzig 1927 Jdg. Forſch. 45, 157; M. Leumann 1941 daſ. 1 und 128 f. — Vgl. anheiſchig.

heiſer Adj., frühnhd. (Luther) heisch, im 17./18. Jh. (Hagedorn, Leſſing, Geſner) heiſcher entſpr. dem thür. obſächſ. hēʃr. Voraus liegen mhd. heis(e), heiser, ahd. heis(i), aſächſ. hēs, mnl. heersch. Die Formen weiſen teils auf urgerm. *haisa-, teils auf *haisra (mit Adj.=Suffix -ra- wie bitter), das teilweiſe zu *hairsa- umgeſtellt erſcheint. Entſpr. einerſeits agſ. hās, mengl. hōse, adän. hees, dän. hæs, ſchwed. hes (germ. *haisa-), anderſeits anord. hāss (aus urnord. *hairsaʀ), norw. ſchwed. (mundartl.) hås, mengl. horse, engl. hoarse (germ. *haisra-). Grundbed. iſt 'rauh, aus= getrocknet', vgl. norw. (mundartl.) haas 'rauh', hæ(r)sa 'Trockenheit; geſprungene Haut'. Wz.= verw. ſind wohl nd. hei 'trocken' und (mit anderer Wz.=Erweiterung) heiß.

heiß Adj. mhd. ahd. heiz, aſächſ. afrieſ. hēt, anfr. heit, mnl. nnl. heet, agſ. hāt, engl. hot, anord. beitr, ſchwed. het, dän. hed. Dazu heizen und Hitze (ſ. b. d.). agſ. hǣða M. 'heißes Wetter', got. heitō F. 'Fieberhitze'. Außer= germ. vergleichen ſich lit. kaistù, kaĩsti 'heiß werden', kaitrà 'Glut', kaitrùs 'Hitze gebend', lett. kàistu 'heiß werden, brennen'. Die balt. Wörter zeigen t=Erweiterung, während die germ. mit idg. d erweitert ſind. Die unerwei= terte Wurzel idg. *qǝi-: *qī- 'Hitze' liegt vor in ahd. hei 'dürr', gihei 'Hitze, Dürre', arhei= gētun 'verdorrten', got. hais 'Fackel' (es=Stamm *hai̯-iz-). Vgl. heiſer.

heißen ſt. Ztw. mhd. heizen, ahd. heizzan 'nennen, befehlen, verſprechen'. Die paſſ. Bed. 'genannt werden' kommt urſpr. nur dem (im Agſ., Anord. und Got. erhaltenen) Paſſiv zu. Agſ. hātan 'nennen, verſprechen', dazu hätte 'ich heiße, ich hieß'; engl. behest 'Befehl'. Anord. heita 'nennen, genannt werden, geloben'. Got. haitan redupl. Ztw. '(be)nennen, rufen, einladen, befehlen', im Paſſ. 'genannt werden'. Vorgerm. *qeid-: *qoid- zeigt d=Erweiterung der idg. Wurzel *qēi- 'in Bewegung ſetzen, ſein', die uner= weitert vorliegt in lat. cieō 'rufe auf' und gr. κίω 'gehe (weg)' mit ihrem breiten Ge= folge.

Heißhunger M. Während heißhungrig ſeit Opitz 1623 T. Poemata 31, 141 Witkowſki regelmäßig erſcheint, iſt Heißhunger erſt ſpät im 17. Jh. daraus rückgebildet und nicht vor Krämers Teutſch=ital. Dict. (Nürnb. 1678) nachzuweiſen.

Heißſporn M. Engl. Hotspur, den Bei= namen des heißblütigen ritterl. Jünglings Heinrich Percy in Shakeſpeares König Hein= rich IV., Teil I, überſetzt A. W. Schlegel 1800 wörtlich mit Heißſporn. Das vorher fehlende Wort wird von den literariſchen Kreiſen des 19. Jh. aufgegriffen.

Heiſter M. 'junger Baum, meiſt Buche'. Mhd. heister 'junger Buchenſtamm, =knüttel', mnd. frieſ. hēster, mnl. nnl. heester führen auf germ. *haistr-. Das dem Obd. fehlende Wort hat ſich heſſ. fränk. nd. und in Ortsnamen wie Heiſter(n), Heiſtert, Heiſterbach, =berg, =buſch, =hagen, =holz, =mühle, =ſchoß, =ſtock erhalten. In ſchwed. Ortsnamen be= gegnen hestra und hester. Aus dem Mnd. iſt im 13. Jh. frz. hêtre M. 'Buche' entlehnt. Grundwort iſt die in got. triu, anord. afrieſ. trē, agſ. trēo, engl. tree, aſächſ. trio enthaltene Bezeichnung für 'Holz, Baum' (ſ. Flieder), Beſtimmungswort germ. *haisja-, *haisjō= 'Verhau, Landhag', das R. Much 1935 Zſ. f. Mundartforſch. 11, 39 ff. in der silva Heissi des 8. Jh., der silva Caesia bei Tacitus, Ann. I 50 nachgewieſen hat; vgl. Philol. Wochenſchr. 55 (1935) 839; Rhein. Muſ. 87 (1938) 177 ff. Heiſter iſt urſprünglich der Baum im Hag, ein junger Baum alſo, auf deſſen Art (Buche, Eiche, Hagebuche) es wenig ankommt. Zum Bedeu= tungswandel bei Baumnamen ſ. Buche. Germ. *haisja-, *haisjō= ſind abgeleitet von germ. *haisa- aus vorgerm. *kaid-to- (ſ. Schneiſe), urverwandt mit lat. caedō 'ſchlage', deſſen Stamm ohne die Erweiterung durch idg. d vor= liegt in mnl. heie 'Rammblock', mhd. nhd. heie 'Schlegel, Holzhammer, Ramme', ſchweiz. heien 'ſtampfen, Hanf brechen'.

=heit Ableitungsſilbe, in Abſtraktbildungen vor allem durch die Myſtiker in Gang gebracht, doch ſchon mhd. ahd. mnl. -heit, aſächſ. afrieſ. -hēd, anfr. -heit, -heide, nnl. -heid, agſ. -hād, engl. -hood, -head; aus dem Mnd. entlehnt ſchwed. -het, dän. -hed. Vordem ein ſelbſtändiges Hauptwort, geblieben in mundartlichen Wendungen wie wett. rheinheſſ. lediger heit 'im ledigen Stand', bair. von bloßer hait 'aus freien Stücken', von junger hait 'von Jugend auf': mhd. ahd. heit F. M. 'Perſon; Stand, Rang; Weſen, Beſchaffenheit, Art und Weiſe', aſächſ. hēd 'Stand, Würde', agſ. hād, hǣd, anord. heiðr 'Ehre, Würde', got. haidus M. 'Art und Weiſe'. Dem germ. Wort Laut um Laut und in der Betonung vergleichbar iſt aind. kētús 'Lichterſcheinung, Helle', woneben kētā- 'Geſtalt, Bild'. Für unſer Wort ergibt ſich damit die Ausgangsbed. 'lichte Erſcheinung', beſtätigt durch das verwandte Adj. heiter und Namen wie Heidebrecht, Heidolf, Adelheid.

heiter Adj. mhd. heiter, ahd. heitar, aſächſ. hēdar, agſ. hādor, hǣdor 'klar, deutlich': weſtgerm. Adj., wofür anord. ohne r-Ableitung heið-r, ſämtlich zunächſt vom wolkenloſen Himmel, vgl. anord. heið 'klarer Himmel'. Nächſtverwandt mit dem unter =heit zugezogenen got. haidus, führt germ. *haið(r)a- auf vorgerm. *qāit(r)ó-.

heizen ſchw. Ztw. Ahd. mhd. heizen neben heizen, agſ. hǣtan, anord. heitá führen auf germ. *haitjan, das zum Adj. *haita- 'heiß' gebildet iſt, wie röten zu rot. -tj- des Inf. ergibt ahd. z, dagegen -t- der 2. 3. Sg. *haitis, *haitiþ ein z, durch deſſen Verallgemeinerung die ahd. mhd. Doppelformen zu erklären ſind. Vgl. reizen.

Hektar N. M. Aus gr. έκατόν 'hundert' und Ar (ſ. d.) iſt zur Bezeichnung einer Bodenfläche von 100 Ar (10000 Quadratmetern) frz. hectare M. in der Frz. Revolution künſtlich gebildet und 1868 bei uns amtlich eingeführt.

hektiſch Adj. 'ſchwindſüchtig'. Gr. έκτικός 'eine (bleibende) Eigenſchaft beſitzend' erhält in mittelalterl. Medizin den Sinn 'an chron. Bruſtkrankheit leidend'. Inſonders iſt febris hectica 'Fieber infolge von Lungentuberkuloſe'. „Hectiſche Conſtitution" weiſt Schoppe 1914 Zſ. f. d. Wortf. 15, 186 aus Breslau 1680 nach.

Held M. mhd. mnd. helt, -des, aſächſ. helith, mnl. helet, nnl. held. Dem Ahd. fehlt das Wort (Hildebr.-Lied 6 helidos kann nicht für hd. gelten), das erſt im 12. Jh. von Nordweſten ins Hd. dringt. Agſ. entſpricht hæle(þ) 'Mann', anord. *holðr (belegt nur die Mz. holðar) und halr 'Erbbauer, Mann', aſchwed. hälith, älter dän. helled(e). Schwed. hjälte, dän. helt ſind unter mnd. Einfluß umgeformt. Germ. *halēþ- (daneben *haliþ-, *haluþ-) ſtellt ſich zu der unter halten entwickelten idg. Wurzel *qel- 'antreiben', bezeichnet alſo urſprünglich den Hirten, der in Urzeiten der jugendliche Kämpfer gegen menſchliche und tieriſche Räuber war und von da zum Helden, frühnhd. zum Rieſen wird. Die Bedeutung 'Mittelpunkt einer Handlung, eines Gedichts' wird Zſ. f. dt. Wortf. 12, 185 ſeit 1729 nachgewieſen, aber noch 1752 von Schönaich verſpottet. Dt. Wortgeſch. 1 (1943) 178. 183 f. 195 f. 207. 240.

Heldentum N. als Erſatz für Heroismus nach dem Vorbild von Menſchentum durch Wieland gebildet, der es zuerſt 1767 Idris V Str. 96 verwendet.

helfen ſt. Ztw. Mhd. hëlfen, ahd. hëlfan, hëlphan, aſächſ. [agſ. hëlpan, anfr. hëlpon, mnl. nnl. mnd. hëlpen, afrieſ. hëlpa, engl. help, anord. hjalpa, ſchwed. hjälpa, dän. hjälpe, got. hilpan führen auf einen idg. Verbalſtamm *kelb-, in altlit. ſelbinos 'hilf mir', während lit. ſelpiù, ſelpti 'helfen, fördern', paſalpà F. 'Unterſtützung' die Auslautvariante idg. *kelp- vorausſetzt. Die ſinnliche Ausgangsbed. 'ſtützen, emporſtreben' tritt zutage in dem Bergnamen Helfenſtein (ze dem hëlfenden ſteine): Edw. Schröder 1938 Dt. Namenkde. 161.

Helfenbein ſ. Elfenbein.

Helfershelfer M. ſeit Anfang des 15. Jh. belegt, vergleichbar dem ſchon mhd. kindeskint, während Sunſſun (Maaler 1561), Tochtertochter (Stieler 1691) und Zinſeszins (ſ. u.) jünger ſind: Zſ. f. d. Wortf. 2, 11.

hell Adj. mhd. hël, hëlles, ahd. -hël in gimissa-, unhël. Mhd. herrſcht die Bed. des Tönenden noch vor, das Ahd. kennt die des Glänzenden überhaupt noch nicht. Die Bed.-Entwicklung vergleicht ſich der des wurzelhaft verwandten lat. clarus. Damit ſtellt ſich das Adj. zum ſt. Ztw. ahd. hëllan, mhd. hëllen 'ertönen', ſeit frühnhd. Zeit verdrängt durch das ſchw. Ztw. hallen, Ableitung von mhd. hal M. 'Schall'. Dieſer idg. Wz. *kel- 'rufen' erſcheint gr. καλεῖν, lat. clāmāre 'ſchreien', dazu nach Holthauſen 1930 Idg. Forſch. 48, 260 mnd. hulve(r)n, wſäl. hulwern 'ſchluchzend, laut weinen'. Zur landſchaftl. Abgrenzung von hell gegen licht Kretſchmer 1918 Wortgeogr. 234 f. S. auch Schall.

Hellbank, Höllbank F. 'Ofenbank' zu frühnhd. helle 'Winkel zwiſchen Ofen und Wand' (darüber Müller-Fraureuth 1911 Wb. der oberſächſ. Ma. 1, 522). Zu germ. *hallja- (aus *halnja-) gehören auch mnd. hallik 'Raum zwiſchen Darre und Backofen' und nd. (daraus entlehnt dän.) hellegat 'dunkler Aufbewahrungs=

raum zuunterst im Schiff'. Außergerm. vergleichen sich lat. callis (aus *calnis) 'schmaler Bergpfad', bulg. klánik 'Raum zwischen Herd und Wand', serbokroat. klánac 'Engpaß', slov. klánǝc 'Hohl=, Gebirgsweg', tschech. klanec 'Bergsattel': sämtlich zur idg. Wurzel *qalni- 'enger Pfad'.

helldunkel Adj. für frz. clair-obscur wird zuerst von dem Maler C. L. v. Hagedorn 1762 Betracht. über die Mahlerey gebraucht, von Adelung 1775 und 1796 unzulänglich erklärt, von Campe 1791 Proben einiger Versuche v. dt. Sprachbereich. 24 empfohlen, von Jean Paul und Goethe durchgesetzt, von Langbehn (Rembrandt als Erzieher) in weite Kreise getragen.

Hellebarde F. Aus Barte¹ 'Beil' und Helm² 'Handhabe' ist mhd. frühnhd. helmbarte 'Streitart mit langem Stiel' zus.=gesetzt, das im 13. Jh. auftritt und um 1300 im Gedicht von Ludwigs Kreuzfahrt V. 5666 zuerst beschrieben wird. Sinnverwandt mhd. helm-, halmackes, mnd. helmexse 'Axt mit langem Stiel', wozu frühnhd. axthelm 'Axtstiel'. Der Name der Waffe dringt zu den Nachbarn: mnl. helm-, hellebaerde, engl. halberd, dän. hellebard, schwed. hillebard, frz. hallebarde, span. port. alabardo, ital. alabarda. Die roman. Formen haben nachmals auf die deutschen zurückgewirkt.

Hellegatt s. Hellbank und Hölle.

Heller M. Die zu Schwäb.=Hall seit 1208 geprägten Pfennige heißen mlat. (denarius) Hallensis, mhd. Haller pfenninc und hallære, haller, heller. Gleichbed. ahd. halling, mhd. hellinc ist aus helbelinc 'halber Pfennig' gekürzt und hier fernzuhalten.

helligen, behelligen schw. Ztw. mhd. helligen '(durch Verfolgung) ermüden': Denom. zu mhd. hellec Adj. 'ermüdet', das im gleichbed. frühnhd. obb. hellig fortlebt. Voraus liegt mhd. hel, helles Adj. 'schwach, matt', hess. häl 'mager' (auch in hälgarten 'dürre Wiese', -gans 'ungemästete Gans', -schwein 'halbwüchsiges Schwein'), nd. hal 'trocken'. Außerdeutsch vergleichen sich mnl. hael 'ausgetrocknet', agf. hellheort 'erschrocken', dän. hælm 'still', anord. hallæri, schwed. hallår 'Mißjahr', außergerm. lett. kàls 'mager', kàlst 'vertrocknen'. Dazu mit s- die Sippe von schal, s. d.

Helling F. geneigte Holzbahn zu Bau und Stapellauf von Schiffen, früher auch das Grundholz beim Bau von Tonnen und Bottichen. Die Böttcherstraße in Bremen heißt 1317 Hellinch-, 1374 Hellingstrate: Brem. Urk.=Buch 2, 176. 467. Mnd. hellinge, älter helding e 'Schräge' zu mnd. mhd. helden, schwed. hälla 'abschüssig sein'. Verwandt mit Halde (s. d.). Kluge 1911 Seemannsspr. 364.

Hellseher M. seit Gottschling 1710 Gracians Criticon 3, 163 für frz. clairvoyant.

Helm¹ M. Ahd. mhd. asächs. afries. agf. hëlm, anord. hjalmr, got. hilms führen auf germ. *hëlma- aus vorgerm. *kelmo-. Man vergleicht aind. sárman N. 'Schutz' mit agf. helm 'Schutzherr' und knüpft an die idg. Wz. *kel in hehlen, Hülle usf. an. Aus dem Germ. entlehnt sind gleichbed. lit. šálmas, aslav. šlěmŭ, mlat. helmus (Reichenauer Glossen), ital. elmo, frz. heaume. — Als 'Haube des Steuers' (Sperber, Wörter und Sachen 3, 77) ist vom gleichen Ausgangspunkt Helm zu 'Griff des Steuerruders' entwickelt: mit Boot, Bord, Flagge u. v. a. Seemannswörtern spät aus dem Nd. übernommen und nhd. nicht vor Ludwig 1716 Teutsch=Engl. Lex. 881 nachzuweisen, während z. B. helmholt 'Steuergriff' in Danzig schon 1407 begegnet: Kluge 1911 Seemannsspr. 364 f. Wie bei den meisten Seemannswörtern läßt sich die engere Heimat kaum feststellen; es vergleichen sich anord. hjalm-volr 'Ruderpinne', agf. helma 'Steuerruder', engl. nl. helm 'Handhabe des Steuerruders'.

Helm² M. 'Stiel, Handhabe': mhd. helm, halm(e) 'Axtstiel', gleichbed. mhd. halp, ahd. halb, asächs. helvi, mnd. mnl. helf, helve, agf. hielfe, engl. helve. Urverwandt sind lit. kálpa 'Schlittenquerholz', kìlpa 'Steigbügel', apreuß. kalpus 'Rungenstock am Wagen'. S. Halfter¹.

Helm³ M. das überall an den Nordseeküsten wachsende Dünengras Ammophila arenaria. Nd. nl. fries. hëlm, hal(e)m, mnl. hëlm, dän. (1558) hjælm, engl. (1640) helme, schwed. (1739) helm: unter Einfluß von Halm umgebildet aus lat. helymus, das aus gr. έλυμος 'Hirse' entlehnt ist.

Hemd N. Mhd. mnd. hem(e)de, ahd. hemidi, asächs. hemithi, mnl. he(e)mde, afries. hemethe, agf. hemede 'Hemd' weisen auf germ. *hamiþia, vorgerm. *kamitia-, das früh ins Kelt. drang und von da durch röm. Soldaten entlehnt wurde zu lat. (4. Jh.) camisia F. 'leinener, auf der Haut getragener Überwurf mit engen Ärmeln'. Die Bildung gehört zum Stamm germ. *hama(n)- 'Hülle, Haut, äußere Gestalt', der vorliegt in Hamen und Leichnam (s. d.), ferner in afries. hâma 'Gewand', agf. hama 'Kleidung, Haut, Leib' und dem früh aus dem Germ. entlehnten finn. hame 'Frauenrock'. Auf einen erweiterten Stamm *hamisa- weisen westfäl. hiǫmsen 'Erbsen abfädmen', anord. hams 'Schlangenhaut', norw. hams 'Schale, Hülse der Samenkörner'. Zum gleichen idg. Verbalstamm *kem- 'bedecken, verhüllen' (s. Himmel, Scham, Schande) gehören aind. śāmulyá-, śāmúla- 'wollenes Hemd', śamí 'die Hülsen-

frucht Prosopis spicigera'. — In hd. Mund=
arten von heute schwanken Form und Bed.:
thür. hemme 'Hemd', tirol. österr. hemd 'Jacke'
(aber pfeit 'Hemb'). J. Sofer 1929 Glotta 17,
29 f.; L. Weisgerber, Die Sprache der Festland=
kelten (1931) 196.

hemmen Ztw. mhd. (14. Jh.) mnl. hemmen,
md. hemmin, agf. hemman 'hemmen, verstop=
fen, schließen', schwed. hämma, dän. hemme,
isl. hemja 'zügeln, zwingen'. Das schw. Ztw.
setzt ein Nomen voraus: es liegt vor in isl.
hemill 'Beinfessel der Weidetiere' (ahd. *hamal,
f. auch Hamen 3). Damit erweist sich als
urspr. Bed. die in obd. Ma. bis heute gangbare
'weidende Tiere am Fortlaufen hindern, indem
man den Kopf an ein Vorderbein fesselt'. Vom
sinnl. Ausgangspunkt ist die nhd. Bed. durch
Verallgemeinerung erreicht: Bahder 1925 Wort=
wahl 119 f.

Hengst M. mhd. heng(e)st, ahd. hengist,
mnd. agf. hengest, mnl. henxt, hinxt, nnl.
hengst, afriej. hanxt. Der bei uns seit dem
15. Jh. geltenden Bed. 'männliches Pferd' geht
eine ältere 'Wallach' voraus; beide sind ver=
mittelt durch die umfassende Bed. 'Roß'. Die
älteste bezeugte Wortform, chengisto 'caballus
spathus' in der Lex Salica, führt auf germ.
*hangista-; in gramm. Wechsel damit steht
*hanhista- in anord. hestr, dän. hest, schwed.
häst 'Pferd': -st=Bildung zu einer Verbal=
wurzel wie got. pramstei 'Heuschrecke' zu idg.
*trem= 'trippeln, zittern', lat. lōcusta 'Heu=
schrecke' neben gr. ληκᾶν 'hüpfen', lett. lèkt
'springen'. So steht Hengst zu idg. *kāq= in
gr. κηκίω 'entspringe', lit. šókti 'springen,
tanzen', nasaliert in lit. šankùs 'schnell', šan=
kìnti '(ein Pferd) springen machen'. Nächst=
verwandt ist nach J. U. Hubschmied 1943 Rom.
Helv. 20, 114 kelt. *kankstikā (gall. kassikā,
akorn. mkymr. cassec, breton. kazek) 'Stute',
urspr. 'die zum Hengst Gehörige': W. Krause
1932 Ark. f. nord. Filol. 48, 156 ff. — Vgl.
Wallach.

henken Ztw. ahd. mhd. henken mit k aus
gj neben ahd. mhd. hengen. Germ. *hanjan
ist Bewirkungswort zu hangen. Man gab (H.
Paul 1917 Dt. Gramm. 2, 239) früh den laut=
lich verjch. Wörtern auch verjch. Bed.: mhd.
henken 'aufhängen', hengen 'hängen lassen
(bef. dem Roß die Zügel)'. Doch findet sich
mhd. hengen auch in der Bed. 'henken'. So
steht auch mhd. henger 'Henker' neben dem
(gleichfalls noch seltenen) henker: E. Angst=
mann 1928 Der Henker in der Volksmeinung
(Teuthonista, Beiheft 1).

Henkersmahlzeit F. Von der Sitte, daß der
Henker dem Verurteilten ein letztes Mahl
richtet und dabei dessen Wünsche erfüllt,

stammt der Ausdruck Henckermol Fischart
1575 Garg. 68. Henkermalzeit (so Stieler
1691 Stammb. 2621) erscheint z. B. Chrusaden
1731 Brem. Avanturier 96 erweitert auf
'Mahlzeit vor einen unangenehmen Ereigniß',
nachmals auf 'Abschiedsmahl'.

Henne f. Hahn.

Hephep M. 'Jude' bei Jul. v. Voß 1819
und Wh. Hauff 1826, substantiviert aus dem
alten Zuruf an Hetzhunde hep hep, der wie
früher schon, so bei der Judenverfolgung 1819
eine Rolle spielte und damals (Ztg. f. d. eleg.
Welt 2046) als Kürzung für Hebräer ge=
deutet wurde. Die Deutung ist so unbewie=
sen, wie die aus den Anfangsbuchstaben von
Hierosolyma est perdita, dem Zuruf an
Ziegen (wegen des Bocksbarts mancher Juden;
vgl. Hippe²) und dem Imp. zu heben: Germ.
26, 382; Zf. f. d. Wortf. 6, 50. 8, 8 f.; Laden=
dorf 1906 Schlagwb. 120; Schoppe, Mitt. b.
Ges. f. schles. Volksk. 19, 232.

Heppe f. Habergeiß.

her Adv. mhd. hër, ahd. hëra 'hierher':
gebildet wie ahd. wara 'wohin', dara 'dorthin'
zum Pron.=Stamm germ. *hi= in heute, hier,
hin, hinnen. Die Nebenform ahd. mhd. har
(nament. alem. von Notker bis heute) beruht
auf Angleichung an dar: Behaghel 1928 Gesch.
b. dt. Sprache 300 f.

Heraldik F. Das aus dem Deutschen (f.
Herold) stammende afrz. héralt entwickelt
frz. (science) héraldique 'Heroldskunst': Auf=
gabe der Herolde war es, bei den nur Rittern
zugänglichen Turnieren die Wappen der
Kämpfer zu prüfen. Bei uns erscheint (ars)
heraldica im 17. Jh., Heraldik seit 1727:
H. Schulz 1913 Fremdwb. 1, 265.

Herausgeber M. Ersatz für lat. ēditor,
zuerst bei dem sächs. Schulmann Hederich 1729.
Etwa gleich alt herausgeben für lat. ēdere.

herausstreichen Ztw.: durch Striegeln werden
Pferde (für den Kauf) ansehnlich gemacht.
Entspr. behandelt Eva (bei H. Sachs 1553
Fastn. 52, 83 ihre Kinder: „Hab ichs nit fein ge=
strichen rauß?" Verblaßt zu 'lobend hervor=
heben' seit Morhof 1682 Unterricht von der
dt. Sprache 285 „bey welchen jemand täglich
des Königs Tugenden herausstreichen müssen".

herb Adj. die frühnhd. durchdringende Form
für mhd. häre, härwer (auch hare, harwer)
'scharf schneidend'. Zum Lautwandel vgl.
Farbe, mürbe, Narbe, Sperber usw.
Brugmann, Idg. Forsch. 15, 79 zieht mhd.
herwen 'ärgern', agf. hierwan 'verspotten' bei.
Ahd. *harawi Adj., *harawo Adv. sind unbe=
zeugt. Urgerm. *har-wa- steckt in finn. kar=
vas 'herb' und ital. garbo 'bitter'. Vielleicht
zur idg. Wurzel *(s)qer- 'schneiden', wie gleich=

bed. ahd. scarbōn ufw.: L. Sütterlin 1927 Jdg. Forſch. 45, 308.

Herbarium N. Spätlat. herbārium 'Kräuterſammlung' erſcheint im Lat. des 16. Jh. als 'Kräuterbuch'. Die Bed. 'Sammlung getrockneter Pflanzen' wird über herbarium vivum erreicht bei dem frz. Botaniker Tournefort 1700: H. Schulz 1913 Fremdwb. 1, 265.

Herberge F. mhd. herbërge, ahd. aſächſ. hëribërga, anl. herebërga, afrieſ. herbërge, mnd. herberge, daraus entlehnt anord. herbergi, daraus wieder mengl. hereberge. Zu Heer (deſſen Vokal vor Doppelkonſ. ungedehnt geblieben iſt, wie in Hermann und Herzog) und dem Stamm des Ztw. bergen, ſomit uſpr. 'ein das Heer bergender Ort', über 'Lager, Zuflucht, Obdach, Wohnung' gewandelt zu 'Haus zum Übernachten für Fremde'. Engl. harbour iſt über 'Zufluchtsort' zu 'Hafen' geworden. Aus dem Deutſchen ſtammen afrz. herberge 'Zelt', Plur. 'Heerlager', frz. auberge, ital. albergo.

Herbſt M. Mhd. herb(e)ſt, ahd. herbiſt, aſächſ. hervist, mnd. hervest, mnl. nnl. afrieſ. herfſt, agſ. hærfest, engl. harvest, anord. hauſt, ſchwed. höſt, dän. høst führen auf germ. *harbista-, -us ta, idg. *qarpistos 'am beſten zum Ernten geeignet(er Monat)': eine uralte Bezeichnung, geeignet des Tacitus Wort (Germ. 26) zu widerlegen: (Germani) autumni perinde nomen ac bona ignorant. Freilich iſt Herbſt im Obd. noch heute weſentlich 'Obſternte, Weinleſe' (die Jahreszeit heißt hier Spätjahr, ſchwäb. Spätling: P. Kretſchmer 1918 Wortgeogr. 235). Dazu ſtimmen die Bedeutungen der germ. und außergerm. Verwandten. Am nächſten ſtehen anord. harfr M. und herfi N. 'Egge'. Außergerm. vergleichen ſich mir. corrān 'Sichel', cirrim 'ſchlage ab' (rr aus rp), lit. kerpù 'ſchere', lett. kārpīt 'die Erde aufwerfen', ruſſ. čerp 'Sichel', lat. carpō 'pflücke', gr. καρπός 'Frucht' (urſpr. 'Abgeſchnittenes'), καρπίζομαι 'ernte', κρώπιον 'Sichel', aind. kṛpāṇa- 'Schwert', kṛpāṇī 'Schere; Dolch': p-Erweiterungen der idg. Wurzel *(s)qer'ſchneiden'. Abſeits ſteht das Got. mit asans F. 'Ernte(zeit)', ſ. aſten.

Herbſtzeitloſe ſ. Zeitloſe.

Herd M. mhd. hërt (d) 'Boden (als Feuerſtätte), Herd; Haus, Wohnung', ahd. hërd 'Feuerherd; Erdboden', die zweite Bedeutung nur hd. 'Feuerherd' bedeuten aſächſ. afrieſ. herth, mnl. hert, nnl. haard, agſ. heorþ, engl. hearth. Die germ. Verwandten ſ. u. Pottharſt. Außergerm. vergleichen ſich am nächſten lett. ceri Mz. 'Glutſteine', ruſſ. čéren 'Kohlenbecken, Salzpfanne', klruſſ. čéreń 'Feu-

erherd', poln. trzon 'Herd', lat. carbō '(Holz-)Kohle' und cremāre 'brennen'.

Herde F. Mhd. hërt(e), ahd. hërta (beide ſelten; nhd. d gegenüber ahd. mhd. t beruht auf nd. Einfluß), anfr. hrinth-hërda, agſ. heord, engl. herd, anord. hjǫrð, dän. ſchwed. hjord, got. haírda führen auf germ. *herdō-. Aus dem Germ. entlehnt iſt afrz. herde 'Herde'. Germ. Verwandte ſind agſ. heorden N. 'Schuppen' und Hirt, ſ. d. Außergerm. vergleichen ſich am nächſten kymr. cordd 'Stamm, Familie', gr. κόρθυς 'Haufen', aind. śárdha(s)- 'Herde, Schar', zu vereinigen auf idg. *kerdh(o)-'Reihe, Herde'. — Ein gleichbed. Wort ſ. u. Kette[1].

Hering M. mhd. hærinc, ahd. mnl. mnl. hārinc, agſ. hæring, engl. herring: ein weſtgerm. Wort (dafür anord. sild), deſſen ä durch frieſ. Ma. und die nhd. Ausſprache beſtätigt wird. Daneben ahd. aſächſ. mnd. hering, mnl. hērinc, ſo daß neben germ. *hēringa- ein damit ablautendes *haringa- anzuſetzen iſt. Aus dem Germ. iſt im 6. Jh. lat. haringus entlehnt (Hermes 8, 226); daraus frz. hareng. Hering ſtellt Vercoullie als 'Grätenfiſch' zu nl. haar 'Gräte', ſ. Haar. Anders E. Müller-Graupa 1930 Glotta 18, 136 Anm. 3.

Heringsſeele F. 'Schwimmblaſe des Herings', nicht vor 1560 Zimm. Chron. 4, 305, ſomit benannt erſt zu einer Zeit, da die Anknüpfung des Seelenglaubens an Waſſerweſen (J. Weisweiler 1939 Jdg. Forſch. 57, 25 ff.) längſt gelöſt war. Es gilt dieſelbe Auffaſſung wie bei Federſeele 'dünnes Häutchen im Federkiel' und Schweinsſeele 'Fettlager um die Nieren des Schweins': zart und eng Umhülltes wird der körperlich gedachten Seele verglichen.

Herling M. 'unreife Traube' ahd. hërling. Luther Jeſ. 5, 2. 4 (erſte Niederſchr.: wilde trauben), Jer. 31, 29 f. kann heerling aus der mittelalterl. Bibel haben. Die ahd. Form und ſchwäb. hërling widerſprechen der Herleitung von herb, eher iſt (mit Kirſch 1739 Cornu cop. 2, 182. 185) an Härtling zu denken: H. Fiſcher 3, 1475. 6, 2154; Zſ. f. d. Wortf. 2, 193. 3, 269. 4, 189 f. 12, 122.

Herlitze F. 'Kornelkirſche'. Unter Arlesbaum iſt ahd. arliz-, ërlizboum mit den Möglichkeiten ſeiner Deutung entwickelt. Daneben iſt ahd. *ërliz anzuſetzen: das daraus hervorgegangene herlitze begegnet ſeit A. Lonicer 1551 Nat. hist. opus novum 14ᵃ. Die Endung erinnert an die von Berberitze und Dirlitz (ſo heißt Cornus mas im dt. Südoſten). In Ziegenhain bei Jena heißt der Baum Herlitzchen. Aus den geſchälten, braunfleckigen Zweigen ſchneiden die Bauern (wie die des Teſſins) dauerhafte Knotenſtöcke, die berühmten Ziegenhainer.

Hermandad F. 'Polizei'. Lat. germānus 'Bruder' ergab gleichbed. span. hermano. In Kastilien bildeten sich 1476 Santas Hermandades 'heilige Brüderschaften' zur Abwehr von Räubern, nachmals in eine staatliche Gendarmerie umgewandelt. Als span. Einrichtung seit dem 16. Jh. bei uns bekannt, seit J. F. Roth, Gemeinnütz. Lex. (1791) mit leichtem Spott von deutscher Polizei: Zs. f. d. Wortf. 8, 128; H. Schulz 1913 Fremdwb. 1, 266.

Hermann M. 'Widder' seit Maaler 1561 und Siber 1579 Gemma gemm. 37, urspr. Lockruf für den Leithammel: Grundform Herdmann 'Mann der Herde'? So heißt im 16. Jh. der Grauschimmel Gromann. Vgl. Feld-, Waldmann als Namen von Jagdhunden. S. Bellhammel.

Hermelin M. N. (endbetont, als wäre es ein Fremdwort), seit P. J. Marperger 1706 Handelskorr. 105 'Pelz des sibir. Wiesels', eins mit mhd. hermelin, ahd. harmili 'Wiesel', Verkl. zum gleichbed. mhd. harme, ahd. asächs. harmo, ags. hearma. Nur westgerm. erhalten, urverw. mit lit. šarmuõ, šermuõ (š = idg. k̑ = germ. h) 'Wiesel'. Meyer-Lübke Zs. f. rom. Phil. 19, 94 ff. zieht rätorom. carmū 'Wiesel' zur gleichen Sippe. Afrz. ermine, frz. hermine weisen auf ahd. *harmīn; mlat. hermelinus, ital. ermellino sind dem Ahd. entlehnt. Einer Rückwirkung der ital. Form ist vielleicht die nhd. Betonung zu danken.

hermetisch Adj. 'luftdicht'. Der sagenhafte ägypt. Weise Hermes Trismegistos soll die Kunst erfunden haben, eine Glasröhre mit geheimnisvollem Siegel luftdicht zu verschließen. Daher sigillum Hermētis und Adv. hermētice, das im 17./18. Jh. in deutschen Texten erscheint und seit 1665 hermetisch ergibt: H. Schulz 1913 Fremdwb. 1, 266.

Herold M. Bei Tacitus erscheint ein Bataver Chariovalda (zu Heer und walten), als Männernamen begegnen asächs. Heriold, anord. Haraldr: die ältesten Zeugnisse für *hariwald 'Heerbeamter', das Ende des 12. Jh. afrz. hiraut (nachmals frz. héraut, ital. araldo usw.) ergibt. Das bei uns früh ausgestorbene Appellativ wird im späteren 14. Jh. zurückentlehnt: spätmhd. heralt, -olt, erhalt; daraus umgedeutet frühnhd. ernhold; Ehrenhalt A. v. Arnim, Kronenwächter 127 Hesse.

Herr M. mhd. hërre, ahd. asächs. anl. hërro, afries. hēra: Kompar. zu hehr (s. d.), als solcher im 8./9. Jh. empfunden, wie die gleichbed. danebenstehenden ahd. hēriro, asächs. hērōsto beweisen. Grundbed. des Adj. ist 'alt, ehrwürdig'; das Subst. scheint aus dem Verhältnis der Untergebenen zu ihrem Brotherrn (ags. hlāford 'Brotwart', s. Laib) hervorge-

gangen, in Nachahmung von mlat. senior (frz. seigneur, ital. signore). Das lat. Wort ist im 6. Jh. geläufig, das deutsche im 8.: hërro wird (wie sein Gegenstück jungiro) im 7. Jh. in Deutschland gebildet sein. Von da bringt es im 9. Jh. als hearra nach England, später als herra in den Norden. Für das Fem. wird frühnhd. Herrin gebildet (wie ital. signora zu signore). Vorher gilt dafür Frau, wie Herr seinerseits das alte frō (s. fron) ergänzt.

Herrenpilz, -schwamm M. steht landschaftlich für verschiedene Pilze, die als Herrenspeise gelten: bair.-österr. und ostmd. für den Steinpilz (Boletus edulis Bull.), im Böhmerwald für den echten Reizker (Lactarius deliciosus), in älteren Wörterbüchern für den Feld-Egerling (Psalliota campestris): H. Marzell 1943. Der Biologe 12, 178f. Vgl. Steinpilz.

Herrenreiter M. für engl. gentleman rider 'der das Rennreiten nicht berufsmäßig und nicht gegen Entgelt betreibt', im Gegensatz zum professional und zum Jockei (s. d.). Herrenreiter kaum vor Meyers Gr. Konv.-Lex. 9 (1905) 232.

herrlich Adj. ahd. mhd. hërlich, asächs. hērlik 'vornehm': zu hehr gebildet, nachmals zu Herr bezogen. Vor Doppelkons. ist ë verkürzt, wie in den beiden folgenden Wörtern.

Herrschaft F. ahd. hërscaf(t), mhd. hërschaft F., asächs. hērscepi N. Die Ableitung von hehr ist nachmals zu Herr bezogen (schon Luther schreibt herrschafft) und entsprechend in seiner Bed. umgebildet zu 'Würde, Besitz eines Herrn'.

herrschen Ztw. Ahd. hērisōn, mhd. hërsen führen auf germ. *hairisōn, das wegen seiner Bed. 'die Macht eines Herrn haben' nicht zum Positiv hehr, sondern zu dessen Kompar. *hairiza, dem ahd. hërro, gehört. Angleichung daran zeigt schon ahd. hërrisōn. Altes rs ergibt nhd. rsch wie in Bursche, Kirsche, knirschen usw.

Herz N. Ahd. hërza, asächs. anl. hërta, afries. hërte, ags. heorte, anord. hjarta, got. haírtō führen auf germ. *hërt-ōn, idg. *k̑ĕrd- (*k̑r̥d-). Mit Ablaut stehen neben dem germ. Wort lat. cor, cordis, gr. καρδία, κῆρ (für *κῆρδ), lit. širdìs, aslav. srĭdĭce, air. cride, hettit. kardiaš 'des Herzens'. Dazu wohl auch aind. śrad in śrad-dhā- 'Vertrauen' (lat. crēdere).

herzig Adj. ein Lieblingswort des Südwestens (Schweiz. Jd. 2, 1661; H. Fischer 3, 1531), das, von Ramler noch 1796 verworfen, mit Goethe, Schubart, Hauff u. a. in die Schriftsprache gelangt. Die Bed. 'zierlich' auch in Österreich. S. beherzigen.

Herzog M. got. *harjatuga, ahd. hẹrizoho und mit gramm. Wechſel hẹrizogo, aſächſ. hẹritogo, afrieſ. hertoga, agſ. hẹretoha, -toga, anord. hertogi: Lehnüberſetzung des gr. στρατηλάτης 'dux exercitūs', zu Heer und ziehen, wie jenes zu στρατός und ἐλαύνειν. Ein Gote der Oberſchicht mag das Wort in byzant. Zeit (nach der des Ulfilas) gebildet haben; Vorbild konnte got. *magutuga ſein, Lehnüberſ. des gr. παιδαγωγός Sämtliche Nachweiſe bei Rud. Herzog, Sitz.-Ver. d. preuß. Akad., phil.-hiſt. Klaſſe 1933 S. 411 und R. Much 1933 Teuthoniſta 9, 105 ff. Der Titel στρατηλάτης wird ſtatt des entwerteten und nicht mehr durchſichtigen στρατηγός in Syrien im 3. Jh. beliebt. Solche 'Heerzieher' waren im byzant. Reich vielfach Germanen.

hetzen Ztw. ahd. hẹtzen 'antreiben' agſ. hẹttan 'verfolgen' aus weſtgerm. *hattjan, germ. *hatjan, Kauſativ zu germ. *hatan 'verfolgen' (ſ. Haß), ſomit urſpr. 'zum Verfolgen bringen'. Die Subſt. Hatz M. F. und Hetze F. ſind erſt nhd. aus dem Ztw. rückgebildet. Aus dem Mhd. ſtammen mnd. hessen, hissen, hitzen, daraus ſpätmnl. hessen, hissen, dän. hidse, ſchwed. hetsa.

Heu N. mhd. höu(we), hou(we), ahd. houwi, hẹwi, aſächſ. hōi, mnl. ho(o)y, nnl. hooi, afrieſ. hā, hē, agſ. hīeg, angl. hēg, engl. hay, anord. hey, norw. høy, dän. hø, ſchwed. hö, got. hawi: zu hauen, ſ. d. Grundbedeutung 'das zu Hauende' oder 'das Gehauene'.

heucheln ſchw. Ztw. nnl. huichelen, ins Hd. erſt durch die Lutherbibel getragen. Luthers obb. Zeitgenoſſen erſetzen ſein heuchler durch gleißner, trügner: Kluge 1918 Von Luther bis Leſſing 100. 109. Heucheln als Intenſivbildung ſetzt *hūchen voraus, das ſich als md. Form (mit ū für mhd. iu, ſ. haudern) erklärt; ch wäre ableitend wie in horchen, das auch md. iſt. Ahd. *hiwihhōn (vgl. mundartl. ſpauchen aus ahd. spiwihhōn unter ſpucken) ließe ſich als Intenſivbildung zum Stamm des got. hiwi 'Schein', agſ. heow, engl. hue 'Farbe' verſtehen.

Heuer F. 'Miete, Lohn, Pacht', das als nd. hür(e), hüre im Schiffsdienſt die größte Rolle ſpielt (Kluge 1911 Seemannsſpr. 365 f.), zu nd. hüren, nl. huren, afrieſ. hēra, agſ. hȳrian, engl. hire 'mieten' Außergerm. Beziehungen fehlen. Daß die Wortgruppe eins iſt mit der unter haudern behandelten Sippe des ſpätmhd. hüren 'Pferde und Wagen mieten', ergibt ſich u. a. aus Heurkutſcher 'Hauderer' bei Hoßmann 1711 Nickel Liſt 48.

heuer Adv. mhd. hiure, ahd. hiuru aus hiu jāru 'in dieſem Jahr'. Lautl. Entwicklung wie in heute, das ebenfalls Erſtbetonung

und Verdunklung der Kompoſition zeigt, ebenſo heint. Lat. hōrnus 'diesjährig' aus *hō-jōrinos ſetzt den entſpr. Inſtr. *hō jōrō voraus. Dabei liegt in *hō- ein ganz andrer Pron.-Stamm vor (auch h- von lat. hōdie entſpricht nicht dem von heute; vgl. haben und klingen), *jōr- ſteht in Ablaut mit ahd. jār. Unbedingt vergleichbar iſt nur das Prinzip der Benennung. — In heutiger Umgangsſprache gilt heuer vorwiegend im Südoſten bis zum Vogtland, nach Henneberg und Schwaben, hür in der Schweiz, ſonſt meiſt dies Jahr: P. Kretſchmer 1918 Wortgeogr. 177 f.

heulen Ztw. mhd. hiulen, hiuweln 'ſchreien (wie eine Eule)', mnd. hūlen, nnl. huilen, dän. hyle, norw. hyla: zu mhd. hiuwel, ahd. hūwila F. 'Eule'. So ſtammt lat. ululāre 'heulen' von ulula 'Kauz'.

Heumonat M. ahd. hẹwimānōth, mhd. höumānōt, -mānet: der Juli als Monat der Heuernte. K. Weinhold, Deutſche Monatsnamen 43.

Heuſchrecke F., Heuſchreck M. (zum Genus H. Paul 1917 Dt. Gramm. 2, 95), zu ſchrecken 'ſpringen' (ſ. Schreck), ſomit 'Heuſpringer'. Sammelname für drei Familien der Geradflügler (Feld-, Grab-, Laubheuſchrecken). Der gemeinhd. Name hat neben ſich die umgangsſprachlichen Heuhüpfer, -pferd, -ſpringer, Grashüpfer, Heimchen (ſ. d. und Kretſchmer 1918 Wortgeogr. 235 f.), daneben mundartlich ſchweiz. gras-, heu-, mattengumper, gümpel, -güpfer, -hoxber, -ſtröffel (Schweiz. Jd. 2, 314), heuſtöffel (Kluge 1918 Von Luther bis Leſſing 100), elſ. matſchreck (ahd. matoscrecch 'Wieſenhüpfer'), allg. heujucker, ſchwäb. heuſchnickel, -ſchretel, -ſchrickel (H. Fiſcher 3, 1561), ſiebenb. spränkhäist ('Springhengſt' Zſ. f. d. Wortf. 11, 306), ſchleſ. haberpferd, hopspferdel, huppaſād, richsf. haußnakn, weſtfäl. springstapel, brandenb. ſprengſel. Aus älterem Deutſch treten hinzu ahd. hẹwistapho(l), mhd. höuſtaffel, ahd. hẹwiſpranca, mhd. ſpranke, mnd. (köl)ſprinke, aus verwandten Sprachen nl. sprinkhaan, agſ. secge-scēru 'cicada, locusta' (das Grundwort ſ. u. ſich ſcheren), gærs-hoppa, -stapa 'Grashüpfer', -gänger', engl. grasshopper, got. pramſtei F. (zu aſächſ. thrimman 'ſpringen', lat. tremere 'zittern'.)

heute Adv. mhd. hiute, ahd. hiutu, aſächſ. hiudu, afrieſ. hiude, agſ. hēodæg, mnl. hūden, (mit ausl. -n nach dem Vorbild von geſtern und morgen). Weſtgerm. Adv., verkürzt aus der ſtehend verwendeten Verbindung des Pron.-Stamms hi- mit dem Inſtr. von Tag, ahd. *hiu tagu. Vgl. die ähnlich entſtandenen heint und heuer. Der Pron.-Stamm hi-

erscheint got. in den Formeln himma daga
'heute', und hina dag 'bis heute' als zeitlich
gewendetes 'dieser', in agf. hē, him, engl. he,
him, asächs. nd. hē 'er' als Perf.-Pron. der
3. Person. Außergerm. entspricht lat. ci- in
cis, citrā 'diesseits' (f. her, hier). Auch gr.
σήμερον (aus *ki-āmeron) 'diesen Tag, heute'
enthält jenen Stamm idg. *ki-. Vgl. heuer.

Hexe F. mhd. hęcse, häxe, ahd. hagzissa,
hag(a)zus(sa), hāzus, hāzissa, in Glossen für
lat. furia, striga, eumenis, erinnys; entspre=
chend mnl. haghetisse, nnl. heks, agf. hægtesse,
engl. (mit Abwerfung der vermeintlichen En=
dung) hag. Nur westgerm.; wird in mhd. Zeit
selten und dringt im 16. Jh. von der Schweiz
neu vor. Die Zusammensetzung enthält als
Bestimmungswort ahd. hag, agf. hæg 'Zaun'
und vergleicht sich insofern der ahd. zūnrĭta,
anord. tunrĭda 'Zaunreiterin, Hexe'. Dem
Grundwort germ. *tusjō (auch in westfäl. dūs
'Teufel', norw. tysja 'Elfe; verkrüppeltes Weib')
vergleicht sich gall. dusius 'unreiner Geist', korn.
Dus, Diz 'Teufel' älter lit. dvãsas, heute dvasià
'Geist': idg. Wurzel *dhŭs-: *dhŭōs-. S.
Unhold.

Hexenschuß M. 'Lumbago', agf. hægtessan
gescot (neben ylfa gescot 'Elbenschuß', engl.
elf-arrow 'Elfenpfeil'), dann erst frühnhd. wie=
der bezeugt: ein Rest der uralten Vorstellung,
der Schmerz im Kreuz beruhe auf dem Schuß
einer Unholdin. Daher auch S chuß, Alp=,
An=, Einschuß und Geschoß in heutiger
Volksspracht: P. Lessiak 1912 Zf. f. dt. Alt.
53, 136 ff.; L. Weiser-Aall 1937 Handwb. d.
dt. Abergl. 8, 1576.

hie f. hier.

Hieb M. im 15. Jh. rückgebildet aus hauen,
Prät. hieb, wie Handel aus handeln, Hatz
aus hetzen.

Hiefe F. 'Hagebutte', mhd. hiefe, ahd.
hiafo, hiufa, hiefa, asächs. hiopo, agf. hēopa
M., -e F., engl. hip, hep, nnl. joop, norw.
mundartl. hjupa, dän. hyben. Das germ.
Simplex wird frühnhd. durch die Zuf.-Setzung
Hagebutte (f. d.) zurückgedrängt, doch bleibt H.
von der Oberpfalz bis Hessen und zum All=
gäu weithin: Kretschmer 1918 Wortgeogr.
225; v. Bahder 1925 Wortwahl 151. Außer=
germ. vergleicht sich apreuß. kaāubri 'Dorn',
das auf idg. *qeub- 'Dorn(strauch)' beruht.
Ahd. hiufaltar, hiefaltra 'Hagebuttenstrauch'
zeigt dieselbe Endung wie Maßholder, Reck=,
Wacholder.

hier, hie Adv. Mhd. hie, vor vokal. Anlaut
hier, ahd. hia(r), hēr, asächs. hēr, hīr, mnl.
nnl. hier, afries. hīr, agf. anord. got. hēr, engl.
here, dän. her, schwed. här führen auf germ.
*hēr, idg. *ke- 'hier'. Außergerm. entsprechen

lat. cis, citrā 'diesseits', citerior 'diesseitig',
citrō 'hierher', lit. šìs, aslav. sĭ, hettit. kī 'dies(er)'.
Der gleiche Pron=Stamm in her, hin, heint,
heuer, heute. Lat. hīc 'hier' hat keine germ.
Verwandten.

Hierarchie F. Im 6. Jh. schreibt Dionysios
Areopagita Περὶ τῆς οὐρανικῆς ἱεραρχίας
'über die himmlische Rangordnung (der En=
gel)'. Von da gelangt hierarchia ins Kirchen=
latein, aus dem es als 'innerlich festbestimmte
Rangordnung' in die europ. Sprachen über=
geht. Daher in lat. Form noch bei Seckendorff
1685 Christenstaat 1, 450 „die Hierarchia oder
das Priester=Regiment in der Röm. Kirche“.
Die heutige Form kaum vor Sperander 1727.

Hieroglyphe F. 'Zeichen einer Bilderschrift'
Dem gr. τὰ ἱερογλυφικά (γράμματα) ist, nach=
dem schon Fischart 1575 Hierogliphisch, Hiero=
glypisch gebildet hatte, im 18. Jh. hiero=
glyphische Figuren nachgeformt. Unser
junges Subst. mit Genuswechsel nach frz.
hiéroglyphe M.: H. Schulz 1913 Fremdwb
1, 267.

hiesig Adj. seit Schönsleder (Augsb. 1618):
für mhd. *hiewēsec. S. dasig.

Hifthorn N. mit der Umdeutung Hüfthorn
(man trug das Horn an einem Gürtel um die
Hüfte). Älteste Form Hiefhorn: zu dem
lautmalenden M. Hief (Hift) 'Stoß ins Jagd=
horn'.

Hilfe F. mhd. hëlfe, hilfe, ahd. hëlfa, hilfa,
asächs. hëlpa, afrief. hëlpe, agf. help(e), anord.
hjalp: zum ft. Ztw. helfen (mhd. hilfe, half,
hulfen). Daneben steht Luthers Form Hülfe
als gleichberechtigte Bildung, die frühnhd. vor=
herrscht und noch bei Adelung 1796 allein gilt.

Hilpertsgriffe Mz. 'schlaue, ränkevolle Hand=
lungen', vorab 'Roßtäuscherkniffe', vom 16. bis
18. Jh. allbekannt, heute noch im Koburgischen.
Als Marstaller Kaiser Friedrichs II. in Neapel
hat Meister Albrant vor 1250 die erste deutsche
Roßarzneikunde geschrieben. Mit steigender
Verbreitung hat sein Buch die alte Würde ein=
gebüßt und allerhand Trug und Listen aufge=
nommen. Dabei wurde der Name des Ver=
fassers zu Hil(de)brand entstellt. Nach G.
Eis 1939 Meister Albrants Roßarzneibuch 106 f.
knüpft man Hilpertsgriff passender hier an,
als an den Waffenmeister Hildebrand der Hel=
densage, dessen Kunstgriffe im Gefecht stets
ehrenhaft blieben.

Himbeere F. mhd. hintbęr, ahd. hintbęri, dazu
(z. T. in der Bed. 'Erdbeere') asächs. hindberi,
agf. hindberrie, engl. mundartl. hindberry,
dän. hind-, himbeer. Wie Wimper (f. d.),
Amboß, empor, Imbiß und Behaghel
1928 Gesch. d. dt. Spr. 362) aus wintbrā, so
wurde aus hintbęr zunächst himpęr, =beere

ist nachmals aus dem Simplex hergestellt. Die Deutung 'Beere, die die Hinde (s. d.) gern frißt' befriedigt nicht, weil sie nicht für Rubus idaeus allein gilt; bei der andern 'Dornstrauch, in dem sich die Hinde mit ihren Jungen zur Fliegenzeit birgt' ist nicht abzusehen, warum nicht die Brombeere erst recht so heißen sollte. Von deren Namen ags. heorotbrēr (zu brēr 'Dornstrauch'), erzgeb. Hirschbeere, bair. Hirschbollen geht R. Loewe 1912 Germ.-rom. Monatsschr. 4, 506 aus: der starkdornige Brombeerstrauch wurde dem geweihtragenden Hirsch, der ihm ähnliche, aber oben dornlose Himbeerstrauch der geweihlosen Hirschkuh verglichen. Im Prinzip der Benennung läßt sich vergleichen lit. awēte, lett. avene 'Himbeere' zu lit. awis, lett. avs 'Schaf': J. Sehwers 1927 Zs. f. vgl. Sprachf. 54, 30. Hindläufte, mhd. hintlouf heißt die Zichorie offenbar nach der Ähnlichkeit der Blätter mit der Fußspur der Hirschkuh.

Himmel M., mhd. anfr. himel, ahd. asächs. himil, mnl. nnl. hemel, afries. himel, -ul; dem Nd. entlehnt sind dän. schwed. himmel. Die l-Ableitung steht (wie in Esel und Igel) für ältere n-Ableitung: n ist nach m des Inlauts in l ausgewichen. Das ursprüngliche bieten anord. himinn, got. himins. Nd. hæwen, asächs. heban, ags. heofon, engl. heaven zeigen f für älteres m: zunächst ist mn in zusammengezognen Formen (anord. Gen. Plur. hifna, Dat. hifnum) zu fn geworden. Nd. gilt weithin hæwen für den natürlichen, Himmel als Kanzelwort für den biblischen Himmel. Eine Bedeutung 'Decke, Gewölbe' (in ahd. himilizi, mhd. himelze, mnd. hemelte, ags. hūsheofon, heofonrōf) stammt aus der Malerei des blauen, gestirnten Himmels im Altarraum der Kirche: M. Heyne 1899 Wohnungswesen 79. Germ. *hemina- weist auf idg. *ḱemeno- zum Verbalstamm *ḱem- 'bedecken, verhüllen', der auch in Hemd und Leichnam vorliegt, s. d.

Himmelfahrt (Christi, Mariä) F. ahd. himilfart, mhd. himelvart. Näher bei dem kirchenlat. Vorbild ascensus bleibt das mundartl. noch geltende Auffahrt(tag): E. Ochs 1926 Bad. Wb. 1, 80.

Himmelschlüssel s. Schlüsselblume.

himmelschreiend Adj. Nach 1. Mos. 4, 10 vox sanguinis fratris tui clamat ad me erscheint seit Stieler (1691) 2239 „Himmelschreyende, grausame Sünde". Unserm geflügelten Wort (Büchmann 1912 S. 4) sind dän. himmelraabende, schwed. himmelskriande nachgebildet.

Himmelszelt N. Das schöne Bild, nahegelegt durch Psalm 104, 2 „Du breitest aus den Himel, wie ein teppich" (so Luther 1534), zuerst bei Muskatblüt (bair. Oberfranken vor 1438): Siegfr. Junge 1932 Studien zu Muskatbl. 131.

Himten M. ein Getreidemaß, erscheint im 12. Jh. als mlat. hemeta, im 13. Jh. als md. hemmete (F. Bech, Germ. 20, 43), lebt obersächs. als Heimzen (K. Müller-Fraureuth 1, 495), thür. als Himpten (L. Hertel 119). Dazu mnd. hemete, nnd. hemp(t)e, himpe: O. Mensing 2, 805 f. Lat. hēmina (s. Immi) hat sich mit mnd. mëtte, mhd. mëtze (s. Metze[1]) zur halbfremden Bezeichnung eines Trockenmaßes verbunden: E. Schwentner 1932 Beitr. 56, 351 ff.

hin Adv., mhd. hin(e), ahd. hina 'von hier fort, hin(weg)', mnl. hene, nnl. heen, ags. hin- 'von hinnen' in hingang, -sīþ 'Hinscheiden': zu dem auch unter her, heute, hier, hinnen usw. vorausgesetzten Pron.-Stamm germ. *hi-, idg. *ḱi- 'dieser'. Außergerm. kommt der Bildung von hin am nächsten air. cen- 'diesseits' in cen-alpande 'cisalpinus'.

Hinde F. 'Hirschkuh'. Ahd. hinta, ags. anord. hind gehen auf germ. *hindō zurück. Der Dental ist ableitend, n davor aus m entstanden, wie in hundert, Schande, Sund. Urverw. aind. sáma-, lit. šmũlas 'hornlos', šmũlis M., šmũlė F. 'Rind ohne Hörner', gr. κεμάς, -άδος 'junger Hirsch'. Idg. Grundform *ḱemtī-. Das alte F. wird durch die Endung -in neu verdeutlicht: Hintin Crusius 1562 Gramm. 1, 297. S. Himbeere, Hirsch.

hindern Ztw. mhd. hindern, ahd. hintiren, hintarōn, ags. hinderian, anord. hindra: zur Präp. hinter (vgl. äußern, fördern).

Hindin s. Hinde.

hinfür Adv. ahd. hina fure 'ferner', daneben gleichbed. fürhin vom 15. bis 18. Jh. Das kanzleimäßige hinfüro, das um 1500 auftaucht, bildet die wenig älteren Kanzleiformen dero, iro nach: H. Paul 1917 Dt. Gramm. 2, 180; Behaghel 1928 Gesch. d. dt. Spr. 333.

hingegen Adv. Konjunkt., um die Mitte des 16. Jh. dem mhd. dar engegene nachgebildet. Auch in hergegen (spätmhd. her engegene, österr. herentgegen) ersetzt her älteres dar: Behaghel 1928 Dt. Syntax 3, 175.

Hinkel s. Hünkel.

hinken Ztw., mhd. mnd. hinken, ahd. hinkan, ags. hincian, anord. hinka. Daneben mit Ablaut gleichbed. mhd. hanken, mit s- schwed. mundartl. skinka 'lahmen', anord. skakkr 'hinkend, schief'. Hinken ist ahd. und mhd. stark, ebenso bei H. Sachs und obd. vielfach bis in lebende Mundart; bei und seit Luther schwach: H. Paul 1917 Dt. Gramm. 2, 217. Zur idg. Wurzel *(s)qeng- stellen sich auch gr.

σκάζω (aus *sqŋgi̯ō) 'hinke', ainb. kháñjati 'hinkt', khañja- 'hinkend', khañjana- 'Bachstelze'. S. Schenkel.

hinnen Adv. 'von hier weg' mhd. hinnen, ahd. hinnan, hinnān, hinana, aſächſ. hinan(a), agſ. heonan, engl. (mit ſuffigiertem s) hence. Zum Pron.-Stamm germ. *hi- (ſ. heint, heute, hier uſw.), wie dannen und wannen zu *þa-, *hwa-. Zuſatz der urſpr. nur verdeutlichenden Präp. von iſt frühnhd. Pflicht geworden, um die Grenze gegen ein anderes hinnen klar zu ziehen, das bei Luther, Rabener, El. Schlegel, Herder, Goethe uſw. aus hie innen zuſ.-gezogen iſt, wie haußen aus hie außen.

hinrichten Ztw. beb. frühnhd. 'zugrunde richten'. Die heutige Bed. entſteht einerſeits durch Kürzung der frühnhd. Wendung zum Tod hinrichten, anderſeits verdeutlicht ſie mhd. rihten, das auch allein dieſen Sinn haben konnte, wie Richter 'carnifex' durch Hin-, Nachrichter verdeutlicht iſt. Dän. henrette ſtammt aus dem Deutſchen.

hinten Adv. mhd. hinden(e), ahd. hintana, aſächſ. bihindan 'hinten; hinterbrein', agſ. (be)hindan '(von) hinten', got. hindana Adv. Präp. 'hinter, jenſeits'. S. hin und hinter.

hinter Präp. mhd. hintar, mhd. hinter, hinder, agſ. hinder, got. hindar: Akk. Neutr. eines alten Kompar. auf gr. -τερο-, ainb. -tara-, wozu got. hindumists 'äußerſter', agſ. hindema 'der letzte' den Superl. auf idg. -temo- bewahren. Ahd. nt ergibt lautgeſetzl. mhd. nd (ſ. hindern), doch hält ſich nt gern, wenn die folgende Silbe von einem ſilbiſchen r gebildet wird (munter, Winter). — Der Kompar. hinter wird als Adj. gebraucht in ahd. hintaro, und dieſes ſubſtantiviert, ſo ſchon mhd. hinder ſchw. M. 'Geſäß'. Nachdem Hintern zum niedrigen Wort geworden war, wurde es in akab. Kreiſen durch das ähnliche Poſteriora, in der Kinderſtube durch Popo (ſ. d.) erſetzt: H. Schulz 1909 Zſ. f. b. Wortf. 10, 144.

Hinterland N. landeinwärts oder flußaufwärts gelegenes Gebiet, deſſen natürliche Verkehrsbeziehungen nach einem beſtimmten Küſtenſtrich gerichtet ſind. Das Kolonialwort fehlt bei Sanders noch 1885. Im Februar 1895 erhebt der Pariſer Figaro erregten Einſpruch gegen die Einführung von l'hinterland ins Frz., es hat ſich aber (wie fertig, krach, talweg) doch durchgeſetzt, ſo gut wie engl. ital. hinterland: Le monde moderne 1895 II 662; Zſ. b. Sprachv. 13 (1898) 14. 14 (1899) 125. 17 (1902) 19. 26 (1911) 106.

Hinterwäldler M. 'durch urwüchſige Derbheit und einfachſte Lebensführung auffallender Menſch' wird ſeit 1833 gebräuchlich als Lehnüberſetzung des engl.-amer. backwoodsman. Dies unüberſetzt 1819 im Stuttgarter Morgenblatt, wo Back-wood 'Hinterwald' als „der übliche Ausdruck für die neuen Anſiedlungen jenſeits der Alleghanygebirge" eingeführt wird: A. Gombert 1905 Zſ. f. dt. Wortf. 7, 146; Ladendorf 123; Stiven S. 50 f. mit Anm. 264.

Hinz, Heinz Koſeform zum Männernamen Heinrich (wie Fritz, Götz, Kunz, Lutz zu Friedrich, Gottfried, Konrad, Ludwig); wegen der Häufigkeit der alten Königsnamen Heinrich und Konrad in der Formel Hinz und Kunz 'jeder beliebige' zwiſchen 1100 und 1300 feſt geworden. Die Harzlandſchaft liefert das von nd. Hinrik ausgehende Hinz (Heinrich I. ſeit 919), der früheſte Beleg für Chuncilīn ſtammt aus Weißenburg 699 (König Konrad I. ſeit 911), ſo daß nd. mit hd. Sprachgut zur Formel gebunden erſcheint: O. Meiſinger 1924 Hinz und Kunz 35 ff.; E. Chriſtmann, Obb. Zſ. f. Volkskde. 1944. Hinze iſt im Tierepos (Reinke de Vos 78. 906) Bezeichnung des Katers, in der Volksſprache 'Hauskatze' (ſo Stieler 1691 neben thür. Minz), in md. Ma. auch für das Männchen von Kaninchen und Haſen S. Lampe.

Hiobspoſt F. 'Unglücksnachricht' nach Hiob I, 14—19 im 18. Jh. gebildet und durch Goethe 1773 Götz v. Berl. (Weim. Ausg. I 8, 41) beflügelt. Poſt (ſ. d.) ſteht in ſeiner alten Bed. 'Botſchaft'. Vgl. Kainszeichen, Uriasbrief.

Hippe[1] F. 'Sichelmeſſer, Handbeil', eine oſtmd. Form, die Luther 1522 Offenb. 14, 17—19 viermal für gr. δρέπανον verwendet und damit ins Nhd. einführt. Sonſt Heppe, Häpe, mhd. hep(p)e, älter häppe, mnb. mnl. hepe, ahd. häbba, häp(p)a, häppia, mlat. (h)apia, hapiola, germ. *hēbjō-: Werkzeugname auf -jō(n)-, wohl zum idg. Verbalſtamm *(s)qēp- 'mit ſcharfem Werkzeug arbeiten', ſomit urverwandt mit gr. κοπίς 'Meſſer', lit. kapónė, lett. kapāns 'Hackmeſſer', lit. kaplȳs 'Hacke, Eisaxt' uſw. Th. Frings 1943 Zſ. f. rom. Phil. 63, 174 ff. erweiſt Häpe als Ausdruck der alten fränk. Holzwirtſchaft (nördlich *hābbia, ſüdlich *häppia), der nach Limburg und Gelderland, Weſtfalen und Siegerland ſowie in bair. und alem. Grenzſtriche ausſtrahlt. Über die Moſelſtraße gelangt *häppia zu den roman. Nachbarn, daher frz. (ſeit dem 12. Jh.) hache 'Axt, Beil'. Fläm. happe 'Holzaxt' iſt früh aus den benachbarten frz.-flanbr. Nachbarmundarten weiterentlehnt. Die Verkl. frz. hachette hat engl. hatchet 'Beil' ergeben. — Vgl. Sichel.

Hippe[2] F. ſ. Habergeiß.

Hirn N. mhd. hirne, ahd. hirni, meng. hernes, engl. mundartl. harns, anord. hjarni.

Das bodenſtändige nd. Wort ſ. u. Brägen. Mnl. hersenen (wozu mhd. hersenier 'Kopfbedeckung unter dem Helm') erweiſt für ahd. hirni Entſtehung aus *hirzni, *hirsni, für anord. hjarni Entſtehung aus *hërznan-. Zum Übergang von rzn, rsn in r(r)n vgl. Horniſſe. Dem ſo erwieſenen germ. *hërzn-, *hërsn- (auch in anord. hjarsi 'Kopfwirbel') ſteht aind. śírṣan 'Kopf' am nächſten, weiter gr. κρᾱνίον 'Schädel', κάρα, κάρηνον 'Kopf' (älter *κρασνίον, *κάρασα, *κάρασνον), lat. cerebrum (aus *ceresrom) 'Gehirn'. Zum idg. Stamm *ker- 'Kopf' gehört auch Horn (ſ. d.).

Hirſch M. Mhd. hirz, hir(t)z, ahd. hir(u)z, hirz (urſprünglich Nom. hiruz, Gen. hirzes), mnd. hërte, harte, aſächſ. anfr. hirot, mnl. nnl. hert, afrieſ. hërt, agſ. heorot, engl. hart, anord. hjǫrtr (aus *hërutr), ſchwed. dän. hjort 'Hirſch', daneben anord. hrútr (idg. *krūd-) 'Widder' (ſ. hurtig). Germ. *herut- (auch im Namen Cherusci), idg. *kerud- iſt auf -ud gebildet wie das ablautende gr. κόρυδος 'Haubenlerche, der gehörnte Vogel': F. Kluge 1926 Stammbild. § 60. Zum gleichen Stamm abweichend gebildet die urverwandten kymr. carw, korn. carow, bret. karo, lat. cervus (aus *keruos) 'Hirſch'; gr. κρῑός 'Widder', κάρνος 'Stück Vieh', alb. ka 'Ochſe', poln. karw 'alter, fauler Ochſe' (daraus entlehnt apreuß. curwis 'Ochſe'; vgl. auch den Gebirgsnamen Karawanken), ruſſ. koróva, lit. kárvė 'Kuh', apreuß. sirwis 'Reh' (daraus entlehnt finn. hirvi, lapp. čuarvi 'Elen'). Im Gr. entſpricht ferner κεραός 'gehörnt' (aus *κεραϝός, zu κέρας 'Horn'). Die Tiere heißen nach ihren Hörnern, der Hirſch nach dem Geweih. Das weiß ſchon Iſidor, Etym. 12, 1, 18: cervi dicti ἀπὸ τῶν κεράτων. S. Hinde, Horn, Renntier, Rind.

Hirſchfänger M. Seitengewehr des Weidmanns, mit dem er das Wild fängt 'abſticht'. Löſt im 17. Jh. Weidmeſſer, mhd. weidemezzer (DWb. 14, 1, 616) ab. Gebucht ſeit Duez 1664, belegbar ſeit Prätorius 1667 Anthrop. 3, 462. Nl. hartsvanger, ſchwed. härsvängare ſind vom Nhd. beſtimmt.

Hirſchkäfer M. Lucanus cervus heißt nach ſeinen geweihförmigen Kinnbacken Hirſch (im Sundgau hirz, in Heſſen klammhirz, knipphirz, petzgaul), wie ſpätlat. cervus, frz. cerfvolant, engl. horn-, stag-beetle. Hirſchkäfer (kaum vor Duez 1664) iſt verdeutlichende Zuſ.-Setzung wie Renntier, Schmeißfliege, Windhund. Zu ſchroten 'abſchneiden' (ſ. Schrot) gehören Schrot, Schröter als obb. Namen des an Eichenſtämmen lebenden Käfers. Dem Glauben, er trage mit ſeinen Zangen glühende Kohlen auf Strohdächer, entſtam-

men die Namen Berner, Börner, Brenner, Feuerſchröter, Fürböter, Hausbrenner (A. Götze 1909 Volkskundliches bei Luther 14 f.). Mehr vereinzelt ſind Namen wie Maihengſt auf der Eifel, Donnergugi (Scheffel, Ekkehard Kap. 18), Donnerkäfer, Hirzgueg in der Schweiz, Schmidkäfer in Tirol und Salzburg.

Hirſchkalb N. weidmänn. Name des Hirſchs im erſten Jahr: ſeit Zehner 1622 Nomencl. 286.

Hirſe F. Von den beiden angebauten Hirſearten iſt die Riſpenhirſe ((Panicum miliaceum L.) bei uns altheimiſch und heißt ahd. hirso, hirsi, aſächſ. hirsi, mhd. hirs(e) M., mnd. herse F. (zum Geſchlechtswandel H. Paul 1917 Dt. Gramm. 2, 96); agſ. herse iſt aus hersewǽstm 'Hirſefrucht' des Segens für verhextes Land zu entnehmen. Aus dem Dt. entlehnt ſind anord. hirsi, dän. hirse, ſchwed. hirs. Die Kolbenhirſe (Panicum italicum L.) wird zur Römerzeit bei uns bekannt: lat. milium ergibt ahd. milli, das ſelten bleibt; aus lat. pānicum entſteht aſächſ. penik, mnd. pennek, ahd. phenich, fenich, das in alem. pfench, fennich fortlebt. Im ganzen hat ſich Hirſe für beide Arten durchgeſetzt: frühnhd. hirsch(e), ſchwäb. hr̄š, thür. hīršə, hḗršə uſw. mit rš wie birschen, Kirſche, knirſchen uſw. Mhd. rs beruht darauf, daß r und s verſchiedenen Silben angehören (wie in Ferſe, Mörſer, Pfirſich). Auf Entlehnung aus dem Nhd. beruht amer.-engl. hirse 'Sorghum saccharatum, Mohren- oder Durrahirſe', eine Sorghum-Art, aus deren Stengeln Zucker gewonnen wird. — Man ſtellt germ. *hersio(n)- als 'Brotkorn' zur idg. Wurzel *ker-'wachſen, nähren' in lat. Cerēs 'Göttin des pflanzlichen Wachstums' (dehnſtufig crēsco 'wachſe', crēber 'dicht wachſend', prōcērus 'von hohem, ſchlanken Wuchs'), oſk. caria 'Brot', gr. κόρος 'Sättigung', κορέννῡμι 'ſättige', lit. seriù, šérti 'füttern', pāšaras 'Futter', apreuß. sermen 'Leichenſchmaus', armen. serm 'Same', serem 'bringe hervor': Zſ. f. dt. Wortf. 3, 269. 5, 14. 14, 156; M. Niedermann 1927 Symbolae gramm. in honorem J. Rozwadowski 1, 109 ff.

Hirt M. zeigt hd. Form, während Herde in nd. Geſtalt ſchriftdeutſch geworden iſt. Mhd. hirt(e), hërte, ahd. hirti, aſächſ. hirdi, mnd. mnl. herde, agſ. hierde, engl. (shep)herd, anord. hirðir, dän. hyrde, ſchwed. herde, got. haírdeis: gemeingerm. -ja-Ableitung zu germ. *hërðō-, idg. *kerdh(o)- 'Herde'. Eine jüngere Bildung ſpiegeln mhd. hërtære, -er, hirtære, -er, mnd. mnl. nnl. herder (wozu Herder und Herter als Fam.-Name), afrieſ. herdere 'Hirt'. Außergerm. vergleicht ſich lit. kerdžius 'Oberhirt' (zu *kerdà 'Herde').

Hirtentäschchen N. Der Kreuzblütler Capsella bursa pastoris heißt nach seinen Schötchen **Hyrtenseckel** seit O. Brunfels 1532 Kräuterbuch 187, **Hirtentesch** bei J. Fischart 1574 Onomast. 308. Die Fülle gleichbed. Namen bei H. Marzell 1943 Wb. d. dt. Pflanzennamen 1, 788 ff.

hissen schw. Ztw., ein nl. nd. Schifferwort der Bed. 'mit Tau, Talje oder Takel etw. hochbringen'. Aus mnl. hischen, nnl. hijschen, nd. hissen, hīsen (zuerst: His up dat segel, Hamburg 1536) in viele europ. Sprachen gedrungen. Lautmalende Bildung; nl. und nd. Formen geben den zischenden Laut beim Aufziehen der Segel gleich gut wieder. In einigen ostnd. Mundarten fällt mit hissen die Entsprechung des hd. hetzen zusammen, daher 1548 bei dem Hessen B. Waldis (der lange in Riga war) Esopus 2, 30, 88 „Jrn Curs sie nach Corintho setzten, Jr Segel gegem Windt aufhetzten". Der Umdeutung ist günstig, daß Seeleute ähnliche Übertragungen lieben: 'ein Tau nachfahren lassen' heißt schricken, eig. 'erschrecken machen', 'beplanken' heißt neeren, eig. 'garnieren'. Dennoch bleibt hetzen bei Waldis bloße Volksdeutung: der mnl. Ausgangsform wird sie nicht gerecht. Mit nnl. Vokal setzt sich im 19. Jh. heißen durch; bei Elbschiffern gilt auch hitzen: C. Walther 1898 Nd. Korr.-Bl. 20, 1; F. Kluge 1911 Seemannsspr. 370; W. Stammler 1939 Trübners Dt. Wb. 3, 449.

Hitte F. nd. 'Ziege', bair. hette(l), schwäb. hättel: zu mhd. hatele 'Ziege', mit dem gleichbed. anord. haðna verglichen wird. Daneben **Hippe**². Vgl. A. Senn 1933 Journ. of Engl. and Germ. Philol. 32, 519.

Hitze F. Ahd. hizz(e)a, asächs. hittia, agf. hit F. führen auf germ. *hitjō-: zur schwächsten Ablautstufe der unter heiß entwickelten germ. Wz. *hīt: *hait, zu der mit höherer Vokalstufe got. heitō 'Fieber' gehört. Ahd. hizza drang ins Roman. und ergab u. a. ital. izza 'Zorn, Unwillen'.

hm Interj. des Nachdenklichen und Zweifelnden, so seit Wieland 1774 Abderiten 5, 4. Vorher hem, hum; bei Stieler (1691) 865 hüm 'pst'. Außerhalb des Dt. vergleichen sich engl. hem (gesprochen hm), frz. hem, hom, hum, lat. (e)hem, während aind. hamhō als Anruf diente.

Hobel M. mhd. hobel, mnd. hövel (daraus entlehnt gleichbed. dän. høvl, schwed. hyvel). Das dt. M. erscheint zuerst in einer Bibelglosse von Goslar 1352: Runcina/ferrum recurvum vel hovil (Ahd. Glossen 4, 279, 48 Steinmeyer-Sievers). Das Wort ist aus dem Nd. ins Hd. gedrungen, wo es nicht vor dem 15. Jh. auftritt. Es ist Rückbildung aus dem schw. Ztw.

hobeln (mhd. hobeln, mnd. hövelen), uns seit dem 14. Jh. überliefert, das ursprünglich 'Unebenheiten wegglätten' bedeutet und von mnd. hövel, nl. heuvel (s. Hübel) abgeleitet ist. Mit asächs. *hobar, agf. hofer 'Buckel' zum idg. Verbalstamm *qeu-p- 'biegen'. Der nächste außergerm. Verwandte ist lit. kuprà 'Buckel'. Vor der Einführung von Hobel und hobeln wurde die Sache mit Schabe und schaben bezeichnet, s. d.

Hoboe F. Das bis zum dreigestrichenen g reichende Blasinstrument ist in Frankreich erfunden und wird dort seit dem 15. Jh. hautbois genannt (zu haut 'hoch klingend' und bois 'Holz') im Gegensatz zum basson, dem Fagott, s. d. Bei uns heißt die Hoboe im 17. Jh. meist französische Schalmei, Prätorius sagt 1619 Houtbois, die Münchner Zeitung Mercurii Relation 1698, Nr. 40 Hautbois. 1709 verlangt Wächtlers Commodes Manual die Aussprache hoboä (mit u̯ e für älter frz. oi, heutiges u̯ á): W. Horn in Herrigs Archiv 1929, 250. Seit 1745 gilt Hoboe, während die ital. Entsprechung Oboa seit 1739 selten auftritt. Hautboist zuerst in der Voss. Ztg. 1764, Nr. 134/5.

hoch Adj. Mhd. hōch, hōher, ahd. asächs. hōh, anfr. hō, mnl. hō, hooch (gh), nnl. hoog, afries. hâch, agf. hēah, engl. high, anord. hār (aus *hauaʀ für *hauhaz), dän. høi, schwed. hög (aus germ. *haugá- in gramm. Wechsel mit *háuha-), got. hauhs führen auf ein gemeingerm. Adj., das zufrühst im Stammesnamen lat. Chauci, germ. *Chauchōs 'die Hohen' aus vorgerm. *koukos begegnet. Dazu *koukó-s M. 'Hügel' in anord. haugr (von da entlehnt engl. how in Ortsnamen), mhd. houc, houges 'Hügel', bis heute in Ortsnamen wie **Donnershaugk**. Der hier in Hochstufe erscheinende Stamm zeigt Tiefstufe in Hügel, s. d. Von den außergerm. Verwandten stimmt in der Bed. genau toch. A koc, B kauc 'hoch, in die Höhe' (E. Schwentner 1941 Jdg. Forsch. 58, 36). Außerdem vergleichen sich lit. kaũkas 'Beule', kaukarà 'Hügel', lett. kukurs 'Höcker', russ. kúča 'Haufe', aind. kuča- 'Brust', kučati 'krümmt sich': sämtlich zu idg. *qeuq-, Erweiterung zum Verbalstamm *qeu- 'biegen' in avest. fra-kava 'vorn bucklig', apa-kava 'hinten bucklig'.

Hochachtung F. kaum vor Hedio 1531 Josephus, Vorr. 5b. Der Begriff ist europäisch: frz. haute estime, dän. højagtelse, schwed. högaktning usw.

hochdeutsch Adj. bringt gleichzeitig mit seinem Gegenwort niederdeutsch in der zweiten Hälfte des 15. Jh. durch: Socin, Schriftsprache 173; Kluge 1918 Von Luther bis Lessing 69 f.

Zuerst ist es nachgewiesen aus der nl. Provinz Holland 1457: Zs. f. dt. Wortf. 12, 239.

Hochripp(e) N. F. 'Rückgratrippe des (geschlachteten) Viehs', ahd. hōchrippe (Glossen 3, 605, 21), heute bad., els., schweiz. (Schweiz. Jd. 6, 1195). Ostl. grenzt hochrucke an: H. Fischer 1911 Schwäb. Wb. 3, 1714.

Hochschule F. mhd. hōchschuole, mnl. hoohscöle, nnl. hoogeschool, bei Paracelsus, Luther und Fischart hoheschule mit innerer Flexion. Als Ersatz für Universität von Wolke empfohlen: Jul. v. Voß 1825 Moden der guten alten Zeit 1; Campe 1813 Verd.-Wb. 598 nimmt den Vorschlag auf.

Hochsinn M. als neues Wort bei Campe 1808 mit Beleg aus Bürger (†1794), während hochsinnig in heutiger Bed. seit Fischart begegnet: Ruppel 1911 Rückbild. 21.

Hochstapler M. rotwelsch, zuerst in Schwaben 1727 als Hochstabler für den hoch, d. h. 'vornehm' auftretenden Bettler: F. Kluge 1901 Rotwelsch 1, 196. Stapeln (zu stappen 'gehen') bezeichnet das oft unterbrochene Gehen des Bettlers; A. v. Klein, Prov.-Wb. 2, 168 bezeugt aus Bayern 1792 geradezu stappeln 'betteln'. Stapler 'Bettler' erscheint rotwelsch in vielen Formen seit 1490 (Kluge a. a. O. 19. 38. 55 u. o.; S. Brant, Narrensch. 63, 41 Zarncke). Der Gemeinsprache bleibt Hochstapler lange fremd; 1806 muß Fr. Ludw. Jahn (Werke 1, 64 Euler; Zs. f. dt. Wortf. 7, 46) seine Bed. erklären, um den Ausdruck in die Schriftsprache einzuführen. Bekannt wird das Gaunerwort (wie baldobern, Kassiber, Schmiere u. a.) durch Vermittlung der Polizei, später durch die Gerichtsberichte der Tagespresse. Das Ztw. hochstapeln ist jung, bisher nicht vor dem Frankf. Journal vom 17. März 1871 nachgewiesen.

hochtrabend Part. heißt urspr. ein Pferd, das beim Traben den Reiter hoch wirft, also unbequem zu reiten ist. Die Übertragung auf menschl. Benehmen beginnt in spätmhd. Zeit: Beliand (Gothaer Handschr.) V. 1179 manec höchtrabendez (hochfahrendes) houpt. Im Frühnhd. setzt sich die Entwicklung fort: Hier. Emser 1524 Annotat. R 3ᵇ „keinen freveln vnd hochtrabenden Geist als Luther".

Hochverrat M. übersetzt aus frz. haute trahison, zuerst im Zeitungs-Lex. 1703.

Hochwasser N. ist seemänn. 'der höchste Wasserstand der Flut', so seit Röding 1794 nachweisbar. In der binnenländ. einzigen Bed. 'Überschwemmung' ist zuerst nd. hoch water aus Dithmarschen 1598 belegt: Kluge 1911 Seemannsspr. 374 f.

Hochzeit F. Ahd. diu hōha gizīt 'das Fest', mhd. hōch(ge)zīt F. N. 'hohes kirchl. oder

weltl. Fest'. In diesem Sinn wird H. durch das im 13. Jh. übernommene kirchl. Lehnwort Fest (s. d.) verdrängt. Seinerseits verdrängt H. seit spätmhd. Zeit das ältere Brautlauf (s. d.), das durch die Entwicklung des Ztw. briuten zu 'entjungfern' anstößig geworden war. Schon bei Luther ist H. nur 'Vermählungsfeier', doch gilt die umfassende Bed. bis ins 17. Jh. — **Hochzeitbitter** M. 'der die Gäste zur H. bittet' seit Stieler 1691; dort auch Leid-, Begräbnisbitter für sonstiges Leichenbitter 'praeco feralis'. Gleichgebildet Gast-, Kindtaufbitter. — **Hochzeiter**, obb. Name des Bräutigams, s. d.

Hocke M. 'Krämer', mhd. hucke, md. hōke (daher nhd. Höker, -in). Mit mnl. hokester, mengl. huckstere, engl. huckster 'Höker' zum Ztw. hocken.

Hocke F. 'Getreide-, Heuhaufen', erst nhd. schwäb. tirol. hock 'Heuhaufe', oberrhein. hucke 'Häuschen von vier Nüssen', mnd. hocke 'Garben-, Heuhaufe', mengl. hock 'Haufe', mit Ablaut anord. hūka 'hocken'. Außergerm. vergleichen sich am nächsten lit. kúgis 'großer Heuhaufe', kaugurẽ 'kleiner, steiler Hügel', lett. kàudze 'Haufe, Schober', apreuß. kugis 'Knauf am Schwertgriff': zu idg. *qeug-, Erweiterung der idg. Wurzel *qeu- 'biegen' (s. hoch). Verwandte Bildungen mit anlautendem s- s. u. Schock.

hocken Ztw., mit Nebenform hucken, nl. hukken (germ. kk aus kn). Dazu mhd. hūchen, nnl. (veraltet) huiken, anord. hūka (Part. Prät. hokinn) 'kauern'; hok(r)a 'kriechen'. Ferner mit Ablaut heykjask 'sich niederhocken'. Germ. Wz. *hauk: *hūk; idg. *qoug: *qūg. Verwandt, wenn auch mit abweichendem Wz.-Auslaut, altpoln. kuczeć, serb. čúčati (beide aus idg. *qeuq-) 'hocken', lett. kukša F. 'eine vor Alter Gebückte', aind. kuñcate 'krümmt sich'. — Hocke F. als Turnübung ist aus dem Ztw. rückgebildet.

Höcker M. mhd. hocker, hog(g)er 'Buckel': ein dem Hd. eigentüml. Subst., das durch Anlehnung an ahd. hovar, mhd. hover, ags. hofer 'Buckel' (vgl. gleichbed. lit. kuprà F.) aus einem urgerm. Adj. *hugga- 'bucklig' gebildet ist. Vielleicht besteht Beziehung zu der unter hoch und Hügel behandelten Wortsippe, zu der auch ahd. mhd. houo(g) 'Hügel' gehört. Weiterhin auch gr. κῦφος 'Höcker, Buckel'.

Hode M. F., meist Mz. Mhd. mnl. hode, ahd. hodo M., afries. hothan Mz. Das F. dringt im 18. Jh. vor. Mit kymr. cwd 'Hodensack', lat. cunnus (aus *kutnos) 'weibliches Glied' zu den Dental-Erweiterungen des idg. Verbalstamms *(s)qeu- 'bedecken, umhüllen'. S. Haut.

Hof M. mhd. hof, Gen. hoves, Mz. höve, ahd. asächs. mnl. afries. hof M., ags. hof N.

(ſtirbt am Ende der agſ. Zeit aus) mit den weſt=
germ. Bedeutungen 'Gehöft, Garten, Fürſten=
haus', agſ. auch 'Kreis, Bezirk, Tempel'. Anord.
hof N. bedeutet 'Gehöft' nur in dem Eddalied
Hymiskviđa, ſonſt 'Tempel mit Dach'. Norw.
hov 'Anhöhe' wahrt die Grundbedeutung: zur
Hofanlage eigneten ſich die höher gelegenen
Grundſtücke, weil ſie vor Überfällen und Boden=
näſſe ſicherer waren. Inſofern iſt der nächſte
Verwandte unſres Worts Hübel, dort die
außergerm. Sippe. Auslautendes f des Ur=
deutſchen, das nd. lautgeſetzlich bleibt, iſt in
Hof auch md. und obd. geblieben, weil in=
lautendes f daneben ſtand. Doch begegnet z. B.
heſſ. hob: O. Behaghel 1928 Geſch. d. dt.
Sprache 409. Der Fürſtenhof iſt (wie frz. cour)
urſprünglich ein Gehöft wie andre, nur an=
ſehnlicher als die der freien Herren oder Bauern.
Wie Hof die Menſchen umfaſſen kann, die
darauf ihr Weſen haben, ſo bezeichnet es nun
auch den Fürſten mit ſeiner Umgebung. Jem.
den Hof machen iſt Lehnwendung nach frz.
faire la cour. 'Heller Nebelring um Sonne oder
Mond' iſt Hof ſeit dem 15. Jh.

Hoffart F. Mhd. hōchvart (aus hōch und
vart) geht aus von der Bed. 'Art, vornehm zu
leben'; mhd. varn 'leben' auch in Wohlfahrt.
ō vor Doppelkonſ. iſt gekürzt wie in Hochzeit,
horchen, Homburg. Zur Angleichung des
erſten Konſ. an den zweiten vgl. empfahen,
Blitz, Lenz oder Namen wie Leopold,
Rapperswil, Stuggert. Die ſinnliche An=
ſchauung des Grundworts iſt verblaßt wie in
kymr. sancteidd-rwydd 'Heiligkeit' u. ä.: das
Abſtrakta bildende -rwydd gehört zum Stamm
idg. *reidh- 'fahren' in gall. rēda 'Wagen'; ſ.
Pferd.

hoffen ſchw. Ztw., mhd. (erſt nach Mitte
des 13. Jh. häufiger) hoffen, md. (ſeit dem
12. Jh. bezeugt) hoffen, mnd. mnl. nnl. hopen,
anfr. hopada 'timui', afrieſ. hopia, agſ. (ſeit
dem 9. Jh.) hopian, engl. hope. Auf Ent=
lehnung aus dem Mnd. beruhen ſpätanord.
hopast, ſchwed. hoppas, dän. haabe 'hoffen'.
Poſtverbal md. hoffe, hofene, anfr. tōhopa,
mnd. mnl. afrieſ. engl. hope, agſ. hopa 'Hoff=
nung'. Im älteren Hd. werden die Begriffe
durch ahd. mhd. gedingen 'hoffen' mit ahd.
gidingo, mhd. gedinge M. 'Hoffnung' gedeckt;
ſ. auch Wahn. Weidmänn. der Hirſch ver=
hofft 'ſieht ſich um, ſtutzt', bair. ſchwäb. ver=
hoffen 'ſtutzig werden, erſchrecken' führen zu
der Vermutung, hoffen ſei mit hüpfen (ſ. d.)
verwandt und bedeute urſprünglich 'in Er=
wartung aufſpringen'.

hofieren Ztw. Zu mhd. hof wird mit roman.
Endung von nachklaſſ. Dichtern des 13. Jh. das
bequem reimbare hovieren 'geſellig ſein, den

Hof machen, ein Ständchen bringen' gebildet.
Im 14. Jh. übernimmt es das Bürgertum.
Miſchung von heimiſch und fremd wie in hal=
bieren, hauſieren uſw., Betonung wie hier
und bei den Fem. auf -ei. S. kacken.

höfiſch ſ. hübſch.

Hofſchranze ſ. Schranz.

Höhe F. mhd. hœhe, ahd. hōhī, got. hauhei:
Abſtr. zu hoch, ſ. d.

Hohenau F. größte Gattung der Frachtſchiffe
auf der Donau, zuerſt gebucht bei Jacobſſon
1782 Technol. Wb. 2, 268. Aus hoch und dem
unter Naue behandelten, aus lat. nāvis ent=
lehnten obd. Wort für 'Schiff': Kluge 1911
Seemannsſpr. 377.

hohl Adj. ahd. mhd. aſächſ. mnl. afrieſ. agſ.
hol, anord. holr; ſubſtantiviert ahd. mhd. mnl.
afrieſ. hol, engl. hole 'Höhle'. Germ. *hul- iſt
(wie aind. kúlya 'Knochen', kulyā 'Graben')
Schwundſtufe zum idg. Stamm *qaul- in gr.
καυλός, lat. caulis 'Stengel', mir. cuaille
'Pfahl', lit. káulas 'Knochen', lett. kaũls 'Sten=
gel, Knochen', apreuß. kaulan (Akk.) 'Knochen'.

hohläugig Adj. zuerſt bei M. Cruſius 1563
Gramm. graeca 2, 673. Kommt der frz. Formel
les yeux creux nahe, wie unſer hohlwangig
dem frz. les joues creuses. Hohlauge N. bei
Goethe iſt aus dem Adj. rückgebildet.

Höhle F. ahd. huli, mhd. hüle, das bis ins
16. Jh. mit dem lautgeſetzl. vor i entwickelten
Vokal fortlebt. Erſt nhd. hat ſich die Abſtr.=
Bildung an ihr Grundwort hohl angeglichen,
wie hölzern, hörnern an Stelle von mhd.
hülzīn, hürnīn getreten ſind: H. Paul 1916
Dt. Gramm. 1, 214.

Hohn M. Die ſeltnen ahd. hōna F. und
mhd. mnd. hōn M. 'Spott, Schmach' gehören
als Subſt.=Bildungen zum Adj. *hōn, wo=
für ahd. hōni, mhd. hœne 'verachtet', afrieſ.
hāna 'Geſchädigter', agſ. hēan 'elend' (zu Be=
ginn der mengl. Zeit ausgeſtorben), got. hauns
'niedrig'. Dazu anord. hāđ (aus *hawiþa-)
'Spott' und höhnen ſchw. Ztw., ahd. hōnen,
mhd. hœnen 'ſchmähen', afrieſ. hēna, agſ.
hīenan, got. haunjan 'erniedrigen'. Aus dem
ahd. Ztw. ſtammt frz. honnir 'beſchimpfen'
(wozu Honny soit qui mal y pense), aus got.
hauniþa, agſ. hīenđu, afrieſ. hānethe, ahd.
hōnida, afränk. *hauniþa F. 'Schande' gleich=
bed. frz. honte, mlat. hōnta. Außergerm. ent=
ſprechen gr. καυνός 'ſchlecht, trocken', lit.
kaũnas 'niedrig gelegener Ort', kūvẽtis 'ſich
ſchämen', lett. kàuns 'Scham, Schande': ſämt=
lich zur idg. Wurzel *qau- 'erniedrigen, demü=
tigen; Schande, Scham'. Den uralten ſitt=
lichen Bedeutungen geht die noch ältere räum=
liche 'niedrig' voraus: G. Studerus 1929 Jdg.
Forſch. 47, 350ff.

hohnecken f. necken.

hojanen Ztw. 'gähnen' mnd. (15. Jh.) hojanen, md. hoganen: lautmalendes Wort des dt. Nordens, dann auch der Mitte, das durch Schriftsteller wie Zachariae und Gerstenberg literar. wird und seit 1749 auch bei dem Süddeutschen Wieland eine Rolle spielt. Die Bildung erinnert an gleichbed. mnd. jenen, agf. ganian.

Höker f. Hocke M.

Hokuspokus M. N. Als Schöpfung fahrender Schüler tritt 1563 die Zauberformel hax pax max Deus adimax auf, die für lat. gehalten sein will, aber an Bildungen wie Kribskrabs (f. d.) anklingt. Der Eingang 1624 verstümmelt zu engl. hocospocos 'Taschenspieler' (zum a-Klang des engl. o f. Frack): die Formel hat dem den Namen gegeben, der mit ihr zaubert. Auf dem Festland (über Holland) verbreitet durch die Taschenspielerlehre Hocus Pocus Junior 1634 (1667 ins Deutsche übersetzt). Vorher gelten bei uns ox, box 1628, ox pox 1637, Oxbox 1652, Hogges und Pogges 1654, Okos Bocos 1659 als Spruch der Taschenspieler. Seit 1705 trägt Ox pox die durch Substantivierung gewonnene Bed. 'Zauberei', woraus unser 'Gaukelei, Betrug, Faxen' abgeschwächt. Die übliche Herleitung aus der Abendmahlformel Hoc est corpus meum verbietet sich, weil Zauberkünstler eine solche Lästerung öffentlich nicht hätten wagen dürfen: Zf. f. d. Wortf. 2, 22. 7, 56. 8, 74; Vercoullie, Bull. de l'acad. belge 1909 S. 82; H. Schulz 1913 Fremdwb. 1, 268 f.

hold Adj. mhd. holt (d), ahd. asächs. afrief. agf. hold, anord. hollr, got. hulþs. Das gemeingerm. Adj. bedeutet im Verhältnis des Lehnsherrn und Gefolgsmanns einerseits 'herablassend, gnädig', anderseits 'treu, ergeben'; hierzu mhd. holde M. 'Dienstmann'. Voraus liegt Anwendung auf die Religion, von der sich Reste gehalten haben wie ahd. holdo 'Geist', mhd. die guoten holden 'Hausgeister', des tievels holde 'Höllengeister'; Kobold. Kirchliche Ablehnung des vorchristlichen Worts birgt Unhold. Man zieht hold zur germ. Wurzel *hal- 'sich neigen', wozu ahd. hald 'geneigt' und Halde: f. d. und G. Royen 1929 Donum natal. Schrijnen 713.

Holder f. Holunder.

holen schw. Ztw., mhd. hol(e)n, haln, ahd. halōn, holōn, seltner holēn, asächs. halōn, mnd. mnl. nnl. mengl. halen, afrief. halia, agf. geholian, anord. hala. Hieraus entlehnt ist im 12. Jh. frz. haler 'einholen, heraufziehen', auf dem engl. hale 'ziehen' beruht. Außergerm. bieten sich zwei Möglichkeiten der Anknüpfung: entweder armen. kʻalem 'sammle, nehme fort',

toch. käl, klā 'führen, bringen' oder gr. κάλως 'Seil, Tau, Kabel' zu einem idg. Verbalstamm *kal- 'ziehen': J. Manſion 1908 Beitr. 33, 547 ff.; J. Holthausen 1927 Idg. Forsch. 44, 191. o neben a im Ahd. usw. wird auf alten Ablaut zurückgeführt. Luthers Form ist holen. Sie hat sich im Mhd. ohne Dehnungs-h erhalten, weil die Grammatiker des 17./18. Jh. das Zeitwort vom Adj. hohl augenfällig trennen wollten.

Holfter, Hulfter, Halfter F. 'Pistolenbehältnis am Sattel', nhd. entwickelt aus mhd. hulfter 'Köcher', Abl. von hulft, ahd. huluft 'Hülle, Decke, Futteral'. Mit Labialerweiterung (vgl. gr. καλύπτειν 'umhüllen') zum idg. Verbalstamm *kel- 'bergen, verhüllen', zu dem mit germ. Suffix -stra- (F. Kluge 1926 Nom. Stammbildungsl. § 94 a) got. hulistr N. 'Hülle, Decke', agf. heolstor, helustr M. 'Dunkel, Verſteck', nd. holster 'Hülle' gehören. Nächstverwandt mit hehlen, f. d.

holla Rufpartikel, wie hallo (f. d.) urſpr. Zuruf 'holüber' an den Fährmann: Imp. zu ahd. halōn 'holen' mit dem weithinaus schallenden -ā, das auch in mhd. hœrā, losā 'horche', merkā 'merke auf', wartā 'warte' an Imp. tritt.

Hölle F. mhd. helle, ahd. hell(i)a, asächs. hellja, afrief. helle, hille, agf. engl. hell, anord. hel, got. halja: gemeingerm. Bezeichnung der chriſtl. Unterwelt. Daneben zeigt anord. Hel als Name der Totengöttin, daß das vorausliegende F. auch schon für die vorchriſtl. Unterwelt der Germanen galt, deren Bezeichnung das Christentum umdeutete (wie bei Gott und Himmel). Zur germ. Wz. *hël-, *hal- 'verbergen' (f. hehlen), ſomit Hölle urſpr. 'Bergende'. Entſpr. in Hellbank (f. d.) und Hellegat 'Behältnis unter dem Deck des Schiffes': Kluge 1911 Seemannsſpr. 363 f. Mhd. helle ist als elle ins Lett. entlehnt: J. Sehwers 1927 Zf. f. vgl. Sprachf. 54, 172.

Höllenstein M. Das Silbernitrat mit seiner Ätzkraft heißt lat. lapis infernalis, frz. pierre infernale. Hübner 1712 Handlungslex. 632 findet mit seiner Lehnüberſ. höllischer Stein keinen Anklang; Höllenstein setzt sich seit 1762 durch.

Holm¹ M. 'kleine Fluß-, Küsteninsel, Halbinsel, Werft', im Hd. nicht vor A. Olearius 1647 Reise 220, asächs. mnd. engl. holm, agf. holm 'hohe Meereswoge, hohe See; Insel', anord. holmr 'Insel, namentlich auch als Stätte von Zweikämpfen', holmi 'Erhöhung', nnord. holm(e) 'kleine Insel; aus flacher Umgebung aufsteigendes Land', vielfach als Name im Gelände. Vorgerm. *q̑ᵘmo- 'Erhebung' zur idg. Wurzel *qel- 'ragen'. Nächstverwandt ist lat. culmen, älter columen (aus *qelomn̥)

'Höhepunkt, Gipfel, First'; ferner vergleichen sich lat. -cellō 'rage hervor', celsus 'hoch', collis (aus *qolni-), gr. κολωνός, lit. kálnas 'Hügel', lit. keliù 'hebe', aslav. čelo 'Stirn'. **Kulm**, **Kolm(berg)** u. ä., häufig im ostdt. Gelände, beruht auf aslav. chŭlmŭ (ruff. cholm) 'Hügel', das aus dem Germ. entlehnt ist. S. **Hallig**.

Holm² M. 'waagrechtes Holzstück, in das die Zapfen senkrechter Pfähle eingreifen', ein Wort des Hoch= u. Wasserbaus, von da turnerisch: 'Querstange des Barrens; Längsstange der Leiter'. Entstellt aus holben, einer Nebenform des F. hulbe, verwandt mit **Helm²** (f. d.), zu dem sich auch **Holm** M. 'Griff an Axt u. Bahre' stellt.

holpern Ztw. nicht vor Alberus 1540 Dict aa 3ª, dafür spätmhd. holpeln, hilpeln; schweiz. hülpen 'hinken', bair. (herum)holpeln 'einen herumstoßen, ihn hudeln'. Auch in stolpern (f. d.) ist die Endung =ern jung.

Holunder M. ahd. holuntar, holantar 'Sambucus' (die landschaftl. Bed. 'Syringa' ist durch Kürzung aus spanischer Holunder entstanden) mit Suffix germ. -dra, das in den Baumnamen Flieder, Heister, Rüster wiederkehrt und in Maßholder, Reckholder, Wacholder um ein l erweitert erscheint, das aus germ. *apuldra 'Apfelbaum' stammt, f. Affolter. Der erste Wortteil kehrt wieder in gleichbed. dän. hyld, schwed. hyll mit ll aus ln: germ. *holana- scheint urverwandt mit ruff. kalína 'Schneeballenstrauch'; zum Bedeutungswandel bei Baumnamen f. Buche. Mhd. hat die schwere Mittelsilbe den Ton auf sich gezogen wie in Forelle, Hornisse, lebendig, Schlaraffe, Wacholder. Mundartl. Formen wie thür. hulungr, hulandr, siebenbürg. hontr aus *holntr und das schon mhd. mnd. holder zeigen die alte Stammsilbenbetonung; **Holder**, **Holler** ist heute noch die gangbare obd. Form.

Holz N. Mhd. ahd. holz, asächs. mnd. anfr. afrief. agf. engl. anord. dän. norw. holt, mnl. nnl. hout führen auf germ. *holtaz, idg. *k̑do-, d=Erweiterung zur idg. Wurzel *qel- 'schlagen', also 'Abgeschnittnes, Gespaltenes'. In Ablaut damit ahd. hëlza, agf. hilt, anord. hjalt 'Schwertgriff', asächs. hëlta 'Handgriff am Ruder', ursprünglich 'gespaltenes Holzstück'. Außergerm. vergleichen sich aslav. kladŭ 'Holz, Balken', mir. caill (aus *caldēt) 'Wald', gr. κλάδος 'Zweig', lat. clādēs 'Niederlage', percellō 'schlage zu Boden', sē prōcellere 'sich hinwerfen'. Im Germ. ist an Stelle der Ausgangsbedeutung meist 'Gehölz' getreten, weil 'Holz als Stoff, Stück Holz' durch gemeingerm. witu (f. Krammetsvogel und Wiedehopf) gedeckt war. Mit dessen Absterben wird Holz wieder Stoffname: K. v. Bahder 1925 Wortwahl 88. Im

Schwed. gelten für den Stoff trä und ved, für 'silva' skog. In älterer Sprache war ved auch 'silva', wie noch in Ortsnamen.

Honig M., früher meist N. Mhd. honec, -ic, hönic, hünic, ahd. hona(n)g, -ig, asächs. huneg, honeg, hanig, mnd. honnich, anfr. honog, mnl. honich, honinc, nnl. honi(n)g, afrief. hunig, agf. huneg, engl. honey, anord. hunang, schwed. honung (älter hunagh), dän. honning führen auf germ. *huna(n)ga- aus idg. *kᵊnako- 'goldfarbig'. Urverwandt sind aind. kāñcana- 'golden', kāñcaná- N. 'Gold', gr. κνηκός 'gelblich', κνῆκος 'wilder Safran', apreuß. cuncan braun': sämtlich zu idg. *qenᵊqó- 'honig=, goldgelb'. Das vor g auftretende n beruht auf Nasalierung des Vokals durch vorangehendes n und Quereinfluß der Endungen =ang, =ing, =ung. Gehalten hat sich =ng so wenig wie in König, Pfennig und allen Wörtern, in denen n vorausging. Früh aus dem Germ. entlehnt ist finn. hunaja 'Honig'. Got. miliþ 'Honig' (neben ahd. anord. milska 'Süßtrank', ahd. milsken 'süßen', agf. milisc 'süß') vereinigt sich mit air. mil, kymr. korn. bret. lat. mel, gr. μέλι, alb. mjal', armen. melr auf idg. *melit N. 'Honig'; f. Meltau.

Honigmonat M. Lessing 1760, **Honigmond** Goethe 'Flitterwochen': dem älteren frz. lune, mois du miel nachgebildet. Einfällen Jean Pauls danken der Honig= und Flitterwöchner sowie das Honigjahr ihr Leben.

Honorar N. Zu lat. honōs, -ōris 'Ehre' gehört honōrārium, das im 16. und 17. Jh. in der Lehnübersetzung Verehrung eine Rolle spielt. Jüngere Lehnübersetzung ist Ehrenfold, f. d. Das lat. flektierte Honorarium weicht seit Bürger 1775 der heutigen Form: H. Schulz 1913 Fremdwb. 1, 270.

Honoratioren Plur. Der Kompar. zu lat. honōrātus 'geehrt' bezeichnet in der Kanzleiform Honoratiores (seit 1684) die Angesehensten eines Orts. Daraus 1790 Honorazioren: H. Schulz 1913 Fremdwb. 1, 270.

Hopfen M. spätahd. hopfo, mhd. hopfe, mnd. mnl. mengl. hoppe, nnl. engl. hop; aus dem Germ. mlat. hupa (für *huppa). Man verweist auf norw. mundartl. hupp 'Quaste' und vermutet, Humulus lupulus L. sei nach seinen zapfenartigen Blütenständen benannt. Neben dem Namen der bei uns wildwachsenden Pflanze steht der des angebauten Hopfens: afränk. *humilo (hieraus frz. houblon), mnd. homele, agf. hymele, anorw. humli, aschwed. humbli, schwed. dän. humle. Er gehört zu einem verbreiteten Verbalstamm hummeln 'herumtasten'. Gleichen Ursprungs ist schwäb. hummel als Name der Kriechpflanze Ajuga reptans und der Linaria vulgaris mit ihren unterird. Ausläufern. Lat. humlo, humulus, aslav. chměli (für *chümelī), finn. humala, wogul. qumlix, magy. komló, ngr. χουμέλι stammen von den Germanen: F. Kluge 1915 Altd. Sprachgut im Mittellat. 6; Erik Neuman 1924 Festschr. f. Mogk 424ff.

horchen Ztw. Mit k-Suffix werden Intensitiva zu Ztw. gebildet wie engl. talk zu tell, lurk zu lower (f. lauern), walk zu wallen; vgl. auch schmorgen und schnarchen. So stellt sich (ge-)horchen zu hören: spätahd. (Williram) hōrechen, mhd. hōrchen, mnd. mnl. horken, afrief. hērkia, mengl. herken (gleichbed. agf. hȳrcnian, mengl. herknen). Das urspr. md. Wort bringt im 16. Jh. bis Schwaben vor und drängt das früher gemeinhd. losen zurück: Kluge 1918 Von Luther bis Lessing 35. 90. 100. 108. 115; v. Bahder 1925 Wortwahl 20. 41. 142.

Horde[1] F. Zu tatar. urmak 'schlagen' gehört urdu 'Lager' (eig. 'Aufgeschlagenes'). Von da stammt türk. ordu 'Heerlager, Heer', das in seiner zweiten Bed. auch den Troß mitumfaßt. Durch die Türken gelangt das Wort über den Balkan (bulg. serb. ordija 'Heer', rum. o(a)rda 'Heer, Lager') in die Sprachen Europas und bezeichnet zuerst umherziehende Tatarenstämme, vor allem die Goldene Horde. So im Bereich des Dt. Ordens 1429 Monum. medii aevi hist. res gestas Polon. illustr. 6 (1882) 866 horda, das zu poln. (h)orda stimmt. Mich. Herr 1534 Neue Welt 157 „Horda auf tartarisch eine Versammlung der Menge". Doch schon Thurneyßer 1583 Onom. 156 verzeichnet horda als 'Legion oder Rott Kriegsleut'. Horde seit Olearius 1647 Orient. Reisebeschr. 243: Zf. f. d. Wortf. 15, 186.

Horde[2] F. 'Flechtwerk': die md. nd. Form von Hürde, f. d.

hören Ztw. Ahd. hōran, hōrren, asächf. hōrian, afrief. hēra, hōra, agf. hȳran, hēran, engl. hear, anord. heyra, got. hausjan führen auf germ. *hauzjan zu Wz. *hauz, vorgerm. *kous, wozu auch gr. ἀκούω für ἀκούσιω. Wahrscheinlich mit οὖς 'Ohr' verwandt (f. Ohr). Den Anlaut gr. ακ-, germ. h- führt Kretschmer, Zf. f. vgl. Spr. 33, 565 auf das idg. Adj. *ak- 'scharf' (in gr. ἀκρος, lat. acer) zurück, f. Ecke. Idg. *ak-ous- wäre dann 'ein scharfes Ohr auf etw. habend'. Dazu (ge-)horchen, Gehorsam. Ein weiterer Stamm für 'hören' ist vorgerm. *klu, germ. *hlu, f. laut, losen.

hörig Adj. bezeichnet als Wort der Rechtssprache den im Verhältnis der Abhängigkeit Stehenden. Mhd. hœrec (zu hœren in seiner Bed. 'gehorchen') war 'hörend auf, folgsam; leibeigen', ahd. gahōrig 'gehorsam'. Hörig als junges Modewort (mit Zuf.-Setzungen wie

wirtschaftshörig usw.) kennzeichnet W. Linden 1943 Dt. Wortgesch. 2, 412.

Horizont M. Gr. ὁρίζων, Part. Präs. zu ὁρίζειν 'begrenzen' ergibt über lat. horizon, -ontis den gelehrten Namen für 'Gesichtskreis' (f. o.), zuerst als orizon (1477 in einer Münchner dt. Handschr.: Abhandl. zur Gesch. d. Math. 9, 58; A. Dürer 1525 Unterweisung d. Messung J 5b), noch lange lat. flektiert. Erasm. Alberus 1540 Dict. O 3a übersetzt Aug-end, Zesen schlägt Gesichts-, Kreisendiger, Gesichtsgrenze vor (Zf. f. d. Wortf. 14, 75), Stieler (1691) 946 Endkreis. Seemännisch sind Kimm und Kimmung: Kluge 1911 Seemannsspr. 447. — horizontal Adj. 'waagerecht' nach dem im 16. Jh. gebildeten lat. horizontālis seit 1665: H. Schulz 1913 Fremdwb. 1, 271.

Horn N. gemeingerm.: ahd. afrief. agf. anord. horn, urnord. horna, got. haúrn. Urverw. lat. cornu, kelt. carnon (κάρνον τὴν σάλπιγγα Γαλάται Hesych), kymr. korn. carn 'Huf der Einhufer' (dagegen mir. korn. bret. corn 'Trinkhorn' und kymr. corn 'Horn' entlehnt aus lat. cornu). Dazu mit anderm Suffix gr. κέρας, aind. śr̥n̄-ga 'Horn'. Weiteres über die Wz. *ker- f. u. Hirn und Hirsch. Hörnchen N. als Name eines halbmondförmigen Gebäcks ist mit wechselnder Endung (schwäb. fränk. hörnle, bair. hörndl, schlef. herndla) in ganz Deutschland bekannt. Das österr.-schweiz. Ersatzwort f. u. Kipfel. Kretschmer 1918 Wortgeogr. 238. Horn 'Landvorsprung, -zunge' gilt vor allem an den Seen des alem. Gebiets.

Hornhaut F. gebucht seit Adelung. Der Name der Tunica cornea des Auges beruht auf dem (χιτών) κερατοειδής der alexandrin. Ärzte: Steudel 9. 19.

hornigeln Ztw., noch nicht mhd. In doppelter Bed.: alem. schwäb. 'stark hageln, schneien und regnen'; allg. obd. 'vor Kälte prickeln', von Ohrläppchen, Fingern und Zehen. Beide zum Monatsnamen Hornung, f. b. und Walther v. d. Vogelw. 28, 32 nū enfürhte ich niht den hornunc an die zēhen; Meier Helmbrecht 1198 und wær ez hornunges weter, er lāt niht an ir lïbe ... einen vadem.

Hornisse F. frühnhd. hornauß, hurnauß, horliz, mhd. horniz, -âz, ahd. hornaz, hurnûz M., agf. *hornot, hyrnet. Ein verwandtes germ. Wort steckt in gleichbed. frz. frelon, mlat. furslones, fruslones Ahd. Gl. 1, 334; gleichbed. nl. horzel weist auf germ. *hurslo- und deutet auf eine Grundform *hurzn-, *hursn-ut für ahd. hurnuz. Das Mask.-Suffix mit urspr. verkleinerndem Sinn kehrt wieder in Binse, Elbs, Hirsch und scheint

eins mit ahd. -izo in Männernamen. Auch
entspr. lat. crābro (für *cräsrō), aslav. srŭšeni,
lit. širšuonas weisen auf idg. *kers-, *k̑r̥s
'Kopf, Horn' (s. Hirn). In nhd. Horniſſe hat
die schwere Mittelſilbe den Haupton auf ſich
gezogen (wie in Forelle, Holunder, lebendig, Schlaraffe). Zum Genuswechſel H. Paul
1917 Dt. Gramm. 2, 103 f. Jüngere Namen der
Horniſſe ſind aſächſ. horno-bëro 'Hornträger', nl.
hoornaar, hoorntje und weſtfäl. pagenstieker
eig. 'Roßſtecher' (zu mnd. page 'Pferd').
— Kluge, Beitr. 8, 521; Stammbild.³ § 60;
Zſ. f. d. Wortf. 9, 289. 14, 176.

Hornung M. 'Februar' ahd. mhd. hornunc
(g). Der einzige Monatsname aus Kaiſer
Karls Liſte, der ſich erhalten hat, war ſchon
zu deſſen Zeit alt. Doch ſpiegelt auch er ſchon
die Verkürzung des Monats, alſo röm. Einfluß.
Die lautliche Entſprechung anord. hornungr,
agſ. hornungsunu, afrieſ. horning, mlat.
ornungus bedeutet 'Baſtard' und beruht auf horn
'Winkel' (eines mit Horn N.). Der dt. Monatsname beruht auf dem Vergleich des verkürzten
Februars mit ſeinen elf Brüdern. Wie im
Nhd. der Februar als „kleiner Horn", der Januar
als „großer Horn" bezeichnet wird, ſo ähnlich
auch in den ſlav. Nachbarſprachen, in denen
Januar und Februar durch die Zuſätze groß
und klein unterſchieden werden: E. Hofmann,
Zſ. f. vgl. Sprachf. 59, 135 ff.; W. Preusler,
Idg. Forſch. 54, 181 f.; M. Vasmer, Zſ. f. ſlav.
Phil. 19, 449.

horrido Jagdruf, urſprünglich Hetzruf des
Rüdemanns an die Meute oder den Leithund,
das bei der Hetzjagd hochgemachte Wild zu ver-
folgen: ho rüd ho, kurz, anfeuernd, anhetzend.
Bei wehrhaftem Wild wird die Hetzwut ge-
ſteigert durch den Zuruf hu ſu ſu, in dem Sau
enthalten iſt und der huſſa(ſa) ergeben hat.
Beide vereinigt im erſten dichteriſchen Zeugnis
bei G. A. Bürger 1785 Der wilde Jäger Str. 3
„Riſchraſch quer über'n Kreuzweg ging's Mit
Horridoh und Huſſaſa". Dem Weidmann iſt die
Bildung durchſichtig geblieben: H. Löns 1916
Aus Forſt u. Flur 18 „ho rüd hoch! Das hat
geſchlumpt! Vier Hähne!"

Hörſaal M. ſeit Gottſched **1728** als Erſatz
für lat. auditorium: Zſ. f. d. Wortf. 12, 187.

Horſt M. Ahd. aſächſ. hurst F. 'Gebüſch',
mhd. hurst, hürste F. 'Geſträuch, Hecke,
Dickicht; dichtes Kampfgewühl', md. horst F.
'Hügelchen mit Geſträuch', mnd. hurst, horst
F. 'niederes Geſtrüpp', mnl. hurst, horst 'Nie-
derholz', nnl. horst 'Gebüſch; Raubvogelneſt',
agſ. hyrst, mengl. hurst 'Hügel, Gebüſch', engl.
hurst 'Gehölz', norw. mundartl. rust 'Gehölz'.
In Orts- und Flurnamen gilt das weſtgerm.
Wort vom mittleren Baden und vom Nieder-

rhein bis Oſtpreußen; ſchon im Mittelalter iſt
die Ausdehnung viel zu groß, als daß danach das
Stammland der Siedler beſtimmt werden
könnte: W. Mitzka 1933 Zſ. f. Ortsnamenforſch.
9, 3 ff. Als 'Erhöhung im Sumpfgebiet' gilt
Horst im Norden der Altmark, verſtreut auch
in der Magdeb. Börde und am Fläming:
M. Bathe 1932 Herkunft d. Siedler in den
Landen Jerichow 104 f. Sonſt im niederſächſ.
Gebiet tragen Waſſerburgen Namen auf -horst:
Edw. Schröder 1938 Dt. Namenkde. 159;
W. Will 1943 Dt. Wortgeſch. 3, 233. Horst
als Taufname begegnet nicht vor Klopſtock 1769
Hermanns Schlacht. Die Bed. 'Raubvogelneſt'
iſt in die nhd. Schriftſprache erſt ſpät aus oſtmd.
Weidmannsſpr. gelangt. Vollſtufig ſtehen neben
Horst aſächſ. harst M. 'Flechtwerk', mnd. harst
'Reiſig, Gebüſch', ſo daß man *qertsto-: *qr̥tsti-
anſetzt und Verwandtſchaft mit Hürde (ſ. d)
vermutet.

Hort M. Mhd. ahd. hort, aſächſ. agſ. hord,
engl. hoard, anord. hodd, got. huzd '(verborgener) Schatz' führen auf germ. *huzda-, idg.
*quz-dho-. Der Stamm bedeutet 'verbergen'
(ſ. Hoſe), die Endung gehört zu *dhē- 'ſetzen',
ſomit 'in Verborgenheit Gebrachtes'. — Das in
der Lutherbibel 23mal für Gott als Zuflucht verwendete Hort lebt ſo bis ins 17. Jh. Wie es
ſchon mnd. fehlte, wird es nhd. durch Schatz
verdrängt und erſt von Bürger 1771 aus der
Kenntnis des Nibelungenlieds neu belebt
(vgl. Halle, Heim): Alb. Maier 1909 Gloſſar
zu den Märlein des Mylius 258 ff.; v. Bahder
1925 Wortwahl 65. 89. S. Kinderhort. —
Dazu neuerdings das Ztw. horten '(Geld)
aufſpeichern'.

Hortenſie F., die gefüllte Art der Blume
Hydrangea L., oſtaſiat. Urſprungs, 1767 be-
nannt vom frz. Botaniker Commerſon nach
Hortenſe, der Gattin des Chronometermachers
Lepaute, die mit beiden an Bougainvilles
Weltreiſe teilnahm. Hortenſe (Hortensia) als
Frauenname gehört zu lat. hortus 'Garten'.

Hoſe F. Mhd. engl. hose, ahd. aſächſ. agſ.
anord. hosa, langob. osa (R. Henning 1925 Anz.
f. dt. Altert. 44, 4), got. *husa (F. Kluge 1901
Grundr. d. germ. Philol. 1² 332) bedeuten 'Bedeckung des Unterſchenkels, Strumpf, Schaft
am Schuh, Gamaſche' und führen auf germ.
*husōn- 'Hülle': mit anord. hauss 'Hirnſchale'
und norw. mundartl. hüse 'Hirnſchale von
Fiſchen' (ſ. Hauſen) zu idg. *qeus-, s-Erweiterung der idg. Wurzel *qeu- 'verbergen', wie in
Hort. Zur Sache F. Kauffmann Zſ. f. d.
Phil. 40, 385 und E. Wadstein 1938 Zſ. f. dt.
Altert. 75, 286 f. Kennzeichnend ſteht daneben agſ. hosa M. 'Fruchthülſe, Schote'.
Das germ. Wort drang ins Kelt. (korn. hos

'ocrea') und Roman. (afrz. hose, frz. houseau, ital. uosa 'Gamasche'). Nachmals verlängert sich das Kleidungsstück zu ganzen Beinlängen, H. übernimmt die Bed. von Bruch³ (s. d.) mit, doch erinnern Pluralgebrauch und die Formel ein Paar Hosen bis heute an die Grundbed. Bei Joh. Jänichen 1740 Der dt. Parnaß 32 wird H. als niedriges Wort verpönt; seit Duez 1652 Nomencl. 42 erscheint Beinkleid, bleibt aber ein Wort der Prüden und der Schneider. Nd. gilt Buxe, s. d. Vgl. Wasserhose.

hosianna Interj. hebr. hōšī'ā, 2. Imp. Sg. zu hebr. jāšā 'helfen' mit Bittpartikel nā, somit 'hilf doch', über gr. ὡσαννά, lat. hosanna in die europ. Sprachen gelangt. In Luthers Neuem Test. fünfmal in der treuer beim Hebr. bleibenden Form: Lokotsch 1927 Etym. Wb. Nr. 872.

Hospital, Hotel N. Zu lat. hospes 'Gast' gehört mlat. hospitāle 'Armen-, Krankenhaus', das entlehnt wird zu ahd. hospitālhūs, mhd. hospitāl(e), volkstümlich umgeformt zu Spital, Spittel (s. d.). Vom gleichen Ausgangspunkt ist frz. hôtel entwickelt, das in der Bed. 'großes, herrschaftliches Wohnhaus' seit 1727, als 'vornehmes Gasthaus' seit 1787 bei uns erscheint: H. Schulz 1913 Fremdwb. 1, 272.

Hottpferd N. Im 16. Jh. erscheint hotte 'voran' als Zuruf an Zugtiere; Hottepferd-lein verwendet als Kinderwort Mathesius 1562 Sarepta 147a; Hottpferd 'Karrengaul' bucht Stieler (1691) 863. In der dt. Schweiz sind hüst (nordostschw. wist) und hott 'nach links', 'nach rechts' zunächst Zurufe an Zugtiere, dann z. B. auch im polit. Leben: A. Senn 1933 Journ. of Engl. and Germ. Philol. 32, 520. 528.

Hube s. Hufe.

Hübel M. 'Hügel', mhd. hübel, hubel, ahd. hubil, westschweiz. hübel, asächs. huvel, mnd. mnl. hövel, nnl. heuvel, siebenb. höffl. Nächstverwandt sind Hobel und Hof, s. d. Idg. *qeup- ist Erweiterung der idg. Wurzel *qeu-'biegen'; außergerm. vergleichen sich apers. kaufa-, avest. kaofa- 'Berg', lit. kuprà 'Höcker', küpstas 'Hügel', lett. kupenis 'Schneehaufen' u. v. a.

hübsch Adj. Afrz. courtois 'höfisch, fein', seit etwa 1200 als kurteis ins Mhd. entlehnt, wird in der zweiten Hälfte des 12. Jh. nachgebildet in mfränk. hövesch, hüvesch, wobei ü vor altem i der Endung lautgesetzlich, ö durch Angleichung an hof entstanden ist. Die Formen dringen nach Süden und Osten; dabei tritt b für v ein; mhd. hüb(e)sch erreicht über 'höfisch' die Bed. 'schön'. Die nhd. Dehnung in Hof konnte auf das Adj. nicht übergreifen,

weil die Wörter bed.-mäßig weit auseinander entwickelt waren: Werner Schrader, Studien über das Wort höfisch in der mhd. Dichtung. Diss. Bonn 1935.

huckepack Adv. 'auf dem Rücken'. Zu hucken 'als Last tragen' und back 'Rücken' (s. Backbord) stellt sich huckebak Richey 1755 Hamb. Jd. 8. Literarisch durch Bürger 1774 Weiber v. Weinsberg Str. 10.

hudeln Ztw. 'plagen' ein seit frühnhd. Zeit in Oberdeutschland geläufiges Wort, das auf einen mhd. Plur. *hudeln 'Lumpen' zurückzugehen scheint und in Ablaut mit Hader² steht, s. d. Dazu Hudler M. 'Lumpenkerl' seit Maaler 1561 und Hudelei F. 'liederliches Tun, Aussehen'. Vgl. lobhudeln.

Huf M. mhd. ahd. huof, asächs. afries. ags. hōf, engl. hoof, nl. hoef, anord. hōfr, schwed. hof, dän. hov. Mit aind. śaphá- M. 'Huf, Klaue' und avest. safa- M. 'Pferdehuf' auf gleichbed. idg. *ḱapho- oder *ḱopho- zurückzuführen. Aslav. russ. usw. kopýto 'Huf' ist eine erst slav. Ableitung von kopati 'graben'; auch in den übrigen verwandten Sprachen ist H. durch jüngeres Wortgut ersetzt.

Hufe (nd.), **Hube** (obd.) F., mhd. huobe, ahd. huoba 'Stück Land von gewisser Größe', asächs. hōba, mnl. hoeve 'Bauernhof': mit gr. κῆπος, dor. κᾶπος, alb. kopštë 'Garten' zu idg. *qāpā-, *qāpo-, das für uns ohne weitere Beziehungen bleibt. Die hd. Form hat sich in Fam.-Namen wie Huber, Hüb(e)ner erhalten; am Vordringen von Hufe (vgl. Hafen, Hafer, Hälfte) ist der Sachsenspiegel beteiligt: v. Bahder 1925 Wortwahl 54. Zur Sache v. Schwerin 1915 Reallex. d. germ. Alt. 2, 565. Selbständig nennt England die Hufe Landes agf. hīd, engl. hide.

hufen Ztw. 'zurückgehen'. Der Ruf 'zurück' an Zugtiere lautet alem. hüf, schwäb. ostobd. hauf, bei Frisch (Berlin 1741) wie heute noch hess. fränk. huf, bei Steinbach (Breslau 1734) huffe. Dazu (nicht zu Huf M.) das nam. in hd. Mundarten verbreitete hufen, nd. torügge huppen '(das Zugtier) rückwärts drängen', westfäl. hoppen 'zurückgehen', agf. onhūpian 'sich zurückziehen', anord. hopa 'sich rückwärts bewegen'. Mit Hüfte zur idg. Wz. *qeu-b-'sich biegen' (s. Hobel, Hübel).

Huflattich s. Lattich.

Hüfte F. Ahd. huf, Plur. huffi, agf. hype, got. hups, Plur. hupeis M. weisen auf germ. *hupi- aus vorgerm. *kubi- zum idg. Verbalstamm *qeu-b- biegen' (s. hufen) wie gr. κύβος 'Höhlung vor der Hüfte von Tieren', lat. cubitum 'Ellenbogen', aind. kubra- 'Grube'. Ausl. t erscheint seit dem 15. Jh. (wie in Saft, -schaft, Werft); Luthers Form hüffte F.

geht vom Plur. aus, wie gern bei den paarweis vorhandenen Körperteilen (Vgl. Wade).

Hüfthorn f. Hifthorn.

Hügel M. aus dem Ostmd. in die Schriftsprache durch Luther eingeführt, dessen obd. Zeitgenossen es sich mit bühel, gipfel verdeutlichen (Kluge 1918 Von Luther bis Lessing 100. 109). Während sich vor Luther hugel nur bei dem Anhalter Trochus 1517 Promptuarium J 2ᵇ findet (v. Bahder 1925 Wortwahl 29), wird es nach ihm bald weit verbreitet: bigl Abr. a S. Clara 1691 Reimb dich 22. Hügel, thür. hêchel, mit verkl. -el bed. 'kleine Höhe' und steht in Ablaut zu dem unter hoch erklärten ahd. houg, mhd. houc 'Hügel'. Entspr. ein gleichbed. aschwed. hugli M.

Huhn f. Hahn.

Hühnerauge N. 'Leichdorn', aus mlat. (7. Jh.) oculus pullinus Zf. f. dt. Alt. 25, 315 übersetzt, kaum vor dem Voc. opt. (Leipz. 1591) M 2a. Der Gedanke an 'hürnen Auge' verbietet sich auch durch gleichbed. Elster=, Krähenauge.

hui Interj., mhd. mnd. hui, lautmalend zur Bezeichnung der Schnelligkeit, dann anpeitschender Ruf und vom 15. bis 18. Jh. Adj. der Bed. 'flüchtig' (so gaunersprachlich in Leipzig 1620: F. Kluge, Rotwelsch I 137f.). Seit dem 16. Jh. Subst., besonders in der Formel im Hui.

Huld F. mhd. mnd. nl. hulde, ahd. huldî, asächs. huldi, afries. helde, agf. hyldu, anord. hylla (aus *hylpa): gemeingerm. F.-Abstr. zu hold (wie Fülle zu voll, Güte zu gut). Seit dem 15. Jh. ist die alte zweisilbige Form nach Vorbildern wie Geduld und Schuld gekürzt; vor ld ist Umlaut unterblieben wie in Gulden usw. Von den beiden alten Bedeutungen 'Dienstbarkeit, Ergebenheit, Treue' des Lehnsmanns seinem Herrn gegenüber und 'Geneigtheit, Wohlwollen' des Herrn gegen den Untergebenen ist nur die zweite geblieben. Übertragungen namentlich auf das relig. Gebiet haben sich (wie bei Gnade und Gunst) früh eingestellt. — Zeitwörtl. Ableitung zu Huld ist mhd. hulden (anord. hylla 'wohlgesinnt machen', schwed. hylla, dän. hylde 'Achtung bezeugen'). Dafür seit spätmhd. Zeit huldigen (wie begnadigen für begnaden), das auf das Sichbeugen und Unterwerfen des Untergebenen beschränkt ist, also eine Entwicklung genommen hat, die der von Huld entgegengesetzt ist.

Hülfe f. Hilfe.

Hulk, Holk M. N. Gr. ὁλκάς F. 'Schleppkahn' (zu ἕλκειν 'ziehen') liefert über mlat. holcas, später bulca ein abendländ. Wort für 'Lastschiff': afrz. hulque, agf. (um 1000) hule, ahd. (um 1100) holko, mnd. hol(li)k, hulk. In neuerer Seemannssprache leben nl.

engl. hulk, dän. schwed. holk als 'abgetakeltes Schiff, das unseemännischen Zwecken dient'. An diesem Sprachgebrauch nimmt das Nd. erkennbar seit 1801, das Hd. seit Ende des 19. Jh. teil: Kluge 1911 Seemannsspr. 383 f.

Hülle F. ahd. hulla, mhd. hülle F.: mit dem Ztw. agf. hylman, anord. hylma 'verbergen' zur germ. Wz. *hël 'verbergen' (f. hehlen). Die Formel Hülle und Fülle, die urspr. 'Kleidung und Nahrung' bed. und dem lat. victus et amictus entspricht, wird über 'notwendiger Lebensunterhalt' zum Inbegriff des Überflusses, wobei sich die gewöhnliche Bed. von Fülle durchsetzt.

Hülse F. mhd. hülse, ahd. hulsa für *hulisa, nl. huls: zur germ. Wz. *hël-, *hul- (f. hehlen, Hülle) mit der gleichen Endung gebildet wie got. jukuzi 'Joch', aqizi 'Axt'; vgl. Bremse, Lünse, Pritsche und Kluge 1926 Stammbild. § 85. Ohne s-Ableitung zum gleichen Stamm agf. hulu F. 'Schote'.

Hulst M. 'Stechpalme, Ilex aquifolium L.', mhd. mnl. huls, mnd. hüls, ahd. asächs. hul(i)s, nnl. hulst. Im Mhd. und Nnl. ist -t angetreten wie in Axt usw. Namen wie Hülshoff, =mann, Hülsenbühl, busch, =eck bewahren die alte Form. Auf afränk. *huls beruht frz. houx 'Stechpalme' mit (verge) houssine 'Gerte' und houssiner 'schlagen': mit Stechpalmenstöcken wurden die gerichtlichen Prügel verabreicht. Die andern germ. Sprachen bieten agf. hole(g)n, engl. holly, holm-oak, mengl. hulver, anord. hulfr, jüt. hylvertorn 'Stechpalme'. Außergerm. vergleichen sich gleichbed. mir. cuilenn, kymr. celyn, akorn. kelin, bret. kelen. Ilex heißt nach den stechenden Blättern: zur idg. Wurzel *qel- 'stechen' sind ahd. hulis usw. mit demselben s-Formans gebildet wie aslav. klasŭ, russ. kólos 'Ähre' (urspr. 'die Stechende') zum aslav. Ztw. koljǫ, klati 'stechen': Beitr. 27, 366; Zf. f. dt. Wortf. 2, 211f. 3, 381; U. Hubschmied, Vox Rom. 3, 69.

Humanismus M. Zu lat. humanitas 'höhere Bildung, gelehrte Kenntnisse' ist ital. umanista um 1500 gebildet. In deutschem Text begegnet Humanist 'Kenner und Liebhaber des klass. Altertums' kaum vor 1728, humanistisch seit 1784. Humanismus in entspr. Sinn führt Gg. Voigt 1859 ein, während es um 1800 eine pädagog. Richtung bezeichnet hatte: H. Schulz 1913 Fremdwb. 1, 273 f.

Humbug M. 'Aufschneiderei' ein um 1750 in England und Nordamerika aufkommendes unerklärtes Slangwort, das zuerst 1835 in Deutschland erscheint: A. v. Droste, Briefe 66 „Humbug, wie der Engländer sagt".

Hummel F. Mhd. humbel, hummel M., ahd. humbal M. (zum Genuswandel H. Paul

1917 Dt. Gramm. 2, 102), mnd. homel(t)e, hummel(be), mnl. hom(m)el, nnl. hommel(bij), mengl. humbil, humbal-bee, engl. humble-bee, dän. humle(bi), norw. schweb. humla. Das Insekt heißt nach seinem Summton (H. Güntert 1927 Idg. Forsch. 45, 346): hummeln schw. Ztw., mhd. hummen, nnl. hommelen, mengl. hummen, engl. hum 'summen' (Zs. f. dt. Wortf. 12, 32) zur gleichbed. lautmalenden Wurzel idg. *qem-. Von den außergerm. Verwandten steht am nächsten aslav. *čmelĭ (idg. *qemelĭ) in russ. mundartl. čmelĭ, poln. czmiel, tschech. čmel 'Hummel'. Entfernter verwandt sind apreuß. camus 'Hummel', lit. kamānė 'Erdbiene', kaminė 'Feldbiene', lett. kamines Mz. 'Erdbienen, Hummeln'. Das b des germ. Worts ist zu alt, als daß es als ein zwischen m und l entwickelter Gleitlaut erklärt werden könnte; vielmehr ist altes *hum(m)la- umgebildet nach ahd. humbal 'Drohne' (zur idg. Wurzel *qamp- 'biegen').

Hummer M. Astacus marinus L., in hd. Text seit S. Münster 1550 Kosmogr. 6, 39. Entlehnt aus nd. hummer, das mit schweb. dän. hummer (daraus nnl. hommer, frz. homard) auf anord. humarr beruht — die norw. Küste bot die besten Fanggründe. Das anord. Wort ist urverwandt mit gr. κάμμαρος (woraus entlehnt lat. cammarus) 'Seekrebs' und aind. kamaṭha- 'Schildkröte'. Ursprünglich 'überwölbtes Tier', zur idg. Wurzel *qem- in seiner Bedeutung '(über)wölben' (s. Hemd, Himmel, Kamin, Kammer, Leichnam): P. Kretschmer 1933 Glotta 22, 103f. — Engl. lobster 'Hummer' beruht auf ags. loppestre F., dies auf lat. lopostra, einer Nebenform von locusta 'Seekrebs'. Die Schwierigkeiten dieser Wortgeschichte sind noch nicht behoben.

Humor M. Lat. hūmor 'Feuchtigkeit' wird von der mittelalterl. Medizin auf die Körpersäfte angewendet, die nach ihr die innere Art des Menschen bestimmen. Engl. humour, entlehnt über afrz. humour, entwickelt sich über 'Stimmung, Laune' zur Bezeichnung einer literarischen Darstellungsart als höchster Form des Komischen und gelangt seit Hagedorn 1730 zu uns. Mit humoristisch bildet Wieland 1773 frz. humoristique nach: Zs. f. d. Wortf. 8, 74; H. Schulz 1913 Fremdwb. 1, 274f.

humpeln Ztw. 'hinken' bringt im 18. Jh. mit norddeutschen Schriftstellern wie Hermes ins Nhd. Älter sind nd. humpeln, dän. humple, nnl. hompelen: offenbar lautsymbolische Bildungen, für die Beziehung zum idg. Stamm *qum-b- (in norw. mundartl. hump 'Weiche der Tiere') oder *(s)kamb- 'krumm gehen' (in gr. σκαμβός 'krummbeinig') nicht gesichert ist: F. Sommer 1933 Idg. Forsch. 51, 245. 248 ff.

Humpen M., früher auch **Humpe** F., den älteren Sprachstufen fremd, wird seit 1587 in ostmd. Schriften geläufig, zuerst F. Mhot, Jesus Sirach 2, 46b, dazu Bierhumpen seit Habichthorst 1678 Bedenkschrift 20. Urspr. wohl ein Wort der Leipziger Studenten, von der Bed. 'Klumpen, Stück Holz' auf den klobigen Bierkrug übertragen. Insofern eins mit nd. humpe, nl. homp 'Stück Brot', mnd. hump 'Höcker', norw. hump 'Bergknollen'. Außergerm. vergleichen sich mir. comm 'Gefäß', cummal 'Becher, Schale', gr. κύμβος 'Gefäß', κύμβη 'Becken, Schale, Kahn', avest. xumba- M. 'Topf', aind. kumbha- M. 'Topf, Krug': idg. *qumb(h)-.

Hund M. Der Name unseres ältesten Haustiers ist gemeingerm. Ahd. hunt, asächs. anl. afries. ags. hund, anord. hundr, got. hunds vereinen sich auf germ. *hunda-. Auch die Bed. ist einheitlich; erst nengl. ist hound auf 'Hetz-, Jagdhund' eingeschränkt und im übrigen durch dog ersetzt. Die idg. Verwandten (aind. śvā, armen. šun, gr. κύων, lat. canis, akorn. bret. ki, kymr. ci, air. cū, lit. šuõ) weisen auf ein nicht weiter deutbares idg. *kuon-, von der germ. Urform durch den Mangel des Dentals geschieden, der nicht aufgeklärt ist.

hundert Zahlw. mhd. hundert N., im 12. Jh. entlehnt aus älterem asächs. hunderod. Das gleichbed. spätags. hundred entspricht dem anord. hundrað N., aus dem northumbr. hundrað entlehnt ist. Got. *hunda-raþ (Gen. -dis) 'Hundertzahl' zeigt als Grundwort den Stamm von got. raþjan 'zählen' (s. gerade¹); das Bestimmungswort bedeutet allein schon 'centum': got. twa, þrija hunda, ahd. zwei, driu hunt. Germ. *hunda- aus idg. *ḱm̥tó- entspricht lat. centum, gr. ἑκατόν, aind. śatám, avest. satəm, lit. šimtas, toch. känt; aslav. sŭto (russ. sto) stammt wahrsch. aus iran. sata. Die idg. Grundzahl ist verwandt mit dem Grundwort von vīgintī, trī-, quadrāgintā, gr. τρια-, τεσσαράκοντα, einem idg. *ḱmt-'Zehner': *ḱm̥tó-'hundert' ist urspr. 'Zehnheit (von Zehnern)'. Uralter Zus.-Hang mit idg. *déḱmt 'zehn' ist möglich, wenn *ḱm̥tó- für *d(e)ḱm̥tó- steht. Vgl. Großhundert, tausend, zehn.

Hündin F. spätahd. hundinna, geläufig erst seit dem 15. Jh. Vorher galten (wie noch in den Ma.) Wurzelbildungen wie ahd. zōha (s. Töle). Frühnhd. begegnet Bräkin (zu Bracke), mundartl. Lusche, Zaupe, thür.-obersächs. betze, nd. tiffe, westfäl. nnl. fries. klitse, münsterländ. tiewe.

Hundsfott M. Zur Kennzeichnung des Feigen steht Sachs 1555 Fastnachtsp. 70, 200 „Er dut sich gar hundzfüetisch steln"; dabei ist die Schelte von dem Verächtlichsten, dem **cunnus canis**

genommen. Erst bei Fischart 1575 Garg. 38 folgt der „Weibische Hundsfutt Paris von Troia" als Rückbildung aus dem Adj., gemäß der Schamlosigkeit der (läufigen) Hündin nun auf den Schamlosen bezogen. Auch anord. fuðhundr ist Schelte; lat. cunnus steht bei Horaz u. a. als pars pro toto für 'Dirne'. Zs. f. d. Wortf. 1, 43. 3, 98. 10, 131 f.

Hundstage Plur. Die von dem Sternbild canicula, dem Hund des Orion, beherrschten Wochen vom 24. Juli bis 23. August heißen in nachklass. Latein dies caniculares. Dafür frz. jours caniculaires, engl. dog-days, dän. hundedage, mnl. hontdaghe, mnd. hundesdage, spätmhd. huntlich tage, hundetac um 1350, nd. hundedage 1378, hd. hundstag zuerst in einem Kalender von 1428: Anz. f. Kde. d. dt. Vorz. 11, 334; H. Suolahti 1932 Nd. Studien für C. Borchling 191 ff.

Hüne M. frühnhd. nd. heune, mhd. hiune 'Riese' (diese Bed. seit dem 13. Jh.). Dasselbe wie mhd. Hiune, ahd. asächs. Hūni, Hūn 'Hunne' (mlat. Hunus, Hunnus, gr. Οὖννοι). Der Stamm Hūn- in germ. Männernamen wie ahd. Hūnpreht, Hūnbolt, ags. Hūnbold, -gar, anord. Hūngerðr, Hūnþjófr ist nicht eins damit, sondern bed. 'Tierjunges', bes. 'junger Bär', vgl. anord. hūnn 'Bärenjunges', norw. mundartl. hūn 'junger Bursche'.

Hunger M. mhd. anl. anfries. engl. hunger, ahd. asächs. hungar, ags. hungor, anord. hungr; dazu mit gramm. Wechsel got. hūhrus (aus *hunhru-z, aber got. huggrjan 'hungern' wie ags. hyngran, asächs. gi-hungrean, ahd. hungiren neben anord. hungra, afries. hungeria, ahd. hungerōn): gemeingerm. *hunhru-: *hungrú-. Tiefstufig neben anord. hā 'quälen' aus germ. *hanhōn. Urverwandt mit lit. kankà 'Qual', keñkti 'weh tun'; gr. κέγκειν 'hungern', -καγκής 'brennend', κακιθής 'schlecht ernährt', κάγκανος 'trocken'; aind. kákatē (aus *knketai) 'dürstet' und kaŋkāla M. N. 'Gerippe'. Sämtlich zur idg. Wz. *kenk-: *knk- 'brennen, dörren; weh tun': Wh. Schulze, Kl. Schriften (1933) 329.

Hungertuch N. 1472 stiftet der Zittauer Gewürzkrämer Jakob Gürtler zum Andenken an die jüngst verflossene Hungersnot der Johanniskirche das erste Hungertuch. Dessen Name geht auf die seit dem 13. Jh. nachweisbaren Fastentücher (vela) über, mit denen landschaftlich bis heute in der Fastenzeit die Altäre überdeckt werden. Dazu die frühnhd. Formeln am hungertuch flicken, nähen, nagen 'kärglich leben'.

Hünkel, Hinkel N. Mit gehäuftem Demin.-Suffix -inkilīna ist zu Huhn ahd. huoni(n)-klī(n) gebildet, das in Teilen Westdeutschlands fortgelebt und dort in den Mundarten Verbrei-

tung gefunden hat, während es im Nhd. durch Luthers Küchlein (s. d.) verdrängt ist: Suolahti 1909 Vogelnamen 234; v. Bahder 1925 Wortwahl 33 f.

hunzen Ztw. nhd. zu Hund gebildet wie duzen, erzen, siezen zu du, Er, Sie, somit ursprüngl. 'Hund nennen', dann 'jem. wie einen Hund behandeln'. So gehört schwäb. (ver)hundaasen 'mißhandeln' zum Scheltwort Hundaas. Dän. hundse stammt aus dem Nhd. Vgl. verhunzen.

Hupe F. Zuerst bezeugt Klein, Prov.-Wb. (1792) für die Rheinpfalz Hub(en) 'die von saftigen Zweigen ganz abgezogene Rinde, worin Löcher wie in eine Pfeife geschnitten werden und worauf die Bauernjungen blasen'. Nach Crecelius 1897 Oberhess. Wb. 470 ist Huppe eine 'kleine schlechte Pfeife aus Weidenrinde, die einen trompetenähnlichen Ton gibt'. Das offenbar lautmalende Mundartwort übernimmt die Weidmannssprache als 'Bastpfeifchen', von da wird es 'Signalpfeife, -horn' für Feuerwehr, Straßenbahn und Kraftfahrzeuge, zuerst in der Form Huppe, neuerdings vorwiegend Hupe: Th. Matthias 1928 Mutterspr. 43, 8.

hüpfen schw. Ztw., mhd. hüpfen, obd. hupfen, nd. hüppen, mnd. mnl. huppen, mengl. hüppen, engl. hip. Gleichbed. hopfen, mhd. hopfen, nd. hoppen, ags. hoppian, engl. hop, anord. schwed. hoppa, dän. hoppe. Auf germ. -atjan gebildet ist hopsen, mhd. *hopfzen, ags. hoppettan 'hüpfen, springen'. Der nächste außergerm. Verwandte ist gr. κυβιστάω 'purzle'. S. hoffen.

Hürde F. 'Flechtwerk und der davon umschlossene Raum', mhd. hurt, Pl. hürte, und (mit gramm. Wechsel) hürde, md. horde F., ahd. hurd, Pl. hurdi, ags. hyrdel. Ags. hyrd, mengl. hirde, anord. hurð, got. haúrds bed. 'Tür', wie gelegentl. auch das mhd. Wort: diese Bed. ist aus 'Flechtwerk' entwickelt. Sämtlich zur idg. Wurzel *qert-, *qerət- 'flechten' in lat. crātis 'Flechtwerk', gr. κάρταλος 'Korb', κύρτος, κύρτη 'Binsengeflecht', κυρτία 'Flechtwerk', mir. ceirtle 'Knäuel', apreuß. corto 'Gehege', mind. kaṭa- (aus *kṛta-) 'Matte'.

Hure F. mhd. huore, ahd. huora, mnd. hōre, mnl. hoere, nnl. hoer, ags. hōre, engl. whore (mit wh nach dem Vorbild des Rel.-Pron. ags. hwā, mengl. (w)ho, engl. who), anord. hōra. Got. gilt hōrs M. 'Ehebrecher' (aber kalkjō F. 'Dirne'). Das gemeingerm. F. (zu dem sich ein ablautendes germ. *harjō in mnd. herje, herge 'Dirne' erhalten hat) stellt sich zu ahd. huor, asächs. afries. ags. anord. hōr N. 'Ehebruch', im Ahd. auch Glossenwort für 'libido' und 'amor'. Die nächsten außergerm. Verwandten sind lat. cārus 'begehrt', lett. kārs 'lüstern', air. carae 'Freund', caraim 'liebe', kymr. korn. bret. car 'Freund', kymr. caraf 'liebe': -ro-Bildungen zur idg. Wurzel *qā- 'begehren' in aind. káyamāna- 'gern habend', avest. kā- 'nach etwas verlangen' u. v. a.: E. Hermann 1940 Nachr. d. Gött. Ges., phil.-hist. Kl., Fachgr. 4, N. F. 3, Nr. 3.

hurra. Der Freudenruf begegnet nicht vor Bürger 1773 Lenore Str. 20. Gleichzeitig mit Schiller 1781 Räuber 4, 5 setzen die seemännischen Zeugnisse ein (Kluge 1911 Seemannsspr. 387). Entlehnung aus dem Engl., Russ. (im Mund russ. Matrosen erst seit J. A. Christ 1783 Schauspielerleben 161) oder Türk. (Lokotsch 1927 Etym. Wb. Nr. 2167; Wick 29f.) ist nicht zu erweisen; eher ist h. eins mit mhd. hurrā, dem Imp. zu mhd. hurren 'sich schnell bewegen', mit weithinaus hallendem ā wie holla.

hurtig Adj. Adv., der Volkssprache weithin fremd. Mhd. hurt(e) M. F. 'Anprall' mit hurten 'vorprellen', hurticlich und hurt(ic)-liche(n) Adv. 'mit hurte losrennend, schnell' begegnen seit etwa 1200; in den Handschriften des Nib.-Lieds noch mehrfach entstellt, hurtec erst im 14. Jh.: mit den Turnierkämpfen entlehnt aus afrz. hurt 'Stoß. Anprall, stoßendes Losrennen', Rückbildung aus afrz. hurter 'stoßen' (frz. heurter, aprov. urtar, ital. urtare 'stoßen', engl. hurt 'verletzen'), einer Ableitung von anfr. hürt. Dies ist eins mit anord. hrūtr 'Widder' (nächstverwandt mit Hirsch, s. d.), so daß volkslat. *hūrtāre 'stoßen wie ein Widder' vorauszusetzen ist.

Husar M. Das im Mittelmeer zu 'Seeräuber' entwickelte mlat. cursarius, ital. corsare, -aro (s. Korsar) wird entlehnt zu serbokroat. kursar, gusar, husar 'Straßenräuber'. Von da stammt das gleichbed. magy. Wort, zuerst in einem Gesetz von 1432 Contra huzarones et alios nonnullos malefactores, entspr. 1449 Predones aut Huzarij hungari. Aus den Räuberbanden wurde (wie bei Heiduck, s. d.) eine verwegene Truppe gebildet. Unter Matthias (1458—90) entstand daraus die mustergültige Reiterei, die den Namen Husar in Europa berühmt gemacht hat, bei uns seit Kaiser Friedrich III. († 1493): Maximilian, Weißkunig S. 86 und 100. König Sigismund v. Ungarn erließ 1435 ein Gesetz, nach dem jeder Grundbesitzer für je 20 (magy. húsz) Leibeigne einen berittenen Soldaten zu stellen hatte: dadurch mag unser Wort nachträglich beeinflußt sein. Aber „der zwanzigste" heißt von je magy. húszadik: Ant. Horger 1924 Magy. szavak története 83.

husch Interj. Mhd. hutsch steht lautmalend für raschen Schwung in die Höhe. Dazu tritt im 15. Jh. bair.-österr. husch als Ausdruck des Kältegefühls, seit J. Fischart 1575 Garg. 129 hoscha für den Laut des Fortscheuchens. Das von der Interj. abgeleitete Ztw. huschen beginnt bei Sachs 1551 Fastn. 38, 93 als hoschen 'gleiten'; nach Lessing hat es G. A. Bürger gern gebraucht. Außerhalb des Dt. vergleichen sich mengl. husht, engl. hush 'still', lat. heus als alter Fuhrmannsruf 'he, heda, holla, aufgepaßt'.

huschelig Adj. 'ungeordnet', literar. seit Zinzendorf 1758 Kinderreden 213 „wenn man nicht reinlich, nicht ordentlich, sondern manchmal so h. ist". Gebucht seit Vilmar 1848 Kurhess. Jb. 180 huschelig, hoselig 'unordentlich, vorzüglich nur vom weiblichen Geschlecht gebraucht' neben Huschel F. 'unordentliche Frauensperson' und huscheln Ztw. 'eilfertig, ungenau arbeiten'. Ob zu hudeln?

hussa(sa) s. horrido.

Husten M. Mhd. huoste, ahd. huosto mit Ausfall von w aus älterem hwuosto, *hwōsto (dagegen mit erhaltenem w und davor verstummtem h alem. wuešta), mnd. hōste, mnl. hoest(e), ags. hwōsta (engl. mundartl. whoost), anord. hōsti M. führen auf germ. *hwōs-, idg. *qṷās- 'husten'. Unserm schw. Ztw. husten steht das st. Ztw. ags. *hwōsan gegenüber (belegt in der 3. Sg. hwēst und im Prät. hwēos), engl. mundartl. hooze 'keuchen'. Außergerm. vergleichen sich u. a. mir. casachtach, kymr. pās (aus *qṷosto-), russ. kašel', lit. kosulŷs, aind. kāsa- 'Husten'. M. Heyne 1903 Hausaltert. 3, 117.

Hut M. ahd. mhd. huot (t), asächs. afries. ags. hōd, mnl. hoet (d). Zunächst verwandt sind gleichbed. ags. hætt, engl. fries. hat, anord. ho̜ttr; germ. hattu 'Hut' ist unverändert ins Finn. entlehnt. Weiterhin besteht Verwandtschaft mit dem folgenden Wort.

Hut F. mhd. huote, ahd. huota 'Aufsicht, Fürsorge'; eine ī-Ableitung ags. *hōed in hēddern 'Vorratshaus'. Dazu das schw. Ztw. hüten, mhd. hüeten, ahd. huotan, asächs. hōdian, anl. huodan, afries. hōda, ags. hēdan. Germ. *hōd- führt auf eine idg. Wurzel *kadh- 'hüten, schützend bedecken'. Diese auch in lat. cassis (aus *kadh-tis) 'Helm'. Auch mhd. huot M. kann 'Helm' bedeuten. S. Hut M.

Hutschnur F. 'Schnur, die den Hut hält oder schmückt'. In der Redensart: das geht über die Hutschnur 'ist übertrieben, geht zu weit' nach alten Verträgen, die eine Wasserleitung zu nutzen gestatteten: vnd des selben wazzers schol in niht mer noch dicker auz den rœren gen, danne als ein hut snur. Gleißner 1934 Beitr. 58, 296 nach e. Urkunde von Eger 1356.

Hütte F. mhd. hütte, ahd. hutt(e)a. Aus dem hd. Wort, das auch als Fachausdruck des Bergbaus und der Schiffahrt wichtig ist, sind entlehnt asächs. hutt(i)a, mnd. mnl. fries. hutte, nnl. hut, dän. hytte, schwed. hytta und frz. hutte; hieraus engl. hut 'Hütte'. Germ. *huðjōn-, idg. *qudhiā- stellt sich als Dentalerweiterung zur idg. Wurzel *qeu- 'bergen', zu der mit s-Erweiterung Haus gehört, s. d. Außergerm. vergleicht sich am nächsten gr. κευθω 'verberge'.

Hüttenrauch s. Arsenik.

Hutzel F. 'gedörrtes Obst, getrocknete Birne' mhd. hutzel, hützel: zu frühnhd. verhützeln 'einschrumpfen' (Schmeller 1² 1196), nd. hotten 'gerinnen, schrumpfen', mnd. hotte F. 'geronnene Milch'.

Hyäne F. Gr. ὕαινα F., Ableitung zu ὗς 'Schwein' (wegen des borstigen Rückens), gelangt über lat. hyaena in die europ. Sprachen. Bei uns erscheint ahd. ijēna (Palander 1899 Tiernamen 46), im 15. Jh. hientier (Diefenbach 1857 Gloss. 277ᵃ), das seit Sachs 1559 Fab. 233, 11 durch hienna abgelöst wird.

Hyazinthe F. Gr. ὑάκινθος 'violette Schwertlilie' wird auf Hyacinthus orientalis übertragen, als diese 1562 aus Kleinasien eingeführt wurde. Bei uns Hiacynthenblume seit Opitz 1629 Opera 265, Hyacinthen Plur. seit 1648: H. Schulz 1913 Fremdwb. 1, 275 f.

hyperklug Adj. geht wie superklug (s. d.) von akad. Kreisen aus und erscheint als „ὑπὲρ

klug" Weise 1673 Erznarren 44. Ähnlich Hyperaufklärer Bretzner 1788 Leben e. Lüderlichen 3, 402. Vgl. Erzkönig.

Hypnose F. Zu gr. ὑπνόειν 'einschläfern' gehört hypnotisch, von Campe 1813 mit 'schlafbringend' verdeutscht. 1829 tritt Hypnosis 'Einschläferung' daneben, aus dem unter Verfeinerung des Sinnes unser Hypnose hervorgegangen ist. Diese Verfeinerung bahnt der engl. Arzt James Braid 1843 an, der die von ihm beobachteten Erscheinungen hypnotism und hypnotize nennt: H. Schulz 1913 Fremdwb. 1, 276.

Hypochondrie F. Gr. ὑποχόνδρια bezeichnet den Leib unterhalb des Brustknorpels (zu ὑπό 'unter' und χόνδρος M. 'Brustknorpel'), aus dessen Erkrankung die alte Medizin die Schwermut erklärt. Demgemäß erscheinen bei uns, z. T. nach lat., frz. und engl. Vorbildern, hypochondrisch 1681, Hypochonder 1759 (Lessing 1, 165 Lachmann), Hypochondrie 1773: H. Schulz 1913 Fremdwb. 1, 276 f.

Hypothek F. Gr. ὑποθήκη F. 'Unterpfand' gelangt über lat. hypotheca zu uns und erscheint zuerst 1580 als 'Pfandverschreibung auf unbewegliche Güter': H. Schulz 1913 Fremdwb. 1, 277.

hysterisch Adj. Zu gr. ὑστέρα F. 'Gebärmutter' gehört ὑστερικός Adj. 'an der G. leidend'. Mlat. hysterica passio wird zum Namen von Nervenkrankheiten und vermittelt um 1780 unser Hysterie; hysterische Krankheiten Haude-Spenersche Ztg. 1767, Nr. 124.

J

iah. Die Stimme des Esels gibt Luther mit chika wieder, das 16./17. Jh. mit (h)ika, ika. Bei Maaler 1561 gigagen, Stieler 1691 gigag schreyen, Rädlein 1711 ygaen, igagen, Kirsch 1739 gigachen. Das Ztw. lautet bei Goethe I 2, 162 Weim. yahen, bei J. Paul 1793 Grönl. Proz. 115 yanen. Hauschild 1910 Zf. f. d. Wortf. 12, 1 ff.

Ibis M. 'Nilreiher'. Der Schlangen vertilgende Vogel des Thoth, altägypt. hbj, gr. ἴβις, lat. ibis, heißt lautgerecht mhd. eib (Lexer 1, 516), frühnhd. infolge gelehrter Erneuerung ibis: Gesner 1589 Schlangenb. 7ᵃ.

ich Pron. Mhd. ich, ahd. ih(ha), asächs. nd. nnl. afries. got. ik, krimgot. ich, anfr. mnl. ic, agf. ic, ih, engl. I, urnord. ek(a), anord. ek, norw. eg, dän. jeg, schwed. jag führen auf germ. *ékaⁿ. Daneben westgerm. *ik in rheinfr. aich, agf. īc; anord. auch ēk mit Dehnung nach dem Vorbild von *tū. Außergerm. entsprechen lat. ego, volkslat. roman. eo, frz. je, gr. ἐγώ(ν), lit.

āš, älter eš, apreuß. armen. es, aslav. (j)azŭ, russ. poln. ja, avest. azəm, aperf. adam, hettit. ūk aus idg. *eĝom, aind. ahám aus idg. *eĝhom 'ich'. Zu diesem uralten Nom. werden Gen. usw. seit alters aus dem idg. Stamm *me- bestritten, der auch in mein, mich, mir fortlebt.

Idee F. Gr. ἰδέα (aus *ϝιδέσᾱ) 'äußere Erscheinung, Gestalt, Anblick (urverwandt mit gewiß, weise, wissen) gelangt als Kernbegriff von Platos Lehre in die Sprachen Europas und ist dt. Philosophen des 17./18. Jh. aus lat. idea geläufig. Unter Einfluß des frz. idée (so seit dem 12. Jh.) spricht Leibniz 1670 von Ideen als 'Vorstellungen'. Seit Herder 1767 rückt die Bedeutung 'Gedanke' in den Vordergrund, die im heutigen Alltagsdeutsch (in dem das Fremdwort entbehrlich wäre) herrscht, durch die Hegelsche Schule in die weitesten Kreise getragen. Das spätlat. Adj. ideālis 'vorbildlich', seit Wilhelm v. Ockham († 1347) 'geistig seiend, gedankenhaft', erscheint bei uns im

17. Jh. in Zuf.-Setzungen wie Idealform 'forma idealis', während den adj. Bedarf von Winckelmann 1755 bis Börne 1828 idealisch deckt. Das daraus gekürzte Adj. ideal begegnet nicht vor E. Th. A. Hoffmann 1814. Das N. Ideal 'Vollkommenheitsbegriff' ist nach Wieland 1775 T. Merkur 4, 62 "seit einigen Jahren so sehr Mode worden". Idealismus 'erkenntnistheoretische Lehre, nach der die Außenwelt nur im Bewußtsein besteht' (so bei M. Mendelssohn), wird durch Fichte ins Gebiet der Sittenlehre, durch Schiller zudem in das der Ästhetik gezogen und bedeutet nun 'Anerkennung der unbedingten Gültigkeit sittlicher und ästhetischer Grundvorstellungen'. Idealist, vorgebildet im spätlat. idealista, seit Chr. Wolf 1745 Philos. Unterf. 310: H. Schulz 1913 Fremdwb. 1, 277 ff.

Idiot M. Zu gr. ἴδιος Adj. 'eigen' gehört ἰδιώτης M. 'Privatmann, Laie (in Staatsgeschäften)'. In dieser Bed. im 16. Jh. entlehnt, wird Idiot bis ins 19. Jh. ohne Vorwurf gebraucht. Die Bed. 'Blödsinniger' entwickelt sich in England und tritt bei uns seit 1838 auf: H. Schulz 1913 Fremdwb. 1, 280 f.

Idyll N. Als Demin. von gr. εἶδος 'Bild' gelangt εἰδύλλιον schon im Griech. zu der Bed. 'zierliches Gedicht meist ländlichen Hintergrunds'. Über lat. idyllium 'Hirtengedicht' im 18. Jh. eingebürgert, durch Geßners Idyllen (Zürich 1756) berühmt.

-ieren. Die Ztw.-Endung aus frz. -ier + dt. -en ist dem Ahd. und Frühmhd. noch fremd. Seit 1150 bringt sie mit der Ritterdichtung aus Frankreich ein, z. B. entspricht mhd. turnieren dem afrz. tourn(o)ier. Von den rund 160 damaligen Bildungen sind die meisten mit dem Rittertum verklungen; im Bürgerkreis behaupten sich galoppieren, parieren, probieren, spazieren, stolzieren, studieren. Im Übergang zur Neuzeit schwillt die Flut neu an: die häßliche Endung dient der Massenaufnahme lat. und roman. Zeitwörter, bildet aber auch Wörter, die sich an kein Ztw. anschließen (phantasieren, spionieren), ja sie wird dt. Stämmen angeklebt (amtieren, drangsalieren, gastieren, halbieren, hausieren, schattieren). Das Allg. dt. Reimlex. von Peregrinus Syntax (1826) zählt 2300 Ztw. auf -ieren. Die meisten sind heute tot, aber es fehlt nicht an Nachwuchs wie lautieren (nach buchstabieren). J. Grimm rät: "Gute Rede weicht ihnen soviel wie möglich aus". Es heißt gründen, lacken, matten, proben, abschatten (nicht: grundieren, lackieren, mattieren, probieren, schattieren): H. Brömse 1943 Muttersp. 58, 13 ff.

Igel M. Mhd. agf. igel, ahd. asächs. igil, mnd. nnl. älter dän. egel, mnl. eghel, mengl. il. Daneben mit Länge frühnhd. Eigel, ahd. igil, agf. igel, anord. igull, aschweb. ighul, -il. Außergerm. vergleichen sich gleichbed. lit. ežỹs, lett. ezis, aslav. ježi (aus *eghios), gr. ἐχῖνος, phryg. ezis, armen. ozni: sämtlich aus idg. *eghi- 'Igel'. Zur Suffixform J. Brüch 1926 Festschr. f. P. Kretschmer 10 f. Mundartlich gelten Schwein-, Zaunigel, westfäl. scharphase. S. Blutegel.

ihr Pron. In der nhd. Form fallen das Personale 'vos' und das Possessivum 'eorum; suus' zusammen. 1) Zum Stamm ju- des germ. Pers.-Pron. gehört als Nom. Plur. germ. *jūz 'ihr', das sich im gleichbed. got. jūs spiegelt und mit lit. jūs urverwandt ist. Nach dem Vorbild des germ. *wīz 'wir' wird *jūz umgebildet zu westgerm. *jiz; daraus entstehen über *jīr ahd. mhd. ir, nhd. ihr. 2) Gen. Plur. zu er, got. is, ist got. izē, ahd. iro, mhd. ir, das seit dem 14. Jh. allgemein als Poss.-Pron. dient. 3) Dat. Sg. von sie 'ea', mhd. ir, ahd. iro, iru, ira, asächs. iru, got. izai.

Iguanodon f. Leguan.

ihrig Adj. Vom Poss.-Pron. mhd. ir abgeleitet ist das bed.-gleiche Adj. auf -ig zuerst in subst. Gebrauch das jrig bei Sachs 1534 Fastn. 5, 126 dem schon inta sīnec 'seinig' nachgebildet: Behaghel 1923 Dt. Syntax 1, 359 f.

ihro Poss.-Pron. vor Titeln. Ahd. iro (s. ihr) hat sich in obd. Sprach- und Schreibgebrauch lange erhalten. Von da kann die Kanzleiform iro stammen, die (mit entspr. dero) Anlaß zu Neubildungen wie anhero und hinfüro (s. hinfür) gab: Zf. f. dt. Phil. 25, 312; Behaghel 1928 Gesch. d. dt. Spr. 333. 542. S. dero.

ihrzen Ztw. 'mit Ihr anreden', mhd. irzen, zuerst im Annolied (Siegburg vor 1110), somit älter als das gleichgebildete duzen (s. o.). Erst im 17. und 18. Jh. folgen siezen und erzen, s. d.

Iltis M. Als germ. Namen von Mustela putorius L. erweist H. Suolahti 1925 Germanica 107 ff. *wis(j)o-, dessen Verkl. in Wiesel (s. d.) fortlebt, das als ahd. wiessa 'Iltis' belegt, in Nachbarsprachen (mnl. fitsau, westfläm. fisse, afrz. pił. ficheux, engl. fitchew, -et) entlehnt ist und in lux. fełs 'Iltis' bis heute gilt. Als Grundwort steckt es in *ellint-wiso, das über mhd. illi(n)tiso mhd. iltis ergeben hat. Das Bestimmungswort gehört zu der in mhd. ël, ëlwer, ahd. ëlo, ëlawër 'gelb, lohbraun' enthaltnen Wurzel germ. *elwa-, idg. *elu-, *eluo- 'gelblich': das Tier heißt nach seiner Haarfarbe: Teuchert 346.

Imbiß M. ahd. mhd. in-, imbīz M. N. mnd. immet, nnl. ontbijt 'Frühstück': postverbal zu ahd. enbizan 'essend oder trinkend genießen'. Dies zu beißen. Vor Labial ist n zu m geworden wie in Amboß, empor, Wimper u. ö. Der Anlaut des gleichbed. alem. zimis stammt aus Wendungen wie mhd. ze imbiz nëmen.

Imker M., nnl. imker, ijmker, drängt von Nordwesten her hd. Bienenvater, ostd. Zeidler zurück und wird noch 1796 von Adelung als niedersächs. bezeichnet. Erster Wortteil ist Imme (s. d.), zweiter germ. ja-Ableitung zu kar (got. kas, anord. ker) 'Gefäß', gebildet wie Hirt zu Herde. Etym. verwandt, doch mit -jan abgeleitet, ist got. kasja M. 'Töpfer'. Zum entspr. asächs. mhd. bi-kar 'Bienenkorb' stellen sich agf. biocore, nnl. bijker 'Imker', frz. bigre 'Waldhüter für Bienenzucht': E. Ochs, Beitr. 53, 304; Th. Frings daf. 54, 159; v. d. Meer daf. 55, 73; W. Horn 1942 Arch. f. d. Stud. d. n. Spr. 182, 52.

immatrikulieren Ztw. 'in die Matrikel, die Stammrolle einer Hochschule eintragen', ersetzt zuerst in Erfurt 1452 die mittelalterl. Ausdrücke inscribere, intitulare u. ä. 1558 steht imm. in den Statuten der Univ. Heidelberg 163 zuerst in dt. Text. Lat. matricula 'Liste' ist Demin. zu gleichbed. matrix, dies zu μητρῷον, Heiligtum der Magna Mater in Athen u. zugleich Staatsarchiv mit allen amtlichen Listen. Matrikul gilt unter humanist. Einfluß im Deutschen des 16. bis 18. Jh.: A. Götze 1910 Zf. f. d. Wortf. 12, 212.

Imme F. ahd. imbi, agf. ymbe (aus imbe wie byscop aus biscop, myd aus mid usw.) M. 'Bienenschwarm', mhd. imbe, imme 'Bienenschwarm, Biene'. Kollektiven Sinn zeigt ahd. impi piano 'Bienenschwarm'; er hält sich mundartl., z. B. westfäl. ime F. 'Biene', aber imen M. 'Bienenschwarm', schweiz. immi N. 'Biene', aber imb M. 'Bienenschwarm'. Demgemäß nimmt Lidén, Studien zur aind. u. vgl. Sprachgesch. 71 ff. Urverwandtschaft mit air. imbed N. 'große Menge' an, R. Törnqvist, Studia Neophil. XVII 182 ff. mit der idg. Wz. *embh- 'Dunst, Wolke'. Vom Sammelbegriff gehen auch Bursche, Fahrzeug, Frauenzimmer, Kamerad, Kanaille, Rat, Stute aus; vgl. agf. geogod 'junge Schar' mit engl. youth 'Jüngling'. Luther, der in der Bibel Imme nicht verwendet, hat Biene als Schriftwort durchgesetzt: E. Müller-Graupa 1930 Glotta 18, 132ff.

immer Adj. ahd. iomēr, asächs. iemar, mhd. iemer, im(m)er, mnd. immer, (j)ümmer: zusgesetzt aus ahd. io (s. je) und mēr (s. mehr), das mit seiner Bed. 'ferner, von jetzt an' dem Adverb die Richtung auf künftiges Geschehen gibt. In Bezug auf Vergangenes steht mhd. ie.

Der aus Diphthong entstandene lange Vokal ist verkürzt wie in Fichte, ging, Licht, (n)irgend, Viertel, vierzig. Zu immer(hin) als Konjunkt. s. Behaghel 1928 Dt. Syntax 3, 189.

Immi N. (schwäb.-alem.) ein Hohlmaß, mhd. imi(n), ahd. *imīn. Quelle gr. ἡμίνα, lat. hēmina, auf dem auch frz. mine als Trockenmaß beruht und das als mlat. emina ins Ahd. gelangt ist. S. auch Himten.

Imperativ M., lat. modus imperativus, die Befehlsform des Zeitworts, in deutschen Texten seit Gueintz und Schottel 1641: E. Leser 1914 Zf. f. d. Wortf. 15, 63. Den durch Kant beflügelten kategorischen J., der die Handlung „als für sich selbst, ohne Beziehung auf einen anderen Zweck, als objektiv nothwendig vorstellet", fordert dieser zuerst 1785, im Gegensatz zum hypothetischen J.: Büchmann 1912 Gefl. Worte 118.

impfen Ztw. ahd. impfōn, mhd. impfen, agf. impian, engl. imp. Wie propfen und belzen ein vor der hd. Lautverschiebung entlehntes Fachwort der Gärtnerei. Neben lat.-roman. putare 'beschneiden' (ital. potare, span. podar, wozu fränk. possen, nl. nd. poten 'pfropfen') ist *imputare vorauszusetzen, mit dem über eine Zwischenstufe *impo(d)are agf. impian, ahd. impfōn zu vermitteln sind. Daneben sind ahd. imp(f)itōn, mhd. imp(f)eten geradlinige Entwicklung aus *imputare, dem frz. enter 'pfropfen' vergleichbar. Im 18. Jh. wird impfen (mit dem gleichen Bild wie engl. inoculate) der seit 1722 bekannten, bis 1769 aber abweichend benannten Blatternimpfung dienstbar gemacht, worüber der alte Gebrauch fast erlischt: A. Götze 1917 Nomina ante res 14.

Imponderabilien Plur. 'unwägbare Größen', von Physikern des 18. Jh. zu ponderabilis Adj. 'wägbar' gebildet, seit 1819 in deutschen Lehrbüchern, von Jean Paul und Görres ins Politische gewendet, durch Bismarck 1868 beflügelt: Ladendorf 1906 Schlagwb. 134; Büchmann 1912 Gefl. Worte 535; H. Schulz 1913 Fremdwb. 1, 284.

Imprimatur N. 'Druckerlaubnis', urspr. 3. Sg. Konj. Präs. Pass. zu lat. imprimere, somit 'es werde gedruckt'; substantiviert seit Mitte des 18. Jh.: H. Schulz 1913 Fremdwb. 1, 286. Aus der Frühzeit des Buchdrucks sind lat. geblieben auch Exemplar, Format, Korrektor, Makulatur, Spatium.

in Präp. ahd. mhd. in, in gleicher Form und Bed. gemeingerm.: asächs. afries. agf. got. in, anord. ī. Urverw. mit gleichbed. lat. in, alat. en, gr. ἐν, ἐνί, apreuß. en. Lit. į̃ beruht auf schwundstufigem n̥.

Indanthren N. 'wasch- und lichtechter Farbstoff'; der Name zu Beginn des 20. Jh. zusammengesetzt aus den ersten Silben von Indigo (s. d.) und Anthrazen. Dies ist ein aus Steinkohlenteer gewonnener Stoff (Anthrazit 'älteste Steinkohle', zu gr. ἄνθραξ M. 'Kohle').

indem Adv. Konjunkt. mhd. in dem (daz) für ahd. innan thiu. Die Handlung des Satzes, der indem enthält, fällt in die Zeit des vorausgehenden Satzes hinein. Nachmals kann sich an die zeitliche Bedeutung eine ursächliche Beziehung knüpfen: Behaghel 1928 Dt. Syntax 3, 189 ff.

indes Adv. Konjunkt. mhd. inne(n) des, ahd. innan des. Die verlängerte Form indessen kaum vor dem 17. Jh. Der Satz mit i. fällt in die Zeit des vorhergehenden Satzes hinein: „Drum laßt mir Zeit. Thut ihr indeß das Eure" (Schiller). Zur Konjunkt. wird i. durch Auslassung eines urspr. folgenden da oder daß: Behaghel 1928 Dt. Syntax 3, 192 f.

Indigo M. Ein in Ostindien aus Pflanzenstoffen hergestelltes tiefes Blau wird den Griechen bekannt und von ihnen nach seiner Heimat Ἰνδικόν benannt; von da lat. indicum, mhd. indich. Neu durch die Spanier eingeführt, wird der Farbstoff in der span. Form indigo bekannt, bei uns seit 1662: H. Schulz 1913 Fremdwb. 1, 288. Daneben frühnhd. endigo, endich. Indig ist noch Fritz Reuters Form. — S. Waid.

indogermanisch Adj. für die von Indien bis Island verbreitete Sprachenfamilie seit Klaproth 1823 Asia polyglotta 43: Hans Siegert, Wörter u. Sachen 1941/2, Heft 1, S. 73 ff.

Industrie F. Lat. industria 'beharrliche Tätigkeit' ist in frz. industrie zu 'Gewerbfleiß, Großgewerbe' geworden. Als Kunstwort der Staatswiss. erscheint J. zuerst 1754 im Deutschen, der frz. Ursprung bleibt bewußt (1765: „was man im Französischen J. nennt"): H. Schulz 1913 Fremdwb. 1, 290.

Industrieritter M. 'betrügerischer Glücksritter, Hochstapler', so seit Gutzkow 1838, bewahrt die ältere Bed. von Industrie 'Betriebsamkeit' und wird zum Ersatz von Liscow 1739 in der frz. Form chevalier d'industrie gebraucht. J. gilt bis ins 18. Jh. chevalier de l'industrie, 1633 eingeführt durch De la Geneste, den Übersetzer von Quevedos Schelmenroman Historia de la vida del Buscón (1626), in dem ein Orden heruntergekommener Edelleute sich die Industria zur Patronin erwählt hat: E. Krebel 1929 Behrensfestschrift 119 ff.

Infanterie F. Lat. infans 'kleines Kind (das noch nicht reden kann)' ergibt span. infantes 'Edelknaben; Soldaten zu Fuß'. Das dazu gebildete span. infanteria seit Wallhausen 1616 Kriegsman. 139 in dt. Text, während im 16. Jh. Fußvolk galt.

infizieren s. desinfizieren.

Influenza s. Grippe

Infusorien Plur. Zu lat. infundere 'aufgießen' ist nlat. (animalcula) infusoria als Name der einzelligen Tiere gebildet, die Ant. Leuwenhoek 1675 bei warmen Aufgüssen auf tierische oder pflanzliche Reste fand. M. F. Ledermüller nennt sie 1760 Infusionsthierchen: H. Schulz 1913 Fremdwb. 1, 292. Die Lehnübersetzung Aufgußtierchen empfiehlt Campe 1813.

Ingenieur M. stammt (wie frz. ingénieur, engl. engineer, ital. ingegnere, span. ingeniero usw.) von lat. ingenium 'Scharfsinn; sinnreiche Erfindung', das mlat. auch die Bed. 'Kriegsgerät, -maschine' hatte. Bis ins 18. Jh. war Ingenieur stets 'Kriegsbaumeister'; in diesem Sinne löst frühnhd. ingegnier (so seit 1571 gebucht) als Entlehnung aus dem Ital. unser Zeugmeister und mhd. antwercmeister ab. Um 1600 wird die ital. Form durch die frz. ersetzt, der seit dem 14. Jh. das rückbez. Ztw. ingénier vorausgeht: H. Schimank 1939 Zs. d. Ver. Dt. Ing. 83, 325 ff.; F. Rauhut 1942 Germ.-rom. Monatsschr. 30, 135 ff.

Ingredienz N. 'Zutat, Bestandteil', meist in der Mz. Ingredienzien: Part. Präs. zu lat. ingredior, als 'die hinzukommenden Sachen', seit Mitte des 16. Jh. ein Fachwort vor allem der Ärzte und Apotheker. Viel entstellt, zu ingridienzen in München 1589: A. Kern 1907 Dt. Hofordn. 2, 220.

Ingwer M. Wie Krokus, Muskat, Narde, Zimt ist auch der Ingwer indischen Ursprungs. Nach seinen Wurzeln heißt er aind. śṛṅgavéra 'hornartig'; über prakr. singabéra und spätgr. ζιγγίβερις entsteht afrz. gingebre, das seit dem 11. Jh. als gingiber(o), seit 1200 als ingeber, ingewer bei uns erscheint: Suolahti 1929 Frz. Einfluß 109 f. Nnl. gember. Zu späteren Formen des auch als Abgabe wichtigen Gewürzes s. Zs. d. Berg. Gesch.-Vereins 45, 164; Monatsschr. 25 (1918) 33 ff. Zum Anlaut vgl. Gips.

Initiative F. Zu lat. initium N. 'Anfang' gehört frz. initiative F., das aus den Verfassungskämpfen der Frz. Revolution im Sinn von 'Vorschlagsrecht' bekannt, seit Wieland 1799 in dt. Text gestellt und seit Goethe 1821 zu 'Wille etwas zu beginnen, Antrieb' erweitert wird: Zs. f. d. Wortf. 3, 180; 6, 51; 13, 264; Ladendorf 1906 Schlagwb. 139; H. Schulz 1913 Fremdwb. 1, 293.

Inkunabel F. Zu lat. incunabula N. Plur. 'Windeln, Wiege' stellt sich die Benennung der Drucke aus der Zeit vor 1500, da der Buchdruck noch in den Windeln lag. Beflügelt durch des Emmericher Buchhändlers Cornelius van Beughem Incunabula typographiae 1677. Die Lehnübersetzung Wiegendruck kaum vor Sanders 1885 Erg.-Wb. 165 a.

Inland N., nicht vor Stieler (1691) 1062, Rückbildung aus dem schon mhd. inlendisch. S. Ausland und Ruppel 1911 Rückbildung 36.

Inlett N. 'mit Bettfedern gefüllter Sack, über den der Bettüberzug gestreift wird', nd. inlāt, somit zu inlāten 'einlassen'. Der norddeutsche Leinenhandel (s. Linnen) hat mit dem zum J. nötigen Gewebe den Namen auch in den Süden gebracht, ohne daß i diphthongiert und t verschoben wäre. Zu den mundartl. Formen und obb. Ersatzwörtern s. Kretschmer 1918 Wortgeogr. 240 f.

inmitten Präp. stammt aus Wendungen wie diu in mitten fluctibus weibot (Notker), wo mitten attr. Adj. ist. Noch frühnhd. wird die Präp. ihrer Entstehung gemäß mit Dat. verbunden. Nhd. tritt Gen. an die Stelle, indem inmitten zu 'in der Mitte' umgedeutet wird: Behaghel 1924 Dt. Syntax 2, 32. 50.

inne Adv. mhd. inne 'inwendig', ahd. inna, -e, -i, asächs. afries. inna, -e, agf. inna, anord. inni, got. inna 'innerhalb': zu in. Dazu auch innen, mhd. innen, ahd. innān, innana, got. innana 'inwendig', und inner, mhd. innere Adj. Adv. 'innerlich', ahd. innaro Adj.

innerhalb Adv. Präp., mhd. innerhalp, -halbe(n), ahd. innerūnhalp 'auf der inneren Seite'. Zu ahd. halba 'Seite' s. halb.

innig Adj.: während schon ahd. inniglīh 'innerlich' vorkommt, sind mhd. innec und mnl. innich junge Bildungen zu inne. Zf. f. d. Wortf. 6, 327. 10, 126. 11, 115. Mhd. hurticlich ist nur als hurtig erhalten; minniglich und wonniglich (dies ein Lieblingswort erst der mhd. Lyriker, dann Mörikes) mußten nach langer Verschollenheit neu belebt werden. Inniglich haben uns geistliche Dichter wie Angelus Silesius gerettet.

Innung F. 'Verbindung (zu einer Körperschaft), Zunft', mhd. (13. Jh.) innunge, mnd. inninge: zu ahd. innōn '(in einen Verband) aufnehmen, verbinden'. Zu inne, wie agf. innung 'Wohnung, Inhalt, mengl. afries. inninge.

Insasse s. Inste.

Inschlitt, Inselt s. Unschlitt.

Insekt N. 'Kerbtier' (s. d.). Zu lat. insecāre 'einschneiden' gehört als subst. N. des Part. Perf. Pass. insectum, das bei Plinius, Hist. nat. 11, 1 als Lehnübersetzung für gr. ἔντομον erscheint und bei uns seit Ryff 1545 auftritt,

noch lange lat. gebeugt. Doch Voss. Ztg. 1735, Nr. 95 „von Erzeugung der Insekten".

Insel F. mhd. insel(e) neben älterem insul(e), das dem Vorbild lat. insula (aus *en salo, gr. ἡ ἐν ἁλὶ οὖσα) näher bleibt. Vorher war aus roman. Formen (ital. isola, afrz. isle) ahd. isila, frühmhd. isele entlehnt; daher heißt die Bodenseeinsel, auf der Lindau liegt, bis heute Isel. Insulaner (nach lat. insulānus) kaum vor 1520: Palmer 48, insular (nach engl. insular) seit Cooks Weltumseglung 1779. Offenbar ist Insel entlehnt worden, weil Au in andere Bed. übergegangen, Eiland und Werder landschaftlich begrenzt waren.

Inserat N. Zu lat. inserere 'einfügen' gehören als 3. Sing. Konj. Präs. inserat 'er füge ein' und inseratur 'es werde eingefügt', die als Aktenvermerke (wie Dezernat, Referat) zur Bed. 'Einschaltung, Einrückung' gelangen. Aus der Verwaltungssprache des 17. Jh. in jüngere Zeitungssprache übernommen, stellt sich F. neben inserieren 'einrücken', das seit 1521 dem lat. inserere nachgebildet ist: H. Schulz 1913 Fremdwb. 1, 295 f.

Insiegel s. Siegel.

insofern, insoweit Konjunkt. zur Einleitung bedingender Sätze, im 18. Jh. aus älterem sofern, soweit erweitert, wie bed.-verw. inmaßen neben maßen steht: Behaghel 1928 Dt. Syntax 3, 194. 206 f. 275.

inständig Adj. Ahd. instendīgo ist einmal, mhd. *instendec nie belegt. Häufig wird das Wort erst im 16. Jh., nun unter Einfluß des gleichgebildeten lat. instanter 'eindringlich', Adv. zu instans 'nahe bevorstehend'. Lehnübersetzungen sind auch nnl. instantelijk und älter dän. indstandelig. Dän. indstændig stammt aus dem Nd.

Inste M. 'Häusler', nd. Form für hd. Insasse, mhd. insæze. Verkürzt aus mnd. insēte 'Eingesessener'. Zum zweiten Wortglied vgl. Aussatz, ähnliche Verkürzungen unter Droste, Kossat und bei Behaghel 1928 Gesch. d. dt. Sprache 345.

Instinkt M. Zu lat. instinguere 'anreizen' gehört mlat. instinctus (naturae) 'Naturtrieb', das, seit Thomas v. Aquino bei Scholastikern üblich, bei Bodmer 1752 Noah 256 zuerst in deutschem Text erscheint: H. Schulz 1913 Fremdwb. 1, 298.

Insulaner, insular s. Insel.

Intarsia F. 'eingelegte Arbeit'. Arab. tarṣi 'Einlegearbeit', subst. Inf. zu raṣṣa'a 'einlegen' gelangt über gleichbed. ital. tarsia und intarsiare 'eingelegte Arbeit fertigen' im 19. Jh. zu uns: Lokotsch 1927 Etym. Wb. Nr. 1706.

22*

Interesse N. Der lat. Inf. interesse 'von Wichtigkeit sein' wird mlat. seit dem 13. Jh. substantiviert, zunächst als jurist. Fachwort 'aus Ersatzpflicht entstandener Schaden'. Hieraus entspringt vom Standpunkt des Schuldners die Bed. 'Zinsen', von dem des Gläubigers 'Vorteil, Nutzen'. Frz. intérêt bleibt näher beim Ausgangspunkt; dessen Bed. '(geistige) Teilnahme' wird nebst interessant im 18. Jh. entliehen: H. Schulz 1913 Fremdwb. 1, 302.

Intermezzo N. Lat. intermedius Adj. 'in der Mitte befindlich' liefert ital. intermezzo 'komisches Zwischenspiel', das nach 1750 mit ital. Theatersitten bei uns eingebürgert und seit Hamann 1761 auf '(kom.) Ereignis, Zwischenfall' erweitert wird: H. Schulz 1913 Fremdwb. 1, 304.

Interview N. engl. interview 'Unterredung', seit 1869 Fachwort amerik. Journalisten, bei uns seit Gutzkow 1875 Rückbl. 266.

Intrige F. Lat. intricāre 'verwickeln, verwirren' (zu tricae 'Ränke', verwandt mit torquēre 'drehen') ergibt gleichbed. frz. intriguer, wozu intrigue F. 'Truggewebe'. Als 'politisches Ränkespiel' erscheint Intrigue (meist im Plur.) seit Leibniz 1670, Liebesintrige seit Thomasius 1688: H. Schulz 1913 Fremdwb. 1, 306.

Invalid M. Das Gegenteil des lat. Adj. validus 'stark, tauglich' (zu valēre 'bei Kräften sein', vale 'lebe wohl'; urverw. mit walten, s. d.) ist frz. invalide 'dienstuntauglich'. Dessen Subst. erscheint bei uns seit 1722: H. Schulz 1913 Fremdwb. 1, 307.

inzwischen Konjunkt. ist aus dem mhd. Adv. dā enzwischen entstanden, s. zwischen und Behaghel 1928 Dt. Syntax 3, 194.

Jota s. Jot.

irden, ahd. mhd. irdīn, mnd. ērden, got. aírþeins mit dem Suffix der Stoff-Adj. zu ahd. ërda 'Erde'; irdisch, ahd. irdisc, mhd. irdesch zum gleichen Subst. mit Adj.-Suffix -isch (s. deutsch, Mensch). Die anfangs bed.-gleichen Adj. sind durchaus auseinander entwickelt, so daß irden die Grundbed. 'aus Erde (gefertigt)' bewahrt, während irdisch (nach terrestris der lat. Bibel) Gegensatz von himmlisch geworden ist.

irgend Adj. mit jungem d (s. jemand, niemand) aus mhd. spätahd. iergen, wofür frühahd. io wërgin. Dabei ist io unser je (s. d.). Ahd. wërgin (für hwër-gin, älter *hwar-gin) entspricht dem asächs. hwergin, agf. hwergen, anord. hvergi (für ne-hvergi 'nirgend'). Dieses Adv. ist zus.-gesetzt aus hwar 'wo' und der Indefinitpartikel *gin, got. -hun, aind. -canā

'irgend'. Zus.-Setzung mit ni 'nicht' zeigt nirgend, mhd. niergen.

Fritsch M. 'Bluthänfling, Fringilla cannabina', mnd. ertse(ken), in Lübeck 1511 yrsz(ke), in Südhannover artsche, artje, in der Altmark (grau)artsch, in Holstein ertsche, eritsch, auf Helgoland irdisk, dän. irisk(e), in Lübeck und der Grafschaft Rantzau Fritsch. So bei Dichtern wie Klaus Groth und Th. Storm, Irditzsch bei Fritz Reuter 1859 Hanne Nüte 11, 85. Früh entlehnt aus tschech. jiřic: mit Stieglitz einer der Vogelnamen, die böhm. Wanderhändler verbreitet haben: H. Suolahti 1909 Die dt. Vogelnamen 120; Wick 35; H. Brömse 1942 Mutterspr. 57, 181 f. Gleichen Ursprungs ist der Fam.-Name Jiriczek 'kleiner Hänfling'.

irre Adj. mhd irre, ahd. irri (ahd. auch 'erzürnt'), agf. yrre 'zornig', got. aírzeis 'irre, verführt' (mit rz = agf. hd. rr). Zorn als Abirrung des Geistes auch in lat. dēlīrāre 'tolles Zeug treiben' (zu līra 'Gleis, Furche'), Wurzel *ers auch in lat. errāre (für *ersāre) 'irren', error (für *ersōr) 'Irrtum', urverw. auch aind. irasyáti 'er zürnt', irsyā 'Eifersucht'. — Dazu **irren** Ztw., mhd. irren, ahd. irrōn, und **Irre** F., mhd. irre, got. aírzei F. 'Verführung'.

Irrenanstalt F. kaum vor Jean Paul 1807 Schmelzle 29; Glimpfwort für das alte Narrenhaus.

Irrgarten M. 'Labyrinth', als Wort der Gartenkunst seit Schmeltzl 1547 Lobspr. der St. Wien 96. Durch Fischart und Harsdörffer eingebürgert.

Irrlicht N. 'ignis fatuus' Stieler (1691) 1153, literar. seit Ettner 1697 Unw. Doct. 747: beide Belege weisen in die ostmd. Heimat des Worts. Ettner nennt gleichbed. springende Ziegen, schweiz. gilt brenniger mann, österr. feuriger mann, fuchtelmann, hexentanz, in Hildesheim steltenlicht, in Göttingen stöltenlucht, altmärk. tückbold, pomm. dwërlicht, in Aachen drœglet, engl. jack-o'-lantern, will o'-the-wisp, schwed. irrbloss, dän. lygtemand.

Irrwisch M. md. wie Irrlicht (s. d.), gebucht seit Alberus 1540, schon 1528 jrre wissche bei Luther, Weim. Ausg. 28, 77, 33. Wisch 'leuchtende Fackel' ist seit dem 15. Jh. in vielen Formen verbreitet.

Isegrim. Zu agf. anord. grīma 'Maske, Helm' gehört ein seit dem 10. Jh. bezeugter Männername, der 'Krieger mit Eisenhelm' bedeutet. Er wird zum Namen des Wolfs im Tierepos (vgl. Hermann, Hinz, Lampe, Reineke) zuerst 1112 im lat. Gedicht Guiberts von Nogent. Über den frz. Roman de Renart gelangt der Name ins nl. und nd. Tierepos. Von da erscheint J seit Steinbach 1734 übertragen auf mürrische und trotzige Menschen, so auch nnl. izegrim

Islam M. 'Mohammedanismus'. Arab. islām 'Heilszustand' wurde schon vom Propheten als 'Hingabe (an Gott)' verstanden, in solchem Sinn zum Namen seiner Religion erhoben und in die Sprachen Europas übernommen: Littmann 1924 Morgenl. Wörter 61. Vgl. Muselmann.

Itzig M., eine späte Form des Namens Isaak (hebr. jiṣḥāq) wird (wie Schmul) zur verächtlichen Bez. des Juden überhaupt und des jüd. Händlers insbesondere. Gleichbed. jiddisch Aisig: Meisinger 1924 Hinz und Kunz 46. Jiddisch auch Fam.-Namen wie Eisig, Aisikowicz bei poln. Juden.

itzt s. jetzt.

J

ja Adv. mhd. ahd. asächs. anord. jā, afries. jē, ags. gēa, engl. yea (woneben yes aus ags. giese, älter *gēa swā 'ja, so': W. Horn 1942 Herrigs Arch. 182, 52), got. ja (woneben jai 'wahrlich' wie gleichbed. gr. ναί neben νή 'ja'). Aus dem Dt. entlehnt ist lit. jé 'ja'. Die außergerm. Beziehungen bleiben schwierig; am nächsten vergleicht sich bret. iē, iä 'ja'. — Zur Syntax des eingliedrigen Satzes ja O. Behaghel 1928 Dt. Syntax 3, 49. 195. — Das schw. Ztw. bejahen erscheint zuerst bei Henisch 1616 in der Bedeutung 'bewilligen'. Erst später im 17. Jh. wird es durch Einschränkung auf 'ja sagen' Gegenwort zum älteren verneinen. Ursprüngliche Beziehung zu dem längst vorher ausgestorbenen mhd. bejähen 'bekennen' (s. Beichte) besteht nicht; h in bejahen soll lediglich Vokal von Vokal trennen.

Jacht F. Schnellfahrende Schiffe heißen im 16. Jh. Jage-, Jachtschiff, seit 1523 (Script. rer. Pruss. 5, 534) gekürzt zu jacht, entspr. nnl. jaghte (1599), engl. Yacht (seit 1660). Die veraltete Schreibung Yacht beruht auf unberechtigter Anlehnung an das Engl.: Kluge 1911 Seemannsspr. 390.

Jacke F. Arab. šakk 'Brünne' ergibt gleichbed. span. jaco, das im 14. Jh. entlehnt wird zu frz. jaque (de mailles) 'Panzerhemd, Kriegswams', später 'kurzer, enger Männerrock'. Yacca, iacca als Gewand des poln. Königs weist W. Kurrelmeyer 1920 Mod. lang. notes 35, 411 aus Krakau 1393 nach. Bei uns wird iacke 1417 greifbar. Die frz. Verkl. jaquette F., im 15. Jh. 'Bauernkutte', heute 'Kinderkleid', wird im 19. Jh. zu nhd. Jackett 'kurzer Rock mit Ärmeln': H. Schulz 1913 Fremdwb. 1, 309; W. Fischer 1943 Dt. Wortgesch. 2, 364 f.

Jagd F. mhd. jaget, ahd. *jagōd N., Verbalabstr. zu jagen, mhd. jagen, ahd. jagōn, afries. jagia. Ein nur westgerm. Wort (anord. jaga ist dem Mnd. entlehnt). Etymologie umstritten, am ehesten mit aind. yahú- 'rastlos', auf idg. jagh- 'nachjagen' zu vereinigen. Jäger M. aus gleichbed. mhd. jeger(e).

Jägerlatein N. kommt im 19. Jh. für die Weidmannssprache mit ihren den Laien unverständlichen Fachwörtern auf und wandelt sich erst nachträglich zur Scherzbezeichnung weidmännischer Aufschneidereien. Ähnlich sind gebildet Husaren-, Kloster-, Küchen-, Mönchslatein; s. lateinisch.

Jaguar M. Der südamerikanische Tiger (Felis onca) heißt in der brasil. Tupi-Sprache jagwár(a). Daraus entlehnt sind frz. iäouare (1578) u. engl. iaguar (1604), iagvara (1648). Die Form Jaguar hat Buffon 9 (1771) 201 geprägt, der sie einem brasil. Portugiesen dankt: Rich. Loewe 1933 Zf. f. vgl. Sprachf. 60, 177 ff.; Palmer 54 f. Vgl. Unze.

jäh, gähe Adj., mhd. gæhe, gæch, ahd. gâhi: ein nur deutsches Wort (s. Gaudieb). Die im 15. Jh. auftretende, von Luther aufgenommene Form jäh(e) beruht auf mundartl. Aussprache des anl. g wie in jähnen neben gähnen. Vgl. jappen; H. Paul 1916 Dt. Gramm. 1, 314; v. Bahder 1925 Wortwahl 125 f.

Jahn M. 'Reihe gemähten Grases oder Getreides; gerader Gang, den der Schnitter beim Mähen abschreitet', spätmhd. jān 'Reihe (gleicher Reime)'. In lebenden Mundarten über Süddeutschland und Hessen verbreitet, auch westfäl. jōn, münsterl. gaine 'Reihe gemähten Grases', schwed. mundartl. ån 'Ackerstreifen'. Früh aus dem Germ. entlehnt sind finn. jana 'Reihe, Linie' und mlat. jānus M. 'Bezirk', dies 774 in einer Urkunde des langob. Herzogs Arichis v. Benevent. Der Grundbed. nahe bleibt schweiz. „das geht in einem Jahn" '(Arbeits-)Gang': idg. *iē- ist Erweiterung der Wz. *ei- 'gehen' (s. eilen). Dazu ist Jahn 'Gang' n-Ableitung wie gleichbed. aind. yánam zum ablautenden *ia-; r-Ableitung zur gleichen Wurzel ist Jahr, s. d. Vgl. Schlendrian.

Jahr N. Ahd. mhd. jār, asächs. jār, gēr, afries. gēr, ags. gēar, engl. year, anord. ār, got. jēr führen auf germ. *jēra 'Jahr', das auch in heuer steckt. Ags. gēar bed. auch 'Frühling': das weist auf eine alte Nebenbed., die durch das urverw. aslav. jarŭ 'Frühling' gestützt wird. Auch griech. steht ὥρα 'Jahreszeit, Frühling, Jahr' neben ὧρος 'Jahr'. Urverw. sind gleichbed. avest. yār-, alat. *jörum (zu erschließen aus lat. hōrnus 'heurig', alt *hō-jōrinus). Zur Beb.-Entfaltung vgl. Winter und Widder. Möglicherweise bed. Jahr urspr. 'Gang (der Sonne)', sofern idg. iē-ro-Ableitung zur Wz. *iē- 'gehen' (f. Jahn) sein kann. Dann verglige sich got. aþna, lat. annus 'Jahr' zu aind. átati 'geht, wandert'.

Jahrbuch N., früher nur Plur. Jahrbücher: seit Dasypod 1537 Dict. 10b für lat. annales, wie Tageblatt für frz. journal.

Jahrhundert N. Lat. saeculum wird im 16./17. Jh. gern in deutschen Text gestellt, nachmals mit 'Zeit von hundert Jahren', 'hundertjährige Zeit' umschrieben, seit 1663 durch Jahrhundert ersetzt. Schottel 1663 Ausführl. Arbeit 411a nennt S. v. Birken als Urheber der ungewöhnl. Wortbildung (aus 'ein Jahr oder hundert': Behaghel 1928 Gesch. d. dt. Spr. 258), die von Stieler 1691 gebucht, von Dornblüth 1755 Observ. 58 angefochten, aber von Leibniz und Gottsched durchgesetzt wird: Wh. Pfaff 1933 Kampf um dt. Ersatzwörter 35. Ihr nachgebildet sind Jahrzehnt, das seit Bengel 1730 (Lebensabriß von Wächter, Stuttgart 1865, S. 247) Dekade und Dezennium ersetzt, sowie Jahrtausend für Millennium: zuerst bei Liares 1751 Lob- und Ehrenpredigt, wieder von Dornblüth getadelt, doch von Wieland, Lessing und Adelung durchgesetzt: Feldmann 1903/05 Zf. f. d. Wortf. 5, 229. 6, 327.

Jakobsstab M. heißt wegen ihrer Ähnlichkeit mit dem Pilgerstab der Jakobspilger vom 16. bis 18. Jh. die Meßlatte, mit der auf Schiffen die Sonnenhöhe bestimmt wird. Entspr. engl. Jacob's staff: Kluge 1911 Seemannsspr. 395.

Jalousie F. An morgenländ. Bauten lernen Romanen Gitterfenster kennen, die den Blick von außen nach innen verwehren, und nennen sie ital. gelosia, span. celosia, frz. jalousie (später persienne), sämtlich zu gr.-lat. zēlus 'Eifer(sucht)'. Seit Lavater 1767 erscheint Chalousie in der Schweiz, 1784 fallen Nicolai die Schaluserl in Wien auf, 1790 vermißt das Schwabenmädchen Elise Bürger Jalousien in Göttingen: H. Schulz 1913 Fremdwb. 1, 309.

Jammer M. mhd. jāmer, ahd. jāmar M., urspr. N. als Subst. des Adj. ahd. jāmar 'traurig', somit 'das Traurige'. Die sächs. Sprachen kennen nur das Adj.: asächs. jāmar, agf. gēomor 'leidvoll'. Am nächsten liegt, an Entwicklung aus einem Schmerzenslaut zu

denken. Dann erledigt sich die Suche nach idg. Verwandten, und die germ. Nebenformen spätahd. mhd. āmer, anord. amra 'jammern', emja, ymja 'heulen' verlieren alles Befremdliche: W. Schulze, Zf. f. vgl. Sprachf. 62, 198.

Jammerschade präd. Adj., im 18. Jh. erwachsen aus der häufig präd. gestellten Formel Jammer und Schade.

Jammertal N. Vallis lacrimarum, das die lat. Bibel Psalm 83, 7 vom irdischen Leben braucht, übersetzt Hugo v. Trimberg 1300 Renner V. 235 mit jāmertal. Luther 1523 Psalm 84, 7 ist bei dem schon vor ihm geflügelten Wort geblieben.

Janhagel M. Nnl. Jan Hagel erscheint im 17. Jh. als Schelte von Kerlen, die jeden Augenblick de hagel sla hem rufen. Seit El. Hesse 1687 Ostind. Reisebeschr. 284 als 'Pöbel' in hd. Texten, ist J. vorwiegend als Spottname hamburgischer Bootsleute bezeugt. In der Lit.-Sprache des 18. Jh. begegnen Hans, Johann(es) Hagel: Gombert 1902 Zf. f. d. Wortf. 3, 310; Kluge 1911 Seemannsspr. 396. Nahe vergleichen sich Hanswurst (f. d. und Hans); nnl. Pietlut 'Kleinigkeitskrämer', Jantje Goddome; frz. Jean-Bête; engl. Jack-a-dandy, Jack-at-a-pinch, Jack-in-a-box, bootjack.

Janitscharen Plur. Türk. jeni tscheri 'neue Truppe' heißt die 1362 aus Kriegsgefangenen gebildete Truppe, deren Name fast in alle europ. Sprachen drang, zu uns 1522 als Jenizeri: Diefenbach und Wülcker 1885 Hoch- und nd. Wb. 680.

Janker M. 'kurzes Obergewand der Frauen und Männer', zuerst als Jenker in Joachimsthal 1563 (J. Mathesius, Hochzeitpred. 61, 33 Ndr.), in entsprechenden Formen obd. von Kärnten bis zur Schweiz, nordwärts bis Kurhessen. Dafür schwäb. Jänke F., 1480 jenggen. Nasalierte Nebenform zu Jacke?

Jänner M. Lat. jānuārius (zu Jānus, dem altitalischen Gott des Jahresanfangs) ergibt (wie gemeinroman. jenuario) frühmhd. jenner. Demgemäß heißt der Monat amtlich in Österreich, mundartl. in der Schweiz, im Elsaß, in Teilen Badens, Württembergs, der Rheinpfalz, Hessens und im Vogtland. Als hd. gilt im Reich Januar, im 18. Jh. auf gelehrtem Wege durchgesetzt: Kretschmer 1918 Wortgeogr. 241. Jenner als Familienname geht auf den heiligen Januarius (†305) zurück: Edw. Nied 1924 Heiligenverehrung und Namengebung 61.

jappen Ztw., aus dem Nd. durch Dichter wie Hermes, Bürger, A. v. Droste ins Nhd. gelangt. Auch md. jappen, mnd. jap(p)en, bed. 'den Mund aufsperren'. Anl. j wie jäh. S. gaffen.

Jargon M. Frz. jargon 'Kauderwelsch' (aus galloroman. *gargone 'Gezwitscher', verwandt mit frz. gargamelle 'Gurgel') gelangt 1765 zu uns, wird von Wieland 1774 für unentbehrlich erklärt und schwebt zwischen den Bed. 'Redeweise eines bestimmten Kreises, Sondersprache, törichtes Gerede': Feldmann 1906 Zs. f. d. Wortf. 8, 77; H. Schulz 1913 Fremdwb. 1, 309.

Jasmin M. 'Philadelphus coronarius, Pfeifenstrauch, falscher Jasmin'. Der pers. Pflanzenname jāsämīn wird uns im 16. Jh. durch arab. und span. Vermittler zugetragen. Die im 17./18. Jh. begegnende Form Jesmin steht unter Einfluß von ital. gesmino; das dort nach gelso 'Maulbeerbaum' umgebildete gelsomino wirkt fort in gelsemin, jelsomin bei Lauremberg und Gryphius. Die bei Wieland und später verbreitete Schreibung Schasmin spiegelt frz. Aussprache: H. Schulz 1913 Fremdwb. 1, 310; Lokotsch 1927 Etym. Wb. Nr. 942.

Jaspis M. Der vorderasiat. Halbedelstein heißt assyr. ašpū, hebr. jašpeh. Über gr. ἴασπις entsteht lat. afrz. iaspis, das seit 1200 als mhd. iaspes bei uns einzieht. Luther verwendet Jaspis 2. Mos. 28, 20 und noch sechsmal in der Bibel. Suolahti 1929 Frz. Einfluß 111.

Jaß M. N. ein Kartenspiel mit 36 Karten, am Rhein bekannt, seit dem 19. Jh. besonders in Teilen der Schweiz und im Südwesten des Reichs beliebt, mit Abarten wie Hand-, Hintersich-, Klaver-, Kreuz-, Raub-, Schellen-, Schmaus-, Stallknecht-, Zebedäusjaß (Schweiz. Jd. 3, 69f.). Klaverjaß, Klavrias, Klabrias (so einst auch an der Nahe: Rhein. Wb. 3, 1149. 4, 674; im Elsaß Klapperjaß: Martin-Lienhart 1, 411) und Kleverjaß (rostockisch bei F. Brinckman 1855 Kasper Ohm, Kap. 3) weisen auf Kleve. Schweizer Söldner in holl. Diensten haben das Spiel rheinauf getragen. Der Name geht aus von nnl. jas 'Trumpfbube' (auch in smousjassen, zu mouss 'Jude hd. Herkunft', s. Schmus), Kürzung des Männernamens Jasper, dies aus Kaspar.

jäten, gäten Ztw. Das etym. dunkle Wort, das vielleicht mit aind. yátatē 'er strebt, bemüht sich', avest. yat- 'sich rühren' zu verbinden ist, lautet asächs. gëdan, ahd. jëtan, daneben schon ahd. gëtan (vgl. gären); jëtto M. 'Unkraut, Lolch' ist Ableitung dazu. Mhd. wurde anlautendes j vor i zu g; neben Inf. jëten tritt somit die 3. Sg. gitet, worauf nach beiden Seiten ausgeglichen wurde; gäten herrscht bei Goethe, Voß und Heine: H. Paul 1916 Dt. Gramm. 1, 306. Bis Ende des 17. Jh. ist gäten Ztw. der 3. starken Reihe; das Part. gegeten

lebt in md. Mundart nach. Gegen die nhd. Regel hat sich ä für mhd. ë durchgesetzt wie in Bär, gebären, verbrämen, Käfer, Säge, gären; s. d. und Gauner.

Jauche F. Der flüssige Stalldünger heißt bair. Adel, vogtl. Odel, im übrigen Ostobd. Mistlacke, -lache, ostschweiz. bšötti, bšütti schwäb.-alem. Gülle, westmd. Mistpfuhl, hess. Sutter, westf. Al(e): Kretschmer 1918 Wortgeogr. 241ff.; B. Martin 1934 Teuth. 10, 127ff. Jauche ist gemäß seiner Herkunft aus poln. wend. jucha urspr. ein Wort des Ostens: mnd. md. (1420) jüche, bei Luther juchen. Nach dem auch bei Gauner wirksamen Lautgesetz steht bei Mathesius, Steinbach, Frisch, Kindleben, Adelung u. a. Ostmitteldeutschen Gauche. Das schon aslav. jucha 'Brühe, Suppe' ist urverw. mit apreuß. juse 'Fleischbrühe', lit. júsé 'Fischsuppe', lat. iūs 'Brühe', gr. ζύμη 'Sauerteig'. Wick 30f.; Kieft 1942 Idg. Forsch. 58, 274.

Jauchert s. Juchart.

jauchzen Ztw. mhd. jūchezen, ahd. *jūhhazzen: zum Freudenruf jūch wie ächzen zu ach. Für den Freudenruf ergibt sich idg. Alter aus lat. iūbilum 'freudiger Aufschrei' und gr. ἰαυοῖ 'juchhe'.

Jause F. mhd. jūs(en) 'Zwischenmahlzeit, Vesperbrot', jausnen Ztw. 'vespern': ein Wort Österreichs, der Zips und Siebenbürgens (Wick 79f.), im 15. Jh. entlehnt aus slov. júžina 'Mittagessen', júžinati 'zu Mittag essen; vespern', die ihrerseits zu slov. jûg, aslav. jugŭ 'Süden, Südwind' gehören; auf Entlehnung aus dem Slav. beruht auch magh. uzsona 'Vesperbrot'.

Jazz M. eine zu Anfang 1919 über Frankreich eingeführte Musik und Tanzart, die aus Nordamerika stammt. Dort soll nach Mutterspr. 40 (1925) 372 Chas der aus Charles entstellte Kosename eines musikalischen Negers gewesen sein. Dem New Engl. Dict. 1901 fehlt das Wort; das Suppl. (1933) belegt Jazz band seit 1917, Jazz 1918ff.

je Adv., seit dem 17. Jh. aus mhd. frühhd. ie, ahd. io, älter eo. Eigne Wege gehen die verwandten anord. æ, ei, agf. ā, ō, asächs. ēo 'immer, irgendeinmal'. Das auch fürs Ahd. vorauszusetzende *ēo ist über *ēw nach denselben Lautgesetzen wie Schnee und See aus germ. *aiw gebildet, im Got. unverändert vorliegt. Es ist Kasusform zu got. aiws M. 'Zeit', vielleicht in der Formel ni aiw 'nie' zum Adv. geworden, aus der die positive Bed. durch Rückschluß gewonnen sein mag. Doch vgl. gr. (kypr. phok.) αἰϝεί 'immer' zu αἰών 'Zeit'. S. ewig, nie und Behaghel 1924 Dt. Syntax 2, 90; (1928) 3, 187ff. 198.

jeder Pron., spätmhd. ieder, mhd. iewëder, iegewëder, ahd. iowëdar, eohwëdar, eogiwëdar aſächſ. iahwëthar, agſ. āhwæðer, æghwæðer. Voraus liegt *eo-gihwëdar 'immer jeder von beiden'. Dabei gehörte eo urſpr. zum Ztw.: 'das tut immer jeder von beiden'. Erſt ſeit mhd. Zeit wird jeder in bezug auf mehr als zwei Größen verwendet. S. jedweder, weder und O. Behaghel 1923 Dt. Syntax 1, 388 ſowie deſſen Geſch. d. dt. Spr. (1928) 550.

jedweder Pron., mhd. ietwëder 'jeder von beiden' (auch ſchon auf mehr als zwei Größen bezogen) aus ieg(e)wëder: die ungewohnte Lautfolge gw wird über dw zu tw. S. jeder und Behaghel 1923 Dt. Syntax 1, 389.

jeglich Pron., mhd. iegelich, ahd. iogilih aus iogihwëlih (ſ. welch). Das Wort iſt durch gleichbed. nhd. jeder zurückgedrängt: Behaghel 1923 Dt. Syntax 1, 390; 1928 Geſch. d. dt. Spr. 342.

Jelängerjelieber M. N. Name verſchiedener Pflanzen. Zuerſt heißt 1500 der rote Nachtſchatten (Solanum dulcamara) Ye lenger ye lieber, nnl. hoe langer hoe liever: ſeine Rinde ſchmeckt erſt bitter, dann um ſo ſüßer, je länger man ſie kaut (daher auch Bitterſüß, lat. amara dulcis). 1517 folgt die Feldzypreſſe (Teucrium chamaepitys); bei ihr zielt der Name auf den Duft: 'je länger man an der Pflanze riecht, deſto lieber wird ſie einem'. In Aachener Ma. heißt das Stiefmütterchen We langer we levver; im Nahegebiet und in Teilen Badens heißt die Kulturform von Viola tricolor ſo, in bab. ſchwäb. Ma. umgeſtaltet zu Engelliebele u. ä. Hier hat das Wohlgefallen an der Pflanze den Namen gegeben: 'je länger man ſie ſieht, deſto lieber gewinnt man ſie'. Ähnlich bei Vergißmeinnicht, Ehrenpreis und mancher andern ſchönen Pflanze, die landſchaftlich Jelängerjelieber heißt, wie bei der Lichtnelke, ſoweit ſie Je-länger-je-freundlicher genannt wird. Nicht eine beſonders lange Blütezeit, ſondern Duft und Schönheit haben im 19. Jh. das Geißblatt zum häufigſten Träger des Namens gemacht: R. Loewe 1936 Beitr. 60, 399 ff.; H. Marzell 1943 Wb. d. dt. Pflanzennamen 1, 165.

jemals Adv., erſt nhd., dem mhd. ē māles 'vormals' nachgebildet. S. niemals und Behaghel 1923 Dt. Syntax 1, 497.

jemand Pron. mhd. ieman, ahd. eoman 'irgend ein Menſch'. -d iſt nach n angetreten wie in (n)irgend, weiland, vollends. Behaghel 1923 Dt. Syntax 1, 399.

jemine Interj., aus lat. Jesu domine entſtellt, um eine Übertretung des zweiten Gebots zu vermeiden, darin vergleichbar mit ſackerlot, ſapperment, meiner Six, frz. parbleu. Ach jemini zuerſt bei Grimmelshauſen 1669 Simpl. 2, 624, der die Entſtellung noch durchſchaut.

jener Pron. Zum idg. Pron.-Stamm *eno-: *ono- (ſ. ander) gehören mit gr. ἔνη 'der übermorgige Tag', ἐκεῖνος 'jener', ἔνιοι 'einige', lit. anàs, anõs 'jener', aſlav. onŭ 'er' u. a. anord. enn, inn 'der' u. ahd. (obb.) ęnēr, mhd. (alem.) ęner 'jener'. Dazu mit noch aufzuklärendem Anlaut got. j-ains, agſ. geon, engl. yon, afrieſ. jen, mnd. jene, ahd. jęnēr, mhd. jęner 'ille'. Aus ſpätmhd. dēr jęner iſt nhd. derjenige entwickelt.

jeniſch Adj. 'rotwelſch'. Das zu Joner 'Spieler, Betrüger' (ſ. Gauner) gebildete Adj. auf -iſch erſcheint mit entrundetem Stammvokal als jeniſch bei Wiener Kellnern 1714 (Kluge 1901 Rotwelſch 1, 176), ſchriftſprachl. als jäniſch ſeit Jean Paul 1800 Anh. z. Titan 1, 108. Das Wort lebt in elſ. und ſchwäb. Ma.: Martin-Lienhart 1, 408; H. Fiſcher 4, 93.

jenſeits Präp. Adv. mhd. jęnsit 'auf jener Seite' (mhd. auch jęne sīte).

Jeremiade F. Zu den Klageliedern Jeremiä im Alten Testament iſt nach einem Vorbild wie Iliade zu Anfang des 18. Jh. frz. jérémiade F. 'Klage' gebildet. Bei uns nicht vor 1784: H. Schulz 1913 Fremdwb. 1, 310.

Jeſuit M. Seit 1533 bildet ſich um Loyola die Compañia de Jesus, 1540 wird ſie von Papſt Paul III. als Societas Jesu beſtätigt. Die Mitglieder werden vom Volk mit dem Scheltnamen Jeſuit 'Betbruder' belegt, der in den Niederlanden ſchon 1519 nachzuweiſen iſt. Canisius und Suarez wehren ſich gegen den mißgünſtigen Namen; gleichwohl hat er über die ganze Erde gegriffen, ſogar in amtlichen Gebrauch, nur nicht in den der Kirche und des Ordens ſelbſt: A. Götze, Sitz.-Ver. der Heidelb. Akad., phil.-hiſt. Kl. 1917, 9.

Jeſuitenriecherei F. von J. G. v. Zimmermann 1788 Unterred. mit Friedrich d. Gr. 87 f. in Umlauf geſetzt: Ladendorf 1906 Schlagwb. 146 f. Vorbild iſt Kaffeeriecher, Berliner Scheltname der Spürbeamten, durch die der König verhütete, daß Bürger ohne Brennſchein Kaffee brannten: Gombert 1905 Zſ. f. d. Wortf. 7, 6 f.

Jett ſ. Gagat.

jetzt Adv. Die mhd. Adverbien ie (ſ. je) und zuo, ze (ſ. zu) vereinen ſich im 12. Jh. zu iezuo, ieze 'eben jetzt, ſoeben, alsbald'. Lautgeſetzl. Entwicklung führt zu itzo, itz und (mit demſelben Lautvorgang, der mhd. ie zu nhd. je umgeſtaltet) zu frühnhd. jetz. Daran tritt t wie in Axt, Habicht, Obſt,

Palast, zu guter Letzt. Gleichzeitig mit iezuo erscheint im 12. Jh. die obd. Nebenform iezō (wie dō, zwō neben duo, zwuo), die als jetzo noch in der klass. Dichtersprache, als ieze in schwäb. bair. Mundart bis heute lebt. Die Form setzt Tonlosigkeit der zweiten Silbe voraus, während iezuo unter Nebenton Diphthong entwickelt hat. Iezunt, seit Herbort v. Fritzlar belegt und als jetzund bis ins 18. Jh. häufig, schließt sich an Zeitadv. an wie mittunt 'quondam' bei Notker oder mhd. sīdunt 'seitdem', die t angenommen haben unter Einfluß von Ortsadv. wie enōnt 'ultra', hinōnt 'citra'. Die Weiterbildung jetzunder steht unter Einfluß von Adv. wie hernachher hereinher: Behaghel 1928 Gesch. d. dt. Sprache 218. 265. 330 f.; v. Bahder 1929 Beitr. 53, 431 ff.

Jetzzeit F. Bei Schnüffis 1695 Maultrommel 220 begegnet jetzige Zeit, seit Schubart 1789 Vaterl. Chron. 164 Jetztwelt: nach diesen Vorbildern wagt Jean Paul 1807 Levana 1, 103 Jetztzeit, unschön in seiner Konsonanthäufung (Jetsttseit), entbehrlich neben Gegenwart, darum von Jochmann 1828 über die Sprache 173, Schopenhauer, Nietzsche und Wustmann mit Recht bekämpft: Zs. f. d. Wortf. 2, 70. 256. 5, 114. 11, 115.

jiddisch Adj. seit dem 19. Jh. vom Deutsch der Juden Osteuropas, das auf ostmd. und ostfränk. Grundlage ruht (von hier die Form des Adj. jüdisch), hebr. Bestandteile namentlich in der Sprache der Männer aufweist und mit hebr. Zeichen geschrieben und gedruckt wird. Engl. Yiddish (seit 1886) ist aus dem Dt. entlehnt.

Jingo M. Im Sinn unseres Donnerwetter begegnet engl. (by) Jingo seit 1670. Auf der Höhe der Spannung mit Rußland im Krimkrieg flicht der Hallensänger MacDermott by Jingo in ein Lied, das Ende 1877 das Schlagwort jingoism 'Chauvinismus' veranlaßt. Gleich danach wird Jingo auf den deutschen Säbelraßler übertragen: Ladendorf 1906 Schlagwb. 148; Büchmann 1912 Gefl. Worte 483 f.

Jobber M. Zu engl. job 'stoßen' gehört job 'Schlag, Coup, geschäftl. Vorstoß', dazu jobber 'Börsenspekulant', stockjobber 'Aktien-, Effektenhändler'. Bei uns wird Stockjobberey durch Möser 1778 Patr. Phant. 3, 40 bekannt; Jobber 'Börsenspekulant' ist daraus gekürzt: Schirmer 1911 Wb. d. d. Kaufmannsspr. 90.

Joch N. mhd. joch, ahd. joh (hh) 'Joch zum Tragen', 'Bergjoch', auch 'soviel Land, als man mit Ochsengespann an einem Tag pflügen kann' (s. Juchart). Entspr. asächs. juk-, mnl. joc, juc, nnl. juk, agf. geoc, geoht, ioc, engl. yoke, anord. schwed. ok, dän. aag. got. juk. Aus dem Germ. entlehnt finn.

juko, jukka 'Joch'. Urverwandt sind gleichbed. akorn. ieu, akymr. iou, kymr. iau, lat. iugum, gr. ζυγόν, aslav. igo (aus jŭgo), lit. jùngas, lett. jûgs, aind. yugá-, hettit. jugan. Sämtlich zur idg. Wurzel *ịeu- 'verbinden' und seiner Erweiterung *ịeug- 'zusammenjochen' im Ztw. lat. iungō, gr. ζεύγνῡμι, lit. jùngti, aind. yunákti, yuñjati 'schirrt an', dessen germ. Entsprechung vor Einsetzen der erhaltenen Denkmäler verklungen ist.

Jochem M. 'Wein'. Das in Finkeljochem (s. d.) als zweiter Teil enthaltene hebr. jajim lebt rotw. seit Basel 1450: johanns gnüg, das ist der win (Kluge 1901 Rotw. 1, 15), schriftsprachl. seit Grimmelshausen 1669 (DWb. 4, 2, 2331). Die Anlehnung an den Taufnamen hält J. südwestdeutsch am Leben: Martin-Lienhart 1, 405; H. Fischer 4, 65.

Jockei M. Engl. jockey 'Bereiter' ist Verkl. von Jock, der schott. Entsprechung von Jack 'Hänschen'. In Berichten über engl. Wettrennen erscheint J. bei uns seit 1787, eingebürgert wird es mit dem ersten Berliner Rennen 1830: H. Schulz 1913 Fremdwb. 1, 311; A. B. Stiven 1936 Englands Einfluß S. 40.

Jod N. Den chemischen Grundstoff hat Courtois 1811 in der Asche des Seetangs entdeckt und nach gr. ἰώδης 'veilchenfarbig' frz. iode benannt, weil er sich bei Erhitzung in veilchenblauen Dampf verwandelte.

jodeln Ztw. Zu dem Jodelruf jo bilden Alpenmundarten von Kärnten (Lexer 1862 Kärnt. Wb. 152) bis zur Schweiz (Jd. 3, 11) das Ztw. jodeln, das durch Goethe schriftdeutsch wird. Daraus entlehnt dän. jodle, schwed. jod(d)la. S. johlen.

jodute s. zeter.

Joghurt N. die nach bestimmtem Verfahren gesäuerte Milch heißt nach türk. jogurt.

Johannisbeere F. so benannt, weil sie schon um den Johannistag (24. Juni) reift. Neben dem von Livland bis zur Ostschweiz gangbaren Namen (Johansbeer Eiber 1579 Gemma 67) ist im Südwesten Johannistraube volkstümlicher (Johannistrübli in der Westschweiz), in Österreich Ribis(e)l (lat. ribes): Kretschmer 1918 Wortgeogr. 243.

Johannisbrot N. Die Schoten von Ceratonia siliqua, sonst Bockshorn genannt, heißen nach Johannes dem Täufer, dessen Kost (Mark. 1, 6) sie nach der Legende vervollständigen. In den deutschen Gesichtskreis tritt die morgenländ. Frucht zuerst im 14. Jh. (Ahd. Glossen 3, 559, 38), dann wieder zu Ende des 15. Jh. durch Pilgerreisen (hg. von Röhricht S. 137, Breitenbach 1483 „by Lymizo sint groisse welde mit ytel baumen, die Sant Johannes broidt bragen"; S. 339, Rindfleisch 1496 „in welden von Johansbrott"). Seitdem bleibt der Name häufig, auch bei den germ. Nachbarn: nl. St. Jans brood (boom), engl. (seit 1598) St. Johns bread, dän. Johannesbrod(træ), schwed. Johannesbröd. Entsprechend bei Romanen, Baltoslaven und Ugrofinnen: H. Marzell 1943 Wb. d. dt. Pflanzennamen 1, 898 f.

Johanniswürmchen N. Der um den Johannistag (24. Juni) fliegende Leuchtkäfer Lampyris heißt so seit Mathesius 1566 Luther 141, 20. Der Name gilt vor allem ostmd., sonst Johannisfunke, käfer, vogel, Glühwürmchen, Gleim(chen): Bahder 1925 Wortwahl 149.

johlen schw. Ztw. 'jo schreien', mhd. jölen 'laut singen', schon mit Ablehnung, wie sie auch grölen trifft, ebenso jolen in Zürich 1556 (J. Frisius, Dict. lat.-germ. 231ᵃ). Dagegen mnd. jölen 'jubeln'. Vom gleichen Ausgangspunkt abweichend entwickelt ist jodeln, s. d.

Jolle F. Name einmastiger Fahrzeuge auf Nord und Ostsee, nd. (seit 1520) auch jölle, jelle, gelle, nnl. (seit 1599) jol, engl. yawl, jollyboat, dän. jolle, schwed. julle. Frz. jol, yole, russ. jal(ik) scheinen dem Nd. entlehnt zu sein. Ursprung dunkel. Kluge 1911 Seemannsspr. 397.

Joppe F. mhd. jop(p)e, juppe, schöpe, tjoppe F. M. 'Wams, Jacke; Weiberrock'. Arab. dschubba 'Obergewand mit langen Armeln' ergibt älter ital. giuppa 'Jacke, Wams' und gelangt von da (wie in andere europ. Sprachen) auf mündl. Weg um 1200 nach Oberdeutschland: s. Schaube und Suolahti 1929 Frz. Einfluß 111 f.

Jot N. agf. (seit 1070) juþ: Name des Buchstaben j, im 17. Jh. neben Jod geläufig: nach hebr. jod, woher auch gr. ἰῶτα N. 'i'. Es ist der kleinste Buchstabe, darum nach Matth. 5, 18 nicht ein Jota 'nicht das geringste'. „Ein jota" seit 1688 belegt bei F. Schulz 1913 Fremdwb. 1, 311; vorher „das minste Jodt" Opitz 1631 Grotius 379.

Journal N. Dem mlat. diurnale (zu dies 'Tag') entspricht ital. giornale, nordital. zornal, das als frühnhd. zornal erscheint, wie andere Fachwörter der ital. Buchhaltung. Im 17. Jh. tritt Journal an die Stelle, das allmählich in alle Bed. des frz. journal einrückt: H. Schulz 1913 Fremdwb. 1, 312 Vgl. Tagebuch.

jovial Adj. Wer unter dem Zeichen des Jupiter steht, dessen Stern den Menschen Fröhlichkeit verleiht, heißt spätlat. joviālis, frz. jovial. Nach dem ersten jovialisch seit 1590, nach dem zweiten jovial seit 1776. Jovialität 1790 nach frz. jovialité. — Entspr. stellt sich

martialisch zu Mars, dem Namen des römischen Kriegsgotts.

Jubel M. Hebr. jôbēl 'Widder(horn)' gelangt zur Bed. 'Freudenschall' und liefert Jubeljahr (mhd. jübeljär), weil mit Widderhörnern jedes 50. Jahr eingeblasen wurde, das nach mos. Gesetz ein Erlaßjahr war. Nachdem Bonifaz VIII. 1300 das Jubeljahr kirchlich eingeführt hatte, wurde sein Name jübilaeum auf Gedenkfeiern anderer Art übertragen. Mlat. jübiläre (s. jauchzen) ergibt afrz. jubilēr 'jauchzen', das als jubilieren seit etwa 1250 in mhd. geistlichen Texten auftritt. Spätmhd. entsteht daraus jubel M., frühnhd. jubeln. Jubilar ist erst im 18. Jh. aus mlat. jübiläriūs eingedeutscht.

Juchart, Juchert, Jauchert M. spätahd. jühhart, agf. gȳcer, mhd. jüchert 'Ackermaß': mit ahd. giuh, mhd. jiuch N. F. 'Morgen Landes' zu nhd. Joch 'soviel Land man mit einem Joch Ochsen an einem Tag zu pflügen vermag'. Das Grundwort erinnert an das von mhd. ëgerte 'Brachland' (vgl. Artacker unter Art²), der Stamm an das urverw. lat. iūgerum 'Morgen Landes' (von da ū). Dies hat auch sachlich eingewirkt, da die Germanen das Feldmessen von den Römern gelernt haben. Neben dem oberpfälz.bair.schwäb. J. steht fränk.md. Morgen, alem. Tagwerk, Mannshauet ('soviel ein Mann in einem Tag haut'), österr. Joch, die freilich in ihrer Größe dem röm. iūgerum nur ungefähr entsprechen.

juchhe Interj. An den Freudenruf juch, der in jauchzen (s. d.) enthalten ist, tritt der Ruf he, mhd. hē als Interj. des Lachens. Juchhe kaum vor Stieler (1691) 804; voraus geht juch heia o Fastnachtsp. des 15. Jh. 335, 31; juchheisa folgt seit Kirsch 1739 Cornu cop. 2, 205.

Juchten N. M. 'nach bestimmter Art gegerbtes Leder'. Tatar. üfti 'Sack' ergibt russ. juft', das als mnd. zu uns gelangt. Diese Form lebt landschaftlich bis heute. Neben ft zeigt sich slav. (c)ht in russ. juht', poln. jucht, tschech. juchta, serb. juhta (Lokotsch Nr. 2128): eine dieser Sprachen ist Ausgangsgebiet für nhd. Juchten, das seit Stieler (1691) 892 gilt: Wick 31.

juchzen s. jauchzen.

jucken Ztw. mhd. jucken, md. jücken (schriftdeutsch ist die obb. Form geworden, in der ck den Umlaut von u hemmt, s. drucken), ahd. jucchen, mnl. jöken, agf. gyccan, engl. itch. Außerhalb des Westgerm. fehlen sichere Spuren des Stammes juk(k), zu dem sich auch ahd. jucchido, mnl. jöcte, agf. gycþa 'das Jucken' stellen.

Judaskuß M. Der Name des Verräters,

auch in Judaslohn und Judashaar (fuchs-
rot gedacht), liefert nach Matth. 26, 48 den
Judaskuß, seit 1570 Zimm. Chron.² 4, 229.
Vgl. Hiobspost, Kainszeichen, Uriasbrief.

Jude M. mhd. jude, ahd. judo, mit der
umgelauteten Nebenform Jüde, md. jüde,
ahd. judeo. Die Form auf -eo (auch asächs.
judeo, judeo) beruht auf lat. Iudaeus. Der
Volksname geht aus von dem des Stammes
Juda.

jüdeln schw. Ztw. 'die Art eines Juden zeigen', namentlich im Sprechen, aber auch im
Denken und Handeln (vgl. sächseln, schwä-
beln), kaum vor Zwingli 1522 Von Freiheit
d. Speisen 33 Ndr. „Du (Petrus) leerst die
Heyden Jüdelen, darumb das du von Geburt
ein Jud bist". In obd. Mundarten gilt weithin die Bed. 'nach Juden riechen'; jüdel(e)n
teilt sie mit judnen, judeinen, jüdenzen.
Dieses zuerst bei Luther 1542 Tischreden d.
Mathesischen Slg. 296 Kroker „O, die He-
braier — ich sag auch von den unsern — ju-
dentzen sehr".

Judenschule F. mhd. judenschuole. Als
im 14. Jh. der Ausdruck aufkam, wurde in
den Bethäusern die jüd. Jugend im Glauben,
später auch im Rechnen und Schreiben unter-
wiesen. So wurde J. Ersatz für Synagoge:
Nyström 1915 Dt. Schulterm. 1, 55.

Jugend F. Mhd. jugent, ahd. jugund,
asächs. juguð, mnd. joget, anfr. iugind, mnl.
joghet, jöghet, nnl. jeugd, afries. jogethe, ags.
geogoþ, iuguþ 'junge Schar'; engl. youth
'Jugend, Jüngling' führen auf germ. *ju-
gunþi-, idg. *iuu̯n̥ti-, -ti-Bildung zu idg.
*iuu̯n̥-, s. jung. Der Form nach vergleicht
sich aind. yuvatí- 'junges Weib'. Daneben auf
idg. -tā-: got. junds M. 'Jugend', lat. iuventa,
idg. *iu̯u̯n̥tá, auf tūti-: lat. iuventus, air.
ōetiu (aus *iou̯n̥tūt-), idg. *iu̯u̯n̥tūt-. Grundform für anord. øska 'Jugend' ist *junhiskōn.
Germ. g für idg. u̯ wie in Brücke, s. d.

Jul M. der nordostdeutsche Name des
Weihnachtsfestes, mnd. jul, ags. iúla, gēol,
geohhol, anord. jōl; vorauszusetzen ahd. *gēhal,
dazu als Monats- und Jahreszeitname got.
jiuleis, ags. giuli, gēola, anord. ȳlir. Aus dem
Urnord. entlehnt finn. juhla 'Feier', joulu
'Weihnachten', daraus wieder lapp. juovla
'Weihnachten'. Die Entlehnung beweist, daß
die Germanen ein vorchristl., mehrtägiges
Mittwinterfest begangen haben. Den Namen
trägt es nach der Jahreszeit: Grundform
*jehwla 'Zeit der Schneestürme', zu anord.
él N. 'Schneegestöber': A. Götze 1922 DWb. 14,
1, 710; 1923 Zs. f. dt. Phil. 49, 286f.; W. Krogmann 1932 Zs. f. vgl. Sprachf. 60, 114ff.

Julep M. 'kühlender, süßer Trank', ostpreuß. julep (Frischbier 1882 Preuß. Wb. 1,
320): pers. gul-āb 'Rosenwasser' wurde über
arab. dschulläb den Romanen bekannt und
drang über ital. giulebbo, frz. julep zu uns:
„Latwergen, Sirup, Julep" Fischart 1575
Garg. 19. Zs. f. d. Wortf. 10, 127.

Juli M. Der siebente Monat, ahd. hewi-
mānōth, und entspr. noch frühnhd. höuwmonat
(Zs. f. d. Wortf. 14, 317), war nach altröm.
Zählung, die das Jahr mit dem März begann,
der fünfte und hieß demgemäß lat. Quintīlis
(zu quintus, scil. mensis). Zur Ehre des den
Kalender berichtigenden Julius Cäsar wird er
umbenannt zu Iulius. Der fremde Name
bringt, von Humanismus und Kanzlei begünstigt, bei uns durch; Zesens Rückkehr zu
Heumond (Zs. f. d. Wortf. 14, 75) bleibt ohne
Nachfolge.

Julklapp M. 'Weihnachtsgeschenk', reichlich umhüllt dem Empfänger in die Stube geworfen, wobei der Schenker, der unerkannt
bleiben will, an die Tür klopft (klapp!) und
Julklapp! ruft. So ins Nd. der Ostseeländer
entlehnt aus schwed. julklapp (Vorpommern
war 1648 bis 1815 von Schweden besetzt), das
seit 1741 bezeugt ist, während Neujahrsge-
schenke an Untergebene und Arme viel älter
sind. — S. Jul.

Jumper M. 'Schlupfjacke mit kurzen Ärmeln und rundem Halsausschnitt', von Frauen
getragen: W. Fischer 1943 Dt. Wortgesch. 2,
372. Vorher Matrosenjacke: F. Kluge 1911
Seemannsspr. 401; Stiven 108. Jung entlehnt aus engl. jumper 'sportliche Strickjacke',
vorher 'loser Überziehkittel für grobe Arbeit',
so von 1853 bis 79 bezeugt. Das engl. Wort
gilt als Weiterbildung zu frz. jupe; s. Joppe.

jung Adj. Mhd. junc (g), ahd. asächs. afries.
jung, mnl. jonc (gh), nnl. jong, ags. geong,
engl. young, anord. ungr, dän. ung, schwed. ung,
got. juggs führen auf germ. *jungaz (dazu
mit gramm. Wechsel der Kompar. germ. *jún-
hizan- in anord. øri, got. jūhiza 'jünger'),
zusammengezogen aus *juwungaz für idg.
*iu̯u̯n̥-kós in air. ōac (älter ōec), mir. ōc,
kymr. ieuanc, bret. yaouank 'jung', gall.
Jo(u)incillus, lat. iuvencus 'junger Stier;
Jüngling', aind. yuvaśá-, yuvaka- 'jugendlich; Jüngling'. Die einfache Wurzel idg.
*ieu- 'jung' (Posit. *iuu̯en-, Kompar. *ieu̯ios-)
erscheint in air. ōa, ōam 'jünger, jüngst', mkymr.
ieu, bret. iaou 'jünger', kymr. ieuaf 'jüngst',
lat. iuvenis 'junger Mann'; aslav. junŭ, lit.
jáunas, lett. jaûns 'jung', aind. yávīyas-
'jünger', yáviṣṭha- 'jüngst'. — Von jung auf
(etw. gewohnt sein u. ä.) ist vermischt aus

'von Jugend auf gewohnt' und 'schon jung gewohnt': Behaghel 1923 Dt. Syntax 1, 8.

Junge M. gilt nord- und md. für schriftsprachl. Knabe, das in der Umgangsspr. geziert klingt. Obb. dafür Bub(e); die Grenze zwischen beiden zieht Kretschmer 1916 Wortgeogr. 244 f. Der Junge ist verkürzt aus d. j. Knabe, Schüler, Gesell, vgl. Mitt. f. Gesch. v. Nürnberg 14, 43 (1509): „damit die jungen schuler bester zu stattlicher schicklichkeit gezogen; zwu loca, in denen ... die iungen knaben underwiesen werden, damit bey den iungen mit frucht gelesen werde"; das. 46 (1510): „das sy demselben den iungen zegut vleißig obliegen."

Jünger M. ahd. jungiro, mhd. jünger. Der subst. Kompar. von jung ist in Wiedergabe des mlat. junior früh zu 'Schüler, Lehrling, Untergebener' geworden, so auch agf. gyngra 'Diener, Beamter'. Insbesondere zur Übersetzung des bibl. discipulus verwendet, in neuer Zeit auf ähnliche Verhältnisse der Anhängerschaft ausgedehnt: Zf. f. d. Wortf. 3, 229. 8, 211. Gegensatz Herr, f. d.

Jungfer F. verkürzt aus mhd. juncvrouwe 'junge Herrin, Edelfräulein'. Entspr. ist proklit. Frau über vrô verkürzt zu mhd. vor, ver; geblieben in niederrhein. Familiennamen wie Verjutten, Verloren, Vernaleken, Vrewen 'Frau Juttas, Lenores, Adelheids, Evas Sohn'. — Jungfer 'Libelle', nd. jumffer, tritt bei Richey 1755 Hamb. Jd. 105 neben gleichbed. Nymphe (f. d.) auf und ist wohl Lehnübersetzung aus lat. nympha in seiner Beziehung auf Insekten. Dafür md. Wasserjungfer seit 1743: DWb. 13, 2430. Vgl. Otterjünferle 'Eidechse' Müller-Fraureuth 1914 Wb. der obersächf. Ma. 2, 311.

Jungfernrede F., dän. jomfrutale heißt (nach engl. maidenspeech) die erste Rede eines Parlamentmitglieds. Dt. zuerst 1807: Trübners Dt. Wb. 4 (1943) 65; vgl. auch Gombert 1905 Zf. f. d. Wortf. 7, 147; Ladendorf 1906 Schlagwb. 152 f.; Stiven S. 49 und Anm. 248.

Junggesell M. Aus der Gruppe „der junge Gesell" ist gegen Ende des 15. Jh. das zunächst gleichbed. junggesell zuf.-gerückt. Im 16. Jh. tritt dann die Beziehung auf den Unverheirateten ein: wie Jungfrau gegen Frau 'Ehefrau', so tritt Junggesell in Gegensatz zu Mann 'Ehemann'.

Jüngling M. ahd. jungaling, asächf. jungling, anl. iungeling, afrief. jongeling, agf. geongling, anord. ynglingr: gemeingerm. Bildung aus jung und -ling. Nur got. juggalaubs (zweiter Wortteil got. laudi F. 'Gestalt' zu liudan 'wachsen') weicht ab: Kluge 1926 Stammbild. § 25. 55.

jüngst Adv. 'neulich': aus gleichbed. mhd. (ze) jungest, ahd. zi jungist, in frühnhd. Zeit gekürzt. Der Bed. 'neu' kommt der Superl. nahe auch in Fügungen wie: die jüngsten Ereignisse. Alter ist seine Verwendung für das in letzter Zukunft erwartete jüngste Gericht.

Juni M. Der sechste Monat, ahd. brāhmānōt, hieß im alten Rom nach Juno. Iunius und sein Gen. Iuni(i) werden durch Humanisten und Kanzleien des 16. Jh. bei uns durchgesetzt. Sie waren im 17. Jh. nicht wieder zu verdrängen, weil man sich über das Ersatzwort nicht einigen konnte. Zesen schwankt zwischen Brach-, Heu-, Lilien-, Rosen- und Sommermond: Zf. f. d. Wortf. 14, 75. 317. Vgl. Juli.

Junker M. urspr. 'Sohn von Herzögen oder Grafen', aus ahd. juncherro, mhd. junchërre, entspr. nl. jonk(he)er, woraus engl. younker entlehnt ist. Der Bildung nach vergleicht sich engl. yeoman 'Gutsbesitzer' aus agf. *geongman 'Jungmann'.

Juppe f. Joppe.

Jurist M. Mlat. jurista (zu lat. iūs, iūris 'Recht') ergibt seit 1300 mhd. juriste 'Rechtsgelehrter'. Die Form Jurist zuerst im Thurgau um 1400 in Hnr. Wittenwilers 'Ring' V. 312 und 7777. Dazu juristisch kaum vor Luther, Juristerei seit Fuchsberger 1534: H. Schulz 1913 Fremdwb. 1, 313.

just Adv. mit nl. juist, engl. just im 16. Jh. entlehnt aus lat. iuste Adv. 'gehörig'. Zuerst in Sim. Rots Fremdwb. 1571. Im 18. Jh. galt nach J. Fr. Heynatz 1775 Handb. zu richt. Verfert. d. Briefe zuweilen frz. Aussprache, entspr. dem frz. juste.

Justizmord M. Nachdem Voltaire 1770 Oeuvres 17, 388 von meurtre juridique gesprochen hatte, prägt der Historiker Schlözer 1782 Staatsanzeigen 2, 271 Justizmord auf die Hinrichtung eines Unschuldigen.

Jute F. Die dem Hanf ähnelnde Jutepflanze Corchoris capsularis mit ihrer stark gewellten Wurzel heißt nach dem Adj. aind. jaṭa, hindust. jhuta 'kraus'. Durch Vermittlung eines engl. Kaufmanns in Kalkutta, der sie engl. jute nannte, gelangte die Faser nach England, wo 1832 die erste Jutespinnerei errichtet wurde. In Deutschland, wohin sie bald danach eingeführt wurde, sprach man anfänglich dschüte: Lokotsch 1927 Etym. Wb. Nr. 693.

Juwel N. Zu lat. iocus (f. Jux) gehört mlat. jocāle 'Kostbarkeit, Edelstein', auf das frz. joyau zurückgeht. Daneben tritt *jocellum, die Voraussetzung für afrz. joël, das nordfrz. einen hiatfüllenden Gleitlaut entwickelt. Daher mnl. juweel, das im 15. Jh. rheinaufwärts dringt und gleichlautend in der Kölner Gemma von 1495 erscheint. Weiterhin wiegt bei uns bis ins 17. Jh. die Form jubel vor. Der Hersteller heißt frnhd. jubelierer, erst 1721 Juwelier: H. Schulz 1913 Fremdwb. 1, 314.

Jux M. Lat. iocus 'Scherz' ist zunächst unverändert in deutsche Rede eingeschoben, dann von Studenten zu Jock, Gucks, Jux entstellt worden; gebucht seit Kindleben, Stud.-Lex. (Halle 1781) 87 f. In Cleve 1477 begegnet jocken 'scherzen' aus lat. iocāri: Schueren, Teuthonista 56b Verdam. Durch Vermittlung etwa von westpreuß. jök 'Spaß' entsteht lit. juõkas 'Scherz'.

K

Kabacke F. 'elendes Haus' im 17. Jh. aus russ. kabák M. 'geringe Schenke' entlehnt und zunächst (z. B. Olearius 1647 Reise 215. 219) auf russ. Verhältnisse bezogen; so auch Kabaker als ostjüd. Fam.-Name. Nachmals als kabache in schles. und nd. Mundart, auch stud.-sprachl.: Zf. f. d. Wortf. 3, 98; Wick 80.

Kabale F. Neuhebr. qabbālā 'Geheimlehre' begegnet seit Fischart 1581 Bienenk. 32b „der Juden Kabalen vnd Thalmud". Frz. cabale entwickelt die Bed. 'Ränke', die 1630 zu uns bringt. Noch lange erscheint K. neben den nach Bed. und Herkunft verwandten Intrigue und Finesse: H. Schulz 1913 Fremdwb. 1, 314 f.

Kabel F. 'Anteil, Los', ein gemeinnd. Wort: mnd. nnl. kavele 'Rundholz zum Losen', kavelen 'das Los werfen', nnl. kavel 'Los, Anteil am (Grund-)Besitz', afries. kavelia 'verlosen'. Das Nordgerm. hat starken Anteil an der Wortsippe: anord. kafli 'längliches Rundholz' mit meðalkafli 'Schwertgriff' (urspr. 'Mittelholz'), kefli 'runder Stock' mit rūnakefli 'Runenstab' und kefla 'mit einem Knebel das Jungvieh am Saugen hindern', aschwed. kafli 'Walze, Stock', schwed. norw. kavle 'Walze, Knebel'. Den germ. Wörtern vergleichen sich baltische, z. B. lit. žãbas 'Ast, Reisig', žabà 'Rute, Gerte', lett. žabuôt 'mit einem Knebel das Jungvieh am Saugen hindern': sämtlich zu idg. *geb(h)- 'Ast, Holzstück', neben dem gleichbed. *geg(h)- steht, so daß neben lit. žãbaras 'dürrer Ast' gleichbed. žãgaras tritt. — S. Kufe[1].

Kabel N. 'Tau; unterseeische Leitung'. Arab. habl 'Seil' gelangt zu den Romanen und mischt sich mit lat. capulum 'Fangseil' (zu capiō 'fasse'). Beide beeinflussen die Bed. von frz. chable 'Roll-, Ankertau' (aus vulgärlat. *catabula 'Niederwerfen', das dem gleichbed. gr. καταβολή entlehnt ist). Das Ergebnis kommt in der pikard. Form cable und durch Vermittlung von mnl. cabel zu Niedersachsen des ausgehenden 13. Jh.; ebendaher engl. cable und spät-anord. kabill. In unsern seemänn. Quellen wird kabel 'Ankertau' seit dem 15. Jh. greifbar: Kluge 1911 Seemannsspr. 404. Eine Erinnerung an den Ursprung birgt Gudr. 266 Ir ankerseil wurden dā her von Arabē gevüeret.

Kabeljau M. Derselbe Fisch Gadus morrhua, der frisch und jung Dorsch, an Stangen getrocknet Stockfisch, auf Felsen gedörrt Klippfisch, in Fässern eingesalzen Laberdan heißt, wird in frischem, erwachsenem Zustand Kabeljau genannt. Die Basken, die ihn früh auf seinen Laichbänken vor Neufundland fingen, nannten ihn mit einem roman. Wort (span. bacallao, port. bacalhão, zu lat. baculum 'Stock' [s. Bakel] wie unser Stockfisch) bakallao das als bakeljauw im älteren Nl. lebt. Daraus umgestellt erscheint im 12. Jh. in den Niederlanden mlat. cabellauwus; hierauf beruhen mnl. cabbeliau, nnl. kabeljauw, frz. cabillaud, engl. cabiliau, dän. kabliau, schwed. kabeljo. Auf nd. Boden erscheint seit 1350 in Lübeck, Stade, Hamburg kaplaw, kabelow, kabbelouw, von da frühnhd. kabbelouw seit Geßners Fischb. übers. v. Forer (Zürich 1563) 13a. Vgl. Anschowis und Laberdan.

Kabine F. Um 600 n. Chr. tritt bei Isidor, Orig. 15, 12, 2 ein aus illyr. *kapánā stammendes capanna 'Erdhütte' auf, das in den roman. Sprachen fortlebt: ital. capanna 'Laubhütte', prov. cabana, span. cabaña. Über frz. cabane entsteht gegen Ende des 14. Jh. engl. cabin 'Kammer an Bord für Offiziere und Fahrgäste', das als cabbin 1618 bei uns erscheint: Hulsius, Schiffahrt 15, 21. Zesens Gegenvorschlag Schiffskammer (Zf. f. d. Wortf. 14, 75) hat die Einbürgerung nicht verhindert: Kluge 1911 Seemannsspr. 407; H. Schulz 1913 Fremdwb. 1, 315.

Kabinett N. Als Verkl. gehört zu ital. gabbia 'Käfig' gabinetto, frz. cabinet 'kleines Gemach'. Dies erscheint 1591 als 'Nebenzimmer, Kammer' bei uns; die weiteren Bed. 'Arbeitszimmer des Fürsten, Ministers' und 'Museumsraum' folgen im 17. und 18. Jh.: H. Schulz 1913 Fremdwb. 1, 315. Über österr. Kabinett 'einfenstriger Raum' im Gegensatz zum zweifenstrigen Zimmer s. Kretschmer 1918 Wortgeogr. 506.

Kabes, -is, -us s. Kappes.

Kabuſe, Kabüſe ſ. **Kombüſe.**

Kachel F. mhd. kachel(e), ahd. chachala 'irdener Topf', alem. chachle, ſchwäb. kachel 'Kochtopf', mnd. kachel, dän. kakkel, ſchwed. kakel: vor der hd. Lautverſchiebung von Oberitalien her entlehnt aus vulgärlat. *cac(c)ulus, -a 'Kochgeſchirr', das nach Ausweis von tarent. caccalo u. a. roman. Formen (J. Brüch 1937 Zſ. f. rom. Phil. 57, 585ff.) neben lat. cac(c)abus (aus gr. κάκαβος) 'Tiegel, Pfanne zum Schmoren' beſtanden hat. Das gr. Wort ſtammt aus einer ſemit. Sprache. Im 13. Jh. kommt in Oberdeutſchland der kacheloven auf: ſtatt des gemauerten Ofens die über der Feuerſtatt aufgebauten Tonſcheiben mit Vertiefungen, die die Heizfläche vergrößern. Als obd. Eindringling heißt er mnd. kacheloven, nnl. kachel: M. Heyne 1899 Wohnungsweſen 240f.

Kachler M. Der elſäſſ. Name des Handwerkers, der Kachelöfen ſetzt und im Norden Töpfer, im Süden Hafner, ſonſt Ofner und Ofenſetzer heißt: Kretſchmer 1918 Wortgeogr. 536.

kacken ſchw. Ztw., frühnhd. kacken: nicht vor 1495 bezeugt, aber urverwandt mit gleichbed. lat. cacō, gr. κακκάω, mir. caccaim, ruſſ. kakat' uſw.: ſämtlich zum idg. Lallwort *kakka- 'cacāre'. Sinnverwandt im 16./17. Jh. hofieren (ſ. b., urſpr. 'zu Hofe gehen', dann 'auf dem Hof ſeine Notdurft verrichten'); das alte grobe Volkswort ſ. u. ſcheißen.

Kadavergehorſam M. In den Constitutiones Societatis Jesu ſchreibt Ign. v. Loyola ſeinen Ordensbrüdern zu, ihren Oberen zu gehorchen „perinde ac si cadaver essent". Von da wird K. kurz vor 1880 Schlagwort, vor allem im Kampf der Sozialdemokraten gegen den Militarismus: Ladendorf 1906 Schlagwb. 156; Büchmann 1912 Gefl. Worte 417.

Kadett M. Zu lat. caput 'Haupt' ſtellt ſich gaskogn. capdet 'Hauptmann'. Da die von der Erbfolge ausgeſchloſſenen jüngeren Söhne der gaskogn. Edelleute als künftige Offiziere an den Pariſer Hof kamen, wandelte ſich frz. cadet zu 'Offiziersanwärter'. Entſprechend in Preußen unter König Friedrich Wilhelm I.: Geſchriebene Berliner Zeitung 1713 (Buchner, Das Neueſte von geſtern 2, Nr. 37) „Die königliche Pagen ſollen alle Cadets ... ſeyn". Cadetten-Schule 1742, Seekadett (von engl. Zuſtänden) 1787: H. Schulz 1913 Fremdwb. 1, 316.

Kadi M. Arab. qāḍī 'Richter', Quellwort auch für ſpan. alcalde 'Dorfvorſtand', erſcheint bei uns ſeit 1703. Geſtützt vor allem durch die Beliebtheit der Märchen aus Tauſendundeiner Nacht.

Käfer M. ahd. chëvar, mhd. këver mit der ſchw. Nebenform ahd. chëviro, mhd. këvere; aſächſ. anfr. këvera, mnl. këver(e), nnl. kever; mit Ablaut nd. kavel, agſ. ceafor, engl. chafer. Weſtgerm. entſprechen *kebra-, *kabru-. Eine Nebenform mit b zeigt ſchweiz. chäber. Die weſtgerm. Bildung bedeutet 'Nager'; ſie wird zu der unter Kiefer M. entwickelten Sippe geſtellt, zu der auch mhd. kif(el)en, nnl. keveren 'nagen' gehören. Nhd. ä für altes ë wie in Bär, gebären, verbrämen, gären, jäten, Säge, Schädel, ſchräg, Schwäher, ſchwären, ſpähen, Strähne u. a.

Kaff¹ N. mb. kaf 'Fruchthülſe des gedroſchenen Getreides', ein vorwiegend nd. Wort: mnd. mnl. kaf, agſ. ceaf, engl. chaff. Doch vgl. ahd. chëva, mhd. këve 'Hülſe'. Ohne ſichere Beziehungen.

Kaff² N. 'Dorf, elendes Neſt', jung aus Kaffer 'ungebildeter Menſch' rückgebildet, ſ. b. und H. Fiſcher 1814 Schwäb. Wb. 4, 141.

Kaffee M. Arab. qahwa, das urſprünglich 'Wein' bedeutete und ſeine Bedeutung in 'Kaffee' wandelte, als dieſer den Wein infolge von Mohammeds Weinverbot verdrängte, iſt über türk. qahvé nach Europa gekommen, -f- iſt im armen. Türk. entwickelt. Zu uns gelangen 1688 Cafe über frz. café, coffée über engl. coffee. Vorher ſprechen Reiſewerke von chaube (Rauwolf 1582 Eigtl. Beſchr. 102) oder cahwe (Olearius 1663 Reiſe 598). In Kaffeebohne beruht das Grundwort auf Umdeutung von arab. bunn 'Beere'. Ausgeführt wurde der arab. Kaffee über Mocha am Roten Meer, daher engl. mocha ſeit 1773, bei uns ſeit Wieland 16, 96 als Mokka.

Kaffeehaus N. Das erſte deutſche K. wird in Hamburg 1679 nach Londoner Muſter gegründet, der Name iſt darum Coffeehaus noch Schnabel 1731 Inſel Felſenb. 12. Die im 18. Jh. allgemeine Bezeichnung Kaffeehaus hat ſich in Öſterreich gehalten, wo das K.Leben dauernd die größte Rolle ſpielte (Nicolai 1781 Reiſe 5, 236). Unſer Kaffee N., zuerſt in Zürich 1770, iſt gekürzt aus frz. Firmen wie Café Français (ſo Berlin 1833): Kretſchmer 1918 Wortgeogr. 159 ff.

Kaffeeriecher ſ. **Jeſuitenriecherei.**

Kaffer M. 'ungebildeter Menſch' hat mit den afrik. Kaffern nichts zu tun. Dieſe ſind mit ſpan. port. cafre 'Barbar' nach arab. kāfir 'Ungläubiger' benannt, jenes ſtammt aus rabbin. kafrī 'Dörfler' (Web.Entw. wie bei Tölpel) zu hebr. kāfar 'Dorf' (ſ. Kaff²) und tritt zuerſt 1714 auf: „ſie hätten ihn vor thumm gehalten und ihn immer den thummen Kaffer genennet" Kluge, Rotw. 1, 177. Von den Gaunern wandert das Wort in die Mundarten (H. Fischer 1914 Schwäb. Wb. 4, 145) und seit 1831 in die Stub.=Sprache: Kluge 1895 Stud.=Spr. 97; Zs. f. d. Wortf. 2, 293.

Käfig M. Lat. cavea 'Umfriedung' ist dreimal entlehnt worden. Sehr alte Übernahme hat Kaue (s. b.) ergeben, gleichfalls früh ist Koje (s. b.) ins Nd. gelangt. Erst vulgärlat. cavia konnte ahd. chevia, asächs. kevia, mnl. kevie F. liefern; wie bei den späten Lehnwörtern Brief, Pferd, Stiefel, Vers ergab lat. v hd. f. Mhd. kevje M.F.N. erweitert seine Bed. auf 'Vogelhaus, Gefängnis'; weiterhin wird j zu g wie in Ferge, Latwerge, Mennige, Metzger, Scherge. Die nhd. Schreibung mit ä beruht auf neuer Anlehnung an das Grundwort cavea. Im 18. Jh. gilt die Endung -icht wie in Dickicht, Kehricht, Spülicht, Teppicht. Seit Bauer[1] (nach dessen Vorbild K. im 16. Jh. M. wird) im Mhd. die Bed. 'Käfig' erlangt hat, stehen deutsches und fremdes Wort für dieselbe Sache nebeneinander wie Rocken und Kunkel, Heimchen und Grille, Lachs und Salm, Schwamm und Pilz, Docke und Puppe, Hammel und Schöps, Geißel und Peitsche, Meerrettich und Kren. Mit K. sind verwandt ital. gabbia, gaggia, frz. cage 'Käfig' (daher engl. cage), und ital. gabbiuola, frz. geôle (engl. jail, gaol) 'Kerker'.

Kaftan M. Pers. chaftān 'Unterpanzer' gelangt über arab. qaftān 'Gewand' ins Span. (Littmann 1924 Morgenl. Wörter 95) und von da über frz. caftan vor 1681 (H. Schulz 1913 Fremdwb. 1, 317) zu uns. Die Anwendung auf den langen Rock der Ostjuden mag uns über serb. russ. poln. kaftan 'langschößiger Rock' erreicht haben (Lokotsch 1927 Etym. Wb. Nr. 774), die durch türk. kaftan (Olearius 1647 Persian. Reisebeschr. 125) vermittelt sind.

Käster N. Gr. σκαφιστήριον N. 'Trog, Mulde' (zu gleichbed. gr. σκαφίς F.) ergibt spätlat. capistērium 'Mulde, Behälter', mlat. auch 'Bienenkorb'. Nur die letzte Bed. geht über auf frz. (mundartl.) chatoire und ahd. chafteri, chaftere. Die Brücke von da zu K. schlagen Chrismann, Beitr. 18, 228 und Jud, Zs. f. rom. Phil. 38, 62, doch bleiben Zweifel angesichts der Bed. 'enges Gelaß, Kammer, Gefängnis' und der Verbreitung (Westfalen, Brandenburg, Posen, Sachsen, Thüringen, Vogtland, Nordböhmen).

kahl Adj. mhd. kal, kalwer, ahd. kalo, kal(a)wër, mnd. kale, mnl. agf. calu, nnl. kaal, engl. callow 'ungefiedert, unbehaart'; aus dem Dt. entlehnt das nicht vor 1602 bezeugte schwed. kal. Daneben die Subst. ahd. cal(a)wa, mnd. kalewe, afries. kāle, ags. calwa 'Kahlheit' und das schw. Ztw. ahd. kalawen,

afries. kalia 'kahl machen'. Mehrfach, zuletzt von A. Senn 1933 Journ. of Engl. and Germ. Philol. 32, 521 ist behauptet worden, daß nur westgerm., manchen dt. Mundarten fehlende Adj. sei entlehnt aus gleichbed. lat. calvus. Wahrscheinlicher ist Urverwandtschaft mit aslav. golŭ 'nackt', glava, russ. golová, lit. galvà, apreuß. gallū 'Kopf', sämtlich mit idg. g-. Ob die Sippe des lat. calvus (mit idg. q-) als Anlautdublette beurteilt werden darf, steht dahin.

Kahm M. 'Schimmel auf gegorenen Flüssigkeiten' mit der ursprünglicheren Nebenform Kahn, frühnhd. kön, mhd. kān (Hugo v. Trimberg, Renner 9497), sonst mhd. mnd. käm, nnl. kaam, doch auch engl. mundartl. canes, keans 'Schaum auf Gegorenem'. Offenbar altes Lehnwort aus vulgärlat. cāna 'graue Schmutzschicht auf Wein' in afrz. chanes, chienes (Plur.), südfrz. cano 'Kahm'. Mit den andern Fachwörtern des Weinbaus (Essig, Kelch, Keller, Kelter, Kufe, Lauer, Pfahl, pflücken, Presse, Spund, Torkel, Trichter, Wein), mag cāna ins Urdeutsche entlehnt sein: Jud, Zs. f. rom. Phil. 38, 15.

Kahn M. ein nord= und mitteldeutsches Wort, als kane seit 1340 bezeugt, durch Luther in die Schriftsprache gelangt, in den Wbb. nicht vor Henisch 1616. Luthers Kahn muß seinen obd. Zeitgenossen mit Barche, kleines Schiff, Nachen, Weidling erläutert werden: Kluge 1918 Von Luther bis Lessing 101. 109. Gleichbed. sind Achen am Mittelrhein, Hümpel in Hessen, Schelch in Würzburg, Zille auf Elbe und Donau, sowie die Fremdwörter Boot und Naue: Kretschmer 1918 Wortgeogr. 246ff.; v. Bahder 1925 Wortwahl 30f. Kahn hat Verwandte in ält. dän. kane 'Boot, Schlitten', ndän. kane 'Schlitten', schwed. mundartl. kana 'Schlitten der Lappen'; anord. kani, norw. mundartl. kane 'Schale mit zwei Henkeln'; dazu mit Ablaut anord. kæna 'eine Art Boot'. Offenbar ist 'Gefäß' als Grundbed. anzusetzen und Verbindung mit mir. gann (aus *gandhn-) 'Gefäß' herzustellen.

Kai M. 'gemauerter Uferdamm', nach Mitte des 17. Jh. entlehnt aus nl. kaai, das mit engl. quay, dän. kai, schwed. kaj auf frz. quai beruht. Für dieses vermutet man kelt. Ursprung: air. cai 'Straße, Weg'.

Kaib s. Keib.

Kainszeichen N. Das Zeichen, mit dem der Herr nach 1. Mos. 4, 15 Kain schützt, ist vergröbert zum Brandmal des Brudermörders. Noch Wieland im T. Merkur vom Febr. 1779 S. 169 spricht von „dem Zeichen Kains", Freiligrath 1836 'Bei Grabbes Tod' vom Kainsstempel. K. vor 1845 bei C. E. v. Houwald, Werke 1 (1859) 497; 1850 bei Paul Heyse, Francisca 3, 2.

Kaiser M. mhd. afries. keiser, ahd. keisar, asächs. kēsur, agf. cāsere, got. kaisar. Die got. Form entspricht nicht dem lat. Caesar (lat. ae wurde zu got. ē), sondern dem gr. Καῖσαρ: die Goten haben unter oströmischem Einfluß das Wort umgestaltet, das sie schon an der Weichselmündung aufgenommen hatten. Denn Kaiser ist das älteste Lehnwort lat. Ursprungs im Germ.: mit den Namen der Griechen und Römer haben es die Germanen zu Beginn unserer Zeitrechnung aufgenommen, mit c als Verschlußlaut auch vor Palatal und diphthongischer Aussprache des ae. Die Bed. entwickelten sie vom Eigennamen Caesar zu 'Herrscher' (wie später in ähnlicher Lage die Slaven in aslav. kraljı, ruff. koról', lit. karālius den Namen Karls d. Gr. zu 'König' wandelten). Als sich dann die röm. Kaiser den Beinamen Caesar beilegten, wurde bei den Germanen das längst bekannte Wort auf die Bed. 'Kaiser' festgelegt, während die Romanen den lat. Titel imperator festhielten (frz. empereur). Dazu auch die kelt. Wörter für 'Kaiser': kymr. ymerawd(w)r, älter amherawdr, aus dem lat. Nom. imperātor, bret. impalaer aus dem Aff. imperātōrem (ā im Vorton gekürzt: M. Förster 1941 Themse 241), akorn. emperur, mkorn. emp(e)rour (aus dem Mengl. oder Frz.). Auf imperator beruht auch alb. mbret 'Fürst'. Deutsche Vermittlung erklärt, wie mengl. keiser, anord. keisare, so auch aslav. cěsarı, ruff. car' 'Zar'. Das nhd. ai entstammt der Kanzlei Maximilians I.; nach Helvigius 1611 Orig. dict. germ. stand neben böhm.-bair. Kayser meißn.-sächs. Keiser.

Kaiserbirne F. Im alten Österreich wurden die Namen erlesener Genußmittel gern mit Kaiser- zus.-gesetzt. Eine schöne Birne mit schmelzendem Fleisch, sonst Butterbirne, heißt Kaiserbirne schon nach Klein 1792 Prov.-Wb. 1, 220. Die in Form einer Rose gebackene Semmel (sonst Rosensemmel, -weck) heißt in Österreich Kaisersemmel (Gegensatz Schusterlaiberl 'Wasserweck'); Gebäck aus bestem Teig Kaiserbrot schon im 17. Jh. Kaiserfleisch ist (seit 1785 Briefe e. Eipeldauers 1, 11) ein besonders gutes Rippenstück vom Schwein (sonst Rippespeer, Schweinsripple u. ä.). Kaiserschmarrn heißt der aus wenig Eiern und Milch, aber viel Mehl bereitete Eierkuchen. Auch Kaiserwein spielt eine entspr. Rolle: Kretschmer 1918 Wortgeogr. 155. 159. 267. 399.

Kaiserling M., der ausgezeichnete Speisepilz Amanita caesarea Pers., zuerst in Niederösterreich 1601 bei C. Clusius, Rariorum plantarum hist. 272: Germani Keyserling appellant, quasi Caesareum, quod inter fungos principatum teneat. Die Deutung irrt: nach Plinius, Nat. hist. 22, 92 ist Kaiser Claudius 54 n. Chr. an Gift gestorben, das man einem Gericht dieser seiner Lieblingspilze beigemischt hatte. Danach auch Herrenschwamm (1832), Kaiserschwamm (1833), nnl. keizerling, ital. bolè real, frz. royal, poln. bedłka cesarska usw.: H. Marzell 1943 Wb. d. dt. Pflanzennamen 1, 236.

Kaiserschnitt M. Nach Plinius, Nat hist. 7, 47 ist der erste Träger des Namens Caesar durch K. zur Welt gekommen. Der Bericht hat früh Eindruck gemacht: Joh. Melber 1482 Voc. predic. D 6a „Cesar keiser, sic dictus, quod ex ventre matris cesus". Mlat. sectio caesaria ergibt engl. Caesarean section, frz. opération césarienne, älter nhd. kaiserlicher Schnitt, so Heister 1739 Chirurgie 647. Kaiserschnitt kaum vor M. Claudius 1777 Werke 3, 110.

Kaiserwahnsinn f. Cäsarenwahnsinn.

Kajak M. N., das einsitzige gedeckte Männerboot der Eskimos, neben dem mehrsitzigen offenen umjak, dem Weiberboot (DWb. 14, 1, 383). Bei uns zuerst als kajakka bei Olearius 1656: Kluge 1911 Seemannsspr. 410; Palmer 58. Vgl. Grönländer.

Kajüte F. Unter Kabine ist frz. cabane 'Erdhütte' entwickelt; unter Hütte wird gezeigt, wie durch Entlehnung frz. hutte entsteht. Als Kreuzung aus beiden gilt frz. cahute 'schlechte Hütte', das pikard. c- bewahrt (sonst schon im 13. Jh. châute). Durch Rückentlehnung entsteht mnd. kaiüte 'Wohnraum an Bord' (seit 1407 Livl. Urk.-B. 2922; gleichbed. hd. Kojüte Olearius 1647 Perf. Reise 60). ü beruht auf dem älteren M., das uns das frz. Wort vermittelt hat. Fläm. cahuyte (seit Binnaert 1702), dän. kahyt(e), älter kajytte, schwed. kajuta sind gleichen Ursprungs.

Kakadu M. 'Haubenpapagei'. Dem mal. kakatua entspricht portug. cacatua, auf dem die gleichbed. u. gleichlautenden span. u. ital. Wörter beruhen. Nhd. erscheint bei Andersen 1669 Orient. Reiseb. 189 im Auslaut umgedeutetes kakethun; Umdeutung im Anlaut zeigt gleichbed. engl. cockatoo. Unser seit Adelung 1775 gebuchtes Kakadu ist durch nl. kakatoe vermittelt: die Holländer besitzen die wichtigsten Inseln in der Heimat des Vogels. Rich. Loewe 1933 Zf. f. vgl. Sprachf. 61, 120ff.

Kakao M. Aus cacao, dem Namen des Kakaobaums und seiner Frucht im alten Nikaragua, entsteht span. cacao, das um 1550 durch Acosta 4, 22 in Europa bekannt wird. Cacao für Stoff und Trank begegnet im Deutschen seit Quad 1598 Ench. cosm. 273:

H. Schulz, Fremdwb. 1, 318; R. Loewe
1933 Zf. f. vgl. Sprachf. 61, 84ff.; Palmer
(1939) 58ff. Mittelamerik. Ursprungs sind auch
Mais, Schokolade, Tabak, Tomate und
Zigarre.

Kakerlak M. 'lichtscheue Küchenschabe; Albino'. Unser ältestes Zeugnis stammt aus
Stralsund 1524 (F. L. v. Soltau, 100 dt. hist.
Volkˢl.² 283): hier wird Luther de rechte
schlimme kakerlack gescholten. Das Insekt
Periplaneta ist mit Schiffen aus Amerika ein-
geschleppt und heißt span. früh im 16. Jh. caca-
rucha. Hieraus soll Kakerlak entstellt sein,
vielleicht auf dem Weg über Holland; freilich
ist nnl. kakkerlak bisher nicht vor 1675 nachgewiesen. Das gleichbed. engl. cockroach gilt
als Entstellung aus span. cucaracha. Vom
gleichfalls lichtscheuen Albino steht Kakerlak
erst im 19. Jh.: Littmann (1924) 146; Palmer
(1939) 60.

Kaktus M. Gr. κάκτος 'stachlige Pflanze'
wird auf gelehrtem Weg zur Bez. der Kakteen,
die sich in der Neuzeit von Amerika über die
Erde verbreiten. Bei uns ist Cactus nicht vor
1766 nachgewiesen, engl. cactus seit 1607, frz.
cactier erst 1791: Littmann 151; Palmer 60f.

Kalauer M. Im 18. Jh. erscheint frz. ca-
lembour 'Wortspiel', dessen Ursprung nicht
hinreichend geklärt ist. Als Fremdwort im Deutschen ist Calembour(g) nachgewiesen von 1787
bis 1845 (H. Schulz 1913 Fremdwb. 1, 318).
Zuerst 1858 erscheint in Berlin dafür Kalauer
(Ladendorf 1906 Schlagwb. 156), mit Anlehnung an den Namen der niederlausitz. Stadt
Kalau und nach dem Vorbild des Scherz-
worts Meidinger für 'alter Witz', dies nach
Joh. Val. Meidinger 1783 Frz. Grammatik
mit einer Sammlung 'Auserlesener Histörchen':
Büchmann 1912 Gefl. Worte 505.

Kalb N. mhd. kalp (b), ahd. chalp, kalb,
asächf. mnd. anfr. nnl. engl. calf, nnl. schwed.
kalf, agf. cealf N., anord. kalfr M., dän. kalv.
Got. ist nur kalbō belegt, dem n-Stamm ahd.
chalba, kalba, mhd. kalbe F. 'junge Kuh, die
noch nicht gekalbt hat' entsprechend. Die Mz.-
Formen ahd. chalbir, kelbir, agf. cealfru,
calfur erweisen als Ausgangsform einen neutr.
s-Stamm *kalb-iz, *kalb-az, zu dem ahd.
kilbur(ra), mhd. kilbere F., agf. cilfer-, ceol-
forlamb (aus *kelb-uz) 'Mutterlamm' in
Ablaut steht. Die germ. Sippe hat Urverwandte in gr. δελφύς, δολφός 'Gebärmutter',
δέλφαξ 'Ferkel', ἀδελφός 'co-uterinus, Bruder', aind. garbha- 'Mutterleib, Leibesfrucht':
sämtlich zu idg. *gʷelbh-: *gʷolbh 'Gebärmutter, Tierjunges'.

Kälberkern M. Name verschiedener Kerbel-
arten, zunächst der Kerbelrübe (Chaero-

phyllum bulbosum L.), deren knollig verdickte
Wurzel einem Haselnußkern (ahd. kërno) in
Aussehen und Geschmack ähnelt. Mhd. kërbel-
kërne ist umgestellt zu kelberkërne, der Name
wegen äußerer Ähnlichkeit auf den Schierling
(mnd. wödeschërne) übertragen, daher im
15. Jh. (Mones Anz. 8, 102, 40) kelbkernen/
cicuta. Nachdem Kälberkern zum Namen auch
des Wiesenkerbels (Chaerophyllum sil-
vestre L.) mit den kropfartigen Anschwellungen seiner Stengelknoten geworden war, wandelte er sich zu Kälberkropf, so früh bei J.
Gottsched 1703 Flora Prussica 175: Beitr. 60
(1936) 406ff.; Marzell 1 (1943) 909ff.

kälbern Ztw. nnl. kalveren, urspr. 'sich nach
Art der Kälber, bes. der Märzkälber, tummeln',
so seit dem 16. Jh. bezeugt; als 'derb schäkern'
seit Stieler (1691) 917 gebucht. Vgl. äffen
und Zf. f. d. Wortf. 12, 281.

Kalbfell N. seit etwa 1600 mit pars pro toto
für 'Trommel', bes. für die des Werbers, der
die Rekruten nachliefen und zu der sie schworen.
So steht Fahne, Fähnlein für die darunter
versammelte Mannschaft.

Kalbsmilch F. Von den unter Bröschen
entwickelten Namen der Brustdrüse des Kalbes
gilt Kalbsmilch im größten Teil von Nord-
und Mitteldeutschland. Die ältesten Belege
führen auf Kalbes-Milch Leipzig 1715 und
Kälbermilch Dresden 1730: Kretschmer 1918
Wortgeogr. 248. Auch Milch, Milchen,
Milken, Milchling, Milchfleisch, -stück
kommen vor; alle benennen die Drüse nach
ihrer Zartheit.

Kaldaunen Plur. 'eßbare Eingeweide der
Schlachttiere', nd. kaldünen, ka(l)lünen, über
Nord- und Mitteldeutschland verbreitet; die
Abgrenzung gegen gleichbed. Kutteln, Kuttel-
flecke, Fleck(e), Rampen nimmt Kretschmer
1918 Wortgeogr. 249 f. vor. Vulgärlat.
*cal(i)dūna 'das noch dampfende Eingeweide
frisch geschlachteter Tiere' (zu calidus 'warm')
liefert mlat. caldūna, das in ital. caldune,
frz. chaudun, engl. chawdron fortlebt, ebenso
in akorn. (12. Jh.) colon, kymr. calon, bret.
kaloun 'Herz'. Mhd. mnd. kaldūne tritt im
14. Jh. auf. Aus dem Deutschen entlehnt sind
dän. schwed. kallun, poln. kaldun, tschech.
kaldoun 'Eingeweide', kroat. kaldũni 'Lunge'.

Kalender M. Zu lat. calāre 'ausrufen' gehört (wegen der am ersten Monatstag fünf-
bis siebenmal wiederholten Rufe des Pontifex
minor) calendae Plur. F. 'Monatserster', dazu calendārium N. 'Schuldbuch' (der erste war
Zahltag). An Stelle des N. rückt spätlat.
calendārius M. 'Zeitweiser durchs Jahr'. Dies
wird im 15. Jh. entlehnt und (wie Almanach)
im 16. Jh. als Buchtitel üblich. Svennung,

Forhandlinger paa det 8. nord. filologmøde i Kobenhavn 1935.

Kalesche F. Zu poln. kolo F. 'Rad' gehört kolaska F. 'Räderfahrzeug', bei uns bekannt seit Coler 1604 Hausbuch 3, 109 „ein klein Wegelein mit vier kleinen Raden, da man nur ein Pferd vorspannet, in Polen nennet mans eine Kolesse". Schon 1575 begegnet kolleschenknecht 'Hofkutscher' in einer pomm. Hofordnung (Kern 1, 126). Wie mehrfach (s. boxen, Frack, Torte) tritt deutsches a an Stelle des fremden o in calesse: diese Form entlehnt Comenius 1644 Sprachentür S. 134 aus tschech. kolesa. Kalesse gilt in den Mundarten des Südostens von Siebenbürgen bis Oberösterreich und Schlesien, es ist auch Goethes Form. Deutsches s für tschech. s (wie Groschen) bietet unser Kalesche, als Calleche schon 1636 bezeugt, als calèche ins Frz. gelangt, als kaletsch in Elsaß-Lothringen mundartlich. Gegen die gleichbed. Chaise, Kutsche, Verdeckwagen grenzt Kretschmer 1918 Wortgeogr. 312f. Kalesche ab. Vgl. Wick 81f.

Kalfakter M. Lat. calefactor, wörtl. 'Warmmacher', ist (zuerst in Nördlingen 1499) der mit dem Einheizen betraute Schüler. In Schülermund wird daraus Kalfaktor, -er; die Bed. verschlechtert sich über 'Streber, der sich zu niederen Diensten drängt' zu 'Wohldiener, Schmeichler, Zwischenträger'. Anlehnung an Kohle ergibt Kolfaktor. — Dazu kalfaktern Ztw. 'Dienste verrichten; Schwätzereien hinterbringen'.

kalfatern Ztw. 'die Planken eines Schiffs mit Werg und Teer dichten'. Arab. kafr 'Asphalt' liefert (mit Metathesis und Ersatz von r durch l) mgr. καλαφατεῖν 'kalfatern'. Daraus wird gleichbed. arab. kalafa rückentlehnt, von Byzanz lernen aber auch die mittelmeer. Romanen Wort und Sache kennen: ital. calafatare, frz. calfater, cal(e)fater, span. calafatear; von ihnen die Germanen: nnl. (seit 1598) kal(e)faten, kal(e)fateren und (seit 1618) unser kalfate(r)n: Kluge 1911 Seemannspr. 414. Vgl. Klabautermann.

Kali N. Arab. qili 'Pottasche' hat mit arab. Artikel Alkalien, alkalisch usw. geliefert. Aus dem schon von Paracelsus († 1541) Opera 1, 697 verwendeten Alkali ist erst im 19. Jh unser Kali rückgebildet.

Kaliber N. Gr. καλοπόδιον 'Schusterleisten' (wörtl. 'Holzfüßchen') wird über das Aram. ins Arab. entlehnt und ergibt hier qālib 'Form, Modell'. Das arab. Wort bringt unverändert in die mittelmeer. Sprachen und wird weitergebildet zu mlat. calibrum 'Halseisen der Gefangenen, Kumt der Zugtiere'. Dies wird in der älteren Ballistik zur Bezeichnung der Lehre, durch die der Durchmesser und damit das Gewicht von Kanonenkugeln bestimmt wird. Für das Meßgerät besteht im 15. Jh. ital. calibro; es wird im 14. Jh. ins Frz. als calibre entlehnt, dabei die Bed. vergröbert zu 'Durchmesser der Geschützmündung bzw. des Geschosses'. Aus dem Frz. ins Deutsche übernommen, erscheint Caliber zunächst als M. bei Wallhausen 1616 Kriegsman. 90: Kluyver 1909 Zf. f. d. Wortf. 11, 219; Littmann 1924 Morgenl. Wörter 100.

Kalif M. Arab. halifa 'Nachfolger, Stellvertreter' nämlich des Propheten in der Herrschaft über die Gläubigen, wird zum Titel des Oberhaupts der islamitischen Gesamtgemeinde und gelangt in alle europ. Sprachen, zu uns im 14. Jh. als mhd. kalif.

Kaliko M. Die ostindische Stadt Kalikut (s. Truthahn) ist wichtig als Heimat kattunener Gewebe. Von ihr geht um 1600 frz. calicot 'leinenartiger Baumwollstoff' aus, das über nnl. calico 1648 zu uns gelangt: H. Schulz 1913 Fremdwb. 1, 319.

Kalitte F. 'Kohlweißling', ein märk. Wort (Gg. Hermann 1908 Kubinke 13; Ag. Lasch 1927 Berlinisch 157), auch in Formen wie Kilitte, kᶅlit, klɛvᵗə (Max Bathe 1932 Herkunft der Siedler in d. Landen Jerichow 60), die sämtlich auf *köl-witte zurückweisen. In Westfalen heißt die Wasseramsel mit ihrer weißen Kehle (Suolahti 1909 Vogelnamen 86) kelwitte: Woeste 1882 Wb. d. westfäl. Ma. 124.

Kalk M. Sache und Wort sind den Germanen fremd. Sie bauen mit Lehmmörtel und lernen die Verwendung des Kalks beim Steinbau (mit Mauer, Ziegel usw.) erst von den Römern kennen. Das früh übernommene lat. calx, Akk. calcem ergibt ahd. kalk, kalch, chalch, mhd. kalc, Gen. kalkes, asächs. calc, ags. cealc (engl. chalk hat die Bed. 'Kreide' angenommen, wie mhd. kalc auch 'Tünche' bedeutet). Das zweite c von lat. calcem hatte vor Palatal noch k-Klang, vgl. die alten Lehnwörter Kaiser und Keller oder got. lukarn aus lat. lucerna, während schon Kreuz aus lat. crūcem mit z-Aussprache entlehnt wurde. Die Nebenform Kalch in obb. und md. Mundarten beruht auf ahd. chalh für *chalah (hh). — Vom altheimischen Flechtwerkbau ist ags. anord. līm 'Bindemittel' auf die neue Bauweise übertragen, daher engl. lime, norw. lim 'Kalk': Falk 1915 Realler. d. germ. Alt.-Kde. 3, 5f.

Kalmen Mz. 'Wind-, Meeresstille'. Gr. καῦμα N. 'Hitze' gerät unter den Einfluß von lat. calēre 'warm sein' und wird Ausgangspunkt für die roman. Bez. der Ruhe, die bei großer Wärme einzutreten pflegt: ital. span. portug.

calma F., frz. calme M. Palästinafahrer bringen seit 1521 Calmen zu uns, seit 1694 gesellt sich Calmte (nach nnl. kalmte) dazu. Engl. gilt calm. Kalmen(gürtel) sind die Striche des Weltmeers, in denen Windstille vorherrscht: Kluge 1911 Seemannsspr. 415 f.

Kalmäuser M. 'gelehrter Stubenhocker', im 16./17. Jh. Schelte des Federfuchsers und Philisters namentl. in Studentenmund, von da in die Mundarten gedrungen und dort vielfach lebendig geblieben. Zuerst als 'verachtetes Schulmeisterlein' bei Simon Roth 1571 Dict. Gewiß ist an lat. cal(a)mus 'Schreibrohr' anzuknüpfen; auf Endung und Bed. mag das ältere Duckmäuser (s. d.) eingewirkt haben: Zs. f. d. Wortf. 3, 98. 10, 127. 11, 49; Schwäb. Wb. 4, 167 f. 6, 2255 f.; Nyström 1915 Dt. Schulterm. 1, 135.

Kalmus M. Die schilfähnliche Pflanze Acorus calamus L. wird wegen ihres als Heilmittel geschätzten Wurzelstocks seit Mitte des 16. Jh. bei uns angebaut, war aber als ausländische Droge schon vorher bekannt. Zeugnisse für den Namen frühnhd. kalmuß begegnen seit 1485. Er stammt aus lat. calamus 'Rohr'. S. Halm.

Kalpak, Kolpak M. Türk. kalpak 'hohe Mütze' ist in verschiedenen Entlehnungsstößen in fast alle europ. Sprachen gedrungen, zu uns unmittelbar aus der türk. Tracht als Ulanen-, Husarenkalpak seit 1827: H. Schulz 1913 Fremdwb. 1, 320; Wick 69.

kalt Adj. ahd. mhd. kalt, asächs. afries. kald, agf. ceald, anord. kaldr, got. kalds. Die gemeingerm. Bed. 'kalt' geht zunächst zurück auf 'gefroren': germ. *kalda- ist Part. auf germ. -d, idg. -t (lat. -tus, aind. -ta), darin den Adj. alt, gewiß, -haft, kund, laut, satt, tot, traut, wund, zart vergleichbar. Die Stammsilbe germ. kal-, mit Dehnstufe in kühl und (mit anderer Ablautstufe) in anord. kuldi 'Kälte' (vgl. westfäl. külde). Anord. kaldr steht neben kala st. Ztw. 'frieren', entspr. agf. ceald neben calan; dazu schweiz. chalè 'erkalten, gerinnen'. Die Wz. steckt auch in gr. γελανδρός 'kalt', lat. gelu 'Frost', geläre 'gefrieren', gelidus 'kalt'.

Kalter M. das vorwiegend süddeutsche Wort für Spind, Schrank usw., gemäß den mundartl. Lautgesetzen aus Gehalter 'Behältnis' entwickelt, zu gehalten 'aufbewahren': Kretschmer 1918 Wortgeogr. 476.

Kaltschale F. ein wesentlich norddeutsches Sommergericht, nnl. (1598) kolde-schael, schwed. (1773) kallskål, aus kalte Schale (so z. B. Paul Fleming, † 1640) zus.-gerückt, früh in Weinkaltschale Morhof 1682 Unterr. 2, 396: DWb. 5, 90; 14, 1, 943; Zs. f. d. Wortf. 2, 28.

Kalvinismus f. Chauvinismus.

Kamarilla F. Span. camarilla 'königl. Kabinettsrat', Verkl. zu Kammer (s. d.), kommt zu Beginn des 19. Jh. zuerst in Baden zur Bed. 'einflußreiche Hofclique', wird von J. Görres 1821 Europa u. d. Revolution 186 bei Schilderung span. Zustände verwendet. Bei uns seit 1848 allgemein bekannt: Zf. f. d. Wortf. 2, 62. 5, 107. 8, 10. 13, 102. 15, 188; Ladendorf 1906 Schlagwb. 158; H. Schulz 1913 Fremdwb. 1, 320.

Kamee F. 'Gemme mit erhabnem Bild'. Perf chumähän 'Achat' gelangt durch arab. Vermittlung in die mittelmeer. Sprachen und ergibt mlat. camahutus, span. camafeo usw. Afrz. camahieu wird im 13. Jh. entlehnt zu mhd. kamahü, gamahiu, gamaheü, gamän, dessen ausl. n angesetzt ist (wie das von papegän aus afrz. papegai): Suolahti 1929 Frz. Einfluß 116. 174. Frühnhd. Formen wie gameho sind bestimmt durch ital. cameo; daher Cameo noch bei Lessing und kmeo 'Amulett' im Judendeutsch des 18. Jh. Dessen frz. Entsprechung camée hat unfre heutige Form ergeben.

Kamel N. Altsemit. gamal liefert über altarab. gamal 'Höckertier' gr. κάμηλος und lat. camelus, das auf gelehrtem Weg mhd. kamēl ergibt und das ältere olbende (ahd. olbenta, asächs. olbundeo, agf. olfend(a), got. ulbandus — f. Elefant —, aus dem Germ. entlehnt aslav. velibǫdǫ) verdrängt. Die Kreuzfahrer entlehnen aus dem arab. gemel ihrer Zeit mhd. kemel(tier), das als Kämelthier obb. bis ins 16. Jh. lebt. Von da ist unser Kamel Neutrum. — Vgl. auch Dromedar.

Kamelie F. von Linné benannt nach dem Brünner Jesuiten Jos. Kámel (Camelli), der Thea japonica 1738 aus Japan nach London gebracht hatte: Lokotsch 1927 Etym. Wb. 653.

Kamerad M. Zu Kammer (s. d.) stellen sich ital. camerata 'Stubengenossenschaft, Gesellschaft; Genosse', frz. camarade, engl. comrade, nnl. camerade. In deutschem Text steht Kamerath zuerst im Titel der Newen Zeitung von dem erschröckl. Erbfeind, Tübingen 1564 (Weller, Zeitungen Nr. 270, S. 178). Häufig wird es erst in der Soldatensprache des 30jähr. Kriegs: Zincgref 1639 Apophthegm. 2, 81 „Rott- oder Spießgesellen, die jetzt auff new-teutsch Camaraden heißen". Der Purist Schill 1644 Ehrenkr. 311 läßt K. schon als „füglich teutsch" gelten: H. Schulz 1913 Fremdwb. 1, 320. Zum Übergang von kollektivem Sinn auf Einzelwesen vgl. Bursche, Fahrzeug, Frauenzimmer, Imme, Kanaille, Rat, Stute. Das Germ. hat im gleichen Sinn Gesell, Gesinde, ahd. gidofto und

23*

manche dem Reckenleben entstammende Ausdrücke, die den fremden Kamerad und Kumpan haben weichen müssen.

Kamille F. Gr. χαμαίμηλον eig. 'am Boden
wachsender Apfel' (zu χαμαί Adv. 'an der
Erde' und μῆλον N. 'Apfel') ist nach Plinius
vom apfelähnlichen Duft der Blüte benannt.
Mlat. camomilla wird zu camilla verkürzt
unter Einfluß des röm. Frauennamens Camilla.
Mhd. kamille ist (wie Arzt, Büchse, Pflaster)
mit der mittelalterl. Medizin eingedrungen.
Von uns gelangt das Wort nach Osten, z. B.
ins Lettische.

Kamin M. Feuerstelle an einer Wand,
meist in einer Ecke, mit Rauchmantel und
Schornstein darüber, zuerst im Plan für
St. Gallen 820. Aus gr. κάμινος F. 'Ofen'
(verwandt mit καμάρα F. 'Gewölbe', s.
Kammer, und lat. camurus 'gekrümmt, gewölbt') über lat. camīnus sind ahd. kemin,
chemī, mhd. kemi entlehnt. Alem. chémi, els.
schwäb. kémet, bair. kémich haben sich ungestört entwickelt, während nhd. Kamin (kaum
vor Mathesius 1562 Sarepta 278b) unter Einfluß von ital. camino neu entlehnt ist. In
West- und Süddeutschland, der Schweiz und
Tirol (Kretschmer 1918 Wortgeogr. 439f.) ist K.
zu 'Schornstein' geworden; auf diese Bed. geht
die jüngere 'Felsenspalte' zurück, die K. in der
Fachsprache der Alpinisten hat.

Kaminfeger, -kehrer M. Ein junges Gewerbe, das darum keine Familiennamen geliefert hat und sehr unterschiedlich benannt ist:
Essen-, Rauchfangkehrer, Schlot-,
Schornsteinfeger (Kretschmer 1918 Wortgeogr. 443 ff.). Kaminfeger und -kehrer
gelten etwas über das Gebiet hinaus, in dem
Kamin die Bed. 'Schornstein' erlangt hat.
Zufrühst kemmetfeger Geiler v. Kaisersberg
1510 Has im Pfeffer Aa 7c.

Kamisol N. 'kurze Jacke'. Zu mlat. camisia
'Hemd' (s. d.) gehört die ital. Verklein. cami-
ciuola, die frz. camisole 'Unterjacke' ergibt.
Bei uns erscheint Camisol zuerst im Sprachverderber 1643: H. Schulz 1913 Fremdwb.
1, 320.

Kamm M. mhd. kam (mm), kamp (b),
ahd. kamb, champ, asächs. agf. camb, engl.
comb, anord. kambr. Aus dem Germ. (unsere
Vorfahren legten Wert auf gepflegtes Haar) ist
finn. kampa früh entlehnt. Grundbed. 'gezahn-
tes Gerät': germ. *kamba- beruht auf vorgerm.
*gombho-, dies in aind. jámbha 'Fangzahn'
(Plur. 'Gebiß'), jámbhya 'Schneidezahn', gr.
γόμφος 'Backenzahn', γαμφ(ηλ)αί 'Kinnbacken,
Schnabel', aslav. zǫbъ, lett. zùobs 'Zahn', lit.
žaṁbas 'Balkenkante'.

kämmen Ztw. ist Denominativ: ahd. kemben,

chempen, asächs. kembian, agf. cemban, anord.
kemba führen auf germ. *kambjan. Übrigens
gilt obd. strählen, wie Strähl M. im Obd.
das Gerät zum Kämmen ist.

Kammer F. Nächstverwandt mit lat. ca-
mur(us) 'gewölbt' ist gr. καμάρα 'Gewölbe',
das ins Lat. entlehnt camera 'Raum mit
gewölbter Decke' ergibt. Mit dem Steinbau
(s. das verwandte Kamin) kommt das Römerwort zu den Germanen, deren Wohnhaus die
Teilung in Gemächer nicht gekannt zu haben
scheint (doch vgl. Koben). So entstehen
(entspr. der Sippe von frz. chambre, engl.
chamber, air. camra, aslav. komora) ahd. cha-
mara, asächs. kamara 'Gemach', mhd. kamer(e)
'Schlafgemach, Schatz-, Vorratskammer, Kasse,
fürstl. Wohnung, Gerichtsstube'. Auf die mhd.
Bedeutungen weisen Kämmerer, Kämmerei,
Kammerherr usw. M. Heyne 1899 Wohnungswesen 90f. 220. 293. 366. Dem frz.
chambre entspricht Kammer 'Versammlung
der gewählten Vertreter eines Landes'.

Kammerjäger M. Für älteres Ratten-
fänger tritt zuerst bei Lauremberg 1649
Scherzged. 1045 (Druck von 1652 III 449)
kamerjeger auf, von Lauremberg als neu-
modische Großsprecherei gerügt. Auch weiter
bleibt das in ernsten Gebrauch übergeführte
Scherzwort vorwiegend norddeutsch; von da
dringt es in die neunord. Sprachen.

Kammerkätzchen N. für 'Kammerjungfer',
zuerst 1630 Engl. Komödianten 2. Teil A 4 a
Kammerketzigen; Rachel 1664 Sat. Ged.
6, 200 Kammerkatze. Urspr. zweideutig,
sofern nnl. schon 1598 bei Kilian kamerkatte
für 'concubina quam amator sibi soli servat
cellae inclusam' steht.

Kammertuch N. 'feine Leinwand', urspr.
aus Cambrai (nl. Kamerijk); zuerst 1585
Rostocker Kleiderordn. 19. Nach nnl. kamer-
doek, dies Klammerform aus älterem Kame-
rijksdoek. Dän. kammerdug, schwed. kam-
marduk stammen aus dem Nd.; gleichbed.
dän. schwed. kambrik sind durch engl. cambric
vermittelt. Vgl. Batist.

Kamp M. nd. nl. kamp: altes Lehnwort
aus lat. campus in dessen nachklass. Bed.
'eingehegtes Stück Feld'.

Kämpe M. Dem ahd. kempfo (s. Kämpfe)
entspricht asächs. kempio, agf. cempa (daraus
entlehnt anord. kempa) 'Kämpfer'. Das im
Nd. fortlebende Wort wird durch Schriftsteller wie Voß und Campe verbreitet. Kennzeichnend Alb. Maier 1909 Glossar zu den
Märlein des Mylius (1777) 268 „Kämpe
in der alten Sprache ein tapferer Kriegsmann;
wurde verächtlich... Jetzt können wir dieß
Wort wiederum hervorsuchen, damit wir uns

nicht des frz., daraus entstandenen Champion bedienen dürfen". Durch die Ritterdichtungen und Rückert im Nhd. eingebürgert. Im Grund dasselbe Wort ist nd. kempe 'Zuchteber' (s. Keiler). Mit umgek. Bed.=Wandel ist agf. eofor 'Eber' auf Menschen übertragen und zu 'Fürst' geworden.

Kampf M. ahd. champf, mhd. kampf M. N. 'Zweikampf, Kampfspiel', agf. comp (in den Zus.=Setzungen comp-ræden, -döm), anord. kapp N. 'Wettstreit'. Ins Finn. entlehnt: kamppaus 'Kampf, Ringen', kampailla 'kämpfen, ringen'. Kein germ. Erbwort, weil nie in Namen (wie die gleichbed. hadu-, hilti-, wîg- so oft), sondern vor der hd. Lautversch. entlehnt aus lat. campus 'Schlachtfeld' und zu 'Zweikampf' entwickelt wie Mensur.

Kämpfe M., jünger Kämpfer, nd. Kämpe (s. o.) ist ahd. chempf(j)o, kempfo, mhd. kempfe 'Wett=, Zweikämpfer', agf. cempa, anord. kappi 'Krieger, Held'. Das Nomen agentis drang als Kunstwort des gerichtl. Zweikampfs (den das salische Recht nicht kannte) ins Roman. und ergab Champion, s. d. — S. auch Käpfer.

Kampfer M. Der aus Formosa stammende Baum Cinnamomum camphora heißt aind. karpūra, mit jüngerer Assimilation kappūra; hieraus arab. kāfūr, das zum Grundwort für alle europ. Entsprechungen wurde. Über span. alcanfor entstand afrz. camphre, das um 1250 mhd. kampher ergab: Lokotsch 1927 Etym. Wb. 1100; Suolahti 1929 Frz. Einfl. 89.

kampieren Ztw. Frz. camper 'im Feld lagern' (zu lat. campus 'Feld', s. Kampf) wird in die Soldatensprache des 30jähr. Kriegs entlehnt und vom Teutschen Michel 1638 als modisches Fremdwort verspottet, doch schon von Schill 1644 Ehrenkr. 311 als eingebürgert anerkannt: H. Schulz 1913 Fremdwb. 1, 321.

Kamuff N. vorwiegend md. Schelte des Widerwärtigen und Dummen: hebr. chānēph 'Heuchler, Schmeichler' ist mit Anlehnung an Kamel umgestaltet: Zf. f. d. Wortf. 3, 94. 5, 254. 12, 281.

Kanaille F. Zu lat. canis, ital. cane 'Hund' gehört ital. canaglia 'Hundepack', das uns über gleichbed. frz. canaille zu Beginn des 17. Jh. erreicht. J. J. v. Wallhausen 1616 Kriegsman. 204 umschreibt Canaille mit 'loß Gesindlein'. Unserm Gesindel entspricht das Fremdwort anfangs auch in Berlin: Sonntagische Fama 1687, 18. Woche „Da es dann an einer großen Menge Canalie nicht fehlete". Seit Abr. a S. Clara 1689 Judas 2, 113 überwiegt die Bedeutung 'gemeiner Kerl'. Übergang vom Sammelbegriff zur Bezeichnung des Einzelwesens wie bei Kamerad und den dort genannten Beispielen.

Kanal M. Lat. canālis 'Röhre, Rinne Wasserlauf' (das mit Kaneel, Kanister, Kanon, Kanone, Kanüle, Knaster usw. auf ein babyl. Wort der Bed. 'Rohr' zurückgeht) ergibt ahd. kánāli, das in mhd. kanel, känel, ale . chännel fortlebt, ebenso im Ortsnamen Kehl (urkundl. Kenle) 'Altwasser, Nebenarm (des Rheins)'. Daneben steht ahd. *kánări, mhd. käner, in schweiz. chäner 'Dachrinne' lebendig geblieben. Im 16. Jh. wird ital. canale 'Wasserstraße' entlehnt: Cannal N. bei Scheurl 1537 Verdeutschte Verrufung des Aufstands in Picardien a 3 ff. In Haus=, Feld= und Gartenbau beginnt Canal 1580 eine Rolle zu spielen: H. Schulz 1913 Fremdwb. 1, 321 f. Seemännisch ist K. seit dem 15. Jh. (dem engl. Channel entspr.) der Wasserweg zwischen England und Frankreich: Kluge 1911 Seemannsspr. 419. Zu der Form kandel, die in obd. und nd. Mundarten für 'Kanal' und 'Dachrinne' gilt, s. Kandel. Zur Sache vgl. Dole.

Kanapee N. 'Ruhebett'. Zu gr. κώνωψ 'Stechmücke', das dunklen Ursprungs ist, gehört κωνωπεῖον 'Lager mit Mückennetz', das (über lat. cōnōpēum, mlat. canopeum u. ital. canapè) frz. canapé 'gepolsterter Ruhesitz' ergibt. Bei uns fehlt das Fremdwort noch 1739 im Frauenz.=Lex.; Küenen 1744 Verordn. d. Freimaurer 14 kennt es. Das dem Frz. entlehnte engl. canopy hat sich zu 'Thron=, Betthimmel' entwickelt; schwed. kanapé (1746) ist dem Nhd. entlehnt.

Kanarienvogel M. Fringilla canaria wird seit Beginn des 16. Jh. nach England gebracht. Der in Köln lebende Engländer Turner beschreibt sie 1544 Avium hist. F 4 b „quas Anglia vocans canarias vocat". Gesner 1555 Hist. anim. 3, 234 gebucht für canaria avicula Zuckervögele: so nennen sie die Händler, weil sich die Vögel in ihrer Heimat von Zuckerrohr nähren. Canarien Vogel nicht vor Schwentfeld 1603 Ther. Sil. 298, gebucht seit Henisch 1616. Deutsche Spielformen wie thür. kanalenvogel, nhess. kalumr(faul), els. kardinali, kanālfogl bei Suolahti 1909 Vogeln. 133.

Kanaster s. Knaster.

Kandare F. Zu der einfachen Zäumung, der Trense (s. d.), haben die Ungarn eine zweite, über die Zunge des Pferds liegende Gebißstange gefügt, die ein schärferes Zügeln erlaubt. Magy. kantár 'Zaum' wird im 18. Jh. von den westlichen Reitern als Kantare übernommen; um 1740 zeigen sie die Reiterbilder von Ridinger. Literar. als Kandare seit J. T. Hermes 1778 Sophiens Reise 5, 150, der dabei erkennen läßt, daß die Sache noch nicht allbekannt ist. Gebucht zuerst von J. W. Heuberger 1806 Nothwend. Handwb. z. Erkl. aller in dt. Büchern . . . vorf. fremden Wörter: W. Stammler 1943 Trübners Dt. Wb. 4, 89.

Kandel F. M. weist jungen Gleitlaut d zwischen n und l auf und geht zurück einerseits auf ahd. kannala, mhd. kannel F.: so bedeutet es vor allem schwäb. bair. ostfränk. 'Kanne' (s. d.); anderseits auf das unter Kanal entwickelte ahd. chánáli M.: demgemäß mhd. nd. kandel 'Kanal', alem. 'Dachrinne'.

Kandelaber M. 'hoher Armleuchter'. Zu lat. candēla 'Kerze' gehört candēlābrum N., das über frz. candélabre M und mit dessen Geschlecht gegen Ende des 18 Jh. zu uns gelangt, von Goethe begünstigt: H. Schulz 1913 Fremdwb. 1, 322.

Kandidat M. Wer sich im alten Rom um ein Amt bewarb, erschien in der toga candida und hieß candidātus. Bei uns gilt seit 1580 Candidat 'Bewerber um einen akad. Grad'; von da bleibt der Titel nam. jungen Theologen, die schon vor der Schlußprüfung ein Amt suchten. Im 18. Jh. beginnt eine Ausdehnung des Gebrauchs, die auch Zus.-Setzungen wie Wahl-, Todes-, Heiratskandidat begünstigt: H. Schulz 1913 Fremdwb. 1, 322 f.

Kandis(zucker) M. Arab. qand 'Rohrzucker' wird uns durch Vermittlung des ital. zucchero candito bekannt, daher im 16. Jh. Zuckerkandi(t) und (mit volkstüml. Umgestaltung des Auslauts) Zuckerkandel. Die Umstellung Kandiszucker kaum vor Pod 1726 Kaufmannschaft I, 75. Früchte usw. kandieren (dem ital. candire, frz. candir vor Ende des 17. Jh. nachgebildet) bed. 'mit Zucker überziehen': Sonntagischer Postilion 1680, Nr. 38 „etliche Schalen mit candisirten Galanterien . . . alle Schüsseln und Schalen mit Confect, Bancquet und candirten Schalen". S. Konditor.

Kaneel M. 'Stangenzimt'. Zur Sippe von Kanal (s. d.) gehört als Verkl. von lat. canna 'Rohr' mlat. canella. So heißt der Zimt vom Niederrhein bis Ostpreußen, weil er in Röhrenform auf den Markt kommt. Über frz. can(n)elle entsteht spätmhd. mnd. kanēl. Dän. schwed. kanél stammen aus dem Nd.

Kanevas M. 'gitterartiges Gewebe'. Zu mlat. canava F. 'Hanf' (s. d.) stellt sich canavacium N. 'grobe Leinwand'. Über ital. canevaccio erhalten wir 1558 Cannefaß, über frz. canevas 1598 Canifaß, das in hansischen Kaufmannsbriefen vereinzelt auch schon um 1400 als kan(i)fas vorkommt. Bei Amaranthes 1715 Frauenz.-Lex. 295 hat die unveränderte frz. Form gesiegt: H. Schulz 1913 Fremdwb. 1, 323.

Känguruh N. Macropus giganteus wurde 1770 von Cook an der Küste von Neusüdwales entdeckt und behielt in den europ. Sprachen den Namen, den die Neuholländer allen Vierfüßern beilegen. Austral. Wörter sind bei uns selten: Bumerang, Emu, Tabu, tätowieren, Wombat.

Kaninchen N. Lepus cuniculus tritt von Spanien her in den Gesichtskreis der Römer; von bask. unchi mag lat. cuniculus bestimmt sein: J. Hubschmied 1943 Roman. Helv. 20, 265 ff.; A. Schulten 1944 Iber. Landeskde., Kap. 13. In alle Länder nördlich der Alpen ist das Tier in geschichtl. Zeit eingeführt; demgemäß fehlt ein germ. Name. Ahd. lör entspricht dem durch Plinius bezeugten iber. laurex. Cuniculus ergibt mhd. kün(ik)lin, mnd. konineken, frühnhd. küniglin (Waldis), künle in (H. Sachs), das in bair.-österr. Könighase (s. d.) fortlebt. Daneben ist Kaninchen mit vortonig verändertem Vokal im Fremdwort (vgl. Gardine, Halunke, Kattun, Lakrize, lavieren, Rakete, staffieren) die obersächs. Form, bezeugt seit Trochus 1517 Prompt. H 2 b, ins Nhd. gelangt mit der Lutherbibel, die 3. Mos. 11, 5 und noch dreimal Caninichen verwendet. Luthers obd. Zeitgenossen muß seine Form mit Cünykel verdeutlicht werden (Kluge 1918 Von Luther bis Lessing 113). Noch Dasypod (Straßb. 1537) bucht nur kü(ne)lle, Maaler (Zürich 1561) kün(g)ele. Md. nordd. Karnifel bewahrt die Endung von cuniculus; der Einschub des r beruht auf überkorrekter Aussprache von nd. kanikel, in das man r einfügte, weil in hat 'hart', swatt 'schwarz', patſ 'Partie' r zwischen a und Dental geschwunden war: F. Holthausen, Beibl. z. Anglia 44, 3. Nd. gilt kanīne, kanīn(e)ken; von da sind preuß.-lit. kanynke, finn. kaniini entlehnt. Das Nd. stimmt nahe zu mnl. conijn, das mit engl. con(e)y auf afrz. connin (aus cuniculus) beruht. Dazu auch nrhein. kenin, bei Spee 1649 Trutznacht. 215 Kneinlein; daraus umgebildet westerwäld. kreinchen, kreinhase, oberhess. greinhase. Westen und Südwesten bevorzugen Stallhase (im Gegensatz zum Feldhasen) und Hase schlechtweg. Im Erzgebirge gilt auch Kuhhase, bei Magdeburg Burhase, schwäb. schweiz. Küllhase. Zſ. f. d. Wortf. 5, 20. 11, 191. 271.

Kanister M. Gr. κάνιστρον 'aus Rohr geflochtener Korb' erreicht uns als byzant. Lehnwort und ergibt schleſ. keister 'Schulranzen', das sich mit Tornister (s. d.) mengt und seinerseits wohl die Quelle für kleinruss. kajstra abgibt. Das gr. Wort gelangt aber auch als canistrum ins Lat. und erreicht über ital. canestro den dt. Südwesten: frühnhd. kensterlein wird über 'Speisekorb an der Wand' zu 'Wandschränkchen' und lebt als kensterle in Schwaben, Oberbaden, dem Elsaß und der Schweiz bis heute. S. Kanal und Knaster.

Kanker¹ M. 'Spinne', heute md. und westfäl., mhd. kanker aus Hessen. Das gleichbed. agf. gangelwæfre scheint 'die im Gehen Webende' zu sein, beruht aber auf Umdeutung, wie anord. kongurváfa 'Spinne' lehrt: mit anord. kengr (aus *kangiz) 'Bucht, Biegung', kongull 'Beerenbüschel', schweb. mundartl. kang 'hinabhängender schlanker Zweig', kång 'lebhaft' von Pferden (urspr. 'sich heftig drehend') zu germ. *kang- 'drehen'. Damit in Ablaut anord. kingja 'den Hals drehen', schweb. mundartl. kynge 'Bündel'; beide Ablautstufen auch in finn. Lehnwörtern: kangas 'Gewebe'; kinkko, kinkon 'Bündel'. Mit der germ. Wortsippe vereint sich eine slav. auf idg. *gengh- 'drehen, winden, flechten, weben': aslav. gązvica, serb. gûzva 'Flechtwerk', slov. gôž 'Riemen', ruff. guž 'Kummetriemen, Tau, Seil', tschech. houžev, poln. gążwy Mz. 'lederne Kappe am Dreschflegel'.

Kanker² M. 'Krebs an Bäumen und Menschen', ahd. chanchar, cancur, agf. cancer, engl. canker. Mit dem Fremdwort lat. cancer hat sich offenbar ein echt germ. Wort gemischt, vorgerm. *gongro- in gr. γόγγρος 'Auswuchs an Bäumen', γάγγραινα 'bösartige Geschwulst'. Vgl. Kuhns Zf. 26, 86.

Kanne F., heute und seit langem über die germ. Welt verbreitet: ahd. channa, mhd. mnd. mnl. kanne, nnl. kan, asächs. anord. schweb. kanna, agf. canne, engl. can. Gleichwohl entlehnt: lat. canna 'Schilf, Ried, Rohr' (f. Kanal) hatte sich über 'Röhre' zu 'Tongefäß mit Ausgußröhre' entwickelt, indem der kennzeichnende Teil für das Ganze eintrat. Über Gallien gelangte das Wort mit der röm. Töpferei früh zu uns: Th. Frings 1932 Germ. Roman. 129 f. Aform. kanna ist spätestens im 4. nachchriftl. Jh. der röm. Töpferei auf brit. Boden entlehnt: M. Förster 1941 Themse 172. Kante F., das frühnhd. und mundartl. für 'Kanne' steht, ist ein andres Wort: ahd. canneta, chanta aus lat. (olla) cannäta 'Topf mit Ausgußrohr': J. Schnetz 1944 Zf. f. Namenf. 19, 150 ff. S. auch Kandel.

Kannegießer M. Des Dänen Holberg Lustspiel Den politiske Kandestøber, 1722 zuerst aufgeführt, übersetzt Detharding 1742 unter dem Titel „Der politische Kannegießer". Seit Rabener 1760 Schriften 6, 265 „einige politische Kannengießer" ist das Wort beflügelt. Das Ztw. kannegießern prägt

Bretzner 1790 Leben eines Lüderlichen 20. Von religiös-polit. Gesprächen bei Gottfr. Keller 1879 Grün. Heinr. 4, 12 (Gef. Werke 3, 195). Schweb. entspricht kannstöpare. Als Scheltwort weist Kurrelmeyer 1924 Mod. lang. notes 39, 353 kannengisser schon aus Görlitz 1499 nach.

Kannibale M. Das Tagebuch des Kolumbus von seiner ersten Fahrt nennt kuban. Caniba 'menschenfressendes Volk (von Portoriko)'. Gleichfalls schon 1492 bildet er span. Canibales: R. Loewe 1933 Zf. f. vgl. Sprachf. 61, 38ff. Uns erreicht Canibali seit M. Fracan 1508 Neue unbek. Lande G 2ᵇ. Engl. cannibals und frz. cannibales erscheinen 1553, nnl. kannibaal 1566: Palmer (1939) 63. Lautwandel von n zur r gestattet, unser Wort mit dem Indianernamen Kar(a)iben zu verknüpfen, Wandel von r zu l schlägt die Brücke von diesem zum ungefügen Gesellen Caliban in Shakespeares 'Sturm': M. Förster, Münch. Sitz.-Ver. 1941, 1, 848.

Kanon M. 'Maßstab, Richtschnur, (Kirchen-) Gesetz, Litanei, Kettengesang', entlehnt aus lat. canōn 'Regel', das aus gr. κανών stammt. Grundbed. 'gerader Stab'.

Kanone F. Zu lat. canna 'Rohr' (f. Kanal, Kaneel, vgl. den Ortsnamen Cannae) gehört die Vergrößerungsform (vgl. Balkon, Ballon) ital. cannone (woraus frz. canon), die im 16. Jh. aus der Bed. 'großes Rohr' in die von 'schweres Geschütz' übergeht. In solchem Sinn von Rivius 1558 Büchsenmeisterei 33ª bei uns eingeführt, verdrängt K. im 17. Jh. sowohl die älteren deutschen Geschütznamen wie Kartaune (f. d.): H. Schulz 1913 Fremdwb. 1, 323 f.; Zf. f. d. Wortf. 3, 376. 4, 312. 8, 213. 12, 281. 14, 26. — Kanonenfutter N. ist freie Nachbildung von Shakespeares food for powder König Heinrich IV., Teil 1, Akt 4, Sz. 2). Die glückliche Prägung kaum vor Gurowsky 1845 Tour durch Belgien 176. — Unter aller Kanone gehört nicht zu Kanone, sondern zu gr.-lat. canōn M. 'Richtschnur'. Es übersetzt lat. sub omni canone, wobei K. der Maßstab des Lehrers zur Bewertung von Schülerarbeiten ist.

Käusterlein f. Kanister.

Kante F. Auf lat. cantus 'eiserner Radreifen', das Quintilian, Inst. 1, 5, 8 als Barbarismus afrikanischer oder span. Herkunft bezeichnet, das aber gall. ist, beruht afrz. cant 'Ecke', das über mnl. cant das gleichbed. mnd. kant(e) M. F. ergibt. Von da bringt das Wort mit der Bed. 'scharf abgesetzter Rand' im 17. Jh. ins Nhd., darin Apfelsine, Aprikose, Bai, Franse, Gardine, Matrose, Rabatte vergleichbar. Auch die besondere Bed. von **Kante** 'Rand aus geklöppelten Spitzen' (bei uns zuerst in Minden 1658, mit der westfäl. Leineninduſtrie verbreitet wie Linnen) entſtammt den Niederlanden (nnl. kant) mit ihrem Spitzengewerbe (Brabanter, Brüſſeler Kanten). Kante als 'Seite eines math. Körpers' kaum vor 1808: Schirmer 1912 Wortſch. d. Math. 35. — Ein andres Kante ſ. u. Kanne.

Kantel N. 'Lineal von quadratiſchem Durchſchnitt'. Von Jahn 1833 Merke zum dt. Volkstum 196 f. als Erſatz für Lineal vorgeſchlagen, in der Schulſprache des Nordens und Oſtens durchgedrungen. Im Süden ſteht Kantel F. 'Kanne' im Weg, in öſterr. Schulſprache gilt Walzel (weil man es beim Linienziehen „wälzt").

Kanten M. 'rundes Endſtück des Brots': entlehnt aus gall. *kanto 'Rand, Ecke', das in breton. kant 'Reif' und kymr. cantal 'Rand eines Reiſens' fortlebt. Der Weg des Wortes geht über Frankreich und die Niederlande. Es gilt heute im mittleren Norddeutſchland von Havelberg bis Landsberg, rings vom Knuſtgebiet umſchloſſen: P. Kretſchmer 1918 Wortgeogr. 252; H. Teuchert 1944 Sprachreſte 287 ff.

Kanter M. 'Kellerlager, Verſchlag', vor allem im Südweſten (Schweiz. Jd. 2, 380; H. Fiſcher 3, 59. 6, 1978), ſchleſ. dafür Kentner. Lat. cant(h)ērius 'Gaul', das (unabhängig von gr. κανθήλιος 'Laſteſel') aus einer bisher nicht feſtgeſtellten Sprache entlehnt iſt, hat frz. chantier ergeben, das (mit Bed.-Wechſel wie Bock und Kran) zu 'Lager der Fäſſer im Keller' geworden iſt. Eine nordfrz. Mundart hat ihr cantier in mhd. Zeit abgegeben. Früh in Familiennamen wie Ganter, Gentner.

Kanthaken M. kurzer Eiſenhaken, mit dem Auflader in nordd. Häfen Ballen und Kiſten kanten und fortbewegen. Davon getrennt bietet z. B. Matthesius 1592 Hiſt. von Luthers Leben 95ᵇ die Wendung „einen beim Kamm nehmen". Dabei iſt Kamm urſpr. der Teil des Halſes von Pferden, Rindern oder Wildſchweinen, auf dem die Mähne wächſt, dann der Nacken, Schopf von Menſchen. Daher ſchweiz. (Jd. 3, 296) einᵉⁿ bim Chamm neme. Für dieses Kamm tritt jener Kanthaken ein zuerſt in hamb. Bauernkomödien von 1616, aus denen Hauſchild 1928 Nd. Korr.-Blatt 41, 58 mitteilt Wo vaken hefft ſe mit einem Thunſteken Rechte dicht afkylt mynen Kanthaken und Gha lat dyck man maken Ein par Hörner up dynen Kanthaken. Eine Zwiſchenſtufe Kammhaken 'Genick' bieten erſt Adelung 1775 und Hupel 1795 Jd. der dt. Sprache in Liv- und Eſtland. Dagegen findet ſich ſchon ſeit Stieler 1680 Willmut 44 „jem. beim Kant-

haken nehmen", bei Richey 1743 Hamb. Jd. „bym Kanthaken kriegen". Begünſtigt wird die Bildermiſchung durch die Feſtigkeit des Zugriffs in beiden Fällen.

Kantine F. Frz. cantine, im 17. Jh. aus ital. cantina 'Flaſchenkeller' entlehnt, aber nach Ausweis einer galloroman. Inſchrift Ad cantunas novas urſpr. ein gall. Wort, gelangt zu uns in den Bedeutungen 'Flaſchenfutteral, Feldflaſche' und 'Soldatenſchenke in Feſtungen'. Im erſten Sinn Leſſing 1767 Minna v. Barnhelm 3, 7, im zweiten nicht vor Heyſe 1859 Fremdwb.

Kanton M. Die Staaten, die die Schweiz. Eidgenoſſenſchaft bilden, heißen bis ans Ende des 18. Jh. Ort, Gebiet, Stand. Daneben tritt ſeit 1586 Kanton immer häufiger auf, nach frz. canton 'Landbezirk', mit ital. cantone 'Landwinkel' Vergrößerungsform (ſ. Kanone) zu den unter Kante entwickelten roman. Wörtern der Bed. 'Ecke'. — Kantoniſt iſt 'Dienſtpflichtiger' nach dem in Preußen bis 1814 geltenden Kantonsſyſtem: H. Schulz 1913 Fremdwb. 1, 325.

Kantor M. aus lat. cantor 'Sänger', ſeit dem 4. Jh. der Leiter des kirchl. Chorgeſangs. An mittelalterl. Kathedral- und Kollegiatſtiften führte den Titel der Kanoniker, der die Chorknaben im Choral unterrichtete und den gottesdienſtl. Geſang anſtimmte. Die deutſche Schule übernimmt den kirchl. Sprachgebrauch erkennbar ſeit 1418 für den Gehilfen des Schulmeiſters, dem der Geſangunterricht anvertraut iſt. Da er zugleich andere Stunden zu geben hat, weitet ſich der Sinn ſchon vor der Reformation auf 'erſter Lehrer nächſt dem Schulleiter': Nyſtröm 1915 Schultermin. 93 f.

Kantſchu M. Türk. qamtſchi 'Peitſche' (eig. 'Ansporner') kommt über kleinruſſ. kančýk, poln. kańczuk, tſchech. kančuch im 18. Jh. zu uns und wird in Weſtpreußen, Poſen und Schleſien volksſprachlich. Prügelgerät liefert der Oſten auch in Karbatſche, Knute und Peitſche: Wick 31 f.

Kanu N. 'Baumkahn' iſt als erſtes Wort aus einer amerik. Sprache in eine europ. entlehnt worden: am 26. Okt. 1492 verzeichnet Kolumbus canoa aus dem Weſtind. von Guanahani. Über das Span. gelangt Canoa 1520 zu uns; nachmals wird es in der frz. Schreibung canot neu vermittelt, ſeit 1710 als engl. canoe eingeführt: R. Loewe 1933 Zſ. f. vgl. Sprachf. 61, 54 ff.; Stiven (1936) 98; Palmer (1939) 65. Weſtind. Urſprungs ſind auch Hängematte, Kannibale, Kolibri, Leguan, Mahagoni, Mais, Rum u. Tabak.

Kanzel F. In der alten Kirche predigte der Biſchof von ſeiner Kathedra herab, die am Ende des Chors hinter dem Altar ſtand. Verlas statt seiner der Diakon eine Homilie, so geschah das von dem um einige Stufen erhöhten Lesepult mit Brüstung, das an den Schranken (lat. cancelli) stand, die den Chorraum vom Mittelschiff trennten. Davon nahm die Kanzel den Namen an und behielt ihn, auch wenn sie nachmals Gestalt und Ort änderte: Bürkner 1912 Religion in Gesch. und Gegenw. 3, 1254. Lat. cancelli Plur. ergibt ahd. káncella F., mit z-Aussprache des c vor Palatal spät entlehnt, etwa gleichzeitig wie Kreuz (s. d. und Kalk). Im Genus folgt das Fremdwort den ahd. Fem. auf -ala (Achsel, Amsel, Deichsel, Gabel usw.). Noch mhd. kanzel bedeutet gelegentlich 'Altarplatz', dem engl. chancel entspr., das aus dem Afrz. entlehnt ist. Durch das Nhd. vermittelt ist lett. kancele.

Kanzlei F. mhd. (14. Jh.) kanzelîe, urspr. 'der mit Schranken eingehegte Raum einer Behörde, bes. eines Gerichtshofs': zu lat. cancelli 'Schranken' wie Kanzel, s. d. Neuerdings gleichbed. mit dem jüngeren Fremdwort Büro (s. d.) und der gegebene Ersatz dafür.

Kanzler M. Lat. cancelli (s. Kanzel) bezeichnet u. a. die Estrade, von der aus Kundgebungen einer Behörde verlesen werden. Mlat. cancellärius ist demgemäß: qui literas principibus missas habet exponere, dann der hohe Beamte, der Staatsurkunden verantwortlich ausfertigt und einer Kanzlei (s. d.) vorsteht. Daher ahd. kanzelläri, mhd. kanzelære, schwed. dän. kansler.

Kanzlist M. mlat. cancellista, seit 1656 Cantzelist: H. Schulz 1913 Fremdwb. 1, 327.

Kap N. 'Vorgebirge'. Ital. capo 'Kopf, Spitze' (zu lat. caput 'Haupt'), das im 16./17. Jh unverändert in obd. Texten steht, ergibt über frz. cap nl. kaap. Von da im 15. Jh. in nd. Seemannssprache entlehnt, hd. kaum vor Henisch 1616. Lange bes. vom Kap der guten Hoffnung, für das Zesen 1670 ohne Glück Eck d. g. H. vorschlägt: Zs. f. d. Wortf. 14, 75.

Kapaun M. Den Hahn zur Mast verschneiden, haben die Deutschen nach Abschluß der hd. Lautverschiebung (um 600) von den Romanen gelernt. Lat. cãpo, später cappo, zu der verbreiteten idg. Wurzel *(s)qãp- 'schneiden', auf der auch Hammel beruht, ergibt (wie gr. κάπων, ngr. καπόνιον) ahd. kappo, mhd. kappe, frühnhd. kapp, kopp (so noch in Fam.-Namen). Volkslat. cappone hat frz. chapon ergeben. Auf dessen pikard. Nebenform capon beruhen engl. capon, mnl. cap(p)oen, nnl. kapoen, mnd. kappûn, mhd. (seit kurz nach 1200) kapûn, nhd. Kapaun (auch dies in Fam.-Namen; dazu Kapauner 'der berufsmäßig Hähne verschneidet'). Aus dem Dt. weiterentlehnt sind tschech. kapún, serbo-

kroat. kòpūn. Seit frühnhd. Zeit verdeutlicht man das Lehnwort zu Kapphahn; früh im Männernamen Jhs. Capändl (Necrolog. Germ. 2, 91 vom Ende des 15. Jh.). Rein deutsch gebildet ist Hahnrei, fremd geblieben Poularde, s. d.

Kapelle[1] F. 'kleineres Kirchengebäude, in dem kein regelmäßiger Pfarrgottesdienst gehalten wird'. Mlat. capella bedeutet als Verklein.-Form von capa (s. Kappe) 'kleiner Mantel', bes. das Obergewand des hlg. Martin († 400), dann die Oratorien der kgl. Pfalzen, in denen die Merowinger und Karolinger dies fränk. Nationalheiligtum, das sie ständig mit sich führten, aufbewahrten (darum heißt Aachen frz. Aix-la-Chapelle). Seit etwa 800 wird capella als Bezeichnung eines kleinen Gotteshauses allgemein. Das Wort ergibt ahd. kapélla, mhd. kapélle, dem die fremde Betonung bleibt, und mhd. kápelle, alem. chäpel, chäpele, zu dem sich süd- und westdt. Ortsnamen wie Kappel stellen. — Viel späterer Zeit gehört die Übertragung auf musikal. Einrichtungen an, die urspr. mit den Kapellen der Gotteshäuser zus.hängen. Im 16. Jh. gelangt ital. cappella 'Musikergesellschaft' zu uns; Kapellmeister seit 1570: H. Schulz 1913 Fremdwb. 1, 327; G. Seeliger 1915 Reallex. d. germ. Alt-Kde. 3, 11 ff.

Kapelle[2] F. 'Schmelzschale', nicht vor Henisch 1616, beruht auf Vermischung von mlat. capella, frz. chapelle 'Deckel der Destillierblase', mit mlat. cupella, frz. coupelle 'Probiertiegel' (Verklein. zu lat. cũpa 'Faß').

Kaper M., ein Andenken an den holländ. Kaperkrieg gegen England. Fries. käp ist aus 'Kauf' zum verhüllenden Ausdruck für 'Seeraub' geworden, käpia aus 'kaufen' zu 'wegnehmen' (zu fries. ã aus germ. au s. Bake). Dazu nnl. (seit 1652) caper(tje) 'Kaperschiff', dann 'Führer eines solchen Schiffs, Freibeuter'. Das ist (seit 1665) die älteste Bed. des nhd. Kaper. Das nhd. Ztw. kapern begegnet zuerst in Nürnberg 1678. Wie die hd. Wörter, so beruhen auf dem Nnl. auch engl. caper 'Führer eines Freibeuterschiffs' (seit 1657), cape 'zur See plündern' (seit 1676). Noch jünger sind frz. capre 'Freibeuter', dän. kaper, kapre, schwed. kapare und isl. kapari: Trübners Dt. Wb. 4 (1943) 95.

Kaper F. Die Blütenknospe von Capparis spinosa, neupers. käbär, gelangt über gr. κάππαρις und lat. capparis vor Ende des 15. Jh. zu uns. Frühnhd. gappern, kappren, cappres (stets Plur.) gelten nebeneinander.

Käpfer, Kämpfer M. 'Balkenkopf'. Neben dem bei Vitruv u. a. bezeugten lat. capreolus (Verkl. zu caper M. 'Bock') 'Strebe, Stützenträger' ist gleichbeb. *capreonem für frz. chevron vorauszusetzen, desgl. *capreus (woraus kymr. ceibr), das mit Mauer u. a. Fachwörtern des Steinbaus vor der hd. Lautversch. zu uns gelangt und im 13. Jh. als mhd. kepfer, mnd. kepere, mnl. kepe 'Strebebalken' zulage tritt. F. Kluge 1916 Beitr. 41, 180. Maaler 1561 bietet kepfer, Henisch 1616 kepper, Stieler 1691 kapfer 'Kragstein'. Im 18. Jh. wird das undurchsichtige Wort umgedeutet zu Kämpfer. Vgl. Köper.

kapieren Ztw. Lat. capere 'begreifen' wird seit Hönn 1721 Betrugslex. 1, 351 und Speranber 1727 verzeichnet. Es ist in den Lateinschulen aufgekommen und im leichten Stil von Schriftstellern wie Claudius, Iffland und Kotzebue verbreitet worden: H. Schulz 1913 Fremdwb. 1, 327.

Kapital N. Für die auf Zinsen angelegten Gelder gelten frühnhd. bis ins 17./18. Jh. hauptgut, -geld, -summe u. a. Lehnübersetzungen von ital. capitale, frz. capital, aus lat. capitalis zu caput 'Haupt' (die Römer addierten von unten nach oben, vgl. Summe 'das Oberste, Höchste'). Früh im 16. Jh. kommt das unübersetzte Kapital auf, gern in der lombard. Form cavedal. Kapitalist seit 1673, kapitalisieren 1841: Schirmer 1911 Wb. der Kaufm.-Sprache 93 f. Kapitalismus seit der 2. Hälfte des 19. Jh.

Kapitän M. Mlat. capitāneus M. 'Anführer, Hauptmann' (zu lat. caput N. 'Haupt' wie Chef, s. d.) hat die roman. Sippe von afrz. capitaine, ital. capitano geliefert. Aus dem Afrz. beziehen wir vor Ende des 13. Jh. mhd. kapitān 'Anführer', aus dem Ital. 1507 Capitan 'Schiffsführer', aus dem milit. Bereich bietet Kurrelmeyer 1919 Mod. lang. notes 34, 259 Belege zuerst aus Zürich 1425. S. Hauptmann und Zs. f. d. Wortf. 12, 151. 14, 24 f., 42. 75; Kluge 1911 Seemannsspr. 422 f.: H. Schulz 1913 Fremdwb. 1, 328; E. Öhmann 1940 Neuphil. Mitt. 41, 150.

Kapitel N. Spätlat. capitulum N. (Verkl. zu lat. caput N. 'Haupt') hatte schon mhd. gemeint 'Hauptversammlung einer geistlichen Körperschaft' ergeben. Die gleichfalls kirchenlat. Bed. 'Hauptabschnitt einer Schrift' erscheint kurz nach 1500 in frühnhd. kapitel, das Ersatzwort Hauptstück in gleichem Sinn seit Luther. Kapitelfest s. u. bibelfest.

Kapitell N. 'Säulenknauf'. Lat. capitellum, eig. 'Köpfchen' hat im 13. Jh. mhd. capitél, kaptíl N. ergeben: Suolahti 1929 Frz. Einfluß 117. Aus ital. capitello übernimmt Dürer 1525 captel. Im 17. Jh. steht Capital, bei Winckelmann 1766 Capitäl: H. Schulz 1913 Fremdwb. 1, 328.

Kapitōl(ium) N. Nach lat. Capitōlium (darüber A. Parente 1940 f. Emérita 8, 106 ff. 9, 1 ff.), dem höchsten Punkt im alten Rom, steht Capitolium zuerst 1576 für 'Kopf', ein Studentenscherz, der im leichten Stil z. B. Grimmelshausens und Bürgers literarisch wird. Mundartlich ist in Aschaffenburg und Frankfurt a. M. Kapital zu 'Kopf' geworden: Zs. f. d. Wortf. 4, 312. 7, 258 f.; H. Schulz 1913 Fremdwb. 1, 328.

Kapitulation F. Zu lat. capitulum (s. Kapitel) stellt sich frz. capitulation F. '(völker)rechtliche Festsetzung', das seit Jean de Serres 1574 Frz. Hist. 209 in diesem Sinn bei uns erscheint, seit Kirchhof 1602 Milit. Disciplina 205 in der eingeengten Bed. 'Ergebungsvertrag'. Dazu kapitulieren von Festungen kaum vor 1724: H. Schulz 1913 Fremdwb. 1, 328; Zs. f. d. Wortf. 15, 188.

Kaplan M. In westfränk. Latein heißen capellāni die Geistlichen, die die hlg. capella (s. Kapelle¹) zu bewachen hatten, sodann die an (Pfalz-)Kapellen angestellten Geistlichen. Nach 850 wird es Titel der Hofgeistlichen an weltlichen und geistlichen Höfen des Karolingerreichs: G. Seeliger 1915 Reallex. d. germ. Alt.-Kde. 3, 12. In deutschem Text erscheint kapellān seit frühmhd. Zeit, mhd. verkürzt zu kaplān, die Bed. erweitert auf 'unselbständiger Geistlicher jeder Art'.

kapores präd. Adj., aus hebr. kappāróth Plur. 'Sühnopfer', vermittelt durch den Brauch, daß am Vorabend des Versöhnungstags Hühner k. geschlagen, d. h. als Sühnopfer um dem Kopf geschwungen wurden (Littmann 1924 Morgenl. Wörter 54). Daher rotw. capores 'morden' 1724, capore machen 'einen ermorden' 1726, kabbores gehen 'ums Leben kommen' 1755 Kluge 1901 Rotw. 1, 184. 187. 240. Von da stud. kapores gehen 1782, k. sein 1856 Zs. f. d. Wortf. 1, 44. 12, 281. Schriftspr. nur in Scherzen bei Bürger, Kl. Schmidt u. ä.; in den Mundarten vom Elsaß und Luxemburg bis Bayern und Schlesien, meist in Annäherung an das unverwandte kaputt.

Kapotte F. 'Frauenhut; kurzer Regenmantel', früher auch in Bedeutungen wie 'Haube' (Zeugnis von 1832 bei H. Schulz 1913 Fremdwb. 1, 329), 'Soldatenmütze' (das. aus Nürnberg 1669), 'Mantel mit Kapuze' (bair. Hofordn. von 1597 bei A. Kern 1907 Dt. Hofordn. 2, 224): dies die Hauptbedeutung des zugrunde liegenden frz. capote, Verkl. von cape 'Kappenmantel'; dies aus prov. capa, volkslat. cappa 'Mantel' (s. Kapelle und Kappe).

Kappe F. Ein volkslat. cappa gelangt als 'Mantel mit Kapuze' in die roman., slav. und germ. Sprachen. Nicht vor dem 8. Jh. ist ahd.

kappa entlehnt, noch mhd. kappe wahrt die Bed. 'Mantel mit Kapuze', während mnl. cappe, engl. cap, nhd. Kappe zur Kopfbedeckung, mundartl. kappe zum Bauernkittel geworden sind, immer im Gefolge von Wandlungen der Tracht. Im Gegensatz zur Kappe war die Mütze (s. d.) mit Pelz besetzt. Nachdem pelzbesetzte Kopfbedeckungen selten geworden waren, hat der deutsche Süden Kappe auf die gangbaren Kopfbedeckungen ausgedehnt, während der Norden Mütze verallgemeinerte: Kretschmer 1918 Wortgeogr. 346 ff. 612 (s. Kapelle und Kapotte).

kappen Ztw. als seemänn. Fachwort für 'abhauen' begegnet in hd. Texten seit 1627: Kluge 1911 Seemannsspr. 424 f. Es ist in gleicher Form und Bed. in nd. Mundarten häufig und entspricht nl. kappen, dän. kappe, schwed. kappa, gewöhnlich kapa. Eine germ. Wz. *kapp 'spalten' wird bestätigt durch oberels. kchapfə 'in kleine Stücke zerhacken'.

Kappes, Kappus M. Brassica oleracea L., mhd. kappaz, kabez, ahd. (seit dem 11. Jh.) kabuz, capuz: entlehnt aus gleichbed. mlat. caputia, einer Weiterbildung zu lat. caput 'Haupt'. Umgangssprachl. gilt (weißer) Kappes im Westen und Süden, von Holland (kabuiskool) bis zur Schweiz (chabis) und Tirol (kâbes) für sonstiges Weißkohl, Kumst, (Weiß-)Kraut: Kretschmer 1918 Wortgeogr. 565 ff.

Kappfenster N. mnd. kapvenster, seit Riemer 1678 Glückl. Bastard 1, 45 in md. Texten. In neuerer Zeit von Hannover bis Livland, aber auch in Sachsen. Urspr. das in eine Gewölbekappe gebaute Fenster: R. Bülck 1934 Nd. Korr.-Bl. 47, 57 f.

Kappzaum M. 'Zaum mit Nasenband'. Zu lat. caput 'Haupt' gehört capitium 'Haube', das in ital. cavezza die Bed. 'Halfter' entwickelt. Hierzu als Vergrößerungsform ital. cavezzone M., das in Dresden 1616 als cavezon, 1664 bei Duez als Kappezan erscheint und (unter Anlehnung an Kappe und Zaum) bei Lohenstein 1689 Ibrahim 20 die heutige Form erreicht. Dän. kapsun, schwed. kapson stammen aus nd. kapsūn.

Kapriole F. 'Luftsprung'. Zu lat. caper 'Bock' gehört ital. capriola 'Bocksprung', seit Mathesius 1576 Luther 19ᵇ als Capreole entlehnt. Bismarck schalt die Taten seines Nachfolgers Caprivi "Capriviolen": Liman 1901 Fürst Bismarck 88.

Kapsel F. Lat. capsula, die Verklein.-Form zu capsa 'Behältnis', das unverkleinert unser Kasse (s. d.) geliefert hat, ergibt im 15. Jh. kapsel, nachdem ahd. capselin, asächs. kapsilin 'Kästchen' aus mlat. capsella entlehnt worden

waren. Lat. capsa gehört als s-Erweiterung zur idg. Wurzel *qap- in capiō 'fasse', urverwandt mit haben, heben usw.

kaputt präd. Adj. Auf caput 'Vorderteil des Schiffs' geht frz. capoter 'kentern' zurück. Von da im Kartenspiel für den, der alle Stiche verliert, être, faire capot. Mit Spielerausdrücken wie Bredouille, Hasard, Karnöffel, labet, Tricktrack gelangt das Wort ins Deutsche, vom Pikettspiel noch Duez 1664, ebenso nnl. kapot, dän. kaput, schwed. kaputt. Im 30jähr. Krieg wird capot machen grausames Scherzwort der Soldaten für 'erschlagen', so zuerst in einem Bericht von 1643 bei Seb. Bürster, Beschr. d. schwed. Kriegs 174, und bald gehäuft: H. Schulz 1913 Fremdwb. I, 330. Allerweltswort für 'entzwei' seit 1666 in der Form caput, die vom Deutschen in östl. Sprachen gelangt ist.

Kapuze F. Zu lat cappa (s. Kappe) gehört mlat. caputium 'Mönchskappe', das im 13. Jh. vereinzelt mhd. kabûtze ergeben hatte. Aus lat. caput hat sich ital. capuccio M. 'Mantelhaube', um 1500 zu uns entlehnt und in einem bair. Lied „Ein news Gedicht von Fürwitz der Welt" (1510) Str. 10 als junges Modewort verspottet. Aus dem Deutschen stammen nnl. ka(r)poets, dän. kabuds, norw. karpusa, schwed. karpus. — Kapuziner (ital. cappuccino) heißen die 1528 von den Franziskanern abgezweigten Bettelmönche von Anfang an nach ihrer spitzen, an die Kutte genähten Kapuze. — Zu Kapuzinerkresse (Tropaeolum maius) vgl. Treitschke 1861 Briefe 2, 169 „Auf den sonnenheißen Terrassen Salzburg gegenüber, wo die Kapuziner ihre schönen Blumen und edlen Reben pflegen". Mundartliche Namen sind Zaglhintaus im Böhmerwald, Hinnehacke in Westpreußen, Achterhacken und Swansnakke in Schleswig-Holstein, Steertnacken in Ostfriesland. Vgl. Kresse. — Kapuzinade F. ist nicht erst nach der Schwankpredigt des Kapuziners bei Schiller 1798 Wallensteins Lager 8 gebildet, sondern begegnet als frz. capucinade schon 1715: Büchmann 1912 Gefl. Worte 180.

Kar N. in Alpenländern 'Gebirgskessel, Mulde'. Wohl eins mit mhd. mnd. ahd. kar anord. kęr (aus *kaz), got. kas 'Gefäß' (mit kasja 'Töpfer'), wozu mhd. bīenkar, asächs. bīkar (daraus entstellt Bienenkorb; s. Imker), nnl. bijker, ags. bēocęre 'Bienenwirt'. Kar ist ein uraltes Wanderwort, das von Vorderasien ausgeht: assyr. kāsu 'Schale', arab. ka's, aram. kās, hebr. kōs 'Becher'; kaukas. kaš 'Gefäß': H. Güntert 1930 Festschr. f. F. Panzer 12, Anm. 11. Unannehmbar F. Holthausen 1929 Germ.-rom. Monatsschr. 17, 469.

Kar= ſ. Karfreitag.

Karabiner M. 'kurze Reiterflinte' vor 1600 aus gleichbed. frz. carabine, dies zu frz. carabin 'mit Gewehr bewaffneter Reiter', deſſen Herkunft nicht einwandfrei beſtimmt iſt: Zſ. f. b. Wortf. 14, 26. 46; H. Schulz 1913 Fremdwb. 1, 331.

Karaffe F. 'Tafelflaſche'. Arab. garrāf 'weitbauchige Flaſche' (zu gharafa 'ſchöpfen') ergibt über ſpan. garrafa frz. caraffe, bei uns ſeit Wächtler 1709. Heute weſentlich norddeutſch: Lokotſch 1927 Etym. Wb. 689; H. Schulz 1913 Fremdwb. 1, 331; Kretſchmer 1918 Wortgeogr. 255 f.

Karamel M. 'Gerſtenzucker'. Zu lat. calamus 'Rohr' (ſ. Kalmäuſer) gehört als Verkl.=Form calamellus 'Röhrchen'. Hieraus ſpan. caramelo 'gebrannter Zucker', das über frz. caramel zu uns gelangt. Das F. Kar(a)melle bezeichnet am Niederrhein das Zuckerwerk, das in Weſtfalen Klümpken, in Norddeutſchland Bonbon, im Südweſten Gutſel, in Karlsruhe Tropſle, in Schwaben Zuckerle, in Öſterreich Zuckerl heißt: Kretſchmer 1918 Wortgeogr. 139 f.

Karat N. Die Schoten des Johannisbrots (ſ. b.) heißen nach ihrer Horngeſtalt gr. κεράτιον. Ihre Körner liefern Gewichte für Edelſteine und =metalle, arab. qirāt. Den Weg der Entlehnung zeigt cerates bei Iſidor v. Sevilla († 636). Über frz. carat wird um 1270 mhd. garāt F. entlehnt. Neue Entlehnung ergibt im 15. Jh. Formen mit k-: 1483 Petzenſteiner, Rechenb., Kap. 16 kyrat gewicht; 1489 J. Widmann, Behende u. hübſche Rechnung y 1[b] karat gewicht; y 2[a] „das hochſte Karat"; 1518 H. Grammateus, Rechn. auf Kaufmanſch. E 1[b] „ſchön lautter Goldt hielt am Strich 24 Karat"; 1526 Chr. Rudolff, Künſtl. Rechnung H 7[a] „der Kauff des Golds geſchieht nach dem Karat, auch zuweilen nach dem Lot". Die Herleitung aus ceratium iſt ſchon J. Kepler 1616 klar: Opera omnia 5, 591. 600 Friſch. S. Gran.

Karauſche F. Die Karpfenart Cyprinus carassius, im Weſten mit einem Namen roman. Herkunft benannt (ſ. Giebel[2]), heißt am Oberlauf von Elbe und Oder tſchech. poln. karaś, an der Memel lit. karõsas, ſeltener karúsis (mit kleinruſſ. karaś zum gr. Fiſchnamen κορακῖνος, der über lat. coracinus gleichbed. frz. corassin, carassin geliefert hat). Frühnhd. karutzſchen (Trochus 1517 J 1[b]), carusen (Alberus 1540 Dict. Q 2[a]) dringen ſichtlich von Oſten vor. Offenbar am Kuriſchen Haff, wo die Karauſche ein wichtiger Fangfiſch iſt, ins Oſtpreuß. entlehnt aus lit. karúsis, während md. karaz und frühnhd. karaß zu den ſlav. Formen ſtimmen. Wick 69 entfaltet die reiche Synony-

mik des Fiſchnamens. Dän. karuds ſtammt aus mnd. karusse.

Karavelle F. 'Segelſchiff'. Aus lat. cārabus 'geflochtener Kahn' (das aus gr. κάραβος 'eine Art Schiff' ſtammt, vielleicht makedon. Urſprungs) iſt port. caravela 'großes Schiff' entwickelt, das über gleichbed. frz. caravelle und nl. kareveel zu uns gelangt. — Kraveelgebaut ſind Boote, deren Planken ſich Kante mit Kante berühren. Es iſt die mittelmeeriſch-römiſche Bauweiſe im Gegenſatz zum germ. Splinterbau, bei dem jede Planke die Nachbarin mit ihrer Kante überdeckt. Vgl. M. Vasmer 1947 Zſ. f. ſlav. Philol. 19, 449. In deutſchem Text erſcheint zuerſt 1496 karuele: Kluge 1911 Seemannsſpr. 487.

Karawane F. Zu aind. karabha 'Kamel' (eigentlich 'Schnelligkeit habend') gehört perſ. kārwān 'Kamelzug, Reiſegeſellſchaft', das in alle europ. Sprachen übergegangen iſt und bei uns als Wort des morgenländiſchen Handels im 16. Jh. auftritt, zuerſt 1534 als Carauan, vermittelt durch gleichbed. ital. caravana. Karawanſerei F. 'Herberge' iſt an die Fem. auf =(er)ei erſt nachträglich angeglichen; urſprünglich iſt es perſ. kārwān sārāi 'Gebäude, in dem Karawanen einkehren', ſ. Serail und H. Schulz 1913 Fremdwb. 1, 331; Littmann 111; Lokotſch Nr. 1075. Um 1615 Car(a)vatſchar bei dem Schwaben H. U. Krafft, Reiſen 111. 142 Haßler.

Karbatſche F. Türk. qyrbatsch 'Ochſenziemer, Lederpeitſche' gelangt über gleichbed. magh. korbács und tſchech. karabáč zu uns, zuerſt carabatschste Meſſerſchmid 1615 Luſt. Narrheit 173. — Dazu karbatſchen Ztw., zuerſt karabazen Saar 1662 Oſtind. Kriegsdienſte 25. Öſtliches Prügelgerät ſind auch Kantſchu, Knute, Peitſche. Wick 32 f.

Karbe F. 'Feldkümmel', frühnhd. karben, mhd. karwe, mnd. karve: wie gleichbed. mnl. carvi, nnl. karwij, engl. car(r)away entlehnt aus mlat. (frz. ital. ſpan. portug.) carvi. Dies aus arab. karawijā', das ſeinerſeits durch lat. car(e)um aus gr. κάρ(ε)ον vermittelt iſt. Die ſeit Plinius, Nat. hist. 19, 164 übliche Herleitung des gr. Gewürznamens von dem der kleinaſiat. Landſchaft Karien ſcheitert am ā des gr. Kāpía: H. Marzell 1943 Wb. d. dt. Pflanzennamen 1, 859, 1372. Aus dem Mnd. ſtammen norw. karvi und ſchwed. karv(e). Nhd. rb aus mhd. rw wie in Erbſe, Farbe, herb, mürb, Narbe, Schafgarbe, Sperber.

Karbonade F. Name der gebratenen Fleiſchklöße im öſtl. Mitteldeutſchland, des Koteletts in Berlin und Wien. Grundbed. 'Roſtbraten', entſpr. dem um 1700 entlehnten frz. carbonnade aus ital. carbonata 'auf Kohlen geröstetes Fleisch' (zu lat. carbo 'Kohle').

Karch M. 'zweirädriger Wagen', mhd. karrech, karrich. Lat. carrūca, eine Ableitung zu lat. carrus (s. Karren), die in frz. charrue die Bed. 'Pflug' annahm, als der alte Hakenpflug (aratrum) in Nordfrankreich dem Zweiräderpflug germ. Ursprungs wich, ist vor diesem Wandel und bevor die Verschiebung des ausl. k zum Stillstand kam, ins Germ. entlehnt worden und hat ahd. karrūh (hh) ergeben. Karch gilt heute von der Pfalz und Lothringen über Elsaß und Baden bis Württemberg, noch im 17. Jh. aber auch im Raum von Köln und Trier. Auch die Schweiz hat das Wort offenbar verloren, wie es auch im Schwäb. Einbuße erlitten hat (H. Fischer 4, 218 f.). S. Kulter, Pflug, Sech sowie Th. Frings 1930 Zf. f. Volkskde. 40, 100 ff.; F. Maurer 1930 Heff. Blätter für Volkskde. 28, 68 f.

Kardätsche F. 'Wollkratze; Stallbürste' setzt ein ital. *cardeggio voraus, zur Sippe von Karde (s. d.) gebildet. Zuerst in Cartetschenmacher Fischart 1572 Prakt. 8. Das entspr. kardetschen Ztw. 'Wolle krempeln', als cardetzschen seit Julius 1605, hat sein Vorbild in ital. cardeggiare 'hecheln'.

Karde F. 'Weberdistel'. Volkslat. cardus 'Distel' (aus lat. carduus zu carrere 'Wolle krempeln', Voraussetzung auch für ital. cardo, frz. chardon) ergibt, vor Abschluß der hd. Lautversch. entlehnt, ahd. charta, karta, mhd. karte, asächs. karda, nl. kaarde. Nhd. d gegenüber dem alten t des hd. Worts beruht auf neuer Anlehnung an die lat. Grundform, vollzogen in dem Wunsch, unser Wort von Karte zu scheiden. Von den Distelköpfen geht der Name über auf das daraus gefertigte Werkzeug, mit dem die Tuchmacher die Wolle auflockern, und auf den eisernen Wollkrempel, s. Kardätsche, scharren, Scharte.

Kardinal M. Zu lat. cardo, cardinis M. 'Türangel' gehört cardinālis Adj. 'im Angelpunkt stehend'. Angelpunkt, durch den das übrige bewegt wird, ist für die Kirche Rom, cardināles (clerici) sind seit dem 6. Jh. die der Hauptkirche nächststehenden, höchsten Geistlichen, die im 11. Jh. zur Wahlkörperschaft zus.-treten. Mhd. kardenāl, md. cardinâl folgen diesem Gebrauch. In unheiliger Übertragung, die vom protest. England ausgeht, erscheint seit Krünitz 1775 Ok.-techn. Enzykl. 5, 503 Kardinal als Name eines Getränks aus Weißwein, Zucker und Pomeranzen, offenbar eine Steigerung des älteren Bischof 'Glühwein' (f. o.). Gleichfalls seit 1775 steht bei uns Prälat in ähnlichem Sinn. In

Brückmanns Catal. omnium potus generum (1722) fehlen die drei Weinnamen noch.

karessieren Ztw. Zu ital. caro 'lieb' ist über carezza 'Zärtlichkeit' carezzare 'liebkosen, schmeicheln' gebildet, das neben gleichbed. frz. caresser bei uns eindringt und in obd. Mundarten Boden gewinnt. Zuerst Caressieren Fischart 1572 Prakt. 12: H. Schulz 1913 Fremdwb. 1, 332.

Karfiol f. Blumenkohl.

Karfreitag M., mhd. karvrītac, häufiger die Klammerform kartac; auch karwoche gilt schon mhd. Bestimmungswort ist das F. mhd. kar, ahd. asächs. got. kara, agf. c(e)aru, engl. care 'Sorge, Kummer', vielleicht auch anord. kǫr 'Krankenlager', wozu karg (f. b.) sowie afries. karfesta 'zur Buße fasten'; ahd. karōn, -ēn, asächs. karon 'wehklagen', agf. cearian 'sorgen', got. (ga)karōn 'sich kümmern', anord. kärna 'verzweifelt sein'; asächs. karm 'Wehklage', agf. cearm, cierm 'Lärm, Geschrei', engl. (veraltet) chirm 'Geräusch, Gezwitscher', mhd. mnd. karmen 'seufzen'. Außergerm. vergleichen sich air. gairid 'ruft', gäir, gairm, mkymr. kymr. bret. garm 'Geschrei', kymr. gawr 'Geschrei', lat. garrire 'schwatzen', gr. γῆρυς, dor. γᾶρυς 'Stimme', γαρρίωμεθα (Hesych) 'wir schelten', armen. cicarn 'Schwalbe', cicarnuk 'Nachtigall', toch. kärye 'Sorge', offet. zar|n, zarun 'singen', zar 'Gesang'. Sämtlich zur idg. Schallwurzel *gär- 'rufen, schreien': das Gefühl ist nach seiner Äußerung benannt.

Karfunkel M. Lat. carbunculus 'kleine glühende Kohle' (Verklein. zu carbo, f. Karbonade) ergibt in alter Metapher den Namen des roten Granaten; in gelehrtem Afrz. heißt er carboncle. Diese oder die lat. Form liefert früh im 13. Jh. mhd. carbunkel und bald danach karfunkel. Die Umbildung scheint unter Einfluß von mhd. vunke M. 'Funken' zu stehen. Als 'bösartiges Geschwür' hält sich der med. Fachsprache gemäß Karbunkel. Suolahti 1929 Frz. Einfluß 117 f.

karg Adj., ahd. karag 'betrübt, besorgt', mhd. karc (g) 'klug, schlau (in Geldsachen), zäh im Hergeben', mnd. kar(i)ch 'sparsam, geizig' (daraus entlehnt gleichbed. schwed. karg, dän. karrig, älter karg), asächs. (mōd)karag 'besorgt, traurig', mnl. carich, nnl. karig, agf. cearig 'traurig', engl. chary 'umsichtig, sparsam': Adj. auf -ig zu dem unter Karfreitag entwickelten F. germ. *karō 'Sorge', Grundbedeutung somit 'besorgt'. Der Wandel von ahd. karag zu mhd. karc beruht auf lautgesetzlicher Synkope nach r und Kürze.

Kargo M. 'Schiffsladung'. Zu lat. carrus 'Wagen' stellt sich ital. caricare, span. cargar (frz. charger) 'beladen' und als Rückbildung zum Ztw. ital. carico, span. cargo 'Ladung'. Um 1400 erscheint obd. karg F., um 1411 nd. kargo M. als Lehnwort aus dem Ital. in der Bed. 'Gewicht von vierhundert Pfund'. Später sind span. und prov. Vorbilder beteiligt, die Bed. 'Ladung' und 'Frachtzettel' lösen einander ab, Superkargo (aus span. sobrecargo) 'Beaufsichtiger der Ladung' tritt seit 1598 hinzu: Schirmer 1911 Wb. d. Kaufm.-Spr. 94; Kluge 1911 Seemannsspr. 428. 770.

Karmesin N. Der rote Farbstoff kommt von einer Schildlaus, die pers. türk. arab. qirmiz heißt. Über ital. carmesino kommt der Farbname im 15. Jh. zu uns; unter Einfluß von frz. cramoisi steht bei Hulsius 1612 Schiffahrt 3, 78 cramoisin, im 18. Jh. setzt sich karmoisin durch. Karmin N. 'kostbares Rot' nach frz. carmin seit 1712: H. Schulz 1913 Fremdwb. 1, 333.

Karneval M. wird auf die dt. Fastnacht seit 1699 angewendet (H. Schulz 1913 Fremdwb. 1, 333), vorher nur von der römischen u. venezianischen, zuerst bei Birken 1669 Brandenb. Ulysses 130. Ital. Ursprung ist damit erwiesen. Auch frz. carnaval, das nicht vor dem 16. Jh. begegnet, ist dem Ital. entlehnt. Dem ital. carnevale geht seit dem 13. Jh. die scherzhafte Zus.-Setzung mlat. carne-vale 'Fleisch, lebe wohl!' voraus. Damit sind die sonstigen Deutungsversuche (mlat. *carne-levale 'Wegnahme des Fleischs'; carrus navalis 'festlicher Umzug mit Räderschiff zur Wiedereröffnung der Schiffahrt im Februar' usw.) erledigt.

Karnickel s. Kaninchen. Die urspr. Berliner Wendung Der Karnickel hat angefangen nach einer Tierfabel von F. Förster, die auf die Seeschlacht von Navarino am 20. Okt. 1827 zielt: die Engländer versenkten die türkisch-ägypt. Flotte unter dem Vorgeben, die Türken hätten den ersten Schuß getan. Es war aber nur ein Salutschuß gewesen: H. Kügler 1932 Zs. f. dt. Phil. 57, 178ff.

Karnies N. Gr.-lat. corōnis 'kleiner Kranz, Schlußschnörkel des Schreibenden' wird in den roman. Sprachen mit lat. cornix, -icis 'Krähe' verwechselt. Das so entstandene ital. cornice, frz. corniche entwickelt die Bed. 'Zierleiste mit S-förmigem Profil' und erscheint mit dieser Bed. als Karnieß 1712 bei uns: Seiler 1924 Entw. d. dt. Kultur 3² 256.

Karnöffel, -nüffel M., ein im 15. Jh. aufkommendes Kartenspiel, landschaftlich (z. B. in Iserlohn) noch im 19. Jh. gespielt. Dort sticht Herz Neun alle andern Karten außer der bösen Sieben (s. d.), also aus Cor novem? Die übliche Erklärung aus Ludus cardinalium wird der von je festen Lautgestalt (zuerst um 1450 karnöffelin: Fichards Frankf. Arch. 3, 293f.;

vortoniges a für fremdes o wie bei Gardine) nicht gerecht: Woeste 51ᵇ. 121ᵃ; abwegig G. Baist 1907 Zf. f. dt. Wortf. 9, 34.

Karosse F. Als Ableitung von carrus (s. Karren) entwickelt sich über carracutium 'zweirädriger Wagen mit hohen Rädern' (Isidor) und *carrautium ital. carrozzo (urkundlich im 9. Jh.), später carroccio 'Wagen, auf dem das Feldzeichen in die Schlacht geführt wird'. Wolfram übernimmt von da karrasche in den Parz. zur Bezeichnung von Wagen, auf denen die Schüsseln bei Festen gezogen werden. Nach ihm spielen mhd. karratsch(e), karro(t)sche durch das ganze 13. Jh. eine Rolle: Suolahti 1929 Frz. Einfl. 119. Nach ihrem Absterben wird Carotze 1600 neu entlehnt, 1658 findet Carosse aus dem inzwischen zu 'Prunkwagen' entwickelten frz. carrosse Eingang: H. Schulz 1913 Fremdwb. 1, 334. Über die landschaftl. Verbreitung des Fremdworts s. Kretschmer 1918 Wortgeogr. 313.

Karotte F. Gr. καρωτόν N. 'Möhre', Mz. καρωτά, gelangt als lat. carōta F. in den europ. Westen. ō wird gewahrt in ital. carota und südnl. karoot, dagegen verkürzt in volkslat. carotta (vgl. littera aus lat. lītera unter Literatur), frz. carotte, engl. carrot. Nnl. kroot kam um 1580, als es noch karote lautete, zu uns mit andern Wörtern der nl. Gartenkunst (s. Rabatte, Staket). Zum holl. Ursprung stimmt die Verbreitung in Mundarten und Umgangssprache, denen Karotte z. B. in Mecklenburg und Pommern fehlt: H. Schulz 1913 Fremdwb. 1, 334; Kretschmer 1918 Wortgeogr. 338.

Karpfen M. mhd. karpfe, md. mnd. karpe(n), Karpen noch Goethe, Weim. Ausg. 4, 23, 125 (Brief an Christiane vom 6. Nov. 1812), ahd. karpfo (mit pf aus westgerm. pp), mnl. carpe(r), nnl. karper, isl. karfi 'Cyprinus carpio'. Der Fisch ist im Alpengebiet seit Urzeiten vorhanden. Sein Name mag aus einer Sprache dieses Gebiets zu den einwandernden Germanen gelangt sein; vielleicht hängt er mit dem thrak. Stammesnamen Κάρποι zusammen, der zu alban. karpё 'Fels' gehört, wozu auch Καρπάτης ὄρος 'Karpaten': M. Vasmer 1947 Zf. f. slav. Phil. 19, 450. Lat. carpa 'Donaufisch', das bei dem Goten Kassiodor († 578) zuerst auftritt, ist entlehnt aus got. *karpa. Das vulgärlat. Wort, aus dem span. portug. carpa, ital. carpa, carpione stammen, liefert über prov. carpa das seit dem 13. Jh. bezeugte frz. carpe, aus dem mengl. carpe (15. Jh.), engl. carp entlehnt ist, woraus wieder kymr. karp stammt. Aus mnd. karpe entlehnt sind dän. karpe und schwed. karp (dieses nicht vor 1538). Aus dem Deutschen stammen auch lit. kárpis, lett. karpe

kärpa, ruſſ. karp (woneben korop), ſerb.
kråp, woraus alb. krap und rumän. crap. Alle
weiteren Anklänge ſind trügeriſch. Die vom
Germ. ausſtrahlende Verbreitung über faſt ganz
Europa beruht auf der Bedeutung des Teich-
fiſchs als Faſtenſpeiſe.

Karren M., **Karre** F., mhd. karre M. F.,
ahd. karro M., karra F., mnd. kar(r)e (woraus
entlehnt dän. karre), mnl. carre, kerre F., nnl.
kar. Heutige Volksſprache kennt Karre(n) im
Raum von Köln und Trier ſowie öſtlich von
beiden, während der Südweſten von Karch (ſ.
dies und die dort genannten Arbeiten von Th.
Frings und F. Maurer) eingenommen wird.
Zu Beginn unſrer Zeitrechnung haben Germanen an ihrer Weſtgrenze lat. carrus 'Wagen'
entlehnt, das aus gall. carros (*ḳrsos) ſtammt
und mit lat. currus 'Wagen' (Verbalnomen zu
currō aus *ḳrsō 'laufe') urverwandt iſt. Es
hat namentlich in Gallien eine Rolle geſpielt,
das bezeugen (neben afrz. carre, frz. char und
dem daraus entlehnten engl. car 'Karren, Wagen') Namen wie Καρρόδουνον bei Ptolemäus, abret. Carhent, heute Carrent, 1247
der bret. Männername Caric, ferner bret. karr,
air. mkymr. car(r) 'Wagen'. Auf kelt.-āgō abgeleitet iſt gallolat. carrāgō F. 'Wagenburg',
bezeugt ſeit dem 4. Jh. Durch ſpätlat. carrum
iſt gr. κάρρον vermittelt, durch das Galatiſche
armen. kärk' 'Wagen'.

Karrete F. Zu lat. carrus (ſ. Karren)
gehört mlat. carrecta F., das ital. carretta
ergibt. Von da wird Carrette 'Reiſewagen'
vor Ende des 16. Jh. entlehnt: Oſtermann
1591 Voc. 1, 56. Der verächtliche Sinn (kaum
vor Mylius 1785 P. Pickle 2, 147) haftet
namentlich in den oſtmd. Mundarten.

Karriole F. Mlat. carriola 'Frauenwagen'
ergibt frz. carriole 'leichtes zweirädriges Wägel-
chen', das in gleichem Sinn als Cariol 1702
bei uns erſcheint: H. Schulz 1913 Fremdwb.
1, 335. Dazu karriolen, nd. karjolen
'herumkutſchieren' ſeit 1780: DWb. 5, 217.

Karſt M. ahd. mhd. aſächſ. karst, ſonſt nicht
vorhanden. Die Vorgeſchichte bleibt ſchwierig
trotz R. Meringer 1904 Jdg. Forſch. 17, 120.
Man vermutet Zuſammenhang mit norw.
mundartl. karra 'ſcharren', das auf germ.
*karzōn zurückgeführt wird. S. kehren².

Kartätſche F. Zu lat. charta (ſ. Karte)
gehören ital. cartaccia 'grobes Papier', cartoccio 'kleine Krämertüte' und cartuccia 'kleines, geringes Papier'. Aus dem dritten entwickelt ſich frz. cartouche 'gerollte Einfaſſung
aus Papier'. Hieraus iſt unſer Kartuſche
'Geſchützpatrone' 1617 entlehnt, während Kartätſche F. 'Artilleriegeſchoß' (ſeit 1611) der im
16./17. Jh. üblichen engl. Form cartage ähnelt:

H. Schulz 1913 Fremdwb. 1, 335f.; Kurrelmeyer 1929 Mod. lang. notes 44, 141.

Kartaune F. Ital. cortana 'kurze Kanone'
(zu ital. corto, unſerm kurz) gelangt um 1475
als Curtan in die Schweiz, 1489 als Kartune
nach Oberdeutſchland; nnl. iſt kartouw. Scheidung von dem ſeither untergegangenen Quar-
tana 'Viertelsbüchſe (die Kugeln zu 25 Pfund
ſchießt)' iſt nicht immer möglich: E. Ohmann,
Neuphil. Mitt. 1941, 84.

Kartauſe F. Bruno v. Köln gründet den
Kartäuſerorden 1084 in Chartreuſe bei Gre-
noble, lat. Cartuſia. Der Name wird mit
dem Gedanken an mhd. hūs zu karthūs umgebildet, die Mönche heißen mhd. kartūſer,
karthiuſer.

Karte F. Das Blatt der Papyrusſtaude
heißt mit einem Namen wohl ägypt. Urſprungs
gr. χάρτης M., lat. charta. Über frz. carte
'ſteifes Blatt' wird ſpätmhd. karte entlehnt.
Vgl. Kerze.

Kartei F., der ſeit 1889 vorhandenen Auskunftei (ſ. d.) nachgebildet; zuerſt als Name
des ſog. Klebeamts in Weimar nachzuweiſen
(Kluge 1895 Stud.-Spr. 68⁴), noch in den
neunziger Jahren zum Erſatz für Kartothek
'Kartenkaſten' umgeprägt und in dieſem Sinn
verzeichnet ſeit Schirmer 1911 Wb. d. Kaufm.-
Spr. 95. Seither allg. ſprachüblich geworden:
Streicher 1928 Mutterſpr. 43, 408 ff.

Kartoffel F. Solanum tuberosum gelangt
zu Anfang des 16. Jh. aus ſeiner Heimat
Peru (wo die Knollen von den Eingeborenen
Papas genannt wurden) nach Italien. Hier
werden die Knollen nach ihrer Ähnlichkeit mit
den Trüffeln als tartuffoli bezeichnet (ſ. Trüffel). Die deutſchen Gärtner, die die Pflanze aus
Italien übernehmen, behalten den Namen Tar-
tuffeln (zuerſt 1651), Tartüffeln bis gegen
Ende des 18. Jh. bei. In der Schweiz weicht
ſeit Anfang des 17. Jh. t vor t in k aus (wie
in oſtfränk. patake aus patata, ſ. Batate), im
Reich erſcheint Cartoffel 1758. Dieſes Wort
beherrſcht heute die Umgangsſprache faſt ganz
Deutſchlands und iſt von da nach Oſten, z. B.
ins Lett., weitergegeben; Erdapfel gilt in
Öſterreich und im Oberelſaß, Grundbirne in
Teilen Öſterreichs u. bei den Deutſchen in
Ungarn; daraus magy. krumpli. Die Fülle der
gleichbed. Wörter und ihr Geltungsbereich bei
Kretſchmer 1918 Wortgeogr. 256ff., die Synonymik der Quetſchkartoffel daſ. 383f.

Kartuſche ſ. Kartätſche.

Karuſſell N. Zu perſ. kurrä(k) 'Füllen'
wird arab. kurradſch 'Spiel mit hölzernen
Pferden' gebildet. Hier liegt möglicherweiſe
der Ausgangspunkt des mittelalterlichen Ritter-
ſpiels mit Ringſtechen, das über frz. carrousel

und oberital. carozello im 15. Jh. zu uns gelangt und die Fühlung mit dem Rittertum noch lange wahrt: Sonntagischer Mercurius 1680, Woche 30 „Den 12. dieses ist das Corrusel gehalten ... denen zwölf turnirenden Cavallieren". Noch mit dem Jahrmarktskarussell des ausgehenden 19. Jh. konnte ein Greifen nach Ringen verbunden sein. Namen wie österr. els. Ringelspiel, sächs. Ringelreiten, Reitschule, anderwärts Ringelrennen sind geblieben: H. Schulz 1913 Fremdwb. 1, 336; Kretschmer 265f.; Littmann 102.

Karzer M. N. Auf die alte Entlehnung Kerker (s. d.) folgt die von lat. carcer M. im akad. Bereich, in Heidelberg 1387, in Tübingen 1477. Den Genuswechsel hat das Vorbild von Gefängnis bewirkt, erkennbar seit 1711: Kluge 1895 Stud.-Spr. 98; Zs. f. d. Wortf. 1, 44. 2, 293. 12, 281. 15, 188; H. Schulz 1913 Fremdwb. 1, 336 f.

Kasack M. 'Jacke'. Türk. kazak 'Landstreicher, Nomade' ist als Kosak Name der südruss. Steppen- und Reitervölker geworden. Ihre Tracht bietet das Vorbild für den kurzen Reit- und Reiserock, der über frz. casaque als Kasacke in Fischarts Tagen unsere Männertracht beherrschte und neuerdings als Kasack in der Frauentracht gilt: Lokotsch 1927 Etym. Wb. 1143.

Kaschemme F. 'Verbrecherkneipe, schlechte Schenke' aus zigeun. katšíma 'Wirtshaus': Lokotsch 1927 Etym. Wb. 1129. Vgl. Kretscham.

Kaschmir M. Aus der Landschaft dieses Namens (aind. kāšmīras) im nordwestlichen Indien kommen der weiche Wollstoff und die Schals aus Ziegenwolle, die uns zu Beginn des 19. Jh. über gleichbed. frz. cachemire erreichen, von dem auch nnl. cachemir und engl. cashmere ausgehen: H. Schulz 1913 Fremdwb. 1, 337; Lokotsch 1116.

Käse M. als wichtiges Nahrungsmittel der Germanen bezeugt Cäsar, Bell. Gall. 6, 22, so daß das Wort des Plinius (Nat. hist. 11, 239), der den Barbaren die Kenntnis der Käsebereitung abspricht, mindestens nicht allgemein gilt, es sei denn, Cäsar denke vielmehr an Quark. Das germ. Wort für Käse ist *jūsta (früh entlehnt zu finn. juusto: anord. ostr, dän. schwed. ost), zu lat. jūs 'Brühe', aslav. jucha, aind. yūṣ(án) 'Suppe'; die Wz. dazu ist *iu- 'mischen' in aind. yáuti, yuváti 'vermengt', lit. jaujù (jaúti) '(das Schweinefutter) anrühren' (vgl. Jauche). Mit dem Übergang vom fließenden Sauermilchkäse zum festen Labkäse tritt spätestens im 5. Jh. lat. cāseus in den Gesichtskreis unserer Vorfahren und wird zu germ. *kāsjus entlehnt. Daraus ahd.

chāsi, kāsi, asächs. kāsi, kiēsi, mhd. kǽse, mnl. cāse, ags. cēse, engl. cheese. Außerhalb entsprechen air. cáise, akorn. cōs, kymr. caws, abret. cos-, mbret. queuz- 'Käse' (alle aus dem Lat.), span. queso, ital. cacio. Dagegen ist in frz. fromage, oberital. formaǧ ein vulgärlat. *formaticus 'Formkäse' an die Stelle getreten; dazu vereinzelt ahd. formizzi.

Kasematte F. 'Wallgewölbe'. Die in die Festungsgewölbe eingebauten, von außen nicht sichtbaren Räume werden ital. casamatta genannt. Das Wort ist in Ravenna aus mgr. χάσμα, χάσματα 'Erdkluft' entlehnt. Über frz. casemate gelangt es seit Schwendi 1593 in die militär. Fachsprache Deutschlands: Baist, Roman. Forsch. 7, 414. 10, 177f.

Kaserne F. in den Fremdwb. seit Stieler 1695 Zeitungslust. Das vorausliegende frz. caserne stammt aus prov. cazerna, urspr. 'kleiner Raum auf Festungen, der die (vier) zur Nachtwache bestimmten Soldaten birgt'. Aus vulgärlat. *quaderna, lat. quaterni 'je vier'. Im Ital. wurde daraus (unter Anlehnung an arma 'Waffen') caserma. Als Lehnwort von dort gilt in Bayern und Schwaben Kaserm, Kasarm: Zs. f. d. Wortf. 10, 128. Mietskaserne kommt in Berlin 1871 auf: Ladendorf 1906 Schlagwb. 203. Bedeutungsverwandt das jüngere Wohnhöhle: W. Linden 1943 Dt. Wortgesch. 2, 405.

Kasino N. Zu lat. casa 'Haus' gehört ital. casino, das bei Beschreibung ital. Gesellschaftshäuser, zuerst des Casino dei Nobili in Florenz, 1775 in dt. Texten auftritt und von da auf unsere Offizierhäuser übertragen wird. In München 1782 geht die Bezeichnung vom Haus auf die darin versammelte Gesellschaft über: H. Schulz 1913 Fremdwb. 1, 337. S. Klub.

Kasse F. Lat. capsa 'Behältnis' (s. Kapsel) hat ital. cassa ergeben, das bei uns als cassa seit Nem 1514 Tageb. hg. von Greiff 18 heimisches Geldkiste, Schatzkammer ersetzt. Die fremde Endung gilt bis Ende des 17. Jh. allgemein, in Geschäftssprache wie in bair.-österr. Umgangssprache hat sie sich erhalten. K. steht im Kreis ital. Handelswörter wie Agio, Bank, Bankerott, Bilanz, Debit(o), Diskont, Kredit, Lombard, Numero, Obligo, Posten, Rest, Saldo, Strazze usw. Die reiche Sippe, die das Wort im Nhd. wie in den westeurop. Sprachen entfaltet, bei Schirmer 1911 Wb. d. dt. Kaufmannsspr. 95f. S. auch kassieren.

Kasserolle F. 'Schmortiegel, Bratpfanne' Zu afrz. casse 'Tiegel mit Stiel' gehört frz. casserole 'Schmorpfanne', woneben mundartl. castrole steht. Als Castrol erscheint das Wort

1701 bei uns (H. Schulz 1913 Fremdwb. 1, 338), ſeither gilt auch Kaſſerolle faſt im ganzen Reich und in einem Grenzſaum Öſterreichs: Kretſchmer 1918 Wortgeogr. 533.

Kaſſiber M. 'heiml. Schreiben der Gefangenen'. Hebr. käthabb 'ſchreiben' liefert über das Part. këthibhā 'Geſchriebenes' ein F. Käſife 'Ausweispapiere' in ſchwäb. Kundenſprache (H. Fiſcher 4, 247). Unſer Kaſſiber (daſ. 6, 2271) hat dt. Endung bekommen: Littmann 1924 Morgenl. Wörter 56.

kaſſieren Ztw. Zu Kaſſe (ſ. d.) wird (ein)kaſſieren kaum vor 1624 gebildet: Schirmer 1911 Wb. d. dt. Kaufmannsſpr. 51. — Schon 1492 begegnet Eidgenöſſ. Abſch. 3, 1, 411 caſſieren 'entlaſſen, abbanken' als Entlehnung aus gleichbed. ital. cassare. Dies zu lat. cassus 'leer, nichtig', adj. Part. zu carēre 'entbehren', das ſich mit lat. quassāre 'ſchütteln, zerſchlagen, zerbrechen' gekreuzt haben mag. Die frz. Entſprechung casser 'zerbrechen' hatte ſchon 1331 köln. caſſein ergeben. Durch mnl. caſſeren iſt engl. cashier 'entlaſſen' vermittelt.

Kaſtagnette F. Die Tanzklapper iſt nach ihrer Ähnlichkeit mit der Kaſtanie (ſ. d.), aus der ſie gewiß urſprünglich hergeſtellt wurde, ſpan. castañeta benannt. Entlehnung von da bezeugen 1618 die Span. Praktiken 19 „auf die ſpaniſche Art mit Caſtaneten an den Händen".

Kaſtanie F. Mhd. keſten(e), ahd. keſtin(n)a, alem. cheſtinna (im heutigen Obd. khěſtə), agſ. ciestenbēam beruhen auf Entlehnung aus ſpätlat. castinea. Lat. castanea hat im 15. Jh. Kaſtanie ergeben; dieſe Form hat unter Luthers Einfluß im Nhd. geſiegt. Das lat. Wort ſtammt aus gr. (κάρυα) καστάνεια, das die Früchte bezeichnet, wie κάστανον den Baum. Mit armen. kask 'Kaſtanie', kaskeni 'Kaſtanienbaum' iſt das gr. Wort aus einer vorderaſiat. Sprache entlehnt. Die pontiſche Stadt Καστανίς heißt nach dem Baum, nicht umgekehrt (vgl. Kirſche). S. Roßkaſtanie.

Kaſte F. Port. casta 'Raſſe, Abkunft', urſpr (als ſubſt. F. des lat. Adj. castus 'rein') 'unvermiſchte Raſſe', wird von den Portugieſen des 16. Jh. auf die abgeſchloſſenen Stände Indiens angewendet und gelangt über frz. caste ſeit Wieland 1772 Goldn. Spiegel 2, 15 zu uns. Aus unmittelbarer Kenntnis Indiens ſpricht Stöcklein 1726 Weltbot 3,42a von Caſten. — Vgl. Kaſtengeiſt.

kaſteien Ztw. Lat. castigāre 'züchtigen' (zu castus 'ſittenrein') wird mit dem Chriſtentum (vgl. Kreuz, Prieſter) aus der lat. Kirchenſprache übernommen. Ahd. cheſtigōn hat (wie predigen und die Maſſe der ahd.

Lehnwörter) deutſche Betonung. Neben mhd. keſtigen ſteht md. kaſtigen; deſſen Entwicklung zu Luthers caſteyen (3. Moſ. 16, 29 und noch ſechsmal im Alten Teſt.) vergleicht ſich der von benedeien und (ver)maledeien.

Kaſtell N. Zu lat. castrum 'Feſtung' gehört als Verkl. castellum, entlehnt zu ahd. kástel; ſo bis heute in Ortsnamen. Um 1200 folgt mhd. kastēl als Lehnwort aus dem Pikard. Auch in der etwas jüngeren Bed. 'Aufbau auf einem Kriegsſchiff' iſt das Wort aus dem Frz. entlehnt: Suolahti 1929 Frz. Einfl. 119f. Über nl. (agter) casteel wirkt dieſe Bed. in Hinterkaſtell fort, deſſen ſcherzhafte Bed. 'Poder' H. Schulz 1913 Fremdwb. 1, 338 bis 1663 zurückverfolgt. Am Ende des 15. Jh. wird Kaſtéll neu aus dem Lat. entlehnt; ſo bis heute.

Kaſtellan M. mhd. kaſtel(l)ān 'Burgvogt' aus pikard. castelain, während mhd. ſcha(h)telān aus oſtfrz. chahtelain ſtammt, ſ. Forſt, Sechter. Beide zum lat. Adj. castellānus 'zu einem castellum gehörig'.

Kaſtemännchen N. im Rheinland und in Heſſen die Münze von zwei guten Groſchen oder 28 Pfennigen: mit deutſcher Verkl. zu hebr. kaf-hēth-mānā: kaf der elfte Buchſtabe des hebr. Alphabets mit dem Zahlwert 20, hēth der achte, mānā 'Stück': Littmann 1924 Morgenl. Wörter 57. Dafür Kaſſemännchen Pfiſter 1886 Nachtr. zu Vilmars Jd. von Heſſen 126; in Weſtfalen früher kassmänneken 'zweieinhalb Silbergroſchen'.

Kaſten M. ahd. kaſto, mhd. kaſte 'Behälter': dasſelbe wie mhd. mnl. kaste 'Kornſcheuer', ſowie rhein. kaste 'Kornkaſten, Garbenhaufen auf dem Feld'. Verwandt mit Kar, ſ. d. Zur umgangsſprachl. Verbreitung der verſch. Bedeutungen ſ. Kretſchmer 1918 Wortgeogr. 35. 303. 473 f. 525. Zum bergmänn. Gebrauch des Worts Zſ. f. d. Wortf. 13, 111. Lett. kaste beruht auf Entlehnung aus dem Dt.: J. Sehwers 1927 Zſ. f. vgl. Sprachf. 54, 15.

Kaſtengeiſt M. Kaſte (ſ. d.) iſt im Zeitalter der Frz. Revolution Schlagwort der bürgerl. Aufklärung geworden. Mit dem Gedanken an die bevorrechteten Stände prägt Seume 1797 unſer Wort: Zſ. f. d. Wortf. 5, 115. 7, 148; Ladendorf 1906 Schlagwb. 162 f.

Kaſtraun M. 'Hammel', mhd. (ſeit dem 14. Jh.) kaſtrūn, -oun, -aun. Venez. castrone 'kaſtriertes Schaf' ergibt engad. ćastrun, gröbn. kaſtron uſw. Von den Rätoromanen gelangt es mit ihrer Landwirtſchaft zu tirol. Nachbarn und verbreitet ſich noch vor 1400 bis Regensburg, ſpäter auf unſern ganzen Süd-

24

saum von der Schweiz bis Kärnten. Allmählich zieht es sich wieder auf Tirol zurück:
P. Kretschmer 1918 Wortgeogr. 228 f.; E.
Öhmann, Neuphilol. Mitt. 1942, 24 f. Nächstverwandt sind Kastrat und kastrieren.

Kasuar M. Der ostind. Strauß heißt mal.
kasuwârī. In der durch nnl. casuaris vermittelten Form Kasewaris erscheint er seit
Münster 1628 Kosmogr. 1603, als Casuar
seit Hübner 1712. Entspr. in den meisten
europ. Sprachen.

Katafalk M. 'Trauergerüst'. Gr. κατά.
volkslat. cata 'gemäß, zum Zweck' und lat.
fala 'hohes Gerüst' ergeben volkslat. *catafalicum. Das daraus entwickelte ital. catafalco
erreicht uns über frz. catafalque 'Leichengerüst' 1773 als Catafalque. Die heutige
Form setzt Schiller 1803 durch, s. H. Schulz
1913 Fremdwb. 1, 339 und Schafott.

Katarrh M. 'Schnupfen' aus gr. κατάρρους
'Herabfluß', in dt. Text seit L. Fries 1519
Spiegel d. Arznei 117ᵈ. Das entbehrliche
Fremdwort hält sich, obwohl seit dreihundert
Jahren die humoralpathologische Lehre widerlegt ist, das Gehirn stelle Schleim her, der in
den Körper hinabfließen (κατάρρεῖν) und ihn
krank machen könne: Steudel 12.

Kate s. Kot(e).

Katechismus M. 'Religionsbuch zum ersten
Unterricht' wie kirchenlat. catechismus, das
Augustin († 430) nach gr. κατηχισμός 'Unterricht, Lehre' eingeführt hat. Gr. κατηχίζειν
'unterrichten' ist Weiterbildung zu κατηχεῖν
'entgegentönen', das zuerst die Stoiker für
'mündlich belehren' verwenden. Κατά bedeutet 'gegen', ἠχεῖν 'schallen'; s. Echo.

Kater¹ M. Ahd. kātaro (n-Stamm), mhd.
kāter(e) ist mit mnd. mnl. kater, engl. caterwaul 'Katzengeschrei' zwanglos nur durch die
Annahme zu vermitteln, daß Kater Lehnwort aus dem Nd. ist. Ahd. kātaro begegnet
nicht vor dem 11. Jh.; in hd. Mundarten
gelten westfäl. lipp. bolts(e), thür. katzert, hess.
heinz, eichsfeld. heinzemann, schwäb. bale, ralle,
rälling, alem. rolli, schweiz. chāuder, mäuder,
räuel, dagegen sind altmärk. braunschw. meckl.
pomm. nl. käter bodenständig. Das einfache
t gegenüber der Geminata von Katze (lat.
catta) erweist hohes Alter für die Mask.-
Bildung. Auf -er (germ. -ran-) werden auch
sonst Namen männl. Tiere gebildet, vgl.
Ganser, Marder, Tauber. r geht auf z
zurück, das in gramm. Wechsel mit s in nd.
käts, köts 'Kater' steht: Kluge 1889 Beitr.
14, 585.

Kater² M. 'Katzenjammer'. Kater ist in
Leipzig die volksübliche Eindeutschung für
Katarrh (wie in Thüringen látter für Laterne

steht): Albrecht 1881 Leipz. Mundart 144.
Hippel 1793 Kreuz- und Querzüge 1, 109 sagt
noch „weder von einem physischen noch von
einem moralischen Catarrh . . . befallen". In
solche Formeln fügen Leipziger Studenten
seit etwa 1850 ihre heimatl. Form, die über
die Stud.-Sprache weiteste Verbreitung gefunden hat, z. B. auch ins Nnl.: Kluge 1904
Zf. f. d. Wortf. 5, 262.

Katheder M. N., früher F. '(erhöhter) Lehrstuhl', seit dem 16. Jh. in Kirche, Schule und
Hochschule üblich: aus gleichbed. mlat. cáthedra,
das auf gr. καθέδρα F. 'Stuhl, Armsessel;
Lehrstuhl' beruht: aus κατά 'nieder' und ἕδρα
F. 'Sitz' zur idg. Wurzel *sed-, s. sitzen.

Kathedrale F. 'bischöfliche Hauptkirche', seit
J. G. Forster 1791 Ans. v. Niederrh. 1, 116 für
Cathedralkirche, das schon 1541 im Codex.
dipl. Sax. reg. 2, 3 Nr. 1422 begegnet: noch
mlat. ecclesia cathedralis 'zum Bischofsitz gehörige Kirche'. S. Katheder.

Kätner s. Kot(e).

Kä(t)scher s. Ke(t)scher.

Kattun M. Arab. qutn 'Baumwolle', ein
Fremdwort, das aus Ostafrika stammen mag,
liefert über nnl. kattoen im 17. Jh. unser
Wort, das noch Leibniz 1682 Ermahn. 293
Catoen schreibt: H. Schulz 1913 Fremdwb.
1, 342; Zf. f. d. Wortf. 8, 57. 15, 188. S.
Baumwolle und Watte.

katzbalgen Ztw. nicht vor Geiler v. Kaisersb.
1508 Predigen und Leeren 144ᵇ „sie lügent
üch beiden zů, wie ir einander beißent und
katzbalgent". Kluge sieht darin ein Bild aus
einer Tierfabel, in der sich Hunde um ein gefundenes Katzenfell zanken, und erinnert an
Henischs Übersetzung von Mizaldus 1582
Neunhundert Geheimnuß 129 „die Hunde,
wenn sie ein Katzenfell gefunden haben, wälzen
sich über demselben". Kurrelmeyer 1921
Mod. lang. notes 36, 486 denkt an Katzbalg
M., seit 1492 als 'Tornister der Landsknechte'
nachgewiesen, und die Wendung „mit einem
im K. liegen". Bahder 1925 Wortwahl 125
will an das Spiel „mit einem die Strebkatz
ziehen" anknüpfen, das nnl. katjesspel heißt.
Mangels ausreichender Zeugnisse nicht zu entscheiden. Das M. Katzbalger 'kurzes Schwert,
Nahkampfwaffe der Landsknechte' ist erst vom
Ztw. abgeleitet und kann nicht zu seiner Erklärung dienen.

Katze F. ahd. kazza, mhd. katze, mnd. mnl.
afries. katte, ags. catte, anord. kǫttr M.,
ketta F. ein gemeineurop. Wort. Spätlat.
cattus, catta 'Hauskatze' treten um 350 n. Chr.
auf (R. Blankenhorn 1909 Zf. f. d. Wortf.
11, 312 ff.). Dessen Spiegelungen sind ital.
gatto, frz. chat. Weiter vergleichen sich air. gäl.

cat, kymr. cath (ein ir. Fürst Cenn Cait 'Katzen-
kopf' regiert um 50 n. Chr.); gemeinslav.
kotŭ 'Kater', lit. katė 'Katze', kātinas Kater',
dazu serb. kotiti 'Junge werfen', kot 'Brut,
Wurf'. Das späte Auftreten im Latein, die
Art der Verbreitung und die Mannigfaltigkeit
der germ. Bildungen (s. Kater¹, Kitze²) lassen
germ. Ursprung erwägen. In Orts-, Flur-
und Sachnamen ist germ. *kat(t)- 'Krümmung
häufig (Kettwig 'Ort an der Flußbiegung',
lat. catēia 'gekrümmte Wurfwaffe' teutonico
ritu): somit 'Tier mit dem krummen Rücken'?
W. Kaspers 1942 Zf. f. vgl. Sprachf. 67, 218 f.
— Der Scherz pelzene Mausefalle (kaum
vor Aldenburgk 1627 Westind. Reise G 4 b)
hat weder bei Zesen noch bei seinen Freunden
als Ersatz für das 'Fremdwort' Katze gedient: Kluge 1918 Von Luther bis Lessing 222.

Katzelmacher M. als Scheltname des Ita-
lieners in Wien schon 1741 volkläufig, zielt
ursprünglich nur auf die Grödner in Südtirol,
die bis ins 19. Jh. hölzernes Küchengerät herstellten und vertrieben, besonders Ggatzlen
'hölzerne Schöpfkellen': Verkl. zu tirol. ggåtze
Schöpfkelle', dies aus gleichbed. venez. cazza.
Abwegig E. Trautsche 1920 Germ.-rom. Monatsschr. 8, 105; A. Barth 1935 Vox Romanica
1, 22.

Katzenbuckel M. 'gekrümmter Rücken nach
Katzenart als Zeichen unterwürfiger Schmeichelei'. Kaum vor Lessing 1767 Minna v. Barnhelm 3, 1. Gebucht seit Campe 1808.

Katzengold N. tritt schon im frühesten Md.
auf als Bezeichnung des goldgelb ausfließenden
Kirschharzes, das auch Katzengummi, -klar
heißt. Unabhängig davon wird K. im Bergbau des 16. Jh. zum Namen des goldglänzenden
Glimmers, sonst Katzenglimmer. Beidemal
ist damit 'falsches Gold' gemeint und an die
Falschheit der Katzen gedacht.

Katzenjammer M. nicht vor Wichmann 1768
Anticriticus 602 „es giebt eine Krankheit des
Leibes, die zuweilen unglückliche Menschen
mit den Katzen gemein haben und die deßwegen
der K. genannt wird". Demnächst Arndt
1804 Reisen 3, 370 und K. Jul. Weber 1843
Verm. Schriften 310, der K. 1806 von livl.
Baronen in Heidelberg zuerst gehört hat.
Als Heidelberger, nachmals Frankfurter Wort
aufgenommen von Börne, Brentano, Eichendorff, Gaudy, Görres, Goethe, Heine, Platen.
Moralischer K. seit Jäger 1835 Felix Schnabel
253. Weiterhin im 19. Jh. gekürzt zu Jammer
und beeinträchtigt durch Kater², s. d. In
Aachen nennt man es auch Göbbel (Müller
und Weitz 69), in Schwaben Haarweh (frz. mal
aux cheveux), in der alten Schweiz Tröscher
(Maaler 1561): Zf. f. d. Wortf. 1, 76. 12, 281;

Kluge 1895 Stud.-Spr. 98; 1912 Wortf. und
Wortgesch. 100 ff.

Katzenkraut s. Baldrian.

Katzenmusik F. scherzhaft für 'Katzengeheul'
Stieler (1691) 1313; 1799 (als Beitrag Gießens
zu student. Sitte) Laukhard, Schilda 3, 93
„Als der Verfasser 1777 in Gießen studirte,
bekam der Rector Höpfner ein Abendständchen
und zwei Tage darauf eine K. und eine Fenster-
kanonade". Von Gießen, für das auch Laukhard
1799 Karl Wolfstein 1, 215; 1804 Eulerkapper
245 und Vollmann 1846 Burschit. Wb. zeugen,
durch die Unruhen von 1838 und 1848 weiter
getragen, durch Goethe, Lenz und Varnhagen
literar. geworden. Früher beeinträchtigt durch
Charivari, Katz- und Hundemesse,
Polter-, Spottmusik: Kluge 1895 Stud.-
Spr. 98; Zf. f. d. Wortf. 2, 293. 3, 98. 8, 12;
Ladendorf 1906 Schlagwb. 165 f.

Katzentisch M. Scherzausdruck des 17. Jh.
für den Stubenboden: Gänsler 1698 Lugen-
schmid 2, 321 „auf dem Katzen-Tische, wie
wir zu reden pflegen, nehmlich auf dem Boden,
gespeißet werden". Für den kleinen, abseits
stehenden Tisch, an dem Kinder (zur Strafe)
essen müssen, kaum vor Wieland, Goethe und
Jean Paul; gebucht seit Campe 1808. Seither
(wie Katzenbänklein, -stühlchen) allg. auch
in den Mundarten, s. die Nachweise bei H.
Fischer 1914 Schwäb. Wb. 4, 283.

Katzuff M. 'Metzger, namentl. jüdischer'.
Hebr. kāsaß 'er hat abgeschnitten, zerstückelt'
gibt mit neuhebr. Aussprache des Auslauts
(Lokotsch 1927 Etym. Wb. 1107) in westobd.
Gauner- und Händlersprache Kazuf 'Metzger',
kazufen 'metzgen' (so Kluge 1901 Rotwelsch
1, 342 aus Pfullendorf 1820). Von da weithin
in den Mundarten des Südens und Westens:
Meisinger 1906 Wb. d. Rappenauer Ma. 65;
H. Fischer 1914 Schwäb. Wb 4, 285.

kauderwelsch Adj. Längst vor den Zeugnissen für das Adj. (die bei dem Ulmer Hieron.
Emser 1521 Quadrupl. C 1ᵇ einsetzen und
von Süden vordringen, bis Stieler (Erfurt
1691) 2423 Kuderwelsch als erster bucht) tritt
ein Tuchscherer Hermannus Kudirwale in
Köln 1247 (Köln. Zunfturk. 1, 222 Lösch) und
ein Berchtold Khawderwalch 1379 als Bürger
von Rain am Lech auf. Es sind Rätoromanen
aus dem Rheintal von Chur, dessen Name im
benachbarten Tirol seit etwa 1050 Kauer lautet.
über Kaurer- ist Kauderwelsch entwickelt.
Die schwer verständliche Sprache erfährt schon
um 1450 bei dem Schwaben Herm. v. Sachsenheim unverdienten Tadel: „Churwalchen ist ein
pöse Sprach, bsunder in dem Engadin". 1538
hatte in Wittenberg der aus dem graubünd.
Münstertal stammende Student Simon Lem-

nius Ärgernis erregt. Daher Luthers Zorn-
wort: „Behüt unsere Nachkommen vor der
Chauderwelschen oder Churwallen kahlen Glossen". Verwandte Ausdrücke für 'unverständlich' sind kauder-, uckerwendisch in der
Mark, kinderwelsch bei Fischart, kraut-
welsch bei Moscherosch und tirol., klug-
welsch in den Dolomiten, heckewelsch bei
Cramer 1796 Raph. Pfau 2, 106: A. Götze
1901 Beitr. 24, 474 f.; R. v. Planta, Bündn.
Monatsbl. 1931, 101 f.; Hubschmied 1943 Roman. Helv. 20, 127.

Kaue s. Käfig, Koje.

kauen schw. Ztw. (früher stark) aus md.
küwen gegenüber mhd. kiuwen (Umlaut noch in
wiederkäuen), ahd. kiuwan, mnd. keuwen, nnl.
kauwen, ags. cēowan, engl. chew, anord. tyggja,
tyggva (k des Anlauts ist vor Velar in t ausgewichen), dän. tygge, schwed. tugga 'kauen'.
Germ. *keww(i)an. Innerhalb des Germ. sind
verwandt ahd. këwa, mhd. ki(u)we, këwe,
kouwe F. 'Kiefer, Kinnbacken, Rachen; was
gekaut wird, Speise', mnd. kiwe, asächs. kio,
Mz. kian, ags. cian Mz. 'Kiemen', sowie die
Ableitungen mnl. coon (aus *kaunō) 'Kiefer',
afries. ziäke 'Kinnbacken', mnd. küse, mnl.
küze (ablautend kieze), afries. kēse 'Backenzahn'. Außergerm. vergleichen sich aslav.
žuju, žĭvǫ, žĭvati, russ. ževát' 'kauen', lit.
žiáunos Mz., lett. žaũnas Mz. 'Kiefer; Fisch-
kiemen', armen. kiv 'Baumharz' (urspr. 'Kau-
harz'), pers. jāvidan 'kauen', toch. śwā 'essen'.
S. Kieme.

kauern Ztw. mnd. kūren 'lauern, spähen';
mengl. couren, engl. cower, dän. kûre, schwed.
kūra in nhd. Bed.; isl., norw. mundartl. kūra
'zusammengekauert daliegen'. Nächstverwandt
gr. γυρός 'rund, krumm', γῦρος 'Kreis': mit
r-Suffix zu dem unter keusch entwickelten idg.
Verbalstamm *geu- 'biegen, krümmen, wölben'. Früh aus dem Germ. entlehnt ist finn.
keuru 'krumm'. Vgl. kauzen.

Kauf M. mhd. ahd. kouf, asächs. mnd. kōp,
mnl. coop, nnl. koop, afries. kāp, ags. cēap,
engl. cheap, anord. kaup, schwed. köp, dän.
køb: zu kaufen, s. d. und T. E. Karsten 1928
Die Germanen 205.

kaufen Ztw. (in md. Ma. umgelautet käu-
fen), mhd. koufen, ahd. koufen, koufōn,
asächs. kōpian, kōpōn, anord. kaupa, got.
kaupōn 'Handelsgeschäfte treiben'. Im Germ.
zeigt der Verbalstamm die Bed.-Fülle 'Tausch-
handel, Handel treiben, ein-, ab-, verkaufen'.
Er geht zurück auf das Nomen agentis ahd.
koufo 'Händler', wofür ahd. mhd. koufman verdeutlichende Zus.-Setzung ist wie Elen-,
Maul-, Murmel-, Renntier, Hirschkäfer, Samstag, Schmeißfliege, Thun-,

Walfisch, Tuffstein, Turteltaube, Windhund. Jenes koufo beruht auf früher Entlehnung aus lat. caupo 'Schenkwirt, Höker' (dazu
caupōnāri 'schachern'), das zwar in den roman.
Sprachen fehlt, aber um 100 n. Chr. am Mittel-
und Niederrhein von röm. Soldaten zu Germanen gelangen konnte. Ähnlich asächs.
mangōn 'handeln' aus lat. mangō 'Händler',
wozu gleichbed. ags. mangere, engl. monger.
Die germ. Sippe (nl. koop; engl. chapman
aus ags. cēapmon 'Kaufmann') ist früh nach
Osten gedrungen: aslav. kupiti 'kaufen' aus
germ. *kaupjan.

Kauffahrer M. mnd. kōpfarer, nnl. koop-
vaerder 'Schiff, das für den Kauf, die Handlung
bestimmt ist; dessen Führer'. In hd. Text seit
1672. Kauffahrtei F. nd. kōpfārdīe 'Schiff-
fahrt, die die Handlung zum Zweck hat', aus
mnd. kōpvart. Dazu hd. Kauffahrdey-
schiff seit 1678: Kluge 1911 Seemannsspr.
434 f.

Kaul- in den Zus.-Setzungen Kaulbarsch,
-kopf, -quappe bed. 'Kugel von geringem
Umfang'. Mhd. küle, frühnhd. kaule ist zus.-
gezogen aus kugele, wie steil aus steigel. S.
Keule, Kugel, Quappe.

kaum Adv. mhd. kūme als Adj. (?) 'schwach,
gebrechlich', als Adv. (ahd. chūmo, kūmo) 'mit
Mühe, schwerlich'; dazu das ahd. Adj. kūmig
'kraftlos, mühsam'. Grundbed. ist 'kläglich',
so in mengl. kīme, mnd. kūme, westfäl. niederhess. kýme. Ihrer Entwicklung zu nhd. 'kaum'
vergleicht sich die des gleichbed. lat. a gre
(Adv. zum Adj. aeger 'krank'). Die ältere
Bed. zeigen ahd. chūmōn, kūmen 'trauern',
asächs. kūmian 'beklagen'; dazu noch schwed.
mundartl. kaum 'Klage' und (ohne Wurzel-
erweit.) ags. cīegan (aus *kaujan) 'rufen'.
Die außergerm. Verwandten s. u. Köter; vgl.
Kauz.

Kauri(muschel) F. Cypraea moneta, hindust.
kaurī, in Asien und Afrika als Geld in Umlauf,
darum ins Nhd. gelangt. Gleichen Ursprungs
sind engl. cowry, span. frz. cauris usw.

Karte F. 'Lehmgrube', md. (14. Jh.) nd.
küte. Vielleicht mit Kaule, mnd. küle 'Grube'
und kauern zu verbinden.

Kautsch F. 'breite Liegestatt mit niedrer
Lehne', während des ersten Weltkriegs in
Deutschland noch unbekannt, 1916 als Kaut-
sche aus der Schweiz gemeldet (Zs. d. Sprachv.
31, 140). Entlehnt aus gleichbed. engl. couch.
Dies ist frz. couche 'Lager', Rückbildung zum
Ztw. coucher 'niederlegen', im 12. Jh. ent-
wickelt aus lat. collocāre 'legen'.

Kautschuk M. N. Ein Indianerwort cahuchu
bezeichnet in Peru den dort gewonnenen klebrigen Baumsaft. Daraus gleichbed. span.

cauchuc, das durch den Franzosen de la Condamine 1736 als frz. caoutchouc nach Europa gelangt. Im Dt. begegnen 1751 Cachuchu, 1785 Cauchu und Kautschu. Die Form auf -k setzt A. v. Humboldt 1815 durch: R. Loewe 1933 Zs. f. vgl. Sprachf. 60, 162ff.; Palmer 68f.; R. Wagner 1943 Dt. Wortgesch. 2, 329. S. Gummi.

Kauz M. Für die Eulenart ulula tritt im Dt. erst im 15. Jh. die Bezeichnung (stein-)küz(e) auf, die sie von der Ohreule (asio) scheidet. Da man Eulen selten sieht, nennt man sie nach ihrem Geschrei. So ist mhd. küze 'Schreihals', nächstverwandt mit mnd. küten 'schwatzen', s. kaum und Köter (dort die außerdt. Entsprechungen). Als Nachtvogel, der gegen das Licht fliegt, stößt der Kauz gelegentlich gegen die Fenster nächtlich erhellter Krankenstuben. Darum und weil er gern in der Einsamkeit von Kirchen nistet, bemächtigt sich seiner der Aberglaube, benennt ihn ahd. wîgla (mit -ilô-Suffix zu germ. *wîg- in ags. wiglian 'weissagen'), wîhila (in gramm. Wechsel zum vorigen), mhd. klagemuoter, nhd. Toten-, Leichen-, Sterbe-, Kirchen-Huhn, -Vogel, -Kauz, und deutet seinen Ruf kiwitt als 'komm mit'. Weiteres bei H. Suolahti 1909 Vogelnamen 319ff. Der Name des bei Tag unsicheren, scheuen Vogels erscheint seit dem 16. Jh. als Schelte des Sonderlings. — Nach äußerer Ähnlichkeit heißt der aufgesteckte Frauenzopf Kauz.

kauzen Ztw. 'kauern': mit diesem zur gleichen Wz. Erst nhd. belegt, doch seiner Bildung nach von germ. Alter: -zen weist über ahd. -(a)zen auf germ. *kûw-atjan.

Kavalier M. Zu lat. caballus M. 'Pferd', einem alten Wanderwort wohl kleinasiat. Ursprungs (E. Maaß 1925 Rhein. Muf. 74, 469; P. Kretschmer 1928 Glotta 16, 191) gehört ital. cavalliere 'Reiter, Ritter', das über gleichbed. frz. cavalier um 1600 zu uns gelangt, zunächst als Titel der Angehörigen eines ritterl. Ordens, seit 1614 allg. als 'abliger Herr, Hofmann'. Die weitere Entwicklung bei Fr. Schramm 1914 Schlagworte der Alamodezeit 32ff.

Kavallerie F. 'Reiterei', gleichen Stammes wie Kavalier (s. d.). Nachdem bis über die Mitte des 16. Jh. Reuterei und reisiger Zeug allein gegolten hatten, taucht das roman. Kriegswort 1569 in dt. Zeitungen auf, doch wird Kavallerey noch 1638 im Teutschen Michel als modisches Fremdwort verspottet. Neben der auf frz. cavalerie beruhenden Form steht z. B. de Bry 1617 General Feldoberst 2 cavalleria in ital. Gestalt. Kavallerist kaum vor Adelung 1775: Zs. f. d. Wortf. 14, 44f.; H. Schulz 1913 Fremdwb. 1, 344.

Kaviar M. Der Rogen des Störs, der vor allem aus Astrachan kommt, heißt russ. ikrá. Für Westeuropa maßgebend geworden ist türk. chávijär. Es liefert über mgr. καβιάριον ital. caviario, das unverändert noch bei Krüger 1750 Diät 160 steht. Anderseits erscheint die Kürzung Caviar schon bei Hulsius 1628 Schiff. 14, 17. An der unteren Oder ist Ketzin für 'roter Kaviar' üblich.

Kebse F. Mhd. keb(e)se, asächs. kevis, mnl. kevese, ahd. chebis, kebisa, ags. ciefes führen auf germ. *kabisjō, das jeder Deutung trotzt. Einen Fingerzeig gibt, daß das ags. F. neben 'Beischläferin' auch 'Magd' bedeutet und daß anord. das M. kefsir 'Sklave' daneben steht. Zu Beischläferinnen (die es trotz des Tacitus gefärbter Darstellung des germ. Familienlebens gab) wurden weibl. Kriegsgefangene gemacht, die als Sache galten: anord. man N. bedeutet 'Sklave, Sklavin, Beischläferin' zugleich; ags. wealh M. ist 'Kelte; Sklave', wȳlen F. 'Sklavin, Magd'. Vgl. lat. mancipium, gr. ἀνδράποδον N. Zs. f. d. Wortf. 11, 275. 13, 73. 328. 334. Bedenklich bleibt die Beziehung zu Kaff[1], die Hnr. Schröder 1906 Zs. f. dt. Phil. 38, 523 vorschlägt.

keck Adj. mhd. këc neben quëc, ahd. chëc, chëh (flekt. chëcchër, chëhhër) und quëc (quëcchër) 'lebendig'. Anlaut. q (das in Quecksilber, Quecke und erquicken fortbesteht, in Kochbrunnen abweichende Entwicklung verursacht) wird zu k nach einem obd. Lautgesetz der spätahd. Zeit: heute ist schweiz. chech 'fest, drall, stark', keck in Bayern bodenständig (nd. dafür dreist, das Kretschmer 1918 Wortgeogr. 180. 604 gegen unser Wort abgrenzt; zu dessen Ablösung durch nhd. lebendig Bahder 1925 Wortwahl 143f.). Dagegen bewahren q ags. cwicu, engl. quick, anord. kvikr, kykr (Aff. kykkvan) 'lebendig'. Dies die Grundbed., deren Wandel nhd. lebhaft und engl. lively beleuchten können. Der germ. Adj.-Stamm *qu̯iqu̯a- hat kk in Formen mit kw (s. o.) entwickelt. Das vorausliegende idg. *gu̯igu̯- (auch in lett. dziga 'Leben') gehört mit g-Suffix zur Wurzel idg. *gu̯ei(ō)-, die unerweitert z. B. in gr. ζωή 'Leben' erscheint.

Kees N. 'Gletscher' als Wort der bair.-österr. Alpen. Aus ahd. chês 'Eis', wie ja auch Gletscher (s. d.) aus einer Bezeichnung für 'Eis' hervorgegangen ist. Verwandte des ahd. Worts sind nicht nachgewiesen.

Kegel M. Mhd. mnd. kegel 'Kegel im Spiel; Knüppel, Stock', ahd. kegil 'Pfahl, Pflock' weisen auf westgerm. *k gila-, Verfl. zu schwäb. bair. Kag 'Strunk, Kohlstengel', nl. kag 'Keil', ags. ceacga, engl. mundartl. chag 'Ginster', schwed. mundartl. kage 'Baumstumpf' (wor-

aus entlehnt engl. cag 'Stumpf'), norw. kage
'niedrer Busch', anorw. Kagi als Beiname.
Dazu mit Konj.=Dehnung mnl. kegghe, nnl.
kegge 'Keil', anord. kaggi, schwed. kagge
'Fäßchen'. Weiteres, auch die balt. Verwandten,
s. u. Kufe[1]. — Dasselbe Wort liegt vor in
spätmhd. kegel 'lediges Kind', das sich in der
stabenden Formel mit Kind und Kegel wie
in den Fam.=Namen Kegel(mann), Kögel
gehalten hat. Vielleicht ist die Bedeutung
'Bastard' aus älterem 'Eiszapfen' (Lexer I
1535) entwickelt: im Modus Liebinc erzählt die
untreue Frau, sie habe Schnee gegessen, davon
sei ihr das Kind gewachsen (A. Götze 1923 Zf.
f. dt. Phil. 49, 287), vielleicht auch liegt (wie
bei ähnlich gewendetem Bengel, Prügel,
Stift) allgemein geringschätzende Bedeutung
voraus.

kegeln Ztw. 'Kegel schieben' erst nhd., dafür
landschaftl. bosseln (puseln Steinbach 1734;
südthür. boseln); bair. schmareglen (seit
Duez 1652). Das bair.=österr. auskegeln 'ver=
renken' (Kretschmer 1918 Wortgeogr. 549)
gehört zu landschaftl. Kegel 'Knöchel, Gelenk'.

Kegelschnitt M. Nachdem Dürer 1525 vom
schnydt durch ein kegel gesprochen hatte, ist
Kepler 1616 Weinvisierb. 114ᵃ der erste, der
für lat. sectio conica die Lehnübersetzung
Kegelschnitt wagt: A. Götze 1919 Anfänge
einer math. Fachspr. 101. Aufgenommen in
nnl. kegelsnede, dän. keglesnit.

Kehle F. mhd. kël, ahd. anl. këla, agf. ceole
(urgerm. *kelōn-), dazu anord. kjǫlr (urgerm.
*kelu-) 'Schiffskiel, Gebirgsrücken'. Verwandt
mit aind. gala 'Hals', lat. gula 'Kehle'; aind.
gilāmi, armen. klanem, air. gelim 'verschlinge'.

Kehraus M. begegnet seit Ende des 15. Jh.
in der Wendung kerauß in der stiern 'letzter,
scharfer Trunk, der in der Stirn K. macht, dem
Zecher den Rest gibt', was offenbar die Bed.
'Schlußtanz, bei dem die Kleider der Tänzerin=
nen den Saal fegen' schon voraussetzt. Un=
mittelbar wird diese Bed. erst bezeugt durch
Steinbach 1734 Wb. 1, 50 „den K. machen/finem
choreis facere". Bei Amaranthes 1715 Frauenz.=
Lex. 1037 dafür Kehrab.

kehren[1] schw. Ztw. 'wenden', mhd. ahd. këren,
ahd. këran, chërren, anfr. këran 'wenden, eine
Richtung geben oder nehmen', afries. këra
'wenden'. Rückbildung ist ahd. kër(a) 'Wen=
dung'. Dazu mit gramm. Wechsel anord.
keisa 'hoch tragen, ragen mit etwas', isl. keis
'runder Bauch', norw. mundartl. keis 'Krüm=
mung, Bewegung', kis 'Buckel', keisa 'krumme
Bewegungen machen, laufen', schwed. kesa
'fliehen': idg. *geis- ist s-Erweiterung zur
Wurzel *gei- 'drehen, biegen', zu der mit
bh-Erweiterung keifen gehört, s. d.

kehren[2] schw. Ztw. 'fegen'. Mhd. kęr(e)n,
kęrjen, ahd. kęren, kęrian führen auf germ.
*karjan. Das Stammwort in ahd. ubarchara
'Unreinigkeit' und isl. kar N. 'Schmutz (an neu=
geborenen Lämmern und Kälbern)'. Dazu
als urverw. lit. žęrti 'scharren', wie auch norw.
kare 'scharren' bedeutet; vgl. Karst. Kehren
'mit dem Besen reinigen' fehlt der Umgangs=
sprache eines breiten Nordstreifens von Livland
bis Ostfriesland und Westfalen. Am Südsaum
dieses Gebiets ist in Breslau kehren neben fe=
gen bezeugt, westlich davon bis zur Rheinprovinz
meist kehren allein. Im größten Teil Süd=
deutschlands wird die Besenreinigung mit
kehren bezeichnet; fegen bedeutet allgemein
'säubern'. Im Südwesten gilt fegen für 'rei=
nigen', wischen für 'trocken kehren'. Der Süd=
osten kennt allein kehren für die Besenreini=
gung: Kretschmer 1918 Wortgeogr. 194 ff.

Kehreule F. Der Flederwisch zum Fegen
heißt z. B. in Nordhausen kēr-ile: Hertel 1895
Thür. Sprachschatz 132: Verdeutlichung des
einfachen Eule 'Handbesen' (s. d.) und Spiel=
form zu häufigerem Handeuleᵉ: Kretschmer
1918 Wortgeogr. 229 f. Bildlich steht K. in
Sachsen und Thüringen für einen Struwwel=
kopf.

Kehricht M. N. 'Müll', spätmhd. kęrach,
frühnhd. keracht, kerecht. Luthers Kerich
(1. Kor. 4, 13, nachmals durch Fegopfer
ersetzt) muß seinen obd. Zeitgenossen mit
fäget, staub, kutter verdeutlicht werden: Kluge
1918 Von Luther bis Lessing 109. Durch
Luther ist K. schriftsprachlich geworden; um=
gangssprachlich ist es nur in einem engeren,
nicht geschlossenen Gebiet zwischen Leipzig im
Norden und Augsburg im Süden, Marburg
im Westen und Böhm.=Leipa im Osten bezeugt.
Die Synonymik entfaltet Kretschmer 1918 Wort=
geogr. 342 f.; zur Wortbildung vgl. Spülicht
sowie Putzicht 'Abfälle beim Pilzeputzen' in
der ostthür. Gegend von Schleiz.

Kehrreim M. als Übersetzung von Refrain
Bürger 1793 Rechenschaft über die Veränd. in
der Nachtf. d. Venus (Werke hg. v. Wurzbach 3,
92). Reim (s. d.) hat darin noch die ältere
Bed. 'Vers'.

Kehrseite F. nach Mitte des 18. Jh. dem
(seit 1729 nachgewiesenen) nnl. keerzijde
'Rückseite einer Münze' nachgebildet, das frz.
revers ersetzt. K., von Adelung 1775 und 1796
als „sehr ungeschickter Ausdruck" abgelehnt, ist
von Jean Paul seit 1789, von Goethe 1818
aufgenommen worden: Wh. Pfaff 1933 Kampf
um dt. Ersatzwörter 35 f.

Kehrt N. Die 2. Plur. Imp. kehrt! als
milit. Befehl steht seit Beginn des 19. Jh.
neben Ztw. in der Formel kehrt machen.

Hieraus substantiviert, wie schweiz. Kehrtum G. Keller 1874 Leute von Seldwyla 2, 157. Vgl. Halt, Reißaus.

Kehrwisch M. zuerst in Nürnberg 1482. in heutiger Umgangspr. von Augsburg bis Vorarlberg und Elsaß für sonstiges Handbesen, -eule, -feger, -steuber, Bart-, Borst-, Haarwisch: Kretschmer 1918 Wortgeogr. 230.

Keib M. 'gemeiner Mensch', so in schwäb. Fam.-Namen wie Haintz der Caip schon vor 1300 (H. Fischer 4, 148), vordem mhd. keibe 'Leichnam, Aas' (Mhd. Wb. 1, 794), mit Bed.-Wandel wie Aas, Luder, Schelm. Wenn mit Schweiz. Id. 3, 103 als Urbed. 'zehrende Seuche' anzusehen ist, scheint Anknüpfung an kiben 'nagen, zehren' denkbar.

Keiche F. 'Gefängnis', mhd. kîche, oft im älteren Obd., stets mit den Lauten des Ztw. keuchen, somit 'Ort an dem man nicht frei atmen kann'.

Keidel s. Keil und Kretschmer 1918 Wortgeogr. 296.

keifen schw., nord- und md. auch st. Ztw. mit nd. f (wie Hafen, Hafer, Hälfte, Hufe) für hd. keiben, mhd. kîben, woneben kibelen, das sich in obd. kibbeln 'necken' fortsetzt. Verwandt sind mnd. mnl. kîven, afries. zivia, anord. kîfa 'zanken' (woneben die Rückbildung kîf 'Zank'), agf. dazu das ablautende Adj. cäf 'lebhaft, bereit, tapfer'. Idg. *geibh- stellt sich als bh-Erweiterung zur idg. Wz. *gei- 'drehen, biegen', zu der als s-Erweiterung kehren¹ gehört (s. d.): der Streitende ist nach seinen heftigen Bewegungen benannt. Außergerm. hat die Ausgangsbed. andre Wege genommen: lat. gibbus 'gebogen; Höcker', lit. geibus 'plump, ungeschickt'.

Keil M. ahd. mhd. mnd. kîl. Die Nebenform mhd. kidel, frühnhd. keidel führt nach Sievers, Idg. Forsch. 4, 340 auf germ. *kîþla- neben ahd. kîl aus germ. *kîdlá-. Beide mit Suffix idg. -tlo, das auch die Gerätnamen Nadel und Wedel bildet, zur Wurzel germ. *ki-, idg. *ĝei-: *ĝi-, deren Ausgangsbed. 'keimen, aufbersten, aufblühen' (s. Keim) in germ. Entwicklung zu 'spalten' geführt hat. Keil ist somit 'Gerät zum Spalten'. Über landschaftliche Sonderbedeutungen s. P. Kretschmer 1918 Wortgeogr. 255. 293. 296.

keilen Ztw. Urspr. ein Wort der Holzfäller und Schreiner: mit eingetriebenen Keilen werden Baumstämme gespalten, Stuhlbeine und Axtstiele gefestigt. Die Gaunersprache, die bildhafte Ausdrücke liebt, wendet keilen, Keile zu 'schlagen, Schläge' (Kluge 1901 Rotw. 1, 229. 344) und übersetzt das alte Stockhaus, in dem die Gefangenen in den Stock geschlossen wurden, mit keil-bajis (L.

Günther 1919 Gaunerspr. 103). Von da allg. geworden; Frisch 1741 bucht: „einen (ab)keilen 'verberare'". Stud.-sprachl. ist keilen neu verengt auf das Eintreiben neuer Mitglieder in den Stamm der Verbindung, so zuerst Erlangen 1843: Kluge 1895 Stud.-Spr. 99.

Keiler M. 'Wildeber im dritten Jahr', erstmals in Küchenzetteln der Grafen von Büdingen 1608 (Weigand 1878 Wb. 1, 915): das macht Entlehnung aus lit. kuilys, lett. kuilis 'Zuchteber' unglaubhaft. Älteste Schreibung ist Keyler: damit zeigt sich die erst 1631 auftretende Form Keuler als nachträgl. Anlehnung an Keule. Da keilen als volkstüml. Kraftwort für 'schlagen' gleichfalls seit 1600 md. hervortritt, heißt der ausgewachsene Wildeber nach seinen Hauern. Mnd. heißt er kempe (s. Kämpe), anord. tarr, nächstverwandt mit zerren und Zorn.

Keilschrift F. Die aus keilförmigen Schriftzeichen bestehende altpers. Schrift der Achämeniden wird von Carsten Niebuhr 1776 beschrieben, ohne daß das Wort K. fiele. Nachdem für die altägypt. Hieroglyphen der Name Bilderschrift (s. d.) gangbar geworden war, erscheint K. für die inscriptiones cunatae erstmals Gött. Gel. Anz. 1802 S. 1481. Von Jean Paul 1804 Flegelj. 1, 128 wird K. schon übertragen gebraucht.

Keim M. ahd. asächs. kîmo mit demselben Suffix germ. -man wie got. ahma 'Geist', engl. time 'Zeit', asächs. glîmo 'Glanz' zu dem unter Keil entwickelten germ. Verbalstamm *kî-. Ohne Suffix erscheint der Stamm im got. Part. uskijans 'hervorgekeimt', mit n in got. uskeinan, ahd. asächs. kînan 'keimen', asächs. kîn, mnd. kîne, mnl. kêne 'Keim'; mit dentaler Ableitung in agf. cîþ, asächs. kîð, ahd. (frumi)kidi, mhd. kîde, fränk. schwäb. Keid 'Sprößling'. Die idg. Wurzel *ĝei-: *ĝī- bedeutet 'keimen, aufbersten, aufblühen', vgl. die urverwandten lett. zeiju, ziet 'hervorblühen, zum Vorschein kommen' und armen. cił, ciuł 'Halm, Stengel', ən-ciuł 'Schößling, Keim'.

kein Pron. 'nullus'. 'Auch nicht einer' lautet ahd. nih(h)ein, asächs. nigên, münsterländ. nigein: vor das Pron. ein (s. d.) ist die Entsprechung von got. nih 'und nicht, auch nicht' getreten, das (aus ni und uh zus.-gesetzt) von idg. Alter ist: aind. naca, lat. nec, neque 'und nicht'. Durch gramm. Wechsel ist die asächs. Form entstanden, die in mnd. gên, gein, gîn, mnl. gheen, nnl. geen fortwirkt. Ahd. nih-ein ist neu zus.-gesetzt in einer Zeit, da Verners Gesetz nicht mehr wirkte. Über mhd. nehein lebt die Form in soloth. nekein (Schweiz. Id. 3, 316) bis heute. Seit Otfrid steht dafür (ni) dehein '(non) ullus', dessen Entstehung dunkel bleibt. Das anfangs notwendige ni, ne, en- bleibt nachmals weg, wie neben niht. Schon um 1200 hat dehein gesiegt; frühnhd. wird es über de-chein zu kein, wobei die Stellung im Silbenanlaut beteiligt ist, wie in Ferkel, s. d. Behaghel 1913 Wiss. Beih. zur Zs. d. Sprachv. 5, 178; 1923 Dt. Syntax 1, 422; Horn 1923 Sprachkörper 65 f.

keineswegs Adv. mhd. (14. Jh.) deheins wegs, bis ins 16. Jh. stets, bis Steinbach 1734 gelegentlich in zwei Worten: zum Adv. gewordene Gen.-Formel wie halbwegs, keinesfalls, engl. always.

Kelch M. ahd. kelich (hh), mhd. kelch. asächs. kelik, mnl. kel(e)c, afries. tzilik, tzielk, agf. celc, kælc; von da anord. kalkr. Aus gleichbed. lat. calix, -icis entlehnt zu einer Zeit, als lat. c vor Palatal noch k-Aussprache hatte (s. Kalk), somit vor dem Christentum (denn Kreuz setzt schon z-Aussprache voraus), als Wort des Weinbaus wie Becher und Keller. Dagegen ist frz. calice erst kirchl. Entlehnung des 10. Jh., ebenso nord. kalekr 'Abendmahlskelch'. Im 11./12. Jh. ist magy. kehely 'Kelch' aus dem Bair. entlehnt: Melich 1933 Festschr. für Gideon Petz 178 f. Die erst nhd. Bed. 'Blütenkelch' beruht auf gr. κάλυξ.

Kelim M. 'teppichartiger Vorhang, Tischdecke'. Türk. kilim 'Teppich' gelangt, wie in die Sprachen des europ. Ostens (bulg. kilim, russ. kelim usw.) unmittelbar mit dem Teppichhandel zu uns. Noch Sanders 1871 Fremdwb. 1, 648 kennt nur Kilimi Plur. 'grobe Teppiche'. Lokotsch 1927 Etym. Wb. 1176.

Kelle F. 'Schöpflöffel; Maurerkelle'; Schoß-, Wagenkelle 'Sitz des Fuhrmanns am Deichselende von Lastwagen'. Mhd. mnd. kelle, mnl. kele, keel, ahd. kella 'Schöpflöffel', agf. cielle 'Feuerpfanne, Lampe' führen auf germ. *kaljō F. Dies nach N. O. Heinertz 1916 Beitr. 41, 495 ff. zum idg. Verbalstamm *ǵelebh- 'schabend aushöhlen' in gr. γλάφω 'höhle aus', sloven. žlébiti, russ. želobít' 'auskehlen'.

Keller M. ahd. kellari, mhd. keller, asächs. anl. kelleri (daraus entlehnt anord. kjallari), mnl. kelre: altes Lehnwort aus lat. cellārium, übernommen, als lat. c vor Palatal noch k-Aussprache hatte (s. Kalk, Kelch), mit dem röm. Steinbau wie Kammer, Küche, Mauer, Mörtel, Pfeiler, Pflaster, Pforte, Pfosten, Wall, Ziegel. Genuswandel trat ein wie bei Söller und Speicher, weil die Wörter nach Verlust der lat. Endung den ahd. Mask. auf -āri glichen. Die ältesten Keller (Mor. Heyne 1899 Wohnungswesen 92 f.) sind besondere Vorrats- und Schatzhäuser über dem Boden, mehrstöckig und gewölbt, der röm. cella vinaria, olearia nachgebildet. Unterirdische Keller wurden erst nach dem Vorbild der gewölbten Kirchenkrypten angelegt, als das Wohnen in Burgen und Städten den Raum beengte. In England fand das Wort in alter Zeit keinen Eingang; engl. cellar stammt erst aus afrz. celier.

Kellner M. ahd. kelnari, mhd. kelnære, mnd. kelner, mnl. kelnare 'Kellermeister' aus mlat. cellenārius. Dazu die Nebenform mhd. kellære, mnd. keller, mnl. kelre, entspr. lat. cellārius 'Vorsteher der cella, der Vorratskammer'. Keller ist noch Goethes Form bis 1806: Kurrelmeyer 1921 Mod. lang. notes 36, 487.

Kelter F. ahd. calc(a)tūra, kelk(e)tra, kelk(e)terra, mhd. kaltūr, kalter, kelter, dazu ahd. calctūrhūs, mhd. kalterhūs: mit aprov. calcadoira, alothr. chauchoir aus lat. calcatūra, einer Nebenform zu calcatōrium, beide zu calcāre, calcitāre 'mit der Ferse (calx) treten': bis über das Mittelalter hinaus wurden die Trauben mit den Füßen zerstampft: Mor. Heyne 1901 Nahrungswesen 359 ff. Die Entlehnung ist gleichzeitig mit der von Essig, Kelch, Most, Trichter u. a. Fachwörtern des Weinbaus vollzogen. K. ist vorwiegend md., den Winzern an Mosel, Neckar, Tauber, Main, Saale und Oder eigen. Moselfranken tragen es nach Siebenbürgen. Luthers Kelter wird in Worms durch Torkel, in Zürich durch Trotte, in Basel durch Weinpresse ersetzt (Kluge 1918 Von Luther bis Lessing 101. 114; Zs. f. d. Wortf. 11, 271. 285). Presse war, bevor es sich der Buchdruck dienstbar machte, weithin 'Kelter'.

Kemenate F. ahd. chemināta, asächs. kemināda, mhd. kem(e)nāte, mnd. mnl. kemenade 'heizbares Zimmer, Schlaf-, Frauengemach'. Mlat. (camera) camināta, Part. zu camināre 'mit Feuerstätte versehen' (s. Kamin), seit dem 6. Jh. nachweisbar, wird während der ahd. Zeit entlehnt: Mor. Heyne 1899 Wohnungswesen 119. 220 u. ö. Gleichen Ursprungs sind ital. camminata 'Saal', frz. cheminée '(Zimmer mit) Kamin', woraus engl. chimney. Durch das Teutsche vermittelt tschech. poln. russ. komnata 'Zimmer'.

kennen Ztw. ahd. chennan, ahd. mhd. kennen, alt weniger üblich als die Zus.-Setz. ahd. bi-, irchennan mhd. be-, erkennen, beide auch in der Bed. des nhd. kennen. Das entspr. got. (us)kannjan, agf. (ge)cennan bed. 'bekanntmachen'. Diese Doppelbed., die anord. kenna in sich vereinigt, rührt daher, daß germ. *kannjan Faktitiv zum Prät.-Präf. kann, Inf. kunnan 'wissen' ist; er-kennen ist refl. 'sich wissen machen'. Weitere Verwandte sind können und kühn.

kentern Ztw. nb. nnl. kanteren, kenteren: zu Kante, s. d. Ein Seemannswort, zuerst 1675 in hd. Text vom Walfisch, der zum Ab-specken auf die andere Seite gelegt wird. Vom Umkippen des Schiffs kaum vor Röding 1794: Kluge 1911 Seemannsspr. 437 f. Norw. kantre, dän. kæntre, schwed. kantra stammen aus dem Nd. oder Nl.

Kerbe F. mhd. kërbe F., kërp M. 'Fuge' Mit anord. kjarf, kerfe N. 'Bündel', agf. cyrf 'Einschnitt' zum einst starken Ztw. kerben, s. d.

Kerbel M. Gr. χαιρέφυλλον N. (zu χαίρειν 'sich freuen' und φύλλον 'Blatt' wegen des Dufts der Blätter) liefert lat. caerefolium N., die Stammform von ital. cerfoglio und frz. cerfeuil 'Kerbel'. In früher Zeit, als lat. c vor Palatal noch k-Aussprache hatte (s. Kaiser, Kelch, Keller, Kerker, Pech) entsteht über *cerfolia vorahd. *kërfulja, das als ahd. kërvol(l)a, kërvila (weitere Formen Zf. f. d. Wortf. 6, 183 und bei H. Marzell 1943 Wb. d. dt. Pflanzennamen 1, 330 f.), mhd. kër-vel(e) F. M., agf. cerfille, älter *cerfylle, chervil zutage tritt. Zu den vor der hd. Laut-versch. entlehnten Fachwörtern der südl. Gar-ten- und Kochkunst s. Kappes, Kohl, Minze, Pfeffer. Aus mnd. kervel(d)e stammen dän. kjørvel, schwed. körvel. -b- begegnet in ahd. kerbilla seit dem 10. Jh. Das Ztw. kerben lautete damals noch *kërfan. Die volksetym. Verknüpfung (wegen der stark ein-geschnittenen Blätter von Anthriscus cerefo-lium Hoffm.) kann erst nachträglich vollzogen sein. — Vgl. Kälberkern.

kerben Ztw. mhd. kërben (mit st. Part. urhein. gekurben), ein urspr. st. Ztw. ahd. *kërfan, *karf, kurbum, korban; dazu mnd. nl. kerven, afrief. kërva, agf. ceorfan, Part. corfen, engl. carve 'schneiden, schnitzen'. Nächstverwandt Kerbe F., afrief. kerf, agf. cyrf 'Abschnitt', anord. kurfr 'Stumpf, kurzes Stück'. Sämtlich zur idg. Wurzel *gerbh-'ritzen' in gr. γράφω 'ritze ein, schreibe', aslav. žrěbū, žrěbiji 'Los' (ursprünglich 'gekerbtes Stäbchen'), russ. žérebej 'abgeschnittenes Stück', apreuß. gírbin 'Zahl' (ursprünglich 'Kerbung').

Kerbtier N. Das fremde Insekt (s. d.) ersetzt Campe 1791 Proben einiger Verf. von dt. Sprachbereich. 33 durch Kerbtier, das 1792 Allg. Lit.-Ztg. 1, 336 „vollends uner-träglich" gescholten, von Jean Paul seit 1796 gebraucht und empfohlen wird: Wh. Pfaff 1933 Kampf um dt. Ersatzwörter 36.

Kerf M. 'Insekt': aus Kerbtier mit nb. f (s. kerben) künstlich gebildet von F. L. Jahn 1833 Merke z. Dt. Volksthum 253. Aufge-nommen von L. Oken 1835 Allg. Nat.-Gesch. 5, 10.

Kerker M. ahd. asächs. karkāri, mhd. karkære, kerkære, kerker, mnl. carker, caerker, afrief. kerkener, agf. carcern (mit Anlehnung an ærn, ern 'Haus'), got. karkara. Früh entlehnt aus lat. carcerem (gespr. karkere), als lat. c auch vor Palatal noch k-Aussprache hatte (s. Kalk, Kerbel usw. gegen Kreuz). Aus volkslat. carcar stammt air. carcar, kymr. carchar korn. carhar sowie die Sippe von frz. chartre. Junge Entlehnung hat zu Karzer geführt, s. d.

Kerl M. Zur Sippe von ainb. jarati 'altert, vergeht', nperf. zer, armen. cer 'Greis', gr. γέρων 'Greis', γηραλέος 'alt' gehört germ. *karla- 'Mann' in urnord. *karlaz (gesichert durch das früh entlehnte lapp. kāllēs: Wolf v. Unwerth 1918 Lit.-Bl. 39, 93), anord. karl 'alter Mann, Mann (Ggf. Weib), Mann aus dem Volke, Unfreier, Diener', norw. kar 'Mann', kall 'alter Mann', agf. carl 'Kerl, Mann' (aus dem Anord. entlehnt), ahd. karal 'Mann, Ehemann, Geliebter', mhd. karl. Diese hd. Form hat sich als Name gehalten; mit der Bed. 'König' ist sie ins Slav. entlehnt worden (s. Kaiser). Bei uns hat sich als Appellativ die urspr. mb. nd. Form Kerl durchgesetzt. Sie geht auf germ. *kërla- zurück, mit *karla- durch Ablaut verbunden, vorausgesetzt durch agf. ceorl 'Unfreier' (davon ceorlian 'einen Mann nehmen'), engl. churl 'Bauer, Kerl, Tölpel', afrief. tzërl, tzirl, nl. kerel, mnd. kërle 'freier Mann nicht ritterl. Standes'. Neben dieser rechtlichen Bed. bleibt 'Ehemann, Geliebter' le-bendig, so daß Kerl immer den Mann in voller Mannheit bezeichnet, wie es Rud. Hildebrands Artikel 'Kerl' DWb. 5, 570 ff. herausarbeitet. Dazu Zf. f. d. Worf. 1, 12. 44. 6, 109. 327. 11, 115.

Kern M. mhd. kërne, ahd. kërno, anord. kjarni führen auf germ. *kërna-. Damit durch Ablaut verbunden (wie Kerl mit Karl, Brett mit Bord) ist germ. *korna- (s. Korn). Lautlich zu diesem gehört agf. cyrnel M. N. 'Samenkorn, Kern'.

kernen Ztw. 'buttern', ein vorwiegend nb. Wort, das seine nächsten Verwandten in gleich-bed. nl. karnen, engl. churn, schwed. kärna hat. Vorauszusetzen ist germ. *kirnjan 'but-tern' neben *kirnjōn F. 'Butterfaß' (in gleich-bed. agf. ciren, cyren, engl. churn, anord. kirna F.), beides Ableitungen zu germ. *kërna-(s. Kern; Kluge 1926 Stammb. § 81), das sich früh zu 'Milchrahm' entwickelt hat, wie das

Zus.-Treffen von nhd. (oberpfälz.) kern, nnd. kerne, isl. kjarna in dieser Bed. beweist. S. kirnen.

Kerperich M. neben Kirferich der westerwäld. Name des Kirchhofs: aus Kirchpferch. Dazu auch Kerfich, Kirfech in Lothr., Luxemb. und Thüringen: Kretschmer 1918 Wortgeogr. 276. 278.

Kersei s. Kirsei.

Kerze F. mhd. kęrze, ahd. kęrza, älter charza '(Wachs-)Kerze'. Aus mnd. kęrte ist asächs. *kęrti zu erschließen; daraus um 950 entlehnt anord. kęrti (dän. kjerte). Daneben sind asächs. kęrzia, mnd. mnl. kerse, nnl. kaars Entlehnungen aus dem Hd. (s Lautersatz für hd. z). Ahd. charza ist vor der hd. Lautverschiebung entlehnt aus lat. charta (s. Karte). Die Bedeutungen 'Leuchtkörper' und 'Schreibstoff' begegnen sich auch in engl. taper, ags. tapor 'Kerze', über *tapūrus entwickelt aus lat. papyrus (p vor p ist in t ausgewichen): bis vor kurzem waren im Tessin und in Spanien Kerzen in Gebrauch, die aus einem spiralig gewickelten Streifen Birkenrinde bestanden, der vor Gebrauch in Öl getaucht wurde. Birkenrinde aber wurde in alter Zeit häufig als Schreibstoff benutzt: G. Rohlfs 1928 Sprache u. Kultur 18; O. Schrader 1929 Reallex. 2, 352. Umgangssprachlich ist Kerze wesentlich ein Wort des katholischen Südens und Westens gegenüber Licht im protestantischen Norden und Osten: Kretschmer 326 f. Auch sonst liefert das Lat. den Germanen Bezeichnungen für Leuchtkörper: Fackel aus facula, got. lukarn 'Leuchte' aus lucerna.

Kessel[1]. Mhd. kęzzel, ahd. kęzzil, asächs. kętil, mnd. mnl. nnl. ketel, afries. zetel, zitel, ags. cietel, engl. chettle, anord. kętill (daraus entlehnt engl. kettle), schwed. kettel, kittel, dän. kedel, got. *katils oder *katilus (überliefert nur Gen. Pl. katilē) führen auf germ. *katila-: gemeingerm. Entlehnung aus lat. catil(l)us, Verkl. zu catinus 'Napf, Schüssel, Wasserkessel der Handfeuerspritze', aus dem ahd. kęzzi(n), mhd. (alem.) chęzzi 'Kessel', tirol. cadin, fläm. cadijn stammen. Aus dem Germ. weiterentlehnt sind finn. kattila und aslav. kotilū, aus dem Slav. lit. kãtilas und apreuß. catils. Nach J. Brüch 1926 Festschr. f. P. Kretschmer 10 haben germ. Söldner die Bezeichnung des Kessels der ihnen wohlbekannten röm. Feuerspritze auf jeden Metallkessel übertragen. Schon in der germ. Bronzezeit sind Kessel aus Südeuropa zu uns gelangt; ihren germ. Namen spiegeln ahd. ags. hwēr, anord. hvęrr, urverwandt mit gleichbed. air. coire, idg. qṷer- 'Schüssel-, Schalenartiges'.

Kessel[2] M. 'Dummkopf'. Hebr. kesīl, urspr.

'fett', dann 'dumm' ergibt im 18. Jh. die Schelte Kessel, im alten Halle verdeutlicht zu Teekessel 'Mucker, Spaßverderber, Student, der nicht flott lebt, Lehrer (am Waisenhaus)'. Bei Lenz und Immermann wird das Stud.-Wort literarisch: Kluge 1895 Stud.-Spr. 10. 99. 130; Zs. f. d. Wortf. 1, 44. 2, 293. 8, 101 f. 12, 281; Lokotsch 1927 Etym. Wb. 1166.

Kesseltreiben N. Kessel in weidmänn. Sinn ist der rings geschlossene Platz, wohin das Wild getrieben wird. Dazu Kesseljagen seit Täntzer 1682 Jagdgeheimn., Vorw.; Kesseltreiben zuerst in einem Brief vom 6. August 1870 bei Moon, Denkwürdigk. 2, 441.

keß Adj., das heute in der Bed. 'fein, schneidig' von Berlin ausstrahlt (Ag. Lasch 1927 Berlinisch 172 ff.) ist urspr. Gaunerwort und bedeutet 'in Diebssachen erfahren; zuverlässig'. Kluge 1901 Rotw. 1, 283. 285. 300 ff. belegt keß u. cheß seit 1807. Das ist der jüdd. Name des hebr. Buchstaben ח (ch), des Anlauts von kochem 'gescheit' (s. d.). Damit ist keß ein frühes Buchstabenwort, geeignet, die Herkunft der sprachlichen Unsitte zu beleuchten.

Ketsche F. 'Apfelbutzen'. Aus mfränk. Ma. bei Jung-Stilling 1781 Florentin v. Fahlendorn 1, 126. In Aachen ketsch, in Bonn kitsch F. (Jos. Müller und Wh. Weitz 1836 Aachener Ma. 104), westfäl. kitsche F. (Woeste 127), schles. kitschel (Weinhold 27b). Zu kitschen 'ausstechen': Jos. Müller 1931 Nachr.-Bl. f. rhein. Heimatpflege 3, 90 f. Andre Namen s. u. Griebs.

Ke(t)scher, Kä(t)scher, Kesser M. eine best. Art Netze der Fischer an Nord- und Ostsee. Mlat. captiāre 'greifen' liefert über frz. chasser 'jagen' engl. catch 'fangen'. Das dazu gebildete engl. catcher 'Fischhamen' wird früh entlehnt zu dän. ketser (älter kedsel), mnd. kesser. Mit neuer Entlehnung entsteht unser Wort.

Kette[1] F. 'Schar' (bes. von Rebhühnern) mit den älteren, mundartl. noch geltenden Formen kitte, kütte. Dies die mhd. Form, die zu mnd. nl. kudde, ahd. kutti 'Herde, Schar' (von Schafen und Schweinen) stimmt. Außergerm. scheint sich zunächst lit. guta 'Herde' zu vergleichen. Über die Formenfülle des F., den Sieg des weidmänn. Kette und die Verdrängung durch nhd. Herde s. K. v. Bahder 1925 Wortwahl 64 f.

Kette[2] F. Lat. catēna (aus *catesnā, verwandt mit cassis 'Jägergarn', aus *catsis) ergibt, am Niederrhein als Wort der röm. Schiffahrt (s. Anker) entlehnt, mnl. keten(e) nnl. keten. Jüngere Entlehnung, die etwa gleichzeitig mit der von Kerker, noch vor

Abschluß der hd. Lautversch. erfolgt, geht von vulgärlat. *cadena aus, das über frz. chaîne auch engl. chain geliefert hat. Sie ergibt asächs. keðina, mnd. kedene, ahd. ketîna, chetînna, mhd. keten(e). Im alten Lehnwort wird der Akzent zurückgezogen, wie in Abt, Essig, Fenster, Münster, Münze, Schüssel usw.; lat. ē gibt ahd. î wie in Feier und Pein. Im 15. Jh. schwand sodann das ausl. n: der mhd. Auslaut -en wurde als schw. Endung der flektierten Fälle aufgefaßt (vgl. Bütte, Ferse, Küche, Lüge, Matte, Quitte).

Kettenblume F. Aus den hohlen Stengeln von Leontodon taraxacum lieben die Kinder Ketten zu flechten, darum trägt die Blume (neben Butter=, Dotter=, März=, Hunde=, Saublume, Löwenzahn, Milchdistel, =stock, =ling, Hummelsbusch, Pfaffenröhrlein und der Fülle der bei H. Fischer 1914 Schwäb. Wb. 4, 1311 ausgebreiteten Namen) die Bezeichnung Kettenblume. Sie fehlt noch in der reichen Synonymik des Löwenzahns bei Popowitsch 1780 Mundarten 484 und wird zuerst als chettene bluem bei Hebel 1803 Allem. Ged. 22 (Die Wiese V. 182) greifbar, um gleich danach von Campe 1808 gebucht zu werden. In Wesel am Niederrhein heißt der Löwenzahnsalat ketting-salat. Voß 1784 Luise 1, 18 sagt Butterblume.

Kettich M. ein Name des Ackersenfs, nd. köddik, küdik, dän. kiddike, agf. cedelc. Häufig auch zus.=gezogene Formen: bei Brockes Kök, in Lauenburg kück, nnl. kiek, keek. Außergerm. Beziehungen unklar.

Ketzer M. mhd. (seit Beginn des 13. Jh.) ketzer, nd. nl. ketser und (mit Umsetzung wie nd. tins aus Zins, s. d.) ketter, dän. k(j)ætter, schwed. kättare. Nach gr. καθαρός 'rein' nannte sich die manichäische Sekte der Katharer, lat. Cathari, die im 12. Jh. vom Osten nach Italien gelangte und hier Gazari hieß. Dabei steht ital. ga- für lat. ca- wie in garzuolo für cardiolum u. ä., z für mgr. θ. Katharer wird Sammelname für eine Anzahl dualist. Sekten des Abendlands; von da entwickelt sich das dt. Wort seit seiner Übernahme aus Ital. und Kirchenlatein zu 'frevelhafter, verworfener Mensch', bes. 'Sodomit': E. Ohmann 1939 Neuphilol. Mitt. 40, 213 ff. (gegen H. Collitz 1925 Germanica, Festschr. f. Ed. Sievers 115 ff.)

keuchen schw. Ztw. vermischt aus mhd. küchen 'hauchen' und kîchen 'schwer atmen'. Das erste hat seine nächsten Verwandten in mnl. cochen, nnl. kuchen, agf. cohhettan, mengl. coughen, engl. cough 'husten'. Das zweite beruht auf einer lautmalenden Wz. germ. *kik, die in den westgerm. Sprachen auch nasaliert vorliegt und so vor allem im Namen des Keuchhustens greifbar wird: mnd. kinkhôste, holst. kinghosten, nnl. kinkhoest, fries. kinkhoast, engl. chincough (für chinkcough). Die Vermengung zeigt sich in frühnhd. keuchen 'schwer atmen' seit Anfang des 16. Jh., unvermengtes kîchen hält sich daneben bis ins 19. Jh. (Rückert). Adelung setzt 1796 allein kîchen und Keichhusten an. Von da gesehen macht keuchen den Eindruck einer hyperhd. Schreibung, was es sprachgeschichtlich nicht ist. S. hauchen.

Keule F. mhd. kiule (ahd. küli Beitr. 20, 331) 'Keule, Stock, Stange': verwandt mit nhd. Kaule aus mhd. küle 'Kugel'; dazu anord. kúla F. 'Beule'. Die nhd. Bed. 'Stock mit verdicktem Ende' ist aus der älteren 'verdicktes Ende' entwickelt. Urgerm. *külōn-, woneben mit abweichender Suffixbildung *kuwulōn- > *kugulōn-, s. Kugel. Daneben ein ablautender Stamm urgerm. keula-, s. Kiel[2] (dort auch die außergerm. Entsprechungen). Keule bezeichnet in der Metzger- und Umgangssprache den Hinterschenkel des Schlachttiers in Nord- und Mitteldeutschland; süddeutsch dafür mit ähnlichem Bild Schlegel, s. d. und Kretschmer 1918 Umgangsspr. 271.

keusch Adj. Adv. mhd. kiusch(e) 'mäßig, ruhig, sittsam, schamhaft', ahd. küski Adj., küsko Adv. 'ehrbar, sittsam', asächs. küsko Adv. 'demütig geneigt', mnl. cuusc 'sauber', nnl. kuisch, afries. küsk 'keusch'. Agf. cüsc 'tugendhaft' ist literar. Entlehnung aus dem Asächs., dän. schwed. kysk stammen aus mnd. küsk. Das Adj. ist mit -sk=Suffix zum idg. Verbalstamm *geu-: *gū- 'biegen, krümmen' gebildet, der in kauern und kauzen vorliegt. Die sinnliche Ausgangsbed. ist im Asächs. erhalten, ebenso im Namen des Dorfs Keuschberg bei Merseburg (993 Cüskiburg). Übergang von 'sich krümmen' zu 'sich schämen' kehrt oft wieder: W. Kaspers 1944 Beitr. 67, 151 ff.

Keuschlamm, =baum, Abrahamsstrauch. Der Baum Vitex (urverwandt mit Weide, s. d.) im Mittelmeergebiet, der gr. ὁ, ἡ ἄγνος heißt, wurde von Plinius agnos genannt, was Verwechslung mit lat. agnus 'Lamm' nahelegte. Indem jenes ἄγνος mit ἁγνός 'unbefleckt' verwechselt wurde, erhielt agnos den Beinamen lat. castus. Daraufhin wurde sein Same als Mittel gegen Unkeuschheit betrachtet. Botan. Bezeichnung ist Vitex agnus castus. Die Lehnübersetzung des 14. Jh. käusch lamp beruht somit auf gehäuften Mißverständnissen. Anders W. Kaspers 1944 Beitr. 67, 153 f.

Khaki M. 'graugelber Stoff', ursprünglich für die Tropen. Zu pers. hāk 'Staub, Erde' gehört das Adj. hākī 'staub=, erdfarben', entlehnt zu gleichbed. hindoſt. khākī. Das daraus stammende engl. khakee, -ki wird zum Namen eines graugelben Stoffs, mit dem zuerſt 1857 ind. Truppen bekleidet werden. Im 19. Jh. nach Europa gelangt, wird das engl. Wort um 1900 in Deutſchland, durch den erſten Weltkrieg in aller Welt bekannt: Littmann 124; Lokotſch Nr. 787: Stiven 87. 132.

Khedive M. von 1867 bis 1914 Titel des Vize= königs von Egypten, zu perſ. chādīv 'Fürſt, kleiner König' aus dem Schāhnāme, dem Königsbuch Firduſīs. Bei uns ſeit Sanders 1871 Fremdwb. 1, 648. Mit der Löſung von der Türkei iſt 1914 Sultan 'Herrſcher' und 1922 malik 'König' an die Stelle getreten: Lokotſch 1927 Etym. Wb. 876.

Kicher(erbſe) F. Cicer arietinum L. Lat. cicera, Mz. von cicer N. 'Kichererbſe' wird vor der hd. Lautverſch., als noch k=Ausſprache des lat. c auch vor Palatal galt, entlehnt zu ahd. chihhira und (mit Anlehnung an das ganz ver= ſchiedene gr. κιχώριον, ital. cicoria 'Zichorie') kichŭrra F., mhd. kicher, mnd. mnl. keker. Jüngere Entlehnung ergibt ſpätahd. cisa, mhd. ziser, nnl. sisser(erwt). Eine Form ohne r (ital. cece, frz. chiche) wirkt fort in mengl. chiche, chick-pea 'Kichererbſe'.

kichern Ztw. erſt nhd.; dazu nnl. giechelen, limb. kicheln, ahd. kichazzen 'lachen': eine in öſterr. kichetzen noch lebende Nebenform zu ahd. kachazzen, mhd. kachzen; vgl. mhd. kach M. 'lautes Lachen', mhd. kachen 'laut lachen', ſämt= lich mit ch aus germ. hh (nach Ausweis des agſ. ceahhettan 'lachen'). Unverwandt weſtfäl. kiəkstern 'kichern' (Woeſte 1882 Wb. d. weſtfäl. Ma. 125). Das den Lachlaut nachahmende idg. *ha ha entzieht ſich ganz oder teilweiſe der Lautverſchiebung. So vergleicht ſich ahd. kachazzen uſw. mit aind. kakhati 'lacht', armen. xaxank', lat. cachinnus 'ſchallendes Gelächter', gr. καχάζω 'lache laut', aſlav. chochotati 'lachen', ruſſ. chochot 'Gelächter'.

Kiebitz M. mhd. (13. Jh.) gībiz, gīwiz; mnd. kīvit, kiwit, mnl. nnl. kievit heißt der gehäubte Regenpfeifer (Vanellus cristatus) in Nach= bildung ſeines Warn= und Lockrufs kibit, biwit, kihbit. Darauf, nicht auf Entlehnung, beruht die Ähnlichkeit mit ruſſ. čibiz, čibez: Wick 33. Die Nachahmung des Naturlauts wird ungenau durch lautgeſetzl. Entwicklung, nam. in frühnhd. geybitz, gaubitz, geubitz, bair.=öſterr. geibitz. ſchwäb. geifitz, ſchweiz. gifitz, giwix. Die Schriftform iſt oſtmd., hier iſt die Endung nach der von Vogelnamen ſlav. Urſprungs wie Girlitz, Krinitz, Stieglitz, Wonitz umgebildet. Andre Namen des Vogels bei Suolahti 1909 Vogeln. 264ff., über ſeine volks= kundliche Bedeutung A. Wirth 1935 Handwb. d.

dt. Aberglaubens 5, 1304f. — Ein rotw. tiebitſchen 'viſitieren' (Kluge 1901 Rotw. 1, 380) führt zu Kiebitz 'Zuſchauer beim Spiel': Ag. Laſch 1927 Berliniſch 174.

Kiefer M. mhd. kiver, kivel(e), in neueren Mundarten kiefe 'Kieme', nd. keve 'Kiefer, Kieme'. Daneben mit andrer Ablautſtufe aſächſ. kaflos Mz. 'Kiefern', agſ. ceafl, mengl. chavel 'Wange, Kinnbacken', anord. kjaptr, kjoptr 'Kiefer', wozu norw. kjava 'ſich zanken' (urſprünglich 'die Kiefern rühren'). Die germ. Wortſippe, zu der auch Käfer (ſ. d.) gehört, ſetzt teils idg. ph, teils bh voraus. Auf *gephb= beruht aveſt. zafarə 'Mund, Rachen', auf *gebh- lit. žebiu, žėbėti 'langſam eſſen', aſlav. zobati 'eſſen', ſerb. zobati 'Körner freſſen', air. gop, ir. gob 'Schnabel, Mund'.

Kiefer F. So ſeit dem 16. Jh., eine von der Lutherbibel durchgeſetzte Form oſtmd. Mundarten. Dafür obd. Föhre, Forche, Kienbaum. Mathefius 1562 Sarepta 80ᵇ kir.foren, oſtfränk. kinfir, nordböhm. kimfer ſtützen die von Friſch 1741 Wb. 1, 513 c zuerſt vermutete Herleitung aus Kien=Föhre (ſ. Kien und Föhre), ahd. kienforha (Ahd. Gloſſen 3, 39, 18), wozu mhd. kienforhīn Adj. Ausfall des n zeigen auch Kühtanne 'picea' (Kiriſch 1723 Cornucop.) und Küh= ſichte 'Kiefer' (Nemnich 1795 Polygl.=Lex. 4, 984). Unkenntlich gewordene Zuſ.=Setzungen ſind auch Schulze, Schuſter, Viertel, Wimper.

Kiete F. Saxo Gramm. 1200 Hist. Danica 631 ſchildert ein Wärmen der Füße durch calidum laterculum cistula crebris foraminibus distincta inclusum. In nd. Quellen des 16. Jh. treten irdene und kupferne Kohlen= tiegel, oben und an den Seiten durchlöchert, als Fußwärmer auf. Sie heißen dort kike(r), in Rädleins Europ. Sprachſchatz (Leipzig 1711) 533ᵇ Kicke, Gicke, bei Voß 1781 Siebz. Geburtſt. 56 und Klein 1792 Prov.= Wb. Feuerkieke. Verwandte findet das Wort in gleichbed. dän. ild-kikkert und weſtfäl. fürkipe (Woeſte 1882 Wb. d. weſtfäl. Ma. 312: k nach k iſt in p ausgewichen, zugleich liegt vielleicht Anlehnung an Kiepe 'Korb' vor). Sachlich vergleichbar ſind ſchwäb. Glut= hafen und ſchweiz. Gluthund; ſ. auch Stube.

kiefen Ztw. 'ſehen' aus nd. Mundart ge= legentl. in nhd. Texte gelangt; ihm entſpricht mnd. kīken. Sonſt iſt eine germ. Verbalwz. *kī= nur als 'berſten, aufſpringen' nachzuweiſen, ſ. Keim. Ob nd. kīken urſpr. bedeutet 'die Augen öffnen'? — Dazu Kieker M. 'Fernrohr', ſeit Richey 1755 Hamb. Jd. 365 gebucht, aus nd. Mundart auch bei J. Brinckman, Werke 4, 151. Dazu die nd. Redensart eenen im kyker hebben 'sein Augenmerk auf ihn richten' und das daraus entlehnte schwed. ha något i kikaren.

Kiel¹ M. mhd. kil M. N. 'Federkiel', ahd. nicht nachgewiesen. Nrhein. kijl im 15. Jh. sowie heutiges mrhein. keil weisen auf altes kil; westfäl. kwiøle (Woeste 153b) stimmt zu mengl. quille, engl. quill 'Federkiel, Stengel'. Jede weitere Anknüpfung fehlt.

Kiel² M. 'Schiff'. Mhd. kiel, ahd. asächs. kiol, mnl. kiel, agf. cēol, anord. kjöll 'Schiff' führen auf germ. *keula-, daraus entlehnt finn. keula 'Steven'. Urverwandt sind gr. γαυλός 'Melk-, Schöpfeimer', aind. gōla 'Kugel', gōlā 'kugelförmiger Wasserkrug'. Benennungen von Schiffen und Gefäßen berühren sich vielfach, s. Kahn und Schiff. Einige mit Kiel ablautende Formen s. u. Keule und Kugel.

Kiel³ M. 'Grundbalken des Schiffs', von Kiel² verschieden (anord. kjǫlr gegen kjöll!). im Gegensatz zu jenem auf germ. *këlu- zurückzuführen, das sich in mnd. mnl. kël kil, engl. keel, schwed. köl spiegelt. Falls agf. scipes cele 'rostrum navis' hierher gehört, könnte Kiel³ eines mit Kehle (s. d.) sein, das auch sonst gern übertragen gebraucht wird. In nd. Seemannssprache begegnet Kiel³ nicht vor 1582, was Entlehnung vom Norden her nahelegt, der auch England unser Wort geliefert zu haben scheint. In nhd. Texten Keyl 1590, Kiehl 1647: Kluge 1911 Seemannsspr. 440 f. Frz. quille, span. quilla. ital. chiglia 'Schiffskiel' sind aus dem Germ. entlehnt

Kielkropf M. 'Mißgeburt, Wechselbalg' kommt im 16. Jh. in md. Quellen auf (auch nd. kilkrop) und wird durch Luther in die Schriftsprache eingeführt. Der Volksglaube, solche Kinder seien aus dem Wasser hervorgegangen (gleichbed. bair. Wasserkind, oberpfälz. Wasserbutte), erlaubt, beim ersten Bestandteil an md. quil F., frühnhd. kil M. 'Quelle' zu denken. Der zweite Wortteil Kropf zielt auf die vom Aberglauben betonte Dickhalsigkeit und Gefräßigkeit solcher Geschöpfe.

Kielschwein N. Der starke Balken, der längs über dem Schiffskiel liegt und die Masten trägt, führt im Seemannsdeutsch den Scherznamen swin, wie andere Teile des Schiffs aap, bock, kalf, pard heißen. Deutlicher anord. kjölsvinn, bei uns 1702 Kiel-Schwein, 1742 Kehlschwein usw.: Kluge 1911 Seemannsspr. 445 f.

Kieme F. für die Atmungswerkzeuge der Fische hat Adelung durchgesetzt, der sich auf nd. Zoologen stützt, wie vor ihm Kirsch 1739 Cornucop. 1, 129 „Fisch-Ohren oder Kiehmen/branchiae". Kieme (so zuerst 1587 bei Baf.

Faber aus Sorau, Epitome quatuor libr. Conr. Gesneri de hist. animalium) ist ostmb. und nd. Form für Kimme: so schreibt Schottel (1663) 1344 „Kimme f. an Fäßeren und Tonnen, it. an Fischen". Damit ist ihm die Grundbed. 'Einschnitt' schon klar: es ist dieselbe Kimme, die als Visier auf dem Gewehrlauf sitzt und als Kerbe in den Dauben den Faßboden hält (vom Faßboden her ist seemänn. kimme, kimming zu 'Gesichtskreis' entwickelt). Die von der Seite gesehene Daube mit ihren Einschnitten kann dem Kamm verglichen werden: so mag Kimme (mengl. chimbe, engl. mundartl. chimb, schwed. mundartl. kimb, kimbe) in Ablaut zu Kamm stehen, zumal in schwed. mundarten auch der Hahnenkamm kim heißt. Sachlich bleibt die Abgrenzung von Kieme schwierig, weil die Alten in den Atmungswerkzeugen die kauenden Kinnbacken der Fische sahen und darum gleichbed. Ableitungen zu kauen (agf. ciun, cēon, asächs. kio, mnd. kiwe, kewe, mnl. kieuwe), Kiefer M. (frühnhd. kif, kife, kifel, pomm. kēve) und Kinn (asächs. kinni, Voc. theut., Nürnb. 1482, q 4ᵃ „kinlein im fisch/brantia") bilden. Das 16. bis 18. Jh. sagt mit schlimmer Zoologie Fischohren.

Kien M. Ahd. chien, chēn, kien, kēn 'Kienspan, Fackel; Nadelbaum', mhd. kien, mnd. kēn, agf. cēn (mit ē²) 'Fackel aus harzreichem Nadelholz' in Ablaut zu agf. cinan st. Ztw. 'spalten' (dessen Sippe s. u. Keim): Luick, Hist. engl. Gramm. § 68. 90. Der für die Beleuchtung in alter Zeit so wichtige Kienspan ist der erste Bed.-Träger: Ahd. Gl. 1, 144, 30 „fax, facula/fachla, chēn liuhtendi". Nach seiner Herstellungsart heißt er auch mhd. splize (s. spleißen), nhd. Schleiße: Mor. Heyne 1899 Wohnungswesen 123. 200. 275; s. Fackel und Gähnaffe. Aus 'Kienspan' wird K. einerseits zu 'Nadelholzharz', anderseits zu 'Kienföhre' (s. Kiefer F.). Auch lat. pinus und taeda vereinigen die Bed. 'Fackel' und 'harzreicher Baum'.

Kiepe F. 'Tragkorb', aus nd. Mundart in norrdd. Umgangssprache gelangt (Abgrenzung und Synonymik bei Kretschmer 1918 Wortgeogr. 272 ff.), durch Dichter wie Claudius, Hölty und Voß auch schriftsprachlich. Es entspr. mnd. kipe, agf. cȳpa, cȳpe 'Korb', engl. mundartl. kipe 'Fischreuse'. Dazu mit Ablaut norw. mundartl. kaup 'hölzerne Kanne', kaupa 'Knolle'. Germ. *küp- (aus *küpp-) ist Labial-Erweiterung zur idg. Wurzel *geu- 'biegen, krümmen, wölben'. Mhd. keibe 'Mastkorb' ist fernzuhalten, es gehört zur Sippe des gleichbed. ital. gabbia.

Kies¹ M. mhd. kis M. N. 'steiniger Sand', wesentlich obd. und md. (nd. dafür Grand, bair.-österr. vielfach Schoder, s. Schotter).

Dazu mhd. kisel, ahd. kisil, nd. kesel, agſ.
ciosol, cisel, engl. chesil, chisel (dän. ſchweb.
kisel ſind aus dem Nhd. entlehnt), das mit der
Bedeutung 'Kieſelſtein' die von 'Hagel(ſtein)',
Schloße' verbindet. Dazu kieſeln 'hageln',
frühnhd. kisseln, z. B. im Fauſtbuch (1587) 72;
vgl. Hagel. Zur umgangsſprachlichen Ver=
breitung P. Kretſchmer 1918 Wortgeogr. 227.
Gleichbed. mit Kieſel iſt nd. k(e)iſer-, keſer-
ling, ſo im Namen der Grafen v. Keyſerling.
Außergerm. vergleichen ſich apreuß. sixdo
'Sand', lit. ziezdrà 'Grand, Korn', žiêzdros
'grober Sand': ſämtlich zur idg. Wurzel *ĝeis-
'Kies'.

Kies² M. 'Geld'. Hebr. kis 'Beutel' iſt über
die Gaunerſprache, in der es 'Geldbeutel' und
'Geld' bedeutet (Kluge 1901 Rotw. 1, 340.
481: ſeit 1820), in dt. Studentenſprache gelangt
und in dieſer ſeit 1831 belegt: Kluge 1895
Stud.=Spr. 99.

Kieſelgur F. 'Bergmehl, Infuſorienerde'.
Zweiter Beſtandteil Gu(h)r F. 'feuchte, aus
dem Geſtein ausgärende Maſſe', das in minera=
log. Schriften von Mathesius 1562 bis Goethe
auch ſelbſtändig begegnet. Fem.=Abſtr. zu
gären: Veith 1871 Dt. Bergwb. 256.

kieſen ſt. Ztw. mhd. kiesen ahd. aiächi. kiosan,
afrieſ. kiasa, agſ. cēosan, engl. cheese, anord
kjōsa, got. kiusan 'prüfen, wählen'. Germ.
Wz. *keus: *kuz (vgl. erkoren und Kur F.
'Wahl') aus idg. *ĝeus: *ĝus in lat. gus-tus,
gus-tāre, gr. γεύεσθαι (aus *ĝeus...) 'koſten',
aind. Wz. juṣ 'erwählen, gern haben'. Aus
germ. got. kausjan 'koſten' ſtammen aſlav.
kusiti und frz. choisir 'wählen'.

Kietze¹, Kötze F. das fränk. heſſ. pfälz. Syn=
onym für Kiepe 'Tragkorb', das in Formen wie
kêts, kits, kitse öſtl. bis Thüringen, nördl.
bis Göttingen und Waldeck, ſüdl. bis Schwaben
reicht. Mit älterem thür. kötze, mrhein. kütz
vereinen ſich alle auf eine Grundform kœze:
mit dem Suffix fem. Gerätnamen ahd. -issa,
germ. -isjō- zu Kot(e) in deſſen Grundbed.
'Flechtwerk': Kluge 1926 Stammb. § 85;
H. Fiſcher 4, 660 f. 853 f. 6, 2400; Kretſch=
mer 1918 Wortgeogr. 273 f.

Kietze² ſ. Kitze².

Kiez M. 'Vorſtadt, abgeſonderter Ortsteil'
vor allem in Nordoſtdeutſchland, vordem von
(ſlav.) Fiſchern bewohnt. Aus aſlav. chyzŭ
'(Fiſcher=)Hütte': M. Bathe 1932 Herkunft d.
Siedler in b. Landen Jerichow 115.

Kikeriki N. ſo erſt im 19. Jh., im 18. Kikri,
im 17. auch Kekerlekyh (Eselskönig 1620
Wackern. Leſeb. 3, 1, 612) und Kükerlüküh
(Prätorius 1662 Philos. Colus 29). Jm 16. Jh.
Tutterhui (Mathesius 1592 Cheſp. Pp. 4ᵃ),
Guck guck gurith (Rollenhagen 1595 Froſchm.

H 4ᵇ): alles Schallnachahmungen. S. iah und
Hauſchild 1909 Zſ. f. d. Wortf. 11, 165 ff. Die
verwandten Sprachen bieten viel Vergleich=
bares, z. B. für den Ruf lat. cŭcuru, lit. kaka-
rýkū, kleinruſſ. kukuríku, für den Hahn aind.
kurkuṭa-, gr. κίκιρρος, κικκός, für 'krähen',
ngr. κουκουρίζω, ruſſ. kukorékat', bulg.
kukurígam uſw.

Kilt, Kiltgang M. alem. 'nächtlicher Be=
ſuch von Jungburſchen bei Mädchen', elſ. quëlte
F. 'Abendbeſuch bei Nachbarn'. Fehlt in mhd.
Zeit. Ahd. (St. Gallen 817) chwiltiwêrch 'Ar=
beit bis zur Nachtzeit', agſ. cwield 'Abend' (auch
in cwieldhréaðe 'Fledermaus', -sęten 'erſte
Nachtſtunden', -tīd 'Abendzeit'), anord. kveld,
norw. kvald, ſchwed. kväll 'Abend' führen auf
germ. *kueldaz, *kueldiz 'Ende des Tages'.
Weiterhin iſt Qual verwandt. Außergerm.
vergleichen ſich lit. gãlas 'Schluß', lett. gals
'Ende, Äußerſtes'. Bei uns durch das jüngere
Abend verdrängt, ſ. d.

Kimme ſ. Kieme.

Kimono M. 'Morgenrock mit weiten Armeln',
aus japan. kimono 'Gewand' wohl erſt zu Ende
des 19. Jh. entlehnt.

Kind N. Ahd. kind weiſt auf germ. *kinþa-,
aſächſ. kind an *kindā-, die in gramm. Wechſel
ſtehen. Anord. gilt ein ablautendes kundr
M. 'Sohn', auf gleicher Stufe ſteht das Adj.=
Suffix germ. *-kunda- 'ſtammend von' (in
got. himinakunds 'himmliſch', qinakunds 'weib=
lich', agſ. feorrancund 'von fern ſtammend').
Wie alt, kalt, laut, traut uſw. altes Part.
auf -to, und zwar zur Wz. *kun, *kën, *kan
'erzeugen', zu der auch got. kuni, ahd. chunni,
mhd. künne N. 'Geſchlecht' (ſ. König) und
agſ. cennan 'erzeugen' gehören. Dem germ.
*kën entſpr. idg. *ĝen in gr. γένος N. 'Geſchlecht',
γίγνεσθαι 'werden', γονή F. 'Geburt', lat.
genus, gignere, gens, lit. gentìs 'Verwandter',
aind. jan- 'zeugen', jánas N. 'Geſchlecht',
jánṝ N. 'Geburt, Geſchöpf, Geſchlecht',
jantú M. 'Kind, Weſen, Stamm'. Aind.
jātá 'Sohn' entſpricht genau dem germ.
*kunda-. Zum Begriff Kind: E. Hermann
1935 Ind. Forſch. 53, 102. Kindeskind ſ. u.
Helfershelfer.

Kindergarten M. nannte Fr. Fröbel 1840
ſeine Vorſchule für kleine Kinder in Blanken=
burg und wurde damit Vorbild auch für engl.
kindergarten und kindergartener. Fröbel be=
gründet die Wahl des Worts, das bei Jean
Paul 'Kinderheimat' bedeutet, Geſ. pädag.
Schriften 2, 460. Gutzkow 1850 Ritter v. Geiſt
3, 158 wendet dann die neue Bed. an. S.
Kinderhort.

Kinderhort M. 'Erziehungsanſtalt, die ſonſt
unbeaufſichtigte Kinder in der ſchulfreien Zeit

aufnimmt und beschäftigt'. 1871 von Prof.
F. X. Schmid=Schwarzenberg in Erlangen nach
dem Vorbild von Kindergarten (s. d.) emp=
fohlen. Bald danach Knaben= und Mädchen=
hort, dazu Hortnerin.

Kinkerlitzchen Plur. Frz. quincaille 'Flitter=
kram' tritt im 18. Jh. in den dt. Gesichtskreis
und wird außer durch =chen um die Endung
=litz erweitert, deren verkleinernde Bed. Weise
1908 Zs. f. d. Wortf. 10, 56 ff. erweist. So
erscheint im Febr. 1775 Teutsch. Merkur 137
„Kopfputz, der mit mehr Ginkerlitzgen behangen
war"; seit Müller 1790 Herr Thomas 1, 213
steht die Form Kinkerlitzchen fest. Neben
der Grundbed. 'zweckwidriger Tand' entwickelt
sich in nd. Mundart (Danneil 1859 Altmärk.
Wb. 100ᵇ) die abgeleitete 'Flausen, Blendwerk,
Täuschung': was flittert, ist Firlefanz und
Trug.

Kinn N. mhd. kinne, ahd. asächs. kinni
(auch 'Kinnlade'), ags. cinn, engl. chin: die
ältere Bed. 'Wange' (so got. kinnus F., anord.
kinn, schwed. kind 'Backe') besteht fort in
Kinnbaden 'Backenknochen', ahd. kinnizan(d),
mhd. kinnezan 'Backenzahn', ahd. kinnibacko
'Kinnbacke'. Germ. *kinn- aus *kenw- ent=
spricht idg. *ǵenu- in gr. γένυς F. 'Kinn(lade),
Kinnbacken; Schneide des Beils, Beil', γένειον
N. 'Kinn(lade)', γενειάς F. 'Kinn'; Bart'; lat.
gena 'Wange', dentes genuīnī 'Backzähne';
mkorn. kymr. bret. gen 'Kinn(lade)', ir. gin,
Gen. geno 'Mund'; toch. A śanwem 'die beiden
Kinnbacken': K. Schneider 1941 Idg. Forsch.
58, 170.

Kinnlade F. dringt im 18. Jh. durch, zu=
nächst als Bezeichnung des Unterkiefers, der im
17. Jh. Lade, also 'Behälter' schlechthin, heißt.
Die urspr. md. Zus.=Setzung bezeichnet den
Unterkiefer als Behälter für die Zähne.

Kino N. 1905 wird in Berlin das erste stän=
dige Lichtspielhaus errichtet. Sein schwer=
fälliger Name Kinematograph wird vom
Volke gekürzt zu Kientopp, bald auch zu
Kino. Vorbilder sind Auto und Kilo, daher
der Geschlechtswandel: Zs. f. Deutschkde. 48
(1934) 737; Dt. Wortgesch. 2 (1943) 390.

Kiosk M. türk. kiöschk 'Gartenhäuschen'
erscheint bei uns seit Goethe 1787 Triumph
der Empfindsamkeit: H. Schulz 1913 Fremdwb.
1, 344.

Kipfel M. N. 'Hörnchen'. Lat. cippus
'Pfahl' gibt früh entlehnt ahd. chipf, kipf(a),
mhd. kipf(e) 'Wagenrunge'. Nach deren Ge=
stalt heißt das in zwei Spitzen auslaufende,
längliche Brot in Bayern der Kipf: Schmeller
1² 1273. Dieses Brot erscheint seit etwa dem
Jahr 1000 (Schweiz. Jd. 2, 390) in lune modum
factus und ist so über ganz Deutschland und

Frankreich (frz. croissant) verbreitet. In Jansen
Enikels Fürstenbuch 95 (Wien 1280) heißt diese
Form chipfen, seither Kipf(e)l in Österreich,
im alten Vorderösterreich und der Schweiz.
Wo dafür Gipfel gilt, beruht das auf volks=
etym. Anlehnung an Gipfel M.: Mor. Heyne
1901 Nahrungswesen 30. 277; Kretschmer 1918
Wortgeogr. 152. 238. Vgl. Zipfel.

Kippe[1] F. 'Spitze' mit kippen Ztw. Neben
lat. cippus 'Pfahl' (s. Kipfel) ist nach Wad=
stein, Beitr. 22, 24 *cippāre vorauszusetzen'
dessen Tochterformen frz. receper, prov. cepa,
agf. forcippian in der Bed. '(die Spitze) ab=
hauen" übereinstimmen. Entspr. treten früh=
nhd. kipfe 'Spitze', kipfen 'die Spitze abhauen'
auf, zu denen Kippe und kippen als md.
nd. Formen gehören. Kippe als Name einer
Turnübung bezeichnet das Aufstemmen aus
dem Hang in den Stütz.

Kippe[2] F. 'Gemeinschaft' in Wendungen wie
Kippe(s) machen, halten, führen '(bei
Handel oder Spiel) gemeinsame Sache machen':
aus nhebr. kib'oh 'Bestimmtes' über das
Rotwelsch in die Mundarten namentlich des
Südwestens gelangt: H. Fischer 4, 389 f.

Kirche F. Mhd. kirche, alem. kilche (vgl.
Pflaume), ahd. kirihha, chirihha, asächs. ki=
rika, mnd. mnl. afries. kerke, agf. cirice, engl.
church, anord. (als Lehnwort aus dem Agf.)
kirkja, dän. kirke, schwed. kyrka führen auf
westgerm. (5. Jh.) *kirika. F. Kluge zeigt
Beitr. 35 (1909) 124 ff., wie die ältesten christ=
lichen Lehnwörter (z. B. Bischof, Engel,
Er=, Pfinz=, Samstag, Heide, Pfaffe,
Pfingsten, taufen, Teufel, Woche) von
arianischen Glaubensboten aus dem Goten=
reich Theoderichs († 526) donauaufwärts und
rheinabwärts getragen worden sind. Zu ihnen
rechnet er Kirche, das 718 im els. Ortsnamen
Chirihhûnwîlâri greifbar wird, nach den Ver=
schiebungserscheinungen vor ahd. Zeit, nach
seiner Verbreitung vor Abwanderung der An=
gelsachsen (um 450) entlehnt ist und im roman.
Bereich (lat. ecclesia, ital. chiesa, frz. église)
kein Vorbild findet. Ein got. *kyrikō F.
'Kirche' ist nicht belegt, spiegelt sich aber in
gleichbed. aslav. crüky, russ. cerkov'. Es ist aus
gr. κυριακή (οἰκία) (Sophocles 1914 Greek
Lex. 698; N. Jokl 1927 Idg. Forsch. 44, 40)
über dessen Volksform *κυρική entwickelt.
Belegt ist fürs 4. Jh. κυριακόν N.: das F.
mußte im Gr. weichen, weil es neben κυριακή
(ἡμέρα) doppeldeutig war. Auch κυρικόν
wurde bald verdrängt, indem ἐκκλησία, vom
Neuen Testament als 'Gemeinde' geboten, den
räumlichen Sinn mit übernahm (P. Kretschmer,
Zs. f. vgl. Sprachf. 39, 541). Richtig sagt im
9. Jh. Walahfrid Strabo von unserm Wort „ab

ipsis Grecis kyrica": Zf. f. dt. Alt. 25, 99. Zum
Wandel des Geschlechts Th. Frings 1932 Ger-
mania Rom. 38; M Förster 1941 Themse 585;
M. Vasmer 1944 Griech. Lehnw. im Serbo-
Kroat. 34.

Kirchenlicht N. Als „Licht der Welt" bezeichnet Christus Matth. 5, 14 die Seinen, lumen
ecclesiae heißt im Mittelalter Augustin, als
Kirchenlichter rühmt Mathesius 1570 Hist.
v. Luther 211 die Wittenberger Theologen.
Den spöttischen Klang wird die Ausdrucksweise
nicht los, seit 1517 die Epist. obsc. vir. 2, 32
Jak. van Hoogstraten als lux theologorum
verhöhnt haben: Büchmann 1912 Gefl. Worte 45.

Kirchhof M. Mhd. kirchhof, mnd. kerkhof
bezeichneten jeden Hof um eine Kirche, unabhängig davon, ob er als Begräbnisplatz diente oder
nicht. Die frühnhd. Beschränkung auf den
christlichen (nie jüdischen) Begräbnisplatz eignet
dem dt. Norden und Westen, die Grenzen zieht
Kretschmer 1918 Wortgeogr. 275 ff. Der Ausdruck wird durch Friedhof bedrängt, soweit
die Begräbnisstätten nicht mehr bei den Kirchen
liegen, durch Gottesacker, soweit ein Feld-
grundstück dem neuen Zweck geweiht wird. Im
Engl. entspricht church-yard; agf. cyric-tūn
war 'Begräbnisplatz'.

Kirchspiel N. 'Bezirk, in dem ein Pfarrer
predigen und die kirchlichen Amtspflichten ausüben darf', mhd. kir(ch)spil, mnd. ker(k)spel,
mnl. afrief. kerspel; wie Beispiel (f. d.) aus
altem bispel. Kirchspiel geht im 13. Jh. vom
rhein. Nordwesten aus, wo auch nl. dingspil
'Rechtsgebiet', rhein. Geld-, Menschen-
spiel gelten. Westfäl. spiøl kann 'eine Menge
Menschen' bedeuten. Zum Bed.-Wandel f.
Gebiet.

Kirchweih F. ahd. kirihwīhī 'Kirchenweihung',
mhd. kirchwīhe auch schon 'Jahrmarkt, Fest
überhaupt'. Mundartl. Formen wie alem.
chilbi, hess. kerbe usw. zeigen b aus w.

Kirmes F. mhd. kirmësse 'Kirchweihfest'
für unbezeugtes *kirchmësse, worin man
Klammerform für *kirchwīhmësse 'Gottesdienst zur Kirchenweihe' vermuten möchte. Die
Drittkonsonanz ist erleichtert wie in mnl. kermis
aus mnl. kercmisse, mhd. kir(ch)spil, kir(ch)-
wīhe, bair. kirta aus mhd. kirchtac. S.
Messe.

kirnen Ztw. in der Herstellung von Kunstbutter das Verfahren, womit das geschmolzene
Pflanzenfett durch Zusatz von Milch butter-
ähnlich gemacht wird. Mundartl. Form von
kernen, f. d.

kirre Adj. Neben idg. *gᵘᵉrsu- in lett. gur̃t
'matt werden', lit. gùrti 'sich legen' (vom Wind)
steht *gᵘᵉrərós in got. qaírrus 'sanftmütig', anord.
kvirr, kyrr 'ruhig', mnd. querre, md. kurre.

kirre, mhd. kürre 'zahm, mild'. Ausfall von w
nach k ist in einem Teil der hd. Mundarten lautgesetzlich. Die Entrundung (wie in Bims,
Gimpel, Kissen, Kitt, Pilz, Schlingel,
spritzen, Strippe, Zille) wird im 17. Jh.
schriftsprachlich. Das Wort ist erhalten in
schwed. kvar; vara kvar 'noch da sein'. Anders
wird es beurteilt von P. Kretschmer 1924
Glotta 13, 136f.

Kirsch M. junge Kürzung für Kirschgeist
wie Korn für Kornbranntwein, Kümmel
für Kümmelbranntwein; nicht vor 1873
(DWb. 5, 844) nachzuweisen. Dafür Bretzner
1788 Leben e. Lüderl. 3, 95 Kirschaquavit;
Brückmann 1722 Catal. omn. potus generum
Kirschwein.

Kirsche F. Mhd. kirse, kërse, kriese, ahd.
kirsa, asächf. kirs-, kirsikbōm, mnd. mnl. kerse,
nnl. kers, agf. cirse, cirisbēam führen auf
westgerm. *kirissa. Dän. kirsebær, schwed. körs-
bär sind entlehnt aus mnd. kersebere, das auch
lett. kézbēre ergeben hat. Aus aschwed.
kirsebaer ist finn. kirsimarja geworden. Die
Griechen nennen die Steinfrucht κεράσιον,
den Baum κερασέα: verwandt mit κράνος,
lat. cornus (aus *qrnos) '(Kornel-)Kirsche'. Die
Stadt Κερασοῦς am Südufer des Schwarzen
Meers ist erst nach den dortigen Kirschwäldern
benannt; vgl. Kastanie. Vom Pontus bringt
Lucullus 76 v. Chr. cerasus F. 'Kirschbaum'
(uns bezeugt seit Varro, 116—27 v. Chr.) und
cerasum N. 'Kirsche' nach Rom. Vulgärlat.
heißt die Frucht cerĕsia: darauf beruht mit
afrz. cherise (hieraus engl. cherry), frz. cerise
'Kirsche', cerisier 'Kirschbaum' und allen west-
rom. Formen auch westgerm. *kirissa (f. o.), das
vor dem Wandel des lat. c zu z entlehnt ist.
Noch früher liefert cerĕsia der silbernen Latinität oberrhein. krēsia, dessen ē (wie in Spiegel, Tiegel, Ziegel) zu ie wurde: daher
alem. chriøsi: A. Götze 1917 Neue Jbr. 20, 1,
67f.; Walde-Hofmann, Lat. etym. Wb. 1
(1938) 202; M. Förster, Sitz.-Ber. d. bayer.
Akad. 1941, 1, 849.

Kirsei M. eine Art Flanell, der bei uns im
15. Jh. als kirsey aufkommt, nach dem Ort
Kersey bei Hadleigh in Suffolk mengl. kersey
genannt wird und aus dem Engl. auch in andere
Sprachen gelangt ist: nnl. karsaai (seit 1699),
frz. carisel.

Kirste F. das harte, braungebackene Äußere
des Brots, im Gegensatz zur weichen Krume
des Inneren. Kirste ist die nd. Form von
Kruste (f. d.), die z. B. in Berliner Umgangssprache allein gilt: Kretschmer 1918 Wortgeogr.
279.

Kismet N. Arab. qismat 'Anteil' ist uns
im 19. Jh. durch türk. qismet vermittelt, das

das dem Menſchen zugeteilte Los bezeichnet. Schriftſteller wie Holtei und Pückler bringen Sache und Wort in den dt. Geſichtskreis.

Kiſſen N. mhd. küssen, küssin, mnd. küssen, mnl. cussen, nnl. kussen, ahd. chussi(n), kussī(n). Lat. culcita F. 'feſt ausgeſtopfter Sack als Lager, Polſter' hat über afrz. coilte das frz. couette 'Federbett' ergeben. Daneben tritt mit Suffixwechſel gleichbed. gallorom. cŭlcīnum, das über afrz. co(i)ssin das frz. coussin 'Kiſſen' liefert. Nach Plinius, Nat. hist. 19, 13 war der gall. Stamm der Cadurcer wegen ſeiner culcitae berühmt; das mit Federn gefüllte Kiſſen gilt den Alten als gall. Erfindung. Von Weſten her hat uns die Sache früh erreicht, als Sitzunterlage für Stuhl und Bank wie als Lager für den Kopf gleich willkommen. Die entrundete Form (ſ. kirre), noch frühnhd. ſelten, dringt im 18. Jh. vor und ſiegt weſentlich durch Goethe. Zur landſchaftl. Abgrenzung gegen Polſter Kretſchmer 1918 Wortgeogr. 279 f.

Kiſte F. Lat. cista 'Kaſten', ſeinerſeits entlehnt aus gr. κίστη, gelangt (längſt vor der Erſchütterung der k-Ausſprache vor lat. e vor Palatal) zu allen Germanen und liefert ahd. kista, mhd. mnd. mnl. kiste, agſ. cest, ciste, anord. kista (hieraus entlehnt finn. kistu). Mit Kaſten iſt es unverwandt. — **Kiſtler** iſt der Name des Schreiners im alten Frankfurt a. M. und in Teilen Oberdeutſchlands.

Kitſch M. 'Schund', namentlich von Bildern, um 1870 von Münchner Kunſtkreiſen ausgegangen. Ferd. Avenarius 1920 Kunſtwart 33 II 222 leitet das Wort von engl. sketch 'Skizze' ab: wenn engl.-amerik. Käufer für ein Bild nicht viel anlegen wollten, hätten ſie a sketch verlangt. Dann wäre aber das anl. s- erhalten, auch wird man viel eher beim fertigen Bild von Kitſch reden. Zudem ſagt einer der erſten Belege (bei D. Sanders 1885 Erg.-Wb. 303ᵇ): „Die kleinen Genrebilder werden mit fabrikmäßiger Oberflächlichkeit hergeſtellt, werden gekitſcht". So iſt wohl mit Ed. Koelwel 1937 Mutterſprache 52, 58 f. von kitſchen 'den Straßenſchlamm mit der Kotkrücke zuſ.-ſcharren' auszugehen. Der geglättete Schlamm, das Gekitſchte oder der Kitſch, lieh die Schelte des ſchlechten Bilds im ſoßigbraunen Farbton der Ateliertunke.

Kitt M. Die idg. Grundform *gu̯etu liefert aind. játu 'Lack, Gummi' und lat. bitūmen (osk.-umbr. Form; echt lat. wäre *vetūmen für *gvetūmen) 'Erdpech'. Damit urverw. anord. kváða, ſchwed. káda 'Harz'; agſ. cwidu 'Baumharz', mengl. code 'Pech'; ahd. quiti, kuti 'Leim', mhd. küt(e) 'Kitt'. Die Entrundung (ſ. kirre, Kiſſen) wird im 18. Jh. ſchrift-

ſprachl.: H. Paul 1916 Dt. Gramm. 1, 194; Bugge, Kuhns Zſ. 19, 428. Vgl. Beton.

Kittchen N. 'Gefängnis', älter Kitte, 1753 Kuth, 1687 Kütte. Die übliche Herleitung aus hebr. kissē 'Seſſel' iſt lautlich unmöglich. Vielmehr iſt von küte F. 'Grube, Loch' (ſ. Kaute) auszugehen. Auch heute wird das Gefängnis Loch geſcholten; vgl. Keiche: E. Weißbrodt 1939 Zſ. f. dt. Phil. 64, 307.

Kittel M. Das unter Kattun erörterte arab. qutn 'Baumwolle' ſcheint Ausgangspunkt für mhd. kit(t)el, kietel, md. kidel, mnd. kedele, mnl. kedel, nnl. kiel zu ſein, das im 13. Jh. auftritt und urſpr. ein baumwollenes, bei uns auch hänfenes, vom Hemd aus entwickeltes Gewand bezeichnet, gleichgültig ob für Mann oder Frau, für Ober-, Unterkörper oder ganzen Leib: Mor. Heyne 1903 Körperpflege und Kleidung 293 f.; Kretſchmer 1918 Wortgeogr. 389; H. Hirt, Jdg. Gramm. 1, 168. Der Herkunft entſpricht die vom 15. bis 18. Jh. begegnende Schreibung Küttel, bei der doch auch der Gedanke an Kutte mitgeſprochen haben mag.

Kitze[1] F. 'junge Ziege', mhd. (obd. ostfr.) kitze, ahd. kizzi(n), chizzī N.: aus germ. *kittīna- mit verkl. -īna (ſ. Küchlein, Schwein). Daneben iſt germ. *kiðja- zu erſchließen aus tirol. kittele 'weibl. Zicklein' und anord. kið (dän. ſchwed. kid) 'Zicklein', woraus entlehnt gleichbed. mengl. kide, engl. kid. Kitz, gitz, hitz, hetz uſf. iſt ein aus den verſchiedenſten Sprachen bezeugter Lock- und Scheuchruf für Jungvieh, der z. B. auch in mir. cit 'Schaf' und alb. k'iθ 'Böckchen' namenbildend gewirkt hat, ohne daß an Urverwandtſchaft zu denken wäre.

Kitze[2], **Kietze** F. 'Katze', mit dieſem ablautend. Ahd. mhd. nicht belegt, dennoch alt, wie hd. tz gegen tt von nd. kitte zeigt. Auch agſ. *citten fehlt, wird aber durch mengl. chitte 'Kätzchen' (engl. kitten) vorausgeſetzt. Mengl. kitling, engl. kitling 'Kätzchen' iſt entlehnt aus gleichbed. anord. ketlingr.

kitzeln (ſchwäb. khutslə) Ztw. mhd. kitzeln, kützeln, ahd. kizzilōn, kuzzilōn, mnd. ketelen, anord. kitla; agſ. cytelian (engl. kittle) beruht auf Grdf. *kutilōn. Im gleichbed. mengl. tikelen, engl. tickle haben die Konſonanten der Wz. *kit -die Stelle getauſcht, ebenſo in alem. zickle 'aufreizen'. Der gleiche Vorgang bei Eſſig, Fieber, Kabeljau.

kitzlig Adj., frühnhd. kitzel-lich zu kitzeln, daneben kützelicht mit Endung -icht und der Bed. 'reizbar, ad indignationem pronus' (Stieler) von Menſchen, 'heikel, gewagt' von Unternehmungen.

Klabaſtern Ztw. Lat. calce piſtāre 'mit der Ferſe ſtampfen' hat ital. calpestare 'mit Füßen

25

treten' geliefert. Möglicherweise darauf geht (nach Hans Strigl 1905 Sprachl. Plaud. 101 ff.) das vorwiegend rhein. klabastern 'einhertrotten' zurück, das in frühnhd. Zeit Verbreitung gewinnt. Westfäl. steht daneben kladistern 'laufen' (Woeste 1882 Wb. der westfäl. Ma. 128). An beide Formen Anklingendes bei Mensing 1931 Schleswig.-holst. Wb. 3, 128 ff.; ferner Zs. f. d. Wortf. 8, 368. 13, 309; Kluge 1918 Von Luther bis Lessing 72; V. Pisani 1930 Idg. Forsch. 48, 243. In hd. Text seit Müller v. Itzehoe 1779 Siegfr. v. Lindenberg, Vorrede.

Klabautermann M. Zu kalfatern (s. d.), das seit dem 16. Jh. bei uns nachgewiesen ist, wird der Name des Schiffskobolds gebildet, der mit dem Kalfathammer von außen an die Schiffswand pocht und damit den Zimmermann mahnt, die schadhaften Stellen auszubessern. Den Klabotermann schildert nach Berichten von Norderney H. Heine 1826 Reisebilder, Nordsee (3, 100 Elster), die Form Klabautermann steht fest seit H. Smidt 1828 Seegemälde 157 (Kluge 1911 Seemannsspr. 450). Die Vorstellung ist alt; sie wirkt schon im mhd. Ortnit Str. 230: bei der Fahrt übers Mittelmeer sitzt Alberich unsichtbar auf dem Mastbaum. In außerdeutschem Glauben kommt am nächsten der Schiffspatron und Schiffahrtsheilige Phokas, der in Legenden vom Schwarzen Meer um 400 gefeiert wird: Radermacher, Arch. f. Rel.-Wiss. 7, 445; Behaghel 1906 Lit.-Bl. 27, 400; Kluge 1920 Sprachgesch. 182; O. Mensing 1931 Schlesw.-holst. Wb. 3, 129; L. Weiser-Aall 1932 Handwb. d. dt. Abergl. 4, 1437 f.

Kladde F. Zu mnl. kladde 'Schmutz(fleck)', das seinen nächsten Verwandten in klaterig (s. d.) hat und nach Ausweis von mnd. kladderen '(be)schmieren' auch als mnd. kladde vorauszusetzen ist, wird Kladdebuch 'Buch zur vorläufigen Eintragung der tägl. Geschäftsvorgänge' gebildet, greifbar seit Schupp 1663 Schriften 2, 29. Daraus gekürzt Kladde seit Overheide 1668 Buchh. 7. Seit und durch Campe schriftsprachlich, verdrängt Kladde älter obb. Klitterbuch (s. klittern u. Schirmer 1911 Wb. d. Kaufm.-Spr. 100) und Schmaderbuch (das. 170). Gleichbed. Brouillon seit 1712 aus dem Frz., Strazze seit 1672 aus dem Ital. Norw. schwed. kladd, dän. kladde stammen aus dem Nd. Kennzeichen nd. Wörter ist dd auch in Modder, Padde, pladdern, Schnodder.

Kladderadatsch. Der aus klatsch über kladatsch erweiterte, nd. lautmalende Ausruf, der einen klirrenden Sturz begleitet, steht bildlich für den Eindruck einer Enttäuschung und des Unwillens. Beflügelt wird er als Titel der in Berlin 1848 gegründeten polit.-satir. Wochenschrift: Ladendorf 1906 Schlagwb. 168 f.

Klaff M. Zu germ. *klap- 'den Mund offen haben' gehören (außer kläffen, s. d.) mhd. klaf, klaffes und klapf M. 'Knall, Krach', ahd. (ana)klaph 'Anprall'; mhd. klaffen, klapfen 'schallen, tönen, klappern, schwatzen', ûfklaffen 'auseinanderbrechen, sich öffnen', ahd. klaphôn, ags. clappian, engl. clap 'schlagen, schwatzen'.

kläffen Ztw. 'bellen' vom Anschlag kleiner Hunde, im 18. Jh. von klaffen 'bösartig schwatzen' (s. Klaff) abgezweigt. Gleichbed. nnl. keffen (seit 1598) ist eine junge lautmalende Bildung. Kläffer 'kleiner Hund' seit Mylius 1785 Pickle 4, 193.

Klafter M. F. N., mhd. klâfter F., ahd. (seit dem 9. Jh.) klâftra, mnd. klachter. Die Ausdrücke für das Maß der ausgespannten Arme sind zu Ztw. gebildet, die ein Ausbreiten der Arme bezeichnen: gr. ὀργυιά zu ὀρέγειν 'strecken', lat. passus zu pandere 'ausbreiten', mhd. lâfter mit ags. læccan (aus *lakjan) und engl. latch 'erfassen' zu gr. λάζεσθαι 'fassen'. Entsprechend stellt sich ahd. klâftra zu afries. kleppa, ags. clyppan, engl. clip 'umarmen', schweiz. chlupfel 'Arm voll Heu', die ihren nächsten außergerm. Verwandten in lit. glėbỹs 'Armvoll' haben. S. Faden und Lachter.

Klage F. mhd. klage, ahd. klaga (sonst nirgends in den germ. Sprachen) 'Wehgeschrei als Ausdruck des Schmerzes'. Aus dem F. stammen ahd. klagôn, mhd. mnd. klagen. Urgerm. *klagô F. ist urverwandt mit aind. garhâ 'Tadel', avest. gərəza 'Klage'.

Klamauk M., **Klamauke** F. 'Lärm', wie das ältere Radau eine von Berlin aus verbreitete, lautmalende Bildung, die mit a in der ersten, an in der betonten zweiten Silbe zunächst den Klang zerbrechenden Geschirrs nachzuahmen scheint (wie pardautz, ähnlich klabberadatsch). Ostpreuß. Kalmaus, Kramaus, Karwau(ch) 'Lärm, Hader' kommen in Klang wie Bed. nahe und sind schon 1785 bezeugt: Frischbier, Preuß. Wb. 1, 338; Lasch, Berlinisch 181 f.

Klamm Adj., spätmhd. klam 'eng, dicht, gediegen', bildlich auch 'rein, lauter', frühnhd. clam Gold 'lauteres, gediegenes Gold', seither 'eng zusammengedrückt, allzu beschränkt', norddt. 'erstarrt, kalt': zu Klamm und klemmen.

Klamm M. mhd. klam, klammes 'Krampf, Beklemmung, Fessel', ags. clom, clam(m) MFN. 'fester Griff, Kralle, Klaue, Fessel'; auch ahd. klamma, mhd. klamme F. Nhd. klemmen aus mhd. klemmen, ahd. biklemmen 'mit den Klauen packen, einzwängen, zus.-drücken', ags. beclemman. Mhd. Klemme F. aus mhd. klemme, klemde F. 'Einengung, Klemmung'. Hieraus abgespalten obb. Klamm F. 'Felsspalte mit Wildwasser'. Dazu ein st. Ztw.

mhd. klimmen 'pressen, drücken' (wovon Part.
mhd. beklumen, nhd. beklommen). Neben
germ. *klimman: *klammian liegt mit gleicher
Beb. *klambian in norw. mundartl. klemba
'klemmen'. Grundwz. ist idg. *glem-, wozu
lit. glomóti 'umarmen', lat. glomus 'Knäuel,
Mehlkloß'.

Klammer F. mhd. klam(m)er(e), anord.
klǫmbr F. (Gen. klambrar) 'Klemme, Schraubstock', norw. klamber 'Felskluft'. Dän. schwed.
klammer sind aus dem Hd. entlehnt. Dazu
mhd. klęmberen 'verklammern', engl. clamber
'klettern' (ursprünglich 'sich festklammern'),
anord. klambra, klęmbra 'zwängen, einschließen'. Idg. *glembh- mit m und Labialerweiterung zur Wurzel *gel- 'ballen', zu der
mit Belarerweiterung Klüngel usw. gehören.
Vgl. Klampe und klimmen.

Klampe F. aus dem Nd.: mnd. klampe
'Haken, hölzerner Steg', nl. klamp 'Klammer,
hölzerner Seilhalter auf den Schiffen'. Hd.
Form ist Klampfe (so bair.-österr. namentl.
als 'Gitarre'), sie entspricht dem nl. klamp,
engl. clamp, dän. klampe 'Klotz, Holzstück';
dazu klampe Ztw. 'schwer und lärmend gehen'.
Ein zugehöriges st. Ztw. liegt vor in mhd.
klimpfen 'zus.-drücken'. Auf idg. *glembh-
zurückzuführen wie Klammer und klimmen.

Klang M. ahd. mhd. klanc, klanges neben
klanc, klankes: diese Form zu beurteilen wie
Zicke neben Ziege, Kitze neben anord. kið,
d. h. k steht für kk aus idg. kn. Gleiche Ablautstufe zeigen nl. klank 'Laut', engl. clank
'Gerassel, Geklirr', clang 'Schall, Getöse'. Auf
anderer Stufe stehen mhd. klunk, klunges
'Klang' und klinc, klinges 'Ton, Schall'.
Klang als Schallnachahmung ist unverschoben
geblieben (E. Fraenkel 1936 Idg. Forsch. 54,
269) und vergleicht sich dem gleichbed. lat.
clangor, gr. κλαγγή.

Klapp M. in nhd. Zeit aus dem Nd. aufgenommen, woher auch Klappe, klappen und
Klaps stammen. Nur das lautnachahmende
klappern gilt schon mhd., ohne daß an Entlehnung aus dem Nd. zu denken wäre. Nhd.
Klapp 'Schlag' ist lautlich mhd. kla(p)f (s.
Klaff).

Klapperschlange F. zuerst 1669: Palmer
72. Dän. klapperslange stammt aus dem
Nhd., nnl. entspricht ratelslang, engl. rattle-
snake. Klapperschlange als junge Scherzbez.
der Maschinenschreiberin Zs. f. d. Wortf. 6,
97.

Klapperstorch s. Storch.

Klappertopf M. heißt der Rachenblütler
Alectorolophus seit F. Holl, Wb. d. dt. Pflan-
zennamen (Erfurt 1833) 146, weil die reifen
Früchte im trocknen Kelch rasseln. Schon seit

dem 15. Jh. ist gleichbed. Klapper bezeugt,
seit dem 16. Jh. Rassel. Im Nd. heißt die
vielnamige Pflanze Klöterpott. Vgl. Hahnenkamm.

Klapphut M. Lehnübersetzung des frz.
chapeau claque, gebucht seit Campe 1808. Vgl.
Angströhre, Schlosser.

klar Adj. Lat. clārus 'hell' hat, vielleicht
z. T. durch Vermittlung von frz. clair (worauf
engl. clear zurückgeht), mnl. claer ergeben, das
in rhein. Denkmäler des 12. Jh. eindringt, von
Heinrich v. Veldeke nach Thüringen getragen
wird und seit Wolfram v. Eschenbach als mhd.
klâr häufig wird. Mnd. clâr und spät-anord.
klârr sind gleichen Ursprungs: Steinmeyer,
Epitheta 7; Zs. f. d. Wortf. 2, 278. 3, 230.
13, 309. 15, 29.

Klarinette F. Zu lat. clārus (s. klar) gehört
ital. clarino 'hohe Solotrompete', das als
Klarin auch im alten Deutschland eine Rolle
gespielt hat. Dazu ist ital. clarinetto Deminutiv.
Das 1690 erfundene Holzblasinstrument erscheint bei Walther 1732 noch unter ital. Namen, weiterhin hat frz. clarinette eingewirkt.

Klasse F. Lat. classis 'Aufgebot' (zur Sippe
von calāre 'rufen', s. hell) ergibt, vor Ende
des 16. Jh. entlehnt, Classe 'Abteilung'; erst
im 18. Jh. von den Ständen der Gesellschaft.
Schon seit Quintilian war lat. classis 'Schüler-
abteilung', demgemäß classicus auch in dt.
Texten des 16./17. Jh. 'Jüngling, der schulmäßig unterrichtet wird'; dafür Claßbub 1689
Mon. Germ. paed. 24, 343.

Klassenkampf M. bildet K. Marx 1847 Literar.
Nachlaß 2, 467 zu Klasse im polit.-sozialen
Sinn: O. Ladendorf 1906 Schlagwb. 169 und
1907 Zs. f. d. Wortf. 9, 283. Auch das Schlagwort Klassenstaat wird auf Marx zurückgeführt.

Klassiker M. Lat. scriptor classicus bezeichnet
seit Gellius im 2. Jh. n. Chr. den Schriftsteller ersten Rangs. Von lat. und griech.
Klassikern sprechen Schubart 1774 und Denis
1777. Für die Ausdehnung auf andere als
antike Künstler ist frz. (auteur) classique
Vorbild: H. Schulz 1913 Fremdwb. 1, 345.

klassisch Adj. 'mustergültig' nach den Vorbildern von lat. classicus und frz. classique.
Das erste Zeugnis nennt 1748 Gottscheds
Sprachkunst klassisch. Die Ausdehnung auf
mustergültige Ausdrucksweise (Gegensatz un-
klassisch 'barbarisch') und die Prägung zum
Sinn 'antik' bei H. Schulz 1913 Fremdwb. 1, 345f.

klat(e)rig Adj. 'unsauber, verwirrt, böse'.
Zu der unter Klabbe berührten Sippe paßt
seiner Bed. nach nd. klater M. 'Schmutz', dazu
das Adj., das, zuerst im Brem. Wb. 2 (1767)
796 als klatterig gebucht, durch Schrift-

25*

ſteller wie Claudius und Hermes 1778 in hd. Texte gelangt. Wegen des folgenden r iſt auch hd. keine Verſchiebung des t eingetreten (ſ. bitter), daher ſchwäb. Klatter 'Kot': H. Fiſcher 4, 457 f.

Klatſch Interj., nur nhd., zu einer lautmalenden Sippe der Bed. 'ſchallen', wozu auch klatſchen, zuerſt als klatzſchen bei P. Fleming († 1640) Dt. Ged. 1, 23 Lappenberg, nnl. kletſen 'die Peitſche knallen laſſen'. Klatſch M. bei uns als 'klatſchender Schall oder Schlag' ſeit Rädlein (Lpz. 1711); das gleichbed. nnl. klets(e) ſchon 1599. Weitere Bedeutungen und Ableitungen ſind jünger.

Klauben Ztw. mhd. klūben, ahd. klūbōn, norw. mundartl. kluva 'ſpalten'. Die germ. Wz. *klūb bildet ſeit alters noch ein zweites Ztw., ſ. klieben.

Klaue F. mhd. klā(we), ahd. klāwa, germ. *klēwō, idg. *gléuā 'die Packende'. Daneben zwei ablaut. Formen mit derſelben Bed.: germ. *klawō in mnd. klouwe, nnl. klauw, agſ. clēa (ſo lautgeſetzl. aus *clawu; daneben als Neubildung aus den Caſus obl. clawu), engl. claw, und germ. *klōwa in mhd. klō, ahd. chlōa, anord. klō. Falls 'runder Auswuchs' Grundbed., iſt eine vierte ablaut. Form zu vergleichen: germ. *klewan (ſ. Knäuel; dort die außergerm. Sippe).

Klauen ſchw. Ztw. Ahd. klāwēn, mnd. klouwen, klawen, frühnhd. kläuen, kleien führen auf germ. *klāw(j)an: zu Klaue. Alt in Bedeutungen wie 'kratzen, krauen, krabbeln'. Die Bedeutung 'ſtehlen' iſt in neuerer Zeit von Sachſen ausgegangen und durch den erſten Weltkrieg verbreitet worden. Diebs-Klauen 'furaceſ manus' in Berlin 1741 bei Friſch.

Klauſe F. Zu lat. claudere 'ſchließen' tritt an Stelle der klaſſ. Form des Part. clausus ein mlat. clūsus. Deſſen F. wird ſubſt. in der Bed. 'eingehegtes Grundſtück; Kloſter'. Darauf beruht das Lehnwort agſ. clūs(e), ahd. klūsa, mhd. klūſe 'Kloſter, Einſiedelei'. Weiter entwickelt mlat. clūsa F. eine Bed. 'angustus montium aditus': darauf beruht mhd. klūſe 'Engpaß'. Endlich wurde klaſſ. lat. clausa lautgeſetzl. zu *clōsa: daraus mhd. klōs(e) 'Einſiedelei' mit klōsenære 'Klausner'.

Klauſel F. Lat. clausula 'Schluß(ſatz)' (zu claudere 'ſchließen') erſcheint bei Kanzleijuriſten ſchon im 14. Jh. eingedeutſcht zu clauſel. Daneben hält ſich das fremde u in Klauſul bis tief ins 18. Jh., in (ver)klauſulieren (ſo ſeit 1618) bis heute: H. Schulz 1913 Fremdwb. 1, 346; Zſ. f. d. Wortf. 1, 229. 8, 59.

Klauſter N. 'Vorhängeſchloß'. Zu lat. claustrum 'Riegel' gehört bair. kloſter 'Schloß, Kummet' (ſ. Kloſter). Daneben ſteht in der bei Klauſe angedeuteten Weiſe vulgärlat. clūstrum, das entlehnt wird zu agſ. clūstor, aſächſ. klūstar 'Verſchluß', nl. kluister 'Feſſel'. Mit lat. au entlehnt iſt mrhein. klauster 'Vorhängeſchloß', das am Niederrhein als cluyster im 15 Jh. erſcheint, im 18. Jh. als Klauster ins Nhd. vorſtößt, heute am Rhein, ſoweit Römer ſaßen, in wechſelnden Formen gilt. Vgl. kaufen.

Klavier N. Lat. clavis 'Schlüſſel' erhält im Mlat. die Bed. 'Schlüſſel zum Ventil der Orgelpfeife' und weiter 'Taſte'. Sammelbegriff hierzu iſt frz. clavier M. 'Taſtenreihe, -brett (zunächſt der Orgel)', das ſeit Virdung 1511 Muſica B 1ᵃ ins Nhd. entlehnt wird. Danach werden die Inſtrumente als Clavicimbel (ſ. Zimbel) und Clavichord unterſchieden. Der endgültige Bed.-Wandel zu 'Saiteninſtrument, deſſen Saiten mit Hilfe von Taſten angeſchlagen werden' ſeit Rachel 1677 Sat. 106. In den verlaſſenen Sinn 'Taſtatur' rückt nun Klaviatur nach: H. Schulz 1913 Fremdwb. 1, 346.

Kleben ſchw. Ztw., mhd. klëben, ahd. klëbēn (aſächſ. klibon): eine mit agſ. cleofian (engl. cleave) 'kleben' gleiche Durativbildung zum ſt. Ztw. ahd. klīban 'feſtſitzen, anhangen', Die germ. Wz. *kleib- iſt mit labialer Erweiterung gebildet aus der idg. *glei-: *gli- in gr. γλοιός 'dickes Öl', γλία 'Leim'. Dazu mit präſent. n air. glenaid (aus *glinəti) 'klebt, bleibt hängen', ahd. klenan 'kleben, ſchmieren'. Vgl. Klei und (mit n-Suffix) aſlav. glěnŭ 'Schleim', glina 'Ton'. Landſchaftlich wird das nicht überall übliche kleben erſetzt durch backen, pappen, pichen, picken: Kretſchmer 1918 Wortgeogr. 280 f.

Klecken ſchw. Ztw. 'ausreichen, ergiebig ſein, fördern': zu mhd. ahd. klecken (aus *klakjan) gehen aus von der Bed. 'tönend ſchlagen', ſ. erklecklich und Klecks. Die nächſten Verwandten ſind mhd. klac 'Klecks, Fleck', mnd. klacken 'Klecke machen', nd. klak 'Knall, Geräuſch von Schlägen', engl. clack 'klappern, raſſeln, plaudern', norw. mundartl. klakka 'ſchlagen, klopfen, klatſchen, knallen', klekkja til 'zuſchlagen'. Außergerm. vergleichen ſich gr. γλάζω (aus *γλαγιω) 'laſſe Geſang erklingen', gäl. glag 'Geräuſch von etw. Fallendem' ir. glagán 'Mühlengeklapper': ſämtlich zum lautmalenden idg. *glag-.

Klecks M. Zu mhd. klac, klackes M. 'Riß, Spalt, Krach', das gewiß Lautnachahmung iſt, gehört klecken 'einen klac machen'. Rückbildung hierzu iſt Kleck Matheſius 1562 Sarepta 171ᵇ, Tinteklecke Hippel 1793 Kreuz- und Querzüge 1, 101. Klecks, nicht vor Reinwald

1720 Akad.-Spiegel 407, geht von Ostmittel-deutschland aus. Landschaftl. entspr. pomm. klüdr, westfäl. klunke, schwäb. alem. tolke. Das bair.-österr. Sau schon bei Duez 1652 Nomencl. 150. Außergerm. Beziehungen s. u. flecken.

Klee M. Mhd. asächs. klē, -wes, ahd. klēo, obd. chlēo, mnl. clee führen auf germ. *klaiwa-. Daneben germ. *klaib(i)ōn im mnd. nd. klēver (daraus entlehnt dän. kløver, schwed. klöver), mnl. cläver(e), nnl. klaver (mit fries. ā aus germ. ai), ags. clǣfre, cläfre, engl. clover 'Klee'. Gegen die lautlich mögliche Ver-knüpfung mit kleben (wegen des klebrigen Safts vorab der Blüte) besteht der Einwand, daß der Saft vieler andrer Pflanzen ebenso klebrig ist.

Klei M. erst nhd., aus nd. klei 'Schlamm, Lehm, feuchte Erde', dazu asächs. klei 'Ton', mnl. clei, nnl. klei 'Marscherde, Ton, Lehm', ags. clǣg, engl. clay 'Ton, Lehm, Schlamm', ags. clīdan 'anhangen, kleben'. Germ. *klaija-zur Wz. *klei (s. kleben, Klee, klimmen). Dazu mit andern Erweiterungen ags. clǣm (aus *klaim-) 'Lehm, Ton', engl. mundartl. cloam 'Tonware', ahd. chleiman, anord. kleima, klīna 'beschmieren'. Außergerm. Verwandte sind lit. glitùs 'schlüpfrig', lat. glüten, glüs (Gen. glütis aus *gloit-) 'Leim', glis (Gen. glitis) 'zäher Boden'. S. Kleister.

Kleiben Ztw. ahd. mhd. kleiben 'machen, daß etwas haftet; anheften, befestigen': Kau-sativ zum st. Ztw. ahd. klīban, asächs. biklīban, mhd. (selten) klīben 'haften'. S. kleben. Kleiber als Fam.-Name ist 'Maurer'. Die Spechtmeise (Sitta caesia) heißt bair. kleber-mais, klaiber, alem. chleiber, weil sie ihr Nest verklebt: Suolahti 1909 Vogelnamen 161.

Kleid N. mhd. kleit (d), fehlt im Ahd. bis Mitte des 12. Jh. und hat sich bis heute nicht allgemein durchgesetzt: bair. gilt Gewand, schwäb. häs (mhd. hæze, ahd. häz M., ags. hæteru 'Kleider'), els. bad. plunder; s. auch Fetzen. Auch dem Got. und Asächs. ist Kleid fremd, ebenso manchen ags. Denkmälern. Im 8. Jh. erscheint ags. clǣþ (engl. cloth), nächst-dem afries. klāth, mnl. cleet (d). Anord. klǣði N. scheint aus der ags. Nebenform clǣþ zu stammen. Vom Nordwesten ist das Wort nach Süden gelangt: v. Bahder 1925 Wort-wahl 42. Zus.-Hang mit dem ablautenden ags. clipa 'Pflaster' ist wahrscheinlich; über ags. clīdan 'anhangen, kleben' ist Verbindung mit Klette herzustellen.

Kleie F. ahd. klī(w)a, mnd. klī(g)e, aus dem Deutschen in andre germ. Sprachen (mnl. clei, dän. klid, schwed. norw. kli) gelangt. Die germ. Grundform *klīwōn führt auf idg.

*glei- 'klebrig sein', wozu mit dems. Suffix lett. glīwe 'Schleim'. Näheres unter kleben.

klein Adj. ahd. kleini, asächs. klēni, mhd. kleine 'zierlich', mit älterer Bed. ags. clǣne, engl. clean 'rein'. In der westgerm. Grund-form *klaini- (vgl. gr. γλαινοί 'Schmuck, Putz') gehört der Nasal zur Ableitung (wie bei grün, rein, schön), Stamm idg. *ĝel-, *ĝ(e)ləi-, Grundbed. 'glänzend' (von Öl und dgl.). In langer Entwicklung ist klein Ge-genwort von groß geworden. In Teilen der alem. und schwäb. Mundart galt in seiner heutigen Bed. lützel. Als klein im 14. Jh. vordrang, entstand die hyperalem. Form chlī: Frings 1929 Beitr. 53, 454 ff.; Hoffmann-Krayer 1930 das. 54, 157 f.

Kleinbahn F. 'Bahn von geringster Spur-weite' verdrängt älteres Tertiärbahn, seit-dem es in Preußen 1892 als gesetzlicher Aus-druck festgelegt war. Sekundärbahn ist gleich-zeitig zu Nebenbahn geworden: Zs. d. Sprachv. 7, 107; W. Linden 1943 Dt. Wort-gesch. 2, 384.

Kleinleben s. Stilleben.

Kleinmut M. F. nicht vor Fischart 1573, spät rückgebildet aus dem schon mhd. klein-muotic: Ruppel 1911 Rückbild. 14.

Kleinod N. mhd. kleinōt, -œte, mnd. klēnōde 'feine, zierliche Sache, wertvolles (Gast-) Geschenk'. Ahd. asächs. unbezeugt. Erstes Wortglied ist klein in s. Bed. 'fein, zierlich', die auch in der erst frühnhd. Zus.-Setzung Kleinschmied 'Schlosser' vorliegt. Zu ober-sächs. Klein(t) aus Kleinod 'kleine Teile des Schlachttiers' s. Kretschmer 1918 Wortgeogr.213. Das zweite Wortglied scheint von Haus aus eine alte Ableitungssilbe ahd. -ōdi zu sein, die auch in Einöde und Heimat vorliegt. Die mlat. Form clēnōdium scheint aber eine Reimwort-bildung nach allōdium zu sein, dessen zweites Glied gleich ahd. *ōt, asächs. ōd 'Besitz' ist. Auch die Erhaltung des ō im Mhd. und Nhd. weist darauf hin, daß das Wort als Zus.-Setzung mit ōt 'Besitz' empfunden wurde.

Kleinstaat M. zuerst bei F. L. Jahn 1814 Runenblätter 14. Dort S. 16 (Werke 1, 412 Euler) Kleinstaaterei als herber Vorwurf: A. Gombert 1902 Zs. f. dt. Wortf. 3, 314; O. Ladendorf 1906 Schlagwb. 172; K. Wagner 1943 Dt. Wortgesch. 2, 347 f.

Kleinstadt F. Aus dem seit Chr. Weise 1673 Erznarren 390 bezeugten Adj. kleinstädtisch ist das F. im 19. Jh. rückgebildet: Ruppel 1911 Rückbild. 39. Kleinstädter (1787 in M. Kramers Deutsch-holl. Wb.) ist gleich alt mit Kleinstädterei: Zs. f. d. Wortf. 3, 314.

Kleister M. tritt md. nd. seit dem 14. Jh. als klister(e) auf in der Bed. 'anhaftender

Gegenstand, Pflanze mit Haftwurzeln, Kleb-stoff', nachdem frühmhd. chlënster M. 'Kleb-mittel' (zu ahd. klënan 'kleben') gegolten hatte. Beide mit Suffix -stra (in Laster usw.: Wilmanns 1899 Wortbild. S. 282) zu der unter Kleie entwickelten Wz. idg. *glei- 'klebrig sein'. Nächstverwandt ist anord. klīstra 'kleistern'.

Klemmen f. Klamm.

Klemmer M. Die Brille ohne Seitengestell, frz. pince-nez, heißt bei Auerbach 1843 Dorfgesch. (Florian und Kreß.) 2, 25 Klammerbrille, nordd. Kneifer, südd. Zwicker. Ein urspr. nd. näsnklemmer (Danneil 1859 Altmärk. Wb. 143) gelangt als Nasenklemmer ins Nhd. (O. Ludwig 1857 V. Regen in die Traufe, Wke. 4, 230 Bartels) und wird ostmd. verkürzt zu K. Dem DWb. 1867 noch unbekannt.

Klempern Ztw. gelangt aus dem Nd. (f. Klampe) ins Nhd., hd. entspricht klampfern 'verklammern'. Der Blechschmied heißt obd. im 15. Jh. clampfer, im 17. Jh. klampferer. Daß seit Fischart 1572 klamperer eindringt und später Klemperer herrschend wird, beruht auf Einfluß des Ztw. klempern 'Blech auf dem Amboß hämmern'. Klemperer, das sich als Fam.-Name hält, wird nach Vorbildern wie Blechner, Flaschner, Stürzner umgestaltet zu Klempner: so seit Steinbach 1734. Die landschaftl. Synonymik des Handwerkernamens, verursacht durch weitgehende Berufsteilung im Mittelalter und späteren Ausgleich nach versch. Seiten, ist die reichste von allen (f. die unter Böttcher genannten Schriften): Klempner ist baltisch, nord- und md.; südl. und westl. grenzt Spengler an, das von Lothringen bis Westfalen und Österreich gilt. Von Baden bis zur Oberpfalz herrscht Flaschner (f. d.), im Elsaß Blechschmied, in Teilen des Schwäb. Blechler, -ner, in der Schweiz Stürzner, in Westfalen Blechschläger, sonst vereinzelt Beckenschläger und Zirkelschmied.

Klenken Ztw. mhd. klengen, klenken 'klingen machen': Faktit. zu klingen (f. d.) wie henken zu hangen. Dazu vielleicht thür. die Zapfen ausklengeln 'die Samen aus den Fichten- und Kieferzapfen herausschlagen'.

Klepper M. 'geringes Pferd', zuerst md. im 15. Jh., seit Maaler 1561 gebucht, noch bei Zehner 1622 Nomencl. 280: equus viatorius 'Klöpper, Reitklöpper' ohne herabsetz. Sinn, ebenso mnd. nnl. dän. klepper: zu kleppen 'klappern', offenbar vom Hufschlag.

Klette F. Arctium lappa L. heißt nach den an Mensch und Tier haftenden Blütenköpfen. Mhd. klëtte, ahd. clëtha, clëdtho, klëddo, clëtto, -a, asächs. clëdthe, klëddo, anfr. *klëddo (vorausgesetzt durch das daraus entlehnte afrz. gleton) führen auf germ. *klibban-, -ōn. Eine Grundform mit -þþj- setzen gleichbed. mnl. clisse, nnl. klis voraus. Daneben mit einfachem Zischlaut gleichbed. agf. clīde, mit Tenuis und o-Stufe agf. clāte, engl. clote. Die Wurzel germ. *kleip-, idg. *gleip- 'kleben' auch in agf. ǣtclīðan 'anhaften', lit. glitùs 'klebrig', glitas 'Schleim, Klebstoff', lat. glūten 'Leim', germ. *kleit-, idg. *gleid- auch in lett. glīds 'klebrig'. Beides sind Dentalerweiterungen der gleichbed. idg. Wurzel *glei- die unerweitert in ahd. klënan 'kleben, schmieren' und gr. γλία 'Leim' steht. Labialerweiterungen f. u. kleben.

Klettern Ztw. nicht vor dem 15. Jh., sicher verwandt mit Klette und samt diesem auf einen Stamm der Bed. 'kleben' zurückzuführen; f. kleben, klimmen. Dazu nnl. klauteren, nd. klätern, klattern, südfränk. klötrn 'steigen, klettern'. Sonst gelten mnd. klouwern, nd. klauern, meckl. klaspern, hann. klampern, schwäb. krebsle, alem. chresme, bair.-österr. kraxeln (f. d.).

Klicker M. der hess. mrhein. lothr. Name der Murmeln (Kretschmer 1918 Wortgeogr. 344 ff. 611 f.), dem nordd. Knicker entspricht; obd. dafür Klucker seit dem 15. Jh. Dies setzt ahd. *kluckul voraus, wozu die Verkl. clucli 'globulus' bezeugt ist. Germ. Grdf. *klu-klu- als redupl. Kinderwort (f. Bube)? Vgl. die Wortgruppe unter Knäuel sowie Kuhn 1920 Aufsätze z. Sprach- und Lit.-Gesch. (Festschr. f. Braune) 352.

Klieben st. Ztw. 'spalten', mhd. klieben, ahd. klioban, chliuban, asächs. klioban, *klūban, mnd. klūven, agf. clēofan, engl. cleave, anord. kljūfa 'spalten'. Unter klauben wurde ein Ztw. der gleichen Wz. *klūb: *kleub 'mit e. scharfen Gerät bearbeiten' besprochen, dazu gr. γλύφειν 'aushöhlen, stechen', γλύφανος 'Schnitzmesser', γλύφτης 'Schnitzer', vielleicht auch lat. glūbere 'schälen'. Zur idg. Wz. *glūbh: *gleubh gehören ferner Kloben, Kluft, Kluppe; f. auch Knoblauch.

Klima N. Zu gr. κλίνειν 'sich neigen' (f. lehnen[1]) gehört gr.-lat. clima, -atis, urspr. 'Neigung der Erde vom Äquator gegen die Pole zu'. Als 'Gegend der Erde' erscheint Clima zuerst 1519 in dt. Text; 1588 ist die Bed. 'Wärme und Witterungsverhältnisse' erreicht: H. Schulz 1913 Fremdwb. 1, 347 f.; Zf. f. d. Wortf. 8, 59.

Klimmen st. Ztw. mhd. klimmen, klimben, ahd. klimban, agf. climban, engl. climb, mnd. klimm(er)en 'klettern'. Klimmen ist nächstverwandt mit Klammer und Klampe, f. d.

Klimpern Ztw. als Nachahmung eines hellen Klapperns seit Andersen 1669 Orient. Reisebeschr. 87. Zunächst kommt ihm das ältere Schallwort **klempern**, s. d. und Zs. f. d. Wortf. 13, 54.

Klinge F. in zwei Bedeutungen: 1) 'Schwertklinge', mhd. mnd. klinge. Nnl. (seit 1599) kling, dän. klinge, schwed. (seit 1621) klinga sind aus dem Nhd. entlehnt. Vom singenden Klang des auf Helm und Panzer treffenden Schwerts, somit Rückbildung zu klingen, s. d. Dem Ursprung nahe sagt um 1200 Wolfr. v. Eschenbach, Parz. 69, 13 ff.: von knappen was umb in ein rinc, dâ bî von swerten klingâ klinc. wie si nâch prîse rungen, der klingen alsus klungen 2) Zum gleichen Ztw. bezieht man **Klinge** 'Gießbach, Talschlucht', ahd. klingo M., klinga F., mhd. klinge F. Heute auf obd. Mundarten beschränkt, außerdem nur als Name im Gelände, einst weit verbreitet. Zuerst 820 Hammelburger Markbeschr.: in thie teofun clingun. Möglicherweise kreuzen sich mit der Ableitung von klingen Reste einer unverwandten Sippe, die im ahd. Ortsnamen Cläh-uelde und in engl. clough 'Schlucht, Klamm' (agf. *clōh, germ. *klanh-) greifbar werden.

klingeln Ztw. ahd. klingilōn, mhd. klingelen 'einen Klang geben, rauschen, plätschern': Verkl. zu klingen. **Klingel** F. ist Rückbildung des 17. Jh. Zur Abgrenzung von klingeln gegen läuten und schellen sowie von Klingel gegen Glocke s. Kretschmer 1918 Wortgeogr. 284 ff.

klingen st. Ztw. mhd. mnd. klingen, ahd. klingan, chlingan, mnl. clinghen. Engl. clink hat den Auslaut k (für g) angenommen, den das durch Ablaut verbundene Subst. clank (s. Klang, klenken) von je hatte, entspr. mengl. mnl. clinken, nnl. klinken. Auf Entlehnung aus dem Mnd. beruhen spätanord. klingja, schwed. klinga, dän. klinge. S. Klinge, Klinke.

Klinik F. Das mit gr. κλίνειν (s. Klima) verwandte κλίνη F. 'Lager' liefert κλινικός 'bettlägerig'. Dazu κλινική (τέχνη) 'Heilkunde', dem Clinik 'ausübende Heilkunde' bei Campe 1813 entspricht. Die Bed. 'Anstalt zum Unterricht in der Heilkunde' nach dem Vorbild von frz. clinique seit Gutzkow 1843: H. Schulz 1913 Fremdwb. 1, 348.

Klinke F. mhd. (14. Jh.) klinke, mnd. klinke, klenke. Der Türgriff heißt von dem Klang, den der Fallriegel auf dem Klinkhaken verursacht. Die lautliche Kluft wird überbrückt durch die gleichbed. Nebenform Klinge sowie dadurch, daß neben klingen weithin ein gleichbed. klinken gilt, z. B. thür. „die Gläser aneinander klinken". Aus der ostmd. Heimat dieses klinken stammt das Schriftwort Klinke, dessen reiche Synonymik Kretschmer 1918

Wortgeogr. 289 ff. darstellt. Zur Sache Mor. Heyne 1899 Wohnungswesen 231.

Klinker M., nnl. klinker(t), 1598 klinckaerdt 'hart gebrannter Ziegelstein' zu Wasser- und Mühlbauten, Pflasterung und dergl. Der helle Klang, den er gibt, ist Zeichen seiner Härte und Güte. Zum Ztw. klinken, einer Nebenform von klingen, s. d. Nd. klinker ist seit 1767 bezeugt, im Hd. kaum vor Adelung 1775.

Klinse, **Klinze** F. 'Spalt'. Nur hd.: mhd. (seit dem 13. Jh.) klimse und mit anderer Ablautstufe klumse, klümse. Die frühnhd. und mundartl. Formenfülle bei Bahder 1925 Wortwahl 131 f. Ein ahd. *klim-, *klumuza fehlt. Mit Suffix germ. -usjō (Kluge 1926 Nomin. Stammbild. § 85) zur Sippe von Klamm, s. d.

klipp Adj., immer nur in der Formel k. und klar, die im 19. Jh. aus nd. k. un klaor 'ganz deutlich' (Danneil 1859 Altmärk. Ma. 105) ins Nhd. gelangt ist. Nd. klipp zum lautmalenden Ztw. klippen 'zus.-passen', gleichbed. mit klappen (s. Klapp). In westfäl. kapp un klār (Jdg. Forsch. 48, 262) ist das erste l wegdissimiliert.

Klipp F. mhd. klippe, im 14. Jh. entlehnt aus mnl. klippe (nnl. klip), mit pp aus kn (idg. bhn). Ohne Nasalsuffix westfäl. kliəf, asächs. agf. clif, engl. cliff, anord. klif, ahd. klēp N. 'promontorium', agf. clēofan, engl. cleave 'spalten'. Dazu ablautend anord. kleif F. 'Klippenreihe'.

klippern Ztw. frühnhd. Neubildung zum gleichbed. klappern.

Klippfisch s. Laberdan, Stockfisch.

Klippschule F. 'Winkelschule': klipschole zuerst 1534 in einer nd. Schulordnung für Rostock, seit 1687 in hd. Quellen (Nyström 1915 Schulterm. 1, 52 f.), daneben in Parchim 1752 Knipschule. Beide Vorsilben (vgl. Kneipe) sollen diese Art Schulen verächtlich machen; Klip M. begegnet bei Zeidler 1700 Sieben böse Geister 98 als 'Schnippchen, geringes Ding'. Entspr. in nd. klipp-kram, -kroog, -schenke, -schulden, wofür Dähnert, Plattd. Wb. (Stralsund 1781) 353 plikk-kroog, -schoole, -schulden bietet.

klirren schw. Ztw., lautmalende Bildung des 17. Jh., zuerst bei Chr. Reuter 1697 Schelmuffsky 11 Ndr.; bei Steinbach (Breslau 1734) als landschaftlich gebucht. Durch ostmd. Schriftsteller im Nhd. eingebürgert; von da entlehnt dän. klirre und schwed. klirra (dies nicht vor 1834). Im Ostmd. ist das zugrunde liegende Schallwort klirr daheim, das vom Klang zerbrechenden Glases oder schütternden Metalls gebraucht wird. Ähnlich gebildet sind flirren, girren, knarren, knurren, schnarren, schnurren, schwirren und surren.

Klistier N. Zu gr. κλύζειν 'spülen', urverwandt mit lauter, gehört κλυστήριον, das über lat. clystērium Fachwort der mittelalterl. Heilkunde wird und im 14. Jh. mhd. klistēr, kliestier ergibt. Lett. klistiēris ist aus dem Nhd. entlehnt: J. Sehwers 1925 Zs. f. vgl. Sprachf. 53, 105.

klittern Ztw. 'schmieren, klecksen', in Ablaut zu klaterig. Dazu seit dem 16. Jh. kaufmänn. Klitterbuch 'Kladde' (s. d.). Im Titel von Fischarts 'Gargantua' erscheint 1582 Geschichtklitterung, wo 1575 Geschichtschrift gestanden hatte. Klitterschulden 'Klippschulden' seit Stieler (1691) 1940.

Kloben M. mhd. klobe 'gespaltener Stock zum Festhalten, Fessel, Riegel', ahd. klobo, asächs. fugalklobo 'gespaltenes Holz zum Vogelfang', asächs. klobo 'Fußfessel', mnl. clove, afries. klova, anord. klofi 'Felsspalte, Türfuge': zu klieben 'spalten', s. d. und Knoblauch.

Klöpfelsnächte Pl. die drei letzten Donnerstage vor Weihnachten, die im Aberglauben ihre Rolle spielen und danach heißen, daß arme Leute und Kinder an die Türen klopfen und unter Hersagen von Sprüchen Gaben heischen. Zuerst in der entstellten Form knöpflinsnächt in Augsburg 1462 (H. Fischer 4, 499): die Umdeutung dadurch begünstigt, daß bei der Feier der Anklopfete in den Lichtstuben Knöpflein gekocht wurden. Heute noch schwäb. und bair. für den letzten Adventdonnerstag; sonst auch Bochselnächte: Schmeller 1² 1337 f.

klopfen schw. Ztw. mhd. klopfen, ahd. chlopfōn, mnd. nnl. kloppen, mnl. cloppen. Durch Ablaut ist damit die unter Klaff behandelte Gruppe verbunden, die auf ein urgerm. *klappōn 'schlagen' deutet. Urverwandt ist gleichbed. ahd. klockōn, mhd. klocken.

Klöppeln Ztw. In Annaberg 1561 kommt die Kunst des Spitzenklöppelns auf, für die ein Holzgerät wesentlich ist, das wegen s. Ähnlichkeit mit dem Glockenklöpfel (s. klopfen) ostmd. klöppel heißt. Verhochdeutscht Spitzen klöpfeln, Klöpflerinn Stieler (1691) 984. Zur Sache K. Müller-Fraureuth 1914 Wb. d. obersächs. Ma. 2, 55.

Klops M. 'kugelförmiger Fleischkloß', beschrieben von Kretschmer 1918 Wortgeogr. 158. Das Gericht erscheint zuerst 1759 in Ostpreußen und wird von Königsbergs aus verbreitet: Frischbier 1882 Preuß. Wb. 1, 381. Der Name gehört zu klopfen (s. d.) in nd. Form: ps steht für pps, urspr. -ppes: H. Paul 1916 Dt. Gramm. 1, 271.

Klosett N. im heutigen Sinn ist gekürzt aus Watercloset (so seit 1840), das aus engl. water-closet stammt. Dies enthält engl. closet 'verschließbares Gemach', um 1750 durch Bod-

mer und die Züricher bei uns eingeführt, schon 1754 mit der Betonung von gleichbed. frz. closette F. versehen, dem Vorbild der aus lat. clausus, afrz. clos 'geschlossen' entwickelten Sippe: H. Schulz 1913 Fremdwb. 1, 348; Zs. f. d. Wortf. 15, 189.

Kloster N. ahd. klōstar, mhd. mnd. klōster, mnl. clooster, nnl. klooster, afries. klāster: mit dem röm. Christentum entlehnt aus volkslat. *clōstrum (woraus auch ital. chiostro, während afrz. cloistre und engl. cloister ein volkslat. *clōstrium voraussetzen). Es ist im Kirchenlatein der abgesperrte, den Laien unzugängliche Raum im monasterium (s. Münster). Die kirchliche Entlehnung erfolgt gleichzeitig mit der von Mönch und Nonne im 6. Jh., nachdem durch Gründung des Benediktinerordens 529 das Klosterwesen endgültig Gestalt gewonnen hat. Daneben gilt bair. klöster 'Türschloß' im Anschluß an lat. claustrum 'Riegel' (s. Klauster). Die Scheidung der Wörter für 'abgeschlossener Raum' und 'Verschluß' greift auf die brit. Inseln über: agf. clauster bedeutet 'eingeschlossener Platz', clūstor 'Schranke'; entsprechend in den kelt. Entlehnungen. Anord. klaustr N. und klaustri M. 'Kloster' sind dem Agf. entlehnt, während dän. schwed. kloster u. mnd. entstammen.

Kloß M. Mit ruff. glúda 'Klumpen, Kloß' gleichgebildet sind ahd. mhd. klōz 'Klumpen, Knolle, Knäuel, Ball, Kugel, Schwertknauf, Keil', mnd. klōt, klūte, mnl. nnl. kloot 'Kugel, Ball', agf. *clēat, engl. cleat 'Keil'. Aus 'Klumpen' scheint über 'Bruchstück' die Bed. 'Lappen' entwickelt zu sein, die in agf. clūt, engl. clout, spätanord. klūtr vorliegt. Über Klöße als Gericht f. Kretschmer 1918 Wortgeogr. 291 ff. und G. Florin 1922 Gießener Beitr. z. dt. Phil. 5.

Klotz M. Zunächst zu Kloß (unter Verdopplung des auslautenden Dentals) gehört mit agf. clott, engl. clot 'Erdkloß, Scholle' mhd. kloz, klotzes 'klumpige Masse, Kugel'. Dän. klods, schwed. kloss sind aus dem Mhd. entlehnt, wie dän. klode, schwed. norw. klot 'Klumpen' aus mnd. klōt.

Klub M. Anord. klubba 'Keule', verwandt mit Klumpe (s. d.)., ergibt über mengl. clubbe gleichbed. engl. club. Dies wird nach der als Zeichen der Ladung (s. laden²) herumgeschickten Keule zum Namen engl., seit dem 18. Jh. auch frz. Männerbünde erst zu gelehrten, dann zu geselligen Zwecken. Als eins der ersten Gesellschaftswörter aus England (s. Gentleman, Picknick, Spleen) gelangt Clubb 1750 nach Norddeutschland; im Süden hält sich Kasino, s. d. Durch das Wirken des Jakobinerklubs erhält Klub politischen Beigechmack; nach der Hinrichtung Ludwigs XVI. nennt ein Wirt in der Spiegelgasse zu Wien seinen Club wieder Casino. Im 19. Jh. wird Klub unter neuer Einwirkung Englands ins Sportliche umgefärbt: Voss. Ztg. 1793 Nr. 26; Zs. f. dt. Wortf. 13, 266; H. Schulz 1913 Fremdwb. 1, 349; Stiven 33. 37.

Klucke s. Glucke.

Kluse s. Cluse.

Kluft¹ F. ahd. mhd. kluft, mnd. kluft, klucht, agf. geclyft, engl. cleft, clift. Die versch. Bed. 'Spalt, Höhle, Zange, Schere' gehen auf 'Spaltung' zurück, auch die von nd. nl. kluft 'Sippe, Nachbarschaft oder Teil davon': K. ist Verbalabstr. zu dem unter klieben dargestellten germ. *kliuban 'spalten'. Die Zange trägt den Namen K. als gespaltenes Werkzeug, vgl. Kluppe. Die mhd. Bed. 'Gruft' scheint auf Vermischung des heimischen Worts mit dem fremden crypta (s. Gruft) zu beruhen.

Kluft² F. 'Gewand, Dienstkleidung'. Klüftchen 'Rock, Anzug' ist stud.-sprachlich seit 1793 belegt (F. Kluge 1895 Stud.-Spr. 100). Voraus geht (seit 1652 greifbar) rotw. Kluft, Klifft 'Anzug', das aus hebr. k'lipha 'Schale' stammt. Diesem liegt griech. κέλυφος 'Hülle' voraus: E. Weißbrodt 1939 Zs. f. dt. Philol. 64, 305.

klug Adj. Adv. Kluoc (g) im höfischen (West-)Md. 'schmuck, fein(gebildet), edel, tüchtig', während (ost)md. klūc für 'prudens, sapiens' steht. Im Ahd. ist das Adj. vor Einsetzen unsrer Denkmäler abgestorben, doch erweist alem. xluox, das in Graubünden 'stattlich, wacker' bedeutet (Schweiz. Jd. 3, 622) das einstige Vorhandensein. Den Österreichern vor Heinrich v. d. Türlin (um 1220) fehlt kluoc. Das Adj. gelangt nach 1150 mit den Reimen nrhein. Dichter ins Hd. und wird durch Wolfram v. Eschenbach geläufig, der es seit etwa 1197 dreizehnmal im Reim verwendet. Im Hd. ist inlaut. g für nd. und germ. k eingetreten; mnd. klōk (hieraus entlehnt spätanord. klōkr mit schwed. klok und dän. klog) deckt sich mit mnl. cloec (nnl. kloek), das u. a. 'behend, gewandt, listig' bedeutet. Germ. *klōka- (mit -k- aus -kn'-) vereinigt sich mit dem urverwandten air. glicc (aus *g̑lknó-; ir. glic erweist idg. -k) 'weise', glicce 'Schlauheit' auf eine Grundbedeutung 'glatt und beweglich wie eine Kugel'. Jdg. *glek- gilt als k-Erweiterung der Wurzel *gel- 'ballen; Geballtes', s. Galle². F. Trier 1932 Zs. f. Deutschkde. 46, 625; O. v. Friesen 1936 Ordgeografi 120 ff.; F. Scheidweiler 1941 Zs. f. dt. Alt. 78, 184 ff.

Klumpe, Klumpen M. erst nhd., aus gleichbed. nd. klump; vgl. mnd. klumpe 'Holzschuh', nnl. klomp, mnl. clompe, engl.

clump 'Klumpen, Kloß, Klotz'. S. Klampe, Klub und Kolben.

Klüngel M. mhd. *klüngel, klüngelin, ahd. klungilīn N. 'Knäuel': Verkleinerung zu gleichbed. ahd. klunga F., das durch schwed. klunga 'gedrängter Haufen, Masse' bestätigt wird. Demnächst vergleichen sich anord. klungr (aus *klung-ra, -ru) 'Hagebutte' schwed. klänga 'klettern', engl. cling aus agf. clingan 'sich anklammern'; s. Klammer. Am Niederrhein ist aus 'Knäuel' mit Metapher 'Parteiwirtschaft' geworden; aus Kölner Ma. hat sich Klüngel in diesem Sinn im 19. Jh. verbreitet: F. Hönig 1905 Wb. d. Kölner Ma. 94.

Klunker M. F. erst nhd. (bei Steinbach 1734 'sordes dependentes vestium'): zu mhd. klungeler F. 'Troddel', glunke F. 'baumelnde Locke', glunkern 'baumeln, schlenkern'.

Kluppe F. mhd. kluppe, ahd. kluppa 'Zange': mit gleichbed. Kluft (s. o.) zu germ. *kliuban 'spalten'. Dazu vogtländ.: ich habe mich gekluppt 'gequetscht'. Entsprechungen in den verwandten Sprachen fehlen. S. klauben, klieben.

Klüver M. dreieckiges Segel am Klüverbaum, dem verlängerten Bugspriet: in dt. Seemannssprache seit Röding 1794, aus älterem nl. kluver (u als ü gesprochen), das zu nl. kluif 'Klaue' gehört: so heißt der Leitring, an dem das Segel fährt. Gleichen Ursprungs sind dän. klyver, schwed. klyvare.

knabbern Ztw. kaum vor Reiske 1765 Demosth. 2, 123 in hd. Text. Aus dem Nd., wo knabbeln danebensteht. bb als Zeichen nd. Herkunft auch in krabbeln, kribbeln, sabbern, wabbeln. Mit hd. Lautgebung knappern, knuppern.

Knabe M. mhd. knabe, spätahd. knabo 'Knabe, Jüngling, Bursche, Diener' mit der urspr. gleichbed. Nebenform nhd. Knappe, mhd. knappe, ahd. knappo. Die beiden Formenreihen verhalten sich zueinander wie Rabe zu Rappe, schaben zu Schuppe: der Wechsel von b mit pp (alt b mit bb) beruht auf der westgerm. Kons.-Gemination. Schwierig bleiben agf. cnapa, anl. knapo 'Knappe, Junker' neben agf. cnafa, engl. knave. Die Grundbed. der Sippe zeigt sich in hess. Knabe 'Stift, Bolzen', schwed. mundartl. knabb, knappe 'Pflock', norw. knabbe 'Bergkuppe' (vgl. Knebel). Zum Bed.-Wechsel vgl. Bengel, Knecht und Stift ('kleiner Bursche').

knacken schw. Ztw., mhd. knacken, mnd. knaken, schwed. norw. knaka, dän. knage 'krachen'. Rückbildung daraus ist das M. Knack 'Krach' (auch in der Bedeutung 'Knaust des Brots' in berlin. Knacken, altmärk. knagg, brem. knagge), mengl. cnak, engl. knack, isl.

knakkr. Abweichend mhd. knochen, agſ. cnocian, engl. knock, anord. knoka 'klopfen' und (mit germ. au) weſtfäl. knöken '(zer)= ſtoßen': nur germ. lautmalende Bildungen. Anders knicken, ſ. d.

Knackwurſt F. 'Wurſt, deren dünne Haut beim Hineinbeißen knackt'. Zuerſt in Nürn= berg 1553: H. Sachs, Fabeln 142, 56 Ndr., und in Straßburg 1575: J. Fiſchart, Ge= ſchichtklitt. 21 Ndr.

Knall M. nhd. Rückbildung aus mhd. (er-) knëllen 'erſchallen'; vgl. agſ. cnyll, cnell 'Zeichen mit der Glocke', engl. knell 'Glocken= ſchlag'. Auf der Wendung „Knall und Fall war eins" (Grimmelsh. 1669 Simpl. 230 Ndr.: mit dem Schuß zugleich fällt der Mann) beruht Knall und Fall 'plötzlich' (ſo ſeit Abr. a St. Clara 1719 Beſcheid=Eſſen 272).

Knan Knän M. 'Vater', ein Wort der heſſ. Mundart, literar. durch den Eingang von Grimmelshauſens Simpl. 1669: mhd. g(e)nanne gename 'Namensvetter' (zur Bed. von ge= ſ. gleich, Geſelle), ſchon mhd. Anrede des Sohns an den Vater. Vgl. anord. nafni (germ. *ga-namnan-) 'Namensvetter'.

knapp Adj. Adv. aus dem Nd. ins Nhd. entlehnt, wo knap nicht vor Fiſchart 1575 Garg. 177 Ndr. nachgewieſen iſt. Man ver= mutet, daß nd. knap(p) für *gehnapp ſteht und mit anord. hneppr 'eng' verwandt iſt, das die Grundbed. zeigt.

Knappe ſ. Knabe. Frühe Bed.=Sonderung auf den Bergmann führt zu Bildungen wie mhd. bërc-knappe (14. Jh.), frühnhd. erz= knappe, nhd. **Knappſchaft** F. 'Verband von Bergleuten' (ſeit Friſch 1741).

knappen Ztw. erſt nhd., entlehnt aus nnl. knappen 'eſſen', dies lautmalend. Dazu **Knappſack**, mnd. nl. (16. Jh.) engl. knapsack 'Zehrbeutel'. Bei uns durch Schriftſteller wie J. Möſer (Zſ. f. d. Wortf. 13, 54) ein= geführt.

knarren ſchw. Ztw. mhd. knarren, gnarren: junges Schallwort wie knirren und knurren. Über **Knarre** F. und ſeine Synonyma Klapper, Rappel, Raſſel, Ratſche, Schlotter, Schnarre u. a. Kretſchmer 1918 Wortgeogr. 296 f.

Knaſter M. Gr. κάναστρον N. 'Körbchen' ergibt ſpan. canastro 'Rohrkorb'. In ſolchen Körben wurden edle Tabakſorten verſandt, die demgemäß K(a)naſtertobak heißen. Die Kürzung k(a)naſter, zuerſt in Holland voll= zogen, wohin Wort und Sache von Spanien gelangten, erſcheint bei uns zuerſt 1700: Pal= mer 74. Verächtlichen Sinn bekommt Knaſter in der Stud.=Sprache, wo ſich auch die Bed. 'altes (eig. verräuchertes) Buch' einſtellt. —

Knaſter 'brummiger Tadler' ſtellt ſich zu nd= knast M. 'Knorren; grober Kerl'. Zu knaſtern 'brummend tadeln' gehört **Knaſterbart**, ge= bildet wie Brumm=, Dummbart, zuerſt bei Stieler 1691, der gleichbed. **Knaſterer** danebenſtellt. S. Kanal und Kaniſter.

knattern ſchw. Ztw., Schallwort im Ablaut zu knittern (ſ. d.), zuerſt als 'ſtridere, ſtre= pere' bei Stieler 1691. Voraus geht Ge= knetter vom Praſſeln des Donnerwetters bei Gg. Rollenhagen 1595 Froſchmeuſeler 1, 98 u. ö. Goedeke, ſo daß das Ztw. ſchon für das 16. Jh. vorauszuſetzen iſt.

Knäuel M. N. mhd. kniu(we)l, kniulin N.: n ſteht (vor l des Auslauts; vgl. Knoblauch) für l: älter mhd. kliuwel(in), Verkl. zu kliuwe N. 'Kugel', ahd. kliuwilin zu kliuwa, chliwa F., kliuwi N. 'Kugel'; md. nl. klüwen 'Garn= knäuel'; aſächſ. cleuwin, mnd. klüwen, klüwel; agſ. clëowen, clÿwen N., mengl. clëwe, engl. clew. Dazu anord. klë M. 'Webſtein' (germ. *klewan). Mit mir. glao, glau 'Ball', air. glün, alb. gu-ri 'Knie', gr. γλουτός 'Hinter= backe' (eigentl. 'Kugel') zur idg. Wurzel *gleu- 'Gerundetes'. Verſch. Ablautformen ſ. u. Klaue.

Knauf M. mhd. knouf 'Knauf am Schwert, Knopf auf Türmen', dazu Verkl. knoufel, knöufel M. Ahd. *knouf unbezeugt. Auf germ. *knaubn'- : lies *knaubn²-, vorgerm. *gneubh- weiſen auch mnd. mnl. knöp 'Kno= ten, Knopf, Knauf'. Außerhalb vergleicht ſich anord. knÿpri 'Klumpen'. Vgl. Knopf.

Knauſer M. dringt im 17. Jh. aus md. Mundart langſam in die Schriftſprache. Voraus geht mhd. knûz 'keck, verwegen, hochfahrend', frühnhd. knaus 'hochfahrend' (auch als Fam.= Name Knaus, Kneißel). Man vergleicht agſ. cnēatian 'ſtreiten', norw. knauta 'knur= ren' und ſchwed. knota 'brummen, murren'. Der Bedeutungswandel von 'hochfahrend' zu 'geizig' wird klar durch Zſ. d. dt. Altert. 8, 557, 243: gegen den armen iſt er knûz.

Knebel M. mhd. knëbel 'Knöchel; Holzſtück, um das zur Strafe die Haare gewunden wer= den; an einem Seil feſtgeknotetes Querholz, auf dem ſitzend Gefangene ins Verlies ver= ſenkt werden; grober Geſell', ahd. knëbil, chenebil 'feſſelndes Querholz; Pferdekummet', mnd. knevel 'kurzes, dickes Querholz; gedrehter Flügel des Schnurrbarts', nnl. knevel 'kurzer Stock; Knebelbart', anord. knefill 'Querſtange', dän. knevel 'Mundknebel', älter auch 'Quer= holz am Jagdſpieß', ſchwed. mundartl. knavel 'dünner Pfahl, Stange, Senſengriff': die im Germ. beſonders reich entfaltete Sippe, die mit gr. γόμφος 'Pflock, Nagel', lit. gémbė 'Nagel zum Aufhängen', armen. kant 'Handhabe,

Stiel' u. a. auf idg. *genebh-: *genobh- 'Pflock, Stock, abgeschnittenes Holzstück' führt.

Knecht M. Mhd. ahd. asächs. knëht 'Knabe, Jüngling, Bursche, Mann, Knappe, Held', mnd. mnl. nnl. knecht, afries. kniucht, ags. cniht 'Knabe, Jüngling, Krieger, Diener, Knecht, Schüler', engl. knight 'Ritter' führen auf westgerm. *kneh-ta. Dän. knegt, schwed. knekt sind aus dem Mnd. entlehnt; die nord- und ostgerm. Sprachen bieten nichts Vergleichbares. Zum t-Suffix vgl. bair. knüchtel 'Knüttel, Prügel' (Schmeller-Frommann 1872 Bayer. Wb. I 1347). Man erwägt Anknüpfung an schwed. knagg 'Knoten, Knorren', mundartl. 'untersetzter starker Kerl' und verweist auf ähnlichen Bed.-Wandel bei Bengel, Knabe, Knappe und Stift; Tölzer Prügel heißen die bärenstarken Flößer der oberen Isar. Das schwed. Wort beruht mit mnd. mengl. knagge 'Knorren' auf gleichbed. idg. *gnegh-, Belarerweiterung zur idg. Wurzel *gen- 'Geballtes'.

kneifen Ztw. aus nd. knipen (s. kneipen) ins Nhd. übertragen, literar. durch geborene Nd.e wie Barth. Ringwaldt 1581 Evangelia Kl 7^b. Umgangssprachl. ist k. auf den Norden Deutschlands beschränkt, im Südwesten gilt pfetzen, im Südosten zwicken: Kretschmer 1918 Wortgeogr. 297f. S. auskneifen und Kneip.

Kneifer M. gilt im Gebiet von kneifen für frz. pince-nez (s. Klemmer, Zwicker). Es ist gekürzt aus Nasenkneifer, -kniper (so J. Brinckman, Werke 2, 9) und begegnet zuerst als kniper in Oldenburg 1855: Dt. Mundarten hgg. v. Frommann 2, 426.

Kneip, Kneif M. 'Messer', besonders des Schuhmachers, sodann des Gärtners und Winzers: mnd. knip, hd. mundartl. kneipf weisen auf germ. *knibn-, idg. *gneibh-. Entsprechend hd. mundartlich kneif, frühnhd. kneiff, mnd. knif, mnl. cnijf, ags. (um 1000) cnif aus anord. knifr. Aus dem Ags. oder Anord. entlehnt ist frz. canif 'Federmesser', die Verkleinerung canivet schon im 12. Jh. Unsere Fam.-Namen Kneip(p) und Kniep sind mittelbare Berufsnamen des Schuhmachers. Die nächsten dt. Verwandten sind kneifen, Kniff und knipsen. Außergerm. vergleichen sich lit. gnýbiu, gnáibau 'kneife' und gnýbis, gnaíbis 'Kniff'.

Kneipe F. Zu den unter Klippschule entwickelten Vorsilben zur Erzielung verächtlichen Sinnes stellt sich Kneip- in Kneipschenke, das im 18. Jh. als 'kleine, schlechte Schenke' in Obersachsen aufkommt, wo es auch zum Ortsnamen geworden ist. Literar. durch Lessing 1768 Antiqu. Briefe 56, wird Kneipschenke von Adelung noch 1796 gebucht. Inzwischen haben Studenten das dreisilbige Wort verkürzt zu Kneipe: dies in burschikosem Stil seit Kritzinger 1764 Bunte Reihe 33 aus Leipzig, bei Kindleben 1781 und Augustin 1796 aus Halle. Literar. durch Jean Paul und Seume. Danach Schifferkneipe Goethe 1822 Weim. Ausg. I 33, 183; Waldkneipe ders. an Zelter 4. II. 1831. Aus 'Wirtsstube' geht die Bed. 'Studentenbude' hervor, zuerst in Wittenberg 1793: Philipp Dulder 1, 80; literar. durch Wh. Hauff, Th. Storm und Rob. Benedix: Zs. f. d. Wortf. 3, 114. 362. 4, 312. 12, 281. 15, 252; Kluge 1895 Stud.-Spr. 100; ders. 1912 Wortf. und Wortgesch. 1 ff.; Müller-Fraureuth 1914 Wb. d. obersächs. Ma. 2, 62; A. Meiche, Mitt. des Vereins f. sächs. Volksk. 6, 84. 173.

kneipen Ztw. im 15. Jh. aus mnd. knipen st. Ztw. übernommen (s. kneifen), das mit nl. knijpen 'zwicken' auf eine germ. Wz. *knip zurückgeht. Ihr entspricht idg. *gnib in lit. gnýbti 'kneifen', gnýbis 'Kniff'.

Knepper, Knepper s. Storch.

kneten schw. Ztw., früher stark, mhd. knëten, ahd. knëtan, asächs. knëdan, mnd. nl. kneden, ags. cnëdan, engl. knead. Gleichbed. tiefstufig westfäl. knö(d)en, anord. knoða schw. Ztw. Germ. *kned-: *knud- aus idg. *gnet-; urverwandt aslav. gnetą 'zerdrücke', apreuß. gnode (aus balt. *gnäte) 'Trog zum Brotkneten'.

Knick M. 'Hecke, Zaun (um Haus, Dorf, Flur)', so benannt unter Betonung des dazu verwendeten lebendigen Holzes: septum naturale / knick; gröner dörntün Diefenbach 1857 Gloss. 528° aus Rostock 1582. Solche Hecken werden alle drei Jahre geknickt oder gebrochen. Literar. durch Schleswig-Holsteiner wie Th. Storm: Mor. Heyne 1901 Nahrungswesen 18; Schuchardt 1915 Realler. d. germ. Alt. 3, 68.

Knickebein M. 'Likör mit Eigelb': ein Mecklenburger, der um 1840 in Jena studierte und wegen seines Gangs K. (nd. knikkebeen) hieß, gilt als Erfinder des Getränks.

knicken schw. Ztw., in spätmhd. Zeit (Lexer, Nachtr. 276) entlehnt aus nd. knikken 'bersten, spalten', das seinen nächsten Verwandten im gleichbed. engl. knick hat. S. auch Knicks. Ferner vergleichen sich anord. kneikia 'drücken, klemmen', norw. mundartl. kneikja 'rückwärts biegen', kneik M. 'kleine Erhöhung, Krümmung eines Wegs' und knik M. 'Hüftgelenk': zu idg. *gneig-, einer Belarerweiterung der idg. Wurzel *gen- 'kneifen, zusammenknicken'. Anders knacken.

knickerig Adj. 'geizig', im 18. Jh. gebildet zu älterem Knicker M. 'Geizhals' (Luther

1530 Weim. Ausg. 32, 143, 17), dies gekürzt aus
Läuseknicker, nd. lüskenknikker 'karger
Filz' (Dähnert 1781 Plattd. Wb. 287). Vgl.
die gleichbed. Geizhals, Küssenpfennig,
Pfennigfuchser und Zs. f. d. Wortf. 15, 276.

Knickerbocker Mz. seit 1927 in die dt. Sport-
und Wanderwelt eingeführt aus engl. knicker-
bockers 'lose sitzende, an den Knieen aufgenommene Hosen'. 1809 legte Wash. Irving
seinen Roman. Hist. of New York einem angeblichen Ureinwohner Diedrich Knickerbocker
in den Mund. Eine fünfzig Jahre später von
Cruikshank bebilderte Prachtausgabe zeichnete
die Gründer Neu-Amsterdams mit den weiten
Kniehosen ihrer holl. Heimat. Sogleich wurde
im Engl. der Name von den Trägern auf die
Tracht übertragen, die inzwischen in ihrer Heimat nahezu ausgestorben war und über London
neu verbreitet wurde: W. Schulze 1930 Mutterspr. 45, 248.

Knicks M. Knicken entwickelt im 17. Jh.
die Bed. 'eine Verbeugung machen'. Dazu:
„einen Knick vor einem machen / genua ponere
alicui" Stieler (1691) 992; „der Knicks / genu-
flexio" das. 1347. So gehört Klaps zu klappen,
Schnaps zu schnappen, Schwips zu
schwippen.

Knie N. Mhd. knie (kniu), Gen. kniuwes
(kniewes, knies), ahd. kneo, knio, kniu, Gen.
kniwes, knëwes, asächs. kneo, knio, mnl. cnie,
nnl. knie, afries. knī, knē, ags. cnēo, engl.
knee, anord. knē, dän. knæ, schwed. knä
führen auf germ. *knewa-. Daneben germ.
*knu- in got. *knussus 'das Knieen', zu er-
schließen aus got. knussjan 'knieen'. Sonst
gelten für das Ztw. l-Ableitungen wie schweiz.
chnülen, nnl. knielen, agf. cnēowlian, engl.
kneel. Neben der idg. Grundform *ĝeneu-
'Knie' stehen *ĝenu-, *ĝonu-, *ĝōnu-, *ĝneu-,
*ĝnū-. Demgemäß vergleichen sich aind.
ānu, avest. Akk. žnūm, Mz. žanva, perf. zānū,
toch. A Dual kanwem, B kenīne, armen. cunr,
gr. γόνυ (Gen. γόν(F)ατος), γων(F)ία 'Ecke',
lat. genu 'Knie', genuīnus 'aufs Knie gesetzt,
rechtmäßig', hettit. genu 'Knie, Schamteil'.
Schwundstufe in aind. prajñu-, avest. frašnu-
'mit gebognem Knie', gr. γνύπετος 'auf die
Knie sinkend', γνύξ, πρόχνυ 'auf die Knie'.
Den kelt. Verwandten liegt idg. *ĝnū-lo- voraus, umgestellt zu urkelt. *ĝluno-: hieraus air.
glún, akorn. kymr. bret. glin.

Kniefall M., kniefällig Adv. treten im
18. Jh. zum Ztw. mhd. knievallen 'sich auf
die Knie stürzen'. Zu dieser Bed. von fallen
f. Zs. f. d. Wortf. 8, 31 ff. Fußfall (f. d.)
ist älter.

Knieriemen M. seit Stieler 1691; dazu im
18. Jh. Meister K. als Scherzname des

Schuhmachers (Wieland 1774 Abderiten 2,
104). Unser Fam.-Name Knieriem ist mittelbarer Berufsname.

Kniff M. 'Kunstgriff' ist zu seinem harm-
losen Klang durch die Stud.-Sprache gekommen (Kluge 1895 Stud.-Spr. 100). Im
Mund Goethes (P. Fischer 1929 Goethe-
Wortsch. 380) klingt das Verwerfliche vor,
Schiller 1783 Fiesko 5, 16 braucht K. im
Bereich des falschen Spiels, Lessing 1753
von betrügerischen Machenschaften: „Dem
schlauesten Hebräer in Berlin, dem kein Betrug zu schwer, kein Knif zu schimpflich schien".
Gaunersprachl. ist K. das betrügerische Zeichnen
der Karten und Würfel und gehört zu kneifen
(f. d. und Kneip), wie Pfiff (f. Pfiffikus) zu
pfeifen. Mnd. entspricht knepe (aus asächs.
*knipi M.), nd. knêp, westfäl. kniep, dän. kneb,
schwed. knep.

knipsen schw. Ztw., zuerst als 'zupfen,
zausen' bei Stieler (1691) 1339, als Ableitung
zu Knips 'Schnippchen', das Stieler neben
älteres Knipp stellt. Nächstverwandt ist gleichbed. mnd. knippen, wozu westfäl. knippel
'Knicker, Klicker'. S. Kneip.

Knirps M., nur nhd., aus ostmd. Ma. in die
Schriftsprache aufgenommen, begegnet zuerst
als Knirbs bei Ludwig (Lpz. 1716). Das i ist
entrundetes ü wie in Bimsstein, Gimpel,
Gipfel, kirre, Kissen usw., das b des ältesten
Belegs wird als ursprünglich erwiesen durch
waldeck. knirwes, das auch alte Zweisilbigkeit
zeigt, die durch nordschweiz. chnürbis bestätigt
wird. Das nach alledem vorauszusetzende mhd.
*knürbes (oder *knürbez) trotzt bisher jeder
glaubhaften Anknüpfung.

knirren schw. Ztw., seit dem 16. Jh. neben
knarren und knurren. Vgl. knirschen.

knirschen schw. Ztw., mnd. knirsen, mhd.
*knirsen zu folgern aus knirsunge F. 'das
Knirschen' und zerknürsen 'zerquetschen'. rš
aus rs wie in Barsch, birschen, Bursche,
herrschen, Kirsche usw. Vgl. nnl. knarsen,
knersen 'krachen', knarsetanden 'mit den
Zähnen knirschen'.

knistern schw. Ztw., mhd. *knisten, das
dem F. knistunge 'Knirschen' zugrunde liegt.
Schallwort.

Knittelvers M. Ein frühnhd. N. knüttel
(zu Knoten) bed. 'das unordentlich Ge-
knüpfte'. Möglich, daß Luther daran dachte,
als er 1543 ein gereimtes Hexameterpaar
knuttel verschigen nannte: Weim. Ausg. der
Tischreden Bd. 5 Nr. 5594. Aber wenn Siber
1579 Gemma 13 Knüttelvers zur Übersetzung von versus rhopalicus verwendet,
denkt er an Knüttel M., denn ῥοπαλικός
ist der wie eine Keule (ῥόπαλον) gebaute Vers,

in dem jedes Wort eine Silbe mehr zählt, als das vorhergehende. Dieselbe Vorstellung liegt dem Knüppelvers bei Hamelmann 1599 Oldenb. Chron. 100 zugrunde. Man könnte in Knüttel (Knüppel) die Bezeichnung für den volksmäßigen Kehrreim erblicken, wie Junius 1577 Nomencl. omn. rer. 9 vom Kehrreim nl. Volkslieder sagt: in vulgaribus rhythmis versum identidem repetitum scipionem aut baculum appellant. Auch nord. stef, engl. staff vergleichen sich, die einerseits 'Stab', anderseits 'Vers, Strophe, Stanze' bedeuten. Umspielt wird der Begriff mit knuttelianos versus componere N. Frischlin 1596 Poppysmi gramm. dial. 3, 110; Knüttelhardi Prätorius 1655 Saturnalia 300: Zf. f. d. Wortf. 1, 354. 4, 277; 11, 208.

knittern schw. Ztw., seit Schottel 1663 entlehnt aus nd. knittern, mnd. kneteren. Dies ein Schallwort im Ablaut zu knattern (f. d.). Knitter M. ist aus dem Ztw. vor Ende des 18. Jh. rückgebildet.

knobeln Ztw. Ein Ausdruck für '(Finger-)Knöchel', der wegen seiner schwankenden Lautform nie schriftsprachlich werden konnte, ist mfränk. knovel 'articulus' Ahd. Glossen 3, 361, 1, mhd. knübel, frühnhd. knübel, knöbel und (ablautend) knebel: v. Bahder 1925 Wortwahl 101 f. Das davon abgeleitete knobeln (köln. knävvele) ist somit 'knöcheln': die Würfel waren aus Knochen geschnitten. 1813 wird knobeln als studentisch gebucht, aus der Stud.-Sprache dringt es im 19. Jh. weiter.

Knoblauch M. mhd. knobelouch, älter klobelouch, ahd. chlobi-, chlovolouh (Zf. f. dt. Wortf. 3, 293. 5, 21), asächs. cluflōc, mnd. klof-, klüflōk (hieraus entlehnt lett. k'ipluoks), mnl. clof-, clufloc, nnl. knoflook. Anlautendes kl weicht vor l aus in kn (wie in Knäuel). Der neue Anlaut reicht im Hd. zurück bis ins 11. Jh., doch begegnet Kloblauch noch bei Amaranthes 1715 Frauenz.-Lex. 1066. Den zweiten Wortteil f. u. Lauch; der erste begegnet selbständig in agf. clufu, engl. clove 'Zehe (des Knoblauchs)' (f. klieben und Kloben): das Zwiebelgewächs heißt nach seinem in Zehen gespaltenen Wurzelknopf. Darin vergleicht sich gr. σκόρδον 'Knoblauch', das zur idg. Wurzel *sqerd- 'spalten' gehört. Der Knoblochstag (28. Juli: Luther 1545 Briefw. 16, 271 Enders) dankt den Namen einem Wortspiel zwischen allium und Pantaleon.

Knöchel M. mhd. knöchel, knüchel, mnd. knökel, mnl. cnockel, mengl. knokil. Verkl. zu Knochen, f. d. Den Sieg von Knöchel über die gleichbed. frühnhd. Wörter begründet K. v. Bahder 1925 Wortwahl 100 ff. Luthers obb. Zeitgenossen wird sein knochel (Apg. 3, 7) mit knod, gleich erläutert: Kluge 1918 Von Luther bis Lessing 109.

Knochen M. mhd. (selten, nicht vor 1300) knoche 'Knochen, Astknorren, Fruchtbolle', mnd. knoke, nnl. knook. Luther bevorzugt Bein, wie alle Hochdeutschen vor ihm, doch ist seine Form z. B. Weim. Ausg. 29, 523, 28 knochen, das zweimal auch in seinem Alten Test. vorkommt. Zur Abgrenzung gegen umgangssprachl. Bein und Fuß Kretschmer 1918 Wortgeogr. 299. Gleichwohl ist das Wort germ.: schwed. mundartl. knoka, norw. mundartl. knuke 'Knöchel', dazu das Ztw. mhd. knochen, anord. knoka, agf. cnocian, engl. knock 'knuffen, klopfen' neben westfäl. knöken (mit ō aus germ. au) '(zer)stoßen'. Ferner anord. knjúkr 'steiler, rundl. Fels', norw. mundartl. knjuka 'Fingerknöchel', ohne k-Erweiterung anord. knúi 'Fingerknöchel' (germ. *knūwan-). Aus germ. *knu- mit versch. Erweiterungen erklären sich obb. knocke 'Knorren, Knoten', mhd. knock 'Nacken', mhd. knögerlin 'Knötchen' und mhd. knügel 'Knöchel'. Die dunkle Vorgeschichte sucht L. Weisgerber 1939 Rhein. Vierteljahrsbl. 9, 32 ff. aufzuhellen.

Knochenmann M. 'dicitur mors, quae instar sceleti pingitur' Stieler (1691) 1236. Literar. von Rist 1642 bis M. Claudius 1774.

Knocke F. 'Flachsbündel', im 17. Jh. aufgenommen aus nd. knocke, mnd. knucke 'Flachsbündel'. Als germ. erwiesen durch engl. knitch 'Holzbündel', mengl. knucche '(Heu-)Bündel' aus agf. cnycc M. 'Band'. Man vergleicht lit. gniūžis 'Bündel, Handvoll'.

Knödel M. mhd. knödel 'Fruchtknoten; Kloß'. Verkl. zu dem unter Knoten behandelten knode 'Knoten'. Zur umgangssprachl. Abgrenzung gegen Kloß, Klump, Knöpfle, Nocken, Pflutte, Spätzle usw. Kretschmer 1918 Wortgeogr. 291 ff.

Knollen M. mhd. knolle 'Erdscholle, Klumpen'; ahd. *chnollo fehlt. An die mhd. Bed. schließen sich agf. cnoll, engl. knoll 'Hügel', nnl. knol 'Rübe'. Dazu mit anderm Anlaut ahd. hnol 'rundliche Erhöhung', nollo, nnl. nol 'Hügel'.

Knopf M. ahd. mhd. knopf 'Knorren an Gewächsen, Knospe, Schwertknauf, Knoten, Schlinge', mnd. knoppe, nl. engl. knop (aus agf. cnoppa). Verwandt mit der unter Knauf dargestellten Sippe, sowie mit mhd. knübel M. 'Fingerknöchel' (f. knobeln) und engl. knob 'Knauf, Knoten, Knorren'. Dazu wieder nl. knobbel M. 'Knoten, Knolle, Schwiele' sowie hd. Knubbe. Auffällig ist neben diesen Wörtern, die auf alten n-Stamm deuten, anord. knappr 'Knopf, Knauf' sowie agf. cnæp, mengl. knap. Vgl. Knospe, Knüppel.

knorke Ausruf, präd. Adj. 'vorzüglich' taucht 1916 in Berlin auf, seine Glanzzeit war 1923 bis 27. Die Deutung seiner Herkunft ist unsicher. In einer feuchtfröhlichen Sitzung von Tagesschriftstellern soll es entstanden sein, als ein Kellner eine Bestellung falsch verstanden hatte: H. Meyer, Der richtige Berliner (1925) 101; A. Lasch, Berlinisch (1927) 204; H. Kügler, Brandenburgia 1929, 210 und Zs. f. Deutschkde. 48 (1934) 738; A. J. Storfer, Wörter u. ihre Schicksale (1935) 215.

Knorpel M. tritt in Glossaren des 15. Jh. (Lexer 1, 1653) als knorpel-, knorbel-, knarpel-bein u. ä. für 'cartilago' auf. Luthers Formen sind knörbel (3. Mos. 8 und 14) sowie knerbel (Weim. Ausg. 16, 608, 5): beide stehen für den vorstehenden Teil der Ohrmuschel. Beziehung zu knorp, das schwäb. 'Aststumpen, Knirps' bedeutet (H. Fischer 4, 549), sowie weiterhin zu Knirps und Knorren scheint gegeben.

Knorren M. mhd. mnd. knorre mit der gleichbed. Nebenform knür(e) (frühnhd. knauer) 'Knoten, Auswuchs an Bäumen, Steinen, Leibern'; knüre bed. außerdem 'Fels, Klippe, Gipfel'; in der Bed. 'Knuff, Stoß' gehört es zu mhd. knüs(s)en, agf. cnyssan (aus *knusjan) 'stoßen, schlagen'. Auch für die andern Bed. haben wir von einem germ. Wort mit s (z) auszugehen, wie schwäb. knaus 'Anschnittstelle des Brotlaibs', schweiz. chnüs 'Knorren, Auswuchs' zeigen. S. Knust. Das Ahd. hat nur das aus *knür abgeleitete Adj. chniurig 'knotig, fest, derb'.

Knorz M. ahd. mhd. knorz 'Auswuchs, Knoten', dän. knort, schwed. mundartl. knort 'Knorren, unreifes Obst, kleiner Kerl'. Verwandt mit Knorren. Heute vorwiegend ein Wort der obd. Mundarten.

Knospe F. in heutiger Bed. seit Stieler 1691 gebucht, schriftsprachl. seit etwa 1740, aber schon seit Peucer-Eber 1564 Vocabula H 8ᵇ in md. Quellen. Dafür obd. Knopf (fränk.-henneb. knoppe, nnl. knop), das bis ins 18. Jh. auch liter. herrscht. Knopf (s. d.) und Knospe sind verwandt, wie auch frz. bouton die Bed. 'Knopf' und 'Knospe' vereinigt. Knospe zeigt Umstellung von fs zu sp (s. Lefze, Trespe, Wespe); auszugehen ist von ahd. *knofsa, einer s-Ableitung zu knopf. Gleichbed. hess. brospe, pomm. öge 'Auge', nd. knowwe.

Knote M. Im alten Stettin und Königsberg heißen die Handlungsdiener gnote, d. i. genöte, die nd. Form von Genosse. Mit anlaut. g, das bis 1862 vorkommt, erscheint das Wort 1772 Natürl. Dialogen 145 u. ö. als Soldaten-wort, seit Kindleben (Halle 1781) als student. Schelte für den Handwerksburschen und Nicht-studenten. Aus Burschenmund stammt unser Knote 'ungebildeter Kerl'; den Wandel des Anlauts hat die Anlehnung an Knoten

veranlaßt, das an sich gleichfalls zur Schelte des plumpen Rohlings werden konnte.

Knoten M. mhd. knote, knode, mnd. knotte, knutte 'natürl. Knoten an Körpern und Pflanzen, künstl. Knoten an Fäden, Schlinge', ahd. knoto, knodo. Die ahd. mhd. Doppelheit von t und d ragt mit Knote: Knödel ins Nhd. Urgerm. *knudán: *knúpan nach Verners Gesetz aus idg. *gnuton (wurzelverwandt mit Knochen, s. d.). Dazu mit westgerm. tt aus urgerm. dn (in einigen obliquen Kasus des n-Stamms) aus idg. tn agf. cnotta, engl. knot 'Knoten'; mhd. knotze F. 'Knorren'; agf. cnyttan, engl. knit 'stricken'; nd. knütte F. 'Strickzeug'. Anord. knútr M. 'Knoten' und knúta F. 'Knochenkopf, Knöchel' weisen entspr. auf endbetontes urgerm. *knúdn-. Aus dem Nord. entlehnt ist russ. knut 'Knute' (eig. 'Peitsche mit Knoten').

Knöterich M. zu Knoten wie das ältere Wegerich zu Weg: so heißt die Pflanze Polygonum wegen ihrer knotigen Stengel-gelenke zuerst im Hortulus sanitatis (Augsb. 1482). Bodenständig wohl nur in schles. Ma. als knörig. Nd. entspr. spark, spergel, spörgel.

Knubbe F., **Knubben** M. 'Knollen im Holz', ins Nhd. des 17. Jh. aufgenommen aus nd. knubbe, mnd. knobbe, dessen Beziehungen s. u. Knopf. Zu knübel (s. knobeln) verhält sich K. wie Kluppe zu klauben.

knuffen schw. Ztw. im 18. Jh. aus dem Nd. vorgedrungen, wo auch knüffeln (nnl. knuffe-len) eine Rolle spielt. Verknüpfung mit nd. knüvel M. 'Knöchel' ist möglich.

knüll Adj. 'bezecht', in vielen nd. und md. Mundarten, tritt 1825 in stud. Quellen auf (Kluge 1895 Stud.-Spr. 101; Zs. f. d. Wortf. 12, 282). Unerklärt trotz O. Weise 1904 Zs. f. d. Wortf. 5, 256 und Hnr. Schröder 1906 Zs. f. d. Phil. 38, 523.

knüpfen schw. Ztw., mhd. knüpfen, mnd. knüppen, ahd. knupfen (aus *knupf-jan): Denominativ zu Knopf in s. Bed. 'Knoten'. Ableitung mit Tonvokal ü steht neben Grund-wort mit o wie bei füllen zu voll, zürnen zu Zorn, Bürge zu borgen, Lücke zu Loch: H. Paul 1916 Dt. Gramm. 1, 255.

Knüppel M.: die ostmd. Form löst im 15. Jh. älteres knüpfel ab (so mhd. und frühnhd.). Dies zu Knopf in s. Bed. 'Knorren an Ge-wächsen', Grundbed. somit 'Knotenstock'. Damit mischt sich md. klüppel (obd. klüpfel), der zu klopfen gebildete Gerätename. Klüppel für 'Knüppel' findet sich noch bei Goethe. Knüppel im forstl. Sinn ist das auf bestimmte Länge geschnittene Rundholz; dazu im 16. Jh. Knüppeldamm.

knurren schw. Ztw., Nachahmung des Lauts,

ben der Hund im Zorn gibt (vgl. knarren, knirren), seit dem 16. Jh. vereinzelt in Norddeutschland, erst im 18. Jh. durchgesetzt: Hauschild 1910 Zs. f. d. Wortf. 12, 15.

Knurrhahn M. Der Nordseefisch Trigla hirundo reibt, wenn er an die Luft kommt, die Kiemendeckelknochen aneinander. Dabei entsteht ein Knurrlaut, nach dem er benannt ist, wie schon Richey 1755 Hamb. Jd. 132 vermerkt. Daf. 133 die Übertragung 'mürrischer Mensch'. Zufrühst findet sich der Fischname 1712 Reise nach London 65.

knuspern Ztw. als nd. Brem. Wb. 5 (1771) 410 neben gnaspern 'den Schall der Zermalmung von sich geben' daf. 2, 523; hd. kaum vor Campe 1808. Ein md. zuknuspern 'zerschmettern' (14. Jh.) gilt als Fortbildung zu ahd. knussan, mhd. knussen, agf. cnyssan 'stoßen', doch sind lautmalende Bildungen dieser Art stets von neuem möglich.

Knust, Knaust M. ist aus der Bed. 'Knorren' verengert worden zu 'Anschnitt des Brotlaibs'. -t ist jung angetreten; knûs f. u. Knorren. Knaust als (urspr. westfäl.) Fam.-Name ist aus dem Übernamen des Gedrungenen erwachsen; heute ist westfäl. knaist, knaisken 'kleiner Bauer'.

Knute F. Als ruff. knut M., das selbst aus dem Germ. stammt (f. Knoten und vgl. Wick 33f.), in den dt. Gesichtskreis trat (Knute, Weller 1620 Lieder des 30jähr. Kriegs 70), fand es gleichbed. Knottpeitsche (so Heinrich Julius v. Braunschweig 1593 Schausp. 737) in Geltung. So spielt die Mischbildung Knuttpeitsche (Olearius 1647 Perf. Reisebeschr. 130) eine Rolle, bis sich das kurze Fremdwort mit Knutte 'moskow. Peitsche' Frisch 1741 Dt. Wb. 1, 530ᵃ durchsetzt.

Knüttel M. mhd. knüt(t)el, ahd. chnutil 'Knotenstock'. Zu Knoten, f. d. Vgl. Knittelvers.

Kobalt M. Metalle und Mineralien, die die alten Bergleute für wertlos hielten, bekamen Scheltnamen (f. Nickel, Wolfram). Vom Kobalterz, das erst das 17. Jh. nutzen lernte, bezeugt Mathesius 1562 Sarepta 155 den Bergmannsglauben, das Bergmännchen schiebe es unter, nachdem es das Silber geraubt und verzehrt habe. Nach diesem Kobold (f. d.) heißt das Metall bei Paracelsus († 1541) Schriften 8, 350 kobolet, bei Gg. Agricola 1546 De re metallica 476 kobelt, spätlat. cobaltum: Zs. f. d. Wortf., 1. Beih. 52; 13, 108. 111. Mit dt. Bergleuten ist cobalt seit 1650 nach England gekommen: W. Fischer 1935 Beibl. z. Anglia. 46, 3.

Koben M. mhd. kobe '(Schweine-)Stall, Käfig'; die nhd. Nebenform Kofen stammt, wie das f zeigt, aus dem Nd. (mnd. kove). Bis ins Nhd. erscheint eine umfassendere Bed.: mhd. kobel 'enges Haus', anord. kofi M. 'Hütte, Wetterdach, Verschlag', agf. cofa '(Schlaf-)Gemach' (als Dichterwort), engl. cove 'Obdach', pigeon-cove 'Taubenschlag'. Das Wort ist germ., was die ihrer Bildung nach alten Ableitungen ahd. chubisi 'Hütte', westfäl. küffe (aus *kufjô) 'schlechte Hütte', mnd. kübbinge 'Anbau' lehren. O. Schrader, Sprachvergl. 1³, 214 erweist als urverw. gr. γύπη 'unterird. Wohnung', dies die Grundbedeutung. S. auch Kammer und Kober.

Kober M. 'Handtasche, Korb (für Eßwaren), Fischreuse', spätmhd. kober 'Korb, Tasche', stets vorwiegend ostmd. Zunächst vergleichen sich nnl. kub(be) 'Fischreuse' und die unter Koben genannten Labialerweiterungen zur idg. Wurzel *geu- 'biegen, krümmen, wölben'.

Kobold M. mhd. kóbolt mit Nebenform kobólt 'neckischer Hausgeist'. Als germ. Hausgötter dürfen die Kobolde den agf. cofgodu, -godas 'penates, lares' gleichgestellt werden. Ein agf. *cofold 'Hausgott' wäre mit mhd. kobolt auf got. *kubawalds 'Hauswalter' oder *kuba-hulps 'Hausholder' zu vereinigen. Für die zweite Möglichkeit spricht die Anwendung von hold (f. d.) auf Dämonennamen: got. unhulpô 'Teufel', westfäl. schanholden 'Dämonen', mhd. die guoten holden 'penates'. Erstes Wortglied ist anord. kofi, agf. cofa 'Gemach' (f. Koben). Das sinnverwandte oppolt dürfte ahd. *ôtwalt 'Herr des Horts' sein; das alte ôt 'Reichtum' steckt in Namen wie Otfrid, Otmar, Otto. Zur Endung -old vgl. Herold und walten. Mit den zwei Bildungen mischt sich nach P. Kretschmer 1928 Zs. f. vgl. Sprachf. 55, 87 mlat. cobálus 'Berggeist, Gnom': daher die Betonung mhd. kobólt (norddt. Kobólz, berl. Kabólz) sowie die Beziehung auf die Berge, die Kobalt (f. o.) teilt.

Koch M. ahd. choh (hh), koch, mhd. koch, asächf. nnl. kok, mnl. coc. Vor der hd. Lautversch., spätestens im 4. Jh. (etwa gleichzeitig mit Kohl, Küche, Kümmel, Minze, Pfeffer u. a. Zeugen einer südlichen Koch- und Gartenkunst) entlehnt aus vulgärlat. côco (ital. cuoco, frz. queux), Aff. zu lat. coquus. Das ô von agf. côc (engl. cook) beruht auf jüngerer Dehnung des lat. ŏ in offner Silbe (f. Kreuz, Schule); schwerlich stammt das ô des hd. Worts aus dem Ztw. kochen. Das germ. Wort für 'kochen' ist sieden; ein germ. Name des Kochs fehlt: er wird erst mit fortschreitender Arbeitsteilung nötig. Köchin tritt nicht vor 1400 auf.

Kochbrunnen M. 'Thermalquelle', urspr. 'lebendiger Quell', frühnhd. Entwicklung aus mhd. quëcbrunne, ahd. quëcbrunno. Zum ersten Wortglied f. keck.

kochem Adj. 'gescheit', nl. goochem. Hebr. chachām 'weise' ergibt das gleichbed. jüd. Adj. kochem, dessen Subst. Kochemer rotw. als 'Schelm' erscheint: Kluge 1901 Rotw. 1, 341. 343. Kochemer Loschen (zu hebr. lāšōn 'Zunge') ist 'Gaunersprache'. Auf Umdeutung beruht umgangssprachl. ausgekocht 'pfiffig': Lokotsch 1927 Etym. Wb. 788; H. Fischer 4, 560. 6, 2336.

kochen Ztw. ahd. kochōn, chohhōn, mhd. kochen, mnd. mnl. koken, afries. koka: aus lat. coquere. Das hd. Wort konnte nicht st. Ztw. bleiben, weil sich sein Stammvokal in keine unserer starken Reihen fügte. Wie sich das Lehnwort kochen gegen das Erbwort sieden abgrenzt, zeigt Kretschmer 1918 Wortgeogr. 300 f.

Köcher M. ahd. kochar, chohhar, chohhāri, mhd. kocher, kochære 'Behälter, bef. für Pfeile'. In den Mundarten 'Behälter in Köcherform': alem. chucher 'Rindenkörbchen für Erdbeeren', westfäl. inkst-, nātl-, sandkuǝkr 'Tintenfaß, Nadeldose, Sandbüchse', sonst Zuf.-Setzungen mit Barbier-, Feder-, Scher-. Bei den Neckarfischern (Zf. f. d. Wortf. 6, 69) sind kecher die zwei Bohlen, zwischen denen der Mast steht. Außerdeutsch entsprechen anl. cocar, mnl. coker, nnl. koker, agf. cocer, mengl. coker. Dän. kogger, schwed. koger stammen aus mnd. koker. Aus dem Germ. entlehnt ist finn. kukkaro 'Beutel': T. E. Karsten 1928 Die Germanen 181. Mit der germ. Sippe hängt ein dunkles mlat. cucurum, mgr. κούκουρον zusammen, das in ruff. kukor 'Patronentasche' fortlebt und afrz. quivre geliefert hat, aus dem engl. quiver 'Köcher' stammt. Eine idg. Bezeichnung des Köchers fehlt.

Kodak M. als Schutzwort für ein neues Lichtbildgerät von dessen Erfinder G. Eastman 1890 frei ersonnen: New Engl. Dict. 5, 752ª. Bei uns kaum vor 1905.

Köder M. 'Lockspeise'. Die nhd. Form hat vor d ein r verloren, weil im Wort noch ein r folgte (f. fordern). Im Tonvokal ist ein geschwundenes u mit folgendem ë verschmolzen (vgl. kommen). So gelangen wir aus der jüngeren Formenfülle auf mhd. quërder, ahd. quërdar, germ. *kwerþra-, gestützt durch qertra, den Namen der q-Rune in der Salzburger Alkuin-Hf. Mit Suffix germ. -þra, idg. -tro (F. Kluge 1926 Stammbild. § 93) zur idg. Wurzel *gᵘer- verschlingen' (wie gr. δέλετρον 'Köder' mit demselben Suffix zur gleichbed. Wurzel *gᵘel-): H. Paul 1916 Dt. Gramm. 1, 218. 289. 358; A. Götze 1922 Zf. f. d. Sprachv. 37, 49; O. Behaghel 1928 Gesch. d. dt. Spr. 373. — S. auch Docht.

Kofel M., Mehrz. Köfel, spätmhd. kofel (mit ö: Zf. f. d. Phil. 49, 287). Als Sachwort 'großer Stein', in Bergnamen von Südtirol bis Kärnten 'Berg(-Spitze)', gelegentl. im Wechsel mit Kogel, f. d.: Schatz 1926 Festschr. für Kluge 125.

Kofent M. spätmhd. covent 'Dünnbier', urspr. 'Klosterbier', eines mit mlat. coventus (frz. couvent) 'Kloster', von da bie nordd. Betonung auf der zweiten Silbe. Verdeutlicht zu Konventbier 1571 Sibers Bearb. des Nomencl. von Hadr. Junius. Dazu im 18. Jh. kofenzen 'nach Dünnbier schmecken' Zf. f. d. Wortf. 6, 43.

Koffer M. Lat. cophinus M. 'Weidenkorb des Gärtners und Landmanns', das aus gleichbed. gr. κόφινος (ungeklärten Ursprungs) entlehnt ist, ergibt (mit Anfügung eines -r wie Kaliber) im 12. Jh. frz. coffre 'Lade, Koffer'. Von da entlehnt sind mnl. coffer, nnl. koffer(t). Im 14. Jh. erscheinen am Niederrhein coffer, cuffer, 1477 in Cleve cofferen 'scrinium'. 1591 erscheint der Plur. Coffres bei uns und drängt das heimische Truhe zurück. Im 17./18. Jh. gilt Kuffer (H. Paul 1916 Dt. Gramm. 1, 209), Lessing schreibt 1749 ein schein-frz. Couffre. Durch dt. Vermittlung erhalten Slaven und Balten das Wort: H. Schulz 1913 Fremdwb. 1, 349 f.; K. Lokotsch 1927 Etym. Wb. 1225.

Kog M. ursprünglich 'hohes Land vor dem Deich' (so noch nnl. kaag, von da mit dem Deichbau entlehnt), dann 'eingedeichtes Land' (f. Polder). An der Unterelbe und in Dithmarschen kōg (von da literar. durch Th. Storm 1888 Schimmelr. 1 f.); Koog bei M. Richey 1755 Hamb. Jd. 416 (Cuxhaven hieß um 1700 Koogshaven), dithm. im 15./16. Jh. kōch (von da entlehnt dän. kog), mnl. cooch, nordfrief. küch, afrief. kāch mit ā aus germ. au (f. Bake), somit germ. *kauga-. Außergerm. Beziehungen ungesichert. Beekman, Tijdschr. van het K. N. Aardrijkskund. Genootschap 1902, 5 ff.

Kogel M., Mehrz. Kögel 'Berg', ein Wort vor allem der Ostalpen: Schatz 1926 Festschr. für Kluge 125 f. Kogel ist eins mit Kugel². S. Kofel.

Kogge f. Kugel².

Kognak M. urspr. Branntwein aus der frz. Stadt Cognac an der Charente. Im 17. Jh. als Cognac brandy ins Engl. gelangt, bei uns seit dem 18. Jh.: H. Schulz 1913 Fremdwb. 1, 350. Vgl. Franzbranntwein, Weinbrand.

Kohl¹ M. mhd. kōl(e), kœl(e) M., ahd. chōlo, kōl(i) M., chōla F., asächs. kōli M., mnl. cōle F., nnl. kool, agf. cāul, cāwel, engl. cole, anord. kāl, dän. kaal, schwed. kål: früh entlehnt aus lat. caulis (ital. cavolo, frz. chou), dem auch akorn. caul 'Kohl', kymr. cawl, bret. kaul, köl 'Kohlsuppe' entstammen. Aus nd. käl ist lett. kälis weiterentlehnt. Unsre meisten Gemüse- und Obstarten sind mit der Koch- und Gartenkunst röm. Ursprungs in Deutschland eingeführt (s. Eppich, Kirsche, Koch, kochen, Minze, Pfanne, Pfeffer, Pflaume). Vermittler sind dabei vielfach irische Glaubensboten gewesen: M. L. Gothein, Gesch. d. Gartenkunst² 1926. Mit lat. caulis urverwandt ist hohl, s. d.

Kohl² M. 'Unsinn'. Hebr. kōl 'Stimme, Rede' wird in gelehrter Aussprache von hallischen Theologen in die dt. Studentensprache eingeführt. Hier tritt es 1790 (Bahrdt, Leben 1, 250) zutage, das abgeleitete Ztw. kohlen 'Unsinn schwatzen' schon 1781 (Kindleben, Stud. Lex. 124). Als Quelle hierfür kommt auch der Stamm von hebr. kōhōl 'Gemeinde, Schule' in Betracht: das Reden im Chor konnte von spottsüchtigen Juden als albern hingestellt werden: E. Weißbrodt 1939 Zs. f. dt. Phil. 64, 306. Auf Vermengung mit Kohl¹ beruht, wenn Herder 6, 345 Suphan von Wortkohl spricht, desgleichen wenn Rheinländer, die das Gemüse Kappes nennen, die Formel „Kappes reden" bilden: Littmann 1924 Morgenländ. Wörter 49.

Kohldampf M. 'Hunger', meist verbunden mit schieben (s. d.). Beide rotwelsch: kolldampf zuerst in Karmeyers Gaunerglossar (oberösterr. 1835: L. Günther 1919 Gaunerspr. 115). Darin ist Koll verkürzt aus Koller 'Wut, wütender Hunger'; Dampf für 'Hunger' ist gaunersprachl. (F. Kluge 1901 Rotw. 482), mundartl. (H. Fischer 1908 Schwäb. Wb. 2, 46) u. soldatensprachl. (Schwere Brocken 1925, 38). Beide Ausdrücke werden tautologisch zusgefügt, weil Kohl (s. o.) mehrdeutig war. Von den Gaunern gelangt Kohldampf in die Soldatensprache zunächst Bayerns und Württembergs (P. Horn 1899 Sold.-Spr. 87), von da wird es im ersten Weltkrieg allgemein: E. Weißbrodt 1939 Zs. f. dt. Phil. 64, 305.

Kohle F. Mhd. kol M. N., ahd. kolo M., kol N., mnd. mnl. afries. kole, nnl. kool, agf. col, engl. coal, anord. norw. schwed. kol, dän. kul führen auf germ. *kula(n)-. Das Wort, das ursprünglich die im Haushalt hergestellte Holzkohle bezeichnet (vgl. auch Torf), ist bei allen Germanen außer den Goten nachweisbar (Ulfila setzt hauri für ἄνθραξ, das mit anord. hyrr 'Feuer' zu lit. kuriù 'heize', aslav. kuriti sę 'rauchen' gehört). Zur Sache M. Heyne, Hausaltert. 1 (1899) 62. Dazu anord. kola, norw. kole 'Tranlampe' und alem. cholle 'glimmen'. Mit l-Suffix zur idg. Wurzel *geu- 'glühen' wie ir. gúal (aus *geulo-) 'Kohle'. Zur gleichen

Wurzel mit r-Suffix armen. krak (aus *guro-) 'Feuer, glühende Kohlen', krak-aran 'Herd, Feuerbecken, Glutpfanne'. — Nicht hierher agf. cylen (woraus entlehnt anord. kylna), engl. kiln 'Ofen', das aus lat. culina 'Küche' (zu coquō 'koche') stammt.

Köhlerglaube M. Nach einer alten, auch von Luther erzählten Geschichte fragt der Bischof (anderswo der Teufel) einen Köhler, was er glaube, und erhält die Antwort: „Was die Kirche glaubt". Danach ist im 16. Jh. (z. B. bei Agricola, Sprichw. Nr. 234) des kolers glaub sprichwörtlich. Die Zus.-Setzung Köhler-Glaube Logau 1654 Sinnged. 3, 2, 85. Die Bed. 'unbedingte Kirchengläubigkeit' (so Rockenphil. 1759 S. 340) tritt im 19. Jh. in Gegensatz zur wiss. Kritik: Karl Vogt 1855 Köhlerglaube und Wissenschaft.

Kohlmeise s. Meise.

Kohlrabi M. Karl d. Gr. befiehlt im Capitulare de villis Kap. 70 (Mon. Germ. hist., Leges 1, 186) „Volumus quod in horto omnes herbas habeant, id est ... rava caulos". Demnach war im 9. Jh. Brassica oleracea caulorapa in Mitteleuropa bekannt. Das Gemüse heißt rava caulis im Corpus gloss. Lat. 3, 683, 58; diese Stellung der Glieder bleibt in nl. raapkool, sächs. Rübenkohl, schweiz. rüebechöl. In der Neuzeit wird der Anbau der Frucht von Italien her neu belebt (Amaranthes 1715 Frauenz.-Lex. 1072 „Kohlrabi oder Cauliravi ist eine Art des Kohles, welche vor nicht gar vielen Jahren aus Italien in Teutschland gebracht worden"). Das mundartl. ital. cauliravi ergibt (wie nnl. koolraap) Caulerabi bei Böckler 1678 Nützl. Haus- und Feldschule 749, aus dem ital. Schriftwort cavoli rape geht Kohlrabe, Mehrz. Kohlraben in südwestd. Umgangssprache hervor. Oberkohlrabi heißt westdeutsch die Pflanze im Gegensatz zu der unter der Erde wachsenden Kohlrübe: Kretschmer 1918 Wortgeogr. 301 f.

Koje F. Lat. cavea 'Verschlag' (s. Käfig) gibt früh entlehnt über ahd. *kouwa ein mhd. kouwe, frühnhd. kaue 'bergmänn. Hütte über dem Schacht'. An der Küste werden mnd. köje, mnl. cōie, nnl. kooi zum Namen der Kajüte (s. d.), zuerst 1599 koye int schip: Kluge 1911 Seemannsspr. 468 f.

Kokain N. ist mit Ananas, Chinin, Kakao, Kautschuk, Mahagoni, Mais, Schokolade, Tabak, Tomate ein Vertreter der amerik. Pflanzenwelt. Peruan. coca ist der Name des Strauchs Erythroxylon coca, dessen Blätter die Indianer kauen, wie die Inder den Betel: Littmann 1924 Morgenländ. Wörter 146. 150. In nhd. Text erscheint Coca seit 1590: Palmer 75.

Kokarde F. Aus frz. bonnet à la cocarde, worin afrz. cocard (als Ableitung von coq 'Hahn') 'eitel' bedeutet, wird das frz. F. cocarde 'Bandschleife' gewonnen. Im Bericht über eine Aushebung schreibt die Voss. Ztg. 1743, Nr. 57 „Paris ... wo ihm eine Cocarde, die blau und weiß ist, gegeben wird". Von Holländern daf. 1750, Nr. 101 „mit Orange-Cocarden, entweder auf den Hüten oder auf der Brust gezieret". In dt. Heere des 18. Jh. wird die Kokarde etwa gleichzeitig mit Epauletten und Uniform eingeführt. Die dreifarbige Cocarde nationale vom 14. Juli 1789 macht als Bürgerkokarde sofort auch bei uns Eindruck. In südwestdt. Dugarte ist k vor g in d ausgewichen.

kokett Adj. 'gefallsüchtig'. Frz. coquet (zu coq 'Hahn', also urspr. 'hahnenhaft') erscheint 1694 bei uns, nachdem Thomasius 1687 Coquette F. 'gefallsüchtiges Frauenzimmer' aufgebracht hatte. Koketterie seit Rabener 1759: Zf. f. d. Wortf. 8, 61. 13, 54; H. Schulz 1913 Fremdwb. 1, 350.

Kokon M. Frz. cocon 'Puppe, Eiersack der Spinnen' (aus dem engl. cocoon 'Gespinst' entlehnt ist) stammt aus prov. coucoun 'Eischale', Verkleinerung zu prov. coca 'muschelartiges Gefäß, Eierschale'; dies aus mlat. coco 'Schale, Hülse'. Zu uns gelangt das Wort 1761, als Friedrich II. die Seidenraupenzucht nach frz. Muster in Preußen einführte: H. Schulz 1913 Fremdwb. 1, 350.

Kokosnuß F. Span. coco 'Butzenmann' wird die Frucht der Kokospalme genannt, weil man daraus leicht Larvengesichter schneiden konnte. Demgemäß schreibt Hulsius 1595 Schiff. 1, 22 Cocos. Die verdeutlichende Zus.-Setzung Kokosnuß (seit Spohn 1688 Cafe 191) verdrängt Dürers Ausdruck indianische Nuß: H. Schulz 1913 Fremdwb. 1, 350f.; Palmer (1939) 152f.

Koks M. 'Steinkohle, der Gase, Wasser usw. entzogen sind', seit Campe 1813 aus dem Plur. von engl. coke, älter colke 'Mark, Kern einer Sache, Asche, Kernhaus'. Mit mengl. kelkes 'Fischlaich', schwed. mundartl. kälk 'Mark (im Holz), Markkügelchen' und gr. γέλγις 'Kern im Knoblauch' zu idg. *gelg-, Gutturalerweiterung zur idg. Wurzel *gel- 'ballen; Geballtes', die unerweitert in Gallapfel (f. d.) vorliegt: Heinertz, Festskrift för Axel Kock 149.

Kolben M. mhd. kolbe, mnd. kolve, ahd. kolbo 'Keule als Waffe, Knüppel', anord. kólfr 'Wurfspeer, Pfeil, Pflanzenknolle' mit den Ableitungen kylfi N., kylfa F. 'Keule, Knüttel'. Die Bed. läßt Beziehung zu der unter Klampe und Klumpen behandelten Sippe vermuten.

Kolibri M. Als die Franzosen 1634 die Insel Cayenne besetzten, fanden sie die Kolibriart Lampornis gramineus massenhaft vor, in der seither ausgestorbenen Galibi-Sprache der Insel nach dem leuchtenden Grün der unteren Kopfhälfte col-ib(a)ri 'leuchtende Fläche' benannt. Vom Frz. auf Cayenne, wo colibri schon 1652 als frz. Wort bezeugt ist, ging es in das Frz. der kleinen Antillen u. Europas über. Von da stammen span. portug. ital. engl. colibri u. nnl. kolibrie F.: Rich. Loewe 1933 Zf. f. vgl. Sprachf. 61, 77 ff. Kolibri bei uns seit 1668: Palmer 76 f.

Kolik F. 'heftiger Leibschmerz' aus gleichbed. lat. colica, gr. κωλική (νόσος), Adj. zum N. κῶλον 'Grimmdarm'. Dies zur idg. Wurzel *(s)qel- 'biegen', zu der auch ahd. scëlah 'schief, krumm' gehört, f. scheel. Paracelsus 1530 Frz. Krankh. B 4b bietet Colica noch in lat. Form; Colick seit J. Th. Tabernaemontanus 1588 Kräuterb. 1, 163.

Kolk M. 'Strudel im Wasser; Höhlung am Flußufer', aus dem Nd.: Kluge 1911 Seemannsspr. 471. Gleichbed. mnd. nl. afrief. kolk; die Grundbed. in dän. kulk 'Speiseröhre, Rachen', dazu agf. cylcan, nl. kolken 'rülpsen'. Wz.-verwandt mit Kehle. Zur Bed.-Entwicklung vgl. Schlund. Dieselbe Erweiterung der idg. Wurzel *gel- 'verschlingen' in anord. kjalki 'Kiefer, Kinnbacken', lett. gulgâtiês 'rülpsen', vielleicht auch in slovak. glg 'Schluck'.

Kolkrabe M. 'Corvus corax' stammt aus md. und nd. Gegenden, die zwischen Krähen und Raben nicht scheiden. Zuerst kolckrabe Konr. Gesner 1555 Hist. avium 321 aus Sachsen. Die Annahme von H. Suolahti 1909 Vogelnamen 177 und Mahlow 1929 Wörter u. Sachen 12, 47 ff., Kolkrabe sei mit irrender Silbentrennung aus *kol-kräwe 'kohlschwarze Krähe' umgebildet, scheitert daran, daß bei uns alle Rabenvögel tiefschwarz sind, mithin keine Art durch besondere Schwärze gekennzeichnet werden kann. Im Gegensatz zu allen andern Rabenvögeln krächzt der Kolkrabe nicht, sondern verständigt sich dauernd — er tritt immer zu zweit auf — mit einem Laut, den kolk gut wiedergibt. Lautmalend ist auch das gleichbed. tschech. krkovec.

Kolleg N. Die Vorlesung an mittelalterl. Hochschulen heißt lectio, weil in ihr stets ein autor classicus gelesen und erläutert wurde. Im 16. Jh. kommen neuartige Privatvorlesungen auf, die (als Vorläufer unserer Seminare) collegium 'Zusammenkunft' heißen, in lat. Text zuerst 1573, in nhd. 1613 J. Sommer, Ethographia Mundi Tl. 4, Vorrede: „daß er zu Pariß nicht nur einmal in die Stadt vnd Collegia gekuckt, sondern etliche Jahr studiret".

Schiller kündigt in Jena 1789 „ein Privatcollegium" an: A. Götze 1929 Akad. Fachsprache 19.

Koller M. Gr. χολέρα F. 'Gallenbrechruhr' (s. Cholera) ergibt über lat. cholera ahd. kolero, mhd. kolre M. Die Bed. wandelt sich dabei in 'ausbrechende oder stille Wut', das Genus paßt sich den heimischen Wörtern auf -er an, lat. ch erhält den Wert von k wie auch in ital. collera, frz. colère, nl. kolder. Zur Sache M. Heyne 1903 Körperpflege und Kleidung 192.

Koller N. Mlat. collārium 'Halsrüstung' (zu lat. collum 'Hals') gelangt auf zwei Wegen zu uns: unmittelbar als ahd. chollāri, über afrz. collier 'Halsbekleidung an der Rüstung' um 1200 als kollier, gollier: Suolahti 1929 Frz. Einfluß 124. Im mhd. koller fließen die beiden Entlehnungen zusammen, nach der Ritterzeit siegt die Bed. 'Halsbekleidung an Männer- und Frauengewändern, Wams'. Das Genus schwankt wie beim vorigen Wort zum M. hinüber: H. Paul 1917 Dt. Gramm. 2, 74.

kollern, kullern 'rollen' schw. Ztw., nicht vor Ludwig 1716, ein Wort der md. Mundarten, das Heynatz im Antibarbarus (Berlin 1796) verpönt. Zu md. koller F. 'Kugel', Weiterbildung zu gleichbed. kulle (aus mhd. kugele, s. Kugel).

Kolon s. Doppelpunkt.

Koloß M. Vorgriech. (kret.) κολοσσός 'Riesenbildsäule' erscheint seit 1583 in dt. Texten, von vornherein in mannigfachen Übertragungen. Das Adj. dazu lautet im 18. Jh. kolossalisch, unter Einfluß von frz. colossal siegt um 1800 die Kürzung kolossal: H. Schulz 1913 Fremdwb. 1, 355 f.

Kolpak s. Kalpak.

Kolter[1] M. N. 'gefütterte Steppdecke' aus gleichbed. afrz. co(u)ltre als mhd. culter, gulter, kolter, golter kurz nach 1200 aufgenommen: Suolahti 1929 Frz. Einfluß 136. Das frz. Wort stammt (wie ital. coltre) aus lat. culcitra 'Polster, Matratze'; dessen Sippe s. u. wölben. Kolter ist ein Wort des Südens und Westens geblieben, s. Kretschmer 1918 Wortgeogr. 165.

Kolter[2] N. M. 'Pflugmesser' gelangt als roman. Gegengabe für den germ. Pflug aus Gallien (aus lat. culter wird afrz. coltre, frz. coutre) nach England und, über die Mosel-Maas-Straße, in den Raum von Trier und Köln, nach den Niederlanden (aus afrz. coltre wird mnl. couter, nnl. kouter) und Niederdeutschland. An der Trierer Südgrenze setzt es sich gegen Sech (s. d.) ab, das über die Alpen vorstößt. Das Pflugmesser nach röm. Muster (lat. culter) ist in den germ. Räderpflug eingebaut worden: Frings 1930 Zs. f. Volkskde. 40, 104 f.

Kombüse F. 'Schiffsküche'. Im 15. Jh. tritt mnd. kabūse 'Bretterverschlag (auf dem Schiff)' aus Licht. Während sich die Form in nl. kabuis (vgl. Büse, Düne, Klüver, Stüber, Süden), engl. caboose 'Schiffsküche' hält, entwickelt das Nd. des 18. Jh. kambüse, das sich in gleichbed. frz. cambuse spiegelt. Kombüse, dem nl. kombuis, älter kombuus, entspricht, seit Bischer 1720 Glossar zur Robinson-Übersetzung. Zur Aufhellung der Vorgeschichte dient, daß nd. kabuus im Brem. Wb. 2 (1767) 713 'Kernhaus' bedeutet: von allen Seiten wird Zus.-Setzung mit hūs wahrscheinlich: Kluge 1911 Seemannsspr. 472.

Komet M. Gr. κομήτης eig. 'Haar tragender (Stern)' (zu κόμη F. 'Haar') ergibt über lat. comētēs, -ēta mhd. komēte. Verdeutschungen wie Besen-, Haar-, Schwanz-, Schweif-, Strobelstern (Zf. f. d. Wortf. 8, 59. 14, 75) sind nicht durchgedrungen.

komisch Adj. Zu gr. κῶμος M. 'Umzug voll Mutwillen' gehört κωμικός Adj. 'witzig, lächerlich', das uns über lat. cōmicus zu Ende des 15. Jh. erreicht. Zur Entwicklung und Sippe H. Schulz 1913 Fremdwb. 1, 358 f. — Vgl. Komödie.

Komma N. Gr. κόμμα 'Abschnitt' (zu κόπτειν 'schlagen') gelangt über lat. comma im 17. Jh. zu uns und erscheint seit Hornschuh 1634 als Name des Satzzeichens, von Gueintz 1641 mit strichlein, seit Harsdörffer 1647 mit Beystrichlein übersetzt: H. Schulz 1913 Fremdwb. 1, 360; E. Leser 1914 Zf. f. d. Wortf. 15, 38 f.

Kommando N. Neben lat. commendāre steht vulgärlat. commandāre (mit a wie Mandant, Mandat), worauf ital. span. comando, frz. commander, commandant beruhen. Die roman. Wörter erscheinen 1614/16 bei uns (Zf. f. d. Wortf. 14, 38; H. Schulz 1913 Fremdwb. 1, 361); durch den 30jähr. Krieg werden sie eingebürgert.

kommen st. Ztw., gemeingerm. quëman: ahd. koman, asächs. agf. cuman, engl. come, afries. cuma, anord. koma. Der urspr. Anlaut ist qu, erhalten in nhd. bequem, ahd. quëman, got. qiman. Im Hd. entsteht ko, kö aus quë, kü aus qui (s. keck, kirre, Köder, Quitte), daher mhd. komen, kömen, ich kume, du kümest, er küm(e)t, wir komen, dagegen ich quam, wir quāmen. Außergerm. vergleichen sich aind. gámati, avest. jamaiti 'geht', toch. käm und (mit lautgesetzlichem Wandel des -mi- zu -ni-) lat. venio (aus *gu̯emiō), gr. βαίνω (aus *gu̯m̥iō).

Kommentar M. 'Erläuterung(sschrift)', im 18. Jh. eingedeutscht aus gleichbed. lat. commentārius. Die Mz. lautet schon im 16. Jh.

Commentarien: H. Schulz, Fremdwb. 1 (1913) 361. Lat. commentārius (liber) gehört zum Ztw. commentāri 'überdenken'; daneben commentum 'Erfindung, Erdichtung', spätlat. auch 'Erklärung', das ein im 16./17. Jh. bei uns beliebtes Comment ergeben hat. Sämtlich zu lat. mēns 'Verstand', urverwandt mit mahnen, s. d.

Kommentur s. Komtur.

Kommißbrot N. Lat. commissa, Plur. zu commissum N. 'anvertrautes Gut', ergibt frühnhd. kommiß F. 'Heeresvorräte'. So wird in der Reuterbestallung Karls V. verboten, „in die Kommiß zu greifen" und befohlen, „alles dasjenig ehrbarlich zu bezahlen, was aus der Kommiß gegeben wird" (P. Horn 1899 Sold.-Spr. 25; Zf. f. d. Wortf. 14, 52). Aus der Fülle der Zuf.-Setzungen (Kommiß-Gelder, -hafer, -meister, -metzger, -sack) hält sich Kommißbrot, das H. Schulz 1913 Fremdwb. 1, 364 zuerst aus Straßburg 1552 belegt.

Kommode F. Zu lat. commodus, frz. commode Adj. 'angemessen, bequem' gehört die Substantivierung la commode, mit der ein Pariser Schreiner seine Schiebkastenschränke empfahl; von Liselotte 1718 als „große Taffel mit großen Schubladen" eingeführt. Bei uns seit Zachariä 1754. Umgangsspr. halten sich nd. Drahtkasten, schles. Schub, österr. Schubladkasten, alem. Truhe: A. Götze 1909 Zf. f. d. Wortf. 11, 263; H. Schulz 1913 Fremdwb. 1, 366; Kretschmer 1918 Wortgeogr. 303 f.

Kommunist M. Den Kampf für die Gütergemeinschaft begann der frz. Sozialist Etienne Cabet 1840 mit s. Schrift „Comment je suis communiste et mon Crédo communiste". Er bildete seine Schlagwörter aus lat. commūnis (s. gemein). Hnr. Heine griff sie und Kommunismus 1841 auf, Gutzkow spricht 1842 von dem „sonderbaren Neuwort Communismus", B. Auerbach 1846 von dem „nagelneuen Ketzerwort Communist": Ladendorf 1906 Schlagwb. 175 f.; Zf. f. d. Wortf. 8, 13.

Komödie F. Gr. κωμῳδία 'Lustspiel' (s. komisch) gelangt über lat. comoedia als frühnhd. comedi(e) zu uns. H. Schulz 1913 Fremdwb. 1, 367 belegt Comedien zuerst aus dem Humanisten Albr. v. Eyb 1472. Vgl. Lustspiel.

Kompagnon s. Kumpan.

Kompanie F. Mlat. companium N. 'Gesellschaft' (urspr. 'Brotgenossenschaft', zu con- 'mit' und panis 'Brot') gelangt, nachdem eine erste Entlehnung von afrz. compaignie zu mhd. cumpānīe verklungen war, als Wort des ital. Handels im 14. Jh. nach Oberdeutschland und wird demgemäß in kaufmänn. Büchern noch 1662 Compagnia geschrieben. Als milit. Fremdwort dringt 1590 frz. compagnie ein:

so behauptet sich das Wort über den 30jähr. bis zum Weltkrieg: A. Schirmer 1911 Wb. d. dt. Kaufmannsspr. 102 f.; H. Schulz 1913 Fremdwb. 1, 367 f.; H. Suolahti 1929 Frz. Einfluß 137; Zf. f. d. Wortf. 14, 24 f. 42. 75.

Kompaß M. Zu ital. compassare 'abschreiten, abmessen' gehört compasso 'Zirkel'. So heißt die Magnetnadel wegen der kreisrunden Büchse (bussola, frz. boussole), in der sie drehbar aufgehängt ist. Vom Ital. greift das Wort über alle Kultursprachen, nachdem Flavio Gioja v. Amalfi 1302 die entscheidende Verbindung der Magnetnadel mit der Windrose vorgenommen hat: Kluge 1911 Seemannsspr. 474. Der Magnet (anord. leidarsteinn) ist im Norden schon 1240 bekannt: W. Vogel 1915 Realler. d. germ. Alt. 3, 70; E. Ohmann 1940 Neuphil. Mitt. 41, 148.

Komplice M. 'Helfershelfer' Lat. complex 'Verbündeter' (der zweite Wortteil zu lat. plicāre 'zuf.-falten', urverwandt mit flechten, s. d.) erscheint im Plur. complices seit 1600 in dt. Rechtssprache. Als Entlehnung aus frz. complice 'Mitschuldiger' seit Scheibner 1695 gebucht. Heynatz 1775 Handb. 687 verlangt frz. Aussprache: H. Schulz 1913 Fremdwb. 1, 370.

Kompliment N. Der Anhang (complementum) alter Moralbücher handelte von der Höflichkeit. Danach wird im 16. Jh. span. complimiento zu 'Höflichkeitsbezeugung'. Bei uns erscheint die Mz. complimenten seit Aeg. Albertinus 1598 Guevaras Güld. Sendschr. I 187ᵃ. Nachmals gewinnt das gleichfalls vom Span. ausgehende frz. compliment 'feierliche Anrede, Schmeichelei' Einfluß auf den dt. Ausdruck. Moscherosch und die Sprachreiniger bekämpfen ihn: F. Schramm 1914 Schlagw. d. Alamodezeit 71 ff.

Komplott N. Frz. complot erscheint im 12. Jh. als 'Gedräng, Aneinanderschmiegen'. Es ist rückgebildet aus dem Ztw. comp(e)loter 'zusammenknäueln', das zu pelote 'Kugel, Knäuel' gehört (daher auch frz. peloton 'kleiner Knäuel; Menschengruppe; Rotte, Soldaten, die zugleich feuern'). Frz. complot entwickelt sich über 'Vereinbarung' zu 'heimlicher Anschlag'. In diesem Sinn wird es entlehnt zu engl. complot. Aus London meldet der Sonntagische Postilion 1680, Nr. 6 „Sr. Walter hat ... ein neues Complot der Papisten entdeckt". Seit Liebe 1686 wird Complot bei uns verzeichnet, nun (soweit wir Angaben erhalten) in frz. Betonung.

Kompost, Kompott M. Die aus lat. compositum N. 'Zuf.-Gesetztes' hervorgegangenen roman. Wörter sind auf versch. Wegen, zu versch. Zeiten, in versch. Bed. zu uns gelangt: mlat. compostum 'Dünger' wird zu spätahd.

kúmpost, ital. composta 'Eingemachtes' zu
gleichbed. mhd. kumpóst, älter frz. composte
(eingemachtes Obst' zu gleichbed. frühnhd.
compost, das den frz. Lautwandel zu compote
im 18. Jh. mitmacht.

Komtur M. Mlat. commendator, afrz.
commendeor 'Vorsteher der Niederlassung eines
Ritterordens' (mlat. commenda) ergibt mhd.
kommentūr, das sich namentlich im Schwäb.
lange hält, indes anderwärts das gleichfalls
schon mhd. cumtiur zu Komtur führt.

Konak M. aus türk. qonaq 'Herberge, Land-
haus, Regierungsgebäude' (Littmann 1924
Morgenländ. Wörter 110 f.), bei uns seit
Sanders 1871 Fremdwb. 1, 682.

Konditor M. Arab. qand 'Kandiszucker' (s.
Kandiszucker und Zucker) ist Grundwort von
kandieren (ital. candire, frz. candir 'über-
zuckern'); dazu Konditor als Name des
Zuckerbäckers, der im 18. Jh. allgemein, in der
Volkssprache weithin bis heute gilt. In nhd.
Konditor 'Zuckerbäcker' ist damit vermengt lat.
conditor 'Hersteller würzhafter Speisen' (zu
lat. condīre 'einlegen, einmachen', bei uns seit
1580 als condiren): H. Schulz 1913 Fremdwb.
1, 372; Kretschmer 1918 Wortgeogr. 304.

Kondor M. Der größte bekannte Geier, in
den Kordilleren Südamerikas heimisch. Peruan. cuntur gelangt über span. condor zu uns
und begegnet seit 1601 in nhd. Texten: Palmer
77. Engl. condores seit 1604, frz. condurs
etwa 1677.

König M. mhd. künic, künec (g), ahd. asächs.
kuning, agf. cyning, engl. king; dazu mit
Suffixablaut anord. konungr, neunord. kung.
Aus einer germ. Sprache des 2./3. Jh. stammt
gleichbed. finn. kuningas; auch aslav. künęgŭ,
künęzĭ 'Fürst' ist aus dem Germ. entlehnt;
lit. kùnigas 'Pfarrer' und lett. kùngs 'Herr'
beruhen auf mnd. kunig. Got. gilt reiks
'König' (s. Reich). Germ. *kuninga-z 'König'
ist abgeleitet von germ. *kunja- (got. kuni,
ahd. asächs. kunni, mhd. künne) 'Geschlecht',
Grundbed. somit 'Herrscher aus vornehmem Geschlecht'. -ing, -ung bezeichnen Zugehörigkeit,
besonders Abstammung. Die alte Zugehörigkeitsbildung ist (wie got. þiudans, gr. κοίρανος)
schon voreinzelsprachlich über 'primus inter
pares' zu 'Herrscher über ...', Erster in ...'
geworden. S. Nation.

Könighase M. 'Kaninchen'. Das aus lat.
cuniculus entstandene königlein wird bair.-österr.
verdeutlicht zu kiniglhàás (Hügel 1873 Wiener
Dialekt), Königelhase (F. Raimund, Dram.
Werke² 1, 33. 2, 163). Das Nahmenbüchlein
zum Gebr. der Stadtschulen in den k. k. Staaten
(Wien 1847) 30 schreibt Kaninchen statt
Königlhasen vor. Für Bayern verzeichnet

Schmeller 1², 1259 kini'hàs, für das alte
Nürnberg Hasenkünlein.

Königskerze F. die Pflanze Verbascum, besonders V. thapsus und thapsiforme (früher
Candela regis), frühmhd. (Ahd. Glossen 3,
545, 38) kungeskerze, frühnhd. (L. Diefenbach, Gloss. lat.-germ. 573ᵇ) konigis kercz.
Dem dt. Namen entlehnt ist dän. kongekjert,
ihm nachgebildet sind dän. kongelys, schwed.
kungsljus, norw. konglys. Der Stengel hat
zur Anfertigung von Wachskerzen gedient, s.
J. Wigand, Catal. herb. in Borussia nascen-
tium (1583) 56: Candelaria appellatur, quia
cera illita candelae vicem praestat. Die Fülle
der landschaftl. Namen bei R. Hildebrand
1873 DWb. 5, 1712 und H. Fischer 1914 Schwäb.
Wb. 4, 604.

Königtum N. als Ersatz für frz. royauté
von Wieland, N. teutscher Merkur, Nov. 1792,
S. 290 geschaffen. Ihm sind dabei das ältere
Kaisertum und engl. kingdom Vorbilder.
Wielands Wagnis wird sogleich allseitig begrüßt: Feldmann 1912 Zf. f. d. Wortf. 13, 268.
Campes Einspruch hat dem Wort nicht geschadet: Wh. Pfaff 1933 Kampf um dt. Ersatzwörter 37.

können Prät.-Präs., mhd. können, kunnen,
ahd. kunnan (Sg. kan, Plur. kunnum, Prät.
konda) 'geistig vermögen, wissen, kennen,
verstehen', dann 'imstande sein'. Entspr. agf.
cunnan (1. Sg. cann), anord. kunna, dagegen
got. kunnan (Sg. kann, Plur. kunnum)
'(wieder)erkennen'. In alter Zeit hat können
nur geistige Bed. im Gegensatz zu (ver)mögen.
Dem Germ. ist außer dem Stamm kann-
(auch in got. kunnan schw. Ztw. 'erkennen',
agf. cunnian 'erforschen, versuchen'; vgl.
kennen, kühn, kund, Kunst) ein Stamm
knē: knō geläufig: agf. cnāwan, engl. know;
ahd. bi-, irchnāan 'erkennen', wozu ahd.
úrchnāt F. 'Erkennung', anord. knā 'kann';
auf germ. *knōþla- 'Erkenntnis' weist das
Denominativ ahd. beknuodelēn 'vernehm-
bar werden'. — Das zweite n von got. usw.
kann, kunnum, kunnan ist suffixal und urspr.
nur präsensbildend: kunnum entspricht genau
dem aind. jānīmáh 'wir erkennen' (jānámi 'ich
erkenne'), idg. *ĝn̥-nə-mó(s); *ĝn̥- ist die
regelrechte Tiefstufe zu *ĝnē: *ĝnō (germ.
*knē: *knō). Präsentisches n zeigt auch lit. ži-
nóti (St. *ĝn̥-nā-) 'wissen' und air. ath·gnin 'erkennt'. Dazu ohne n-Suffix und mit Hochstufe
aslav. znati 'wissen', lat. co-gnōsco, gr. γιγνώσκω
(Aor. ἔ-γνω-ν) 'erkenne', aind. jnāta 'erkannt',
air. gnáth 'bekannt'. — Da germ. kunnum
wie der Plur. eines Prät.-Präs. wirkte, wurde
dazu ein Sing. kann neu geschaffen. K. Weiß-
gräber, Bed.-Wandel des Prät.-Präs. „kann"

(Königsberg 1929) mit H. Ammanns Anzeige Jdg. Forsch. 51 (1933) 167 ff.

Konsorten Plur. 'Schicksalsgenossen' aus lat. consors, -sortis. Bei uns zuerst als (mit)-consorten bei Schertlin v. Burtenbach, Briefe an die Stadt Augsburg (Augsb. 1852) 106 vom 15. Juli 1546.

Konsul M. (aus lat. consul) im Bereich des Mittelmeers seit 1460: Rieter, Reisen 124. 131. Bei uns noch lange ein Wort der Reisewerke: H. Schulz 1913 Fremdwb. 1, 384.

Konterbande F. 'Schleichhandel; Schmuggelware' aus ital. contrabbando (wörtlich: 'gegen die Bekanntmachung') 1489 entlehnt, unter Kaufleuten schon im 15. Jh. bekannt. Bei weiterer Einbürgerung meist in der frz. Form contrebande gebraucht. Die Verdeutschung Bannware schlägt Campe 1800 vor; geläufig wird sie erst durch die Heeresberichte seit 1914: H. Schulz 1913 Fremdwb. 1, 385; W. Linden 1943 Dt. Wortgesch. 2, 397.

Konterfei N. Das Part. zu mlat. contrafacere 'nachbilden' ergibt afrz. contrefait 'verfälschtes Gold, Metall', das kurz nach 1200 als conter-, cunter-, gunterfeit ins Mhd. entlehnt wird. Nachdem frz. -t verstummt ist, begegnet auch mhd. kunterfei. In frühnhd. Zeit wird frz. contrefait in der neuen Bed. 'Bild' entlehnt, so begegnet konterfei seit Mathesius 1562 Sarepta 83: H. Schulz 1913 Fremdwb. 1, 385; Suolahti 1929 Frz. Einfluß 138. Vgl. Abbild.

Kontinent s. Festland.

Konto N. 'Guthaben'. Zu lat. computāre 'zusammenrechnen' gehört ital. conto M. 'Rechnung', das mit andern Kunstwörtern der ital. Buchführung (Agio, brutto, Giro usw.) am Ende des 15. Jh. entlehnt, seit dem 18. Jh. auch übertragen gebraucht wird: A. Schirmer 1911 Wb. d. Kaufmannsspr. 107 f.

Kontor N. Zu frz. compter 'zahlen, (be)-rechnen' (aus gleichbed. lat. computāre, s. Konto) wird im 14. Jh. comptoir M. gebildet, das zuerst 'Zahltisch', dann 'Schreibstube' bedeutet. Über pikard. contor wird mnl. contoor entlehnt, das im 15. Jh. ins Nd. bringt, zunächst als 'Rechen-, Zähltisch, Pult', seit 1450 auch als 'Handelsniederlassung'. Im heutigen Sinn gilt kaufmännisch bis ins 17. Jh. Schreibstube, seither stellt sich von Frankreich Comptoir ein. Kontorist seit der 2. Hälfte des 17. Jh.

Kontrapunkt M. 'Kunst des mehrstimmigen Tonsatzes', urspr. 'Satz einer Gegenstimme zur Melodie', punctus contra punctum (wobei Punkt die alte Art, Noten zu bezeichnen bedeutet). Mlat. contrapunctum tritt im 14. Jh. auf, in dt. Text erscheint Contra-

punct 1511: H. Schulz 1913 Fremdwb. 1, 387. — Vgl. kunterbunt.

Kontrast M. 'Gegensatz': ital. contrasto gelangt als Malerwort zu uns (Gottsched 1760 Handlex. 429) und wird von da zum literar. Fachwort (Sulzer 1771 Allg. Theorie d. schönen Künste I, XII). Kontrastieren wird gleichzeitig dem frz. contraster in dessen transf. und intrans. Bed. 'in Gegensatz stellen' und 'in Gegensatz treten, abstechen' nachgebildet. Die roman. Sippe geht von lat. contra 'gegen' und stāre 'stehen' aus: H. Schulz 1913 Fremdwb. 1, 387 f.

Kontur F., auch M. N. Ital. contorni 'Umfassungslinien' (zu mlat. tornus 'Drehscheibe') ergibt frz. contours 'Umrisse', das als Wort der bildenden Künste bei Hübner 1712 im Plur. Contours auftritt, aus dem der Sing. nicht vor Winckelmann 1755 gewonnen scheint. Nach wechselnden Vorbildern (die Natur, der Kontur, das Futur) erhielt er versch. Genus: Zs. f. d. Wortf. 8, 61.

Konversation F. Das im Frz. seit dem 12. Jh. belegte conversation ist bei uns Schlagwort der Alamodezeit, das als 'Unterhaltung' seit 1590 auftritt und unser 17. Jh. füllt. 1704 gibt Joh. Hübner erstmals das „Reale Staats-, Zeitungs- und Conversations-Lexicon" heraus, in dem er „allerhand zum täglichen politischen Umgang mit gescheuten Leuten unentbehrliche Stücke" mitteilt. Das oft aufgelegte Nachschlagewerk wird 1795 Vorbild für das gleichbenannte Unternehmen des Verlegers Brockhaus: A. Götze 1929 Festschr. f. D. Behrens 114 ff. Das Ztw. konversieren 'sich unterhalten' erscheint schon 1464 als Entlehnung aus lat. conversāri: Script. rer. Siles. 11, 69.

Konzert N. Zu lat. concertāre 'wettstreiten' gehört ital. concerto 'Wettstreit (der Stimmen)', das zu Beginn des 17. Jh. durch Lud. Viadana und seine Concerti di chiesa berühmt wird. Mit Berufung auf ihn führt Prätorius 1619 Concert bei uns ein: H. Schulz 1913 Fremdwb. 1, 392. Für Konzert 'Übereinkunft' wird 1848 gleichbed. frz. concert Vorbild: Ladendorf 1906 Schlagwb. 76.

Koog s. Kog.

Köper M. Zu der unter Käpfer dargestellten Sippe gehört nl. (1599) keper 'Balken, Sparren im Wappen'. Nl. nd. keper (und danach dän. kiper, schwed. kypert) ist zum Namen von Geweben geworden, bei denen sich die Fäden des Einschlags mit denen der Kette schräg kreuzen, wie die Sparren im Dach oder im Wappen. Noch Frisch, der Dt. Wb. 1 (1741) 510[b] die nl. Herkunft bezeugt, schreibt Keper. Das Brem. Wb. 2

(1767) 845 bietet **Köper** (mit ö wie stöhnen). Das nd. p ist geblieben.

Kopf M. mhd. kopf 'Trinkgefäß, Hirnschale', mnd. kopp, ahd. kopf, chuph 'Becher' (daneben wird die Bed. 'Kopf' vorausgesetzt durch ahd. chupfa, westgerm. *kuppjōn 'Mütze'); ags. cuppe, engl. cup 'Becher, Obertasse', ags. engl. cop 'Gipfel, Spitze' (mengl. copp vereinzelt auch 'Kopf'); anord. koppr 'Geschirr in Becherform; kl. Schiff'. Das germ. Wort für 'Kopf' war Haupt (s. d.), erst nhd. hat Kopf gesiegt. Dessen reiche Bed.-Entfaltung hat ihr Vorbild in der roman. Sippe des zugrunde liegenden lat. cuppa 'Becher': prov. cobs 'Schädel', afrz. cope 'Gipfel' neben ital. coppa 'Becher'. Beachte Giebel zu gr. κεφαλή 'Haupt', frz. tête aus lat. testa, anord. kollr 'Kopf' zu kolla 'Topf', got. hvaírnei 'Schädel' zu anord. hverna 'Kochgeschirr', dän. pande 'Pfanne' und 'Stirn'. Dazu wohl frühnhd. kaupe 'Federbusch der Vögel' aus ahd. *kūba (span. prov. cuba). Das lat. F. hat germ. M. geliefert wie cucurbita und tegula unser Kürbis und Ziegel. — Vgl. Grind.

köpfen seit dem 15. Jh. für mhd. (ent)-houbeten: beide mit privativem Sinn (wie häuten, schälen, schinden).

Kopfhänger M. nach Jes. 58, 5, Jer. 48, 39 und Sir. 19, 23 im 18. Jh. als Schelte für Pietisten gebildet, vgl. Mucker und H. Sperber 1930 Dt. Vierteljahrsschr. 8, 515.

Kopfsalat M. heißt der aus Lactuca sativa capitata bereitete Salat (und danach die Pflanze selbst) im dt. Norden und Westen. Im Süden und österr. gilt Häuptelsalat. Zur Abgrenzung, die darauf beruht, daß sich süd- und md. verschiedentlich Haupt gehalten hat, wo nordd. nur Kopf gilt, sowie über das Gebiet von grüner, Blätter-, Lattich-, Staudensalat s. Kretschmer 1918 Wortgeogr. 305 f.

Kopie F. Lat. cōpia 'Fülle, Vorrat' ist im Kanzleilatein über 'Vervielfältigung' zu 'Abschrift' geworden und erscheint seit 1380 als copie, copey in amtl. und kaufmänn. Quellen. **Kopieren** (nach lat. cōpiāre 'vervielfältigen') folgt im 15. Jh.: Schirmer 1911 Wb. d. d. Kaufmannsspr. 110.

Koppe s. Kuppe.

Koppel F. N. Lat. cōpula 'Band' ergibt afrz. co(u)ple, lat. cōpulāre 'fesseln' afrz. copler. Im 13. Jh. sind die beiden entlehnt zu mhd. koppel, kuppel F. N. 'Band, bes. Hundekoppel; (Hunde-)Schar' und kop(p)eln, kuppeln schw. Ztw. 'an die Koppel legen, verbinden': Suolahti 1929 Frz. Einfluß 127 f. Die nordd. Bed. 'eingehegtes Stück Land', älter 'Feldmaß von best. Größe', beruht auf

frz. couple 'Joch Landes', urspr. 'so viel als ein Paar (couple) Ochsen in einem Tag pflügt'. S. kuppeln.

Kopra F. 'getrockneter Kokosnußkern', mit der Sache im 19. Jh. aus Indien eingeführt: hindost. khoprā zu khapnā 'trocknen'.

Koralle F. Mhd. coral(lus), coralle, -elle M. kurz vor 1200 entlehnt aus afrz. coral (frz. corail), das aus lat. corall(i)um stammt. Dessen ältere Form cūralium N. entspricht dem gr. κουράλιον 'Koralle', das aus *κούρα ἁλός 'Puppe der Salzflut' hervorgegangen ist: F. Pax 1940 H. G. Bronns Klassen u. Ordn. des Tierreichs II 2, 3, 179 ff.

Koran M. Arab. qur'ān 'Lesung, Vortrag' ist als Name des islamischen Religionsbuchs in alle europ. Sprachen gelangt, zu uns im 16. Jh. mit dem arab. Artikel: Hnr. v. Eppendorf 1540 Türk. Kaiser Ankunft 85 „des Türcken Gesatz, das man Alkoran nennet"; oft bei Er. Alberus, Der Barfüser Münche Eulenspiegel u. Alcoran, 1542.

Korb M. ahd. churp M., churba (aus *korbia) F.: entlehnt aus gleichbed. lat. corbis F. M. Dessen idg. Verwandtschaft s. u. Krippe. Vom lat. Akk. corbem gehen aus ahd. chorp, korb (Mz. korba, korbi), mhd. korp (b), mnd. nl. spätanord. korf, isl. karfer, norw. schwed. korg, dän. kurv. Das lat. Wort lebt in ital. corba, frz. corbeille (aus lat. corbicula) usw. fort; durch dt. Vermittlung gelangt es früh zu Balten und Slaven. Gleichbed. sind Krätze[1], Zeine, schwäb.-alem. Krebe, fränk. Mane, ferner Respe und Schanze. Verwandte Entlehnungen aus dem Lat. s. u. Kelch und Schüssel. — Die Redensart „das Wasser geht über die Körbe" gehört zu Korb 'Faschinenwerk an Dämmen und Deichen': F. Kluge 1911 Seemannsspr. 481; ders. 1926 Stammbildungsl. § 81/82; Hj. Falk 1915 Reallex. d. germ. Alt.-Kde. 3, 91; Wh. Schulze 1933 Kl. Schr. 496—508. — Vgl. durchfallen.

Kordel F. Auf gr. χορδή, lat. chorda, älter corda 'Darm, Darmsaite, Fessel', urverw. mit Garn, beruht frz. corde F. und darauf (mit nl. koord und engl. cord 'Schnur') mhd. mnd. korde, das sich bis heute behauptet als altenburg. kurde 'Strick' (Hertel 1895 Thür. Sprachsch. 144) und in der Fachsprache der Seiler als Korde 'starker Bindfaden' (Kretschmer 1918 Wortgeogr. 120). Die Verkl. frz. cordelle ist als rhein. kordel und mnd. kordeel seit Beginn des 15. Jh. bei uns nachgewiesen und heute von Lothringen und der Pfalz rheinab (doch in Wesel gilt täuke) und mainaufwärts das umgangssprachl. Wort für Bindfaden, s. d.

Korduan M. Ziegenleder von Cordova in Spanien (frz. Cordoue), als mhd. kurdewān

aus afrz. cordouan im 13. Jh. entlehnt: Suolahti 1929 Frz. Einfluß 139. Der Schuster
heißt afrz. cordouanier, woraus engl. cord-
wainer.

Koriander M. Die Pflanze heißt wegen
des ihr eigenen Wanzengeruchs gr. κορίαννον
(zu κόρις M. 'Wanze'). Daraus wird lat.
coriandrum mlat. coliandrum. Während die
zweite Form schon ahd. kullantar, mhd.
kullander ergeben hat, ist coriander bei uns
erst nach 1450 nachgewiesen: H. Marzell 1943
Wb. d. dt. Pflanzennamen 1, 1159f.

Korinthe F. Die kleinen griech. Rosinen
heißen nach ihrem Ausfuhrhafen frz. raisin
de Corinthe. Den Sinn des Namens durchschaut Tabernaemontanus 1593 Wasserschatz
237 „kleine Roseinlin oder Corinthische Wein-
beerlin". Schon die Kölner Gemma von 1495
bietet carentken, mnl. entspricht corente,
carint, afrz. corauntz, engl. currant. Von den
nrhein. Häfen ist die verkürzte Bezeichnung der
Ware eingedrungen.

Kork M. Korkstöpsel kommen in dt. Apotheken gegen Ende des 17. Jh. auf, vorher verwendete man Wachs- u. Wergverschlüsse;
Wein und Bier zapfte man vom Faß. Korck-
boem 1513 in Westfalen bei Murmellius,
Pappa B 6ª, entlehnt aus nnl. kurk, das über
span. corcho 'Korkeiche' aus lat. cortex, -icis
M. 'Rinde' stammt. Cato, Plinius und Horaz
(Oden 3, 8, 10) kennen cortex als Amphoren-
verschluß. Die landschaftliche Abgrenzung des
umgangssprachl. Kork gegen Pfropfen,
Stopfen, Stöpsel und Zapfen (P. Kretschmer 1918 Wortgeogr. 368ff.) ist der Annahme
eines Eindringens von Nordwesten günstig.

Kormoran s. Scharbe.

Korn N. Ahd. mhd. asächs. afries. anord.
krimgot. korn 'Getreide' (mhd. auch 'Kornfeld,
-halm'), mnl. cor(e)n, ags. corn (engl. corn
bedeutet in Amerika 'Mais'), got. kaúrn(ō)
führen auf germ. *kurna- 'einzelnes Getreidekorn, Kern, Frucht'. Zur Bed. 'Kern' vgl. ahd.
berikorn, mhd. trüben-, winkorn 'Kern der
Weinbeere'; ahd. wechseln korn- und kernapful
'malum Punicum'. Germ. *kurna- ist Tiefstufe zu *kerna- (s. Kern) und geht auf idg.
*ǵr̥nó- zurück. Außerhalb vergleichen sich air.
grān, kymr. grawn, akorn. grön, bret. greun
'Körnchen', lat. grānum 'Korn; Kern, aslav.
zrĭno 'Korn', apreuß. syrne 'Fruchtkern', lit.
žìrnis, lett. zir̃ns 'Erbse'. — Über Korn in der
Bed. 'Kornbranntwein' s. Kirsch; in dieser
Bed. steht bei Fontane mehrfach Kornus.

Kornblume F. Centaurea cyanus L. ist
mit dem Getreidebau aus ihrer Heimat in den
östlichen Mittelmeerländern zu uns gelangt.
Von allen Germanen nach dem Standort be-

nannt: frühnhd. (seit 1485) kornblûme, mnl.
cornbloeme, nnl. korenbloem, engl. (1578)
cornflower, schwed. (1643) kornblomma, dän.
(1648) kornblomster. Dabei steht Korn teils
für 'Getreide' allgemein, teils für die landes-
übliche Brotfrucht, also in Bayern, Mittel- und
Norddeutschland für 'Roggen'. Dieselbe Bedeutung hat es in schwed. kornblomma, während schwed. korn 'Gerste' bedeutet. Eine
norddt. Entsprechung s. u. Tremse.

Kornelkirsche F. Cornus mas L. heißt ahd.
churniboum, daneben (nach lat. corneolus)
cornul-, curnilboum. Die kirschenähnliche Steinfrucht erscheint als Cornell Kirschen bei
B. Zorn 1714 Botanologia medica 229. Das
gleichbed. Kornelle folgt dem frz. corneille,
dies dem lat. cornicula.

Kornrade s. Raden.

Körper M. Aus dem Stamme corpor- des
lat. corpus N. 'Leib' (urverwandt mit ahd.
(h)rêf 'Mutterleib', s. Reff³) ist im 13. Jh. mhd.
korper entlehnt, neben dem bald danach körper
auftritt, dessen Umlaut nicht befriedigend erklärt ist. In spätmhd. frühnhd. körpel ist r
nach r in l ausgewichen; durch neue Angleichung ans Lat. ist die Form wieder beseitigt
worden. Begünstigt wurde die Entlehnung
durch die Kirche mit Abendmahl und Leichnam-
verehrung, vielleicht auch durch die Heilkunde.
Das germ. Wort für 'Körper' s. u. Leiche,
Leichnam.

Korporal M. Zu lat. caput, ital. capo
'Haupt' stellt sich caporale 'Hauptmann'. Im
16. Jh. unmittelbar entlehnt, spielt Kaporal
in älterer Sprache und obd. Mundarten
(Schmeller ²1, 1295; H. Fischer 4, 647)
eine Rolle. Im Frz. wird unter Einfluß von
corps daraus corporal, das zuerst 1616 bei uns
erscheint: Wallhausen, Kriegsmanual 204 „Corporal welcher über 50 oder 60 commandiret".
Zs. f. d. Wortf. 12, 150. 14, 24. 44. 76.

Korrespondenz F. Mlat. correspondentia,
wörtl. 'Mitantwort' ergibt 1581 Correspon-
denz 'freundschaftlicher Verkehr' und ist bald
danach auch in den Bed. 'Beziehungen, Zus.-
kunft, heiml. Einverständnis' möglich, im
Sinn von 'Briefwechsel' seit Hainhofer 1610
Briefe 1: H. Schulz 1913 Fremdwb. 1, 397f.
Der Teutsche Michel verspottet 1638 das
Fremdwort, Harsdörffer findet 1644 das Ersatzwort Briefwechsel, s. d.

Korridor M. 'Gang in einem Gebäude' aus
ital. corridore (zu lat. currere 'laufen', somit
urspr. 'Laufgang) zuerst 1663 bei Beschreibung
eines ital. Spitals (Arch. f. Kulturgesch. 8, 178),
im dt. Bauwesen seit Beginn des 18. Jh.,
umgangssprachl. vor allem im mittleren Norddeutschland eingebürgert, doch auch in Bayern,

Baden und der Schweiz möglich: Kretschmer 1918 Wortgeogr. 207.

Korsar M. Zu lat. cursus in seiner Bed. 'Ausfahrt zur See' gehört mlat. cursarius, wozu ital. corsaro, älter corsare von den Seeräubern des Mittelmeers. In dt. Reisebeschr. 1460 kursēr, 1491 kursari, 1521 kurschir usf.: Kluge 1911 Seemannsspr. 482; Zs. f. d. Wortf. 15, 191; E. Ohmann 1940 Neuphil. Mitt. 41, 151.

Korsett N. Frz. corset gehört zu corps 'Körper' wie unser Leibchen zu Leib. Corsettgen beginnt in Leipzig 1726 heimisches Mieder zu verdrängen; Schnürbrust, -leib, -mieder sind etwas älter. Zur umgangssprachl. Verbreitung Kretschmer 1918 Wortgeogr. 60. 306. 611.

Korvette F. 'leichtes Kriegsschiff, kleiner als die Fregatte', zuerst als Courvette bei Jablonski, Allg. Lex. d. Künste 1721. Entlehnt aus frz. corvette 'Rennschiff', das im 15. Jh. zuerst in dem an Flandern grenzenden Gebiet auftritt: Ableitung von mnl. korf 'Art Schiff'. Den Ursprung zeigt die mnl. Wendung te corve (s. Korb) varen 'auf den Heringsfang gehen'.

Kosak s. Kasack.

koscher Adj. Hebr. kāšēr 'in rechtem Zustand, tauglich' ist jüd.-dt. eingeengt auf 'rein gemäß den Speisegesetzen' und wieder erweitert auf 'sauber, ehrlich, mit rechten Dingen zugehend'. In dt. Text seit 1737. An der Einbürgerung haben hallische Studenten Anteil: kauscher Kindleben 1781 Stud.-Lex. 117, ebenso obd. Mundarten: H. Fischer 4, 650.

Kosel F. 'Mutterschwein', ein Wort der obd. Mundarten: Schmeller 1² 1302; H. Fischer 4, 650; Schweiz. Jb. 3, 525. Die Belege reichen nicht vor 1490 zurück; Deutung unsicher.

kosen Ztw. Entlehnung aus lat. causa ist ahd. kōsa F. 'Rechtssache' (das auch agf. cēas(t) 'Streit, Vorwurf' ergeben hat); dazu ahd. kōsōn, mhd. kōsen 'verhandeln'. Schriftsprachl. ist das einfache Ztw. im 17./18. Jh. so gut wie abgestorben, die Zus.-Setzung liebkosen (s. d.) lebt allein. Aus ihr mit entspr. veränderter Bed. wird kosen neu gewonnen. Altertümelnde Bestrebungen (Lessing 1759 Wb. zu Logau 55; Mylius 1777 Hamiltons Märchen 11 u. ö.) und das Drängen der Dichter auf kurze Stammwörter (Bürger, Ilias: T. Merkur 1776 II 161) sind an der Belebung beteiligt. Heynatz 1797 Antibarb. tadelt kosen als Günstling der Modeschriftsteller, Adelung tut es 1775/96 als mundartlich ab: im östl. Hessen, westl. Thüringen und in der Zips war altes kösen am Leben geblieben: Alb. Maier 1909 Das Glossar zu den Märlein des Mylius 285ff.

Kosmopolit s. Weltbürger.

Kossat, **Kossäte** M. aus nd. Ma.: mnd. kot-sēte (koste) 'der eine Kote besitzt', agf. cot-setla 'Landmann'. Bestimmungswort ist mnd. kate, kote, agf. engl. cot 'Hütte' (s. Kot(e) und Köter), das Grundwort gehört zu sitzen und bedeutet 'seßhaft' (s. Inste).

Kost F., frühnhd. auch M., mhd. kost(e) 'Zehrung, Vorrat'. Im nord. wie im dt. Wort berührt sich die alte Bed. 'Kosten' mit der jüngeren 'Kost'. Im Nord. hat sich das Lehnwort kostr 'Aufwand, Lebensmittel' mit dem Erbwort kostr 'Wahl, Lage, Umstände' gemischt, das dem got. kustus 'Prüfung, Beweis' und gakusts 'Probe' zunächst steht: postverbal zu kiesen, s. d. und kosten². Außergerm. vergleicht sich am nächsten lat. gustus 'Geschmack'.

Kosten Plur. Zu lat. constāre 'zu stehen kommen' gehört mlat. costus M., costa F. 'Aufwand', dessen Sippe im Roman. (ital. costo M., span. costa F., frz. coût M.) reich entfaltet ist. Von da entlehnt spätahd. kosta F., mhd. kost(e) F. M. 'Aufwand, Preis, Wert'. Dem Roman. entstammt auch mengl. costen, von da spätanord. kosta 'wert sein'.

kosten¹ Ztw. Lat. constāre 'zu stehen kommen' ergibt vulgärlat. *costāre, afrz. co(u)ster. Daraus wird mhd. kosten entlehnt, das kurz vor 1200 (etwa gleichzeitig mit Preis und Sold) vom Mittelrhein vordringt und mit kost(e), kost(e)bære, kost(e)lich, kost(e)rīch ritterl. Modewort wird: Suolahti 1929 Frz. Einfluß 129. Gleichen Ursprungs sind gleichbed. nl. kosten, engl. cost, anord. kosta, afries. kesta 'bezahlen, erwerben', agf. cystan 'ausgeben, auslegen, den Wert erhalten'.

kosten² Ztw. mhd. kosten, ahd. asächs. kostōn, agf. costian (engl. fehlend), anord. kosta: germ. Ztw. der Bed. 'erproben, prüfend beschauen, versuchen'. Es gehört wie die unter Kost genannten germ. Wörter zu kiesen (germ. Wz. *kus, vorgerm. *gus) und ist seiner Bildung nach eines mit lat. gustāre. Mhd. (mb.) wird die Bed. 'erproben' auf den Geschmack eingeengt, durch Luther (Joh. 2, 9 u. ö.) wird die engere Bed. nhd. Seinen obd. Zeitgenossen muß Luthers kosten durch versuchen, schmecken, kiesen verdeutlicht werden: Kluge 1918 Von Luther bis Lessing 109.

Köster M. mnd. köster (auch Fam.-Name), mnl. coster, nnl. koster, afries. kostere ist vom heute gleichbed. Küster (s. d.) zu trennen. Das vorausliegende asächs. kostarāri beruht auf mlat. costūrārius, älter co(n)sūtūrārius, abgeleitet von co(n)sūtūra (afrz. costure, frz. couture) 'Näherei'. Der Köster war Aufseher der kirchlichen Kleiderkammer und danach benannt. Entspr. ist engl. vestry 'Sakristei' über frz.

vestiaire aus lat. vestiārium 'Kleiderkammer'
entwickelt. Aus dem nd. Worte iſt lett. ḱesteris,
šḱesteris entlehnt: J. Sehwers 1927 Zſ. ſ.
vgl. Sprachf. 54, 174 f.

Koſtgänger M. frühnhd. aus der Wendung
'zur Koſt gehen' gebildet, demgemäß 'der mit
jem. zur Koſt geht, Tiſchgenoſſe', ſo ſeit der
Straßb. Gemma von 1505; häufiger 'der bei
jem. zur Koſt geht, Tiſchburſche': Amaranthes
1715 Frauenz.-Lex. 2026.

koſtſpielig Adj. Ahd. (ga)ſpilden 'ver-
ſchwenden, vertun' (daraus entlehnt frz. ga-
ſpiller, damit nächſtverwandt agſ. ſpildan
'zerſtören', anord. ſpilla 'verderben') iſt früh
untergegangen, ſchon mhd. ſtand das Adje
ſpildec 'verſchwenderiſch' allein. Es wurde
an Spiel angelehnt, für *koſt-ſpildec erſcheint zuerſt in Iſnburg bei Frankfurt a. M.
1729 koſtſpielig. Weſtmd. Aktenſprache hat
das Wort offenbar begünſtigt.

Kot M., früher auch N., 'Straßenſchmutz'.
Luthers Form hat geſiegt über frühnhd. Kat,
Quat: K. v. Bahder 1925 Wortwahl 66 f.
Gleichbed. mhd. quāt, quōt, kōt, kāt, ahd.
quāt, chwāt, mnd. afrieſ. quād, agſ. cwēad
'Dung' ſind früher bezeugt als das nächſtverwandte Adj. mhd. (md. nrhein.) quāt 'böſe,
ekelhaft', mnd. quād, mnl. qwaet (d), nnl.
kwaad 'böſe, häßlich, verderbt', mengl. cwēd
'ſchlimm'. Der Volksname der Quaden (mit
ā für älteres ē) iſt mit dem Adj. ſchwerlich zu
verknüpfen. Verwandte bieten die balto-ſlav.
Sprachen, z. B. aſlav. gadŭ 'Kriechtier, Ge-
würm' (urſprünglich 'ekelhaftes Getier'), ga-
dītŭ 'garſtig', poln. gizd 'Ekel, Schmutz; unreiner Menſch', lit. gėda 'Schande', apreuß.
gīdan (Akk.) 'Scham': ſämtlich dh-Erweiterungen zur idg. Wurzel *gu̯ou-, *gu̯ū- 'Kot,
Ekelhaftes', die unerweitert vorliegt in aind.
gū-tha-, aveſt. gū-θa, armen. ku, koy 'Kot'.
— Luthers Wort hat das gleichbed. Horb
(ahd. horo, Gen. horwes; entſprechend bis etwa
1500) auf die Ortsnamen zurückgedrängt.
Dreck (ſ. d.), das wie anord. þrekkr urſprünglich 'Extremente' bedeutet, hat ſich als derbes
Wort behauptet. Schmutz (ſ. d.) war erſt 'Feuchtigkeit', dann 'Fett'.

Kot(e), Kate F. aus nd. kot(e), entſprechend
nl. kot 'Hütte', z. B. im Namen der holl. Ma-
lerfamilie Hondecoeter, agſ. cot N., cote F.
Aus der einſilbigen Form entſpringt engl.
cot 'Hütte, Stall', wozu cottage mit roman.
Endung (mlat. cotagium, afrz. cotage). Aus
der zweiſilbigen Form ſtammt engl. cote in
dove-, sheep-cote 'Taubenſchlag, Schafſtall,
-hürde'. Ferner vgl. anord. kot N. 'Hütte',
norw. kot 'kleines Zimmer, Verſchlag'; dazu
mit j-Ableitung anord. kytja 'kleine Hütte'

(germ. *kut-). Daneben eine ablautende Form
agſ. cȳte, norw. mundartl. køyta 'Waldhütte
aus Rinde oder Reiſig, Fiſchkorb'; damit wohl
nächſtverwandt nnd. kōte 'Köhlerhütte' u. ä.
(germ. *kautjōn-). Nd. ſind auch die Ableitungen Köt(n)er, Kätner und Koſſat.
Man ſieht in Kot(e) eine Dentalerweiterung
der idg. Wurzel *geu- 'biegen' und ſetzt als
Grundbedeutung 'Höhlung' an.

Kote, Köte F. 'Gelenk am Pferdefuß', erſt
nhd. Aus nd. kōte, dem mnl. cote, nnl. koot
(mit tonlangem ō aus altem o) entſprechen. Dagegen ablautend (mit ā aus au) afrieſ. kāte
'Knöchel'. Verkl. dazu Kötel, mnd. kötel
(aus *kutil) 'runde Extremente' z. B. von Ziegen und Pferden (der Anklang an Kot iſt zufällig): Dentalerweiterung der idg. Wz. *geu-
'krümmen'.

Köte F. 'Wandſchrank', im 16./17. Jh. für
Oberſachſen bezeugt, aus Leipziger Ma. bei
Gellert 1746 Loos 5, 5. Ob eins mit Kot(e)
'Häuschen'?

Kotelett ſ. Küſte.

Köter M. ein md. nd. Wort, das im 18. Jh.
von Norddeutſchl. ins Nhd. gelangt: Mylius
1785 P. Pickle 2, 128. Weſtgerm. *kautarja-
'Kläffer' hat germ. Verwandte in kaum und
Kauz (ſ. d.), mnd. küten 'ſchwatzen', agſ. cȳta
'Rohrdommel', engl. kite 'Weihe', iſl. kȳta
'zanken'. Außergerm. vergleichen ſich air. guth
'Stimme', lit. gaudžiù 'heule', gáudas 'Klage',
aſlav. govoriti 'lärmen', ruſſ. gútor 'Rede', gr.
γό(F)ος 'Klage', aind. gavatē 'tönt': ſämtlich
zur lautmalenden Wurzel idg. *gou- 'ſchreien'.

Kotfleiſch ſ. Kutteln.

Kotze F. mhd. kotze, ahd. kozzo M., chozza
F. 'grobes, zottiges Wollzeug', Decke, Kleid',
umbichuzzi N. 'Obergewand'. Daneben aſächſ.
kot, Mz. kottos 'wollner Mantel, Rock', afränk.
*kotta. Aus dem Afränk. entlehnt frz. cotte
'Kleid', prov. ſpan. portug. cota 'Rock', mlat.
cotta 'Mönchskutte' (ſ. Kutte). Mengl. cote,
engl. coat 'Rock' ſtammen aus dem Afrz.
Wahrſcheinlich beſteht Zuſammenhang mit
ſchweiz. chūz 'borſtiges, ſtruppiges Haupthaar',
choder 'Lumpen', chūder 'Abwerg', ſchwäb.
Kauder 'Werg', Kauderer 'Flachs-, Garn-
händler', vielleicht auch mit gr. βεῦδος N.
'Frauengewand'. Idg. Wurzel *gu̯eud-, *gu̯ud-
'(zottiger) Stoff'.

Köze F. 'Korb' mhd. kœtze: verwandt m
Kieze? Aus nd. kötse iſt lett. kúocis 'Korb'
entlehnt.

kotzen Ztw. im 15. Jh. zuſ.-gezogen aus
kopp(e)zen, Intenſ. zu ſpätmhd. koppen
'eructare'.

Kraal ſ. Kral.

Krabbe F. wie Ebbe, knabbern kribbeln,

Robbe, schrubben u. a. Wörter mit bb aus dem Nd.: mnd. krabbe, mnl. crabbe, agf. crabba, engl. crab, anord. krabbi, somit ein Wort der meeranwohnenden Germanen, von denen die roman. Nachbarn im 13. Jh. frz. crabe 'Art kleiner Seekrebse' entlehnt haben. Gr. κάραβος, lat. cārabus 'Seekrebs' ist nicht urverwandt, auch kann das germ. Wort nicht aus Südeuropa entlehnt sein. Es beruht mit krabbeln und Krebs (f. d.) auf idg. *g(e)rebh- 'kriechen, indem man sich festhält', das neben der idg. Wurzel *gerbh- 'ritzen' in gr. γράφω 'schreibe', γράμμα 'Buchstabe' usw. steht; f. kerben.

krabbeln Ztw. mit nd. Lautstufe gegen mhd. krappeln; daneben krabelen, frühnhd. krabeln. Die Form mit bb mag auf volksetym. Anlehnung an das nächstverwandte Krabbe (f. d.) beruhen, denn auch nord. zeigt sich einfacher Laut: anord. krafla 'mit den Händen kratzen' (hieraus entlehnt engl. crawl 'krabbeln, kriechen'), krafsa 'mit den Füßen scharren'. S. kraulen u. grübeln.

Krach M. ahd. mhd. krach, postverbal zu krachen, f. d. Für Krisen bei Banken usw. steht K. seit 1857, zum Schlagwort wird es seit dem „Großen Krach" in Wien 1873, wobei engl. crash mitgewirkt haben mag. Frühnhd. entspricht rumor (1. Sam. 5, 11): Büchmann 1912 Gefl. Worte 18; Ladendorf 1906 Schlagwb. 177f.

krachen Ztw. ahd. krahhôn, mhd. krachen, nl. kraken 'aufknacken, sprengen, knistern' (daraus entlehnt nordfrz. craquer), agf. cracian, engl. crack 'krachen, brechen'. Gleichbed. agf. cearcian, engl. chark, westfäl. kurken zeigt Umstellung des r wie Bord neben Brett, forschen neben fragen. Außergerm. vergleichen sich lit. girgždėti 'krachen', armen. karkač 'lärmen', aind. gárjati 'brüllt': sämtlich zur Schallwurzel idg. *ger- '(heiser) schreien'.

krächzen Ztw. Weiterbildung zu krachen (wie agf. cracettan zu cracian; vgl. ächzen), die erst als frühnhd. krachitzen 'heiser schreien' ans Licht tritt. Vorher gleichbed. mhd. krochzen, ahd. krokkezzen, chrocchezan, in Ablaut zum Stamme von krachen.

Kracke F. 'hinfälliges Pferd', nhd. nicht vor Stieler 1691, gleichbed. nl. kraecke reicht ins 16. Jh. zurück und gehört zu kraken 'zuf.-krachen'. Obd. vergleicht sich (alter) Kracher 'gebrechlicher Mann'.

Kraft F. mhd. ahd. asächs. anfr. dän. schwed. kraft, mnl. nnl. kracht, afries. kreft, agf. cræft, engl. craft, anord. kraptr, kroptr (aus germ. *krafti-, *kraftu-). Die alte Sprache zeigt vielfach freiere Bedeutungen: 'Heeresmacht, Fülle, geistige Fähigkeit, Kunst'. Agf. cræft

bedeutete neben 'Kraft, Geschick, Kunst, Tüchtigkeit' auch 'List, Betrug'. Daher hat das zugehörige Adj. agf. cræftig 'stark, geschickt' in engl. crafty die Bedeutung 'schlau, listig' angenommen. Daneben mit Dehnstufe, ohne -t, anord. kræfr 'stark, tapfer', norw. kræv 'tüchtig' (germ. *krēfia-). Die Kraft hat ihren germ. Namen vom Zusammenkrampfen der Muskeln bei Anstrengungen und vom Sich-Winden beim Ringen usw.: idg. *grep-: *g(e)rēp- gehören als p-Erweiterungen zur Wurzel *gerbh- 'drehen, winden', die mit bh-Erweiterung in Krippe vorliegt.

kraft Präp. ist Dat. Sg. des F. Kraft, vor dem eine Präp. erspart worden ist: frühnhd. üs kraft gedachter frīheit, und entsprechend bei, durch, in Kraft. Ebenso sind (nach) besage, (nach) laut, (an) statt, (von) wegen zu Präp. geworden: O. Behaghel 1924 Dt. Syntax 2, 31; derf. 1928 Gesch. d. dt. Sprache 351.

Kraftfahrzeug, -wagen N. M. für das von Benz 1885 gebaute Automobil. Die gr.-lat. Mischbildung hat sich zäh gehalten, vollends ist die umgangssprachliche Kürzung Auto in Geltung geblieben. Ersatzwörter wie Aut, Schnauferl, Selbst(fahr)er haben sich nicht behauptet, nachdem seit 1917 Kraftfahrzeug und -wagen amtlich eingeführt sind: Dt. Wortgesch. 2, 332. 387. Die Umgangssprache begnügt sich meist mit Wagen.

Kraftrad N. für älteres Motorrad wird von O. Sarrazin 1918 Verd.-Wb. 195 empfohlen, setzt sich in der Heeressprache durch, wird dort zu Krad (Mz. Kräder) verkürzt: Mutterspr. 54 (1938) 303. Dazu Kradfahrer, seit 1935 auch Kradschütze: daf. 53 (1938) 37; W. Linden 1943 Dt. Wortgesch. 2, 387.

Kragen M. mhd. (seit etwa 1100) krage 'Hals von Tier und Mensch; Nacken; Bekleidung des Halses', mnd. krage, mnl. craghe, nnl. kraag 'Hals, Schlund; Kragen'. Dem Ahd., Asächs., Got. und Anord. fehlt das Wort; isl. kragi 'Halsbedeckung' ist dem Mnd. entlehnt. Agf. *craga wird vorausgesetzt durch mengl. crawe, engl. craw 'Kropf der Vögel'. Daneben als Lehnwort aus dem M. engl. crag 'Hals, Nacken; Kropf'. Außergerm. vergleichen sich air. bráge 'Hals, Nacken; breuant (eu über ou abrit. āg) 'Schlund, Gurgel', lit. gurklỹs 'Kropf', gr. βρόγχος, βρόχθος 'Schlund, Gurgel': idg. *gᵘrōgh- ist gh-Erweiterung der idg. Wurzel *gᵘer- 'verschlingen; Schlund', die unerweitert vorliegt in kymr. barus 'gierig', lat. vorāre 'verschlingen', vorax 'gefräßig', lit. gérti 'trinken' usw. S. Köder. — Mhd. krage ist auch Scheltwort des Toren; dazu Geizkragen (f. Geizhals).

Krähe F. Die Fülle der lebenden, frühnhd.

und mhd. Formen, die Rud. Hildebrand 1873
DWb. 5, 1965 ff. vorführt, geht auf vier ahd.
Formen zurück: kräja, kräwa, kräha und krā.
Diese sind mit drei versch. Gleitlauten und mit
Kontraktion entstanden aus *krā-ōn, idg. *grā-
(altes ā ist nicht zu ō gewandelt, weil das a-
haltige Gekrächz immer neu zur Nachahmung
reizte), das zum starken Ztw. kræ(j)en (s.
krähen) gehört. Zur Grundform stimmen
asächs. kraja, fries. krie, mnl. crā(ie), ags.
cráwa, cráwe, crā, engl. crow, so daß die Krähe
westgerm. als 'Kräherin' aufgefaßt erscheint
(der Hahn als 'Sänger').

krähen Ztw. mhd. kræ(je)n (Prät. kräte),
ahd. kräen, mnd. krēien, mnl. cra(e)yen, nnl.
kraaien, agf. cráwan (Prät. crēow), engl.
crow: westgerm. st. Ztw. (got. dafür hrūkjan),
urspr. nicht allein vom Hahn (s. Krähe), doch
früh auf ihn bezogen: ahd. hanakrāt, asächs.
hanocrād, agf. honcrēd 'Hahnenschrei'. Die
lautmalende Wz. stimmt zu aslav. grajo, gra-
jati, woraus entlehnt lit. mundartl. gróju, gróti
'krächzen'.

Krähenauge s. Hühnerauge.

Krähwinkelei F. Orte auf =winkel wie das
westfäl. Vohwinkel (s. Fuchs[1]) gibt es vielfach im dt. Sprachgebiet, so auch verschiedene
Cra=, Krä=, Kreh=, Kron=, Kram=, Grau=,
Krähwinkel in Thüringen, Bayern, Württemberg, Baden und im Rheinland, die auf ahd.
chrāwinchil 'abgelegene Einzelsiedlung, wo
Krähen nisten' beruhen. Den Namen, der ihn
belustigte wie Kuhschnappel, greift Jean Paul
1801 heraus: ein Landstädtchen Krähwinkel
erhebt er zum Schauplatz seiner Satire 'Das
heiml. Klaglied der jetzigen Männer'. 1803
macht Kotzebue daraus das typische Klatschnest
des Lustspiels 'Die deutschen Kleinstädter'; 1809
kehrt er zu dem Namen zurück. G. Keller greift
ihn 1874 auf (Leute von Seldwyla 2, 155): damit ist Krähwinkelei für jede kleinstädt. Gesinnung und jeden daraus entspringenden
Schildbürgerstreich ermöglicht: Büchmann 1912
Gefl. Worte 197; Edw. Schröder 1929 Germ.=
rom. Monatsschr. 17, 24—35.

Krakeel M. 'Lärm und Streit', mnd. kra-
kēle, nnl. krakeel(en), älter dän. krakel, dän.
krakilsk, schwed. krakel: zuerst in Bayern 1595
(Westenrieders Beitr. 3, 113: „Von wegen der
österreichischen Bauern Gregell") und in Frankfurt a. M. 1629 (Diefenbach=Wülcker 1885
Hoch= u. nd. Wb. 714: „hat vnderwegs albereit
angefangen Crackel zu machen"), während der
erste nd. Zeuge für Krakehl 'Zwist, Zank'
J. G. Schottelius, Ausführl. Arbeit (Braunschw.
1663) 1350 ist. König Friedrich Wilhelm I.
schreibt 1726 kraquell. Dem Berliner F. Nicolai fällt 1781 das Wort in Nürnberg auf:

A. Lasch 1927 Berlinisch 182. Wohl von den
Landsknechten verbreitet, die roman. Wörter
durch Umsetzen des r und Wiedergabe des
stimmlosen g mit k umgestaltet haben. Voraus
scheinen zu liegen ital. gargagliare, gorgogliare
'gurgeln, strudeln'; polternd, lärmend singen',
gargagliata 'Lärm von vielen Leuten, die
durcheinander reden oder singen': G. Weitzenböck 1937 Zs. f. Mundartf. 13, 22f. Nicht
überzeugend nimmt L. Spitzer im Neophilolo-
gus 1937 S. 108f. frz. Ursprung an. Zur
Rolle von Krakeel in der Stud.=Sprache Zs.
f. d. Wortf. 1, 41. 4, 312. 12, 282. 15, 252.

Kral M. N. das umzäunte Dorf der Hotten-
totten, aus gleichem Sprachbereich wie Gnu,
Schimpanse, Tsetse(fliege), Zebra. Bei
uns vor allem bekannt durch F. Freiligraths
'Löwenritt'.

Kralle F., bezeugt nicht vor J. Mathesius
1576 Luther 101ª, doch notwendig älter, da
das abgeleitete Ztw. krellen schon mhd. vorhanden ist, zuerst um 1170 in bikrellen.
Außerdeutsch vergleichen sich schwed. mundartl. kralle 'kriechen, kitzeln', krälla 'kriechen':
wohl mit ll aus zl zu ahd. krёsan st. Ztw.
'kriechen' (s. Kresse[2], so daß Kralle als 'Gekrümmte', kriechen als 'sich krümmen' zu
fassen wäre.

Kram M. mhd. krām M. 'ausgespanntes
Tuch, Zeltdecke, Bedachung eines Kramstands,
Krambude, Handelsgeschäft, Ware, gekauftes
Geschenk, Geld dafür', krām(e) F. 'Krambude,
Ware', ahd. crām 'Marktbude', mnd. krām(e)
'Zeltdecke, mit Leinwand bedeckte Handels-
bude, die in Krambuden ausgelegten Waren,
Kramhandel, (mit Gardinen umgebenes) Wo-
chenbett', mnl. crāme, craem 'Zeltsegel, Kaufladen, =ware, Himmel=, Wochenbett', nnl.
kraam 'Kram, Krambude, =laden'. Auf Entlehnung aus dem Mnl. beruht afries. krām
'Wochenbett'. Aus dem Mnd. entlehnt sind
spätanord. schwed. dän. kram 'Waren (minderen
Werts), die in offener Bude verkauft werden'.
Auf dem hansischen Handel beruht poln. kram,
auf diesem lit. krōmas 'Kaufladen, Laden-
geschäft, Handlung; Warenkoffer, =korb der
Hausierer'. Nach allem bedeutet urdeutsch
*krāma- 'Zeltdach, das der reisende Kaufmann
über seinen Wagen spannt': das ist allen bisher
angenommenen außergerm. Beziehungen un-
günstig; gr. καρἀμα 'Wagenzelt' (in einer
Hesychglosse), das bedeutungsmäßig zu vermitteln wäre, beruht auf Umstellung aus
καμάρα 'Gewölbe'. Zu bleiben scheint einzig
der Gedanke an eine s=lose Nebenform zu germ.
*skerma-, s. Schirm.

Krambambuli M. ein Lautspiel (wie Nu=
kunkel 'altes runzliges Weib') zum Namen des

Danziger Wacholderbranntweins (mit Anklang an kranewit 'Wacholder', s. Krammetsvogel, und rotw. Blamp, B(l)embel 'geistiges Getränk': K. Freimer 1942 Beitr. 66, 356) geprägt, der im Haus Zum Lachs gebrannt wurde (daher Danziger Lachs: Lessing 1767 Minna 1, 2). Zuerst 1745 in dem Lied 'Der Krambambulist' von Christof Friedr. Wedekind (1709—77), der unter dem Namen Cresc. Koromandel schrieb. Die urspr. 49, 1747 auf 102 vermehrten Strophen wurden auf die Weise des 1740 zuerst aufgezeichneten Kanapeeliebs gesungen. Beide Lieder folgen dem Vorbild Henrici-Picanders, der 1734 ein Loblied auf den Schnaps verfaßt hatte (Ernstscherzh. Ged. 5, 1751, 271). Studentensprachl. wird K. auf jeden Alkohol ausgedehnt; aus westfäl., schwäb. und els. Mundart ist krampampel 'Schnaps' bezeugt: Zs. f. d. Wortf. 2, 24. 8, 62. 12, 282; Otto Deneke 1922 Gött. Nebenstunden; Max Friedländer 1930 Zs. f. Volkskde. 40, 93 ff.

Krammetsvogel M. Ahd. kranawitu 'Kranichholz' (s. Kran, Kranich, Pirol, Wiedehopf) ist ein in österr. kranawet noch lebender Name des Wacholders (s. d.). Von seinen Beeren lebt die Wacholderdrossel (Turdus pilaris) und heißt darum seit dem 13. Jh. kranewitevogel, seit dem 15. Jh. kramat(s)vogel, krom(e)tvogel, nd. nl. kramsvogel, woraus dän. kramsfugl, schwed. kramsfågel entlehnt sind. Mit dem Namen des Wacholders wechselt landschaftlich der des Vogels: in der Schweiz heißt er Reckoltervogel: Suolahti 1909 Vogelnamen 62 ff.; Hoops 1915 Reallex. b. germ. Alt. 3, 95 f.

Krampe F., bair.-österr. **Krampen** M. '(Tür-)Haken, Klammer; Haue', asächs. krampo 'Haken, Klammer', engl. cramp 'Klammer, Balkenband': mit unverschobenem p ins Nhd. aufgenommen (wie Kämpe, Klempner, Stempel, Tümpel), wobei Schriftsteller wie Olearius und J. Möser (Zs. f. d. Wortf. 13, 55) beteiligt sind. Ahd. entspricht kramph M. 'Haken'. Die germ. Gruppe beruht auf einem Adj. germ. *krampa- (s. Krampf, Krempe, krumm). Daraus entlehnt frz. crampon 'Klammer'.

Krampf M. ahd. kramph(o), mhd. krampf, asächs. nl. kramp, engl. cramp: westgerm. Bezeichnung des Krampfs, Subst. zu ahd. kramph Adj. 'gekrümmt', anord. krappr (aus *krampr) 'schmal, eingezwängt'. Zur Sippe des germ. Adj. *krampa- gehören Krampe, Krempe, krumm. In Ablaut dazu stehen ahd. krimphan, mhd. krimpfen 'krümmen', mhd. krimpf Adj. 'krumm'. Außergerm. scheinen verwandt poln. mundartl. gręby 'runzelig,

rauh', gręba, gręba 'Erhöhung, Hügel', aslav. grъbü 'ungebildeter Mensch', lett. grumbt 'Runzeln bekommen'. Daneben liegen unnasalierte Formen vor in Krapfen (s. d.), isl. korpa 'Runzel, Falte', ir. gerbach 'runzlig', russ. gorb 'Buckel, Höcker', lit. grubùs 'holprig, hart'.

Kran M. 'Hebevorrichtung' spätmhd. krane, mnd. kran, mnl. cräne, nnl. kraan. Der alte Name des Kranichs (s. d.) ist im 14. Jh. bei der hansischen Frachtschiffahrt auf das Hebezeug übertragen worden, wie schon gr. γέρανος und lat. grūs Vogel- und Gerätnamen zugleich waren. Auch Kranich bed. gelegentlich 'Gerät zum Heben und Wenden von Lasten': Helfft 1836 Enc. Wb. der Landbaukunst 210. Ähnliche Übertrag. bei Bär, Bock, Hahn, Ramme, Storchschnabel. Lat. aries bed. außer 'Widder' auch 'Sturmbock', ciconia außer 'Storch' auch 'Richtscheit' und 'Wasserheber'.

Kranich M. Ahd. chranuh, -ih, mhd. kranech, mnd. kranek, agf. cranoc, cornuo vereinen sich auf westgerm. *kranuka- und zeigen eine Bildungssilbe, die auch in got. ahaks 'Taube' und ahd. habuh 'Habicht' (s. dies und F. Kluge 1926 Stammbild. § 61b) Vogelnamen ableitet. Ohne diese Endung erscheinen gleichbed. ahd. asächs. krano, mhd. krane (s. Kran, Krammetsvogel), mnd. kran, mnl. crane, nnl. kraan, agf. cran, engl. crane. Dehnstufig mhd. kruon, mnd. krön, westfäl. krüne 'Kranich'. Mit germ. *krana(n) sind urverwandt armen. krunk, gr. γέρανος, aforn. korn. bret. kymr. garan, agall. trigaranos 'mit drei Kranichen', lit. garnys 'Reiher; Storch'. Die Dehnstufe kehrt wieder in lat. grūs 'Kranich'. Zum gleichen Stamm *ger- 'heiser schreien' über eine Grundform *gerugebildet sind lit. gérvė, apreuß. gerwe, aslav. žeravĭ 'Kranich'. Der westidg. Kranichname beruht auf dem Schrei gruh, kruh des Vogels: H. Suolahti 1909 Vogelnamen 392.

krank Adj. mhd. kranc (k) 'schmal, schlank, gering, schwach, nichtig'. Ahd. *krank ist nicht bezeugt (die Bed. 'krank' deckt sich, für das krank als Hüllwort eintritt, wie spätlat. infirmus (ital. infermo) für lat. aegrotus), doch aus chrancholôn 'schwach werden, straucheln' (vgl. nhd. kränkeln) zu erschließen. Westgerm. *kranka- Adj. gehört zu agf. cringan 's. winden wie ein tödlich Verwundeter, im Kampf niederstürzen': über 'hinfällig' ist die Bed. 'aegrotus' erreicht worden. Zur gleichen Wz. *kring, *krink gehören mhd. krangel 'Kreis', krinc (g) 'Kreis' sowie schweiz. chranch M. '(Straßen-)Biegung'. Vgl. kriechen. Das Faktitiv kränken, mhd. krenken 'schwach, kraftlos machen', dann 'pla-

gen, bekümmern' ist zu krank gebildet, wie
stärken zu stark.

Kranz M., spätahd. mhd. kranz: ein zunächst
nur hd. Wort, aus dem mnd. spätanord. kranz,
isl. spätmnl. krans entlehnt sind. Da außergerm. Beziehungen nicht zu sichern sind, darf
man im hd. kranz eine spätahd. Rückbildung
aus krenzen sehen. Dies mit Erleichterung der
Drittkonsonanz aus *krengzen, einer Ableitung
von Kring, s. d.

Krapfen M. ahd. kräpfo, mhd. kräp(f)e
'Haken, gebogene Klaue, Kralle'. Nur deutsch
(doch vgl. engl. craple 'Klaue, Kralle'), vor
der hd. Lautversch. als grap(p)o ins Roman.
entlehnt: ital. grappa 'Klammer, Kralle', frz.
grappin 'Enterhaken'. Nasaliert erscheint
der Stamm in ahd. krampho M. 'Eisenhaken'
(vgl. das daher entlehnte frz. crampon 'Klammer'), somit nächstverwandt mit der Sippe von
Krampe, Krampf. Dasselbe Wort ist Krapfen
als Gebäck, ahd. chräpho, mhd. kräpfe, md.
kräpe mit den Verkl. obd. Kräpsel, md.
Kräppel: von der hakenförmigen Gestalt.
M. Heyne 1901 Nahrungswesen 277; Kretschmer 1918 Wortgeogr. 360.

Krapp M. Die Färberröte wird im 16. Jh.
von den Niederlanden her bekannt und frühnhd. krappe F. benannt nach mnl. crappe.
Dies entspricht dem hd. krapfe 'Haken' (s.
Krapfen): Rubia tinctorum ist nach ihren
hakenförmigen Stacheln benannt. Aus dem
Nl. stammen auch gleichbed. frz. grappe, dän.
krap, schwed. krapp.

Kräppel s. Krapfen.

kraß Adj. aus lat. crassus 'dick, weitgehend'
im 18. Jh. entlehnt, noch von Heynatz 1797
Antibarb. verpönt. Seit 1616 findet sich
ignorantia crassa in dt. Text, seit 1710 die
Formel „grasser Ignorant", wobei Vermischung
mit frühnhd. graß (s. gräßlich) eingetreten
ist. Stud.-sprachl. krasser Fuchs (zuerst Halle
1781) meint zunächst 'junger Student ohne
Lebensart': H. Schulz 1913 Fremdwb. 1, 401.

Kratte M. 'Korb' ahd. kratto, mhd. kratte,
heute in obd. Mundarten lebendig: verwandt
mit ags. cradol, engl. cradle 'Wiege'.

Krätze[1] F. 'Traggestell, Rückenkorb', mhd.
krezze, ahd. chrezzo 'Korb' (aus germ. *krattian
mit -tt- aus -tn-), daneben alem. chrätsen F. (aus
*krätia-) und ahd. kratto 'Korb' (aus *krad-
dan-). Das vorausliegende idg. *greth- (Dentalerweiterung der idg. Wz. *ger- 'drehen,
winden' erscheint auch in ags. cradol M., engl.
cradle 'Wiege' (aus *kradula- 'Geflecht').
Außergerm. vergleicht sich aind. grathnámi
'winde, knüpfe (einen Knoten)'.

Krätze[2] F. mhd. kratz, kretze: zu kratzen.

kratzen schw. Ztw., mhd. kratzen, kretzen,

ahd. krazzōn, nd. kratten, mnl. kretten, schwed.
kratta: germ. *krattōn, vorgerm. *gradi-.
Vor der hd. Lautverschiebung ist ital. grattare,
aus afränk. *krattōn frz. gratter entlehnt. Daneben mit einfachem Dental norw. krat 'kleiner
Abfall, Abschabsel' und mit Ablaut (vorgerm.
*grd-) anord. krota 'gravieren', norw. krota
'ausschneiden'. Außergerm. ist die idg. Wurzel
*gred- 'kratzen' nur im Alb. vertreten: gëruaṅ,
kruaṅ 'kratze, schabe'. Aus einer Vorstufe von
alb. krus(ë) 'Schabeisen' ist gleichbed. lat. grosa
entlehnt. — S. aufkratzen.

Krätzer M. 'Wein, der im Hals kratzt, Rachen-
putzer' Stieler 1691, beflügelt durch J. Paul
1804 Flegelj. 1, 165; 1809 Katzenberger 142.
Im 17. Jh. und mundartl. Kratzenberger
für geringe Sorten.

krauchen Ztw. 'kriechen', in md. Quellen seit
B. Ringwaldt 1586 Laut. Wahrh. 21 u. ö.,
entspr. in den Mundarten. Setzt altes krüchen
fort, die md. Entsprechung von mhd. kriuchen,
ahd. chriuhhan. S. kriechen.

krauen schw. Ztw. 'mit gekrümmten Fingern
kratzen', mhd. krouwen, ahd. krouwōn, chrou-
wōn, mnd. mnl. nnl. krauwen, afries. kräwia
'kratzen', upkräwia 'sich aufwärts krümmen'.
Dazu Kräuel M. 'Gabel mit hakenförmigen
Spitzen', mhd. kröuwel, ahd. krouwil, schweiz.
chröuel 'Kralle, Karst', asächs. krauwil, nnl.
krauwel, afries. kräwil, kräul 'Haken, Gabel'.
Sämtlich zur idg. Wurzel *greu- 'kratzen', s.
Krume.

kraulen schw. Ztw. 'Hand über Hand schwimmen', kurz vor 1930 entlehnt aus amerik. crawl
'im Kriechstoß schwimmen', nach engl. crawl
'kriechen', das aus gleichbed. anord. krafla
entlehnt ist. Verwandt mit krabbeln.

kraus Adj. mhd. mnd. krūs 'gelockt', mnl.
kruis, nnl. kroes 'zerzaust, verwirrt', mengl.
crous 'kraus, zornig'; münsterländ. krüsig 'lebhaft, mutig' vom Hahn, der kampsbereit mit
dem Schnabel klappert. Sonst aus alter Sprache
nicht beizubringen; dennoch echt germ., der
Stamm krū, vorgerm. *grū, gesichert durch die
gleichbed. Ableitung mhd. krol (ll) aus germ.
*krůzlō (s. Krolle). Vgl. Gekröse.

Krause F. 'Krug, irdenes Trinkgefäß' mhd.
krūse, mnd. krūs, nl. kroes, ags. crūse (Z. f.
d. Wortf. 14, 190), mengl. crouse. Fremder
Ursprung eines westgerm. *krūsa ist möglich,
doch kann gr. κρωσσός 'Krug' kaum als Quellwort gelten. S. Kräusel.

Kräusel M. Verkl. zu Krause F., somit
'kleiner Krug', was alem. krüseli bis heute
bedeutet. Sonst ist K. zum Namen des Kinder-
spielzeugs geworden, das mit gleichem Bild
obd. Topf, nd. dop heißt. Die geläufigere
Nebenform Kreisel beruht auf Umdeutung:

das Spiel heißt kreiseln, weil sich der Tanz-
knopf (breisg.), Triesel (berlin.), Klappgous
lipp.), Dorle (thür.), (brum)küsl (nd., zu
küsl 'Wirbel'), Trandl (bair., schwäb., zu ahd.
trennila 'turbo'), das Drahdiwaberl (Wien)
im Kreis dreht. Wehrhahn 1909 Kinderlied
und Kinderspiel 63.

Kraut N. mhd. ahd. krūt, asächs. mnd. krūd,
mnl. cruut (d), nnl. kruid 'Gemüse', kruit
'Schießpulver' (diese Bedeutung seit dem
14. Jh. auch im Dt., zumal in der Formel
Kraut und Lot 'Pulver und Blei', sowie in
Zus.-Setzungen wie Büchsen-, Zündkraut).
Germ. *krūda- führt auf idg. *gᵘⁱrūtó-. Man
verweist auf die Wendung ins Kraut schießen und vermutet Urverwandtschaft mit gr.
βρύω 'sprosse, stroße', βρύον 'Moos', ἔμβρυον
'Kind im Mutterleib'. Aus alem. sürkrūt ist
im 19. Jh. frz. choucroute entlehnt. Zu den
umgangssprachl. Bedeutungen von Kraut s.
Kretschmer 367 f. 566 ff.

Krautfischer M., **Krautnetz** N. Frenssen
1905 Hilligenlei 78. 359: zu dem an der Unterelbe üblichen nd. kraut aus älterem *kravet
'Krabbe, Garneele': Richey 1755 Hamb. Jd.
416. Dazu der Name der unterelbischen Insel
Krautsand. Verwandt mit Krabbe und
Krebs.

Krawall M. ist Schlagwort seit dem Aufruhr
von Hanau am 24. Sept. 1830, der Graball
genannt wurde mit Umbildung von bair.
grebell 'Lärm' (zu rebellen 'lärmen'). Aus
hess. Gebiet stammen die ersten Zeugnisse:
Niebergall 1837 Des Burschen Heimkehr 2, 6;
Vollmann 1846 Burschik. Wb. 118. Das rasch
über Deutschland verbreitete Wort bringt in die
Nachbarsprachen: tschech. dän. craval, schwed.
krawall usw. Scheinbar anklingendes frühnhd.
crawallen 'Lärmen' (z. B. in Rottweil 1557)
beruht auf Umbildung des lautmalenden
mlat. charavallium, frz. charivalli 'Katzenmusik, Straßenlärm' und ist von Krawall
zu trennen: Zs. f. d. Wortf. 3, 316. 6, 359.
8, 13. 9, 157; Ladendorf 1906 Schlagwb. 181 f.;
H. Fischer 4, 718; A. Senn 1933 Journ. of
Engl. and Germ. Philol. 32, 523; F. Kainz 1943
Dt. Wortgesch. 2, 272.

Krawatte F. Der Volksname der Kroaten
(aslav. Chŭrvatinŭ) lautet frz. Cravate. Dazu
la cravate (ital. croatta, cravatta) „Halsbinde
auf kroatische Art", bei uns „die Cravattes und
Halstücher" seit 1694: H. Schulz 1913 Fremdwb.
1, 401 f.

kraxeln Ztw. Als Wort der Ostalpen ist seit
dem 17. Jh. österr. krägeln 'strampeln, klettern'
bezeugt. Dazu die s-Erweiterung kraxeln
Zaupser 1789 Bair. Jd. 44; Höfer 1815 Österr.
Wb. 2, 160; Schmeller 2 (1828) 380.

Kreatur F. Lat. creātūra 'Geschöpf' (zu
creāre 'schaffen') ergibt afrz. creature. Die frz.
wie die lat. Form ist schon vor 1200 häufig
als mhd. creatur(e), creatur(e). Diese hat
gesiegt, sowohl weil ab jedes iu zu ū wurde,
als auch weil Theologie und Humanismus die
lat. Form begünstigten. Der Vorwurf knechtisch
ergebenen Sinnes erscheint zu Ende des 17. Jh.
in dem Wort: Zs. f. d. Wortf. 8, 62; H. Schulz
1913 Fremdwb. 1, 402; Suolahti 1929 Frz.
Einfluß 130.

Krebe s. Korb.

Krebs M. Mhd. krebez ,ahd. krebiz, asächs.
krebit, mnd. krevet, kreft, mnl. crevet, nnl.
kreeft sowie das entlehnte wallon. graviche
und die Verwandtschaft mit Krabbe weisen
auf westgerm. *krabita-. Daneben mit Ablaut ahd. chrëbazo, krëbaz, mhd. krëbez(e).
Mit Krabbe und krabbeln (s. d.) gehört
Krebs zu idg. *g(e)rebh- 'kriechen, indem man
sich festhakt'. Frz. écrevisse 'Krebs' (worauf
engl. craw-, crayfish 'Krebs' beruht), ist entlehnt aus der Verkl. afränk. *krabitja, frz.
crevette 'Garnele' wohl aus mnl. crevet. Nach
der Ähnlichkeit mit der Krebsschale heißt der
Brustharnisch Krebs: so übersetzt Luther 1522
Eph. 6, 14 gr. θώραξ. Seit 1826 begegnet
Krebs bei dt. Buchhändlern als Schelte der
unverkauft zurückkommenden Bücher: Wh.
Hauff, Werke hgg. v. M. Drescher Bd. 2,
S. 256 und 258 des 5. Teils sowie Bd. 2, S. 71
des 6. Teils und Schirmer 1911 Wb. d. dt.
Kaufm.-Spr. 112. 'Krebs als Geschwulst' ist
der urspr. Sinn des seit Rädlein 1711 gebuchten
Krebsschaden; dabei ist Krebs Lehnüber-
setzung des von Hippokrates geprägten gr.
καρκίνωμα, lat. carcinōma.

kredenzen schw. Ztw. 'vorkosten' zuerst bei
Hnr. Wittenwiler, Ring 5873 u. 8340 Wießner
(Ostschweiz vor 1450), wenig später in Schwaben
bei Herm. v. Sachsenheim, Möhrin 3364: zu
Kredenz F. 'Anrichte(tisch)', das im 15. Jh.
aus gleichbed. ital. credenza entlehnt ist:
E. Öhmann, Neuphil. Mitt. 1941, 109 f. Das
ital. F. war über 'Treu und Glauben' aus
'Glauben' entwickelt und gehört zu lat. crēdere
'glauben': durch das Vorkosten wurde die Un-
schädlichkeit des Dargereichten beglaubigt. Über
'vorkostend darreichen' gelangt man zu der
späteren Bed. '(Speise und Trank) reichen'.

Kredit M. Im 15. Jh. wird das aus lat.
crēditum 'Darlehen' entwickelte ital. credito
'Leihwürdigkeit' entlehnt. 1477 erscheint in
Oberschwaben (Al. Schulte, Große Ravensb.
Handelsges. 3, 53) „angesaechenn das wier ain
guoto credit haind", 1518 in Augsburg (Math.
Schwartz, Buchhalten 3ᵃ) „wirt zu Spott und
schand, vnd kombt vmb sein Credito vnd glau-

ben". Auf dem Ital. beruht auch frz. crédit, dessen Form und Betonung seit etwa 1597 bei uns gilt. Damit mischt sich gleichfalls schon vor Ende des 16. Jh. der lat. Buchhaltungs= ausdruck Kredit für älteres Glauben (so noch Henricpetri 1577 Generalhist. 236), Ge= genwort zu Debet (s. d.) als Überschrift der Habenseite. Daraus das Kredit 'Haben, Gut= haben': A. Schirmer 1911 Wb. d. dt. Kaufm.= Sprache 112.

Kreide F. Lat. (terra) crēta 'gesiebte Erde' (zu cernere 'sichten') ist durch ein naheliegendes Mißverständnis mit dem Namen der Insel Kreta verknüpft worden: die gebräuchlichste Kreide kam von Kimolos im kret. Meer. Volks= lat. crēda ergab (wie gleichbed. ital. creda, afrz. croie, frz. craie, bret. creiz) spätahd. asächs. krīda, mhd. krīde (wie Seide und Seidel auf vulgärlat. sēda und sīdulus beruhen), während mnl. krijt, mnd. krīte (hieraus lett. krīts) aus älterer Entlehnung t bewahren (vgl. Kette). Mhd. ei, älter ī aus lat. ē wie in Feier, Seide, Speise. Schon zur Römerzeit wurde im Rheinland Kreide gebrochen. Westfäl. knīte, knitte 'Kreide' zeigt n statt r vor Dental.

Kreis M. Ahd. mhd. kreiz 'Kreislinie, Umkreis, Landeskreis, Bezirk', mnd. kreit, krēt 'Kreis, eingezäunter Kampfplatz' führen auf germ. *kraita-. Daneben mit j-Suffix (germ. *kraitia-) am Niederrhein mit hd. Lautversch. kreitz, woraus entlehnt nnl. kreits. Aus einer entspr. hd. Form stammen dän. kreds, schwed. krets. Dazu mit Ablaut germ. *krīta in mnd. krīt, nnl. krijt 'eingezäunter Kampfplatz', ferner mhd. krīzen 'eine Kreislinie ziehen'. Grundbed. scheint 'Einritzung' zu sein, vgl. ahd. krizzōn 'einritzen', mnd. krete 'Riß, Einschnitt' und kritzeln.

kreischen Ztw. mhd. krīschen, mnl. crischen 'scharf schreien'. Gleichbed. mhd. krīzen (germ. *krītan) weist darauf hin, daß vor dem suffi= gierten sk von kreischen ein germ. t ausge= fallen ist. Vgl. kreißen.

Kreisel s. Kräusel.

kreißen Ztw. mhd. krīzen st. Ztw. 'scharf schreien, stöhnen', mnd. mnl. krīten, nnl. krijten st. Ztw. 'schreien'. Außergerm. ver= gleichen sich mir. grith, kymr. gryd (aus *gri= tus) 'Schrei'; lat. gingrīre 'schnattern' zeigt Reduplikation, bei der r—r in n—r ausge= wichen ist. Sämtlich zur Schallwurzel idg. *ger- 'schreien', s. Kranich usw. Eine sk= Erweiterung liegt in kreischen vor, s. d. Die Besonderung auf die bei der Geburt aus= gestoßenen Schreie und die Übertragung auf den Geburtsvorgang selbst sind erst nhd.

Krematorium N. 'Haus zur Leichenver= brennung' zu lat. cremāre 'verbrennen', ver=

wandt mit lat. carbō 'Kohle', urverwandt mit Herd, s. d. Die öffentliche Aussprache über die Feuerbestattung beginnt 1870, der Kre= mations=Ofen wird 1874 erfunden, das erste Krematorium 1878 in Gotha errichtet. S. bestatten und H. Schulz 1913 Fremdwb. 1, 403.

Krempe F. '(aufgebogener) Hutrand': unter Beteiligung von Schriftstellern wie Chr. Weise 1673 und Stieler 1691 ins Nhd. aufgenommen aus nd. krempe. Dies zu dem unter Krampe, Krampf, krumm entwickelten Adj. germ. *krampa-, ahd. kramph in seiner Bed. 'auf= gebogen'.

Krempel M. Lat. comparāre 'verschaffen' er= gibt ital. comprare 'kaufen' (mit compra 'Kauf'). Daraus wird mit Umstellung des r ital. com= pare, südfrz. croumpá. Dazu mhd. grempen 'Kleinhandel treiben', grempeler 'Trödler' und das namentlich in den Mundarten weitver= breitete grempel, krämpel M. 'Kleinhandel; Trödelkram' (die Vermengung mit Gerümpel beruht auf Volksumdeutung). Grempelmarkt war einst in ganz Oberdeutschland und bis Hessen verbreitet.

Krempel F. 'Wollkamm' nd. md. Lehnwort der mhd. Zeit: Verkl. zu Krampe 'Haken', s. d.

Kremser M. 'Gesellschaftswagen'. Der Ber= liner Hofagent Kremser (der selbst nach einem der Orte Krems heißt) erhielt 1825 durch Kabi= nettsorder die Erlaubnis, Wagen zu öffentl. Ge= brauch zu stellen, die „auf eisernen Achsen lau= fen und auf Federn ruhen sollten". Am 20. Mai 1825 stellte er die ersten zehn Wagen am Bran= denb. Tor auf, die Kremser genannt wurden (wie die Luftschiffe nach ihrem Erfinder Zep= pelin).

Kren M., mhd. (seit dem 13. Jh.) chrēn, krēn 'Meerrettich', heute in hd. Umgangs= sprache Österreichs sowie in Teilen von Bayern und Schlesien. Aus dem Slav. entlehnt: aslav. chrěnŭ, poln. chrzan, tschech. křn, älter chřěn, russ. chren, kleinruss. chrin, sloven. serbokr. hren. Auf Entlehnung aus dem Slav. beruhen auch gleichbed. lit. krienà, Mz. kriēnos, rumän. hrean, ngr. κράνος. Durch das Dt. ver= mittelt sind frz. cran, rätorom. cregn, ital. cren(no). Ungeklärt ist, wie die alten, wohl südeurop. Namen der Armoracia rusticana (κεράϊν bei Theophrast, c(h)erain bei Pli= nius) in die Vorgeschichte des aslav. chrěnŭ einzuordnen sind. Ein Wort slav. Herkunft gilt neben dem heimischen auch in Peitsche 'Geißel' und Schöps 'Hammel': P. Kretsch= mer 1918 Wortgeogr. 333f.; Ph. Wick 1940 Slav. Lehnwörter 89; H. Marzell 1943 Wb. d. dt. Pflanzennamen 1, 398f.

Krenze F., mhd. krenze, krinze, frühmhd. chrenzze schw. F. 'Korb(geflecht), geflochtene Tragbahre': Nebenform zu Krätze[1]. Die dort genannte idg. Wurzel *greth- hat nasalierte Nebenformen auch in aind. granthnámi 'winde, knüpfe (einen Knoten)', granthí-, grantha- 'Knoten'.

Kreole M. 'von einem Weißen mit einer Mestize erzeugter (bräunlicher) Amerikaner' und 'in den Kolonien Geborener von rein europ. Blut'; bei uns seit A. Montanus 1673 Neue Welt 423ᵃ als Kriolo. Diese Form entspricht dem span. criollo, das im 18. Jh. durchgesetzte Kreole dem frz. créole. Beide beruhen auf portug. crioulo, das zu crier 'erziehen' (aus lat. creare 'erzeugen') gehört. Palmer 81.

krepieren Ztw. Ital. crepare, aus dem lat. Schallwort crepāre 'krachen, platzen', entwickelt die Bed. 'zerbersten', die heute noch von Spreng- und Feuerwerkskörpern gilt. Sie erscheint in dt. Kriegsberichten seit 1694. Daneben ist ital. crepare zu 'verrecken' geworden. So spielt crepiren als Soldatenwort des 30jähr. Kriegs eine Rolle und wird vom Teutschen Michel 1638 als modisches Fremdwort verhöhnt. Seit Beginn des 18. Jh. wesentlich auf Tiere beschränkt: H. Schulz 1913 Fremdwb. 1, 403.

Krepp M. 'lockeres Seidengewebe, Krausflor'. Zu lat. crispus 'kraus' gehört afrz. cresp, nl. (16. Jh.) crespe, das in hd. Text seit 1594 als Kresp erscheint. Für die seit 1715 auftretende Form Crep ist frz. crêpe Vorbild (H. Schulz 1913 Fremdwb. 1, 403 f.), auf dem auch engl. crape beruht.

kreß Adj. 'orangerot', Kreß N. 'Orangefarbe': nach der Farbe der Kapuzinerkresse benannt von Wh. Ostwald († 1932). S. veil.

Kresse[1] F. Lepidium sativum, Brunnenkresse F. Nasturtium officinale. Mhd. kresse, ahd. kresso M., kressa F., mnd. kerse, karse, mnl. kersse, korsse, nnl. kers, agf. cressa M., cresse F., engl. (water-) cress führen auf ein westgerm. Wort, das in den Norden (dän. karse, schwed. krasse; lett. kresse) und ins Roman. (volkslat. crescō, mlat. cresso, crissonus, frz. cresson, ital. crescione) entlehnt ist. Als germ. Stamm wird *krasjō- angesetzt; für urverwandt gelten gr. γράστις 'Grünfutter', γράειν 'nagen', apreuß. grēnsings 'beißig', aind. grásati 'frißt' zum idg. Verbalstamm *grēs-: *grōs-: *grəs- 'fressen, knabbern'. Dehnstufe (idg. *grēso) zeigt anord. krās F. 'Leckerei'. Die Pflanze scheint danach zu heißen, daß sie ohne weiteres genossen werden kann: M. Heyne 1901 Nahrungswesen 326; Zf. f. dt. Wortf. 2, 229. 3, 302. 5, 22; J. Sehwers 1927 Zf. f. vgl. Sprachf. 54, 51 f. Vgl. Kapuzinerkresse.

Kresse[2] F. der Fisch Gobio fluviatilis, auch Kreßling, Grundel, Gründling. Der Name ahd. chrësso, asächs. crësso, mhd. krësse M. ist nur deutsch. Der Stammvokal stimmt zu ahd. chrësan 'kriechen': die Bewegungen des Fischs am Wassergrund haben etwas Schleichendes. Im Szeklerland heißt er magy. sár-mászó-szaka 'im Kot kriechender Widerhaken': Ö. Beke 1934 Idg. Forsch. 52, 138.

Krethi und **Plethi**: König Davids Leibwache bestand aus fremden Söldnern, wahrscheinlich Kretern und Philistern. Luther übersetzt 2. Sam. 8, 18 u. ö. Crethi vnd Plethi. In luth. Kreisen seit 1710 (H. Schulz 1913 Fremdwb. 1, 404) als geflügeltes Wort für 'gemischte Gesellschaft': A. Götze 1923 Zf. f. b. Phil. 49, 287.

Kretin M. zuerst bei Kant 1798 Anthr. 116 von den Schwachsinnigen des Wallis, die frz. crétin heißen. Das entspricht einem ital. cretino, lat. christianus, und ist schonender Ausdruck wie frz. innocent: die Unglücklichen gelten für besonders beschützte Wesen: H. Schulz 1913 Fremdwb. 1, 404.

Kretscham, **-em** M. 'Dorfschenke'. Zu aslav. krǔčǐma 'Schenke' stellen sich tschech. krčma, wend. korčma, poln. karczma 'Schenke'. Aus dem Wend. entlehnt erscheinen in ostmd. Quellen seit 1320 kreczym 'Schenke' und krecimer 'Wirt'. Eingebürgert in Posen, der Lausitz und Schlesien. Von da geht der Fam.-Name Kretschmar aus. Auch magy. korcsma beruht auf Entlehnung aus dem Slav. Wick 90 f.

Kreuz N. mhd. kriuze, ahd. asächs. krūzi, mnl. crūce, afries. kriōce. Im 8./9. Jh. entlehnt aus lat. cruce-m zu crux F. (vgl. Abt, Orden), als lat. c vor Palatal schon z-Aussprache hatte (vgl. Zeder, Zelle, Zentner, Zimbel, Zins, Zirkel, Zither gegen Kaiser, Kalk, Kelch, Keller, Kichererbse, Kiste, Rettich), mit Dehnung der alten Kürze in der Tonsilbe (wie Brief, Leier, Schule) und mit Genuswechsel. Vorher gilt für 'Kreuz' got. galga, agf. gealga. Engl. cross, isl. kross, schwed. dän. kors zeigen das lat. Lehnwort in einer Gestalt, die auf mittelir. cross beruht.

kreuzbrav Adj. Einem bei Fischart beliebten kreuzgut 'so gut wie das Kreuz als Zeichen des Christentums', aber auch Verstärkungen wie Kreuzdonnerwetter, -sakrament ist student. kreuzbrav nachgebildet, das zuerst in Erfurt 1749 Vergn. Abendst. 2, 357 begegnet und seit Zaupser 1789 Bair. Jd. 44 in obd. Ma. bezeugt ist. Stud. Ursprungs sind auch kreuzdumm, -fidel; über höllisch, kannibalisch, ochsig, verdammt als Verstärkung s. Kluge 1895 Stud.-Spr. 68 f.; Zf. f. d. Wortf. 4, 310.

27

Vgl. O. Hauschild, Die verstärk. Zuf.-Setz. bei Eigenschaftswörtern im Dt. Progr. Hamburg 1899.

kreuzen Ztw. (seemänn.) seit 1627 dem nl. kruisen (woher auch engl. cruise, frz. croiser, span. port. cruzar) nachgebildet, zunächst als 'hin und her fahren', seit 1821 als 'sich bei ungünst. Wind dem Ziel im Zickzack nähern'. Dazu Kreuzer M. 'Kriegsschiff, das hin und her fahrend eine Küste schützt, den Gegner beobachtet und schädigt', zuerst von ostind. Verhältnissen 1662, für die nl. cruiser (woraus engl. cruiser, frz. croiseur) seit 1681 bezeugt ist: Kluge 1911 Seemannsspr. 490 ff.

Kreuzer M. seit dem 13. Jh. als Silberpfennig in Verona und Meran (Etschkreuzer) geschlagen und nach dem aufgeprägten liegenden Kreuz (daher die Abkürzung xr.) mhd. kriuzer benannt, dem lat. denarius cruciatus, cruciger(us) entsprechen. Nachmals zur kupfernen Pfennigmünze gesunken. Aus dem dt. Wort stammen tschech. krejcar, slov. krajcar, magy. krajczár.

Kreuzfahrer M. erscheint seit Zedler 1733 Univ.-Lex. (Zf. f. d. Wortf. 12, 189) als geläufiges Wort. Es ist zu dem schon mhd. kriuzevart gebildet, neben dem seit Steinbach 1734 Kreuzzug steht, und ersetzt mhd. kriuzære, kriuzigære, kriuzebruoder.

kreuzfidel Adj. dem älteren kreuzbrav (f. d.) von Studenten des 19. Jh. nachgebildet, gebucht seit Vollmann 1846 Burschik. Wb. 274.

kreuzigen schw. Ztw., mhd. kriuzigen, md. crüzigen, ahd. chriuzigōn, älter crūcigōn. Dem lat. crūciāre 'ans Kreuz heften, martern' ist zunächst ahd. crūceōn nachgebildet, in dem sich g als Gleitlaut eingestellt hat. Nur scheinbar gehört das Ztw. zur Gruppe der von Adj. auf -ig abgeleiteten; näher ist es mit tilgen vergleichbar.

Kreuzkatalog M. 'Katalog, der Sachstichwörter und Namen zugleich umfaßt', als Ersatz für engl. dictionary catalogue geprägt von Konst. Nörrenberg 1895: Die Volksbibliothek 1896 S. 28. S. Bücherhalle.

Kreuzschnabel M. Die Finkenart Loxia curvirostra heißt mhd. krinis mit einem Fremdnamen, der aus tschech.(-russ.) krivonos 'Krummschnabel' entlehnt, nachmals im Gedanken an grün und die Vogelnamen auf -itz (f. Stieglitz) zu Grünitz umgebildet ist: Wick 34; E. Schwarz 1932 Germano-Slavica 2, 235. Die dt. Namen Kreuz-, Krummschnabel, Kreuz-, Christvogel, Zapfenbeißer, Tannenvogel, -papagei (Suolahti 1909 Vogeln. 140 ff.) sind jünger und leiten sich teils von den hakenförmig gekrümmten Schnabelspitzen des Vogels, teils von seiner Vorliebe für die Samen der Nadelbäume her. In nordital. Ma. (in der Nähe dt. Sprachinseln) heißt der Vogel cruz nobile.

kribbeln Ztw. erst frühnhd., aus mhd. md. kribeln 'kitzeln'. Zur idg. Wurzel *g(e)reibh- 'ritzen'. Außergerm. vergleicht sich am nächsten gr. (lakon.) γριφᾶσθαι 'schreiben; (sich am Körper) kratzen'. Nnl. steht kriebelen 'jucken, stechen' neben kribbelen 'murren'. Vgl. krabbeln und (mit demselben nd. bb) knabbern, sabbern, wabbeln.

Kribskrabs M. N. im 16./17. Jh. in Schreibungen wie Kribbes Krabbes, Kribenskrabens (Gosky 1634 Glücks- und Kunstprobe 96), Kribas Krabas (Lebenwaldt 1680 Teufelslist 1, 61) von gekritzelten Zauberzeichen, wie noch Castelli 1847 Österr. Wb. 152 griwas grawas machen 'hexen, zaubern' kennt. Im 17. Jh. von gelehrtem Kauderwelsch, das wie Zauberformeln klingen mochte. Mundartlich in Österreich, der Rheinpfalz und dem Elsaß: Zf. f. d. Wortf. 2, 19. S. kribbeln.

Krickente F. heißt Anas crecca nach dem Frühlingsruf des Männchens, den Kenner mit krlk wiedergeben. Der Name begegnet nicht vor dem 16. Jh. und ist in Formen wie krickänt in nb. Ma. häufig. Von da stammt dän. krikand, schwed. krickand. Durch Umdeutung entsteht krichentlein (Agricola 1549 De anim. subterr. 3 b), später kriechente, und dies ruft nb. krüpänt, schwed. krypand hervor: Suolahti 1909 Vogeln. 428 ff. Die Lautgesetze haben dem immer neu an den Naturlaut angelehnten Tiernamen nichts anhaben können. Insofern vergleichen sich frz. criquet 'Schnarrheuschrecke', gr. κρίγη 'Eule', κριγή 'das Schwirren, Knirschen', κρίζω 'kreische', aslav. *skrig-'knirschen', *skriž- 'Geknirsch'.

Krieche F. 'Prunus insititia' ahd. kriach-, criehboum, mhd. krieche, mnd. krēke (von da entlehnt dän. kræge, schwed. krikon), mnl. cri(e)ke. Frz. crèque ist dt. Lehnwort. Schon Trochus 1517 Voc. rer. K 1 b erklärt K. als 'prunum grecum', und die ahd. Form stimmt zu Chriah 'Grieche'. Da aber kein entspr. mlat. Name, der doch vermittelt haben müßte, nachzuweisen ist, beruht der Anklang offenbar auf Umdeutung eines germ. Worts, das uns entgeht. Zf. f. d. Wortf. 3, 381. 5, 16.

kriechen Ztw. ahd. kriochan, chriuhhan, mhd. kriechen, norw. mundartl. krjuka, urgerm. *kreukan, idg. *greug-, Gutturalerweiterung zur idg. Wurzel *ger- 'winden'. Daneben ablautend urgerm. *krūkan in krauchen, vgl. norw. mundartl. kruka 'sich niederhocken', im Vokalismus vielleicht zunächst zu Krücke. Daneben mit Labialerweiterung zur gleichen idg. Wurzel mnd. krēpen, krūpen mnl. crūpen, afrieſ. kriapa, agſ. crēopan, anord. krjūpa. Außergerm. vergleichen ſich zunächſt lit. grubinēti 'ſtraucheln, ſtolpern', grùblas 'rauhe Unebenheiten': idg. *greub-.

Krieg M. mhd. kriec (g) 'Anſtrengung, Streben nach etw., gegen etw. oder einen, Widerſtand, Anfechtung, Wort-, Wett-, Rechtsſtreit, Kampf', ahd. chrēg 'Hartnäckigkeit' mit widarkrēgi 'Streit' und widarkriegelīn 'halsſtarrig' mnd. krīch, -ges (daraus entlehnt dän. ſchwed. krig), mnl. crijch (gh), nnl. krijg. Den andern germ. Sprachen fremd; ein gemeingerm. Wort für 'Krieg' fehlt. Sehrts Einfall (Mod. lang. notes 42, 110), Krieg als Rückbildung aus Krieger aufzufaſſen und dieſes aus lat. (miles) gregarius abzuleiten, ſcheitert außer an lautlichen Schwierigkeiten daran, daß Krieg viel früher bezeugt iſt als Krieger, das erſt um 1300 zögernd einſetzt. Auch haben die Germanen im Gebiet des Kampfs, in dem ſie Lehrmeiſter aller Nachbarn geworden ſind, nicht nötig gehabt, zu Anleihen zu greifen. Krieg iſt als germ. Erbwort aufzufaſſen. Die allerdings ſpärlichen ahd. Zeugniſſe weiſen auf eine Ausgangsbedeutung 'Halsſtarrigkeit', die durch afrieſ. halskrīga F 'Steifheit des Halſes' geſtützt wird. So iſt an Urverwandtſchaft mit lett. grinīgs 'ſtraff, drall' zu denken, das in ſeiner Ableitung grinums 'Härte, Strenge, Barſchheit, Zorn' ähnliche Sinnentfaltung zeigt, wie Krieg: E. Karg-Gaſterſtädt 1937 Beitr. 61, 257ff.

kriegen Ztw., mhd. kriegen, md. mnd. mnl. krīgen, nnl. krijgen, afrieſ. krīga: weſtgerm. Ableitung zum M. Krieg, ſ. d. Von dem ſchw. Ztw., das mhd. md. und mnd. vorliegt, ſcheidet ſich ein ſtarkes md. mnd. nd. krīgen, deſſen Verhältnis zum mhd. ſchw. Ztw. kriegen nicht klar iſt. Im Mhd. begegnet das ſt. Ztw. bis zum Ende des 16. Jh., in einem Teil unſrer Mundarten lebt es bis heute. Die Grundbed. 'Krieg führen', in Mundarten des Südſtreifens zu allen Zeiten die einzige, lebt nur in gehobener Rede fort. Umgangsſprachlich ſteht kriegen parallel dem Schriftwort bekommen (alem. übercho). Die Bed. 'accipere' geht von nd. und md. Mundarten aus, die werven für erwerven, dēlen für erdēlen 'Urteil ſprechen' ſagen und in denen zu dem erlouben der Rechtsſprache ein F. loube gehört. Die Vermutung, kriegen ſei aus dem einſt häufigen erkriegen gekürzt, wird dadurch geſtützt, daß maſſenhaft Part. ohne ge- (ſtark kriegen, ſchw. kriegt) erſcheinen, vorab im Sturm und Drang. Vgl. leiden.

Kriegsgurgel F. 'roher Soldat'. Rotw. tritt 1510 mehrfach gurgeln für 'bettelnde Landsknechte' auf (Kluge 1901 Rotw. 1, 54. 76. 79), offenbar als pars pro toto für den durſtigen Gartbruder. Seit 1525 häufen ſich die Belege für die verdeutlichende Zuſ.-Setzung kriegsgurgel (DWb. 5, 2274), die beſ. in obb. Ma. bis ins 18. Jh. beliebt bleibt: Schweiz. Id. 2, 418; H. Fiſcher 4, 754.

Kriegsſchauplatz M. Frz. théâtre de la guerre wird ſeit Ende des 17. Jh. mit „Schauplatz des Krieges" gegeben (ſ. Schauplatz). Goethe 1793 Belag. von Mainz (Weim. Ausg. I 33) 304 ſetzt die Lehnüberſetzung Kriegsſchauplatz durch.

Krimskrams M. jüngere Nebenform zu Kribskrabs, ſ. d.

Kring M. mhd. krinc (g) 'Kreis, Ring, Bezirk' mit der md. Nebenform kranc (g). Das Nd. hat eine Nebenform krink mit ausl. k, wie denn in der ganzen Sippe k und g im Stammauslaut wechſeln, ſ. krank. Anord. kringr 'Ring', ablautend agſ. cranc-, engl. crank 'Krümmung', mengl. cranke, engl. crankle 'ſ. ſchlängeln'. Aus den verw. Sprachen zieht man zu der durch Kring erwieſenen idg. Wz. *grengh lit. gręžiù, gręžti 'drehen, wenden', apreuß. granstis 'Bohrer'. S. Kranz.

Kringel, **Krengel** M. Verkl. zu Kring (Krang), ſchon mhd. Name eines Gebäcks, ebenſo mnd. kringel(e) 'Kreis; rundes Backwerk, anord. kringla F. 'Kreis'.

Krinitz ſ. Kreuzſchnabel.

Krinoline F. Als Ableitung von frz. crinière 'Mähne' (Sammelwort zu crin, lat. crīnis 'Haar') entwickelt ſich über *crinerine und *crineline im 19. Jh. frz. crinoline 'Roßhaarzeug, Reifrock', das 1856 zu uns gelangt: H. Schulz 1913 Fremdwb. 1, 405.

Krippe F. Mhd. krippe, ahd. krippa für krippia, aſächſ. kribbia, mnl. afrieſ. kribbe, agſ. cribb führen auf weſtgerm. *kribjōn. Wegen Entſtehung von hd. pp aus germ. bj vgl. Rippe, Sippe, üppig. Im hd. beſteht eine Nebenform mit germ. -pp-: ahd. chripfa, mhd. kripfe; auch zeigen ſich (landſch.) Formen mit u (ü): alem. chrüpf(e), nd. krübbe (woraus dän. krybbe), mnd. krubbe (woraus älter dän. krubbe, ſchwed. krubba), agſ. crybb. Aus dem Germ. entlehnt ſind ital. greppia, venez. piemont. grupia, prov. crupia, crepcha, frz. crèche (woraus mengl. crecche, engl. cratch). Die Bed. 'hölzerner Futtertrog' iſt mit Sachwandel hervorgegangen aus der älteren 'Flechtwerk': ſo iſt Beziehung zu mhd. krëbe 'Korb' herzuſtellen: mit bh-Erweiterung zur idg. Wurzel *ger- 'drehen, winden', zu der mit p-Erweiterung Kraft (ſ. d.) gehört. Die Krippe als Bewahranſtalt für Kinder hat den Namen nach Chriſti Krippe.

Kriſtall M. Zu gr. κρύος 'Froſt', urverw.

mit lat. crusta (f. Kruste) gehört κρύσταλλος 'Eis, Bergkristall', das über gleichbed. lat. crystallus mlat. crystallum ergibt. Auf dessen Plur. beruht ahd. (um 1090) cristalla, mhd. cristalle F. Daneben scheint das mhd. M. cristal(le) (seit 1200) auf frz. Vermittlung zu beruhen: Suolahti 1929 Frz. Einfluß 133. Die undeutsche Betonung ist dem Fremdwort geblieben.

kritteln Ztw. Seit Stieler (1691) 705 erscheint ein landschaftl. grittelen 'Einwürfe machen', dessen Anlaut nach Kritik und kritisch umgebildet wird. Auch ein nd. kriddeln 'zanken' hat offenbar eingewirkt.

kritzeln Ztw. Verkl. zum gleichbed. mhd. kritzen, ahd. krizzōn 'einritzen', das zwei von Haus aus getrennte Wurzeln zu vereinigen scheint, germ. *kret: *krat (f. kratzen) und germ. *krēt: *krait: *krit 'eine Linie ziehen' (f. Kreis).

Krokodil N. Der Name des Tiers lautet mhd. (seit dem 13. Jh.) meist kokodrille M. Darin spiegelt sich mlat. cocodrillus, das seinerseits aus gr. κροκόδιλος (woneben κορκόδιλος) entstellt ist. Auf diese Form greifen die Humanisten zurück: Crocodil seit Münster 1544 Kosmogr. 653: H. Schulz 1913 Fremdwb. 1, 407. Das Neutr. setzt sich spät durch: H. Paul 1917 Dt. Gramm. 2, 144.

Krokodilsträne F. Der Glaube, das Krokodil weine wie ein Kind, um Opfer anzulocken und dann zu verschlingen, ist von den Harpyien auf das Tier übertragen und wird bei abendländ. Gelehrten des 12. Jh. sichtbar: Fr. Lauchert 1889 Gesch. des Physiologus 303. Der Ausdruck Crocodili lachrymae bei Erasmus 1500 Adagia H 3 b, von da bei den Reformatoren und Leonh. Thurneyßer 1583 Onomast. 106 „wann der Crocodil einen Menschen fressen will, Weint er vorhin: also begint man auch von etlichen Leuten Crocodillen Threnen oder Zehren zu spüren, die einem gute wort geben, als ob sie mitleiden mit ihm haben, aber darnach (wann sie ihm die Zung aus dem Hals mit ihren gleißnerischen worten gezogen) einen verrahten und verkauffen". Aus der listigen Träne ist schon bei Luther die heuchlerische geworden: A. Götze 1909 Volkskundliches bei Luther 15.

Krokus M. Gr. κρόκος 'Safran' hatte über gleichbed. lat. crocus schon ahd. cruogo, agf. crōg, crōh, anord. krog ergeben. Für die altdeutsche Küche war das Färbemittel wichtig: M. Heyne 1901 Nahrungswesen 331. Im 17. Jh. wird das unveränderte lat. Wort neu entlehnt, nun als Fachausdruck der nl. Gartenkunst wie Fontäne, Rabatte, Staket. Vgl. Safran.

Krolle F. 'Locke' ein vorwiegend rhein. Wort. Mhd. krol, krul M., krolle, krülle F., mnl. crolle, crulle, nnl. krul F. 'Locke', daneben das Adj. mhd. krol, mnl. mengl. crul 'lockig'. Die Sippe von mhd. krolle (germ. *kruzlōn-) f. u. kraus.

Krone F. Zu gr. κορωνός 'krumm' (verwandt mit lat. curvus) gehört κορώνη 'Ring', entlehnt zu lat. corōna 'Kranz, Krone'. Hieraus das Lehnwort ahd. agf. corōna, mhd. mnd. afrief. krōne usw., das auch als 'Scheitel, Tonsur, Münze mit aufgeprägter Krone' sowie als Gasthausname begegnet. Im Agf. ersetzte man das lat. corōna bibl. Texte durch cynehelm 'Königshelm' (wie man sceptrum durch cyne-gerd 'Königstab' wiedergab); dafür asächs. hōbidband, ahd. houbitbant 'corona'. Die Namen lehren, daß die Germanen eigne Abzeichen der Königswürde hatten; mit dem lat. Wort entlehnten sie zugleich einen neuen Begriff. — Dem lat. corōnāre entspricht ahd. korōnōn, chrōnōn, das heute kronen lauten würde. Unser krönen (mhd. krœnen) ist erst auf deutschem Boden zu Krone gebildet.

Kronleuchter M. Der mit Lichtern besetzte Reif in mittelalterl. Kirchen heißt mlat. corona, mhd. mnd. krōne, nl. kerkkroon, dän. lysekrone, schwed. ljuskrona. Das einfache Krone behauptet sich in der Umgangssprache Nordostdeutschlands; die Verdeutschung Crohn-Leuchter, zuerst bei Amaranthes 1715 Frauenz.-Lex. 396, ist von Livland bis zur Schweiz schriftsprachlich geworden, während Österreich und Teile Süddeutschlands Luster, Lüster (aus frz. lustre) bevorzugen: M. Heyne 1899 Wohnungswesen 277. 379; Kretschmer 1918 Wortgeogr. 307.

Kronprinz M. Neben die Kurfürsten stellen sich als deren Erben die Kurprinzen. Früh im 17. Jh. wurde Kronerbe üblich. Aus beiden ist Kronprinz zus.-gebildet, kaum vor Francisci 1669 Blumen-Pusch 357 „der junge Cron-Printz war zu seinen vogtbaren Jahren gekommen". Das Wort dringt 1701 mit der Erhebung Preußens zum Königreich durch, oft bei Joh. v. Besser, der 1690—1717 brandenb. Hofzeremonienmeister war: Schriften (1732) 465. 475 ff. — Kronprinzessin seit Amaranthes 1715 Frauenz.-Lex. 396.

Kronsbeere F. 'Moosbeere, Vaccinium oxycoccus L., ungenau auch für Preiselbeere, f. d. Zuerst bei Henisch (Augsb. 1616) 236, heute vor allem im nd. Norden und Nordwesten: P. Kretschmer 1918 Wortgeogr. 378. Sonst auch Kran- und Kranichbeere, engl. cranberry (daraus entlehnt frz. canneberge, weiter portug. canaberge), anord. tranber, norw. tranebær, schwed. tranbär, sämtlich zum Namen

des Kranichs (s. d.), der die Beere gern frißt.
So gehört gleichbed. lett. dsehrwenes zu
dsehrwe 'Kranich', russ. žuravlicha zu žu-
ravl' 'Kranich', tschech. žerovina zu žeráv
'Kranich', finn. kurjen-marja zu kurki, Gen.
kurjen 'Kranich' usw.: O. Beke 1934 Jbg.
Forschg. 52, 139ff.

Kronzeuge M. Das engl. Recht nennt
king's evidence den Verbrecher, der sich in
der Hoffnung auf Begnadigung als Zeugen
gegen seine Genossen gebrauchen läßt. Dafür
steht Kronzeuge seit Sanders 1876; seither
ist es zu 'Hauptzeuge' geworden.

Kropf M. 'vergrößerte Schilddrüse des
Menschen; Vormagen der Vögel'. Ahd. mhd.
kropf, mnl. crop (pp), nnl. krop 'Kropf,
Busen, Kielende', ags. cropp 'Kropf, Gipfel,
Wipfel, Ähre, Traubenbüschel', engl. crop
'Kropf der Vögel, Spitze, Ernte', anord.
kroppr 'aufgeschnittenes Schlachttier, Körper'.
Das germ. Wort drang in die roman. Sprachen:
ital. groppo 'Knoten', frz. croup 'Bräune' (aus
engl. croup); zu frz. croupe s. Kruppe. Jdg.
*greub- ist unter kriechen entwickelt. Mit
Kropf nächstverwandt ist Krüppel. — Kröp-
fen ist in Handwerk und Baukunst 'krumm
biegen, in gebrochenen Linien führen'.

Kroppzeug N., nd. kröptüg, im Siebenjähr.
Krieg beim preuß. Heer beliebt geworden,
erscheint als Krohpzeug bei Hermes 1778
Sophiens Reise 4, 374. Zu nd. kröp (s.
kriechen) 'kriechendes Wesen, kleines Vieh,
Pack'. Friedrich d. Gr., Oeuvres 27, 147
schreibt Teufelskrop. Zs. f. d. Wortf. 9, 56.
13, 309. Grobzeug beruht auf jüngerer Umdeutung.

Kröte F. mhd. krëte, krot(t)e, krot, kröte,
ahd. krëta, tiefstufig krota, mnd. krëde, krode.
Rhein. gilt krade, obb. krott (auch als gut-
mütige Schelte von Mädchen): Kröte (dreimal in der Lutherbibel) ist ursprünglich eine
ostmd. Mischform aus mhd. krëte und krote:
o liefert die Lippenrundung, ë die Zungen-
stellung (A. Bach 1932 Teuthonista 8, 223).
Man vergleicht gr. βάτραχος, ion. βρόταχος
(aus *βράθ-, *βρόθ(ρ)αχος 'Frosch' und setzt
idg. *gu̯redh- 'Frosch, Kröte' an. Die Geltung von Kröte wird bei uns eingeschränkt
durch Padde, wesentlich nd. wie Schildpatt (s. d.) neben Schildkrot, mnd. mnl.
padde, nrhein. pädde, nnl. pad(e), anord.
padda, engl. paddock. Sonst gelten nd.
Lork (auch als Fam.-Name), ahd. ücha (germ.
*ükön), hess. ütsə, mrhein. hütsche, westfäl.
üsse, fries. ütze (germ. *ükiōn), ags. ýce;
täd(ig)e, engl. toad; dän. tudse, schwed. tossa:
meist recht schwierig. Vgl. Protz und Unke.

Krücke F. Ahd. krucka, mhd. krucke,

krücke, asächs. krukka, mnl. crucke, ags. crycc'
engl. crutch, dän. krykke, schwed. krycka
führen auf germ. *krukjō- 'Stab mit Krümmung als Griff'. Nächstverwandt anord.
krōkr 'Haken' und wieder mit anderer Ablautstufe anord. kraki 'Stock mit Haken am Ende'.
Die roman. Sippe von ital. gruccia, mundartl.
croccia 'Krücke', crocco 'Haken' ist aus dem
Germ. entlehnt: Zs. f. roman. Phil. 2, 85.

Krug¹ M. Ahd. kruog, mhd. kruoc (g),
ags. crōg, crōh 'Krug, Flasche' führen auf germ.
*krōgu-. Laut- und bed.-verwandt sind nhd.
mundartl. Krauche, mhd. krūche, asächs.
krūka, mnl. crūke, nnl. kruik, ags. crūce,
mengl. crouke F. Verdacht der Entlehnung
ist für alle diese Wörter gegeben, vgl. auch
Krause und gleichbed. got. aúrkeis (aus lat.
urceus). Aber auch anklingende Wörter der
Nachbarsprachen mögen auf Entlehnung beruhen: man vermutet, die Sippe stamme mit
gleichbed. gr. κρωσσός und aslav. krugla
'Becher' aus derselben unbekannten Sprache.

Krug² M. 'Schenke' kommt im Mnd. des
13. Jh. als krōch, krūch (-ges) auf. Von da
stammen gleichbed. nhd. Krug, nnl. kroeg,
schwed. krog, dän. kro. Der naheliegende Gedanke, der Ausdruck beruhe auf Übertragung
von Krug¹ (etwa weil ein Krug als Zeichen
der Wirtschaft ausgehängt war), scheitert daran,
daß im Gebiet von Krug¹ die Bed. 'Ausschank'
fehlt (dafür fränk. thür. Schenke, ostmd.
Kretscham, westobd. Taverne), während im
Gebiet von Krug² das Gefäß seit alters Kruke
heißt. Vielleicht steht germ. *krōga- dehnstufig neben den Vorformen von Kragen (s.
d.), zu dem dann ein Verhältnis bestünde wie
zwischen lat. gurges und gurgustium 'Kneipe',
ital. gargozza 'Gurgel' und frz. gargousse
'Spelunke': W. Goldberger 1930 Glotta 18, 34.
S. Nobiskrug.

Kruke s. Krug¹.

Krume F. Mb. krume (von da ins Nhd. gelangt), mnd. mnl. crōme, nnl. kruim, ags.
cruma, engl. crumb 'Krume, Brocken', isl.
krumr, kraumr 'weiches Inneres', schwed.
(in)kråm 'das Innere und Weiche von etwas'
vereinigen sich auf eine Grundbed. 'was man
aus einer harten Rinde herauskratzt'. Insofern vergleichen sich lat. grūmus 'zusammen-
gekratzte Erde' und gr. γρυμέα 'Fischüber-
bleibsel': sämtlich zur idg. Wurzel *greu-
'kratzen' mit Formans -mo. S. krauen. Zur
Abgrenzung von Krume und Krümel gegen
das hd. Synonym Brosamen und österr.
Schmolle(n) s. Kretschmer 1918 Wortgeogr.
308ff.; v. Bahder 1925 Wortwahl 31ff. 43.

krumm Adj. Ahd. mhd. krump (b), ahd.
chrump 'gekrümmt, verdreht' (auch bildlich, s.

kraus). Seltnere gleichbed. Nebenformen ahd. mhd. krumpf, ahd. krampf, mhd. krimpf. Vgl. asächs. crumb, mnl. krom, ags. crumb, engl. crump 'krumm' (dazu crumple, mengl. crumplen 'verkrümmen'; auch engl. crimple 'Runzel, Falte'). Unter Krampf ist gezeigt, wie die Formen mit Ablaut und Kons.-Wechsel weit verzweigt sind. Außergerm. stehen am nächsten gr. γρυπός 'krumm', γρυπάνειν, γρυποῦσθαι '(sich) krümmen'. S. Kropf.

Krümper M. wird 1808 zunächst scherzhaft, bald auch amtlich 'ausgebildeter Ersatzreservist des preuß. Heeres', entspr. Krümperpferd 'überzähliges Pferd einer berittenen Truppe'. Damit ist eine mundartl. Schelte des Krüppels belebt, die zuerst 1478 in einem bair. Lied (Liliencron 2, 145) begegnet, zu krumm gehört und als schles. kremper 'alter wackliger Kerl' fortbesteht.

Kruppe F. 'Kreuz des Pferds'. Unter Kropf ist gezeigt, wie dessen Sippe ins Roman. gelangt. Das im Frz. aus altfränk. *kruppa entwickelte croupe F. 'erhöhter Teil des Rückens von Tieren' wird im 17. Jh. rückentlehnt.

Krüppel M. mhd. krüepel, krüp(p)el, über das Md. aus dem Nd. entlehnt: mnd. krop(p)el, krep(p)el, asächs. crupel 'contractus', mnl. cropel, cröpel, crepel, afries. kreppel, ags. cryp(p)el, kent. crepel, anord. kryppill, krypplingr. Hd. entsprechen els. krüpfel, schweiz. chrüpfli, schwäb. kropf, bair. kropf, krapf, dazu bair. krüpfen 'sich krümmen'. Sämtlich zu der unter Kropf entwickelten Sippe, dazu auch ags. croft M. 'kleines Feld', engl. croft 'Feld', mnl. krocht 'Hügel, Dünenacker' (urspr. 'Krümmung').

Kruste F. Lat. crusta 'das durch Gerinnen fest Gewordene' (zu cruor 'Blut', weitere Verwandte s. u. Kristall) gelangt früh zu uns und ergibt ahd. krusta, mhd. kruste, mnd. korste, mnl. corste, nnl. korst. Gleichen Ursprungs sind roman. Wörter wie frz. croûte. Zur Verbreitung in nhd. Umgangssprache s. Kirste und Kretschmer 1918 Wortgeogr. 254. 279.

Kübel M. mhd. kübel, ahd. *kubil in miluh-chubili N. 'kl. Milchkübel', ags. cyfel. Dazu ags. cyf (aus *kūbi-) 'Faß' und mit -in-Ableitung (wie ahd. kezzin 'Kessel' neben kezzil; vgl. Kümmel) nnd. kȳwn, westfäl. kubm. Die Sippe ist verwandt mit der unter Kopf behandelten, am nächsten steht mlat. cūpellus, -a 'Getreidemaß; Trinkgefäß', woraus bret. kibell; auch mnd. küpe (woraus abret. kymr. cib, schwed. kupa 'Kapsel'), mnl. cūpe, nnl. kuip 'Faß, Kufe' schließen sich an lat. cūpa 'Faß' an, das somit Grundwort auch für Kübel zu sein scheint. Aus dem Germ. sind aslav.

kübilŭ 'Hohlmaß für Getreide', lit. kùbilas und lett. kubuls 'Kübel' entlehnt, aus dem Hd. um 1000 magy. köböl. S. Kopf und Kufe. Zur umgangssprachl. Verbreitung von Kübel Kretschmer 1918 Wortgeogr. 144. 186 f. 192.

Küche F. Während lat. culina (aus *coc-slīnā) für 'Küche' gilt, erscheint im 4. Jh. coquīna (qu damals im Volkslatein wie k gesprochen), das über vulgärlat. cocīna ital. cucina, frz. cuisine geliefert hat und aus dem auch air. cucen 'Küche' entlehnt ist. Das alte i ist bewahrt in kymr. cegin, bret. kegin 'Küche'. Die gemein-roman. Form ist früh entlehnt zu westgerm. *kōkina, aus dem ags. cycene (engl. kitchen), mnl. cökene (nnl. keuken), mnd. kökene, ahd. chuhhina stammen. u aus o vor i ist lautgesetzlich. Ahd. hh, hd. ch für roman. k beweist Entlehnung vor der hd. Lautverschiebung. Gleich früh fand italische Koch- und Gartenkunst mit Kerbel, Koch, Kohl, Kümmel, Minze und Pfeffer bei uns Eingang. Obd. gilt lautgerecht ohne Umlaut kuchi, kuche, bair. schles. Kuchel, mhd. auch kuchin, das in frühnhd. kuchin fortlebt. Mhd. küchen hatte flexionslos werden müssen, darum wurde (wie in Ferse, Kette, Lüge, Mette, Quitte) -en als Endung der schw. Dekl. aufgefaßt und der Nom. Sg. Küche neu gebildet. Etwa im 12. Jh. ist magy. konyha aus dem Bair. entlehnt: Melich 1933 Festschr. für Gideon Pez S. 178 f.

Kuchen M. ahd. chuohho, kuocho, mhd. kuoche, mnd. mnl. kōke, dazu die Verkl. schott. cooky, bair. kiechl (aus germ. *kōkila-). Durch Ablaut a:ō damit verbunden mengl. cake, anord. kaka, wozu (aus *kakila-) ags. cecil, cicel. Aus germ. *kakan- ist finn. kakko, lapp. gakko entlehnt, aus *kōkan- die roman. Sippe von katal. coca, churw. cocca, prov. coco, pikard. couque. Dazu wieder Cōcānia als Märchennamen des Schlaraffenlands, nach Vorbildern wie Germānia gebildet und in afrz. Coquaigne, ital. Cuccagna, span. Cucaña, mengl. Cockaine, mnl. Kokinje greifbar. — Die durch Ablaut a:ō als germ. erwiesene Sippe *kaka-: *kōka- macht den Eindruck einer redupl. Bildung der Kindersprache (s. Bube). Die Sippe von Koch und Küche ist unverwandt.

Küchendragoner M. Amtlicher Name dreier Berliner Regimenter, die 1689 bis 1704 den Dienst beim Hofstaat versehen: Büchmann 1912 Gefl. Worte 497. Im Berliner Volksscherz auf derbe Köchinnen übertragen: Kalisch 1850 Hunderttaus. Thaler 66; auch studentensprachl. verbreitet.

Küchenlatein N. zuerst in münsterländ. Glossen um 1500: loqui illatine ... coquinario more vel culinario / quat latijn oft koken latijn spreken Weißbrodt 1914 Zs. f. d. Wortf. 15, 290; 1521 im Kreis oberschwäb. Nonnen: Joh. Eberlin v. Günzburg 1, 28. Beflügelt durch Luther seit 1523: DWb. 5, 2504. Vgl. nnl. potjeslatijn und Glotta 23 (1934) 124.

Küchenschelle F. Anemone pulsatilla L. erscheint als Kuchenschell in Straßburg 1532 bei O. Brunfels, Kräuterb. 1, 143. Schelle zielt (wie pulsatilla, zuerst bei dem Italiener P. A. Mattioli 1563) auf die glockenförmige, im Wind schwebende Blüte. In der Küche hat die giftige Pflanze keine Verwendung, obwohl sie schon J. Th. Tabernaemontanus 1588 Neu Kräuterb. 1, 96 Nola culinaria nennt. Küchen als Verkl. ist dem dt. Südwesten, von dem der Pflanzenname ausgeht, fremd. Bestimmungswort ist vielmehr Gucke, Kucke F. 'hohle, halbe Eierschale' (wie frz. coque 'Schale' in coquelourde 'Küchenschelle'), das einst wohl allein den Namen der Pflanze bildete und in österr. arst-, zarßtgucken als Grundwort steht, wobei die Frühlingsblume durch erst, zuerst gekennzeichnet wird. Vergröbert in bair.-österr. arßgugken. Die ähnlich gestaltete Herbstzeitlose heißt bair. Heugugken. Die Fülle der Volksnamen bei H. Marzell 1943 Wb. d. dt. Pflanzennamen 1, 293 ff.

Küchlein N. Als Name des jungen Huhns (obb. hüenli, westmb. hünkel) ist westgerm. *kiuk-ina aus ags. cýcen (engl. chicken), mnl. kiekijen, kūken, nnl. kieken, kuiken, mnd. küken zu erschließen. In anord. kjūklingr, schwed. kyckling, dän. kylling tritt -linga an Stelle des im Namen junger Tiere beliebten -ina (s. Füllen). Beide Endungen verkleinern wie -lin in ostmb. küchelin, das in Luthers Form nhd. geworden ist (Bahder 1925 Wortwahl 33 f. 43 f.). Der gemeinsame Stamm germ. *kjuk- bildet den Naturlaut des jungen Huhns nach, wie *kok- (agf. cocc, anord. kokr) den des Hahns.

kucken s. gucken.

Kuckuck M. Ahd. gauh, mhd. gouch, asächs. gāk, gōk, mnd. gōk, mnl. gooc, agf. gēac, urnord. gaukaR (als Glücksvogel auf einem Brakteaten aus Schonen: Dt. Lit.-Ztg. 1935, 1168), anord. gaukr, dän. gjøg, schwed. gök weisen auf germ. *gauka-. Im Ablaut dazu steht ahd. guckōn 'Kuckuck rufen'. Die Germanen haben damit den Ruf des mehr gehörten als gesehenen Vogels nachgebildet. Der germ. Name ist auf nd. und nl. Boden früh ersetzt worden durch die treuere Nachbildung des Vogelrufs, die auch afrz. cucu, lat. cuculus, gr. κόκκυξ, aslav. *kukavica, bulg. kukavíca, aind. kōkilás hat bilden helfen. Das Schallwort bleibt, solange es als solches verstanden wird, vom Laut-

wandel unangetastet: P. Kretschmer 1924 Glotta 13, 133; E. Fraenkel 1926 Jdg. Forsch. 54, 269. Seit dem 13. Jh. kämpft kukuk mit gouch auf hd. Boden, obb. Zeugnisse beginnen im 15. Jh. Frühnhd. guck-, gutzgouch zeigen vor dem alten Wort das lautmalende gucken 'Kuckuck rufen' oder seine Intensivbildung guckezen > gutzen. Der eintönige Ruf gibt Anlaß, den Vogel für töricht zu halten: schon um 1000 bietet Notker gouch 'Narr': Suolahti 1909 Vogelnamen 4 ff.

Kuddelmuddel M. N. 'Durcheinander' nicht vor 1878 Der richtige Berliner 22 und K. Albrecht 1881 Leipz. Mundart 155, von diesem zutreffend als nd. Herkunft bezeichnet. Man denkt an nd. koddeln 'Sudelwäsche halten' und modder 'Moder', doch kann auch der zweite Teil als sinnloses Reimwort dem ersten beigefügt sein (wie bei nnl. hutjemutje 'Siebensachen'). Literar. zuerst Kuddelmuddler 'wer Wirrwarr schafft' Wh. Raabe, Dt. Adel (Westermanns Monatsh. 1878, 280).

Kufe¹ F. (bei Weise 1673 Erzn. 190 und bei Steinbach 1734 Kuffe) 'Laufschiene des Schlittens'. -f- ist nach k aus -ch- entstanden, vgl. schweiz. bair. kuechen, ahd. chuohho in slitochōho, mnd. kōke 'Schlittenschnabel'. So tritt Kufe als 'Stück Holz' zu idg. *ĝēĝ(h)-: *ĝōĝ(h)- 'Ast, Pfahl, Busch' (wie Kabel F., s. d., zu idg. *ĝeb(h)- 'Holzstück'). Germ. Verwandte sind Kegel (s. d.), mundartl. Kag 'Kohlstrunk' und mnd. kāk 'Schandpfahl, Pranger'. Außergerm. vergleichen sich lit. žãgaras 'dürrer Zweig', žaginial Mz. 'Palisaden' und lett. žagari 'Reisig', žagas Mz. 'loses Laub'.

Kufe² F. 'Gefäß' mhd. kuofe, ahd. kuofa, asächs. kōpa. Im Corp. gloss. Lat. 5, 584 wird cōpa statt cuppa (= cūpa) als gut lat. empfohlen. Obwohl ein solches *cōpa weder im Schriftlatein noch im roman. Vulgärlatein nachgewiesen ist, scheinen die germ. Wörter dem Lat. entlehnt zu sein.

Küfer M. mhd. küefer zu Kufe² wie lat. cūpārius zu cūpa. Zur Abgrenzung gegen Binder, Böttcher, Büttner, Schäffler usw. s. Böttich.

Kuff F. 'breit gebautes Handelsfahrzeug mit zwei Masten', allen seefahrenden Germanen der Neuzeit gemeinsam: nnl. 1623 kof, kuf, nd. (zuerst 1782) kuff, engl. (seit 1794) koff, schwed. (1803) koff, dän. (1838) kof, kuf, norw. kof. Wie Brigg (s. d.) aus brigantine, so ist Koff verkürzt aus köpfärdie, das elliptisch für Kauffahrteischiff steht (s. Kauffahrer). Bei der Umbildung zu kuf(f) mag nl. kuf 'Raum, (Trink-)Stube' eingewirkt

haben, das zu Koben gehört: A. Lindquist 1938
Meijerbergs Ark. f. svensk ordforskn. 2, 47.

Kugel¹ F. 'Kapuze', mhd. kugel, kogel, gugel(e)
ahd. kugula, mnl. coghele, agf. cugle, engl.
cowl: entlehnt aus gleichbed. lat. cuculla, das
auch in prov. cogola und span. cogulla fortlebt.
Aus lat. cucullus entlehnt sind akorn. cugol
'Kapuze' mit gleichbed. bret. kougoul und air.
cochu(i)ll, das später kymr. cwcwll ergeben hat.
Damit liegt ein Wort der Kirchensprache vor,
die vom Mittelmeer über Gallien und Deutschland über den Kanal und bis Irland greift.
Das lat. Wort ist kelt. Herkunft: gall. bardo-
cucullus 'Obergewand mit Filzkapuze', urspr.
'Bardenkapuze'.

Kugel² F. mhd. kugel(e), md. küle (f. Kaul-),
mnd. mnl. kogel 'Kugel', mnl. koghele 'Stock
mit Kugelende', agf. cycgel, engl. cudgel
'Knüttel'. Dazu Kogge (ahd. coccho, mnd.
kogge, engl. kog) 'breites, gerundetes Schiff'.
Urverwandt mit lit. gugà 'Knopf am Sattel,
Buckel, Hügel', gaũgaras 'Gipfel', ruff. gúglja,
poln. guga 'Beule': sämtlich Gutturalerweiterungen der idg. Wurzel *geu- 'biegen'. S.
Kogel.

Kuh F. Mhd. kuo, ahd. kuo, chuo, asächs.
kō, anfr. (Dat. Plur.) cūon, mnl. coe, nnl. koe,
afrief. kū, agf. cū, engl. cow, anord. kȳr, norw.
kyr, ko, schwed. dän. ko vereinen sich auf germ.
*k(w)ō-. Dies führt mit air. bō, kymr. buw,
lat. bō-s, griech. βοῦ-ς, lett. gùov-s, armen. kov,
toch. ko, aind. gãu-š u. a. auf idg. gʷōu- 'Rind'.
Der alte Name, vielleicht urzeitliche Entlehnung
aus fumer. gu 'Stier, Rind' (G. Ipsen 1932
Idg. Forsch. 50, 248 f.), ist lautmalend: er bildet
das Brüllen der Tiere nach. Nächst dem Schaf
ist die Kuh das älteste Nutztier unserer Vorfahren (vgl. Blesse, Bulle, Farre, Färse,
Kalb, Ochse, Rind, Sterke, Stier).

Kuhfuß M. Scherzwort der Soldaten für
'Gewehr', von der Form des Kolbens. Die
herkömmliche Verknüpfung mit dem Nürnberger
Büchsenmacher Kühfuß ist unglaubhaft, weil
dieser dem 16. Jh. angehört, während Kuh-
fußträger für 'Musketier' erst 1687, Kuhfuß erst 1792 greifbar wird: P. Horn 1899
Soldatenspr. 65; F. Kluge 1901 Zf. f. d. Wortf.
1, 351.

kühl Adj. Ahd. kuoli, mhd. küele Adj.,
kuole Adv. (vgl. fast, schon, spät), regelmäßig
umlautlos auch in Zuf.-Setz. wie kuolhûs N.
'Kühlhaus', vereinigt sich mit mnd. kôl, mnl.
coel, agf. côl auf westgerm. *kōlja-, urspr.
*kōlu-. Zum gleichen Stamm, der im Nord.
(kala) und Agf. (calan) als st. Ztw. auftritt,
gehört als Part. kalt (f. d.). Auf urgerm.
*kali- beruhen agf. cele, cyle, engl. chill
'Frost'.

kühn Adj. (dem Schwäb., Bair. und vielfach
der Volkssprache fremd; schweiz. chüen 'gesund, frisch von Farbe'), mhd. küene, ahd.
kuoni Adj., kuono Adv. 'kampflustig, stark' (umlautlos auch die Zuf.-Setzung kuonheit), mnd.
kœne, mnl. coene, agf. cēne 'kühn, weise',
engl. keen 'scharf', anord. kœnn 'weise, erfahren'. Diese Bed. liegt auch im Namen ahd.
mhd. Kuonrāt, agf. Cēnrēd voraus. Germ.
*kōn-i 'wer verstehen kann, gescheit' ist Ver-
baladj. zur Wz. *kan, *kun (vorgerm. *gōn in
gr. γέγωνα 'tue kund') in können (f. d.).
Kühn stellt sich (mit bald und schnell) zu den
geistigen Begriffen des germ. Altertums, die
der Kampf in seinen Bereich gezogen hat.
Die geltende Bed. mag entwickelt sein in
Wendungen wie in (zi) wîge kuoni oder aus
Kürzung von Zus.-Setzungen wie agf. gār-
cēne 'speererfahren', anord. vígkœnn 'kampf-
erfahren', skjoldkœnn 'schilderfahren'.

Kuhreigen M. schweiz. chuereije, der fest-
liche Alpaufzug der Sennen und Herden (so
noch in bildl. Darstellungen an Stall- und
Zimmerwänden), dann die musik. Begleitung
dazu, so im Schweiz. Jd. 6, 6 f. seit 1531 belegt,
vor allem aus Appenzell. Literar. durch Bodmer
1724: P. Geiger 1912 Volksliedinteresse in der
Schweiz 136.

kujonieren Ztw. Aus vulgärlat. cōleōne
'Entmannter' (zu lat. cōleus 'Hodensack') ist
über ital. coglione 'Dummkopf' frz. couillon
gebildet, das als cujon 1567 in Westdeutschland
eindringt. Das zugehörige ital. coglionare
'als Dummkopf behandeln', frz. coïonner
erscheint als cujonieren 'jem. einen Schuft
schelten' 1638, gleich danach tritt die Bed.
'schlecht behandeln, plagen' auf und wird
noch im 30jähr. Krieg eingebürgert: H. Schulz
1913 Fremdwb. 1, 408. Der schlimme Klang
führt zu Entstellungen: „ungeschickter Cujus
aus der calvinischen Synagog" Ph. Nicolai 1597
Kurzer Bericht v. Calvin. Gott, Vorrede; „ein
grober cujus sus" Eyring 1602 Proverb. 2,
324; „ein grober cujus" Henisch (1616) 635.

Küken f. Küchlein.

Kukumer f. Gurke.

Kukuruz M. 'Mais'. Türk. kukuruz 'Zea
Mays L.' gelangt durch slav. Vermittlung
(serb. kukuruz, tschech. kukuřice usw.) im 19. Jh.
zu uns: Lokotsch 1927 Etym. Wb. Nr. 1230.
Kretschmer 1918 Wortgeogr. 330 sieht darin
eine lautmalende Bildung, ausgehend vom
Lockruf an Vögel, die man mit Maiskörnern
füttert. Wick 91; Berneker 640 f.

Kuli M. Die Koli des westl. Indiens gehen
seit langem als angeworbene Arbeiter in die
Fremde. So ist ihr Name in beiden Indien
und China appellativ geworden. Das älteste

europ. Zeugnis stammt von 1548: Kluge 1911 Seemannsspr. 498; H. Schulz 1913 Fremdwb. 1, 409; Lokotsch 1927 Etym. Wb. Nr. 1198. Kuli heißt in neuerer Gaunersprache der Hilfsschreiber. Von da ist Tintenkuli Berufsschelte des Tagesschriftstellers geworden: H. Klenz 1910 Scheltenwb. 137. 150.

Kulisse F. bei uns seit Lessing 1767 Hamb. Dramat. 45, der sein Coulisse dem frz. coulisse entlehnt. Dies bed. 'Schiebewand, die sich in einem Falz bewegt', älter 'Falz, Rinne', und ist über frz. couler 'rennen, laufen' mit lat. cōlāre 'durchseihen' zu vermitteln.

kullern s. kollern.

Kultur F. am Ende des 17. Jh. aufgenommen aus lat. cultūra 'Bebauung, Bestellung, Pflege' (zu colō 'bebaue, pflege') und zwar von vornherein in doppeltem Sinn, als landwirtschaftlicher 'Anbau' wie als unsinnliche 'Pflege' der Sprache, einer Wissenschaft, kurz der Geisteskultur, die von Ciceros cultura animi ausgeht: H. Schulz 1913 Fremdwb. 1, 410; J. Strouz, Aufbau 1946 S. 111 ff.

Kulturkampf M. zuerst Zs. für Theol. (Freiburg 1840) 4, 176, danach von Lassalle 1858 und Virchow 1873 im Sinn eines die ganze Kultur betreffenden Kampfs gebraucht, seither Schlagwort für den Kampf des Staats gegen die Macht der kath. Kirche: Büchmann 1912 Gefl. Worte 540 f.

Kumme s. Kumpf.

Kümmel M. Carum Carvi L. Die vorderasiat. Pflanze heißt assyr. kamūnu 'Mäusekraut', arab. kammūn, hebr. kammōn, pun. χαμᾶν. Aus dem semit. Grundwort ist über gr. κύμινον lat. cūminum abgeleitet, das auch gemeinroman. gilt und über frz. comin (seit 1500 cumin) nl. comijn ergibt. Aus dem Roman. stammen ahd. kumīn, chumī, mhd. kümīn M., mnd. kömen, ags. cymen, engl. cumin und (mit l für n wie Esel, Himmel, Kessel, Lägel) ahd. kumil, mhd. kümel. Luther hat die ostmd. Form Kümmel ins Nhd. eingeführt. Schwäb. bair. gilt kümich, alem. chümi. Über die Zeit der Entlehnung s. Küche, Minze, Pfeffer. Kümmel als Name eines Branntweins s. Kirsch.

Kümmelblättchen N. 'Dreiblatt', nach dem dritten Buchstaben des hebr. Alphabets gimel, der als Zahlzeichen 'drei' bedeutet. Seit 1850 als Kartenspiel der Bauernfänger Berlins bezeugt, gebucht zuerst im DWb. 1873.

Kümmeltürke M. ein Studentenwort, zuerst Kindleben, Stud.-Lex. (Halle 1781) 129 'Prahlhans, Großsprecher', seit 1790 in Halle 'Student aus dem Bannkreis der Univ.-Stadt'. Im Saalekreis wurde viel Kümmel gebaut, daher Kümmeltürkei: Zs. f. d. Wortf. 2,

293. 3, 99. 316. In Soest bei den Gymnasiasten Bezeichnung für 'Seminarist'.

Kummer M. Zur idg. Wz. *bher 'tragen' (s. Bahre, Bürde, gebären usw.) stellt sich gallolat. comboros 'Zusammengetragenes', das mhd. kumber 'Schutt, Trümmerhaufen' ergibt. Diese Bed. lebt namentl. im westl. Nord- und Mitteldeutschland. Übertragung auf seelisch Belastendes kennen schon afrz. encombrer, aprov. encombrar 'beschweren, belästigen, in Verlegenheit setzen', afrz. aprov. encombrier 'Beschwerde, Unglück'. Von da stammt kumber als seelische Last, das im 12. Jh. ins Hd. eindringt und um 1200 durch die Dichter der Blütezeit Gemeingut wird.

Kum(me)t N. 'Halsjoch der Zugtiere'. Die Sippe von Hamen 'Kappzaum für wilde Pferde' dringt früh nach Osten und ergibt aslav. *chomǫtŭ, das im 12. Jh. über poln. chomąto N. rückentlehnt wird zu mhd. komat. Kumt gilt vor allem im nd. und md. Osten; Luther verwendet sein Kommet nur brieflich. Oberdeutschland und der Westen sind im ganzen bei Hamen geblieben. Jüngeres slav. Lehnwort des Fuhrwesens ist Peitsche. Wick 35 f.; Berneker 395.

Kumpan M. Mlat. companio 'Brotgenosse', Nachbildung eines germ. Ausdrucks wie got. gahlaiba, ahd. gileibo M. 'Genosse' (zu Laib 'panis'), gelangt im 13. Jh. über afrz. compain 'Geselle, Genosse' ins Mhd. und ergibt kompān, kumpān, die frühnhd. 'Amts-, Berufsgenosse' bedeuten, aber im 17. Jh. aus der Schriftsprache verschwinden. Bode und Mylius beleben seit 1772 Kumpan, das sie für ein altd. Wort halten. Im Volk hat sich kumpe gehalten, s. Kumpel. Dem frz. compagnon entspr. erscheint Companion 'Geselle' seit dem Eulensp. (Straßb. 1515) 64 Ndr. Die kaufmänn. Bed. 'Geschäftsteilhaber' nicht vor 1672: A. Schirmer 1911 Wb. d. dt. Kaufm.-Spr. 102 f.; H. Schulz 1913 Fremdwb. 1, 367 f.

Kumpel M. 'Arbeitsgenosse, Kamerad, Freund', Verkl. zu kumpe, s. Kumpan. Die kameradschaftlich-gemütliche Anrede geht vom rheinisch-westfäl. Bergbau aus, verbreitet sich über alle dt. Bergbaugebiete und gelangt von da ins Heer: F. Holthausen 1929 Germ.-rom. Monatsschr. 17, 388; J. Müller 1938 Rhein. Wb. 4, 1178. 1724 ff.; Haupt-Heydemarck 1934 Soldatendeutsch 114; H. Brömse 1942 Muttterspr. 57, 182.

kümpeln Ztw. ein bestimmtes Verfahren, Blech zu biegen, eigentl. in Napfform zu bringen. Zu kump, der nd. Form von Kumpf, s. d.

Kumpf M. mhd. kumpf 'Napf, Gefäß' Gerät des Schnitters für den Wetzstein'. mnd. kump führen auf germ. *kump-, das mit

Konf.-Schärfung neben germ. *kumb- steht. Dies in agf. cumb, engl. coomb 'Getreidemaß', bei uns mit Angleichung des mb zu mm in **Kumme** F. 'tiefe Schale', hochalem. chumme 'Zisterne', mnd. nd. kumm(e) 'rundes, tiefes Gefäß, Wasserbehälter, Bodenvertiefung, Kasten'. Dän. kumme, norw. kum sind aus dem Mnd. entlehnt.

Kumhß M. 'gegorene Stutenmilch'. Gleichbed. türk. kumiz (kaf.-tat. kymyz, ruff. kumys) ist durch Reisebeschreibungen bei uns bekannt geworden. 1534 bei Mich. Herr, New Welt 112 G: „Sie (die Tataren) trincken Merrhenmilch, die bereytten sie, als wer es lauterer Wein, und ist nicht eyn ungeschmackt Tranck, das nennendt sie Chuinis" (lies: Chumis). Entfpr. Komiß daf. 156 D. Im 19. Jh. wird die Sache über Bulgarien neu aufgenommen und im Konv.-Lex. von Brockhaus seit 1855 verzeichnet.

kund Adj. 'bekannt'. Ahd. anl. kund, asächf. afrief. küth, agf. cüþ, engl. couth (in uncouth 'unbekannt, ungeschlacht, wunderlich, roh'), anord. kunnr, got. kunþs führen auf germ. *kunþa-, idg. *g̑n̥to-: Part. auf -to zum Verbalstamm der unter kennen, können und kühn besprochenen idg. Wz. *g̑en, *g̑nō, ablautend mit dem gleichbed. lat. nōtus. Zu Adj. gewordene Part. f. u. kalt, laut, tot.

Kunft F. ahd. mhd. kumft, kunft 'Kommen, Ankunft', got. gaqumþs 'Zuf.-Kunft, Versammlung': Verbalabstrakt zu kommen (got. qiman) mit germ. -þi-, idg. -ti- gebildet wie Gift, Staat, Schuld ufw. Zur Einschiebung des Gleitlauts f in die Gruppe mþ vgl. Brunft, Vernunft, Zunft. Idg. *g̑m̥ti- auch in aind. gáti- 'Gang', gr. βάσις 'Schritt' und lat. (in)ventio F.

künftig Adj. ahd. kumftig, mhd. kümftec 'was kommend ist'; f. Zukunft.

Kunkel F. Zu lat. colus 'Spinnrocken' gehört als Verkl. volkslat. *colucula und (indem l vor l in n ausweicht) conucula, das in ital. conocchia, frz. quenouille fortlebt und aus dem über volkslat. *con(u)cella, *cocella das gleichbed. air. cuicel (mit bret. kegil, kigel, kymr. cogail, akorn. kigel) entlehnt ist. Dem Roman. entstammt ahd. chonachla, chunch(a)la, mhd. kunkel, nnl. konkel. Kunkel ist ein Wort des dt. Südens und Westens geblieben (H. Fischer 1914 Schwäb. Wb. 4, 847), das Th. Frings 1931 Zf. f. Volkskde. 40, 101 gegen östliches und nördliches Rocken abgrenzt. Zum Nebeneinander von heimischen und entlehnten Synonymen f. K. v. Bahder 1925 Wortwahl 59.

Kunst F. ahd. mhd. asächf. kunst, awfrief. mnl. konst: das dem Agf., Anord. und Got. fehlende Verbalabstr. zu können, wie Brunft

(zu brennen) und Gunst (zu gönnen) gebildet auf germ. -sti, das auf Erweiterung des älteren Suffixes -ti beruht: Kluge 1926 Stammb. § 129. Im Gebrauch löst Kunst um 1270 das ältere Lift ab: F. Dornseiff 1944 Dt. Vierteljahrsschr. 22, 231 ff. Gemäß der Grundbed. von können zielt Kunst auf das Wissen im Können und zeigt sich geeignet, die spätantiken Begriffe scientia und ars zu decken: J. Trier, Mitteil. des Univ.-Bunds Marburg 1931 S. 36 f.

kunterbunt Adj. zu Kontrapunkt (f. d.), tritt zuerst 1499 in einem Lied von der Altenburger Bauernkirmes als contrabund 'vielstimmig' auf: Acta Germ. 1, 262. Im 18. Jh. bringen es Mundartwbr. für Hamburg, Bremen und Pommern unter Anlehnung an bunt umgestaltet zu 'gemischt, durcheinander': Rietsch, Beil. zur Allg. Ztg. 1898 Nr. 153; Zf. f. d. Wortf. 9, 254. 13, 309.

Kunz. Zum Männernamen ahd. Kuonrád gehört neben der Koseform Kuono das z-Demin. Kuonzo, das weiterhin vielfach in appellativen Gebrauch übergeht. Fischart 1575 Garg. 165 bezeugt, daß man mit Kuntz in Sachsen den Schweinen lockt; Stieler bucht (Erfurt 1691) 953 „Kunz appellatio porcorum". Heincz adder Concz ist wegen der Häufigkeit beider Namen schon 1501 im Alsfelder Pass.-Spiel 112 'der oder jener'. S. Hein, Hinz, Lampe², Schlafkunz und Meisinger 1924 Hinz und Kunz 51.

Kupfer N. Das den Germanen seit uralten Zeiten bekannte Metall wurde mit dem verlorenen Subst. zum Adj. ehern (f. d.) benannt. In den ersten Jh. unfrer Zeitrechnung lernte ein Teil der Germanen von den Römern eine vielseitigere Verarbeitung des Kupfers kennen. Die Mittelmeervölker bezogen ihr Kupfer von der Insel Zypern (gr. Κύπρος), danach heißt es gr. κύπριον, lat. (bezeugt seit 25 v. Chr.) aes cyprium, im Volkslat. (literar. erst seit dem 3. Jh. n. Chr.) cuprum. Hierauf beruhen die Doppelformen westgerm. *kupf Nom., *kuppres Gen. Die lautgesetzliche Nom.-Form ergibt über *kopar agf. copar, engl. copper, anord. koparr (hieraus entlehnt finn. kupari), mnd. mnl. koper, siebenb. koffer. Der analogisch entwickelte Nom. *kuppar lebt in mnd. kopper, ahd. kupfar, mhd. kupfer. Die kelt. Entsprechungen sind mehrfachen Ursprungs. Volkslat. *coprum ergibt akorn. (12. Jh.) cober, kymr. cobyr. Die Nebenform kymr. copr ist an engl. copper angelehnt. Bret. koevre stammt aus afrz. cuevre (dies aus lat. cupreum 'kupfern'); kouevr der bret. Mundart von Vannes aus frz. cuivre.

Kuppe F. dringt erst im 18. Jh. aus dem Nd. in die Schriftsprache; hd. entsprechen

verschobene Formen wie ahd. chuppha, mhd.
kupfe, gupfe. Die Sippe scheint alt entlehnt
zu sein aus lat. cuppa F. 'Becher' (s. Kopf,
Kufe²); nach äußerer Ähnlichkeit ist daraus
'Haube, Kopfbedeckung unter dem Helm' und
weiterhin 'Bergspitze, äußerstes Ende' geworden.
Wick 70.

Kuppel F. nhd. entlehnt aus ital. cupola,
das aus mlat. cup(p)ula 'Becher', urspr.
'(umgestülptes) Tönnchen', entwickelt ist und
zu lat. cūpa 'Tonne' gehört (s. Kufe²). Auf
die Bed. könnte arab. al-qubba 'gewölbtes
Gebäude oder Gemach' (s. Alkoven) eingewirkt haben: Littmann 1924 Morgenländ.
Wörter 89.

kuppeln schw. Ztw. Die Ableitung zur Nebenform von Koppel (s. d.) ist von koppeln
'durch eine Koppel verbinden', mit dem es einst
gleichbed. war, bed.-mäßig gesondert worden
auf 'zus.-bringen zu geschlechtl. Verkehr'. Dazu
Kuppelpelz 'Geschenk für Ehevermittlung',
sich einen K. verdienen 'eine Heirat zustande-
bringen'.

Kur¹ F. 'Wahl'. Zu kiesen (s. d.) gehören
ags. cyre M., anord. kør, keyr N., ahd. kuri,
mhd. kür(e), md. kur(e) F. 'Überlegung, prü-
fende Wahl', besonders 'Königswahl'; dazu
kür-, kurvürste. Die umgelautete Form hält
sich in Willkür (s. d.).

Kur² F. 'ärztliche Fürsorge' aus lat. cūra
'Sorge' in die ärztliche Fachsprache gelangt und
seit Gersdorff 1526 Feldbuch der Wundarznei
61 a in bt. Texten nachweisbar. Dazu kurieren,
Gersdorff 71 d: H. Schulz 1913 Fremdwb. 1,
411.

kurant Adj. 'gangbar' von Münzen. Zu
lat. currere 'laufen' stellt sich das ital. Part.
corrente, das in gleicher Form seit 1527 in
obd. Handelsbüchern erscheint, zu kurant latinisiert und im 18. Jh. durch gleichbed. frz.
courant abgelöst wird. Zus.-Setzungen wie
Kurantgeld, -münze seit dem 17. Jh. Frz.
prix courant 'laufender Preis', die Überschrift
der Preisberichte aus den Seestädten, hat über
nnl. prijscourant 'Preisverzeichnis' unser
Preiskurant ergeben: H. Schulz 1913 Fremdwb. 1, 412.

kuranzen Ztw. 'in Zucht nehmen, schlecht
behandeln'. Mlat. carentia F. 'Bußübung
mit Geißeln usw.', urspr. ein Klosterwort,
gelangt über die Stud.-Sprache (Zs. f. d.
Wortf. 1, 44) in die Mundarten und ergibt
bair. thür. schles. ostpreuß. karanzen 'zum
Gehorsam treiben, quälen', nd. koranzen
'heruntermachen' Voß 1785 Ged. 1, 294.
Die hd. Lautform ist vorbereitet durch kur-
renzen 'prügeln' Weise 1673 Erzn. 146, auch
kurieren mag eingewirkt haben.

Kuraß M. Zu lat. corium N. (frz. cuir M.)
'Leder' gehört das Adj. lat. coriaceus 'ledern',
dazu das F. ital. corazza, prov. coirassa,
frz. cuirasse '(Leder-)Panzer', das im 15. Jh.
als kürisz, kürasz M. bei uns erscheint. Die
schweren Reiter heißen nach ihrer Rüstung
küresser 1449 in Ludw. v. Eybs Denkwürd.
brandenb. Fürsten (1849) S. 119, kürisser
zuerst 1474; die Form Kürassier bucht Wallhausen 1616 Kriegsmanual 205: Zs. f. d. Wortf.
14, 45; H. Schulz 1913 Fremdwb. 1, 412; Mod.
lang. notes 36, 487.

Kurbel F. Das zu lat. curvus 'gekrümmt'
gehörige F. *curva 'Krummholz' (frz. courbe)
ergibt ein im älteren Deutsch verbreitetes
Kurbe: ahd. curba, mhd. kurbe 'Winde (am
Ziehbrunnen)'. Frühnhd. auch die Dat.-
Form kurm 'gebogener Handgriff (am Schleifstein)'. Mit l-Suffix erscheint md. körbel
'hamula' im 15. Jh. Unser Kurbel 'gebogene
Handhabe' setzt sich im 15. Jh. durch.

Kürbis M. Lat. cūcürbïta F. '(Flaschen-)
Kürbis' vereinigt sich mit aind. carbhața M.,
cirbhaṭī F. 'Cucumis utilissimus' auf idg.
*qerbheto- 'Kürbis'. Die lat. Redupl. ist nach
dem Vorbild von cucumis 'Gurke' eingeführt.
Sie ist dem vulgärlat. *curbitia wieder verlorengegangen, das durch ält. ital. corbezza
(ital. corbezzalo) vorausgesetzt wird. Das vulgärlat. Wort, mit der Sache vor der hd. Lautversch. ins Germ. gelangt, ergibt ags. cyrfet M.,
ahd. kurbiz M. F. N., mhd. kürbiz, -ez M. N.
Über frühnhd. körbis, kürps hat Luthers Form
Kürbiß (Jon. 4, 6 u. ö.) gesiegt. Schreibung
mit ß ist schulmäßig durchgeführt, wie bei der
Endung -nis. Auf Entlehnung aus dem Hd.
beruhen and. kurbiz, mnd. korvese, schwed.
(seit 1578) kurbits. Dasselbe Wort ist enthalten
in dän. græskar, älter græs-karffue. M.
kauwoerde (seit dem 13. Jh.) geht über afrz.
coöurde (frz. gourde) auf eine vulgärlat. Form
von lat. cucurbita zurück, die gleichfalls ohne
Redupl. war.

küren schw. Ztw. 'wählen', zu Kur¹ in
nhd. Zeit gebildet, nachdem kiesen (s. d.)
abgestorben war.

Kurier M. Zu lat. currere, frz. courir
'laufen' gehört afrz. courrier 'Läufer', das
gegen 1200 mhd. kur(r)ier als Bezeichnung
einer Figur im Schachspiel ergibt (Suolahti 1929
Frz. Einfluß 140). Erneut treten im 16. Jh.
frz. courier und ital. corriere in den dt. Gesichtskreis; zuerst erscheint die Bed. 'Eilbote'
bei Witeberg 1583 Heimfahrt G 2. Das Ersatzwort Eilbote s. o. und Zs. f. d. Wortf. 8, 62.
Kurierzug belegt H. Schulz 1913 Fremdwb.
1, 413 seit Spielhagen 1866. S. Eilzug.

kurieren s. Kur².

Kurrende F. 'Bettel=, Gassenchor der armen Scholaren', in nord= und md. Städten wohl im 16. Jh. eingerichtet, in Braunschweig bis 1755 nachgewiesen. Lat. corradere 'zusammen= kratzen' war mlat. zu 'erbetteln' geworden, dazu corradium N., correda F. 'Almosen in natura'. corredarius M. 'Empfänger solcher Almosen'. Durch Anlehnung an currere 'laufen' ist nlat. currenda(rius) spät entstanden: S. Nyström 1915 Dt. Schulterminologie 227ff.

Kurs M. Unter Korsar ist lat. cursus in der Bed. 'Ausfahrt zur See' aufgezeigt. Die Bed. 'Schiffsbahn' ist Ausgangspunkt für Wendungen wie „ihren cursum nehmen" Latomus 1617 Rel. Hist. Sem. 100. Seit Heupolds Dict. 1620 wird Kurs gebucht.

Kürschner M. mit frühnhd. rſ für mhd. rs (ſ. Barſch, birſchen, herrſchen uſw.) aus mhd. kürsenære. Dies zu mhd. kürsen, ahd. aſächſ. kursinna 'Pelzrock', wozu gleichbed. afrieſ. kersna, ſpätagſ. crus(e)ne, mlat. (ſeit dem 9. Jh.) crusna, crusin(n)a. Das ahd. Wort iſt vor dem 9. Jh. entlehnt aus aſlav. kürzno 'Pelz', wie auch Schaube u. Zobel auf Ent= lehnung aus ſlav. Sprachen beruhen: E. Schwarz, Die germ. Reibelaute s, f, ch (1926) 31ff.; Wick 36f. Im übrigen zu ſlav. kürzino O. Hansen 1942 Zſ. f. ſlav. Phil. 18, 331ff.

Kurve F., im 18. Jh. gekürzt aus lat. curva linea 'krumme Linie' (ſ. Kurbel): H. Schulz 1913 Fremdwb. 1, 415.

kurz Adj. ahd. mhd. kurz: vor der Ver= ſchiebung des t entlehnt aus lat. curtus 'kurz', urſpr. 'abgeſchnitten' (das entſpr. gr. καρτός iſt Part. von κείρειν 'ſchneiden'). Jüngere Entlehnung iſt ahd. kurt (ſo hat auch lat. porta nacheinander pforza, Pforte, porta ergeben). Die Form kurt iſt auch aſächſ., anfr., afrieſ.; vgl. nl. kort, iſl. kortr.

kurzum Adv. ſeit dem 16. Jh. geläufig, entſpr. dem mnd. kortümme 'durchaus'. Dazu der nd. Fam.=Name Kortüm.

kuſch Interj. 'leg dich!' im 17. Jh. entlehnt aus gleichbed. frz. couche, Imp. zu coucher 'ſich niederlegen' (aus lat. collocāre). Kuſch war urſpr. Zuruf an den frz. abgerichteten Jagdhund: Fleming 1719 Teutſch. Jäger 177. Dazu kuſchen 'ventre in terra jacere' Friſch 1741 Wb. 1, 560 a.

Kuſe 'Backenzahn' ſ. kauen.

Kuß M. Mhd. mnd. ahd. aſächſ. nl. kus, afrieſ. agſ. anord. koss führen auf germ. *kussus. Engl. kiss, dän. kys, ſchwed. kyss ſind nach dem Ztw. umgebildet. Auf Ent= lehnung aus agſ. cyssan 'küſſen' beruhen akorn. cussin, mkymr. cussan; von den dt. Nachbarn entlehnt iſt ſlov. kuš. Man nimmt Hemmung der Lautverſchiebung im Schallwort an und vermutet Urverwandtſchaft mit gr. κυνεῖν 'küſſen', aind. cumbati 'küßt', ſo daß ſich ein laut= malendes idg. *qu(s)- 'Kuß' ergäbe. Unmittel= barer gibt idg. *bu- den Schall wieder, das in bair.=öſterr. bus(ſerl), engl. buss, ſchwed. puss, poln. buzia den Kuß bezeichnet. Unverwandt iſt gleichbed. lat. bāsium. Gemeingerm. Ab= leitung von Kuß iſt das ſchw. Ztw. küſſen, mhd. mnd. küssen, ahd. nl. kussen, aſächſ. kussian, afrieſ. kessa, agſ. cyssan, engl. kiss, anord. kyssa. Abweichend got. kukjan, das zu oſtfrieſ. kükken ſtimmt und wohl eine Redupl. aus Kindermund (vgl. Bube) darſtellt. In dt. Mundarten wird Kuß außer von Buſſerl bedrängt von alem. butsch, müntschi, schmutz schmützli, ſchwäb. uſw. schmatz, rhein. bäss, bunz, schmutz, schmußche, schmunz, schmo= kert, schnuckes, schnuß. So gilt oder galt in Leipzig heiz, in Poſen musche, in Schleſien guschel, ſonſt Mäulchen und Schmützlein: A. Senn 1933 Journ. of Engl. and Germ. Philol. 32, 524. Abweichend F. Kluge 1916 Beitr. 41, 180f.

Kuſſel F. 'verkümmerter Nadelbaum, Ge= büſch', in Berlin Kuscheln (mit ſtimmhaftem š) 'Kiefernſchonung' (Ag. Lasch, Berliniſch 258): ein nd. Wort der oſtelbiſchen Gebiete, beſ. des Flämings. Von da gelegentl. bei Dichtern: Fontane, Ellernkl. 120; gern bei H. Löns. Un= erklärt.

Küſſen ſ. Kiſſen.

küſſen ſ. Kuß.

Küſſenpfennig M. 'Geizhals': ein Kraftwort aus frühnhd. Zeit, wie gleichbed. Drücken= pfennig und Nagenranft. Gewiſſermaßen als Wahlſpruch 'Ich küſſe, verehre den Pfennig' gebildet. Ähnlich Haberecht, Schüren= brand, Springinsfeld, Störenfried, Tunichtgut, Wagehals.

Küſte F. Lat. costa F. 'Rippe' (mit aſlav. kostŭ F. 'Knochen', ſerbokroat. kôst 'Rippe' zu idg. *qost- 'Bein, Knochen') entwickelt im Bulgärlat. die Bed. 'Seite' (vgl. gleichbed. frz. côté aus vulgärlat. costatum 'Ort, wo die Rippen ſind'). Im 12. Jh. erſcheint afrz. coste 'Rippe, Abhang, Küſte' (frz. côte). Das daraus entlehnte mnl. cost(e) bedeutet 'Landſtrecke, Küſte(nſtrecke)'. Im Nl. wird o zu u, in ſüdnl. Mundarten entwickelt ſich Umlaut (ſ. löſchen²). Demgemäß dringt das nl. Wort, das als kost ins Mnd. entlehnt war, als Küſte ins Nhd. und erſcheint hier ſeit Duez 1664. Engl. coast iſt frz. Urſprungs, dän. kyst (älter kost) und ſchwed. kust (1660 cost) ſind durch das Dt. ver= mittelt. — Der nächſte nhd. Verwandte iſt Kotelett N. 'gebratenes Rippenſtück', vor 1715 entlehnt aus frz. côtelette F. 'Rippchen'.

Küfter M. Auf lat. custos, -ōdis 'Hüter', das auf 'Hüter des Kirchenschatzes' verengt wurde, beruht mlat. custor, -ōris 'Wächter', woher afrz. coustre, spätahd. kustor, mhd. kuster. Im nachklaff. Mhd. tritt küster auf, das seinen Umlaut aus Bildungen auf -er wie Gärtner, Töpfer, Schüler bezieht. K. scheint als vorwiegend md. Wort mit der Reformation durchgedrungen zu sein. Martin 1628 Colloques 132 verzeichnet als gleichbed. 'Sigrist, Meßner, Kirchner, Glöckner, Kirchwarter, Kilbert'. Landschaftl. begegnet auch Oppermann. S. Köster.

Kutsche F. Nach dem ungar. Ort Kocs bei Raab ist magy. kocsi (szekér) 'Reisewagen' benannt, die Aussprache war kotši. Von da Gutschenweglin Crusius 1562 Gramm. 248; Gutsche Golius 1579 Onom. 51 (zur Verkürzung vgl. Gulasch). Gleichen Ursprungs sind ital. cocchio, frz. span. coche, nnl. koets; aus dem Frz. weiter entlehnt ist engl. coach. Landschaftl. ist Kutsche ersetzt durch Equipage, Chaise, Kalesche, Verdeckwagen, wie die Ableitung Kutscher (zuerst Kiechel 1585 Reisen 6) durch Fuhrmann, Hauderer, Geschirrführer u. ä.: Kretschmer 1918 Wortgeogr. 312ff. — Als Ztw. zu K. gilt im 16. Jh. kutschen. Nachdem Kutschirer zuerst bei Dilich 1598 Hist. Beschr. 51 aufgetreten war, setzt sich kutschieren seit Kramer 1678 durch: H. Schulz 1913 Fremdwb. 1, 416.

Kutte F. Mlat. cotta 'Mönchsgewand' erscheint als mhd. kutte zuerst bei Hartm. v. Aue 1195 Greg. 1557. Im 13. Jh. folgt Entlehnung von afrz. cote 'Kleidungsstück, Rock', dem auch engl. coat 'Mantel, Rock' entstammt, im weltl. Bereich: Suolahti 1929 Frz. Einfluß 141. Die roman. Wörter stammen aus afränk. *kotta 'grobes Wollenzeug, Decke', s. Kotze.

Kutteln Plur. 'eßbare Eingeweide' tritt als mhd. kutel F. im 13. Jh. auf, daneben kutelvlēc M. 'zerschnittenes Gedärm eines Schlachttiers'. Mit hd. t (das Verwandtschaft mit nd. küt 'Eingeweide' ausschließt) auch frühnhd. kötfleisch. Man denkt an Verwandtschaft mit got. qiþus '(Mutter-)Leib', anord. kviðr 'Bauch', agf. kwið 'Mutterleib', ahd. quiti 'weibl. Scham', womit weiterhin das gleichbed. lat. botulus 'Darm, Wurst' verglichen wird. Kutteln gilt umgangssprachlich in Süddeutschland, der Schweiz (hier für den Magen des Rinds, während die eßbaren Eingeweide Geftell heißen) und Österreich. Als nord- und md. Wort entspricht Kaldaunen (f. d.), in Hessen und Lippe Kampen, in Thüringen Kampanjen, in Hamburg Panzen, in Königsberg Fleck, in Sachsen Flecke: Kretschmer 1918 Wortgeogr. 249f.

kuttentoll Adj. 'mannstoll', ein nb. Wort, liter. seit Hellwig 1722 Haus- und Landarzt 239. Erster Wortteil ist nd. kutte 'vulva', s. Kutteln und DWb. 5, 2741. Frisch 1741 umschreibt zutreffend 'uteri deliramentum'.

Kutter M. Engl. cutter bezeichnet als Ableitung von cut 'schneiden' ein die Wogen schlank durchschneidendes Schiff. Aufs Festland entlehnt als nnl. kotter, dän. schwed. kutter, nhd. Kutter, dies seit Claudius 1782 Sämtl. Werke 4, 200.

Kuvert N. ist in seinen drei Bed. 'Briefumschlag, Tafelgedeck, Bettdecke' um 1700 entlehnt aus frz. couvert M., das als subst. Part. zu couvrir 'bedecken' urspr. 'das Bedeckende' bezeichnet. In der ersten Bed. gilt vom 15. bis 18. Jh. kopert N. aus mlat. copertum zu lat. coopertus 'bedeckt', das für das Genus von Kuvert verantwortlich ist, und dessen p in österr. Kopérdecken 'Bettdecke' wiederkehrt. Nur nhd. ist kuvertieren 'mit Umschlag versehen', nicht vor Gleim 1748 Br. an Ramler 1, 143: H. Schulz 1913 Fremdwb. 1, 416.

Kux M. 'börsenmäßig gehandelter Bergwerksanteil', vordem 'der 128. Teil an Besitz und Gewinn einer gewerkschaftlichen Grube': zus.-gezogen aus mlat. cuccus, frühnhd. kukes, dies mit Umstellung (wie Essig, kitzeln, Ziege) aus tschech. kusek, Verkl. zu kus (horni) 'Anteil (am Berg)', das seinerseits zu aslav. kǫsǔ 'Teil, Stück' gehört. Ein Zeuge für den Austausch zwischen Deutschen u. Tschechen im mittelalterl. Böhmen, hier zuerst 1327 bezeugt. Wick 37 f.

L

Lab N. mhd. lap (b) 'Mittel zum Gerinnen-machen', ahd. lab 'jura', mnd. laf, nnl. leb(be), daneben ahd. käsiluppa, agſ. (cíes)lybb, mnl. libbe 'Lab', ahd. *liberōn, mhd. lib(b)eren, md. geliefern, mnd. leveren 'gerinnen (machen)'. Für hohes Alter der Gruppe ſprechen mund-artl. Nebenformen mit s-Anlaut wie nd. slibber, vielleicht auch Formen mit germ. p wie nd. slipper, hd. slipfer(milch) 'geronnene Milch'. Ahd. lēbirmęri 'mare concretum' be-weiſt, daß die Bed. 'gerinnen' alt iſt. Je nörd-licher, deſto ſchwerer iſt es, Milch ohne pflanz-liche oder tieriſche Zuſätze zum Gerinnen zu bringen. Cäſar ſagt Bell. Gall. 6, 22 von den Germanen: maior pars victus eorum in lacte, caseo, carne consistit. So werden ſie ein Ge-rinnmittel gehabt haben, das mit Lab ur-ſprünglicher benannt war als lat. coagulum zu co(a)gere 'zuſammenbringen': Th. Frings 1932 Germania Romana 85f. 101. Der vierte Magen des Rinds heißt Labmagen, weil er die Milch gerinnen läßt und entſpr. bei der Käſebereitung verwendet wird. Dazu dient auch die Pflanze Galium, die darum ſeit dem 16. Jh. Labkraut heißt, in der Schweiz (Jd. 3, 899) Chäslabchrūt.

laben ſchw. Ztw. mhd. laben, ahd. labōn 'waſchen, erquicken, erfriſchen', aſächſ. labon, mnl. laven, agſ. lafian 'waſchen'. Die von Tacitus berichtete Liebe der Germanen zum Baden erklärt den Bed.-Wandel von 'waſchen' zu 'erfriſchen'. Da das Ztw. nur weſtgerm. iſt und zugehörige primäre Ableitungen fehlen, iſt Entlehnung aus lat. lavāre 'waſchen' glaub-haft. Lat. v ergab germ. b, hd. b auch in den Namen Bern und Raben (aus Verona und Ravenna).

Laberdan M. 'gepökelter Kabeljau', einſt als Faſtenſpeiſe wichtig, auch Dorſch, Klipp-, Stockfiſch. Zu Lapurdum, dem alten Namen von Bayonne, gehört (tractus) Lapurdanus, frz Labourdain als Bezeichnung der baskiſchen Küſte an der Adour-Mündung. Von da fuhren die Basken aus, die Gadus morrhua von ihren Laichplätzen vor Neufundland nach Europa brachten. Darum wurde der Fiſch frz. laberdan, nnl. labberdaan genannt; im Nhd. erſcheint Laperthan bei Duez 1644. Die Formen aſrz. (h)abordean, nl. (1512) habourdaen, (1598) ab-berdaen, engl. haberdine beruhen darauf, daß das anl. l als Artikel angeſehen wurde. Mit dem ſchott. Aberdeen hat L. nichts zu tun. Baskiſch ſind auch Anſchowis und Kabeljau, ſ. d.

Labſalben Ztw. 'anteeren' (beſonders das ſtehende Tauwerk), in hd. Text ſeit 1839, ſee-männ. ſchon 1796, aus nnl. lapzalven (ſeit 1681), urſpr. 'mit Hilfe alter Lappen teeren'.

Labskaus N. norw. lapskaus 'Stockfiſch mit Kartoffeln', ins Nd. des 19. Jh. entlehnt aus engl. lobscouse, das als Speiſe der See-leute im 18. Jh. erſcheint und urſpr. lob's course ſein ſoll: aus lob 'Tölpel' und course 'Gericht'. Wegen nhd. a für engl. o ſ. boxen und Frack.

Labyrinth N. Gr. λαβύρινθος (urſpr. 'Haus der Doppelaxt', vorgr. λάβρυς), gelangt über lat. labyrinthus durch die Humaniſten zu uns. 1510 nennt Zwingli ein Jugendgedicht „Der Labyrinth". Das Genus iſt M. noch bei Schiller; es wechſelt im 18. Jh. zum N., weil damals viele frz. Mask. als N. übernommen werden: H. Paul 1917 Dt. Gramm. 2, 142f.; Schulz-Basler 1942 Fremdwb. 2, 2f. S. Ariadne-faden.

Lache¹ F. 'Pfütze' mhd. lache, ahd. lahha, lacha (bair. lacke), aſächſ. (in Ortsnamen) laca, mnd. lake 'ſtehendes Waſſer in einem Flußbett, Salzlake' (ſ. Lake), mnl. lake 'ſtehen-des Waſſer', agſ. lacu F. 'Fluß, Bach', engl. mundartl. lake 'Landſee, Pfütze', ſchott. latch 'Sumpf', daneben mit Ablaut anord. løkr M. 'langſam fließender Bach', norw. løk 'Pfütze': nächſtverwandt mit leck, ſ. d. Aus dem Germ. entlehnt ſind ital. lacca 'tiefer Grund' und aſlov. loky 'Regen'. Urverwandt ſind air. legaim 'löſe mich auf, zergehe, ſchmelze', logaim 'faule' und ihre Sippe, mit der ſich die germ. Subſt. auf idg. *leg- 'tröpfeln, ſickern, langſam rinnen' vereinen. Lat. lacus 'See' (zu idg. *laqu- 'Waſſeranſammlung') iſt un-verwandt: J. U. Hubſchmied 1938 Vox Ro-man. 3, 57.

Lache² F. 'Grenzmarke in Holz oder Stein', ahd. lāh, mhd. lāche(ne), aſächſ. lāc-, weſtfäl. lāk; dazu mlat. lachus 'Einſchnitt im Grenz-baum', ahd. lāhboum 'Grenzbaum mit Merk-zeichen' (daraus Lochbaum Jean Paul 1795 Heſperus, 16. Hundspoſttag), mhd. lāchen(en) 'mit Grenzzeichen verſehen'. Ohne ſichere Be-ziehungen.

lächeln ſchw. Ztw., mhd. lęcheln 'ein wenig, lautlos lachen' hat in frühnhd. Zeit als durch-ſichtige Bildung die älteren ſmielen, ſmieren, ſchmollen, ſchmutze(l)n verdrängt: K. v. Bahder, Wortwahl (1925) 142f. Vgl. ſchmun-zeln.

lachen ſchw. Ztw., ſo auch mhd. mnd. nnl. lachen, ahd. (h)lahhēn, afrieſ. hlakkia, anord. hlakka, abgeleitet vom ſt. Ztw. ahd. hlahhan, aſächſ. *hlahhian (bezeugt Prät. Mz. hlōgun, Part.

bihlagan), mnl. lachen (loech, gelachen), agſ. hliehhan (engl. laugh), anord. hlǣja (hlō), ſchweb. dän. le, got. hlahjan (Prät. hlō), dazu uf-hlōhjan 'auflachen machen'. Rückbildung aus dem Ztw. iſt die Lache, mhd. diu lache 'einmaliges Auflachen'. Damit gleichbed. mhd. lahter, ſ. Gelächter. Außergerm. vergleichen ſich u. a. aſlav. klekütati 'ſchreien', klǐčǐtǔ 'Zähneklappern', klokotati 'gluden, gadern', gr. κλώσσω (aus *κλώκιω) 'glucke', mir. clocc (ſ. Glocke). Sie führen auf idg. *qlēg-, *qlōg-, *qlǝg- 'ſchreien, klingen' und andere Erweiterungen des Schallworts *qel- 'rufen'; ſ. holen.

Lachs M. der germ. Name von Salmo salar L.: mhd. ahd. aſächſ. lahs, nd. las, agſ. leax, engl. anord. ſchweb. lax, iſl. dän. laks. Die afrieſ. u. got. Quellen hatten keinen Anlaß, das Wort zu nennen, aus dem M. iſt es vor Einſetzen der Zeugniſſe durch das kelt.-roman. Salm (ſ. d.) verdrängt. Der Fiſch fehlt dem Mittel- und Schwarzen Meer, die Römer haben ihn erſt in Gallien kennengelernt. Dagegen iſt er in allen nördl. Gewäſſern häufig. So iſt der germ. Name nach Lappland gelangt u. lebt dort in Luossajärvi 'Lachsſee', Luossavaara 'Lachsberge'. Urverwandt iſt er mit gleichbed. lit. lãszis, lett. lasis, apreuß. lasasso, ruſſ. lósos. Mit Hilfe des toch. laks 'Fiſch' gelangt man auf weſtidg. laks- 'Lachs'. Luxemb. köppert, engl. kipper, agſ. cypera, aſächſ. cupiro ſtehen für Kupferlachs: der männl. Lachs trägt kupferfarbige Flecken: H. Suolahti, Neuphilol. Mitte 1918, 19. Lachsforelle bezeugt Siber 1579 Gemma 47 in der Form Lachsfuhr als meißniſch. Zum Danziger Lachs ſ. Krambambuli.

Lachter M. F. N. 'Klafter', mhd. (12. Jh.) lâfter, (14. Jh.) lâhter. Dieſe jüngere Form iſt die lautgerechte; lâfter beruht auf Kreuzung mit Klafter, ſ. d. Der nächſte germ. Verwandte iſt agſ. læcc(e)an, engl. latch 'faſſen, ergreifen'. Urverwandt das gleichbed. gr. λάζομαι aus *λάγιομαι. Idg. Wurzel *lāgʷ- 'faſſen, ergreifen'. Zur Endung germ. þra-, idg. -tro F. Kluge 1926 Stammbild. § 93.

Lachzähne Pl. 'dentes gelasini' Stieler 1691. Bezeugt durch Cron 1717 Candidatus chirurgiae 155.

Lack M. Aind. lakṣā 'hunderttauſend' heißen wegen ihrer großen Zahl die Inſekten Cocca ilicis, deren Stich auf Quercus coccifera die harzige Abſonderung bewirkt; danach heißt die Pflanze lākṣā (Lokotſch 1927 Etym. Wb. 1295). Das aind. Wort ergibt über mittelind. lakkhā, perſ. lak arab. lakk, über das Arab. gelangt es in die europ. Sprachen (Littmann 1924 Morgenl. Wörter 90). Von da ſtammen ital.

lacca und mlat. laca, ſeit dem 14. Jh. bei uns, in der Bed. 'Siegellack' ſeit dem 16. Jh. Die Herkunft verraten Verbindungen wie Florentiner Lack. Das Ztw. lackieren erſt gegen 1700, vorher lacken und lackziren: Schulz-Baſler 1942 Fremdwb. 2, 3f. — S. auch Goldlack.

Lackmus N. 'aus Flechten gewonnener blauer Farbſtoff', mit der Sache im 16. Jh. aus Flandern bezogen: Schulz-Baſler 1942 Fremdwb. 2, 4. Mnl. lakmoes enthält moes 'Grünzeug, Pflanzenteig' als zweiten Teil; als erſten zeigt mnl. leecmoes das Ztw. löken 'abtropfen' (ſ. leck): man ließ bei der Herſtellung den Saft abtropfen.

Lade F. mhd. mnd. lade F., ahd. *hlada, anord. hlaða '(Heu-)Scheuer', mengl. laþe 'Ladebühne', mnl. lade 'Truhe'. Vorauszuſetzen iſt urgerm. *hlaþō- 'Vorrichtung zum Beladen'. Zu laden[1] (ſ. d.). Mnd. lade iſt entlehnt zu lett. lãde 'Kaſten'.

Laden M. mhd. lade M. 'Brett, Bohle, Fenſter-, Kaufladen'. Gemäß ſeiner Grundbed. 'Brett' verwandt mit Latte (urgerm. *laþþōn-), ſ. d. In heutiger Umgangsſprache iſt Laden 'Verkaufsraum' nahezu gemeindeutſch, doch bevorzugt das Öſterr. Geſchäft. Im Veralten begriffen ſind balt. Bude, öſterr. Gewölbe, moſelfränk. Gädemchen: Kretſchmer 1918 Wortgeogr. 315.

laden[1] Ztw. 'mit Tragbarem beſchweren', mhd. laden, ahd. (h)ladan, anord. hlaða, got. hlaþan; afrieſ. hlada, agſ. hladan, engl. lade. Zur idg. Wurzel *qlā- 'breit hinlegen' (in lit. klóju, klóti 'hinbreiten', lett. klâju, klât 'ausbreiten') gehören zwei idg. Erweiterungen. Die eine (mit t) liegt vor in lit. klota 'Pflaſter im Hof': zu ihr die germ. Formen mit got. þ, anord. ð, hd. d. Die andre (mit idg. dh) in aſlav. kladǫ, klasti 'legen', lit. užklodas 'Bettdecke' und paklōdi 'Bettlaken': ihnen entſprechen die anglofrieſ. Formen mit d. S. Laſt.

laden[2] Ztw. 'wohin berufen' mhd. laden, ahd. ladōn (von laden[1] durch Anlaut und ſchw. Beugung getrennt), aſächſ. lathian, laðōian, mnl. laden, afrieſ. lathia, agſ. laðian, anord. laða, got. laþōn 'einladen, berufen'. Die Bed. der germ. Wz. *laþ (vorgerm. *lat) wird beſtätigt durch got. laþōns F. 'Einladung', laþa-leikō 'gern'; ſ. auch Luder. Lautlich iſt Verwandtſchaft mit Laden und Latte möglich; die Sachbeziehung iſt etwa dadurch herzuſtellen, daß Ladung und Vorladung durch Herumſenden eines Bretts oder Kerbſtocks erfolgt wäre: R. Meringer 1904 Idg. Forſch. 16, 114. Vgl. Klub.

Ladenhüter M., ſchweiz. Ladengaumer 'unverkäufliche, abgelagerte Ware', ein Spaß des

17. Jh., literar. seit Weise 1673 Erzn. 16, gebucht seit Corvinus 1660 Fons lat. 1, 254ª. Der Anklang an frz. garde-boutique beruht schwerlich auf Zufall.

Ladenschwengel M. in student. Spott auf die Ladenbiener dem älteren Galgenschwengel (s. d.) nachgebildet, kaum vor Laukhard 1792 Leben 2, 147: Kluge 1895 Stud.-Spr. 104.

Ladentisch M. Das junge Schriftwort wird in Livland, Nordwestdeutschland und Österreich durch ältere oder fremde Ausdrücke abgelöst. Kretschmer 1918 Wortgeogr. 315 ff. nennt Lette, Theke, Tresen, Tonbank, Pudel.

Ladentochter F. Der schweiz. Gebrauch von Tochter als 'Mädchen' (s. Töchterschule) führt dazu, daß man in Teilen der dt. Schweiz das Ladenmädchen als Ladentochter bezeichnet, wie das Saalmädchen als Saaltochter: Behaghel 1928 Gesch. d. dt. Spr. 139.

Lafette F. Zu frz. fût 'Schaft' (aus lat. fustis 'Knüppel') gehört l'affût (älter affust) M. 'Geschützlade', das kurz vor dem 30jähr. Krieg als affuit in dt. kriegswiss. Werken erscheint u. in nnl. affuit bis heute lebt. Im 16. Jh. hatte das gefeß als Fachausdruck gegolten. Der frz. Artikel wird zum Wort gezogen, das Genus nach den frz. Fem. auf -ette, die Schreibung nach der Aussprache des Kriegsvolks gewandelt: so erscheint Lavete 1634 Überlinger Belagerung 12 Ndr. In südwestd. Übertragung wird L. zu 'Gesicht, grober Mund': Zf. f. d. Wortf. 2, 56. 14, 27. 51; Schulz-Basler 1942 Fremdwb. 2, 4; H. Fischer 1914 Schwäb. Wb. 4, 919.

Laffe M. erst nhd. Wie manche sinnverwandte Wörter (v. Bahder 1925 Wortwahl 36) steht frühnhd. laffe 'Hängelippe, Maul' mit pars pro toto für 'Gaffer, der mit hängender Lippe oder offnem Mund dabeisteht, wenn andere sich plagen'. Auch das Vorbild von Affe und das Verhältnis von Lump zu Lumpen, Lecker zu lecken mag auf das Scheltwort eingewirkt haben. Nächstverwandt sind nhd. laff 'schlaff, matt', mhd. erlaffen 'erschlaffen', leffel 'Ohr des Hasen', nd. laps 'läppischer, dummer Kerl'.

Lage F. mhd. lâge, ahd. lâga 'Legung': zu liegen mit der Ablautstufe von dessen Plur. Prät.

Lägel, Legel F. N. M. 'Fäßchen, Weinbutte, Hohlmaß', mhd. lâgen, lägel N. lägele, lægele F., ahd. lâgel(l)a F., mnd. lêchel(k)en, mnl. lâgel(e), lēgel(e), von da ital. legill, dän. legel, leile, schwed. lägel. Als Wort des karolingischen Weinbaus stammt L. aus Italien: lat. lagōna, lagūna F. 'Flasche mit engem Hals und weitem Bauch' war im 2. vorchr. Jh. entlehnt aus gleichbed. gr. λάγυνος M. F., dessen (voridg.?) Herkunft ungeklärt ist. In den germ. Formen ist n zu l gewandelt (wie in Esel, Himmel, Igel, Kessel, Kümmel), nur bair. lägen, oberpfälz. laugng, älter obersächs. Lagen F. sind bei n geblieben und bezeugen damit gesonderte Entlehnung über die Ostalpen. Das für unsre Vorzeit wichtige Wort steht im Dienste der Beförderung von Südweinen und Öl auf Tragtieren. Die Bildungen auf -el werden seit mhd. Zeit N. nach dem Vorbild der hd. Verkleinerungen. Soweit sich M. einstellt, sind Gerätnamen wie Hebel, Hobel, Schlegel maßgebend. Legler 'Faßbinder' begegnet seit 1290 in Fam.-Namen.

Lager N. mhd. lêger, ahd. asächs. lêgar, afries. ags. leger, engl. lair 'Wildlager', anord. legr 'Grabstätte; Beischlaf', got. ligrs 'Lager, Bett': gemeingerm. Ableitung zu liegen mit der Ablautstufe von dessen Part. Prät. Der Sing. lautet Läger z. B. noch bei Waldis, Ayrer, Opitz, D. v. d. Werder, Fleming und Hoffmannswaldau. Lager erscheint zuerst im Vogtland 1397 und ist Regelform bei Luther. Nicht die Auffassung des ä als Umlaut und der Wunsch, Sing. und Plur. zu unterscheiden, haben die junge Form zum Sieg geführt (wie Edw. Schröder 1937 Zf. f. dt. Alt. 74, 48 meint), denn auch der Plur. Lager begegnet bei und seit Luther nicht selten. Vielmehr war in seiner Heimatmundart mhd. ê lautgesetzlich zu a geworden. Er läßt der Mundartform Eingang, weil sie Anlehnung an Lage fand. Von seiner Bibel aus hat Lager allgem. Geltung erlangt. Die Scheidung zwischen Sing. und Plur. wird erst um 1800 streng durchgeführt: Virg. Moser 1938 Zf. f. Mundartforsch. 14, 68 ff.

Lagune F. Zu lat. lacus 'See' gehört lacūna 'Lache', das als ital. laguna meist auf die Gewässer Venedigs bezogen wird. Von da bei uns seit 1784, während die Bed. 'Grube, Pfütze' schon Sperander 1727 verzeichnet: Schulz-Basler 1942 Fremdwb. 2, 4 f.

lahm Adj. mhd. ahd. mnd. mnl. nnl. dän. schwed. lam, asächs. lamo, afries. lâm, engl. lame 'lahm', ags. lama, anord. lami 'lahm, verkrüppelt'. In Ablaut damit stehen mhd. lüeme, ahd. luomi 'matt, schlaff, mild', mhd. lüemen 'erschlaffen' (s. Lümmel), mnl. loemen 'vernichten', afries. lôm 'gelähmt, steif, matt', schwed. loma 'schwerfällig gehen'. Urverwandt sind russ. lom 'Bruchstück', lomóta 'Gliederreißen', apreuß. limtwei 'brechen', lett. l'imt 'zusammenbrechen', lit. āp-lama-s 'ungeschickt', lamìnti 'zähmen', lúomas 'lahm', ir. leamh 'geschmacklos, albern', gr. νωλεμές 'unermüdlich, nicht zusammenbrechend', die alle

zu dem idg. Verbalstamm *lem- 'brechen' gehören. Als dt. Ausgangsbedeutung hat 'glie-
derschwach' zu gelten; in der heutigen Hauptbedeutung ersetzt lahm got. halts, anord.
haltr, agf. healt, afrief. asächf. halt, ahd. halz,
urverwandt mit air. kymr. coll 'Verderben,
Schaden'.

Lahn M. Lat. lāmmina, lām(m)na 'Platte'
ergibt über mlat. lama frz. lame F. 'dünne
Metallplatte, flacher Draht'. Von da ist
Lahn zu Beginn des 18. Jh. entlehnt. Aus
lat. lam(mi)na sind auch die Verkl. Lamelle
(frz.) und Lametta (ital.) entsprossen. — Ein
anderes Lahn s. u. Lawine.

Laib M. als Name des geformten Brots ist
älter als Brot selbst, das erst nach Erfindung
das Sauerteigs aufgekommen ist (s. Brot,
Hefe). Mhd. leip (b), ahd. leib, älter hleib,
afrief. hlēf, agf. hlāf (engl. loaf), anord. hleifr
(norw. leiv, schwed. und ält. dän. lev), got.
hlaifs führen auf idg. *kloibho- 'in Pfannen gebackenes Brot'. Zu damit ablautendem *klĭbho-
gehören Lebkuchen (s. d.) und gr. κλίβανος
'irdenes Geschirr, in dem man Brot buk'. Auf
alter Entlehnung aus dem Germ. beruhen
gleichbed. finn. leipä, lett. klàips und aslav.
chlĕbŭ, auf Kreuzung von weißruff. chlép
'Brot' mit dem unverwandten lit. kĕpalas
'Laib Brot' beruht lit. kliĕpas 'großer Laib':
A. Senn, Germ. Lehnwortstud. 48ff. Heute
ist Laib auf dem Rückzug vor Brot: in hd.
Umgangssprache nördlich der Linie Saar-
brücken, Wiesbaden, Frankfurt, Fulda, Kassel,
Meiningen, Bautzen lebt es nicht mehr, wie es
auch dem Heliand u. dem Nl. fremd ist. Die
Wichtigkeit in alter Sprache beleuchtet got.
gahlaiba, ahd. gileibo, afränk. *gahlēbo '(Brot-)
Genosse' (s. Kumpan mit Kompanie) so-
wie engl. lord 'Herr' (aus agf. hlāford, älter
*-ward 'Brotwart'), lady 'Herrin' (aus agf.
hlǣfdige 'Brotkneterin') und lammas 'Ernte-
dankfest' (aus agf. hlāfmæsse 'Brotmesse').
Nicht nötig wäre gewesen, daß Grammatiker
des 17./18. Jh. Schreibung mit ai durchsetzten,
um Verwechslungen mit Leib 'Körper' vorzu-
beugen.

Laich M. N. ein zweifellos uraltes Wort,
das aber erst im späten Mhd. auftaucht, entspr.
mnd. lēk, schwed. lek, dän. leg 'Laich', auch
'Liebesspiel'. Dazu mundartl. laichen 'sich
begatten', dän. lege 'sich paaren' (von gewissen
Vögeln). Grundbed. 'Tanz, Spiel', s. frohlocken, Leich, Wetterleuchten.

Laie M. 'Nichtgeistlicher, Ungelehrter, Nichtfachmann'. Zu gr. λαός M. 'Volk' stellt sich
das Adj. λαϊκός 'zum Volke gehörig', das
über lat. lāicus mit der röm. Mission in die
meisten europ. Sprachen gelangt. Durch Ent-

lehnung von Volk zu Volk werden roman. Formen wie *laigu, *laiju, auf denen afrz. lay
(hieraus engl. lay) beruht, seit dem 10. Jh.
Vorbild für ahd. laigo, mhd. lei(g)e, frühnhd.
ley(e), lay, mnd. leie, mnl. leye, afrief. leia.
Auf gelehrter Entlehnung aus lat. lāicus beruhen mnd. awest-frief. lēk, mnl. leec, nnl.
leek, afrief. lēka, spätanord. leikr, dän. læg
'Laie'. Soweit diese (wie das gr.-lat. Vorbild) Adj. sind, treten ihnen als Subst. ahd.
laihman, mnd. lēkman, isl. leikmaðr, dän.
lægmand, schwed. lekman zur Seite. Die seit
Stieler 1691 angebahnte nhd. Schreibung
Laie folgt etym. Rücksichten (wie in Bayer,
Kaiser, Mai). O. Kern 1933 Arch. f. Rel.-
Wiff. 30, 205ff.

Lakai M. Türk. ulak 'Läufer, Eilbote'
(zum Stamm ul 'gehen') gelangt über ngr.
οὐλάκης in die roman. Sprachen: ital. lacchè,
span. lacayo, frz. (seit 1400) laquais 'Diener':
Lokotsch 1927 Etym. Wb. 2131. In dt. Text
erscheinen 1513 lagegen 'Fußsoldaten'; die
Bed. 'Diener in Livree' (Sachs 1541 Werke
2, 388 Keller) ist vermittelt durch die ältere
'Diener, der s. Herrn zu Fuß begleitet': Schulz-
Basler 1942 Fremdwb. 2, 5; Kurrelmeyer,
Mod. lang. notes 34, 411. 36, 487.

Lake F. 'Salzwasser, bes. solches, in dem
Heringe lagern'. Mnd. mnl. lake 'stehendes
Wasser, Pfütze', die Entsprechung von hd.
Lache (s. d.), hat sich seit dem 14. Jh. von
der Küste her in einem Gebiet verbreitet,
das Kretschmer 1918 Wortgeogr. 318 abgrenzt.

Laken N., selten M., mnd. nnd. mnl. nnl.
laken N. 'abgepaßtes Gewebstück (im Gegensatz zu Tuch und Zeug), asächf. lakan N.
'Tuch, Vorhang, Gewand', afrief. leken, le-
zen, agf. lacen 'Mantel', mengl. lake, dän.
lagen, schwed. spätanord. lakan N. 'gewebtes
Zeug, Decke', norw. mundartl. lake 'Fetzen,
Lappen; Faltmagen der Wiederkäuer'. Diesen
unverschobenen Formen entsprechen ahd. lah-
han, mhd. frühnhd. lachen, die außer in alem.
Ma. nur in Leilach und Scharlach (s. d.)
erhalten sind. Gemeinsam führen sie auf germ.
*lakana- 'baumelnder Lappen, Zipfel'. Die-
ses ist als lakana 'Bettuch' früh ins Finn.
entlehnt. Es gehört mit lat. languēre
'matt, schlaff sein', laxus 'locker' gr. λήγειν
'ablassen, aufhören', λαγόνες 'Weichen', λά-
γανον 'dünner, breiter Kuchen' usw. zum idg.
Verbalstamm *(s)lĕg-, *(s)ləg-, *(s)leng-
'schlaff, matt sein'. Mit dem westfäl. Leinenhandel (s. Linnen) bringt die nd. Form
ins hd. (lackentuch Voc. theut., Nürnberg
1482, r 8 b; Laken Fronsperger 1573 Kriegsb.
202) bis zu einer Linie Breslau, Bautzen,
Leipzig, Weimar, Waldeck; südlich davon

gelten Zuſ.-Setzungen mit Tuch: Kretſchmer 1918 Wortgeogr. 319 f., L. Berthold 1927 Heſſen-naſſ. Volkswb. 2, 13.

lakoniſch Adj. Adv. 'wortkarg; in ſchlagender Kürze'. In Platos Protagoras 343 B gebraucht Sokrates den Ausdruck βραχυλογία τις Λακωνική offenbar ſchon als geflügeltes Wort. Gr. λακωνικῶς ſtellen dt. Humaniſten in ſonſt lat. Texte; in dt. Umgebung ſteht lakoniſch zuerſt bei Val. Herberger († 1627): Schoppe, Mitt. d. Geſ. f. ſchleſ. Volkskde. 17, 99.

Lakritze F. Gr. γλυκύρριζα 'Süßwurz' ergibt über lat. liquiritia mhd. lakeritze mit vortonigem a wie Gardine, Halunke, Kaninchen, Kapelle², Kattun, lavieren, Rakete, ſtaffieren. Urſpr. griech. Kunſtwörter der mittelalterl. Heilkunde bewahren wir auch in Arzt, Büchſe, Latwerge, Pflaster. Mundartl. gelten heimiſche Ausdrücke wie obd. Bärendreck, weſtmd. Bärenzucker, in Soeſt Klitſchen u. ä.

lallen ſchw. Ztw., mhd. lallen, md. lellen 'mit ſchwerer Zunge reden'; gleichbed. ſchwed. lalla, dän. lalle, das früher auch 'in Schlaf lullen' bedeutet; dagegen anord. lalla 'beim Gehen wanken wie ein Kind'. Außergerm. vergleichen ſich lat. lalläre 'lalla ſingen', lallus 'Trällern (der Amme)', griech. λάλος 'geſchwätzig', λαλιά 'Geſchwätz', λαλεῖν 'ſchwatzen', λαλαγή 'leichtes Gemurmel', aind. lalallā 'Laut des Lallenden', lit. lalúoti 'lallen', ruſſ. lála 'Schwätzer', ſlowak. lalo 'Dummkopf'. Die lautmalenden redupl. Kinderwörter können mindeſtens teilweiſe unabhängig voneinander und von lullen (ſ. d.) entſtanden ſein.

Lama M. 'buddhiſtiſcher Mönch' wie engl. lama aus gleichbed. tibetan. (b)lama. Dalai-Lama als Bezeichnung der beiden höchſten Lamas in Tibet und der Mongolei iſt zuſammengeſetzt mit mong. dalai 'Gott', urſprünglich 'Meer': ihre Macht gilt für unerſchöpflich wie das Meer. Entlehnungen aus dem Tibetan. ſind ſonſt nur Tibet als Name eines feinen, dichten Wollſtoffs und Yak 'Grunzochſe', ſ. d.

Lama N. Das peruan. Schafkamel iſt in Europa durch die Spanier bekannt geworden: nhd. Lama, nicht vor Joſ. de Acoſta 1598 Geogr. u. hiſt. Beſchr. 1, 29 nachgewieſen, geht (wie nl. frz. ital. portug. lama) auf ſpan. llama zurück. Die Engländer hatten mit glama (1752) das palataliſierte l (ſpan. ll geſchrieben) übernommen; heute ſchreiben ſie meiſt llama, ſprechen aber lāmā. Span. llama beruht auf llama der peruan. Keſchua-Sprache, deren ll gleichfalls als lj zu leſen iſt. Das ſpan. Wort iſt M., das nhd. iſt N. geworden nach Vorbildern wie Kamel, Schaf, Tier, Vieh:

Rich. Loewe 1933 Zſ. f. vgl. Sprachf. 60, 149 f.; Palmer (1939) 83 f.

Lambertsnuß F. 'große Haſelnuß', ſo ſeit Ludwig 1716. Frühnhd. lambertiſche Nuß 'Nuß aus der Lombardei', mhd. Lambardie, Lámparten, Dat. Plur. zum Volksnamen der Langobarden. S. Walnuß.

Lambris M. N. 'Wandverkleidung'. Lat. lābrusca 'wilde Rebe', das ſelbſt unerklärt iſt, liefert über galloroman. *lambrūscum frz. lambris M. 'Täfelwerk'. Von da zuerſt als Lambris bei Amaranthes 1773. Zur Bed. u. landſchaftl. Verbreitung L. Berthold 1927 Heſſen-naſſ. Volkswb. 2, 14 f.

Lamelle, Lametta ſ. Lahn.

Lamm N. Mhd. lamp, lambes, lember, ahd. lamb, lambes, lembir, aſächſ. afrieſ. engl. anord. got. lamb, mnd. mnl. nnl. ſchwed. dän. lam, agſ. lamb, lambor, ſchwed. mundartl. limb führen auf den neutr. -es-Stamm germ. *lambaz-, -iz- 'Lamm'. Daraus früh entlehnt gleichbed. finn. lammas, Gen. lampa(h)an. Das Wort iſt auf verkleinerndes germ. -b aus idg. -bh gebildet wie gr. ἔλαφος (aus *elṇ-bhos) 'Hirſch', lat. columbus (aus *qolon-bhos) 'Tauber' u. a. Tiernamen. Außergerm. vergleicht ſich zunächſt der agall. Monatsname Elembiu. Daſſelbe Grundwort ohne die Ableitung auf -bh liegt vor in lit. élnis (ſ. Elentier), aſlav. jeleni 'Hirſch', gr. ἑλλός (aus *elnós) 'Hirſchkalb', armen. eln, kymr. elain 'Hirſchkuh', air. elit (aus *elṇ-tis) 'Reh', toch. A yäl 'Gazelle'. Als Grundbed. iſt anzuſetzen 'Junges gehörnter Tiere'.

Lampe M. Name des Haſen in der Tierſage: Kantzow 1465 Pomerania 2, 127; Reinke de Vos (Lübeck 1498) V. 110. 2996 ff.; Micrälius 1639 A. Pommern 410; Goethe 1794 Reineke 1, 64. Eins mit dem nd. Eigennamen Lampe, Kurzform zu Lamprecht, ahd. Lantbëraht: Eccard 1716 Praef. ad Leibnitii Collect. etym. 42 „Lampe enim contractum Lamberti nomen et adhuc plebi noſtrae hoc modo in uſu eſt". Auch unverkürztes Lamprecht iſt Name des Haſen: Mißbrauch der Med. (1696) 350 „Deßgleichen wollen auch, nach Ausſage Wolf. Franzii, die Affen gerne Martin, die Böcke Herman, die Schweine Cunrad oder Kutſch, die Gänſe Thiele, die Katzen Henrich oder Mauritz und die Haſen Lamprecht genennet werden". Im Engl. iſt Wat, Kurzform zu Walter, Scherzname des Haſen, im nl. Reinaert heißt er Cuwaert. S. Hermann, Hinz, Iſegrim, Reineke.

Lampe F. mhd. mnd. mnl. lampe, nnl. engl. lamp: Entlehnung des 13. Jh. aus gleichbed. frz. lampe, das aus volkslat. lampade entwickelt iſt. Ältere Formen wie mhd. lampade

F., mnl. lamp(a)de, lampte beruhen auf lat. lampas, -adis 'Leuchte', das aus gr. λαμπάς, -άδος 'Fackel' entlehnt ist, wie spätlat. lampāre 'leuchten' aus gleichbed. gr. λάμπειν. Das gr. Ztw., auf dem unsere Sippe beruht, hat präsensbildenden Nasal und ist urverwandt mit lett. lāpa 'Kienfackel' (J. Sehwers 1927 Zf. f. vgl. Sprachf. 54, 9), apreuß. lopis, air. lassair 'Flamme', kymr. llachar 'glänzend' zum idg. Verbalstamm *lāp-:*ləp 'leuchten'. Zur Sache M. Heyne, Fünf Bücher dt. Hausaltert. 1 (1899) 283. Vgl. Ampel.

Lampenfieber N. Aufregung zumal des Anfängers vor dem öffentlichen Auftreten. Kaum vor Palleske 1858 Schiller 1, 109 dem älteren Kanonenfieber nachgebildet. Vgl. schwed. rampfeber.

Lamprete F., mhd. lamprīde (auch umgedeutet zu lęmfrid, lantfride), ahd. lamprēta, -da, -prīta, -phrīda: dieser Name der Bricke (Petromyzon marinus) beruht mit mnd. lamprēde, mnl. lampreide, nnl. lamprei und agf. lamprēde (hier auch lęmpedu) auf galloroman. lamprēda, das gegen Ende des 8. Jh. zuerst bezeugt ist (daraus auch frz. lamproie und engl. lamprey). Mlat. lampetra ist jünger und zeigt Umbildung nach lambere 'lecken' und petra 'Stein': der Fisch hängt sich mit seinem saugnapfähnlichen Maul an die Steine des Meeresgrunds. Aber auch galloroman. lamprēda ist schon umgestaltet; seit dem 5. Jh. geht ein aus dem Gall. stammendes nauprēda voraus. Vgl. Neunauge.

Land N. Mhd. mnd. mnl. lant (d), ahd. lant (t), asächs. nnl. afries. agf. engl. anord. dän. schwed. got. land führen auf germ. *landa- 'Land' (daraus früh entlehnt gleichbed. finn. lannas). Mit Ablaut stehen daneben anord. lundr 'Hain' und schwed. linda 'Brachfeld', jenes Schwundstufe, dieses aus germ. *lendiōn, idg. *lendh- 'freies Land, Heide, Steppe'. Urverwandt sind air. land, mkymr. llan 'freier Platz', korn. lan (aus *landhā), hieraus frz. lande F., engl. lawn (s. Tennis), breton. lann 'Heide, Steppe', apreuß. lindan 'Tal', ruff. ljádá 'Rodland, schlechter Boden', tschech. lada, -o 'Brache'. Schon im Germ. bezeichnet Land 'Staatsgebiet', im Mittelalter wird es 'Gebiet einheitlichen Rechts; Rechtsverband der das Land bebauenden und beherrschenden Leute; Gebiet eines Landesherrn': Herb. Meyer, Nachr. d. Gef. d. Wiss. zu Göttingen, phil.-hist. Klasse 1930 S. 524f.; Jost Trier daf. 1940 S. 88f.; O. Brunner, Land u. Herrschaft (1942) 203; F. Holthausen 1942 Beitr. 66, 275.

Landauer M. gedeutet von Goethe 1798 Herm. u. Dor. 1, 56 „Im geöffneten Wagen (er war in Landau verfertigt)", demgemäß Landau-er Wagen Rochlitz 1799 Landmädchen 157, auch schlechtweg Landau Hauff 1827 Mann im Mond 16 u. ö., entspr. engl. landau schon früh im 18. Jh. An den Ursprung führt Adelung 2 (1796) 1880 „Er wurde damahls erfunden, als Kaiser Joseph I. (1705—11) vor Landau ging".

landen schw. Ztw. (nd. nl. landen, engl. land, dän. lande, schwed. landa) ersetzt seit Mitte des 17. Jh., von der Wasserkante südwärts dringend, das alte -jan-Ztw. lenden (mhd. lęnden, lęnten, ahd. lęnten, anord. lęnta), das in obd. Ma. gilt und noch bei Wieland in nhd. Texten erscheint. Die umlautlose Neubildung hätte kaum gesiegt, stände nicht das Grundwort Land daneben.

Landenge f. Meerenge.

Ländler M. 'Tanz aus dem Landl, d. i. Österreich ob der Enns'. Im 19. Jh. neben älterem ländern 'langsam drehend tanzen' Rochlitz 1799 Landmädchen 133.

Landpomeranze F. urspr. 'Mädchen vom Land mit roten Pausbacken', aus westobd. Mundarten (H. Fischer 4, 964) wohl durch Tübinger Studenten seit Hauff 4 (1826) 105 schriftsprachlich: Ladendorf 1906 Schlagwb. 186. Frühnhd. entspricht Bauern-Atzel M. Crusius 1562 Gramm. Graeca 1, 79.

Landratte F. schelten die Matrosen alle, die nicht ihr Leben auf See verbringen. Nach älterem engl. land-rat seit Laube 1837 Reisenov. 5, 31. Die missingsche Lautform Landratze schon bei Kotzebue 1790 Indianer in England 2, 8.

Landschafter M. Landschaftmaler, zuerst bei Albrecht Dürer 1521 Schriftl. Nachl. 160, ist gekürzt zu Landschafter seit 1777 T. Merkur, Sept. S. 240. Als Fachwort aus Künstlerkreisen bei Goethe, z. B. 1787 Weim. Ausg. I 31, 61.

Landsknecht M. 'Söldner, der (im Gegensatz zum Schweizer) in kaiserl. Landen geworben ist', nach F. v. Bezold 1890 Gesch. d. dt. Reformation 69 zuerst 1486. Dabei steht Knecht wie in Fuß-, Kriegsknecht. Die Umdeutung Lanzknecht seit 1502. Die Kürzung Lanz(t) (seit 1527: Wahrh. u. kurz. Bericht in der Summa 2) entspricht dem ital. lanzo neben lanzichenecco und ist welsche Schelte der deutschen Söldner und der Deutschen überhaupt: Volte, Zf. f. dt. Phil. 17, 200.

Landsmannschaft F. Lehnübersetzung aus Collegium nationale Akad. Rundschau 6 (1918) 182. Kaum vor Ludwig 1716. Zf. f. dt. Wortf. 1, 40. 44.

Landsturm M. erst nhd., daraus entlehnt dän. schwed. landstorm. In Österreich tritt 1511 eine Landsturmordnung in Kraft, die die gesamte Landesverteidigung umfaßt. In Tirol heißen im 17. Jh. das 2. und 3. Aufgebot Landsturm, das letzte Glockenstreich: durch Läuten der Sturmglocke wurden sie aufgeboten. Aus Basel erhalten wir 1627, aus Aulendorf 1707 ein Zeugnis für Landsturm 'Aufgebot'. Aus J. v. Müller 1787 Gesch. d. schweiz. Eidgen. 2, 463 übernimmt Schiller 1804 das Wort in den Tell 2, 2. Von da und aus den älteren obd. Einrichtungen kennen es die vaterländ. Kräfte, die 1808 einen Landsturm für Preußen planen, den Campe 1809 richtig deutet „wozu das Zeichen mit der Sturmglocken ... gegeben wird". Durch Kab.-Order vom 17. März 1813 wird die Truppe in Preußen errichtet.

Landwehr F. mhd. lantwer, mnd. lantwere, afries. lándwere, zuerst 847 als ahd. lantweri 'Landesverteidigung'. Diese lange Zeit einzige Bed. wird im späteren Mittelalter abgewandelt zu 'Befestigungswerk im Gelände', wie es damals die Städte vor dem Mauerring hatten. Entspr. gilt das Wort noch in der Flurnamenforschung. Seit Wolframs Parz. 768, 2 bedeutet mhd. lantwer 'Gesamtheit der zur Landesverteidigung aufgebotenen Kräfte'. Diese Bed. hält sich zäh in der Schweiz. Scharnhorst greift sie 1808 auf; durch Kab.-Order vom 17. März 1813 wird die Aufstellung einer Landwehr nach seinem Plan angeordnet. 1815 folgt die Preuß. Landwehrordnung.

lang Adj. mhd. mnd. lanc (g), anfränk. lango Adv., mnl. lanc (gh), ahd. asächs. mnd. nnl. agf. dän. lang, afries. schwed. lång, engl. long, anord. langr, got. laggs. Zuerst bezeugt im westgerm. Volksnamen Langobardi 'Langbärte'. Die nächsten außergerm. Verwandten sind gleichbed. lat. longus, gall. *longo- im Ortsnamen Longovicium und im Stammesnamen Longostaletes, air. usw. long, illyr. long- in Männernamen wie Longarus: sämtlich mit westidg. Erleichterung des Anlauts aus idg. *dlonghos in gleichbed. mperf. drang, nperf. dirang, alban. gl'atε (aus *dlang-tε). Die ganze Gruppe mit eingefügtem n zu idg. *delēgh- 'lang' in aind. dīrgháḥ, avest. darəga, aperf. darga- 'lang'.

langen s. gelangen.

Langohr M. N. Die rotwelsche Zoologie, in der das Schaf Warmbuckel heißt, die Gans Breitfuß, der Fuchs Langwedel, unterscheidet Hasen und Esel als kleines und großes Langohr (L. Günther 1919 Gaunerspr. 76). Die Art der Verbreitung über die Mundarten (H. Fischer 4, 985) und die ersten schriftsprachl. Belege (für Esel 1598 Schildb. 98, für Hase Colerus 1604 Hausbuch 431) scheinen rotwelschen Ursprung zu bestätigen. Der nahe-

liegenden Benennung vergleicht sich lat. auritus, das als Adj. 'langohrig', als Subst. schon um 360 n. Chr. 'Hase' bedeutet. Kymr. ysgyfarnog 'Hase' gehört zu ysgyfarn 'Ohr'.

längs Adv. Präp., ebenso mnd. langes, nnd. nnl. langs, mnl. (al)langes, dän. langs (ad, med, ved), schwed. längs (efter). Mhd. lenges älter langes Adv. 'der Länge nach' ist der erstarrte Gen. Sg. N. des Adj. lang (s. d. und entlang). Zur Präp. wird längs wie abseits, mitten, nächst, seitab, -wärts u. a. Zuerst erscheint es in Köln 1340 mit Akk.: lancks dat bruch, fast gleichzeitig in Ostfriesland mit Gen.: we den andern jaget langes weges. Soweit die Präp. längs aus der Formel nach (der) Länge (der sie den Umlaut verdankt) entwickelt ist, regiert sie den Gen. Dieser konnte beim Sg. Fem. (längs der Küste) als Dat. verstanden werden; ihn regiert l. vielfach seit dem 17. Jh., bis heute in manchen Mundarten.

langsam Adj. eine der ersten Bildungen auf -sam (got. nur lustu-sama 'ersehnt'): agf. longsum, asächs. langsam 'lange während'. Im Ahd. besteht neben langsam 'lange dauernd' ein Adj. langseimi 'zögernd', im Mhd. neben lancsam ein Adj. lancseim, Adv. lancseime, -seine 'langsam' (als Bildung zu mhd. seine 'träg', schwed. sen 'spät', got. sainjan 'säumen', urverwandt mit lit. at-sainùs 'nachlässig'). Nhd. geht langseim verloren, langsam übernimmt seine Bed.

langstielig Adj. nicht vor J. G. Kohl, Reisen in England 2 (1843) 92 „ihre Inschriften langstilig und breit". In der später amtlich gewordenen Schreibung erst bei L. Schücking 1863 Aktiengesellsch. 1, 11 „langstielige Abhandlungen". Nach dem Inhalt auch der späteren Zeugnisse zu Stil 'Schreibweise' gebildet und an Stiel erst nachträglich angelehnt.

Langwied(e) F. N. die lange Stange, die Vorder- und Hintergestell des Ackerwagens verbindet. Ahd. mhd. lancwit N. F., anord. langviðr M. Zum zweiten Teil (ahd. witu, mhd. wit(e), anord. viðr, schwed. ved 'Holz') s. Krammetsvogel und Wiedehopf. Das selten gedruckte Wort (Bahder 1925 Wortwahl 89) spielt mundartl. eine bedeutsame Rolle: H. Fischer 1914 Schwäb. Wb. 4, 988; L. Berthold 1927 Hessennass. Volksw. 2, 30 f. Dafür rhein. langfart, siebenb. lankert, westfäl. lanfer (aus langfare).

langwierig Adj. spätmhd. lancwiric 'lange während', mnl. lanc-, mnd. lankwarich; daraus entlehnt dän. langvarig, schwed. långvarig. Zu ahd. wëren (s. währen) gehört das Adj. wërig 'dauernd', seit Notker wirig (mit Brechung vor i der Folgesilbe wie ergiebig, gierig, irdisch, richtig zu geben, begehren, Erde, recht). Dazu lancwirig 'longaevus' erst 1419 (Diefenbach, Nov. Gloss. 239ª), während langwërigī, -wirigī F. 'diuturnitas' unabhängig davon schon spätahd. erscheint. Solange die Zugehörigkeit zu mhd. wërn empfunden wird, sind Formen wie lancwërig möglich. Der Zus.-Fall des i mit ü ermöglicht die Schreibung langwürig vom 15. bis zum Ende des 17. Jh.

Lanze F. Lat. lancea, als Bezeichnung des ursprünglich span. Speers, der in der Mitte einen Wurfriemen trug, ein kelt. Wort, ergibt im 12. Jh. afrz. lance, das um 1200 als lanze ins Mhd. gelangt. Gleichen Ursprungs sind gr. galat. λογκία, aslav. lǫšta, ital. lancia, span. lanza, mnl. engl. lance, nnl. schwed. lans, anord. lęnz. Die Anknüpfung innerhalb des Kelt. ist umstritten.

Lanzette F. Frz. lancette, Verklein. zu lance, gelangt als Ausdruck des Aderlassens zu uns und erscheint seit Albertinus 1601 Guevaras Geistl. Spiegel 390ᵇ. Martin 1637 Parlement 261 nennt das Gerät geradezu welsches Laßeysen. Vom Aderlassen aus ist aller weitere Gebrauch entwickelt: Schulz-Basler 1942 Fremdwb. 2, 8.

Lanzknecht s. Landsknecht.

Lapislazuli s. Azur.

Lappalie F. 'unbedeutende Sache'. In spöttischer Nachbildung von Kanzleiwörtern wie Personalia hängt Stud.-Sprache des 17. Jh. die lat. Endung an nhd. Lappe: Lappalia Schupp 1659 Kalender C 10ª. Lappalien seit Prätorius 1667 Anthropod. 3, 17, der Sing. erst bei Bürger 1776: Schulz-Basler 1942 Fremdwb. 2, 9. Vergleichbare Bildungen s. u. Schmieralien.

Lappen M. Mhd. lappe M. F., ahd. lappo M., lappa F. 'niederhängendes Stück Zeug, herabhängendes Hautstück' weisen auf germ. *labba-. Germ. *lappa- spiegelt sich in asächs. lappo M. 'Zipfel am Kleid', mnd. nrhein. lappe 'Tuch-, Lederfleck', anfränk. lap 'Kleidersaum', mnl. lappe, nnl. lap, ags. lappa 'Zipfel, Stück, Bezirk', engl. dän. lap, schwed. lapp. Germ. *lappia- wird vorausgesetzt durch afries. leppa, leppe, ags. læppa, anord. lęppr, dem isl. norw. lapa 'schlaff hängen' nahesteht. Außergerm. vergleichen sich gr. λοβός 'Hülse, Kapsel, Ohrläppchen', air. lobur 'schwach', lat. labāre 'wanken', labor 'Wanken unter einer Last; Mühe; Arbeit'. Die Ansicht, hd. Lappen beruhe auf Entlehnung aus dem Nd., ist unhaltbar.

läppisch Adj., spätmhd. leppisch, nur deutsch. Lappe erscheint (zuerst in Straßburg 1341) als Übername und wird als obd. Lapp all-

gemein zur Schelte des äußerlich oder sittlich Haltlosen. In die Schriftsprache dringt allein das hierzu gebildete Adj., das zuerst in St. Gallen 1450 greifbar wird und über die Oberpfalz ins Md. eindringt. Hier gerät es unter Einfluß von Lappen 'Fetzen' und wird zum Tadel weichlicher Haltung, Sinnesart und Rede. Heute hat läppisch breiten Rückhalt an den Mundarten von Tirol bis zur Küste, vom Elsaß bis nach Siebenbürgen.

Lärche F. Den nur in den Alpen bodenständigen Baum benennen die Römer seit der Zeit des Augustus mit einem Wort der gall. Alpenbevölkerung larix, -icis, das in ital. larice, rätorom. larsch, frz. mundartl. larze fortlebt und in Ortsnamen zumal der welschen Schweiz (Laret, Larschi, Larzey) wiederkehrt. Die Bildung beruht auf idg. *dereu(o)- 'Baum', s. Druiden, Teer usw. In den Alpen lernen Germanen den Baum früh unter seinem lat. Namen kennen: ahd. *larihha, *lericha, -acha, mhd. larche, lerche (Zs. f. dt. Wortf. 3, 380. 6, 187) setzen k-Aussprache des lat. c vor Palatal voraus, wie Kalk, Kelch, Keller usw. In den andern germ. Sprachen erscheint der Baumname spät: nnl. lariks, engl. larch, dän. lerketræ, schwed. (seit 1639) lärketräd. Zur Unterscheidung von Lerche haben die Sprachmeister unter Führung von Adelung Schreibung mit ä durchgesetzt, die nun die Aussprache verfälscht.

Larifari N. In der ital. Solmisation — dies Wort selbst beginnt mit den Notennamen sol mi — sind la re fa Tonbezeichnungen. Trällernde Gesangstöne werden in Uhlands Volksliedern 950 mit lōri fā angedeutet, eine Messe im 15. Jh. (Fichards Archiv 3, 204) mit La re fa re. Hier ist schon die Figur erreicht, die in Wien 1719 als 'leeres Geschwätz' festgeworden erscheint: Abr. a S. Clara, Bescheidessen 291 „Ein Wax ist die Welt, man truck darein was man will, so ists doch nichts als Lari fari und Kinderspiel". Im Wiener Theater des 18. Jh. ist Larifari Name des Hanswursts. Im Frz. und Engl. fehlt der Ausdruck: Zs. f. d. Wortf. 2, 23; Schulz-Basler 1942 Fremdwb. 2, 9.

Lärm M. Der Ruf zu den Waffen, ital. allarme, frz. alarme (s. Alarm) wird mit Aufgabe des unbetonten Anlauts entlehnt zu frühnhd. larman, lerman: Wilwolt v. Schaumburg 1507 S. 120. Das e gegenüber gemein.a stammt aus ostfrz. Mundarten (wie in Degen aus frz. dague): Behaghel 1928 Gesch. d. dt. Spr. 77. Luthers Form Lerman Luk. 22, 6 muß seinen obd. Zeitgenossen mit Auflauf, Aufruhr verdeutlicht werden: Kluge 1918 Von Luther bis Lessing 109. — S. Heidenlärm

larmoyant Adj. 'weinerlich'. Zu frz. larme (aus lat. lacrima) F. 'Träne' gehört larmoyer 'bitter weinen'. Deſſen Part. wird wichtig im Umkreis der im 18. Jh. entwickelten Comédie larmoyante und in ihrem Bereich 1750 entlehnt. S. rührend, weinerlich und Schulz-Basler 1942 Fremdwb. 2, 9 f.

Larve F. mhd. (14. Jh.) larve. Aus dem Deutſchen ſtammen nnl. (ſeit 1599) larve, dän. norw. larve, ſchwed. (ſeit 1582) larv. Das mhd. Wort iſt (wie frz. larve im 16. Jh.) aus dem klöſterl. Latein entlehnt, mit ſ-Ausſprache des v (vgl. Nerv, Pulver, Sklave). Lat. lārva, erſt ſeit Horaz zweiſilbig, lautet alat. lārŭa und iſt aus einer Grundform *lāsoŭā entwickelt, die mit Ablaut zu lāres, alat. lāses 'Geiſter' gehört. Bei uns iſt Larve unter Verdrängung altheimiſcher Ausdrücke eingebürgert, ſoweit zur Faſtnacht Mummenſchanz getrieben wird; es fehlt im Norden und Oſten. Im Südoſten hat das jüngere Lehnwort Maske (ſ. d.) die Volksſprache erobert. Landſchaftlich bezeichnet dies die verlarvten Leute, Larve die Geſichtsmaske. Die Beziehung zur Faſtnacht wahren beide Wörter weit hinaus. Aus der Vorſtellung des künſtlichen Geſichts, hinter dem ſich das wahre Weſen birgt, wird Larve zum Fachwort der Inſektenkunde: 1778 ſteht es für heutiges Puppe, ſeit 1795 für 'Inſekt von dem Augenblick, da es aus dem Ei ſchlüpft, bis zur Einpuppung'.

laſch Adj. 'ſchlaff', mnd. (15. Jh.) lasch, lasich, las 'müde, matt'. Nächſtverwandt mhd. erleswen 'ſchwach werden', engl. lazy 'träg', anord. lasmeyrr, lasinn 'ſchwach', lǫskr 'ſchlaff', got. lasiws 'ſchwach'. Außergerm. vergleichen ſich bulg. loš 'ſchlecht' und toch. lyäsk 'Weiche (des Körpers)': ſämtlich zu idg. *ləs- *ləs-, einer Erweiterung der idg. Wurzel *lē(i)- 'nachlaſſen'. Im Mhd. mag ſich laſch unter Einfluß des unverwandten frz. lâche 'ſchlaff, feige' verbreitet haben.

Laſche F. mhd. lasche, mnd. las(che), mnl. lassce 'Lappen, Fetzen', isl. laski 'Handwurzelſtück eines Handſchuhs'. Daß in vielen Teilen Deutſchlands die Zunge des Schnürſtiefels Laſche heißt, beruht auf der gleichen Anſchauung, mit der Nik. v. Jeroſchin (um 1340) V. 14580 den Hautlappen an einer Wunde lasche M. nennt: Kretſchmer 1918 Wortgeogr. 322. Laſche gehört zu laſch (ſ. d.), wie Lappen zu ſchlaff. Außergerm. vergleichen ſich am nächſten ruſſ. lóskut, lit. lãskana 'Lumpen, Lappen'.

Laſe F. 'bauchiger Tonkrug', ein md. Wort, das Schottel 1663 als Laße ins Nhd. einführt. Wohl eines mit mnd. lāse 'Krug', mit dieſem u laſſen.

laſieren ſ. Azur.

laß Adj. Mhd. ahd. laz (zz) 'matt, träge, ſaumſelig', mnd. mnl. lat (nnl. laat 'ſpät', Superl. laatst 'letzt'), afrieſ. let, agſ. læt (engl. late 'ſpät', Superl. last 'letzte'), anord. latr, dän. lad, got. lats 'läſſig, träge' führen auf germ. *lăta-, idg. *lad-, das in lat. lassus (aus *lad-tos) 'matt, müde, abgeſpannt' wiederkehrt. Die Ausgangsform ſteht in Ablaut mit idg. *lēd- (ſ. laſſen); vgl. das Nebeneinander von ſchlaff (ahd. slāf) und ſchlafen (Wz. slēp-). Urverwandt ſind gr. ληδεῖν 'müde ſein', alb. l'oϑ 'mache müde', l'odem 'werde müde', lit. léidžiu 'laſſe', palaida 'Zügelloſigkeit' (ſ. auch letzen, letzt, verletzen). — Im Mhd. iſt laß durch müde zurückgedrängt, mit dem ſchon 1523 Luthers obd. Zeitgenoſſen ſein laß (Luk. 18, 1 u. ö.) verdeutlicht werden muß: F. Kluge 1918 Von Luther bis Leſſing 109.

laſſen ſt. (urſpr. redupl.) Ztw. Mhd. lāzen (liez), ahd. lāzzan, aſächſ. lātan, mnd. mnl. lāten, nnl. laten, afrieſ. lēta, agſ. lētan, weſtſächſ. lǣtan, engl. let, anord. lāta, norw. lata, ſchwed. lāta, dän. lade, got. lētan 'laſſen' führen auf germ. *lēt-, idg. *lēd-. In Ablaut dazu ſteht *lad-, ſ. laß. Der Stammvokal iſt, wie im Engl., ſo auch im Mhd. verkürzt. Neben mhd. lāzen ſteht die zuſ.-gezogene Form lān, die ihre Präſ.-Formen bildet wie gān und stān, ihr Prät. lie wie gie. In bair.-öſterr. lān, ſchwäb. lau, alem. lō (Part. glō) iſt die Kurzform noch am Leben. Das mhd. Part. lautet lāzen, daher noch: ich habe ihn ſtehen laſſen, es mir nicht träumen laſſen, und (nach dem als Inf. mißverſtandenen Vorbild) ich habe ihn gehen heißen, ſingen hören, ſchlagen wollen uſw. — Die Fülle der Bedeutungen von laſſen iſt älter als unſre Überlieferung, z. T. dem Deutſchen mit den verwandten Sprachen gemeinſam: H. Suolahti 1928 Neuphil. Mitt. 29, 45 ff.

Laſſo M. N. 'Fangſchlinge', aus kolonialſpan. laço im 18. Jh. mit Reiſebeſchreibungen eingedrungen: Schulz-Basler 1942 Fremdwb. 2, 10 f. Voraus liegt ſpan. lazo 'Schnur, Schlinge' aus lat. laqueus 'Strick als Schlinge', ſ. Latz. Engl. laço begegnet zuerſt 1768: Palmer 84.

Laſt F. Mit dem Stamm des Ztw. ahd. (h)ladan (ſ. laden[1]) bildet das Fem.-Suffix germ. -sti (Kluge 1926 Stammbild. § 129) ahd. (h)last, mhd. mnd. nl. engl. last, afrieſ. hlest, agſ. hlæst. Für das obd. M. Laſt (Zſ. f. d. Wortf. 6, 69. 7, 50; Kluge 1918 Von Luther bis Leſſing 101) iſt germ. *lasta- oder *lastu- vorauszuſetzen. In anord. hlass N. (aus idg. *klat-to-) hat ein altes Part. auf -to die Bed. 'Wagenlaſt' übernommen. Das germ. Wort hat, ins Roman. entlehnt, ital. lasto, frz. laste M. 'Schiffslast', lest M. 'Ballast' ergeben. S. Ballast.

Lastadie F. (Ton auf dem zweiten a). Ahd. ladastat, mhd. lāstat 'Ladeplatz (für Schiffe)' ergab mlat. lastadium, -agium, mnd. lastadie, mnl. lastagie 'Schiffszimmerplatz, Werft': Kluge 1911 Seemannsspr. 516f.

Laster N. Mhd. mnd. anfränk. mnl. nnl. afrief. laster, ahd. asächs. lastar 'Fehler, Schmähung' führen auf westgerm. *lahstra-. Vor st ist h ausgefallen wie in Mist, s. d. Die Endung -stra steht für älteres -tra, mit dem mnd. mnl. nnl. lachter 'Schande, Hohn' und agf. leahtor 'Vorwurf, Sünde' gebildet sind. Andre Bildung zum gleichen Stamm ist dän. schwed. last, anord. lǫstr (aus *lahstu-) 'Schade, Fehler, Gebrechen, Tadel', das seinen nächsten außergerm. Verwandten in air. locht (aus *lokto-) 'Schuld, Gebrechen' hat. Der Verbalstamm germ. *lah- liegt vor in ahd. asächs. lahan, agf. lēan, isl. lā 'tadeln'. F. Mezger, Zf. f. vgl. Sprachf. 61, 289.

Lästermaul N. wie Lästerzunge von Luther geprägt, durch Spr. 4, 24 beflügelt. S. Feuereifer.

Lasur s. Azur und Glasur.

lateinisch Adj. ahd. latīnisc, mhd. latīnisch. In ahd. Zeit, als t schon nicht mehr zu hd. zz verschoben wurde, entlehnt. Die fremde Betonung ist (anders als in agf. læden, engl. Latin) bewahrt, ī im Übergang zum Mhd. diphthongiert. Latinische schul tritt erstmals in Memmingen 1482 auf, Vorbild ist tütsch schul das. seit 1427: S. Nyström 1915 Schulterm. 1, 8. 41. S. Jäger- und Küchenlatein.

Laterne F. Gr. λαμπτήρ, Akk. λαμπτῆρα 'Leuchter' ergibt lat. la(n)terna, woraus mhd. la(n)tern(e) entlehnt wird. Die fremde Betonung ist, anders als in engl. lantern, beibehalten, nur im nordöstl. Thüringen gilt Latter. Laterne als Fachwort der Baukunst ist seit 1712, Laterna magica seit 1713 belegt: Schulz-Basler 1942 Fremdwb. 2, 11f.

Latte F. Mhd. mnd. mnl. latte, ahd. asächs. latta, nnl. lat, mengl. lappe, engl. lath weisen auf germ. *lappō, agf. lætt, anord. latta auf germ. *lattō. Dän. legte, schwed. läkt 'Latte' beruhen auf Entlehnung von nd. letke 'Lättchen'. Ins Roman. ist das Wort übergegangen als frz. latte, ital. latta 'Latte'. Die nächsten germ. Verwandten f. u. Laden und Geländer. Außergerm. vergleichen sich air. ir. slat, kymr. llath, bret. laz 'Rute', die über *slattā auf urkelt. *slatnā zurückgehen und sich mit den germ. Wörtern auf idg. *(s)lat- 'Latte' vereinigen. Hinzuziehung von toch. A lät-k, B lät-k 'abschneiden' ist lautlich unmöglich: A.J. v. Windekens 1944 Morph. comp. du Tokharien 38.

Lattich M. mhd. lat(t)ech(e), ahd. latohha, lattūh, mnd. lattike, lattuke (hieraus entlehnt lett. latūks), mnl. lachteke (nnl. latuw), agf. lactūc, leahtroc, -ric, leactrog (engl. lettuce): vor der hd. Lautverschiebung entlehnt aus lat. lactūca 'Lattich, Kopfsalat', das mit derselben Endung wie albūcus 'Asphodill', ērūca 'Kohlraupe' usw. zu lac 'Milch' gebildet ist. Goethe 1787 Jub.-Ausg. 26, 297 „der Salat von Zartheit und Geschmack wie eine Milch; man begreift, warum ihn die Alten lactuca genannt haben". Zwischen Lat. und Ahd. haben Formen wie lattūca und láttūca vermittelt. — Seit ahd. Zeit mischen sich mit den Wiedergaben von lat. lactuca solche von lapatium (aus gr. λάπαθον 'Ampferart, deren Genuß den Leib öffnet', zu λαπάζειν 'erweichen'), das spätlat. als lap(a)tica und lattica erscheint. Über diese Mittelform ist ahd. huofletihha, mhd. huofleteche 'Huflattich' entstanden. Auch Vermengung mit Attich (s. d.) kommt vor: Beitr. 61 (1927) 208ff.

Latwerge F. mit Arzt, Büchse, Lakritze usw. ein Wort der mittelalt. Heilkunde, das vom Griech. ausgeht: ἐκλεικτόν, ἔκλειγμα N. 'Arznei, die man im Mund zergehen läßt' (zu λείχειν 'lecken', s. d.) ergibt unter Anlehnung an lat. ēlectus 'erlesen' spätlat. ēlectuārium, das in frz. électuaire, engl. electuary 'Latwerge' fortwirkt und mhd. electuārje ergeben hat. Geläufiger sind die durchs Afrz. vermittelten mhd. latwërge, -wërje, -wärje mit Verlust des unbetonten Anlauts, mit a in der minderbetonten ersten Silbe (s. Lakritze) und Angleichung von ct zu t(t) wie Lattich. Vgl. ital. lattovaro.

Latz M. Lat. laqueus 'Strick als Schlinge' (zu lacio 'ich locke') ergibt ital. laccio 'Schnur', afrz. laz 'Nestel, Schnürband'. Von Süden und Westen dringen mhd. laz 'Band' und frühnhd. latz 'Schnürstück am Gewand' ein. S. Lasso.

lau Adj. Mhd. lā, lāwes, ahd. lāo (flekt. lāwēr), mnd. nnl. lauw, mnl. laeu, älter dän. laa 'lauwarm' führen auf germ. *hlēwa-. Daneben wird germ. *hlēwia- vorausgesetzt durch agf. (ge)hlēow 'warm, sonnig', engl. lew, anord. hlǣr 'mild' (vom Wetter). Die Ablautstufe germ. *hlewa- tritt in Lee zutage, s. d. Auch bair. läunen 'tauen' u. schweiz. lüm 'mild' (vom Wetter) sind verwandt. Die germ. Sippe führt auf idg. *kleu-, Erweiterung des idg. Stamms *kel-, der in asächs. halōian 'brennen' erscheint. Urverwandt sind lat. calēre 'glühen', calidus 'warm', cal(d)or 'Hitze', kymr. clyd 'warm', lit. šilù 'warm werden', šiltas 'warm', aind. śarád- 'Herbst', offet. särd 'Sommer'. Für die Übertragung von lau auf sittliches Gebiet ist Offenb. 3, 16 Vorbild: „quia tepidus es et nec frigidus nec calidus.“

Laub N. Mhd. loup (b), ahd. loub, aſächſ. mnd. lôf, mnl. nnl. loof, afrieſ. lâf, agſ. lêaf, engl. leaf, anord. lauf, dän. løv, ſchwed. löv, got. lauf N. 'Laub' (daneben got. laufs M. 'Blatt') führen auf germ. *lauba-. Die germ. Wortgruppe vereinigt ſich mit lit. lupù, lupti 'abhäuten, ſchälen', lett. lupt 'ſchälen, berauben', lâupīt 'ſchälen, abblättern; rauben', lit. lupinaĩ Mz. Obſtſchalen', lupsnìs 'abgeſchälte Tannenrinde', ruſſ. lupljú, lupít' 'ſchälen' auf idg. *leup-. So ſteht lit. lãpas 'Blatt' neben gr. λέπω 'ſchäle ab'. — Das gemeingerm. N. *lauban iſt Sammelbegriff. Damit verträgt ſich die Anwendung der Mz. mnl. lover, mnd. lovere, ahd. loubir, mhd. löuber 'frondes'; im Gegenſatz zu dieſer Mz. wird die Ez. gelegentlich zur Bezeichnung des einzelnen Blattes: Wh. Schulze 1933 Kl. Schr. 80.

Laube F. mhd. loube 'Vor-, Geſchäfts-, Gerichtshalle; Galerie am Oberſtock', ahd. louba (louppea 'Schutzdach, Halle, Vorbau' (Zſ. f. roman. Phil. 63, 177). Obd. umlautlos wie erlauben, Glauben, Haupt uſw., md. nd. uſw. mit Umlaut: heſſ. leibə 'Speicher', mnd. lôve, lôving, mnd. löfe(n), mnl. loife(n), nnl. luifel, ſchwed. löfsal 'Laube'. Das germ. Wort gelangt als laupio ins Finn., das ahd. als *laubja ins Roman.: mlat. lobia, ital. loggia, frz. loge 'Hütte, Zelt, Galerie'. Nächſtverwandt iſt anord. lopt N. 'Zimmerdecke; darüber befindlicher Raum', worauf mit gleichbed. dän. ſchwed. loft auch engl. loft 'Dachboden, -geſchoß' beruht. Dem Wort entſpricht mnd. lucht F. 'oberes Stockwerk, Bodenraum', verwandt iſt ahd. louft 'Baumrinde, Baſt, Nußhülſe' (ſ. Läufel, wo auch die außergerm. Verwandtſchaft): Grundbed. von Laube iſt 'Dach aus Baumrinde'. Die Breite des mhd. Wortgebrauchs beleuchten die Zuſ-Setzungen brôt-, dinc-, ëzze-, sumer-, tuoch-, vor-, wehselloube: M. Heyne 1899 Wohnungsweſen 21. 75 ff. Dem entſpricht die Buntheit in heutiger Umgangsſprache: P. Kretſchmer 1918 Wortgeogr. 208. 323. 611. Die erſt nhd. Bed. 'Gartenhaus' iſt gewonnen aus Kürzung von Garten-, Sommerlaube.

Lauch M. mhd. louch, ahd. louh (hh), aſächſ. lôk, agſ. lêac, engl. leek (gekürzt in garlic 'Knoblauch'), urnord. laukar (auf einem in Schonen gefundenen Brakteaten als Zauberwort, das dem Träger Erhaltung ſeiner Geſundheit verbürgt: Dt. Lit.-Ztg. 1935, 1167), anord. laukr, ſchwed. lök, dän. løg. Aus dem Germ. früh entlehnt ſind finn. laukka, lit. lukai, lett. luoks und aslav. lukŭ mit ſeinen

ſlav. Folgeformen. Möglicherweiſe iſt die Pflanze nach ihren abwärts gebogenen Blättern benannt. Dann ſtünde Lauch in Ablaut mit Locke (ſ. d.) und wäre urverwandt mit gr. λυγίζειν 'biegen', λύγος 'biegſamer Zweig', lat. lucta 'Ringkampf', luctári 'ringen', lūma 'Unkraut', luxāre 'verrenken' und lit. lùgnas 'geſchmeidig'. S. Knoblauch, Schalotte, Schnittlauch und R. Loewe 1937 Beitr. 61, 223 f.

Lauer M. 'Nachwein' danken wir mit Kelch, Kelter, Moſt, Wein, Winzer u. v. a. dem röm. Weinbau: lat. lôra 'mit Waſſer aufgegoſſener Wein' (*louerā zu lavāre 'ſpülen') gibt ahd. lûra, mhd. lûre, während die Nebenform lat. lôrea über *lûrja in ahd. lûrra, mhd. liure, bair. leier (Schmeller 2 1, 1499), ſchweiz. glöri fortwirkt. Den Urſprung von lat. lôra hat ſchon Varro De re ruſt. 1, 54, 3, den von Lauer Leſſing richtig erkannt: M. Heyne 1901 Nahrungsweſen 363.

lauern ſchw. Ztw. mhd. (14. Jh.) lûren: das mit lûr(e) F. 'Hinterhalt' und lûre M. 'Betrüger' ſpät auftretende Ztw. verdrängt in frühnhd. Zeit älteres lauſchen und lauſtern, weil ſeine Grundbed. 'die Augen zuſ.-kneiſen, durch halbgeſchloſſene Augen ſehen' noch ſinnkräftig iſt. Sie lebt noch in ſchweiz. g'lure; thür. hat ſich daraus 'mit dem Gewehr zielen' entwickelt, elſ. 'faulenzen, halb ſchlafen' (wie auch in ſchwed. lura, dän. lure 'ſchlummern'), naſſ. 'traurig, nachdenklich, ſtill in ſich gekehrt ſein'. Nl. loeren iſt früher auch 'finſter blicken', wie mengl. lūren, engl. lower. Daneben mit gl anlautende Bildungen: frühnhd. mnd. nnl. gluren 'lauern, ſchielen', engl. glower 'ſchielen'. Obd. luren (vom Südfränk. bis Kärnten ſetzt alte Kürze voraus. Weiterbildung iſt mengl. lurken (für lūr-ken), engl. lurk 'auf der Lauer liegen', norw. mundartl. lurka 'ſich hervorſchleichen': v. Bahder 1925 Wortwahl 108.

Laufbahn F., das ſeit Duez 1642 im körperl. Sinn gebucht wird und noch bei Friſch 1741 nur 'ſtadium, curriculum' bedeutet, wird ſeit Adelung 1777 ins Geiſtige gewendet und damit Erſatzwort für frz. carrière. So verwendet es Jean Paul 1793 und ſetzt es gegen Campes Einſpruch durch: Wh. Pfaff 1933 Kampf um dt. Erſatzwörter 37 f.

Läufel, Lauft F. 'Rinde, Schale', heute beſonders von der grünen Schale der Walnuß. Ein Wort des Südens und Weſtens: L. Berthold 1927 Heſſen-naſſ. Volkswb. 2, 56. Entſpr. nl. luifel, ahd. louft 'Nußſchale, Baumrinde'. Urverwandt ſind ir. luchtar 'Boot' (urſpr. aus Rinde), lat. liber 'Baſt', auch als Schreibſtoff und darum 'Buch', alban. l'abε

'Rinde, Kork', lit. lúbas 'Baumrinde', ruff. lub 'Borke, Baſt'. S. Laube und Rotlauf.

laufen ſt., früher redupl. Ztw., mhd. loufen, ahd. (h)louf(f)an, aſächſ. hlōpan, mnd. mnl. lōpen, anfr. loupon, nnl. loopen, afrieſ. hlāpa, agſ. hlēapan, engl. leap, anord. hlaupa, ſchweb. lōpa, dän. løbe 'laufen', got. us-hlaupan 'aufſpringen'. Die Anknüpfung an die Sippe des lit. šlubúoti 'hinken' befriedigt ſo wenig, wie die an lit. klúpti 'niederknien, ſtolpern' uſw. Da in Brautlauf (ſ. d.) eine gewiß alte Bedeutung 'tanzen' zutage tritt, ſucht J. Trier 1942 Beitr. 66, 253 den Urſprung von laufen im Bereich von Tanz und hegendem Grenzumgang, doch ſind hier lautlich überzeugende Verknüpfungen noch nicht gefunden.

Läufer M. Die Figur im Schachſpiel (ſo kaum vor Duez 1664) hieß mhd. der alte, mnd. olde, mnl. oude (mlat. senex), entſtellt aus altvil (ſo im Sachſenſpiegel). Das iſt Umdeutung aus ſpan. alfil, dies aus arab. al fil 'der Elefant'. Die zwei voneinander abgekehrten Bögen, die die Zähne andeuten, faßte man in Frankreich als Narrenkappe (daher frz. le fol, fou), in England als Biſchofsmütze (daher engl. bishop). In Südfrankreich wurde aufin, eine der aus alfil entwickelten Formen, über d'aufin zu dauphin, das neben 'delphinus' auch 'Herr der Dauphiné (der den Delphin im Wappen führte)', dann 'Kronprinz' bedeutete: Ewald Eiſerhardt, Schachterm. 33. 78; Eugen Lerch 1931 Köln. Ztg., Unterh.-Beil. 470.

Lauffeuer N. Zu Fernzündungen diente in alter Zeit ein Strich ausgeſchütteten Pulvers. Seit Wallhauſen 1617 Archiley Kriegskunſt 75 nachgewieſen von Kurrelmeyer 1929 Mod. lang. notes 44, 75.

Laufgraben M. ſeit 1571 nachgewieſen von Kurrelmeyer 1923 Mod. lang. notes 38, 404.

Laufpaß M. in der Wendung „einem den L. geben" ſeit 1790 Origines Bakel 1² 92. Dafür Laufzettel ſchon Chr. Weiſe 1696 Kom.-Probe 104. Urſpr. wohl der Ausweis, mit dem geworbene Soldaten entlaſſen wurden.

Lauft M. (Plur. Läufte) ahd. hlauft, louft, mhd. louft 'Lauf', Plur. mhd. löufte 'Zeitläufte'.

Lauge F. ahd. louga, mhd. louge, mnd. löge, mnl. löghe, agſ. lēag, engl. lie, lye 'Lauge', anord. laug F. 'Badewaſſer' (neuisl. in vielen Geländenamen mit der Bed. 'warme Quelle'). Dazu dän. lørdag, ſchweb. lördag, anord. laugardagr 'Sonnabend' (wörtl. 'Waſchtag'). Germ. *laugō, daneben mit Ablaut und gramm. Wechſel germ. *luh- (idg. *louəká: *luk-) in ahd. luhhen 'waſchen', ſchwäb. lichen, nordfränk. henneb. lüen 'gewaſchene Wäſche durchs Waſſer ziehen'. Die einf. Wz. idg. *lou-

liegt vor in gr. λούω, lat. lavo 'ich waſche, bade', das Suffix -tro- iſt hinzugetreten in idg. *loŭətrom; deſſen Folgeformen ſ. u. Seife.

Laum M. 'Waſſerdampf', mhd. loum, frühnhd. lom, laum: ein Wort des Südens und Weſtens, von Ch. Schmidt 1896 Wb. b. Straßb. Ma. 67 und 1901 Hiſt. Wb. b. elſ. Ma. 215 ſowie von H. Fiſcher 1914 Schwäb. Wb. 4, 1046 belegt. Ob zu lau?

Laune F. mhd. lūne 'wechſelnde Gemütsſtimmung', urſpr. 'Zeit des Mondwechſels; Veränderlichkeit des Glücks'. Voraus liegt lat. lūna 'Mond': die mittelalterl. Aſtrologie lehrte, der wechſelnde Mond wirke auf die Stimmung des Menſchen. Derſelbe Glaube lebt in ital. luna, frz. les lunes, engl. lune, lunacy, lunatic, die ſämtlich Gemütsſtimmungen bezeichnen.

Laus F. Ahd. mhd. mnd. mnl. agſ. anord. lūs weiſen auf einen gemeingerm. konſ. Stamm *lūs. Außerhalb des Germ. weiſt nur der britann. Zweig des Kelt. eine Entſprechung auf: akorn. lowen, nkymr. lleuen (Plur. llau) aus vorkelt. *lōus 'Laus'. Alle weiter verſuchten Anknüpfungen ſind unbefriedigend.

lauschen ſchw. Ztw., ſpätmhd. lüschen 'verborgen liegen', mnd. lüschen '(auf Wild) lauern', mnl. luuschen 'verſteckt ſein': mit sk-Suffix zum Verbalſtamm germ. *lūt-, der in agſ. lūtan, engl. lout und anord. lūta 'ſich neigen' ſeine urſpr. Bedeutung zeigt, aber ſchon in agſ. lūtian, ahd. lūzēn, mhd. lūzen zu 'verborgen liegen, aufpaſſen' gewandelt erſcheint. Ahd. loskēn, mhd. loschen 'verborgen liegen' ſteht in Ablaut mit lüschen. Germ. Verwandte ſind weſtfäl. löt 'flach', iſl. norw. laut 'Vertiefung', ſchweb. löt 'Triſt, Weide'; Felge am Rad', anord. lotning 'Verbeugung'. Für urverwandt gelten mir. lúta 'kleiner Finger', lit. liūdnas 'traurig', aſlav. ludŭ 'töricht', ruſſ. lúda 'Trübung', armen. lutam 'ſchmähe'. Das aus mhd. lūzen entwickelte laußen kommt, beſ. vom Auflauern auf Wild, im 16./17. Jh. obd. und md. nicht ſelten vor, wird aber nicht in die nhd. Schriftſprache aufgenommen, ſondern durch das vom Nd. her eindringende lauſchen erſetzt, das nicht vor Stieler 1691 in ſeinem heutigen Sinne gebucht wird. S. loſen.

laut Adj. Mhd. mnd. lūt, ahd. (h)lūt, aſächſ. afrieſ. agſ. hlūd, mnl. luut (d) weiſen auf das gemeingerm. Adj. *hlūda-, vorgerm. *klū-tó-s, das urſpr. (vgl. alt, gewiß, -haft, kalt, ſatt, tot, traut, wund, zart) ein Part. auf -to (aind. -tas, gr. -τος, lat. -tus) zur Wz. idg. kleu- 'hören' war u. 'gehört, hörbar' bedeutete. In den verwandten Sprachen (aind. çrutá, gr. κλυτός, lat. inclŭtus) hat ſich die Grundbed. zu 'berühmt' gewandelt. Spuren der alten Kürze (germ. *hlŭda-) zeigen sich in Namen wie Klotilde, Lothar, Ludolf, Ludwig. An idg. Verwandten hat die Wz. *kleu- z. B. gr. κλύειν 'hören', κλέϝος 'Ruhm', lat. cluēre 'hören, heißen', aslav. sluti 'heißen', slovo (für *slevo) 'Wort', toch. klyu 'Ruhm'. S. Leumund.

Laut M. Zum Adj. laut (s. d.) stellen sich die Subst. ahd. hlūtī F., anl. mhd. lūt M. 'Ton, Stimme, Wortlaut'. Dazu die Formel mhd. nāch lūt (des brieves), aus der durch Kürzung die nhd. Präp. laut mit Gen. hervorgegangen ist: vgl. kraft und Behaghel 1924 Dt. Syntax 2, 31. 48.

Laute F. Arab. al-'ūd (zu 'ūd 'Holz') 'Instrument aus Holz; Zither, Laute' ergibt ital. liuto, afrz. leüt und gelangt als spätmhd. lūte F. zu uns. Zus.-Hang mit Laut oder Lied besteht nicht.

läuten schw. Ztw. Zu laut (s. d.) gehört das westgerm. Faktitiv *hlūdjan in agf. hlȳdan 'laut sein, lärmen, schreien, tönen', ahd. lūtten 'laut machen', mhd. liuten 'einen Ton von sich geben, ertönen lassen, läuten'.

lauter Adj. ahd. (h)lūttar, mhd. lūter und (da die Gruppe germ. tr im Hd. unverschoben bleibt; vgl. bitter, Eiter, Otter, Winter, zittern) asächf. hlūttar, anl. lūttir, mnl. lūter, lutter, afrief. hlūtter, agf. hlūttor, got. hlūtrs 'rein': urgerm. Adj. zur Wz. germ. *hlūt, vorgerm. *klūd, die in gr. κλύζειν 'spülen', κλύδων 'Wogenprall' bedeutet, so daß für lauter eine Grundbed. 'gewaschen' vorausgesetzt und ein Bed.-Wandel wie in lat. lautus (urspr. 'gewaschen', dann 'prächtig, stattlich') angenommen werden darf. Nnl. louter ist aus dem Nhd. entlehnt. Zur erstarrten Form nhd. lauter (Soldaten usw.) s. Behaghel 1923 Dt. Syntax 1, 181.

Lautsprecher M. 'Gerät, das Rundfunksendungen laut hörbar macht': fehlt noch in der amtlichen Wortliste des Dt. Funkdiensts: Muttersspr. 40 (1925) 172 ff. Gebucht kaum vor R. Pekrun 1933 Das dt. Wort 589ª.

Lava F. nach 1750 aus ital. (neap.) lava, aus dem auch frz. lave stammt: zu einer (voridg.?) Wortsippe, die 'Stein' bedeutet: H. Güntert 1932 Labyrinth 10. S. Lawine. Bildlich 1768 bei Goethe, Briefe 1, 179 Weim., naturwiss. seit Werner 1787 Gebirgsarten 13: Schulz-Basler 1942 Fremdwb. 2, 12 f.

Lavendel M. N. Die Pflanze wurde in Italien und Nordafrika zum Bereiten duftender Bäder verwendet. Zu lat. ital. lavāre 'waschen' gehören mlat. lavandula, ital. lavendola F., entlehnt zu mhd. lavendel(e) F. M.

lavieren¹ Ztw. 'im Zickzack gegen den Wind ansegeln': frz. louvoyer (im 16. Jh. loveer), das mit Luv (s. d.) zus.-hängt, liefert mnl. loveren, nnl. laveeren. In nd. Seetexten begegnet laveren seit dem 15. Jh., hd. lavieren erscheint in einer Reisebeschr. 1524. Wandel des vortonigen Vokals wie bei Lakritze, s. d. Kluge 1911 Seemannsspr. 522; Schulz-Basler 1942 Fremdwb. 2, 13.

lavieren² Ztw. 'Farben verwaschen' geht als Kunstwort der Malerei mit gleichbed. frz. laver auf ital. lat. lavāre 'waschen' zurück und begegnet bei Goethe seit 1800: Schulz-Basler 1942 Fremdwb. 2, 13.

Lavor N. Spätlat. lavatorium 'Waschbecken' (zu lat. lavāre 'waschen') ergibt über frz. lavoir mnl. lavoor N., das im 17. Jh. (Grimmelshausen 1669 Simpl. 88. 106) in die Volkssprache vor allem Süddeutschlands und Österreichs dringt, wo es (mit Lavorbecken und Waschlavor) bis heute eine Rolle spielt: Kretschmer 1918 Wortgeogr. 555 f.; Schulz-Basler 1942 Fremdwb. 2, 13.

Lawine F. mit Föhn, Gletscher und Murmeltier ein Alpenwort: spätlat. (7. Jh.) lābīna 'Erdrutsch', das in den tessin. und rätorom. Mundarten als 'Erd-, Schneerutschung' fortwirkt. In zahllosen Spielformen gelangt das roman. Wort in die dt. Mundarten der Schweiz (Jd. 3, 1539). In den bair. Alpen gilt läuen(en), län(en), in Tirol län, in Kärnten läne. Literarisch seit Münster 1550 Kosmogr. 400 „Solche Schneebrüch werden vom Landvolk (im Wallis) genennt Löuwene". Scheuchzer (Zürich 1705) schreibt Lauwin, Plur. Lauwenen, Lauwinen. Die Betonung der Mittelsilbe ist rein literarisch. Der Schriftgebrauch der klass. Zeit kennt Lau(w)ine; Seume 1801 Ged. 1, 260 schreibt Lavine; für die heutige Form entscheidet Schiller 1804 Tell 3, 3. Das Wortspiel mit Löwin in seinem Berglied beruht auf einer Fehldeutung des 16. Jh. „Löüwinen, quasi leaenae". Die roman. Grundform *lavanca, -inca kann des Suffixes wegen kaum zu lat. labi 'gleiten' gehören, eher zu der unter Lava genannten Wortsippe, die 'Stein' bedeutet.

Lazarett N. Nach dem kranken Lazarus Luk. 16, 20 wurde im 15. Jh. zu Venedig das Aussätzigenspital benannt. Als das verfiel, wurde bei der Kirche S. Maria di Nazareth ein neues Krankenhaus begründet: aus Lazzaro und Nazareth entstand ital. lazzaretto, das bei uns seit 1554 erscheint, mit Vorliebe im militär. Bereich. Dabei weist die Schreibung lasar(e)t, die sich bis ins 17. Jh. hält, auf Vermittlung des frz. lazaret: Spitzer, Wörter und Sachen 6, 201 ff.; Schulz-Basler 1942 Fremdwb. 2, 14.

Lebehoch N. Der subst. Ruf „er lebe hoch" ersetzt seit etwa 1800 das student. Vivat (s. d.). Campe, der das Ersatzwort seit 1809 empfiehlt, nennt im Wb. zur Verd. (1813) 608ᵇ J. C. C. Rüdiger als Urheber. S. Lebewohl.

Lebemann M. ein zunächst obersächs. Ersatzwort für frz. bonvivant und viveur: Ernst Langbein 1794 Feyerabende 1, 217, von Goethe aufgenommen, z. B. Briefe 16, 250 (an Schiller 5. Juli 1803): Ladendorf 1906 Schlagwb. 186 f.

leben schw. Ztw., mhd. lëben, ahd. lëbēn, asächs. lëben, anfr. libbon, afries. libba, ags. libban, anord. lifa, got. liban: germ. Durativ (s. kleben, schweben) zu dem unter bleiben behandelten st. Ztw. (wie währen, ahd. wërēn, neben wësan 'sein' oder haben neben heben). Daneben die jan-Ztw. asächs. libbian, afries. livia, agf. lifian, engl. live. Nominale germ. Verwandte f. u. Leib. Außerhalb kommen am nächsten lat. caelebs 'unverheiratet' aus *qaiuelo-lib- 'allein lebend' und aind. kēva-la- 'allein, ganz (eigen)'.

lebendig Adj. ahd. lëbentīg 'vivus', mhd. lëbendec, lëm(p)tic, vom Part. Präs. ahd. lëbenti aus gebildet, hat in frühnhd. Zeit als etym. durchsichtige Bildung das gemeingerm. quëck (s. keck) zurückgedrängt: v. Bahder 1925 Wortwahl 143. Die vollere Bildung hat sich neben lebend gehalten, weil sie einem Bedürfnis der Prediger und der (geistlichen) Dichter entsprach. Vgl. Konrads Rolandlied 714 Vone themo leventigen gote mit bibellat. Deus vivus (Matth. 26, 63 u. ö.). Seit spätmhd. Zeit zieht die schwere Mittelsilbe den Ton auf sich (wie in Forelle, Hornisse, Schlaraffe usw.), ein Vorgang, der in einzelnen Mundarten zumal des Nordens und Nordwestens (nnl. nakómeling, werkelóosheid, zaakkúndig) bodenständig sein kann (Behaghel 1928 Gesch. d. dt. Sprache 262), wenn auch deren Mehrzahl bei Erstbetonung verharrt. Im 17. Jh. lehren die Sprachmeister beide Betonungsweisen, Opitz betont metri causa lebéndig, aber lébendiger: Neumark 1667 Poet. Tafeln 138. Im 18. Jh. bekämpfen Wissenschaft und Schule die alte Betonung: Zs. f. d. Wortf. 15, 273.

Lebenslauf M. für das Ciceronianische curriculum vitae seit Butschky 1659 Hd. Kanzlei 646.

Leber F. ahd. lëbara, mhd. lëber(e), mnd. lever, mnl. lever(e), afries. livere, agf. lifer, engl. liver, anord. lifr. Das ë der Stammsilbe entspricht altem i (s. leben, schweben). Eine sichere Anknüpfung an außergerm. Wörter fehlt. Verbindung mit aind. yákṛt, lat. iecur, avest. yākarə, gr. ἧπαρ N. 'Leber' bereitet

versch. lautliche Schwierigkeiten. Gr. λιπαρός 'fett' (Wz. *lip 'kleben') könnte allenfalls verwandt sein (s. bleiben). Möglich wäre Beziehung zu leben, da die Leber bei den Alten zusammen mit dem Herzen als Sitz des Lebens galt; vgl. anord. (poet.) lifri 'Bruder', eigtl. 'der von derselben Leber Stammende'.

Leberblume F. Name verschiedener Pflanzen, vor allem der Frühlingsblume Anemone hepatica L., die wegen ihrer leberförmig gelappten Blätter bei den alten Ärzten als Mittel gegen Leberleiden galt (vgl. Augentrost, Lungenkraut). Mhd. lëberkrūt 13. Jh., liberbluome und lëberwurzkrūt 14. Jh.; Leberblümlein seit 1600. Vergleichbare Benennungen in vielen Nachbarsprachen: H. Marzell 1943 Wb. d. dt. Pflanzennamen 1, 271 ff.

Leberegel f. Blutegel.

Leberfleck M. 'leberbrauner Hautfleck', Lehnübersetzung von lat. macula hepatica: Comenius 1657 Sprachenthür § 286.

Lebewohl N. für das fremde Adieu (s. ade) seit 1672 Schles. Helikon 1, 35. Vgl. Lebehoch.

lebhaft Adj. mhd. lëbehaft 'mit Leben begabt', dazu im 15. Jh. die gleichbed. Weiterbildung lëbehaftig (darum heute noch Lebhaftigkeit). Die Bed. 'agilis, alacer, impiger' (kaum vor Stieler 1691) wird vorausgesetzt von Gröben 1694 Guin. Reisebeschr. B 1ᵃ „lebhafftes Geistes".

Lebkuchen M. mhd. lëbekuoche, mnd. lëveköke. Daneben das gleichbed. mhd. lëbzëlte, österr. Lebzelten, das im Handwerker- und Fam.-Namen Lebzelter fortlebt (Zs. f. d. Wortf. 7, 162). Anknüpfung an lat. libum 'Fladen' läge begrifflich und bei der Bedeutung der Klosterbäckereien nahe; lautlich ist Urverwandtschaft unmöglich, die von M. Heyne 1901 Nahrungswesen 275 angenommene Entlehnung müßte mit einer vokalischen Störung rechnen. Darum besser mit Laib (s. d.) zu idg. *kloibha-: *klībho- 'in Pfannen gebackenes Brot'.

lechzen schw. Ztw. Zu leck (s. d.) in seiner hd. Form lëch gehört das schw. Ztw. ahd. lëchen, mhd. lëchen 'austrocknen, vor Trockenheit bersten'. Ihm entsprechen mnd. mnl. lecken, nnl. lekken, engl. leak 'leck sein', agf. leccan 'bewässern', anord. leka 'tröpfeln, rinnen'. Zu mhd. lëchen gehört die Intensitivbildung lëch(e)zen 'austrocknen', dann 'lechzen'. Zum Bed.-Wandel vgl. Durst. Lautlich und begrifflich steht air. legaim 'ich zerschmelze, zergehe' nahe.

leck Adj. Die germ. Wz. *lek von anord. lekr, agf. hlec (mit falschem h), mnl. leck, mnd. lak 'undicht' erscheint hd. als lëch (s.

lechzen) außer in älterer Sprache auch in vielen Mundarten. Als Seewort dringt nd. leck seit 1598 in unverschobener Form (wie Bake, Brackwasser, Fallreep, Takel, Tau, Teer, Topp) ins Nhd.: Kluge 1911 Seemannsspr. 524. Mhd. lecken Ztw. 'benetzen' und lecke F. 'Benetzung' haben ck für älteres kj, wie agf. leccean 'benetzen' (aus *lakjan) zeigt. Lecken 'leck sein' ist Ableitung vom Adj.; dazu die ältere hd. Form lechen.

lecken¹ Ztw. 'lambere'. Ahd. leckōn, mhd. lecken, asächs. likkon, anfr. leccon, agf. liccian führen auf westgerm. *likkōn usw. mit -kk-, aus -kn-, idg. -ghn-. Die einfache Wz. idg. *leigh- 'lecken' ohne n-Erweiterung liegt vor in got. bi-laigōn 'belecken'. Dazu aind. léhmi, armen. lizem, gr. λείχω, lat. lingo, air. lígim, lit. liežù, aslav. ližą (-ž- aus -zj-) 'ich lecke'. Die n-Erweiterung begegnet auch in serb. laznuti 'einmal lecken', gr. λιχνεύειν 'belecken'. Ein s-Vorschlag findet sich in schlecken (s. d.); vgl. mnd. slicken, anord. sleikja 'lecken'. Zur umgangssprachl. Abgrenzung von lecken gegen schlecken s. Kretschmer 1918 Wortgeogr. 324.

lecken², löcken Ztw. 'mit den Füßen ausschlagen, mhd. lecken 'mit den Füßen ausschlagen, hüpfen', germ. *lakjan, schw. Ztw. zur Wz. germ. *lak, die man mit gr. λάξ, λάγδην Adv. 'mit den Füßen stoßend' verbinden könnte.

lecker Adj., mhd. mnd. mnl. lecker, nnl. lekker: zum schw. Ztw. lecken¹ wie wacker zu wecken, mhd. klëber 'klebrig' und slipfer 'schlüpfrig' zu kleben und schlüpfen, doch mit der anders gewendeten Bedeutung 'gaumenkitzelnd', ursprünglich 'zum Lecken reizend'. In Braunschweig, Bremen, Oldenburg und Teilen Westfalens bedeutet lecker 'wählerisch im Essen', wie sonst leckerhaft. Dies zum M. mhd. lëcker 'Tellerlecker, Schmarotzer, Schelm', das frühnhd. als Allerweltsschelte eine Rolle gespielt hat.

Leder N. Mhd. lëder, ahd. lëdar, asächs. lëthar, mnd. mnl. lëder, nnl. le(d)er, afries. lëther, agf. lëðer, engl. leather, anord. lëðr, schwed. läder, dän. læder führen auf germ. *leþra-, vorgerm. *letro-. Auf dieselbe Form vereinigen sich air. lethar, kymr. lledr, bret. lezr 'Leder', so daß ein westidg. *letro- zu erschließen ist. Über dessen Beziehungen besteht keine Sicherheit: Beitr. 53 (1929) 462.

ledern Adj. Mhd. liderīn, ahd. lidirīn, asächs. litharin, agf. liðeren zeigen in der Stammsilbe i für ë vor ī des Suffixes. Von mhd. lederīn ausgehend hat nhd. ledern gesiegt, wie golden über gülden, hölzern über hülzen. Nur der jungen Form eignet die urspr. studentensprachl. Bed. 'langweilig', die zuerst aus Chr. Weise 1673 Erzn. 5 zu belegen ist.

ledig Adj. mhd. lëdic, lëdec (g) 'frei, ungehindert'; die heutigen obb. Mundarten weisen auf *lëdic zurück. Dazu anord. liðugr 'frei, ungehemmt', mengl. lethy Adv. 'leer', mnl. ledech, mnd. led(d)ich 'müßig, unbeschäftigt'. Dies weist wegen westfäl. lich (in Soest luich) auf asächs. *lëdig oder *lidig zurück. Das Grundwort liegt vor in mnl. onlēde 'Unmuße, Kummer', mengl. lëthe 'Muße, freie Zeit', wozu lëthen (lëþin) 'befreien'. Grundbed. von ledig ist vielleicht 'beweglich', vgl. agf. lïþig 'biegsam, geschmeidig', anord. liðask 'sich ringeln'. Dann läge Verwandtschaft mit Glied vor.

Lee F. 'die vom Wind abgekehrte Seite des Schiffs'. In hd. Texten begegnet 1627 „auff Ly", 1668 „im leg", 1702 „in der Lee" usw.: Kluge 1911 Seemannsspr. 527. Lehnwort von der Wasserkante: nd. lē 'Ort, wo Windstille herrscht', asächs. hleo, nnl. lij, afries. hlī, agf. hlēow; engl. lee entlehnt aus anord. hlē N. 'Schutz'. Germ. Stamm *hlewa- (im urnord. Namen HlewagastiR). Hieraus früh entlehnt finn. levo 'Außendach': Setälä 1934 Ann. Acad. Scient. Fenn. B 30, 565 ff. S. lau.

leer Adj. Mhd. lære, ahd. asächs. lāri, agf. (ge)lære führen auf die germ. Grundform *lëzia-, Adj. possibilitatis zum Stamm des starken Ztw. lesen (s. d.). Zunächst heißt das abgeerntete Feld vom Standpunkt des Armen 'auflesbar', dann wird es vom Standpunkt des Besitzers zu 'abgeräumt'. Das vom Ackerbau ausgehende Wort hat seinen Begriffskreis erweitert wie arbeiten, arm, Art, pflegen, Pflicht, üben: Axel Lindquist 1927 Beitr. 51, 99.

Lefze F. ahd. lëfs M., mhd. lëfs(e) F. M., spätmhd. auch lefz(e), lebs(e), umgestellt lesp(e); alle diese Formen auch frühnhd. Sie werden verdrängt durch Lippe (s. d.) als Wort der Lutherbibel, das md. seit dem 14. Jh. auftritt. In ahd. Zeit bietet Tatian leffur (dazu asächs. lëpur, anl. lepor, mnl. leper), Willeram lefs, Hildegard v. Bingen lespho. Heute gilt südfränk. lefze, eichsf. lefsn, hess. läps, luxemb. löps, othr. lesbe, lefer, saarl. lefs usw.: Lefze war einst gemeinhochdeutsch, hat sich aber in den entscheidenden Gebieten Mitteldeutschlands nicht behauptet und war wohl auch wegen der Vielgestalt seiner Formen dem siegenden Schriftwort nicht gewachsen: v. Bahder 1925 Wortwahl 34 ff. Mit diesem ist es wurzelverwandt: Lippe ist germ. *lipjō, älter *lepjō F., Lefze urgerm. *lëpas, Gen. lëpazes.

Das f (aus ff) ist aus germ. p durch die hd. Lautverschiebung entstanden. Idg. *leb- war 'herabhangen' (vgl. Laffe usw.), der Gesichtsteil ist als 'der Herabhangende' bezeichnet. Vom gleichen Ausgangspunkt ist das nächst vergleichbare aind. lapsuda- zu 'Bocksbart' geworden. Die andern germ. Sprachen weichen in ihren Bezeichnungen für 'Lippe' ab: got. wafrila F., anord. vorr F., ags. we(o)leras Plur., afries. were, doch schwed. läpp, dän. læbe.

legen schw. Ztw. Ahd. mhd. legen, lecken bedeutet als Kausativum zu liegen (s. d.) urspr. 'liegen machen', ebenso asächs. leggian, mnl. leg(g)han, afries. ledza, ags. lecgan, engl. lay, anord. leggja, got. lagjan. Dem entspricht genau aslav. ložǫ (idg. *loghéjō) 'ich lege'.

Legende F. '(Heiligen=)Erzählung', mhd. legende F. aus mlat. legenda N. Plur. 'zu lesende Stücke' (sic dicta, quia certis diebus legenda in ecclesia et in sacris synaxibus designabantur a moderatore chori). Zur Form= und Bed.=Geschichte: Schulz=Basler 1942 Fremdwb. 2, 15.

Leghorn N. Das in Amerika auf Leistung gezüchtete weiße Italienerhuhn, nach dem Ausfuhrhafen Livorno in dessen engl. Form Leghorn benannt, bei uns im Gedanken an (Eier) legen umgedeutet.

Legion F. Lat. legiō 'ausgelesene Mannschaft; Regiment' (zu legere, wie religiō zu religere) erscheint im 14. Jh. als md. leyo '6660' (Dt. Mystiker 1, 203, 17), frühnhd. als Legion seit 1512 (Th. Murner, Narrenbeschw. 2, 37), von Luther aus gr. λεγιών (Matth. 26, 53 usw.) beibehalten als eins der wenigen Fremdwörter der Bibelübersetzung. Das geflügelte Wort „Ihre Zahl ist Legion" stammt aus Marc. 5, 9: Schulz=Basler 1942 Fremdwb. 2, 16.

Leguan M. Die große Kammeidechse wurde von den Spaniern seit 1590 mit einem ihrer westind. Namen iguana F. genannt. Die Franzosen bilden den Namen (unter Einfluß von lézard M. 'Eidechse') um zu l'iguane M. Die Holländer fassen den roman. Artikel als Anlaut und sagen leguan. Von da gelangt L. zu uns (wie ins Dän. u. Schwed.): Loewe 1933 Zs. f. vgl. Sprachf. 61, 70ff. Legowan in nhd. Text zuerst 1627: Palmer 85. Iguanodon als gelehrter Name eines Dinosauriers enthält im ersten Teil den westind. Namen ohne Artikel: Littmann 1924 Morgenl. Wörter 145.

Lehde, Lede F. bloß nhd., durch Vermittlung von mnd. lēgede aus älter nl. leeghde (heute laagte) F. 'Niederung, Tal': wie das ältere hōghede zu hoch zum nnl. Adj. laag 'niedrig', dem gleichbed. anord. lāgr, engl.

low, mhd. læge entspricht. Dies lebt als läg 'abschüssig' im Bergmannsdeutsch fort. Die ganze Sippe zu liegen.

Lehen N. 'geliehenes Gut' ahd. lēhan, mhd. lēhen, asächs. lēhan, afries. lēn, ags. læn, anord. lān (daraus engl. loan). Urgerm. wäre *laihwnas N. anzusetzen, wozu aind. rékṇas N. 'Erbe, Gut, Reichtum' stimmt. Finn. laina 'Pfand' ist früh aus dem Germ. entlehnt. S. leihen.

Lehm M. mit ostmd. ē für nhd. ei (vgl. Feldwebel), das in österr. lām seine Entsprechung findet. Die Form Leimen (so noch Gottsched und Goethe) verschwindet erst um 1800 aus der Schriftsprache. Frühnhd. leim(en), mhd. leim(e), ahd. anfr. leimo, mnl. nnl. leem, asächs. lēmo, ags. lām, engl. loam 'Lehm, Ton, Erde' führen auf germ. *laima- zur idg. Wurzel *lei- 'schleimig; glitschiger Boden; über etw. hinstreichen'. Auf einem -es-Stamm idg. *loies, germ. *lajiz beruht anord. leir N. 'Lehm', leira F., norw. lere 'lehmiger Boden, Strand'. Urverwandt sind lat. limus (aus *loimos) 'Schlamm', lin(i)ō, gr. ἀ-λίνω 'bestreiche', abret. linom 'Bestreichung', kymr. llifo 'schleife', apreuß. layso 'Ton', laydis 'Lehm', lit. laistýti 'verschmieren', alb. l'eθ 'feuchter Ton'. S. Leim und Schleim.

Lehne[1] F. mhd. lēne, line, ahd. lina 'reclinatorium' für *hlina. Urverw. gr. κλίνη 'Lager, Polster'; diese Bed. hatte auch Lehne im älteren Mhd. Weitere Verwandte s. u. lehnen und Leiter.

Lehne[2] F. mhd. liene mit der auffälligen Nebenform liehe F. 'Wildsau'. Der Zusammenhang mit frz. laie, mlat. (9. Jh.) lēha 'Sau' deutet sich wohl in dem Sinn, daß die roman. Wörter aus dem Germ. entlehnt sind.

Lehne[3], Lenne F. 'Spitzahorn', mhd. ahd. lin-, limboum, frühnhd. Leinbaum. Die nhd. Formen sind von Norden her beeinflußt: asächs. *hluni, mnd. lȫne(nholt), dän. løn, schwed. lönn. Anord. hlynr und ags. hlyne, hlin(e) erweisen das Wort als gemeingerm. Namen des Ahorns, urverwandt mit gleichbed. aslav. klenŭ, russ. poln. klon, tschech. klen, lit. klēvas, maked. κλινότροχον. Der Ansatz idg. *qleno- 'Ahorn' läßt die Formen mit i, ei und das lit. v vorerst ungeklärt.

lehnen[1] Ztw. vereinigt mhd. lënen, linen intr. 'sich stützen' und (durch Vermittlung des Md.) leinen trans. 'lehnen'. Ahd. entspricht das Paar (h)linēn intr. und (h)leinen trans., ags. hlinian, hleonian intr. und hlænan trans. Stamm ist germ. *hli-, -n verbale (wie in Lehne[1] und gr. κλίνη F. nominale) Ableitung. *hlai als Ablautstufe von *hli hält sich in Leiter, s. d. Sie galt auch in germ. hlaiwaz, -iz 'Hügel', ahd. (h)lēo, agſ. hlāw, hlæw, urnord. hlaiwa, got. hlaiw, ſowie in got. hlains M. 'Hügel', anord. hlein F. 'Felsvorſprung'. Die idg. Wz. *klei- 'neigen' erſcheint häufig: aind. śri 'lehnen, ſtützen'; gr. κλίνειν 'lehnen' mit κλῖμαξ F. 'Leiter', κλισία F. 'Lehnſtuhl, Zelt' uſf.; lat. clīnāre 'neigen' (gebildet wie aſächſ. klinon), clivus M. 'Hügel' (wie got. hlaiw); lit. šlýti 'ſich ſchief neigen', šliejù, šliēti 'anlehnen', šlaitas 'Abhang' (wie nhd. Leite, ſ. d.). Grundbed. 'ſanft anſteigen, eine ſchräge Lage einnehmen'.

lehnen[2] Ztw. 'zu Lehen geben, leihen', ahd. lēhanōn, mhd. lēhenen, agſ. lǣnan (Part. lǣnde), engl. lend '(ver)leihen'.

Lehnwort N. Spät nach dem Fremdwort (ſ. d.) drängte das aus einer fremden Sprache entlehnte Wort, das deutſche Form angenommen hatte (wie Becher, kochen, rund), zu einer eignen Bezeichnung. Nachdem Schottel 1663 Hauptſpr. 5 Baſtardwort für die Miſchung aus heimiſch und fremd (wie hauſieren) geprägt hatte, ſchreibt Ebel 1856 'Über die Lehnwörter der deutſchen Sprache', freilich noch ohne die Grenze gegen das Fremdwort begrifflich rein zu ziehen. Gebucht iſt Lehnwort nicht vor M. Heyne 1885 DWb 6, 552. Engl. loanword ſtammt aus dem Deutſchen.

Lehre F. mhd. lēre, ahd. aſächſ. lēra, agſ. lār, engl. lore 'Kenntnis'. Grundbed. 'rechter Weg'. Das mit Gleis verwandte lēra überſetzt in ahd. Gloſſen auch lat. via. Dasſelbe Wort iſt Lehre 'Meßwerkzeug' als dt. Ausdruck für Kaliber, Modell bei Bergleuten, Dachdeckern, Drechſlern, Fiſchern, Glaſern, Jägern, Schloſſern, Seilern uſw., auch in Fühler-, Grenz-, Latten-, Loch-, Rachen-, Schraub-, Schublehre und Lehrbogen.

lehren ſchw. Ztw. 'wiſſen machen', ahd. lēren (aus *lērjan), aſächſ. lērian, anl. lēran, afrieſ. lēra, agſ. lǣran (woraus entlehnt anord. lǣra), got. laisjan: gemeingerm. Faktitiv zu einem primären Ztw., das im got. Prät.-Präſ. lais 'ich weiß' erhalten iſt (dazu got. leis 'kundig' und leisei 'Kunde' in lubja-leis, -leisei 'giftkundig, Giftkunde'). Als Grundbed. von lais wird 'ich habe erwandert, erfahren' erwieſen durch die Verwandtſchaft mit Gleis und leiſten (ſ. d.). Zum Bed.-Wandel vgl. erfahren und aind. adhi-i- 'lernen', urſpr. 'herangehen'. Eine part. Ableitung zum Stamm lis, germ. *liznōn, iſt in lernen erhalten, ſ. d. und Liſt. Das Part. gelehrt, gelahrt, urſpr. 'wer unterwieſen iſt', gelangt ſchon als mhd. gelēret, gelārt zur Bed. des lat. doctus.

Lehrgang M. ſteht für lat. cursus nach

einem Vorſchlag Campes, der ihn 1809 Wb. 3, 78 begründet, 1813 Wb. zur Verd. 242 verteidigt.

Lehrling M. geht ſeit Beginn des 14. Jh. vom Kunſthandwerk aus: H. v. Löſch 1907 Kölner Zunfturkunden I 75 leirlinc, lirlinc, 76 lirlinc; daneben Lehrknecht. Bei Schuhmachern u. dgl. gelten über das 16. Jh. hinaus Bube und Junge. Zeſen 1648 Ibrahim 446 verwendet Lehrling für frz. disciple, lat. discipulus (die er von discere herleitet, während ſie zu *dis-cipiō 'faſſe geiſtig auf' gehören). Die Schulordn. von Hanau 1658 bietet „Discipul oder Lehrling": Nyſtröm 1915 Schulterm. 1, 179; Zſ. f. d. Wortf. 4, 193.

Lehrſatz M. Im Kreis der Fruchtbring. Geſellſchaft als Erſatz für theorema gebildet, literar. durch Zeſen 1648 und Harsdörffer 1657, bei Mathematikern ſeit Sturm 1670: Schirmer 1912 Wortſchatz d. Math. 42.

Lehrſtand M. Die Dreiteilung des Volks in Adel, Geiſtlichkeit und Bürgertum faßt Luther als Wehr-, Lehr- und Nähramt. Die Formel „lehr-, wehr- und nehrſtand" prägt Matheſius 1571 Sarepta 47ᵃ. Stand iſt darin 'ordo': A. Götze 1912 DWb. 14, 1, 300.

Lehrſtuhl M. Lehnüberſetzung von gr.-lat. cathedra, bei Stieler (1691) 2177 neben Leſeſtul.

Lei F. M. 'Stein, Schiefer' (in Namen wie Erpeler Lei, Lorelei, Leiendecker, von der Leyen), mhd. lei(e) F. 'Fels, Stein, Schiefer; Steinweg', aſächſ. (ſelten) leia, mnl. leye, nnl. lei(steen) 'Schiefer'. Ausgangsgebiet iſt das rhein. Schiefergebirge, dort iſt nach Th. Frings 1932 Germ. Rom. 216 das Wort der gall. Vorbevölkerung entlehnt: air. lie, jünger lia, Gen. liac 'Stein', urverwandt mit gleichbed. gr. λᾶας zur idg. Wurzel *leu-.

-lei Suffix. Lat. legem iſt Grundwort für frz. ley 'Art', das ſeit etwa 1200 in genetiv. Formeln wie mhd. maneger, aller, deheiner ander, zweier lei(e) begegnet, die die nhd. Zuſ.-Setzungen mancher-, aller-, keinerlei uſw. ergeben haben: Suolahti 1929 Frz. Einfluß 145 f. Seine Zeugniſſe widerlegen Edw. Schröder, der noch 1938 Zſ. f. dt. Alt. 75, 194 f. heimiſchen Urſprung erwägt.

Leib M. Ahd. līb M. N. 'Leben', mhd. līp (b) 'Leben; Körper', agſ. līf, engl. life, anord. līf N. 'Leben' weiſen auf germ. *lība-, zur idg. Wz. *līp- in bleiben. Grundbed. iſt bem gr. λιπαρεῖν gemäß 'Beharrung', von der aus (wie beim Ztw. leben, urſpr. 'beharren') 'Leben' früh erreicht wurde. Dieſe Bed. hält ſich in beileibe (nicht), Leibgedinge, -rente, -zucht. Der Wandel zu 'Körper' iſt nur deutſch.

leibeigen Adj. Aus der mhd. Formel mit dem libe eigen 'mit seinem Leben jem. zugehörig' entstehen spätmhd. die Zus.-Setzungen lipeigen und lipeigenschaft.

Leich M. jung erneuert aus ahd. leih, mhd. leich 'Gesang aus ungleichen Strophen', urspr. 'gespielte Weise'. Entspr. mhd. leichen 'hüpfen', got. laiks 'Tanz', laikan 'tanzen', anord. leikr 'Spiel, Kampf', leika 'spielen', agf. lāc '(Kampf=)Spiel', lācan 'springen, tanzen'. Urverw. aind. réjatē 'hüpft', lit. láigyti 'herumlaufen', air. lāeg 'Kalb' und mit Ablaut gr. ἐλελίζω 'ich mache erzittern'. Aslav. likŭ 'Spiel, Tanz' ist dem Germ. entlehnt. Das Thür. bewahrt unser Wort in kugelleich 'Kegelbahn' und entleich 'Tummelplatz der Enten'. S. Drossel, Laich, Wetterleuchten.

Leichdorn M. spätahd. mhd. lichdorn 'Hühnerauge'. Die entspr. mnd. likdorn, nl. (1500) lijodorn bedeuten zugleich 'Gerstenkorn am Auge'. Dän. ligtorn, schwed. liktorn, isl. likþorn sind aus dem Deutschen entlehnt. Das erste Wortglied gehört zu Leiche in seiner Bed. 'Körper'.

Leiche F. Mhd. lich, ahd. lih (hh), asächf. afries. anord. lik, mnl. lije, nnl. lijk, agf. lic (engl. lichgate 'Friedhofstor'), schwed. lik, dän. lig, got. leik 'Körper, Fleisch, Leiche' führen auf germ. *līka-. Nächstverwandt sind gleich, Leichenbitter (s. u. Hochzeit), Leichdorn, Leichnam und =lich. Außergerm. vergleichen sich lit. lýgus 'gleich', lýgstu, lýgti 'gleichen', lett. lidzigs, apreuß. polīgu 'gleich', līgint 'richten'. Auszugehen ist von idg. *līg- 'Gestalt'. Über 'corpus' hat sich die heutige Bed. entwickelt, indem Leiche als schonender Ausdruck ahd. asächf. hrēo, mhd. rē (rēwes) 'cadaver' verdrängte.

Leichnam M. Mhd. lícham(e), ahd. līhhamo, lichamo, asächf. lík-hamo, mnl. lichame, nnl. lichaam, afries. likoma, agf. líc-hama, mengl. líc(h)ame, anord. lík(h)amr, lík(h)ami, schwed. lekamen (mit festgewachsenem Artikel), dän. legeme erweisen ein germ. M. *lík-hamo 'Körper'. Daneben mit schwach gebeugtem *lïkan, *lïkin (auch got. manleika 'Bild' zeigt schwache Beugung) ahd. lïchinamo (aus *lïhhin-hamo), mhd. lichname, nhd. Leichnam. Das Bestimmungswort f. u. Leiche; das Grundwort gehört zu dem unter Hemd, Himmel, Scham und Schande vorausgesetzten idg. Verbalstamm *kem- 'bedecken, verhüllen'. Der 'Leibeshülle' vergleicht sich am nächsten agf. flǣsc-homa 'Fleischhülle', beides Dichterwörter für 'Fleischgestalt in Lebensform', die erst nachträglich in die Alltagssprache übergegangen sind. Ähnliche Dichterwörter liegen vor in agf. bánfæt 'Knochengefäß', bánhūs 'Knochenhaus', báncofa 'Knochenbehausung'. Daß ein Wort für 'corpus' die Bed. 'cadaver' angenommen hat, entspricht der Entwicklung bei Leiche. Die Folgeformen von mhd. rē 'Leichnam' sind bis auf mundartliche Reste geschwunden, weil das Wort als zu schonungslos empfunden wurde.

leicht Adj. Mhd. līht(e), ahd. līht(i), asächf. līht-, mnd. mnl. nnl. afries. licht (mit Kürzung vor cht), agf. líoht, engl. light, anord. léttr, schwed. lätt, dän. let, got. leihts 'leicht' führen auf germ. *līht(j)a- aus *linht(j)a-, idg. *lengᵘʰ-t(i)o zu der auch in gelingen und Lunge enthaltnen idg. Wurzel *le(n)gᵘʰ- 'leicht in Bewegung und Gewicht'. Die außergerm. Verwandten entbehren des ableitenden -t. Am nächsten stehen abret. -lei, mkorn. lē, kymr. llai 'weniger', lit. leñgvas, lengvùs 'leicht', die übrigen f. u. lungern.

Leichtsinn M., nicht vor Stieler 1691, ist Rückbildung aus leichtsinnig, das seit Sachs 1553 Fastnachtsp. 47, 178 häufig ist: Ruppel 1911 Rückbild. 22 f.

Leid N. mhd. leit (d), ahd. leid 'das Betrübende', agf. lāþ 'Beleidigung, Unrecht': subst. N. zum Adj. mhd. leit (d), ahd. leid, asächf. afries. lēth 'betrübend, widerwärtig', agf. lāþ anord. leiðr 'feindlich, verhaßt', engl. loath 'abgeneigt'. Das Adj., zu dem auch leider (s. u.) gehört, ist früh ins Roman. entlehnt: afrz. laid 'häßlich'. Germ. *laiþa- stellt sich mit toch. A lit-k 'abgeneigt sein', gr. ἀλείτης 'Frevler', ἀλιτεῖν 'sündigen', ir. liuss (aus *lit-tu-s) 'Abscheu' zur idg. Wurzel *leit- 'verabscheuen, Frevel': K. Schneider 1941 Jdg. Forsch. 58, 47. Ganz andern Ursprungs ist leiden, f. d.

leiden ft. Ztw., mhd. mnd. mnl. līden, nnl. lijden, ahd. līdan 'erdulden': im 9. Jh. gekürzt aus irlīdan (vgl. kriegen). Das einfache līdan bedeutet im ältesten Ahd. 'fahren, gehen' (f. leiten als zugehöriges Bewirkungsztw.), irlīdan somit 'erfahren, ergehen'. Über eine Zwischenstufe 'durchgehen' wird die Hauptbedeutung '(Schweres) durchmachen' erreicht. Das st. Ztw. germ. *līþan zeigt seine alte Bedeutung 'gehen' in langob. lid (1. Sg. Präf.), asächf. lithan, agf. līðan, anord. líða, got. galeiþan. Außergerm. vergleichen sich toch. A lit- 'gehen', avest. para-raēþ 'sterben', gr. λοίτη 'Grab', λοιτεύειν 'begraben': idg. Wurzel *leit(h)- '(fort)gehn, sterben'. Die Urbedeutung hält sich in mhd. bileite 'Begräbnis' ahd. leita (aus *leitia), leiti 'Leichenbegängnis', anord. leiði N. 'Grabstätte'. S. sterben.

Leidenschaft F. für frz. passion seit Zesen 1617 Sofonisbe 1, 128; noch bei Stieler 1691

als neues Wort. Auch frz. passibilité, mlat.
passibilitas mochten Zesen vorschweben. Seine
Bildung geht vom subst. Inf. Leiden aus,
wie lat. passio von pati. Vgl. Wissenschaft.

leider Interj. ahd. leidōr, leidir, afries. mhd.
leider: urspr. der Kompar. zu dem unter Leid
behandelten Adj. leid 'betrübend'. Anders
die Formel leider Gottes, die offenbar
aus der Beteuerung (bei dem) Leiden
Gottes entstanden ist: Andresen, Zs. f. dt.
Alt. 30, 417.

leidlich Adj. Zu mhd. liden 'ertragen'
gehört spätmhd. lidelich 'erträglich'; daraus
abgeblaßt die nhd. Bed. 'nicht ganz schlecht'.

Leier F. Gr. λύρα 'Saiteninstrument'
ergibt (über lat. lyra) ahd. lîra, mhd. lîre mit
byzant. Aussprache des y und roman. Quanti-
tätswechsel (wie in Brief, Dom, Kreuz,
Schule). Die Leier des dt. Mittelalters war
eine Art Gitarre, mittels eines durch Kurbel
gedrehten Rads gespielt (lat. organistrum).
Nachdem unter Einfluß der Humanisten Leier
auf das antike Instrument eingeschränkt ist,
heißt das deutsche Leierkasten; über dessen
Verbreitung Kretschmer 1918 Wortgeogr. 324f.
Zu der vor 1800 unbeliebt werdenden Dreh-
leier gehören die Ausdrücke die alte Leier
und etw. ab-, her-, herunterleiern. Von
da hat schon mhd. lîren die Bed. 'eintönig
singen, sprechen; etwas hinziehen, zögern'.

Leihbibliothek F. seit Jean Paul 1796 Frucht-
und Dornenstücke 1 für älteres Lesebibliothek: Zs. f. d. Wortf. 2, 259 ff. Leihbücherei
kaum vor 1900. Noch 1897 werden Bücherleihe
und Bücherleihgeschäft vorgezogen: Zs. des
Sprachv. 12, 191. 221.

leihen st. Ztw. ahd. lîhan, mhd. lîhen 'auf
Borg nehmen', selten 'auf Borg geben';
entspr. asächs. lîhan, afries. agf. lion (aus
*lîhan), wozu sich im Engl. nur loan und
lend (s. lehnen²) erhalten haben, anord. ljā,
got. leihvan. Die gemeingerm. Bed. 'leihen'
ist Besonderung aus der umfassenden Bed.
'lassen', die als 'übrig, ver-, frei-, überlassen'
die Ableitungen der idg. Wz. *liqu- beherrscht:
aind. riṇácmi 'etw. preisgeben, hingeben,
räumen', rikthá-N. 'Nachlaß, Erbschaft', rēk-
ṇas N. 'Hinterlassenschaft, Reichtum' (s. Lehen),
riktá, rēkú Adj. 'leer'; gr. λείπειν, λιμ-
πάνειν 'lassen'; lat. (re)linquere 'zurücklassen', reliquus 'übrig'; air. lēicim (aus *lin-
qimi) '(über)lasse', lit. liekù, likti 'zurücklassen',
pālaikas 'Rest', aslav. otŭ-lēkŭ 'Überbleibsel',
armen. lkhanem 'verlasse'.

Leikauf M. 'Gelöbnistrunk bei Vertrags-
abschlüssen', spätmhd. lîtkouf, mnd. lîtköp (daraus dän. lidkøb, schon. (dricka) liköb): zu
mhd. lît, ahd. lîd, asächs. afries. lîth, agf. anord.

lið, got. leiþu N. 'Obstwein': eine in germ.
Zeit zurückreichende Bezeichnung des Getränks,
das doch der Met (s. d.) an Alter noch übertrifft.
Leitgeb (mhd. lîtgebe) 'Schenkwirt' und Leikauf sind wesentlich bair.-österr. und ostmd.,
im Süden, Südwesten und Norden gilt Weinkauf, s. d. Über die Obstweine der Germanen
Heyne 1901 Nahrungswesen 351. Das im
Germ. auf 'Obstwein' besonderte N. gehört zur
idg. Wurzel *lei 'fließen' und hat seine nächsten
Verwandten in lat. lîtus 'Strand', lit. lýtùs
'Regen', lýdyti 'schmelzen', líeti, aslav. lĕją,
lija 'gieße', air. do-linim 'fließe', lind 'Teich',
kymr. lliant 'Strom, Meer'.

Leilachen, Leilach N. mhd. lilach(en)
'Bettuch', entstanden aus lîn-lachen, das als
ahd. lînlahhan, frühnhd. leinlach gelegentlich
greifbar wird. nl ist zu ll assimiliert und dies
nach langem Vokal vereinfacht. So ist elf
aus ahd. einlif, anord. lērept, schwed. lärft
'Leinenzeug' aus *lînrept entstanden. Goethes
Mutter schreibt Leylaken (s. Laken), Goethe
Leinlaken: Zs. f. d. Wortf. 11, 85. Zur mundartl. Verbreitung von Leilach(en) Vilmar
1868 Id. v. Kurhessen 245; L. Berthold 1928
Hessen-Nass. Volkswb. 2, 111.

Leim M. Mhd. ahd. asächs. mnd. agf.
anord. lîm, mnl. nnl. lijm führen auf
germ. *lîma-, idg. *leimo-, in Ablaut mit
germ. *laima-, s. Lehm. Dies und die Bedeutung 'Kalk', die engl. lime, norw. lim usw.
zeigen, führen auf eine Grundbedeutung
'Klebstoff aus einer Erdmasse'. Das schw. Ztw.
leimen ist wegen seiner Wichtigkeit für den
Vogelfang alt und verbreitet: ahd. mhd. mnd.
mnl. lîmen, nnl. lijmen, agf. lîman, engl.
lime, anord. lîma.

Leimsieder M. im eig. Sinn 'coctor glutinis'
Frisch 1741; Schelte des Schwunglosen seit
Schmeller 2 (1828) 465. Den gleichen Gefühlston entwickelt Seifensieder, norw.
saapesjodar, -koker, dän. sæbesyder, -koger:
die eintönige Siedarbeit gilt für verdummend.

Lein M. 'Flachs' (in Zus.-Setzungen): s.
Leinen.

-lein Verkleinerungssuffix, mhd. -elîn, ahd.
-ilîn. Im Obd. heimisch, kein Beleg dafür
im Got., Anord., Ags., in Heliand und asächs.
Genesis; in asächs. Glossen nur soweit sie auch
sonst hd. Einfluß zeigen, entspr. im md. und
und md. Schrifttum. Nd. gilt in gleichem
Sinn -ken (md. -chen, s. d.) aus -ikîn. Mit
ihm hat ahd. -ilîn das verkleinernde -în gemein,
s. Füllen, Schwein.

Leine F. 'Seil, Tau'. Ahd. anord. lîna,
mhd. mnd. mnl. afries. agf. lîne führen auf
germ. *lînōn, mit Endung -ōn (Kluge 1926
Stammbild. § 81. 82) zu dem unter Linnen

behandelten germ. lina- 'Lein' gebildet. Gr.
λιναία, λινέα 'Seil, Strick und lat. linea (s.
Linie) sind selbständige Ableitungen zum
gleichen Stamm. Seiner Herkunft gemäß
wird L. in alter Sprache für das aus Flachs
hergestellte Seil gebraucht, besonders für das
zum Ziehen von Schiffen und zum Messen verwendete. Zum Übergreifen auf Lederseile und
über die umgangssprachl. Grenzen des Wortgebrauchs Kretschmer 1918 Wortgeogr. 326.

Leinen subst. N. des Adj. mhd. līnīn, līnen 'aus
Leinen'. Zugrunde liegt mhd. ahd. asächs. ags.
anord. līn 'Flachs, leinenes Gewand', engl.
mundartl. line 'Flachs', got. lein N. 'Leinwand'
(aus dem Germ. entlehnt finn. liina 'Leinwand').
Außergerm. vergleicht sich zunächst lat. līnum,
das wohl mit gr. λίνον aus einer (nicht-idg.?)
Quelle stammt. Aus dem Lat. entlehnt ist alb.
l'iri 'Lein', nach gewöhnlicher Annahme auch
akorn. bret. līn, kymr. llīn 'Flachs', die doch
ebensogut urverwandt sein können. Aus den
Lauten ist nicht zu entscheiden, ob die Wortsippe urverwandt oder entlehnt ist. Für Urverwandtschaft läßt sich geltend machen, daß
schon Tacitus und Plinius das hohe Alter des
Flachsbaus bei den Germanen bezeugen und
daß akymr. liein, kymr. lliain, llian, akorn. abret.
lien, bret. lien, lian, mir. lëine ein urkelt. *lisṇ-
iom 'Leinwand, Leinenzeug' voraussetzen,
das nicht entlehnt sein kann. S. Leilachen,
Leine, Leinwand, Linnen.

Leinwand F. nhd. Umbildung von mhd.
līnwāt unter Quereinfluß von Gewand (s. b.).
Der zweite Wortteil, ahd. mhd. wāt (dem
Nhd. verlorengegangen), gehört mit ags.
wǣd 'Kleid' zur ausgestorbenen Wz. idg. *wē
'weben'.

Leis M. Auf den Ruf κύριε ἐλέησον 'Herr
erbarme dich!' endeten viele geistliche Lieder
des Mittelalters. η wurde mit Itazismus als
ī gesprochen; aus ēī entstand ei. So wurden die
Lieder mhd. leis(e) genannt; bis ins 17. Jh.
blieb der Name lebendig. Nachdem er dann
lange erloschen war, haben ihn die Gelehrten
des 19. Jh. neu belebt.

leise Adj. 'kaum merkbar', ahd. *līsi Adj.,
līso Adv. 'leise; langsam', mhd. mnd. mnl.
līse 'leise'. Dazu ags. gelīsian 'gleiten'. Neben
germ. *līsia-, älter *leisia-, steht mit Nasalinfix *linsia- in släm. mhd. alem. lins 'matt'.
Für den nächsten außergerm. Verwandten
hält man lit. lýsti 'mager werden', idg. Wurzel *lei- 'schwinden'.

Leiste F. 'Rand, Saum, Borte', ahd. anord.
lista, mhd. mnd. ags. liste, engl. list 'Schranke',
mnl. lijst(e). Aus dem Germ. entlehnt sind
gleichbed. ital. lista, frz. liste. Man setzt eine
Grundform *leizdā an, wozu ablautend *loizd-

in alban. l'eθ 'erhöhter Rand eines Grund-
stücks'. — Sprachgeschichtlich eins damit ist die
Leiste am Unterleib, kaum vor Dasypodius
(Straßburg 1535), dazu Leistenbruch, -hode
Adelung 1770, Schamleiste Campe 1810.

Leist(en) M. mhd. leist 'Form, Leisten des
Schusters', ahd. leist 'forma, calopodium',
ags. lǣst, lǣst '(Fuß-)Spur, Form', engl. last
'Leisten', anord. leistr 'Fuß, Socke'. Got.
laists 'Spur, Ziel' und laistjan 'folgen' s.
leisten) erweisen 'Fußspur' als Grundbed.
Der germ. Schuh wurde ohne Leisten angefer-
tigt; bei seiner Herstellung in ahd. Zeit (Glossen
3, 169. 211. 271. 292. 298) wurde der Abdruck
des Fußes Vorbild.

leisten schw. Ztw. Ahd. mhd. leisten 'ein
Gebot befolgen und ausführen, einer Pflicht
nachkommen', asächs. lēstian, afries. lâsta, ags.
lǣstan, engl. last 'dauern, währen', got. laistjan 'folgen' führen auf germ. *laistian 'nach-
folgen', Ableitung zu dem unter Leisten entwickelten Mask. der Bed. 'Fußspur'. Dies beruht auf einer Wz. *lis 'gehen', die auch in Lehre,
lernen, List aus der sinnlichen Grundbed. ins
Geistige übergetreten, dagegen in Gleis sinnlich geblieben ist.

Leister s. Drossel[1].

Leitartikel M. Für engl. leading article
erscheint, nachdem noch Brockhaus 12 (1837)
453 Hauptartikel angesetzt hatte, seit Gutzkow
1839 Skizzenb. 275 leitender Artikel. Dafür
Leitartikel Grenzboten 1848 III 83, das
spottende leitartikeln zuerst im Kladderadatsch 1857, 98: Zf. f. d. Wortf. 3, 316. 5, 116.
13, 291; Stiven 76.

Leite F. mhd. līte, ahd. (h)līta, mnd. līt
(d), ags. hliþ, anord. hlíð, schwed. lid, norw.
li 'Abhang': mit gleichbed. gr. κλιτύς und lit.
šlaĩtas 'Abhang' zur idg. Wurzel *klei- 'neigen'. S.
lehnen[1].

leiten schw. Ztw. Mhd. leiten, ahd. leiten,
leittan (aus *leitjan), asächs. lēdian, anfr.
leiden, afries. lêda, ags. lǣdan, engl. lead,
anord. leiða weisen auf germ. *laidian 'gehen
machen', schw. Bewirkungsztw. zum st. Ztw.
germ. *līþan 'gehen', s. leiden. Zu *laidian
gehört ein germ. F. *laidō- 'Führung' (früh
entlehnt zu finn. laido- 'Weg, Bahn') in
anord. leið, asächs. lēda 'Leitung', ags. lād 'Weg,
Reise', engl. load, das auch in loadstar 'Leitstern', loadstone 'Magnet' und loadsman
'Lotse' fortlebt. S. Lotse.

Leiter F. Mhd. leiter(e), ahd. leitara, älter
*hleitara, mnd. ledder, afries. hlêdere, mnl.
lēder(e), ags. hlǣd(d)er, engl. ladder weisen
auf germ. *hlai-dri, das auf der unter lehnen
behandelten Wurzel vorgerm. *klī- beruht.
Das zugehörige gr. κλῖμαξ, alit. šlitė zeigt

29

die dem westgerm. Wort entsprechende Bedeutung: Leiter ist 'die Schräge, Angelehnte'.
Zur gleichen Wurzel gehören got. hleiþra, gr.
κλισία, air. clithar 'Hütte, Zelt'. S. auch
Lehne und Leite.

Leitfaden s. Ariadnefaden.

Leitkauf s. Leikauf.

Leitmotiv N. Rich. Wagner, der von Haupt-
motiven, musikalischen und dramati-
schen Motiven seiner Musik gesprochen hatte,
übernahm Werke 10, 185 von „einem seiner
jüngeren Freunde" das Wort Leitmotiv,
das Gutzkow 1877, Scherr 1882 und Nietzsche
1888 mit Spott übergossen: Ladendorf 1906
Schlagwb. 192 f. Engl. leading motive beruht
auf Lehnübersetzung des nhd. Worts.

Leitstern M. urspr. der die Schiffer leitende
Polarstern, mhd. leit(e)sterne, mnd. leide-
stern, engl. loadstar, anord. leiðarstjarna.

Lemuren Plur. 'Seelen der Abgeschiedenen'
aus gleichbed. lat. lemurēs, dies wohl zur
Sippe von gr. λαμία 'Gespenst, Vampir',
urspr. 'Lechzendes': zu gr. λαμυρός 'gierig',
lit. lemóti 'lechzen'.

Lende F. mhd. lende, älter lente, ahd.
lentī F. 'Niere', Mz. lentī(n) 'Nieren, Lenden',
asächs. lendin, anfränk. lendin 'renes', mnl.
lend(in)e, nnl. lende, afries. lendenum Dat.
Pl., ags. lendenu Nom. Plur., mengl. lenden,
anord. lend, schwed. länd, dän. lænd 'Lende'.
Got. *landjō erschließt man aus dem daraus
entlehnten finn. lantio. Neben germ. *land-
steht mit Schwundstufe ahd. lunda 'Talg',
anord. lunder, agutn. lyndir Mz. 'Schinken,
Hinterbacken', norw. lund F. 'Hüfte, Lende'.
Der Ablaut beweist das idg. Alter der Körper-
teilbenennung. Auf idg. *londhŭo- beruht
lat. lumbus 'Lende', auf idg. *lendh- aslav.
lędvije 'lumbi, ψυχή', slov. lédvije 'Nieren',
russ. ljádveja F. 'Lende, Schenkel': E. Aumann
1938 Beitr. 62, 335 f.; A. H. Smith, Oldscand.
lundr: Leeds Studies 2.

lenken schw. Ztw. Zu ahd. (h)lanca, mhd.
lanke 'Hüfte, Gelenk' (s. Flanke, Gelenk)
gehört als Denominativ mhd. lenken 'biegen,
wenden, richten', ags. hlęncan 'flechten', nächstverwandt mit lat. clingere 'umgürten', das als
primäres Ztw. durch den Ablaut von lenken
geschieden ist. Schriftsprachlich wird lenken
durch Luther, dessen obd. Zeitgenossen es mit
vmbkern, -wenden verdeutlicht werden muß:
Kluge 1918 Von Luther bis Lessing 109. 114.

Lenz M. frühnhd. glenz (kollektiv), mhd.
lenze, ahd. lenzo. Mundartformen wie schweiz.
langsi, schwäb. längs, bair. längess, längsing,
kärnt. langaß, -iß führen auf ahd. *lengzo;
der Velar ist geschwunden wie in Blitz (aus
*blicktz) und Runzel (aus *runkzel). Als

Grundform läßt sich aus tirol. langis, mhd.
ahd. langez (Gen. langezes) *langto, Gen.
*langtin erschließen: Behaghel 1928 Gesch. d.
dt. Spr. 498. Daneben führen ahd. len(gi)zin,
asächs. lentin, mnd. lenten, ags. lencten aus
*langtin (noch in engl. lent 'Fasten') auf die
Zus.-Setzung germ. *langat-tin: zweiter Wortteil germ. *tīna- 'Tag' in got. sinteins 'täglich',
urverw. mit aind. dína-, aslav. dĭnĭ, lit. dienà,
apreuß. *deina (belegt nur Akk. deinam) 'Tag',
lat. nundinae 'am neunten Tag gehaltener
Markt'. Der Lenz ist benannt nach den länger
werdenden Tagen. Heute schwindet sein Gebiet vor Frühling, s. d. und L. Berthold 1928
Hessen-nass. Volkswb. 2, 122.

Leopard M. Aus lat. leo 'Löwe' und pardus
'Pardel' ist leopardus zus.-gesetzt, das in ahd.
Zeit entlehnt lēbarto, mhd. lēbart(e), md.
lēbarte ergibt. Die heutige Form stellt aus
gelehrter Kenntnis Konr. v. Megenberg 1350
Buch d. Natur 145 her: Schulz-Basler 1942
Fremdwb. 2, 20. S. Pardel.

Lerche F. Mhd. lërche, lërche, lēwerch,
lēwerich, ahd. lērihha, auch im Ortsnamen
Lērihhunfelt, asächs. lēwerka, mnd. lēwer(i)ke,
mnl. leewer(i)ke, nnl. leeuwerik, westfries.
ljuerk (aus *liūrke), nordfries. lásk, liurk, ags.
lǣ-, lǣwerce, -wrice, engl. lark, mundartl.
lav(e)rock, anord. lǣvirki, anorw. lǣvirke,
norw. lerka, aschwed. lǣrikia (aus *laiwrikia),
schwed. lärka, dän. lerke führen auf germ.
*laiw(a)rikōn, das fast ohne Synonyma im
ganzen Bereich Geltung behalten hat. Die Bildungssilbe steht wie in ahd. bęlihha (s. Belche²)
in femin. Weiterbildung des von Habicht und
Kranich her bekannten Vogelnamensuffixes: F.
Kluge 1926 Nomin. Stammbildungsl. § 61b.
Der Stamm germ. *laiwaz- enthält dieselbe
Lautmalerei wie gr. λαιειν 'tönen'. Finn.
leivo, estn. lõiw 'Lerche' sind selbständige lautmalende Bildungen, dagegen beruht nordportug.
laverca auf Entlehnung aus dem Westgot.
Hochalem. wurde die Verkl. *lerckli durch Fern-
dissimilation zu ērekli (Schweiz. Jd. 1, 403),
durch Austausch von l gegen r zu rērekli (das. 6,
1227).

lernen schw. Ztw., mhd. lërnen, älter lirnen,
ahd. lërnēn, -ōn, lirnēn, asächs. līnon (aus
*līznōn), afries. lernia, lirnia, ags. liornian 'ler-
nen; lesen, bedenken', engl. learn: westgerm.
Bildung zum Part. des unter lehren entwickelten Prät.-Präs., das zuerst als got. lais
'ich weiß' begegnet, mit gramm. Wechsel.
Grundbed. 'wissend werden' (vgl. Lehre,
List). In der Bedeutung 'lehren' erscheint md.
lërnen schon im 14. Jh. Das Part. Prät.
kann in aktivem Sinn stehen: „er ist ein gelernter Schlosser", vgl. trunken. Zu Fügun-

gen wie „er hat schreiben lernen" (statt: gelernt) f. laffen und Zf. f. dt. Wortf. 1, 308.
12, 163.

lesen Ztw. mhd. lesen, ahd. lesan 'aus-
wählend sammeln, aufheben', dann 'erzählen,
berichten'. Got. (ga)lisan, agf. lesan bedeuten
nur 'zuf.-lesen, sammeln', daher engl. lease
'Ähren lesen' (vgl. leer). Auch im älteren
Anord. bedeutet lesa nur 'sammelnd auflesen',
das sich als Grundbed. des germ. *lesan ergibt. Damit wird Anknüpfung an lit. lesù
(lèsti) 'mit dem Schnabel aufpicken, Körner
auflesen' unbedenklich. Die Entwicklung des
Begriffs 'legere' aus 'sammeln' teilt lesen
mit gr. λέγειν, lat. legere, lett. lasīt, doch die
germ. Kulturverhältnisse erklären lesen 'legere' schöner und in weiterem Zuf.-Hang. Wie
Stab in Buchstabe (f. d.) Erbe aus germ.
Zeit ist, die Runenzeichen in kleine Buchenstäbe
ritzte, so besagte das Auflesen der zur Weissagung
ausgestreuten Stäbchen urspr. 'die Runen ent-
rätseln'. Germ. lesan war urspr. Bezeichnung
für die Handlung, die Tacitus Germ. 10 als
„surculos ter singulos tollit" schildert. Im vorgeschichtl. Deutsch wurde es auch Bezeichnung für den anschließenden Vorgang „subla-
tos secundum impressam ante notam inter-
pretatur". Beachtung verdient, daß die germ.
Sprachen kein gemeinsames Wort für 'legere'
kennen: Beweis dafür, daß diese Kunst unter
den Germanen erst heimisch wurde, nachdem sie
sich in Stämme getrennt hatten. Der Gote
sagt (us-)siggwan und meint damit den gehobenen Vortrag; agf. rædan (engl. read),
anord. rāða bez. das Erraten der Runenzeichen.

Letten M. 'Lehmboden, Tonerde', im heutigen Obd. teilweise ë, doch mhd. lëtte, ahd. lëtto.
Nächstverwandt anord. leþja (aus *laþjōn-)
'Lehm, Schmutz'. Außergerm. vergleichen sich
gr. λάταξ, -αγος 'Tropfen, Weinrest' (daraus:
entlehnt lat. latex 'Flüssigkeit'), gall. Arelate
'Stadt östlich vom Sumpf', mir. laith (aus
*lati-) 'Bier, Sumpf', akorn. lad, akymr. llat,
bret. latar 'Flüssigkeit', kymr. llaid, mir. lathach
(aus *latākā) 'Schlamm': sämtlich zur idg.
Wurzel *lat- 'feucht, naß; Sumpf, Lache'.

Letter F. Lat. littera F. 'Buchstabe' hatte
ein gleichbed. mhd. litter ergeben. Nachdem
frz. lettre, nnl. letter die Bed. 'Druckbuchstabe'
entwickelt hatten, wird das in unserer älteren
Druckersprache feste Litter im 17. Jh. durch
Letter abgelöst: Schulz-Basler 1942 Fremdwb. 2, 21. Auf afrz. lettre beruht engl. letter
'Buchstabe'. In beiden Sprachen gilt auch die
Bedeutung 'Brief', wie sie der lat. Mz. litterae
zukommt. Die ältere lat. Form litera, inschriftl.
führt über *leites-ā auf einen -tos-Stamm
*leitos zum Ztw. linō 'bestreiche, schmiere':

über 'Geschmiertes' ist die Bedeutung 'Schriftzeichen' erreicht. S. Literatur.

Lettner M. Mlat. lectorium N. 'kirchl.
Lesepult' lieferte gleichbed. ahd. lector, nachmals Letter. Daneben ergab mlat. lectiona-
rium 'Buch mit den gottesdienstlich nötigen
Lesestücken' mit der im Volkslat. frühen Angleichung des ct zu tt gleichbed. mhd. lettener.
Später hat das zweite Wort das erste verdrängt und dessen Bedeutung übernommen, die
mit Wandlungen des Kirchenbaus entwickelt
wurde zu 'Querbühne, die zwischen Schiff
und Chor durch die Kirche zieht'. Dieselbe Angleichung zeigt afrz. lettrun, während engl.
lectern 'Lesepult' dem spätlat. lectrum wieder
genähert ist.

letzen schw. Ztw. mhd. letzen, ahd. lezzen
'hemmen, aufhalten, schädigen', asächs. let-
tian, afries. letta, agf. lettan, anord. letja,
got. latjan 'lässig machen, aufhalten': gemeingerm. Denominativ zum Adj. germ. *lata-, f. laß.
Aus der Grundbed. 'aufhalten, hemmen' ist
'(körperlich) schädigen' hervorgegangen. In
anderer Entwicklung dasselbe Wort ist nhd.
sich letzen 'sich gütlich tun'. Schon mhd.
letzen war 'ein Ende mit etw. machen'. Hieraus
entwickelt (neben Letze F. 'Abschied') sich
mit einem letzen 'Abschied mit ihm feiern',
endlich 'sich laben, erquicken': A. Senn 1933
Journ. of Engl. and Germ. Phil. 32, 524.

letzt Adj. mhd. lest, lezzist, ahd. lezzist,
lazzōst: Superl. zum Adj. ahd. laz, germ. *lata-
'säumig', f. laß. Die nhd. Form stammt aus
dem Nd., wo zu asächs. lat der Superl. lezto
(d. i. let-sto) gehört. Agf. latost hat zu engl.
last 'letzt' geführt, agf. lætmest weist auf got.
*latuma. Der 'säumigste' ist zum 'letzten'
geworden, wie engl. late Adv. die Bed. 'spät'
erreicht hat. In der Formel zu guter Letzt
steckt älteres Letze F. (f. letzen und H. Paul
1916 Dt. Gramm. 1, 330). Ausgangsbed. ist
somit 'als guter Abschiedsschmaus'. Der letz-
tere als anfechtbarer Kompar. kaum vor J.
Kepler 1616 Weinvisierb. (Werke hg. v. Frisch
5, 63).

letzthin Adv. nach älterem ferner-, fort-,
fürderhin im 17. Jh. gebildet: Lohenstein
1661 Cleop. 2, 45.

Leuchse F. 'hölzerne Außenstütze für die
Leitern des Wagens', mhd. liuhse, ein Wort
vorwiegend des Südens und Westens, in
Hessen durch Leuchsenstütze(l) mit nördl.
Stütze(l) vermittelt: L. Berthold 1929 Hessen-
naff. Volkswb. 2, 131 ff. Wohl urverw. mit
gleichbed. tschech. lišně, poln. lusnia, russ. ljusnjá.

Leuchte F. ahd. liuhta, mhd. liuhte, md.
lühte, wfäl. lüchte 'Helligkeit, Glanz; Leucht-
gerät': zu licht, f. d.

leuchten schw. Ztw. ahd. mhd. liuhten, mb. lühten, asächs. liohtian, ags. lēohtan, got. liuhtjan: gemeingerm. Denominativ zum Adj. *liuhta- 'licht', somit urspr. 'hell sein'. Zum Wechsel zwischen mhd. iu und ie vgl. Seuche — siech, Teufe — tief.

Leuchter M. mhd. (13. Jh.) liuhtære, nrhein. (14. Jh.) lüchter. Mit derselben Endung wie Bohrer, Drücker usw. Luthers Leuchter (2. Mos. 25, 31 u. ö.) wird von Eck und den Zürichern durch Ampel ersetzt: Kluge 1918 Von Luther bis Lessing 101.

Leuchtturm N. seit Francisci 1674 Histor. Rauchfaß 3, 820 in Reisebeschreibungen. Der Klass. Leuchtturm des Altertums heißt nach der Insel Φάρος vor Alexandria, auf der er stand, gr. φάρος, lat. pharus.

leugnen schw. Ztw. Zum Stamm von lügen (Wz. *lug) gehört mit Ablaut ein Fem. germ. *laugnō, ahd. lougna, anord. laun 'Leugnung'. Dazu gehört (außer got. galaugnjan 'verborgen sein', anord. leyna 'verbergen', dies mit lautgesetzl. Schwund des g vor n) ein gemeingerm. Ztw. der Bed. 'negāre': got. laugnjan, ags. lȳhnan, lȳgnan, asächs. lōgnian, mnd. mnl. löchen(en), ahd. loug(a)nen, mhd. lougenen, lougenen, lougen (daher noch bair.-österr. er laugnt).

Leumund M. In ahd. mhd. liumunt 'Ruf, Ruhm, Gerücht' spiegelt sich urgerm. *hleumunda-: -to-Bildung zu dem in got. hliuma 'Gehör', anord. hljōmr 'Laut, Schall' vorliegenden n-Stamm. Ihm entspricht avest. sraoman- 'Gehör'; die -to-Bildung erscheint wieder in aind. śrōmata- 'guter Ruf'. Ahd. (h)liumunt steht neben got. hliuma, wie lat. cognōmentum neben cognōmen. Die zugrunde liegende Wurzel germ. *hlŭ- (s. laut, läuten) hat außergerm. Verwandte in gr. κλέος, aind. śrávas 'Ruhm'. Das Ztw. verleumden beruht nicht unmittelbar auf Leumund, sondern auf daraus verkürztem mhd. liumde.

Leute Mz., mhd. liute, ahd. liuti 'heer- und dingberechtigte Mitglieder des Volksverbands', nach Aufhebung der Volksfreiheit im fränk. Staat 'Untertanen', mit Sg. liut M. N. 'Volk'. Entsprechend asächs. liud(i), mnl. liede, afries. liōd(e), ags. lēod, Mz. liede, liode, mengl. lēde, anord. lyōr, ljōðr 'Volk', Mz. lyðir 'Leute', burgund. leudis 'Gemeinfreier', westgot. leodes 'Leute'. Nächstverwandt sind balto-slav. Wörter wie aslav. ljudŭ 'Volk', ljudije 'Leute', lett. l'àudis 'Menschen', lit. ljáudis 'Volk', apreuß. ludis 'Mensch'. Zur Deutung bieten sich got. liudan 'wachsen' und die gleichbed. anord. *ljōða (belegt Part. Prät. loðinn), ags. lēodan, asächs. liodan, ahd. liotan: mit aind. rōdhati 'steigt, wächst', avest. raoδa- M. 'Wuchs, An-

sehen', toch. A lüt-k 'werden lassen' zur idg. Wurzel *leudh- 'wachsen, entstehen': K. Schneider 1941 Jdg. Forsch. 58, 48. Als Angehöriger des eignen Volks gegenüber den Unterworfenen ist *leudheros 'der Freie', daher gr. ἐλεύθερος, lat. līber 'frei' (altlat. loebesum 'līberum'), līberī 'Kinder', venet. louzeroφos 'līberīs'.

Leutnant M. Mlat. locum tenens 'Stellvertreter, Statthalter' gelangt in der frz. Lehnübersetzung lieutenant zu uns und erscheint als lietenant 'Stellvertreter eines militär. Führers' seit Murner 1522 Luth. Narr 2113. Die frz. Schreibung wird bis Ende des 19. Jh. festgehalten: Kluge 1918 Von Luther bis Lessing 199. 219; Kurrelmeyer 1919 Mod. lang. notes 34, 261. 36, 487; Schulz-Basler 1942 Fremdwb. 2, 21 f.

leutselig Adj. Mhd. liutsælec erscheint seit 1200 als 'den Menschen wohlgefällig'. Der heutige Sinn wird in Gegenden und Zeiten erreicht, die Leute auf Angehörige der Unterschicht eingrenzen.

Levante F. 'der nahe Osten'. Ital. levante, Part. Präs. zu levare 'erheben', wird im alten Venedig zum Namen des Lands der aufgehenden Sonne. Im 16. Jh. durch obd. Kaufleute bei uns eingeführt: Kluge 1911 Seemannsspr. 538; Schulz-Basler 1942 Fremdwb. 2, 22.

Leviathan M. Hebr. liwjāthān 'gewundenes, windungsreiches Tier' steht Psalm 104, 20 für 'Walfisch', Hiob 40, 25 u. ö. für 'Krokodil' und gelangt als 'Seeungeheuer' in die europ. Sprachen: Lokotsch 1927 Etym. Wb. 1325.

Levit M. Zur Schulung der alttestamentl. Tempelbeamten aus dem Stamm Levi dient das 3. Buch Mosis (darum mlat. Leviticus), das die Leviten nach 5. Mos. 31, 9 in regelmäßigen Abständen verlesen mußten und das in Kap. 26 die Flüche gegen Gesetzesübertreter enthält. Um 760 nimmt Bischof Chrodegang von Metz die alttestamentl. Sitte auf, fortan heißen Leviten die beiden priesterlichen Assistenten beim Hochamt. Im 15. Jh. erscheint die Wendung (einem) die leviten lesen 'ihm eine Strafpredigt halten': Büchmann 1912 Gefl. Worte 488; Littmann 1926 Morgenl. Wörter 33; Schulz-Basler 1942 Fremdwb. 2, 22.

Levkoje F. Gr. λευκόϊον N. 'weißes Veilchen' (λευκός 'weiß' wegen des hellen Laubs, ïov 'Veilchen' wegen des Blütendufts) in ngriech. Aussprache. Zu ital. leucoio stimmt Leucoium bei Vischer 1645 Blumengarten 3. Levgoyen schreibt J. C. Günther († 1723). B. H. Brockes schwankt zwischen Levkojen 1721 und Leucoje 1736. K. W. Ramler 1755, F. v. Matthisson 1794, J. H. Voß, H. v. Kleist, A. v. Platen, die Gärtner und ein Teil der Botaniker bleiben bei ev, auch als sonst der Neuhumanismus um 1800 eu für gr. ευ durchsetzte: E. Schwyzer 1934 Griech. Gramm. 174 ff.; Schulz-Basler 1942 Fremdwb. 2, 22 f. Aus dem Nhd. gelangt der Blumenname im 19. Jh. zu Letten und Polen. Vgl. Goldlack.

Lexikon N. Zu gr. λέγειν 'reden' gehört λέξις F. 'Rede, Wort', dazu das Adj. λεξικός 'ein Wort betreffend' und dazu wieder λεξικòν (βιβλίον) N. 'Wörterbuch', das uns im 17. Jh. auf gelehrtem Weg erreicht. Wenig später tritt das Ersatzwort Wörterbuch auf, s. d.

Liane F. Das tropische Schlinggewächs heißt seit dem 17. Jh. frz. liane. Die Form ist in normann. Ma. aus älterem liarne entwickelt, dies aus Kreuzung des frz. viorne (aus lat. viburnum 'Schlingbaum') mit lier 'binden' (aus lat. ligāre) entstanden: Gamillscheg (1928) 558. In nhd. Text erscheint „Lienne oder Lianne" 1751: Palmer (1939) 85 f.

Libelle F. Das mit waagrechten Flügeln schwirrende Insekt nennen die Zoologen (mit dem Demin. von lat. libra 'Wasserwaage') libella 'kleine Waage'. So in hd. Text seit Frisch 1730 Beschr. von allerlei Ins. 8, 24. Dort S. 16 erscheint daneben als Volkswort Jungfer, woneben seit 1743 Wasserjungfer (DWb. 13, 2430) weithin gilt. Ferner bei Stieler 1691 Pfaufliege, bei Popowitsch 1780 Versuch e. Vereinigung der Mundarten von Teutschl. 506 ff. ostfränk. Wasserbumme, österr. Schleifer, Glaser, oberlaus. Himmelsziege, heidelb. Spelleschisser, nordhess. Augen-, Kehlstecher, westfäl. snidr, brand.preuß. Schillebold (s. -bold), pomm. spillebold, hamb. Graspferd. Vgl. Nymphe; Schulz-Basler 1942 Fremdwb. 2, 23; L. Berthold 1929 Hessen-nass. Volkswb. 2, 138.

Liberei s. Bücherei.

Libretto N. Zu ital. libro 'Buch' gehört als Demin. libretto, das aus 'Büchlein' zu 'Operntextbuch' geworden ist und seit 1837 bei uns erscheint: Schulz-Basler 1942 Fremdwb. 2, 26.

-lich Adj.-Suffix, mhd. -lich, ahd. -lîch, asächs. agf. -lîc, got. -leiks. Urspr. eines mit dem auch in gleich, Leiche, Leichnam, männiglich enthalten germ. *-lîka 'Körper': got. waîraleiks 'männlich' ist eig. 'einen männl. Körper habend'. Entspr. wird -lîka in allen germ. Sprachen zur Adj.-Bildung verwendet. S. auch solch, welch.

licht Adj. mhd. lieht, ahd. asächs. lioht, afries. liacht, agf. lēoht 'strahlend, hell'. Got. *liuhts ist aus dem davon abgeleiteten liuhtjan zu folgern (s. leuchten). Es ist fraglich, ob der Dental von licht part. Ursprungs ist wie in alt, kalt, laut usw.: Kluge 1926 Stammb. § 224.

Licht N. mhd. lieht, mnl. nnl. licht, ahd. asächs. anfr. lioht, afries. liächt, agf. lēoht, engl. light, got. liuhaþ (Stamm liuh-aða-) N. 'Licht, Helle', dazu das Adj. licht, s. d. Mit andrer Endung asächs. liomo, agf. lēoma, mengl. lēme, anord. ljōmi 'Strahl, Glanz, Blitz' (aus germ. *leuhma-), ahd. liehsen 'hell', anord. ljōs N. 'Licht' (aus germ. *leuhs-). Dazu das Ztw. agf. līexan, anord. lȳsa 'leuchten'; vgl. Leuchte, Loh, Lohe[1], Luchs. Sämtlich zur idg. Wurzel *leuq- 'leuchten; licht', wozu außergerm. gall. Leuc-, Loucetius als Beiname des Mars, air. lūach 'weiß', lōche 'Blitz', kymr. amlwg 'sichtbar'; osk. und lat. Lūcetius als Beiname Jupiters, Lūcetia als Beiname der Juno, lūx 'Licht', lūceō 'leuchte', lūcidus 'hell' mit lucerna, lūcius, lūcubrō, lūcus, lūmen, lūna, lūstrō, lūstrum, pollūceō; gr. λευκός 'glänzend, weiß', ἀμφιλύκη 'Zwielicht', λύχνος 'Leuchte', λοῦσσον 'weißer Kern im Tannenholz'; aslav. luči 'Licht', lit. laũkas 'bleich', apreuß. lauxnos 'Sterne'; aind. rṓčatē 'leuchtet', rōčis 'Glanz', rukšá 'schimmernd'; toch. A luk- 'leuchten'; hettit. lukkats 'Morgen', luk(e)zi 'ist hell'. — Nhd. Licht ist (zumal im protest. Norden und Osten) weithin an die Stelle von Kerze (s. d.) getreten; im Übergang steht die Bed. 'brennende Kerze': Kretschmer 1918 Wortgeogr. 326 f.

Lichtblick s. Silberblick.

lichten schw. Ztw. 1) 'licht machen' vom Walde, den Reihen der Feinde usw. Kaum vor J. Rist 1652 Neuer Teutscher Parnaß 248. 2) 'heben' vom Anker, in hd. Text seit Aldenburgk 1627 Westind. Reise B 1ᵇ, in nd. Seemannsspr. seit dem 15. Jh., nnl. ligten 1681. In alten Quellen erscheint dafür leichten, demgemäß in nhd. 'leicht' (wie das entspr. Ablette zu let 'leicht', lat. levāre zu levis). Anders mnd. nd. lüchten 'aufheben', das zu lucht, der nd. Form von Luft (s. d.) gehört, wie anord. lypta, schwed. lyfta, dän. lyfte (woraus engl. lift) 'heben': F. Kluge 1911 Seemannsspr. 539; F. Holthausen 1929 Germ.-rom. Monatsschr. 17, 471.

lichterloh Adv. zus.-gebildet aus dem adverbialen Gen., der frühnhd. noch in zwei Wörtern geschrieben wird: liechter Loh Mathesius 1562 Sarepta 16ᵇ; lichter Lohe Fincelius 1566 Wunderzeichen I D 8ᵃ. Als attr. Adj. tritt l. erst spät im 18. Jh. auf: Behaghel 1923 Dt. Syntax 1, 140. S. loh.

Lichtmeß F. Der 2. Februar wird zum Gedächtnis der Darstellung im Tempel mit Lichtprozessionen gefeiert, daher mhd. liehtmesse, -wîhe, asächs. liohtmissa; entspr. spätagf. candelmæsse, engl. candlemas, schwed.

kyndelmässa (mlat. candelaria, frz. chandeleur aus mlat. candelorum, d. i. mit falscher Endung umgestaltetes lat. festum candelarum). Das maßgebende Schriftwort ist Luk. 2, 32 „lumen ad revelationem gentium“. Zur Volkskunde des Tags H. Fischer 4, 1223. 6, 2473; L. Berthold 1929 Hessen-nass. Volkswb. 2, 143 f.

Lichtung F. zu lichten 1. im 19. Jh. als Lehnübersetzung von frz. clairière gebildet. Die älteren Waldung (17. Jh.) und Feldung (16. Jh.) konnten als Vorbilder dienen.

Lid, früher Lied N., auch in Fenster-, Kannen-, Ofenlied, mhd. mnd. mnl. lit, ahd. (h)lit 'Deckel (auf einem Gefäß)', afries. agf. hlid 'Decke(l), Dach, Tür, Öffnung', nnl. engl. lid 'Deckel' anord. hlið 'Öffnung, Tor, Zwischenraum', schwed. lid, dän. led 'kleine Tür'. Isl. augnalok und schwed. ögonlok, wörtlich 'Augenverschluß' zeigen, daß die Anwendung von Lid aufs Auge durchaus nicht alt oder allgemein ist. Noch 1847 muß den Wiener Schulkindern eingeprägt werden, daß sie Augenlied statt des heimischen Augendeckel zu setzen haben (P. Kretschmer 1918 Wortgeogr. 20). Erst in der Zusammensetzung Augenlid, die sich im eindeutigen Satzzusammenhang erleichtern ließ, wird die Beziehung aufs Auge hergestellt. In dieser Verdeutlichung stimmt mhd. ougelit zu mengl. eie-, engl. eyelid, wie auch die Bezeichnung Augapfel dem Dt. und Engl. gemeinsam ist. Lid als 'Verschluß' gehört zum st. Ztw. asächf. agf. hlidan, afries. hlida 'schließen, bedecken', zu dem sich auch westfäl. ligge (aus *līe) 'Windel' (F. Holthausen 1929 Germ.-rom. Monatsschr. 17, 68) und got. hleipra 'Zelt, Hütte' stellen. Außergerm. vergleichen sich air. cliath 'Geflecht', clithar 'Schutz', aslav. klěti 'schließen', lit. klětis 'Vorratshaus', lett. slita 'Zaun', gr. κλισία, κλίσιον 'Zelt, Hütte'.

Lidlohn M. 'Gesindelohn' aus gleichbed. mhd. lid-, litlōn. Ein in hd. Ma.n verbreitetes Wort. Vielleicht zu mnd. lide 'Weg, Gang', also urspr. 'Botenlohn' oder 'Sold beim Weggang'. Dann wären ahd. līdan, asächf. līdan, anord. līða, got. leipan 'gehen' nächstverwandt. Dazu noch agf. lida M. 'Schiffer, Seefahrer', anord. liði M. 'Gefolgsmann'.

lieb Adj. Mhd. liep, lieber, ahd. liob, liobēr, asächf. liof, anl. lief (v), afries. liaf, agf. lēof, engl. lief, anord. ljūfr, got. liufs (b) führen auf gemeingerm. *leuba- 'lieb'. Dazu die ablautende Nebenform germ. *lauba- in schweiz. (Jd. 3, 938) laub und den ahd. Männernamen Hada-, Mannaloub gegenüber Leubius, Leubasnus, -a bei M. S. Schönfeld 1911 Wb. d. altgerm. Personen- u. Völkernamen 153. Jdg. *leubhos erscheint (wie in got. liufs) auch in

aslav. ljubŭ. Wz.-verwandt sind erlauben; glauben, Lob. Das idg. Adj. für 'lieb', das sich in aind. priyá spiegelt, hat im Germ. früh seine Bed. geändert (s. frei) und unserm Wort Platz gemacht.

liebäugeln schw. Ztw. im 16. Jh. (kaum vor Agricola 1534 Sprichw. 61ᵇ) gebildet zu älterem äugeln 'mit Blicken, mit den Augen reden (wie Verliebte)' Schmeller 1², 50, der Verkl. entsprechend süddeutsch und hier allein bodenständig: H. Fischer 4, 1232. Dort früher auch Euphemismus für 'schielen'. Das ähnlich gebildete liebkosen ist älter. Zs. f. d. Wortf. 11, 116.

Liebchen N. Lessing findet in Logaus Sinnged. (Breslau 1654) 2637 das Lieb für 'die Geliebte' und bemerkt 1759 (Lachm. 5, 330) dazu „Ein Schmeichelwort der Liebhaber, wofür einige itzt Liebchen sagen“: redender Beleg für die Aufnahme eines Ausdrucks in die Schriftsprache, der z. B. im Bürgermeisterb. von Frankfurt a. M. schon 1445 auftritt (Lexer 1, 1903) „Herman und syn liebchin“, und in westmd. Mundart bis heute gilt: L. Berthold 1926 Hessen-nass. Volkswb. 2, 148.

Liebde F. in veralteter Anrede an Hochgestellte, in hd. Text zuerst am 2. Dez. 1443 in einem Brief des Rats von Nürnberg an den von Augsburg (Chron. d. dt. Städte 3, 382): „bedeuchte es dann ewer Liebde geraten sein“. Über die Herkunft urteilt Niklas v. Wyle als Kanzler der Grafen v. Württemberg in Stuttgart 1478 (Translat. 351, 5 ff. Keller): „als die Fürsten vnser Landen bisher pflegen haben ain andern zeschryben vnd noch des merentails tünt: Vwer Lieb, heben yetz etlich Schriber an flemisch dar für zeschrieben Vwer Liebde“. Seit dem 14. Jh. begegnen md. leift, mnd. lēv(e)de, nnl. liefde, afries. liäfte 'Liebe': neben dem F. Liebe (s. d.) wie Zierde neben Zier als Bildung auf germ. -ipō- : -iðō, ahd. -ida, mhd. -(e)de: F. Kluge 1926 Stammbildungsl. § 121.

Liebe F. dringt als mhd. liebe 'Freude, Liebe' um 1200 durch für ahd. luba 'affectus' das zu lubōn 'lieben' steht wie agf. lufu zu lufian. Das Got. bietet -lubō F. 'Liebe' und lubains F. 'Hoffnung'. Urverw. mit lat. lubens 'gern' und der aind. Wz. *lubh- 'begehren'. S. lieb, Liebde, Lob.

liebenswürdig Adj. scheint von Opitz (†1639) Op. poet. 2 (Amsterd. 1646) 48 als Übersetzung von nnl. liefwaardig gebildet zu sein, das seinerseits in engem Verhältnis zu frz. aimable steht. Zs. f. d. Wortf. 2, 262 f.

Liebich M. Unter den bei Gimpel behandelten Namen des Dompfaffen steht ahd. löhfinco (zu löh M. 'Hain') zeitlich voran. Daraus gekürzt sind schles. luh (Schwenkfeld

1603 Ther. Sil. 262), lüch (Zehner 1622 Nomencl. 270) und schmalk. lüft (Vilmar 1868
Jb. v. Kurh. 254). Als zweiten Bestandteil
führt denselben Namen sächs. schwarzlob (Zs.
f. dt. Phil. 21, 210). Westthür. lȳwîx stellt sich
dazu wie Spatzich zu Spatz: Suolahti 1909
Vogeln. 137f.

liebkosen schw. Ztw. mhd. (13. Jh.) lieb(e)-
kōsen, zus.-gebildet aus einem ze liebe kōsen
'ihm zu Liebe sprechen', vgl. Wolfram v. Eschenbach, Will. 387, 15 dem ichz ze liebe kōse.
Statt des Dat. der Person tritt im 17. Jh.
der Akk. ein nach Analogie von lieben, trösten
usw.: Behaghel 1923 Dt. Syntax 1, 696. S.
liebäugeln.

Liebreiz M. von Zesen 1645 Adr. Rosemund
240 als Ersatz für lat. Cupīdo ersonnen, als
Appellativ kaum vor Steinbach 1734. Zs. f. d.
Wortf. 12, 190; Wh. Pfaff 1933 Kampf um
dt. Ersatzwörter 38. Liebreizend seit Jean
Paul 1803 Titan 4, 297.

Liebstöckel N. M. Lat. ligusticum, das heilkräftige Doldengewächs Ligusticum levisti-
cum L., ist nach seiner ligurischen Heimat benannt: Plinius, Nat. hist. 19, 165. Es entwickelt mlat. Nebenformen wie lub-, luv-, lev-,
livisticum, libestica. Auf Umbildung nach ahd.
stëcco (s. Stecken) beruhen ahd. lubestëcco
(Zs. f. dt. Wortf. 6, 188), mhd. lübestëcco und
(mit Gedanken an lieb) mhd. liebstuckel.
Gleichen Ausgangspunkt hat das an ags. lufu
'Liebe' angelehnte ags. lufestice M.: J. Hoops
1905 Waldb. u. Kulturpfl. 616. Aus dem Dt.
ist der Pflanzenname in balt. Nachbarsprachen
gelangt.

Lied N. mhd. liet (d) 'Strophe', Mz.
'Lied', ahd. liod, asächs. -lioth, mnl. liet (d),
ags. lëoþ, mengl. lēþ, anord. ljōð 'Strophe,
Zauberspruch', Mz. 'Lied'. Got. *liuþ ist aus
liuþōn '(lob)singen', awiliuþ 'Danksagung' und
liuþareis 'Sänger' zu folgern. Germ. *leuþa-
(idg. *leut-) entspricht den von Tacitus, Germ.
2 bezeugten Carmina antiqua; vgl. leudos 'barbara carmina' Venantius Fort. 2, 8. Die
älteste Liedform ist einstrophig, darum steht
anord. und mhd. die Mz. zur Bezeichnung des
mehrstrophigen Lieds: Chrismann 1918 Gesch.
d. dt. Lit. 1, 14. Außergerm. entsprechen lat.
laus, laudis 'Lob' und aind. gṛnā́ti 'singt, lobt,
preist'.

Liederjan M. Ostmd. Ma.n lieben Bildungen
wie Schmierjan, Stänkrian, Stolprian, die
etwa von Leipzig aus gelegentl. in die
Literatur dringen. So das zum Stamm von
liederlich gebildete Liederjan, das seit
Mitte des 19. Jh. auch aus Ostpreußen, der
Neumark, Thüringen und dem Egerland bezeugt ist. Die hyperhd. Schreibung mit ü

verleitet zur Anknüpfung an Luder. Endung
ist Jan, die Kurzform zu Johann.

liederlich Adj. spätmhd. liederlich 'leicht-
(fertig), geringfügig'. Mnd. lüder 'liederlicher
Kerl', ags. lieðre 'liederlich, schlecht, boshaft',
engl. lither führen auf germ. *liuþri-, verwandt mit der Ausgangsform von Lotter
(s. d.), idg. Wurzel *leu- 'schlaff (herabhängend)'.
Von den außergerm. Verwandten stehen am
nächsten serb. lúsati 'schlendern' und gr. (arkad.)
λεῦτον 'fahrlässig'. — Die alte Nebenform
lüderlich (H. Paul 1916 Dt. Gramm. 1, 207)
hat Stieler zur Ableitung von Luder verführt.
Von da kamen Gottsched und Lessing dazu, die
Schreibung lüderlich zu fordern.

Liedertafel F. 'Tafel in der Kirche, auf der
die Gesangbuchlieder angezeigt sind' J. Paul
1796 Siebenk. 28. Als Name eines 'gesang-
lichen Tischvereins' 1808 durch Zelter aufgebracht, der dabei an die Tafelrunde des Königs
Artus dachte. Gleichbed. Liederkranz ist
jünger.

liefern Ztw. Lat. liberāre 'befreien, ent-
ledigen' hat den mlat. Sinn 'remittere' entwickelt, den frz. livrer bewahrt. Von da geht
mnl. mnd. leveren aus, das (seit etwa 1400 als
Fachwort des hansischen Handels hd. li(e)vern
ergibt. Subst. dazu ist noch bei Stieler
1691 Lieferer; seit 1688 Livrant, 1712
Lieferant. Kaufmannswort mit lat.-roman.
Endung wie Negoziant, Partizipant, Tra-
fikant: Schirmer 1911 Wb. d. dt. Kaufm. 120;
Schulz-Basler 1942 Fremdwb. 2, 26.

liegen Ztw. ahd. mhd. ligen, licken, asächs.
liggian, mnl. ligghen, afries. lidz(i)a, ags.
licg(e)an, engl. lie, anord. liggja. Die präsent. j-Ableitung dieses st. Ztw. ist urgerm.,
in got. ligan sekundär beseitigt. Schon für
das Jdg. ist eine Form *leghiō anzusetzen, wie
aslav. ležọ (aus *legjọ) 'liege' und ahd. laigim
(mit reduz. Wz.-Vokal) 'lege mich' beweisen.
Ein j-loses Präsens wird für das Griech.
durch Hesychs λέχεται 'legt sich schlafen'
bezeugt; dazu der Aorist (episch) λέκτο 'legte
sich'. Das Griech. kennt weiter viele Ableitungen von der idg. Wz. *legh, z. B. λέχος
'Lager', λόχος 'Hinterhalt'. Das Lat. bewahrt
nur lectus 'Bett'. Aus dem Kelt. gehören
hierher gall. legasit 'legte' und air. lige 'Lager';
dazu toch. lake 'Lager'. Das Slav. kennt noch
ein Präs. mit Nasalinfix in aslav. legọ (Inf. lešti
aus *legti) 'lege mich'. Dem Ostidg. ist die Wz.
fremd. S. Lager, legen, löschen.

Liesch N. 'Riedgras' ahd. mlat. lisca F.
'filix, carex', ahd. lesc 'scirpus', mnl. lissoe,
lessce, lesch(e); daneben mhd. liesche F.
mnd. lēsch, mnl. lies(c), aber auch asächs.
Liusci als Ortsname, mnd. lüs(ch), mnl.

(mundartl.) leus, luusjch. Der Tonvokal (germ. ē, ī, ū?) bereitet Schwierigkeiten. Außergerm. Verwandte fehlen; frz. laîche, piemont. lesca 'Riedgras', ital. lisca 'Hanfspelze' gelten als Entlehnungen aus germ. Sprachen: Zj. f. d. Wortf. 3, 271. 14, 186; H. Fischer 1914 Schwäb. Wb. 4, 1243; L. Berthold 1929 Hessen-nass. Volkswb. 2, 152; H. Marzell 1943 Wb. d. dt. Pflanzennamen 1, 827 f.

Liesen Plur. das Berliner Wort für 'Eingeweidefett, aus dem das Schmalz gewonnen wird', bej. von Gänsen. Zur Abgrenzung des ungedeuteten Worts gegen Flom, Schmer, Filz u. a.: Kretschmer 1918 Wortgeogr. 327 f.

List j. Fahrstuhl.

Liguster M. der Strauch Hartriegel, Rainweide: jung entlehnt aus lat. ligustrum, das nicht sicher gedeutet ist.

Likör M. Lat. liquor M. 'Flüssigkeit' (zu liquēre 'fließen'), dessen lat. Form in dt. Arzneikunde und Chemie seit Paracelsus († 1541) eine Rolle spielt, ergibt frz. liqueur F. 'feiner Branntwein'. Der Plur. Liqueurs erscheint bei uns im höfischen Kreis 1709, das Geschlecht wandelt sich nach dem älteren Liquor: Schulz-Basler 1942 Fremdwb. 2, 27. 31.

lila unflekt. Adj. 'fliederblau'. Syringa vulgaris heißt mit einem Namen ind. Ursprungs, perj. Vermittlung, arab. lilak. Die Mauren vermitteln jpan. lilac, frz. lilas M. Vom Baum geht das frz. Subst. auf die Farbe seiner Blüten über, demgemäß spricht unser 18. Jh. von „lilafarbener Schminke" (jene Zeit zog bläuliche und gelbe Schminken der roten vor) und „lillafarben Stuben". Hieraus wird bei Schneidern und Putzmacherinnen vom Anfang des 19. Jh. das Adj. lil(l)a(s) gekürzt: Schulz-Basler 1942 Fremdwb. 2, 28; W. Horn 1941 Arch. f. d. Stud. d. n. Spr. 179, 106.

Lilie F., mundartl. auch Nilie und Ilie. Ägypt. hrr-t, das im Kopt. hrēri und hlēli gesprochen wurde, liefert gr. λείριον und lat. lilium: E. Littmann 1924 Morgenl. Wörter 13. Dessen Mz. lilia ist Vorbild für ahd. lilja, mhd. lilje. Die Tonsilbe ist gekürzt wie in Linie und Litze (aus lat. līnea und licium). Obd. Mundartformen lauten mit g oder j an und folgen damit dem ital. giglio, rätorom. giglia. Der dt. Pflanzenname ist ins Lett. weiter entlehnt. Aus dem Lat. stammen auch ags. lilie (engl. lily), hieraus anord. schwed. lilja, dän. lillie.

Limonade F. Perj. limūn 'Zitrone(nbaum)' liefert über türk. limon frz. limon, dessen Ableitung limonade 'Zitronenwasser' gegen Ende des 17. Jh. zu uns gelangt. Auf einem Hoffest zu Marly gab es (nach der Sonntagischen Fama 1686, Nr. 4) „Schenck-Keller von Schockolat, von Limonaden und anderen Säfften". Das zu ital. limone gebildete gleichbed. limonata liefert etwa gleichzeitig nhd. Limonada: Hohberg 1687 Landleben 1, 329. Gebucht sind beide zuerst 1709 bei Hübner und Wächtler. Kluge 1924 Neuphil. Mitt. 25, 124; Schulz-Basler 1942 Fremdwb. 2, 29.

lind Adj. mhd. linde, ahd. lindi, ajächj. lithi, agj. līðe 'mild, weich, freundlich', engl. lithe 'biegsam, geschmeidig'. Aus dem Westgot. jcheinen jpan. portug. lindo 'hübsch' zu stammen. Mit germ. *linþia-, älter *lenþia- ist nächstverwandt lat. lentus 'biegsam, zäh, langsam', dessen genaue formale Entsprechung in dän. lind 'biegsam, weich, mild' und ostlit. leñtas 'still, ruhig' vorliegt. Hiermit nicht wz.-verwandt ist ein germ. Stamm *lin(w)a-, *līna- in anord. linr 'glatt, sanft', mhd. lin (Gen. linwes), līn 'lau, matt', bair. len 'weich', nnl. lenig 'geschmeidig'. Ein entspr. Ztw. liegt vor in got. aflinnan 'fortgehen, weichen', anord. linna 'aufhören', agj. linnan 'einer Sache verlustig gehen', ahd. bilinnan 'nach-, ablassen'. Vgl. aind. li-nắ-ti 'schmiegt sich an', gr. λί-να-μαι 'weiche aus', air. lían.

Linde F. mhd. mnl. linde, ahd. linta, ajächj. lind(i)a, agj. anord. lind: gemeingerm. Name des Baums, in germ. Kriegersprache über 'Lindenschild' zu 'Schild' entwickelt. Dazu nhd. mundartl. Lind 'Bast', anord. lindi M. 'Gürtel (aus Lindenbast)'. Nächstverwandt sind russ. mundartl. lut 'Lindenbast', russ. lutijó 'Lindenwald', poln. lęt 'Gerte', lit. lentà 'Brett'. Ferner mag Urverwandtschaft mit lat. lentus 'biegsam, zäh' (j. lind) und vielleicht mit gr. ἐλάτη 'Fichte, Rottanne' vorliegen: H. Hirt, Handb. d. gr. Laut- u. Formenl.² 129. Zum Bedeutungswandel der Baumnamen j. Buche.

Lindwurm M. Ahd. lind, lint, anord. linnr (aus *linþr) 'Schlange' führen auf germ. *linþaz, älter *lenþaz, der Form nach eins mit lat. lentus 'biegsam', urverw. mit lind und Linde: das Tier heißt nach seiner Geschmeidigkeit. Das nicht mehr verstandene Simplex wird verdeutlicht zu anord. linn-ormr, ahd. lindwurm, mhd. lintdrache, lintwurm (vgl. Murmeltier, Schmeißfliege, Walfisch, Windhund) und in dieser Form, nachdem es im 17. Jh. vergessen war, mit dem Aufleben der mhd. Literatur erneuert, zuerst wohl durch Stolberg 1777 Gedichte 1, 167.

Lineal N. Zu lat. linea (j. Linie) gehört das Adj. lineālis 'mit Linien gemacht', dessen jubst. Neutr. mlat. *lineāle (neben allein bezeugtem lineārium) Ausgangspunkt für Lineal

geworden ist, das seit 1468 erscheint: Schulz-
Basler 1942 Fremdwb. 2, 29. Aus dem Nhd.
ist das Wort weiterentlehnt ins Lett.

Linie F. Die Gerade dankt ihren Namen
dem Verfahren der Zimmerleute, eine Leine
(s. d.) zu färben und auf einen Balken zu schnellen. Zu lat. līnum 'Lein' gehört līnea 'leinene
Schnur; (damit gezogener) Strich'. Mit
Verkürzung des Tonvokals wie in Litze und
Lilie entlehnt zu ahd. linia, linna, mhd.
linie.

link Adj. mhd. linc, lenc (Gen. -kes). Ahd.
ist nur lenka F. 'linke Hand' bezeugt, das
Adj. wird durch winistar (mhd. winster, asächs.
winistar, afries. winstere, ags. winstre, anord.
vinstri, urspr. 'die günstigere Seite' bei Opfer
und Vogelflug) gedeckt. Andre Synonyme
sind got. hleiduma; bair. lörz, lörc, tenc;
nd. lucht, nordfries. lěf, engl. left (neben ags.
lyft-ādl 'Lähmung' und ostfries. luf 'schwach',
die die Ausgangsbed. festhalten). Alte Nebenformen zu link sind nrhein. slinc (vgl. Drossel[2],
Hocke, lecken[1], Stier) und frühnhd. glink,
gling. Dazu schwed. linka und ablautend
lanka 'etw. hinken', lunka 'trotten'. Vielleicht sind aind. laṅga 'lahm', lat. languēre
'matt sein' und gr. λαγαρός 'matt' verwandt.

Linnen N., nd. Form für Leinen (s. d.),
durch den westfäl. Leinenhandel (vgl. Inlett,
Laken) nach Oberdeutschland gelangt. Asächs.
līnīn, mnd. līnen ist das subst. Neutr. zum
Stoffadj. asächs. līnīn 'aus Leinen'.

Linoleum N. Zuerst von dem Engländer
Walton 1860 als Bodenbelag hergestellt und
nach seinem wesentlichen Bestandteil, dem
Leinöl (linum, oleum) benannt.

Linse F. mhd. linse, ahd. linsi; daneben
mhd. ahd. linsī(n) N. Aus lat. lens (Gen.
lentis) kann Linse nicht entlehnt sein, weil
Lehnwörtern (vgl. Kelch, Kreuz) die Stammform zugrunde liegt, die hd. *linz ergeben
hätte. Heimischer Ursprung (wie bei Bohne
und Erbse) ist sachlich unwahrscheinlich (Hoops
1905 Waldb. und Kulturpfl. 462). So gelangt
man zu der Vermutung, Linse stamme mit
lat. lens, aslav. lęšta (aus *lentja) und lit.
lęšis aus der gleichen, unbekannten Quelle.

Linsengericht N. nach 1. Mos. 25, 34 für
etwas Wertloses, um das man Wertvolles
preisgibt. Von Luther geprägt wie Feuereifer, s. d.

Lippe F., dem Ahd. und Mhd. fremd, als
Lehnform aus dem Nd. in die nhd. Schriftsprache eingeführt durch Luther, dessen obd.
Zeitgenossen es durch Lefze erläutert werden
muß: Kluge 1918 Von Luther bis Lessing 101.
109. 114ff. Synonym auch siebenb. glěf, das
1540 als Gleff bei Er. Alberus auftritt. Asächs.

*lippia, mnl. lippe F. (woraus entlehnt frz.
lippe F. 'dicke Unterlippe'), afries. agf. lippa
M. führen auf germ. *lepjan-, *lepjōn, aschwed.
læpi, dän. læbe auf germ. *lepan-. Sämtlich zur
idg. Wurzel *leb- 'herabhangen', s. Lefze.

lispeln Ztw. frühmhd. lispeln (zuerst im
12. Jh. mit lispelnder zung: Diemer 1849 Dt.
Ged. S. 16), mhd. lüspeln (Herm. v. Sachsenheim 1453 Möhrin V. 4983): Verkl. zu ahd.
mhd. lispen 'mit der Zunge anstoßen' aus
wlispen. Dies nrhein. im 15. Jh., auch umgestellt zu wilspen. Lautmalend wie ahd.
mnd. lisp, agf. wlisp, wlips 'stammelnd',
wlispian, engl. lisp 'lispeln', mnl. lispen 'mit
ungelenker Zunge sprechen'. Dazu ablautend
norw. leispa, schwed. läspa, dän. læspe.

List F. Ahd. mhd. list M. (md. nd. F.),
agf. anord. list, got. lists führen auf germ.
*lis-ti-, Abstr. zum Stamm germ. *lis 'wissen',
der weiteste Verbreitung hat, s. lehren,
lernen. Auf germ. *listi- beruht die Sippe
von aslav. listĭ sowie die roman. von frz.
leste, ital. lesto 'gewandt, flink'. List ist älter
als die andern Wörter des Wissens (darüber
J. Trier 1931 Mitt. des Univ.-Bunds Marburg
Heft 3, S. 35; F. Scheidweiler 1941 Zf. f. dt.
Alt. 78, 62ff.). Es umfaßt urspr. die Technik
des Kriegs (Kriegslist), das Schmiedehandwerk
und den kultisch-magischen Bereich, der vom
Christentum zu verbotenem Zauber gedrückt
wurde. Daher ging List vielfach in bösen
Sinn über, während die neu einströmende
Gedankenwelt zu Kunst (s. d.), Weisheit,
Wissenschaft griff.

Liste F. Ahd. lista (s. Leiste) bringt ins
Mlat. und in die roman. Sprachen. Ital.
lista '(bandförmiger) Streifen' kehrt im 16. Jh.
in der kaufmänn. Bed. 'Verzeichnis (in Streifen-
form)' zurück, bis ins 18. Jh. mit Endung -a:
Schulz-Basler 1942 Fremdwb. 2, 31.

Litanei F. Gr. λιτανεία 'das Flehen'
ergibt über lat. litania afrz. letanie, das im
Beginn des 13. Jh. mhd. letanie liefert. Die
Kirchensprache stellt nachmals das gr.-lat. i
her: Schulz-Basler 1942 Fremdwb. 2, 32.

Liter N. M. Gr. λίτρα F. 'Gewicht von
12 Unzen' ergibt über mlat. litra frz. litre,
das in Frankreich 1799 gesetzl. Hohlmaß wird.
Bei uns durch Gesetz von 1868 als Maß von
1/1000 Raummeter eingeführt, gebucht kaum
vor Kehrein 1876.

Literatur F. Zu lat. littera (älter litera;
vgl. Karotte) 'Buchstabe' (s. Letter) stellt
sich das seit Cicero bezeugte F. litterātūra
'Buchstabenschrift, Alphabet; Leseunterricht,
Sprachlehre, Schrifttum', im 16. Jh. auf gelehrtem Weg ins Nhd. entlehnt, von Simon
Roth 1571 Fremdwb. 325 Ohmann verzeichnet:

„Literatur/Gschrifft, Kunst der Gschrifft, gschrifftgelerte Weiß vnd Kunst". In derart umfassendem Sinn, fast wie heute Wissenschaft und Gelehrsamkeit, wird Literatur bis ins 18. Jh. verwendet. Damals wird es mit den erstarkenden schöngeistigen Interessen auf die dichterische Erzeugung beschränkt und als schöne Literatur (so seit 1780) besonders gekennzeichnet. Literaturgeschichte bildet Herder 1767, die Allg. Literatur-Zeitung erscheint in Jena seit 1785: Schulz-Basler 1942 Fremdwb. 2, 32ff.

Litewka F. Poln. litewka 'litauischer Rock' erscheint für 'Jagdrock' 1839 bei uns und steht in dt. Heeressprache für 'leichter, blusenartiger Soldatenrock' von etwa 1898 bis 1918: Schulz-Basler 1942 Fremdwb. 2, 35.

Litfaßsäule F. Der Fam.-Name Litfaß ist urspr. Übername des Obstweinhändlers (mit Leitgeb, Ligibel, Leuthäuser zu mhd. lît 'Obstwein', wie Methfessel zu Met; s. auch Leikauf). Der Buchdrucker Ernst Litfaß stellte am 1. Juli 1855 in Berlin die erste Plakatsäule auf.

Litze F. Lat. licium N. 'Faden' (urspr. 'Querfaden', zu obliquus 'schräg') ergibt mit derselben Kürzung des Stammvokals wie in ahd. lilia und linia mhd. litze 'Schnur', namentl. als Einfassung und Schranke. Galloroman. *licia, aus dem afrz. litse, frz. lice 'Aufzug am Webstuhl' sowie mnl. litse, nnl. lis stammen, ist Sammelform zu lat. licium. S. Drillich, Zwillich.

Lizentiat M. Lat. licentia 'Erlaubnis' ist im akad. Gebrauch des Mittelalters die Lehrberechtigung, die bewährten Bakkalaureen gegeben wurde und im Eingang der akad. Laufbahn stand. Dazu mlat. licentiātus seit dem 14. Jh. Nachweise bei D. F. Malherbe 1906 Fremdwort im Reform.-Zeitalter 78 und Schulz-Basler 1942 Fremdwb. 2, 37.

Lloyd M. Bei einem Londoner Kaffeehausbesitzer mit dem kymr. (walisischen) Fam.-Namen Lloyd (zum kymr. Adj. llwyd aus urkelt. *leito 'grau, bleich') verkehrten Handelsherren und Seeleute, die Versicherungen auf Schiff und Ladung abschlossen. Seit 1696 gab er Lloyd's News, seit 1726 ein wöchentl. Handelsblatt Lloyd's List heraus. Im 18. Jh. wurde engl. Lloyd Name einer Seehandelsgesellschaft, nach deren Vorbild 1857 der Norddeutsche Lloyd gegründet wurde: A. Schirmer, Wb. d. dt. Kaufmannsspr. (1911) 121. Dazu Lloyddampfer 1867: Kluge 1911 Seemannsspr. 545.

Lob N. mhd. lop (b), ahd. lob N. M., asächs. anfr. mnl. nnl. afries. agf. mengl. anord. schwed. lof, dän. lov. Neben der gangbaren Bedeutung gilt anord. 'Erlaubnis'. Gleichfalls alt und verbreitet ist das schw. Ztw. loben, mhd. loben, ahd. lobēn, -ōn, asächs. lobōn, afries. lovia, agf. lofian, mengl. dän. love, schwed. lova, anord. lofa, daneben leyfa 'erlauben, loben'. Germ. Verwandte s. u. erlauben, geloben, glauben, lieb, Urlaub, verloben (Ablaut laub-: liub-: lub-). Jdg. Wurzel *leubh- 'gern haben' und daher 'gutheißen, loben'. Von den außergerm. Verwandten stehen am nächsten lit. liaupsē 'kirchlicher Lobgesang, liáupsinti 'lobpreisen', beide auf Grund eines -es-Stamms idg. *leubhes-.

Lobelie F. eine Pflanze, benannt nach dem Botaniker Löbel († 1616), der sie aus Amerika nach Deutschland gebracht hat.

lobhudeln schw. Ztw. urspr. 'durch Lob plagen' (vgl. hudeln). Nach dem Vorbild von lobjubeln, -jauchzen, -pauken, -preisen, -singen im 18. Jh. in Westmitteldeutschland gebildet. Die ersten Belege stammen aus Mannheim 1778 und Koblenz 1814: Zs. f. d. Wortf. 7, 40ff. Den Klassikern fremd, ebenso den Wbb. von Adelung und Campe.

Loch N. mhd. loch, ahd. loh (Gen. lohhes) 'Verschluß, Gefängnis, verborgener Aufenthaltsort, Höhle, Öffnung', agf. loc N. 'Verschluß, Schloß', loca M. 'Verschluß, Gefängnis', anord. lok N., loka F. 'Türschloß' got. usluks 'Öffnung'; vgl. Luke und Lücke. Grundbed. 'Verschluß'. Das Subst. ist durch Ablaut aus einem heute verlorenen Ztw. gebildet, das in got. galūkan, anord. afries. lūka, agf. lūcan, asächs. lūkan, ahd. lūhhan vorliegt und überall 'schließen' bedeutet. Zur vorgerm. Wz. *lūg stellen sich lit. lúsztu 'breche' (intr.), aind. rujáti 'bricht'.

löcherig Adj., älter löcherecht, mhd. löcherëht, ahd. locherohti; das innere r beruht auf dem r der Mehrzahl Löcher, daher wohl auch der Umlaut.

Locke F. mhd. loc (Pl. locke), ahd. loc (Pl. locka) M., asächs. afries. lok (kk), anl. lock, agf. locc, anord. lokkr. Das Wort ist den Germanen eigentümlich, die von je auf lang wallendes Haar als Zeichen der Freien Wert legten und damit den Südländern seit alters auffielen, s. Haar, Hede, kahl, Schopf. Am ehesten gehört Locke als 'Gebogenes' zur idg. Wz. *lug- 'ziehen, biegen, krümmen' in gr. λύγος 'biegsamer Zweig', s. Lauch. Da Locke am ehesten auf *lugno- beruht, vergleicht sich am nächsten lit. lùgnas 'biegsam'.

locken Ztw. mhd. mnl. locken, ahd. lockōn mit der Nebenform mhd. lücken, ahd. lucchen. Gleichbed. agf. loccian, anord. lokka. Germ. -kk- steht für idg. ghn. Mit seinem Beigeschmack des Betrügerischen geht locken als *lughnāmi von der Sippe *leugh- 'lügen' aus. In seiner heutigen Bed. ersetzt locken ahd. asächf. agf. spanan (f. Gespenst, Spanferkel): v. Bahder 1925 Wortwahl 92 f.

löcken f. lecken².

locker Adj. erst frühnhd., mit der Nebenform loger. Dafür obb. lucke, lücke (jetzt luck, schweiz. lugg). Auch Formen md. Mundarten setzen mhd. u voraus: L. Berthold 1929 Hessen-nass. Volkswb. 2, 160. Vielleicht wz.-verw. mit Loch, Lücke.

Lockspitzel M. Für älteres Spitzel (f. d.) zum Ersatz des frz. agent provocateur von Karl Henkell in Zürich gebildet, der in der Züricher Post vom 2. Febr. 1888 ein satir. 'Lockspitzellied' erscheinen ließ und im Diorama 1890 S. 217 das Wort als seine Bildung in Anspruch nahm: Büchmann 1912 Gefl. Worte 265.

Loden M. mhd. lode, ahd. lodo (ludo) 'grobes Tuch', asächf. lotho, afrief. lotha, agf. loða 'Mantel, Decke', anord. loði 'grobes Überkleid', loðinn 'zottig'. Dazu mit anderem Suffix nhd. mundartl. Luder 'Fetzen', ahd. lodera 'Windel' und mit Ablaut frühnhd. lauder, ahd. lūdara, asächf. lūthara, mnd. lūder(e), nnl. luier 'Windel'. Sichere außergerm. Entspr. fehlen. Die Wendung einem Lödlein eintragen 'ihn betrügen', die namentl. im bergmänn. Kreis fest geworden ist (Zedler 18, 160; Veith 1871 Dt. Bergwb. 328), stammt aus der Webstube und bed. urspr. 'ein Stück untaugl. Garn in Aufzug oder Kette hineinschmuggeln'.

lodern Ztw. 'emporflammen' tritt vereinzelt bei nd. und ostmd. Schriftstellern des 15. und 16. Jh. auf (in der Lutherbibel nur Joel 2, 5), wird beliebt durch die 2. schlef. Schule (Lohenstein) und ist durch Metapher (die durch den Gedanken an Lohe¹ begünstigt werden mochte) zu seiner heutigen Bedeutung gelangt. Urspr. bed. lodern 'emporwachsen' und ist eines mit westfäl. lodern 'üppig wachsen', das mit ahd. lota 'Schößling' (auch in Sommerlatte) zu der unter Leute vorausgesetzten germ. Wz. *lud 'wachsen' gehört. Der Dental des nhd. Ztw. ist demnach ein unverschobenes nd. d.

Löffel¹ M. mhd. leffel, ahd. leffil (lepfil), asächf. lepil, nd. nl. lepel (gleichbed. apreuß. lapinis scheint als germ. Lehnwort got. *lapins vorauszusetzen): zur germ. Wz. *lap 'trinken, lecken', die durch ahd. laffan 'lecken', agf. lapian, schwed. lapa 'trinken, schlürfen', isl. lepia 'lecken wie ein Hund' und das aus dem Germ. entlehnte frz. laper 'lecken' vorausgesetzt wird: Wh. Schulze 1928 Zf. f. vgl. Sprachf. 55, 149. Damit urverw. lat. lambere 'lecken'. Dazu auch agf. læpeldre, lempit

'Schüssel', nl. lampet 'Waschschüssel' (Holthausen 1930 Idg. Forsch. 48, 265). Löffel ist urspr. 'Gerät zum Einschlürfen von Flüssigem'. Nhd. ö für mhd. e (wie in Hölle, löschen, Schöffe, Schöpfer usw. durch die benachbarten Konsonanten begünstigt) tritt im 15. Jh. auf, doch ist Leffel z. B. noch 1691 Stielers Form. — Gleichbed. anord. spänn und engl. spoon f. u. Span. Agf. cucelére stammt aus lat. cochlear.

Löffel² M. 'Ohr des Hasen', mhd. leffel: so benannt wegen seines schlaffen Herabhängens. Nächst vergleichbar mnd. örlepel 'Ohrläppchen'.

löffeln Ztw. 'poussieren', vom 16. bis 18. Jh. beliebt, gebucht von Amaranthes 1715 Frauenz.-Lex. 1165, gehört mit frühnhd. löffel (leffel) M. 'Liebesnarr' zu Laffe, f. d.

Log N. 'Gerät zur Bestimmung der Geschwindigkeit eines Schiffs', bei uns seit Röding 1796, vorher (z. B. Geöffn. Seehafen 1715 Fortf. 75) als Einrichtung engl. Schiffe. Engl. log (seit 1574) bed. urspr. 'Klotz' und entspricht dem anord. lág 'gestürzter Baum', norw. laag 'vom Wind gefällter Baum' (zu liegen). Das Gerät besteht aus einer mit einem Klotz beschwerten Knotenschnur, die man von einer Handrolle ablaufen läßt. Daher auch: „das Schiff läuft so und so viel Knoten".

Loge F. Unser Laube (f. d. und Freimaurer) ist ins Frz., Engl. und Ital. gelangt. Frz. loge kehrt als 'Kabinetchen in einem Opernhaus' seit Scheibner 1695 zurück. Engl. lodge 'Versammlung(sort) der Freimaurer' erscheint bei Gründung der ersten deutschen Logen in Hamburg und Mannheim 1737, ital. loggia 'halboffene Bogenhalle' seit Furttenbach 1627 Itin. Italiae 133: Schulz-Basler 1942 Fremdwb. 2, 38.

Loh M. 'Hain' in Geländenamen des Gesamtgebiets (Eschen-, Hohenlohe, Waterloo), bis ins Frühnhd. auch appellativ, mundartlich in Teilen Schwabens und in Tirol bis heute: K. v. Bahder 1925 Wortwahl 87 f. Mhd. lō(ch) N. M., ahd. lōh M. 'niederes Holz, Gebüsch', mnd. lō, agf. lēah M. F. 'Wald, Grund, Feld, Wiese', engl. lea 'offnes Land, Flur', in Ortsnamen -leigh, -l(e)y, anord. lō 'Ebene', in Ortsnamen wie Oslo 'Asenhain', führen auf germ. *lauh- 'Gehölz mit lichten Stellen und Graswuchs als Viehweide und Versammlungsplatz'. Urverwandt sind lat. lūcus (aus loukos) 'Hain', lit. laũkas 'freies Feld', aind. lōká- 'freier Platz', toch. A lok, B lauke 'fern'. Grundbedeutung von idg. *louqos ist 'Lichtung, Waldblöße', insofern vergleichen sich gr. λευκός 'weiß', λούσσον (aus *loukiom) 'weißer Kern im Tannenholz', lat. lūcēre 'leuchten' und die übrigen unter Licht angeführten Wörter. Die Verdrängung durch Hain (s. d.) ist auf Luther zurückzuführen, in dessen Heimat auch die entsprechenden Orts= namen meist auf =hain enden.

Lohe¹ F. 'Flamme', mhd. lohe, lō M. F., daneben mit gramm. Wechsel louc (g) M., ahd. loug, asächs. lōgna, mnl. la(e)ye, nnl. laai, afries. lug, loga, ags. līeg, mengl. lei, lie, anord. leygr, log(i) M., Loki 'Gott der Flamme': zu der unter Licht entwickelten idg. Wurzel *leuq- 'leuchten, licht'.

Lohe² F. 'Gerberlohe'. Ahd. mhd. mnd. mnl. lō, Gen. lōwes N., nnl. looi führen auf germ. *law(w)a- 'abgelöste Baumrinde (als Gerb= mittel)': zur idg. Wurzel *leu- 'lösen' (in aind. lunāti 'schneidet (ab)', gr. λύω 'löse' usw.), wie auch anord. logg 'Falz in den Faßdauben' aus germ. *lawwō- 'Einschnitt, Kerbe'.

lohen Ztw. 'brennen' mhd. lohen, ahd. lohēn: zu Lohe¹.

Lohfink s. Gimpel.

Lohn M., alt auch N. Mhd. ahd. asächs. mnd. lōn, nl. loon, afries. lān, ags. lēan, got. anord. laun führen auf eine germ. Grund= form *lau-na, deren Wz. in aslav. lovŭ '(Jagd)= Beute', lat. lucrum 'Gewinn', gr. ἀπολαύειν 'genießen', λῆις 'Beute', air. lōg, lūach 'Lohn, Preis' wiederkehrt. Als ältester Lohn erscheint die Beute, zumal die erjagte. Edw. Schröders Vermutung (Zs. f. dt. Alt. 42, 71), *louz-nó-m 'Lösegeld' liege voraus, hält der starken idg. Sippe gegenüber nicht stand.

Löhnung F. 'Soldatensold'. Während das Abstr. zu mhd. lœnen schriftsprachl. nicht vor Duez 1664 gebucht ist, begegnet Leninger 'Landsknecht' seit Dion. Klein 1598 Kriegs= instit. 288. Wenn das 'Löhnungsempfänger' ist (P. Horn 1899 Sold.=Spr. 23), wäre Löh= nung von Anbeginn Soldatenwort.

Lokomotive F. Engl. locomotive (engine), zu lat. locō movēre 'von der Stelle bewegen', wird mit Beginn des Bahnbaus übernommen und ist bei uns seit 1838 belegt, zugleich Loko= motivführer: Schulz=Basler 1942 Fremdwb. 2, 42.

Lolch M. 'Lolium temulentum, Schwindel= hafer'. Aus gleichbed. lat. lolium wird ahd. lolli (Glossen 1, 720, 25. 27) entlehnt, das als mhd. lul(li)ch, lulche einen Velar aus j ent= wickelt, wie Käfig und Mennig. Zs. f. d. Wortf. 5, 19. 6, 188.

Lombard M. 'Beleihung (von Wertpapieren)', so genannt, weil lombardische Banken (z. B. in London, Lombard Street) diese Geschäfte betrieben. Uns erreicht die Bezeichnung über Paris, wo zufrühst maison de Lombard 'Leih=

haus' vorkommt. In diesem Sinn wird der Lombard bei uns seit 1664 gebucht.

Lomber N. ein Kartenspiel. Lat. homo ergibt span. hombre 'Mensch'. L'hombre wird zum Hauptspieler im juego del tresillo, das nach Elis. Charlotte, Bibl. des lit. Vereins 6, 23 in Paris 1697 höfische Mode ist. Die erste dt. Beschreibung des L'Ombre-Spiels wird 1695 gedruckt: Schulz=Basler 1942 Fremd= wb. 2, 43.

Lorbeer M. Lat. laurus 'Lorbeerbaum', das schon vor dem 7. Jh. in Deutschland be= kannt sein mochte, ergab ahd. lōr- lōrboum. Dazu mit der gleichen Bildungsweise wie Maulbeere (s. d.) ahd. lōrberi N. F., mhd. lōrber 'Beere des lōrboumes'. Lorbern Meyen 'Lorbeerzweige' schon bei Xylander 1580 Plutarch 264ᵃ.

Lorchel F. der Faltenschwamm Helvella, zuerst bei Frisch 1 (1741) 621ᵇ „Lorken oder Laureken, schwarze Bülze": von dem viel äl= teren Morchel (s. d.) durch willkürliche Än= derung des Anlauts abgezweigt (wie Gas von Chaos, patt von matt): Beitr. 61 (1937) 224ff.

Lorgnette F. Zu frz. lorgner 'anschielen', einer Ableitung von afrz. lorgne 'schielend', ist im 18. Jh. die Werkzeugbezeichnung lorgnette 'Augenglas zum Sehen seitlich befindlicher Ge= genstände' gebildet. Bei uns als 'Stielbrille' seit Lichtenberg 1775: Schulz=Basler 1942 Fremd= wb. 2, 43f.

Los N. mhd. lōz, ahd. (h)lōz M. N. 'Los, Werfen des Loses, Aus=, Verlosung, Erb= teilung', asächs. hlōt, anord. hlaut N. 'Los, Opferanteil der Götter, Opferblut', got. hlauts M. 'Los, Erbschaft', dazu mit Ablaut ahd. (h)luz, afries. ags. hlot, anord. hlutr M. 'Los, Anteil'. Zum st. Ztw. anord. hljóta, ags. hlēotan, asächs. hliotan, ahd. hliozzan, mhd. liezen 'erlosen, erlangen; wahrsagen'. Das Ztw. war in der heidn. Zeit der Ger= manen Opferausdruck und gehörte in den von Tacitus, Germ. 10 umschriebenen Bereich. Ins Roman. bringt die Sippe mit ital. lotto, frz. loterie 'Glücksspiel' (s. Lotterie), afrz. lotir 'das Los werfen, weissagen', frz. lot 'Anteil'. Daß bei der germ. Wz. *hlut von einer Grundbed. 'festhaken' auszugehen ist, zeigen vor allem balt.=slavische Entsprechungen. Am genauesten (mit gleichem Dental) ent= spricht lit. kliudýti 'anhaken machen'. Ferner vgl. lit. kliúti 'haken bleiben', lett. kl'ũt '(zu Ehren) gelangen', kl'ũtas F. Pl. 'Schicksal', kl'aûtiês 'sich anlehnen', aslav. ključǐ 'Schlüssel', ključitisę 'passen, zutreffen'. Entfernter ver= wandt sind lat. clāvis, gr. (dor.) κλᾱΐς 'Schlüssel', air. clō 'Nagel', lat. claudere 'schließen'. Die dem mhd. lōz entsprechende Form nhd. Loß hält sich bis ins 17. (wie Kreiß bis ins 18.) Jh., ß hat sich durchgesetzt wie in Ameise, Mauser, Verweis. Die Schreibung losen folgt der des Subst.: H. Paul 1916 Dt. Gramm. 1, 346.

los Adj. ahd. asächs. mhd. lōs 'frei, ledig, bar, beraubt; mutwillig', ags. lēas 'falsch, lügnerisch' (dazu engl. lease 'Lüge', -less '-los'), anord. lauss 'lose, frei' (von da entlehnt engl. loose). Die gemeingerm. Adj.-Bildung *lausa- ist zufrühst bezeugt in dem unter Ärmel behandelten germ. Völkernamen Armi(la)lusi(ni). Dazu mit Tiefstufe mnd. mnl. los 'frei', anord. ætt-leri 'entartet' (wörtl. 'vom Geschlecht gelöst'). S. löschen[2] und verlieren. Urverwandt sind u. a. gr. λύω, lat. solvō (aus *se-luō) 'löse', luō 'büße, zahle', aind. lунáti 'schneidet (ab)'. Über los als prädik. Akk. s. Behaghel 1923 Dt. Syntax 1, 704f.

löschen[1] Ztw. Zwei mhd. Ztw. sind in dem nhd. zus.-gefallen: (er)lëschen st. Ztw. 'aufhören zu brennen' (intrans.) und dessen Faktitiv lеschen 'erlöschen machen, löschen' (trans.). Ahd. lautet das Intrans. (ir)lëskan, das Trans. lеsken. Der Verbalstamm lësk ist den andern germ. Sprachen fremd. sk ist Präs.-Suffix wie in dreschen und waschen; germ. *lek-skan steht für *leg-skan (s. liegen). Erlöschen ist urspr. 'sich legen'. Zum Wandel des mhd. ę zu nhd. ö, der im 15. Jh. einsetzt, aber noch im 18. nicht abgeschlossen ist, s. H. Paul 1916 Dt. Gramm. 1, 216 und Löffel.

löschen[2] Ztw. 'Frachtgüter ausladen' ist ins Nhd. des 18. Jh. entlehnt aus gleichbed. nd. nl. lossen (zuerst in Brügge 1359), schwed. lossa, das seinerseits vom Adj. los 'ledig' (s. los) abgeleitet war und in südnl. Mundarten Umlaut entwickelt hatte (s. Küste). Das ihm zukommende ss hat es mit sich vertauscht unter Einfluß von löschen[1]: Kluge 1911 Seemannsspr. 548; A. Götze 1923 Zf. f. dt. Phil. 49, 287.

Löschhorn N. Mnd. loschehorn tritt 1417 als 'Gerät zum Kerzenlöschen' auf und wird um 1500 in Nürnberger Fastnachtspielen Scherzausdruck für '(große) Nase'. Auch Zesen hat zweimal 'Nase' mit Löschhorn umschrieben, ohne doch damit Ersatz eines Fremdworts zu beabsichtigen. Aus dem Übernamen des Manns mit großer Nase ist Lösch-, Leschhorn zum Fam.-Namen geworden, zufrühst als Leishorn in Köln 1247: Hnr. v. Loesch 1907 Kölner Zunft-Urk. 1, 224.

Löschpapier N. heißt das ungeleimte Papier zum Aufsaugen der Tinte, Löschblatt das einzelne Stück in Nord- und Mitteldeutschland, beide zuerst bei Duez, Amsterdam 1664. Der Süden sagt Fließpapier (zuerst bei Maaler, Zürich 1561) und Fließblatt. Weitere Ausdrücke bei Kretschmer 1918 Wortgeogr. 328f. Schwed. gilt läsk-, sugpapper.

losen Ztw. 'hören'. Heute ein Wort der alem. und österr. Ma., mhd. losen, ahd. (h)losēn. Durativ zur st. Primärwz. *hlus, die unter lauschen dargestellt ist. Zur Abgrenzung gegen das nhd. siegende horchen Kluge 1918 Von Luther bis Lessing 90. 115; v. Bahder 1925 Wortwahl 20. 40. 142.

lösen Ztw. mhd. lœsen, ahd. lōsen aus *lōsjan. Zum Adj. los (s. d.), wie got. lausjan zu laus Adj.

Löß M. Die mit Schneckeneinschlüssen durchsetzte feinerdige äolische Ablagerung ist wiss. zuerst am alem. Oberrhein beobachtet worden. Das Schweiz. Jd. 3 (1895) 1460 bietet ein Adj. lösch 'locker', das namentlich vom Boden gebraucht wird u. für das man Verwandtschaft mit nhd. lose vermutet. K. C. v. Leonhard hat 1823 in seiner „Charakteristik der Felsarten" S. 722 die Bezeichung Löß in die min.-geol. Fachsprache eingeführt; als gleichbed. nennt er Lösch 'Schneckenhäuselboden'. Demnach ist Löß eine von Leonhard vorgenommene Umformung eines alem. lös, dessen s er für mundartlich halten mochte (wie in zištic 'Dienstag' usw.): Hnr. Quiring 1936 Zs. d. Dt. geol. Ges. 88, 250f.

Losung F. 'Schlacht-, Erkennungsruf' aus gleichbed. mhd. losunge, lōzunge. Das späte Auftreten (nicht vor dem 15. Jh.) macht es schwer, die rechte Form und damit die Herleitung sicherzustellen. Auch mnd. lôse, mnl. lôze, nnl. leus können auf verschiedene Arten gedeutet werden. Doch mag, wie Los N. im 15. Jh. die Bed. des lat. tessera F. 'Parole' angenommen hat, Losung ihm hierin gefolgt sein: das Erkennungszeichen war erst ein Täfelchen, dann ein Papierstreifen mit Stichwort, endlich das Stichwort selbst. — Zum Adj. los gehört als Weidmannswort die Losung des Wilds, das sich vom Darminhalt löst 'befreit'.

Lösung im Sinne der Chemie ist gekürzt aus älterem Auflösung, mit dem um die Mitte des 18. Jh. Solution übersetzt worden ist.

Lot N. 'Lötmetall, Meßblei, (Uhr-)Gewicht', einst 'Blei', urspr. 'leicht schmelzbares Metall'. Mhd. lōt (ahd. anord. got. unbezeugt), mnd. lōt (d), mnl. loot (d), afries. lād, ags. lēad, engl. lead (neunord. lod beruht auf Entlehnung aus dem Deutschen, ebenso lit. liudė 'Bleilot' und russ. ludít' 'verzinnen') führen auf germ. *lauda-, das aus sich undeutbar bleibt. Ihm steht mir. luaide aus akelt. *loudiā gegenüber, lautgesetzl. aus *ploudiā- zur idg. Wz. *ploud-, *pleud- 'fließen', s. d. In germ. Funden tritt Blei erst zur Eisenzeit auf, die Kelten kannten es längst vorher. Nach R. Much 1898 Zs. f.

dt. Alt. 42, 163 haben die Germanen Lot wie Blei (f. d.) von den Kelten entlehnt.

löten Ztw. mhd. lœten 'zwei Metalle durch ein drittes, leichter schmelzbares, verbinden'. Ableitung aus Lot. — 'lötig in Zuf.-Setzungen mhd. lœtec 'vollwichtig, das rechte Gewicht edlen Metalls enthaltend'.

Lotse M. Älteres engl. loadsman 'Steuermann' ist Zuf.-Setzung mit load, agf. lād 'Straße, Weg' (f. leiten). Dieser seemänn. Ausdruck gelangt über nl. nd. Vermittlung 1644 als Lootsmann ins Hd. 1662 erscheint das daraus gekürzte Lootse 'staatl. anerkannter Schiffsführer für bestimmte, ihm vertraute Gewässer', dem nl. nd. loots, loods entspr. Wegen des o f. Boot. Kluge 1907 Zf. f. d. Wortf. 9, 119; 1911 Seemannsspr. 551.

Lotter- in Zuf.-Setzungen wie Lotterbube: mhd. loter 'locker, leichtfinnig; Schelm', ahd. lotar 'leer, eitel', mnd. lod(d)er 'Taugenichts, Gaukler', agf. loddere 'Bettler', daraus entlehnt isl. loddari, aus dem Nord. afrz. lodier 'Bösewicht'. Verwandt mit liederlich, f. d.

Lotterbett N. von Stieler 1691 als gleichwertig mit Faulbett gebucht. Ein Wort des 15. bis 18. Jh., das nachmals hinter Faulbett zurücktritt, seit Mitte des 18. Jh. von Kanapee und Sofa abgelöst wird.

Lotterie F. Rml. loterije 'Glücksspiel' (zu lot 'Los') gelangt mit dem holländ. Lotteriewesen, das uns auch Niete bringt, im 16. Jh. zu uns (loteria in einem lat. Brief von Chr. Longolius 1513; loterey Mathefius 1562 Sarepta 236ᵃ bei Schilderung nl. Verhältnisse). Unser altheimisches Glückshafen bleibt daneben bis ins 18. Jh. lebendig: Schulz-Basler 1942 Fremdwb. 2, 44.

Lotto N. 'Zahlenlotterie' seit Amaranthes 1715 aus gleichbed. ital. lotto übernommen, das selbst german. Ursprungs ist (f. Los): Schulz-Basler 1942 Fremdwb. 2, 44.

Löwe M. mhd. leu, lewe, lēwe (louwe, löuwe), ahd. lēwo, lęwo (louwo), mnl. leuwe. Entlehnt, doch genügt lat. leo (woher agf. lēo) nicht, alle deutschen Formen zu erklären. Ein vulgärlat. *lewō wird vorausgesetzt auch von kymr. llew, abret. leu, gäl. leomhan (mh aus w). Besonders auffällig ist spätahd. louwo, das auf urgerm. *laujan- deutet und in mb. Namen wie Lauengasse, -hain, -stein fortwirkt. Die Form Löwe nennt Helvig 1611 sächsisch im Gegensatz zu Leu (Luther bietet Law und Lew), während Job. Willichius 1534 Scholia in Bucolica G 1ᵇ Luy als sächs. angibt. Das Fem. mhd. lünze (neben lęwinne) ist ital. lonza (über frz. l'once ist Unze 'Jaguar' entwickelt). Engl. lion stammt aus frz. lion. Die entspr. slav. Wörter, z. B. aslav. livŭ,

scheinen aus einem got. Stamm *liwa- entlehnt, lett. lauva aus mhd. louwe.

Löwenanteil M. heißt seit dem 19. Jh. der unverschämt große Teil, den sich der Stärkere ohne Recht zuspricht, nach Asops Fabel vom Löwen, Esel und Fuchs, nach der Ulpian, Digest. 17, 2, 29 von der societas leonina spricht: Büchmann 1912 Gefl. Worte 334.

Löwenzahn M. Mhd. lęwenzan 'Zahn eines Löwen'. Als Pflanzenname seit Rößlin 1533 Kräuterb. 173ᵃ, zur Erklärung sagt Bock 1546 Kräuterb. 100b: „der bletter halben mit den spitzen zenen". Der Name greift über Westeuropa: mlat. dens leonis verfolgt H. Schuster, Die Ausdrücke für Löwenzahn im Roman. (Halle 1921) bis ins 13. Jh.; mengl. dent-de-lyoun (das aus afrz. dent de lion stammt) belegt H. Schöffler, Beitr. z. mengl. Med.-Lit. (Halle 1919) seit 1400. Die Fülle der gleichbed. Wörter f. u. Kettenblume und H. Fischer 1914 Schwäb. Wb. 4, 1311.

Luchs M. Mhd. ahd. luhs, asächs. lohs, agf. lox, mnd. nl. los (daraus entlehnt dän. norw. los, während dän. luks 'listige, falsche Person' auf Entlehnung aus dem Nhd. beruht) führen auf germ. *luhs(u)-, dessen -s (wie das von Fuchs) das männl. Tier kennzeichnet, während der einst umfassende Name germ. *luha- als F. aschwed. lō, schwed. lo(djur) fortlebt. Urverwandt sind gleichbed. lit. lúszis, apreuß. luysis, armen. lusanun, aslav. russ. (mit Wandel des Anlauts) rysĭ und (mit n-Einschub) gr. λύγξ, λυκός, das als lat. mengl. engl. lynx die heimischen Wörter verdrängt hat. Die kelt. und indo-iran. Sprachen haben kein Wort für Felis lynx. Unser Wort gehört zur idg. Wurzel *leuk-; diese steht neben häufigerem idg. *leuq- 'leuchten, licht, sehen' in lat. lūx 'Licht', lūcēre 'leuchten', gr. λευκός 'weiß', ahd. liehsen, agf. liexan, 'leuchten', anord. ljōs 'licht' usw. Das Raubtier ist wohl eher nach seinen funkelnden Augen benannt als nach seinem grauweißen Fell.

Lücke F. mhd. lücke (obd. lucke), ahd. lucka, luccha aus *lukkja: nahe verwandt mit Loch. Wechsel von ü mit o wie in Fülle neben voll, von ck mit ch wie in decken neben Dach, wecken neben wach.

Lückenbüßer M. zu büßen (f. d.) in seiner alten Bedeutung 'ausbessern, ergänzen', zusammengebildet aus der Wendung die Lücke büßen (Luther 1523 Neh. 4, 7). Das M. steht bei Luther nur außerhalb der Bibel (z. B. Jen. Ausg. 6, 533ᵃ), ist aber doch durch ihn eingeführt (wie Machtwort, Maulchrist, Mittelstraße, Schwarmgeist). Neuerdings ist Lückenbüßer Berufsschelte des Maurers. Als Fachwort der Zeitungssprache gilt es seit 1809.

Luder N. mhd. luoder, mnd. lôder 'Lock=
speise, Schlemmerei, lockeres Leben'. Das
früh entlehnte frz. leurre zeigt, daß von der
Bed. 'Lockspeise' auszugehen ist: demgemäß
mit Ablaut zu laden². E. Müller=Graupa 1931
Glotta 19, 65 f. Als Lockspeise für Fische wurde
ein Aas ins Wasser gehängt, von da zum
Scheltwort entwickelt wie Aas, Keib,
Schelm. Das bei Loden genannte Luder
'Fetzen' ist unverwandt.

lüderlich s. liederlich.

Luft F. (obd. M.) ahd. mhd. luft M. F.,
asächs. luft, nl. lucht, ags. lyft (engl. mund=
artl. lift), got. luftus 'Luft'. Dazu anord.
lopt N. 'Luft; Obergeschoß des Hauses' (vgl.
die ähnliche Bed.=Entwicklung von Himmel);
dazu anord. ā lopti (daraus entlehnt ags. on
lofte, engl. aloft) 'hoch', sowie das Ztw. lypta,
mnd. lüchten, mhd. lüften 'heben'. Wz.=verw.
ist lüpfen. Etymologie dunkel.

Luftikus M. um die Mitte des 19. Jh. von
Studenten zu luftig 'leichtsinnig' (dies z. B.
Wolf 1793 Phil. Dulder 1, 63) gebildet, wie
vorher Pfiffikus (s. d.) zu pfiffig. In
Fremdwörtern wie Praktikus finden beide
ihr ernsthaftes Vorbild. Im 17. Jh. und
landschaftlich bis heute ist Luft M. Schelte
des windigen Menschen.

Luftpumpe F. Otto v. Guericke nennt seine
Erfindung 1654 antlia pneumatica. Dafür
Luftpump seit Kramer 1719, nach dem Vor=
bild der schon von Golius 1579 bezeugten
wasserbump.

Luftschloß N. 'Phantasiegebilde' Stuben=
berg 1660 Von menschl. Vollkommenh. 483,
gebucht seit Stieler 1691. Vorausgeht mhd.
üf den regenbogen büwen, ferner seit Franck
1541 Sprichw. 1, 147ᵇ ein schloß in den
lufft bawen, seit 1649 Lauremberg, Scherz=
ged. 361 Schröder Castelen in der lucht;
entspr. engl. (gleichfalls seit dem 16. Jh.) to
build castles in the air. Dagegen frz. bâtir
des châteaux en Espagne. S. Wolken=
kuckucksheim.

Lüge F. frühnhd. lügen, mhd. lügen(e),
lugen(e), ahd. asächs. lugina, anl. lugena, afries.
leyne, ags. lygen, got. liugn N. Daneben Lug
M., mhd. luc (g), ahd. (Notker) lug neben
älterem lugī F., ags. lyge M., anord. lygi F.
Beide postverbal zu lügen st. Ztw., älter nhd.
liegen, mhd. liegen, ahd. liogan, anl. liegon,
afries. liâga, ags. lēogan, engl. lie, anord. ljūga,
got. liugan. Damit urverwandt aslav. lŭžǫ (lŭ=
gati) 'lügen', lŭža 'Lüge', air. logaissi 'men=
dacii'. Ein ital. mundartl. luchina 'falsche Er=
zählung' ist aus dem Germ. entlehnt. — Nhd. ü
hat sich in lügen festgesetzt in Anlehnung an
Lüge; mitgesprochen hat der Wunsch nach Un=

terscheidung von liegen, mhd. ligen. Nach lü=
gen hat sich dann trügen gebildet, s. d. und
Behaghel 1928 Gesch. d. dt. Spr. 443. S.
leugnen.

lugen schw. Ztw. 'schauen, (nach)sehen',
vorzugsweise ein Wort des dt. Südens (H. Fischer
4, 1326 f.; Kluge 1918 Von Luther bis
Lessing 115; Kretschmer 1918 Wortgeogr. 457),
das im 17. Jh. aus dem Nhd. verschwindet,
um seit Schiller 1804 Tell 1, 1 und den Ritter=
geschichten neu aufzuleben. Mhd. luogen,
mb. lügen, ahd. luogēn, germ. Wz. *lôg, vor=
germ. *lāk (vgl. toch. A lāk- 'sehen') steht viel=
leicht in Ablautverhältnis zu akorn. lagat,
bret. lagad (urkelt. *lakato-) 'Auge'. Das zu=
gehörige asächs. lôkon, ags. lôcian (engl. look)
'schauen' mit seinem auf kk beruhenden Ve=
lar ist Intensivbildung und steht zu ahd. luogēn
wie falzen zu falten, schnitzen zu schneiden.

Luginsland M. frühnhd. (zufrühst wohl in
Augsburg 1430) 'Wartturm; Berg mit Fern=
sicht; Landstreicher', aus dem Wahrspruch „Ich
luge ins Land" zum Namen geworden: A. Götze
1923 Die alten Namen der Gemarkung Walds=
hut 79. Vgl. Guckindiewelt, Springins=
feld u. Wh. Pfaff 1933 Kampf um dt. Ersatz=
wörter 38.

Luke F. 'Öffnung (im Schiffsdeck)', aus der
Seemannssprache (gleichen Stamms mit Loch
und Lücke, s. d.) seit Hulsius 1595 Schiffahrt 1,
46 luycken (Akk. Plur.), dem nnl. luik ent=
sprechend. Grundbed. ist 'Verschluß', vgl.
asächs. got. lūkan, ahd. lūhhan 'schließen',
wozu aus obd. Ma. schwäb. bair. lauch 'Deckel,
Falltür', kärnt. liechn 'Fensteröffnung in der
Scheune': Kluge 1911 Seemannsspr. 556.

lullen schw. Ztw. erst nhd., lautmalendes
Lallwort wie gleichbed. mnd. mnl. lollen.

Lummel M. 'Lende, Lendenbraten', mhd.
lumbel, ahd. lumbal. Entlehnt aus gleichbed.
lat. lumbulus, Verkl. zu lumbus, wahrsch. ur=
verwandt mit Lende, s. d. Lummel gilt
heute in Baden und Teilen der Schweiz für
sonstiges Filet, Lungen=, Mürbebraten,
Schoß usw.: Kretschmer 1918 Wortgeogr.
196 ff. Westfäl. hess. lummer (L. Berthold 1929
Hessen-nass. Volkswb. 2, 184) mag auf An=
lehnung an das Adj. lummer 'weich, locker,
lose' beruhen.

Lümmel M. erst nhd., gebucht als 'homo
sine acumine' Schottel 1663. Wahrsch. zu
dem veralteten Adj. lumm 'schlaff, locker, das
auf mhd. lüeme, ahd. luomi 'mild, matt'
beruht, wozu mhd. lüemen 'erschlaffen, er=
matten'. S. lahm.

Lump M. 'Nichtswürdiger' wird im 17. Jh.
als 'Mensch in zerlumpten Kleidern' von
Lumpen M. (s. d.) abgetrennt. Einsilbige

Form hat sich durchgesetzt wie bei Protz, Schelm, Tor, Tropf als Scheltwörtern: Behaghel 1928 Gesch. d. dt. Spr. 339. 511. — Sich nicht lumpen lassen gehört zu einem Ztw. lumpen 'jem. einen Lump schelten'.

Lumpen M. spätmhd. frühnhd. lumpe nnl. lomp F. (Kilian 1599 lompe). Den älteren Sprachstufen fremd. Zu mhd. lampen schw. Ztw. 'welk niederhängen' (urverw. mit aind. lámbatē 'hängt herab'). S. Glimpf.

Lunge F. mhd. mnd. dän. lunge, ahd. lungun, Mz. lungunnā (Endung -unnjō-), asächs. lunga, lungandja (aus -annia), mnl. longhe, nnl. long, afrief. lungen(e), agf. lungen, engl. lung(s), anord. lungu Mz., norw. schwed. lunga. Die Lunge ist der leichte Körperteil, der im Wasser oben schwimmt; uralte Erfahrung des Opferpriesters, Jägers und Metzgers hat ihren Namen geformt, der zu der unter lungern entwickelten idg. Wurzel *lengᵘʰ- 'leicht' gehört. Entsprechend gebildet sind armen. lanjk '(aus *lngᵘʰiō-) 'Brust'), ursprünglich 'Lunge' und ruff. lëgkoje 'Lunge' (neben lëgkij 'leicht'). S. leicht, gelingen; Plauze, Plunze; ferner vgl. fläm. lichte, engl. lights 'Tierlungen', portug. leve 'Lunge', ir. scaman 'Lungen' neben scaman 'leicht', kymr. ysgyfaint (Dual) 'Lungen' neben ysgafn 'leicht', akorn. skeuens 'Lunge' neben skav 'leicht', bret. skevent 'Lunge' zu skanv 'leicht', endlich bret. pōtr skañ 'leichter Kerl', Yehann skañ 'leichter Johann' für 'Lunge'.

Lungenkraut N. Name verschiedener Pflanzen, meist von Pulmonaria officinalis, die wegen ihrer lungenförmigen Blätter nach dem Grundsatz similia similibus (vgl. Augentrost, Leberblume) als Mittel gegen Lungenkrankheiten galt. Entspr. Lungenblume, -flechte, -moos, -stengel, -wurz.

lungern schw. Ztw. 'auf etwas gierig sein'; über 'lauern' ist die Bedeutung 'sich (müßig) herumtreiben' entwickelt. Erst nhd., doch schon mnd. lungerie F. 'müßiges Umhertreiben', beide zu dem germ. Adj., das dem ahd. asächs. lungar, agf. lunger 'schnell' vorausliegt und mit gr. ἐλαφρός (aus *lngᵘʰrós) 'leicht, flink', lat. levis, alb. l'eh, aslav. ligŭkŭ 'leicht' zu der idg. Wz. *legᵘʰ-, nasaliert *lengᵘʰ- 'leicht in Bewegung und Gewicht' gehört, die auch unter leicht, gelingen und Lunge vorausgesetzt wird.

Lüning M. der nd. Name des Sperlings: asächs. (9. Jh.) hliuning, mnd. lünink, mnl. lu(i)ninc. Vielleicht als 'Dach-, Hausvogel' zu germ. *hliuni 'Schutzort, Obdach, Wohnstätte', das 795 im Ortsnamen Hliuni (heute Lüne) zuerst begegnet u. in Lüneburg den ersten

Namensteil bildet: E. Schwentner 1934 Nd. Korr.-Bl. 47, 61 f.

Lünse F. 'Achsnagel', spätmhd. luns(e), mnd. luns(e), lusse, asächs. lunisa, mnl. lunse, lons, agf. lynes (dazu engl. linch-pin). Die nhd. Form ist nd. Ursprungs (f. L. Berthold 1929 Hessen-nass. Volkswb. 2, 187 ff.), dafür ahd. lun(a), luning, mhd. lun(e), lüninc, lüner, schweiz. lun(d), schwäb. lon(er), bair. loner, lonnagel, thür. hess. lun; vgl. agf. lyni-bor N. 'Bohrer'. In dieser Wortsippe scheint ein Vergleich mit einem Arm oder Schenkel vorzuliegen; beide Bed. sind vereinigt in dem urverw. aind. āni (aus *alni-) M. 'Oberschenkel, Lünse'. Vgl. noch die unter Elle genannten Wörter.

Lunte F. tritt nhd. zuerst bei dem Anhalter Trochus 1517 Prompt. R 1ᵇ als lunten 'Lampendocht' auf; von da wird die Bed. 'Zündschnur' im 16. Jh. entwickelt. Auch frz. mèche vereinigt die Bed. 'Docht' und 'Zündschnur'. Entspr. mnd. lunte, nnl. lont (Kilian 1599 lonte). Von da entlehnt engl. lunt, schwed. lunta, dän. lunte 'Zündschnur'. Voraus geht eine Bed. 'abgerissenes Stück Gewebe, Fetzen', die in nd. slunte, nl. slenter 'Fetzen' wiederkehrt. Eine Nebenform lombte 'Zündschnur' weist Kurrelmeyer 1921 Mod. lang. notes 36, 487 aus Trier 1593 nach. Noch bei Luther bed. Lunte F. 'Lumpen, Fetzen'. Lunte riechen (dän. lugte lunten, nnl. lont ruiken) 'Unheil ahnen' bed. urspr. 'die Gefahr ahnen, ehe der Schuß losgeht'. Wegen seiner brandroten Farbe heißt der Schwanz des Fuchses weidm. Lunte, zuerst Heppe 1779 Wohlred. Jäger 262, literar. durch Bürger 1786 Münchhausen 26.

Lupe F. Lat. lupa 'Wölfin' wird zum Namen einer kreisförmigen Geschwulst unter der Haut, der 'Wolfsgeschwulst', vgl. Lupus als Krankheitsnamen. Frz loupe entwickelt aus dieser Bed. die metaphorische 'gefaßte Glaslinse als Vergrößerungsglas', die bei uns seit Campe 1801 auftritt, noch 1845 in der frz. Schreibung Loupe: A. Götze 1917 Nomina ante res 15 f.; Schulz-Basler 1942 Fremdwb. 2, 46.

lüpfen, obd. lupfen schw. Ztw. '(losmachen und dann) heben', mhd. lupfen mit obd. u, dessen Umlaut das folgende pf gehindert hat (wie in hupfen, rupfen, schupfen, stupfen). Urgerm. *luppian vielleicht aus *lubnian und weiter mit Luft verwandt.

Lurch M. 'krötenartiges Tier', zuerst als Lorch bei Schottel 1663. Entlehnt aus gleichbed. nd. lork. Vielleicht eins mit agf. lorg 'Stange', anord. lurkr 'Knotenstock, Knüppel', schwed. lurk 'Tölpel'. Wohl urverw. mit air. lorg 'Keule', akorn. lorch 'baculus'. Der Lurch wäre also nach den knotenartigen Auswüchsen benannt; vgl. färöisch lurkur 'mittelgroßer Dorsch'.

Luft F., obb. M., mhd. luſt M. F. (Mz. lüſte), md. luſt F. (Mz. luſte), ahd. luſt F. (Mz. luſti, ſelten luſte), aſächſ. nb. nl. afrieſ. ſchweb. luſt F., agſ. luſt M., engl. lust, anord. lyſt F., losti M., norw. mundartl. lost, dän. lyſt, got. lustus führen auf germ. *luſtu-, *luſti- zur idg. Wz. *ls-, ablautend mit *las- 'begehren' in aind. -laſati 'begehrt', láſati 'ſtrebt, ſpielt, iſt vergnügt', gr. λιλαίομαι 'begehre, ſehne mich', lat. lascivus 'üppig', aſlav. laskajǫ, laskati 'beliſten', laskanı̃je 'ſchmeichelei', air. lainn (aus *lasni-) 'gierig'. Grundbedeutung von Luſt iſt demgemäß 'Begierde', dann 'Gefühl, das die befriedigte Begierde begleitet'. Die Luſt büßen 'ſein Verlangen ſtillen' iſt geflügeltes Wort aus Luther 1523 Pſalm 78, 29 f. S. gelüſten, lüſtern.

lüſtern Adj. Zu Luſt gehört das frühnhd. Ztw. lüſtern 'Luſt haben', deſſen Part. bis ins 17. Jh. lüſternd lautet. Daraus lüſtern mit Erleichterung der Drittkonſonanz ſeit Luther 1523: 4. Moſ. 11, 4 u. o.

Luſtſeuche F. als Erſatz für Syphilis ſeit Drollinger 1726 (Gedichte 1745 S. 60), nachdem Luther 1. Theſſ. 4, 5 den heftigen Sinnentrieb, als Krankheit gedacht, Luſtſeuche genannt hatte.

Luſtſpiel N. als Erſatz für Komödie ſteht zuerſt 1536 auf einem Buchtitel, der doch erſt durch Gottſched 1757 Nöt. Vorrat 1, 75 bekannt wird. Unabhängig davon nennt A. Gryphius († 1664) ſeinen 'Schwärmenden Schäfer' und die 'Säugamme' Luſtſpiel. Sonſt verſuchen es Dichter und Sprachreiniger des 17. Jh. mit Freuden-, Scherz-, Schimpfſpiel. Gottſched ſetzt Luſtſpiel durch. Vgl. Trauerſpiel.

luſtwandeln Ztw. für ſpazieren ſeit Zeſen 1645 Adr. Roſemund 147 (daſ. 13 Luſtwandel 'Spaziergang'), aufgenommen von Grimmelshauſen 1669 Simpl. 184 Ndr. Jüngeres Gegenſtück iſt nachtwandeln. Über die Gegnerſchaft, die luſtwandeln bis in die Tage von Heynatz und Campe fand, berichtet Wh. Pfaff 1933 Kampf um dt. Erſatzwörter 38 f.

lutſchen Ztw. ſeit Kindleben (Halle 1781), nachdem Stieler (Erfurt 1691) 1356 das gleichfalls lautmalende nutſchen 'ſugere, ſorbillare' gebucht hatte.

lützel Adj. Adv. 'klein, wenig', ſeit dem 16. Jh. in der Schriftſprache veraltet, mundartlich und in Namen lebendig. Mhd. lützel, ahd. luz(z)il, liuzil 'klein, wenig, gering', aſächſ. luttil 'klein, elend', agſ. lȳtel, engl. little führen auf germ. *leut- 'klein'. Gleichbed. germ. *lit- wird vor-

ausgeſetzt durch bair. -leißig 'gering' (in dünn-, kurz-, ſchmalleißig), mnl. lı̄tel, afrieſ. lı̄tik, anord. lı̄till, got. leitils 'klein, wenig'. Dieſe Bedeutung hat ſich aus 'gebeugt, gedrückt' entwickelt, wie an den germ. Verwandten agſ. lūtan, anord. lūta 'ſich beugen', anord. lūtr 'krumm' deutlich wird. Außergerm. ſtehen zur Sippe germ. *leut-, idg. *leud- 'biegen' mir. lūta 'kleiner Finger', kymr. lludded 'Müdigkeit', lit. liūsti 'gedrückt, traurig ſein', apreuß. laustinti 'demütig', während die Vorgeſchichte des germ. *lit- (idg. *lei- 'ſich ducken'?) ſchwierig bleibt. Vermutungen bei W. Krogmann 1935 Jdg. Forſch. 53, 44 ff.

Luv F. 'Windſeite des Schiffs', wie Lee (ſ. d.) von Norden her ins Nhd. gedrungen, zuerſt als Low 1669: F. Kluge 1911 Seemannsſpr. 559. Alter ſind mnd. lôf, nd. dän. luv, nl. loef, engl. loof, luff. Die Luvſeite heißt nach einem gegen den Wind ausgeſetzten flachen Hilfsruder, anord. lôfi M. (danach afrz. mengl. lôf), nächſtverwandt mit anord. lôfi, got. lôfa M. 'flache Hand'. Damit ablautend ahd. laffa F. 'flache Hand', woneben (mit idg. b + n) ahd. lappo M. 'flache Hand, Ruderblatt', afrieſ. lappe 'Spaten', dän. lab, ſchweb. norw. labb M., iſl. löpp F. 'Pfote'. Urverwandte in den baltoſlav. Nachbarſprachen: lett. lēpa 'Pfote'; Huflattich, Seeroſe', lit. lópa 'Klaue', lópeta 'Schaufel', lett. lâpſt, -a 'Schaufel, Spaten; Schulterblatt', apreuß. lopto 'Spaten'; ruſſ. lopáta 'Schaufel', loptá 'Schaufel, Ruderblatt', lápa 'Pfote, Tatze'. S. lavieren.

Luxus M. Lat. luxus 'Aufwand' erſcheint ſeit 1597 in nhd. Texten, noch 1768 lat. flektiert. Das zugehörige Adj. lautet im 17. Jh. (dem Lat. entſprechend) luxuriös. Die Form luxuriös (ſeit 1702) folgt dem frz. luxurieux, das aber 'unzüchtig' bedeutet; luxueux 'verſchwenderiſch' bleibt unentlehnt: Schulz-Basler 1942 Fremdwb. 2, 47.

Luzerne F. Die Futterpflanze Medicago sativa, im Volk auch Schnecken- oder ewiger (blauer, hoher) Klee genannt, iſt bei uns im 18. Jh. aus Frankreich eingeführt und hat den ſüdfrz. Namen luzerne mitgebracht, der ſeit dem 16. Jh. bezeugt iſt. Die bohnenförmigen Samen zeichnen ſich durch eine gelbe, glänzende Oberfläche aus; zu lat. lūcēre 'leuchten'. Semer de la luzerne war urſpr. 'leuchtenden Samen ſäen'.

lynchen Ztw. 'Volksjuſtiz üben' ſeit 1841 aus amerik.-engl. lynch. Nach dem Namen des Richters William Lynch in Virginien, der 1780 zuerſt eigenmächtige Rechtſprechung ausübte; danach 1811 Lynch law: New Engl. Dict. 1933 Suppl.

Lyrik F. Zu gr. λύρα 'Leier' iſt über λυρικός, lat. lyricus 'zum Spiel der Leier gehörig' frz. poésie lyrique gebildet; dafür bei uns bis ins 19. Jh. lyriſche Poeſie. Die Subſt. Lyrik nicht vor 1833, Lyriker ſeit Immermann 1827: Schulz-Basler 1942 Fremdwb. 2, 48f.

Lyzeum N. Das Gymnaſium zu Athen, in dem Ariſtoteles lehrte, lag beim Tempel des Apollon Lykeios ('Wolfstöter') und hieß danach Λύκειον. Deutſche Humaniſten übernahmen ſeit 1569 L. als Ehrennamen der Univerſitäten; die weitere Entwicklung bei Nyſtröm 1915 Schulterm. 1, 26 ff.

M

Maat M. Die ſeemänn. Benennung des Schiffsgehilfen (Marineunteroffiziers) beruht auf nd. mät 'Kamerad': Richey 1755 Hamb. Jb. 158 „Maat 'Geſelle, Kamerad' iſt beim Schiffsvolk und andern Arbeitern gebräuchlich". Über mnd. mate zu weſtgerm. *gi-mato (ahd. gimazzo, mhd. gemazze) 'Speiſe-, Tiſchgenoſſe'. Zugrunde liegt das unter Meſſer entwickelte germ. *mati- 'Speiſe'; Bildungsweiſe wie bei Gefährte, Genoſſe, Geſell. Entfernt verwandt mit Matroſe. Nnl. maat, engl. mate, dän. norw. mat ſind gleichen Urſprungs.

Machandel M. nd. Form für das aus dem Hd. vorgedrungene Wacholder, ſ. d.

Macheier M. 'geringer Wollſtoff', im Handel auch in der frz. Form Mohair, Mohär. Arab. muchajjar 'Stoo aus Ziegenhaar' (Lokotſch 1927 Etym. Wb. 1497; Wick 38) gelangt in oſteurop. Sprachen und ergibt über poln. muchair das frühnhd. weitverbreitete muchaier (Clajus 1578 Gramm. Germ. 55), deſſen u in vortoniger Silbe ſchon bei Friſch 1741 zu a geworden iſt.

machen ſchw. Ztw. Mhd. machen, ahd. mahhōn führt mit aſächſ. makon, anfr. macon, afrieſ. makia, agſ. macian (engl. make) auf germ. *mak-ōn, idg. *mag-. Urverwandt ſind gr. μάσσειν (Part. μεμαγμένος) 'kneten, ſtreichen', μαγίς 'geknetete Maſſe (ſ. Maſſe), Teig', μαγεύς 'Bäcker', aſlav. mazati 'ſchmieren, ſalben, tünchen', lett. iz-muozet 'durchprügeln, anſchmieren, überliſten'. Daß ein Ztw. der Bedeutung 'kneten' in den umfaſſenden Sinn von 'machen' übergeführt iſt, erklärt ſich aus der Wichtigkeit des Lehmbaus in alter Zeit.

Machenſchaft F. als ſchweiz. Wort mit der Bed. 'Vergleich, Kontrakt' (ſo ſeit 1754) zuerſt bei Stalder 1812 Verſ. e. ſchweiz. Jd. 2, 190 gebucht. Die daraus entwickelte Bed. 'üble Handlungsweiſe, Praktiken' belegen das Schweiz. Jd. 4, 49 und Sanders 1885 Erg.-Wb. 346ᵇ. Verbreitet durch Lavater 1784 Herzenserleicht. 225, G. Keller und J. Scherr. Auf die Bed. hat Machination(en) eingewirkt. Beide ſtehen meiſt im Plur.

Macherlohn M. (früher auch N.): zu Handwerkernamen wie Hut-, Schuh-, Uhrmacher im 16. Jh. gebildet, nachdem ſpätmhd. machlōn vorausgegangen war.

Macht F. Ahd. mhd. aſächſ. maht, mnl. afrieſ. macht, agſ. meaht, miht (engl. might), anord. mättr, got. mahts führen auf germ. *mahti- F. Verbalabſtr. zu got. magan 'können, vermögen', wie das gleichbed. aſlav. mošti (aus *mokti) zu mogǫ 'ich kann'. Dasſelbe ti-Suffix in Flucht, Zucht, Saat, Tat uſw. Vgl. Gemächt, mögen.

Machtvollkommenheit F. als Lehnüberſetzung für lat. plenipotentia aus der Kanzleiſprache des 15. Jh. hervorgegangen; ſeit Kant 1795 Zum ewigen Frieden 15 für Souveränität: A. Gombert 1882 Bemerk. 15.

Mackes Plur. 'Schläge; Fehler'. Hebr. makkoth 'Schläge' ergibt Mackes mit demſelben Wandel von th zu s wie Schabbes. Von Kindleben 1781 Stud.-Lex. als jüdiſches Wort bezeugt, tritt M. ſeit Klein 1792 Prov.-Wb. 2, 3 in ſüdweſtd. Mundarten auf: H. Fiſcher 1914 Schwäb. Wb. 4, 1371; Spitzer 1920 Zſ. f. roman. Phil. 40, 703.

Mädchen N. ſeit Mitte des 17. Jh. in Thüringen und Sachſen aus Mägdchen (zu Magd, ſ. d.) mit derſelben Erleichterung wie allmählich aus allmächlich. Mägdchen iſt noch Leſſings Form. Dafür nd. mä(de)ken. Obd. entſpricht Maidle, ſchwäb. Mädle, bair. Mädel, öſterr. Maderl mit l-Verkl. ſtatt des md. -chen. Zſ. f. d. Wortf. 6, 4. 11, 196.

Made F. ahd. mado, aſächſ. matho, mhd. nd. mnl. mode, agſ. maða, maðu, got. maþa 'Made, Wurm'. Mit Ableitung (Kluge 1926 Stammbild. §61b) gleichbed. anord. maþkr M., woraus mengl. mathek, engl. mawk, ſchwed. mask. Für urverwandt gilt aind. mathuṇa- M. 'Wanze'; Grundbed. wäre dann 'nagendes, beißendes Ungeziefer'. Von weiteren Beziehungen iſt allein die zu Motte glaubhaft.

Madenſack M. der menſchliche Leib als Nahrung der Würmer, dann der Menſch ſelbſt. Ein Kraftwort der Totentänze, Asketen und Prediger im 16. und 17. Jh., oft bei Luther, der doch den Geschmack hat, es der Bibelübers. fernzuhalten. Voraus gehen mhd. maden-āz, -vaz.

Madrigal N. 'Gesellschaftslied für Chorgesang'. Ital. madrigale, dessen Urspr. umstritten ist, erscheint bei uns zuerst 1593 im nd. Demin. madrigalken: Hnr. Jul. v. Braunschweig, Schausp. 226. Entscheidend wirkt Hans Leo Haßler 1596 Neue Teutsche gesang, nach art der Welschen Madrigalien vnd Canzonetten: Schulz-Basler 1926 Fremdwb. 2, 52.

Magazin N. Arab. machzan, Mz. machāzin 'Warenniederlage, Lagerhaus' gelangt über gleichbed. ital. maggazzino und span. magacén in die Sprachen Europas. Für uns scheint 1506 der arab. Sing. maßgebend: K. O. Müller, Welthandelsbräuche 168 „(den Kümmel) einzuladn, in das magazon zu füren", fortan die Mz., so schon in Augsburg 1518 Math. Schwartz, Buchhalten 47ᵃ „dan dise thar man mit lang left in Magazin ligen". Die Bedeutung 'Laden' stellt sich (wie bei frz. magasin) im 18. Jh. ein. Als Titel einer Zeitschrift steht Magazin zuerst in Hamburg 1748: Schirmer 1911 Wb. d. dt. Kaufmannsspr. 124; Littmann 88; Lokotsch 1927 Etym. Wb. 1362; Schulz-Basler 1942 Fremdwb. 2, 52 f.

Magd F. mhd. maget (Plur. megde), ahd. magad (Plur. magadi, megidi), asächs. magath, mnl. maghet, afries. maged, megith, agf. mæg(e)ð (zu Beginn der mengl. Zeit ausgestorben), got. magaþs F.: das gemeingerm., nur dem Nord. fehlende Wort für 'Jungfrau', mhd. und asächs. auch schon mit der nhd. Bed. '(unfreie) Magd, Dienerin' (dazu Kluge 1918 Von Luther bis Lessing 97). Als Verkl. (vgl. Küchlein, Schwein) gehört dazu ahd. magatīn, mhd. magetīn, agf. mægden, engl. maid(en). Got. magaþs und seine germ. Schwesterworte sind fem. Ableitungen zu *magu- in got. magus 'Knabe, Knecht', agf. mago 'Sohn, Jüngling, Mann, Knecht'. Germ. *magu- aus idg. *maghu-; urverw. sind abest. mayava- 'unverheiratet', air. m(a)ug 'Knecht', korn. maw 'Jüngling, Diener', gall. Magu-rīx; vielleicht gehört hierher auch air. macc, nkymr. mab 'Sohn': Pokorny, Zs. f. vgl. Sprachf. 45, 363.

Mage M. 'Verwandter' von Rich. Wagner u. a. (Fel. Ott 1916 Rich. Wagners poet. Wortschatz 17) belebt aus gleichbed. mhd. māc (g). Ahd. asächs. māg, mnl. maech (gh), afries. mēch (g), mēi, agf. mæg 'Verwandter', anord. māgr 'Schwager, Schwiegersohn, -vater', schwed. måg, got. mēgs 'Tochtermann' führen auf eine Grundbed. 'der durch Heirat verwandt Gewordene'. Schwertmagen, mhd. swērt-, gērmāge, agf. spermāgas sind die Verwandten von männlicher, Spillmagen, mhd.

spinnelmäge, agf. spinelmāgas die von weiblicher Seite. Außergerm. vergleicht man, doch nicht mit befriedigender Sicherheit: lit. mėgti 'Gefallen finden', gr. περι-ημεκτέω 'bin unwillig' (zu ἄ-μεκτος 'unwillig'), aind. maháyati 'erfreut, verehrt, alle vereinbar auf idg. *megh- 'wohlgesinnt, freundlich, vergnügt'.

Magen M. mhd. mnd. mage, ahd. mago, mnl. maghe, afries. agf. maga, mengl. mawe (engl. maw auch 'Kropf'), anord. magi 'Magen'. Aus dem Germ. früh entlehnt ist finn. mako. Eine germ. Sprache lieferte dem Rätorom. Graubündens magun 'Magen', woneben ital. magone und in oberital. Mundarten magon, magun 'Kropf; Groll, Ärger, Ekel'. Mit kymr. megin 'Blasebalg' zum idg. Stamm *maq- 'Haut-, Lederbeutel', der auch in lit. mākas, lett. maks, aslav. mošina 'Beutel' vorliegt. S. Mohn.

mager Adj., ahd. magar, mhd. mnd. mnl. mager, mnl. magher, agf. mæger, anord. magr: ein gemeingerm. Adj., das uns nur got. entgeht. Bei der weitreichenden und frühen Bezeugung fällt der Anklang an gleichbed. lat. macer (aus *makrós) auf. Während für engl. meagre Entlehnung aus dem Afrz. feststeht, beruht mager mit lat. macer, gr. μακρός 'lang' auf idg. *məkrós zur Wurzel *māk-: *mək- 'lang, dünn'. Mit andern Suffixen zur gleichen Wurzel gr. μακεδνός 'lang, schlank' (dazu Μακεδόνες 'Hochländer') und hettit. maklanza 'dünn, mager'.

Maggi N. 'Suppenwürze', um 1880 erfunden von Julius Maggi († 1912), der seinen Familiennamen (in der Ostschweiz mit tsch gesprochen, demgemäß ostschweiz. matši auch für die Suppenwürze) als Sohn eines aus Italien stammenden Großindustriellen trug: Schulz-Basler 1942 Fremdwb. 2, 53.

Magister s. Meister.

Magnat M. 'reicher Edelmann'. Mit Vorliebe bes. in Ungarn. Die lat. Bibel bietet Ecclef. 33, 19 Audite me, magnates 'Hört mich, ihr Großen'. Das im Lat. junge Wort ist zum Adj. magnus gebildet, wie primas, -atis zu primus 'der erste'. Offenbar aus der Bibel dringt Magnates in nhd. Texte seit 1615. Noch im 17. Jh. wird der Plur. mit dt. Endung versehen. Der Sing. bleibt noch im 18. Jh. selten: Schulz-Basler 1942 Fremdwb. 2, 55.

Magnet M. Gr. λίθος Μαγνῆτις 'Stein aus Magnesia' ergibt über lat. magnēs, -ētis mhd. magnes bei Wolfram v. Eschenbach, magnet bei Konrad v. Megenberg. Den Entscheid für Magnet gibt Paracelsus († 1541): Schulz-Basler 1942 Fremdwb. 2, 56.

Magnolie F. Die Pflanze ist nach dem frz. Botaniker Pierre Magnol (1638—1715) benannt. Magnolia begegnet im Engl. seit 1748, in nhd. Text zuerst 1750: Palmer (1939) 154.

Magsamen s. Mohn.

Mahagoni N. ist bei uns (mit Ananas, Batate, Chinin, Kakao, Kautschuk, Kokain, Mais, Tabak, Tomate, Zigarre) ein Vertreter der amerik. Pflanzenwelt. Das Holz wuchs vor allem auf Jamaika; aus der dortigen Sprache ist der Name entnommen, der im Engl. 1670 als mohogeney auftritt und von Linné 1762 als mahagoni in die botan. Fachsprache eingeführt wird: R. Loewe 1933 Zs. f. vgl. Sprachf. 61, 72. In nhd. Text erscheint 1749 Mahogany, 1750 Mahogonybaum: Palmer (1939) 87 f.

Mahd F. mhd. māt (Gen. mādes) N. F. 'Mähen, Gemähtes, Heu, Wiese'. Ahd. mād N. (mit mādari M. 'Mähder') und agf. mǣþ M. (mit engl. after-, lattermath 'Spätheu, Grummet') führen auf westgerm. *māþa-, das Part. der idg. Wz. *mē-: *mə- (s. mähen). So steht gr. ἄμητος 'Abmähen, Ernte(zeit)' neben ἀμάειν 'mähen'. Vgl. Grummet, Matte, Ohmd und Schweiz. Id. 4, 71.

mähen Ztw. mhd. mæjen, ahd. māen, mnd. mei(g)en, mnl. maeyen, agf. māwan (Prät. mēow), engl. mow 'mähen'. Eine westgerm. st. Verbalwz. *ma: *mē steckt auch in Mahd (s. d.). Sie erscheint in gr. ἄμητος und ἀμάειν mit Vorschlagvokal. Die lat. Wz. *met 'mähen, ernten' dürfte ein urspr. nur präsent. t als wurzelhaft behandelt haben. Dazu air. meithel 'Abteilung von Schnitten'.

Mah-Jongg N. 'Spatzenspiel'. Aus chinef. ma 'Sperling' und djung 'Spiel' setzt sich der Name des chinef. Dominospiels zusammen, das über die agf. Länder etwa 1923 Berlin erreicht hat.

Mahl[1] N. Mahlschatz, mhd. mahelschaz 'Brautgabe', bef. 'Verlobungsring', und Mahlstatt, ahd. mahalstat, mhd. mahelstat 'Richt-, Gerichtsstätte' enthalten das unter Gemahl entwickelte germ. *maþla- 'öffentliche Versammlung, Verhandlung'. S. vermählen.

Mahl[2] N. 'Mahlzeit, Gastmahl, Essen', ahd. mhd. mnd. anord. māl 'Zeitpunkt; Mahlzeit (zu fester Stunde)', afrief. mēl(tīd) 'Mahl(zeit)', agf. māl 'Maß; Zeit(punkt), Gelegenheit, Jahres-, Mahlzeit', engl. meal 'Mahlzeit', got. mēl 'Zeit; Stunde'. Mit oftlit. tuo-mēl 'zugleich; unaufhörlich' zur idg. Wurzel *mē- '(ab)messen', s. Maß.

mahlen Ztw., mhd. maln, ahd. asächs. got. malan, mnl. malen (Prät. moel), nnl. malen, anord. mala, (Prät. mōl), schwed. mala, dän. male. In England fehlt von je ein entsprechendes Ztw. Die idg. Wurzel *mel- 'zerreiben' ist

in den westidg. Sprachen auf die Bedeutung 'Korn mahlen' eingeengt, die oftidg. von den uns verlornen idg. Wurzeln *al- und *querubestritten wird. Dem germ. Ztw. vergleichen sich air. melim, kymr. malu, lit. malù, aslav. meljǫ, lat. molo, gr. μύλλω 'ich mahle', armen. malem 'ich zerstoße', hettit. mallai 'er mahlt', mallanzi 'sie mahlen'. Die gemeinsame Benennung weist nicht notwendig auf die gemeinsame Urzeit der Stämme, vielmehr können sich (vgl. Gerste, Roggen) die Mühlen von einem Stamm zum andern verbreitet haben. Auch Einwirkung einer fremden Kultur ist (wie bei Erbse, Hanf, Linse) denkbar. Die Grundbedeutung 'zerreiben' ist anders gewendet in ahd. molta, asächf. molda, mnl. moude, afrief. agf. molde, engl. mould, anord. mold, got. mulda 'Staub' (vorgerm. *ml̥-tā 'Zerriebenes'). Vgl. malmen, Malter, Maulwurf, Mehl, Melde, Milbe, Mühle, Müll, Müller, Mulm.

mählich s. allmählich.

Mahlstrom M. 'Strudel, Wirbelstrom', nl. maalstroom geht (wie gleichbed. Mahling, nl. maling) von der Nordseeküste aus und wird bef. von Strudeln vor der norw. Küste gebraucht. Der erste Wortteil gehört zu mahlen, nl. malen, in der Bed. 'drehen': Kluge 1911 Seemannsspr. 563 f.

Mähne F. mhd. frühnhd. man(e); das schw. F. ahd. mana setzt sich fort in mhd. man, das in die i-Klasse übertritt mit Mz. mene, woraus sich der nhd. Sing. Mähne bildet. Mit ä wird er geschrieben, weil lange noch die umlautlose Form danebensteht: H. Paul 1916 f. Dt. Gramm. 1, 187. 2, 90. Ahd. afrief. mana, mnd. mane, mnl. nnl. manen, agf. manu, engl. mane, der langob. Männername Manipert, anord. mǫn, dän. schwed. man 'Mähne' führen auf germ. *manō. Dazu anord. makki (kk aus nk), dän. schwed. manke 'oberer Teil des Pferdehalses'. Daraus und aus der Ableitung ahd. menni, asächf. meni, agf. mene, anord. men 'Halsschmuck' ergibt sich als Grundbedeutung 'Hals'. Dazu außerhalb des Germ. air. muin (aus *moni) 'Nacken', muince 'Halskette', mir. mong 'Mähne' (mit derselben Weiterbildung auf idg. g wie oben anord. makki), agall. μανιάκης, μάννος, lat. monile, gr. mundartl. μάν(ν)ος, μόννος 'Halsband', aslav. monisto, avest. manaoθrī 'Hals', minus (i aus ə) 'Halsgeschmeide', aind. mányā F. 'Nacken'. Die idg. Wurzel *mono- 'Nacken, Hals' steht *men- 'emporragen' in lat. ēminēre, mons usw. nahe.

mahnen schw. Ztw., mhd. mnd. mnl. nnl. manen, ahd. manōn, -ēn, monēn 'erinnern, ermahnen, auffordern', afrief. mania, agf. manian: zur idg. Wurzel *men- 'denken, geiſtig erregt ſein'. Dieſe auch im Prät.=Präſ. aſächſ. farmunan 'verleugnen, verachten', agſ. man 'gedenke', gemunan 'ſich erinnern', anord. man, Inf. muna, got. munan. Dem germ. Prät.= Präſ. man entſprechen mit Redupl. das gr. Perf. μέμονα 'ich gedenke', lat. meminī 'ich erinnre mich'. Von der großen idg. Sippe ſteht dem ahd. manēn am nächſten lat. monēre 'ermahnen'. S. Minne.

Mahr M. F. 'Alp', mhd. mar M. F. 'quälendes Nachtgeſpenſt, Nachtalp', ahd. mara F., agſ. mare (noch in engl. nightmare 'Alpdrücken'), anord. ſchwed. mara F. Aus dem Germ. ent= lehnt iſt der zweite Wortteil von frz. cauchemar 'Alpdrücken' (caucher aus lat. calcāre 'treten, preſſen'). Aus dem Gebiet der übrigen idg. Sprachen vergleicht man air. Mor-rígain ('Mahrenkönigin'), Name der Schlacht= und Leichendämonin, ruſſ. kikimora 'Geſpenſt, das die Nacht ſpinnt', kleinruſſ. bulg. ſerb. ſlov. poln. mora, tſchech. mura 'Alp'. Für den germ. Norden iſt der Glaube ſeit dem 9. Jh. bezeugt: Mogk 1916 Reallex. d. germ. Alt.= Kde. 3, 172.

Mähre F. mhd. mӕrhe, ahd. mar(i)ha 'Stute': Fem. zu dem unter Marſchall behandelten ahd. mar(a)h 'Pferd'. Auf urgerm. *marhī (Gen. *marhiōz) weiſen auch aſächſ. meriha, mnl. merie, afrieſ. merrie, agſ. miere, anord. merr. Im Deutſchen hielt ſich (wie bei Frau, Magd, Schwieger) das Fem. länger als das zugrunde liegende Mask. Die Bed. ſank, weil Stuten raſcher altern als Hengſte. Weitere Ausblicke gibt Güntert 1932 Zſ. f. dt. Bildung 8, 3 f.

Mai M. Lat. Maius, benannt nach Juppiter Maius, dem Wachstum bringenden Gott (zu lat. maior 'größer'), wird entlehnt zu ahd. meio, mhd. meie. Auch in roman. Sprachen (ital. maggio, frz. mai, hieraus engl. May) lebt der Name; zu uns gelangt er etwa gleichzeitig mit Jänner, März und Auguſt. In Erinne= rung an das lat. Vorbild wird nhd. ai geſchrie= ben, wie bei Laie im Gedanken an lat. laicus. Schw. Flexion iſt noch nhd. häufig. Während ſich beim Monatsnamen die im 16. Jh. begin= nende ſt. Flexion im 18. Jh. durchſetzt, bleibt Maie 'Maienbaum, Feſtzweig', ſpätmhd. meie ſchwach. Vom Monatsnamen bis ins 17. Jh. nicht unterſchieden, wird Maie damals Fem.: H. Paul 1917 Dt. Gramm. 2, 52. 94.

Maid F. Mhd. maget (ſ. Magd) iſt mund= artl. zu meit zuſ.=gezogen. Dichterſprache bewahrt die Form, während Mädchen (ſ. d.) die Proſa beherrſcht. Neubelebung des Wortes liegt vor in Maidenſchule 'Landfrauenſchule'.

Maie ſ. Mai.

Maikäfer M. frühnhd. megenkefer 'melolontha' Trochus 1517 Prompt. H 6 ᵃ. Mund= artl. herrſcht die bunteſte Mannigfaltigkeit der Benennungen, die vor allem Heinzerling 1879 Die Namen der wirbelloſen Tiere in d. ſiegerl. Ma. 8, L. Berthold 1930 Heſſen=naſſ. Volkswb. 2, 223 f. und Wenzel 1930 Wortatlas d. Kr. Wetzlar § 126 und Karte 91 entfalten: ſchweiz. bluſt-, laubkäfer, tirol. rougg(el)er, thür. kauz= käfer, Weim. Jena: kritzekrebs, ſulb. mai= vogel, oberheſſ. klette, weſterw. (hühner)- kleber, mrhein. käferz, kurheſſ. maikafel, weſtfäl. maikäwel, -käm, holſt. ſebber, frieſ. zever. — maikäfern Ztw. 'bei einem Feſt= eſſen ſich ſchweigend und gedankenvoll die zu haltende Rede überlegen', wie der Maikäfer vor dem Auffliegen die Flügel in Bereitſchaft ſetzt: Behaghel 1901 Zf. f. d. Wortf. 1, 3; A. Bretſchneider 1930 Idg. Forſch. 48, 196 f.

Mais M. Sache und Wort gelangen um 1500 von Haïti (dortiges Mahiz erweiſt R. Loewe 1933 Zſ. f. vgl. Sprachf. 61, 67) nach Europa (ſpan. maiz, engl. maize, frz. nnl. maïs). Bei uns Machiz 1520 (Palmer 89), maytz Seb. Franck 1534 Weltbuch 231 ᵇ. Über die Abgrenzung des überall bekannten, aber nicht überall volkstüml. Wortes Mais gegen ſüdweſtd. Welſchkorn ſ. Kretſchmer 1918 Wortgeogr. 329 f. 611. Auf Einführung von Südoſt weiſen Kukuruz (ſ. d.) und türkiſcher Weizen (Wörter u. Sachen 4, 133 ff), ſowie frühnhd. türkiſch korn (Leonh. Fuchs 1543 New Kreuterb. Kap. 320), das in oſtſchweiz. u. bair.= öſterr. türken M. fortwirkt. Fritz König, Über= ſeeiſche Wörter im Frz. 1943.

Maiſch M., Maiſche F. 'geſammelte und gequetſchte Trauben zur Moſtbereitung; ge= ſchrotenes und angebrühtes Malz', mhd. meiſch M., mnd. mēſch, agſ. māx in māxwyrt 'Maiſch= würze', mengl. mask in maskefat 'Maiſchfaß', engl. mash, ſchwed. mäſk. Urverw. iſt poln. miazga 'Splint, Baumſaft', ruſſ. mezgá (-e- für -ě-) 'Splint, Muß'. Idg. Grundform *moigh-sqā zur Wz. *meigh (ſ. Miſt).

Majeſtät F. Lat. māiestas, -ātis 'Größe, Hoheit', ſchon bei Horaz, Epiſt. 2, 1, 258 An= rede an den Kaiſer, erſcheint mhd. als majeſtát, ſpätmhd. auch als majeſtӕt. Unſer keiſer= lichen majeſtáten aus einer Urkunde von 1364 bei Schulz-Basler 1942 Fremdwb. 2, 58. Die nhd. Form der Endung erklärt Ohmann 1923 Neuphil. Mitt. 24, 161 als Miſchung aus lat. -tät und frz. -té; ä wird geſchrieben, weil der Zuſ.=Hang mit lat. -tas, -tātis be= wußt war. Zum Plur. des Prädikats beim Sing. Fem. Keller 1904 Zſ. f. d. Wortf. 6, 162. In engl. majesty iſt frz. -é durch das häufigere -ie erſetzt.

Majolika F. Von der Insel Majorca gelangt die urspr. arabische Kunst, aus feinstem Ton bemalte Gefäße herzustellen, im 15. Jh. nach Mittelitalien. Hier erhalten die Gefäße den Namen der Insel, maiolica F. Bei uns erscheint Maiolikageschirr 1630: Schulz-Basler 1942 Fremdwb. 2, 58 f.

Major M. Lat. maior 'größer' ist Ausgangspunkt für span. mayor als Bez. eines höheren Offiziers. Bei uns verdrängt Major seit Henricpetri 1577 Gen.-Hist. 181 den älteren Titel Oberstwachtmeister. Der Teutsche Michel verspottet 1638 Major als Modewort. Majorsecke F. als Bezeichnung der kritischen Zeit vor der Beförderung vom Hauptmann zum Major wird 1873 Schlagwort: Ladendorf 1906 Schlagwb. 200. Vgl. Meier.

Majoran M. Die Gewürzpflanze Origanum majorana heißt gr. ἀμάρακος. Daraus entsteht lat. amaracus und (mit Anlehnung an maior) mlat. majoracus, majorana. Dies ergibt spätahd. maiolan (Zs. f. d. Wortf. 6, 188) und (unter Anlehnung an Mai) mhd. meigramme, mei(e)ron, frühnhd. steht maseran. Unsere nhd. Form ist auf gelehrtem Weg hergestellt.

Majorz M. 'Wahl nach dem Grundsatz der Mehrheit': schweiz. Neubildung nach Proporz, f. d. und Schweiz. Jd. 5 (1905) 774.

Makadam M. N. Der schottische Straßenbauer MacAdam empfahl 1819/20 ein Verfahren der Wegbefestigung, das 1823 bei uns bekannt wurde: Schulz-Basler 1942 Fremdwb. 2, 60 f.

Makel M. Lat. macula F. 'Fleck', das in der Kirchensprache eine Rolle spielt, erscheint seit Frauenlob († 1318) in mhd. Text als makel M. Das Geschlecht ist nach Fleck u. Tadel gewandelt, das F. schlägt bei Gelehrten wie A. W. Schlegel u. Niebuhr durch; Adelung u. Campe entscheiden für das M. Länge des Stammvokals ist von Norden her schriftdeutsch geworden (wie bei Stapel u. Takel), noch Lessing schreibt Mackel. Das auf die gewählte Sprache beschränkte Fremdwort bringt den überwiegend unsinnlichen Gebrauch aus dem Lat. mit; die Schulfloskel aliquid maculis aspergere erscheint bei Goethe u. Musäus wörtlich übersetzt. Lat. macula stellt man mit gr. σμύειν u. σμῆξαι 'schmieren' zum idg. Verbalstamm *smē- 'beschmieren'.

makeln, mäkeln Ztw. Als Verklein. zum Ztw. maken in seiner Bed. 'Geschäfte machen' kommen nl. makelen, nd. mäkeln 'Geschäfte vermitteln' auf. Auch handeln vereinigt die Bed. 'tun' und 'Geschäfte betreiben'. Nl. makelaar als Bez. des berufsmäßigen Zwischenhändlers bringt mit dem hansischen Handel unächst in Norddeutschland vor (Frensdorff

1906 Verl. Sitz.-Ber. 4, 116; Kluge 1911 Seemannsspr. 564) und ergibt bei Entfaltung des Börsenwesens nhd. Makler. „Weil... die Mäkler beim Einkaufen der Waren allzeit Mängel an denselben finden wollen, um einen desto wohlfeileren Preis bedingen zu können" (Tiling 1768 Brem. Wb. 3, 115), wird nd. mäkeln zu 'tadeln, Fehler finden': diese Bed. bucht neben 'Mäklerei treiben' zuerst Richey 1755 Hamb. Jd. 159. Mäkeln im Sinn eines kleinlichen Tadelns führen Herder 1769 Krit. Wälder 2, 12 und Lessing 1779 Nathan 2, 5 in die Schriftsprache ein, anerkannt von Campe 1794 Reinig. und Bereich. 225. Nord- und md. ist die Sonderbed. von mäkeln 'am Essen allerhand auszusetzen finden', dazu mäklig im Sinn von sonstigem heikel, leckerhaft, verschleckert usw.: Kretschmer 1918 Wortgeogr. 330 f.

Makkaroni s. Makrone.

Makrele F. der Heringe fressende Seefisch Scomber scombrus, mhd. (14. Jh.) macrēl, entlehnt aus gleichbed. mnl. mak(e)reel, das (mit engl. mackerel, afrz. maquerel und dem im 12. Jh. in Flandern auftretenden mlat. macarellus) auf ein germ. Wort der Bed. 'Kuppler' zurückgeht: vgl. afries. mekere 'Eheunterhändler', mhd. mechele 'Kupplerin'; nfrz. maquereau, engl. mackerel 'Kuppler', mnl. makerele 'Kupplerin' haben die Grundbed. bewahrt. Das Wort ist mit makeln eng verwandt. Nach einem Volksglauben bringt die Makrele die Männchen und Weibchen des Matjesherings zusammen.

Makrone F. Zu spätgr. μακαρία, das sich aus 'Glückseligkeit' zu 'Speise aus Brühe und Gerstengraupen' gewandelt hatte, ist ital. maccarone, maccherone, das Stammwort von Makkaroni gebildet, aus dem im 16. Jh. frz. macaron 'Mandeltörtchen' hervorgeht. Dies erscheint bei uns 1652 zunächst in frz. Form. Makkaronisch als Name lat. Verse, in die Wörter anderer Sprachen mit lat. Endungen eingesprengt sind, geht auf des Paduaners Tifi degli Odasi († 1488) Carmen macaronicum zurück, das an die ital. Leibspeise, die aus Mehl, Butter und Käse bestehenden Makkaroni, anknüpft. Demgemäß spricht Fischart 1852 Garg. 31 von Nuttelversen.

Mal N. Mhd. māl N. vereint die Bedeutungen 'Fleck' und 'Zeitpunkt'. Darin haben sich zwei Neutra vermischt: das unter Mahl² und -mal behandelte mhd. ahd. māl 'Zeitpunkt' und mhd. ahd. meil, mnd. mēl, agf. māl, engl. mole 'Fleck, Makel, Merkmal', got. mail 'Runzel'; dazu mhd. meilen 'verletzen', ahd. meilen, agf. (ge)mǣlan 'beflecken', agf. unmǣle 'un-

befleckt'. Außergerm. vergleichen sich gr.
μιαίνω 'beflecke', μίασμα 'Verunreinigung'
und balt. *mēlёs in lit. miēlёs, lett. mìeles Mz.
'Hefen', vielleicht auch lit. máiva 'Sumpf'.
Jdg. Wurzel *mei-, *mai- 'beflecken; schmutzig'.

=mal in ein=, kein=, dreimalusw.: aus mhd.
ahd. māl N. 'Zeitpunkt' (f. Mahl²). Dazu bil=
dete man ahd. z'einemo māle, ursprünglich 'an
einem Zeitpunkt', dann 'einmal', mhd. ze drin
mālen 'an drei Zeitpunkten', dann 'dreimal';
entsprechend eines māles 'einstmals'. Die En=
dung des Dat. Plur. (ahd. mālum, mhd. mā=
len) verschwindet seit frühnhd. Zeit.

maledeien schw. Ztw. mhd. (ver)maledīen
'(ver)fluchen' im 13. Jh. entlehnt aus gleichbed.
afrz. maldire, das zu frz. maudire geführt
hat und aus lat. maledīcere stammt: Suolahti
1929 Frz. Einfluß 152. 281.

malen Ztw. mhd. mālen 'mit einem Mal,
Zeichen versehen', dann 'färben, malen, zeich=
nen', ahd. mālōn, mālēn: zu dem unter Mal
genannten ahd. māl 'Punkt'. Dazu got.
mēla N. Plur. 'Schrift(en)', mēljan 'schreiben,
aufzeichnen', anord. mæla 'malen'.

Malice F. 'Bosheit'. Zu lat. malus 'schlecht'
gehört malitia F. 'Tücke', das über gleichbed.
frz. malice 1688 zu uns gelangt: Schulz=
Basler 1942 Fremdwb. 2, 62f.

malmen schw. Ztw., erst nhd. nachweisbar,
doch wegen der altertümlichen Bildung gewiß
alt; ahd. *malmōn wohl nur zufällig unbe=
zeugt. Mhd. galt dafür zermal, -mūln; noch
Luthers obd. Zeitgenossen muß sein malmen
(Matth. 21, 44 u. ö) mit zermalen, zer=
knütschen verdeutlicht werden: F. Kluge 1918
Von Luther bis Lessing 109. Das vorauslie=
gende M. lautet got. malma 'Sand'; anord.
malmr 'Erz; Kernholz der Nadelbäume';
schwed. malm 'Erz'; sandige Ebene'; agf.
*mealm 'weicher Stein, Kalkerde' zu
folgert aus agf. mealmstān 'Sandstein' und
engl. malm 'weicher, kalkartiger Lehm'. Da=
neben mit Ablaut ahd. mhd. asächs. mnd.
mëlm (aus dem Dt. entlehnt ital. melma
'Schlamm': K. v. Bahder 1925 Wortwahl 71);
die Tiefstufe f. u. Mulm. Außergerm. ver=
gleichen sich lit. melmuõ 'Nierenstein, Stein=
leiden', mélmenys 'Fleischteile um die Nieren',
wohl auch Pali marumba- 'Kies': zur idg.
Wurzel *mel- 'zerreiben', f. mahlen.

Malter M. N. Hohlmaß besonders für Ge=
treide, ursprünglich 'auf einmal gemahlene
Getreidemenge': ahd. maltar M., mhd. mal=
ter, asächs. maldar, mlat. maldrum; ablau=
tend anord. mëldr M. 'Mahlgut; Mehl': zur
Wurzel idg. *mel- (f. mahlen) auf germ.
-ðra, vorgerm. -tró gebildet: F. Kluge 1926
Stammbildungsl. § 93ᵇ. Weil das Malter in

seiner Größe allzu stark schwankte (in Hessen
128, in Hannover 187, in Sachsen 1248 Liter),
kam das Maß im 19. Jh. außer Gebrauch.

Malvasier M. Wein von Napoli di Malvasia
auf Morea, um 1300 als wīn von Malvasīn
in der Steiermark zuerst genannt, weiterhin
mhd. malfasier, malmasier von jedem Süd=
wein: Schulz=Basler 1942 Fremdwb. 2, 63f.;
M. Heyne 1901 Nahrungswesen 373.

Malve F. Lat. ital. malva gelangt im
16. Jh. zu uns; frühere Entlehnung hätte lb
aus lat. lv ergeben. Viel früher in Frank=
reich, Holland und England: frz. mauve, mnl.
malu(w)e, agf. mealwe (engl. mallow). Deutsche
Namen der Pflanze sind Käsekraut, =näpf=
chen, Katzenkäse, Pappel.

Malz N. ahd. mhd. malz, asächs. engl. anord.
malt, nl. mout, agf. mealt. Die gemeingerm.
Bezeichnung drang früh in die Nachbarsprachen:
finn. maltas, apreuß. (piwa=)maltan, aslav.
*molto, slov. mlato, frz. malt. Germ. *maltaz
N. gehört zur Wz. *mëlt- in agf. meltan (engl.
melt), anord. mëlta 'sich auflösen, zerfließen,
schmelzen', wozu das Adj. anord. maltr 'ver=
fault', ahd. mhd. malz 'hinschmelzend, kraft=
los', f. schmelzen. Außergerm. vergleichen
sich aind. márdati 'zerdrückt, reibt (auf), gr.
ἀμαλδύνειν 'schwächen', aslav. mladŭ 'jung,
zart', lit. maldá 'Bitte'; idg. Wurzel *meld-.
Zur Sache M. Heyne 1901 Nahrungswesen 339.

Mama F. Frz. maman (so seit dem 16. Jh.)
erscheint als höfisches Modewort mit der Aus=
sprache mammá 1674 in Wegeners Ausgabe
von Luthers Namenbüchl. 107. Die geschlos=
sene Belegreihe beginnt mit Abr. a Sta. Clara
1686: Schulz=Basler 1942 Fremdwb. 2, 64.
Als kindliches Lallwort greift mam- 'Mutter=
(brust)' weit über die Sprachen der Erde. S.
Papa.

Mameluck M. Arab. mamlūk 'Kaufsklave'
(Part. Pass. von malaka 'besitzen') gelangt
über ital. mammalucco im 15. Jh. zu uns,
vor allem mit dem Ruhm der weißen Sold=
truppen ägypt. Herrscher. Die Reformations=
zeit sieht im M. den vom Christentum Ab=
trünnigen: Ammeluckhen, das seind verläug=
nete Christen (1460 Schweiz. Gesch.=Forscher
7, 359). Nachdem die in Ägypten seßhaft ge=
wordenen Ausländer zu Herren des Landes
aufgestiegen waren, verliert ihr Name jenen
tadelnden Sinn auch im Nhd., doch sind mund=
artlich Bed. wie 'Gottloser, Ketzer, Heim=
tücker' geblieben. Daß Bonaparte 1798 einen
M. zu seinem Leibwächter bestellte, wurde
im 19. Jh. Anlaß, die Bonapartisten M. zu
schelten: Lokotsch 1927 Etym. Wb. 1384;
H. Fischer 1914 Schwäb. Wb. 4, 1432; Schulz=
Basler 1942 Fremdwb. 2, 64; Palmer 90 ff.

Mammon M. '(ungerechter) Reichtum'. Aram. ma'mon 'Hinterlegtes' gelangt aus Matth. 6, 24 und Luk. 16, 9 ins Griech. als μαμμωνᾶς, ins Got. als mammōna M., in die Lutherbibel als Mammon. Von da bringt es seit etwa 1600 in dt. Texte: Littmann 1924 Morgenländ. Wörter 30; Schulz-Basler 1942 Fremdwb. 2, 64.

Mammut N. Der urweltliche Riesenelefant wurde durch Grabungen des Russen Ludloff im nordöstlichen Sibirien 1696 bekannt. Die Jakuten nannten ihn mamont (zu jakut. mamma 'Land'), weil sie meinten, er wühle unter dem Boden wie ein Maulwurf. Demgemäß Voss. Ztg. 1730, Nr. 46 „mit dem Mammon-Thier, welches man in Sibirien unter der Erden findet". Auf der Form Mammont beharrt L. Oken 1838 Allg. Naturgesch. 7, 1182, ohne doch den Sieg der Form Mammuth (so seit G. K. Pfeffel 1803 Poet. Versuche 9, 100) aufhalten zu können. Sie beruht auf frz. mammouth, in dem russ. on zu ou verlesen ist: v. d. Meulen 1927 Mededeelingen d. Kgl. Akad. d. Wetensch., Afd. Letterkde. 63 A.

Mamsell F. Frz. mademoiselle 'mein Fräulein' (zum volkslat. *domnicella, Verkl. zu lat. domina 'Herrin') wird um 1670 als ehrende Bezeichnung bürgerl. junger Mädchen entlehnt. Die Kürzung Mamsell begegnet (zuerst in Leipzig 1746) als Titel der frz. Sprachlehrerinnen in dt. Häusern, geht von ihnen auf die weiblichen Dienstboten über, wird so für den allg. Gebrauch unmöglich und daher durch das bis dahin dem Adel vorbehaltene Fräulein (s. d.) ersetzt: Th. Matthias 1903 Zf. f. d. Wortf. 5, 23ff.; Schulz-Basler 1942 Fremdwb. 2, 23f.

mau Pron., mhd. ahd. asächs. anfr. man, mnd. nl. men, afries. ma, agf. mengl. me; dem Nd. fremd (man ist hier stets das Adv. 'nur', s. d.). Got. erscheint nur ni manna 'niemand' (s. jemand). Der Nom. Sg. des M. Mann 'homo' ist zum unbestimmten Pron. geworden, wie lat. homo in frz. on (neben homme aus hominem). Im Ahd. und Mhd. wird man durch ër, im Agf. durch hё aufgenommen: daher man urspr. 'irgendein Mensch'. Die obliquen Formen werden vom Pron. ein gestellt. Der Sing. hat kollektiven Sinn, wie aind. mánu (s. Mann) und pūrú im Sing. 'Mensch(en), Menschheit' bedeuten. — Die in Mundarten und Umgangssprache verbreitete Form mer wird landschaftlich dadurch entstanden sein, daß von den beiden Nasalen der zweite nach r ausgewichen ist. Anderwärts mögen ihr und wir eingewirkt haben. Soweit bair.-österr. n des Auslauts nach m des Stammes spurlos ausfällt (stemma für stemmen,

rāma für räumen), kann mə-r Sandhi-Form vor vokal. Anlaut sein (entspr. wiə-r-a 'wie ein').

man Adv. 'nur', mnd. man, men aus älterem newan 'ausgenommen', zuf.-gesetzt aus der Verneinung ne und dem N. des Adj. mhd. wan 'fehlend' (f. Wahnsinn).

manch Pron.-Adj., mhd. manec (g), ahd. asächs. anfr. manag, mnl. menich nnl. menig, afries. manich, menich, agf. manig, menig, engl. many (die Schreibung beruht auf agf. manig, die Aussprache auf agf. menig), spätanord. mangr, dän. mangen, schwed. mången, got. manags 'mancher, viel'. Aus dem Urnord. entlehnt lapp. mankas 'viel'. Außergerm. vergleichen sich air. menicc, korn. menouch 'oft', aslav. mŭnogŭ 'viel', weiterhin aind. maghá- N. 'Gabe', maghávan(t)- 'freigebig', maḫatē 'er spendet', maḫānā 'gern'. Idg. Wurzel *men(e)gh-, *mon(e)gh-, *mngh- 'reichlich, viel; reichlich geben'. — Das alte g bewahren nhd. mannigfach und -faltig; Klopstock und Goethe schrieben auch hier ch. Dieses ch stammt aus Mundarten, die g in unbetonter Silbe als Reibelaut sprechen; es ist aus der ungebeugten Form frühnhd. manech in den Inlaut übertragen. Auch hier ist g schon im 16. Jh. selten. Substantiviert wird manch (wie ein, kein, welch), ohne daß ein Artikel hinzutritt: O. Behaghel 1923 Dt. Syntax 1, 401ff. S. Menge.

Mandarin M. 'hoher chines. Staatsbeamter'. Das Sanskritwort mantrin 'Ratgeber, Minister', hindost. mantri, hörten Portugiesen in Indien und übertrugen es auf chines. Verhältnisse. So haben Europäer für Chinesen ein Wort erfunden, das diese selbst nicht kennen: Littmann 1924 Morgenl. Wörter 120. 132. Über portug. mandarim (umgebildet im Gedanken an mandar 'befehlen') gelangt Mandarin 1630 zu uns: Schulz-Basler 1942 Fremdwb. 2, 65. S. Mandarine.

Mandarine F. Die kleine Apfelsinenart ist Europäern in Kotschinchina und China bekannt geworden. Engl. mandarin (orange), zuerst 1834, deutet an, daß von allen Apfelsinenarten Citrus nobilis am höchsten steht, wie in ihrer Heimat der Mandarin (s. d.) zu den höchsten Staatsbeamten gehört. Bei uns erscheint Mandarine zuerst 1853 in Heyses Fremdwb.[11] 526 als „eine Art kleiner Apfelsinen aus Malta": Beitr. 61 (1937) 228ff.

Mande F., mundartl. auch mand M., mnd. mnl. mande, nnl. agf. mand, engl. mundartl. maund 'Korb' (auch als Maß) beruhen auf idg. *məntó, *məntá und entsprechen in der Bildung dem ablautenden *mn̥tós, *mn̥tá 'Hand' in anord. mund F. 'Hand', mundr M. 'Vor-

mundſchaft', agſ. mund F. 'Hand, Schutz,
Bevormundung', ahd. munt 'Hand, Schutz'.
Die Hand iſt als die Faſſende benannt; aus der
Bed. 'faſſen' des idg. Verbalſtamms *(a)mē-,
*(a)mə- (auch in lat. matula 'Gefäß') iſt die
Bed. 'Korb' gewonnen: W. Krogmann 1940
Zſ. f. dt. Philol. 65, 27. — S. Mund F.

Mandel M. F. N., mnd. mandel, mlat.
mandala (ſo zuerſt in Cambrai 1242) 'Haufe
friſch geſchnittenen und gebundenen Getreides,
Getreide=, Strohbund; beſtimmte Garben=
menge; Mengenbezeichnung für fünfzehn oder
ſechzehn Stück'. Mit Endung idg. -tló, -tlá
zum Stamme des lat. manus 'Hand'. Außer=
germ. vergleichen ſich am nächſten korn. manal,
mbret. malazn (aus *manazl), nbret. malan
'Garbe', Ma. von Vannes menal(e) 'Schober'
aus kelt. *manatlom. Ferner ſtehen lat. manipulus 'Bündel', gr. μάρις 'ein gewiſſes Maß'
(zu μαρή 'Hand'): W. Krogmann 1940 Zſ. f. dt.
Philol. 65, 26 f.

Mandel F. mhd. mandel, ahd. aſächſ.
mandala: nach Abſchluß der hd. Lautver=
ſchiebung entlehnt aus ſpätlat. amandula, das
ſeinerſeits Lehnwort aus gr. ἀμυγδάλη iſt
(C. Tagliavini 1926 Zſ. f. roman. Phil. 46, 46 f.).
Das gr. Wort hat, nach der ſüdweſtaſiat.
Heimat des Mandelbaums zu ſchließen, ein
morgenländ. Vorbild, das aber noch nicht
ermittelt iſt. Das unbetonte a des Anlauts
hat auch ital. mandola verloren. Im Agſ.
ſteht amigdal neben magdala-trēo. Der Name
der Mandeln im menſchl. Gaumen und Rachen
beruht auf Lehnüberſetzung des gleichbed.
arab. al-lauzatāni, lat. amygdalae. Hoops 1905
Waldbäume 555 f. 608 f. 648; Littmann 1924
Morgenl. Wörter 21. 75; Steudel 10. — Man=
del und Mendel als Judennamen gehören zu
hebr. Immanuel 'Gott mit uns'.

Mandoline F. heißt das Saiteninſtrument
nach ſeiner Mandelform; bei uns nicht vor dem
18. Jh. Prätorius kennt 1619 Formen wie
Mandürichen, Mandurinichen, Bandurichen.
Die letzte weiſt auf mlat. pandura, ital.
bandore, engl. banjo 'Gitarre', das mit Ver=
tauſchung der Silbenanlaute auf arab. tanbūr
'Zither' zurückgeht: Schulz=Basler 1942 Fremd=
wb. 2, 65; Lokotſch 1927 Etym. Wb. 2015.

Mandrill M. frz. engl. drill, mandrill 'Cyno-
cephalus mormon', von Buffon 1766 auf dieſe
Pavianart übertragen, vorher 'Schimpanſe':
der gebückt und lahm daherkommende Affe
wird von den ſeit 1553 an der afrik. Goldküſte
verkehrenden Engländern als 'Mannſchafts=
driller, Exerziermeiſter' verhöhnt: R. Loewe
1933 Zſ. f. vgl. Sprachf. 61, 102 ff.

Mange(l) F. 'Glättrolle für Wäſche'. Gr.
μάγγανον 'Schleudermaſchine' ergibt über lat.

manganum und ital. mangano mhd. mnd.
mange, mnl. manghe 'Wurfmaſchine'. Der
Name des weſentlich aus Walzen und Brettern
beſtehenden Kriegsgeräts wird im alten Nürn=
berg, dem Mittelpunkt der altdeutſchen Kriegs=
kunſt, auf eine Appreturmaſchine übertragen,
die Geweben eine glatte und glänzende Ober=
fläche verleiht, ſo in Tuchers Baumeiſterbuch
(vor 1475) 78 waltzen in die mang... ein
püchen mangpredt. Aus der Weberei er=
ſcheint in Tuchers Haushaltbuch (nach 1507)
das Ztw. mangen, bei Stieler (Erfurt 1691)
mange 'prelum', bei Saſtrow (Stralſund,
16. Jh.) 1, 278 auffmangeln auf die Wäſche
übertragen, die durch Walzen unter ſtarkem
Druck gepreßt und geglättet wird. Jünger
iſt die Erfindung der (Dreh=)Rolle, die
unſerm Wort einen Teil ſeines Geltungs=
bereichs genommen hat: Heyne 1903 Körperpfl.
und Kleidung 95; Kretſchmer 1918 Wortgeogr.
391 ff.

mangeln Ztw. mhd. mangeln, ahd. mangolōn,
mangōn, mengen 'entbehren, miſſen, er=
mangeln'. **Mangel** M. mhd. mangel, mano
'Gebrechen'. Aus dem unverwandten mlat.
mancāre entlehnt agſ. gemancian, mnl. man=
ken 'verſtümmeln'; aus lat. mancus 'verſtüm=
melt' mnd. mnl. mank 'hinkend'. Urverwandt
ſind toch. B menki 'minder, geringer', hettit.
maninkuweš- 'kurz werden', aind. manāk 'ein
wenig'. Jdg. Wz. *menq-.

Mangold M. Die Nutzpflanze Beta vulgaris var. Cicla L., mhd. manne-, mangolt.
Nnl. mangelwortel, piemont. manigot, to=
maſk. manegold beruhen auf dem hd. Der
Pflanzenname könnte eins ſein mit dem Män=
nernamen ahd. Managold (M. Gottſchald
1943 Dt. Wortgeſch. 3, 171), deſſen zweites
Glied zu waltan 'herrſchen' gehört, während
das erſte eher aus magan 'Kraft' umgeſtellt
(F. Schatz 1935 Zſ. f. dt. Alt. 72, 145) als
mit manag 'viel' gleichzuſetzen iſt. Nur im zwei=
ten Fall wäre der ahd. Name dem gr. Πολυ-
κράτης vergleichbar, nur dann hätte man an=
deuten können, die Pflanze ſei vor andern mit
Vorzügen ausgeſtattet, die ſie als Herrſcherin
über viele erſcheinen laſſe. Aber die älteſte
Schreibung mänegolt (Ahd. Gloſſen 3, 536, 23;
13. Jh.) widerrät die Gleichſetzung des Männer=
mit dem Pflanzennamen, der dann rätſelhaft
bleibt: H. Marzell 1943 Wb. d. dt. Pflanzen=
namen 1, 583 f.

Mangrove F. Rhizophora iſt an den Küſten
Hinterindiens verbreitet, der Name gehört
wohl zu mal. manggi-manggi 'Wurzelbaum'.
Zweiter Wortteil iſt engl. grove 'Gehölz'.
Bei uns nicht vor dem 19. Jh.: Littmann

1924 Morgenl. Wörter 129; Lokotsch 1927 Etym. Wb. 1394.

Manichäer M. Die Sekte des Mani († 276) liefert ein Studentenwort für 'Gläubiger'. Die Schreibung Mahn=nichäer bei Menantes 1707 Allerneueste Art der Poesie 588 zeigt, daß der Anklang an mahnen das bis tief ins 19. Jh. lebende Witzwort verursacht hat: Zf. f. d. Wortf. 1, 45. 12, 283; Schulz=Basler 1942 Fremdwb. 2, 66.

Manier F. Zu lat. manus 'Hand' ist mlat. man(u)ārius 'handlich' gebildet, das substantiviert in afrz. maniere F. 'Art, Betragen' erscheint. Daraus mhd. maniere zuerst in Gottfrieds Tristan 4572. Geläufig wird das Fremdwort (mit den Nebenformen frühnhd. monier, munier) um 1500. Seit dem 17. Jh. gilt Manier von guter, gesellschaftlicher Sitte: Kluge 1918 Von Luther bis Lessing 194; Schulz=Basler 1942 Fremdwb. 2, 66 f.

Manko N. 'das Fehlende'. Unter mangeln ist lat. mancus Adj. 'verstümmelt' genannt, zu dem ital. a manco 'Fehlbetrag' gehört, das in deutscher Handelssprache seit 1712 erscheint. Die Kürzung zu Manco kaufmännisch seit 1833, in literar. Texte übernommen 1869: Schirmer 1911 Wb. d. dt. Kaufmannsspr. 125; Schulz=Basler 1942 Fremdwb. 2, 69.

Mann M. mhd. ahd. asächs. anfr. mnl. nnl. man, afrief. månn, agf. mann(a), engl. schwed. man, run. manR, anord. maðr, Mz. menn (aus *manniz), dän. mand, got. manna 'Mensch; Mann'. Die Urbedeutung 'Mensch' hält sich in jemand, niemand, man; s. d. und Mensch. In alter Sprache konnte das Wort ebensogut von weiblichen Wesen stehen wie von männlichen, vgl. anord. kvennmaðr, aschwed. kvinmaþer; agf. wîfmann, engl. woman 'Weib'. Gebeugt wird mhd. ahd. agf. got. aus den Stämmen mann- und (wohl im Anschluß an gleichbed. guman, f. Bräutigam) mannan-; von diesem ist nhd. die Mz. Mannen geblieben. Eine dritte Stammform manno- steht in zus.=gesetzten Völkernamen wie Marco-, Alamanni. Got. germ. mann- scheint auf *manw- aus älterem *manu- zu beruhen (wie Kinn auf *kenw- aus *genu-; f. auch dünn). Unser ältestes Zeugnis ist Mannus als Stammvater der Westgermanen bei Tacitus, Germ. 2, dem sich aind. Manu als Stammvater der Menschen vergleicht. Ihnen am nächsten stehen aind. avest. mánu- 'Mensch'. Als urverwandte Bildung auf g, das lautgesetzlich zu ž geworden ist, reiht sich an aslav. možĭ 'Mensch'. Näher steht der germ. Wortsippe eine kelt. Namengruppe: agall. Ariomanus (f. Arier); abret. Mörman, jünger (1062/80) Mōrṷan (f. mehr); abrit. (7./8. Jh.) Catu-

mannos, abret. (9. Jh.) Catman, entlehnt zu agf. Cædmon, engl. Fam.=Name Cadman (f. Hader[1]). Das Wort für 'Mensch' gehört möglicherweise zur idg. Wurzel *men- 'denken, geistig erregt sein', jedenfalls war es in idg. Zeit schon verselbständigt.

Mannequin M. Südnl. manekîn N. 'Männchen' wird Ausgangspunkt für engl. manikin und frz. mannequin, das zunächst 'Gliederpuppe zum Gebrauch der bildenden Künstler' bedeutet (so Manequin bei G. Keller 1878 Gef. Werke 6, 222 Cotta), dann als 'Schneiderpuppe' in den Dienst der Mode tritt und mit ihr als 'Vorführdame' im 19. Jh. zu uns gelangt: Schulz=Basler 1942 Fremdwb. 2, 69.

Männertreu F. Die Pflanze Eryngium heißt manstrüw zuerst bei Ärzten des 15. Jh., die einen Abfud der Wurzel zur Stärkung der Manneskraft empfehlen. Darum fehlt das Gegenstück Weibertreu. Anzüglich Abr. a Sta. Clara: Zf. f. d. Wortf. 8, 285. Wenn dagegen A. Dürer auf dem 1493 seiner Braut gesandten Selbstbildnis Männertreu in der Hand hält, so gibt er dem Namen arglosen Sinn.

mannigfach, =faltig f. manch.

männiglich Pron. Aus ahd. manno gihwilih 'der Menschen jeder' entsteht über mannogilih mhd. mannegelich, menneclich 'jeder', f. =lich. Entspr. beruht täglich auf ahd. tago gihwilih. Das entspr. mnd. malc führt Behaghel 1928 Gesch. d. dt. Spr. 342 auf die obliquen Formen von mannogihwelic zurück; vgl. dessen Dt. Syntax 1 (1923) 10. 388.

Mannsbild f. Weibsbild.

Mannsen f. Weibsen.

Mannweib N. tritt im 17./18. Jh. (zuerst bei Harsdörffer 1653 Schaupl. 2, 154) als Lehnübersetzung von gr. ἀνδρόγυνος in dessen Bed. 'Zwitter' auf. 1802 bildet Jean Paul, Titan 3, 136 ein neues Mannweib 'Frau von männlicher Art und männlichem Benehmen', also im Sinn von Amazone.

Manöver N. Zu lat. manus 'Hand' und opera 'Arbeit' gehört frz. manoeuvre, das in seinen beiden Bed. 'militär. Bewegung' und 'jährliche Truppenübung' im letzten Viertel des 18. Jh. zu uns gelangt. Kurz vorher erscheint die aus der ersten Bed. übertragene Verwendung für 'verschlagene Handlungsweise, Kunstgriff': Schulz=Basler 1942 Fremdwb. 2, 69.

Mansarde F. Nach dem frz. Baumeister Fr. Mansard († 1666) wird das gebrochene Dach (toit à la) mansarde genannt. Nachdem Hübner 1712 „französisches Dach à la Mansarde" gebucht hatte, begegnet Mansarde 'Dachkammer' zuerst bei Wieland 1774: Schulz=Basler 1942 Fremdwb. 2, 70.

manſchen ſ. mantſchen.

Manſchette F. Zu lat. manus 'Hand' gehört manica 'Ärmel', das gleichbed. frz. manche ergibt. Deſſen Verkl. manchettes 'Handüberſchläg, Handätzeln' Duez 1562 Nomencl. 41 kommt mit den modiſchen Halskrauſen aus Spitzen um 1685 ins Nhd. Um 1828 verdrängen die geſtärkten Ärmelſtulpen die Handkrauſen; ſeitdem iſt M. im heutigen Sinn nachweisbar: Schulz-Basler 1942 Fremdwb. 2, 70. Zur Abgrenzung gegen nordd. Stulpen Kretſchmer 1918 Wortgeogr. 511f. Manſchetten haben 'ſich fürchten' kam in ſtudent. Kreiſen des 18. Jh. auf, als die überfallende M. den Gebrauch des Degens hinderte. Wer M. trug, war unwehrhaft, ein modiſcher Zärtling: Zſ. f. d. Wortf. 2, 264f. 3, 99.

Mantel M. Zu lat. mantum N. 'kurzer Mantel', das von Iſidor als ſpan. bezeichnet wird, das aber eher kelt. zu ſein ſcheint, gehört lat. mantellum (ſo ſeit Plautus), das in ital. mantello, frz. manteau fortlebt und über *mantil, nach germ. Weiſe betont, afrieſ. agſ. mentel, engl. mantle 'Mantel' liefert. Daneben iſt *mantulum vorauszuſetzen, das, nach Abſchluß der hd. Lautverſchiebung, etwa im 7. Jh. entlehnt, ahd. mantal, mandal, mhd. mantel, mandel, mnd. mnl. mengl. mantel, anord. mǫttull (ſeit etwa 950, aus *mantul-R) ergeben hat. Altkorn. entſpricht mantel, bret. kymr. mantell.

mantſchen Ztw. 'miſchen, im Waſſer plantſchen': von Tieck 1835 Schriften 24, 140 für die Mark Brandenburg bezeugt, doch nord- und md. auch ſonſt verbreitet, auf literar. Weg auch nach dem Süden gelangt (Minor 1901 Zſ. f. d. Wortf. 1, 67 f.), begegnet zuerſt bei Mengering, Gewiſſensrüge (Altenburg 1642) 1524 „Manſcherey und Biergetentſchele", 1542 „Brandtewein-Manſcher". Gebucht ſeit Stieler (Erfurt 1691) als manſchen. Mit Naſalinfix für gleichbed. matſchen, wie pantſchen neben dem lautmalenden patſchen. Alle ſind lautmalenden Urſprungs.

Manuldruck M. Der Zwickauer Verleger F. Ullmann hat ein Verfahren erfunden, von Holzſchnitten, Büchern uſw. auf photograph. Weg neue Druckplatten herzuſtellen, wenn der urſprüngliche Satz nicht mehr vorhanden iſt. Benannt iſt es 1910 oder kurz vorher mit Umkehrung der Silben ſeines Namens.

Mappe F. Lat. mappa 'Tuch', nach Quintilian 1, 5, 57 ein puniſches Wort, geht die mlat. Verbindung mappa mundi ein, die 'Leinwand mit Darſtellung der Erdteile' bedeutet und (wie in frz. mappe-monde) in einem Brief aus Rom 1421 (Mod. lang. notes 36, 488) erſcheint: „weiſete ein gemolit tuch

in gleichniſſe einer mappe (d. i. mappae) mundi". Die Bed. 'Landkarte' bleibt dem einfachen Mappe vom 16. bis zum frühen 18. Jh. (wie dem frz. nnl. mappe, engl. map). Über 'Umſchlag für Landkarten' (ſo Friſch 1741) wird im 18. Jh. die geltende Bed. 'Schriftentaſche' erreicht. Mit pp aus lat. pp ſteht Mappe neben Kappe und Puppe.

Marabu M. Die islamit. Einſiedler Nordafrikas heißen arab. murābit̯ 'Gebundene', mundartl. merābut̯. Von den Störchen, die als heilig gelten, trägt Leptopilus argala ein beſ. würdevolles Weſen zur Schau, ſo daß er den Heiligennamen auf ſich zieht. Über frz. marabout gelangt der Vogelname zu uns: Maraboutfeder Börne 1829 Dram. Bl. 336. Littmann 1924 Morgenl. Wörter 64f. 80; Schulz-Basler 1942 Fremdwb. 2, 72.

Maräne F. der Fiſch Coregonus albula L., in der Form marenen ſeit 1526 nachweisbar. Der Fiſch bewohnt faſt alle tiefen Seen des uralo-balt. Höhenzugs von Rußland bis Mecklenburg. Häufig iſt er in den maſur. u. kaſchub. Seen. Aus maſur. kaſchub. moranka iſt der weſtſlav. Name ins Preuß. des 16. Jh. entlehnt. Er gehört zu aſlav. morje 'See', urverwandt mit Meer, ſ. d. Wick 38f.

Märchen N. Der idg. Adj.-Stamm *mēromit mit der Ablautſtufe *mōro- und dem in mehr (ſ. d.) fortlebenden Kompar. erſcheint in air. mār, mōr 'groß, anſehnlich', gall. Nertomāros, gr. ἐγχεσίμωρος 'ſpeerberühmt', ſlav. Vladiměrŭ 'Waldemar' und entſpr. in germ. Namen wie Segimērus, Theudomērus. Dem ō von got. mērs 'berühmt' entſpricht ā in gleichbed. ahd. aſächſ. māri. Dazu als Subſt. ahd. mārī F., māri N., mhd. diu, daz mære 'Kunde, Nachricht', wie noch in Luthers Weihnachtslied „neue Mär bringen". In Leipzig erſcheint kurz vor 1450 merechyn für kleine Erzählungen in Versform, die weſentl. erfundene Stoffe behandeln: E. Schröder, Nachr. v. d. Geſ. d. Wiſſ. zu Göttingen, phil.-hiſt. Klaſſe 1933, S. 188. Die obd. Verkl.-Form Märlein wird mit dem Überwiegen md. Stoffe im 18. Jh. durch Märchen erſetzt, das die Brüder Grimm 1812 im heutigen Sinn feſtlegen: Bolte und Polívka 1930 Anmerkungen zu den Kinder- und Hausmärchen 4, 1f.

Marder M. Ahd. mardar, aſächſ. *marthar (zu erſchließen aus marthrīn Adj.), gehen auf dasſelbe germ. z aus, das in Fuchs und Luchs männl. Tiernamen bildet. Ohne die Endung ahd. mard, afrieſ. merth, agſ. mearþ, anord. mǫrð-r (in Zuſ.-Setz. marð-) und das aus dem Germ. ſtammende mlat. martus mit frz. mart, ſpan. portug. marta. Germ. *marþu-, vorgerm. *mártu- ſtellt Schrader in Bezzenb.

Beitr. 15, 129f. zu lit. martì 'Braut' und vergleicht ital. donnola 'junge Frau', neugr.
νυ(μ)φιτσα 'Schwägerin', slav. nevěsta
'Braut', die zu Namen des Wiesels geworden
sind, das man fürchtet und durch Gebrauch
seines wahren Namens nicht herbeirufen
will. Der idg. Name des Marders ist uns
(anders als der des Bären) durch diesen
Tabu-Gebrauch spurlos verloren. Nächstverwandt mit lit. martì 'Braut' ist gr. Βριτό-
μαρτις als Name der Artemis auf Kreta.
Von ders. Wz. sind gebildet idg. *məri 'junge
Frau' (davon abgeleitet aind. márya 'junger
Mann, Freier, lat. maritus 'verheiratet;
Gatte'), sowie kymr. morwyn 'Jungfrau', merch
'Tochter', lit. mergà 'Mädchen').

Margarine F. 'Kunstbutter', im 19. Jh.
gebildet zu Margarin N. 'fester, leicht schmelz-
barer Bestandteil des Fettes' (Sanders 1871
Fremdwb. 2, 48), dies zu gr. μάργαρον 'Perle'.

Marienglas N. 'Gipskristall', gebucht seit
Adelung 1777, vorher Frauenglas (so Kirsch
1718 S. 119), wieder älter Fraueneis (Thur-
neißer 1612).

Marienkäfer M. 'Coccinella'. Die Beziehung
auf die Gottesmutter auch in Frauenkäfer,
-tierlein (so in der Schweiz), nd. mariken-
perd, -worm, dän. mari(e)høne, schwed. jung-
fru Maria höna, nnl. onze lieve vrouwens
beestjes, engl. ladycow, -bird, -fly, frz. bête
à la vierge, span. mariquita, katal. marietta.
Weitere Namen bei Rob. Holsten 1914 Coccinella septempunctata im pomm. Plattdeutsch. Zum myth. Hintergrund J. Grimm
1854 Dt. Mythologie³ 658.

Marille s. Ammer² und Aprikose.

Marine F. Zu lat. mare N. 'Meer' gehört
das Adj. marinus 'das Meer betreffend',
dessen subst. Fem. über frz. marine am Ende
des 17. Jh. zu uns gelangt: Kluge 1911 Seemannsspr. 568. Auch nnl. und engl. marine
stammen aus dem Frz. — marineblau Adj.
und N. von der Farbe der Seeuniform, wie
österr. tegethoffblau nach Admiral Tegethoff,
dem Sieger von Lissa (1866). — marinieren
Ztw. 'in Essig mit Gewürzen einmachen', seit
1676 nach frz. mariner, ital. marinare 'in
Salzwasser einlegen': Schulz-Basler 1942
Fremdwb. 2, 73; Zs. f. d. Wortf. 8, 79. 15, 193.

Marionette F. Zum Namen Maria ist
über die Koseform Marion ital. marionetta
gebildet: urspr. Bez. des mit einem Puppen-
kopf (daher 'Mariechen') geschmückten Narren-
zepters, dann (wie frz. marionnette schon 1664)
'an Drähten gezogene Theaterpuppe' (so bei
uns seit Kuhnau 1700 Quacksalber 50): Leib-
recht 1919 Zeugn. und Nachweise zur Gesch.
des Puppenspiels. Von da die Übertragung

'wer ohne eignen Willen einem andern folgt':
Zs. f. d. Wortf. 12, 190; Schulz-Basler 1942
Fremdwb. 2, 73; Lokotsch 1927 Etym. Wb.
1417.

Mark¹ F. 'Grenze, Grenzgebiet', ahd. marc-
(h)a, mhd. marke, asächs. afränk. got. marka,
mnd. engl. mark, afries. merke, ags. mearc
'Grenze', anord. mǫrk, Gen. merkr F. 'Grenz-
wald', Danmǫrk 'Gebiet der Dänen', landa-
mǫrk 'Grenzscheide', run. alja-markiR 'Ausländer'. Aus dem Germ. entlehnt sind markku
in finn. Ortsnamen, afrz. frz. marche (hieraus engl. march), ital. marca. Dagegen ist
Mark im Nhd. dem slav. Grenze (s. d.) gewichen und nur in Teilen des dt. Südwestens
lebendig geblieben. Urverwandt sind pers.
marz 'Landstrich, Mark', illyr. (messap.) Volksname Μόργητες, Ortsname Μοργάντιον,
lat. margō 'Rand', gall. *morgā in Flußnamen
wie Morge und Murg (J. U. Hubschmied 1938
Vox Rom. 3, 139ff.), brog- 'angebautes Land'
im Namen der Allobroges (aus *Allomrogi;
s. Brühl), gall. Männernamen wie Brogi-
māros, -taros, air. mruig, ir. bruig, kymr.
korn. bret. bro 'Bezirk', kymr. Cymro 'Walliser'.

Mark² F. Marke (s. d.) entwickelt sich von
der Grundbed. 'Zeichen' über 'Metallbarren
mit behördlichem Stempel' zu 'Silberbarren von
bestimmtem Gewicht'. Die Bed. 'ein halbes
Pfund Silber' ist erreicht in mhd. mark(e),
anord. mǫrk. Als Lehnwort aus dem Nord.
tritt nach 850 ags. marc auf; das gleichzeitige
mlat. marca ist dem germ. Wort nachgebildet.
Lett. mȧrka ist entlehnt aus mnd. mark.
Aus dem Gewicht wird (wie in gr. μνᾶ und
τάλαντον, frz. livre, engl. pound) die Silbermünze von bestimmtem Gewicht, die in geschichtl. Zeit in ihrem Wert ständig gesunken ist.

Mark³ N. mhd. marc (Gen. marges), ahd.
mar(a)g, asächs. marg, nl. afries. merg, ags.
mearg, engl. marrow, anord. mergr (Gen.
mergjar). r beruht auf germ. z, germ. *mazga-
weist auf idg. *mozgho-, das in aslav. mozgŭ,
apreuß. muzgeno, lit. smãgenes (umgestellt
aus *mȧzgenes) 'Gehirn', avest. mazga-,
aind. majján- (-jj- aus -zjh-), toch. A mässunt
'Mark' fortwirkt.

Marke F. mhd. marc (Gen. markes) N.
'Zeichen', nl. merk 'Marke, Merkzeichen',
afries. merke, ags. mearc, engl. anord. mark
N. 'Zeichen'. Berücksichtigt man anord. endi-
mark N. 'Grenzlinie, äußerster Punkt' und
anorw. landamark N. 'Grenzscheide', so wird
Verwandtschaft mit Mark¹ F. äußerst wahrscheinlich. Vgl. merken. Aus der germ.
Sippe entspringt die roman. von frz. marque,
remarquer usw., s. Mark² F. Frz. marquer ist
im 18. Jh. als markieren rückentlehnt.

Marketender M. Zu ital. mercatare 'Handel treiben' (ſ. Markt) gehört das ſubſt. Part. mercatante 'Händler'. Mercatenter ſind als 'Feldwirte' zuerſt für das Heer Karls V. im Schmalkald. Krieg 1547 bezeugt: Hortfelder, Der röm. Kaiſer Handlungen 705. Dabei iſt dem Fremdwort die Bildungsſilbe -er angefügt (vgl. Hatſchierer, Kaſſierer, Rabbiner), während Sachs 1555 Fabeln 161, 15 mit Markabant dem ital. Vorbild näher bleibt. Marketender iſt Fronspergers Form: Kriegsb. 1 (1571) 55ᵃ; Vokaltauſch wie in Markt, ſ. d.

Markolf ſ. Häher.

Markt M. Lat. mercātus M. 'Kauf, Markt' (über mercāri 'Handel treiben' zu dem ungedeuteten ſ. merx, -cis 'Ware') hat neben ſich volkslat. marcātus. Darauf beruhen (unter Verlegung des Tons auf die Stammſilbe) die Lehnwörter ahd. markāt, mhd. mnd. market, aſächſ. markat, mnl. market, marct, nnl. mar(k)t, agſ. marcet, engl. market, anord. mark(n)aðr, ſchweb. norw. marknad, dän. marked. Von lat. mercātus gehen aus ahd. mërkāt, mërchāt, mhd. mërket, ſchweiz. märcht, ſchwäb. mär(k)t, afrieſ. merked. Vergleichbares bieten die roman. und kelt. Sprachen. Das Ztw. markten, mhd. marketen 'auf dem Markt ſein, Handel treiben' ſteht wie ital. mercatare zu mercato (ſ. Marketender). Die Lehnbeziehungen laufen beim Handelswort kreuz und quer; die Bedeutung ſchwebt zwiſchen 'Handel, Platz, auf dem Handel getrieben wird, Marktflecken, Marktware'. Die nhd. Drittkonſonanz wird erleichtert in mundartl. Mark, das im Reim auf Quark bei Goethe erſcheint.

Marmel ſ. Marmor.

Marmelade F. Die Griechen kochten die Quitte (μῆλον [Κυδώνιον]) mit Honig (μέλι) zu einem dicken Saft ein, den ſie μελίμηλον nannten. Dazu mit der Endung -ata, die Speiſen bezeichnet über *mermelata ſpan. marmelada 'Quittenmus'. Bei uns zuerſt in Hamburg 1597 „Spaniſcher Marmalada" 'Fruchtmus': G. Schoppe 1914 Zſ. f. dt. Wortf. 15, 193; F. Kuntze 1918 N. Jahrb. 41, 77 f.

Marmor M. Zur idg. Wurzel *mer- 'aufreiben, kämpfen' (ſ. mürb) in aind. mṛnáti 'zermalmt', gr. μαραίνειν 'aufreiben', μαρασμός 'Kräfteverfall', μάρναμαι 'kämpfe' gehört gr. μάρμαρος 'Felsblock', das unter Einfluß des unverwandten μαρμαίρειν 'glänzen', μαρμάρεος 'ſchimmernd' zu 'weißer Stein' wird. In dieſem Sinn zu lat. marmor, volkslat. marmur entlehnt, gelangt es in die weſteurop. Sprachen: über frz. (ſeit dem 12. Jh.) marbre entſteht engl. marble. Auch im Dt. weicht das zweite r in l aus (wie in Mörtel,

murmeln, Turteltaube): ahd. marmul, murmul mhd. frühnhd. marmel. Während in nhd. Marmor r auf gelehrtem Weg hergeſtellt iſt, hält ſich Marmel für die einſt aus Marmorabfällen hergeſtellten Spielkugeln der Kinder. In der belg. Provinz Luxemburg heißen ſie malmer. Andre Namen ſ. u. Murmel.

marode Adj. 'marſchunfähig, wegmüde', im 30jähr. Krieg entlehnt aus frz. maraud M. 'Lump', das auf lat. mală hōră 'zur böſen Stunde' zurückgeführt wird. Früh im Theatr. Europ. 3 (1637) 796 „Dieſe Geſellen und Freybeuter, meiſtentheils Franzoſen und Wallonen, hatten ſich MerodeBrüder genandt", mit nachträglicher Anlehnung an den Namen des ſchwed. Oberſten Graf Werner v. Merode: nach einem Soldatenaufſtand 1635 waren die „merodiſchen Meutinirer" für vogelfrei erklärt worden. Gebucht wird Marrodebruder 'Freybeuter' zuerſt von Duez 1664. Mit irrender Herleitung bei Grimmelshauſen 1669 Simpl. 330 ff.: J. Böhmer 1937 Zſ. f. Mundartf. 13, 83; Schulz-Basler, Fremdwb. 2 (1942) 75 f.

Marone F. 'eßbare Kaſtanie'. Spätgr. μάραον (unbekannten Urſprungs) liefert über ital. marrone frz. marron M. Von da ſeit Sommer 1609 Martinsgans 134 „die Kaſtanien, ſo da in Frankreich Marrones geheißen werden". Auf Einfuhr von Italien deutet Schurtz 1672 Mat.-Kammer 27. Im Südſaum eingedeutſcht: Marren belegt Schmeller ²1, 1637 aus Bayern 1517, Friſius, Dict. 195ᵇ aus Zürich 1541: Schulz-Basler 1942 Fremdwb. 2, 77.

Mars M. 'Maſtkorb'. Ein finn. marsio 'Fiſchſack, Korb', das ſelbſt Lehnwort aus germ. *marsiōn F. (in dän. mærs 'Korb', nl. merse 'Maſtkorb') iſt, gelangt an die dt. Waſſerkante und noch auf die ſeemänn. Bed. 'Maſtkorb' verengert, in der es nd. Quellen (auch in der Form mers) ſeit dem 13. Jh. verwenden. Im weſtfäl. Binnenland iſt marse, mässe 'Tragkorb'. Hd. Mers 1598, Marß 1631, Marſch 1668 kann ſich gegen das obd. Synonym Maſtkorb nicht durchſetzen: Zſ. f. d. Wortf. 8, 34 ff.; Kluge 1911 Seemannsſpr. 569; Setälä 1912 Finn.-ugr. Forſch. 12, 271.

Marſch M. Frz. marche F. 'Gang, Tritt' iſt poſtverb. Subſt. von afrz. marcher 'mit Füßen treten' aus gallorom. *marcare (zu lat. marcus 'Hammer') 'hämmern; den Takt markieren'. Das F., aus dem auch engl. march ſtammt, gelangt als milit. Fachwort im 30jähr. Krieg zu uns, zuerſt 1631 als 'Trommelwirbel zu Marſch und Aufbruch'. Lauremberg 1652 Scherzged. 3, 191 verſpottet nd. mars als Modewort. Das Ztw. marſchieren aus frz. marcher tritt für älteres gleich ſchreiten 1608 auf, wird aber länger als das Subſt. in fremder

Schreibung (marchiren u. ä.) fortgeführt. Der Zuruf marsch, dem frz. Imp. marche entlehnt, ersetzt seit etwa 1697 älteres marchire(t): Schulz-Basler 1942 Fremdwb. 2, 77 f.

Marsch F. 'Niederung', ein nordd. Wort, gebucht seit Schottel 1663 als 'locus pascuus et fertilis'. Alter asächs. mersk, mnd. marsch, mersch, mnl. maersche 'Weideland, bef. am Ufer', agf. mer(i)sc 'Moraft', engl. marsh. Germ. Stamm *mariska-, abgeleitet von *mari- 'Meer'.

Marschall M. unter Einwirkung von afrz. mareschal (f. Feldmarschall) entstanden aus mhd. marschalc, ahd. marahscalc, mlat. mariscalcus, das von 'Pferdeknecht' aufgestiegen war zu 'Auffeher über das fürstliche Gesinde auf Reisen und Heerzügen'. Aus dem Germ. stammen ital. mariscalco, frz. maréchal sowie (als Lehnübersetzung) mlat. comes stabuli, afrz. conestable, frz. connétable, engl. constable 'Polizift'. Zum zweiten Wortglied von Marschall f. Schalk; das erste, ahd. marah, agf. mearh, engl. mare, anord. marr 'Pferd' weist auf urgerm. *marha-, vorgerm. Stamm *mark-. Pausanias 10, 19, 4 bezeichnet μάρκαν (Aff. Sing.) als gallisch; ihm entsprechen air. marc, kymr. march 'Pferd'. Schon mhd. marc(h) N. ist wesentlich ein Wort der Volksepen, in Prosa nicht mehr lebendig. Nhd. ist das alte Wort durch Gaul, Pferd, Roß verdrängt; erhalten ist der Stamm in Mähre und Marstall, f. d.

marschieren f. Marsch M.

Marstall M. mhd. marstal (Gen. -stalles) aus älterem marhstal wie mhd. marschalc für marh-schalc. S. Mähre, Marschall, Stall.

Marter F. Gr. μάρτυρ 'Zeuge' entwickelt die kirchl. Bed. 'Blutzeuge für die Wahrheit des Christentums' entspr. μαρτύριον 'Blutzeugnis'. Von vornherein christl. geprägt sind lat. martyr und martyrium. Sie liefern ahd. martira, martara, mhd. marter(e) F. 'Blutzeugnis, (Christi) Passion, Qual, Folter'. Durch Dissimilation (wie bei Marmel, Mörtel, murmeln, Turteltaube) entstehen ahd. martela, mhd. martel. Das Mask. lautet selten ahd. martyr, martir, gewöhnlich martirāri, mhd. marterer, merterer, nhd. Märtyrer. Die ungriech., erst christl. Bed. 'Qual' zeigen auch lat. martirio, frz. martyre.

Marterl N. Im 15. Jh. begegnet Marter als 'Darstellung des Leidens Christi', schon vorher war mlat. martyrium in entspr. Bed. möglich. Solche Darstellungen pflegen Tafeln zu schmücken, die zur Erinnerung an Unglücksfälle an Ort und Stelle errichtet werden. Dafür die österr. Verkl. Marterl bei Spindler

1841 Saltnermärchen 1 „Tirol ist das Land der Capellen, Wegkreuze und Marterln". Schmeller 1828 Bair. Wb. 2, 621 f. kennt den Brauch (ohne das Wort) aus Tirol; Schöpf 1866 Tirol. Jd. 425 verzeichnet Marterle neben Marterfaul, Lexer 1862 Kärnt. Wb. 187 márterl.

martialisch f. jovial.

März M. Der erste Monat des röm. Jahrs, Martius, heißt nach dem Kriegsgott Mars, -tis. Aus lat. (mensem) Martium ist etwa im 5. Jh., gleichzeitig mit Jänner, Mai und August, der dt. Monatsname entlehnt. Später hätte lat. t vor i z-Aussprache gehabt, aber mnd. merte, westfäl. märte, nl. maart bewahren t; erst die hd. Lautverschiebung ergibt ahd. marzeo, merzo, mhd. merze. Dieselbe Namengebung in engl. March aus mengl. (12. Jh.) marche sowie frz. mars. ä schreiben wir seit Mitte des 18. Jh. mit Rücksicht auf das a des Grundworts (ebenso in Lärm und Schärpe). Über die Schwankungen der Flexion f. H. Paul 1917 Dt. Gramm. 2, 35. 52.

Marzipan M. N., frz. massepain, älter marcepain, daraus nnl. marsepein; engl. marchpane, häufiger marzipan. In der Form marcipan (die auf einer Volksetymologie Marci panis 'Markusbrot' beruht) in den Leipziger Stadtrechn. 1540/41 Fol. 137, vorher marczapan Tucher 1510 Haushaltb. 78. Aus ital. marzapane, dies mit jungem r (span. mazapan, prov. massapan) aus venez. matapan, das aus arab. mautabān 'sitzender König' stammt. So nennen die Araber des Kreuzzugalters eine byzant. Münze mit dem Bild des thronenden Christus. Die Bed. wandelt sich über 'Hohlmaß' und 'Schachtel' zu dem in Schachteln verpackten Teig aus Zucker, Mandeln und Rosenwasser: Kluyver 1904 Zf. f. d. Wortf. 6, 59 ff.; E. Littmann, Morgenl. Wörter (1924) 87 f.; Hnr. Fincke, Zf. f. Unterf. d. Lebensmittel 53 (1927) 100. 56 (1928) 335 ff.

Masche F. mhd. mäsche, ahd. asächs. mäsca, mnl. maessce, nnl. maas, agf. max (aus *mäsc), engl. mesh (mit lautlichen Schwierigkeiten), anord. mǫskvi, dän. maske, schwed. maska 'Masche', alt auch 'Netz', heute westobd. 'Haubenschleife, -band'. Idg. Wurzel *mezg- 'stricken, knüpfen'. Urverwandt lit. mãzgas 'Fadenverschlingung, Knoten', das zum Ztw. mezgù, mégsti 'Knoten knüpfen, (Netze) stricken' gehört.

Maschine F. Lat. māchina, Lehnwort aus gr. μηχανή (dor. μᾱχανᾱ) 'Werkzeug', gelangt über frz. machine 'Triebwerk' zu uns und erscheint 1652 als 'Werkzeug des Festungsbaus und der Belagerungskunst'. Von da seit 1682

verallgemeinert: Schulz-Basler 1942 Fremdwb.
2, 79f.; K. Wagner 1943 Dt. Wortgesch. 2, 328.

Maser F. ahd. masar, mhd. maser M.
'knorr. Auswuchs an Ahorn u. a. Bäumen;
Becher aus Maserholz', asächs. masur 'Knorren',
nnl. maeser, anord. mǫsurr M. 'Ahorn',
mǫsur-bolli 'Ahornschale'. In übertragener Bed.
der Plur. Masern, s. d. Die Sippe dringt
ins Roman. als afrz. masre 'Ahorn, Becher',
woher gleichbed. mengl. maser. — Dazu mit
anderm Suffix mnd. maselterbōm nnl. mazel-
hout 'gemasertes Holz, Ahorn', s. Maßholder.
— Eine einfachere Namenform liegt vor in
norw. mundartl. masa 'mit Flammenfiguren
malen', dän. mase 'Holz mit andern Hölzern
einlegen', sowie ablautend in ahd. māsa,
mnd. māse 'Fleck in der Haut, Narbe', s. K.
v. Bahder 1925 Wortwahl 16f. Außergerm.
Beziehungen sind nicht gesichert.

Masern Plur. als Name der Kinderkrankheit
ist nd. Ursprungs, so gebucht seit Sibers Bearb.
des Nomencl. Junii (Leipzig 1579, Ludin S. 60).
Dafür mnd. masele, dessen l bei nordd. Schriftstellern bis ins 18. Jh. begegnet und in meckl.
masseln 'Masern' fortlebt. Gleichbed. mnl.
masel, nnl. mazelen, mengl. maseles. S. Maser.

Maske F. Arab. mas-chara 'Scherz, Maskerade; Spaßmacher, maskierte Person; Gesichtsmaske' wird früh entlehnt zu ital. máschera,
gelangt so im 16. Jh. über die Alpen und lebt
als bair. máskǝra (Schmeller²1, 1679), schwäb.
alem. mašgǝr (H. Fischer 4, 1513; Schweiz.
Jd. 4, 508) 'maskierte Person' bis heute.
Die Gesichtsmaske heißt dort Larve. Daneben
ist nhd. Maskerade F. im 17. Jh. aus span.
mascarada entlehnt (in einer Zeitung von 1626
„mascarada auf span. Art"). In mlat. masca
(so schon um 700) ist das morgenländ. Wort
um seine Endsilbe verkürzt; das daraus stammende frz. masque (woraus engl. mask) erscheint 1615 als Masce bei uns: Schulz-Basler 1942 Fremdwb. 2, 83f. Vgl. Schönbartspiel.

Maskotte F. 'Glückbringer (als Mensch, Tier
oder Gegenstand)', Verkl. zu prov. masco
'Hexe'. Das Wort ist als masca 'Hexe' schon
in den langobard. Gesetzen bezeugt und wohl
germ. Herkunft. Beflügelt durch die 1880 auf-
geführte Operette 'La Mascotte' von E. Audran.

Masling s. Butterröhrling.

Maß N. spätmhd. maz N. 'Maß zum Messen;
Art und Weise'. Dafür gewöhnlich mhd.
māze F. 'abgegrenzte Ausdehnung in Raum,
Gewicht, Kraft; Maßhalten, Mäßigung'. Ahd.
māza F., nl. maat, anord. māti M. 'Art und
Weise'. Dazu das Adj. mhd. (ge)mæze, ahd.
(gi)māzi, mnd. (ge)mēte, agf. (ge)mǣte,
anord. mǣtr. S. mäßig, messen, Mahl².

Masse F. mhd. masse 'ungestalteter Stoff,
Metallklumpen', spätahd. massa (noch bei
Notker nur als gelehrtes Fremdwort) aus lat.
massa 'Teig, Klumpen', dies aus gr. μᾶζα
'Brotteig' (mit der urspr. s-Aussprache des
gr. ζ) zu μάσσειν 'kneten'. Das Wort
bezeichnet zunächst den Brotteig, der durch
Hefe aufgeht, dann das Metall, das durch
Zusatz echten Materials sein Volumen vergrö-
ßert. Aus dem lat. Wort, in dem alchemist.
Vorstellungen mitklingen, stammen auch frz.
masse und engl. mass, aus dem Nhd. dän.
masse und schwed. massa. Die Form Massa
hält sich gelegentlich bis über die Mitte des
19. Jh. hinaus (wie österr. Kassa noch länger).
— Zum Subst. gehört massiv 'eine geschlossene
Masse bildend', um 1650 aus gleichbed. frz.
massif entlehnt, dies eine frz. Neubildung des
16. Jh. Herm. Diels 1924 Antike Technik 143;
Schulz-Basler 1942 Fremdwb. 2, 85f.

Massematten Plur. 'Geschäfte', Hüllwort für
'Einbruchsdiebstahl': aus hebr. ma'aseh u-
matthān 'Nehmen und Geben'. Durch das
Rotwelsche (L. Günther 1919 Gaunerspr. 176)
in obd. Mundarten (H. Fischer 1914 Schwäb.
Wb. 4, 1517) und in die Stud.-Sprache (Zf. f.
d. Wortf. 1, 45) gelangt.

maßen Konjunkt. des 16. bis 18. Jh., verkürzt
aus inmaßen, das im 15. Jh. aufkommt,
einerseits aus in der māze ('Art') als, anderseits
aus i. d. m. daz, mit Ausfall erst des Artikels,
dann der Präp. Belege bei Behaghel 1928
Dt. Syntax 3, 205f.

Maßholder M. der westgerm. Name des
Feldahorns: ahd. mazzaltra, mazzoltra (Zf.
f. d. Wortf. 2, 217), mhd. mazzalter, mazzolter
M. Ahd. mazzoltra ist (wie affoltra 'Apfelbaum' zu apfol; s. Apfel, Holunder, Wacholder und Kluge 1926 Stammbild. § 94b.
96a) Ableitung auf ahd. -tra zu einem westgerm. *matlu-. Man hat wegen des gemaserten
Holzes *matlu- mit Maser zus.-bringen wollen,
doch ist dies wegen seines germ. s fernzuhalten;
*matlu- gehört vielmehr zu asächs. mat 'Speise'
(s. Mastdarm, Maßlieb, Messer, Mettwurst, Mus): das Laub des Feldahorns wurde
gesammelt und, nachdem es einer Art Sauer-
krautgärung unterworfen war, gekocht: H.
Brockman-Jerosch, Surampfle und Surchrut
(Zürich 1921) 25. In der Lautfolge *matoldr
wich t vor d in p aus: auf *mapoldr beruhen
asächs. mapulder, agf. mapuldre, umgeformt
zu mnd. mapeldorn, engl. mapletree, anord.
mǫpurr: Edw. Schröder 1922 Nd. Jb. 48, 9f.
Auch die nhd. Formen Maßholder, Maßel-
ler, Maßerle beruhen auf Umformung: auf
die erste hat Hol(un)der, auf die andern

Eller und Erle eingewirkt. Hoops 1905 Waldb. 160. 231 f. 262.

massieren Ztw. Arab. mass 'berühren, betasten' scheint über frz. masser unser massieren geliefert zu haben, das seit 1788 bezeugt und anfangs ein Handauflegen und Streichen im Sinn des Magnetismus ist: Schulz-Basler 1942 Fremdwb. 2, 85. Die sonst beliebte Herleitung von gr. μάσσειν 'kneten' scheidet damit aus.

mäßig Adj. ahd. mäzig, mhd. mæzec, mnd. mätich, mëtich, mnl. mätich, nnl. matig: zu Maß; s. d. und messen.

Maßlieb(chen) N. 'Bellis perennis'. Früh im 15. Jh. entlehnt aus mnl. matelieve F. (nnl. madelief), von Lessiak Zs. f. dt. Alt. 53, 175; Anz. f. dt. Alt. 37, 64 zu asächs. mat, meti, afries. agf. mete 'Speise' gestellt (s. Mastdarm, Maßholder, Messer, Mettwurst, Mus). Die Deutung wird gestützt durch gleichbed. aachn. mäßößche, rätorom. *buona cena in friaul. buinatsēna: die Blume galt für appetitreizend: R. Loewe 1937 Beitr. 61, 236 ff.

Maßregel F. nicht vor Lessing 1755 Sara Sampson 4, 8. Dazu maßregeln schw. Ztw. 'gegen einen Beamten im Verwaltungsweg vorgehen' seit 1846. Dazu wieder Maßregelung F. seit 1847: Ladendorf 1906 Schlagwb. 201.

Mast M. Sachlich ist der Mast erst spät, mit der Einführung des Segels (s. d.), ein notwendiges Stück der Schiffsausrüstung geworden, daher die Verschiedenheit der Benennung (ahd. mhd. sëgelboum, anord. siglutrē usw.). Das siegende Wort ist durch Bed.-Wandel gewonnen und stammt aus dem Nordwesten; obb. Mundarten ist es fremd geblieben. Ahd. mhd. mnd. mnl. mast, agf. mæst, engl. mast, anord. mastr führen auf germ. *masta- M. '(Segel-)Stange'. Ins Roman. entlehnt frühmlat. (Reichenauer Glossen) mastus, frz. mât, span. mastil, portug. mast(r)o. Jdg. *mazdo-, vgl. lat. mālus (für *mādus aus *mazdos) 'Stange', neuir. maide (aus idg. *mazdio-) 'Stock', air. matan 'Keule'.

Mast F. 'Mästung'. Ahd. mhd. mnd. nl. mast, agf. mæst (woraus engl. mast) führen auf germ. *masta- aus idg. *mazdo-. Urverwandt sind aind. mēdas- (aus *mazda-) N. 'Fett', mēdana- N. 'Mästung', mēdyati 'wird fett', mēdya- 'fett': die Bed. 'Mästung' kommt der Bildung seit idg. Zeit zu. Daß an Eichelmast und Schweinezucht zu denken ist, lehrt air. mät (aus *mazdā) 'Ferkel'. Zum F. das schw. Ztw. mästen, ahd. mhd. mnd. nl. mesten, agf. mæstan, dessen Part. (agf. gemæst, mhd. gemast neben gemęstet) auch adjekti-

viert als ahd. mast, nhd. mundartl. mast 'fett' erscheint. Daraus wieder der Fam.-Name Mast.

Mastdarm M. Als verhüllender Ausdruck für ahd. mhd. arsdarm tritt spätmhd. masdarm, frühnhd. maßdarm auf. Erster Wortteil maz 'Speise' wie in mhd. mazganc 'After'. Die Form mastdarm (t vor d wurde zunächst gewiß nicht artikuliert, die buchstabierende Aussprache mag ganz jung sein) zuerst in Zainers Voc. ex quo 1469. S. Maßholder.

Mastkorb M. obb. seit 1578 für einfaches Korb, das seit 1510 im gleichen Sinn auftritt und ital. gabbia (mhd. keibe Gudrun 1140; Ortnit 230, 258) übersetzt, das (wie auch Mars, s. d.) die Bed. 'Korb' und 'Mastkorb' vereinigt: Kluge 1906 Zs. f. d. Wortf. 8, 34 ff.; 1911 Seemannsspr. 480. 574; 1912 Wortforsch. u. Wortgesch. 103 ff.

Masurka F. eigentl. 'masurischer Tanz', nach gleichbed. poln. mazurek M. in der Zeit des Kurfürsten August III. von Sachsen, der 1733 bis 63 zugleich König von Polen war, bei uns bekannt geworden; als Masurek noch 1841/5 bezeugt: Schulz-Basler 1942 Fremdwb. 2, 86. Mazurka ist die frz. Form, von Frankreich 1818 nach England weitergegeben. Als F. und mit s-Aussprache des poln. frz. z bei uns seit 1831: Wick 39.

Matador M. Zu lat. mactāre 'opfern, schlachten' gehört span. matar 'töten'. Dazu matador 'führender Fechter im Stierkampf', das uns 1729 in der Bed. 'Führer' erreicht. Schon 1700 erscheint Matador für die Karte im Lomber, die alle andern sticht, den Haupttrumpf. S. Lomber.

Mathematik F. 'Größenlehre', zuerst als Mathematic bei J. Köbel 1518 Rechenbüchl 28c. Vorher seit etwa 1460 in lat. Form mathematica; dies aus gr. μαθηματική (τέχνη), F. des Adj. μαθηματικός zum N. μάθημα 'Gelerntes, Kenntnis, Wissenschaft', dessen Mz. μαθήματα 'Zahlenlehre und Meßkunde' bedeutete. Zu μανθάνω 'lerne' (urverwandt mit munter, s. d.). Mathematisch zuerst 1553. Mathematiker verdrängt erst im 18. Jh. das seit Dürer 1525 bezeugte Mathematicus. Noch 1798 lehrt Adelung „Mathematiker, besser Mathematicus".

Matjeshering M. im 18. Jh. entlehnt aus nnl. maatjesharing, einer Umbildung aus mnl. mēdykens, meeckenshëring (Zütphen 1466), maeghdekens haerinck (so Kilian 1598). 'Mädchen-, Jungfernhering' meint den noch nicht voll ausgewachsenen Fisch. Entspr. mnd. mādikes hërink, nd. maatjes-hering Tiling 1768 Brem. Wb. 3, 136 („Wan er vol Rogen oder Milch ist, heißt er Bull-Hering").

Matratze F. Arab. matrah 'Ort an den

man etwas hinlegt, Kissen' liefert die roman. Sippe span. portug. almadraque, frz. matelas, ital. materazzo, das aus altem M. zum F. geworden ist. Hieraus unsere Form mit tz, die seit Steinhöwel 1480 Äsop 12 auftritt, während mhd. mat(e)raz, matreiz M. R. 'mit Wolle gefülltes Polsterbett' galt, das (wie mnl. matrasse und engl. mattress) aus afrz. materas übernommen war und zu ital. materasso stimmt. Dän. madras, matras, schwed. madrass stammen aus dem Rhd.: Schulz-Basler 1942 Fremdwb. 2, 89.

Matrikel s. immatrikulieren.

Matrone F. 'ehrwürdige Frau'. Lat. mātrōna (zu māter 'Mutter') wird im 14. Jh. entlehnt. Die anfangs immer vorhandene Beziehung auf vornehmen Stand wird seit dem 16. Jh. aufgegeben: Schulz-Basler 1942 Fremdwb. 2, 90.

Matrose M. Die Schiffsmannschaften des germ. Altertums waren in Mahlgenossenschaften aufgeteilt. Daher spielt ein Ausdruck wie mhd. mazgenōze, anord. mǫtunautr, mnl. mattennoot im Seewesen eine Rolle. Das germ. Wort ergibt durch normann. Vermittlung mfrz. (14. Jh.) matenot, jünger matelot. Dessen Plur. matelots kehrt an die germ. Nordseeküste zurück, über nl. matroos entstehen dän. schwed. matros und hd. Matrose. Die geschlossene Belegreihe beginnt mit Wallhausen 1616 Kriegsmanual. Vereinzelt begegnet martolosenn 1541 Script. Lusat. 4, 389. Die älteren Marner (aus lat. marinarius, das in engl. mariner fortlebt), Bootsgesell, -knecht werden dadurch zurückgedrängt: Kluge 1911 Seemannsspr. 574; Schulz-Basler 1942 Fremdwb. 2, 90; Zs. f. d. Wortf. 4, 274; Ndl. Woordenb. 9, 317; Mod. lang. notes 36, 488.

matschen s. mantschen.

matt Adj. Arab. esch-schäh mät 'der König ist gestorben' wird zu span. jaque y mate (j gesprochen š; y 'und'), frz. échec et mat. Mit dem Schachspiel gelangt um 1200 schäch unde mat ins Mhd., aus der Formel gelöst beginnt mhd. mat (Gen. mattes) Adj. noch im 13. Jh. die Entwicklung zu 'kraft-, glanzlos'. In andern europ. Sprachen führen die Bed.-Ausstrahlungen noch weiter: Ew. Eiserhardt 1909 Mittelalt. Schachterm. 18ff.; Suolahti 1929 Frz. Einfluß 156ff.

Matte¹ F. ein alem., dem Schwäb. und Bair. fremdes Wort, mhd. mat(t)e. Die Westschweiz sagt seit alters Matte, die Ostschweiz Wiese: J. Escher-Bürkli, Neujahrsblatt zum Besten des Waisenhauses in Zürich für 1937. Ahd. *mata fehlt, wird jedoch durch ahd. matoscrëch 'Wiesenhüpfer, Heuschrecke' vorausgesetzt. Vgl. engl. mead(ow) aus agf. mǽd

(Gen. mǽdwe) 'Wiese', mnd. mäde, asächs. mātha. Grundbed. 'Wiese die gemäht wird im Gegensatz zur Weide: Elisab. Müller 1923 Zs. f. dt. Ma. 18, 87ff.; 1931 Teuthon. 7, 162ff. S. Mahd, mähen. Detlessen, Entdeckung des germ. Nordens im Altert. 60 stellt dazu germ. metuonis 'Weideland' bei Plinius, Nat. hist. 37, 35.

Matte² F. 'Decke aus Binsen, Stroh u. ä.' Als phönik.-pun. Lehnwort, das seinen nächsten Verwandten in hebr. mitthäh 'Decke' (zu nāthāh 'ausbreiten') hat, tritt seit Augustin lat. matta 'grobe Decke aus Schilf und dgl.' auf. Daneben steht lat. natta bei Gregor v. Tours, das in frz. mnl. natte fortwirkt (so auch Harff 1499 Pilgerf. 94). Jenes matta, vor der hd. Lautversch. entlehnt, ergibt oberrhein. Matze (ahd. *matza, spätmhd. matze). Neue Entlehnung während der ahd. Zeit führt zu ahd. matta, mhd. mnd. mnl. matte, ags. matte, mundartl. meatte, nnl. engl. mat. — S. auch Hängematte.

Matte³ F. 'geronnene Milch, Quark', ein md. Wort, daneben thür. obersächs. matz, seit dem 14. Jh. bezeugt. Wohl mit gleichbed. frz. maton, katal. mató 'Quark', span. nata 'Rahm', nateron 'Quark' entwickelt aus lat. matta, natta (s. Matte²). Kretschmer 1918 Wortgeogr. 561 sieht in (Käse-)Matte zunächst das Tuch, in das der Quark geschüttet wurde, damit die Molken abtropfen.

Mattkern s. Wachtelkönig.

Matz M. erst nhd., verkürzte Lautform für Matthias und Matthaeus; Zwischenform Mattes.

Matze F. 'jüd. Ostergebäck': hebr. maṣṣā 'ungesäuerte Brotfladen' dringt über jüd. matzo ins Frühnhd. und erscheint in Glossaren des 15. Jh. als matz(enkuch), iuden maczs.

mau präd. Adj., meist in Wendungen wie mir ist mau: so zuerst im Richtigen Berliner 1878 mit der Bed. 'unwohl'; dann auch das ist mau 'dürftig, mittelmäßig, ungenügend'. Als Berliner Wort bei Lindau 1878 Gegenw. 14, 25. Wohl halb scherzhafte Bildung zu mauen; auf den Bed.-Wandel mag flau eingewirkt haben. Auch Mischbildung aus matt und flau könnte vorliegen.

mauen schw. Ztw. mhd. māwen 'miauen wie eine Katze'. Lautnachahmend. Vgl. Mieze.

Mauer F. Zu ihrer geflochtenen Wand (s. d.) lernen die Germanen die Steinmauer erst von den Römern kennen und nennen sie mit dem Lehnwort ahd. asächs. anl. mūra, ags. mūr, anord. mūrr, afries. mnd. mhd. mūre aus lat. mūrus. M. Das germ. Wort ist F. geworden nach dem Vorbild von Wand (vgl.

Frucht). Die Entlehnung fällt in die Kaiserzeit und ist etwa gleichalt mit der von Fenster, Kammer, Keller, Pfeiler, Pforte, Pfosten, Söller, Speicher, Wall, Ziegel. Neben dem Lehnwort steht ein urverwandtes: alat. moiros entspricht urgerm. *mairja- '(Grenz=)Pfahl' in mnl. mēre 'Grenzzeichen, Pfahl', agſ. mǣre, gemǣre 'Grenze, Gebiet', engl. mere 'Rain', anord. landa-mǣri 'Grenze, Grenzland'.

mauern Ztw. 'zurückhaltend spielen', über rotw. maure F. 'Furcht' (Kluge 1901 Rotw. 1, 382) aus hebr. morah 'Furcht': Ag. Laſch 1927 Berliniſch 174. Lat. morāri 'verweilen' iſt fernzuhalten.

Mauke F. 'Fußkrankheit der Pferde' mit nd. k: mnd. mūke, mhd. mūche, bair. mauche F. Dazu ſchweiz. mauch Adj. 'morſch, matt, weich', nnl. muik 'weich', got. mūkamodei F. 'Demut' und mit Ablaut anord. mjūkr 'weich, nachgiebig'. Wurzelverw. wohl air. mocht 'weich, mild' (vgl. ſchweiz. mucht 'matt, hungrig'). — Ein anderes Wort (entlehnt aus tſchech. mouka 'Mehl') iſt oſtmd. (Erdäpfel=)Mauke 'Brei': Kretſchmer 1918 Wortgeogr. 384.

Maul[1] N. mhd. mūl(e) N., md. mūle F., ahd. mūla F., mūl N., mnd. mūl N., mūle F., mnl. mūle, muul, nnl. muil, afrieſ. mūla M., anord. mūli M., dän. ſchwed. mule; got. *mūlō N. wird durch das ſchw. Ztw. faúrmūljan 'das Maul verbinden' vorausgeſetzt. Ihm vergleichen ſich nhd. maulen, urſpr. 'den Mund verziehen', dann 'ſchmollen', mnd. weſtfäl. mūlen, nnl. muilen dän. mule, norw. ſchwed. mula. Urverwandt iſt gr. μύλλον, -ος (aus *μυλιο-) 'Lippe; Schamlippe' mit μύλλω 'drücke die Lippen zuſammen, muckſe'. Vielleicht gehören dazu mit s norw. smaul(e) M. 'Mund' und lett. smaule 'Maul'. Man geht aus von der idg. Schallnachahmung *mū für den mit gepreßten Lippen erzeugten dumpfen Laut. — **Mäulchen** N. 'Kuß' wie lat. ōsculum 'Kuß' zu ōs N. 'Mund': Lehnübersetzung des 17. Jh., gebucht seit Duez 1664: Zf. f. dt. Wortf. 11, 197.

Maul[2] N. in Mauleſel =tier (mhd. mūleſel, -tier, nnl. muilezel, dän. mulæſel, -dyr, ſchwed. mulåsna: verdeutlichende Zuſammenſetzungen wie Elen=, Murmel=, Renntier und die unter kauſen genannte Gruppe): mhd. mūl M. N., mūle M., ahd. agſ. mūl, mnd. älter dän. mūle, nnl. muil, anord. mūll, ſchwed. mula (engl. mule ſtammt aus dem gleichlautenden frz. Wort). Aus lat. mūlus entlehnt gleichzeitig mit Eſel (vgl. Pferd, Zelter). In dem lat. Wort lebt ein idg. *mugh-slo- 'Maul=, Zuchteſel' fort, neben dem *mugh-so und -sko- anzunehmen ſind. Entsprechungen in aveſt. sāimuȝois 'wer ungleich gefärbte

Eſelinnen hat', phok. μυχλός 'Zucht=, Springeſel', alb. mušk, friaul. muss, veneʒ. musso 'Mauleſel'.

Maulaffe ſ. Gähnaffe.

Maulbeere F. Gr. μόρον, ſeltener μῶρον ergibt lat. mōrum 'Brombeere', dann 'Maulbeere'. Mit Karls d. Gr. Capitulare de villis 812 tritt Morus nigra in den dt. Geſichtskreis: J. Hoops 1905 Waldb. 556ff. Das Mlat. kennt neben mōrum gleichbed. mūrus (das in afrz. mure, frz. mûre mit mûrier 'Maulbeerbaum' fortlebt): daher die Entlehnung zu ahd. mōr, mūrbęri N., mhd. mōrber, mnd. mōr(-bere), mnl. moerbeye, -besie, agſ. mōr-, mūrberie. Vor r des zweiten Wortteils weicht das erſte r in l aus: mhd. mūlbęr, mengl. mulberie, mūlberry. Vgl. Lorbeer. Über den mit Maulbeeren hergeſtellten Würzwein ſpätahd. mhd. mōrat (aus lat. mōrātum), mōraʒ (aus afrz. moreʒ) ſ. Edw. Schröder 1916 Realleʒ. d. germ. Alt.=Kde. 3, 240f.

maulen ſ. Maul[1].

Maulkorb M. für biſſige Tiere, zuerſt als muelkorb bei Trochus 1517 Prompt. O 5 a; maulkorb für ein Pferd bei H. Sachs 1550 Fabeln 656, 7; daneben bei Maaler (Zürich 1561) 'Korb, den man den eszlen und anderen thieren anhenkt und etwan höuw darein thut', ſomit 'Futterkorb'.

Maulſchelle F. zu ſchallen (ſ. d.): 'ſchallender Schlag auf den Mund'. Gebucht ſeit Daſypodius 1559. Das gleichbed. Schelle F. iſt daraus gekürʒt: Zf. f. d. Wortf. 1, 45. 11, 197. 12, 190. 283; Kretſchmer 1918 Wortgeogr. 104. 602.

Maultaſche F. 'Ohrfeige', durch Luther und Sachs im Nhd. eingebürgert. Auch Taſche F. kann 'Schlag mit der flachen Hand' bedeuten: H. Fiſcher 2, 90. 6, 1726. In Öſterreich iſt Maultaſche (kurz Taſcherl) eine Mehlſpeiſe mit Fülle, ital. ravioli.

Maultier ſ. Maul[2].

Maultrommel F. 'Brummeiſen', als maultrumme bei Fiſchart 1532 Garg. 122; Maultrummel als Titel einer Gedichtſammlung von Laur. v. Schnüffis 1695. Sachlich verſchieden von der Mundharmonika, die 1821 von Fr. Buſchmann als Mundäoline erfunden worden iſt.

Maulwurf M. 'Talpa europaea', ahd. (8. bis 10. Jh.) mūwërf, -wurf, ſeit dem 11. Jh. mulwërf, -wëlf, mult-, moltwërf; mhd. mūwërf, mūlwurf (die durch Luthers Einfluß für das Nhd. maßgebende Form), mūlwëlf, -wërf, mūrwërf, moltwërf(e), -worf, multworf, moltwurm, multwurm, aſächſ. moldvęrp, mnd. mult-, moltwörm, mengl. moldwerp, dän. muldvarp. Die Deutung hat von ahd. mūwërf auszugehen. Der erſte Teil iſt eins mit agſ. mūga, mūha, mūwa (engl. mow) 'Hügel, Haufen', der zweite Nomen agentis zu ahd. wërfan; müwërf ſomit 'Tier, das Erdhaufen aufwirft'. Der erſte Wortteil hatte im Deutſchen keine Verwandten, darum griffen Umdeutungen Platz. In mulwërf mag an mnd. mul, agſ. myl 'Staub' zu denken ſein, doch begegnen auch mnd. mul, mol, nd. nl. frieſ. mol, engl. mole, mlat. mulus 'Maulwurf'. Aus den ſüdlichen Niederlanden haben Siedler des 12. Jh. mol in die Mark Brandenburg gebracht: H. Teuchert 1944 Sprachreſte 334 ff. Molt-, multwërf gehört zu mhd. molt M., molte F., ahd. molta 'Staub', ſ. mahlen. Auf Volksetymologie beruhen Maulwolf, -welf, -werfer, -wurm, Molt-, Mondwurm, Auwerder. Ein obd. Synonym ſ. u. Schermaus, dazu tirol. wüeli-ſchër. Der entſpr. agſ. Tiername wand, wandeweorpe, norw. vaand, ſchwed. mundartl. wann hat Verwandte in mnd. windeworp, weſtfäl. wandworm, -gör, dieſes wieder in weſtfäl. gört.

Maus F. Ahd. mhd. aſächſ. mnd. mnl. afrieſ. agſ. mengl. anord. mūs, nnl. muis, engl. mouse, nnord. mus führen auf den konſ. Stamm germ. *mūs, dem in gleicher Bed. entſprechen: aind. mūṣ, perſ. mūš, armen. mukn, alb. mī, aſlav. myšĭ, gr. μῦς, lat. mūs, dazu das Adj. mūrīnus, mhd. miusīn 'von Mäuſen'. Unhaltbar iſt die Annahme, der Tiername idg. *mūs 'Maus' ſtehe in Beziehung zu aind. muṣṇā́ti 'ſtiehlt, raubt', afränk. (Lex Salica) chrēomōsido 'Leichenberaubung': *meu-s- iſt Erweiterung der idg. Wz. *meu- 'fortſchieben' in lat. movēre 'bewegen' uſw. Von der alten konſ. Flexion iſt ſchon ahd. keine Spur mehr vorhanden; mūs iſt zu den i-Stämmen übergetreten. Ein Reſt der umgelauteten Form des Gen.Sg. iſt frühnhd. der blinden meus ſpiln (vgl. Blindekuh). — Mit dem Tiernamen eins iſt Maus als 'Muskel an Arm und Fuß', beſ. 'Muskelballen des Daumens in der Hand', ahd. mhd. agſ. mūs, nl. muis. Den gleichen Übergang zeigen gr. μῦς 'Muskel', μυῶν 'Muskelknoten', lat. mus-culus 'Muskel', aſlav. myšĭca 'Arm', aind. muskā 'Hode; weibl. Geſchlechtsglied'. S. Moſchus.

mauſcheln Ztw. wird herkömmlich vom Namen Moſes, hebr. Möſchē, jüd. Mouſche hergeleitet, der ſeit langem zur Schelte des Handelsjuden geworden iſt: H. Fiſcher 1914 Schwäb. Wb. 4, 1561. Mauſchel 'Schacherjude' tritt im 17. Jh. auf: 1696 Mißbr. d. Med. 181. 323. Dazu würde ſich mauſcheln ungezwungen ſtellen, wenn es 'nach Judenart ſchachern' bedeutete. Es iſt aber ſeit 1622 (Opel-Cohn, Dreißigjähr. Krieg 424, 4) 'reden wie ein Jude'. Das empfiehlt Herleitung von hebr. möſchel (jüd. mouſchel), Part. des Ztw. māſchāl 'abteilen, meſſen, in gemeſſener Rede ſprechen, maßgebend reden'. Von hebr. Part. ſind manche jüd. Ztw. weitergebildet, ſ. mogeln. Verallgemeinerung von 'gemeſſen ſprechen' zu 'ſprechen' überhaupt zeigt auch obd. Sprüch' machen.

Mäuſedorn M. Ruscus aculeatus heißt gr.-lat. myacanthus, weil ſeine Stacheln die Mäuſe von Speck und Käſe fernhalten. Die Lehnüberſetzung meuszdorn zuerſt bei Bock 1546 Kräuterb. 347ᵃ.

mauſen Ztw. 'ſtehlen' mhd. mūsen '(be-)ſchleichen', von der auf Mäuſe lauernden Katze, ſomit zu mhd. mūs. Von der Katze (die das Mauſen nicht läßt) übertragen auf Eulen und Füchſe, die gleichfalls den Mäuſen nachſtellen. Zuletzt auch vom Menſchen und Diebſtahl anderer Art.

Mauſer F. 'Federwechſel der Vögel, Häutung der Schlangen; Zeit des Federwechſels'. Mhd. mūze F. (in Zuſ.-Setz. mūzer; woher das -r kommt, iſt ungeklärt) 'Federwechſel'; ahd. *mūzza wird vorausgeſetzt durch mūzzōn ſchw. Ztw. 'wechſeln'. Vor der ahd. Zeit (etwa gleichzeitig mit Käfig, Pips und Pfau) entlehnt aus lat. mūtāre 'tauſchen', mlat. mūta 'Federwechſel'. Lat. -t- iſt regelrecht verſchoben zu -zz-, die Geminata wirkt nach in bair. mauzen. Der gleichen Quelle entſtammen nnl. muit 'Vogelbauer', agſ. bemūtian 'wechſeln', engl. moult, frz. muer 'ſich mauſern' mue 'Mauſer'. S. Mutterkrebs.

mauſetot Adj. 'tot wie eine erſchlagene Maus'. Die Herleitung aus hebr. maus (alt mōth) 'Tod' irrt: Hauſchild 1903 Zſ. f. d. Wortf. 4, 318; Littmann 1924 Morgenl. Wörter 58 f.

mauſig Adj. in der Wendung 'ſich m. machen' gehört zu Mauſer F. und bezeichnet als mhd. mūzeo den Jagdfalken, der ſich mauſert, ſich übermütig herausputzt und damit hervortut. Im übertragenen Sinn kaum vor S. Franck 1541 Sprichw. 1, 84 a.

Mausöhrlein ſ. Vergißmeinnicht.

Mauſoleum N. gr. Μαυσώλειον, lat. Mausōlēum. Von dem Grabmal des Königs Mauſolus von Karien († 353 v. Chr.) verallgemeinert auf alle köſtliche Königs Gräber, in dt. Texten ſeit 1594, geläufig erſt im 18. Jh.: Schulz-Basler 1942 Fremdwb. 2, 91.

Maut F. 'Zoll, Zollſtätte' ein Wort des Südoſtens. Zur Sippe von meſſen (ſ. d.) ſtellen ſich nach R. Much, Dt. Lit.-Ztg. 1920 Sp. 554 got. mōta F. 'Zoll', mōtareis M. 'Zöllner', mōta-staþs M. 'Zollhaus'. Als ſich im Zeitalter Theoderichs († 526) Goten und Bayern an der Donau berührten, drang

das ostgerm. Wort (das aslav. myto 'Zoll'
geliefert hat) nach Westen. Zeuge der Orts=
name Mautern (Nibel.=Lied Str. 1329
Bartsch Mūtāren) aus got. *Mōtārjam 'zu,
bei den Zöllnern', offenbar eine got. Zollstätte
am Südufer der Donau (Kluge 1909 Beitr. 35,
156). Das u=haltige got. ō wirkt als ū fort
auch in einer Urkunde von 837 nullum thelo-
neum neque quod lingua theodisca muta
vocatur, aus der ahd. *mūta 'Wasserzoll' zu
erschließen ist, das in mhd. mūte 'Zoll' fortlebt.
Wohl aus dem Got. entlehnt sind ags. mōt
'Abgabe,' anord. mūta 'Vergütung', norw. mundartl. mūta Ztw. 'durch heiml. Gaben bestechen',
schwed. mutor F. Plur. 'Bestechungsgelder'.

meckern Ztw. Als lautmalender Spottname
des Ziegenbocks tritt mhd. mecke M. auf,
dazu spätmhd. möckatzen Ztw. 'meckern' und
(mit einfacherer Ableitung) gleichbed. mecken
bei Eyering 1601 Sprichw. 2, 130. Dazu
wieder meckern seit Stieler 1691. Auch die
gleichbed. gr. μηκᾶσθαι und mlat. miccīre
sind Lautnachahmungen, ebenso gr. μηκάς
'Ziege' und aind. mēká 'Bock'.

Medaille F. Mlat. *metallia 'metallene
Münze' ergibt über ital. medaglia frz. médaille
F. 'Denk=, Schaumünze'. Bei uns tritt 1563
frantzösisch Medei, seit 1580 Medalien auf.
Die große Schaumünze heißt mit dem von
Balkon, Ballon, Kanone her bekannten
Suffix ital. medaglione, frz. médaillon M.
In dt. Texten seit 1710: Schulz=Basler 1942
Fremdwb. 2, 94.

Meer N. mhd. mer, ahd. meri, älter mari N.,
mnl. afries. ags. engl. mere, anord. marr M.,
schwed. dän. mar-, got. *mar in mari-saiws
'See'. Ins Finn. als meri entlehnt. Neben
diesem i=Stamm der urspr. kollektive īn-
Stamm got. marei, ahd. marī, meri, asächs.
meri F. Mit gemeingerm. *mari 'Meer' urverwandt sind gleichbed. lat. mare, aslav.
morje (geblieben im Namen Pommern 'Land
am Meer'), apreuß. mary, lit. mãres Meer,
Ostsee, kurisches Haff', air. muir (aus akelt.
*mori) 'Meer', gall. *Mori-dūnon 'Murten',
Aremorici 'Meeranwohner', kymr. korn. bret.
mor 'Meer'. S. Marsch F. und Moor. Nichts
Vergleichbares bieten die ostidg. Sprachen; s.
Fisch. Die Bed. 'Binnensee' hat Meer in
Namen wie Steinhuder, Schwäbisches
Meer, Meersburg. Zur Stammbildung
der germ. und außergerm. Wörter J. Weisweiler 1939 Idg. Forsch. 57, 38.

Meerbusen M. Lehnübersetzung von lat.
sinus maritimus, gebucht bei Hulsius 1605.
Ein im 16. Jh. mehrfach gewagtes Meerschoß
war nicht durchgedrungen.

Meerenge F. 'fretum' seit Martiniere=Lange

1675 Neue Reise 63 für älteres Enge des
Meeres (so gebucht seit Golius 1582 Onomast
67). Das Gegenwort Landenge F. 'isthmus
kaum vor Frisch 1741; Stieler 1691 bietet
Erdenenge.

Meergreis M. beflügelt durch Voß, der
1781 Od. 4, 349 u. ö. γέρων ἅλιος als Bezeich=
nung des Proteus so übersetzt.

Meerkatze F. 'langgeschwänzter Affe', ahd.
merikazza, mhd. mer(e)katze, mnd. merkatte,
mnl. meercatte, dän. marekat, schwed. mar-
katta: von Afrika über das Meer gebrachtes
Tier, langgeschwänzt und kletterlustig wie die
Katze. Zur Anknüpfung an aind. markaṭa
'Affe' fehlt jede Brücke, der Anklang beruht
auf Zufall. S. Munaffe.

Meerrettich M. Armoracia rusticana ist in
Südosteuropa daheim, kam vor 1000 n. Chr.
nach Westeuropa und erscheint bei uns im
10. Jh. als ahd. mēr-rātīh, später meri-, mere-
rātīh, mhd. merretich, asächs. meri-redik, mnd.
mirredik, mnl. me(e)rradic, mēradic, mnl.
mierik. Nachträgliche Anlehnung an Meer lag
bei einer zugewanderten Pflanze nahe, auch
wenn sie nicht übers Meer zu uns gelangt war
(wie die Meerkatze). Die Deutung hat aus=
zugehen von ahd. mēr-rātīh 'raphanus maior'
(der kleinere Rettich, s. d., war seit Jahrhunderten eingebürgert). So stehen sich auch ahd.
mērre wegerīch 'plantago maior' und minner
wegerīch 'plantago minor' gegenüber: J.
Schatz 1927 Ahd. Gramm. § 122; die abweichenden Auffassungen bei H. Marzell 1943 Wb. d.
dt. Pflanzennamen 1, 396f. sind damit widerlegt. Trotz der Schreibung wird die erste Silbe
weithin mit Kürze gesprochen (vgl. Herzog
mit Heer, vierzehn neben vier). Das dt.
Wort ist entlehnt zu dän. merrer(i)k, frz.
mérédi, lett. mãrrutks. S. Kren.

Meerschaum M. begegnet als Lehnübers.
von gr. ἁλὸς ἄχνη, lat. spuma maris seit dem
15. Jh. für Alcyonium digitatum, ein Blumen=
tier, das nhd. Meerhand u. Lederkoralle,
von den Nordseefischern döde-mans-hand oder
handen un fōten genannt wird. Man hielt die
Anthozoe für verdickten, mit Unrat vermischten
Schaum des Meers. Meerschuym an lant
geslagen heißt sie 'in Kleve 1477 bei G. v. d.
Schüren, Theuthonista 228 Verdam; noch Hüb-
ners Handlungslex. (1722) 55 kennt für Meer=
schaum nur diese Bed. Nebenher laufen bei
Binnendeutschen mancherlei verworrene Angaben. Im 18. Jh. beginnt man aus Eski-
schehir im Innern Kleinasiens Lithomarga
einzuführen, ein Mineral, aus dem zuerst in Wien,
dann vor allem in Lemgo u. Ruhla Pfeifen-
köpfe geschnitten wurden. Darauf wurde der
vorhandene Name übertragen, obgleich das

Mineral zu keinem Meer in irgendwelcher Beziehung ſtand. Da Bearbeitung u. Vertrieb in dt. Händen blieben, ſind nl. meerſchuim (ſeit Beginn des 19. Jh.; bodenſtändig wäre zeeſchuim), engl. meerſchaum (ſeit 1784), dän. merſkum, ſchwed. ſjöſkum (ſeit 1735), frz. écume de mer u. türk. deñiz kiöpüji als Lehnüberſetzungen des nhd. Worts zu beurteilen. Dieſes iſt bisher nicht vor Steinbach 1734 nachgewieſen, muß aber etwas älter ſein, da ſchwed. ſjöſkumſpipa ſchon 1725 begegnet. Ein tatar. myrſen, mit dem in der Krim Lithomarga benannt wird, iſt nicht Quelle des dt. Worts, ſondern durch die deutſchkundigen Juden der Krim daraus entſtellt: Hellquiſt 1922 Svensk etym. ordbok 722; Zſ. f. d. Wortf. 1, 361. 2, 345. 7, 292; Lokotſch 1927 Etym. Wb. 1416.

Meerſchwein ſ. Delphin.

Meerſchweinchen N. Mhd. merſwîn als Name des Delphins hält ſich bis ins 18. Jh. Daneben iſt frühnhd. merſchwein der geläufige Name von Hyſtrix: das Stachelſchwein iſt über das Meer zu uns gekommen. Dasſelbe gilt von Cavia cobaya, deren Heimat Peru iſt und die grunzt wie ein Ferkel. So hat das Nagetier früh im 17. Jh. den Namen, meiſt in der Verkl., auf ſich gezogen: Schweiz. Id. 7, 1507. 9, 1902.

Meerwunder N. Mhd. merwunder 'wunderbares Seetier' wird beflügelt durch Luthers Überſetzung von gr. ἐνάλιος Jak. 3, 7. Albr. Dürer benennt einen kurz nach 1496 entſtandenen Kupferſtich Meerwunder.

Mehl N. Mhd. mël (Gen. mëlwes), ahd. mëlo (Gen. mëlawes), aſächſ. mëlo (Gen. mëlas), mnd. mnl. afrieſ. mële, nnl. meel, agſ. mëlu, anord. mjǫl (Gen. Plur. mjǫlva), ſchwed. norw. mjöl, dän. mel (älter miel) führen auf germ. *mëlwa- 'klein geriebenes Getreide', eine gemeingerm. Ableitung zur idg. Wurzel *mel- 'zerreiben'. Das -w- (als b wie in gelb uſw.) iſt erhalten in Melber 'Griesfabrikant' und Milbe, ſ. d. Während das Ztw. ſchon dem Agſ. verlorengeht, lebt das Subſt. noch in engl. meal. Die nächſten außergerm. Verwandten ſind gleichbed. alb. mjeł (Grundform *mélu̯o-), akorn. akymr. abret. blot, kymr. blawd, breton. bleud (urbrit. *blo̯t aus idg. *ml̥̄tó-), lit. mìltai (aus *ml̥̄tó-), apreuß. meltan; dazu weißruſſ. molotú 'Miſchmehl'. Die Verwandtſchaft des Ztw. greift viel weiter, ſ. mahlen.

Mehlbeere F. Die Frucht von Sorbus aria, auf unſerm Boden altheimiſch und früh genutzt (Hoops 1905 Waldb. 86. 173. 299) heißt nach ihrem mehligen Inneren.

Mehltau ſ. Meltau.

mehr Adj. Adv. mhd. mêr, Kompar. zu viel, mit neuer Steigerung mêrer, mêrre 'größer' (nach Raum, Zahl und Wert), dazu indekl. mêr(e), mê 'plus'; ahd. mêr unflekt. N. und adv. Kompar. 'mehr', Adj. mêro (dazu mit neuer Steigerung mêrôro, -iro) 'größer'. Ahd. mêro entſtand aus *maizô = got. maiza, deſſen -iza das germ. Kompar.-Suffix iſt (beſſer = got. batiza, höher = got. hauhiza); vgl. agſ. mā Neutr. Adv. 'mehr', Adj. māra, engl. more, anord. meirr 'plus', meiri 'maior'. Der zugehörige Superl. iſt meiſt, ſ. d. Got. maiza (für *majizô) gehört mit Superl. maists zu dem unter Märchen entwickelten Adj. germ. mē-ra 'hervorragend, bedeutend': Oſthoff, Beitr. 13, 442. Außergerm. vergleichen ſich aind. ma-i̯os, air. māu, oſk. mais 'mehr'.

mehrere Adj. mhd. mêrer: ſ. mehr.

mehrfach Adj. Adv. Lehnüberſetzung von frz. multiple. Nicht vor Campe 1809.

Mehrheit F. Spätlat. maioritas überſetzt ſchon Notker (um 1000) mit mêrheit. Dann verklingt das Wort und taucht erſt bei Kramer 1719, veranlaßt durch nnl. meerderheit, wieder auf, das ſeinerſeits Lehnüberſ. von frz. majorité iſt, parallel zu ſchweiz. Hand-, Stimmenmehr. Eingebürgert wird Mehrheit durch Möſer, Klopſtock und Schiller.

Mehrzahl F. Pluralis als Fachwort der Grammatik erſetzt Schottel 1641 durch Mehrere Zahl. Ihm folgen Zeſen, Stieler und noch Gottſched: Zſ. f. d. Wortf. 15, 50. Adelungs Fachausdruck iſt Mehrheit. Mehrzahl nicht vor Campe 1809; von ihm 1813 Wb. zur Verd. 482ᵇ gegen das von anderer Seite vorgeſchlagene Vielzahl durchgeſetzt.

meiden ſt. Ztw., nur weſtgerm.: mhd. mnd. mnl. mîden, ahd. mîdan, aſächſ. mîthan, nnl. mijden, afrieſ. mītha, agſ. mīdan '(ſich) verbergen, bewahren, heucheln, ſich enthalten'. Nächſtverwandt mit miſſen, ſ. d. Außergerm. vergleicht ſich lett. mitét 'verändern, unterlaſſen', rückbez. 'aufhören, nachlaſſen': zum idg. Verbalſtamm *meit(h)- 'wechſeln, tauſchen'.

Meidinger ſ. Kalauer.

Meier M. mhd. mei(g)er, aſächſ. meier, ahd. meior, urſpr. meiûr M. 'Oberaufſeher, Bewirtſchafter, Pächter eines Guts': aus lat. maior(em), von dem auch frz. maire 'Bürgermeiſter' ſtammt. Maior iſt verkürzt aus frühmlat. maior domûs, das urſpr. den Vorſteher der Dienerſchaft eines Hauſes bezeichnete. Vgl. Major.

Meile F. mhd. mnd. mnl. mîle, ahd. mîl(l)a (für *mîlja), agſ. mīl: etwa gleichzeitig mit Straße in den erſten nachchriſtl. Jh. entlehnt aus lat. mīlia (passuum) 'tauſend röm. Doppelschritte von je fünf Fuß = 1, 479 Kilometer'. Dem Bair. ist das Wort gemäß seiner größeren Entfernung vom röm. Einfluß wenig geläufig. Der lat. Plur. mīlia setzt sich, nach Verlust sich, nach passuum, als Fem. Sing. fort, auch in roman. Sprachen. Das Ital. hat zum Plur. miglia den neuen Sing. miglio gebildet. Lat. leuga (span. legua, frz. lieue) 'Meile' hat sich als nichtamtl. Wort kelt. Ursprungs bei uns nicht durchgesetzt. — Vgl. Rast.

Meilenstiefel s. Siebenmeilenstiefel.

Meiler M. Aus lat. mīliārium 'tausend Stück' oder seinen nordital. Nachfolgeformen ist, wohl über die Ostalpen, mhd. mīler, mnd. mīle(r) entlehnt, zunächst für eine bestimmte Anzahl Holzstücke oder geschichteter Eisenstangen, auch als Maß für Erze (Lexer, Kärnt. Wb. 189; Schmeller ²1, 1588; H. Fischer 4, 1574), dann als 'geschichteter Holzstoß des Köhlers'. Das manchen westdeutschen Mundarten fehlende Meiler ist vorwiegend ein Wort des Südostens geblieben und von da an die benachbarten Slaven weitergegeben: tschech. milíř, poln. mielerz 'Meiler', serb. miljar 'tausend Pfund', kroat. milar 'Tausend': Wick 71 f. Aus dem Mnd. sind dän. mile, norw. schwed. mila 'Meiler' entlehnt.

mein Pron.-Adj. Mhd. ahd. asächs. anfr. afries. ags. mīn, mnl. nnl. mijn, engl. mine wie Subst., my Adj., anord. mīnn, nnord. min, got. meins führen auf germ. *mīna- aus idg. *mei-no-s. Außergerm. vergleicht sich am nächsten gleichbed. lat. meus aus *mei-os. Der Stamm des Pers.-Pron. der 1. Person idg. *me- (in mir, got. mis; mich, got. mik) erscheint z. B. auch in aind. mā, gr. ἐμέ, με, lat. mē, mihi. Der Akk. got. mik, ags. mec usw. beruht auf Analogie zu ik, wie venet. mexo 'mich' neben exo 'ich'. Ebenso zu beurteilen ist hettit. ammuk, ammugga 'mich' neben uk, ugga 'ich'. — Der verbreitete Ausruf mein ist verkürzt aus mein Gott: Behaghel 1928 Gesch. d. dt. Spr. 311.

Meineid M. mhd. meineit, ahd. meineid, asächs. afries. mēnēth, mnl. meineet, nnl. meineed, ags. mānāþ, anord. meineiðr, dän. schwed. mened: das germ. Wort für 'periurium'. Die got. Entsprechung entgeht uns. Bestimmungswort ist das Adj. mhd. ahd. mein 'falsch'. Noch im Mhd. war ein meiner eit möglich; auch das N. mhd. ahd. anord. mein, asächs. afries. mēn, ags. mān ist gemeingerm. Urverwandt sind baltoslav. Ausdrücke für 'Tausch' (vgl. Tausch in seinem engen Verhältnis zu täuschen), z. B. lit. maĩnas 'Tausch', mainýti 'wechseln, ändern, (ver)tauschen', aslav. měna 'Wechsel, Veränderung': n-Erweiterungen der idg. Wurzel *mei- 'wechseln, tauschen', zu

der mit dentaler Erweiterung anord. meiða 'schaden', got. maidjan 'tauschen, verfälschen', lat. mūtō (aus *moitō) '(ver)ändre, vertausche', mūtuus 'wechselseitig', lett. mietuot 'austauschen' und hettit. mūtai- 'sich verwandeln' gehören. S. gemein und miß-.

meinen schw. Ztw. Mhd. meinen 'sinnen, denken, seine Gedanken richten auf, (feindlich oder freundlich) gesinnt sein, lieben', ahd. mein(j)an, meinen, meinōn, asächs. mēnian 'im Sinn haben, bezwecken, bedeuten, erwähnen', mnd. mnl. mēnen, nnl. meenen, afries. mēna, ags. mǣnan 'bedeuten, beabsichtigen, erwähnen, sprechen; klagen, trauern', engl. mean führen auf westgerm. *mainjan. Außergerm. sind verwandt aslav. měniti 'gedenken, erwähnen', air. mian 'Wunsch', ir. mian 'Absicht', kymr. mwyn 'Genuß': mit ihnen zum idg. Verbalstamm *main-: *mein- 'meinen'. Die mhd. Bed. meinen 'lieben' hielt sich in der Dichtersprache bis in die Neuzeit. — Dazu Meinung F. mhd. meinunge, ahd. meinunga 'Gedanke, Gesinnung, Ansicht'.

meinethalben Adv. In der mhd. Formel von mīnen halben (zu halbe F. 'Seite', s. halb) bleibt die Präp. weg, nach n stellt sich Gleitlaut t ein, dann wird nach dem ersten n das zweite ausgelassen: Behaghel 1928 Gesch. d. dt. Spr. 371. Wie das entspr. zu mhd. wëo M. 'Weg' gebildete meinetwegen wird meinethalben umgangssprachl. nur begrenzt verwendet. Im Süden und Südosten gilt von mir aus, im Westen und Nordwesten vor mir: Kretschmer 1918 Wortgeogr. 334.

meinig Adj. zum Poss.-Pron. mein (wie deinig, seinig zu dein und sein) mit derselben Bed. wie das nicht abgeleitete Pron. und immer mit bestimmtem Artikel. Die Bildungen beginnen im Chronikstil des 14. Jh.: Behaghel 1923 Dt. Syntax 1, 359 f.

Meise F. Der Vogel Parus trägt einen gemeingerm. Namen: mhd. meise, ahd. meisa, mnd. mnl. mēse, nnl. mees, ags. māse, mengl. mose, schwed. mes, norw. meis führen auf germ. *meisōn F. Gleichbed. dän. meise ist aus dem Mhd. entlehnt. Urverwandt ist der kelt. Name der Amsel: bret. mouialc'h, kymr. mwyalch, akorn. moelh (mit urkelt. Schwund des -s- zwischen Vokalen aus idg. *meisalkā). Man stellt die germ. und die kelt. Wortgruppe als Bezeichnungen kleiner Vögel zu norw. mundartl. meis 'dünn, schwächlich', westfläm. mijzel 'Bißchen', mijzen 'zerkrümeln'. Die anord. Verkl. meisingr hat im 10. Jh. mlat. misinga ergeben; zu ihrer anfr. Entsprechung *mēsinga gehören afrz. mesenga, frz. mésange 'Meise'. Die Kohlmeise dankt ihrem kohlschwarzen Scheitel den Namen;

er iſt weſtgerm.: mhd. kolemeise, nnl. kool-
mees, agſ. colmāse. Engl. coalmouse iſt an
Maus angeglichen.

Meißel M. mhd. meizel, ahd. meizil 'Gerät
zum Abſtoßen, Haueiſen', mit dem -ila-Suffix
der männl. Gerätnamen (Kluge 1926 Stammbild § 90) zum Ztw. ahd. meizan, mhd. meizen
(bair. noch maißen), got. maitan 'hauen,
abſchneiden' (germ. *maitila- zu *maitanan).
So gehört anord. meitill 'Meißel' zu meita
'hauen'. Dän. meisel, ſchwed. mejsel ſind aus
dem Hd. entlehnt. Alle zur germ. Wz. *mait
'behauen', ſ. Ameiſe. Vgl. Beutel[1].

Meißel F. M. 'Scharpie', mhd. meizel M.,
heute bair. ſchwäb. alem.: als 'Abgeſchnittenes'
zu dem unter Meißel M. entwickelten ahd.
meizan 'abſchneiden'.

meiſt Adj. Adv. mhd. meist Adj. 'größt,
meiſt', Adv. 'am meiſten, höchſtens, ganz
beſonders', ahd. anl. meist, aſächſ. mēst,
agſ. mǣst, māst, anord. mestr, got. maists:
Superl. zum Kompar. mehr (ſ. d.), mit demſelben Superl.-Suffix -ist wie got. bat-ists 'beſt'.

Meiſter M. Lat. magister (mit doppeltem
Kompar.-Suffix zu lat. magnus 'groß') iſt
zweimal ins Deutſche entlehnt worden. Aus
*ma(g)istro wird urdeutſch *maistr(o), ahd.
meistar, aſächſ. mēstar, agſ. mǣgster. Durch
ganz Europa (ital. maestro, frz. maître, engl.
master, mister) wird mlat. magister als Titel
für viele Ämter fortgeführt. Es war auch die
Berufsbez. des Schulvorſtands und Gelehrten,
iſt von da zum akad. Titel geworden, der bis
ins 15. Jh. dem Doktor gleich galt und örtlich
noch heute zugleich mit dieſer Würde verliehen wird.

Melde F. das Gänſefußgewächs Atriplex
L., das bei uns in mehreren Arten als Unkraut
wächſt. Mhd. melde und ablautend mëlde,
ahd. mëlta, mëlta, mëlda, malta, molta, multa
(aus *multjōn), aſächſ. maldia, mnd. nl. agſ.
melde, engl. mundartl. milds, miles, meals,
ſchwed. molla, mundartl. mäll (älter mäld),
dän. mælde, melde, norw. meldestokk. Der
gemeingerm. Name gehört zur idg. Wurzel
*mel- 'mahlen' (ſ. Mehl): die Pflanze iſt
nach ihren weißlich beſtäubten Blättern benannt. Entſpr. lit. balánda (neben lett. ba-
laṅdis 'Taube', bálti 'weiß werden'), poln.
łoboda, ruſſ. lebedá uſw. (vgl. ſerbokroat.
lebedı̆ 'Schwan'): H. Marzell 1939 Wb. d. dt.
Pflanzenn. 1, 510f.

melden ſchw. Ztw., mhd. mnd. nl. mëlden,
ahd. mëldōn, aſächſ. mëldon 'anzeigen, verraten', afrieſ. urmëldia 'vermelden', agſ. mëldian
'verkünden, anzeigen, erklären, anklagen': weſtgerm. Bildung zum F. ahd. aſächſ. mëlda
'Verrat', agſ. mëld 'Verkündigung'. Man er-

wägt Verknüpfung mit lit. meldžiù, meĺsti
'bitten, beten', armen. malt'em 'ich bitte' und
hettit. mald- 'erzählen, beten'. Dann ergäbe
ſich eine Grundbed. 'rituelle Worte an die Gottheit richten'.

melk Adj. 'milchgebend' mhd. mëlc(h), ahd.
mëlch, mnd. nnl. melk, agſ. meolc, mengl.
milche, anord. mjolkr, milkr. Verbaladj. zu
melken.

melken Ztw. mhd. mëlken, mëlchen, ahd.
mëlchan ſt. Ztw., nd. nl. melken, agſ. meolcan,
engl. milk, anord. m(j)olka. Weſtidg. *melĝ-
'melken' auch in lat. mulgēre, ir. mligim (dazu
mliucht 'Milch'), gr. ἀμέλγειν, aſlav. mlěsti,
Präſ. mlŭzǫ (dazu ſerb. mlaz 'Milchſtrahl',
kleinruſſ. molózyvo 'Bieſtmilch'), lit. mìlžti,
Präſ. mélžu, toch. mālkaut 'ſie gaben Milch'.
Das Tochariſche ſtellt ſich mit dem k wie in
andern Punkten auf die weſtidg. Seite. Oſtidg. erſcheint die entſpr. Wz. nur mit der urtümlichen
Bed. 'abwiſchen, abſtreichen': aind. mārj-,
mṛj-, aveſt. marəz. Wie melken deuten auf
weſtidg. Kulturgemeinſchaft Hanf und mahlen.
S. melk und Molke. Die Zugehörigkeit von
Milch (ſ. d.) iſt ſtrittig.

Melodie F. Gr. μελῳδία F. 'Singweiſe'
(aus μέλος N. 'Lied' und ᾠδή F. 'das Singen')
ergibt über ſpätlat. melōdia afrz. melodie F.,
das zu Beginn des 13. Jh. als mhd. melodie
zu uns gelangt und lautgerecht zu frühnhd.
melodei wurde. Neue Anlehnung an die lat.
und frz. Form führt die heutige Proſaform zum
Sieg: Thom. Brunner 1566 Jacob 4 „die aller
ſchönſten und tröſtlichſten Melodias". Weiterentlehnt zu lett. meldíns, meldijā: J. Sehwers
1927 Zſ. . vgl. Sprachf. 54, 189.

Melone F. mhd. melōne, melūn(e), mylaun.
Zu gr. μῆλον N. 'Apfel' entſteht über lat.
mēlo, -ōnis 'apfelförmige Melone' ital. mel-
lone, das zu Beginn des 15. Jh. nach Oberdeutſchland gelangt. Nach Norddeutſchland
konnte das Wort aus dem Frz. eindringen, wo
melon ſeit dem 13. Jh. bezeugt iſt. Dort mochte
auch ſpätmnl. meloen die Entlehnung vermitteln. F. iſt das dt. Wort wie Birne, Kirſche,
Pflaume uſw.: Dieſenbach 1857 Gloſſ. 355ᵃ;
Schulz-Baſler 1942 Fremdwb. 2, 98f.; E.
Öhmann, Neuphilol. Mitt. 1942, 25f. Vgl.
Pfebe. Über Weiterentlehnung ins Balt.:
J. Sehwers 1927 Zſ. f. vgl. Sprachf. 54, 40.

Meltau M. 'grauweißer Überzug auf Pflanzen im Sommer', umgebildet aus gleichbed.
mhd. miltou, ahd. mili-tou, aſächſ. milidou
agſ. mele-, mil(e)dēaw, engl. mildew, ſchwed.
mjöldagg. Beſtimmungswort kann das unter
Honig (ſ. d.) entwickelte idg. *melit 'Honig'
ſein. Doch beſteht auch die Möglichkeit, ahd.
mili- mit Mehl zu verbinden und als beſon-

dere Bildung zur Wz. *mel (ſ. mahlen) zu
faſſen. Dann wäre die nhd. Umformung
von Miltau zu Meltau, die übrigens die
Maſſe der Mundarten nicht vollzogen hat, nicht
volkſetym., wie bei der erſten Deutung. Die
äußere Erſcheinung von Eryſibe (z. B. am
Laub junger Eichen) ſpricht für die zweite
Deutung.

Memme F. 'Feigling', ſo ſeit Luther 1524
Weim. Ausg. 16, 79. Dasſelbe Wort wie
das in ſeinem Urſprung lautmalende mhd.
memme, mamme 'Mutterbruſt', das als pars
pro toto zu 'Weib, weibiſcher Mann' geworden
iſt. Das Gebiet der Schelten iſt gewaltſamem
Bed.-Wechſel günſtig, vgl. Balg, Laſſe,
Lump, Racker, Range, Schelm, Tropf.

Menage F. Lat. mansio, -ōnis F. 'das
Bleiben, der Aufenthalt(sort)' ergibt über mlat.
mansionaticum frz. ménage M. 'Haushalt,
Wirtſchaft', das im 18. Jh. entlehnt und zu
Bedeutungen wie 'Truppenverpflegung, Speiſe-
korb' entfaltet wird, die Schulz-Basler 1942
Fremdwb. 2, 100 belegt.

Menagerie F. 'Tierpark' ſeit 1712 aus frz.
ménagerie F. entlehnt, das zunächſt 'Hühner-,
Viehhof' bedeutet und ſich demgemäß zu
Menage ſtellt: Schulz-Basler 1942 Fremdwb.
2, 101.

Menetekel N. 'Warnungsruf': der Anfang
der warnenden Inſchrift, die an der Wand
von Belſazars Königsſaal erſchien. Die Deutung
'Gezählt, gewogen, zu leicht befunden' ſtammt
von Dan. 5, 25ff.: Lokotſch 1927 Etym. Wb.
1456ᵃ.

Menge F. Mhd. manige, menige, menje,
meine 'Vielheit, große Zahl, Schar', ahd.
managī, menigī, aſächſ. anfr. menigī, mnl.
meneghe, afrieſ. menie, agſ. menigu, got.
managei führen auf germ. *managīn- F.
Daneben germ. *man(a)gia- N. in anord.
mengi, älter dän. mænge, und germ. *managi-
þō F. in mnd. mennichte, mnl. menichte, nnl.
menigte, agſ. menigdu, norw. mengd, dän.
mængde, ſchwed. mängd (vgl. ſchwed. längd
neben Länge). Menge iſt Adj.-Abſtr. zu
manch (ſ. d.) wie Höhe zu hoch. Außergerm.
vergleichen ſich aſlav. münožistvo, -žina und
lit. minia 'Menge'.

mengen ſchw. Ztw., mhd. mengen 'miſchen'
aus dem Md. ins Hd. gelangt, in ahd. Zeit
einmal mengan als fränk. (Iſid.); aſächſ. men-
gian, mnl. menghen, afrieſ. mendza, agſ.
mengan, mengl. mengen 'miſchen' (engl. die
Weiterbildung mingle). Dazu aſächſ. gimang,
agſ. gemong 'Gemenge, Schar', on gemong
(engl. among) 'unter, zwiſchen'; ebenſo aſächſ.
an gimang, woher nd. mang als Präp. 'unter,
zwiſchen'. Aus alledem ergibt ſich eine weſt-

germ. Wz. *mang 'miſchen', die dem Obd.
früh abhanden gekommen iſt. Urverwandt
ſind gr. μάσσω 'knete' (ſ. Maſſe), aſlav.
męknąti 'weich werden' mǫka 'Mehl', alle
zum idg. Verbalſtamm *menq- 'kneten'. Weſtgerm. *mangjan war der heimiſche Vorläufer
des fremden miſchen, ſ. d.

Mennig M. 'rotes Bleioxyd': die künſtlich
aus Bleiweiß hergeſtellte Verbindung iſt dem
Altertum u. Mittelalter fremd. Die alten
Zeugniſſe meinen Zinnober (rotes Schwefel-
queckſilber), das im Naturzuſtand vorkommt
und ſchon Plinius bekannt war: M. Förſter
1923 Beiblatt zur Anglia 34, 101. Spätahd.
minig M., mhd. minig M., ſpätmhd. mēnig,
mnd. minic, men(i)ge, nl. menie, dän. menje;
ſchwed. mönja. Lat. minium 'Zinnober' (ein
Wort iberiſcher Herkunft) iſt in ahd. Zeit entlehnt. Dazu Miniatur. Junges ë für i im
Fremdwort wie bei Becher, Meſſe, Pech,
Semmel, Senf; g aus j zwiſchen Vokalen
nach unbetonter Silbe wie in Käfig, Metzger,
Venedig.

Menſch M. N. mhd. mensch(e), ahd. mennisco, älter mannisco, aſächſ. mennisco, mnl.
mensche, afrieſ. männ(i)ska. Weſtgerm. Subſtantivierung ('humanus' ſteht für 'homo')
unſeres älteſten Adj. auf -iſch, das mit Suffix
germ. -iska von mann 'homo' abgeleitet iſt:
got. mannisks, anord. menskr, agſ. mennisc, afrieſ. aſächſ. mannisk, ahd. mennisc
'menſchlich'. Ebenſo ſteht aind. manuṣyá
Adj. 'menſchlich', M. 'Menſch' neben mánu(ṣ)
'Menſch'. Daneben beſteht die Möglichkeit,
ahd. aſächſ. mennisco M. als 'den von Mannus (dem bei Tacitus, Germ. 2 bezeugten
Urvater der Germanen) Stammenden' aufzufaſſen. — Das N. als Genus für Menſch
tritt im Mhd. auf, bis ins 17. Jh. ohne verächtlichen Nebenſinn, gern für weib. Dienſtboten.
Dies ging im 18. Jh. verloren; fortan die
ſittliche Wertung.

Menſchenfeind M. Lehnüberſetzung von gr.-
lat. mis-anthropus, gebucht ſeit Alberus 1540
Dict. r 2ᵇ. Menſchenfreund M. für phil-
anthropus folgt erſt bei P. Fleming († 1640):
Zſ. f. d. Wortf. 4, 130. 13, 201.

Menſchenfreſſer M. Lehnüberſ. von gr.-lat.
anthropo-phagus, kaum vor Opitz († 1639).

menſchenmöglich Adj. Mit Erſparnis einer
Bildungsſilbe (Steglich 1902 Zſ. f. d. Wortf. 3,
1ff.) aus menſch- und möglich (Behaghel
1898 Wiſſ. Beih. zur Zſ. d. Sprachv. 3, 147).
Im 16./17. Jh. ſteht menſchlich und müg-
lich, im 17. Jh. und mehrfach bis J. Paul
menſchmüglich, ſeit Wieland und Tieck
menſchenmöglich: DWb. 6, 2062. 2085. 2089.

Menſchenrecht N. Feldmann Zſ. f. d. Wortf.

6, 331. 13, 271 zeigt an Beispielen aus Moser und Zimmermann, daß bei uns seit 1761 Menschheitsrechte erörtert werden. Staatsrechtl. Bedeutung erlangen sie durch ihre Anerkennung auf dem nordamer. Kongreß am 4. Juli 1776. Die von Lafayette beantragte Déclaration des droits de l'homme (Aug. 1789) geht auch in die folgenden republ. Verfassungen über. Bei uns betont, nachdem das Wort Menschenrecht schon Schnüffis 1695 Maultrommel 57 gebraucht hatte, Dohm 1777 Teutscher Merkur 3, 266 das „Gefühl vom Menschenrecht"; die weitere Entwicklung verfolgt Ladendorf 1906 Schlagwb. 201 ff.

Menschentum N. als Sammelbegriff im Sinne unserer Menschheit für frz. humanité seit Logau 1654 Sinnged. 1, 8, 69. Im neuen, vertieften Sinn, zugleich als Ersatz für Humanität, kaum vor Eschenburg: Campe 1813 Wb. z. Verd. 356[b]; Wh. Pfaff 1933 Kampf um dt. Ersatzwörter 39.

Menschlichkeit F. Mhd. menschlicheit 'Menschheit' wird in frühnhd. Zeit vergessen u. erscheint erst wieder gegen Ende des 17. Jh. Es bedeutet 'Menschsein' bei Gottsched 1732 Sterb. Cato S. 74, 'menschl. Unvollkommenheit' bei Moser 1761 Beherzigungen S. 9. Doch kennt dieser S. 18 auch schon die Bed. 'Humanität', in der noch Herder 1794 Suphans Ausg. 17, 137 das Wort ablehnt. Durchgesetzt haben es Jean Paul seit 1781 u. Goethe 1799: Wh. Pfaff 1933 Kampf um dt. Ersatzwörter 40 f.

mensendiecken Ztw. 'nach frauenärztl. Vorschrift turnen' nach der Berliner Ärztin Mensendieck. Zur Namengebung vgl. Kremser, Bertiko, Zeppelin, ballhornisieren, morsen, röntgen. Der Fam.-Name setzt einen gleichlautenden Ortsnamen voraus. Mense ist fries. Koseform zu Meinhard, dik s. u. Deich.

Mensur F. Lat. mensūra F. 'das Messen' ist als 'Takt, Zeitmaß in Musik und Tanz' seit Mitte des 15. Jh. Fachwort der dt. Musik. Als 'Abstand der Fechter im Zweikampf' tritt M. um 1600 auf: Schulz-Basler 1942 Fremdwb. 2, 101. Von hier aus wird es zu 'Zweikampf', so in stub.-sprachl. Quellen seit 1822: Kluge 1895 Stud.-Spr. 107. Zum Bed.-Wandel vgl. Kampf.

Mentor M. Telemachs Vormund in Homers Odyssee 2, 267 ff. ist namentlich durch Fénelon 1699 Aventures de Télémaque zu 'Hofmeister, Ratgeber' geworden, im Deutschen (nach Schulz-Basler 1942 Fremdwb. 2, 102) seit Zachariae 1754.

Menuett N. aus frz. menuet ('Tanz mit kleinen Schritten', zu menu 'klein' aus lat.

minutus) entlehnt, 1711 als Mask. menué im Reim auf assemblée, nachmals lange als Fem. Menuette: Schulz-Basler 1942 Fremdwb. 2, 103.

Mergel M. Das Gemenge von Lehm und kohlensaurem Kalk ist in Westeuropa zuerst von Kelten benannt, bei denen die Mergeldüngung (s. ausmergeln) nach Varro, De re rustica 1, 7, 8 früh beliebt war. Als gall. Wort bezeichnet Plinius, Hist. nat. 17, 42 lat. marga F. 'Mergel'. Aus agall. margā (zur Deutung Charpentier, Bezzenb. Beitr. 30, 166) sind ital. span. marga entlehnt. Daneben ist agall. *margilā zu erschließen aus mlat. margila. Auf diesem beruhen einerseits afrz. marle mit den daraus entlehnten engl. kymr. marl, pikard. merle mit dem daraus entlehnten breton. merl, anderseits alle germ. Formen. Spätahd. gilt mergil, mnl. merghel, mhd. mnd. nnl. dän. mergel, schwed. (seit 1639) märgel. Zur Sache M. Heyne 1901 Nahrungswesen 42 f.

mergeln s. ausmergeln.

Merino M. Das Merinoschaf ist nach dem Berberstamm der Beni Merin benannt: Littmann 1924 Morgenl. Wörter 80. Unter seinem span. Namen merino M. wird es 1765 nach Kursachsen eingeführt, Elektoral(wolle) 'Kurfürstenwolle' heißt in der Folge die feinste Wollsorte: F. Seiler 1924 Entw. d. dt. Kultur 3[2] 169.

merken schw. Ztw. Mhd. ahd. merken, merchen 'achthaben, wahrnehmen, verstehen', mnd. mnl. nnl. merken, afries. merkia, agf. mearcian, anord. merkja, dän. merke, schwed. märka führen auf germ. *markian. Daneben ahd. marchōn, -kōn, asächs. markon, engl. mark, anord. norw. marka aus germ. *markōn: Ableitungen zu Marke, s. d. Afrz. merchier 'bezeichnen' ist aus dem Germ. entlehnt.

Merle s. Amsel.

meschugge Adj. 'verrückt' aus gleichbed. hebr. mĕschuggá', Part. zu schāgag 'hin- und herwanken, irren'.

Mesner M. Zu mlat. mansio (s. Menage) gehört mansionarius 'custos et conservator aedis sacrae'. Noch innerhalb des Roman. fällt nach dem anlautenden m das erste n aus (altlomb. masenar 'Kirchendiener', afrz. mesnier 'Diener'). Mlat. *masinarius ergibt über spätahd. mesināri, -re (Graff 2, 875), mhd. mesnære 'Küster', woraus unter Anlehnung an Messe[1] messnære entsteht (dagegen mlat. mæslere). Tirol. schwäb. alem. Mesmer hat sich nach den Ableitungen zu -heim-Orten (Mannemer zu Mannheim) gerichtet.

Messe[1] F. ahd. missa, mëssa, mhd. misse, mësse, agf. mæsse 'Messe als Gottesdienst, kirchl. Feſt, Jahrmarkt', engl. mass. Aus der Formel, mit der der Diakon die zum Abendmahl nicht Berechtigten entließ 'ite, missa est (concio)' entſteht mlat. missa (das ahd. vorübergehend mit santa überſetzt wird) in den beiden Bed. 'incruentum Christianorum sacrificium' und 'Heiligenfeſt' (quod in eo missa sollemnis peragitur). Die Bed. 'liturgiſche Opferfeier', zuerſt bei Ambroſius 385, im 5. Jh. allgemein üblich, lebt auch in ital. missa, frz. messe. An die Bed. 'Heiligenfeſt' ſchließen ſich mlat. missa, mhd. mëſſe 'Jahrmarkt' (ſo zuerſt in Frankfurt a. M. 1329): 'ob populi frequentiam celebrari solet'. So iſt auch frz. foire 'Jahrmarkt' aus fēria 'Feiertag' entwickelt. S. Feier, Lichtmeß, Mette, None, Opfer, Beſper. Zur Entwicklung von e aus i im Lehnwort ſ. Becher, Mennig, Pech, Semmel, Senf.

Meſſe² F. 'gemeinſamer Speiſeraum der Offiziere an Bord', in hd. Quellen (nach Kluge 1911 Seemannsſpr. 578) ſeit 1864. Lehnwort aus engl. mess, das zur Bed. 'Tiſchgeſellſchaft' aus der älteren 'Gericht, Speiſe' gelangt war, im Einklang mit afrz. mès aus lat. missum 'das (aus der Küche) Geſchickte'.

meſſen ſt. Ztw. mhd. mëʒʒen, ahd. mëʒʒan, aſächſ. anfr. agſ. mëtan, engl. mete, mnl. nnl. meten, afrieſ. anord. norw. meta, ſchwed. mäta, got. mitan 'meſſen'. Das gemeingerm. Ztw., das auch in allerhand abgeleiteten Bedeutungen begegnet, hat viele germ. Verwandte, z. B. ahd. mëʒ N. 'Maß', mëʒʒo M. 'Metze', agſ. gemët N. 'Meſſen', anord. met N. 'Gewicht'; ſ. Maß, mäßig, Metze¹: ſämtl. zur idg. Wurzel *med-: *mod- 'meſſen'. Urverwandt ſind u. a. lat. meditor, gr. μέδομαι 'überlege', μέδιμνος 'Scheffel', μέτρον (aus *med-trom) 'Maß', air. midiur 'ſchätze', med 'Maß' neben lat. modus 'Maß, Art', modius 'Scheffel', modestus 'beſcheiden', aind. masti- (aus *mad-ti-) 'Meſſen, Gewicht'.

Meſſer N. mhd. mëʒʒer, der neue Nom. hergeſtellt aus dem ſcheinbaren Gen. mëʒʒeres, der aus ahd. mëʒʒiras lautgerecht entwickelt war. Dies ſteht für älteres mëʒʒirahs; darin iſt, wie die Nebenform mëʒʒisahs beweiſt, das inlautende r zwiſchen ʒʒ und dem auslautenden s diſſimilatoriſch entwickelt; auch agſ. meteseax, aſächſ. mezas (für *mët-sahs, mnd. me(t)s(e)t (entlehnt zu anord. mëʒ), mnl. me(t)s zeigen das urſpr. s. Damit wird als Grundwort von weſtgerm. *mati-sahs ahd. sahs, agſ. seax N. 'Schwert' erkennbar, zu dem auch der Name der Sachſen gehört und das, urverw. mit lat. saxum 'Stein', eine Erinnerung an die Steinzeit birgt (vgl. Hammer). Das Beſtimmungswort, got. mats M., anord. matr, mata,

agſ. afrieſ. mete, aſächſ. mat, mẹti, ahd. maz 'Speiſe', kehrt in Maſtdarm, Maßholder, Maßlieb, Mettwurſt und Muswieder. Außergerm. vergleicht ſich am nächſten ir. maisse 'Speiſe'. Das Meſſer iſt urſpr. das auch bei der Speiſe gebrauchte Schwert: Zſ. f. vgl. Sprachf. 26, 82; Zſ. f. dt. Alt. 42, 57; Behaghel 1928 Geſch. d. dt. Spr. 515. Vgl. Säge.

Meſſerbänkchen N. heißt das metallene oder gläſerne Gerät, auf das man bei Tiſch das Beſteck legt, faſt im ganzen Sprachgebiet, Meſſerblock in Roſtock, Meſſerbock, -böckchen von der Unterelbe über Weſtfalen bis Düſſeldorf, Beſteckſchemele neben Meſſerbänkle in Württemberg, Raſtl (aus ital. rastello 'Gitter') in Öſterreich: Kretſchmer 1918 Wortgeogr. 334. Glasböckchen ſchreibt Dav. Friedr. Strauß aus Heidelberg 1860 an ſeine Tochter: Briefe hg. von Fr. Heuſler 1921 S. 40.

Meſſing N. Nach den Moſſynoiken im Nordoſten Kleinaſiens, die nach Pſeudo-Ariſtoteles die Legierung zuerſt herſtellten, heißt ſie gr. Μοσσύνοικος χαλκός. Von Byzanz ſcheint die Kenntnis des Metalls zu den Slaven gelangt zu ſein (vergleiche tſchech. mosaz, poln. mosiądz), von da zu den Germanen, unter denen die Deutſchen das Wort wohl nur zufällig ſpät aufweiſen: frühmhd. (um 1100) messinc, mhd. auch missinc, möschinc, mnd. missink, mnl. messinc, missine, agſ. (ſeit 950) mæs(t)ling, mæslen(n), ſpätanord. messing, mersing, massing. Anders M. Vasmer 1947 Zſ. f. ſlav. Phil. 19, 450. Nachträgl. Anlehnung an ahd. massa 'Metallklumpen' erklärt Formen wie mhd. mess(e), mnl. nnl. mes. O. Schrader, Sprachvergl. und Urgeſch. ³2, 74.

meſſingiſch Adj. 'Miſchſprache aus Nieder- und Hochdeutſch'. Die hd. Literaturſprache hieß nach ihrer oſtmd. Heimat ſeit 1450 nd. mysensch 'meißniſch'. Niederdeutſchen wie dem Hamburger Pfarrer David Wolder (1596) war die Vermiſchung „der rechten, purreynen Saſſiſchen ſprake mit der Misniſchen" ein Greuel. Verglich ein ſo geſtimmter Nd. den hd. Beſtandteil des Gemenges mit dem anſpruchsvollen, eingeführten Kupfer, den nd. mit dem beſcheidenen, heimiſchen Zink, ſo erſchien die Miſchung als Meſſing, mysensch wurde zu messingsch; ſo zuerſt bei Mantzel 1761 Bützowſche Ruheſtunden 1, 68: Götze 1917 Grenzb. 76, 3, 314; Kluge 1918 Von Luther bis Leſſing 108. 140.

Meſtize M. 'Miſchling von Weißen und Indianern', 1598 entlehnt aus ſpan. mestizo, das über mlat. *mixticius aus lat. mixtus, Part. zu miscēre 'miſchen', gebildet iſt: Schulz-Baſler 1942 Fremdwb. 2, 104f.; Palmer (1939) 96.

Met M. das älteste unsrer geistigen Getränke. Ahd. mëtu, mito, mhd. mët(e), mnd. nl. afries. mëde, ags. mëdu, engl. mead, anord. mjǫðr, dän. mjød, schwed. mjöd führen auf germ. *medus M. In der Kaiserzeit ist das germ. Wort als medus 'Honigwein' ins Lat. entlehnt; daraus afrz. mietz usw. Jdg. *medhu N. wird als gegorenes Getränk der Urzeit erwiesen durch aind. mádhu 'Honig(trank)', avest. maðu 'Beerenwein', toch. B mit 'Honig', gr. μέθυ 'Wein', air. mid (Gen. medo), akorn. medu, bret. mez, akymr. med, kymr. medd 'Met', überall mit Ableitungen. Wandel zum M. wie im Germ. auch in aslav. medŭ, lit. medùs 'Honig' (woneben midùs 'Met' als Lehnwort aus got. *midus). Voraus liegt das Adj. aind. mádhu- 'süß', dessen Substantivierung 'Süßes' nach der frühen Zufallsentdeckung des Gärvorgangs am wilden Honig die Bedeutung 'gegorener Honigtrank' übernahm: E. Schröder 1916 Realleg. d. germ. Alt.-Kde. 3, 217. Finn. mete, lapp. mītt, mordw. m'ed', magy. mēz 'Honig' führt H. Güntert 1932 Zf. f. dt. Bildg. 8, 4 als Zeugen für Urverwandtschaft des idg. mit dem finn.-ugr. Sprachstamm an.

Metall N. mhd. metalle, metele N.: im 13. Jh. entlehnt aus lat. metallum, das aus gr. μέταλλον stammt. Dies bedeutet urspr. 'Grube, Stollen', dann erst 'das darin Gefundene'. Man vermutet semit. Ursprung.

Meteor N. 'Sternschnuppe, Feuerball'. Zu gr. μετέωρος 'in der Höhe' (zu αἰώρα F. 'Schwebe') gehört als subst. N. μετέωρον 'Himmels-, Lufterscheinung'. In dt. Texten seit 1627, zunächst mit lat. Endung: Schulz-Basler 1942 Fremdwb. 2, 106.

Metier N. 'Handwerk' seit 1710 aus frz. métier, das über afrz. mestier auf vulgär-lat. *misterium, lat. ministerium N. 'Dienst, Amt' zurückgeht: Schulz-Basler 1942 Fremdwb. 2, 107.

Mette F. Der morgendliche Nebengottesdienst, der wie die Vesper auch für Laien bestimmt war, hieß kirchenlat. (laudes) mātūtīnae. Über roman. mattīna ist daraus spätahd. mattīna, mëttina, mhd. mëttī(n), mëtten(e) entstanden. Gleichbed. air. maten hat denselben Ursprung, ebenso frz. matin, akorn. mëtin, kymr. meitin, bret. mitin 'Morgen'.

Metten Plur. Die im Spätsommer fliegenden weißen Fäden einer Feldspinne (DWb. 14, 1, 410) heißen nd. summermetjen, mettken-, metjensomer. Mettke ist nd. Kurzform zu Mechthild (Dähnert 1781 Plattd. Wb. 305), die Namengebung steht somit parallel zu Frauen-, Marienfäden, -garn: die Vermutung liegt nahe, die niedersächs. Heilige

Mathilde († 968) sei auf ihrem Gebiet an die Stelle der Gottesmutter getreten. In hd. Text spricht Voß 1795 Luise 3, 27 von Mettengewebe, Klopstock von Metten.

Mettwurst F. In hd. Text nicht vor Fischart 1575 Garg. 77 Ndr., Lehnwort aus nicht verschiebenden Mundarten, wo schon mnd. mnl. metworst 'Fleischwurst' eine Rolle spielen. Bestimmungswort ist nd. mett, das auf germ. *matja- 'Speise' beruht, aber (wie engl. meat) seine Bed. verengt hat auf 'Fleisch, bes. Schweinefleisch ohne Speck': Bauer-Collitz 1902 Waldeck. Wb. 160; L. Berthold 1932 Hessen-nass. Volkswb. 2, 318. Vgl. Mastdarm, Maßholder, -lieb, Messer, Mus.

Metz M. in Steinmetz, mhd. steinmetze, ahd. steinmezzo, begegnet zuerst als volkslat. matio 'fabricator aedis' in den Reichenauer Glossen (Südfrankr. 6./7. Jh.: F. Kluge 1901 Pauls Grundriß I² 333), dem ein galloroman. *matsio entspricht. Dies ist wohl mit Einsetzung einer roman. Endung entlehnt aus westgerm. *mak(j)ō M. zu asächs. makōn 'machen, richten, bauen', im Kern eins mit lat. mac(h)iō, frz. maçon, engl. mason 'Maurer'.

Metze[1] F., mhd. mëtze, ahd. mëzzo M. (im Obd. ist das Wort noch heute M.; das nhd. F. stammt aus dem Ostmb.), mnd. mëtte, ags. mitta 'Maß, Scheffel'. Mit altem ë (bestätigt durch die Formen obb. Mundarten) zur Wurzel des st. Ztw. messen, s. d. Zur idg. Wurzel *med-: *mod- gehört lat. modius 'Scheffel', gemeinroman. *modiu, das etwa gleichzeitig mit Immi, Münze und Pfund ins Westgerm. entlehnt ist: mhd. mütte, ahd. mutti, asächs. muddi, ags. mydd. Zur Sache A. Luschin v. Ebengreuth 1916 Realleg. d. germ. Alt.-Kde. 3, 219. Vgl. Himten.

Metze[2] F. 'leichtfertige Dirne' mhd. mëtze: mit dem Suffix -iza der weibl. Koseformen zum ersten Bestandteil des Mädchennamens Mechthild gebildet. Die Zeugnisse für mëtze 'meretrix' setzen 1418 ein: H. Fischer 1914 Schwäb. Wb. 4, 1645. — Vgl. Metten.

metzeln Ztw. 'niederhauen', so seit dem 16. Jh. allgemein. Im 15. Jh. mëtzel(e)n vom Schlachten des Viehs, dazu am Mittelrhein Mëtzler 'Metzger'. Entlehnt aus mlat. macelläre, macellārius, zu lat. macellum 'Markt', das seinerseits über spartan. μάκελλον N. 'Gehege, Gitter' entlehnt ist aus hebr. makhela 'Hürde, Umzäunung'.

Metzger M. mit g aus j (vgl. Käfig, Mennig): mhd. mëtzjer, älter mëtzjære, dem Lautgepräge nach ein Fremdwort, in mhd. Zeit übernommen aus mlat. matiärius 'Wurstler' zu matia 'Darm', das über den Mittelbegriff 'Wurst' aus thessal. ματτύη 'gewürztes Fleischhäcksel' entwickelt ist. Zum roman. Lehnwort stimmt die Verbreitung von Metzger im Westen und Süden des Sprachgebiets: Kretschmer 1918 Wortgeogr. 415f.

meuchel= als erstes Glied von Zus=Setzungen, mhd. miuchel- 'heimlich'. Alter Meuchler, mhd. miucheläre, ahd. mūhhilāri 'Meuchel-mörder' mit mūhhilswërt 'Schwert zum Meu-chelmord', mūhhāri, mūhh(e)o 'Wegelagerer', mūhhen, mūhhōn 'aus dem Hinterhalt an-fallen'. Ferner mhd. vermūchen 'heimlich auf die Seite schaffen', mocken 'versteckt liegen', engl. mundartl. miche (agf. *mȳcan) 'versteckt sein', mengl. micher 'Dieb'. Die Sippe weist auf eine Wz. germ. *mūk, idg. *mūg 'heimlich auflauern'. Dazu air. ru-múgsat 'sie haben versteckt' und wohl auch lat. muger 'Falschspieler'. S. mucken.

Meute F. Mlat. *movita 'Bewegung' ergibt afrz. muete 'Aufstand, Erhebung; Jagd-zug'. Das daraus abgezweigte frz. meute F. 'Koppel Jagdhunde' wird mit den Fachwörtern der Parforcejagd entlehnt und erscheint seit Döbel 1746 Jägerpract. 2, 91b. Zu frz. meute (später émeute) F. 'Aufruhr' ist um 1500 frühnhd. meutmacher 'Aufrührer' ge-bildet, Meuterei folgt 1507 Wilwolt v. Schaumburg 152.

mich f. mein.

Midder N. 'Kalbsmilch' von Westfalen bis Bremen, zuerst im Brem. Wb. 1768, Kalbs-midder auf den Speisekarten des Norddd. Lloyds: Kretschmer 1918 Wortgeogr. 248f. Wohl zu mnd. middere 'Zwerchfell', dessen dd aus dg entstanden ist, vgl. die unter Garn entwickelten agf. micgern, älter midgern 'Fett', ahd. mitti(la)garni 'Eingeweidefett'. Zur Synonymik f. Bröschen, Kalbsmilch.

Mieder N. 'Kleidungsstück vor allem der Frauen, urspr. zwischen Hemd und Rock ge-tragen, das den Oberleib umschließt'. Bis ins 18. Jh. Müder: die Entrundung ist aus md. oder obd. Mundarten ins Nhd. gelangt (wie bei Griebs und Striezel aus mhd. grübez, strützel). Mhd. steht übermüeder N. 'ärmel-loses Leibchen, über dem Hemd getragen' neben müeder, muoder N., das die Bed. 'Leibchen' mit der älteren 'Bauch, rundlicher Leib' ver-eint. Die Bed. ist vom Körperteil auf das diesen bedeckende Gewand übergesprungen wie bei Armel, Beinling, Däumling, Fäust-ling, Korsett, Leibchen, Schnürbrust, -leib. Zuletzt ist der Bed.=Wandel vollzogen in and. mȯder, afrief. mȯther 'Brustbinde der Frauen'; die Ausgangsbed. zeigt ein seltenes ahd. muodar 'alvus, Bauch (einer Schlange)'. Vergleichbar ist die Bildung von gr. μήτρα 'Gebärmutter' und lat. mātrīx 'Mutterleib',

was auf Verwandtschaft mit Mutter führt. Zur Sache M. Heyne 1903 Körperpfl. und Kleidung 314.

Miene F. Frz. mine F. (im 15. Jh. entlehnt aus breton. min 'Schnauze, Mund, Gesichts-züge') erscheint 1648 in nhd. Texten, noch von Grimmelshausen 1669 Simpl. 81 Ndr. durch lat. Lettern als Fremdwort gekennzeichnet. Die graphische Scheidung von Mine F. (f. d.) wird von Steinbach 1734 angebahnt, von Adelung 1777 durchgesetzt: Schulz=Basler 1942 Fremdwb. 2, 109f. Die Wendung „gute Miene zum bösen Spiel machen" beruht auf frz. faire bonne mine à mauvais jeu und ist Vorbild für dän. gjøre gode miner til slet spil, schwed. hålla god min i elakt spel.

Miesmuschel F. 'Mytilus', gebucht seit Adelung 1777. Bestimmungswort ist mhd. mies 'Moos', f. Moos[1].

mies Adj. 'häßlich' aus neuhebr. mĕʾis 'verächtlich, abstoßend'. Dazu (wohl von der Börse ausgehend) Miesmacher M. 'Flau-macher': Littmann 1924 Morgenl. Wörter 47f. Dagegen Mießnick stammt aus poln. miecznik 'Schwertfeger': Gottschald 1942 Dt. Namenkde. 351.

Miete[1] F. mhd. miete, ahd. mieta, miata, älter mēta, asächf. mēda, agf. mēd, engl. meed 'Lohn, Bezahlung'. Unklar bleibt das lautl. Verhältnis zu got. mizdō, agf. meord 'Lohn': Hirt 1931 Handb. des Urgerm. 1, 33. Got. mizdō (aus vorgerm. *mizdhā) ist urverw. mit gr. μισθός M., aslav. mizda F., avest. mižda N. 'Lohn', aind. mīdhá- (für *mizdhá-) 'Wett-kampf, Beute' (urspr. wohl 'Kampfpreis', vgl. aind. mīdhvás Adj. 'reichlich spendend'). Luthers obd. Zeitgenossen war sein Miete, mieten, Mietling unverständlich (Kluge 1918 Von Luther bis Lessing 101. 109), heute grenzt sich nord- und md. Miete gegen südd. (Haus=) Zins ab: Kretschmer 1918 Wortgeogr. 334. Zur Sache: Puntschart 1916 Reallex. d. germ. Alt.=Kde. 3, 222f.

Miete[2] F. 'Heuschober, Fruchtgrube'. Lat. mēta ist in seiner Bed. 'kegelförmiger Heu-schober' (woher auch gleichbed. ital. meta, churwelsch meida) früh entlehnt und hat mnl. mnd. mīte (nnl. mijt 'Haufen Holz oder Heu') ergeben. In nd. Gestalt gelangt das Wort im 18. Jh. ins Nhd.

Mietskaserne f. Kaserne.

Mieze F. als Kosename der weiblichen Katze (erst nhd.) kann entweder die auf das Tier übertragene Koseform zu Maria sein: dann stünde Mieze parallel zu Hinz, das aus 'Heinrich' zum Kosenamen des Katers geworden ist. Oder Mieze ist eine lautmalende Bildung (mī ist der Lockruf der Katze für ihre Jungen),

wie das verwandte ital. micio und die zuge=
hörige roman. Sippe. Lautnachahmungen sind
auch **mauen** und **miauen**.

Mignon M. Frz. mignon Adj. 'artig, nied=
lich' M. 'Günstling, Liebling, Geliebter', das
seit dem 13. Jh. belegt, aber nicht sicher ge=
deutet ist, gelangt um 1690 in seiner Bed.
'Günstling' zu uns. Goethe hat 1785 in Wil=
helm Meisters Theatr. Sendung das Wort
in der Bed. 'Liebling' beflügelt: Schulz=Basler
1942 Fremdwb. 2, 110.

Migräne F. Gr. ἡμικρανία F. (zu ἡμι(συ)
'halb' und κρανίον 'Hirnschale') liefert über
mlat. hemigrania frz. migraine 'einseitiger
Kopfschmerz', das zuerst 1703 in einem dt.
mediz. Werk erscheint: Schulz=Basler 1942
Fremdwb. 2, 110; Arch. f. Real=Wiss. 24, 176.

Mikado M. Im 19. Jh. wird der Kaiser von
Japan unter dem Titel mikado bekannt, der
aus mi 'erhaben' und kado 'Tor' besteht und
sich der Hohen Pforte als Bezeichnung der
türk. Regierung oder dem ägypt. Pharao 'hohes
Haus' vergleicht: Lokotsch 1927 Etym. Wb.
1468. Japan. Ursprungs sind auch Bonze,
Dschiu=Dschitsu, Geisha, Harakiri, Ki=
mono und Sojabohne.

Milbe F. mit nhd. lb aus altem lw wie
albern, Melber (s. Mehl), Schwalbe usw.
Mhd. milwe, ahd. mil(i)wa, mnd. mël(d)e
führen auf germ. *melwjō, idg. *melviā. Da=
neben agf. mælsceafa M., engl. malshave
'Raupe', anord. molr M., norw. mol, dän.
møl, schwed. mal, got. malō N. 'Motte':
mahlende, Mehl schabende Insekten. Mit aslav.
moli 'Motte' zu mahlen, Mehl, Melde.

Milch F. Mhd. milch, ahd. miluh, asächs.
miluk, mnl. mëlc, mnl. dän. melk, afries. më=
lok, agf. mioluc, engl. milk, anord. mjolk,
norw. schwed. mjölk, got. miluks F. führen
auf germ. *meluk- 'Milch'. Außergerm. ver=
gleicht man gleichbed. air. melg, mlicht, toch.
malke, serb. mljëza und russ. molózva 'Biest=
milch'. Weitere Verknüpfungen sind strittig,
so die mit lat. lac 'Milch', die nur denkbar
erscheint, wenn germ. *meluk- weitgehend
nach dem unverwandten melken (s. d.) um=
geformt sein sollte.

Milchdieb M. 'Kohlweißling' im fränk. Teil
Bayerns, gebucht seit Kirsch 1739 Cornu cop.
2, 237, beruht auf dem z. B. von Frisch 1741
Wb. 1, 663 bezeugten Glauben, Hexen in
Schmetterlingsgestalt entzögen den Kühen die
Milch. Ostmd. dafür das ältere Molkendieb.

Milch(n)er, Milchling M. 'Männchen der
Fische, bes. zur Laichzeit', zu Milch in seiner
Bed. 'Samen des männl. Fischs' (Zf. f. d.
Wortf. 6, 74). Mhd. (14. Jh.) milcher, (15. Jh.)
milchener, mnl. melker. Milchling kaum vor

Gesners Fischbuch übers. v. Forer (Zürich
1563) 2ᵇ, Gegensatz Rögling. S. Milz.

Milchzahn M. schon bei Fischart 1575 Garg.
440. Gr. νεογιλὸς ὀδούς.

mild Adj. mhd. milde, milte 'freundlich,
barmherzig, freigebig', ahd. milti 'gütig, gnä=
dig', asächs. mildi, afries. agf. milde, engl.
mild, anord. mildr, got. mildeis 'freundlich'.
Außergerm. vergleichen sich am nächsten aind.
mardhati 'vergißt, läßt im Stich', gr. μάλθη
'Wachs', μαλθακός 'zart', μάλθων 'Weich=
ling', aslav. mladŭ 'weich', air. meld 'zart':
mit d=Erweiterung zum idg. Verbalstamm
*mel- 'zerreiben', s. mahlen.

Miliz F. 'Kriegswesen; die nur im Kriegs=
fall aufgebotene Wehrmannschaft eines Lands':
nach lat. militia F. 'Kriegsdienst, =macht',
dies zu miles M. 'Soldat'. In eingedeutschter
Form kaum vor G. A. Böckler 1665 Schola
milit. 72 "bey der Miliz"; von Hamburger Ver=
hältnissen im Dienstagischen Mercurius 1681,
Nr. 10 „Sergeant unter hiesiger Miliz". Gleich=
zeitig Landmiliz, dagegen Bürgermiliz
erst 1764: W. Kurrelmeyer 1923 Mod. lang.
notes 38, 404; Schulz=Basler 1942 Fremdwb.
2, 113.

Milliarde F. Zu lat. mille 'tausend' ist mit
dem roman. Suffix -ard, das die Vergrößerung
anzeigt, frz. milliard M. 'tausend Millionen'
gebildet. Bei uns, wo es das Genus von
Million angenommen hat, begegnet das Wort
seit 1773, wird aber geläufig erst durch die frz.
Kriegsentschädigung 1871: Schulz=Basler 1942
Fremdwb. 2, 113f.

Million F. Die Zahl 1000000 wird im
16. Jh. ausgedrückt durch '10mal 100000'
Wilwolt v. Schaumburg 1507 S. 136, dawssent
mal dawssent H. Sachs 1540 Fabeln 65, 59.
Dafür wird ital. milione (lat. mille 'tausend'
mit roman. Vergrößerungssuffix -one) gebildet,
das seit dem 13. Jh. über Westeuropa ausstrahlt,
zunächst ohne bestimmten Zahlenwert, und in
Nürnberg 1448 nachzuweisen ist, außerhalb des
Geldverkehrs aber erst im 17. Jh. üblich wird.
Ins Balt. weiterentlehnt als lett. miljons.
Millionär kaum vor 1767 nach dem wenig
älteren frz. Vorbild: Schulz=Basler 1942
Fremdwb. 2, 114. Vgl. Billion.

Milz F., mhd. milz(e), ahd. milzi N. (aus
dem Hd. entlehnt ist ital. milza, daraus span.
melsa), mnd. mnl. afries. milte, mnl. engl. dän.
milt, agf. milt M., milte F., anord. milti,
schwed. mjälte 'Milz', norw. mjelte 'Milz;
Milch der männl. Fische' (vgl. Milchner).
Zum Geschlechtswandel des alten -ja=Stamms
s. H. Paul 1917 Dt. Gramm. 2, 116. Der Kör=
perteilname stellt sich zur Sippe von Malz (s.
d.) und bezeichnet die Milz als 'erweichende,

ſchmelzende Drüſe'. Entſprechend gehört kymr. leithen 'Milz' zu lleitho 'anfeuchten', llaith (aus idg. *lekto-) 'feucht', air. legaim 'ſchmelze' (urverwandt mit leck, ſ. d.). Der Name Milz iſt nur germ., wie Daumen, Finger, Hand, Zehe uſw., während Arm, Fuß, Herz, Niere, Rippe u. v. a. weiter zurückreichen: F. Stroh 1943 Dt. Wortgeſch. 1, 7 ff. Den idg. Namen der Milz ſ. u. Spleen.

Mimoſe F. Die Sinnpflanze (früher auch Fühlkraut) iſt mit dem nlat. Adj. mimosa 'nachahmend' (zu lat. mīmus 'Schauſpieler') benannt. Mimoſa begegnet im Engl. ſeit 1751, in nhd. Text zuerſt 1754: Palmer (1939) 154.

Minarett N. Aus arab. mināra 'Turm einer Moſchee, von deſſen Brüſtung der Muezzin fünfmal täglich die Gläubigen zum Gebet ruft', über gleichbed. türk. minaret in die Sprachen Europas gelangt. Voraus liegt arab. manāra 'Platz, wo Feuer oder Licht (arab. når) iſt', das mit arab. Artikel in ſpan. almenara 'Leuchte im Leuchtturm' fortlebt: Lokotſch 1927 Etym. Wb. 1463ᵃ.

minder Kompar. zu wenig, mit einem erſt nhd. d, das ſich als Gleitlaut zwiſchen n und r eingeſtellt hat, wie in Fähndrich; noch ſpäter iſt dieſes d in den Superl. mindeſt übertragen. Mhd. minre, minner, ahd. aſächſ. minniro, afrieſ. min(ne)ra, anord. minni: Kompar. zu luzzil 'wenig'. Hierzu das Adv. mhd. ahd. min (wie baz zu dem Adj. ahd. bezziro), agſ. min (in mindōm 'Kleinmut'), anord. minne. Das Got. bewahrt die germ. Form des Kompar. minniza; dazu das Adv. got. mins aus germ. *minniz (Kompar.-Endung idg. -is wie in lat. magis 'mehr'). Der zugehörige Superl. iſt mhd. minneſt, ahd. aſächſ. minnist, afrieſ. minnusta, anord. minnstr, got. minnists. Einen Poſitiv bildet der Stamm ſo wenig wie beſſer, eher, ſeit. Das nn iſt (wie in dünn, Kinn, Mann, rinnen) über nw aus nu entſtanden; demgemäß entſprechen lat. minuere, gr. μινύειν 'mindern', μίνυνθα Adv. 'ein wenig'. Ferner vergleichen ſich lat. minor, minimus, aſlav. mĭnĭjĭ 'kleiner', aind. minóti 'mindert': idg. *mi-neu 'mindern', *minus 'weniger'. Verwandte Sprachen zeigen auch die Hochſtufe mit ei-Vokalismus: gr. μείων 'geringer', akymr. mein, kymr. main 'dünn'. Ob akorn. muin 'klein', bret. moan 'ſchmal', kymr. mwyn 'fein' (mit abrit. ē, idg. ēi) dazu gehören, iſt fraglich.

Minderheit F. Für Minorität, das aus frz. minorité während der Revolution zu uns gelangt und ſeit 1792 zu belegen iſt (Schulz-Basler 1942 Fremdwb. 2, 119), bucht Kramer 1787 Minderkeit. Campe ſetzt Minderheit

durch: Wb. der Verd. (1813) 422ᵇ. Daß Notker um 1000 ahd. minnirheit für mlat. minoritas gebildet hatte, wußten beide nicht. Mhd. hatte daz minner teil gegolten. Vgl. Mehrheit u. Wh. Pfaff 1933 Kampf um dt. Erſatzwörter 41.

minderjährig Adj. Lehnüberſetzung des mlat. minorennis (Schulz-Basler 1942 Fremdwb. 2, 118), zuerſt bei Seb. Brant 1509 Laienſp. A 1ᵇ. Minderjährigkeit F. für minorennitas ſeit Morhof 1682 Dt. Ged. 442.

mindeſtens Adv. Konjunkt.: genitiv. Umbildung aus zum mindeſten, frühnhd. zum minſten (wie wenigſtens aus zum wenigſten). Satz oder Satzglied, in dem m. ſteht, enthält eine Einſchränkung des Vorhergehenden: Behaghel 1928 Dt. Syntax 3, 211.

Mine F. Gallorom. *mīna 'Erzgrube', das als Sammelbildung zu mir. mēin, kymr. mwyn 'Roherz' gehört, gelangt über frz. mine zu uns und erſcheint ſeit 1663 mehrfach in der Bed. 'Erzgang, -grube', früher und regelmäßiger aber (ſeit 1597) als 'Pulvergang, Sprenggrube' bei Belagerungen und Stellungskampf nach frz.-ſpan. Art: Zſ. f. d. Wortf. 14, 33. 65. 77; Schulz-Basler 1942 Fremdwb. 2, 115 f. Zur graphiſchen Scheidung von Miene ſ. d.

Minne F. ahd. minna, aſächſ. minnea, mhd. mnl. afrieſ. minne 'Liebe', über 'liebendes Gedenken' entwickelt aus der urſpr. Bed. 'Gedenken', die in anord. minni, got. ga-minþi N. vorliegt und das Wort mit dem verwandten agſ. mynd, engl. mind 'Sinn, Gedenken', got. munan 'gedenken' und ſeiner Sippe verbindet. Sämtlich zur idg. Wz. *men- 'denken, geiſtig erregt ſein' in aind. man- 'meinen', gr. μένος 'Sinn', μιμνῄσκειν 'ſich erinnern', lat. meminī, reminiscor, mēns, monēre (ſ. Amneſtie). Seit dem ſpäteren Mittelalter war Minne in ſeiner Bed. geſunken, in den erſten Jh.en der Neuzeit unmöglich geworden. Durch Bodmers und Breitingers 'Sammlung von Minneſingern' 1758 f. neu belebt, wurden Minne, minnen, Minnelied uſw. namentlich durch die Dichter des Hainbunds ſeit 1773 wieder in Umlauf geſetzt. M. minnen 'lieben' und ſeine Sippe ſind ſtets lebendig geblieben: Kuhberg 1933 Verſchollenes Sprachgut 56.

Minneſold M. 'Liebeslohn'. Die in Wolframs Parzival mehrfach erſcheinende Formel der minnen ſolt ergibt die Zuſ.-Setzung minnenſolt bei Ulrich v. Liechtenſtein 433, 19. Sie wird (wie Minnelohn) aus Bodmers 'Minneſingern' (1758) neu belebt durch Wieland 1767 Idris 1 Str. 43, berühmt durch Schiller 1798 Wallenſt. Lager V. 1089 ff.

Minute F. Zu lat. minuere 'vermindern' (ſ. minder) gehört das Part. minūtus. Pars

minuta prima ist im Sexagesimalsystem des
Ptolemäus (2. Jh. n. Chr.) der kleinste Teil
erster Ordnung einer Größe, die durch 60 teilbar ist. Deren Unterteilung (pars minuta
secunda) liefert unser Sekunde. Das aus
jener Formel gekürzte mlat. minuta ergibt
(in Übereinstimmung mit frz. minute) 1418
frühnhd. minut '60. Teil einer Stunde', 1477
'60. Teil eines Grads', sonst 'kleinstes Gewicht
oder Stück': Schirmer 1912 Wortschatz d. Math.
45; Götze 1919 Anfänge e. math. Fachspr. bei
Kepler 125; Schulz-Basler 1942 Fremdwb. 2,
119.

Minze F. ahd. minza, mhd. minz(e), asächs.
minta, nd. agf. minte, mnl. mente; daneben
ahd. munza, mhd. münz(e), mnl. munte, nnl.
munt (aus dem Nd. entlehnt sind dän. mynte,
schwed. mynta): die Pflanze Mentha und andre
Sommerpflanzen mit aromatischem Kraut.
Der Name ist ins Westgerm. vor der hd. Lautverschiebung entlehnt aus gleichbed. lat. menta,
das mit gr. μίνθη aus einer wohl voridg.
Sprache Südosteuropas oder Kleinasiens zu
stammen scheint. Lat. e ist vor Nasal mit Kons.
zu i geworden wie in Ginster, Pfingsten,
Pinsel und Zins. Die Nebenformen mit u,
ü, y (Zs. f. dt. Wortf. 5, 22. 6, 189) sind lautlich
nicht zu erklären; sie beruhen wohl auf Quereinfluß von Münze. S. Pfefferminze.
Über gleichzeitige Entlehnungen der Garten-
und Kochkunst s. M. Heyne 1901 Nahrungsw.
88 ff.

Mirabelle F. tritt als Mirabellpflaume
1806 in den dt. Gesichtskreis: Schulz-Basler
1942 Fremdwb. 2, 118. Voraus liegt frz.
mirabelle 'gelbliche Pflaume' (so seit dem
17. Jh.), entlehnt aus ital. mirabella, einer
Umdeutung von mirabolano. Dies entlehnt
aus gr. μυροβάλανος, dem schwierigen Namen einer Frucht wohl arab. Herkunft.

mir nichts in der Ellipse 'mir nichts dir
nichts'. Stieler 1691 Sp. 883 erklärt: nec
mihi nocet, nec tibi. Belege DWb. 7, 723.

mischen schw. Ztw., ahd. miskan, mhd.
mischen, müschen, md. missen, mnd. mischen,
agf. miscian, engl. mix. Den andern germ.
Sprachen fremd. Westgerm. *miskan ist mit
dem röm. Weinhandel (s. kaufen) entlehnt
aus gleichbed. lat. miscēre, das gemeinroman.
fortlebt, z. B. in ital. mescere, prov. meysse
'einschenken', während es im Frz. durch mêler
(über mesler aus vulgärlat. *misculāre, das
auch ahd. misculōn, schwäb. mislə ergeben hat)
ersetzt ist. Lat. misceō aus *mikskō mit präsent. sk (s. forschen, waschen, wünschen)
zum idg. Verbalstamm *meik-, der in lit. su-
mìšti 'sich vermengen' und gr. μιγνύναι
'mischen' vorliegt. Das alte Lehnwort mischen

hat das heimische mengen (s. d.) aus einem
Teil seines Gebiets verdrängt: O. Behaghel
1921 Beitr. 45, 132; Th. Frings, Germ. Rom.
(1932) 66; M. Leumann 1941 Idg. Forsch.
58, 124.

Mischmasch M. erscheint im 16. Jh. als
mischmesch S. Rot 1571 Dict. D 1ᵃ und
ist nach Thurneysser 1583 Onomast. 167 vielleicht von Paracelsus († 1541) gebildet. Die
nd. Form miskmask wird Vorbild für frz.
micmac, das Ant. Thomas, Romania 42, 81
seit dem 17. Jh. nachweist.

Mischpoche F. '(jüdische) Familie' aus hebr.
mischpāhā 'Stamm, Genossenschaft'. Gaunersprachl. Schelte der Geheimpolizisten: L.
Günther 1919 Gaunerspr. 92; auch von der
Gesamtheit der Insassen einer Strafanstalt:
das. 112.

Misel N. ein Lieblingswort des jungen
Goethe: als Straßburger Erinnerung ist ihm
das elf. Demin. zu mūs F. 'Maus' als Anrede
für junge Mädchen geblieben. Selbständig
bildet er dazu miseln 'lieben'.

Miselsucht F. 'Lepra', ahd. misal-, mhd.
miselsuht, im 15. Jh. durch Aussatz (s. d.)
verdrängt, in unsern Tagen z. B. von Gerh.
Hauptmann erneuert. Arab. meskín, das
sowohl 'arm, elend' wie 'aussätzig' bedeutet,
wurde im Mittelalter in misellus übersetzt.
Daher auch afrz. mezel 'leprosus': Littmann
1924 Morgenl. Wörter 101.

Mispel F. ahd. mespila, nespila, mhd.
mispel, mespel, nespel. Die südländische
Obstart gelangt durch die Römer nach Nordeuropa und wird bei uns in karoling. Zeit eingeführt. Ihr lat. Name mespilum beruht
auf gr. μέσπιλον. Mit n anlautende Formen
schon im Roman.: ital. nespola, span. nispola,
frz. nèfle: Hoops 1916 Realler. d. germ. Alt.-
Kde. 3, 228 f.

miß- in Zus.-Setzungen aus mhd. misse-,
ahd. missa-, missi-, wodurch das Verkehrte
und Verfehlte eines Tuns bezeichnet wird.
Vgl. got. missadēþs (ahd. missitāt, mhd.
missetāt) 'Sünde', missataujands 'Sünder',
anord. mis-jafn 'ungleich', miski 'Frevel'. Die
Grundbed. 'wechselseitig' (dann 'verkehrt') liegt
vor in got. missa-leiks 'verschieden', missō Adv.
'wechselseitig', aisl. ā miss 'aneinander vorbei',
ẏmiss Adj. 'wechselseitig'. Urgerm. *missa-
ist von Haus aus Part.-Bildung mit -to-Suffix
zur idg. Wz. *mit(h)-: *meit(h)-; dazu aind.
mithás 'abwechselnd, gegenseitig', míthu 'verkehrt', avest. miþō 'falsch', aslav. mitĕ 'abwechselnd', mĭstĭ 'Vergeltung, Rache'. Von
derselben Wz. sind auch abgeleitet got. maidjan
'tauschen, verfälschen', lat. mūtō (aus *moitō)
'verändre, vertausche', aind. méthati 'wechselt

ab, zankt', lett. mietuot 'austauschen'. — Dazu die Ableitung missen. S. auch gemein, Meineid.

missen schw. Ztw. Ahd. mhd. mnd. nl. missen, afries. anord. missa, ags. missan 'vermissen, verfehlen', engl. miss führen auf germ. *missian, abgeleitet von dem unter miß= behandelten Stamm germ. missa-. Vgl. meiden.

Mißheirat F. Frz. mésalliance, bei uns seit 1728 (Schulz-Basler 1942 Fremdwb. 2, 104), verdeutscht Lessing 1772 Em. Galotti 1, 6 mit Mißbündnis. Das zuerst von Schubart 1775 Dt. Chron. 692 gewagte Mißheurath haben Goethe, Jean Paul und Campe durchgesetzt; mißheuraten bei Harsdörffer 1650 Gr. Schaupl. 1, 67 hat niemals Anklang gefunden.

mißhellig Adj. spätmhd. missehéllec: Weiterbildung zu mhd. missehél (ll), ahd. missahél (ll) 'nicht übereinstimmend, uneins'. Zu ahd. missahéllan st. Ztw. 'nicht übereinstimmen'. S. einhellig.

mißingisch s. messingisch.

mißlich Adj. Adv. Mhd. misse-, mislīch(e), ahd. missa-, mis(si)līh, asächs. mis(si)līk, mnl. misselijc, nnl. misselijk, afries. mislīk, ags. (ge)mis(sen)līc, mistlīc, mengl. (i)mīsliche, anord. mislīkr, got. missaleiks führen auf germ. *missalīka, das (als Gegenwort zu *ga-līka 'gleich') 'verschiedenartig' bedeutet. Die Grundbed. ist nach Völkern und Zeiten stark abgewandelt. Bei uns weicht sie im 16. Jh. der heutigen 'was verschiedenartig, also auch schlimm ausgehen kann'. Die außergerm. Verwandtschaft s. u. miß.

mißliebig Adj. seit Wolff 1849 Berl. Revol.-Chron. 1, 341, gekürzt aus mißbeliebig, das Wieland 1767 Agathon 12 Kap. 6 als Ersatz für antipathisch wagt. Ein Beurteiler bei Braun, Schiller und Goethe im Urteil ihrer Zeitgenossen 1, 2, 12 lehnt m. noch 1795 als undeutsch ab: Zs. f. d. Wortf. 11, 87.

Mißmut M. Nachdem ahd. missimūti F. 'animositas' (Zs. f. d. Wortf. 15, 231) ohne Nachfolge verklungen war und nd. mismôd nur landschaftl. Geltung erlangt hatte, ist nhd. Mißmut (gebucht nicht vor Campe 1809) gegen Ende des 18. Jh. rückgebildet aus dem Adj. mißmutig, das seit Luther begegnet: Ruppel 1911 Rückbildg. 14 f.

mißtrauisch Adj. seit Duez 1642 für mhd. missetrūwic. Campes Versuch, zu mißtrauig zurückzukehren, mußte mißlingen: Pfaff 1933 Kampf um dt. Ersatzwörter 41.

Mist M. mhd. ahd. mist für *mihst (wie ahd. forskōn 'forschen' für *forhskōn), asächs. mehs, mist, nordfries. mjuks, ags. meox, got. maíhstus M. 'Dünger'. Dazu die Ableitung ags. miexen, engl. mixen 'Misthaufen', die in

gleichbed. ahd. mistunnea, mistina F. wiederkehrt und in fränk. bair. schwäb. alem. miste(n) 'Dunglege', westfäl. miste F. 'Mist' fortlebt. Da -stu- in got. maíhstus Suffix ist (Kluge 1926 Stammbild. § 133 Anm.), gehört die Sippe zur idg. Wz. *meigh-:*migh- 'harnen', die in mnd. mīgen erhalten ist und als ags. mīgan, anord. mīga 'harnen' erscheint. Dazu aind. mēhati 'harnt', mīḍha (aus *migh-to-) 'Kot', avest. maēzaiti 'düngt', armen. mēz 'Harn', gr. ὀμιχεῖν, lat. mingere, meiere, lit. mįšti, serb. mižati (-ž- aus -zj-) 'harnen'. Unverwandt sind nd. nl. engl. mist, anord. mistr 'Nebel', die zu aind. mēgha 'Wolke' (mit idg. velarem gh) gehören.

Mistel F. mhd. nnl. ags. mistel, engl. mistle, ahd. asächs. mistil; dazu anord. mistilteinn, ags. misteltān, engl. mistletoe 'Mistelzweig'. Deutung unsicher; vielleicht zu Mist, weil sich das auf Bäumen und Sträuchen schmarotzende Viscum album (wie schon Theophrast und Plinius wissen; vgl. Suolahti 1909 Vogelnamen 59) mit Hilfe von Vogelmist fortpflanzt. Hierzu die Namen des Vogels Turdus viscivorus: nhd. Misteldrossel, frühnhd. mistelfink, mistler, dän. mistler, engl. mistlethrush.

mit Adv. Präp. (auf älteren Sprachstufen hat das Adv. vollere Formen): mhd. mit(e), ahd. mit(i), asächs. mid(i), nl. mede gegen met, afries. mith(i), dagegen unterschiedslos ags. mid, mið, anord. með, got. miþ 'mit, bei'. Germ. *miði führt auf idg. *me-tí, das sich am treusten in gr. μετά 'zwischen (hinein), unter, mit' spiegelt. Idg. *me- ist Grundlage von Adv. und Präp. des Sinnes 'mitten in, mitten hinein': gr. μέχρι 'bis', armen. merj 'bei' (beide aus idg. *me-ghri), armen. merjenam 'nähere mich'. Wahrscheinlich besteht Verwandtschaft mit mitte, s. d.

Mitesser M. Lehnübersetzung aus gleichbed. mlat. comedo, kaum vor Krämer 1678. Man hielt die Talgausscheidungen der verstopften Poren bis ins 18. Jh. für kleine Würmer, namentlich Kindern in die Haut gezaubert, damit sie ihnen die Nahrung wegzehrten. Daher auch zehrende Elben Stieler (1691) 318, Zehrwürme Amaranthes 1715 Frauenz.-Lex. 1273.

Mitgift F., früher auch M., spätmhd. mitegift, mnd. medegift 'Mitgabe', bes. der einer heiratenden Tochter mitgegebene Teil des elterlichen Vermögens. S. Gift.

mithin im 16. Jh. aus den einander beigeordneten Adverbien mit und hin zus.-gerückt (entspr. mitunter, somit, umhin). Aus dem frühnhd. Adv. der Bed. 'gleichzeitig' gehen seit Leibniz Adv. und Konjunkt. 'daraus, woraus folgend' hervor: Behaghel 1924 Dt. Syntax 2, 54.

Mitlaut(er) f. Selbstlaut(er).

Mitleid N. Lat. compassio, das seinerseits Lehnübersetzung des gr. συμπάθεια ist, wird von den Mystikern mit mhd. mitelidunge wiedergegeben. Dafür der subst. Inf. mhd. miteliden, mnd. medeliden (Zf. f. d. Wortf. 15, 293). Luthers Form ist Mitleiden. Im 17. Jh. wird sie ostmd. gekürzt zu Mitleid. Vgl. Beileid. Das lat. Kirchenwort bewahren frz. engl. compassion. Dem dt. Vorbild folgen nl. medelijen, dän. medlidenhed, schwed. medlidande, isl. meðaumkun.

Mitschüler M. Lehnübersetzung des lat. condiscipulus. Seit Murmellius 1521 Pappa 229: Nyström 1915 Dt. Schultermin. 1, 187.

Mittag M. mhd. mittetac, ahd. mittitag Das erste Wortglied f. u. mitte. — Mittag-brot N. für die Hauptmahlzeit ist im 18. Jh. dem schon spätmhd. ābentbrōt nachgebildet. In der Umgangssprache des dt. Nordostens dafür das Mittag, österr. Mittagmahl (wie Nachtmahl): Kretschmer 1918 Wortgeogr. 336f.

mitte Adj., in selbständigem Gebrauch untergegangen, in Ableitungen bewahrt. Mhd. mitte, ahd. mitti, asächs. middi, afries. midde, agf. midd (engl. mid auch in midst, middle, amid(st) und in Zusammensetzungen wie midriff 'Zwerchfell', midland, -night, -winter), anord. miðr, got. midjis 'mittlerer' führen auf germ. *miðja-. Jbg. *medhio- in air. mid-in Zusammensetzungen (vgl. gall. Mediolā-num, -matrici, -nemeton); lat. medius, gr. μέσ(σ)ος (für *μέθjος); aslav. mežda F. 'Straße' (aus *medja 'Grenzrain', russ. mežá 'Grenze, Rain', mundartl. 'Wäldchen', mežén F. 'Mitte'; bulg. mеždiná 'Zwischenraum'; apreuß. median, lett. mežs 'Gehölz', lit. mêdis 'Baum' (urspr. 'Baumwuchs auf dem Rain'); alb. mjet 'Mittel'; armen. mēj 'Mitte'; aind. mádhya- 'mittlerer'.

Mitte F. mhd. mitte, ahd. mitta, asächs. middea, agf. midde, anord. norw. schwed. midja, dän. midje F. 'Mitte'. Gleichbed. das N. ahd. mitti, asächs. middi, anord. mið, dän. med: beides Abstraktbildungen zum Adj., f. mitte.

mittel Adj. Mhd. mittel, ahd. mittil, mnd. agf. middel, engl. middle 'medius' beruhen auf idg. *medhio-. Daneben zu idg. *medho- und mit Suffixablaut ahd. mëtal Adj. 'medius', anord. (ā) meðal Adv. Präp. 'zwischen', meðal-'mittelmäßig'. Vgl. mitte.

Mittel N. mhd. mittel, mnd. middel 'Mitte(l), Mittelpunkt, -ding': subst. Adj. wie agf. middel, engl. middle 'Mitte'. — Subst. Ursprungs ist nhd. mittels, mittelst, das (wie kraft, laut, statt, vermöge, wegen) im Eingang eine Präp. verloren hat und dadurch selbst zur Präp. geworden ist. Frühnhd. durch, über mittel(st): Behaghel 1924 Dt. Syntax 2, 32; 1928 Gesch. d. dt. Spr. 351.

Mittelalter N. Lat. medium aevum hat Lehnübersetzung zu frz. moyen âge, engl. middle age(s), nnl. middeleeuwen (Mz., weil eeuw 'Jahrhundert' bedeutet), dän. middel-alder usw. erfahren. Das nhd. Wort, das seit Ende des 17. Jh. als 'mittleres Lebensalter' begegnet, erscheint im neuen Sinn zuerst bei A. L. v. Schlözer 1772 Vorstellung der Univ.-Historie 180ff., danach bei Gatterer 1773 Abriß d. Univ.-Hist. 25. 568. Verbreitet durch die Romantiker Jean Paul 1795, später L. Tieck und J. v. Eichendorff. Voraus gehen bei Lessing 1774 „die mittleren Zeiten", bei Wieland 1777 „das mittlere Zeitalter". Noch 1812 biegt Goethe, Jub.-Ausg. 23, 209 (Dicht. u. Wahrh. 2, 9) aus: „die Geschichte der Baukunst unserer Mittelzeit". Über das Schlagwort vom finstern Mittelalter N. L. Varga, phil. Diss. Wien 1931.

mitteldeutsch Adj. als Fachwort der dt. Sprachwissenschaft von Franz Pfeiffer 1845 Dt. Mystiker des 14. Jh. eingeführt, Germ. 7, 226 begründet. Die Träger der entspr. Mundarten hatte Seb. Helber 1593 Syllabierb. 25 Ndr. als die Mitter Teütschen bezeichnet.

mittelhochdeutsch nennt Jacob Grimm die obd. Sprache des 12. bis 15. Jh.s. Vorbild ist ihm dabei lat. media latinitas: Zf. f. dt. Alt. 8, 545.

Mittelpunkt M. Für lat. centrum steht mhd. der mittel punct, wie gelegentl. noch bei J. Kepler 1616: Götze 1919 Anfänge e. math. Fachspr. 127f. Mittel punct ohne innere Flexion Dürer 1525 Unterw. d. Messung B 5ᵇ, Mittelpunct in einem Wort zuerst 1539: Schirmer 1912 Wortsch. der Math. 46.

mitten Adv. 'in der Mitte', mhd. (in) mitten als adverbial gebrauchter Dat. Plur. zum Adj. mitte: f. d. und Behaghel, Dt. Syntax 2, 3. 3, 193f.

Mitternacht F. mhd. md. mitternaht, mnd. mitnacht, aus ahd. in mitteru naht, mhd. ze, nāch mitter naht in der Form des Dat. Sg. erstarrt (wie Orts- und Ländernamen Dat. Plur. sind: Baden mhd. ze Baden 'bei den Bädern', Sachsen mhd. ze Sahsen 'unter den Sachsen'). Als Nom. steht daneben ahd. mittinaht, mhd. frühnhd. mnd. mitnaht, agf. midniht, anord. miðnætti.

mittlerweile, -zeit Adv. Konjunkt., erst nhd., erwachsen aus den frühnhd. Formeln in mitler weile, zeit: Behaghel 1928 Dt. Syntax 3, 210f.

Mittwoch M., mhd. mittewoche, spätahd. mittawëhha, mnd. middeweke F., anord.

miðvikudagr, isl. miðvikudagur, norw. mæ-
kedag, in Telemarken mørkedag M. Dafür
mnd. Wōdens-, Wōnesdach, mnl. Woensdach,
nnl. Woensdag, afrief. Wōnsdei, agf. Wōdnes-,
*Wēdnesdæg (die umgelautete Form voraus-
gesetzt durch engl. Wednesday), anord. Ōðinsdagr, dän. schwed. Onsdag: vorchristliche Lehnübersetzung des lat. Mercurii dies (ital. merco-
ledì, frz. mercredi, im 12. Jh. mercresdi mit
s aus Martis, Veneris dies). Mittwoch meidet
unter dem Druck der Geistlichkeit die Erinnerung an Wodan, indem es kirchenlat. media
hebdomas (ital. mundartl. mezzedima, rätorom. mezzemna) übersetzt. Soweit slavolit.
Völker von germ. Glaubensboten bekehrt sind,
verwenden sie für den vierten Wochentag Ableitungen von aslav. srěda 'Herz; Mitte':
serb. serda, poln. šroda, russ. s(e)redá, lit.
sereda 'Mittwoch': Zf. f. dt. Wortf. 4, 253.
7, 54. 9, 183; Frings-Niessen 1927 Idg. Forsch.
45, 276 ff.; Th. Frings 1932 Germ. Rom.
27. 35 f. 47. 53 ff. 62. 68. 204.

mitunter Adv. nicht vor Steinbach 1734:
in der bei mithin geschilderten Weise aus den
einander beigeordneten Adverbien mit und
unter zus.-gerückt, die z. B. bei Stieler 1691,
aber auch noch bei Möser und Goethe unverbunden stehen. Grundbed. 'unter anderm
auch'. Gegenüber (f. d.) ist den entspr. Weg
etwas früher gegangen.

Mitwelt f. Nachwelt.

Mixtur F. Lat. mixtūra (zu miscēre, f.
mischen), afrz. mixture 'Mischung' erscheinen
bald nach 1200 als mhd. mixtūre. Weiterhin
auf den Sinn 'Mischtrank als Arznei' verengt:
Suolahti 1929 Frz. Einfluß 161; Schulz-
Basler 1942 Fremdwb. 2, 123.

Mob M. 'Pöbel'. Aus mobile vulgus bei
Claudian, De IV. cons. Honorii V. 302 ist das
geflügelte Wort genommen, das im Engl.
des 17. Jh. mobile, heute mob lautet, so von
Zinzendorf 1759 entlehnt, bis ins 19. Jh.
nur auf Londoner Verhältnisse und erst in
den 60er Jahren allg. (z. B. von Treitschke
1864 Briefe 2, 319 auf Leipzig) angewendet
wird: Büchmann 1912 Gefl. Worte 378 f.;
Schulz-Basler 1942 Fremdwb. 2, 123 f. Kürzung eines längeren Ausdrucks auf seine erste
Silbe wie bei fesch und Mull.

Möbel N. Das lat. Adj. mōbilis 'beweglich'
ist substantiviert zu mlat. mobile N. 'Fahrnis,
bewegliches Gut', aus dem frz. meuble M.
'Hausgerät' hervorgeht. Meubles 'Haus-
raht' erscheint bei Wallhausen 1616 Kriegsmanual 213; die weitere Entwicklung bei
Schulz-Basler 1942 Fremdwb. 2, 124 f.

Mode F. Lat. modus M. '(rechtes) Maß'
ergibt frz. mode F., das im 15. Jh. die Bed.
'zeitgemäße Kleidertracht' erlangt und in der
Formel à la mode mit der Übernahme frz.
Tracht 1628 zum Schlagwort eines neuen
Geschmacks wird. Wenig später verliert Mode,
nun auch außerhalb der Formel gebraucht, die
Beschränkung auf die Tracht und wird zu
'Zeitsitte' allgemein. Gleichzeitig ersetzt mo-
disch das seit 1629 belegte alamodisch:
Fritz Schramm 1914 Schlagw. d. Alamodezeit;
Schulz-Basler 1942 Fremdwb. 2, 126 ff.

Moder M. spätmhd. md. moder 'in Ver-
wesung übergegangener Körper; Sumpfland':
mit nd. Lautstand entlehnt aus gleichbed. mnd.
mod(d)er, das seine nächsten Verwandten in
mnl. moeder, nnl. moer 'Sinkstoffe', engl.
mother 'Hefe' findet. Zeichen nd. Herkunft ist
dd in der Nebenform Modder (vgl. Kladde,
Padde, pladdern, Schnodder, sich verheddern). Hd. Entsprechung ist Mutter
'Sinkstoff' in Essig-, Weinmutter, vgl. nnl.
azijnmoer, engl. mother of vinegar, frz. mère
de vinaigre. Mnd. moder (entlehnt auch zu dän.
schwed. mudder 'Schlamm') führt auf germ.
*muðra- und hat außergerm. Verwandte in
aind. mūtra- 'Harn', avest. mūϑra 'Schmutz'.
Die Sippe ist als Dentalerweiterung zu idg.
*meu- 'feucht; benetzen' klar getrennt von idg.
*māter 'Mutter' (zum Lallwort *mā-).

modern Adj. Zum lat. Adv. modo 'eben
erst' wird um 500 das Adj. modernus 'vor
kurzer Zeit entstanden' gebildet, auf dem
frz. moderne beruht. Bei uns erscheint das
Fremdwort seit Sperander 1727 in der Bed.
'neu'.

mogeln schw. Ztw., schriftsprachlich seit
Gutzkow und Redwitz, in der Stud.-Sprache
schon 1781: W. G. Fischer, Kom. Burschiade 34
als mogeln 'beim Spiel betrügen'. Die Studenten kennen das niedrige Wort aus dem Rotw.;
es stammt von hebr. mogal (Part. mogel)
'treulos sein': E. Weißbrodt 1939 Zf. f. dt.
Phil. 64, 307.

mögen Ztw. mhd. mügen, mugen, ahd.
mugan, älter magan 'können, vermögen' (im
Verbalabstr. Macht ist die alte Bedeutung erhalten), asächs. mugan, anfr. mohti 'möchte',
mnl. moghen, möghen, nnl. mogen, afrief.
muga, agf. magan (mæg 'er kann'), mengl.
mowen, anord. mega, norw. moga, dän.
maatte, schwed. må (älter magha), got. magan:
gemeingerm. Prät.-Präs. zum idg. Verbalstamm *māgh-:*məgh- 'können, vermögen,
helfen'. Urverwandt sind gr. μῆχος, μηχανή
'Hilfsmittel', aslav. mogǫ, mošti 'können, vermögen'. Auf Entlehnung aus dem Slav. beruhen apreuß. massi 'kann' und lit. (pa)-
magóti 'helfen, nützen, taugen'.

Mohär f. Macheier.

Mohn M. 'Papaver somniferum L.', eine der ältesten ind.-europ. Kulturpflanzen, stammt vom Mittelmeer und ist dort offenbar zuerst von Idg. benannt worden. Spätmhd. mnd. mān, älter māhen, asächs. māho, mnl. maencop, nnl. maankop führen auf germ. *mēhan-. In gramm. Wechsel und Ablaut damit steht germ. *magan-, erwiesen durch ahd. mago, asächs. magosāmo, mhd. mage, bair.-österr. mogn. Die nord. Formen schalten germ. *walha- 'Betäubung' vor: aschwed. valmoghe, schwed. valmo, adän. walmuæ, dän. valmue, norw. valmo(e). Im Ags. hat papig, popig (engl. poppy, aus lat. papāver) das Erbwort verdrängt (vgl. Hafer). Frz. mahon, lett. maguone, estn. magun, lit. magonè, agonà beruhen auf Entlehnung aus dem Germ., apreuß. moke stammt aus dem Poln. Den ital. und kelt. Sprachen ist der idg. Pflanzenname fremd geblieben. Vorgerm. *māq(en)- 'Mohn' wird gestützt durch gleichbed. gr. μήκων, dor. μάκων, aslav. makŭ, poln. tschech. mak. Die Pflanze ist nach der beutelartigen Auftreibung ihres Kopfs benannt: *māq(en)- stellt sich zu idg. *maq- 'Haut', Lederbeutel' in lit. mākas, lett. maks, aslav. mošina 'Beutel', kymr. megin 'Blasebalg' und unserm Magen, s. d.

Mohr M. Mhd. ahd. mōr stammen (wie die gleichbed. europ. Wörter) aus lat. Maurus 'Nordwestafrikaner', dessen au bei früher Entlehnung ō ergeben hat (wie in Kloster, Kohl, kosen, Lorbeer). Durch frz. More ist engl. (seit 1390) Moor 'Maure; Neger' vermittelt, dessen beide Bed. nicht klar geschieden werden, so daß Shakespeare den 'Berberhengst' Othello dicklippig und seine Brust pechschwarz nennen kann. Othellos geschichtl. Vorbild ist der Venezianer Cristoforo Moro, der 1505 als Gouverneur nach Zypern ging und drei Jahre später ohne seine auf der Heimfahrt gestorbene Frau zurückkehrte. Er gehörte zum Geschlecht der Mori, das den Maulbeerbaum (ital. moro) im Wappen führte.

Möhre F. Daucus carota L., schon aus der Steinzeit in schweiz. Pfahlbauten nachgewiesen, von den Germanen früh angebaut. Mhd. mor(h)e, mörhe, ahd. mor(a)ha, asächs. morha, mnd. more, ags. moru (aus *morhu), more 'Möhre', engl. more 'Wurzel', dän. mundartl. moræ führen auf germ. *morhōn 'Möhre'. Aus dem Germ. entlehnt sind slav. Sinngleiche wie russ. morkóv', morkva, serb. mrkva; auf dem Mnd. beruht lett. muore. Mit dem germ. Wort urverwandt ist gr. τά βράκανα 'wildwachsende Gemüse'; beide beruhen auf idg. *mṛk- 'eßbare Wurzel'. Die alte umlautlose Form bewahren Mohrrübe, mnd. morwortel, dän. mundartl. mörröd, -røw, schwed.

morot (E. Björkman 1902 Zf. f. dt. Wortf. 2, 223f.) sowie Morchel, s. d. Nhd. Möhre ist dem Alem., Schwäb. und Bair. nicht geläufig, wohl aber dem Österr.: J. Hoops 1905 Waldb. u. Kulturpfl. 466f.; ders. 1916 Reallex. d. germ. Alt.-Kde. 3, 234f.; P. Kretschmer 1918 Wortgeogr. 337.

Mokassin M. 'Schuh aus Hirschleder', aus der Sprache der Algonkin-Indianer, die in den Neuengland-Staaten wohnten. Uns im 19. Jh. durch das Engl. vermittelt, wie Tomahak, Wigwam u. ä.: Littmann 1924 Morgenl. Wörter 143. In nhd. Text zuerst 1712 als „Moggisons": Palmer 97f.

mokieren Ztw. Frz. se moquer 'sich lustig machen' (aus moccare, Ableitung von der Schallbildung *mocca 'Grimasse') erscheint seit Thomasius 1688 in dt. Texten. Die Bed. ist von vornherein auf ernsten Spott und Tadel umgebogen: Schulz-Basler 1942 Fremdwb. 2, 138.

Mokka s. Kaffee.

Molch M. frühnhd. molch 3. Mos. 11, 30, als Luthers Form ins Nhd. gelangt. Sonst ohne ch-Suffix (Kluge 1926 Stammbild. § 61ᵇ): mhd. mol N., molle M., ahd. mol(m), molt, asächs. mnd. mol M. Nl. mol, mengl. molle 'Maulwurf' sind fernzuhalten. Man vergleicht armen. molēz 'Eidechse'.

Mole F. Lat. mōlēs F. ist in seiner Bed. 'Damm' Ausgangspunkt für ital. molo 'Hafendamm' geworden, das seit 1669 als Molo in dt. Texten erscheint. Mole 'starke, steinerne Wehr in den Städten, die an der Mittelländischen See liegen' bucht zuerst Ludwig 1716: Kluge 1911 Seemannsspr. 580f.

Molke F. Beim Käsen wird die Milch mäßig erwärmt und durch Vermischen mit Lab zum Scheiden gebracht. Die Flüssigkeit, die zurückbleibt, wenn man den Käsequark herausnimmt, heißt mhd. molken, mulken, obd. molchen, mulchen. Ahd. *molchan ist unbelegt, doch bezeugen gleichbed. afries. asächs. molken, ags. molcen N. das Alter der Bildung. Das entspr. mnd. mnl. molken bedeutet 'Käsewasser' und 'Milch' zugleich. Da zudem der Zus.-Hang mit melken außer Frage steht, ist eine Grundbed. 'Gemolkenes' anzusetzen und Molken auch der Form nach als subst. Part. aufzufassen. Die landschaftl. Synonymik von M. entfaltet P. Kretschmer 1918 Wortgeogr. 564f. Vgl. Schotte.

Molkendieb M. 'Schmetterling', bes. 'Kohlweißling', zuerst 1470 molkendiep 'papilio' in einem deutschböhm. Wb., daneben nd. mulkentövener, -töwer 'Zauberer' und eine reiche mundartl. Synonymik, die Bernh. Martin 1929 Hess. Blätter f. Volkskde. 27.

32*

195ff. entfaltet. Der Schmetterling gehört zu den Tieren, in die sich nach dem Volksglauben Hexen und Elben verwandeln, um den Menschen zu schädigen.

mollig Adj. dringt erst nach Mitte des 19. Jh. ins Nhd., und zwar aus der Stud.-Sprache, für die es Raginsky, Der flotte Bursch (Leipzig 1831) bezeugt. Die mundartl. Grundlagen bei K. Müller-Fraureuth 1914 Obersächs. Wb. 2, 246. Frühnhd. gilt mollecht (Harsdörffer 1644 Frauenz.-Gespr. 1² 19), mollicht (Mathesius 1562 Sarepta 45ª), mhd. molwic 'weich, staubartig' (Konr. Megenberg 1350 Buch d. Natur 113), das durch ahd. molawēn 'weich werden' mit der Sippe von lat. mollis (aus *molduis) 'weich' verknüpft wird. Anders als hier und in der Sippe von milb (s. d.) liegt bei mollig die einfache Wurzelform ohne Dentalerweiterung vor.

Moloch M. als Bezeichnung eines blutdürstigen Abgotts beflügelt durch 3. Mos. 18, 21. Phön. mōlek 'Herr, König' ist uns durch gr. Μολόχ vermittelt: Lokotsch 1926 Etym. Wb. 1379.

molsch, mulsch Adj. 'mürb', nnl. malsch. Gleichen Stamms mit mollig, s. d. Aus lebender Mundart bei P. Siegel 1928 Mutterspr. 43, 245ff.

molum Adj. 'lustig, angetrunken' bodenständig in ostpreuß. Ma. (Frischbier 1883 Preuß. Wb. 2, 71); im württemb. Rotwelsch Molum M. 'Rausch', molum Adj. 'berauscht' H. Fischer 4, 1733. 6, 2592). In der Krämerspr. von Lützenhardt b. Horb Mōlum 'Rausch' Kluge 1901 Rotw. 1, 485. Aus dem Rotw. ist molum 'berauscht' in die Stud.-Spr. gelangt, hier zuerst in Halle 1770 (Zs. f. d. Wortf. 2, 293). Die Erklärung darf an jüd. mole 'voll', Part. zu hebr. mālā 'voll sein' anknüpfen und an die vielen rotwelschen Wörter auf -um erinnern: Littmann 1924 Morgenl. Wörter 51.

Monarch M. Gr. μόναρχος 'Alleinherrscher' (aus μόνος 'allein' und ἄρχειν 'herrschen') gelangt durch die Humanisten zu uns und wird seit E. Alberus 1540 verzeichnet. Monarchen 'Landstreicher (aus aller Herren Ländern), Kunden (die sich vorübergehend zu Ernte- oder Erdarbeiten in Norddeutschland verdingen); schlechte Kerle' ist zuerst aus Remscheid 1899 als 'Erbarbeiter' nachgewiesen (R. Eickhoff 1900 Zs. f. dt. Unterr. 14, 281). Über einen allherbstlichen Monarchentag auf Fehmarn H. Rothe, Frankf. Ztg. vom 9. Juni 1912, 4. Morgenbl. Nach O. Mensing 1929 Schlesw.-holst. Wb. 2, 465 aus dem absprechenden Urteil „die sind von allerhand Monarchen". Ein Student., dann auch gaunersprachl. (stumme) Monarchen 'Gelder' (seit 1835: Zs. f. dt. Wortf. 12, 284) nach den Fürstenköpfen auf Gold- und Silbermünzen; auch das in Studentenmund ältere, gleichbed. Moneten hat eingewirkt. — S. Alleinherrscher und Potentat.

Monarchie F. gelangt über lat. monarchia aus gr. μον-αρχία im 13. Jh. ins Mhd.: H. Suolahti 1929 Frz. Einfl. 161.

Monat M. mit nhd. ō aus mhd. ā vor n wie Mohn, Mond, ohne usw. Mhd. mānōt (d), ahd. mānōd, asächs. mānuth, mnl. mānet, maent (d), nnl. maand, afries. mōnath, agf. mōnaÞ, engl. month, anord. mānaÞr, norw. maanad, dän. maaned, schwed. månad, got. mēnōÞs führen auf germ. *mēnōÞ-, idg. *mēnōt-. Die Bedeutung ist auf älteren germ. Sprachstufen vielfach 'Mond' (z. B. in ahd. mānōdsioh, asächs. mānuthwendig, agf. mōnaÞseoc 'mondsüchtig'). Die Bildung gehört eng zu Mond, s. d. Die außergerm. Verwandten teilen das Nebeneinander der Bedeutungen 'Mond' und 'Monat', so aind. mās-, māsah, avest. må, pers. māh, toch. A mañ, gr. μήν, lit. mėnesis, mėnuo, aslav. mĕseci. Dagegen 'Mondmonat' allein bedeuten amis, toch. B meñe, lat. mēnsis, lett. mēnesis, air. mī, kymr. akorn. mis, bret. miz. Die Zeitrechnung von Vollmond zu Vollmond ist gemeindg.

Mönch M. 'Klosterbruder', mhd. mün(e)ch, mun(i)ch, münich, md. mön(ni)ch (daher der nhd. Vokal; mhd. ü erhalten im Namen der Stadt München 'bei den Mönchen'), ahd. munih (hh), asächs. munik, mnd. mon(i)k (von da dän. schwed. munk), mnl. mon(i)c, nnl. monnik, afries. munek, monink, agf. munuc (von da aisl. munkr), engl. monk. Auf Weiterentlehnung aus germ. Sprachen beruhen aslav. münichŭ, finn. munkki, estn. munk, lett. mūks. Quelle für alle ist gleichbed. mlat. *monicus, eine auch durch afrz. monie frz. moine geforderte Nebenform zu lat. monachus, das aus gr. μον-αχός 'Einsiedler' stammt; der Bed.-Wandel erklärt sich aus der Entwicklung der Klöster. Mit Vokalausgleich (o-a zu a-a) sind mgr. *μαναχός, *μαναστήριον, ngr. μαναστήρι, vulgärlat. *manachus, *manasterium vorauszusetzen wegen aslav. manastiri, serb. mànastiri und aller kelt. Formen (air. akymr. akorn. manach, abret. bret. manac'h 'Mönch', wozu abret. manac-dy, bret. manachty 'Mönchhaus, Kloster', Pont-Mancty als Ortsname). Mlat. *monicus steht neben lat. monachus wie mlat. *astricus (s. Estrich) neben astracus. Zum Nebeneinander von mlat. parracus und parricus s. Pferch, zu monisterium neben monastērium

f. Münster. Zur Zeit der Entlehnung wurde
ch in monachus noch als k gesprochen (vgl.
ital. monaco), k ist zu hd. ch verschoben.
Mönch gehört mit Kloster, Münster, Nonne
zu unsern frühesten Kirchenwörtern lat. Her=
kunft. Eine jüngere Schicht f. u. Abt, Priester,
Propst.

Mond M. mhd. mān(e) M. F., ahd. asächs.
anfr. māno, mnl. māne, nnl. maan, afries. agf.
mōna, engl. moon, anord. māni, norw. dän.
maane, schwed. måne, got. mēna führen auf
germ. *mēnan- (daneben ist ahd. mānin, mhd.
māninne, mænīn eine jüngere Fem.=Bildung),
das mit den meisten idg. Benennungen für
Mond und Monat (f. d.) auf idg. *mē(n)s=
beruht. Glaubhaft wird das Subst. aus dem
idg. Verbalstamm *mē- (f. messen) hergelei=
tet: bei allen Jdg. hat der Mond als Zeitmesser
gedient. Von den außergerm. Verwandten
vergleichen sich am nächsten toch. A mañ, B
meñe, air. mī, gr. μήνη, lett. mĕness, apreuß.
menig. S. Heiland.

Mondamin N. 'entöltes Maismehl', im
19. Jh. mit der Sache aus Großbritannien
übernommen. Den schottischen Erfindern
Brown und Polson in Paisley war der Name
als Warenzeichen geschützt worden. Sie hatten
ihn H. W. Longfellows Song of Hiawatha
(1855) entlehnt, in dem ein Jüngling Monda=
min heißt, der den Mais verkörpert. Nach Long=
fellows Anm. 11 nennen die Objibwa=Algonkins
den Mais mon-da-min 'Korn des großen Geists':
F. Freiligrath 1856 Werke 5, 559 Schwering.

Mondkalb N. 'Mißgeburt' urspr. der Kuh,
von da nhd. erweitert, während für die mensch=
liche Mißgeburt mnd. mān(en)kint, frühnhd.
monkind gilt. Auch im engl. moon-calf, das
wie das dt. Wort im 16. Jh. wurzelt, und im
schwed. månkalf ist der Glaube an den widrigen
Einfluß des Monds wirksam.

Mondsucht F. nicht vor Steinbach 1734,
während das Adj. als frühnhd. monsüchtig
seit 1522 in der Lutherbibel (Matth. 4, 24 u. ö.)
begegnet. In Basel 1523 dafür mönig, lunig:
Ruppel 1911 Rückbildung 33; Kluge 1918
Von Luther bis Lessing 109. Viel früher schon
gelten ahd. mānōdsioh, asächs. mānuthwendig,
agf. mōnaðsēoc 'lunaticus, verrückt'.

Monolog f. Selbstgespräch.

Monsun M. 'Wechselwind im indischen
Ozean', den Sprachen Europas vermittelt
durch gleichbed. portug. monção, in dem on ver=
lesen ist aus älterem ou. Voraus liegt arab.
mausim 'Jahreszeit': Lokotsch 1451. Bei uns
erscheint Monsun 1627: Oldenburgk, West=
Indian. Reise E 1ᵇ. Eingebürgert durch A. v.
Humboldt 1845 Kosmos 1, 480. Vgl. Passat.
Auf Verlesung beruhen auch Mammut und

Zenit sowie der Frauenname Hertha (aus
Nerthus bei Tacitus, Germ. 40).

Montag M. (ohne das junge d von Mond,
f. d.), mhd. mān-, mæntac, ahd. mānatag und
(mit Nachbildung des lat. Gen.) *mānintag:
Lehnübersetzung des lat. dies Lunae (ital.
lunedì, frz. lundi), dies nach gr. ἡμέρα
Σελήνης. Das Wort ist dem Hd. mit allen
west= und nordgerm. Sprachen gemeinsam:
mnd. mnl. mān(en)dach, nnl. Maandag, afries.
mōnendei, agf. mōn(an)dæg, engl. Monday,
anord. mānadagr, norw. maandag, dän. man-
dag, schwed. måndag. Auf früher Entlehnung
aus dem Germ. beruht finn. maanantai. Die
Benennung ist vorchristlich wie Sonntag
usw. Eine Bildung der frühchristl. Zeit ist aisl.
annardagr 'zweiter Tag der (nach Christenart
gezählten) Woche'. Vergleichbar die ebenfalls
christlich gedachten, mit pa-, pä- 'nach' gebildeten
Namen der slavolit. Sprachen, die den Montag
als 'Nachsonntag' bezeichnen. S. auch After=
montag (unter Dienstag) und blau.

Moor N., im 17. Jh. ins Nhd. gelangt aus nd.
mōr. Dies hat seine nächsten Verwandten in
asächs. mnd. afries. mōr N., md. (15. Jh.)
mōre, mnl. moer, agf. mōr M. 'Lache, Moor,
Heide, Unland', engl. moor 'Sumpf'. Ahd.
mhd. entspricht muor N. 'Sumpf', vereinzelt
'Meer' neben muorra, anord. mørr F. 'Moor=
land', ursprünglich 'sumpfiges Küstenland'.
Germ. *mōra- ist Dehnstufe zu Meer, vorgerm.
*māro- neben *mari-. Wegen der Bedeutung
vgl. Marsch und Morast.

Moos[1] N. ahd. mhd. mos 'Moos, Moor,
Sumpf' (aus mnl. mosse entlehnt frz. mousse
'Moos'), nl. agf. mos, engl. moss, anord. mose
M. 'Moos, Sumpf', wozu anord. myrr (engl.
mire) 'Schlamm'. In Ablaut hierzu stehen
agf. mēos, ahd. mios, mhd. mies M. N. 'Moos',
in obd. Mundarten noch in Geltung. Die
Bedeutungen 'Moos' und 'Sumpf' sind durch
den Mittelbegriff 'Moosboden' verbunden.
Mit germ. *meusa-: *musa- urverwandt sind
aslav. mŭchŭ 'Moos', lit. musaĩ 'Schimmel,
Kahm' und lat. muscus 'Moos' (dies mit
ableitendem c für sc). Dazu gr. μυῖα (für
*musja) und μύαξ 'Miesmuschel'. — Die
Bed. 'Sumpf' ist noch schweiz., schwäb. und
bair., daher Erdinger, Dachauer Moos,
desgl. Mooskuh als obd. Name der Rohr=
dommel.

Moos[2] N. 'Geld', ein Studenten= und
Volkswort, selten literarisch: Zf. f. d. Wortf.
12, 284. Über jüd. māos aus hebr. mā'ōth
Plur. 'Pfennige, Kleingeld'; in rotw. Quellen
seit etwa 1750, während die entspr. Texte
des 15./16. Jh. dafür mess bieten. Moos
haben wurde in Stud.=Mund scherzhaft er=

weitert zu: Moses und die Propheten haben (mit Anklang an Luk. 16, 29).

Mops M. Die Hundeart ist nach ihrem verdrossenen Ausdruck benannt. Ins Hd. ist Mops etwa 1706 aus nd. mops, nl. mop(s) gelangt. Diese gehören mit nl. mopperen, älter moppen 'ein mürrisches Gesicht machen', engl. mop 'verzerrtes Gesicht, Fratzen machen' zu einer germ. Wz. *mup 'das Gesicht verziehen, Fratzen schneiden'. Spätmhd. entspricht muff, mupf M. 'Verziehen des Munds'. Die Anwendung des Tiernamens auf Menschen begreift sich aus der behandelten Sippe.

Moräne F. 'Gletschergeröll, -wall', aus frz. moraine, Weiterbildung zu Mur(e), s. d. Das frz. Wort übernimmt H. B. de Saussure, Voyages dans les Alpes (1779) aus der Mundart des Tals von Chamonix am Nordfuß des Montblanc. Im Engl. seit 1789, im Nhd. nicht vor Brun 1799 Schriften 1, 245 „Nun war die Moraine des Gletschers erreicht" mit Anmerkung. In die Fachsprache der Geologie führt Charpentier 1835 das Wort ein: Schulz-Basler 1942 Fremdwb. 2, 153.

Morast M. Unter Marsch 'Niederung' ist germ. *mariska- als Ableitung von *mari N. 'Meer' entwickelt. Aus fränk. *marisk ist frz. marais M. 'Sumpf' hervorgegangen. Daneben steht ein älteres nordfrz. marasc, entlehnt zu mnl. maras(ch), mnd. marás. Aus dem unbetonten a der ersten Silbe wurde o, vielleicht unter Anlehnung an das sinnverwandte Moor; moras erscheint mit fremder Betonung in hd. Quellen vom Ende des 16. Jh. Auslaut. t tritt an wie in Palast u. Papst, kaum vor Hulsius 1614 Schiffahrt 12, 22.

Morchel F. Phallus esculentus L., mhd. mor(c)hel, spätahd. morhila, -ala (neben morha 'Möhre' wie runzala 'Runzel' neben runza: F. Kluge 1926 Stammbild. § 56), mnd. morke(l) (daraus entlehnt dän. morkel, schwed. morkla, murkla), älter nnl. morilhe (daraus im 16. Jh. entlehnt frz. morille, das ins Nnl. zurückentlehnt ist). Die Pilzart ist nach ihrer Ähnlichkeit mit der Möhre benannt, s. d. Schwierig bleibt die Nebenform mhd. maurache, -oche, frühnhd. moroch, -ach, die in obd. Mundarten fortlebt: H. Fischer 4, 1748f. 6, 2597. Schreibungen wie Morgel Amaranthes 1715 Frauenz.-Lex. 1289f. beruhen auf der ostmd. Aussprache des g.

Mord M. Mhd. mort (d), ahd. mord N. M., asächs. afries. morth, mnl. mo(o)rt (d), nnl. moord, ags. anord. morð, dän. schwed. mord führen auf germ. *murþa- N., vorgerm. *mŗtó-m. Auf idg. -tro- gebildet sind got. maúrþr, ags. mordor M. N. 'Mord'; aus dem gleichgebildeten afränk. *morþr entlehnt ist

afrz. mortre, frz. meurtre 'Mord'; auch mlat. mordrum 'Mordtat' ist germ. Herkunft, während mhd. mort 'tot' aus frz. mort entlehnt ist. — Die germ. Bedeutung 'absichtlicher, schändlicher (urspr. 'verheimlichter') Totschlag' beruht auf Besonderung aus der älteren 'Tod'; die idg. Verbalwurzel *mer-: *mŗ- bedeutet 'sterben': aind. márate 'stirbt', mŗti-, mŗtá- N. 'Tod', mŗtá 'tot', márta- 'sterblich'; lat. morī 'sterben', mors, -tis 'Tod', mortuus 'tot'; aslav. mrŭtvŭ 'tot', sŭmŭrtĭ 'Tod', mrěti 'sterben'; lit. mirtìs 'Tod', mir̃ti 'sterben', mãras, lett. mēris 'Pest'; air. marb, kymr. marw, bret. maro 'tot'. Die Verbalwurzel, die im Germ. durch sterben (und Tod) ersetzt ist, fehlt auch dem Gr.; Ableitungen sind erhalten in βροτός (für μρ-) 'sterblich', ἄμβροτος 'unsterblich'. Idg. *mer- 'sterben' ist ein früh selbständig gewordener Bedeutungsableger von *mer- 'aufreiben'; s. morsch, mürb.

Mörder M. mhd. mordære. Nach 1750 'Schönpflästerchen' in Nachbildung des gleichbed. frz. assassin: es erregt an der gefährdetsten Stelle des Kopfs den Argwohn einer Wunde. Vgl. Vatermörder.

Mördergrube F. eine Bildung des 15. Jh., beflügelt durch Luther, Matth. 21, 13 u. ö. S. Feuereifer.

mordio, Notschrei wie diebio, feurio: an das Subst. ist die weithinaus schallende Interjektion -iö gefügt. Entstanden im 15. Jh., ist mordio im 16. Jh. besonders lebendig: Zs. f. d. Wortf. 2, 47. 3, 361; Behaghel 1928 Dt. Syntax 3, 438.

Mores Plur. 'Sitten' stammt aus der Lateinschule des 15. Jh.: Schulz-Basler 1942 Fremdwb. 2, 153f. Die Verbindung „mores lehren" seit Emser 1527 Sendbr. E 4ᵃ. Im 18. Jh. zerspielt zu „Moritz lehren": Zs. f. dt. Wortf. 8, 81. In der Wendung „mores vor etw. haben" mischt sich lat. mores mit hebr. morah 'Furcht', s. mauern.

morganatisch Adj. in der Verbindung m. Ehe 'Ehe mit einer nicht Ebenbürtigen': aus mlat. matrimonium ad morganaticam 'Ehe auf bloße Morgengabe'. Mit dem lat. Adj.-Suffix -aticus zu ahd. morgan, das hier im Sinn von 'Morgengabe' steht: Schulz-Basler 1942 Fremdwb. 2, 154.

Morgen M. mhd. mnd. nnl. dän. morgen, ahd. asächs. anfr. morgan, mnl. morghen, afries. mer-, morgen, ags. mar-, mer-, myrgen, anord. morginn, schwed. morgon, got. maúrgins. Engl. morning weist die Endung -ing auf wie evening 'Abend'. Aus dem Urgerm. entlehnt ist finn. murkina 'Morgenbrot'. Die gemeingerm. Bezeichnung der ersten Tageshälfte von Tagesanbruch an reicht nicht über das Germ.

hinaus, wie auch Abend und Tag auf germ. Sonderentwicklung beruhen. Germ. *murgina-: *murgana-: *murguna- gehen auf idg. *mer(ə)q zurück, eine Erweiterung des idg. Verbalſtamms *mer- 'flimmern, funkeln'. Urverwandt ſind lit. mérkti 'blinzeln', aſlav. mrakŭ 'Finſternis', mrŭknǫti 'finſter werden'. Vgl. die Bed.-Entwicklung von Dämmerung. Zu Morgen als Bezeichnung der Himmelsgegend ſ. Oſten. Morgen als Feldmaß, ahd. morgan, mhd. morgen, iſt urſpr. 'ſoviel Land, als ein Geſpann an einem Morgen pflügt'. Ähnlich mlat. dies 'tantum terrae, quantum quis per diem uno aratro arare potest'. S. Juchart.

morgen Adv. 'cras', mhd. mnd. morgen, mnl. morghen, ahd. morgane Dat. Sg. 'am Morgen; am Morgen des folgenden Tags; am folgenden Tag'. Ähnlich frz. demain aus lat. māne. Dafür got. du maúrgina, anord. ā morgun, agſ. tō morgene, engl. to-morrow, aſächſ. an morgan.

Morgenland N. zu Morgen in ſeiner Bed. 'Oſten'. Luthers Überſetzung von gr. ἀνατολή 'Aufgang (der Sonne)' (Matth. 2, 1 u. ö.) war ſeinen Zeitgenoſſen nicht unbedingt verſtändlich. In Baſel 1523 wird M. umſchrieben „auffgang der ſonnen": Kluge 1918 Von Luther bis Leſſing 110. Seit 1558 bringt das Wort dann auch in die ſchweiz. Literaturſprache ein: K. Bachmann 1909 Einfl. von Luthers Wortſchatz 66. Uns iſt Morgenland nur der durch die Reformation in unſer Blickfeld gerückte Teil des nahen Oſtens, nicht z. B. die genau öſtlich gelegene Ukraine.

Morgenrot N., **Morgenröte** F., mhd. morgenröt, -rœte, ahd. (ſeit etwa 1000) morganröt, bildet ein älteres tagaröt nach, das mit mhd. tageröt, -rät, mnl. dagheraet, agſ. dægrēd 'Tagesanbruch' und anord. dagrāð 'günſtiger Augenblick' auf germ. *dazazēða 'Tagesanbruch' zurückweiſt. An germ. *dazes iſt die Endung getreten, die z. B. auch in Heirat vorliegt: O. Bremer 1886 Beitr. 11, 32 f.; F. Kluge, Nomin. Stammbildungsl. (1926) § 135.

Moritat F. aus Mordtat, nach dem weſentlichen Inhalt der Bilder und Lieder der Bänkelſänger (ſ. d.). Verwandte Spielformen bei Behaghel 1928 Geſch. d. dt. Spr. 379. Die Form Moritat zuerſt im Lahrer Kommersbuch 1862 S. 502: Hans Naumann, Zſ. d. Ver. f. Volkskde. 1921, 1 ff.

morixeln ſ. abmurkſen.

Mormonen Mz., die von Joſ. Smith 1827 in den Vereinigten Staaten auf ſein Buch Mormon begründete Sekte der 'Heiligen der letzten Tage'. Den von ihm erfundenen Namen erklärt Smith als more mon 'mehr gut'.

Morphium N. Schlafmittel, nach Morpheus, dem griech. Gott der Träume, benannt von Fr. W. Sertürner (1783—1841), der das principium somniferum des Opiums (ſ. d.) 1804 in der Cramerſchen Apotheke zu Paderborn entdeckt hat.

morſch Adj., in dieſer Form kaum vor J. Matheſius, Sarepta (Nürnbg. 1562) 200ᵃ, mit Oſtmd. o vor r + Dental (wie Horſt); mursch in Nürnbg. 1482 Voc. theut. t 6ᵃ, mit nd. rš aus mhd. rs (wie Kirſche uſw.), ſomit zurückzuführen auf mhd. *murs, wozu ſpätmhd. mürſen 'zerſtoßen', murz M. 'Stummel', nnl. mors 'morſch', (ver)morzelen 'zerreiben', oſtfrieſ. mursig 'morſch'. Außergerm. vergleicht ſich außer Mörſer (ſ. d.) aind. maśam, maśīm kar 'pulveriſieren', maśī 'Pulver'. Idg. *mers- iſt s-Erweiterung zur idg. Wurzel *mer- '(auf)reiben', die unerweitert in mürb erſcheint, ſ. d. und Mord.

Mörſer M. Lat. gemeinroman. mortārium liefert ahd. mortāri, mnd. morter, agſ. mortere, engl. mortar, ſpätanord. mortēr, mortēl. Das Fremdwort wird unter Einfluß der Sippe von morſch (ſ. d.) umgeſtaltet zu ahd. aſächſ. morſāri und (mit Diſſimilation der beiden r) zu morſāli, auf denen mhd. morsære, morsel und die ſpäteren ſchriftſprachl. und mundartl. Formen beruhen. In mnd. möſer iſt das inl. r vor dem auslautenden geſchwunden. Eine Nebenform mörsner 1684 bei Kurrelmeyer 1923 Mod. lang. notes 38, 404. Nach der Ähnlichkeit mit dem Apotheken- und Küchenmörſer hat im 15. Jh. die großkalibrige Kanone den Namen Mörſer erhalten, wie frz. mnl. mortier, dän. mørser, ſchwed. mörsare, engl. mortar.

Mörtel M. hat den gleichen Ausgangspunkt wie Mörſer (ſ. d.): lat. mortārium entwickelt aus der Bed. 'Pfanne, in der Kalk zerſtoßen wird' die jüngere 'was zerſtoßen wird, Kalk'. Dazu mhd. morter und (mit Diſſimilation des zweiten r) mortel, mnd. mortel, mnl. moorter, frz. mortier, engl. mortar. Zur Sache Schuchardt 1916 Realler. d. germ. Alt.-Kde. 3, 241.

Moſaik F. N. Gr. μουσεῖον 'den Muſen gewidmet' ergibt über lat. musivum ital. mosaico 'Bildwerk aus bunten Steinen', das im 17. Jh. als Moſaico u. ä. in deutſchen Texten erſcheint, immer bei Schilderung ital. Zuſtände. Über frz. mosaïque F. wird im 18. Jh. die geltende Form erreicht: Schulz-Basler 1942 Fremdwb. 2, 155 f.; J. Svennung, Compositiones Lucenses: Upps. Univ. Årsskr. 1941, 5, 175—84.

Moſchee F. Arab. masdschid 'Ort, wo man ſich niederwirft, Stätte der Anbetung' ergibt über p an. mezquita frühnhd. mesquita (Beleg von 1550 bei Kurrelmeyer 1923 Mod. lang. notes 38, 405), über ital. moschea nhd. moschea (Beleg von 1684 daselbst). Die Eindeutschung Moschee, deren Auslaut frz. mosquée mitbestimmt haben mag, zuerst 1598: Schulz-Basler 1942 Fremdwb. 2, 156.

Moschus M. heißt der Saft aus dem Beutel des Moschustiers bei uns seit Wächtler 1703 nach gr. μόσχος, spätlat. muscus, im 17. Jh. Musch M. nach frz. musc (vorher Bisam, s. d.). Quelle arab. musk aus pers. musk 'Moschus'. Voraus liegt aind. muskà- M. 'Hode': so heißt der Moschusbeutel wegen seiner Ähnlichkeit mit dem scrotum anderer Tiere. Lokotsch 1927 Etym. Wb. 1515ª. S. Maus.

Moskito M. Die Stechmücke heißt im Span. (mit verkl. Ableitung von mosca aus lat. musca 'Fliege') mosquito. Von da bei J. Fischart 1582 Geschichtklitt. 231 Ndr. „mit der Spanischen Flut der Mosquiten". Die Schreibung mit q hält sich bis ins 19. Jh., daneben setzt die mit k schon 1631 ein. Frz. moustique (im 17. Jh. mit Umstellung aus demselben span. Vorbild) wirkt in dt. Formen wie Moustikes. Gamillscheg (1928) 627; Palmer (1939) 155.

Most M. 'unausgegorener Traubensaft', ahd. mhd. nl. most, mnd. most, must, ags. engl. must: über roman. *mostu-, *mustu- aus lat. (vīnum) mustum 'junger Wein' zu mustus Adj. 'frisch, neu'. Most hat den gleichen Genuswechsel vollzogen wie Wein. Gleichen Ursprungs ital. mosto, frz. moût, aslav. müstŭ. Früh entlehnt mit Wörtern des Weinbaus wie Becher, Essig, Kelch, Keller, Kelter, Kufe², Lauer, Presse, Spund, Torkel, Trichter, Wein, Winzer. Most heißt obd. auch der aus Birnen gepreßte Trank, weil er nicht haltbar ist und frisch weggetrunken wird; von da auf den Apfelwein übertragen.

Mostert, Mostrich M. 'mit Most angesetzte, zerriebene Senfkörner' (Mostsenf Goethe 4, 28, 256 Weim.). Mostrich ist nordostdeutsch, Mostert gilt wesentlich von der Unterelbe bis zu Rhein und Mosel, sonst Senf: Kretschmer 1918 Wortgeogr. 338f. Mhd. mostert stammt aus mnl. mostaert, dies aus afrz. mostarde, zu lat. mustum 'Most'. Schon mhd. umgedeutet zu musthart, die Endung der von Männernamen wie Gebhart gleichgesetzt und danach Mostrich mit der Endung von Namen wie Friedrich gebildet. Vgl. Wanze.

Motette F. Ital. mot(t)etto M. 'Kirchengesang, dem ein Bibelspruch (vgl. Motto) zugrunde liegt' erscheint gegen Ende des 15. Jh. bei Rosenplüt (Anz. f. dt. Alt. 1927 S. 115) und wird im 16. Jh. bei uns heimisch (H. Kallenbach 1931 Forsters Liedlein 22), zugleich mit einer Fülle musik. Fachwörter gleichen

Ursprungs: Kluge 1918 Von Luther bis Lessing 153.

Motte F. Spätmhd. motte (Nebenform matte), mnd. mnl. motte, mutte (nnl. mot), anord. motti, norw. schwed. mott 'tinea' zeigen tt aus germ. þþ wie Fittich, Latte, spotten. Daß die schwärmende Motte aus der Made in Geweben hervorgeht, ist früh beobachtet worden. Man sieht in germ. *muþþ- Tiefstufe zu idg. *mat- 'nagendes, beißendes Ungeziefer' und gewinnt in aind. mathuṇa- M. 'Wanze' ein urverwandtes Wort. Weitere Beziehungen sind nicht gesichert. Abzutrennen und etwa dem Stamm von Mücke zuzuweisen ist agf. moþþe (engl. moth) 'Motte', dessen þþ nach Ausweis von northumbr. mohþe, mengl. moughte aus altem hþ durch Angleichung entstanden ist wie in ags. gesippe, gesyppe, mengl. sipe 'Gesicht': M. Förster 1944 Vom Fortleben antiker Sammellunare S. 109. — Ins Nhd. ist Motte durch die Lutherbibel (Matth. 6, 19 u. ö.) gelangt. Luthers obd. Zeitgenossen wird es mit Schabe verdeutlicht: F. Kluge 1918 Von Luther bis Lessing 101. 110. Noch in heutiger Umgangssprache gilt Motte nur nord- und md., im Süden entspricht Schabe: P. Kretschmer 1918 Wortgeogr. 339f.

Motto N. Zu lat. mut(t)īre 'leise reden', mlat. motire 'erinnern' gehört ital. motto M. 'Denk-, Leitspruch', in dt. Text zuerst bei Hamann 1761: Schulz-Basler 1942 Fremdwb. 2, 159.

moussieren schw. Ztw. 'brausend schäumen' aus gleichbed. frz. mousser, seit Musäus 1781, gebucht seit Richter 1791 Gramm. Wb. 812ª. Zunächst immer vom perlenden Champagner: Schulz-Basler 1942 Fremdwb. 2, 167. Das frz. Ztw. gehört zu frz. mousse F. 'Schaum', das auf lat. mulsa 'Wassermet' beruht. Dies zur Sippe von lat. mel 'Honig', s. Meltau.

Möwe F. so erst im 19. Jh., im 18. Möve, frühnhd. mew, meb(e), mnd. mêwe, nd. mêw(e), mnl. meeu(we), nnl. meeuw, fries. meau, mieu, nordfries. Mz. mæon, ags. mæw, mãw, engl. mew, anord. mär (Mz. mãvar), norw. maase, schwed. mås(e), mundartl. måk(e), dän. maage, isl. mãki (mit der bei Tiernamen beliebten Abl. auf k). Dem älteren Hd. fehlt das Wort; die ahd. Glossen meu, smea, meh sind aus ags. Vorlagen abgeschrieben, erst 1449 steht die mewen in einer Straßburger Zunftordnung. Den seeanwohnenden Germanen ist Larus altvertraut, der Name scheint (wie Bake) von den Friesen zu Sachsen und Franken gelangt zu sein. Von germ. Nachbarn entlehnt sind afrz. moue, wozu frz. mouette (über gallorom. *mêwitta aus afränk. *mêwi), mundartl.

miau(le), miolis, mauve. An der Ostsee aus dem Nd. entlehnt ist lit. mёvas. Albert d. Gr. nennt die Möwen ab imitatione vocis sic dicte; Namen wie mercatte danken sie ihrem wimmernden Schreien. Darum stellt H. Suolahti 1909 Vogelnamen 397 ff. Möwe zu dem Ztw., das sonst das Miauen der Katze nachahmt: mhd. mäwen, nnl. mauwen, engl. mew. Nicht überzeugend C. C. Uhlenbeck, Beitr. 20 (1895) 328. 26 (1901) 303 f. und A. Walde, Vgl. Wb. d. idg. Spr. 2 (1927) 302.

Mücke F. mhd. mücke, mucke, ahd. mucka 'Mücke; Fliege', asächs. muggia (ggj aus germ. wj), mnd. mügge (auch die nnd. Mundarten zeigen Umlaut), mnl. mugghe, nnl. mug, westfries. mich, nordfries. mech, ags. mycg, engl. midge, anord. mȳ (aus germ. *mūja-), schwed. mygg(a), dän. myg. Das Summen der Mücken malen die Idg. mit *mu-, demgemäß sind urverwandt armen. mun (aus *mu-no) 'Stechmücke', alb. mi-zɛ 'Mücke' (zɛ ist Verkl.), gr. μυῖα 'Fliege'. Auf einem gleichfalls lautmalenden idg. *ms beruhen gleichbed. lat. musca, lit. musė̃, lett. músa, muscha, aslav. mucha (aus *mousā) 'Fliege' und musiča 'Mücke'. Die s-Bildungen greifen ins Germ. mit gotländ. mausa (aus mūsa) 'Fliege' und mnl. mēsie, fläm. meuzie 'Mücke'. Im Obd. hindert ck den Umlaut von u, daher heute muck. Hierzu Mucken Plur. 'Launen' mit Bed.-Übertragung wie Grille, ausgegangen von Obd. wie Sachs 1551 Fastn. 38, 81. Die Bed. 'Fliege' ist hier seit ahd. Zeit geblieben, vgl. siebenbg. mäck 'Zimmerfliege'. Zur Abgrenzung gegen Fliege, Gelse, Schnake s. Kretschmer 1918 Wortgeogr. 340 ff.

mucken schw. Ztw. nl. mokken, mnd. frühnhd. mucken 'halblaut aufbegehren', wohl zu mhd. mugen 'brüllen', das mit gr. μυκάομαι 'brülle' verwandt sein kann. Auf Entlehnung aus dem Nhd. beruhen schwed. mucka und inte säga ett muck. Hierher das erst nhd. **Mucker** M. 'Heimtücker', urspr. 'Scheinheiliger' das zu Beginn des 18. Jh. als Spitzname der pietist. Anhänger von Joh. Franz Budde (Prof. in Jena 1705—29) aufgekommen ist: G. Frank, Gesch. d. prot. Theol. 2, 148; Zs. f. d. Wortf. 3, 99. 6, 110 f. 332. 8, 103. 12, 284; Ladendorf 1906 Schlagwb. 209 f.

Mückenfett N. erfundener Name einer Ware, die der Aprilnarr in der Apotheke verlangen soll. Unwörter dieser Art sind auch Apothekerschweiß, Armsünderschmalz, Entenmilch, Haumiblau(-samen) ('haue mich blau'), Ibidum ('ich bin dumm'), Oxwentium ('Ochs, wende dich um'). Aprilscherze sind jung und werden z. B. in der Voss. Ztg. vom 9. April 1774 noch nicht verstanden.

Längst vor ihrer Zeit galt in Schwaben „das Ganshörnlinsuchen" Crusius 1563 Gramm. Graeca 2, 484.

Muckepicke F. von Berlin ausgehende Lautmalerei, die zunächst das Geräusch des Bootsmotors nachbildet, danach für 'Motorboot, -rad, kleiner Kraftwagen, Flugzeugmotor' steht: Zf. f. d. dt. Unterr. 29, 468; A. Lasch 1927 Berlinisch 183.

Mucker f. mucken.

mucksen schw. Ztw. 'aufbegehren', mhd. muchzen, ahd. (ir)- muckazzen: Iterativbildung zu mucken (s. d.), im Kern Nachbildung von Naturlauten (wie ostfries. muk 'Kuß').

müde Adj. mhd. müede, ahd. muodi, asächs. mōdi, mnl. moede, nnl. moe(de), ags. mœ̄de: Bildungen auf westgerm. -ðia-, idg. -tio-. Daneben als einfacher a-Stamm (auf idg. -to) anord. mōðr, norw. mod. Part. Perf. Akt. zur idg. Verbalwz. *mō- (s. mühen), Grundbed. somit 'sich gemüht habend'.

Muff[1] M. Im 9. Jh. tritt mlat. muff(u)la 'Pelzhandschuh' auf, in dem man Latinisierung von afränk. *molfell 'weiches Fell' sieht. Über frz. moufle entsteht mnl. moffel, muffel 'Halbhandschuh', entlehnt zu frühnhd. muffel (so noch Stieler 1691). Als Kürzung aus moffel tritt im Nl. des 16. Jh. mof auf. Die entspr. Kürzung im nd. Plur. Muffen seit Lauremberg 1652 Scherzged. 2, 684. Nhd. Muffe F. 'manica' wird gebucht seit Schottel 1663 Hauptspr. 1366, das Mask. Muff seit Duez 1664. — Nach der äußeren Ähnlichkeit mit dem Pelzwerk zum Wärmen der Hände heißt in jüngerer techn. Sprache Muffe das Verbindungsstück zweier Röhren; entspr. frz. manchon 'Ärmelchen'.

Muff[2] M. 'Schimmel' erst nhd., zu nl. muf 'verschimmelt, dumpfig', spätmhd. müffeln 'faulig riechen'. Dazu die Sippe von frz. moufette 'Moderdunst', ital. muffo 'schimmelig', als deren Quelle man die germ. Wörter faßt.

Mufti M. Arab. muftī 'Rechtsprecher, Gesetzausleger' ist in der Bed. 'muslimischer Richter' vor 1686 (Schulz-Basler 1942 Fremdwb. 2, 159) zu uns gelangt. Darauf, daß es gegen seine Urteile keine Berufung gibt, beruht die Redensart par ordre de mufti, auf dem Nebengedanken an Muff[2] die Verwendung als Scheltwort in dt. Mundarten: Müller-Fraureuth 1914 Obersächs. Wb. 2, 254; H. Fischer 1914 Schwäb. Wb. 4, 1785.

muhen schw. Ztw. spätmhd. muhen, muwen, mugen 'brüllen': eine lautmalende Bildung wie gr. μυκάομαι. G. Ipsen 1932 Idg. Forsch. 50, 248 f.

mühen schw. Ztw., ahd. muoen, mhd. müe(j)en, mnd. möien, mnl. mo(e)yen, nnl. moeijen; got. *mōjan ergibt sich aus dem Part. afmauiþs 'ermüdet'. Das Adj. müde (s. d.) weist auf einen idg. Verbalstamm *mō-, der Angehörige hat in gr. μῶλος 'Anstrengung, Kampf', μῶλυς 'durch Mühen entkräftet', ἄμοτος 'unermüdlich', lat. mōlēs 'Last', mōlīrī 'mit Anstrengung wegschaffen', mōlestus 'verdrießlich', lit. prisimūléti 'sich abarbeiten', russ. máju 'ermüde' und in andern slav. Sprachen. — Verbalabstrakt zu mühen ist Mühe F., ahd. muoi, mhd. müeje.

Mühle F., mhd. mül, daneben müle, alem. müli, ahd. muli, mulin, asächs. mulin, mnd. mole(ne), mnl. molen(e), nnl. molen, ags. mylen, engl. mill, anord. norw. mylna, dän. mølle, schwed. mundartl. mölla: Entlehnung aus dem im 4. nachchristl. Jh. bezeugten lat. molīna, genauer aus dessen Mz. molīnae, die (als 'Mahlwerk mit mehreren Steinen') für lat. mola steht. Aus der volkslat. Nebenform molīnum stammen ital. mulino, frz. moulin M. Die roman. Wörter sind urverwandt mit mahlen, s. d. Aus lat. molīna entlehnt ist aslav. mülinŭ, dagegen air. mulenn aus lut. molendīnum. Die mola aquaria ist eine röm. Erfindung, zuerst von Vitruv (25 v. Chr.) und Strabo († 19 n. Chr.) erwähnt. Ausonius († 393 n. Chr.) rühmt das Eifelflüßchen Kill torquens cerealia saxa rotatu. Von der durch Wasserkraft betriebenen Mühle wurde die alte Handmühle verdrängt: mhd. kürn, ahd. churn, quirn(a), asächs. afries. quern, mnd. querne, ags. cweorn, engl. quern, anord. kvern, dän. kvern, schwed. kvarn, got. -qaírnus. Mit gleichbed. lit. gìrna, aslav. žrŭny, air. brô, kymr. breuan 'Handmühle', aind. grāvan- 'Quetschstein' zur idg. Wurzel *gᵘᵉr- 'schwer'. In Ortsnamen wie Kirn(ach), Kirnhalde, Kürnach, Querbach, -furt hält sich unser altheimisches Wort bis heute: M. Heyne, Hausaltert. 1, 44. 2, 261 f.

Muhme F., im Obd. vielfach ausgestorben, mnd. môme, mhd. muome, ahd. muoma 'Mutterschwester', dann allg. 'weibl. Verwandte'. Daß die Bed. 'Mutterschwester' die urspr. ist, lehrt die Verwandtschaft mit Mutter (vgl. Base). Daneben mit Dissimilation nd. möne, anord. môna, woraus mengl. mône 'Tante'. Das Wort ist kindl. Koseform für agf. môdrie, nd. mödder (akymr. modrep, kymr. modryb 'Tante'), die mit gr. μητρυιά 'Stiefmutter' dieselbe Bildung haben (vgl. Vetter neben Vater). Bed.-verwandt war agf. faðu, afries. fethe, mnd. vade 'Vaterschwester' neben Vater. Anord. môna 'Mutter' und die gleichbed. nd. mæme, lit. momà, aslav. mama scheinen Koseformen für Mutter zu sein, ebenso nl. moei 'Muhme' (ahd. muoia,

gr. μαῖα 'Mütterchen, Amme'. Vgl. noch air. muimme (aus *mummia) 'Ziehmutter'.

Mühsal F. N. Während das Adj. im 11. Jh. als muosalig, mhd. als müesalic begegnet und dem Nhd. seit der Lutherbibel (Matth. 11, 28 und noch viermal) angehört, ist mhd. mü(he)sal selten und auf den md. Osten beschränkt, fehlt der Lutherbibel und bleibt bis zum Ende des 18. Jh. hinter Mühseligkeit zurück. Ruppel 1911 Rückbild. 42 sieht darum im Subst. eine Rückbildung aus dem Adj. Gebildet ist die Gruppe mit Suffix -sal (s. d.) zum Ztw. mühen.

Mulatte M. Unechte Araber, bes. solche aus Vermischung von Weißen mit Schwarzen, heißen arab. muwallad: Littmann 1924 Morgenl. Wörter 68. Daraus wohl span. portug. mulato, das zuerst 1598 in eine dt. Reisebeschr. eindringt: Schulz-Basler 1942 Fremdwb. 2, 160. Die übliche Anknüpfung an mulus 'Maultier' beruht auf einer roman. Volksetymologie (trotz Palmer 156).

Mulde F. Lat. mulctra F. 'Melkfaß' (zu mulgēre 'melken') wird entlehnt zu ahd. mulhtra, muolt(e)ra, mhd. muolte(r), multer mulde, mnd. molde, molle. Das alte Melkgefäß in seiner länglichen Gestalt war dem Mehl- und Backtrog ähnlich, auf ihn geht seit ahd. Zeit die Bezeichnung über, die mit ihrem uo vor l + Kons. nicht heimischen Ursprungs sein kann. Über bergmänn. 'Vertiefung in den Flözen' ist die junge Bed. 'Talsenkung' entstanden.

Mull M. 'feines Baumwollgewebe'. Ind. malmal ist 'Musselin'. Die Engländer schreiben es (seit Ende des 17. Jh.) mulmull, um eine ähnliche Aussprache zu erzielen (s. Mungo), und kürzen es (wie fesch und Mob) auf eine Silbe zu mull (seit Ende des 18. Jh.). Bei uns erscheint es zuerst als Mul 1783 bei Jacobsson, Techn. Wb.: Schulz-Basler 1942 Fremdwb. 2, 160.

Müll M. heißt der trockene Abfall im Haushalt nord- und md. Die Grenze gegen Kehricht u. a. zieht P. Kretschmer 1918 Wortgeogr. 342 f. Müll hat gesiegt als Berliner Form (auch mnd. müll, agf. myll 'Staub'). Sonst gilt vielfach Mull (in Torfmull auch hd.) wie nnl. mul, schwed. mull 'Erde'. Die alte Sprache bevorzugt das Sammelwort ahd. gamalli, mhd. gemülle, mnd. gemül: K. v. Bahder 1925 Wortwahl 71. Mit mhd. müllen 'zerreiben', anord. mylja 'zermalmen' zur Sippe von mahlen und Mehl, s. d.

Müller M. spätahd. mulināri, spätasächs. mulineri, mnl. molenāre, anord. mylnari, mhd. mülnære, mülner. ll ist spätmhd. durch Angleichung aus ln entstanden wie in Elle; ähnlich elf und Zwilling. Landschaftlich ist, namentlich im Südosten, ln geblieben, weithin im Fam.=Namen Müllner, Mühlner, Milner, Molner, nl. Molenaar. Aus der Form ist nicht zu entscheiden, ob das Nomen agentis zu ahd. mulin 'Mühle' gebildet oder (wie wahrscheinlicher) aus mlat. molinārius (ital. mulinaio, frz. meunier) entlehnt ist. S. mahlen und Mühle.

Mulm M. 'Stauberde', nd. molm; mhd. nur in zermülmen (v. Bahder 1925 Wortwahl 71). Sicher alt, vgl. agf. mealm-stān 'Sandstein', anord. malmr 'Erz', schwed. malm 'Erz, sandige Ebene'. Zur idg. Wz. *mel- 'zerreiben'. S. malmen, Maulwurf. Die m-Bildung ist auch außergerm., vgl. lit. melmuõ 'Nierenstein', das in seinem Wurzelvokalismus dem ahd. asächs. mëlm 'Staub' entspricht; s. mahlen.

Mumie F. Arab. mūmijā 'einbalsamierter Leichnam' erscheint seit Seb. Franck 1534 und Paracelsus 1536 in dt. Arzneiwerken als Mummea, Mumia, vermittelt durch ital. mummia: Schulz=Basler 1942 Fremdwb. 2, 160 f.; Lokotsch 1927 Etym Wb. 1510.

Mumme F. eine Bierart, zuerst im Braunschweiger Schichtbuch 1492. Aus dem Nd. entlehnt sind nnl. mom (seit 1531) und engl. mum. Die Angabe, ein Brauer Christ. Mumme habe sie 1489 erfunden, findet sich nicht vor Adelung 1798.

mummeln schw. Ztw., mnl. mummelen 'in den Bart brummen, heimlich reden', mnl. mommelen, mengl. momelen, engl. mumble 'murmeln; knaupeln'. Dän. mumle und schwed. mumla 'murmeln, murren, brummen' beruhen auf Entlehnung aus dem Mnd., kymr. mwm-(l)ian setzt agf. *mumlian voraus. Im Hd. begegnet zuerst die Bed. 'brummen, undeutlich sprechen' in der Straßbg. Gemma (1508) q 4b. Seitdem drängen sich Bed. vor wie 'einhüllen' und 'bei greisenhaft erschlafften Kaumuskeln das Kinn ständig bewegen' (wozu Mummelgreis): alles lautsymbolische Bildungen wie die bed.=verwandten schwed. mucka, muttra, lat. murmurāre, die nicht urverwandt sind: F. Sommer 1933 Jdg. Forsch. 51, 241.

Mummenschanz M., früher F. 'Tanz, Lustbarkeit verlarvter Personen'. Spätmhd. mumman war vom 14. bis 16. Jh. ein Glücksspiel mit Würfeln, schanz F. 'Glückswurf' (s. Schanze¹), mum(men)schanz im 16. Jh. ein Wurf in diesem Glücksspiel. Da der Glückswurf zur Fastnacht von herumziehenden Masken dem Wirt und seinen Gästen angeboten wurde, ging das Wort in die Bed. 'Vermummung, Maskerade' über. Zu Beginn des 18. Jh. veraltet, wurde es seit 1787 von Veit

Weber, Goethe und Campe unter Geschlechtswandel neu belebt.

Mummerei F. Zu dem Kinderwort span. momo 'Grimasse', afrz. momon 'Maske' gehören afrz. momer 'Mummenschanz treiben' und frz. momerie 'Mummenschanz'; wohl von da gleichbed. nl. mommerie (seit Ende des 15. Jh.). Zu uns gelangt Mummerei etwa 1510, damals als neumodisches Fremdwort getadelt: Bayerns Mundarten 1, 117.

Mumpitz M. Aus den unter Butzen und Mummerei entwickelten Bestandteilen ist ein frühnhd. Butzenmummel M. zus.=gesetzt, das in Bed. wie 'Popanz, Vogelscheuche' seit Moscherosch 1643 namentl. elsäss. begegnet (Martin=Lienhart 1899 Wb. d. elf. Mundarten 1, 680). Die Umkehrung spielt als hess. Mombotz 'Schreckgestalt, Gespenst' (Vilmar 1868 Idiot. v. Kurhessen 275) eine Rolle und wird als Mummelputz 'Vogelscheuche' seit dem 17. Jh. gelegentl. literarisch (K. Müller=Fraureuth 1904 Aus d. Welt d. Wörter 30). Als Slangwort aus 'Schreckgestalt' in 'erschreckendes Gerede, Bluff' gewandelt, wird Mumpitz 'Schwindel' kurz nach 1870 Berliner Börsenausdruck (Sanders 1885 Erg.=Wb. 361ᵃ). Von da kennen es Fontane 1883 Briefe 2, 28 und Stinde 1886 Wandertruppe 31. M. Heyne 1896 Anz. f. dt. Alt. 22, 257; Ladendorf 1906 Schlagwb. 210.

Mumps M. Die meist harmlos verlaufende Entzündung der Ohrspeicheldrüse wird in der Namengebung (Bauerwetzel, Wochentölpel, Ziegenpeter) nicht ernst genommen. Auf die damit verbundene verdrießliche Stimmung zielt engl. mumps (16. Jh.), daneben älteres mump 'brummen', dies lautmalend), das bei uns Krünitz 1813 als engl. Wort einführt, das nach Danneil 1859 Altmärk. Wb. 141ᵇ in der Mark gilt und im 19. Jh. von Berlin aus weiter dringt.

Munaffe M. frühnhd. munaff (Charles Schmidt 1901 Hist. Wb. d. elf. Ma. 247 f.), bei Golius 1582 Onomast. 302 'simia prasina'. Verwandt mit ital. monna, frz. (16. Jh.) monne, engl. monkey 'Affe'. S. Meerkatze.

Mund M. Mhd. munt (d), ahd. mund, asächs. afriesf. mūth, anfränk. munt, mnl. mont (d), nnl. mond, agf. mūð, engl. mouth, anord. munnr, muðr, dän. mund, schwed. mun, got. munps führen auf germ. *munþa-, idg. *mn̥tho-: schwundstufig neben germ. *menþ(i)l- in ahd. mindil, gamindel, agf. mīðl, anord. mēl 'Gebiß am Zaum', anord. minnask 'küssen'. Außergerm. Verwandte sind lat. mandere 'kauen', mandūcus 'Fresser', gr. μάθυιαι 'Kinnbacken', μάσασθαι 'kauen, beißen', ir. mëadal 'Magenöffnung'. Sämtlich zum idg.

Verbalstamm *menth- 'kauen'. Eine alte Ableitung in mnd. müde, nd. -münde, afriej. mūtha, agſ. mūða, mȳðe 'Mündung', anord. munni 'Öffnung, Loch, Höhle' mit dem Sammelwort ahd. aſächſ. gimundi, agſ. gemynde 'Mündung'. Vielfach in Ortsnamen wie Münde(n), Gemünd; mit dem Namen der mündenden Flüſſe Swine=, Trave=, Warnemünde, während Neckar= und Saargemünd urſprünglich Gemünd heißen und den Namen des aufnehmenden Fluſſes ſpät zur Unterſcheidung erhalten (ähnlich Rhein= und Tauberbiſchofsheim). Emden iſt frieſ. Ēmūtha 'Mündung der Ee'. Andern Urſprungs ſind Dortmund (alt Throtmanni), Hedemünden (Hademini), Holzminden (Holtismenni) und Minden (Mimida).

Mund F. 'Schuß', mhd., ahd. munt (t), aſächſ. -mund in Männernamen, agſ. mund 'Hand; Schuß, Vormund(ſchaft), Sicherheit, Königsfriede, Strafe für deſſen Bruch', anord. mund 'Hand', got. Mundi-rix, Mundila. Daneben ein M. afrieſ. mund 'Vormund(ſchaft)', agſ. mund 'Gabe des Bräutigams an Braut oder Schwiegervater', anord. mundr 'Kaufpreis der Braut; die durch Kauf erworbene Vormundſchaft über dieſe', ein ſchw. Ztw. ahd. muntōn, aſächſ. mundon 'ſchützen' und die Zuſammenſetzung mhd. muntbor, ahd. muntboro, aſächſ. mundboro, nl. momboor, -ber, agſ. mundbora 'Schützer; Vormund'. Dem germ. *mundō liegt idg. *mn̥-tá voraus. Der gleiche Stamm in lat. manus (aus *mən-) 'Hand'. Den Bedeutungswandel von 'Hand' zu 'Schuß' veranſchaulicht „das liegt in meiner Hand", lat. in manū meā est. Auch gr. χείρ und armen. burn vereinigen beide Bedeutungen. S. Mande, Mündel, mündig, Vormund.

Mundart F. Mit dem Aufblühen der nhd. Schriftſprache (ſ. d.) wurde im 17. Jh. Schreib(ens)art, verkürzt aus „Schreibart der Sprache" ein häufiger Begriff. Ihm gegenüber bezeichnet „Redart (der Sprache)" die Weiſe der zwangloſen Rede. Zeſen 1640 Helikon 1 Abt. 3 ſetzt Mundart an die Stelle und gewinnt damit (wie Schreibart lat. stilus erſetzen konnte) einen Erſatz für gr. ἰδίωμα, διάλεκτος, lat. idioma, dialectus 'Volksſprache einer Landſchaft', den Gueintz 1641 Dt. Sprachlehre Entwurf, Schottel 1641 Sprachkunſt 22 und Harsdörffer 1643 Frauenz.= Geſpr. 3, 319 übernehmen. Mit Schottel 1663 Hauptſpr. 152 iſt Mundart durchgedrungen: Wh. Pfaff 1933 Kampf um dt. Erſatzwörter 42 f. Aus dem Nhd. entlehnt ſind dän. mundart, ſchwed. munart.

Mündel M. F. ſpätmhd. mündel, afrieſ. mundele 'Mündel; Frau unter Vormundſchaft',

anord. Männername Myndill. Statt deſſen mhd. mundelinc, ahd. mundling 'Mündel; Vormund'; gleichbed. dän. ſchwed. myndling ſind aus dem Dt. entlehnt. Alle zu Mund F. Von ſeiner Bedeutung 'Vormund' aus iſt Mündel zum Familiennamen geworden wie gleichbed. Momber(t).

mündig Adj. mhd. mündec, mnd. mündich, nl. mondig. Aus dem Mnd. entlehnt dän. ſchwed. myndig: zu Mund F., ſomit urſprünglich 'der Macht hat'.

Mungo M. Das ind. Ichneumon (mangaste) heißt mit einem ind. Mundartwort mangūs. Die Engländer ſchreiben mungoose, um dem Klang möglichſt nahe zu kommen (ſ. Mull). Bei uns wird das ſtammhafte s als Plur.=Zeichen mißdeutet: Littmann 1924 Morgenl. Wörter 123.

Munition F. Zu lat. mūnīre 'verſchanzen' gehört mūnītio F. 'Wehrbau'. Frz. munition (de guerre) iſt erweitert auf 'Kriegsbedarf', das in unſerm ſeit 1525 bezeugten Munition auf 'Schießbedarf' verengt erſcheint, vor allem wohl in den Kriegsſtuben obd. Reichsſtädte, z. B. in Nürnberg 1533, Scheurls Briefsbuch 2, 141 „Puluer, allerley Municion": Schulz-Basler 1942 Fremdwb. 2, 161. Geſchütz und Munition faßt die alte Sprache als Zeug zuſammen, daher Zeughaus, Feldzeugmeiſter uſw. Das aus dem Frz. entlehnte engl. munition bedeutet bis heute 'Kriegsbedarf'.

munkeln ſchw. Ztw. Ein lautmalendes nl. monkelen 'murmeln, das Geſicht verziehen', mnd. munkelen 'leiſe, heimlich reden' wandert im 16. Jh. ſüdwärts und erſcheint als munkeln 'heimlich reden' bei Ag. Albertinus 1600 Guevaras Hofleben 349, nachdem noch Matheſius 1562 Sarepta 216ᵇ. 218ᵃ frühnhd. muncken gebraucht hatte, weſentlich im Einklang mit obd. Mundarten (ſchweiz. kärnt. mungeen 'brummen, murren').

Münne F. ein Fiſch, mnd. möne, weſtfäl. müme 'Weißfiſch', nrhein. mōn (im Teuthoniſta, Kleve 1477 moyne), mrhein. miene, Tabernaemontanus 1593 Waſſerſch. 234 minwe: aus mhd. münwe, ahd. mun(i)wa. Die nächſten germ. Verwandten ſind nnl. frieſ. meun, agſ. myne, *mynwe, mengl. minwe, engl. minnow. Germ. *muniwa aus idg. *məni- gilt für urverwandt mit gr. μαίνη (daraus entlehnt lat. maena), μαινίς 'geringer Seefiſch', ruſſ. men' 'Aalraupe', lit. menkė, lett. menza 'Dorſch'.

Münſter N. (ſelten M.), mhd. munster, münster, ahd. munist(i)ri N., mnl. monster M. (nach afrz. mostier), agſ. mynster N., engl. minster, anord. mustari N.: mit frz. moutier 'Kloſter', air. manister, munter uſw. entlehnt aus vulgärlat. monistérium, das für lat. monastérium steht (hieraus ahd. monasteri, aslav. monastyrĭ). Das lat. Kirchenwort ist aus dem Gr. entlehnt. Zu gr. μόνος 'allein' gehört μονάζειν 'allein, als Einsiedler leben', hierzu μοναστής 'Einsiedler' und μοναστήριον 'Einsiedelei'. Erst Gegenwort zu coenobium 'Kloster', ist kirchenlat. monasterium durch Wandel der Sache schon um 800 gleichbed. mit ihm geworden. Kurz danach gelangt munistri mit der damals jungen Bedeutung 'Kloster' ins Ahd., etwa gleichzeitig mit Abt, Kloster, Mönch, Nonne, Papst und Propst. Für den Laien ist das wichtigste am Kloster die Klosterkirche; diesen Sinn zeigt unser Wort in Laienmund seit 1206 (Wolfram, Parz. 461, 4), bei Geistlichen erst im 14. Jh. Immer sind solche Münster besonders stattliche Gotteshäuser, wie es auch die bischöflichen Kathedralen und die fürstlichen Gründungen zu sein pflegen. So werden früh auch derartige Gotteshäuser (Straßburg; Aachen) Münster genannt. Dabei war die alte Zeit weitherziger im Gebrauch des Worts, als die neue; die Grenze gegen sinnverwandte Ausdrücke war unbestimmt und willkürlich. Im ganzen wird Münster im Süden bevorzugt, Dom im Norden. M. Förster, Themse (1941) 404, Anm. 1.

munter Adj. mhd. munter, munder 'wach(sam), frisch, eifrig, lebhaft, aufgeweckt', ahd. muntar 'expeditus, vigil'. Aus dem dt. Adj. entlehnt sind gleichbed. nnl. montar und lit. mundrùs. Zum Adj. stellen sich ahd. munt(a)rī F. 'Eifer', got. mundrei F. 'Ziel', mundōn schw. Ztw. 'sehen auf', anord. munda 'zielen'. Mit Ablaut gehört dazu mnl. mender(like) 'andächtig'. Der nächste außergerm. Verwandte ist aslav. mǫdrŭ 'weise'. Der vorausliegende idg. Verbalstamm *mendh- 'seinen Sinn auf etw. richten, angeregt, lebhaft sein' ist Erweiterung von *men- 'denken', s. mahnen und Minne.

Münze F. Im Tempel der Iuno Moneta war die röm. Münzstätte, daher lat. monēta 'Münze', das vor der hd. Lautverschiebung zu allen Germanen gelangt (Tacitus, Germ. 5). Der Akzent wurde auf die erste Silbe verlegt, ō zu ĭ, o zu u, später ü: *múnita ist Vorform zu asächs. munita, mnd. munte, monte, afries. men(o)te, mnl. munte, agf. mynet, engl. mint, anord. mynt, ahd. munizza. Aus n + z wird nz in mhd. münze (vgl. Binse, Pilz). „Das wird auf mich gemünzet" (so Stieler 1691) zielt auf Gedächtnismünzen, die vom 16. bis 18. Jh. gern mit anzüglichem Bildwerk u. versteckten Anspielungen geprägt wurden.

Mur, Mure F. 'Schuttmassen, Erdsturz im Hochgebirge', ein Wort der bair.=tirol. Alpen, das auch in den roman. Nachbarsprachen erscheint (s. Moräne). Man vermutet Verwandtschaft mit morsch und mürbe.

Muräne F. Lat. muraena (aus gr. μύραινα F. zu μύρος 'Meeraal') ergibt im 13. Jh. mhd. marēne (Suolahti 1929 Frz. Einfluß 153), seit dem 14. Jh. murēn.

mürb Adj. Mhd. mür(we), ahd. mur(u)wi 'zart', mnd. mör(w)e, mnl. morwe, nnl. murw führen auf westgerm. *murwia-, schwundstufig wie das urverwandte aind. mṛnáti 'er zermalmt'. Daneben mit Normalstufe germ. *merwa- in dän. mør, schwed. mör 'weich', außerhalb air. meirb (aus *merwi), kymr. merw 'schlaff'. Mit Hochstufe idg. *mor- germ. *marwia- in mhd. mar, marwer, ahd. maro, marawi, mnl. meru 'mürb', agf. mearu 'zart, weich, zerbrechlich', anord. merja 'zerschlagen', norw. maren 'morsch', außerhalb lat. morbus 'Krankheit', mortārium 'Mörser', gr. μαραίνω 'entkräfte', μαρασμός 'Verfall'. S. Braten, Marmor, Mord, morsch, Mörser, Mur(e). — Wandel von mhd. rw zu nhd. rb auch in Erbse, Farbe, herb, Narbe, Schafgarbe und Sperber.

murksen s. abmurksen.

Murmel F. Die Schnellkugeln der Kinder, im alten Berlin Kieler, Knipp=, Klippkieler (zu Kugel) genannt, wurden im 18. Jh. aus Marmorabfällen hergestellt und heißen seither nordd. Murmel zu ahd. murmul neben marmul (s. Marmor), im Genus durch Kugel bestimmt: Ag. Lasch, Berlinisch 160. 238. 293. Die Grenze gegen westd. Klicker usw. zieht Kretschmer 1918 Wortgeogr. 344 ff.

murmeln schw. Ztw., mhd. murmeln, ahd. murmulōn, -rōn: zur lautmalenden Wurzel idg. *mormor-, *murmur- 'murmeln, dumpf rauschen' in lat. murmurāre (dazu frz. murmurer, woraus engl. murmur), gr. μορμύρειν, lit. murḗti, -énti, aslav. mrŭmrati 'murmeln', aind. murmura- 'knisterndes Feuer'. Ohne Redupl. s. murren.

Murmeltier N. Ahd. murmunto M., murmuntin N. entspringen dem lat. mure(m) mont(is) 'Bergmaus', worauf zunächst rätorom. lomb. murmont beruht, sodann ital. marmotta, span. portug. marmota, frz. marmotte (woraus nnl. engl. murmot). Die ahd. Zeugnisse stammen sämtlich aus der Schweiz: in den Alpen ist das Wort nach der hd. Lautversch. aus einer roman. Nachbarsprache entlehnt. Die gewöhnliche mhd. Form mürmendīn (zur Endung s. Schwein) entspricht der hochalem. Verkl. múrmenden (Schweiz. Jd. 4, 415). Vielleicht in Anlehnung an murmeln weicht der dritte Nasal in l aus; verdeutlichend tritt im 14. Jh. =tier hinzu, wie in Elen=, Maul=, Renntier (s. Kaufmann). Aus dem Hd.

stammen nnl. mormel(dier), dän. murmeldyr, schwed. murmeldjur: Palander 1899 Ahd. Tiernamen 67. Gleichbed. schweiz. mungg s. Schweiz. Jd. 4, 332.

murren schw. Ztw., mhd. mnd. murren; mnl. morren, anord. murra, aschwed. morra, marra. Ohne Redupl. neben gleichbed. murmeln, s. d. Weitergebildet zu ags. murc(n)ian 'klagen, sorgen'. Außergerm. kommt am nächsten ir. muirn (aus *murni-) 'Lärm, Sausen'.

Mus N., nur westgerm. (dän. schwed. mos beruhen auf Entlehnung aus dem Mnd.): ahd. mhd. anfränk. muos, mnl. nnl. moes, asächs. mnd. afries. ags. mōs 'gekochte, besonders breiartige Speise; Essen, Mahlzeit' führen auf westgerm. *mōsa- 'Speise', das offenbar in Ablaut zu gleichbed. germ. *mati- (s. Mastdarm, Maßholder, -lieb, mästen, Messer) steht, sofern es über *mossa- aus idg. *māud-to- oder *mōd-so- entstanden ist. — Dazu Gemüse, mhd. gemüese, ahd. *gimuosi. Die Ableitung setzt die alte, umfassende Bed. von Mus voraus. Zur Sache M. Heyne 1901 Nahrungswesen 266 f.; Fuhse 1916 Reallex. d. germ. Alt.-Kde. 3, 284. Zur Abgrenzung gegen Brei usw. Kretschmer 1918 Wortgeogr. 173 f. 367; A. Senn 1933 Journ. of Engl. and Germ. Philol. 32, 525. 528 f. S. Musteil.

Musche F. 'Schönpfläſterchen'. Die Mode, sich schwarze Taffetpfläſterchen auf die Haut zu kleben, gelangt vor Mitte des 17. Jh. aus Frankreich zu uns und reicht bis ins 19. 1642 erscheint dafür Mosch F. (d. i. frz. mouche aus lat. musca 'Fliege', gleichzeitig auch schon Musche 'Täuschung': mit den Pflastern wurden Flecken und Narben verdeckt: Schulz-Basler 1942 Fremdwb. 2, 162.

Muschel F. Lat. mūsculus 'Mäuschen' zeigt bei Plautus u. a. die Bed. 'Miesmuschel'. Über roman. *muscula früh entlehnt sind ahd. asächs. muscula, ags. musc(el)le, mhd. muschel. Diese Form des Wortes ging von den Klöstern aus und bezeichnete zunächst eine eßbare Muschel als Fastenspeise. Das auf roman. *muscula beruhende afrz. mousle (frz. moule F. 'Miesmuschel') ergibt mnl. mussel(e), nnl. mossel, mnd. mussel. Demgemäß gelten mossel, mussel in nrhein. und nd. Volkssprache. Auf Entlehnung aus dem Mnd. beruhen schwed. seit 1587 mussla, dän. musling (älter mussel).

Muselman(n) M. Arab. muslim Part. 'der dem Islam (s. d.) anhäng' erhält im Perſ. die Adj.-Endung -ān: muslimān wird von den Türken übernommen und in die Sprachen Europas verbreitet. Bei uns erfolgt volksetym. Anlehnung an Mann; entspr. in engl. mussulman, Mz. -men.

Museum N. Neben dem griech. Adj. μουσεῖος 'den Musen geweiht' steht μουσεῖον N. 'Musensitz'. Daraus lat. mūsēum N. 'Ort gelehrten Tuns', das uns durch die Humanisten zugeführt wird. In dt. Text erscheint seit 1586 M. 'Studierzimmer', 1642 'Kunst-, Altertumssammlung', 1770 'gelehrte Zeitschrift': Schulz-Basler 1942 Fremdwb. 2, 162.

Musik F. Gr. μουσική (τέχνη), lat. mūsica wird aus 'Musenkunst' zu 'Tonkunst'. In lat. Form mit dem Ton auf der ersten Silbe steht das Fremdwort von ahd. Zeit bis ins 16. Jh., bei Dichtern noch länger. Daneben beginnt im 17. Jh. der Einfluß von frz. musique (woraus mit Rückziehung des Tons engl. music), das bald überwiegt und die neuen Bed. 'Tonstück, Aufführung' heraufführt: Schulz-Basler 1942 Fremdwb. 2, 162.

Musikant M. Zuerst 1570 in e. Hess. Hofordnung bei A. Kern 1907 Dt. Hofordn. 2, 88. Zu dem um hundert Jahre ältern Musikus mit ital.-lat. Endung, die aus Komödiant usw. geläufig war. Musiker seit dem Ende des 18. Jh.: Schulz-Basler 1942 Fremdwb. 2, 163 ff.

Musikdrama N. bildet Theod. Mundt 1833 Krit. Wälder 82 f. aus musikal. Drama. Rich. Wagner, der meinte, das Wort sei auf seine Schöpfungen gemünzt, lehnt es als „völlig unsinnig" ab: Büchmann 1912 Gefl. Worte 243. Engl. music drama beruht auf dem Nhd.

musivisch s. Mosaik.

Muskat M. Die Samenkerne von Myristica fragrans heißen mlat. muscātum 'Moschusduft' (s. Moschus) und nux muscāta. Über afrz. (noiz) muscate (woraus engl. muscat) entsteht früh im 13. Jh. mhd. muscāt, muschāt(e) F.: Suolahti 1929 Frz. Einfluß 164. — Muskateller M. als 'Wein von würzigem (eig. Muskat-)Geschmack' wird zu Beginn des 14. Jh. aus ital. moscatello übernommen.

Muskel M. erst nhd., aus gleichbed. lat. mūsculus entlehnt, das Verkl. zu mūs 'Maus' ist. S. Maus und Muschel.

Muskete F. Auf lat. musca 'Fliege' geht der Name eines wie mit Fliegen gesprenkelten raschen Sperbers zurück, ital. moschetto. Mit hübschem Bild wird mlat. muschet(t)a Bezeichnung eines Wurfgeschosses. Sie wieder wird übertragen auf die Luntenflinte, die Herzog Alba 1567 als span. mosqueta an Stelle der Arkebuse einführt. Bei uns zuerst Gasconische Musceten bei Fischart 1575 Garg. 284: Schulz-Basler 1942 Fremdwb. 2, 166. Aus dem Nhd. ist Muskete weiter entlehnt in die balt. Sprachen.

Muße F. mhd. muoze, ahd. muoza, md. müze mnl. *moete 'freie Zeit, Bequemlichkeit, Untätigkeit', ahd. auch 'Möglichkeit, angemessene Gelegenheit zu etwas'. Zum germ. Prät.-Präs. *mōtan (s. müssen). — müßig Adj. mhd. müezec, ahd. muozīg 'wer Muße hat'.

Musselin M. 'feines Baumwollgewebe' gelangt zu uns 1715 aus frz. mousseline F., woraus auch engl. muslin. Älter sind ital. mussolina und mussolo: dies der ital. Name der Stadt Mosul am Tigris, der Heimat des Gewebes.

müssen Ztw. Aus mhd. müezen 'bestimmt sein, sollen, mögen, können, dürfen, notwendigerweise tun, müssen', ahd. muozan 'mögen, können, dürfen, müssen' (s. Muße), asächs. mōtan 'Platz finden, Veranlassung haben, sollen, müssen', mnd. mōten, mnl. nnl. moeten, afries. mōta, agf. mōtan 'müssen, dürfen, können' (Prät. mōste, engl. must mit Präs.-Bed.), got. gamōtan 'Raum haben, Platz finden' führen auf das gemeingerm. Prät.-Präs. *mōtan, ō-Stufe des idg. Verbalstamms *med- (s. messen) mit der Urbed. 'habe mir zugemessen, besitze als mir Zugeteiltes': 'Raum, Zeit, Gelegenheit, Kraft'.

Musteil M. N. zu Mus, im Sachsenspiegel musteile für mhd. *muosteile: 'Hälfte des Vorrats an Speisen, der bei Lebzeiten des Mannes vorhanden gewesen und am 30. Tage nach dem Tode, an welchem man jetzt zu inventieren pflegt, noch vorhanden ist; die Hälfte davon gehört der Witwe und die andere den Erben' (Lessing). Zweiter Wortteil mnd. dēle, ahd. teila F. 'Teilung'.

Muster N. Frühnhd. (obd. seit etwa 1450) muster N., munstre F. 'militärische Musterung; Äußeres, Gestalt; Probe' beruht auf ital. mostra F. 'das Zeigen, Sehenlassen, Probe(stück)', das über gleichbed. volkslat. mōstra F. auf lat. mōnstrāre 'zeigen' führt. Den Kampf der Formen zeigt Oberschwaben: Al. Schulte, Große Ravensb. Handelsges. 3, 9 (1474) „das man in send... rezebta von tüchen per Saragoca mit den monstra"; 3, 338 (1478) „nach monister"; 3, 359 (1480) „die munstra"; 3, 284 (1505) „per mostra gesendet". Unser Ztw. mustern in milit. Sinn (dazu J. Sehwers 1925 Zs. f. vgl. Sprachf. 53, 103) erscheint zuerst in der Schweiz 1476. Zu lat. monstrum stellt sich afrz. monstre 'was vorgewiesen wird, Probe', das über mnl. monster das mnd. monster, munster ergeben hat. Daraus entlehnt sind dän. mønster, schwed. mönster, norw. mynster: E. Öhmann, Neuphil. Mitt. 1941, 85.

muster Adj. 'frisch, kräftig', häufiger unmuster 'schlecht aufgelegt' (K. Euling 1921 DWb. 11, 3, 1195). Dafür frühnhd. musterig, musterlich 'frisch, kräftig', in obb. Mundarten bair. mustberlich 'gesprächig', schwäb. mušper 'frisch, wohlauf', alem. bušpor 'munter': nach A. Götze 1925 Teuthonista 1, 378 aus mhd. *munstbære 'Freude bringend' zu mhd. munst F. 'Freude', Abstr. zu ahd. menthan, mendan, asächs. mendian 'sich freuen'. Dies mit Minne (s. d.) zur idg. Verbalwz. *men: *mon in got. munan 'denken'.

Mut M. Mhd. ahd. muot 'Kraft des Denkens, Empfindens, Wollens; Sinn, Seele, Geist; Gemüt(szustand), Stimmung, Gesinnung; Über-, Hochmut; Gedanke einer Tat, Entschluß, Absicht', asächs. afries. mōd, mnd. mōt, müt, nd. mōd, maud, anfr. muod, mnl. moet (d), nnl. moed, agf. mōd 'Mut, Gemüt; Sinn, Geist, Stimmung; Stolz, Mut', engl. mood 'Stimmung, Sinn', anord. mōðr 'aufgeregter Sinn, Zorn', norw. dän. schwed. mod, got. mōþs 'Mut, Zorn' führen auf germ. *mōða- 'starke Seelenstimmung, heftige Erregung'. Der nächste außergerm. Verwandte ist gr. μῶσθαι 'streben'; mit ihm zum idg. Verbalstamm *mō 'heftigen und kräftigen Willens sein, heftig streben'. Dazu mit Ablaut gr. μαίεσθαι 'trachten', μαιμᾶειν 'heftig verlangen'. Zur Bed.-Entw. M. Meyer, Diss. Leipzig 1926. — Nhd. gemut, wohlgemut aus mhd. wol gemuot 'mutig' neben einfachem gemuot 'Sinn habend, gesinnt'. — Gemüt N. mhd. gemüete, ahd. gimuoti bedeutet als Kollektiv zu Mut urspr. 'Gesamtheit der Gedanken und Empfindungen'.

muten schw. Ztw. Zu Mut in der Bed. 'Absicht' stellt sich ahd. muotōn, mhd. muoten, md. müten 'etw. haben wollen'. Es wird frühnhd. zum Kunstwort des Bergbaus in der eingeschränkten Bed. 'an einem unverliehenen Platz nach Erz graben' und weiterhin 'um Erlaubnis zum Graben einkommen'. Auch mhd. muotunge 'Begehren' ist fachsprachlich geworden, entspr. mutbar, Muter (als Fam.-Name Muther), Mutbuch, -schein. Im Handwerk des 18. Jh. bedeutet muten 'Meisterrecht nachsuchen', Mutgeld, -groschen 'Abgabe des Jungmeisters an die Innung'. Aus dem Nhd. stammen schwed. muta, norw. mute 'um Berechtigung zum Grubenbau nachsuchen'.

mutmaßen schw. Ztw. spätmhd. muotmāzen, im 15. Jh. elsäss. aufkommend, zu muotmāze F. 'Bemessung nach dem Sinn'.

Mutt N. ahd. mutti, mhd. müt(te), mut(te), asächs. muddi, mnl. mudde, agf. mydd N. 'Scheffel': über roman. *modiu entlehnt aus lat. modius M. 'Trockenmaß von 8,75 Litern

Jnhalt'. Über das Anwachsen des Maßes und sein Verhältnis zu Metze s. Luschin v. Ebengreuth 1916 Realler. d. germ. Alt.-Kde. 3, 288.

Mutter F. ahd. mhd. muoter, asächs. mōdar, anfr. muoder, afries. mōder, ags. mōdor, engl. mother (mit th vor er wie father, weather), anord. mōðir: des gemeingerm. Wort für 'Mutter', das nur die Goten entbehren, die dafür aiþei (ahd. eidī) verwenden, wie atta für fadar. Ähnlich wird in nd. Ma. Mutter durch mōme, mȫm(e) ersetzt, entspr. steht schon im Eulensp. 1515 Mum. Germ. *mōder weist auf gemeinidg. *mātér- in ainb. mātár-, toch. mācar, alb. motrë 'Schwester', gr. μήτηρ, lat. māter, aslav. māti, air. māthir, lit. mótyna 'Mutter' (mótė 'Ehefrau'), apreuß. mote 'Mutter'. Verwandt ist außer Muhme auch gr. μαῖα 'Mütterchen'. Dem idg. *mātér- liegt ein kindl. Lallwort mā zugrunde. Analoge Bildungen auf -ter s. u. Schwester, Tochter, Vater. — Mutter 'Sinkstoff' in Essig-, Weinmutter s. Moder.

Mutterkorn N. heißt die überwinternde Dauerform des Schlauchpilzes Claviceps purpurea, der auf Roggenähren schmarotzt, wegen ihrer Wirkung auf die Gebärmutter. Zuerst begegnet Mutterkorn (dem nl. moederkoren, dän. moderkorn entsprechend) bei B. Zorn 1714 Botanologia medica 628. Gleichbed. Kornmutter (wie lat. secalis mater) seit G. H. Zincke 1744 Ökon. Lex. 1, 1482.

Mutterkrebs M. 'schalenloser Krebs', urspr. 'Krebs zur Zeit des Schalenwechsels', ist an Mutter F. nur äußerlich angeglichen. Erster Wortteil ist nd. muter 'Mauser' (zu lat. mūtāre). S. mausern.

Mutterschwein N. (dafür asächs. kōswīn) seit Maaler 1561; bei Stieler 1691 neben Mutterpferd, -schaf, Sau-, Schweinmutter. Alle diese Zus.-Setzungen stehen für alte einfache Wörter wie obd. Lose, Mor, Tausch, schwäb. Kosel, fränk. Mocke. Entspr. bei Hündin.

Mutterseele F. für Mutter (wie Menschenseele für Mensch) seit Campe 1809, der als erster auch mutterseelenallein und mutterseligallein verzeichnet. Beide Formen sind im 18. Jh. geläufig; G. Keller schreibt seelenallein, frühnhd. begegnet mutterallein: Zs. f. d. Wortf. 3, 246 f.

Muttersprache F., frühnhd. mütter sprach(e), nd. (zuerst 1424 mōdersprāke, nl. (seit 1700) moedertaal, engl. mother tongue, dän. modersprog, schwed. modersprāk. Demgegenüber scheinen die roman. Zeugnisse: mlat. (zuerst in Straßburg 1119) materna lingua, ital. (seit Dante, † 1321) parlar materno, frz.

langue maternelle, span. lengua materna usw. zeitlich einen Vorsprung zu haben. Aber schon im 14. Jh. sind isl. mōðurmāl und schwed. modhor male aus offenbar alter Überlieferung vorhanden, auch dän. modhurmal läßt sich für den Anfang des 14. Jh. erschließen, und die Wahrscheinlichkeit ist groß, daß das nord. Wort mindestens ins 12. Jh. zurückgeht, als echt germ. Prägung wie Mutterboden, -erde, -grund, -land usw., die die lebentragenden und -erhaltenden Kräfte in ihrer Fülle und Allgegenwart kennzeichnen. Dann entspränge mlat. materna lingua mit seinen roman. Abkömmlingen, die diesen tiefen Sinn nicht erschöpfen, erst dem germ. Wort. Im Lat. galt patrius sermo, das (wie patria) im rechtlichen Denken wurzelt. Im Hd. mag Muttersprache schon im Mittelalter gegolten haben; greifbar wird uns erst 1522 deyner mūter sprach bei Kasp. Güthel, Dialogus oder Gesprächbüchl. C 2ᵇ. 1525 bietet Luther, Weim. Ausg. 18, 123 aus rechter mutter sprach, 154 die rechte mutter sprache. Die Strömung, die im dt. Raum die Muttersprache zu einer neu beachteten, in ihrem Eigenwert erkannten und als Kraft eigenständigen Volkslebens gespürten Größe aufsteigen läßt, bringt auch unser Kernwort zu Ehren. Sämtl. Nachweise bei L. Weisgerber 1938 Beitr. 62, 428 ff., ders. 1948 Die Entdeckung der Muttersprache im europ. Denken und A. Daube, Der Aufstieg d. Mutterspr. (Dt. Forschungen 34) 1940.

Mütze F. spätmhd. (15. Jh.) mutze, mütze aus mhd. (seit 13. Jh.) al-, armuz, mnd. mutze, musse, musche, älter malmuse, -mutze, mnl. muts(e), mutsche, älter almutse, nnl. muts, spätanord. myssa, schwed. mössa, älter mysse, älter dän. myts(e), norw. mösse. Im Roman. entsprechen afrz. aumuce, frz. aumusse, prov. almussa, span. almucio, sizil. almúziu. Wieder älter ist mlat. (seit 11. Jh.) almucia 'amictus, quo canonici caput humerosque tegebant', mit arab. Artikel umgebildet aus arab. mustakah 'Pelzmantel mit langen Ärmeln', in dem pehl. mustak, eine ältere Form von pers. mustā 'Pelzmantel' fortlebt. Der Pelzbesatz bleibt lange kennzeichnend für die Kleidungsstücke, die die Romania von Süditalien und Spanien her, uns über die Alpen wie über die Nordwestgrenze erreicht haben. Dabei konnte die Kapuze wegbleiben und die almucia zu obd. Mutze(n) 'Wams, Jacke' werden, das mundartlich von der Schweiz bis Hessen, von Lothringen bis Tirol gilt. Oder das Kleidungsstück konnte zur Kopfbedeckung zusammenschrumpfen und das Wort die schriftsprachliche Entwicklung nehmen, die von der Geistlichkeit zu Laien und Frauen geführt hat. Zur Ab-

grenzung gegen Haube und Kappe Kretsch=
mer 1918 Wortgeogr. 346 ff. 612; zur Her=
kunft Justi 1901 Zs. f. dt. Alt. 45, 420 ff.; K.
Lokotsch 1927 Etym. Wb., Nr. 1520; W. Gold=
berger 1930 Glotta 18, 50.

mutzen schw. Ztw. 'verdrießlich sein' aus
*mukzen (wie Blitz aus mhd. blicz, schmatzen
aus smackezen). Dagegen nhd. aufmutzen
'vorwerfen, tadeln' aus mhd. (üf)mützen,
-mutzen '(heraus)putzen'. Aufmutzen ist
somit ein 'Herausstreichen' in tadelndem Sinn.
Die Gruppe mutzen 'beschneiden, kürzen,
stutzen', Mutz 'gestutztes Pferd', Mutzpfeife
'Stummelpfeife' beruht auf Entlehnung aus
den roman. Nachbarsprachen. Dem frz. mousse
'abgestumpft' liegt eine Grundform *muttius
voraus, Ableitung vom Stamm *muttu-
'ohne Hörner, abgestumpft', der ohne j-Ab=
leitung im Südostfrz. und in den roman. Mund=
arten der Westalpen lebt.

Myriade F. Zu gr. μυρίος Adj. 'unendlich
viel' gehört μυριάς, -άδος F. 'Zahl, Menge von
10000'. Als 'Unzahl' führt Bodmer 1732
Myriade ein, Klopstock 1748 Mess. 1, 8 nimmt
den Ausdruck auf, den die Gegner noch lange
verspotten: Zs. f. d. Wortf. 8, 81. 13, 29;
Schulz=Basler 1942 Fremdwb. 2, 168.

Myrrhe F. Zu altsemit. murr 'bitter' ist
der Name des bitter schmeckenden Harzes
gebildet, den die Griechen als μύρρα F. auf=
nehmen und der mit der Bibel (Matth. 2, 11
u. ö.) früh zu den Germanen gelangt: ahd.
asächs. myrra, mhd. mirre, ags. myrre. Hoops
1916 Reallex. d. germ. Alt.=Kde. 3, 291.

Myrte F. Zu demselben Stamm wie
Myrrhe, altsemit. murr 'bitter', gehört der
Name von Myrtus communis, der über gr.=lat.
myrtus spät in den dt. Gesichtskreis tritt:
V. Hehn, Kulturpfl. und Haust.[8] 223 ff.;
Littmann 1924 Morgenl. Wörter 17. Bräutl.
Schmuck war Rosmarin; 1583 soll eine
Tochter Jakob Fuggers in Augsburg als erste
Deutsche einen Myrtenkranz getragen haben.

N

na Partikel, anord. (selten) nā, dän. naa,
schwed. nå. Das Spätahd. kennt eine Fragpart.
na in der Mitte und am Ende verneinter
Fragesätze, die im Mhd. völlig abstirbt. Mit
Fischart 1575 Garg. 402 „Na, na, genug von
dem" setzt nhd. na ein, das seither Ausdruck
des Staunens, Zögerns, Verzichts, Unglaubens,
der Ungeduld usw. geworden ist.

Nabe F. Mhd. nabe, ahd. naba, asächs.
naba, mnd. mnl. engl. nave, nnl. (n)aaf,
ags. nafa M., nafu F., anord. nǫf, schwed.
dän. nav führen auf germ. *nabō-. 'Nabe'
bedeuten auch die urverwandten aind. nábhya-,
avest. nabā und apreuß. nabis: die Idg. kann=
ten den Wagen, wie auch Achse, Deichsel,
Joch, Lünse und Rad erweisen. Auch die
Benennung der Radnabe nach dem Körperteil
(s. Nabel) ist uralt: apreuß. nabis und aind.
nābhī- vereinen beide Bedeutungen, lett.
naba F. ist 'Nabel'. S. Näber.

Nabel M. Mhd. nabel, ahd. nabalo, -ulo,
mnd. mnl. navel(e), afries. navla, ags. nafela,
engl. navel, anord. nafli, schwed. dän. navle
führen auf germ. *nabalan-. Zum idg. Stamm
*nōbh-, *ombh-, *mbh- 'Nabel' gehören die
gleichbed. l-Bildungen gr. ὀμφαλός, lat. um-
bilicus, air. imbliu, Gen. imblenn (aus *mbh-
lijen-), mir. imlecan, ohne das ableitende l
gleichbed. aind. nābhi-, avest. nafa-, pers.
nāf und lat. umbo 'Schildbuckel'. Die apreuß.
und lett. Entsprechung s. u. Nabe. Nabel

und Nabelschnur hatten sakrale Bedeutung,
Aind. nābhi- bedeutet auch 'Verwandtschaft',
avest. nabā-nazdišta- 'der verwandtschaftlich
Nächststehende'. Sonst pflegen die idg. Namen
für Körperteile unabgeleitete Bildungen zu
sein (Auge, Fuß, Herz, Nase, Niere,
Ohr), doch vgl. das Verhältnis von Achsel
zu Achse.

Näber, Naber M. Der Bohrer der Ger=
manen war eine Spitze, mit der sie Radnaben
bohrten und die sie mit einer Zus.=Setzung
aus Nabe und Ger benannten: napakaira
lautet das Wort bei früher Entlehnung ins
Finn., entspr. anord. nafarr, ags. nafugār,
asächs. nabugēr, mnl. naveghe(e)r, ahd. nabu-,
nabagēr. Wie bei engl. adder 'Natter' und
nl. aaf 'Nabe' geht anlaut. n verloren in engl.
auger, mnl. avegheer, nnl. avegaar; wie bei
Essig werden die Verschlußlaute im Wort=
innern umgestellt bei ahd. nagaber, mhd. na-
geber, negber (wobei das Vorbild von Nagel
mitgewirkt haben mag). Frühnhd. gelten
Formen wie nabi(n)ger, nebiger, naper, nep-
(p)er, neber: dieses Schwanken begünstigt den
Sieg des im 15. Jh. gebildeten Bohrer in
der Schriftsprache: v. Bahder 1925 Wortwahl
59. 147.

nach Präp., mhd. nāch, ahd. nāh, mnd.
mnl. nā, nnl. na, afries. nēi, nī, ags. nēah,
got. nēhva. Die Präp. ist verwandt mit dem
Adj. nah (s. d.) und mit dessen gemeingerm.

33

Adv. urſpr. bedeutungsgleich (vgl. Nachbar).
J. Endzelin 1935 Zf. f. vgl. Sprachf. 62, 23 ff.

nachahmen ſchw. Ztw. Zu Ohm, mhd.
āme, ōme 'Maß' ſtellt ſich mhd. āmen '(ein
Faß) durchmeſſen', wozu nachomen 'nach-
viſieren, nachmeſſen' bei Luther; von da
Alberus 1540 Dict. Ee 1ᵇ. über 'nachmeſſend
geſtalten' wird im 16. Jh. der Sinn des lat.
imitāri erreicht.

Nachbar M. mhd. nāchgebūr, ahd. nāh-
gibūr(o), nl. nabuur, agſ. nēhhebūr, engl.
neighbour: weſtgerm. Zuſ.=Setzung, die ihre
Grundbed. 'wer nahe mit einem zuſ.=wohnt'
bewahrt hat. Das ā der Tonſilbe iſt vor Doppelkonſ. gekürzt (vgl. zwanzig, herrlich, Hochzeit, Grummet). Der Vokal des zweiten
Wortteils (mhd. gebūr, ſ. Bauer³) iſt ſeit dem
15. Jh. zu a geworden (vgl. Bräutigam,
Heimat, Monat, Urbar und Namen wie
Dittwar, Neckar, Schubart: Behaghel 1928
Geſch. d. dt. Spr. 344). Im Fam.=Namen
Nach(ge)bauer iſt die volle Form geblieben.

nachdem Konjunkt. Ahd. nāch diu daz lebt mit
Erſatz des Inſtr. diu durch dem hauptſächlich
auf nd. und nfränk. Gebiet fort; ſeit dem 14. Jh.
wird der Schlußteil geſpart. So ſteht nāch dem
zuerſt bei dem Weſtfalen Hnr. v. Heſler 1320
Apokal. 11380. Seine Verwendung gliedert
ſich nach den beiden Bed. der Präp. nach in
Entſprechung und zeitliche Folge: Behaghel
1928 Dt. Syntax 3, 211 ff.; Geſch. d. dt. Spr.
351; Kluge 1918 Von Luther bis Leſſing 49.

Nachen M. Mhd. nache, ahd. nahho, aſächſ.
naka, agſ. naca, anord. nǫkkvi 'Schiff, Boot'
führen über germ. *nakwa- auf idg. *naguᵘ-
oder *noguᵘ-, Urverwandt aind. nága- 'Baum,
Berg'. Grundbed. 'Einbaum'. Aus dem älteren M. ſtammt wallon. naque 'Boot'. Wie
im Norden und in England iſt das Wort im dt.
Oſten und in der Schweiz früh ſeinen vielen
Bedeutungsverwandten erlegen (Boot, Gondel, Kahn, Weidling). Im Schrifttum
bleibt es ſelten bis zu Wieland und Schiller;
in Landſchaften, die (wie Oſtmitteldeutſchland)
Kahn als Alltagswort verwenden, hat Nachen
gehobenen Klang. Umgangsſprachlich gilt es
heute am Nieder= und Mittelrhein, oſtwärts bis
Weſtfalen und Siegerland, über Wiesbaden
und Darmſtadt bis Aſchaffenburg, in ganz Baden und Teilen von Württemberg. Mundartlich hat es in Verbindungen wie den,
einen Nachen ſein n- verloren (ſ. Näber,
Nörz, Otter²) uns greifbar zuerſt in der
Kölner Gemma von 1495. Seither gelten ſpätmnl. āke, nnl. aak, frieſ. āk(e), weſtfäl. āk(en),
rhein. āche(n), luxemb. āchen, ācher; entſpr.
Formen in Lothringen, Elſaß, Baden und
Schwaben.

Nachfahr ſ. Vorfahr.

nachgerade Adv., mnd. nāgerade 'allmählich'
mit der älteren Nebenform nārāde, worin man
mnd. rāt 'Reihe' vermutet. Das ergäbe eine
Grundbed. 'allmählich in der richtigen Reihenfolge', die noch vorliegt bei Anderſen 1669
Orient. Reiſeb. 191 „wurden gleichwol 13 lebendige Perſonen nach gerade in die See ge-
worffen". Die Bed. 'ſchließlich' iſt ſchon erreicht bei Lauremberg 1652 Scherzged., Beſchl.
16 „Ein Bage altydt geſpant werd na gerade
ſchlap".

Nachricht F. im 17. Jh. gekürzt aus frühnhd. nachrichtung F., demgemäß 'Mitteilung
zum Danachrichten'. Von da erweitert auf
'Mitteilung' allgemein.

Nachrichter M. mhd. nāchrihter 'der nach
dem urteilenden Richter die Todesurteile und
Leibesſtrafen vollzieht'. Alter und einſt häufiger als Scharfrichter (ſ. d.), beide verhüllend für Henker.

Nachruf M. verſucht Zeſen 1648 als Erſatzwort für Echo. In der Bed. 'Nekrolog' noch
Campe 1813 fremd, erſt nach Mitte des 19. Jh.
durchgedrungen.

Nachruhm M. 'Ruhm bei der Nachwelt', von
Schottel 1641 Sprachkunſt 502 gebildet, von
Morhof 1682 Dt. Gedichte 177 aufgenommen,
ſeit Stieler 1691 gebucht.

Nachſatz M. neben Vorderſatz von Schottel
1641 Sprachkunſt 652 gewagt, von Stieler
1691 aufgenommen: E. Leſer 1914 Zf. f. d.
Wortf. 15, 84.

nachſchlagen ſ. Geſchlecht.

Nachſchrift F. 'nachträglich Geſchriebenes' begegnet in amtlicher Sprache ſeit 1521 für
Replik (Landgerichtsordn. 19 § 6), als Lehnüberſ. des lat. postscriptum ſeit Krämer 1678.
Die ſchulmäßige Bed. in Nachſchrift einer Predigt, einer Vorleſung uſw. iſt aus der entſpr.
Bed. von nachſchreiben im 18. Jh. entwickelt und ſeit Adelung gebucht.

Nächſte M. ſubſt. Superl. zu nahe; vgl.
ahd. nāhisto M. 'Nachbar' mnd. nēgest, nēiſt,
agſ. nīehſt, nēxt(a), engl. next, anord. næſtr;
got. dafür nēhvundja M., wie lat. proximus,
frz. prochain. — Nächſtenliebe F., nicht in
der Lutherbibel, iſt gewonnen aus Gal. 5, 14
„Liebe deinen Nächſten als dich ſelbſt".

nachſtellen ſchw. Ztw. Mhd. mnd. erſcheint
ſtellen nāch 'Netze, Schlingen legen für
Tiere', das frühnhd. zu 'auflauern' auch in
bezug auf Menſchen wird. Nachſtellen
'inſidiāri', zuerſt in einem Voc. des 15. Jh.,
wird durch Brant, Luther und Sachs eingebürgert: v. Bahder 1925 Wortwahl 121.

Nacht F. Mhd. ahd. aſächſ. anfr. naht,
mnl. nnl. afrieſ. nacht, agſ. neaht, niht, engl.

night, anord. nātt, nŏtt, norw. mundartl. natt, nott, schwed. natt, dän. nat, got. nahts führen auf germ. *naht-, idg. *noqt- 'Nacht'. Urverwandt sind gleichbed. aind. nak(t)-, nákti-, alb. natë, gr. νύξ (Gen. νυκτός), lat. nox (Gen. noctis), air. -nocht, kymr. akorn. nōs, bret. noz, lit. naktìs, lett. nakts, apreuß. naktin, aslav. noštĭ. Ferner vergleichen sich toch. noktim 'gegen Abend', air. in-nocht 'heute Nacht', kymr. peu-noeth 'jede Nacht', mkymr. trannoeth 'am folgenden Tage'. Daß Nacht den idg. Sprachen gemeinsam ist, während sie in den Namen für 'Tag' auseinandergehen (s. Tag, aber auch Lenz), beruht wohl darauf, daß man in der Urzeit nach Nächten statt nach Tagen zählte, weil die Beobachtung des Monds, an dem man Monat und Jahr maß, in der Nacht lag. Reste der alten Zählung zeigen Weihnachten sowie engl. fortnight 'vierzehn Tage', sennight 'acht Tage' (vgl. Abend und Sonnabend). Nur wenige Grundbegriffe der Zeitrechnung wie Jahr und Monat reichen über die einzelsprachliche Benennung zurück.

nächten mundartl. Zeitadv. der Bed. 'gestern (abend)': aus mhd. nehten 'gestern abend', das mit einem (unter Einfluß von morgen angefügten) n auf der ahd. Gen. nahti beruht und urspr. 'des Nachts' bedeutet: Osthoff, Idg. Forsch. 20, 213. — Vgl. heint.

Nachtigall F. Ahd. nahtagala, mhd. mnd. mnl. nachtegal(e), asächs. nahtigala, nnl. nachtegaal, ags. nihtegale (von da anord. nihtigala), mengl. nightengale, engl. nightingale vereinen sich auf westgerm. *nahtagalōn 'Nachtsängerin'. Der zweite Wortteil gehört zu galan 'singen' (s. galstern, gellen), wie in els. steingall, -gellel 'Wasserläufer', engl. yaffingale 'Grünspecht'. So gehören lat. luscinia und gr. ἀηδών 'Nachtigall' zu canere und ἀείδειν 'singen'. Dän. nattergal, älter nakte(r)gale und schwed. näktergal sind aus dem Mnd. entlehnt. Frühnhd. hieß der Vogel nachtgal; das nhd. i der Mittelsilbe dankt seinen Ursprung dem g wie in Bräutigam und Rüdiger: Paul Schmid 1909 Zs. f. dt. Alt. 51, 280.

Nachtschatten M. die Giftkräuter Solanum nigrum und S. dulcamara, dann auch die ganze Familie der Nachtschattengewächse, zu der Bilsenkraut, Kartoffel, Stechapfel, Tabak, Tollkirsche und Tomate gehören. Ahd. nahtscata Mz. galt von der nächtlichen Dunkelheit, wurde von da auf gespenstisch wirkende Tiere wie die Nachtschwalbe (Caprimulgus Europ.) und auf Nachtschmetterlinge übertragen. Dän. natskade bedeutet 'Nachtrabe', schwed. nattskata 'Fledermaus'. Die Anwendung auf Pflanzen ist dem ahd. nahtscato, mhd. naht-schate gemeinsam mit md. mnd. nachtschade. Sie gilt den schwarzen Beeren der einen und den dunkelblauen Blüten der andern Art. Die Fülle der mundartl. Namen bei M. Gottschald 1943 Trübners Dt. Wb. 4, 739, die Entlehnung ins Lett. bei J. Sehwers 1927 Zs. f. vgl. Sprachwiss. 54, 52.

Nachtisch M. Das nach der Mahlzeit Aufgetischte heißt in Anlehnung an lat. mensa secunda (M. Heyne, Nahrungswesen 1901 S. 84) Nachtisch seit Frisius 1541 Dict. 784ᵇ. Daneben im 16./17. Jh. Schleckspeis. Dessert führt Lauremberg 1652 Scherzged. 1, 269 als modisches Fremdwort ein, in der Handschrift (1649) fehlt die Stelle noch. Das frz. dessert M. gehört zu desservir 'die Speisen abtragen' und bezeichnet, was man beim Aufheben der Tafel genießt. Als subst. Part. ist Dessert im Nhd. Neutr. geworden wie Format, Konfekt, Kuvert.

nachts Adv., der temporale Gen. von Nacht, Neubildung nach tages: got. nahts 'νυκτός', westgerm. *(dages endi) nahtes in agf. dæges ond nihtes, asächs. dages endi nahtes, ahd. tages inti nahtes; hd. seit dem 11. Jh. auch des nahtes (Behaghel 1923 Dt. Syntax 1, 590), wobei das Vorbild des M. Tag deutlich wird.

Nachwelt F. Den Ausdruck nachgeborne Welt (so Schottel 1641 Sprachkunst 502) zieht Zesen 1648 Dögens Baukunst zusammen auf Nachwelt. Harsdörffer 1651 Erquickstunden 3, 7 nimmt die Bildung auf, Stieler bucht sie. Nachwelt wird Vorbild für das erst gegen Ende des 18. Jh. auftretende Mitwelt. Dagegen begegnet Vorwelt seit Opitz.

Nacken M. mhd. nac(ke), Gen. nackes, ahd. (h)nac(h) 'Hinterhaupt, Nacken', anord. hnakkr, hnakki 'Hinterhaupt', dän. norw. nakke, schwed. nacke 'Nacken'. Daneben mit Ablaut mnd. mnl. nöcke, nnl. nek, afries. hnekka, agf. hnecca M. 'Nacken, Hals', engl. neck (s. Genick). Im Schwäb.-Fränk. gilt für 'Nacken' meist Anke, im Bair. Genäck; abweichend bedeutet bair. Nacken 'Knochen'. Allerorten begegnet Nacken für 'Bergrücken, -vorsprung'. Außergerm. vergleicht man kelt. *knukko- 'Buckel, Knauf, Hügel' in air. cnocc, ir. cnoc, abret. cnoch, kymr. cnwch: L. Weisgerber 1939 Rhein. Vierteljahrsbl. 9, 41, ferner toch. knuk 'Genick'.

nackt Adj. Mhd. nacket, ahd. nackot, -ut (u aus w; ck durch westgerm. Konsonantdehnung unmittelbar vor w wie in Axt), mnd. mnl. naket, nnl. naakt, afries. nakad, agf. nacod, engl. naked, urnord. Akk. Sg. M. nakota(n), anord. nökkviðr, aschwed. nakuþer, got. naqaþs 'nackt' (mit naqaþei F. 'Nacktheit') führen auf idg. *nogʷodho-. Urverwandt sind gleichbed. lat. nūdus (aus *nogvedos), air. nocht, mkorn. noyth, kymr. noeth, bret. noaz (aus *nogᵘtos). Neben den dentalen steht die no=Bildung idg. *nogeno-, germ. *nakina- in mnd. afrief. ſchwed. norw. naken, anord. nakinn, dän. nøgen, älter nagen, wie in aveſt. magnō, aind. nagná- 'nackt' mit nagnátā 'Nacktheit'. Nhd. nackend, mhd. (ſeit dem 13. Jh.) nackent wirkt wie eine Kreuzung aus n- und Dentalbildung, doch liegt (wie bei genung, Leichnam, nun, ſchmunzeln, ſonſt) junger n=Einſchub vor, bei dem die flektierten Formen nackedem, -den voran=gehen, ſo daß Vorausnahme des auslautenden Nasals vorliegt. Unerweitertes idg. *nogᵘ- 'nackt' erſcheint in anord. nøkkva 'nackt machen' wie in aſlav. nagü 'nackt', dem mit Dehnſtufe (idg. *nōgo-) gleichbed. lit. núogas entſpricht. Weiter hinaus vergleichen ſich gleichbed. gr. γυμνός, λυμνός, armen. merk, hettit. nekumanza mit gefliſſentlichen Entſtellungen des durch Tabu geſchützten Worts (kultiſche Nackt=heit). Die Wortgruppe iſt lehrreich auch da=durch, daß ſie den Gegenſatz des nicht Nackten birgt, ſomit Kleidung ſchon für die älteſte Zeit vorausſetzt (ſ. bar).

Nadel F. Zur germ. idg. Wurzel *nē- (ſ. nähen) iſt auf germ. þlō-, idg. tlā- (F. Kluge 1926 Stammbildungsl. § 97a) die gemein=germ. Bezeichnung des Nähgeräts gebildet: mhd. nādel(e), ahd. nād(a)la, aſächſ. nāthla, afrief. nēdle, agſ. nǣdl, angl. nēdl, engl. needle, anord. nāl, ſchwed. nål, dän. naal, got. nēþla. d und l ſind umgeſtellt in ahd. nālda, mnd. nālde, mnl. naelde, nnl. naald, afrief. nēlde. Aus dem Germ. entlehnt iſt finn. neula, karel. niekla, aus dem Urnord. finn. nallo 'Nadel'. Außergerm. entſprechen abret. notuid, bret. nadoz, akymr. notuid, kymr. nodwydd, air. snáthat 'Nadel'.

naſzen ſchw. Ztw. Dem agſ. hnappian, engl. nap 'ſchlummern, nickend ſchläfrig ſein' entſpricht mhd. napfen '(ein)nicken', das in obd. Mundarten fortlebt. Dazu iſt Frequen=tativbildung ahd. (h)naffezen, naffazen 'dor=mitare', frühnhd. naffatzen, naphizen u. ä., das im Nhd. durch Luthers ſchlummern ver=drängt iſt, aber als kärnt. napfazen, ſteir. napfezen, napſen, tirol. gnaffezen, gnapſen, ſchwäb. naffze uſw. weithin lebt: v. Bahder 1925 Wortwahl 24.

Nagel M., mhd. nnl. nagel, ahd. aſächſ. nagal, mnl. naghel, afrief. neil, agſ. nægl, engl. nail, anord. nagl(i). Got. *nagls iſt aus dem ſchw. Ztw. ganagljan 'annageln' zu erſchließen; ihm entſprechen nageln, mhd. nagelen, negelen, ahd. negilen, aſächſ. neglian, agſ. nægljan, anord. negla. Während im Anord. nagl 'Fin=

gernagel' von nagli 'hölzerner, eiſerner Nagel' getrennt wird, vereinen die meiſten germ. Wör=ter beiderlei Sinn; der ältere iſt 'Nagel an Fin=ger oder Zehe', wie die Vertreter in den ver=wandten Sprachen erweiſen, die außer aind. anghri- (mit r aus l) 'Fuß' des ableitenden l entbehren. U. a. entſprechen lat. unguis 'Na=gel an Finger und Zehe', ungula 'Klaue, Huf'; gr. ὄνυξ, -υχος 'Nagel; Kralle'; aſlav. noga, ruſſ. nogá 'Fuß', lit. nãgas 'Nagel', nagà 'Huf', lett. nags 'Nagel', apreuß. nage 'Fuß'; air. ingen, akymr. eguin, kymr. korn. ewin, bret. ivin 'Nagel': idg. Wurzel *nogho-: *ngho-. Daneben ariſch *nokho- in aind. nakhá-, perſ. nāxun 'Nagel, Kralle'. — S. Nelke.

Nagelfluh F., zuerſt bei Adelung 1777 als Nagelflühe. Noch 1798 nennt er es „ein nur in der Schweiz übliches Wort": der Ge=mengſtein, aus dem die Einſprengungen wie Na=gelköpfe hervorſtehen, iſt zuerſt im weſtl. Vor=alpenland beobachtet worden (Schweiz. Jd. 1, 1186), wo ſich das alte F. Fluh (ſ. d.) lebendig erhalten hatte.

Nagelzwang M. ſchmerzender Neidnagel: Zehner 1622 Nomencl. 328.

nagen Ztw., mhd. nagen, ahd. (ſeit dem 11. Jh.) nagan, älter gnagan ſt. Ztw., aſächſ. agſ. gnagan, engl. gnaw, anord. ſchwed. gnaga. Die Formen mit anl. n ſind aus denen mit gn (idg. ghn) hervorgegangen. Daneben mit anl. k (idg. g) ahd. aſächſ. knagan, mnl. cnaghen (ſt. und ſchw.), mnl. knagen, norw. mundartl. knaga. Von den außergerm. Verwandten ſtehen am nächſten aveſt. aiwi-ɣnixta 'angenagt, angefreſſen' und lett. gnēga 'wer mit langen Zähnen ißt'.

nah Adj., mhd. nāch (flekt. nāher), ahd. aſächſ. nāh, nd. nl. nā, afrief. nei, agſ. nēah, engl. nigh Adj. 'nahe' (wozu der Kompar. agſ. nēar, afrief. niār, aſächſ. ahd. nāhōr 'näher'; Superl. agſ. niehſt, engl. next, mnd. nēgeſt, nē(i)ſt, ahd. nāhiſt); anord. nā- (in Zuſ.=Setz.), Kompar. nǣrri, Superl. nǣſtr; got. nēƕ(a) 'nahe', nēƕis 'näher'. Die nächſten außergerm. Verwandten ſind lit. pra-nókti 'einholen', lett. nākt 'hinkommen'. Die wei=teren Beziehungen ſind umſtritten. S. nach und Nachbar.

nähen ſchw. Ztw., nur deutſch und nl.: mhd. nǣjen, ahd. nājan, mnd. neien, mnl. naeyen, nnl. naaien. Einſt weiter verbreitet, wie die Ableitung Nadel (ſ. d.) beweiſt. Zum idg. Verbalſtamm *nē(i)- 'mit dem Faden ar=beiten' ſtellen ſich lat. nēre 'ſpinnen', nēmen, nētus 'Geſpinſt, Gewebe', gr. νῇ 'ſpinnt', ἔννη 'ſpann', ἔννητος 'gut geſponnen', νῆμα 'Geſpinſt', νῆσις 'das Spinnen', νῆτρον 'Rocken', aind. nīví, nīvī 'umgebundenes Tuch,

Schurz', kymr. nyddu, korn. nethe, mbret. nezaff 'nähen', kymr. noden 'Band', bret. neud-enn 'Faden', lit. nýtis 'Weberkamm', lett. nītes 'Weberheſteln', aſlav. nitŭ, ništa 'Faden'. Noch häufiger ſind Folgeformen des gleichbed. idg. *snē(i)-, die mit anord. snǣlda (aus *snēdila) 'Handſpindel' ins Germ. greiſen. Daneben *snō- in aſchwed. snop, ſchwed. mundartl. snod 'Schnur', agſ. snōd, engl. snood 'Kopfband', die in lett. snāte 'leinene Decke', air. snāthe 'Faden' und aind. snāyati 'umwindet, bekleidet' ihre nächſten außergerm. Verwandten finden. — Für 'Leder nähen' beſaß das Germ. ein beſonderes Wort mhd. siuwen, mnd. süwen, das in engl. sew auf 'nähen' allg. ausgedehnt, dagegen bei uns im 15. Jh. durch nähen verdrängt worden iſt; ſ. Säule² und v. Bahder 1925 Wortwahl 75.

nahr=: erſter Wortteil von nahrhaft iſt mhd. nar, ahd. nara F. 'Errettung, Erhaltung, Unterhalt' (ſ. auch nähren). Zum zweiten Teil ſ. =haft. Nahrung F., mhd. narunge, iſt Ableitung zu nar.

nähren ſchw. Ztw. mhd. nern, nerigen, ahd. neren, nerian, aſächſ. agſ. nerian, afrieſ. nera, got. nasjan: Kauſativ zu geneſen (ſ. d.), ſomit 'geneſen machen, heilen, retten, am Leben erhalten'.

Nährſtand ſ. Lehrſtand.

Naht F. Ahd. mhd. mnd. nāt, mnl. naet (d), nnl. naad weiſen auf germ. *nē-di-: zu nähen wie Saat, Stadt, Tat zu ſäen, ſtehen, tun (Kluge 1926 Stammbild. § 128ª), oder wie gr. νῆσις 'das Spinnen' zu νέειν 'ſpinnen'. — Dazu ahd. nāt-āri, -eri, mhd. nātære 'Näher, Schneider' mit dem Fem. mhd. nātærin 'Nähterin'. S. Nadel.

naiv Adj. Lat. nātīvus 'angeboren, natürlich, urſprünglich' ergibt frz. naïf, das ſchon Eliſ. Charlotte 1711 in einem dt. Brief verwendet, das aber erſt um die Mitte des 18. Jh. bei uns häufiger wird und erſt damals die frz. Schreibweiſe aufgibt: Schulz-Basler 1942 Fremdwb. 2, 169ff. Zur Bed.-Entwicklung vgl. albern.

Name M. mhd. mnd. mnl. name, ahd. aſächſ. anfr. namo, nnl. naam, afrieſ. agſ. nama M., engl. name, anord. nafn (aus *namn), dän. navn, norw. ſchwed. namn, got. namō N. Daneben dehnſtufig mhd. benuomen, benüemen, mnd. nōmen, mnl. noemen, afrieſ. nōmia für nennen, ſ. d. Jdg. Wurzel *en(o)men-, *(o)nomen-, *nōmen- 'Name'. Urverwandt ſind gleichbed. aind. nāma-, aveſt. nāma, toch. A ñom, B ñem, lat. nōmen, aſlav. imę, apreuß. emmens, emnes. Vokalvorſchlag zeigen armen. anun, gr. ὄνομα, alb. emën, air. ainm, akymr. anu, kymr. enw. Das anlautende n iſt vor m

in l ausgewichen in hettit. lāman 'Name', lamanu 'nennen'. Außerhalb des Jdg. vergleichen ſich finn.-ugr. näm, nam, nem, namma, magy. nēv 'Name'. Damit iſt Name eins der ehrwürdigſten Wörter, das bei uns lebt.

Namenbuch =büchlein N., eine obb. Bez. für 'Abcbuch, Fibel': Roſegger 1898 Waldjugend 143. Zuerſt bei Konr. Dangkrotzheim, Nambuoch 1435: H. Fiſcher 4, 1938. 6, 2659.

Namenkunde F. junge Bildung, die noch 1889 im DWb. fehlt. Gewiß verkürzt aus Eigennamenkunde wie Bahnhof aus Eiſenbahnhof, Federhalter aus Stahlfederhalter. S. Eigenname.

namens Adv. im 18. Jh. umgebildet aus älterem mit Namen: Behaghel 1923 Dt. Syntax 1, 518. Die Gen.-Form Namens hat ſich in frühnhd. Zeit gegen mhd. namen durchgeſetzt: H. Paul 1917 Dt. Gramm. 2, 37.

Namenstag M. kaum vor F. v. Logau 1654 Sinnged. 2, 4, 33 Eitner: 'Tag, deſſen Kalendername zugleich der Taufname des Namensträgers (ſo in der Schweiz) iſt'. Es iſt der Todestag des Namensheiligen, der Tag, an dem er für den Himmel geboren iſt. S. Geburtstag.

Namensvetter M. 'Verwandter nur im Namen', kaum vor Reiske 1764 Demoſth. 1, 56. Sonſt auch Namensbruder.

namentlich Adj. Adv. mhd. name(n)lich Adj., namenlīche(n), mnd. nemplīken (Zſ. ſ. b. Wortf. 15, 294) Adv. Das t als Gleitlaut zwiſchen n und l ſtellt ſich wie bei eigentlich (ſ. d.) ein, zuerſt im 15. Jh. doch iſt t bis ins 17. Jh. nicht feſt. Die Beb. iſt urſpr. die des älteren mit, bī namen: wenn auf einen Appellativbegriff die Nennung nur eines Teils der zugehörigen Namen erfolgt („Gießener Gelehrte, namentlich Liebig und Behaghel"), ſo iſt das eine bevorzugende Heraushebung des Bedeutſamſten. So iſt namentlich zu 'vornehmlich' geworden.

nämlich Adv. mhd. name(n)līche hebt nach Appellativbezeichnungen die Namen der damit eingeführten Größen hervor, drückt alſo genauer aus, was erſt nur angedeutet war: daher der erläuternde Sinn. Behaghel 1928 Dt. Syntax 3, 217. — Der nämliche 'der namhaft gemachte, bekannte': das von Gottſched 1758 und von Adelung noch 1798 getadelte Pron. wird von Wieland, Leſſing und Herder durchgeſetzt.

Napf M., mhd. napf, ahd. (h)napf, aſächſ. hnapp, mnd. mnl. nnl. nap, agſ. hnæpp, anord. hnappr M. 'Schale, Becher'. Herkunft dunkel. Die germ. Sippe iſt ins Roman. gedrungen: nappa im Walthariuś, ital. nappo, afrz. hanap (auch Ahd. Gloſſen 3, 11), volkslat. (h)anappus 'Trinkbecher' Corp. gloſſ. lat.

5, 564. 583. Auf der volkslat. Nebenform
hanaphus beruht akorn. (12. Jh.) hanaf. In
hd. Umgangssprache ist Napf wesentlich ein
Wort des Nordens und der Mitte; nur Spuck=
napf hat ein größeres Gebiet: Kretschmer
1918 Wortgeogr. 350. 482f. 612.

Naphtha N. zuerst bei Xylander 1580 Plutarch
383ᵇ für gr. νάφθα F., das letzten Endes
aus assyr. naptu 'Erdöl' stammt: Lokotsch
1927 Etym. Wb. 1538; Schulz=Basler 1942
Fremdwb. 2, 175; W. Brandenstein 1940
Orient. Lit.=Ztg. 345ff. Vgl. Asphalt.

Narbe F. frühmhd. narwa, mhd. narwe,
md. nar(e), mnd. nar(w)e: subst. Fem. des Adj.
asächs. naru, nnl. naar, ags. nearu, engl. narrow
'eng' (s. Nehrung), somit 'Verengung, Zus=
ziehung (der Haut über der Wunde)'. Nächst=
verwandt nnl. nerf 'Narbenseite des Leders;
Blattrippe'. Mit Wz. *ner ist asächs. naru über
*nar(g)wō= zu vermitteln; dazu steht in gramm.
Wechsel *narhw(j)ō, das mit Labialismus
über *narf(j)ō= die mehrfach auftretenden
Formen narfe, narve und nnl. nerf ergeben
hat: v. Bahder 1925 Wortwahl 16. Außerhalb
des Germ. vergleicht man lit. nér-ti 'hinein=
schlüpfen', nar-và 'Zelle der Bienenkönigin',
lett. nãrs, nãre 'Zwinge'. Wandel von mhd.
rw zu nhd. rb wie in Erbse, herb, mürb,
Schafgarbe, Sperber. Luthers obd. Zeit=
genossen wird Narbe Gal. 6, 17 mit wunde,
malzeychen verdeutlicht (Kluge 1918 Von
Luther bis Lessing 110), heute gilt z. B. tirol.
mösel, s. Maser(n), auch schwäb. und alem.
ist Narbe nicht volksüblich: Schütt 1908
A. Petris Bibelglossar 62; K. Bachmann 1909
Einfluß v. Luthers Wortsch. 68. — Unserm
narbig entspricht schwed. narig 'rauh' (von
der Haut): A. Lindqvist 1941 Meijerbergs Arkiv
f. svensk Ordforskn. 4, 159f.

Narde F. Von aind. naladā 'duftgebend'
geht pers. nārdin als Pflanzenname aus, das
als νάρδος im Bibelgriech. erscheint und
über lat. nardus ahd. narda, mhd. narde er=
gibt: Suolahti 1929 Frz. Einfl. 165.

Narkose F. Gr. νάρκωσις 'Lähmung, Be=
täubung' (s. Narzisse) erscheint als Narcosis
1709 in einem dt. Wb., Narkose nicht vor
1863, narkotisch 'einschläfernd' schon bei
Paracelsus († 1541): Schulz=Basler 1942
Fremdwb. 2, 175f.

Narr M. ahd. narro, mhd. mnd. narre, nnl.
dän. nar, schwed. narr 'Verrückter': ein urspr.
nur hd. Wort umstrittener Herkunft. Ableitung
aus einem spätlat. nãrio 'Nasenrümpfer,
Spötter' hat F. Diez, Etym. Wb. 646 empfoh=
len: dann müßte ahd. narro für *narrio stehen
(wie Graf für altes gräfio). Auch für das
Verhältnis dieses *narrio zu urspr. nãrio

stünden Parallelen zu Gebote: A. v. Blumen=
thal, Hesych=Studien (1930) 43.

Narretei F. 'Narrenposse', zuerst als Narr=
they bei Ag. Albertinus 1603 Guevaras
Sendschr. 2, 158ᵇ: gekürzt aus gleichbed. Nar=
re(n)teiding. Dessen Grundwort s. u. Tei=
ding.

Narrifex M. 'Narr', im 15. Jh. bei Herm.
v. Sachsenheim, bis ins 17. Jh. immer wieder
auftauchend, auch in der Form Narrfex:
Scherzlatein, wie Versifex dem lat. carni=,
pontifex nachgebildet.

Narwal M. 'See=Einhorn', erst nhd., ent=
lehnt aus dän. schwed. narhval, woher auch
engl. narwhal. Entstellt aus anord. nãhvalr
'Leichenwal', so genannt wohl wegen der
schwarz und weiß gefleckten Haut.

Narzisse F. Die Pflanze ist urspr. persisch
und heißt nargis. Der Name gelangt ins
Griech. und wird wegen des betäubenden
Duftes der Blüte angelehnt an gr. ναρκᾶν
'starr, gelähmt werden' (wozu narkotisch
und Narkose; die Beziehung erkannte schon
Plutarch, Symp. 3, 1). So entsteht νάρκισσος
bei Homer usw., das seit Vergil als narcissus
im Lat. erscheint. Der gr.=lat. Mythus vom
Jüngling N. (bei Pausanias und Ovid) ist
erst aus der Blume entwickelt. Als Arznei=
pflanze (die Zwiebel dient als Brechmittel:
Narzissenzwibel 'bulbus vomitorius' Stieler
1691) gelangt sie in die dt. Apotheke und heißt
Narcissenröszlin bei Bock 1546 Kräuterb. 287,
Narcissen seit Maaler 1561. Aus dem Dt. weit=
erentlehnt ins Lett.: J. Sehwers 1927 Zf.
f. vgl. Sprachf. 54, 53f.

naschen schw. Ztw. ahd. nascōn, mhd.
naschen, schwed. mundartl. naska, dän. naske
'Leckerbissen genießen'. Daneben einerseits nnd.
gnaschen, dän. gnaske, adän. knaske 'knab=
bern', anderseits schwed. snaska 'naschen'.
Hier liegt derselbe Anlautwechsel n-: gn-:
kn-: sn- vor, wie bei den unter nagen behan=
delten Wörtern.

Nase F. Ahd. nasa, mhd. nase, mnd. nase,
nese, mnl. nose, nöse, nnl. neus, afries. nose,
ags. nosu, engl. nose, anord. nǫs, norw. nos,
dän. næse, schwed. näsa 'Nase' führen auf idg.
*nas= wie gleichbed. aslav. nosŭ, aind. nas=.
Der aind. Nom. Dual. nāsā 'Nase' erweist
für den Nom. Sg. *nās die Grundbedeutung
'Nasenloch'. Die dehnstufigen Kasus der alten
kons. Stamms ergeben wie lit. nósis und lat.
nāsus, -i, nāris (meist Mz. nārēs, -ium) auch
germ. Formen wie ags. nōse F. 'Vorgebirge',
norw. nōs 'Schnabel, Schnauze', färöisch nōsi
'junger Seehund'. Weiteres bei F. Holthausen
1942 Beitr. 66, 273. Auf germ. *nasja= beruhen
mnd. mnl. ness, ags. næss, anord. nǫs (hieraus

entlehnt engl. ness), dän. næs, schwed. näs 'Vorgebirge'. S. noch Nüster. — Nase als Name von Chondrostoma Nasus ist dasselbe Wort: der Fisch heißt nach seinem vorstehenden Oberkiefer (Schweiz. Jd. 4, 800). Zuerst als mlat. naso um 1050 im Ruodlieb, obd. weit verbreitet (Zs. f. d. Wortf. 6, 74; H. Fischer 4, 1963), nd. nese. — Bilder wie „eine gute Nase haben" stammen von Jagd und Jagdhund, s. naseweis.

Nasenstüber M. dän. næsestyver, schwed. nässtyver. Zuerst bei Zesen 1640 Helicon 1, O 6ᶜ als Nasenstieber: zu stieben 'schnellen' etwa wie Nicker 'Schläschen' zu (ein)nicken. Die nicht vor Schoch 1658 Stud.-Leben 17, 15 begegnende Form Nasenstüber beruht auf umgekehrter Schreibung entrundender Landschaften; sie hielt sich durch Anlehnung an das unverwandte Stüber.

naseweis Adj., mhd. seit dem 13. Jh. nasewīs vom Jagdhund 'spürkräftig, gut witternd', so noch C. Geßner, Tierbuch (Zürich 1563) 86ᵇ. Auf Entlehnung aus dem Hd. beruhen mnd. (Zs. f. dt. Wortf. 15, 294 aus dem Münsterland um 1500) nesewīs, nnl. (16. Jh.) neusewijs (heute wijsneus), dän. næs(e)vis, schwed. näsvis. Was beim Spürhund im Lob war, wird beim Menschen zum Tadel seit S. Brant, Narrensch. (Basel 1495) 110ᵃ, 47. So gebucht von P. Dasypodius, Dict. (Straßb. 1535) 148ᵇ: „ein Naßweysser, der klug ist zu verspotten/nasutulus".

Nashorn N. Lehnübersetzung des gr.-lat. rhinocerus, zuerst unter einem Bild Dürers 1515 „das Nashorn ist in der Größ als der Helffant". Neu vorgeschlagen von Münster 1544 Kosmogr. 631 „von dem thier Rinoceros genant, das man zu Teutsch Naßhorn möcht nennen". Seit Geßner allgemein. S. Rhinozeros.

naß Adj. Mhd. ahd. naz (zz), asächs. nd. anfr. nl. nat, got. *nats, zu erschließen aus (ga-)natjan '(be)netzen', führen auf germ. *nata- 'naß'. Das Anglofries. und Nord. haben das Wort in vorgeschichtl. Zeit verloren. Die verbale Abl. germ. *natjan, im Got. unverändert erhalten, s. u. netzen. Naß geht in seiner Bed. unverändert durch alle Sprachalter, landschaftl. Unterschiede spielen keine Rolle. Das Adv. tritt stets zurück. — Naß N., mhd. naz 'Flüssig-, Feuchtigkeit' ist das subst. N. des Adj. Daneben Nässe F., mhd. nezze, ahd. nezzi, naz(z)i, mnd. nette 'Nässe', ält. dän. nætte 'Harn'.

nassauern Ztw. Für die in Göttingen studierenden Nassauer bestanden zwölf Staatsstipendien. Erschien einer der Inhaber nicht am Freitisch, so „nassauerte" ein nicht Be-

rechtigter: Schoppe 1928 Mitt. b. schles. Ges. f. Volkskde. 29, 301; Edw. Schröder 1938 Hess. Blätter f. Volkskde. 36, 167f. Von der Stud.-Sprache (Dt. Burschenspr. 1862 S. 38) weithin getragen: Frischbier 1883 Preuß. Wb. 2, 91. Ähnlich Freiberger; vgl. Drückeberger.

naßkalt Adj., kaum vor Voß 1795 Luise 3, 2, 329: addierende Zus.-Setzung wie dumm-dreist, taubstumm.

Nation F. vor Ende des 14. Jh. entlehnt aus lat. nātiō(nem), das als Ableitung von nātus 'geboren' (älter *gnātus; s. König) die blutmäßige Einheit des Volkskörpers bezeichnet. Erstmalig bucht Simon Rot 1571 Fremdwb. 331 Ohmann „Nation, Ein Volck das in einem Landt erborn ist". In der Lutherbibel nur einmal: Stücke zu Esther 5, 8 „wie wir pflegen gegen alle Nation".

Natron N. Altägypt. ntr hat bei Übernahme über gr. νίτρον, lat. (sal) nitrum spätmhd. frühnhd. Sal(n)iter sowie chem. Ausdrücke wie Nitrogen 'Stickstoff' ergeben, bei Vermittlung durch arab. naṭrūn (span. frz. engl. natron) unser Natron, das bei Paracelsus 1530 Frz. Krankh. B 3ᵇ zuerst auftritt, aber erst von Klaproth 1810 in die Fachspr. eingeführt wird: Littmann 1924 Morgenl. Wörter 12; Schulz-Basler 1942 Fremdwb. 2, 185. Luther übersetzt hebr. nether Jer. 2, 22 mit Lauge; bis 1530 schwankt er zwischen Seife, Salpeter, Alaun und Kreide.

Natter F. mhd. nāter(e), ahd. nātara, asächs. nādra, mnl. nādre, ags. nǣdre. Daneben mit Wegfall des anlautenden n (das vom Sprachgefühl als Auslaut des vorausgehenden unbestimmten Artikels empfunden wurde) nd. nl. engl. adder (s. Näber, Nachen, Otter). Got. *nēdrō F. fehlt, dafür mit andrer Stufe des Ablauts nadrs M., entspr. anord. naðr(a). Urverwandt sind air. nathir (aus idg. *nətrik-), kymr. neidr (aus idg. *nətrī), akorn. nader 'Natter', lat. natrix 'Wasserschlange'. Idg. *nētr-: *nətr- 'Schlange' stellt man zum Verbalstamm *(s)nē- 'drehen, sich winden'. In nhd. Natter ist der Stammvokal vor -er verkürzt wie in Blatter, Futter, Jammer, Mutter, Schächer.

Natur F. Lat. nātūra hat ahd. natūra ergeben. Auch für mhd. natūr(e) bleibt das lat. Wort maßgebend, doch begegnen seit dem 13. Jh. beweisende Reime für mhd. natiur(e), das auf afrz. nature beruht. Unter dauernder Anlehnung an das lat. Grundwort behauptet sich nhd. Natur. — Die Ableitung natürlich schwankt mhd. zwischen den Formen natürlich und natiurlich; die erste ist häufiger: Suolahti 1929 Frz. Einfl. 165f.

Naturburſche M. als Rollenfach ſeit 1841 Allg. Theaterlex. 5, 346; ſo auch Gutzkow 1850 Vor= und Nachmärzliches 73. Aus der Bühnenſprache verallgemeinert.

Naturgeſchichte F. Lehnüberſetzung des lat. naturalis historia, das bei Plinius freilich 'Naturforſchung' bedeutet. Bei uns geht Naturhiſtorie zeitlich voran; neben ihm erſcheint Naturgeſchichte ſeit Adelung 1777. Auch Naturwiſſenſchaft iſt ein Wort der Aufklärung, zuerſt bei Chriſt. Wolff 1720 Vernünft. Gedanken von Gott § 631. Dazu im 19. Jh. Naturwiſſenſchaft(l)er.

naturwüchſig Adj. prägt Hnr. Leo 1833 Stud. und Skizzen zu e. Naturlehre des Staates 1 für ein freies, organ. Wachstum (im Gegenſatz zum mechaniſch Gemachten). Heftig umkämpft, wird naturwüchſig alsbald zum Modewort: Ladendorf 1906 Schlagwb. 217.

Raue F. in alem. Mundart M., mrhein. Nähe F., mhd. nāwe, næwe F. M. 'Laſtboot, Fährſchiff'. Wie Anker und Riemen 'Ruder' Lehnwort der Römerzeit: næwe ſtammt aus lat. nāvis, nāwe aus nāvem. Daneben ſpiegeln frühnhd. naffe, nave das ital. nave. Neben dieſem ſind afrz. nef, prov. nau roman. Entſprechungen von lat. nāvis. Ihm und dem air. nau, gr. ναῦς, aind. nāu 'Schiff' urverwandt iſt das gleichbed. anord. Dichterwort nōr; dazu nauſt 'Bootsſchuppen' und agſ. nōwend 'Schiffer', das wohl als Reimwort zu rōwend 'Ruderer' aus jenem alten Wurzelnomen gebildet iſt. Kluge 1911 Seemannsſpr. 585; Kretſchmer 1918 Wortgeogr. 247; Th. Frings 1932 Germ. Rom. 74ff.; E. Ohmann 1940 Neuphil. Mitt. 41, 147. Vgl. Hohenau.

Raupe F. 'Laune, Schrulle', frühnhd. naupe, weſtmd. und obd. auch in Formen wie nuppe, nüpe, nnl. nop. Eines mit Noppe 'Wollknötchen am Gewebe', md. mnd. nop(pe).

Nebel M. Mhd. nĕbel, ahd. nĕbul; aſächſ. nĕbal, weſtfäl. niəvəl, mnd. mnl. nnl. nevel, afrieſ. nĕvil 'Nebel', anord. njōl 'Nacht' führen auf germ. *nebula-. Daneben germ. *nibila- in agſ. nifol 'dunkel', anord. nifl- (Niflheim 'Unterwelt'): F. Holthauſen 1942 Beitr. 66, 273. Außergerm. ſtehen am nächſten lat. nebula 'Dunſt, Nebel' und gr. νεφέλη 'Wolke, Nebel'. Jdg. Wurzel *enebh- 'feucht; Waſſer; Dunſt'. Heute iſt das Wort im Engl. und Nord. untergegangen; ſ. Miſt, Wolke.

Nebelſpalter M. 'Dreiſpitzhut', obd. Scherzwort des 19. Jh., zuerſt bei T. Tobler 1837 Appenz. Sprachſch. 330. Für Schwaben bezeugt durch G. Keller 1856 Leute v. Seldw. 1, 284 und H. Fiſcher 1914 Schwäb. Wb. 4, 1979; für das Elſaß durch Charles Schmidt 1896 Wb. d. Straßb. Ma. 78 und Martin=Lienhart

2, 540; für Lothringen durch E. M. Mungenaſt 1939 Zauberer Muzot 439. Kluge 1924 Neuphil. Mitt. 25, 125. Vgl. Wolkenkratzer.

neben Adv. Präp., mhd. ahd. nĕben, gekürzt aus mhd. enĕben, ahd. inĕben, aſächſ. an ĕban, agſ. on efn (daraus engl. anent): weſtgerm. Verbindung der Präp. in (an) mit dem Subſt. ahd. ĕbanī 'Gleichheit'. Aus der Grundbed. 'in gleicher Weiſe' iſt über 'zuſammen' die Bed. des räuml. Nebeneinander entwickelt. Wer mit einem andern zuſammen weilt, befindet ſich zugleich neben ihm: Behaghel 1924 Dt. Syntax 2, 30.

Nebenbahn ſ. Kleinbahn.

Nebenbuhler M. für das fremde Rival ſeit Güntzel 1648 Hauptſchlüſſel 94ᵃ. Dafür Seitenbuhle(r) bei Gryphius und Harsdörffer (DWb. 10, 1, 393), Mitbuhler bei Zeſen und J. Möſer (Zſ. f. d. Wortf. 13, 57), Nebenſtecher bei Stubenberg 1660 V. menſchl. Vollk. 18. Die zweite ſchleſ. Schule entſcheidet für Nebenbuhler.

Nebenſache F. bildet Schottel 1641 Sprachkunſt 502 dem älteren Hauptſache nach und gewinnt damit einen Erſatz für gr.=lat. parergum. Nebenſächlich kaum vor Stieler 1691.

Nebenſonne F. Erſatz für gr.=lat. parēlion. früh bei Fincelius 1567 Wunderzeichen 3 E 6ᵇ, aufgenommen von Morhof 1682 Dt. Ged. 360.

nebſt Präp. Neben wird, wie abſeits, vermittelſt u. andere Präpoſitionen gleichen Urſprungs, in genetiv. Form übergeführt, früh in mnd. neffens, nevens 'nahe bei'. Nordweſtl. Einfluß führt zu frühnhd. nebens, woraus mit ausl. t nach s (wie ſelbſt, ſonſt) nebenſt und mit Ausfall des n (wie in ſiebzehn für ſiebenzehn) neb(e)ſt.

necken ſchw. Ztw. erſt ſeit Gellert und Hagedorn durchgedrungen, nicht vor Steinbach 1734 gebucht. Bei Stieler 1691 nur das nach ſeinem Urſprung ungeklärte hohnecken, ſo allein auch in md. Werken des 17. Jh. Luther kennt weder necken noch hohnecken, dagegen begegnet md. necken 'reizen, beunruhigen' ſeit dem 14. Jh., mhd. neckiſch 'boshaft' ſeit Hugo v. Trimberg 1300 Renner 7030, daneben nac-haft 'bösartig', nac-heit 'Tücke'. Vgl. ſchwed. norw. nagga 'nagen, beißen, plagen, ärgern', norw. nagg 'Nagen, Groll, Haß'. Intenſitivbildung zu nagen.

Neffe M. Jdg. *nepōt 'Enkel' geht, ſofern es (nach Leumann, Feſtgruß an Wöhtlingk 77) zu idg. *potis 'Herr' gehört, von der Bed. 'ſchutzlos' aus. Die Sippe iſt gemeinidg.: aind. nápāt 'Abkömmling, Enkel, Sohn', naptī 'Enkelin, Tochter', alit. nepuotis 'Enkel', gr. ἀνεψιός 'Geſchwiſterkind' (P. Kretſchmer 1940 Glotta 28, 266) lat. nepōs 'Enkel', air.

nia, Gen. niath (Stamm nepōt-) 'Schwester-
sohn'. Zu ihr gehört germ. *nĕfō(d) Nom.
Sg. (mit Fem. *niftī, s. Nichte) in ahd. nĕvo,
mhd. nĕve, frühnhd. nefe (Neffe seit Schottel,
durchgesetzt von Gottsched), asächs. nĕbo, mnl.
neve, afries. nĕva, ags. nĕfa, anord. nĕfi.
Die Bed. schwankt zwischen 'Schwester-
Bruderjohn, Enkel, Vetter, Oheim' (vgl.
Braut, Nichte, Oheim, Schwager,
Vetter). Luther verwendet N. für 'Enkel,
Vetter, Schwestersohn' (Kluge 1918 Von
Luther bis Lessing 101. 110); noch zur Zeit
Frischs (1741) gilt die heutige Bed. nur im
vornehmen Kreis, allgemein wird sie erst spät
im 18. Jh. Der bair. schwäb. schweiz. Ma.
fehlt das Wort seit dem 16. Jh. (H. Fischer
4, 1985f.; Schweiz. Id. 4, 677; v. Bahder
1925 Wortwahl 82). Engl. nephew 'Neffe'
beruht auf frz. neveu, dies auf lat. nepōtem.

Neger M. Aus lat. niger Adj. 'schwarz'
ist durch Vermittlung von span. negro frz.
nègre M. 'Schwarzer' entlehnt, das seit Beginn des 17. Jh., wenn auch selten, im dt.
erscheint. Während noch Hulsius 1606 Schiff-
fahrt 7 die span.-portug. Form Negro bietet
(die in engl. negro seit Mitte des 16. Jh.
gilt), stellt Ens 1618 Lustgart 1, 99 den frz.
Plur. Negres in seinen Text, gegenüber
dem längst eingebürgerten Mohr (s. d.) ein
Stück Ausländerei. Die verächtliche Nebenform Nigger (in Amerika seit Ende des 18. Jh.)
gelangt 1834 zu uns: Schulz-Basler 1942
Fremdwb. 2, 191; Palmer (1939) 157ff.

nehmen st. Ztw. mhd. nĕmen, ahd. nĕman,
asächs. anl. ags. got. niman, afries. nema,
nima, anord. nema. Nächstverwandt scheint
lett. mundartl. nemt 'nehmen' (Endzelin, Zf.
f. vgl. Sprachf. 43, 24), falls dies Wort nicht
unter dt. Einfluß steht. Daneben liegen Formen
ohne anlautendes n, deren lautl. Verhältnis
zu den n-Formen noch ungeklärt ist: air. Wz.
*em- in ar foemat 'sie nehmen', lat. emo
'nehme', lit. imti, lett. jemt, aslav. jęti 'nehmen'.
Gewiß sind auch gr. νέμω 'ich teile zu', νέμομαι
'ich teile mir zu' und verwandte Wörter hierher
zu stellen. Zur Bed.-Verschiedenheit vergleiche
man etwa anord. fá 'nehmen, bekommen' und
'verschaffen, geben'. Nahme F., ahd. nāma
in An-, Land-, Nachnahme usw.

Nehrung F. frühnhd. auch Näring, aus
mhd. (1350) Nerge 'kurische Nehrung', norw.
mundartl. næring M. 'steiles Kap': zum Adj.
germ. *narwa-, asächs. naru, ags. nearu,
engl. narrow 'eng', das auch in der anord.
Geländebez. N(j)ǫrvasund 'Gibraltar' erscheint.
Verwandt mit Narbe, s. d. T. E. Karsten 1928
Die Germanen 73; R. Schmittlein 1938
Zf. f. Namenf. 14, 245f. mit Anm. 5.

Neid M. mhd. nīt (d) 'feindselige Gesinnung, Kampfgrimm; Groll, Eifersucht, Mißgunst, Arg', ahd. nīd, nīdh, nīth 'Haß, Zorn,
Neid', asächs. afries. nīth 'Haß, Neid', mnl.
nijt (d), nnl. nijd, ags. nīð 'Streit, Feindschaft;
Angriff, Krieg; Haß, übel, Verdruß, Unterdrückung; Kummer, Betrübnis', anord. nīð
'Hohn, Schmach', norw. mundartl. nīd
'Schande, Verdruß, Ärger', dän. nid 'Mißgunst', got. neiþ 'φθόνος'. Das gemeingerm.
Wort steht (wie Hader, Krieg, Streit)
vielfach in Männernamen. Außergerm. vergleicht sich nur air. nīth 'Kampf'. Man setzt
idg. *nīt- 'niederkriegen, befeinden, heruntermachen, schmähen' an und vermutet Verwandtschaft mit *ni- 'nieder'.

Neidhammel M. Der altdeutsche Männername Nīdhart 'kühn im Kampf' wird als Vorname des Dichters Neidhart v. Reuental
sprichwörtlich: aus 'Neider (der Bauern)'
wird 'neiderfüllter Hasser'; landschaftl. noch
vorhanden. In gleicher Bed. tritt im 16. Jh.
md. neidthemel M. auf, 1741 bucht Frisch
Neidhammel 'lividulus'. Das gleich gebildete Streithammel ist jünger.

Neidnagel M. Kilian 1599 Dict. 338b
bucht nl. nijdnagel mit der Erläuterung 'vulgi
enim opinio est, ei cuius cutis extra unguem
se solvit, invideri plerumque ab aliquo'.
Derselbe Volksglaube hat zu frz. les envies
'Neidnagel' geführt. Als Eindringling von
Nordwesten und Norden (Richey 1755 Hamb.
Id. 174) erreicht Neidnagel im 17. Jh.
hd. Gebiet; die nd. Form Nietnagel (die
lautlich mit Niete1, s. Niete1, zusammen-
fiel) bei Duez 1664, Stieler 1691 und Lessing
1767. Nietnagel beruht auf Anlehnung an
nieten 'drücken, schmerzen'; die gleiche Vorstellung in Notnagel, Nagelzwang und nl.
dwangnagel; vgl. engl. agnail aus angnail.

neigen schw. Ztw., mhd. nīgen st. Ztw.
'sich neigen' — neigen schw. Ztw. 'nīgen machen,
erniedrigen, beugen'; entspr. ahd. (h)nīgan —
neigen (daneben hnēgēn 'geneigt sein': W.
Schulze 1933 Kl. Schr. 599f.), asächs. hnīgan
— hnēgian, ags. hnīgan — hnǣgan, anord.
hnīga — hneigja, got. hneiwan (für *hneig-
wan) — hnaiwjan (für *hnaigwjan). Das
schw. Ztw. ist Kausativ zum starken. Germ.
Wz. *hnig aus idg. *kneigu̯h. Dazu lat. cōnīveo
(-nīv- aus *kneigu̯h-) 'schließe die Augen,
blinzle', nītor (aus *kneigu̯hitōr) 'stemme,
stütze mich'.

nein verneinendes Antwortadv., mhd. ahd.
nein, asächs. mnd. nēn, mnl. nnl. neen 'nein':
entstanden aus der Negativ-Partikel germ. *ne,
*ni (auch in nicht, nichts, nie, niemals,
niemand, Niete, nirgend, noch Konjunkt.

nur) und dem Neutr. des unbest. Artikels. Auf die Frage „Bringst du die Kinder?" lautet die Antwort „nicht eins". Mit vergleichbarer Substantivierung lat. nōn 'nicht', altlat. noenum für *ne oinom. Adj. geblieben sind afries. agf. nān, engl. no, none, anord. neinn 'kein'. Die Bedeutung 'nein' findet abweichende Deckungen in afrief. agf. nā, engl. no, nay, anord. norw. nei, dän. schwed. nej, got. nē. Wie dieses zeigen air. nī 'nicht', lat. nē '(daß) nicht', gr. νη- in νήγρετος 'unerwecklich', aind. (ved.) nā 'nicht' die unter Starkton gedehnte Satznegation idg. *nē neben älterem *ne in ahd. asächs. afries. agf. ne, in 'nicht', dem lat. ne- in nefandus 'nicht aussprechbar, ruchlos', aslav. ne, lit. nè, avest. apers. na, aind. ná 'nicht' entsprechen. Die Wortnegation idg. *n̥- f. u. un-.

Nektar M. aus Homers νέκταρ N., das Od. 5, 93 u. ö. als 'Göttertrank' neben ἀμβροσία F. 'Speise der Unsterblichen' steht. Vor Mitte des 16. Jh. über lat. nectar N. in die dt. Dichtersprache aufgenommen: Zf. f. d. Wortf. 15, 195.

Nelke F. über neilke(n) aus mnd. negelkīn, -ken (hieraus dän. nellik, schwed. nejlika, lett. nēg'el'k'ene), nd. negelke, der Entsprechung von md. Nägelchen (Luthers Form ist nelichen), obd. Nägelein, ahd. negellī, mhd. negel(l)īn. Die Gewürznelke erinnerte an die Gestalt der alten, handgeschmiedeten Nägel. Auch anord. nagli 'Nagel' kann 'Gewürznelke' bedeuten. Vom Gewürz ist der Name im 15. Jh. auf die Gartennelke (Dianthus caryophyllus) wegen der Ähnlichkeit des Dufts und der Blütenform übertragen. Wenn landschaftlich Syringa vulgaris Nägele, Nägelchen heißt, so ist wieder die Form der Blüten maßgebend gewesen. — Auch mlat. clavellus und span. clavel bedeuten 'Gewürznelke'.

nennen schw. Ztw., mhd. ahd. nennen, woneben bis ins Frühnhd. nemmen mit verschiedener Angleichung des mn aus namnjan 'nennen', das im Got. vorliegt und dem ahd. nemnen, asächf. nemnian, afries. nemna, agf. nemnan, schwed. nämna nahe geblieben sind, während anord. nefna und dän. nævne abweichen. Gemeingerm. Ableitung zu Name (f. d.) wie gr. ὀνομαίνειν zu ὄνομα, lat. nōmināre zu nōmen.

Nenner M. in der Bruchrechnung: Lehnübersetzung des mlat. denominator, von Petzensteiner 1483 gefunden, im 16. Jh. von Köbel und Adam Riese, im 17. von Kepler angewendet, durchgesetzt von Chr. Wolff 1716 Math. Lex. 508: Schirmer 1912 Wortsch. d. Math. 47; Götze 1919 Anf. e. math. Fachspr. 131.

Nepotismus M. 'ungerechte Begünstigung Verwandter'. Zu lat. nepōs (f. Neffe) ge-

hört ital. nepotismo, die zunächst den Päpsten vom Ende des 15. Jh. vorgeworfene Vetternwirtschaft. Bei uns erst zweihundert Jahre später: Mercurii Relation 1691, Nr. 31 „indem er (der neue Papst) weder Verwanthe noch Lands-Leuthe an sich zuhängen begehre, wodurch dann der Nepotismus auff ein neues supprimiert wird". Schulz-Basler 1942 Fremdwb. 2, 195.

neppen schw. Ztw. 'betrügen', Nepperei F., neuerdings auch Nepp M. 'Betrug' mit Zus.-Setz. wie Nepplokal, aber auch Neppuhren 'unechte Uhren'. Zum hebr. Stamm na'ap(h) 'unkeusch sein, ehebrechen' gehörten die Gaunerwörter Neppe 'Dirne', neppen 'Unzucht treiben', aber auch Nepper 'Gauner, der mit unechten Ringen oder Uhren (Neppsore 'Betrugsware') Leichtgläubige betrügt', was in Koburg 1828 als „ein Hauptgewerbe der jüdischen Gauner" bezeichnet wird: F. Kluge 1911 Rotwelsch 1, 364. Begriffsbrücke ist die unrechtmäßige Vermischung. Auch in den Wortsippen des lat. adulter und griech. μοιχάω werden 'Ehebruch' und 'Mischung minderwertiger Metalle zu Betrügereien' vom gleichen Ausdruck gedeckt: E. Weißbrodt 1939 Zf. f. dt. Phil. 64, 308; G. Schoppe, Neuphil. Mitt. 1944, 51.

Nerv M. Zu gr. νεῦρον N. 'Sehne' gehört (mit Umstellung von u und r) lat. nervus M. 'Sehne, Flechse, Muskel', das in dieser Bed. seit 1519 bei dt. Ärzten erscheint, sich lange so erhält (auch in bildl. Gebrauch), und Ableitungen wie nervicht und nervig entwickelt. Hierher auch nervus rerum (agendarum) als Bezeichnung des Geldes in Staat und Krieg, ein durch Cicero vermitteltes Wort (Büchmann 1912 Gefl. Worte 352 f.). Daneben spricht schon Paracelsus († 1541) von Nerven als Leitern der Empfindung und Bewegung, Fischart 1575 Garg. 246 vom Optischen Nerfen. Dieser neuere Gebrauch wird in der Geniezeit, getragen von Affektstil und Magnetismus, durchgesetzt. Der entscheidende Anstoß geht von dem schott. Arzt Robert Whytt 1765 aus. In diese Bewegung tritt auch nervös ein, das um 1650 als nervos aus lat. nervōsus 'nervig, stark, nachdrücklich' übernommen und im 18. Jh. unter Einfluß von frz. nerveux umgebildet war: Schulz-Basler 1942 Fremdwb. 2, 195 ff.

Nerz f. Nörz.

Nessel F. Mhd. nezzel, ahd. nezzila, asächf. netila, mnd. mnl. agf. netel(e), nnl. netel, engl. nettle, schwed. mundartl. nätla, norw. netla, mundartl. auch natla, führen auf germ. *natilōn, Verkl. zu gleichbed. *natōn in norw. brenne-nata, gotl. natā, färöisch nota, isl. nötugras, ahd. nazza. Außergerm. vergleicht ſich gr. ἀδίκη (aus *nd-ikā) 'Neſſel' zum idg. Verbalſtamm *ned- 'zuſammendrehen, knüpfen': Urtica dioica iſt als alte Geſpinſtpflanze benannt, ihr Name verwandt mit Neſtel und Netz, ſ. d. Neſſeltuch (nd. netteldök, nl. neteldoek, dän. netteldug, ſchwed. nättelduk) war urſpr. ein leichtes Gewebe aus den Baſtfaſern der Brenneſſel: Hoops 1916 Reallex. 3, 309 f.

Neſt N. ahd. mhd. nëſt 'Neſt, Lager für Vögel oder auch Säugetiere', entſpr. mnd. nl. agſ. engl. nest. Die Sippe iſt uralt. Vor der germ. Lautverſchiebung galt die Form *nizdo-, beſtätigt durch aind. nidá 'Lagerſtätte für Tiere; Neſt', armen. nist 'Lage, Sitz', air. net, lat. nídus (für *nizdos) 'Neſt' (auffällig gleichbed. lit. lizdas, aſlav. gnëzdo). *Ni-zdos zeigt die Wz. *sed 'ſitzen, ſich ſetzen' zuſ.=geſetzt mit der im Aind. bewahrten Verbalpartikel ni (ſ. nieder), bedeutet ſomit 'Niederlaſſung' (vgl. aind. ni-sad 'ſich niederſetzen, niederlaſſen'). Die Bed.=Verengung im Germ., Kelt., Ital. und Baltoſlav. hat offenbar zunächſt bei Jägern und Vogelſtellern ſtattgefunden.

Neſtel F. M. mhd. nëſtel, ahd. nëſtila F., nëſtilo M., aſächſ. nëſtila F. 'Bandſchleife, Schnürriemen, Binde', gleichbed. mnd. nl. nestel, afrieſ. nestla. Verkl. zu urdt. *nast (aus *nod-st-) in agutn. nast, früh entlehnt zu finn. nasta 'Schnalle' (Suolahti 1912 Finn.= ugr. Forſch. 12, 103). Dazu mit Ablaut anord. nist(i) N. 'Schnalle, Broſche', agſ. nostle F. 'Band'. Germ. *nast= zum idg. Verbalſtamm *ned- 'knüpfen' wie Neſſel und Netz. Urverwandt lat. nōdus, idg. *nōdos 'Knoten'. *Nast(i)la drang ins Roman. und ergab afrz. nasle, oberital. nastola, nestola, nistola 'Schnur'. In heutiger Umgangsſprache iſt (Schuh=) Neſtel das Wort des Südweſtens; zur Abgrenzung gegen (Schnür=, Schuh=) Senkel, Schuhband, =litze, Schnürriemen uſw.: Kretſchmer 1918 Wortgeogr. 435.

Neſthäkchen N. 'zuletzt ausgebrütetes Vögelchen eines Neſtes; jüngſtes Kind einer Ehe'. Zuerſt bei A. Mengering 1642 Gewiſſensrüge 630 „die lieben Neſthecklein und Herzkinder der Eltern"; gebucht ſeit Bernd 1820 Dt. Sprache in Poſen 190; in oſtmd. Form durchgedrungen (henneb. Neſthückele, ſchwäb. Neſthocker, ſchweiz. Neſthöck M., Neſthöckerli N.), Sieger über eine Fülle gleichbed. Wörter: Mathesius 1566 Luther 76ª Gackeneſtle; Goethe 1774 Werther 42 Quakelchen, Dicht. und Wahrh. 1, 196 Neſtquackelchen; Hermes 1776 Sophiens Reiſe 6, 557 Neſtküken und ſo weithin in nb. Mundarten. Daneben in Pommern

nestpük, in Lippe nestekudderk, in Fallersleben nestkuddel. Md. ſind nestquack, -kitterle, -batz, -katzel, nnl. heksluitertje.

nett Adj. Lat. nitidus 'glänzend' ergibt über frz. net, nette (woraus engl. neat 'zierlich') ein mnl. net, das vor Ende des 15. Jh. zu uns gelangt. Schueren, Teuthoniſta (Kleve 1477) bietet nett neben smuck, Dürer 1506 Briefe 27. 30 verwendet „lauter und nett" von Goldringen. Modewort wird nett im 30 jähr. Krieg: Schulz=Basler 1942 Fremdwb. 2, 201.

netto Adv. Lat. nitidus (ſ. nett) ergibt ital. (peso) netto, al netto 'rein, ohne Verpackung, ohne weiteren Abzug'; hieraus über afrz. nette das engl. net 'netto'. Dafür als dt. Handelswort die Lehnüberſetzung l(a)uter ſeit 1462, das Fremdwort net 1394, neto 1489, netto 1549: Schirmer 1911 Wb. d. dt. Kaufm.=Spr. 134. Die Gegenwörter brutto (ſ. d.) und ſporko ſind jünger.

Netz N. Mhd. nętze, ahd. nęzzi, aſächſ. nęt(ti), mnd. mnl. nette, afrieſ. agſ. nęt(t), anord. nęt, engl. nnl. norw. dän. net, älter dän. næd, ſchwed. nät, got. nati führen auf germ. *natja N. 'Geknüpftes'. Dazu mit Ablaut anord. und ſchwed. mundartl. nöt 'Zugnetz', woraus entlehnt finn. nuotta 'Netz'. Außergerm. vergleicht ſich zunächſt lat. nassa (aus *nedsā) 'Reuſe', woneben wieder mit Ablaut nōdus 'Knoten', ferner bret. nask 'Band', air. nascim 'binde', fornaidm 'Band', aveſt. naska- 'Textſammlung', urſpr. 'Bündel': ſämtlich zum idg. Verbalſtamm *ned- 'zuſammendrehen, knüpfen', zu dem auch Neſſel und Neſtel gehören, ſ. d.

netzen ſchw. Ztw. mhd. nętzen, ahd. nęzzen, mnd. netten, got. natjan 'naß machen': Denominativ zu naß, germ. Stamm *nata-. Wechſel zwiſchen ß (aus germ. t) und tz (aus weſtgerm. tt, germ. ti) wie in aß — ätzen, Maß — Metze, ſaß — ſetzen, vergaß — ergötzen.

Netzhaut F. Wie Rufus S. 154. 153 Daremberg=Ruelle bezeugt, hat im 3. vorchriſtl. Jh. der alexandrin. Anatom Herophilus die den Augenhintergrund bekleidende Hülle als erſter einem Fiſchernetz verglichen. Die mlat. Lehnüberſetzung retina (tunica) wird im 12. Jh. heimiſch und hält ſich, obgleich die humaniſt. Ärzte das nach Muſtern wie divinus, libertinus, matutinus gebildete Adj. ablehnen: Steudel 9. 19. Netzhäutlein ſeit J. Th. Jablonſki, Allg. Lex. d. Künſte, Lpz. 1721.

neu Adj. Mhd. niuwe, ahd. niuwi, aſächſ. niuwi, nigi, anfr. nūwi, mnl. nieuwe, nūwe, nie, nnl. nieuw, mundartl. und in Zuſ.=Setzungen nij, afrieſ. nīe, agſ. nī(e)we, angl. nēowe, engl. new, anord. nȳr, norw. dän. ſchwed. ny,

got. niujis führen auf germ. *neuja-, idg.
*néu̯i̯o-, *nóu̯i̯o-, 'neu', wie gleichbed. air.
naue, später nōe, gall. nevio-, novio-, abret.
nou̯u̯id, neu̯u̯ed, akorn. neweð, bret. nevez,
kymr. newydd, lit. naũjas, lat. Novius, gr.
(ion.) νεῖος, aind. návya-. Daneben wird idg.
*néu̯o-, *nóu̯o- 'neu' vorausgesetzt durch aslav.
novŭ, lat. novus, gr. (att.) νέος, armen. nor, toch.
A ñu, B ñ(u)we, avest. nava-, aind. náva-,
hettit. neu̯a- 'neu'. Dem Ztw. (er)neuen entsprechen mhd. ni(u)wen, ahd. niuwōn, asächs.
niwian, nīgean, afries. (ur)nīa, ags. niwian,
anord. nýja; außergerm. lat. novō, gr. νεάω.
S. neun.

neuerdings Adv. so seit Ausgang des 18. Jh.
aus älterem neuer Dinge Adv. Gebildet
wie aller=, schlechterdings.

neun Zahlwort. Mhd. ahd. got. niun, asächs.
ags. nigun, mnd. nnl. negen, mnl. neghen,
afries. ni(u)gun, engl. nine, anord. nīu, dän.
ni, norw. mundartl. nie, nio, schwed. nio führen auf germ. *nëwun. Dazu stimmen aind.
náva, avest. nava, toch. ñu, armen. inn (aus
*enu̯n), gr. ἔνϝα, ἐννέα, alb. nεndε, lat.
novem (-m aus -n nach den Vorbildern septem
und decem), air. nōi-, kymr. korn. naw, bret.
nao, lit. devynì, lett. deviņi, aslav. deveti
(d- für n- durch Einfluß der 10), die den Ansatz idg. *eneu̯en, *neu̯n, *enu̯n 'neun' rechtfertigen. Man vermutet Beziehung zum Adj.
neu, indem man die Neun als 'neue Zahl'
der dritten Viererreihe faßt. Viererrechnung
im ältesten Idg. ist erwiesen durch das Zahlwort acht, das seiner Form nach ein Dual ist.
S. auch vier und zwölf.

Neunauge N. Petromyzon (s. Lamprete)
hat außer dem seitlich stehenden Auge je ein
Nasenloch und sieben Kiementaschen, daher
ahd. niunouga, mhd. (Zf. s. d. Wortf. 5, 15)
niunouge, nnl. negenoog; aus mnd. negenōge
sind dän. negenøie und schwed. nejonöga entlehnt. Nicht richtiger ist die Beobachtung,
die zu engl. seven-eyes, frz. sept-œil geführt
hat. Zur Wortbildung vgl. Dreiangel,
Dreieck, Dreifuß, Tausendfuß, Vieleck.

Neuntöter M. Von Lanius collurio (s.
Dorndreher) behauptet Konr. Gesners
Vogelb. übers. v. R. Heußlin (Zürich 1557)
237a „Nüntöder oder Nünmörder wirt er
geheißen, daß er alle tag neün vögel töben
sol". Anders Zedler 1732ff. Univ.=Lex. 24,
298f. „es genieße dieser Vogel nichts, er habe
denn neunerlei todt gemachet". Dem namentlich in md. und nd. Mundarten verbreiteten
Namen ist Enneoctonus nachgebildet. Suolahti
1909 Vogelnamen 151.

Neunundneunziger M. Jean Paul 1798
Palingen. 2, 83 verwendet N. für 'durch-

triebener Heuchler' und bemerkt dazu: „da nach
den englischen Gesetzen jedes Schiff mit hundert
Seelen einen Schiffsprediger haben muß, so
laden die Ostindienfahrer, um ihn zu ersparen,
nur neun und neunzig". Entspr. Joh. G.
Schmidt 1705 Rockenphilos. 305 und schon
Stieler (1691) 1352 „Neun und neunziger /
appellantur proditores, sycophantae". Von
da ist N. als Schelte der Einwohner bestimmter
Dörfer (H. Fischer 4, 2017), der Schreiner,
Lehrer, bes. aber der Apotheker geblieben,
hier nachträglich gerechtfertigt durch die Erklärung, sie nähmen 99% Gewinn, und durch
die obd. Schelte Prozentenkrämer: Hnr.
Klenz 1910 Scheltenwb. 4 f; W. Zimmermann 1924 Arzt= und Apothekerspiegel 90f.

neureich: das nach dem ersten Weltkrieg viel
gebrauchte Adj. hat sein Vorbild bei Jean Paul
1820 Komet Kap. 9 (Hempel 28, 210) „auf
ähnliche Weise und mit näherem Recht schlagen
Neureiche, wenn sie andere in ihrem eignen
Münzhause herumführen, auf der Stelle Ehren-
münzen auf sich selber". Im Frz. entspricht
les nouveaux riches.

neutral Adj. Zum lat. Pron. neuter 'keiner
von beiden' gehört ein spätlat. Adj. neutrālis
'weder Mask. noch Fem.', das sich schon mlat.
zu 'keiner Partei angehörend' im polit. Sinn
wandelt. Samt mlat. neutralitas im 15. Jh.
entlehnt, nachmals unter Einfluß von frz.
neutral, neutralité geraten: Schulz=Basler
1942 Fremdwb. 2, 203.

Neuzeit F. aus der Gruppe die neue
Zeit zus.=gerückt, seit der Mitte des 19. Jh.
bei H. Heine und Freiligrath.

nicht Negativpartikel, mhd. niht Pron.
Subst. 'nichts', ahd. niwiht, neowiht, zus.=
gezogen aus ni eo wiht 'nie etwas' (s. Wicht);
entspr. asächs. neowith, anfr. niewiht, afries.
nāwet, ags. nāwiht, nāuht, got. ni waihts
'nichts'. Schon in ahd. Zeit wird das Pron.
Subst. als Verstärkung neben die Negation
ni, en (s. nein) gestellt, die daneben schon im
12. Jh. ausbleiben kann und gegen Ende des
15. Jh. völlig untergeht, so daß nicht ihre Stelle
einnimmt. Reste des Subst. bieten zunichte
machen und mitnichten (s. Niete²); ferner
vgl. nie, noch, nur.

Nichte F. Das unter Neffe entwickelte Fem.
vorgerm. *neptī- (aind. naptī́ 'Tochter, Enkelin',
lat. neptis 'Enkelin', altlit. neptē̃, tschech. neti,
air. necht) ergibt germ. *nift- und lebt in
anord. nipt, ags. afries. ahd. nift 'neptis,
privigna'. Dazu die Verkl. ahd. niftila. mhd.
niftel 'Nichte, Mutterschwester, Geschwisterkind'.
M. und nd. wandelt sich ft lautgesetzl. in cht
(s. anrüchig), daher mnl. nicht(e), nnl. nicht,
mn. nichte(ke). Nach vereinzeltem nef- und

nichtschafften bei Fischart 1582 Garg. 94 wird die nd. Form bei Hochdeutschen des 17. Jh. gangbar, z. B. Sleidan 1642 Zwei Reden 64 „seine Kinder, seine Neven, Nichten und andere Verwandten", doch zieht Zesen 1645 Kleintochter vor (Zf. f. d. Wortf. 14, 77), und Schottel nennt noch 1663 Nichte nur als mundartl. Form für Niftel (v. Bahder 1925 Wortwahl 54). Obd. Volkssprache bevorzugt Base. — Ein mhd. nift M. 'Enkel' belegt Kurrelmeyer 1921 Mod. lang. notes 36, 488 aus dem Ordensland 1429. Vgl. R. Much, Zf. f. dt. Alt. 69, 46.

nichts Pron.-Subst. Mhd. niht (s. nicht) wurde verstärkt zu nihtesniht, das in spätmhd. nihtzit und vereinzelt auch in mundartl. Formen wie nichtst fortlebt. Im ganzen wurde aber der zweite Ausdruck der Negation entbehrlich gefunden und weggelassen. Aus dem Gen. nihtes entstand nhd. nichts dadurch, daß bei vielen Verben an Stelle des alten Gen.-Objekts ein neues Akk.-Obj. tat. So wurde nihtes zum Akk. umgedeutet wie es in Gott walte es: Behaghel, Dt. Synt. 1, 400. 483. 2, 70.

nichtsdestoweniger Konjunkt. ist einem mnd. nichtes de (to) min nachgebildet, das seit 1463 auftritt und 'nicht deshalb weniger' bedeutet. Dem nd. de vor Kompar. steht hd. desto gegenüber: Behaghel 1928 Dt. Syntax 3, 220.

Nickel M. N. von dem schwed. Mineralogen v. Cronstedt, der 1751 das Metall rein dargestellt hatte, 1754 gekürzt aus schwed. kopparnickel M., dies nach nhd. Kupfernickel 'Verbindung von Arsenik und Nickel', gebucht seit Frisch 1741. Aus dem Namen Nikolaus ist Nickel vielfach zur Schelte entwickelt, namentlich ostmd. (Zf. f. d. Wortf. 3, 99; K. Müller-Fraureuth 1914 Wb. der obersächs. Ma. 2, 284). Im Erzgebirge stießen die silbersuchenden Knappen auf das Mineral, aus dem sie trotz seiner Kupferfarbe kein Kupfer gewinnen konnten und das sie darum (wie Kobalt und Wolfram) mit einem Scheltnamen belegten.

nicken schw. Ztw., mhd. mnd. mnl. nicken. Verstärkende Bildung zu neigen (wie bücken zu biegen, schmücken zu schmiegen). Genick ist unverwandt. Nicken 'schlummern' (mit einnicken) beruht auf gleichbed. mhd. nücken.

Nidel M. F. '(süße) Sahne' in alem. schwäb. und bair. Volkssprache. Nachweise bei M. Heyne 1889 DWb. 7, 741f.; P. Kretschmer 1918 Wortgeogr. 400. 402; H. Fischer 4, 2029. 6, 2682f. Die Zeugnisse setzen erst im späten Mittelalter ein, doch gehört wohl

das Wort mit Senn, Zieger u. a. zu den Ausdrücken der alpinen Milchwirtschaft, die die einwandernden Alemannen von der gall. Vorbevölkerung übernommen haben: L. Weisgerber 1939 Rhein. Vierteljahrsbl. 9, 44.

nie Adv. mhd. nie, ahd. nio, neo 'nie': aus ni 'nicht' und eo 'je' zus.-gesetzt, wie asächs. nio aus ni io, agf. nā aus ne ā. In got. ni aiw sind beide Wörter noch getrennt. S. kein, nicht und je.

nied Präp. mhd. nide 'unter, nieder', ahd. nida 'unter(halb)': zu nieder.

nieden (in hienieden) Adv. mhd. niden(e), ahd. nidana Adv. 'unter'. Entspr. asächs. nithana, agf. neodan. Aus agf. beneoðan stammt engl. beneath 'unten, unter'. Vgl. anord. neðan 'von unten' und f. nieder.

nieder Adv., mhd. nider, ahd. nidar, asächs. nithar, anfr. afries. nither, agf. niðer, anord. niðr 'nach unten': kompar. Ableitung von der unter Nest vorausgesetzten idg. Partikel *ni 'nieder', die auch in nied(en) lebt. Außergerm. stehen am nächsten aslav. nizŭ 'unten', aind. ní, avest. nī 'nieder', nitarâm 'abwärts'. Aus dem gemeingerm. Adv. abgeleitet ist das Adj. nieder, mhd. nider(e), ahd. nidari, -o, asächs. nithiri, afries. nithera, agf. niðera, engl. nether, anord. neð(ar)ri, dän. schwed. nedre. Wieder jünger ist das Adj. niedrig, bei Luther nidrig, bei Dasypodius (Straßb. 1535) nidrig, mnd. neddrig. Dazu (er)niedrigen, bei Luther nidrigen, md. (seit 1452) niderigen, mnd. nedergen.

niederdeutsch Adj. Das älteste Zeugnis dese oefeninghe is ghetoghen vanden hoghen duutsche int neder duutsche hat v. Wijk 1910 Zf. f. d. Wortf. 12, 239 aus einem holländ. Gebetbuch von 1457 beigebracht. Auch Nederduutschlant als geogr. Begriff begegnet schon mnl., frühnhd. Nider teutschelant kaum vor 1480 Voc. inc. teut. r 3a. Im Sept. 1521 fordert eine alem. Flugschrift (Schades Sat. 3, 68), daß die hoch dütsch rät in allen communen und stetten hoher und nider dütscher nation darin wöllen sehen. Als gramm. Fachwort wird Niderteutsche Sprache seit Schottel 1641 verwendet (E. Leser 1914 Zf. f. d. Wortf. 15, 10), daneben (nieder)sächsisch und (noch lange ohne sachliche Scheidung) niederländisch. S. hoch-, ober-, plattdeutsch.

niederkommen Ztw. Mhd. niderkomen 'zu Bett gehen, sich legen' ist durch Kürzung der volleren Wendung kindes niderkomen 'gebären' seit frühnhd. Zeit auf das Kindbett eingeschränkt, wie die vom Rhd. abhängigen dän. nedkomme, schwed. nedkomma 'entbunden werden' und frz. accoucher d'un enfant (zu se coucher 'sich legen'). Dazu Niederkunft F. 'puerperium' seit Ende des 17. Jh.

Niedertracht F. Zu mhd. sich tragen 'sich benehmen' wird gegen Ende des 15. Jh. niderträchtig Adj. 'herablassend' gebildet, wozu sich im 16. Jh. das Gegenwort hochträchtig 'hochfahrend' stellt. Bis ins 18. Jh. bleibt niederträchtig Gegensatz zu erhaben, mundartl. gilt die Bed. 'herablassend' bis heute. Von sittlicher Gemeinheit nicht vor Mitte des 18. Jh. Niedertracht ist aus dem Adj. rückgebildet, erst nachdem diese jüngste Bed. erreicht war; gebucht nicht vor Campe 1809.

niedlich Adj. Adv. Mhd. nietlîche und asächs. niudlico 'mit Verlangen' sind Adv., als Adj. begegnet ahd. nietsam 'wünschenswert'. Vom Nd. geht, mit unverschobenem d, das frühnhd. Adj. niedlich 'appetitlich' aus, z. B. bei Luther 1524 An die Ratsherren 4 „das niedliche Bislin"; mit gleicher Bed. noch spät im 18. Jh. (Zs. f. dt. Wortf. 11, 89). Von da wird niedlich im 18. Jh. zu 'klein und zierlich'. Obd. Volkssprache fehlt das Wort. Dän. nydelig stammt aus dem Nd. Voraus liegt das Subst. ahd. niot 'Begierde', Streben', asächs. niud 'Verlangen', afries. niôd 'Freude', ags. nied, nēod 'Wunsch, Eifer, zur idg. Wurzel *neudh- 'begehren, gelüsten', die auch in lit. panústi 'sich nach etw. sehnen' und naúdyti 'begehren' erscheint.

niedrig s. nieder.

niemals Adv. Bildungen wie mhd. ē māles 'vormals', nāchmāles 'nachher' enthalten einen von ē und nāch abhängigen Gen. Ihnen sind nhd. jemals (s. d.) und niemals nachgebildet. Dessen Bestandteile s. u. nie und mal.

niemand Pron. Aus nie und man entsteht ahd. nioman, asächs. neoman, mhd. nieman, niemen. Die Form mit e in zweiter Silbe wird nhd. aufgegeben wie bei jemand; -d tritt seit dem 14. Jh. an wie bei diesem und weiland. Formen ohne -d finden sich bis ins 16. Jh. S. nie und O. Behaghel 1923 Dt. Syntax 1, 399f.

Niere F. mhd. nier(e) M. 'Niere, Lende', ahd. nioro, niero M. 'ren, testiculus, lumbus', mnd. mengl. nēre, mnl. niere, nnl. nier 'Niere', agutn. wig-niauri 'Hode' führen auf westgerm. neuran-, anord. anorw. nyra M., norw. ryggjanyre, dän. nyre, älter niure N., schwed. njure auf germ. *neurian-. Über *neguhrongelangt man zu idg. *negꭐh-rós 'Niere, Hode', auf dem auch gr. νεφρός 'Niere', pränestin. nefrōnēs, lanuvin. nebrudinēs 'Nieren, Hoden' beruhen. Das Schwanken der Bed. erklärt sich daraus, daß Nieren wie Hoden rundliche Anschwellungen am Unterleib sind; auch lit.

inkstas vereinigt beide Bedeutungen. Der Körperteil trägt (wie Fuß, Haupt, Herz, Nase u. v. a.) einen Namen idg. Alters: E. Kieckers 1926 Sprachwiss. Miszell. 4 (Acta et Comm. Univ. Tartuensis B X, 2) Nr. 22. Dunkel bleibt das Bestimmungswort von engl. kidney 'Niere'. Im Grundwort sieht man agf. æg 'Ei'.

niesen Ztw. mit der jüngeren Nebenform nießen (so z. B. Pictorius 1566 Leibsarzn. 7b) aus mhd. niesen (Part. genorn), ahd. niosan (Part. ginoran) st. Ztw., nnl. niezen, mnl. niesen, agf. hnora, anord. hnjōsa (dazu hnøri M. 'das Niesen'), mnd. mengl. nēsen; daneben anord. fnysa, agf. fnēosan, mengl. fnēsen, nnl. fniezen 'niesen'. Die beiden Wz. germ. *hnus und *fnus scheinen miteinander urspr. eins zu sein; dazu auch mengl. snēsen, engl. sneeze 'niesen'. Die vorgerm. Nachahmungen des Nieslauts *qs(n)eu-, *qneu-, *sneu-, *sqeu sind nicht schärfer zu fassen. Dazu Pfnüsel.

Nieswurz F. mhd. nies(e)wurz, agf. hnioswurt: die gepulverte Wurzel von Helleborus und Veratrum album dient seit dem Mittelalter als Mittel zum Niesen. Zs. f. d. Wortf. 3, 296.

Nießbrauch M. 'Recht der Nutzung fremden Eigentums'. Als Lehnübersetzung des gleichbed. lat. ususfructus im 17. Jh. gebildet. Während die Ersatzwörter Fruchtnießung und Fruchtgenuß nahe beim Vorbild bleiben, verfährt N. freier. Die Wortglieder werden umgestellt; das erste gehört zu frühnhd. nießen, das durch nhd. genießen verdrängt ist.

Niete¹ F. mhd. niet(e) M. F., mnd. nēt(d), mnd. nēd, nnl. neet, niet 'an beiden Enden breitgehämmerter Metallbolzen, der Metall mit Metall verbindet': Ableitung vom st. Ztw. ahd. (bi)hniotan 'befestigen', das mit mnd. nēden, mnl. nieden, nnl. neeten, nieten, anord. hnjōða 'hämmern' zum germ. Verbalstamm *hneuð-: *hnuð gehört. Für urverwandt gilt gr. (Hesych.) κνύθος 'kleiner Dorn'. Auch Dorn ist Schlosserwort bis heute. Das uralte Verfahren des Nietens tritt im dt. Schrifttum erst 1218 auf bei Wolfram v. Eschenbach, Willeh. 442, 26 der sarringe niet. Vorher war Niet(e) jeder spitze Nagel, wie in den Mundarten vielfach bis heute.

Niete² F. 'Los ohne Gewinn'. Die holländ. Lotterie (s. d.) gelangt nach Beginn des 18. Jh. über Hamburg zu uns, mit ihr nnl. niet M. N., Subst. von niet, der nl. Entsprechung unseres nicht (s. d.), die über 'Nichts, Null' zu 'Niete' geworden war. Das Gegenwort Wat 'Gewinnummer' ist die unverschobene Substantivierung von hd. was. So bei einem

Hamburger 1707 in Weichmanns Poesie der Niedersachsen 4 (1732) 12 „ein Wat gegen sechs Nieten". Niete hat sich dem von Gellert, Thümmel und Hippel versuchten Ersatzwort Fehler überlegen gezeigt, während sich das gleichzeitig eingeführte Treffer gegen Wat durchgesetzt hat.

Nihilismus M. Zu lat. nihil 'nichts' ist schon mlat. nichilianista M. 'der an nichts glaubt, Ketzer' gebildet worden. Ohne davon zu wissen, schilt Friedr. Hnr. Jacobi in einem Brief 1799 den Idealismus in der Philosophie Nihilismus. Wieder unabhängig davon stellt Jean Paul 1804 Nihilist und Materialist einander gegenüber. 1884 nimmt Turgenjew die Wörter Nihilist und Nihilismus als seine Erfindung in Anspruch, aber auch die Wendung ins Politische, die forthin im Vordergrund steht, war schon bei Görres 1822 vorhanden: Ladendorf 1906 Schlagwb. 225 f.; Feldmann 1909 Zf. f. d. Wortf. 10, 238; Büchmann 1912 Gefl. Worte 320 f.; Schulz-Basler 1942 Fremdwb. 2, 203 f.

Nikotin N. Nach J. Nicot (1530—1600), dem frz. Gesandten am portug. Hof, der 1560 den Tabak in Frankreich einführte, heißt die Pflanze Herba Nicotiana, frz. (1580) nicotiane, nhd. (1656) Nicotian, ihr Alkaloid (das Posselt und Reimann 1830 darstellten) Nikotin. Palmer 100 f.

Nimbus M. Lat. nimbus 'Platzregen, Regenwolke' entwickelt über 'Nebelhülle, in der die Götter zur Erde niedersteigen' die mlat. Bed. 'Strahlenkranz, Heiligenschein', die dann in ein weltliches 'großes Ansehen' verflacht wird. Bei uns beliebt seit Goethes Götz 1773: Schulz-Basler 1942 Fremdwb. 2, 204 f.

nimmer Adv. Aus ahd. nio (s. nie) und mēr (s. mehr) entwickeln sich mhd. niemēr, nimmēr 'nie fortan, nicht mehr' und mhd. niemer, nim(m)er 'nie' (von beginnender und künftiger Handlung). Die erste Reihe hat sich in südd. Umgangssprache gehalten, hochsprachlich wird sie durch nicht länger, nicht mehr ersetzt. Die zweite Reihe ist auf den höhern Stil beschränkt; dabei verhält sich nimmer zu immer wie nie zu je. Nur Verbindungen wie nie und nimmer, nun und nimmer, nimmermehr (mit Verdopplung des mehr) gehören noch der Umgangssprache an. — Das entsprechende engl. never ist über ags. næfre aus ne æfre entwickelt.

nimmersatt Adj. Aus Pred. 1, 8 „Das Auge sieht sich nimmer satt, und das Ohr hört sich nimmer satt" konnte mit Zus.-Rückung wie Gernegroß das Mask. Nimmersatt 'Unersättlicher' gebildet werden. Das Subst. ist seit Krämer 1678 verzeichnet. Das Adj.

nimmersatt wird erst im 18. Jh. geläufig und nicht vor Campe 1809 gebucht.

Nimmertag M. zus.-gerückt aus der mhd. Formel niemer tac 'nie'; frühnhd. zerspielt zu St. Nimmerlinstag Alemannia 1, 151, St. Niemerlistag Maaler 1561, Nimmerlestag 'ad calendas graecas' Stieler 1691, der doch auch Nimmerstag kennt, wie Kant 1797 Zum ewigen Frieden 13 „auf den Nimmerstag aussetzen". Mundarten malen die scherzhafte Unmöglichkeit aus: „auf Nimmerstag, wenn die Böcke lammen" Vilmar 1868 Kurhess. Jd. 284.

nippen schw. Ztw. 'mit kleinen Zügen trinken', kaum vor Weise 1673 Erzn. 120. Entlehnt aus gleichbed. md. nd. nnl. nippen. In hd. Mundarten erscheint das lautgesetzl. pf: henneb. bair. nepfen, nöpfen, schwäb. ein nüpflin tun Crusius 1568 Gramm. 1, 237, dessen ü durch agf. nypel M. 'Rüssel' bestätigt zu werden scheint.

Nippflut F. 'niedrigste Flut' zur Zeit des ersten und letzten Mondviertels. Ins Hd. spät entlehnt aus dem Nd., dem auch dän. nipflod entstammt. Vorbild. engl. neap-tide, agf. nēp-flōd M., deren Bestimmungswort engl. neap 'niedrig' ist. Mit nippen (s. d.) erst nachträglich durch irrende Volksdeutung verknüpft.

Nippsache F. 'zierlicher Zimmerschmuck ohne Gebrauchswert', kurz vor Mitte des 19. Jh. aus älterem Nippes Mz. Dies nach 1760 entlehnt aus frz. nippe(s) F. 'weiblicher Putz', einer mundartl. Weiterbildung des frz. guenipe 'Fetzen', das germ. Ursprungs ist und zu anord. *gnīpa, mengl. nipen 'abschneiden' gehört. Über deren Sippe s. kneifen, kneipen. K. Wagner 1943 Dt. Wortgesch. 2, 339.

nirgend s. irgend.

Nirwana N. Aind. nirvāṇa 'ausgeblasen' (wie eine Kerze) ist im Buddhismus Ausdruck für das Aufhören der sinnlichen Existenz geworden, nach dem der Philosoph trachtet: Lokotsch 1927 Etym. Wb. 1573. Uns durch A. v. Humboldt, Rosenkranz und Schopenhauer vermittelt.

Nische F. Zu lat. nidus (s. Nest) gehört gallorom. *nidicāre, das frz. nicher 'ein Nest bauen' ergeben hat. Postverbales Subst. dazu ist frz. niche, das bei uns seit Stieler 1691 in den Formen Niche u. Nische auftritt. Daneben erscheint seit Krämer 1678 Nitsche aus ital. nicchia, dies postverbales Subst. zu nicchiare 'in einer Nische stehen': aus *nidiculāre 'nisten'.

Niß F. Mhd. niz, nizze, ahd. (h)niz, mnd. mnl. nete, nnl. neet, agf. hnitu, norw. nit 'Ei der Laus' führen auf germ. *hnitō F. Die außer-

germ. Entsprechungen bedeuten z. T. auch
'Ei von Floh und Wanze' oder 'Laus'. Derart
vergleichen sich air. sned (aus *sknidā), kymr.
nedd, bret. nez; gr. κονίς, -ίδος, alb. θεní
(aus *knidā) und armen. anic. Idg. Wurzel
*q(o)nid-, *sqnid- 'Laus, Lausei'. Unver-
wandt sind norw. mundartl. gnit F., dän.
gnid, schwed. gnet 'Niß', die mit gleichbed. russ.
gnida zur idg. Wurzel *ghen- 'kratzen' gehören, s. nagen. Die Namengebung des Un-
geziefers ist bei den Indogermanen mit ver-
dächtiger Vollständigkeit bis in alle Feinheiten
entwickelt.

nisten schw. Ztw. 'ein Nest bauen', ahd. mhd.
nisten, ags. nistan, gleichbed. mit l-Ableitung
mhd. nisteln, mnd. nl. nestelen, ags. nistlian,
engl. nestle.

nit s. nicht.

Nix M. mhd. (selten) nickes, ahd. nihhus
M. N. 'Flußuntier, Wassergeist', mnd. necker,
mnl. nicker, nnl. nikker 'Wassergeist, Kobold',
ags. nicor 'Wassergeist, Flußpferd, Walroß',
anord. nykr, Gen. nyks 'Wassergeist in Gestalt eines Flußpferds, Flußpferd', norw. nøk,
mundartl. nikk, dän. nøk(ke), schwed. näck,
mundartl. nikk 'Wassergottheit'. Die einzelsprachl. Bed. vereinigen sich zur einer gemeinsame Grundbed. 'märchenhaftes Wasser-
ungeheuer'. Die Grundform germ. *nikwes-,
*nikwus- führt mit ain. nénēkti 'wäscht,
reinigt', gr. νίζω (aus *nigᵘi̯ō) 'wasche', ir.
nigid 'wäscht' auf idg. *nigᵘ- 'waschen':
O. Paul 1939 Wörter u. Sachen 20, 42. Demnach ist der Nix urspr. ein mit Plätschern sich
vergnügendes Wasserwesen. Der durch die
Beobachtung von Wassertieren veranlaßte Glaube an myth. Wesen solcher Art wird durch das
Wort als gemeingerm. erwiesen. Das F.
Nixe, ahd. (um 1000) nicchessa, heißt urdt.
*nikwisi- 'Wasserfrau'. Mhd. begegnet wazzer-
nixe bei Konr. v. Würzburg († Basel 1287).
Die Zeugnisse für Nixe setzen erst mit Gg.
Rollenhagens Froschmeuseler (Magdeb. 1595)
ein. Die freundliche Gestalt ist ein Werk des
Hainbunds und der Romantik.

nobel Adj. Lat. nōbilis 'kenntlich, adlig,
vornehm' (zu nōscere 'kennen') ergibt frz.
noble, das im 17. Jh. in seinen beiden Bed.
'adlig' (von Geburt) und 'vornehm' (von
Gesinnung) entlehnt und bis ins 19. Jh. in
frz. Form geführt wird: Schulz-Basler 1942
Fremdwb. 2, 207.

Nobiskrug M. Die übliche Deutung in
abysso scheitert an den alten Zeugnissen. Im
Rotwelschen des ausgehenden Mittelalters
wird als Deckwort für lat. und frz. non ein
pseudolat. nobis verwendet, das in Zus.-
setzungen wie Nobisknecht 'minderwertiger

Gesell' oder Nobisgat 'schlimmes Loch'
herabsetzenden Sinn erhält. Im Urteil der
Landstreicher ist N. ein Wirtshaus, das durch
behördl. Aufsicht und strenge Zucht unbehaglich
wirkt. Der Name ist seit 1526 fest bei dem
Wirtshaus an der Grenze von Hamburg und
Altona, das der Rat an ausgediente Rats-
diener verpachtete. Er verbreitet sich, soweit
Krug (s. d.) für 'Wirtshaus' gilt, von Ostpreußen bis zum Niederrhein. Fahrendes
Volk überträgt den Namen auf das Absteig-
quartier am Ende des Lebenswegs, das als
Herberge von jener schlimmen Art unter
teufl. Aufsicht gedacht wird. So zuerst auf
einem Holzschnitt von Antwerpen 1487, der
neben der Hölle einen Mann darstellt, der
einen Krug schwenkt und über sich die Inschrift
Nobis zeigt: ein naives Bilderrätsel mit der
Auflösung 'Nobiskrug'. Literarisch wird nobis
krug seit Val. Schumann 1559 Nachtbüchl. 205
Bolte; obd. Quellen seit 1512 bieten Nobis-
haus, -garten, -kratte: Grohne, Nd. Zs.
f. Volkskde. 6, 193ff.; W. Hartnacke 1943
Muttterspr. 58, 22f. Abwegig W. Krogmann
1939 Nd. Jb. 65/66, 55—105.

noch[1] Adv. mhd. mnl. mnl. afries. noch, ahd.
asächs. noh, nnl. nog, got. naúh 'noch': aus nu
'jetzt' (s. nun) und -h, lat. que, gr. τε, aind. ca
'und, auch' zus.-gesetzt. Die Grundbed. 'auch
jetzt' ist in nhd. „er redet noch" bis heute erkennbar.

noch[2] Konjunkt. mhd. noch, ahd. asächs. anl.
noh, mnl. no(ch), afries. noch, nach. Nach
Behaghel 1928 Dt. Syntax 3, 218 ist ahd. noh
zus.-gezogen aus der Negation ne und ahd.
ouh 'auch', die entspr. got. Konjunkt. nih aus
ni-uh, asächs. ne(c) aus no oc. Ihrer Grundbed. 'und nicht, auch nicht' gemäß reiht die
Konjunkt. eine Verneinung an die andere,
ganz wie lat. neque, mit dem sich got. nih
auch seiner Bildung nach deckt. S. weder.

Nock M. Gedrungene, knollige Berge in
Osttirol, Salzburg und namentlich Kärnten
heißen Nock (Lexer 1862 Kärnt. Wb. 198;
Schatz 1926 Klugefestschr. 126), so auch aus
dem Wasser ragende Felsbrocken (Schmeller ²1,
1723). Mit naheliegendem Bild ist schwäb.
bair. nock, österr. nockerl zu 'Kloß' geworden (H. Fischer 4, 2054; Kretschmer 1918
Wortgeogr. 294f.). Gleichbed. tschech. wnuka,
wnock, ital. gnocco dürfen als Entlehnungen
aus den dt. Nachbarmundarten gelten. — Von
Haus aus dasselbe Wort ist Nock N. 'Ende
einer Rahe, eines Segels', ins Nhd. aus nd. Seemannssprache gedrungen, in der raanock
'äußerstes Ende einer Rahe' 1582 erscheint:
Kluge 1911 Seemannsspr. 588. Außerhalb
des Deutschen vergleichen sich gleichbed. mnl.

nocke, mnl. nok, engl. nock; ferner agf. hnocc 'penis', hnycned 'gerunzelt', isl. hnokki 'Haken', anord. hnokinn 'gekrümmt', hnykill 'Knoten, Geschwulst', hnjūkr 'runder Gipfel', hnūka 'sich zusammenkrümmen', norw. nykkja 'biegen, hervorragen'; schwed. nock 'Haken, Dachfirst', mundartl. nocka 'Vordersteven', älter 'Zapfen, Holznagel'. Außergerm. vergleicht man gr. κνυζοῦν 'zusammenziehen'.

Nomade M. Zu gr. νέμειν 'weiden' gehört das Adj. νομάς, -άδος 'auf der Weide umherschweifend', meist als Zusatz zum Volksnamen: Λίβυες νομάδες 'Numider'. Zu uns seit 1595 auf gelehrtem Weg entlehnt, im 18. Jh. unter Einfluß von frz. nomade eingebürgert: Schulz-Basler 1942 Fremdwb. 2, 209.

None F. Der tägl. Gottesdienst der röm. Breviers umfaßt sieben Gebetsstunden (nach Psalm 119, 164: septies in die laudem dixi tibi): Mette (s. d.), Prim (Morgengebet), Terz, Sext, Non, Vesper und Komplet (Nachtgebet). Kirchenlat. (hōra) nōna liefert (wie ital. nona, frz. none) ahd. nōna, asächf. nōn(a), mnl. noen(e), agf. anord. nōn. Soweit der Tag von früh 6 Uhr gerechnet wird, fällt die None auf 3 Uhr nachmittags; die Bed. 'Mittag, Zeit der Mittagsruhe' (in nd. naune, mnl. noen, engl. noon) entsteht, wenn man den Tag früh um 3 beginnen läßt.

Nonne F. Spätlat. nonna war ein Ausdruck der Ehrfurcht, etwa 'ehrwürdige Mutter'; daher ital. nonna 'Großmutter', nonno 'Großvater', sizil. nunna 'Mutter', nunnu 'Vater'. Seit Hieronymus († 420) übernehmen kirchl. Kreise den offenbar als kindl. Lallwort entstandenen Ausdruck als Anrede der Klosterfrau, daher (wie gr. νόννα, frz. nonne) ahd. anord. nunna, mhd. mnd. agf. nunne, mnl. nonne, mnl. non, engl. nun). Die Entlehnung mag in den Beginn des 6. Jh. fallen, vgl. Kloster und Mönch. Wandel von mhd. u zu nhd. o vor nn wie in Sonne, Tonne, Wonne: geronnen, -sonnen, -wonnen; nunne ist bei obd. Schriftstellern des 16. Jh. noch häufig. Wie Mönch erleidet Nonne allerhand Übertragungen in weltl. Bed.: unfruchtb. weibl. Tier; verschnittenes weibl. Schwein; kastrierte Stute; unfruchtbar gebliebenes Kuhkalb; Hohlring, -kreisel, Glas von best. Form, Öse; Schmetterling Ocneria monacha; Taucherart Mergus albellus u. ä. Darum wird heute im kathol. Sprachgebrauch Klosterfrau vorgezogen: H. Fischer 4, 2056 f.; 6, 2691; Zf. f. d. Wortf. 14, 165.

Nord M. Die got. Entsprechung entgeht uns, es bleiben: anord. norðr, agf. norð, afriesf. asächf. north, ahd. nord — teils Subst. 'mitternächtl. Himmelsgegend' (so ahd.), teils

Adv. 'nordwärts' (so agf. asächf.), teils beides (so anord., afriesf.), meist auch erstes Glied von Zus.-Setzungen. Aus dem Germ., durch Seefahrer vermittelt, stammen ital. norte, frz. nord (wie auch frz. sud, ouest, est). Nord und norder enthalten das komparativische idg. -to und -tro der Richtungsadverbien. Ebenso umbr. nertru 'sinistro', gr. νέρτερος 'unterer', νέρθεν 'von unten', armen. nerk'in 'unterer'. Die Begriffe 'Nord' und 'links' gehen geradeso zusammen wie anderwärts 'Süd' und 'rechts': Norden ist links bei der Richtung des Betenden nach Osten.

Norde M. 'Nordländer', junge Neubildung zu Norden (wie Westfale zu Westfalen). Nicht vor dem jungen Goethe 1773 (Morris 3, 94) nachzuweisen; 1774 bei Klopstock. Vgl. Goethes Franze 'Franzose'.

nordisch Adj., frühnhd. nortisch 'septentrionalis' (seit P. Dasypodius 1537 Dict. lat.-germ. K. 7ᵈ). Um 1480 mnd. norresch, gleichbed. afriesf. northesk, norsk, mnl. (seit 1590) noordsch. Auf Entlehnung aus dem Mhd. beruhen dän. (seit 1622) schwed. nordisk. Vom erdkundl. Sinn geht die Bildung aus, die sich gegen nördlich anfangs nicht scharf abgrenzt. Mit der Einschränkung auf den germ. Norden wird es bis über die Tage der Klassiker weit hinaus nicht streng genommen. Anwendung auf die Sprache zuerst bei Leibniz 1696 Unvorgreifl. Ged. §70, auf staatliches Leben seit dem Nord. Krieg: Elis. Charl. v. d. Pfalz 1700 Briefe 1, 189 „der nordischen Königen Krieg". Von der Rasse kaum vor Herder 1785 Werke 13, 214 Suphan. Rußland heißt der nord. Koloß seit 1838: O. Ladendorf 1906 Schlagwb. 227. — Suf. Pertz, Das Wort nordisch, Diss. Lpzg. 1939.

Nordlicht N. heißt die dem Norden eigene Lichterscheinung entspr. dän. norw. nordlys zuerst bei Chr. Wolff 1716 in Menckes Acta Eruditorum 357; so auch nd. norderlecht ten Doornkaat Koolman 1882 Ostfries. Wb. 2, 661. Der durch Reisebeschr. des 18. Jh. eingebürgerte Name hat anfangs mit Nordschein (entspr. schwed. norrsken) zu kämpfen: Kluge 1911 Seemannsspr. 590 f.; Schoppe 1920 Mitt. d. schles. Ges. f. Volkskde. 20, 154.

nörgeln schw. Ztw. Aus obersächf. Ma. ins Nhd. gelangt; dort 1684 Die gute Frau 51 nürgeln, hyperhd. Schreibung für gesprochenes nergeln, wie Lessing (Lachm. 12, 130) und H. Heine (Zf. f. d. Wortf. 11, 89) schreiben. Goethes Form ist nirgeln: Brief an Zelter vom 14. Okt. 1821. Die Bed. 'kritteln' geht aus der älteren 'undeutlich sprechen' hervor: so bair. und hess., vgl. westfäl. snörgeln Woeste 1882 Wb. d. westfäl. Ma. 246. Außerhalb

34

es Dt. vergleichen sich anord. snorgla (aus *snargulōn) 'röcheln', mengl. nur(g)nen 'murren', nurhth 'Gemurr'; lit. niurksaũ, -óti 'düster, brütend dasitzen', lett. ńurk'êt 'brummen': q=Erweiterungen der lautmalenden idg. Wurzel *(s)ner-: *(s)nur- 'murren, knurren', die unerweitert in schnarren und schnurren (s. auch schnarchen) vorliegt.

Norne F. von Klopstock und Herder entlehnt aus dem anord. F. norn (Mz. nornir) 'Schicksalsgöttin', das man glaubhaft mit dem lautmalenden Ztw. verknüpft, das uns in schwed. mundartl. norna, nyrna 'heimlich mitteilen, leise warnen', mengl. nyrnen 'hersagen' und mhd. narren, nerren 'knurren' greifbar wird. Die Belebung des anord. F. zu dän. norn, schwed. (seit 1811) norna folgt erst dem nhd. Vorbild. Zur Sache E. Mogk 1916 Reallex. d. germ. Alt.=Kde. 3, 341f.

Nörz, **Nerz** M. Putorius lutreola, bei uns selten, hat seine Heimat in Rußland, Polen, Litauen, wo seine Namen aus aslav. norïcī, eig. 'Taucher', entwickelt sind: russ. norka, poln. nurek, apreuß. naricie. Sein Pelz wird seit dem 15. Jh. über Nürnberg und Leipzig eingeführt und heißt spätmhd. nerz, nörz, norz, nürz (Lexer 2, 122), frühnhd. nörtz (Götze 1925 Frühnhd. Leseb. 54, 82); die Form stimmt am nächsten zu kleinruss. noryća; y hat bei uns Umlaut bewirkt: Wick 39f. In steir. irz N. 'Fischotter' (Unger=Khull 1903 Steir. Wortsch. 369) ist n- als Artikel gefaßt.

Nözel N. mhd. noezelīn, nözzelīn, frühnhd. nösel (zweimal in Luthers Altem Test.) 'kleines Hohlmaß'. Verkl. zu einem verlorenen Grundwort, dessen Ursprung dunkel ist.

Not F. Ahd. mhd. nōt, asächs. nōd, mnl. noot (d), nnl. nood, afries. nēd, ags. nēad, nīed, engl. need, anord. nauð(r), norw. naud, dän. nød, schwed. nöd, got. nauþs führen auf germ. *nauði, vorgerm. *nouti, das auch dem gleichbed. apreuß. nautis vorausliegt. Als Ableitung auf germ. -ði, idg. -ti gehört das F. zum idg. Verbalstamm *nāu-: *nou-: *nū- 'bis zur Erschöpfung abquälen, ermattet zusammensinken'. Das Ztw. wird greifbar z. B. in aslav. naviti 'ermüden' (woraus entlehnt lit. nõvyti 'quälen') und seinen slav. Folgeformen.

Notdurft F. ahd. nōtduruft, asächs. nōdthurft, mhd. nōtdurft 'Bedarf an Notwendigem'. Dazu das Adj. got. naudi-þaúrfts und ohne t=Suffix ags. nīed-þearf 'notwendig'.

Note F. Lat. nŏta 'Zeichen' ist in dieser Bed. vereinzelt in ahd. Glossen übergegangen. Mhd. ist nōte seit Gottfrieds Tristan geläufig als 'Musiknote': diesen Sinn haben auch mlat. nota und afrz. note entwickelt. Die

Fülle weiterer Bed. stellt sich seit dem 16. Jh. ein: Schulz=Basler 1942 Fremdwb. 2, 214f.

Noterbe M. 'Erbe der nicht übergangen werden darf': Rechtswort aus frühnhd. Zeit.

nötigen schw. Ztw., mhd. nōtigen, nōtegen, ahd. nōtegōn neben nōten, asächs. nōdian, afries. nēda, ags. nīedan, engl. need, anord. neyða, got. nauþjan 'zwingen': gleichbed. bulgar. nutiti, poln. nucić.

Notwehr F. mhd. nōtwer 'Abwehr von Gewalt'.

notwendig Adj. kommt im Anfang des 16. Jh. im dt. Südwesten auf für Maßregeln, die eine Not abwenden und darum unerläßlich sind. Der Bildung nach konnte sich das bei Luther und Stieler noch fehlende Wort an frühmhd. leitwentich anlehnen. Verbreitung gewann es, weil das alte nötlich abkam und notdürftig engere Bed. annahm. Aus dem Nhd. stammen nl. (16. Jh.) noodwendig, dän. nødvendig, schwed. (erst seit 1680) nödvändig.

Notzucht F. Rückbildung aus mhd. (nrhein.) nōtzühten, das wie mhd. nōtzogen, ahd. nōtzogōn auf das gewaltsame Fortzerren von Frauen, den Frauenraub, zielt und erst durch die Carolina 1532 Art. 119 Fachwort für 'Frauenentehrung' wird, wofür ahd. mhd. nōtnumft F. (zu nehmen) gegolten hatte: Wahl 1907 Zf. f. d. Wortf. 9, 7 ff.

Novelle F. Zu lat. novus 'neu' gehört als Verkl. novellus (hieraus afrz. engl. novel) als novella (lex) in der klass. Rechtssprache, als Novelle 'Nachtragsgesetz' seit Sperander 1727 gebucht. Unabhängig davon entwickelt der ital. Humanismus (Boccaccio † 1375) novella als 'gedrängte Erzählung einer neuen, unerhörten Begebenheit'. Die frühnhd. Übersetzungen der Cento novelle (seit Arigo 1473) greifen zu historie, neue mer, fabel. Als Gattungsbegriff steht novelle bei Mengering 1642 Gewissensrüge 1535, nouvelle bei Harsdörfer 1650 Schaupl., Vorr. Überwiegend wird bis 18. Jh. N. als 'Neuigkeit, Bericht über bemerkenswerte Vorkommnisse' gebraucht, ganz wie zuvor Neue Zeitung. Die Wendung bringt Lessing, der zwar noch 1751 (Lachmann-Muncker 4, 204) die Novelas ejemplares des Cervantes übersetzt „Neue Beispiele", aber 1759 (8, 159) Nouvellenschreiberin, 1767 (10, 8) Novelle einführt. Durchgesetzt haben das Kunstwort Wieland und Goethe. Die Auseinandersetzung mit der neuen Gattung vollzieht die Romantik (Tieck): Schulz=Basler 1942 Fremdwb. 2, 216; Arn. Hirsch 1928 Der Gattungsbegriff Novelle (Germ. Stud. 64); W. Krauß 1940 Zf. f. roman. Phil. 60, 16 ff.

Nu M. N. im 13. Jh. substantiviert aus dem Adv. mhd. nū (s. nun), meist in der Formel in einem Nu, doch schon bei den Mystikern auch daz nü der ēwikeit u. ä.: Lexer 2, 118.

nüchtern Adj. spätahd. nuohturn, nuohtarnīn, mhd. nüehter(n), mnd. nuchtern, mnl. nuchteren, nuchterne, nnl. nuchter(en). Die Annahme, lat. nocturnus 'nächtlich' liege zugrunde, bereitet lautl. Schwierigkeiten (uo und h sind in das ahd. Wort gelangt offenbar durch Quereinfluß von uohta F. 'Morgendämmerung'), aber bei dem unvermittelten Auftreten des Ausdrucks um 1000 handelt es sich deutlich um ein Klosterwort. Der Wandel des Begriffs ist mit Hilfe des präd. Gebrauchs (ahd. nuohtarnīn sīn) zu überbrücken; so ist auch mlat. matutinus 'morgendlich' zu 'ungegessen' geworden. Dän. nøgtern, schwed. (seit 1520) nykter stammen aus dem Mnd. Ags. nihterne 'nächtlich' dagegen ist urverwandt mit lat. nocturnus und gr. νυκτερινός.

Rücke, auch Nucke F., früher Nück M. 'versteckte Bosheit; (unfreundliche) Laune; Schwierigkeit', frühnhd. nicke, nück(e). Aufgenommen aus gleichbed. mnd. nuck(e), dem mnl. nucke, nnl. nuk entsprechen. Aus dem Mnd. entlehnt sind auch dän. nykke, schwed. nyck 'Grille'. Die von K. Brugmann, Idg. Forsch. 13, 153 vermutete Verwandtschaft mit got. biniuhsjan 'auskundschaften' ist der Bed. wegen unglaubhaft. Eher besteht Beziehung zu mnd. nucken 'drohend den Kopf bewegen'; Grundbed. wäre dann 'Aufwerfen des Kopfes'.

Rudel F. erscheint in Memmingen im Namen des Nudelturms, eines 1529 angelegten, ehemals runden Vorwerks (J. Miedel 1906 Oberschw. Orts- und Flurn. 23), in kärnt. nudlpecht 'Nudelgebäck' 1560 (Lexer 1862 Kärnt. Wb. 199), bei Mathesius 1563 Hochzeitpred. Aa 3a als Nudelküchlin in Fischarts Garg. (1575) 310 ff. in wechselnden Zusetzungen als nutel-, nudel-, nottel-. Ursprung dunkel; westfläm. noedel und frz. nouille sind aus dem Dt. entlehnt.

Rull F. Als subst. Fem. des lat. nullus 'keiner' wird ital. nulla über 'Nichts' seit 1484 zu 'Zahlzeichen für den Begriff Nichts'; es ist damit Lehnübersetzung des gleichbed. arab. çifr (s. Ziffer). 1514 übernimmt Böschenstehn, Rechenbüchl. A 2a nulla. Eingedeutscht zuerst im Plur. Nullen Holtzman 1562 Euklid 123: A. Schirmer 1912 Wortsch. d. Math. 48. Unmittelbar aus lat. nullus stammt null 'hinfällig' in der Rechtsformel null und nichtig, die seit 1522 begegnet: Schulz-Basler 1942 Fremdwb. 2, 220. Aus dem Dt. weiterentlehnt ist lett. nulle.

Rummer F. ist aus lat. numerus M. über ital. numero M. 'Zahl(enzeichen)' übernommen,

einem Wort der Kaufmannssprache zur Auszeichnung der Waren, seit dem 16. Jh. nachgewiesen. Genuswandel nach Zahl F. Die selten gewordene Form Numero ist in der Abkürzung No. geblieben. Das schw. Ztw. nummern ist wenig üblich neben numerieren 'beziffern' aus gleichbed. lat. numerāre. Das lat. Wortpaar, nächstverwandt mit nummus 'Geld, Münze', gehört zur Sippe von nehmen (s. d.), idg. Wurzel *nem- 'zuteilen'.

nun Adv. Konjunkt. Ahd. mhd. nū erhält seit dem 13. Jh. ein ausl. -n: nun wird im 17. Jh. Normalform der Schriftsprache, während die Volkssprache bei nu bleibt. Entspr. asächs. anl. afries. ags. got. nū, engl. now, anord. nū 'jetzt'. Gemeinidg. Zeitadv. in gleichbed. aind. nū, nūn-ám, toch. nu, gr. νύ, νῦν, lat. nunc (mit dem -c von hī-c), aslav. nyně, lit. nù sowie air. nu-, no- als Verbalpräfix. S. das Adv. noch und W. Prellwitz 1931 Glotta 19, 98. — Westgerm. nū ist zur unterordnenden Konjunkt. geworden (mhd. auch nū daz, mnd. mnl. nū dat). Übergang aus dem urspr. Nebeneinander von zwei paratakt. Sätzen ("Wir meiden nun die Höllenstrafe und freuen uns dessen") zur Hypotaxe (birumēs in frewidu, nū wir thaz wizi mīden Otfrid II 6, 57) war leicht möglich, solange das Ztw. auch im Hauptsatz ans Ende treten konnte: Behaghel 1928 Dt. Syntax 3, 224—231. — Vgl. Nu.

nur Adv. ahd. niwāri, asächs. ni wāri, mnl. newaer, maer, nnl. maar, afries. newēre, ags. ne wære, nære, mhd. ni-, newære, niwer, newer, niur, neur, nuor: das unbetonte e zwischen n und dem vokalisierten w ist ausgestoßen; über nuér und núer ist die nhd. Form zuerst im Md. erreicht, sie siegt durch Luther. Erster Wortteil ist die Negation ni, ne (s. nicht usw.), zweiter die Konjunktiv wäre, somit Grundbed. 'wäre es nicht; es sei denn daß', ähnlich dem gleichbed. frz. ne .. que. Zur Abgrenzung von nur gegen bloß, man und ock in lebender Sprache s. Kretschmer 1918 Wortgeogr. 130 f. Die Syntax von nur bei Behaghel 1928 Dt. Syntax 3, 232 f. Über nur neben oder als Zeitbestimmung H. Paul 1909 Zs. f. d. Wortf. 11, 90.

Rüster F. dem Mhd. im 18. Jh. aus nd. nüster zugeführt. Hd. kaum vor Wieland 1764, dagegen schon mnd. nuster(en), nöster(en), afries. noster(e)n: r-Abl. zu *nos- in afries. mnl. nose, ags. nosu, das in Ablaut zu Nase steht wie frühnhd. nuseln 'näseln', mit eingeschobenem t. Urverwandt lit. nasrai 'Maul, Rachen', aslav. nozdri 'Nasenlöcher'.

Ruß F. Mhd. nuz, ahd. (h)nuz, mnd. not(e), mnl. not(te), nnl. noot, mundartl. neut, ags. hnutu, engl. nut, anord. hnot, norw. not, dän. nød, schwed. nöt, mundartl. nött führen auf einen konf. Stamm germ. *hnut mit idg. d-Suffix. Daneben mit k-Suffix gleichbed. lat. nux, -cis (aus *knuk-s), ohne Suffix kelt. *knoụā (in mir. cnū, kymr. cneuen, korn. cnyfan, mbret. knoen). Sämtlich als 'Geballtes, Kügelchen' zu einer idg. Basis *qneu-. — Mit dem Namen der Frucht verbinden wir das im 16. Jh. auftauchende Nuß 'Schlag, Stoß', das heute namentlich in Kopfnuß lebt, indem wir an verhüllende Ausdrücke wie Ohrfeige sowie an nussen '(die Nüsse vom Baum) schlagen' denken. Doch liegt hier möglicherweise eine Ableitung zu einem alten Stamm der Bed. 'schlagen' vor, zu dem ahd. vernozzen 'zerstoßen, zerknirscht' und agf. hnēotan 'schlagen, stoßen' gehören.

Nut, Nute F. bei Tischlern, Glasern, Zimmerleuten, Schiffsbauern und Böttchern 'rechtwinklig gehobelte Rinne im Brett, in die die Feder eines zweiten Bretts eingreift'. Die beiden Holzteile (Daube und Faßboden) passen mit Nut und Feder ineinander. Mhd. ahd. nuot 'Rinne, Ritze, Fuge' gehört zum schw. Ztw. mhd. nüejen, ahd. nuoen, germ. *hnōjan 'glätten, genau zusammenfügen' (wie Naht zu nähen, Saat zu säen usw.). Das Ztw. ist abgeleitet vom ahd. nuoa, asächs. hnōa F. 'Fuge, Ritze'; mit mhd. nuowel, nüejel, ahd. nuoil 'Fughobel' zum Verbalstamm germ. *hnō-, idg. *qen- 'kratzen, schaben, reiben'. Dazu u. v. a. auch gr. κνῆσμα 'Abschabsel', κνηστήρ 'Schabmesser', κνῆστις 'Schabeisen'.

nütze Adj. mhd. nütze, ahd. nuzzi, asächs. nutti, mnl. nutte, afries. nette, agf. nytt; got. *nuts ist aus un-nuts zu erschließen. Zu dem in genießen vorliegenden Verbalstamm (wie flügge zu fliegen). Obd. nutz ohne Umlaut (namentl. im subst. Nichtsnutz), weil obd. der Umlaut von u durch tz gehindert wird (vgl. putzen, stutzen).

Nutzen M. so seit frühnhd. Zeit aus ahd. mhd. nuz, Gen. nutzes 'Gebrauch, Nutzen, Ertrag'. Neben dem M. ein älteres F. ahd. nuzza, mnd. nütte, agf. nytt, anord. nyt. Die kurze Form lebt fort in Eigennutz und der Formel 'zu Nutz und Frommen'. Grundform *nutti- zu der unter genießen dargestellten Wz., die auch in nütze steckt.

Nymphe F: Gr. νύμφη, mit Nasalinfix zu lat. nūbo 'heirate', bedeutet ursprünglich 'Braut, Jungfrau', wird aber früh zur Bezeichnung der niederen weiblichen Naturgottheiten. In früher Entlehnung ergibt es lat. lumpa, limpa 'Wassergöttin' (n vor m ist in l ausgewichen). Späte Entlehnung ergibt lat. nympha: in dieser Form wirkt das Wort weiter. In dt. Dichtung wird es durch Opitz 1629 eingeführt. Auf Menschentöchter überträgt den Namen Stoppe 1728, dabei wird er unter Führung dt. Studenten rasch entwertet. Schon gr. νύμφη war zu 'Libelle, Puppe, Larve' geworden: seit Richey 1755 Hamb. Jd. 105 so auch bei uns. Der gynäkolog. Gebrauch für 'Schamlippe' seit 1709: Schulz-Basler 1942 Fremdwb. 2, 223f. Vgl. Puppe.

Oase F. Aus altägypt. wḥ‘-t 'Kessel, Niederung' (kopt. ouahe 'Oase') ist gr. ὄασις entlehnt. In der lat. Form oasis tritt es (wie frz. und engl.) in dt. gelehrten Werken von 1740 bis 1841 auf; seit 1828 setzt sich die heutige Form durch, die zu nnl. oase stimmt. Der bildl. Gebrauch 'erquickender Ruhepunkt' ist bei uns von früh an vorhanden: Lokotsch 1927 Etym. Wb. 2152; Schulz-Basler 1942 Fremdwb. 2, 224.

ob[1] Präp. Adv. in Formeln wie Österreich ob der Enns, Rothenburg ob der Tauber und in Zus.-Setzungen wie Obacht, Obdach: mhd. ob(e), ahd. oba Präp. 'oben, oberhalb, über'. Die nächsten germ. Verwandten sind agf. anord. of 'ob, über', agf. ufeuvaard 'aufwärts'; der idg. Zshg. dunkel. Jdg. *up-ān. S. oben.

ob[2] Konjunkt., mhd. ob(e), op 'wenn, wie wenn, wenn auch, ob'; ebenso ahd. obe, ube, ubi, älteste Form ibu; agf. of, asächs. anord. ef,

of; ält. dän. of, dän. om 'wenn, ob'; got. iba(i) 'ob denn, etwa, wohl, daß nicht etwa', woneben niba(i) 'wenn nicht'. Ahd. ibu und got. ibai sind vielleicht Dat. Jnstr., wie ahd. gēbu zu gēba oder got. gibai zu giba. Vermischung der Formengruppe mit got. jabai 'wenn, ob' anzunehmen, empfiehlt sich im Hinblick auf agf. gif (engl. if), afries. (j)ef, (j)of 'wenn, ob'. Die Substantiva ahd. iba, anord. if(i), ef(i) 'Zweifel' scheinen erst auf Grund der Konjunkt. gebildet. Zugrunde zu liegen scheint einmal der Demonstr.-Stamm e- (got. ibai) und der Relativstamm io- (got. jabai), sodann der Stamm bho- (vgl. beide). Vgl. lit. abejà 'Zweifelhaftigkeit' (zu abù 'beide'). Zur Syntax von ob Behaghel 1928 Dt. Syntax 3, 233ff.

Obacht F. kaum vor Ag. Albertinus 1605 Lustg. 24b, vorwiegend österr., südd. und schweiz. für sonstiges Achtung: Kretschmer 1918 Wortgeogr. 18. 598. Zu ob[1].

Obelisk M. 'Spitz-, Denksäule'. Gr. ὀβελίσκος, Verkl. zu ὀβελός '(Brat=)Spieß, Denksäule' gelangt über lat. obeliscus seit 1452 in dt. Reisebeschreibungen: Schulz=Basler 1942 Fremdwb. 2, 224 f.

oben Adv. mhd. obene, ahd. obana 'von oben her'. Entspr. asächs. oban(a), afries. ova, ags. ufan (älter *on bi-ufan), engl. above 'über' aus ags. on bufan, anord. ofan. Zu ober, s. d.

obendrein Adv. mit seiner norddt. Entspr. obenein Lehnübersetzung des gleichbed. lat. insuper. Nicht vor dem 18. Jh.

ober[1] Kompar., mhd. obere, ahd. obaro 'der obere', seiner Bildung nach Kompar. zu ob[1]. Dazu Superl. ahd. obaröst, mhd. oberest. S. Oberst.

ober[2] Präp., dem Stammvokal nach md. nd. Gegenüber dem asächs. obar, anfr. ovir, afries. over, ags. ofer, engl. over gelten hd. von je Formen mit u. S. über.

oberdeutsch Adj. Während Oberdeutschland schon im 15. Jh. aufkommt, begegnet oberdeutsch nicht vor Oelinger 1574 Unterricht d. hd. Spr. 200. Mit Hilfe von Grammatikern wie Seb. Helber 1593 Syllabierbüchl. 24 gegen das im 16. Jh. vorwaltende oberländisch (Kluge 1918 Von Luther bis Lessing 70) durchgesetzt. Im Ausgangspunkt steht die Anschauung des gebirgigen Südens gegenüber dem flachen Niederdeutschland. Leser 1914 Zj. f. d. Wortf. 15, 10.

Oberfläche F. als Lehnübersetzung von lat. superficies durch Zesen 1648 Dögens Kriegsbaukunst, Vorr. gebildet; als 'Außenfläche eines Körpers' durch Chr. Wolff 1710 in math. Fachsprache eingeführt: Zj. f. d. Wortf. 14, 80; Beih. zu Bd. 14, 49.

oberflächlich Adj. für superficiell gebucht seit Heynatz 1796 Antibarb. 1, 413, der oberflächig vorzieht, und Adelung 1798, der oberflächlich nur im figürl. Verstand gelten läßt. Gegen beide setzen Jean Paul, Campe und Goethe oberflächlich durch, auch im eigentl. Sinn: Wh. Pfaff 1933 Kampf um dt. Ersatzwörter 43 f.

oberhalb Adv. Präp. spätahd. zuo oberhalbe 'oben', mhd. oberhalbe(n), -halp 'oberhalb'. Zu ober[1] und dem unter halb entwickelten mhd. halbe F. 'Seite'.

Oberhand F. Mhd. diu obere hant 'die stärkere Hand' (mnd. overe hant) ergibt seit Ende des 12. Jh. die Zus.=Setzung oberhant 'Übermacht'.

Oberlehrer M. verwendet Luther, Jen. Ausg. 5 (1575) 302ᵃ für 'oberster (über andre gesetzter) Lehrer'. Das mochte Ph. v. Zesen vorschweben, als er 1649 Helikon[3] 7 Oberlehrer für 'Rek-

tor' empfahl. Erst 1670 Denkwürd. Gesandtschaften 230 findet er darin das Ersatzwort für Professor.

Obers N. 'süße Sahne' in Wien und dessen Einflußbereich. Es ist subst. oberes, doch wird -s nicht mehr als Flexionsendung empfunden, daher das Obers, mit Obers. Schlagobers vertritt in Wien und Salzburg sonstiges Maibutter, Obersschaum, Schlagrahm, =sahne, =schmetten: Kretschmer 1918 Wortgeogr. 401 f.

Oberst M. mit der älteren Nebenform Obrist (Behaghel 1928 Gesch. d. dt. Spr. 342): subst. Superl., teilweise zur st. Dekl. übergetreten wie die Substantivierungen Greis, Jünger, Unhold, Ober und Unter im Kartenspiel. Seit dem 16. Jh. üblich in der Einschränkung auf das Heerwesen; als Kriegs= oder Feldoberster bei Stieler 1691, wo auch „Oberster zu Fuß, zu Pferd" und „Oberster Lieutnant".

Oberstübchen N. Stieler bucht 1691 Oberstube 'conclave excelsum sive superius'. Die scherzhafte Übertragung auf den Kopf des Menschen bei norddt. Schriftstellern seit 1741: Diefenbach und Wülcker 1885 Hoch= und nd. Wb. 787, in endgültiger Form seit C. W. Kindleben 1780 Hartensteins Reise 161 „im Oberstübchen nicht richtig". Obd. dafür Oberstüble: H. Fischer 5, 18. Vgl. nnl. bovenkamer 'Gehirn', dän. øverste etagen, engl. upper story.

Objekt N. Mlat. objectum (subst. Part. zu objicere 'entgegenwerfen') ist Fachwort der mittelalterl. Philosophie und bringt als objecht oder gegenwurf im 14. Jh. in dt. Text (Lexer 2, 137). Daneben hält sich lat. Flexion bis ins 18. Jh. Fachwort der dt. Grammatik (Zj. f. d. Wortf. 15, 86) wird O. durch Prasch 1687 Sprachkunst 38: Schulz=Basler 1942 Fremdwb. 2, 225.

Oblate F. Mlat. oblāta (hostia) 'dargebrachtes Abendmahlsbrot' ergibt ahd. oblāte, mhd. mnd. oblāt(e), ags. oflāte (später durch Anlehnung an oflǣtan 'ablassen' auch oflǣte), anord. ob=, oflāta. Durch afrz. oublée sind vermittelt frz. oublie, nl. oblie, mengl. oblé. Weil das Abendmahlsbrot sehr fein gebacken war, begegnet seit dem 13. Jh. die Bed. 'feines Backwerk', im 18. Jh. 'Siegelscheibchen' (wofür sonst Mundlack): Schulz=Basler 1942 Fremdwb. 2, 226.

Oboe s. Hoboe.

Obrist s. Oberst.

Obst N. nur westgerm.: mhd. ob(e)z, ahd. obaz (aus *ob-āz), mnd. ovet, nnd. öwet, anfr. ovit, nl. ooft, ags. ofet (aus *of-ǣt) N. Aslav. ovošti (aus *ovotjŭ) 'Obst' und seine gleichbed.

Folgeformen beruhen auf alter Entlehnung aus westgerm. *ṓbāt-. Dies iſt Zuſ.=Setzung: zum idg. Verbalſtamm *ed-: *od- (ſ. eſſen) gehört germ. *ǣt N. 'Speiſe' in anord. aſächſ. āt, agſ. ǣt, ahd. āz 'Nahrungsmittel'. Zuſ.=geſetzt mit der Entſprechung von gr. ὑπό, aind. úpo 'von unten, zu, an, auf' (ſ. auf), erhält das N. die Bed. 'Zukoſt', die agſ. ofet, mhd. obez zeigen, ſofern ſie lat. legūmen wiedergeben: Hülſenfrüchte waren Zuſpeiſe zur Hauptnahrung, dem Fleiſch und Brot. In karoling. Zeit wurde der alte umfaſſende Sinn auf den heutigen verengt, als Herrentafel u. Kloſtertiſch für die mensa secunda die nun reichlich verfügbaren Baumfrüchte bevorzugten. — An Luthers Form Obs iſt noch im 16. Jh. ein -t angetreten (wie in Axt, Palaſt, Papſt), das ſchriftſprachlich zu Gottſcheds Zeit feſt geworden iſt, während obb. Ma.n noch heute Formen ohne -t feſthalten; entſpr. der obd. Fam.=Namen Obſ(n)er 'Obſthändler'. G. Kiſch 1938 Zſ. f. Mundartf. 14, 107.

Ochſe M. gemeingerm. wie Stier, Kuh und Kalb. Mhd. ohse, ahd. aſächſ. ohso, mnd. mnl. osse, nnl. os, afrieſ. agſ. oxa, engl. ox, anord. oxi, uxi, got. aúhsa, aúhsus führen auf germ. *uhsan-, das ſich mit aind. ukšán-, aveſt. uxšan- 'Stier', toch. B okso 'Rind', kymr. ych 'Ochſe' (die Mz. kymr. ychain, bret. oc'hen, ouc'hen zeigt den alten n-Stamm), mir. oss 'Hirſch' (dies auch in dem durch Macpherſon nach Deutſchland verpflanzten Namen Os-car, air. car 'lieb', und ſeiner Koſeform Oſſian auf idg. *uksen- 'männl. Tier' vereinigt. Die heute u. ſeit langem im Vordergrund ſtehende Bed. 'verſchnittenes männliches Rind' hat die ältere 'Zuchtſtier' abgelöſt, die in vielen Reſten erhalten iſt. Damit wird Anknüpfung an aind. ukšáti '(be)ſprengt', aveſt. vaxš- 'ſprühen' (erſt von Waſſer, dann von Feuer) möglich. Wie ſich lat. verrēs 'Eber' mit aind. vṛšan- 'männlich' zum Verbalſtamm *uer- 'befeuchten' (in aind. varšám 'Regen') ſtellt, ſo vermittelt man *uksen- mit idg. *ū́gu̯- 'feucht, netzen' in gr. ὑγρός, lat. ūvidus 'naß'. S. Auer.

ochſen ſchw. Ztw. 'hart arbeiten wie ein Ochſe', dem älteren büffeln von Studenten nachgebildet, von Kluge 1895 Stud.=Spr. 110 ſeit 1813 nachgewieſen.

Ochſenauge N. wird von ſeiner Ausgangsbed. in verſchiedenen Richtungen übertragen. Wie frz. œil-de-bœuf wird es zu 'Dachfenſter' (Stieler 1691); wie engl. bull's-eye (ſo ſeit 1825) zu 'Schiffsfenſter', dies in hd. Texten ſeit 1864, während die Entlehnung Bullauge 'kreisrundes Kajütenfenſter' erſt dem 20. Jh. angehört (Kluge 1911 Seemannsſpr. 163. 595). Wieder im Einklang mit engl. bull's-eye iſt

ſeemänniſch Ochſenauge 'Wölkchen, das ſich vergrößernd einen Sturm verurſacht' (daſ. 596). Die Bed. 'Spiegelei' iſt ſeit frühnhd. Zeit weithin üblich: Kretſchmer 1918 Wortgeogr. 398. 614. Für nd. ossen-ōge bezeugt Tiling 1770 Brem. Wb. 4, 939 dieſe Bed., für Eſtland Seume 1806 Mein Sommer 44. In der Schweiz dafür Stieraug.

Ochſenziemer M. 'Rute des Stiers', ein meterlanger, zäher Faſerſtrang, mit Stiel zur Klopfpeitſche verarbeitet. Die Zuſ.=Setzung ſtammt aus Zeiten, da Ochſe noch 'Zuchtſtier' bedeutete. Zweiter Wortteil iſt Sehne, das neben 'Muskelband' auch 'männl. Glied der Tiere' bedeuten konnte. Dem bair. oksn̥tsē̜n, -tsē̜m entſprechen ſteir. Ochſenſehnader, öſterr. zemene (aus mhd. *ſ̌enewīn) gaißl, ſchweiz. munizänner, ſchwäb. okſefiſel. Das alte F. Sehne iſt in der Zuſ.=Setzung M. geworden (die Namen der Geſchlechtsteile haben häufig das gramm. Genus der Träger), zwiſchen n und s iſt Gleitlaut t eingeſchoben, wie in ſteir. linzat 'Leinſaat': G. Weizenböck 1934 Teuthoniſta 7, 155.

Oder M. Gr. ὤχρα F. 'Berggelb' (zum Adj. ὠχρός 'blaßgelb') gelangt über lat. ochra im Mittelalter in die Nachbarſprachen (ital. ocra, frz. ocre uſw.). Ahd. gilt ogar, mhd. og(g)er, ſpäter ocker.

Odal ſ. Adel.

öde, gemeingerm. Adj.: mhd. œde, ahd. ōdi, aſächſ. ōdi, mnl. ōde, agſ. īede, got. auþ(ei)s, anord. auðr, norw. aud 'leer, verlaſſen' (dän. øde, ſchwed. öde ſind in ihrer Form durch nhd. öde beſtimmt). Dazu das Subſt. Öde, mhd. œde, ahd. ōdī F., anord. eyði N., got. auþida (aus *auþiþa) F. 'Wüſte'. Die nächſten außergerm. Verwandten ſind gr. αὖτως 'vergeblich', αὔσιος (aus *αὔτιος) 'leer, eitel', air. úathad, uaithed 'Einzelheit, Vereinzelung': mit t=Formans zu idg. *au- 'weg von' wie in lat. auferre 'wegtragen', aufugere 'wegfliehen', apreuß. aumūsman 'Abwaſchung', lett. aumanis 'unſinnig', aumež 'maßlos, gar zu ſehr' uſw. Grundbed. iſt 'leer, verlaſſen'. Sie wird beſtätigt durch das früh aus dem Germ. entlehnte finn. autio 'leerer Platz'. Fernzuhalten iſt der Name des Odenwalds, der vielmehr ein alter Teutonenwald zu ſein ſcheint. Einöde (ſ. d.) iſt mit öde nicht verwandt, aber nachträglich daran angelehnt und dadurch in Form und Bedeutung umgefärbt.

Odem ſ. Atem.

oder Konjunkt. mhd. mnd. oder, ahd. odar; häufiger mhd. od(e), ahd. odo. Das -r iſt unter Einfluß von aber und weder angefügt: alle drei dienen zur Bez. des Gegenſatzes (W. Horn 1942 Arch. f. d. Stud. d. n. Spr. 182, 53).

Im mindertonigen Wort ist o aus ë entstanden: ahd. ëddo, asächs. ëððo, agf. ëðða, got. aíþþau. Deren Doppellaut ist (wieder wegen der Unbetontheit) vereinfacht in mnd. ëder, ahd. ëdo, anord. eða. Älter als þþ ist fþ in asächs. ëftha, -o, mnd. efte, ofte, mnl. ofte, afries. ieftha, die auf germ. *ef-þan weisen. Dessen Bestandteile liegen vor in anord. ef (s. ob²) und got. þau 'oder' im zweiten Glied der Doppelfrage. Zur Syntax von oder Behaghel 1928 Dt. Syntax 3, 84. 237f.

Odermennig M. das Rosengewächs Agrimonia eupatoria L. Spätahd. avar-, avermonia, mhd. odermenie, mnd. eckermonie, ever-, odermenighe entstellt aus lat. agrimonia, dies aus gr. ἀργεμώνιον (so bei Dioskurides, wohl auch schon entstellt). Dt. Volkssprache wimmelt von Formen, die an Acker, Ader, Adler, Hag, Halde, Oder, Ohr, Otter, im Grundwort an Mann, Mohn, Mönch, Mond und Mund angelehnt sind. Ähnliches in Nachbarsprachen: dän. agermaane 'Ackermond', frz. aigremoine 'saurer Mönch'.

Ofen M. ahd. ovan, mhd. mnd. nl. afries. engl. oven, agf. ofen, anord. ofn, älter dän. ogn, schwed. ugn, got. aúhns. Das -f- der westgerm. und westnord. Formen ist aus -hw- hervorgegangen wie bei fünf und Wolf. Urgerm. *uhwna aus idg. *uqᵘ(h)no-, vgl. gleichbed. gr. ἰπνός aus *Ϝeqᵘnós. Grundbed. ist, der altertümlichsten Form des Ofens gemäß (Reallex. d. germ. Alt.-Kde. 3, 360) 'Topf'; vgl. aind. ukhá, lat. aulla (aus *auxlā) 'Topf', auxilla 'kleiner Topf', agf. ofnet 'kleines Gefäß'.

offen Adj. Mhd. offen, ahd. offan, asächs. opan, mnd. nl. afries. agf. engl. open, anord. opinn, dän. aaben führen auf germ. *upana, afries. epen, aschwed. ypin, schwed. öppen auf *upina. Beide Ausgangsformen sind Part. Prät. der Bed. 'geöffnet', ihre Sippe s. u. auf. Der Gebrauch des Adj. im Deutschen gliedert sich nach den beiden Grundauffassungen 'nicht verschlossen' und 'unbedeckt'.

offenbar Adj. Zu ahd. bëran 'tragen, gebären' gehört un-bari (mhd. un-bære) 'unfruchtbar'. Das Verbaladj. hat neben dieser aktiven Bed. die mediale 'se gerens' entwickelt in ahd. offan-bāri 'sich offen tragend'; daneben offanbāro Adv. 'solemniter'. Mhd. lautet das Adj. offenbære, das Adv. offenbār. Ihm entsprechen mnl. openbaer, mnd. openbār(e). Auf Entlehnung von da beruhen dän.-norw. aabenbar, schwed. uppenbar, isl. opinberr.

offenherzig Adj. nur deutsch, kaum vor Schottel 1641 Sprachkunst 359. Offenherzigkeit noch etwas später.

öffentlich Adj. Adv., mhd. offenlich Adj., offenliche Adv., ahd. offanlīh Adj., -līhho Adv., agf. openlīc Adj., -līce, asächs. opanlīko Adv. Umlaut seit dem 15. Jh. Der Gleitlaut t (s. eigentlich) erscheint md. um 1300, obd. (auch nürnb.) erst nach 1475 neben vorherrschendem offenlich, das in hochalem. Handschriften bis über die frühnhd. Zeit hinaus häufig bleibt. Früher bedeutete öffentlich (wie offenbar), daß etwas bekannt ist. Im Nhd. hat es den Sinn entwickelt, daß etwas dazu bestimmt ist, bekannt zu sein, oder daß das Bekanntsein nicht verhindert wird. Als Übersetzung von lat. publicus ist öffentlich 'der Gemeinde, dem Staat angehörig oder darauf bezüglich' geworden.

Öffentlichkeit F. als Ersatzwort für Publizität gebucht seit Adelung 3 (1777) 893, noch von Heynatz 1797 Antibarb. 2, 309 bekrittelt, durchgesetzt von Jean Paul und Campe. Publizität war Schlagwort der Revolutionszeit, Öffentlichkeit wurde dazu im Kampf um die Geschworenengerichte: Ladendorf 1906 Schlagwb. 228f.; Zs. f. d. Wortf. 5, 118; Wh. Pfaff 1933 Kampf um dt. Ersatzwörter 44.

offiziell Adj. Auf lat. officiālis (zu officium aus *opi-faciom 'Dienstleistung') beruht frz. officiel 'amtlich', das durch Goethe 1792 bei uns eingeführt wird: Schulz-Basler 1942 Fremdwb. 2, 236.

Offizier M. Mlat. officiarius 'Beamteter' (zu lat. officium, s. offiziell) ergibt frz. officier, das die Bed. 'Befehlshaber über Truppen' entwickelt. Nachdem bei uns in frühnhd. Zeit das mlat. Wort in Bed. wie 'höherer Beamter; Hausbediensteter eines Stifts' gegolten hatte, rückt nach Mitte des 16. Jh. Offizier(er) im militär. Sinn des frz. Wortes ein. Im 30jähr. Krieg wird es fest: Schulz-Basler 1942 Fremdwb. 2, 236f.

offiziös Adj. 'halbamtlich' kurz vor 1850 aus gleichbed. frz. officieux, das dem lat. officiōsus (zu officium, s. offiziell und Offizier) entstammt: 1849 F. v. Raumer, Briefe aus Frankfurt u. Paris 2, 35 „wir trösten uns mit der sprachlichen Deutung: officiös und officiell sei dasselbe". Schulz-Basler 1942 Fremdwb. 2, 238f.

Ofner M. 'Ofensetzer' in Mundarten des Südens und Südostens: Kretschmer 1918 Wortgeogr. 536. Im 15. Jh. zu Ofen gebildet wie vorher das bed.-verwandte Hafner zu Hafen¹.

oft Adv., mhd. oft(e), ahd. ofto, asächs. oft(o), afries. ofta, agf. engl. oft (Weiterbildung engl. often), aisl. opt, aschwed. opta, got. ufta. Diese Adv.-Formen scheinen erstarrte Kasusformen eines ausgestorbenen Adj.-Part. zu sein. Vielleicht ist die Sippe von germ. *uba- (s. ob¹, oben, über) abgeleitet und hätte dann die Grundbed. 'übermäßig'; vgl. aisl. of 'Menge': Wood, Journ. of Engl. and Germ. Phil. 2, 214.

Oheim, Ohm M. Ahd. mhd. ōheim, mhd. ōhein, ōhem, œheim, mnd. ōme, nl. oom (aus ōhēm), afries. ēm, ags. ēam (aus *ēahām), mengl. ẹm, engl. eam führen auf westgerm. *awahaim-. Der erste Wortteil gehört zu lat. avus 'Großvater', got. awō 'Großmutter', anord. afi 'Großvater', āi 'Urgroßvater'. Im zweiten Teil vermutet R. Much 1932 Zj. j. dt. Alt. 69, 46ff. ein germ. Adj. *haima-z 'vertraut', urverwandt mit gleichbed. urkelt. *koimos, das in nbret. tad cuñ 'Urgroßvater', kymr. tad cu 'Großvater', mam gu 'Großmutter' vergleichbare Bindungen eingegangen ist. Beifügung eines Adj. dieses Sinnes verschiebt die Bed. von Verwandtennamen auch in nl. bestevader, -moeder, dän. bedstefar, -mor, norw. mundart. gofar, -mar 'Großvater, -mutter' (eig. 'bester, guter Vater', 'beste, gute Mutter'). Tacitus, Germ. 20 bezeugt für die Germanen „Sororum filiis idem apud avunculum qui apud patrem honor. Quidam sanctiorem artioremque hunc nexum sanguinis arbitrantur". Ein derart enges Verhältnis zwischen Sohn (oder Tochter) und Mutterbruder bestand auch bei idg. Nachbarvölkern. Es wird vorausgesetzt durch Übertragung von Bezeichnungen des Großvaters auf den Mutterbruder, wie sie vorliegt in lat. avunculus, urkelt. *awintro- (akorn. euiter 'Oheim') aslav. ujĭ, apreuß. awis, lit. avýnas 'Mutterbruder'.

Ohm¹ N. M. mhd. āme und (mit ō aus ā vor Nasal wie Mohn, Mond, Ohmd, ohne usw.) ōme F. M. N. 'Hohl-, Flüssigkeitsmaß'. Entspr. mnd. ām(e), mnl. āme, nnl. aam (von da im 16. Jh. entlehnt engl. awm, älter alm geschrieben 'Maß für Rheinwein'), afries. aem, ags. ōme oder ōma 'kirchliches Ölgefäß', isl. āma. Quelle kirchenlat. āma 'Gefäß, Weinmaß' aus lat. (h)ama 'Feuereimer', das dem gr. ἄμη 'Wassereimer' entlehnt ist. Eins der vielen Lehnwörter des Weinbaus. Dazu nachahmen, j. d.

Ohm² N. durch Reichsgesetz von 1881 bestimmte Maßeinheit des elektr. Widerstands, benannt nach dem Physiker Ohm (1787—1854), nach dem auch das Ohmsche Gesetz heißt. Ohm ist Fam.-Name wie Oheim(b), Eheim, Eha, Hansohm; Neff, Kind, Vetter, Schwehr, Gött.

Ohmd N. mhd. āmat, ahd. āmad; daneben mit andrer Vorsilbe mhd. üemet, ahd. uomad 'zweites Mähen, Nachmähen des Grases'. Die Vorsilben ahd. ā- und uo- sind Nominalpräfixe: ahd. ā- 'übrig' auch in āleiba 'Überbleibsel', uo- 'nach' in uo-quëmo 'Nachkomme'

uo-kumft 'Nachfolge'. Zum zweiten Wortteil j. Mahd. Im Gegensatz zu Grummet (j. d.) ist Ohmd stets N. geblieben. Sein Umlaut ist unerklärt.

ohne Präp. mit Akk., landschaftl. mit Dat., alt mit Gen. (O. Behaghel 1932 Dt. Syntax 4, 310; Paul-Gierach 1944 Mhd. Gramm. § 260), mit ō für altes ā vor Nasal wie Monat, Mond, Ohm, Ohnmacht. Mhd. āne, āniu (dieser volleren Form dankt das Wort seine Zweisilbigkeit im heutigen Obd.), ahd. asächj. āno, anfr. āna, mnl. aen, afries. ōni, anord. ān, ōn führen auf idg. *ēnu; daneben mit Ablaut got. inu(h) aus idg. *ēneu. Urverwandt sind gleichbed. gr. ἄνευ mit Gen. (aus idg. *eneu) und osset. änä; erwogen wird Zusammenhang mit der idg. Wortverneinung *n̥- (j. un-). In Teilen Niederdeutschlands, den Niederlanden, England und im heutigen Norden ist die Präp. abgestorben, meist verdrängt durch Entsprechungen von außen. ohn- in ohngeachtet, ohn- on- 'un-'.

ohngefähr j. ungefähr.

Ohnmacht F. Ahd. mhd. āmaht, mit der unter Ohmd entwickelten Vorsilbe ā- zugesetzt, die hier (wie in ahd. ā-teili Adj. 'unteilhaftig') negative Bed. hat, bedeutet 'Kraftlosigkeit'. Vor Nasal wird ā zu ō (j. Ohm) in spätmhd. ōmaht, frühnhd. ōmacht; entspr. weithin in den Mundarten. Schriftsprachlich tritt Anlehnung an ohne ein; Luther wechselt von Ammacht, ammechtig zu Onmacht, onmechtig.

Ohnvogel j. Pelikan.

Ohr N. Mhd. ōre, ahd. asächj. anl. ōra, afries. āre, ags. ēare, engl. ear, anord. eyra (mit Umlaut wegen r aus germ. z) führen auf germ. *auzan-. Dazu in gramm. Wechsel (germ. *ausan-) got. ausō. Wie viele Namen von Körperteilen (Auge, Fuß, Herz, Nagel, Nase, Niere usw.) hat Ohr Entsprechungen in den verwandten Sprachen: air. au, ō (aus *ausos), lat. auris für *ausis (dazu auscultāre; j. hören, das für verwandt gelten darf), gr. οὖς (aus *οὖσος), Gen. ὠτός aus *ουσατός aus *ousn̥-t-os (n-Stamm wie die germ. Sippe), aslav. ucho (Gen. ušese) N. 'Ohr' aus *ausos (mit Dual uši), lit. ausìs, avest. uši 'Ohren', armen. unkn aus *uson-ko-m (im Auslaut beeinflußt von akn 'Auge'), alb. veš 'Ohr'. Vgl. Öhr.

Öhr N. spätahd. ōri, mhd. œr(e) 'ohrartige Öffnung, Nadelöhr, Henkelloch, Handhabe': Ableitung zu ahd. ōra 'Ohr' (Kluge 1926 Nom. Stammb. § 79 Anm.). Auch gr. οὖς, engl. ear und nnl. oor bedeuten 'Ohr, Henkel'. Vgl. Öse.

Ohrfeige F. erst frühnhd., ebenso spätmnd. ōrvīge, nl. (seit 1598) oorvijg, dän. ørefigen norw. ørefig, schwed. örfil. Weiter verbreitet als die vergleichbaren Euphemismen Backpfeife, Kopfnuß, Maulschelle: Kretschmer 1918 Wortgeogr. 103. 602. Anord. gelten kinn-hestr u. snoppungr.

Ohrn M. 'Hausflur' s. Ähren.

Okapi N. Das erst in neuer Zeit entdeckte Tier hat seinen mittelafrik. Namen behalten: Littmann 1924 Morgenländ. Wörter 138 f. Vgl. Gnu, Schimpanse, Tsetsefliege, Zebra.

Oktave F. Lat. octava (vox) 'der achte Ton vom Grundton (diesen mitgezählt); beide Töne mit den zwischen ihnen liegenden' ergibt im 13. Jh. mhd. octāv F. Vermittlung des gleichbed. afrz. octave scheint entbehrlich. Kirchenlat. (dies) octava 'achter Tag nach einem Fest, einem Kalendertag; auf acht Tage ausgedehnte Festfeier' spiegelt sich im Spätmhd. und Frühnhd.

Öl N. Mit der Sache ist den Germanen das Wort in ihrer vorgeschichtlichen Zeit fremd. Die Goten lernen das Öl an der unteren Donau kennen und nennen es im 4. Jh. alēw, was weder zu gr. ἔλαι(F)ον noch zu dem daraus entwickelten lat. oleum stimmt. Man rechnet mit illyr. Vermittlung und Lautersatz wie bei kelt. *Dānoụiā, das zu germ. *Dōnawja geworden ist: das im Germ. nicht mehr und sekundär noch nicht vorhandene o wird durch den nächststehenden Vokal, nämlich a, ersetzt (M. Förster 1941 Der Flußname Themse 607; anders J. Hoops, Gesch. d. Ölbaums: Heidelb. Sitz.-Ver., phil.-hist. Kl. 1944). Die Westgermanen entnehmen seit dem 7. Jh. ihre Ausdrücke dem vulgärlat. olium: ahd. asächs. oli, mnd. oli(e), afries. nl. olie, ags. œle. Den lat. Nebenformen *oleium, *olegium entstammen ahd. mhd. mnd. olei, asächs. olig. Aus lat. olea ist spätanord. olea entlehnt; dän. olje und schwed. olja beruhen auf mnd. olie. Über mhd. öle ist mit Dehnung in offner Silbe und lautgesetzlichem Schwund des -e nach l die nhd. Form erreicht; die Mundarten gehen bunt auseinander. — Die Kirche führte das Öl für Sakramente, ewige Lampe und Heilzwecke aus Süden ein; ihrem Bereich gehört das Lehnwort an. Für außerkirchliche Verwendung war Olivenöl noch lange zu teuer. Erst seit dem 12. Jh. lernen Deutsche aus heimischen Sämereien Öl zu schlagen: damit beginnen Lein-, Mohn-, Nuß- und Rüböl ihre Rolle zu spielen. S. Erdöl.

Ölblatt N. Klammerform für Ölbaumblatt (s. Ölzweig). Nach 1. Mos. 8, 11 Zeichen der Beschwichtigung und des Friedens.

Oleander M. Gr.-lat. rhododendron N. (aus gr. ῥόδον 'Rose' und δένδρον 'Baum') wird im Hinblick auf die lorbeerähnlichen Blätter umgebildet zu mlat. lorandrum. Daraus entsteht (unter Anlehnung an lat. olea 'Olivenbaum') ital. oleandro M., das vor Mitte des 16. Jh. zu uns gelangt.

Ölgötze M. tritt bei Luther im Juni 1520 auf, Weim. Ausg. 9, 266 „wen wyr tynn der kirchen setzn unter der meß, da stehn wir wie die ol gotzen, wissen nichts auff zcu bringenn". In den reformat. Kämpfen sofort aufgegriffen und noch 1520 zur Schelte der bei der Weihe gesalbten Priester gewendet: Drescher 1911 Festschr. z. Jahrhundertfeier d. Univ. Breslau 453 ff.; Webinger 1935 Handwb. d. dt. Abergl. 6, 1247 ff. Älter als das Scheltwort sind nach H. Fischer 1920 Schwäb. Wb. 5, 54 die Darstellungen des Ölbergs mit den schlafenden Jüngern nach Matth. 26, 40, die sprichwörtlich geworden sind, wie die Oleberger 'Häscher, Stadtsoldaten' in älterer Stud.-Sprache. Also Klammerform Öl(berg)götze.

Olive F. Aus gr. ἐλαί(F)α (s. Öl) geht lat. olīva 'Ölbaum' hervor. Das von da entlehnte mhd. olīve F. bezeichnet den Ölbaum; die Frucht heißt ahd. oliberi, mhd. ölber. Erst seit 1519 ist frühnhd. olive 'Ölbaumfrucht' nachgewiesen: Schulz-Basler 1942 Fremdwb. 2, 246.

Ölzeug N. nd. öltüg 'Seemannskleider aus geölter Leinwand', in seemänn. Quellen seit 1886: Kluge 1911 Seemannsspr. 597.

Ölzweig M. mhd. ol(e)zwī, dreimal in der Lutherbibel. Klammerform für Ölbaumzweig: Behaghel 1928 Gesch. d. dt. Spr. 9. 343; Horn 1923 Sprachkörper 5. — Vgl. Ölblatt.

Omelette F. Frz. omelette (über dessen Herkunft Schulz-Basler 1942 Fremdwb. 2, 248) erscheint seit 1710 in dt. Kochbüchern. Zur Abgrenzung gegen Pfann-, Eierkuchen usw. Kretschmer 1918 Wortgeogr. 184 ff.

Omen N. 'Vorzeichen, Vorbedeutung', immer mit dem verdeutlichenden Zusatz gut oder böse. In dt. Text seit Zwingli (†1531); wie gleichbed. engl. omen (seit Ende des 16. Jh.) aus lat. ōmen N., ursprünglich von der Deutung der Eingeweide durch den Opferpriester, daneben ōmentum '(Netzhaut um die) Eingeweide'. Ominös 'von schlimmer Vorbedeutung' ist im 17. Jh. dem gleichbed. frz. ominéux entlehnt, dies nach lat. ōminōsus. Das geflügelte Wort nomen atque omen 'Name und zugleich Vorbedeutung' aus Plautus, Persa 4, 4, 73 begegnet seit Mitte des 17. Jh.: Schulz-Basler 1942 Fremdwb. 2, 248 f.

Omnibus M. Ein abgedankter napoleonischer Offizier Baudry ließ seit 1825 Stellwagen von Nantes nach seiner Badeanstalt im nahen Richebourg fahren. Ausgangspunkt war der Laden eines Kaufmanns Omnès, der über der Tür ein Schild Omnes Omnibus zeigte. Von da wurde der lat. Dat. Plur. auf die Stellwagen übertragen. 1828 gelangt das Wort in der neuen Bed. nach Paris, seit dem Morgenblatt 1829 Nr. 95 S. 380 erscheint es in dt. Text, 1835 bei Brockhaus, Conv.-Lex.⁸ 8, 71: Schulz-Basler, Fremdwb. 2 (1942) 250. Im Engl. gekürzt zu bus. Zur Wortbildung vgl. Rebus.

Onanie F. 'Selbstbefleckung, masturbatio'. Nach Onan, der sich 1. Mos. 38, 9 weigert, dem verstorbenen Bruder Kinder zu zeugen und den Samen auf die Erde fallen läßt, spricht A. Mengering 1642 Gewissensrüge 809 von onanitischer Sünde, S. v. Butschky 1677 Pathmos 375 von Onaniterey. Der Londoner Arzt Bekkers schreibt 1710 seine Onania, die unter dem gleichen Titel 1736 in dt. Übersetzung erscheint. 1760 folgt die Übertragung von des Schweizers Tissot L'Onanisme. Seitdem ist das zuerst von Zedler 1740 gebuchte F. bei dt. Ärzten und Erziehern bekannt: Schulz-Basler 1942 Fremdwb. 2, 250; Stiven 26.

Onkel M. Lat. avunculus 'Mutterbruder' (zu avus 'Großvater') ergibt frz. oncle, das seit Wächtler, Commodes Manual (1703) bei uns erscheint, zunächst in frz. Form. Bei Schiller läßt sich die Entwicklung von oncle über Onkle zu Onkel verfolgen. Die gleiche Fremdwortwelle bringt uns Mama, Papa, Tante.

Opal M. Der Halbedelstein ist nach Plinius, Hist. nat. 37, 21 im Abendland von Indien aus bekannt geworden (wie auch Beryll, Saphir und Smaragd). Demgemäß geht sein Name von aind. upala 'Stein' aus. Zu uns gelangt er über gr. ὄπαλος und lat. opalus im 17. Jh. Viel verwendet bei Dichtern der zweiten schles. Schule.

Opanke F. 'Halbschuh' aus serb. opán-ak, opán-ka F. 'Sandale' entlehnt seit Sanders 1871 Fremdwb. 2, 133; Wick 40.

Oper F. Die vor Ende des 16. Jh. in Italien aufkommenden Singschauspiele (so Leibniz 1681) heißen opera (in musica) '(Musik-)Werk'. Uns erreicht das roman. Kunstwort über frz. opéra: die Berliner Zeitung Sonntagischer Postilion 1680, Nr. 4 meldet aus Paris: „selbigen Tag eine Comédie, wie auch Tags vorher eine Opera gehalten". Diese Form hält sich für Ein- und Mehrzahl über hundert Jahre. Daneben seit 1682 die Mz. Oper(e)n, aus der Gottsched 1732 die neue Einzahl Oper gewinnt: Schulz-Basler 1942 Fremdwb. 2, 251.

Operette F. Ital. operetta 'Werkchen' wird als 'kleines Singschauspiel meist komischen

Inhalts' früh im 18. Jh. entlehnt; bis gegen Mitte des Jh. wiegt die unveränderte ital. Form vor.

Operment s. Arsenik.

Opfer N. ahd. opfar, mhd. opfer, mnd. opper (hieraus gleichbed. lett. upuris) ist auf dt. Boden aus opfern (s. d.) rückgebildet wie Handel und Scherz aus handeln und scherzen. Ags. entsprechen offring und offrung. Kirchenlat. offerenda hat zum kelt. Ausdruck für 'Meßopfer' geführt: air. oifrend, kymr. offeren, mkorn. oferen, bret. oferenn.

opfern Ztw. mhd. opfern, ahd. opfarōn; daneben md. mnd. oppern (hieraus lett. upurēt), älter opp(a)rōn aus lat. operāri (vulgärlat. operare), das auch in westmd. Opperer, Oppermann 'Handlanger', hess. Oppermann 'Küster' steckt. Seit Augustin entspricht kirchenlat. operari unserm opfern 'Almosen spenden'. Die Entlehnung muß zu Beginn der röm. Bekehrung (etwa im 6. Jh., zugleich mit der von Almosen) stattgefunden haben; die Masse der kirchenlat. Lehnwörter (Papst, predigen, Propst usw.) hat die Verschiebung von p zu pf nicht erlebt. Im Gegensatz zu dem hd. Ztw. stammen asächs. offrōn, anfr. offron, -an, afries. offria, ags. offrian, engl. offer, anord. offra aus lat. offerre 'darbringen'. Beidemal ist im Germ. der Akzent zurückgezogen, wie in predigen aus praedicāre und Münster aus monastērium.

Opium N. 'Mohnsaft' aus lat. opium, dies aus gr. ὄπιον, der Verkleinerungsform von ὀπός 'pflanzlicher Milchsaft', seit dem 15. Jh. bei uns: Nürnb. Pol.-Ordn. 142 Baader „Twalm, das man nennet Opium". Bis ins 18. Jh. lat. gebeugt: Schulz-Basler 1942 Fremdwb. 2, 254. S. Morphium.

Opossum N. die amerik. Beutelratte ist im Südosten der Vereinigten Staaten daheim. In Virginien gründen die Engländer 1607 ihre erste amerik. Kolonie, von den Powhatom-Indianern hören sie als Namen des Tiers aposon. Es heißt nach seinem weißen Gesicht (woapsu 'es ist weiß'). 1610 ist engl. apossoun zuerst bezeugt; a wird in vorton. Silbe zu o wie in engl. cocoa u. tobacco. Aus dem Engl. ist (wie frz. und schwed. opossum) das nhd. Wort entlehnt; zuerst bei Münster 1628 Kosmogr. 1702: R. Loewe 1933 Zs. f. vgl. Sprachf. 61, 97 f.; Palmer 102 f.

Optimismus M. zu lat. optimus 'der beste (Zustand)': die philos. Lehre, die bestehende Welt sei die bestmögliche; in verflachender Alltagsrede 'zuversichtliche, zufriedene, heitere Auffassung von Welt und Leben', so nicht vor D. Sanders 1863 Wb. d. dt. Spr. 2, 1, 478. Leibniz verwendet in seinen Essais de Théodicée 1710 optimum als Fachausdruck, daraus gewinnen frz. Jesuiten 1737 optimisme. **Optimismus** zuerst bei Lessing 1755 Pope ein Metaphysiker (Lachm.-Muncker 6, 411): Schulz-Basler 1942 Fremdwb. 2, 257f.

Orange F. Pers. näräng 'bittere Apfelsine' ergibt über arab. närandsch span. naranja, port. laranja, ital. arancia. Von da Konrad Megenberg 1350 Buch d. Natur 318, 16: Der paum arans . . . Die öpfel die dä haizent aranser von dem paum arans, sowie Arancien Herr 1545 Feldbau, Vorw. Zu der frz. Entsprechung orange wird ein verdeutlichendes pomme d'orange gebildet, das über nl. oranjeappel seit 1655 nordd. **Oranienapfel** ergibt. Dafür seit 1677 mittel- und südd. **Orangenapfel**, daraus gekürzt die endgültige Form **Orange** kaum vor Sperander 1727. — Im Kern eins mit dem Subst. ist orange 'goldgelb': aus frz. orange Adj. seit Wallhausen 1616 Kriegsman. 216. Kretschmer 1918 Wortgeogr. 82ff.; Schulz-Basler 1942 Fremdwb. 2, 259f.

Orang-Utan M. Nach mal. örang 'Mensch' und (h)ütan 'Wald, wild' heißen wilde Stämme der Menschen auf den großen Sundainseln örang-ütan. Aus Mißverständnis oder Scherz haben die ersten Europäer, die im 17. Jh. den großen Menschenaffen zu sehen bekamen, den Namen auf ihn übertragen. Bei uns Orangautang 1669, von Zesen 1670 mit Buschmann, Waldmensch richtig verdeutscht: Schulz-Basler 1942 Fremdwb. 2, 260.

Orchester N. Zu gr. ὀρχεῖσθαι 'tanzen' stellt sich ὀρχήστρα F. 'Tanzraum des Chors zwischen Bühne und Zuschauern', das über lat. orchestra 'Sitzplatz (der Senatoren) vorn im Theater' ital. orchestra F. und frz. orchestre M. ergibt. Bei uns seit 1706 'Spielraum der Tonkünstler', 1758 'Musikkapelle': Schulz-Basler 1942 Fremdwb. 2, 261; Lor. Diefenbach Gloss. lat.-germ. (1857) 399ᶜ.

Orden M., mhd. orden, entlehnt aus dem Stamm ordin- des lat. M. ordo, das schon ein ahd. F. ordena 'series' ergeben hatte. Lat. ordo ist uraltes Fachwort der Weberei: ordīri 'anzetteln, anreihen, anfangen', exordīri 'ein Gewebe anzetteln', redordīri 'abhaspeln', urverwandt mit gr. ὀρδεῖν 'ein Gewebe anlegen', ὄρδημα N. 'Wollknäuel'.

ordentlich Adj. Adv., mhd. ordenlich (md. auch ordelich), Adv. ordenlīche, ahd. ordenlīhho 'nach der Ordnung'. (Un-)ordentlich zeigt Gleitlaut t seit dem 14. Jh. in md. Texten (s. eigentlich). Die neue Form dringt seit 1525 endgültig durch, nur rheinfränk. hält sich (unter obd. Einfluß) ordenlich bis etwa 1600. Oberdeutschland und Nürnberg bleiben bei ördenlich, (un-)ornlich bis zum Ende der früh-

nhd. Zeit. Die Ausgangsbed. 'in gehöriger Reihenfolge' ist abgelöst durch die heute geltenden 'nach fester Ordnung bestehend, in gehöriger Weise geordnet, auf Ordnung haltend, gehörig'.

ordnen schw. Ztw. ahd. ordinōn, mhd. ordenen nach lat. ordināre; von da auch mhd. ordinieren, das seit dem 13. Jh. in geistl. Texten auftritt und im Anschluß an mhd. ordenen früh die Nebenform ordenieren entwickelt. Vermittlung des afrz. ordener entbehrlich.

Organist M. Zu lat. organum N. 'Orgel' ist mlat. organista M. gebildet, gegen Ende des 13. Jh. im kirchl. Kreis entlehnt zu mhd. organiste: Suolahti 1929 Frz. Einfluß 170.

Orgel F. ahd. organa, mhd. organa, organe. Aus der Plur.-Form organen wurde durch Dissimilation orgelen, hierzu der Sing. ahd. orgela, mhd. orgel (Behaghel 1928 Gesch. d. dt. Spr. 366f.), mnd. örgel (hieraus lett. ērg'eles). Ahd. organa ist Plur. zu lat. organum, worüber Augustin „organa dicuntur omnia instrumenta musicorum; non solum illud organum dicitur quod grande est et inflatur follibus". Das früheste Zeugnis für Orgeln in Deutschland bieten die Lorscher Annalen 757; Karl d. Gr. bekam vom byz. Kaiser Michael eine vom St. Galler Mönch geschilderte Prachtorgel geschenkt. Heute gilt Orgel, Orgle weithin für 'Leierkasten': gekürzt aus Drehorgel, s. d. und Kretschmer 1918 Wortgeogr. 325.

Orgie F. Gr. ὄργια N. Plur. 'Opfer(weihen), nächtl. Bakchosfeier' gelangt über lat. orgia N. Plur. im 17. Jh. zu uns, anfangs stets als Plur., aus dem F. Sing. spät rückgebildet ist.

Orient M. Lat. oriens (sol) 'aufgehende Sonne; Richtung des Sonnenaufgangs; Land im Osten' ist Part. Präs. von orīri 'sich erheben, aufsteigen'. Die lat. Bibel bietet die Formeln in, ab oriente: aus ihnen ist mhd. örient, örjent gewonnen: Schulz-Basler 1942 Fremdwb. 2, 243f. Luthers Verdeutschung Morgenland s. d. — Vgl. Levante.

Original N. Zu lat. orīri in seiner Bed. 'entstehen' gehört orīgo F. 'Ursprung', dazu wieder orīginālis Adj. 'ursprünglich', das seit 1740 im Nhd. erscheint und seit 1766 der frz. Form originell weicht. Längst vorher ergibt die Formel lat. originale (exemplar) das Kanzleiwort Original N. 'Urschrift' gegenüber der Kopie. So seit 1463: Schulz-Basler 1942 Fremdwb. 2, 270.

Orkan M. Das Sternbild des Großen Wagens nannten die mittelamerikan. Mayas nach seiner Gestalt (die Deichsel zeigt dort nach unten) hunraken 'Einbein'. Da in seinem Zeichen im

Herbst die gefürchteten Antillenstürme auftraten, wurde der Einbeinriese zum Unwettergott und als solcher auch den Inselkariben bekannt. Aus der Tainosprache von Haiti gelangte im Zeitalter der Entdeckungen huracán 'Wirbelsturm' ins Span., von da als hurricane um 1550 ins Engl. Ein Sturmriese Hurracan on der Hell wird auch im dt. Amadis 1594 B. 22, Kp. 18f. erwähnt. Im übrigen aber ist im Dt. seit der zweiten Hälfte des 17. Jh. die auf nl. orkaan zurückgehende Form Orkan üblich geworden, während frz. ouragan, ital. uragano dem Ursprungswort lautlich näher geblieben sind: F. Kluge 1911 Seemannsspr. 598; R. Loewe 1933 Zf. f. vgl. Sprachf. 61, 48ff.; Palmer 1939 Neuweltwörter 103 ff.; H. Werner 1947 Universitas 2, 1475 ff.

Orlog M. 'Krieg'. Eines der Wörter, deren Stamm (idg. *leugh-: *lugh- 'Eid') den Germanen nur mit ihren kelt. Nachbarn gemeinsam ist. Dem urkelt. *lughiom 'Schwur' (in gleichbed. air. lu(i)ge N., kymr. llw M., bret. le) entsprechen got. liuga F. 'beschworener Vertrag, Ehe' u. liugan schw. Ztw. 'heiraten'. Dazu mit Vorsilbe ur- 'aus' (s. d.) ahd. urliugi 'vertragsloser Zustand, Krieg' u. (mit Schwundstufe) die gleichbed. afries. orloch, asächs. orlagi, mnd. orloge, orloch. Die Gruppe mischt sich mit einer Bildung anderer Herkunft, die (dem urverw. gr. λόχος entspr.) in anord. orlog 'Schicksal' bedeutet, aber in agf. orlæg, asächs. orlag, ahd. orlac, mhd. urlage daneben die Bed. 'Krieg' angenommen hat. Folge dieser Vermischung wie des auf die erste Silbe zurückgezogenen Worttons ist buntester Wechsel der Formen. Als dann Krieg, nach dessen Vorbild unser altes N. zum M. geworden war, übermächtig auftrat, konnte das vielgestaltige Wort nicht widerstehen u. starb im Hd. des 16. Jh. ab. Im M. ist orlog in dieser Form fest geblieben; hier ist es häufiger als krijg geworden. In nl. Gestalt gelangt es im 17. Jh. neu zu uns, auch Orloogsschiff wird zur Zeit der holl. Seeherrschaft übernommen, dem dann (nach Engelsmann 'englisches Schiff') Orlogsmann folgt. Erst mit Erstarken der dt. Seegeltung setzt sich das seit dem 16. Jh. vorhandene Kriegsschiff spät durch.

Ort M. N. ist in der Bed. '(Waffen-)Spitze' gemeingerm.: ahd. mhd. ort, asächs. afries. agf. mengl. ord, anord. oddr, das auf germ. *uzda- weist. Die germ. Grundform wird deutlich im gepid. Männernamen Usdibadus. Außergerm. gelten für verwandt alb. ušt 'Ähre' und (mit anderm Suffix) lit. usnìs 'Distel'. Die alte Bed. 'Spitze' lebt landschaftlich fort: Brüster, Darßer Ort, Ruhrort, Maria-Ort bei Regensburg, das

Ort in Passau. Die nhd. Bed. 'Platz, Stelle' bereitet sich in mhd. Zeit erst vor. In Ort 'Schusterahle' und vor Ort 'an der Spitze des Grubengangs' schimmert die Grundbed. bis heute durch, ebenso im Ortband des Seitengewehrs und dem Ortscheit an Pflug und Wagen. Sie liegt auch dem mhd. ort, mnl. oort, dän. (rigs)ort 'vierter Teil einer Münze' (Reallex. d. germ. Alt.-Kde. 3, 382) voraus: runde Münzen wurden in vier Stücke zerbrochen und nach den damit entstehenden Ecken benannt, vgl. frz. quart de risdale. So hießen, als in Österreich 1849 die Guldenscheine zerrissen umliefen, die Viertelstücke Ortel oder Eckele. Auf den vierten Teil von Maß und Gewicht ist mhd. ort, mnl. oord erst von den Ortstalern und -gulden her übertragen.

Orthographie F. Gr. ὀρθογραφία F. (zu ὀρθός 'recht, richtig' und γράφειν 'schreiben') gelangt über lat. orthographia in die dt. Schule des 15. Jh. Bis ins 18. Jh. steht auch die lat. Form in dt. Texten. Im 16. Jh. beginnen die Übersetzungen, s. Rechtschreibung und Schulz-Basler 1942 Fremdwb. 2, 275.

Öse F. spätmhd. md. mnd. œse; dän. øsken und schwed. hyska (älter öska) sind aus mnd. œseke(n) entlehnt. Unter Säule² ist für die Kunst, Leder zu nähen, idg. Alter erwiesen. Dabei wird die 'Schlinge zum Fassen' wichtig, die idg. *ansā, *ansi- heißt, gesichert durch lat. ānsa 'Henkel', ānsae crepidae 'Ösen am Rand der Schuhsohle, durch die die Bindriemen gezogen werden', lit. ąsà, lett. uosa 'Schleife', ûoss 'Henkel', apreuß. ansis 'Kesselhaken', mir. ēsi Mz. 'Zügel', gr. ἡνία (aus *ansia) 'Zügel'. Aus dem Germ. gehört zu dieser Sippe anord. ǽs (aus *ansjō) 'Loch am oberen Rande des Schuhleders zum Durchziehen der Riemen', norw. mundartl. æs 'Loch, in das etwas eingefügt wird', æse 'oberer Rand des Schuhleders'. Hierzu höchstwahrscheinlich auch die westgerm. Vorform von Öse, das nur durch Zufälligkeiten der Überlieferung erst im 15. Jh. greifbar wird. Die mit Hilfe des gramm. Wechsels herstellbare Beziehung zu Ohr, Öhr würde bedeutungsmäßig längst nicht die genaue Deckung zeigen, wie die nord. u. lat. Wörter mit der Sippe von *ansjō.

Osram N. Legierung von Osmium und Wolfram, aus der Metallfäden für Glühlampen hergestellt werden. Das Wort ist zu Anfang des 19. Jh. aus der ersten Silbe von Osmium (zu gr. ὀσμάομαι 'rieche') und der zweiten von Wolfram (s. d.) künstlich, aber glücklich gebildet.

Osten M. ahd. ōstan M. N., mhd. ōsten M. N. Die Form Ost, bei uns erst spätmhd., begegnet schon in agf. ēast (engl. east, woraus frz. est). Dazu Ortsadv. der Bed. 'im Osten'

(mhd. ōsten(e), ōster, ahd. asächſ. ōstar, agſ. ēastene), 'nach Oſten' (mhd. ōsten(e), ahd. asächſ. ōstar, agſ. ēastan, anord. austr), 'von Oſten' (mhd. ōstenān, ahd. ōstana, asächſ. ōstan(a), agſ. ēastan, anord. austan). Der zugrunde liegende Stamm austa- hängt zuſ. mit idg. *ausos 'Morgenröte', zu erſchließen aus aind. uṣā́s, lat. aurōra (für *ausōs-a), gr. ἠώς, lit. aušrà 'Morgenröte'. Wie Morgen iſt auch die alte Bezeichnung der Morgenröte zum Namen der Himmelsrichtung geworden. Vgl. Oſtern und Ed. Hermann, Gött. Nachr. 1940 (IV, III, 3) S. 42 ff.

Oſtereier Plur. 'ova paschalia' von H. Hepding 1927 Heſſ. Bl. f. Volkskde. 26, 127 ff. ſeit 1553 nachgewieſen: Th. Naogeorg, Regn. papiſt. 4, 151 führt unter den kath. Oſter= bräuchen die kirchl. Weihe der ova rubra an. Das Wort zufrühſt bei Gg. Frank, Satyrae med. Von Oſter=Eyern (Heidelb. 1682). Überall in der Kirche von Meſopotamien bis Spanien werden am Oſterſamstag und =ſonntag vom Prieſter Eier geweiht, deren Genuß in der Faſtenzeit verboten war und von deren Weihe man Gedeihen für Leib und Seele erhoffte. Gefärbt oder bemalt wurden ſie, wie das gläubige Volk auch ſonſt Gegenſtände ſchmückt, die es zur Weihe darbringt. Dabei verknüpft ſich die benedictio ovorum mit urtüml. Vorſtellungen von den dem Ei inne= wohnenden beſondern Kräften, wie es auch einfachem Denken naheliegt, das Ei als Symbol der Auferſtehung zu faſſen. Als deren Sinnbild finden ſich Straußeneier ſchon in vorgeſchicht= lichen Gräbern. Überlebſel germ. Religion iſt das Oſterei nicht.

Oſterfeuer N. (weſtfäl. påskefüer) zuerſt gebucht als nd. oſtervüer 1767 Brem. Wb. 1, 469; literar. kaum vor Jean Paul 1795 Heſp. 3, 113. Zur Sache Timeus, Vom Oſterfeuer (Hamb. 1597) bei J. Grimm, Myth.⁴ 1, 511. 3, 176; Kl. Schr. 2, 221. 247. Ein mittelalterl. ignis paschalis begegnet bei Papſt Zacharias im 12. Brief an Bonifatius und bezieht ſich auf kirchl. Gebräuche.

Oſterhaſe M. nach H. Hepding 1927 Heſſ. Bl. f. Volkskde. 26, 136 ff. zuerſt 1682: Gg. Frank, Satyrae med. Von Oſter=Eyern § 9 S. 6 bezeugt für Weſtoberdeutſchland und Weſtfalen: vocantur haec ova die Haſen-Eier a fabula, qua simplicioribus et infantibus imponunt Leporem (der Oſter=Haſe) ejusmodi ova excludere et in hortis in gramine ... abscondere, ut studiosius a pueris investigentur cum risu et jucunditate seniorum. Noch älter iſt der Haſe mit eingebackenem Ei als Oſtergebildbrot, offenbar eine unverſtandene

Umbildung des Oſterlamms. Wie beim Oſterei iſt die geſamte Vorſtellung chriſtlich bedingt.

Oſterluzei F. Aristolochia clematitis L., früher als Heilpflanze geſchätzt. Spätahd. astrinza, astrenza, mhd. ostirlucie, frühnhd. österlutzye, nnl. oosterlucie, ſchwed. (1686) osterlucey: unter Anlehnung an heimiſches Wortgut (vgl. Liebſtöckel) aus mlat. aristo-, astrolocia; dies aus gr. ἀριστολοχεια 'beſtes Gebären'. Die Pflanze ſoll nach Dioskurides, Mat. med. 3, 4 und Plinius, Nat. hist. 25, 95 ff. den Wöchnerinnen bei Abgang der Nach= geburt helfen.

Oſtern Pl. mhd. ōsteren, ahd. ōstarūn, agſ. ēastron, engl. Easter. Offenbar ſchon Name eines vorchriſtl. Feſtes. In einem nd. Gebiet, das Frings, Idg. Forſch. 45, 267 ff. abgrenzt, wird Paſch bevorzugt (dazu weſtfäl. pås-ei, -für). Entſpr. nl. paschen, aſächſ. afrieſ. påscha, anord. påskar, got. paska, wie frz. pâque aus kirchenlat. pāsca, das hebr. Ur= ſprungs iſt. Oſtern beruht auf dem Namen einer germ. Frühlingsgöttin *Austrō, deren Name im Grund eins iſt mit aind. uṣrā 'Morgenröte' (germ. t iſt zwiſchen s und r eingeſchoben wie in Schweſter). Die idg. Aurōra iſt bei den Germanen wenigſtens teil= weiſe aus der Tageslichtgöttin zur Lichtgöttin des Frühlings geworden, in den ſchon das vorchriſtliche Feſt fiel (Kluge 1902 Zſ. f. d. Wortf. 2, 42 f.). Ihr weſtſächſ. Name *Eastre iſt durch Eostrae bei Beda († 735) geſichert. Der idg. Name *Ausōs hinterließ im Germ. als Abkömmlinge die Bez. für Oſten (ſ. d.) und agſ. ēarendel 'Morgenſtern, =dämmerung', woher der ahd. Männername Orentil in der ſpäteren Orendelſage. M. Leumann 1941 Idg. Forſch. 58, 122 f.

Otter M. F. Mhd. ot(t)er, ahd. ottar, mnd. mnl. nnl. engl. otter (mit Dehnung des t vor r), agſ. oter, -or, anord. otr, ſchwed. utter, dän. odder führen auf germ. *otra- aus *utra- (tr bleibt durch die hd. Lautverſchiebung unver= ändert; vgl. bitter, lauter, treu, zittern), idg. *udro-. Außergerm. entſprechen gleichbed. air. odoirne, aſlav. vydra, lit. údra, apreuß. udro, lett. ūdris, lat. lutra (aus *utrā, älter *udrā, umgebildet etwa nach lutum 'Pfütze', aveſt. udra, aind. udrá-, gr. ὕδρα, ὕδρος 'Waſſerſchlange', ἔνυδρις 'Otter'. Das Waſſer= tier iſt nach idg. *udr- 'Waſſer' benannt (wie air. dobrán 'Fiſchotter' nach dobar 'Waſſer'). Bis ins Frühnhd. war Otter M. Der nhd. Wandel zum F. vergleicht ſich dem von Angel, Diſtel, Feſſel, Flitter, Flunder u. a. Ver= wandte Sprachen zeigen Tabu-Erſcheinungen, ſo heißt die den alten Göttern naheſtehende Lutra vulgaris L. im Kelt. 'Waſſerhund': air.

dobor-chū, kymr. dyfr-ghi, akorn. dofer-gi, bret. dour-gi, Grundwort ki 'Hund'.

Otter F. ostmd. Form für Natter, von da bei Luther, dessen obd. Zeitgenossen unverständlich (wie auch Ottergezücht: Kluge 1918 Von Luther bis Lessing 96. 101. 110). Vgl. nnd. nl. engl. adder, schwäb. alem. äter 'Natter' (aus ein näter). Verlust des anl. n erfahren auch Näber und Nachen, ebenso mbret. azr, bret. aër gegenüber akorn. nader 'Schlange'.

Ottomane F. Nach Osman I. (1259—1326), dem Begründer des türk. Herrscherhauses, heißt das Volk der Osmanen arab. 'Utmān. Als 'ottomanisches Möbel' erscheint das niedrige Sofa in Europa und gelangt über frz. ottomane 1777 zu uns: Schulz-Basler 1942 Fremdwb. 2, 276. Arab. Ursprungs sind auch Diwan, Matratze, Sofa und Taburett.

Ouvertüre F. Dem lat. apertūra F. 'Öffnung' (zu aperiō 'öffne') entspricht frz. ouverture 'Eröffnung', das mit Ausbildung des musikalischen Vorspiels gegen Ende des 17. Jh. zum Fachwort der damals jungen Oper wird und von Paris zu uns gelangt, zunächst mit frz. Beugung: Ordentl. wochentl. Post-Zeitungen, München 1700, Nr. 23 „Nach disem wurden etliche Ouvertures gemacht, vnd dann die darzu componierte Arie bey Viole di Gamben abgesungen". Schulz-Basler 1942 Fremdwb. 2, 277.

oval Adj. Zu lat. ovum 'Ei' gehört ovālis 'eiförmig'. Das Adj. erscheint bei uns 1616 in kriegswiss. u. math. Fachsprache; von da wird es rasch allgemein. Zesen verdeutscht es 1645 mit länglichrund: Zs. f. d. Wortf. 14, 77.

Oxhoft N. Das seit 1390 bezeugte engl. hogshead 'Schweinekopf' wird zum Maß besonders für Wein und Branntwein. Nd. hūkes-, hūxhōvet zeigen im 16. Jh. dieselbe Bed. Im engl. Südosten verstummt h der ersten Silbe vor dem der zweiten; es fehlt auch in den von da entlehnten dän. oksehoved, schwed. oxhufvud, nl. (seit 1598) nd. okshoofd. Schriftsprachlich wird Oxhoft im 18. Jh. durch nd. Schriftsteller wie Voß. Gleichbed. Ochsenhaupt bei Stieler 1691 beruht auf irrender Umdeutung. In der Bed.-Entwicklung vergleicht sich münsterl. bullenkop als Biermaß.

Ozean M. Gr. ὠκεανός ist bei Homer und Hesiod der die Erdscheibe umfließende Weltstrom. Durch mlat. occeanus gelangt mhd. occēne in Gottfrieds Tristan 1836. Im 16. Jh. führen Humanisten die klass. Form oceanus in dt. Texte ein, vor Mitte des 17. Jh. wird sie von Dichtern zu Ocean gekürzt: Schulz-Basler 1942 Fremdwb. 2, 278 f.

Ozon M. Das Part. Präs. Neutr. ὄζον zu gr. ὄζειν 'riechen' schlägt Chr. Frdr. Schönbein 1840 Poggendorffs Annalen 50, 635 für das riechende Prinzip der von ihm untersuchten Gasart vor. Im gleichen Jahr erscheint engl. ozone als Entlehnung aus dem Nhd.

p

Paar N. ahd. mhd. mnd. pār, mnl. paer 'zwei von gleicher Beschaffenheit', nach der hd. Lautverschiebung entlehnt aus gleichbed. lat. par, woher auch (über eine Grundform *pāria) frz. paire. Daraus engl. pair. Spätanord. par ist aus dem Mnd. entlehnt. — Die Redensart 'zu Paaren treiben' ist im 18. Jh. umgebildet aus älterem zum barn bringen. Sachs 1535 Fastnachtsp. 9, 53 schreibt „Darmit ich Pawren bracht zum paren (: sparn)"; Tappius 1539 Adagia 207b erklärt „zum baren bringen: in casses inducere, est arte sic concludere quempiam, ut iam nullum sit effugium". Danach läge mhd. bër(e) 'sackförmiges Fischnetz' voraus, das seinerseits aus griech.-lat. pēra 'Beutel' entlehnt ist.

Pacht F. Vulgärlat. pacta (Mz. des lat. pactum) 'Vertrag; Steuer' ist früh entlehnt und durch die hd. Lautverschiebung über ahd. *pfahta zu mhd. pfaht(e) F. M. 'Recht, Gesetz, Vertrag; Zins' geworden. Die Form mit verschobenem p und k lebt in obd. Mundarten als Pfacht, Pfächt, Facht 'Vertrag, Satzung; Eichung' bis heute, schriftsprachlich erlischt sie im 18. Jh. Statt dessen dringt Pacht mit der Verschiebungsstufe der westmd. Mundarten ins Nhd. Das ch in mnl. afries. mnd.pacht erklärt sich durch vorbereitenden Lautwandel im Roman.: prov. pacho. Im 15. Jh. wurde lat. pactum entlehnt und ergab Pakt (s. d.): seither sind Kreuzungen möglich.

Pack, **Packen** M. 'Bündel, Ballen' dringt seit frühnhd. Zeit aus mnd. packe F., pak N. ein. Urspr. ein Wort des flandr. Wollhandels; von mnl. pac N. (so seit dem 12. Jh.) gehen auch ital. pacco, frz. paquet (s. Paket), mengl. packe, engl. pack, ir. gäl. pac, spätanord. pakki aus. Schon mnd. pak N. wird verächtlich von Menschen gebraucht; von da stammt nhd. **Pack** N. 'Gesindel'. Verächtl. Bed. haben auch Bagage und Troß angenommen. Zum Genus H. Paul 1917 Dt. Gramm. 2, 63.

packen Ztw. Sich packen, mnd. sik paken ist urspr. 'sich bepacken (um fortzugehen)'. Den Bed.-Wandel zu 'sich davonmachen' beleuchtet H. R. Manuel 1548 Weinspiel V. 1888 „Du Esel, dich bald von mir pack".

Padde s. Kröte, Schildpatt.

Paddel F. 'kurzes Ruder zur Fortbewegung kleiner Boote', im 19. Jh. entlehnt aus engl. paddle, das seit dem 17. Jh. die entspr. Ruder der Indianer und Malaien bezeichnet: Kluge 1911 Seemannsspr. 602. — Paddelboot N. kaum vor Frischbier 1883 Preuß. Wb. 2, 115.

paff Interj., erst nhd., in Übereinstimmung mit nd. paff, nnl. paf. Lautmalend wie spät-mhd. baffen 'bellen'. paff sein 'völlig überrascht sein' wie bei einem unvermuteten Schuß. Vgl. pap.

paffen schw. Ztw. 'Tabak rauchen' als Studentenwort in Halle 1781 (Kindleben 140), lautsymbolisch zu paff, s. d. und F. Sommer 1933 Jdg. Forsch. 51, 231. Unabhängig davon begegnet paffen, baffen 'bellen' seit G. v. d. Schueren, Teuth. (Kleve 1477) 25 Verdam.

Page¹ M. Den Edelknaben übernehmen die abendländ. Höfe aus dem Zeremoniell des Kaiserhofs von Byzanz. Gr. παιδίον 'Knäbchen, kleiner Diener' ergibt über ital. paggio 'junger Diener' im 13. Jh. frz. page M. 'Edelknabe'. Von da unser Page zuerst 1602: Kirchhof, Wendunmut 2, 83 „einen seiner pagen, das ist Kammerjungen". Die Herkunft ist schon 1660 Treuer in der Vorrede zu seinem „Dädalus" klar: Schulz-Basler 1942 Fremdwb. 2, 282.

Page² M. 'Pferd', mnd. page aus lat. (equus) pagānus: es ist vor allem das ländliche Arbeitspferd. Heute weithin in Mundarten und Umgangssprache des nd. Westens. Dazu in Waldeck und Nachbarschaft Pagenfist M. 'Miftkäfer': B. Martin 1932 Nd. Studien für C. Borchling 174.

Pagode F. 'morgenländ. Tempel von bestimmter Gestalt', ein ind. Wort, das wir in mal. Form verwenden, wie es uns dt. Entdeckungsreisende und Kaufleute seit 1598 vermitteln. Frz. pagode ist erst im 17. Jh. über port. pagoda entlehnt: Lokotsch 1927 Etym. Wb. 373; Schulz-Basler 1942 Fremdwb. 2, 283f.

Paket N. Als Wort des flandr. Wollhandels gelangt Pack (s. d.) zu den benachbarten Romanen und erfährt Verkleinerung zu frz. paquet, das um 1530 greifbar und seit 1552 rückentlehnt wird: Schulz-Basler 1942 Fremdwb. 2, 285. Indem Pack auf das Fremdwort einwirkt, entsteht unter Rückziehung des Tons im 18. Jh. Packt, dazu Päktchen; beide bei Goethe.

Pakt M. 'Vertrag': das gleichbed. mlat. pactum (s. Pacht) gelangt vor Mitte des 15. Jh. in hd. Kanzleisprache: Schulz-Basler 1942 Fremdwb. 2, 286f. Gleichen Ursprungs ist afrz. pacte, woraus engl. pact 'Vertrag'.

Palast M. Mlat. palatium ergibt afrz. palais, palés M. 'Wohnhaus (der Burg) mit Festsaal und Gemächern; Fest-, Speisesaal'. Von da wird vor 1200 gleichbed. mhd. pálas(t), bálas(t) entlehnt, etwa gleichzeitig mit Preis und Turnier. -t tritt an wie Axt, Obst, Papst; palast steht schon bei Konrad v. Würzburg im Reim, Palas begegnet noch im 16. Jh. Die nhd. Betonung der Endsilbe beruht (wie bei Altar und Elefant) auf neuer Anlehnung an die fremden Vorbilder. Palais N. 'Schloß' erscheint bei uns seit 1669: Birken, Brandenb. Ulysses 59. S. Pfalz u. Schulz-Basler 1942 Fremdwb. 2, 288ff.

Palatin M. 'Halspelz der Frau', bei uns seit Amaranthes 1715 Frauenz.-Lex. 1410 nach frz. palatine F., das am Hof Ludwigs XIV. um 1700 in Mode kam durch Elis. Charlotte v. d. Pfalz (†1722), die princesse palatine.

Palatschinke F. 'Eierkuchen'. Lat. placenta 'Kuchen' ergibt rumän. plăcintă 'Mehlspeise'. Daraus wird magy. palacsinta, weil das Magy. im Anlaut nur einfachen Kons. kennt. Aus dem Magy. stammen kleinruss. palačynta und öster. Palatschinke, wobei die Endung auf dem slav. Demin. -inka beruhen mag: Puscariu 1905 Etym. Wb. d. rumän. Spr. 1, 116f.; Kretschmer 1918 Wortgeogr. 186. 605. Wick 93.

Palaver N. 'Versammlung, Beratung'. Gr.-lat. parabola 'Bericht', das in Parabel und Parole fortlebt, ergibt portug. palavra 'Unterredung', das mit portug. Händlern an die afrikan. Küste gelangt und hier seit 1735 'Verhandlung mit den Eingeborenen' bedeutet. Diese nehmen es als 'Versammlung' auf; aus ihrem Mund führen es engl. Seeleute 1771 der engl. Gemeinsprache zu. Von da gelangt P. 1835 ins Nhd.: Schulz-Basler 1942 Fremdwb. 2, 291.

Paletot M. 'weiter Mantel'. Zu lat. pallium 'Überwurf' gehört agf. pæll, engl. pall 'Mantel'. Hierzu gleichbed. mengl. paltok, das 14. Jh. frz. paltoke ergibt, in Tournai hundert Jahre später als palletot 'Bauernkittel' erscheint und sich offenbar landschaftlich weiterentwickelt hat, um in Paris 1838 als Herrenmantel Mode zu werden. Danach bei uns: F. v. Raumer 1839 Bilder a. Paris 2, 259 „auch wir trugen schon Paletots, die wir Houppelanden nannten" (engl. paletot ist 1840 aus dem Frz. entlehnt). In hd. Umgangssprache wird das in Berlin und Linz, aber nicht in Wien gangbare Fremdwort begrenzt durch Überzieher, Wintermantel, -rock: P. Kretschmer 1918 Wortgeogr. 356.

Palette F. Auf lat. pāla 'Spaten' beruht gleichbed. ital. pala mit der Verkl. paletta 'kleine Schaufel'. Von da übernommen erscheint polite 'Farbenbrett, Malerscheibe' 1610 bei uns und hält sich bair.-österr. bis zur Mitte des 18. Jh. Damals wird frz. palette, das gleichen Urspr. ist, durch Gleim, Winckelmann u. Lessing eingeführt: Schulz-Basler 1942 Fremdwb. 2, 292.

Palisade F. Zu lat. pālus 'Pfahl' stellt sich galloroman. *palicea, prov. palissa 'Pfahlzaun'. Hierzu das Sammelwort prov. palissada, das im 15. Jh. als palissade 'Pfahlzaun' ins Frz. gelangt. Das frz. Wort erscheint 1597 bei uns; es dringt bei den Theoretikern des Kriegs- u. Bauwesens wie in der kriegsgeschichtlichen Berichterstattung rasch durch.

Palladium N. In Ilion wurde nach Vergil, Aen. 1, 164 ff. ein hölzernes Bild der Pallas bewahrt, das vom Himmel gefallen sein und die Stadt unüberwindlich machen sollte. Bei uns seit Balckenier 1677 Verw. Europa 4ᵃ als 'heilig gehaltenes Schutzmittel': Schulz-Basler 1942 Fremdwb. 2, 294.

Pallasch M. Türk. pala 'gekrümmter Türkensäbel mit breiter Schneide' gelangt über magh. palloš zu uns: Wallhausen 1616 Adel. Ritterkunst 16. Als ungar. Waffe bezeichnet ihn Frölich 1644 Viatorium 2, 61.

Palme F. Die Blätter der in Südeuropa heimischen Zwergpalme lassen sich mit Fingern vergleichen (s. Dattel), darum ist der Baum nach lat. palma 'flache Hand' benannt, das in gleichbed. ahd. folma, asächs. agf. folm seinen nächsten germ. Verwandten hat und zur Sippe von Feld gehört, s. d. Lat. palma steht einige dutzendmal in der Bibel und gelangt durch sie in die Sprachen der Welt, auch zu allen Germanen, die längst zuvor eine Menge andrer Pflanzen- und Baumnamen Südeuropas durch Weitergabe von Volk zu Volk erhalten hatten: ahd. asächs. palma, mhd. palm(e), balm(e), mnd. mnl. dän. palme, nnl. engl. schwed. palm, agf. palm(a), pælm, anord. palma, -i, palmr. Das dt. und nord. Wort ist auf die blühenden Weidenzweige übertragen, die am Palmsonntag als Ersatz für Palmen dienten.

Pamphlet N. Pamphilus seu de amore ist im 12. Jh. eine verbreitete lat. Komödie. Über *Pamphilet soll engl. pamphlet entstanden sein, das im 14. Jh. als 'Broschüre' auftritt und im 18. Jh. das gleichlautende frz. Wort ergibt. In Frankreich wird 'kleine Schrift' zu 'Schmähschrift'. In dieser Bed. gelangt P. seit Hübner 1760 ins Nhd.: Schulz-Basler 1942 Fremdwb. 2, 297.

Panier s. Banner, Hasenpanier.

panieren schw. Ztw. 'dünn geschnittenes Fleisch (auch Fisch) mit Ei und geriebener Semmel einkrusten'. Zuerst bei Amaranthes, Frauenz.-Lex. 1739 (noch nicht 1715). Entlehnt aus gleichbed. frz. paner: zu pain, lat. pānis 'Brot'. Dies zu pāscō 'nähre', urverwandt mit Futter, s. d.

panisch Adj. Griechen und Römer führten den durch blinden Lärm erregten Schrecken auf den Wald- und Hirtengott Pan zurück, daher gr. πανικὸς φόβος, lat. panicus terror: Büchmann 1912 Gefl. Worte 84. Durch die Humanisten wird die Vorstellung bei uns bekannt: 1586 Theatr. de venef. 141b „daher nennet man Panicos terrores, wenn einen einsmals ein grausam forcht ankompt vnd weiß nicht warumb". Die Übersetzung Panischer schrecken seit Fischart 1575 Garg. 409. Panik F. nach engl. panic seit 1840: Schulz-Basler 1942 Fremdwb. 2, 298.

Panne F. 'Störung (bes. bei Kraft- und Luftfahrzeugen)'. Lat. pannus M. 'Tuch', mit Fahne (s. d.) urverwandt, hat gleichbed. ital. panno M. ergeben, zu dem ital. panna F. 'Segelwerk' gebildet ist. Dies wird im 16. Jh. entlehnt zu frz. panne F., das die weitere Bed. 'Aufbrassen' entwickelt. Wendungen wie rester en panne 'nicht weiter können', être en panne 'in der Patsche sitzen' zielen auf den Zustand des Seglers in der Flaute. Aus ihnen wird panne 'Steckenbleiben' losgelöst und in Pariser Bühnensprache auf den vergleichbaren Unfall des Schauspielers übertragen. Nach dem Aufkommen des Kraftverkehrs wenden es frz. Kraftfahrer auf ihre Betriebsstörungen an. So gelangt Panne 1907 oder kurz vorher (Zs. d. Sprachv. 22, 346) zu uns, mit Auto und Garage ein Andenken an den einstigen Vorsprung des frz. Kraftverkehrs.

Pansen s. Panzer.

Panther M. Aind. pundarīkas ergibt über gr. πάνθηρ, πανθήρα lat. panther(a), das auf gelehrtem Weg entlehnt wird zu spätahd. pantēr(a). Für mhd. mnd. pantēr ist ē durch Reime erwiesen. Seit frühnhd. Zeit spielt die Verdeutlichung Panthertier eine Rolle, vgl. Tiger(tier). Auch agf. pandher, palder ist gelehrtes Lehnwort. Engl. panther gilt als Entlehnung aus afrz. pantere, aber in der Schreibung und dann auch in der Aussprache ist es ans Lat. und Gr. angelehnt.

Pantine F. 'grober Schuh aus Leder mit Holzsohle', ein Wort der nordostdt. Umgangssprache, spätestens um 1400 durch Vermittlung des mnl. patijn entlehnt aus frz. patin 'Schuh mit dicker Sohle'; Patins noch bei Campe 1813 Verd.-Wb.466ᵃ. Das n ist eingefügt unter Einfluß von Pantoffel oder unter

Vorausnahme des n der dritten Silbe: Kretsch=
mer (1918) 356; ders. 1929 Glotta 17, 150. Das
frz. Wort ist abgeleitet von patte F. 'Pfote',
das aus gleichbed. afränk. *pappa stammt; s.
Pfad.

Pantoffel M. Zu mgr. φελλός 'Kork,
Halbschuh aus der Rinde der Korkeiche' gehört
παντόφελλος 'Ganzkork, Kothurn', das über
ital. pantofola frühnhd. pantoffel (Brant 1494
Narrensch. 4, 18), mnd. pantuffel ergibt und
im 'Neuen Gedicht v. Fürwitz d. Welt' (bair.
um 1500) als Modewort verspottet wird. Zj.
f. d. Wortf. 11, 199. 12, 133. 15, 197; Neu=
philol. Mitt. 1942, 28; Schulz=Basler 1942
Fremdwb. 2, 311 ff.

pan(t)schen Ztw. Der lautmalende Ausdruck
für das (ungehörige) Vermengen einer Flüssig=
keit mit einer andern tritt zuerst in Namen
auf: Panschenwein Übername eines österr.
Weinwirts im 15. Jh.; Greta Bantscherin
Zimm. Chron. 4, 295 (schwäb. um 1560).
Henisch 1616 bringt Bierpantscher 'pantex
ceruisiae', Steinbach 1734 Panscher und
Salzpanscher 'adulterator salis'.

Panzer M. Lat. pantex, -icis 'Wanst' ergab
das gleichbed. volkslat. *pantica. Es lebt fort
in ital. pancia, afrz. panche, norm. paunche
(woraus engl. paunch 'Bauch'), frz. panse
'Leib' (woher unser mundartl. und berufs=
sprachl. Panse(n) 'Bauch, Tiermagen'). Vom
roman. F. abgeleitet ist afrz. pancier M.
'Rüstung für den Leib', das kurz vor 1200 mhd.
panzi(e)r, bancier N. ergibt. Noch Luther ver=
wendet Panzer als N.; das M. setzen (nach
dem Vorbild dt. Gerätnamen wie Bohrer
und Heber) J. Fischart und M. Opitz durch.
Von den Dt. entlehnen östliche Nachbarn das
Wort: lett. panceris.

Päonie F. 'Paeonia officinalis L.', spätahd.
bēonia: über lat. paeōnia entlehnt aus gr.
παιωνία F. Die Gichtrose (so seit C. Wir=
sung 1584 Arzneib. h 6ª) war als Heilpflanze
nach dem Götterarzt Παιών benannt. Pfingst=
rose heißt sie, weil sie gegen Pfingsten einer
Rose ähnlich blüht: E. Björkman 1904 Zj. f. dt.
Wortf. 6, 178; Schulz=Basler 1942 Fremdwb.
2, 315.

pap Interj., so Lessing 1748 Alte Jungf. 2.
Meist in der Wendung „nicht mehr pap sagen
können", was bei übervollem Mund seine
Schwierigkeit hat. Lautmalend; der Anklang
an Papp 'Brei' beruht darauf, daß auch dies
auf Naturlaut zurückgeht. Im 18. Jh. die
Nebenformen paff (Jean Paul, Werke 4, 41)
und schwäb. pfaff: Conlin 1725 Narrenkur 269
„Friß, daß nit mehr kanst sagen Pfaff".

Papa M. wird vor 1670 als Papá aus dem
seit 1552 bezeugten frz. Lallwort papa ent=

lehnt, zunächst als vornehmes Wort, das nach
Wegener 1674 Luthers Namenbüchl. 106 nur
an fürstl. Höfen üblich, in bürgerl. Kreisen
noch nicht eingebürgert war. Dagegen Conlin,
Narrenw. (Augsb. 1708) 3, 33 „die Kinder
dörffen nicht mehr ihre Eltern auf gut Teutsch
heißen Vatter oder Mutter, sondern den Vatter
Papa oder Monpère". Nachmals als bábbe
in Südwestdeutschland sogar mundartlich. S.
Mama, Onkel, Tante und Magister S. R.
Gerstäcker, Diss. philol. de blanda Gallorum
compellatione Papa usu hodie inter nos ac=
cepta, Leipzig 1708.

Papagei M. Gr.=lat. psittacus ist in der
späten Aussprache *psiticus ins ottonische
Deutschland gelangt und erscheint im Kreis
der Vornehmen und Gelehrten als ahd. mhd.
sitich, mnd. sidik, sedek. Hd. ch für lat. c
beruht auf Lautersatz. — Den romanischen
Sprachen ist dieser Name fremd. Dem laut=
malenden westafrik. pampakei, arab. babaghā,
mgr. παπαγᾶς ist (wie ital. papagallo mit
Anlehnung an gallo 'Hahn') afrz. papegai mit
Anlehnung an afrz. gai 'Häher' entnommen.
Um 1210 erscheint mhd. papegān, entweder
aus dem afrz. Wort weitergebildet (s. Kamee)
oder von Kreuzfahrern unmittelbar aus dem
Morgenland mitgebracht. Im 15. Jh. wird papa=
gey aus dem Frz. übernommen. Von da
stammen auch mengl. popegai, engl. popinjay,
mnl. papegaai. Über mnd. papagoie sind
dän. papegøie und schwed. papegoja vermit=
telt. S. Littmann 1924 Morgenl. Wörter 79.
152 und Kakadu.

Papier N. Der Sache nach stammt das
Papier (wie die Seide) aus China, der chines.
Name ist (wie bei jener) nicht übernommen.
Papyrus ist der Schreibstoff der alten Ägypter,
doch ist das Wort altägypt. nicht nachzuweisen
und etym. undurchsichtig: H. G. Christensen
1938 Orient. Lit.=Ztg. 41, 204 f. Gr. πάπυρος,
lat. papȳrum ist Quelle wie für frz. papier,
engl. paper usw., so auch für spätmhd. papīr
N.: seit dem 14. Jh. wurde sein Gebrauch
allgemein. Frühnhd. erscheint im Westen
Papeir (Begardi 1539 Index san. 14a. 22a;
Scheidt 1551 Grob. B. 99), Papeier (Er.
Alberus 1540); papeier gilt heute in schwäb.
oberpfälz. hess. Mundart. Die Schriftform
bewahrt ī in Anlehnung ans Lat., ie bezeichnet
die Länge.

Papiergeld N. Engl. paper-money, zuerst
1691 in Massachusetts, erfährt Lehnübersetzung
zu frz. papier-monnaie. Die erste Papiergeld=
katastrophe Frankreichs spiegelt die Berl.
Ordinaire Ztg. 1720, Nr. 70 „(Diamanten wer=
den) von denen, so viel Banco=Zettel haben,
häufig aufgekaufft, und zwar bloß darum, da=

mit sie des Papier-Geldes loß seyn möchten". Gebucht wird Papiergeld seit Kirsch 1728 Cornu cop. 2, 253. Um 1800 folgen Papiergulden und -taler. S. Banknote. Schulz-Basler 1942 Fremdwb. 2, 319.

Pappe F. '(Kinder-)Brei'. Ein über viele Sprachen gehendes Lallwort der Kinder hat, wie lat. pappāre 'essen', pap(p)a 'Brei', so auch das gleichbed. mhd. md. nl. engl. pap ergeben. Heute gilt Papp(e) schles. und südd. weithin für sonstiges Brei, Koch, Mus: Kretschmer 1918 Wortgeogr. 173 f. Dasselbe Wort ist obd. Papp M. 'Mehlkleister'; Kleister fehlt im ganzen Südwesten. Dort fehlt auch das durch Pappendeckel ersetzte Pappe F.: der Werkstoff des Buchbinders heißt nach den dicken Kleisterschichten, die die Papierlagen verbanden, solange er im Handbetrieb hergestellt wurde.

Pappel¹ F., 'Malve', mhd. papel(e), asächs. pappilla; ahd. Zeugnisse fehlen (Zf. f. dt. Wortf. 6, 188). Malvenblätter geben gekocht einen lösenden Brei, demgemäß gehört der Pflanzenname zu Papp M. 'Schleimsuppe'. S. Pappe; Engl. Stud. 69, 176 f.; J. Schnetz 1933 Zf. f. Ortsnamenf. 9, 230.

Pappel² F. Die Gattung Pōpulus war auf german. Boden allein durch die Espe (P. tremula) vertreten. Erst im Mittelalter gelangt die Schwarzpappel (P. nigra) aus dem Süden zu uns; ihr gelten die aus lat. pōpulus und mlat. papulus entlehnten Namen ahd. pop(e)l-, papilboum (Zf. f. d. Wortf. 6, 191), mhd. popel, papel, mnd. poppele, nnd. pöpl (M. Bathe 1932 Herkunft d. Siedler in d. Landen Jerichow 73), westfäl. pöppel (mit Umlaut wie üörgel 'Orgel'), dän. schwed. poppel, mengl. popultrē: Hoops 1905 Waldbäume 230 ff. 261 f. Einen Namen der Weiß- oder Silberpappel (P. alba) s. u. Alber. In den westeurop. Volkssprachen entwickelt sich der Baumname abweichend: ital. pioppo über *ploppus aus pōp(u)lus; afrz. poplier, frz. peuplier, anglonorm. *poplēr, mengl. popler, engl. poplar, nl. populier aus mlat. pōpulārius.

pappeln Ztw. 'schwatzen', lautmalend wie gleichbed. nd. babbeln, nl. babbelen, mengl. babelen, engl. babble, frz. babiller.

Pappenstiel M. 'Stiel des Löwenzahns; etwas völlig Wertloses', so seit Stieler 1691. Die Pflanze heißt nach ihrer Samenkrone, lat. pappus. Zf. f. dt. Phil. 23, 292; Götze 1909 Volkskundl. bei Luther 20.

papperlapapp Interj. zur Ablehnung nichtiger Rederei, dem Laut nachgebildet, der beim Auf- und Zutun der Lippen entsteht (s. pap).

Zuerst päperlepäp 1736 Hist. v. Niebenzahl 4; Paperlapap N. 'leeres Gerede' z. B. Zschokke 1856 Nov. u. Dicht. 13, 103. Aus den leichten Gattungen der Literatur (kom. Oper, Posse, Märchen) in die Mundarten von Luxemburg bis zum Erzgebirge, von der Schweiz bis Waldeck gedrungen.

Papphahn M. Die mecklenb. Zwölfsteltaler, die Hans Albrecht v. Meckl.-Güstrow 1616 schlagen ließ, trugen als erstes Kurantgeld der Landschaft den Reichsadler. Er wurde als 'Papageienhahn' verspottet und nach nd. pāpe, pāpjen 'Papagei' benannt. Der Name ist auf mancherlei Zweieinhalbgroschen- und Vierschillingstücke übertragen worden und hat sich bis ins 20. Jh. erhalten: Edw. Schröder 1907 Nd. Jb. 33, 119.

Paprika M. 'spanischer Pfeffer', das scharfe Gewürzpulver aus den getrockneten Früchten von Capsicum annuum L. Im 19. Jh. über das Magy. entlehnt aus serb. pàprika, dem lat. piper 'Pfeffer' vorausliegt.

Papst M. Aus lat. pāpa 'Vater', das aus der ehrenden Anrede für Bischöfe, Patriarchen und Äbte seit Ende des 5. Jh. zum Titel des Bischofs von Rom geworden war, stammt spätahd. mhd. bābes. Mhd. bābest zeigt seit dem 13. Jh. -t (wie Axt, Obst, Palast usw.). Das b gegenüber lat. p erklärt sich wie in bēch, balme usw.; nhd. ist (nachdem Luther zwischen Babst und Bapst geschwankt, das 17./18. Jh. meist Pabst geschrieben hatte; so noch meist in Fam.-Namen) der lat. Konsonantismus auf gelehrtem Weg hergestellt; Adelung entscheidet für Papst. Schwierig ist zunächst das s (bestätigt durch aslav. papeži, das aus dem Ahd. entlehnt ist). An ngr. πάππας ist für das spät ins Deutsche gedrungene, weström. Wort nicht zu denken; die entspr. roman. Wörter (ital. papa, frz. pape) zeigen kein s. Doch bietet das Afrz. neben pape vereinzelt papes (wie poetes, prophetes, hermites, homicides aus poeta, propheta, eremita, homicida), das am Niederrhein in germ. Sprachen übergeht: mnl. pāus, paewes, nnl. paus, afries. pāwis, -es, pāus, asächs. pābos, mnd. pāwes, pāwest (hieraus lett. pāvests). Von Norden und Nordwesten rückt das Wort im 10. Jh. nach Süddeutschland, das nicht vor Notker erreicht wird; vorher hatte dort das unveränderte kirchenlat. pāpa gegolten. Anord. pāfi (später auch pāpa, pāpi aus dem Agf.) scheint Mischbildung aus mnd. pāves und agf. pāpa. Das Agf. bewahrt die lat. Form rein, weil es sie früher entlehnt hat, sie wirkt nach in engl. pope. Daß im Mhd. langer Vokal vor Doppelkonsonanz geblieben ist, erklärt sich (wie bei Mond und Propst) aus den zweisilbigen

Nebenformen. Verschmelzung zu einer Silbe ist erfolgt wie bei Abt, Amt, Arzt, Markt usw.

Parabel s. Palaver.

Parade F. 'Prunkaufzug', bei uns seit Wallhausen 1615 Kriegsk. zu Fuß 152 „Von der Parade oder Aufführung der Wacht". Quelle ist das gleichbed. frz. parade (woraus auch engl. parade); dies aus span. parada zu parár 'zieren, schmücken'. Nach dem Vorbild dieses Fem. ist die Parade des Reiters und Fechters zu parieren² gebildet, s. d. und Schulz-Basler 1942 Fremdwb. 2, 325.

Paradies N. Avest. pairidaęza 'Umzäunung, Garten' liefert hebr. pardēs, das in späteren bibl. Büchern für 'Baumgarten, Park' steht. Die Griechen entlehnen das uns zufällig nicht überlieferte apers. Wort als παράδεισος und verwenden es bei Übersetzung des 1. Buchs Mosis für den 'Garten Eden'. Sie vermitteln über kirchenlat. paradīsum den Begriff den europ. Sprachen (z. B. frz. paradis, woraus engl. paradise), dem Deutschen als ahd. paradīs, mhd. par(a)dis(e) N. Das lautgerecht entwickelte frühnh. paradeis wird durch Erinnerung an das lat. Vorbild rückgängig gemacht. Die Bed. 'Vorhalle von Kirchen' hat sich im frz. und dt. Mittelalter eingestellt infolge der dort angebrachten Darstellungen von Adam usw. Auf der Mysterienbühne war P. ein erhöhter Ort im Hintergrund: daher jetzt der oberste Teil des Zuschauerraums im Theater, sonst Olymp, Topp: Lokotsch 1927 Etym. Wb. 1631; Schulz-Basler 1942 Fremdwb. 2, 328f.

Paradiesapfel M. Die Frucht von Lycopersicum esculentum ist in Böhmen, Österr.-Schlesien, Olmütz und Bozen als Paradiesapfel, in Vorarlberg, Eger, Iglau und Znaim als Paradiesapfel, im übrigen Österreich als Paradeis, in Linz als Paradies bezeugt. Vereinzelt begegnen diese Namen in Süddeutschland und der Schweiz neben Tomate (s. d.): Kretschmer 1918 Wortgeogr. 531. Mhd. par(a)disapfel war 'pomum granatum', landschaftl. hießen so bes. schöne Apfelsorten (Zs. f. d. Wortf. 12, 220), die man um ihrer Güte willen mit der Frucht 1. Mos. 3 verband, die dt. Künstler von je als Apfel darstellten.

Paradiesvogel M. Die farbenprächtigen Paradiseidae von Neuguinea sind im Anschluß an die Reise von Magalhães 1522 nach Europa gelangt zunächst in Bälgen, die die Eingeborenen der Füße beraubt hatten. Daran schließt die Sage, die Vögel verbrächten ihr ganzes Leben fliegend und entstammten unmittelbar dem Paradies. Daher seit Gesner 1557 Vogelb. 185 der Name P., gelegentl. auf heimische Vögel übertragen: Frischbier 1883 Preuß. Wb. 2, 121.

Paragraph M. 'Zeichen für Absätze in der Schrift; Schriftabsatz;(Gesetzes-)Abschnitt'. Mhd. paragraf M. ist kurz vor 1300 entlehnt aus lat. paragraphus M., dies aus gr. ἡ παράγραφος γραμμή (παρά 'neben', γράφειν 'schreiben'). Bei Isidor v. Sevilla († 636) ist es ein dem S ähnliches Zeichen, das eine Trennung des Stoffs anzeigt. Frz. paragraphe ist seit dem 13. Jh., engl. paragraph erst im 16. Jh. bezeugt: Schulz-Basler 1942 Fremdwb. 2, 331ff.

parallel Adj. Gr. παράλληλος Adj. 'nebeneinander befindlich, laufend' ergibt lat. parallelus, bei uns seit Dürer 1525 Unterw. d. Messung A 2b „ist not zu wyssen, was Paralell lini sind, im Latein also genant, die ich in unserm deutzsch parr lini will heißen" (Schirmer 1912 Wortsch. d. Math. 50 f.). Kepler versucht 1616 Ersatz durch gleichlaufend, -schwebend (Götze 1919 Anf. e. math. Fachspr. 83 f.), doch bewahrt das 17. Jh. Parallele namentlich als Fachwort des Festungsbaus und Belagerungswesens (Kurrelmeyer 1929 Mod. lang. notes 44, 143), wobei unter Vaubans Einfluß frz. parallèle eine Rolle spielt: Zs. f. d. Wortf. 8, 83. 14, 78; Schulz-Basler 1942 Fremdwb. 2, 333ff.

parbleu Interj. 'potztausend': zu Beginn des 18. Jh. entlehnt aus frz. parbleu, dies entstellt aus par Dieu 'bei Gott'. Das gleichbed. morbleu aus frz. morbleu ist entstellt aus mort Dieu 'beim Tode Christi'.

pardauz Schallwort für dröhnenden Fall, in der Form pardues in Laurembergs Nd. Scherzged. (1652) 2, 693. Aus dem Nd. stammen dän. bardovs, schwed. burdus, nnl. par-, perdues. Adelung schreibt 1777 perdutz, Dähnert 1781 Pomm. Wb. 347 perdüz, Campe 1809 pardautz. Schallwörter gleichen Sinns sind bauz und pauz.

Pardel, Parder M. Eine idg. Wurzel *perd- 'gesprenkelt, gefleckt', bezeugt in aind. pṛdāku- 'Schlange', ist vorauszusetzen im arischen Namen des gefleckten Raubtiers, der uns in pers. pārs und (als Entlehnung aus dem Arischen) in gr. πάρδος, πάρδαλις greifbar wird, den europ. Sprachen vermittelt durch lat. pardus, pardalis. Die erste Form ergibt ahd. pardo, mhd. parde, part (wie auch afrz. pard, das in engl. pard bis heute fortwirkt). Luther bietet Pard, daneben Pardel (aus der zweiten gr.-lat. Form) und Parder, das unter Einfluß von Panther umgebildet ist. S. Leopard.

Paria M. Nach tamul. parai 'Trommel' heißen die erblichen Trommelschläger bei gewissen Festen in Südindien paraiyar. Da sie einer niedern Kaste angehören, ist angloind.

parriar, pariah ſeit 1613 Bezeichnung der niederſten Kaſte in der Hierarchie der Hindus geworden. Bei uns ſeit Ende des 18. Jh., frz. paria zuerſt 1745: Lokotſch 1927 Etym. Wb. 1627; Schulz-Basler 1942 Fremdwb. 2, 347f.

parieren[1] Ztw. 'gehorchen' vor Mitte des 16. Jh. aus gleichbed. lat. pārēre hervorgegangen.

parieren[2] Ztw. Lat. parāre 'bereiten' ergibt ital. parare, frz. parer, die, in die engere Bed. 'ein Hindernis bereiten; halten; abwehren' übergeführt, im 15. Jh. parieren als Fachwort der Reit- und Fechtkunſt liefern. S. Parade, Mod. lang. notes 36, 488 und Schulz-Basler 1942 Fremdwb. 2, 348.

Park M. Mlat. parricus M. 'eingezäunter Raum; Gehege' (ſ. Pferch) ergibt frz. parc, engl. park. Das frz. Wort dringt in frühnhd. Zeit über den Niederrhein oſtwärts. Aber erſt im 18. Jh. ſetzt ſich Park 'großflächige, waldartig gehaltene Gartenanlage' unter engl. Kultureinfluß im Gegenſatz zum Rokokogarten frz. Geſchmacks bei uns durch: J. B. v. Rohr 1729 Einl. zur Cerem.-Wiſſenſch. 2, 87. — Artillerie-, Fuhrpark ſind zur Geſamtheit der Geſchütze und Fahrzeuge geworden; urſprünglich bezeichneten ſie den Ort, wo jene vereinigt ſtanden: Schulz-Basler 1942 Fremdwb. 2, 350; Stiven 39 mit Anm. 170. Dazu im 20. Jh. **parken** (nach engl.-amerik. to park).

Parkett N. 'getäfelter Fußboden; Sperrſitze vor der Bühne; die dort weilenden Zuſchauer'; ſpät im 18. Jh. entlehnt aus gleichbed. frz. parquet, einer alten Ableitung von parc 'abgegrenzter Raum' (ſ. Park). Die Schreibung mit qu wird bis tief ins 19. Jh. beibehalten; die frz. Betonung gilt bis heute: Schulz-Basler 1942 Fremdwb. 2, 351.

Parlament N. Zu ital. parlare, frz. parler 'reden' (ſ. Parole) ſtellt ſich mlat. parlamentum, afrz. parlement 'Beſprechung, Verhandlung, Verſammlung', das gleichbed. mhd. parlament, parlemunt ergibt, zuerſt in Köln 1277/88: H. Suolahti 1929 Frz. Einfluß 176; Schulz-Basler 1942 Fremdwb. 2, 351. Zu 'Verſammlung der Volksvertreter' wird Parlament vor Ende des 17. Jh. unter Einfluß des engl. parliament: Mercurii Relation, München 1697, Beilage zu Nr. 9 „eine große Zahl Parlaments-Deputirten".

Parmeſankäſe M. nach ſeiner Herſtellung im Gebiet von Parma ital. parmigiano benannt. Dt. Paläſtinapilger nahmen ihn von Venedig aus mit auf den Weg, daher ſeit 1527 bei uns bekannt: Schulz-Basler 1942 Fremdwb. 2, 357.

Parole F. Aus gr. παραβολή F. in ſeiner Bed. 'Gleichnisrede' iſt mlat. parábola 'Spruch, Wort' entlehnt, das gleichbed. ital. parola, frz. parole ergibt und im 13. Jh. als mhd. parol(le) M. übernommen wird. Zu Anfang des 17. Jh. folgt neue Übernahme im militär. Bereich: parolla tadelt der Teutſche Michel (1617) 12 als Modewort: Suolahti 1929 Frz. Einfl. 176; Zſ. f. d. Wo tf. 8, 258. 14, 78. Vgl. Palaver.

Paroli N. 'Verdopplung des erſten Einſatzes beim Pharoſpiel'; ein Paroli bieten 'die Spitze bieten'. Im 18. Jh. entlehnt aus frz. paroli, dies ſeit 1653 nach ital. pároli, Verkl. von ital. paro 'gleich'. Quelle lat. par 'gleich', ſ. Paar.

Partei F. Subſt. Part. zu lat. partīri 'teilen' iſt mlat. partita F. 'Abſpaltung, Abteilung', Quellwort für ital. partita, afrz. parti, engl. party. Das in mhd. Zeit entlehnte partie erſcheint ſeit dem 15. Jh. als Parthey. Im 17. Jh. folgt neue Entlehnung des frz. partie, die zu nhd. Partie führt: Schulz-Basler 1942 Fremdwb. 2, 364ff. 376ff.

Parteke F. 'Stück Brot als Almoſen für fahrende Schüler', mlat. partheca 1517 Epiſt. obſc. vir. 72, mnd. porteke 'Brotſchnitte'. Oft bei Sachs und Luther; dieſer nennt arme Lateinſchüler Partekenhengſte; Behaim 1464 Buch v. d. Wienern 6, 13 u. ö. ſchilt ſie Partekenfreſſer; Partekenfreſſerei noch 1629: Zſ. f. d. Wortf. 13, 174. Aus mgr. παραθήκη F. 'depoſitum; Dargereichtes'. Unbefriedigend Nyſtröm 1915 Schulterm. 1, 232f.

Parterre N. Aus der frz. Formel par terre 'zu ebner Erde' erwächſt das M. parterre 'ebner, mit Blumenbeeten geſchmückter Raſenplatz; Gartenbeet', das bei uns ſeit J. Lauremberg 1649 Scherzged. B. 384 Schröder eine Rolle ſpielt. Die zweite Bedeutung des frz. M. 'ebnes Halbrund des Zuſchauerraums vor der Bühne' erſcheint bei C. F. Menantes 1719 Satir. Roman 2, 87. Den Sinn des frz. rez-de-chaussée entwickelt Parterre ohne Vorbild im Frz. ſeit 1785 (Schillers Briefe 1, 239 Jonas) in Deutſchland, während Öſterreich bei den heimiſchen Ausdrücken zu ebner Erde und ebenerdig bleibt: P. Kretſchmer 1918 Wortgeogr. 357f.; Schulz-Basler 1942 Fremdwb. 2, 374ff. Das gute Erſatzwort Erdgeſchoß ſeit 1813 bei J. H. Campe, Wb. z. Verd. 461. 537.

Partiſan M. 'Führer einer kleinen Truppe; Freibeuter; Parteigänger': in die Fachſprache der Heere des 17. Jh. entlehnt aus gleichbed. frz. partisan. Dies im 15. Jh. aus ital. partigiano 'Anhänger', Ableitung von parte 'Teil, Anteil'.

Partisane F. 'Stoßwaffe mit breiter zwei=
schneidiger Spitze und Flügelspitzen am Fuß
der Klinge': früh im 16. Jh. entlehnt aus frz.
pertuisane 'Knebelspieß', das kurz vorher aus
ital. *pertugiana (zu pertugiare 'durchbohren';
vgl. frz. percer) übernommen war.

Partner M. 'Teilhaber, Mitspieler'. Aus
mlat. partiōnārius 'Teilhaber' (zu lat. partītio
'Teilung') wird gleichbed. afrz. parçonier,
anglonorm. mengl. parcener, das sich mit
engl. part 'Teil' kreuzt und engl. partner er=
gibt. Dies wird ins Nhd. entlehnt und erscheint
1813 bei Goethe, Dicht. u. Wahrh. Tl. 3,
Buch 11.

Parvenü s. Emporkömmling.

Parze F. 'Schicksalsgöttin', im 15. Jh. ent=
lehnt aus lat. Parca und in lat. Form bis tief
ins 17. Jh. geführt. Die Schreibung Parzen
kaum vor D. Morhof 1682 Ged. 205. Die
röm. Parca war ursprünglich eine Geburts=
göttin (*par(i)ca zu pariō 'gebäre', ur=
verwandt mit Farre und Färse, s. d.), später
der gr. Moira gleichgesetzt und verdreifacht.

Pasch M. Frz. passe-dix 'Spiel mit drei
Würfeln, bei dem nur gewinnen kann, wer mehr
als 10 Augen und auf zwei Würfeln gleiche
Augenzahl wirft' (von da auch nnl. passediesje
'Würfelspiel' und paschendise 'würfeln' in
älterer Aachener Ma.) liefert wohl während
des 30jähr. Kriegs unser Pasch, das freilich erst
nach Mitte des 17. Jh. sichtbar wird. Das zu=
gehörige paschen 'würfeln' seit Schueren,
Teuth. (Kleve 1477) 294 Verdam „passen, en
dobbelspel/taxillare".

Pascha M. türk. paša 'Exzellenz', höchster
Titel der türk. Zivil= und Militärlaufbahn. Bei
uns zuerst in der Form wascha, Mz. waschen
bei H. Sachs 1529: Schulz=Basler 1942 Fremd=
wb. 2, 389f., danach auch als Bassa, Bascha:
Zf. f. dt. Wortf. 3, 324. 15, 198. Zus.=Setzungen
wie paschahaft, =mäßig, Paschagelüst,
=wirtschaft kaum vor dem 19. Jh.

paschen Ztw. Während für den Begriff
'Waren heimlich über eine Zollgrenze schaffen'
schmuggeln von der Nordsee, schwärzen aus
Mundarten obd. Grenzlandschaften verbreitet
ist, stammt paschen aus dem Rotw. des Süd=
westens. Hier begegnet 1755 paßen, 1820
baaschen (Kluge 1901 Rotw. 1, 240. 341) in
der Bed. 'kaufen', die in diesem Lebenskreis
eng an 'Schleichhandel treiben' grenzt. Adelung
bucht 1777 paschen 'auf verbothene Art han=
deln, schwärzen, smuggeln', Goethe gebraucht
wegpaschen Faust II 11831. Quelle ist nach
Lokotsch 1927 Etym. Wb. 1641 hebr. pāsah
'überschreiten'.

Paspel M. F. 'Litze, Vorstoß'. Frz. passe-
poil (zu passer 'durchziehen' und poil 'Haar',

dann 'Gewebe') gelangt ins Nhd. und lebt
mundartl. in allerlei Entstellungen fort: K.
Müller=Fraureuth 1911 Wb. d. obersächs.
Ma. 1, 66.

Pasquill N. 'Schmähschrift'. 1501 ließ
Kardinal Caraffa das Bruchstück einer Marmor=
gruppe vor seinem Palast in Rom aufstellen,
die bisher halb eingesunken auf der Straße
gelegen hatte. Erst das 19. Jh. hat darin
Menelaos erkannt, der den toten Patroklos
aus dem Getümmel schleppt. Die lustigen
Römer des 16. Jh. nannten die Gestalt nach
einem gegenüber wohnenden Schulmeister
Pasquino und hefteten ihr jährlich am Markus=
tag Epigramme auf Zeitereignisse an, die bald
selbst pasquino und (mit ital. Verkl.) pasquillo
hießen. Am 25. Apr. 1509 waren es schon
gegen 3000. 1518 war Pasquino als Pilger
verkleidet. Darauf zielt die Flugschrift Pas-
quillus exul, mit der ein dt. Humanist 1518
das Wort bei uns beflügelt: O. Clemen 1900
Beitr. z. Ref.=Gesch. aus Zwickau 1, 1ff.;
W. Brecht QF. 93, 198; Schulz=Basler 1942
Fremdwb. 2, 390ff. Gleichen Ursprungs sind
frz. pasquin, älter pasquil und engl. pasquil.

Paß M. 'behördlicher Ausweis'. Im Nord=
osten erscheint 1430 paßbrif Liv=, esth= und
kurländ. Urk.=Buch 8, 198 Bunge, im Südwesten
1498 paßport Jahrb. d. schweiz. Gesch. 39, 190:
nebst weiteren Belegen bei Wm. Kurrelmeyer,
Mod. lang. notes 37, 392. Dies dem frz. passe-
port 'Geleitbrief' (aus passer 'überschreiten'
und port 'Übergang') entlehnt; von da auch
engl. passport. Statt beider tritt im Nord=
westen Paß auf: L. Hulsius 1617 Schiff. 15, 49,
im Einklang mit nl. pas 'Erlaubnis zum Durch=
gang', das mit gleichbed. ital. passo auf lat.
passus 'Schritt, Gang' beruht: Schulz=Basler
2, 393. Gleichen Ursprungs ist Paß 'Durch=
gang(sweg); niederste Stelle einer Bergkette,
die zum Übergang dient'. Schon mlat. passus
hat entsprechende Bedeutungen; vermittelt
haben hier frz. pas 'enger Durchgang' und
nrhein. (13. Jh.) pas 'Schritt, Gang, Weg'.

Passah N. Ostern heißt hebr. pēsah, aram.
peshā; hierauf beruht gr. πάσχα, kirchenlat.
pascha. Im dt. Nordwesten hält man päske
für Ostern, s. d. Soweit Fam.=Namen wie
Paasche(n) dort daheim sind, bezeichnen sie
urspr. den zu Ostern Geborenen: Littmann
1924 Morgenl. Wörter 30; Schulz=Basler,
Fremdwb. 2 (1942) 398f. Dagegen stammen
die Pascher vom Pascherhof bei Xanten, alt
ter pasch 'ad pascuam'.

Passagier M. 'Reisender, Fahrgast', vor
Ende des 16. Jh. entlehnt aus gleichbed. ital.
passeggiere (zu ital. passare 'reisen'): wie
Arsenal und Gondel ein Wort vornehmlich

des ital. Seeverkehrs, darum auch bei uns zunächſt auf Schiffsreiſende beſchränkt. Engl. passenger 'Reiſender' iſt umgeſtaltet aus afrz. passagier. Blinder ('nicht geſehener') Paſſagier kaum vor F. v. Matthiſſon 1787 Ged. 2, 118: Schulz=Basler, Fremdwb. 2 (1942) 398.

Paſſat(wind) M. Zum gleichen Stamm wie Paſſagier gehört ſpan. pasado M., für das man Kürzung aus *viento de pasada vermutet. Die in niedrigen Breiten regelmäßig wehenden Oſtwinde ſind der überfahrt günſtig. über nl. passaat(wind) (ſo ſeit 1637) gelangt das Wort zuerſt 1655 in einen nd. ſeemänniſchen Text: Kluge 1911 Seemannsſpr. 608; Schulz=Basler, Fremdwb. 2 (1942) 399f. S. auch Monſun.

paſſen Ztw. Frz. passer 'vorübergehen' (zu lat. passus 'Schritt'), das in paſſieren (ſ. d.) fortlebt, ergibt im 13. Jh. ein nrhein. (ge)paſſen 'zum Ziel kommen, erreichen'. Darauf beruht nhd. paſſen 'angemeſſen, gelegen ſein'; dazu (un)päßlich. Auf nl. Boden wandelt ſich 'vorübergehen' zu 'verziehen, bis etwas vorüber iſt'. Indem ſich der Blick auf das Vorübergehende richtet, wird die in nhd. aufpaſſen (ſ. d.) vorliegende Bed. erreicht. Bezieht ſich das Vorübergehenlaſſen auf die Runde im Spiel, ſo entſteht (wie ſchon bei frz. passer) die Bed. 'nicht ſpielen', ſeit Stieler 1691 gebucht. Auch die Spielausdrücke Daus, Paſch, Pik, Treff ſtammen aus dem Frz.

Paßglas N. Zum Ztw. paſſen in ſeiner Bed. 'angemeſſen ſein' ſtellt ſich ein Subſt. 'rechtes Maß', das heute weſentlich in Formeln wie zu Paß ſein, kommen gilt. Eine abgezweigte Bed. 'Maßſtrich' lebt in Paßglas, das als 'vitrum decumanum circulis distinctum' ſeit Stieler (1691) 662 auftritt.

paſſieren Ztw. Frz. passer (ſ. paſſen) liefert frühnhd. paſſieren 'durch=, vorbeikommen'. Die heute gangbare Bed. 'ſich zutragen' ſtammt aus frz. se passer: Schulz=Basler 1942 Fremdwb. 2, 400ff.

Paſtete F. Zu gr. πάσσειν 'ſtreuen' gehört πάστη F. 'Gericht von gemiſchten und eingebrockten Speiſen'. Zu dem daraus entlehnten ſpätlat. pasta (im nhd. F. Paſte fortlebt) wird roman. *pastata F. 'in Teig gehülltes Fleiſchgericht' gebildet, das ſeit dem 12. Jh. in die Sprachen Europas eingeht: afrz. pasté, frz. pâté, engl. pasty, mnl. pastei(d)e, -ēde, nnl. pastei, mnd. pasteide, -ei(g)e, dän. postej, ſchwed. pastej. Hd. zuerſt 1421: brotbecken, die baſteten machtent Juſtingers Berner Chron. 336 Stierlin=Wyß.

Paſtinak M., =ake F. Pastinaca sativa iſt zur Römerzeit aus dem Mittelmeergebiet eingeführt; Karls d. Gr. Capitulare de villis Kap. 70 empfiehlt pastinacas zum Anbau. Volkstüml. Namen zeigen, daß das Doldengewächs mit eßbarer Wurzel mit der Möhre zuſ.=geworfen wurde: agſ. walh-, wealmore, dt. Hammels=, Hirſchmöhre, Moorwörtel: Hoops 1905 Waldb. 329. 601; 1916 Realler. d. germ. Alt.=Kde. 3, 395f.

Paſtor M. '(proteſt.) Geiſtlicher', Mz. Paſtoren, norddt. auch Paſtöre. Spätmhd. pastor 'Pfarrer', mnd. pastōr, nd. páster, mnl. nnl. pastoor: ſeit 1315 aufgenommen aus kirchenlat. pastor 'Seelenhirt', nach Joh. 10, 12ff. entwickelt aus lat. pāstor 'Hirt'. Dies zu lat. pāscere '(Vieh) weiden, füttern, nähren', urverwandt mit Futter[1].

Pate M. Lat. pater spirituālis 'geiſtl. Vater' hat über mlat. patrīnus 'Taufzeuge' ital. padrino, frz. parrain ergeben. Dazu als frühe Entlehnung nl. peet, petekind, meckl. pēt, mhd. pfetter, das als Pfetter 'Taufpate' mundartl. fortlebt. Das anlautende pf erweiſt übernahme vor der hd. Lautverſchiebung. Nach ihr ergibt lat. pater im 12. Jh. mhd. pate, bate, mnd. pade (hieraus entlehnt lett. pāde), das über oſtmd. Mundarten zum Schriftwort geſtiegen iſt. Die obd. Entſpr. ſ. u. Gote. Mhd. Taufzeuge nicht vor Stieler 1691.

patent Adj. Mit mlat. (littera) patens '(landesherrl.) offner Brief' beginnt der ſtaatl. Muſterſchutz. Patent N. in dt. Text zuerſt 1574 (Zſ. f. d. Wortf. 15, 199). Die Ausgangsbed. 'Brief, der offen vorzuzeigen iſt' hat ſich nach zwei Seiten entwickelt, zur landesherrlichen Ernennung (Hauptmannspatent) u. zur Beſtätigung der Güte einer Ware. Aus Zuſ.=Setzungen wie Patentknöpfe, =ſchnallen, =ſtrümpfe wird im 19. Jh. das Adj. patent abgelöſt, dem die Vorſtellung, patentierte Waren ſeien beſonders gut, zu lobender Bed. hilft, demgemäß in Göttinger Stud.=Spr. 1813 von ſeidenen Strümpfen „ſie ſind höchſt patent": Kluge 1895 Stud.=Spr. 111.

Paternoſter N. Das Vaterunſer beginnt Matth. 6, 9 mit den Worten Pater noster. Danach heißen P. die größeren, das Vaterunſer bezeichnenden Kugeln des Roſenkranzes und dieſer ſelbſt. Nach ihm heißt Paternoſterwerk ein in ſtändiger Bewegung befindlicher Aufzug, auch ein Waſſerhebewerk oder eine Baggermaſchine. Auch engl. paternoster vereinigt beide Bedeutungen.

Patient M. Das Part. Präſ. von lat. pati 'leiden' erſcheint ſeit Begardi 1539 Index san. 5[b] ſubſtantiviert in der Bedeutung 'Kranker', lange Zeit in der Form Patiente, die md. und nd.

bis heute gilt. Für die Endbetonung der Schrift=
form ist eher die lat. Mz. patiéntes verantwort=
lich, als frz. patient (hieraus engl. patient).

Patriot M. Zu gr. πάτριος 'den Vätern
gehörig' stellt sich πατριώτης 'Landsmann',
das über mlat. patriōta und frz. patriote
(woraus auch engl. patriot) zu uns gelangt.
Gebucht seit Sim. Rot 1571.

Patron M., **Patrone** F. Wie Matrone (s.
d.) zu lat. mäter 'Mutter' gehört, so stellt sich
zu pater 'Vater' patrōnus '(väterlicher) Be=
schützer, Schutzherr, Verteidiger'. Das daraus
im 13. Jh. entlehnte mhd. patrōn wendet
diese Bedeutung ins Geistliche: weithinaus ist
Patron 'geistlicher Schutzherr' geblieben, Pa=
tronat 'Schutzherrschaft'. Die Rückkehr zu
weltlichem Sinn geht von mlat. patronus
(hospicii) 'Herbergswirt' aus: hier ist der lustige,
schlaue, saubere Patron anzuschließen. Die
Bedeutung 'Kapitän, Schiffseigentümer', die in
obd. Quellen des 15. bis 18. Jh. gilt, stammt
aus gleichbed. ital. padrone: E. Ohmann 1940
Neuphil. Mitt. 41, 150. Dem Lat. ist frz.
patron entlehnt, dem Afrz. engl. patron. —
Im Kern dasselbe Wort ist Patrone F. Wie
der Vater das Vorbild für Gestalt und Art des
Sohns abgibt, wird mlat. patronus zu 'Muster=
(form)' und vererbt diesen Sinn (wie an frz.
patron und engl. pattern) an dt. Mundarten
und Fachsprachen. Gemeinsprachlich ist allein
Patrone 'Geschoßhülse', so um 1616 dem
gleichbed. frz. Heereswort patron entlehnt. Aus
'Musterform' auf 'Pulvermaß' verengt, wurde
Patrone zur Papierhülse mit einer bestimmten
Menge Pulver, die der Schütze in den Lauf
schüttete, nachdem er die Hülse aufgebissen
hatte. Nach Erfindung des Zündhütchens und
des Hinterladers ist der metallnen Einheits=
patrone (die Zündung, Ladung und Geschoß
vereinigt) der strenggenommen veraltete Name
geblieben.

Patsche F. 'Verlegenheit', seit Ende des
17. Jh. literar., ist aus der lautmalenden Interj.
patsch abgeleitet. Dazu auch das im 15. Jh.
auftretende Ztw. patschen.

Patschuli N. Eine vorderind. Sprache
liefert den Handelsnamen pacholī für die
Blätter der Labiate Pogostemon, deren Saft
1844 als patchouli nach England kam: Lo=
kotsch 1927 Etym. Wb. 1603. Bei uns seit
Gutzkow 1858 Zauberer v. Rom 2, 43.

patzig Adj. Zu dem unter Batzen ent=
wickelten Stamm gehört frühnhd. batzig, z. B.
Fischart 1575 Garg. 312 „du machst dich disen
morgen mechtig batzig". In derselben Wendung
erlangt späteres patzig die Bed. 'aufgeblasen,
übermütig': Germ. 28, 394. Zum Wandel
von b zu p H. Paul 1916 Dt. Gramm. 1, 264.

Pauke F. tritt als mhd. pūke, būke auf,
daneben mit Ablaut bouke, worauf auch schwäb.
baog (H. Fischer 1, 707) zurückweist, so daß
man zu einer alten Lautnachahmung būggn:
bauggn gelangt. Auch an Verwandtschaft mit
pochen hat man gedacht, doch bleibt die Her=
leitung schwierig. Das in der Lutherbibel
häufige Pauke wird Luthers obd. Zeitgenossen
mit trummen erläutert: Kluge 1918 Von Luther
bis Lessing 114. Das Ztw. pauken, mhd. pūken,
gelangt über 'drauflostrommeln' zu der student.
Bed. 'fechten': Kluge 1895 Stud.=Spr. 111.
Pauker 'Lehrer' ist gekürzt aus älterem Hosen=,
Arschpauker, die Nyström 1915 Schulterm.
1, 135 seit 1667 und 1700 nachweist. Dazu
pauken 'unterrichten'. Im Rotwelschen heißt
der Lehrer 1753/5 Bildhauer (zu bille 'Hinter=
backe'): F. Kluge 1901 Rotwelsch 1, 222, 239.
Unmittelbar an das Schlagzeug ist Pauke F.
'schallende Rede' anzuknüpfen.

Pausback M., frühnhd. pfausback (so ge=
bucht seit Dasypodius, Straßb. 1535) 'Wesen
mit strotzenden Backen'. Mhd. phūsen steht
lautmalend für 'Luft ausblasen, gebläht sein',
in westmd. Lautform 1360 vom Trierer Erz=
bischof: (er hatte) eyn breit antlitze mit pußen=
den backen Tileman Elhen von Wolfhagen,
Limb. Chron. 38 § 57 Zedler. Dazu auch Über=
namen wie Bausback, Paus(e)=, Posewang, die
als Fam.=Namen festgeworden sind: Eberhart
Pawspack Bamberg 1400, Pauswangel 1445.
Pestalozzi und Jer. Gotthelf bieten die obd.
Form Pfausback.

Pause F. Zu gr. παύειν 'aufhören' stellt
sich παῦσις F. 'Aufhören', das über lat.
pausa afrz. pose 'Zwischenzeit, Rast' spät im
13. Jh. mhd. pūs(e) F. ergibt. Dän. pause,
schwed. paus stammen aus dem Nhd., engl.
pause ist mit latinisierender Schreibung dem
Afrz. entnommen.

pausen schw. Ztw. im 18. Jh. entstanden
durch Kreuzung des frz. ébaucher 'aus dem
Rohen arbeiten, entwerfen' mit poncer 'durch=
pausen' (woraus auch gleichbed. engl. pounce),
ursprünglich 'mit Bimsstein abreiben', zu frz.
ponce, lat. punicem; s. Bims.

Pavian M. Zu prov. baboue 'Schnute'
gehört afrz. babouin 'Pavian' (von da gleich=
bed. engl. baboon), aus dem über *babuwijn
mnl. baubijn entsteht. Nnl. baviaan hat seine
Endung aus Vorbildern wie roffiaen 'Kuppler'
bezogen. Als Lehnwort aus dem Nl. erscheint
frühnhd. bavian zuerst in Hnr. Steinhöwels
Esop (Ulm 1476), danach bei K. Scheidt 1551
Grobianus V. 374.

Pavillon M. Lat. pāpilio, volkslat. pāpilio M.
'Schmetterling' erlangt im 3. Jh. die Bed. 'dem
Schmetterling ähnlich ausgespanntes Lustzelt'.

Das daraus stammende afrz. pav(e)illon 'Zelt' wird um 1200 entlehnt zu mhd. pavilūn(e), pa(u)welūn. Das Fremdwort versinkt mit der höfischen Kultur, nach 1610 wird paviglion neu entlehnt, im 18. Jh. wird es als Pavillon gangbar. Auf dem frz. Wort beruht auch engl. pavilion, auf der volkslat. Form auch mkymr. pebyll 'Zelt', das (als Mz. aufgefaßt) nkymr. pabell hervorgerufen hat.

Pazifist M. 'Friedensfreund'. Frz. pacifiste, von Émile Arnaud 1901 zu lat. pāx 'Friede' und facere 'machen' falsch gebildet — es müßte pacificiste heißen, doch vgl. frz. pacifier 'Frieden bringen' aus lat. pācificāre — wird mit Pazifi(zi)smus u. a. Ableitungen in die Friedenswarte vom 9. Sept. 1901 übernommen: Zf. d. Sprachv. 26 (1911) 344; 41 (1926) 281; Zf. f. vgl. Sprachf. 59, 182.

Pech N. Von den obliquen Formen des lat. pix, picis geht das Lehnwort ahd. pëh, bëh (hh), mhd. pëch, bëch, asächs. pik, mnl. pec, agf. pic, engl. pitch, anord. bik aus. Die Entlehnung fällt spätestens ins 7. Jh., als in lat. picem c noch k-Klang hatte und der Tonvokal in offner Silbe noch ungedehnt war (das jüngere Kreuz setzt in crucem z-Klang und gelängten Tonvokal voraus). ë für lat. i wie in Becher, Messe, Semmel, Senf. Die Ableitung pichen zeigt i wie erquicken und spicken neben keck und Speck. Die Kirche ist an unserm Lehnwort beteiligt, insofern ahd. die Bed. 'Hölle' gilt. Aus dem Germ. weiterentlehnt ist finn. piki. — Die Bed. 'Unglück' erlangt Pech in der Stud.-Sprache des 18. Jh. Den Bed.-Übergang vermittelt der zunächst ebenfalls studentische Pechvogel, d. i. der am Vogelpech hängenbleibende.

Pedal N. 'die beim Spielen der Orgel zu tretende Taste', so seit S. Rot 1571. Jünger die heutige Hauptbed. 'Zug am Klavier'; scherzhaft 'Fuß', so seit Aler 1727, aus Studentenmund Zf. f. dt. Wortf. 12, 285. Letzte Quelle gr. πηδάλιον 'Steuerruder' (zu πηδόν 'Ruderblatt'). S. Fuß.

Pedant M. Neben gr.-lat. paedagogus 'Kindererzieher', der Ausgangsform für Pädagog, ist ein spätes *paedagogans vorauszusetzen, aus dem ital. pedante 'Hofmeister' hervorgehen konnte. Der pedante war seit dem 16. Jh. stehende Figur des ital. Lustspiels. Von da erreicht uns Pedant über Wien zu Beginn des 17. Jh. Gleichen Ursprungs ist frz. pédant 'Schulmeister, -fuchs', auf dem engl. pedant beruht.

Pedell M. Unter Büttel ist die zu bieten gehörige Sippe des westgerm. *budila als Amtsname entwickelt. Entspr. gehört zu bitten (wie anfr. bidil, afrz. bedel, engl. beadle

'Büttel', dagegen anord. biðill 'Freier') ein ahd. bitil, das als 'Gerichtsdiener' ins Roman. gelangt: mlat. (13. Jh.) bidellus, bedellus, frz. bedeau. Seit 1350 erscheinen bedelli universitatum, im 15. Jh. wird das Wort als pedél(l) zurückentlehnt: Flugschr. zur Ritterschaftsbewegung d. Jahres 1523 hg. v. Schottenloher 111, 11.

Pegasus M., gr. Πήγασος ist nach Hesiod, Theog. 284 das als Sproß Poseidons und der Medusa von der Erde zu den Göttern schwebende Flügelroß, dessen Hufschlag den Musenquell Hippokrene entspringen ließ.

Pegel M. Zu lat. pagina 'Seite' gehört die Verkl. pagella 'Spalte', die mlat. die Bed. 'Maßstab' annimmt und in afrz. paielle 'Holzmaß' erscheint (Thomas, Mélanges d'étym. franç. 70). In die nicht verschiebenden germ. Sprachen übernommen: agf. pægel 'kleines Maß, Gefäß', engl. pail 'Eimer', mnl. peghel, nnl. peil 'Wasserstandsmarke', mnd. pegel. Mit nd. Lautstand gelangt das Wort gegen Ende des 18. Jh. ins Hd.: Kluge 1911 Seemannsspr. 610.

peilen Ztw. 'die Wassertiefe messen', zu Pegel. Seemänn. seit 1657, mnl. peghelen schon 1598: Kluge 1911 Seemannsspr. 610.

Pein F. ahd. asächs. anord. pīna, mhd. mnl. afries. pīne, agf. pīn, auch air. pīan (Gen. pēne). In ahd. Zeit zugleich mit dem Christentum entlehnt aus mlat. pēna 'Höllenstrafe'; dies (dem ital. pena entspricht) über lat. poena aus gr. ποινή F. 'Buße'. Ahd. ī für mlat. ē auch in Feier, Kreide, Seide, Speise. Frühahd. pfīnōn 'peinigen' neben pīnōn (wie pforta neben porta, phuzzi 'puteus' neben puzzi) weist auf eine frühere Stufe der Entlehnung. — Über Peinlein als mainfränk. Namen des Henkers f. E. Angstmann 1928 Teuthonista, Beih. 1.

peinigen schw. Ztw. mhd. md. pīn(e)gen, -igen, mnd. pīnigen, afries. pīnigia tritt an Stelle von ahd. pīnōn, mhd. pīnen (f. Pein), ohne daß ein Adj. auf -ig vermittelt hätte. So stehen nhd. vereidigen, huldigen, sättigen für mhd. vereiden, hulden, sęten.

Peitsche F. spätmhd. pītsche, im 14. Jh. aus den damals noch lebenden westslav. Mundarten ins Ostmd. entlehnt. Zu aslav. biti 'schlagen' (f. Beil) gehört bičĭ 'Geißel', das in allen slav. Sprachen fortwirkt, auch in osorb. bič, nsorb. bíč. Slav. b- hat nhd. p- auch in Popanz ergeben. Das erste dt. Zeugnis (mit püzzen) gehört nach Erfurt 1323/37, das nächste (picze/flagellum) nach Kloster Marienstein bei Eichstätt und noch ins 14. Jh.; im 15. Jh. begegnet piczsche u. ä. in Zeitz, Nürnberg und Schlesien. 1523 hilft die Lutherbibel (1. Kön. 12, 11) dem

Worte zum Durchbruch. Es verdrängt im dt. Osten das heimische Geißel (s. d.), das sich im Süden und Westen hält, während der Nordwesten Ausdrücke wie westfäl. swiəpe, mnd. mnl. swēpe, nnl. zweep vorzieht. Als Werkzeug zum Antreiben von Tieren gehört Peitsche mit Droschke, Kalesche, Kummet und Kutscher zu den Ausdrücken, die wir mit Verbesserungen des Fuhrwesens Osteuropa entlehnen. Zur Züchtigung von Menschen mißbraucht, stellt es sich zu Kantschu, Karbatsche, Knute und anderm östlichen Prügelgerät. — Das Ztw. peitschen ist bisher nicht vor 1581 nachgewiesen: H. W. Kirchhof, Wendunmut 404ᵃ.

Pekesche F. Der Überrock mit Schnüren und Quasten heißt von Ende des 18. bis zur Mitte des 19. Jh. polnischer, Pohlrock. Dafür seit J. F. Roth 1791 Gemeinnütz. Lex. und Goethe 1797 Herm. und Dor. 1, 36 Pekesche, daneben Pikesche als Frauengewand T. Merkur 1779, 4, 194: entlehnt aus poln. bekiesza 'Pelzoberrock', das aus magy. bekecs 'Pelz' stammt: Wick 40f.

Pelikan M. Dem in Psalm 101, 7 genannten und in der Legende zum Sinnbild Christi erhobenen pellicānus bleibt in der Regel sein gelehrter Name: mhd. pellicān, mnl. pel(l)icaen, nnl. pelikaan. Der Deutsche verbindet damit erst spät eine Anschauung. Wegen seiner vom Gewohnten abweichenden Art heißt er österr. vom 13. bis 18. Jh. unvogel, gezähmt im 16. Jh. nd. vagel Hein: Suolahti 1909 Vogelnamen 388 ff. Wundärzte nennen ihre gekröpfte Zahnzange nach dem Vogel, zuerst engl. pellicane 1597 New Engl. Dict. 7, 624, bei uns kaum vor Cron 1717 Barbiergef. 184. So noch in Schillers Räubern 2, 3.

Pelle F. 'dünne, zarte Haut oder Schale', nnd. mnl. pelle, ist im 12. Jh. als Ausdruck der Bereitung der häutigen Nahrungsmittel von nl. Siedlern nach Norddeutschland getragen worden. Es gilt in alter Mundart vom Rheinland über Westfalen bis zur Mark, nach Nordthüringen und ins Osterland; jüngere Strahlung bringt es an die untere Weser und Elbe, nach Schlesien, Ostpreußen und ins Baltenland; ostfäl. Mundart fehlt es. Umgangssprachlich steht Pelle vor allem von der dünnen Haut der gekochten Kartoffel, daher Pellkartoffel in Berlin und einem norddt. Gebiet, das P. Kretschmer 1918 Wortgeogr. 358 abgrenzt gegen das der Quellkartoffeln, -männer und der Kartoffeln in der Schale. Schriftsprachlich bleibt Pelle so selten wie das schw. Ztw. pellen. Mnl. pelle beruht auf lat. pellis 'Haut', das auch im gleichbed. frz. peau fortwirkt. Frz.

peler, engl. peel 'schälen' bleiben fern: sie beruhen auf lat. pilāre 'der Haare berauben'.

Peloton s. Komplott.

Pelz M. ahd. pellīz, mhd. bel(li)z, mnd. nl. pels M., spätags. pilece F., engl. pilch 'Pelzrock': im 10. Jh. entlehnt aus mlat.-rom. pellicia (vestis) 'Pelz', einer Ableitung zu lat. pellis 'Haut', die auch in ital. pelliccia, frz. pelisse fortlebt. Die alte Zweisilbigkeit ist aufgegeben wie in Abt, Amt, Arzt, Markt u. v. a. Lehnwörtern. Nhd. p des Anlauts haben die Grammatiker mit Rücksicht auf lat. pellis durchgesetzt. Das etym. zu erwartende ë ist vor i der Folgesilbe zu e geworden.

pelzen Ztw. 'pfropfen'. Gr. πέλτη F. ergibt lat. pelta 'kleiner leichter Schild von Halbmondform'. Dazu galloroman. *impeltāre 'pfropfen': man übertrug schildförmig vom Edelreis getrennte Augen auf den Wildling (Spitzer 1928 Teuthonista 4, 184). Aus prov. empeltar sind zu verschiedenen Zeiten mhd. pfëlzen, bair.-österr. pfelzen und ahd. bëlzōn, pëlzōn, mhd. pëlzen entlehnt. Frühnhd. wird peltzen für die Gegend von Nürnberg angegeben, pfropfen für Leipzig, impfen für Straßburg (Bahder 1925 Wortwahl 148); im Schwäb. ist impten das gewöhnliche Wort (H. Fischer 1, 840).

Pendel N. M. Mlat. pendulum 'Schwinggewicht' (subst. N. zum Adj. lat. pendūlus 'herabhangend', das zu pendēre 'hangen' gehört) erscheint seit Chr. Wolff 1716 Vollst. math. Lex. 1028 als Pendul in der dt. Fachsprache der Mathematik u. Physik. Wie Makul zu Makel, Titul zu Titel, so wird Pendul, an dem Adelung noch 1798, Campe sogar noch 1813 festhält, im 18. Jh. zu Pendel: so Schiller 1788 Götter Griechenlands V. 110.

Pennal N. Mlat. pennāle N. 'Federbüchse' (zu lat. penna 'Feder') wird Ende des 15. Jh. ins Nhd. entlehnt. Zur Abgrenzung von Federkasten u. a. gleichbed. Wörtern s. Kretschmer 1918 Wortgeogr. 193. 605. Damit eins ist Pennal als stud. Spottwort für den angehenden Studenten, der im 17. Jh. verpflichtet ist, dem Burschen stets mit Schreibzeug auszuhelfen, also dessen Federbüchse darstellt. Von 1627 bis in Wielands Tage (1778) haben Wort und Sache sowie der anschließende Pennalismus (von J. M. Meyfart 1636 wütend, aber wirkungslos bekämpft) eine Rolle gespielt. Zu Beginn des 19. Jh. sinkt Pennal zum Schülerwort und bedeutet erst 'Gymnasiast', dann auch 'Schule'. Das junge Pennäler gehört zu Pennal in diesem Sinn, wie Schüler zu Schule.

Penne F. 'Spelunke', ein nord- und md Gaunerwort, zuerst bei Kluge 1901 Rotw.

I, 167 „ein Hauß da die Spitzbuben aus und eingehen / ein gescheide Bonne" (d. i. Bönne) aus Obersachsen 1687. Ob urspr. hebr.? Dazu pennen 'übernachten, schlafen' und Pennbruder 'Landstreicher'. Schülersprachl. Penne 'Schule' ist unter rotw. Einfluß umgebildet aus Pennal, s. d.

Pergament N. Nach der kleinasiat. Stadt Pergamon heißt die zum Schreiben geglättete Tierhaut bei Plinius carta Pergamēna, was bei Isidor († 636) als pergamīna erscheint. Daraus bei Notker ahd. pergamīn, bei Luther, Lessing und Goethe mit neuer Entlehnung Pergamen. Die mlat. Form pergamentum (so in England schon im 10. Jh.) ergibt mhd. pér(i)mint(e), permīt und (mit neuer Anlehnung an das Grundwort) pergamént. Benennung nach dem Ort der ersten Herstellung auch in Damast, Kognak, Musselin.

Perle F. mhd. përle, bërle, ahd. bërla, për(a)la, asächs. përula, mnd. dän. perle, mnl. pe(e)rle, nnl. parel, paarl, spätanord. përl, schwed. pärla: im 9. Jh. entlehnt aus vulgärlat. *perla, das auch durch wallon. pierle als alt erwiesen wird und in allen roman. Sprachen fortlebt (ital. span. prov. perla, portug. perola, frz. perle, woraus engl. pearl). Vulgärlat. *perla gilt als Kreuzung aus lat. perna 'Art Muschel' und sphaerula 'kleine Kugel'. Von gr. μαργαρίτης, lat. margarīta, der Quelle des Mädchennamens Margarete, kommen got. marikreitus 'Perle' und gleichbed. ags. meregrot(a), -grēot, asächs. merigrīta, -griota, ahd. merigrioz, mhd. mergrieze. Diese alle sind nach heimischen Wörtern wie Meer und Grieß umgebildet; sie beweisen, daß die Herkunft der echten Perlen aus dem Meer den Germanen bekannt war.

Perlhuhn N. Numida Meleagris L. Der auf das getüpfelte Gefieder zielende Name erscheint nicht vor J. Th. Klein, Hist. avium prodr. (Lübeck 1750) 111. Gleiche Anschauung in götting. Scheckhaun Schambach (1858) 182. Nach seinem kahlen, kantigen Schädel heißt der Vogel nnl. dootshoofdeken bei Hadr. Junius, Nomencl. (1581) 56ᵇ: H. Suolahti, Die dt. Vogelnamen (1909) 247.

Perlmutter F. spätmhd. bërlīnmuoter: Lehnübersetzung des mlat. mater perlārum, wie die gleichbed. ital. madreperla, frz. mère-perle, mnl. moer van perle, nnl. parelmoer, engl. mother-of-pearl, dän. perlemor, schwed. pärlemo(r). Das Wort steht urspr. von der Muschel, die eine Perle enthält, die sie gewissermaßen gebären will. Erst nachträglich ist es auf die Muschelschale beschränkt, deren Innenseite aus demselben Stoff besteht wie die Perle.

Persenning s. Presenning.

Persil N. Das Waschmittel ist vom Hersteller Henkel in Dresden benannt nach den Eingangssilben seiner beiden wichtigsten Bestandteile Perborat und Silikat. Im ersten Weltkrieg nötigte die Rohstofflage dazu, die Zus.-Setzung zu vereinfachen: demgemäß heißt das Spülmittel Sil: W. Becher 1939 Mutterspr. 54, 118; W. Greiling 1943 Chemie erobert die Welt 155.

Person F. An lat. persōna 'Maske', das vielleicht etrusk. Ursprungs ist (φersu Beischrift zu einem Bild Maskierter: F. Altheim 1931 Terra Mater 49 ff.), sieht man bald die schauspielerische Rolle, bald das dargestellte Wesen. Bei Übernahme des mhd. përsōne im 13. Jh. gilt die zweite, naive Auffassung. Die Theaterbedeutung wird durch die jüngeren Lehnwörter Maske und Rolle gedeckt, Person bleibt für den Gebrauch der Philosophen, Juristen und Theologen. Persönlichkeit haben die Mystiker im 14. Jh. gebildet: Hans Rheinfelder, Das Wort Persona (Halle 1928). Afrz. persone ergab im Engl. sowohl person als parson. Dieses, eine Falltonform mit ar aus er, bedeutet nur noch 'Pfarrer'.

Perücke F. Zu prov. *perruca 'Sittich' (ursprüngl. 'Peterchen') gehört perucat 'wie ein Papagei', dann 'mit schöner Frisur'. Daraus rückgebildet ist ital. parruca 'Haaraufsatz', von dem Parucke bei Weise 1673 Erzn. 31 und Parücke bei Lessing 1754 Lachm. 4, 396 stammen. Durch frz. perruque, woraus auch engl. peruke, vermittelt ist die endgültige Form, die als perrucque seit Moscherosch 1642 Ges. 1, 117 auftritt. Von da auch nl. (1598) perruycke, nnl. pruik. Dän. paryk, schwed. peruk stammen aus dem Deutschen. Die Bed. 'Perückenträger' bei Goethe und Schiller steht als pars pro toto wie Blaubart, Drosselbart, Fettwanst, Kahlkopf, Leichtfuß.

Pesel M. 'heizbarer Wohnraum'. Auf lat. conclave, balineum pensile, volkslat. pēsalis 'auf gemauerten Bögen ruhende (Bade-)Stube, mit warmer Luft geheizt' (zu lat. pensilis 'hängend, schwebend') beruht (mit frz. poêle M. 'Ofen') ahd. pfiesal, mhd. pfiesel 'heizbares Frauengemach', afries. ags. pīsle, mnl. pijsel 'culina', mnd. pēsel 'große, Staatsstube'. Aus nd. Ma. wird Pesel z. B. bei Theod. Storm literarisch; pfiesel lebt in steir. Ma. als 'heizbare Stube', bair. als 'stark geheizter Trockenraum in Salzsiedereien'. Zur Bed.-Entw. s. Stube und M. Heyne 1899 Wohnungswesen 166.

Pessimismus M. zu lat. pessimus 'der schlechteste (Zustand)': die philos. Lehre, die bestehende Welt sei die schlechtest mögliche, begründet durch A. Schopenhauer 1819, der doch den Ausdruck meidet. Dieser bei G. C. Lichtenberg 1776 Aph. 3 (Lit.-Denkm. 136, 177) für 'trübe Auffassung von Welt und Leben, gedrückte Stimmung'. Engl. pessimism 1794, frz. pessimisme 1823. Pessimist 'Schwarzseher' in allen drei Sprachen seit etwa 1834, pessimistisch bei uns kaum vor 1860: Schulz-Basler 1942 Fremdwb. 2, 477f. Abwegig Stiven 77 mit Anm. 519. S. Optimismus.

Pest F. im 16. Jh. entlehnt aus lat. pestis. Pestilenz tritt in der Form mhd. pestilenzie seit dem 14. Jh. auf. Vorbild lat. pestilentia. Es ist (wie Firmament, Majestät, Person) eins der wenigen Fremdwörter, die Luther in der Bibelübersetzung nicht entbehren kann. — Westeuropa zeigt entsprechende Verhältnisse: frz. pestilence gilt seit dem 12., peste seit Mitte des 16. Jh., engl. pestilence seit etwa 1300, pest seit 1550: Schulz-Basler 1942 Fremdwb. 2, 478f.

Petersilie F. Gr. πετροσέλῑνον 'Apium petroselinum' (aus πέτρος 'Stein' und σέλῑνον 'Eppich', s. Sellerie) ergibt über lat. petroselinum mlat. pĕtrosilium, das nach Abschluß der hd. Lautversch. zu allen Germanen gelangt: ahd. petersilia (Zs. f. d. Wortf. 6, 191f.), mhd. pĕtersil(je), agf. mnd. pĕtersilie, mnl. pĕtercelle, dän. persille, schwed. persilja. Aus dem Mnd. stammt lett. pĕtersil'i. Anlehnung an den Namen Peter wirkt in nnl. pieterselie, aber auch in dem schon ahd. peterlin, das in obb. Ma. als peterli fortlebt. Dazu mit dt. Ableitung alem. oberschwäb. peterling: Hoops 1916 Reallex. d. germ. Alt.-Kde. 3, 402. Über die Rolle der Petersilie im Volksglauben H. Marzell 1935 Handwb. d. dt. Abergl. 6, 1527ff.

Petroleum N. Zu gr. πέτρος M. 'Felsen' und lat. oleum N. 'Öl'. Früh bei Paracelsus († 1541) Chirurg. Bücher 328, 10 Huser. Von Österreich bis Heidelberg gilt Petroléum nach Vorbildern wie Museum und Tedeum, von der Schweiz bis Luxemburg Petról, vom Vorarlberg bis zur Rheinpfalz die gute Lehnübersetzung Erdöl: Kretschmer 1918 Wortgeogr. 359. 613.

Petschaft N. Aslav. pečati hat tschech. pečet 'Siegel, Petschaft' ergeben. Daraus ist als Wort der Prager kaiserlichen Kanzlei im 14. Jh. mhd. petschat entlehnt. Unter Anlehnung an Schaft ist daraus mhd. petschaft entstanden. Zum Ztw. petschieren als Neubildung des 15. Jh. Petschier N. Wick 41.

Petz M. ist urspr. Koseform zu Bernhard, seit H. Sachs auch zu Bär, namentlich in der Verbindung Meister Petz. Zur Bildungsweise vgl. Götz, Spatz, Wanze. Der Scherzname wird, Bätz geschrieben, im 16. Jh. in Oberdeutschland geläufig, ist somit vom nd.

Tierepos (s. Hermann, Hinz, Isegrim, Lampe, Reineke) unabhängig.

Petze F. 'Hündin' tritt seit Ende des 15. Jh. auf und ist landschaftl. weit verbreitet. Zushang mit gleichbed. anord. bikkja, agf. bicce, engl. bitch unerwiesen. Nach den ersten Belegen (z. B. Charles Schmidt 1901 Hist. Wb. d. elf. Ma. 37) eher lautmalend: 'Bellerin'. Die Bed. 'Dirne' ist aus der älteren 'läufige Hündin' entwickelt. Zs. f. d. Wortf. 11, 50.

petzen schw. Ztw. 'angeben, verraten' gelangt im 18. Jh. durch Theologiestudenten des Hallischen Waisenhauses in die Studentensprache (zuerst bei C. W. Kindleben 1781 Stud.-Lex. 15. 142), bleibt bis ins 19. Jh. auf Halle beschränkt und erscheint erst 1825 in Leipzig, 1841 in Jena, 1852 in Berlin, 1878 in Gießen usw., noch später in dt. Schülersprache. Eine wichtige Rolle spielen Wort und Sache im älteren Rotwelsch, daher wohl von hebr. pázäh 'den Mund auftun' herzuleiten und erst nachträglich an Petze F. 'Hündin' angelehnt, wie es die Vorstellung des Verbellens nahelegte.

Petunie F. Zierpflanze, 1789 von Jussieu Petunia benannt wegen der Ähnlichkeit im Blatt usw. mit dem verwandten Tabak, der im 16./17. Jh. mit einem indian. Wort Petum genannt wurde.

Pfad M. Mhd. pfat (d), ahd. pfad, mnd. mnl. pat (d), nnd. nnl. pad M., afries. path N., agf. pæþ M. F. N., engl. pad, path führen auf germ. *paþa-. Hieraus finn. pade: T. E. Karsten 1928 Die Germanen 195. Man vermutet, das germ. Wort sei nach der germ. Lautverschiebung aus einer iran. Mundart (avest. paϑ- 'Weg') oder einer andern (verschollenen) idg. Sprache entlehnt worden. — Zum M. gehört das schw. Ztw. ahd. pfadōn, mhd. pfaden, pfet(t)en, mnd. pedden, nnd. pedden, agf. pæþþan, peþþan 'durchschreiten, wandern, treten'. Vgl. finden.

Pfadfinder M. junge Lehnübersetzung aus engl. path-finder: so heißt ein Roman von J. F. Cooper 1840. In neuerer Zeit Verdeutschung von engl. Boy Scout.

Pfaffe M. Ahd. pfaffo, mhd. pfaffe, mnd. mnl. pāpe, afries. pāpa führen auf voraltd. *papo 'clericus'. Ableitung aus lat. pāpa (s. Papst) ist der Bed. wegen unmöglich; auch hätte ein erst von den röm. Glaubensboten eingeführtes Wort die hd. Lautversch. nicht erlebt (vgl. predigen, Priester, Propst). Vielmehr ist Pfaffe (mit Ertag, Pfingsten, Pfinztag, Samstag, taufen, Teufel u. a.) durch got. Arianer im 6. Jh. donauaufwärts und rheinabwärts getragen worden. In den Unterschriften der neap. Urkunde wie im got. Kalender vom Ende des 4. Jh. bedeutet papa schw. M. 'Geistlicher'. Es stammt aus der griech. Kirche, die seit dem 4. Jh. παπᾶς (Akk. παπᾶν) 'clericus minor' von πάπας 'Papst' unterschied. Auch die russ. Bezeichnung Pope stammt von da: Kluge 1909 Beitr. 35, 126 ff.; Jellinek 1932 Zs. f. dt. Alt. 69, 143 f.

Pfahl M., mhd. pfâl (Mz. pfæle, md. pfêle), auch pfôl, md. pâl, pôl, ahd. pfâl, asächs. mnd. pâl, mnl. pael, nnl. paal, afries. pēl und (als jüngere Entlehnung) pâl, ags. pǣl, pâl, engl. pole (daneben pale aus dem gleichlautenden afrz. Wort), anord. pâll, norw. paale, schwed. pâle; dän. pæl aus dem Fries. Früh entlehnt aus gleichbed. lat. pālus, das (aus idg. *paks-lo- entwickelt) zum idg. Verbalstamm *pag-, *pak- in lat. pangere 'befestigen' gehört, wozu auch pāx 'Frieden', pacisci 'festmachen', compāgēs 'Fuge', pāgina '(aus Papyrusstreifen gefügtes) Blatt', pāgus 'Gemeindeverband, Gau'. Urverwandt mit -fach, Fach, fegen, fügen usw. Zwei Gänge der Entlehnung sind zu scheiden, ein kriegerischer und ein friedlicher. Zuerst kommt pālus als 'Palisade' zu unsern Vorfahren: von dieser Bed. geht die Bezeichnung des Limes (obb. pfâl, westmd. pôl) aus. Da in Rätien die Palisaden im Anfang des 3. Jh. durch die Limesmauer ersetzt, in Obergermanien der Limes 259 gefallen ist, so ist das spätestens im 3. Jh. geschehen. Nach dem Vorbild der durch Bayern ziehenden Limesmauer heißt Pfahl der Quarzgang, der 80 km weit den Bayerischen Wald schnurgerade durchzieht, zwischen anderm Gestein mauerartig aufragend. Alt ist auch der zweite, friedliche Entlehnungsgang, der lat. pālus 'starkes, zugespitztes Bauholz, das in den Boden getrieben wird' mit vielen andern Wörtern des röm. Bauwesens (Fenster, Kalk, Mauer, Mörtel, Pfeiler, Pforte, Pfosten, Schindel, Wall, Ziegel usw.) nach Deutschland bringt. Nach 600 wäre lat. p- nicht mehr zu ahd. pf- verschoben worden. Das altheimische Wort, das durch Pfahl verdrängt wird, lebt obb. als Stecken, nd. als Stake(n), nl. als staak, nord. als stik.

Pfahlbau M., Plur. -bauten heißen die vorgeschichtl. Siedlungen, seit sie im Züricher See 1820 entdeckt wurden. Dazu Pfahl(bau)dorf, Pfahlbauer usw. seit J. V. Scheffel und F. Th. Vischer.

Pfahlbürger M. 'Bewohner der nicht durch Mauern, sondern nur durch leichte Außenbefestigung geschützten Vorstädte' mhd. pfâlburgære (seit 1231), in der Gold. Bulle mlat. pfalburgeri, stets so, daß erkennbar schon die Alten im ersten Wortteil das Mask. Pfahl gesehen haben. Von 1463 berichtet Bensen, Die Reichsstadt Rothenburg 241, daß dort die P. nicht bewaffnet, sondern mit einem Pfahl in der Hand er-

schienen. Daher dem Spott ausgesetzt wie Philister und Spieß(bürg)er. Zf. d. Savignystift., Germ. Abt. 23, 96; Edw. Schröder 1940 Festschr. f. E. Heymann 52 ff.

Pfahlgraben M. heißt der Limes (s. Pfahl) westmd.: pâlgrabe Weistümer 3, 451, pôlgrabe Erasm. Alberus 1540, der Mundart der Wetterau entspr., in der ein Dorf wie Pohlgöns nach seiner Lage am Limes heißt.

Pfalz F. ahd. pfalanza, -inza, mhd. pfalenze, pfalz, asächs. palinza, palencea, spätags. pālant, -ent M., -endse, -ent(s)e F. 'fürstliche Wohnung'. Für lat. aula regia kommt in später Kaiserzeit palātium auf (vom Haus des Augustus auf dem röm. Hügel Palātium: E. Norden 1934 Alt-Germanien 104 ff.), das Byzantiner und Ostgoten übernehmen. Im 7. Jh. kommt palātium im fränk. Gallien hoch, daneben stellt sich palātia, volkslat. palantia F., urspr. als Plur. F. die gesamten Bauten umspannend. Rechtsrhein. konnten auf das unter Karl d. Gr. eingebürgerte Wort Ortsnamen wie Brigantium 'Bregenz', Constantia 'Konstanz', Moguntia 'Mainz' einwirken; daher wohl ist die alte Endung -ātium, -ātia bei uns verdrängt. Vgl. Palast und H. Schreibmüller 1916 Pfälz. Heimatkunde 12, 51. 13, 97 ff.

Pfand N. Die Vorstellung war germ. durch die unter wett dargestellte Sippe gedeckt. Pfand ist alt nur bei den festländ. Westgermanen: afries. pand, pond, mnl. asächs. pant (d), ahd. pfant (t), mhd. pfant (d). Anord. pantr ist aus dem Mnd. entlehnt, engl. pawn aus frz. pan. Man sieht in Pfand das dem Schuldner abgenommene Besitzstück und erklärt es als Entlehnung aus afrz. pan(d) 'Tuch, Fetzen' (aus lat. pannus 'Stück Tuch'), das schon roman. die Bed. 'Weggenommenes, Pfand' entwickelt hatte. Vgl. Raub und Robe sowie Pfennig.

Pfanne F. Gr. πατάνη 'Schüssel' (verwandt mit lat. patēre 'offen stehen') wird entlehnt zum gleichbed. lat. patina. Daraus vulgärlat. *patna, schon um 50 n. Chr. angeglichen zu volkslat. panna. Auf gemeingerm. Entlehnung des 4./5. Jh. beruhen ahd. phanna, mhd. pfanne, asächs. anord. schwed. panna, mnd. mnl. ags. panne, afries. pânne, nnl. engl. pan, dän. pande. Aus dem Germ. weiterentlehnt ist gleichbed. aslav. pany F.

Pfannkuchen M. ahd. pfankuocho, mhd. pfankuoche, mnd. pannekôke 'frixum ex ovis' (Zs. f. d. Wortf. 15, 296), nl. pannekoek. Zur Abgrenzung nach Art und Raum M. Heyne 1901 Nahrungswesen 274. 277; Kretschmer 1918 Wortgeogr. 184. 359 ff.

Pfarre F. mhd. pfarre, ahd. pfarra, mnd. parre: Kurzform des gleichbed. Kirchenworts lat. parrochia, älter paroecia, aus gr. παροικία (zu παρά 'bei' und οἰκεῖν 'wohnen'). Das deutsche Wort setzt die Form mit -rr- voraus, die im Alttoskan. und Altumbr. begegnet, nicht aber im Prov. oder Frz. Damit ist Entlehnung von Süden her gesichert. Sie hat vor 600 stattgefunden, wie das verschobene p des Anlauts beweist, etwa unter langobard. Vermittlung. — **Pfarrer** M. mhd. pfarrære, ahd. pfarrāri ist heimische Ableitung aus ahd. pfarra. Eine jüngere Nebenform mhd. pfarre M. besteht fort in nhd. Pfarr. Dazu wird im 17. Jh. nach älteren Vorbildern wie Propstei ein vorwiegend obd. Pfarrei F. gebildet. Das frühnhd. Pfarrherr beruht auf Umdeutung aus Pfarrer. Im dt. Südwesten heißt der Pfarrer weithin Herr(le).

Pfau M. mhd. pfā(we), ahd. pfāwo, asächs. pāo, mnd. pāwe, mnl. fries. pau, nnl. pauw, agf. pāwa, pēa, engl. pea, anord. pāi: gemeingerm. Entlehnung aus lat. pāvo, -ōnis; aus dem auch aslav. pavū stammt und das den Germanen so früh bekannt geworden ist wie strūthio (s. Strauß[3]). Das v hatte noch den Wert von w und wurde als solches beibehalten; p erlebte die Verschiebung zu pf auf hd. Boden; lat. pāvōnem (vulgärlat. pavone) ergab schw. Beugung. Mnd. paw(e)lūn, pagelūn mit ihren mundartl. Folgeformen weisen zurück auf *pāwenhōn, das sich an das Lehnwort pawelūne 'Pavillon' äußerlich anlehnt. Verdeutlichung mit Hahn und Vogel zeigen elf. pföuhān, nb. pāwenhān, mengl. pēcock, engl. peacock, anord. pāfugl, schwed. påfågel, dän. paafugl. Dem lat. pāvo entspricht gr. ταώς, das dem alttamul. toghai näher kommt. Indien ist die Heimat des Vogels, die Namen sind lautmalend. H. Suolahti, Vogelnamen (1909) 225 f.

pfauchen schw. Ztw. Zur lautmalenden Interj. mhd. pfūch stellt sich pfūchen, das z. B. Frauenlob vom Wildschwein gebraucht. Pfauchen bei Stieler 1691 von Katzen, in den Wb. des 18. Jh. lieber pfuchzen, bei G. Freytag u. a. mit ostmd. Anlaut fauchen, während G. Keller bei pfauchen bleibt.

Pfebe F. Cucumis melo L. Gr. (σίκυος) πέπων 'reife Gurke' — Melonen werden in reifem Zustand gegessen im Unterschied zu den unreif genossenen Gurken — ergibt lat. pepo, -ōnis. Daraus ahd. (10. Jh.) pēpanno, später mit Ausweichen des zweiten p zwischen p und n ahd. asächs. pēdena; (seit dem 11. Jh.) pfēdemo M. Die Verschiedenheit des Anlauts kann auf doppelter Entlehnung (nach und vor der hd. Lautverschiebung) beruhen, wahrscheinlicher auf Weitergabe eines etwa rheinfränk. *pēdamo an obd. Mundarten. Mhd.

bēben, pfēdem(e), pfēben M., dies erst im 15. Jh. bezeugt und wohl aus älterem pfēdem entwickelt, indem Lippen- und Zahnlaut die Plätze tauschten. Das nhd. F. Pfebe stammt aus der stets häufigeren Mz. Für die nhd. Form hat Luther 4. Mof. 11, 5 entschieden; seinen obd. Lesern wird sie mit erdäpffel verdeutlicht, vgl. H. Marzell 1943 Wb. b. dt. Pflanzennamen 1, 1264.

Pfeffer M. Mhd. pfëffer, ahd. pfëffar, nd. nl. peper, afries. piper, agf. pipor, *piopor, *peopar, engl. pepper; aus dem Agf. sind entlehnt anord. piparr, norw. pipar, aus dem Nd. schwed. pepper, dän. peber. Die germ. Wörter sind vor der hd. Lautverschiebung und vor Abwandlung der Angeln und Sachsen entlehnt aus lat. piper, das auch in ital. pepe, frz. poivre, bret. pēbr, pibr, kymr. pybyr, pubyr, air. piobhar, aslav. pĭprŭ, poln. pieprz, lit. pipiras und finn. pippuri fortwirkt. Das lat. M. stammt aus gr. πέπερι, das über perf. Vermittlung auf aind. pippalī 'Beere, Pfefferkorn' zurückgeht. Wie früh Germanen das Gewürz geschätzt haben, wird daran deutlich, daß Alarich 410 n. Chr. der Stadt Rom Schonung gewährte u. a. gegen Lieferung von 3000 Pfund Pfeffer. Den Briten ist das Gewürz schon vor 400 bekannt gewesen. Zur Sache J. Hoops 1916 Reallex. b. germ. Alt.-Kde. 3, 406 f.

Pfefferkuchen M. 'stark gewürzter Honigkuchen'. Ahd. phëforzëltun (Ahd. Glossen 2, 635, 6) wird im 15. Jh. abgelöst durch mhd. pfëfferkuoche (M. Heyne 1901 Nahrungswesen 274). Heute vorwiegend ein Wort des Nordostens, sonst brauner Kuchen, Lebkuchen, Leckerli: Kretschmer 1918 Wortgeogr. 363 ff.

Pfefferminze F. 'Mentha piperita', nnl. pepermunt: f. Minze. Bezeugt seit Reuß 1781 Dict. botan. 1, 235.

Pfeffersack M. Schelte der Kaufleute, früh bei Wicel 1536 Annotaten 2, 236. Seit der Entdeckung des Seewegs nach Ostindien spielte der Pfeffer als Ware eine wichtige Rolle.

Pfeidler M. 'Hemdenmacher, -händler', österr. Bildung zu Pfeid, bair.-österr. pfoat 'Hemd', das selbst ein uraltes Wanderwort ist. Gr. βαίτη, das urspr. in Kleinasien gebräuchlich war (über seine Vorgeschichte Thumb 1906 Zf. f. b. Wortf. 7, 261) und sich schon dort von '(Ziegen-)Fell' zu 'Rock aus Fell' entwickelt hatte, wird vor Abschluß der germ. Lautversch., etwa gleichzeitig mit Hanf und dem Namen der Griechen, als *baitā entlehnt und ergibt got. paida, agf. pād, asächs. pēda 'Rock', ahd. mhd. pfeit 'Rock, Hemd'. Aus dem Germ.

stammen gleichbed. finn. paita, lapp. bajdde. vielleicht auch alb. petkë, petëk 'Kleidung'. F. Kluge 1918 Von Luther bis Lessing 115.

Pfeife F. mhd. pfîfe, ahd. pfîf(f)a, md. pîfe, asächs. anord. pîpa, mnd. mnl. afries. ags. pîpe, nnl. pijp, engl. pipe, schwed. pipa, dän. pibe: vor der hd. Lautverschiebung und vor Abwanderung der Angelsachsen entlehnt aus vulgärlat. *pîpa 'Schalmei', einer Rückbildung aus lat. pîpâre 'piepen' (von Vögeln), der auch frz. pipe 'Rohrpfeife' entstammt. Die Tabakspfeife hat sich eines längst vor der Sache vorhandenen Namens bemächtigt. Der Schrei des Vogeljungen ist Ausgangspunkt auch für das st. Ztw. pfeifen, das uns als mhd. pfîfen, md. pfîfen, mnd. mnl. pîpen, nnl. pijpen, ags. pîpian, engl. pipe, schwed. pipa, dän. pibe greifbar wird. Entspr. Bed. haben gr. πιππίζειν, armen. bibem, lit. pypìnė usw. Hervorbringen von Pfeifentönen mit gespitztem Mund heißt nord- und nordwestdeutsch flöten, nnl. fluiten, im übrigen Gebiet pfeifen: Kretschmer, Wortgeogr. (1918) 364.

Pfeil M. mhd. ahd. pfîl, asächs. nd. pîl, mnl. pîle, pijl (nnl. pijl), ags. pîl (engl. pile 'Lanze, Grashalm, Pfahl'); von da spätanord. pîla (schwed. dän. pil): in westgerm. Zeit entlehnt aus lat. pîlum 'Wurfspieß mit Eisenspitze'. Das Lehnwort verdrängt heimisches Strahl 'Pfeil ohne Eisenspitze' und die mit lat. arcus 'Bogen' urverw. Sippe von got. arƕazna F. 'Pfeil', anord. ǫr, Gen. ǫrvar, ags. earh, engl. arrow. Den roman. Sprachen ist die Sippe von pîlum früh verlorengegangen. Sein mask. Geschlecht dankt Pfeil dem mlat. pîlus M., auch Vorbilder wie Ger, Speer, Spieß, Strahl mögen mitgewirkt haben.

Pfeiler M. mhd. pfîlære, ahd. pfîlâri, asächs. pîleri, mnd. pîlere, mnl. pîlare, nnl. pijler, mengl. piler, spätanord. pîlârr, schwed. pelare, dän. pille: vor der hd. Lautverschiebung entlehnt aus vulgärlat. *pîlare N., einer urspr. adj. Ableitung von lat. pîla 'Pfeiler'. Das lat. Wort lebt fort auch in ital. piliere, frz. pilier, engl. pillar. Es ist ins Germ. entlehnt mit Fenster, Kalk, Kammer, Keller, Mauer, Pflaster, Pforte, Pfosten, Söller, Speicher, Wall, Ziegel und anderen Ausdrücken des röm. Steinbaus.

Pfench (Fench) M. 'Hirse'. Zu lat. pānus 'Büschel' ist pânicum 'ital. Hirse' gebildet, das, in vorahd. Zeit entlehnt, ahd. pfenih (hh) (Zf. f. d. Wortf. 6, 181. 192), mhd. pfenich, asächs. penik, mnd. pennek ergibt: Kluge 1901 Grundr. d. germ. Phil. 1² 342. Mundartl. lebt das Wort z. B. in der Schweiz und Schwaben fort. Das im dortigen Anlaut vorwiegende

f stammt aus Vermischung mit Fenchel: H. Fischer 2, 1052. Zur Sache s. Hirse und M. Heyne 1901 Nahrungswesen 64.

Pfennig M. mhd. pfenni(n)c, -ges, ahd. pfenning, pfenting, pfanting, asächs. pending, mnl. penninc, pennich (gh), nnl. penning, afries. panni(n)g, penni(ng), ags. pæneg, -ing, pen(d)ing, penig, engl. penny, anord. pen(n)ingr, schwed. pänning M., dän. penge Mz.: einer der vielen Münznamen auf -ing, s. Schilling. Als aslav. penęgŭ, pěnędžĭ, lit. pìningas 'Münze, Geld' aus got. *panniggs entlehnt wurde, fehlte der Dental noch, der in ahd., asächs. und ags. Formen eingeschoben ist, weil man sie nachträglich an Pfand angelehnt hat. Aber die übliche Herleitung von Pfanne, also 'Münze in Pfännchenform' lehnt B. Schier 1950 Beitr. 72, 311 ff. ab, weil pfannenförmige Brakteaten erst seit der Mitte des 12. Jh. hergestellt wurden. Er befürwortet statt dessen die bereits von O. Schrader 1886 Linguist.-hist. Forschungen zur Handelsgesch. 118 vermutete Herkunft von lat. pannus 'Stück Tuch, Lappen' (s. Pfand) unter Hinweis auf die in der Frühzeit mehrfach bezeugte Verwendung von Gewandstoffen als Tausch- und Zahlungsmittel. Die Endung -ing ist zu -ig vereinfacht, weil im Wort Nasal vorausging: Edw. Schröder, Zf. f. dt. Alt. 37, 124. Die Abkürzung ₰ stammt von lat. dēnārius 'Münze im Wert von zehn As'.

Pferch M. Mhd. pferrich 'Einfriedigung', ahd. pferrih, pfarrih (hh), mnd. perk, park, mnl. par(ri)c, per(ri)c, nnl. park, ags. pearroc 'Hürde, eingezäuntes Land', engl. parrock 'Pferch' beruhen auf früh entlehntem mlat. parricus, das durch diese Entlehnung für das 4. Jh. gesichert ist und eine gallorom. Ableitung von idg. *parra 'Spalier' darstellt, das in gleichlautenden span. Wort fortlebt. Bezeugt ist mlat. parricus 'eingeschlossener Raum, Gehege' im 8. Jh. in den Leges Rip.; im 12. Jh. ist gleichbed. frz. parc daraus hervorgegangen; s. Park.

Pferd N. Mlat. paraverēdus 'Postpferd zum Dienst auf Nebenlinien', eine späte Bildung aus gr. παρά 'bei' und spätlat. verēdus 'Postpferd auf Hauptlinien' (zur kelt. Vorsilbe u̯o, u̯e 'unter, bei' und rēda 'vierrädriger Reisewagen', vgl. kymr. go-rwydd 'Roß' und die unter reiten dargestellte Sippe), wird etwa im 6. Jh. entlehnt und ergibt ahd. pfarifrît, pfâr(fr)ît, mhd. phärvrit, phärît, phärt (-des), asächs. perid, mnd. pered, pert, mnl. pe(e)rt, paert, nnl. paard. Die unverschobenen Formen und hd. pferit scheinen durch eine mlat. Zwischenform parēdrus vermittelt zu sein. Roman. v gab im späten Lehnwort f wie in Brief, Käfig, Stiefel, Vers, Vesper; auch in ital. palafreno, span. palafren, afrz. palafreid, engl. palfrey 'Zelter' begegnet dieses f, das auch der irischen Lateinaussprache gemäß ist. In dem ihnen vorausliegenden mlat. palafrēdus ist r vor r in l ausgewichen, entspr. in mnl. palefroot, engl. palfrey. Pferd gilt vorwiegend fränk. und sächs.; die Grenze gegen Gaul und Roß ziehen Kretschmer 1918 Wortgeogr. 36. 61. 600 und Wrede 1926 Dt. Sprachatlas Bl. 8.

Pferdebahn F. für älteres Pferdeeisenbahn, so Th. Storm, Auf der Reise (Werke 3²⁰ 153) und M. Heyne 1877 DWb. 4, 2, 1953. Die Klammerform Pferdebahn galt in Berlin, Leipzig usw., dafür südd. Tram(bahn), österr. Tramway.

Pfette F. spätmhd. pfette: aus spätlat. patena 'Firstbaum' vor 600 über die Westschweiz entlehnt, wesentlich ein Wort des Westobd. geblieben, doch auch als hess. pętt und ostmd. fette über die Zimmerplätze hinaus volksverständlich als 'waagrechter Längsbalken im Dachstuhl, dem Firstbaum parallel': J. Trier 1940 First 57. 94. Das vorausliegende lat. patena 'Krippe' ist entlehnt aus gleichbed. gr. πάθνη; dies mit Hauchumstellung aus hom. att. φάτνη. Idg. *bhndh-nā ist als 'Flechtwerk' urverwandt mit binden, s. d. Das in Scherhölzern stehende Langholzgefäß gab den Namen für das Langholz auf Gabelstützen.

Pfetter s. Pate.

pfetzen schw. Ztw., mhd. phętzen, dafür westmd. petzen: nach Kretschmer 1918 Wortgeogr. 298 ein wesentl. fränk. Wort, das von Elsaß-Lothringen bis Henneberg und Salzungen gilt. In dem Nordwesten dieses Raums gehört der Beleg, mit dem vor 1150 die Wortgeschichte beginnt: Hartmanns Rede vom Glauben 2488 der manigen wolluste, dā du daz fleisch mite phezzis. Während hier die Bed. 'kitzeln' gilt, taucht das Ztw. im 15. Jh. als 'zwicken' wieder auf. Frühnhd. ist es vorwiegend Fachwort des Strafrechts; von da stammen die meisten mundartl. Verwendungsarten. Solange die Grundbed. nicht feststeht, läßt sich auch über die Herkunft des Ztw. nichts Sicheres sagen. Die Teuth. 10, 128 gewagte Deutung ist schon wegen des mhd. ë unmöglich.

Pfiesel s. Pesel.

Pfifferling M. Der häufige Speisepilz Cantharellus cibarius, der an die fünfzig verschiedene Namen trägt, heißt wegen seines an Pfeffer erinnernden Geschmacks ahd. (11. Jh.) phifera (Ahd. Glossen 3, 486, 15), mhd. (seit 1350) phifferling, mnd. mnl. peperlinc, nnl. peperling. Ursprünglich scheint der Name dem Pfeffermilchling (Lactarius piperatus)

mit seinem schärferen Pfeffergeschmack zu gelten: H. Marzell 1941 Wb. d. dt. Pflanzenn. 1, 781f. Die Bed. 'Wertloses' seit dem 16. Jh.: Schoppe 1928 Mitt. d. schles. Ges. f. Volkskde. 29, 301; Zs. f. d. Wortf. 2, 196. 4, 196, 5, 273. 12, 124.

pfiffern schw. Ztw. 'piepsen' Cl. Brentano: Zs. f. dt. Alt. 40, 93.

pfiffig Adj. neben Pfiff M. 'Kunstgriff' Lessing 1778 Lachm. 10, 103. Diese Bed. von Pfiff (Rückbildung von pfeifen) wird auf den Lockpfiff des Vogelstellers zurückgeführt. Vgl. Kniff.

Pfiffikus M. burschensprachl. Subst. von pfiffig, wie das jüngere Luftikus ernsthaften Vorbildern wie Praktikus nachgebildet. Zuerst in Neukirchs Samml. 2, 241; Hazard 1706 Lebensgesch. 150 führt einen verschmitzten Advokaten Crumfificus ein. Kluge 1895 Stud.-Spr. 112.

Pfingsten Mz. Gr. πεντηκοστή (ἡμέρα) F. 'der fünfzigste (Tag nach Ostern)' ergibt got. paíntēkustē F., das von arian. Glaubensboten des 6. Jh. mit Ertag, Pfaffe, Pfinz-, Samstag, taufen, Teufel u. a. donauaufwärts und rheinabwärts getragen wurde: ahd. (frühes 9. Jh., alem.) fona fimfchustim (mit Übersetzung des ersten Wortteils), asächs. (10. Jh.) te pinkoston, mnd. pinkesten, pinxter(en), mnl. pinxter(en), pinster, nnl. pinkster(en), afries. pinkostra, pinxtera (hier überall die Endung abgewandelt nach dem Vorbild von Ostern, s. d.), anord. pikkisdagar, schwed. pingst, dän. pinse. Gleichen Ursprung hat aslav. pętikostij. Bei Einbürgerung über kirchenlat. pentēcostē hätte das Lehnwort bei der Lautversch. nicht mehr erfahren (s. Papst, predigen, Priester, Propst), auch wäre es (wie ags. pentecosten, engl. Pentecost zeigen) nicht so stark umgestaltet worden: F. Kluge 1909 Beitr. 35, 146f. Das Kirchenwort quinquagesima, das u. a. in der Pikardie und Wallonie fortwirkt, greift mit mnl. cinxene, südnl. sinksen auf germ. Gebiet über. Pfingsten ist ein erstarrter Dat. Plur. (wie Ostern und Weihnachten), der in Formeln wie mhd. vor den pfingesten entspringt. Entsprechend sagt noch Luther der tag der Pfingsten, während er in den Formeln auff, nach Pfingsten den Artikel ausläßt und damit maßgebend wird: O. Behaghel 1923 Dt. Syntax 1, 66.

Pfingstrose s. Päonie.

Pfinztag s. Donnerstag.

Pfirsich M. Der wohl aus China stammende, über Persien eingewanderte Baum und seine Frucht vulgärlat. persica, ist vor der hd. Lautversch. zugleich mit Kirsche und Pflaume eingebürgert, aber erst seit dem 12. Jh. bezeugt als mhd. pfërsich: lat. p ist verschoben, e erhalten wie in mnd. përsik, nnl. perzik, agf. përsic, -oc, norw. dän. fersken, schwed. persica. Das nhd. i stammt aus dem Ostmd.: pfirsich zuerst im Voc. theut. (Nürnb. 1482) y 8ᵇ; pfirsching (mit der Endung von Besing, Schirling, Wirsing) Amaranthes 1715 Frauenz.-Lex. 1472; vgl. siebenb. firžęnk. Schriftsprachl. ist rs nicht zu rsch geworden, weil die Silbengrenze die Laute trennt (wie in Ferse, Hirse, Mörser).

Pfister M. 'Bäcker' aus gleichbed. lat. pistor' -ōris (zu pinsere 'stampfen') vor der hd. Lautverschiebung entlehnt zu ahd. pfistûr, mhd. pfister. Lat. pistrīna 'Bäckerei' ergibt ahd. phistrīna F. Heimat der Lehnwörter sind die alem. schwäb. bair. Klöster, auch der Fam.-Name Pfister(er) geht von den Klosterbäckereien aus: M. Heyne 1901 Nahrungswesen 270. 279; H. Fischer 1, 1050. 6, 1642.

Pflanze F. mhd. pflanze, ahd. pflanza, anfränk. anord. schwed. planta, mnd. mnl. agf. dän. plante, mnl. engl. plant: entlehnt aus lat. planta 'Setzreis', woher auch ital. pianta, span. planta, frz. plante, kymr. plant und ir. cland stammen. Das lat. F. ist als Rückbildung zum Ztw. plantāre 'die Erde um den Setzling festtreten' verwandt mit planta 'Fußsohle'. Die Entlehnung hat gleichzeitig mit der von Kümmel, Pfirsich, Pflaume, Wicke und andren Fachwörtern der Gärtnerei vor 600 stattgefunden. — Unserm schw. Ztw. pflanzen entsprechen mhd. pflanzen, ahd. pflanzōn, mnd. mnl. nnl. planten, agf. plantian, engl. plant, anord. planta, dän. plante im Sinn des lat. plantāre.

Pflaster N. Gr. ἔμπλαστρον N. (zu ἔμπλαστός, Part. zu ἐμπλάσσειν 'aufschmieren') hat lat. emplastrum 'Wundpflaster' ergeben, aus dem gleichbed. ital. empiastro, frz. emplâtre stammen. Aus dem der Haut aufgeklebten, von der Umgebung abstechenden Heilpflaster ist im Galloroman. 'freier, unbebauter, von der Umgebung sich abhebender Platz' geworden. Mlat. emplastrum gewinnt von dem klebenden Aufstrich her die Bedeutung 'Bindemittel für Steinbau'. Vor der hd. Lautverschiebung gelangt das roman. Wort zu den Germanen: ahd. pflastar, mhd. pflaster bedeuten 'Heilpflaster; Mörtel; Fußboden'; ihnen entsprechen asächs. plastar, mnd. pläster (hieraus lett. plāsteris), mnl. pla(e)ster, agf. plaster, anord. plāstr. Mit dem Aufkommen der Steinpflasterung im 14. Jh. entsteht die neue Bedeutung 'Straßenpflaster': M. Heyne 1899 Dt. Hausaltert. 1, 78. 252. Andre Fachwörter der mgr. Heilkunst s. u. Arzt.

Pflaume F. Prunus insititia L. in veredelter Gestalt wird in Deutschland zur Römerzeit bekannt. Lat. prūnum ergibt, vor der hd. Lautverschiebung entlehnt, ahd. pfrūma, mhd. pfrûme, frühnhd. pfraume, mnd. mnl. prūme, nnl. pruim, siebenb. präum. Wie in der alem. Form von Kirche (s. d.) wird das r des lat. Worts zu l in ahd. pflūmo 'Pflaumenbaum', mhd. pflūme F., mnd. agf. plūme, anord. plōma F. Das m dieser Formen scheint auf Angleichung an den Anlaut zu beruhen. Der Geschlechtswandel hat sich schon auf roman. Boden vollzogen, wie bei cerasum, morum, pirum, pomum. Zur Abgrenzung von Zwetschge s. d. und P. Kretschmer 1918 Wortgeogr. 365 f.

Pflaumenmus N. heißt der dicke Brei aus zerkochten und durchgeschlagenen Pflaumen wesentlich in Nord- und Mitteldeutschland. Die Grenze gegen Zwetschgenmus, -kraut, Powidl usw. zieht P. Kretschmer 1918 Wortgeogr. 367 f.

pflegen schw. Ztw., einst stark (woran die Ableitung Gepflogenheit erinnert): ahd. pflëgan 'sorgen für etw., sich annehmen, behüten, betreiben, die Gewohnheit haben zu; versprechen, verbürgen', mhd. pflëgen, asächs. plëgan 'verantwortlich sein, einstehen für', mnl. pleghen, nnl. plegen, afries. plëga 'gewohnt sein'. Dazu mit grammat. Wechsel mnl. plien 'einstehen für', agf. plëon (aus *plëhan) 'der Gefahr aussetzen, sich wagen', pleoh M. 'Wagnis; Kummer', afries. plē 'Gefahr; Obhut'. Aus dem Dt. entlehnt ist afrz. prov. plevir 'versichern, verbürgen'. Engl. pledge 'Pfand' stammt aus gleichbed. afrz. ple(i)ge (mlat. plevium), das gekreuzt ist aus asächs. plëgan und lat. praebere. Die Sippe von westgerm. *plegan 'sich einsetzen für' hat keine gesicherten Verwandten außerhalb. Die vielen Anknüpfungsversuche mustert J. Trier 1944 Beitr. 67, 143 ff. Keiner überzeugt.

Pflicht¹ F. Mhd. ahd. pfliht, mnd. mnl. nnl. afries. plicht 'Obhut, Fürsorge, Sorgfalt', agf. pliht 'Gefahr, Wagnis, Schaden', engl. plight 'Pfand' führen auf westgerm. *plehti-, Verbalabstrakt zu pflegen (s. d.) wie Macht, Gewicht zu mögen und wägen. Auf Entlehnung aus dem Mnd. beruhen schwed. plikt, dän. pligt. Die reiche Bed.-Entfaltung läßt sich auf die Grundbed. des Ztw. zurückführen. J. Trier 1944 Beitr. 67, 136 ff.

Pflicht² F. 'Schutzdach im Vorschiff': ahd. pflihta, mhd. pflihte, mnd. plicht, mnl. nnl. plecht, nordfries. pliucht, agf. *pliht (erschlossen aus plihtere 'Ausguckmann'), norw. mundartl. plikt, plitt, dän. pligt 'Ruderbank vorn im Boot', schwed. plikt 'Vorder- oder Achterraum im offenen Fahrzeug'. Die mancherlei jüngeren Bedeutungen entfaltet F. Kluge 1911 Seemannsſpr. 620f. Das Wort hat ſich erkennbar vom Mittelrhein aus verbreitet; Quelle iſt lat. *plecta F. 'Flechtwerk': P. Melchers 1940 Beitr. zur Flurnamenforſch. f. Eugen Fehrle 159f.

Pflock M. ſpätmhd. pfloc (-ckes), pflocke M., mnd. pluck, plugge, nl. (ſeit 1511) plug- (ghe), engl. plug, norw. ſchwed. plugg, dän. pløg (mit Umlaut aus der Mz.), mit vielen Bedeutungen, die alle auf 'Holznagel' zurückweiſen. Dasſelbe iſt der Fall bei der Nebenform ſchwed. pligg 'Schuhzwecke', norw. pligg 'kleiner Stachel, Keil'. Dem Obd. von Haus aus fremd, in ſeinem Urſprung dunkel. „Einen Pflock zurückſtecken" vom Pflug, deſſen Tiefgang mit einem Stellpflock geregelt wird.

pflücken ſchw. Ztw., mhd. pflücken, md. pflocken, mnd. nd. plücken, mnl. plocken, plucken, nnl. plukken, agſ. ploccian, pluccian, plyccan, engl. pluck, anord. plokka, plukka, ſchwed. plocka, dän. plukka. Den obd. Mundarten bleibt pflücken fremd (dafür das alte brechen); Umlaut des u vor ck wäre dort unmöglich. Zu lat. piläre 'der Haare berauben' gehört gleichbed. volkslat. *pilūcāre, das in ital. piluccare 'Trauben abbeeren', prov. pelucar, frz. éplucher 'ausklauben, -zupfen', mengl. pilken 'zupfen' fortlebt. Mit dem röm. Wein- und Obſtbau (ſ. Pflaume, pfropfen, Wein uſw.) und der Geflügelzucht (ſ. Flaum, Pips) kommt das roman. Wort in den dt. Nordweſten und verbreitet ſich erkennbar von dort aus: Th. Frings 1932 Germania Rom. 202. 208; J. Brüch 1938 Zſ. f. roman. Philol. 58, 331ff.

Pflug M. Der Pflug der Urzeit beſtand aus einem ſtarken Aſthaken; ihm gelten Bezeichnungen wie got. hōha M., ahd. huohili 'aratiuncula' (urverwandt mit lit. ſakà, aind. ſākha 'Aſt') ſowie anord. arðr, lat. arātrum, gr. ἄρατρον 'Pflug'; got. arjan, anord. erja, agſ. aſächſ. erian, ahd. erran, lat. arāre, gr. ἀροῦν 'pflügen'. Als neuere Erfindung der Räter führt Plinius, Nat. hiſt. 18, 172 den Räderpflug ein, der als plōvus oder plōvum bei den Langobarden des 7. Jh. erſcheint und in lombard. piò, tirol. plof fortlebt. Vielleicht beſteht Verwandtſchaft eines Grundworts *plōhum, -gum 'Räderpflug' mit nordital. ploxemum, -num 'Wagenkorb' und weiterhin mit lat. plaustrum, plōstrum 'Frachtwagen'. Mit der Sache gelangt das Wort zu den Germanen und ergibt urdeutſch *plōg-. Daraus ahd. mhd. pfluoc, -ges, aſächſ. anfr. nnd. plōg, afrieſ. mnd. plōch. Von da iſt über anord. plōgr ſpätagſ. plōg, plōh (engl. plough) entlehnt, das um 1000 agſ. ſulh (urverwandt mit

lat. ſulcus 'Furche') ablöſt. Aus dem Germ. entlehnt ſind aſlav. plugŭ, lit. plūgas. Die landſchaftliche Synonymik des Pflügens entfaltet K. v. Bahder 1925 Wortwahl 138; Nachweiſe bei J. Trier 1944 Beitr. 67, 110ff.

Pflugſchar F. N. mhd. pfluocſchar, nl. ploegſchaar, mengl. ploughſchare, ſchwed. plogſkär uſw. Grundwort ahd. ſcaro, mhd. ſchar, agſ. ſcear, engl. ſhare 'Pflugſchar'; zu ſcheren.

Pfnüſel M. 'Schnupfen', ein oberelſ., ſchweiz., tirol. Wort, von Fr. Th. Viſcher 1879 als ſchweiz. Erinnerung im Roman „Auch Einer" verwendet, von da weithin bekannt. Zu kärnt. pfnauſn 'ſchnauben', alem. pfnüsə 'nieſen', dies lautmalend.

Pforte F. Lat. porta 'Tor' wird im 8. Jh. entlehnt zu fränk. pforta: die im 6. Jh. vollzogene Verſchiebung des t zu z konnte das Lehnwort nicht mehr ergreifen, während der Anlaut die länger wirkſame Verſchiebung von p zu pf noch erfuhr. Als im 5./6. Jh. lat. porticus mit dem ſüdl. Steinbau nach Oberdeutſchland kam, ergab es pforzih. Md. und mrhein. wirkte die Verſchiebung des t ſpäter, die des p gar nicht: dort begegnet in mhd. Zeit porze, mundartl. di porz. Auf Entlehnung nach Abſchluß der hd. Lautverſchiebung beruht ahd. porta, mhd. porte: Th. Frings, Germ. Rom. (1932) 12. 101. 209. Wo ſich (wie in agſ. port M. 'Tor' und mehrfach in kelt. Sprachen) männliches Geſchlecht durchgeſetzt hat, iſt Einfluß von lat. portus 'Hafen' im Spiel, das nach dem Wirken der Auslautgeſetze von lat. porta und ihren Folgeformen ſchwer zu ſcheiden war.

Pförtner M., mhd. portenære, 1420 pfortener. Das niemals häufige Wort wird durch das zu Beginn des 18. Jh. entlehnte frz. portier (Schulz-Baſler 1942 Fremdwb. 2, 601) aus dem Gebrauch außerhalb der Dichtung verdrängt. 1887 erſetzt das preuß. Kriegsminiſterium Portier durch Pförtner und öffnet damit dem guten Wort neuen Raum: W. Linden 1943 Dt. Wortgeſch. 2, 384. In der Fachſprache der Ärzte gilt Pförtner für 'unterer Magenmund': Hyrtl 109f. Es iſt Lehnüberſetzung von gr.-lat. pylorus, bei Celſus 4, 1, 7 bezeugt. Als der Name entſtand, war er ſinngemäß: die älteſten griech. Anatomen ſahen den Magendarmkanal vom ἀρχός, dem Maſtdarm her, ſo daß für ſie der πυλωρός am Mageneingang ſtand: Steudel 9. 19.

Pfoſten M. mhd. pfoſt(e), ahd. pfoſto, mnd. mnl. nnl. afrieſ. agſ. engl. poſt; dän. ſchwed. poſt ſind ſpät durch das Mnd. vermittelt. Vor Abwanderung der Agſ. und vor Abſchluß der hd. Lautverſchiebung zu allen Weſtgerm. entlehnt aus lat. poſtis M. '(Tür-)

Pfosten', das als *por-sti-s 'Hervorstehendes' (zu stāre) gedeutet wird. Röm. Einfluß hat früh auch auf den germ. Holzbau gewirkt, wie Pfahl und Pforte bestätigen. Das durch Pfosten verdrängte ahd. (tur)stu(o)dil, mhd. stu(o)del M. (zu stehen) lebt noch in südostdt. Mundarten.

Pfote F., unter Einfluß von Fuß auch M., hd. kaum vor Luther und bei ihm nur außerhalb der Bibel, vorher mnd. (15. Jh.), nrhein. (14. Jh.) pōte F., mnl. poot, pote M., nnl. poot 'Pfote'. Das gleichbed. dän. norw. pote ist aus dem Mnd. entlehnt. Das dt. Wort, altbodenständig in den Mundarten von Lothringen und Luxemburg bis zur Rheinpfalz und von den Rheinmündungen ostwärts, fehlt in alter Zeit dem Osten, ist in der Schweiz, Baden und Württemberg bis heute selten und fehlt dem gesamten Südosten gänzlich. Das deutet auf Einfuhr aus Westen. Die germ. Formen vereinen sich auf vorgeschichtl. *pauta. Auf dieselbe Form weisen afrz. poue (hieraus engl. paw), prov. pauta, katal. pota, galiz. po(u)ta. Im Kern des damit umschriebenen Gesamtgebiets, bei Arel (Arlon) in Südbelgien, steht seit Römertagen die Inschrift Divis Manibus Corobillio Pautoni, in der Nähe Namen wie Pauto, Pauta, Pautina auf gleich alten Steinen. Pauto 'Pfote' ist benamt, wie nach ihm die Deutschen Augenbraun, Bart, Bein, Fuß, Hirnschal, Knie, Schenkel, Stauß usw. Er entstammt einer unbedingt bodenständigen Areler Sippe, deren sämtliche Namen in Form und Beugung unkeltisch sind. Damit gelangen wir auf vorkelt. *pauta 'Pfote' als Quelle des gallorom. wie des germ. Worts. Der Anlaut p ist (wie bei pflücken) nachträglich hochdeutsch, dagegen -t- unverschoben geblieben. ō ist bewahrt (wie in Schote, Note), während sonst vor t gern gekürzt worden ist. Th. Frings, Germania Rom. (1932) 179 f.; ders., Zf. f. roman. Phil. 56 (1936) 371 ff.; J. Brüch, Wiener Stud. 54 (1936) 173 ff.

Pfragner M. 'Krämer', heute auf bair.-österr. Mundart zurückgedrängt, alt auch alem. und fränk., mhd. phragner, ahd. phraganāri: zu ahd. phragana F. 'Schranke', mhd. phragen 'Handel'. Ob hierzu nd. dän. pranger 'Pferdehändler', dän. prange 'mit landwirtsch. Erzeugnissen handeln', schwed. prångla 'prachern', norw. prånga, isl. prånga 'Kleinhandel treiben, Geld zus.-kratzen'? Herkunft dunkel.

Pfriem[1] M. 'spitzes Werkzeug zum Stechen', mhd. pfrieme, mnd. prēme, mnl. priem(e), nnl. priem vereinigen sich auf germ. *preu-man-. Dessen m beruht auf Angleichung an den Anlaut. Ursprünglicher sind gleichbed. mnd. prēn(e), prīn, agf. prēon, engl. preen 'Eisen-

gerät zum Entfernen von Tuchflocken', isl. prjōnn 'Stricknadel', die auf germ. *preu-nan-weisen. Eine dritte Bildungsweise (germ. *preu-la-) zeigen schwed. pryl und nfränk. pryel 'Dolch' Schüren, Theutonista (Kleve 1477) 240 Verdam. Außergerm. Beziehungen sind nicht gesichert.

Pfriem[2] M. 'Pfriemenginster' mhd. pfrimme, ahd. phrimma, brim(m)a Zf. f. d. Wortf. 3, 273. Nach mnd. breme, mnl. brem(me) zu schließen, ist anl. b das Urspr., pfr- und der Diphthong beruhen auf Anlehnung an Pfriem[1]. Mit dem ablautenden ahd. brāma (s. Brombeere) auf die Grundbed. 'Dornstrauch' zu vereinigen.

Pfropfen M. 'Stöpsel' kaum vor Ludwig 1716, wesentlich norddeutsch, verhochdeutschte Form des gleichbed. nd. propp(en) (hieraus lett. propis), mnd. mnl. prop(pe). Dies erklärt Kretschmer 1918 Wortgeogr. 368 f. als Mischbildung aus einem lautmalenden prumpfen 'vollstopfen' und stoppen (s. stopfen), wobei nd. proppen 'ein Reis einsetzen' (s. pfropfen) eingewirkt haben mag. Engl. prop 'stützen' liegt begrifflich ganz ab.

pfropfen schw. Ztw. 'ein Edelreis zum Verwachsen auf einen Wildling pflanzen', mhd. pfropfen, md. propfen, proffen, nd. nl. proppen: abgeleitet von ahd. pfropfo, pfroffo 'Setzling, Senker', das früh entlehnt ist aus gleichbed. lat. propāgo F. Im Roman. bestanden Doppelformen mit propp- und prop-: darauf beruht das Nebeneinander von ahd. pfropfo und pfroffo, md. propfen und proffen. Das Lehnwort ist längs der Maas und Mosel an den Niederrhein gelangt und von da rheinaufwärts gewandert. Es traf auf gleichbed. impfen und p(f)elzen, die von Rhone und Doubs her durch die burgund. Pforte eingedrungen waren. Innerdeutsche Wanderungen erklären Mischformen wie südd. propfen, dem der westmd. Anlaut geblieben ist. Die roman. Nachkommen von imputare und (im)peltare bedeuten 'Edelreiser einsetzen', die von propaginare nur 'Stecklinge (von Reben) einsenken'. Unserer ältesten Zeit ist dieses Rebenpropfen fremd: pfropfen entstammt nicht dem Weinbau, sondern der Obstzucht, wie die gleich alten Lehnwörter Pfirsich und Pflaume. Das schon 1222 rhein. Urkunde sagen kann: vineam plantare quod nos appellamus profen zeigt, daß der Moselweg zu frz. provigner 'Reben absenken' offen geblieben ist. Über mrhein. proffen 'den Weinberg mit Rebsenkern besetzen' führt die Entwicklung zu prǫufə 'Buchenreiser zum Weiterwachsen in den Boden graben' im heutigen Bonn und zu prǫfə 'Gartengemüse pflanzen, säen' in Wuppertal: Th. Frings, Germania Rom. (1932) 70 f.

Pfründe F. Lat. praebénda N. Mz. 'Darzu=
reichendes', das (urſpr. weltlich gemeint) in ital.
prebenda, frz. prébende F. 'kirchl. Pfründe'
fortlebt, iſt unter Einfluß von lat. prōvidēre
'verſorgen' abgelöſt worden durch gallorom.
prōvénda F. 'Reichnis'. Aus der grundherrl.
Gutswirtſchaft des karoling. Weſtfrankens gelangt
deren Fachwort zur Kirche (die bis dahin von
stipendia gesprochen hatte) und bedeutet ſeit
dem 9. Jh. 'was einem (Kapitel=)Geiſtlichen als
Gegenleiſtung für ſeine geiſtl. Dienſte gereicht
wird'. Von Nordfrankreich wandert das junge
Kirchenwort an den Rhein und (wie in die
Kelt.) in die germ. Volksſprachen. Es lautet
aſächſ. anord. prōvenda, mnl. provende. Etwa
gleichzeitig iſt Propſt entlehnt: im Gegenſatz
zu ihm erlangt unſer Wort bei innerdeutſcher
Entlehnung rheinaufwärts nachträglich die
Merkmale der hd. Lautverſch., daher ahd.
pfrōvinta. Die germ. Erſtbetonung wirkt Ver=
kürzung zu ahd. pfruonta, mhd. pfruonde,
aſrieſ. pronda. Das i der Mittelſilbe wirkt Um=
laut in mhd. pfrüende. Kürzung vor Doppelkonſ.
führt zu nhd. Pfründe. U. Stutz 1901 Zſ. f.
dt. Wortf. 1, 361 ff.; Th. Frings, Germania
Rom. (1932) 39. 46. 52. 84. 208.

Pfuhl M. Mhd. ahd. pfuol, mnd. pōl, pūl,
mnl. nnl. poel, aſrieſ. agſ. pōl, engl. pool führen
auf weſtgerm. *pōla-. Dän. pøl, ſchwed. pöl
ſind aus der nd. Mz. entlehnt. Außergerm.
vergleicht man lit. balà 'Bruch, Sumpf', aſlav.
blato (aus urſlav. *bolto-) 'Moraſt', auch in
rumän. Ortsnamen Baltă-Albă, alban. bal'të
'Schlamm, Sumpf'. Mundartl. verbreitete
Formen wie p(f)ũdel gelten in Landſchaften,
die d zwiſchen Vokalen eingebüßt haben: wer
dort bũl für Beutel ſagt, pflegt zu wiſſen, daß
bũdel vorausliegt. Er wendet ſein Wiſſen ver=
kehrt an, auch indem er ſteidel für ſteil ein=
führt: H. Schröder 1923 Beitr. 47, 166.

Pfühl M. N. 'mit Federn gefülltes Kiſſen',
mhd. pfülwe, ahd. pfuliwī(n) N., pfulwo M.,
aſächſ. puli(ui), mnl. pōlu, pōl(u)we, nnl. peluw,
agſ. pyl(w)e M., pylu F., engl. pillow: früh
entlehnt aus lat. pulvīnus M. 'Polſter, Kiſſen',
das ſo heißt, weil es urſpr. mit pulvis gefüllt
war, ſ. Pulver. Wie bei Kaiſer, Käſe, Meile
Page² 'Pferd' und Pfund iſt mit Pfühl ein
Römerwort übernommen, das in der roman.
Welt kaum noch eine Rolle ſpielt. Die Ent=
lehnung ins Weſtgerm. geſchah vor Abſchluß
der hd. Lautverſchiebung und ſo früh, daß lat. v
noch den Wert eines w hatte (ſ. Pfau, Weiher,
Weiler, Wein gegen Brief, Käfig, Veil=
chen, Vers, Vesper). Sachlich gehören in
den gleichen Lehnbereich Flaum, Kiſſen,
Pips. Im Md. iſt w geſchwunden; Luthers
Form iſt Pföl gegen Pfulwe bei gleichzeitigen

Wormſern und Zürichern. Alem., teilweiſe auch
bair., iſt w nach l zu b geworden (wie in falb
und gelb), daher Pfulbe bei J. Eck (Ingolſt.
1537). Auch Angleichung zu Pfulm(en) iſt
ſüddeutſch. Verhärtung zu f begegnet weſtmd.:
Pülv Aſchaffenburg, Pilf Oberheſſen. Die
heutige Schriftform iſt ſpät im 18. Jh. erreicht
worden; das Geſchlecht ſchwankt bis heute.

pfui Interj. Von der Gebärde des Aus=
ſpeiens geht ein Ausdruck des Abſcheus aus,
der über viele Sprachen greift, ohne daß Ur=
verwandtſchaft oder Entlehnung vorliegen
müßte: gr. φῦ, lat. fū, frz. fi, engl. fie, nnl.
foei. Hd. nd. pfui gelten ſeit etwa 1200, daneben
mhd. fī(a), phī. Vgl. fies.

Pfund N. mhd. pfunt (d), ahd. pfunt (t),
aſächſ. mnd. aſrieſ. agſ. anord. dän. ſchwed.
got. pund, mnl. pont (d), nnl. pond, engl.
pound: mit kaufen und Münze früh zu allen
Germanen gelangt aus lat. pondō (indekl.)
'Pfund' (mit pondus N. 'Gewicht' zu pendere
'wägen'), das in den roman. Sprachen durch die
Nachkommen von lat. libra 'Waage; Pfund'
verdrängt iſt. Lat. o iſt vor Naſal + Konſ. zu u
geworden wie in Kunkel (aus mlat. conucla).
Aus dem Germ. früh weiterentlehnt iſt finn.
punta. Weil ein Pfund Pfennige ein gang=
bares Strafmaß war, wurden Verbote „bei
dem Pfund" erlaſſen. So wird Pfund zu
'Strafe', beſonders zur Bezeichnung der Streiche
mit dem Weidmeſſer, die Jäger oder Jägerinnen
dulden mußten, wenn ſie eine Weidmannsregel
verletzt hatten: DWb. 4, 1, 1, 534; 7, 1812; 14,
1, 617.

pfuſchen ſchw. Ztw. zur Interj. pfu(t)ſch,
die lautmalend vom Aufziſchen der Rakete ſteht,
aber auch von reißendem Zeug bei ſchlechter
Arbeit. Ausgangsbed. 'raſch und darum lieder=
lich, nicht zunftgerecht arbeiten'. Zuerſt findet
ſich Pfuſcher M. bei Joh. Matheſius († Jo=
achimsthal 1568), Syrach 2, 136ᵃ, das Ztw.
erſt in Breslau 1572 (G. Schoppe 1926 Neu=
phil. Mitt. 27, 11). Mit dem oſtmd. Anlaut f=
wandert das Wortpaar ins Weſtmd.: fuſchen
und Fuſcher am Rhein, in Lothringen und
Luxemburg, hier neben weſtmd. puſchen und
Puſcher, die in Teilen Nordbadens und
Heſſens wiederbegegnen. Oſtmd. f=, weſtmd. p=
weiſen auf obd. pf-. Damit verbietet ſich Her=
leitung von Buſch, die Friſch 1741 verſucht
(Zſ. f. dt. Wortf. 8, 195). Das Richtige ſieht
zuerſt Adelung 1777. Mit oſtmd. Anlaut ent=
lehnt ſind dän. fuske, ſchwed. fuska und fuskare
(zuerſt 1683).

Pfütze F. mhd. pfütze, ahd. p(f)uzza, buzza,
puzze, fuzze F., pfuz(z)i, puzzi M., mnd. pütt
M., pütte F., nd. pütt(e), anfränk. putte M.,
mnl. put, pit, pet M., putte, pitte M. F.,

mnl. put, afrieſ. pett, agſ. pytt M., engl. pit,
anord. pyttr M., norw. mundartl. putt, pytt,
ſchweb. putt, dän. put. Dem Got. fremd. Aus
urnord. *pūtia- iſt finn. puutio entlehnt, aus
afränk. *putī ſtammt afrz. puiz, frz. puits.
Pfütze wird durch ſeine Verbreitung wie
durch den Mangel germ. Verwandter und Ableitungen als Lehnwort erwieſen: es ſtammt
aus lat. puteus 'Brunnen', das vielleicht über
'ausgeſtochene Grube' mit lat. putāre 'ſchneiden'
(in amputieren uſw.) zu vermitteln iſt. Urverwandt mit ahd. urfür 'Verſchnittener',
urfüren, agſ. fȳran 'verſchneiden'. Das lat.
Wort lebt in den roman. Sprachen fort, ſo in
ital. pozza 'Lache', aus dem altalem. puzze,
puzza, buzza F. entlehnt iſt. Die oben genannten M. ſtammen unmittelbar aus lat.
puteus. Zum Teil ſind ſie unter Einfluß von
mnd. mnl. gote 'Goſſe' zu F. geworden. Die
Entlehnung geſchah vor Abwanderung der Agſ.,
ſo früh, daß lat. ŭ noch kurz und t noch Ver-
ſchlußlaut war. Die weſtgerm. Konſ.-Dehnung
hat von tj über ttj zu tt geführt, das auf hd.
Boden (wo auch p- zu pf- wurde) tz ergab. Die
alte Bed. 'Brunnen' hat ſich lange erhalten,
z. T. bis heute.

Phantaſie F. Gr. φαντασία 'Vorſtellungs-,
Einbildungskraft' gelangt über lat. phantasia
nach Weſteuropa. Aus dem Lat. ſtammt mhd.
fantaſie 'Einbildung, Trugbild' bei Frauenlob
(† 1318). Mlat. fantasiari Ztw. und fantasta
M. werden im 15. Jh. Vorbilder für frühnhd.
fantaſieren und fantaſt. Dies iſt eines der
wenigen Fremdwörter bei Luther; im Titel
einer Schrift von 1527 erſetzt er es durch
Schwarmgeiſt. Vgl. einbilden.

Pharao M. nach dem altägypt. Titel des
Königs per-a'a 'großes Haus, Palaſt, Hof',
der über gr. φαραώ in die Sprachen Weſteuropas
gelangte. Daraus vereinfacht Pharo als
Name des Glücksſpiels, in dem der Herzkönig
frz. pharaon hieß: Lokotſch 1927 Etym. Wb.
1650.

Phariſäer M. Die jüd. Sekte der 'Abge-
ſonderten' hat beſ. nach Luk. 18, 10 ff. das
Urbild der Selbſtgerechtigkeit geliefert.

Philippika F. 'Donnerrede, Strafpredigt'.
Nach den Reden des Demoſthenes gegen
Philipp von Makedonien (τὰ Φιλιππικά) nennt
Cicero 44 v. Chr. ſeine Reden gegen Marcus
Antonius Philippicas orationes. Hieronymus
(† 420) nimmt nach Büchmann 1912 Gefl.
Worte 366 das Wort für 'Strafrede' auf; bei
uns wird es durch Wieland und Platen be-
flügelt.

Philiſter M. Die hebr. Peliſtīn werden in
Luthers Altem Teſtament Hunderte von Malen
Philiſter genannt, während vorluth. und

kath. Bibel Philiſtäer ſagen wie die Vulgata
Philistaei. In Kampfſchriften des ſpäteren
16. und des 17. Jh. wird P. für 'Gegner von
Gottes Wort' gebraucht. Wenn ſich die Studenten der Zeit, zumal die Theologen in Jena,
als Gottes auserwählte Schar empfanden, ſo
fiel der Scheltname P. ihren geborenen Fein-
den, den Stadtſoldaten, zu. Dieſe Bed. iſt
für Jena ſeit 1687 bezeugt, für Halle, Wittem-
berg, Leipzig, Köln und Wien im 18. Jh. Als
in Jena 1689 ein Student bei einem Aufruhr
totgeworfen wurde, rügte Superintendent Gg.
Götze die Tat mit den Worten Richt. 16, 9
„Philiſter über dir, Simſon“: damit war der
Bed.-Wandel zu 'Bürger der Univ.-Stadt,
Spießbürger, Nichtſtudent' angebahnt. Eine
Fülle von Bibelworten ließ ſich nun witzig
anwenden. Die neue Bed. hat zu einer Bereicherung des dt. Denkens geführt, ſeit Goethe
den Begriff 1774 ins Geiſtige und Sittliche
gewendet und Hnr. Leo um 1860 den Bil-
dungsphiliſter (ſ. d.) hinzugefügt hat. Die
Bedeutung 'engherziger Spießbürger' iſt im
19. Jh. ins Engl. übergegangen, im 20. Jh.
zeigt ſie ſich auch bei frz. Philistin. Zſ. f.
d. Wortf. 1, 46. 50 ff. 369. 2, 293. 12, 285.
288; Kluge 1912 Wortf. und Wortgeſch. 20 ff.;
Büchmann 1912 Gefl. Worte 16 f.; Schoppe
1922 Germ.-roman. Monatsſchr. 10, 193 ff.;
Lohan, Dt. Rundſchau 1922, 289; Götze 1928
Dt. Studentenſpr. 8 f.

Philiſterium N. um 1813 von Studenten gebildet, nach Vorbildern wie Miniſterium:
Kluge 1895 Stud.-Spr. 114.

Phyſikunkus M. 'Sonderling' zerſpielt aus
lat. physicus. Seit 1520 in vielen Spielarten
bezeugt, zuerſt viſegunklen 'Narren' Schades
Satiren und Pasqu. 2, 133. Gebucht ſeit
Sim. Rot 1572 „Phyſicuncus ... Spottwort gegen denen, die etwas in natürl. Dingen
wiſſen wollen“. Heute ſchweiz. fiſigäuggis, elſ.
fiſigunggus, ſchwäb. fiſigunk (daneben ſpiri-
gu(n)kes) 'Naſeweis', bair. filigunkes.

piano Adv. Lat. plānus 'eben' ergibt ital.
piano, als muſik. Fachwort bei uns ſeit Sperander 1727 gebucht. Das gleichzeitig von C. G.
Schröter in Nordhauſen und dem Franzoſen
Marius erfundene Hammerklavier hat ſich
mit dieſem Namen nicht durchſetzen können.
Weil man es (im Gegenſatz zu Spinett und
Klavichord) leiſe und ſtark anſchlagen kann,
heißt es frz. clavecin à forte et piano. Forte-
piano wird im 19. Jh. zu Piano gekürzt.
Deſſen ital. Verkleinerung Pianino dringt
für 'Klavier mit ſenkrecht geſtellten Saiten'
um 1850 durch.

picheln Ztw. Pegel M. (ſ. d.) entwickelt
ſich von 'Waſſerſtandsmarke' landſchaftl. zu

'Marke am Trinkgefäß'. Dazu altmärk. pägeln, obersächs. bixəln 'stark trinken'. Damit vermengt ein gleichbed. picheln (zuerst 1768 Brem. Wb. 3, 310) und ein student. pichen 'trinken' (seit Kindleben, Halle 1781). Bich 'Bier' (Kluge 1895 Stud.-Spr. 83 seit 1825) scheint erst aus dem Ztw. rückgebildet zu sein.

pichen s. Pech.

Pick, Piek M. 'heimlicher Groll', seit dem 17. Jh. über das Nd. aus nl. eenen pick hebben teghen iemanden. Dies seit 1598 nach frz. pique, das sich (wie ital. picca) von 'Spieß' zu 'Groll' entwickelt hatte. Im dt. Süden ist auch mit Entlehnung unmittelbar aus dem Roman. zu rechnen.

Pickel M. 'Eiterpustel', ein wesentl. norddt. Wort: Kretschmer 1918 Wortgeogr. 371. Zuerst in der schles. Form pücklich bei Schweinichen († 1616) Denkwürd. 419 Osterley. Verkl. zu mhd. pic, bic 'Stich'.

Pickelhaube F. Zu Becken (s. d.) gehört mhd. becken-, beckelhübe, mnd. pekelhûve, die unter dem Topfhelm des 13. Jh. getragene Blechhaube, nachmals zu einer selbständigen Helmform entwickelt. Entspr. mlat. bacinêtum, bacillêtum, ital. bacinetto, frz. bassinet 'flacher Helm'. Die nhd. Gestalt des Worts ist durch Pickel 'Spitze' bestimmt, was erst nach Umbildung der Helmform geschehen konnte.

Pickelhering M. Die lustige Person auf der Bühne heißt gern nach einem Lieblingsgericht der Masse: Hanswurst, Jean Potage, Jack Pudding, Maccaroni. So schuf sich (nach Wh. Creizenach, Die Schausp. d. engl. Komödianten XCIII ff.) Robert Reynolds, der Führer der „Bücklingshäringskompagnie", seit 1618 in Deutschland, für seinen Gebrauch eine Abart der komischen Gestalt; 1620 erscheinen die „Engl. Comedien und Tragedien sampt dem Pickelhering". Vorbild für Reynolds war Spencer, der sich in seiner Clownrolle Hans von Stockfisch genannt hatte. Der Name, seit 1648 auch als nl. Pickelharing, bed. 'eingepökelter Hering', vgl. Golius 1582 Onom. 322 „Bickelhering / halec conditaneum"; nl. (seit 1598) pekelharing.

picken schw. Ztw., mhd. bicken 'stechen', ahd. (ana)bickan, mnd. pecken, mnl. pecken, picken, nnl. pikken 'hauen', mengl. pikken, engl. pick 'stechen, auslesen', anord. pikka, schwed. picka, dän. pikke: zur Interj. pick, die Schall und Tun des Vogelschnabels nachahmt. S. Bicke.

Picknick N. Gesellschaftsschmaus im Freien, zu dem die Beteiligten die Genußmittel gemeinsam beisteuern. Frz. pique-nique, nach Ménage 1692 Dict. étym. „neueren Ursprungs", Reimbildung wie pêle-mêle, erscheint 1753 in Schönaichs kom. Epopöe „Der Baron oder

das Picknick". Auch nnl. engl. picnic stammen aus dem Frz.

piekfein, auch pikfein, Adj. bringt seit Goltz 1860 Typen d. Gesellsch. 2, 148 vom Nd. vor. Die Zus.-Rückung mit fein ist jung, î aus ü entrundet: zu püken 'pflücken' (nächstverwandt mit ags. pŷcan 'picken') gehört nl. puik, nd. pük 'ausgesucht, erlesen', das im hansischen Handel Gütebezeichnung war, meist im Heringshandel, zuerst als mnl. puuc für Delfter Leinwand: Ag. Lasch, Berlinisch 207. Norw. mundartl. pyk 'fein' ist aus dem Nd. entlehnt.

piepen Ztw. Die Nachahmung des Lauts junger Vögel greift gleichmäßig über viele Sprachen und spottet der Lautgesetze: frühnhd. (Maaler 1561) pypen, nd. pîpen, engl. peep, lat. ital. pîpâre, gr. πιππίζειν, lit. pypiù (pŷpti), tschech. pípati. Vgl. Pfeife.

Pier M. 'Landungsbrücke', in hd. Texten seit 1880, zuerst in der Schreibung Peer, entlehnt aus gleichbed. engl. pier, das seit dem 14. Jh. bezeugt ist und sich mit mlat. pêra deckt: Kluge 1911 Seemannsspr. 615.

piesacken schw. Ztw. Zu mnd. pese 'Sehne' stellt sich nd. ossenpesek 'Ochsenziemer'. Die Grundbed. 'mit dem Ochsenziemer bearbeiten' ist damit für pisakken gegeben, das zuerst Richey 1755 Hamb. Id. 186 als „plagen, Stöße geben, abdreschen" bietet. Durch Lindner 1762 Beitr. zu Schulhandlungen 224 und Blumauer 1794 Herkules 114 wird es literar.; Campe bucht 1809 pisacken 'plagen' als norddeutsch. Herleitung aus dem Lit. oder Poln. (Wick 42) ist abwegig, weil das Ztw. nicht in balto-slav. Nachbarschaft wurzelt.

Pietist M. Phil. Jak. Spener richtete bald nach seiner Übersiedlung nach Frankfurt a. M. (1666) gottesdienstl. Hausandachten ein, die er Collegia pietatis nannte und 1675 in s. Buch Pia desideria empfahl. Ihre Teilnehmer werden seit etwa 1674 Pietisten gescholten. Vorbild mag das ältere Deist sein (frz. déiste seit 1563). Als sich seine Bewegung in Leipzig 1686 einen neuen Mittelpunkt schuf, sprang alsbald auch der Scheltname dahin über. 1692 nahm ihn Spener in seinem „Ebenbild der Pietisterei" auf. S. Mucker.

Pik N. Im frz. Kartenspiel heißt die bei uns Schüppen genannte Farbe pique nach dem Spieß mit schwarzem Blatt. Danach bei uns seit Frisch 1741. Gleichen Ursprungs ist **Pike** F. 'Spieß, Lanze', um 1500 entlehnt aus gleichbed. frz. pique, einer Rückbildung zu piquer 'stechen': Schulz-Basler 1942 Fremdwb. 2, 528. Von der Pike auf dienen ist vor Ende des 17. Jh. zur festen Redensart erstarkt.

pikant Adj. Zu frz. piquer 'stechen' gehört als Part. Präs. piquant, das in seiner Bed.

etwa unserm 'prickelnd' entspricht (vgl. engl. prick 'Stachel'). Bei uns, zunächst in frz. Schreibung, von stark reizenden Speisen (wofür obd. räß) seit dem 17. Jh., auf Geistiges übertragen vor Ende des 18. Jh.: Zs. f. d. Wortf. 2, 267. 7, 254. 8, 86.

Pike s. Pik.

Pilaw M. Das türk. Reisgericht, pers. päläv, erscheint bei uns als Pil(l)au seit Wieland. Die heutige Schreibung setzt Fallmerayer durch.

Pilger M. Lat. peregrīnus 'ausländisch' (zu peregrē, -ī 'in der, in die, aus der Fremde', urspr. 'was außerhalb des ager Romanus geschieht') kommt schon 360 n. Chr. als Subst. pelegrinus 'der Fremde' vor, mit Ausweichen des ersten r wie ital. albero, albergo, Geltruda. Im 8. Jh. tritt ahd. piligrīm M. 'peregrinus' auf: in dem nach der hd. Lautversch. entlehnten Kirchenwort, das (wie mnl. pelgrijm, nnl. pelgrim, afries. pilugrim, mengl. pilgrīm, anord. pīlagrīmr) urspr. die nach Rom wallfahrenden Ausländer bezeichnet, ist roman. l übernommen; e der Tonsilbe ist zu i, n zu m gewandelt unter Einfluß des Männernamens ahd. Piligrīm (aus bili- 'Schwert' und grīm 'Helm'). Pilgrim bleibt in gehobener Sprache, im Alltagsform tritt im 15. Jh. Pilger auf: offenbar hat man -in in mhd. pilgerīn als Verkl.-Endung gefaßt. Semler 1909 Zs. f. d. Wortf. 11, 36; Schatz 1925 Beitr. 49, 125.

Pille F. Zu lat. pila 'Ball', das als Kollektiv zu pilus 'Haar' urspr. 'Haarknäuel' bedeutet, gehört als Verkl. lat. pilula (Arznei-)Kügelchen', das als spätmhd. pillule, frühnhd. pillel(e) bei uns erscheint. Die nhd. Form (seit Struppius 1567: Zs. f. d. Wortf. 15, 201) erklärt R. Loewe 1899 Zs. f. d. vgl. Sprachf. 35, 610 aus Silbenvereinfachung (wie Schwibbogen).

Pilot M. Zu gr. πηδόν N. 'Steuerruder' gehört *πηδώτης M. 'Steuermann', das über altital. pedota, jünger piloto frz. pilote ergibt. Nhd. Pilot seit Mathesius 1562 Sarepta 98. Vermittlung von nl. piloot ist möglich: E. Öhmann 1940 Neuphil. Mitt. 41, 151.

Pilz M. Gr. βωλίτης 'Pilz' liefert über lat. bōlētus venez. boleo, rätorom. bulieu, voges. bulo. Ins Westgerm. wird das Wort vor der hd. Lautversch. entlehnt. Lat. t ist zu z verschoben, ō wird zu ī, nachmals i (s. Essig, Kette, Münze), o davor zu u, später umgelautet und entrundet (s. Bims, Gimpel, Gipfel, kirre, Kissen, Kitt, Schlingel, spritzen, Strippe, Zille): demgemäß nd. bülte, ahd. buliz, mhd. bülez, bülz. Die Schreibung mit i beginnt im 16. Jh., die mit ü begegnet noch 1741 bei J. L. Frisch 1, 152c. P für roman. b stammt als umgekehrte Schreibung

aus Landschaften, die keine Fortis p- kennen und hat sich festgesetzt wie in Panier, Pokal, Posaune, Pranke; noch Lessing und Adelung schreiben Bilz, das in Fam.-Namen überwiegt. Zum Wandel von z zu z vgl. Münze. — Im dt. Süden gilt Schwamm für 'Pilz': Kretschmer 1918 Wortgeogr. 372f.

pimpeln schw. Ztw. vom Jammern und Ängstlichtun des Verzärtelten, geht von ostmd. Mundart aus. Hier zuerst mit hyperhd. ü pümpeln Weise 1678 Pol. Näscher 46; pimmeln bei Chr. Reuter 1695f. Schlampampe 33. 119 weist darauf, daß vom lautmalenden bim auszugehen und daß das fortwährende Klagen dem Gebimmel kleiner Glocken verglichen worden ist. Westfäl. pempen bed. 'die Glocke mit nur einem Schlag anschlagen'.

Pimpernelle, Bibernelle F. Name versch. Heilkräuter. Zu lat. piper 'Pfeffer' gehört als Pflanzenname mlat. *piperinella, der z. B. in frz. pi(m)prenelle fortlebt. Von da spätmhd. pimpenelle, während das schon im 11./12. Jh. auftretende ags. pipeneale, spätahd. bibinella durch lat. *bipennula (zu bipennis 'zweiflüglig') abgelenkt zu sein scheint.

Pimpf M., urspr. Schelte des Halbstarken, der noch keinen Pumpf (s. Pumpernickel) zustande bringt. In einem Marburger Studentenlied heißt es (noch bei Lebzeiten des Theologen A. F. C. Vilmar, † 1868): „In Marburg, ich sag's ohne Glimpf, Verdruckt jeder Besen die Pimpf, Wenn sie woll'n zum Tanze gehn". Ein dortiger Zweizeiler sagt um 1880 „Leis, wie Zephyrs Geflüster, entschlüpft dem Fräulein der Teepimpf, Aber mit Boreas Wucht entfährt dem Jüngling der Bierpumps". Um 1900 gilt in Gießen der Zuruf Pimpf als Tusch. Seit etwa 1920 wird das Wort, ohne verächtlichen Beiklang, in der Jugendbewegung üblich: A. Götze 1935 Mutterspr. 50, 7ff.

Pinasse F. Zu lat. pīnus F. 'Fichte' gehört *pīnācea, frz. pinasse 'Boot aus Fichtenholz'. Im gleichen Jahr 1598 erscheint nl. pinnasso (heute pinas) und Pinasse 'kl. Kriegsschiff' in einer hd. Reisebeschr.: Kluge 1911 Seemannsspr. 616f.

Pinke F. 'Geld'. Gr. πίναξ, -ακος 'Schüssel' wird entlehnt zu aram. neuhebr. pīnkā, das über 'Geldbüchse' zu 'Geld' wird und über das Rotw. in landschaftl. und Sondersprachen gelangt. Bei dem jüngeren Pinkepinke hat der Klang des Geldes mitgewirkt: L. Günther 1919 Gaunerspr. 61.

pinkeln schw. Ztw. 'harnen'. Neben nl. pink 'kleiner Finger', worin man kindl. Lallform für Finger sieht, steht ostfries. pink 'penis', dessen Bed. für abgeleitet aus 'Finger' gilt. Dazu seit dem 16. Jh. norddt. pinkeln, dän.

pinke, schwed. pinka, ferner Pinkelscherben 'Nachttopf' Voc. opt. 1504; Binkeltopf Binkkachel in Luthers Tischreden (Ph. Dietz 1870 Wb. zu Luthers deutschen Schriften 1, 306).

Pinne F. 'Pflock, Holznagel': die unverschobene Form verdrängt seit dem 18. Jh. frühnhd. mhd. pfinne, ahd. pfinn. Mnd. pin(ne), agf. pinn 'Pflock, Stift', engl. pin 'Nagel, Stecknadel', anord. pinni 'Pflock, Nagel, Spitze, Zwecke' führen auf germ. *penn aus idg. *bend-n-. Auf idg. *bnd-no, jünger *benno-, führt der gall. Name des Gardasees Benácus, lat. (lacus) Bēnācus 'der Gehörnte' (wegen der weit vorspringenden Halbinsel Sirmione): mit mir. benn 'Horn, Gipfel', bennach 'spitzig', kymr. bann, mbret. ban 'Erhebung' zur idg. Wurzel *bend- 'vorspringende Spitze'. — Pinne 'Hebelarm des Steuerruders' zuerst in einem hd. Seetext von 1647: Kluge 1911 Seemannsspr. 617.

Pinscher M., früher Pintscher, auch Pin(t)sch (wie Schnauz und Spitz neben Schnauzer und Spitzer stehen): die dem Pudel nächstverwandte Hundeart, als Affen-, Ratten-, Reh- und Zwergpinscher viel gehalten. Zuerst als Pinscher in einem Brief Zelters an Goethe vom 6. Mai 1816 (Riemers Ausg. 2, 264), der (wie die späteren Zeugnisse) die engl. Herkunft sowie das Stutzen von Ohren und Schwanz betont. Demnach zu engl. pinch 'kneifen', das über norm. pincher und afrz. pincier aus galloroman. *pinctiäre stammt und dem gleichbed. frz. pincer entspricht (dazu Pince-Nez 'Klemmer' und Pinzette 'Kornzange').

Pinsel[1] M. Lat. pēnicillus 'Pinsel', urspr. Verkl. zu pēniculus 'Schwänzchen' (zu pēnis) ergibt vulgärlat. *pēnicellus, woraus frz. pinceau (über afrz. pincel; hieraus engl. pencil). Das seit 1200 auftretende mhd. bënsel, pinsel entstammt teils dem Lat., teils dem Frz. Das i vor Nasal wie in Ginster, Minze, Pfingsten, Zins.

Pinsel[2] M. Aus nd. pin 'hölzerner Schuhnagel' (f. Pinne) und sül 'Schusterahle' (f. Säule) ist Pin-Suhl, Pinsule zuf.-gesetzt, das aus der Berufsschelte des Schusters (Klenz 1910 Schelten-Wb. 143) zu 'Geizhals' geworden ist und so bei Schottel 1663, Richey 1755 Hamb. Jd. 185 und Adelung 1777 als nd. erscheint. Der Schlesier Steinbach verzeichnet statt dessen 1734 Pinsel 'niederträcht. Mensch'; in seines Landsmanns Günther Lebens- und Reisebeschr. 76 erscheint 1732 zuerst die Zuf.-Setzung Einfaltspinsel, deren sich seit 1744 (Avanturiers 199) die Studenten bemächtigen.

Pinte F. 'Flüssigkeitsmaß, Kanne'. In Glossaren des 15. Jh. (L. Diefenbach 1857 Gloss. lat.-germ. 436ª) erscheint hd. nd. pint(e) für mlat. pin(c)ta. In Schwaben steht um 1560 (Zimm. Chron.² 3, 247) „versuchten die Pinten" in einer Geschichte, die in Frankreich spielt. Das weist auf Entlehnung aus gleichbed. frz. pinte, prov. pinta, urspr. 'die Gemalte'. Bei einem mit Eichmarke versehenen Gefäß ist Herkunft von lat. pingere 'malen' glaubhafter als die sonst erwogene von mnl. pinte 'Pflock', das mit Pinne (f. d.) verwandt ist. Nach dem Krug als Wirtshauszeichen ist schweiz. pinte zu 'Schenke' geworden: Schweiz. Jd. 4, 1399.

Pionier M. weist Kurrelmeyer 1929 Mod. lang. notes 44, 143f. aus einem dt. Werk über Befestigungswesen von 1663 nach. Quelle frz. pionnier, abgeleitet von pion 'Fußsoldat', das wie ital. pedone 'Fußgänger' auf lat. Pedo 'Großfuß' zurückgeht.

Pips M. Lat. pituīta 'zähe Feuchtigkeit, Verschleimung' wird zu vulgärlat. pipita, das als Name der Geflügelkrankheit im Oberital. und Rätorom. fortlebt. Zugleich mit Flaum, mausern, pflücken kam das Wort noch in Römertagen über die Alpenpässe nach Oberdeutschland. Durch die hd. Lautverschiebung entstand über ahd. mhd. pfiffīz, -īz alem. schwäb. pfiffis. Daneben galt gall. pippīta (frz. pépie), das ebenso früh längs Maas und Mosel an den Rhein drang und rhein. nl. pips ergab, das südwärts bis Lothringen reicht. Im Elsaß treffen beide Formen zusammen: oberelf. gilt pfizer, unterelf. pips(er). Noch bunter wird das Bild durch Formen wie ahd. mhd. pfipfīz, die über frühnhd. pfipfeß, pfipfs in obd. Mundarten fortwirken. Adelung empfiehlt noch 1798 die Mischform Pfipps. Durchgesetzt hat sich der aus Westen über den Rhein vorgedrungene Pips, nur obd. Mundarten sind bei verschobenen Formen geblieben. Für altes z sollte ß stehen; s hat sich wie in aus, bis, Bims u. a. Wörtern durchgesetzt, bei denen keine obliquen Formen einwirken konnten.

Pirat M. 'Seeräuber', mhd. beratte, perate, frühnhd. birrate, pirat(e). Zu gr. πειρᾶν 'versuchen, überfallen' gehört πειρατής 'Seeräuber, Kaper', das über lat. pīrāta in die roman. Sprachen gelangt ist und ital. pirata, frz. (seit dem 15. Jh.) engl. pirate ergeben hat. Unsere frühesten Zeugnisse lassen keinen Zweifel, daß uns Pirat als Mittelmeerwort durch das Ital. vermittelt ist: Hnr. v. Neustadt (Wien um 1300) Apoll. 15403 Sy waren rauber auff dem mer: Die hieß man beratten (andre Lesung: peraten); Nikl. v. Wyle (Stuttg. 1470) Transl. 307, 11 von den birraten zů allen orten bekrieget; Zimm. Chron. (schwäb um 1560) ²1, 141, 9 „under wegen ... durch die piraten gefangen".

Pirol M. Mhd. witewal, mnd. mnl. wedewale, frühnhd. witwol, weidwail, witwalch, nnl. wielewaal, mengl. wudewale, engl. mundartl. whitwall, woodwale führen auf westgerm. *widu-, *wuduwalōn. Erstes Glied ist *widu 'Holz' (s. Krammetsvogel und Wiedehopf), zweites ein Vogelname, der in engl. hickwall 'Grünspecht' wiederkehrt. Der alte Name ist zurückgedrängt durch Pirol, mhd. (bruoder) piro. Damit wie mit den Spielformen (bruder) Pirolf, Berolft, Hiltrof, Tyrolt, Gerolf, Wyrök wird der flötende Paarungsruf des Vogels nachgebildet. Der lautmalende Name wird gedeutet zu Bierholer, Biereule, Bierhahn, Herr von Bülau, Junker Bülow, Schulz von Tharau, Koch von Kulau, Gugelsliehauf, Weihrauch(vogel). Der Zugvogel Oriolus trifft spät im Frühjahr ein und nährt sich gern in Obstgärten, darum heißt er Pfingst=, Kirschvogel, Beerhold: Suolahti 1909 Vogelnamen 169ff.

pirschen s. birschen.

Pisang M. 'Banane(nbaum)'. Musa paradisiaca heißt in ihrer mal. Heimat pīsang. Der Name wird uns im 19. Jh. durch das Nl. unverändert übermittelt. Von Pflanzen sind mal. benannt auch Bambus, Mangrove und Sago.

pispern schw. Ztw. 'flüstern'. Lautmalend, taucht im 15. Jh. am Mittelrhein auf. Bei Stieler 1691 mit den hd. Nebenformen fispern, pfispern.

pissen schw. Ztw. Im 12. Jh. tritt afrz. pissier auf, das mit prov. pissar und ital. pisciare auf ein lautmalendes Wort der Ammensprache zurückgeht. Seit dem 13. Jh. bringt das roman. Ztw. zu den Germanen und ergibt engl. piss, afries. pissia, nl. pissen. In Nieder- und Mitteldeutschland ist pissen seit dem 14. Jh. bezeugt (sechsmal in Luthers Altem Test.), während obd. Volkssprache bei brunzen bleibt. — Pissoir N. (spät im 19. Jh.) ist mit Appartement, Kabinett, Klosett, Toilette, W. C. eines der vielen Hüllwörter, die wir meinen aus der Fremde holen zu müssen. — Die Rückbildung Pisse F. ist schon mhd.: Diefenbach=Wülcker, Hoch= u. nd. Wb. (1885) 802.

Pistazie F. Aus perf. pistah 'Frucht der Pistazie' über gr. πιστάκη, lat. pistacia im 16. Jh. zu uns gelangt: Littmann 1924 Morgenl. Wörter 15.

Pistole F. Zu der lautmalenden Bildung tschech. pisk 'Pfiff' ist pistal 'Pfeife' gebildet, das nach Erfindung der Feuerwaffen die Bed. 'kurzes Handrohr' annimmt und während der Hussitenkriege zu den Nachbarn gelangt: Wick

42f. Pistole zuerst in schles. Geschichtsquellen zwischen 1421 und 1429: Kurrelmeyer 1921 Mod. lang. notes 36, 488. Demgegenüber tritt M. Vasmer 1947 Zs. f. slav. Phil. 19, 450 für roman. Ursprung ein. Geschlossene Belegreihe seit Wallhausen 1616 Kriegsman. 27: Zs. f. d. Wortf. 14, 26. 46. 78. Wie die Pistole eine kleine Waffe, so ist frz. pistole eine kleine Goldmünze. Bei uns zuerst als Pistolet Fischart 1575 Garg. 420 Neudr.

Placken M. 'Flecken', mhd. placke M. 'Fleck, Gegend', mnl. placke, nnl. plak 'Fleck, Klecks', engl. mundartl. platch 'Flicken' (neben gleichbed. patch). Aus den ihrem Ursprung nach dunklen dt. Wörtern, die schwerlich aus lat. plāga (s. Plage) stammen, sind frz. plaque, placard usw. entlehnt. Zur gleichen Sippe wohl auch obd. Bletz 'Flicken', das vor z ein k verloren hat.

placken schw. Ztw. 'lästig, kleinlich plagen' Intensivbildung des 15. Jh. zu (sich) plagen, wie bücken, nicken, schmücken zu biegen, neigen, schmiegen. Vgl. ags. plagian 'sich bewegen, beschäftigen'. Ein nd. placken 'flicken' gehört zu Placken M., s. d. und Zs. f. d. Wortf. 11, 93.

Plage F. mhd. md. mnd. plāge, spätahd. spätanord. plāga, mnd. plāghe, nnl. plaag, norw. plaage, dän. plage, schwed. plåga: um 1000 mit dem Christentum übernommen aus lat. plāga 'Schlag', das als Entlehnung aus gleichbed. dor. πλᾱγά gilt. Dies gehört zu dem mit lat. plangere '(die Hand auf die Brust) schlagen, trauern' verwandten gr. πλήσσειν 'schlagen' und ist urverwandt mit fluchen, s. d. Das lat. F. lebt fort in ital. piaga, span. plaga, llaga, frz. plaie. Engl. plague 'Pest' beruht auf d. Altfrz. — Das schw. Ztw. plagen (mhd. md. mnd. plāgen, nnl. plaagen, engl. plague, dän. plage, schwed. plåga) wird gemeinhin als Ableitung vom F. gefaßt, kann aber ebensogut auf Entlehnung des lat. plāgāre 'schlagen, peinigen' beruhen. Beide Wörter gehen von der religiösen Vorstellung der vom Herrn gesandten Strafe aus und werden erst im 16. Jh. verweltlicht; den alten Sinn des F. übernimmt Kreuz. — Plagegeist M. ist (wie Plageteufel und Quälgeist) als unreiner Geist gedacht, der den Besessenen quält. Die Zus.=Setzung wird uns aber nicht vor F. v. Logau 1654 Sinnged. 3, 5, 48 greifbar und ist da schon weltlich blaß geworden.

Plaid N. M. '(Umschlag=)Tuch, Überwurf, Reisedecke': mit frz. engl. plaid aus gäl. plaide, das seit Beginn des 16. Jh. für den großgewürfelten Mantel der Bergschotten bezeugt ist. Bei uns seit 1772: Schulz=Basler 1942 Fremdwb. 2, 546f.

Plakat N. M. plak (f. Placken) ergibt im 15. Jh. frz. plaque, prov. placa 'Platte, Täfelchen', dazu prov. *placat, das in die Niederlande zurückgelangt und hier die Rolle des älteren Mandat übernimmt. Als 'obrigkeitlicher Anschlag' erscheint Plakat seit J. Fischart 1578 Ehzuchtbüchl. 191 in nhd. Text. Die Entwicklung führt über 'Maueranschlag' zu 'Geschäftsanzeige' und 'Werbe', dabei ist seit etwa 1830 frz. Einfluß beteiligt: Schulz-Basler 1942 Fremdwb. 2, 547 f.

Plan[1] M. 'Fläche', mhd. plân, blân, um 1200 entlehnt aus gleichbed. mlat. plânum N., Subst. zum lat. Adj. plânus 'eben', urverwandt mit Feld, f. d. Dieselbe Quelle hat afrz. plain M. 'freier Platz, Aue, Kampfplatz', das seit Wolfr. v. Eschenbach auf Geschlecht u. Bed. des dt. M. wirkt. Das Adj. mhd. plân 'eben' erscheint um 1295 als Entlehnung aus dem lat. Adj., gilt seit frühnhd. Zeit als 'verständlich' und hält sich so bis an die Gegenwart. Das Ztw. ahd. mhd. plânen 'einebnen' ist durch planieren verdrängt.

Plan[2] M. 'Grundriß, Vorhaben', zuerst bei Sperander 1727 als Fremdwort u. noch lange mit Näselung gesprochen, so daß es Ramler noch 1774 durch Entwurf ersetzen wollte. Quelle ist gleichbed. frz. plan, älter plant, aus lat. planta 'Fußsohle' (das über 'Fußfläche, -ebene' zu vermitteln ist mit Plan[1]) entwickelt zu 'Grundriß' (ital. pianta d'un edificio). Vom Grundriß geht Plan im 18. Jh. auf schriftstellerische u. künstlerische Entwürfe über, um schließlich zum bloß gedachten Vorhaben zu verblassen. Das Ztw. planen, zuerst bei Wächter, Sagen der Vorzeit (1787), hat sich auf Campes Vorschlag für projektieren durchgesetzt.

Plane F., älter Plahe, Blahe, Blache, auch Plaue, Blaue 'grobes Leintuch zur Bedeckung bef. von Wagen', mhd. blahe, ahd. blaha 'grobes Leintuch'. Das dt. Wort führt mit aschwed. bla(n) F., schwed. blå(no)r, älter dän. blaa (heute blaar) 'Werg, Hede' auf germ. *bláhwō-. Damit in gramm. Wechsel steht germ. *blagwō-, das mundartl. bläg(e), bläk ergeben hat. Neben ahd. blaha ist *blahha anzusetzen, daß in hochalem. blaxxə fortlebt. Auf germ. *bláhjon- beruht anord. blæja mit dän. ble 'Laken, Bettuch' und norw. blæje 'Windel'. Urverwandt ist lat. floccus (aus *bhlōkos) 'Wollbüschel'; idg. Grundform *bhlōk- 'Woll-, Wergflocke; Gewebe'. — Das Wort fehlt bei Luther und spielt bei unsern Klassikern keine Rolle. Um so wichtiger ist es der Volkssprache des Südens und der Mitte. Norddt. Zeugnisse bleiben selten, seemänn. gilt Pre-, Persenning. Als Schriftform setzt sich spät ostmd. Plane (aus plahene) durch, so Goethe 1820 Weim. Ausg. 2, 12, 22.

Planke F. mhd. md. planke, blanke, mnd. mnl. afrief. dän. planke, nd. nnl. engl. plank, spätanord. schwed. planka. Als Wort erst der Befestigungskunst, dann des Schiffbaus wird es von Volk zu Volk weitergegeben; Quelle pikard. planke (afrz. planche) 'Holzbohle, Umplankung, Befestigung'. Dessen Grundwort lat. planca 'Bohle, Brett' ist aus dem Gr. entlehnt; wegen vulgärlat. palanca 'Pfahl, Bohle' gilt φάλαγγαι 'Planken' als Ausgangspunkt. Dies ist urverwandt mit Bohle, f. d.

plänkeln schw. Ztw. 'Vorpostenkämpfe führen', zuerst als blenkeln 'oft umsonst oder auf Kleinigkeiten schießen' in Regensburg 1763 (Heppe, Wohlredender Jäger), plänkern Musäus 1778 Physiogn. Reisen 2, 169, „ein plänkelnder Husar" Pfeffel 1789 Poet. Verf. 6, 147. Häufiger erst, als sich in den Napoleon. Kriegen die geschlossene Truppe in lockere Schützenketten auflöste und Plänkler für frz. tirailleur eintrat. Voraus geht ein lautmalendes mhd. blenkeln, z. B. Minnef. 3, 280 nu blenkel dîn tambûre 'rühre deine Trommel'; ihm entspricht in Bayern u. Oberschwaben bis heute plenkeln 'mit dem Plenkel dreschen', einem starren Flegel, mit dem höchstens drei Drescher zusammen dreschen können. Daher: des is e Plenklerei 'die Arbeit geht nicht recht voran'. Der Vergleich mit dem Schießen auf allzu vereinzelte Ziele lag nahe.

plantschen schw. Ztw., seit F. C. Fulda 1776 Samml. u. Abst. germ. Wurzelwörter 79 als obersächs. gebucht, bei Adelung 1777 „Es regnet, daß es plantscht". Verwandt mit plätschern; lautmalend wie manschen und pan(t)schen.

Planwagen M. ostmd. 'Wagen mit Plane', f. d.

plappern schw. Ztw., eine frühnhd. Bildung, beflügelt durch Luther 1522 Matth. 6, 7. Zur lautmalenden Interj. blab, auf die auch gleichbed. ahd. blabbizōn, mhd. blepzen hinweisen, desgl. alem. plappen, engl. blab. Nahe steht blaffen 'bellen'.

Plappert M. Ahd. bleih-faro 'blaß' wird zu gleichbed. frz. blafard und führt zu mlat. blaffardus, mnl. blaffaert 'Weißpfennig' (wie mnl. blanke 'albus'). Als nd. blaffert gelangt der Münzname ins Deutsche zurück. Die obd. Umformung plappert beruht auf Anlehnung an das Schallwort plapp, das den Klang nachahmt, mit dem geringe Münzen auf den Tisch fallen. Der obd. Name gilt vom 14. bis 18. Jh. schweiz., elf., bad., schwäb., bair. für Scheidemünzen und wird nachmals durch Batzen verdrängt.

plärren schw. Ztw. mhd. blêren, blerren, frühnhd. blerren 'schreien, blöten': lautmalend wie mnl. bleren 'blöken' und engl. blare

'brüllen' (f. brüllen). Nhd. ä hat sich vor r
durchgesetzt wie in =wärts und =wärtig, p für
mhd. b wie in den gleichfalls lautmalenden
plappern und platzen: Zs. f. d. Wortf. 12, 4.
35. 39. 46. Die Nachahmung des Schaflauts
idg. *blē- ist auch in blöken enthalten. Infolge
stets neuer Nachahmung des Schaflauts ist die
Lautverschiebung unterblieben. Insofern lassen
sich auch aslav. russ. blěju, blějati, lett. blēju,
blēt, gr. βληχάομαι 'blöke', βληχή 'Geblök'
usw. vergleichen.

Platin N. Neben dem unter Platte erörterten afrz. plate steht span. plata F., das
von 'Metallplatte' zu 'Silber' geworden ist.
Dazu ist platina F. Verkl.: das silberweiße
Metall wurde meist in Form kleiner Körner
gefunden. Das 1736 in Peru entdeckte Edelmetall erscheint in nhd. Text zuerst 1751 als
Platine: Palmer 113. Neutr. wird das Wort
bei uns durch Vermittlung eines neulat. (aes)
platīnum.

plätschern schw. Ztw. Zur Interj. platsch,
die einen klatschenden Fall oder Schlag nachahmt, gehört spätmhd. blatschen. Dazu seit
Stieler (1691) 1463 die Iterativbildung
platscheren 'de sono et murmure aquae ex
alto cadentis'. Plätschern kaum vor Geßner
und Wieland.

platt Adj. Auf gr. πλατύς 'breit' (urverwandt mit Fladen und Flunder) beruht
vulgärlat. *plattus, weiterhin ital. piatto und
frz. plat 'eben, flach', auf diesem mnl. nnl. mnd.
plat (tt). Mhd. blat 'flach' erscheint nur 1285
einmal an der frz. Sprachgrenze (Bruder Hermann, Leben d. Gräfin Jolande v. Vianden
2762 Meier). Die Zus.=Setz. blat(e)fuoz, -huof
als Bezeichnungen sagenhafter Mißgestalten sind
dem πλατύπους im gr. Vorbild der Herzog-
Ernst-Sage nachgebildet. Mnl. und mnd. plat
dringen langsam südwärts: 1477 begegnet plat
in Kleve, auf hd. Boden ist platt nicht vor
Henisch (Augsb. 1616) nachgewiesen. Den hd.
Mundarten bleibt es fremd.

Plattdeutsch N., gleichbed. mit Niederdeutsch, geht aus von nnl. plat in Wendungen
wie ik segg't uw plat oder opt platte, das
zunächst 'verständlich, deutlich' bezeichnet und
von da auf den Ausdruck in vertrauter Sprache
übergeht. Im Sinn von 'lingua vernacula'
erscheint in goede platten duytsche erstmals
in Titel und Vorwort des nl. Neuen Testaments
(Delft 1524). Wie später das Ansehen der
Mundart sinkt und die Schriftsprache in den
Verkehr bringt, gelangt der Ausdruck auf nd.
Gebiet und zeigt sich dem älteren (neder-)
sassisch rasch überlegen, weil er eindeutig ist,
während sassisch Nordalbingien bald ein=, bald
ausschließt. Das Adj. platt im entspr. Sinne

tritt in Pommern seit 1656 auf, doch bleibt das
Wort der Sprache der Wissenschaft und hd.
schreibender Kreise fremd, auch nachdem es
Stieler 1691 erstmals gebucht hat: Ag. Lasch
1917 Beitr. 42, 134 ff.; O. Behaghel 1928
Gesch. d. dt. Spr. 159.

Platte F. Zu dem unter platt erschlossenen
vulgärlat. Adj. *plattus ist (vielleicht unter
Einfluß von gr. πλάτη F. 'Platte') ein mlat.
F. platta gebildet, das zu spätahd. platta, blatta
'Steinplatte; Tonsur' entlehnt ist. Gleichen
Ursprungs ist afrz. plate F. 'Brustschutz der
Ritterrüstung', um 1200 entlehnt zu mhd.
plat(te), blat(te): H. Suolahti 1929 Frz. Einfluß 186. — Die in südwestdt. Mundarten verbreitete Wendung die Platte putzen 'sich davonmachen' ist nur äußerlich an unser F. angeglichen. Ursprüngl. gehört sie zu talmud.
p'lat 'Flucht' (s. Pleite) und puz 'sich zerstreuen'. — Das schw. Ztw. plätten tritt zuerst
als mnd. pletten auf. In hd. Umgangssprache
grenzt sich platten, plätten gegen bügeln
heute wortgeogr. ab: bügeln und Bügeleisen sind süd- und md., im Norden gelten
plätten u. Plätteisen, doch wird (auf)
bügeln auch dort von Anzügen und Zylindern
gesagt. Vordem bestanden auch sachliche Unterschiede: P. Kretschmer 1918 Wortgeogr. 373 ff.

Platteise F. Die Schollenart Pleuronectes
platessa, die im Mittelländ. Meer, Atlant.
Ozean, in Nord- und Ostsee vorkommt, nennt
Ausonius (4. Jh.) platessa. Das späte Wort
beruht auf Entlehnung aus einer nicht belegten gr. Ableitung von gr. πλατύς (s. platt).
Auf roman. Boden tritt Suffixtausch ein (*pla-
ticem für platissa): pikard. pladis wird Quellwort für afrz. plaïz, engl. plaice, mnl. plad(d)ijs,
-ise und spätmhd. blat(t)ise.

Plätteisen N. Amaranthes 1715 Frauenz.-
Lex. 1500 "Platt-Eisen, Ist ein nach der Platte
geformtes und zusammen geschmiedetes Eisen,
welches glühend in die Platte gesteckt wird",
somit der heutige Plättbolzen. Den Wandel
zu 'Plättglocke' und die Abgrenzung gegen
Bügeleisen umschreibt Kretschmer 1918 Wortgeogr. 373 f. S. Platte.

Plattform F. Im Festungsbau des 17. Jh.
'Geschützdamm': Wallhausen 1616 Kriegsman.
219, wie der Plur. Plateformes Zs. f. d. Wortf.
14, 64 zeigt, entlehnt aus gleichbed. frz. plateforme. Plateforme bleibt die Schreibung
des 18. Jh., bis Goethe in Dicht. und Wahrh.
von der Platform des Straßburger Münsters
spricht. Seither ist das Wort von engl. platform
auch inhaltlich beeinflußt worden.

Platz M. Gr. πλατεῖα (ὁδός) 'breite Straße'
(Fem. zum Adj. πλατύς, s. platt) liefert über
lat. plătēa, mlat. plătea 'Straße, Hof' die roman.

Sippe von ital. piazza, frz. place, die früh ins Engl. und M. bringt. Mhd. pla(t)z, blaz M. 'freier Raum' seit Ende des 13. Jh. Im 14. Jh. tritt thür. platzbęcke M. 'Fladenbäcker' auf, noch jünger sind Platz, Plätzchen 'dünner Kuchen' (Zf. f. d. Wortf. 11, 200; Wick 72). Bei Entlehnung aus lat. placenta 'Kuchen' wäre höheres Alter zu erwarten; ein slav. Fremdwort (man hat an poln. placek M. 'flacher Kuchen' gedacht, das vielmehr selbst aus dem Dt. stammt) wäre schwerlich so weit nach Süden und Westen gedrungen wie Platz. So ist dies wohl aus der Hauptbed. abgezweigt (wie auch Fleck landschaftl. beide Bed. vereinigt). Dazu stimmt die stete Betonung der flachen Form.

platzen schw. Ztw. mhd. platzen, blatzen 'laut aufschlagen': lautmalend wie platschen, plätschen und mhd. blęsten 'platschen'. Platzregen M. 'niederplatschender Regen' seit Ende des 15. Jh.

plaudern schw. Ztw., spätmhd. plüdern, Nebenform zu blädern, blödern 'rauschen': Schallwort wie nd. pladdern 'platschen', nnd. pladderen 'schwatzen', schwed. pladder 'loses Geschwätz', dän. bladre 'platschen', älter 'schwatzen'; lat. blaterāre '(dumm) daherschwatzen', gr. φλέδων 'Schwätzer', φλεδών 'Geschwätz'. Für die nhd. Form hat die Lutherbibel mit sechsmaligem plaudern entschieden.

plauschen schw. Ztw., mit plaudern stammverwandt, von der Ostschweiz bis Kärnten, vor allem aber in bair.-österr. Ma. verbreitet und von da im 19. Jh. in die Schriftsprache gelangt. Noch 1835 meint F. L. Jahn 1, 444 (Denkniffe 32) es erläutern zu müssen: „Der Postmeister würde gewiß noch eine Weile so fortgeplauscht haben, wie die Östreicher vertrauliches Plaudern nennen." Gombert, Anz. f. dt. Alt. 15, 13.

Plauze F. ostdt. 'Lunge', auch 'Luftwege, Mund, Brust, Eingeweide, Leber'. Entlehnt aus poln. płuca F. 'Lunge', dies verwandt mit aslav. pl(j)ušta, apreuß. plauti, lit. plaũcziai, lett. plaušchi Mz. 'Lungen', aus idg. *pleu-tio-. Daneben *pleu-mon- in lat. pulmō, gr. πλεύμων 'Lunge', aind. klōman- 'rechte Lunge'. Zur idg. Wurzel *pleu- 'schwimmen' (s. Flut): die Lunge ist der leichte Körperteil, der auf dem Wasser schwimmt. S. Lunge, Plunze.

Pleite F. Hebr. pelēṭā 'Entrinnen, Rettung' wird in dt. Vokalisation pleite 'rettende Flucht'. Die Bed. 'Bankrott' (gemeint ist urspr. die Flucht vor der Schuldhaft, die dem Zahlungsunfähigen droht) erscheint in Berliner Verbrechersprache 1847 (Kluge 1901 Rotw. 1, 384 f.), in dt. Umgangssprache Kladderadatsch 1856, 173. Wer pleite geht, ist in jüd. Aus-

sprache ein Pleitegei(h)er; der Quergedanke an den Vogel ist offenbar jünger, als die Umdeutung zu flöten gehen, s. d. und Littmann 1924 Morgenl. Wörter 54.

Plempe F. 'Seitengewehr' seit Duez 1664; bei Comenius 1656 Lex. Januale Yyy 2ᵃ die Nebenform Plampe. Hierher auch, wenn die Messerklinge im Norden des Kreises Jerichow lęmp(ə), im Süden plęmə heißt: M. Bathe 1932 Herkunft der Siedler in den Landen Jerichow S. 60. Zum Ztw. plampen 'baumeln', wozu auch obb. Plempel M. 'hin und her geschwapptes, daher schlechtes, schales Getränk'. Dies seit Abr. a S. Clara 1695 Judas 3, 228.

plentern schw. Ztw. 'den Wald von den Blendern, den lichtraubenden Bäumen, befreien'; dazu Plenterbetrieb, -wald, -wirtschaft. Die forstlichen Fachwörter sind in bair. Formen festgeworden (hier seit 1819: Schmeller-Frommann 1, 459, blendern schon 1774 im Vollst. Forst-, Fisch- u. Jagdlex. 1, 1008), mit p- und t für nhd. b- und d.

Pleuelstange F. 'Schubstange im Kurbelgetriebe': seit etwa 1850 mit hyperhd. p- zu Bleuel (s. d.): in der wassergetriebenen Stampfmühle wurden Flachs und Hanf mit schweren Stampfen geschlagen. Auch dort schon wurde eine Drehbewegung in ein Hin und Her umgesetzt, ganz wie später bei Dampfmaschinen u. dgl.: Schweiz. Jd. 5 (1905) 247 f.; E. Ochs 1940 Bad. Wb. 1, 262 f.

Pli M. Frz. pli 'Falte' wird in der Wendung prendre un pli 'eine Gewohnheit annehmen' gewandelt zu 'gesellschaftlicher Schliff': so Hermes 1778 Sophiens Reise 4, 309.

Plicht s. Pflicht².

Plinze F. Sorb. blinc, mlinc (zu idg. *mel- 'mahlen') 'dünner Buchweizenkuchen, in der Pfanne gebacken und gerollt', gelangt als Flinze nach Preußen, als Flinsen in die Altmark, als Plinze, Plinse nach Schlesien, Sachsen, Thüringen: Kretschmer 1918 Wortgeogr. 186; Wick 78. Mathesius 1562 Sarepta 9ᵇ bildet blinzebeckerin, Schottel 1663 bucht Plinze. Anl. gilt flensje.

Plombe F. 'Bleiverschluß, (Zahn-)Füllung'. Zu lat. plumbum 'Blei' gehört frz. plomber 'mit Blei verschließen', das im 18. Jh. plombieren ergibt. Durch die Rückbildung Plombe (seit Campe 1801) ist die Entlehnung von frz. plombage vermieden worden.

Plötze F. Der Rohrkarpfen Leuciscus rutilus (nach dem der Plötzensee im Nordwesten von Berlin heißt) trägt einen slav. Namen, weil der Fischfang des Ostgebiets in slav. Händen lag. Vgl. außer kaschub. płocica, Verkl. zu płoć 'Plattfisch', noch poln. płoć, płocica, osorb. płócica 'Rotauge', russ. plotvá,

plotica usw., woraus im 15. Jh. ostmd. plötze
entstanden ist. Dieselbe Karpfenart heißt in
Westfalen Bleier, in Bayern Rotteln, am
Chiemsee Rockern, in Österreich Rotaltel,
Rotauge, in Tirol Rotkarpfen, in Vorarl-
berg Furn, in Baden Retteln, in der Schweiz
Schwal(en): Wick 43.

plötzlich Adv. löst seit Beginn des 14. Jh.
älteres gähling ab. Es beruht auf dem norddt.
Schallwort plotz M. 'hörbar auffallender
Schlag' (Luther kennt auch eine gleichlautende
Interj.), das in nl. plots seinen nächsten Verwandten hat. Grundbed. ist somit 'auf einen
Schlag'. Luther geht von der Form blotzling
(1522 Ap.-Gesch. 9, 3 u. ö.) zu plötzlich über.
Beide müssen seinen obb. Zeitgenossen mit
„in einem Nu, Augenblick, schnell, gähling"
verdeutlicht werden: Kluge 1918 Von Luther
bis Lessing 101. 107. In Bedeutungen wie
schweiz. els. 'gleich, sofort', schwäb. 'sehr' ist
plötzlich seither in obb. Mundarten eingeführt:
v. Bahder 1925 Wortwahl 43. 126. Nnl.
plotseling ist dem dt. Wort nachgebildet, dän.
pludselig, schwed. plötslig sind ihm entlehnt.

Pluderhose F., dän. pludderbukser, mnl.
flodderbroek. Das unter plaudern berührte
Ztw. blodern 'rauschen' entwickelt auch die
Bed. 'flattern'. Über die Mode weitfaltiger,
pludriger Hosen wird seit dem 10. Jh. geklagt;
in immer neuen Stößen ist diese Tracht zurückgekehrt, besonders von den Landsknechten begünstigt. Ausdrücke wie Fluder-, Bloder-
hosen (Arch. d. hist. Vereins v. Unterfranken
47, 316) werden im 16. Jh. zurückgedrängt
durch Pluderhosen, bisher zuerst nachgewiesen aus dem Sundgau 1536: Hist. Volksl. 4,
146 Liliencron.

plump Adj. Zum Schallwort plump, das
einen dumpfen Fall begleitet, gehört nl. nd.
plomp Adj. 'dick, grob, stumpf', das als plump
ins Engl. u. Neunord. entlehnt ist und gegen
Ende des 15. Jh. in unverschobener Form nach
Oberdeutschland gelangt, wo die bodenständigen
Formen pflumpf(en), pflumpfig daneben
stehen.

Plumpe s. Pumpe.

Plumpsack M. ein altes Kinderspiel: Ign.
Zingerle, Das dt. Kindersp. im Mittelalter
(1868) 151. Der heutige Name zuerst bei Syl-
vanus 1728 Das verwöhnte Mutter-Söhngen
S. 83 „bald spielte man die stille Music, bald
die heimliche Frage, bald Plump-Sack". Gebucht seit Campe 1809 „Wir wollen Plumpsack
spielen ... Den Plumpsack geben, bekommen".
Auch obb. (Schweiz. Jd. 7, 634; E. Ochs, Bad.
Wb. 1, 271; H. Fischer, Schwäb. Wb. 1, 1073)
vielfach mit p, also urspr. nicht zu plump (obb.
pflumpf), sondern zu lat. plumbum. Das

schon nach unsern ersten Zeugnissen übliche ge-
knotete Taschentuch mag an Stelle eines ge-
schwungenen Beutels getreten sein, der mit Blei
beschwert war. Als der Ursprung vergessen war,
konnten Entstellungen eintreten, wie die zu
Klumpsack: so Hermes 1778 Sophiens Reise
6, 24; H. Sohnrey 1888 Phil. Dubenkropps
Heimkehr 104.

Plunder M. mhd. (seit 14. Jh.) blunder,
plunder 'Hausgerät, Kleider, Wäsche, Bettzeug'
hat seine Vorbilder in mnd. plunderwäre 'kleines
Hausgerät, Kleider', mnl. plunder, plonder 'gebrauchter Hausrat, Bettzeug, Kleider'. Das
schw. Ztw. plündern tritt als mhd. plundern
gleichfalls erst im 14. Jh. auf. Alter sind mnd.
nl. plunderen, wieder sitzen die Verwandten um
die Wasserkante: fries. plunderje, plonderje und
(als Entlehnungen aus dem Nd.) engl. plunder,
dän. plyndre (älter plundre), schwed. norw.
plundra. Grundbed. 'Hausgerät u. dgl. fortführen'. Der Bed.-Wandel läuft umgekehrt wie
bei afränk. *rauba 'erbeutetes Kleid', auf dem
frz. robe 'Gewand' beruht (s. Raub). Mit andrer Wendung ist oberbair. hochalem. plündern
zu 'umziehen' geworden. Für verwandt gelten
mnd. plunde, plunne 'Kram', mnl. plundwäre
'kleiner Hausrat', nnl. plunje (aus *plundje),
fries. plunje, plonje 'Kleider'. Weitere Beziehungen unsicher, außergerm. Verwandte
fehlen: offenbar eine junge Wortgruppe.

Plundermilch F. Von Westfalen bis Göttingen ein nd. Name der dicken Milch, der
sich aus dem in Hamburg und Holstein danebenstehenden Plumpermilch erläutert: Kretschmer 1918 Wortgeogr. 172.

Plunze F. 'Blutwurst', vorwiegend bair.-
österr. (Zf. f. d. Wortf. 8, 220), doch auch im
obb. Westen (H. Fischer, Schwäb. Wb. 1, 1226),
kaum je vor dem 16. Jh. Schmeller ²1, 459
weist auf slav. Ursprung: am nächsten kommt
poln. pluca 'Lunge, eßbare Eingeweide', das
in anderer Entwicklung zu Plauze geführt hat,
s. d.; doch vgl. auch M. Vasmer 1947 Zf. f.
slav. Phil. 19, 450.

Plüsch M. 'samtartiges Gewebe, Halbsamt',
einst mit leinenem Grund und kamelshaarenem
Einzug. Im 17. Jh. entlehnt aus frz. peluche
F. Wollsamt, einer Rückbildung aus afrz.
peluchier 'zupfen', das fortlebt in frz. éplucher
'ausklauben'. Quellwort ist galloroman. *pilüc-
cāre, Ableitung von lat. pilāre 'enthaaren';
dies zu lat. pilus 'Haar', s. pflücken. Schwed.
dän. norw. plys(ch) beruhen auf dem Nhd., nnl.
pluche auf dem Frz. Bezeugt ist Plüsch bei
uns zuerst aus Nürnberg 1678, doch ist es
mindestens vierzig Jahre älter, weil schwed.
plys schon 1640 auftritt. Seit Beginn des
18. Jh. spielt Plüsch eine Rolle im galanten

Leipzig, erft danach in Breslau, 1741 in Berlin wo J. L. Frisch die Herkunft richtig bestimmt.

Plusmacher M. seit Moser 1759 'Herr und Diener 159 'gewinnfüchtiger Finanzmann, der ffrupellos Überfüffe erftrebt; Ausbeuter': Zf. f. d. Wortf. 6, 223. 13, 103; Ladendorf 1906 Schlagwb. 244 f.

plüftern schw. Ztw. 'die Federn fträuben', nd. plüstern, mnd. plüsteren, mnl. pluusteren, pluysteren: Iterativ zu nd. plüsen, mnd. pluysen, mnl. pluizen 'zupfen', wozu auch dän. pluske '(zer)zaufen'. Die weiteren Beziehungen der wohl lautmalenden Wortgruppe sind ungewiß. Aus dem Nd. ist plüftern mit unverschobenem p und unverändertem ü ins Nhd. gelangt, zuerst bei J. C. Coler, Hausbuch (1604) 474 „Wenn die Stieglitze krank fein, fo plüftern fie fich, wie auch andere Vögel thun". Plaustern erscheint vereinzelt im 19. Jh.

Pöbel M. mhd. (feit 1200) bovel, povel, mnd. mnl. popel, nnl. gepeupel, engl. people, dän. pøbel, schwed. (seit 1678) pöbel. Lat. populus hat afrz. pueple ergeben, worauf frz. peuple 'Volk' beruht. Daneben steht oftfrz. poble, das die mhd. Formen ergeben hat. Unmittelbar aus dem Lat. stammen die mnd. und mnl. Wörter, auf dem Frz. beruht das engl. Aus dem Nhd. sind die nnord. Formen. Dem anlaut. roman. p entsprach (wie bei Papst, Pech, Perle usw.) bis ins 16. Jh. dt. b; p hat sich durch neue Anlehnung an das Grundwort durchgesetzt. In Pöfel — Pöbel wechselt f mit b (wie in Schwefel — Schwebel, Zwiefel — Zwiebel, sauber — sauber). Bis ins 17. Jh. überwiegt f. Luther beginnt mit Pübel, Pubel und gelangt über Pobel zu Pöbel. Damit meint er pöwel, seine Schreibung stellt eine Spielart der inlaut. Spirans dar. Sprachmeister des 17./18. Jh. setzen die buchstabierende Aussprache mit b durch; volksnahe Sprache bleibt im Süden bei f, sonst bei w. So ist Luthers Pöbel heute allgemein durchgesetzt; seinen obd. Zeitgenossen mußte es mit „gemeines Volk" u. ä. verdeutlicht werden. — Ein andres Wort ist Vofel, Vasel, Vowel M. 'verlegene, minderwertige Ware': es stammt aus gleichbed. talmud. babel, bafel.

pochen schw. Ztw., mhd. bochen, puchen, mnd. boken, buken, puggen, nnd. pukken, mnl. boken, böken, nnl. beuken, engl. poke 'stoßen, stechen', dän. mundartl. boge 'stoßen', norw. mundartl. boka, buka 'schlagen, klopfen', schwed. boka 'Erz pochen', mundartl. 'schlagen, stoßen': lautmalende Ableitung zur Interj. poch, die einen klopfenden Schlag nachbildet. Die im Mnd. und Frühnhd. verbreitete Bed. 'trotzen, prahlen' geht aus vom Schlagen ans Tor und auf den Tisch. Sie hält sich im Namen des Pochspiels, in dem der wagende Spieler herausfordernd erklärt: „Ich poche."

Pocke F., ein nd. Wort, dem westmd. pocho (Crecelius 662; Schmeller ²1, 381), frühnhd. pfoche (DWb. 7, 1786 f.) entsprechen und das seine nächsten Verwandten in mnd. mnl. pocke, agf. pocc hat. Aus dem Mnd. ist lett. bakas, pakas Mz. 'Pocken' entlehnt. Obd. Entsprechung Blatter: Kretschmer 1918 Wortgeogr. 377 f. Die Bed. 'beutelartige Geschwulst' ist aus 'Beutel, Tasche' entwickelt: insofern sind die nächsten germ. Verwandten mnd. pükel 'Beutel', agf. pocca M. 'Tasche, Sack'. Germ. -kk- beruht auf vorgerm. -kn-. Daneben ohne n gleichbed. agf. pohha, mhd. pfoch 'Beutel': Velarerweiterungen zur idg. Wurzel *bu-, *bhu- 'aufblasen', urspr. der Sprenglaut der aufgeblasenen Backen. S. Bö.

Podagra N. 'Fußgicht, Zipperlein'. Aus gr. ποῦς, ποδός M. 'Fuß' und ἄγρα F. 'Fang' ist ποδάγρα F. zuf.-gesetzt, das aus 'Fußschlinge' in die Bed. '(lähmende) Fußgicht' übergegangen ist und über mlat. podagra mhd. pödägrä N. ergeben hat.

Podex M. Lat. pōdex (ablautend zu pēdere) gelangt vor Ende des 17. Jh. in nhd. Texte: Anz. f. dt. Alt. 15, 18 f.; Zf. f. dt. Wortf. 8, 87. 202. 10, 145 f. Die Umkehrung dexpo in stud. Quellen des 18. Jh.: Kluge 1895 Stud.-Spr. 62.

Poesie F. Zu gr. ποιεῖν 'schaffen' stellt sich ποιητής 'Schöpfer, Dichter', über gleichbed. lat. poēta um 1200 entlehnt zu mhd. poëte: H. Suolahti 1929 Frz. Einfluß 187. Gr. ποίησις F. 'Dichtung', das vom gleichen Ztw. ausgeht, liefert über gleichbed. lat. poēsis im 16. Jh. frz. poésie 'Dichtkunst, Gedicht'. J. Fischart übernimmt das F. 1575 als Poesei; seit 1578 ist seine Form Poesie. M. Opitz setzt sie 1624 durch: A. Maas 1905 Zf. f. dt. Wortf. 6, 279 ff.

Pogge s. Frosch.

Pohlrock M. Unter Pekesche ist auf das Kleidungsstück polnischer Herkunft verwiesen, das seit Erasm. Alberus 1540 als Pohlerock 'vestis ad pedes usque promissa' begegnet, später auch Polack heißt und 'langes Kinderkleid' bedeuten kann: Anz. f. dt. Alt. 15, 22; Zf. f. d. Wortf. 12, 286.

Pokal M. Gr. βαύκαλις F. 'Gefäß' ergibt über spätlat. baucalis ital. boccale 'Becher', das im 16. Jh. entlehnt und seit Maaler 1561 gebucht wird. S. Becher. Anlaut. p für roman. b hat sich seit H. Sachs durchgesetzt wie in Panier, Pilz, Posaune, Pranke. Ital. boccale kann auch ein Weinmaß sein; daraus entlehnt schweiz. bug(g)el 'Maß für Wein, zwei Schoppen haltend', seit 1519 bezeugt: E. Ohmann, Neuphilol. Mitt. 1941, 145.

Pökel M. 'Salzlake', mit (ein)pökeln aus dem Nd. ins Nhd. gelangt, aber im Obd. und in Teilen des Md. nicht durchgedrungen. Seine nächsten Verwandten sind mnd. mnl. (seit Beginn des 15. Jh.) pēkel, engl. (seit 1440) pickle (s. Pickelhering). Wohl zum Namen des holl. Fischers Willem Beukelz (sprich: Bōkels) † Biervliet 1397, der das namentlich für die Fischerei wichtige Verfahren des Einsalzens wirksam ausgebildet hat: Gg. Schoppe 1938 Germ.-rom. Monatsschr. 26, 73. 247 f.

Polder M. 'eingedeichtes Land', zu Beginn des 18. Jh. entlehnt aus nl. polder, für das Verwandtschaft mit Pfuhl vermutet wird. Ein märk. polder 'Hühnerstall' (Teuchert 1932 Brandenburgia 41, 8) stammt aus gleichbed. nl. (hoender-)polder, dies über frz. poulailler aus mlat. pullārium 'Hühnerbehälter'. Über ein drittes Polder nl. Ursprungs, das märk. für 'Kamin', auch in der Zus.-Setzung kienpolder 'Nische mit brennendem Kienspan' steht, s. Gombert, Anz. f. dt. Alt. 15, 22; Seelmann, Nd. Jb. 47, 41.

Polei M. 'Mentha pulegium'. Der gr. Name des Krauts βλήχων ergibt mit Vokalentfaltung und volksetym. Anlehnung an pūlex 'Floh' (auf der auch unsere Lehnübersetzung Flohkraut beruht) lat. pūlēgium, -ējum. In auß. Zeit entlehnt zu polaia, poleige, pulei, mhd. polei, mnd. polleie, pollēge, mnl. pol(l)eye, agf. polle(g)ie: Zs. f. d. Wortf. 5, 22. 6, 193.

Police F. 'Versicherungsschein': um 1600 aus ital. polizza als Polizze (so in Österreich bis ins 20. Jh.), aus frz. police als Police entlehnt. Die roman. Wörter beruhen auf mlat. apodīxa 'Quittung', das auf gr. ἀπόδειξις 'Nachweis' zurückgeht.

Polier M. 'Vormann der Maurer und Zimmerleute': aus frz. parlier 'Sprecher' der Bauhütten im 15. Jh. entlehnt. Es erscheinen parlierer in Frankfurt a. M. 1429 u. 1436, in Nürnberg 1439 und 1464, parlier am Oberrhein 1471, barlier in Basel 1496. Seitdem darf das Fremdwort für eingebürgert gelten. Das erste r des spätmhd. parlier ist vor dem zweiten geschwunden wie in fodern 'fordern' und Köder; o der ersten Silbe dankt das M. der Anlehnung an das Ztw. polieren (s. u.), das seinerseits auch in bair.-österr. Formen wie palieren und ballieren auftritt. In denselben Landschaften heißt der Handwerker bis heute Palier. Goethes Form war Polirer; erst im 19. Jh. ist die heutige Form durchgedrungen: K. Krause 1938 Wörter u. Sachen 19, 158.

polieren schw. Ztw. Lat. polīre 'abputzen, glätten' hat unmittelbar oder über afrz. polīr nach der Mitte des 13. Jh. mhd. polieren ergeben: H. Suolahti 1929 Frz. Einfl. 189. Lat.

po-lio gehört zu linio 'beschmiere', bezeichnet also ein Glätten durch Überstreichen. Urverwandt ist Lehm, s. d.

Polizei F. Gr. πολιτεία F. 'Bürgertum, Staatsverfassung, -gewalt' ergibt lat. politīa 'Staatsverwaltung', mlat. policīa 'Aufrechterhaltung der Ordnung in einer Stadt'. Im 15. Jh. wird das F. als alem. policy, frühnhd. policey übernommen. Bis ins 17. Jh. gelten abstr. Bedeutungen wie 'Regierung, Verwaltung, Ordnung, Sittenaufsicht in Staat und Gemeinde, Staat, Politik'. Dann engt sich der Begriff ein auf die Sorge für Ordnung in Staat und Gemeinde sowie auf diese Ordnung selbst. Um 1800 ist Polizei (wie ital. polizia, frz. engl. police) in die uns geläufige konkrete Bed. übergegangen.

Polka F. Der Tanz ist um 1835 in Prag übernommen. Der Name bedeutet 'polnischer Tanz' und stammt aus tschech. polka 'Polin'; vgl. frz. polonaise und poln. mazurek (woraus unser Masurka).

Pollen M. 'Blütenstaub': im 14. Jh. in der Bed. 'feines Mehl' entlehnt aus lat. pollen N. 'Staubmehl', das seinerseits verwandt ist mit lat. polenta 'Gerstengraupen', pulvis 'Staub' u. puls 'Brei'.

Polo(spiel) N. In der ind. Balti-Sprache ist polo 'Ball'. Hierzu der gleichlautende Name des Hockeyspiels zu Pferde, der über engl. polo im 19. Jh. zu uns gelangt ist: Lokotsch 1927 Etym. Wb. 1666; Stiven S. 99 mit Anm. 781.

Polonäse F. 'polnischer Tanz': aus gleichbed. frz. polonaise übernommen seit Stoppe 1738 Neue Fabeln 1, 47.

Polster N. Mhd. frühnhd. polster, bolster, ahd. polstar, mnd. nl. bolster, bulster, agf. engl. dän. schwed. bolster, anord. bolstr führen auf germ. *bolhstra- zum Verbalstamm germ. *belg-, idg. *bhelgh- 'schwellen' (s. Balg) mit Endung -stra gebildet, wie ahd. galstar 'Lied' zum Verbalstamm *gal- 'singen' (s. Nachtigall). Die nächsten außergerm. Verwandten sind apreuß. balsinis 'Kissen', pobalso 'Pfühl' (urspr. 'was unter dem Kissen ist'), lett. pabàlsts 'Kopfkissen', slov. blazína 'Bettpfühl', serbokroat. blàzina 'Federbett'. — Heute unterscheidet man im größten Teil des Sprachgebiets das mit Federn gefüllte Kissen von dem aus Roßhaar oder Seegras u. dgl. gestellten, festgestopften Polster (einzige Ausnahme Keilkissen). Nur im obd. Südosten gilt Polster, im äußersten Südwesten Kissen unterschiedslos für beide: in Teilen des Bair.-Österr. ist das Lehnwort Kissen (s. d.) nicht durchgedrungen, das in Teilen des Alem. das heimische Polster zurückgedrängt hat. Vgl. auch Pfühl.

Polterabend M. 'Vorabend der Hochzeit', urspr. vielleicht Poltergeistabend (wie Sonnabend Klammerform für Sonntagabend ist): die Polter- oder Rumpelgeister übten in der Nacht vor der Hochzeit geräuschvollen Unfug, den die Sitte lustig nachbildet, indem alte Töpfe vor dem Haus der Braut zerschlagen werden. Zuerst als pulternacht bei dem aus Anhalt stammenden Trochus, Voc. rer. (Leipzig 1517) D 2ᵇ; polterabend kaum vor Seb. Franck 1534 Weltbuch 152. Klein 1792 Prov.-Wb. 2, 63 bezeugt P. für den Harz, Voß 1795 Luise 3 V. 732 für Norddeutschland. Gleichbed. Rumpelnacht (wozu oberhess. romplwãñ 'Hochzeitswagen mit Aussteuer' Crecelius 703); Walzerabend alias Holabend Stieler 1691; Walgerabend in thür. Ma.; Rammel-Abend oder Welzer-Abend Amaranthes 1715 Frauenz.-Lex. 1586; livl. Hühnerabend; siebenbg. Schaiwömt: v. Bahder, Zf. f. dt. Ma. 1907, 193. 316; DWb. 13, 1071. 1235. 1243. 1251.

poltern schw. Ztw. tritt als buldern, boldern im Mhd. des 15. Jh., als bold(e)ren in Kleve 1477 auf. Poltern ist Luthers Form (Jer. 47, 3 u. ö.); darin ist d nach Kons. zu t geworden wie in hinten, hinter, unten, unter. Die nächsten germ. Verwandten sind mnd., älter nnl. balderen, norw. mundartl. baldra: mit dh-Präsens zur idg. Wurzel *bhel- 'lauten, schallen, brüllen', zu der mit germ. -ll- bellen gehört, s. d.

Polyp M. Gr. πολύπους M. 'Vielfuß' dient seit Aristoteles zur Bez. des Tintenfischs. Über lat. polypus gelangt im 16. Jh. (Schweiz. Jd. 3, 1276) der Tiername zu uns. Von da geht der mediz. Sprachgebrauch aus, der Wucherungen im Nasenrachenraum P. nennt. Nachdem die Stud.-Sprache des beginnenden 19. Jh. das Wort Polizei zu Police, Polise zerspielt hatte, setzt sich nach seiner Mitte dafür Polyp durch; der Gedanke an die Fangarme des Tiers mag mitgespielt haben. Vorangegangen war die Gaunersprache, in der 1818 Polipee für 'Polizei' gilt; von da Polyp und Poli im Berner Mattenenglisch: Kluge 1895 Stud.-Spr. 115; 1901 Rotw. 1, 334; Zf. f. d. Wortf. 2, 56. 12, 286.

Pomade F. Ludwig XIV. ließ Haarsalbe aus dem Fleisch von Äpfeln und Fett herstellen. Daher frz. pommade F., bei uns seit Krämer 1678. Damit zus.-geworfen Pomade F. 'Gemächlichkeit', in Sätzen wie „das ist mir P." entwickelt aus dem präd. Adj. pomade, älter pomale 'bequem': aus poln. po malu 'allmählich' (zu po 'nach' und mały 'ein wenig')

seit dem 16. Jh. über die Mundarten des dt. Ostens eingedrungen, nhd. seit Olearius 1645 Reise 123 „wenn sie Pochmeli oder unlustig seynd". Wick 93f.

Pomeranze F. Auf pers. näräng 'bittere Apfelsine' (s. Orange) geht ital. arancia zurück, das mit pomo 'Apfel' zus.-gesetzt mlat. pomarancia ergibt und 1490 als pamarantze Versehung leibs 5b erscheint. Pomeranze seit Willichius 1539 Georgica 264. Zesen schlägt 1645 Goldapfel dafür vor: Zf. f. d. Wortf. 14, 78. S. Landpomeranze und Kretschmer 1918 Wortgeogr. 82 ff.

Pomp M. Gr. πομπή F. 'feierlicher Aufzug' (zu πέμπειν 'senden') ergibt lat. pompa, das ins Mhd. als pomp(e) F. M. entlehnt wird. Im 17. Jh. folgt Übernahme des auf den gleichen Ursprung zurückführenden frz. pompe F., das noch Lessing als F. verwendet. Aus dem Afrz. stammt engl. pomp.

Pomuchel M. Der Ostseefisch Gadus morrhua L. heißt kaschub. pomuchel 'Fisch, der über den Seegraswiesen lebt' (aus Präp. po 'auf' und aslav. mühü 'Moos'): Wick 44. Im 16. Jh. ins Dt. übernommen, begegnet Pomuchel neben Dorsch (s. d.) zuerst bei Konr. Geßner 1556 De piscibus 114. 169 und kehrt als Pomochel bei Canitz 1734 Ged. 255 wieder.

Popanz M. 'Schreckgestalt'. Das gleichbed. tschech. bubák (Wick 45) gelangt im 16. Jh. ins Ostmd.: popenz Mathesius 1586 Sarepta 2, 99a. Nach Prag 1619 führt Londorp 1, 1430b „ein inane terriculamentum und Popantz, den Leuten eine vergebliche Forcht und Grauen zu machen". — M. Vasmer 1947 Zf. f. slav. Phil. 19, 451 denkt eher an ein slav. *bobonĭcĭ als Quelle des deutschen Wortes (vgl. poln. za-bobon 'Götze, Aberglaube', ukrain. za-bobon 'Aberglaube'). — Den Mundarten des Südwestens bleibt das Lehnwort dauernd fremd. Deutsches p- aus slav. b- wie in Peitsche.

Popo M. Das im 17. Jh. eingebürgerte Podex (s. d.) wird auf seine erste Silbe gekürzt; diese wird verdoppelt, wie auch sonst in Kinder- und Ammensprache üblich. Literar. seit Hermes 1776 Sophiens Reise 6, 137. Auch die nächsten Belege weisen in den Nordosten, aus dem Bernd 1820 Dt. Spr. in Posen 216 das Wort zuerst bucht: Zf. f. d. Wortf. 1, 264. 2, 17. 10, 146.

Porphyr M. die dunkelrote Steinart, zuerst als Porphyrstein bei Toxites 1574 Onomast. 439. Durch ital. porfiro vermittelt aus mlat. porphyreum, das auf gr. πορφυροῦς 'purpur(farbig)' beruht, einer Ableitung von πορφύρα F. 'Purpurschnecke'. S. Purpur

Porree M. Allium porrum L. Aus dem Mittelmeergebiet stammende Lauchart, ahd.

forro, phorro, aſächſ. porro: früh entlehnt aus
lat. porrum, das mit gr. πράσον 'Lauch' auf
gleichbed. idg. *pr̥so- beruht. Die nhd. Form
iſt neu entlehnt aus frz. porrée, das ein volks=
lat. *porrata vorausſetzt. Die als Suppengrün
und Gemüſe beliebte Pflanze verfügt über viele
Volksnamen: H. Marzell 1943 Wb. d. dt.
Pflanzennamen 1, 202f.

Porſt M. Mhd. borse, mnd. anord. dän.
ſchwed. pors bezeichnet in erſter Linie Myrica
gale, in zweiter Linie (als Schweineporſt
u. ä.) den wilden Rosmarin. Dieſe wild=
wachſende Pflanze (Ledum palustre) wird
im Norden und in England als Hopfenerſatz
beim Bierbrauen benutzt, wie am Nieder=
rhein unter dem Namen grüt (daher de Gruyter
als Fam.=Name): Heyne 1901 Nahrungsweſen
345. 350; Hoops 1905 Waldbäume 256. 650.

Port M. Lat. portus 'Hafen' ergibt, über
afrz. port vor Ende des 12. Jh. entlehnt,
mhd. port(e): Suolahti 1929 Frz. Einfl. 189.
Entlehnung zur Römerzeit ſpiegeln die Namen
von Orten wie Porz am Rhein und Piesport
'Pigontii portus' an der Moſel. Auch agſ. engl.
port 'Hafen' iſt Erinnerung an die Römerzeit.

Porte ſ. Pforte, **Portier** ſ. Pförtner.

Porto N. 'Poſtgebühr' aus ital. porto 'das
Tragen'. S. frank.

Portulak ſ. Burzel.

Portwein M. Als wichtiger Ausfuhrhafen
hat Porto an der Douromündung (portug. o
porto 'der Hafen') dem portug. Rotwein ſeinen
Namen frz. vin de Porto, dän. ſchwed. portvin
uſw. geliehen. Über engl. port-wine gelangt
er zu uns, 1738 als Portswein bei Stoppe,
N. Fabeln 273, der noch eine Erläuterung für
nötig hält.

Porzellan N. Die urſpr. nur in China und
Japan hergeſtellte Töpferware fand im 16. Jh.
über Italien den Weg zu uns. Ital. porcellana
bezeichnete die Seemuſchel Concha Veneris.
Da dieſe mit der Porzellanmaſſe Ähnlichkeit
hat, lag es nahe, ihren Namen auf jene zu
übertragen. Die Muſchel iſt nach ihrer Ähnlich=
keit mit dem weibl. Geburtsglied mit einer
Ableitung zu lat. porcus 'Schwein' benannt,
das ſchon bei Varro († 27 v. Chr.) die Bed.
'weibl. Scham' angenommen hatte. Entſpr.
afrz. pourcelaine, frz. porcelaine, engl. por=
celain.

Poſaune F. Lat. būcĭna (aus *bou-canā,
zu bōs 'Rind' und canere 'ſingen', ſ. Bake)
liefert über afrz. boisine, buisine die germ.
Namen des Inſtruments: mnl. busîne, basîne,
basûne (hier zuerſt û ſtatt î der Endung, vgl.
Alraune, Daune, Kartaune), mnl. bazuin,
mnd. bas(s)ûne, mhd. busûne uſw. Poſaune
iſt Luthers Form (Jeſ. 27, 13 u. ö.) und durch

ihn ſchriftdeutſch geworden. Anord. basūn,
bosūn und ihre Folgeformen ſtammen aus dem
Mnd. p- für roman. b- hat ſich durchgeſetzt wie
in Panier, Pilz, Pokal, Pranke. Suolahti
1929 Frz. Einfluß 74f.

Poſe F. 1. 'Federſpule', ein unerklärtes nd.
Wort, das ſeit J. H. Voß 1771 Der ſiebzigſte
Geburtstag V. 99 in hd. Schriftſprache er=
ſcheint. Da Poſen auch 'Bettfedern' ſein
können, ſteht „nach Poſen reiſen" ſcherzhaft für
'ſchlafen gehen'. — 2. 'künſtliche Haltung': im
19. Jh. als Fachwort der Künſtlerſprache ent=
lehnt aus frz. pose F. 'Legung, Ziererei', Rück=
bildung aus poser 'ausruhen, auf einen Platz
ſtellen', das auf lat. pausāre 'ruhen' zurückgeht
und ſeinen Sinn unter Einfluß von lat. pōnere
'ſetzen, ſtellen' gewandelt hat.

Poſſe F. ſpätmhd. possen M. 'Figur', früh=
nhd. bosse, posse 'Zierat, Beiwerk an Kunſt=
denkmälern'. Dem ahd. bōzan 'ſtoßen' (ſ.
Amboß) entſpricht afränk. *bōtan 'ausſchlagen,
ſprießen' mit *bōtja 'Sproß', woraus gallorom.
*bottia 'Schwellung'. Hierzu frz. (ouvrage à)
bosse 'erhabene Arbeit', das vor 1445 zu uns
gelangt, zuerſt in Bedeutungen wie 'Scherz=
figuren an öffentlichen Brunnen'. Poſſen
reißen (urſpr. auf dem Reißbrett) ſeit Wicel
1542 Obdormitio 124a, Poſſenreißer ſeit
Kirchhof 1563 Wendunmut 1, 430, poſſieren
'ſcherzen' H. Sachs, wozu poſſierlich ſeit
Fiſchart 1571. Poſſenſpiel, das noch Wieland
1774 Abderiten 3, 3 bietet, erſcheint ſeit Gott=
ſched verkürzt zum gleichbed. Poſſe: Bilz in
Herrigs Arch. 73, 38.

Poſt F. Lat. posita (mansio) 'feſtgeſetzter
Aufenthaltsort' ergibt über ital. *posita, posta
F. frühnhd. post, wozu ſich bei Maaler in
Zürich 1561 Poſtbot, =meiſter, =reyß, =roß
ſtellen. Entſpr. iſt Poſten M. aus ital. posto
und dies aus lat. positus abzuleiten.

Poſtille F. urſpr. Erklärung eines bibliſchen
Textes, deſſen Wortlaut abſchnittweiſe voran=
geſtellt war, daher mlat. post illa (textus verba).
Frühnhd. postill zuerſt im Titel von „Doctor
Keiſerpergs Poſtill", Straßburg 1522.

Poſtillion M. Ital. postiglione 'Poſtknecht'
(zu posta F. 'Poſt') wird im 15. Jh. entlehnt
zu gleichbed. frz. postillon. Bei uns erſcheint
das ital. M. zuerſt in Schwaben kurz nach 1560:
Zimm. Chron.² 3, 518 Barack. Später wirkt
auch das frz. M. ein, das 1591 engl. postil(l)ion
ergeben hat. S. Schwager.

Poſtkarte F. Im Nov. 1865 empfahl Hnr.
Stephan dem Dt. Poſtverein die Einführung
des Poſtblatts. In Öſterreich führte ein Vor=
ſchlag des Volkswirts Eman. Herrmann am
1. Okt. 1869 zur Einführung der Correſpon=
denzkarte. Am 25. Juni 1870 drang im

norddt. Postgebiet Stephans Gedanke durch, im Krieg wurde er in Form der Feldpostkarte Gemeingut. Den Namen Postkarte, der das erste Glied von Stephans Vorschlag mit dem zweiten der österr. Vorgängerin verbindet, bestimmt das Amtsblatt der Dt. Reichspostverwaltung Nr. 57 vom 21. Juni 1875: Götze 1917 Nomina ante res 10 f.

Postschwede M. scherzhaft für 'Briefträger', eine Erinnerung an die Schwedenzeit. Erstmals erscheint in Rheydt bei Düsseldorf 1644 „Peter ufm Poel oder der Schwede", der einige Male auch „der Post" heißt und auf den der Rheydter Familienname Schweden zurückgeht: H. Müllers, Rheydter Ztg. vom 30. Jan. 1944.

postwendend Adv. Adj. 'sofort(ig)': aus der Formel mit wendender Post im 19. Jh. entwickelt, etwas später als das gleichbed. umgehend, s. d.

Potentat M. 'Machthaber', zu Beginn des 16. Jh. entlehnt aus lat. potentatus 'Oberherrschaft' (zu potens 'mächtig'). Entsprechend frz. potentat seit dem 14., engl. potentate seit dem 15. Jh. Der Bedeutungswandel vergleicht sich dem von Majestät. Ein studentisches Potentaten 'Gelder' (Zf. f. dt. Wortf. 12, 286) zielt auf die den Münzen aufgeprägten Herrscherköpfe, s. Monarch. Der norddt. Scherzausdruck Potentaten 'Füße' ist in Berlin zerspielt aus dortigen Poten 'Pfoten': Der richtige Berliner (1882) S. 76.

Potenzen Plur. Wenn lat. sinus 'Busen' zur trigon. Funktion werden konnte, hielt es die Schülersprache seit etwa 1875 für angemessen, Potenzen 'Produkte aus gleichen Faktoren' im Sinne von 'Busen', potenzieren als 'an die Brüste greifen' zu verwenden: Ludw. Thoma 1904 Lausbubengesch. 25; Eilenberger 1910 Pennälerspr. 24.

Pott M. 'Topf', mnd. (seit dem 13. Jh.) pot, put, nd. pott. Bei Venantius Fortunatus, der in den Jahrzehnten vor 600 am Merowingerhof wirkt, erscheint potus 'Trinkbecher', das sein -t-irrender Anlehnung an lat. pōtus 'Trank' dankt, aber ein vulgärlat. *pottus 'Topf' spiegelt, dessen Ursprung ungeklärt ist, das sich aber seit dem 12. Jh. in frz. pot fortsetzt. Auf dem Frz. beruhen mit dem dt. Worte mnl. pot (tt), nnl. engl. pot, afries. agf. pott, spätanord. pottr 'irdene Schüssel zum Kochen', schwed. potta 'irdener Topf, Nachtgeschirr', dän. pot 'Hohlmaß', potte 'Tongefäß'. Dem Mhd. fehlt das Wort, in Köln tritt es 1270 auf; die mundartl. Verbreitung läßt am Eindringen von Westen her keinen Zweifel. Pötter, seltener pot(te)bakker und Pottmacher, heißt der Töpfer in Niederdeutschland vom Rhein bis zur Ostgrenze Pommerns. Gegen md. Töpfer setzt

sich der nd. Handwerker- und Familienname an der ik/ich-Linie ab: K. v. Bahder 1925 Wortwahl 19 f.; H. Suolahti 1929 Frz. Einfl. 190; Th. Frings 1932 Germ. Rom. 124 ff.; ders. 1936 Zf. f. roman. Phil. 56, 371 ff.

Pottasche F. Laugensalz wurde dadurch gewonnen, daß gebrannte Pflanzenteile in einem Topf gekocht wurden. Daher nl. (seit 1598) potasch; von da dän. potaske, schwed. pottaska, engl. (seit 1648) potash. Bei uns seit Ludwig 1716. Auf dem germ. Wort beruhen ital. potassa, frz. potasse.

Pottharst M. 'gedämpftes Rindfleisch, das in Stücke geschnitten ist', westfäl. pottha(r)s(t) 'Stück Fleisch, Wurst', anderwärts 'Pökelstücke vom Schwein' (Woeste 204), an der Ruhr 'Kostprobe vom hausgeschlachteten Schwein, Schlachtschüssel' (Rhein. Wb. 6, 1057), mnl. potharst 'in einem Topf gebratenes Lendenstück'. Das Bestimmungswort s. u. Pott. Daneben ist westfäl. pannha(r)s(t) ein in der Pfanne geröstetes Gericht (Woeste 194). Das Grundwort gehört zu ahd. harst(a) 'Röstpfanne', hersten, mnd. harsten, agf. hierstan 'rösten', agf. hearstepanne 'Röst-, Bratpfanne'. Die nächsten germ. Verwandten sind Herd (s. d.), got. hauri 'Kohle' und anord. hyrr 'Feuer'. Außergerm. vergleichen sich am nächsten lit. káršta-s 'heiß', lett. karsēt 'wärmen', armen. xaršem 'koche', aind. kuṣāku 'brennend': idg. Wurzel *ker- 'brennen'.

Pottwal M. Catodon macrocephalus fällt durch seinen blockartigen Kopf auf, den nd. Matrosen einem riesigen Topf verglichen. Der nhd. Name (kaum vor Hübner 1776) entspricht dem nl. potswal (seit 1598). Daneben Pottfisch, dän. schwed. potfisk, nl. potvisch, potshoofd.

potz Interj. Im 15. Jh. kommen Flüche auf wie potz angst, jammer, marter, die sich auf Christi Passion beziehen. Für potz finden sich auch botz, bocks, kotz, entstellt aus Gottes. Geblieben sind Verbindungen wie potzblitz, potztausend, dies urspr. ein Fluch bei Gottes sieben Sakramenten (potzsiebenschlapperment 1630); die Siebenzahl ist zur Tausend übersteigert: H. Schulz 1909 Zf. f. d. Wortf. 10, 154. Stieler (1691) 207 durchschaut den Ursprung von potz: Est enim profanatio nominis divini. Vgl. sackerlot, sapperlot, frz. parbleu (für par Dieu), engl. zounds (für God's wounds), good gracious (für God gracious).

Poularde F. 'gemästete Junghenne', im 18. Jh. entlehnt aus frz. poularde 'Masthühnchen'. Dies abgeleitet aus frz. poule 'Huhn', in dem lat. pullus 'junges Tier', spätlat. 'Huhn' fortlebt. Während engl. poulard seit 1732 bezeugt ist, tritt bei uns Poularde seit Zedler 28 (1741) 1928 auf. Mundarten deuten es um zu schwäb. polläckle, steir. pollakel.

Pracher M. 'Bettler' erscheint zuerst 1559 als Scheltwort in einer Breslauer Handschrift (G. Schoppe 1926 Neuphil. Mitt. 27, 12), wird durch M. Opitz u. A. Gryphius schriftdeutsch, verbreitet sich über ostmd. Mundarten und gelangt ins Nd., aus dem nl. pracher, dän. prakker, schwed. prackare stammen. Im Kreis Neustettin heißt ein alter Flurname prachetog 'ärmlicher Fang von Fischen' (R. Holsten, Monatsbl. f. pomm. Gesch. 48, 37). Das alles weist auf Entlehnung aus einer slav. Nachbarsprache (Wick 45 f.). Als Ausgangspunkt bietet sich altpoln. mundartl. pracharz 'Bettler' (vgl. ukrain. prochaty 'bitten, betteln'), dem lit. prãšąs, akt. Part. Präf. zu prašyti 'bitten' nahesteht (A. Senn 1933 Journ. of Engl. and Germ. Phil. 32, 527). Die baltoslav. Wortsippe ist urverwandt mit lat. precārī 'bitten', s. fragen.

Pracht F. Mhd. nur braht M. 'Lärm, Geschrei', selten praht, erst im 14. Jh. mb. braht F.; ahd. praht, asächs. braht M. 'Lärm'. Mnd. pracht M. F. 'Herrlichkeit' und nl. (seit 1598) pracht 'Staat, Prunk' beruhen auf Entlehnung aus dem Hd. Gleichbed. dän. pragt, schwed. (seit 1550) prakt sind aus dem Mnd. weiterentlehnt. Germ. Verwandte sind asächs. brahtum 'Lärm, Menge' und agf. breahtm, bearhtm 'Schrei, Geräusch', ohne das ableitende t mhd. brach, mnd. brak M., anord. brak N. 'Gekrach, Lärm', braka 'lärmen', das auf idg. *brǝg-'krachen' führt wie lat. fragor M. 'Krachen, Getöse' und suffrägium 'Abstimmung, Beifall', urspr. 'losbrechender Lärm der beistimmenden Menge'; air. braigim 'farzen' (aus *bhrāgiō), schott.-gäl. braim, kymr. torn. bram, bret. bramm 'Furz'; lit. braszkéti 'prasseln, krachen' (aus *bhrag-sqō), lett. brǎst 'brausen', brāzêt 'stürmen'.

prägen schw. Ztw. bedeutet urspr. 'brechen machen, gebrochene Arbeit hervorbringen' und ist Bewirkungswort zum st. Ztw. brechen. Mhd. præchen, bræchen, ahd. prähhen, brähhen führen auf *brähhjan zurück. Vgl. agf. ā-brācian 'einpressen'. Unsere Aussprache mit -g- stammt aus mb. Landschaften, deren Bewohner ihr -ch- in hd. -g- umzusetzen gewohnt waren.

pragmatisch Adj. 'nach dem ursächlichen Zusammenhang geordnet und dargestellt', im 17. Jh. entwickelt aus lat. pragmaticus, gr. πραγματικός. Dies zu πρᾶγμα, -ατος 'das Handeln', besonders in Staatsgeschäften. Daher die Pragmatische Sanktion von 1718, durch die Kaiser Karl VI. seine Erbfolge zu sichern suchte. Bei Polybios, dem Schöpfer des Ausdrucks πραγματικὴ ἱστορία, fehlt der Sinn, in dem seit Beginn des 18. Jh. von pragmatischer Geschichtsschreibung gesprochen wird: er meint damit die tatsächliche Geschichte im Gegensatz zur fabelhaften der Vorzeit.

prahlen schw. Ztw. ersetzt in der Bed. 'großtun' mhd. giuden und güften: v. Bahder 1925 Wortwahl 112 ff. Prahlen, das zuerst als prölen 'großtun' im Alsfelder Passionsspiel (oberhess. 1501) begegnet, wird von Luther (Psalm 94, 3) in die Schriftsprache eingeführt, der auch das Mask. pral 'Prahlerei' verwendet, zu dem das Ztw. gehört wie mnd. prālen 'viel sprechen' zu prāl M. 'Lärm, Prunk', nl. pralen zu praal. Für das Subst. vermutet man Verwandtschaft mit prallen und prellen.

Prahlhans M. kaum vor Moscherosch 1650 Ges. 2, 725; gebildet wie Fabel-, Feder-, Gaff-, Karsthans u. a., die Stieler 1691 daneben verzeichnet. Kluge 1913 Abriß d. Wortbild. § 44. S. Schmalhans.

Prahm M. 'Lastschiff mit flachem Boden; Fährkahn'. Aslav. pramŭ, älter tschech. prám 'Fahrzeug' (zur idg. Wz. *per: *por, s. fahren) gelangt an der oberen Elbe ins Hd. und erscheint 1325 im Pirnaer Urk.-B. 338ᵃ navis quae archa vel prom dicitur. An der Ostsee seit 1368, von der Hanse nach Holland, dem Norden und England getragen: Kluge 1911 Seemannsspr. 623; Wick 46 f.

Praline F. nach frz. praline. Die gefüllten Schokoladenzeltchen hat der Koch des Marschalls du Plessis-Praslin († 1675) erfunden.

prall Adj. 'vollgestopft, stramm, straff': ein nd. Wort, seit Frisch 1741 und Richey 1755 regelm. gebucht, aber auch schon durch die afries. Ableitung pralling 'Hode' vorausgesetzt. Im 18. Jh. durch norddt. Schriftsteller wie Voß verbreitet, früh bei Wieland 1795 Werke 22, 283 (Wasserkufe). Zu prallen.

prallen Ztw. mhd. prellen (Prät. pralte) 'anprallen, zurückfahren'. Weitere Beziehungen s. u. prahlen und prellen.

prangen schw. Ztw., mhd. frühnhd. brangen, mnd. prangen, daraus entlehnt dän. prange, älter auch prænge, schwed. mundartl. prånga 'prangen'. Aus dem danebenstehenden M. mhd. branc, prank, mnd. prank 'Prahlerei' entlehnt ist älter dän. prang 'Pracht, Lärm'. Die nächsten germ. Verwandten s. u. Prunk. Außergerm. vergleicht man lit. brangùs 'teuer, kostbar'. Zum Wandel von mhd. br- zu nhd. pr- s. Pracht; auch bei prangen hat Luther für die geltende Form entschieden.

Pranger M. Die Schandsäule mit Halseisen, an die der Schuldige zur Schau geschlossen wird, heißt mlat. statua. Zur Verdeutschung bietet die Weichbildglosse des 14. Jh. (Grundriß

d. germ. Philol. 3 (1900) 94) mnd. prenger, das in Olmütz und Brünn latinisiert wird zu prangerium, während pranger noch vor 1400 in Leobschütz, bald danach in Bamberg erscheint. So gelangt es 1507 in die Bambg. Halsgerichtsordn., 1532 in die Carolina, als deren Wort es gleichbed. Kak, Schreiat, Staupe und Halseisen verdrängt. Auch in Nachbarsprachen wird das Rechtswort entlehnt: magy. pellengēr 'Pranger'. Der Anlaut pr ist nd., in frühnhd. Quellen erscheint pfranger. Der hd. Anlaut kehrt wieder in mhd. pfrengen 'pressen, drängen, bedrücken', bair. (ge)pfreng 'eng' (s. Pfragner), unverschobene Formen in mnd. prange 'Schranke, Maulkorb', prangen 'drücken, klemmen', prang 'Druck, Beschwerde', nnl. pranger 'Zwangsnasenzange der Zugtiere'. Diese Sippe zeigt, daß das Strafgerät nach dem drückenden Halseisen benannt ist. German. Verwandte sind got. anapraggan 'bedrängen', schwed. prång 'enger Gang zwischen zwei Häusern', mengl. prenzen 'pressen', prangle 'drücken', engl. mundartl. prong 'Tischgabel'. Urverwandte in außergerm. Sprachen sind nicht gesichert. Auf alte Lehnbeziehungen weisen altital. branco 'Riegel', alban. prange 'Block zum Fesseln', ngriech. πράγγα 'Querriegel, Kette' und türk. branka 'Kette des Galeerensträflings': Thumb 1902 Germ. Abhandl. f. Paul 251; E. v. Künßberg 1926 Rechtssprachgeogr. 30 f.

Pranke F. spätmhd. pranke, zuerst (bald nach 1300) bei dem Tiroler Hnr. v. Burgus, Der Seele Rat B. 2545 von der Tatze des Bären, so auch im Namen der Pflanze Branca ursina 'Bärenklau': Tabernämontanus 1588 Kräuterb. 281. E. Öhmann, Neuphilol. Mitt. 1942, 23 f. vermutet Entlehnung aus rätorom. branca, das zu den obd. Nachbarn und als Jägerwort ins Nhd. gelangt sei. Das vorausliegende spätlat. branca 'Pfote' ist gall. Ursprungs und zeigt braus idg. *ur-. Urverwandt sind lit. rankà und aslav. rąka 'Hand'. Nhd. p- für roman. b- wie in Panier, Pilz, Pokal, Posaune.

Prärie F. 'große, baumlose Grasebene', besonders in Nordamerika (s. Savanne). Im nhd. Text seit 1826, während engl. prairie bis 1682 zurückverfolgt werden kann: Palmer (1939) 159. Beide aus frz. prairie 'Wiese', einer Sammelbildung zu gleichbed. pré, das aus lat. prātum 'Wiese' entwickelt ist: Gamillscheg (1928) 715.

Präsident M. Lat. praesidens, das nachmals die Lehnübersetzung Vorsitzender hervorgerufen hat, erscheint entlehnt seit Seb. Franck 1534 Weltchron. 67a, gebucht seit Sim. Rot 1571: Germ. 29, 390.

prasseln schw. Ztw. Zur Sippe von bersten (s. d.) gehört das westgerm. Intensitiv ags. brastlian, ahd. *brastalōn, mhd. brasteln 'krachen, lärmen'. In den frühnhd. Formen brastlen, brastlet(en) wird die Drittkonsonanz erleichtert; zuerst bieten Handschriften des 15. Jh. brasseln, das durch Luther (Jer. 46, 22) siegt, während obd. Ma. bei brastlen geblieben sind. Anl. p setzt sich durch wie bei Pracht, prägen, prangen prassen usw.

prassen schw. Ztw. ist um 1500 aus dem Nd. ins Frühnhd. gelangt. Die Bed. 'üppig leben' geht aus der älteren 'lärmen' hervor; beide Bed. sind auch in nnl. brassen und mnd. bras M. vereinigt; auch das Subst. gelangt ins Obd. in Wendungen wie „im Praß liegen". Schwed. brassa (seit 1582) 'üppig leben' und 'heftig dreinschlagen' beruht auf Entlehnung aus dem Mnd. Unverkennbar ist von einem germ. Stamm der Bed. 'Lärm' auszugehen. Nur äußerlich berührt sich das heimische Wort mit mnd. nl. brassēren 'prassen' aus frz. brasser 'durcheinanderrühren, brauen'. Prassen ist Luthers Form (Luk. 15, 13 u. ö.) und siegt durch ihn (s. prasseln).

Pratze F. Aus lat. brachium 'Arm' ist gleichbed. ital. braccio entwickelt, das von Kärnten bis zur Schweiz über die Alpen gedrungen und zu bratze 'Tatze' erst des Bären, dann anderer Tiere, endlich des Menschen geworden ist. Literar. seit Albertinus und Abr. a S. Clara.

Prau F. offenes Boot mit flachem Boden, aus gleichbed. mal. perähu in Reisewerken des 19. Jh. Gleichzeitig nl. prauw, engl. (Malay) prow. Lokotsch 1927 Etym. Wb. 1651.

predigen schw. Ztw., mhd. bredi(g)en, predi(g)en, brēgen, ahd. bredi(g)ōn, predi(g)ōn, asächs. predikon, mnd. mnl. prediken, anfränk. *prēdigon, nnl. prediken, preeken, ags. prēdician, anord. prēdika, schwed. predika, dän. præ(di)ke. Aus lat. prae 'vor' und dicāre 'kundtun' gebildet, ist lat. praedicāre, mlat. predicare 'öffentlich bekanntmachen, laut sagen'. Durch kirchlichen Gebrauch, der es dem gr. ὁμιλεῖν gleichsetzt, ist das Ztw. gemeinroman. geworden: ital. predicare, afrz. preechier, frz. prêcher (woraus engl. preach); auch air. pridchim 'predige'. Ulfilas bietet dafür laisjan 'lehren' und mērjan 'verkünden'. Daneben Predigt F., mhd. bredige, predige, ahd. brediga, prediga, mnd. predike (hieraus entlehnt lett. spredik'is), anfränk. prēdigunga, nnl. preek, schwed. predikan, dän. præ(di)ken, denen mlat. praedica F. vorausliegt. Damit hat sich mlat. predicata (homilia, concio) gemischt, worauf mhd. predigät(e) und mnl. predicāde beruhen. In obd. Ma. gelten bis heute Formen

37*

wie Predi(g). Für nhd. Predigt hat Luther entschieden; das ausl. t ist zu beurteilen wie in Dickicht, Habicht, Kehricht, Spülicht. Der aus lat. ae verkürzte Tonvokal in Ztw. und F. war zunächst offen; geschlossenes e entstand durch Einwirkung des folgenden i. Daß sich p im Anlaut durchgesetzt hat, danken die Wörter neuer Anlehnung an das Lat.

Preis M. Lat. prĕtium 'Wert, Preis einer Sache' (N. eines Adj. *prĕtios, das zur idg. Präp. *preti 'gegen' im Sinne des Entgelts gehört) ergibt afrz. pris 'Wert, Ruhm, Herrlichkeit, Glück, Verdienst, Rühmenswertes, Kampfpreis'. Darauf beruhen (wie engl. price 'Preis, Wert' und mnl. prijs) mhd. mnd. prîs und (selten) brîs, kurz vor 1200 entlehnt (spätanord. príss entstammt dem Mnd.) und sogleich zur religiösen Bed. 'Lob Gottes' gewendet. Die Bibel veranlaßt die heutige Verbreitung des M., Luthers obd. Lesern muß sein Preyß (Luk. 2, 14 u. ö.) in Basel 1523 mit lob, rhûm erläutert werden. Der Sinn 'was für eine Sache gezahlt wird' erscheint bei uns erst seit dem 15. Jh. — Mit dem M. nur äußerlich zus.gefallen ist die erste Silbe von preisgeben. Die aus dem 16. Jh. stammende Formel ist Lehnübersetzung des frz. donner en prise 'als Beute geben', wobei prise 'Ergreifung, Fang' auf lat. prehendere 'nehmen' (s. Prise) beruht und die Bildung mit en 'als' aus dem Kirchenlat. stammt: E. Lerch 1941 Roman. Forsch. 55, 57 ff.

Preiselbeere F. Vaccinium vitis idaea ist auf dt. Boden altheimisch und wächst von je wild in den Wäldern; der Kultur entzieht sich die Beere bis heute. Die einzige hd. Benennung beruht auf tschech. bruslina 'Beere, die sich leicht abstreifen läßt', zu aslav. obrusiti 'abreißen': Wick 47. Das slav. Wort wird umgestaltet zu mhd. *briuzelber, worauf auch die mundartl. Nebenformen Preusel=, Praus=, Brausbeere beruhen. Zum Verlust der Lippenrundung vgl. ereignen, Kreisel, Schleife, spreizen, streifen. Von den volkstüml. Namen greift über mundartl. Geltung hinaus nur Kronsbeere (s. d.). Ostfränk. ist Moßjocke (Zehner 1622 Nomencl. 218), tirol. Granten, eig. 'Granaten', wie bair. Rausch=granat lehrt, das selbst eine Mischbildung ist, wie Rauschbeere.

preisen Ztw. Kirchenlat. prĕtiāre 'schätzen' (zu lat. prĕtium, s. Preis) wird stammbetont zu afrz. preisier 'schätzen, anschlagen, hochschätzen'. Daraus um 1200 mhd. mnd. mnl. prîsen, das noch im 13. Jh. starke Formen (Prät. preis, Part. geprisen) entwickelt. Schon das Afrz. verwendet preisier (hieraus engl. praise 'loben', dagegen engl. prise, prize

'schätzen' aus endbetontem afrz. prisier) auch als 'rühmen', aber noch nicht in Bezug auf Gott. Das Mhd. gibt dem Ztw. früh diese Wendung (1213 bei Walther v. d. Vogelweide 26, 3); der Bibelsprache dankt preisen seine heutige Verbreitung.

preisgeben s. Preis.

Preisschere F. mit gutem Bild für die schwierige Lage des ländlichen Käufers zwischen hohen Industrie= und niederen Landwirtschaftspreisen: W. Linden 1943 Dt. Wortgesch. 2, 404.

prellen schw. Ztw. Als Ableitung zum Adj. prall (s. d.) bedeutet frühnhd. prellen (z. B. Luther 17, 117. 30 II 635 Weim.) 'mit einem gespannten Fell oder Tuch in die Höhe schnellen', als rohe Belustigung oder als Strafe für Menschen noch bei Comenius 1658 Orbis pictus 259. Die Jägersitte, den gefangenen Fuchs mit dem Prellnetz emporzuschleudern, ist bei uns seit Krämer 1676 Ital.=dt. Wb. 1, 198a bezeugt. Hier knüpft die Bed. 'betrügen' an: der hochgeworfene Fuchs hofft auf Befreiung, wird aber enttäuscht. Diesen Wortgebrauch bilden seit 1739 Studenten aus, denen Fuchs (s. d.) 'angehender Student' bedeutet. Diese Füchse werden um das Ihre geprellt, indem man sich von ihnen ungebeten bewirten läßt: Kluge 1895 Stud.=Spr. 115. Von da wird die Bed. 'betrügen' literarisch seit Hagedorn 1742 Oden 1, 6. Vom gleichen Ausgangspunkt entwickeln sich schnellen und bair. schutzen, eig. 'in die Höhe schießen lassen', zu ähnlicher Bed.: H. Schulz 1907 Zf. f. d. Wortf. 9, 102 ff.; vgl. das. 1, 46 f. 2, 293. 12, 286.

Premiere s. Uraufführung.

prenten schw. Ztw. 'drucken'. Lat. premere 'drücken' ergibt über frz. preindre nnl. prenten. Als Fachwort des Buchdrucks z. B. bei Schottel 1663. S. drucken und Printe.

preschen schw. Ztw. 'eilen; zur Eile treiben', volkssprachlich weit verbreitet, besonders in Nord= und Ostdeutschland. Dasselbe Wort wie birschen (s. d), mit Umstellung wie brennen, bresten, Brunnen gegen Bernstein, bersten, Born.

Presenning F. 'geteertes Segeltuch zum Schutz des Schiffsdecks' (dafür in dt. Binnenschiffahrt auch Persenning). In dt. Seetexten seit 1732, das entspr. nl. presenning seit 1681. Quelle das veraltete frz. préceinte F. 'Umhüllung', älter porceinte (zu afrz. porceinare 'rund einschließen'): Kluge 1911 Seemannsspr. 626.

Preßbengel M. Die Hebelstange, mit der die Spindel einer Presse angezogen wird, heißt Bengel; so in der Sprache des Buchdrucks seit 1630 fortlaufend bezeugt: H. Klenz 1900 Druckerspr. 21. Die Verdeutlichung P., im eigentlichen Gebrauch kaum vor Ludwig 1716, erscheint ins Lustige gewendet schon bei J. Fischart 1590 Catalogus Cat. Vorr. „An alle Leser, auch Buchdrucker vnd Preßbengels verwandten". Im 19. Jh. Schelte der Tagesschriftsteller.

Presse F. ahd. prêssa, mhd. (wîn)prêsse Kelter' nach mlat. pressa. Aus afrz. presse 'Menschenmenge, Gedräng' (das auch dem engl. press vorausliegt) wird bald nach 1200 das gleichbed. mhd. prêsse entlehnt. Seit etwa 1500 stellt sich, wieder nach frz. Vorbild, die Bed. 'Buchdruckerpresse' ein. Bezeichnung für 'Gesamtheit der Druckschriften' wird Presse vor Beginn des 19. Jh.; erst um 1850 folgt die Einengung auf 'Gesamtheit der Zeitungen und Zeitschriften'. Anstalten, die junge Leute schnellstens für eine bestimmte Prüfung drillen, heißen P. seit etwa 1870.

Preßfreiheit F. tritt nach Gombert (Anz. f. dt. Alt. 15, 39) zuerst 1774 auf. Das Schlagwort erstarkt im Kampf gegen die Zensur aller Druckwerke (s. Presse), in dem König Friedrich Wilhelm II. 1788 von Preßfrechheit spricht: Ladendorf 1906 Schlagwb. 249; Zs. f. d. Wortf. 5, 119. 8, 17. 13, 294.

Priamel N. F. Mlat. praeambulum (zu lat. praeambulâre 'vorangehen') wird über spätmhd. preambel lautgesetzl. zu frühnhd. priamel. Damit werden im 15. Jh. die ersten Improvisationen der Orgel- und Kirchenmusik bezeichnet. Der Name geht über auf die von Hans Rosenplüt aus älteren Formen der Stegreifdichtung geschaffene Literaturgattung: K. Euling 1905 Das Priamel bis Hans Rosenplüt 40 ff.; 1928 Reallex. d. dt. Lit.-Gesch. 2, 723 f. Frz. préambule und daraus entlehntes engl. preamble sind 'Vorrede' geblieben.

prickeln schw. Ztw. aus dem Nd. ins Nhd. gelangt. Die hd. Entsprechung pfrëcken begegnet vereinzelt in Thüringen 1480: v. Bahder 1925 Wortwahl 129. Schriftsprachlich ist prickeln im 18. Jh. geworden. Zu seiner außerdt. Sippe gehören nnl. prikk(el)en 'stechen, sticheln', prikkel 'Stachel', ags. prica 'Punkt, Stich', pricel 'Stachel', prician 'strchen, durchbohren', engl. prick 'stechen; Stachel', anord. prika Stange; schlagen' mit vielen Folgeformen. Über Alter und Herkunft dieser germ. Wörter steht nichts fest. Außergerm. Verwandte sind nicht gesichert.

Priel M. F. 'Wasserlauf im Watt', in dt. Seemannsspr. seit J. H. Pratje 1769 Altes u. Neues aus den Herzogth. Bremen u. Verden 1, 156, gebucht als nd. prîl(e) seit 1771 Brem. Wb. 5, 441, älter nl. priel. Ursprung unaufgeklärt: E. Schwentner 1933 Nd. Korr.-Bl. 46, 56 ff.

Priem M. Nnl. pruim 'Pflaume' (s. Pflaume) entwickelt im Munde holl. Matrosen die Bed. 'Stück Kautabak', weil der in den Mund geschobene Tabak in Gestalt und Farbe der Backpflaume gleicht. Im 18. Jh. gelangt der Scherzausdruck mit Fahrensleuten an die dt. Wasserkante: J. F. Schütze, Holst. Jd. 3 (1802) 237 „Prüntjes (holl.) eine Prise Rauchtobak, in den Mund zu nehmen und auszusaugen. Eine Liebhaberei, die unsre Herren Landsleute, welche viel zur See waren, sich nicht gut und gern abgewöhnen lassen. Sie ziehen in der Regel den Rum dem Wein vor, und stopfen den Rauchtobak lieber in den Mund als in die Pfeiffe". Bald ist Prumm, Prömke, Prümken usw. von Ostfriesland bis Ostpreußen verbreitet, landeinwärts bis zum Hunsrück und nach Südhannover. Literarisch seit P. Heyse, Ges. Werke (Bln. 1873 ff.) 10, 372 „sie schieben noch ein Priemchen in die Backe". Dazu priemen 'Tabak kauen' nach nnl. pruimen.

Prießnitz(umschlag) M. 'kalte Kompresse mit Wollwickel', benannt nach Vinzenz Prießnitz (geb. 1799 in Gräfenberg bei Freiwaldau in Österr.-Schlesien, gest. 1851), einem völlig ungeschulten Bauernsohn, der das Wasserheilverfahren an sich erprobt und ausgebildet hat. Sein Geschlecht führt den Namen nach dem Dorf Prisnitz in Mähren, das seinerseits nach wend. brjaza 'Birke' heißt.

Priester M. Gr. πρεσβύτερος 'der Ältere' (zu πρέσβυς 'alt') ist, zunächst in der Anrede, Ehrenname der geistl. Gemeindevorsteher geworden; vgl. Abt, Papst. Über lat. presbyter wird das Kirchenwort gemeinroman.; das dem frz. prêtre vorausliegende prêstr(e) ergibt ahd. prêstar, jünger priester, asächs. prêstar, afries. prester(e), mnl. mhd. priester. Aus dem Deutschen weiterentlehnt ist lett. priesteris. Die Einreihung der engl. Formen ist unmöglich. Ags. prêost aus vulgärlat. *pre(b)ost- wird vielmehr auf lat. praepositus beruhen. Anord. prestr mag aus dem Ags. entlehnt sein. Die Entlehnung des dt. Worts erfolgt nach Abschluß der hd. Lautversch., etwa zu Beginn des 8. Jh.; ahd. êwart(o) wird durch das Fremdwort verdrängt. Aus roman. ê ist ie entwickelt wie in Brief, Fieber, Fliete, Riemen 'Ruder', Spiegel, Tiegel, Zieche, Ziegel; das aus dem Diphthongen entstandene î wurde trotz der folgenden Doppelkonsonanz nicht gekürzt wegen der Silbentrennung, vgl. Biest, Riester, Kloster, Ostern, pusten, düster, Rüster.

Primaner M. Unsere Sitte, die Stufen der Lateinschule mit lat. Ordnungszahlen zu bezeichnen, geht in die Reformationszeit zurück;

(classis) prima war (außer in Württemberg) die oberste Stufe. Deren Schüler heißen primarii zuerst in Breslau 1528, primani zuerst in Heidelberg 1587, mit einem Fachwort, das der lat. Soldatensprache entnommen ist (primāni 'Soldaten der ersten Legion'): Nyström 1915 Schulterm. 1, 207f.

Primel F. Mlat. prīmula vēris 'Erste (Blume) des Frühlings' wird im 18. Jh. verkürzt zu Primel, zuerst bei Bürger 1773 Nachtf. b. Venus. Im Engl. entspricht primrose (aus nlat. prīmula und rōsa). S. Schlüsselblume.

Printe F. nnl. prent 'Pfefferkuchen' (bef. aus Aachen), so benannt, weil er urspr. in die Gestalt eines Heiligen gepreßt war; zu prenten 'drucken', f. d. In Aachen selbst (Jof. Müller und Wh. Weitz 1836 Aachener Mundart 188) steht prent F. 'Kupfer, Abdruck von Blumen oder Figuren; Pfefferkuchen, der eine Figur darstellt' neben dem Ztw. prente 'Leinwand drucken'.

Prinz M. Lat. princeps (aus *prīmo-caps 'die erste Stelle einnehmend') ergibt afrz. prince 'Fürst', das um 1215 entlehnt wird zu gleichbed. mhd. prinz(e): Suolahti 1929 Frz. Einfluß 194. Die junge Bed. 'Fürstensohn', die sich im 17. Jh. anbahnt und auch für engl. prince gilt, ist noch bei Goethe 1785 Wh. Meisters theatr. Sendung 213. 294 Mayne nicht durchgeführt. — Das Fem. lautet frühnhd. Prinzin (Zf. f. d. Wortf. 15, 202); das unveränderte frz. princesse dringt im 15. Jh. über den Niederrhein; die dt. Weiterbildung Prinzessin kaum vor Beginn des 17. Jh.: H. Fischer, Schwäb. Wb. 1, 1423. 6, 1694.

Prise F. Lat. pre(he)ndere 'fassen' ergibt gleichbed. frz. prendre. Dazu prise F., das schon innerhalb des Frz. die Bed. 'feindl. Schiff, das von einem Kaper aufgebracht wird' erlangt hat, in der es seit 1556 in hd. Seetexten erscheint: Kluge 1911 Seemannsspr. 628. Auch die Sonderbed. 'kleiner Griff Schnupftabak' liegt schon frz. vor; bei uns seit Wächtler 1714. S. Preis.

Prisma N. gr. πρίσμα 'dreiseitige Säule', urspr. 'Zersägtes' (zu πρίειν 'sägen'). In dt. Fachtexten seit 1539: Schirmer 1912 Wortsch. d. Math. 54.

pritsch Interj. Adv.: tschech. pryč (aus aslav. proči) 'fern' wird entlehnt zu mhd. tprütsch, frühnhd. prutz: Wick 47. Dazu gepritscht 'betrogen'.

Pritsche F. Ahd. britissa 'cancile' (Zf. f. d. Wortf. 1, 341) ist mit Hilfe des Fem.-Suffixes germ. -isjō (Kluge 1926 Stammbild. § 85) abgeleitet von ahd. brët, Plur. britir. Mhd. *britze wird erwiesen durch die Zuf.-Setzungen britzelmeister 'Pritschmeister' und britzelslahen 'Schlag mit der Pritsche'. Frühnhd. britzschen

F. begegnet seit Trochus 1517. Wandel von mhd. z zu nhd. tsch auch in fletschen, glitschen, klatschen, knutschen usw.

Privatdozent M. urspr. ein Gelehrter, der Privatkollegien (f. Kolleg) hält im Gegensatz zu den öffentl. Vorlesungen der beamteten Hochschullehrer. Ein älterer Name Privatdoctores seit dem 16. Jh.; die Hallischen Statuten von 1697 reden von privatim docentibus; P. seit etwa 1750. Ital. libero docente ist junge Nachbildung des dt. Worts. A. Götze 1929 Akad. Fachspr. 18.

Privatschule F., im 16. Jh. aus mlat. schola privata übertragen, bezeichnet den Gegensatz zur 'gemeinen' Schule. Zuerst in Rostock 1534; über die frühnhd. Bed. 'Internat' Nyström 1915 Schulterm. 1, 54 f. Privatschüler zuerst in der Hess. Schulordn. von 1618: daf. 211.

Probe F. spätmhd. prōbe nach gleichbed. mlat. proba. Durchs Roman. (ital. prova, afrz. prove, von da engl. proof) vermittelt sind mnl. proeve, prouve, nnl. proef, proeve, mnd. prōve (von da spätanord. prōfi). Probieren begegnet in der Bed. 'dartun, beweisen' seit Frauenlob († 1318). Es ist mit Anlehnung an die Ztw. auf -ieren dem lat. probāre 'billigen' nachgebildet: Suolahti 1929 Frz. Einfl. 199.

profan Adj. 'unheilig, weltlich, gemein': zu Beginn des 17. Jh. entlehnt aus gleichbed. lat. profānus. Dies aus prō 'vor' und fānum N. 'Heiligtum'. S. Fanatiker. Profanieren schw. Ztw. dem frz. profaner 'entweihen' nachgebildet seit Rot 1571.

Professor M. Lat. professor bezeichnet seit der frühen Kaiserzeit den öffentlichen Lehrer, nachklassisch meist den Rhetor. In akad. Fachsprache heißen seit etwa 1400 sacrae theologiae professores die Theologen, wobei der Gedanke an lat. profitēri 'bekennen' und die Nachbarschaft des kirchl. confessor geholfen haben mögen. Die weltl. Fakultäten haben sich der Amtsbezeichnung im 16. Jh. bemächtigt, nachdem der alte Doktortitel durch Verleihung an Außenstehende unzulänglich geworden war: A. Götze 1929 Akad. Fachspr. 11 f. Zu Professor im Bereich der Schule Nyström 1915 Schulterm. 1, 121 ff.

Profil N. 'Aufriß, Querschnitt; Seitenansicht'. Zu lat. filum 'Faden' gehören ital. filo 'Strich' und profilare 'aufzeichnen'. Rückbildung aus dem Ztw. ist ital. profilo 'Seitenansicht', aus dem gleichbed. frz. profil stammt. Im Nhd. erscheint die ital. Form 1627, die frz. 1631. In beiden ist P. zunächst Fachwort der Mathematik, der Baukunst, des Festungsbaus und der Feldbefestigung. Engl. profile seit Mitte des 17. Jh. Winckelmann und Lessing grenzen Profil auf 'Seitenansicht des menschl. Gesichts' ein: Schulz-Basler 1942 Fremdwb. 2, 673.

Profit M. 'Nutzen, Gewinn', obd. kaum vor Mitte des 16. Jh., mnd. seit etwa 1400, mnl. profijt seit 1309, so auch in Kleve 1477: mit dem nrhein. Handel entlehnt aus gleichbed. frz. profit; dies aus lat. prōfectus 'Fortgang, Vorteil'. — **Profitieren** schw. Ztw., im 17. Jh. dem frz. profiter nachgebildet, das seit dem 12. Jh. begegnet.

Profos f. Propst.

Proletarier M. Zu lat. prōlēs (aus *pro-olēs) 'Sprößling' gehört prōlētārius 'Bürger, der dem Staat nur durch Besitz von Kindern dient'. Frz. prolétaire erhält durch die Saint-Simonisten polit. Inhalt. Das Fremdwort erscheint bei uns seit Laube 1833 Das neue Jahrh. 2, 235 und wird durch das Sturmjahr 1848 beflügelt: Ladendorf 1906 Schlagwb. 254 f.; Zf. f. d. Wortf. 6, 56. 8, 17. 12, 246. 13, 274. 15, 203 f.

promovieren Ztw. Lat. promovēre 'vorwärtsbringen' wird bei Plinius und Sueton von militär. Aufstieg gebraucht. Daran knüpft kirchenlat. promovere ad sacerdotem an, das den allgemeinen Begriff 'befördern' liefert. Die Hochschulen verwenden erst das lat. Ztw., bald auch das Fremdwort promovieren von der Beförderung zu akad. Graden. Ein intranf. Wortgebrauch '(zum Doktor) aufsteigen' drängt sich seit Ende des 16. Jh. vor; er ist ohne sprachgesch. Berechtigung: A. Götze 1929 Akad. Fachspr. 8.

Propaganda F. 'Werbetätigkeit'. Eine Anstalt der Kirche in Rom zur Ausbreitung des katholischen Glaubens heißt De propaganda fide nach lat. prōpāgāre 'ausbreiten', ursprünglich 'durch Senkreis fortpflanzen' (f. pfropfen). Aus der kirchenlat. Formel wird im 19. Jh. ein hybrides F. ausgelöst: Propaganda machen steht zunächst als Schlagwort der äußersten Linken. P. der Tat wird 1869 zur Waffe der ruff. Anarchisten. Als 'kaufmännische Kundenwerbung' wird uns das Wort 1894 greifbar.

prophezeien Ztw. Lat. prophētīa 'Weissagung' wird früh im 13. Jh. auf kirchl. Weg entlehnt zu mhd. prophētīe, -zīe, -cīe F. Gegen Ende des 13. Jh. wird dazu mhd. prophētīen, -cīen gebildet. Vorübergehend spielen auch prophēzieren, -etizieren eine Rolle: Suolahti 1929 Frz. Einfl. 199.

Proporz M. Während die fremden Fem. auf -ion (Absolution, Portion) vom lat. Akk. auf -iōnem aus gebildet sind, gehen frühnhd. absoluz, porz usw. auf die lat. Nominative zurück. Schon bei Zwingli 1, 347 begegnet proporz 'Verhältnis'. Am Ende des 19. Jh.

lebt der Proporz in der Schweiz neu auf als Abkürzung für Proportionalwahlverfahren. Nach diesem Vorbild heißt dort die Wahl nach einfacher Stimmenmehrheit Majorz: A. Senn 1933 Journ. of Engl. and Germ. Philol. 32, 527.

Propst M. Lat. praepositus 'Vorgesetzter', das in ital. prevosto 'Propst, Profos', frz. prévôt 'Vogt; Profos' nachwirkt, wird abgelöst durch prōpŏsitus. das über vulgärlat. prōpŏstus afrz. provost 'Vorgesetzter' ergibt; hieraus schott. provost 'Bürgermeister'. Im 9. Jh. erscheint das Fremdwort bei den Westgermanen: agf. profost, afrief. provest, mnl. proofst, mnd. prawest (hieraus lett. prāvests), ahd. prōbōst 'Leiter, bef. eines Stifts oder Klosters'. Jüngerer Entlehnung aus afrz. provost, das aus 'Vorgesetzter' euphemistisch zu 'Zucht-, Stockmeister' geworden war, danken wir Profos, das frühnhd. seit 1504, in hd. Seetexten seit 1629 auftritt: Zf. f. dt. Wortf. 14, 66; Kluge 1911 Seemannsspr. 629 f. Ihm entsprechen engl. provost, nnl. (seit 1681) provoost.

Prosit, Prost N. Der lat. Zuruf prosit 'es möge nützen' löst seit Lindener 1558 Rastbüchl. 34 das ältere sit saluti beim Zutrunk ab. Sperander kennt 1727 Prosit als 'Glückwünschungsformel bei Speise und Trank', student. Grußformel ist Prost schon 1711: Kluge 1895 Stud.-Spr. 116; Zf. f. d. Wortf. 1, 47. 12, 286.

Protz M. urspr. ein Wort der schwäb. bair. österr. Mundarten für 'Kröte', das seit Ende des 16. Jh. belegt ist und zu einer Wz. der Bed. 'schwellen' gezogen wird, die z. B. in schwäb. bross 'Fruchtknospe', brossen 'knospen' wiederkehrt (H. Fischer 1, 1438. 1451). Die übertragene Bed. 'aufgeblasener, naseweiser Mensch' kaum vor Loritza 1847 Id. Viennense 31, die Zus.-Setzung Geldprotz seit 1858: J. Scherr, Michel 1, 219. 2, 45 Hesse; DWb. 4, 1, 2909.

Protze F. 'Vorderwagen des Geschützes'. Ital. biroccio M. 'zweirädriger Karren' gelangt in der oberital. Form birozzo über die Alpen und begegnet tirol. als protzen 'zweirädriges Wagengestell' seit 1479, seit dem 16. Jh. südbair. vorarlberg. als brotz M. 'Karren'. Im Heerwesen treten seit dem 16. Jh. Zus.-Setzungen wie Protzkasten, -räder, -wagen auf, aus denen im 19. Jh. das Fachwort Protze F. gewonnen wird: E. Öhmann, Neuphil. Mitt. 1941, 83.

protzig Adj. Neben Protz M. (f. d.) tritt ein frühnhd. Adj. protz 'hoffärtig, ehrgeizig' seit Trochus 1517 Prompt. G 2ᵇ auf, feit Ende des 17. Jh. erweitert zu protzig, das

durch Wieland 1771 Amadis 15, 22 ſchriftſprachlich wird.

Proviant M. Volkslat. probenda 'das zu
Gewährende' ergibt afrz. provende und ital.
provianda F. 'Mundvorrat (eines Heers)'. Das
afrz. Wort, auf deſſen Nebenform provendre
das engl. provender beruht, erreicht in gleicher
Geſtalt früh den dt. Nordweſten und gelangt
über mnl. provande in dieſer Form an den
Niederrhein. Vom Ital. geht tirol. prouiant
(ſeit 1450), öſterr. prowant (zuerſt 1474) aus,
während ſchweiz. breuiand (ſo 1476) auf mlat.
prebenda zurückweiſt. Das F. weicht erſt im
18. Jh. dem M.: E. Ohmann, Neuphil. Mitt.
1941, 83 f. Zum Wechſel der lat. Vorſilben ſ.
Propſt.

prüfen ſchw. Ztw. Lat. probāre ergibt über
vulgärlat. provare afrz. prover mit den ſtamm-
betonten Formen pruef 'probo', prueve 'probat'.
Im 12. Jh. entlehnt zu mhd. brüeven (Prät.
pruofte) 'erwägen, zählen, zurechtmachen,
erproben'. Zur Entfaltung der Formen und
Bed. Suolahti 1929 Frz. Einfl. 199 f. Entſpr.
mnl. proeven. Dagegen ſind mnd. pröven,
ſpätanord. pröfa, afrieſ. prövia, agſ. pröfian
auf gelehrtem Weg aus lat. probāre entlehnt.
Luthers obd. Zeitgenoſſen wird ſein prüfen
mit bewähren, erkunden, läutern, probieren, verſuchen verdeutlicht: Kluge 1918
Von Luther bis Leſſing 101. 107. 110.

Prügel M. tritt erſt als ſpätmhd. brügel
'Knüttel' auf. Nächſtverwandt mit mhd.
(alem.) brüge F. 'Bretttergerüſt', das zur Sippe
von Brücke gehört (Schweiz. Jd. 5, 520. 523):
aarg. brügel 'Holzſcheit' neben ſchweiz. brügi
'Holzgerüſt'. In Wendungen wie „einem
Prügel geben" iſt aus der Bed. 'Knüttel' die
jüngere 'Schläge' hervorgegangen.

Prügeljunge, -knabe M. Auf großen Bauern-
gütern namentlich Öſterreichs iſt nach Höfer
1815 Wb. d. obd. Ma. 2, 354 Prügelbube
'Stallbube, Unterknecht', urſpr. wohl 'Holz-
knecht' (zu Prügel M. im alten Sinn). Daß
es an Fürſtenhöfen Prügeljungen gab, arme
Knaben, die mit dem Prinzen erzogen wurden
und die Schläge erhielten, die jener verdiente,
iſt durch das Schwarze Regiſter der Dresdner
Staatsbibl. (Mſcr. R 305, beſ. Bl. 119) für die
Zeit Johann Georgs I. (1611—56) erwieſen,
wie auch den engl. Königen Jakob I. (1603—25)
u. Karl II. (1685—88) whipping boys gehalten
wurden. Der Ausdruck Prügeljunge begegnet zuerſt 1861 bei Th. Storm, Sämtl.
Werke[20] 1, 155 (Im Schloß), übertragener Gebrauch ſetzt 1863 ein mit J. Scherr, Blücher 2,
179. Verwandt iſt die altteſt. Vorſtellung vom
Sündenbock, ſ. d.

Prügelſuppe F. ſeit B. Waldis 1548 Eſopus
4, 74, 80 mit einem der für Züchtigungen beliebten Verſtecknamen wie trocknes Futter,
Jackenfett, Kopfnuß, Ohrfeige, trockner
Schnaps. Vgl. auch „Fauſtteig und Knuttel-
ſuppen" Hd. Überſetz. des Reineke Fuchs (1544),
Gloſſe zu 2, 3, Abſchn. 2.

Prunk M. erſt in nhd. Zeit mit nd. Anlaut
aufgenommen, bei dem Braunſchweiger Schottel 1663 pronk 'gravitas superbiens'; wie eine
ausgeputzte Braut hereinpronken. Der Erfurter Stieler tadelt die Aufnahme noch 1691.
Bei Friſch (Berlin 1741) und Leſſing 1769
(Lachm. 8, 266) Brunk. Schon um 1275 ſteht
md. gebrunkel 'heller Waffenglanz' bei Nik.
v. Jeroſchin 21435, verbrunken 'des Glanzes
berauben' 7408. Quelle iſt mnd. prunk 'Auf-
putz, Schauſtellung'; von da auch dän. ſchwed.
prunk mit den Ztw. dän. prunke, ſchwed.
prunka. Dem nd. Wort am nächſten ſtehen nl.
pronk 'Pracht, Schmuck, Zierde', mnl. bronc
'Glanz, Pracht'. Auf Entlehnung aus dem M.
beruht engl. prank 'ſchmücken' mit der Nebenform prink 'putzen'. Nächſtverwandt iſt prangen, ſ. d.

pruſten ſchw. Ztw., mit nd. Lautſtand im
15. Jh. aus mnd. prüſten (ſo ſeit 1424) ins Hd.
entlehnt, in nhd. Text nicht vor E. Hennenberger,
Preuß. Landtafel (Königsb. 1595) „(die Kröte)
pruſtet ihnen unter die Augen". Von den
Klaſſikern gemieden, von Adelung noch 1798
übergangen, von Campe 1809 nur als landſchaftl. Wort gebucht, iſt pruſten durch volksnahe Niederdeutſche wie J. T. Hermes, Joh.
Gottw. Müller, J. H. Voß, H. v. Kleiſt und
Fritz Reuter durchgeſetzt worden. Erſt im
ſpäteren 19. Jh. darf es als eingeführt gelten,
auch bei Oberdeutſchen. Es iſt lautmalende Bildung für unbeherrſchtes Nieſen wie für die Ab-
wehrlaute der Katze u. a. Tiere. Ähnliche Schallnachahmungen ſind ſchwed. fruſta, anord. frūſa
'ſchnauben', aind. pruṣṇóti 'ſpritzt', aſlav.
prys(k)nati 'ſpritzen' und ſeine Folgeformen.

Pſalm M. Zu gr. ψάλλειν 'berühren,
rupfen', urverwandt mit fühlen, ſ. d., gehört
ψαλμός 'Lied zum Saitenſpiel', das über
kirchenlat. psalmus in ahd. Zeit entlehnt wird
zu ahd. psalm(o), mhd. psalm(e). Daneben mit
derſelben ſchon volkslat. Erleichterung des un-
gewohnten Anlauts wie Sittich (ſ. d.) ahd.
salm(o), mhd. salm(e), agſ. sealm. Pſalm und
Pſalter gehören zu den wenigen Fremdwörtern der Lutherbibel.

pſt Interj., lautmalend, ein verſtärktes ſt,
das wie dieſes Aufmerkſamkeit erregt oder
Schweigen gebietet. pſt ſeit Stieler 1691,
mit der Nebenform piſt und der Ableitung
piſten. So ſtehen hem, hum, hüm neben

hm (f. d.). Im 18. Jh. ist neben pft auch pfcht geläufig.

Publikum N. Mlat. publicum (vulgus) 'das gemeine Volk' erscheint zu Beginn des 18. Jh. in lat. Beugung: Geschriebene Berliner Ztg. 1715 (bei Buchner, Das Neueste von gestern 2, Nr. 93) „da doch dieselbe (die Prediger) dem publico mit guten Exempeln vorgehen sollen". Anders gewendet bei Sperander 1727 „Publicum pfleget man das gemeine Wesen einer Stadt oder Landes zu nennen". Unter Einwirkung des frz. M. public, an engl. public 'Öffentlichkeit'; Theaterpublikum' entlehnt ist, festigt sich der heutige Sinn seit Gottsched 1760 Neuestes a. d. anm. Gelehrsamk. 10, 751 „den Theil der deutschen Welt (in Berlin heißt das Ding ißt Publicum), der ihn bisher bewundert hat". 1767 beginnt Lessing die Hamb. Dramaturgie „... ihre Äußerungen sind ... von dem feinern Theile des Publikums mit dem Beyfalle aufgenommen worden, den jede freywillige Beförderung des allgemeinen Besten verdienet": W. Feldmann 1906 Zs. f. dt. Wortf. 8, 90.

Puckel f. Buckel.

Puddelofen, -stahl M., **puddeln** schw. Ztw. 'Roheisen durch Mischen mit Eisenoxyd im Hochofen entkohlen'. Das 1783 durch Henry Cort in Lancaster erfundene Verfahren ist nach engl. puddle 'mischen' benannt, das der unter Pudel entwickelten Wortgruppe nahesteht. Bei uns seit 1825: Puddlings=Frischen Trautscholdt, Lauchhammer 27 Anm.

Pudding M. Zu dem mit Kutteln und kuttenfoll (f. d.) urverwandten lat. botulus 'Wurst' gehört gallorom. *botellinus 'aus Kaldaunen'. Hierzu frz. boudin 'Blutwurst', entlehnt zu mengl. pudding 'Wurst; Magen; Eingeweide', Stammwort des engl. pudding 'Wurst' (so noch in black pudding 'Blutwurst'), das seit Mitte des 16. Jh. als 'Mehlpudding mit Fleisch oder Früchten; Süßspeise' auftritt. Bei uns erscheint Pudding 1692 Schellhammer, Köchin 395, nd. Bodeng D. F. v. d. Gröben 1694 Guin. Reisebeschr. 62, Pudding M. Vischer 1720 Rob. Crusoe 1, 174 (R. F. Arnold 1907 Zs. f. dt. Wortf. 9, 158). Gebucht seit 1768 Vers. e. brem.=näsächs. Wb. 3, 368. Dort auch das gleichbed. mehlbüdel M. Mehlbeutel G. Frenssen 1903 Die drei Getreuen 124. Gleichbed. Sackkuchen, nd. sackkook J. F. Schütze 1801 Holst. Jd. 2, 315.

Pudel M. Ein verbreitetes Mundartwort lautmalenden Ursprungs nd. püdel, hd. pfüdel 'Pfütze' ist in Fröschpfudel seit Tabernämontanus 1588 Kräuterb. 1240 bezeugt. Verwandt sind agf. pudd 'Pfütze, Graben', engl. puddle 'Pfuhl'. Nach dem zugehörigen Ztw. pudeln 'im Wasser plätschern' ist der auf Wasserjagd abgerichtete Pudelhund (so seit Krämer 1678) benannt, dessen Name seit Beginn des 18. Jh. zu Pudel gekürzt erscheint; als poodle ins Engl. entlehnt. Im Kern dasselbe Wort ist Pudel 'Fehler (beim Kegeln)', zuerst bei Richey 1755 Hamb. Jd. 194 als nd. gebucht (vergleichbar die Bed.=Entwicklung von Bock²). Dazu pudeln 'einen Fehler begehen' seit Cron 1717 Cand. chir. oder Barb.=Ges. 17.

Puder M. Lat. pulvis (f. Pulver), volkslat. pulvere 'Staub' ergibt seit dem 11. Jh. gleichbed. afrz. poldre, frz. poudre (woraus seit 1571 engl. powder 'Pulver'), das in die Bedeutung 'Haarmehl' überführt wird. Bei uns zunächst in fremder Form: J. Rist 1642 Rettung E 3ᵃ „euwren güldenen vnd sonder pouldre wol scheinenden Haren". Puder 'Haarmehl' kaum vor J. Lauremberg 1652 Scherzged. 2, 413. Amaranthes 1715 Frauenz.=Lex. 1548 kennt die Zuf.=Setzungen Poudre=Blasebalg, =Püschel, =Schachtel. Vgl. Pollen.

Puff M. Die Interj. puff ist lautsymbolischen Ursprungs: F. Sommer 1933 Jdg. Forsch. 51, 247. Ähnliches kennen andere Sprachen, ohne daß Urverwandtschaft oder Entlehnung vorläge: ital. buffo 'Windstoß', buffetare 'schnauben', span. bofetada 'Backenstreich'. Wie in frz. souffler 'blasen' und soufflet 'Schlag' berühren sich in unserm puff(en) die Bed. 'blasen, blähen' und 'schlagen'; ähnlich in den Nachbarsprachen: nnl. pof 'Stoß, Schlag'; agf. pyffen 'blasen', pyff 'Windstoß'; mengl. bobbien, buffen 'schlagen', engl. puff 'Windstoß, Rundfalte, Falbel', to puff 'blasen, schnauben'. Vom Schall der aufschlagenden Würfel geht der Name des Brettspiels aus, der um 1280 als mhd. buf M. auftritt. Wieder vom Brettspiel ist nordd. Puff N. 'Bordell' entwickelt. Im Übergang stehen frühnhd. Wendungen wie „mit ir anfahen im pret zu spilen" H. Fischer 1904 Schwäb. Wb. 1, 1409 f.

Puffer M. tritt seit dem 17. Jh. in den Bedeutungen 'Knallbüchse' und 'Terzerol' auf. Im 19. Jh. wird das vorhandene Wort auf die Vorrichtung zwischen Bahnwagen übertragen, die die Stöße mildern soll. Nebenher geht landschaftlich Puffer(t) als Name einer Art Pfannkuchen aus geriebenen Kartoffeln, die beim Backen puffen: P. Kretschmer 1818 Wortgeogr. 186. 355.

Pufferstaat M., engl. buffer-state, frz. État-tampon: seit den 1860er Jahren (Dt. Wortgesch. 2, 401) von einem kleinen Staat, der (wie der Puffer zwischen zwei Bahnwagen) die Stöße zwischen zwei Großstaaten auffangen soll. 1885 von Rumänien zwischen Rußland und der Türkei (D. Sanders, Erg.=Wb. 396ᵇ),

1936 von Afghanistan zwischen Russisch-Turan und Brit-Indien (E. v. Seydlitz, Geogr. f. höhere Lehranst. 4, 67). Dafür einfaches Puffer: „ein Streifen Landes (zwischen zwei Staaten) wird als Puffer betrachtet" M. Heyne, Dt. Wb. 2 (1906) 1213 aus einer Zeitung von 1898. Ähnlich Puffergebilde, zone (M. Gottschald 1943 Trübners Dt. Wb. 5, 225). Um 1879 war in dt. Zeitungen Afghanistan „als das einstweilen zwischen Rußland und dem brit. Indien befestigte Prellkissen" bezeichnet worden: A. Gombert 1889 Anz. f. dt. Alt. 15, 38.

Puls M. Zu lat. pulsāre 'klopfen' gehört als Fachwort der mittelalterl. Heilkunde pulsus M. 'Schlag der Ader', das (wie ital. polso, frz. pouls, nl. pols, engl. pulse) mhd. puls M. (Lexer 2, 305) ergeben hat. Maaler 1561 bucht puls F., offenbar hat Ader eingewirkt. — Pulswärmer und seine Synonyme bei Kretschmer 1918 Wortgeogr. 379 f.

Pult N., früher nach frz. Vorbild auch M. Mhd. (14. Jh.) pulpit im kirchlichen Bereich entlehnt aus lat. pulpitum 'Brettergerüst', das mit aind. parpáḥ 'Bank' und parpám 'Haus' auf idg. *pelpo-, *polpo- 'aus Brettern Gezimmertes' beruht. Gleichen Ursprungs sind ital. span. pulpito 'Kanzel', frz. (seit d. 14. Jh.) pupitre 'Pult', engl. (seit etwa 1330) pulpit 'Kanzel'. Die Form Pulpet findet sich bei Niederdeutschen noch im 19. Jh., im Obd. ist die Verkürzung zu Pult schon im 16. Jh. erreicht. Pultbrett beruht auf volkstüml. Umdeutung.

Pulver N., mhd. pulver M. N. 'Pulver, Staub, Asche, Sand', seit Mitte des 14. Jh. auch 'Schießpulver', das anfangs staubförmig, erst später gekörnt hergestellt wurde. Das Lehnwort stammt, wie ital. polvere usw., aus mlat. pulver, dies aus lat. pulvis, -eris 'Staub' (s. Pollen und Puder). Aussprache mit f wird durch die vom 15. bis 17. Jh. geltende Schreibung Pulfer erwiesen.

Puma M. Der amerik. Löwe hat seinen peruan. Namen puma beibehalten, als er 1751 in den dt. Gesichtskreis trat: Palmer 115. Vgl. Jaguar, Lama, Opossum, Skunk, Tapir.

Pumpe F. Span. portug. bomba 'Schiffspumpe', ein lautmalendes Matrosenwort, gelangt zu den seefahrenden Germanen und ergibt vor 1450 mnl. pompe. Von da engl. pump (seit etwa 1450), frz. pompe (seit 1517) und mnd. pompe, pumpe, das seinerseits die nhd. wie die nnord. Formen liefert (dän. norw. pumpe, schwed. pump, dies nicht vor 1640). 1509 begegnet pumpen bei dem Augsburger Indienfahrer B. Springer (Meerfahrt 120), der auf einem portug. Schiffe fuhr. Die ge-

schlossene Reihe der nhd. Belege beginnt mit J. Mathesius, Sarepta (1562) 16ᵇ und J. Fischart, Geschichtklitt. (1575) 295 Ndr. Seitdem entfaltet sich in Seefahrt, Bergbau, Feuerwehr und Physik die Fülle der Zus.-Setzungen. Die Nebenform mit anl. pl begegnet in Braunschweig 1663 als Plompe, seitdem vor allem ostmd. als Plumpe mit dem Ztw. plumpen. In den gleichen Landschaften steht die Interj. plump(s) neben älterem pump.

pumpen schw. Ztw. 'borgen'. Pumpen 'Wasser schöpfen' ist seit 1687 gewendet zu rotw. pompen 'borgen' (Kluge 1901 Rotw. 1, 168), 1755 pumpes 'Schuld' (das. 241). 1774 erscheint auf Pump 'auf Vorschuß', 1781 pumpen 'borgen' in der Burschensprache (Kluge 1895 Stud.-Spr. 116 f.). Schriftsprachl. kaum vor J. J. Schwabe 1745 Tintenfäßl 101.

Pumpernickel M. Zu Nickel (verkürzt aus Nikolaus), das als Schelte verbreitet war, erscheint 1628 Pumpernickel als westfäl. Schimpfwort. Erster Wortteil ist pumpe(r)n 'pēdere' zu frühnhd. pumper (Luther bombart) M. 'crepitus ventris', somit ist der Schimpfname etwa mit 'Stinkfritz' zu umschreiben. Wegen der Wirkungen des schwerverdaulichen Brots erhält dieses im 17. Jh. den Scheltnamen: Grimmelshausen 1669 Simpl. 181 u. ö. Nd. Zs. f. Volkskde. 4 (1926) 9. 14; Arch. f. d. Stud. d. n. Spr. 154 (1928) 271 f.; Oskar Masing 1931 Aus d. Backst. 44 mit Anm. 218. — Pumpernickel ist von den südfrz. Soldaten, die 1635 bis 39 unter Graf Guébriant Westfalen besetzt hielten, entlehnt worden. Darum heute in der Auvergne poumpou nigel 'Schwarzbrot'. — S. Pimpf.

Pumphose F. 'weites, faltiges Beinkleid', seit 1574 nachweisbar; Germ. 28, 397. Bestimmungswort ist nd. pump 'Gepränge', entlehnt aus gleichbed. lat. pompa. S. Pomp.

Punsch M. Hindostan. päntsch 'fünf' leiht dem aus fünf Grundstoffen (Arrak, Zucker, Limonensaft, Gewürz und Wasser) gemengten engl. punch (zuerst 1632) den Namen, der bei uns als Pali-, Palepuntz 1634 (A. Olearius 1669 Orient. Reisebeschr. 10. 55), als Punch seit Dampier 1703 Reise um d. Welt 2, 386, als Punsch seit Vischer 1720 Rob. Cruf. 1, 423 erscheint. Wenn Schiller sein Punschlied beginnt „Vier Elemente, innig gesellt", so läßt er das Gewürz aus: Zs. f. dt. Wortf. 8, 90, 9, 158. 12, 300. Zur Schreibaussprache vgl. Dschungel, Dumdum, Guttapercha.

Punzen, Bunzen M., Punze F. 'Stahlstempel, Werkzeug zu Metall- und Holzarbeit'. Zu lat. punctio, -ōnis F. 'Stechen' gehört (außer frz. poinçon, engl. puncheon) ital.

punzone 'Stoß, Stempel', das seit 1459 als mhd. punze M. 'Stichel' auftritt. Dazu nhd. punzen Ztw. Obd. bunz(e) M. 'Faß, offenes Holzgefäß' ist sachlich mit dieser Sippe zu vermitteln: es bedeutet zunächst 'gestempeltes, geeichtes Gemäß': H. Fischer 1904 Schwäb. Wb. 1, 1530.

Pupille F. 'Sehloch in der Regenbogenhaut des Auges'. Von Aristoteles, De partibus animalium 2, 8 κόρη 'Mädchen' benannt, das Celsus mit pupilla wiedergibt: der Körperteil heißt nach dem Püppchen, als das sich der Betrachter im Auge seines Gegenübers abbildet: Steudel 9. 19. Bei uns erscheint Pupille im 18. Jh. für älteres Sehe F. In ländlichen Gegenden Hessens heißt die Pupille Kindchen, seltner Männchen: L. Berthold 1943 Hessennass. Volkswb. 2, 706. Daneben seit dem 16. Jh. Pupille 'Mündel' aus lat. pūpillus 'Waisenkind', auch in Pupillengeld, -gericht, -kollegium, pupillarisch: Schulz-Basler 1942 Fremdwb. 2, 736 f.

Puppe F. Lat. pūpa, vulgärlat. puppa ergibt in seiner Bed. 'Puppe' spätmhd. puppe, boppe, mnd. mnl. poppe. Desselben Ursprungs sind gleichbed. afrz. poupe, frz. poupée, po ,pon, engl. puppet. Unser pp entspricht dem roman. pp wie in Kappe und Mappe. Im Deutschen steht das Fremdwort Puppe neben dem heimischen Docke (s. d.) wie Lein, Kunkel, Grille, Salm, Käfig, Pilz, Onkel, Schöps, Peitsche, Kren neben Flachs, Rocken, Heimchen, Lachs, Bauer, Schwamm, Oheim, Hammel, Geißel, Meerrettich. Die zwischen Larve und Insekt liegende Entwicklungsstufe heißt nhd. Puppe wie nnl. pop, dän. puppe, schwed. puppa. Diese Bed. stammt aus lat. pūpa: die Insektenpuppe ließ sich mit einem kleinen Kind vergleichen. — Die Berliner Redensart bis in die Puppen zielt urspr. auf die Bildwerke am Großen Stern des Tiergartens: H. Kügler 1932 Mitt. d. Ver. f. Gesch. Berlins 49, 97.

Purpur M. mhd. purpur, -per M. F., ahd. purpurā F., agf. purpl(e), engl. purple, got. paúrpaúra, -ura F.: aus lat. purpura F. 'Purpur(farbe)', dessen Quelle gr. πορφύρα F. 'Purpurschnecke, deren färbender Saft, damit gefärbter Stoff, Purpurgewand' ist, ein Wort morgenländ. Ursprungs. S. Porphyr.

pürschen s. birschen.

purzeln schw. Ztw. seit frühnhd. Zeit, dazu die Nebenformen pürzeln und burzeln: mit spätmhd. burzen 'stürzen' zu Bürzel, s. d.

Purzelbaum M. frühnhd. burzelbaum Ras 1571 Affenspiel Q 4^b: zu purzeln und

bäumen, also 'Bäumung mit jähem Überschlag'.

pusten schw. Ztw., nhd. nicht vor Kindleben 1781 Stud.-Lex. 168. Vorher als nd. Wort Brem. Wb. 3 (1768) 381; entspr. nl. poesten, schwed. pusta. Die hd. Entsprechung pfausten tritt seit dem 17. Jh. auf. Häufiger die nächstverwandte mhd. pfūsen 'niesen, schnauben', pfiusel M. 'Katarrh' (s. Pausback). Germ. Verwandte sind ferner agf. pos N., engl. pose 'Schnupfen', anord. pūstr 'Ohrfeige', schwed. mundartl. pysa 'schnauben', norw. pūs 'Geschwulst': s-Erweiterungen zur idg. Wurzel *bu-: *bhu- 'aufblasen', die unerweitert in Bö begegnet. Velarerweiterungen derselben Wurzel s. u. Pocke.

Puter s. Truthahn.

Putsch M. in der Bed. 'Stoß' ein schweiz. Mundartwort lautmalenden Ursprungs, das zuerst in Zürich 1431 auftritt (Schweiz. Jd. 4, 1936), dazu putschen 'knallen' seit 1539 (daf. 1938). Schriftsprachl. wird das Subst. in der Bed. 'plötzlicher, rasch vorübergehender Volksaufstand' durch den Züricher Putsch von 1839: G. Keller, Grüner Heinr. 4, 457; Zür. Nov. 259; Schoppe, Mitt. d. Ges. f. schles. Volkskde. 19, 238; Ladendorf, Schlagwb. 257.

putzen schw. Ztw. frühnhd. butzen 'schmücken' zu älterem butz M. 'Unreinigkeit der Nase; Schnuppe an der Kerze', somit urspr. in Wendungen wie die Nase, das Licht putzen. Nnl. poetsen, schwed. putsa sind aus dem Nhd. entlehnt.

putzig Adj. Zu mhd. butze M. 'Popanz' tritt ein nordd. putzig 'drollig' zuerst bei Richey 1755 Hamb. Jd. 197 und im Brem. Wb. 3 (1768) 386, literar. seit Hermes 1776 Soph. Reise 3, 166. Dän. pudsig ist aus dem Dt. entlehnt.

Pyjama N. M. 'Schlafanzug': hindostan. pāėjāma 'lose Hosen, um die Hüften geknüpft' werden in Indien vielfach von Frauen versch. Klassen sowie von männl. und weibl. Muhammedanern getragen. Bei uns erst im 20. Jh., etwas älter engl. pyjama: Lokotsch 1927 Etym. Wb. 1606.

Pyramide F. Altägypt. *pimar (so erschlossen von K. Lang, Anthropos 18/19, 551) ergab mit Metathesis gr. πυραμίς (dazu P. Kretschmer, Glotta 10, 243; H. Diels, Zs. f. vgl. Sprachf. 47, 193), das, vermittelt durch lat. pyramis, -idos und in lat. Flexion seit Brant 1494 Narrensch. 15, 31 in dt. Text erscheint. Als math. Fachwort seit Dürer 1525 Unterw. d. Meß. G 1^b: Zs. f. dt. Wortf. 14, Beih. S. 57. 15, 205.

Q

quabbelig Adj. Ein lautsymbolisch zu ver=
stehendes nd. quappig 'bauschig' erscheint 1768
Brem. Wb. 3, 395, quablich um 1650: Ag.
Lasch, Berlinisch 331. Literar. wird quappelicht
durch Bode 1774 Tristr. Shandy 2, 67 und
Müller 1787 Waldheim 1, 112. Ein schwäb.
quappelig 'vollfleischig' (H. Fischer 4, 890)
ist seit 1831 gebucht, obersächs. quabbelig
'fleischig, feist, weich' seit K. Albrecht 1881 Leipz.
Ma. 187ª. Verwandt mit den gleichfalls laut=
symbolischen Quappe und Quebbe.

Quackſalber M. bei uns seit Fischart 1570
Barf. Sekten= und Kuttenstreit 465, dazu
Quackſalbe F. 'schlechte (vielleicht queckſilber=
haltige) Heilſalbe' Thurneyſſer 1583 Onom. 45.
Das Maſk. entlehnt aus gleichbed. nnl. kwak=
zalver, dies zu mnl. quacksalven: zu kwakken
'schwatzen, prahlen' und zalf 'Salbe' (vgl. ahd.
salbāri 'Salbenhändler, Arzt'), somit 'Prahl=
arzt'. Gleichen Ursprungs sind engl. quack=
salver (woraus gekürzt quack), dän. kvaksalver,
schwed. kvacksalvare (seit 1622).

Quader M. Lat. quadrus (lapis), zu quattuor
'vier', ergibt mhd. quāder(stein) M., lat.
quadrum mhd. quāder N.

quaken schw. Ztw., älter auch quacken:
eine erst frühnhd., in einem westmd. Wb. 1429
auftauchende, lautmalende Bildung. Gleichen
Ursprungs nnl. kwaken 'quaken wie ein Frosch',
wozu kwakken 'Geräusch machen', engl. quack,
dän. kvække, schwed. (seit 1684) kväka. Un=
verwandt sind aſlav. kvakati und lat. coaxāre:
es lag nahe, das Froschgeschrei nachzubilden,
wie Aristophanes (Frösche 209) mit gr. κοάξ
κοάξ. Auch das Entengeschnatter ist erst einzel=
sprachlich mit nhd. quacken, schwed. mundartl.
kvaka nachgebildet worden.

Quäker M. Die von G. Fox 1649 gestiftete
Religionsgesellschaft nennt sich Society of
Friends. Der Spottname engl. quaker 'Zitterer'
(zu engl. quake, agf. cwacian 'zittern') wurde
Fox 1650 gegeben, weil er die Seinen auf=
forderte, to tremble at the word of the Lord.
Die engl. Belege häufen sich seit 1653. Nhd.
seit Schottel 1663 Hauptspr. 1379 „Quaker
M. ein Zitterer / sectarius ex Anglia".

Qual F. mhd. quāl(e), kāl(e), kōl(e) F.,
quāl M. 'Qual, Beklemmung, Marter', ahd.
aſächs. quāla, mnd. mnl. quāle, nnl. kwaal
'Qual, Pein'. In Ablaut damit ahd. aſächs.
quala 'Qual', agf. cwalu 'Tötung, Zerstörung',
anord. kvǫl 'Pein, Plage', dän. schwed. kval.
Daneben mit m=Erweiterung mhd. qualm M.
'Beklemmung', ahd. aſächs. qualm 'Pein, Unter=
gang', agf. cwealm 'Tod, Mord; Qual, Pein;

Peſt', engl. qualm 'Schwäche, Übelkeit', dän.
kvalme, schwed. kvalm 'Übelkeit'. Sämtlich
zum Stamm des ſt. Ztw. agf. cwelan 'sterben',
mnl. mnd. quelen, ahd. quëlan, mhd. quëln
'heftige Schmerzen haben', das in mundart=
lichen Resten wie quölen, quallen 'jammern,
weinen' fortlebt. Faktitiv zum ſt. Ztw. ist das
schw. quälen, mhd. queln, ahd. quellan,
anord. kvęlja (aus *qualjan) 'zu Tode peini=
gen'. Germ. *quel- (: *quël- : *qual-) führt auf
idg. *gᵘel-; dazu auch air. at-bail 'sterbe',
aſlav. žalǐ 'Schmerz', apreuß. golis 'Tod', lit.
gėlà (aus *gᵘēlā) 'Schmerz', gélti 'schmerzen',
gãlas 'Ende', armen. kełem 'peinige'. S.
Kilt(gang).

Qualle F. 'Meduse', nd. qualle, nnl. kwal.
Zur Wz. von ahd. quëllan 'schwellen, auf=
quellen'.

Qualm M. im Hd. erst 1544 bezeugt (W. H.
Ryff, Spiegel d. Gesundh. 10ᵇ „Dampff vnd
durchtringenden Qualm"), doch at nach Aus=
weis des ablautenden gött. quulm 'dicker
Qualm' (G. Schambach 1858 S. 165). Gleich=
bed. nnd. nnl. kwalm, mnd. quallem. In Soest
bedeutet Qualm auch 'Hauſe, Schar' z. B.
von Vögeln (F. Holthauſen 1929 Germ.=rom.
Monatsschr. 17, 68). In hd. Umgangssprache
gilt Qualm 'dicker, sich ballender Rauch' nur
in Nord= und Mitteldeutschland, während der
gesamte Süden nur Rauch kennt (daher auch
die späte Bezeugung von Qualm im Hd.):
P. Kretschmer, Wortgeogr. (1918) 382. Ohne
-m steht daneben älter dän. kval 'Dampf'.
Grundbedeutung 'das Hervorquellende'. Zu
quellen.

Quappe F. der dem Ei entschlüpfte werdende
Frosch (ſ. Kaulquappe); danach der der
Kröte ähnelnde Fisch Cyclopterus lumpus;
endlich der Süßwasser=Schellfisch Lota vulgaris.
Ins Nhd. aus dem Nd. entlehnt, hier schon
aſächs. quappa, vgl. nl. kwab(be), dän. kvabbe.
Urverwandt sind apreuß. gabawo 'Kröte' und
aſlav. žaba (Grundform *gᵘēbhā) 'Frosch'.

Quarantäne F. Venedig weigert 1374 zum
erstenmal peſtverdächtigen Schiffen die Ein=
fahrt. Daraus entwickelt sich um 1400 eine
Reiseſperre ſeuchenverdächtiger Ankömmlinge
auf quaranta giorni 'vierzig Tage': Steudel 16.
Beim Zählen ist lat. quadrāginta 'vierzig' über
volkslat. *quadrainta zu gallorom. quarranta
verkürzt. Dazu im 12. Jh. die frz. Ableitung
quarantaine F., die uns im 17. Jh. als Fach=
wort der Seuchenabwehr erreicht.

Quark M. spätmhd. twarc (g), quarc, zwarc
'Quarkkäse'. Entlehnung aus gleichbed. russ.

tvarogŭ, poln. tvaróg (hochstufig neben aveft. tūiri- N. 'käfig gewordene Milch, Molke', gr. τυρός 'Käfe') ist ficher: außer dem fpäten Auftreten und dem Mangel germ. Verwandten spricht dafür die vom öftl. Mitteldeutschland ausgehende Verbreitung des Worts. Dafür bair.-öfterr. Topfen, kärnt. tirol. Schotten, alem. Zieger, Bibbeleskäs, weftmd. Matte, Matz, thür. nd. Hotte, nordd. weißer Käfe, Kretfchmer 1918 Wortgeogr. 559 ff. Wandel von tw zu qu ift md. im 14. Jh. vollzogen wie in quer und Quirl; vgl. Zwehle, Zwetfche, Zwinger.

Quarre F. 'weinerliches Kind; zänkifche Frau', beides nd. verbreitet, zumal in dem Sprichwort erft 'ne parre un denn 'ne quarre 'man foll erft heiraten, wenn man eine Familie ernähren kann' (aus Göttingen 1858 Schambach 163, aus der Altmark 1859 Danneil 165), literarifch durch den Gießener J. B. Schupp 1663 Schriften 263. 645. Das F. ift rückgebildet aus dem fchw. Ztw. quarren 'anhaltend weinen wie kränkliche Kinder' (Schambach a. a. O.), weftfäl. kwęrken 'widerlich fchreien' (F. Holthaufen 1929 Germ.-rom. Monatsfchr. 17, 67) zum ft. Ztw. ahd. quëran 'feufzen' neben kërran 'knarren, fchreien, grunzen, wiehern, raufchen, knurren', mnd. kërren, karren, agf. ceorran 'knarren, krachen', norw. karra 'fchnattern, gackern': alle mit dem Namen des Kranichs und des Krans zur idg. Wurzel *ger- 'heifer fchreien' in aind. járatē 'raufcht, tönt, kniftert, ruft', jarā 'das Raufchen', lit. gùrti 'gellen' und alb. nguróń 'heulen' (vom Winde).

Quart N. mhd. quart(e) N. F. 'der vierte Teil von etw.': mit mnl. quarte, qua(e)rt, afrz. quarte, ital. quarto aus lat. quarta (pars) und quartum, dem fubft. Neutr. von lat. quartus 'der vierte'.

Quartier N. mhd. quartier N. um 1210 entlehnt aus afrz. quartier M. 'Viertel, der vierte Teil'. Dies aus lat. quartārius M. 'Viertel eines Maßes' zu quartus 'der vierte'. Quartiermeifter feit Schertlin v. Burtenbach 1532 Briefe an die Stadt Augsburg (1852) 10; quattermeiftere fchon in Köln 1475: Ann. d. hift. Ver. Niederrh. 49, 124.

Quarz M., mhd. quarz zuerft im 14. Jh. als Fachwort des böhm. Bergbaus (Germ. 1, 348), zwifchen 1360 und 85 Frenczil Querez in Iglau als mittelbarer Berufsname eines Bergmeifters (F. Jelinek, Mhd. Wb. 566): entlehnt aus gleichbed. kwardy, einer weftflav. Nebenform zu tfchech. tvrdý, poln. twardy 'Quarz', fämtlich zu aflav. tvrŭdŭ 'hart': Wick 48 f. 103. Bergwörter tfchech. Ursprungs find auch Düfe und Kuz. Durch das Nhd. vermittelt find fchwed. (feit 1624) dän. kvarts, nnl. kwarts, engl. frz. quartz, ital. quarzo. Vgl. Kobalt und Nickel.

quaffeln Ztw. Zum nd. Adj. dwas 'töricht', zu dem ablautend auch dösen, Dufel und Duffel gehören, und deffen Anlaut Wandel zu qu- erfährt (f. Qualm, Quark, Quarz, quer, Quirl; vgl. Zwehle, Zwetfch(g)e, Zwinger), werden drei fchw. Ztw. der Bed. 'töricht reden' gebildet. Das einfache quafen begegnet feit 1768 Brem. Wb. 3, 397, ein mit k-Suffix gebildetes quaasken bei Strodtmann 1756 Id. Osnabr. 175, quaffeln mit l-Suffix feit Schambach 1858 Gött. Wb. 163b und Danneil 1859 Altmärk. Wb. 166a. Es dringt mit Quafselei 'Gefchwätz' und Quafselstrippe 'Fernfprecher' von Berlin aus in die Umgangsfprache: Ag. Lafch, Berlinifch 188. 210. 295.

Quaft M., **Quafte** F. Mhd. quast(e), kost(e) M. F. 'Büfchel, Wedel von einem Baum, Laubbüfchel befonders des Baders, Federbüfchel', mnd. mnl. quast, nnl. kwast, anord. kvǫstr (Gen. kvastar), dän. kost (älter kvost), fchwed. kvast (älter kvaster, koster, kvæster), norw. kvost, kvast führen auf germ. *kwastu-. Daneben wird germ. *kwasta- vorausgefetzt durch das früh entlehnte finn. vasta 'Befenreis, Badequaft'. Damit im Ablaut ftehen gleichbed. mhd. quëste, ahd. quësta F. 'Laubfchürze', afächf. quëst 'Laubbüfchel'. Sämtlich mit t-Erweiterung zu idg. *gu̯os-: *gu̯es-: *gus- 'Gezweig, Laubwerk', die unerweitert vorliegen in dän. norw. kvas 'kleine abgehackte Zweige', norw. tang-kvase 'Tangbündel'. Germ. st kann auf idg. sd oder st beruhen. Idg. d liegt vor in aferb. gvozd 'Wald', tfchech. hvozd 'Berg', alb. gёθ(i), gёδe M. 'Laub, Zweig, Blatt', idg. t in gr. βόστρυχος 'Laub der Bäume, Geringel, gekräufeltes Haar'. Daneben fteht p-Erweiterung in lat. vespix 'dichtes Gefträuch' und aind. guſpitá- 'verflochten, verfchlungen', die germ. Verwandte in mnl. quifpel, quëfpel, mnd. md. quifpel 'Quaft, (Spreng-)Wedel' haben. Fernzuhalten find afächf. kofp, agf. cyfp 'Feffel', cyfpan 'binden' fowie anord. kviftr 'Zweig'.

Quatember M. mhd. quatember, kotember F. aus kirchenlat. quatuor tempora: die zur Priefterweihe beftimmten vier Wochen des Jahrs, in denen vom Mittwoch an gefaftet wird. Daher auch Fron-, Weihfaften, f. DWb. 14, 1, 701.

Quatfch M. Laur. Albertus 1573 Gramm. 25 Nbr. nennt die Niederdeutfchen fcherzhaft die Quatländer nach ihrem häufigen Adj. quat 'fchlecht, böfe', das fich auch in den Beifpielen, mit denen Hochdeutfche des 16. Jh. das Nd. kennzeichnen, neben dat und wat immer vordrängt. Dazu quatfken 'Wertlofes fchwatzen', das lautgerecht zu quatfchen wird und zu dem Quatsch als Rückbildung gehört, die von Berlin aus ins Reich dringt: Ag. Lasch, Berlinisch 209.

Quebbe F. 'mooriger, mit Wasser gesättigter Boden unter trocken scheinendem Erdreich': ein nd. Wort, zuerst gebucht von Dähnert 1781 Plattd. Wb. 368ᵃ. Dazu mnd. quebbich, balt. quebbig 'schlammig' Livl. Jd. (1795) 184; Danneil 1859 Altmärk. Wb. 166ᵇ. Literar. als quebbigt seit Arndt 1814 Ansichten 59f. S. quabbelig.

queck Adj. 'lebendig, frisch', ahd. quëc (cch und hh), mhd. quëc (ck). Verwandte und Vorgeschichte f. u. der Nebenform keck.

Quecke F. Agropyrum repens, eine ausdauernde Grasart mit kriechendem Wurzelstock, im Hd. seit Anfang des 15. Jh. bezeugt (L. Diefenbach, Nov. Gloss. 384), nicht älter mnd. kweken. Die Lautverhältnisse in alem. Ma. (bair. fehlt das Wort) sprechen für Bodenständigkeit auf beiden Gebieten. Es entsprechen nnl. (seit dem 17. Jh.) kweek, nrhein. (zuerst Kleve 1477) qweken in den acker, ags. cwice, engl. quitch, dän. kvikker, norw. kvika, schwed. mundartl. kvica, kveka. Sämtlich zum germ. Adj. *qiqa- 'lebendig' (f. keck, queck): das Unkraut heißt nach seiner unverwüstlichen Lebenskraft. Die ganze Fülle mundartl. Formen und gleichbed. Bezeichnungen bei H. Marzell 1943 Wb. d. dt. Pflanzennamen 1, 145 ff.

Quecksilber N. Mlat. argentum vivum, das in ital. argento vivo und frz. vif-argent fortlebt, erfährt früh Lehnübersetzung zu ahd. quëcsilbar, mnl. quicsilver, ags. cwicseolfor. Aus mnd. quicksulver entlehnt ist spätanord. kviksilfr mit seinen Folgeformen. Zum Wandel des Anlauts (schwäb. Kecksilber) f. (v)erquicken, keck, Quitze.

Quehle F. md. Form für Zwehle, f. d.

quellen st. Ztw., mhd. quëllen, ahd. quëllan, dazu als Faktitiv quellen schw. Ztw. 'abkochen', ablautend gött. quullern 'sprudeln' (Schambach 1858 S. 165). Außerhalb des Dt. vergleicht sich das Part. ags. collen in collenferhð 'geschwollen, stolz', außerhalb des Germ. aind. gálati 'träufelt herab', gr. βλύειν 'aufwallen', Δέλλοι als Name eines Springquells bei Erkke. Jdg. Verbalstamm *gᵘ̯el- 'herabträufeln, überrinnen, quellen'. Die aus dem Ztw. abgeleiteten Subst. ahd. asächs. quëlla F. (vgl. ags. cwiella M.) 'Quelle' sind in mhd. Zeit nicht bezeugt. Erst seit 1440 werden sie aus ostmd. Mundart neu belebt. Von da bringt Quelle über die Lutherbibel in die nhd. Schriftsprache, während die Volkssprache weiterhin bei Born, Brunn, Spring, Ursprung, -sprung bleibt. Fernzuhalten ist gleichbed. anord. kelda: es gehört als *kaldiōn- zum

Adj. kalt, wie das früh entlehnte finn. kaltio 'Quelle' bestätigt.

Quendel M. Thymian (Thymus), meist der wilde oder Feldthymian (Thymus serpyllum L.). Das Wort, dem roman. Entsprechungen fehlen, ist unmittelbar aus gleichbed. lat. cunila, conila entlehnt, das seinerseits aus gr. κονίλη stammt und zu dem ahd. Formen stimmen wie kunele, chunil, kunle, chonela, -ola, -ila (E. Björkman 1902 Zf. f. dt. Wortf. 3, 271. 302). Anl. qu- begegnet in ahd. quënela, quënil, quënel, quënla nicht vor dem 11. Jh. Die letztgenannte Form erleichtert mhd. (seit dem 12. Jh.) quëndel durch Einschub des Gleitlauts d (vgl. Spindel, Fähndrich, minder), doch bleibt quënel die mhd. Normalform. Gleichen Ursprungs sind asächs. quënela, -ula, -ala, nnl. (seit dem 16. Jh.) kwendel und ags. cunel(l)e, -ille. Über das Westgerm. ist das Lehnwort nicht hinausgedrungen.

quengeln schw. Ztw. Zu mhd. twengen 'drücken' (f. zwängen) gehört eine Intensivbildung auf -eln, die mit ostmd. qu- für tw- (f. Quark, Quarz) quengeln lautet und in der Bed. 'nörgelnd lästig fallen' seit Hermes 1778 Sophiens Reise 6, 123 gelegentl. literar. wird. Auch nl. dwingen kann 'quengeln' bedeuten.

Quentchen N. 'Viertellot', urspr. 'Fünftellot': zu lat. quintus 'der fünfte' stellt sich mlat. *quintinus, *quentinus, worauf mhd. quintin, mnd. quentin beruhen.

quer Adj. Im 14. Jh. wird auf md. Gebiet tw, das sonst zu zw verschoben ist, zu qu (f. Quark, Quarz usw.). So wird mhd. twërh zu quërh, nachmals zu quer (vgl. befehlen, schielen). Die Entwicklung im Hd. führt zu zwerch, f. d.

querfeldein Adv. Eine Bewegung, die von der Bahn abweicht, geht frühnhd. „über zwerchs feld", so Seb. Frank 1538 Chron. d. Teutschen 3ᵃ. Dafür „querfeld durch gemöß, wasser, welder, berg vnd thal" Mathesius 1566 Luther 88ᵃ, „querfeld hinein setzen" das. 155ᵇ. Die Formel „quer Feld ein" ist erreicht in Leipzig 1696: Chr. Reuter, Schelmuffsky, Vollst. Ausg. 13 Ndr. Die Schreibung in einem Wort, die Kant 1746 Werke 5, 136 und Bürger 1776 (Zf. f. d. Wortf. 14, 257) anwenden, rügt Adelung noch 1798.

Quertreiber M. Nd. dwarsdriver ist, wie nl. dwarsdrijver seit 1681, „ein schiffender, der sein Fahrzeug nicht recht regieret, und also überzwerch treibet oder andern in die Quere kommt" Richey 1755 Hamb. Jd. 49. Dort auch schon die Übertragung 'Querkopf', die bei Dähnert 1781 Plattd. Wb. 97 wiederkehrt. **Quertreiberei** F. dringt seit 1850 von Norddeutschland südwärts.

Quese F. mnd. quēse, holst. kvēs 'Blutblase, Schwiele; Blase im Schafhirn, die die Drehkrankheit erzeugt'. Ursprünglich 'Quetschwunde', zu quetschen, s. d.

Quetsche s. Zwetsch(g)e.

quetschen schw. Ztw., mhd. quetzen (wie mundartl. bis heute), quetschen, mnd. quetsen, quessen, anfr. quezzon 'anstoßen', mnl. quetsen, quessen, nnl. kwetsen. Afries. *quetsa wird erwiesen durch quetsene F. 'Quetschung'. Aus dem Mnd. entlehnt sind dän. kvæste, älter kvæsse und kvætse sowie schwed. kväsa 'demütigen, züchtigen'. Die nächsten germ. Verwandten sind nd. quaddern, woraus dän. mundartl. kvaddre 'in Stücke schlagen, zermalmen', kvadder 'kleine Stücke', schwed. mundartl. kvadda 'in Stücke schlagen'. Außergerm. vergleichen sich aind. gandh- 'stoßen, zerstören', gr. δέννος (aus *gʷedhsno-) 'Beschimpfung' mit δεννάζειν 'verhöhnen': sämtlich zum idg. Verbalstamm *gʷedh- 'stoßen, verletzen, zerstören'. Quetschen ist bei uns alt so gut bezeugt, daß es nicht über afrz. quassier aus lat. quatere 'schütteln' entlehnt sein kann. Wohl aber ist das zu quassier gebildete F. afrz. quassure 'Verwundung' bei seiner Entlehnung zu mhd. qua(t)schiure, quetschiure kurz nach 1200 an quetschen angelehnt. Dieses hat tsch aus älterem ts wie fletschen, glitschen, klatschen, knutschen, Pritsche, quietschen, rutschen, tätscheln und zwitschern.

Quickborn M. 'lebendiger Quell', beflügelt durch Klaus Groths Gedichtsammlung von 1852. Nd. Form des hd. Queckbrunnen, s. auch Kochbrunnen.

quicken schw. Ztw., mit quaken zum lautmalenden Wortpaar gebunden wie klippen mit klappen, zwicken mit zwacken: P. Kretschmer 1924 Glotta 13, 135. Zuerst in Hildesheim 1522 (Liliencron, Hist. Volksl. 3, 309, 11: Se quykden alse swyne), von Norddeutschland aus verbreitet. Verstärkt erscheint daneben quieksen, zuerst als quixen in Böhmen 1666 (A. Comenius, Sprachentür 313). Aus quikezen entwickelt wie blitzen aus blickezen ist quietschen, dem in Schlesien 1588 quietzseln vorausgeht (M. Christoph Irenäus, Spiegel d. Hellen 74ᵇ). Zs. f. d. Wortf. 2, 12. 12, 44. 14, 106.

quinkelieren Ztw. 'hoch und gekünstelt singen'. Auf mlat. quintāre 'in Quinten singen' beruht gleichbed. mnd. quintēren. Weiterbildung dazu ist quintelieren, woraus mit Angleichung des zweiten Verschlußlauts an den ersten das gleichfalls schon mnd. quinkelēren hervorgeht. Daneben bezeugt Campe für Hamburg 1809 quinkeln 'hoch und fein singen, zwitschern'.

Quirl M. mhd. twir(e)l, ahd. twiril, agf. þwirel, norw. mundartl. tverel, schwed. mundartl. tyril, isl. þyrill 'Quirl', mnd. dwerl 'Wirbel'. Ohne das germ. -ila der Gerätnamen (vgl. Drischel, Hebel, Meißel, Schlegel, Schlüssel, Zügel usw.) agf. þwære, þwere 'Stampfe', anord. þvara, dän. norw. tvare, schwed. mundartl. tvara, tvöre 'Rührstab, Quirl'. Sämtlich zum st. Ztw. mhd. twërn, ahd. dwëran, agf. þwëran, schwed. mundartl. tväre 'rühren, buttern'. Der Verbalstamm germ. *þwer-, idg. *tuer- 'drehen, wirbeln' liegt auch vor aind. tvaratē 'eilt', avest. ϑwāša- 'eilig', gr. ὀτρύνω 'treibe an', ἐργώτρυς 'Werkaufseher', ὀτηρός 'flink', lat. trua 'Schöpfkelle', tru(e)lla 'Schöpf-, Rühr-, Maurerkelle', trulleum '(Wasch-)Becken'. Seinen nhd. Anlaut hat Quirl auf md. Gebiet im 14. Jh. erhalten (s. Quark, Quarz, quengeln usw.); mundartlich halten sich Formen mit dw-, tw- und zw- bis heute. Umgangssprachlich gelten Quirl (und quirlen), soweit die Sache bekannt ist, fast in ganz Deutschland, doch bevorzugt das Elsaß Rührstock, die Rheinpfalz Rührlöffel, Oberösterreich Sprudler, Niederösterreich Sprudel, Spuhl, die Steiermark Widel, Tirol Strudel.

quitt Adj. Afrz. quite 'los, ledig, frei' ergibt um 1200 mhd. quît. Wenig später folgt das schw. Ztw. quîten aus afrz. quiter 'frei machen'. Im Ausgangspunkt stehen lat. quiētus 'ruhig' und das zugehörige Ztw. quiētāre. Hier entspringen auch mnl. quîte, afries. quît, engl. quit 'frei, los' und frz. quitter, das im 15. Jh. unser quittieren 'den Empfang einer Zahlung bestätigen' liefert: Schirmer 1911 Wb. d. dt. Kaufm.-Spr. 152; Zs. f. d. Wortf. 8, 90. 11, 276. 287.

Quitte F. Der in Transkaukasien, Iran und Turkestan heimische Baum und seine Frucht sind nach Griechenland mit dem kleinasiat. Namen κοδύμαλον gelangt, der unter Anlehnung an den Namen der kretischen Stadt Κυδωνία zu gr. κυδώνιον (μῆλον) umgebildet wurde. Von da stammt lat. (mālum) cydōnium; für κυgriech. Lehnwörter ist lat. qui- eine gewöhnliche Schreibung: daher ahd. (seit etwa 1100) qitina, fränk. quidena, mnd. quede, nnl. kwee, dän. kvæde. Das durch etrusk. Vermittlung aus dem Gr. entlehnte lat. cotonea, volkslat. codonea, erscheint im 11. Jh. als ahd. kutinna, fränk. cudina; hieraus mhd. küt(t)en, nhd. (obd.) Kütte(n). Eine dritte lat. Ausgangsform ist cottana, das ursprünglich eine Art kleiner syrischer Feigen bezeichnet und erst im Volkslat. mit cotonea vermischt wird. Es ergibt, vor der hd. Lautverschiebung entlehnt, ahd. chozzana, bei späterer Entlehnung cottana,

das im 13. Jh. wieder verklingt: H. Marzell
1943 Wb. d. dt. Pflanzennamen 1, 1289 ff.

Quitze F. 'Sorbus aucuparia', mit Quitz=
beere und der Klammerform Quitz(beer)=
baum bei norddt. Schriftstellern (Quitze bei
dem auf Rügen geborenen E. M. Arndt 1801
Bruchst. e. Reise 1, 247) aus nd. Mundarten:
quitz J. F. Danneil 1859 Wb. d. altmärk. Ma.
167ᵇ, qvitzenbeer N. Chytraeus, Nomencl. lat.-

sax. (Rostock 1582) b. W. Daneben die urspr.
Form kvieke F. Woeste 1882 Wb. d. westfäl.
Ma. 153, Quekbeere 1768 Versuch e. brem.=
nsächs. Wb. 3, 402, engl. quickbeam 'Eberesche'.
Aus k ist über kz das nicht vor 1582 (s. o.) nach=
weisbare tz entstanden wie bei Blitz, s. d. Die
Vogelbeere heißt so nach ihrer lebhaft roten
Farbe. S. Quecksilber und Eberesche.

R

Rabatt M. Ein lat. *re-ab-batuere 'wieder
abschlagen' ergibt gleichbed. ital. rabbattere
mit rabbatto 'Nachlaß am Preis'. In dt. Han=
delstexten begegnet rebatirn zuerst in Nürn=
berg 1610: Schirmer, Wb. d. dt. Kaufmanns=
spr. (1911) 153. Das M. folgt 1662 bei G. N.
Schurtz, Buchhalten 32 „man läst sich unver=
fallene Schulden rabattiren, oder verkaufft
anderer Leute (Wechsel=)Brieffe gegen rabatto".
Dort S. 70 die Bedeutung 'Diskont': „Rebatt,
Abzug wegen der Zeit". Kaufmannswörter
ital. Ursprungs sind auch Agio, Bilanz,
brutto, Diskont, Giro, Konto, Manko,
netto, Saldo.

Rabatte F. 'schmales Randbeet' ist im 18. Jh.
(G. H. Zinck 1731 Ökon. Lex. 1953) entlehnt aus
gleichbed. nnl. rabat. In nl. Gartenkunst (s. Ka=
rotte, Staket) ist die Bed. entwickelt aus der
älteren 'Umschlag, Aufschlag am Rock, Kragen',
die mit frz. rabat (zu rabattre 'zurückschlagen', s.
Rabatt) schon im 17. Jh. zu uns gelangt war.

Rabau M. 'roher Kerl, Schlingel' und 'graue
Renette', ein vorwiegend nrhein. Wort, zuerst
von Schottel 1663 als Raepawen 'species
pomorum' gebucht. Entlehnt aus gleichbed. nnl.
rabauw, das seinerseits von frz. ribaud 'Bube'
stammt. Der unscheinbare Apfel erhält im Nnl.
einen Scheltnamen gegenüber der echten Re=
nette. Frz. ribaud ist Ableitung von afrz. riber
'ausschweifenden Vergnügungen nachgehen',
das aus mhd. riben 'brünstig sein' entlehnt ist.

Rabbi M. Hebr. rabb 'Herr, Lehrer' erhält
in der Anrede 'mein Lehrer' das -ī der 1. Pers.
Sing. Über gr. ραββί bringt diese Form in
die europ. Sprachen, sie wird (wie frz. mon=
sieur, nnl. mijnheer) über den Fall der Anrede
hinaus verallgemeinert. Das n der Ableitungen
Rabbiner usw. stammt über mlat. rabbinus
aus dem Hebr. (vgl. rabbuni im Neuen Test.);
von da auch nnl. rabbijn, engl. frz. russ. rabbin.

Rabe M. gemeingerm.: ahd. hraban, mhd.
raben, agf. hræfn, nnd. mengl. engl. raven,
anord. hrafn, dän. ravn weisen auf urgerm.
*hrabnaz, das der Runenstein von Järsberg

im 6. Jh. als Eigennamen HarabanaR fast
noch unverändert bietet. Gemeingerm. An=
gleichung von bn über mn (agf. hræmn, norw.
schwed. mundartl. ramn) zu mm führt zu ahd.
hram, hrammes, während ahd. rappo (s.
Rappe) auf westgerm. *hrabbn- (mit Kons.=
Dopplung vor n) zurückgeht, und dem ahd. rabo
(mhd. rabe, mnd. rave, nnl. raaf) die urgerm.
Flexionsvariante *hrab-an zugrunde liegt. Der
Vogel heißt nach seinem heiseren Schrei. Ur=
verwandt sind lat. crepō 'knarre, krache',
crepitus 'das Klappern', crepundia 'Kinder=
klapper' und aind. kṛpatē 'jammert': alles La=
bialerweiterungen zu idg. *ker-, *kor-, *kr-, der
verbreiteten Nachahmung heiserer, rauher Töne:
H. Suolahti 1909 Die dt. Vogelnamen 174 ff.;
H. Güntert 1930 Beitr. z. neueren Lit.=Gesch.
16, 10; G. Kisch 1938 Zf. f. Mundartforsch.
14, 109.

Rabenvater M. 'liebloser', urspr. 'raben=
artiger Vater', nach der sprichwörtl. Härte
des Vogels gegen seine Jungen: Konr.
v. Megenb. 176, 31 die raben werfent etlicheu
kint auz dem nest, wenn si der arbait ver=
dreuzt mit in, daz si in nicht genuog speis
pringen mügent. Um die Mitte des 16. Jh.
dringen rabenvater, -mutter aus naturwiss.
in erbauliche Texte.

rabiat Adj. Zu lat. rabiēs F. 'Wut, Tollheit'
gehört (wie älteres engl. rabiate) die Neubildung
rabiat, die seit Abr. a S. Clara 1692 Judas
3, 477 in dt. Texten erscheint, zunächst meist
von tollen Hunden.

Rache F. mhd. râche, ahd. râhha, asächs.
wrāka, anfr. wrāca, mnd. mnl. wrāke, nnl.
wraak, afries. wrēke, wrēze, got. wrēkei:
zu rächen, s. d. Nhd. â ist (wie in lassen,
Masche, Waffe) im 17. Jh. durchgedrungen;
Schottel schreibt noch 1663 Raach.

Rachen M. mhd. rache, mnd. rake, ahd.
rahho aus älterem *hrahho. Dazu agf. hrace,
-u F. 'Kehle', ferner dän. harke, schwed. harkla
'sich räuspern', anord. harka 'scharrend schlep=
pen'. Außergerm. vergleicht man aind. khárjati

'knarrt', gr. κράζω (aus κράγιω) 'schreie', lit. kregždė 'Schwalbe', krėgėti 'grunzen', krogiù 'röchle': g=Erweiterungen zu idg. *ker-, *kor-, *kr-, der im Jdg. verbreiteten Nach-ahmung rauher Klänge.

rächen Ztw., mhd. rëchen, ahd. rëhhan aus älterem *wrëhhan, asächs. anfr. wrëkan 'ver-gelten, bestrafen', mnd. mnl. nnl. wreken, afries. wrëka 'stoßen, rächen', ags. wrëcan 'trei-ben, stoßen, verstoßen, verfolgen, strafen', engl. wreak 'rächen', anord. reka, älter dän. vræge, schwed. vräka 'verwerfen' (anord. rǣkr 'ver-werflich'), got. wrikan 'verfolgen', gawrikan 'rächen'. Germ. *wrek- 'verfolgen, vertreiben' (besonders um Strafe zu üben) führt auf idg. *ureg- 'stoßen, drängen, puffen, treiben, feind-selig verfolgen'. Am nächsten kommt dem germ. Ztw. lat. urgēre 'drängen, drängend fortstoßen, treiben', lautlich genau entspricht aind. vrájati 'schreitet'. Daneben, auf idg. *uerg- weisend, lit. vérgas, lett. vȇrgs 'Sklave', apreuß. wargan, lit. vaȓgas 'Bedrängnis', vaȓgti 'Not leiden', aslav. vragŭ 'Feind'. S. Rache, Recke, Wrack. Bei rächen gilt starke Beugung bis ins Frühnhd., gelegentlich hält sie sich bis über das 17. Jh.: H. Paul 1917 Dt. Gramm. 2, 226.

Rachsucht F. Während rachsüchtig seit Luther 1520 V. d. guten Werken 95 Ndr. be-gegnet, erscheint das daraus rückgebildete Rachsucht nicht vor Stieler (1691) 2016: Ruppel 1911 Rückbildung dt. Subst. 33.

Rack s. Arrak.

Racker M. erscheint in Braunschweig 1524 und Hamburg 1535 als 'Scharfrichter', diese Bed. kehrt wieder in Rostock, Dithmarschen und Westfalen. Verbreiteter und älter ist (nach Else Angstmann 1928 Der Henker in der Volksmeinung 44) die Bed. 'Abdecker, Schinder, Grubenräumer'; auch R. als Scheltwort (Hnr. Klenz 1910 Scheltenwb. 2. 120) geht von hier aus. Damit verbietet sich Lessings Beziehung von R. zu recken 'auf die Folter spannen' (5, 337 Lachm.), vielmehr ist R. ab-zuleiten von nd. racken 'zus.=fegen', Intensiv-bildung zu mnd. raken 'scharren'. Dessen Sippe s. u. Rechen. Zu Racker gehört sich abrackern 'sich abschinden'.

Rad N. mhd. mnl. rat (d), ahd. nnl. rad, asächs. rath, afries. reth; im Engl., Nord-, Got. früh abgestorben. Urverw. mit gleichbed. air. roth M. (neben rethim 'laufe', agall. petor-ritum 'vierrädriger Wagen') und mit lat. rota 'Rad', ebenso mit lit. rãtas Sg. 'Rad', rãtai Pl. 'Wagen'. Das entspr. aind. rátha M. bedeutet '(Streit=)Wagen', während das dem nd. Wehl, ags. hwëol, anord. hvēl (das Schuld trägt an der Verdrängung von Rad in jenen Sprachen: DWb. 14, 1, 113) vorausliegende idg. *quequlo- auch in aind. cakrá und gr. κύκλος 'Rad' bedeutet. Dagegen zeigt toch. kukäl 'Wagen', wie eng in alter Sprache beide Bed. verschwistert sind. — Rad 'Taler' erscheint in rotw. Quellen seit 1716 (Kluge 1901 Rotw. 1, 180). Es ist eine an Rad nachträglich angelehnte Kürzung aus R(eichs)T(aler): L. Günther 1919 Gaunerspr. 58; Ag. Lasch, Berlinisch 177.

Radau M. Den Lärm malende Bildungen mit a in der ersten, au in der betonten zweiten Silbe sind unter Klamauk zus.=gestellt. Etwas vor diesem geht Radau von Berlin aus. Es fehlt noch 1873 in Trachsels Glossarium der berlin. Redensarten und steht zuerst 1878 im Richt. Berliner 31. Literarisch seit Fontane 1888 Briefe 2, 181. 189. An der raschen Ver-breitung ist die Kundensprache beteiligt: Kluge 1901 Rotw. 1, 423. 428, auch das Vorbild von Randal (s. d.) mag geholfen haben. Vgl. K. Albrecht 1881 Leipz. Ma. 189; O. Ladendorf 1906 Schlagwb. 257; Ag. Lasch, Berlinisch 181 f.

Rade F., **Raden** M., das zu den Nelken-gewächsen gehörige Ackerunkraut Agrostemma githago L., mhd. rat(t)e(n), ahd. rato, jünger ratan, mit gramm. Wechsel rado, radan, asächs. rado, radan, mnd. rade(n), radel(e) 'Rade', nnl. raai (aus rade) 'Galeopsis ladanum'. Der Name ist im festländ. Westgerm. zu Rad gebildet, weil die Blüte einem Rad gleicht; die langen schmalen Enden der Kelchblätter ähneln den Speichen. Die Pflanze ist als Träger des Rads gedacht: dem entspricht die Bildungsweise ahd. rado zu rad (wie ahd. stiuro 'Führer des Steuers, Steuermann' zu stiura 'Steuer'; anord. kampi 'Schnurrbartträger' zu kampr 'Schnurrbart') H. Marzell 1943 Wb. d. dt. Pflanzennamen 1, 153 ff.; R. Loewe 1938 Beitr. 62, 43 ff.

Radeber(e) F. 'Schubkarren', ein vorwiegend ostmd. Wort, thür. radebare, -bern, -berle, schles. räber, nürnb. rä'wärn: L. Hertel 1895 Thür. Sprachsch. 191; K. Müller-Fraureuth 1914 Wb. d. obersächs. Ma. 2, 325; Schmeller ²1, 261; H. Fischer 5, 109. 6, 2740. Meist aus jenem Gebiet auch mhd. radebër (ander-wärts hol-, mist-, schaltbër). Mit dem unter Rad entwickelten anglofries. Synonym ent-spricht engl. wheel-barrow. Die Grundwörter mhd. bęrie und mengl. barwe, ags. bearwe 'Bahre' sind verschiedenartige Ableitungen zur germ. Wz. *bër 'tragen' (s. Bahre, Bürde, entbehren, gebären). 'Tragbahre mit Rad' ist der alte Sinn der Zus.=Setzung.

radebrechen Ztw. Mhd. radebrëchen war 'dem Verbrecher die Glieder auf dem Rade brechen, ihn rädern'. Bildl. Anwendung auf schwere Mißhandlung der Sprache seit Thurn-eyser 1583 Onomast. 54 „ein gerabbrecht Wort". So seit langem vorwiegend üblich;

entspr. mnd. mnl. radebräken, nnl. radbraken, dän. radbrække, schwed. rådbråka. Das Part. lautet geradbrecht Zf. f. d. Wortf. 1, 304; starke Formen wie rad(e)bricht, radebrach bringt H. Paul 1917 Dt. Gramm. 2, 257 aus Gryphius, Platen u. a. bei. Sprachgeschichtlich sind sie unberechtigt, sofern r. als Ableitung aus mhd. *radebrëche F. schw. Ztw. ist.

radeln schw. Ztw. alt in bair. Mundart für 'im Kreis drehen'. Dazu im alten Wien herumradeln 'vergebliche, ärgerliche Fahrten tun' und rotw. Radler 'Fuhrmann'. Als um 1884 das fremde velozipedieren ersetzt werden mußte, drang radeln erst im Scherz, bald auch ernsthaft an dessen Stelle und zog Radler 'Radfahrer' (f. Fahrrad) nach: O. Ladendorf 1906 Schlagwb. 257 f.; A. Götze 1917 Nomina ante res 10.

Rädelsführer M. geht zurück auf Rädleinsführer, indem sich für -lein mundartl. l eingestellt hat. Frühnhd. rädlein N. ist 'Zusammenrottung' (H. Fischer 5, 109; B. Peperkorn 1935 Zf. f. dt. Philol. 60, 207 ff.); 1531 erscheint bei Seb. Franck, Chron. 422ᵃ das rädlein füren als Fachwort der Landsknechte, während 1566 J. Aventin 4, 432, 16 rädlen machen als militär. Übung bezeugt. Mit Übertragung von da wird Aleander 1521 in einer schwäb. Flugschrift rädlein fürer gescholten (Sat. und Pasqu. 2, 126 Schade). Volksdeutung des späteren 16. Jh. führt R. auf ein Rad in der Fahne des armen Konrad 1514 (H. Fischer 5, 112) oder ein Pflugrad in einer Fahne aufrührischer Bauern von 1525 zurück (Mitt. d. Ver. f. sächs. Volksk. 1899, Nr. 9, S. 6 f.).

Rademacher M. Den Handwerker, der nordd. Stellmacher, südd. Wagner heißt, nennt die Umgangssprache von Lübeck und Köln Rademacher, entspr. dem mnd. rademaker, mnl. radmaecker. Die Unterscheidung beruht nach Kretschmer 1918 Wortgeogr. 486 auf der mittelalterl. Arbeitsteilung: der Stellmacher verfertigte das Wagengestell, der Rademacher (tirol. Rädermacher) die Räder. Der Wagner mochte beide zum Wagen zuf.-fügen.

Räder M. 'Sieb' zu mhd. rëden, ahd. rëdan st. Ztw. 'sieben, sichten'. Mit ahd. hrad, hrat, agf. hræd, hræd, anord. hraðr 'schnell', engl. rather 'lieber', anord. hræða 'jem. erschrecken', hræddr 'entsetzt' zum idg. Verbalstamm *qret- 'schütteln' in lit. krečiù, krësti 'schütteln', lett. krętulis 'Sieb', mir. crothaim 'schüttle'.

rädern schw. Ztw., mhd. rëdern 'mit und auf dem Rad hinrichten'. Deutlicher radebrechen, f. d.

radieren Ztw. mit der älteren Nebenform rodieren im 15. Jh. aus lat. rädere 'schaben' entwickelt. Auch Radiermesser gehört schon dem 15. Jh. an.

Radieschen N., die allein gangbar gebliebene Verkl. zum selten gewordenen M. Radies. Frühnhd. radis (bezeugt nicht vor 1682) ist aus nl. radijs (das erst 1514 greifbar wird) entlehnt, bevor dessen ij die Aussprache ei annahm. Quelle lat. rādix, -īcis 'Wurzel'. S. Rettich.

raffen schw. Ztw. mhd. raffen, ahd. (zufällig unbezeugt) *raffōn 'raufen, rupfen', mnd. nl. rapen, anord. hreppa 'erlangen'. Engl. raff 'wegraffen' entstammt dem afrz. raffer, das mit ital. arraffare dem Hd. entlehnt ist; dagegen ist engl. rap 'reißen' dem hd. raffen urverwandt. Zur germ. Wz. *hrap- gehört ahd. raspōn (für *rafsōn), mhd. raspen 'eilig zuf.-raffen' und ital. arrappare 'entführen'. In den urverwandten Sprachen fehlen genau vergleichbare Bildungen, doch ordnen sich raffen usw. der großen Sippe des idg. *(s)qer- 'schneiden' ein. S. Rappe² und Raspel. Zum nhd. Ztw. gehört Raffke als Name des ungebildeten Neureichen, seit 1918 von Berlin aus rasch verbreitet: Ag. Lasch 1928 Berlinisch 143. 1924 ließ Arthur Landsberger (1876—1933) seinen Roman „Raffke" erscheinen.

raffiniert Adj. Frz. raffiner wird im letzten Viertel des 16. Jh. (Zf. f. dt. Wortf. 15, 205) in seiner Bed. 'läutern' entlehnt. Das Part. zeigt (unserm abgefeimt vergleichbar) seit Wächtler 1703 die Bed. 'verschmitzt, durchtrieben'.

ragen schw. Ztw. Mhd. ragen, ahd. *hragēn zufällig unbezeugt, mnl. raghen, agf. hrǣgan 'ragen'. Gleichbed. dän. rage ist aus dem Deutschen entlehnt. Verwandt können sein die Adj. mhd. rac 'straff' (noch im Fam.-Namen Rack) und ræhe 'steif', falls aus *hrāhi. Urverwandt sind gr. κρόσσαι 'Mauerzinnen', πρόκροσσος 'staffelförmig nebeneinander gereiht', poln. krokiew 'Dachsparren', ruff. tschech. krokva 'Sparren': sämtlich zu idg. *qroq- 'vorspringender Balken', Pflock.

Raglan M. 'Wettermantel', bei uns seit D. Sanders 1871 Fremdwb. 2, 401. Entlehnt aus gleichbed. engl. raglan (seit 1864), benannt nach Lord Raglan (1788—1855), dem engl. Befehlshaber im Krimkrieg, der einen Mantel ohne Schulternähte trug, dessen Ärmel bis zum Kragenansatz reichten: Stiven 68; W. Fischer 1943 Dt. Wortgesch. 2, 374.

Ragout N. 'Würzfleisch, Mischgericht', vor Mitte des 17. Jh. entlehnt aus gleichbed. frz. ragoût M., einer Rückbildung zu ragoûter 'den Gaumen reizen': zu goût 'Geschmack' aus gleichbed. lat. gustus. S. kosten².

Rahe F. (unter nd. nl. Einfluß früher auch Raa, Mz. Raas) 'waagrecht an den Masten aufgehängtes Rundholz zum Setzen der Segel', ebenso mnd. nd. mnl. rā, nnl. ra, dän. raa, schwed. rå. Semännische Besonderung aus der umfassenden Bed. 'Stange'. Diese liegt vor zn anord. rā, mhd. rahe, bair. rache F., sämtlich iu germ. *ráhō-. Daneben mit gramm. Wechsel schwed mundartl. raga 'dünner langer Wurzelschößling', obendrein mit Ablaut (germ. *rēgŏn-) norw. mundartl. raaga 'dünne Stange'. Die Sippe von ragen ist wegen des Anlauts fernzuhalten, doch s. regen. Außergerm. vergleicht sich lit. rëklė Stangengerüst zum Trocknen und Räuchern', mit gramm. Wechsel schwed. raga, norw. råge.

Rahm¹ M. ist im größten Teil des Sprachgebiets, von Holstein bis Tirol, vom Elsaß bis Kärnten, die fette, obere Schicht der stehenden Milch. Die Grenzen gegen gleichbed. Flott, Niedel, Obers, Sahne, Schmand, Schmetten zieht Kretschmer 1918 Wortgeogr. 389 ff. Das ā in den Mundarten des Südens, in Bayern, Österreich und der Pfalz, ist aus älterem au entwickelt; daneben besteht Rohm (vgl. Strom) mundartl. und bei Schriftstellern des 17. und 18. Jh. Warum in der nhd. Schriftsprache zunächst mundartliche Form Rahm gesiegt hat, bedarf noch der Aufhellung. Raum gilt, wie frühnhd., viel ach noch in alem., schwäb. und thür. Mundart, entspr. dem mhd. (milch)-roum, mnd. rōm(e), nl. room, agf. rēam; Ablaut zeigt isl. rjōmi. Falls germ. *rauma-aus *raugma- (vgl. Traum) zu erklären ist, lassen sich vielleicht avest. raoγna- 'Butter', mpers. npers. rōγan '(ausgelassene) Butter' vergleichen: V. Pisani 1930 Jdg. Forsch. 48, 252.

Rahm² M. der Berliner Ausdruck für gemeindeutsches Ruß, auch sonst in nord- und südd. Umgangssprache verbreitet, mundartl. in der Schweiz rām, rān, tirol. rām, kärnt. ramme, bair. schles. posn. rōm usw. (Kretschmer 1918 Wortgeogr. 384 f.). Sämtlich aus mhd. ahd. rām 'Schmutz', wozu mhd. rāmec 'schmutzig, rußig', ahd. rāmac 'schwarz', nach Ausweis von agf. rōmig 'rußig' schon westgerm. vorhanden. Dazu engl. (seit 1578) room 'Schorf, Grind'. Außergerm. vergleichen sich aind. rāmá-'schwarz', rāmī F. 'Nacht' und mit andrer Bildungssilbe (-γo statt -mo) lat. rāvus 'grau, graugelb'. Sämtlich zu idg. *rē- 'dunkel'. — Rahm ist Grundwort im Namen des Minerals Wolfram, s. d.

Rahmen M. mhd. ram(e) M. F. 'Stütze, Gestell; Web-, Stickrahmen', ahd. rama F. 'Säule, Stütze', mnd. mnl. rame, nnl. raam 'Web-, Fensterrahmen'. Aus dem Mnd. entlehnt sind dän. ramme, norw. raama, schwed. ram 'Rahmen'. Beiseite bleiben asächs. hrama 'ein Foltergerät' und got. (us-)hramjan 'kreuzigen'. Für

die Sippe von Rahmen ist kein germ. hr- zu erweisen. Man vermutet Urverwandtschaft mit lit. remiù, remti 'stützen', ramtis 'Stütze', mit bh-Erweiterung aind. rambhá- 'Stütze, Stab': idg. Wurzel *rem- 'ruhen, stützen'.

rahn Adj. 'dünn, schlank', mhd. ran (über die Verbreitung v. Bahder 1925 Wortwahl 39 f. 44), in frühnhd. Zeit durch die nd. Eindringlinge hager und schlank auf die Mundarten des Westens und Südens zurückgedrängt. Dazu wohl Rahne F. 'rote Rübe von langer Form', ein Wort des Südsaums von der Schweiz bis Kärnten. Etym. umstritten.

Raigras N. Lolium perenne, Winterlolch: im 18. Jh. entlehnt aus engl. raygrass. Dessen erster Teil, nnl. raai, ist eines mit unserm Rade(n), s. d.

Rain M. 'ungepflügter Streifen zwischen Äckern'. Mhd. rein, ahd. rein-, rain- (nur in Zus.-Setzungen), md. rēn, mnd. rein, rēn, mnl. rein, reen, anord. rein F., norw. rein(a), dän. schwed. ren weisen auf germ. *rainō. Urverwandt können sein air. roen, mir. raon 'Weg, Durchbruch', bret. reün, rün 'Erhöhung' (aus *roino-). Frz. rain 'Waldrand' ist aus dem Germ. entlehnt. Das nhd. Wort dankt sein ai demselben Streben nach Unterscheidung wie Laib, Laich, Saite, Waid, Waise.

Rainfarn M. Die auf Rainen wachsende Pflanze Tanacetum vulgare mit ihren meterhohen Stengeln heißt ahd. rein(e)fano, mhd. mnd. mnl. rein(e)vane 'Grenzfahne' Zf. f. dt. Wortf. 3, 297. 5, 22. Nach den farnkrautartigen Blättern wird der Name im 15. Jh. umgedeutet zu reinfarn, nrhein. reynevaer. Dän. rein-, regnfan, -fang, -farn, schwed. renfana stammen aus dem Deutschen.

Räkel, räkeln s. Rekel.

Rakete F. In China aus dem Feuerpfeil entwickelt, wird die Rakete als Waffe schon im 9. Jh. erwähnt. In Europa seit 1250 bekannt heißt sie mlat. ignis tonitrus, ignis volans in aëre, ignis mittendus in castra, frühnhd. varendes fewer in den lufften, fliegendes fewerwerck. Ein eigner Name dafür entsteht in Italien: unser M. Rocken (s. d.) war aus dem Langobard. ins Ital. gelangt und hatte rocca 'Spinnrocken' ergeben. Nach der Ähnlichkeit wurde der Feuerwerkskörper rocchetta genannt (wie auch frz. fusée 'Rakete' zu fuseau 'Spindel' gehört). Danach 1379 mlat. rocheta, seit Beginn des 16. Jh. frühnhd. rogettzeug (Zeug 'Kriegsgerät'), 1557 Roget, 1573 mit vortonigem a für fremdes o (s. Gardine) Racketlein.

Ralle s. Wachtelkönig.

Ramie F. mal. rāmī, engl. rami(e): die spinnbare Faser der Nesselart Boehmeria nivea.

Ramme F. mhd. (md.) ramme 'Fallklotz zum Einstoßen von Pfählen', nl. ram 'Sturmbock', engl. ram 'Ramme': eins mit dem westgerm. Namen des unverschnittenen Schafbocks, ahd. mhd. mnd. nl. engl. ram, agf. ram(m), nordfrief. rum, der seinerseits als subst. Adj. zu anord. rammr 'scharf, stark' gehört. Dies könnte in aslav. ramĕnŭ 'ungestüm, schnell' einen idg. Verwandten haben. Auch die Tiernamen Bock, Kran und lat. aries 'Widder' sind Gerätebezeichnungen geworden. Zur Grundbed. von ram stellt sich das schw. Ztw. rammeln, mhd. rammeln, ahd. rammalōn 'sich begatten'. Dazu wieder Rammler 'männl. Kaninchen', mhd. rammeler 'Widder während der Brunstzeit'.

Rampe F. im 18. Jh. zunächst als Wort des Festungsbaus entlehnt aus frz. rampe F. 'Erdaufwurf, Auffahrt'. Dies ist Rückbildung zu ramper 'klettern', einer Entlehnung aus fränk. *rampōn 'sich zusammenkrampfen', das nächstverwandt mit rümpfen ist, f. d. Germ. Ursprungs ist auch ital. rampare 'die Krallen schlagen in'; dazu rampo 'Haken'. Zu dessen Vergrößerungsform rampone 'großer Haken' gehört ramponieren 'beschädigen'.

Rams M. Name versch. Pflanzen, meist des Bärenlauchs (Allium ursinum L.): mnd. ramese, agf. hramesa, später hramse, engl. ramson, dän. rams(løg), schwed. rams(lök). Ahd. mhd. zufällig unbezeugt. Germ. *hraməsan, urverw. mit gleichbed. poln. trzemucha, ruff. čeremša, lit. kermùšė, air. crem, gr. κρόμυον (aus *kremusom), gehört zum ältesten Bestand idg. Pflanzennamen. Bei uns vielfach in alten Ortsnamen wie Ramsau, -bach, -berg, Ramsel, -en, -eren: H. Marzell 1943 Wb. d. dt. Pflanzennamen 1, 210 f.

Ramsch M. 'minderwertige Massenware', (ver)ramschen 'verschleudern'. Ramschbasar, -geschäft 'Warenhaus' kommen nach 1850 auf. Schon 1847 begegnet in Berliner Diebessprache (be)ramschen 'betrügen', das zu rabbin. rammā'ûth 'Betrug' gehört: F. Kluge 1901 Rotwelsch 1, 385. Das Gaunerwort kreuzt sich mit der schon spätmnd. Wendung im rampe köpen 'in Bausch und Bogen kaufen', die zu ramp 'Menge bunt zusammengewürfelter Sachen' gehört. Mit ihr wieder mischt sich eine Entlehnung aus frz. ramas 'wirre Menge von Dingen': dies aus ramasser (vulgärlat. *readmassāre) 'zusammenraffen' rückgebildet. Nur auf dem daraus zusammengezogenen ramser frz. Mundarten beruht Ram(me)s, Ramsch als Name eines südbt. Kartenspiels und Ramsch im Skatspiel, bei dem alle Teilnehmer passen. Stub. Ramsch ist 'Kontrahage', ramschen 'Händel suchen': Zf. f. dt. Wortf. 12, 287. Die Form festigt sich spät: Treitschke 1857 Briefe 1,

427 „Heute denke ich eine Reihe Briefe abzuthun . . . Da geht die Antwort an Dich . . . gleich mit in Ramms".

Rand M. mhd. rant (d) 'Einfassung, Schild(rand)', ahd. rant (t), asächf. rand 'Schild(buckel)', mnd. mnl. rant (d), nnl. rand 'Rand', afrief. rând 'Wundspur', agf. rand 'Schild(buckel), -rand', anord. rǫnd F. 'Kante, Schild(rand)', dän. schwed. rand. Got. *randa wird vorausgesetzt durch span. randa, portug. renda 'Spitzen an Kleidern'. Früh aus dem Germ. entlehnt ist finn. ranne (Gen. ranteen) 'Rand'. Daneben mit Ablaut kringot. rintsch 'Berg', norw. mundartl. rinde 'Landrücken, Bank', urverw. mit air. rinde (aus urkelt. *rendiā) 'Holzgefäß' (nhd. Rinde ist fernzuhalten). Das n des Worts ist vor Dental aus m entwickelt, das zeigen agf. rima M. 'Rand, Grenze, Küste', engl. rim 'Rand' und anord. rimi 'Hügelrücken, Höhe'. Nächstverwandt sind Rahmen und Ranft, f. d.

Randal M. 'Lärm' von Studenten um 1820 (Zf. f. d. Wortf. 12, 287; H. Fischer, Schwäb. Wb. 5, 126) zuf.-gebildet aus Skandal und Rant, dem Verbalsubst. zu rinnen, das in der Bed. 'Auflauf' von Steinbach 1734 aus Schlesien, als 'Possen' von Klein 1792 und Schmeller 1836 aus Bayern und Österreich beigebracht wird. Kluge 1895 Stud.-Spr. 117.

Randbemerkung F. für lat. nota marginalis seit Campe 1809. Daneben Randglosse.

Ranft M., mhd. ranft, ramft 'Einfassung; Brotrinde', ahd. ramft, rampht 'Einfassung' nächstverwandt mit Rahmen und Rand (f. d.), beruht entweder auf vorgerm. *rom-ti- und hat f als Übergangslaut entwickelt (wie -kunft, -nunft), oder auf der erweiterten Wurzel *rem-bh- wie norw. rimb, rimme 'Erdrücken', aind. rambhá- M. 'Stab, Stütze', lit. rambùs 'träge', rémbėti 'träge sein, nicht wachsen wollen'.

Rang M. aus frz. rang 'Reihe, Ordnung' in dt. Soldatensprache des 30jähr. Kriegs entlehnt und seit G. A. Böckler 1665 N. Kriegsschule 965 gebucht. Das frz. M. tritt im 12. Jh. als renc auf und bezeichnet zunächst den Kreis der zum Gericht Zusammengeladenen, in dem die Verhandlungen stattfinden, dann die Zuschauerreihen bei Kampfspielen. Es ist über anfr. *hring der Sippe von Ring (f. d.) entlehnt. Lehnwörter aus dem Frz. sind auch engl. rank, nnl. rang und ital. rango. — Rang in der Wendung einem den Rang ablaufen f. u. Rank.

Range F. tritt im 17. Jh. als 'Mutterschwein' auf; durch die bei Opitz 1624 Poem. 29 bezeugte Nebenform Rantze wird das Alter des Worts erwiesen. „Rangen und

Säue" verwendet Luther als Schelte, Range allein Wicel 1533 Apolog. C 2a; Mengering 1642 Gewissensrüge 824. Weiter pflegen das Ostmd., Berlin und das Nd. diesen Sprachgebrauch, wie dort auch Göre 'Stute', Tewe 'Hündin' und Rekel 'Bauernhund' beliebte Schelten sind.

Rank M., Mz. Ränke. Mhd. ranc 'schnelle drehende Bewegung', mnd. wrank 'Ringen (der Hände), Kampf, Streit', nl. (1598) rancke, ags. wrenc 'List, Kniff, Betrug; Melodie, Gesang', engl. wrench 'Verrenkung' sind verwandt mit Range, renken und ringen. Außergerm. vergleichen sich am nächsten lit. reñgtis 'sich schwerfällig bücken, krümmen' und ringa 'ein krumm Dasitzender': nasaliertes *ureng- steht neben *uerg- in nnl. werken 'sich werfen, krummziehen (von Holz)', schwed. mundartl. vurken 'windschief durch Feuchtigkeit' mit ihrer ausgebreiteten Sippe.

rank Adj. 'schlank', urspr. 'ausgestreckt', dem Hd. fehlend, mnd. nnl. engl. dän. norw. schwed. rank 'schlank, dünn, schwach', mnl. ags. ranc 'gerade; stolz, kühn, tapfer; edel, prächtig; erwachsen, reif', anord. rakkr (aus *rank-) 'gerade, aufrecht', dazu mit Ablaut asächs. agf. rinc, anord. rekkr 'Mann'. Urverwandt sind lit. rážytis 'sich recken' und aind. rñjáti 'reckt sich'. Sämtlich mit n-Infix zu idg. *reĝ- 'gerade; recken; Richtung', wozu ohne n Rechen, rechnen, recht, recken, reich, ruchlos und stracks gehören.

Ranke F. Mlat. Glossare des 7./8. Jh. bieten hranca 'vitis alba' (Corp. gloss. Lat. 3, 591, 31. 596, 29 u. ö., mit Schreibfehlern 3, 612, 58. 630, 38), das in west- und nordfrz. Mundarten als germ. Fremdwort auftritt: Meyer-Lübke 1914 Wörter und Sachen 6, 320, als rankulin 'Rebschoß' auch ins Friaul. entlehnt ist. Welchen Sinn die Germanen mit dem Worte verbanden, ehe sie von den Römern den Weinbau kennenlernten (etwa 'Sommerlatte'), wissen wir nicht. Wegen des alten Anlauts hr- ist Ranke von Range, rank und Rank zu trennen. Man vermutet Verwandtschaft mit tirol. rangk 'Latte', rangge 'Holzstange', kärnt. rangge 'Stange', bair. hag-, zaunranken. Greifbar wird uns Ranke erst in mrhein. und nrhein. Wörterbüchern vom Ende des 15. Jh., nicht älter sind mnl. rank(e) und mnd. (win)ranke. Im 16. Jh. sind dän. (viin)ranke und schwed. ranka aus dem Dt. entlehnt.

Rankkorn N. mhd. rank(k)orn 'Bräune der Schweine', dazu nl. wrong von einer Krankheit der Kühe. Ob es auf Grund dieses Worts zur vorgerm. Wz. *wrank (s. renken) gehört, steht dahin.

Ränzel s. Ranzen.

Ranzen M. Mnd. rent(s)el, rent(s)er 'Reisesack', die in nhd. Ränzel, nnl. ransel, ranser, dän. ransel, schwed. ränsel fortleben, führen auf einen nd. Stamm rant, dem hd. ranz entspricht, das in rotw. rantz 'Sack' seit 1510 vom Elsaß bis Schlesien begegnet (Kluge 1901 Rotw. 1, 55. 137. 152. 158 u. ö.), um seit Duez 1664 in dt. Umgangssprache aufzusteigen. Die Bed. 'Bauch' ist im 18. Jh. in niedriger Sprache aus der Grundbed. gewonnen, wie seltener auch eine Bed. 'Buckel' begegnet.

ranzen schw. Ztw. 'sich begatten' von Hunden und vierfüßigen Raubtieren, namentlich weidmännisch seit dem 17. Jh. bezeugt: Sonderentwicklung aus spätmhd. rantzen 'ungestüm springen', das sich landschaftlich erhalten hat als 'springen; sich bald da-, bald dorthin wenden': mit Endung -zen (germ. -atjan) abgeleitet von mhd. ranken 'sich hin und her bewegen, drehen'. Dies zu mhd. ranc M. 'schnelle Wendung', s. Rank. — Ein andres ranzen in anranzen, s. d.

ranzig Adj. Lat. rancidus 'nach Fäulnis riechend' ergibt gleichbed. frz. rance. Weiterbildung dazu ist nl. (1598) ranstigh, nnl. ransig. Dadurch vermittelt erscheint ranzig bei uns seit Hübner 1722. Das heimische garstig ist dadurch zurückgedrängt. Das lat. Wort, auf idg. *urenk- zurückzuführen, ist nächstverwandt mit ringen aus idg. *urengh.

Rapfen M. Aspius rapax, Raubfisch aus der Familie der Karpfen. Mnd. rape 'Cyprinus aspius' 1563 als rappe für das Meißn. bezeugt: Konr. Gesner, Fischbuch 170ᵃ Forer. Herkunft dunkel.

Rapier N. 'langer, gerader Fecht-, Raufdegen', tritt nd. seit 1526 als rappir N. auf, hd. zuerst in Einsiedeln (Kanton Schwyz) 1529 als rappier N. (Schweiz. Jd. 6, 1187), in den alten Belegen (Zs. f. d. Wortf. 13, 120. 14, 44) gern mit Hinweis auf den span. Ursprung der Waffe. Sprachlich führt das dt. Wort (wie gleichaltes nl. engl. rapier) auf frz. rapière, darum gelegentlich bis ins 18. Jh. Fem. Vgl. Florett.

Rapp M. 'Traubenkamm', mhd. rappe: entlehnt aus gleichbed. frz. râpe. Dies aus gallorom. *raspa F., Rückbildung aus *raspare (gesichert durch prov. raspar 'auskratzen'), das auf afränk. *raspôn 'ausrupfen, abrebeln' beruht. S. Raspel. Ein andres Wort ist mhd. trappe, spätahd. (Graff 5, 251) drappo 'racemus'. Wenn dessen d für hd. t steht, ist Verwandtschaft von Trapp mit Treber (s. d.) möglich.

Rappe M. Neben Rabe steht die anfangs gleichbed. Nebenform ahd. *rappo, mhd. rappe (wie Knappe neben Knabe, Schuppe neben ſchaben). Der Wechſel von pp mit b beruht auf der weſtgerm. Konſ.-Gemination. Während ſchweiz. Bibeln rappen für Luthers Rabe einſetzen (Kluge 1918 Von Luther bis Leſſing 81) und obd. rapp bis heute den Vogel bezeichnet, erſcheint ſeit 1531 (Schweiz. Jd. 6, 1171) Rappe in ſpäter feſt gewordenem Bild für 'rabenſchwarzes Pferd', wie ein rotbraunes Fuchs genannt wird, wenn aus dem Zuſ.-Hang klar iſt, daß von einem Pferd geſprochen wird. S. Rappen.

Rappe¹ F. 'Ausſchlag am Knie des Pferds', mhd. rappe, rapfe 'Krätze, Räude'. Dazu nl. rappig 'räudig'. Im Ahd. zeigt ſich die Wz. in rapfen 'verharſchen, einen Schorf bilden' und in räffi 'rauh'.

Rappe² F. 'Reibeiſen', gegen Ende des 18. Jh. entlehnt aus gleichbed. frz. râpe, das ſelbſt germ. Urſprungs iſt, ſ. raffen, Rapp, Raſpe(l).

rappelköpfiſch Adj. Zu rappeln (ſ. d.) gehört ein ſchwach belegtes Mask. Rappelkopf und dazu die Adj. rappelköpfig (Caſtimonius 1686 Polit. Hofmädchen 59) und rappelköpfiſch, dies zuerſt von einem Weib: Talitz 1655 Kurzweil. Reiſegeſpan Nr. 113. Stieler (1691) 1497 bucht es von kollerigen Pferden; entſpr. gilt es bei Pferdezüchtern heute noch. In ſeiner Anwendung auf den homo cerebrosus (ſo Stieler) macht r. ſein Glück durch die Studenten: Zſ. f. d. Wortf. 1, 47. In den Mundarten gilt r. von Schleſien bis Pommern und Weſtfalen.

rappeln ſchw. Ztw., mit nhd. Konſ.-Gemination (H. Paul 1916 Dt. Gramm. 1, 268 f.) zu nd. rapen, entſpr. engl. rap 'klopfen'. Mhd. entſpricht raffeln 'lärmen, klappern, ſchelten'. Aus der Bed. 'lärmen' hat ſich die heute vorwaltende 'nicht recht bei Verſtand ſein' entwickelt, kaum vor Hermes 1788 Manch Hermäon 2, 116.

Rappen M. Der Adler einer zufrühſt im Elſaß geſchlagenen, erſt ſilbernen, ſpäter kupfernen Münze wird als Rabe verhöhnt, danach Kolmar-Rappen ſeit Ende des 14. Jh. Der Rappenmünzbund zwiſchen Freiburg i. B., Kolmar, Baſel uſw. (1403—1584) baut ſeine Währung auf dieſer Pfennigmünze und hält das Spottwort bei Leben, ſo daß R. in der Schweiz amtlich noch heute für 'Centime' gilt: Schweiz. Jd. 6, 1173 ff. S. Rabe, Rappe. — Verappen (ſ. d.) iſt fernzuhalten.

Raps M. erſcheint im 18. Jh., über *rapſt verkürzt aus nd. rapſäd, das dem nnl. raapzaad, engl. rape-seed entſpricht. Das zweite Wortglied wird zugefügt, weil Brassica napus L. des ölhaltigen Samens wegen gebaut wird. Älter ſind nd. Rapp, mnl. râpe, engl. rape

'Rübe', entlehnt aus gleichbed. lat. râpa. Neben Raps tritt im 18. Jh. bei ſeiner Verbreitung ins Obd. die Form Reps. Schwäb.-alem. das gleichbed. lewat.

rapſen ſchw. Ztw., Intenſitiv zu raffen. S. dies, rappeln und Rapuſe.

Rapunzel M. F., frühnhd. (ſeit 1516) rapintzle, rapüntzle, rabüntzle, mlat. rapuncium, rapontium, ital. mundartl. raponzolo uſw. Aus dem Mhd. entlehnt ſind dän. (ſeit 1688) ſchwed. (ſeit 1773) rapunsel, während nnl. (ſeit 1598) raponsje aus frz. raiponce ſtammt. Dies ſetzt *radice puntia voraus, das zu lat. phû (Akk. phûn) 'eine Art Baldrian' gehört: H. Marzell 1943 Wb. d. dt. Pflanzennamen 1, 770. Heute bezeichnet Rapunzel ganz verſchiedene Pflanzen, die nur das gemein haben, daß ſie zu Wurzel- oder Blätterſalaten verwendet werden: Feld- oder Wildrapunzel (Campanula rapunculoides L.), Rapunzelglockenblume (Campanula rapunculus L.), vor allem aber Phyteuma spicatum, Oenothera biennis und Valerianella olitoria.

Rapuſe F. Spätmhd. rabuſch M. 'Kerbholz' tritt im 15. Jh. auf (Lexer 2, 330 f.) als Lehnwort aus gleichbed. tſchech. rabuše F., ſerb. raboš M. (Wick 49). Als 'Kerbholz' lebt rabuſch in Mundarten des dt. Südoſtens fort (Schmeller ²2, 4; Lexer, Kärnt. 201). Zu Beginn des 16. Jh. erſcheinen oſtmd. Wendungen wie in dy rapuß werfen (Trochus 1517 Prompt. P 6b), yn die rappuse geben (Luther 1530 Jer. 15, 13; entſpr. 17, 3; Heſek. 23, 46), ſolche guter theylet er in dye Rapuß (Luther 1530 Weim. Ausg. 32, 82, 33), weiterhin gern von Plünderung, aber auch von Münzen, die große Herren bei Feſten unters Volk werfen. An dem Bed.-Wandel iſt der Gedanke an rapſchen 'eilig erraffen' (Albrecht 1881 Leipz. Ma. 189; Müller-Fraureuth 1914 Wb. d. oberſächſ. Ma. 2, 331 f.) beteiligt. Ein vom Südoſten (Unger-Khull, Steir. Wortſch. 487) ausgehendes Kartenſpiel heißt Rapuſe, bei Goethe Napuſchchen, weil dabei die Karten durcheinandergeworfen werden.

rar Adj. Lat. rârus 'locker, nicht dicht, dünn (geſät), einzelnſtehend, zerſtreut, ſelten', deſſen nächſte idg. Verwandte ahd. rtē 'mit Ausſchluß von, ohne, außer', nirṛtih 'Auflöſung', gr. ἐρῆμος 'einſam', lit. yrù, ìrti 'ſich auflöſen', aſlav. oriti 'zerſtören' ſind, ergibt frz. rare 'ſelten' mit rareté F. 'Seltenheit' und wird in gleicher Bedeutung nach Nordoſten weitergegeben: mnl. raer, nnl. raar. Im 16. Jh. erſcheint das Adj. als mnd. rär 'ſelten, koſtbar', gern ironiſch. Hd. rar iſt 1663 bei J. B. Schupp, Schrifften 163 nachgewieſen, Rarität ſeit 1650: H. M. Moſcheroſch, Geſ. 2, 870.

Raſch M. 'leichter Wollſtoff', verkürzt aus Arras, ſ. d. Entſpr. iſt Arrak verkürzt zu Rack.

raſch Adj. mhd. mnd. rasch, ahd. rasc 'ſchnell, hurtig, gewandt, kräftig', mnl. rasc, mengl. engl. rash 'übereilt', anord. rǫskr (aus *rapskuz 'tapfer'). Dän. ſchweb. rask beruhen auf Entlehnung aus dem Mnd. Vor dem ableitenden -sqa- iſt der Dental des Wurzelauslauts geſchwunden, *rasqa- ſteht für germ. *rap-sqa-. So ergibt ſich Anknüpfung an got. raps 'leicht', Kompar. rapizō, im Männernamen Radagaisus, agſ. ræd, ræp, engl. rath 'ſchnell', ahd. rat, rad mit den Adv. agſ. rade, raðe, mnd. rade, ahd. rato, rado 'celeriter'. Für urverwandt gelten air. rethim 'ich laufe' und ſeine Sippe. Fernzuhalten ſind Bildungen mit anlautendem hr, z. B. röſch, ſ. d. Dagegen iſt riſch mit gleichbed. raſch verwandt. Zur Abgrenzung von raſch gegen ſchnell und geſchwind in heutiger Umgangsſprache: Kretſchmer 1918 Wortgeogr. 385. 613.

raſcheln ſchw. Ztw., nicht vor Lohenſtein 1661 Cleopatra 66 V. 2216 „Daß euch ein Espenlaub, ein Rauch, ein raſchelnd Stroh ... erſchrecket"; auch die nächſten Zeugniſſe ſind oſtmd. Iterativ zum lautmalenden ſchleſ. raſchen 'Geräuſch verurſachen'. Im Vokalſpiel mit raſcheln (vgl. bimbambum, piffpaffpuff) ſtehen die noch jüngeren riſcheln (zuerſt aus Göttinger Mundart bei Schambach 1858) und ruſcheln (ſeit Campe 1809), die helleren und dumpferen Klang andeuten.

Raſen M. Mhd. rase, frühnhd. ras ſind die weſentlich oſtmd. Formen, die dem mnd. wrase 'Raſen' entſprechen, das in gött. bräsen und nheſſ. fräsen abweichend entwickelt iſt. Die nicht näher deutbare Grundform *wraso kommt dem gleichbed. germ. *waso (ſ. Waſen) nahe, ohne mit ihm verwandt zu ſein. Raſen, zuerſt um 1270 im Jüng. Titurel 341, begegnet danach lange nur bei Thüringern, Oberſachſen, Lauſitzern, Deutſchböhmen und Schleſiern. In die Schriftſprache bringt das der Lutherbibel fehlende Wort langſam im 16./17. Jh. Erſt im 18. Jh. iſt Waſen auf Süddeutſchland zurückgedrängt, wo Raſen noch heute nicht Fuß gefaßt hat.

raſen Ztw. mhd. (ſelten) rāsen 'toben', nd. rāsen: ein md. Wort, das im hd. bis zum Ende des 13. Jh. fehlt. Konr. v. Megenberg 1349 Buch d. Natur 400 nennt r. ein thür. Wort; Luthers raſen (Apg. 26, 24 u. ö.) muß ſeinen obd. Zeitgenoſſen durch toben verdeutlicht werden. Es entſprechen mnd. mnl. rāsen, nnl. razen, agſ. rǣsettan 'wüten', rǣsan 'ſtürzen, eilen, angreifen, losſtürmen', anord. rāsa 'ſich mit Schnelligkeit bewegen', dän. rase und

ſchweb. rasa mit nhd. Bedeutung. Daneben ablautend anord. norw. ſchweb. rasa 'gleiten, ſtürzen'. Ein zugehöriges Subſt. lebt in mnd. rās N. 'heftige Strömung', agſ. rǣs M. 'Lauf, Sprung, Anſturm, Angriff', anord. rās F. 'Lauf' (daraus entlehnt gleichbed. engl. race), daneben anord. ras N. 'Sturz, Eile'. Frz. raz 'reißende Strömung in e. Kanal' ſtammt aus dem Germ. Für urverwandt gelten armen. eṛam 'bin in unruhiger Bewegung', gr. ἐροεῖν (aus *ἐρωσεῖν) 'fließen, ſtrömen, ſprudeln', ἐρωή (aus *rōsā) 'Wurf, Schwung', lat. rōrārii 'Plänklertruppe'. Voraus liegt ein idg. Verbalſtamm *rōs-: *rēs-: *ros- 'ſtrömen'. Zum Part. raſend ſtellt ſich Roſenmontag, ſ. d. Raſerei, mhd. raserīe, wird mit fremdem Suffix ſchon im 13. Jh. gebildet.

raſieren ſchw. Ztw. Volkslat. rāsāre, Intenſivbildung zu lat. rādere 'ſcharren, ſchaben, kratzen, ſcheren', ergibt im 12. Jh. frz. raser 'kahl ſcheren, raſieren', aus dem im 16. Jh. gleichbed. nl. raseren hervorgeht. Hierauf beruht nhd. raſieren, vom Sprachverderber 1644 als modiſches Fremdwort bekämpft. Der 30jähr. Krieg begünſtigt es in ſeiner Bedeutung 'dem Erdboden gleich machen'. Aus afrz. raser in dieſem Sinn ſtammt engl. raze 'zerſtören', aus dem zugehörigen afrz. rasour das engl. razor 'Raſiermeſſer', während für 'raſieren' engl. shave (ſ. ſchaben) gilt.

Raſpe F. 'Reibeiſen' erſt nhd., nach frz. raspe (jetzt râpe) F. Inſofern eines mit Rappe² F.

Raſpel F. 'grobe Feile für Holz, Horn, Leder uſw.', kaum vor L. Fronſperger 1578 Kriegsbuch 1, 112ᵃ „Raſchpel oder Holtzfeyl": Rückbildung aus dem ſchw. Ztw. raſpeln, das ſeit J. Geiler v. Kaiſersberg 1517 Bröſaml. 1, 25ᵇ in Bedeutungen wie 'kratzend zuſammenſcharren, -raffen' nachweisbar iſt. Es iſt Verkl. des älteren raſpen, ahd. raspōn, das als ſchw. Bildung neben dem ſt. Ztw. ahd. hrëspan 'rupfen' ſteht. Dies gehört mit mnd. rëspelen, afrieſ. hrëspa, agſ. gehrëspan 'reißen' zur Sippe von raffen, ſ. d.

räß Adj. ahd. rāzi, mhd. ræze, md. rēze 'reißend, wild, heftig, hitzig; keck, munter; ſcharf von Geſchmack, herb': aus idg. *urēd-, Erweiterung von *urē- 'reißen'. Daneben ſteht in hom. ῥεῖα Adv. 'leicht, mühelos', gr. ῥάιδιος 'reißend, raſch, hemmungslos, leicht', ῥᾳστώνη 'Leichtigkeit': E. Schwyzer 1927 Jdg. Forſch. 45, 260. Über Geltungsbereich und Rückgang des namentlich im älteren Obd. häufigen Worts, das heute auf Mundarten und Umgangsſprache des Südens beſchränkt iſt: Bahder 1925 Wortwahl 74.

Raſſe F. Nach Oberhummer 1935 Forſch. u. Fortſchr. 11, 265 ſteht im Ausgangspunkt arab. ra's 'Kopf, Urſprung', Grundwort für ſpan. port. raza, ital. razza, frz. engl. race. Das frz. Wort, ſeit Beginn des 16. Jh. dort einge- bürgert, gelangt vereinzelt im 17. Jh. in fremder Schreibung zu uns. Bei häufigerem Gebrauch im 18. Jh. (Zſ. f. dt. Wortf. 8, 91) verflacht ſich die Bed. zu 'Sorte, Gruppe'. Als biologiſcher Begriff wird Raſſe zuerſt von Kant 1775 ver- wendet, eingebürgert erſt im 19. Jh. — Raſſen- kampf, ſeit B. Auerbach 1849 Tagebuch aus Wien 112, wird (beflügelt durch Gobineau 1853 Essai sur l'inégalité des races humaines) in den 70er Jahren zum Fahnenwort der antiſem. Bewegung: Ladendorf 1906 Schlagwb. 258. — Das Adj. raſſiſch 'auf die Raſſe bezüglich' wird 1922 von der Raſſenforſchung eingeführt. Das ältere raſſig bedeutet 'von guter Raſſe, von ausgeprägt edler Art'.

raſſeln ſchw. Ztw. Mhd. razzeln teilt als Weiterbildung zu razzen 'toben' deſſen Sinn. Weiterhin wird das Schriftwort in ſeiner Bed. umgefärbt durch Anlehnung an nd. rateln 'klappern', nd. nl. ratel 'Raſſel, Klapper', die nächſtverwandt ſind mit agſ. hratele 'Raſſel- topf', engl. rattle 'Klapper, klappern'. Die darin enthaltene germ. Wz. *hrat fügt ſich zu gr. κραδαίνειν 'ſchwingen, ſchwenken', doch kann bei derartigen Lautmalereien ebenſogut Neubildung wie Urverwandtſchaft vorliegen. Luthers obd. Zeitgenoſſen wird ſein raſſeln (Offenb. 9, 9 u. ö.) mit braſpeln, rauſchen ver- deutlicht: Andr. Schütt 1908 Adam Petris Bibelgloſſar 65; Karl Bachmann 1909 Einfl. v. Luthers Wortſch. 72.

Raſt F. mhd. rast(e), ahd. rasta 'Ruhe, Verweilen', daneben ahd. mhd. auch die Bed. 'Wegſtrecke', die anord. rǫst, got. rasta aus- ſchließlich haben. Vgl. aſächſ. rasta, rẹsta 'Ruhe, Totenlager', mnd. roste, ruste (ſ. Rüſte), mnl. ruste, agſ. ræst, engl. rest. Ohne den ableitenden Dental erſcheinen got. razn, anord. rann, agſ. ræn, ren, afrieſ. ern 'Haus'. Die ganze Sippe gehört als s-Erweiterung zum idg. Verbalſtamm *erē-, *rē- 'ruhen', ſ. Ruhe. Die Bed. von Raſt als Wegmaß, die das aus dem Got. entlehnte ſpätlat. rasta teilt, ſtammt aus der Zeit der Völkerwanderung. S. Meile.

Raſter M. 'in Glas geätztes und eingefärbtes Liniennetz': im 19. Jh. entlehnt aus lat. rastrum N. 'Karſt, Hacke', das im Mlat. die Bedeutung 'Rechen' angenommen hatte. Gleichen Ur- ſprungs iſt Raſter, älter Raſtrum, als Name des Leipziger Braunbiers: Zeichen des Brau- hauſes war ein eiſerner Rechen mit Bierkrug

darauf. J. Fiſchart 1575 Geſchichtklitt. 86 Ndr. weiß Beſcheid: „Leipſiſch Rechenraſtrum".

Rat M. ahd. mhd. rāt (t) 'Rat, vorhandene Mittel, Vorrat an Lebensmitteln'. Dieſe Bed. wahren teilweiſe nhd. Gerät, Hausrat, Unrat, Vorrat. Das alte M. Heirat (ſ. d.) bedeutet urſpr. 'Hausbeſorgung'. Dazu aſächſ. rād M. 'Rat, Hilfe, Vorteil', anl. rāt (d), mnl. raet (d), nnl. raad, afrieſ. rēd, agſ. rǣd M. 'Rat, Vorteil, Macht', anord. rāð N. 'Rat, Erwägung, Mittel, Beſtimmung, Macht, Heirat', dän. raad N., ſchwed. råd M. Got. fehlt das Wort, doch iſt der germ. Anſatz *rǣða- geſichert. Das M. iſt abgeleitet vom redupl. Ztw. raten, mhd. rāten, ahd. rātan, aſächſ. rādan, mnd. nl. rāden, afrieſ. rēda, agſ. rǣdan 'raten, leſen' (über das Runenraten als älteſte Art des germ. Leſens ſ. leſen), engl. read 'leſen', anord. rāða 'raten, zuwege bringen', dän. raade, ſchwed. råda, got. garēdan 'Vorſorge treffen', urrēdan 'ausſinnen', mit Ablaut rōdjan, anord. rœða 'reden'. Die nächſten außergerm. Verwandten ſind aind. rādhnóti, rādhyati 'macht (paſſend) zurecht, bringt zuſtande, gelingt, befriedigt', aveſt. rāδaiti 'macht bereit', aſlav. raditi 'ſorgen' (hieraus entlehnt lit. ródyti 'zeigen'), air. immrādim 'überlege, überdenke', akymr. am- raud 'Sinn', nkymr. amrawdd 'Geſpräch': ſämtlich dh-Erweiterungen zu dem in lat. reor, rērī 'berechnen, meinen, dafürhalten' enthal- tenen Stamm idg. *rē-, *rə-, der auch in Rede vorliegt, ſ. d. — **ratſchlagen** ſchw. Ztw. mhd. rātslagen, ahd. rātslagōn ſetzt die Kreis- form für Beratungen voraus und erhält Licht aus alten Rechtsformeln wie: einen Kreis, Ring ſchlagen, das Gericht ſpannen. Zum Part. ge- ratſchlagt Zſ. f. dt. Wortf. 1, 303.

Ratonkuchen M. Das ſonſt meiſt Napf- oder Topfkuchen genannte Hefengebäck heißt weſtdt. weithin Raton-, Radon-, Rodan-, Ro(n)donkuchen u. ä. Erſter Wortteil iſt frz. raton M. 'kleine Ratte': ſo heißt auch im Frz. eine Kuchenart nach ihrer Geſtalt. Kretſchmer 1918 Wortgeogr. 353.

Ratſche F. 'Raſſel, Klapper', erſt nhd., zu mhd. ratzen 'klappern' (ſ. raſſeln). tſch aus älterem (t)z auch in fletſchen, glitſchen, klatſchen, knutſchen, Pritſche, quet- ſchen, quietſchen, rutſchen, tätſchen, zwitſchern und in Fam.-Namen wie Fritſch und Witſchel.

Rätſel N. Die alte Gattung iſt bei den Ger- manen einzelſprachlich benannt: got. frisahts F., ahd. tunkal N., rātissa, -ussa, -iska (F. Kluge 1926 Stammbildungsl. § 137. 160[b]), mhd. rātische, ræt(e)ſche, frühnhd. räterſch F. N. Mit andrer Endung (F. Kluge a. a. O. § 143) zum gleichen Stamm (ſ. Rat, raten) ahd. *rätisli N., mhd. rätsel, rætsel(e), asächſ. rādisli N., rādislo M., mnd. rēdelse, die ihre nächſten Verwandten im Nordweſten haben: mnl. raedsel, rāles (aus *rādeles), nnl. raadsel, agſ. rēsele (aus *rǣdsele), rǣdels: hier haben s und l den Platz getauſcht wie im Mnd. und Mnl. Mengl. rēdel, engl. riddle danken ihre s-Loſigkeit einem Suffixtauſch (ſ. Feſſel[1]). Von Norden vorrückend erreicht rätsel, rætsel im 15. Jh. hd. Boden; Luthers Retzel (ſo ſeit 1523: Richt. 14, 12 u. ö.) hilft der nhd. Form zum Durchbruch, die noch ſeine weſtmd. und obd. Zeitgenoſſen durch Rätersch erſetzen. F. Kluge 1918 Von Luther bis Leſſing 102.

Ratte F. Von den beiden Arten iſt die Hausratte (Mus rattus) über die ganze Erde verbreitet und in Europa ſeit Jahrtauſenden vorhanden. Die Wanderratte (Mus decumanus) ſtammt aus Perſien, ſetzt 1727 bei Aſtrachan über die Wolga, wird 1732 über Indien nach England verſchleppt und erreicht 1750 Oſtpreußen, 1809 die Schweiz. Wanderungen ſpiegelt auch die Namengebung: kymr. heißt die Ratte llygoden Ffrengig 'franzöſ. Maus', neuir. francach und galluch 'galliſche Maus' (Thurneyſen, Keltorom. 75), aisl. vǫlsk mūs. Mit Wanderung muß auch unſere Namengebung rechnen, wenn tt in hd., nd. und roman. Formen wiederkehrt: ahd. ratta F., rato M., mhd. ratte F., rat M.; asächſ. ratta, mnd. rotte, mnl. ratte, nnl. rat, rot M., agſ. ræt(t), mengl. nengl. rat, anord. rottu- im Beinamen Rottu-hryggr, ſchwed. råtta, dän. rotte, norw. isl. rotta, ital. ratto, ſpan. portug. rato, frz. rat. Schwierig bleibt, daß nach Abſchluß der hd. Lautverſch. gleichbed. ahd. ratza, mhd. ratz(e) auftreten und daß in lebenden Mundarten Ratz auch 'Marder' und 'Iltis' bedeutet. Man denkt an eine Koſeform *ratizo (vgl. Hinz, Spatz, Wanze): Palander 1899 Ahd. Tiern. 74 f.

Rattenkönig M. wird von Geßner 1563 Tierbuch 109a beſchrieben als eine beſ. große Ratte, die ſich vom Raub anderer Ratten nährt. Dieſe Vorſtellung liegt dem reformator. Scheltwort R. (z. B. für den Papſt) zugrunde, ſo zuerſt 1524 (Sat. und Pasqu. 3, 113 Schade). Später wird daraus eine Bezeichnung alter Ratten, die ſich mit den Schwänzen ineinander verwirrt haben und ſo von ihren Jungen verpflegen laſſen: Nemnich 1794 Polygl.-Lex. d. Nat.-Geſch. 3, 658. Kaum vor Jean Paul 1795 Heſp. (Hempel 10, 621) ſteht R. in dem von da gewonnenen und heute gewohnten Bild für etwas unentwirrbar Verſchlungenes.

Rätzel N. Nach Ratz M. als Namen verſch. Tiere mit ſtarkem Geſichtshaar (ſ. u. Ratte) heißen Menſchen mit ſtarken, zuſ.-gewachſenen Augenbrauen Rätzel 'σύνοφρυς'. Als Räzel und Räthſel bei Goethe I 27, 232. 361 (Dicht. u. Wahrh. II 8. 9). Solchen Menſchen werden dämoniſche Eigenſchaften zugeſchrieben: Prätorius 1666 Anthropod. 1, 336 „daß manche Leute etlichen alten Weibern am Geſichte abmercken wollen, welche des Nachts zu Mahren werden; als wenn ihre Augenbrauen gantz gleich zu gehen, und das Plätzgen über der Naſe, als das ſonſten glat iſt, auch rauch mit Haaren bewachſen außſiehet"; daher daſ. 335 Rätzel 'Nachtgeiſt'. Dieſe Bed. beſtätigt Schmeller[2] 2, 194 aus der Oberpfalz.

Raub M. mhd. roup (b) '(Sieges-)Beute, Geraubtes, Räuberei, Plünderung, Ernte eines Felds', ahd. roub, asächſ. rōf (in nōdrōf 'gewaltſame Entreißung'), mnl. nnl. roof, afrieſ. rāf, agſ. rēaf 'Beute, Kleidung, Rüſtung', anord. reyfi N. 'Vlies, abgeriſſene Wolle', valrof (aus *-rauf) 'Kriegsbeute'. Dän. rov, ſchwed. rof beruhen auf Entlehnung aus mnd. rōf. Das germ. Subſt. iſt in zwei Bed. ins Roman. gedrungen: einerſeits als ital. ruba 'Raub' (dazu rubāre 'rauben', frz. dérober 'ſtehlen'), anderſeits als ital. roba, frz. robe F. 'Gewand' (hieraus engl. robe 'Rock, Kleid'); ſchon afränk. *rauba F. (in walu-raupa 'Beraubung der Gefallenen' Lex Bajuv.) hatte die Bed. '(erbeutetes) Kleid' entwickelt. Die Subſt. gehören zum ſt. Ztw. agſ. rēofan 'brechen, zerreißen', berēofan 'berauben', anord. rjūfa 'brechen' (beſ. von Vertragsbruch). Daneben das ſchw. Ztw. rauben, ſ. d. Die nächſten außergerm. Verwandten ſind aind. rōpayati 'verurſacht Reißen, bricht ab', rúpyati 'hat Reißen im Leib', rōpa- N. 'Loch, Höhle', lat. rumpere 'brechen', rūpēs 'Klippe', rupex 'klotziger Menſch, Rüpel', lit. rūpéti 'ſich um etw. kümmern', rū́p mán 'es kümmert mich' (urſpr. 'es zerreißt, bricht mir das Herz'), rúpas, rupùs 'rauh': ſämtlich zum idg. Verbalſtamm *reup- 'aus-, zerreißen, brechen', p-Erweiterung zur idg. Wurzel *reu- 'aufreißen, graben, raffen' in Riemen[1] uſw. Vgl. raufen und E. Wadſtein 1903 Idg. Forſch. 14, 402 ff.

rauben ſchw. Ztw. In älterer Sprache ſtehen Bildungen auf -ōn neben ſolchen auf -jan: mhd. rouben, ahd. roubōn, asächſ. rōbon, mnd. rōven (daraus entlehnt dän. røve, ſchwed. röva), mnl. rōven, nnl. rooven, afrieſ. rāvia, agſ. rēafian, engl. bereave 'rauben', anord. reyfa 'reißen, pflücken', pflücken', raufa 'zerbrechen, -reißen', got. biraubōn 'ausziehen'. Ableitung von Raub (ſ. d.) oder Kauſativ zu dem dort entwickelten ſt. Ztw. germ. *riuban. Ins Roman. entlehnt als ital. rubare, prov. raubar, ſpan. robar 'rauben', frz. dérober 'ſtehlen'.

Räuber M. mhd. roubære, rouber, röuber, ahd. roubare, mnd. mnl. rōver, nnl. roover, agſ. rēafere, engl. reaver, anord. raufari, reyfari, dän. røver, ſchwed. rövare. Seit Friſch 1741 die Bed. 'Schnuppe an der Kerze'; ſo Jean Paul 1793 Grönl. Proz. 103. Adelung kennt dafür auch Dieb; entſpr. nl. dief aan de kaars.

Raubgier F. Während raubgierig ſeit Maaler 1561 gebucht wird, erſcheint Raubgier erſt mehr als 200 Jahre ſpäter bei Adelung. Entſpr. Verhältniſſe erweiſt Ruppel 1911 Rückbildung dt. Subſt. aus Adj. 27f. für Blut-, Geld-, Lob-, Ruhmgier.

Raubritter M. 'Ritter, der vom (Straßen-) Raub lebt, ſich aus dem Stegreif nährt'. Bisher nicht nachgewieſen vor F. C. Schloſſer, Weltgeſch. 7, 452. 9, 44.

Raubſtaat M. Nachdem im Melch. Striegel (1793) 222 von einem Allianztraktat mit dem „algieriſchen Kaperſtaat" die Rede geweſen war, ſprach Börne ſeit 1822 mehrfach (3, 132. 5, 291) von Tunis, Algier und Tripolis als „den Raubſtaaten". Als bei der Aufführung von Gutzkows 'Zopf und Schwert' in Donaueſchingen für „Reuß, Greiz, Schleiz und Lobenſtein" geſagt werden mußte „Algier, Tunis und Tripolis", urteilte Held 1846 Dem deutſchen Volke 263 „das hat im Grunde nicht viel auf ſich; denn Algier, Tunis und Tripolis ſind auch keine üblen Raubſtaaten". Das ſetzt die Übertragung auf die ihre Hoheitsrechte mißbrauchenden dt. Kleinſtaaten ſchon voraus, die z. B. Treitſchke 1859 Briefe 2, 32 geläufig iſt: „Vernichtung des Bundestages und der 34 Raubſtaaten". Gombert 1902 Zſ. f. d. Wortf. 3, 327; Ladendorf 1906 Schlagwb. 259.

Raubvogel M. 'avis rapax'. Zuerſt bei Fiſchart 1570 Nachtrab V. 3. In den Wörterbüchern ſeit Stieler 1691. Beſonderungen wie Raubmöwe, -ſchwalbe nicht vor dem 19. Jh.: H. Suolahti 1909 Die dt. Vogelnamen 22.

Rauch M. Mhd. rouch, ahd. rouh (hh), aſächſ. mnd. nd. rōk, anfränk. rouc, mnl. rooc, nnl. rook, afrieſ. rēk, agſ. rīec, mundartl. rēc, engl. reek, anord. reykr, ſchwed. rök, dän. røg führen auf germ. *rauki-, idg. *rougi-, auf dem auch alb. rē 'Wolke' beruhen kann. Das germ. M. gehört mit Ablaut zu riechen, ſ. d. — Dem ſchw. Ztw. rauchen entſprechen mhd. (md.) rouchen, ahd. rouhhan '(be)räuchern', mnd. rōken, mnl. rōken, nnl. rooken, afrieſ. rēka, agſ. rīecan, anord. reykja, ſchwed. röka, dän. røge, die auf germ. *rauk-jan führen, das ſich als Kauſativ neben riechen ſtellt (wie beugen neben biegen). Tabak rauchen 'ihn in Rauch aufgehen laſſen' erſcheint 1678 für älteres Tabak nehmen, ſaugen, ſchlürfen,

trinken: E. Richter 1928 Zſ. f. vgl. Sprachf. 55, 138ff. Dazu Raucher und Nichtraucher.

rauch Adj. Das Adj. rauh (ſ. d.) entwickelt lautgeſetzlich ein Nebeneinander der unflektierten Form mhd. rūch neben flektiertem rūher (wie hoch, nächſt neben hoher, naher). Das Adj. rauch hält ſich in der Bed. 'behaart' bis ins 19. Jh., dazu werden (ſchon bei Luther) flektierte Formen wie raucher gebildet, ſo daß eine Spaltung in rauch und rauh eintritt, die die nhd. Grammatiker gutheißen: H. Paul 1916 Dt. Gramm. 1, 376. — Rauchwerk N., mhd. rūchwërc, enthält das Adj. in der Bed. 'haarig, mit Haaren bewachſen'. Rauchhandel iſt eine erſt nhd. Klammerform aus Rauch(werk)handel.

Räude F. Hautkrankheit beſ. des Viehs. Mhd. riude, rūde, ahd. riudī, rūda, älter hrūda 'scabies, impetigo, ulcus', aſächſ. hrūtho, mnl. rūde, nnl. ruit, agſ. hrūde F. 'Räude, Krätze', anord. hrūðr M., norw. ru(r) 'Schorf' ſind mit dem Suffix der Krankheitsnamen (germ. -aþan, -iþan, -iðan) gebildet. Weitere Verknüpfungen ſind nicht geſichert.

Rauſdegen ſ. Degen².

raufen ſchw. Ztw., mhd. roufen, ahd. rouf(f)en, raufen 'rauſen, rupfen', md. röufen (vgl. glauben, Haupt), mnd. rœpen, aſächſ. rōpian, mnl. rōpen, agſ. rīepan, engl. rip 'reißen', got. raupjan 'ausrupfen'. Raufe F. 'Futterleiter', ſpätmhd. roufe, mnd. rœpe, iſt Rückbildung aus dem Ztw. Intenſivbildung dazu iſt rupfen, ſ. d. Germ. *raup- beruht auf idg. *roub-: *reub-, einer Auslautdublette zu *reup- in Raub, ſ. d. Außergerm. vergleichen ſich ir. rob 'wühlendes Tier', lat. rubidus 'rauh, roh', rubēta 'Kröte'.

Raugraf M. mhd. rūgrāve, Titel wie mhd. wiltgrāve. Urſpr. wohl 'Graf in rauhem, d. h. unbebautem Land'.

rauh Adj. Mhd. rūch, rūher, ahd. rūh, rūher, mnd. rūge, rūwe, mnl. rū, ruuch, nnl. ruig, agſ. rūh (Gen. meiſt rūwes) 'rauh, grob, haarig; unbereitet, ungezähmt', engl. rough 'rauh, grob' vereinen ſich auf weſtgerm. *rūh(w)a-. Oſt- und nordgerm. iſt das Wort nicht bezeugt; auf Entlehnung aus dem Mnd. beruhen dän. ru 'ungehobelt' und ſchwed. rugg 'das Rauhe an Fellen und Stoffen'. Außergerm. vergleichen ſich lit. rùkti 'ſich runzeln' u. aind. rūkšá- 'rauh, trocken, mager'. Jdg. *reuk- gilt als Erweiterung des Verbalſtamms *reu- 'aufreißen, -wühlen'. Zur Abſpaltung des nhd. Adj. rauch ſ. d.

Rauhbein N. Schelte des Ungeſchliffenen. Engl. rawboned 'fleiſchlos, klapperdürr' wird volksetym. zu rauhbeinig. „Die Rauhbeinigen" iſt von etwa 1800 bis 1830 Spott-

name der Berliner Bürgerpolizei im Gegensatz zum preuß. Heer in seinen glatten Lederhosen
und Gamaschen. Die Rückbildung Rauhbein,
noch nicht in Kaltschmidts Gesamt-Wb. 1851,
mag norddeutschen Stud.-Kreisen entstammen:
Westfäl. ruchschuoken ist von Pferden mit
stark behaarten Beinen, also gewöhnlichen
Schlags, auf Menschen übertragen.

Rauke F. Lat. ērūca 'Senfkohl' ergibt ital.
ruca (sonst gilt die Verkl.: ital. ruchetta,
frz. roquette, nnl. raket, engl. rocket). Von
da unser Rauke, kaum vor 1574: H. Fischer
1920 Schwäb. Wb. 5, 186.

Raum M. Mhd. ahd. asächs. agf. anord. got.
rūm, nnl. ruim, engl. room, norw. röm, dän.
schwed. rum 'Raum, freier Platz, Lagerstätte,
Sitzplatz, Bett' sind Substantivierungen des
gemeingerm. Adj. *rūma- 'geräumig': got.
rūms, anord. rūmr, schwed. dän. rum, agf.
afrief. mnd. rūm, nnl. ruim, ahd. rūmi, mhd.
(ge)rūm, nhd. geraum, geräumig. Auch die
Entsprechungen des schw. Ztw. räumen gehen
durch mehrere germ. Sprachen; sie setzen germ.
*rūmian voraus. Adj. Bildungen auf germ.
-ma-, -idg. -mo- sind auch arm und warm. Die
idg. Wurzel *reu- 'weit; Raum' wird vorausgesetzt auch von avest. rava- 'Raum, Weite',
toch. ru- 'öffnen', lat. rūs 'Land', aslav. ravĭnŭ
'eben'. — Über die Schwierigkeiten, die Luthers
Raum Mark. 2, 2 u. ö. seinen obd. Zeitgenossen bereitete, s. A. Schütt 1908 Ad. Petris
Bibelglossar 66 und K. Bachmann 1909 Einfl.
von Luthers Wortsch. 72.

Raune M. 'verschnittenes Pferd' s. Hahnrei,
Wallach, wrinschen.

raunen schw. Ztw. mhd. rūnen, ahd. rūnēn,
asächs. rūnōn, -ian, agf. rūnian, engl. roun(d)
'flüstern, heiml. u. leise reden', anord. reyna:
gemeingerm. Abl. zum Fem. germ. *rūnō-
'dumpfes, heimliches Gemurmel, Geheimnis'.
S. Rune und Alraun.

Raupe F. 'Insektenraupe', urspr. wohl nur
die behaarte. Anb. rūp(p)a, spätmhd. rūp(p)e,
mnd. mnl. rūpe weisen auf germ. *rūb-jō- (s.
Robbe). Die Form mit au (ou) ist ins Westobd.
nur entlehnt, alt ist dort die mit ū, vor Ver-
schlußfortis lautgesetzl. gekürzt zu u. Schwierig
bleibt schwäb. ū (auch in ruepen 'die Bäume
von Raupen reinigen'). Häufiger ist in Schwaben Graswurm (ahd. grasawurm), Ratze,
in der Schweiz tüfels-chatz (mit dem Blick
auf die Behaarung), sonst Kohl-, Kraut-
wurm, Wurm.

Rausch M. Name verschiedener Pflanzen,
vor allem 'Binse, Mäusedorn, Brüsch, Preißel-
beerstaude': mhd. rusch(e), mnd. risch, rüsch
M., nl. rusch, agf. risc(e), resc(e), rysc(e) F.,
engl. rush 'Binse', färöisch ryski, norw. rusk,

ryskje 'Schmiele'. Für urverwandt gelten
lit. rezgù 'stricke, flechte', rezgis 'Korb', aslav.
rozga 'Rute, Zweig', lat. restis, aind. rájju-
'Tau, Seil': sämtlich zum idg. Verbalstamm
*rezg- 'flechten, winden'.

rauschen schw. Ztw., mhd. rūschen, riuschen,
mnd. rūschen, mnl. ruusscen, nnl. ruischen,
agf. hrȳscan 'krachen, sausen, schwirren', mengl.
rouschen, engl. rush 'rauschen, stürmen'. Lautmalende Bildung ohne außergerm. Beziehungen. Rückgebildet ist daraus Rausch M.
'(leichte) Trunkenheit'. Hd. zuerst als reuschlin
bei K. Scheidt 1551 Grobianus 2557, nd.
rüsch seit 1563.

Rauschgelb N. 'rotes Arsenik', frühnhd.
reuschgeel in Bergwerksbüchern seit 1546;
entspr. nnl. rusgeel. Erster Teil lat. russus
(ital. rosso) 'rot'.

räuspern schw. Ztw. spätmhd. riuspern,
rüspern, frühnhd. rusperen, rauspern, ryspern,
reißperen: Iterativ zu gleichbed. mhd. riuspen,
nd. rūspen. Mit andrer Endung steht daneben
mhd. riuspeln, frühnhd. reusplen, in Böhmen
rauspeln. Voraus geht ahd. girūspit/inhorruit
(aper). Außergerm. vergleicht sich lat. rūspāri
'suchen', urspr. 'aufreißend, durchwühlend nach
etwas forschen', das fortlebt in ital. ruspare
'scharren' (von der Henne), woneben ruspo
'rauh, neugemünzt; ungezogener Mensch', ruspio
'rauh', rospo 'Kröte'. Idg. *reus- ist Erweiterung des verbreiteten Verbalstamms *reu-
'aufreißen'.

Raute F. Ruta graveolens, ahd. (Zs. f. d.
Wortf. 6, 194) rūta, mhd. (das. 5, 22) mnl.
rūte. In ahd. Zeit entlehnt aus lat. rūta,
das seinerseits aus gleichbed. gr. ῥυτή entlehnt
sein kann. Agf. rūde scheint durch keltoroman.
Vermittlung gleichfalls auf lat. rūta zurückzugehen. Engl. rue ist durch frz. rue vermittelt. Auf dem Mnd. beruhen dän. rude und
schwed. ruta, auf dem Schwed. finn. ruuta. —
Denkt man die Spitzen der vier Kronblätter der
Rautenblüte durch Gerade verbunden, so erhält
man die Figur eines Rhombus, der darum seit
1539 (Schirmer 1912 Wortsch. d. Math. 63;
Götze 1919 Anf. e. math. Fachsprache 143)
Raute heißt. Anwendungen in Baukunst und
Heraldik gehen der math. bei spätmhd. mnd.
mnl. rūte voraus. In obd. Volkssprache entspricht Weck, im Kartenspiel (Rauten 'carreau'
seit Duez 1664) Eckstein: Zs. f. dt. Phil. 60
(1935) 330 ff.

Razzia F. Arab. ghāzija ist der Streif-
und Kriegszug eines Stammes gegen den
andern. In Nordafrika, wo der Anlaut r-Klang
gewinnt, lernen die Franzosen den Arabern
die grausame Sitte ab, ihr razzia erscheint

bei uns 1841: Schmeller² 2, 900; Littmann 1924 Morgenl. Wörter 67.

Realschule F. zuerst von Pfarrer Chr. Semler in Halle 1706 für seine lateinlose Lehranstalt verwendet, die er noch 1705 „Mathematische Handwerksschule" nennt: Nyström 1915 Dt. Schulterm. 1, 45.

Rebe F. mhd. rëbe F. M., ahd. rëba F., rëbo M. 'Rebe, Ranke, Schlingschößling'. Auf eine ablautende Form asächs. *rāba weist mnd. wînrāve, dazu nach Holthausen 1930 Idg. Forsch. 48, 259 westfäl. hüdrâwe 'Gundelrebe' (s. d.; der erste Wortteil 'Haut', weil Glechoma hederaceum zur Wundheilung aufgelegt wurde). Verwandt sind dän. revling 'schwarze Rauschbeere, Krähenbeere', schwed. reva 'Ausläufer der Pflanzen', vinref 'Weinranke', jordref 'Gundelrebe'. Sämtlich zum idg. Verbalstamm *rep- in lat. rēpere, lit. rėplióti, lett. rāpt 'kriechen'.

rebellieren Ztw. und **Rebellion** F. (aus lat. rebellāre 'sich auflehnen' und rebellio F. 'Erneuerung des Kriegs, Aufstand') treten seit 1515 und 1546 bei uns auf, das nachmals auf die Mundart zurückgedrängte Adj. rebellisch seit 1570: Mod. lang. notes 38, 405; Zf. s. d. Wortf. 15, 205.

Rebensaft M. für 'Wein' zuerst in einem Weingruß von Ende des 15. Jh., angeführt von Fischart 1575 Garg. 125. Die Nachbildung Traubensaft kaum vor Wieland 1771 Amadis XII Str. 17. Auch Gerstensaft für 'Bier' (seit Brockes 1748 Ird. Vergn. 9, 145) ist Nachbildung von Rebensaft.

Rebhuhn N. Der Anklang von ahd. rëb(a)huon (10. Jh.), mhd. rëphuon an ahd. rëba 'Rebe' beruht auf nachträglicher Angleichung: Germanen haben den Vogel benannt, längst bevor er in dt. Rebbergen nisten konnte. An nd. rap 'schnell' angeglichen ist mnd. raphône (von da entlehnt mnl. raphoen, norw. dän. raphøne, schwed. rapphöna); voraus liegt *reve-hōn. Der german. Sippe urverwandt ist eine balto-slav.; russ. rjabka, slov. jereb, serb. jareb (aus aslav. jarębĭ) 'Rebhuhn', lett. lauka-irbe 'Feldhuhn'. Der Vogel ist nach seiner Farbe benannt, vgl. aslav. rębŭ, russ. rjab 'bunt'. Idg. Wz. *erebh-. Much 1902 Zf. f. d. Wortf. 2, 285; Suolahti 1909 Vogeln. 255ff.; Holthausen 1930 Idg. Forsch. 48, 256; Wick 72f. S. Erpel.

Rebus N. M. Die Rätselart geht (wie die Scharade von der Provence) von der Pikardie aus. Hier zeichneten um 1600 Studenten satirische Bilderrätsel über Stadtereignisse (lat. de rebus quae geruntur). Frz. rébus (de Picardie) ergibt 1620 engl. rebus. In Deutschland Rebus de Picardie seit Hübner 1712.

Barbieux 1852 Antibarb. d. frz. Sprache unter Devise.

Rechen M. mhd. rëche, ahd. rëhho M., mnl. reke, anord. reka neben mnd. rake, agf. raca, engl. rake, schwed. raka 'Harke': zu ahd. rëhhan, mnd. reken, afries. reka, got. rikan neben mnd. raken, anord. raka 'zus.-scharren, häufen'. Die germ. Wz. *rek-: *rak- aus vorgerm. *reg-: *rog- wird mit lat. rogus 'Scheiterhaufen' u. gr. ῥογός 'Scheuer' zus.-gestellt. Norddt. gilt gleichbed. Harke, s. d. — S. auch Racker.

rechnen schw. Ztw. Ahd. rëhhanōn, mhd. rëchenen, mnd. mnl. rekenen, afries. rëkenia, agf. ge-recenian 'erklären, berichten; bezahlen' (engl. reckon 'rechnen; meinen') zum Adj. mnd. reken 'ordentlich, genau, offen, ungehindert', afries. rekon 'in Ordnung', agf. recen, -on, ricen 'bereit, schnell, heftig'. Mit air. rēn (aus *regn) 'Spanne', gr. ἀργίπους 'schnellfüßig', aind. r̥jú- 'gerade' usw. zur idg. Wurzel *reg- 'gerade'.

recht Adj. Mhd. ahd. asächs. anfr. rëht, mnd. mnl. nnl. recht, afries. riucht, agf. riht, engl. right, got. raihts führen auf germ. *reh-ta-, mnl. *rek-to-: wie gleichbed. lat. rēc-tus, gr. ὀρεκτός, avest. *rāšta- to-Part. zu dem Ztw., das in lat. regere 'lenken' erscheint. Zur idg. Wurzel *reg- 'geraderichten' stellt sich auch aind. r̥jú- 'gerade, richtig, gerecht', Superl. rájištha-. Die Bedeutung 'rechts' (im Gegensatz zu links) ist noch mhd. selten, weil die seither abgestorbene Entsprechung des gr. δεξιός, lat. dexter (mhd. zëse, ahd. zëso, anfr. tësewa, got. taíhswa) den Begriff deckte. — S. Recht.

Recht N. mhd. ahd. asächs. rëht, afries. riucht, agf. riht N., engl. right: das substantivierte Adj. recht. Anord. rēttr, Gen. rēttar M., schwed. rätt, dän. ret führen auf germ. *rehtu-, idg. *rektu-, wie das urverwandte air. kymr. rhaith, abret. reith, bret. reiz 'Recht, Gesetz', agall. Rectugenus: mit Endung idg. -tu zur gleichen Wurzel wie recht, s. d.

rechtfertigen schw. Ztw. mhd. rëht-vertigen 'in rechten Stand setzen': zu einem schon mhd. seltenen Adj. rëhtvertic 'gerecht, rechtmäßig'.

Rechtsanwalt s. Anwalt.

rechtschaffen Adj. Nach dem Vorbild des schon mhd. wänschaffen, mnd. wänschapen 'mißgestaltet' (noch im Fam.-Namen Wahnschaffe, Wanschapp) tritt frühnhd. recht(ge)schaffen auf. Rechtschaffen siegt als Luthers Form (Matth. 3, 8 u. ö.). Es ist Part. ohn ge- wie alt-, neubacken: Behaghel 192 Gesch. d. dt. Spr. 471.

Rechtschreibung F. Lehnübersetzung des 16. Jh. für gr.-lat. Orthographie. Neben diesem seit Sim. Rot 1571 Dict. L 7a, durchgesetzt von Harsdörffer, Zesen und Schottel. Adelung, Heynatz u. Campe bekämpfen R.; jener bevorzugt Schreibart, diese Schreibung. Jean Paul entscheidet 1796 für R.: Zs. f. dt. Wortf. 15, 33; Vortisch 1910 Gramm. Termini 12; Wh. Pfaff 1933 Kampf um dt. Ersatzwörter 44 f.

Rechtskraft F. Während das Adj. rechtskräftig seit Steinbach 1 (1734) 923 gebucht wird, scheint Rechtskraft nicht vor Frisch 1741 aufzutreten: Nichtenhauser 1920 Rückbildungen 27.

Reck N. 'Gestell mit waagrechten Stangen', mnd. rick, reck, mnl. rec (ck), nnl. rek (aus *riqnó-) N. 'lange, dünne Stange', mhd. ric (ck) 'waagrechtes Gestell, Stange oder Latte, um etwas daran zu hängen'. Die nächsten germ. Verwandten sind norw. rjaa M. 'Stange zum Trocknen von Getreide' (aus *ríhan-), schwed. mundartl. ri F. 'Pfahl, Stange'. Außergerm. vergleichen sich lit. rýksztė, lett. rīkste, riste, apreuß. riste 'Rute' (lit. rīkė 'Zaunstange' beruht auf Entlehnung aus dem Nd.). Der balto-germ. Sippe liegt idg. *reiq- 'Stange, Latte' voraus. — Aus „sassischer Mundart" führt F. L. Jahn 1816 Turnkunst XLI Reck in die Sprache des Turnens ein; es hat sich sogleich allgemein durchgesetzt.

Recke M. ahd. wreckeo, recko, asächs. wrekkio 'landesflüchtiger Verbannter, Vertriebener', mhd. recke 'Krieger, Held', ags. wrecca 'Flüchtling, Unglücklicher' (woher engl. wretch 'Elender, Lump'). Die westgerm. Sippe weist auf germ. *wrakjan- M., Ableitung zum Stamm von rächen (s. d.). Ein vulgärlat. waracionem (für *wracion-) wird im 7. Jh. Ausgangspunkt für frz. garçon 'Troßknecht, Lotterbube', später 'Bursche'. Waracio liegt als mlat. Männername des 9. Jh. vor, wie auch ahd. Recko als Eigenname begegnet. Frühnhd. recke ist als 'Riese' bezeugt, schweiz. reck (16. Jh.) als 'Landstreicher', in den Mundarten wirkt dieses Sprachgut gelegentl. fort. Das gesunkene und absterbende Wort wird mit Aufleben der mhd. Dichtung erneuert, voran geht Wieland 1777.

recken schw. Ztw. ahd. recchen, mhd. mnl. recken 'ausstrecken, -dehnen', asächs. rekkian 'auseinandersetzen', ags. recc(e)an, anord. rekja, got. uf-rakjan 'ausstrecken'. Verwandt mit ags. recen 'bereit, schnell', lat. regere 'gerade machen', porrigere 'strecken', gr. ὀρέγειν 'recken', air. rigim 'recke', toch. B raksate 'er breitete aus'. Vgl. noch rank.

Reckholder s. Flieder, Wacholder.

Rede F. mhd. mnd. mnl. nnl. rede, ahd. radia, rêd(i)a, asächs. rêdia, afries. rethe, got. rapjō. Ausgangsbed. überall 'Rechenschaft'. Primäre -iōn-Ableitung von der germ. Wurzel *rap-, die von den idg. Nominalbildungen *roto-, *rəti- ausgeht, während gleichbed. lat. ratiō unmittelbar aus *rəti- weitergebildet ist. Sämtlich zum idg. Verbalstamm *ar- 'fügen, passen'. Vgl. gerade[1], hundert, sowie anord. ti-rœðr 'zehn Dekaden messend'.

reden schw. Ztw. mhd. reden, ahd. rêd(i)ōn, asächs. rêðiōn 'reden', afries. rethia. Daneben gleichbed. ahd. redinōn (wozu redinâri, mhd. redenære, nhd. Redner), wie neben ahd. redia F. ein gleichbed. redina steht. Die urspr. Bed. zeigt got. ga-rapjan 'zählen'.

Redensart F. Lehnübersetzung von frz. façon de parler, zuerst bei Joh. Arndt, Vom wahren Christentum (Frankf. a. M. 1605).

redlich Adj. mhd. redelīch, ahd. rêdilīh bedeutet als Ableitung von ahd. redia 'Rechenschaft' zunächst 'so, wie man es verantworten kann', dann 'wie es sich gehört', endlich (mit demselben Bed.-Wandel wie rechtschaffen) 'ehrlich'.

Reede (älter Rhede) F. Die geltende Bed. 'Ankerplatz vor einer Küste' ist entwickelt aus der älteren 'Platz, an dem Schiffe ausgerüstet, bereitgemacht werden'. Zu der unter bereit entfalteten Sippe stellen sich (mit anord. reiði 'Ausrüstung eines Schiffs') mengl. rōde, engl. road, mnl. rêde, nnl. ree(de), mnd. reede, reide F. 'Reede'. Die letzte Form erscheint 1613 zuerst in einem hd. Text, Reede erst 1669: Kluge 1911 Seemannsspr. 654. Aus ags. *rād 'Reede' sind gleichbed. frz. rade, ital. rada entlehnt.

Reeder M. 'wer Schiffe auf eigne Rechnung ausrüstet (und fahren läßt)', mnl. mnd. rêder, frühnhd. (1573) Schiffsrheder (Kluge 1911 Seemannsspr. 655): zu nl. nd. rêden schw. Ztw. 'bereitmachen, ausrüsten'.

Referat N. 'Bericht' aus lat. referat 3. Sg. Konj. Präs. 'er möge berichten', mit referieren, Referendar, Referent, Referenz zu lat. referre 'berichten'. Der Amtsvorstand verteilte die neuen Eingänge zu Bericht und Entscheidung mit dem Aktenvermerk: „referat, decernat collega N. N.": Dunger 1903 Wiss. Beihefte z. Zs. d. Sprachv. 4, 117. Lat. Flexionsformen sind Ausgangspunkt auch für Fremdwörter wie Debet, Exsequatur, Imprimatur, Inserat, Kredo, Pacem, Plazet, Prosit, Requiem, Rezepisse, Veto, vidimieren: Behaghel 1928 Gesch. d. dt. Sprache 76.

Reff[1] N. 'Latten-, Stabwerk versch. Art, Tragkorb', ahd. mhd. rëf; mengl. engl. rip

'Fiſchkorb', anord. hrip N. 'Holzgeſtell zum Tragen von Holz und Torf'. Germ. *hripa- kann auf idg. *qribo- beruhen, das auch von lett. kribas 'zuſ.=gebundene Stäbe als Boden des Bauernſchlittens' vorausgeſetzt wird. Ferner kann bei Annahme einer Wurzelform *qereib- mir. corb 'Wagen', lat. corbis 'Korb' verglichen werden.

Reff² N. Zum Einkürzen der Segel ſind quer darüber Streifen genäht, an denen die nötigen Bänder und Ringe ſitzen. Sie heißen anord. rif, das urſpr. 'Rippe' bedeutet. Wahr- ſcheinlich iſt anord. rifa 'zuſ.=binden' der nächſte Verwandte der Sippe von ſchwed. ref, dän. rev, reb, agſ. gerif, engl. nl. reef. Über das Nd. gelangt das Seemannswort ins Nhd. des 18 Jh. — reffen Ztw. 'die Segel bei zunehmendem Wind verkürzen' erſcheint zuerſt 1702 in hd. Text: Kluge 1911 Seemannsſpr. 656 f.

Reff³ N. beſ. in der Verbindung altes Reff 'altes Weib', ſo ſeit Comenius 1666 Sprachen- thür § 278. Die ältere Bed. in nnd. (brem.) rif(t) 'cadaver', ahd. hrêf, agſ. hrif '(Unter=) Leib, Mutterleib', afrieſ. href, hrif 'Bauch'. Zur Bed.=Entw. vgl. Hundsfott und lat. cunnus 'Dirne' (Horaz). Germ. *hrefiz- beruht auf idg. *qrepes-. Urverwandt ſind lat. corpus, aveſt. kǝrǝfš 'Leib, Geſtalt', aind. kṛp 'Geſtalt, Schönheit'.

reffen ſchw. Ztw. 'Flachs, Hanf hecheln', mhd. reffen (Nebenform zu raffen, ſ. d.) 'zupfen, rupfen'. Die nhd. Bed. lehnt ſich offenbar an das Nd. an, vgl. mnd. nnl. repel 'Flachsbreche', repelen 'Flachs brechen', engl. ripple 'Flachsriffel'.

Regal¹ N., nd. rijōl, riōle 'Bretterfach für Bücher, Waren, Küchengeſchirr', zuerſt in Nürnberg 1678: als Handelswort zurückzu- führen auf ital. riga F. 'Zeile, Reihe', das auf ahd. rīga 'Reihe' beruht. Wenn daneben in Leipzig 1712 Regal als 'Lineal' erſcheint, ſo wird die Beziehung zu ital. rigo M. 'Lineal' deutlich.

Regal² N. 'Schnarregiſter der Orgel', ſo zuerſt in Leipzig 1712. Vorher 'kleine, trag- bare Orgel mit Schnarrpfeifen', ſo zuerſt in Nürnberg 1503 (Chron. d. dt. Städte 11, 662). Entlehnt aus frz. régale 'kleines Rohrwerk in Orgeln', zu mfrz. regaler 'gleichmäßig ver- teilen' (aus re- und égaler 'den nach der Tei- lung bleibenden Reſt verteilen').

Regatta F. 'Wettfahrt der Segel= und Ruderboote', wie Gondel ein venez. Wort, bei Speander 1727 und noch bei Röding 1796 nur von Venedig gebraucht: Kluge, Seemanns- ſpr. 657. Die Benennung geht aus von der zur Wettfahrt ſtartenden Gondelreihe, ital. riga, ſeinerſeits entlehnt aus ahd. rīga 'Reihe'.

rege Adj. nur deutſch, im 16. Jh. abgeleitet aus dem Ztw. regen (ſ. d.), zunächſt nur für prädikativen Gebrauch. Vgl. Rahe.

Regel F. mhd. rëgel(e), ahd. rëgula 'Regel', in der beſ. Bed. 'Ordensregel' in ahd. Zeit mit Klosterwörtern wie Abt, Kloster, Mönch, Münſter, Nonne entlehnt aus mlat. rëgula. Das ē von lat. rëgula hätte ahd. ī, nhd. ei er- geben wie in Feier, Kreide, Pein uſw. Auf der Form mit mlat. Kürze beruhen auch gleichbed. agſ. rëgol, afrz. riule, während von lat. rëgula afrz. mengl. reule, engl. rule aus- gehen.

Regen M. Mhd. rëgen, ahd. aſächſ. rëgan, mnl. reghen, rein, reen, nnl. regen, afrieſ. rein, agſ. regn M., engl. rain, anord. regn, got. rign N., krimgot. reghen führen auf germ. *regna-, idg. *req- 'feucht, bewäſſern, Regen'. Dazu mit Ablaut lit. rōkia, rōkti 'in Form eines ſtarken Nebels regnen', rōkė 'Staub- regen'. Das zugehörige ſchw. Ztw. regnen iſt gemeingerm.: mhd. mnd. rëg(en)en, md. reinen, agſ. rignan, rīnan, engl. rain, anord. rigna, ſchwed. regna, dän. regne, got. rignjan. Daneben iſt gleichbed. idg. *reĝ- zu erſchließen aus norw. mundartl. rake, anord. raki 'Feuch- tigkeit', rakr 'feucht', mit denen lat. rigāre 'be- wäſſern' und alb. rjeϑ 'fließen' urverwandt ſind.

regen Ztw. mhd. regen, mnd. rögen ſchw. Ztw. 'etw. ragen machen, aufrichten, erregen, bewegen', Faktitiv zu mhd. rëgen ſt. Ztw. 'ſich erheben, emporragen', verwandt mit Rahe und rege, ſ. d.

Regenbogen M. verbreitet und demnach alt: mhd. mnd. rëgenboge, ahd. rëganbogo, mnl. reghenboghe, afrieſ. reinboga, agſ. rëgn- boga, engl. rainbow, anord. rëgnbogi M. Ge- legentl. Ausbiegungen ſind Himmelring H. Fiſcher 3, 1595, Wetterbogen 1648 Sprach- poſaun 70, Gottesbogen Stieler 1691: nach 1. Moſ. 9, 13. Diese Bibelstelle ist wohl auch an der Verbreitung des Wortes Regenbogen beteiligt.

Regenpfeifer M. Der Vogel Charadrius ſoll ſein Pfeifen vor Regen beſonders laut ertönen laſſen und gilt als Wetterprophet (daher frz. pluvier, älter plovier aus volkslat. *ploviārius zu lat. pluvia 'Regen'). Der Name Regen- pfeifer kaum vor Adelung 1777. A. H. Krappe 1932 Jdg. Forſch. 50, 65.

Regenſchirm M. Die Sache dringt mit dem 18. Jh. von Frankreich aus vor. Das Wort bucht zuerſt Rädlein, Leipzig 1711. Sonnen- ſchirm (ſ. d.) iſt älter; auch die Vorbilder (parapluie und parasol) entſprechen einander. Zſ. f. d. Wortf. 8, 83. 12, 193.

Regenwurm M. mhd. rëgen-, ahd. rëgan- wurm, dän. regnorm. Man ſchloß aus ſeinem

Verhalten auf bevorstehenden Regen. Die märk. Entsprechung piras M. erweist Teuchert 1932 Brandenburgia 41, 2 als nl. Lehnwort des 12. Jh. Zs. f. d. Wortf. 5, 13.

Regesten s. Register.

regieren schw. Ztw. Mhd. rëgieren wird im 13. Jh. dem afrz. reger 'herrschen über, beherrschen' nachgebildet, das seinerseits aus gleichbed. lat. regere stammt: Suolahti 1929 Frz. Einfluß 207. Unmittelbar dem Lat. entnommen ist das zur gleichen Sippe gehörige Regiment. An Stelle des klass. regimen war im 4. Jh. regimentum '(Staats=)Leitung' getreten, das gleichbed. spätmhd. rëgi-, rëgement N. ergibt. Unser Heereswort R. kaum vor 1546: Mod. lang. notes 38, 405 f.

Register N. 'Verzeichnis', spätmhd. register: im 14. Jh. entlehnt aus gleichbed. mlat. registrum, einer Nebenform zu älterem regestum. Dies ist Part. Perf. zu lat. regerere 'zurück-, eintragen'. Hierzu auch Regesten Mz. 'zeitlich geordnetes Urkundenverzeichnis'.

Reh N. Mhd. rē(ch), ahd. asächs. rēh(o), ags. rā(ha), engl. roe, anord. rā führen auf germ. *raihaz (idg. *rói-ko-). In gramm. Wechsel damit steht germ. *rai(g)jōn F., worauf ahd. rēia und ags. rǣge 'weibliches Reh' beruhen. Außergerm. vergleichen sich russ. ribyj, lit. raĩmas, -nas, -bas, lett. raibs 'bunt, fleckig' besonders von Tieren, apreuß. roaban 'gestreift', air. riabhach 'bunt, gefleckt', aind. riśya- 'Antilope': sämtlich zu idg. *rei-: *roi- in Wörtern für 'gestreift, fleckig'. S. Ricke u. H. Palander, Ahd. Tiernamen (1899) 109 f.

Rehling M. einer der vielen Namen des Eierpilzes oder Gelblings (Cantharellus cibarius). Daß er zu Reh gehört, machen die gleichbed. Rehgaiß (Bayern und Böhmerwald) sowie Rehfüßchen (nordostdt.) glaubhaft: H. Marzell 1943 Der Biologe 12, 180; ders., Wb. d. dt. Pflanzennamen 1 (1943) 781 ff. Vgl. Pfifferling.

reiben st. Ztw. mhd. rīben, ahd. rīban, älter *wrīban, mnd. mnl. wrīven, fries. wriwwe 'reiben', dazu nd. wribbeln 'drehen' und seemänn. Wreifholz 'Rundholz, das zwischen Schiff und Anlegplatz gehängt wird'. Außergerm. vergleicht man gr. ῥίψ, ῥιπός, ion. ῥῖπος N. 'Flechtwerk von jungen Zweigen, geflochtene Matte, Hürde', ῥιπή 'drehende Bewegung', wozu der Name des Meeresarms Εὔριπος. Das vorausliegende *ureip-: *urīp- ist Erweiterung des verbreiteten idg. Verbalstamms *urei- 'drehen'. S. gerieben.

Reich N. Mhd. rīch(e) N., ahd. rīhhi, asächs. anfr. anord. rīki, mnd. mnl. afries. rīke, mnl. rijk, ags. rīce (engl. bishopric 'Bistum'), schwed. rike, dän. rige, got. reiki führen auf

germ. *rīkja-, entlehnt aus kelt. *rīgiom zu einer Zeit, von der die Cäsar, Bell. gall. 6, 24 sagt: Fuit antea tempus, cum Germanos Galli virtute superarent. Das kelt. R. ist bezeugt im Namen des Ortes Icorigium (zwischen Trier und Köln) und wird vorausgesetzt durch air. rīge 'Königsherrschaft'. Es ist gebildet wie gleichbed. aind. rājyam und gehört mit diesem zur idg. Wurzel *rēg-, deren ē nur im Kelt. lautgesetzlich zu ī geworden ist. Auch das M. idg. *rēg(s) 'Herrscher' (in aind. rāt, rāj-; lat. rex, rēgis) hat über kelt. Vermittlung (air. rī, Gen. rīg, mkymr. rhi) germ. *rīk- ergeben, das als got. reiks, anord. rīca 'Herrscher' vorliegt, sonst in Namen wie Ermanarīcus, Boio-, Mallo-, Theodorīx, Fried=, Heinrich. Kelt. Vorbilder sind Vercingetorix, Biturīges 'Weltkönige', Caturīges' Kampfkönige', Rīgomagus (heute Remagen) 'Königsfeld'. S. Amt, recht und reich. J. Trier, Nachr. d. Akad. d. Wiss. in Göttingen, phil.=hist. Kl. 1943, Nr. 14 macht glaubhaft, daß kelt. *rīgiom auf eine germ. Wortgruppe gestoßen sei, unter deren Einfluß kelt. g zu germ. k gewandelt wurde, ohne daß man mit der beispiellos frühen Entlehnung vor der Medienverschiebung zu rechnen braucht.

reich Adj. Mhd. rīch(e), ahd. rīhhi, asächs. anfr. rīki (hieraus entlehnt frz. riche), mnd. mnl. afries. rike, nd. rīk, mnl. rijk, ags. rīce, engl. rich führen auf germ. *rīkja. Neben diesem ja=Adj. steht der i=Stamm got. reiks, anord. rīkr, schwed. rik, dän. rige. Früh aus dem Germ. entlehnt ist finn. rikas 'reich'. Das Adj. ist gemeingerm. Ableitung von *rīk- M. 'Herrscher', s. Reich N. Aus altem 'königlich' (lat. rēgius) ist über 'mächtig' der Gegensatz von arm geworden.

reichen schw. Ztw. Mhd. ahd. reichen '(er)langen, darreichen, sich erstrecken', mnd. rēken, mnl. reiken, rēken, mnl. reiken, afries. rēka, rēza, ags. rǣcan, engl. reach führen auf westgerm. *raikjan, Ableitung zu einem Nomen, das in anord. norw. reik F. 'Scheitel, Linie von der Stirn zum Nacken' vorliegt. Außergerm. vergleichen sich lit. ráižiūs, -tis 'sich brüsten', ráižaus, -ytis 'sich wiederholt recken', air. riag (aus *riga) 'Tortur (durch Recken der Glieder)', ringid 'foltert, peinigt': sämtlich zur idg. Wurzel *rēig- 'recken'.

reichhaltig Adj. nur nhd., gebucht nicht vor Adelung 1777, zunächst im Berg= und Hüttenwesen von Erzen, die reichen Gehalt an Edelmetall versprechen, wie älteres reich und haltig (zu frühnhd. halt M. 'Gehalt der Erze an Metall') in demselben Bereich. Die Übertragung auf weitere Bezirke des wirtschaftlichen Lebens und auf Geistiges beginnt mit Schiller 1781 Räuber 1, 1.

Reichskanzler M. Die geistl. Kurfürsten von Mainz, Trier und Köln waren Reichs= erzkanzler des alten Reichs für Deutschland, Gallien und Italien. Der Titel wird im 17. Jh. ersetzt durch die Klammerform Reichskanzler, z. B. Andresen 1669 Orient. Reisebeschr. 147. 162. Diese Form geht in Nachbarsprachen über: schwed. rikskansler, dän. rigskansler, nnl. rijkskanselier. Die Verfassung des neuen Reichs nimmt sie wieder auf: 1871 löst der Reichskanzler den Staatskanzler von 1810 und den Bundeskanzler von 1867 ab.

Reichspost F., das 1872 auf dt. Briefmarken erscheint, nachdem Bismarcks Reichsgründung dem Nebeneinander der Landespostverwal= tungen ein Ende bereitet hatte, stammt schon aus den Zeiten des Postregals der Grafen Taxis. Neben Postamt steht Reichspostamt bei Schottelius (1663) 495. General=Reichs= postmeister findet sich schon 1595: K. Wagner 1943 Dt. Wortgesch. 2, 332f.

Reif[1] M. 'ringförm. Band', ahd. mhd. reif, mnd. rēp, nl. reep (s. Fallreep), afries. agf. rāp M., engl. rope 'Seil', anord. reip N., got. skauda-raip N. 'Schuhriemen'. Die Lex Salica latinisiert um 490 das Wort zu reipus, rēpus. Alte Entlehnung aus dem Germ. ist finn. raippa 'Reif, Seil'. Weiter hinaus fehlen sichere Be= ziehungen.

Reif[2] M. 'gefrorener Tau'. Mhd. rīfe, ahd. rīfo, älter hrīffo, asächs. hripo, mnl. rīpe, nnl. rijp führen auf germ. *hrī-pan-. Daneben gleichbed. nl. rijm, agf. anord. hrīm, die auf germ. *hrīma= weisen, das auch in obd. Reim 'Reif' fortlebt. Dazu auch mhd. rīmeln schw. Ztw. 'Reif ansetzen' und das früh dem Germ. entlehnte frz. frimas 'Reif'. Beide Bildungen gehen auf eine idg. Wz. *qrei- 'über etw. hin= streifen' zurück, die in lett. krìet 'Sahne ab= schöpfen' (dazu krèims 'Sahne'), anord. hrīna, agf. asächs. ahd. hrīnan 'streifen, berühren' vorliegt.

reif Adj. mhd. rīfe, ahd. rīfi (daneben *rīpfi nach Ausweis von schweiz. rīpf in Walliser Mundarten, die sich auch sonst durch reichl. Erhaltung der westgerm. Konf.=Gemination nach Länge auszeichnen: Schweiz. Jd. 6, 660ff.), asächs. rīpi, mnl. agf. rīpe, engl. ripe: Verbaladj. zu agf. rīpan st. Ztw. (engl. reap) 'ernten', norw. ripa 'pflücken, abreißen', mnd. repen 'Flachs riffeln' neben mnl. reipen, fläm. rēpen 'reißen, hecheln'. Germ. *reip-, idg. *reib= gilt als Erweiterung des verbreiteten idg. Ver= balstamms *rei- 'ritzen, reißen' in Rain, Reihe, reißen usw. Als Grundbed. ergibt sich 'was geerntet werden kann'. Auf anderm Weg

deckt den Begriff obd. zeitig (die Früchte, Trauben haben ihre richtige Zeit erreicht), das im Südwesten den Gebrauch von reif ein= schränkt.

Reigen s. Reihen[1].

Reihe F. mhd. rīhe 'Linie': zu mhd. rīhen, ahd. rīhan st. Ztw. 'auf einen Faden ziehen', wozu noch mhd. rige, ahd. rīga 'Linie', mnl. rīe, nnl. rij 'Reihe', anord. riga, rega 'Saite'. (s. Riege). Das der germ. Sippe voraus= liegende *reik(h)- (in aind. rikháti 'ritzt', rēkhá 'Strich', gr. ἐρείκω 'zerreiße' usw.) ist Er= weiterung zum idg. Verbalstamm *rei- 'ritzen, reißen', s. reif.

Reihen[1] M., auch Reigen, mhd. rei(g)e, mnd. rei(e) 'Tanz, der zur Sommerzeit im Freien gesprungen wurde'. Höfisches Mode= wort, zu Beginn des 13. Jh. entlehnt aus afrz. raie 'Tanz', das (selbst umstrittenen Ursprungs) über gleichbed. pikard. rēy und mnl. rei um 1400 auch engl. ray 'Art Tanz' geliefert hat.

Reihen[2] M. 'Rücken des Fußes, Rist', mhd. rīhe 'Rist', ahd. rīho 'Kniekehle, Wade', nnl. wreef, älter wrijf 'Rist' (f unter Einfluß von werven 'drehen' oder wrijven 'reiben'). Dazu mnd. wrīch 'verdreht, trotzig', engl. wry 'schief' sowie mit gramm. Wechsel mnd. wrīgen 'be= günstigen', nl. wrijgen 'drehen', afries. wrīgia 'sich beugen', agf. wrīgian 'gehen, sich wenden, beugen, streben, wagen'. Außergerm. ver= gleichen sich aind. vrēśi- 'Wasserwirbel', avest. urvisyeiti 'wendet, dreht sich' und namentlich lit. rieša 'Pferdefuß von der Hacke bis zum Huf'. S. Rist.

reihen Ztw. zu Reihe (s. d.).

Reiher M. Nach seinem heiseren Schrei wird dem Vogel der vorgerm. Name *kraikr= gegeben. Germ. *hraigran- (zu erschließen aus agf. hrāgra) wird dissimiliert zu *hai= gran- (so schon im finn. Lehnwort haikara, estn. haigri), hieraus ahd. heigaro, mhd. heiger (auch in Ortsnamen wie Haigerloch). Ab= lautend dazu anord. hēri und (mit gramm. Wechsel) hegri, schwed. häger. Mit lautgesetzl. Entwicklung des Anlauts hr entstehen ahd. reigaro, mhd. reiger, mnd. rēger, mnl. reigher. In nd. und md. Mundarten schwindet das innere g (vgl. nhd. Laie aus mhd. leige), von da nhd. Reiher: Suolahti 1909 Die deutschen Vogelnamen 377ff. Außergerm. Verwandte sind aslav. krikŭ 'Geschrei', lit. krýkšti 'krei= schen', kriksēti 'quaken', gr. κρίζω 'kreische', kymr. cryg 'heiser'. Vgl. Häher.

Reim M. In einer idg. Wortgruppe mit gr. ἀριθμός 'Zahl', lat. ritus 'hergebrachte Art (der Religionsübung), Sitte', rīte 'in passender Art' u. a. stehen air. rīm 'Zahl', dorīmu 'zähle' usw. Ihnen urverwandt sind anord. rīm N.

'Rechnung, Berechnung', agſ. rīm N. 'Zahl', aſächſ. unrīm 'Unzahl', ahd. rīm M. 'Reihe im Kreis stehender Menschen, Reihenfolge, Zahl', (ir)rīmen '(zu Ende) zählen'. Anfr. *rīm, das die Vorstufe muſiſchen Sinns ('im Mannring gewechselte Rede') schon mitbringen mochte, wird früh ins Roman. entlehnt. Hier wird dazu die Ableitung galloroman. *rīmāre 'in eine Reihe ordnen' entwickelt, uns seit dem 12. Jh. als afrz. rimer 'reimen' greifbar. Rückbildung hierzu ist afrz. rime 'Reim', das um 1170 über die Niederlande nach Deutschland heimkehrt. Der im Mhd. früh eintretende Bed.-Wandel zu 'Vers' erklärt sich als Pars pro toto: die Verszeile wird nach ihrem kennzeichnenden Schmuck benannt. Entsprechend wandelt sich später Vers zu 'Strophe'. Das Nhd. wahrt die Bedeutung 'Verszeile' in Zuſ.-Setzungen wie Kehr-, Leber-, Rundreim, Reimbrechung, -paar; das einfache Wort bedeutet uns 'Endreim', seit M. Opitz 1624 diese Begriffsbestimmung aus P. Ronsards Abrégé übernommen hat und die alte Bedeutung von Reim auf Vers übergegangen ist: A. Götze 1917 Neue Jahrb. 39, 141; L. Wolff 1930 Zſ. f. dt. Alt. 67, 263; R. Törnqvist, Zur Gesch. d. Wortes Reim (Lund 1935); J. Trier 1942 Beitr. 66, 254 ff.

rein Adj. mhd. mnl. reine, ahd. reini, älter hreini, aſächſ. hrēni, afrieſ. rēne, anord. hreinn aus urnord. *hrainaz (entlehnt zu finn. rainas), ſchwed. dän. ren, got. hrains (aus *hraini-). Im Engl. fehlen Entsprechungen, dafür agſ. clǣne, engl. clean 'rein' (ſ. klein). Mhd. reine spielt bis etwa 1220 kaum eine Rolle und wird erst um 1250 beliebt: O. Gaupp, Zur Gesch. des Wortes rein, Diſſ. Tüb. 1920. Die nhd. Bed. wird nnl. durch zuiver, alem., ſchwäb. und bair. durch ſauber gedeckt; in Teilen der Schweiz und Rheinfrankens bed. rein 'fein gemahlen, gesiebt' von Mehl, Zucker, Sand uſw. Daher gehört rein zur Wz. germ. *hrī, vorgerm. *qrī: *qrei 'ſichten, ſieben', wozu auch ahd. rī-tara (ſ. Reiter), lat. crī-brum 'Sieb', gr. κρίσις 'Scheidung, Auswahl, Entscheid'. Als Grundbed. ergibt sich 'gesichtet' (vgl. aſächſ. hrēnkurni 'Weizen'). Auf -ni sind auch die Adj. grün, klein, schön abgeleitet.

Reineke. Neben Tiernamen wie Braun, Hermann, Hinz, Iſegrim, Lampe, Petz steht weidmänn. Reineke für Fuchs wie frz. renard (im 12. Jh. dem Altfläm. entlehnt) für das seither ausgestorbene afrz. goupil (aus lat. vulpecula). In die Weidmannssprache (Stahl 1780 Jagdlex. 4, 734) gelangt Reineke in Norddeutschland, Ausgangspunkt ist das nd. Gedicht Reinke de Vos (Lübeck 1498), das wieder fläm. Vorbildern folgt. Dem nd.

Reineke entspricht hd. Reinhart (ahd. Reginhart urſpr. 'kundiger Ratgeber'), das für den Fuchs schon 1182 bei dem elſ. Spielmann Heinrich steht.

Reinheit F. für lat. puritas begegnet seit 1620 u. steht 1668 bei Zeſen, Helikon. Hechel 97. Doch gibt Schottel 1641 Reinligkeit den Vorzug, Adelung läßt noch 1798 nur Reinigkeit gelten: „Das von einigen dafür versuchte Reinheit hat zwar, grammatisch betrachtet, nichts wider ſich, aber doch den Mangel des Gebrauchs." Gegen ihn setzen Goethe, Jean Paul u. Campe Reinheit durch: Wh. Pfaff 1933 Kampf um dt. Ersatzwörter 45 f.

Reis M. Die südind. Getreideart ist über Persien nach Europa gekommen; das Quellwort ainb. vrīhí wird über afghan. vrižē, perſ. wrizey zu gr. ὄρυζα. Über lat. orīza wird hieraus ital. riso, afrz. ris (hieraus engl. rice); mhd. rīs M. N. stammt offenbar aus mlat. rīsus M., rīsum N. der Klosterküche. Nord. rīs beruht auf Entlehnung aus dem Mnd. Im dt. Mittelalter ist Reis noch Schleckerei und Krankenkost: M. Heyne 1901 Nahrungswesen 324 f.

Reis N. 'Zweig' mhd. mnd. rīs, ahd. rīs, älter hrīs, mnl. rijs, aſächſ. afrieſ. agſ. anord. hrīs, dän. schwed. ris. Verwandt mit aſächſ. hrissian, agſ. hrissan 'schütteln, bewegen; erschüttert werden, klirren', anord. hrista 'schütteln', got. afhrisjan 'abschütteln', so daß man in Reis zunächst 'schwingende, sich biegende Zweige' zu sehen hat. Die nächsten außergerm. Verwandten sind lat. crīnis (aus *krisni-) 'Haar', crista 'Kamm am Tierkopf, Helmbusch, Gebirgskamm' (beide urſpr. 'sich Schüttelndes, Zitterndes, Wallendes', apreuß. craysi 'Halm', mir. cressaim 'schüttle, schwinge': ſämtlich zu idg. *sqreis-, s-Erweiterung von *sqer- 'drehen, biegen'.

Reiſe F. mhd. mnd. reis(e) 'Aufbruch, (Kriegs-)Zug', ahd. reisa 'Aufbruch', mnl. reise, rēse, nnl. reis, spätanord. reisa, dän. reise, ſchwed. resa: zum ſt. Ztw. mhd. rīsen, ahd. rīsan 'steigen; fallen' (ſ. Rieſe F.), aſächſ. agſ. rīsan, engl. rise, afrieſ. anord. iſl. rīsa, got. urreisan 'sich erheben'. Daneben mit gramm. Wechsel ahd. mhd. rēren 'fallen machen', agſ. rǣran (aus *raizjan), engl. rear 'erheben'. Alle diese Wörter bezeichnen eine Bewegung in der Senkrechten, besonders die in die Höhe. Grundbedeutung von Reise ist demgemäß 'Aufbruch'. Das schw. Ztw. reisen, mhd. reisen, ahd. reisōn ist aus dem F. abgeleitet. Eine weitere Ableitung ſ. u. rieseln. Außergerm. Beziehungen bleiben unsicher: man vermutet in germ. *rīsan eine Erweiterung der in rinnen enthaltenen Wurzel und vergleicht aslav. rištǫ 'laufe'.

Reifig N. mhd. rîsech, ahd. rîsahi: Kollektiv zu Reis N., in seiner Bildungsweise mit Dickicht, Kehricht, Röhricht, Spülicht vergleichbar. Mhd. e der unbetonten Endsilbe hat sich im Nhd. zu schwachem i gewandelt; der Vorgang ist lautgesetzlich vor den Palatalen g, ch und sch (heilig, Nachtigall, Habicht, irdisch). Das so entstandene -ich wird zu -ig wie in adlig, billig, Essig; die Schreibung Reisig schon im 16. Jh.

Reisiger M., Plur. Reisige 'Reiter', mhd. reisec, mnd. mnl. reisich Adj. 'beritten': zu mhd. reise 'Kriegszug'. Frühnhd. der reisig zeug 'Reiterei'. Reisig(er) als Fam.-Name meint urspr. den berittenen Krieger.

Reisläufer M. 'Soldat in fremden Kriegsdiensten'. Zuerst belegt das Schweiz. Jd. 3, 1144 reisg'löuf aus einem Eidg. Abschied von 1548. Zu Reise in seiner Bed. 'Kriegszug'.

Reißaus M. N. 'schnelle Flucht'. Mit dem Imp. reiß aus (vgl. Halt, Kehrt) mischt sich die frühnhd. Wendung die flucht nemen, daher: hat er Reisaus genommen Hennenberger 1595 Preuß. Landtafel 226. Daneben das R. spielen 'fliehen' Grimmelshausen 1669 Simpl. 17. Auch mit geben und machen verbunden.

Reißblei s. Bleistift.

Reißbrett N. 'Zeichenbrett', zu reißen in seiner Bed. 'zeichnen', wie auch Reißblei, Auf-, Grund-, Schattenriß. Zuerst bei Faulhaber 1610 Niederl. Instr. 5.

reißen st. Ztw., mhd. rîzen, ahd. rîzan, älter *wrîzan, asächs. wrîtan 'zerreißen, verwunden, einritzen, schreiben', mnd. wrîten, mnl. wrijten, afries. writa 'schreiben', agf. wrîtan 'einritzen, reißen; schreiben, zeichnen', engl. write 'schreiben', urnord. Prät. wrait 'ritze', norw. mundartl. vrita 'ritzen, schreiben', vritast 'zanken'. Got. *wreitan ist aus writs M. 'Strich' zu erschließen. Daneben ohne w des Anlauts asächs. hrîtan (mit falschem h), mnd. rîten, mnl. rijten '(entzwei)reißen', anord. rîta 'ritzen, schreiben', norw. mundartl. rîta 'ritzen', aschwed. rita 'einritzen, schreiben', schwed. rita 'zeichnen'. Von den außergerm. Verwandten gehen gr. ῥίνη 'Feile, Raspel' und ῥινός 'Haut; Lederschild' auf Formen mit w- zurück: idg. Wurzel *urei- 'ritzen', als deren Dentalerweiterung sich germ. *wrît- (auch in Riß, Ritz, ritzen) darstellt. Daneben steht die idg. Wurzel *rei- 'ritzen, reißen', zu deren Erweiterung idg. *reid- (wie germ. *rîtan) lat. rîma 'Ritze' gehört, falls aus *reidmâ. Die Bed.-Entfaltung im Germ. erklärt sich aus der Art, wie Runen in Holz, Stein usw. geritzt wurden; vgl. Buch, Buchstabe, lesen, raten, schreiben.

reiten st. Ztw. Mhd. rîten, ahd. rîtan, asächs. agf. rîdan, mnd. mnl. rîden, afries. rîda, anord. rîða 'sich hin und herbewegen, andringen, sich erheben' vereinigen sich auf germ. *rîdan, dessen Bed. jede Art der Fortbewegung umfaßt. Dies sowie der Umstand, daß es keine germ. Sonderbez. für 'reiten' gibt, läßt darauf schließen, daß die Kunst des Reitens bei den Germanen verhältnismäßig jung ist, wenn wir sie auch schon bei ihrem ersten geschichtl. Auftreten zu Roß sehen. Auch die verwandten Sprachen haben kein einheitliches Wort dafür. Den Griechen in den älteren Teilen der Ilias und den Indern des Rigveda ist die Reitkunst fremd, auch lat. equo vehi zeugt für jungen Ursprung. Germ. *rîd für vorgerm. *rîdh: *reidh stimmt zu air. rîadaim 'ich fahre', agall. rêda 'Wagen' (s. Pferd), lett. raidît 'hetzen', raiditis 'zappeln', gr. ἐρῑθος 'Bote, Diener'. Die umfassende Bed. zeigt sich noch in anord. reiða 'schwingen', reið F., ahd. reita, reiti 'Wagen', agf. râd F. 'Fahrt, Zug', engl. road 'Straße' sowie in der unter bereit behandelten Sippe.

Reiter F. 'Sieb', mhd. rîter, ahd. rîtera, älter *hrîtara, asächs. hrîdra, agf. hrîder, engl. riddle: mit germ. -dro, idg. -dhro zu der unter rein entwickelten Wurzel germ. *hrî-, idg. *qri-: *qrei- 'sichten'. Stamm und Bedeutung stimmen zu air. crîathar (mit idg. -tro, Parallelsuffix zu -dhro in gleicher Bedeutung), akorn. croider, akymr. cruitr, mbret. kroezr, bret. kro(u)er. Lat. crîbrum bietet br aus dhr (wie in lat. ruber, gr. ἐρυθρός, aind. rudhirás 'rot'), so daß sich idg. *qreidhro- ansetzen läßt: M. Förster 1937 Anglia 61, 341 ff. Heute ist Reiter F. mit dem davon abgeleiteten schw. Ztw. reitern auf landwirtschaftlichen Gebrauch des Süd- und Westsaums zurückgedrängt: es gilt von Kärnten bis zur Schweiz und von da bis Holland (nnl. reuter seit 1598 als Lehnwort aus frühnhd. reuter), aber auch in ostmd. Mundarten. Im Nhd. hat sich Reiter F. nicht durchgesetzt, wohl weil es dem Nd. fehlte und weil der Gleichklang mit Reiter M. störte: K. v. Bahder, Wortwahl (1925) 56. 139 f.

reizen schw. Ztw. mhd. reizen, reizen, ahd. reizzen, reizen, norw. vreita '(ver)locken'. Die Form mit z(z) aus tt vor j beruht auf germ. got. tj. Germ. *wrait-jan (zur Bildungsweise vgl. beizen und heizen) ist offenbar Faktitiv zu reißen, Grundbed. 'reißen machen', dann 'verursachen, daß jem. aus sich herausgeht'. Vgl. anord. reita 'aufregen'. Nach Lauten und Bedeutung empfiehlt sich Verknüpfung mit gr. ἔρις, -ιδος 'Streit'. — reizend ist zu Beginn des 17. Jh. gekürzt aus liebreizend.

Reizker M. Der eßbare Pilz Lactarius delieiosus heißt ruff. ryžik, poln. rydz, tschech. ryzec 'der Rötliche' wegen seines roten Safts (zu aslav. rudŭ 'rot': Wick 50). Daher auch die dt. Synonyma Röte und Rötling (so im Böhmerwald). Er diente in Rußland früh der Volksernährung und wurde in eingesalzenem Zustand versandt, daher schwed. riska, norw. riske. Bei uns erscheint der Name, gleichfalls als Lehnwort aus dem Slav., im Plur. Reiszken Tabernämontanus 1588 Kräuterb. 1521, Reißken Bapst 1596 Arzneib. 71ᵇ; Reißke M. ist noch 1798 Adelungs Form. Reizker geht von ostmd. Mundarten aus und ist dort Pluralform: H. Marzell 1943 Der Biologe 12, 179.

Rekel, Räkel M. Mnd. nl. rekel 'großer Bauernrüde von unedler Rasse', landschaftlich auch 'männlicher Fuchs', übertragen frühnhd. reckel, nb. rekel 'unfein und faul sich dehnender Kerl', dazu sich rekeln: Ag. Lasch, Berlinisch 201. Aus dem Mnd. entlehnt sind älter dän. rækel 'großer Jagdhund', dän. rækel 'aufgeschoßner Bursche', schwed. (seit 1735) räkel 'Bengel, Flegel'. Mit nd. k ins Nhd. aufgenommen wie Bake, blaken, Kruke, Küken, Lake, Laken, Luke, mäkeln, Schmöker, Schnake, Spuk, Staken. Entspr. Übertragung erfahren Göre, Range, Tewe. Gleichen Stammes sind älter alem. rache 'Spürhund' (Schweiz. Jd. 6, 89), agf. ræce M. 'Hühnerhund', engl. mundartl. rake 'Schäferhund', anord. rakki M., norw. rakke '(männlicher) Hund', schwed. racka 'Hündin'. Weiter hinaus fehlen gesicherte Beziehungen.

Reklame F. Frz. la réclame (Rückbildung aus afrz. reclamer 'zurückrufen') ist in älterer Druckersprache das erste Wort der neuen Seite, das unter die letzte Zeile der endenden Seite gesetzt wird (wie in dt. Druckersprache Kustos 'Blatthüter'). Seit etwa 1821 wird réclame in Paris zur bezahlten Buchbesprechung, die dem redaktionellen Teil der Tageszeitung unmittelbar folgt, meist am Ende einer Spalte beginnt und auf die neue Spalte übergreift. Von H. Heine 1840 und K. Gutzkow 1842 ins Nhd. eingeführt, erweitert sich Reklame hier auf 'Kundenwerbung' und kann so von F. Lassalle 1863 als allgemein bekannt vorausgesetzt werden: O. Basler und F. Redlich, Preuß. Jahrb. 1933, Dez., S. 244ff.

Rekrut M. 'angehender Soldat', kurz vor dem 30jähr. Krieg (Recrutten 1617 Teutscher Michel 36) entlehnt aus frz. recrue, älter recreute F. 'Nachwuchs (an Truppen)', Part. Prät. von frz. recroître (lat. recrescere) 'nachwachsen'.

Rektor M. geht in seiner heutigen Verwendung in Schule und Universität nicht auf lat. rector 'Lenker, Führer' zurück, sondern auf den kirchl. Gebrauch des frühen Mittelalters. Im 13. Jh. tritt neben den rector ecclesiae der (zunächst geistliche) rector scholae und im 14. Jh. bei Gründung der Hochschulen der rector magistrorum et scholarium: S. Nyström 1915 Schulterm. 1, 67f.; A. Götze 1929 Akad. Fachsprache 6f.

relegieren Ztw. Lat. relēgāre 'durch Verfügung entfernen' hat im nhd. relegieren bis ins 17. Jh. diesen umfassenden Sinn behauptet. Seit dem 15. Jh. tritt ein akad. relēgāre neben älteres (ab universitate) excludere: dies bedeutet den dauernden und unbedingten Ausschluß, relegieren den befristeten. A. Götze 1929 Akad. Fachspr. 7f.

Religion F. Lat. religio, -ōnis F. 'rücksichtsvolle, gewissenhafte Beachtung, Gewissensscheu' (nächstverwandt mit dīligere 'hochachten, schätzen' und neg-legere 'sich nicht kümmern um') wird, nachdem die Ableitung religiöse M. 'Geistlicher' vereinzelt schon ins Mhd. gedrungen war (Lexer 2, 402), von den Humanisten entlehnt für den Begriff, der volksmäßig bis zur Mitte des 16. Jh. durch „gemeyner christlicher Glaube, Bekenntnis" gedeckt wird. Zuerst steht frühnhd. religion 1517 in der Straßb. Polit. Korrespondenz; weit hinaus bleibt das Wort für Humanisten kennzeichnend (Polychorius 1536 Sueton 86ᵇ), von da früh bei Zwingli. Der Katholik Wicel gibt ihm 1537 Einlaß in seinen Katechismus. Luthers theol. Schriften ist R. früh geläufig, die volksnahen ziehen Gottesdienst vor. In seiner Bibel nur 3. Makk. 2, 32 „verließen ihre hergebrachte Religion".

Reling F. 'Brustwehr um die Deckkante des Schiffs' erscheint in hd. Texten 1732 als Regeling, dem nl. regeling (seit 1681) entspr. Zu mnd. nl. regel 'Querholz, Latte' (f. Riegel und Kluge 1911 Seemannsspr. 659). Gleichbed. dän. ræling, schwed. reling, engl. railing.

rempeln schw. Ztw. 'drängen und stoßen', dem Nhd. vermittelt durch die Stud.-Sprache, für die es das Studentikose Conv.-Lex. (von Schuchardt aus Gotha) Leipz. 1825 S. 62 zuerst bezeugt und in die es aus dem Obersächs. gelangt ist. Rämpel (mit ostmd. mp für hd. mpf, vgl. Klempner, Klumpen, Krempel usw.) ist dort 'Baumstamm, -klotz, Flößholz', Rämpeltanz das Herabpoltern von Flößen über ein Wehr im Waldstrom, (an)rämpeln bedeutet an der Zschopau 'anstoßen, Anstoß erregen'. Auch ist dort Rämpel (wie Flegel, Klotz, Prügel, Trämel usw.) zur Schelte des derben, groben, ungehobelten Kerls geworden: **K.** Albrecht, Leipz. Ma. (1881) 192; **K.** Müller-Fraureuth, Wb. d. obersächs. Ma. 1, 24. 2, 350.

Remter M. 'Speisesaal eines Klosters', frühnhd. rembter, mhd. reventer: gewaltsam umgebildet aus gleichbed. mlat. refectorium N., dies zu lat. reficere 'wiederherstellen'.

Renke M. Coregonus Wartmanni, ein Süßwasserfisch (vor allem des Bodensees) im vierten Lebensjahr (später Felchen, s. d.). Der Name ist, wie Schmeller schon 1836 erkannt hat, zusammengezogen aus ahd. rīnanko, mhd. rīnanke: als fettester Fisch des Gewässers wurde er 'Butter des Rheins' genannt (s. Anke²). Es gibt auch Inn=, Isar=, Illanken usw. Aus Namen wie dem letzten entstehen gleichbed. Lanke, Rheinlanke.

renken schw. Ztw., mhd. ahd. renken, agf. wrencan 'renken, drehen; Ränke spinnen', engl. wrench neben agf. wrinclian, engl. wrinkle 'runzeln, zackig machen'. Voraus liegt germ. *wrankjan, dessen Stamm auch in Rank erscheint (s. d.), ferner in roman. Lehnwörtern wie ital. ranco 'lahm', rancare 'hinken', prov. rancs 'verrenkt', afrz. ranc, span. ranco 'kreuzlahm', span. arrancar 'ausrenken, entwurzeln'. Außergerm. Verwandte sind lit. reñgtis 'sich schwerfällig bücken, krümmen', rangýti 'krümmen', ringa 'ein krumm Dasitzender', vielleicht auch lat. ringor 'den Mund aufsperren und die Zähne fletschen, sich ärgern', aslav. reñgnąti 'klaffen, den Mund auftun', ragŭ 'Spott': sämtlich zu idg. *ureng-, nasaliert neben *uerg- in aind. várjati 'wendet, dreht', lat. vergere, versi 'sich neigen'.

rennen schw. Ztw. ahd. mhd. rennen 'laufen machen, jagen, treiben', asächs. rennian, mnd. rennen, ronnen, nnl. rennen, afries. renna, agf. gerennan, schwed. ränna, dän. rende, got. ur-rannjan 'aufgehen lassen': Faktitiv zu rinnen (s. d.), neben dem es steht, wie sprengen neben springen. In der Wendung ein Roß rennen wurde schon mhd. das Objekt als selbstverständlich ausgelassen: so wird r. intranf. und bed.-verwandt mit laufen. Erst zu diesem Gebrauch des Ztw. stellt sich spätmhd. renner M. 'Rennpferd'. Rennsteig, =weg (zuerst ahd. renniweg Markbeschr. von Salmünster um 850) ist im Gegensatz zum breiten dietwec, der fahrbaren Heerstraße, ein schmaler Lauf- oder Reitweg, auf dem man Boten oder Reiterscharen nach einem rasch zu erstrebenden Ziel sandte. Erst nachträglich erscheinen die Rennwege auch als Grenzen. Mit Rain hat ihr Name nichts zu tun: O. Bringleb 1943 Das Mareile, Bote des Rennsteigvereins Suhl, Nr. 3/4.

Renntier N. 'Cervus tarandus', lapp. pâtso. Anord. hreinn (daraus früh entlehnt finn. raingo und agf. hrān), norw. dän. schwed. ren führen auf germ. *hraina-, idg. *kroino-. Dazu mit andrer Stufe des Ablauts gr. κριός 'Widder', weiterhin Hirsch und Horn. Die Tiere sind als Hornträger benannt. Bei uns erscheint das nord. Wort nach Mitte des 16. Jh.: reen N., reener M. Peucer-Eber 1556 Dict. D 7ᵇ, rein(er Maaler 1561, rainger Geßner 1563 (Schweiz. Id. 6, 985), ran(i)ger Wunderer 1590 Reise in Moskau 219. 253. Die Verdeutlichung (vgl. Maultier und kaufen) anord. hreindȳri, deren zweiter Teil unser N. Tier in seiner Bed. 'Hirschart' darstellt, lebt fort in schwed. rendjur, dän. rensdyr, engl. reindeer, nnl. rendier. Nhd. Renntier, das sich seit Krämer 1681 Leben d. Seehelden 542 durchsetzt, begünstigt die ursprungverwischende Anlehnung an rennen.

Renommage F. Scherzbildung der Stud.-Sprache des 18. Jh. wie Blamage (s. d.). Renommist M. für den prahlerischen Raufbold seit Wächtler 1703: Kluge 1895 Stud.-Spr. 118; Zf. f. d. Wortf. 1, 47. 12, 287.

Rente F. Dem lat. reddere 'zurückgeben' entspricht roman. rendere, wozu als subst. Part. ital. rendita, afrz. rente F. 'Einkünfte, Gewinn, Einrichtung, Art'. Nachdem zu der roman. Sippe schon ahd. rentōn 'aufzählen' gebildet war, wird im 13. Jh. das afrz. Fem. entlehnt zum gleichbed. mhd. rente F.: Suolahti 1929 Frz. Einfl. 207. Die Bed. 'Zinsertrag' und die weiteren Ableitungen entwickelt Schirmer 1911 Wb. d. d. Kaufmannsspr. 160.

reparieren Ztw. aus lat. reparāre 'wiederherstellen' seit Scheurl 1537 Verdeutschte Verrufung des Anstands in Picardien b 2.

Reps s. Raps.

Reseda F. Die Blume wird nach Plinius Hist. nat. 27, 131 mit der Formel Reseda morbos, reseda zum Zerteilen von Geschwülsten und Stillen von Entzündungen gebraucht. Im 18. Jh. wird sie, nachdem sie als Wau (s. d.) schon früh eine Rolle gespielt hatte, neu beliebt: Resedenkraut Zinck 1731 Ökon. Lex. Vielfach in den Mundarten; schweiz. Nebenform griseda wegen der grauen Blätter: Schweiz. Id. 2, 801. Weiterentlehnt ins Lett.: J. Sehwers 1927 Zf. f. vgl. Sprachf. 54, 55.

Residenz F. Zu mlat. residentia F. 'Wohnsitz', das durch kirchl. Sprachgebrauch gestützt wird, stellt sich in mhd. Kanzleisprache die Formel residencien tuon, wie auch residieren (aus lat. residēre 'sitzen') schon spätmittelalterl. ist. Luther nimmt beide auf: Germ. 28, 398. 29, 392; Zf. f. d. Wortf. 8, 216. 229. 14, 79.

Reſt M. Zu lat. restāre 'zurückſtehen' gehören mlat. restum N., ital. resto, frz. reste M. 'Rückſtand'. Als Lehnwort des obd. Handels belegt Schirmer 1911 Wb. d. d. Kaufmannsſpr. 161 Reſt ſeit 1404. Dort auch die Nebenformen und Ableitungen. Der Plur. Reſter, der im 16. Jh. auftritt, haftet zumal im Textilhandel für 'Überbleibſel von Waren'. 'Was bei einer Subſtraktion übrigbleibt' kann Reſt ſeit 1525 bedeuten: Schirmer 1912 Wortſch. d. Math. 62; Göze 1919 Anf. einer math. Fachſpr. 146 f.

Reſultat ſ. Ergebnis.

retten ſchw. Ztw. Mhd. rętten, ahd. (h)rętten, arrettan, aſächſ. riddian (für *hręddian), mnd. nl. redden, afrieſ. hrędda, agſ. hręddan, āhręddan, engl. mundartl. redd weiſen auf weſtgerm. *hrad-jan. Dän. redde, ſchwed. rädda beruhen auf Entlehnung aus dem Mnd. Die Bedeutungen vereinigen ſich auf 'entreißen, befreien'. Zum germ. Verbalſtamm *hrad- aus vorgerm. *krath- fügt ſich aind. *crath- 'lockern, löſen, freimachen', Präſ. crathāyati 'befreit (von Feſſeln)', Kauſativ zu crathnāti 'wird locker, loſe': F. Kluge 1885 Beitr. 10, 443.

Rettich M. Raphanus sativus L., ein Verwandter der Rübe mit rübenförmiger Wurzel iſt von den Römern in Germanien eingeführt worden und in unſerm kühlen Klima beſonders gut gediehen: Plinius, Nat. hist. 19, 83. Der Name (ahd. rātĭh, mhd. rætich, mnd. redik, mnl. radic, agſ. rædic) iſt entwickelt aus lat. rādīx, -icis 'Wurzel' (ſ. Radieschen), das ſchon vor ahd. Zeit mit germ. Betonung als *rādīk vorhanden war; vgl. Kohl, Kürbis, Pflanze. Kürzung des alten ā erklärt ſich aus den obliquen Kaſus: lat. rādīcem ergab volksſlat. *rădĭcem (c wie k geſprochen). Daher ahd. retih, agſ. redic uſw. Sache und Wort wurden von Volk zu Volk weitergegeben: akorn. redic iſt aus dem Agſ., dän. rædik aus dem Mnd. entlehnt, ebenſo wohl ſchwed. rättika. Aſchwed. rætikia hat finn. räätikka ergeben. Aſlav. rŭdŭky iſt aus einer germ. Nachbarſprache entlehnt; auch ins Lett. iſt das Wort gelangt: F. Sehwers 1927 Zſ. f. vgl. Sprachf. 54, 36. Engl. radish iſt jüngere Entlehnung aus frz. radis. Zu der im 17. Jh. auftretenden Schreibung Rettig vgl. Reiſig.

Reue F. Mhd. riuwe, ahd. riuwa, älter hriuwa, hreuwa, mnd. rouwe, rūwe, mnl. rouwe, nnl. rouw, agſ. hrēow, engl. rue führen auf weſtgerm. *hreuwa 'ſeeliſcher Schmerz'. Daneben zwei Ztw., ein ſtarkes weſtgerm. *hreuwan, uns greifbar in mhd. riuwen, ahd. (h)riuwan, aſächſ. hreuwan, agſ. hrēowan, engl. rue in Fügungen wie ahd. rou in ſīn ando 'es reute ihn ſein Eifer' (entſpr. dem lat. paenitet me)

und ein ſchwaches weſtgerm. *hrewōn in nhd. reuen, mhd. riuwen, md. rūwen, ahd. (h)riuwōn in Fügungen wie hrewōd giua sundea 'bereut eure Sünde' (entſpr. dem kirchenlat. paeniteo(r) peccatum): W. Wißmann 1933 Dt. Lit.-Ztg. 54, 1, 204 f. Erſt im ſpäteren Mittelalter wird die umfaſſende weltliche Bed. verengt auf 'Schmerz über etwas, das man ſelbſt getan oder unterlaſſen hat', im Sinn des kirchenlat. contritio, das zu Ende des 16. Jh. in der Lehnüberſetzung Zerknirſchung genaue Wiedergabe findet. Auf eine ältere weltliche Bed. (vgl. Buße) weiſt vielleicht norw. mundartl. ryggja 'ſchaudern' (rogg 'Furcht'). Außergerm. vergleichen ſich aind. karúṇa- 'kläglich, mitleidig', karúṇā 'Mitleid', aſlav. sŭ-krušenĭje 'Zerknirſchung'.

Reuſe F. 'kegelförmiger Korb zum Fiſchfang'. Mhd. riuse, md. rūse, ahd. riusa, rūsia, mnd. rūse, dän. ruse, norw. mundartl. rūsa, rȳsa, rysja, ſchwed. ryssja führen auf germ. *rusjōn, *rūs(i)ōn, *reus(i)ōn, Weiterbildung zu got. raus (ſ. Rohr). Das germ. Suffix -jōn bildet Ableitungen aus Stoffworten für Dinge aus dieſen Stoffen. Die Reuſe war aus Rohr geflochten. Kluge 1926 Stammbild. § 81/82ᵃ.

Reuß M. 'verſchnittenes männl. Pferd' (Siber 1579 Gemma 33; dazu bei H. Sachs das ſchw. Ztw. reußen 'verſchneiden') iſt urſpr. eines mit dem Volksnamen Ruſſe, mhd. Riuze. Verſchnittene Hengſte lernte Mitteleuropa aus dem Oſten kennen, ethnogr. Urſprungs ſind auch die Bezeichnungen Wallach (ſ. d.), ahd. brūz urſpr. 'Preuße', frz. hongre urſpr. 'Ungar': Kluge 1901 Zſ. f. d. Wortf. 1, 350.

reuten ſchw. Ztw. mhd. riuten, ahd. riuten aus *riutjan, mnd. rūden 'urbar machen' mit riute F. N., ahd. riuti N. 'urbar gemachtes Stück Landes'. Mit andrer Ablautſtufe gleichbed. roden (mhd. roten, mnd. roden, afrieſ. rothia mit ahd. rot, mnd. rod N., afrieſ. rothe F., agſ. (ſelten) rod, engl. mundartl. royd 'Rodung'), deren o auf germ. u beruht. Demgemäß entſprechen anord. ruð, Ortsname Rjōðær 'Rodungen', ſchwed. mundartl. ryd, dän. -rød in Namen 'Rodung', anord. ryðja, rjōða, aſchwed. rypia, dän. rydde 'roden', agſ. āryddan 'ausplündern, berauben'. Außergerm. vergleicht man aveſt. rao(i)δya- 'urbar zu machen' (als Beiwort der Erde) und gelangt zum idg. Verbalſtamm *reudh- 'roden', Erweiterung zu *reu- 'auf-, ausreißen, graben, aufwühlen' (ſ. Riemen¹).

Reuter M. Zu mlat. rupta F. 'Abteilung', das in anderer Entwicklung unſer Rotte (ſ. d.) ergeben hat, gehört rupt(u)arii, in frz. Mund rutarii. So wurden genannt 'quidam praedones sub XI. saeculum ex rusticis collect ac conflati, qui provincias populabantur et interdum militiae principum sese addicebant'. Das roman. Wort ging ins N. über und ergab mnl. rüter 'Freibeuter, Wegelagerer'. Aus Verkürzung der Formel ruiter te peerde erwuchs die Bed. 'Reiter', mit der das Wort seit dem 15. Jh. zu den Nachbarn gelangte. Mit hd. Reuter sind auch dän. rytter und schwed. ryttare nl. Ursprungs.

Revier N. Zu lat. rīpa 'Ufer' gehört vulgärlat. rīpāria 'das am Ufer Befindliche'. Dazu ist frz. rivière F. 'ebenes Land entlang einem Wasserlauf; Bach' gebildet. Hieraus wird kurz vor 1200 im dt. Südwesten mhd. riviere F., rivier, rivēr N. M. 'Bach' entlehnt, das sich rasch verbreitet, aber als Mode- und Luxuslehnwort nicht über den Beginn des 18. Jh. behaupten kann. Die ältere frz. Hauptbedeutung gelangt über mnl. riviere an den Rhein und bringt von da als Revier 'Gegend' vor; auch mnd. rivēr, schwed. 1674 reveer, 1749 revir stammen dorther. Das Ufergelände war bes. wildreich, die Reiherbeize bevorzugte es: so wurde R. früh zu 'Jagdgelände', später zu 'forstl. Verwaltungsbezirk'. Ältere Heeresspr. kennt R. 'Inneres der Kaserne', daher revierkrank der nicht im Lazarett liegende Soldat; im 19. Jh. bekam jede Kompanie ihre Revierstube.

Revolver M. Der Amerikaner Colt erfindet 1828 die Drehpistole und benennt sie nach dem engl. Ztw. revolve 'sich drehen'. Revolverpresse F. als Schelte der von Erpressern geleiteten Zeitungen zuerst Grenzb. 1873 I 2, 474: Ladendorf 1906 Schlagwb. 273.

Rhabarber M. Die in den Gebirgen von China und Tibet heimische Pflanze bringt bei ihrer Wanderung nach Westen den pers. Namen rēwend mit, aus dem russ. revén', gr. ῥῆον, lat. rheum stammen. Er wird an 'Pā, den Namen der Wolga angelehnt: ῥᾶ βάρβαρον bezeichnet die Pflanze als 'ausländisch'. Über ital. rabarbaro erreicht uns diese Form um die Mitte des 16. Jh., während mhd. rebarbe, frühnhd. reubarbar durch mlat. rheubarbarum, afrz. reubarbe bestimmt waren. Als Gewächs der Länder östlich vom Bosporus erhält rha den mlat. Zusatz ponticum: danach Rhapontik seit Bock 1546 Kräuterb. 52ᵃ.

Rhinozeros N., mhd. rinōceros: über lat. rhinoceros entlehnt aus gr. ῥινόκερως. Dies zu gr. ῥίς (Gen. ῥινός) F. 'Nase' und κέρας N. 'Horn'. S. Nashorn.

Rhönrad N. Otto Feick hat, 1919 von den Franzosen aus der Rheinpfalz ausgewiesen, in der Heimat seiner Frau, Schönau an der Brend in Unterfranken, das neue Turnrad erfunden und in den Bergen der Rhön zuerst ausgeprobt.

Rhythmus M., Plur. Rhythmen. Zuerst begegnet ahd. ritmusen Dat. Plur. 'gleichförmig abgemessenen Bewegungen', später gelten die Bed. 'Zeit-, Tonmaß, Verstakt'. Über lat. rhythmus entlehnt aus gr. ῥυθμός M. 'Zeitmaß, Takt, Tonfall der Rede', zu ῥύεσθαι 'ziehen' im pythagoreischen Kreis Süditaliens gebildet. Die lat. Lehnübersetzung ductus setzt Kenntnis der Herkunft noch voraus. Später (auch sachlich anfechtbar) zu ῥέειν 'fließen' bezogen.

richten schw. Ztw. ahd. mhd. rihten, asächs. rihtian, afries. riuchta, agf. rihtan, engl. right, anord. rētta, got. garaihtjan 'recht machen', zu recht (s. d.). Richter ist, auch im Fam.-Namen, vorwiegend ein Wort des Ostens: Kluge 1918 Von Luther bis Lessing 115.

Richtscheit N. mhd. rihtschît 'großes Lineal der Bauhandwerker', tritt zuerst md. im 13. Jh. auf (Germ. 17, 35: billit die steine nâch sîme richteschîte). Seit dem 15. Jh. dient es als Übersetzung von gr. κανών, lat. regula. Nach Ciceros Vorbild und Augustins Wort (Confess. 8, 30) stans in regula fidei steht schon damals richtschît auch übertragen. In der reformator. Kämpfen um die Libri canonici, das „Richtschŷt göttliches Wortes" (Zwingli) spielt R. eine bedeutsame Rolle. Aus dem geistlichen Bereich gelangt die Übertragung im 17. Jh. in den der weltlichen Wissenschaft und der Kunst.

Richtschnur F. erscheint im 15. Jh. für die gespannte Schnur, nach der sich die Bauhandwerker richten. In übertragenem Sinn (seit Luther 1528 Jes. 28, 17) zum Ersatz des Fremdworts Norm verwendet.

Ricke F. nnl. rekke 'Rehgeiß' könnte auf ein idg. F. *rik-nî neben *róiko- M. (s. Reh) zurückgehen. Freilich sind die Zeugnisse für Ricke sehr jung: nicht vor Frisch 1741 u. Döbel 1746 Jägerprakt. 1, 28; bis ins 19. Jh. auf norddt. Weidmannssprache beschränkt. Darum hat man (neben der Deutung aus dem Idg.) erwogen, ob es nach Zicke (auch Rehziege kommt vor) gebildet oder Parallelbildung zu Sicke 'Weibchen' (seit 1716) sein mag: s. d. und Palander 1899 Ahd. Tiernamen 110.

riechen st. Ztw. Mhd. riechen, ahd. riohhan 'rauchen, dampfen, duften; einen Geruch empfinden', mnd. rēken, anfränk. riecon 'fumigare', mnl. nnl. rieken, afries. riāka, agf. rēocan 'rauchen, dampfen; riechen, stinken', engl. reek führen auf germ. *reukan. Daneben mit Ablaut (germ. *rūkan) md. rūchen, mnd. rūken, mnl. ruyken, nnl. ruiken, afries. rūkia, anord. rjūka 'rauchen, dampfen; stieben, fallen', schwed. ryka, dän. ryge. Außergerm.

vergleicht sich vielleicht lett. rûgt 'rauchen'. S.
das ablautende M. Rauch.

Ried N. 'Rohr' s. Riet.

Riese F. 'vertiefter Streifen', ins Nhd.
aus dem Nd. entlehnt mit nd. ī aus urgerm. ī
(wie Kiebitz, Miete², Schwiemel, Wiepe).
Außerdeutsch entsprechen agf. gerīsfian 'mit
Riesen versehen' und anord. rīfa 'zerreißen,
aufschlitzen' (dazu rīfa 'Ritz'). Außergerm. Verwandte sind nicht gesichert.

Riege F. Ahd. rīga, mhd. rige F., mit
Ablaut und gramm. Wechsel neben gleichbed.
Reihe (s. d.), ergab frühnhd. rīge F. 'Reihe,
Zeile, Linie, Schicht', das als Riege zwanzig-
mal in Luthers Altem Testament erscheint,
im 17. Jh. aber durch Reihe verdrängt wurde.
Mnd. rige (wie mnl. rīghe mit Länge wie
mhd. rīhe) lebt fort; so sprach man im 18. Jh.
in Berlin von einer „Riege Semmel" (Ag.
Lasch, Berlinisch 155). „Aus dem Sassischen"
hat Jahn 1816 Riege 'geordnete Abteilung
Turner' aufgenommen.

Riegel M. mhd. rigel 'Querholz (z. B. im
Fachwerk eines Hauses), Hebel, Verschluß-
stange von Holz oder Eisen', ahd. rigil 'schmales
Schiebeholz', mnd. regel 'Querstange', nd.
regel, rigel 'waagrechtes Querholz zwischen
senkrechten Ständern'. Nur deutsch; schwed.
regel, rigel (seit 1699) und dän. rigel beruhen
auf junger Entlehnung. Die Verwendung zum
Verschluß ist urspr. in dem Worte nicht enthalten. Einzelsprachlich begegnet Vermischung
mit Abkömmlingen von germ. *wrīhan 'winden', so in westfäl. riəgəl 'Umfassung eines
Brunnens'. Ebenso wird das heimische Wort
zus.-geworfen mit dem entlehnten lat. rēgula
(s. Regel), doch darf Riegel für ein german.
Erbwort gelten. Seine germ. und außergerm.
Beziehungen bleiben schwierig. Am ehesten
lassen sich lit. rýkštė, lett. rīkste 'Rute' vergleichen.

Riegelhaube F. 'kleine, gestickte Haube' in
Bayern und Tirol, auf dem Land Schleier-
leinhaube genannt. Bestimmungswort spätmhd. rigel M. 'um den Kopf gewundenes Tuch',
samt ahd. riccula, riccila F. 'Band' entlehnt
aus lat. ricula 'Häubchen'. Verkl. von rīca
'Schleierhaube'.

Riemen¹ M. 'Lederstreifen'. Ahd. asächs.
riomo, mhd. mnl. rieme, mnd. rēme (daraus
entlehnt anord. reim(a) 'Riemen'), ags. rēoma
führen auf westgerm. *reuman-. Zum Suffix
Kluge 1926 Stammbild. § 88. Gr. ῥύμα N.
'Zugseil' ist unverwandt: es gehört zu ἐρύειν
(aus *ϝερύειν) 'ziehen'.

Riemen² M. 'Ruder' mit Anker und Naue
im 2. 3. Jh. entlehnt aus gleichbed. lat. rēmus.
Lat. ē gibt ie: ahd. riemo, mhd. mnl. rieme,

nnl. riem (vgl. Brief, Fieber, Priester,
Spiegel, Ziegel, Zieche). Zur Entlehnung
stimmt die Verbreitung: Riemen sitzt am
festesten am Niederrhein; von da strahlt es aus
an unsere Küste sowie bis Koblenz und Trier.
Das dadurch verdrängte germ. Wort steckt in
agf. anord. ār, engl. oar 'Ruder'. Lat. rēmus
ist auch ins Kelt. gedrungen: kymr. rwyf,
akorn. ruif, bret. roeff. Kluge 1911 Seemannsspr. 662.

Ries N. Arab. rizma 'Paket, Ballen, Bündel'
hat die Bed. 'Ries Papier' angenommen.
Mit dem Baumwollpapier, das die Spanier
zu Ende des 13. Jh. von den Mauren kennenlernen, bringt span. portug. resma, razma ein,
woraus afrz. raime, mnl. (1384) rieme, engl.
ream. Ital. und mlat. gilt risma. Als Entlehnung von dort erscheint im 14. Jh. mhd.
rīs, riz, rist M. F. N., frühnhd. ris, reis. Man
erwägt, ob bei Übernahme einer Kürzung
in Geschäftsschrift (wie Co. für Kompanie,
Fa. für Firma) die Endsilbe verlorengegangen
sein mag, die mnd. reseme bewahrt. Dän.
schwed. ris stammen aus dem Nhd.

Riese M. mhd. rise, ahd. mhd. risi, riso, asächs.
wrisilik, mnd. rese, anfr. wrisil, mnl. rese, röse,
nnl. reus, anord. risi, norw. rise, mundartl. ryse,
risil, rysel, dän. rise, schwed. rese (älter auch
rise). Das Verhältnis dieser Wörter zueinander
ist umstritten und in Einzelheiten ungeklärt.
Falls die Formen ohne w- auf volksetym. Anlehnung an germ. *rīsan 'sich erheben' (s.
Reise) beruhen, läßt sich Anschluß an gr. ῥίον
(aus *ϝρισον) 'Berghöhe, Vorgebirge' gewinnen. Der Riese wäre dann urspr. 'ein Kerl
wie ein Berg'.

Riese F. mhd. rise 'Holzrutschbahn an Berg-
hängen': in Ablaut mit dem unter Reise genannten Ztw. ahd. rīsan 'fallen'. Der Einfall,
der Name des Riesengebirges (1504 Gigantum
mons) sei von unserm F. herzuleiten, ist unhaltbar: H. Hammel 1933 Namen dt. Gebirge 27 f.
Alt sind Holzriesen nur in obd. Gebirgen von
der Schweiz bis Kärnten; hier gilt das im Nhd.
verklungene F. bis heute.

rieseln schw. Ztw. spätmhd. riseln 'tröpfeln,
leise regnen': mit mhd. risel M. 'Tau, Regen,
Hagel' zu Wz. *rĭs- 'fallen, steigen'. Wegen der
Bedeutung vgl. afries. risne, rēsne 'Fluß' und
anord. blōð-risa 'blutig'. S. Reise.

Riesling M. Reb- und Weinsorte, vom
Rhein ausgehend, zuerst in Worms 1490 als
rüßling, heute auch im Elsaß, der Schweiz,
Baden und Württemberg, meist mit I. Ursprung dunkel: weder Trauben, deren Beeren
reisen 'abfallen', noch zum Landschaftsnamen
Ries (schwäb. rīəs, aus lat. Raetia).

Riefter[1] M. 'aufgefeßter Fleck, bef. am Schuh': offenbar ein altes Wort, das zufällig erst 1646 (Schweiz. Jd. 6, 1519) greifbar wird, auch landschaftlich nur begrenzt gilt, vom Elfaß und der Schweiz bis Heffen und Bayr. Franken. Nach Ausweis von alem. rioſtər hat das Wort alten Diphthongen; damit ſcheidet es ſich von Riſt (ſ. d.) und ſtellt ſich zur germ. Wz. *reut in Altreiß 'Flickſchuſter' (ſ. d.). Riefter als Fam.-Name iſt verkürzt aus dem gleichfalls vorhandenen Rieſterer.

Riefter[2] M. 'Streichholz am Pflug', mhd. rieſter(e), md. rīſter, ahd. aſächſ. riostra F-, ahd. auch riostar N. (gleichbed. ſpätmhd. rist M. N., agf. rēoſt, engl. reeſt). Es iſt urſprünglich das Brett, das die Scholle wendet: mit dem Gerätnamenſuffix germ. -pra, -ðra, idg. -tro gebildet zum Stamm von ahd. rīdan, anord. rīða uſw. 'drehen, wenden'.

Riet N. 'Schilfrohr', nd. Ried, mhd. riet, ahd. (h)riot, aſächſ. hriod, mnd. rēt, -des, anfr. mnl. ried, nnl. riet, afrieſ. hriād, agf. hrēod, engl. reed. Schon ahd. begegnen auch Formen auf -d (z. B. Drūhi-reod und riod in der Würzbg. Marktbeſchr.), die nicht aus dem Nd. entlehnt ſein können, ſondern auf gramm. Wechſel beruhen: germ. *hreuða- und *hreupa- für idg. *qreuto- zur Wurzel *qreut- 'ſchütteln, ſchwingen, lebhaft bewegen'. Riet iſt 'das ſich Schüttelnde, Schwankende'. Germ. Verwandte ſind mhd. rütten 'rütteln' und agf. hrēaðe-mūs 'Fledermaus'; außergerm. vergleichen ſich lit. krutéti 'ſich regen, rühren', krutùs 'rührig' und toch. kru 'Rohr'.

Riff N. in hd. Texten ſeit Hulſius 1617 Schiffahrt 15, 21 als Entlehnung aus dem Nd. Mnd. ref, rif 'Klippe' iſt ſeit 1292 bezeugt (F. Kluge 1911 Seemannsſpr. 663), nl. rif ſeit Kilian 1598. Alter als alle iſt anord. rif, auf dem norw. riv, dän. ſchwed. rev und engl. reef beruhen. Das nord. Wort bedeutet urſpr. 'Rippe': wie Hals, Haupt, Mund, Naſe iſt auch Rippe (ſ. d.) zur Bezeichnung im Gelände geworden. So bedeutet in norw. Ma. ribbe 'Erd-, Bergrücken', anord. gelten die Umſchreibungen fjall-, land-, flōðrif für 'Klippe, Stein'. Frz. côte iſt aus 'Rippe' zu 'Bergrücken, Abhang, Küſte' geworden, ſlov. rêbər 'Anhöhe' aus aſlav. rebro 'Rippe' entwickelt. Ruſſ. rebró 'Rippe' bedeutet zugleich 'Kante; Krone eines Deichs'. Nord. Seeleute haben ihren Ausdruck an die Schiffer der dt. Küſten weitergegeben. Im hanſiſchen Raum hat er ſich raſch verbreitet; die Frieſen haben keinen Anteil daran: ihr Wort iſt Kliff.

rigolen ſchw. Ztw. 'tief umpflügen, umgraben' gelangt im 18. Jh. ins Nhd. aus gleichbed. nd. riolen, das über mnl. rioolen entlehnt

iſt aus frz. rigoler 'mit Rinnen, Furchen, Gräben durchziehen'. Das urſpr. wallon. Ztw. ſetzt mnl. *rijgelen voraus, Verkl. zu nl. rijgen 'eine Reihe machen'.

Rille F. ein norddt. Wort, in hd. Text zuerſt bei dem Hamburger Brockes 1743 Jrd. Vergn. in Gott 7, 277, gebucht 1768 im Verſuch e. brem.-nſächſ. Wb. 3, 494, von dem Pommern Adelung 1777, dem Greifswalder Dähnert 1781 und dem Holſteiner Schütze 1802, in dt. Dichtung eingeführt von der Weſtfalin A. v. Droſte-Hülshoff, in philoſ. Spr. von dem in Danzig geborenen Schopenhauer. Die Mundarten kennen Rille von Oſtfriesland und Schleswig bis Luxemburg und in den fränk. Nordſaum des Elfaſſes und Württembergs. Die Bezeugung von nd. rille iſt ſo jung wie die von nnl. frieſ. ril; dän. rille 'Furche' beruht erſt auf Entlehnung aus dem Nd. Alt iſt aber für den normann. Fluß Rille die urkundl. Form Rīdula, die auf germ. *rīð(u)lō(n) führt, Verkl. zu anfr. rīth 'Bach', agf. rīð M. F. 'Fluß', engl. mundartl. rithe, weſt- u. oſtfrieſ. riede 'Gracht; Rinnſal im Watt', mnd. rīde 'Waſſerlauf', das als Grundwort -riede, -reide vieler Namen in norddt. Gelände bis heute lebt. Es iſt verwandt mit rinnen, ſ. d.

Rind N. Mhd. mnd. rint (d), ahd. rind, älter hrind, aſächſ. hrīth, afrieſ. hrīther, agf. hrīðer führen auf weſtgerm. *hrindiz, mnd. runt, ront, mnl. nnl. rund, agf. hrȳðer (ſpät auch hrūder), engl. rother auf ein damit ablautendes *hrundiz. Reſte der konſ. Stammbildung ſind der ahd. Gen. rindares und die Mz. rindir. Die germ. Dentalerweiterung gehört zum idg. Stamme *ker- 'Horn'. Als 'Hornvieh' bezeichnen das Rind auch gr. κραται-πους 'Stier', kret. κάρτη (wenn aus *krtā) 'Kuh', und (ohne Dental) apreuß. curwis 'Ochſe', lit. kárvė, aſlav. krava 'Kuh' und deren Folgeformen: H. Krahe 1929 Jdg. Forſch. 47, 326. Verwandt ſind Hirſch und Horn; vgl. Färſe, Kalb, Kuh, Ochſe, Sterke, Stier und melken.

Rinde F. mhd. rinde, rinte, ahd. rinda, rinta, aſächſ. rinda, mnd. rinde, mnl. rinde, rende, agf. rind(e), engl. rind 'Rinde, Borke, Kruſte', norw. rind 'Streifen'. Dazu mit Ablaut nnl. runde, run(ne) 'Rinde, Gerberlohe', nnl. run 'Gerberlohe', heſſ. runde 'Wundſchorf', elſ. rund, runge, ſchweiz. runde, runge '(Käſe-) Rinde'. Die nächſten germ. Verwandten afrieſ. rẹnda, agf. rẹndan 'reißen', mnd. rẹnde 'Zerbrochenes' ſchlagen die Brücke zum urverwandten aind. randhram 'Öffnung, Spalt, Höhle' und zum idg. Verbalſtamm *rendh- '(zer)reißen': die Baumrinde heißt nach ihren Riſſen.

Ring M. mhd. rinc, ringes, ahd. ring, älter hring, asächs. afries. agf. hring, anl. nnl. engl. dän. schwed. ring, anord. hringr M. Gemeingerm. *hringa-, älter *hrenga-, bezeichnete den Kreis und alles Kreisförmige. Finn. rengas 'Ring' ist daraus sehr früh, mit noch erhaltenem -en-, entlehnt. Vorgerm. *krengho- stimmt zu aslav. krǫgŭ M. 'Kreis', krǫglŭ 'rund', dazu auch umbr. cring-atro 'Schulterband'. Aus germ. *hari-hring 'kreisförmige Versammlung' stammen frz. harangue 'öffentliche Rede' und rang, s. Rang.

Ringel M. N. Verkl. zu Ring M. Mhd. mnd. ringele, ahd. ringila F. 'Ringelblume', mundartl. bis heute Name versch. Blumen. Landschaftl., z. B. in Lothringen, ist Ringel Ersatz für schriftsprachl. Ose: Kretschmer 1918 Wortgeogr. 227. Aus dem Mnd. entlehnt ist lett. riṅģele 'Ringelblume'.

Ringelnatter F. Coluber natrix L., auch Wassernatter, Unke, Schnake, engl. ringed snake, schwed. ringorm. Bei uns nicht vor Nemnich 1793 und Campe 1809. Die Natter heißt nach den an ihrem Leib sichtbaren Ringeln.

ringen st. Ztw. mhd. ringen, ahd. ringan älter *wringan 'sich hin- und herbewegen, sich anstrengen, winden', asächs. agf. wringan, afries. wringa, mnl. wringhen, mnd. nnd. nnl. wringen (s. wringen), engl. wring 'drehen, drücken', dän. vringle 'winden'. Daneben mit Ablaut engl. wrangle 'zanken, streiten', nnd. wrangeln 'miteinander ringen'; in übertragenem Sinn anord. (v)rangr (woraus entlehnt agf. wrang, engl. wrong) 'verkehrt, unrecht', nnl. wrang, mnd. wrank 'bitter' (urspr. 'was den Mund verzerrt'). Wieder mit andrer Ablautstufe got. wruggō 'Schlinge', alem. rung 'Umdrehung'. Neben idg. *urengh- steht *urenk- in lat. rancidus 'verdorben im Geschmack'. Ohne n entspricht würgen, s. d.

rings Adv. 'im Kreis, auf allen Seiten' erst nhd., verkürzt aus präpos. Formeln wie frühnhd. zŭ ring vmb, zŭ rings vmbher. -s übertragen aus Adv. genetiv. Ursprungs wie flugs, teils: Behaghel 1924 Dt. Syntax 2, 2f.

Rinken M. Zu Ring (s. d.) tritt die Ableitung germ. *hring-jōn, anord. hringja 'Spange', westgerm. *hringg-jōn F., die sich zu agf. hringe, asächs. hringa, ahd. rinka F., mhd. rinke F. M. entwickelt, mit k wie munkeln, schlenkern, Schurke, Zinken. Grundbed. 'Ringförmiges', daraus entwickelt 'Schnalle, Spange': so in obb. Mundarten und einem Teil der md. bis heute. Dort auch als Name ringförmiger Geländestücke. Ernst Reuter 1906 Nhd. Beitr. zur westgerm. Kons.-Gem. 46ff.

Rinne F. mhd. rinne, ahd. rinna, engl. rindle, got. rinnō. Mit andrer Ablautstufe

(germ. *ranniōn) mhd. mnd. renne (z. B. in der Steinernen Renne über Wernigerode), dän. rende, schwed. ränna, norw. mundartl. renna. Wieder mit andrer Stufe des Ablauts mnd. runne, agf. ryne(l), engl. mundartl. rune, engl. runnel. Sämtlich zu rinnen, s. d. Rinn als Fam.-Name bezeichnet urspr. den an einem Rinnsal oder in einem Haus mit auffälliger Dachrinne Wohnenden.

rinnen st. Ztw. mhd. mnd. mnl. rinnen, ahd. asächs. anfr. got. rinnan, afries. anord. schwed. rinna, agf. rinnan, iornan, iernan, dän. rinde; mit andrer Ablautstufe mnd. mnl. runnen, afries. runna, engl. run. Die nächsten außergerm. Verwandten vermutet man in mir. asroin-nim 'entlaufe' und aslav. iz-roniti 'ausgießen'. — Eine nominale Ableitung liegt vor in got. runs, agf. ryne, afries. rene 'Lauf', anorw. run 'Fließ', anord. runa 'Folge, Reihe'.

Rinnsal N., früher auch M.: eine erst frühnhd. Bildung zum Ztw. (wie Drang-, Schick-, Wirrsal). Zuerst in hoch- und nd. Wörterbüchern des 15. Jh. als rinsel, rintzel, rensel 'coagulum; rivulus'. Nur die zweite Bedeutung hat sich gehalten; mit ihr hebt sich Rinnsal von Gerinnsel ab.

Rippe F. mhd. rippe, rib(b)e, riebe F., ripp(e) N., ahd. rippa, ribba F., rip(p)i, ribbi N., asächs. ribb(i) N., mnd. ribbe, rebbe N. M., mnl. ribbe, nnl. rib(be) F., afries. ribb, rebb, agf. ribb, engl. rib, anord. rif N., dän. ribbe, schwed. rev. Zugrunde liegt germ. *rebia- aus vorgerm. *rebhio-. Mit andrer Bildungssilbe zum gleichen Verbalstamm idg. *rebh- 'überdachen' gehört aslav. rebro N. 'Rippe' (aus *rebhro-). Germanen und Slaven benennen die Rippen danach, daß sie die Brusthöhle bedecken, wie das Dach das Haus. Entsprechend war ahd. hirnirêba 'Schädel' urspr. 'Hirnbedachung'. Urverwandt sind gr. ἐρέφω, ἐρέπτω 'überdache', ὑψηρεφής 'mit hoher Bedachung', ὄροφος 'Dach, Zimmerdecke, Rohr zum Dachdecken'. Auf alte Mehrformigkeit weisen Riebe (Luther, Sachs), Riebe und Rebe (F. C. Günther), Ribbe (17. Jh., Adelung, Campe). Rippe setzt sich Ende des 18. Jh. vom Obd. durch. Vgl. Krippe.

Rippespeer N. mnd. (15. Jh.) ribbesper N. gepökelte und geräucherte Schweinsrippen, urspr. am Spieß gebraten. Das -n im Auslaut des ersten Wortglieds fehlt wie in der Mundart von Kassel, der Heimat des Gerichts. Zweites Glied ist mnd. sper 'Bratspieß' (s. Speer): man muß wohl annehmen, daß urspr. ein ganzer Bratspieß mit Rippenstücken auf den Tisch kam. Aus dem Mnd. stammt älter dän. ribbe(n)spær; daraus entwickelt norw. ribbenspærsteg, schwed. refbenspjäll. Über die

umgangsſprachl. Abgrenzung gegen Schweins=
rippchen, Rippenſtück, Kaiſerfleiſch uſw.
Kretſchmer 1918 Wortgeogr. 266 f.

Rips M. 'geripptes Gewebe'. Seit dem
18. Jh. werden in England ribbed stockings
uſw. hergeſtellt und nach den ſtarken Einſchlag=
fäden (ribs 'Rippen') benannt, die bei uns
Ribben heißen ſeit Jacobſson 1783 Technol.
Wb. 3, 411. Der Stoff heißt Ribs von Schedel
1835 Waarenlex. 2, 275ª bis Heyſe 1873
Fremdwb. 815, vorübergehend auch Reps
(Muſter=Ztg. 1855, 9ª) nach engl. frz. reps,
deren e unerklärt iſt.

Riſiko N. Gr. ῥίζα 'Wurzel' hat die Neben=
bedeutung 'Klippe' entwickelt. Das dazu ge=
bildete volkslat. *risicare 'Klippen umſchiffen'
ergab ital. risicare, rischiare 'Gefahr laufen,
wagen', die Rückbildung ital. risco, rischio und
das daraus im 16. Jh. entlehnte frz. risque
bedeuten 'Wagnis'. Als Entlehnung aus dem
Ital. erſcheint in Oberſchwaben 1507 „uff unſer
Ryſigo": Al. Schulte, Große Ravensb. Handels=
geſ. 3, 317. Gleichbed. ſteht daſ. 1477 arreschg,
1479 arisch, d. i. katal. arrisc, ſpan. arrisco
'Wagnis, Gefahr' aus arab. rizq 'Lebensunter=
halt, der von Gott und Schickſal abhängt'. Wenn
in Augsburg 1518 (Math. Schwartz, Buchhalten
2ᵇ) „auf ſein Auuentura und Riſigo" erſcheint,
ſo ſteht das ital. Modewort neben ſeinem gleich=
bed. Vorgänger Abenteuer, ſ. d. Risquieren
(ſo in Genf 1676) iſt aus frz. risquer entlehnt.

Riſpe F. 'Reiſig, Buſchwerk, Bündel, büſch=
liger Blütenſtand', mhd. rispe 'Gezweig, Ge=
büſch', dazu ahd. hrispahi 'virgultum' und
mhd. rispe(l)n 'kräuſeln'. Urverw. mit lat.
crispus 'kraus, ſich kräuſelnd, maſerig, runzlig',
crispāre 'kräuſeln', dem gall. Männernamen
Crixus (aus *Crispus?) und kymr. crych, bret.
crech 'kraus'.

Riß M. mhd. riz 'Riß'. Ahd. riz M. be=
wahrt gegenüber dem an reißen (ſ. d.) an=
geglichenen mhd. nhd. Wort die Bed. 'Buch=
ſtabe', die zu germ. *wrītan 'ſchreiben, zeichnen'
ſtimmt (vgl. got. writs 'Strich, Punkt'). Auch
Riß kann bis heute 'Zeichnung, Entwurf'
bedeuten, ſtets in Ab=, Um=, Grund=,
Schattenriß.

Riſt M. mhd. rist(e) M. F. N. 'Hand=,
Fußgelenk'. Ahd. *rist ſowie vorausgehendes
*wrist fehlen zufällig, doch vgl. gleichbed.
umd. nd. wrist (mundartl. frist), afrieſ. wrist,
wirst, agſ. wyrst, älter wrist, engl. wrist, anord.
rist F. Damit verwandt die Sippe von Reihen²
(ſ. d.), ſo daß germ. *wrih-sti (im Ablaut mit
*wrī-ho) anzuſetzen iſt.

Ritt M. frühnhd. mnd. rit M. N., dän. ſchwed.
ridt: zu reiten gebildet wie Schritt zu
ſchreiten, doch viel jünger: nicht vor Voc.

theut. (Nürnb. 1482) bb 1ᵇ „rytte, reytung/
equitatio". Die abſtr. Hauptbed. 'das Reiten'
iſt ſomit von vornherein vorhanden, doch über=
wiegt lange ein konkretes Ritt 'Reiterſchar',
zu dem Rittmeiſter (ſ. d.) gebildet iſt. Hierfür
heute Beritt '(kleine) Abteilung Reiter'.

Ritten M. 'Fieber', von dieſem Lehnwort
im 17. Jh. verdrängt. Mhd. rit(t)e, ahd. rit(t)o,
aſächſ. hrido führen auf das Nomen agentis
germ. *hriþjo 'Zitterer, Schüttler, Schüttel=
froſt'. Verwandte Wörter zeigen ī: ahd. rīdo
'das Zittern', rīdōn, mhd. rīden ſchw. Ztw.
'zittern', doch agſ. hriþ M. 'Fieber', hriðian 'im
Fieber zittern', hriþ 'Sturm'. Die Wz. germ.
*hrīþ-, vorgerm. *kreit-: *krit- 'ſich wild be=
wegen' auch in air. crith 'das Zittern' uſw.

Ritter M. Als Lehnüberſetzung von mlat.
miles, frz. chevalier (zu cheval 'Pferd') tritt
um 1100 mnl. riddere auf. Mit dem vor=
bildlichen Ruhm, deſſen ſich das flandriſche
Rittertum im 12. Jh. erfreut (Zeuge ſind auch
hübſch, Tölpel, Wappen), verbreitet ſich
das Wort: mengl. (kurz nach 1100) riddëre,
afrieſ. ridder(e), anord. riddari, mnd. ridder,
mhd. (ſeit etwa 1170) ritter. Das hd. Wort
verhält ſich zu Reiter wie Schnitter zu
Schneider. Dabei bleibt mhd. ritter immer
Standesbezeichnung: die Abgrenzung von frz.
chevalier gegen cavalier ſcheint nachgebildet. —
Arme Ritter als Mehlſpeiſe (ſo ſeit Mitte
des 14. Jh.) gelten als geringe Koſt: frühnhd.
arme ritter backen 'dürftig leben'.

Rittergut N. kaum vor Schottel 1641 Sprachk.
390. Urſpr. hatte der Inhaber dem Lehns=
herrn Kriegsdienſt zu Pferd zu leiſten; dafür
war er von allen andern Laſten befreit. Vor=
wiegend norddeutſch.

Ritterſporn M. als Pflanzenname erſcheint
Ahd. Gloſſen 3, 557, 23 als Überſetzung des
botaniſch undurchſichtigen Flaura. Die Sino=
noma Bartholomei des 14. Jh. (hgg. v. Mowat
1882) 21 deuten Flaura als Planta leonis.
Delphinium meint Ritterſporn im Hortus
Sanitatis (1485) Kap. 96. Entſprechend kehrt
der Name, der auf die eigenartige Form der
Blüten zielt, wieder in Ulm um 1487 (Voc. inc.
teut., aa 7ª) und Nürnberg 1516 (Tollat,
Margarita medicinae 8ª). Unſer Gartenritter=
ſporn (Delphinium elatum hortense) iſt ſeit
Ende des 16. Jh. von dt. Gärtnern aus klein=
aſiat. Delphinium=Arten hochgezüchtet worden.

Rittmeiſter M. zu Ritt (ſ. d.) in ſeiner Bed.
'Reiterſchar'. Zuerſt in Braunſchweig 1454
(Script. Brunsv. 3, 408) „der von Münſter
Retmeiſter", hd. ſeit 1545: Schertlin v. Burten=
bach, Briefe an die Stadt Augsburg 44. Im
Rang entſpricht der Kavallerieoffizier von
vornherein dem Hauptmann bei andern Waffen,

so schon 1552: Hist. Volkslieder 4, 554 Liliencron. Zu Rittmeister als (jungem) Familiennamen s. M. Gottschald 1943 Dt. Wortgesch.
3, 199.

ritzen schw. Ztw., mhd. ritzen, ahd. rizzōn,
rizzen (aus -jan), im älteren Nnl. ritsen. Dän.
ridse und schwed. ritsa sind aus dem Nhd. entlehnt. Iterativbildung zu reißen (wie schlitzen
zu schleißen). In mhd. Zeit wird aus dem
Ztw. das M. Ritz (mhd. riz, ritzes) rückgebildet
(wie viel früher Sitz aus sitzen). Wieder beruhen dän. norw. rids auf Entlehnung aus dem
Nhd. Im 15. Jh. tritt neben Ritz das F. mhd.
ritze, rizze, risse, rite, rete.

Rizinus M. Der Name der Zecke, wie alle
Ungeziefernamen von idg. Alter, lautet lit.
érkė, lett. ērce usw. Damit urverwandt ist
lat. ricinus, falls es auf *recinos zurückgeht.
Nach dem Insekt ist der in Ägypten häufige
Baum Ricinus communis benannt, weil seine
Samen der Zecke ähneln: Plinius, Nat. hist.
15, 25.

Robbe F., früher auch M., nnd. rub(be), nl.
(seit Beginn des 16. Jh.) rob, fries. rob, dän.
robbe, ist mit nd. bb (wie Ebbe, Knubbe,
Krabbe, schrubben) ins Hd. gedrungen und
hier seit K. Ens 1618 West- und ostind. Lust-
garten 1, 192 bezeugt. Phoca vitulina L. heißt
so nach ihren Schnauzhaaren: die fries. Ausgangsform steht in Ablaut mit germ. *rūbjō-
(s. Raupe) 'die Borstige'. Von der fries. Küste
zogen die Robbenschläger (F. Kluge 1911
Seemannsspr. 664) nach Grönland, durch die
der neue Name in Schwung kam. Er hat den
germ. Namen des Tieres *sēlhaz verdrängt,
der in unserm Seehund nachwirkt, s. d.

Robe s. Raub.

Robinie s. Akazie.

Robot F. M. 'Frondienst'. Poln. tschech.
robota 'Fronarbeit, Zwangsdienst' (aus aslav.
rabota 'Knechtsarbeit' zu rabŭ 'Knecht') dringt
im 14. Jh. von Osten ein und ergibt spätmhd.
robāt(e), robolt, rowolt F. Das Fremdwort
bleibt wesentlich auf den dt. Ostsaum beschränkt:
Zs. f. dt. Wortf. 11, 95. Dazu roboten
'fronen', spätmhd. robāten, roboten, Roboter
M. 'Fronarbeiter', seit Karel Čapeks Schauspiel R. U. S. (Rossum's Universal Robots)
(1920) auch 'künstlicher Mensch, Maschinen-
mensch', dt. in dieser Bed. seit J. Winckler
1921 Irrgarten Gottes, 1924 Trilogie der
Zeit.

Roche M. Der Name des Turms im Schachspiel scheint an bengal. roth 'Wagen' anzuknüpfen, aus dem sein pers. Name rukh hervorgegangen sein soll. Hieraus arab. ruḫ, das
span. roque, afrz. mnl. roc ergab. Das dt.
-ch für -c steht wie in hd. ich für ik und erweist

(wie bei Schach) nl. Vermittlung. Auf hd.
Boden begegnet um 1160 mlat. rochus, seit
etwa 1170 mhd. roche. Während das Subst.
seit dem 17. Jh. zurücktritt, heißt der im 16. Jh.
eingeführte, nachmals auch auf die Strategie
angewandte Stellungstausch zwischen König
und Turm (ital. arroccare, span. enrocar, frz.
roquer) noch immer rochieren; dazu Rochade:
Littmann 1924 Morgenl. Wörter 115; Wh.
Horn, Zs. f. frz. Sprache 22, 61 f.; Eiserhardt
1909 Schachterm. 35 f.; Suolahti 1929 Frz.
Einfluß 210.

röcheln schw. Ztw. mhd. rücheln, rüheln
'wiehern, brüllen, röcheln': Iterativbildung zu
ahd. rohōn, mhd. rohen 'brüllen, grunzen,
lärmen', wie nnl. rochelen 'röcheln', mnl.
rochelen 'brüllen, schreien' zu anl. rocchen
'grunzen'. Aus dem germ. Bereich vergleichen
sich norw. rugde als Name der Waldschnepfe,
die beim Auffliegen einen heiseren Schrei ausstößt, isl. hrygla 'Rasseln in der Kehle', etwa
auch ags. hrog 'Nasenschleim'. Außergerm.
kommen am nächsten aslav. krukŭ 'Rabe', lit.
krauklỹs 'Krähe', lett. kraûklis 'Rabe', kraukât
'husten, Schleim auswerfen' (vom Vieh). Stets
wird ein heiserer, kratzender Laut nachgebildet.

Roche(n) M. Von den Rochenarten lebt Raja
batis in der Nordsee und wird von deren An-
wohnern einheitlich benannt: ags. reohhe F.,
ruhha M. (von da entlehnt akorn. roche),
mengl. reighe, roughe, engl. roach, mnl.
roch(ch)e, nnl. rog, mnd. roche, ruche, von
da entlehnt afrz. roche, dän. rokke, schwed.
(seit 1538) rocka. In frühnhd. Zeit wandert
der Name südwärts: roch 1477 in Kleve,
Rochen 1517 in Anhalt, 1540 in der Wetterau,
1574 in Basel. Er gehört zum Adj. rauh: die
Rochen haben statt der Schuppen eine dornige
Haut. Unverwandt ist das gleichbed. Mittelmeerwort lat. rāia, ital. raja, aus dem über
frz. raie (seit dem 13. Jh.) engl. ray und
breton. rae stammen.

Rock M. Mhd. mnl. roc, -ckes, ahd. roc(h),
asächs. nnl. rok, mnd. rock, afries. rokk, ags.
rocc, anord. rokkr führen auf germ. *rukka-.
Aus dem Germ. stammen mlat. roccus, afrz.
roc 'Rock'. Hiervon abgeleitet sind norm.
roquet 'kurzer Unterrock', afrz. rochet 'eine
Art grober Bluse', frz. rochet 'Chorhemd'
(hieraus entlehnt das gleichbed. engl. rochet),
ital. rocchetto 'Chormantel', span. portug. roquette. Mit air. rucht (aus *ruktu-) 'Wams'
zu idg. *rug- 'spinnen, Gespinst'. Ein Reimwort zu *rukka- ist germ. *hrukka-, das in
ahd. (vereinzelt) hroch, asächs. hroc, afries.
hrokk und in der Sippe unsres Frack (s. d.)
fortlebt. Vielleicht sind die beiden durch die
Annahme idg. Anlautdissimilation zu ver-

einigen. Die Beliebtheit von Rock beschränkt
sich auf das Westgerm. Anord. rokkr erscheint
erst im 16. Jh., den nnord. Sprachen fehlen
Entsprechungen, Ulfilas gibt gr. ἱμάτιον und
χιτών mit ganz andern Wörtern wieder.
Über die innerdeutsche Verbreitung und die
umgangssprachl. Geltung von Rock s. Kretschmer 1918 Wortgeogr. 389.

Rocken M. (im Südwesten dafür das Fremdwort Kunkel, s. d. und v. Bahder 1925 Wortwahl 59) mhd. rocke, ahd. rocko, ro(c)cho,
mnd. rocken, mnl. rocke(n), nnl. rok(ken),
engl. rock, anord. rokkr, dän. rok, schwed.
rock: zur gleichen idg. Wz. *rug- 'spinnen';
Gespinst' wie Rock, s. d. Germ. *rokka-,
*rukka- drang ins Roman. und ergab gleichbed.
span. rucca, ital. rocca. Unverwandt ist
gleichbed. nd. Wocken (s. d.). Isl. Friggjarrokkr,
schwed. mundartl. Friggerokk 'Orionsgürtel
als Sternbild' deuten die alte Form des
Rockens an: es war eine Handspindel ohne Rad,
an die der Flachs- oder Wollflausch zum Abspinnen angelegt wurde.

Rodel M. F. Lat. rotulus, rotula 'Rädchen',
Verkl. zu rota F. 'Rad', entwickelt die mlat.
Kanzleibed. 'zus.-gerolltes Schriftstück'. Hieraus
spätmhd. rodel M. F. 'Papierrolle, Liste,
Urkunde', in der Schweiz und Schwaben als
M., in Bayern und Österreich als F. bewahrt.
Vgl. Rolle.

rodeln schw. Ztw. 'Schlitten fahren', ein
Wort der bair. Alpen, gebucht seit Schmeller
1836 Bayer. Wb. 3, 57. Dazu bair.-österr. Rodel
F. 'Kinderschlitten', seit etwa 1900 in Nachbarmundarten (H. Fischer, Schwäb. Wb. 5, 383 f.)
und die Schriftsprache gedrungen, teilweise
als M. (nach dem Vorbild von Schlitten).
Zs. des Sprachv. 24 (1909) 94.

roden s. reuten.

Rodomontade F. 'Großsprecherei': seit Saar
1662 Ostind. Kriegsdienste 111 entlehnt aus
frz. rodomontade, ital. rodomontata F., auf
Wegen, die Büchmann 1912 Gefl. Worte
314 f. nachweist. Die Scherzbildung geht
aus von Rodamonte, dem 'Bergumwälzer'
in Bojardos Verliebtem Roland (1495). Der
erste Wortteil gehört über lombard. rodare,
lat. rotare 'drehen' zu lat. rota F. 'Rad', s.
Rad und Rodel.

Rogen M. 'Fischeier vor dem Legen' (die
gelegten Eier heißen jetzt Laich): mhd. roge(n),
mnd. rogen, rogel, ahd. rogo, rogin, rogan,
älter *hrogan M., anord. hrogn N., norw.
dän. rogn (von da im 18. Jh. entlehnt frz.
rogue), schwed. rom. Aus dem Anord. entlehnt sein können mengl. rowne, engl. roan
(veraltet), roe. Germ. *hruzna-, *hruzan- führen
auf idg. *qreq-, *qrq 'Frosch-, Fischlaich, schlei-

miges Zeug im Wasser'. Urverwandte Wörter
der Bed. 'Froschlaich' bieten die baltoslav.
Sprachen: lit. kurklė, kurkulai Mz., lett.
kurkul'i, slov. krěk, poln. krzek, russ. krjak. —
Rog(e)ner 'weiblicher Fisch' im Gegensatz
zum Milchner, dem männlichen.

Roggen M. Im Gegensatz zu den Namen
für Hafer, Hirse, Spelz ist der der jüngsten
Getreideart allen Germanen mit Ausnahme
der Goten gemeinsam: ahd. rocko, mhd.
rocke, asächs. roggo, mnd. rogge, mnl. rogghe,
nnl. rog(ge), afries. rogga, ags. ryge, engl. rye,
anord. rugr, dän. rug, schwed. råg. Aus dem
ältesten Fränk. entlehnt ist afrz. (wallon.)
regon, rogon, auch kymr. rhygen 'Roggen'
stammt aus dem Germ. Die obd., nd. und
fries. Formen vereinigen sich auf eine Grundform *ruggn-, älter *rug-n-, die engl. und nord.
setzen germ. *rug-iz voraus (von da früh entlehnt estn. rukkis, finn. ruis, Gen. rukiin, lapp.
rok). Vorgerm. *rughi- wird erwiesen durch
lit. rugỹs 'Roggenkorn' (Plur. rugiai 'Roggen'),
aslav. rŭži 'Roggen' (hieraus entlehnt gleichbed.
magy. rozs). Den östl. idg. Sprachen fehlt eine
Entsprechung: Hoops 1905 Waldb. und Kulturpfl. 447 ff. 461; zur Vorgeschichte ders. 1916
Realler. d. germ. Alt.-Kde. 3, 508 ff. Die nhd.
Schreibung mit -gg- hat Gottsched durchgesetzt,
um das Wort von (Spinn-) Rocken zu unterscheiden. Sie steht (wie bei baggern, Dogge,
Flagge, flügge, schmuggeln) unter nd.
Einfluß, begegnet aber früh auch in der Schweiz
(Id. 6, 773), weil dort ck die Affrikata kx
wiedergibt: v. Bahder 1925 Wortwahl 52. Umgangssprachl. ist die Geltung von Roggen
durch Korn beschränkt, am wenigsten im Norden, vielfach in Sachsen, Thüringen, Hessen, in
großen Teilen Süddeutschlands und bes. in
Österreich, wo sogar Kornbrot für 'Roggenbrot'
gilt: Kretschmer 1918 Wortgeogr. 389 f. 614.

roh Adj. Adv. Mhd. mnd. rō, rōer, ahd.
(h)rao, hrawēr, asächs. hrā(o), mnl. ra(e)u,
nnl. rauw, ags. hrēaw, engl. raw, anord. hrār
(aus *hrawaz), dän. raa, schwed. rå führen
auf germ. *hrawa- aus idg. *qrouo-. Urverwandt sind mir. crū, crō (aus *krovo-), kymr.
crau 'Blut' (als 'Geronnenes, Erstarrtes'),
air. crūaid 'hart, fest', aslav. krŭvǐ, lit. kraũjas,
lat. cruor 'Blut', cruentus 'blutig', crūdus
'rauh, roh, hart', gr. κρέας (aus *κρέϝας),
aind. kravís- (aus *qreu̯əs) 'Fleisch'. Finn.
raaka 'roh' ist früh aus dem Germ. entlehnt.

Rohr N. Ahd. mhd. mnd. rōr (Gen. rōres)
weisen auf westgerm. *rauza. Diese Form
ist durch gramm. Wechsel entstanden aus germ.
*rausa, vorausgesetzt durch got. raus (Gen.
*rausis) N., anord. reyr N., dän. rør, schwed.
rōr. Nd. rōr, nl. roer zeigen germ. ō aus öu.

Zum idg. Verbalstamm *er- 'sich in Bewegung setzen' gehört als Erweiterung idg. *reus-. Darf man unser Wort hierzu stellen, so ergibt sich als Grundbed. 'was sich im Winde schüttelt'. Die nächsten germ. Verwandten wären dann ahd. rŏsc(i) 'behende', mnd. rūsen, dän. ruse, schwed. rusa 'eilen, lärmen', anord. rosi 'Sturmbö'; außergerm. vergleichen sich lit. rušùs 'geschäftig', rušéti 'rührig sein', russ. ruch 'Unruhe' und poln. ruch 'Bewegung'. Im Sächs., Fries. und Engl. ist Rohr früh zurückgetreten. In der älteren, ostgerm. Form drang es im 6. Jh. ins Roman.: vulgärlat. rōs(a) (Reichenauer Glossen), prov. raus, frz. roseau 'Rohr', Ortsn. Rosière = Welschenrohr (im Solothurner Jura, durch die ostgerm. Burgunden vermittelt). S. Reuse und Röhre.

Rohrdommel F. Der Vogel Botaurus stellaris heißt ahd. horotum(b)il, horotúchil, -túbil und rōredumbil, agf. rāradumle, mnl. rōsdommel, in nd. und md. Glossaren des 15. Jh. rordum(t), rortrum(mer), rordummer, rordrum(b)el. Bestimmungswort ist meist Rohr, z. T. in Formen, die durch gramm. Wechsel (*rauza-) zu erklären sind, seltner ahd. horo 'Schlamm'. Beide sind vom Nistplatz der im Schilf lebenden Reiherart genommen. Älteste Form des Grundworts ist -dum(il), eine Nachbildung des Paarungsrufs, an den auch die Fülle der übrigen Namen anknüpft: Suolahti 1909 Vogelnamen 383 ff. Die Benennung ist westgerm.; dän. rørdrum, schwed. rördrum sind entlehnt aus mnd. rördum. Gleichbed. Mooskuh f. u. Moos[1].

Röhre F. mhd. rœre, ahd. rōr(r)a, älter rōrea F. 'Schilfstengel, hohler Stengel, Röhre': Ableitung aus Rohr (f. d.), germ. *rauziōn-. Grundbed. 'die Rohrförmige'.

röhren schw. Ztw. 'laut schreien, brüllen', mhd. rēren 'blöken, brüllen', ahd. rēren 'balare', mnd. rāren, rēren, agf. rārian 'brüllen, heulen, schreien, klagen', engl. roar 'brüllen'. Dazu ahd. hlūtreisti 'clamosus, sonorus' und anord. jarma 'blöken'. Außergerm. kommen am nächsten lit. rieju 'schreie', lett. rēt 'bellen', aslav. rarū 'Schall', russ. rajat' 'schallen', armen. oṙnal 'heulen (vom Wolfe)', aind. rā́yati 'bellt', sämtlich zur idg. Schallwurzel *rē(i)-, *rei-, *erē- 'schreien, brüllen'.

Röhricht N. ein nur hd. Sammelwort zu Rohr: ahd. rōrahi 'arundinetum', mhd. rōrach, -ech, -ich, frühnhd. rörich, bair. (ge)rōrach, dann mit -t (ge)röricht (wie Dickicht u. dgl.). Zur Bildung vgl. Reisig; eine andre Endung in agf. rieric 'Röhricht'. Umlaut erscheint in rœrach zuerst bei Berthold v. Regensburg († 1272) Predigten 1, 446 Pfeiffer, die neue Betonung des kollektiven Sinns durch ge-

in Augsburg 1407 (grōrach Chron. d. dt. Städte 5, 110). Die alten Zeugnisse gehören fast alle dem Bair.-Österr. an. Von 1530 bis 1753 fehlen (Ge-)Röhricht allen Wörterbüchern, weder Luther noch Lessing kennen sie, von den Klassikern nur Goethe. Die ersten Norddeutschen, die sich am Wortgebrauch beteiligen, sind J. H. Voß 1784, A. v. Droste-Hülshoff, E. Geibel und H. Löns.

rojen schw. Ztw. 'rudern' in hd. Texten seit 1675, tritt nhd. zurück hinter rudern, herrscht aber in den nd. Küstenmundarten. Das entspr. mrhein. rüjen deckt sich mit mhd. rüejen (Lexer 2, 528) und nl. roeien, agf. rōwan, engl. row, anord. rōa. Die Wz. ist die gleiche wie in Ruder, f. d. und Kluge 1911 Seemannsspr. 665.

Rokoko N. Zu frz. roc M. 'Felsen' gehört rocaille F. 'Haufen kleiner Steine', womit das Grotten- und Muschelwerk der Bau- und Zierweise des 18. Jh. getroffen wurde. Pariser Ateliersprache des 19. Jh. zerspielt rocaille zu rococo M. und Adj. Es wird um 1836 (New Engl. Dict. 8, 1, 747) Spottwort für den Stil der Zeit Ludwigs XIV. und XV.

Rolle F. mnd. mhd. rolle, rulle, um 1400 entlehnt aus frz. rôle (älter auch rolle), das aus lat. rotulus, rotula (f. Rodel) entwickelt ist. Das Geschlecht schwankt auch bei den germ. Wörtern zum M. hinüber. Mindestens teilweise sind die dt. Wörter vermittelt durch mnl. rol(le), rulle, nnl. rol. Engl. roll stammt aus dem Afrz.; spätanord. rolla 'Pergament-, Papierrolle', dän. rolle (älter rulle), schwed. rulla, -e sind durch das Dt. vermittelt. Ins Obd. gelangt Roll(e) im 15. Jh. als Ausdruck des Fisch- und Linnenhandels aus Nordwesten. Technisch steht Rolle zuerst von der Putzvorrichtung der Mühle; danach wird Roll rotwelsches Versteckwort für 'Mühle' (Liber Vagat. 1510). Nachmals hat sich der techn. Sinn breit entfaltet, f. Rollwagen. In Livland, dem mittleren Norddeutschland und den ostmärk. Alpenländern ist Rolle an die Stelle des älteren Mangel F. (f. d.) getreten, offenbar mit einem verbesserten Gerät, wie es in Orlamünde 1545 (Arch. f. Ref.-Gesch. 23, 78) zuerst erscheint. Entspr. dän. rulle (aber schwed. mangel). Daß Rolle ursprünglich eins ist mit Rodel M. F., drückt sich in der bis heute weithin geltenden Bed. 'Schriftrolle, (gerollt aufbewahrte) Urkunde' aus; so auch in den Zus.-Setz. Bürger-, Muster-, Stamm-, Steuer-, Zunftrolle. Ein Sonderfall ist, daß seit Ende des 16. Jh. der Anteil des einzelnen Schauspielers am Spiel auf einen handlichen Streifen geschrieben wurde, von dem er auf den Proben die eben gebrauchte Stelle sichtbar hielt, das übrige aufrollte. Den in Amsterdam 1598 zuerst bezeugten Brauch übernimmt A. Gryphius 1663 nach Schlesien; seitdem allgemein auch in Rollenfach, -neid, eine Rolle kreieren (frz. créer un rôle), Rollen fressen. Von der Bühne ins Leben überträgt Lessing 1759 „eine doppelte Rolle spielen". Seitdem sind Übertragungen wie „die Rollen verteilen", „aus der Rolle fallen" alltäglich.

rollen schw. Ztw., mhd. (selten) rollen, mnd. rollen, rullen, mnl. nnl. rollen. Dän. rulle, schwed. rulla ist durch das Dt. vermittelt, engl. roll stammt aus dem Afrz. Voraus liegt gleichbed. frz. rouler, in dem zwei Wörter zus.treffen: afrz. roeler, das ein gallorom. *rotellare (zu rotella 'Rädchen') fortsetzt, und lat. *rotulare (zu rotulus, rotula 'Rädchen', s. Rodel M.). Das Ztw., bei uns schon 125 Jahre vor dem F. Rolle bezeugt, fällt äußerlich mit einem altheimischen rollen (ahd. *rollōn) 'sich ungestüm bewegen' zusammen. Hier wurzelt weidmänn. rollen von brünstigen Tieren. Das Lehnwort, von vornherein trans. und intr., erscheint (nach Eindringen durch die burgund. Pforte) um 1300 im Aargau, um 1500 (nach neuer Entlehnung über das Ml.) in Köln. Nhd. wird es durch die Lutherbibel.

Rollmops M. 'gerollter Hering in Essig', im 19. Jh. von Berlin aus verbreitet. Gebucht kaum vor 1878 Der richtige Berliner 33.

Rollwagen M. starkgebauter Wagen, der statt der Räder auf Rollen, massiven Scheiben läuft. In frühnhd. Zeit als Reisewagen, seither zur Beförderung von Lasten benutzt. Dazu Rollkutscher als Klammerform aus Rollwagenkutscher. Rheinpfälz. statt dessen die Roll(e) seit dem 16. Jh.: Kretschmer 1918 Wortgeogr. 395.

Roman M. Frz. roman, urspr. 'Erzählung in romanischer Volkssprache' (im Gegensatz zum Latein), dann 'epische Prosaerzählung', gelangt im 30jähr. Krieg zu uns. Im Sprachverderber Straßburg 1644 erscheint Roman als modisches Fremdwort, während Harsdörfer in Nürnberg 1644 Frauenz.-Gespr. 1², 236 bei Beschreibung der „ohne Reimgesetz in ungebundener Rede verfaßten Lust- und Liebsgedichte" das Wort noch nicht kennt. Den Plur. bildet noch Rist 1668 Zeitverkürz. 176 nach frz. Weise „Romans aus dem Franz. und Ital. in die teutsche Sprache übergesetzet". Vor Ende des Jh. ist die Einbürgerung vollzogen: Stieler (1691) 1746 „Poetische Geschicht sive Gedichtgeschicht, epos, historia eqvestris, fabularis, vulgo Roman". Zf. f. d. Wortf. 2, 274. 8, 93. 12, 193.

romantisch Adj. Knapp 20 Jahre nach der Entlehnung von Roman (s. d.) erscheint dazu das Adj. romantisch 'romanhaft' bei Schottel 1663 Ausf. Arbeit 1186, das bis 1764 (J. Kant, Werke hg. v. d. Preuß. Akad. 2, 256) mehrfach wiederkehrt, sich aber nicht bewährt wegen der stets möglichen Verwechslung mit romanisch als Volksbegriff. Heute ist es durch romanhaft ersetzt. Zum spätlat. Adj. romanticus 'in romanischer Sprache verfaßt' ist 1659 engl. romant 'Roman' rückgebildet. Dazu gehört das engl. Adj. romantic 'wie in einem Roman', dem G. Heidegger, Mythoscopia Romantica (Zürich 1698) 116 u. ö. ein gleichbed. romantisch nachbildet, das außerhalb der literarischen Welt bis heute lebt in Wendungen wie „ein romantischer Berg, Fluß, Lebenslauf; eine romantische Felsengruppe, Burg". In England entfaltet der bürgerliche Roman Empfindsamkeit und Naturgefühl. Damit erhält das Adj. einen vertieften Sinn, und auch dieses romantic ergibt über die Schweiz (Breitinger 1740 Crit. Dichtk. II 283) ein dt. romantisch, das in literar. Kreisen des 18. Jh. immer mehr Mode wird, bis L. Tieck 1799 die Sammlung seiner Gedichte „Romantische Dichtungen" nennt und A. W. Schlegel, Charakteristiken u. Kritiken (1801) den Gegensatz zwischen romantisch und klassisch begründet. Novalis wagt Romantik als Parallelbildung zu Klassik, Gegner wie Voß bilden dazu Romantiker. Seitdem sind die drei Wörter, deren Begriff kaum eindeutig zu bestimmen ist, unentbehrlich geworden: R. Ullmann u. H. Gotthard 1927 Gesch. d. Begriffs Romantisch; F. Kainz 1943 Dt. Wortgesch. 2, 249—318.

Romanze F. Unserm M. Roman liegt afrz. romanz voraus, aus lat. rōmānice 'auf roman. Art' entwickelt, seit dem 15. Jh. Name frz. Epen, die mit abenteuerlichen Stoffen aus der Vergangenheit erfüllt waren. Neben der erfolgreichen Entlehnung Roman (s. d.) steht im 17. Jh. ein bald wieder geschwundenes F. Romanze, das in Nürnberg 1678 von M. Kramer, Teutsch-ital. Wb. mit 'Helden Gedichte' umschrieben, danach bis ins 18. Jh. gleichbed. mit Roman gebraucht wird. Afrz. romanz war auch nach Spanien gedrungen und hier zur Bezeichnung episch-lyrischer Stücke in frischem Volkston geworden. Die von Góngora zur Kunstdichtung erhobene Gattung findet in Moncrif einen frz. Nachahmer, nach dessen Vorbild Gleim 1756 die span. Romanze in Deutschland einführt. Wenig später bringt der Sturm und Drang die engl.-schott. Ballade zu uns, unter deren Einfluß unsre altheimische Volksballade zur dt. Kunstballade erblüht. Auf sie wird noch im 18. Jh. der Name Romanze übertragen, so daß (gegen Herders Einspruch) von Bürger bis Uhland Ballade und Ro-

manze dieselben episch-lyrischen Gedichte bezeichnet haben.

Römer M. 'grünes bauchiges Weinglas',
in Hamburg 1609, in Köln 1546, weist Kurrelmeyer 1921 Mod. lang. notes 36, 489 aus Neuß
1501 nach. Damit ist Herkunft aus gleichbed.
nl. roemer gegeben: dies zu nl. roemen 'rühmen'. Somit urspr. 'Prunkglas, mit dem
man einen Trinkspruch zu jem. Ruhm aus-
bringt'. Dän. rømer, schwed. remmare, engl.
rummer (1654), frz. rumer (1570) sind aus dem
Dt. oder Nl. entlehnt.

rosa Adj. Um ein helles Rot zu bezeichnen,
stehen zur Verfügung mhd. rōse(n)-var(wec),
rœselvar, rōsīn (zu rōse wie steinīn zu stein),
rōsīnvar, rōsenrōt und rōsic, nhd. rosen-
farb(ig), -farben, -rot, rosig, -icht,
blaß-, hell- und lichtrot. Trotz dieses Reich-
tums wurde im 18. Jh. der lat. Name der Rose
selbst als Farbadj. übernommen, zuerst in
Rosaband 1787 bei Gotter, Ged. 1, 93. Das
Adj. rosa folgt noch vor 1801: damals verdeutscht es Campe mit rosenroth. Die ungebeugten Formen bereiten keine Schwierigkeit, dagegen stoßen in rosaer, rosaes zwei
Vokale hart aufeinander (wie bei lila). Einschub eines n (mit einer rosanen Schleife) ist
ebenso unschön wie Verzicht auf Beugung
(mit einem rosa Bande). Am besten setzt man
rosafarben, -farbig, -rot, wenn man nicht
mit den älteren Wörtern auszukommen glaubt.

rösch Adj. ahd. rōsc(i), mhd. rōsch, rœsche
'spröde, scharf; lebhaft, heftig', in den Mundarten vom Elsaß und der Schweiz bis Tirol
und Steiermark, aber auch in Teilen des
Fränk. und Hess. am Leben, noch breiter im
Fam.-Namen Rösch, meist in Formen wie
rös, rẹsch, reasch und in Bed. wie 'hart, spröde,
frisch, rasch', die z. T. auf Mischung mit altem
resski, einer Weiterbildung zu rasch, beruhen.
Ahd. *(h)rōsci steht in Ablaut mit gleichbed.
ahd. asächs. horsc, anord. horskr: Schweiz. Id.
6, 1470; H. Fischer 5, 402 f. 6, 2828 f.

Rose[1] F. Während die bei uns wild wachsende Heckenrose (Rosa canina) nach ihren
Früchten (s. Hiefe) den heimischen Namen ahd.
hiufaltra führt, trägt die Edelrose, die erst
durch die Mönche in Nordeuropa eingeführt
wird, einen von Volk zu Volk weitergegebenen
Fremdnamen. Jdg. *urdho- 'Dornstrauch'
wird vorausgesetzt durch agf. word 'Dornstrauch', norw. ör, öl (aus *ord) 'Johannisbeer-
strauch' und das urverwandte iran. *vrdi-, gesichert durch das daraus stammende aperf.
*wurdo- 'Rose', pers. gul (hieraus entlehnt
türk. gül). Aus dem Perf. entlehnt sind gleichbed. armen. vard und gr. (ϝ)ρόδον. Dessen
rhodische Form (mit s aus d) ergibt lat. rosa,

auf dem afrz. rose usw. beruhen, hierauf wieder
engl. rose. Die übrigen germ. Entsprechungen
sind ahd. rōsa (Zf. f. dt. Wortf. 6, 194), mhd.
mnd. mnl. agf. rōse, nnl. roos, dän. rose,
schwed. ros. Aus dem Germ. weiterentlehnt
sind lett. ruoze, estn. roos, finn. ruusu. Alle
diese Formen setzen ō voraus, sind also erst
entlehnt, nachdem im 6. Jh. lat. o in offner
Silbe gedehnt und die Diphthongierung von
germ. ō zu ahd. uo (s. Schule) zum Stillstand gekommen war. Dazu stimmt, daß in
zwei karol. Garteninventaren von 812 die Rose
noch fehlt: J. Hoops 1916 Reallex. d. germ.
Alt.-Kde. 3, 531. Klösterlichen Ursprungs ist
auch die Wendung „etw. unter der Rose ('im
Vertrauen') sagen". Sie übersetzt mlat. sub
rōsā fāri: über dem Tisch war eine Rose aufgehängt oder gemalt, unter der bleiben sollte,
was am Tisch gesprochen wurde. Rose als
Krankheitsname verdrängt bei uns älteres
Antoniusfeuer im 17. Jh.; nl. roose 'erisy-
pelas' begegnet schon bei Hadr. Junius 1567
Nomencl. 462ª. Der Name geht von der roten
Färbung aus, die die Hautkrankheit hervorruft.
Vgl. Rotlauf und J. Sehwers 1925 ff. Zf. f.
vgl. Sprachf. 53, 107. 54, 50 f.

Rose[2] F. 'Honigwabe' s. Roße.

Rosenkohl M. Brassica oleracea gemmifera
heißt nach den kugeligen Knospen in den Blatt-
achseln, die ihr in Wien den Namen (Kohl-)
Sprossen eingebracht haben. Gebucht nicht
vor Campe 1809, nach der mundartl. Verbreitung (schweiz. röslichöl, elf. röseleköl,
schwäb. roseköl usw.) gewiß älter.

Rosenkranz M. seit dem 15. Jh. Wiedergabe
von kirchenlat. rosarium 'Schnur mit größeren
und kleineren Perlen, an denen die Katholiken
ihre Vaterunser und Ave-Maria abzählen'.
Mittelalterliche Frömmigkeit verglich die Gebete den Blumen, wie auch Gebetbücher
Gilgengart oder Hortulus animae hießen:
Religion in Gesch. u. Gegenw. 5 (1913) 26.

Rosenmontag M. der Montag zwischen
Sonntag Estomihi und Fastnacht, ein nrhein.
Wort: aus rasen(d)montag, im 18. Jh. belegt
als 'am rasenden Montag'. Zu rasen, köln.
rose 'tollen'.

Rosinante F. (eigtl. M.) 'elender Gaul', eines
der wenigen geflügelten Worte aus dem Span.:
Don Quijote (im gleichnamigen Roman des
Miguel de Cervantes, † 1616) gab seinem Pferde
den aus span. rocin 'Klepper' und antes 'früher'
zus.-gesetzten Namen, um anzudeuten, daß sein
Streitroß früher ein bloßer Reitklepper gewesen sei: Büchmann 1912 Gefl. Worte 318.

Rosine F. Auf lat. racēmus, volkslat. *raci-
mus 'Kamm der Traube, Beere, Traube' beruht
(wie ital. racimolo 'Weintraube') frz. raisin (sec)

'Rosine', das die pikard. Nebenform rosin ent=
wickelt. Hieraus mnl. rosīne, mnd. rosīn(e):
nächst Holland war Hamburg der wichtige Um=
schlagplatz für den Rosinenhandel. Mhd. rosīn
F. steht zuerst in der Christ-Herre-Chron. (thür.
vor 1288), frühnhd. rosein in einer Nürnberger
Chron. um 1400; Luthers Form ist Rosin.
Heute ist R. für 'getrocknete Weinbeere' fast
schon gemeinhochdeutsch; im Südsaum be=
hauptet sich die aus arab. zabīb durch ital.
zibibbo vermittelte Zibebe; heimische Namen
sind Meertraube im Elsaß, Weinbeerln in
Österreich: Kretschmer 1918 Wortgeogr. 395 ff.

Roßmarin M. Die mittelmeerische Küsten=
pflanze mlat. ros marinus (wörtlich 'Meertau')
erscheint als roßmarin in Nürnberg 1482, als
rosenmarin in Augsburg 1486. Etwa gleich=
zeitig gelangt das Wort unter naheliegenden
Angleichungen in Nachbarsprachen: nl. (1598)
ros-, rozemarijn, engl. rosemary, dies entlehnt
über afrz. rosmarie.

Roß N. Ahd. (h)ros (ss), mhd. mnd. ros,
ors, asächs. hros und mit Ablaut hërs, mnl. ors,
nnl. ros, afries. hors, hars, ags. mengl. hors,
dazu der ags. Männername Horsa, engl. horse,
anord. hross, selten hors, schwed. dän. mund=
artl. hors, ros (dazu schwed. horsgök 'Heer=
schnepfe') führen auf germ. *hrossa- (: *herssa-),
vorgerm. *kru-tá-s, Part. zu einem verlorenen
Ztw., das 'springen' bedeutet hat und mit
gleichbed. aind. kúrdati zu einer Dentalerwei=
terung des idg. Verbalstamms *(s)ker- 'spring=
en' gehört. Im Got. wird statt dessen aíhva=
gesetzt, das in asächs. ëhu-, ags. eoh, anord.
jór wiederkehrt und als der idg. Name des
Pferds erwiesen wird durch gleichbed. air. ech,
agall. epo- im Namen der Pferdegöttin Epona
und in Männernamen wie Epognatus, dazu
die Verkl. akorn. akymr. abret. ebol, nbret.
ebeul 'Füllen'; lat. equus, gr. ἵππος, lit. ašvà
('Stute'), aind. aśvaḥ, avest. aspō, tochar. yuk,
yakwe. Es ist schon im Ahd. verloren. Im
Mhd. bringt Pferd durch (s. d. und Gaul),
Roß bewahrt aber obd. die umfassende Bed.
'Pferd': F. Wrede 1926 Dt. Sprachatlas 8.
Aus dem Germ. entlehnt sind die roman.
Wörter frz.-norm. harousse, frz. rosse, prov.
rosa, ital. rozza 'Mähre', mlat. runcinus, afrz.
roucin, span. rocin (s. Rosinante). O. Paul
1939 Wörter u. Sachen 20, 41.

Roße F., auch **Roß** M. N. 'Honigwabe'
mhd. rāze F., rāz N., ahd. rāza F. (Ahd.
Glossen 2, 622, 1). Ein vorwiegend md. Wort
(obd. gilt Wabe, s. d.), entspr. anl. (Psalmen
18, 11) rāta (für *hrāta, erwiesen durch vulgär=
lat. frāta 'Honigwabe' in den Reichenauer
Glossen), nnl. raat F. Ein germ. Erbwort
(frz. rayon de miel beruht auf Entlehnung).

Als Grundbed. ergibt sich 'Geflecht' aus mhd.
rāze (afrz. ré Roman. Forsch. 1, 445) 'Scheiter=
haufen', mnd. kalkrose 'geschichtetes Holz zum
Kalkbrennen'. Nach Berneker, Slav. Wb. 605
ist die Sippe urverw. mit aslav. kleinruss.
krada 'Scheiterhaufen'. Vgl. H. Schuchardt,
Sitz.-Ber. der Berl. Akad. 1917, 156 ff.; L.
Spitzer 1917 Lit.-Bl. 38, 328; v. Bahder 1925
Wortwahl 133 f.

Rösselsprung M. urspr. die Aufgabe, mit
dem Springer (obd. Rößlein) alle Felder des
Schachbretts zu durchlaufen und dabei kein
Feld zweimal zu berühren; dann ein Rätsel=
spiel, bei dem ein Schachbrett oder eine will=
kürliche Figur vermengter Silben nach dem
gleichen Grundsatz zum Satzganzen zu ordnen
sind. Gebucht nicht vor Campe 1809, in scherz=
haftem Vergleich schon bei Jean Paul 1795
Hesp. 2, 11.

rößen schw. Ztw., gelegentlich entstellt zu
rösten, alem. rētsə 'mürb werden lassen' vom
Flachs und Hanf. Mhd. rœtzen 'faulen machen'
führt mit gleichbed. mnd. rōten, anfr. *rōtjan
(daraus entlehnt frz. rouir), nl. reten, schwed.
röta, norw. røyta auf germ. *rautian, Be=
wirkungsztw. zum schw. Ztw. mhd. rœzen
'faulen' mit gleichbed. mhd. rōzzen, asächs.
roton, afries. (fer)rotia, ags. rotian, engl. rot,
anord. rotna, Part. rotinn (woraus entlehnt
engl. rotten), schwed. rutten, dän. rudden 'ver=
fault'. Verstreute Spuren des vorausliegenden
Nomens germ. *raut- sind mhd. rōz 'mürbe',
westfäl. ruatsk 'brüchig', ruateful 'morsch', isl.
rot, schwed. röa, dän. røde 'Fäulnis'. Idg.
*reud- gilt als Dentalerweiterung der ver=
breiteten idg. Wurzel *reu- 'aufreißen'.

Roßkamm M. 'Pferdehändler' seit dem 16. Jh.
allgemein, greifbar seit Kirchhof 1563 Wend=
unmut 1, 214. Ahd. roscamp ist 'Kamm
zum Putzen der Pferde': das Gerät gibt den
Übernamen des Händlers ab, der die Pferde
zum Verkauf herausputzt (auch in Fam.=
Namen wie Roß=, Roßkam, =kamp, =kampf).
So heißt der Schuster Knieriem, Bech, Pech=
draht, der Bauer Flegel usw.

Roßkastanie F. Aesculus hippocastanum L.
wird im 16. Jh. aus den Balkanländern in
Mittel- und Westeuropa bekannt. Der dt.
Name zuerst bei G. Handsch, P. A. Mattiolis
New Kreuterbuch verdeutscht (Prag 1563) 74 C:
„Die Türken nennens Roßcastanien, darumb
das sie den keichenden Rossen sehr behulfflich
sindt". Auch die Auffassung des Baums als
Kastanie stammt von den Türken, die ihn at
('Pferd') kestānesi nennen; entspr. ital. ca=
stagne cavalline, frz. châtaigne de cheval, nnl.
paardenkarstengeboom, engl. horse-chestnut,
dän. norw. heste castanie, russ. kònskoi kastan.

Tatsächlich ähneln sich ja nur die Früchte in Gestalt und Farbe: R. Loewe 1938 Beitr. 62, 52ff.; H. Marzell 1943 Wb. d. dt. Pflanzennamen 1, 132f.

Roßtäuscher M. mhd. rostiuscher, -tüscher 'Pferdetauscher, -händler' (s. Tausch), seit dem 13. Jh. als Fam.-Name. Roß bewahrt (wie in Roßkamm) seine umfassende Bed.

Rost¹ M. 'cratis', mhd. ahd. asächs. rôst M. 'Rost, Scheiterhaufen, Glut' neben ahd. rôsta F. 'craticula, sartago', dazu Zus.-Setzungen wie ahd. rôstîsarn, -pfanna und die Ableitung rösten schw. Ztw., mhd. rœsten, mnd. ahd. rôsten 'auf dem Rost braten'. In den verwandten Sprachen entsprechen mnl. roost M., rooste F., roosten, nnl. rooster, roosten, roosteren. Dän. røste 'Metall glühen, um es zu reinigen', norw. roste 'dasselbe' mit Subst. roste 'Metallmasse zum Rösten', schwed. rosta mit Subst. rost 'Röstofen' beruhen auf Entlehnung aus dem Dt. Aus afränk. *raustjan 'rösten' entlehnt ist afrz. (12. Jh.) rostir, frz. rôtir 'braten' (wozu als Rückbildung rôt 'Braten'). Aus dem Afrz. weiterentlehnt ist engl. roast 'rösten'. Ital. arrostir 'rösten' stammt aus dem Dt. Die Herleitung ist nicht gesichert; am ehesten sind Rost und rösten nach dem knisternden Geräusch benannt. Dann vergleichen sich das Adj. rösch, mhd. rosch, rösche, ahd. rôsc 'knisternd, spröde' u. agf. (ge)roscian 'beim Feuer trocknen', vielleicht auch lit. rúzgiu 'brause, schnurre'.

Rost² M. 'aerugo'. Mhd. ahd. asächs. mnd. schwed. rost, mnl. ro(e)st, nnl. roest, agf. rûst, engl. roust, rust, schott. roost, dän. norw. rust führen auf germ. *rŭsta-, idg. *reudhsto-: *rudhsto-, Ableitung zum s-Stamm idg. *reudhos: *rudhos (s. rot). Zum gleichen Stamm gehört (als idg. *rudhsmen-) ahd. ros(a)mo 'aerugo', worauf mhd. rosem(e) M. 'Sommersprosse, Fleck, Makel' beruht. Nahverwandte Bildungen sind anord. hrosm-hvalr, rostungr, die das durch seine Rostfarbe auffallende Walroß bezeichnen. Die nächsten außergerm. Verwandten sind lit. rùstas (aus *rudh-stos) 'bräunlich', rùsvas 'rotbraun', raũsvas 'rot', lett. ruste 'braune Farbe', rûsa, aslav. rŭžda 'Rost'.

rösten¹ schw. Ztw. s. u. Rost¹.

rösten² schw. Ztw. s. rößen.

rot Adj. unfre älteste, zugleich die in den idg. Sprachen verbreitetste Farbenbezeichnung. Ahd. mhd. rôt, asächs. rôd, mnl. root (d), nnl. rood, afries. râd, agf. rêad, engl. red, anord. rauðr, dän. rød, schwed. röd, got. rauþs, mit Ablaut agf. rêod, anord. rjóðr führen auf vorgerm. *raudho-: *reudho- 'rot'. Daneben steht vorgerm. *rŭdh-, auf dem mit Rost² (s. o.) die folgenden germ.

Wörter beruhen: ahd. rutihhôn 'rötlich sein', mhd. röten 'rot werden', röt 'rot', got. gariudei 'Schamhaftigkeit', agf. rudu 'Röte', rudian 'rot sein', engl. rud 'Röte', agf. rudduc, engl. ruddock 'Rotkehlchen'. Die nächsten außergerm. Verwandten sind lit. raũdas, aslav. rudŭ, gall. Anderaudus, air. rúad, akorn. rud, bret. ruz, lat. rūbidus, rūfus, aind. rôhita- für *rôdhita-), avest. raoðita- 'rot', aslav. ruděti 'rot werden', lat. rubēre 'rot sein', lit. rudéti 'rosten', rùdas 'braunrot', aslav. rŭdrŭ, lat. ruber, gr. ἐρυθρός, aind. rudhirá- 'rot'.

Rotang M. der Rohr liefernde Strauch Calamus rotang: im 19. Jh. entlehnt aus mal. rôtan, wie gleichbed. engl. rattan, dän. schwed. nnl. rotting, span. rota, frz. rotang, rotin. Pflanzennamen mal. Ursprungs sind auch Bambus, Mangrove, Sago.

Rötel M. mit Ton verbundener roter Eisenkalk zum Zeichnen und Färben. Mhd. rœtel(stein): zu rot. Vgl. engl. ruddle 'Rötel'.

Rotgießer M. 'Kupfergießer' im Gegensatz zum Zinngießer. Zuerst 1412 Monum. medii aevi hist. res gestas Poloniae illustrantia 7, 405.

Rotkappe F. heißt der Speisepilz Boletus rufus Schaeff. nach seinem braun- oder ziegelroten Hut. Weil sein Fleisch beim Anschneiden bläuliches Fleisch schwach rotviolett, später grauschwarz anläuft, nennt man ihn im Bayer. Wald Farbverkehrer (wie frz. bolet-à-peau-changeante). Warum er in Teilen Niederbayerns Zimmamandl heißt, ist nicht festgestellt: H. Marzell 1943 Wb. d. dt. Pflanzennamen 1, 620f.

Rotkehlchen N. Der älteste deutsche Name von Lusciola rubecula, die überall nach ihrer roten Brust und Kehle heißt (engl. robin redbreast, nnl. roodborstje, schwed. rödhake, frz. rouge-gorge, ital. petti-rosso, ruff. krasno-šeika) ist ahd. rôtil(o), mhd. rœtel. In alem. rötele, wald-, winterrötele lebt er noch im 16. Jh. Bair.-österr. tritt damals rotkropf, rotkröpflein hervor. Rotkehlchen ist urspr. ostmd. und zuerst in Leipzig 1517 bezeugt. Dän. rødkjelk stammt aus dem Deutschen. In Teilen Thüringens sind die Komp.-Glieder umgestellt zu kälrēdchen, entspr. die von rôtzagel 'Rotschwänzchen' zu zälrödchen: Suolahti 1909 Vogelnamen 39 ff.

Rotlauf M. zuerst in einer Glosse Frankfurt a. M. kurz von 1419 herisipula/das roit lauff (L. Diefenbach, Nov. Gloss. 1867, 155ᵃ); entspr. in allen frühen Zeugnissen von der Rose (s. d.) als Hautkrankheit des Menschen und erst spät vom Stäbchenrotlauf der Schweine. Der gr. Arzt Dioskurides hatte um 50 n. Chr. (De materia medica 4, 87 Well-

40

mann) den Krankheitsnamen ἐρυσίπελας aus ἐρυθρός 'rot' und πέλας N. 'Haut' eingeführt. Die Lehnübersetzung Rotlauf enthält als Grundwort das unter Läufel behandelte ahd. louft F. 'Schale, Rinde' und ist an Lauf M. 'cursus' erst nachträglich angelehnt.

Rotspon M. 'Rotwein', ein mecklenb. Wort, erst durch Fr. Reuter verbreitet. Die von Klenz, Erläuterungen zu Reuters Stromtid 1, 21 vertretene Deutung 'spanischer Rotwein' (vgl. Grünspan) scheitert daran, daß in aller Regel französ. Weine gemeint sind. Vielmehr zu mnd. spån M. in seiner Bed. 'hölzernes Gefäß': Rotspon wurde vom Faß gezapft, nicht auf Flaschen gezogen.

Rottanne F. heißt die Fichte (Picea excelsa) nach ihrer rötlichen Rinde im dt. Südwesten, zuerst rote Thannen bei Hier. Bock, Neu Kräuterb. 2 (Straßb. 1546) 68ᵇ. Gegensatz Weißtanne 'Abies alba' nach der grauweißen Rinde, zuerst Weiß Thannenbaum bei demf. 1551 daf. 421ᵇ.

Rotte F. Aus mlat. rupta, rutta (f. Reuter, Rotwelsch) entsteht afrz. rote 'Schar, (Heeres-) Abteilung, Gefolge', das als mhd. rot(t)e, rot F. für uns zuerst in der Wetterau 1205 greifbar wird. Aus dem Afrz. stammen auch mnl. rote und mengl. route, engl. rout, anord. roti 'Schar'. Zur lautlichen Entwicklung vgl. Grotte.

rotten[1] schw. Ztw. 'ausrotten' nach dem älteren md. roten, Nebenform zu mhd. riuten 'reuten'.

rotten[2] schw. Ztw. 'verrotten, faulen' erst nhd., aus gleichbed. nd. nl. rotten. S. rößen.

rotwelsch Adj. 'gaunersprachlich; unverständlich', Rotwelsch N. 'die (dem Außenstehenden unverständliche) Sprache der Bettler und Verbrecher; Trugsprache'. — Zuerst um 1300 bei dem mrhein. Geistlichen, der im Ordensland das Passional dichtet (Hahns Ausg. 221, 22: Der kuniginnen röt walsch Was in verborgen). Danach in Tirol 1411, Basel um 1450, Bayern 1475 und bald allgemein. Grundwort ist Welsch in seiner Bed. 'unverständliche Sprache', Bestimmungswort ein selbst rotwelsches röt 'Bettler' (Rotboß 'betlerherberg' im Liber Vagat. 1510 bei Kluge 1901 Rotw. 1, 54). Dieses röt ist ungedeutet: Anknüpfung an Rotte wäre nur bei altem ō möglich, durch Reim auf spödt 'spät' (Pamph. Gengenbach hg. v. K. Goedeke 1856, 343) ist aber für Basel 1510 ö gesichert, das freilich auf Anlehnung an das Farbadj. rot beruhen kann, mit dem rotwelsch urspr. nichts zu tun hat. Aus dem Dt. entlehnt ist im 17. Jh schwed. rotvälska. S. welsch und kauderwelsch.

Rotz M., mhd. ro(t)z '(Nasen-)Schleim', ahd. roz, älter hroz 'mucca, mucus, vomex, phlegma, inrheuma', agf. hrot 'Rotz; Schaum'; dazu mhd. rützic, rotzic, ahd. ruzzig, rozzig, asächf. hrottag 'rotzig'. Daneben ahd. hrūzzan, asächf. hrūtan, afrief. hrūta 'röcheln', agf. hrūtan 'lärmen, sausen, schnauben', anord. hrjota, norw. rjota 'knurren, brummen, schnarchen', schwed. ryta 'brüllen', älter dän. ryde 'brüllen', rude 'schnarchen'. Der nächste außergerm. Verwandte ist gr. κόρυζα 'Schnupfen'.

Rowdy M. 'gewalttätiger Strolch'. Im Engl. der Verein. Staaten kommt, dunklen Ursprungs, 1819 rowdy für den rauhen Hinterwäldler auf und wird bald zur Schelte des Straßenpöbels. Seit Kürenberger 1855 wird R. ins Nhd. übernommen und zu Formeln wie „literarisches Rowdytum" erweitert: New Engl. Dict. 8, 1, 846; Ladendorf 1906 Schlagwb. 274.

Rübe F., obd. (mit lautgesetzl. Unterbleiben des Umlauts von uo vor b) Rube, ahd. (Zf. f. dt. Wortf. 2, 233; Zf. f. roman. Phil. 63, 176f.) ruoba, ruoppa (aus germ. *rōbjō-), mhd. ruobe, rüebe, mnd. rôve, nnd. rôwe, mnl. roeve, dän. roe, aschwed. rōva, schwed. rōva 'Brassica rapa'. Daneben gleichbed. ahd. rāba, mhd. rābe, schweiz. rāb(eⁿ) mit b aus westgerm. bb; germ. *rēbjō-. Es ist vorgeschichtl. Beziehung zu lat. rāpa, rāpum anzunehmen, wozu sich gleichbed. gr. ῥάπυς, ῥάφυς, aslav. rěpa, lit. rópė stellen. Vielleicht darf man auch gleichbed. kymr. erfin, bret. irvin vergleichen (falls aus *arbīno-, älter *rabīno-). Den ostidg. Sprachen fehlt die Sippe; Verdacht der Entlehnung (wie bei Hanf) liegt nahe. Vgl. Kohl-, Runkel-, Steck-, Zuckerrübe. Aus dem Dt. ist das Wort in die balt. Sprachen entlehnt.

Rübezahl M., zusammengezogen aus älterem rüebenzagel, wobei Zagel (f. d.) 'männliches Glied' bedeutet. Rübe zielt auf das dünn ausgezogene Ende der Rübe. In südböhm. Reizreden, die den Raufereien vorangehen und gewiß auch näher beim Riesengebirge, wird dem Burschen vorgeworfen, er habe ein zagei wia-r-a ruam. Derselbe Hohn wird dem riesisch gedachten Berggeist geboten, weil übergroße Männer, was das Geschlechtsglied angeht, oft nicht so entwickelt sind, wie es ihrer Länge entspräche. So nach Adolf Pascher in Prag. Ältere Deutungsversuche (Übersicht bei A. Götze 1929 Lit.-Bl. 50, 411ff. und H. Dittrich 1933 Jb. d. Dt. Riesengeb.-Vereins 22, 61ff.) befriedigen nicht.

Rubin M. Zu lat. rubeus 'rot' stellt sich mlat. rubinus als Name des roten Edelsteins. Über afrz. rubin gelangt rubin um 1200 in mhd. Dichtungen: Suolahti 1929 Frz. Einfluß 214.

Rübſen M. gekürzt aus Rübſamen, mhd. ruobesame 'Rübenſaat': die gelbblühende Kohlpflanze Brassica napus, die um ihrer ölhaltigen Samen willen angebaut wird (vgl. Raps). Elſ. rübeſot (Ch. Schmidt 1901 Hiſtor. Wb. d. elſ. Ma. 286ª) zeigt Saat als zweiten Beſtandteil. Zur nhd. Verkürzung vgl. Mannſen, Weibſen (aus Manns=, Weibsnamen) ſowie H. Paul 1916 Dt. Gramm. 1, 238 f. und O. Behaghel 1928 Geſch. d. dt. Spr. 345.

ruchbar Adj. mit Erleichterung der Drittkonſonanz aus älterem ruchtbar, dies mit nd. cht für hd. ft (ſ. anrüchig) zu nd. rucht, mnd. ruchte N. 'guter oder ſchlechter Ruf', das dem mhd. ruoft M. 'Leumund' entſpricht, zu rufen. Das Adj. ſtammt wahrſch. aus der ſächſ. Kanzlei, von da bei Luther (Matth. 9, 31 u. ö), deſſen obd. Zeitgenoſſen es mit außgerüfft, lautprecht erläutert wird: Kluge 1918 Von Luther bis Leſſing 110; v. Bahder 1925 Wortwahl 53.

ruchlos Adj. mhd. ruochelōs 'unbekümmert, ſorglos', mnd. rōkelōs, agſ. rēceleás 'nachläſſig', engl. reckless 'ſorglos'. Zu mhd. ruoche F. 'Sorge, Sorgfalt', von dem in anderer Entwicklung unſer geruhen ausgeht. Die Bed. von ruchlos iſt geſunken, indem es auf Leute angewendet wurde, die auf Geheiligtes keine Rückſicht nehmen.

Ruck M. ahd. mhd. ruc, Gen. ruckes 'ſchnelle Ortsveränderung', mnd. ruck, nnl. ruk, anord. rykkr. Dazu rücken ſchw. Ztw. Mhd. rücken (obd. rucken), ahd. rucken, rucchan, mnd. mnl. rucken, nnl. rukken 'rücken', agſ. roccian 'wiegen, ſchaukeln', engl. rock 'ſchaukeln', anord. rykkja 'reißen, rücken', ſchwed. rycka, dän. rykke führen auf germ. *rukkian. Man vermutet Verwandtſchaft mit Rahe, ſ. d.

rück- in jungen Zuſ.=Setzungen wie Rückfahrt, =gabe, =lage iſt aus zurück (ſ. d.) entſtanden, das auch außerhalb der Zuſ.=Setzung zur Verkürzung neigt: „taumle rüd zur Hölle" Schiller. Behaghel 1928 Geſch. d. dt. Spr. 349.

rucken ſchw. Ztw. von Tauben, deren Laut mhd. mit rucku nachgebildet wird. Gleichbed. frühnhd. ruckeln, ruckern, rückern, rukzen, ruckauſen, mhd. ruckezen. Lautmalend auch nd. rūkūken, nnl. roekoeken, frz. roucouler 'girren', lat. rugīre 'bellen', gr. ῥύζειν 'bellen'.

Rücken M. (in volksnaher Sprache durch Buckel bedrängt). Mhd. rück(e), ruck(e), ahd. rucki, älter hrukki, aſächſ. hruggi, anfr. ruggi, mnl. rugghe, nnl. rug, afrieſ. hregg, agſ. hrycg 'Rücken, Rückgrat, Anhöhe', engl. ridge, anord. hryggr, dän. ryg, ſchwed. rygg führen auf germ. *hrugja- (vorgerm. *qruqio-). Ablautend anord. hrūga F. 'Haufe aufeinandergelegter

Dinge'. Außergerm. vergleichen ſich mir. crúach F. 'Hauſe, Schober, Hügel', kymr. crug 'runde Anhöhe', korn. abret. cruc 'Hügel' (aus *krōk-), abrit. *crūcion 'Berg' in lat. Pennocrucium 'Berggipfel'; lit. kriáuklas 'Rippe'; lat. crux, crucis 'Krummholz, Marterpfahl, Kreuz': zur idg. Wz. *qreu-q- (Erweiterung von *qreu- in lat. curvus 'krumm') von aind. krunčati 'krümmt ſich'.

Rückfall M., **rückfällig** Adj., beide ſeit Ausgang des 17. Jh. Zum lat. Adj. recidīvus (zu recidere 'zurückfallen'), das Celſus von der febris recidīva gebraucht, gehört das ſubſt. F. recidīva, das im 16. Jh. frz. récidive F. ergibt. Deſſen Lehnüberſetzung iſt Rückfall, während rückfällig unmittelbar aus lat. recidīvus überſetzt ſein kann. Echter Volksſprache bleibt das Wortpaar fern, ſowohl in ſeiner ärztlichen wie in der daraus abgeleiteten ſittlichen Bedeutung.

Rückgrat ſ. Grat.

rücklings Adv., mhd. rückelinges, -lingen, ahd. (h)ruckilingun, mnd. rugghelings, mnl. rugghelinghe, nnl. ruggelings. Beſtimmungswort iſt Rücken; das Grundwort kehrt wieder in agſ. bæcling 'rückwärts', ahd. chrumbelingun 'in krummer Richtung'. Nächſtverwandt ſind mnd. lenge 'langes Bindſeil', agſ. lōhe F. 'Riemen', anord. lengja 'Streifen', dän. længe 'Seilſtrippe'. Außergerm. vergleichen ſich lit. lenzes Mz. 'Leitſeil, Zugband', lett. lūzíklis 'Gelenk', lūks 'Krummholz, Radfelge', apreuß. lunkis 'Winkel', aſlav. ląkū 'Bogen', ſämtlich zum idg. Verbalſtamm *lenq- 'biegen'. Das ahd. -lingun iſt Dat. Plur. Formen auf -linges begegnen früh im Nd. und ſind hier als Gen. Sg. zu faſſen. Dem Nhd. iſt rücklings durch die Lutherbibel (1. Moſ. 9, 23) vermittelt. Grundbed. iſt 'in Richtung auf den (eigenen) Rücken'. Bei Ztw. der Bewegung entwickelt das Adv. ſchon ahd. den Sinn 'mit dem Rücken voran': ruckelingen giengen ſi dare.

Rucksack M. allgemein erſt nach Mitte des 19. Jh. aus Alpenmundarten (Schmeller ²2, 80) aufgenommen, daher die im Obb. lautgeſetzl. Umlautloſigkeit des u vor ck. In der Schweiz (Jd. 7, 635) begegnet ruggsack ſchon ſeit 1551. In jüngſter Zeit iſt rucksack ins Engl. entlehnt.

Rückſicht F. ſtets im übertragnen Sinn des lat. respectus (wie berückſichtigen in dem von respicere). Die Lehnüberſetzung hat Leſſing 1759 gewagt (Sämmtl. Schr. 5, 168 Lachmann) und gegen Gottſcheds Tadel durchgeſetzt. Ihm helfen Gellert, Adelung (ſeit 1777) und die Klaſſiker, in deren Tagen auch rückſichtslos allgemein geworden iſt. Rückſichtsvoll fehlt noch bei Campe 1809.

Rüde M. 'männlicher Hund, Jagdhund' beruht auf mhd. rü(e)de, ahd. rudio 'großer

Hund, Bauern=, Schäfer=, Hetzhund'; ihnen entsprechen gleichbed. mnd. mnl. röde, nnl. reu. Daneben ohne Umlaut (vgl. ahd. grävo neben grävio) mhd. rude, ahd. rudo, mnd. mnl. rode, agf. roðhund 'Dogge'. Die Mundartformen heff. rütte, hochalem. rütt zwingen zur Annahme eines ahd. *rutto (germ. *ruþþan), das durch mnd. rodde, agf. ryþþa, mengl. ryþthe 'großer Hund, Kettenhund' bestätigt wird. Im übrigen ist die westgerm. Konsonantdoppelung durch Formübertragung wieder beseitigt. Die gelegentlich bezeugten Formen mit anlaut. hr= find keine zuverläffige Grundlage der Wortdeutung. Das nächstliegende bleibt, die westgerm. Wortgruppe an lat. rutilus 'rötlich' anzuknüpfen (f. rot).

Rudel N. tritt im 17. Jh. (kaum vor Täntzer 1682 Jagdgeheimn. 39) als Jägerwort auf. Alter und verbreiteter ist gleichbed. Rotte, mit dem sich doch Rudel lautlich nicht vermitteln läßt. Die aus Bayern und Schwaben gemeldete Form ruedel zeigt obd. Diphthongierung des u vor Dental; auszugehen ist von altem ü. Man setzt für Rudel eine Grundbed. 'sich (geräuschvoll) bewegende, dichtgedrängte Schar' an und verknüpft es mit der Sippe des verbreiteten Ztw. alem. rodleⁿ, bair. rodeln, rudeln 'rütteln, schütteln, rollen, kugeln': Schweiz. Jb. 6 (1909) 621. 626.

Ruder N. Mhd. ruoder, md. rūder, röder, ahd. ruodar, mnd. röder, rö(e)r, mnl. roeder, afrief. röther, agf. röðor, engl. rudder führen auf westgerm. *röþru-. Anord. rœdi N. 'Ruder' ist abweichend gebildet, röðr M. bedeutet 'das Rudern'. Schwed. roder und dän. norw. ror beruhen auf Entlehnung aus dem Mnd. Die Bildung entspricht der von anord. arþr 'Pflug' neben got. arjan 'pflügen' oder von anord. lauþr, agf. léaþor 'Seife' zum Verbalstamm *lau- in lat. lavāre 'waschen': F. Kluge 1926 Stammbild. § 93ª. Das Ztw., zu dem *röþru gehört, f. u. rojen. Außergerm. entsprechen aind. arítra- M. 'Ruder', gr. ἐρέτης 'Ruderer', ἐρέσσω, att. ἐρέττω 'rudere', ἐρετμός 'Ruder', τρι-ήρης 'Dreiruderer', lat. rēmus 'Ruder', air. rā- 'rudern', imb-rā- 'zu Schiffe fahren', lit. iriù, ìrti 'rudern', ìrklas 'Ruder am Handkahn': fämtlich zu idg. *erē-: *er(e)- 'rudern, Ruder', einem der ehrwürdigsten Zeugen uralter Flußschiffahrt. Das Ruder an der rechten Seite des germ. Boots (Beitr. 23, 224) gab ihm zugleich Richtung und Fortbewegung nach Art der Paddel und des Wriktens. Von da hat sich rojen zur Bed. 'mit Riemen fortbewegen' entwickelt, wie auch Ruder im binnenländ. und literar. Gebrauch die Riemen meint, während seemänn. Ruder stets 'Steuer(ruder)' bedeutet, im Einklang mit

mnl. roer und engl. rudder. Zugleich blieb Raum zur Entlehnung von lat. rēmus, f. Niemen².

Ruf M. mhd. ruof, ahd. (h)ruof (ff), mb. rūf, mnd. röp, raup, mnl. nnl. roep, agf. hröp 'Ruf, Geschrei, Klage', anord. hröp 'Verleumdung', got. hröps 'Ruf, Schrei'. Dän. raab und norw. schwed. rop find vom Mnd. her beeinflußt. Das Ztw. rufen, heute stark, alt auch schwach, urspr. redupl., lautet mhd. ruofen und rüefen, ahd. (h)ruof(f)an, mb. rūfen, röfen, afächf. hröpan, anfr. ruepen, -on, mnl. nnl. roepen, afrief. hröpa, agf. hröpan, hröpan 'rufen, schreien, heulen', anord. hröpa, hröpa 'verleumden', got. hröpjan. Spätanord. hröpa, schwed. ropa und dän. raabe stehen unter Einfluß des mnd. röpen. Nächstverwandt find Ruhm (f. d.) und anord. skrap 'Geschwätz' außergerm. lit. skrebéti 'rascheln', aflav. skrobotū 'Geräusch', gr. κρέμβαλα 'Kasta gnetten': fämtlich zur idg. Schallwurzel *qar-: *qarā 'laut preisen, rühmen'. S. Gerücht und ruchlos.

Rufe F. 'Krufte einer Wunde', in den Mundarten verbreitet. Mhd. ahd. ruf, älter hruf F., mnd. mnl. rove, anord. hrufa F. 'Schorf' zu ahd. riob, agf. hréof, anord. hrjúfr 'aussätzig'. Verwandt mit lett. kraūpa 'Grind', lit. kraupùs 'rauh', kymr. crawen 'Krufte'.

Rüffel M. 'Verweis': Rückbildung des 19. Jh. aus dem schw. Ztw. rüffeln 'derb tadeln', das selbst erst in Leipzig 1727 erscheint: Chr. F. Henrici (Picander), Ernst-scherzh. Ged. 1, 413 „Darum besucht das Frauenzimmer, Wer da des Hobelns noch bedarff, Den riefeln fie gewißlich scharff". Die hier vorausgesetzte Bed. 'Rauhhobel' hat Ruffel in nd. Ma.: J. ten Doornkaat Koolman, Wb. d. ostfrief. Spr. 3 (1884) 60. Von da geht das Wortpaar offenbar aus, wenn auch hd. riffeln 'durch die Riffel ziehen, durchhecheln' eingewirkt haben mag. Dän. røffel 'harter Verweis' mit røfle 'rüffeln' find junge Entlehnungen aus dem Mhd.

Rufine F. 'Bergrutsch', in Schillers Tell 4, 3 Ruffi, ein Wort der Schweizer Alpen, das auf rätoroman. ruvina 'Bergrutsch' zurückgeht. Deffen Quelle lat. ruina 'Sturz': Schweiz. Jd. 6, 673 ff.

Rugby N. eine Form des Fußballspiels, von Wm. Webb Ellis 1823 auf dem Spielplatz von Rugby bei Birmingham eingeführt.

Rüge F. Mhd. ruoge, rüege, mnd. wröge, wröch, afrief. wrögie 'Anklage', anord. rög 'Streit, Zank, Verleumdung', got. wröhs 'Klage, Anklage' mit mhd. rüegen, ahd. ruogen, afächf. wrögian, mnl. wroeghen, nnl. wroegen, afrief. wrögia, agf. wrögan, engl. bewray, anord. rœgja, got. wröhjan 'anklagen, beschuldigen' führen auf germ. *wrōg-: *wrĕh-. Dazu mit Ablaut der Männername germ. *Wragja in got. Wraia und ahd. Ragio. Außergerm. vergleicht man lit. rėkiù 'schreie', aslav. rekǫ 'sage', rečĭ 'Rede'. Im Obd. ist rügen schon im 16. Jh. fast abgestorben; Luthers obd. Zeitgenossen wird es mit schenden, Schand entecken verdeutlicht: F. Kluge 1918 Von Luther bis Lessing 110; A. Schütt 1908 Petris Bibelglossar 66; K. Bachmann 1909 Einfl. v. Luthers Wortsch. 73; W. Kuhberg 1933 Verschollenes Sprachgut 58.

Ruhe F. Mhd. ruo(we), ahd. ruowa, mnd. rōwe, rouw(e), mnl. roe, agſ. rōw, anord. rō führen auf germ. *rōwō-, idg. *rōu̯ā-, die ablautenden Nebenformen mhd. mnd. rāwe, ahd. rāwa auf germ. *rēwō-, idg. *rēu̯ā-. Außergerm. Verwandte sind gr. ἐρωή 'Ruhe', ἐρωέω 'lasse ab', ἀράμεναι 'ruhig sein', aveſt. airime Adv. 'still, ruhig', kymr. araf 'ruhig, mild, langsam'. Sämtlich zum idg. Verbalstamm *erē-: *rē- 'ruhen'. S. Raſt. — ruhen ſchw. Ztw. ahd. ruowēn, rāwēn, mhd. ruowen, rāwen 'ruhen' ist Denom. zu Ruhe.

Ruhm M. mhd. ruom, ahd. (h)ruom, aſächſ. hrōm, mnd. rōm, mnl. mnl. roem 'Ehre, Lob'. Gleichbed. agſ. *hrōm wird vorausgeſetzt durch hrōemig 'ſich rühmend, frohlockend', got. hrōms durch die Männernamen Rōmarīgus und Rūmili. Zur ſelben Wz. mit andrer Ableitung gleichbed. ahd. *(h)ruod in Namen wie Rüdiger, Rudolf, Rup(p)recht, aſächſ. *hrōth- in Robert und Hrōthsvith, agſ. hrēð, hrōð(or), anord. hrōðr, got. *hrōþ in den Namen Rudaldus, Ruderigus, -sindus, -bald und im Adj. hrōþeigs 'ruhmreich'. Zur germ. Wz. *hrō- mit andrer Ablautstufe anord. herma (aus *harmjan) 'melden'. Die nächſten außergerm. Verwandten ſind aind. carkarti 'erwähnt rühmend', kirtĭ- F. 'Erwähnung, Ruhm, Kunde', gr. κῆρυξ 'Herold': alle zum idg. Verbalſtamm *qar-: *qarā- 'laut preiſen, rühmen', der für lautmalend gilt. — S. Römer und Ruf.

Ruhmgier F. (ſeit Steinbach 1734) und Ruhmſucht (Opitz 1624) ſind Rückbildungen aus ruhmgierig (Schottel 1663) und ruhmſüchtig (Daſypodius 1535).

ruhmredig Adj., umgedeutet aus mhd. ruomreitec 'ſich Ruhm bereitend', das aus mhd. ruomreiticheit 'Prahlerei' und md. rümerēden 'ſich rühmen' erſchloſſen wird. Im 16. Jh. entſtellte man das unverſtändlich gewordene Grundwort zu -rätig, -retig und reißig. Luthers Form ist rhumrettig, H. Sachſens rumretig. Die heutige Form erſcheint kaum vor 1650.

Ruhr F. ahd. (h)ruora, mhd. ruor(e), aſächſ. hrōra, mnl. roere, mnl. roer F. 'heftige, eilige Bewegung', danach 'Bauchfluß, Ruhr als Krankheit': zu rühren. Die Bed. 'heftige Bewegung' noch in Aufruhr. Zum medizin. Fachwort gehört einerſeits mhd. ruortranc 'Abführmittel', anderſeits Ruhrkraut als Name von Pflanzen, die gegen Ruhr helfen ſollen, z. B. der Schafgarbe. Entſpr. Ruhralant, -beerſtrauch, -kirſche, -kolben, -nuß, -rinde, -wurz (ahd. rûrwurz Zſ. f. d. Wortf. 3, 298).

Rührei N. Eier, mit dem Quirl durcheinandergerührt und in Butter gebraten, heißen nd. rörei Brem. Wb. 3 (1768) 530, hd. Rührey Amaranthes 1773 Frauenz.-Lex. 2, 2954, entſpr. dän. røræg, während dem ſchwed. äggröra Eyerrühr (ſo Adelung 1793 Wb. 1, 1991) entſpricht. Neben dem heute im ganzen Sprachgebiet üblichen Rührei gilt in Südoſtdeutſchland eingeſchlagene Eier, in Öſterreich Eierſpeiſ(e): Kretſchmer 1918 Wortgeogr. 397 ff.

rühren ſchw. Ztw. Mhd. rüeren, ahd. (h)ruoren, aſächſ. hrōrian, mnd. rören, rüren, mnl. mnl. roeren, afrieſ. hrēra, agſ. hrēran, anord. hrœra, ſchwed. röra, dän. røre führen auf germ. *hrōzian. Man vergleicht aind. çrāyati 'kocht, brät', aveſt. xrãnhayeiti 'erſchüttert', gr. κεράννυμι 'miſche', κρᾱτήρ 'Miſchkrug', und ſetzt idg. *k̑erāx-, *k̑erāxi-'miſchen, durcheinanderrühren' an.

rührend Adj. Leſſing ſpricht 1754 (Lachm.-Muncker 6, 6f.) von der Comédie larmoyante: „Die erſte Veränderung brachte dasjenige hervor, was ſeine Anhänger das rührende Luſtſpiel, und ſeine Widerſacher das weinerliche nennen". Zu den Anhängern gehört Gellert, deſſen Gebrauch von r. unter dem Einfluß von frz. touchant ſteht. Gegen weinerlich, für r. erklärt ſich Adelung 1786 (ſ. larmoyant, weinerlich). Alter ist rührender Reim als metr. Fachwort: ſeit Ad. Puſchmann 1571 Gründl. Bericht des dt. Meiſtergeſangs 21 Nbr. verſteht man darunter Reime gleichlautender Wörter in ungleicher Bed. (ich ſcheine: die Scheine): zu mhd. rüeren 'hart, feindlich anrühren'.

rülpſen ſchw. Ztw. tritt, neben gleichbed. rülzen, im 17. Jh. auf. Ein Maſk. rülz 'roher Kerl' ist ſchon ſpätmhd. (Lexer 2, 533f.); dennoch wird nicht rülpſen 'ſich wie ein Flegel benehmen' ſein, ſondern umgekehrt rülz 'Kerl, der hemmungslos rülpſt'. Für das Ztw. wäre dann lautmalender Urſprung zu vermuten. Zſ. f. d. Wortf. 9, 59. 11, 95.

Rum M. Seit 1651 ist engl. rumbullion 'großer Aufruhr' aus Devonſhire bezeugt. Siedler von da bringen das lautmalende Wort nach Barbados, wo es die Bed. 'Zuckerbranntwein' annimmt, weil dieſer beſonders erregend

wirfte. Auf Barbados wird das viersilbige
Wort gekürzt zu rum, im New Engl. Dict. seit
1654 bezeugt u. alsbald entlehnt zu frz. nnl.
rum: R. Loewe 1933 Zf. f. vgl. Sprachf. 61,
76f. In nhd. Text seit 1673: Palmer 117.

rummeln schw. Ztw., spätmhd. rumelen,
rummeln, mnl. *rommelen (zu erschließen aus
rommelinghe F. 'Getöse'), nnl. rommelen
'lärmen, rasseln, toben, brummen; durchein-
anderwerfen', dän. rumle, schwed. rumla 'lärmend zechen'. Aus dem Ztw. ist das erst nhd.
M. Rummel rückgebildet. Ferner stehen
anord. rymja 'lärmen', rymr 'Lärm'. Die
Sippe ist lautmalenden Ursprungs, vgl. nnl.
rommelzoo 'Mischmasch'.

rumpeln schw. Ztw., mhd. rumpeln 'lärmen,
poltern, geräuschvoll fallen'. Intensivbildung
wie gleichbed. mengl. romblen, engl. rumble.
Die Grenze gegen rummeln (f. d.) ist nicht
sicher zu ziehen.

Rumpf M. mhd. (selten) rumph, md. mnd.
rump, mnl. nnl. romp 'Leib ohne Kopf und
Gliedmaßen'. Das nächstverwandte isl. rumpr
hat die Bed. 'Steiß' entwickelt, entsprechend
norw. schwed. rumpa 'Schwanz', dän. rumpe
'Steiß, Schwanz'. Aus dem Nord. entlehnt ist
gleichbed. mengl. rumpe, engl. rump 'Rumpf,
Steiß'. Als Ausgangsbed. gilt 'Baumstumpf,
abgehauenes Stück': von hier aus hat man,
Urverwandtschaft mit aslav. rąbū 'Lappen',
*rąbiti 'hauen' vermutet. Aus der Vorstellung
des Unvollständigen entwickelt sich 1849 Rumpf-
parlament (engl. rump-parliament war das
von Cromwell 1648 verkleinerte Unterhaus).
Rumpf steht auch von Leblosem wie dem
Schiffsrumpf. Nd. bēnrump ist 'Bienenkorb', Korn-, Schüttrumpf der Trichter
über dem obern Mahlstein der Mühle (doch f.
Schütterumpf). In der heutigen Hauptbed.
galt ahd. botah, mhd. botech wie agf. bodig,
engl. body. Über das Vordringen von Rumpf
f. K. v. Bahder 1925 Wortwahl 18. 43f.

rümpfen schw. Ztw. mhd. rümpfen, mnd.
rump 'rümpfen, runzlig machen'. Ahd. *rumpfen
fehlt, dafür das st. Ztw. rimpfan, nhd. rimpfen,
mnd. rimpen, spätmnl. nnl. rimpelen, agf.
hrimpan 'runzeln', hrympel, engl. rimple
'Runzel'. Wieder mit andrer Stufe des Ablauts mhd. rampf, mnd. ramp 'Krampf', engl.
mundartl. ramp 'Krümmung', norw. ramp
'magerer Kerl', rampa 'Krampf'. Die nächsten
außergerm. Verwandten sind lit. kremblȳs
'Pilz', gr. κράμβος 'eingeschrumpft', κράμβη
'Kohl': idg. *qremb- ist nasalierte Nebenform
zu *qereb- '(sich) krümmen'.

rund Adj. Lat. rotundus 'scheibenrund'
(zu rota 'Rad') ergibt afrz. roont, r(e)ont,
woraus mnl. ront (d), engl. round. Das Adj.

mhd. runt (d) findet sich, nachdem es in tavel-
runde und runttavele längst eingeführt war,
ein vereinzeltes erstes Mal bei Herm. Damen
vor Ende des 13. Jh., wird danach rasch häufig
und verdrängt gleichbed. sinewël, wie die
Fremdwörter Mühle, bunt, Fieber,
Pflaster, Flamme die heimischen Kürn,
feh, Ritten, Schwede, Lauch verdrängt
haben.

Runde F. ist zunächst Abstr. zum Adj. rund
und begegnet (auch als Ründe) seit dem 15. Jh.
Daneben stellt sich um 1600 ein gleichlautendes
Lehnwort. Arab. arobt 'fünf oder mehr
Soldaten, die eine Wache bilden' ergibt im
13. Jh. span. robda, das sich über rolda zu
ronda entwickelt. Hieraus frz. ronde, das
kurz vor dem 30jähr. Krieg ins Nhd. gelangt.
Wallhausen 1617 Corp. milit. 108 schreibt
noch ronde, Grimmelshausen 1669 Simpl. 317
Runde. W. Meyer-Lübke 1929 Germ.-rom.
Monatsschr. 17, 390.

Rundfunk M. 'Übertragung drahtloser Sendungen': für das fremde Radio eingeführt durch
Verfügung 418 im Amtsblatt d. Reichspost-
minist. vom 4. Juli 1924: Zf. d. Sprachv. 39
(1924) 76; 40 (1925) 172ff. Dazu Rundfunkgerät, -hörer, -sender, -störung usw.:
W. Linden 1943 Dt. Wortgesch. 2, 389.

Rundreise F. Lehnübersetzung von frz.
tournée, noch nicht bei Campe 1809 und 1813.
1812 schreibt Reinhard an Goethe (Briefe
S. 128): „Rundreise, so will ich das französische
tournée campisiren". Rundreisebillet ersetzt im letzten Viertel des 19. Jh. frz. billet
circulaire.

Rundteil N. beruht (wie frz. rondelle F.
'runder Gegenstand') auf vulgärlat. *rotun-
della 'Kügelchen', wird aber (wie nnl. rondeel)
an Teil angelehnt. In älterer Sprache ist
rundel, Rondel meist 'runder Schild, rundes
Befestigungswerk', in neuerer 'Gartenbeet'.
Österr. Rondell, bair. Rundell haben noch
lange an die Herkunft erinnert.

Rune M. 'verschnittenes Pferd' f. Hahnrei,
Wallach, wrinschen.

Rune F. Mhd. rūne, ahd. asächs. got. rūna,
agf. anord. rūn 'Geheimnis, Rat, Beratung,
Schrift, Rune' führen auf germ. *rūnō-. Dazu
das Sammelwort ahd. asächs. girūni, agf.
gerȳne 'Geheimnis', got. garūni 'Geraune, Beratung'. Germ. Verwandte sind auch mhd.
rienen 'jammern', agf. rēonian 'klagen, murren,
sich verschwören, planen', norw. rjōna 'schwatzen'.
Ob air. rūn, kymr. rhin 'Geheimnis' aus dem
Germ. entlehnt oder mit den germ. Wörtern
urverwandt sind, ist unentscheidbar. Aus germ.
*rūnō- früh entlehnt ist finn. runo 'Lied'.
Während raunen (f. d.) in ungebrochener Ent-

wicklung fortlebt, ist mhd. rūne vor der Diphthongierung des ū abgestorben. Einzig schweiz. Raun (alem. rūn) F. 'geheime Abstimmung' lebt bis ins 19. Jh. Im 17. Jh. wird Rune auf gelehrtem Weg neubelebt, wie dän. rune, schwed. runa in der Bed. 'Zeichen der ältesten nordeurop. Schrift', die es seit Olaus Wormius, Runir seu Danica literatura antiquissima (Kopenh. 1636) hat. Auf ihn bezieht sich J. G. Schottelius, Ausführl. Arbeit (1663) 1163. 1389, der Rune bei den dt. Forschern der Folgezeit einführt. — Vgl. Alraun.

Runge F. 'Stemmleiste am Wagen; das aufrechte Rundholz, das die Wagenleiter hält', mhd. mnd. runge, ahd. runga (im rheinfränk. Glossar der Hildegard), mnl. ronghe, nnl. rong 'Sprosse der Leiter am Wagen', agf. hrung 'Leitersprosse, Speiche, Querstange', engl. rung 'Stab, Runge, Sprosse', got. hrugga 'Stab'. Dem gesamten Nord. ist das germ. Wort früh abhanden gekommen. Man faßt es als 'Rundstab' und stellt es zur Sippe von Ring, s. d. Die nächsten außergerm. Verwandten sind dann umbr. cringatro 'Schulterband', aslav. krągŭ 'Kreis' und (o)kruglŭ 'rund'. In geschichtlicher Zeit bringt Runge von Norden nach Süden vor: um 1215 hat es Hessen und Thüringen erreicht, 1340 Schlesien, 1432 den Schwarzwald. Heute gilt es mundartlich auch im Elsaß und in der Schweiz. Die südd. Entsprechung Kipf ist nie in die nhd. Schriftsprache gelangt; heute ist sie auf die Mundarten südwärts vom Vogtland und vom bad. Bauland beschränkt. Aus Westdeutschland ist Runge in viele roman. Mundarten gedrungen; auch lett. runga 'Knüppel' beruht auf Entlehnung aus dem Dt.

Runkelrübe F. nicht vor Adelung 1777, wie denn der Anbau der Zuckerrübe erst durch die Kontinentalsperre 1806 belebt worden ist. Aus dem Dt. stammen engl. (nicht vor 1784) runcle, dän. runkelroe, schwed. (1870) runkelrova, lit. runkulis, poln. runkla usw. Beta vulgaris var. Cicla L. hat auffallend runzlige Samen, sie ist nach dem unter Runzel (s. d.) entwickelten F. Runke 'Runzel' benannt. Namen nach ihren Samen tragen auch Mohn, Rübsen, schwarzer und weißer Senf, Spinat und Weizen: O. Hauschild 1939 Germ.-rom. Monatsschr. 27, 234.

Runks M. 'ungeschliffener Kerl' (so Stoppe 1733 Parn. 272) aus frühnhd. runckes, das seit dem 16. Jh. mit lat. Endung als runcus 'Grobian' erscheint, so noch bei Frisch 1741. Im Schülerlatein des 15. Jh. ist runcus 'Brotranst'; der grobe Kerl und das unförmige Stück Brot tragen gleiche Benennung. An vielen Orten Thüringens vereint Runks bis heute

beide Bedeutungen: L. Hertel 1895 Thür. Sprachschatz 200. Nd. kann auch ein plumper Hund runks heißen.

Runs M., Runse F. 'das Rinnen; Wasserrinne, Bachbett'. Heute vor allem ein Wort der obb. Mundarten; aus dem älteren Schweiz. bei Schiller 1803 Tell 2, 2. Früher allg.: frühmhd. runs(t), runse, ahd. runs(a). Zu rinnen; vgl. Rinnsal. Nächstverwandt got. runs M. 'Erguß', agf. ryne M. 'Lauf' (zur Wz. *ren).

rünstig Adj. in blutrünstig aus mhd. bluotruns(ec) Adj. 'wund': zu ahd. mhd. bluotruns(t) M. F., das aus der abstr. Bed. 'Rinnen von Blut' in die konkrete 'blutende Wunde' übergegangen war. S. Runs. Zu risen 'fallen' gehört gleichbed. mhd. bluotrisec, das sich mit blutrünstig kreuzt zu spätmhd. bluotristic, frühnhd. (Luther) blutrüstig.

Runzel F. mhd. runzel, ahd. runzala: Verkl. zu gleichbed. mhd. runze, ahd. runza. Nach Ausweis von gleichbed. mhd. runke, anord. hrukka (aus *hrunkō) steht ahd. runza für *hrunkza (vorahd. *hrunkita). Die Konsonanz ist erleichtert wie in Blitz und Lenz, s. d. Das hr- als germ. Anlaut wird gestützt durch das aus dem Germ. entlehnte vulgärlat. fruncetura 'Runzel' (Reichenauer Glossen, Südfrankr., 7. Jh.) zu gallorom. *fruncire, afrz. froncir 'runzeln' aus fränk. *hrunkjan. Andre Stufen des Ablauts zeigen anord. hrøkkva (aus *hrenkwan) st. Ztw. 'sich kräuseln, krümmen' und sein Kausativ hrøkkva (aus *hrankwjan) schw. Ztw. 'schlingen, kräuseln' mit ihren neunord. Folgeformen. Nahe außergerm. Verwandte sind nicht gesichert.

Rüpel M. Zum Männernamen Ruprecht (ahd. Hruodprêht aus germ. *hrōþis 'Ruhm' und *bërhtas 'glänzend') gehört als Kurzform rüepel mit p aus Geminata, die durch Angleichung von d an p entstanden war; gleichen Ursprungs sind Fam.-Namen wie Ruppel, Rüppel, Rüpel. Im 16. Jh. wird der Vorname zu 'Grobian', zuerst in Straßburg 1559: M. Montanus, Titus u. Gisippus E ij „Schaw zu wie ein so grober Rüppel, Hat Schülin an wie ein Ackerbaur". Im gleichen Jahr erscheint in Augsburg das Ztw. rüpeln 'jem. einen Flegel schelten': B. Ochinus, Apologen verdeutscht durch Christoph Wirsung 5, 80. Schriftsprachlich wird Rüpel durch die Bühne, auf die es zuerst J. Ayrer, Dramen 4, 2706, 26 Keller (Nürnberg um 1600) bringt. Vollends eingebürgert haben es die Shakespeare-Übersetzungen Wielands, Eschenburgs und der Romantiker. Vgl. Metze.

Rupfen M. 'grobes Gewebe'. Ein Wort vor allem Bayerns und des östl. Schwabens, zum

Ztw. **rupfen** im 12. Jh. gebildet. Der von der Hechel abgeraufte Abfall von Flachs und Hanf gibt Säcke, Packtuch und Bodenlappen. Kaiſerchron. (Regensb. 1147) 14800 rupfin tuoch von Bauernkleidung. Indem neben dem Adj. das anfangs nötige Subſt. (ziuc M., wât F., tuoch N.) wegbleibt, entſteht Rupfe(n) M. F. N. 'Leinwand aus Werg'. — Seidenrupf M. 'Rohſeide' iſt ein äußerlich dem Rupfen ähnliches Seidengewebe. Zuerſt in Altbayern 16, 26.

rupfen ſchw. Ztw., mhd. rupfen, ropfen, ahd. ropfōn, mnd. roppen, fläm. rippen, mengl. rüppen, engl. rip 'reißen', anord. ruppa 'losreißen': Intenſivbildung zu raufen (ſ. d.). Dazu **ruppig** Adj., das 1768 vom Brem. Wb. 3, 560 aus nd. Mundart beigebracht wird, aber erſt ſeit Bode 1786 Tom Jones 1, 189 in nhd. Text erſcheint. Dazu wohl auch **Ruppſack** als Schelte norddt. Herkunft.

Rüſche F. 'geſäbelter Beſatz'. Eine Art aufrechtſtehender Halskrauſe nannten die Franzoſen wegen der dichten Fältelung ruche 'Bienenkorb' (aus gall. rūsca 'Rinde, aus Rinde Hergeſtelltes'). Im 19. Jh. gelangt das frz. Wort ins Nhd.

Ruß M. mhd. ruoz, ruost, ahd. ruoz, rouz, mb. rūz, aſächſ. hrōt, mnd. rōt, rūt, mnl. nnl. roet. Landſchaftlich wirken die alten Nebenformen nach: oberpfälz. rous, wett. roußt: L. Berthold 1943 Heſſen-naſſ. Volkswb. 2, 942. Neben den Bildungen auf Dental ſtehen gleichbed. auf m in aſächſ. afrieſ. agſ. hrūm, engl. room, wozu der ſprechende Name des Küchenmeiſters Rūmolt im Nib.-Lied. Auf -m gebildet iſt auch gr. κορυμβόν 'das Schwarze' zur idg. Wurzel *qer- für dunkle, ſchmutzige Farben, die ſonſt unerweitert begegnet: aind. karața 'dunkelrot', perſ. čardeh 'ſchwärzlich', karī, karah 'Schmutz', lit. kìrnos 'Sumpf'. — In hd. Umgangsſprache wird das Schriftwort Ruß eingeengt durch Rahm² (ſ. d.), das norddt. weithin, ſüddt. vereinzelt gilt. Mundartlich iſt hamb. ſōt, lüb. ſott (mnd. agſ. anord. ſōt, engl. ſoot) 'Ruß', eigentlich 'Angeſetztes', wie aſlav. ſažda, lit. ſúodžiai Mz., lett. ſuodri 'Ruß'.

Rüſſel M. mhd. rüezel; Kürzung des ſonſt zur Länge entwickelten Diphthongen iſt lautgeſetzl. vor -el (vgl. Krüppel, Trobbel). Ahd. *ruozil, älter *wrōzil iſt nicht belegt, wie auch landſchaftl. das nur dt. Wort ſeine Grenzen hat: Güntzel, Hauptſchlüſſel der dt. und ital. Spr. (Augsb. 1648) nennt Rüſſel nürnbergiſch, während in Leipzig Schnauze gelte. Ihm nächſtverwandt ſind, ohne l-Ableitung, gleichbed. nd. wrōte, agſ. wrōt, ferner das urſpr. redupl. Ztw. ahd. ruozzen, mnd. wrōten, nl.

wroeten, nordfrieſ. wretten, agſ. wrōtan, engl. root, anord. rōta 'wühlen' (vgl. münſterländ. frō^u te 'Maulwurf', eig. 'Wühler'). Dazu iſt Rüſſel mit dem germ. -ila der maſk. Gerätnamen gebildet (wie Flügel, Schlüſſel, Wirbel zu fliegen, ſchließen, werben: Kluge 1926 Stammbild. § 90), es bezeichnet urſpr. die wühlende Schnauze des Schweins. Die germ. Wz. *wrōt 'wühlen', vorgerm. *urōd, kehrt wieder in lat. rōdere 'nagen', rōstrum 'Schnabel, Schnauze, Rüſſel'. Mit andrer Ablautſtufe (idg. *uerd-), *ured-) vergleichen ſich aind. avradanta 'ſie wurden weich, mürbe', aveſt. varadva 'weich, locker', aſlav. vrědŭ, ruſſ. vered 'Wunde'.

Rußwurm M. Scherzname für Schmied, Köhler, Eſſenkehrer, der auch zum Fam.-Namen geworden iſt: H. Fiſcher 1920 Schwäb. Wb. 5, 499.

Rüſte F. aus ſpätmhd. rust F. 'Ruhe', einer dem Nd. entſtammenden Nebenform zu Raſt (ſ. d.): mnd. mnl. ruste, nnl. rust. Hd. nur in der Wendung zur Rüſte gehen.

rüſten ſchw. Ztw., mhd. rüſten, rusten, ahd. (h)rusten aus *hrustjan, mnd. rüſten (daraus entlehnt älter dän. ryste, dän. ruste, ſchweb. rusta), mnl. nnl. rusten, agſ. hrystan, hyrstan: abgeleitet von ahd. hrust, agſ. hyrst F. 'Schmuck, Schatz; Ausrüſtung, Behänge, Waffen'. Dies zum ſt. Ztw. agſ. hrēodan 'ſchmücken', anord. hrōða 'ſäubern, ein Schiff entladen', dem ſich etwa lit. kráudinu 'laſſe laden oder packen' vergleicht, während die weiteren außergerm. Beziehungen im Dunkel bleiben.

Rüſter F. Ulmus campeſtris L. und Ulmus montana Sm., in Deutſchland heimiſch, führen außer der dem Lat. entlehnten Benennung Ulme und deren germ. Entſprechung Elme, Ilme (ſ. Ulme) noch einen dritten Namen. Deſſen heutige Form Rüſter (nicht vor 1580: J. Wigand, Catal. herb. in Borussia naſc. 88) iſt zuſ.-geſetzt. Das Grundwort entſpricht dem engl. tree, got. triu 'Baum' und kehrt in Affolter (ſ. Apfel), Flieder, Heiſter u. a. wieder. Das Beſtimmungswort bezeichnet als mhd. rust, rüſt (Zſ. f. dt. Wortf. 2, 218) unſern Baum; es lebt im Orts- und Fam.-Namen Ruſt fort. Die alten Formen ſchwanken, ermöglichen aber den Anſatz idg. *reus-, von dem zu Urverwandtſchaft mit ir. rúaimm 'Betula alnus, Alnus glutinosa' zu gelangen wäre: Ahd. Gloſſen 3, 41, 1; J. Hoops 1905 Waldb. u. Kulturpfl. 168. 261; Schweiz. Jd. 6 (1909) 1558; H. Fiſcher, Schwäb. Wb. 5 (1920) 501; F. Kluge 1926 Stammbild. § 94b; Dt. Wortgeſch. 1 (1943) 34.

rüſtig Adj. ahd. (h)rustīg, mhd. rüſtec 'bereitet, gerüſtet, kampfbereit', mnd. nnl. rustich. Zum heutigen Sinn hat ſich rüſtig ſchon bei Luther erweitert (vgl. fertig, hurtig), der alte geht im 17. Jh. in der Schriftſprache unter. In Tirol bedeutet rüſtig bis heute 'geputzt, ſchön gekleidet'.

Rüſtzeug N. von Luther 1522 geprägt: Ap.-Geſch. 9, 15 „(Saulus) iſt mir ein außerwelt Rüſtzeug" für gr. ὅτι σκεῦος ἐκλογῆς ἐστίν μοι οὗτος. Der Gen. ἐκλογῆς (für ἐκλεκτόν) iſt ein Hebraismus, den die lat. Bibel mit vas electionis beibehält. Später folgen auch Katholiken wie A. Stifter 1841, L. Anzengruber 1881 und M. v. Ebner-Eſchenbach 1889 Luthers Wortlaut, der anfangs Mühe hatte ſich durchzuſetzen: den obb. Zeitgenoſſen mußte in Baſel 1523 Rüſtzeug mit werckzeug verdeutlicht werden: F. Kluge 1918 Von Luther bis Leſſing 110. Von der Prägung her iſt übertragener Gebrauch des Worts bevorzugt geblieben.

Rute F. Mhd. ruote 'Gerte, (Zucht-)Rute, Zauberſtab, Stange, Ruder', ahd. ruota, aſächſ. rôda 'Pfahl, Schandpfahl, Kreuz', mnd. afrieſ. rôde, mnl. roede, nnl. roe(de), agſ. rôd 'Rute, Stange; Rute Land; Schandpfahl', erſt in chriſtl. Miſſionsſprache auch 'Kreuz', engl. rood, anord. rôða, dän. rode, norw. mundartl. -rôda, -roe, -røe, ſchwed. rod führen auf germ.

*rôða-, *rôðô(n). Aus der zweiten Form iſt finn. ruoto 'Stange' früh entlehnt. Man ſetzt idg. *rēt-: *rŏt-: *rət- 'Stange, dünner Baumſtamm' an und vergleicht aſlav. ratište, ratovište 'Lanzenſchaft', lat. rētae 'Bäume im oder am Fluß', rētāre 'den Fluß von Bäumen reinigen', rātis 'Floß'. Spätmhd. ruote bezeichnet auch das Geſchlechtsglied. Weidm. Rute iſt ſeit dem 17. Jh. der Schwanz von Hund, Fuchs, Wolf, Marder uſw.

rutſchen ſchw. Ztw. ſpätmhd. rütſchen 'gleiten' aus älterem rützen. tſch an Stelle von (t)z wie in fletſchen (ſ. d.). Weitere Beziehungen fehlen.

rütteln ſchw. Ztw. mhd. rüteln Intenſivbildung zu gleichbed. mhd. rütten 'ſchütteln' (ſ. zerrütten), das zu der unter reuten und roden behandelten Wz. gehört. Schweiz. roden 'losrütteln, -zerren', das mit gleichbed. afrieſ. rothia auf ein ſchw. Ztw. germ. *rôþōn weiſt, ſetzt für das Ztw. reuten eine Grundbed. '(Bäume) losrütteln' voraus. Das zugehörige obb. Subſt. Ried 'gerodete Stelle' (aus germ. *reuþa-) beweiſt mit afrieſ. rothia 'roden' für das Ztw. reuten (mhd. riuten) eine ſonſt nicht nachgewieſene idg. Wz. *rut 'lockern, losreißen'. Schweiz. Jb. 6, 616. 1729. 1801.

Saal M. Ahd. mhd. sal M. N., aſächſ. seli M., agſ. sele M., salor, sæl N., anord. salr M. führen auf germ. *salaz, *saliz N., die alte Bezeichnung des germ. Einraumhauſes, auch des bäuerlichen: K. Rhamm, Altgerm. Bauernhöfe im Übergang vom Saal zu Fletz u. Stube, 1908. Daneben ahd. aſächſ. selihūs 'Saalhaus', aſächſ. gastseli, agſ. gæstsele. Das Got. bewahrt die verwandten saljan 'Herberge finden, bleiben', saliþwôs F. Pl. 'Herberge, Speiſezimmer'. Dieſem entſpricht agſ. selþ, anl. aſächſ. selitha, ahd. selida, mhd. selde 'Wohnung'. Urverwandt ſind mit Ablaut aſlav. selo N. 'Hof, Dorf', selitva F. 'Wohnung', lat. solēre 'pflegen, gewohnt ſein'. Der germ. Sippe entſprang die roman. von frz. salle, ital. sala F. 'Saal', salone M. 'großer Saal', saletta F. 'kleiner Saal', dies als öſterr. Salettl 'Gartenhaus, Pavillon' zurückentlehnt. Die Bed. 'Flur' haben Saal und Vorſaal umgangsſprachl. weithin angenommen, die Grenzen zieht Kretſchmer 1918 Wortgeogr. 207 f. 508 f. S. Salon.

Saat F. 'das Säen, die Ausſaat'. Ahd. mhd. mnd. sāt F., aſächſ. sād N., mnl. saet (d) M. N., nnl. zaad, afrieſ. sēd, agſ. sǽd N., engl. seed, anord. sāð, sǽði N. 'Saat, Same, Ertrag',

sād F. 'Abfall von Korn, Spreu', got. mannasēþs 'Menſchenſaat, Menſchheit' führen auf germ. *sē-di-, *sē-da-, Ableitungen aus der in ſäen und Same enthaltenen idg. Wz. *sei- 'ſäen'. Daneben wird idg. *sato- vorausgeſetzt durch kymr. hâd 'Saat', akorn. līnhad 'Leinſamen', mkorn. hâs (s aus älterem d) 'Saat'; Vokaldehnung erſt im 5. Jh.

Sabbat M. Hebr. schabbāth 'Feiertag' (zu schābāth 'aufhören etw. zu tun, ruhen') iſt über gr. σάββατον, lat. sabbatum N. zu uns gedrungen. Das Genus hat ſich nach dem Vorbild von Tag gewandelt. S. Samstag, Schabbes.

ſabbern ſchw. Ztw. 'den Speichel fließen laſſen' mit nb. und oſtmb. bb. Kaum vor Friſch 1741 (Ag. Lasch, Berliniſch 253). Vergleichbar ſind mnd. sabben 'geifern', sabbelen 'ſudeln'. S. Saft.

Säbel M. weiſt W. Kurrelmeyer 1920 Mod. lang. notes 35, 405 ſeit 1428 nach; kurz darauf ſteht sewel im Neidhart Fuchs 793. Die nächſtfolgenden Belege ſtammen von der poln. Grenze und zeigen bis 1505 die Form schebel. Das weiſt auf eine erſte Entlehnung aus po n. szabla. In den Türkenkriegen des 16. Jh. hat dann auch dessen Quellwort magh. szablya (zu szabni 'schneiden') unmittelbar eingewirkt. Von da ist das Wort auch in andre slav. und in einen Teil der roman. Sprachen gedrungen. Aus dem Frühnhd. ist im 17. Jh. frz. sabre entlehnt, das engl. sabre, saber ergeben hat. Aus portug. sable stammt sabel im Mal. der Molukken. Das a der Tonsilbe wahren schwäb. alem. Sabel noch bei Schiller und Hebel: Zf. f. dt. Wortf. 5, 276. 14, 33f. 70; Wick 50f.

Säbenbaum s. Sebenbaum.

Sa(c)charin N. Aind. sárkarā, das über arab. sukkar unser Zucker (s. d.) ergeben hat, gelangt früh über Persien nach Griechenland: gr. σάκχαρον, lat. saccharum liefern den chem. Namen des Stoffs, nach dem Fahlberg 1879 das von ihm erfundene Saccharin benennt. Dafür Süßstoff seit dem ersten Weltkrieg.

Sache F. Mhd. sache, ahd. sahha, asächs. anfr. saka, mnd. mnl. sake, nnl. zaak, afries. seke, ags. sacu 'Verfolgung, Streit, Krieg, Prozeß', engl. sake 'Ursache, Grund', anord. sǫk, schwed. sak, dän. sag führen auf germ. *sakō-, daraus früh entlehnt finn. lapp. sakko 'Pflicht; Geldbuße'. Daneben wird germ. *sakjōn- vorausgesetzt durch got. sakjō, ags. sæcc, ahd. secchia. Die Bedeutung hat sich (wie bei Ding und frz. chose aus lat. causa) durch Verallgemeinerung entwickelt. Im Ausgang steht 'Rechtshandel, -streit', woran Sachwalter, Widersacher, in Sachen A gegen B, schwed. rättsak, söka sak med någon 'Streit anfangen' erinnern. Demgemäß zum st. Ztw. got. asächs. sakan, anord. saka 'anklagen', ags. sacan, ahd. sahhan '(vor Gericht) streiten', ursprünglich 'eine (Rechts-)Spur verfolgen, suchen'. Das Ztw. steht in Ablaut mit suchen; dort die außergerm. Verwandten.

Sachsengänger M. bezeichnet seit etwa 1870 die ländlichen Arbeiter und Arbeiterinnen aus dem Osten, die im Frühjahr in die Provinz Sachsen und ihre Nachbargebiete wandern, um dort vor allem die Zuckerrüben zu bearbeiten; daher auch Rübenwanderung.

sacht Adj. Adv. Das Adv. sanft (s. d.) hat schon in asächs. säfto seinen Nasal unter Ersatzdehnung verloren. Nd. und nl. wird ft zu cht (wie in anrüch(t)ig, s. d.), der Vokal wird vor Doppelkonf. wieder verkürzt: mnl. saechte, sachte; seit dem 14. Jh. findet sich sachte in nrhein. Glossaren, 1507 in Köln, weiter im 16. Jh. bei Nord- und Mitteldeutschen (nicht bei Luther), 1588 bei Fischart. Laur. Albertus 1573 Gramm. L 4ᵇ nennt sacht thür., Güntzel, Hauptschlüssel (Augsb. 1648) meißn.; dem Obd. bleibt es fremd, wie es Adelung noch 1798 ablehnt: v. Bahder 1925 Wortwahl 53 f. Gegen Ende des 18. Jh. dringt von Norddeutschland

die scheinbare Verkl. sachtchen vor, der wahrscheinlich ein mnd. Adverb sachtliken zugrunde liegt: F. Kluge 1913 Abriß d. dt. Wortbild. § 69.

Sack M. Assyr. šakku 'Sack, Büßergewand' hat phön. hebr. sak 'Sack, grobes Gewand, Hüftenschurz' geliefert, das früh gr. σάκκος ergibt. Lat. saccus (das auch den roman., kelt. und slav. Sprachen das Wort vermittelt hat) bringen röm. Kaufleute etwa schon zu Cäsars Zeit mit Arche, Kiste, Sarg, Schrein) zu allen Germanen: got. sakkus, ags. sacc, engl. sack, asächs. mnd. sak (kk), ahd. mhd. mnl. sac (kk), nnl. zak, daneben (vielleicht über volkslat. *saccium) ags. sæcc, mengl. sech, anord. sekkr, schwed. säck, dän. sæk. In süddt. Umgangsspr. steht Sack für den an Kleidungsstücke genähten Beutel. Daher auch Sackgeld, -tuch, -uhr, Gilet-, Hosensack. Die Grenze gegen Tasche zieht Kretschmer 1918 Wortgeogr. 514f.

Säckel M. ahd. seckil, mhd. seckel 'Geldbeutel': in ahd. Zeit entlehnt aus gleichbed. lat. saccellus, das als Verkl. neben sacculus (zu saccus) steht und auch afrz. sachel, engl. satchel geliefert hat.

sacken schw. Ztw., ab-, wegsacken 'sinken': seemänn. und allg. nd., vom heutigen Sprachgefühl irrig zu Sack bezogen. Es entsprechen nnl. zakken, mengl. saggen, engl. sag, dän. sakke, norw. sakka, schwed. sacka 'sinken': Intensivbildung zu der in sinken (s. d.) enthaltenen idg. Wurzel *sengʷ- 'fallen', zu der auch mnd. (sik) sacken 'sich senken, sinken', norw. sakk 'Senkung' und schwed. mundartl. säck 'Tal' gehören.

sackerlot Interj., im 17. Jh. entlehnt aus dem Frz. Hier ist sacrelote entstellt aus sacré nom (de Dieu). Mit noch weitergehender Entstellung sapperlot. Entspr. nl. (17. Jh.) sakker-, sapperloot. — Sackerment und sapperment stammen aus lat. sacramentum. Beteuerungen bei der geweihten Hostie sind auch bair. gotts leichnam, ital. corpo di Cristo; ihnen zunächst steht nl. gans sakkerlysjes (aus Gods sacre calice). Stieler 1691 verzeichnet die Flüche Gotz sackerment, Botz siebensackerment, Gotz hundertsacker, Botz schlapperment. S. potz.

Sackgasse F. 'Straße, die nur einen Ausgang hat' seit Kramer 1719, verdeutl. Zuf.-Setzung für Sack, das im 17. Jh. dasselbe bedeutet; daneben blinde, Strumpfgasse. Dafür bei Serz 1797 Teutsche Idiotismen 48ᵃ „das Gäßchen kehr um"; norddt. Kehrwieder, so z. B. in Hildesheim.

Sadebaum s. Sebenbaum.

säen schw., früher redupl. Ztw., mhd. sæ(je)n, ahd. sāwen, sā(j)en, asächs. sāian, mnl. sa(e)yen, nnl. zaaien, afries. Part. sēn 'gesät'.

agf. sāwan, engl. sow, anord. sā (sera 'jäte'), schweb. så, dän. saa, got. saian (saisō 'jäte'). Dem germ. Ztw. *sējan zur idg. Wurzel *sē(i̯)- 'entsenden, werfen, fallen lassen', landwirtschaftlich verengt auf 'jäen', vergleichen sich am nächsten gleichbed. aslav. sěti, sějati, lit. sěti, lat. sero, sēvi, satum; entferntere Verwandte f. u. Saat und Samen.

Saffian M. Perf. sachtijän 'Ziegenleder' (Siebenb.-jächf. Wb. 2, 345f.) ist über türk. sahtjan nach Europa, um 1700 ins Deutsche gelangt. Die slav. Formen (bulg. sahtijan, poln. safian) vermitteln den Übergang von ht zu f. Das erste nhd. Zeugnis führt nach Leipzig 1716: die dortige Ledermesse bezog poln. Waren. Wick 51.

Safran M. Lat. crocus als Pflanze hatte ahd. chruogo, kruago ergeben. Der aus seinen Blütennarben hergestellte Würz- und Farbstoff, arab. za'farān, gelangt über Süditalien und Frankreich zu uns und heißt bald nach 1200 mhd. saffrän, sapharan M., vermittelt durch span. azafran, afrz. safran (hieraus engl. saffron), ital. zafferano: Suolahti 1929 Frz. Einfluß 222.

Saft M. mhd. (seit dem 14. Jh.) saft, vorher saf, ahd. saf, Gen. saffes, mnd. mnl. nnl. engl. sap, agf. sæp. Aus dem Nhd. entlehnt sind schweb. (seit 1642) dän. saft. Germ. *sapa- 'Saft' hat außergerm. Verwandte in aind. sabar- 'Milch, Saft, Nektar' und lat. sa(m)būcus 'Holunder'. Das vorausliegende idg. *sab- ist Nebenform der idg. Wurzel *sap- 'schmecken' in lat. sapere 'schmecken', sapor 'Geschmack', sapa 'eingekochter Most, dem germ. *saban- 'Saft (der Bäume)' entspricht, vorausgesetzt durch anord. safi, norw. save, sevje, schweb. sav(e), dän. sav 'der in den Bäumen aufsteigenden Saft'.

Sage F. mhd. sage, ahd. saga F. 'Rede, Aussage, Erzählung, Gerücht': Abstr. zu sagen (f. d.) wie agf. sagu, engl. saw 'Ausspruch, Sage'. Vgl. anord. saga, Pl. sǫgur '(dargestellte oder erlebte) Geschichte'. Die heute geltende Einengung auf Kunde von Ereignissen der Vergangenheit ohne geschichtl. Beglaubigung beginnt im 14. Jh. (DWb. 8, 1647), setzt sich aber erst im 18. Jh. durch, auch in Götter-, Helden-, Volkssage. Den alten, weiten Sinn bewahren Ab-, Aus-, Zusage.

Säge F. mhd. sëge, ahd. sëga, mnl. seghe aus germ. *sezō-. Daneben ahd. saga, mhd. mnd. sage, mnl. saghe, nnl. zaag, agf. saga, sagu, engl. saw, anord. sǫg, norw. sag, dän. sav, schweb. såg, die auf germ. *sazō- beruhen. Daraus früh entlehnt finn. saha 'Säge'. Die nhd. Schreibung mit ä (für mhd. ë wie bei Bär, jäten, Käfer, Schädel, Strähne) hat sich festgesetzt, weil mundartliche Formen

wie bair. såg die Vorstellung erweckten, es liege Umlaut vor. Tatsächlich stehen ahd. sëga: saga in demselben Ablautverhältnis, wie ahd. rëhho: agf. raca (f. Rechen) oder engl. neck: nhd. Nacken. Verwandte von Säge f. u. Messer, Pflugschar, Scharte, Schere, scheren, Sech, Segel, Segge, Sense, Sichel: alle zur idg. Wurzel *seq-: *soq- 'schneiden', die auch außergerm. reich vertreten ist: lat. secō 'schneide', secūris 'Beil', s(a)cēna 'Haue des Opferpriesters', aslav. sěkǫ 'schneide', lit. į-sekti 'eingraben', alb. satë (aus *seqti-) 'Karst'. Ein gemeinidg. Wort für 'Säge' fehlt, obwohl das Gerät steinzeitlich ist.

Sägemühle F. 'durch Wasser getriebenes Sägewerk', zuerst als sag-, segmül in Oberösterreich 1312, Graubünden 1361 und Nürnberg 1464: Lexer 2, 847. Danach unter Gustav Wasa 1552 in Schweden sågmölla für das bodenständige schweb. sågkvarn: A. Götze 1935 Lit.-Blatt 56, 314. Auch dän. savmølle steht unter dt. Einfluß.

sagen schw. Ztw., mhd. sagen, mnl. saghen, ahd. sagēn, daneben beruhen auf germ. *sagjan asächf. sęggian, mnl. sęgghen, nnl. zeggen, afriej. sędsa, agf. sęcgan, engl. say, anord. norw. segja, schweb. säga, dän. sige. Got. Entsprechungen entgehen uns. Germ. *sag(w)-, mit gramm. Wechsel aus idg. *sequ̯-: *soqu̯- 'sagen', älter 'bemerken, sehen; zeigen' hat nahe Verwandte an lit. sakýti 'sagen', sekmė 'Erzählung', pāsaka 'Märchen', aslav. sočiti 'anzeigen', akymr. hepp 'sagt er', air. inchosig 'bezeichnet', lat. inquit 'sagt(e) er', inseque 'erzähle', īnsectiōnēs 'Erzählungen', gr. ἔννεπε (für *en-sepe) 'sage an'. Dem Germ. entlehnt ist span. sayon 'Gerichtsdiener', ursprünglich 'Ansager'. S. sehen, singen, Skalde.

Sago M. Mal. sägü 'mehlartiges Pflanzenmark der Palme Metroxylon laeve', von Marco Polo 1295 nach Venedig gebracht, wird bei uns erst spät im 18. Jh. zu Suppen und als Arznei verwandt. Der Name vermittelt durch engl. nnl. sago: Lokotsch 1927 Etym. Wb. 1761.

Sahne F. spätmhd. (md. nd.) sane, mnl. sane, nnl. zaan. In neuerer Zeit das Wort Nieder- und Mitteldeutschlands, das südwärts bis zu einer Linie Beuthen, Markneukirchen, Weimar, Eisenach, Kassel, Koblenz, Trier gilt, vielfach neben den andern Hauptausdruck Rahm (f. d.), doch als Wort der maßgebenden Städte im Vordringen: Kretschmer 1918 Wortgeogr. 399. Senn (f. d.) ist unverwandt und kann nicht als Zeuge einst größerer Verbreitung gelten. Mit dem Blick auf das österr. Synonym Obers und engl. head of milk hat man Urverwandtschaft mit aind. sánu 'Oberfläche',

(Berg=)Rücken' erwogen; dagegen macht N. Törnqvist (Niederdt.Mittlg. 5 [Lund 1949] 178ff.) Entlehnung aus dem Roman. wahrscheinlich: südmnl. sāne F. über das Pikardische aus afz. saīn M. 'Fett', säime F. 'Sahne', zu lat. sagīna, volkslat. *sagīmen 'Fett'. Vgl. Nidel, Schmand.

Saibling M. der Fisch Salmo salvelinus L. in bair. Lautform, -lbl- am Bodensee, -lml- im Allgäu. Sonst Sälmling 'salmenartiger Fisch, einjähriger Lachs'. Selmling zuerst in Kolmar 1556: J. Wickram, Werke 4, 155 Bolte. Zu Salm, s. d.

Saite F. mhd. seite, ahd. saita 'Saite, Strick, Fessel'. Daneben ahd. seit N., seito, mnd. sēde, ags. sāda M. 'Saite, Band; Strick, Halfter': Bildung auf idg. -t zur Wurzel *sēi-: *si̯-: *sǝi- 'binden; Strick'. Gleich gebildet sind aslav. sětĭ, lit. saĩtas, siẽtas, lett. saite, aind. sḗtu-, sētár- 'Fessel'. Dieselbe Wurzel in Sehne, Seil und Siele (s. d.), ferner in asächs. sīmo, afries. agf. sīma 'Band, Kette, Strick', anord. sīmi, -a, isl. sęimr 'Tau', denen sich außergerm. ir. sīm 'Kette', gr. ἱμάς 'Riemen', ἱμονιά 'Brunnenseil', aind. sīmā̆, sīmán- 'Scheitel, Grenze' vergleichen.

Sakerfalk M. Arab. ṣaqr 'Jagdfalk' ergibt mlat. sacer, das bei Albert d. Gr. die vornehmste Falkenart bezeichnet. Mit der Beizjagd wird mhd. sacker wichtig. In wechselnden Formen, bei uns in der verdeutlichenden Zuf.=Setzung Sakerfalk, lebt das Wort in den europ. Sprachen: Suolahti 1909 Vogelnamen 333 f.; Lokotsch 1927 Etym. Wb. 1799.

Sakko M. 'einreihiger kurzer Überrock', Sakkoanzug 'Straßenanzug des Herrn': eine schein=ital. Bildung vom Ende des 19. Jh.; das Ital. kennt nur vestito a giacca. Voraus gehen im Mhd. des 19. Jh. Sack 'kurzer modischer Männerrock ohne Taille' mit Sackform und Sackpaletot, die ihre Vorbilder in amer.-engl. sack und sack-coat (seit 1849) haben: W. Fischer 1943 Dt. Wortgesch. 2, 364 f.

Sakristei F. Mlat. sacristia F. 'Nebenraum der Kirche' (zu lat. sacer 'geweiht') ergibt gleichbed. mhd. sacristie, zuerst bei Berthold v. Regensburg (†1272): Suolahti 1929 Frz. Einfl. 217.

=sal Abl.=Silbe in Drang=, Lab=, Müh=, Schicksal, mhd. irre-, trüebesal. Von Haus aus kein selbständiges Wort (wie =heit, =schaft, =tum), sondern als -sl (got. swartizl 'Tinte') eine Endung, die erst im 7./8. Jh. die Gestalt -(i)sal angenommen hat und mit =sel in Einschiebsel, Wechsel eins ist. Vgl. =selig.

Salamander M. Gr. σαλαμάνδρα ergibt über lat. salamandra F. mhd. salamander M. F., frühnhd. Salamandra (Ostermann 1591

Voc. anal. 358). Nach mittelalterl. Glauben lebt der feuerrote Molch im Feuer, bei Paracelsus ist er der Elementargeist des Feuers. Von da wird S. zum gemurmelten Zauberwort eines Student. Trinkritus, bei dem Schnaps brennend an den Mund geführt wurde. Vielleicht dachten die Studenten dabei an Theokrits Pharmakeutrien B. 58, wo die Liebende ihrem Schatz Zauber bereitet: „Morgen zerreib ich den Molch Und bringe dir schlimmes Getränk dar". In einem Basler Trinklied von 1829 tritt der Schnapsgott Salamander auf. Den Schnapssalamander schildert (ohne das Wort zu nennen) Raginsky, Der flotte Bursch (Leipz. 1831) S. 73 unter reiben, für Heidelberg 1841 bezeugt die Sitte to rub a salamander Cornelius-Howitt Student-life in Germany 354. Den Ehrensalamander in Bier beschreibt als erster Vollmann 1846 Burschikoses Wb. 74. 403, der ihn aus München 1841 kennen dürfte. Bei ihm ist S. das vor dem Trinken gesprochene Wort und zugleich der Name der Trinksitte. Auch die Zuf.=Setzung Biersalamander kennt er. In Jena ist der erste Salamander im Sommer 1843 auf dem Burgkeller gerieben worden. Seither allgemein: Kluge 1895 Stud.=Spr. 52 ff. 119 f.; 1912 Wortf. und Wortgesch. 117 ff.

Salami F. 'stark gewürzte Schlackwurst', entlehnt aus dem ital. salame M. 'Pökelfleisch, Schlackwurst', zu lat. sāl, sālis 'Salz'. Bei uns seit H. L. H. Fürst Pückler 1840 Südöstl. Bildersaal 3, 111 „Ein Stück Salami aus echtem Bologneser Eselsfleisch".

Salär N. Lat. sālārium (zu sāl, sālis 'Salz') war im alten Rom die den Soldaten gelieferte Salzmenge, danach die Salzzuteilung für reisende Beamte. Daraus wurden in der Kaiserzeit 'Besoldung des Offiziers' und 'Tagegelder des Beamten', seit Sueton († 150 n. Chr.) 'Jahrgehalt'. In diesem Sinn erscheint salarium in sonst. dt. Text zuerst in Wesel 1516. Die Entwicklung seit dem 18. Jh. steht unter Einfluß von frz. salaire M. 'Lohn'. Engl. salary 'Besoldung' ist aus gleichbed. anglonorm. salarie entwickelt: Nyström 1915 Dt. Schulterm. 1, 175; Zf. f. dt. Wortf. 8, 94.

Salat M. Ital. (in)salata F. 'Eingesalztes, Salat' wird entlehnt zu spätmhd. salāt M. Zum Genuswandel H. Paul 1917 Dt. Gramm. 2, 148 f. Über die umgangssprachl. Verschiedenheiten in der Benennung von Lactuca sativa Kretschmer 1918 Wortgeogr. 305 f. Das nhd. Wort ist ins Lett. entlehnt: J. Sehwers 1927 Zf. f. vgl. Sprachf. 54, 41.

Salbader M. tritt 1628 im mittleren Osten auf: Martin, Colloques 58 „der mir salbader mit fleiß erzehlte". Daf. 89 wird „ich stecke der Saalbader gantz voll" umschrieben mit de telles histoires. Die Bed. 'fauler Witz, alberne Rede, flache Weisheit' gilt noch lange uneingeschränkt: Schwenter 1636 Erquickstunden 5 „Waar ists, es seynd vil Saalbader vnd Kindische Spiel in diesem Werä"; 556 „Ist diß ein Salbader vnd ihr habt ihn nicht gewußt"; Harsdörffer 1644 Frauenz.-Gespr. 1, 189; 1653 Erquickst. 3, 199 „eine Sache, die man uns mehrmahls erzehlet, wird ein Salbader genennet". Demgemäß bietet Stieler 1691 die Bed.-Angabe vetus cantilena ('alte Leier'). Dazu gleichbed. Saalbaderey seit Rist 1647 Friedewünsch. Teutschl. 39, und das Adj. salbaderisch seit 1664: Warmund, Geldmangel 121 „stulte, sive ut inferiores Saxones loquuntur: up olt Saalbaterisch". Aus beiden mag für das Mask. eine Bed. 'alter Schmöker' erschlossen sein: Weise 1673 Erzn. 3 „ein neuer Simplicissimus oder sonst ein lederner Saalbader". Hieran schließt die jüngere Bed. 'Schwätzer', in der -er als Endung der Nomina agentis gesiegt hat, doch nicht vor 1689 Epist. obsc. vir 3, 14 „vetus ille Cicero et alii veteri Salbaderi". Demgemäß Frisch 1741 „ein Schimpfwort, wann einer etwas zu erzehlen anfängt, das jedermann gegenwärtig sieht und weiß, nugator, sonderlich von dem gegenwärtigen Zustand der Witterung". Alle bisherigen Deutungsversuche sind unzulänglich, auch der von Virgil Moser 1934 Germ.-rom. Monatsschrift 22, 62—64.

Salband N. im Ostmd. des 16. Jh. lautgesetzl. entwickelt aus mhd. (14. Jh.) sëlbende N. 'eignes, gewobenes (nicht geschnittenes) Ende der Gewebe', von westmd. Mundarten als selbend u. ä. bewahrt, entspr. mnd. mnl. selfende. Der alte Name ist Egge[1] (s. d.), damit zus.-gesetzt engl. selvage, selvedge, nl. mundartl. zelfegghe, nnl. selfegge, nnd. sülfegge. Mit anderm zweiten Bestandteil nnl. (seit 1598) zelfkant, fries. selfkant, nnd. sülfkante. Die ostmd. Form wurde umgedeutet zu Sal-Band, danach Sal-Leiste seit Amaranthes 1715 Frauenz.-Lex. 1686. Im Henneberg. gilt Speidel, am Neckar Praisel, in der Schweiz Endi, in Österreich Tuch-end.

Salbe F. mhd. salbe, ahd. salba, asächs. salba, mnd. mnl. salve, nnl. zalf, agf. sealf(e), engl. salve. Auf Entlehnung aus dem Mnd. beruhen dän. salve, schwed. salva. Weiter greift das schw. Ztw. salben, mhd. salben, ahd. got. salbōn (dazu got. salbōns F. 'Salbe'), asächs. salbōn, mnd. mnl. salven, nnl. zalven, afries. salvia, agf. sealfian, engl. dän. salve, schwed. salva. Germ. *salbō- führt auf idg. *solpā- in gr. ῎Ολπος 'Öl, Fett, Butter', ὄλπη, ὄλπις 'Ölflasche', alb. ǥalpë 'Butter', toch. A šälyp, B šalype 'Fett, Butter, Öl', aind. sarpi- 'zerlassene Butter, Schmalz', srprá- 'geölt'. Idg. Wurzel *selp-: *solp- 'Fett'.

Salbei M. F. Nach lat. salvus 'gesund' heißt die Heilpflanze lat. salvia (Plinius, Nat. hist. 22, 147), mlat. salvegia. Hieraus ahd. salbeia, salveia, mhd. salbeie, salveie (vgl. Polei). Die Synonyma in verwandten und benachbarten Sprachen beruhen z. T. auf roman. Nebenformen wie salvia und savia.

Salbuch N. 'Urkundenbuch für die zu einer Gemeinschaft gehörigen Grundstücke, Einkünfte und Schenkungen'. Bestimmungswort ist mhd. sal F. 'rechtliche Übergabe eines Guts', ahd. agf. anord. sala 'Übergabe', engl. sale 'Verkauf'. Weiter greift das Ztw. mhd. sęl(le)n, ahd. sęllen, asächs. sęllian, afries. sęlla, agf. sęllan, siellan, engl. sell, anord. sęlja 'übergeben', got. saljan 'opfern', ursprünglich 'nehmen machen'. Außergerm. entsprechen gr. ἑλεῖν 'nehmen', ἕλωρ 'Beute'; lat. cōnsilium 'Ratsversammlung', cōnsulere 'den Rat versammeln', cōnsul usw. Dazu die -yo-Ableitung air. selb F., kymr. helw M. 'Besitz', gall. Luguselba als Frauenname 'Eigentum des Lugus', wozu air. tuasilbiu 'weise zu, zeige vor', doselbi 'du behältst'. Idg. Wurzel *sel- 'nehmen, ergreifen'.

Salizin s. Salweide.

Salm M. Lat.-gall. salmo, das in nordspan. engl. salmon, frz. saumon fortlebt, dringt während der Römerzeit über den Rhein und ergibt ahd. asächs. salmo, mhd. mnd. mnl. salme, nnl. zalm. Seinem Ursprung gemäß ist Salm das Wort des Westens (am Rhein zahllose Gasthöfe zum Salmen), während im Osten das heimische Lachs herrscht, s. d. Die Unterscheidung verschiedener Entwicklungsalter des Fischs mit Hilfe der Namen Salm und Lachs ist künstlich und begegnet nicht vor dem 16. Jh.: Kretschmer 1918 Wortgeogr. 314 f. S. Saibling.

Salmiak s. Ammonshorn.

Salon M. Ital. salone bedeutet als Vergrößerungsform von sala (s. Saal) urspr. 'großer Saal': Goethe, Ital. Reise 27. Sept. 1786 (Jub.-Ausg. 26, 67) „Der Audienzsaal des Rathauses (von Padua) mit Recht durch das Augmentativum Salone betitelt". Über frz. salon bringt im 18. Jh. mit der frz. Form des Gesellschaftslebens das Fremdwort bei uns ein, vorwiegend in der Bed. 'Besuchs-, Empfangszimmer': Kretschmer 1918 Wortgeogr. 508 f. Auch engl. saloon ist durch das Frz. vermittelt.

salopp Adj. Adv. 'unsauber, nachlässig in Kleidung und Auftreten' seit etwa 1800, das zugehörige F. Saloppe 'Umschlagtuch, Morgengewand für Frauen' schon 1759 bei G. W.

Rabener, Sämmtl. Schr. 6, 11; gleichbed. westfäl. salappdauk Germ.-rom. Monatsschr. 17 (1929) 68. In südwestdt. Mundarten spielt Saloppe F. 'Schlampe' dieselbe Rolle wie frz. la salope. Das Adj. ist entlehnt aus frz. salope 'sehr schmutzig, schlampig', einem Volkswort Nordfrankreichs, in dem sich frz. sale 'schmutzig' (während der Kreuzzüge entlehnt aus mhd. sal 'trübe', f. Salweide und Salz) mit engl. sloppy 'schmutzig, nachlässig' gekreuzt hat.

Salse f. Sauce.

Salsierchen N. Frz. saucière ist, bevor au aus älterem al entstanden war, zu uns gelangt, im 15. Jh. erscheint es als mnd. salser, seither fast nur in der Verkl. (wie Kaninchen, Mädchen, Veilchen). Luther kennt saltzsirichen 'Beigußnapf' Glosse zu 4. Mos. 7, 14. In ostmd. Mundarten unter Einfluß von Salz umgedeutet zu 'Salzfäßchen, -meste' (DWb. 8, 1703. 1716), so auch Salzir Stieler (1691) 1675.

Saltner M. 'Wald-, Feld-, Weinberghüter', spätmhd. saltner aus Tirol, später auch in der Ostschweiz: Schweiz. Jd. 7 (1913) 871. Zu lat. saltus 'Waldgebirge' gehört mlat. salt(u)arius 'Aufseher über die Wirtschaft in Wald und Feld'. Es ist nicht zu entscheiden, ob oberital. saltar(o) oder dessen rätoroman. Entsprechung das Alpenwort geliefert haben: E. Öhmann, Neuphil. Mitt. 1941, 27f.; Ann. acad. scient. Fenn. B 53 (1944) 2, 22. Das n ist nach dem Vorbild dt. Berufsnamen eingefügt.

Salve F. Als Entlehnungen teils aus lat. salvēre 'gesund sein', teils aus dem aus lat. salūtāre entwickelten frz. saluer 'begrüßen' treten um 1200 mhd. salfieren und saluieren auf: Suolahti 1929 Frz. Einfluß 217. Die erste Form erscheint seit 1431, nun unter Einfluß von lat. salvāre 'retten', in der Bed. 'sich sichern': Script. rer. Siles. 6, 101 „änalles salviren". Hieraus nhd. (sich) salvieren '(sich) in Sicherheit bringen' Zs. f. d. Wortf. 14, 61. Selbständige Entlehnung des 16. Jh. ist Salve F. 'feierl. Begrüßungsschießen' (aus der lat. Grußformel salve; entspr. ital. salva, frz. salve F.), im Heerwesen entwickelt zu 'gleichzeit. Abfeuern vieler Geschütze oder Gewehre'.

Salweide F. mhd. salewīde, ahd. salewīda, mnd. salwīde 'Salix caprea': verdeutlichende Zusammensetzung für gleichbed. mhd. salhe, ahd. sal(a)ha (Zs. f. dt. Wortf. 2, 212), afränk. salha (entlehnt zu frz. saule 'Weide'), agf. sealh, salig, engl. sallow, anord. norw. selja, dän. selje, silje, schwed. sälg. Das einfache Wort ist enthalten in Ortsnamen wie Salen, Sahlenbach, -grund, -hof (Zs. f. dt. Wortf. 3, 381), entstellt in Seligenstadt (Zs. f. dt. Phil. 49, 288). Außergerm. vergleichen sich die westidg. Weidennamen mir. sail (Gen. sailech,

Stamm *salik-), bret. halegen, kymr. helygen; lat. salix (Gen. salicis; hierzu das in der Weidenrinde gefundene Salizin). Der Baum ist nach der schmutzig-grauen Farbe seiner Blätter benannt: germ. *salwa-, ahd. salo 'dunkelfarbig', agf. salu 'dunkel, schwärzlich', engl. sallow 'blaß', isl. sölr 'gelblich', auch im asächs. Bachnamen Salubęki u. a. Flußnamen (f. Sole), wieder mit westidg. Verwandten: air. salach 'schmutzig', saile, lat. salīva 'Speichel'. Stehendes Beiwort von lat. salix ist cāna 'die Graue'; im Lit. entspricht žél-vìtis 'Grauweide'.

Salz N. Mhd. ahd. salz, asächs. afries. engl. anord. dän. schwed. got. salt, mnl. sout, nnl. zout, agf. sealt führen auf idg. *sald-. Ausl. -d wird vorausgesetzt auch von Sülze (f. d.) und vom redupl. Ztw. ahd. salzan, sielz, agf. Part. sealten, got. saltan, saisalt (sonst schwach: nhd. salzen, doch Part. gesalzen, agf. sieltan, anord. salta, -aða), dem lat. sallo, -ere mit ll aus ld entspricht, dazu Part. salsus aus *saldtos. d erscheint auch in lit. saldùs, aslav. sladŭkŭ 'süß' (über 'gewürzt' aus 'salzig'). Es fehlt den übrigen idg. Wörtern für 'Salz': air. salann, kymr. halen, akorn. haloin; lat. sāl, sălis; gr. ἅλς, ἁλός; armen. ał (gräzisiert im Namen des salzhaltigen Flusses Ἅλυς), aslav. solĭ (f. Sole), lett. sāls, apreuß. sal. Im Avesta und Rigveda kommt kein Name des Salzes vor. Idg. *sal(d)- ist nach Wh. Schulze 1913 Kl. Schr. 118f. das schmutzig-graue Mineral: es kam ungereinigt in den Handel der Urzeit. Vgl. germ. *salwa-, ahd. salo 'dunkelfarbig' unter Salweide.

Salzierchen f. Salsierchen.

-sam Adj.-Suffix, schon in ahd. heil-, lobo-, fridusam usw., got. lustusama 'ersehnt'. Das Suffix war urspr. ein selbständiges Wort der Bed. 'von gleicher Beschaffenheit'. Vgl. got. sama, anord. samr, same (daraus entlehnt engl. the same), ahd. samo 'derselbe', agf. same, asächs. sama, samo, ahd. sama Adv. 'ebenso' (f. gleichsam). Die außergerm. Verwandtschaft f. u. sammeln.

Same(n) M. mhd. sāme, ahd. asächs. sāmo, älter nnl. (1598) saemen, in allen andern germ. Sprachen vor Beginn der Überlieferung abgestorben. Mit uralter männl. Konkretendung (F. Kluge 1926 Stammbildungsl. § 88) zu der auch von Saat und säen vorausgesetzten idg. Wurzel *sēi- 'entsenden, werfen, fallen, lassen', landwirtschaftlich verengt auf 'säen'. Gleichgebildet lat. sēmen, aslav. sěmę, apreuß. semen 'Same', lit. Mz. sěmens, -ys 'Flachssaat' aus idg. *sēmen-, *sēmņ-. Auf idg. *sēlo- beruht air. síl, auf idg. *sētlā- lit. sěklà 'Saat'.

Sämischleder N. mhd. (1420) semisch leder 'bes. geschmeidiges Leder, mit Fett (ohne Lohe) gewalkt'. Frühnhd. auch semische schuh; entspr. mnd. sēmes(ch), mnl. seems(c), dän. sems(læder), schwed. sämsk. Wohl aus den Namen Samland herzuleiten; aus dem Deutschen stammen poln. zamesz, tschech. zámiš 'Sämischleder' und gleichbed. russ. zámša.

sammeln schw. Ztw. mhd. mnd. samelen, mnl. zamelen, dissimiliert aus der n-Ableitung mhd. mnd. mnl. samenen, ahd. samanōn, asächs. samnōn, afries. samnia, ags. samnian, anord. samna 'sammeln'. Zum Adv. ahd. asächs. anord. saman, got. samana 'bei-, zusammen', urspr. 'nach demselben Ort hin'; dies zum Pron.-Stamm sama in got. sama, engl. same usw. (s. -sam). Urverwandt sind aind. samana̅ 'zusammen', samá- 'derselbe', gr. ἅμα 'zugleich', ὁμός 'derselbe', ὁμαλός 'gleich, eben', lat. simul 'zugleich', similis 'ähnlich', aslav. samŭ, air. som 'selber', samail 'Gleichnis, Bild', kymr. hafal, korn. bret. haval 'ähnlich, gleich'. Vgl. samt, sanft, zusammen.

Sammelsurium N. 'Mischmasch'. Nd. sammelsūr N. 'saures Gericht aus gesammelten Speiseresten', gebildet wie nd. swartsūr 'Gänse-klein mit Essig und Blut' (Fr. Reuter), zeigt bei Richey (Hamb. 1755) und im Brem. Wb. 4 (1770) 587 die abfällige Bed. 'ekelhaftes Gemüse von versch. Sachen'. Hierzu mit scheingelehrter Endung (vgl. Brimborium, Fidibus, Hallore, Lappalie, Runks) sammelsurium 'Sprachmischung' Lauremberg 1649 Scherzged. in hsl. Fassung V. 860; „das Sammelsurium oder Geschmier" Prätorius 1664 Philos. Salust. 54 a. Seither rasch verbreitet, wohl mit Hilfe norddt. Studenten.

Samstag M. Von den Namen des letzten Wochentags ist der wesentlich md. und nd. Sonnabend, mhd. sun(nen)ābent, der jüngste. Abend 'Vorabend eines Feiertags' (s. Feier-abend) wird in der Verbindung Sonntag-abend auf den ganzen Vortag des Sonntags ausgedehnt. Die Verbindung erscheint um ihr mittleres Glied gekürzt schon in ahd. sunnūn āband. Mit Hilfe des den Sonntag voraus-setzenden, nur deutschen Wortes wollte die Geistlichkeit Satertag verdrängen, dem mit mnd. sāter(s)dach, afries. saterdei, mnl. sater-dagh, ags. sætern(es)dæg, engl. Saturday, air. dia sathairnn, kymr. dydd Sadwrn, korn. di Sadorn, breton. ze Sadorn spätlat. Saturni dies (alttosk. Saturno Arch. f. n. Spr. 180, 139) vorausliegt, das seinerseits gr. Κρόνου ἡμέρα widergibt. Somit spiegelt Satertag ein von den christl. Romanen aufgegebenes Römerwort des Nordwestens, vor Abwanderung der Angeln (um die Mitte des 5. Jh.) übernommen.

Die arianische Mission des Südostens hat vor der hd. Lautversch. Samstag gebracht. Neben gr. σάββατον ist (auch nach Ausweis des aslav. sobota und seiner slavolit. Folgeformen, des magy. szombat und rum. sămbătă) ein bulgärgr. σάμβατον vorhanden gewesen, das über got. *sambatō die verdeutlichende Zus.-Setzung ahd. sambaztag liefern konnte: Wh. Schulze, Kl. Schriften (1933) 281 ff. 515. Bei seiner Wanderung donauaufwärts und rheinabwärts ist Samstag auf den Süden und Westen des dt. Sprachgebiets beschränkt geblieben, vgl. auch frz. samedi: Kretschmer 1918 Wortgeogr. 460 ff.; Th. Frings, Idg. Forsch. 45, 276; E. Schwyzer, Zs. f. vgl. Sprachf. 62, 1 ff. S. Kirche.

Samt, bei Luther Sammet, mhd. samīt, mnd. sammit, mnl. samijt: ein ursprünglich in Ostrom hergestelltes, sechsfädiges Seiden-gewebe, nach gr. ἕξ 'sechs' und μίτος 'Faden' mgr. ἑξάμιτον, ξάμητος benannt, das uns über mlat. (e)xamitum und afrz. samit kurz nach 1200 erreicht. In Italien ist der geschorene Samt mit stehenden Fäden auf gezwirntem Grund erfunden und sciamito benannt. Von Süd-osten sind eingedrungen aslav. aksamitŭ, poln. aksamit, tschech. aksamít: M. Heyne 1903 Hausaltert. 3, 230.

samt Adv. Präp. mhd. samt, älter sament, ahd. samant Adv. 'zusammen', Präp. 'zu-sammen mit'. Dazu sämtlich Adj. aus frühnhd. spätmhd. samentlich (s. sammeln). Luthers Form ist semptlich (Matth. 27, 62 u. ö.), die seiner obd. Zeitgenossen same(n)tlich, doch ist ihnen allsampt geläufiger: K. Bachmann 1909 Einfl. v. Luthers Wortsch. 78.

Samum M. Arab. samūm 'Wüstenwind' (zu simm 'Gift') ist in alle europ. Sprachen eingegangen. Bei uns seit Freiligrath.

Sand M., obd. früher und jetzt meist N., so in Ecks Bibel (Ingolst. 1537). Ahd. sant (t), mhd. mnl. sant (d), asächs. sand M. N., afries. ags. sond, anord. sandr M. führen auf germ. *sanda- M. N., bestätigt durch das daraus ent-lehnte finn. santa 'Sand'. Wie in hundert, Rand, Schande ist germ. n vor d aus m entstanden: vorgerm. *sam(a)dho- spiegelt sich auch in gr. ἄμαθος M. 'Sand'. Mit dem gr. Wort deckt sich gleichbed. bair. tirol. samp, mhd. sampt aus ahd. *samat; dazu engl. mundartl. samel 'Sandboden'. Das anl. s-dieser Wörter ist vielleicht schon früh aus ps-vereinfacht worden; vgl. gr. ψάμαθος neben ἄμαθος. Daß ps- seinerseits Tiefstufe einer idg. Wz. *bhes- ist, lehrt aind. psáti, bábhasti 'zerkaut', bhásman 'Asche'.

Sandale F. Gr. σάνδαλον ist kleinasiatischer Herkunft, von da auch nperf. sändäl 'Schuh'. Es bedeutet ursprünglich 'Schuh des (lydischen

Gottes) Sandal': P. Kretschmer 1927 Idg.
Forsch. 45, 270. Seine Verkl. σανδάλιον
wird entlehnt zu lat. sandalium, dessen Mz. im
15. Jh. den mhd. Dual sandaly ergibt, zu dem
nhd. Sandale F. spät gebildet ist. Sandalien
noch in Wien 1706: Zs. f. dt. Wortf. 8, 216.
Gleichen Ursprungs sind ital. sandalo M., frz.
(13. Jh.) sandale F., nnl. (seit 1598) sandaal,
dän. schwed. (1788) sandal.

Sandelholz N. Der ind. Baum Pterocarpus
santalina liefert das Farbholz aind. candana,
das über pers. čändäl und arab. ẓandal zu
Griechen und Römern gelangt. Ital. sandalo
erscheint als frühnhd. sandel(holz) 1561:
Lokotsch 1927 Etym. Wb. 1825.

Sander s. Zander.

Sandwich N. 'belegtes Brötchen', benannt
nach John Montague, Earl of Sandwich
(1718—92), der sich am Spieltisch mit entrin-
deten Schinkenbroten sättigte, um sein Spiel
nicht unterbrechen zu müssen. Bei uns gebucht
seit D. Sanders 1871 Fremdwb. 2, 467. Sand-
wichmänner tragen vor der Brust und auf dem
Rücken je ein Plakat. Nach demselben John
Sandwich, der unter König Georg III. (1760
bis 1820) erster Lord der Admiralität war,
nannte der Weltumsegler Cook 1778 die Hawai-
Gruppe Sandwich-Inseln. Das gräfliche Haus
heißt nach der alten Hafenstadt Sandwich in
Kent. Zum Grundwort (agf. wīc) s. Weichbild.
Den Ortsnamen haben die Angelsachsen aus
der festländischen Heimat mitgebracht: Sandwig
heißt ein Dorf bei Flensburg.

sanft Adv. und Adj., dies mit dem Vokal
des alten Adv.: mhd. senfte Adj., sanfte Adv.;
ahd. semfti Adj., samfto Adv.; asächs. sāfti
Adj., sāfto Adv.; agf. sœfte Adj., sōfte Adv.
'sanft'; engl. soft 'weich'. Mit germ. *sam-þia
kommen im Begriff des friedlichen, freund-
lichen Beisammenseins, auch des Zusammen-
stimmens überein anord. semja, samða 'zu-
sammenstellen, vereinigen, einig werden um,
ordnen, zustande bringen', sama, samða 'passen,
sich schicken', got. samjan 'gefallen, zu gefallen
suchen', samjan sis 'vergnügt sein mit'. Außergerm. vergleichen sich aind. samayati 'ebnet,
bringt in Ordnung' und sāman- M. N. 'gute,
beschwichtigende Worte; Milde': mit sammeln,
samt, sämtlich, zusammen zur idg. Wurzel
*sem- 'eins'. Vgl. sacht.

Sänfte F. 'Tragsessel', nur deutsch, im
16. Jh. durch Bed.-Wandel aus der Abstr.-
Bildung gewonnen, die neben sanft steht
wie Güte neben gut. So ist Weiche aus
'Weichheit' zur Bezeichnung des weichen Körper-
teils zwischen Brustkorb und Becken geworden.

Sanftmut F. kaum vor Luther 1522 Gal.
5, 23: Rückbildung aus dem Adj., das schon

als mhd. senftmüetec begegnet, während das
Subst. senftmüetecheit lautet.

Sang M. s. singen.

Sange(l) F. in dt. Mundarten weit verbreitet, bair. schwäb. als 'Handvoll Hanf oder
Flachs'; Weihbüschel', tirol. 'Handvoll Mohn-
köpfe', westerwäld. auch Zwiebelsange, meist
aber 'Ährenbüschel'. So auch ahd. sanga,
frühnhd. mhd. mnd. sange, mnl. sanghe, engl.
mundartl. sangle. Mit armen. ung. Gen. angoy
'kleine Strohstückchen'; Bund Stroh mit einzelnen, in den Ähren zurückgebliebenen Körnern' zur idg. Wurzel *sonqo- 'Ähren-, Stroh-
büschel'.

Sanikel M. spätahd. mhd. sanikel: die Um-
bellifere Sanicula europaea, gut gegen alle
offnen Schäden. Aus mlat. sanicula zu lat.
sānāre 'heilen'.

Sanskrit N. die aind. Kunst- und Literatursprache. Aus aind. sams-krta- N. 'zusammen-
geordnet, vollendet'.

Saphir M. mhd. saphīr(e) wie ital. saffiro:
der Name des blauen Edelsteins geht (wie
Beryll, Opal, Smaragd) von Indien
aus und wandert über Vorderasien, Griechenland und Italien zu uns: Littmann 1924
Morgenl. Wörter 16; Suolahti 1929 Frz. Einfl.
222.

Sappe F. Ital. zappa 'Karst', das wohl
arab. Herkunft ist, ergibt über piemont. sapa
im 15. Jh. gleichbed. frz. sape. Dazu im 16. Jh.
saper 'untergraben' mit der Rückbildung sape
'unterirdische Höhlung, Untergrabung der feindl.
Mauer oder Stellung, Laufgraben'. Uns erreicht die Sippe zufrühst mit sappiren Wallhausen 1617 (Zs. f. dt. Wortf. 14, 63). Das F.
Sappe kaum vor 1653 (Mod. lang. notes 44,
144). Dem später durch Pionier verdrängten
Sappeur geht 1661 Sappirer voraus (das.
145).

sapperlot s. sackerlot.

Sardelle F. Der Mittelmeerfisch Clupea
pilchardus heißt gr. σαρδίνη, lat. ital. sar-
dina, frz. (13. Jh.) sardine, bei uns sardien
Gemma (Köln 1495) 11 5a, Sardinlin 1521
Zs. f. d. Phil. 25, 217f. Der den Alten unbekannte Fisch Engraulis encrasicholus, in ein-
gelegtem Zustand als Anschovis (s. d.) in
den Handel gebracht, heißt eingesalzen Sardelle: roman. Verkl. zu Sardine, ital. sar-
della, bei uns als Sardelle gebucht seit Frisius
(Zürich 1556), in dt. Text als sartelli Pl. 1584
Reisb. d. hlg. Landes 375 b. Die heutige Form
seit Ostermann 1591 Voc. anal. 351. Die gangbare Deutung (Amaranthes 1715 Frauenz.-Lex.
1694 „Sardelle ist ein kleiner Fisch, der von der
Insul Sardinien, bey welcher er gefangen wird,
die Benennung hat") ist kaum zu halten: gr.

σαρδῖνος steht schon in einem Aristoteles-Zitat bei Athenaios 321 A. Daß die Athener so früh Fische von der sardischen Küste bezogen hätten, ist unwahrscheinlich. — Mit naheliegendem Bild steht neuerdings Sardellen für die Frisur von Kahlköpfen, die langgehaltene Strähnen ihres Haarkranzes kunstvoll über die Glatze kleben.

Sarder M. Der Karneol wurde zuerst bei Sardes, der Hauptstadt Lydiens, gefunden und heißt danach gr. σαρδώ, lat. sarda, spätlat. (lapis) sardinus, afrz. sardine. Von da mhd. sardin M. seit kurz nach 1200: Suolahti 1929 Frz. Einfl. 220. Sarder ist Luthers Form (2. Mos. 28, 17 u. ö.). Bei ihm (Offenb. 21, 20) Sardonich für den heute Sardonyx genannten Halbedelstein, den Wolfram (Parz. 791, 12) sardonis nennt: über lat. sardonyx aus gr. σαρδ-όνυξ M. 'Sarder von Nagelfarbe'.

Sardine f. Sardelle.

sardonisch Adj. immer nur in Verbindung mit Gelächter: bei der Urbevölkerung Sardiniens (lat. Sardoni) bestand die grausame Sitte, die alten Leute zu töten; dabei sollte gelacht werden. Das war der berüchtigte risus Sardonius, ein krampfartiges Lachen, an dem die Seele unbeteiligt ist. Von da ital. riso sardonico, frz. ris sardonien, sardonique, engl. sardonic laughter, smile, grin. Bei uns seit 1580 „Sie lachten ein Sardonisch Gelächter" Xylander, Plutarch 211b: W. de Porta 1875 Illustr. dt. Monatshefte 3. Folge, Bd. 5, S. 593f.; Büchmann 1912 Gefl. Worte 328; Schoppe 1914 Zs. f. dt. Wortf. 15, 208; Eug. Fehrle 1930 Zf f. Volkskde. 40, 3.

Sarg M. Gr. σαρκοφάγος 'Fleischfresser' heißen nach Plinius, Nat. hist. 36, 131 und Theophrast, Das Feuer 6, 46 Särge aus dem Stein von Assos (heute Behrám-Kalessi) in Kleinasien, die das Fleisch der darin beigesetzten Leichen allmählich vernichten: Lamer 1932 Umschau 36, 598. Über lat. sarcophagus entsteht ein verkürztes *sarcus (wie aus lat. prōpāgo ahd. pfropfo, s. pfropfen), dies wird Grundform von afrz. sarcou, nfrz. cercueil (vor allem in Nordwestfrankreich: K. Gernand, Die Bezeichnungen des Sarges im Galloromanischen, Gießen 1928), mnl. serc, sarc, nnl. zerk, afries. serk, asächs. mnl. sark (daraus entlehnt lett. zārks), ahd. sarc (obd. sarch), saruh, mhd. sarch (Gen. sarches) und sarc (Gen. sarkes). Doppelformen bestehen bis ins Nhd. Die weite Verbreitung von Sarg erklärt sich aus seinem Vorkommen in den alten Volksrechten. Auch lat. cista 'Sarg' (s. Kiste) ist ins Germ. übernommen (agf. cist, cest 'Sarg', cistian 'einsargen', schwed. likkista, nrhein. kis-fat 'Sarg'), Fremd-

wort ist auch mhd. arke 'Sarg' (s. Arche) und der zweite Bestandteil von ahd. sarhserini (s. Schrein). Wie arca und cista, so ist sarcophagus auch in allg. Bed. ('Trog, Behälter') übernommen. Neben ihm hält sich im Südwesten Totenbaum als heimisches Volkswort, daneben Totentruhe Kirsch 1739 Cornu cop. 2, 319. Zur Wortgeographie A. Bretschneider 1930 Idg. Forsch. 48, 191ff.

Sarraß M. Aus poln. za 'für' und raz 'Hieb, Stoß' (Wick 52) ist an der poln. Sprachgrenze im östl. Niederdeutschland eine Bezeichnung des schweren Säbels entstanden, die 1738 als Sarras literar. wird: Der im Irrgarten der Liebe herum taumelnde Cavalier 599f.

Satan M. Hebr. sātản 'Widersacher' gelangt über gr. Σατᾶν, σαταναῖς, lat. satanas in die Sprachen der Welt, zu den Germanen als got. satana(s), agf. satan, engl. Satan, ahd. mhd. satanās, mhd. satản. Im Ahd. wird S. als Name behandelt und steht meist ohne Artikel, der sich im Muspilli und bei Otfrid zögernd einstellt, in der Lutherbibel nur noch zweimal fehlt. Dabei hat Teufel (s. d.) als Vorbild gewirkt: Behaghel 1923 Dt. Syntax 1, 51.

Satertag s. Samstag.

Satin M. Der Seidenatlas stammt wie die Seide aus China. Der Ausfuhrhafen Tseu-tung in Fo-kien hieß arab. Zaitūn, das von da ausgeführte Gewebe atlas zaitūnī (s. Atlas[1]). Die Spanier übernehmen Wort und Sache als aceituni, setuni, die Franzosen als zatony, satin. Von da mhd. satin: Lokotsch 1927 Etym. Wb. 2188; Zs. f. d. Wortf. 15, 208.

satt Adj. Mhd. ahd. sat (t), asächs. anfr. sad, mnd. mnl. sat (d), nnl. zad, agf. sæd 'satt', engl. sad 'traurig', anord. saðr, got. saþs 'satt' führen auf germ. *saða-, idg. *sotó-, -to-Part. (vgl. laut) zur idg. Wurzel *sā-: *sə- 'satt, sättigen'. Dehnstufig ahd. sōþs, afries. sēde 'Sättigung', got. sōþjan, agf. sēdan 'sättigen'. Sonst lautet das Ztw. ahd. satōn, agf. sadian, anord. seðja. Nhd. sättigen, spätmhd. set(t)igen ersetzt mhd. set(t)en, wie nhd. huldigen, peinigen, vereidigen für mhd. hulden, pinen, vereiden stehen, neben denen das entspr. Adj. auf -ig ebenfalls fehlt. Außergerm. vergleichen sich u. a. air. sáith 'Sattheit', sáithech 'satt', lat. satur 'satt', sat(is), gr. ἅδην 'genug', ἄατος (aus *nsato-) 'unersättlich', ἄεται 'sättigt sich', aslav. sytŭ, lit. sotùs 'satt', sótis 'Sättigung', armen. yag (aus *sāu-) 'reichlich', aind. asinvá-, ásinvan 'unersättlich'.

Satte F. Für 'Gefäß, in dem Milch aufgestellt wird, um sich zu setzen und sauer zu werden' gilt nordostbt. zwischen Westpreußen,

Harburg und Thüringen **Satte**, nordwestdt. zwischen Bremen, dem Eichsfeld und Köln **Sette** F.: zu nd. **setten** '(sich) setzen'. Die Grenzen gegen **Asch, Kump, Napf, Schale, Schüssel, Weitling** zieht P. Kretschmer 1918 Wortgeogr. 350ff. Die Belege reichen nicht über das 18. Jh. zurück; das gleichgebildete mnd. **satte** (Beleg aus Waldeck 1386 bei Bauer-Collitz 1902 Wald. Wb. 167) bedeutet 'Gesetz, Anordnung'. Abwegig H. Schröder 1923 Beitr. 47, 167.

Sattel M. Mhd. satel, ahd. satul, satal, mnd. mnl. afries. dän. schwed. sadel, nnl. zadel, ags. sadol, engl. saddle, anord. sǫðull führen auf germ. *sadula-, bestätigt durch die Ableitung asächs. saduleri M. 'Sattler' und das früh entlehnte finn. satula 'Sattel'. Germ. *sadula- ist mit **sitzen** (germ. *set-) kaum unmittelbar zu verknüpfen, sondern entlehnt aus einer idg. Nachbarsprache, die ein *sadula- zur idg. Wurzel *sed- 'sitzen' bilden konnte. Aslav. sedlo 'Sattel' ist aus *sedulo- entwickelt: in Reitwesen und Lederverarbeitung ließen sich die Germanen vielfach von ihren östlichen Nachbarn anregen. Nach den vorgeschichtlichen Funden gelten die Reitervölker des Südostens als Erfinder des Sattels, während die Germanen Cäsars, der Trajan- und Markussäule ihn noch nicht kennen.

Sattel F., mhd. satel(e), ahd. satala, md. sadel: ein Getreidemaß. **Sattel** als hess. und thür. Ackermaß ist ursprünglich 'soviel man mit einer Sattel Getreide besäen kann'. Voraus liegt mlat. satellum N., Verkl. von lat. satum 'Gesätes'.

sättigen s. satt.

Saturei F. Die Würzpflanze Satureja hortensis, meist Bohnenkraut, frühnhd. bünerfüll, joseplin, sergenkraut, garten-, zwiebelhysop genannt, erscheint als spätmhd. saterje, dem mlat. ital. satureja entsprechend.

Satz M. mhd. saz, Gen. satzes 'Ort, wo etw. sitzt oder gesetzt ist; Stellung, Lage; Gesetz; Vorsatz': Ablautbildung zu sitzen, s. d.

Sau F. mit **Schwein** der einzige Name des Tiers, der außereurop. Beziehungen hat. Ahd. asächs. ags. sū, anord. sȳr vereinen sich auf germ. *sū, das mit lat. sū-s, gr. ῦς, alban. θi, air. socc, toch. suwo 'Schwein', lett. suvēns 'Ferkel', avest. hū 'Eber' auf idg. *sū(w)- 'Schwein' führt. Aind. sū-kará 'Schwein, Eber' weist der Etymologie die Richtung: es ist urspr. 'sū-Macher', das erste Wortglied der Naturlaut, von dem der Tiername ausgeht. Mit germ. g ags. sugu, asächs. suga, mnd. mnl. soge, nnl. zeug und, mit einer bei Koseformen gangbaren Doppelung, norw. dän. schwed. sugga. Entspr. Erweiterung auch im Kelt.: air.

hwch, akorn. hoch, mbret. ho(u)ch aus urbrit. *hukk-os, *hokkā, das die Grundlage für ags. hogg bildet. Die flekt. Formen mhd. siuwehaben frühnhd. ihr w verloren, wie dröuwen, houwen, triuwe. Im Paradigma sind die umgelauteten Sing.-Formen (z. B. Dat. sew noch bei H. Sachs) beseitigt, wie bei **Bank, Maus, Not** u. a. fem. i-Stämmen. Der schw. Plur. Sauen, im 18. Jh. auch für zahme Schweine, ist seit Adelung auf weidmänn. Gebrauch beschränkt. Zu der Bed. 'As im Kartenspiel' kam Sau zu Ende des 16. Jh., als das Kartenbild von der Schellenvier, die es vorher geziert hatte, auf das Schellendaus als niederste Spielkarte überging. Zu Sau 'Glück' s. Schwein und gefallen.

sauber Adj. mhd. sūber, sūver, ahd. sūbar, sūbiri 'rein, hübsch', asächs. sūbri, sūbar (in unsūbarnussi F.), mnl. sūver, nnl. zuiver, ags. sŷfre 'makellos'; dazu sŷferness F. 'Nüchternheit'. Über das Westgerm. reicht das Wort nirgends hinaus, in Deutschland hat es nur im Westen und Süden das heimische **rein** zurückgedrängt. Alles stimmt zur Annahme alter Entlehnung: lat. sōbrius (aus *sō(d) 'ohne' und ēbrius 'trunken') hat sich zu vulgärlat. sūber 'mäßig, besonnen' entwickelt; ū für lat. ō auch in **Lauer** und **Maulbeere**; die ags. Bed. vermitteln den Übergang. Die umgelauteten Formen (ags. sŷfre usw.) weisen auf die lat. i-Formen zurück.

Saubohne F. Vicia faba ist die einzige Bohnenart, die in vorgeschichtl. Zeit in Mittel- und Nordeuropa gebaut wurde; ihr gilt der gemeingerm. Name **Bohne** ebenso wie lat. faba, gr. κύαμος: Hoops 1905 Waldb. u. Kulturpfl. 401. 464. Nach Einführung der Gartenbohne (Phaseolus vulg.) sank Vicia faba zum Viehfutter; der Name Saubohne geht auf sie über (erkennbar seit Ludwig 1716), den in frühnhd. Zeit Hyoscyamus niger und Portulaca oleracea getragen hatten.

Sauce F. Afrz. salse '(gesalzene) Brühe' hat zu Beginn des 13. Jh. mhd. salse F. ergeben, das bis ins 18. Jh. gilt und in Nachbarsprachen entlehnt ist (bulgar. bis heute ssalza). Nach dem Lautwandel innerhalb des Frz. folgt im 16. Jh. neue Entlehnung. Entspr. dem ostfrz. -ā- erscheint schweiz. sasz 1521, gemäß dem schrift-frz. sauce schweiz. saus(s)en vor Mitte des 16. Jh., Sos seit Golius 1582 Onomast. 363: Schweiz. Id. 7, 870. 1378f.; H. Fischer 1920 Schwäb. Wb. 5, 549. 1462.

sauer Adj. Ahd. mhd. mnd. ags. sūr, md. sū(w)er, mnl. suur, nnl. zuur, engl. sour, anord. sūrr, norw. dän. schwed. sur führen auf germ. *sūra-, idg. *sūro-. Aus dem Anfr. ist

gleichbed. frz. sur entlehnt; dazu im 12. Jh.
die Verkl. surelle 'Sauerampfer' (nnl. zuuring).
Außergerm. Verwandte bieten die baltoslav.
Sprachen: lit. súras 'salzig', súris 'Käse', súris
'Salzigkeit', aslav. syrŭ 'feucht, roh', daneben
idg. *souro- in aslav. surovŭ 'roh'. Die alte
Zusammensetzung ahd. sûrouge, agf. sûriege,
anord. sûreygr 'triefäugig' lehrt (wie die balto-
slav. Bedeutungen), daß der Wortbegriff von
käsig gerinnenden, schleimig-nassen Widrig-
keiten ausgeht.

Sauerdorn f. Saurach.

Sauerkraut N. Columella 12, 49, 3 beschreibt in Salzlake eingelegte Oliven (hac
conditura compositis olivis). Im dt. Mittelalter wird das Verfahren auf den gehobelten,
mit Salz eingemachten Weißkohl übertragen,
der im Faß eine saure Gährung erleidet. Der
fremde Name Kumpost gilt bis heute weithin
(Kretschmer 1918 Wortgeogr. 569 ff.). Dafür
stehen saurer Kappes und Sauerkohl,
soweit Brassica oleracea capitata alba Kappes
und Weißkohl heißt. Im Gebiet von Weiß-
kraut erscheint bei Kirchhof 1563 Wendunmut
1, 222 sauwer Kraut, fast gleichzeitig auch
schon saurkraut Zimm. Chron. ²4, 100.

Sauerstoff M. (nnl. zuurstof) zuerst bei
Girtanner 1791 Neue chem. Nomenclatur,
Lehnübersetzung des frz. oxygène 'Säureerzeu-
ger'. S. Stick-, Wasserstoff.

sauersüß Adj. gebildet wie dummdreist
und taubstumm: Opitz 1624 Poeterey 52
„Auß den sawersüssen nöthen". 1668 säuerlich-
süß Erasmus Francisci 1, 419 b.

Sauertopf M. 'mürrischer Mensch' seit J.
Mathesius 1563 Ehestand O 1ᵃ. Sauertöpfig,
-isch ist zunächst die gestockte Milch, die Massen
kleiner Knollen oder Tupfen aufweist (s.
Topfen): mit ihrer Oberfläche wird das Gesicht des Übellaunigen zuerst verglichen. Schon
im 16. Jh. wird das Wort auf die Essigberei-
tung umgedeutet, was nahe lag, weil seit
alters (M. Heyne 1901 Hausaltert. 2, 379) ein
Gefäß in jedem Haushalt die Weinreste dafür
aufnahm. Darauf zielen von vornherein
Schelten des Mürrischen wie Essig-Krug bei
J. Rachel 1664 Satir. Ged. 2, 33; sürkrüke
1770 Versuch e. brem.-niedersächs. Wb. 4,
1104; sürpot J. F. Danneil 1859 Wb. d. altmärk.-plattdt. Ma. 217.

Saufeder F. 'Fangeisen aus hölzernem
Schaft und spitzer Klinge, der Feder'. Das Ab-
tun des Wilds vergleicht alter Jägerspaß einem
Kitzeln. Mit anderm Spaß stand Saufedern
für 'Bettstroh': statt auf Flaum meint man auf
Schweinsborsten zu ruhen. Obd., vorab schwäb.:
eine Sache steht auf Saufedern 'ist auf Stroh,
nicht haltbar gegründet, steht mißlich'.

saufen st. Ztw. Mhd. sûfen, ahd. **sûfan**,
mnd. mnl. sûpen, nnl. zuipen, agf. sûpan,
anord. sûpa, schwed. supa führen auf idg.
*sûb-. Daneben steht *sûp- in aind. sûpa-
'Brühe, Suppe'. Beide gelten als Erweiterungen der idg. Wurzel *seu- 'Saft, Feuchtes',
die den Laut widergibt, mit dem man Flüssiges
aufschlürft. Diese Grundbedeutung ist alt
überall möglich und hat sich in engl. sup, norw.
supe erhalten. Ihr nahe stehen mhd. sûfen
'mit dem Löffel essen'; von da aus ist im 14. Jh.
Suppe gebildet, s. d. Gut erhalten ist die
Grundbedeutung in der Intensivbildung supfen, s. d. und seufzen. Die Bedeutung 'bibere' ist noch ahd. selten neben 'haurire, sor-
bere, mergi'.

saugen st. Ztw., mhd. mnd. sûgen, ahd.
asächs. agf. sûgan, mnl. sûghen, nnl. zuigen,
anord. sûga, schwed. suga, dän. suge. Germ.
Verwandte sind siech (s. d.), mhd. soc (g), mnd.
soch (g), anord. sog 'das Saugen', agf. sogeða
'Aufstoßen, Sodbrennen, Magensaft'. Außergerm. vergleichen sich lat. sûgere 'saugen',
sûcus 'Saft', lett. sùkt, kymr. sugno 'saugen':
mit verschiedenen Gutturalerweiterungen zur
idg. Wurzel *seu- 'Feuchtes'; Saft ausdrücken,
schlürfen'.

säugen schw. Ztw. Faktitiv zu saugen:
germ. *saugjan 'saugen machen', asächs. sôgian,
ahd. sougen, mhd. söugen.

Säugling M. tritt im 14. Jh. als md. sügeline
auf und wird Schriftwort durch Luther, der
es elfmal in der Bibelübers. verwendet. Freilich ist es wesentlich Fachwort der Ärzte und
Statistiker geblieben; heutige Umgangssprache
ersetzt S. durch Baby: Kretschmer 1918
Wortgeogr. 18; Zf. f. dt. Wortf. 4, 198. 12, 125.

Säule[1] F., dafür bair. schwäb. rheinfränk.
siebenbg. Saul, so auch Ecks Bibel (Ingolst.
1537), schweiz. sûl, mhd. sûl (Mz. siule), ahd.
sûl (Mz. sûli), asächs. anl. sûl, afries. sêle, agf.
sŷl, anord. sûl(a). Dazu mit Ablaut gleichbed.
got. sauls F. Sichere außergerm. Entsprechungen fehlen.

Säule[2] F. 'Ahle des Schuhmachers', mhd.
siule, ahd. siula 'Pfriem': zur idg. Wurzel
*siṷ-: *sīṷ- '(Leder) nähen', s. nähen, Ahle.
Dies ist wesentlich obd., während Säule im
Md. und westl. Nd. gilt: westfäl. sûl und süggel
(aus süwel). Das vorausliegende Ztw. ist hd. im
15. Jh. abgestorben (K. v. Bahder 1925 Wortwahl
75): mhd. ahd. siuwen, mnd. sûwen, afries. sia,
agf. siow(i)an, engl. sew, anord. sŷja, dän.
schwed. sy, got. siujan 'nähen'. Außergerm.
entsprechen aind. sívyati 'näht', lat. suō, aslav.
šijǫ, lit. siúvù 'nähe'. Vgl. Saum[1], Öse,
Pinsel[2].

41*

Saum[1] M. 'genähter Rand' an Gewändern usw., mhd. ahd. soum, mnd. sōm, mnl. soom. nnl. zoom, afrief. sām, agf. sēam, engl. seam, anord. saumr, schweb. sōm, dän. søm 'Saum, Naht': zu der unter **Säule**[2] entwickelten Wurzel auf -ma(n)- gebildet wie aind. syūman- 'Naht, Riemen, Band', gr. ὑμήν 'Häutchen', apreuß. schumeno 'Schusterdraht': F. Kluge 1926 Wortbildungsl. § 88.

Saum[2] M. 'Last' (bef. in der Zuf.-Setzung Saumtier) ahd. mhd. soum 'Last eines Saumtiers (auch als Maßbestimmung), Saumtier', agf. sēam 'Pferdelast'. Vor Abwanderung der Angelsachsen nach England entlehnt aus vulgärlat. sauma 'Packsattel', das über lat. sagma aus gleichbed. gr. σάγμα entlehnt ist. Diese Grundbed. fehlt den roman. Entsprechungen in Frankreich und Italien; die altdeutschen Bedeutungen stimmen zu ital. salma, frz. somme 'Last' (prov. sauma 'Eselin'). Aus mlat. saumārius 'Lasttier' (das in ital. somiere, frz. sommier, aprov. saumier fortwirkt) stammt ahd. soumāri, asächf. sōmari, mhd. soumære, mnd. sōmere, agf. sēamere 'Säumer'. Über die Zeit der Entlehnung vgl. Esel, Maultier, Pferd, Zelter. Palander 1899 Ahd. Tiernamen 95.

säumen schw. Ztw., obb. saumen, alem. sūmeⁿ, mhd. sūmen 'aufhalten, verzögern', ahd. vir-, ar-sūmen 'versäumen; unterlassen'. Wie alt die im Ahd. allein bezeugten Zuf.-Setzungen sind, zeigt mhd. frá-sūme M. 'Säumnis' (statt *versūme) aus germ. *frá-sūman- M. Das schw. Ztw. ist Ableitung von einem Nomen idg. *sūmós 'nachlassend, säumend', das mit Tiefstufe neben gr. ἑάω (aus *seyāįō) 'lasse' steht. Idg. Wurzel *seyā- '(nach)lassen'.

Saumsal F. N. mhd. sūmesal F. N., sūmesele F. 'Saumseligkeit' mit Ableitung -sal (s. d.). Daraus nhd. saumselig, mhd. (md.) sūmeselic, und Saumseligkeit (seit dem 17. Jh.).

Saumtier s. Saum[2].

Saurach M. Berberis vulgaris L. heißt wegen des sauren Geschmacks der Blätter und der Beeren, aus denen landschaftlich Essig hergestellt wird, seit dem 13. Jh. mhd. sūrach, -ich, mundartlich auch sauracher, sauerekn, saur(ach)dorn: die Zweige und Blätter tragen Dornen. Die Endung ahd. -ahi bildet Pflanzennamen auch in brāmahi 'rubetum', dornahi 'spinetum', rōrahi 'arundinetum'. Entsprechend benannt ist die Berberitze, für die nd. Volksnamen fehlen (der fremde Name, bei uns erst nhd., geht durch fast alle europ. Sprachen. Er beruht auf mlat. barbaris, berberis, deffen Ursprung dunkel ist), mit nnl. zuurdoorn, dän. schweb. surtorn, ital. spina acida, kroat. kiseli trn, ruff. kislica (zu kislyj 'sauer'), poln.

kwaśnica (zu kwaśny 'sauer'): H. Marzell 1943 Wb. d. dt. Pflanzenn. 1, 568ff.

Sauregurkenzeit F. seit Kindleben 1780 Hartensteins Reise 126 bezeugt als Scherzwort der Berliner Kaufleute für die stille Geschäftszeit des Sommers; vgl. Zelters Brief an Goethe vom 19. Juli 1828 „Hier zu Lande geht es eben etwas mager her; die Kaufleute nennen's die Sauergurkenzeit"; entspr. am 31. Juli 1821. Gurken waren in diesen Wochen ein Lieblingsessen der Berliner. Seit etwa 1850 wird S. von Berlin aus Fachwort der Tagespresse für die stoffarme Zeit der Hundstage. Vergleichbar „die große Stachelbeerzeit" der Pariser sowie engl. season of the very smallest potatoes; cucumber-time; nnl. komkommertijd: Kluge 1911 Seemannsspr. 498f.; 1912 Wortf. u. Wortgesch. 115 f.

Saus M. mhd. sūs 'Sausen, Brausen', in dem sūse leben 'in Saus und Braus leben'. Die Bed. 'ausschweifendes Leben' geht aus von der älteren 'verwirrender Lärm'; vgl. anord. sūs M. 'Rauschen des Wellenschlags'. Lautmalend wie sausen schw. Ztw., mhd. mnd. mnl. sūsen, ahd. sūsōn 'summen, zischen, knarren, knirschen', dän. suse, schweb. susa. Es ist nicht geboten, Urverwandtschaft mit den gleichfalls lautmalenden aslav. sysati 'pfeisen', aind. suṣ 'schnaufen' anzunehmen. — säuseln schw. Ztw., erst nhd., nnl. suizelen nicht vor 1598: Verkl. zu sausen.

Savanne F. 'baumlose Grasebene', in der Taino-Sprache von Haiti zavana, den europ. Sprachen vermittelt durch span. zavana. Frz. savane begegnet zuerst 1529, engl. savanna 1555, nhd. Savanne 1668: Littmann (1924) 141; Palmer (1939) 122.

Saxophon N. Blasinstrument, von Adolf Sax in Brüssel 1840 erfunden, durch die Pariser Ausstellung 1844 bekannt, aber erst mit der Jazzmusik des beginnenden 20. Jh. zum Weltinstrument geworden: Leipz. Illustr. Ztg. vom 8. Mai 1931.

Sbirre M. 'Häscher, Scherge' aus gleichbed. ital. sbirro zu Beginn des 18. Jh. entlehnt, von Chr. Günther († 1723) zuerst verwendet, seit Speranber 1727 gebucht.

Scha(a)r N. 'Seegebiet, vom Strande seewärts, soweit ein Mann waten kann', mnd. schare, schore 'Gestade, Küste, Vorland', engl. shore 'Ufer, Küste' (zu scheren, s. d.). Ein Wort des Wasserbaus und der Schiffahrt, in Neuvorpommern bis heute lebendig. Nach Schaarrecht ist das Schaargebiet Eigentum des Uferanliegers. Ein Schaardeich steht ohne Vorland unmittelbar am Wasser: F. Kluge 1911 Seemannsspr. 703; H. Brömse 1942 Muttersspr. 57, 182f.

Schabbes M. 'Sonnabend'. Hebr. šabbāth (f. Sabbat, Samstag) wird im Jüd.-Dt. zu schabbes. Entwicklung von th zu s auch im hess. rheinländ. makkes 'Schläge' aus hebr. makkōth (vgl. Stuß). Gebucht wird Schabbes seit Kindleben 1781 Stud.-Lex. 166; offenbar haben hallische Theologen vermittelt. Dazu Schabbes-Goi 'Christ, der am S. die dem Juden verbotenen Handlungen leistet' (zu hebr. gōj 'Volk, Heiden'); Schabbes-Schmus 'müßiges Gerede'; Schabbes-Deckel 'breiter Sabbatshut; schlechte Kopfbedeckung', in Österreich 'Zylinderhut'. Bei der Minderung des Sinnes hat wohl der Nebengedanke an schäbig mitgewirkt.

Schabe¹ F. Das Wollfäden und Pelzwerk zerstörende Insekt heißt mhd. schabe. Ahd. *scaba ist nicht belegt, doch sichert agf. mælsceafa 'Raupe' das westgerm. Alter der Bildung. Neben Motte (s. d. und Kretschmer 1918 Wortgeogr. 339 f.) ist Schabe das obd. Wort: Kluge 1918 Von Luther bis Lessing 35. 101. 110. Von schaben, s. d.

Schabe² F. 'Schabeisen', mhd. schabe, ahd. scaba, scapa 'Schabeisen, Hobel'; dazu gleichbed. mnd. mnl. schave F., nnl. schaaf, agf. sceafa M., anord. skafa F. Von schaben, s. d.

Schäbe s. Schiefer.

Schabelle F. 'Fußbank'. Neben dem früh entlehnten lat. scamellus, -illus (s. Schemel) stehen gleichbed. scabellus, -illus, -um. Die erste Form ergibt ital. sgabello, frz. (15. Jh.) escabelle, heute escabeau, nl. (seit 1516) schabel. Bei uns scabellen 1557 Schweiz. Jd. 8 (1920) 25, 1576 H. Fischer 1920 Schwäb. Wb. 5, 637. Das nhd. F. stammt aus der volkslat. Mz. scabella. Das Wort gilt heute vorwiegend am Mittel- und Oberrhein: B. Martin 1931 Theut. 8, 108 f. Lat. scabillus hat anord. skefill M. 'Schemel' ergeben.

schaben schw., früher st. Ztw. Das st. Part. geschaben hat sich bis ins Frühnhd., im dt. Südwesten noch länger gehalten. Das Ztw. ist gemeingerm.: mhd. schaben, ahd. got. skaban, asächs. scaban, mnd. nnl. schaven, mnl. scaven, agf. sceafan, engl. shave, anord. skafa, schwed. skava, dän. skave. An Hauptwörtern stehen daneben Schabe¹ und ², Schäbs, Schaft, Schuppe, agf. sceabb, anord. skabb 'Krätze', asächf. scavatho 'Räude'. Mit gr. σκάπτω 'grabe' und lit. skōpti 'aushöhlen' zur idg. Wurzel *skap- 'schaben', s. schaffen. Bei uns ist der einst umfassende Bereich von schaben eingeschränkt, seit der Fisch geschuppt, der Tintenfleck radiert und der Bart rasiert wird.

Schabernack M. Als Name eines mrhein. Rebguts tritt 1200 ze Schabernakken auf (Mrhein. Urk.-B. 2, 380). Den damit vorausgesetzten Besitzernamen trägt der Zeuge einer hess. Urkunde von 1226 Wigandus Scabernach (Hess. Urkunden 1, 69 Baur). Im gleichen Raum lebt Schabirnnack als Frankfurter Fam.-Name 1368 (Brechenmacher 1928 Dt. Namenbuch 324), ihm entstammen die fünf Weiler, Vorwerke und Höfe Schabernack sowie die Schabernackmühle bei Eugen Huhn 1849 Top. Lex. 5, 788. Überall ist inl. -b- fest. Mhd. v (= f) zeigt schavernac M. 'Beschimpfung' Neidh. v. Reuenthal 54, 13, das (in seiner Bed. zu Possen' gemildert) fortlebt, als schaffernack Nürnb. 1480 Dt. Texte des Mittelalters 14, 420, 6 Euling. Zu diesem Sch. stellen sich mnd. schavernak 'Spott', nd. (16. Jh.) schavernacken 'verspotten'. Soweit hier nhd. -b- gilt, beruht es auf Einwirkung des ersten Sch. Ein drittes schavernac, zuerst in einem österr. Pseudo-Neidhart (Haupt XLVII, 12) bedeutet nach S. Singer 1920 Neidh.-Studien 18 'Südwein' und ist nach Kluyver 1907 Zf. f. d. Wortf. 9, 3 ff. urspr. 'Wein von Chiavenna'.

schäbig Adj. mhd. schebic, daneben mit bb mnd. nnl. ostfries. schabbig, mnl. schabbich, engl. (seit 1679) shabby und (als alte Entlehnung aus dem Nord.) scabby 'räudig'. Kernstück der germ. Tierhaltung war die Schafzucht (s. Vieh). Die von Hautkrankheiten befallenen Schafe reiben sich an den andern und verbreiten so die Seuchen. Von da aus haben die germ. Ausdrücke für 'räudig, krätzig' ihr Gebiet ausgedehnt: räudiges Schaf (dännorw. skabbet faar) ist sprichwörtlich verall gemeinent. Auch nhd. schäbig, vom heutigen Sprachgefühl zu schaben bezogen, geht vielmehr vom F. Schabe 'Krätze' aus: befallene Tiere wirken häßlich.

Schablone F. Frz. échantillon 'Probe, Muster', gelangt an den Niederrhein und ergibt unter Einfluß von mnl. scampen 'behauen' in Kleve 1477 sc(h)amplioen, im 16. Jh. nl. schampelioen, nd. schampelün; hieraus älter dän. skampelun, älter schwed. skamplun 'Vorbild, Muster, Modell'. Unter Einfluß von schaben verliert das Wort sein m. Die Form Schablon wird bei uns nicht vor Jacobsson in Berlin 1783 greifbar, ist aber nach Ausweis des daraus entlehnten dän. schwed. skabelon älter.

Schabracke F. eine Erinnerung an die Türkentriege: türk. čaprak 'Satteldecke' (zum Stamme čap 'bedecken') gelangt über magy. osáprág ins Reich und erscheint als Schaberacke Grimmelshausen 1669 Simpl. 242,

Tschabraken Francisci 1671 Lust. Schaubühne 2, 721. Durch das Mhd. vermittelt sind
nl. schabrak, dän. skaberak, schwed. skabrak.

Schäbs M. Malerwort für den Farben-
abfall, der von der Palette geschabt wird,
'Geschabtes': Ed. Koelwel 1937 Muttersprache
Jg. 52, Februarheft.

Schach N. Die Heimat des Spiels ist Indien:
es wurde durch die Perser den Arabern und
durch sie im 11. Jh. den europ. Sprachen vermittelt, die es alle kennen. Der Name stammt
aus pers. šāh 'König' und ist eines mit Schah;
ihm entspricht afrz. eschac 'Schach, schachbie-
tender Zug', entlehnt zu mnl. scaec (nnl.
schaak). Mit Umsetzung des k in hd. ch (wie
bei Roche, s. d.) ergab sich seit etwa 1200 mhd.
schāch M. — 'Schachbrett' ist mhd. schāch-
zabel; darin ist zabel, ahd. zabal 'Spielbrett'
aus lat. tabula vor der hd. Lautverschiebung
entlehnt. S. matt, tanzen.

Schächer M. ahd. scāhhāri, mhd. schāchære,
mnl. afries. scāker, ags. scēacere 'Räuber':
zu ahd. scāh, mhd. schāch, mnd. schāk, afries.
skāk 'Raub', wozu auch nl. schaken, mnd.
schāken, afries. skēka 'rauben'. Aus dem
Germ. entlehnt sind afrz. échec, comask. scac
'Raub', altlombard. scacar 'plündern'. Man setzt
eine Grundbed. 'schnelles Zugreifen' an und
vermutet Verwandtschaft mit dem st. Ztw.
asächs. skakan 'schnellen', ags. sceacan 'sich
rasch bewegen', anord. skaka 'schütteln'. Außergerm. Beziehungen sind ungesichert; unter
Voraussetzung von idg. *(s)kog- 'eilen' vergliche sich aind. khájati 'rührt um'.

schachern schw. Ztw. Zu hebr. sāhar 'im
Land umherziehen', nhebr. 'als Händler her-
umziehen' (Lokotsch 1927 Etym. Wb. 1763)
gehört als Part. rotw. socher 'herumziehender
Kaufmann' (DWb. 10, 1, 1389; L. Günther
1919 Gaunerspr. 124). In nhd. Text erscheinen
zschachern Rinkart 1613 Eisl. Ritter 1439;
schachern Scheraeus 1619 Sprachenschule 231;
Geldschacherer Comenius 1639 Janua 237.
Stieler (1691) 1701 läßt erkennen, daß die
lautliche Entwicklung durch Anlehnung an die
Sippe von Schächer (s. d.) gestört ist: „Schachern, geschachert propr. insidias struere, prae-
dam agere, latrocinari; deinde in commerciis
fraudulenter et ad suum commodum agere,
callide mercari. Judaei dicunt Sachern."
Entspr. nnl. schacheren, schachelen; scha-
cheraar.

schachmatt Adj. verbindet ein pers. mit einem
arab. Wort, s. Schach und matt. Die Araber
riefen esch-schāh māt 'der König ist gestorben'
(Littmann 1924 Morgenl. Wörter 115). Daraus
ital. scacco matto, mhd. (seit 1337) schāchmat
als Zuruf im Schachspiel. Aus einer west-

europ. Formel (span. jaque y mate, frz. échec
et mat) stammt mhd. schāch unde mat. Die
übertragene Bed. 'zum Sterben müde' zeigt
schach(t)matt seit dem letzten Drittel des
16. Jh. — Für 'mattsetzen' bildet Luther 1521
Weim. Ausg. 7, 677, 15 schachmatten.

Schacht¹ M. 'Quadratrute'. Mhd. schaft
'Speerstange' geht in die Bed. 'Meßstange'
über und entwickelt nach nd. nl. Lautgesetz die
Form schacht (s. anrüchig), die in Fügungen
wie schacht lands schon im 16. Jh. ein Flächenmaß bezeichnet. Mit anderm Bed.-Wandel
wird die Stange zum Prügel: holst. kriggs wat
mit'n Schacht. Daher bei Fritz Reuter Schacht
kriegen 'geprügelt werden'.

Schacht² M. ein Wort des norddt. Bergbaus,
vom Harz und Erzgebirge weithin verbreitet
(auch dän. schwed. skakt stammen von da),
als schaht im ostmd. Passional (Köpke 588, 30)
vor Ende des 13. Jh. erstmals literarisch. Man
sieht auch in diesem Schacht die nd. Entsprechung von hd. Schaft, was zur Lage
unserer alten Gruben stimmen würde. Auch
entspräche es mittelalterl. Anschauung, in der
unterird. Grube den Stiefel, im Schacht den
Stiefelschaft zu sehen (vgl. Kellerhals).
Schwierig bleibt, daß Schaft nie 'Gruben-
schacht' bedeutet, doch mag das daran liegen,
daß auf altobb. Boden wesentlich Tagebau getrieben wurde.

Schachtel F. Das germ. M., das zuerst als
got. skatts 'Geld(stück)' begegnet (s. Schatz),
ergibt mlat. scatula '(Geld-)Schrein', ital.
(bezeugt seit Mitte des 14. Jh.) scatola 'Schachtel'. Wort u. Sache, in Tirol schon 1420 nachgewiesen, gelangen mit ital. Händlern über die
Alpen. Im zweiten Viertel des 15. Jh. erscheinen obd. scat(t)el, sgatelle, später in demselben Jh. scatel, schattel, dies auch schon als
'weibl. Glied' (wie alte Schachtel mit Pars
pro toto bis heute lebt; vgl. bair.-österr.
Büchse: P. Kretschmer, Wortgeogr. 1918
S. 594). In Tirol leben šgatl F., Verkl.
šgattele N., in Altbayern šgatl N. 'Tüte'
bis heute. Zu der jüngeren Form Schachtel
führt der bei Spachtel (s. d.) behandelte Lautwandel; sie tritt (gesichert durch den Reim auf
Wachtel) seit Ende des 15. Jh. hervor und gewinnt im 16. Jh. nach Norden zu Raum,
fehlt aber z. B. noch bei Schottelius in Braunschweig 1663. — Unmittelbare Entlehnung des
mlat. scatula führt zu Schattul bei Olearius
1647 Pers. Reise 2, 4. Stieler (Erfurt 1691)
bewahrt in Skatulle (neben Schattulle)
den fremden Anlaut. Im 18. Jh. wird Schatulle, zierlicher und feierlicher als Schachtel,
zum Wort der Höfe und der Vornehmen; dabei wird frz. chatouille maßgebend für Anlaut

und Zweitbetonung. Virg. Moser 1938 Zf. f. Mundartforsch. 14, 70 ff.; E. Ohmann, Neuphil. Mitt. 1941, 115 ff.

Schachtelhalm M. Equisetum wird seit alters zum Putzen verwendet, wie die Sennen damit heute noch ihre Gefäße scheuern. Darauf beruhen die Namen Fege-, Scheuer-, Zinn-, Kannenkraut, Kandelwisch, schwed. skuregräs, norw. tvogestylk, dän. skavgræs, engl. shavegrass. Zu schaben gehört germ. *skafti- 'Schachtelhalm', zu erschließen aus norw. skjefte(gras), schwed. skäfte, skafgräs, mnd. schafrisch, -rusch, -riet, mhd. schaftel, schafthöuwe, frühnhd. schaftheu, schwäb. schäfzgeheu, schweiz. schaftelen. Dazu mit nd. cht für hd. ft (f. anrüchig) nhd. Schachtelhalm, zuerst bei Frisch (Berlin 1741). Der Lautwandel war mit einer Umdeutung verbunden, die dadurch erleichtert wurde, daß bei Equisetum die einzelnen Achsenglieder förmlich schachtelartig in Tüten stecken.

schächten Ztw. aus hebr. šāchat 'schlachten', in dt. Text seit Moscherosch 1650 Ges. 1, 424. Daneben schachten (z. B. Weitenauer 1768 Zweifel von d. dt. Sprache 67), das näher beim hebr. Vorbild bleibt. Der Umlaut stammt wohl aus Schächter M., das seinerseits an Schlächter angelehnt ist. In Frankfurt a. M. Ende des 15. Jh. secher: K. Bücher 1886 Bevölk. v. Frankf. 1, 543.

Schadchen M. N. 'Heiratsvermittler' von gleichbed. aram. schad(dĕ)khān. N. nur in dt. Mund, nach dem Vorbild der Verkl. auf -chen: Littmann 1924 Morgenl. Wörter 45; G. Schoppe, Neuphil. Mitt. 1924, 54.

Schade(n) M. mhd. nnl. schade, ahd. scado, asächs. skatho, mnl. scade, afries. skatha, agf. sceaðu, anord. skaði (hieraus entlehnt engl. scathe), dän. skade, schwed. skada 'Nachteil, Verderben'. Neben den en-Bildungen ein gleichbed. es-Stamm in got. skapis (idg. *skəthes-) N. Mit Ablaut anord. sköð N. 'Ungemach, Elend', sköðr 'schädlich'. Ein Nomen agentis in ahd. scado, asächs. skatho, agf. sceaða M. 'Schädiger, Feind'. Das Ztw. schaden, schwach mhd. nnl. schaden, ahd. skadōn, -ēn, asächs. skathon, anfr. scathan, -on, mnl. scaden, afries. skethia, agf. sceaðian, anord. skeðja mit dem urnord. Imperativ skaþi 'beschädige'; stark agf. scieððan, anord. skaða, got. skaþjan, skōþ. Außergerm. vergleicht sich mit Sicherheit nur gr. ἀσκηθής 'schadlos, unversehrt'. Jdg. Wurzel *skēth-: *skəth-: *skōth- 'schädigen'. — Das präd. Adj. schade 'bedauerlich' ist in mhd. Zeit aus dem M. entwickelt.

Schädel M. mhd. schëdel (auch als Trockenmaß), hirnschëdel, mnl. scedel 'Deckel, Augen-

lid', nnl. scheel 'Deckel', engl. skull, schweb. mundartl. skulle 'Schädel'; den andern germ. Sprachen fremd (dafür ahd. gëbal = gr. κεφαλή, f. Giebel), in obd. Mundarten dafür Hirn. Noch Frisch 1741 bucht Schedel 'caput' als „vulg. und spöttlich"; ohne Vorbehalt bei Stieler 1691 und Steinbach 1734. Germ. *skiþla- aus idg. *skitlo- gehört unter die Dentalerweiterungen der idg. Wurzel *sqēi- 'schneiden' (f. scheiden): die abgetrennte Schädeldecke des Feinds diente als Trinkschale und Hohlmaß.

Schadenersatz M. zuf.-gebildet aus der Formel „einen Schaden ersetzen". Gebucht seit Campe, doch nicht von ihm gebildet: Zeichnung der Univ. Jena (1798) 102.

Schadenfreude F. Für libitinariorum vota (Seneca, De beneficiis 6, 38, 4) sagt Ostermann 1591 Voc. anal. 15 Schadenfrewd. Schadenfroh schon bei Barth, Weiberspiegel (Leipz. 1565) M 8ᵃ.

Schaf N. Mhd. schâf, ahd. scâf, asächs. anfr. scâp, mnd. schâp, mnl. scaep, nnl. schaap, afries. skêp, agf. scēap, engl. sheep führen auf westgerm. *skēpo-m N. Das ungedeutete Wort ist nach Edw. Schröder 1898 Zf. f. dt. Alt. 42, 69 ein Zeugnis des Fortschritts, den die Schafzucht bei den Westgermanen früh gemacht hat. Ostgerm. gilt Lamm (f. d.), anord. fær, schwed. får, dän. faar (die Mz. in anord. Fær-eyjar, dän. Færøer 'Schafinseln') aus germ. *fahaz, idg. *pokos 'Wolltier', wozu gr. πόκος M. 'abgeschorene Wolle', ablautend πέκος 'Schaffell mit der Wolle' (f. Vieh). Schaf hat bei uns das idg. *ouis zurückgedrängt; landschaftlich hat es sich in Aue F. 'weibliches Schaf' erhalten, f. d. H. Palander 1899 Ahd. Tiernamen 121; E. Hahn 1918 Realler. d. Germ. Alt.-Kde. 4, 88 ff.

Schäferstunde F. Lehnübersetzung des frz. heure du berger. Seit Rädlein (Leipzig 1711) 760ᵃ.

Schaff N. 'Gefäß, Faß'. Auf den idg. Verbalstamm *sqab- 'schnitzend gestalten' geht mit schaffen, -schaft, Scheffel u. schöpfen (f. d.) auch westgerm. *skap N. zurück. Es erscheint in afries. skēp, mnl. schap, asächs. skap 'Bottich' u. ahd. skaph, skaf, mhd. schaf, schaffes 'Gefäß (für Flüssigkeiten)'. Aus mnd. schap, das aus der Grundbed. 'Ausgehöhltes' früh in die von 'Schrank' übergegangen war, ist spätanord. skap 'Spind' entlehnt. Die frühere Annahme, alle diese Gefäßbezeichnungen stammten aus lat. scap(h)ium 'Becken, Schale, Geschirr', scheitert an dem ablautenden Fem. mnd. schope 'Schöpfkelle', mhd. schuofe 'Schöpfgefäß': durch den Ablaut ist die Sippe als echt germ. gesichert. —

Hd. Schaff, das in älterer Sprache für alle offene Böttcherware mit senkrechten Wänden gilt, fehlt in Luthers ostmd. Heimat, damit in seiner Bibel und im Nhd. Umgangssprachl. hält es sich im gesamten Süden von Siebenbürgen bis Baden, nordwärts bis Schlesien und zum Vogtland. Norddt. ist Schaff 'Spind' geblieben, dazu tritt westdt. Schaft 'vorn offenes Gestell für Geschirr und Bücher': Kretschmer 1918 Wortgeogr. d. hd. Umgangsspr. 73f. 474. 600.

schaffen Ztw., mhd. schaffen, ahd. scaffan, -ōn 'bewirken, ordnen, tun'; daneben gleichbed. mhd. schepfen usw. (s. Schöffe, schöpfen, Schöpfer): mit lat. scabo 'kratze', scaber 'rauh, krätzig', scobis 'Schababfall', alat. scabres 'rauh, schäbig'; russ. sköbel' 'Schabeisen', skoblít' 'schaben'; lit. skabù 'schneiden, hauen', skabùs 'scharf', skóbti 'aushöhlen', lett. skabrs 'splittrig, scharf' zur idg. Wurzel *skab-. die in der Urzeit von der Arbeit mit dem steinernem Schaber galt, nachmals zum umfassenden Sinn 'schaffen' erweitert wurde, während die Nebenform idg. *skap- (s. schaben) in der Grundbedeutung erhalten blieb. — In heutiger Umgangssprache ist schaffen das südwestdt. Wort für 'arbeiten', das bair.-österr. für 'befehlen, bestellen'. Die Grenzen ziehen Kretschmer 92f. und Jos. Müller 1931 Nachr.-Bl. f. rhein. Heimatpfl. 3, 92.

Schäffler M. 'Böttcher' mhd. scheffelære: zu Schaff (s. d.), vor allem in der Südhälfte Bayerns, doch auch von der Oberpfalz bis ins Allgäu. Dazu Schäfflertanz, der altbair. Fastnachttanz der Böttchergesellen: Schmeller ²2, 376f.; Kretschmer 1918 Wortgeogr. 145. 147.

Schaffner M. mhd. schaffenære 'Anordner, Aufseher, Verwalter', neben gleichbed. schaffære: zu schaffen. Vgl. Schöffe.

Schafgarbe F. heißt der Korbblütler Achillea millefolium L. seit 1470, weil ihn die Schafe gern fressen. Auch der schweiz. Name Lämmlizung und der schles. Lämmerkreitich stellen diese Beziehung her. Mhd. mnd. garwe, ahd. gar(a)wa mnl. garwe, gherwe, nnl. gerwe (mit er aus ar vor Lippenlaut), ags. gearwe, engl. yarrow weisen auf Benennung durch die westgerm. Schafzüchter. Dän. garbe ist aus dem Nhd. entlehnt. Verwandtschaft mit gar (germ. *garwa-) ist möglich: dann hieße die Pflanze 'die Bereitgestellte' wegen ihrer ausgedehnten Verwendung als Wundkraut.

Schafott N. Das unter Katafalk (s. d.) entwickelte volkslat. *catafalicum hat eine mlat. Nebenform *excatafalicum 'Gerüst', auf der die westeurop. Wörter wie frz. échafaud 'Baugerüst' und engl. scaffold 'Gerüst' beruhen.

Uns erreicht die roman. Wortsippe über das daraus entlehnte nnl. scafaut, -ot N. 'Tribüne', seit Ende des 15. Jh. auch 'Gerüst, auf dem Missetäter erst zur Schau gestellt, dann gerichtet werden'. Schauott 'Blutgerüst' bietet 1587 die Beschr. v. d. Königin in England (bei Buchner, Das Neueste von gestern 1, Nr. 9), Skavot 'Schaugerüst' J. Lauremberg 1649 Scherzged. 317 Schröder, Echafaud Scheibner 1695, Schaffout die Voss. Ztg. 1728, Nr. 100, Schavotte Gellert 1747 Kranke Frau 1, 11. Dän. skafot und schwed. chavott sind durch das Nhd. vermittelt. Das gute Ersatzwort Blutgerüst wagt Ph. Zesen 1661 Verschmähte Majestät 147.

Schaft¹ M. mhd. schaft, ahd. scaft 'Speer, Lanze', asächs. skaft 'Speer', anfr. scaft 'Pfeil', agf. sceaft M., engl. shaft, anord. skapt N. 'Stange, Spieß' (vgl. Schacht¹). Zunächst stehen gr. σκῆπτρον 'Stab', wozu dor. (Pindar) σκᾶπτον 'Stab', (Hesych) σκᾶπος 'Zweig', lat. scāpus 'Schaft', alb. škop aus idg. *sqāp-, urspr. 'Geschabtes' (zu schaben, s. d.). Der Schaft der Urzeit war ein mit dem steinernen Schaber seiner Rinde beraubter und geglätteter junger Baum.

Schaft² M. Neben Schaff 'Behältnis' (s. d.) gilt westobd. Schaft (mit jungem -t wie Hüfte, Saft, Werft) 'Regal, (vorn offener) Schrank, Rahmen', auch in den Zusetzungen Bücher-, Geschirr-, Hafen-, Küchenschaft: Kretschmer 1918 Wortgeogr. 74. 150. 474.

-schaft Ableitungssilbe. Zu der unter schaffen (s. d.) entwickelten idg. Wurzel *skab- gehört ahd. scaf M. N., mhd. schaft F. 'Beschaffenheit' (agf. gesceape, engl. shape 'Gestalt'), das schon im älteren Ahd. Abstrakta wie fiant-, friuntscaf bilden hilft. Seit dem 9. Jh. tritt -t an (s. Schaft²): spätahd. bota-, bruoderscaft, mhd. ritterschaft konnten aus Zustandsbezeichnungen ('Beschaffenheit eines Boten, Ritters') zu Sammelbegriffen ('Gesamtheit der Brüder, Ritter') werden; Bürger-, Juden-, Knappschaft sind von vornherein so gemeint. In den verwandten Sprachen entsprechen asächs. mnl. -scap, nnl. schap, anord. -skapr, schwed. -skap, dän. -skab. Daneben asächs. -scepi, -scipi, afries. -skip(i), agf. -sci(e)pe, engl. -ship.

Schah M. Pers. šāh 'König' (s. Schach) ist als Bezeichnung des Herrschers von Persien im 19. Jh. in die europ. Sprachen gedrungen: Lokotsch 1927 Etym. Wb. 1762.

Schakal M. Canis aureus heißt aind. **çrgālá.** Über perf. šägäl gelangt der Tiername zu Olearius 1647 Reisebeschr. 278 und Andersen 1669 Orient. Reisebeschr. 46. Späteres Vorkommen kann auch durch türk. čakal vermittelt sein.

schäkern schw. Ztw. Auf hebr. šikkēr 'täuschen', šēqer 'Lüge' gehen jüd.-dt. schäkern 'lügen', Schäker 'Lügner' zurück. Nhd. (t)schecker Rädlein (Leipz. 1711), (t)schäckern Günther († 1723) Ged. 238. 925, schäkern seit Frisch (Berlin 1741) 2, 156. Die Bed. hat sich ins Harmlosere gewandelt wie bei Schalk und Schelm; im Übergang mag stehen 'ein Mädchen betören'. Weise 1904 Zs. f. d. Wortf. 5, 255; Schoppe 1923 Mitt. b. schles. Ges. f. Volkskde. 24, 116.

Schal M. Pers. šāl 'Umschlagtuch', nach dem Ort der ersten Herstellung, der ind. Stadt Schāliāt benannt, ergibt 1662 engl. shawl (von da nnl. sjaal, frz. châle). 1810 erscheinen Wort und Sache in Wien, kurz danach in Berlin (Königin Luise). 1813 bucht Campe „Shawl (sprich Schaal)" Lokotsch 1802; Stiven 43; W. Fischer 1943 Dt. Wortgesch. 2, 377.

schal Adj. Zum idg. Verbalstamm *sqel- 'austrocknen, dörren' gehören (mit gleichbed. gr. σκέλλειν und σκελετός 'ausgetrocknet; Skelett' sowie σκληρός 'trocken') mengl. shalowe 'matt, seicht', engl. shallow 'seicht, flach' sowie schwed. skäll 'dünn, fade, säuerlich' (von der Milch), 'mager' (vom Boden). Dem schwed. Adj. am nächsten steht mnd. spätmhd. schal 'fade' (vom Geschmack), 'trüb, unklar' (vom Aussehen), nd. schal 'trocken, dürr'. Das seit dem 13. Jh. belegbare, urspr. nd. Wort tritt in mb. Quellen seit dem 14. Jh. auf. Im 16. Jh. wird s. von Mittel- und Norddeutschen wie Scheidt, Spangenberg, Ringwald und Rollenhagen gebraucht. Bei Luther nur außerhalb der Bibel, gebucht seit Alberus 1540. Dazu mhd. (13./14. Jh.) schaln, verschaln 'trüb werden', nl. (seit 1598) verschalen 'schal werden'. Mundartl. gilt s. in Hessen, am Main und um im Nd., obb. dafür seiger: v. Bahder 1925 Wortwahl 38f. S. helligen.

Schale[1] F. 'Hülse von Frucht, Ei usw.', mit Schale[2] äußerlich zus.-gefallen, soweit altes ā in offner Tonsilbe gedehnt ist. Ahd. scala, mhd. schal, mnd. schale, mnl. scale, ags. scealu 'Schale', engl. shale 'Schieferton'. Dazu got. skalja F. 'Ziegel', urspr. 'Schindel, Schuppenartiges', anord. skel F., ags. (angl.) scell, engl. shell 'Schale, Muschel' (s. Schellfisch), nl. schil F. 'Schale, Hülse'. Aus germ. *skalja- stammen ital. scaglia, afrz. escaille, engl. scale, frz. écaille 'Schuppe'. Man zieht die germ. Sippe zu einer idg. Wz. *sqel- 'schneiden' (s. Schale[2], Schelfe, Schild, Scholle[1]); dazu auch aslav. skolika 'Muschel', russ. skalina 'Rinde'. — Von Schale[1] abgeleitet ist schälen schw. Ztw., vhd. scellen, mhd. scheln, nd. schellen 'ab-

streifen, abschälen'. Dazu wieder westfäl. schelle F. 'weiche Schale von Obst und Kartoffeln': H. Güntert 1932 Labyrinth 40f.

Schale[2] F. 'Trinkschale', mit altem ā aus germ. ē: mhd. schāle, ahd. asächs. skāla, anord. skāla F. 'Trink-, Waagschale'. Der nhd. verwischte Unterschied gegen Schale[1] ist mundartl. bewahrt (Holthausen 1886 Beitr. 11, 551. 566): westfäl. aier-šāle gegen šäle 'Trinkschale', nordfries. skal 'Muschelschale' gegen skeel 'Napf', dän. schwed. skal 'Waagschale' gegen dän. skaal, schwed. skål 'Trinkschale'. Das germ. Grundwort *skēlō bezeichnet nach Paulus Diaconus urspr. nur die aus Schädeln hergestellten Trinkschalen: idg. *sqēlā- ist ursprünglich die von den übrigen Kopfknochen getrennte Hirnschale, dehnstufig zur idg. Wurzel *sqel- 'schneiden' (s. Schale[1]). Nhd. ist das Gebiet von Schale[2] stark eingeschränkt durch das Fremdwort Tasse. Umgangssprachl. herrscht „eine Schale, ein Schälchen, Schalerl Kaffee, Tee" von Thüringen bis Siebenbürgen: Kretschmer 1918 Wortgeogr. 521f.

Schälhengst s. Schellhengst.

Schalk M. ist in der Bedeutung 'Knecht' gemeingerm.: mhd. nnl. schalk, ahd. asächs. anfr. mnl. scalc, afries. scalc, ags. scealc (daneben scielcen 'Magd'), spätanord. skalkr, dän. schwed. skalk, got. skalks. Aus dem Germ. entlehnt ist ital. scalco 'Küchenmeister, Vorschneider'; auch Mar- und Seneschall haben den Weg übers Roman. genommen. Der Ursprung bleibt schwierig trotz H. Güntert 1932 Labyrinth 40f. Ausgeschlossen ist Entlehnung aus air. scolóc 'Erbarbeiter, Leibeigner' (mit ban-scál 'Sklavin'). K. Brugmann, Idg. Forsch. 19, 385 vermutet eine Grundbedeutung 'Springer, Laufbursche' und Dissimilation aus germ. *skal-(s)ka: dann bestünde Verwandtschaft mit beschälen, Schellhengst (s. d.), mhd. schël 'springend, auffahrend, aufgebracht', schëllec 'springend, zornig, wild', außergerm. mit aind. çalabhá- 'Heuschrecke', çalūra- 'Frosch', lit. šuolýs 'Galopp', lett. suôlis 'Schritt'; idg. Wurzel *(s)qel- 'springen'. — Die nhd. Entwicklung zu freundlicherem Sinn („eine Person, die mit Heiterkeit und Schadenfreude jemand einen Possen spielt" Goethe) vergleicht sich der von Schelm, etwa auch der von Range.

Schall M. ahd. scal (ll), mhd. schal (ll). Dazu schallen schw. Ztw., mhd. schellen 'tönen lassen', anord. skajala 'rasseln' mit skoll 'Bellen, Lärm': aus dem Ztw. entlehnt die roman. Sippe von ital. squillare 'klingen'. Nächstverwandt ist lett. skal's 'helltönend, laut, klar (von der Luft)', lit. skäliju 'fortgesetzt bellen', tschech. skoliti 'belfern'. Neben idg.

*sqel-: *sqol- stand *qel-: *qal- in hallen, hell. S. Schelle, schelten, verschollen.

Schalmei F. Zu gr. κάλαμος 'Rohr' (urverwandt mit Halm, s. d.) gehört καλαμαία 'Rohrpfeife'. Es ergibt, von Kreuzfahrern des 12. Jh. nach Frankreich gebracht, gleichbed. afrz. chalemie und (noch vor 1300) mhd. schal(e)-mī(e). Durch das Hd. vermittelt sind mnd. mnl. schalmei(d)e, nnl. schalmei, dän. skalmei(e), schwed. skalmeja. Das zunächst ritterliche Blasinstrument gelangt unter sachlichen Veränderungen im 15. Jh. zu Spielleuten, Türmern und Hirten; von der Schäferdichtung des 17. Jh. her haftet an ihm bis heute der schäferliche Klang.

Schalotte F. Bei Askalon im südl. Palästina ist die Zwiebelart (cepa) ascalonia heimisch. Von da aprov. escalonha, afrz. eschaloigne, woraus mit Suffixwechsel frz. échalotte, engl. shallot. Auf dt. Sprachboden erscheint Schalotte zuerst in Zug 1687 (Schweiz. Jb. 8, 554). Seit Amaranthes 1715 Frauenz.-Lex. 1703 verdrängt das Fremdwort das aus mlat. ascalonicum eingedeutschte Aschlauch (ahd. asclouh Zs. f. d. Wortf. 6, 176 f., mhd. aschlouch). Mundartl. wird S. entstellt zu Scharlotte, Sch(e)lotte, Schlutte: H. Marzell 1943 Wb. d. dt. Pflanzennamen 1, 195 ff.

schalten Ztw. ahd. scaltan 'stoßen', asächs. skaldan '(ein Schiff) fortschieben', mhd. schalten 'stoßen, schieben (bes. ein Schiff), in Bewegung setzen' (vgl. nl. schouwen). Die Entwicklung zu 'lenken' im Nhd., an der die Reimformel schalten und walten beteiligt ist, vergleicht sich der von lat. gubernāre. In Schalter M. N. 'Schiebfenster', mhd. schalter, schelter 'Riegel' schimmert die Grundbed. durch, deutlicher noch in der nb. Bed. 'Ruderstange' (Voß). Von sinnlichem 'Einschieben' geht Schaltjahr (ahd. scalt- mhd. schaltjār) N. aus. Die Deutung hat offenbar auszugehen von F. Schalte 'Schub-, Stoßstange, Bootshaken', mhd. schalte, ahd. scalta, idg. *sqol-dhā '(abgeschnittene) Stange' zur Wurzel *(s)qel-'schneiden' in Schild usw.

Schaluppe F. Zu nl. sluipen (= mhd. sliefen 'gleiten, schlüpfen') gehört sloep 'Schiffsboot', das erst 1598 greifbar wird, aber als frz. saloupe schon 1554 ein nl. Boot bezeichnet. Weiterhin frz. chaloupe, span. chalupa, ital. scialuppa. Nachdem von da erstmals 1588 Cialupe in eine dt. Zeitung eingedrungen war, begegnet (als Entlehnung aus dem Frz.) zuerst 1629 Schloupe in einem hd. Seetext; Schlupe gilt seit 1647, Chaloupe seit Kemniz 1648 Schwed. Krieg 1, 55ᵃ: Kluge 1911 Seemannsspr. 678. Gebucht wird Schaluppe zuerst in Stielers Zeitungslust 1697. Engl.

sloop stammt aus dem Nl., shalopp aus dem Frz., dän. schwed. slup aus dem Nd.

Scham F. ahd. scama 'Schamgefühl, Beschämung, Schande', mhd. scham(e), schäm(e) 'dasselbe; Schamteile', asächs. skama 'Scham, Beschämung', anfr. scama 'reverentia, confusio', afries. skame 'pudenda', ags. scamu, engl. shame, anord. skǫmm, dän. schwed. skam; got. *skama F. zu erschließen aus skaman sik 'sich schämen', dessen Entsprechungen als schw. Ztw. auf -ēn, -ōn und -jan wieder über alle germ. Sprachen greifen und mit ablautenden Formen wie mhd. mnd. schëmen zu nhd. schämen führen. Die Wurzel germ. *skam-: *skem- aus idg. *skam-: skem- hält man für eine s-Form der idg. Wurzel *kam-: *kem-'bedecken, verhüllen' und verweist wegen der Bedeutung darauf, daß lit. kuvětis 'sich schämen' zur idg. Wurzel *squeu-'bedecken' gehört. S. Hemd, Leichnam, Schande.

Schamade F. Zu ital. chiamar (aus lat. clāmāre) 'rufen' gehört chiamada F. 'Ruf', das in frz. chamade die Bed. 'Trommel- oder Trompetenzeichen zu Rückzug oder Festungsübergabe' annimmt. Chamade schlagen seit 1684 nachgewiesen von Kurrelmeyer 1923 Mod. lang. notes 38, 275. Beflügelt durch Moltkes Urteil über die Emser Depesche vom 13. Juli 1870 „vorher klang es wie Chamade, jetzt wie eine Fanfare" (Bismarck 1898 Ged. u. Erinn. 2, 91).

Schamotte F. 'feuerfester Ton', vordem aus den gepulverten Kapseln gewonnen, in denen Porzellan gebrannt worden war (J. J. Helfft 1836 Encycl. Wb. d. Landbaukunst 68). Die ältere Form ist Charmotte (D. Sanders 1871 Fremdwb. 1, 195). Im 18. Jh. von ital. Porzellanarbeitern in Thüringen sc(i)armotti benannt nach scharm, der thür. Form des schriftsprachl. Scherben: K. Krause 1938 Wörter u. Sachen 19, 158.

schamper Adj. 'zuchtlos', frühnhd. entwickelt aus mhd. schantbære 'Schande bringend' (vgl. nl. schamper 'höhnisch'). tb hat p ergeben wie in Liupold aus Liutbold, wilpræte aus wiltbræte; der Nasal ist dem folgenden p angeglichen, der Vokal der Endsilbe abgeschwächt: Behaghel 1928 Gesch. d. dt. Sprache 344. 361. — Schamperlied N. hält sich als landschaftl. Bezeichnung von Schnaderhüpfeln und andern anzüglichen Volksstrophen.

schampunieren Ztw. 'den Kopf waschen': hindust. chhāmpō, Imp. zu chhāmpnā 'kneten und pressen' ist zu angloind. schampoo verderbt. Von der Behandlung beim türk. Bad (so schampuieren Sanders 1871 Fremdwb. 2, 477) ist das Wort innerhalb des Engl. auf das Kopfwaschen übertragen. Schaumpun(ieren) seit 1914 in Anlehnung an Schaum: Lokotsch 1927 Etym. Wb. 417.

Schampus M. österr. Scherzausdruck für Champagner (s. d.): aus diesem mit scheingelehrter Endung: Kretschmer 1918 Wortgeogr. 458.

Schande F. ahd. scanta, mhd. mnd. nnl. schande, mnl. scande, afries. skande, agf. scand, got. skanda F.: auf germ. -þa-, idg. -tā- zum Stamm von Scham (s. b.), dessen -m vor Dental zu n geworden ist (vgl. Rand). Zum gleichen Stamm ist auf idg. -to- ahd. scant 'schändlich' gebildet, dem agf. scand 'Schurke' und älter dän. skand 'Teufel' bildungsgleich sind. Dazu schänden 'in Schande bringen', das als schw. Ztw. auf -jan wieder über die meisten germ. Sprachen greift.

Schank[1] M. gemeinhd. 'Verkauf von geistigen Getränken', dazu Ausschank: Rückbildung aus schenken, s. b.

Schank[2] M. landschaftlich für 'Schrank', spätmhd. schanc 'Schranke, Gitter; hochstehender hölzerner Behälter mit verschließbarer Tür'. Im 15. Jh. zuerst aus Landschaften wie Hessen, die das r nur leicht anschlagen, somit zu beurteilen wie die r-losen Formen neben ahd. sprëchan, mhd. strumpf, obb. schramm, mnd. wrase: W. Wilmanns 1897 Dt. Gramm. 1, 141; P. Kretschmer 1918 Wortgeogr. 474f. Heute gilt dieses Schank in hd. Umgangssprache und Mundarten von Elsaß-Lothringen bis Thüringen und Ostfranken.

Schanker M. Lat. cancer 'Krebs' ergibt frz. chancre M. 'krebsartige Krankheit; Geschlechtsleiden'. Sperander bucht 1727 Chancre; die heutige Form bei Heister 1739 Chirurgie 276.

Schanze[1] F. 'Glückswurf'. Mlat. cadentia 'Fallen der Würfel' (zu lat. cadere 'fallen') ergibt afrz. cheance 'Glückswurf, Spiel, Einsatz des Spielers, Wechselfall', um 1200 entlehnt zu gleichbed. mhd. schanze. Gleichen Ursprungs sind ital. cadenza, mnl. canse, nnl. kans, mnd. kanze, kanse, engl. chance. Zu diesem Schanze die Wendung etw. in die S. schlagen 'aufs Spiel setzen', die schon Alberus 1540 bucht. — S. Mummenschanz.

Schanze[2] F. 'Wehrbau im Felde', urspr. mit Flechtwerk gefestigt: spätmhd. schanze 'Reisigbündel, Faschine, Schanze', kaum vor G. v. Ehingen († 1508) Reisen 23 Pfeiffer. Daraus entlehnt mnd. schantze 'Reisigbündel, Schanze', entspr. nnl. schans, schwed. skans, dän. skanse. Die urspr. Bed. bewahren ostfries. schantse 'Bruchholz zur Feuerung', westfäl. schantse 'Holzbündel, Reißwelle', hess. schanze 'Korb'. Aus dem Ital. entlehnt wie Faschine. Lat. campsāre 'umsegeln', das über gr. κάμψαι zu κάμπτειν 'biegen' (verwandt mit lat. cam-

pus 'weite Rundung, Feld') gebildet ist, ergibt über *ex-campsāre ital. scansare 'aus dem Wege gehen', wozu scanso M. 'Abwehr', dessen Mz. scansi unser Fem. ergeben konnte: W. Hartnacke 1843 Neuphilol. Monatsschr. 14, 76f. Auf Kriegsschiffen des 16. bis 18. Jh. hieß S. das erhöhte Achterdeck, das durch eine Schanze aus Hängematten längs der Reling beschützt wurde.

Schanzläufer M. nd. schanslöper 'weiter... Friesrock... der Seeleute, wenn sie die Wacht auf der Schanze oder dem Hinter-Casteel haben' ten Doornkaat Koolman 1884 Wb. d. ostfries. Spr. 3, 98. Entspr. nnl. schanslooper, dän. skandseløber, schwed. skanslöpare. Aus nd. Ma. ins Nhd. gelangt, zuerst als Schantz-Läuffer bei Vischer 1720 Rob. Crus. 1, 260. Das Hd. von sich aus kennt Nomina agentis auf -er vorwiegend als Bezeichnung von Männern, nicht von Sachen. Vgl. Schmöker.

Schar[1] F. s. Pflugschar.

Schar[2] F. ahd. skara, mhd. schar 'Heeresteil, (Heer-)Haufen, Menge; in geordneter Verteilung umgehende Fronarbeit'; entspr. mnd. schare, mnl. scare, anord. skǫr F., skari M. 'Trupp'. Das Wort fügt sich zu scheren, wenn 'Abteilung, Abschnitt' die Grundbed. ist. Aus dem Germ. stammt die roman. Sippe von afrz. eschiere 'Schar'. Vgl. Scharwerk und Scherge.

Scharade F. Silbenrätsel nach Art der im 18. Jh. zu uns gelangten provenz. charade (s. Rebus), deren Namen man mit afrz. charaie 'Zauberspruch' verbindet.

Scharbe F. Der Ruderfüßer Graculus carbo L. heißt bei uns Kormoran seit 1687: H. Suolahti 1909 Vogelnamen 397. Der roman. Name erscheint im 12. Jh. als frz. cormare(n)g, nordfrz. Entsprechung des Corvus marinus der Reichenauer Glossen. Altheimisch ist mhd. scharbe, ahd. scarba und (in gramm. Wechsel damit) scarva F., anord. skarfr, agf. (mit Umstellung des r) scræf M., germ. *skarba(n), *skarbō zum Ztw. anord. skrafa 'schwätzen', norw. skrava 'krächzen', Labialerweiterung zur idg. Wurzel *sker- *skor-, die heisere, rauhe Töne nachbildet. Eine erweiterte Form des germ. Vogelnamens *skarbar-, auf Helgoland als nordfries. sköarwer erhalten, ergab (indem r vor r in l auswich) agf. scealfor F., scealfra M. 'Scharbe', und mit andrer Ablautstufe mnd. nnl. scholver, fries. skolfer.

Scharbock s. Skorbut.

Schäre F. 'Seeklippe'. In Ablaut zu ahd. scorro M. 'Felsvorsprung' (erhalten in alem. Geländenamen wie Schorre Schweiz. Jd. 8, 1204, dazu mnd. schore, agf. score, engl. shore 'Küste') steht anord. sker, schwed. **skär**

R. 'Klippe'. Die „finnischen Scheren oder Klippen" rücken in den dt. Gesichtskreis durch Flemings Reise von 1636: Olearius 1647 Reise 59. Als Schifferwort in nd. Ma. seit 1770 Brem. Wb. 4, 608. Gleichen Ursprungs sind bän. skjær, nnl. scheer, schott. skerry 'Felsenriff': Kluge 1911 Seemannsspr. 682. Den Genuswandel des meist im Plur. gebrauchten Worts verursacht nhd. Schere, mit dem auch Verwandtschaft besteht: germ. *skarja- 'Zerschnittenes'.

scharf Adj. zum idg. Verbalstamm *(s)qer- 'schneiden', zu dem Pflugschar, Scharschmidt, Schere, scheren, Schermaus usw. gehören, 'stellt sich mit Labialerweiterung gleichbed. idg. *(s)qereb(h)- in lett. scarbs, mir. cerb 'schneidend', cerbaim 'schneide', agf. sceorpan, scearp 'kratzen', schürfen. Hierher das Adj. germ. *skarpa 'schneidend' in anord. skarpr, agf. scearp, engl. sharp, afrief. skerp, anl. asächf. scarp, ahd. scarf. Neben diesem a-Stamm wird eine ja-Bildung westgerm. *skarppa- vorausgesetzt durch ahd. scarpf. Die daraus entwickelte Form scharpf gilt bis in frühnhd. Zeit bei obb. und einem Teil der md. Schriftsteller. Das dem asächf. scarp entsprechende scharf dringt von Mitteldeutschland nach Süden; Luther u. Opitz kennen beide Formen. Etwa zur Zeit der 2. schlef. Schule siegt scharf in der Schriftsprache; es bleibt auch Sieger über gleichbed. räß, wachs und zanger: K. v. Bahder 1925 Wortwahl 73 f.

Scharfmacher M. nnl. scherpslijper. Im Herbst 1895 erklärte K. F. Freiherr v. Stumm dem Vertreter der evang. Arbeitervereine, er werde den Kaiser „scharf zu machen suchen zur Anwendung rückhaltloser Gewalt". Von da Scharfmacher als Schlagwort in polit.-sozialen Kämpfen (Büchmann 1912 Gefl. Worte 556; Ladendorf 1906 Schlagwb. 276), nachdem vorher die Steinmetzen so geheißen hatten, die Mühlsteine schärfen.

Scharfrichter M. der mit der Schärfe des Beils oder Schwerts richtet, jünger und einst seltener als Nachrichter (f. d.), bisweilen in zwei Wörtern (dem scharppen richter Grimms Weisthümer 2, 590; dem scharffen richter daf. 608) und mit innerer Flexion (uwern scharpenrichter Rau, Kriminalrecht 201 aus Mainz 1425). Scarperichtere, zuerst in der Braunschw. Femgerichtsordnung 1312, bleibt lange auf nsächf. und westmd. Rechtsdenkmäler (Köln, Eifel, Mainz, Hildesheim, Riga) beschränkt, tritt erst mit der Olmützer Gerichtsordn. 1550 aus diesem Kreis und wird noch im 16. Jh. zur allgemeinsten und sachlichsten Benennung des Amtes, nun auch auf 'Henker, Peiniger, Züchtiger' ausgedehnt: Else Angst-

mann 1928 Der Henker in der Volksmeinung 45 ff.

Scharfschütz M. kaum vor Adelung 1777.

Scharfsinn M. Während mhd. scharpfsinnec seit dem 15. Jh. belegt ist, tritt scharfsinn nicht vor Fischart 1575 Garg. 273 auf: Nichtenhauser 1920 Rückbildungen 27.

Scharlach M. Gr. κυκλάς F. 'den Körper rund umschließendes Frauenkleid' (zu κύκλος M. 'Kreis') ergibt über arab. siqillāt (woraus über afrz. ciclaton mhd. seit 1195 ziclāt. anord. siklat(un) 'rotes Seidenzeug mit Goldmuster'), perf. säqirlāt 'mit Kermes oder Koschenille rot gefärbtes Kleid'. Daraus mlat. scarlatum, ital. scarlatto, afrz. escarlate (woraus engl. scarlet) 'Scharlach als Stoff'. Entlehnung zu mhd. scharlāt R. findet kurz nach 1200 statt; um 1260 wird das mhd. Adj. scharlātin 'scharlachrot' gebildet. Die mhd. Wörter werden unter Einfluß der bei Laken behandelten Sippe umgeformt zu scharlach R. M., scharlachen R., scharlacnīn Adj.; Zus.-Setzungen wie scharlachkappe, -röt, -varwe, -wāt gehen von den umgebildeten Formen aus: H. Suolahti 1929 Frz. Einfl. 228 f. 237. Eine Krankheit, die die Haut hochrot färbt, heißt im 14. Jh. mlat. febris scarlatina. Lehnübersetzungen daraus sind frz. fièvre scarlatine, engl. scarlet-fever und nhd. Scharlachfieber (seit Adelung 1777), nach 1850 gekürzt zu Scharlach R.

Scharlatan M. Mlat. ceretanus, ital. ceretano 'fahrender Schüler', ein unerklärtes Wort des 15. Jh., ergibt unter Einfluß von ital. ciarlare 'schwatzen wie ein Marktschreier' ital. ciarlatano, frz. engl. charlatan 'Marktschreier, Quacksalber, Schwindler'. In hd. Text erscheint Charlatan seit Armatus-Rist 1642 Rettung der teutsch. Hauptsprache A^b, in nd. seit Lauremberg 1652 Scherzged. 2, 375.

Scharlei M. Der Muskatellersalbei heißt mit einem ungedeuteten Namen mlat. sclaregia, scarleia, ital. schiarea. Früh entlehnt zu ahd. scaralega, -leia u. ä. (Zf. f. d. Wortf. 6, 196), mhd. scarlei(g)e, frühnhd. scharley, agf. slarege.

scharmant Adj. Lat. carmen ist in seiner Bed. 'Zauberlied' Stammwort von frz. charmer 'bezaubern' geworden. Dessen Part. Präs. frz. charmant 'bezaubernd' erscheint seit Stieler 1695 Zeitungslust in unsern Fremdwbb. Das subst. Fem. Scharmante 'Geliebte' wird seit Chr. Reuter 1696 Schelmuffsky Burschenwort, beliebt in Zachariaes Renommist (1744). Zf. f. d. Wortf. 1, 41. 2, 292.

Scharmützel N. Das dt. schirmen (f. d.) ist früh zu ital. schermire 'fechten' entlehnt worden. Dazu oberital. scaramuza 'Gefecht', das im 13. Jh. rückentlehnt wird und mhd.

scharmutzel, -mützel M. ergibt. Neutr. setzt sich im 18. Jh. durch, weil das Fremdwort an die dt. Verkl. auf -el erinnerte: Zs. f. dt. Wortf. 7, 53.

Scharnützel N. Dem ital. cartoccio 'Papiertüte' entspricht in Triest scarsoccio. Diese Form wird nach Österreich entlehnt und gerät hier unter den Einfluß von slovak. kornut, tschech. kornout 'Tüte', die (wie gleichbed. frz. engl. cornet) auf lat. *(charta) cornuta beruhen. So entsteht österr. Skarniz M., Skarnizel N. (Wien, Cilli, Klagenfurt), weiterhin (indem der im Dt. ungewöhnliche Anlaut durch einen geläufigen ersetzt wird) Starnitze, -(e)l im größten Teil von Österreich und in Siebenbürgen; Starnitzel schon bei Abr. a S. Clara. Auf anderm Weg wird der Anlaut geebnet in Scharnützel, das im 16. Jh. Sachs für Nürnberg, Maaler für Zürich bezeugt; unter Einfluß von Scharmützel 'Gefecht' zu fränk. schwäb. Scharmützel u. ä. entstellt: Kretschmer 1918 Wortgeogr. 543 ff.

Schärpe F. In merowing. Lat. erscheint ein Fem. scrippa 'Pilgertasche', dem lat. scirpea 'Binsentasche' vorausliegt. Das aus einer jüngeren lat. Form scirpa entwickelte afrz. escherpe wird im 12. Jh. entlehnt zu mhd. schirpe F. 'Pilgertasche'. Neue Entlehnung im 17. Jh. geht von frz. écharpe 'Armbinde' aus und führt zu Scharp Duez 1644 Nomencl. S. 191, Scharpe ders. 1652 S. 214; Schärpe seit Nehring 1684 Manuale jur.-pol. Dabei scheint ä das helle roman. a wiederzugeben. Aus dem Nhd. stammen nnl. sjerp, schwed. skärp 'breiter Gürtel'.

Scharpie F. 'Zupflinnen'. Das heimische Meißel (s. d.) wird im 18. Jh. verdrängt durch Carpie, Carpey Heister 1739 Chirurgie 20, entlehnt aus nl. karpie (so seit 1598). Dies entspricht dem frz. charpie F. 'gezupfte Leinwand', Part. Perf. Pass. zu afrz. charpir (aus lat. carpere) 'pflücken, zupfen'. Mit Scharpie hat sich im 19. Jh. die frz. Form durchgesetzt.

scharren schw. Ztw., mhd. mnd. tcharren 'kratzen': Intensivbildung zum sinnverwandten st. Ztw. mhd. schërren, ahd. scërran, asächs. ofskërran 'abkratzen', woneben (wieder schw.) mnd. schurren, schwed. skorra, norw. skarra (dies aus germ. *skarzōn) 'Scharrlaute hervorbringen'. Die Gruppe gehört (wie Harsch, s. d.) mit germ. Ablautneubildung zur idg. Wurzel *(s)qars- 'kratzen' in lat. carrere '(Wolle) krempeln', carduus 'Distel', aslav. krasta, russ. korósta 'Krätze, Grind', lit. karšti 'striegeln', aind. kaṣati 'reibt', kaṣāa- 'scharf' mit mittellind. Verlust des r).

Scharte F. mhd. schart(e) 'durch Schneiden, Hauen oder Bruch hervorgebrachte Vertiefung oder Öffnung', mnd. skart (d), mnl. scaert, scart (d), nnl. schaarde, afries. skerd, agf. sceard, engl. shard, anord. skarð N.: Subst. des Adj. mhd. schart, ahd. scart, asächs. skard, afries. skerd, agf. sceard, anord. skarðr 'zerhauen, beschädigt'. Dies zum Ztw. scheren, s. d. Ein afränk. *skërda 'Scharte' wird vorausgesetzt durch das daraus entlehnte afrz. escharde, das unter Einfluß von carde 'Weberkarde' (s. scharren und Karde) zu frz. écharde 'Splitter, Distelstachel' geworden ist. Wurzelverwandt, aber anders gebildet, sind mhd. scharte, ahd. scart-īsan 'Tiegel, Pfanne' und ihr mundartl. Zubehör: sie sind (nach Ausweis des aslav. sk(v)rada 'Tiegel, Pfanne, Herd') entwickelt aus idg. *skordhā, nicht *skortā.

Scharteke F. nur deutsch. Als Entlehnung ins frz. charte gilt mhd. scarte F. 'Urkunde', neben das im 16. Jh. gleichbed. scártēke tritt. Dafür mag Schülerlatein nach dem Vorbild des älteren Parteke (s. d.) *scartēca gewagt haben. Die Bed. ging in 'altes Buch' über, weil Pergamentblätter zu deren Einband verwendet wurden. Den Plur. Scartecken 'Schmöker' setzt Luther zweimal in e. Brief vom 18. Jan. 1545 (Enders-Kawerau 16, 174). Er wird den Ausdruck auch mündlich gebraucht haben; von da Alberus 1539 Wider Jörg Witzeln B 3ᵃ. Von der Lateinschule geht der Gebrauch bei Paracelsus und Th. Platter aus.

Scharwenzel M. Zu tschech. červený 'rot' gehört červenec M. 'Roter, roter Unter, Herzbube', mit dem Kartenspiel Trischak (tschech. strašák, urspr. 'Schreckbild') im 17. Jh. entlehnt: Wick 52 f. Die österr. Verkl. Scharwenzel 'Bube im Kartenspiel' mag durch gleichbed. Wenzel beeinflußt sein, das auch den Wortton bestimmt hat. Die jüngere Bed. 'Allerweltsdiener' konnte sich von 'Trumpfkarte' aus leicht entwickeln. Von 'Allerweltsdiener' wieder geht im 18. Jh. die weidmänn. Bed. 'Pudel' aus. Einfluß von ital. servente M. 'Diener; Verbeugung' ist im Spiel, soweit S. 'Kratzfuß' bedeutet, auch an scharren wird man gedacht haben. Das Ztw. scharwenzeln 'sich dienstbeflissen zeigen' stimmt zur jüngeren Hauptbed. Soweit dabei an Wenzel gedacht wurde, mochten Vorbilder wie hänseln 'necken', nickeln 'ärgern', stoffeln 'schwerfällig gehen' mitwirken: V. Pisani 1930 Idg. Forsch. 38, 243.

Scharwerk N. mhd. (seit dem 14. Jh.) scharwërc, -wërch, mnd. schȩrwërk 'in geordneter Verteilung umgehende Fronarbeit': Verdeutlichung von Schar² im entsprechenden Sinn. Dazu seit dem 16. Jh. scharwerken

schw. Ztw. und Scharwerker M., das seitdem in die Bedeutung 'unzünftiger Handwerker' übergegangen ist. Entsprechend Schar-
wache F., mhd. scharwahte 'reihum aufer-
legter Wachdienst; Gesamtheit der dazu aufgebotenen Männer'.

schaffen schw. Ztw. 'fortjagen', vor Ende
des 18. Jh. von Studenten entlehnt aus frz.
chasser, das seinerseits ein volkslat. captiāre
'zum Gefangenen machen, jagen' fortsetzt.
Zuerst bei hallischen Studenten 1781 (Kindleben, Stud.-Lex. 168), im 19. Jh. in die
Schülersprache gesunken: Kluge 1895 Stud.-
Spr. 120; Eilenberger 1910 Pennälerspr. 63;
Zs. f. d. Wortf. 12, 288.

Schatten, älter Schatte M. (nd. dafür
Schemen, s. d.), mhd. schate(we), schęte(we),
ahd. scato, -awes, asächs. anfr. skado, mnd.
schad(en)e, mnl. scade, scaduwe M., nnl.
schaduw, ags. scead N., sceadu F., engl.
shade, shadow (die Formen auf w aus obliquen Kasus) 'Schatten', norw. skodd(a),
skadda, schwed. mundartl. skadd, skada,
skådd, skäddä 'Nebel', got. skadus M. Von
den außergerm. Verwandten stehen zunächst
air. scáth, mkymr. cy-scawd, kymr. cy-sgod,
akorn. scod, bret. squeut 'Schatten'. In der
Bed. abweichend das urverw. gr. σκότος
'Dunkelheit', so daß für idg. *skot- 'skāt-
die Bedeutungen 'Schatten' und 'Dunkel' angesetzt werden. Zum Gebrauch des Worts bei
den Klassikern F. Kainz 1943 Dt. Wortgesch. 2,
231 f. — Ein andres germ. Wort für 'Schatten'
s. u. schauen.

Schattenriß M. zuerst bei Stieler (1691)
1598 für gr.-lat. sciagraphia. Riß 'Zeichnung
in Linien' wie in Ab-, Auf-, Grundriß;
vgl. Reißbrett. Dän. skadered ist aus dem
Nhd. entlehnt. Gleichbed. frz. silhouette, von
uns nach Mitte des 18. Jh. übernommen, von
Gedike im Dt. Mus. 1779, 2, 400 als unnötig
bezeichnet: nach Marquis Etienne de Silhouette († 1767), der sein Schloß an der Marne
statt mit Bildern mit selbstgefertigten Schatten-
rissen ausstattete, die er 1757 als Finanz-
minister Ludwigs XV. vor den kostspieligen
Miniaturen begünstigt hatte. Er wirtschaftete
so knauserig, daß nach einem Witzwort Merciers
in Paris ein knappes Gewand 'à la Silhouette
geschnitten' hieß.

Schattenspiel N. zuerst bei Stieler (1691)
2088 mit der Umschreibung 'drama umbrosum,
sciafericum'. Auf den Ursprung (vgl. Gg.
Jacob, Gesch. des Schattentheaters, 1907)
verweist Niebuhr 1774 Reisebeschr. 1, 188
„Schattenspiele an der Wand sind in den
morgenländischen Städten viel gebräuchlich".

schattieren schw. Ztw. zu Schatten mit
fremder Endung, seit Schönsleder, Prompt.
(Augsb. 1618) allgemein. Verwandte Mischbildungen s. u. grillisieren.

Schatulle s. Schachtel.

Schatz M. Mhd. scha(t)z (die Abgrenzung
gegen Hort vollzieht K. v. Bahder 1925 Wortwahl 89), ahd. skaz 'Geld(stück), Vermögen',
asächs. scat 'Geld(stück), Besitz, Vieh', mnl.
scat (tt), nnl. schat, afries. skętt 'Schatz,
Geld, Vieh', ags. sceatt, anord. skattr 'Abgabe, Reichtum, Geld', schwed. skatt, dän.
skat, got. skatts 'Geld(stück)' führen auf germ.
*skatta- mit der vorgeschichtlichen Bedeutung
'Vieh', bestätigt durch das dem Germ. entlehnte aslav. skotŭ 'Vieh, Haustier' und den
gleichgerichteten Bedeutungswandel bei Vieh
(s. d.; vgl. bei-, eintreiben). Mit mnd. mnl.
schade 'Zins, Wucher', ursprünglich 'was bei
einem Geschäft herausspringt', westfäl. schöt
'Laich', nfr. schaden 'laichen' zur idg. Wurzel
*sqet-, woneben *sqēt- in westfäl. schä(d)en
'Ertrag geben' (vom Weizen), nfr. schaiden
(ai aus westgerm. ā). Urverwandt sind lit.
skàsti 'springen', lat. scatĕre 'hervorsprudeln,
quellen', gr. σκαταμιζειν 'springen'. Zum
Bedeutungswandel von 'quellen' über 'hervorkommen' zu 'sich ergeben' vgl. frz. résulter aus
lat. resultāre: F. Holthausen 1942 Beitr. 66,
267.

Schaub M. mhd. schoup (b), ahd. scoub
'Garbe, Strohbund', asächs. skōf, mnl. scoof,
ags. scēaf, engl. sheaf 'Garbe', dazu mit übertragener Bed. anord. skauf 'Fuchsschwanz'
(urspr. 'Büschel'), mit Ablaut anord. skúfr,
'Troddel, Quaste'. Die nächsten germ. Verwandten s. u. Schober, Schopf, Schuppen.
Außergerm. Verwandte sind nur in den slav.
Sprachen gesichert, s. Schober. — Schaub,
nd. Schoof als Fam.-Name zielt auf Magerkeit der alten Träger, ist also bed.-gleich mit
Dürr: A. Götze 1928 Zs. f. d. Bildung 4, 415.

Schaube F. 'langes weites Gewand für
Frauen und Männer'. Von arab. dschubba
'Obergewand mit langen Ärmeln', das uns
Joppe (s. d.) geliefert hat, gehen span. aljuba,
chupa, ital. giubba 'Jacke, Wams' aus. Im
14. Jh. bringt das Wort nach Oberdeutschland,
1362 erscheint der Dat. Sg. Schapen 'Schüler-
gewand' in Augsburg, sonst sind schübe,
schüwe die ältesten Formen. Bis heute haften
schweiz. schübeⁿ, schwäb. schaupe, doch auch
vom Elsaß bis Tirol begegnet das Wort. Wick 73.

Schaubühne s. Bühne.

Schauburg F. Nach dem Vorbild von nl.
schouwburg (17. Jh.) schlägt Zesen 1645
Ibrahim 389 Schauburg für Theater vor.
Schottel und Gryphius folgen ihm; heute ist

das Wort z. B. in Hannover und Hamburg in Geltung.

schaudern schw. Ztw., erst nhd., aufgenommen aus nd. schuddern, dies für mnd. schoderen, dem in Kleve 1477 schaideren entspricht. Nrhein. kommt im 14. Jh. schudern auf; vgl. mengl. schudderen, engl. shudder 'schaudern'. Stammverwandt ist schütten (s. d.), mit dem die Sippe auf der idg. Wz. *sqŭt 'rütteln' beruht. Dazu ahd. scutisōn 'schaudern', scutisōd 'das Beben, Zittern'. S. Schutt.

schauen schw. Ztw., mhd. nnl. schouwen, ahd. scouwōn, asächs. skauwon, anfr. scouwon, scauwon, afries. skāwia, ags. scēawian 'schauen', engl. show 'zeigen'. Nächstverwandt ist schön, s. d. Außergerm. vergleichen sich armen. cucanem 'lasse schauen, zeige', coyc 'Zeigen, Schau', gr. θυο-σκόος 'Opferschauer'. Idg. Wurzel *(s)qeu-: *(s)qĕu- 'auf etw. achten, merken'. Das der nhd. Schriftsprache geläufige schauen gehört der Umgangssprache nur in Bayern und Österreich an. Hier bezeichnet es (wie nordd. lucken, nd. kiken) 'den Blick auf etw. richten, (unter Anspannung des Willens) spähen'. Im Österr. besteht in dem Gruß „Auf Wiederschaun" die Neigung, schauen über diesen Begriffskreis auf den von sehen auszudehnen.

Schauer¹ M. 'Wetterdach', mhd. mnd. schûr, ahd. asächs. scûr M. 'bedeckter Ort, Obdach, Schutz, Schirm', isl. skúrr, schwed. mundartl. dän. skur 'Schutzdach, Bretterschuppen': zum gleichen Stamm wie Scheuer und Scheune, s. d.

Schauer² M. 'Unwetter, Regenschauer, Hagel', mhd. schûr, ahd. asächs. ags. scûr M., nl. mundartl. schoer 'Platzregen', engl. shower, anord. skúr F., got. skúra F., in skúra windis 'Sturmwind'. In Teilen des Rheinlands bezeichnet Schauer die Pausen zwischen Regenfällen. Germ. Verwandte sind ags. scēor 'Sturm' und norw. skjøra 'Windstoß'. Mit der germ. Sippe vereinigen sich lat. caurus 'Nordwestwind', lit. šiaurùs 'wütend, stürmisch', šiaurỹs, aslav. sěverŭ 'Nordwind', armen. curt (aus *skŭr-do-) 'kalt, Kälte, Schauer' auf idg. *(s)kēuer(i)o-: *(s)kəuero- 'Nord(wind)'.

Schauerleute Plur. in hd. Seetexten seit 1831, vorher Schauer (schon 1662), nnl. sjouwer(man) (Kluge 1911 Seemannsspr. 684) 'Tagelöhner, die beim Löschen und Laden der Schiffe helfen': zu nl. sjouwen 'hart arbeiten', fries. seewe. Diese Form erweist Zus.-Hang mit See F. und eine Grundbed. 'Lasten an oder auf Bord tragen, indem man durch die See watet'. Zu trennen von Schauer M. 'Werftarbeiter': zu nd. Schau, nl. schouw 'flaches, offenes Boot; Stechkahn, wie er beim

Kalfatern usw. verwendet wird'. Die hd. Entsprechung dieses Schau liegt in mhd. schalte M. 'Nachen' vor. S. Schelch.

Schaufel F. Mhd. schûvel, ahd. scûvala, scûfla, mnd. schûf(e)le, asächs. skûfla F. 'Schaufel' führen auf germ. *skûflō-. Daneben *skuflō- in mnd. mnl. schuffel(e), nnl. schoffel, ags. sceofl, engl. shovel, schwed. skofvel 'Schaufel'. Mit dem Suffix der fem. Gerätnamen germ. -(i)lōn (Kluge 1926 Stammbild. § 91) zu Wz. *skûb (skûf) 'schieben', somit urspr. 'Gerät, auf das man etw. schiebt (um es nachher weiterzubefördern)'. Den umgangssprachl. Bereich von Schaufel und seine Grenzen gegen nord- und westdeutsch Schüppe umschreibt Kretschmer 1918 Wortgeogr. 410 ff.

Schaukel F. und **schaukeln** Ztw. sind über ganz Deutschland verbreitet, begegnen aber nicht vor Schottel 1663. Luthers Formen sind Schuckel und schückeln. Nhd. au scheint auf irrender Umsetzung eines nd. û zu beruhen (schükel ten Doornkaat Koolman 3, 154). Belegt sind u. a. mhd. schoc, schockes M., schocke F., mnd. schucke F. 'Schaukel', asächs. scogka F. 'schaukelnde Bewegung', mhd. schocken 'sich schwingend bewegen', mnd. schocken 'sich hin und her bewegen', nd. schucken 'schütteln, schaukeln', mengl. schocken 'sich heftig bewegen'. Frz. choquer 'anstoßen' ist im 13. Jh. entlehnt aus mnl. schokken. Frz. choc 'Stoß' ist im 16. Jh. aus dem frz. Ztw. rückgebildet, engl. shock 'anstoßen' daraus entlehnt. Landschaftl. sind die Namen der Schaukel (wie viele Kinderspiele) sehr bunt: nl. schommel, braunschw. schwenge, altmärk. thür. oberlauf. schunkel, hess. reitel, für, schaute, rheinfränk. klunker, pfälz. gaunsel, mainfränk. schwäb. gautsche, bair. rutschupfen, österr. hutschen, tirol. raitschen, schweiz. rîti, gi(ge)reitse, els. reit(s)el, rittel, geipfel, hutzel, gäutsch. Kretschmer 1918 Wortgeogr. 403 f.

Schaum M., mhd. schûm, schoum, ahd. scûm, mnd. schûm(e), mnl. scûm(e) M. (hieraus entlehnt engl. scum), nnl. schuim; anord. skúm N., norw. dän. schwed. skum N. mit ŭ, das auf Kürzung vor m beruht. Aus einer germ. Nachbarsprache entlehnt ist ital. schiuma. Frz. écume 'Schaum' beruht auf gallorom. *scûma, in dem sich anfr. *skûm mit gleichbed. lat. spûma gekreuzt hat. Schaum als Fam.-Name ist (wie Schaumkell, -löffel) wohl meist mittelbarer Berufsname eines Kochs. In verwandten Sprachen und manchen dt. Mundarten steht für Schaum die unter Feim behandelte Sippe (Kreuzungen zwischen beiden sind frühnhd. faum und schaim: K. v. Bahder 1925 Wortwahl 69). Beide sind auf germ. -ma- gebildet (F. Kluge 1926 Stammbildungsl. § 88), germ. *skū-ma- vielleicht zu der unter Scheuer usw. vorausgesetzten idg. Wurzel *sqeu- 'bedecken'. Die Grundbedeutung 'Bedeckendes' wird in abschäumen anschaulich.

Schaumwein M. Lehnübersetzung des 18. Jh. für frz. vin mousseux. 1779 bei Herder (Preuß. Jbr. 76, 254); Campe unbekannt; in geschlossener Belegreihe erst seit Hauff 1827 Mann im Mond 27. In Österreich steht Schaumwein für die heimischen Erzeugnisse, Schampus für die fremden: Kretschmer 1918 Wortgeogr. 458.

Schauplatz M. für Theater seit Luther 1522 Ap.-Gesch. 19, 29, Zeuge einer Zeit, die ihre Schauspiele auf offenen Plätzen aufführte. Gleichbed. Schaubühne s. u. Bühne. Die Zus.-Setzung Kriegsschauplatz (s. d.) hält die sinnliche Grundbed. fest.

Schaute M. 'lächerlicher Narr', aus hebr. šōte 'dumm, töricht' ins Westmd. des 16. Jh. entlehnt, zuerst bei Kirchhof 1565 Wendunm. 2, 469. Das gleichbed. nl. schudde seit 1598.

Scheck M. 'Zahlungsanweisung auf eine Bank, Zahlschein', bei uns zuerst 1836 im Plur. Checks (Schirmer 1911 Wb. d. dt. Kaufm.-Spr. 145. 167 f.) aus engl. cheque (check ist die in Amerika übliche Form), dies im heutigen Sinne seit 1774 (New Engl. Dict. 2, 321). Das engl. Wort kommt auf Wegen, die Littmann 1924 Morg. Wörter 116 erörtert, aus arab. ṣakk 'Vertrag', dies aus gleichbed. pers. čäk: dagegen vermutet B. Fehr 1909 Sprache d. Handels in Altengland 41 Entlehnung aus afrz. eschiec 'Schachbrett' (über 'Kerbholz' oder 'Rechenbrett').

scheckig Adj. Mhd. schëcke Adj. 'gescheckt' tritt vor 1272 auf, entlehnt aus afrz. (12. Jh.) eschiec 'Schach'. Auf derselben Vorstellung beruhen ital. fatto a scacchi 'schachfeldfarben würfelig' und engl. checky 'kariert': Suolahti 1929 Frz. Einfl. 229 f. Zum Adj. schëcke stellen sich spätmhd. schëcken 'bunt machen' und schëckëht 'scheckig'. Auch Scheck und Schecke als Namen gefleckter Tiere beruhen auf dem Schachspiel.

Scheckpfeife F. 'kurze engl. Tabakspfeife' (Frenssen 1906 Peter Moor 124): zu engl. shag 'feingeschnittener Tabak'. Dies, gekürzt aus shag tobacco (1789: New Engl. Dict. 8, 2, 598 a) ist eins mit engl. shag 'Wirrhaar'. Dessen Sippe s. u. Scheg.

scheel Adj. Jdg. *sqel- 'krumm' liegt vor in gr. σκελίς 'Hüfte der Tiere', σκολιός, σκαληνός 'krumm', σκώληξ 'Wurm', alb. tšal'ë 'lahm', lat. scelus 'Bosheit' usw. Tritt an den Stamm idg. -ko, so entsteht bei Stammsilbenbetonung germ. *skélha-, ags. sceolh

'schräg', ahd. scëlah. mhd. schëlh, schëlhes, mnd. schël, nhd. scheel. Ostobb. ist h aus den flektierten Formen (mhd. schëlher usw.) in den Nom. übertragen, daher bair. schelch. Bei Endsilbenbetonung entsteht mit gramm. Wechsel germ. *skelgá-, dessen g nach stimmhaftem Laut in anord. skalgr 'schief, scheeläugig' erhalten bleibt. Neben idg. -ko ist -qo anzusetzen, das germ. -hwa ergab, dessen w nach Verstummen des h unmittelbar hinter l trat. Altes lw wurde (wie in albern, Milbe, Schwalbe usw.) zu lb. Aus flektierten Formen wie schelber ist alem. schelb entwickelt. Auch im Namen heben sich bair. Schelch und alem. Schelb(le) vom norddt. Scheel ab. Diese Fam.-Namen sind aus Übernamen von Augenleidenden hervorgegangen: die umfassende Bed. 'schief' war früh auf das schiefblickende Auge eingeschränkt. Zur Übertragung auf sittliches Gebiet (jem. scheel ansehen, Scheelsucht, -süchtig) vgl. schlimm, das noch im Mhd. 'schief' bedeutet, oder lat. obliquus, das aus 'seitwärts gerichtet' zu 'neidisch' geworden ist.

Schese F. 'Schote', sowohl die Erbsenpflanze wie die als Gemüse gekochten jungen grünen Erbsen. Ahd. scëfa, heute ein schwäb., alem., pfälz. Wort; dazu Zuckerschese. Am ehesten verwandt mit alem. Chäsen, ahd. chëva: Schweiz. Jd. 3, 159.

Scheffel M. 'Hohlmaß'. Mhd. scheffel, ahd. scëffil, asächs. skepil, mnl. scepel. mlat. scapilus (vgl. Wispel) gehören zu mhd. schaf, ahd. scaf, asächs. skap, mnl. scap 'Gefäß für Flüssigkeiten, Kornmaß' (s. Schaff und Schaft²), dazu anord. skeppa F. 'ein Maß'. Scheffel fehlt dem Hess. und einem Teil der obb. Mundarten. Luthers Scheffel (Matth. 5, 15 u. ö.) wird von Petri (Basel 1523) durch sester, symmerin ersetzt, von Eck (Ingolst. 1537) durch malter, metzen).

Scheg M. 'unterster Teil des Vorstevens', in hd. Seetexten zuerst als Schech 1767 (Kluge 1911 Seemannsspr. 684): mit gleichbed. nnl. scheg(ge), dän. skjeg, schwed. skägg aus germ. *skaggia-, das in anderer Entwicklung anord. skegg, norw. skjeg, schwed. skägg 'Bart' ergeben hat (s. Scheckpfeife). So ist anord. barð 'Bart' zu 'Vorbersteven' geworden.

Scheibe F. Mhd. schibe, ahd. scība, asächs. skiba, mnd. schive, mnl. scive, nnl. schijf, afries. skive, mengl. engl. shive, anord. skifa (daraus entlehnt engl. skive), schwed. norw. skiva, dän. skive führen auf germ. *skībō- 'vom Baumstamm abgeschnittene Platte'. Jdg. *sqēip- ist Labialerweiterung zu *sqēi- 'schneiden, trennen'. Nächstverwandt sind gr. σκίπων 'abgespaltener Ast, Stock', lat. scipio 'Stab'

Auch das schw. Ztw. scheiben gilt in den meisten germ. Sprachen; zu mhd. schiben 'drehend bewegen' stellt sich kegel schiben 'eine Holzscheibe (später: eine Kugel) auf die Kegel rollen lassen'; bair. Kegel scheiben bewahrt das Alte, nhd. schieben beruht auf Umdeutung. — S. auch Schiefer.

Scheich M. Arab. šaiḫ 'Stammesoberhaupt', urspr. 'Ältester' ist in viele europ. Sprachen gelangt, zu uns nicht vor dem 19. Jh.

-scheid s. Heide² F.

Scheide F. Vom Ztw. scheiden (s. d.) gehen eine germ. Bildung der Bed. 'Schwertscheide' und ihre nur deutsche Wiederholung im Sinn von 'Grenze' aus. 1) Germ. *skaiþi-, *skaiþiō- F. ergibt sich aus anord. skeiðir Plur. '(Schwert-)Scheide' und gleichbed. ags. scǣð, afries. skēthe, mnl. schēde, asächs. scēdia, ahd. sceida, mhd. scheide st. und schw. F. War die Ausgangsbed. 'Gespaltenes', so zeigt der anord. Plur., daß die beiden Holzplatten, die die Klinge schützten, der Schwertscheide ihren germ. Namen gegeben haben. Das gleichbed. lat. vāgīna steht seit Plautus zugleich für 'weibliche Scham': der Römer verglich das männl. Zeugungsglied dem Schwert; damit wurde das weibl. Geburtsglied zur Scheide. Bei uns ahmt zuerst J. Veßling 1678 Syntagma anatom. 101 das lat. Vorbild mit der Lehnübersetzung Scheide nach. 2) Ahd. sceida, mnd. scheide, schēde, mhd. scheide st. F. stehen in der Bed. 'Trennung, Abschied, Unter-, Entscheidung, Grenze'. Nhd. hält sich nur die letzte, auch in Völker-, Wasser-, Wegscheide. Grenzorte heißen Schaidt und Scheid (nach den Orten die gleichlautenden Fam.-Namen); die ersten der westmb. Ortsnamen auf -scheid lagen an Wasserscheiden oder Stammesgrenzen.

Scheidemünze F. kleine Münze vom Heller bis zum Doppelgroschen, als Schiedmünz bei Grimmelshausen 1670 Courasche 112 Scholte. Als Scheidemünze gebucht seit K. Stieler 1691 Stammbaum 1310. 1750. Nach Adelung 4 (1780)8 „geschlagen . . um den Käufer und Verkäufer im Handel und Wandel in Kleinigkeiten zu scheiden".

scheiden st., vordem redupl. Ztw. Mhd. nnl. scheiden, ahd. sceidan (Part. kisceitan), asächs. skēdan, mnl. sceiden, scēden, afries. skētha, ags. scēadan, engl. shed, got. skaidan 'scheiden' führen auf germ. *skaiþanan, mit gramm. Wechsel *skaiðanan. Zu den nächsten germ. Verwandten gehören scheißen, Scheit, Scheitel und schütter: Dentalerweiterungen der idg. Wurzel *sqēi- 'schneiden, trennen, scheiden'. Außergerm. vergleichen sich u. a. lit. skíedžiu, skíesti 'trennen, scheiden',

Iterativ skáidyti, lett. šḱiedu, šḱiest 'scheiden, trennen, zerstreuen, vergeuden', šḱiedēt 'in Teile zergehen'.

Schein M. Mhd. schīn 'Strahl, Glanz, Helligkeit, Sichtbarkeit; sichtbarer Beweis, Urkunde', ahd. asächs. nnd. afries. skīn 'Glanz', mnl. scijn, nnl. schijn, ags. scīn 'Schein, Glanz', engl. -shine führen auf westgerm. *skīni-. Daneben mit Ablaut (germ. *skina- N.) ags. scinn 'Erscheinung, Gespenst', anord. dän. skin '(Sonnen-)Schein', schwed. sken 'Glanz'. Beide Bildungen gehören zum st. Ztw. scheinen (mhd. schīnen, ahd. asächs. skīnan, ags. scīnan, engl. shine afries. anord. skīna, schwed. skina, dän. skinne, got. skeinan), das sich mit präsent. n zur idg. Wurzel *skī-: *skāi-: *skəi- 'gedämpft schimmern; Schatten, Abglanz' stellt. Verwandte s. u. Schemen, schier, Schimmel, schimmern. Außergerm. stehen am nächsten aslav. sinati 'aufleuchten', sěni 'Schatten'.

Scheingrund M. speciosus praetextus: seit Schottel (1663) 477a. Von Frisch 1741 aufgenommen, durch Gottsched belebt.

scheinheilig Adj. Lehnübersetzung des nnl. schijnheilig, das zuerst 1557 im 'Tobias' des W. Gnapheus begegnet (Wb. d. nl. Taal 14, 628). Das dt. Adj. nicht vor Fischarts Bienenkorb (1581) 192a, einer Übersetzung aus dem Nl., 1583 von einem Kirchenlied (Phil. Wackernagel, Das dt. Kirchenl. 5, 853a) aufgenommen. Vorgebildet durch Luther 1518 Weim. Ausg. 1, 186: das ist der vnderscheyd der waren Heyligen vnd der scheinenden Heilgen. In der protest. Welt bleiben auch die aus dem Nhd. entlehnten dän. skinhellig u. schwed. skenhelig (dies zuerst 1640). — Nnl. schijnheiligheid geht gleichfalls auf Gnapheus 1557 zurück (Wb. d. nl. Taal 14, 629). Diesem Muster bildet Opitz 1626 Argenis 1, 150 Scheinheiligkeit nach, das von den Protestanten Olearius, Stieler und Frisch aufgegriffen wird.

Scheinwerfer M. von Campe 1791 Sprachbereicherung 39 als Ersatz für frz. réverbère gewagt.

scheißen st. Ztw., mhd. schīzen, ahd. scīzan, mnd. schiten, mnl. scīten, nnl. schijten, nordfries. skit, ags. scītan, engl. shite, anord. skīta, schwed. skita, dän. skide 'Stuhlgang haben', urspr. 'ausscheiden'; dazu mhd. schīze F., anord. skitr M. 'Durchfall'. Aus dem Germ. entlehnt sind nordital. schito 'Mist' und afrz. eschiter 'besudeln'. Die nächsten außergerm. Verwandten sind lit. skíedžiu 'trenne, scheide', skýstas, lett. šḱidrs 'an Durchfall leidend'. Ferner stellen sich dazu kymr. cwys 'Scholle' mbret. syuegaff 'schneiden', lat. scindo (Perf.

scidi), gr. σχίζω 'spalte', aind. čhinátti 'spaltet, schneidet ab', čhéda- 'Abschnitt', čhidrá- 'durchlöchert': sämtlich zu Dentalerweiterungen von idg. *sqēi- 'schneiden, trennen'.

Scheit N. mhd. schīt (t), ahd. skīt 'Holzscheit', mnd. schīt (d), nl. mundartl. schijd, afries. skīd, ags. scīd, engl. shide, anord. skīð 'Scheit, Schneeschuh' (s. Schi). Finn. kiita 'Lattenwerk' ist früh aus germ. *skīda- entlehnt. Das Wort gehört zu scheiden (s. d.), wie gr. σχίζα 'Holzscheit' zu σχίζειν 'spalten'. Air. scīath, aslav. štitŭ, poln. szczyt, apreuß. staytan (für *scaytan) 'Schild' sind nur durch den Ablaut (*sqoito-) von *sqeito- getrennt.

Scheitel M. mhd. scheitel, ahd. sceitila F. 'Kopfwirbel, Haarscheide vom Wirbel bis zur Stirn', mnd. schēdele, anfr. sceithla F., ags. scēadel 'Weberkamm'. Mit gramm. Wechsel (wie Knoten, leiten, Schnitt, gesotten neben Knödel, leiden, schneiden, sieden) zu scheiden, somit 'Stelle, an der sich die Haare scheiden, nach verschiedenen Seiten legen'. Dazu mnl. scēde 'Stelle, an der sich ein Weg gabelt', ags. scēada, langob. skaida 'Haarscheitel', woraus entlehnt gleichbed. lombard. scheja. Der vom Norddt. ausgehende Genuswandel beansprucht Jh.e: Feldmann 1906 Zs. f. d. Wortf. 7, 54; Paul 1917 Dt. Gramm. 2, 111 f. Entspr. stellt sich schwed. skäl 'Scheitel' zum Ztw. skilja 'trennen'.

Scheiterhaufen M. nicht vor dem 16. Jh. Erster Wortteil ist der alte Plur. zu Scheit N. (mhd. schīter).

scheitern schw. Ztw. erst nhd. zum Plur. Scheiter gebildet, z. B. im Weistum von Pöchlarn 1539 (Österr. Weistümer 9, 557) iemant scheitert 'jemands Fahrzeug geht in Trümmer', während 1450 (das. 7, 927) vorausgeht: so das schef hinrunn und zu scheitern wurd. Seemänn. scheitern 'Schiffbruch leiden' seit Stieler 1691 für älteres zuscheitern (Luther), zerscheitern (so in hd. Seetexten seit 1676: Kluge 1911 Seemannsspr. 685), zu Scheitern gehen.

Schelch M. eines der von Luthers Kahn verdrängten Wörter für 'Boot', seit dem 15. Jh. für Main und Werra bezeugt. Aus rheinund ostfränk. Ma. wird Schelch im 17. Jh. literar.; die Wörterbücher von Hulsius 1596 bis Adelung 1798 verzeichnen es: K. v. Bahder 1925 Wortwahl 31. Kluge 1911 Seemannsspr. 685 vermutet darin eine Abl. zu Schale, doch weist spätahd. schaltich 'Rennschiff', bair. schältich 'Flußfahrzeug' vielmehr auf Beziehung zu ahd. scalta F. 'Stoß-, Ruderstange'. S. schalten.

Schelfe F. 'Hülsenfruchtschote; Obst-, Nuß-, Kartoffelschale'. Mhd. schelve, ahd. scel(i)va 'Schote' führen auf vorahd. *skalf-jō(n). Daneben mnd. schelver, mnl. schelffe(r), nnl. schilfer F. 'was sich abschält', mnd. schulvern 'abblättern'. Das vorausliegende idg. *sqel(e)p-gilt als Erweiterung der idg. Wurzel *sqel- 'schneiden', s. Schale[1]. In die math. Fachsprache führt J. Kepler 1616 Schelfe F. 'zona' ein: A. Götze 1919. Anfänge e. math. Fachspr. 157. In nhd. Schriftsprache ist das F. seit Ende des 18. Jh. verklungen; obd. Mundarten ist es geläufig.

Schellack M. 'Lack in dünnen Blättern', seit Jablonski 1721. Entlehnt aus nnl. schellak (zu schel 'Schuppe': an die Schuppen des Fischs ist bei der Namengebung gedacht), von dem auch engl. shellac (zuerst 1713) ausgeht. Aus dem Nhd. stammen dän. skjellak und schwed. schällack (zuerst 1793). Vgl. Schale[1].

Schelldrack M. 'Fuligula clangula'. Grundwort ist das bei Ente entwickelte westgerm. *drako- 'männliches Tier', das Bestimmungswort gehört (wie das von Schelladler 'Aquila naevia') zu mhd. schellen 'ertönen lassen' nach den durch den Flügelschlag erzeugten Tönen, die einem Glockengeläut ähnlich sind. Der weibliche Vogel heißt Schellente: E. Schwentner 1935 Beitr. 59, 316.

Schelle F. mhd. schëlle, ahd. scëlla 'Glöckchen', got. *skilla (zu erschließen aus frühmlat. scilla 'Glöckchen', das im gleichbed. ital. squilla fortlebt): zum st. Ztw. ahd. scëllan, mhd. schëllen, ags. sciellan, anord. skjalla 'tönen'. Das st. Ztw. ist untergegangen, ebenso das Faktitiv mhd. schellen schw. Ztw. 'ertönen machen, schallend zerbrechen'. Nhd. schellen 'klingeln' (nicht vor 1624) ist Neubildung zu Schelle F. — Zu Schelle 'Ohrfeige' (in Thüringen, Sachsen, Vogtland, Bayern) s. Maulschelle, aus dem es gekürzt ist. Ferner vgl. Schall, schelten, verschollen, zerschollen, zerschellen und Kretschmer 1918 Wortgeogr. 104. 284 ff.

Schellfisch M. Der Nordseefisch Gadus aeglefinus (so von Gesner benannt) heißt nach seinem muscheligen, sich blätternden Fleisch (vgl. nd. schellen 'schälen') mnd. schellevisch, mnl. scelvisc (daraus entlehnt afrz. esclefin, frz. aigle-, aigrefin), ags. *scel-, scilfisc, anord. skelfiskr. Die Auffassung wird bestätigt durch gleichbed. russ. sloistaja treska 'aus Schichten bestehender, blättriger Kabeljau'. In hd. Text seit Gesner 1563 Fischbuch 195 Forer. S. Schale[1] und O. Böthlingk 1897 Jdg. Forsch. 7, 273.

Schellhengst M. frühnhd. schelhengst Luther 1531 Sir. 33, 6: verdeutlichende Zus.-Setzung mit mhd. schel(e), ahd. scelo M. 'Zuchthengst; männl. Elentier'. Dazu beschälen. Die unter Schalk entwickelte idg. Wurzel *(s)kel- 'springen' hat im Germ. die Bedeutung 'bespringen' angenommen.

Schellkraut N. mhd. schelkrūt, -wurz, ahd. scёllawurz (Zs. f. d. Wortf. 3, 298. 5, 21), nnd. schellewort, mnl. schel(le)wortel(e), nnl. schelkruid, - -wortel, schwed. skelört. Daneben Schöllkraut, dessen ö unter Einfluß der benachbarten Konsonanten entstanden ist. Chelidonium (majus) führt den Namen nach gr. χελιδών F. 'Schwalbe'. Eine Beziehung zwischen Pflanze und Vogel sucht Plinius, Nat. hist. 25, 50 zu begründen, indem er fabelt, die Schwalben stellten mit den Blüten die Sehkraft ihrer Jungen her. Durch oberflächliche Umbildung des lat. Namens könnte scellawurz entstanden sein, doch bleiben auch andre Wege der Deutung.

Schelm M. Finn. kalma 'Tod, Grab' (H. Suolahti 1906 Finn.-ugr. Forsch. 6, 117) ist früh aus dem Germ. entlehnt: damit ist dem nur im Dt. erhaltenen Wort hohes Alter gesichert. Vorauszusetzen ist eine Bildung auf -man für ahd. scalmo, mhd. schalme 'Tod, Pest, Viehseuche; Aas, Leichnam', dazu auf -mjan (Schweiz. Jd. 8, 703) ahd. skёlmo 'Todeswürdiger', mhd. mnd. schёlm(e) 'Bösewicht, durchtriebener Kerl'. Die Bildungen können, falls agf. hold N. 'Leiche', anord. hold 'Fleisch', air. colainn 'Körper, Fleisch, Leiche', kymr. celain 'Leiche' für verwandt gelten dürfen, zur idg. Wurzel *(s)qel- 'schneiden' in ihrer Anwendung auf gewaltsame Todesarten gehören. Anord. skёlmir 'Teufel' mit skёlmisdrep 'Pestseuche', norw. skjelm, dän. skælm, schwed. skälm 'Betrüger', nnl. schelm 'Schalk' und afrz. chelme 'Unruhstifter' sind zu verschiednen Zeiten dem Dt. entlehnt. Im Nhd. ist der Vorwurf gemildert (wie bei Aas, Keib, Luder, Racker, Range, Schalk). Schelm 'toter Tierkörper' wird zum mittelbaren Berufsnamen des Abdeckers, danach auch (weil Schinder- und Henkeramt in einer Hand liegen) zu 'Scharfrichter': E. Angstmann 1928, Der Henker in d. Volksmeinung 50.

schelten st. Ztw., mhd. schёlten, ahd. skёltan 'schmähen, beschimpfen'; asächs. *skёldan ist aus skёldari M. 'Verleumder' zu folgern; mnd. nnl. schelden, anfr. scёldan, mnl. scelden, afries. skёlda: Dental-Präsens zum Verbalstamm *sqel- von ahd. skёllan, agf. sciellan, anord. skjalla 'schallen' (f. Schall, Schelle, verschollen). Grundbedeutung 'Lärm erheben über etwas'. Norddt. Umgangssprache ist schelten 'erregt tadeln' geläufig, dazu Schelte Mz. Daneben bedeutet schimpfen 'Schmäh-

worte gebrauchen'. Im Süden und Südosten nimmt schimpfen unserm Wort einen Teil seines Bereiches ab.

Schema f. Schule.

Schemel M. Ahd. (fuoz-) scamil, mhd. mnd. nnl. schёmel, mnl. scёmel, agf. scёmul, anord. skёmill M. beruhen auf lat. scamillus 'Bänkchen'. Daneben steht gleichbed. lat. scamellus, das ahd. scamal, mhd. schamel, asächs. fötskamel, mnl. scamel, agf. scamol 'Schemel, Stuhl, Bank, Tisch', engl. shamble 'Fleischbank' ergeben hat. Dän. schwed. mundartl. skammel sind aus dem Dt. weiterentlehnt. Über Schemel als Fachwort des Weinbaus ('vier Zeilen Rebland', aus lat. scamillus) f. Th. Frings 1932 Germania Rom. 64. Mit E. Sievers 1903 Beitr. 28, 261 sekundären Umlaut anzunehmen ist unnötig angesichts der lat. Formen, deren Zweiheit sich bei Schabelle (f. d.) wiederholt. Die Grenze gegen dieses und Fußbank ziehen Kretschmer 211f. und B. Martin 1931 Teuth. 8, 108 ff. (Fuß-) Schemel ist wesentlich mittel- und süddeutsch.

Schemen M. 'Schattenbild' mhd. schёme, schim(e), md. schёme 'Schatten', mnl. sceme; vgl. asächs. scimo, agf. scima 'Schatten', anord. skimi 'Glanz', wozu mit Ablaut ahd. asächs. anl. scimo, agf. scima 'Glanz', got. skeima M. 'Fackel'. Mit Suffix idg. -mon- zu der unter scheinen entwickelten Wz., zu der (mit demselben Bed.-Wandel) gr. σκιά 'Schatten' gehört. S. Schönbartspiel.

Schenk M. Mhd. schёnke, ahd. scёnko, asächs. skёnkio führen auf germ. *skankjan-, gestützt durch vulgärlat. scancio in den Reichenauer Glossen (Südfrankr., 7. Jh.). Aus got. *skankja entlehnt ist span. escanciano 'Schenk'; auch gleichbed. afrz. eschançon (frz. échanson) ist germ. Herkunft. Die Bed. entwickelt sich von 'einschenkender Diener' über 'Mundschenk' zu 'Wein, Bier ausschenkender Wirt'. S. schenken.

Schenke F. 'ländl. Wirtshaus', urspr. 'Ausschank' bringt seit dem 15. Jh. von Thüringen und Sachsen aus vor. Weiter östlich gilt Kretscham, norddt. Krug. S. schenken.

Schenkel M. mhd. mnd. schёnkel, mnl. scёnkel, nnl. schenkel, agf. scёncel(n), norw. skankla: Verkl. zu gleichbed. germ. *skanka- (in mnd. schёnke, ostfries. schanke, agf. scanca 'Schenkel', engl. shank 'Unterschenkel', dän. skank 'Tierbein zwischen Knie und Fuß', schwed. skank, skånk 'Oberschenkel; Schienenbein'. Mit hinken, Schenk, schenken, Schinken (f. d.) zur idg. Wurzel *sqeng- 'hinken; schief, schräg'. So gehört langob. lagi 'Schenkel' zu *lek- 'biegen', gr. σκέλος 'Schenkel' zu σκολιός 'krumm': als Wesentliches am Schenkel galt die Fähigkeit, ihn zu krümmen. — Die beiden Geraden, die einen Winkel einschließen, heißen Schenkel zuerſt 1707 mit Lehnüberſetzung von lat. crus, das ſeinerſeits gr. σκέλος wiedergibt.

ſchenken ſchw. Ztw., ahd. skenken, mhd. mnd. nnl. schenken, aſächſ. skęnkian, mnl. sçenken, afrieſ. skęnka, agſ. sçencan. Anord. skęnkja beruht auf Entlehnung aus dem Mnd. Die umfaſſende Bedeutung 'geben' ſtellt ſich erſt im Mhd. der nachklaſſiſchen Zeit ein; es iſt für das Dt. kennzeichnend, daß ſie ſich aus 'zu trinken geben' entwickeln konnte. Der alte Sinn wirkt fort in weſtfäl. schenken 'ſäugen' (F. Woeſte 1882 Wb. d. weſtfäl. Ma. 227), ebenſo in engl. skink 'ein=, ausſchenken', engl. mundartl. skinker 'Zapfer'. So auch im afrz. Lehnwort eschancier 'ein= ſchenken'. Grundbedeutung iſt 'ſchief halten': germ. *skankian iſt abgeleitet von einem Adj. *skanka-, das in anord. skakkr 'ſchief' mit iſl. skekkja 'ſchief ſtellen' greifbar wird. Jdg. Wurzel *sqeng- 'ſchief'; ſ. Schenkel.

Scherbe F. (obb. M.), mhd. schërbe, schirbe, ahd. scirbi F. N. 'Scherbe, irdner Topf', aſächſ. havan-skěrvin 'Topfſcherbe', mnd. scharf, mnl. scarf, sce(e)rf 'Scherbe', anord. skarfr 'ſchräg abgehauenes Brettſtück', norw. skarf 'Fels= klippe'. Auf Entlehnung aus einer germ. Sprache beruht mlat. scarfia 'Eierſchale'. Die in ahd. skarbōn, mnd. scharven 'zerſchneiden', agſ. scearfian 'abſchneiden, zerſetzen', schwed. mundartl. skarva 'entrinden' enthaltene germ. Wurzel *skerb- entſpricht einem idg. *sqer(e)p- in aſlav. črěpŭ 'Scherbe', lett. škirpta 'Scharte', škẽrpele 'Holzſplitter': Labialerweiterung der idg. Wurzel *sqer- 'ſchneiden'. Die Scherbe iſt als die 'ſcharfkantig Schneidende' benannt. Vgl. Schamotte, Scherflein, schroff.

Scherbengericht N. für gr. ὀστακισμός seit Herder, Campe und Jean Paul.

Schere[1] F. mhd. schære, mnd. schëre, mnl. scâre, scêre, agſ. sçëara, engl. shear, anord. skæri: urſpr. Plur.(Dual) zu ahd. skâr, das ablautend und mit abweichender Stammbil= dung neben dem bei Pflugſchar genannten ahd. scaro ſteht. Dazu weiter ahd. aſächſ. skâra, afrieſ. skêre, agſ. scêar F. 'Schere, Zange': ſämtlich zu ſcheren. Plur.=Formen ſind auch ital. cesoie und forbici, frz. ciseaux, engl. scissors und shears. Zum e-Laut von nhd. Schere H. Paul 1916 Dt. Gramm. 1, 186.

Schere[2] F. 'Seeklippe' ſ. Schäre.

ſcheren[1] ſt. Ztw., mhd. schërn, ahd. aſächſ. agſ. sçëran, engl. shear, mnl. sceren, afrieſ. anord. skëra. Die Bed. 'ſcheren' iſt verbreitet und (wie die Abl. Schere zeigt) auch alt, als Grund= bed. ergibt ſich jedoch '(zer)ſchneiden, zerhauen',

beſtätigt durch das unter Scharte behandelte germ. *skarda- 'zerſchnitten' (aus *skor-to-) und die außergerm. Verwandten lit. skìrti 'trennen', skarà 'Fetzen' und (ohne anl. s-) gr. κείρειν 'abſchneiden'. S. Geſchirr.

ſcheren[2], ſich, ſchw. Ztw. 'ſich fortmachen': ſpätmhd. schërn zuerſt bei dem Tiroler Oſw. v. Wolkenſtein († 1445) 6, 21. Dazu ſpätmnd. scheren 'ſchnell weglaufen', schërke 'Art kleiner Möwen' (vom unſteten Flug), nnl. zich (weg)scheren ſich 'packen', weiterhin ahd. scërōn 'ausgelaſſen' ſein', agſ. sęcge-scier 'Heuſchrecke', anord. skjarr 'ſcheu', skirra 'ſchrecken', skäri 'junge Möwe'. Außergerm. vergleichen ſich lit. skerỹs 'Heuſchrecke', aſlav. skorŭ 'ſchnell', gr. σκαίρω (aus *skárjō) 'hüpfe', σκάρος 'Sprung', σκαρύς 'Spring= wurm', lat. scurra 'Spaßmacher' (vgl. Scherz). Sämtlich zur idg. Wurzel *sqer- '(herum)ſprin= gen'. — Nhd. ſich ſcheren 'ſich um etwas kümmern' iſt wohl aus älterem 'ſich ſpringend bewegen' entwickelt.

Scherflein N. als Name einer Scheidemünze iſt durch Mark. 12, 42 bekannt. Luther kennt das Wort aus Erfurt, wo ſeit 1480 der Scherf als geringſte Münze geprägt wurde. Seine obb. Zeitgenoſſen verſtehen das Wort nicht: Kluge 1918 Von Luther bis Leſſing 102. 110. Vordem geht die Münze von der Rheinmün= dung aus und iſt als ahd. scerf, mhd. scher(p)f, mnd. scharf, scherf, mnl. scarf, nnl. scherf ſeit dem 12. Jh. fortlaufend bezeugt, in Pom= mern als scherf 1335 ff.: Kurt Müller 1933 Barther Perſ.=Namen 91 ff. Das Subſt. gehört zu agſ. sceorfan, scearfian, ahd. scar= bōn, scrëvōn, mnl. scharven 'Einſchnitte machen' und ſcheint der germ. Ausdruck für die röm. Münze mit gezahntem Rand zu ſein, den nummus serratus bei Tacitus, Germ. 5: Bruckner 1912 Zſ. f. d. Wortf. 13, 152; Clemen 1914 daſ. 15, 277. S. Scherbe.

Scherge M. Zu Schar F. gehört mit -jan= Suffix (Kluge 1926 Stammbild. § 13) ahd. scario, scaro, scęrjo 'Scharmeiſter, Haupt= mann'. Daraus mhd. scherje und mit rg für rj (ſ. Ferge, Latwerge) scherge, das ſeit dem 13. Jh. beſ. auf bair.=öſterr. Boden als Bezeichnung für Gerichtsperſonen vom Amts= vorſteher bis zum Henker, ſeit Beginn des 16. Jh. auch als ſtrafbares Schimpfwort er= ſcheint: E. Angſtmann 1925 Der Henker in der Volksmeinung 50—53 und Karte 3. Im roman. redenden tirol. Fleimſertal wird noch im 19. Jh. der jährlich gewählte Gemeindevorſteher scario genannt: Schmeller ²2, 465.

Schermaus F. Zu ahd. skëran 'ſchneiden' (ſ. ſcheren[1]) gehört skëro M. 'talpa', urſpr. 'der den Boden durchſchneidet'. Neben dem

Maulwurf heißt Schermaus landschaftlich auch die Landform der Wasserratte (Arvicola terrestris), die lange Gänge in den Boden gräbt. Mhd. schër(e) behauptet sich obd., Schär für Luthers Maulwurf (s. d.) setzen 1527/37 die Wormser und Züricher Bibeltexte ein (Kluge 1918 Von Luther bis Lessing 101). Als verdeutlichende Zus.-Setzung (vgl. Hirschkäfer, Renntier, Windhund) tritt mhd. schërmūs auf, vgl. agf. scierfemūs, das freilich mit sorex 'Spitzmaus' glossiert erscheint. Heute lebt Scher(-maus) in obd. Mundarten; soweit Fam.-Namen wie Schär, Scherer, Muser dort daheim sind, können sie 'Maulwurffänger' bedeuten: A. Götze 1918 Fam.-Namen im bad. Oberland 54. 70.

Scherz M. spätmhd. schërz 'Vergnügen, Spiel'. Daneben das schw. Ztw. mhd. (seit dem 13. Jh.) schërzen 'fröhlich springen, sich vergnügen'. Aus dem Hd. entlehnt sind mnd. schërs 'Spaß', nl. (15. Jh.) scherts, schertsen, dän. forskjertse, ital. scherzo, scherzare. Dazu ablautend mhd. scharz, schurz M. 'Sprung', anord. skart N. 'prahlerisches Auftreten', skarta F. 'leichtfertiges Frauenzimmer': mit aind. kūrdati 'springt', gr. κραδάω, κραδαίνω 'schwinge', κόρδαξ 'übermütiger Tanz' usw. zu idg. *(s)qerd-, einer d-Erweiterung der idg. Wurzel *(s)qer- 'springen', s. sich scheren.

Scheu F. mhd. schiuhe 'Abscheu; Schreckbild' (aus der zweiten Bed. stammt nhd. Scheuche): dazu scheu(ch)en schw. Ztw., mhd. schiuhen, ahd. sciuhen. Subst. und Ztw. sind abgeleitet aus dem Adj. mhd. schiech, ahd. *scioh 'schüchtern' (nhd. scheu ist neu an das Ztw. angelehnt); ihm entsprechen agf. scēoh, engl. shy. Germ. Grundform *skeuh(w)a-. Daneben mit Ablaut und gramm. Wechsel mnd. schü(we), mnl. schuw, schwed. skygg (sämtlich aus germ. *sku(g)wa-) 'scheu'. Urverwandt ist aslav. ščuti 'hetzen'. Aus dem Germ. entlehnt ist die Sippe von ital. schivare 'meiden'. S. Scheusal und schüchtern.

Scheuer F., mhd. schiur(e), schiuwer, ahd. sciura, älter scūra, mnd. schūre, mnl. scūre, nnl. schuur. Anfr. *skūra wird gesichert durch das daraus entlehnte afrz. escure, prov. escura, frz. écurie 'Pferdestall' (älteste Form mlat. scūr(i)a 'Wetterdach'). Mit gleichbed. Schauer¹ (s. d.) zur idg. Wurzel *(s)qeu- 'bedecken', wie lat. obscūrus 'dunkel' (ursprünglich 'bedeckt'). Andre Bildungen zum gleichen Stamm sind Haut, Schaum, Scheune, Schote, Schuh (s. d.), afries. skūl 'Versteck', anord. skjól N. 'Zuflucht', skaunn M. 'Schild'. Außergerm. vergleichen sich u. a. aind. skunāti 'er bedeckt', gr. σκῦλον 'Rüstung', vielleicht auch lat. scūtum 'Schild'.

scheuern schw. Ztw., frühnhd. schewren (in der Lutherbibel nur 3. Mos. 6, 28), in nhd. Schriftsprache erst im 18. Jh. häufiger, obd. Umgangssprache und Mundart dauernd fremd, dafür fegen, putzen, (auf)reiben: Kretschmer 1918 Wortgeogr. 404ff. Nd. mnd. md. schüren, mnl. scūren, von da entlehnt mengl. scouren. Dän. skure, schwed. skura stammen aus dem Mnd. Man nimmt an, das den älteren germ. Sprachstufen fehlende Wort sei über das M. entlehnt aus afrz. escurer; dies über mlat. scurare aus ex-cūrāre 'für etw. sorgen'.

Scheuklappe F. kaum vor Campe 4 (1810) 118ᵇ, vorwiegend nord- und ostdt., z. B. Mensing 1933 Schlesw.-holst. Wb. 4, 421 Schuklapp. Das überall mögliche Scheuleder N. steht bildlich schon bei J. Geiler v. Kaisersberg 1512 Bilgersch. 160ᵇ „du hest . . . zū eynem Schüledder gemacht ir gütten Werck den Menschen". Auf Entlehnung beruhen dän. skyklap, -læder und das volksetym. umgestaltete schwed. skygglapp, gebucht seit 1807: A. Lindqvist 1943 Meijerbergs Arkiv 5, 76.

Scheune F. mhd. schiun(e), mnd. schüne, mit Verlust eines inneren g aus ahd. scugin(a) 'Schuppen, Obdach'. Nächstverwandt ist norw. mundartl. skygne N. 'Schlupfloch, Hütte'. Germ. *skuwinō ist eine Ableitung von der unter Scheuer entwickelten idg. Wurzel *(s)qeu- 'bedecken'. Dem von Luther begünstigten Scheune (Matth. 6, 26 ersetzt es 1540 Scheuer der älteren Ausgaben, Matth. 13, 30, Luk. 3, 17 steht es von vornherein) steht in den meisten obd. Bibeln Scheuer gegenüber. Jetzt ist Scheune die von der Schriftsprache bevorzugte, in der Umgangssprache vordringende Form. In dem obd. Gebiet, in dem von alters gleichbed. Stadel volksüblich ist, setzt sich bei den Gebildeten Scheune durch: Kluge 1918 Von Luther bis Lessing 35. 102. 115; Kretschmer 1918 Wortgeogr. 45. 407ff. 614; v. Bahder 1925 Wortwahl 10ff.

Scheusal N. spätmhd. schiusel N. 'Vogelscheuche, Popanz'. Diese Bed. wiegt auch bei frühnhd. scheusel, scheuchsal vor: Zedler 34, 1373. Mit Endung -sal (s. d.) zu scheuen. Zum Subst. scheusälig, frühnhd. schewselig.

scheußlich Adj. in frühnhd. Zeit mit Anlehnung an Scheusal umgebildet aus mhd. schiuzlich; dies zu schiuzen 'Abscheu empfinden' für *schiuhezen (zu scheuen, mhd. schiuhen).

Schi M. 'Schneeschuh': um 1900 erborgt aus norw. ski. Dies, gesprochen schi, entspricht dem anord. skīð N. 'Scheit, Schneeschuh', s. Scheit.

Schibboleth N. 'Erkennungsruf'; an der Aussprache von hebr. šibbōleth 'Strom' er-

kannten nach Richt. 12, 5 f. die siegenden
Gileaditer an der Jordanfurt die flüchtigen
Ephraimiten, die s statt š sprachen. Beflügelt
durch Herder und Goethe. Der Kunstgriff
wurde während der Sizil. Vesper am 30. März
1282 wiederholt, bei der die Franzosen an der
Aussprache des ital. ciceri erkannt wurden.

Schicht F. mhd. md. mnd. schiht; aus ahd.
Texten nicht zu belegen, doch zu erschließen aus
ahd. missaskiht 'Unglück' und niuskiht 'neues
Ereignis'. Die Bedeutungen erweisen Zugehörigkeit zu ahd. scëhan 'sich schicken, fügen,
ereignen'; das Verhältnis entspricht dem von
Geschichte zu geschehen. Dazu stimmt
schiht in seinen Bedeutungen 'Ereignis, Begebenheit, Geschichte, Schickung, Zufall'. Wenn
daneben die Bedeutungen 'Reihe an- und über-
einander gelegter Dinge, Ordnung, Eintei-
lung' auftreten, so hat sich mit dem ersten
Fem.-Abstrakt ein zweites vermischt, das zum
Ztw. ags. sciftan '(ver)teilen, anordnen', engl.
shift 'verändern, sich heraushelfen), afries. skifta
'entscheiden, bestimmen, prüfen' gehört (deren
Sippe s. u. Schiefer). Mnd. entwickelt sich
schichten aus schiften nach demselben Lautgesetz, dem nhd. beschwichtigen, Nichte,
sacht, Schachtelhalm u. a. ihre Gestalt verdanken. Mit dem alten Konsonantismus hat
sich nordfries. skeft 'Schicht, Reihe, Ordnung,
Anzahl' erhalten. Das zweite Schicht ist zum
Fachwort der Bergmannssprache geworden. Dabei hat sich in erzgebir. Bergwerken um 1300
schicht(e) 'Zeit, die zum Abbau einer Gesteinsschicht nötig ist' zu 'Arbeitsfrist für Bergleute' gewandelt. In diesem Sinn ist das dt. Wort zu
norw. skikt entlehnt; auch norw. schwed.
skikt 'Gesteinsschicht' beruhen auf Entlehnung.
Ed. Hermann 1938 Jdg. Forsch. 56, 196.

Schick M. 'was sich schickt': ein seit dem 14. Jh.
zunächst als nd. bezeugtes Wort (in nd. Versen
bei Lauremberg 1652 Scherzged. 3, 63), von
Frisch 1741 als veraltet bezeichnet, von Lessing
1759 Lachm. 6, 32 mit Hinweis auf Wieland
1757 Moral. Beobacht. 179 empfohlen. Zu
schicken in seiner mnd. Bed. 'etwas in Ordnung
bringen'. Dazu schicklich Adj., das zuerst md.
im 14. Jh. begegnet. — Frz. chic M. und Adj.
stammen aus dem Dt. und werden um 1866
rückentlehnt: H. Schulz 1913 Fremdwb. 1, 111.

schicken schw. Ztw., mhd. schicken 'bereiten,
ordnen, ins Werk setzen', dann auch 'abordnen,
senden'. Die alte Bedeutung 'ordnen' ist lebendig in (sein Haus) beschicken. Das außerhalb des Dt. fehlende, vor dem 12. Jh. nicht
belegbare Ztw. dürfte urspr. dem Nd. angehören (s. Schick, Schicksal) und sich zu (ge)-
schehen ähnlich verhalten wie zücken zu
ziehen.

schicker Adj. 'betrunken'. Hebr. šikkōr ist
Part. zum Ztw. šāchar 'sich berauschen', von
dem auch Zider (s. d.) ausgeht. Über das
Jüd.-Dt. ist das Adj. in md. und nd. Mundarten gelangt. Lokotsch 1927 Etym. Wb. 1787.

Schicksal N. zuerst bei C. Kilian, Etym.
teut. ling. (Antwerpen 1598) als Schicksel
'apparatus, ordo, dispositio et fatum', von
M. Zeiller 1644 Epist. 260 als nl. Entsprechung
des hd. Geschick bezeichnet. Schicksal 'was
Gott, die Vorsehung als künftiges Erleben
schickt' noch 1672 bei Grimmelshausen und
1691 bei K. Stieler, Hd. Sprachkunst 105.
Erst im 18. Jh. setzt sich -sal durch. Das germ.
Wort für 'Schicksal' liegt vor in ahd. wurt,
asächs. wurd, ags. wyrd, engl. weird, anord.
urðr (zu werden).

Schicse(l) F. (N.) Hebr. šikkūz 'Greuel', jüd.
šikzo erscheint als 'Christenmädchen' bei Biblio-
philus 1742 Jüd. Sprachmeister 76, rotw.
seit 1724 als schicksgen 'ein Frau-Mensch'
(Kluge 1901 Rotwelsch 1, 184), schicks(e)
'Gaunerin' Zs. f. d. Wortf. 9, 66. Aus der
Gaunerspr. gelangt Schicse(l) 'Weibsperson'
in dt. Mundarten und wird hier zu 'Juden-
mädchen' (H. Fischer 5, 809), ebenso stud.-
sprachl. seit Kindleben 1781 Stud.-Lex. 183,
gemeinsprachl. seit Gotter 1795 (DWb. 8, 2664).

schieben st. Ztw. Mhd. schieben, ahd. scioban,
mnd. schüven, mnl. scūven, nnl. schuiven,
afries. anord. skūfa, ags. scūfan, scēofan, engl.
shove, norw. dän. skyve, schwed. mundartl.
sk(j)uva, got. -skiuban in afskiuban 'weg-
schieben, verstoßen' führen auf idg. *squbh-
'dahinschießen, werfen, schieben' wie lit. skùbti
'eilen', skùbinti 'beeilen', skubùs, skubnìs
'eilig'. Intensivbildung zu schieben ist schup-
sen; weitere germ. Verwandte sind Schaufel,
Schuppe und Schüppe. — Ein gleichbed.
ahd. scurgen, mhd. schürgen hat sich nur in
obd. und bes. md. Mundarten gehalten. Aus
der Schriftsprache ist es wegen seiner schwankenden Lautform geschwunden. — Mit dem dt.
Ztw. mischt sich in Kohldampf, Wache
schieben das rotw. Allerweltswort scheffen
'sitzen, liegen, sich befinden, sein' aus hebr.
jaschab 'sitzen, bleiben': E. Weißbrodt 1939
Zs. f. dt. Phil. 64, 306.

Schieber M. 'gewinnsüchtiger (Zwischen-)
Händler'. Schiebung 'Mache, Intrige' bucht
1882 Der richtige Berliner 87. An der Börse
bezeichnen in den neunziger Jahren die Ausdrücke Wechsel, Hypotheken schieben 'sie
zum Schein in andre Hände bringen'. Daran
ist gaunersprachlicher Wortgebrauch beteiligt, s.
schieben. Schiebung von Wechseln und
Hypotheken verzeichnen 1893 M. Heyne,
DWb. 8, 2675 und F. W. Eitzen, Wb. d. Han-

belsſpr. 619. Im Verfahren gegen die Pommernbank 1903 ſpielten (Gelände-)Schiebungen eine Rolle. Literariſch wird der „Schieber mit Lackſchuhen und Lebemannsſcheitel" durch Gg. Hermann 1908 Kubinke 142, Wechſelſchieben durch G. Frenſſen 1909 Klaus Hinrich Baas 573. Für die (Berliner) Journaliſtenſprache bezeugt Wh. Feldmann 1912 Zſ. f. dt. Wortf. 13, 296 ſchieben, Schieber und Schiebung. In der Zwangswirtſchaft der beiden Weltkriege ſind mit den fragwürdigen Geſchäftemachern die Ausdrücke allgemein geworden.

ſchiedlich Adj. mhd. (1340) ſchid(e)lich 'friedfertig'. Seit Stieler 1691 in der Reimformel **ſchiedlich und friedlich**.

Schiedsrichter M. erſt nhd., für mhd. ſchid(e)man, wie noch im Fam.-Namen **Scheidemann**. Zu mhd. ſchit, Gen. ſchides 'richterl. Entſcheidung' und ahd. ſcidōn 'unter-, entſcheiden'. Die germ. Wz. *ſkiþ gehört mit ſcheiden zuſammen.

Schiedunter M. ſcherzhafte Verdrehung für **Unterſchied**, ſeit Schwabe 1745 Tintenfäßl 4 und Lanhardt 1782 Purgierpillen 45. Nd. ſcheet-ünner für Hamburg und Altona bei Schütze 1806 Holſt. Id. 4, 45; Schiedunter Der richt. Berliner 1878; H. Fiſcher 1920 Schwäb. Wb. 5, 813.

ſchief Adj. Adv., urſprünglich nd., doch ſchon mhd. (md.) ſchief 'ungerade, verkehrt, falſch': germ. Grundform *ſkēifa-. Dafür in hd. Mundarten ſcheib, frühnhd. (noch 1663 bei Schottel S. 1395) ſcheif, ſchleſ. (z. B. 1734 bei Steinbach) ſcheef, mnd. ſchêf, nl. (ſeit dem 16. Jh.) ſcheef, nordfrieſ. ſkiaf, agſ. ſcâf, anord. ſkeifr, norw. ſkeiv, ſchwed. ſkev, dän. ſkjev: germ. Grundform *ſkaifa-. Daneben führen elſ. bad. heſſ. fränk. ſẽp, ſchwäb. ſẽps auf gleichbed. mhd. ſchẽp (pp), germ. *ſkibba-. Mhd. ſchipfes Adv. 'quer' weiſt auf germ. *ſkippa-. Den germ. Wörtern voraus liegt eine p-Erweiterung idg. *sqẽip-: *sqip zur idg. Wurzel *sqẽi-: *sqoi- 'ſchief, lahm', die unerweitert in lat. scaevus, gr. σκαιός (beide aus idg. *sqoiuos) 'link' erſcheint und zu der als b-Erweiterung gehören: lett. šk'ibs 'ſchief', šk'iebt 'kippen' und gr. σκίψαι 'krümmen'. Mit eingefügtem m entſprechen gr. σκιμβός 'lahm' und σκιμβάζειν 'hinken'. Neben mhd. ſchief ſteht gleichbed. ſchiec, das in obd. ſchieg fortlebt und zu dem bair. alem. ſieg(g)en 'ſchief daherkommen' gehört.

Schiefer M. Mhd. ſchiver(e), ſchẽver(e) 'Stein-, Holzſplitter', ahd. ſkivaro 'zerriſſene Felſen und Hölzer', mnd. ſchever, mengl. ſcifre, engl. shiver 'Splitter oder Scheibe aus Stein, Schiefer, Dachſchindel, Abfall von

Hanf', norw. skivra weiſen auf germ. *ſkifran, idg. *sqẽip-, Erweiterung des verbreiteten Verbalſtamms *sqẽi- 'ſchneiden, trennen, ſcheiden'. Für Schiefer ergibt ſich die Ausgangsbed. 'Bruchſtück'. Mit derſelben p-Erweiterung gebildet ſind Schäbe F. 'holziger Flachsteil' und Scheibe, ſ. d. Die heute vielfach alleingeltende Bed. 'geblätterter Stein' iſt erſt nhd., in oſtdeutſcher Umgangsſprache hält ſich als ältere Bed. 'ſpitzes Holzſtückchen': Kretſchmer 1918 Wortgeogr. 478f. Eine vorwiegend ſüdweſtdt. Nebenform Schliefer (K. v. Bahder 1925 Wortwahl 46) iſt durch Splitter mitbeſtimmt.

ſchielen ſchw. Ztw., mhd. ſchilhen, ſpätahd. scilihen, ſchilchen, md. ſchil(we)n, mnd. ſchelen (daraus entlehnt dän. sk(j)ele, ſchwed. skela), agſ. bescïelan: Ableitung zum Adj. ſcheel (ſ. d.), Grundbed. 'ſchief blicken'. Daneben frühnhd. tirol. bair. nordſchwäb. -bad., elſ. heſſ. ſchilchen, fränk. šilïxe aus ſpätahd. sciliihen, mhd. ſchilhen. Frühnhd. auch ſchilchſen, ſchilkſen. — S. auch Schiller.

Schienbein N. mhd. ſchinebein zu mhd. ſchine, ahd. ſcina F. 'Schienbein'. So gehören nl. scheenbeen (ſeit 1598), agſ. scinebân zu nl. scheen, agſ. scinu F., engl. shin(bone) 'Schienbein'. Bein (ſ. d.) bewahrt hier wie ſonſt (Kretſchmer 1918 Wortgeogr. 299) ſeine alte Bed. 'Knochen'. Nhd. Schiene (mhd. ſchine) 'ſchmale Holz- oder Metalleiſte' ſowie ahd. ſcina 'Nadel', ſchwed. mundartl. skener 'Schlittſchuh', norw. mundartl. skina 'kleine Scheibe' weiſen auf germ. *ski-nō(n)- 'ſchmales Stück Holz, Knochen oder Metall'. Von den außergerm. Verwandten ſteht am nächſten lett. šk'iene 'Bruſtknochen der Vögel; Schiene, Eiſen unter der Schlittenkufe'. Ohne das ableitende n (vgl. ahd. bîa neben bini 'Biene') zeigen verwandten Sinn mhd. ſchie M. F., nd. schige 'Zaunpfahl', fläm. schier 'Holzblock', agſ. scia M. 'Schienbein, Bein', engl. mundartl. shy 'Pfahl': ſämtlich zu idg. *sqẽi- 'ſchneiden, trennen, ſcheiden' (vgl. ſcheiden, Scheit), mithin urverwandt mit ruſſ. cévje 'Griff, Schienbein', mir. scian 'Meſſer', lat. sciō 'weiß' (urſpr. 'unterſcheide'), dēscīscō 'werde abtrünnig', gr. σχά(ζ)ω 'ritze, ſchlitze', aind. chyáti 'ſchneidet ab'. — Aus dem Germ. entlehnt ſind ital. schiniera 'Beinrüſtung der Pferde', schiena, frz. échine Rückgrat.

Schiene ſ. Schienbein.

ſchier Adj. Adv. Zwei Bildungen auf -ra (vgl. bitter, heiter, lauter) zu verſchiednen Stämmen ſind in ihren jüngeren Formen zuſammengefallen: 1) Mhd. ſchier 'ſchnell, in kurzer Zeit erfolgend', ſchier(e) Adv. 'in kurzer Zeit; faſt', ahd. skēri Adj. 'ſcharf, hitzig im Aufspüren, scharfsichtig im Erforschen', skēro, skioro Adv. 'schnell, sofort', mnl. scier(e), nnl. schier 'schnell, eilig; beinahe' gehören zur idg. Wurzel *sqēi- 'schneiden'. Über 'unterscheiden' wird in weidmänn. Sprache der ahd. Sinn erreicht; von da führt ein kurzer Weg zu 'baldig'. Das Adv. wird aus 'bald' zu 'beinahe' und hält sich so in altertümelndem Stil bis heute, während das Adj. verklungen ist. 2) Zur idg. Wurzel *skēi-: *skī-: *skāi- 'gedämpft schimmern' (s. scheinen) gehören germ. Bildungen verschiedner Ablautstufen: a) germ. *skiru- in anord. skyrr 'deutlich'; b) germ. *skira- in got. skeirs 'klar', anord. skīrr 'glänzend; unvermischt', agf. scīr, engl. shire, afries. skīre, asächs. scīr(i), mnd. md. schīr 'lauter'. Mit ī gelangt das Wort in frühmhd. Zeit ins Hd. c) germ. *skairi- begegnet in anord. skærr 'rein, klar, unvermischt', schwed. skär, dän. sk(j)ær 'rein' (daraus entlehnt engl. sheer 'rein'), afries. skēria 'reinigen'. Im hd. Bereich bleibt dieses schier beschränkt auf Formeln wie schieres Fleisch (ohne Knochen', schierer Speck (ohne Fleisch). In der nd. Formel schir dōk 'feines, durchsichtiges Tuch' schwindet im 16. Jh. das Subst. So dringt schir N. 'feine Leinwand, Schleier' südwärts.

Schierling M. Conium maculatum L., nicht immer klar getrennt vom Wasserschierling (Cicuta virosa L.), mhd. scherlinc, schirlinc, ahd. scerning, jünger scer(i)ling (E. Björkman 1902 Zf. f. d. dt. Wortf. 3, 276), mnd. scherling, mnl. sc(h)eerlinc, nnl. scheerling. Gleichbed. nd. Scharnpipen, dän. skarntyde (die Grundwörter nach den hohlen Stengeln) gehören zu mnd. scharn, afries. skern, agf. scearn, anord. skarn 'Mist', von dem (obwohl das Wort dem Hd. fehlt) auch ahd. scerning nicht getrennt werden darf: der Doldenblütler heißt nach seinem Standort bei Düngerhaufen oder auf Geilstellen der Äcker: H. Marzell 1943 Wb. d. dt. Pflanzennamen 1, 1118ff., wo auch die andern Volksnamen der Giftpflanze. In der jüngern ahd. Form ist n—n in l—n ausgewichen und gleichzeitig Anlehnung an die Endung -ling vollzogen. Aus e vor n mit Kons. hat sich bair. und hess. lautgesetzlich i entwickelt; dort treten Formen wie Schirling im 15. Jh. auf. Im 16. Jh. dringt die i-Form allgemein durch: als hyperhd. Form war sie überall möglich, wo i vor r mit Kons. zu e (Kirsche zu kërše) geworden war: V. Moser 1916 Beitr. 41, 477.

schießen st. Ztw., mhd. schiezen, ahd. skiozan, asächs. skiotan, nd. scheiten, schēten, anfr. scietan, mnl. scieten, nnl. schieten, afries. skiāta, agf. scēotan, engl. shoot, anord. skjōta, schwed. skjuta, dän. skyde. Got. *skiutan ist nicht

bezeugt, aber aus krimgot. schieten 'den Pfeil abschießen' zu erschließen. Zum gemeingerm. Ztw. stellt sich ein reiches germ. Zubehör: ahd. scoz 'Geschoß, Schößling', skuz 'Schuß, Wurf, Schnelligkeit', scōz 'Zipfel, Kleider-, Rockschoß', mhd. schützen, mnd. schot(tt) '(vorgeschobener) Riegel, Verschluß', schutten 'abdämmen, hindern', agf. scēot, anord. skjōtr 'schnell', skaut 'Zipfel, Ecke, Schoß, Vorsprung', got. skaut 'Schoß, Saum': sämtlich zu idg. *(s)qeud- 'werfen, schießen, hetzen', intr. 'dahin-, hervorschießen'. Die nächsten außergerm. Verwandten sind aind. cōdati, cōdyati 'treibt an, drängt', skúndatē 'eilt', lit. skudrùs 'flink', alb. heθ 'werfe, worfle', aslav. is-kydati 'herauswerfen', ruff. kidát' 'werfen', kidát'sja 'eilen', kídkij 'rasch, gleich bereit, gierig', gr. κυδία 'Zahnkeim'. Vgl. Schoß, Schuß, Schütze.

Schießprügel M. 'Gewehr', ein Soldatenspaß von Anfang des 18. Jh., der 1719 im Recueil von allerhand collectaneis 5,75 greifbar wird, mundartl. als nd. scheetprügel (Dähnert 1781 Pomm. Wb. 405a) früh Fuß gefaßt hat, aber auch obd. weithin gilt: H. Fischer 1920 Schwäb. Wb. 5, 824.

Schiff N. Mhd. schif, schëf, -ffes, ahd. skif, skëf, mnd. mnl. scip, scëp, nnl. schip, asächs. afries. agf. anord. got. skip, engl. ship, dän. skib, schwed. skepp 'Schiff' führen auf germ. *skipa-. Der nächste außergerm. Verwandte ist lit. šk'ibìt 'hauen, schneiden': idg. *sqei-b- gilt als b-Erweiterung zum idg. Verbalstamm *sqēi- 'schneiden', der unerweitert in mhd. schīe 'Zaunpfahl' vorliegt. Ausgangsbed. ist demgemäß 'ausgeschnittener, gehöhlter Einbaum'. In älterer Sprache bed. das Wort auch 'Gefäß, Geschirr' (s. schiffen); ein Rest dieses Gebrauchs ist Schiff 'in Herd oder Ofen eingemauerter Wasserbehälter' in der Umgangssprache West- und Süddeutschlands, Österreichs und der Schweiz. Urspr. war es ein Gefäß ohne Füße, das in die Gluten gestellt wurde: Kretschmer 1918 Wortgeogr. 125. Schon für ahd. scif ist die Bed. 'vas' bezeugt; dazu die Ableitung sciphī, sciffī 'Schale, Becher'. Dagegen Schiffchen an Webstuhl und Nähmaschine ist übertragener Gebrauch der Bed. 'navis' (A. Götze 1928 Zf. f. d. Phil. 53, 184). Aus dem Ahd. entlehnt sind ital. schifo, frz. esquif 'Boot'; nd. Lautstufe (vgl. auch anord. skipa 'ausrüsten') zeigt afrz. esquiper 'ein Schiff ausrüsten', das (aus frz. équiper rückentlehnt) nhd. equipieren ergeben hat. Bed.-Wandel von 'Gefäß' zu 'Schiff' erfährt auch ital. vascello, frz. vaisseau (zu vas).

schiffen schw. Ztw. Schiff (f. d.) ist aus seiner alten Bed. 'Gefäß' in die engere 'Nachtgeschirr' überführt worden, die Augustin 1795 als studentisch bezeugt. Aus demselben Kreis stammt schiffen 'den Urin lassen', so seit Kindsleben 1781 Stud.-Lex. 169. Von da weithin in die Mundarten gedrungen. Auf Übertragung dieser Bed. beruht das junge es schifft 'es regnet'.

schiffreich Adj. Unter rächen ist die germ. Wz. *wrēk 'forttreiben' entwickelt, zu der das ahd. Verbaladj. *rāhhi 'imstande zu treiben' gehört. Es bildet den zweiten Teil von mhd. schifræhe, später schifrech 'schiffbar', das seit dem 14. Jh. zu schifreich umgebildet und seither in seiner Bed. an reich angelehnt erscheint.

Schikane F. Frz. chicane F. erscheint seit Scheibner 1695 bei uns. Dazu schikanieren seit Callenbach 1715 Quasi vero 39. Das frz. F. ist Rückbildung aus chicaner 'das Recht verdrehen', ursprünglich 'einen Rechtsfall einfädeln'. Dies aus mnd. schikken 'ordnen, zuwegbringen' (vgl. schicken).

Schild M. (N. erst nhd.). Mhd. schilt, ahd. scilt (t), asächs. skild, mnl. scilt (d), nnl. schild, afries. skeld, ags. scield, engl. shield, anord. skjǫldr, dän. skjold, schwed. sköld, got. skildus führen auf germ. *skeldus aus vorgerm. *sqeltus. Der nächste außergerm. Verwandte ist lit. skìltis 'abgeschnittene Scheibe', das seinerseits mit lit. skilù 'spalte' zum idg. Verbalstamm *sqel- 'schneiden' gehört (s. Schale[1]). Demnach ist Schild urspr. 'gespaltenes Holzstück, Brett' (vgl. Linde). Die Deutung wird gestützt durch Tacitus, der Ann. 2, 16 die germ. Schilde als tenues tabulas schildert. Die daneben erwähnten viminum textus haben offenbar einen Namen getragen, der uns entgeht: R. Much 1937 Die Germania d. Tacitus 91 f. — In mehreren Nachbarsprachen gehen die Namen des Schilds von der Urbed. 'Brett' aus: air. scíath, kymr. ysgwyd, abret. scoit, bret. skoed 'Schild' führen auf idg. *sqēiton, -to-Bildung zur idg. Wurzel *sqēi- 'schneiden'; entsprechend aslav. štitŭ, apreuß. scaytan, vielleicht auch lat. scūtum 'Schild'.

Schildbürger M. Das Städtchen Schildau im Meißnischen steht im Mittelpunkt der „Wunderseltzamen, abentheuerlichen, unerhörten und bisher unbeschriebenen Geschichten und Thaten der Schiltbürger in Misnopotamia", die Hans Kremer (Mercator) aus Zierenberg bei Kassel 1598 erscheinen ließ: H. Hepding 1935 Dichtung u. Volkstum 36, 80. Weil ein Ortsname Schildau kaum zu einer Einwohnerbezeichnung Schildbürger führt, nimmt man seit Campe 1810 an, Schildbürger sei mit Spießbürger innerlich verwandt; urspr. 'mit Schild bewaffneter Städter'.

Schildbürgerstreich beflügelt durch Wieland 1774 Abderiten 1, 1, der den Schildbürgern ihre klassischen Vorfahren beigesellt. Jean Paul kann ihren Ruhm durch seine Krähwinkler nur vorübergehend verdunkeln: Büchmann 1912 Gefl. Worte 103. 197. 429.

schildern, mnd. nnl. schilderen, mnl. scildern schw. Ztw. 'malen, anstreichen, beschreiben', zu mhd. schiltære M. 'Wappenmaler', das seinerseits zu mhd. schilt 'Wappen' gehört. Die Schilde waren bemalt, im germ. Altertum mit Farben (Tacitus, Germ. 6: scuta lectissimis coloribus distingunt), in der Ritterzeit mit Wappen.

Schildpatt (Schildkrot) N. erst nhd., aus nd. nl. schildpad 'Schildkröte' und 'Schildkrötenschale'. Nl. pad, anord. padda, engl. paddock 'Frosch, Kröte' gehören zu paddeln, nd. padden 'schreiten, treten', pedden 'trampeln', ags. pæppan 'durch etw. gehen', nd. pad 'Fußsohle', engl. pad 'Fußballen der Tiere'. Vgl. Pfad. Die umgangssprachl. Verbreitung von Schildpatt und -krot entspricht etwa der von Padde und Kröte: Kretschmer 1918 Wortgeogr. 409 f.

Schildwache F. mhd. schiltwache, urspr. 'das Wachen in voller Rüstung mit Schild'. Daneben gleichbed. mhd. mnd. mnl. schiltwahte.

Schilf N. Lat. scirpus 'Binse' ist über *skilpus früh entlehnt zu ahd. sciluf, mhd. schilf (M. N.?), nd. schelp N. Aus dem Nd. stammt das neutr. Genus, das sich nhd. erst im 19. Jh. durchsetzt. Den übrigen germ. Sprachen ist das Wort fremd, auch im Deutschen bleibt es von begrenzter Verbreitung, nur mhd. gilt es allgemein. Luthers Schilf M. (2. Mos. 2, 3 u. ö.) wird seinen obb. Zeitgenossen mit Wasserrohr verdeutlicht: Kluge 1918 Von Luther bis Lessing 114. Auch dem heutigen Obb. sowie Teilen des Rheinfränk. fehlt Schilf; dafür Binse, Liesch, Rohr, Schiemen: H. Fischer 1920 Schwäb. Wb. 5, 835.

schilgemal, vielschilgemal Adv. 'sehr oft', in preuß. und schles. Mundart zu Schillg M. 'Schilling', das vielfach Zahlbed. '12 Stück, 30 Stück' angenommen hat.

Schill M., älter auch Schiel(l) und Schiele, ein Name des Zanders (s. d.), zuerst als südostdt. bei C. Gesner 1556 De piscibus 195. Nach Ö. Beke 1934 Idg. Forsch. 52, 138 f. entlehnt aus gleichbed. magy. süllö, das als sillen schon 1211 auftritt und dem türk. šēla entlehnt ist. Dies zu šēl 'Zahn': der Fisch ist nach seinen langen, spitzen Zähnen benannt.

Schiller M. 'zwischen rot und weiß spielender Wein', in frühnhd. Zeit bes. geschätzt. Voraus geht spätmhd. schilher M. 'schillernder Taft'

Nürnberg 1478. Beide zu schielen 'aus einer Farbe in die andere übergehen'.

schillern schw. Ztw., erst frühnhd., Ableitung zu mhd. schillen, Nebenform zu schil(he)n 'schielen, blinzeln'. Schielen selbst konnte früher die Bed. 'schillern' haben, s. Schiller.

Schilling M. Mhd. schillinc, mnd. schillink, schildink, ahd. asächs. afries. dän. schwed. skilling, mnl. scillinc, scellinc, nnl. schilling schelling (hierzu der Fam.-Name Schelling), ags. scilling, engl. shilling, anord. skillingr, got. skilliggs (so 551) vereinigen sich auf germ. *skilling, älter *skild-ling: 'eine Art Schild' nannten die Germanen den oström. Goldsolidus, den sie zuerst als Schmuck trugen. Entspr. gehört frz. écu 'Taler' zu lat. scūtum 'Schild'. Mit unserm ältesten Münznamen Schatz (s. d.) band sich der zweite zur schon westgerm. Stabreimformel, die ags. als sceat ne scilling 'Silber- und Goldgeld' hervortritt: E. Schröder 1918 Zf. f. vgl. Sprachf. 48, 254 ff. Aus dem Germ. stammt aslav. skŭlęzĭ, sklęzĭ 'Münze', aus dem Hd. ital. scellino, aus dem Mnl. frz. escalin 'Schilling', aus dem Mnd. lett. šk'iliņš. Nach dem Vorbild von Schilling sind jüngere Münznamen gebildet wie Pfenni(n)g, Silberling, ahd. keisuring, engl. farthing. S. schilgemal.

Schimmel M. 'Kahm', mnd. schimmel, mhd. schimel aus *schimbel, ahd. *scimbal, gesichert durch Ableitungen wie scimbalōn 'schimmlig werden' und scimbalag 'kahmig'. Mhd. schimel beruht auf Mischung mit schime M. 'Schimmer'. Ahd. *scimbal (germ. *skim-la) ist wz.-verw. mit Schimmer. — Die Bed. 'weißes Pferd' nimmt Schimmel erst im Spätmhd. an. Voraus gehen Wendungen wie ein schemeliges perd (Frankf. a. M. 1374), dat scymelinghe perd (mnd. 1373). In der mhd. Formel ein schimel pfert (mnd. schim-(m)elpert) ist schimel Adj.

Schimmer M. gebucht nicht vor Steinbach 2 (1734) 414, beflügelt 1748 f. durch Dichter wie Klopstock und E. v. Kleist. Rückbildung aus schimmern, s. d.

schimmern schw. Ztw., nd. nl. schemeren: Iterativbildung zu mhd. schēmen 'blinken'. Ein nord- und md. Wort, eingeführt durch Luther 1523 Psalm 68, 14, gebucht seit Schottel 1663, obd. kaum vor Schnüffis, Maultrommel (Konstanz 1695) 249. Mit ahd. scīmo, mhd. schīme, asächs. skīmo, ags. scīma 'Glanz', got. skeima M. 'Leuchte' zu der unter Schein entwickelten idg. Wurzel. Gleichgebildet ist ags. scimerian, engl. shimmer 'glänzen'. Schwed. skimra 'flimmern' beruht auf Entlehnung aus dem Nd. Vgl. Schummer.

Schimpanse M. Simia troglodytes hat (wie Gnu, Okapi, Quagga, Tsetsefliege und Zebra) seinen afrik. Namen behalten. Die Affenart trat von Ober- und Niederguinea in den europ. Gesichtskreis; von da das Wort: Littmann 1924 Morgenl. Wörter 138 f.

Schimpf M., ahd. scimpf, mhd. schimpf 'Scherz, Spaß, Kurzweil, (Kampf-)Spiel'. Die alte Bed., noch bei Logau, in der Formel Schimpf und Ernst sogar noch bei Lessing, Wieland und Musäus, wird vorausgesetzt auch durch das ablautende mhd. schumpfe F. 'Buhlerin', urspr. 'Scherzende'; auch andere ablautende Formen begegnen. Die junge Bed. tritt auf, seit die alte in frühnhd. Zeit von Scherz und Spaß übernommen wird. Entspr. bed. nl. schimp 'Hohn, Spott'. Im Übergang steht die Bed. 'Scherz mit verletzender Absicht', beim Ztw. 'asperis facetiis illudere' Schönsleder (Augsb. 1618). Auch das schw. Ztw. schimpfen ist alt: mhd. schimpfen, adh. scimpfen 'Scherz treiben, spielen, verspotten', nd. nl. schimpen 'scherzen, schmähen'. Weiter hinaus sind überzeugende Anknüpfungen nicht gelungen. — Zur umgangssprachl. Abgrenzung von schimpfen gegen schelten und schänden vgl. Kretschmer 1918 Wortgeogr. 36. 404.

schimpfieren Ztw. Afrz. (d)esconfire 'besiegen, des Ansehens berauben' wird um 1200 entlehnt zu gleichbed. mhd. (en)schumphieren: Suolahti 1929 Frz. Einfl. 85. 232. Nach dem Bed.-Wandel von Schimpf (s. d.) trat Umbildung zu schimpfieren 'verunglimpfen' ein. Im Übergang steht frühnhd. schümpfiren.

Schinakel N. 'Kahn'. Magy. csónak ist in die Mundarten der österr. Länder gedrungen. In einem nhd. Text steht „das Schinackel oder kleine Schiffel" zuerst 1701, neuerdings in den an der Donau spielenden Romanen von E. v. Handel-Mazzetti: Kluge 1911 Seemannsspr. 689 f.; Kretschmer 1918 Wortgeogr. 247.

Schindel F. Zu lat. scandula 'Schindel' stellt sich als jüngere Nebenform gleichbed. scindula. Sie wird (etwa gleichzeitig mit Mauer, Pfeiler, Pfosten, Ziegel) ins Germ. entlehnt und ergibt asächs. scindula, ahd. scintula, mhd. schindel. Übergang von -ndl- zu -ngl- zeigen mengl. scincle, schingel, engl. shingle. Lat. scandula liegt auch dem frz. écente voraus (Jud, Zf. f. roman. Phil. 38, 38), während frz. échandole, ital. scandola, aslav. skǫdělŭ das im Germ. nie auftretende n bezeugen.

schinden st. Ztw., mhd. schinden, ahd. scinten schw. Ztw. 'enthäuten, schälen, mißhandeln', asächs. biscindian 'abrinden'. Abgeleitet von mhd. schint F. 'Obstschale', ahd *scind N. 'Fell, Haut', zu erschließen aus gleichbed. anord. skinn (vgl. Schinnen) und finn. kinnas 'Handschuh', früh entlehnt aus germ. *skinþas. Engl. skin 'Haut' aus spätags. scinn ist im 11. Jh. aus dem Nord. entlehnt. Mit germ. *skin-þa- aus vorgerm. *sqén-to- vergleicht man bret. scant 'Schuppe (der Fische)' aus *sqn-to-. Die idg. Wz. *sqen- 'abspalten' gilt als Erweiterung von *seq- 'schneiden'.

Schindenhengst M. im Obd. des 16. und 17. Jh. ein Name des Nordwinds (Zf. f. d. Wortf. 9, 169), dem der Wahlspruch „Ich schinde den Hengst" angedichtet wird. Sinnverwandt Ziegenschinder u. ä. (Zf. f. d. Wortf. 1, 269). Als Wahlspruchwörter vergleichen sich Gernegroß, Habenichts, Haberecht, Hassenpflug, Küssenpfennig, Lachnit, Schürenbrand, Springinsfeld, Störenfried, Tunichtgut, Wagehals.

Schinder M. Zu mhd. schinden 'die Haut abziehen' stellt sich schindære M. 'Abdecker', das im Südwesten zu 'Henker', in Norddeutschland zu 'Straßenräuber; Plagegeist' geworden ist: E. Angstmann 1928 Der Henker in der Volksmeinung 54.

Schindluder N. urspr. 'Aas, dem die Haut abgezogen wird', gleichbed. mit Schindaas (Stieler 1691). Als Schimpfwort erscheint Schindluder zuerst in hallischer Studentensprache (Kindleben 1781). Auch Aas, Keib, Luder, Schelm sind zu Schelten geworden.

Schinken M. mhd. schinke 'Schenkel, Schinken', ahd. scinko M., scinka F. 'Beinröhre, Schenkel', asächs. skinka, mnd. schink(e) M. F.; von da entlehnt dän. skinke, schwed. skinka F. '(geräucherter) Schenkel des geschlachteten Schweins'. Abgeleitete Bed. zeigen ags. gescincio N. Plur. 'Nierenfett' und afries. berscince Adj. 'nacktschenkelig'. Sämtlich in Ablaut zu Schenkel, f. d. Eine dritte Stufe des Ablauts in schweiz. schungge, obd. schunke, das auch in md. nd. Mundarten vorkommt (nl. schonk 'Knochen') und in frühnhd. Schriften vorwiegt. Der Sieg der nhd. Form ist möglicherweise durch westfäl. schinken begünstigt worden. In der Sprache Süddeutschlands gewinnt die Form von Norden her Boden. Aus dem Germ. entlehnt ist ital. stinco (mundartl. schinco) 'Schienbein'.

Schinn M., meist Schinnen Plur., mnd. schin 'Schuppen, die sich von der Kopfhaut abblättern'. Gelangt aus nd. Mundarten gelegentlich ins Nhd. Zu der unter schinden behandelten Sippe, nächstverwandt mit anord. sinn (aus germ. *skinþa-) 'Haut, woraus agf. scinn 'Haut, Fell', engl. skin 'Haut' entlehnt ist.

Schippe f. Schüppe.

Schirm M. mhd. schirm, schërm, ahd. skirm, skërm 'Schutz(wehr), Schild', mnd. schërm, scharm, mnl. scërm, nnl. scherm. Auf Entlehnung aus dem Mnd. beruhen dän. skjerm, schwed. skärm. Aus dem Germ. entlehnt ist die Sippe von ital. schermo 'Schutz', span. portug. esgrima 'Fechtkunst'. Vom M. abgeleitet ist das schw. Ztw. schirmen, mhd. schirmen, schërmen, ahd. skirmen (aus *skirmjan) 'als Schutzwehr dienen, schützen, verteidigen', asächs. biskirmian, mnd. mnl. nnl. schermen, afries. (bi)skirma. Aus dem Mnd. entlehnt sind dän. skjerme, schwed. beskärma, aus dem Germ. ital. schermire, -are, prov. afrz. escrimir, escirmir, frz. escrimer, span. portug. esgrimir 'fechten' (f. Scharmützel). Germ. *skerma-, *skermi- war ursprünglich das die Schilde überziehende Fell. Außergerm. vergleichen sich aind. carman-, avest. čarəman- 'Fell, Haut' (aus idg. *qermn), lat. corium, scortum 'Leder', cortex 'Rinde' zur idg. Wz. *(s)qer(t)- 'schneiden, abtrennen'. Auch aslav. črěmŭ 'Zelt (ursprünglich aus Fellen)' ist (falls aus *kermo-) urverwandt, doch kann auch Entlehnung aus dem Germ. vorliegen.

Schirokko M. aus arab. šarqi 'Ostwind' über ital. scirocco zu Beginn des 19. Jh. entlehnt. Osw. v. Wolkenstein († 1445) entlehnt scherock 17, 40 aus friaul. sciroc: E. Ohmann 1940 Neuphil. Mitt. 41, 156.

schirren f. Geschirr.

schlabbern schw. Ztw. lautmalenden Ursprungs: 'geräuschvoll saufen und fressen', zunächst vom Hunde, dann auch von gierig trinkenden und essenden Menschen, daher auch 'sich beim Trinken oder Essen besudeln' und (mit Übertragung des Hastigen und Gedankenlosen auf das Sprechen) 'plappern'. Dringt mit andern sinnlich anschaulichen Ausdrücken in frühnhd. Zeit in die Schriftsprache; dabei ist -bb- (wie in Ebbe, Krabbe, Robbe, schrubben) Zeichen nd. Herkunft: nl. slabberen 'sich beschütten', slabben, norw. slabbe 'sudeln', engl. slabber, älter dän. slabre 'schlürfen', schwed. slabbra 'plaudern'. Formen mit ablautendem u sind dem Nhd. fremd geblieben: v. Bahder 1925 Wortwahl 118f.

Schlacht F. mhd. slaht(e), ahd. slahta 'Tötung, Hinschlachtung', asächs. man-slahta 'Totschlag': mit der Endung -tā der Fem.-Abstr. (vgl. Schande) zur germ. Wz. *slah (f. Schlag). Schlacht in der Bed. 'Art' f. Geschlecht. Schlacht 'Damm', ahd. mhd. slaht 'Bau, Befestigung', ist Ableitung von slahen in seiner Bed. 'schlagend befestigen' (so auch bei den Klassikern des 13. Jh.). — Ableitungen zu Schlacht, die von der alten umfassenden Bed. ausgehen, sind das schw. Ztw.

schlachten, mhd. slahten, ahd. slahtōn (M. Pokrowsky 1931 Jdg. Forsch. 49, 108) und das M. Schlächter, mhd. slahtære, ahd. slahtāri. Dessen umgangssprachl. Geltungsbereich umschreibt Kretschmer 1918 Wortgeogr. 412.

Schlachtenbummler M. schalten im franz. Krieg 1870 unsere Soldaten die Zivilisten, die aus Schaulust die Front besuchten. Die Grenzboten nennen 1871 II 602 das Wort neu, Sanders 1885 Erg.-Wb. 123 bucht es als erster: Ladendorf 1906 Schlagwb. 278 f.; Zf. f. d. Wortf. 3, 258. 6, 57.

Schlachtendenker M. Gleim singt 1757 von Friedrich d. Gr.: „Auf der Trommel saß der Held Und dachte seine Schlacht". Daraus erwächst 1772 das Wort Schlachtendenker, das doch erst beflügelt wurde, seit es Geibel im Okt. 1870 auf Moltke anwandte, den schon die Grenzboten 1867 II 119 als „Denker der Schlachten" rühmen: Ladendorf 1906 Schlagwb. 279; Zf. f. d. Wortf. 6, 57. 113. 9, 284.

Schlacke F. Zu schlagen ‘schmieden’ stellt sich, dem engl. slag entsprechend, seit 1398 mnd. slagge ‘beim Schlagen abspringender Metallsplitter’, das im 16. Jh. südwärts wandert: 1523 erscheint schlacken bei Luther Ps. 119, 119, 1561 bei Maaler in Zürich. Das obd. Synonym Hammerschlag wird in spätmhd. Zeit greifbar, der gleichlautende Fam.-Name ist mittelbarer Berufsname eines Schmieds.

Schlaf M. mhd. ahd. slāf, asächs. anfr. slāp, mnl. slaep, nnl. slaap, afries. slēp, ags. slǣp, engl. sleep, got. slēps: zum st., vormals redupl. Ztw. schlafen, mhd. slāfen, ahd. slāf(f)an, asächs. anfr. slāpan, mnd. mnl. slāpen, nd. nnl. slapen, afries. slēpa, ags. slǣpan, engl. sleep, got. slēpan, krimgot. schlipen. Dazu die r-Ableitungen schläfrig, mhd. slæfric, slāfrec, ahd. slāferag, und schläfern, mhd. slāfern, ahd. slāfarōn. Die nächsten Verwandten s. u. schlaff. Grundbedeutung von schlafen ist ‘schlaff sein’: durch Bedeutungswandel, an dem der germ. Norden nicht teilnimmt, hat sich die Wortsippe an die Stelle des Erbworts (idg. Wurzel *suep-: *sup-) geschoben, das sich in ags. swefan, anord. sofa ‘schlafen’ und ags. swefn, anord. svefn ‘Schlaf’ hält, denen air. sūan, kymr. hun, lat. somnus, sopor, gr. ὕπνος, aslav. sŭnŭ, armen. k‘un, toch. A spän, säpn-, B spane, aind. svápna- ‘Schlaf’ entsprechen.

Schlafbursche M. ‘Arbeiter oder Handwerksgesell, der einer Familie eine Schlafstelle abmietet’. Gebucht nicht vor K. Albrecht 1881 Leipz. Mundart 201. Gegen gleichbed. Bettbursche, -geher, -stätter, Einlogierer,

Schlafgänger, -steller abgegrenzt von P. Kretschmer 1918 Wortgeogr. 418.

Schläfe F. ‘Stelle des Kopfs, auf der man beim Schlafen liegt’, der Form nach Mz. zu Schlaf, s. d. Die Auffassung wird gestützt durch sizil. sonnu ‘Schläfe’ (zu lat. somnus ‘Schlaf’), parm. dormidor, bern. endormière ‘Schläfe’ (wörtlich ‘Vorrichtung zum Einschlafen’). Das entsprechende gr. καρωτίς ist zu κάρος ‘tiefer Schlaf’ gebildet. Dualisch wie die Namen vieler Körperteile ist lat. tempora ‘Schläfen’. Anderseits bleiben mhd. ahd. slāf, nl. slaap ‘Schläfe’ bei der Einzahl.

schlaff Adj. mhd. ahd. slaf (ff), mnd. nl. slap ‘kraftlos, träge’. Mit nd. Lautstufe gelangt schlapp (s. d.) ins Nhd. und in einzelne hd. Mundarten, in denen schlaff seit langem abgestorben ist. Germ. *slapa- (daraus früh entlehnt finn. laappa ‘schlaff’) ist ablautende Bildung zur Wurzel *slēp- (s. Schlaf), wie *lata- ‘träg’ zur Wurzel *let- ‘nachlassen’ (s. laß). Germ. Verwandte sind anord. sjæpr ‘träger Mensch’, schwed. slapp ‘arm, hilflos’. Außergerm. vergleichen sich aslav. slabŭ ‘schlaff’, lit. silpti ‘schwach werden’, slōbti ‘schlaff werden’, lett. slābēt ‘zusammensinken’, air. lobar, -ur ‘schwach’. S. Schlaf.

Schlafittich M. seit dem 18. Jh. in der Redensart „einen beim Schlafittich kriegen" (wie eine Gans), die von nd. und md. Mundarten ausgeht, wo ein urspr. Schlagfittich ‘Schwungfedern des Gänseflügels’ lautlich vereinfacht und zu ‘Rockschoß’ umgedeutet ist, wie zuerst M. Richey 1743 Id. Hamb. 57 gesehen hat. Die Form Schlaffittchen seit Müller 1796 Sara 2, 334; verkürztes Flittchen Bretzner 1788 Leben eines Lüderlichen 3, 278. S. Fittich.

Schlafkunz M. Auswuchs an Heckenrosen, der, unter das Kopfkissen gelegt, Schlaf bringen soll; wohl als helfender Kobold gedacht u. benannt. Schlaffcountz Bock 1546 Kräuterb. 2, 20a. Aus hess., bair. u. schles. Mundart seit dem 17. Jh.: Meisinger 1924 Hinz u. Kunz 52 f. Sonst auch Schlafapfel.

Schlafmütze F. seit dem 17. Jh. die leinene Kopfbedeckung, die nachts getragen wurde; seit Lessing öfter für einen schläfrigen Menschen als für die außer Gebrauch gekommene Sache. Die umgangssprachl. Synonymik entfaltet Kretschmer 1918 Wortgeogr. 348. Bed.-Wandel gleicher Art liegt vor bei Blau-, Teerjacke, Maske, gelegentl. auch bei Krone, Perücke, Schürze.

Schlafrock M. mhd. (14. Jh.) slāfrock, nd. slāprock, nnl. slaaprok, dän. slaabrok ‘bequemer Rock, beim Aufstehen, Schlafengehen und sonst als Hausgewand getragen’, so wenig gesellschaftsfähig wie die Pantoffeln. Unberechtigt die frühere Annahme, das Wort sei aus Schlafrock 'Rock zum Hineinschlüpfen' umgebildet.

Schlag M. mhd. slac (g), ahd. nnl. dän. schwed. slag, asächs. slegi, mnd. slach, anfr. slege Dat. Sg., mnl. slach (gh), afries. slei, ags. slege, engl. slay, anord. slag(r), got. slags: zum st. Ztw. schlagen, mhd. slahen (mit gramm. Wechsel: slahe, slehst; sluoc, sluogen, geslagen) und (in Angleichung an vāhen, vān seit dem 13. Jh.) slāhen, slān, md. anfr. slān, ahd. got. slahan, mnl. slaen, nnl. slaan, ags. slēan, engl. slay, afries. anord. slā, dän. slaa, schwed. slå. Die Sippe ist im Germ. reich entfaltet, z. B. gehören zu ihr mhd. slā, slage 'Werkzeug zum Schlagen', slouwe 'Spur, Fährte', ahd. slahta, gislahti 'Geschlecht' (s. d.), mnd. slawe 'Hufbeschlag', ags. slahe, slēa 'Weberkamm', anord. slā 'Stange, Riegel', slōgr 'verschlagen'. Außergerm. Verwandte bietet nur das Keltische, z. B. mir. slactha Part. 'geschlagen', slacc 'Schwert', ir. slacaire 'Schläger'. Idg. Wurzel *slak- 'schlagen'. — Vgl. Schlegel.

Schlager M. zuerst in Wien 1881 Nat.-Ztg. 34, 526 „Zündende Melodien — Schlager nennt sie der Wiener". Von der musik. Zeitungskritik auf Politik u. a. Gebiete übertragen: Gombert 1902 Zs. f. d. Wortf. 3, 154; Ladendorf 1906 Schlagwb. 279. Das Bild wohl vom einschlagenden Blitz.

Schlagfluß M. Der unter Fluß als Lehnübers. von gr. ῥεῦμα erwähnte Krankheitsname wird im 17. Jh. durch Schlag als plötzlich und heftig auftretender Anfall bestimmt. Schlagfluß kaum vor Chr. Weise 1673 Erznarren 94, während Schlag als Lehnübers. von gr.-lat. apoplexia schon in mhd. Zeit aufkommt.

Schlagobers s. Obers.

Schlagschatten M. 'Schatten, den ein Körper auf den andern wirft', in bewußtem Gegensatz zum Eigenschatten, der auf der dem Licht abgekehrten Seite des Körpers selbst entsteht: Malerwort, kaum vor 1768 Der falsche Spieler 72.

Schlagseite F. urspr. die Seite, nach der sich ein Schiff neigt, das nicht zu vollem Gleichgewicht gebaut ist; seit Andersen 1669 Orient. Reisebeschr. 188 in Wendungen wie Schlagseite haben, bekommen die geneigte Lage selbst. Scherzhaft auch von Trinkern, die 'schief geladen' haben. Kluge 1911 Seemannsspr. 691 f.

Schlagwort N. urspr. (wie Stichwort, s. d.) 'schmerzlich treffendes Wort'; in der Bühnensprache 'Wort, das einem Schauspieler

die Losung zum Auftreten gibt': Sonnenfels 1768 Briefe über die wien. Schaubühne 362. 'Wort, das eine Lage schlagartig erhellt' kaum vor Jean Paul 1807 Lit. Nachlaß 4, 209. Zs. f. d. Wortf. 2, 57. 307. 3, 153. 9, 284.

Schlamassel M. F. Nhebr. mazol 'Geschick, Glückstern' vereint sich mit nhd. schlimm zu schlimm mazol 'Mißgeschick'. Hieraus jüd.-dt. schlimasel, Schlamassel, neuestens Schlamastik: Spitzer 1918 Herrigs Arch. 138, 159. 234 f.

Schlamm M. dem Mhd., aber auch dem Nl. fremd; dän. schwed. slam sind aus dem Dt. entlehnt. In md. Quellen begegnet seit Beginn des 14. Jh. slam, Gen. slammes 'weicher, nasser Bodensatz' (mit mm aus mb wie Kamm, krumm, Lamm, um). Voraus geht mnd. slam 'minderwertige Mahlfrucht, deren Vermahlung den Müllern verboten wird'. Luther verwendet Schlam im nhd. Sinn Hiob 21, 33 und noch siebenmal im Alten Test.: er führt das Wort in die Schriftsprache ein. Obd. Mundarten bleibt es fremd, in der Schweiz begegnet es ganz vereinzelt seit 1549: Id. 9, 542. Man sieht in idg. *(s)lamb- eine nasalierte Nebenform der idg. Wurzel *lāb- 'schlaff; herabhängen' in Laffe, Löffel[2] usw.

Schlammbeißer s. Beißker.

schlampampen schw. Ztw. 'schlemmen': mnd. westfäl. frühnhd. slampampen, Streckform zu älterem slampen (bair. schwäb. šlampə), mit dem das schmatzende Essen und schlürfende Trinken lautmalend bezeichnet wird: K. v. Bahder 1925 Wortwahl 115. Nächstverwandt sind mhd. slampen 'schlaff herabhängen', nhd. mundartlich schlampen 'mit Geräusch schlürfen, schlaff herabhängen, nachlässig sein', Schlampe, Schlumpe 'unordentliches Frauenzimmer'. Frau Schlampampe ist die Heldin zweier Satiren von Christ. Reuter (Leipzig 1695 f.), durch ihn beflügelt: Büchmann 1912 Gefl. Worte 109 f.; Zs. f. d. Wortf. 2, 13. 15. 24. 15, 283. 298.

Schlange F. mhd. mnd. slange M. F., ahd. asächs. anl. slango M.: ablautende Bildung zu schlingen 'sich krümmen', s. d. Spätanord. slangi, aschwed. slanga sind aus dem Mnd. entlehnt. Die germ. Namen des Tiers s. u. Natter, Unke und Wurm. An ihrer Verdrängung mag (wie an der des lat. anguis durch serpens) religiöse Scheu beteiligt sein. — Das Fem., schon im Md. häufig, dringt mit und seit Luther durch wohl nach dem Vorbild von Natter (Otter) und weil die Form auf -e als ausgeprägt feminin empfunden wurde; vgl. die Schnecke, aber der Schneck. S. auch Schleie.

schlängeln schw. Ztw., zuerst bei Stieler 1691. Verkl. Ableitung zu Schlange.

schlank Adj. mit den älteren Nebenformen schlang und geschlang fehlt dem Obd. (dafür hager, rahn, s. d.), md. slanc zuerst um 1160 im Straßb. Alex. 285, mnd. slank, slangh, mnl. slanc; dän. schwed. slank sind aus dem Nd. entlehnt. Luther verwendet schlank nur außerhalb der Bibel; bei Schottel und Stieler ist das Wort gebucht; Rädlein, Steinbach und Adelung empfinden es noch als mundartlich: K. v. Bahder 1925 Wortwahl 39f. Grundbedeutung ist 'biegsam'. Germ. Verwandte sind mnd. nl. slinken 'zus.-schrumpfen', ags. slincan 'kriechen', schwed. slinka 'gleiten': zur idg. Wurzel *sleng- 'winden' neben gleichbed. *slenq- in schlingen[1], s. d.

schlapp Adj., nd. Lautform für hd. schlaff (s. d.), in hd. Text seit Eyzinger 1591 Relat. 3, 48, doch noch von Stieler 1691 und Steinbach 1734 als nd. gebucht. In obd. Ma. scheint sich die von der Heeressprache begünstigte Lehnform mit einem bodenständigen Rest anderen Ursprungs zu mischen: H. Fischer 1920 ff. Schwäb. Wb. 5, 894. 6, 2973; Schweiz. Id. 9, 611.

Schlappe F. Zum Schallwort schlapp für einen klatschenden Laut stellte sich (wie mengl. slappe, engl. slap 'leichter Schlag') nd. slapp 'Klaps', frühnhd. schlappe 'Schlag mit der Hand'. Hieraus abgezweigt die zuerst in der Schweiz 1513 erscheinende Bed. 'leichte Niederlage': Kurrelmeyer 1921 Mod. lang. notes 36, 489.

Schlappen Plur. 'bequeme Hausschuhe', aus nd. slappen; dies zu nd. slapp Adj. 'schlaff'. Dazu seit 1753 Schlappstiefel: Kurrelmeyer 1929 Mod. lang. notes 44, 145. Eine obd. Entsprechung in kärnt. släpfn 'Pantoffel': Lexer 1862 Kärnt. Wb. 219.

schlappen schw. Ztw. nach nd. nl. slabben, s. schlabbern.

Schlaraffe M. Zu mhd. slūr 'Faulenzer, faule Person' (s. schlummern) stellt sich im 14. Jh. slūr-affe 'üppig und gedankenlos lebender Müßiggänger', Schimpfwort wie Gähn-, Maul-, Rotzaffe. Dazu Schluraffen landt Brant 1494 Narrensch. Kap. 108; Schluraffen Landt Sachs 1530 Fabeln Nr. 6. Über die verwandte Vorstellung des afrz. Coquaigne s. Kuchen. Wie bei Forelle, Hornisse, lebendig usw. zieht die schwere Mittelsilbe den Ton auf sich; der vortonige Vokal wird zu a wie in Halunke, Lakritze und den dort genannten Fällen. Zur Sache Büchmann 1912 Gefl. Worte 91.

schlau Adj. Adv. In das Nhd. des 16. Jh. (E. Alberus 1540 Nov. dict. gen. GG 4b schlau) aufgenommen aus nd. slū (nnl. sluw). Gleichfalls aus dem Nd. entlehnt sind dän. slu, norw. slu(g), schwed. slug. Neben schlau steht (wie rauch neben rauh) gleichbed. bair. schlauch: beide aus germ. *slūha- 'schleichend', idg. *sleuk-. Dagegen wird idg. *sleug- vorausgesetzt von nl. sluiken 'schleichen', ter sluik 'heimlich', ebenso von Schlauch (s. d.) und der außergerm. Sippe, die sich auf die balto-slav. Sprachen beschränkt und von 'gleiten' als Grundbedeutung ausgeht: lit. sliūžis Mz. 'Schlittschuhe', sliaūžti 'kriechen', lett. služāt 'glitschen'; russ. lýža 'Schneeschuh', Schlittenkufe, Barkenkiel', kleinruss. lýžva 'Schlittschuh', poln. łyżwa 'flaches, langes Boot' bulg. lŭzgav 'glatt', lŭzgam se 'laufe Schlittschuh'.

Schlauberger M. 'Schlaukopf': ein Scherz der Volkssprache des 19. Jh., der seit Frenzel 1868 Freier Boden 1, 66 gelegentl. literar. wird. Gebildet wie Drückeberger (das Sanders 1885 neben S. bucht) nach ernsthaften Einwohnernamen wie Nürn-, Württemberger. Von Schlauberger nicht zu trennen ist der seit 1872 nachgewiesene Schlaumeier. Schon darum ist die Teuth. 10, 128 vorgetragene Deutung abwegig.

Schlauch M. mhd. slūch '(Schlangen-)Haut, Röhre, Rüssel, Schlauch', asächs. slūk 'Schlangenhaut' (Ahd. Glossen 4, 288a): ursprünglich 'worein oder woraus geschlüpft wird' und so mit der unter schlau entfalteten Sippe von idg. *sleug- 'gleiten, schlüpfen' zu vermitteln. Daneben idg. *sleuk-, germ. *sluh-: *slug- in schwed. slo aus *slūhwō 'Hülse um den empfindlichsten Teil in Horn und Huf', schwed. slu(v) aus *slū(g)wō 'dasselbe', norw. schwed. slo 'fleischiger Kern in Horn und Huf', mnd. slū 'Fruchthülse, -balg, Schale', mengl. slughe, slouh, engl. slough 'abgestreifte Schlangenhaut'.

Schlause, schlausen s. schliefen.

schlaunen s. schleunig.

schlecht Adj. Ahd. mhd. mnl. sleht, mnd. slecht, asächs. slicht, afries. sliucht, ags. sliht, mengl. engl. slight, anord. slēttr, got. slaíhts führen auf germ. *slebta-, idg. *slikto-. Die alte Bed. ist 'eben' oder (da die Grundform den Eindruck eines -to- Part. macht) 'geebnet, geglättet'. Urverwandt sind air. sliachtad 'das Glätten, Ebnen', slige 'Kamm'. Idg. Wurzel *slig-, deren Vollstufe *sleig- in anord. slīkr 'glatt' und in schleichen (s. d.) vorliegt. Reste der alten Bed., in der s. durch die Nebenform schlicht (s. d.) abgelöst ist, halten sich bis heute: s. und recht (aus der Lutherbibel), schlechthin, -weg, schlechterdings. Indem s. in Gegensatz zu dem Vornehmen und Vorzüglichen tritt, sinkt es zur Bezeichnung dessen, was unter der Norm bleibt: so entsteht seit dem 15. Jh. die Bed. 'geringwertig', die die neunord. Sprachen aus dem Nhd. entlehnt haben. Zur Bed.-Verschlechterung vgl. albern, einfältig, simpel.

schlechterdings Adv. 'durchaus', so seit Stieler 1691. Vorher geht bei Butschky 1677 Pathmos 491 „schlechter Dinges", bei P. Fleming 1632 Dt. Ged. 259, 51 „schlechter Dinge". Dies ein zum Adv. erstarrter Gen. Plur. Adverbiales -s wie in aller-, neuer-, platterdings aus aller, neuer, platter Dinge. Erster Wortteil ist schlecht in seiner Bed. 'einfach'.

schlecken schw. Ztw., mhd. slëcken 'naschen' mit s-Vorschlag für lecken (s. d.): G. Kisch 1937 Zf. f. Mundartf. 13, 80. Vergleichen lassen sich mhd. mnd. slicken 'schlingen', klev. slick(er)en 'verschlingen, schlecken, naschen', anord. sleikja 'lecken'. Dän. slikke und schwed. slicka 'lecken' beruhen auf Entlehnung aus dem Mnd. Aus dem Ztw. rückgebildet sind mhd. slëc M. 'Schleckerei; Leckermaul' und haven-slëcke M. 'Topfnascher'.

Schlegel M. mhd. slegel, ahd. slegil 'Werkzeug zum Schlagen, Keule, Flegel, Hammer'. Mit Suffix -ila zum st. Ztw. schlagen wie die männl. Gerätnamen Hebel, Schlüssel, Würfel zu den st. Ztw. heben, schließen, werfen: Kluge 1926 Stammbild. § 90. Zur germ. Wz. *slah stellen sich auch engl. sledge, agf. slecg F. 'Hammer'. Das Gerät zum Schlagen heißt S. vor allem in Süddeutschland. Mittel- und norddt. entspricht Keule (s. d.). Demgemäß teilen sich die beiden Wörter in das Gesamtgebiet auch in den abgeleiteten Bed. 'Hinterschenkel der Schlachttiere', die erst in nhd. Zeit hervortritt und eher aus äußerlicher Ähnlichkeit rührt als daher, daß der Schenkelknochen als Schlagwerkzeug gedient hätte: Kretschmer 1918 Wortgeogr. 271. Schlegel als Fam.-Name ist wohl meist durch Hauszeichen vermittelt, kann aber auch Schelte des Grobians oder mittelbarer Berufsname des Böttchers, Küfers, Zimmermanns oder Gefangenenwärters gewesen sein: Petersen 24 f. 59. 80.

Schlehe F. 'Prunus spinosa L.', mit Apfel, Hasel und Weichsel die einzige Obstart, die ihren germ. Namen bis heute bewahrt. Mhd. slëhe, ahd. slëha, slëwa, mnd. slë, slë(ne), mnl. slee, sleuuwe, nnl. slee, agf. slāh, engl. sloe, dän. slaa(en), schwed. slå(n) führen auf germ. *slaihōn- (nur von der Frucht), idg. *slэi-qo- zur idg. Wurzel *slэi- 'bläulich'. Die außergerm. Verwandten weisen auf ein gleichbed. idg. Farbadj. *(s)lэi-yo-. Am nächsten steht aslav. slíva 'Pflaume' (hierzu Sliwowitz 'serb. Pflaumenschnaps'), daraus entlehnt

lit. slyvà, apreuß. sliwaytos 'Pflaume'. Ohne s- vergleichen sich lat. livēre 'bleifarbig, bläulich, scheelsüchtig sein', livor 'bläuliche Farbe; Scheelsucht', lividus 'blauschwarz, -grau, scheelsüchtig', livēdō 'Scheelsucht'; air. lī, kymr. lliw, akorn. liu, korn. liw 'Farbe, Glanz', bret. liou 'Farbe' (aus 'Bläue' verallgemeinert). — Schlehe in dt. Fam.-Namen kann auf natürlichen Hausmarken beruhen wie Schleh(er), Schlelein, Schleemann und seine schlef. Form Schliemann, oder vom Wohnplatz ausgehen: Schleenbäcker 'der an einem von Schlehen gesäumten Bach wohnt', oder durch Ortsnamen vermittelt sein, wie Schledorn bei Korbach oder Schleerieth in Unterfranken (hierzu Schlereth und Schlörit).

schleichen st. Ztw., mhd. slīchen, ahd. slīhhan, mnd. mengl. slīken 'leise gleitend gehen'. Dazu mhd. slīch M., nl. slik, slijk 'Schlamm', anord. slīkr 'glatt'. Vom Ztw. aus ist Schleiche (s. Blindschleiche) gebildet: mit gr. λισδην 'die Oberfläche streifend', λισδος, λισδα 'Reibstein, Mörser' und air. sligim 'schmiere', sliachtad 'das Glätten, Ebnen', slige 'Kamm' aus idg. *sleig- 'schleimig, schlüpfrig, gleiten, darüberstreichen, glätten', einer Erweiterung der gleichbed. idg. Wurzel *(s)lei- in Lehm, Schleie, Schleim. S. schlecht. — Schleicher, nd. Schliecker als Fam.-Name vergleicht sich dem gleichfalls häufigen Leise-, nd. Liesegang. Doch können Schleicher, Schlicher auch den Zuwanderer aus einem der Orte Schleich, Schlich bezeichnen, die den Namen nach ihrer Lage auf Schlick und Schwemmland tragen. Kluge 1911 Seemannsspr. 694.

Schleie F., auch Schlei M., der Fisch Tinca vulgaris. Mhd. slī(g)e, slīhe M., ahd. slīo M., mnd. slī(g), nnd. slī(e), älter nnl. slye, nnl. slij, agf. slīw führen auf westgerm. *slīwa- M. Die nächsten germ. Verwandten sind anord. slý N. 'schleimige Wasserpflanzen', norw. slī 'Schleim'. Ohne s- westfäl. līwe, in Klewe 1477 lieuwe: zur idg. Wurzel *(s)lei- 'schleimig, glitschig' wie russ. lin', lit. lýnas, lett. linis, apreuß. linis 'Schleie' und gr. λινευς 'Schleimfisch'. Vgl. Lehm und Schleim. Der Fischname mit -e ist nhd. zum F. geworden wie Schlange, s. d.

Schleier M. mhd. (seit 1255) sleier mit vielen Nebenformen, von denen sich sloier mit dem bedeutungsverwandten Flor zu md. floier kreuzt; mnd. sloi(g)er (hieraus entlehnt dän. slør); nl. (nicht vor 1598) sluier, mengl. sleir. Alles weitere germ. Zubehör bleibt fraglich. Formenfülle, Zeit und Art des Auftretens legen den Verdacht der Entlehnung nahe, doch ist das (morgenländ.?) Vorbild noch nicht gefunden.

Schleife F. (für frühnhd. und mundartl. schläufe, nd. sleuf seit Luther langsam durchgesetzt, vgl. ereignen): Rückbildung zu mhd. ahd. sloufen 'schlüpfen machen', Bewirkungsztw. zum st. Ztw. schliefen (s. d.), Schlucht und Schlupf. Den umgangssprachl. Bereich von Schleife grenzt Kretschmer 1918 Wortgeogr. 419 gegen Masche u. a. ab.

schleifen Ztw. 1) stark: mhd. slīfen, ahd. slīfan, mnd. mnl. slīpen, nnl. slijpen; anord. *slīpa zu erschli ßen aus slīpari M. '(Schwert=) Schleifer': urverwandt mit gr. ὀλιβρός 'schlüpfrig', mir. slemun, slemain 'glatt', kymr. llysn 'blank', lat. lībāre 'leicht berühren, wegstreichen': sämtlich zu idg. *(s)leib- 'schleimig, schlüpfrig; gleiten', einer Erweiterung der gleichbed. Wurzel *(s)lei-, die unerweitert z. B. in Schleie vorliegt. 2) schwach: mhd. ahd. sleifen, mnd. nd. slēpen ist Bewirkungswort zum st. schleifen und bedeutet ursprünglich 'gleiten lassen'. S. auch schleppen und schlüpfrig.

Schleim M. Mhd. mnd. nd. agf. anord. slīm, mnl. nnl. slijm, engl. slime, dän. slim führen auf germ. *slīma- in gleichbed. schwed. slem. Finn. lima 'Schleim' ist früh aus dem Germ. entlehnt. Ahd. *slīm ist nicht bezeugt, aber durch slīmen 'glatt machen, blank schleifen' gesichert. Außergerm. vergleichen sich aslav. slina 'Speichel', ruff. slimák, poln. ślimak 'Schnecke' (eigentl. 'die Schleimige'), gr. λειμᾶξ, -ᾱκος 'Nacktschnecke' (daraus entlehnt lat. limāx, -ācis 'Wegschnecke'): m=Bildung zur idg. Wurzel *(s)lei- 'schleimig, glitschig' (s. Schleie), zu der auf q- gebildet sind: lit. slēkas, apreuß. slayx, lett. slièka 'Regenwurm' und lett. slēkas F. Mz. 'zäher Schleim, Speichel, Geifer'. Vgl. Lehm.

schleißen st. Ztw. 'zerreißen'. Mhd. slīzen, ahd. slīz(z)an, asächs. agf. slītan, mnd. mnl. slīten, anfr. farsclīton, nnl. slijten, afrief. anord. slīta, engl. slit, schwed. slita, dän. slide führen auf germ. *slītan. Das heute gleichlautende Bewirkungswort mhd. ahd. sleizen 'spalten', agf. slǣtan, engl. slate 'hetzen' setzt germ. *slaitian voraus. Germ. Verwandte sind mhd. sleize 'Leuchtspan', mnd. slēt 'Holzstange; Kleinholz', anord. sleita 'Ausflüchte, Streit'; Intensivbildung zum schw. Ztw. ist schlitzen, s. d. Außergerm. Verwandte bieten nur die balt. Sprachen: lit. skleidžiù, sklẽsti 'ausbreiten, was zusammengefaltet oder gehäuft war', sklaidaū, -ýti 'hin und her blättern', lett. sklaidîs 'Herumtreiber', apreuß. schlait 'sondern; ohne', schkläits Adv. 'sonderlich', Adj. 'schlicht'. Vereinbar auf idg. *sqlei-d-, eine i-Erweiterung zu der verbreiteten idg. Wurzel *(s)qel- 'schneiden' in Schild, Schilling usw.

Schlemihl M. 'Pechvogel', aus hebr. šělō mō'īl 'der nichts taugt', in dt. Gaunersprache und vielen Mundarten; literar. durch Chamisso 1814 Peter Schlemihl, der Mann ohne Schatten: Lokotich 1927 Etym. Wb. Nr. 1882.

schlemmen schw. Ztw. spätmhd. slemmen '(ver)prassen' zuerst 1462 Hist. Volksl. 1, 529 Liliencron, verbreitet durch Brant, Geiler, Luther, Sachs: v. Bahder 1925 Wortwahl 115. Eine wohl unter Einfluß von Schlamm stehende Umbildung von slampen, slempen, die lautmalend das schmatzende Essen und schlürfende Trinken bezeichnen (s. schlampampen). Nächstverw. Schlempe F. 'flüssiger Rückstand der Maische beim Brauen und Brennen', für das A. v. Blumenthal 1930 Hesych=Studien 42 Urverwandtschaft mit gr. λάμπη 'Schaum, Schimmel, Kahm' vermutet.

schlendern schw. Ztw., ins Nhd. seit 1652 unter starker Teilnahme der Studenten (wie später bummeln) eingeführt durch Scheffer, Schoch, Schupp, Grimmelshausen, Butschky, Stieler, entlehnt aus nd. slendern. Dessen nd steht für germ. nt, das im gleichbed. nnl. slenteren, norw. slentre, schwed. mundartl. släntre erhalten ist, auch in spätanord. slentr N. 'das Schlendern', nd. sluntern 'nachlässig, schlaff sein' vorliegt und in hd. (ver)schlenzen, schlunzen regelrecht verschoben ist. Germ. d zeigen nnl. slenderen, anord. slundasamliga 'träge', mhd. lendern 'langsam gehen', nnl. lunderen. Somit idg. Wurzel *(s)lend(h)- 'gleiten', bestätigt durch ahd. slintan, asächs. farslindan, got. fraslindan 'verschlingen' (urspr. 'gleiten lassen'), mhd. geslande, -slende 'Schmauserei', vielleicht auch durch lit. lendù 'krieche'. S. schlingen[2].

Schlendrian M. umschließt drei verschiedene Bildungen. Seb. Brant verwendet in Basel 1495 Narrensch. 110[1] 163 schlenttrianum für 'Kniff, Dreh'. Auf alem. Boden war schlendern (s. d.) nicht heimisch, -iānus ist keine lat. Endung zur Bildung von Abstrakten. So bleibt Brants Wort dunkel. Unabhängig davon erscheint 170 Jahre später bei dem Gießener J. B. Schupp, Schriften 214 Schlentrian 'überalteter, lässiger Brauch'. Das Wort, das eine Lücke des damaligen Sprachschatzes glücklich ausfüllte, machte rasch sein Glück bei Mittel- und Norddeutschen, die das Ztw. schlendern kannten. Grundwort ist frühnhd. jän '(Arbeits-) Gang, Reihe', s. Jahn. Wieder nur äußerlich damit zusammengefallen ist norddt. Schlendrian M. 'nachlässiger Kerl', das uns bei Stieler in Erfurt 1691 zuerst entgegentritt und ursprünglich so weit gilt, wie der Taufname Johannes die Kurzform Jan entwickelt hat. Bei späterer Ausdehnung ins kathol.

Süddeutschland boten Heiligennamen wie Corbinian, Damian, Fabian usw. Anlehnung. — Nnl. slendriaan, dän. slendrian, schwed. slentrian sind aus dem Nhd. entlehnt.

schlenkern schw. Ztw., spätmhd. slenkern 'schleudern' zu mhd. slenge(r), slenker 'Schleuder', ahd. slengira F. 'Schleuder': Ableitungen aus Wz. *sling (s. Schlinge). Daraus ahd. slinga, mhd. slinge F. 'Schleuder'. Hierher noch anord. sløngva (aus *slangwian) 'schleudern', vielleicht auch finn. lingota 'schleudern' als Entlehnung aus dem Germ. Vgl. engl. sling 'Schleuder', Schlinge und schlingen[1].

Schleppe F. Lehnwort aus gleichbed. nd. slepe (mnd. slepehoiken 'Schleppmantel'), nnl. sleep, verdrängt im 17. Jh. (kaum vor Schottel 1663) älteres Schweif, Schwanz an Kleidern. Auch dän. slæb, schwed. släp stammen aus dem Nd. Vgl. V. Pisani 1933 L'Italia Dialettale 9, 240ff.

schleppen schw. Ztw., in mhd. Zeit über md. sleppen aufgenommen aus nd. nl. slēpen, die dem hd. schleifen (s. d.) entsprechen.

schleudern schw. Ztw. in den Bedeutungen '(mit der Schleuder) werfen' und 'nachlässig sein, schlecht arbeiten, unter Preis weggeben' gehört in eine Gruppe mit mhd. slūdern 'schlenkern', slūder 'Schleuder', slūderer 'wer übereilt und liederlich arbeitet', slū(de)raffe 'Müßiggänger' (s. Schlaraffe), bair. schlaudern 'lose hin und her fahren'. Weitere Verwandte s. u. schlottern. Ohne das anl. s- vergleichen sich liederlich und Lotter: sämtlich zu idg. *(s)leut- (in gr. λεύτον 'fahrlässig', ir. lott 'Dirne', serbokroat. lútati 'schlendern' russ. lytat' 'sich herumtreiben', lett. lutēt, lutinât 'verzärteln'), Erweiterung zur idg. Wurzel *sleu- 'schlaff', die unerweitert in Schlier 'Schlamm' und Schlummer vorliegt. Das F. Schleuder hat Luther für älteres Schlenker, Schlinge ins Nhd. eingeführt, nachdem seit 1417 mnl. slūder ins Mhd. eingedrungen war. Das kaufmänn. schleudern 'verramschen' ist seit 1668 belegbar, Schleuderer seit 1841, Schleuderpreis seit 1874.

schleunig Adj. Adv., mhd. sliunec Adj., sliune, sliune, sloune Adv. 'eilig', sliune, slūne F. 'Eile', sliunen, slūnen, slounen schw. Ztw. 'beeilen', ahd. sliumi Adj., sliumo, sliemo Adv. 'schnell'. Gleichbed. das ältere Adv. ahd. sniumo, asächs. sniomo: vor Nasal der Endung ist im Fränk. des 9. Jh. n des Stammes in l ausgewichen. Voraus liegt germ. *sneumio- 'eilend'. Mit verschiednen Stufen des Ablauts vergleichen sich ags. snēome 'schnell, sofort', snēowan, norw. snaa, got. sniwan 'eilen', ags. snūd 'Eile, eilig', anord. snūðr

'Schnelligkeit', snūa '(sich) in Bewegung setzen', ags. snyððan, anord. snyðja 'eilen'. Die germ. Bed. 'schnell' ist entwickelt aus der älteren 'sich herumdrehend'; anord. snūðigr (vom Mühlstein) vereint beide. Das Nebeneinander auch im urverwandten russ. snovát' 'schnell hin und her gehen', älter 'anzetteln': vom Bilde der sich drehenden Spindel ist die Bed. 'schnell' gewonnen. Auszugehen ist von idg. *sneu- 'drehen' in Schnur, s. d.

Schleuse F. Vulgärlat. exclūsa 'Schleuse, Wehr', das subst. F. des Part. von lat. exclūdere 'ausschließen', ergibt afrz. escluse, auf dem frz. écluse, und engl. sluice beruhen. Aus dem Frz. stammt mnl. slūse, sluise, nnl. sluis 'Schleuse, Wasserleitung'; dies wird früh ans Mnd. weitergegeben: in Hamburg erscheint es 1237 als slūse. Im Hd. bestand ein auf lat. clūsa (s. Klause) beruhendes ahd. klūsa, mhd. klūse 'canalis', das sich als alem. klūs, bair. Klaus 'Schleuse' erhalten hat. Im 16. Jh. wird das nl. Wort ins Nhd. übernommen; dabei beruht die häufige Schreibung Schleuße auf irrender Anlehnung an schließen. Ein heimisches Wort für die Sache haben wir im N. Siel, das zu seihen gehört.

Schlich M. mhd. slich 'leise gleitender Gang': postverbal zu schleichen, s. d.

schlicht Adj. Rückbildung des 17. Jh. zum Ztw. schlichten, mhd. ahd. slihten. Die Bildung wurde nötig, als schlecht die oben geschilderte Entwicklung zum bösen Sinn einschlug. Damals ist schlicht in die alte Bed. von schlecht nachgerückt.

Schlick s. schleichen.

schließen st. Ztw., mhd. sliefen, ahd. sliofan, mnd. mnl. slūpen, nnl. sluipen, ags. slūpan, got. sliupan. Davon abgeleitet die Intensivbildung schlüpfen (s. Schlupf) und das schw. Bewirkungswort schlaufen, mhd. ahd. sloufen, mnd. slōpen, asächs. (thurh)slōpian, afries. slēpa, ags. sliepan, engl. slip, got. afslaupjan 'abstreifen', urspr. 'gleiten machen'. Dazu das vor allem mundartl. noch lebendige F. Schlaufe, das durch nhd. Schleife (s. d.) zurückgedrängt ist, sowie Schluf, mhd. sluf M. 'das Schlüpfen; Durchschlupf'. Sämtlich zur idg. Wurzel *(s)leub-'gleiten' wie lat. lūbricus 'schlüpfrig'. S. Schlucht.

Schlier s. schleudern und schlottern.

schließen st. Ztw., mhd. sliezen, ahd. sliozan; asächs. *slūtan (mnl. mnd. nd. slūten) wird gestützt durch asächs. slutil M. 'Schlüssel'; nl. sluiten, afries. slūta 'schließen', nordengl. sloat, slot 'Riegel zum Verschließen'. Dem Nord- und Ostgerm. fehlt die Sippe. Westgerm. *slūt beruht auf vorgerm. *sklūd- (die Drittkonsonanz skl- ist im Germ. erleichtert). Außergerm. vergleicht sich (mit andrer Erleichterung des Anlauts) lat. claudere 'schließen': d-Erweiterung der idg. Wurzel *sqleu- 'Haken, krummes Holz, Pflöckchen': wie die nächsten Verwandten (lat. clāvus 'Nagel, Pflock, clāvis 'Riegel, Schlüssel, Stange der Kelter, Treibkloben', gr. κλείς 'Riegel, Schlüssel', air. clō 'Nagel' usw.) lehren, ist die Grundbedeutung des germ. und lat. Ztw. 'einen Pflock einlegen' (vgl. lat. exclūdere oculōs 'die Augen ausstoßen'). S. Schloß, Schlüssel.

Schliff M. mhd. slif, sliffes 'Abgeschliffenheit; Ausgleiten'. Postverbal zu schleifen, s. d. Gleichen Ursprungs sind Schliff M. 'unausgebackene, speckige Stelle in Brot und Kuchen' und das präd. Adj. schliff 'unausgebacken': die Stellen gleichen einer geschliffenen Fläche. Das westdt. Parallelwort wetzsteinig vergleicht sie dem speckigen Aussehen des Wetzsteins: A. Götze 1012 Zs. f. d. Wortf. 13, 167.

schlimm Adj., mhd. slimp 'schief' mit dem zum Adv. erstarrten Gen. slimbes. Ahd. *slimb ist aus dem Abstr. slimbī F. 'Schräge' zu erschließen. Erst nach frühnhd. Zeit ist die Bed. ins Sittliche gewendet; im Übergang stehen Sätze wie „eine Sache steht s., geht s. aus". Hier ist s. mit schief vertauschbar, das sich neuerdings in gleichem Sinne wandelt. Nnl. steht neben slim 'schlimm' noch slimbeen 'Schiefbeiniger'. Alem. slim ist heute noch 'schräg'. Germ. *slimba- 'schief' hat bei früher Entlehnung gleichbed. finn. limppa und ital. sghembo ergeben. Nach Trautmann 1907 Beitr. 32, 150 besteht Urverwandschaft mit lett. slips (für *slimpas) 'schräg, steil', lit. nuslimpa 'entschlüpft'.

schlimmbessern s. verschlimmbessern.

Schlinge F. Soweit frühnhd. schling(e) 'Schleuder' bedeutet, setzt es gleichbed. mhd. slinge, ahd. slinga fort (s. schlenkern). Aus dem Germ. entlehnt sind rät. slinga, frz. élingue. Nhd. Schlinge 'Schleife, Binde' ist postverbale Neubildung zu schlingen¹, s. d.

Schlingel M., dem Mhd. fremd, erscheint in einem nd. Glossar des 15. Jh. (Diefenbach und Wülcker 1885 Hoch- und nd. Wb. 840) als schlüngel, ebenso bei Fischart 1582 Garg. 173 als schlingel 1590 das. 438. Der Kampf der Formen währt (wie bei Gimpel, kirre, Kissen usw.) bis ins 18. Jh.: H. Paul 1916 Dt. Gramm. 1, 194. Ein seit Luther begegnendes hd. schlungel verzichtet wohl lediglich auf Bezeichnung des Umlauts, während nd. nnl. slungel Ablaut zeigt. Auf derselben Ablautstufe steht gleichbed. Schlunk (Hupel 1795 Livl. Id. 208). Die dort angeführte Nebenform Schlunkus deckt sich mit obersächs. Schlunks (Müller-Fraureuth 2, 447), vgl.

Runks. Dän. schwed. slyngel sind entlehnt aus nd. slüngel. Die Bed. umschreibt Wachter 1737 Gloss. germ. 1433 'homo piger et lentus, qui aegre corpus trahit prae ignavia'. Damit ist Ableitung vom st. Ztw. schlingen¹ in dessen Bed. 'schlendern' gegeben.

schlingen¹ st. Ztw., mhd. slingen, ahd. slingan 'hin- und herziehend schwingen, winden, flechten' (mhd. auch 'schleichen', ahd. auch 'sich bewegen') ags. slingan, engl. sling 'schleudern', anord. slyngva 'werfen'. Außergerm. Verwandte sind lit. slenkù, sliñkti 'schleichen', slìnka, alit. slanka 'Faulenzer', slañkius 'Schleicher; Bergrutsch': zur idg. Wurzel *slenq- 'sich winden', neben der gleichbed. *sleng- steht, s. schlank.

schlingen² st. Ztw. 'herunterschlucken', mhd. slinden, ahd. slintan, asächs. farslindan, got. fraslindan 'verschlingen'. Grundbed. 'hinuntergleiten lassen', vgl. schlendern, dort auch die außergerm. Beziehungen. Der Wandel von schlinden (daneben Schlund, s. d.) zu schlingen entspringt in md. Mundarten, wo auch binden und Linde zu bingen und Linge werden, und gelangt durch Luther in die Schriftsprache, während in obd. Drucken des 16. Jh. (ver)schlinden noch überwiegt: K. v. Bahder 1925 Wortwahl 55.

schlingern schw. Ztw. Als Weiterbildung von schlingen¹ (s. d., schlenkern und Schlinge) bedeutet nd. slingeren 'hin- und herschlenkern', nd. slingern 'schwingen, schwanken'. Seemännisch wird das Ztw. verengt auf die schwankende Bewegung des Schiffs von einer Seite zur andern in hochgehender See (die entspr. Bewegung in der Längsrichtung heißt stampfen). In hd. Seetexten erscheint schlingern 1627: Kluge 1911 Seemannsspr. 694 f.

Schlips M. als ursprünglich seidene Halsbinde mit herabhängenden Enden seit 1840 in nhd. Texten erst Nord-, dann Mitteldeutschlands, während der dt. Süden bei (Hals-) Binde oder Krawatte bleibt: Kretschmer 1918 Wortgeogr. 421. Schlips ist nd. Ursprungs, im Kern eins mit mnd. slippe, ostfries. slip(pe) 'Zipfel', schlesw.-holst. slip, Mz. slippen 'Zipfel an Hemd, Taschentuch, Rock'. Aus dem Norddt. stammen dän. norw. schwed. (seit 1843) slips. Von den Rockschößen nd. pedd di man ni op'n Slips 'bilde dir nur keine Schwachheiten ein' Mensing 1933 Schlesw.-holst. Wb. 4, 557.

Schlitten M. mhd. slit(t)e, ahd. slito M., slita F., asächs. slido M., mnd. slede, mnl. sled(d)e (woraus mengl. slede, engl. sled, sleigh, während gleichbed. engl. sledge aus mnl. sleedse entlehnt ist, das fries. Einschlag zeigt), nnl. slede, slee, anord. sledi, dän.

slæde, schwed. släde führen auf germ. *slidan; nur die got. Entsprechung ist uns nicht bezeugt. Durch afränk. *slido sind gleichbed. afrz. escla(o)n und das jüngere (boulogn.) éclidon 'Holzschlitten' vermittelt. Das Subst. ist mit quantit. Ablaut gebildet zum st. Ztw. mhd. slīten, mnd. slīden, agf. slīdan, engl. slide 'gleiten' (wozu engl. slide 'Eisbahn'). Mit ihm gehören zur idg. Wurzel *(s)leidh-: *(s)lidh- 'schlüpfrig; gleiten': lit. slidùs 'glatt', lett. slidēt 'gleiten', aslav. slědŭ 'Spur', mir. slōet 'Gleitbahn', gr. ὀλισθάνω 'gleite', aind. srēdhati 'gleitet ab, irrt'.

schlittern schw. Ztw. 'auf Eis in Stiefeln dahingleiten', die winterliche Kinderfreude mit der buntesten Namenfülle (glitschen, schorren, schleifern, hackern, glisseken, schüttern, schlindern, reiten, schlickern, schlußern, schusseln und v. a.: Kretschmer 1918 Wortgeogr. 422ff.). Der vorwiegend norddt. Ausdruck schlittern (nb. sliddern, agf. sliderian, engl. slidder) ist Iterativ zu schlitten (mhd. slīten, agf. slīdan 'gleiten'), das in Trier und im Elsaß für schlittern gilt. S. Schlitten.

Schlittschuh M. in der Verbindung S. laufen (deren Verbreitung Kretschmer 1918 Wortgeogr. 427 abgrenzt) und im Gedanken an Schlitten umgebildet aus älterem Schrittschuh, für das sich, ohne Erfolg, noch Klopstock einsetzt: Goethe, Jub.-Ausg. 24, 249 (Dicht. u. Wahrh. 3, 15). Schrittschuh in unserm Sinn zuerst 1669 (Mannheimer Geschichtsbl. 1916, Sp. 84), während mhd. schritschuoch, ahd. scrit(e)scuoh, asächs. skridskōh in der Bed. abweichen. Die Form Schlittschuhe kaum vor Krämer 1678. Das Ztw. schreiten vom Gleiten über vereiste Flächen zuerst im agf. Namen der Scridefinnas (Σκριθφινοι Prokop); vgl. anord. skrīða ā skīðum 'Schneeschuh laufen'.

Schlitz M. mhd. sliz, -tzes, ahd. sliz, sliz 'Spaltung, Bruch', mnd. slete, afrief. anord. slit, agf. slite 'Schlitz, Riß, Biß': zum Stamm des Ztw. schleißen, s. d.

schlitzen schw. Ztw., mhd. slitzen, agf. *slittan, mengl. slitten, engl. slit: Intensivbildung zu schleißen, s. d.

schlohweiß s. Schloße.

Schloß N. als postverbale Bildung zum st. Ztw. schließen sowohl 'Vorrichtung zum Schließen (Tür-)Verschluß', als auch 'Riegel, Querholz, Sperrbalken': ahd. mhd. sloz, anfr. sclot, nb. nl. afrief. mengl. nordengl. slot. Gleichen Ursprungs ist Schloß als Gebäude, das im 13. Jh. aufkommt und sowohl passivisch zu fassen ist wie Klause ('verschlossener, befestigter Bau'), wie aktivisch ('Tal-, Landsperre'): Pleier 1260 Garel 11003 Ze

Kanadic ein klūse, Dā mit versperret was daz lant, Diu was des Landes sloz genannt.

Schloße F. ein vorwiegend md. Wort, dafür norddt. Hagel, bair.-österr. Schauer, alem. Rieseln (Kretschmer 1918 Wortgeogr. 226f.): mhd. slōze F., slōz M. N. 'Hagelkorn' (ahd. *slōza fehlt zufällig), mnd. slōten Mz. 'Hagel', slōt 'Schlamm, Pfütze' nnl. sloot, afrief. slāt 'Graben'; germ. *slautan-. Daneben mit Ablaut norw. mundartl. slutr 'Schnee mit Regen; breiiges Schweinefutter'. Dazu wohl auch anord. slota, slūta 'herabhängen, untätig sein', schwed. mundartl. slota 'lässig sein'. Grundbed. von Schloße somit 'schlaffer (Niederschlag)': t- Erweiterung zur idg. Wurzel *sleu- 'schlaff', s. schlottern. — Dazu schloßweiß, nd. slōtewit Adj. 'weiß wie Hagelkörner' (mhd. wizer dan ein slōz). Der Auslaut des ersten Bestandteils wird gegen den zweiten dissimiliert, daher nhd. schlohweiß: Edw. Schröder 1898 Anz. f. d. Alt. 24, 17.

Schlosser M. mhd. (seit 1300) slozær, slozzer: eine nur dt. Ableitung zu Schloß, die sich in der obd. umlautlosen Form durchgesetzt hat, während sich md. Schlösser, nd. S(ch)letter nur als Fam.-Namen behaupten. Das fällt auf, da Gärtner, Köhler, Schüler u. a. in umgelauteter Form gelten. Es erklärt sich daraus, daß Schlosser von Süden her Kleinschmied (dän. kleinsmed, schwed. klensmed) zurückgedrängt hat, von dem der Kasseler H. W. Kirchhof 1563 (Wendunmut 1, 305 Osterley) sagt „ein Schlosser oder wie mans an vilen Enden nennt, ein Kleinschmid". — Nach dem Namen eines früheren Herstellers heißt in Schwaben der Zylinderhut Schlosser: H. Fischer 1920 Schwäb. Wb. 5, 951. Redender Beleg bei G. Keller 1874 Leute v. Seldw. 2, 136. Anders F. Werfel 1925 Verdi 137 „stülpte der Marchese einen ungeheuren dunkelgrauen Zylinder, einen Stößer, wie ihn die Österreicher nennen, auf seinen .. Schädel". Sonst Angströhre, Kirchen-, Klapp-, Seidenhut: Kretschmer 1918 Wortgeogr. 595f.

Schlot M. ahd. mhd. slāt 'Kamin, Ofenloch'; ein vorwiegend ostfränk. Wort, das ins Südthür. und Oberpfälz. übergreift, heute in Rückgang gegenüber gleichbed. (Feuer-)Esse, Kamin, Rauchfang, Schornstein: Kretschmer 1918 Wortgeogr. 436ff. Den andern germ. Sprachen fremd. Man vermutet Zuf.-Hang mit mhd. slāte 'Schilfrohr': dann wäre der ragende Schornstein dem Rohrhalm verglichen.

schlottern schw. Ztw., mhd. slot(t)ern mit Nebenformen wie sluttern und slattern; nd. sluddern; nnl. (seit 1598) slodderen: Intensivbildung zu mhd. sloten 'zittern', wurzelverwandt mit got. afslaupjan 'ängstigen' (urspr. 'zittern machen') und afslaupnan 'sich entsetzen', die ein Adj. *slaupa- 'schlaff, kraftlos' voraussetzen. Dies hat germ. Verwandte in anord. slodra 'sich vorwärtsschleppen' und slydra 'Faser'; Weiteres s. u. Schlaraffe und schleudern. Jdg. *sleut- ist t-Erweiterung zur Wurzel *sleu- 'schlaff', die unerweitert in Schlier 'Schlamm' und Schlummer vorliegt. — Zu schlottern in seiner Bed. 'hin- und herschwanken' gehört schwäb. Schlotter M. 'schwammige Masse', bes. 'saure Milch', dazu Schlotterbeck als Fam.-Name (wie Sauer-, Surbeck; Gegensatz Süßebäcker).

Schlucht F. 'schmale Tiefe zwischen Bergen' (bei Frisch 1741 Schluchte F.), erst nhd. (obd. dafür Klinge, Tobel), nach nd. Lautgesetz (s. anrüchig) für gleichbed. Schluft, mhd. sluft, das zu der unter schliefen entwickelten Wortsippe gehört und bis ins 19. Jh. nicht selten neben Schlucht vorkommt (H. Paul 1916 Dt. Gramm. 1, 312). Im M. der Insel Texel ist slufter 'schmale Bucht'. Von anderm Ausgangspunkt nähert sich dem nhd. Wort ein zu schlagen gebildetes Schlucht in mhd. (österr.) wazzersluoht F. 'Wassergraben', oft als sluoxt u. ä. 'Einsenkung' (mit uo, ue als verhältnismäßig alter Entwicklung von u vor cht) in obd. Geländenamen: Edw. Schröder 1898 Anz. f. d. Alt. 24, 20f.; Schweiz. Jd. 9, 81ff.; v. Bahder 1925 Wortwahl 54. S. Schleife und Schlupf.

schluchzen schw. Ztw., spätmhd. slüchzen, mit germ. -atjan, ahd. -azzen zu mhd. slüchen 'schlingen', Ableitung zu slüch M. (s. Schlauch) in seiner Bed. 'Schlund'. Vor Drittkonsonanz ist ü verkürzt, ehe es diphthongiert werden konnte, alem. gilt bis heute slüxdsgə. Schluchzen (zu dem Schluchzer gehört wie Seufzer zu seufzen), gilt vor dem seelisch bestimmten, krampfhaften Weinen. Damit mischt sich spätmhd. sluckzen, mit Erleichterung der Drittkonsonanz schlucksen, mit derselben Endung zum schw. Ztw. mhd. slucken (wie schiuhzen zu schiuhen), das auf die durch Zwerchfellkrampf bedingte Stoßatmung zielt. M. wie gemeinobd. Gluxer.

schlucken schw. Ztw., in der obd. umlautlosen Form ins Nhd. aufgenommen aus mhd. slucken 'schlingen, schlucken, schluchzen'. Ahd. *sluckōn läßt sich aus slucco M. 'Schlemmer' erschließen. Gleichfalls mit altem kk nhd. slücken, mnd. slucken, mnl. slocken, nnl. slokken, daneben mit germ. k spätahd. slüch M. 'gähnender Abgrund', mhd. slüch M. 'Schlund, Kehle, Abgrund', slüchen schw. Ztw. 'schlingen, schlucken', mnd. slüken st. Ztw. 'hinunterschlucken', norw. schwed. sluka 'ver-

schlingen'. Zur idg. Wurzel *(s)leug-: *(s)lug- 'schlucken' stellen sich auch gr. λύγξ, λυγμός 'Schlucken', λύζειν 'den Schlucken haben', λύγδην 'schluchzend'; lit. slúgstu, slúgti 'schlingen, abnehmen, kleiner werden', kleinruß. lyhaty 'schlucken', air. sluc(c)im 'ich schlucke', abret. roluncas 'er hat verschlungen', bret. loñka, louñka 'schlingen', kymr. llyncu (ll aus sl) 'schlucken, verschlingen'.

Schlucken M. Das durch einen Krampf des Zwerchfells hervorgerufene stoßartige Einatmen von Luft ist seit Duez 1664 nach dem damit verbundenen glucksenden Geräusch benannt. Das Wort gilt in der östl. Hälfte von Nord- und Mitteldeutschland. Die Grenze gegen Schluckser, Schnackler, Hetscher usw. bestimmt Kretschmer 1918 Wortgeogr. 428 f.

Schlucker M. ist frühnhd. einer, der viel ißt und trinkt, ein Schlemmer, Vielfraß, Säufer. Einer Zeit, die die Freuden der Tafel und des Bechers mit derber Sinnlichkeit zu würdigen verstand, milderte sich der Sinn: guter Schlucker ist vom 16. bis zum 18. Jh. der ehrliche, eifrige Trinker und gute Kerl, so noch bei Schiller. Armer Schlucker (zuerst bei H. Sachs 1553 Fastnachtsp. 58, 3) ist verächtlich-mitleidige Schelte des Schmarotzers, der alles schlucken muß, was ihm vorgesetzt wird, auch bei schlechter Behandlung.

schludrig Adj., zu schleudern (s. d.), ein Wort der preuß. Ma. (Frischbier 1883 Preuß. Wb. 2, 289), das mit Hermes 1776 Soph. Reise 1, 586 in die Schriftsprache gelangt.

schlummern schw. Ztw. (der obd. Volkssprache fremd, dafür österr. napsetzen, bair. naften; so auch in den Wormser Proph. 1527 für Luthers schlummern, das Eck und die Zürcher Bibel 1537 durch schläfrig sein ersetzen), spätmhd. (md.) slummern, slumen, nl. sluimeren, engl. slumber (zu agf. slūma, nordengl. sloom 'Schlummer'). Dän. slumre, schwed. slumra sind entlehnt aus mnd. slumeren. Die darin enthaltene Wz. (auch in alem. slünə, slürə 'schlummern') erscheint in got. slawan 'schweigen' in lehrreich abweichendem Sinn. Bezeichnend auch norw. mundartl. slum 'schlaff, dünn' (von Grashalmen), sluma 'schlaff und schleppend gehen'. Wieder abweichend mhd. slür M. 'Faulenzen; Faulpelz' (s. Schlaraffe, schleudern). Wegen schlaff neben schlafen wird auch fläm. sluimen 'gleiten' verglichen: K. v. Bahder 1925 Wortwahl 26 f. 43 f.

Schlund M. ahd. slunt 'haustus; faux', asächs. slund 'haustus', mnl. slont (d), mhd. slunt 'Hals, Kehle; Abgrund': in Ablaut zu mhd. slinden (s. schlingen²). Für das Subst.

find andere Mundarten maßgebend geworden als für das Ztw. Es bewahrt darum nd. während mnd. slunk, ostmd. slung erscheint und von dort Geschlinge (s. d.) ins Nhd. bringt. Entscheidend wirkte Schlund bei Luther, Röm. 3, 13: K. v. Bahder 1925 Wortwahl 137.

Schlupf M. mhd. slupf 'Schlinge, Strick', zu mhd. slüpfen, mhd. ahd. slupfen, unserm schlüpfen: Intensitiv zu mhd. sliefen, got. sliupan 'schlüpfen'. S. Schleife und Schlucht.

schlüpfrig Adj. Den Begriff 'schlüpfrig' deckt neben glatt ahd. hâli, mhd. hæle, frühnhd. häl, das sich schriftsprachl. bis ins 17. Jh. hält und in obd. Mundarten noch lebt. Daneben kommt mhd. slipfec, frühnhd. schlipfig auf und wird als etymolog. durchsichtige Ableitung von mhd. slipfen bevorzugt, dies zu schleifen, s. d. Daneben wieder (vom Ztw. slipfern) slipferic (zuerst 1300 in H. v. Trimbergs Renner V. 8521). Luthers Form (Pf. 35, 6. 73, 18) ist schlipfferig. Im 16. Jh. beginnt die jüngere Form mit ü, die Anschluß an schlüpfen gefunden hat, die i-Form zu verdrängen: H. Paul 1916 Dt. Gramm. 1, 204; K. v. Bahder 1925 Wortwahl 144.

schlürfen schw. Ztw. Die Ausdrücke der idg. Sprachen für 'schlürfend trinken' (gr. ῥοφεῖν, lat. sorbēre, lit. srėbti, lett. surbt, aslav. srŭbati, alb. ģerp aus *serbhō) vereinen sich auf idg. *srebh-, *srb̥h-, *serbh-. Ihnen gesellt sich gleichbed. mhd. sürpfeln, sürfeln. Nach dem Vorbild von schlucken wird ihm ein l eingefügt: mnd. nl. slorpen tritt im 15. Jh. auf, so auch G. v. d. Schueren, Teuth. (Kleve 1477) 358 Verdam, hd. schlirffen J. Mathesius 1586 Sir. 2, 43ᵃ, schlurffen J. G. Schottelius 1663, schlürffen M. Krämer 1678. Die Lautmalerei von schlürfen hat sich der unsrer älteren Ausdrücke (saufen, supfen, surpfen, süpfeln u. ä.) überlegen erwiesen: K. v. Bahder 1925 Wortwahl 116 ff. Als lautmalender Ausdruck deckt schlürfen auch die Begriffe 'mit schleifenden Füßen gehen' und 'undeutlich reden, das r nicht aussprechen können'.

Schluß M. mhd. (14. Jh.) sluz, mnd. mnl. slot, slut (von da ins Neunord. entlehnt): postverbal zum st. Ztw. schließen, s. d.

Schlüssel M. Mhd. slüzzel, ahd. sluzzil, asächs. slutil, mnl. slötel, nnl. sleutel, afries. sletel führen auf westgerm. *slutila- 'Gerät zum Schließen': männl. Gerätname, auf germ. -ila zum st. Ztw. schließen (s. d.) gebildet, wie Flügel, Würfel, Zügel zu fliegen, werfen, ziehen: Kluge 1926 Stammbild. § 90. Dem Nord- und Ostgerm. fehlt die Bildung, im Engl. wird der Begriff abweichend gedeckt. Im Schlüssel heißen vielfach Flurstücke nach ihrem Grundriß, in dem ein schmäleres mit einem breiten Rechteck zus.-stößt; daher die vielen Schlüsseläcker und -straßen.

Schlüsselbein N. Der zierliche Röhrenknochen heißt bei Homer, Ilias 22, 324 und bei den griech. Ärzten seit Hippokrates κλείς 'Schlüssel'. Lehnübersetzung dazu ist lat. clavicula 'Schlüsselchen', das frühnhd. Ärzte mit Schlüssel der Brust u. Brustschließen wiedergegeben: Hyrtl 138. Schlüsselbein setzt sich seit Stieler (1691) 125 durch. Altgriech. Schlüssel in S-Form öffnen Schlösser mit Fallriegeln: Steudel 10. 19.

Schlüsselblume F. Primula veris, die gleichsam den Frühlingshimmel aufschließt, auch in ihrer Gestalt an alte Formen von Schlüsseln gemahnt, heißt mhd. himelslüzzel, mundartl. St. Peterschlüssel u. ä. Schlüsselblume erscheint zuerst als slusselblume bei dem Anhalter Trochus 1517 Voc. rer. prompt. L 1ᵇ.

Schmach F. mhd. (selten) smâch, smâhe, meist smæhe F. 'Beschimpfung', ahd. smâhî F. 'Kleinheit, Niedrigkeit': Abstraktbildung zum Adj. mhd. smæhe, ahd. smâhi 'klein, gering, niedrig, verächtlich' aus germ. *smæhia-. Daneben germ. *smæha- in anord. smár, schwed. små, dän. smaa 'klein'. Die alte Bedeutung schimmert in (ver)schmachten durch, dem ahd. gismâhteôn 'schwinden' vorausgeht. Zu einem mhd. (md.) M. smaht 'das Verschmachten' gehört smahtec, unser schmächtig. S. auch schmähen. Mit gramm. Wechsel schließen sich an afries. forsmâga 'verschmähen' und mnd. smâginge 'Schmähung'. Mit gr. (σ)μῖκρός 'klein', lat. mica 'ein Krümchen, Bißchen' und micidus 'winzig' vereinigt sich die germ. Sippe auf idg. *smē(i)q-: *smīk- 'zerriebenes, winziges Körnchen', Belarerweiterung zur idg. Wurzel *smē- 'schmieren, darüber hinreiben' zu der sich viele Ableitungen des Sinnes 'klein' stellen: J. Stürmer 1929 Donum Natalicium Schrijnen 335.

Schmack(e) F. kleines Seeschiff mit einem Segel, das nd. smack heißt: Kluge 1911 Seemannsspr. 697. Schmack in einem nd. Seetext zuerst 1524, nl. smacke 'genus navis oblongae' erst bei Kilian 1599. Aus dem Nd. (und Nl.) stammen gleichbed. schwed. engl. smack, dän. smakke, frz. semaque, span. zumaca, ital. semacca. Das Schiff ist nach seinem Segel benannt, das urspr. einen schlagenden Zipfel hatte: zu mnd. smacken 'schlagen'. In dem Schiffsnamen darf man ein Denkmal der hansischen Seegeltung sehen.

schmähen schw. Ztw., mhd. smæhen 'verächtlich behandeln', afries. (for)smâia '(ver)schmähen' aus germ. *smāhian. Daneben das -ēn-Ztw. ahd. ir-smâhēn 'gering werden, geringfügig scheinen' und die -ōn-Bildung anord. **smā** 'höhnen'. Dazu ſchmählich, mhd. smæhelich, ahd. smāhlīh Adj.: ſ. Schmach und das dort angezogene Adj. ahd. smāhi.

ſchmal Adj. Mhd. ahd. aſächſ. mnl. nnl. dän. ſchwed. smal, afrieſ. smel, agſ. smæl, engl. small, got. *smals, smalista, ſpätanord. smalr 'klein, gering, ſchlank, knapp' führen auf germ. *smala-, idg. *smelos. Dazu anord. smali (ahd. smalaz nōz, fihu) 'Klein-, Schmalvieh', smalamaŏr 'Schafhirt'. Die nhd. Bedeutung iſt eine Beſonderung aus der alten. Sowohl die Grundbedeutung wie die Beziehung auf die Schmaltiere kehrt in den verwandten Sprachen wieder, freilich nur in s-loſen-Formen, die doch auch germ. Entſprechungen haben: anfr. (Lex Salica) māla 'Kuh', nl. maal 'junge Kuh'. Außergerm. vergleichen ſich aslav. malŭ (idg. *mōlo-) 'klein', air. akorn. bret. kymr. mil '(Schmal-)Vieh', gr. μῆλον 'Schaf', armen. mal 'Widder'. Dazu lat. malus, oſk. mallom 'ſchlecht', aus der gleichen Grundbedeutung ins Sittliche gewendet. Ähnlich ſchmälen, mhd. smeln, mnd. smelen 'ſchelten', urſprünglich 'klein machen'. — S. Schmiele.

Schmalhans M. Ein meckenb. Sprichwort (Woſſidlo 1882 Nd. Korr.-Bl. 9, 82) ſagt Hans Smāl Sett allens bi ſick dāl. Aus dem Scherz mit dem wirklich begegnenden Fam.-Namen Schma(h)l wird Schmalhans zur Perſonifikation des Hungers zuerſt bei Schupp 1663 Schriften 31. Vorbild iſt das wenig ältere Prahlhans (ſ. d.). In breitem Gebrauch zeigt Stieler (1691) 766 Schmalhans (neben Groß-, Kleinhans uſw.); bis heute lebt das Sprichwort „Da iſt S. Küchenmeiſter", das im 17. Jh. aufkommt und auch in die Nachbarſprachen übergreift. Im Rnd. gilt gleichbed. Schraalhans (zu ſchraal 'mager, dünn, filzig').

Schmaltier ſ. ſchmal.

Schmalz N. ahd. mhd. smalz, mnd. nnd. smalt, smolt, mnl. nnl. smout; daneben mit Ablaut norw. smult, mundartl. smolt 'geſchmolzenes, ausgelaſſenes Fett': zum ſt. Ztw. ſchmelzen (ſ. d.), während das ſchw. Ztw. ſchmelzen 'mit Fett zubereiten' aus dem Subſt. abgeleitet iſt. Venez. smalzo 'Butter' iſt aus dem Hd. entlehnt.

Schmant M. 'Sahne', nd. smand 'Milchrahm; Schmuß', verwandt mit dem Adj. aſächſ. smōdi, mnd. smœde, weſtfäl. smɔiə 'weich, geſchmeidig', agſ. smōþ, smēðe 'glatt, weich, angenehm, lindernd', engl. smooth 'glatt', mit dem es auf germ. *smanþ- zurückgeht. Ohne s- vergleichen ſich ahd. mammunti, aſächſ. māþmundi 'ſanft, freundlich, zahm'. In lebender Umgangsſprache gilt Schmant von Oſtfriesland bis Oſtpreußen, von Lothringen

bis in die Zips, freilich von gleichbed. Rahm und Sahne bedrängt. Im Nd. erſcheint smand 1425, in Kleve 1477; das hd. Wort wird uns in Nürnberg 1482 greifbar, in Straßburg 1575. Die jüngere Bedeutung 'Schmutz, Schlamm' findet ſich bei oſtmd. Schmant und nd. smand; auf Entlehnung von den dt. Nachbarn beruhen lit. szmántas und tſchech. šmanta 'Schmutz'. Das Nebeneinander der beiden Bedeutungen kehrt wieder bei Rahm und Schmutz. S. auch Feldwebel.

ſchmarotzen ſchw. Ztw. Die ſchwere Mittelſilbe hat den Ton auf ſich gezogen wie in lebendig und Forelle; im Vorton iſt a aus o entſtanden wie in Gardine und Halunke. Auszugehen iſt von frühnhd. schmorotzen 'parasitari'. Vor dem Voc. theut. (Nürnb. 1482) ee 2a fehlt jede Spur von smorotzen 'betteln' und smorotzer 'Bettler'. Das Verbreitungsgebiet der Intenſitiva auf -ozen (bair. -azen, -izen) iſt nicht beſtimmbar. Vergleichbare Bildungen ſind frühnhd. glockozen 'rülpſen', ſchwäb. ragozen 'balgen', ſchleſ. holozen 'ſtark ſchreien', raguzen 'girren'. Oberital. marosser 'Schmuſer' dürfte auf dem dt. Wort beruhen, deſſen Herkunft aufzuklären bleibt.

Schmarre F., Schmarren M. ſtark auseinander entwickelt, doch eines Urſprungs: zu Schmer (ſ. d. und ſchmieren). Die Schmarre 'zugeheilte Wunde, Narbe', mnd. smarre, smurre, von da entlehnt dän. smøre 'Hiebwunde', heißt bei der erſten Buchung (durch Friſch, Berlin 1741) „allezeit vulgariter und ſpöttlich geredet". Dieſer Klang wird verſtändlich beim Vergleich mit Wendungen wie jem. eine ſchmieren. Lautlich in die gleiche Richtung weiſt die thür. Nebenform Schmarbe. Formen mit rb (aus rw), ſpäter mit -m (aus -ben) zeigt auch die Vorgeſchichte von Schmarren M. 'Gericht aus Mehl, Grieß uſw.', das bei ſeiner erſten Erwähnung (J. Matheſius 1563 Hochzeitpred. 136, 5 Ndr.) feiſt genannt wird, was wieder zur Herleitung von Schmer ſtimmt.

ſchmatzen ſchw. Ztw., mhd. smatzen aus älterem smackezen 'mit Wohlgefallen laut eſſen; mit ſchmatzendem Laut küſſen': Ableitung aus mhd. ſchw. smacken 'ſchmecken': Aſſimilation von kz zu z wie in Blitz uſw.: Behaghel 1928 Geſch. d. dt. Spr. 361. Dazu obd. Schmatz M. 'Kuß', mit Ablaut gleichbed. alem. Schmutz; vgl. weſtfäl. smuck 'Kuß'.

Schmauch M. 'dichter Rauch', mhd. smouch, mnd. smōk, mnl. smooc, nnl. smook, agſ. smiec, engl. mundartl. smitch. Dazu ſchmauchen ſchw. Ztw. 'qualmen', mnd. mnl. smōken, agſ. smēocan ſt. Ztw., smocian ſchw. Ztw., engl. smoke. Bewirkungswort schmäuchen 'räuchern', md. schmöken, nd. smöken, mnl. smieken, agf. smiecan. Außergerm. vergleichen sich armen. mux 'Rauch', murk 'sengend', gr. σμύχω, ἐσμύγην, σμυγῆναι 'lasse verschwelen, in langsamem Feuer verzehren', ir. múch, kymr. mwg, korn. mok 'Rauch', lit. smáugiu, smáugti '(durch Rauch) ersticken': zur idg. Wurzel *smeug(h)-, *smeuqh- 'rauchen, Rauch'. S. Schmöker.

Schmaus M. seit A. Corvinus, Fons Lat. 1 (Frankf. a. M. 1660) 507°, schmausen schw. Ztw. schon bei P. Fleming († 1640) Dt. Ged. 1, 235 Lappenberg. Das Wortpaar fehlt den obd. Mundarten, im Nd. entspricht nur ostfrief. smūs. Gleichbed. dän. smaus ist aus dem Nhd. entlehnt. Nächster Verwandter ist älter nnl. smuisteren 'beschmieren; schmausen'. Daneben steht nnl. smodderen 'schmutzen', das im älteren Nnl. auch 'schmausen' bedeutet. Dazu nnl. smudden 'fein regnen', mnd. afrief. smudden 'beschmutzen', nnl. smoddig 'schmutzig' westfläm. smodder 'Morast', mengl. smod 'Schmutz'. Nach allem ist schmausen ein Kraftwort, aus 'unsauber essen und trinken' in seine schriftdt. Bed. übergeführt von protest. Studenten des 17. Jh., bei denen Schmaus Vorläufer von Kommers wird: S. Kleemann 1901 Zf. f. dt. Wortf. 1, 48. Von ihnen über Zachariae und den jungen Lessing geht der Weg zum Sturm und Drang, von da zu den Klassikern und ins 19. Jh.

schmecken schw. Ztw., mhd. smecken, smacken 'kosten, versuchen; Geruch empfinden, riechen, duften; wahrnehmen'. Die Bed. 'riechen' wahren das Bair. und Alem., teilweise auch das Hess. Vor schmecken 'kosten' bevorzugt der Süden versuchen, so schon die Bibelüberf. Ecks und der Züricher: Kluge 1918 Von Luther bis Lessing 102. Das Ahd. schied smecken 'Geschmack empfinden' von smackēn 'Geschmack von sich geben'. Ahd. mhd. smac, agf. smæcc M. 'Geschmack, Geruch', smæccan 'schmecken', engl. smack 'Geschmack; schmecken, schmatzen', afrief. smekka 'schmecken', isl. smekkr 'Geschmack' führen auf germ. *smakk-, daneben liegt *smak- in mhd. smachen 'schmecken', smach, mnd. smak, nnl. smaak, afrief. smaka 'Geschmack, Geruch'; dazu mnd. smaken, afrief. smakia 'schmecken'. Auf germ. g (idg. gh) weisen ahd. gismagmo 'Geschmack' und gismag 'schmackhaft'. Außerhalb des Germ. gehört hierher lit. smaguriaĩ 'Leckerbissen', smagùris 'Zeigefinger' (urspr. 'Naschfinger, Näscher').

schmeicheln schw. Ztw., mhd. (seit etwa 1400) smeicheln neben ält. mhd. spätahd. smeichen, mnd. smēken 'schmeicheln', mnl.

smēken, nnl. smeeken 'flehen', agf. smācian 'streicheln; schmeicheln, locken, verführen', norw. smeikja 'liebkosen': zu ahd. smeih 'Schmeichelei, Liebkosung', anord. smeikr 'glatt', norw. smikr 'sein ausgeschnittene Arbeit', ahd. smehhar, mhd. smecker, agf. smicre, engl. smicker 'schön, sein, zierlich'. Außergerm. vergleichen sich poln. śmigly 'schlank, zierlich', śmiga 'dünne Rute', lit. smaĩgas 'Stock, Stange', susmĭžēs 'klein, verschrumpft'. S. Schminke.

Schmeiße f. Schmeißfliege.

schmeißen st. Ztw. mhd. smīzen 'streichen, schmieren; schlagen', ahd. (bi)smīzan 'beflecken', mnd. mnl. smiten, afrief. smita 'werfen', agf. smītan 'beschmutzen', engl. smite 'schlagen', norw. schwed. smita, dän. smide 'schleudern, schmieren', got. bismeitan 'bestreichen', gasmeitan 'aufstreichen' führen (wie lett. smaĩdīt 'schmeicheln', urspr. 'streicheln', armen. mic (aus *smidio-) 'Schlamm, Schmutz', aslav. smědŭ 'dunkelfarbig', urspr. 'schmierig') auf idg. *smeid-, Erweiterung der Wz. *smē(i)- 'schmieren, darüberwischen', die unerweitert in gr. σμάω 'schmiere' und lat. macula (aus *smətlā) 'Fleck', urspr. 'beschmutzte Stelle' vorliegt. Die alt verbreitete Bed. 'schlagen' (auch in Schmiß und schmitzen) ist derart zu vermitteln, daß der in Bewegung gesetzte Gegenstand in der Hand behalten wird. Auf Vergröberung der Grundbed. beruht 'Kot abwerfen, absondern, besudeln', namentlich in mhd. smeizen schw. Ztw. 'cacare' (vgl. Schmeißfliege). Auch die lautliche Nachbarschaft von scheißen (f. d.) mag hier gewirkt haben.

Schmeißfliege F. als Name großer Fliegen, die ihre Eier auf Fleisch usw. ablegen, rührt daher, daß die Eier als Kot aufgefaßt werden: zu schmeißen 'cacare'. Schmeißfliege ist verdeutlichende Zus.-Setzung des 16. Jh. (wie Hirschkäfer usw.), voraus geht mhd. *smeize und (zu westgerm. *smaittjan: Ernst Reuter 1906 Nhd. Beitr. z. westgerm. Konf.-Gem. 66) *smeitze, dies fortlebend in alem. Schmeizeⁿ Schweiz. Jb. 9, 1015. Schmeiße schreibt der Schlesier W. Scherffer 1652 Ged. 681, aber auch noch Goethe 1832 Faust 10140. Obersächs. und thür. gilt šmēsə bis heute.

Schmelt M., **Schmelte** F. nd. Name verschiedner Fische, vor allem des Sandaals (Ammodytes tobianus) und des Stints (Salmo eperlanus). Diesen bezeichnen auch nl. agf. engl. dän. smelt, während norw. smelta 'Weißfisch' bedeutet. Der Name zielt auf das weiche Fleisch der Fische und gehört zu Schmalz.

schmelzen st. Ztw., mhd. smëlzen, ahd. smëlzan, mnd. mnl. smëlten, dän. smelte,

norw. smelta, schwed. smälta aus germ.
*smeltan 'zerfließen'. Dazu das M. Schmalz
(s. d.) und das schw. Ztw. germ. *smaltian
'zerfließen machen' in ahd. mhd. smęlzen, mnd.
smęlten, engl. (seit 1700) smelt. Den ver=
wandten Wörtern fehlt das anl. s-, so dem
ags. meltan 'schmelzen, verbrennen, verdauen'
und dem anord. melta 'verdauen'. Außer=
germ. vergleichen sich gr. μέλδω, ἀμαλδύνω
'erweiche', aslav. mladŭ 'jung, zart', lat. mollis (aus *moldvis) 'weich', aind. mṛdú- 'weich,
zart', márdati 'reibt', mardayati 'zerdrückt'.
Idg. *(s)meld- ist Erweiterung der Wurzel *mel-
'zerreiben' in mahlen, Mehl, Milbe. — S.
auch Email(le).

Schmer M. N. 'Schmalz, rohes (Schweine=)
Fett'. Mhd. smër, -wes, ahd. asächs. anfr.
smëro, mnl. smere, nnl. smeer 'Schmer',
afries. smëre 'Eiter', ags. smeoru 'Schmer,
Fett, Talg', engl. smear 'Schmiere, Fett=
fleck', anord. smør, smjǫr, dän. smør, schwed.
smör 'Butter, Fett' führen auf germ. *smërwa-.
Dazu in übertragenem Sinn ahd. ags. bismër
'Hohn' und die Weiterbildungen schmieren¹
(s. d.), ags. smierels, anord. smyrsl, smurning
'Salbe, Salbung'. Mit andrer Stammbil=
dung got. smaírþr 'Fett' (auf idg. -tro-), smarna
'Dünger' (auf idg. -nā). Außergerm. ver=
gleichen sich gr. σμῦρις 'Schmirgel' (s. d.),
(σ)μυρίζω 'reibe blank, salbe', μύρον 'Salb=
öl', air. smi(u)r, kymr. mer 'Mark', wohl auch
lat. medulla aus *(s)merulla 'Mark'. Sämt=
lich zu westidg. *smeru- 'Fett'. Ein gemein=
idg. Name dafür fehlt. Über die Verbreitung
von Schmer in heutiger Umgangssprache s.
Kretschmer 1918 Wortgeogr. 328.

Schmergel s. Schmirgel.

Schmerl, Schmerlin M. Falco aesalon,
die kleinste Art der Edelfalken, findet sich
bei Germanen benannt seit dem 11. Jh.:
ahd. smërlo, smiril, smirlī(n), mhd. smirel.
smirlīn, mnl. smerl(e), anord. smyrill. Aus
dem Germ. entlehnt sind ital. smeriglio(ne).
afrz. esmeril(lon), nfrz. émerillon 'Zwerg=
falk'. Die herkömmliche Annahme, Schmerl
sei aus lat. merula 'Amsel' entlehnt, ist lautlich
so unzulässig wie sachlich. Vielmehr ist der
Vogelname eines mit dem alten Fischnamen
Schmerle (s. d.): der kleinste Falke ist nach
dem kleinsten Fisch benannt. Suolahti 1909
Vogelnamen 358 f.

Schmerle F. der Fisch Cobitis barbatula,
mhd. smërl(e) F., smërlinc M., smërlīn N.
Urverw. mit gr. σμαρίς F. 'ein geringer See=
fisch'.

Schmerz M. mhd. smërze, ahd. smërzo,
mnd. mnl. smërte, smarte (von da entlehnt
dän. smerte, schwed. smärta), mengl. smerte,

engl. smart. Dazu das schw. Ztw. schmerzen,
mhd. smërzen, ahd. smërzan, mnd. mnl.
smërten, smarten (besonders von dem durch
Scheuerwunden verursachten Schmerz), engl.
smart mit dem Adj. mengl. smerte, engl.
smart 'scharf, beißend, schneidig'. Die nächsten
außergerm. Verwandten sind gr. σμερδνός
und σμερδαλέος 'gräßlich' (urspr. 'aufreibend').
Ferner stehen lat. mordeo, momordi 'beiße',
aind. mardáyati, mamr̥dē 'zerreibt', lett.
merdēt 'abmergeln': sämtlich zu idg. *(s)merd-,
einer Erweiterung der idg. Wz. *mer- '(auf=)
reiben', die unerweitert vorliegt in gr. μαραίνω
'reibe auf'. Zur Bed.=Entw. vgl. bitter.

Schmetterling M. tritt zuerst im Voc. opt.
gemma dictus (Leipzig 1501) als Verdeutschung
von lat. papilio auf, erscheint noch bei Joh.
Leonh. Frisch 1721 Beschr. v. allerley Insecten
3, Vorber. u. bei Steinbach (Breslau 1734) nur
als landschaftl. und wird erst seit 1750 von
Sachsen aus als Schriftwort häufiger. Noch
Popowitsch 1780 Vereinigung 515 schreibt
das Wort nur Sachsen zu. Damit ist (mit
Wick 54. 94 f.) Anknüpfung an das aus tschech.
smétana 'Milchrahm' entlehnte ostmd. Schmet=
ten 'Sahne' gegeben (Schmetterling dissi=
miliert aus *schmettenling?), zumal auch
viele landschaftl. Namen das Insekt (urspr.
die unter seiner Gestalt fliegenden Hexen) mit
Rahm und Butter zus.=bringen: Milch=,
Molkendieb, =stehler, westf. molkentöver(er),
smantlecker, Buttervogel, =fliege, ags.
butorflēoge, engl. butterfly. Ehe S. zum
Schriftwort wurde, galt die unter Falter
dargestellte Benennung; darüber hinaus ent=
falten die Mundarten die bunteste Synonymik:
schweiz. oberschwäb. flätterš, nordschwäb. bau=,
weifalter, tirol. flattermaus, bair. müllermaler,
mähr. krautscheißer, schles. siebenbg. sommer=
vogel, rheinfr. fledermaus, hess. lattichvogel,
raupenscheißer, westf. fluchter, märk. Kalitte
(s. d.), meckl. ketelböter, holst. flörlörken, nord=
westdt. nnl. vlinder, mnl. südnl. pepel (aus lat.
pāpilio). Frz. papillon hat im 18. Jh. namentl.
westdt. weithin gegolten, doch auch Goethe in
seiner Leipz. Zeit (1765—68) verwendet
Papillon neben Schmetterling: Bierwirth
1891 Beitr. 15, 387; Kretschmer 1918 Wort=
geogr. 53.

schmettern schw. Ztw. mhd. smetern 'plap=
pern, schwatzen', frühmhd. schmettern 'krachend
hinschmeißen': lautmalende Bildung.

Schmied M. mhd. smit (d), ahd. smid,
asächs. ags. smið, engl. afries. smith, anord.
smiðr, got. aiza-smiþa M.: der gemeingerm.
Name des Erzarbeiters, die Bed. verengt aus
'kunstgewerbl. Arbeiter' (vgl. got. ga-smiþōn
bewirken'). Nhd. Schmiede F. ist unter An=

lehnung an das Nomen agentis, in dem die lautgesetzl. Kürze des Nom. Sg. (erhalten im Fam.-Namen Schmidt) durch das in den übrigen Kasus entstandene ī verdrängt ist, entwickelt aus mhd. smitte, ahd. smitta, agf. smiððe, anord. smiðja, germ. *smiþjōn 'Schmiedewerkstatt' (germ. þj wurde über westgerm. þþj zu hd. tt, vgl. Fittich neben Feder). Mit Dentalsuffix zur idg. Wz. *smēi-: *smɘi-: *smī- 'schnitzen; mit scharfem Werkzeug arbeiten'. Dazu außer den bei Geschmeide behandelten Wörtern ahd. smeidar 'Künstler, Bildner'. Außergerm. vergleicht man gr. σμιλη 'Schnitzmesser', σμινύη, σμινύς 'Hacke'.

Schmiege F. mhd. smiuge: zu schmiegen (s. d.), seit frühnhd. Zeit mit dem Vokal des Infinitivs. In der Baukunst der stumpfe Winkel, den zwei Wände miteinander bilden; danach ein Gerät, solche Winkel zu messen. Erst durch Beb.-Entwicklung von da ist die heutige Beb. 'aufzuklappender Taschenmaßstab' erreicht. Neunord. smig ist aus dem Nhd. entlehnt.

schmiegen schw. Ztw., früher stark. Got. *smiugan und ahd. *smiogan sind zufällig unbezeugt. Mhd. smiegen 'in etwas eng Umschließendes drücken', nnl. smuigen, afrief. *smuga (bezeugt ist in-smūge 'das Hineinkriechen'), agf. smūgan, anord. smjūga 'sich durch eine enge Öffnung drücken', schwed. smyga, norw. und ält. dän. smyge führen auf germ. *smūg-. Dazu das Bewirkungswort germ. *smaugian in mhd. smougen 'ducken', norw. smøygja, schwed. mundartl. smöja, dän. smøge 'schlüpfen lassen'. Die nächsten germ. Verwandten sind schmücken und schmuggeln. Außergerm. vergleichen sich lett. smaugs 'schlank', lit. smaūgti 'erdrosseln', poln. smug(a) 'Engpaß, schmaler Streifen'. Idg. Wurzel *smeugh-.

Schmiele F. Aira caespitosa L. und viele andere schmalblättrige Grasarten sind nach dem Adj. schmal (mhd. smëlhe) benannt. Mhd. smël(e)he, smēle, ahd. (seit dem 11. Jh.) smëlha, westfäl. smiɘle, nl. smeele führen auf germ. *smelhvō F., daneben die j-Bildung *smelhvja- und mit gramm. Wechsel *smelg-vja-, auf denen das gleichbed. N. norw. smile, smyl(v)e beruht. Neben idg. *smelqᵘ- steht *smelg- in lit. smilga, lett. smilga 'Schmiele'. Der Tonvokal des nhd. Worts stammt aus Mundarten, die altes ē zu ī wandeln. Familiennamen wie Schmelcher, Schmelmer, Schmeller gehören zu Ortsnamen wie Schmellen, die ihrerseits den Dat. Plur. des F. enthalten.

Schmieralien Plur. seit Aeg. Albertinus 1600 Guevaras Hofschule 166b für 'Geschenke als Bestechung': Scherzbildung nach Kanzleiwörtern wie Kurialien, Personalien, Regalien, Repressalien, denen der Nom. Pl. N. eines lat. Adj. auf -ālis vorausliegt (vgl. Lappalie, Sammelsurium, Schwulität). Schmieren hat seit dem 14. Jh. die bildl. Beb. 'bestechen' entwickelt; das Bild erläutert Freidank 147, 17: Pfennincsalbe wunder tuot, Si weichet manegen herten muot. Zf. f. d. Wortf. 15, 208.

Schmiere F. '(Nacht-)Wache', Schmiere stehen '(bei einem Verbrechen) Wache stehen'. Zuerst 1714 „stehet wohl auf der Schmehre, denn also hätten sie die Wache geheißen" Kluge 1901 Rotw. 1, 177. Aus hebr. šim'rah 'Wache', neuhebr. šĕmīrā 'Bewachung': Lokotsch 1927 Etym. Wb. 1813; Ag. Lasch, Berlinisch 173.

schmieren¹ schw. Ztw., mhd. smir(we)n, ahd. smirwen, mnd. mnl. smeren, agf. smierwan, anord. smyrva, smyrja: mit Endung -jan zu Schmer, s. d. Eine namentl. frühnhd. häufige Beb. 'prügeln' erklärt sich aus dem schlagenden Auftragen von Wichsmitteln; vgl. wichsen.

schmieren² schw. Ztw., ahd. smierōn, smieren, mhd. smieren 'lächeln', gleichbed. das früh verklungene smielen. Im Nd. fast völlig fehlend, zu Beginn der nhd. Zeit auch hd. abgestorben, zuletzt im Bair. (Schmeller ²2, 556). Während das verwandte schmollen (s. d.) in abweichender Beb. fortlebt, wird das undurchsichtige und nun vereinzelte schmieren durch das junge Synonym lächeln ersetzt: K. v. Bahder 1925 Wortwahl 143. Zur idg. Wz. *smeu- gehört auch älter nnl. smuylen 'lächeln'; außergerm. vergleichen sich ruff. u-chmyl'játsja, mundartl. chmylít' 'lächeln', poln. mundartl. chmulić się 'sich verfinstern'. Daneben die idg. Wz. *smei- in engl. dän. smile, schwed. smila, agf. smērian 'lächeln'; außergerm. lat. mīrus 'wunderbar', aind. smayatē 'lächelt'.

Schminke F. ist bei germ. Frauen schon im frühen Mittelalter bezeugt: Wh. Wackernagel 1864 Kl. Schr. 1, 159; Mor. Heyne 1903 Körperpfl. 86 ff. Sie färben sich nach Hnr. v. Veldeke 1184 Eneit 5169 weiß und rot mit blenke und vernît, dafür mhd. virnîs, varwe; verwen, strichen, mâlen. Die Ungeschminkte rühmt Walther 111, 12 als sëlpvar. Mhd. smicke F. und smicken schw. Ztw. treten erst seit Anfang des 15. Jh. auf, daneben mit Nasaleinschub md. smyncke seit 1420. Nd. sminke ist in Ostfriesland (ten Doornkaat Koolman 3, 230) 'fette Tonerde': zu idg. *smē(i)g-: *smīg-, Erweiterung der idg. Wurzel *smē(i)- 'schmieren' (s. schmeicheln, schmeißen). Wackernagels Einfall, das Wort sei von quacksalbernden Krämern des 14. Jh. entstellt aus gr.-lat. smigma 'Salbe', findet keine geschichtl. Stützen. Bei Schriftstellern aus Landschaften, in denen ü wie i gesprochen wird, begegnet im 17. und 18. Jh. Schmünke und schmünken als umgekehrte Schreibung. Dän. sminke, schwed. smink sind aus dem Nhd. entlehnt.

Schmirgel[1] M. Das Polierpulver aus einem dunkelbläulichgrauen Stein, der auf Naxos und in Kleinasien gefunden wird, heißt gr. σμύρις F. (dazu σμυρίζειν 'polieren'), mgr. σμερί. Zu mlat. smyris F. wird *smirilium weitergebildet, aus dem ital. smeriglio stammt. Das ital. Wort wird (wie zu afrz. esmeril, frz. émeri, engl. emery) entlehnt zu frühnhd. schmergel, schmirgel. Aus dem Dt. weitergegeben sind nnl. dän. smergel, schwed. smärgel. Gr. σμύρις ist urverwandt mit Schmer und schmieren.

Schmirgel[2] M., md. Schmurgel: der klebrige Rückstand in der Tabakspfeife. Zu schmieren, s. d.

Schmiß M. zu mhd. smiz 'Flecken', dies postverbal zu smizen 'schlagen'. S. schmeißen.

schmitzen[1] schw. Ztw., mhd. smitzen '(mit Ruten) schlagen, geißeln': über *smickezen zu mhd. smicke F. 'Rute'. Dazu verschmitzt 'durchtrieben' seit Sachs 1551 Fastnachtsp. 32, 344 mit demselben Bed.-Wandel wie das etwas ältere verschlagen.

schmitzen[2] schw. Ztw. 'beschmutzen', ahd. bismizzan, Intensitiv zu schmeißen, s. d. Mnd. smitten, ags. smittian 'besudeln'. Auf Entlehnung aus dem Mnd. beruhen dän. smitte, schwed. smitta 'besudeln; anstecken'. Mit anderer Wendung erscheint die Grundbed. in westfäl. smitte F. 'Kleister'.

Schmock M. Sloven. šmok 'Narr', in seiner südöstl. Heimat gelegentl. als Hundename verwendet, wandelt sich in Prag zur Schelte des verschrobenen, jüdischen Phantasten und wird durch Jakob Kaufmann 1851 Bilder aus Ostreich von einem dt. Reisenden 15 dessen Freund Gustav Freytag bekannt, der 1853 den Namen beflügelt, indem er den gesinnungslosen Zeitungsschmierer der 'Journalisten' Schmock nennt. Nach ihm Fr. Mauthner 1888 Schmock, oder die litterarische Karriere der Gegenwart: Zs. f. d. Wortf. 8, 18. 9, 267. 13, 283. 297; Ladendorf 1906 Schlagwb. 280; Büchmann 1912 Gefl. Worte 249; Wick 54.

Schmöker M., in dieser Form seit J. T. Hermes 1778 Sophiens Reise 2, 246, halb hd. Schmöcher in Halle 1781 bei C. W. Kindleben, Stud.-Lex. 172, hd. Schmäucher bei H. Zschokke, Selbstschau 1, 22. Wie Scharteke, Schwarte, Wälzer ein burschikoses Scheltwort für ein altes schlechtes Buch, urspr. (wie schwed. en gammal lunta) für ein solches, aus dem sich der Student seinen Fidibus zum

Anstecken der Pfeife riß, somit abgeleitet von smöken, der nd. Entsprechung von schmauchen: Axel Lindqvist 1942 Beitr. 66, 343.

Schmolle F. Das weiche Innere des Brots, norddt. Krume, im dt. Südwesten Brosam genannt, heißt bair.-österr. Schmolle; so zuerst in Ingolstadt 1610 bei H. Guarinonius, Gräuel d. Verw. 741, heute vor allem in den österr. Alpenländern, daneben in Tirol und sonst Mollen, Mölen F., in Zell am See Mulden. Man vergleicht westfäl. smöllen 'fettes Fleisch an Bauch und Rücken des Schweins', schwed. smula, dän. smule 'Brosam, Brocken' neben isl. moli 'Krume'. Außergerm. kommen an nächsten lett. smelis, smēlis, lit. smēlys 'Sand', sämtlich zur idg. Wurzel *(s)mel- 'zerreiben': Kretschmer 1918 Wortgeogr. 308; K. v. Bahder 1925 Wortwahl 33.

schmollen schw. Ztw., frühnhd. schmollen 'subridere' seit Steinhöwel 1476 Esopus 51, gleichbed. in den Wb. von Altenstaig (Hagenau 1508) bis Schönsleder (Augsburg 1618), ebenso schmöllelen bei Dentzler (Basel 1677). Mit dem Aufkommen von schmunzeln ist schmollen zurückgedrängt auf 'aus Unwillen schweigen', mit der Ausgangsbed. vermittelt durch den Sinn 'das Gesicht verziehen': K. v. Bahder 1925 Wortwahl 143. Die außerdt. Verwandten s. u. schmieren[3].

Schmollis M. N. student. Zuruf beim Zutrinken, auf den Fiduzit erwidert wird. So allg. seit Kindleben, Stud.-Lex. (Halle 1781) 172. Eine ältere Form Schmolles beim Zutrinken auf Brüderschaft in einem Gießener Stammbuch 1752: Kluge 1895 Stud.-Spr. 122. Nach dem frühesten Beleg (1749 Reisender Avanturier 2, 57 „Wenn Schmolles oder Brandtwein getrunken wird, soll sich keiner weigern 30 Gläser auszustoßen") mag damit urspr. ein bestimmtes Getränk gemeint sein. Zs. f. d. Wortf. 12, 288.

schmoren schw. Ztw.: das zwischen Braten und Kochen stehende Verfahren, Fleisch oder Gemüse mit Fett und wenig Wasser in geschlossenem Topf langsam zu kochen, so daß der Dampf nicht entweicht. In heutiger Umgangssprache das nord- und md. Wort, dafür südwestdt. (ein)dämpfen, bair.-österr. dünsten: Kretschmer 1918 Wortgeogr. 429 ff. Ins Nhd. ist das Wort im 17. Jh. gelangt aus nd. smoren, das als Ausgangsbed. 'ersticken' erkennen läßt, die in agl. smorian wiederkehrt. Weiter vergleichen sich fläm. smoren 'rauchen, neblig sein', mnd. smurten 'ersticken', agf. smorðer, mengl. smorther 'Dampf'.

schmorgen schw. Ztw. 'darben': ein Wort der westmd. Mundarten von Thüringen (W. F. H. Reinwald 1793 Henneb. Jd. 1, 143) bis

Frankfurt (Goethe 1810 Weim. Ausg. 1, 1, 144). Das g ist westmd. Reibelaut, also eins mit schmorchen 'Hunger leiden', das bei Stieler (Erfurt 1691) 1884 neben gleichbed. schmorren erscheint. Dem hd. ch entspricht nd. k in mnd. geldsmörker 'Geizhals'. Außergerm. Beziehungen sind nicht gesichert.

Schmu M. Hebr. šĕmū·ā 'Gerede' (zur Wz. šāma 'hören': Littmann 1924 Morgenl. Wörter 52) ergibt durch rotw. Vermittlung hd. šmū, nd. smū 'haltloses Gerede, leere Versprechungen' und verbreitet sich von Livland bis ins Elsaß: DWb. 9, 1112; H. Fischer 5, 1014. Literar. seit Stoppe 1729 Ged. 2, 209; stud.-sprachl. seit Kindleben 1781, Stud.-Lex. 188. Die abgeleitete Bed. 'unlauterer Vorteil' erklärt sich als 'Lohn des Maklers' für das durch sein Gerede erreichte Geschäft. Schmus (s. d.) ist Mehrzahl.

Schmuck M. erst nhd. aus mnd. smuck; dafür mhd. gesmuc M. 'Schmuck, Zierde': postverbal zu schmücken, mhd. smücken schw. Ztw. 'in etwas eng Umschließendes drücken, an sich drücken', Intensiv zu schmiegen, s. d. Die Wz. *smug, vorgerm. *smuk wird gern vom Anziehen und Ankleiden gebraucht, wie auch ein hemdartiges Untergewand ahd. smocko, ags. smocc (engl. smock 'Frauenhemd') heißt. Schmücken 'zieren' ist dem älteren Obd. fremd und muß noch Luthers obd. Zeitgenossen mit zieren, aufmutzen, herrlich machen, köstlich kleiden verdeutlicht werden: Kluge 1918 Von Luther bis Lessing 102. 110. Dagegen ist schmücken 'schmiegen' auch obd. — Das Adj. schmuck ist ins Nhd. gelangt, wo schmuck 'hübsch' seit Hollonius 1605 Somnium 548 belegt ist. Noch Frisch 1741 nennt das Adj. 'Niderteutsch'; es bürgert sich durch Schriftsteller wie Voß und Mylius (1777 Hamiltons Märlein 574) ein.

schmuggeln schw. Ztw. 'Waren heimlich über eine Zollgrenze schaffen', ein Nordseewort, dem Süden urspr. fremd (dafür österr. schwärzen: Kretschmer 1918 Wortgeogr. 431; im Südwesten paschen, s. d.). Engl. smuggle (vor 1687 dem Nd. entlehnt), norw. smugla, schwed. smuggla, dän. smugle, nd. smuggeln. Mit Fortis älter engl. smuckle, norw. smokla, nnl. smokkelen, afries. nd. smukkeln. 1661 erscheint engl. smuckellor, mit der Sache dem Bürgerkrieg in England entsprungen. Hd. schmuckeler folgt erst bei Ludwig 1716, Schmuggelei bei Adelung 1780, schmuggeln B. Becker 1804 Gesch. d. Räuberbanden 1, 38. Das Mask. Schmuggel ist aus dem Ztw. rückgebildet: Jahn 1816 Turnkunst XXVIII. Germ. *(s)mūk- ist aus *(s)mūg- entstanden. Ohne anl. s- vergleichen sich Heimchen und meuchel-. Außer-

germ. Verwandte sind lat. muger 'Falschspieler' und air. formūigthe 'verborgen'. Jdg. Wurzel *(s)meug- 'heimlich und tückisch lauern'.

Schmul M. Der Name Samuel (hebr. šĕmū'ēl) ist (wie Itzig) appellativ geworden: nd. smule 'Jude' Strodtmann 1756 Id. Osnabr.

schmunzeln schw. Ztw. Schmollen (s. d.) wird in seiner Bed. 'lächelnd das Gesicht verziehen' zunächst ersetzt durch das schon im Mhd. vorkommende smutzen, seit Beginn des 18. Jh. durch schmunzen mit eingeschobenem n (wie nhd. sonst für mhd. sus). An dessen Stelle tritt mit verkleinerndem l nhd. schmunzeln, das zuerst im 15. Jh. als mrhein. smonczelen, bei Alberus 1540 Dict. a 2 b als schmünzelen begegnet und noch von Frisch 1741 „ein unnützes Pöbel-Wort" gescholten wird. Daneben grieslachen (s. d.) und mhd. smutzelachen, älter nhd. schmutzerlachen (von 1656 Venusgärtl. 111 bis 1786 Tom Jones 1, 119). K. v. Bahder 1925 Wortwahl 143.

Schmus M., schmusen schw. Ztw. Hebr. šĕmū'ōth 'Erzählungen, Neuigkeiten' gehört als Plur. zu dem unter Schmu genannten hebr. šĕmū'ā 'Gerede'. Das Wort gelangt über rotw. schmuoß 'Erzählung', schmußen 'schwatzen', verschmußen 'ausplaudern' (Kluge 1901 Rotw. 1, 337. 344 ff. 486) in die meisten Mundarten. Im Viehhandel gelten als Schmus die nach Abschluß des Kaufs gegebenen Zusicherungen. Schmuser ist (z. B. in Baden) 'Unterhändler', namentl. im Viehhandel, aber auch bei der Heiratsvermittlung. Schmusen 'reden' erscheint seit Kindleben 1781 Stud.-Lex. 173. Littmann 1924 Morgenländ. Wörter 49 ff.

Schmutz M. mhd. smuz, -tzes 'Schmutz' zu smotzen 'schmutzig sein' und smutzen 'beflecken'; dazu nd. smutt, engl. smut 'Schmutz; beschmutzen', mengl. bismoteren 'beflecken, besudeln'. Alem. schwäb. rheinfr. gilt Dreck für 'Schmutz', aber Schmutz für 'Fett'. Grundbed. ist 'Feuchtigkeit, feuchter Schmutz'. Wie ahd. muzzan 'putzen', mnd. mūten 'das Gesicht waschen', nnl. mot 'feiner Regen', schwed. mundartl. muda 'fein regnen' entbehren auch die außergerm. Verwandten des anl. s-: aind. mudira- 'Wolke', gr. μύδος 'Nässe', mir. muad 'Wolke', muadrosc 'triefend', lett. mudas Mz. 'verfaultes Seegras', mudēt 'weich, schimmlig werden', lit. máudyti 'baden': sämtlich d-Erweiterungen zu idg. *meu- 'feucht'.

Schnabel M. mhd. snabel, ahd. snabul, mnd. nd. mnl. nl. snavel (neben sneb) 'Schnabel', afries. snavel (und snabba) 'Mund'. Dazu wohl auch (wie Malz neben schmelzen) nl. neb F., engl. neb, nib 'Schnabel, Spitze', ags. nebb 'Schnabel, Gesicht', anord. nef N. 'Nase' neben snafōr 'feinriechend'. Germ. *snabja-, *snabula- (zur idg. Wz. *snap, *nap) stimmt zu lit. snãpas 'Schnabel'. Vgl. schnappen und Schnepfe.

Schnabelweide F. mhd. snabelweide 'gutes Futter für Vögel und andere Tiere'. Entspr. im Schrifttum noch des 17. Jh. (Weise 1673 Erzn. 214; Stieler 1691) und mundartl. (Zaupfer 1789 Baier.-oberpfälz. Jd., Nachtr. 37). Ein im 16. Jh. auftommendes S. bedeutet 'regio amoena et fertilis' (Maaler 1561). Von hier aus ist Schnabelwaid (südl. von Bayreuth) Ortsname geworden.

schnabulieren schw. Ztw. 'behaglich schmausen': nach dem Vorbild der vielen fremden Ztw. auf -ieren (s. halbieren und Kluge 1918 Von Luther bis Lessing 154) gebildet von Schnabelei F. Frischlin 1578 Nomencl., Kap. 155. Demgemäß zunächst schnabelieren daselbst 103 (Zs. f. d. Wortf. 15, 208), -u- kaum vor Schoch 1657 Komödia vom Stud.-Leben II 3. Vereinzelt auch schnabilieren in alter Stud.-Spr.: Zs. f. d. Wortf. 3, 100.

Schnack M. 'Gerede' erst nhd., noch von Steinbach 1734 als nd. bezeichnet: nach md. nd. nl. snak(k)en 'schwatzen'. Dazu Schnake F. 'Witzwort; lustige Person'. Vgl. nl. snaak 'Possenreißer'. S. auch Schnickschnack.

Schnaderhüpfe(r)l N. meist aus dem Stegreif gesungener Vierzeiler, zunächst im Volksgesang der bair.-österr. Alpenländer. Zufrühst bei Zaupfer 1789 Versuch e. baier. und oberpfälz. Jd. 69 und Klein 1792 Prov.-Wb. 2, 135 als Schnitterhüpfel 'Bauernlied'. Das zweite Wortglied weist auf Tanz, das erste (bair.-österr. šnãdr; zu Schneider in der Bed. 'Schnitter' vgl. H. Fischer 5, 1059) auf das Erntefest. Schmeller ²2, 587 f.

Schnate[1] F. 'Mücke' mhd. snãke M. F. Die Lautverhältnisse weisen auf ahd.*snãko aus einer Grundform *snãggo (vgl. Haken aus Grundform *hãggo). Grundbed. 'die Stechende', vgl. anord. snag-hyrnd 'mit hervorstehenden Ecken', isl. snagi M. 'Pflock zum Anhängen', norw. snag N. 'hervorstechende Spitze' und, als Lehnwort aus dem Norw., engl. snag 'scharfe Ecke'. — Davon verschieden ist das urspr. nd. Schnake[2] F. 'Ringelnatter', mnd. snake, das zu engl. snake, agf. snaca 'Schlange', anord. snãkr, snõkr 'Schlange'; schwed. snok 'Ringelnatter' stimmt. Ahd. entspricht snahhan 'kriechen', urverw. sind air. snaighim 'ich krieche' und lit. snãkė 'Schnecke'. S. Schnecke und Schnörkel.

Schnalle F. mhd. snalle '(Schuh-)Schnalle': zu mhd. snal M. 'schnelle Bewegung'. Die Benennung ist nach dem Auf- und Zuschnellen des Schließdorns gegeben, s. schnalzen, schnell. Alter ist gleichbed. Rinken, s. d.

Weidmänn. heißt Schnalle das Geschlechtsglied des weibl. Wilds: Heppe 1763 Wohlred. Jäger 265a. Von da mit Pars pro toto die landschaftl. Bed. 'Dirne'. Über die Verbreitung von Schnalle 'Türklinke' s. Kretschmer 1918 Wortgeogr. 35. 45. 291.

schnalzen schw. Ztw. mhd. snalzen: Intensitiv zu mhd. snallen 'sich mit dem der schnellen Bewegung (der Finger, der Zunge) eigenen Geräusch bewegen'. Dazu Schnalle.

schnappen schw. Ztw., mhd. (md.) snappen 'schwatzen, schnappen'. Dies mit gleichbed. nl. snappen (woraus entlehnt engl. snap), anord. snapa Intensivbildung zu mhd. snaben 'schnappen, schnauben': zu der in Schnabel (s. d.) enthaltenen Wz. *snab. — Unverwandt sind mundartl. schnappen 'hinken', mhd. snappen 'straucheln'.

Schnapphahn M. begegnet seit Brant 1494 Narrensch. 89, 14 als 'berittener Wegelagerer'; jünger nl. snaphaan; aus dem Nhd. im 18. Jh. entlehnt frz. chenapan. Nach dem aufgeprägten Reiter heißt eine von Jülich ausgehende Münze nl. nd. snaphäne, frühnhd. schnapphan. Erst am Ende des 16. Jh. begegnet eine Bed. 'Flinte (mit schnappendem Hahn)'. Es ist zeitlich unmöglich, von dieser Bed. zu 'Wegelagerer' zu gelangen, vielmehr geht die Benennung von mhd. snap, -ppes M. 'Straßenraub' aus und erinnert an mhd. (seit 1425) strüchhan, -huon 'Strauchdieb'.

Schnaps M. nd. snaps, das urspr. 'Schluck, Mundvoll' bedeutet (E. Müller-Graupa 1931 Glotta 19, 70) und so bei Frisch 1741 gebucht ist: „in einem Schnapps verschlucken" (s. schnappen). Entspr. noch Reuter, Stromtid, Kap. 45 (S. 231 Müller): „bringen Se mir en Schnäpschen Wein"; John Brinckman, Sämtl. Werke 4, 82: „Dat kümmt van sin viertein Snaps Bramwien". Die heutige Bed. wird zuerst 1770 für brem. snaps ('ein Schluck Branntwein') und in Kleins Prov.-Wb. 1792 für den Mittel- und Niederrhein sowie für Niederdeutschland (als Schnaps, Schnips) angegeben. Hierher meißn. sportula 'ein Schnapsbislein, gebranter Wein' Siber 1579 Gemma 54. — Die Interj. schnapps 'bums' ist weitverbreitet.

schnapsen schw. Ztw. 'Branntwein trinken' nd. snappsen Brem. Wb. 4, 880. In nhd. Text kaum vor Bode 1772 Klinkers Reisen 1, 322; gebucht seit Kindleben 1781. Noch 1804 nennt Jean Paul schnapsen ein Postillions-Zeitwort.

schnarchen schw. Ztw., mhd. (selten), snarche(l)n 'schnarchen' zu snarren 'schnarren, schmettern' wie hor-chen zu hö-ren. Vgl. schwed. snarka und (mit Ablaut) norw. mund-

artl. snerka, nd. nl. snorken 'ſchnarchen,
ſchwaßen, prahlen': mit Erweiterung um idg.
g zur idg. Wurzel *sner-: *snur-, die unerweitert in ſchnarren und ſchnurren (ſ. d.)
ſowie in agſ. *snorian, mengl. snoren, engl.
snore 'ſchnarchen' erhalten iſt, um idg. d erweitert in mengl. snurtin 'ſchnarchen', engl.
snort 'ſchnauben, ſchnaufen' und mhd. snarz
M. 'Zwitſchern der Schwalbe; Spottwort'
erſcheint. Außergerm. vergleichen ſich mit
ſchnarchen lit. snarglȳs, lett. snurgalas 'Naſen-
ſchleim' (urſpr. 'Raſſelndes') u. lett. snirguôt
'weinend, ſchluchzen; fauchen wie eine Gans'.

ſchnarren ſchw. Ztw., mhd. snarren 'ſchnarren,
ſchmettern, ſchwaßen', snerren 'ſchwaßen' (ſ.
ſchnurren), mnd. mnl. snarren, snorren, engl.
snarl 'knurren', mengl. sneren, engl. sneer
'hohnlächeln': zur lautmalenden idg. Wurzel
*sner-: *snur- 'murren, knurren, knarren', ſ.
ſchnarchen. Die außergerm. Verwandten entbehren des anlautenden s-, ſo lit. niùrniu,
niurnḗti 'brummen, knurren', lett. ńura 'wei-
nerlicher Menſch', ńurât 'brummen; ſpinnen
(von der Kaße)'. — Dazu **Schnarre** F.
'ſchnarrendes Gerät; ſchnarrende Vogelart
(Miſteldroſſel; Wieſenknarrer)'. Erſt nhd., dafür mhd. snarz M. 'Wachtelkönig': Suolahti
1909 Vogelnamen 60. 296.

Schnat(te) F. 'Spur eines Schnittes, Wundmal; Durchhau, Grenze im Forſt', mhd.
snatte, ſpätahd. snatta (Zſ. f. d. Wortf. 5, 5);
dazu ſchweiz. ſchnäßen 'ſchnißen'. Als Grundform wird (auf Grund von alem. ſnättwə)
weſtgerm. *snadwō- angeſeßt. Die idg. Wurzel
*snadh- 'einſchneiden, ſchnißen' hat außer-
germ. Vertreter nur im Kelt., z. B. ir. snass
'Schnitt, Hieb' und (ohne anl. s-) kymr. naddu
'ſchneide', neddyf 'Krummaxt'. Durch das von
Luther begünſtigte Narbe zurückgedrängt, gilt
Schnatte nur noch obd. und weſtmd.: K. v.
Bahder 1925 Wortwahl 17 f.

ſchnattern ſchw. Ztw., mhd. mnd. snateren
'ſchnattern; (vom Froſch) quaken; (vom Storch)
klappern; ſchwaßen'. Vgl. nl. snater 'Schnabel',
snateren 'ſchwaßen, prahlen'. Dän. snadre,
norw. snatta, ſchwed. snattra 'ſchnattern' gelten
als Entlehnungen aus dem Deutſchen; ſonſt
fehlt die lautmalende Bildung: Zſ. f. d. Wortf.
11, 157. 162.

ſchnauben ſchw. Ztw., mhd. (md.) snūben
'ſchnarchen'; vgl. nl. snuiven 'ſchnauben'. Zur
umgangsſprachl. Verbreitung von ſich ſchnauben (neben obd. ſich ſchneuzen) ſ. Kretſchmer
1918 Wortgeogr. 432. Aus dem entſpr. nd.
snūven leitet man nhd. ſchnaufen ab, das
aber in Übereinſtimmung mit ſchweiz. ſnūfə
auch unentlehntes mhd. snūfen 'ſchnauſen'

ſein kann. Die germ. Wz. iſt *snupp: *snūf:
*snūb. S. Schnupfen.

Schnaue F. zweimaſtiges Seeſchiff, der
Brigg (ſ. d.) ähnlich. Gebucht ſeit Stieler
1697 Zeitungsluſt. Nd. snau ſtimmt zu nl.
snauw (ſeit 1681), das auch gleichbed. dän.
ſchwed. snau, engl. snow, frz. portug. ital. senau
geliefert hat. Urſpr. 'geſchnäbeltes Schiff',
zu nd. snau 'Schnabel'. Kennzeichnend Richey
1755 Hamb. Jd. 272 „Schiffe, welche leichter
ſegeln und durchſchneiden ſollen, werden up de
Snau gebauet".

ſchnauſen ſ. ſchnauben.

Schnauzbart ſ. Schnurrbart.

Schnauze F. Dem t von nd. snūte (ſ.
Schnute) ſollte mhd. z, nhd. ß entſprechen;
demgemäß ſchnaußen 'ſaugen, naſchen' in hd.
Mundarten, frühnhd. schnauße F. Das erſt
im 16. Jh. auftretende nhd. Schnauze zeigt
den Dental von mnd. snūte, nl. snuit, mengl.
snoute, engl. snout, norw. snūt zur Affrikata
entwickelt. Formen mit tt ſcheinen nicht vor-
auszuliegen, ſo daß wohl mit Quereinfluß von
ſchneuzen (ſ. d.) zu rechnen iſt.

Schnecke F., obd. Schneck M. Mhd. snecke,
ahd. snecko (daneben slëcko), nd. snigge, mengl.
snegge führen auf germ. *sneggan- 'Schnecke'.
Daneben wird ein gleichbed. germ. *snagila-
vorausgeſeßt durch heſſ. Schnegel, mhd.
snegel, aſächſ. snegil, nd. snagel, weſtfäl.
snīəgəl, agſ. snegl, snægl, engl. snail; ablautend anord. snigill 'Schnecke'. Verwandt ſind
ſchweiz. ſchnaacken 'repere, serpere' (Maaler
1561), anord. snākr 'Schlange', ſowie die
unter Schnake² genannten Wörter.

Schnee M. gemeingerm. und idg. (während
gemeinidg. Wörter für Hagel, Regen und
Winter fehlen; Eis hat außergerm. Verwandte). Mhd. mnd. afrieſ. snē, ahd. aſächſ. anfr.
snēo, mnl. snee, nnl. sneeuw, agſ. snāw, engl.
snow, anord. snjōr, snjār, snær, norw. mundartl. snjo, sn(j)ø, ſchwed. snö, dän. sne, got.
snaiws führen auf germ. *snaiwa-z, idg.
*snoigu̯hos. Dazu das ſchw. Ztw. ſchneien,
mhd. mnd. snīen, ahd. agſ. snīwan, mnl.
snūwen, snouwen, snīen, nnl. sneeuwen,
nordfrieſ. snī, anord. snȳr 'es ſchneit', ſnifinn
verſchneit', germ. *snīwan, idg. Wurzel
*snoigu̯h-. Von den außergerm. Verwandten
ſtehen dem M. am nächſten apreuß. snaygis
(aus *snoigu̯hi-), lit. sniẽgas, lett. snìegs,
aſlav. snĕgŭ, gr. Akk. νίφα (aus *snigu̯hm),
homer. ἀγάννιφος 'ſchneereich', lat. nix, -vis,
kymr. nyf 'Schnee', air. snige 'Tropfen, Regen'.
Dem Ztw. vergleichen ſich aveſt. snaēžaiti,
gr. νείφει, lat. nivit, lit. sniẽgti 'es ſchneit',
air. snigid 'es regnet, tropft, ſchneit', mit präſ.
n lat. ninguit, lit. sniñga 'es ſchneit'.

Schneeball M. Der bei uns altheimische Strauch Viburnum heißt nach seinen Blütenständen Schneeball zuerst bei Brockes 1735 Ird. Vergn. 4, 105. Geballter Schnee konnte schon mhd. snēballe genannt werden.

Schneeblitz M. 'Kaulquappe', ahd. sneþeliz, bis heute in bair.-österr. Mundarten. Nach Kluge 1901 Zs. f. d. Wortf. I, 275 f. mit verkl. -iz zu sneþbil, älter snabo M. 'Tummler, Kaulquappe', dies zu mhd. snaben schw. Ztw. 'sich schnell bewegen'.

Schneegans F. mhd. snēgans 'Wildgans'. Das Erscheinen ihrer Schwärme gilt als Vorzeichen von Kälte und Schneefall: Suolahti 1909 Vogelnamen 416.

Schneekönig s. Zaunkönig.

Schneeschuh, 1780 bei Adelung; vgl. Schi.

Schneid M. F. Mit Übertragung von der Schneide der Waffe (Mod. lang. notes 38, 407) erscheint seit Zaupser 1789 Baier.-Oberpf. Jb. 69 Schneid haben 'Kraft haben'. Aus der Pfalz bucht Klein 1792 Prov.-Wb. 2, 131 er hat keinen Schnaid 'keinen Mut'. Diese Bed., durch Niebergall 1837 Des Burschen Heimkehr 4, 7 und 1840 Bergerliche Haamlichkeite 3, 46 literarisch, ist seit 1860 durch soldat. Kreise allgemein geworden. Aus Österreich bringt Klein bei einen Schnaid haben von Wein und Bier, die scharf schmecken und in die Nase steigen. Heute ist das Wort in Bayern und Österreich F.: hast ka šnait? M. wäre kan.

schneiden st. Ztw., mhd. mnd. mnl. snīden, ahd. snīdan, asächs. snīthan, nnl. snijden, afries. snītha, ags. snīðan (zu Beginn der mengl. Zeit ausgestorben), anord. snīða, got. sneiþan: gemeingerm. Ztw. zur idg. Wz. *sneit- 'schneiden', zu der außerhalb des Germ. kleinruss. snét 'Klotz', tschech. snét 'Ast' und ir. snéid 'klein, kurz' gehören (vgl. schnitzen). — Sich schneiden 'sich irren' ist im 18. Jh. verkürzt aus 'sich mit dem Messer schneiden' und beruht auf Übertragung dieses anschaulichen Ausdrucks. Die Verkürzung zuerst bair.: Westenrieder 1782 Beschr. v. München 324, literarisch durch Mylius 1785 Peregr. Pickle 3, 10; nd. sik snīden seit Schütze 1806 Holst. Jb. 4, 142. — Schneiden in der Bed. 'jem. geflissentlich und in kränkender Absicht übersehen' ist eine nach 1850 durchdringende Lehnübersetzung des gleichbed. engl. to cut one: Kohl 1844 Land und Leute der brit. Inseln 2, 97 und Zs. f. d. Wortf. 8, 133. So hat sich anord. sneið 'Schnitte' zu 'Stichelei' entwickelt.

Schneider M., mhd. snīdære, verdrängt im 11. Jh. nach dem Vorbild des frz. tailleur das ältere nātære, bleibt aber wesentlich aufs Obd. und Md. beschränkt, während in Nd. Schrader und Schröder gelten. Das Bremer Lassungsbuch kennt bis 1455 nur schrader, schroder (aber remensnyder). Die Familiennamen sind entsprechend verteilt: E. Schröder 1938 Dt. Namenkde. 102. 112f. Die Näherin (frühnhd. nægerinne, neierin), landschaftlich Näherin (zum ausgestorbenen mhd. nātære, ahd. nātære, s. o.) behauptet sich umgangssprachlich weithin, von Schneiderin meist derart geschieden, daß diese das schwierige Zuschneiden besorgt: P. Kretschmer 1918 Wortgeogr. 433f.

Schneiderkarpfen M. scherzhaft für 'Hering', seit Coler 1640 Kalend. 9 „in Seestädten nennt man diesen Fisch Schusterkarpen oder Schneiderkarpen"; fast gleichlautend bei Stieler (1691) 931. Mit ähnlichem Spott heißt im Bergischen die Ziege Bergmannskuh. S. Schustersrappen.

Schneidezähne Plur. Lehnübersetzung von lat. (dentes) incisores, seit Siber 1579 Gemma 24.

schneien s. Schnee.

Schneise F. 'gerader Durchhau im Walde', zuerst bezeugt als md. sneyße in Eisenach kurz vor 1400, bis heute ein vorwiegend md. Wort. Mhd. gilt gleichbed. sneite, das z. B. in hess. Schnede und den vielen Schnaid(t), Schnait(t) im obd. Gelände fortlebt. Wie dieses u. gleichbed. westfäl. snāt, ags. snǣd gehört auch Schneise zu schneiden: vorgerm. *snoit-to- vergleicht sich dem unter Heister entwickelten *kaid-to-. — In den Schneisen wurde den Vögeln nachgestellt; „ich gehe in die Schneise" stand verhüllend für 'ich sehe die Dohnen nach'. Seit Schottel, Ausführl. Arbeit (1663) 1406 steht Schneise, wieder vorwiegend im md. Gebiet, geradezu für 'Schlinge zum Vogelfang'. Entsprechendes begegnet bei Schneite und seinen mundartlichen Formen.

schneiteln schw. Ztw., spätmhd. sneiteln 'entästen': Iterativ zu gleichbed. mhd. sneiten, ahd. gisneitōn schw. Ztw., dies zu snīdan st. Ztw. in der Lautgebung von dessen Sing. Prät. sneit.

schnell Adj. mhd. ahd. snël (ll) 'tapfer, behend, kräftig', asächs. ags. snël (ll) 'frisch, tatkräftig, mutig' (schott. snell 'bitter'; so ist kühn, engl. keen, zu 'bitter' geworden), mnl. snel (ll) 'lebhaft, klug', anord. snjallr 'tüchtig; beherzt' (schwed. snäll 'artig', dän. snild 'schlau', norw. snild 'gutmütig, umgänglich'). Die alte Bed. war gegenüber der nhd. viel umfassender, etwa 'tatkräftig' (vgl. bald). Das germ. Adj., das nur dem Got. fehlt, ist ins Roman. gedrungen, vgl. die Sippe des ital. snello 'schnell, munter'. Deutung ungewiß. Vgl. Schnalle, schnalzen.

schnellen schw. Ztw. mhd. snellen, Prät. snalte 'fortschnellen, sich rasch fortbewegen': Faktitiv zum Adj. schnell (wie blenden zu blind).

Schnellzug s. Eilzug.

Schnepfe F. ahd. snëpfa, mhd. snëpfe, asächs. sneppa, mnd. snippe, nl. snip, mengl. snipe, engl. snipe, anord. snipa. Aus dem Deutschen entlehnt sind dän. sneppe, schwed. snäppa, lit. šnẽpe, ital. sgneppa. Der Name geht — auch bei frz. bécasse und gr. σκολόπαξ — von dem auffallend langen Schnabel aus, wie mnd. snippe, sneppel 'Schnauze an einer Kanne; Schuhschnabel', nnl. sneb 'Schnabel', schweiz. snëpf 'Schnabel am Schlitten': sämtlich zu Schnabel. — Zu 'Straßendirne' ist Schnepfe (mb. Schneppe) geworden, nachdem Schnepfen, Finkenstrich und Strich zu ihrer anzüglichen Bed. gelangt waren. Auch Strichvogel, Zugvogel, dän. trækfugl heißen leichte Mädchen.

schneuzen schw. Ztw. Mhd. sniuzen, ahd. snûzen, mnd. snûten, mnl. snûten, nnl. snuiten, ags. snŷtan, engl. (veraltet) snite, anord. snŷta, schwed. snyta, dän. snyde 'den Nasenschleim entfernen' (in mehreren Sprachen übertragen auf das Reinigen der brennenden Kerzen): zu mhd. snuz, ahd. snuzza, mnd. snotte, afries. snotta, engl. dän. norw. snot 'Nasenschleim', ags. gesnott 'Katarrh'. Außergerm. steht am nächsten mir. snuad 'Fluß' und '(herabwallendes) Haupthaar': d-Erweiterung der idg. Wurzel *sneu- 'fließen' in gr. νέω (Fut. νεύσομαι) 'schwimme', die mit t-Erweiterung vorliegt in mhd. snuder, snudel 'Nasenverstopfung', mhd. ahd. snûden 'schnauben, schnarchen' und in anord. snŷðja, snuðra, snoðra 'schnüffeln, wittern' (vom Hund). — Seit die Kerzen nicht mehr geschneuzt werden, ist schneuzen auf das Putzen der Nase beschränkt, wofür nord- und md. (sich) schnauben. Sich schneuzen gehört heute der Umgangssprache Süddeutschlands, Österreichs und der Schweiz an, noch enger begrenzt ist das Gebiet von Schneuztuch, -tüchel: Kretschmer 1918 Wortgeogr. 432. 517. 521. Vgl. Schnauze und Schnodder.

Schnickschnack M. Zu nd. snäken 'schwatzen' gehört mit Reduplikation und Ablaut snikk-snakk (zur Bildungsweise vgl. Zickzack), das 1770 im Brem. Wb. 4, 878 erscheint. Literarisch wird Schnickschnack durch Richardsons Grandison übers. v. Michaelis 6 (1755) 111. Lessing nimmt das Wort 1772 Em. Galotti 4, 3 auf; Norddeutsche wie Möser, Bode, Hermes folgen sogleich. Gebucht von Adelung 1780 und 1798 als Wort der gemeinen Sprecharten Niederdeutschlands: Zs. f. dt. Wortf. 2, 13. 15. 12, 196. 13, 60.

schniegeln schw. Ztw. Zu den unter Schnecke genannten Folgeformen von mhd. snęgel stellt sich ostmd. šnix̌l, das in frühnhd. Zeit aus 'Schnecke' zu 'Haarlocke' wird. Wie zu bair. šnekl 'Haarlocke' ein schw. Ztw. šnekln 'putzen', so gehört zu šnix̌l unser Ztw. Zuerst bietet Gregor Ritzsch 1625 Hoffartsspiegel des Leipzischen Frauenzimmers V. 31 schnieglicht Angesicht 'geputztes Haupt'; „sich schniegeln, spiegeln und gleich den Frawen einhertreten" nicht vor Mengering, Gewissensrüge (Altenburg 1642) 648. Die Bed.-Angabe 'kämmen' noch bei Steinbach (Breslau 1734); 'sich ausputzen, seine Gestalt zu verschönern suchen' seit Kindleben, Stud.-Lex. (Halle 1781) 174. Heute fast nur das Part. geschniegelt (und gebügelt).

schniefe Adj. 'schmuck', Berliner Ausdruck des Wohlgefallens, mit ausl. -e für nd. -er und unter Einfluß des sinnverw. geschniegelt gedehntem Tonvokal aus nd. snicker, snigger 'hübsch': A. Lasch 1928 Berlinisch 210. Das nd. Adj. hat Verwandte in nl. snugger 'klug', ostfries. snugge 'glatt, nett', engl. snug 'behaglich', norw. mundartl. snøgg, dän. schwed. snyg 'nett'.

Schniepel M. 'Frack', benannt nach den spitzzulaufenden Schößen: nd. snip(pe) 'Zipfel', nl. snip 'spitzes Stück Land'. Zur Sippe von Schnabel, s. d. Offenbar haben Studenten des 19. Jh. (Kluge 1895 Stud.-Spr. 123) das urspr. nd. snipel in die Umgangssprache gebracht, aus der norw. snibel 'Frack' entlehnt ist.

Schnippchen N. zuerst bei Eyering 1604 Proverb. copia 3, 59 „ich geb nit ein Schnipgin drumb": Verkl. zu Schnipp M. 'schnellende Fingerbewegung', dies postverbal zu nd. snippen schw. Ztw. 'den Mittelfinger gegen den Daumenballen schnellen'. Die hd. Entsprechungen bieten -pf-.

schnippisch Adj. Seit H. Sachs 1550 Fastn. 26, 362 begegnet auff schnüppich mit unverschobenem pp: zu ostmd. aufschnüppen, hd. aufschnupfen 'die Luft heftig durch die Nase ziehen', hier aus Hochmut, etwa mit Zurückwerfen des Kopfes. Dieselbe Grundbed. hat schnupffen 'weinen' bei Sachs 1530 Schwänke 7, 281 u. ö., denn das heißt 'die Luft heftig durch die Nase ziehen' um das Tränenwasser aufzuhalten: A. Götze 1900 Beitr. 24, 517. Einfaches schnüppisch 1587 Theatr. diab. 1, 196ᵇ; die heutige Form seit Mengering 1642 Gewissensrüge 323, von Stieler 1691 mit 'frech, dreist' umschrieben. Das 18. Jh. verwendet das Adj. vorwiegend von Mädchen und festigt damit die heutige

Bed. Die urspr. ostmd. Lautgestalt empfiehlt Campe 1794 Reinigung 293 zur Aufnahme in die Schriftsprache.

Schnitt M. mhd. ahd. snit 'Wunde; Beschneidung; Ernte'. Aus dem Hd. entlehnt sind gleichbed. nd. schwed. snitt, nnl. dän. snit. Außerhalb entsprechen agf. snid und anord. sniδ N. Sämtlich zu schneiden. Dazu auch das F. Schnitte, mhd. snite, ahd. snita 'Brotschnitte, Bissen'. Verkl. mhd. snittel 'Schnittchen' mit bair. šnitteln 'in Scheiben schneiden', dagegen anord. sniδill 'Sichel', norw. snidla 'sicheln'.

Schnitter M. mhd. snitære, ahd. snitari, nd. snidder 'ländlicher Arbeiter, der das Getreide mit der Sense, ursprünglich mit der Sichel schneidet'. Von vornherein mit verengter Bedeutung, während Schnitt die umfassende wahrt und für 'Ernte' heute längst nicht so weit gilt, wie die Ableitung. Als Fam.-Name bleibt Schnitter selten: die Arbeit wurde nicht berufsmäßig ausgeübt.

Schnittlauch M. das bei uns altheimische Allium schoenoprasum: ahd. snitilouh, mhd. snit(e)louch, mnd. snedelōk, dän. snitløg 'Lauch, der sich abschneiden läßt, immer nachwächst und klein geschnitten an Speisen getan wird': Heyne 1901 Nahrungswesen 68; Zf. f. d. Wortf. 3, 299. 5, 22; H. Marzell 1943 Wb. d. dt. Pflanzennamen 1, 206.

schnitzen schw. Ztw. mhd. snitzen, ahd. *snizzen (zu erschließen aus snizzäre 'plastes' und snezzunga 'segmentum'), nnd. snitjen, snidjen, älter *snitten. Daraus entlehnt dän. snitte, schwed. mundartl. snitta. Germ. *snittōn steht als Intensivbildung neben dem st. Ztw. schneiden, wie nutzen neben (ge)nießen oder stutzen 'plötzlich innehalten' neben stoßen.

Schnitzer M. ist alt in den Bed. 'Bildschnitzer, Holzbildhauer' (ahd. snizzäre, mhd. snitzære) und begegnet seit Ausgang des Mittelalters als 'Schnitzmesser' in vielen Handwerken. Die Bed. 'grober Fehler' seit Luther 1545 Wittenb. Ausg. 8, 228ᵇ und Zesen 1644 Helik. Hechel, Vorrede. Adelung mag Recht haben, wenn er 'einmaliges Schnitzen, entstellende Schnittführung' in den Ausgangspunkt stellt, doch liegt auch sich schneiden 'sich irren' nahe. Wenn mundartl. gleichbed. Schnitz M. neben Schnitzer steht (H. Fischer 1920 Schwäb. Wb. 5, 1079 f.), so ist an das Nebeneinander von Fehl und Fehler zu erinnern.

schnuben schw. Ztw., erst nhd. aus schnauben entwickelt. Ebenso schnobern 'hittire' Kirsch 1739 Cornu cop. 2, 287.

Schnodder M. 'Nasenschleim' mhd. snuder, frühnhd. schnuder (nnl. snot). Dazu schnoddrig Adj., urspr. jemand, der sich noch nicht einmal die Nase zu putzen versteht und schon darum nicht mitreden sollte; danach Schelte des Vorlauten, nach Mitte des 19. Jh. von Berlin aus verbreitet, mit nd. dd wie Kladde, Modder, Padde, pladdern: Zf. f. d. Wortf. 2, 308; A. Lasch 1928 Berlinisch 210. S. schneuzen.

schnöde Adj. mhd. mnd. snœde 'verächtlich' (ahd. *snōdi unbezeugt), nnl. snöde, nnl. snood 'niederträchtig, boshaft', anord. snauðr 'kahl, bloß, arm', norw. snau, schwed. mundartl. snauder 'kahl, kurzhaarig' mit dem abgeleiteten Ztw. anord. sneyða 'berauben', norw. mundartl. snøyda 'entblößen'. Mit Ablaut agf. besnȳðan (aus *snupjan) 'berauben'. Dazu anord. snoðinn 'dünnhaarig', der Form nach eins mit mhd. besnoten, schwäb. alem. beschnotten 'knapp, spärlich', daneben anord. snøggr 'kurzgeschoren'. Die nächsten außergerm. Verwandten sind aind. kšņắuti 'schleift, wetzt, reibt', kšņṓtran 'Schleifstein', Part. kšņutá-, avest. hu-xšnuta- 'gut geschärft', lat. novācula 'Schermesser': idg. *qsneu-, Erweiterung der idg. Wurzel *qes- 'kratzen, kämmen'. Ausgangsbedeutung des germ. Adj. ist 'geschoren'. Der Geschorene ist zugleich der verachtete Knecht. Demgemäß zeigt noch mhd. snœde vorwiegend die aus 'verächtlich' entwickelten passiv. Bedeutungen 'ärmlich, erbärmlich, schlecht, gering'; entspr. noch bei Luther. Im 17. Jh. siegt die aktiv. Bedeutung 'wer andern verächtlich begegnet'.

schnökern schw. Ztw. 'schnüffeln, naschen', bei Frisch 1741 aus altmärk. nd. Mundart. Im obd. Bereich entspr. frühnhd. schnökeren, Iterativbildung zu mhd. snöuken 'schnobern, heimlich gehen bes. um zu naschen', schwäb. schnaiken, schweiz. schnäuggen: Schweiz. Jb. 9, 1179 ff.

Schnörkel M. Zu den Nebenformen von Schnecke (s. d.) tritt ein westmd. Schnögel, das bei Böckler 1688 Ars herald. 96 als 'Schneckenlinie' begegnet. Das ist aber die Hauptbed. von Schnörkel von seinem ersten Auftreten bei Harsdörfer 1644 Frauenz.-Gespr. 4, 253 bis Adelung 1798. So vermutet Schuchardt 1901 Zf. f. d. Wortf. 1, 77, jenes Schnögel sei durch Vermischung mit Schnirre 'Schleife' und Zirkel 'Kreis' zu seinem r gekommen, das auch die älteren Nebenformen Schnerkel und Schnirkel aufweisen. Aus 'Schneckenwindung' ist 'Verzierung in Baukunst und Musik, Possen' geworden. Zum Festwerden des gerundeten Tonvokals vgl.

nörgeln. Dän. snirkel, snørkel sind aus
dem Nhd. entlehnt.

schnorren schw. Ztw. mit jüd.-dt. Aussprache
für das im 18. 19. Jh. weit verbreitete Volkswort schnurren 'betteln'. Urspr. 'als Bettelmusikant mit Schnurrpfeife und Maultrommel
einherziehen', wie schwäb. schnurren noch
spät 'mit Musik betteln' bedeuten kann: H.
Fischer 5, 1090. Durch das 18. Jh. ist schnurren
oft als Gaunerwort verzeichnet. Dazu Schnurrant M. 'Bettelmusikant, Bettler' mit fremder
Endung wie Lieferant. Kaum vor Goethe
1771 Weim. Ausg. 4, 1, 262.

Schnucke F., bes. Heidschnucke, aus gleichbed. nd. snucke: im nordwestl. Niederdeutschland (Lüneburg, Bremen, Ostfriesland) üblich,
seit Schottel 1663 gebucht, im 18. Jh. mit
den Nebenformen Schnacke und Schnicke.
Lautmalend wie viele Tiernamen: nd. snuk-
ke(r)n 'schluchzen', nukkern in Lüneburg und
Groningen von der Stimme der Schafe und
Lämmer: Hnr. Schröder 1904 Beitr. 29, 558.

schnüffeln schw. Ztw., erst nhd., nach nb. nl.
snuffelen 'beriechen' zu nl. snuf 'Beriechung'.
Vgl. engl. snuff, sniff 'schnauben, schnüffeln'
snivel 'schnüffeln' und 'Nasenschleim' (agf.
snofl). S. Schnupfen.

schnullen schw. Ztw. 'saugen', Schnuller
M. 'Saugpfropfen, -lappen': überall in hd.
Mundart und Umgangssprache. Daneben ohne
s- nd. nulken 'saugen', von F. Holthausen 1929
Germ.-rom. Monatsschr. 17, 470 aus Osna-
brück beigebracht. Das Ztw. begegnet auch in
Bedeutungen wie 'abküssen, mit Lust essen,
Tabak rauchen, harnen, schmutzige Reden
führen', das M. als 'Tabakspfeife, männl.
Glied, Kaulquappe'. Ältere Zeugnisse für die
offenbar lautmalende Wortgruppe fehlen.

Schnupfen M. spätmhd. snüpf(e) M. F.,
mnd. snuppe. Die darin enthaltene germ. Wz.
*snüpp, wozu außer Schnuppe noch anord.
snoppa F. 'Schnauze' gehört, steckt auch in
schnauben und schnüffeln. Weiterhin besteht Bez. zu den germ. Wz. *snüt und *snüp
(s. schneuzen). Luther verwendet (doch nicht
im Text der Bibel) Schnuppen; diese Form
noch bei Goethe. Güntzel 1648 Hauptschlüssel
dt. Spr. nennt Schnupfen ein Leipziger
Wort, dem in Nürnberg Strauchen, in Straßburg Pfnüsel entspreche.

Schnupftabak M. im 17. Jh. gebildet, im
Unterschied zu Kau- und Rauchtabak; mehrfach bei Grimmelshausen, gebucht seit Duez
1664 als Schnuptaback. Als erster Schnupfer
gilt König Franz II. von Frankreich († 1560).
Dazu Schnupftabaksbüchse Stieler 1691,
Schnupftobackdose Kirsch 1739 Cornu cop.
2, 287.

Schnuppe F. am Docht, ins Nhd. entlehnt
aus nd. snuppe. Das Entfernen des aus-
geglühten Dochtendes wird als Reinigung gefaßt auch in nl. snuiten, engl. snuff 'die Kerze
schneuzen'. S. Sternschnuppe.

schnuppe präd. Adj. 'gleichgültig', urspr.
'so wertlos wie der verkohlte Abfall des Dochts',
insofern eins mit Schnuppe F. Bezeugt
zuerst 1878 im Richtigen Berliner, seither von
Berlin aus verbreitet, wo auch andere Wert-
losigkeiten (pipe, pomade, wurst) als Ausdruck der Gleichgültigkeit stehen: A. Lasch 1928
Berlinisch 207.

Schnur[1] F. 'Faden', mhd. ahd. snuor, mnd.
norw. snör, mnl. nnl. snoer, schwed. mundartl.
dän. snor. Dazu die Ableitungen agf. snēre
F. 'Harfensaite', anord. snøri N. 'gedrehtes
Seil', got. snōrjō F. '(aus Stricken geflochtener)
Korb, Netz'. Aus dem Germ. entlehnt ist finn.
nuora 'Schnur'. Ablautend gleichbed. mhd.
ahd. snar(e), mnd. mnl. snare, nnl. snaar,
anord. snara, snøri; hieraus entlehnt agf.
snēare, engl. snare 'Schlinge'. Idg. Wurzel
*(s)ner- 'drehen, winden' in lit. nérti 'ein-
fädeln', nãras 'Schlinge' usw. Mit Erweiterung (idg. *snerq-) ahd. snar(a)ha, agf.
snearh 'Schlinge'. Zur landschaftlichen Synonymik von Schnur in der Umgangssprache
s. P. Kretschmer 1918 Wortgeogr. 120f.

Schnur[2] F. 'Schwiegertochter', ahd. snur(a),
mhd. snu(o)r, mnd. snore und ablautend mnd.
mnl. snare, nl. snaar, afries. snore, agf. snoru
(im Engl. ausgestorben), anord. snor, snør,
krimgot. schnos. Dazu die gleichbed. Ableitung
ahd. *snurihha, md. snurche, snorche, hess.
šnerχə. Das Wort ist an dem lautl. Zus.-Fall
mit Schnur[1] zugrunde gegangen (K. v. Bahder
1925 Wortwahl 60. 153), der Verfall wird alem.
zuerst sichtbar, sofern das Basler Neue Test.
1523 Luthers Schnur (Matth. 10, 35 u. ö.)
mit sonszfraw verdeutlicht. Heute ist Schnur
auch schwäb. und bair. abgestorben; es lebt
in einigen Alpenmundarten und md. von
Sachsen bis Hessen, ferner als siebenbg. šnirix.
Außer dem Kelt., Tochar. und Balt. weisen
alle idg. Sprachzweige das Wort auf. Die
altertümlichste Form bietet gr. νυός (aus idg.
*snusós). Umbildung nach lat. socrus liegt vor
in lat. nurus, -ūs; aind. snuṣā́ ist nach den
Fem. auf -ā umgebildet. Außerdem vergleichen
sich armen. nu, aslav. snŭcha, vielleicht auch
alb. nuse 'Braut'.

schnüren schw. Ztw., mhd. snüeren, ahd.
*snuorjan, nd. snören, nl. snoeren: zu Schnur[1].
Weidmänn. schnüren steht seit dem 18. Jh. vom
Lauf einiger Wildarten, die (wie der trabende
Dachs, Fuchs, Wolf usw.) mit dem Hinterlauf

genau in die Spur des Vorderlaufs treten. Ursprünglich bedeutet es 'schnurgerade laufen'.

Schnürleib s. Korsett.

Schnurrant s. schnorren.

Schnurrbart M. dringt mit der im Heer begünstigten Barttracht im 18. Jh. in die Schriftsprache aus nd. snurbaard, das 1770 im Brem. Wb. 4, 902 greifbar wird und dort neben snurre 'Schnauze' steht. Dem entspricht gleichbed. obd. schnorre, so daß S. im Kern eines ist mit dem im Süden heimischen Schnauzbart. Dies zuerst bei Irenaeus 1578 Prognosticon O 3a. Kleins Prov.-Wb. 1792 kennt gleichbed. österr. Ratschenbart, pfälz. Schnorres, henneb. Schnorrwichs. — Als Pars pro toto steht md. Schnurrbart für 'Häscher', zuerst im Stud.-Roman Salinde (Jena 1718): Zf. f. d. Wortf. 1, 48. 3, 100. 12, 289; Kluge 1895 Stud.-Spr. 123.

Schnurre F. 'Knarre des Nachtwächters' Knigge 1805 Reise auf d. Univ. 90. Danach heißen Schnurren die Häscher selbst in Halle, Göttingen, Jena und Tübingen: Kindleben 1781 Stud.-Lex. 175; Heine 1, 5. 3, 16. 486 Elster; Zf. f. d. Wortf. 12, 289.

schnurren schw. Ztw., mhd. snurren 'rauschen, sausen'. Dazu nhd. Schnurre F. und die Ableitung schnurrig; vgl. ahd. snurring, mhd. snürrinc, snurrære 'Possenreißer'. — Schnurre, Schnorre F. 'Maul, Schnauze' sind echt obd., wenn auch ahd. mhd. unbezeugt. — schnurren 'betteln' s. schnorren.

Schnurrpfeiferei F. Die Schnurrpfeife beschreibt Frisch (Berlin 1741) als 'schnurrende Pfeife der Kinder', sonst ist sie auch das Gerät der Bettelmusikanten. Demgemäß bedeutet nd. snurrpiperijen 'Spielwerk, läppische Kleinigkeiten'. Schnurrpfeifereien in nhd. Text seit Reiske 1764 Demosthenes 1, 285. Schnurrpfeifer hat Nietzsche 6, 266 aus dem Fem. rückgebildet: Zf. f. d. Wortf. 15, 143.

Schnürsentel s. Senkel.

Schnute F. bleibt näher als nhd. Schnauze beim nd. snûte. Auffällig ein auch schweiz. snûte.

Schober M. mhd. schober, ahd. scobar, scober 'Haufen' besonders von Garben, Stroh oder Heu. Die Endung germ. -ra- wie in Acker, Bauer, Finger, Wucher usw. Nächstverwandt mit ahd. scubil 'Büschel von Haaren oder Stroh, Haufen, Menge', agf. scyfel(e) 'Frauenhaube'. Schober gehört mit Schaub, Schopf, Schuppen zu einer verbreiteten germ. Sippe. Der Wurzelauslaut wechselt zwischen idg. b, bh und p. Die außergerm. Verwandten entbehren des anlautenden s-: serb. čupa 'Büschel, Haare', ruff. tschech. čup, čub 'Schopf'. Idg. Wz. *(s)qeup-, *(s)qeub(k)- 'Büschel, Schopf, Quaste'.

Schock N. mhd. schoc M. 'Haufen; Anzahl von 60 (Münzen oder andern Gegenständen), ein halbes Großhundert', asächs. skok, mnd. nnl. schok N. '60 Stück'. Dän. skok, schwed. skock gelten als Entlehnung aus dem Mnd. Urspr. nur von 60 Stück Garben gebraucht, demgemäß mengl. schokke 'Garbenhaufen', somit nächstverwandt mit mhd. schocken 'Korn in Haufen setzen', schocke, obd. schoche 'Heuhaufen', wie noch in schwäb. obd. alem. Mundart. Verwandt mit Hocke F. 'Getreide-, Heuhaufen', dort auch die außergerm. Verwandten. Vgl. Dutzend und Großhundert.

schofel Adj. Hebr. šāfāl 'lumpig, wertlos, gemein' ergibt gleichbed. hebr. schôfél, das im Rotw. eine Rolle spielt (F. Kluge 1901 Rotw. 1, 344; E. Bischoff 1915 Wb. d. Geheimspr. 80), mundartlich weit verbreitet ist (M. Heyne 1899 DWb. 9, 1439; H. Fischer 1920 Schwäb. Wb. 5, 1095 f.) und durch Vermittlung der Studentensprache (C. M. Kindleben 1781 Stud.-Lex. 175) zu Dichtern wie G. K. Pfeffel und G. Keller gelangt. Nnl. dän. sjofel sind aus dem Rhd. entlehnt. Das M. Schofel 'Ausschußware', seit 1782 auf minderwertiges Schrifttum übertragen, wird bekannt durch A. v. Kotzebue 1803 Kleinstädter 4, 2 „waren Sie rasend, als mein Oheim seine Lesebibliothek auskramte, zu sagen, es sei lauter Schofel?"

Schöffe M. 'beisitzender Urteilsfinder', mhd. schepfe, scheffe(n), ahd. sceffin(o), scaffin, asächs. scepino, anl. scepeno, nnl. schepen, Mz. schepenen. Die Bezeichnung findet sich seit den Tagen Karls d. Gr., der das Schöffenamt geschaffen hat. Die Bildungsweise des Worts weist auf frühere Zeit, wenn auch weder got. *skapja (dem mhd. schepfe entspr.) oder *skapeins (gebildet wie mhd. scheffen) noch anord. oder agf. Entsprechungen bezeugt sind. Germ. *skapjan (s. schaffen) bedeutet '(ver)ordnen', somit bezeichnet Schöffe urspr. den, dessen Urteil zwischen den Parteien Ordnung schafft. Aus dem Germ. (Fränk.) stammen mlat. scabînus, ital. scabino, frz. échevin.

Schokolade F. Mexikan. chocolatl wird im 16. Jh. entlehnt zu span. chocolate M. 'Kakaotrank mit Zucker'. Aus dem Span. wird (wie portug. engl. chocolate, frz. chocolat) nl. chocolate entlehnt und bringt 1605 ins Rhd.: J. de Acosta, America S. 125 „Man macht einen Trank auß dieser Frucht, den sie Chocolate nennen". Unter Einfluß von limonade entsteht nnl. chocolade F. Wie Hängematte, Leguan, Orkan u. a. überseeische Wörter danken wir Schokolade (diese Form nicht vor Schiller 1783 Fiesko 2, 2) dem M.: Rich. Loewe 1933 Zf. f. vgl. Sprachf. 61, 93 ff.; Palmer (1939) 122. Krämer 1678 bucht

Schockolata, Stieler 1697 Zeitungsluft Chocolate, Amaranthes 1715 Frauenz.-Lex. 147 Choccolate. Der amerik. Pflanzenwelt entstammen außer Kakao (s. d.) auch Ananas, Batate, Guajak, Kautschuk, Kokain, Mahagoni, Mais, Tabak, Tapioka, Tomate, Zigarre: Littmann 1924 Morgenl. Wörter 146 ff.

Scholar M. 'Schüler', nach lat. scholāris Adj. 'zur Schule gehörig'; das Subst. schon im Mlat. Scolares in dt. Text zuerst Tübingen 1557: Nyström 183.

Scholle¹ F. Mhd. scholle F. M., ahd. scolla F. neben scollo M., mnd. scholle, schulle, mnl. scolle 'Rasenstück, Erd-, Eisscholle', nnl. schol 'Eisscholle', älter schwed. skolla 'Stück Blech' führen auf germ. *skullōn- F., skullan- M. Deren ll beruht auf älterem ln (wie in Elle aus ahd. elina, Müller aus mhd. mülnære): zur Wurzel *sqel- 'spalten' (s. Schale, Schild) als Part. Perf. Pass. 'Gespaltenes'. — Die Wendung „an die Scholle gebunden" ist Lehnübers. des lat. glebae adscriptus.

Scholle² F. der Fisch Pleuronectes platessa. In Thüringen begegnet der Name nicht vor P. Eber und Kasp. Peucer 1558 Vocabula, in Anhalt seit Trochus 1517 Prompt. J 1b. Alter mnd. scholle, schulle, mnl. scolle, sculle, mengl. schulle. Eins mit Scholle¹: die Gestalt des Fischs muß die alten Fischer an flache, schwimmende Eisschollen erinnert haben. So vereinigen gr. ῥόμβος u. lat. rhombus die Bedeutungen 'Viereck von bestimmter Gestalt' und 'Plattfisch'. Flunder (s. d.) hat Verwandte, die 'flach sein' bedeuten. Herleitung von Scholle aus lat. solea u. seinen Folgeformen ist unmöglich.

Schöllkraut s. Schellkraut.

schon Adv. mhd. schōn(e), ahd. scōno steht als umlautloses Adv. neben dem umgelauteten Adj. schön (s. d.), wie fast neben fest. Die nhd. Bed., der höfischen Dichtung noch fremd, bahnt sich in der Prosa des 13. Jh. an. Die Ausgangsbed. 'auf schöne Weise' wandelt sich zu 'in gehöriger Weise', 'so daß nichts mehr mangelt'. Aus Sätzen wie „alles ist schon bereit" wird dann der Sinn des lat. iam entnommen. Denselben Wandel erlebt nl. schoon seit etwa 1500. Nachdem sich schon bed.-mäßig von seinem Adj. entfernt hatte, übernahm schön die alte Bed. des Adv. mit. Dän. skjønt 'obgleich' ist dem dt. schon in obschon nachgebildet, dazu O. Behaghel 1928 Dt. Syntax 3, 49. 51. 236. 244.

schön Adj. mhd. schœne (das Adv. s. u. schon), ahd. asächs. anfr. skōni, mnd. schöne (daraus entlehnt dän. skjøn, schwed. skön), mnl. scōne, nnl. schoon, afries. skēne, ags. sciene,

jünger scēne, scyne 'schön', engl. sheen 'glänzend', got. *skaun(ei)s (überliefert nur Nom. Pl. M. skaunjai) 'anmutig' führen auf germ. *skauni-, bestätigt durch das früh daraus entlehnte finn. kaunis 'schön'. Grundbedeutung ist 'ansehnlich' (wie laut 'was gehört wird', rein 'was gesiebt werden kann'): Verbaladj. zur idg. Wurzel *(s)qeu- : *(s)qeu- 'auf etw. achten, merken'. Zur Bildung auf -ni vgl. grün und rein. Germ. Verwandte sind schonen (s. d.) und ahd. asächs. skōni 'Glanz', got. skaunei F. 'Gestalt', isl. skjóni 'weißes Roß', anord. skyn 'Ordnung, Bescheid, Einsicht', skynja 'untersuchen, verstehen'. Vorgeschichte und außergerm. Verwandte s. u. schauen.

Schönbartspiel N. 'Maskenspiel': mit Anlehnung an schön umgedeutet aus spätmhd. schëmebart M. 'bärtige Maske', woneben schëme-houbet 'Gesichtsmaske'. Bestimmungswort mhd. schëme M. 'Schatten, Larve, Maske'. S. Schemen und Maske.

schonen schw. Ztw. mhd. (seit dem 12. Jh.), mnd. schönen 'auf schöne Art, sorg-, behutsam behandeln'. Ableitung aus dem Adj. schön. Ebenso mnl. (ver)scōnen. Dän. skaane, schwed. skona sind aus dem Mnd. entlehnt.

Schoner M. 'zweimastiges Segelschiff', in hd. Seetexten seit 1779 (Kluge 1911 Seemannsspr. 699 f.), mit nnl. schooner (gangbarer schoener) entlehnt aus engl. schooner, das von Nordamerika ausgeht, wo 1713 der erste S. gebaut wurde. Zu mundartl. to scoon 'Steine über das Wasser gleiten lassen'. Aus dem Nd. entlehnt sind dän. skonner(t), schwed. skonert, skonare; aus den germ. Nachbarsprachen stammen frz. schouner, span. ital. skuna.

Schöngeist M. Frz. bel-esprit übersetzt Thomasius 1687 Welcher Gestalt man d. Franzosen nachahmen solle 28 schöner Geist. In einem Wort zuerst Schöngeisterchen Schubart 1775 Dt. Chron. 787. Zur Entwicklung Feldmann 1905 Zf. f. d. Wortf. 6, 333 ff. S. Freigeist.

Schönpflästerchen N. Die kleinen Pflaster aus schwarzem Taffet, die nach dem Vorbild der frz. mouche (bei uns als Mosch seit Martin 1642 Colloques 91) zuerst Fehler der Haut decken, nachmals die umgebende Haut weißer erscheinen lassen sollen, heißen bei Grimmelshausen 1669 schwartze Pflästerlein, bei Amaranthes 1715 Frauenz.-Lex. 1295 Schmink-Pflästerlein, bei Frisch 1741 Schönfleklein, danach Schönheitspflästerchen. Die Klammerform Schönpflästerchen kaum vor Rabener 1755 Satiren 4, 269. S. Mörder.

Schopf M. mhd. schopf 'Haar oben auf dem Kopfe'. Ahd. *scopf und got. *skuppa-

fehlen, dafür ahd. got. skuft, anord. skopt
'Haupthaar': verwandt mit Schaub und
Schober, hier die außergerm. Verwandten.
Ital. ciuffo 'Schopf' beruht auf Entlehnung
aus dem Germ. Im Kern dasselbe Wort ist
obd. Schopf M. 'Schuppen', benannt nach
seiner Bedeckung mit Strohbündeln, ahd.
sco(p)f M., agf. scypen F. 'Stall' (engl. shippen), scoppa M. 'Scheuer' (engl. shop 'Kram-
laden'). S. Schuppen.

schöpfen Ztw. Got. ga-skapjan, anord.
skepja 'schaffen' ergibt mit westgerm. Konj.-
Doppelung agf. scieppan, afrief. skeppa, mnl.
sceppen, asächf. skeppian, ahd. scephen, mhd.
schepfen, schuof, geschaffen. Hier erfolgt
Spaltung in zwei verschiedene Zeitwörter.
Einerseits wird zu schuof, geschaffen ein
neues, regelmäßiges Präs. schaffen 'creare'
gebildet, worauf ahd. scaffon 'bewirken' (f.
schaffen) einwirkt. Anderseits wird zu schepfen ein schw. Prät. und Part. der Bed. 'haurire'
gebildet. Für ę nach ſ stellt sich hier in spätmhd.
Zeit ö ein; bei A. v. Eyb († 1475) ist es durchgeführt. Vgl. -schaft und O. Behaghel 1920
Beitr. 44, 515.

Schöpfer M. ahd. scepfāri, mhd. schepfære:
zu ahd. scephen, f. schöpfen.

Schöppe M. nd. Form von Schöffe, f. d.

Schoppen M. Zur Sippe von schöpfen
(f. d.) gehört mnd. schöpe(n) F. 'Schöpfkelle
(des Maurers), Füllkelle (des Brauers)', das
nach Frankreich entlehnt wird und dort als
Bezeichnung eines Gefäßes und Getränkemaßes
von wechselnder Größe seit dem 13. Jh. belegt ist;
heute gilt frz. chopine. Die nordfrz. und lothr.
Mundartform chopenne gelangt in die dt.
Mundarten Elsaß-Lothringens, Badens, Württembergs und der Schweiz. Nidwalden und
Uri bewahren das Fem. Literarisch Schopp
N. seit Frischlin 1586 Nomencl. 155, Schoppen M. kaum vor Moscherosch 1650 Gesichte
2, 201. Noch Frisch 1741 nennt S. „absonder-
lich im Elsaß und desselben Nachbarschafft
gebräuchlich". Dort auch schöppelen 'gern
trinken': Campe 1807 Reise in die Schweiz 281.
Schweiz. Jd. 8, 1018ff.

Schöps M. Zu aslav. skopiti 'verschneiden'
gehört skopici 'Verschnittener', tschech. skopec
'verschnittener Schafbock': Wick 54f. Das slav.
Mask. ergibt über gleichbed. *skopiz mhd.
schöp(e)tz, schöpez, doch nur in einem ostmd.
bair. österr. Grenzsaum, während im übrigen
Sprachgebiet (wie heute noch: Kretschmer 1918
Wortgeogr. 228f.) vorwiegend Hammel gilt.
Für Luthers Schöps (3. Mos. 3, 6; Tob. 7, 9)
setzen Eck und die Zürcher Bibel männliches
Schaf. Oberpfälz. schötz ist aus mhd. schöpetz
entwickelt.

Schorf M. mhd. mnd. schorf, schorves
(nhd. ist die dem Auslaut zukommende Schreibung verallgemeinert wie bei Hof und Wolf),
ahd. scorf- (in scorfwurz F. 'Grindwurz'),
mnl. scorf(t), nnl. schurft, agf. sceorf 'Grind'.
Gleichbed. engl. scurf ist bestimmt durch
anord. *skurfr, dies erschlossen aus anord.
skurföttr 'grindig'. Das Subst. ist postverbale
Bildung zu einem st. Ztw., das nur in agf.
sceorfan 'nagen, ritzen', gesceorfan 'schaben,
zerschneiden' erhalten ist. S. scharf und
schürfen.

Schorlemorle N. Getränk aus Weißwein
und kohlensaurem Wasser, süddeutsch in Beziehung zu Schorle als Schelte des Aufge-
regten gebracht. Schon 1271 ff. tritt Scorle-
morle, Schorlemurle im Lüneburger Gebiet
als Familienname auf (H. Sudendorf, Urk.-
Buch z. Gesch. d. Herzöge v. Braunschweig u.
Lüneburg 1 (1859) 74. 76; Zschr. d. Hist. Ver.
f. Niedersachsen 1897, 100; Hinweis von R.
Zoder in Hildesheim). Murmellius, Pappa
puerorum (Köln 1513) c 5ᵃ nennt scormorrium
als neuen Namen sed fortassis non ab re ficta für
das Münstersche Bier Grussink (gruyssynck).
Die Ausgabe Deventer bei A. Paeffraed (kurz
nach 1513) liest scomorrium, versteht also das
Wort nicht. Zur Sache Rob. Krumbholtz
1898 Gewerbe der Stadt Münster 138. Dazu
die stud. Sitte, den Murlepuff zu trinken:
Fischart 1575 Garg. 148, als Curle Murle Puf
in Wittenberg vor 1600: A. Wichgrav, Cornelius Relegatus, deutsch von J. Sommer
(Magd. 1605) E 6ᵃ. Als Schurlemurle für
Niederaltaich 1740 bezeugt durch Weigand-
Hirt ² 2, 781, für Würzburg vor 1874 durch O.
Peschel, Völkerkunde 113. Völlig abweichend
kuri muri machen 'kurzen Prozeß' Sachs
1564 Fabeln 364, 84; wieder anders Schory
Mory 'fleischliche Vermischung' im Tagebuch
e. Nürnberger Scharfrichters 1600 (Kluge 1901
Rotw. 1, 129). Weise 1902 Zf. f. d. Wortf.
2, 10 und Spitzer 1927 Zf. f. vgl. Sprachf.
54, 222 stellen S. neben Bildungen wie frz.
pêle-mêle, engl. huggry-muggry, bei denen
der Silbenteil vom Tonvokal an wiederholt,
der Anlaut durch m abgelöst wird. DWb.
9, 2054; Schmeller ²2, 461; H. Fischer 5,
1200; Littmann 1924 Morgenl. Wörter 112.

Schornstein M. mhd. schor(n)stein, spätahd.
scor(en)stein, mnd. schorstên, mnl. scorsteen.
Anord. skorsteinn beruht auf Entlehnung aus
dem Mnd. Grundbed. wohl 'Strebestein',
zu mnd. schore, nl. schoor, engl. shore 'Stütze,
Strebe'. Wurzelverw. mit scheren. Volksetymologisch wurde das Wort, wie bef. die
mhd. Nebenform schürstein zeigt, mit schüren
verknüpft. Westfäl. sotstên bedeutet ursprüng-

lich 'aufschießender Steinbau'. Zu Geltungs- bereich und Synonymik von Schornstein vgl. Kretschmer 1918 Wortgeogr. 436ff.; A. Göße 1923 Zs. f. dt. Phil. 49, 288. Entspr. einge- grenzt ist die Geltung von Schornsteinfeger: Kretschmer 443f.

Schoß¹ M. 'Schößling, junger Trieb', mhd. schoz (zz) N., ahd. scoz N., scozza F.: zu schießen, s. d. Afränk. *skot ist entlehnt zu frz. écot 'Baumstrunk'. — Weiterbildung Schößling M., mhd. schüzzelinc.

Schoß² M. 'Steuer, Abgabe', mhd. (md.) schoz, nl. schot, agf. sceot, scot, engl. shot 'Rechnung, Zeche' (aber engl. scot 'Abgabe' ist aus gleichbed. anord. skot N. entlehnt). Dem Germ. entstammt afrz. escot, frz. écot 'Zeche'. Die germ. Wörter sind Bildungen zum Ztw. schießen, das in agf. scēotan und anord. skjóta eine Nebenbed. 'Geld zuschießen, beisteuern' zeigt. Luthers Schoß (Luk. 20, 22 u. ö.) wird seinen obd. Zeitgenossen mit zinß, steur, rent verdeutlicht: Kluge 1918 Von Luther bis Lessing 111.

Schoß³ M. mhd. schōz M. F. N., ahd. scōz(o), scōza M. F. 'Kleider-, Rockschoß; Schoß als Körperteil', mnd. schōt, mnl. scoot M., scōte F., afrief. scāt N., agf. scēat 'Ecke, Zipfel' (wovon abgeleitet agf. scēte 'Tuch', engl. sheet), anord. skaut N., got. skauts M. oder skaut N. 'Saum des Gewands'. Aus dem Germ. entlehnt aslav. skutŭ 'Kleid- saum', span. escote 'runder Kleidausschnitt', aus dem Hd. lombard. scoss 'Schoß'. Die Grundbed. 'Ecke', gestützt durch ahd. driscōz 'dreieckig', macht die Verbindung mit schießen nicht unmöglich: jede Ecke schießt vor. Vom Unterteil eines Kleidungsstücks gebraucht, wech- selte Schoß seinen Vorstellungsinhalt mit dem Wandel der Tracht. Vom Gewand ist der Ausdruck auf den davon bedeckten Körper- teil übertragen (umgekehrt f. Mieder). Mask. Genus hat sich im Nhd. spät durchgesetzt: Paul 1917 Dt. Gramm. 2, 100.

Schoßhund M. hd. als Schoßhündle seit Frisius (Zürich 1556) mit der Umschreibung Melitaei canes, weil (nach Plinius) Malta solche Hunde lieferte wie später Bologna (Bologneser Hündlein Amaranthes 1715 Frauenz.-Lex. 240; Abr. a S. Clara 1723 Lauberhütt 9), nd. als skoethündelyn seit Lauremberg 1649 Scherzged. 1, 62. Heute westfäl. schötmöppel, nl. schoothond, dän. skjødehund, engl. lap-dog.

Schote M. 'Narr' f. Schaute.

Schote¹ F. mhd. schōte, ahd. scōta, mnd. schōde 'Hülle, Balg einer Pflanze, in der die Samen sitzen': zu Wz. *skŭ 'bedecken', die unter Scheuer behandelt ist. Hierher wohl auch

got. *skauda- 'Fußbekleidung aus Leder' in skaudaraip 'Schuhriemen'. In der engeren Bed. 'Samenhülse der Erbse' ist nhd. Schote der Name eines Gemüses, dessen Grenzen Kretschmer 1918 Wortgeogr. 445ff. absteckt.

Schot(e)² F. 'Tau, womit ein Segel angeholt wird', in hd. Seetexten nicht vor 1702 (Kluge 1911 Seemannsspr. 703), an den Küsten schon mittelalterlich: mnd. schöte, nl. schoot, agf. scēata, anord. skaut; von roman. Sprachen in gleicher Bed. übernommen: frz. écoute, älter escote, span. escota, ital. scotta. Es ist die unverschobene Form von Schoß³: von der unteren Ecke des Segels ist der Name auf das daran befestigte Tau übergegangen.

Schott N. 'Scheidewand, die das Schiff in eine Anzahl geschlossener Räume teilt'. In einem hd. Seetext zuerst in Altona 1742: F. Kluge 1911 Seemannsspr. 704. Das nd. Wort entspricht dem hd. Schuß im Sinn von 'Ein- geschossenes'.

Schotte F., frühnhd. schotte(n), mhd. schotte, ahd. scotto M. Beim Käsen wird die Milch mäßig erwärmt u. durch Vermischung mit Lab zum Scheiden gebracht. Die Flüssig- keit, die zurückbleibt, wenn man den Käsequark herausnimmt, ist die Molke, s. d. Sie wird gekocht und mit Milchessig vermischt. Dadurch erfolgt eine zweite Scheidung; die nun sich aus- scheidende Flüssigkeit heißt in Teilen der Schweiz u. des Elsaß die Schotte. Dagegen ist schwäb. und bair.-österr. der Schotten der Name der nun herausgenommenen Quarkmasse, die westobd. Zieger heißt, s. d. Gelegentlich wird auch die Bezeichnung für die zweite Molke auf die erste übertragen u. umgekehrt. Dieser Wort- gebrauch u. seine Schwankungen setzen sich in den roman. Nachbarsprachen fort, mit deren Formen rätorom. oberital. scota, ital. scotta die unfern auf lat. *excocta (materia) zurück- gehen, während westschweiz. sav. kweta auf lat. cocta 'gekochtes Getränk' beruhen. Der Weg des Fachworts von Italien über die Alpen nach Oberdeutschland ist damit gegeben: P. Kretschmer, Wortgeogr. (1918) 563; T. Fischer, Schwäb. Wb. 5 (1920) 1120; Th. Frings, Germ. Rom. (1932) 69; Hubschmied, Vox Romanica 1 (1935) 5.

Schotter M. 'von Flüssen abgelagertes Ge- röll; zerkleinertes Hartgestein', eine Straße (be)schottern 'sie mit Kies und Steinschlag decken'. Die mit Schutt und schütten ver- wandten Wörter begegnen zuerst an Main und Mittelrhein: von da o (statt obd. u) der Ton- silbe. Techniker und Naturforscher nehmen vor der Mitte des 19. Jh. Schotter auf, mit Straßen- und Bahnbau wird es häufig. Li-

terarisch wird Schotteraufwurf durch A. v.
Warsberg 1878 Odyss. Landsch. 1, 64.

schraffieren Ztw. Ital. sgraffiare, das nach
Meyer-Lübke, Rom. etym. Wb. 8010 wohl
selbst germ. Herkunft ist, erscheint (vermittelt
durch mnl. schraffeeren) zuerst in Kleve 1477:
Schueren, Teuth. 229. Über frühe Umdeutungen des Sinnes und der Form s. Schweiz.
Jd. 9, 1571 f.

schräg Adj. frühnhd. schrege, nd. schrēg,
nl. (mundartl.) schraag. Noch von Steinbach
1734 als mundartl. bezeichnet. Ahd. *scrēgi
ist aus den Zus.-Setzungen scrēgibant, scrēge-
hōri (alem. 10. 11. Jh.) zu erschließen. Dazu
obd. Schragen M. aus mhd. mnd. schrage
'kreuzweis stehende Holzfüße unter Tischen
usw.' Zur germ. Wz. *skrag 'schräg sein',
s. schränken.

Schramme F. mhd. schram(me) 'Schwert-
wunde', mnd. schramme, mnl. scramme, nnl.
schram; dazu mit Ablaut nd. srām 'Schramme',
anord. skrāma 'Beil; Wunde', schwed. skrāma,
norw. skraama 'Schramme': zur vorgerm.
Wz. *(s)krē 'schneiden' in lat. *crēna, ital.
crena, rätorom. crenna 'Einschnitt'. Schramm
als dt. Fam.-Name ist urspr. Übername des
mit einem Wundmal Gezeichneten.

Schrammelmusik F., **Schrammeln** Mz. in
Bayern und Österreich 'volkstümliche Musik'
(zwei Geigen, Harmonika und Gitarre),
die auf den österr. Volksliedvertoner Joh.
Schrammel († 1893) zurückgeht.

Schrank M. mhd. schranc 'was absperrt,
Gitter, Schranke; Abgesperrtes, verschlossener
Raum, Schrank'. Aus den Bedeutungen,
die unser Fem. Schranke (mhd. schranke)
noch erkennen läßt, entwickelt sich die heutige
wesentlich erst in frühnhd. Zeit und längst
nicht überall. Die Grenze gegen Spind im
Nordosten, Kasten im Süden, Schaff in
Ostpreußen, Schank in Elsaß-Lothringen,
Hessen, Thüringen und Franken, Kalter in
Bayern zieht Kretschmer 1918 Wortgeogr.
471 ff. Das entspr. ahd. scranc M. 'Hinter-
gehung, Betrug' weist auf das Ztw. schränken,
s. d.

Schranke s. Schrank.

schränken Ztw. mhd. schrenken 'schräg
stellen, verschränken, flechten', mnd. schrenken,
ahd. skrenkan 'schräg stellen, hintergehen',
skrankōn 'gespreizt gehen', asächs. giskrankod
'gespreizt', ags. screncan 'jem. ein Hindernis
in den Weg legen', mengl. schrenchen 'betrügen'.
Mit Schrank zur germ. Wz. *skrank, idg.
*skrang, die nahe zur idg. Wz. *skrak (s.
schräg) gehört. Einschränken mit seiner abweichenden Bed. ist junge Ableitung zu
Schranke.

Schranz M. mhd. schranz(e) M. F. 'Riß,
Schlitz; geschlitztes Gewand; Geck, der solche
Kleider trägt', hierzu nhd. Hofschranze. Die
Grundbed. 'Riß' deutet auf Zus.-Hang mit
Schrunde. Meist wird eine Doppelwurzel
*skrant : *skrand vorausgesetzt; eher liegt in
schranz(e) eine Ableitung (ahd. *scrantussa)
vor, vgl. älter nl. schrantse 'Riß', schrantsen
'zerreißen, zerbeißen, schmausen', ostfries.
schran(t)sen 'reißen, raffen, gierig essen',
westfäl. schrantsen 'fressen': v. Bahder 1925
Wortwahl 132.

Schrapnell N. 'Sprenggeschoß mit Kugel-
füllung': aus gleichbed. engl. shrapnel, benannt
nach dem engl. Oberst Shrapnel, der es 1803
erfunden hat. Bei uns seit etwa 1872, von
vornherein mit frz. Betonung: Stiven 63.

schrappen schw. Ztw., erst nhd., aus nd.
schrappen. Dies ist Intensiv zu nl. schrapen,
schrabben 'kratzen', vgl. ags. scrapian, engl.
scrape 'kratzen, schaben', anord. skrapa (afrz.
escraper 'abkratzen' ist aus dem Nd. entlehnt).
Dazu ags. screpan 'schrapen, kratzen', mnl.
schrepen, mhd. schreffen. Außergerm. entsprechen lett. skrapt 'schaben, schrapen, kratzen',
lit. skrebéti 'rascheln', russ. skresti (skrebú),
skrobát' 'schaben, kratzen'. S. scharf, schröpfen, schrubben, Skorbut.

Schrat M. 'Waldteufel, Kobold, Poltergeist',
mhd. schrat(e), ahd. scrato. Verkl. Schrät-
(t)el, Schretel M., mhd. schretel N. Gleichbed. obb. Schretz M., mhd. schraz, schraz,
schräwaz, schrawaz, ahd. screz (Mz. -zze),
scraz M. Außerdt. vergleichen sich anord.
skratti M. 'Zauberer, Ungetüm', schwed. mundartl. skratte 'Kobold, Gespenst'. Man verknüpft die M. mit (m)nd. schrade 'dürr, mager', norw. skreda, skradd 'verschrumpftes,
verkümmertes Geschöpf, Knirps': Dentalerweiterungen der idg. Wurzel *sqer- 'schrumpfen; rauhe Haut; vertrocknet', die unerweitert vorliegt in norw. schwed. skare 'hart-
gefrorene Kruste auf dem Schnee'. Das elbische
Wesen ist nach seinem Aussehen benannt.

Schraube F. spätmhd. schrūbe, mnd.
schrūve, nfränk. (1477) schruyve, nnl. (seit
1598) schroef, dän. skrue, schwed. skruv, norw.
mundartl. skrue, skruv, isl. skrūfa. Dem
germ. Altertum ist die Walze mit eingeschnitte-
nem Gewinde fremd, dt. Belege vor 1361
fehlen, der Wechsel zwischen b und f (frühnhd.
schwäb. schrauf, bair. schraufn, schweiz.
schrüf) findet ältere Vorbilder in roman. Bed.-
Verwandten. Lat. scrōfa 'Sau' (das zuerst am
Schraubstock gesehene Schraubengewinde ist
geringelt wie ein Sauschwanz) hat sich gekreuzt mit dem aus lat. scrobis 'Grube, Loch;
weibl. Scham' hervorgegangenen volkslat.

*scroba 'weibl. Scham, *Schraubenmutter'. Auf frz. Boden erscheint im 9. Jh. scrofa, im 14. Jh. afrz. escroue 'Schraubenmutter', aus dem germ. *skrūva, hd. *skrūba entlehnt sein mag. Engl. screw 'Schraube' beruht unmittelbar auf afrz. escroue; die frz. Endform écrou bedeutet noch 'Schraubenmutter'. Beb.-Stützen liefern ital.-sizil. scrufina, rätorom. scroy 'Schraube(nmutter)'; portug. porca, span. puerca 'Schraubenmutter' (aus lat. porca 'Sau').

Schreck M. mhd. schrëcke, postverbal zum Ztw. schrecken, in dem verschiedene Bildungen der alten Zeit zus.-gefallen sind. Aus dem schw. Ztw. ahd. scricken, Prät. scricta 'aufspringen' entwickelt sich im 11. Jh. ein gleichbed. scrëckan, das sein Part. (erschrockeno 'obstupefacti') nach der 4. starken Reihe bildet. Dazu das Kausativ ahd. screckōn, mhd. (er)schrecken 'aufspringen machen, in Furcht setzen'. Formen mit ö aus ë begegnen vom 16. bis zum 18. Jh.; den Entscheid für e gibt Adelung. Zum Beb.-Wandel vgl. (sich) entsetzen; Reste der alten Beb. enthalten Heuschrecke und die Schrecksteine in Wasserläufen; mundartl. steht schricken von springendem Glas. Die Wz. ist wesentlich hd., doch vergleichen sich mnd. schricken 'springen, tanzen', mnl. scricken 'mit großen Schritten laufen', nnl. schrikken 'erschrecken', norw. mundartl. skrikka 'hüpfen'. Jbg. *sqreg-gilt als Erweiterung der unter sich scheren entwickelten idg. Wurzel *sqer- '(herum)springen', zu der auch mir. screoin (aus *skregni-) 'Schrecken, Furcht' zu gehören scheint. In seiner jungen Beb. 'horrere' hat schrecken das auf gemeingerm. Grundlage ruhende Synonym ahd. ẹgisōn verdrängt: v. Bahder 1925 Wortwahl 94.

Schrei s. schreien.

schreiben st. Ztw., mhd. schrīben, ahd. scrīban, asächs. scrīban, anl. scrīvan, afries. skrīva. Mit der röm. Schreibkunst (gegenüber der älteren des Runenritzens, s. Buch, lesen, raten, Rune) entlehnt aus lat. scribere, etwa gleichzeitig mit Brief und Tinte. Das Fremdwort setzte sich zunächst im Obd. fest, während das Ags. bei dem für das Einritzen der Runen geprägten wrītan blieb (s. reißen, Riß). Im Got. gilt ufmēljan 'unterschreiben'. Abweichende Entwicklung zeigen ags. scrīfan 'eine (geistliche) Buße auferlegen, die Beichte abnehmen', engl. shrive 'beichten (lassen)', ags. scrift, engl. shrift 'Beichte', anord. skript 'Beichte, Strafe': Zimmer, Zs. f. dt. Alt. 36, 145.

schreien st. Ztw., mhd. schrī(e)n, ahd. asächs. scrīan, mnd. schrīen. Daneben das schw. Ztw. nd. schrēwen, nnl. schreeuwen 'schreien' aus germ. *skraiwian 'schreien machen'. Dem Mnd. entlehnt ist schwed. skria, vielleicht auch das gleichlautende norw. Wort. Aus dem Ztw. rückgebildet ist Schrei M., mhd. schrī, schrei, schrē, ahd. screi 'Ruf, Geschrei'. Engl. scream 'kreischen' weist auf gleichbed. ags. scrǣman, germ. *skraimian. Ohne s- die germ. Verwandten anord. hrīna 'schreien' (vom Schwein), hrinr, hreimr 'Schrei' hrīmnir 'Eber; Habicht', hreiði, hriōr 'Ochse'. Außergerm. vergleichen sich lett. krīna 'Sau' und namentlich lat. crīmen N. 'Beschuldigung, Anklage', ursprünglich (wie ags. hrēam) 'Notruf, feierliches Geschrei des in seinem Recht Gekränkten'. Jdg. *(s)qrei- ist Erweiterung der Schallwurzel *ker- in lat. cornix F. 'Krähe', corvus, gr. κόραξ M. 'Rabe'.

Schrein M., früher N., mhd. mnd. schrīn, ahd. scrīni, mnl. scrīne, nnl. schrijn, afries. skrīn, ags. scrīn 'Kiste, Koffer, Käfig, Kästchen für Wertsachen, Heiligenschrein', engl. shrine 'Schrein, Altar, Tempel'. Aus dem Ags. stammt anord. skrīn 'Sarg mit der Leiche eines Heiligen am Hauptaltar einer Kirche'; dän. schwed. skrin. Das Wort ist (wie Arche, Kiste, Sack, Sarg) früh aus dem Lat. entlehnt. Dabei hat lat. scrīnium (das in ital. scrigno 'Schubkästchen' und frz. écrin 'Schmuckkästchen' fortlebt) im festländ. Westgerm. *skrīnia-ergeben, während die ags. und nord. Formen *skrīna- voraussetzen. Demnach ist mit zwei Entlehnungen zu rechnen: Träger der engl. nord. sind nach Ausweis der Bedeutungen die Geistlichen. Das lat. Wort bezeichnet ursprünglich ein rundes Behältnis, eine rollenförmige Kapsel zum Aufbewahren von Papieren, Büchern, Salben. Es stellt sich mit aslav. krinica 'Gefäß' zur idg. Basis *(s)qrei-, die zur Wz. *(s)qer- 'drehen, biegen' gehört. Zum M. ist Schrein nach Vorbildern wie kaste und sch(r)anc in mhd. Zeit geworden. Das von der alten Kirche begünstigte Wort tritt im reformatorischen Kreis zurück. Luther setzt es nie in seiner Bibelübersetzung, es fehlt (im Gegensatz zu Schreiner) bei Frisius 1541 ff. und Maaler 1561. In hd. Umgangssprache geht es ständig zurück; lebende Mundart kennt es kaum noch.

Schreiner M. mhd. schrīnære zuerst in Regensburg 1224, mlat. scrīnārius bei uns erst in Ulm 1487. Die anfangs dürftigen Hausmöbel der Deutschen wurden vom Zimmermann (holzmeister, -man) hergestellt. Als die Ansprüche stiegen, wurden die nun nötigen Sondergewerke nach den wichtigsten Geräten benannt: Tisch(l)er im gesamten Osten, Schreiner im Westen und Süden, soweit das Lehnwort Schrein (s. b.) galt. Die alten Belege aus Öſterreich bezeugen ſeit 1277 ſchrînære, tiſcher in Wien nicht vor 1404. In der Schweiz verdrängt der heute geltende ſrînor den bodenſtändigen Tiſchmacher ſeit dem 16. Jh. Damit ſind die Grenzen erreicht, in denen Schreiner heute gilt: Leo Ricker, Landſchaftl. Synonymik d. dt. Handwerkernamen (Frbg. 1917) S. 102 ff. mit Karte 3; P. Kretſchmer, Wortgeogr. (1918) 526 ff.; Schweiz. Jd. 9 (1929) 1625 f.

ſchreiten ſt. Ztw. Mhd. ſchrîten 'ſchreiten, ſich aufs Pferd ſchwingen', ahd. ſcrîtan, aſächſ. ſkrîdan, ſkrîthan, 'ſchreiten, gehen, weichen von', tiſkrîdan 'zergehen', mnl. ſcrîden, nnl. ſchrijden, afrieſ. urſkrîda 'überfahren', agſ. ſcrîðan ſich bewegen, kriechen, gleiten', anord. ſkrîða 'ſich langſam vorwärts bewegen, kriechen (von Würmern)', ſchwed. ſkrida, dän. ſkride führen auf germ. *ſkrîþan, mit gramm. Wechſel *ſkrîðan. Voraus liegt idg. *ſqreit-, Dentalerweiterung der Wurzel *ſqer- 'drehen, biegen'. Die Bedeutung 'ſchreiten' iſt aus dem Begriff der bogenförmigen Bewegung zu verſtehen, wie die nächſten außergerm. Verwandten beſtätigen: lit. ſkrëſti 'drehen', ſkrŷtis 'Felge', apſkritùs 'rund', ſkritulŷs 'Kreis, Knieſcheibe', ſkritinys 'Kugel', apreuß. ſcritayle 'Felge', lett. ſkritulis 'Rad'. — S. auch Schlittſchuh.

Schrenz M. urſpr. 'Lumpen (zur Papierbereitung)', ſeit Zedler 1740 Univ.-Lex. 26, 640 neben Löſchpapier, jetzt 'dünne Pappe; geringſte Papierſorte': zu Schranz (ſ. d.), aus deſſen Grundbed. 'Riß' ſich 'Zerriſſenes' entwickelt hat. Kretſchmer 1918 Wortgeogr. 329.

Schrift F. mhd. mnd. nnl. ſchrift, ahd. ſcrift, ſcripft, mnl. ſcrift, ſcricht, afrieſ. dän. ſchwed. ſkrift 'Niedergeſchriebnes; Bibel; Art und Formen der Buchſtaben', agſ. ſcrift 'beſtimmte Strafe, Buße; Losſprechung, Beichte, kirchliche Strafe, Malerei, Gemälde': Verbalabſtr. zu ſchreiben (ſ. d.), unter Einfluß von lat. ſcriptum.

Schriftleiter M. als Erſatz für das fremde Redakteur ſeit etwa 1890 empfohlen, aber auch bekämpft: W. Pfaff 1933 Kampf um dt. Erſatzwörter 47. Durch das Schriftleitergeſetz 1933 amtlich beglaubigt: W. Linden 1943 Dt. Wortgeſch. 2, 386.

Schriftſprache F. zugleich mit dem Aufblühen der nhd. Literatur im 18. Jh. aufgekommen, ſeit 1798 verzeichnet von Adelung, dem es 1780 noch fehlt. Oft in Wielands Aufſatz „Was iſt Hochdeutſch?" (im T. Merkur 1782) und bei Bürger „Über deutſche Sprache" 1783. Wichtig Heinſe 1787 Ardingh. 1, 53 „die Geiſtlichen, Vornehmern und Kaufleute

reden, was man Schriftſprache nennen kann". S. Mundart.

Schriftſteller M. ſeit Stubenberg 1660 Von menſchl. Vollkommenh. 224. 303, der daneben 194 u. ö. Schriſft-Verfaſſer, 193 u. ö. Schriſften-Verfaſſer verwendet. Die Bed. 'Verfaſſer literariſcher Werke' feſtigt ſich ſeit Weichmann 1723 Poeſie der Niederſachſen 2 Vorr., während Stieler 1691 nur Redeſteller 'orator' und Briefſteller 'epiſtolographus' kennt. Dagegen reicht Schriſft(en)ſteller in der Bed. 'Konzipient, der für andere Rechts- und Bittſchriften aufſetzt' bis ins Bair. Landrecht (1616) 51 zurück; ſo auch Friſch 1741. Im heutigen Sinne galt im 16. Jh. Buchdichter, -ſchreiber, im 17. Schriftſtler, Schriftverfaſſer, im 18. Scribent. S. Verfaſſer und Zſ. f. d. Wortf. 3, 202. 9, 185.

Schrifttum N. 'Bücherwelt, literariſche Leiſtung, Literatur'. Seit H. Heine 1827 Reiſebilder 2, 78 begegnet Schriftenthum. Die auf zwei Silben gekürzte Form kaum vor F. L. Jahn 1833 Merke z. Volkst. 226. Gebucht wird Schriftenthum 1851 von J. H. Kaltſchmidt, Geſammt-Wb. 843. Der Sprachverein hat ſeit ſeinem Beſtehen Schrifttum als Erſatzwort für Literatur begünſtigt: Zſ. d. Sprachvereins 1 (1887) 181.

ſchrill Adj. Ein ſchon frühnhd. nachgewieſenes ſchrallen, ſchrellen 'Laut geben' wandelt ſich nach Mitte des 18. Jh. in ſchrillen, das namentlich vom Ton der Grille verwendet wird und ſichtlich unter Einfluß von engl. to ſhrill 'hell tönen' ſteht. Erſt danach erſcheint das Adj. ſchrill im Sinne des engl. ſhrill (mengl. ſhrille) in nhd. Texten. Nd. ſchrell 'ſcharf von Geſchmack und Ton' liegt ſeitab, wohl aber begegnet nl. ſchril ſeit dem 17. Jh. Nächſtverwandt ſind ſchwed. ſkrälla, norw. ſkrel a 'ſchallen', iſl. ſkrölta 'ſchreien', agſ. ſcrallettan 'laut ſchreien'. Falls ſkrell- auf *ſkreðl- beruht, ſind mir ſcret 'Schrei', ir. ſgreadaim 'ich ſchreie' zu vergleichen: Zupitza, Zſ. f. vgl. Sprachf. 36, 243.

Schrippe F. nd., beſ. berliniſcher Name des Weißbrots von der Form des bair. Kipfes, benannt nach der oben aufgeriſſenen Rinde: zu frühnhd. ſchripffen 'kratzen, aufreißen'. Zur Sippe von ſchrappen (ſ. d.) wie das gleichgebildete agſ. ſcrippa 'Fels, Klippe, Spitze'.

Schritt M., mhd. ſchrit, ahd. ſcrit, md. ſchret, aſächſ. ſkridi, mnd. ſchret, ſchrede, mnl. ſcrede, ſcerde, nnl. ſchred(e) 'Schritt', agſ. ſcrið e 'Lauf', anord. ſkriðr 'langſam gleitende Bewegung'. Schwed. dän. ſkridt beruhen auf Entlehnung aus dem Nhd. Schritt iſt Verbalabſtr. zu ſchreiten, ſ. d.

Schrittmacher M. heißt seit 1899 bei Radrennen derjenige, der dem Rennfahrer auf einem Kraftrad voraneilt, um den Luftwiderstand zu brechen. Vorher nach engl. Vorbild Pacemaker: Stiven S. 97 mit Anm. 756. Im Zeitungsdeutsch des 20. Jh. ins Politische gewendet: Schrittmacher der Sozialdemokratie usw.

Schrittschuh s. Schlittschuh.

schroff Adj.: frühnhd. Rückbildung aus mhd. schroffe, älter schrove M. 'schneidender Stein, Klippe', das in gleichbed. obd. Schrofe fortlebt, während das Adj. den obd. Mundarten fehlt. Dazu frühmhd. schruffen 'spalten' und, mit verschiedenen Stufen des Ablauts, mhd. schraf M. 'zerklüfteter Fels', schravel 'spitz', ahd. scrëvön 'einschneiden', scrëvunga 'Einschnitt', mnd. schreve 'Ritzung, Strich', ags. scræf 'Höhle', norw. skarv, skjerf 'Klippe', schwed. skreva 'Kluft'. Andre Bildungen zu idg. *sqer(e)p-, Erweiterung der Wurzel *sqer- 'schneiden', s. u. Schamotte, Scherbe, Scherflein, schürfen.

schröpfen schw. Ztw. mit erst frühnhd. ö (vgl. Löffel, schöpfen) für mhd. schrepfen. In engster Beziehung zu ags. screpan 'kratzen', wozu als Intensitiv nd. schrappen, mhd. schrapfen. S. scharf, schrappen. Zur Sache M. Heyne 1903 Körperpflege 112; Sudhoff 1919 Realler. d. germ. Alt.-Kde. 4, 139 f.

Schrot N. mhd. schröt M. 'Hieb, Schnitt, Wunde; abgeschnittenes, abgesägtes Stück', ahd. scröt 'Schnitt', mnd. schröt, schrät 'abgeschnittenes Stück'. Nnl. schroot 'Schrotkugeln' ist aus dem Nhd. entlehnt, norw. skröt 'Abfall', älter dän. skrot 'abgeschnittenes Stück' und schwed. skrot 'kleine Eisenstücke' beruhen auf dem Mnd. Nächstverwandt sind afries. skrēd 'Schnitt', ags. scrēad(e) F. 'Fetzen, Stück, Abschnitt', engl. shred 'Schnitzel, Fetzen', anord. skröör 'zerfetztes Buch': zu schroten Ztw., mhd. schröten, ahd. scrötan, md. schräten, mnd. schräden, schröden, mnl. scröden, nnl. schroeien st., dagegen schw. ags. scrēadian 'abschneiden, schälen', engl. shred 'zerreißen'. Ohne s- entspricht anord. hrjōþa 'abschälen, berauben, entladen'. Auf idg. *(s)qreut- beruhen mit der germ. Wortsippe gr. κρουτούμαι 'kehre aus', lat. scrūtillus 'gefüllter Schweinsmagen', scrōtum (aus *scroutum) 'Hodensack', scrautum 'Köcher', scrūtāri 'untersuchen': Dentalerweiterungen der idg. Wurzel *(s)qer-'schneiden' in scheren usw. Mhd. schröten bedeutete auch 'Kleider zuschneiden', daher schrötære 'Schneider' (s. d.) und Schröter als norddt. Fam.-Name. Seit frühnhd. Zeit heißt der Hirschkäfer (s. d.) obd. Schröter 'Abschneider'.

Schrott M. 'Altmetall': dasselbe Wort wie Schrot (s. d.), mit Kürze gemäß nrhein. Aussprache. Gebucht kaum vor B. Buchrucker 1910 Wb. d. Elberfelder Ma. 145. Dazu das schw. Ztw. verschrotten 'zu Schrott machen; als Altmetall verwerten'.

schrubben schw. Ztw. 'scheuern' mit seinem Nomen agentis Schrubber M. 'Scheuerbürste mit kurzen, harten Borsten an langem Besenstiel' aus dem Nd. ins Nhd. aufgenommen, daher bb wie in Ebbe, Knubbe, Krabbe, Robbe. Zur Verbreitung Kretschmer 1918 Wortgeogr. 447 f. Vgl. mnd. nl. schrobben 'kratzen', mengl. scrobben 'striegeln', engl. scrub (mundartl. auch shrub), dän. skrubbe, schwed. skrubba 'hart reiben, zurechtweisen'. Zu schrappen, s. d.

Schrulle F. in nhd. Text kaum vor Mylius 1785 Peregr. Pickle 4, 283, vorher Plur. Schrollen 'Launen' 1742 Rob. Pierot, der amer. Freibeuter 1, 86. Aufgenommen aus nd. Mundart, für die Richey 1754 Hamb. Jd. 242 Schrullen 'tolle Einfälle' nachweist. Dies aus mnd. (15. Jh.) schrul, schrol M. 'Anfall von teller Laune, heiml. Groll', das mit mnl. schrollen 'unzufrieden sein, schimpfen' verknüpft wird. Dessen Sippe s. u. schrill. Zs. f. d. Wortf. 2, 309. 3, 331. 12, 48.

schrumpfen schw. Ztw., in hd. Form, daneben verschrumpelt mit unverschobenem p. Das schw. Ztw. hat im 17. Jh. gleichbed. mhd. schrimpfe, schrampf verdrängt, dessen Part. verschrumpffen noch Luther 1523 Hiob 7, 5 verwendet. In derselben Ablautreihe stehen mnd. schrimpen, mnl. scrompelen, nnl. schrompelen, engl. mundartl. shrump, dän. skrumpe, schwed. skrympa (aus *skrimpa) 'schrumpfen', norw. skramp 'magrer Mann, Gaul', skrumpa 'magre Kuh': zur idg. Verbalwurzel *sqremb- 'drehen, krümmen, sich zusammenkrümmen, schrumpfen'.

Schrunde F. 'Riß, Spalte', mhd. schrunde, mnl. schronde, ahd. scrunta 'Riß, Scharte, Felshöhle', daneben gleichbed. ahd. scruntunna, -ussa, -issa (s. Schranz). Zu ahd. scrintan, mhd. mnd. schrinden 'bersten, aufspringen, Risse bekommen'. Nächstverwandt sind ostfries. schran (aus schrand) 'scharf, rauh', schrander 'scharfsinnig', norw. skrinn (aus germ. *skrenþa-) 'dürr, mager, unfruchtbar', norw. mundartl. skrinda 'Kerbe', skrunda 'Kiste'. Während das Ztw. schrinden der Schriftsprache verlorengegangen ist, wird schrund in den hd. Wörterbüchern seit Dasypodius 1535 und Alberus 1540 gebucht. Steinbach verzeichnet 1734 Schrunde als landschaftlich, Adelung nennt es „im Hd. selten", doch steht es noch bei Mörike, Scheffel und G. Keller. Mundartlich lebt es im Hd. und Südfränk., als schronne in Nassau, schrunge in Hessen, schrung in Köln, schrong in Aachen.

Schub M. mhd. schup: zu schieben.

Schubbejack, Schubiack M. 'lausiger Bettler; Schuft' begegnet seit dem 17. Jh. als nl. schobbejak, 1719 in M. Kramers nl./hd. Dict. 1, 335: schobbejack, schobbers 'Schubjack, Schubbert, Schuft'. Von Nordwesten verbreitet sich das Wort nach Osten (Hamburg 1754, Holstein 1779, Greifswald und Halle 1781) und Süden (Jülich-Berg und Koblenz 1792, Schaffhausen 1812), noch in der Schweiz Schobiack mit dem für nl. Herkunft kennzeichnenden o. Dieser Ursprung verbietet, in Schubiack die slav. Endung -ak zu vermuten (Zf. f. dt. Wortf. 10, 47 f.). Bestimmungswort ist nl. schobben, nd. schubben 'reiben, (sich) kratzen'. Jacke F. als Grundwort anzusetzen (mit Richey, Id. Hamb. 243) ist unmöglich, weil dann die Mz. auf -en enden müßte (sie lautet aber Schubiacke, nd. Schubiacks) und weil auch die so erreichbare Bed. 'Reibjacke' nicht befriedigt. Grundwort ist vielmehr (wie bei Teerjacke, s. d.) der aus Jakob gekürzte Vorname Jack. Vollends geboten ist diese Auffassung gegenüber dem von Ostfriesland bis Ostpreußen verbreiteten Schubiack 'Pfahl, den man in baumarmen Gegenden auf der Weide einschlägt, damit sich das Vieh daran reiben kann', danach 'Mensch, der jedem im Weg steht' (vgl. Schotentoffel, urspr. 'Vogelscheuche im Schotenfeld', dann 'Tölpel').

schüchtern Adj. Den Sinn unseres 'schüchtern' trägt das auf germ. Grundlage (vgl. schwed. blyg) beruhende mhd. bliuc, Adv. blûc, das schon im späteren Mhd. nicht mehr allgemein verstanden wird, frühnhd. nur noch im Südwesten begegnet und der Schriftsprache seit dem 17. Jh. fehlt, verdrängt durch einen nl. Eindringling. Zu mnd. schuchteren 'verscheuchen, auseinandertreiben' (vgl. agf. ā-scyhtan 'vertreiben, verscheuchen') stellt sich Luthers schochter, schüchter 'scheu gemacht' (von Tieren). Der Anhalter Trochus bucht 1517 schuchtern 'stupidus' (vom Pferd), der Wetterauer Alberus 1540 schuchter, schüchter 'trepidus', die Mitteldeutschen Waldis, Mathesius und Kirchhof führen s. 'aufgeschreckt' in Vers und Prosa ein, Schottel bucht 1663 schuchtern. Die Endung von schüchtern (so gebucht seit Steinbach 1734) hat sich entwickelt wie in albern. Westfäl. schücht 'scheu', nrhein. schuchten 'verjagen' deuten darauf hin, daß das Wort mit Scheu verwandt ist. Lautlich entspricht mhd. schiu(he)zen, frühnhd. schauchzen 'Scheu empfinden'. Altes ü ist vor cht verkürzt: v. Bahder 1925 Wortwahl 46 f.

Schuft M. Der Ruf des Uhus, als nd. schûf üt 'schieb aus' gedeutet, liefert seinen Namen mnd. schûvût, mnl. scuvuit: Suolahti 1909 Vogelnamen 311. Auf den lichtscheuen Raubritter übertragen, erscheint nd. schufft, schofft seit Helvig 1611 Allg. Sprach-Kde. 294 als Schelte armer Edelleute und bleibt über das 17. Jh. hinaus darauf beschränkt. Im Nd. des 18. Jh. werden nach dem Brem. Wb. 4, 725 f. schuvut und schuft gleichmäßig für 'Lumpenhund' gebraucht. Demgemäß im Nhd. von sittlicher Gemeinheit, entspr. nnl. schoft.

Schuh M. mhd. schuoch (h), ahd. scuoh, asächs. skōh, mnl. scoe(n), nnl. schoen, afries. skōch, agf. scōh, engl. shoe, anord. skōr, dän. schwed. sko, got. skōhs 'Schuh, Sandale' (aus dem Germ. früh entlehnt gleichbed. lapp. skuova). Dazu die Sammelbildung 'ein Paar Schuhe, Schuhwerk' in ahd. giscuohi, asächs. giskōhi, agf. gescīe (aus *gi-scōhi), got. gaskōhi. Außergerm. Beziehungen sind nicht gesichert; etwa mit dehnstufigem ō(u) neben dem ū von Scheuer (germ. *skūrja): dann gehörte unser Wort als 'Umhüllung (des Fußes)' zur idg. Wz. *sqeu- 'bedecken, umhüllen' und wäre urverwandt mit aind. skunāti 'bedeckt', armen. çiw 'Dach, Decke', gr. σκύνια Mz. 'Brauen', σκύλος 'Tierhaut', lat. obscūrus 'dunkel' (urspr. 'bedeckt') usw. S. auch Schuster.

Schuhu s. Uhu.

Schuld F. mhd. schult (d), schulde und solt, sulde (vgl. sollen), ahd. sculd(a), scult 'Verpflichtung zu einer Leistung, Zahlung, (Geld-)Schuld, Verpflichtung zur Buße, Sünde', asächs. sculd, agf. scyld '(Geld-)Schuld, Sünde, Veranlassung, warum etwas sein soll': westgerm. Verbalabstr. zur Wz. *skal 'sollen'. Endung idg. ti, germ. bei Wz.-Betonung þi, sonst ði, ahd. t, d: Kluge 1926 Stammbild. § 127. Die Wz. kehrt außergerm. wieder in lit. skolà 'Schuld', skìlti 'in Schulden geraten', skolèti 'schuldig sein', sowie in apreuß. skallisnan 'Pflicht'.

schuld, präd. Adj., ist aus dem präd. gestellten Subst. hervorgegangen. Dabei ist aus ist t' schuld durch Verschiebung der Wortgrenze ist schuld hervorgegangen. Reste des Artikels weist Behaghel 1923 Dt. Syntax 1, 6 nach in bair. tschuld si, els. wer isch dra d' schuld?

Schule F. mhd. schuol(e), ahd. scuola, mb. schüle, schöle, mnd. mnl. schöle, nnl. engl. school, agf. scōl, anord. skōli, norw. skule, dän. skole, schwed. skola; finn. koulu beruht auf Entlehnung aus einer germ. Nachbarsprache. Schule ist klösterliches Lehnwort aus lat. schola, vermittelt durch volkslat. scōla (zur Vokaldehnung vgl. Brief und Dom). Die

Entlehnung ist wohl im 6. Jh. vollzogen, etwa gleichzeitig mit der von Kloster, Mönch und Nonne. Auf spätlat. schola 'Kriegshaufen' beruht gleichbed. asächs. scola, ebenso ags. scolu 'Schar, Truppe, Menge, Heer', engl. shoal 'Menge, Schwarm'). Lat. schola 'Unterrichtsort; Anhängerschaft eines Lehrers; Gesamtheit der Amtsgehilfen' ist mit Bed.-Verengung entlehnt aus gr. σχολή F. 'Einhalten, Ruhe, (gelehrte) Muße, Ort wo man ihr lebt, Lehranstalt; Vortrag'. Das gr. Wort, verwandt mit Schema (gr. σχῆμα 'Haltung, Grundriß, Entwurf') und gr. ἔχειν 'halten, haben', gehört (wie Sieg) zur idg. Wurzel *seĝh- 'halten, festhalten'.

Schüler M., obd. Schuler (im Fam.-Namen 'der das zum Unterhalt der Schule bestimmte Grundstück bewirtschaftet'), mhd. schuolære, ahd. scuolāri. Voraus liegt mlat. scholaris M. 'Scholar' (s. d.), das subst. Adj. lat. scholāris 'zur Schule gehörig'.

Schulfuchs M. 'in seine Bücher vergrabener Stubengelehrter' zuerst bei Mich. Schäfer, Fünf Regimentsregeln in sieben Predigten erklärt (Tüb. 1608) 249 „zu Schreibern oder Schulfüchsen machen", in Anlehnung an Matth. 8, 20 „Die Füchse haben ihre Gruben" gebildet, dem gemäß auf das evang. Deutschland beschränkt. Bald in den verächtlichen Sinn von 'Pedant', später in den von 'Schulmeister' übergeführt. — Nachdem Fuchs 'angehender Student' (s. d.) zum Lieblingswort der akad. Welt geworden war, wird Schulfuchs seine Vorstufe und bezeichnet (zuerst in Schweidnitz 1715 bei J. C. Günther, Werke 4, 40 Krämer) den Abiturienten, bevor er Mulus wird. Nach dem 18. Jh. ist es mit der Blüte des Worts in allen Bed. vorbei.

Schulter F. mhd. schulter, schulder, ahd. scultra, sculter(r)a, -arra, -irra, mnd. schulder(e) (hieraus entlehnt dän. skulder, schwed. skuldra), mnl. scouder(e), nnl. schouder, afries. skuldere F., ags. sculdor M., gescyldru Mz., engl. shoulder führen auf idg. *sqḷ-dhrā 'Schulterblatt als Grabgerät'. Die nächsten außergerm. Verwandten sind gr. σκαλίς 'Schaufel' und σκάλλειν 'graben, behacken' zum idg. Verbalstamm *(s)qel- 'schneiden'. — In Mundarten vornehmlich des Westens und Südens gilt S. (wie schon mhd.) vom Vorderschinken des Schweins. Schon in Basel 1523 wird S., das Luther 1. Mos. 9, 23 u. ö. vom Menschen gebraucht, durch Achsel ersetzt: Kluge 1918 Von Luther bis Lessing 114. Die Wendung „jem. die kalte S. zeigen" ist norddt. und stimmt zu engl. to show someone the cold shoulder. Die leichte S. ist bei berufsmäßigen Trägern die, auf der sie leichtere Lasten tragen.

Schultheiß M. mhd. schultheize, -heize, ahd. sculdheizo, -heizo, asächs. sculdhētio, nd. schulte, mnl. scout(h)ēt(e), scout(e), mnl. schout, afries. skeltā(ta), ags. scyldhæta. mlat. scultētus 'der Verpflichtungen zu einer Leistung befiehlt'. Als Vollstreckungsbeamter zuerst bei den Langobarden, auf dt. Boden seit dem letzten Drittel des 8. Jh., erst in rät. und alem., danach in bair. Denkmälern, etwas später im fränk. Bereich, hier sogleich in der vielseitigen Ausprägung, die G. Seeliger 1919 Reallex. d. germ. Alt.-Kde. 4, 144 umschreibt: von Grafen, Grundherren, Bischöfen bestellt und nach der Verschiedenheit der herrschaftl. Gerechtsame auseinander entwickelt, neben der alten exekutiven Wirksamkeit mit niederer und hoher Gerichtsbarkeit betraut, Ortsvorsteher im Dorf, Bürgermeister in der Stadt, Hauptmann im Heer.

Schulze s. Schultheiß.

Schummer M. 'Dämmerung', mnd. schummer; dazu schummern schw. Ztw. 'dämmern', schummerig Adj. 'dämmerig', Schummerung F. 'Dämmerung', aus nd. und ostmd. Mundarten in die nhd. Schriftsprache gelangt, hier zuerst verzeichnet von Frisch (Berlin 1741), beliebt bei K. Gutzkow (geb. Berlin 1811) und Schriftstellern seiner Sprachlandschaft. Über das Schummerstündchen als anhaltischen Volksbrauch A. Bretschneider 1943 Dt. Wortgesch. 3, 121. — Die Wortgruppe steht in Ablaut mit schimmern, s. d.

Schund M. nur deutsch, literar. kaum vor Lindener 1558 Katzipori 233: junge Bildung zu schinden (wie Bund zu binden). Ausgangsbed. 'Inhalt der Grube des Abdeckers, der zugleich Kloakenreiniger war', dann 'Widerwärtiges, Wertloses'. Aus dem gleichen Bereich wie Racker und schäbig.

Schupf M. mhd. schupf 'Schwung, schaukelnde Bewegung', zu mhd. schupfen 'in schwankender Bewegung sein', ahd. scupfa 'Schaukelbrett'. Intensiv zu schieben. Heute üblicher sind Schubs und schubsen mit jungem -s wie Hops, Klecks, Mucks für älteres Hupf, Kleck, Muck, in Berlin auch Marks für Mark: Ag. Lasch, Berlinisch 296.

Schuppe F. mhd. schuop(p)e und (mit Verkürzung vor Doppelkons., vgl. Grummet, mußte, Mutter, verrucht) schuppe, ahd. scuobba, scuop(p)a, mhd. schöve. Urspr. immer von den Schuppen des Fischs, die abgeschabt wurden: zu schaben (s. d.) wie Knappe neben Knabe, Rappe neben Rabe. Schupfenheer bei Scheffer, schupfichten Panzer bei Lohenstein sind Verhochdeutschungen ohne sprachgeschichtl. Berechtigung. Schuppe hat sich als Luthers Form (Apg. 9, 18 u. ö.) durchgesetzt. Seine obd. Zeitgenossen schwanken zwischen schüpe und schöp(p)e: Kluge 1918 Von Luther bis Lessing 102, E. Karg-Gasterstädt 1943 Zs. f. roman. Phil. 63, 176. Der im Alem. begegnende Anlaut tsch erklärt sich aus falscher Worttrennung in Sätzen wie „der Fisch hat Schuppen".

Schüppe Schippe F. erst nhd., vgl. nl. scho(e)p 'Spaten'. Heute das nord- und westdt. Wort für sonstiges Schaufel (s. d.), vom Spaten sachlich unterschieden. Mit seinem pp zeigt das Wort nd. md. Lautstand, doch fehlt Schippe im äußersten Norden, während es im Südwesten weit in obd. Gebiet vorgedrungen ist: Kretschmer 1918 Wortgeogr. 410 ff. Das der Herleitung von schupfen entspr. obd. pf tritt in Schepfe (L. Hertel 1895 Thür. Sprachschatz 208 aus Salzungen) zutage. Im Kern eines mit dem Gerätnamen ist Schippen 'Pik' in der frz. Spielkarte (mnd. schüppen, nl. schoppen): das Bild des Spatens hat bei uns den Spieß mit schwarzem Blatt ersetzt. S. Pik.

Schuppen M. erst nhd., nach dem Md. und Nd.: Kretschmer 1918 Wortgeogr. 409. Entspr. agf. scypen, engl. mundartl. shippen 'Stall'. Dafür ahd. scopf, mhd. frühnhd. obd. schopf, höchstalem. schoff 'Gebäude ohne Wände, offener Anbau an Haus oder Scheuer, Vordach', wie agf. sceoppa 'Halle, Hütte', engl. shop 'Laden'. Aus dem Germ. ist mit nd. Lautstand entlehnt afrz. escoppe, frz. échoppe 'kleine Bude'. Die nächsten germ. Verwandten sind Schaub, Schober und Schopf, s. d. Die außergerm. Sippschaft s. u. Schober.

Schur M. F. nur hd.: mhd. schuor, md. schür. Zu erwarten wäre mhd. *schur, auf das nur ungewisse Spuren weisen: vor r ist u früh zu uo geworden. Schur ist ablautende Bildung zum st. Ztw. scheren (s. d.) in seinen Bedeutungen 'schneiden' und 'plagen'. Als 'Schererei, Plage' tritt es schon in Augsburg 1200 auf; hierzu die Wendung „jem. etwas zum Schur tun".

schüren schw. Ztw., mhd. schür(ge)n, schurgen, md. schurn 'einen Anstoß geben; Feuer entzünden; anfeuern', ahd. scurigen 'stoßen': zu mhd. schor, ahd. scora 'Schaufel', got. winpi-skaúrō 'Wurfschaufel'. An außerdt. Ztw. vergleichen sich agf. scorian 'wegstoßen; abschlagen', anord. skora 'steuern, treiben', aschwed. skøra, adän. skøre 'zerbrechen, aufpflügen', norw. skøyra, skyra 'losgehen'. Urverwandt sind u. a. gr. σκύρος, σκῦρος M. 'Abfall beim Behauen von Steinen', lit. skiaurė 'durchlöcherter Kahn als Fischbehälter', lett. skurinât 'zausen', aind. skāuti, skunāti 'stört, stöbert': sämtlich zu idg. *sqēu-

'schneiden, trennen, kratzen, stochern, stöbern', einer Erweiterung der Wz. *seq- 'schneiden' in Säge, Sech, Sichel. — Schüren hat spät seine endgültige Form gefunden; noch bei dem 1749 verstorbenen J. E. Schlegel, Ästhet. Schr. 66, 27 „der Teufel hat sein Spiel und scherzt zuweilen zu". Im Übergang vom Ahd. zum Mhd. hat sich die dt. Ausgangsbed. 'stoßen' verengt auf 'Feuer durch Stoßen besser brennen machen', bei der es geblieben ist. Im (zunächst geistlichen) Bilde zuerst um 1275, Pass. 368, 17 Köpfe: Daz vüwer sîner minne Geschürt mit güten werken wart. In weltlichen Bildern kaum vor A. v. Haller 1728.

schürfen schw. Ztw. '(die Erdoberfläche) leicht abkratzen, nutzbare Lagerstätten aufsuchen' als Fachwort des Bergbaus, mhd. schür(p)fen 'aufschneiden, ausweiden; (Feuer an)schlagen', wozu schürpfære M. 'Schinder, Marterknecht, Henker', ahd. scurfen, scurphen 'aufschneiden, ausweiden', agf. sceorpan 'kratzen, nagen'. Verwandt mit scharf und Schorf, s. d. Die nächsten außergerm. Verwandten sind mir. cerb 'scharf, schneidend', cerbaim 'schneide'. S. Schamotte, Scherbe, Scherflein, schroff.

schurigeln schw. Ztw. Neben schieben hatte unsere Sprache ein eigenes Wort für 'schiebend vorwärtsbewegen': ahd. scurgan, mhd. frühnhd. schürgen, ostmd. schürgen, schirgen, schergen, das in md. und obd. Mundarten weithin lebt, aber schriftsprachl. schon bei Adelung fehlt. Es ist trotz weiter Verbreitung an seinen schwankenden Lautformen zugrunde gegangen. Auf sein Iterativ schurgeln 'hin- und herstoßen' führt man das zuerst in Meißen 1613 (J. A. Müller, Gesch. d. Fürstenschule 2, 160) auftauchende schurigeln zurück, das Anlehnung an Schur 'Quälerei, Verdruß' gefunden hat: v. Bahder 1925 Wortwahl 77. — S. auch schüren.

Schurke M. erst nhd. Anl. schurk, dän. schwed. skurk, poln. szurek beruhen auf dem dt. Worte, das uns nicht vor Schottelius 1663 Ausführl. Arbeit 1410 greifbar wird, aber gewiß älter ist und mit dem ahd. Glossenwort fiur-scurgo (Steinmeyer-Sievers 2, 293, 25) verknüpft werden darf, das den Teufel und seine Gehilfen als Schürer des höllischen Feuers brandmarkt. Es ist Nomen agentis zu schürgen (s. schüren), Grundform germ. *skurgjo, westgerm. *skurggjo. Nhd. k nach Kons. aus westgerm. gg wie in link, munkeln, Rinken, schlenkern, Zinken.

Schurz M., **Schürze** F., mhd. schurz M. 'gekürztes Kleidungsstück, Schurz'. Nächstverwandt das Adj. ahd. scurz, agf. scort, engl. short 'kurz', urspr. 'abgeschnitten'. Vom Adj.

abgeleitet das Ztw. schürzen, mhd. schürzen
'abkürzen, das Gewand im Gürtel aufnehmen
und dadurch unten kürzen', mnd. schörten,
afries. (up)skerta 'kürzen', ags. scyrtan 'kürzen; zu kurz kommen, verfehlen'. Auf ein F.
germ. *skurtjōn 'abgeschnittenes, gekürztes
Gewand' weisen mnd. schörte, mnl. scorte,
nnl. schort 'Schürze', ags. scyrte, engl. shirt
'Hemd' (daneben beruht engl. skirt 'Rock,
Schoß', mengl. skirt 'Frauenrock' auf Entlehnung des anord. skyrta 'Hemd'). Mit
weiterentwickelter Bedeutung stehen daneben
ags. scortian 'kurz werden, nachlassen, abnehmen, zu kurz kommen', anord. aschwed.
skorta, dän. skorte 'mangeln', anord. skort(r)
'Mangel'. Ablaut zeigt mhd. schërze(l) 'abgeschnittenes Stück', vorgerm. *sqer-d-, Dentalerweiterung der idg. Wurzel *sqer- 'schneiden'.
Außergerm. vergleichen sich am nächsten lit.
skerdžiù 'schlachte', skérdžiu 'bekomme Risse,
springe auf', lett. sk'ērzu 'spalte', apreuß.
scurdis 'Bicke, Haue', russ. oskórd 'großes
Beil'.

Schuß M. mhd. schuz (zz), ahd. scuz (zz),
mnd. schöte, mnl. scote, nnl. scheut, afries.
skete, ags. scyte, anord. skutr, norw. skut,
dän. schwed. mundartl. skot: zu schießen,
s. d. Vgl. Schott.

Schüssel F. Mhd. schüzzel(e), ahd. scuzzila,
-ula, asächs. skutala, mnd. schötele, mnl.
scotele, nnl. schotel, ags. scutel 'Schüssel', engl.
scuttle 'Korb', anord. skutill 'kleiner Tisch,
Tischblatt' beruhen (wie ital. scodella 'Napf',
afrz. escuele, frz. écuelle; altkorn. scudel,
bret. skudell, kymr. yscudell 'Schüssel') auf
(volks)lat. scūtula, scūtella 'Trinkschale', Verkl.
zu scutra 'flache Schüssel, Schale, Platte', das
vielleicht als 'Gefäß aus Leder' zu scūtum
'(lederner) Schild' gehört. Das Wort ist mit
der röm. Kochkunst (s. Koch und Küche) spätestens im 6. Jh. ins Germ. gelangt, zugleich
mit Becken, Kessel und Pfanne. Wegen der
Bedeutung vgl. Tisch. Lit. skutùlė 'hölzerne
Büchse mit Deckel' und lett. skutelis 'Schüssel'
sind durch das Mnd. vermittelt.

Schuster M. Lat. sūtor 'Flickschuster' wird
nach Abschluß der hd. Lautverschiebung entlehnt und ergibt mit der üblichen Endung der
Nomina agentis ahd. sūtāri, mhd. sūtære, ags.
sūtère, nordengl. schott. souter, anord. sūtari.
Uns sind von da die obd. Fam.-Namen Sauter, Sutter, Sütterlin, Sitterle geblieben. In appellativem Gebrauch tritt vor
das Fremdwort die heimische Verdeutlichung
in mhd. schuoch-sūtære; daraus nhd. Schuster. Die heimische Bezeichnung des Handwerkers, mhd. schuoh-würhte (zu wirken), ist
in Fam.-Namen wie Schubart, Schubert,

Schaubert, Schuchardt lebendig geblieben.
Sachlich vgl. die alten Lehnwörter Socke,
Sohle sowie das jüngere Stiefel. — Schusters Rappen Plur. scherzhaft für 'Schuhe',
in der Wendung „auf Schusters Rappen reiten"
schon dem 17. Jh. geläufig. Voraus geht mhd.
er ritet sīner muoter voln und er ritet der
zwelfboten pfärt (schwed. apostlarnas hästar);
jünger ist per pedes apostolorum. S. Borchardt-
Wustmann 1925 Sprichw. Redensarten 426 f.,
vgl. auch Schneiderkarpfen.

Schute¹ F. Bezeichnung für Schiffe verschiedener Größe, Bauart und Bestimmung:
mnd. (seit 1262) nnd. schüte, schûte, mnl.
(seit 1364) scûte, nnl. schuit, mengl. shoute,
älter nengl. shout, spätanord. skūta, schwed.
skuta, dän. skude vereinen sich auf germ.
*skūtiōn F., mit schießen zu vermitteln wie
norw. skūt M. 'vorspringende Klippe'. Nach
ihrem weit ausladenden Vordersteven mögen
die ersten Schuten benannt worden sein; durchs
Wasser geschossen sind sie sicher nicht. Uns
werden sie greifbar in Dortmund 1262, Hamburg 1353, Hannover 1368, Stettin 1467,
überall im Raum der hansischen Binnenschiff-
fahrt wie an den Küsten der Nord- und Ostsee.
In der Blütezeit der Hanse wird ihr dt. Name
von Volk zu Volk verbreitet. Nhd. Reisebeschreibungen zeigen Scutt zuerst 1590. —
Im 19. Jh. wird ein weit ausladender Frauenhut (zunächst verächtlich) Schute genannt,
spät nach dem Biedermeier, mit dessen Hut-
formen wir heute den Namen verbinden.

Schute² F. 'Spaten', mnd. schüte, im Han-
növr. und Osnabr. üblich: Brem. Wb. 4 (1770)
722. Vereinzelt in hd. Text: Lueder 1773
Küchengarten 466.

Schutt M. erst nhd., dafür mhd. schüt F.,
ags. scydd M. 'Anschwemmung, angeschwemm-
tes Erdreich, Aufschüttung' (so noch im Namen
der Nürnberger Pegnitzinsel sowie der Donau-
inseln Große und Kleine Schütt zwischen
Preßburg und Komorn): zu schütten, s. d.

schütten schw. Ztw., mhd. schüt(t)en, ahd.
skutten 'schütteln, erschüttern', asächs. skud-
dian 'heftig bewegen, mit Schwung ausgießen',
afries. skedda 'schütteln, stoßen', mit Ablaut
ags. scūdan 'eilen'. Nächstverwandt ist schaudern, s. d. Außergerm. vergleicht sich aslav.
skytati sę 'umherschweifen' und (ohne s-)
lit. kutéti 'aufrütteln', kutrùs 'hurtig'. Idg.
Wurzel *(s)qūt- 'rütteln'.

schütteln schw. Ztw., mhd. schütelen, ahd.
scutilōn: Iterativbildung zu schütten.

schütter Adj., mhd. schiter, md. schëter, ahd.
(Notker) skëter, Adv. skëtero 'dünn', vorgerm.
*skidro-, urverw. mit aind. chidrá- 'durch-
löchert', gr. σκιδαρός 'dünn, gebrechlich', lett.

ək'idrs 'undicht': Dentalerweiterungen der idg. Wurzel *sqēi- 'schneiden, trennen, scheiden' (s. scheiden, scheißen). Das Adj. ist gebildet wie bitter, finster, heiser usw. Nhd. ü für altes i (wie in flüstern, fünf, gültig, Rüssel usw.) ist begünstigt durch das anlautende sch und begegnet zuerst um 1800 in Wien. Das bei Luther und den Klassikern fehlende schütter ist durch Österreicher wie Anzengruber und Rosegger neu belebt und in unsern Tagen von Österreich her geradezu Modewort geworden: K. v. Bahder 1925 Wortwahl 76.

schüttern s. erschüttern.

Schütterumpf M. Zu Rumpf in seiner Bed. 'Korntrichter in der Mühle' (so westfäl. rump) stellen sich die Fam.-Namen Korn-, Schüttrumpf, urspr. mittelbare Berufsnamen des Müllers. Wh. Raabe kennt die westfäl. Form Schüdderump aus einem Bericht über die Pest in Schöningen 1625, bei der die Pestleichen dort der so benannten Bahre, ohne berührt zu werden, ins Grab geschüttet wurden. Wenn Raabe in seinem Roman 1870 die Totenbahre zum Leichenkarren umgestaltet, so folgt er der Schilderung, die A. Manzoni 1825 in seinen Promessi Sposi Kap. 34 von den Mailänder Pestkarren des 17. Jh. gibt: W. Fehse 1937 Wilhelm Raabe 334 f.; M. Gottschald 1942 Dt. Namenkde. 402.

Schutz M. mhd. schuz (tz) 'Umdämmung, Schutz'. Zu nhd. schützen, s. d.

Schütze M. mhd. schütze, ahd. scuzz(i)o, nd. schütte, afries. sketta, agf. scytta, anord. scyti, dän. skytte, schwed. skytt: zu schießen, s. d. — Die Bed. 'Anfänger im Lernen' (s. Abc-Schütz) begegnet zuerst 1418 als Wiedergabe von lat. tiro 'Neuling', 1482 als Übersetzung von mlat. scuto 'junger Schüler' (das frühnhd. schütze schon voraussetzt): Nyström 1915 Dt. Schulterm. 1, 237 ff. In diesem Schütze sieht Schmeller ²2, 493 f. eine Lehnübersetzung des lat. tiro, das man irrig mit ital. tirare, frz. tirer 'schießen' verknüpft habe.

schützen schw. Ztw., mhd. schützen 'umeindämmen, beschützen', das nach Ausweis des mhd. beschüten 'beschützen' auf ahd. *skutisōn zurückzuführen ist. Die Grundbed. erscheint in mhd. schüt(e) F. 'Erdaufschüttung' (s. Schutt); der Bed.-Wandel ist in Krieg u. Heer vollzogen: das zeigen die vielen mit fränk. *skot-gebildeten Ortsnamen im frz. Westen (an der alten Grenze gegen Goten u. Bretonen). Vgl. Werk.

Schutzengel M. Lehnübersetzung von kirchenlat. angelus tutelaris: seit Schottel 1641 Sprachkunst 36. Literarisch durch Abr. a S.

Clara 1719 Bescheidessen 377; 1723 Lauberhütt 110. Danach bei Klopstock, Messias (Halle 1751) S. X. 2. 32. 70. 102 u. Wieland 1756 Sympathien (Ausg. d. Akad. 2, 465, 5).

Schutzgeist M. das weltliche Gegenbild des Schutzengels (s. d.), kaum vor J. A. Cramers Wochenblatt „Der Schutzgeist" 1746 f. Seit 1752 bei Wieland: Ausg. d. Akad. 1, 305. 367. 417 f.

Schutzgott M. gebucht seit Kirsch 1718. Von Wieland 1752 (Ausg. d. Akad. 1, 354) dem im Vers unhandlichen Schutzengel vorgezogen.

Schutzheiliger M. im 19. Jh. für (Schutz-) Patron, das üblicher geblieben ist.

Schwabenalter N. das Alter von 40 Jahren, in dem die Schwaben verständig werden: zuerst bei Wieland in einem Brief aus dem Jahr 1773 (Zf. f. d. Wortf. 8, 134), in dem er selbst das S. erreichte. Den von Goethe brieflich am 6. Sept. 1787 erwähnten, noch bei Adelung und Campe fehlenden Volksscherz behandelt Ladendorf 1906 Schlagwb. 283. Albr. Keller 1907 Die Schwaben in der Gesch. des Volkshumors 69 und 110 erinnert an das Wort des schwäb. Humanisten Joh. Bohemus, der 1520 Omnium gentium mores 61b über seine Landsleute urteilt: Sero resipiscunt.

Schwabenstreich M. 'lustig dummer Streich', zuerst bei Günderode 1781 Reise durch den Schwarzwald 18. Gebucht seit Campe 1810, prächtig umgedeutet in Uhlands Schwäb. Kunde 1814. Über die schon im 16. Jh. umlaufenden Schwabenstücke (so H. Fischer 5, 1224 schon 1616) Albr. Keller 1907 Die Schwaben in der Gesch. des Volkshumors 63 ff.; zur Wortgeschichte Ladendorf 1906 Schlagwb. 282 f.

schwach Adj. Adv., mhd. swach 'schlecht, gering, unedel, niedrig, armselig, verachtet; kraftlos', mnd. swak 'biegsam, dünn; gering', mnl. swac (ck), nnl. zwak. Dän. svag ist aus dem Mnd. entlehnt, schwed. svag aus dem Dän. Nächstverwandt sind mnd. swaken 'wackeln', anord. sveggja '(ein Schiff) wenden', norw. mundartl. svag(r)a 'schwanken, schlenkern', svagra 'sich biegen', svagga 'schwankend gehen': sämtlich zur idg. Wurzel *sueg-: *sueq- 'biegen; drehend schwingen, schwenken', woneben gleichbed. *sueng-: *suenq in schwank, s. d.

Schwachmatikus M. für 'Schwächling' scherzhaft gebildet in Anlehnung an schachmatt und gr.-lat. Wörter wie Asth-, Mathe-, Phleg-, Rheumatikus. Die alten Belege weisen auf Göttingen (Bürger 1787: Zf. f. d. Wortf. 14, 265) und Halle (Bahrdt 1790: daf. 4, 313), stud. Kreise sind beteiligt: Kluge 1895 Stud.-Spr. 36. 124.

Schwaden[1], Schwadem M., mhd. mnd. swadem, -en 'Dunst'. Dazu nordfrief. swēəs, agf. swaðul 'Rauch', ahd. swëdan ft. Ztw. 'schwelend verbrennen'. Nächstverwandt mit ahd. swidan 'brennen', anord. svīða, sveið 'sengen, brennen': zur idg. Wurzel *su̯eid- 'glänzen, schimmern' in lat. sīdus 'Gestirn'. S. Schwede.

Schwaden[2] M. 'Reihe gemähten Grases oder Getreides', mhd. mnd. swade, mnl. swa(e)t, swäde, nnl. zwad(e), afrief. swethe 'Grenze', agf. swæð, swaðu 'Stapfe, Spur, Pfad; Narbe', engl. swath(e), anord. svǫðu in svǫðusār 'Streifwunde'. Grundbed. etwa 'durch Schnitt gezogene Spur'. Außergerm. Verwandte sind nicht gesichert.

Schwadron F. Nach ital. squadra waren die Abteilungen der Reiterei im 16. Jh. (Ge-) Schwader (f. b.) genannt worden. Nachdem im ital. Heerwesen squadrone (urfpr. 'großes Viereck') an die Stelle getreten war, folgte eine neue Entlehnung: Squadron Wallhausen 1616 Kriegsk. zu Pferd 65 f. Schwadron von Schiffen erst 1684: Zf. f. d. Wortf. 14, 25. 45; Mod. lang. notes 38, 407.

schwadronieren Ztw. ist zunächst ein Ausdruck der Fechtschule für wildes planloses Fechten. Jacobsson 1794 Technol. Wb. 7, 283 erklärt: „mit dem Degen oder Säbel, rechts und links, immer um sich herum hauen, um die Feinde von sich abzuhalten". Wenn Kindleben 1781 Stud.-Lex. 177 die Bed. 'unnützes Zeug reden, viel Worte machen' verzeichnet, die als erster Goethe 1775 Urfaust V. 1379 verwendet, so sind stud. Kreise an der Übertragung beteiligt. Wie sie sich vollzogen hat, zeigt Lichtenberg 1787 Briefe 2, 314: „Ein würfe gegen seine Sätze werden seiner Vertheidigung die gehörige Richtung geben, da er jetzt blos schwadronirt, und wohl noch nicht selbst weiß, wohin er seine individuellen Hiebe richten soll". Der Gedanke an älteres schwadern 'viel schwatzen' mag mitgewirkt haben, zumal auch Schwadron (f. b.) aus älterem (Ge-) Schwader entwickelt ist — Schwadronieren in der Bed. 'eine Schwadron aufstellen' weist Kurrelmeyer 1929 Mod. lang. notes 44, 145 f. seit 1753 nach.

Schwager M. mhd. mnd. swäger 'Schwager; Schwiegervater', ahd. swägur 'Sohn des Schwiegervaters, Schwager', mnl. swägher, nnl. zwager. Afrief. swäger, dän. svoger und schwed. sväger beruhen auf Entlehnung aus dem Mnd. Weil das dem Nord- und Ostgerm. fehlende Wort ursprünglich die Bedeutungen 'Schwager' und 'Schwiegervater' vereint, sieht man mit Wh. Schulze 1933 Kl. Schriften 60 ff. darin eine Vriddhi-Bildung zu Schwäher,

f. b. Voraus liegt idg. *su̯ekurós 'zum Schwiegervater gehörig', außergerm. vergleicht sich gleichbed. aind. śvāśurá-. Zu Beginn des 18. Jh. wird Schwager (urfpr. 'Bruder der Geliebten') zur stud. Anrede an den Nichtstudenten (im Gegensatz zu Bruder als Anrede der Studenten untereinander). Aus der sachnotwendig häufigen Verbindung Schwager Postillon (so noch Bürger 1773 D. Raubgraf) gewinnt zuerst Philo 1722 Ruhm des Tabaks 69 die Bed. 'Postillon'. Vgl. Schwägerschaft trinken im 6. Buch von Goethes Dichtung und Wahrh.; Zf. f. d. Wortf. 1, 48. 3, 94. 100. 6, 225. 12, 289.

Schwägerin F. mhd. swaegerinne. Das alte Wort für „Schwester der Frau, des Mannes" ist Geschwei, f. d. Die Neubildung Schwägerin, mhd. noch selten, steht fünfmal in Luthers Altem Testament, wo Eck Frau des Brüders, die Züricher Bibel von 1537 Brüders Frau, Gschwei vorzieht: Kluge 1918 Von Luther bis Lessing 102. Der Westmd. Alberus bucht 1540 geschweig neben schwegerin; den Endkampf der Wörter schildert K. v. Bahder 1925 Wortwahl 146.

Schwäher M. 'Schwiegervater', noch volksüblich in Teilen der Schweiz, Hessens, der Oberpfalz und im Fränk.-Henneberg.: dazu Schwe(h)r als Fam.-Name. Mhd. swëher, swaeher, swëger, swër 'Schwiegervater', ahd. swëhur, swër 'Schwiegervater; des Gatten Bruder', mnl. sweer 'Schwiegervater', afrief. swiäring 'Schwiegervater, -sohn', agf. swëor, älter swëhor 'Schwiegervater; Vetter', aschwed. svēr, svær 'Schwiegervater', got. swaíhra 'Schwiegervater' führen auf germ. *swehura-, idg. *su̯ékuros. Außergerm. entsprechen gleichbed. aind. śvaśura-, avest. xvasura-, armen. skesrair, gr. ἑκυρός, alb. vjehër, vjer, lat. socer (aus *svecer, älter *svecur), kymr. chwegrwn, korn. hwigeren, lit. šēšuras, aslav. svekrŭ, ruff. swēkor. Die gleichfalls schon idg. F.-Bildung f. u. Schwieger. Die Wörter enthalten den Refl.-Stamm idg. *su̯e-, wozu auch got. swēs, ahd. asächf. swäs 'eigen' und lat. suus 'sein' gehören.

Schwalbe F. 'hirundo', ein gemeingerm. Vogelname: mhd. swalwe, -be, swal(e), ahd. swal(a)wa, asächf. afrief. anord. schwed. svala, mnd. swale(we), nnd. swal(w)e, mnl. zwalewe, nnl. zwaluw, agf. swealwe, engl. swallow, dän. svale führen auf germ. *swalwōn-. Außergerm. entsprechen ruff. solowéj (aus *solviji), poln. slowik, tschech. slavík 'Nachtigall'. Vorauszusetzen ist ein idg. Vogelname *su̯olui̯-, *su̯olen-.

Schwalbenschwanz M. heißen nach der Schwanzform, bei der die äußersten Federn länger sind als die mittleren, verschiedene Tiere und Geräte. Für den Tagfalter Papilio machaon ist der Name gebucht seit Popowitsch 1780 Mundarten 527. Der Schwalbenschwanz als Männerrock ist dem gleichbed. engl. swallow tail nachgebildet: W. Fischer 1943 Dt. Wortgesch. 2, 360.

Schwalch M. 'Öffnung des Schmelzofens' (bei Glockengießern; von da in Schillers Lied von der Glocke) aus mhd. swalc(h) M. 'Schlund': zu schwelgen.

schwalken Ztw. 'dampfen, rauchen' (von Lampe und Ofen) im westl. Norddeutschland: Kretschmer 1918 Wortgeogr. 123. Dazu nd. swalk 'Lichtdampf'. Vielleicht zu schwelen.

Schwall M. mhd. swal (ll) zuerst im Hegau 1293 Hugo v. Langenstein, Martina 194ᶜ 84 Der welte breite, lengi, swal, danach in der Steiermark kurz vor 1320 Ottokar, Chron. 23654 (bei der Sündflut) het sich daz mer sö witen Mit überswal enkozzen, dann schnell allgemein, meist von Hochwasser und gestauten Wasserläufen. Kaum jemals nd. Zum st. Ztw. schwellen (s. d.) mit dem Vokal von dessen Sg. Prät.

Schwamm M. mhd. swam (mm), swamp (mb), ahd. swam (mm), swamb, mnd. swamp, -pes, agf. swamm 'pflanzlicher Schwamm, Pilz', anord. svǫppr 'Schwamm, Pilz; Ball', soppr 'Ball', got. swamms 'σπόγγος' — hier zuerst auf das Gebilde tierischen Ursprungs übertragen. Innerhalb dieser begrifflich zusammengehörigen Gruppe liegen drei lautlich verschiedene Bildungen vor, deren got. Stammformen als *swamma-, *swamba- und *swampu- anzusetzen sind. In Schwamm sind die beiden ersten Formen zusammengefallen. Nächstverwandt sind westfäl. swampen 'auf- und niedergehen' (von schwammigem Boden) und engl. swamp 'Sumpf'. Mit Ablaut entspricht Sumpf, s. d. Außergerm. vergleicht sich gr. σομφός 'schwammig, locker, porös', das mit der germ. Wortsippe auf dem gleichbed. idg. Adj. *suombhó-s beruht. Heute steht Schwamm als heimisches Wort im Kampf mit dem fremden Pilz; beider Abgrenzung in hd. Umgangssprache vollzieht P. Kretschmer 1918 Wortgeogr. 372f. In der Sprache der Wissenschaft gilt Schwamm allein für spongia. Eine Art dieser am Grund von Gewässern sitzenden Tierstöcke dient zur Reinigung und zum Auslöschen von Geschriebenem. „Schwamm drüber" heißt es ursprünglich von Wirtshausschulden.

Schwan M. Mhd. swan(e), asächs. mnd. agf. engl. swan, mnl. swane, nnl. zwaan, anord. svanr, dän. svane, schwed. svan, norw. mundartl. svana, svon, daneben mit Ablaut mnd.

swön, ahd. -suon in Frauennamen, führen auf eine gemeingerm. Ableitung zur idg. Wurzel *suen-: *suon- 'rauschen, tönen', die außergerm. in lat. sonus 'Schall', sonāre (aus *suenāre) 'tönen', air. senim 'Spielen, Tönen', aind. svána- 'Geräusch' usw. erscheint. Der Vogel führt den Namen nach dem Schwanengesang, s. d. Er kommt ursprünglich nur dem Singschwan (Cygnus musicus) zu. S. Elbs, Hahn.

schwanen schw. Ztw., nur deutsch, zuerst 1514 im Schichtbuch d. St. Braunschweig 132 Scheller: Ome hadde so etwes geswanet, hd. seit J. Micyllus, Tacitus (Mainz 1535) 221ᵃ, danach viele Jahrzehnte ausschließlich bei lateinkundigen Schriftstellern. Aus den Univ.-Städten seit Ende des 18. Jh. in die Mundarten gedrungen, hier stets mit tonlangem a (wie Schwan), darum nicht mit verschobener Silbengrenze aus mnd. es (Gen.) wänet mir (so Axel Lindqvist 1913f. Beitr. 38, 329; 39, 398), sondern Scherzübersetzung des lat. olet mihi 'es ahnt mir', das alter Studentenwitz mit lat. olor 'Schwan' verband: Zf. f. dt. Wortf. 3 (1902) 234.

Schwanengesang M. 'letzte Dichtung eines dem Tode nahen Dichters'. So seit Seb. Franck 1538 Chronik, Vorr. Das Wort beruht auf dem im Altertum geltenden, von Aschylus, Agam. 1445, Cicero, De oratore 3, 2, 6 u. a. geformten Glauben, der Schwan singe bei seinem Tod melodische Klagelaute. Engl. swansong beruht auf einer Lehnübers. Carlyles von 1830.

Schwang M. mhd. swanc, Gen. swanges, häufiger swankes 'Schwung, Hieb; lustiger Streich; Erzählung davon', ahd. hinaswanch 'impetus', mnd. swank, mnl. swanc, nnl. zwang 'Schwung', afries. agf. sweng 'Streich, Schlag'. Dän. schwed. svang sind aus dem Mnd. entlehnt. Durch eine ähnliche Besonderung wie bei Streich entsteht nhd. Schwank, die regelrechte Fortsetzung des mhd. swanc, während Schwang Angleichung an schwingen zeigt, mit dem es (wie Schwung) in Ablaut steht und dem es einst im vollen Umfang seiner Bed. entsprach. Seit dem 18. Jh. ist es im freien Gebrauch durch Schwung abgelöst und auf feste Wendungen beschränkt wie im Schwang sein, in S. kommen.

schwanger Adj., mhd. mnd. swanger, ahd. swangar, nnl. zwanger 'trächtig', agf. swangor 'schwer, langsam, träg'. Aus dem Mnd. ist dän. svanger entlehnt. Außergerm. vergleichen sich lit. sunkùs 'schwer', sunkstù, suñkti 'schwer werden', älter lit. sunkinga 'schwanger': sämtlich zur idg. Wurzel *suenq-: *sunq- 'schwerfällig, schwanger; schwer sein'.

Zu trennen sind mhd. swanger 'schwankend', agſ. swancor 'geschmeidig'; ſ. ſchwank.

Schwank ſ. Schwang.

ſchwank Adj., mhd. (ſeit Beginn des 13. Jh.) mnd. (ſelten) swanc, swankes 'ſchwankend, biegſam, beweglich', gleichbed. mhd. swankel, swanger; agſ. swancor 'geſchmeidig'. Mit gleicher Ablautſtufe, doch andrer Wendung des Sinns ('nach innen geſchwungen') anord. svangr 'dünn, ſchmal, verhungert', dän. svang 'taub' (vom Getreide), ſchwed. mundartl. svang, svånger 'dünn, eingefallen, hungrig, leer, kernlos', norw. svang 'leer, mit eingeſunkenem Magen, hungrig'. Die nächſtverwandten Subſt. ſind engl. mundartl. swank 'Bodenſenkung' und dän. ſchwed. svank 'Tal, Höhlung, Einbiegung'. Außergerm. vergleicht ſich am nächſten air. seng 'ſchlank', urſprünglich 'biegſam': mit Schwang, ſchwingen und Schwung zur idg. Wurzel *sṷeng- 'biegen, drehend ſchwingen, ſchwenken'. Vgl. ſchwach. Andern Urſprungs iſt ſchwanger.

ſchwanken ſchw. Ztw., ſpätmhd. swanken, mnl. swancken, nnl. zwanken: wie ſchwenken (ſ. d.) abgeleitet vom Stamm des Adj. ſchwank, ſ. d. Heute wird ſchwanken durchweg intr. gebraucht, ſchwenken tranſ., wie es der gewöhnlichen Bed. der Ableitungen (germ. *swankōn und *swankjan) entſpricht. Alte Sprache wahrt die Grenze nicht immer ſtreng; in den Mundarten findet ſchwanken wenig Stütze.

Schwanz M. mhd. swanz; aus dem Hd. entlehnt ſind mnd. swans, dän. ſchwed. svans, nnl. zwans. Zu ſchwanken gehört als Intenſivbildung *swankezen, swan(k)zen, hierzu als Rückbildung swanz, urſpr. 'der Schwankende, Bewegliche', das hd. ſeit dem 13. Jh. auftritt, zunächſt von Schlangen, Drachen und Vögeln, bald auch von Vierfüßern gebraucht und ſo ſeit Beginn der nhd. Zeit ganz gewöhnlich wird, weil das gleichbed. Erbwort Zagel (ſ. d.) den Nebenſinn 'penis' entwickelt hatte, ein Geſchick, dem ſpäter auch Schwanz nicht entgehen ſollte, weshalb vielfach Schweif begünſtigt wird: K. v. Bahder 1925 Wortwahl 104 f.

ſchwänzen ſchw. Ztw. Zu *swankezen (ſ. Schwanz) gehört rotw. schwentzen 'herumſchlendern, gehen', das im Liber Vagat. 1510 (Kluge 1901 Rotw. 1, 55) zuerſt erſcheint und als swensen 'über Land laufen' 1724 (daſ. 184) wiederkehrt. Über die umfaſſendere Bed. 'bummeln' gelangt die Stud.-Sprache ſeit Mitte des 18. Jh. zu ſchwänzen '(eine Vorleſung) verſäumen' (Kluge 1895 Stud.-Spr. 125), das, nachmals auf Verſäumnis von Schule und Gottesdienſt ausgedehnt, durch Hagedorn und Schiller ſchriftſprachlich wird.

ſchwappen ſchw. Ztw. von Flüſſigkeiten 'ſchwanken; über den Rand ſchlagen; ſchwankend gießen': ſeit dem 16. Jh. zur wenig älteren Interj. ſchwapp, die lautmalend ein klatſchendes Schlagen bezeichnet. Früher als beide wird vor Ende des 15. Jh. die Weiterbildung schwaplen greifbar: Ch. Schmidt 1901 Hiſt. Wb. d. elſ. Ma. 317. Merkwürdig nahe kommen manche Gebrauchsweiſen von mhd. swëben (ſ. ſchweben) unſerem ſchwappe(l)n: DWb. 9, 2371.

Schwär M. ahd. swëro 'dolor; ulcus', mhd. swër 'körperl. Schmerz, Krankheit', in md. Quellen 'Geſchwulſt', entſpr. mnd. swere M., swer N., mnl. swere, nnl. zweer. Luthers Form schwere (ſo 1523 Hiob 2, 7) wird von Eck 1537 durch gschwer, von den Zürchern 1530 ff. durch geschwär erſetzt: das ſind die frühnhd. gangbaren Formen (entſpr. mhd. geswër, ahd. gaswër), die im 17. Jh. durch Schwär(en) langſam zurückgedrängt werden. Sämtlich zu mhd. swërn 'ſchmerzen; ſchwellen; eitern', ahd. swëran 'dolere' mit swër(a)-do 'körperlicher Schmerz', mnd. mnl. sweren 'ſchmerzen; eitern', nnl. zweren: mit aveſt. xvara 'Wunde, Verwundung' zur idg. Wurzel *sṷer- 'ſchwären, eitern'. S. Geſchwür; unverwandt iſt ſchwer. Als etymolog. durchſichtige Bildung hat Schwär ahd. mhd. eiz, frühnhd. eisz(e) verdrängt: v. Bahder 1925 Wortwahl 130 f.

Schwarm M. mhd. swarm, ahd. swar(a)m 'Bienenſchwarm'. Dies die Ausgangsbedeutung auch für aſächſ. mnd. swarm, mnl. swerm, nnl. zwarm, zwerm, agſ. swearm 'Schwarm, Menge', engl. swarm 'Schwarm', anord. svarmr 'Taumel', iſl. svermr, dän. sværm, älter svarm, ſchwed. svärm 'Schwarm'. Germ. Verwandte ſind mhd. surm 'Geſums', norw. sverra 'wirbeln, kreiſen', anord. svarra 'brauſen', ferner ſchwirren und ſurren. Außergerm. vergleichen ſich lit. surmà 'Schalmei', aſlav. svirati 'pfeifen', lat. susurrāre 'ſummen, ziſchen', aind. svárati 'tönt': ſämtlich zur lautmalenden idg. Wurzel *sṷer- 'ſurren'. — **Schwarmgeiſt** M. 'Phantaſt' beruht auf Luthers Schrift von 1527 „Das dieſe Wort Chriſti (Das iſt mein Leib etc.) noch feſt ſtehen widder die Schwermgeiſter". S. Phantaſie.

Schwarte F. Mhd. swart(e) 'behaarte Kopfhaut, Menſchenhaut, behaarte oder befiederte Tierhaut; Speckhaut, Rinde; Schwartenbrett', mnd. afrieſ. swarde, mnl. swaerde, nnl. zwoord, agſ. sweard, swearþ 'Schwarte, Haut, Rinde', engl. sward 'Schwarte; Raſendecke', anord. svǫrðr 'behaarte Menſchenhaut (beſonders auf dem Kopfe), Walfiſchhaut; Grasnarbe', dän. svær (älter swærth), norw. svor, schwed. svål führen auf germ. *swarðu-. Außergerm. vergleicht sich lett. scherwe (aus *scherdwe, urbalt. *sverdvé) 'dicke Haut, Ferkelschwarte'. — Zu 'Rasendecke' hat sich Schwarte entwickelt in engl. sward (of the earth), anord. jarðar-, gras-svǫrðr, dän. jord-grønsvær. — Scheltname für alte Bücher, vorab die in Schweinsleder gebundenen, ist Schwarte im 17. Jh. geworden.

schwarz Adj. Mhd. ahd. swarz, asächs. mnd. mnl. afries. engl. swart, nnl. zwart, agf. sweart, anord. svartr, älter dän., schwed. norw. svart, got. swarts führen auf germ. *swarta-. Daneben schwundstufig anord. sorti 'Dunkelheit, dichter Nebel', sorta 'schwarze Farbe', sortna 'schwarz werden'. Außergerm. vergleicht sich lat. *sordus als Grundlage von sordēre 'schmutzig, unflätig sein', sordidus 'schmutzig' und sordēs 'Schmutz'. In idg. suordos 'schwarz, schmutzfarben' können wir (neben braun, gelb, rot) einen unsrer ältesten Farbnamen erschließen.

schwärzen schw. Ztw. 'schmuggeln'. In rotwelschen Quellen erscheint bereits 1350 swerze 'Nacht': F. Kluge 1901 Rotw. 1, 2. Das Ztw., ursprünglich 'bei Nacht Waren über eine Zollgrenze schaffen' wird vorausgesetzt durch Tobackschwarzer 1756: Buchner, Das Neueste von gestern 3, S. 79. 1780 nennt Adelung schwärzen obd. Hier gilt es weithin in Grenzmundarten: H. Fischer 1920 Schwäb. Wb. 5, 1248. Von da 1828 in Goethes Faust V. 4914. Für das Adj. schwarz setzen Zuf.-Setzungen wie Schwarzarbeit, -schlachtung die Bedeutung 'nächtlich, heimlich' voraus.

schwatzen, schwätzen schw. Ztw. Seit etwa 1400 tritt mhd. swatzen und (mit sekund. Umlaut) swätzen auf, geswetze schon um 1300. Wohl unter Einfluß von spätmhd. smetzen 'plaudern' entwickelt aus mhd. swateren 'rauschen, klappern', das selbst lautmalend sein mag. Nnl. zwetsen und dän. svadse sind aus dem Hd. entlehnt.

schweben schw. Ztw., mhd. swëben, ahd. swëbēn 'sich in oder auf dem Wasser oder in der Luft hin und her bewegen', mnd. mnl. sweven, nnl. zweven 'schweben', agf. for(ð)-swefian 'Glück, Erfolg haben'; dän. svæve und schwed. swäva beruhen auf Entlehnung aus dem Mnd. Westgerm. *swibēn ist Durativbildung zum st. Ztw. germ. *swīban, dessen Faktitiv im schw. Ztw. ahd. swibōn vorliegt. Die germ. Verwandten f. u. Schweif und schweifen. Jdg. *sueip-, das auch von lett. svaipît 'peitschen' und svipaste, svipsts 'Hasenfuß, Windbeutel, Zierbengel' vorausgesetzt wird, ist Erweiterung der idg. Wurzel *suěi-

'biegen, schwingen' in mnd. ostfries. swäien 'sich schwingend bewegen', mnd. sweimen 'sich schwingen' usw.

Schwede F. 'Wundpflaster', mhd. mnd. swede, frühnhd. thür. schwede 'Pflaster'. Daneben ahd. swedil 'Umschlag', nnl. zwadel 'Windel', agf. swedel 'Binde, Wickel', engl. swaddle 'Wickel' und das Ztw. agf. swaðian, (be)swēðian 'wickeln, einwinden', engl. swathe 'wickeln'. Falls ursprünglich 'wärmendes Pflaster', kann Zusammenhang mit Schwaden[1] 'Dunst' bestehen. Schwede ist durch das Lehnwort Pflaster verdrängt, wie frühnhd. fe(c)h, kürne, lauch, sinwel durch die entlehnten bunt, Mühle, Flamme und rund.

Schwedenkopf M. 'Kopf mit kurz geschorenem Haar' (bes. bei Soldaten, im Gegensatz zur Perücke): Goethe 1832 Faust II 6734. Nach König Karl XII. von Schweden († 1718) im 18. Jh. benannt, von Kindleben 1781 Stud.-Lex. 116 dem student. Krauskopf gleichgesetzt. Vgl. Tituskopf und R. F. Arnold, Chronik des Wiener Goethe-Vereins 27, 11.

Schweder M. 'Kalbsmilch', nd. sweder, nnl. zwezerik, ein Wort der Kochbücher des 17. und 18. Jh. Nach Kretschmer 1918 Wortgeogr. 248 vielleicht zu oberhess. schwadern 'hin- und herschwanken', schwadcher 'Geschwulst, bes. am Halse'.

Schwefel M. mhd. swëvel, swëbel, ahd. swëual, swëbal, asächs. swëbal, agf. swefel, swezel, got. swibls; in Ablaut damit mnd. mnl. swavel. Auf Entlehnung aus dem Mnd. beruhen älter dän. svavel, dän. svov(e)l, schwed. svavel. Aus dem Germ. entlehnt ist gleichbed. aslav. žup(e)lŭ. Ablaut u. gramm. Wechsel (f : b) beweisen, daß das Wort im Germ. alt ist. Die germ. Doppelformen *swefla-: *swebla- können entwickelt sein aus *swelfla-: *swelbla-, indem l vor l wegdissimiliert wurde. So gelangt man zu idg. *suelplos 'Schwefel', aus dem (mit anderer Dissimilation) über *suelpros gleichbed. lat. sulpur entwickelt ist. In *suelplo-s sieht man p-Erweiterung zum Verbalstamm *suel- 'langsam verbrennen' (f. schwelen). Die nhd. Form mit f muß nicht durch nd. Einfluß erklärt werden, wie die ahd. u. mhd. Doppelformen zeigen. Oberpfälz. schwelfel dankt sein erstes l junger Vorwegnahme des zweiten. Das -g- von aköln. awestfäl. swegel, agf. swezel beruht aus Dissimilation: in *swebel wich der zweite Lippenlaut (b) dem ersten (w).

Schwefelbande F. in Jena 1770 Name einer als roh berüchtigten Studentenverbindung, nachmals in Leipzig und Halle Spottwort der Landsmannschaften und Korps für nichtschlagende Verbindungen ("Sulphuria"), zu-

leßt 'üble Gesellschaft': Ladendorf 1906 Schlagwb. 283; Büchmann 1912 Gefl. Worte 505;
Zf. f. d. Wortf. 3, 100. 8, 102.

Schwegel F. 'Flöte', ahd. swëgala 'Rohr,
Flöte', dazu swëgaläri 'Flötenbläser' (das im
Fam.-Namen Schwegler fortlebt), swëgalön
'tibicinari', mhd. swëgelen 'die Flöte blasen',
agſ. swëglhorn, got. swiglōn 'pfeifen', swiglja
M. 'Pfeifer'. Weitere Beziehungen sind nicht
gesichert.

Schweif M. mhd. sweif 'schwingende Bewegung, Gang, Umschwung; umschlingendes
Band, Besatz am Kleide; Schwanz', ahd.
sweif 'umschlingendes Schuhband', anord.
sveipr 'Schlingung, Falte, Band, gekräuseltes
Haar': zu schweifen. Die oſtmd. Form
Schwof hat die Bedeutung 'niedriges Tanz-
vergnügen' angenommen und ist seit etwa
1825 durch Leipziger, Jenaer, hallische und
Berliner Studenten verbreitet worden. Dazu
Christel-, Kuhschwof 'ländliche Tanzerei',
schwofen 'tanzen', Schwofer 'leidenschaft-
licher Tänzer', Schwofbesen 'Tänzerin'.

schweifen schw., früher ſt., urſpr. redupl.
Ztw., mhd. sweifen, swief, ahd. sweifan, swiaf
'rundum drehen, schwingen, winden; sich
schlängeln', aſächſ. swēpan, swēp, afrieſ. swēpa
'fegen', agſ. swāpan 'fegen, treiben; schwingen,
stürmen', engl. swoop 'sich stürzen', anord.
sveipa 'werfen, einhüllen', norw. sveipa,
schwed. svepa, dän. svøbe (älter svebe) 'wik-
keln'. Die nächsten Verwandten f. u. schweben
und Schweif; ferner nd. swipe, nnl. zweep,
anord. svipa 'Peitsche', agſ. engl. swift 'schnell',
got. midjasweipains 'Fegung der Weltmitte,
Sintflut', aveſt. xšaēwayat 'schwingend': ſämtlich zu idg. *sueib-, das als b-Erweiterung zur
idg. Wz. *suēi- 'biegen, drehen, schwingen,
lebhaft bewegen' gehört. S. Weife.

schweigen ſt. Ztw., mhd. mnd. swīgen, ahd.
swīgēn, aſächſ. swigon, mnl. swīghen, nnl.
zwijgen, afrieſ. swigia, agſ. swīgian, sugian,
suwian 'schweigen, still, ruhig sein': alte Durativbildung wie leben, schweben, währen.
Mit dem schw. Bewirkungswort schweigen,
mhd. ahd. sweigen 'zum Schweigen bringen'
sowie mhd. swīge ſt. F., agſ. swīg 'Schweigen'
und mhd. swīge schw. F., agſ. swīge 'Stille'
zu germ. *swīg-, idg. *suīk-. Daneben idg.
*suīg- in gr. σῑγή F. 'das Schweigen', σῑγάω
'schweige', agſ. swīcan 'weichen, aufhören,
nachlassen', geswīcan 'ablassen, sich enthalten'
und ahd. swīhhan 'ermatten, nachlassen'. Idg.
*suīk- und *suīg- sind Erweiterungen der idg.
Wurzel *suī- 'schwinden, nachlassen, schwach
und schweigsam werden', die unerweitert vorliegt in anord. svīa 'nachlassen', svīna, ahd.
swīnan 'abnehmen, schwinden', mhd. swīnen

'ohnmächtig werden, verstummen'. Das idg.
Wort für 'schweigen' (Wurzel *takē- in lat.
tacēre, got. þahan, ahd. dagēn) ist mit mhd.
dagen verklungen.

Schwein N. Mhd. ahd. aſächſ. mnd. afrieſ.
agſ. swin, mnl. swijn, nnl. zwijn, engl. swine,
anord. svīn, dän. schwed. svin, got. swein
führen auf germ. *swīna-, idg. *s(u)wīno-,
eine adj. Bildung zum lautmalenden germ.
idg. *sū(w)- (ſ. Sau), der aſlav. svinŭ, lat.
suinus, gr. ὕινος 'schweinern' entsprechen. Die
Endung -īno bezeichnet ursprünglich die Zugehörigkeit, bei Tiernamen das Junge von Tieren (vgl. Füllen und got. gaitein 'junge
Ziege' zu gaits 'Geiß'). Die Substantivierung
haben auch das Aſlav. bei svinija, das Apreuß.
bei swintian 'Schwein' vollzogen. Sie lag nahe,
weil von den Schlachttieren das Schwein am
jüngsten sterben muß. — Die Redensart
Schwein haben für 'Glück haben' rührt
daher, daß bei Schützenfesten und Wettrennen
der alten Zeit der Schlechteste eine Sau als
iron.T roſtpreis erhielt.

Schweiß M. Mhd. sweiz 'Schweiß, Blut',
ahd. sweiz 'sudor', aſächſ. mnd. afrieſ. swēt,
mnl. sweet, nnl. zweet N. 'Schweiß', agſ. swāt
M. N. 'Schweiß, Blut, Schaum; Mühe, Arbeit'
führen auf germ. *swaita-. Daneben wird
*swaita- vorausgesetzt durch anord. sveiti
'Schweiß' (dichterisch auch 'Blut'), norw.
sveite 'Schweiß' (mundartl. auch 'Blut der
Schlachttiere'), schwed. svett, dän. sved. Idg.
*sueid-: *suoid- 'Schweiß' ist Wurzel auch
für gleichbed. aind. svēda-, aveſt. xvaēda-,
armen. k'irtn, gr. ἴδος, ἱδρώς, alb. dirsë, djersë,
lat. sūdor, -ōris, kymr. chwýs, korn. whys, bret.
c'houez, lett. sviêdri Mz. Die Bedeutung
'Blut' hält sich in dt. Weidmannssprache als
deren einziger urzeitl. Bestandteil; hier auch
schweißen 'bluten' mit frühnhd. Schweiß-
wurst 'Blutwurst'. Dazu schweißen schw.
Ztw., mhd. sweizen, sweizen 'Metall in Weiß-
glut mit Metall zuf.-hämmern', ahd. sweizen
'braten, rösten', agſ. swǣtan 'schwitzen, bluten',
sowie anord. sveittr 'mit Schweiß bedeckt'
(dicht. auch 'blutig'). S. schwitzen.

Schweizer M. mhd. (14. Jh.) Swizer 'Einwohner der Schweiz, Zuwanderer von dort'
seit 16. Jh. 'Türhüter' vor allem beim Papste,
seit 17. Jh. 'Beaufsichtiger der Kühe in Milch-
wirtschaften', so früh im Odenwald (Fürstenauer
Kanzleiprotokoll vom 15. Sept. 1629) „Hans
Rasch der Schwizer oder Kuhewerter". Dazu
Stallschweizer M. 'der solche Milchwirtschaft im Stall (nicht auf freier Weide) betreibt' und Schweizerei F. 'Milchwirtschaft',
dies seit A. v. Klein 1792 Prov.-Wb. 2, 149.

Schweizerdegen M. im 16./17. Jh. 'zwei-
händiges Schwert der Schweizer Söldner';
danach 'Schriftsetzer, der zugleich drucken
kann' seit Geßner-Hagen 1740 Buchdruckerkunst unter Degen. Klenz 1900 Druckerspr.
96 will an Degen 'junger Gehilfe' anknüpfen:
das ist unmöglich, weil Degen[1] (s. d.) unbekannt war, als das Fachwort aufkam.

schwelen schw. Ztw. 'ohne Flamme langsam
brennen', im 18. Jh. ins Hd. übernommen
aus nnd. swēlen, mnd. swelen 'schwelen,
(Heu) dörren'. Dazu afries. swela, agf. swelan
st. Ztw. '(ver)brennen, sich entzünden', auch
ahd. swilizōn 'sengen, rösten', mnd. swalm
'Qualm' und schwül, s. d. Außergerm. vergleichen sich lit. svìlti, lett. svelt 'sengen', gr.
εἵλη, ἕλη 'Wärme, Licht', ἐλάνη 'Fackel',
ἐλένη 'Leuchte', ἀλέα 'Sonnenwärme'.
Sämtlich zu der unter Sonne entwickelten idg.
Wurzel *sṷel- 'brennen'.

schwelgen schw. Ztw., mhd. swëlgen, -hen
'(ver)schlucken, saufen', ahd. swëlgan, -ahan st.
Ztw. '(ver)schlucken', asächf. farswëlgan 'verschlucken', mnl. swelghen, mnl. zwelgen 'schluk-
ken', agf. swelgan, engl. swallow, anord. svelg-
ja, schwed. svälja 'verschlingen'. Die subst.
Verwandten f. u. Schwalch. In dem vorausliegenden idg. *sṷelk- sieht man k-Erweiterung zur idg. Wurzel *sṷel- 'schlingen,
essen, trinken', die unerweitert vorliegt in avest.
xᵛar- 'genießen, verzehren, essen, trinken'. Luthers Schwelger(ei) ist seinen obd. Zeitgenossen fremd: Kluge 1918 Von Luther bis
Lessing 111. 114. In der Schweiz gilt auch
weiterhin Schlemmer(ei): Schütt 1908 Petris
Bibelglossar 70; K. Bachmann 1909 Einfl. v.
Luthers Wortschatz 77.

Schwelle F. Mhd. swelle F. N. 'Balken zum
Hemmen des Wassers; (Grund-)Balken, Haus-
schwelle' und ahd. swelli N. 'limen, basis'
führen auf germ. *swallia-. Daneben mit andern Ablautstufen (germ. *swelliō-: *sulliō)
nd. süll, mnd. süll, mnd. sül(le), agf. syll, engl.
sill 'Schwelle', anord. svill, syll 'Grundlage
eines Gebäudes', norw. svill, schwed. syll,
dän. syld 'Schwelle'. Germ. Verwandte sind
anord. svalar Mz., aschwed. svali 'Balkon', isl.
svoli 'Holzklotz, Baumstumpf'. Außergerm.
vergleichen sich gr. σελίς und σέλμα 'Balken,
Gebälk, Planke, Ruderbank': zur idg. Wurzel
*sel- 'Balken'. Schwelle ist das im Ostmd.
begünstigte Wort, darum schriftsprachlich Sieger geblieben über Trittschäuflein (s. d.)
und nd. nfränk. mfränk. siebenb. dörpel: K.
v. Bahder, Wortwahl (1925) 70f.

schwellen st. Ztw., mhd. mnd. mnl. swëllen,
ahd. asächf. agf. swëllan, nnl. zwellen, afries.
swëlla, engl. swell, anord. norw. svella, schwed.

svälla. Dazu das schw. Bewirkungsztw.
schwellen, mhd. ahd. swellen, anord. svella
aus germ. *swallian (vorausgesetzt auch durch
got. ufswalleins F. 'Aufgeblasenheit'; Ableitungen zum st. Ztw. f. u. Schwall, Schwiele
und Schwulst). Germ. ll wird aus ln entstanden sein. Außergerm. Abkömmlinge der
idg. Wurzel *sṷel- 'schwellen' sind nicht gesichert.

schwemmen schw. Ztw., mhd. mnd. mnl.
swemmen, agf. swemman aus westgerm.
*swammian (älter dän. svemme war aus dem
Nhd. entlehnt): Bewirkungsztw. zu schwimmen (s. d.), somit 'schwimmen machen, ins
Wasser tauchen, darin waschen, spülen'. Dazu
Schwemme F., mhd. nd. swem(me) 'Handlung und Ort des Schwemmens'.

Schwengel M. 'Gerät das (sich) schwingt, sich
schwenken läßt'. Mhd. (seit 1300) mnd. swengel
(daraus entlehnt schwed. svängel), mnl. swen-
ghel, nnl. zwengel sind mit der Endung der
männl. Gerätnamen (wie Flügel zu fliegen,
Stachel zu stechen usw.) gebildet zu swengen,
schw. Bewirkungsztw. zum st. Ztw. schwingen
(s. d.). Unmittelbar zu diesem gehört Schwin-
gel (daraus entlehnt dän. svingel), während
Schwenkel, mhd. (seit 1204) swenkel, fläm.
zwenkel zum nahverwandten schwenken (s.
d.) gebildet ist. Sinnesunterschiede zwischen
den drei Bildungen werden nicht deutlich.
S. Galgen-, Ladenschwengel.

schwenken schw. Ztw., ahd. mhd. mnd. mnl.
swenken 'schwingen machen, in Schwung
bringen, schleudern; in schwankender Bewegung sein, schweifen, schweben, sich schlingen',
nnl. zwenken 'schwingen', agf. swencan 'plagen, beunruhigen, quälen, unterdrücken', mengl.
swenche: Bewirkungsztw. zum st. Ztw. schwingen, f. d.

schwer Adj. Adv., mhd. swære, swäre, ahd.
swār(i), swāro, asächf. mnd. swār, mnl. swāre
swaer, nnl. zwaar, afries. swēr, agf. swǣr(e),
swār, anord. svārr, dän. svær, älter sva(a)r
schwed. svår 'schwer', dagegen got. swērs 'ge-
achtet, geehrt' (wie lat. gravis neben 'schwer'
auch 'gewichtig, würdevoll' bedeutet). Außergerm. vergleicht man lit. svarùs 'schwer',
svãras 'Waage, Pfund', sveriù 'wäge'; russ.
svóra 'Koppel'; gr. ἕρμα 'Ballast', ἀείρω,
αἴρω 'hebe', ἐπήορος 'darüberhängend', αἰώρα
'Waage', ἀορτήρ 'Wehrgehenk'.

Schwerenöter M. einer, dem man die schwere
Not (Epilepsie) anwünscht oder der das verdiente: Hermes 1778 Sophiens Reise 6, 212.
Von Klein 1792 Prov.-Wb. 2, 150 als rheinpfälz. Schimpfwort verzeichnet, im 19. Jh. allgemein geworden und in seiner Bed. gemildert
(vgl. Schalk, Schelm): Ladendorf 1906
Schlagwb. 284.

Schwermut F. Rückbildung aus dem Adj. schwermütig, das als swærmüetec schon mhd. gilt, während Schwermut im entspr. Sinne nicht vor Luther auftritt, dessen Bibelübersetzung allein das Adj. bietet. S. Klein-, Miß-, Sanftmut.

Schwerpunkt M. glücklicher Ersatz für lat. centrum gravitatis, auf Christian Wolff zurückzuführen, der in seinem Vollst. math. Lexicon (zuerst Leipzig 1716) die Zwischenstufe „Mittel-Punct der Schwere" überwinden mußte, vgl. die Ausg. von 1734 Sp. 283.

Schwert N. Ahd. mhd. swërt, asächs. afries. swërd, anfr. swërt (d), mnl. swaert, nnl. zwaard, ags. sweord, engl. sword, anord. sverð, dän. sverd, schwed. svärd (got. statt dessen hairus M.) führen auf germ. *swerða- N. -ða ist Suffix, der Stamm stellt sich zu ahd. swëran (s. Schwär), dessen Bed. 'schmerzen' aus älterem 'schneiden' hervorgegangen ist (vgl. das urverw. avest. xᵛara 'Wunde'). Somit ist Schwert urspr. 'schneidende Waffe'. Entspr. gehören ahd. scram 'großes Messer' und aind. kṛpāna- 'Schwert' zur idg. Wz. *(s)qer 'schneiden': W. Krogmann 1932 Zs. f. vgl. Sprachf. 59, 204.

Schwertel M. ahd. swërtala, asächs. swërdula F., mhd. swërtel(e) F. M. Name verschiedener Pflanzen mit schwertförmigen, am Rand schneidenden Blättern, namentl. von Iris-Arten. Nachbildung von lat. gladiolus. Zs. f. d. Wortf. 3, 277 f. 297. 303.

Schwester F. Mhd. sw. ster (e aus ë vor st wie mhd. dëste, gëstern, wëste), ostmd. ahd. swëster (aus -ër), asächs. swëstar, westfäl. süster, mnd. mnl. suster, nnl. zuster, afries. swëster, suster, ags. sweostor, swustor, urnord. swestar (zu lesen: swestær), anord. systir (mit Umlaut aus der Mz.; daraus entlehnt engl. sister), dän. søster, schwed. syster, got. swistar (Gen. swistrs, Mz. swistrjus: in diesen Formen ist zuerst t eingeschoben) vereinigen sich auf idg. *sⱶesor 'Schwester'. Dieselbe Form wird vorausgesetzt durch aind. svasar-, avest. xᵛaŋhar-, armen. kʿoir, toch. A ṣar, B ṣer, lat. soror, -oris, aslav. sestra, apreuß. swestro, lit. sesuõ (Gen. seseŕs), air. siur, kymr. chwaer, akorn. huir, korn. hoer, hor, bret. c'hoar 'Schwester' und gr. ἔωρ 'Tochter'. Vor dem t-Einschub neu geschaffen sind asächs. aschwed. swiri 'Sohn der Mutterschwester', ags. swiria 'Neffe, Vetter', afries. swire F. 'Vetterschaft'. Idg. *s(u)e-sor enthält den Reflexivstamm *s(u)e-; im Grundwort vermutet man idg. *ser- 'Frau' (im Fem. der Drei- und Vierzahl aind. tisráḥ, cátasraḥ). Grundbedeutung von Schwester wäre dann 'Frau der eignen Sippe'. S. Geschwei, Geschwister, Schwager, Schwäher, Schwieger.

Schwibbogen M. ahd. swibogo, mhd. swiboge 'bogenförmige Wölbung', nach R. Loewe 1894 Zs. f. vgl. Sprachf. 35, 609 mit Silbenvereinfachung aus *swibi-bogo mit *swibi, Verbalabstr. von swëbën als erstem Wortteil. Frühnhd. schwibboge stellt die etym. Verhältnisse auf volkstüml. Wege her.

Schwieger F. 'Schwiegermutter' noch volksüblich in Teilen Schwabens, der Oberpfalz, Hessens und Siebenbürgens. Mhd. swiger, ahd. swigar, -er, mnd. ags. sweger, mnl. swegher, anord. aschwed. sværa, got. swaihrō führen auf idg. *sⱶekrūs 'Schwiegermutter' wie gleichbed. aind. śvaśrū, armen. skesur, alb. vjéherë, gr. ἑκυρά, lat. socrus, aslav. svekry, kymr. chwegr, korn. hweger (aus *sⱶekrū-): eine uralte Fem.-Bildung zum Mask. Schwäher (s. d.). Die Zus.-Setzung Schwiegermutter, die wohl für 'Schwieger und Mutter' eingetreten ist (wie Schwähervater im 17. Jh. für 'Schwäher und Vater'), dürfte von Niederdeutschland ausgegangen sein. Über ein seltnes Schwiegerfraumutter A. Götze 1909 Zs. f. d. Wortf. 10, 204 f.

Schwiegersohn M. s. Eidam und Kretschmer 1918 Wortgeogr. 454. Tochtermann ist auf den Südwesten beschränkt geblieben.

Schwiegertochter F. ist nach dem Vorbild von Schwiegermutter gebildet, wird von Stieler 1691 zuerst gebucht und ist in der ersten Hälfte des 18. Jh. noch nicht völlig eingebürgert. In den Mundarten gilt neben Schnur (s. d.) Söhn(er)in alem., schwäb. und südfränk.: v. Bahder 1925 Wortwahl 154.

Schwiele F. Frühnhd. schwill M., schwillen F., mhd. swil(e), swel M. N., ahd. swil N., swilo M., asächs. mnl. swil N., mnd. ags. swile M. führen auf germ. *swiliz- N. zur idg. Wz. *sⱶel- 'schwellen'. Daneben mit Ablaut Schwulst, s. d. und schwellen. Das nhd. F., zuerst als Schwillen in Zürich 1561, ist aus der Mz. des alten M. entwickelt, das sich in den Mundarten weithin erhalten hat, wie sich denn das der Lutherbibel und den meisten Klassikern fehlende Wort merkwürdig spät gefestigt hat.

Schwiemel M. 'Schwindel, Ohnmacht, Rausch; Leichtsinniger': mit nd. i (s. Riese) aufgenommen, auch in md. Volkssprache verbreitet, kaum je literarisch. Zuerst 1417 swimel 'vertigo' (Diefenbach, Nov. gloss. 380a) zu mnd. swimen, mhd. sweimen 'schweben'. Dazu das Stud.-Wort schwiemeln 'bummeln, zechen' Kluge 1895 Stud.-Spr. 125.

schwierig Adj., nur deutsch, mhd. swiric, swëric (g), mnd. swërich 'mit Schwären behaftet, schwärend', Ableitung von Schwär M., vom nhd. Sprachgefühl zu schwer gezogen und demgemäß umgedeutet. Noch Schönsleder (Augsb. 1618) setzt schwirig 'eitrig' an; die lange vorwaltende Schreibung schwürig zeigt den Vokalismus von Geschwür. — Das F. Schwierigkeit ist zwiespältigen Ursprungs. P. Schede 1572 Psalmen 145 Ndr. kennt schwirikait 'Eiterung', woraus bei Schottel 1663 Schwürigkeit 'Meuterei, Aufruhr', bei Duez 1664 Schwürigkeit oder Schwerigkeit 'Beschwernus, difficultas' geworden ist. Daneben besteht seit mindestens 1350 ein mhd. swærikeit, Parallelbildung zum mhd. swære F. in Bedeutungen wie 'Schwere, Beschwerde; Zwist', die kurz nach 1700 den Sinn, zur Zeit der Klassiker die Form Schwierigkeit erreicht hat.

schwimmen st. Ztw., mhd. nd. swimmen, nnl. zwemmen, ahd. asächs. ags. swimman, engl. swim, anord. svim(m)a, symja, norw. mundartl. symja, svemja, dän. svømme, schwed. simma (mit Verlust des v vor o, u der Prät.- und Part.-Formen). Dazu das Bewirkungsztw. schwemmen, s. d. Daneben mhd. swamen, afries. swommia schw. Ztw. 'schwimmen', norw. svamla, sumla 'plätschern', svamra 'schwärmen, umherirren', ahd. swummöth M. 'das Schwimmen', got. swum(f)sl N. 'Teich'. Vgl. Sumpf (Sund scheint unverwandt). Außergerm. vergleichen sich kymr. chwyf 'Bewegung', chwyfio 'bewegen', lit. sùmdyti 'hetzen' (ursprünglich 'sich schnell bewegen machen'). Die idg. Wurzel *suemhatte die umfassende Bedeutung 'in Bewegung sein'; schwimmen war ursprünglich '(im Wasser) herumpatschen, plätschern'.

schwindeln schw. Ztw. Zu schwinden 'abnehmen' stellen sich ahd. swintilōn, mhd. swindeln, urspr. 'in Ohnmacht fallen, bewußtlos werden', dann 'Schwindelgefühle haben'. Als Subst. 'vertigo' stellen sich dazu ahd. swintilōd und swintilunga, die erst spätmhd. durch swindel M. abgelöst werden. Dies ist als Rückbildung zum Ztw. zu beurteilen (wie Taumel zu taumeln). Unser Schwindel 'Betrug' wird durch Bed.-Wandel gewonnen, dessen Ansätze nicht vor S. Franck 1534 Weltbuch 9ᵇ belegbar sind, der aber schon durch Titel und Anlage von Murners „Mühle von Schwindelsheim" (1515) vorausgesetzt wird: F. Mentz 1927 Beitr. 51, 300; K. Wagner 1943 Dt. Wortgesch. 2, 336.

schwinden st. Ztw., mhd. mnd. swinden, ahd. swintan 'vergehen, abmagern, bewußtlos, ohnmächtig werden', asächs. farswindan, ags. swindan 'abnehmen, schmachten'. Dän. svinde und schwed. svinna sind aus dem Deutschen entlehnt. Die nächsten germ. Verwandten

sind (ver)schwenden, Schwindel und Schwund. Außergerm. vergleicht man armen. k'andem 'zerstöre, vernichte', air. mir. a-sennad 'endlich': idg. Wurzel *suendh- 'schwinden'.

Schwindler M. Neben seinem Mask. Schwindel 'Taumel' entwickelt schwindeln eine Bed. 'unbesonnen handeln, Unausführbares planen'. Hierzu stellt sich Schwindeler 'Fanatiker' bei Stieler 1691, Schwindelgeist in Dresden 1752 (Zf. f. dt. Wortf. 1, 39) und bei J. Möser 1778 Patr. Phant. 1, 12. 162; polit. Schwindler Schubart 1789 Vaterl. Chron. 404. Wie sich 1762 deutsche Juden in London niederlassen, nennt das Volk dort ihre zweifelhaften Geschäfte swindle, sie selbst seit 1775 swindler. 1780 tritt Schwindeley, 1782 Schwindel für 'Wechselreiterei', 1806 swindler für 'Wechselreiter' in Hamburg auf und verbreitet sich mit vielen Ableitungen rasch über das Deutsche, aus dem nnl. zwendelen, zwendelaar, zwendelarij, dän. schwed. svindel entlehnt sind. Bei dt. Gaunern gilt Schwindler seit 1803 N. Hannöv. Magazin, Stück 57, Schwindeley seit 1804: Kluge 1901 Rotw. 1, 275; ders. 1908 Bunte Blätter 142ff.; Schirmer 1911 Wb. d. Kaufm.-Spr. 173.

Schwindsucht F. mhd. (15. Jh.) swint-, swinsuht (dies zu swinen 'abnehmen'): wie das gleichbed. Auszehrung Lehnübersetzung von gr.-lat. phthisis (zu gr. φθίειν 'hinschwinden').

Schwinge F. ahd. asächs. swinga, mhd. mnd. afries. ags. swinge, mnl. swinghe: zu schwingen. Grundbed. 'Gerät zum Schwingen'. Das ahd. asächs. Wort bed. 'Peitsche', das mhd. 'Schwingholz zum Flachsschwingen', seit dem 15. Jh. auch 'Schwingwanne zur Reinigung von Futter und Getreide' und 'Torflügel'. Die Bed. 'Flügel' tritt in der Falknerei seit Meichßner 1541 Handbüchl. 44ᵃ auf und ersetzt, von da in die Volkssprache eindringend, seit Duez 1652 Nomencl. 194 älteres Schwingfeder.

schwingen st. Ztw., mhd. mnd. swingen 'schwingend bewegen, schütteln; mit geschwungenem Gerät schlagen', rückbez. 'sich schwingen, fliegen, schweben, schweifen; sich bewegen', ahd. asächs. swingan '(sich) schwingen, stürzen', mnl. swinghen, afries. swinga 'begießen', ags. swingan 'schlagen, geißeln, sich schwingen', engl. swing. Dän. svinge, schwed. svinga sind aus dem Deutschen entlehnt. Got. *swiggwan wird aus dem Bewirkungsztw. swaggwjan 'schwankend machen' erschlossen (vgl. schwenken). Neben germ. *sweng- aus idg. *suenqsteht germ. *swank- aus idg. *sueng- (vgl. Schwang, schwank, schwanken) mit außergerm. Verwandten wie aind. svájatē, -ti 'umschlingt, umarmt', avest. pairišxvaxta- 'rings umschlossen' und air. seng 'schlank' (ursprünglich 'biegsam'). Ausgangsbedeutung 'biegen; drehend schwingen, schwenken'.

Schwir(re) M. F. 'Pfahl', mhd. swir, Mz. swirn 'Uferpfahl', ahd. *swiro (zu erschließen aus swirōn 'bepfählen, bestätigen'), agf. swier, swior M. F. 'Pfeiler, Pfosten, Säule, Stütze; Riegel'. Heute nur schweiz. (Id. 9, 2132 ff.), bis ins 17. Jh. auch bair. (Schmeller-Frommann 2, 646). Dazu germ. *swerhjan- in agf. swiera, swiora, anord. svīri 'Hals, Nacken' (die den Kopf tragende Säule). Außergerm. vergleichen sich lat. surus 'Zweig, Sproß, Pfahl', surculus, -cellus 'Schößling, (Setz-)Reis, Span', aind. sváru- M. 'Pfahl, Doppelpfosten, langes Holzstück'. Idg. Wurzel *suer- 'Pfahl'.

schwirren schw. Ztw., mnd. swirren, nhd. kaum vor A. Gryphius, Freuden- u. Trauerspiele, auch Oden u. Sonnette (Breslau 1663) 413 „Was schwirren dort für Ketten?" Mit gleichbed. nnl. zwirrelen, agf. swōrian, swōrettan 'keuchen, gähnen, seufzen', dän. svirre, schwed. (seit 1759), norw. svirra 'schwirren, wirbeln', anord. sverra 'wirbeln, kreisen', svarra 'brausen' zu einer lautmalenden Gruppe, von deren Gliedern schwer zu sagen ist, wie weit sie von Volk zu Volk entlehnt, wie weit sie gemeinsamer Besitz aus der Urzeit (idg. Wurzel *suer- 'surren') sind. Im zweiten Fall bestünde Urverwandtschaft mit aind. svárati 'tönt', lat. susurrus 'Zischen' und susurrāre 'flüstern, summen'. — S. Schwarm.

schwitzen schw. Ztw., mhd. switzen, ahd. swizzen, germ. *switjan. In Ablaut damit germ. *swaitjan, s. Schweiß; dort auch die außergerm. Abkömmlinge der idg. Wurzel *sueid- 'schwitzen'.

Schwof s. Schweif.

schwören st. Ztw. Mhd. swern, sweri(g)en, ahd. swerien, swerren (sueris, -it; swuor, suor; gisworan), asächs. agf. swerian, mnl. sweren, nnl. zweren, afries. swera, engl. swear, anord. sverja, schwed. svär(j)a, dän. sverge, älter svœrje führen auf germ. *swarjan, woneben ohne j got. swaran 'schwören' wie anord. svara 'antworten'. Diesem stehen nahe asächs. antswōr, afries. ondser, agf. andswaru, engl. answer, anord. andsvar, Mz. svǫr 'Antwort'. Grundbedeutung von schwören ist 'Rede stehen, (vor Gericht) aussagen'; der Bed.-Wandel zu 'schwören' erklärt sich wohl durch Auslassung des Objekts Eid, das sich in den alten Zus.-Setzungen ahd. eidswart, -swuor, asächs. ēdswaru, agf. āðswierd 'Eidschwur' als noch notwendig erweist, ebenso in der anord.

Formel sverja eiðum. Die umfassende Grundbed. wird bestätigt durch die urverwandten lat. sermo (aus *suermō) 'Wechselrede', ost. sverrunei 'dem Sprecher', aslav. svara 'Zank' (urspr. 'Hin- und Widerrede'), svarŭ 'Kampf', svariti 'schmähen, bekämpfen': sämtlich zur idg. Wz. *suer- 'sprechen', die wohl der unter schwirren entwickelten idg. Wz. *suer- 'surren' nahesteht. S. Schwur.

schwül Adj. Aus nd. swül (nnl. zwoel) 'drückend heiß' wird seit Zesen 1645 Adr. Rosemund 3 Ndr. schwul ins Hd. eingeführt. Unter Einfluß des Gegenworts kühl (s. d.) findet seit Ludwig 1716 Umformung zu schwül statt. Das Adj. steht (wie agf. swol N. 'Hitze') in Ablaut zu dem unter schwelen entwickelten swelan und geht mit diesem von der Sonnenglut aus.

Schwulität F. 'Bangnis', student. Scherzbildung zu schwül. Dem Ursprung am nächsten steht Der angehende Student (1767) 41 (Zf. f. dt. Wortf. 3, 100). Für Halle 1781 verzeichnet C. W. Kindleben 1781 Stud.-Lex. 179 Schwulitäten 'Verlegenheiten'. In Göttingen 1784 nimmt Bürger Schwulität in seine Ballade vom Kaiser und Abt auf. Neben dem jüngeren in Schwulibus bei F. Kluge 1895 Stud.-Spr. 38, dort auch die vergleichbaren Bildungen Albertät, Ehrbartät usw.

Schwulst M. Mhd. swulst F. 'ulcus' ist im Nhd. durch Geschwulst (ahd. giswulst, mhd. geswulst) F. abgelöst worden, nachdem Luthers Altes Test. noch zweimal Schwulst im alten Sinn verwendet hatte. Ungewiß bleiben Genus und Bed. von Schwulst bei Schottel 1663 Ausführl. Arbeit 443. In der stilkrit. Bed. 'überladene Fülle des Ausdrucks' verwendet Schwulst Hagedorn 1757 Poet. Wälder 1, 177. An der Einbürgerung dieses Sinnes sind Gottsched, Lessing und Winckelmann beteiligt.

schwülstig Adj. Luthers schwulstig 2. Petr. 2, 18 wird seinen obd. Zeitgenossen mit aufgeblasen verdeutlicht (Kluge 1918 Von Luther bis Lessing 111), von ihm selbst nachmals aufgegeben. Für schwülstig im körperl. Sinn tritt geschwollen ein, so daß die übertragenen Gebrauchsweisen schon im 18. Jh. das Feld behaupten.

Schwung M. spätmhd. swunc (g): zu schwingen.

Schwur M. zu schwören, s. d. Ahd. sind nur eidsuor und meinsuoro bezeugt, mhd. tritt zunächst nur meinswuor auf, einfaches swuor nicht vor 1270: Jüng. Titurel Str. 5873 Hahn. Nd. swōr wird uns nicht vor 1770 greifbar. Dem M. und Anglofries. fehlt eine vergleichbare Bildung, anord. søri 'Eid' ist abweichend gebildet und fehlt den nnord. Sprachen. Schwed. svordom (seit 1640) ist vom Dt. abhängig. Neben dem alten Lehnwort Eid (s. d.) war das Verlangen nach einer gleichbed. Ableitung vom heimischen schwören nicht start. Darum bedeutet Schwur weithin 'Fluch', im Schwäb. bis heute.

Sebenbaum M. Juniperus sabina L. wird als Arzneipflanze in vorkarolingischer Zeit aus Italien nach Süd- und Mitteldeutschland, Frankreich und England eingeführt; das Capitulare de villis (um 794) nennt savinam: Hoops 1905 Waldbäume 271. Lat. (arbor) Sabina 'sabinischer Baum' ergab ahd. sevina, sevinboum, mhd. sevenboum, ags. safine, engl. savin, entspr. afrz. savine. Das unverstandene Bestimmungswort erleidet viele volkssprachliche Entstellungen: Sade-, Salbe-, Sangen-, Segel-, Siebenbaum usw. Vgl. Wacholder.

Sech N. mhd. sëch, ahd. sëh (hh), mnd. sek(e), das vor der Schar die Scholle schneidende Pflugmesser. Der Räderpflug wurde durch Einsetzen des bei den Römern üblichen Vormessers verbessert. Der lat. Name culter, cultellus, der in ital. coltello und frz. couteau fortlebt, dringt wie nach England (ags. culter, engl. coulter) und Holland (mnl. couter, nnl. kouter) als Kolter von Luxemburg und Lothringen nach Trier, von dort und über die Saar an den Rhein, weiter über den Westerwald ins Bergische und nach Westfalen. Als zweiter Name ist lat. *secum, *seca (Rückbildung aus secāre 'schneiden', s. Sichel) durch viele roman. Folgeformen gesichert. Er gelangt vor Abschluß der Verschiebung von k zu hd. ch über die Alpen nach Süddeutschland vom Elsaß und der Schweiz bis Kärnten. Nördlich der Mittelgebirge trifft Sech auf Kolter, beide teilen sich in die übrigen Gebiete, ohne daß ein sachlicher Unterschied zwischen ihnen bestünde. Durch Herborts v. Fritzlar Lied v. Troye 3443 wird Sech vor 1217 literarisch. Die mundartliche Formenfülle ist groß: söich in Defereggen, säch in Henneberg, saich in Nordhausen, sä, sei, sö in Teilen von Schwaben und Österreich, saeg in Fulda, segg in Ostpreußen usw. Das Geschlecht schwankt seit alters ins F., neuerdings auch ins M.: J. Brüch 1922 Zs. f. rom. Phil. 41, 15ff.; Th. Frings 1930 Zs. f. Volkskde. 40, 104; ders. 1932 Germania Rom. 153f.

sechs Zahlwort von höchstem Alter: ahd. sëhs, Mz. sehsi, mhd. sehs (mit Umlaut nach der Mz. sehse; dagegen sëhzëhen, sëhzec), asächs. sëhs, mnl. ses(se), nnl. zes, afries. anord. schwed. sex, agf. siex, spätags. engl. six, dän. seks, got. saíhs. Außergerm. vergleichen sich aind. ṣáṣ (aus *sáks), avest. xšvaš,

toch. säk, armen. veç, alb. ĝaštë, gr. ἕξ, ϝέξ, lat. sex, aslav. seští (eigentlich 'Sechszahl', lit. šeší (aus *seší), air. sē, kymr. chwech (aus *swes). Jdg. Grundformen *sueks, *seks, *ueks, daneben tiefstufig *uks in apreuß. uschts 'der sechste', wozu alit. ušios 'Wochenbett'.

Sechter M. Lat. sextārius 'Hohlmaß, sechster Teil des röm. congius' liefert die Endformen Sechter und Sester. Die zweite ist bei Entlehnung vor der hd. Lautverschiebung geradlinig entwickelt: ahd. sëhstāri, mhd. sëhster ergab mit Erleichterung der Drittkonsonanz mhd. agf. sëster, asächs. soster, suster. Die andere Form, ahd. sëhtāri, mhd. sëhter, erinnert an mhd. forëht 'Forst', schaltelān 'Kastellan' und darf vielleicht durch Übernahme aus ostfrz. Mundarten (Behaghel 1928 Gesch. d. dt. Spr. 32) erklärt werden (vgl. frz. setier und M. K. Pope 1934 From Latin to modern French § 378). Der Entfaltung von S. im Nhd. ist abträglich geworden, daß Luthers Wort Scheffel war (das in Basel 1523 mit sester verdeutlicht wurde: Kluge 1918 Von Luther bis Lessing 110). Zur sachlichen Entwicklung des Hohlmaßes Reallex. d. germ. Alt.-Kde. 4, 170.

See M. F. Mhd. sē, Gen. sēwes M. F. '(Binnen-)See, Meer', ahd. sē(o), asächs. sēo, anfr. sēo, sēu, mnl. see, nnl. zee, afries. sē, agf. sǣ, in Eigennamen auch sā-, engl. sea, anord. sjär, sjör, sær, norw. sjø, schwed. sjö, dän. sø, got. saiws M. 'Landsee, Sumpfland' führen auf germ. *saiwi-, älter *saiwa- (aus diesem früh entlehnt lapp. saiva, finn. saivo 'klare Stelle im See'). Aus dem Jdg. ist das Wort nicht überzeugend zu deuten; es stammt wohl von einer fremden Bevölkerung, die vor den Germanen Teile Norddeutschlands bewohnt hat. See ist ursprünglich M., das F. tritt (nächst dem Agf.) zuerst im Nd. auf. Daher wohl hat sich F. für 'Meer', M. für 'Binnensee' festgesetzt; die Scheidung zuerst bei Kantzow († 1542) Pomerania 2, 397. Der schw. Plur. Seen, der zunächst zum F. gehört, ist auf das M. übertragen. Das F. dringt schon in mhd. Zeit nach Mitteldeutschland, doch ist die Scheidung noch im 18. Jh. nicht streng durchgeführt: Paul 1917 Dt. Gramm. 2, 101. Bemerkenswert ist, daß See (als 'Meer im Gegensatz zu Land und Küste' auch in Verbindungen wie hohe, offne, Nord-, Ostsee) in dt. Seemannssprache durchweg vor Meer bevorzugt wird: Kluge 1911 Seemannsspr. 711. Vgl. Haff.

Seehund M. Germ. Bezeichnung der Robbe ist *sëlhaz M., worauf mit anord. selr, agf. seolh, engl. seal, nordfries. selich, mnd. sel

auch ahd. sëlah, sëlho, mhd. sële beruhen.
Außergerm. Entsprechungen sind unsicher;
falls mit gr. ἕλκειν zum idg. Verbalstamm
*selk- 'schleppen', wäre *sëlhaz 'der sich müh-
sam Schleppende'. — Das absterbende seel (so
Maaler 1561) wird verdeutlicht durch frühnhd.
Seelhund, mnd. sëlhund (woraus entlehnt
dän. sæl-, schwed. själhund). Dafür bürgert
sich um 1500 der auf der Stimme des Tiers beruhende Name Seehund 'canis marinus' ein,
als Eindringling aus dem Nd. und M. Über
die ahd. Synonyma mĕri-hunt, -kalb, -kuo,
-ohso Palander 1899 Tiernamen 64 ff.

Seele F. mhd. afries. sële, ahd. sē(u)la,
asächs. seola, siala, anfr. sēla, mnl. siele, nnl.
ziel, agf. sāwol, engl. soul, got. saiwala. Awestnord. sāl(a), isl. sāl, norw. saal, aschwed. siäl,
schwed. själ, dän. sjæl beruhen auf Entlehnung
teils aus dem Agf., teils aus dem Asächs. Urgerm. *saiwalō 'die vom See stammende, zum
See gehörige' ist l-Ableitung von *saiwa-z (s.
See). Bestimmte Seen galten den Germanen
als Aufenthaltsort der Seelen vor der Geburt
und nach dem Tode: J. Weisweiler 1940 Idg.
Forsch. 57, 25 ff.

Seelenverkäufer M. hat als Nomen agentis
auf -er zunächst persönl. Bed. Nd. sëlverköper
1770 Brem. Wb. 4, 748 ist in Nachbildung
des nl. zielverkooper 'gewissenloser Matrosen-
makler', in hd. Reisewerken seit Hesse 1687
Reisebeschr. 14. Als nd. Bildung (vgl. Schmö-
ter) dann auch mit sachl. Bed. 'leicht kenterndes
Boot' (wie sonst Seelentränker, -töter,
schneller Tod). Bei Kluge 1911 Seemannsspr. 717 von Pregel und Weichsel 1883, DWb.
10, 1, 37 von einer Wolgareise 1872 beigebracht.

Seerecht N. als Gegenwort zu Landrecht
seit Schütze 1592 Hist. rer. pruss. 92ᵇ. Heute
dient der kurze Ausdruck als Klammerform zu
Seekriegsrecht und Seehandelsrecht.

Seeschlange F. 1727 bringt die Voss. Ztg.
die Nachricht, in Lindos in Griechenland sei
„das Meer-Wunder" gefangen eingebracht worden. Seither entwickelt sich das Auftauchen
der großen Seeschlange in sommerlich stiller
Zeit zum Stichwort einer unglaubhaften
Zeitungsnachricht, verhöhnt schon in den Grenzboten 1843 S. 283: Ladendorf 1906 Schlagwb.
285 f.

Segel N., alt und obb. auch M. Mhd. sëgel,
sigel, ahd. sëgal, asächs. schwed. segel, mnl.
afries. dän. seil, nnl. zeil, agf. anord. sëgl
führen auf germ. *segla-, idg. *seqlóm. Aus
dem Germ. entlehnt ist kelt. *seglo-, auf dem
gleichbed. ir. sëol, kymr. hwyl und akorn.
huil beruhen. Frz. cingler (12. Jh. sigler),
span. singlar 'segeln' stammen aus gleichbed.

anord. sigla; aus dem Dt. entlehnt sind lit.
żeglas, poln. żegiel 'Segel'. Der Zus.-Hang
mit anord. sögr 'abgerissenes Stück, Streifen'
sichert für Segel die Grundbed. 'abgeschnittenes
Stück und Zugehörigkeit zur idg. Wurzel
*seq- 'schneiden' in Säge, Sense usw.

Segelbaum M. ahd. mhd. sëgelboum 'Mast':
ein vorwiegend obb. Schifferwort, von ahd.
Zeit bis zum 17. Jh. oft verwendet und gebucht. Von Kluge 1911 Seemannsspr. 720 f.
zuletzt belegt für 'Mast' 1584, für 'Rahe' 1666.
Die Zus.-Setzung bestätigt (neben der Entwicklung von Mast, s. d.), daß das Segel in
der germ. Schiffahrt nicht unbedingt alt ist:
Reallex. d. germ. Alt.-Kde. 4, 161.

Segen M. Langobard. runisch (um 600)
segun, ahd. asächs. sëgan, mhd. mnd. sëgen,
mnl. seghen, nnl. zegen, agf. sëgn '(Segnung
mit dem) Kreuzeszeichen; Zauber': in ur-
deutscher Zeit als christliches (nicht kirchliches)
Hauptwort rückgebildet aus dem Ztw. sëgnen,
mhd. sëgenen, ahd. sëganôn, asächs. sëgnôn,
mnl. seghenen, nnl. zegenen, agf. segnian,
anord. signa 'das Zeichen (des Kreuzes) schlagen' aus lat. signāre, dessen i lautgesetzlich
volkslat. e ergeben hatte (s. Sendgericht).
Volkslat. *seƺno- liegt auch den kelt. Entsprechungen voraus, die gleichfalls 'Segnung'
und 'Zauber' bedeuten: air. sēn 'Zeichen,
Segen, Glück', kymr. swyn 'Zaubersegen,
-spruch; Zauberei, Hexerei', swyne 'zaubern,
behexen'. e zeigt auch ital. segno 'signum',
ebenso frz. enseigne aus lat. insignia 'Abzeichen'. Lat. signum, ursprünglich 'einge-
schnittene Marke', gehört zu secāre 'schneiden',
s. Sichel. H. Naumann, Heil und Segen
(Bonn 1943).

Segge F. 'Riedgras, Schilf', urspr. ein nl.
Wort, von Siedlern des 12. Jh. nach Niederdeutschland gebracht. Seine nächsten Verwandten sind gleichbed. agf. secg, engl. sedge.
Mit gramm. Wechsel entsprechen oberpfälz.
saich, frühnhd. sacher, mhd. saher, ahd. sahar
(Zf. f. dt. Wortf. 3, 275). Urverwandt sind
ir. seisg 'Binse', kymr. hesg 'Schilf'. Die
Pflanze ist nach ihren schneidenden Blatt-
rändern benannt, zum idg. Verbalstamm *seq-
'schneiden' wie Messer, Pflugschar, Säge,
Scharte, scheren, Sech, Sense und
Sichel: H. Marzell 1943 Wb. d. dt. Pflanzennamen 1, 825 ff.; H. Teuchert, Die Sprachreste der nl. Siedlungen des 12. Jh. (1944) 63.
101. 164. 210 f.

sehen st. Ztw., gemeingerm.: mhd. sëhen,
md. sēn, ahd. asächs. sëhan, mnl. sien, nnl.
zien, afries. siā, agf. sēon, engl. see, anord.
sjā, norw. sjaa, dän. schwed. se, got. saíƕan
führen auf germ. *sëhwan. Daneben mit

Endbetonung und gramm. Wechsel asächf. siun F. 'Gesicht, Auge, Erscheinung', afrief. sione, siune, agf. sīen 'Gesicht, Sehvermögen; Erscheinung; Pupille; Auge', anord. sjōn, sȳn 'Sehen, Sehvermögen, Erscheinung', got. si-uns F. 'Gestalt, Gesicht' (ahd. asächf. gisiuni N. 'Gesicht') aus germ. *se(g)wni-. Dehnstufiges germ. *sē(g)wni- wird vorausgesetzt durch das Grundwort von seltsam, f. d. Außergerm. vergleichen sich am nächsten mir. ar-secha 'er sollte uns sehen' und alb. šoh 'ich sehe'. Die idg. Wurzel *seqᵘ- 'sehen' (urspr. wohl eins mit der gleichlautenden Wz. von lat. sequi 'folgen', ahd. beinsegga, asächf. segg 'Gefolgsmann': '(mit den Augen) verfolgen' > 'sehen'), zeigt die offenbar jüngere Bedeutung 'sagen' (f. d.) in gr. ἐν(ν)έπω 'sage an, erzähle', lat. inseque 'sag an', akymr. hepp, mkymr. heb 'er sagte', lit. seku, sekti 'erzählen', aslav. sočiti 'anzeigen', armen. ogem 'sage'. Wahrnehmung verbindet sich (wie in bemerken) mit begleitenden Worten; auch das kausative 'sehen lassen, zeigen' begünstigt den Wandel zu 'mit Worten dartun'. So bedeutet aind. cakš- 'sehen' in Zuf.-Setzungen 'zeigen, erzählen', aind. khyā- 'sehen', jünger 'kundtun'.

Sehne F. Mhd. sën(e)we, sën(n)e '(Bogen)Sehne; die den Kreisbogen abschneidende Gerade; Senne, Nerv', ahd. sën(a)wa, sënuwa, asächf. sinewa, sënewa, mnd. sen(n)e, mnl. senuwe, senewe, nnl. zenuw, afrief. sine, agf. sionu (Gen. sionwe), engl. sinew, anord. sin(a), norw. sin, dän. sene, schwed. sena führen auf germ. *senawō, *seniwō. Außergerm. vergleichen sich avest. hinu- 'Band, Fessel', lett. pasainis 'Schnur', aifsainis 'Bündel', sëna 'Wand' (ursprünglich 'Flechtwerk', lit. sëna 'Wand, Grenze', ir. sin 'Kette, Halsband': mit n-Formans zur idg. Wurzel *sēi-: *səi-: *sī- 'binden, Strick, Riemen', zu der mit l-Formans Seil gehört, f. d. und vgl. Flechse, Hachse, Ochsenziemer, Saite.

sehnen schw. Ztw., mhd. sęnen 'sich sehnen, härmen; liebendes oder schmerzliches Verlangen empfinden', sęn(e) F. 'Sehnsucht, (liebendes) Verlangen, Kummer', ahd. sęne 'bin schlaff, kraftlos, unlustig' (Graff 6, 239). Daneben ein gleichbed. hochalem. sanen, sänen (Schweiz. Jd. 7, 999). Ahd. *sanēn bleibt ohne sichere Verwandte außerhalb des Hd.; ein mnd. senentlīken 'sehnsüchtig' (aus Magdeburg 1492 bei Schiller-Lübben 4, 189) steht ganz vereinzelt. Außergerm. Verwandte sind nicht gesichert; ob n stammhaft oder präsensbildend ist, läßt sich nicht ausmachen.

Sehnsucht F. Nur deutsch. Spätmhd. sensuht verdeutlicht das ältere gleichbed. sene F. (f. sehnen). Beflügelt wird das Wort durch Opitz, Flemming, Gryphius u. a. Dichter des 17. Jh.

sehr Adv. (dem Obd. fremd; dafür arg, faft, gar, recht) mhd. sēre, ahd. asächf. sēro, agf. sāre 'schmerzlich, schwer, heftig': zum Adj. ahd. asächf. sēr 'schmerzlich', afrief. agf. sār, engl. sore, anord. sārr 'wund', urnord. (Runenstein von Rö in Bohuslän) sairawidar 'voller Wunden'. Dazu das Subft. mhd. ahd. asächf. sēr, afrief. agf. anord. sār, engl. sore, got. sair N. 'Wunde, Schmerz'. Die alte Bedeutung wahren nhd. (ver)sehren (f. d.), schwäb. bair. sēr 'wund, schmerzhaft', nl. zeer 'verletzt; Übel, Grind'. Das germ. Adj. *sai-ra-, aus dem finn. sairas 'krank' entlehnt ist, gehört zur idg. Wurzel *sai- 'Schmerz, Krankheit; versehren', zu der sich anders gebildet air. sāeth (aus *saitu-) 'Leid, Krankheit', sāithar (aus *saituro-) 'Mühe, Arbeit, Leid', lat. sae-vus 'wütend' und lett. sīvs, sievs (aus *saiuo-) 'scharf, beißend, grausam' stellen.

sehren schw. Ztw., mhd. sēren 'verletzen', im Nhd. früh durch versehren ersetzt, aus dem es von neueren Dichtern wiederzugewinnen war. Die Mundarten haben von Kärnten bis Friesland das einfache Ztw. vielfach bewahrt.

seichen schw. Ztw., mhd. (und daraus entlehnt) mnd. seichen, ahd. seihhen, nd. sēken, mnl. sēken, seiken, nnl. zeiken 'harnen': Bewirkungsztw. zu ahd. sīhan 'leise tröpfelnd fließen' (f. seihen). Dazu Seiche, mhd. seiche F., seich M., mnl. seike F., seic, seec M., ahd. seih M. 'Harn'. Die Einengung des Sinnes ist alt, sie wird von urverwandten Wörtern geteilt: lat. siat 'er harnt', aslav. sīcati 'harnen', sīči 'Harn'.

seicht Adj. mhd. sīht(e) 'untief'. Ahd. *sīhti ist unbezeugt; es gehört wohl als *sinhti- zu sinken, bezeichnet also Stellen, wo das Wasser in den Boden gesunken ist oder wo man leicht einsinkt. So erklärt sich auch hochalem. sicht 'sehr feucht, naß', besonders von Wiesen: Schweiz. Jd. 7, 245.

Seide F. mhd. agf. sīde, ahd. sīda: aus mlat. sēta 'Seide' (wohl verkürzt aus sēta Sērica 'serisches Tierhaar') entstanden, wie ahd. krīda 'Kreide' aus lat. crēta. Das d der hd. Wörter muß aus der roman. Erweichung der Tenuis erklärt werden, die in nordital. prov. urfrz. span. seda (neben ital. seta) erscheint (wie in span. greda neben ital. creta 'Kreide'; vgl. Seidel). Mlat. sēta mag im 8. 9. Jh. am Niederrhein ins Deutsche entlehnt sein; hier ist Wandel von ē zu ī vollzogen wie in Feier, Pein, Preis, Speise. Einen andern Ausdruck für Seide bietet das Engl.: agf. sioluc, seolc, engl. silk, wozu anord. silki. Diese

Sippe entstammt wohl zunächst osteurop. Sprachen (vgl. lit. šilkaĩ, apreuß. silkas, aruss. šelkŭ, russ. šëlk), die ihrerseits das Wort aus einer ostasiat. Sprache entlehnt haben mögen, vgl. mongol. sirkek, korean. sir, chines. ssï, sse, worauf auch gr. σηρικόν, lat. sēricum 'Seide' zurückgeht.

Seidel N. mhd. sīdel(īn), seit dem 13. Jh. in schwäb., bair. und ostfränk. Texten. Lat. sĭtŭla 'Eimer' entwickelt -tula zu volkslat. -cla. Im Rätorom. von Welschtirol geht cl über gl in dl über; in Dolomitentälern gelten Formen wie sẹdla. Bei Entlehnung aus dem tirol. Weinbau und -handel (E. Ohmann, Neuphilol. Mitt. 1941, 15ff.; ders., Ann. acad. scient. Fenn. B 53, 2, 18f.) konnte ẹ mhd. ī ergeben, das im dt. Südosten früh zu ei wurde. N. ist Seidel in Anlehnung an die dt. Verkl. auf -el geworden. Schweiz. sigel und sickel 'Eimer' beruhen auf westrätorom. segla und secla. Aus dem nhd. Worte stammt gleichbed. nnord. seidel. Der Fam.-Name Seidel ist in den meisten Fällen Koseform zu Siegfried.

Seidelbast M. 'Daphne mezereum': nach dem wie Seide glänzenden Bastgewebe umgedeutet aus mhd. zīdelbast. Der Strauch honigt stark in sonst blütenarmer Zeit: das erlaubt, eine Beziehung zu mhd. zīdelweide 'Waldbezirk mit Bienenzucht' herzustellen (s. Zeidler), die aber wohl auch nicht urspr. ist. Wegen der gleichbed. mhd. zītzelbast, zīlant, ahd. *ziulinta (zweiter Wortteil ahd. linta 'Bast', s. Linde), norw. ty(s)bast vermutet man darin 'Bast des (Gottes) Ziu' (s. Dienstag), wie das synon. isl. tȳviðr 'Thyrs Holz' sein soll. Der zähe Bast der Pflanze wurde zu Schnüren verwendet. Über ihre volkskundl. Bedeutung H. Marzell, Bayr. Hefte f. Volkskde 3 (1916) 110ff.

Seife F. Mhd. seife, ahd. seif(f)a, mnd. sēpe (daraus dän. sæbe), nnl. zeep, ags. sāpe (daraus engl. soap, isl. sāpa, norw. saapa, schwed. såpa) führen auf germ. *saipōn-, alem. schwäb. Seipfe, ahd. seipfa und das aus dem Urnord. entlehnte finn. saippio auf germ. *saipiōn-. Ahd. seifa, ags. sāp 'Harz', urspr. 'das Tröpfelnde', legen die Annahme nahe, Seife (zunächst ein Ausdruck für Haarbeizen, die dem Haar des Kriegers rötliche Schredfarbe geben, dann für flüssige Kaliseifen, die früh neben die alte Lauge treten) gehöre mit ags. sīpian, engl. seep, mhd. sifen, nnl. sijpelen 'tröpfeln' zur germ. Wz. *sīp-. Plinius, Hist. nat. 28, 191 berichtet: Prodest et sapo, Gallorum hoc inventum rutilandis capillis; fit ex sebo et cinere ... duobus modis, spissus ac liquidus, uterque apud Germanos majore in usu viris quam feminis. Lat. sāpo

M. ist aber (mit seinen Abkömmlingen ital. sapone, frz. savon) durch gall. Vermittlung entlehnt aus germ. *saipōn-: die den Römern unbekannte Seife ist eine germ. Erfindung; erst seit dem 4. Jh. wird lat. sāpo häufig. Urverwandt ist wohl lat. sēbum 'Talg' (falls aus idg. *sēibo- 'tropfbares Fett'). Ein andres Wort, germ. *lauþra- (in bair.-österr. lāder, tirol. lōder 'Waschlappen', köln. ludder, ags. lēaðor, engl. lather, anord. lauðr, schwed. lödder 'Seifenschaum'; agall. lautron, air. lōathar 'Badewanne', gr. λουτρόν 'Bad'; sämtlich zur idg. Wurzel *lou- 'waschen', s. Lauge) bezeichnet im Germ. ursprünglich die festen (Natron-) Seifen.

Seiger M. umgedeutet zu Zeiger, spätmhd. mnd. seiger '(Turm-)Uhr', heute vor allem ein ostmd. Wort. Die Unruhe dieser Uhren war ein waagrecht schwingender Balken mit verschiebbaren Gewichten; die Uhrenart ist mit Pars pro toto benannt nach mhd. seigære M. 'Waage', dies zu mhd. seigen (Faktitiv zu sīgen 'sinken', s. seihen), das aus 'sinken machen' zu 'wägen' geworden war. Der Ansicht von K. Müller-Fraureuth 1914 Wb. d. obersächs. Ma. 2, 507, S. gehe von der Sanduhr aus, die den Sand seigen 'sickern' läßt, steht entgegen, daß S. zuerst von Turmuhren gebraucht wird.

seiger Adj., mhd. frühnhd. mnd. seiger 'langsam tröpfelnd', daher 'schal': mit mnd. sēge 'triefend', anord. seigr, norw. seig, dän. sej, schwed. seg 'zäh' zu mhd. sīgen 'sinken, abtropfen' (s. seihen). Eines der urspr. gemeinhd. Wörter (wie bidmen, Bottich, Bühl, Geiß, Hafen[1], Lefze, losen, nassen, rahn, stad, Wasen), die sich im Md. nicht voll behauptet haben und darum im Nhd. verdrängt worden sind, s. schal und K. v. Bahder 1925 Wortwahl 38 ff. Die Bed. 'senkrecht' hat seiger im Bergbau entwickelt; sie beruht unmittelbar auf mhd. sīgen 'absinken'.

seihen Ztw. Mhd. sīhen, ahd. sīhan st. Ztw. 'durch ein Sieb laufen lassen, leise tröpfelnd fließen' führen mit mnd. sien, afries. anord. sīa, ags. sīon, dän. sie auf germ. *sīhwan. In gramm. Wechsel damit stehen seigen, mhd. sīgen, ahd. asächs. anfr. ags. sīgan, mnl. sīghen, nnl. zijgen, afries. anord. sīga 'niederfallen, tröpfeln, herabgleiten'. Dazu alem. gesig N. 'Sumpf' bei Notker. Das entsprechende Bewirkungsztw. s. u. seichen. Außergerm. vergleichen sich aind. sēcatē, siñcáti 'gießt', sēka- 'Guß', aslav. sĭcati 'harnen', gr. ἵξαι 'durchseihen, -sickern', ἰκμάς 'Feuchtigkeit', ἰκμαίνω, ἰκμάζω 'benetze'. Idg. Wurzel *seik- 'ausgießen, seihen, rinnen, träufeln'.

Seil N. Mhd. ahd. seil, aſächſ. mnd. afrieſ. sēl, mnl. seel, nnl. zeel, agſ. sāl, engl. sole, anord. ſeil führen auf germ. *saila N. Dazu das Ztw. mhd. ahd. seilen, mnd. sēlen, afrieſ. sēla, agſ. sǣlan, got. insailjan 'an Seile binden'. Mit andrer Ablautstufe **Siele** (ſ. d.) 'Riemen, Riemenwerk (der Zugtiere)', mhd. sil, ahd. silo, mnd. dän. ſchwed. sele, anord. seli, sili, afrieſ. silrāp 'Geſchirrseil'. Früh aus dem Germ. entlehnt iſt finn. sila 'Zugſeil'. Außergerm. vergleichen ſich am nächſten aſlav. silo 'Seil,' lit. àtsailė 'Verbindungsſtange am Wagen', àtseilis 'Eiſen, das vom Schwengel an die Achſe geht'. Zur gleichen idg. Wurzel *sēi-: *səi-: *sī- 'binden; Strick, Riemen' gehören mit m-Formans aſächſ. sīmo, afrieſ. agſ. sīma 'Band', anord. sīmi 'Schnur', dazu das früh aus dem Germ. entlehnte finn. siima 'Riemen'. Ablautend anord. seimr 'Gold(draht)', iſl. seimr 'Strick'. Ihnen vergleichen ſich am nächſten ir. sīm 'Kette' und gr. ἱμάς 'Riemen', ἱμάω 'ziehe', ἱμονιά 'Brunnenſeil'. Ableitungen auf -n ſ. u. **Sehne**; außerdem vgl. **Saite**.

Seim M. mhd. (honec)seim, ahd. (honang)-seim, aſächſ. md. nd. sēm, mnl. seem, nnl. zeem, anord. (hunangs)seimr 'dickflüſſiger Honig, wie er aus der Wabe fließt', norw. mundartl. seima 'Schicht von Schleim oder zäher Flüſſigkeit'. Mit andrer Ablautstufe weſtfäl. siəmern 'ſickern' aus aſächſ. *simarōn. Außergerm. bieten ſich verſchiedene Möglichkeiten der Anknüpfung: gr. αἷμα (aus *saimen-) 'Blut', Grundbed. 'dick Hervortropfendes', oder kymr. hufen 'Rahm' (aus *soimeno-), Grundbed. 'Schicht, Scheibe', beide zur idg. Wz. *sēi-, *sai- 'tröpfeln'; dagegen N. Törnqviſt (Stud. Neophil. XVII, 166 ff.) zur idg. Wz. *sēi-, *sī 'binden', Grundbed. 'Wabe'. In obd. Mundarten ſcheint das Wort nie eine Rolle geſpielt zu haben, mindeſtens iſt es ihnen ſeit Jh.n fremd: Luthers (Honig)Seim, zehnmal in der Bibel, wird in Baſel 1523 mit vngeleuttert honig umſchrieben: Kluge 1918 Von Luther bis Leſſing 111.

ſein[1] Fürw. Mhd. ahd. aſächſ. anfr. afrieſ. agſ. sīn, mnl. sijn, mnl. zijn, anord. sīnn, dän. ſchwed. sin, got. seins führen auf germ. *sīna- aus idg. *s(u)eino-s. Außergerm. vergleicht ſich meſſap. veinan 'suum' aus idg. *suei-no-m. S. dein, mein, ſich.

ſein[2] Ztw. aus verſchiedenen Stämmen ſich ergänzend. Die germ. Grundſtämme ſind mit übereinſtimmender Bed. es: -s in ahd. mhd. nhd. is-t, ahd. mhd. s-int, nhd. ſind, Konj. ahd. mhd. s-ī, nhd. ſei, Inf. mhd. ahd. sīn, nhd. ſein: vgl. got. 3. Sg. iſt, Pl. sind, Opt. sijau; agſ. engl. 3. Sg. is, 3. Pl.

agſ. sind. Entſpr. die idg. Wz. *es in lat. es-t, gr. ἐστί, aind. ás-ti, lat. s-unt, s-īm. Der zweite Stamm iſt der mit b anlautende von nhd. mhd. ahd. bin, aſächſ. bium, agſ. bēom 'ich bin' (agſ. 'ich werde'). Dieſer Stamm erſcheint wieder in lat. fio, gr. φύω, aind. bhū 'werden'. Den dritten Stamm, zu dem war und geweſen gehören, ſ. u. **Weſen**.

ſeinig Adj. zum Poſſ.-Pron. sein, mhd. (14. Jh.) sīnec; recht entfaltet erſt im Mhd., wie deinig und meinig, ſ. d.

ſeit Präp. Konjunkt., mhd. sit, ahd. sīd Adv. 'ſeitdem; ſpäter', Konjunkt. 'da, weil', Präp. 'ſeit'. Entſprechend aſächſ. sīd(or) 'ſpäter, nachher; ſeit-, nachdem, wenn', agſ. Kompar. sīðra, Superl. sīðest, -ost, -emest, Adv. sīð 'ſpät, ſpäter', sīð ðann 'ſeitdem', sīðon (aus sīð dan) 'ſeitdem', anord. sīð Adv. 'ſpät', sīðan 'ſeitdem, danach', got. seibus 'ſpät', þanaseibs 'weiter, noch'. Auf mhd. sint (mit unerklärtem n: J. Franck 1902 Zſ. f. dt. Alt. 46, 168 ff.; vgl. ſonſt für mhd. sus) weiſt ſintemal (aus mhd. sint dem māle). Germ. Verwandte ſind mhd. seine, agſ. sǣne, anord. seinn Adj. 'langſam, zögernd', got. sainjan 'ſäumen' (ſ. langſam). Außergerm. vergleichen ſich lat. sētius 'ſpäter', sērus 'ſpät', air. sīr 'ewig', kymr. korn. bret. hīr 'lang', aind. sāyám 'Einkehr, Abend'. Idg. Wurzel *sēi-. Zur Syntax der Konjunkt. ſeit(dem) O. Behaghel 1928 Dt. Syntax 3, 244 ff.

Seite F., urſprünglich von der menſchlichen Flanke. Mhd. sīte, ahd. sīt(t)a, aſächſ. sīda, mnl. afrieſ. agſ. sīde, nnl. zij(de), engl. dän. side, anord. sīða, ſchwed. sida führen auf germ. *sīðōn, Subſtantivierung eines alten Adj. der Bedeutung 'herabhängend', das uns greifbar wird im ahd. Adv. sīto 'ſchlaff', ferner in mnd. sīd(e) 'niedrig', afrieſ. sīde 'niedrig, weit', agſ. sīd 'weit, breit; geräumig, ausgedehnt, lang', engl. side, anord. sīðr 'herabhängend, lang'. Außergerm. Verwandte ſind lit. sietuvà 'tiefe Stelle im Fluß', mir. sith-'lang', kymr. hit, hyd 'Länge'. Weiterhin mit der unter ſeit genannten Sippe zur idg. Wurzel *sēi-. — Die grüne Seite iſt die rechte, ſo ſchon 1582 bei J. Fiſchart, Geſchichtklitt. 136 Ndr. Rechts zeigt das Schiff grünes Licht, daher „grün zu grün liegen, paſſieren": F. Kluge 1911 Seemannsſpr. 331 f.

-ſeits in nhd. einer-, ander-, jenſeits mit adv. s aus mhd. ein-, ander-, jensīt, die akkuſativiſche Adv. sind. Bei ſeit(s) als Präp. ſubſt. Urſprungs ſteht urſpr. der Gen., doch gewinnt daneben ſeit mhd. Zeit auch der Dat. Raum, offenbar nach dem Vorbild alter räuml. Präp. mit Dativ (vor, neben, über): O. Behaghel 1924 Dt. Syntax 2, 48.

Sekel M. Zu hebr. šākal 'wägen' gehört šēkel 'Gewicht; Silbermünze', das über gr. σίκλος, lat. siclus mit der Bibel in die germ. Sprachen gedrungen ist: Lokotsch 1927 Etym. Wb. 1880. Luther bietet Luk. 12, 33 u. ö. sekel. Vgl. mnl. cikle, nnl. sikkel, engl. shekel. Zur Sache Realllex. d. germ. Alt.-Kde. 4, 171.

Sekt M. Ital. vino secco (zu secco 'trocken') ist urspr. Wein aus Beeren, die am Stock getrocknet sind (wie wir von "Henkell trocken" oder "trockenem Sherry" reden, ebenso engl. dry), wird dann von süßem Südwein allgemein gebraucht, so auch frz. vin sec. Von da Seck M. Olearius 1647 Reisebeschr. 5, 2, mit jungem -t (wie Axt, Habicht, Obst, Palast, Papst, Saft) seit Schottel 1663, gern in Zus.-Setz. wie Canarien-Seckt 'Wein von den kanar. Inseln' La Zelande 1682 Spitzbuben 59. Aus dem frz. Wort stammen auch nl. sek und engl. sack; a cup of sack in Shakespeares König Heinrich IV. erscheint bei Schlegel-Tieck als "ein Glas Sekt". Indem Ludw. Devrient († 1832), die Rolle des Falstaff weiter spielend, in der Weinstube von Lutter und Wegener mit diesen Worten Champagner bestellte, wurde Sekt von Berlin aus seit etwa 1830 zu Schaumwein, s. d. Gebucht seit 1862 Pierers Univ.-Lex. ⁴ 15, 728: Büchmann 1912 Gefl. Worte 298; Kretschmer 1918 Wortgeogr. 457 f.; A. Lasch 1928 Berlinisch 210 f.

Sekte F. Zu lat. sequi 'folgen' gehört neben dem Part. secutus eine subst. Bildung secta 'befolgte Grundsätze; Denkweise; Partei', die in mlat. secta F. kirchliche Färbung erhält. Hieraus frz. mnl. mnd. mhd. secte, engl. sect, dän. schwed. sekt im Sinn des neutestamentlichen αἵρεσις, wobei Vermischung mit dem Part. von lat. secāre 'schneiden' (ecclesia secta) im Spiel sein mag.

Sekunde s. Minute.

sela Adv., ein hebr. Wort, das im musikal. Vortrag ein Finale bezeichnet (Psalm 3, 3 u. ö., Habak. 3, 3 u. ö.), wird bei uns seit dem 16. Jh. im Sinne von 'abgemacht' verwendet. Ein vorwiegend schles. abgemacht sēse wird dagegen aus frz. c'est fait erklärt.

selb(er), **selbst** Pron. Mhd. sëlp (b), ahd. sëlb, asächs. anfr. mnl. afries. sëlf, nnl. zelf, ags. se(o)lf, sylf, engl. self, anord. sjálfr, dän. selv, schwed. själv, got. silba führen auf germ. *sëlba-. Außergerm. vergleicht sich nur venet. sselboisselboi 'sibi ipsi', dies auch in der Verdoppelung (ahd. sëlb sëlbo): Jdg. Forsch. 42, 128. 47, 325. In der Stammsilbe vermutet man das idg. Refl.-Pron. *se-. An den adverbial erstarrten Gen. mhd. sëlb(e)s ("ich

dachte bey mir selbs" noch 1669 bei Grimmelshausen) tritt -t an (wie an mhd. bābes, obez usw.): selbst erscheint seit 1541 in der Lutherbibel für älteres selb(s). Die Syntax des Pron. entwickelt Behaghel 1923 Dt. Syntax 1, 331 ff. Die Substantivierung zu Selbst N. nach dem Vorbild von engl. self N. erscheint zuerst bei Kramer 1702 Dict. 2, 763. Nach Walz 1912 Zs. f. d. Wortf. 14, 1 ff. geht, wohl vom Pietismus bestimmt, ein asketischer Gebrauch voran (das böse, sündliche, verderbte, arge Selbst), wie auch das ältere engl. my better self u. dgl. religiös gefärbt ist. Die Subst. von ich (mhd. ein ich, mîn ander ich) geht von den mittelalterl. Mystikern aus.

selbander Pron. 'derart, daß ich selbst der andere, der zweite bin; zu zweit'; entspr. selbdritt 'zu dritt' usw. Entwickelt aus mhd. Fügungen wie: Gāwān saz sëlbe fünfte nider Wolfram, Parz. 591, 11.

Selbend s. Salband.

selbig Pron., spätmhd. sëlbic (g) 'derselbe', zunächst stets mit bestimmtem Artikel, der funktionslos wird und darum seit Ende des 16. Jh. schwindet: Behaghel 1923 Dt. Syntax 1, 341.

Selbstgespräch N. seit K. W. Ramler 1756 Einl. in d. schönen Wissensch. 2, 246: Lehnübersetzung des lat. soliloquium, das gleichbed. gr. μονολογία übersetzt. Das gr. Wort ist der dt. Kunstlehre durch frz. monologue vermittelt, daher ist Monolog Mask.

selbstisch Adj. von Goethe als Ersatz für egoistisch durchgesetzt. Nach dem Vorbild des engl. selfish von Abbt († 1766) gebildet: Campe 1813 Verd.-Wb. 280.

Selbstlaut(er) M. Konsonant findet die gute Lehnübersetzung Mitlauter bei Fab. Frangk, Orthogr. (1531) K 3ᵇ. Dieser fügt dort hinzu „Das ettliche (Buchstaben) Stimmer odder Selbslauten genant werden". Gueintz und Schottel verwenden 1641 mit- und selblautend, Bellin 1657 Mit- und Selblauter: Zs. f. dt. Wortf. 13, 88 f. 15, 22 f.; Mod. lang. notes 39, 355; Wh. Pfaff 1933 Kampf um dt. Ersatzwörter 41 f.

Selbstler s. Egoist.

Selbstmord M. Lehnübersetzung des nlat. suicidium. Nicht vor J. C. Dannhouwer 1643 Catechismusmilch 128 „Noch abscheulicher ist der Selbstmord". Aufgegriffen von Harsdörfer 1649/53, während Gryphius 1649 Eigenmord sagt. — Selbstmörder vorbereitet durch Luther 1527 Weim. Ausg. 23, 363 „sein selbs mörder". Die Zus.-Setz. bildet Thom. Sigfrid 1590: K. Baumann, Selbstmord u. Freitod, Diss. Gießen 1934. Vgl. Freitod.

selig Adj. Adv., mhd. sælec, -ic, ahd. sālīg, asächs. anfr. sālig, mnd. sālich, sēlich, mnl. sālich, nnl. zalig 'selig', afries. sēlich 'fromm', agf. sælig 'glücklich', engl. silly 'einfältig', dän. schwed. salig 'selig': Weiterbildung zum Adj. ahd. *sāli 'glücklich, gut', mhd. sælliche Adv. 'auf glückbringende Art', agf. unsǣle 'böse, boshaft', anord. sæll 'glücklich', got. sēls 'gütig'. Dazu die Substantivierung agf. sæl M. F. 'Zeit, Gelegenheit; Bedingung, Lage; Glück, Freude', anord. sǣla 'Glück', got. sēlei 'Güte, Milde'. Fem.-Abstr. auf germ. -ida ist ahd. sālida, mhd. sælde, asächs. sāltha, agf. sæld, anord. sæld 'Glück'. Ablaut zeigen anord. seljask 'selig werden' und agf. sœlla, sœlra (aus *sōliza) 'besser, stärker, geschickter, edler, glücklicher'. Mit derselben Ablautstufe lat. sōlor, -ārī 'trösten, lindern'. Auf der Schwundstufe urgr. *σι-σλη-μι beruht gr. *ἵλημι im hom. Imp. ἵληθι 'sei günstig, gnädig', wozu u. a. gr. ἵλαρός 'heiter'. Idg. Wurzel *sel- 'günstig, guter Stimmung'. „Mein Vater selig" ist gekürzt aus „selig(er Gedächtnis)", dies Lehnübersetzung von lat. beatae memoriae.

-selig als Endung von müh-, saum-, trübselig hat mit dem Adj. selig nichts zu tun, sondern diese Wörter sind Ableitungen von Müh-, Saum-, Trübsal. -sal (s. d.) ist ein aus ahd. -isal (Gen. -sles) entwickeltes Abstr.-Suffix, das im Got. als -isl N. erscheint. S. -sal.

Sellerie M. F. Apium graveolens ist aus Italien nach Frankreich und im 17. Jh. nach Deutschland gelangt. Dem entspricht der Weg des Namens: gr. σέλινον (f. Petersilie) ergibt über lat. selinum lombard. sellero, Mz. seleri, frz. céleri. Von da die Mz. bei Grimmelshausen 1670 Ewigwähr. Kalender 206ᵇ „die selleri oder zelleri". Das in Teilen von Österreich und Bayern entspr. Zeller(er) M. beruht auf unmittelbarer Entlehnung eines mundartl. norditl. seler: Kretschmer 1918 Wortgeogr. 458 f.

selten Adv. Mhd. sëlten, ahd. sëltan, mnd. mnl. afries. sëlden, nnl. zelden, agf. sëldan, -on, -un, engl. sel om, anord. sjáldan, dän. sjelden, schwed. sällan führen auf germ. *selda-; die kurze Form in den Zuf.-Setzungen asächs. agf. sëldlīc, got. sildaleiks 'wunderbar' vorliegt. Setzt man eine Grundbedeutung 'für sich, alleinstehend' voraus, so läßt sich Anschluß an das idg. Refl.-Pron. *se- gewinnen; dann bestünde Verwandtschaft mit selbst, s. d. — Bis etwa 1700 war selten nur Adv., wie es die nnl. und engl. Entsprechung bis heute ist. Als Adj. stand daneben seltsam, s. d.

Seltenheit F. als Abstr. löst seit Anfang des 16. Jh. mhd. sëltsæne, ahd. sëltsānī F. ab. In seiner konkreten Bed. darf Seltenheit als Lehnübersetzung von Rarität gelten.

seltsam Adj. mhd. sëltsæne, ahd. sëltsānī, mnd. selsem, nd. selzen, sel(d)sen. Auf Entlehnung aus dem Hd. beruhen spätmnd. seltsam, nnl. zeldzaam, dän. sælsom, schwed. sällsam. An den Stamm von selten (f. d.) ist ein zu sehen (f. d.) gehöriges Verbaladj. getreten: vorgerm. *sēqʷni-, germ. *sē(g)wni-, das in ahd. unsāni 'ungestalt' selbständig auftritt. Eine Nebenform dieses Verbaladj. mit kurzem Stammvokal, die zu germ. *siuni wird, liegt vor in got. anasiuns 'sichtbar', mnd. süne 'ersichtlich', mnl. siene 'ansehnlich': hierzu mnl. sel(t)siene, agf. sëldsiene 'seltsam'. Gleichbed. anord. sjald-sênn hat zum Grundwort das Part. Prät. von sjā 'sehen'. Aus mhd. sëltsæne ist nhd. seltsam umgebildet im Anschluß an die Adj. auf -sam; vgl. langsam.

Semester N. 'akademisches Halbjahr'. Substantivierung des lat. sēmestris, älter sēmēnstris 'sechsmonatig', zunächst in der Formel semestre tempus, die 1514 begegnet, ein Jahr vor dem ältesten Zeugnis für das Subst. Die Halbjahrseinteilung gilt auf dt. Hochschulen seit dem 15. Jh., mlat. sprach man von dimidius annus, mutatio aestivalis und hiemalis. Die Humanisten haben den beziehungsreichen, klingenden Ausdruck eingeführt.

Semmel F. mhd. sëmǝl(e), simel, mnd. sëmel, ahd. sëmala, simila 'feines Weizenmehl': in Römertagen mit der galloroman. Getreidekultur entlehnt aus lat. simila 'feinstes Weizenmehl', das mit gleichbed. gr. σεμίδαλις über arab. samīd aus akkad. samīdu 'feines Weizenmehl' entlehnt zu sein scheint. Während dem roman. Wort in Italien und Südfrankreich die Bedeutung 'Mehl' geblieben ist, wird es in karolingischer Zeit in Nordfrankreich und bei uns auf das aus Weizenmehl hergestellte Gebäck übertragen. Für mlat. simila liegt die Bedeutung 'Brötchen' schon 794 im Capitulare de villis 45 vor. Afränk. *simila hat durch Rückentlehnung afrz. sim(b)le, simel 'Weizenmehl; Brötchen' ergeben, während in frz. semoule 'Grieß' über prov. ital. semola das lat. Grundwort fortlebt. Die von einem Teil der roman. Wörter entwickelte Bedeutung 'Kleie' erscheint auch in mnl. semele, nnl. zemelen. Spätanord. simili(a) 'feines Weizenmehl', schwed. sämla, semla, dän. simle 'Brötchen' sind durch das Mnd. vermittelt. Überall wirkt der Einfluß der röm. Mahlweise auf unsre Mühlen fort. Die alte Bedeutung 'Mehl' lebt in den Mundarten des dt. Südwestens bis heute. Dem entspricht, daß in der Umgangssprache dieser

Gebiete das Frühſtücksgebäck Brötchen, Weck, Weggli heißt, nie Semmel.

ſemperfrei Adj. mhd. sëmpervrī aus älterem sëntbære vrī 'vom höchſten Stand der Freien, reichsunmittelbar, zur Haltung eines Landtags und zur Teilnahme am Reichstag berechtigt'. Mhd. sënt M. 'Reichs-, Landtag' iſt urſpr. 'geiſtliche Verſammlung' (aus gr. σύνοδος, lat. synodus F. 'Zuſammenkunft'). Die ſeit dem 17. Jh. herrſchende Beziehung auf lat. semper 'immer' iſt volksetymologiſch.

ſenden ſchw. Ztw., mhd. mnd. mnl. sęnden, ahd. sęnten, sęndan, aſächſ. sęndian, anfr. agſ. sęndan, nnl. zenden, afrieſ. anord. sęnda, ſchwed. sända, dän. sende, engl. send, got. sandjan: gemeingerm. Bewirkungsztw. zu einem verlorenen ſt. Ztw. germ. *sinþan 'gehen, reiſen' (f. Geſinde, Sinn), zu dem ſich ſenden verhält wie wenden zu winden. Grundbedeutung 'gehen machen'. Aus germ. *sandjan früh entlehnt iſt gleichbed. lapp. saddije, saddit.

Sendgericht N. auch kurzweg Send F. M.: zu mhd. sënt, ahd. sënod, afrieſ. sineth, -uth, sind, agſ. senoþ, si(o)noþ. Neben dem unter ſemperfrei genannten gr.-lat. F. synodus beſtand ein volkslat. *senodu(m) mit lautgeſetzl. ę aus lat. i in offner Silbe (vgl. Segen). Es liegt, wie den germ. Formen, auch dem viel älteren abrit. *senod- voraus, auf dem akymr. sened, kymr. senedd, akorn. (12. Jh.) sened, mbret. senez, air. senud beruhen. Das Judicium synodale iſt aus biſchöflichen Viſitationen hervorgegangen, die ſich zu einem ſtändigen reiſenden Sittengericht auswuchſen, das vor 800 neben das ältere gräfliche Gericht trat: A. M. Koeniger 1918 Realler. d. germ. Alt.-Kde. 4, 167.

Seneſchall M. 'hoher Hofbeamter'. Ahd. sënescalh 'der älteſte der Dienerſchaft' (hieraus mlat. seniscalcus, ital. siniscalco, prov. katal. senescal), afränk. *siniskalk, vorausgeſetzt durch frz. (ſeit dem 12. Jh. sénéchal. Als Rückkehrer erſcheint bald nach 1200 mhd. schëneschlant, sëne-, schëneschalt, sin(e)tschalt (mit -t wie Palaſt, ſ. d.) Das Grundwort ſ. u. Schalk und Marſchall. Das Beſtimmungswort iſt bei uns die letzte Spur der idg. Wurzel *sen(o)- 'alt' in got. sineigs 'alt', sinista 'Älteſter', burgund. sinistus 'Oberprieſter', anord. sina 'vorjähriges Gras', die auch für die verwandten Sprachen wichtig iſt: air. sen, kymr. hen 'alt', bret. hen 'Greis', gall. Männernamen Senognātus und Seneca; lat. senex 'Greis', sęnātus 'Älteſtenverſammlung', senior 'älter', senēre 'alt ſein', senium, senectus 'Alter'; gr. ἔνος 'alt', δίενος 'zweijährig'; lit. sēnas 'alt', sēnis 'Greis', senÿstė

'Alter', senéju 'werde alt'; armen. hin, aveſt. hana-, aind. sána- 'alt'.

Senf M. Sinapis arvensis und ſeine Verwandten ſind ſchon vor der Römerzeit als Ackerunkräuter aus dem Süden eingedrungen; der alte Name agſ. cedelc, cerlic, engl. kedlock, chedlock, charlock, nb. keddik, ködkik, dän. kiddike iſt zwar undurchſichtig, aber zweifellos germaniſch. Verwertet wurden vom Senfkraut in germ. Vorzeit die Blätter als Gemüſe. Die Verwendung der ſchwarzen und weißen Samen zur Senfbereitung lernten die Germanen (etwa gleichzeitig mit Eſſig, Kümmel, Pfeffer) von den Römern kennen. Demgemäß ſind ahd. sënef, mhd. sën(e)f, aſächſ. senap, agſ. senep entlehnt aus lat. sināpi (dies aus gr. σίναπι), die got. Bibel bildet kaurno sinapis Mark. 4, 31 u. ö. dem gr. κόκκον σινάπεως nach. Für das gr.-lat. Wort vermutet man ägypt. Urſprung, ohne daß bisher ein altägypt. Vorbild nachgewieſen wäre: Hoops 1905 Waldbäume und Kulturpfl. 470; Littmann 1924 Morgenl. Wörter 12 f. Senf gilt in heutiger Umgangsſprache (außer in dem unter Moſtrich abgegrenzten Gebiet) zugleich für die zerriebenen, mit Weineſſig oder Moſt angerührten Senfkörner: Kretschmer 1918 Wortgeogr. 338 f.

ſengen ſchw. Ztw., mhd. sęngen (Prät. sęngete, sancte), ahd. bisęnkan, -sęngan, mnd. sęngen, anfr. bisingon 'dörre', mnl. singhen, sęnghen, nnl. zengen, afrieſ. ofsendza 'abſengen', agſ. sęngan 'anbrennen', engl. singe 'ſengen'. Die nächſten germ. Verwandten ſind mhd. sęnge 'Trockenheit', sinc (g) 'Sengen', sungen, -ken 'anbrennen', sungeln, -keln 'kniſtern', nd. sangeren 'in der Haut prickeln', älter nnl. sengel 'Funke', norw. mundartl. sengla, -ra 'brenzlich riechen', ſchwed. mundartl. sjängla 'ſengen', iſl. sängr 'verſengt', sengja 'Geſchmack des Angebrannten'. Außergerm. vergleichen ſich aſlav. prěsąčiti 'trocknen', sąčilo 'Ofen', ruſſ. izsjaklyj 'trocken'. Jdg. Wurzel *senq- 'dörren, brennen'.

Senkel M. mhd. sęnkel 'Neſtel; Anker; Zugnetz', ahd. sęnchil 'Anker; Zugnetz': mit der Endung -ila der männl. Gerätnamen (Kluge 1926 Stammbild. § 90) zu ſenken (ſ. d.), aus deſſen Grundbed. 'ſinken laſſen' alle alten Bed. des Subſt. abzuleiten ſind. Mundartlich hat ſich die Bed. 'Blei an Fiſchnetzen' erhalten, ſchriftſprachlich iſt aus der Schnur mit metallbeſchwertem Ende der Schnürſenkel an Kleidungsſtücken geworden, deſſen Geltungsbereich Kretschmer 1918 Wortgeogr. 434 abgrenzt.

ſenken ſchw. Ztw. Mhd. mnd. ahd. sęnken, aſächſ. sęnkian, afrieſ. sęnza, agſ. sęncan, anord. søkkva, norw. sökkja, dän. sænke,

schweb. sänka, got. sagqjan führen auf germ.
sankwian, Bewirkungsztw. zum st. Ztw.
sinken (s. d.), Grundbed. somit 'sinken lassen'.

senkrecht Adj. Lat. perpendicularis legte es
nahe, beim Suchen nach Ersatzwörtern vom
Richtblei der Bauhandwerker auszugehen:
blei-, lotrecht, schnurgerecht haben sich
nach Schirmer 1912 Wortsch. d. Math. 66
zuerst eingestellt. Zu Senkel M. in seiner
frühnhd. Bed. 'Senkblei' stellt sich senkel-
recht bei Schottel 1663 Ausführl. Arbeit 504,
daraus verkürzt senkrecht seit J. C. Sturm
1670 Archimedes, Vorbericht; von Chr. Wolff
1710 aufgenommen und durchgesetzt, wenn
auch bei ihm selbst Perpendicular-Linie
weitaus überwiegt. Die Senkrechte (oder
Höhe) im Dreieck heißt in Lehrbüchern bis tief
ins 19. Jh. Normale.

Senn M. 'Haupt der Alplerfamilie, Betriebs-
leiter einer Sennerei mit Butter- und Käsebereitung', von der Schweiz ausgehend, mit
den bair. Nebenformen Senner, Sender;
dort schon mhd. sennære. Ahd. Glossen 2, 687,
53 und 720, 31 begegnet senno im Bereich des
Bodensees, danach tauchen senne und sennin
in tirol. Weistümern von 1462 wieder auf.
Das Wort der dt. Alpen deckt sich mit oberengad.
sañ, unterengad. soñ (alte Nom.), bündn.
siñun (alter Akk.). Voraus liegt nach J. U.
Hubschmied 1935 Vox Romanica 1, 190 gall.
*sanion- 'Melker'. Das vorauszusetzende Ztw.
der Bed. 'melken' stützt sich auf ir. sine 'Zitze'.
Nach kelt. Lautgesetz ist anlaut. sp- zu s- gewandelt; kelt. *son- entspricht einem germ.
*span-. Somit besteht Urverwandtschaft mit
der unter Spanferkel entwickelten Wortsippe. Die auf dem früher gall. Boden der
Schweiz siedelnden Germanen haben (wie die
Romanen Graubündens) das kelt. Wort übernommen. S. Nidel, Zieger und E. Ohmann, Neuphil. Mitt. 1941, 151.

Sen(n)esbaum, -blätter 'Cassia officinalis'.
Arab. sanā ist in der Aussprache senē' in die
europ. Sprachen gelangt, zu uns über mlat.
sene als mhd. sen(e) F. Littmann 1924 Morgenl.
Wörter 81 stellt die Genuß- und Arzneimittel
zusammen, die aus arab. sprechenden Ländern
ins Deutsche gelangt sind.

Sensal M. 'Börsenmakler'. Das aus dem
Pers. stammende Wort gelangt als simsār
ins Arab. und von da über ital. sensale zu uns.
In Oberschwaben erscheint 1479 sensal: A.
Schulte, Große Ravensb. Handelsges. 3, 97,
in Augsburg 1499 sansaria 'Maklergebühr':
A. Schirmer 1911 Wb. d. Kaufm.-Sprache 174.

Sense F., schwäb. alem. Säges. Mhd.
sëgens(e), seinse, sënse, ahd. sëgensa, -insa,
-ansa u. ä. sind Erweiterungen eines n-Stamms

neben s. Daneben stehen als n-Erweiterungen
eines s-Stamms ahd. segisna, -esna, asächs.
segisna, mnl. seisene, nnl. zeis(en) aus germ.
*segas-na, idg. *seqósnā (wie lat. sacēna
'Haue des Pontifex' aus *saces-nā). Idg.
*seqe-tó- wird vorausgesetzt von mnd. segede,
sigde, nb. seged, sichte, mnl. sichte, nnl.
zicht, agf. sigðe, siðe, engl. scythe, anord.
sigð(i)r M., sigð F. Germ. und außergerm.
Verwandte s. u. Säge, Sech, Sichel. Idg.
Wurzel *seq- 'schneiden': F. Specht 1941
Altdt. Wort u. Wortkunstwerk 109 ff.

Sensenmann M. urspr. 'Schnitter', nachmals
'Tod'. In Totentanzbildern wird der Tod
schon vor Ende des Mittelalters als Knochenmann mit Sense dargestellt. Ein geistliches
Lied von 1637 „Es ist ein Schnitter, der heißt
Tod" gestaltet das Motiv vom Blumentoten-
tanz. Im Titel des Drucks von 1638 heißt der
Tod „Menschenschnitter". Sensenmann nicht
vor Harsdörfer 1649 Sonntagsandachten 1,
308. Brentano hat das 'Katholische Kirchenlied' im Wunderhorn 1, 55 nachgedichtet. Vgl.
Freund Hein, Knochenmann, Streckebein.

Sente M. F. N. 'Herde Kühe unter Aufsicht
des Sennen', schweiz. Ableitung zu Senn,
nach dem Schweiz. Id. 7, 1007 ff. aus *senn-
tuom 'Hirtenamt'.

sentimental Adj. Engl. sentimental wird
von Richardson 1753 Grandison 6, Brief 52
als neu hervorgehoben, von Sterne 1768 in
den Titel von Yorick's sentimental journey
aufgenommen. Bei uns trotz der guten Übersetzung empfindsam (s. d.) seit Jacobi 1773
Briefw. 1, 112, sentimentalisch seit Schubart
1774 Dt. Chron. 574: Zs. f. d. Wortf. 10,
239. 12, 83; Büchmann 1912 Gefl. Worte
306 f.

Serail N. 'Palast (des Sultans)': pers.
sārāj gelangt über türk. seraj in die Mittel-
meersprachen und über frz. sérail M. vor Ende
des 17. Jh. zu uns, zunächst als Serrail.
Bauten mit pers. Namen sind auch Basar
und Karawanserei (s. Karawane), türk.
benannt sind Kiosk und Konak.

Seraph M. Zum hebr. sāraph 'verbrennen'
gehört das Part. sārǝph 'verbrennend' mit
Plur. serāphīm, in der Bed. 'Läuternde' ein
Geschlecht der Engel, dessen Name über gr.
σεραφείμ in die europ. Sprachen gelangt ist,
zu uns als spätahd. seraphīn. Aus dem Plur.
rückgebildet ist der mhd. Sing. sëraph M.
Nach Jes. 6, 2 ff. verkünden die Seraphim
die Ehre Gottes, daher bed. nhd. seraphisch
'verzückt'. Von Seraphischem fewer entzünd
Er. Alberus, Barf. Münche Eulensp. (1542)
Kap. 15. 17. Danach bei Rollenhagen 1603:

Littmann 1924 Morgenl. Wörter 28; Lokotsch 1927 Etym. Wb. 1885.

Sergeant M. Auf lat. serviens, Part. zu servīre 'dienen', beruht afrz. serjant 'Fußknecht', das um 1200 entlehnt wird zu gleichbed. mhd. sarjant. Das im 14. Jh. auftretende scharjant zeigt im Anlaut Anlehnung an mhd. schare F. 'Kriegsvolk', während in nhd. Scherschant der Anlaut der zweiten Silbe in der ersten vorausgenommen wird: Suolahti 1929 Frz. Einfl. 221; Behaghel 1928 Gesch. d. dt. Spr. 363; Zf. f. d. Wortf. 12, 149. 14, 44.

Sessel M. Mhd. sëzzel 'Stuhl; Unterlage des Edelsteins im Ring', ahd. sëzzal, mnd. mnl. setel, nnl. zetel, agf. seotul 'Stuhl', engl. settle 'Sitz', anord. sjǫtull 'einer, der etwas zum Stehen bringt; Beendiger', got. sitls 'Sitz' führen auf germ. *setla-. Sie sind auf germ. -la-, idg. -lo- (F. Kluge 1926 Wortbildungsl. § 89) gebildet zur idg. Wurzel *sed- 'sitzen' wie lat. sella (aus *sedlā) zu sedēre, gr. (lakon.) ἑλλά (aus *sedlā) 'Sitz' zu ἕζομαι, aslav. sedlo 'Sattel' zu sěsti 'sich setzen'. Ferner vergleichen sich gall. sedlon, sorb. sedlo 'Sitz', armen. etl 'Platz, Stelle' mit der gemeinsamen Urbedeutung 'Sitzgelegenheit'. S. auch Nest, Sattel, siedeln. — Sessel 'Stuhl mit Rück- und Seitenlehnen, Polsterstuhl' ist wesentlich süddeutsch: P. Kretschmer 1918 Wortgeogr. 509.

Sester s. Sechter.

seßhaft Adj., mhd. sëzhaft: eine nur hd. Bildung zu ahd. mhd. sëz N. 'Sitz, Wohnsitz', dem gleichbed. agf. engl. anord. set und gr. ἕδος entsprechen. Das mit sitzen verwandte N. war nie häufig, ist nach 1597 nhd. nicht mehr nachzuweisen und in lebenden Mundarten auf den Nord- und Südsaum zurückgedrängt. Das Adj. war frühnhd. beliebt, fehlt aber Luther und seiner Landschaft, ist im 18. Jh. am Aussterben (nie bei Lessing, Wieland, Schiller), seitdem wieder häufig. Die Weiterbildung seßhaftig, als mhd. sëzhaftec nicht selten, schwindet im 17. Jh. Das seit dem 19. Jh. vorkommende Seßhaftigkeit ist nicht unmittelbar zum Adj. gebildet, sondern folgt dem Vorbild der vielen F. auf -haftigkeit.

setzen schw. Ztw. Mhd. sëtzen, ahd. sëzzen, asächf. settian, mnd. nd. mnl. setten, anfr. agf. settan, afrief. setta, engl. set, anord. setja, schwed. sätta, dän. sætte, got. satjan führen auf germ. *satjan, Bewirkungsztw. zu sitzen mit der Grundbedeutung 'sitzen machen'. Die gleichbed. außergerm. Bildungen zeigen z. T. andre Ablautstufe: aind. sādáyati, aslav. saditi, lit. sodìnti, apreuß. saddinna, air. sáidim, adsuidim. Setzen steht neben sitzen wie legen, sprengen, tränken, wenden neben liegen, springen, trinken, winden.

Ins Roman. ist das germ. Ztw. entlehnt als prov. setjar, katal. seti 'sich setzen', woraus span. portug. sitio 'Platz, Belagerung'.

Seuche F. mhd. siuche, ahd. siuhhī, mnd. mnl. sūke, got. siukei: altes Abstr. zu siech (s. d.). Als jüngere Bildung steht daneben gleichbed. mhd. siuchede, mnd. sūke(de), mnl. sūkede, siecte, nnl. ziekte. Der nhd. Schriftsprache gehört seuche durch Luther an, der in der Bibel 15mal gebraucht, während es seinen obb. Zeitgenossen schon fremd ist: Kluge 1918 Von Luther bis Lessing 102. Zum Wechsel zwischen eu und ie in Seuche und siech Paul 1916 Dt. Gramm. 1, 255f.; N. Lid 1935 Norsk Tidskr. for Sprogvidensk. 7, 170.

seufzen schw. Ztw., mhd. siufzen (mit z, das auf Einfluß der Intensitive auf -zen beruht, vgl. namentlich ächzen), älter siuften, ahd. sūft(e)ōn zu mhd. sūft M. 'Seufzer'. Dies ist Abstr. zu ahd. sūffan 'trinken', urspr. 'schlürfen': seufzen steht neben saufen, wie schluchzen neben schlucken. Mnd. entsprechen sucht und suchten, nl. zucht und zuchten.

Shagpfeife s. Scheckpfeife.

Sherry M. 'span. Weißwein': engl. sherry entstellt aus dem Namen der span. Stadt Jeres (mit alter š-Aussprache; vgl. matt). Bei uns seit Mitte des 19. Jh.: D. Sanders 1871 Fremdwb. 2, 496f.

sich Pron., mhd. sich Akk. Dat., ahd. sih Akk., anfr. sig, nd. mnl. anord. got. sik, nnl. (als Entlehnung aus dem Hd.) zich: zum idg. Refl.-Pron. *se-, von dem auch lat. sē, sibī, ost. sifei 'sich', gr. σ-φι(ν) 'ihnen, sich', lit. -si (beim Ztw.), aslav. se, sebě 'sich' abgeleitet sind. Neben *se- stehen *sṷe- (vgl. den ähnlichen Wechsel im Anlaut von sechs) und *sṷe- in aind. sva- 'eigen, suus', avest. xᵛāi 'sibi', gr. ἕ (pamphyl. Ϝhē aus *sṷe), ἕ 'sich, ihn', alban. ve-tε 'selbst', lat. sovos, suos 'sein' (refl.), air. fēin 'selbst', lit. sāvas, aslav. svoj 'sein' (refl.). — Vgl. Sippe und Sitte.

Sichel F. mhd. sichel, ahd. sihhila, mnd. sekele (daraus entlehnt dän. segl, schwed. mundartl. sikel), mnl. sekele, sick(e)le, nnl. sikkel, agf. sicol, engl. sickle: in die westgerm. Sprachen mit Ausnahme des Fries. vor Mitte des 5. Jh. entlehnt (etwa gleichzeitig mit Stoppel und Wanne), das einzige fremde Fachwort der Landwirtschaft, das die Angeln vor ihrer Abwanderung erreicht zu haben scheint. Das Lehnwort ist von den ital.-rätorom.-ostfrz. Nachbarn an der langen Süd- und Westgrenze allerorten zu unsern Vorfahren gelangt. Es geht aus von *sicila, der nordital.-roman. Entsprechung des lat. (urspr. kampan.) secula 'Sichel' (das in ital. segolo

'Hacke' fortwirkt; lat. falx 'Sichel' lebt bei uns nur in ſchweiz. fälſə 'Baummeſſer'); dies zur idg. Wurzel *seq- 'ſchneiden' in Sech, Senſe uſw. Heimiſche Namen des den Germanen ſeit Urzeiten bekannten, in ſeiner Geſtalt von je feſtſtehenden Geräts ſind Hippe, got. gilþa, anord. mnd. oſtfrieſ. lē (wozu norw. ljaa, ſchwed. lie, dän. le 'Senſe'). Der fremde Händler brachte die vom röm. Eiſengewerbe maſſenhaft hergeſtellte *sicila unter dieſem Namen wohlfeil zu den weſtgerm. Käufern.

ſicher Adj. Adv., mhd. sicher, ahd. sichūr(e), sichor, aſächſ. sikor, mnd. mnl. seker, nnl. zeker, afrieſ. sikur, agſ. sicor, engl. sicker. Auf Entlehnung aus dem Mnd. beruhen dän. sikker (älter sekker), ſchwed. säker. Die Weſtgermanen haben das Wort, bevor die Angeln um die Mitte des 5. Jh. abwanderten, entlehnt aus lat. sēcūrus 'ohne Sorge' in der ſpätlat. Form sicurus, die auch in ital. sicuro fortwirkt. Der Begriffsinhalt iſt urſpr. rechtlich 'frei von Schuld und Strafe', erſt dann 'unbeſorgt, geſchützt, zuverläſſig'. Als Rechtswort beginnt auch die Ableitung ſichern: ahd. sihhūrōn 'rechtfertigen', erſt danach 'ſchützen', aſächſ. sikoron 'befreien'. Auch loſen (ſ. d.) iſt als Rechtswort entlehnt.

Sicht F., weſtgerm. Abſtr. zu ſehen: mhd. md. ahd. siht, mnd. mnl. sicht, nnl. zicht, agſ. sihð, engl. sight. Dän. sigt und ſchwed. sikt ſind aus dem Mnd. entlehnt. Im Hanſebereich iſt Sicht (1420 ff. auch Geſicht) Fachwort des Wechſelverkehrs, Lehnüberſetzung des ital. vista, meiſt mit der Bedeutung 'Laufzeit eines Wechſels'. Formeln wie auf (lange, weite) Sicht ſind von da über den Kreis der Kaufmannsſprache hinausgelangt. — In nd. Seetexten bedeutet Sicht (alt auch hier Geſicht) ſeit dem 15. Jh. 'Sehweite'. Ins Nhd. ſind Formeln wie in, aus, außer Sicht nicht vor A. v. Chamiſſo 1836 gedrungen. Dazu, gleichfalls als urſprünglich ſeemänniſcher Ausdruck, das ſchw. Ztw. ſichten[1] 'in Sicht bekommen, erblicken'. In einem nhd. Text zuerſt bei F. Gerſtäcker 1850: F. Kluge 1911 Seemannsſpr. 727 f.

ſichten[2] ſchw. Ztw., aus mnd. sichten 'ſieben' (daneben sichte F. 'kleines Sieb') mit nd. cht für ft (ſ. anrüchig), nl. ziften, oſtfrieſ. siften, agſ. siftan, engl. sift: Ableitung aus der germ. Wz. *sib- 'ſieben' (ſ. Sieb). Schriftſprachlich wird ſichten, das im 15. Jh. in nd. Gloſſaren auftaucht und danach langſam ins Md. wandert, durch Luther, der es Amos 9, 9 und Luk. 22, 31 verwendet, deſſen obd. Zeitgenoſſen es aber durch reitern, ſeihen verdeutlicht werden muß: F. Kluge 1918 Von Luther bis Leſſing 102. 111; K. v. Bahder 1925

Wortwahl 47. 140 f. Die obd. Entſprechung ſiften hat ſich in Teilen der Schweiz erhalten: Jd. 7, 370. Dän. sigte, ſchwed. sikta ſind aus dem Mnd. entlehnt.

Sicke F. '(Vogel-)Weibchen'. Schon das Mhd. kennt ein ſubſt. Pron. ein sie 'Weib(chen)' mit der obd. Verkl. siel Megenberg 1349 Buch der Natur 195, 4, die in frühnhd. Sielein N. (ſo H. Sachs) fortlebt. Die md. Entſprechung Siechen iſt ſchriftſprachlich nicht zu rechtem Leben gekommen, zurückgedrängt durch nd. sike, das in der Weidmannsſprache ſeit Beginn des 18. Jh. allgemein für 'Vogelweibchen' gilt, als Sicke F. bei Hohberg 1716 Land- und Feldleben 3, 2, 359a, in Zuſ.-Setz. wie Wachtelſieke F. (auch hier mit Durchbruch des natürl. Geſchlechts) Döbel 1746 Jäger-Pract. 2, 201 b. Vgl. Ricke.

ſickern ſchw. Ztw. nd. sikern, agſ. sicerian, norw. sikra 'tröpfeln': in den Wb.n ſeit Stieler 1691, in nhd. Text kaum vor Kant 1790 Krit. d. Urteilskr. § 58, in den Mundarten allgemein vom Rhein bis Siebenbürgen, von der See bis zu den Alpen. Somit nicht aus dem Nd. entlehnt, ſondern germ. Iterativ zu ſeihen (ſ. d. und ſeigen) mit gramm. Wechſel wie ziehen —zucken.

ſie Pron., mhd. si(e), sī Nom. Akk. Sg. F. und Nom. Akk. Pl. M. F. N., ahd. siu, sī Nom. Sg. F., sia Akk. Sg. F., sie Pl. Nom. = Akk. M., sio F., siu N. Dem ahd. sī Nom. Sg. F. entſprechen genau got. si, air. sī, gr. (Sophokles) ï 'ſie'; dazu Akk. aind. sīm. Feminin zu dem idg. Pron.-Stamm s-, der innerhalb des einfachen Demonſtr.-Pron. zunächſt nur im Nom. Sg. M. und F. erſcheint. Vgl. aind. sa 'der', sā 'die'; entſpr. got. sa, sō, anord. sā, sū. In ahd. sie, sio, siu (Pl.) und vielleicht auch in siu Nom. Sg. F. ſcheint ein idg. Stamm *sio vorzuliegen, der auch in agſ. sīo, sēo 'dieſe' (Nom. Sg. F.), anord. sjā 'dieſe(r)', ſowie in aind. sya 'dieſer', syā 'dieſe' (Nom. Sg. F.), anord. sjā 'dieſe(r)', ſowie in aind. sya 'dieſer', syā 'dieſe' erſcheint.

Sieb N. Mhd. sip (b), ahd. sib, mnd. mnl. seve, nnd. sef, sēf, säft, nnl. zeef, agſ. sife, engl. sieve bezeichnen das Trockenſieb der Weſtgermanen: J. Hoops 1919 Reallex. d. germ. Alt.-Kde. 4, 171 f.; P. Kretſchmer 1918 Wortgeogr. 459. Denſelben Namen tragen wegen ihres poröſen Stengels Schilf und Binſe im Nord.: anord. sef N., norw. sev, ſchwed. säv, älter dän. sev, søv (vgl. aſlav. situ 'Schilf' neben sito 'Sieb'). Aus dem Nord. entlehnt iſt engl. mundartl. seaves 'Schilf'. Das zugehörige Ztw. ſ. u. ſichten[2]. Sieb gehört mit dem urverwandten ſerb. sípiti 'rieſeln' zum idg. Verbalſtamm *seip- 'ſeihen'.

sieben Zahlw. Mhd. siben, ahd. sibun, asächs. sebun, got. sibun, anfr. sivon, mnd. mnl. engl. seven, nnl. zeven, afrief. si(u)gun (g aus ni(u)gun 'neun'), agf. seofon, anord. sjau, schwed. sju, dän. syv führen auf germ. *sebun (septun der Lex Salica gilt für Latinisierung eines echten sifun). Germ. *sibunī spiegelt sich in asächf. sibun und agf. siofon. Außergerm. vergleichen sich air. secht-n, kymr. saith, lat. septem, gr. ἑπτά, alb. štatë, ruff. sjem', lit. septynì, armen. evt'n, toch. ṣpät, aind. saptá, die sich auf idg. *septm̥ 'sieben' vereinigen. Uralt ist auch die Ordinalzahl der sieb(en)te (Verluft der funktionslos gewordenen Mittelsilbe auch in sieb(en)zehn und sieb(en)zig): mhd. sibende, ahd. sibunto, asächf. sivondo, sivotho, afrief. si(u)gunda, agf. siofoða, engl. seventh, anord. sj(a)unde, sjönde, schwed. sjunde, dän. syvende, älter siunde führen mit air. sechtn-ad, kymr. seithfed, lat. septimus, gr. ἕβδομος, aslav. sedmi (Bedeutung 'sieben'), lit. septiñtas, apreuß. sep(t)mas, toch. ṣäptänt, perf. haftum, aind. saptaná- und saptátha- auf idg. *sept-(e)mos und *septmtos. — Die Wendung „im siebenten Himmel sein" begegnet seit 1838; schon im 18. Jh. ist bei uns bekannt frz. jusqu'au troisième ciel (Zf. f. d. Wortf. 10, 229. 12, 73), das aus dem Neuen Test. (2. Kor. 12, 2) stammt. Die sieben Himmel erwähnt zuerst das apokryphe Testament der zwölf Patriarchen (vor 135 n. Chr.); nachmals ist die Vorstellung über den Talmud in den Koran gelangt: Büchmann 1912 Gefl. Worte 69.

Sieben F. In dem seit Ende des 15. Jh. bezeugten Karnöffelspiel (f. Karnöffel) ist die Sieben die Trumpffarte, die alle andern sticht, aber von keiner gestochen wird. Sie erhält im 16. Jh. das Bild des Teufels: Cyr. Spangenberg 1562 Wider die böse Sieben ins Teuffels Karnöffelspil A 4 b „der Teuffel heißt im Karnöffelspil Siben". Noch im 16. Jh. tritt das Bild eines bösen Weibs an die Stelle: Job. Ammann 1588 Charta lusoria F 3. Von da ist böse Sieben zur Schelte des bösen Weibs geworden: Sommer 1609 Ethographia mundi 2, 15 „ist denn deine Fraw so eine böse Siebene?" Zf. f. Wortf. 1, 363. 6, 98 f. 379.

Siebenmeilenstiefel Plur. Perraults Märchen Le petit poucet (in seinen Contes de ma mère l'oye 1697) bringt das Motiv der bottes de sept lieues in die europ. Märchenwelt. Die Übersetzung der Perraultschen Märchen von 1770 S. 122 bietet unser Wort, Goethe nimmt es 1771 auf (Jub.-Ausg. 36, 3) und bleibt ihm zugetan bis 1832 (Faust II 4: daf. 14, 210). Eingebürgert durch Chamisso, Eichen-dorff, Heine, Jean Paul, Platen, Uhland, vollends durch Bechstein 1845 Märchenbuch 86.

Siebensachen Plur. Die stabreimende Formel Sieben-Sachen steht zuerst bei den Engl. Komöd. 1 (1624) Gg 8 a für 'Geschlechtsverkehr'; bei Duez 1664 Nomencl. Siebensachen 'pudenda, scrotum, testiculi'. Die lebendig gebliebene Bed. 'Kram, Plunder' kaum vor Schupp 1663 Schriften 188, so in den Wb.n seit Kramer 1702 Dict. 2, 804ᶜ.

Siebenschläfer M. Die Legende von den Septem dormientes, den Heiligen des 27. Juni, gelangt durch Gregor v. Tours in den westeurop. Gesichtskreis. Mhd. die siben släfære wächst seit Dangkrotzheim 1435 Namenb. 209 zur Worteinheit die sübensleffer zusammen, so fest, daß seit Kramer 1678 Dict. 2, 805a der Sing. ein Siebenschläfer möglich wird (etwa wie lat. decemvir aus decem viri), der die Bed. 'Langschläfer' annimmt. Damit wird im 18. Jh. der Bilch (f. d.) wegen seines langen Winterschlafs benannt.

siech Adj. Mhd. siech, ahd. sioh (hh), asächf. siok, mnd. sēk, seik, mnl. siec, nnl. ziek, afrief. siāk, agf. sēoc, engl. sick, anord. sjūkr, schwed. sjuk, dän. syg, got. siuks führen auf *seuka-, den gemeingerm. Ausdruck für 'krank'. Dazu Seuche und Sucht (f. d.) sowie siechen, mhd. siechen, ahd. siuchan, -en, anord. sȳkjast, -vast 'erkranken', got. siukan 'krank sein'; mhd. sochen (germ. *sukēn) 'kränkeln', anord. sokna 'krank werden'. Nils Lid 1934 Norsk Tidskr. f. Sprogvidensk. 7, 170 stellt die Wortgruppe zu saugen (f. d.): Krankheit war in der Vorstellung unsrer Altvordern durch saugende Dämonen verursacht. Germ. *seuka-hat paff. Sinn wie das Part. *sukana-. Got. siukan bedeutet ursprünglich 'gesogen sein'.

siedeln schw. Ztw. Zur idg. Wurzel *sed- 'sitzen' (f. Nest, Sattel, sitzen usw.) ist *sed-tlo- 'Sitz' gebildet, das über idg. *sétlo-gleichbed. agf. sēdel, asächf. sēdal, ahd. sēdal ergibt. Dazu zwei nur hd. Bildungen, das Nomen agentis ahd. sidilo 'agricola' (f. Einsiedel) und das schw. Ztw. ahd. gisidalen 'ansässig machen', mhd. sidelen.

sieden ft. Ztw. Mhd. mnl. sieden, ahd. siodan, mnd. sēden, nnl. zieden, afrief. siātha, agf. sēoðan, engl. seethe, anord. sjōða, norw. sjoa, schwed. sjuda, dän. syde führen auf germ. *saup-, ebenso anord. sauðr 'Schaf, Kleinvieh', got. sauþs 'Opfertier'; mit Umlaut anord. seyþ 'brausendes Wasser', seyþir 'Kochtopf'. Mit andrer Ablautstufe (germ. *suþ-) anord. soþ N. 'siedendes Wasser, in dem man Fleisch gekocht hat; Fleischsuppe', soþna 'gekocht werden'. Germ. Verwandte f. u. Schwede und Sodbrennen. Der nächste außergerm.

Verwandte ist avest. hāvayeiti 'schmort'; idg.
Wz. *seu- 'sieden, heftig bewegt sein'. Zur
Abgrenzung des Gebrauchs von sieden in
heutiger Umgangssprache s. Kretschmer 1918
Wortgeogr. 300 f.

Siedler s. Einsiedel.

Sieg M. mhd. sic, sige, ahd. sigu, sigo,
asächs. anfr. sigi-, mnd. sege, mnl. seghe, nnl.
zege, afries. sī, ags. sige, gesig, anord. sigr,
schwed. seger, dän. sei(e)r, got. sigis, in Männernamen Sigerīcus, Segemundus, -sindus,
germ. Segimērus, Segestes. Außergerm. vergleicht sich zunächst der gall. Ortsname Sego-
dūnum und der Stammesname Segovellauni,
ferner gr. ἔχω (aus *segho; Aor. ἔσχον)
'habe, halte', aind. sáha- 'Sieg, Gewalt',
sáhatē 'bewältigt, vermag, erträgt': sämtlich
zur idg. Wurzel *seĝh- 'festhalten; einen im
Kampf Unterlegenen gepackt halten, ihn überwältigen; Sieg'.

Siegel N. mhd. afries. sigel, mnd. mnl.
seghel, nnl. zegel, mengl. seel, engl. seal,
dän. segl, schwed. sigill beruhen auf lat. sigillum 'Bildchen, Figürchen; Siegelabdruck',
einer aus *signolom entstandnen Verkl. des
lat. signum 'Zeichen, Kennzeichen; Bild im
Petschaft' (s. Segen). Älter ist Insiegel, ahd.
insigili, mhd. insigel(e), mnd. mnl. ingeseghel,
afries. insigel, ags. schwed. insegel, mengl. in-
seil, anord. innsigli, dän. indsegl, das auf
Kreuzung des lat. sigillum mit insigne 'Ab-,
Kennzeichen' beruht. Got. sigljō F. 'Siegel'
ist aus volkslat. sigillo entlehnt. Ob das erst
im 13. Jh. auftretende mhd. sigel aus sigillum
neu übernommen aus dem Ztw. sigelen
rückgebildet ist, läßt sich nicht entscheiden.

Siel M. N. asächs. -sīl (in Gunderekingsīl),
nd. afries. sīl M. 'Schleuse', mnd. sil, mnl. sīle
'Abzugskanal'. Der Bildung nach eins mit
norw. schwed. sil 'Seihe'. Das aus dem Germ.
entlehnte finn. siivilä 'Milchseihe' weist auf
urgerm. *sīh(w)ila-, *sī(g)wila-: mit -ila, dem
verbreiteten Suffix der Gerätnamen, zum germ.
Stamm *sīhw-, s. seihen.

Siele F. (auch Sille F., Sill N.) 'Riemen',
Riemenwerk des Zugviehs'. Vorwiegend nd.,
bekannt durch Bismarcks Wort vom 4. Febr.
1881 „Ein braves Pferd stirbt in den Sielen".
Formen und Vorgeschichte s. u. Seil.

Siesta F. 'Mittagsruhe' im 18. Jh. (Zf. f. dt.
Wortf. 8, 94 f.) aufgenommen aus gleichbed. span.
siesta F. Dies von lat. (hora) sexta 'sechste Stunde
nach Sonnenaufgang, heiße Mittagszeit'.

Sigrist M. Zu lat. sacrum N. 'das Heilige;
Gottesdienst' gehört mlat. sacrista M. 'Kirchendiener', das in ital. sagrestano, frz. sacristain
usw. fortlebt. Über *segrista der Kirchensprache Frankreichs erhalten wir nach Abschluß

der hd. Lautverschiebung ahd. asächs. sig(i)risto,
mhd. sigrist(e) als Synonym von Küster und
Mesner, etwa gleichzeitig mit predigen und
Priester. Heute gilt Sigrist in der Schweiz,
deren Nordosten und Osten jedoch Mes(s)mer
bietet, als Fam.-Name auch in den Nachbarlandschaften: Schweiz. Jd. 7, 508 ff.; H. Fischer
1920 Schwäb. Wb. 5, 1402.

Silbe F. mhd. silbe, älter sillabe, ahd.
sillaba: aus gr.-lat. syllaba durch Vermittlung der Klosterschulen entlehnt, etwa gleichzeitig mit Brief, schreiben, Schule, Tinte:
Zf. f. d. Wortf. 8, 95. 14, 80. 15, 34. Gr.
συλλαβή 'Zusammenfassung (von Lauten)'
aus σύν 'zusammen' und λαμβάνω 'fasse'. —
Silbenstecher M. 'kleinlicher, allzu spitz-
findiger Mensch', vorbereitet bei A. G. Kästner
1740 Verm. Schr. 100 „Denn lachen sie mit
Recht, wenn einer Sylben sticht", birgt eine
Erinnerung an die im 13. Jh. aufkommende
und den Meistergesang beherrschende Silben-
zählerei mit ihrem Beckmessertum. Schon
vor 1270 höhnt Rūmzlant (v. d. Hagens
Minnesinger 3, 56ᵇ) einen Sangesgenossen: Vil
lieber Marner ... Du hās die mūseken ('Musik') an der hant, die syllaben an dem vinger
Gemezzen.

Silber N. Mhd. silber, ahd. sil(a)bar,
asächs. silubar, anfr. mnl. engl. schwed. silver,
nnl. zilver, afries. sēlover, ags. siolufr, siolfor
anord. silfr, dän. sølv, got. silubr führen auf
germ. *silubra-. Vorgeschichtlicher Zus.-Hang
besteht nur mit den balto-slav. Synonymen:
apreuß. siraplis, lit. sidābras, aslav. sirebro.
Die unregelmäßigen Lautentsprechungen zeigen, daß es sich um kein bodenständiges Erbwort handelt, sondern um ein nicht-idg. Wanderwort, das Schmiede etwa aus Vorderasien (assyr. ṣarpu) gebracht haben mögen. Es
hat bei Germanen und Balto-Slaven das idg.
Erbwort für 'Silber' verdrängt. Das liegt
vor in aind. rajatám, avest. ərəzata-, toch.
A ārkyant, armen. arcat', lat. argentum, air.
argat, dazu gall. Argento-rātum 'Straßburg'.
Mit andrer Endung zum gleichen Stamm gehören illyr. argura- und gr. ἄργυρος. Der
Stamm bedeutet 'weiß, licht'; die Benennungs-
weise entspricht der von Gold.

Silberling M. Matth. 26 f. wird ἀργύρια der
griech., argentei der lat. Bibel von Tatian 193,
3 ff. mit silabarlingon übersetzt. Dabei ist das
Suffix der Münznamen um -l- erweitert wie
bei Sterling, s. d. Die Übersetzung kehrt in
Glossen des 9. und 11. Jh. wieder; sie lebt,
ohne für uns in mhd. Zeit greifbar zu werden,
durch die Jh.e fort, so daß sie Luther 1522 aufnehmen kann. Durch ihn allgemein: Zf. f. dt.
Wortf. 2, 199. 4, 202. 12, 126.

Silhouette f. Schattenriß.

Sill N., **Sille** F. f. Siele.

Silo M. '(unterirdischer) Schachtspeicher für Getreide, Grünfutter, Erz usw.', im 19. Jh. entlehnt aus span. silo 'Kornkeller, Getreidegrube'. Dies über lat. sīrus aus gr. σειρός 'Grube zur Aufbewahrung von Getreide': P. Scheid 1934 Studien zum span. Sprachgut im Dt. 53. 118.

Simmer N. M. ein Hohlmaß für feste Ware, in den Mundarten von der Rheinpfalz bis Kärnten, von der Schweiz bis zur Wetterau. Frühnhd. mhd. sümmer, sumer, dessen Nebenform sumber, sümber, sümbrīn (auch in Bed. wie 'zylindr. Gefäß, Bienenkorb, Trommel, Wanst') auf ahd. sumbir, sumbrīn '(dicht aus Stroh geflochtener) Korb' führt. Ableitung auf -in begegnet in mehreren Gefäßnamen (f. Kessel[1]), -ber in sümber erinnert an Eimer, Zuber.

Simonie F. mhd. simonie seit Walther v. d. Vogelweide 6, 39, nach kirchenlat. simonia (aus dem auch afrz. simonie stammt) 'Schacher mit kirchl. Ämtern', benannt nach dem Zauberer Simon, der Apg. 8, 9 ff. die Gaben des Hlg. Geistes von den Aposteln kaufen zu können meinte. Vergleichbare Namengebung bei Adamsapfel, Aronstab, Hiobspost, Kainszeichen, Rotte Korah, Nimrod, Uriasbrief.

simpel Adj. Lat. simplus 'einfach' ergibt über frz. simple mnl. mnd. spätmhd. simpel 'einfältig'. Dazu obd. Simpel 'Schwachsinniger', zuerst in Württemberg 1626: H. Fischer 1920 Schwäb. Wb. 5, 1407.

Sims M. N. Lat. sīmus 'plattnäsig' liefert (neben sima 'Rinnleiste als Glied des Säulenkranzes') sīmātus 'plattgedrückt' als Fachwort der röm. Baukunst. Vor Abschluß der hd. Lautverschiebung, etwa gleichzeitig mit Pfeiler, Pflaster, Pfosten, entlehnt zu germ. *sīmata-, das ahd. sīmizstein 'capitellum', mhd. sim(e)z ergibt. Dazu das Kollektiv mhd. gesimeze N. 'Gesims'. Den andern germ. Sprachen fremd geblieben.

Sinau M. 'Alchemilla, Frauenmantel', nur deutsch. Die Nebenformen frühnhd. nd. sindau(we), mnd. sindouwe weisen auf mhd. ahd. *sintou 'Immertau' (f. Singrün). Auf derselben Beobachtung beruhen die gleichbed. Namen Taubehalt, -blatt, -haltauf, -schüssel.

singen st. Ztw. Mhd. anfr. singen, ahd. asächs. agf. singan, mnl. singhen, nnl. zingen, afrief. sionga, siunga, engl. sing, anord. syngva, -ja, schwed. sjunga, dän. synge, got. siggwan führen auf germ. *singwan, idg. *senguh- 'mit singender Stimme vortragen,

singen'. Außergerm. vergleicht sich nur gr. ὀμφή (aus *songuhá) 'Stimme', πανομφαῖος als Beiname des Zeus mit derselben Ablautstufe wie Sang M., mhd. sanc (g) M. N., ahd. asächs. anfr. afrief. agf. dän. sang, mnl. sanc (gh), nnl. zang, engl. norw. song, anord. sqngr, schwed. sång, got. saggws aus germ. *sangwa-, idg. *songuhos. Die stabreimende Formel singen und sagen, in christl. Umkreis aus kirchenlat. cantare et dicere (psalmum) entstanden, wird von Spielleuten und Minnedichtern in den weltlichen Bereich gerückt. Hier erst wird die Formel zergliedert und singen auf lyrischen, sagen auf epischen Vortrag bezogen.

Singrün N. die Pflanze Immergrün, Vinca minor. Mhd. singrüene, spätahd. singruonī (E. Björkman 1902 Zf. f. dt. Wortf. 2, 229), mnd. singrōne (daraus entlehnt dän. singrøn, schwed. sinngrön), mnl. sindegroen, nnl. sene-, zenegroen, agf. singrœne F. sind Substantivierungen des Adj. mhd. singrüene, ahd. singruonī, agf. singrœne, anord. sīgrœnn 'immer grün'. Die Vorsilbe kehrt in Sündflut wieder, f. d. Ahd. sin-, mnd. sin-, sene-, asächs. afrief. got. sin-, agf. sin(e)-, sion-, anord. sī- 'beständig, dauernd; unendlich, gewaltig' beruhen auf gleichbed. germ. *sim-. Urverwandt sind lat. semper 'immer', simplex 'einfach', gr. εἷς, μία (aus *smíā), ἕν 'ein', μῶνυξ (aus *sm-) 'Einhufer', ἅπαξ, kret. ἀμάκις 'einmal', armen. mi 'eins', aind. sa-kṛt 'einmal'. Idg. Wurzel *sem- 'eins; in eins zusammen'.

Singspiel N. Ein frühnhd. singespil begegnet bei Luther außerhalb der Bibel als 'Musikinstrument'. Der Wunsch, nlat. melodrama zu ersetzen, führt J. Ayrer († 1605) zu der Formel ein singets Spiel; dafür Singspiel zuerst in Hamburg 1678: Goedekes Grundr. [2]3, 333.

sinken st. Ztw. Mhd. mnd. mnl. sinken, nnl. zinken, ahd. asächs. sinkan, agf. sincan, engl. sink, anord. søkkva, norw. sökka, schwed. sjunka, dän. synke, got. sigqan führen auf germ. *sinkwan. Dazu das Bewirkungsztw. senken (f. d.), vielleicht auch feicht. Die nächsten außergerm. Verwandten sind armen. ankanim (armen. k aus idg. gu) 'falle, weiche', und gr. ἔαφθη 'sank'. Idg. Wurzel *senguh- 'fallen, sinken'; vgl. sacken.

Sinn M. ahd. mhd. mnd. mnl. afrief. sin (nn), nnl. zin. Dän. sind, schwed. sinne stammen aus dem Mnd. Entlehnung aus gleichbed. lat. sensus ist unmöglich, weil neben dem Subst. das st. Ztw. sinnen steht. Das entspr. ahd. sinnan bedeutet 'reisen, streben, gehen', mhd. sinnen mag in seiner Bed. 'mit den Sinnen wahrnehmen' durch ahd. sin 'sensus' bestimmt sein. Die Wz. von sinnan ist dieselbe, wie die von germ. *sinþa- 'Reise, Weg' (f. Gesinde, senden), vorgerm. liegt *sentno- voraus. Die idg. Wz. *sent- (bestätigt durch air. sēt 'Weg') zeigt in lat. sentīre die Ausgangsbed. 'einer Richtung nachgehen' entwickelt zu 'fühlen'; eine vergleichbare Entwicklung bietet hinter etw. kommen. Aus dem westgerm. Mask. ist die roman. Sippe von ital. senno 'Sinn, Verstand' entlehnt.

Sinnbild N. 'sinnliches Bild von etwas Abstraktem', Ersatzwort erst für gr.-lat. emblema, dann für symbolum. Zuerst in der Form Sinnebild Zinkgref 16126 Apophthegm. 1, 163, als Sinnenbild bei Zesen 1648 Ibrahim 170. Die endgültige Form zuerst in Hars- dörfers Poet. Trichter, Nürnb. 1648. Anl. zinnebeelde, dän. sindbillede, schwed. sinne- bild sind aus dem Nhd. entlehnt. Sinnbild- lich 'emblematicus' kaum vor Frisch 1741.

sinnen schw. Ztw. im alem.-schwäb. Süd- westen für eichen mit dem Weinbau in nach- röm. Zeit durch die burgund. Pforte aus Süd- gallien eingedrungen, dessen Fachwort für 'die Maße ausgleichen' auf lat. signāre be- ruht, während die Prov. Belgica und Germ. inferior über Maas und Mosel (ex-)aequare lieferten: f. eichen und Th. Frings 1932 Ger- mania Rom. 59. 70. 169f. Heute treffen sich eichen und sinnen an der rheinfränk./obd. Grenze.

Sinngedicht N. als Ersatzwort für gr.-lat. epigramma gebildet von Zesen 1649 T. Helikon. Aufgenommen von Logau 'Deutscher Sinn- Getichte drey Tausend, Breßlau 1654'.

sinnig Adj., ahd. sinnig 'empfänglich, ge- danken-, kunstreich', mhd. sinnec 'sinnreich, besonnen'. In der Zeit zwischen Stieler 1691 und Adelung 1801 mehrfach als veraltet be- zeichnet, nach Heynatz 1797 von Campe als Ersatzwort für frz. traitable erneuert. Campe dankt im Verd.-Wb. (1813) 591 Voß für die Wiederbelebung.

sintemal Konjunkt. Seit mhd. Zeit erscheint sīt, sint dem māle 'seit der Zeit' als paratakt. Konjunkt. Aus sīt dem māle daz geht die hypotakt. Konjunkt. sintemal hervor: Behaghel 1928 Dt. Syntax 3, 245. Vgl. seit.

Sinter M. 'Metallschlacke, mineralischer Nie- derschlag aus Quellen, Tropfstein'. Mhd. sinter, sinder, -el N. '(Metall-)Schlacke, Ham- merschlag, (Sünden-)Kruste', ahd. sintar 'sco- ria, purgamen, spuma', asächs. sinder 'scoria', mnd. sinder, -del, mnl. sinder, fläm. zinder, nnl. (unter hd. Einfluß) sintel, ags. sinder N. 'Schlacke, Abfall von Metall, Hammerschlag', engl. cinder 'glühende Asche, Schlacke' (das ags. Wort hat sich gekreuzt mit frz. cendre aus lat. cinis 'Asche'), anord. sindr N., dän. sinder,

sinner 'Schaum oder Schlacken, die auf ge- schmolzenem Metall schwimmen, Hammer- schlag', schwed. sinder 'Hammerschlag'. Dazu sintern schw. Ztw. 'durchsickern', anord. sindra 'Funken sprühen', norw. mundartl. sinkla (aus *sind-kla) 'sich mit einer Eiskruste überziehen'. Engl. dän. sinter 'Tropfstein' ist Fachlehnwort aus dem Nhd. Germ. *sendra-, idg. *sendhro-, -ā 'geronnene, sich verdichtende Flüssigkeit'. Urverwandt sind aslav. sędra 'verhärtete Feuchtigkeit; Tropfstein', serb. sȅdra 'Kalksinter', tschech. sádra (aus *sēndhraā) 'Gips'.

Sintflut f. Sündflut.

Sippe F. mhd. sippe *(Bluts-)Verwandt- schaft, Verwandtschaftsgrad, angeborene Art', ahd. sipp(e)a 'Blutsverwandtschaft, Friede, Bündnis', asächs. sibbia, nnd. sibb, mnl. afries. sibbe 'Verwandtschaft, Sippenband', ags. sibb 'Verwandtschaft, Liebe, Freundschaft, Friede, Glück', engl. gossip (aus godsib) 'Ge- vatterin', anord. Sif aus *Sibjō) die Gemahlin Thors, der Geburt und Ehe weihte, Mz. sifjar 'Verwandtschaft', got. sibja 'Sippenverhältnis, Verwandtschaft'. Dazu die germ. Stammes- namen Semnones (aus *Sebnaniz 'Stammes- genossen') und mit Dehnstufe Suēbi, ahd. Swābā. Urverwandt mit vorgerm. *sebhiā sind apreuß. subs 'eigen, selbst', ruff. osoba 'Person', sob' 'Eigenart, Charakter': idg. *s(u)e-bho- 'von eigner Art' ist bh-Ableitung vom Refl.-Pron. *se-: *s(e)u̯e-. S. sich und Sitte. Nhd. Sippe wird seit Steinbach 1734 mehrfach als veraltet bezeichnet. Campe empfiehlt das Wort 1810 zur Erneuerung; neuerdings hat Stefan George zur Belebung beigetragen. — Dazu Sippschaft F., mhd. sippeschaft F., anord. sifskapr M.

Sirene F. Gr. σειρήν F., Plur. σειρῆνες heißen in Homers Odyssee 12, 39 bezaubernd singende Meerfrauen, die den Schiffern zum Verhängnis werden. Über mlat. sirena er- halten wir mhd. sirēn(e), syrēn(e). Das von Cagniard de la Tour 1820 erfundene und sirène benannte Lärmgerät dient im 19. Jh. als Dampfpfeife in Fabriken, als Nebelhorn auf Schiffen (F. Kluge 1911 Seemannsspr. 729f.). Das 20. Jh. stellt diese Sirenen von Dampf auf Elektrizität um und verwendet sie seit 1939 im Luftwarndienst.

Sirius M. der bedeutendste Stern im Bild des Großen Hundes (gr. κύων 'Ωρίωνος), der die Tage der größten Sommerhitze beherrscht. Der Glaube an die hitzespendende Kraft des Sterns verschafft ihm den Namen Sirius (gr. σείριος 'heiß, brennend'): Suolahti 1932 Nd. Studien (Festschr. f. Borchling) 191.

Sirup M. mhd. sirup, syrop, zuerst um 1300 in Hugos v. Trimberg Renner: ein Lehnwort der mittelalterl. Medizin, vermittelt durch mlat. sirōpus, -ūpus (daraus auch ital. s(c)iroppo, afrz. sirop, span. jarope), das seinerseits aus arab. šarāb 'Trank' stammt: Lokotsch 1927 Etym. Wb. 1838.

Sitte F. mhd. site, ahd. situ, asächs. agf. sidu, anfr. sido, mnd. mnl. sede, nnl. zede, afrief. side, anord. siðr, dän. sæd, schwed. sed, got. sidus M. führen auf germ. *seðu-, das auf idg. *sédhus oder *setús beruhen kann. Beides als 'Eigenart' zum idg. Refl.-Pron. *se- (f. sich und Sippe). Auf idg. *suédh- beruhen die urverwandten aind. svadhá- 'Eigenart, Gewohnheit, Sitte, Heimstätte', gr. ἔθος 'Gewohnheit, Sitte', ἦθος 'Sitte, Gebrauch, Herkommen', Mz. 'Wohnort', lat. sodālis 'Kamerad', suēscō 'werde gewöhnt'. — Sitte, einst st. M., ist (wie Hirse und Imme) schw. F. geworden. Das M. reicht bis in den Anfang des 17. Jh., das F. beginnt im Md. des 14. Jh.

Sittenlehre F. Ersatzwort für Moral (lat. philosophia moralis), gefunden von Harsdörfer 1644 Frauenz.-Gespr. 1 Ee 1ᵇ; noch im 17. Jh. aufgenommen von Butschky, Morhof, Thomasius und Stieler.

Sittich f. Papagei.

sitzen st. Ztw., mhd. sitzen, ahd. sizzen (aus *sizjan), asächs. sittian, mnd. nnd. mnl. sitten, nnl. zitten, afrief. sitta, agf. sittan, engl. sit, anord. sitja, schwed. sitta, dän. sidde, got. sitan. Der germ. Verbalstamm ist *set-, der idg. *sed-. Urverwandt sind gleichbed. aind. á-sadat, gr. ἕζομαι (aus *sédiomai), lat. sedēre, aflav. sěděti, lit. sědmi, kymr. seddu. Vgl. setzen und Nest.

Six in der seit Stoppe 1729 Gedichte 2, 87 nachgewiesenen Beteuerung meiner Six steht verhüllend für das weit ältere meiner Seel: Zf. f. d. Wortf. 10, 152.

Skala F. Scala oder Meßleiter seit Ardüser 1653 Archit. von Vestungen 18 aus ital. scala 'Treppe, Leiter'. Das gleichbed. lat. scāla (für *scand-slā) gehört zu scandere 'steigen'. Kurrelmeyer 1929 Mod. lang. notes 44, 146.

Skalde M. 'altnordischer Dichter', bei uns seit Schottelius (1663) 1163, beflügelt durch H. W. Gerstenberg 1766 'Gedicht eines Skalden'. Entlehnt aus anord. skáld N. 'Dichter', wie seit Beginn des 17. Jh. dän. skjald, seit Ausgang des 17. Jh. schwed. skald 'Dichter'. Vielleicht ist über germ. *skæþla- N. 'Dichtung' auf idg. *sqétlom zu gelangen, während air. scél, kymr. chwedl 'Erzählung' auf idg. *sqetlom führen können: beide zur idg. Wur-

zel *seqᵘ-, f. sagen. Bedenken bei S. Singer 1933 Idg. Forsch. 51, 164 f.

Skalp M. 'Kopfhaut des erschlagenen Feinds' seit 1735, skalpieren seit 1777 (Palmer 124 ff.). Entlehnt aus engl. scalp 'Kopfhaut', dem mengl. scalp 'Schädel' vorausgeht. Dies stammt aus dän. skalp 'Schale, Hülse', das mit dän. skulp(e) 'Schote' und anord. skalpr 'Schwertscheide' zum idg. Verbalstamm *sqel- 'schneiden' gehört. S. Schale¹ und Schild.

Skandal M. Gr. σκάνδαλον 'das losschnellende Stellholz in der Falle' (urverwandt mit lat. scandere 'steigen' und scāla 'Treppe') gelangt über 'Anstoß gebende Sache' zu der Bedeutung 'Ärgernis', die es im Neuen Testament hat: G. Stählin, Skandalon (Gütersloh 1930). Bibellat. scandalum erscheint in hd. Text seit 1552 Sleidans Briefw. 246 "Es würd bei den Vätern ein scandalum bringen, wenn sie höreten, daß ich darvon gezogen were". Das lat. Wort hat schon im 12. Jh. mit Wechsel des Geschlechts frz. scandale M. ergeben. So erscheint es bei uns mit neuer Entlehnung seit Beginn des 18. Jh. in Bedeutungen wie 'Ungelegenheit, Streit, Lärm' als bevorzugtes Wort der Studentensprache, entsprechend skandalös nach frz. scandaleux. Mundartl. Standal gilt mit Lautersatz in Landschaften, die kein anlautendes sk kennen: H. Schröder 1923 Beitr. 47, 168 f.

Stat M. Zu ital. scartare 'aus dem Kartenspiel entfernen' gehört scarto 'Abwerfen zweier Karten im Tarock'. Hierzu gehört der Spielerausdruck in einer Karte skart sein 'sie nicht haben'. In Tirol ist Scartkarte das Blatt, das auf die Seite gelegt wird, um dann mit eingezählt zu werden. Das erste rt des Wortes wird vor dem zweiten erleichtert: so wird Skat um 1810—15 (nach den beiden beim Geben abgelegten Karten) zum Namen des in der Brommeschen Tarock-Gesellschaft zu Altenburg aus dem erzgebirgischen „Schafkopf" entwickelten, vom Hofadvokaten F. Hempel 1818 zuerst beschriebenen Kartenspiels: L. Nicolai 1897 Beitr. z. Wortaustausch 11; K. Bachmann 1951 Festschrift f. Ernst Ochs 344 f.

Skelett N. Gr. σκελετόν (σῶμα) 'ausgedörrter Körper' (zu σκελέειν 'dörren') erscheint ohne Vermittlung des Lat. bei Prätorius 1666 Anthropodemus 380 „Skeleton oder Todtenknochen"; Sperander 1727 bietet Sceletum neben Sceleton. Als frühnhd. Ersatzwort erscheint Beinwerk Wurstisen 1580 Basl. Chron. 618.

Sti f. Schi.

Skizze F. Zu gr. σχέδιος 'in der Eile entworfen' stellen sich lat. schedium 'Stegreifdichtung' und ital. schizzo M. 'erster Entwurf'. Dies ergibt scizzo M. bei Furttenbach 1630 Archit. milit. Der Wandel zum F. vollzieht sich unter Einfluß von frz. esquisse F. Gleichen Ursprungs sind nnl. schets, dän. skitse, schwed. skits, engl. sketch (s. Kitsch, Zettel).

Sklave M. spätmhd. s(k)lave, dazu mnd. slaven 'als Unfreier dienen'. Entspr. schwed. slav, dän. mnl. engl. slave, afrz. esclaf, span. esclavo, ital. schiavo. Das Appellativ ist sprachlich eins mit dem Volksnamen der Slaven, aslav. Slověninŭ, mgr. Σκλαβηνοί (mit einem von den Griechen eingeschobenen k). Man faßte σκλαβηνός als Adj. und bildete im 6. Jh. dazu ein Subst. σκλάβος, das vor dem 8. Jh. die Bed. 'Unfreier slav. Herkunft' annahm und sie dem mlat. sclavus weitergab. Auch in aind. dāsá-, gr. δάος, lat. surus, ags. wealh sind Unfreie nach ihrem Vaterland benannt. Die Deutschen haben das Wort durch roman. Vermittlung kennengelernt. Sie selbst nannten die Slaven ahd. Winidā, mhd. Winden, d. i. illyr. Væneti 'Befreundete'; zudem begegnet mhd. s(k)lave zuerst im Süden und Westen unseres Sprachgebiets, immer erst in Zeiten, da es mit der Einfuhr slav. Unfreier längst vorbei war. Über diesen Handel J. Wellhausen 1892 Dt. Lit.-Ztg. 13, 589f.; vgl. ferner G. Baist, Zf. f. frz. Spr. 13, 190; M. Vasmer 1907 Zf. f. d. Wortf. 9, 21. 315; Ph. Wick 55.

Skorbut M. die seit 1250 beobachtete Mangelkrankheit. Russ. skrobot 'das Kratzen' (urverwandt mit schrappen, s. d. und Wick 74) gab mit Umstellung des r mlat. scorbūtus, auf dem ital. scorbuto, span. portug. escorbuto, frz. (16. Jh.) scorbut, engl. scurvy, ngr. σκορμποῦτο beruhen: M. Vasmer 1907 Zf. f. dt. Wortf. 9, 20f. Aus dem lat. Namen sind unter wechselnden Anlehnungen entstellt nnl. (1598) scheurbuik (scheur-mond 'Mundfäule' mag eingewirkt haben), nd. (15. Jh.) scer-, schorbuk, dän. sk(j)ørbug, schwed. (seit 1620) skörbjugg, isl. skyrbjūgr. Im meißnischen Binnenland tritt 1486 der Schorbock auf (M. Heyne 1903 Hausaltert. 3, 148), als Scharbock wird der Name zuerst in Köln 1534 greifbar (Euricius Cordus, Botanologicon). Aus hd. Seetexten belegt F. Kluge 1911 Seemannsspr. 681 Scharbock seit 1618. J. Reichborn-Kjennerud 1942 Norsk Tidskr. f. Sprogv. 12, 213ff.

Skorpion M. Aus lat. scorpio, -ōnis gelangt der Name des Gliederfüßers nach der hd. Lautverschiebung ins Deutsche: ahd. (Akk.) scorpiōn, mhd. sc(h)orpiōn (daneben sc(h)orpe) M., mnd. schorpie F. Nach dem Insekt mit Giftstachel heißt die Stachelpeitsche 1. Kön.

12, 11 (wie schon bibelgr. σκορπίος, lat. scorpio). Name des Sternbilds ist S. bei uns seit Colerus 1592 Kalender ☉ 2ᵇ.

Skrupel M. Zu lat. scrūpus 'scharfer spitzer Stein' stellen sich die Verkl. scrūpulus 'Steinchen' und scrūpulum 'kleinster Teil eines Gewichts; Genauigkeit, die so ängstlich ist wie der Gang über spitze Steine; Gewissensbedenken'. Mhd. scrupel N. 'kleinstes Gewicht' begegnet zuerst 1537, Scrupel M. 'Bedenken' seit 1580: Zf. f. d. Wortf. 15, 209 f. Mit dem Doppelsinn spielt Abr. a S. Clara 1698 (das. 8, 285) „Freilich gibt es viel gute ... Apotheker; aber man findet doch zuweilen einige, die zwar viel Skrupel in der Apotheken, aber wenig im Gewissen haben".

Skunk M. Mephitis varians, bei uns wegen seines Pelzes eingeführt, hat den Namen behalten, mit dem es die Algonkin-Indianer der Hudsonbai nennen. In den Vereinigt. Staaten wird der Name skunk gern gemieden; euphemist. sagt man polecat eigtl. 'Iltis', scherzhaft woodpussy 'Waldkätzchen'.

Slalom M. N. 'Schneeschuhwettfahrt, die auf ausgesucht steiler, durch paarweis aufgestellte Fahnen (Tore) abgesteckter Strecke hinabführt'. 1928 entlehnt aus norw. slalom 'sanft geneigte Spur'. Bestimmungswort ist norw. mundartl. slad 'ein wenig geneigt' (zu slade (Abhang'), Grundwort norw. mundartl. lôm 'Schleppspur', ursprüngl. 'schmaler Weg'. Zur Verdeutschung empfehlen sich Abfahrts-, Bahnlauf, Schlangenfahrt und vor allem Torlauf: Mutterspr. 46, 370. 47, 241f. 51, 58f., W. Linden 1943 Dt. Wortgesch. 2, 394.

Smaragd M. Wie Beryll, Opal und Saphir trägt der Smaragd einen indischen Namen, der über Vorderasien, Griechenland und Rom zu uns gelangt ist. Lat. smaragdus ergibt ahd. mhd. smaragd, smarāt. Einige mhd. Nebenformen weisen auf Vermittlung von afrz. esmaragde: Suolahti 1929 Frz. Einfl. 239. Volkslat. smaraldus führt über afrz. esmeralde (hieraus engl. emerald) zu frz. émeraude, während engl. smaragd die lat. Form spiegelt.

Snob N. 'vornehm und wichtig tuender Geck; Mitläufer in Sachen der Kunst', seit 1867 aufgenommen aus engl. snob, das durch Thackeray 1846 zum Modewort für 'Protz' geworden war. Ursprung unsicher: angeblich wurden Bürgerliche seit dem 18. Jh. in die Cambridger Matrikel eingetragen mit dem Vermerk s(ine) nob(ilitate). Sie wollten es den adligen Kommilitonen gleichtun und waren doch s. nob. Gleich alt ist das ebenfalls aus dem Engl. stammende schwed. snobb: Stiven S. 66 mit Anm. 416.

so Adv., mhd. ahd. asächs. anfr. mnl. sō (aus *swō), nnl. zoo, afries. sā, sō, agf. swā, swǣ, se, engl. norw. so, anord. svā, sō, dän. saa, schwed. så, got. swa, swē, Ablaut auch in den urverwandten Formen, z. B. alat. suad 'so', osk. svaí, svae, umbr. sue 'wenn', osk. swā 'und', gr. ὥς (aus *σϝώς), ὄπ(π)ως (aus *σϝόδπως) 'wie'. Die idg. Grundform *sьod erklärt Wh. Horn in Herrigs Archiv 155, 68 als Kreuzung aus dem Dem.=Pron. *sod und dem Fragepron. *kьod. S. als, also, solch.

Socke F. Aus lat. soccus 'niedriger Schuh, in den man schlüpfen kann' (durch gr. σύκχος aus dem Phryg. vermittelt) sind etwa gleichzeitig mit Schuster und Sohle entlehnt ahd. mhd. mnd. mnl. soc, asächs. nnl. sok, agf. socc, engl. sock. Anord. sokkr, dän. sok beruhen auf Weitergabe aus dem Westgerm. Das Geschlecht des lat. M. wird zunächst bewahrt; aus der Mz. ahd. socca, mhd. socke entwickelt sich ein mhd. mnd. mnl. Sg. socke F. (Mz. socken). Ihm entsprechen dän. sokke, schwed. socka; aus diesem weiterentlehnt ist finn. sukka. Weil der Schlüpfschuh vielfach aus Stoff hergestellt wurde, stellte sich die Bed. 'kurzer Strumpf' ein: M. Heyne 1903 Körperpfl. u. Kleidg. 265 f.

Sockel M. Lat. socculus bed. als Verkl. von soccus (f. Socke) urspr. 'kleiner Schuh'. Von da erreichen ital. zoccolo, frz. socle als Fachwörter der Baukunst Bed. wie 'Säulenfuß, Fußgestell, unterer Absatz von Gebäuden'. So erscheint Sockel nach Mitte des 18. Jh. bei uns; an der Einbürgerung ist Goethe führend beteiligt.

Soda F. 'unreines kohlensaures Natron', im 17. Jh. entlehnt aus gleichbed. span. mlat. soda. Soda wurde urspr. an der span. Küste aus der Asche von Strandpflanzen gewonnen, vor allem des Seesalzkrauts, Salsola soda. Dies galt als Kopfwehmittel und hieß nach arab. sudāᵉ 'Kopfweh'.

Sodbrennen N. seit Wirsung 1597 Arzneib. 362 C für frühnhd. mhd. sōt M. (so noch E. Alberus 1550 Fabeln 40, 73), mnd. sōde, agf. sēaða mit der Grundbed. 'brennendes Wallen'; vgl. sieden. Das engl. Synonym heartburning bed. urspr. 'Herzbrennen'.

Sodomit M. Die Einwohner von Sodom trieben nach 1. Mof. 19, 4 ff. widernatürl. Laster. Wie mlat. sodomīta ist danach mhd. sodomīt, frühnhd. sodomit(er) 'Unzüchtiger'.

Sofa N., im 18. Jh. nach frz. Vorbild M., ist arab. Ursprungs wie Diwan, Matratze, Ottomane und Taburett. Arab. ṣuffa, urspr. 'Kissen auf dem Kamelsattel' (Littmann 1924 Morgenl. Wörter 88 f.) gelangt in der jüngeren Bed. 'gepolsterte Ruhebank' in die abendländ. Sprachen (Lokotsch 1927 Etym. Wb. 1935), zu uns seit Nehring 1694 bei Schilderung türk. Zustände. Vor Mitte des 18. Jh. übernimmt Sofa die Bed. von Faul=, Lotterbett, die es verdrängt, nachdem es ihr Genus angenommen hat (f. auch Kanapee und Zj. f. d. Wortf. 7, 53. 8, 95. 12, 197). Fast alle Klassiker sind an der Einbürgerung beteiligt. Campe versucht 1813 vergeblich, Polsterbett, =sitz dafür einzuführen.

sofern Konjunkt., seit dem 15. Jh. zur Einleitung hypothetischer Sätze, entspr. mnd. sō vern; vgl. insofern. Zur Entstehung: O. Behaghel 1928 Dt. Syntax 3, 275.

sofort Adv., im 16. Jh. zuf.=gerückt aus so und fort, das in mnd. vort selbst schon 'alsbald' bedeutet, wie nd. fōrts.

Sog M. 'wirbelnde (urspr. saugende) Bewegung des Wassers um den Hintersteven des fahrenden Schiffs', zu saugen. In hd. Seetexten seit 1795, älter nd. soge, nl. zog 'Kielwasser': Kluge 1911 Seemannsspr. 731. Neuerdings auf die Luftfahrt übertragen.

sogleich Adv. Seit dem 17. Jh. entwickelt gleich die seinem etym. Sinn naheliegende Bed. 'gerade, eben' ('ich komme gleich von einer Wöchnerin' Gellert). Dieselbe Bed. ist urspr. enthalten in Wendungen wie „gleich nach dem Mittagessen", „gleich nachher", in denen sich der neue Sinn 'sofort' einstellen konnte. Er wurde (wie bei soeben) verstärkt durch hinzutretendes so, das urspr. (zumal im Befehl) von einer entschiedenen Handbewegung begleitet sein mochte. S. umsonst und Kallós 1931 Beitr. 55, 76 ff.

Sohle F. mhd. mnd. mnl. sole, ahd. asächs. sola, nnl. zool: etwa gleichzeitig mit Schuster und Socke entlehnt aus lat. sola, neutr. Kollektivplur. zu solum 'Boden; Grundlage; Fuß=, Schuhsohle'. Zum Geschlechtswandel M. Förster 1941 Themse 585. Aus dem Mnd. weiterentlehnt ist spätanord. sōli M., woraus norw. sōle, dän. saal(e), schwed. såla, sula und engl. sole 'Fußsohle'. Lat. sola wirkt auch in ital. suola und frz. sole 'Fußsohle' fort. Aus lat. solum abgeleitet ist solea 'Schnürsohle, Sandale', das bei früher Entlehnung gleichbed. got. sulja F. ergeben hat. An Urverwandtschaft zwischen den germ. und roman. Wörtern, die lautlich möglich wäre, ist aus kulturgeschichtl. Gründen nicht zu denken: M. Heyne 1903 Körperpfl. und Kleidung 264 f. — Schon lat. sola hat die Bed. 'Plattfisch' entwickelt und dem ital. soglia, port. solha, span. suela, prov. sola, frz. sole mitgeteilt, wie denn der Vergleich der Seezunge mit einer Schuhsohle nahe liegt. Engl. sole, schwed. sola zeigen dieselbe Bed., im

Hd. begegnet Solen F. seit Frisius 1541 Dict. 802ᵃ, Meersolen F. seit Geßner 1563 Fischb. übers. v. Forer 53ᵇ. Die Fischart heißt auch mbret. soll, seilhen.

Sohn M. Mhd. su(o)n, md. auch son, sūn, mnd. sone, ahd. sun(u), suno, son, asächs. afries. agf. sunu, mnl. sone, söne, nnl. zoon, engl. schwed. son, dän. søn (mit ø aus der Mz. sønner), urnord. Akk. Sg. sunu, anord. sunr, sonr und got. sunus führen auf germ. *sunu- 'Sohn'. Ihm vergleichen sich gleichbed. aind. sūnú-, aveft. hunuš, aslav. synŭ und lit. sūnùs. Die Stammsilbe von idg. *sŭnú- auch in den mit andrer Endung (*suı̯ú-) gebildeten toch. A se, B soyä, gr. υἱός, älter υἱύς 'Sohn'. Jdg. *sŭnús 'Gebären, Leibesfrucht, Sohn' stellt sich zu Verbalstamm idg. *seu-, *sū- 'gebären' in aind. sutē, sūyatē, sávati 'gebiert, zeugt', sū- 'Erzeuger', sūtu- 'Schwangerschaft', sutá- 'Sohn', air. suth (aus *sutu-) 'Geburt, Frucht'. Auch Bruder, Mutter, Schwester, Tochter und Vater sind Verwandtschaftsnamen von idg. Alter. Unser Wort fehlt im Alb., Ital. und in den kelt. Sprachen, denselben, die auch Tochter verloren haben. Nhd. o für u vor n (wie in Nonne, Sonne, gewonnen) hat sich von Norden her durchgesetzt. Obd. Schriftsteller des 16. Jh. bieten u, wie obd. Mundarten bis heute.

Soja(bohne) F. Sache und Wort stammen aus China und gelangen vor Ende des 18. Jh. über Ostindien, im 19. Jh. durch japan. Vermittlung zu uns.

solch Pron., mhd. solch (solher), sölch, sülich, ahd. sulih, solih, asächs. sulik, mnl. sulc, sölc, selc, afries. sel(i)k, salk, anord. (mit Akzentverschiebung) slīkr. Wie neben hd. nd. so agf. swā, anord. svā, got. swa steht, so erscheint für solch mnl. swilc, swelc, agf. swelc, swilc, swylč, engl. such, got. swaleiks. Zum Suffix germ. -līka f. gleich, welch, Leiche. In nhd. solcher ist ch der unflektierten Form verallgemeinert. Wohl liegt ahd. solīhhēr (mit hh aus germ. k) voraus, aber in unbetonter Silbe ist noch in ahd. Zeit hh vereinfacht, so daß nhd. ch nicht auf unmittelbarer Nachwirkung des hh beruhen kann. In minder betonter Silbe hat solich sein i verloren, worauf Umlaut wirken konnte. Eine mhd. Nebenform selch beruht auf Angleichung an welch.

Sold M. Der lat. (nummus) solidus, die gediegene Goldmünze der Römer, wird zu ital. soldo, afrz. solde, sout, frz. sou 'Münze', früher auch 'Löhnung'. Um 1150 erscheint als Entlehnung aus dem Frz. mhd. solt, Gen. soldes (zuerst Ahd. Glossen 4, 353, 12) als 'Lohn für geleistete Dienste'. Unter Einfluß des Ztw. sollen entwickelt sich die Bed. zu

'was zu leisten ist, Pflicht, Dienst': H. Suolahti 1929 Frz. Einfluß 241 f. Aus volkslat. soldus stammen akorn. sols 'Geld; Vieh', abret. solt, bret. saout 'Vieh', kymr. swllt 'Vieh; Schilling'.

Soldat M. nicht vor Kasp. Güttel 1522 (Zf. f. d. Wortf. 15, 210), entlehnt aus ital. soldato subst. Part. von soldāre 'in Sold nehmen' (f. Sold), woher auch frz. soldat. Durch das ital. Wort wird, wie mhd. soldenære 'Söldner', so auch gleichbed. frz. soldier (aus mlat. solidārius) verdrängt, das in engl. soldier fortlebt.

Soldateska F. 'Kriegsvolk', kurz vor dem 30jähr. Krieg entlehnt aus gleichbed. ital. soldatesca f., wie dies zunächst ohne gehässigen Nebensinn. Nachdem Schiller 1792 die Wendungen gesetzlose und zügellose S. geprägt hatte, ist vertierte S. zum Schlagwort von 1848 geworden: Ladendorf 1906 Schlagwb. 324 f.; Büchmann 1912 Gefl. Worte 519.

Söldner M. Zu mhd. solt (f. Sold) wird kurz nach seiner Entlehnung mhd. soldenære gebildet, das in frühnhd. obd. sold(e)ner fortlebt. Ein durch Mischung mit soldier (f. Soldat) entstandenes mhd. soldenier liefert unserm Söldner den Umlaut. Suolahti 1929 Frz. Einfluß 240.

Sole F. 'mit Salz gesättigtes Wasser zum Salzsieden, Baden usw.', ins Nhd. des 16. Jh. aufgenommen aus gleichbed. mnd. sole, das im Kern eins ist mit spätmhd. sol, sul F. 'Salzwasser, -brühe'. In Lüneburg, wo Sal, Sol N. das kleinste Maß für die Verteilung der Sole am Sode darstellt (Nd. Jb. 5, 1880, 37), ist schon 1390 zalen 'Salzwasser' nachweisbar. Solei N. 'in Sole gekochtes Ei' wird uns zuerst aus Berlin 1741 bekannt. Die dt. Wortgruppe ist auf altem Slavenboden, wo sie zuerst auftritt, aus dem Westslav. entlehnt: aslav. soll 'Salz', slanŭ (aus *solnŭ), russ. solonyj 'gesalzen' entbehren des idg. -d, das die germ. Gruppe Salz (f. d.) durchführt. — Die Flüsse Saale, Saalach, Saalbach, Sahl usw. heißen nach ihrem dunklen Wasser; f. Salweide.

sollen Ztw., mhd. suln, soln, mnd. solen (ik sal), spätahd. solan, sulen (ich sal), anfr. sulan (sal), mnl. sullen, nnl. zullen, awestfries. sela (sel, sal) 'sollen, schuldig sein'. Daneben stehen entsprechende Formen mit sk-, die im übrigen germ. Bereich allein herrschen und für älter zu gelten haben: mhd. scholn, ahd. sculan, scolan (scal), asächs. sculan, mnd. scholen (schal), afries. skela, skila, agf. sculan, engl. shall, anord. skola, skula (skal), norw. skula, dän. skulle, schwed. skola, got. skulan 'schuldig sein, sollen'. Das Schwinden des k ist

als Konf.-Erleichterung an unbetonter Satz-
stelle zu erklären, so auch in nordengl.
sal. Außergerm. vergleichen sich lit. skylù,
skìlti 'in Schulden geraten', skelėti 'schuldig
sein', apreuß. skallīsnan Akk. Pl. F. 'Pflicht'.
Dazu (mit andrer Konf.-Erleichterung) lit.
kaltė̃ 'Schuld', kaltas 'schuldig'. Man setzt
den idg. Verbalstamm *sqel 'schulden' gleich
mit dem unter Schild usw. berührten *sqel-
'schneiden': das Prät.-Präs. skal hätte zunächst
bedeutet 'ich habe verwundet, getötet', sodann
'ich schulde Wergeld', endlich 'ich soll, muß'.
Schon im Anord. steht das Wort nur als Hilfs-
ztw. — S. Schuld.

Söller M. Gr. ἡλιακόν 'Gebäudeteil, den
die Sonne (ἥλιος) bescheint', erfährt Lehnübersetzung zu lat. sōlārium 'flaches Dach, Terrasse'. Es ist das subst. N. des Adj. sōlārius
'zur Sonne gehörig', volkslat. solārium, im
Vorton gekürzt wie sēcurus zu secūrus (s.
sicher). In den roman. Sprachen erscheint
ital. solajo, solare 'Zimmerdecke, Stockwerk',
rätoroman. sulèr 'offner Flur', prov. solar,
solier 'Stockwerk, Fußboden, flaches Dach',
afrz. solier 'Speicher'. In Frankreich ist das
Wort durch grenier 'Dachboden' (aus lat.
grānārium zu grānum 'Korn') in die Randge-
biete gedrängt. In die germ. Sprachen gelangt
es vor Abwanderung der Angelsachsen mit dem
röm. Geschoßbau, etwa gleichzeitig mit Kammer, Keller, Mauer, Mörtel, Pfosten,
Speicher und Ziegel. Es lautet ahd. solāri,
-ēri, solær, frühmhd. solar, mhd. solre, sölre,
sulre usw., asächs. soleri, mnd. solder, anfr.
mnl. solre, mnl. zolder, ags. solor, engl. sollar.
Auch in Deutschland wahrt das Wort nur Eck-
pfeiler seines ursprünglichen Gebiets: lat.
spīcārium 'Speicher' dringt am Mittel- und
Oberrhein ein, Söller bleibt am Niederrhein
und in den an roman. Gebiet grenzenden Teilen der Schweiz. Die Form Söller mit Umlaut aus dritter Silbe hat Luthers Bibel durchgesetzt. H. Sachs schreibt soler; solder hält
sich in Teilen der Schweiz, Tirol und Kärnten.
In Basel muß es 1523 mit Saal, Summer-
laub verdeutlicht werden, Eck setzt in Ingolstadt 1537 Saal dafür. Heute werden vielfach
recht unklare Vorstellungen mit Söller verbunden: F. Kluge 1918 Von Luther bis Lessing
111; Kretschmer 1918 Wortgeogr. 133 f.; Frings
1932 Germ. Rom. 6. 14; Kuhberg 1933 Ver-
scholl. Sprachgut 60.

Solözismus M. 'sprachlich falscher Ausdruck',
nach gr. σολοικισμός. Dies nach dem fehler-
haften Griechisch von Soloi in Kilikien: H.
Lamer 1912 Altorient. Kultur 60.

Solper, Sulper M. 'Salzlake, in die das
zu pökelnde Fleisch gelegt wird', ein nrhein.

hess. Wort, zuerst in Kleve 1477: solper 'salsugo'
Schueren, Teuth. 364 Verdam. Nach Vilmar
1868 Id. v. Kurhessen 388 mit Solper-
fleisch, -knochen die ausschließl. Bezeichnung
in ganz Althessen, bestätigt durch Kretschmer
1918 Wortgeogr. 190. 267 und Fritz Hofmann
1926 Niederhess. Wb. 236. Eines mit Salpeter, der früher ausschließlich zum Einsolpern
diente.

Sommer M. mhd. sumer, ahd. asächs.
anord. norw. sumar, mnl. somer, nnl. zomer,
afries. sumur, -er, ags. sumor, engl. summer,
dän. sommer, schwed. sommar. Als 'einen
Sommer alte Tiere' reihen sich mit Hochstufe
an: anord. simull, simi(r) '(einjähriger) Ochse',
norw. simla 'Renntierkuh', schwed. somel 'Renn-
tierkalb'. Außergerm. vergleichen sich aind. sámā-
'Halbjahr, Jahreszeit, Jahr', avest. hama 'Sommer', armen. am 'Jahr', amaṙn 'Sommer', air.
sam(rad), kymr. haf aus akymr. (9. Jh.) ham,
korn. haf, bret. hañv 'Sommer'. Sämtlich zu
idg. *sem- 'Sommer'.

Sommerfleck s. Sommersprosse.

Sommerfrische F. Für Bozen 1511 gilt
das Zeugnis, wonach Hans Ried, der Schreiber
des Ambraser Heldenbuchs, sich gerne heraus
in die frisch zöge (A. Götze 1912 Zs. f. d.
Wortf. 13, 154 f.). Man sieht in diesem Wort
des Bozener Kessels für 'sommerl. Erholungs-
aufenthalt auf dem Lande' eine Lehnübersetzung des gleichbed. ital. frescura, doch kann
die naheliegende Entwicklung auch selbständig
eingetreten oder das Verhältnis umgekehrt sein.
In Tirol hat das mhd. Adj.-Abstrakt diu frische
schon 1470 den Wandel zu räumlichem Sinn
angetreten: Arigo, Decameron 564 Keller
„(sie gingen) in dem hoffe an der frische hin
vnd her"; 576 „(ein Ritter) der mit andern hern
an der frische saße" (F. Wrede 1901 Zs. f.
d. Wortf. 1, 78). Während Frisch der volkstüml. tirol. Ausdruck geblieben ist, verdeutlicht
man ihn in Herrenkreisen der Stadt Bozen zu
Sommerfrisch, das uns seit etwa 1680 greifbar wird (Zs. f. d. Wortf. 14, 222; Herrigs Arch.
159, 176). Zur Verbreitung im Reich hat wesentlich beigetragen Ludw. Steub 1846 Drei
Sommer in Tirol: Ladendorf 1906 Schlagwb.
289 f; Kretschmer 1918 Wortgeogr. 44. 599.

Sommersprosse F. kaum vor Zesen 1670
Assenat 458 „Sonnen- oder Sommersprossen".
Eine zuerst norddt. Verdeutlichung für gleich-
bed. frühnhd. sprusse, mnd. sprote(le), sprute-
(le), mnl. sproete, das die entspr. Verdeut-
lichung zu nnl. zomersproete erfahren hat.
Zum zweiten Wortteil s. sprießen. Unter
den Synonymen (Laub-, Sommer-,
Sonnenflecken, Frieseln, Riesel) ist
Sonnenfleck vorwiegend oberpfälz. und be-

gegnet hier schon im 16. Jh.: v. Bahder 1925 Wortwahl 148.

Sommervogel M. mhd. mnd. (15. Jh.) somervogel 'Schmetterling': nächst Falter das wichtigste der von dem jungen Schriftwort verdrängten Synonyme. Heimisch vor allem im Südsaum vom Elsaß bis Tirol, doch auch md. und nd. allenthalben möglich, von Popowitsch 1780 Vereinigung 515 für Schlesien beansprucht. Bevorzugt von Brockes, Hagedorn, Goethe, Wieland, doch auch noch von Grillparzer und Anzengruber.

Sonde F. Frz. sonde F. ist in den beiden Bed. 'Sucheisen des Wundarztes' und 'Senkblei des Seemanns' seit Hübner 1712 übernommen. Sondieren (nach frz. sonder, dies aus volkslat. subundare 'untertauchen') verwendet Heister 1739 Chir. 12 im ärztl. Sinn; sondiren 'die Wassertiefe mit dem Bleisenkel ermitteln' weist Kluge 1911 Seemannsspr. 731 seit 1748 nach. Die übertragene Bed. 'forschen, prüsen' schon bei Sperander 1727.

sonder, sondern. Die germ. Sprachen treten in die Geschichte ein mit einem Adv. der Bed. 'abseits, gesondert, für sich': ahd. suntar, asächs. sundar, anfr. sundir, afries. sunder, ags. sundor, anord. sundr, mit anderer Endung got. sundrō. Nächstverw. sind gr. ἄτερ 'ohne', aind. sanutár 'weg, abseits', wz.-verw., doch ohne t-Suffix lat. sine, tochar. sne 'ohne'. Bei uns verklingt das Adv. in frühnhd. Zeit. Der Wandel zur Präp., den manche der verwandten Sprachen kennen, ist in mhd. sunder 'ohne' eingetreten. Die Präp. erhält sich vor Zustandsbezeichnungen (sonder Fehl, Reue) bis in neuere Dichtersprache. Früh erscheint das ahd. mhd. Wort wie frühnhd. besunder, besonders, sunderlich als Konjunkt., die aus einer vorher genannten Mehrzahl von Größen eine einzelne von überragender Wichtigkeit heraushebt: Behaghel 1928 Dt. Syntax 3, Die Konjunkt. sondern ist urspr. nur ostmd. und erweitert ihr Gebiet erst unter Luthers Einfluß im 16. Jh. Das Obd., besonders das Hochalem., und das Westmd., besonders das Mfränk., halten bis über die Mitte des 17. Jh. weitgehend an sunder und besonder fest: Virg. Moser, Frühnhd. Gramm. § 130, Anm. 6.

sonderbar Adj. Adv., mhd. sunderbære, -bar Adj., sunderbār, -bar Adv., spätahd. sundirbær, -bäre, md. sunderbēre, mnd. sunderbar, nnl. zonderbaar: das Verbaladj. ahd. bāri (zu bëran 'tragen') tritt an das Adv. ahd. suntar 'besonders'. Ausgangsbed. ist demnach 'sich besonders tragend'. Sie wandelt sich über 'ungewöhnlich' zu 'ausgezeichnet' ("Wir rechnen es uns zu sonderbarer Ehre" Tieck). Noch zur Zeit der Klassiker stellt sich der heute allein

geltende Sinn ein 'nicht der vernünftigen Erwartung entsprechend'.

sonderlich s. sonder.

Sonderling M. in frühnhd. Zeit zu sonder gebildet wie ahd. jungiling zu jung. Zuerst bei Casp. Güttel, Dialogus oder Gesprächb. (Erfurt 1522) K 3ᵃ „wee euch Schreybern, Sunderling vnd Gleißnern", 1525 von Luther aufgenommen: Weim. Ausg. 16, 250, 23 „die Jüden … wolten ein frey Volck vnd Sonderling sein". Von ihm der nhd. Schriftsprache zugeführt und in seinem tadelnden Sinn bestimmt.

sondern Konjunkt. s. sonder.

sondern schw. Ztw., mhd. sundern, sündern, ahd. suntarōn, mnd. sunderen, nnl. -zonderen, ags. (ge)sundrian, syndrian, engl. sunder, anord. sundra, schwed. söndra: Ableitung vom Adv. sonder. Sondern ist Luthers Form, durch ihn ist sie nhd. geworden. Das einfache Ztw. ist neuerdings zurückgedrängt durch ab- und aussondern, entsprechend im Adj. Geblieben ist das als Adj. gebrauchte Part. gesondert, doch zieht die Gegenwart Zus.-Setzungen mit Sonder- vor (Sondermeldung, -zuteilung), das in amtlich eingeführten Wörtern wie Sonderzug für älteres Extra- steht.

Sonett N. Lat. sonus 'Klang' (s. Schwan) ergibt afrz. son 'Lied', dazu die Verkl. sonet, entlehnt zu ital. sonetto 'kleiner Tonsatz'. In Italien gestrafft zur Kunstform aus vierzehn Versen in vier Strophen (zwei Quartette und zwei Terzette) mit strenger Reimstellung, wird das Sonett durch Dante und Petrarca zu klassischer Höhe geführt. In Deutschland verwenden es zuerst Fischart, Schede und Weckherlin. Opitz führt nach dem Vorbild des frz. sonnet (so seit Ronsard und DuBellay) den Alexandriner in das Klinggedicht ein und hebt es zur beliebtesten Modeform seiner Zeit.

Sonnabend s. Samstag.

Sonne F. mhd. afries. ags. sunne, ahd. asächs. anfr. anord. sunna, md. mnl. sonne, nnl. zon, engl. sun, got. sunnō F., in der Formel at sunnin urrinandin N. Ahd. asächs. sunno, mhd. sune M. erinnern an mā-no, stēr-no, s. Mond, Stern. Das germ. Wort ist mit -en-Suffix abgeleitet von idg. *sāu-, *su̯- 'Sonne'. Dazu mit -el-Suffix (das in schwelen wiederkehrt) gleichbed. ags. anord. sōl, dän. schwed. sol, got. sauil aus germ. *sōwil-. Die -en-Bildungen haben außergerm. Entsprechungen in avest. (Gen.) xvəng (aus *su̯en-s) 'Sonne', xvanvant 'sonnig'. Den el-Bildungen vergleichen sich lat. sōl, lit. lett. sáulė, aslav. slúnice, kymr. haul, akorn heuul, bret. héol, gr. hom. ἠέλιος, att. ἥλιος, fret. ἀφέλιος (aus *saueliio-), aind. súvar 'Sonne'.

Sonnenblume F. Name verschiedener Pflanzen, vor allem des aus Peru eingeführten Helianthus annuus, alt auch Sol indianus, nach der Sonnengestalt der hochgelben Blüte, die sich zudem stets der Sonne zukehrt. Dafür Sonnenblume seit A. Lonicer 1557, bei Dichtern später auch Sonnenrose: B. E. Rosenberg, Die Sonnenblume. Diss. phil. Würzburg 1938.

Sonnenschirm M. geht dem Regenschirm (s. b.) seit Dasypodius 1537 voraus, begegnet aber bis Ende des 17. Jh. fast nur bei Schilderung südlicher und morgenländ. Sitten.

Sonnenuhr F. Die erste Sonnenuhr in Deutschland errichtete Gerbert von Reims (der spätere Papst Silvester II.) für seinen Schüler Otto III. in Magdeburg 996. Wie sie deutsch benannt wurde, wissen wir nicht. Sunen ur begegnet nicht vor dem 15. Jh. Eine Sonnenuhr am Portal einer roman. Kirche in England nennt sich um 1050 agf. sōl-merca. Der Name ist entlehnt aus gleichbed. anord. sōl-merki, dies dem lat. sōlārium nachgebildet. Daneben besteht ein anord. sōl-mark 'Tierkreiszeichen': M. Förster, Engl. Stud. 26, 446.

Sonnenwende F. mhd. sunnenwende, -wandel, -wendel, mnd. sunnenwandinge, anord. sōl(ar)hvarf, urspr. 'Umkehr der Sonne'. Die ahd. Entsprechung ist zufällig unbezeugt, doch begegnet das Adj. sunnawendiger 'heliotropius'. Im Griech. entspricht τροπή (τροπαι) ἠελίοιο, ohne daß Entlehnung vorläge. Mundartliche Formen wie mhd. sünwend, obd. simme(n)t weisen auf ahd. *sunninwentī (neben *sunnunwentī). Die Sonnenwendfeiern sind uraltes Erbgut; ihr Sinn ist, der ermüdet gedachten Sonne zu helfen und ihr magische Kraft zur Umkehr zu verleihen. So ist mhd. (schwäb. alem.) sunnegiht, agf. sungihte 'solstitium' als 'Sonnenbeschwörung' zu verstehen, ähnlich mnd. sunnenstavinge (zur Formel: den Eid staben). Dem lat. solstitium entsprechen mhd. sunnenstat, -stant, -standunge, -stēunge, agf. sun(n)stede, anord. sōlstaða: die Vorstellung, daß die Sonne an ihrem höchsten und tiefsten Punkt stehenbleibe, kennen viele alte Erzählungen idg. Völker. Sonnwendgebirge, -joch, -stein in den dt. Alpen (im Drittkompositum stets die verkürzte Form) heißen nach den dort abgebrannten Sonnwendfeuern. P. Lessiak 1912 Zs. f. dt. Alt. 53, 160 ff.; B. Stegemann 1936 Handwb. d. dt. Abergl. 8, 87 f.

Sonntag M. Lat. dies solis (so z. B. Tertullian um 200 n. Chr. nach gr. ἡμέρα Ἡλίου) liefert (wie breton. disul, kymr. dydd sul) den vorchristl. Namen des ersten Wochentags: ahd. sunnūn tag, mhd. sun(nen)tac, asächs. sunnundag, mnl. sonnendach, afries. sunnandei, agf. sunnandæg, engl. Sunday, anord. sunnu(n)dagr (nie *sōldagr). Die Lehnübersetzung hat vor dem 4. Jh. stattgefunden: damals wurde dies solis durch kirchl. (dies) dominica (nach gr. κυριακή) verdrängt, das (wie ital. domenica, span. domingo, frz. dimanche, air. domnach) ahd. frōntag, anord. dröttinsdagr 'Tag des Herrn' ergeben hat.

Sonntagskind N. 'die dominica natum'. Die Ausgangsbed. tritt nachmals zurück hinter den überirdischen Gaben, mit denen nach dem christl. Volksglauben diese Glückskinder gesegnet sind. Bei uns erscheint zuerst die Fähigkeit, Geister zu sehen: Fischart 1574 Aller Praktik Großm. 126 (Kloster 8, 646) „Ich bin ein Sonntagskind; ich sehe kein Gespenst, ohn die Magd im Unterhembd". Seltsam Kirsch 1739 Cornu cop. 2, 300 „Sonntagskinder / qui caprum orientem conspexerunt". Jünger ist Glückskind, s. d.

sonst Adv., mhd. su(n)st, älter sus, ahd. asächs. mnl. sus, nnl. zus 'so' stimmt im Anlaut zum bed.-verwandten so. Daneben steht, zum Stamme des Pron. der gebildet, gleichbed. mnd. md. dus, mnl. düss, nnl. dus, asächs. afries. agf. engl. thus. Offenbar ist das hd. Wort aus thus durch Anlehnung an so entstanden. Umlaut in obb. nd. süs ist wohl durch das folgende Wort verursacht, das oft ist oder nicht(s) war. Nhd. sonst hat als Luthers Form gesiegt; daneben sunst bis ins 17. Jh.; z. B. reimt P. Gerhardt geschriebenes umsonst auf Gunst. Seither hat sich, außer in den Mundarten, o durchgesetzt, wie schon vorher in sonder und sondern. Antritt des t (wie in jetzt, mittelst, nebst, selbst) reicht bis 1292 zurück; damals reimt der österr. Seifrid Helbling 2, 89 f. brust auf sust. n wird im Obd. seit dem 14. Jh. eingeschoben. Formen ohne n leben namentlich in nd. Mundarten fort. Man vergleicht Einschub von n vor s im spätmhd. Alem. (meinst, meinster), erklärt damit aber nicht die größere Verbreitung in sonst. Ein ungeklärtes n auch in sint für mhd. sīt, s. seit, sintemal. — Der Bed.-Wandel mag sich am ehesten in der elliptischen Drohung vollzogen haben „Bessere dich, sonst ...", wo gemeint war 'wenn du bleibst wie bisher (stehe ich für nichts'), aber verstanden werden konnte 'im andern Fall (geschieht ein Unglück)'. Eine Handbewegung unterstrich die neue Bed., wie bei umsonst, s. d.

Sorbet(t) M. Auf arab. šarbat 'Trunk' beruht türk. šerbet 'Kühltrank'. Bei uns erscheint Serbett 1540: Hnr. v. Eppendorf, Türk.

Kaiser Ankunft 100. Im Ital. entsteht durch Angleichung an sorbire 'schlürfen' sorbetto. Dem entspricht Sorbet, zuerst bei Hohberg 1687 Landleben 1, 329.

Sorge F. mhd. mnd. sorge, ahd. sor(a)ga, afränk. sworga, asächs. anfr. sorga, mnl. sorghe, surghe, nnl. zorg, agf. anord. isl. dän. schwed. sorg, engl. sorrow, got. saúrga. Mit aind. sūrkšati 'kümmert sich um etwas' zum idg. Verbalstamm *suergh- 'sorgen, sich um etwas kümmern'. Daneben führt alb. dergem 'bin bettlägrig' auf eine Grundform *suorg(h)iō, air. serg 'Krankheit', lit. sergù, sirgti 'krank sein', aslav. sraga 'Krankheit', sragü 'herb, finster' auf idg. *serg(h)- 'krank sein'. Als gemeinsame Ausgangsbed. ist vorauszusetzen 'körperliche, dann seelische Gedrücktheit, mürrisches Wesen als Folge von Krankheit'.

Sorgenbrecher M. als Dichterwort für 'Wein' zuerst bei Ewald v. Kleist 1757 Werke 1, 107 Sauer. Auch weiterhin bei Dichtern, denen gr.-lat. Lyaeus (zu gr. λύειν 'lösen') als Beiname des Bacchus bekannt war, den Horaz, Oden 1, 7, 22 auf den Wein übertragen hatte. S. Rebensaft.

sorgenschwer Adj. Das noch bei Adelung und Campe fehlende Dichterwort steht schon bei Joach. Rachel 1664. Nach Schubarts Vorgang nimmt es der junge Schiller auf: Zf. f. d. Wortf. 11, 124.

Sorgfalt F. kaum vor Schupp 1660 Streitschr. 56 Ndr., Rückbildung aus sorgfältig Adj., mhd. (md.) sorcveltic, mnd. sorchveldich, mnl. sorchvoudich. Hierneben steht mnd. angestvoldich, mnl. anxtvoudich. Die urspr. Vorstellung ist offenbar, daß die Träger der Eigenschaft vor Angst und Sorge Falten auf der Stirn haben.

Sorte F. lat. sors, sortis 'Los' erscheint unverändert in Nürnberg 1394 (Chron. d. dt. Städte 1, 78) „sol im von ider Rist Papirs geben ain Ort eines Guldin, daz prima sors ist": die Ware wird in verschiedene Lose 'Güteklassen' aufgeteilt. Hier wurzelt die Bedeutung 'Qualität', die mlat. sors an ital. sorta und frz. sorte weitergibt. Als Handelswort ist mnd. sorte (seit 1381) über mnl. sorte aus Frankreich entlehnt, während frühnhd. sort(e) aus Italien stammt. Den Kampf der Formen zeigt in Oberschwaben Al. Schulte, Große Ravensb. Handelsges. 3, 124 (1479) „zehen Chstly Zukers ... von baida Sortta", 131 „ain Sort", 157 (1480) „von allerlay Sorta", 159 „was uß ain ieder Sort gelost ist". Entsprechend dem ital. sortire erscheint sortirn 1558: Schirmer 1911 Wb. d. dt. Kaufm.-Spr. 178; A. Götze 1923 Zf. f. dt. Phil. 49, 288.

Soße s. Sauce.

sotan Adj. Mhd. sōgetān, mnd. sōgedān 'so beschaffen' weicht einem spätmhd. sōtān, nd. sōdān. Daraus entlehnt dän. saadan, schwed. sådan 'solch'. Auch alt-, haus-, neubacken und rechtschaffen unterdrücken die Vorsilbe ge- im zus.-gesetzten Wort: Behaghel 1928 Gesch. d. dt. Spr. 342.

soweit s. insoweit.

sozial Adj. Lat. sociālis 'gesellschaftlich' (zu socius 'Genosse') ergibt frz. social, das durch Rousseaus Contrat social 1762 zum Schlagwort wird. Die einem Wort Napoleons I. nachgebildete Wendung die soziale Frage scheint bei uns seit der Julirevolution eine Rolle zu spielen: Bismarck 1881 Polit. Reden 9, 13 „Seit fünfzig Jahren sprechen wir von einer socialen Frage". Sozialdemokrat seit Begründung der „Socialdemokratischen Arbeiterpartei" in Eisenach 1869. S. Genosse; Ladendorf 1906 Schlagwb. 290 ff.; Büchmann 1912 Gefl. Worte 469.

Spachtel F. M. Zu dem aus gr. σπάθη (s. Spaten) entlehnten lat. spatha F. 'Rührlöffel' gehört die Verkl. spatula, ital. spatola 'Schäufelchen der Apotheker und Maler'. Über die Alpen wird das ital. Wort ins Obd. entlehnt. Hier erscheinen im 15. Jh. spat(e)l, im 16. Jh. spattel und spathel als 'Apothekerschäufelchen' u. 'wundärztliches Gerät'. Zu Ende des 16. Jh. begegnet Spatel auch im Md., erst im 17. Jh. im Norddt. Als Werkzeug der Maler ist es bei uns erst seit Ende des 18. Jh. bezeugt. Im Süd- und Mittelbair. entwickelt sich zwischen Tonvokal und t ein ch, das seit Anfang des 15. Jh. sichtbar wird, z B. im Namen Beichtl aus lat. Vītus. Demgemäß erscheint Spachtel (wie Schachtel, s. d.) seit Seb. Franck 1543 Weltbuch 123ª: Virg. Moser 1938 Zf. f. Mundartforsch. 14, 70 ff.

Spagat M. Zu ital. spago M. 'Bindfaden', das gleichbed. schweiz. schwäb. spagen geliefert hat, gehört die Verkl. spaghetto M. 'dünne Schnur', im 16. Jh. entlehnt (spāgét Ostermann 1591 Voc. anal. 1, 97ᵇ). In heutiger Umgangsspr. ist Spagat (meist in der Form špọgọt wie sọlọt, sọldọt) Synonym für schriftdt. Bindfaden in Siebenbürgen, Österreich, im südlichen und mittleren Bayern, in Teilen Württembergs und im vormals österr. Südbaden. Mundartl. ist sein Bereich noch größer, namentl. im Ostmd.: Kretschmer 1918 Wortgeogr. 18. 121. 602; B. Martin 1928 Teuth. 4, 282; Schweiz. Jb. 10 (1930) 54.

spähen schw. Ztw., mhd. spëhen, ahd. spëhōn, spiohōn, md. spën, mnd. spē(e)n, speien, mnl. spien, jünger spieden, ebenso nnl. (d eingeschoben wie in geschieden 'geschehen',

kastijden 'kasteien'). Auf Entlehnung aus dem
Mnd. beruhen spätanord. schwed. speja, norw.
mundartl. spæja, dän. speide, älter speie.
Daneben mhd. spëhe F. 'prüfendes Betrachten', spæhe Adj. 'scharfsichtig, schlau', spähe
Adv. 'kunstvoll', ahd. spähī, -ida F. 'Weisheit',
spëha F. 'das Ausforschen', spëho M. 'Späher',
ahd. asächs. spähi Adj. 'klug', anord. spā (aus
*spahō) F. 'Wahrsagung', spā (aus *spahōn)
Ztw. 'wahrsagen', spār Adj. 'weissagend'.
Urverwandt sind lat. speciō, conspiciō, spe-
ciēs, -spex (in au-, haruspex), speculum, gr.
σκέπτομαι (σκεπ- umgestellt aus *spek-)
'schaue', σκοπός 'Späher; Ziel', σκέψις 'Betrachtung', alb. paše 'ich sah', avest. spasyeiti
'er späht', aind. spáçati, páçyati 'er sieht',
spaš 'Späher': sämtlich zu idg. *spek- 'scharf
hinsehen'. Im Nhd. war das Ztw. nach 1600
veraltet. Dichter wie Gleim, Klopstock und
Wieland haben es neu aufgenommen, ohne
daß es recht lebendig geworden wäre. Auch
mundartlich zeigen spähen, aus-, durch-,
erspähen nur schwaches Leben. — S. auch
Spion.

Spate s. Speiche.

Spalier N. als Wort der barocken Gartenkunst nach Mitte des 17. Jh. entlehnt aus ital.
spalliera F. 'Lattengerüst mit daran aufge-
bundenen Obstarten', das zu spalla 'Stütze'
(urspr. 'Schulter', verwandt mit Spachtel
und Spaten) gehört. Zuerst begegnet Spa-
lera in dt. Text in Ulm 1663; es folgen Gar-
ten-Spallir in Nürnberg 1678 und Spalir
das. 1682. Fortan geraten Wort und Sache
unter Einfluß der frz. Gartenkunst, die das
geradlinige Spalier begünstigt und (nach ital.
Vorbild) espalier M. 'Baumgeländer' nennt.
Das dt. Wort wird N. unter Einfluß von Geländer. Übertragung auf Menschenreihen
zuerst bei einer Feuersbrunst 1787.

spalten schw., urspr. redupl. Ztw., mhd.
spalten, ahd. spaltan, md. mnd. spalden,
spolden, mnl. spalden, spouden, spouwen, nnl.
spouwen, engl. mundartl. spald 'spalten'.
Dän. spalte beruht auf Entlehnung aus dem
Nhd. Daneben ahd. (Notker) spalt M. 'fissura,
divisio', mhd. spalt F. M., spalte F., spëlte,
spilte F. 'Lanzensplitter', mnd. spelderen
'abgespaltene Holzstücke', ags. speld N. 'glühende
Asche, Funke; Fackel', anord. spjald, speld
'Brett', schwed. spjäll, dän. spjeld 'Ofen-
klappe, Keil im Hemd', got. spilda 'Tafel'.
Mit präsent. t zum idg. Verbalstamm *(s)p-
(h)el-, zu dem mit Ablaut Spule, mit l-Präs.
gleichbed. mhd. spillen gehört. Außergerm.
Verwandte sind aslav. ra-splatiti 'spalten',
russ. raspolót' 'zerschneiden', lett. spalva 'Feder, Gefieder', spilva 'Hülse, Samenwolle,

Wollgras', spilvines 'Birkenrinde', lit. spālis
'Flachsschäbe', apreuß. spelanxtis 'Splitter',
lat. spolium 'abgezogene Haut, Beute', gr.
σπαλάσσειν 'schneiden', σπολάς 'abgezogenes
Fell', σφαλίς, ψαλίς 'Schere', σφέλας 'Scheit,
Bank', aind. sphaṭati 'reißt, springt', sphāṭá-
yati 'spaltet', sphuṭá- 'aufgebläht', apers. spara-
'Schild', toch. A spält-k, B spalk 'sich anstrengen'.

Span M. Mhd. ahd. mnd. spān 'Holzspan', mnl. spaen 'dünnes langes Hölzchen,
Holzlöffel', nnl. spaan 'Span, Butterstecher,
Ruderblatt', afries. span, spon 'flaches Brust-
schild von Gold', ags. spōn 'Span, Schnitzel'
(auch in Ortsnamen), engl. spoon 'Löffel',
anord. spänn, spönn 'Splitter, Holz-, Schieß-
scheibe, Platte als Schmuck der Schiffe, Löffel,
Schindel', schwed. spån, dän. spaan, norw.
spön 'Holzlöffel' führen auf germ. *spänu-,
bestätigt durch das früh daraus entlehnte finn.
paanu 'Schindel'. Mit gr. σφήν, *σφανός
'Keil' zur idg. Wz. *spē-: *spo- 'langes flaches
Holzstück', zu der auch Spat[1] und Spaten
gehören.

Spanferkel N. 'noch saugendes oder eben
abgesetztes Schweinchen', frühnhd. spenferklein
mnd. spen-, sponverken, nnl. speenvarken,
mhd. spenvarch, spünneverhelin, ahd. spen-,
spunnifarah. Im Bestimmungswort ist eine
uralte Bezeichnung der Zitze enthalten: mhd.
spen, spune, spünne, ahd. spunni, mnd. spene,
spone, ags. spane, spanu, anord. speni, aschwed.
spini, schwed. spene. Mit apreuß. spenis, lit.
spēnȳs, air. sine beruht das germ. F. auf idg.
*speno- 'Zitze'. S. auch Senn.

Spange F. Mhd. mnd. spange 'Querholz,
Riegel; Spange', ahd. spanga, mnl. spanghe,
nnl. ags. spang, engl. spangle 'Metallblättchen',
anord. spöng 'dünne Platte, Eisscholle',
schwed. spång 'kleine schmale Fußgänger-
brücke', dän. spang(e) 'Spange; Steg über
einen Bach', norw. spong 'schmale Platte,
kleine Stockbrücke, Eisgürtel' führen auf germ.
*spangō-, woraus früh entlehnt finn. pank(k)u,
panka 'Schnalle'. Nahe verwandt sind mnd.
spengen 'beklemmen', spenge 'knapp, eingeschränkt', fränk. späng 'knapp, selten': mit
g-Formans zu mnd. span 'Spange' usw.,
mithin zur Sippe von spannen, s. d.

Spangrün s. Grünspan.

Spanne F. Mhd. spanne, spange, ahd.
spanna, mnd. mnl. afries. spanne, nnl. span(ne),
ags. spann, engl. span, anord. sponn, schwed.
spann, dän. spand führen auf germ. *spannō-,
Abstr.-Bildung zu spannen, s. d. Der abstr.
Sinn ist früh eingeengt auf das Maß, das durch
Spannung der rechten Hand zwischen der
Spitze des Daumens und der des kleinen Fin-

gers (größere Spanne, neunzöllig) oder der des Zeigefingers (kleine Spanne, siebenzöllig) entsteht.

spannen Ztw. Zwei alte Bildungen sind zus.geflossen. Das schw. Ztw. mhd. mnd. spennen 'spannen', anord. spenna 'umschließen, -spannen, klemmen', schwed. spänna, dän. spænde 'spannen, ansträngen, befestigen' beruht auf germ. *spannjan, Kausativ zum redupl. Ztw. germ. *spannan, das vorliegt in mhd. mnd. nnl. spannen 'spannen, sich dehnen, gespannt sein', ahd. agf. spannan 'spannen, befestigen, verbinden, anheften', afries. norw. spanna. Die nächsten germ. Verwandten f. u. Spange. Man setzt ein Präf. idg. *spə-nu̯ō voraus und schlägt so die Brücke zu gr. σπάω 'ziehe', σπασμός, σπάσμα 'Zuckung'. Die starken Formen des Prät. sind in frühnhd. Zeit geschwunden, während sich das Part. gespannen schriftsprachlich bis ins 17. Jh., mundartlich bis heute gehalten hat.

Spannkraft F. Ersatzwort für Elastizität, seit Adelung 1780. Schon 1747 kommt J. Kant (Werke hg. v. d. Preuß. Akad. I 1, 44) der Prägung nahe: „Es ist also nicht die Menge der zugedrückten Federn, wonach die Kraft des Körpers, der sie alle spannt, abgemessen wird".

Spant N., meist im Plur. Spanten 'gebogene Rippen, die dem Schiff die Form geben und auf denen die Außenhaut aufliegt'. Ins Hd. vor Ende des 18. Jh. (Kluge 1911 Seemannsspr. 734) gelangt aus nd. spant 'Dach- oder Schiffsrippe', das auch gleichbed. dän. schwed. spant geliefert hat. Wohl Ableitung zu mnd. span, Gen. spannes 'Dach- oder Schiffsrippe'; weiterhin zu spannen.

sparen schw. Ztw., mhd. sparn, ahd. sparēn, -ōn, asächs. sparon, mnd. mnl. nnl. sparen, afries. sparia, agf. sparian, engl. dän. norw. spare, anord. schwed. spara. Die heute gangbare Bedeutung 'weniger (Geld) ausgeben' ist Besonderung aus '(noch) nicht (völlig) brauchen', noch altertümlicher engl. spare 'schonen, unversehrt bewahren', das in dem schweiz. Abschiedsgruß Spar di Gott gsund anklingt. Das Ztw. ist abgeleitet aus dem Adj. ahd. spar 'sparsam' ('dürr' in Geländenamen wie obd. Sparenberg, westfäl. Sparbęke, nl. Spaarnwoude am Fluß het Spaarne), agf. spær, engl. spare, anord. sparr 'sparsam, karg', wozu das heute umgedeutete Adv. spärlich. Auch ahd. sparhęnti, agf. spærhęnde sind frühe Träger des Begriffs 'sparsam'. Anfr. *sparanjan wird vorausgesetzt durch das daraus entlehnte frz. épargner 'ersparen, verschonen'. Germ. *spa-ra 'aus-, weitreichend' ist urverwandt mit aslav. sporŭ 'reichlich', tschech. sporý 'aus-, ergiebig', armen. p'art'am 'reichlich', aind. sphirá- 'feist': zur idg. Wurzel *spē(i)-: *spī- 'sich ausdehnen'; f. spät, sputen.

Spargel M. Nachdem Plinius Hist. nat. 19, 145 eine in Germanien wildwachsende Spargelart erwähnt hatte, für die wir vom dt. Festland keinen heimischen Namen erfahren, kam die veredelte Pflanze im 15. Jh. aus dem Süden zu uns. Zum idg. Verbalstamm *sp(h)er(e)-g- in seiner Bed. 'sprießen' gehört (mit aind. sphūrjati 'bricht hervor', avest. sparəya- 'Sproß', gr. σπαργάω 'strotzen, geschwellt sein') gr. ἀσπάραγος 'junger Trieb'; Spargel, lat. asparagus, das in die europ. Sprachen gedrungen ist: frz. asperge, engl. asparagus, dän. norw. asparges, und (mit Kürzung des unbetonten Anlauts) mlat. sparagus, ital. sparagio. Hieraus frühnhd. spargen, sparg(e) und (seit 1516) Spargel, wohl nach dem Vorbild von Kerbel. Eine schweiz. Nebenform spars folgt gleichlautenden oberital. Mz.-Formen; sparsach, -ich ergibt sich durch Anlehnung an Gemüsenamen wie chnoblich, chressich, lattich, rätich: Schweiz. Jb. 10 1939 488ff.

Sparkalt M. 'aus Gips gebrannter Kalk', frühnhd. spare-, spor-, sperkalk. Der erste Wortteil bedeutet 'Gips' auch in frühnhd. spar-, sperglas 'Marienglas' und begegnet wieder in agf. spæren Adj. 'von Kalk, von Mörtel', spærstän M. 'Gips, Kalk'. Ursprung dunkel.

Sparren M. Mhd. mnl. sparre 'Stange, Balken; Querbalken im Wappen', ahd. asächs. sparro, mnd. spare, nnl. spar, awestfries. speeren 'Balken', afries. sperfallich 'sparrenfällig', mengl. sparre, engl. spar 'Sparren, Schlagbaum', anord. spar(r)i 'Speiler, Balken', dän. schwed. sparre 'Dachsparren' führen auf germ. *spar(r)an- M., neben dem *sparriōn F. zu erschließen ist aus anord. norw. sperra, schwed. mundartl. spärro 'Dachbalken'. Auf Entlehnung aus dem Germ. beruhen afrz. esparre 'großes Holzstück', frz. épar 'Sparren, Riegel; Angelhaken; lange Spiere für Mast und Rahen'; lit. spāras, lett. spahre, poln. spara 'Sparren'. — Vom M. abgeleitet ist das schw. Ztw. sperren, urspr. 'mit Sparrenwerk versehen', dann 'mit einem Sparren verschließen': mhd. sperren, spirren, ahd. sperren (Prät. sparta, mhd. sparte, frühnhd. sperte), mnl. sperren, nnl. (ver)sperren, agf. gesparrian 'verrammeln', entlehnt aus anord. sparra 'mit Sparrenwerk versehen; verhindern; (die Beine) spreizen' (dies vom Bilde der Dachsparren), dän. sperre, schwed. spärra. Sämtlich aus germ. *sparrian. Daneben setzen gleichbed. mnl. nd. speren ein germ. *sparjan voraus. Die außergerm. Verwandten s. u. Speer.

Sparte F. Im 'Telephos' des Euripides sagt Agamemnon zu Menelaos: „Du hast Sparta erhalten: das verwalte. Wir aber verwalten Mykenai von uns aus". Der Vers ''Ην ἔλαχες Σπάρτην κόσμει wurde sprichwörtlich in dem Sinn 'Erfülle die Aufgabe, die dir zugefallen ist'. Treitschke rief 1895 in seiner Rede 'Zum Gedächtnis des großen Krieges' dem dt. Jüngling zu: Spartam nactus es, hanc exorna! Hier entspringt das seit Schmeller 3 (1836) 577 gebuchte Sparte F. 'Antheil, Aufgabe': Kluge 1895 Stud.-Spr. 127; Zs. f. d. Wortf. 1, 365 f.

Spaß M. Mit lat. expandere (Part. expassus) 'ausbreiten' gleichbed. ist ein spätes *expassāre, zu dem sich ital. spassarsi 'sich belustigen' stellt. Dazu spasso M. 'Vergnügen', das 1600 bei uns erscheint: Kiechel, Reise 198 „die Ritter haben wenig Kurzweil oder Spasso". Spaß (daneben Gespaß) tritt 1644 auf (DWb. 10, 1, 1959) und wird seit Schottel (1663) 1418 gebucht. Das alte ä hat sich mundartl. von Bayern bis Westfalen weithin erhalten. Schriftsprachl. a, von Adelung gefordert, stammt aus den zweisilbigen Formen.

Spat M.[1] Die blättrig brechende Gesteinsart, Mz. Späte, mundartl. auch špād, tritt im 12. Jh. als mhd. spāt M. N. auf (daneben spät N. 'abgerissenes Stück, Splitter'). Aus dem Hd. entlehnt sind gleichbed. mnd. spāt, nnl. spaath, engl. dän. schwed. spat, mlat. spat(h)um, frz. spath, span. espato, ital. spatto. Germ. *spēþa-, *spēða- stellt sich als Weiterbildung auf idg. t zur Wurzel *spē 'langes, flaches (Holz-)Stück'. Der nächste germ. Verwandte ist Span, s. d. Die Gesteinsart ist danach benannt, daß sie sich leicht spaltet. Der Name vergleicht sich dem aind. sphaṭika- 'Bergkristall' (zur idg. Wurzel *sphel-, s. spalten).

Spat M.[2] 'Geschwulst am Pferdefuß', mhd. spat M. F., frühnhd. spatt, mnd. mnl. nnl. spat N. Aus dem Dt. entlehnt sind gleichbed. dän. spat, schwed. spatt. Die ursprüngliche Bedeutung zeigt älter nl. spat 'Krampf', woraus nnl. (ader)spat 'Krampfader', verwandt mit nl. nd. spatten 'zucken, zappeln': mit gr. σπαδών 'Zucken, Krampf', σφαδάζειν 'zappeln, zucken' und aind. spandatē 'zuckt, schlägt aus' zur idg. Wz. *sp(h)e(n)d- 'zucken, zappeln'.

spät Adj. und Adv. Das Adj. lautet ahd. spāti, mhd. spæte, md. spēte, mnl. spāde, nnl. spā(de). Got. sind spēdiza 'später' und spēd(um)ists 'spätest' bezeugt. Daneben das umlautlose Adv. ahd. spāto, mhd. spāt(e), md. späte, mnd. spāde(n), spād. Dem Engl. und Nord. in vorgeschichtlicher Zeit abhanden gekommen. Man setzt für germ. *spēd- die Grundbed. 'sich hinziehend' voraus und gewinnt so Anschluß an den idg. Verbalstamm *spē(i)-, *spī- 'sich ausdehnen' (s. sparen und sputen). Die nächsten außergerm. Verwandten sind lit. spētas 'Muße', lat. spatium 'Raum, Ausdehnung, Dauer', aind. sphāta- 'groß, stark'. Andern Auslaut zeigen argiv. σπάδιον 'Rennbahn' und aind. sphārá- 'ausgedehnt, weit'.

Spatel s. Spachtel.

Spaten M. Spätmhd. spat(e), asächs. spado, mnd. mnl. nnl. engl. dän. schwed. spade, afries. spada, ags. spada M., spade, -u F., spätanord. -spaði führen auf germ. *spadan-. Der nächste außergerm. Verwandte ist gr. σπάθη 'breites flaches Holz zum Festklopfen des Einschlags beim Weben; Spatel zum Umrühren, Ruder-, Schulterblatt; langes breites Schwert'. Das gr. wie das germ. Wort ist mit dh-Formans gebildet zu idg. *spē-, *spə- 'langes flaches Holzstück, das in Span vorliegt. Ahd. *spato ist unbezeugt, wie denn bis heute das Wort in obd. Mundarten eine geringe Rolle spielt (P. Kretschmer 1918 Wortgeogr. 412); mhd. spat(e) tritt spät auf (zuerst als spat in Winterthur 1469: Schweiz. Jd. 10, 583), doch schränkt sich schon damit die frühere Annahme ein, nhd. Spaten sei spät aus dem Nd. entlehnt. Sie gilt nur für bis ins 18. Jh. häufige Form Spade(n). Ital. spada 'Schwert', wozu frz. épée, wird glaubhafter aus dem Griech. hergeleitet als aus dem Germ.

Spatz s. Sperling.

spazieren schw. Ztw. Zu lat. spatium N. 'Raum' gehört in seiner Bed. 'Stück Wegs' spatiāri 'sich ergehen', das über gleichbed. ital. spaziare als spacziren ins Mhd. des ausgehenden 13. Jh. gelangt: H. Suolahti, Frz. Einfl. 1929, 244; 1933, 122. Für das nachmals verbreitete Fremdwort (mnd. spatzēren, spassēren, mnl. spacēren, spa(e)tsēren, spätanord. spazēra) schlägt Zesen 1645 lustwandeln vor, s. d.

Spazierstock M. zuerst bei Zesen 1645 Jbrahim 127, wo die Verdeutschung Wandelstab vorgeschlagen wird, ohne Erfolg, denn 1715 kehrt „Spazier-Stab oder -Stock" bei Amaranthes, Frauenz.-Lex. 1875 wieder.

Specht M. mhd. ahd. spëht, mnd. spëcht, ist dem Dt. nur mit dem Nord. gemein: anord. spætr, dän. spette, norw. spett(a), schwed. hackspett. Engl. speight, afrz. espoit, wallon. spoi, vielleicht auch nl. specht sind aus dem Dt.

entlehnt. Hier ist auslaut. -t nachträglich angetreten, mhd. ahd. spëch (woraus afrz. espeche,
frz. épeiche) wirken mundartl. und in Ortsnamen
fort; der Spessart heißt alt Speicheshart; auch
schwed. hackspik bleibt ohne -t. Den außergerm.
Verwandten fehlt das anl. s-: lat. picus 'Specht',
pica 'Elster', apreuß. picle 'Krammetsvogel',
aind. pika-h 'indischer Kuckuck' führen auf idg.
*(s)pīqo- 'größerer Vogel'. Wurzelanknüp-
fung an Wortgruppen der Bed. 'bunt', 'Fleck',
'piepen' oder 'spitz' (vgl. die dt. Spechtsnamen
Baumpicker, -häckel, Holzhacker, Rin-
denpicker, Zimmermann) bleibt unbeweisbar. Vgl. A. H. Kroppe 1932 Idg. Forsch. 50, 64.

Speck M. Mhd. mnl. spëc, -ckes M. N.,
ahd. mnd. mnl. afries. spek, ags. spic (im Engl.
verdrängt durch bacon und lard), anord. spik,
norw. spekk, dän. spæk, schwed. späck führen
auf germ. *spik(k)a-. Die nächsten außergerm. Verwandten sind aind. sphiuj-, sphigi
'Hinterbacke, Hüfte': mit g-Formans zum idg.
Verbalstamm *spē(i)-: *spī- 'sich ausdehnen'
(s. sparen, spät, sputen) in seiner Bed.
'dick, fett werden, schwellen'. Frühe Zeugnisse
über den Speck als Nahrung der Germanen s.
Realllex. d. germ. Alt.-Kde. 4 (1919) 204 f.

Specke F. 'Knüppelbrücke, Damm(weg)',
heute als Appellativ in Westfalen und dessen
ostelbischem Siedlungsgebiet, an der Unter-
weser, in Südhannover, Kurhessen und der
Wetterau; als Orts- und Flurname auch in
Bayern, Schwaben und der Schweiz, hier
schon 819 Speçprucca (Bruggen bei St. Gallen). Md. mnd. specke, asächs. (11. Jh.) spekkia
führen auf westgerm. *spakkjön F. Dies zu
mhd. spache, ahd. spahha 'trockner Zweig,
dürres Reis, Span', mnd. spake 'Stecken',
ags. spæc 'kleiner Zweig, Ranke', norw. spæk
'Span', spak(e) 'Stange': die Dämme, durch
die Niederungen wegbar gemacht wurden,
waren mit Hilfe von Reisigbündeln hergestellt: Zs. f. dt. Wortf. 13 (1911) 62; M. Bathe
1932 Herkunft der Siedler in den Landen
Jerichow 113; Edw. Schröder 1938 Dt. Namenkde. 269; Schweiz. Jd. 10 (1939) 25 f. 85.

Speer M. Mhd. spër, spar(e) N., ahd.
asächs. spër, afries. spiri, sper(e) 'Speer',
ags. spere, speru N. 'Wurfspieß; Rohr', engl.
spear, anord. sp(j)orr, sparr N. 'Speer' führen
auf germ. *sper(r)u-, *sparru-. Nächstverwandt sind Sparren und sperren. Außerhalb
des Germ. vergleichen sich lat. sparut, -um
'kurzer Speer des Landvolks als Jagd- und
Kriegswaffe' sowie der Fischname lat. sparus,
gr. σπάρος, ferner lit. spiriù, spìrti 'sich
stemmen, stützen', ǎt-spyris 'Strebepfeiler',
spyrìs 'Leitersprosse', lett. sperties 'sich sperren,

stemmen, stauen'. Voraus liegt idg. *sper-
'Sparren, Stange; Speer'.

Speiche F. mhd. speiche, ahd. speicha,
asächs. spëca, mnd. afries. spëke, späke, nnl.
spaak F., ags. spāca M. (auch in Ortsnamen),
engl. spoke, schwed. mundartl. spaik 'Radspeiche'. Seemänn. (Hand-)Spake 'Handgriff am Steuerrad' (ursprünglich die über den
Radkranz verlängerte Speiche) ist die fries.
Form von Speiche (s. Bake). Wegen seiner
Ähnlichkeit mit der Radspeiche heißt der Un-
terarmknochen (lat. radius) seit dem 18. Jh.
Speiche. Verwandt ist mhd. Speicher-
nagel M. 'langer, schmaler Eisennagel mit
Kopf', tautolog. Zus.-Setzung mit md. spicher,
mnd. mnl. spiker, nnl. spijker, anord. spikr
M., spik F. 'Nagel'. Der nächste außergerm.
Verwandte ist lit. speigliaǐ Mz. 'Stacheln':
mit demselben Velar wie die germ. Wörter zur
idg. Wurzel *spei- 'spitz; spitzes Holzstück',
zu der unerweitert aind. sphyá- 'Holzspan,
Stab, Spiere beim Schiff, Art Ruder' gehört,
mit andern Erweiterungen lat. spica 'Ähre',
tpīna 'Dorn', gr. σπίλος 'Riff' usw.

Speichel M., mhd. speichel, ahd. speihhil( )a,
mnd. spëkele F., afries. spëkle M., mnl.
spëkel (nnl. mit andrer Endung speeksel).
Gleichbed. mhd. speich(e) M. F., mnd. spëke
F., nl. mundartl. speek M. und mnd. afries.
spëdel, ags. spādl, späld, spæsl, spätl, spädl
N., engl. spold, spattle. Auf germ. -ldrōn
gebildet ist germ. *spiaklaðrōn F. in mhd.
speicholser, ahd. speihhalsra, asächs. spëkaldra,
mnd. spëkeldre, got. spaitkuldr (lies: *spai-
kuldr?): sämtlich zu speien, s. d.

Speicher M. Vor der Zeit der Sense wurden
den Halmen nur die Ähren abgesichelt, demgemäß geht der Name des Kornbodens von
lat. spica 'Ähre' aus, s. Speiche. Das röm.
Altertum spricht von horreum und granarium;
nach Vorbildern wie diesem und cellarium
'Keller', solarium 'Söller' ist spätlat. spicārium
in Germanien etwa im 4. Jh. gebildet, um 490
in der Lex Salica erstmals bezeugt und im
6. Jh. (mit Sech und Sichel) durch die hd.
Lautverschiebung umgeformt: ahd. spīhhāi,
mhd. spīcher, asächs. spīkari nd. spīker, nl.
spijker. Dem Anglo-Fries. und Nord. bleibt das
Wort fremd, ebenso den d. roman. Sprachen. Bei
uns gilt S. vor allem im Westen, der früh den
röm. Landbau übernommen hat; die Grenze
ziehen P. Kretschmer 1918 Wortgeogr. 133 und
Th. Frings, Germania Romana (1932) 6. Die
Bed.-Entwicklung ist dadurch mitbestimmt, daß
schon früh der Vorratsraum in das Haus ein-
bezogen wurde. Damit ist S. gleichbed. mit
ostdt. Boden, nordwestdt. Söller und schwäb.
Bühne geworden.

speien st. Ztw., mhd. spī(w)en, ahd. spī-(w)an, spīgen, asächs. ags. spīwan, mnd. spī-(g)en, mnl. spiën, spijen, afries. spī(w)a, engl. spew, anord. spȳja, dän. schwed. spy, got. speiwan 'speien'. Daneben gleichbed. mhd. spuowen und (alem.) spüwen, mb. spu(w)en, mnl. spüwen, spouwen, nnl. spuwen, mundartl. spouwen. Dazu mancherlei abweichende Formen, die sich daraus erklären, daß die Wortgruppe den Spucklaut nachbilden will. In heutiger Umgangssprache ist speien in seinem alten Sinn stark eingegrenzt; uneingeschränkt gilt es studentensprachl. für 'sich erbrechen': P. Kretschmer 1918 Wortgeogr. 480 f. Verwandt sind im dt. Bereich Speichel, speuzen und spucken. Außergerm. vergleichen sich aind. ṣṭhīvati 'spuckt, speit aus', avest. spāma-'Speichel, Schleim', gr. πτύω, πυτίζω 'ich spucke', πτύαλον 'Speichel', lat. spuere 'speien' und die gleichbed. lit. spiáuju, spiáuti, aslav. pljują (aus *spują), pljĭvati: sämtlich zur idg. Wurzel *(s)p(h)i̯ēu-: *(s)pi̯ū-, *(s)pi̯ū-'speie, spucke'.

Speise F. ahd. spīsa (nur bei Otfrid 3, 15, 8), mhd. mnd. mnl. afries. spīse, nnl. spijs: als Klosterwort im 8./9. Jh. entlehnt aus mlat. spēsa, älter spensa, lat. expensa (pecunia), das als subst. Part. zu expendere 'aufwenden' (ursprünglich 'auswägen'; s. spenden) die Bedeutung 'Aufwand, Lebensunterhalt' entwickelt hat. Dazu ital. spese Mz. 'Unkosten', s. Spesen. Volkslat. ē hat ahd. ī ergeben wie in Feier, Kreide, Seide. Zur Verbreitung von Speise in hd. Umgangssprache s. P. Kretschmer 1918 Wortgeogr. 469 f. Dem Anord. ist das Lehnwort fremd geblieben; dän. spise und schwed. spis beruhen auf Entlehnung aus dem Mnd.

Spektakel M. Lat. spectāculum N. (zu spectāre 'schauen') wird als 'Schauspiel' im 16. Jh. zu frühnhd. spectacul N. entlehnt. Am Wandel zu 'Lärm' ist die Stud.-Sprache führend beteiligt. Nach dem Vorbild dieses Synonyms und nach frz. le spectacle wird das Fremdwort um 1800 Mask.: Zs. f. d. Wortf. 1, 233. 11, 230.

Spekulation F. mhd. speculācie, frühnhd. speculatz F. setzen den lat. Nom. speculātio (zu speculāri 'spähen') voraus. Vom Akk. speculātiōnem geht um 1540 die jüngere Entlehnung speculacion aus, die zunächst mit der älteren die Bed. 'beschauliches Nachdenken' teilt. Speculation 'kaufm. Berechnung' belegt Schirmer 1911 Wb. d. dt. Kaufm.-Spr. 179 seit 1711.

Spelt, Spelz M. 'Triticum spelta L.' ahd. spëlta, spëlza, mhd. spëlte, spëlze, asächs. spëlta, mnd. mnl. spelte F., nnl. ags. spelt. Das gleichlautende engl. und neunord. Wort beruht auf gelehrter Entlehnung jüngerer Zeit.

Auch poln. szpelta, tschech. spalta stammen aus dem Dt. Lat. spelta, belegt nicht vor dem Edictum Diocletiani 301, stammt nach Hieronymus († 420) aus dem Pannonischen: das bedeutet in Zeiten, da Sueben und Langobarden in Westungarn saßen, Entlehnung aus einer germ. Sprache. Ein lat. Erbwort *spelta ist lautgesetzl. unmöglich: es müßte *spulta lauten, wie gr. καταπέλτης lat. catapulta ergeben hat. So ist spelta eines der frühesten germ. Lehnwörter im Lat. Spelta seinerseits ist Quellwort für ital. spelta, spelda, span. portug. espelta, frz. (13. Jh.) épeautre. Kennzeichen der spelzartigen Weizensorten ist, daß beim Dreschen die Körner von den Hüllspelzen umschlossen bleiben; von da geht der Name des Getreides aus, der von Spelze 'Hüllblatt der Körner, Spreu' nicht getrennt werden darf. Hoops 1905 Waldb. und Kulturpfl. 420 will demgemäß von einer germ. Wz. *spel- (nächstverwandt mit spalten, s. d.) ausgehen, die mit verschiedenen dentalen Suffixen (vgl. ags. speld 'Splitter' neben spelt 'Brett') erweitert wäre. Doch könnte, Entstehung aus germ. *spelt- für Spelz zugegeben, bei Spelt auch spätere Rückentlehnung aus lat. spelta beteiligt sein, zumal das dt. Speltgebiet die Grenzen röm. Einflusses nirgends überschreitet. Das alte Fem. ist zum Mask. geworden nach dem Vorbild des gleichbed. Dinkel (s. d.). Vereinzelt erscheint schon ahd. spëlzo M., anderseits begegnet das F. noch frühnhd.

Spelunke F. Lat. spēlunca 'Höhle', seinerseits entlehnt aus gleichbed. gr. σπῆλυγξ, -γγος, gelangt im 15. Jh. zu uns. Zuerst in Kleve 1477 (Schueren, Teuth. 368 Verdam) speluncke off tymmer onder der erden, demnächst in Nürnberg 1488 (Chron. dt. Städte 3, 141) alle in ire spelunken sich machten zur fullerei.

spenden schw. Ztw., mhd. spënden, ahd. spëntōn, spëndōn, asächs. *spëndon (erschlossen aus spëndunga F. 'inpensa'), mnd. mnl. spënden, spinden, ags. ā-, forspëndan, engl. spend 'ausgeben': etwa im 7. Jh. entlehnt aus mlat. spendere (für lat. expendere 'abwägen, ausgeben'; vgl. Speise, spendieren, Spesen, Spind) 'ausgeben'. Dazu Spende F., mhd. spënde, ahd. spënta, spënda, mnd. spënde, spënne, mnl. spënde, spinde, denen schon mlat. spenda, spenta, spinda F. 'Gabe' entspricht.

spendieren schw. Ztw., nd. spendēren (daraus entlehnt dän. spendere, schwed. spendera, nnl. spendeeren). Die Bildung ist bisher nicht vor 1603 nachgewiesen: Schweiz. Jd. 10, 356; hoch- und nd. Mundarten haben weithin Anteil daran. Auch die urspr. stud.-sprachl. Wendung „die Spendierhosen anhaben" (Zs.

47*

f. d. Wortf. 12, 290; zuerst Nürnberg 1702: Kramer, Dt.-ital. Dict. 2, 857c) ist in Nachbarsprachen gedrungen.

Spengler M. Als Ableitung zu **Spange** in seinen Bed. 'Kleiderspange, (eiserne) Klammer, Schild-, Helmbeschlag' tritt mhd. spengeler auf. Unter den Bezeichnungen des **Klempners** (f. d.) ist in südd. Umgangssprache **Spengler** die verbreitetste. Sie gilt nach Kretschmer 1918 Wortgeogr. 283. 609 von Lothringen bis zur westfäl. Grenze und bis Österreich. In Wien wurden durch Verfügung des Stadtrats die Gewerbe der Spengler, Klampferer und Flaschner 1557 zu einer Zunft vereinigt, doch bestand auch ferner die weitgehende Berufsteilung, die die Buntheit der Klempnernamen (auch in der Familiennamengebung) verursacht hat. — Wir schreiben die Ableitung von **Spange** mit e, weil den Grammatikern des 17. Jh. der Zus.-Hang nicht mehr bewußt war.

Spenzer M. Name verschiedener Kleidungsstücke für Männer und Frauen, vor allem ein kurzer bequemer Männerrock. Benannt nach dem 2. Grafen George John Spencer (1758 bis 1834), Marine- und Innenminister unter Pitt und Greville, dem auf der Jagd ein Rockschoß abgerissen sein soll. Engl. spencer als 'sparsames Kleidungsstück' seit 1796 (W. Fischer 1943 Dt. Wortgesch. 2, 365ff.), bei uns nicht vor Campe 1813 Verd.-Wb. 565, als Teil der Frauentracht zuerst in Zürich kurz vor 1827 (Schweiz. Id. 10, 389), was auf Vermittlung durch frz. spencer deuten könnte, das schon kurz vor 1800 eine Frauenjacke bezeichnete: H. Weiß 1872 Kostümkde. 1252ff.

Sperber M. Die Habichtart Accipiter nisus, agf. und anord. von den Habichten sprachlich nicht unterschieden, erhält im Dt. den Namen ahd. sparwāri, mhd. sperwære, mnd. sparwer, sperwer, mnl. sperware, nnl. sperwer. Zuerst erscheint der festländ. Name als speruarius in der Lex Salica, schon hier (wie mūsāri aus mūs-aro, f. Bussard) umgestaltet aus *sparwaro 'Sperlingsaar', offenbar nach dem Vorbild der roman. Falkennamen auf -ārius (-ier). Aus dem Dt. entlehnt sind ital. spar(a)viere, afrz. espervier, frz. épervier. Sperlingsvögel (außer Sperlingen vornehmlich Buchfinken, Feldlerchen und Goldammern) jagt der freie Sperber, darum heißt er agf. spear-hafoc, engl. sparrow-hawk. In der Beizjagd wird er auf größeres Federwild abgerichtet, hier wird der männl. Sperber wichtig. Seit dem 12. Jh. heißt er sprinze oder (weil er kleiner ist als das Weibchen) sprinzelīn, d. i. 'gesprenkelter Vogel' (zu mhd. sprenzen 'in wechselnden Farben strahlen', sprinzelīn 'Hautfleck'). Die

Bezeichnung entspricht dem mlat. muscetus, frz. mouchet (zu musca, mouche 'Mücke, Hautfleck'). Weitere Namen bei Suolahti 1909 Vogeln. 362ff.

Sperling M. gemeingerm.: mhd. sparwe, agf. spearwa, mengl. sparwe, engl. sparrow, got. sparwa, anord. spǫrr führen auf *sparwo, *spar(w)un, wobei w lautgesetzl. schwinden konnte, so daß ahd. sparo, mhd. spar(e) entstanden. Urverwandt sind nkorn. frau, breton. frao 'Krähe', apreuß. spurglis 'Sperling', gr. σπέργουλος, σπόργιλος, σπαράσιον 'kleiner Vogel', sämtlich zur Wz. *spar in nhd. Sporn, gr. σπαίρειν 'zappeln', aind. sphuráti 'zuckt'. Ahd. sparo wirkt bis in nhd. Zeit fort und ist fest in Ortsnamen wie Sparenburg, Sparnberg. Daneben erscheint (wie engl. starling neben Star) seit dem 11. Jh. die Ableitung sperling (mnd. sparlink, sperlink) mit verkl. -ling, die zunächst den jungen Sperling bezeichnet und von nd. md. Mundarten her die Schriftsprache erobert. Koseform zu ahd. sparo ist mhd. spatz, mit derselben Endung gebildet, die zu Männernamen wie Heinrich über Hein-izo die Koseform Heinze (f. Hinz) bildet und die auch bei Ratz und Wanze ins Tierreich hinübergreift. Spatz hat sich vom Obd. her in den Mundarten verbreitet. Auf Niederdeutschland beschränkt bleibt Lüning, f. d.

sperren f. Sparren.

Sperrsitz M. 'guter Sitzplatz in Theater, Zirkus usw., auf den urspr. nur der Mieter ein Recht hat; Raum vor der Bühne, der solche Plätze umfaßt'. Gebucht seit Sanders 1876; früh bei Grillparzer, Hackländer usw. deutlich vom alten Österreich ausgehend. Dort war sperren 'abschließen'. Im Stadttheater von Grein (Oberösterreich), das die Zustände von 1790 spiegelt, sind Reste von Schlössern erhalten, mit denen die hochgeklappten Sitze an die Lehnen geschlossen wurden. Die Mieter hatten den Schlüssel: Köln. Ill. Ztg., Jg. 18, Nr. 2, S. 19 vom 14. Jan. 1943.

Spesen Mz. kaufmännisch für 'Unkosten', entlehnt aus gleichbed. ital. spese, Mz. von spesa 'Aufwand', gleichen Ursprungs wie das längst vorher übernommene Speise, f. d. Voraus geht 1480 in Oberschwaben (Al. Schulte, Große Ravensb. Handelsges. 3, 158) „dar an gewint man nun nit fast fill, den fast große despessa dar uff ist gangen". Auch weiterhin schwankt die Form, so 1506 (K. O. Müller, Welthandelsbräuche 142) speis neben speiß und spexa. Um 1562 (B. Penndorf, Gesch. d. Buchhaltung 80) Conto de Spese als Überschrift in einem dt. Handlungsbuch. Seit 1623 steht die heutige Form fest: Schirmer 1911 Wb. d. dt. Kaufm.-Spr. 180.

spenzen ſchw. Ztw. Spätmhd. spiuzen führt mit nl. spuiten, mengl. spūten, engl. spout, anord. spȳta auf germ. *spūtōn, *spūtian. Daneben nhd. ſpützen (ſ. ſpucken), agſ. spyttan, engl. spit, dän. spytte, ſchwed. spotta weſtfäl. spüətərn mit alter Kürze. S. ſpirzen, ſpotten.

Spezerei F. Spätlat. species 'Gewürz' vererbt ſeine Bed. auf ital. spezieria F., aus deſſen Plur. spezierie 'Gewürzwaren' mhd. mnd. specerīe, mnl. spec(i)erīe, nl. specerij entlehnt werden. Über den umgangsſprachl. Bereich von Spezerei(händler) Kretſchmer 1918 Wortgeogr. 268.

Spickaal M. 'geräucherter Aal', Spick= gans F. 'geräucherte Gans', zuſammen mit mnd. spikhering 'geräucherter Hering' zu mnd. spik 'trocken geräuchert', norw. spiken 'dürr, mager; geräuchert', germ. *spik(k)a 'mager, dürr', urſprünglich wohl 'lang und ſchmal (wie ein Holzſplitter)'. Höher hinauf bleibt die Einordnung ſchwierig; die Ver= knüpfung mit Speck und ſpicken ('der beim Speck üblichen Behandlung ausſetzen') iſt jung und künſtlich. Nach C. Walther Korr.=Bl. 25, 27) iſt die an der nd. Oſtſee= küſte herrſchende Wortgruppe mit dem Herings= fang vom Nord. her eingedrungen, vgl. ſchwed. spickeflundra, -lax, -gås, dän. spegegaas, -sild; dazu iſl. speikja 'dörren'. Den umgangs= ſprachl. Bereich von Spickaal und =gans ſteckt P. Kretſchmer 1918 Wortgeogr. 471 ab.

ſpicken ſchw. Ztw., ſpätmhd. spicken, mnd. mnl. specken 'mit Speck durchſlechten'. Dazu Spicker M. 'wer ſeine dürre Weisheit mit geſtohlenen Gedanken ſchmackhaft macht, Ab= ſchreiber', nach einer ſchwäb. Quelle von 1617 (H. Fiſcher 5, 1523) „Spicker … welche mit fremden Federn … hochprangen und doch dabei der rechten Authorn ehrlichen Namen wiſſentlich verſchweigen". Hierzu ſpicken 'ab= gucken', zuerſt im Kampf mit den Nachdruckern bei Grimmelshauſen 1669 Simpl. 591 Ndr. „Solte ſich ein … frembdes Gut begehrender Langfinger … finden ſelbigen nachzuſpicken"; ſeither Schülerwort: Eilenberger 1910 Pen= nälerſpr. 65; Ohmann 1930 Neuphilol. Mitt. 31, 234 f.

Spiegel M. mhd. mnl. spiegel, ahd. spiagal, mnd. ſpēgel, spei(g)el, mnl. spieghel, afrieſ. spēgel. Auf Entlehnung aus dem Mnd. be= ruhen anord. spegill, norw. ſchwed. spegel, dän. speil (älter spegel); dem Agſ. und Engl. fehlt das Wort, das mit der Sache aus dem Süden entlehnt iſt. Lat. speculum N. (zu speciō 'ſehe') war zu mlat. spēglum geworden, worauf auch ital. speglio weiſt. Die Entleh= nung hat (wegen der Behandlung von lat. e

und c) kurz vor der ahd. Zeit ſtattgefunden. Zur Entſtehung des ie vgl. Brief, Fieber, Ziegel. Im Geſchlecht iſt das Lehnwort den männlichen Gerätnamen auf -el angeglichen. Nach ſeinem Glas iſt der Spiegel engl. glass, isl. gler benannt. Vor dem 13. Jh. war manchen Germanen der Metallſpiegel bekannt: got. skuggwa, anord. skugg-ſjā, skuggi, ahd. scio-, scū-kar ('Schattenbehälter', aus ahd. scuwo, scū, agſ. scu(w)a 'Schatten' und Kar 'Gefäß', ſ. d.), nordfrieſ. schemstīn 'Schatten= ſtein'.

Spiegelei Plur.: vom Rührei (ſ. d.) dadurch unterſchieden, daß die in die Pfanne geſchlagenen Eier unzerrührt gebraten werden, ſo daß die Dotter wie runde Spiegel aus dem Eiweiß leuchten, frz. oeufs au miroir. Der dt. Name kaum vor Adelung 1780, voraus geht Spiegelkuchen bei Zincke 1731 Ocon. Lex. und Ochſenauge (ſ. d.). Die Fülle der umgangsſprachl. Ausdrücke läßt ſich hier kaum nach Landſchaften ordnen: Kretſchmer 1918 Wortgeogr. 398.

Spiegelfechten N. zuerſt in Nürnberg 1502 Hiſtor. Volksl. 2, 482, 102 Liliencron: Ir hettet euer spigelvechten wol vermitten. Urſpr. ein Schau- und Scheingefecht, bei dem die ſpiegelblanke Wehr nur glitzert, nicht trifft: Geiler 1510 Sieben Schwerter F 4a als ein Schirmer (berufsmäß. Fechter), der mit einem glitzigen Schwert ein Apparat macht und ein Spiegelfechten treibt. Als Vorſpiel des ernſthaften Kampfes Pauli 1522 Schimpf und Ernſt Nr. 311 (ein Schirmmeiſter und ſein Schüler) kamen vff dem blatz zůſamen vnd machten ir spiegelfechten, wie man dan thůt; da ſie ſchier zůſam kamen, da hielt der meiſter ſein ſchwert ſtil. Vom alten Straß= burg, in das dieſe beiden Belege führen, geh= die Entwicklung zu 'Heuchelwerk, Gleißnerei' aus, die im reformator. Kampf Raum ge= winnt: Butzer 1521 Neukarſthans 33, 28 Ndr. das vnverſtändig volck zů betriegen, machen ſie (die Meßpfaffen) den leüten ein ſpiegel= fechtens vor augen mit iren Ceremonien vnd gauklerey.

Spieker die nd., beſ. ſeemänniſche Ent= ſprechung von hd. Speicher(nagel), ſ. Speiche.

Spiel N. mhd. ahd. spil, mnl. nnl. spel, afrieſ. spil, spël; dazu das ſchw. Ztw. ſpielen, mhd. spiln, ahd. spilōn, aſächſ. spilon, mnl. nnl. spelen, afrieſ. spilia. Beides ſind urſprüngl. Wörter des dt. Feſtlands: von da iſt agſ. spi= lian in geſchichtlicher Zeit entlehnt; älter dän. spel, dän. spil, norw. ſchwed. spel und dän. spille, norw. ſchwed. spela beruhen auf Ent= lehnung aus dem Mnd.; im Got. gilt plinsjan 'ὀρχεῖσθαι', das aus aslav. plęsati 'tanzen' entlehnt ist. Grundbed. von Spiel ist 'Tanz', mit Vorwärts-, Rückwärts- und Seitwärts-schreiten verbunden, das auch zur Umkreisung werden kann. Die Grundbed. halten das Asächs., Ahd. und Frühmhd. fest; ahd. spilāri, spiliman ist 'Schautänzer', spiliwīp 'Tänzerin'. Erst mit der Verbreitung des weltlichen Ge-sellschaftstanzes wurde der Spielmann zum Musikanten und Vortragskünstler, doch be-deutet spilestube noch bei Neidhart v. Reuen-tal 53, 25 'Tanzraum'. Die Wortgeschichte entfaltet sich gleichlaufend mit der von pflegen (engl. play entspricht unserm Spiel); viel-leicht sind beide wurzelverwandt: Edw. Schrö-der 1937 Zs. f. dt. Alt. 74, 45. — Vgl. auch J. Trier 1947 Beitr. 67.

Spielhahn M. 'Tetrao tetrix', vorausge-setzt durch Spillgeflügel 'Birkwild' einer bair. Jagdordn. von 1551 (J. u. F. Kehrein, Wb. d. Weidm.-Spr. 1871, S. 276), als spilhan bezeugt zuerst in Zürich 1555 (Konr. Gesner, Hist. avium 475). In beiden Landschaften auch weiterhin, ebenso schwäb. und am Harz, vorwiegend doch in den bair.-österr. Alpen, wo der Spielhahnstoß zum Hutschmuck des Bur-schen gehört. Der männl. Vogel heißt nach seinen glänzend schwarzen Schwanzfedern, dem Spiel: H. Suolahti 1909, Die dt. Vogel-namen 252.

Spielhölle F. um 1830 als Schelte der verderblichen Badespielbanken aufgekommen, nach deren Aufhebung 1866ff. an Monte Carlo haften geblieben. Philipp Walburg Kramer, Die Opfer der Spielhölle. Zeitbild in vier Aufzügen (Konstanz 1845), ein Zeugnis aus Arndt 1858 Zs. f. d. Wortf. 6, 225; Laden-dorf 1906 Schlagwb. 294.

Spielraum M. zu spielen in seiner Nebenbed. 'sich bewegen', zunächst ein Fachwort der Schießkunst: Chr. Wolff 1716 Math. Lex. 1312 „Spiel-Raum oder Wind, ist der Unter-schied zwischen der Mündung eines Stückes und dem größten Circul einer Kugel, die daraus geschossen wird. Man nennet ihn auch den Lufft-Raum, die Spielung, ingleichen das Windspiel". Der Wendung Spielraum geben entspricht frz. donner du jeu.

Spiere F. 'Rundholz, das als Mast, Stenge oder Rahe dient', ein nd. Seewort. Zuerst in Altona 1742 der Plur. Spehren: Kluge 1911 Seemannsspr. 736. Eins mit Spier M. N. 'Spitze, bes. von Gras und Korn', spätmhd. spir, mnd. spīr 'kleine Spitze', agf. spīr 'Schößling', anord. spīra 'Stiel, Rohr, dünner Baumstamm'. Zur Sippe von spitz, s. d.

Spierling M. Sorbus domestica, ein süd-europ. Baum, von den Römern über die Alpen gebracht, in Karls d. Gr. Capitulare de villis und im Entwurf des St. Galler Klostergartens von 820 erwähnt: Hoops 1905 Waldb. und Kulturpfl. 551 u. ö. Frühnhd. spirboum 'sorbus' scheint zu zeigen, daß der erste Wortglied eins mit Spier (s. Spiere) und der Baum nach seinen schlanken Schossen benannt ist: Zs. f. dt. Wortf. 2, 199. 4, 203. 12, 127. 221; Schweiz. Id. 10, 454.

Spierschwalbe F. Cypselus apus, spätmhd. spierswalbe, mnd. spirsuale, seit dem 15. Jh. für mhd. spīre: wohl eines mit Spier 'Spitze', so daß der Mauersegler nach seinen langen spitzen Flügeln benannt wäre. Doch kommt auch nd. spīr '(Turm-)Spitze' in Betracht, dann wäre der Name mit Turmschwalbe vergleichbar: Suolahti 1909 Vogelnamen 20ff.

Spieß[1] M. 'Kampf-, Jagdspieß'. Mhd. spiez, ahd. spioz, asächs. spiot, anord. spjót führen auf germ. *speuta-, dessen Ursprung dunkel bleibt. Daraus entlehnt afrz. espiet. Abweichend agf. sprēot, s. Spriet.

Spieß[2] M. 'Bratspieß', mhd. ahd. spiz, Gen. spizzes (in alem. Mundart bis heute als spiss von Spieß[1] geschieden), nl. engl. spit, agf. spitu. Das Wort (woraus frühmlat. spitus, afrz. espois, span. espeto entlehnt sind), gehört als Subst. zum Adj. spitz, s. d. Gleichen Ursprungs ist nhd. Spieß (frz. épois) 'Ge-weihende des Wilds'. Diese Bed. ist für die ältere Sprache nicht belegt, aber vorausgesetzt durch ahd. spizzo, spizzo M. 'hinnulus', das sich in nhd. Spießer 'junger Hirsch' fortsetzt.

Spießbürger M. werden die Stadtbürger nach ihrer Bewaffnung mit einem Spieß (vgl. das ältere Schildbürger) zunächst von den Studenten gescholten: Joach. Schröder 1640 Friedensposaune 39 „(Die Studenten) schelten seine eisgraue und erfahrene Männer, Matronen, keusche Jungfrauen und Bürger für Bächen, Baren, Spießbürger". Literar. wird die Schelte durch Wieland 1767 Agathon 3, 129 und Hermes 1769 Sophiens Reise 1, 198; gebucht seit Adelung 1780. Während Philister aus dem Ostmd. stammt, ist Spießbürger urspr. norddt.: Dähnert 1781 Plattdt. Wb. 446 verzeichnet Speet-Börger als Spottnamen auf gewaffnete Bürger. Bei Frisch 1741 be-gegnet Gleven-Bürger (zu Gleve 'Lanze'). Das neuerdings vordringende Spießer 'Spieß-bürger' kennt zuerst Albrecht 1881 Leipz. Mundart 214. Es ist entweder eine kürzere Bildung wie Bahner, Finanzer, Poster oder Klammerform zu Spießbürger (wie Fleischer zu Fleischhauer).

Spießgesell M. bedeutet bis zur Mitte des 18. Jh. 'Waffengefährte'. Seitdem sinkt es zu 'Teilhaber an bösem Tun', weil die Soldaten vor der Zeit der Volksheere in üblem Ruf standen: Zs. f. d. Wortf. 12, 52.

Spill(e) s. Spindel.

Spilling M. die frühreife kleine gelbe Pflaume, Prunus cereola L.; so auch mhd. spillinc, älter spinlinc (zur Angleichung von nl zu ll H. Paul 1916 Dt. Gramm. 1, 358), mnd. spillink, spelling, ahd. spenilinch. Spenling bedeutet in Bayern seit alters zugleich 'schmächtiger, magerer Mensch'; das zugrunde liegende *span 'Magerkeit' gilt für urverwandt mit gr. σπάνις 'Mangel, Seltenheit'. Der Name 'Magerling' ist in ahd. Zeit der seit Römertagen bekannten Frucht gegeben worden, weil sie die kleinste der länglich runden Pflaumen war. Später war man der Ansicht, spenling gehöre zu ahd. spënula 'Nadel', Verkl. zu urgerm. *spīna- 'Dorn' (urverwandt mit gleichbed. lat. spīna). So wurde es möglich, im 15. Jh. spenling auf die Schlehe zu übertragen, die an einem Strauch wächst, dessen lange spitze Dornen sich mit Nadeln vergleichen lassen: R. Loewe 1938 Beitr. 62, 390ff.

Spinat M. Pers. äspänäh ergibt arab. isfināǧ, das (zuerst von Südspanien her) in die roman. Sprachen gelangt. Dort erfolgt, weil die Samen von Spinacia oleracea in Spitzen auslaufen, Anlehnung an die Sippe von lat. spina 'Dorn', die auch in mhd spināt (so zuerst Ahd. Glossen 3, 565, 25) sichtbar wird. Zur Endung vgl. Salat. Dän. spinat, schwed. spenat stammen aus dem Dt., Binätsch, die Form südwestl. Mundarten, beruht auf ital. spinaccie.

Spind N. M., mnd. spinde F. N., nnl. spinde, mnl. spende F. 'Schrank', urspr. 'Speiseschrank, aus dem Vorräte gespendet werden' gemäß seiner Herkunft aus mlat. spenda 'Vorratsraum, Speiseschrank' (zu lat. ex-, dispendere 'ausgeben'). Das nl. fries. nd. Verbreitungsgebiet (südwärts bis zum Raum von Trier) umschreibt Frings 1932 Germania Romana 146, der auch die reiche Bedeut.-Entfaltung in rhein. Mundarten darstellt. Gegen Schrank, Kasten, Schaff in heutiger Umgangssprache grenzt das norddt. Wort, das von der Soldatensprache begünstigt und weitergetragen wird, Kretschmer 1918 Wortgeogr. 471 ff. ab.

Spindel F. mhd. spinnel(e), ahd. spin(n)ila, -ala, -ula, asächs. spinnila, afries. spindel, ags. spinel, engl. spindle; aus dem Dt. entlehnt nnl. dän. schwed. spindel. Als Ableitung von spinnen (s. d.) ist Spindel weibl. Gerätname auf -el, germ. -ilō(n), wie Windel zu winden. Das d in Spindel ist spätmhd. als Gleitlaut zwischen n und l entwickelt wie in Quendel, mhd. quënel; vgl. Fähndrich,

Hendrik, minder, poltern. Aus *spinla entsteht durch Angleichung ahd. spilla, mnd. spille, erhalten im Namen des altheimischen Spillbaums (Evonymus europ. L.), ahd. spi(nni)lboum, aus dessen hartem Holz man Spindeln schnitt, und in nd. Spill 'Winde' (Anker-, Brat-, Dampfspill). Engl. spill 'Winde' ist aus dem gleichbed. mnl. spille entlehnt. Die Spindel war den Idg. bekannt, da die zu ihr gehörigen, meist tönernen Wirtel (s. d.) in vorgeschichtlichen Bodenfunden häufig auftreten. Gleichwohl erhalten wir keinen gemeingerm. oder idg. Namen für das Gerät, das einzelsprachlich ganz verschieden benannt erscheint: lat. fūsus, gr. ἄτρακτος, κλωστήρ, νῆθρον.

Spindelbaum s. Spindel.

Spinne F. Mhd. mnd. mnl. spinne, ahd. spinna, nnl. spin führen auf westgerm. *spennōn F. 'Spinnerin' zum Stamm des st. Ztw. spinnen, s. d. Der dt. Name geht gleichmäßig durch die Mundarten; abseits steht schweiz. spinn-, spillmugg 'spinnendes Insekt'. Gleichbed. das Nomen agentis auf -il- germ. *spennila- in aschwed. spinnil, schwed. spindel 'Spinne'. Zum gleichen Stamm auf idg. -trä, germ. -brō ist germ. *spen-brō gebildet, das in dän. spinder, ags. spīðra, mengl. spithre, engl. spider 'Spinne' fortlebt. Derart benennen alle Germanen das Insekt, für das sich keine gemeinidg. Benennung erhalten hat, nach dem Spinnen des Fadens, nicht nach dem Weben des Netzes. Vgl. auch Kanker[1].

spinnefeind präd. Adj. Die Beobachtung, daß eine Spinne die andere anfällt und aussaugt, führt Geiler 1512 Evang. 49b zu dem Vergleich „so feind als die Spinnen". Daraus seit Pauli 1522 Schimpf und Ernst Nr. 453 spinnenfeind. Nach dem n des Stammes fällt (zuerst in einem Lutherdruck von 1566: DWb. 10, 1, 2514) das n der unbetonten Silbe aus wie in Leineweber, Schweinebraten, Spinnewebe: H. Paul 1916 Dt. Gramm. 1, 370f. Eine vergleichbare Bildung ist das jüngere katzenfreundlich.

spinnen st. Ztw., mhd. mnd. mnl. nnl. spinnen, ahd. ags. got. spinnan, engl. spin, afries. anord. schwed. spinna, dän. spinde: wie spannen zur idg. Wurzel *spen- 'ziehen, spannen, spinnen'. Nächstverwandt sind Spindel und Spinne, mit Ablaut und einfachem n (das zweite n ist Präsenszeichen) anord. spuni 'Gespinst'. Außergerm. vergleichen sich mkymr. cy-ffinden 'Spinne', bret. queffniden 'Spinnweb', lat. sponte 'aus eignem Antrieb', lit. spándau 'spanne', spéndžiu 'lege Fallstricke', gr. σπινδεῖρα 'Pflug'; ohne s-: lit. pinù 'flechte', armen. henam 'webe'

aslav. pінą 'ѕраnnе', gr. πάτος 'Kleid'. —
Spinnen mußten Männer wie Weiber in den
alten Strafanstalten; daher das student. spin=
nen 'pro poena trinken, in die Kanne steigen
müssen'. Aus dem einst häufigen Gedanken
spinnen gekürzt ist eine Wendung wie „Ich
habe den Weg über schon gesponnen" (Goethe
1774 Clavigo II, Jub.=Ausg. 11, 108) oder
„Moritz ließ nicht ab ... fortwährend zu
sinnen und zu spinnen" (derf., Ital. Reise,
Dez. 1787, daf. 27, 182). Daraus entwickelt
sich das namentlich im dt. Südwesten häufige
spinnen 'im Kopf nicht recht sein'.

Spinnewebe F. Das Netz der Spinne
(f. d.) fassen die Germanen als Gewebe: mit
ahd. wеppi, mhd. wеppe, mnd. webbe N.
'Gewebe' zuf.=gesetzt sind ahd. spinnünweppi,
mhd. spinne(n)weppe, mnd. spinnewebbe.
Außerdeutsch schließen sich an mnl. spinne(n)=
webbe, nnl. spinneweb, dän. spindelvæv,
schwed. spindelväf. Zum Verlust des n in
unbetonter Silbe f. spinnefeind.

spintisieren schw. Ztw. 1530 bietet Luther
Spintisierwerk 'Grübelei', 1537 P. Dasy=
podius Spintisierer 'philotheoros', 1541 J.
Frisius erspintisieren 'spitzfindig auslegen'.
Das mit alledem vorausgesetzte Ztw. ver=
breitet sich (etwa gleichzeitig mit grillisieren
und tollisieren) als Ausdruck der reforma=
torischen Ablehnung menschlichen Grübelns
über göttliche Dinge. J. Grimm, Kl. Schr. 1,
372 vermutet in der Stammsilbe ital. spinta
F. 'Antrieb, Stoß': dann wäre auszugehen
von Wendungen wie dar la spinta a qualcosa
'ein Vorhaben (nach gedanklicher Vorberei=
tung) in Gang bringen'.

Spion M. Auf got. *spaiha M., Nomen
agentis zu spähen (f. d.) beruhen span. prov.
espia, frz. épie, ital. spia 'Späher'. Die gleich=
bed. Weiterbildung ital. spione ergibt im 16.Jh.
span. frz. espion. Sie wird rückentlehnt zu
Speon Aeg. Albertinus 1615 Landstörzer 332.
Der Verbreitung ist der 30jährige Krieg gün=
stig, im 18. Jh. ist Spion Volkswort. Gleichen
Ursprungs sind dän. schwed. (seit 1632) spion,
nnl. spio(e)n. Mit dem Nnl. und dem Frz.
Belgiens teilt unser Spion die Bedeutung
'Spiegel vorm Fenster'. Die Bedeutung
'Hühnerhund' (Lipp. Intell.=Bl. 1783, Beilage
zu St. 47) übernimmt das Wort vom älteren
Spionhund: H. W. Döbel 1746 Jäger=
pract. 1, 116.

spürzen schw. Ztw. 'spucken': so bair. neben
vogtl. sperze(l)n, schwäb. spurzen, frühnhd.
spürzen (H. Sachs 1554 Fastnachtsp. 61, 148
Ndr.), mhd. spürzen, älter spirzen: Ableitung
auf altes -atjan (f. Blitz) zum mhd. Inf.
*spiren 'speien', gefolgert aus dem Pl. Prät.

spirn und dem Part. gespirn, die seit dem
11. Jh. als Analogieformen zu (ge)schrirn
'(ge)schrien' auftreten.

Spital, Spittel N. Mlat. hospitale N.
'Pflege=, Krankenhaus' hat mit Bewahrung
des Geschlechts mhd. spitāl, spittel ergeben.
Das gleichlautende M. ist über afrz. hospital
M. entlehnt. Die dt. Belege beginnen mit
dem 13. Jh.: Suolahti 1929 Frz. Einfl. 244 f.
Die jüngeren Formen des viermal entlehnten
Wortes f. u. Hospital.

Spitz¹ M. 'beginnender Rausch', zuerst bei
H. Sachs 1535 Fastnachtsp. 8, 423 „Ich glaub,
er hab ein guten Spitz. Er thut vns je beyd
wol stumpffiern": der Bed.=Wandel (wie bei
Haarbeutel, Zacken, Zopf; frz. pointe) ist
früh auch bei der obd. Verkl. vollzogen: 1562
Zimm. Chron. ²2, 552 „er hett ein spitzle ge=
drunck". Entspr. verzeichnet Stieler 1691
Spitzlein 'potus largior'; er hat ein Spitz=
lein 'vino semigravis est'.

Spitz² M. Hundeart mit spitzer Kopfform,
spitzen Ohren und spitzer Schnauze, verzeichnet
seit Adelung 1780. In Pommern gezogen,
für das ihn Dähnert (1781) 449 bezeugt. Ostmd.
heißt er nach seiner Heimat Pommer, engl.
Pomeranian. Dän. spids(hund), schwed. spets=
(hund) stammen aus dem Nhd. Entsprechend
benannt ist isl. snati 'Spürhund' zu norw.
snat 'Spitze', anord. snata 'Speer'.

spitz Adj., mhd. spitz(e), ahd. spizzi. Aus
dem Hd. entlehnt sind mnd. spis spitz, nl.
(seit dem 16. Jh.) spits, dän. spids. Nächst=
verwandt ist Spieß², dort die germ. und
außergerm. Entsprechungen. Es fällt auf,
daß spitz nie zur Bildung altdeutscher Männer=
namen verwendet worden ist, während es
von Namen wie Eckehart, Wachsmut,
Ortwin, Skerfolt u. dgl. wimmelt. Im
älteren Deutsch war spitz seltner als spitzig
(mhd. spitzec; entlehnt schwed. spetsig), so
daß Adelung noch 1801 spitz als „nur im ge=
meinen Leben für spitzig übliches Wort" er=
wähnt.

Spitzbube M. Zu frühnhd. spitz 'überklug,
betrügerisch' gehört spitzbub bei Luther (seit
1528), Sachs, Alberus, Fronsperger usw. Nd.
spitzbove, dän. spidsbub, schwed. spetsbof, nnl.
spitsboef sind aus dem hd. Wort entlehnt. Bei
diesem steht die Bed. 'Falschspieler' im Aus=
gangspunkt.

Spitzel, Polizeispitzel M. ist seit Mt.
Höfer 1815 Wb. 3, 163 für Wien bezeugt und
dringt von da über München ins Reich:
Schmeller 3 (1836) 583. Redende Belege
sichern die Herkunft: Venedey 1849 Wage 3,
34 „der Dienst eines Spitzels, wie die Öster=
reicher sagen"; vgl. Ladendorf 1906 Schlagwb.

195 und Lockspitzel. Neben der Verkl.-Form steht gaunersprachl. Spitz M. 'Polizeiagent, Vigilant' Avé-Lallemant 4 (1862) 610: offenbar ist Spitz(el) eins mit dem Hundenamen und als 'Aufpasser' zu deuten. Entspr. nennen die Gauner den Landjäger Teckel oder Dackel: L. Günther 1919 Gaunerspr. 84.

spitzig s. spitz.

Spitzmaus F. Sorex heißt nach seiner spitzen Schnauze ahd. spizza F.: das ist die subst. schw. Form des Adj. spitz. Die Namengebung vergleicht sich der von Spitz². Verdeutlichend tritt spätahd. spizzimūs F. ein: Palander 1899 Ahd. Tiernamen 24 f.

Spitzname M. 'stehender Spottname', zuerst in Nürnberg 1669: M. Abele v. Lilienberg, Künstl. Unordnung 1, 29: zum Adj. spitz in dessen Bed. 'scharf treffend, verletzend'. Als die Zus.-Setzung entstand, galt auch Spitzwort 'Stichelrede'. Auch Spitzen können 'spitzige Reden' sein.

Spleen M. Der engl. Name der Milz ist zur Bezeichnung der Milzsucht und der dadurch verursachten Wunderlichkeit geworden. Bei uns eingeführt durch Sophie Laroche 1771 Gesch. des Frl. v. Sternheim; in der Allg. dt. Bibl. 1772 (16, 2, 479) als deren Lieblingswort getadelt, das noch nicht Bürgerrecht in der dt. Sprache habe. Begünstigt durch Wieland, Mylius u. a. des Engl. kundige Schriftsteller: Zs. f. d. Wortf. 6, 114. 8, 96. Engl. spleen 'Milz, Grille, Laune' ist über afrz. esplen entlehnt aus lat. splēn, das als Entlehnung aus gr. σπλήν das bodenständige lat. liēn zurückgedrängt hatte. Beide sind urverwandt mit gleichbed. aind. plīhán-, avest. sporazan-, armen. p'aicaln, aslav. slězena, lit. blužnìs, apreuß. blusne, air. selg, mbret. felc'h. Der Anlaut idg. spl- ist auf verschiedene Arten erleichtert. Auf die ursprüngliche Bedeutung fällt durch die enge Beziehung zu gr. σπλάγχνα 'Eingeweide' Licht. — S. Milz.

spleißen st. Ztw., mhd. splīzen, mnd. mnl. spliten, nnl. splijten, afries. splita 'spalten'. Daneben gleichbed. nd. nl. splitten, fries. dän. splitte, engl. split. Dazu nhd. Splitter (s. d.), wofür mhd. meist gleichbed. spëlter. Die Sippe ist wohl wz.-verwandt mit spalten. Daneben scheinen Formen mit inlaut. n wie nnl. engl. splinter 'Splitter', engl. split, splent 'gespaltenes Stück Holz', dän. splint 'Splitter', schwed. splint 'Holznagel, Keil', mnd. splinte 'flacher Eisenkeil' auf einer Vermischung von germ. *split- und *flint- (s. Flinte) aus vorgerm. *plind- zu beruhen. Darüber zuletzt H. Güntert, Heidelb. Sitz.-Ber. 1932/33 S. 22 (der vorgerm. *plindo- für ein nicht-idg. Wort hält).

Splitter M. mnd. splittere, im 13. Jh. vereinzelt in md. Quellen, später im Hd. nicht vor Luther, dessen obd. Zeitgenossen fremd (Kluge 1918 Von Luther bis Lessing 35. 102. 111. 116), darum als nd. Bildung zur Sippe von spleißen (s. d.) zu beurteilen, obwohl die Form (wie bitter zu beißen: tr bleibt unverschoben) auch nach hd. Lautgesetzen erklärt werden könnte. Luthers Splitter (Matth. 7, 3 u. ö.) wird in Basel 1523 mit Spreytz umschrieben, das mit mhd. sprizel 'Splitter' vom nd. Splitter durch Dissimilierung entfernt ist (sprizel für *splitil). Spreißel noch bei Stieler 1691, ostfränk. bis heute: Kretschmer 1918 Wortgeogr. 478 f.; v. Bahder 1925 Wortwahl 44 f. — S. auch Schiefer.

Splitterrichter M. 'selbstgerechter Tadler', nachmals 'kleinlicher Beurteiler'. Im Anschluß an Matth. 7, 3 ff. von Luther mehrfach gebraucht; kennzeichnend die Randbemerkung zu 'giftiger Mensch' Sir. 6, 4: das sind die splitterrichter, die jres balcken vergessen. Luthers Anhänger nehmen sein Wort auf, z. B. Westphal 1565 Hoffartsteufel B 8b; Schottel 1641 Dt. Sprachkunst 366 führt es aus Luther an: Büchmann 1912 Gefl. Worte 47; Borchardt-Wustmann 1925 Sprichwörtl. Redensarten 447. Vergleichbare Luthersche Bildungen s. u. Feuereifer.

Spor M. 'Schimmel' bes. an Kleidern, Büchern, Holz. Zum Adj. ahd. spōri 'mürb, faul', mhd. spœr(e) 'trocken, rauh', das in obd. Mundarten als (ge)spör mit Bedeutungen wie 'ausgedörrt, spröde, krankhaft trocken' fortlebt. In Ablaut dazu alem. sporeⁿ M. 'Schwamm', versporeⁿ Part. 'verschimmelt', sporig 'voll Schimmelflecken': Schweiz. Jd. 10, 472 f. Weitere Verwandte sind nicht ermittelt.

Sporkel M. 'Februar'. Am Niederrhein tritt im 13. Jh. spurkel(mānōt) auf; bis heute leben im Münsterland spüäörkel, im Raum von Kleve und Köln spörkel, spürkel, südlich davon bis Lothringen und Westerwald sperkel, spirkel. Von der Mosel haben die siebenbürg. Auswanderer spirkel mitgenommen, ein oberhess. Beleg von 1315 bietet spurkel. Dazu mnd. sporkelmānt, mnl. sporkel, sporkel(e)maent, nnl. sprokkelmaant. Das heutige M. ist unter Einfluß von Monat aus älterem F. entwickelt, dies stammt aus dem N. Plur. frühmlat. spurcālia, das im 7./9. Jh. in Priestermund als landschaftl. Schelte für ein germ. Frauen- und Fruchtbarkeitsfest um Lichtmeß begegnet, zu lat. spurcus 'unflätig'. Gleichen Ursprungs sind pfälz. spurkel 'närrischer Mensch', spurkelse 'Närrin': Frings 1932 Germania Romana 50. 58. 114—120; Christmann 1934 Teuthonista 10, 191.

Sporn M., Sporen Plur. Ahd. sporo, mhd. spor, mnd. mnl. spore, agſ. spora (daneben spura, woraus engl. spur), anord. spori führen auf germ. *spuran-. Aus der germ. Sippe stammt die roman. von ital. sp(e)rone, frz. éperon 'Sporn'; Entlehnungen aus dem Got. ſind gleichbed. ſpan. espuera, portug. espora. Zugrunde liegt dem germ. M. das ſt. Ztw. *sper- 'mit dem Fuße ſtoßen', deſſen Wz. auch in nhd. Spur, ſpüren, engl. spurn vorliegt; vgl. ahd. aſächſ. agſ. spurnan 'treten', womit urverwandt aind. sphur 'mit dem Fuße wegſtoßen', aveſt. spar, lit. spìrti 'treten'. Aus dieſer körperl. Bed. iſt die des lat. spernere 'verachten' entwickelt. Vgl. auch Sperling (urſpr. 'Zappler').

ſpornſtreichs Adv. frühnhd. spor(en)straichs 'in höchſter Eile': adv. Gen. zu spornstraich M. (wie flugs zu Flug M.). Bei Zeſen 1644 Lyſander 236 kommt ein Reiter „in vollem Sporenſtreich". Nach der Erſtarrung zum Adv. verblaßt die Beziehung aufs Reiten: Grimmelshauſen 1669 Simpl. 18 „kehrte derowegen Sporenſtreichs wieder um'. S. gilt nun von jedem beſchleunigten Lauf, ſchließlich von allem haſtigen Tun.

Sport M. Auf mlat. disportāre, wörtlich 'ſich auseinandertragen', dann 'ſich zerſtreuen, vergnügen' beruht gleichbed. afrz. se disporter. Dazu das M. desport 'Beluſtigung', das gleichbed. mengl. disport ergibt. Das daraus verkürzte und in ſeinem Sinn gewandelte engl. sport erſcheint im Nhd. zuerſt am 9. Okt. 1828 bei H. L. H. Fürſt Pückler-Muskau, Briefe e. Verſtorbenen 2, 90 „Sportsman, Sport iſt ebenſo unüberſetzbar, wie Gentleman". Noch 1844 urteilt J. G. Kohl, Land und Leute d. brit. Inſeln 3, 119 „Die Sports … wir haben für dieſes Wort kein entſprechendes und ſind daher faſt gezwungen, es in unſerer Sprache aufzunehmen". Die Einbürgerung erfolgt nach Mitte des 19. Jh.: Ladendorf 1906 Schlagwb. 295 f.; Stiven 72 mit Anm. 479.

Sporteln Plur. Zu lat. sporta F. 'geflochtener Korb', entlehnt aus gr. σπυρίς, -ίδος 'Korb', ſtellt ſich die Verkl. sportula, die über 'Speiſekörbchen' die Bed. 'Gegenwert einer Mahlzeit, Geldgeſchenk' entwickelt. Als Rechtswort erſcheint vor Ende des 15. Jh. sportul(e)n 'behördl. Nebengebühren' in dt. Texten. Das u der zweiten Silbe noch bei Bürger. Die Neigung, nur im Plur. aufzutreten, teilt S. mit Fremdwörtern wie Alimente, Repreſſalien, Speſen, Subſidien.

Spott M., mhd. ahd. spot (tt) 'Hohn': ſein frühes Auftreten im Ahd. lehrt, daß es ein echt hd. Wort iſt. Auffälligerweiſe ſteht t (tt) auch in aſächſ. mnd. mnl. nnl. dän. spot, afrieſ. ſchwed. spott, anord. spottr M., spott N. Dazu das ſchw. Ztw. ſpotten, mhd. mnd. mnl. nnl. spotten, ahd. spottōn, afrieſ. spottia, anord. ſchwed. spotta, dän. spotte. Germ. Wurzel *spupp-. Gleichbed. Nebenformen mit einfachem Dental liegen vor in ahd. spotōn (germ. *spuðōn) und spotisōn. Die einzige glaubhafte Beziehung führt zu der unter speuzen entwickelten Wortſippe. Die Bedeutungen 'ſpucken' und 'verhöhnen' ſind zu vermitteln mit Hilfe der dritten 'durch Ausſpucken ſeiner Abſcheu ausdrücken', wie bei lat. despuere und gr. σπύειν.

Spottvogel M. heißen vor allem Häher, Würger und Gartenlaubvogel, die die Stimmen anderer Vögel nachahmen. Das Dt. teilt die Benennung mit nl. spotvogel, dän. spottefugl; vgl. engl. mockbird, frz. contrefaisant, moqueur: Suolahti 1909 Vogelnamen 73. 153. Auf ſpöttiſche Menſchen iſt spottvogel übertragen ſeit Brant 1494 Narrenſch. Kap. 42.

Sprache F. Mhd. sprāche, ahd. sprāhha, aſächſ. anfr. sprāka, mnd. mnl. sprāke, nnl. spraak (neben taal; ſ. Zahl), afrieſ. sprēke, sprētse, agſ. sprǣc führen auf *sprākō-, weſtgerm. Abſtr.-Bildung zu ſprechen. Auf Entlehnung aus dem Mnd. beruhen ſchwed. sprāk, norw. spraak, dän. sprog (neben heimiſchem ſchwed. māl, norw. dän. maal). Ausfall des r zeigt agſ. spǣc, das in engl. speech erhalten iſt (vgl. agſ. pǣtig neben prǣttig 'ſchlau, liſtig', engl. pretty 'hübſch'. S. auch ſprechen). Von den Zuſ.-Setzungen mit Sprach- iſt Sprachlehrer bemerkenswert alt: als Überſetzung von lat. grammaticus verwendet es ſchon Joh. Friſius 1548 Dict. 283. — Daſelbſt beſtimmt Friſius Grammatik als „Kunſt, daruß man ein ſpraach leert". Sprachkunſt als Überſetzung von ars grammatica wagt Laur. Albertus 1573 im Titel ſeiner „Teutſch Grammatick oder Sprach-Kunſt". Das Wort herrſcht bis auf Gottſched (E. Leſer 1914 Zſ. f. d. Wortf. 15, 11), abgelöſt wird es durch Sprachlehre. Dies zuerſt im Titel des Buchs: „Allg. Sprachlehr nach der Lehrart Ratichii", Köthen 1619, aufgenommen durch Gueintz 1641 Deutſcher Sprachlehre Entwurf, und Zeſen 1643 Hd. Sprachübung 13 (Zſ. f. d. Wortf. 13, 81. 85. 15, 11). — Sprachvergleichung wird vorbereitet durch Schottel 1641 Sprachkunſt 9: „in vergleichung der Griechiſchen, Lateiniſchen vnd Frantzöſiſchen Sprache". Das Wort ſelbſt im Titel von J. G. Anſorge 1721 „Deutſcher Rath und Lehrmeiſter … in dem einem jeden Wort von Anfang ſeiner Sprach-Erfindung und -Vergleichung ſeine Bedeutung ſchon eingepräget; für Studirende wie auch für alle dieser edlen Sprach=Wissenschaft beflissene". Hier zugleich der älteste Beleg für Sprachwissenschaft, wofür noch Bödiker 1698 „Wissenschaft der Sprachen" gesagt hatte (Zs. f. d. Wortf. 15, 8). — Sprachgefühl zuerst bei Campe 1807 Vorrede zu Tl. 1 seines Wörterbuchs.

Sprachhaus N. Otfrid 4, 23, 30 übersetzt Joh. 18, 33 praetorium mit spráchhûs, das Ahd. Glossen 3, 628, 19 für latrina steht: der Witz eines lateinkundigen Spaßvogels hat früh Anklang gefunden, der dem nie mit sonderlicher Achtung behandelten Pilatus ansinnt, er habe zwischen Joh. 18, 33 und 38 den Abort aufgesucht: A. Götze 1903 Zs. f. d. Wortf. 4, 209.

sprechen st. Ztw. Mhd. sprëchen, ahd. sprëhhan, asächs. anfr. ags. sprëcan, mnd. mnl. spreken, afries. sprëka führen auf germ. *sprekan. Dazu Sprache (s. d.) und anord. spraki 'Gerücht'. Außergerm. vergleichen sich kymr. ffraeth (aus *spraktos) 'beredt', ffregod 'Geschwätz' und alban. shpreh 'spreche aus'. Nach Form und Bedeutung kommt nahe eine Wortgruppe ohne r: mhd. spëhten, ahd. spëhhan, mnl. speken, ags. spëcan, engl. speak 'sprechen', mhd. spaht, ags. spæc, engl. speech 'Rede', mhd. spëht(er) 'Schwätzer'.

Spreeathen wird Berlin zuerst von Erdmann Wircker 1706 in einem Gedicht zum Lob König Friedrichs I. genannt: Büchmann 1912 Gefl. Worte 110 f. Vorher erhalten nur Universitätsstädte entspr. Ehrennamen: Leipzig Pleiß-Athen kurz vor 1660, Jena Saal=Athen 1674: Gombert 1905 Zs. f. d. Wortf. 7, 1 ff.

Sprehe s. Star[1].

Spreiß(el) s. Splitter.

spreiten schw. Ztw. Mhd. ahd. spreiten, mnd. mnl. spreiden, sprêden, nnl. spreiden, ags. sprǽdan, engl. spread, norw. mundartl. spreida, aschwed. sprêda, dän. sprede 'auseinanderbreiten' führen auf germ. *spraidjan, Bewirkungsztw. zum st. Ztw. mhd. spriten, ahd. sprîtan, schwed. sprida 'sich ausbreiten'. Außergerm. vergleichen sich alit. sprainas 'steif, starr, übersichtig' (aus *spraidnas 'die Augen weit aufspreizend'), lett. spriêžu 'spanne, messe', spraids 'Gedränge'.

spreizen schw. Ztw., seit dem 16. Jh. mit ei, daneben bis in das 17. mit eu (vgl. Kräusel, Steiß), mhd. ahd. spriuzen, spriuzen 'stemmen, stützen', urspr. 'sich recken wie ein Balken': zu mhd. spriuz F. 'Stützbalken', dessen nd. Form im Seemannswort (Bug=)Spriet schriftdeutsch geworden ist, s. d. Das Subst. der Bed. 'Stange' ist vom Ztw. sprießen abgeleitet; s. auch spritzen.

Sprengel M. mhd. mnd. sprẹngel: zu sprengen (s. d.) mit der Endung der männl. Gerät-namen (wie Hebel, Würfel, Zügel zu heben, werfen, ziehen), somit 'Gerät zum Sprengen (des Weihwassers)', dazu mnd. sprengelbiscop 'Weihbischof': Chron. dt. Städte 26, 83 (aus Lübeck 1396). Dort erscheint noch in mnd. Zeit (DWb. 10, 2, 27) Sprengel in der Bed. 'Diözese', die bei Luther seit 1530 begegnet. Sie war zu gewinnen aus Sätzen wie Luther 1524 Weim. Ausg. 15, 751 „Darumb hat der Papst Christus reich gar verwustet, so weit sein sprengel reicht". Luthers Anhänger nehmen seinen Wortgebrauch auf, z. B. Mathesius 1562 Sarepta 195a.

sprengen schw. Ztw. Ahd. mhd. mnd. mnl. sprengen, afries. sprendza, ags. sprengan, engl. springe, anord. sprengja, schwed. spränga, dän. sprænge führen auf germ. *sprangjan, Bewirkungsztw. zu springen (s. d.) wie rennen zu rinnen, also ursprünglich '(das Pferd, einen Felsen, Bauten, Wasser) springen machen'. Nachdem die Objekte selbstverständlich geworden waren, wurden sie weggelassen (wie bei gerben, rauchen, schnupfen). Nun auch: jem. durch die Stadt sprengen.

Sprenkel[1] M. 'Vogelstrick, Fangschlinge': ins Nhd. des beginnenden 17. Jh. (gebucht seit Hulsius 1616 Dict. 304) entlehnt aus gleichbed. nd. sprenkel, mnd. sprinkel; vgl. nnl. sprenkel 'Seilschlinge', ags. sprincel 'geflochtener Korb' (woneben ags. *sprenǧ, mengl. sprenge, engl. springe 'Sprenkel, Schlinge'): mit dt. k aus altem gj wie ahd. sprinka, mhd. sprinke 'Falle': j-Ableitungen zum Stamm von springen, der auch in ahd. springa, mnl. spring die Bed. 'Vogelschlinge' erlangt hat wegen des Zuspringens im Augenblick des Fangs. Zur Sache M. Heyne 1901 Dt. Nahrungswesen 247.

Sprenkel[2] M. 'Fleck', md. sprenkel, sprinkel; dazu mhd. sprinkelëht, sprünkelëht 'fleckig', dän. spranglet 'gesprenkelt'. Ohne n mhd. sprëckel N. 'Sprenkel', sprëckelëht, sprickelëht' 'gesprenkelt' mit Verwandten im Süden (schweiz. špriggel M. 'Sprenkel') wie im Norden (isl. sprekla, schwed. spräkla 'kleiner Fleck'). Jdg. Wurzel *sp(h)er(e)g-, *sp(h)erē(g)-, nasaliert *spreng- 'streuen, sprengen, spritzen'.

Spreu F. mhd. ahd. spriu (Gen. spriuwes) N., ein wesentlich md. Wort neben gleichbed. obd. Siede, nd. Kaff (W. Mitzka 1943 Dt. Wortgesch. 3, 23). Frühnhd. ist die Mz. Spreuer an Stelle des N. spriu gerückt; heute besteht im dt. Südwesten ein Sg. Spreuer (O. Behaghel 1928 Gesch. d. dt. Spr. 506). Das Ztw. mhd. spræwen, spræjen, mnl. spraeien 'sprühen, stieben, streuen' führt auf germ. *sprēwjan, dazu auch ags. sprēawlian, engl. sprawl 'zappeln'. Germ. Verwandte s. u. spröde und sprühen. Außergerm. vergleichen sich khmr. ffrau 'Hervor= sprudeln; Fluß', ffreuo 'fließe', lett. sprau juos, sprautiēs 'hervordringen, emporkommen', lit. spriaūnas 'lustig': sämtlich zu *spreu-, Erwei= terung der idg. Wz. *sp(h)er- 'streuen', die unerweitert in gr. σπείρω 'streue, säe', σπέρμα 'Same', σποράδην 'dünngesät' usw. vorliegt.

Sprichwort N. nur deutsch. Mhd. sprichwort tritt kurz nach 1200 im Elsaß und in Österreich, demnächst in Bayern und Kärnten auf. Es verdrängt die gleichbed. Formeln altez, alt= sprochen, gemeinez wort, gemeiner spruch. Dafür ahd. bīscaft, -spel, -wort, -wurti. Eine gesicherte Deutung fehlt. Die seit Dasypodius 1537 erscheinende Form Sprüchwort be= ruht auf volksetym. Anlehnung an Spruch; Adelung entscheidet für i. Edw. Schröder 1922 Zf. f. d. Alt. 59, 48; Bebermeyer 1929 Reallex. d. dt. Lit.=Gesch. 3, 281.

Spriegel, Sprügel M. 'Bügel, der, über Planwagen, Buden, Wiegen, Boote gespannt, deren Bedeckung trägt'. In md. Urkunden tritt vereinzelt sprogel auf, in 'Der Laien Disputa' halbreyff ein sprügel, in einer elf. Quelle von 1363 Dat. Plur. sprügeln. Oft in Texten und Wbb. von Mitte des 16. bis Ende des 17. Jh., heute in den Mundarten vom Elsaß und Schwaben bis ins Nd., von Luxemburg bis zur Oberpfalz. Ohne ge= sicherte Beziehungen.

sprießen st. Ztw., mhd. spriezen, ahd. spriozan (aus germ. *spreutan). Daneben mit Ablaut mhd. sprüzen, asächs. agf. sprūtan, mnd. mnl. sprüten, afries. sprūta, engl. sprout, älter dän. sprude (aus germ. *sprüt(i)= an), nd. sprütten, agf. spryttan, engl. sprit, spirt (aus germ. *sprütjan) 'hervorsprießen'. Germ. Verwandte sind spreizen, Spreu, Spriet, Sproß, Sprosse, sprühen, bair. spreus M. 'Spannholz', westfäl. sprautelen 'Sommersprossen', norw. spraut 'Stellholz', sprøyta 'Fenstersprosse, Spannstock', got. sprautō 'schnell'. Außergerm. vergleichen sich khmr. ffrwst (aus *sprudsto-) 'Hast' und lett. sprausties 'sich drängen': sämtlich zu idg. *spreud-, d-Erweiterung der idg. Wurzel *sp(h)er- 'streuen, sprengen (auch vom Auf= springen der Knospen)'.

Spriet N. 'Stange', bes. in dem seemänn. Bugspriet (s. d.). Spriet in hd. Text nicht vor Nettelbeck 1821 Lebensbeschr. 1, 42, ent= lehnt aus nd. spriet 'Segelstange', mnd. sprēt, nl. spriet, agf. sprēot, engl. sprit 'Stange, Bugspriet'. Wz.=verw. mit sprießen. Da= neben vielleicht eine Form ohne r (vgl. agf. sprecan neben specan 'sprechen') in Spieß[1].

Springbrunnen M. zunächst 'Quelle (aus der Wasser hervorspringt)', so mnd. sprink=

born, aber auch S. in hd. Text: Martens 1675 Grönl. Reisebeschr. 18, 23. Seit Kramer 1702 Dict. 2, 890 für Fontäne (s. d.). Für das gute Ersatzwort muß noch Gottsched (DWb. 10, 2, 80) kämpfen: „Wenn wir einer Fontaine den Namen eines Springbrunnens beylegen, so sagt man uns: dieses sey eine pure Caprice". Durchgesetzt von Lessing, Brentano, Jean Paul.

springen st. Ztw., mhd. mnd. nnl. springen, mnl. springhen, ahd. asächs. agf. springan, engl. spring, afries. anord. schwed. springa, dän. springe; nur im Got. nicht bezeugt (vgl. sprengen und Sprenkel[1]). Aus dem germ. Ztw. entlehnt ist die Sippe von ital. springare 'zappeln'. Zugehörige Subst. sind ahd. sprung, mhd. sprunc, agf. spryng 'Wasserquell' und mit Ablaut nhd. Spring, mhd. sprinc 'Sprung, Quelle, Springbrunnen'. Außergerm. ver= gleichen sich gr. σπέρχομαι 'eile, stürme' und aind. spṛháyati 'eifert, begehrt'. Idg. Wurzel *spergh-, nasaliert *sprengh- 'sich hastig be= wegen'; eine Ablautform idg. *sprōgh- in anord. sprōga 'hüpfen'.

Springer M. im Schachspiel kaum vor Stieler 1691. Dafür mhd. ritter (Eiserhardt 1909 Mittelalterl. Schachterminologie 34 f.), entspr. dem frz. cavalier (früher chevalier), ital. cavaliere, mlat. miles, eques. Im pers.= arab. Schach stand dafür faras 'Pferd'; das Span. ist bei cavallo geblieben. Eine Er= innerung daran birgt unser Rösselsprung, s. d.

Springinsfeld M. zunächst Übername des Leichtfüßigen, der den Wahlspruch „Ich springe ins Feld" führen könnte (s. Schindenhengst), Name von Landsknechten, Handwerksgesellen, Kobolden, Teufeln. Appellativ zuerst in Rostock 1596: Gryse, Wedewen spegel L 2 ein springe ynt velt. Von Niederdeutschland aus im 30jähr. Krieg verbreitet.

Springwurz F. Die aus dem Mittelmeer= gebiet stammende Euphorbia lathyris L. heißt spätahd. mhd. sprincwurz, agf. spring= wyrt (Zf. f. d. Wortf. 3, 299 f.; Hoops 1905 Waldb. und Kulturpfl. 616), weil der reife Samen aus den Hülsen springt. Aus der Beobachtung dieses Vorgangs heraus ist der Glaube an die Zauberkraft der Pflanze ge= sponnen, die Schlösser sprengen und Dornen herausziehen soll: El. Hugo Meyer 1891 Germ. Mythol. 22. 110. 283.

Sprit M. 'Weingeist, Alkohol, Schnaps, starker Spiritus'. Gekürzt aus frz. esprit 'Geist', das auf lat. spiritus beruht. Sprit zuerst bei J. F. Schütze 1806 Holst. Wb. 4, 177: de spriet is em in kopp steegen 'er ist betrunken'. Dort auch sprietlamp 'Spiritus= lampe'. Das ī hier und sonst erklärt sich aus

der frz. Vermittlung. überwiegend doch mit
Kürze: Spritfabrik und =maſchine Th.
Storm, Spritflamme Th. Fontane, Sprit=
händler G. Keller 1881.

ſpritzen ſchw. Ztw., mhd. ſprützen. Der
entrundete Vokal erſcheint ſeit dem 16. Jh.,
der gerundete hält ſich daneben bis ins 19.
(ſ. Pilz). Aus dem hd. Ztw. iſt gleichbed.
ital. spruzzare, sprizzare entlehnt. Dazu
mhd. ſprütze, nhd. Spritze F.: Ableitungen
aus der unter ſprießen entwickelten Wz.
germ. ſprüt 'emporwachſen, =ſchießen'. Vgl.
engl. sprit 'ſpritzen' neben sprit 'ſprießen'.

ſpröde Adj. Träger des Begriffs iſt ahd.
brōdi, mhd. brœde (germ. *brauþia-), das mit
dem Mittelalter abſtirbt: Kluge 1907 Zſ. f. d.
Wortf. 8, 312. Das möglicherweiſe dadurch
beeinflußte ſpröd (germ. *sprauþia-) er=
ſcheint vor Ende des 15. Jh. in Nürnberg
(Faſtnachtſp. 47, 14 Keller), bei H. Sachs in
Bedeutungen wie 'dürftig, ſchwächlich', bei
Luther (nur außerhalb der Bibel, z. B. Weim.
Ausg. 23, 601) in der weiterhin maßgebenden
Form ſpröde. Frühnhd. Hauptbed. iſt 'un=
geſchmeidig' von Erzen (Mathesius 1562
Sarepta 40), von da iſt durch Übertragung die
heute vorwaltende Bed. (ſpröde Mädchen,
Mienen, ſprödes Verhalten) gewonnen. Dän.
sprød, ſchwed. spröd beruhen auf Entlehnung
aus dem Nhd.; für urverwandt gelten fläm.
sprooi, älter nnl. spru, mengl. sprēþe 'ge=
brechlich'.

Sproß M. mhd. sproz, agſ. sprot 'Sproß,
Zweig', norw. mundartl. sprot 'kleine Stange'.
Vgl. ſprießen und Sproſſe.

Sproſſe F. mhd. sprozze M. F., ahd. sprozzo
M., mnd. sprote, nnl. sporte F., nnl. sport
'Querleiſte an der Leiter': nach Stamm und
Bildungsweiſe dasſelbe Wort wie agſ. sprota,
anord. sproti M., ſchwed. mundartl. språte,
dän. spraade 'Schößling' (ſ. Sproß). Bevor
der Germane Leitern kannte, ſtieg er auf
Bäumen von Aſt zu Aſt. Die Urform der
Leiter war ein angelehnter Baumſtamm, auf
deſſen Aſtſtümpfen man emporſtieg. Bis zum
15. Jh. iſt 'Leiterſproſſe' die einzige nachweis=
bare Bedeutung auch von Sproß M. Daß es
auf die Bedeutung 'Reis' beſchränkt und von
dem F. Sproſſe klar geſchieden wurde, dankt
die Schriftſprache Gottſched. Mundarten be=
harren bei der alten Vermengung.

Sproſſer M. Der Singvogel Erithacus
philomela unterſcheidet ſich von der Nachtigall
durch muſchelfleckige Zeichnung der Bruſt.
Er wird danach von oſtmd. Vogelſtellern
Sproſſer oder Sproßvogel benannt, zu
Sproſſe 'Hautflecken' (ſ. Sommerſproſſe).
Zum entſpr. mnd. sprote, sprüt(e) gehört

Sprutter als nb. Name des Staren: Suolahti
1909 Vogelnamen 38f. 169; Frings 1932
Germania Rom. 176.

Sprotte F. Den Fiſch Clupea sprattus L.
haben die Germanen an der Nord= und Oſt=
ſeeküſte kennengelernt und erſt dort benannt:
agſ. (ſeit dem 11. Jh.) sprott M., mengl.
sprott, engl. sprat (danach nlat. sprattus,
ſ. o.), nl. (kaum vor dem 16. Jh.) sprot F.,
nd. sprot, sprottes M. (bezeugt nicht vor 1640,
was jedoch auf Zufall beruhen muß). Aus dem
Nd. entlehnt ſind dän. sprot, norw. sprut.
Esprot bei frz. Kanalfiſchern ſtammt aus einer
der germ. Nachbarſprachen. In hd. Text er=
ſcheint Sprott M. zuerſt in Zürich 1563, die
Mz. Sprotten (mit nd. tt: DWb. 10, 2, 164f.)
ſeit 1640, Sprotte F. nicht vor 1774: F.
Richters 1904 Zſ. f. dt. Wortf. 5, 276ff. Zwi=
ſchen den Sprottenſchwärmen ſind oft junge
Heringe: wurde der Fiſch danach für Herings=
brut gehalten, ſo ſtellt ſich der Name als 'Keim,
Brut, Jungfiſch' neben hd. Sproß, ſ. d.

Spruch M. mhd. spruch 'Geſprochenes,
Wort, Rede': zu ſprechen. Ein entſpr. mnd.
spröke weiſt auf aſächſ. *spruki.

ſprudeln ſchw. Ztw., belegt ſeit Adelung
1780 (dazu Sprudel M.); wohl von ſprühen
abgeleitet als Reimwortbildung zu prudeln =
brodeln.

Sprügel ſ. Spriegel.

ſprühen ſchw. Ztw., bezeugt erſt nhd., doch
ſind mhd. *sprüejen, ahd. *spruowen, anfr.
*sprōwan vorauszuſetzen, weil afrz. esproher
'beſprengen' daraus entlehnt iſt. Mit nnl.
sproeien 'ſprengen, gießen' weiſen die dt.
Formen auf germ. *sprōwian. Daneben mit
Ablaut mhd. spræwen, mnl. spraeien 'ſtieben'
aus germ. *sprēwian. Dazu ſchwed. mundartl.
språ(s) 'ſprießen, ſich öffnen, berſten' aus germ.
*sprēwēn. Idg. Wurzel *sp(h)er- 'ſtreuen', zu
deren Erweiterungen *spreu- und *spreud-
Spreu und ſprießen gehören, ſ. d.

ſpucken ſchw. Ztw., zuerſt bei Chriſt. Reuter,
Schelmuffsky (Leipzig 1696) 65 Ndr., gebucht
bei Rädlein 1711 Sprach=Schatz 6b. 832a
als meißniſch; von dem Schleſier Steinbach
1734 als Wort der gemeinen Rede, in Schriften
nicht anwendbar, gekennzeichnet. Dazu Spucke
F. aus Oberſachſen 1714 Gründl. Nachricht
4, 18a. Das Ztw. iſt ſpät, vorwiegend mit
Hilfe norddt. Schriftſteller durchgedrungen
(für die Mark Brandenburg bezeugt ſpucken
Danneil 1859 Altmärk. Wb. 203b). Weſtmd.
gilt gleichbed. ſpützen, rheinpfälz. ſpautzen,
bair. ſpirzen, ſ. d. Am nächſten kommt pfälz.
ſpauchen, deſſen au über md. ū (ſpüchen
Dieffenbach 1857 Gloss. 548c aus Nürnberg
1482) mit dem mhd. iu von spiuchen (für

*spīwechen) zu vermitteln ist. Dies ist Intensitiv zu speien (wie horchen zu hören): Kluge 1907 Zs. f. d. Wortf. 9, 317 f. Den Ausdrücken für 'speien' ist lautmalender Ursprung gemeinsam.

Spuk M. 'Gespenst; gespensterhaftes Treiben', ein nd. Wort (mnd. spōk, ostfries. spōk, mnl. spooc, nnl. spook; von da entlehnt engl. spook), das nicht vor Stieler 1691 in hd. Umgebung erscheint, während Schottel 1663 ein unzulänglich verhochdeutschtes spuch bietet. Luthers Wort ist spugniß, obb. gilt Gespenst. Spuk führt mit schwed. spok 'Vogelscheuche', dän. spøg 'Scherz, Spaß', norw. spjok 'Gespenst' auf germ. *spōk-, idg. *spōg-. Eine Spur der germ. Wurzel in schwveiz. zerspäuken 'durch Spuk verjagen'. Außergerm. vergleicht man lett. spīgana 'Lufterscheinung, Drache, Hexe', spīganis 'Irrlicht', lit. spingu, spingěti 'glänzen', spiñgis 'Durchhau im Walde', apreuß. spanxti 'Funke', doch bleiben die lautlichen Verhältnisse schwierig, während andere Anknüpfungsversuche an den Bedeutungen scheitern.

Spule F. Mhd. spuol(e) M. '(Weber-)Spule, Röhre, Federkiel', ahd. spuolo M. (bair. noch špuoln M., appenzell. der špuel, Mz. die špüel), dän. norw. schwed. spole führen auf germ. *spōlan-; ahd. spuola F., mnd. spōle, mnl. spoele, nnl. spoel 'Spule', isl. spōla 'Weberschiffchen' setzen germ. *spōlōn voraus. Das alte Fachwort der Weberei ist von den Festlandgermanen zu deren Nachbarn gewandert: aus dem Mnl. entlehnt ist afrz. espole 'Spule', hieraus gleichbed. engl. spool. Aus der nd. Form läßt sich langob. *spōla erschließen, das zu ital. sp(u)ola 'Weberschiffchen' entlehnt ist. Aus der Verkl. ital. spoletta 'Zündröhrchen' stammt gleichbed. frz. espolette. Auch älter frz. espolin und sépoule sind germ. Ursprungs, ebenso die entspr. rätorom. Wörter. Als Ausgangsbedeutung von Spule gilt 'dünnes, flaches Holzstück': mit spalten (s. d.) zur idg. Wurzel *sp(h)el- 'abspalten'. Die Bed. 'Federkiel (auch zum Schreiben)' ist erkennbar abgeleitet und hd. wie nd. nicht vor dem 15. Jh. belegbar. Die Federkiele eigneten sich zum Aufspulen von Fäden wie zum Schreiben.

spülen schw. Ztw., mhd. spüelen, ahd. (ir)spuolen, mnd. spōlen, nl. spoelen, agf. ā-spylian. Auf Entlehnung aus dem Mnd. beruhen dän. spule, norw. spyle, schwed. spola '(das Deck) spülen'. Die Vorgeschichte der westgerm. Bildung bleibt aufzuhellen. Das zugehörige N. Spülicht, spätmhd. spüelech, mhd. spüelach beruht auf ahd. *spuolahi. Zur Verbreitung von Zus.-Setzungen wie Spül-

brenk 'Abwaschfaß', -bütte, -eimer usw. s. Kretschmer 1918 Wortgeogr. 70 ff.

Spund M. mhd. spunt (Gen. spuntes) 'Spundloch; Zapfen zum Verschließen von Fässern und Brunnenröhren', urspr. 'Anstich des Fasses', mnd. spunt(t), mnl. spond-gat, nnl. spon. Weist schon das beharrende t im Mhd. und Mnd. auf fremden Ursprung hin, so noch mehr die Fülle der Nebenformen: mhd. pun(c)t, bunt(e), schweiz. punt(en), bunten, nl. bonge. Voraus liegt lat. (ex-)punctum 'Stichloch; in eine Röhre gebohrte Öffnung', ital. (s)punto, mit dem südl. Weinhandel seit dem 11. Jh. eingedrungen: Heyne 1901 Nahrungswesen 365; Frings 1932 Germania Romana 100.

Spur F. mhd. spur (spür) N. F. 'Fußspur' neben gleichbed. mhd. ahd. anord. spor: zu der unter Sporn entwickelten Wz. germ. idg. *sper 'mit Füßen treten'. Dazu das schw. Ztw. spüren, mhd. spürn, ahd. spur(r)en, spurian, das aus 'der Fährte des Wilds suchend nachgehen' entwickelt ist zu 'auf-, untersuchen'. Die übertragene Bed. kehrt als Rest germ. Jägersprache wieder in asächs. *spurian, anl. gespuren, afries. spera, agf. spyrian, anord. spyrja. Auf jüngerer Übertragung beruht hochalem. (g)špor 'Dachrand an der Traufseite': es ist urspr. Bezeichnung der vom Traufwasser verursachten Rinne im Boden. Vermittelnd steht špor 'Wasserstrahl (der aus der Dachrinne schießt)': Schweiz. Jd. 10 (1932) 459.

Spürhund M. mhd. spürhunt, ahd. spurihunt: zum Ztw. ahd. spurian 'investigare'. Am Seil geführt, folgt er der Spur des Wilds: Palander 1899 Ahd. Tiernamen 35.

Spürkel s. Sporkel.

spürzen s. spirzen.

sputen schw. Ztw. Ahd. spuoten 'beschleunigen', asächs. spōdian 'fördern', mnd. nd. spōden, mnl. nnl. spoeden, agf. spœdan 'Erfolg haben', engl. speed führen mit ahd. spuot, asächs. spōd, nl. spoed, agf. spœd, engl. speed 'Erfolg, Fülle, Macht, Mittel; Eile' auf germ. *spōdi-. Nächstverwandt sind ahd. spuo(e)n, agf. spōwan st. Ztw. 'Erfolg haben, gedeihen; nützen, helfen', anord. spōi 'Brachvogel' (Grundbedeutung 'der Schnelle'). Zur idg. Wurzel *spē(i)-: *spī 'sich ausdehnen', die räumlich (als 'schwellen, gedeihen') wie zeitlich (als 'vorwärtskommen, Erfolg haben') gut entwickelt ist, z. B. in aslav. spěti 'Erfolg haben', lit. spěti 'Zeit haben, schnell genug sein', lett. spēt 'können', gr. σφηλός 'stark', aind. sphāyate 'wird fett, gedeiht', sphāti- 'Mästung, Gedeihen'. Vgl. sparen und spät. Auf hd. Boden stirbt das Ztw. in mhd. Zeit aus, im Nd. lebt es fort, von daher wird es neu belebt. Schottel 1663 und Frisch 1741 buchen es als Wort nd. Mundarten. Goethe 1774 An Schwager Kronos 1 stellt die nd. Form „spude dich" in nhd. Verse, Mylius 1777 Hamiltons Märlein 575 belebt die hd. Form sputen in nhd. Prosa. Wieland führt das Wort in jüngere Auflagen des Oberon ein, Voß hält noch weitläufige Erklärungen für nötig. Sturm und Drang (Goethe, Klinger) und Romantik (Arnim, Tieck) haben das Wort durchgesetzt. Das hd. sich eilen ist dadurch so wenig verdrängt worden wie Blatter, Gespenst, Unschlitt durch Pocke, Spuk, Talg.

spützen s. speuzen und spucken.

Staat M. aus mlat. status (nach dt. Lautgesetz mit ā gesprochen) ins Spätmhd., Nd. und Ml. entlehnt, wie in alle westeurop. Sprachen. Die auffällige Mz. nach nl. staaten. Staat ist zuerst in Braunschweig 1414, im Rheinfränk. 1420 nachweisbar, und zwar in der Bed. 'Stand' (wie status im klass. Latein), dann auch als 'Rang' und 'Zustand', eingegrenzt (wie lat. status bonorum) auf den Stand des Vermögens und dessen Verzeichnung, wofür später Etat. Damit berührt sich die Anwendung auf den (kostspieligen) Lebensunterhalt, woran sich Bedeutungen wie 'Pracht' und 'Putz' (Sonntags-, Trauerstaat) sowie die Wendung (keinen) Staat mit etw. machen (können) entwickeln. Der besondere Aufwand, den ein Fürst treibt, wird in seinem Hofstaat sichtbar. Staat 'res publica' läßt sich bei uns nicht vor 1677 nachweisen, hundert Jahre später als gleichbed. ital. stato, span. estado, frz. estat, engl. state und nl. staat. Die Aktensprache des 17. Jh. zeigt den Zusammenhang dieser Bed.=Entwicklung mit der Geschichte des Absolutismus: A. O. Meyer, Münch. Sitz.=Ber., phil.-hist. Kl. 1930, Schlußheft S. 8ff.

Staatsbürger M. für frz. citoyen bei Wieland, Teutsch. Merkur Sept. 1789 S. 226, von Klopstock als Tautologie bekämpft (er vergleicht Wasserfisch), von Jean Paul seit 1793 durchgesetzt: Pfaff 1933 Kampf um dt. Ersatzwörter 48.

Staatsmann M., zuerst bei S. v. Butschky 1677 Pathmos 39, gebucht seit M. Krämer (Nürnb. 1678), übersetzt frz. homme d'estat, das bei Schupp († 1661) als Estatsmann erscheint. Eingebürgert wird Staatsmann erst seit 1784 durch Schiller. — Staatsmännisch, das Campe noch 1813 nicht kennt, wird uns greifbar bei F. M. Klinger 1814 Werke 11, 230; eingebürgert durch die Historiker des 19. Jh. (Dahlmann, Häusser, Treitschke).

Staatsstreich M. dem älteren Handstreich (s. d.) seit Krämer 1678 nachgebildet, zunächst in der Bed. 'staatskluge Unternehmung': Kirsch 1739 Cornu cop. 2, 304 Staatsstreich 'artificium politicum'. Als 'Verfassungssturz' seit 1848 in Nachbildung von frz. coup d'État.

Stab M. Mhd. stap (Gen. stabes), ahd. stab, asächs. staf (Gen. stabes), mnd. anfr. mnl. nnl. staf, afries. stef, ags. stæf, engl. staff, urnord. staba (Akk. Pl.), anord. stafr, schwed. dän. stav 'Stock', got. stabeis (Nom. Pl. zum Sg. *stafs) 'Grundstoffe' führen auf germ. *staba- mit b aus idg. bh. Germ. Verwandte sind ahd. staben 'starr, steif sein', nd. staf 'steif', ostfries. stafen 'steif und starr sein oder werden, unsicher und tappend gehen', anord. stefja (aus germ. *stabjan) 'hindern', stefna 'stauen' (urspr. 'steif machen, zum Stehen bringen'), adän. stafær, schwed. mundartl. staver 'Zaunpfahl' (gebildet wie lit. stabaraĩ 'trockne Baumäste', aslav. stoborŭ 'Säule'). Aus dem Germ. entlehnt ist aslav. stapŭ 'Stab'. Urverwandt sind altlit. stābas 'Götzenbild', lit. stābas 'Schlagfluß', stabýti 'aufhalten', lett. stabs 'Pfeiler, Säule', apreuß. stabis 'Stein', gr. ἀστεμφής 'fest', aind. stabhnāti, -óti 'stützt, hemmt', Med. 'erstarrt', stambha- 'Pfosten, Pfeiler'.

Stabreim M. 'Auszeichnung benachbarter Tonsilben durch gleichen Anlaut', kaum vor 1837 (DWb. 10, 2, 377) für alliteratio, das der Humanist Jovianus Pontanus († 1503) für die Stabreime im Latein eingeführt hatte (s. Alliteration). Das dt. Fachwort hat (mit Reimstab, staben usw.) seine Quelle in der Verslehre des Isländers Snorri Sturluson um 1220; hier erscheinen anord. stafr 'Buchstabe, Laut' verengt zu der Bed. 'Reimstab', hǫfuðstafr 'Hauptstab', hljóðstafr '(stabender) Anlaut'. S. Buchstabe und Heusler 1919 Reallex. d. germ. Alt.=Kde. 4, 231 ff.

Stachel M. (daneben F. bei Luther, Herder, Adelung). Nur deutsch: mhd. stachel, ahd. sta(c)hhula, stachila F.: mit Staken (s. d.) zu stechen. Als etym. durchsichtige Bildung verdrängt S. vom Ostmd. her das gemeingerm. Angel (s. d.). Entscheidend wird der elfmalige Gebrauch in der Lutherbibel. Luthers obd. Zeitgenossen muß S. verdeutlicht werden: Kluge 1918 Von Luther bis Lessing 111; v. Bahder 1925 Wortwahl 128.

Stachelbeere F. Ribes grossularia gedieh im germ. Wohngebiet als wildwachsender Busch, in Pflege genommen wurde sie von den Mönchen, wofür der verbreitete Name Klosterbeere zeugt. Die Fülle der gleichbed. Namen entfaltet das DWb. 10, 2, 389; wichtig Kräuselbeere als Quellwort für mlat. grossularia, frz. groseille; damit eines grooschel, gruschel im Raum von Trier, groschlen in Lothringen, Kruselbeere, grusele im Elsaß, chrüseln in der Schweiz: Frings 1932 Germania Romana 148. In Österreich Agres, Agrasl zu mlat. agresta, mhd. agrāz 'Obstbrühe': Kretschmer 1918 Wortgeogr. 244. Als Schriftwort hat sich die durchsichtige Bildung Stachelbeere durchgesetzt, die zuerst bei Duez 1664 erscheint.

Stachelschwein N. begegnet als Name von Hystrix cristata seit Frisius 1556 Nomenclat. 53b. Voraus geht dornswin Konr. v. Megenberg 1350 Buch d. Nat. 141, 26, dornschwein Vinicianus 1517 Prompt. B 3d. Beide sind Lehnübersetzungen von mlat. porcus spinosus, das auch für ital. porco spino, afrz. porc espin, mengl. porkepin, engl. porcupine maßgebend wurde. An das Schwein erinnert das Nagetier nur durch sein Grunzen, in den europ. Gesichtskreis rückte es zur Zeit König Heinrichs I. von England (um 1100).

stad s. seiger.

Stadel M. '(Feld-)Scheune, freistehendes landwirtschaftl. Hilfsgebäude', mhd. stadel, ahd. stadal: in Mundarten und Umgangssprache von der Ostschweiz bis Kärnten, nordwärts bis Meiningen, Vogt-, Egerland und Mähren für sonstiges Scheuer und Scheune, s. d. und Kretschmer 1918 Wortgeogr. 408. 614. Eine alte Ableitung zur idg. Wz. *sthā 'stehen' (wie lat. stabulum 'Stall' zu stāre 'stehen', aind. sthātrá 'Standort' zu sthā 'stehen' gehört). Grundbed. 'Standort, Stand'. Zur Endung idg. -tlo, germ. -þla Kluge 1926 Stammbild. § 142.

Staden M. Mhd. stade, ahd. stad(o), asächs. stath, afries. sted, ags. stæþ, got. Dat. Sing. staþa 'Ufer, Gestade' führen auf gemeingerm. *staþa (wozu auch Gestade: Behaghel 1928 Gesch. d. dt. Sprache 516). Ableitung zur idg. Wz. *sthā 'stehen' (s. Stadel, Stätte, stehen), somit urspr. 'Festland' im Gegensatz zum Wasser. Das einst gemeinhd. Wort, das bis Hessen nordwärts als Ortsname begegnet, hat sich im Md. und darum in der Schriftsprache nicht voll behauptet. Das von Norden vordringende Ufer führt Luther zum Siege: v. Bahder 1925 Wortwahl 37 f.

Stadt F. mhd. ahd. stat 'Ort, Stätte'. Urspr. eines mit Statt (s. d.) und Stätte. Die Bed. 'Stadt', die vordem von Burg (s. d.) getragen wurde, entwickelt S. erst in frühmhd. Zeit.

Stafette F. Zu ital. staffa F. 'Steigbügel', das selbst dem dt. Stapfe (s. d.) entlehnt ist, gehört staffetta F. 'berittener Eilbote, dessen Füße immer im Steigbügel bleiben'. Das auch in die andern roman. Sprachen gelangte

Wort erscheint bei uns als 'reitender Eilbote' zuerst in Zeitungen des 30jährigen Kriegs, als staffeta bei Nehring 1694 Man. jur.-pol. 844, mit Bed.-Wandel bei Stieler 1697 Zeitungslust „Packet Briefe, so geschwinde weggeschicket werden muß, meist mit einem reitenden Boten".

Staffage F. 'Figuren in der Landschaft, belebter Vordergrund', ein Malerwort burschikoser Bildung (ein frz. staffage gibt es nicht; Vorbilder mögen Blamage, Renommage sein), zuerst bei Merck 1775 Briefsamml. 2, 48, aufgenommen von Goethe, zuerst in einem Brief an Ang. Kauffmann vom 18. Jan. 1797. Zu (aus)staffieren statt des älteren Staffierung (so von Hulsius 1618 bis Sulzer 1774).

Staffel F. (bair. und schweiz. auch M.), mhd. staffel, stapfel M. 'Stufe, Grad', ahd. staffal, -ul, staphal, -il. Dazu die unter Stapel genannten unverschobenen Formen sowie die Sippen von Stapfe und Stufe. Die außergerm. Verwandten s. u. Stab. Im Westobd., wo die hölzerne Treppe im Hausinnern stěg(e) heißt, ist Staffel (weiter südlich Stapfel) die steinerne Freitreppe vor der Haustür: Kretschmer 1918 Wortgeogr. 537; H. Fischer, Schwäb. Wb. 5 (1920) 1640.

Staffelei F. frühnhd. Weiterbildung zu Staffel, zuerst bei Harsdörfer 1647 Frauenz.-Gesprächssp. 7, 303. Daneben mit ital. Endung Staffelet von Corvinus 1660 Fons lat. 499a bis Frisch 1741. Gleichbed. war Esel als Malerwort.

staffieren s. ausstaffieren. Zum vortonigen a aus fremdem o vgl. Halunke.

Stag N. 'starkes Tau zur Befestigung von Masten und Stengen nach vorn', ein Wort der germ. Segelkunst, das im 17. Jh. in hd. Seetexten erscheint (Kluge 1911 Seemannsspr. 742 f.): mnd. (15. Jh.) stach (g), nl. (17. Jh.) stag, ags. stæg, engl. stay, anord. mnord. stag. Das gleichbed. frz. étai beruht auf Entlehnung aus afränk. *stag. Die nächsten germ. Verwandten sind alem. stagen 'steif werden', stagele 'Gabelstütze', anord. staga 'steif gehen', stagl N. 'Rad, das zur Hinrichtung dient' (urspr. 'Pfahl, der ein solches Rad trägt'), norw. stagle 'Pfahl'. Außergerm. vergleicht sich das unter Stahl entwickelte Wortgruppe, die zu idg. *stäk-: *stek-, Erweiterung der Wurzel *stā- 'stehen' gehört. Grundbed. von Stag ist demgemäß 'das straff Gespannte'.

Stahl M. Mhd. stahel, stāl M. N., ahd. stahal (auch als Männername und als erstes Glied von solchen), mnd. stāl M., mnl. stael, nnl. staal, anord. stāl N., schwed. stål, dän. staal führen auf germ. *stahla- N. Daneben gleichbed. asächs. stehli, ags. stiele, mengl. engl. steel aus germ. *stahlia-. Aus dem Germ.

entlehnt sind ruff. stal' 'Stahl' und das Grund=
wort von apreuß. pannu-staclan 'Feuerstahl'.
Urverwandt sind aind. stákati 'widersteht,
stemmt sich' und die Adj. avest. staxta- 'fest',
staxra- (aus *stakro-) 'streng' (vom Winter=
frost), umbr. stakaz 'bestimmt, festgesetzt'.
Die Wortgruppe gehört zu einer Erweiterung
der idg. Wurzel *stā 'stehen'. Germ. *stahl(i)a=
ist das subst. N. eines idg. Adj. der Bedeutung
'standfest'.

Stake F., =en M. 'Pfahl, spitzes Holz, Stech=
stange des Schiffers' gelangt mit nd. k (wie
blaken, Kruke, Küken, Laken, Luke,
mäkeln, Schmöker, Spuk usw.) im 14. Jh.
in md. Texte, seit dem 15. Jh. in die beginnende
Schriftsprache. Auf germ. *stakan- vereinigen
sich mnd. mnl. engl. norw. schwed. stake, nnl.
staak, afries. staka, ags. staca, aschwed. staki,
dän. stage. Germ. Verwandte sind ahd.
stach 'Spießhirsch (mit noch ungegabelter Ge=
weihstange)', nd. stack 'schräger Damm aus
Pfählen und Reisig', dän. stak 'Achel, Granne',
got. hleipra-stakeins 'Zeltsteckung, Laub=
hüttenfest'. Außergerm. vergleichen sich lit.
stãgaras, stegerỹs 'Stengel', lett. stēga, stēgs
'Stange', ruff. stožar 'Stock'. Idg. Wurzel
*steg- 'Stange, Balken (vgl. Stecken). Aus
dem Germ. entlehnt ist die roman. Sippe von
ital. stacca F. 'Pfahl'. S. Staket.

Staket N. Zu ital. stacca (f. Staken) wird
stacchetta F. 'Pfahlwerk, Palisade' gebildet,
das als Kriegswort über Frankreich (mund=
artl. estakete) den Niederrhein erreicht und in
Kleve 1477 als staeckette 'palata, vallum'
erscheint (Schueren, Teuth. 373 Verdam). Von
Nordwesten dringt das Wort bei uns ein, es
erreicht Frankfurt a. M. 1501, Magdeburg 1524,
Oldenburg 1544 und verbreitet sich über die
Mundarten bis zu den Ostseeprovinzen und nach
Obersachsen. S. Karotte und Rabatte.

Stall M. mhd. ahd. mnd. mnl. nnl. afries.
stal (ll) M. N. 'Steh=, Sitz=, Wohnort, Stelle,
Stall', sämtlich abgezweigt aus einer Grund=
bedeutung 'Standort'. Außerdeutsch ent=
sprechen ags. steall M. 'Stand, Stelle;
Stellung, Zustand; Gebäude, Stall; ruhige,
tiefe Stellen im Wasser', engl. stall 'Standort,
Stall', anord. stallr 'Sockel für Götterbilder,
Altar; Krippe', schwed. stall, dän. stald 'Stall'.
Alle vereinigen sich auf germ. *stalla-. Auf
Entlehnung aus dem Germ. beruhen ital.
stallo 'Stelle', stalla 'Stall', stallone 'Zucht=
hengst', frz. étal 'Fleischbank', étau 'Fleisch=
bude', étalon 'Zuchthengst' (mit gleichbed.
engl. stallion aus afränk. *staljo). Urverwandt
sind u. a. gr. στέλλειν 'instand setzen' und
apreuß. stallit 'stehen'. Idg. Wurzel *st(h)el-
'(auf)stellen'; Ständer, Pfosten'.

stallen schw. Ztw. 'harnen' (vom Pferd,
schweiz. auch vom Menschen), mhd. seit 1340,
mnd. seit 1400, nl. seit 1477 bezeugt, gleichbed.
dän. stalle, stalde, norw. schwed. stalla. Aus
dem Afränk. entlehnt ist afrz. estaler 'uriner',
daraus wieder gleichbed. engl. stale. Aus dem
Ztw. rückgebildet ist das M. Stall 'Pferde=
harn' (frühnhd. mnd. stal M., nnl. stalle F.,
engl. stale). Gemeinhin verknüpft man die
Wortgruppe mit älter nhd. stallen, anord.
stallra 'stehenbleiben'. Tatsächlich gehört
stallen mit gr. σταλάσσειν 'tröpfeln', στάλαγμα
'Tropfen', τέλμα N. 'Schlamm, Kot' und
mbret. staut, bret. staot (Grundform *stalto-)
'Harn (besonders der Tiere)' zur idg. Wurzel
*(s)tel- 'tröpfeln, harnen'; dazu eine ĝ(h)-
Erweiterung in lit. telžiù, telžti 'harnen'.
Der alte Stamm hat sich gerade beim Pferd
erhalten, weil er hier durch die naheliegende
Volksdeutung geschützt war: das Pferd bleibt
stehen, wenn es Wasser läßt.

Stamm M. mhd. ahd. stam, Gen. stammes
mit mm für mn: asächs. stamn M. 'Schiffs=
steven', ags. stemn M. 'Stamm, Wurzel
Grund, Steven'. Dem germ. *stamna- ver=
gleichen sich ir. tamun 'Baumstamm', gr.
στάμνος 'stehendes Gefäß, Krug', σταμῖνες
Mz. 'Ständer', mit andrer Ablautstufe lat.
stāmen, gr. στήμων 'Aufzug', toch. štām
'Baum', aind. sthāman 'Standort': Bildungen
auf -m zur idg. Wurzel *stā- 'stehen'. Nach
Formen und Bedeutung kommt dieser Wort=
gruppe die unter Steven entwickelte Nach=
kommenschaft des germ. *stabna- bis zur
Untrennbarkeit nahe. — Auf übertragenem
Gebrauch von Stamm beruht die Bed.
'Geschlecht', schon in ahd. liutstam 'Volks=
stamm' vorhanden: das Geschlecht wird als Ab=
zweigung eines natürl. Baumstamms aufgefaßt.

Stammbaum M. führt mit lat. arbor generationis auf das unter Stamm angedeutete
Bild der Familie, das Jef. 11, 1 ausführt, wäh=
rend der Germane das Geschlecht lieber den
Gliedern eines Leibes vergleicht. Dem 16. Jh.
ist S. noch fremd, Luther schreibt Geschlechts=
register über das 1. Kap. des Evang. Matth.
(Kluge 1918 Von Luther bis Lessing 65).
Corvinus 1646 Fons lat. 294 „Geschlechts=
register oder Stammenbaum"; Stammbaum
nicht vor Duez 1664.

stammeln schw. Ztw., mhd. stam(e)len,
stammeln, ahd. stam(m)alōn, mnl. nnl. stame=
len: zum Adj. ahd. stam(m)al 'stammelnd'.
Daneben gleichbed. stammern, asächs. stama-
rōn, nd. stamern, mnl. stameren, ags. stame-
rian, engl. stammer zum Adj. mnd. stamer,
ags. stamor 'stotternd'. Gleichbed. ahd. stamēn,
anord. stama zum Adj. ahd. stam, -mes, ags.

48

stam, anord. stam(m)r, got. stamms 'stammelnd': mit stemmen und stumm (s. d.) zur idg. Wurzel *stem- '(an)stoßen', die in allen germ. und einem Teil der baltoslav. Sprachen auch von Zunge und Sprechen gebraucht wird.

stammen schw. Ztw., mhd. stammen: zu Stamm.

stampfen schw. Ztw., mhd. stampfen, ahd. stam(p)fōn, mnd. mnl. nnl. stampen, engl. stamp, anord. stappa (aus *stampa), norw. stappa, stampa, schwed. stampa, dän. stampe. Daneben die -jan-Bildung mhd. stempfen, mnd. mnl. stęmpen, agf. stęmpan 'stampfen'. Das vorausliegende Subst. wird greifbar im F. Stampfe, mnd. dän. stampe, norw. schwed. stamp 'Stampfwerk' und afries. stęmpene 'Verstopfung, Hemmung' sowie im M. ahd. stampf, asächs. stamp 'Werkzeug zum Stoßen'. Weiteres s. u. Stempel. Aus afränk. *stampōn entlehnt ist afrz. estamper 'aufdrücken', frz. étamper; auch span. portug. estampar und ital. stampare beruhen auf Entlehnung aus dem Germ., ebenso aslav. stąpa 'Mörser' und nslav. stopa 'Stampfmühle'. Urverwandt ist gr. στέμβω 'stampfe'. Die idg. Wurzel *stembh- ist nasalierte Nebenform zu der unter Stab und Stamm entwickelten Wurzel. In gr. στέμβειν bewahrt idg. *stembh- seine Ausgangsbedeutung 'mit den Füßen stampfen'. Das germ. Ztw. bedeutet 'im Mörser zerstoßen'. Der Bedeutungswandel beruht darauf, daß die einst mit den Füßen gewalkten Gewebe in germ. Zeit in Holzgefäßen (ahd. stumpf, mnd. stump M. 'abgesägter Baumstamm', anord. stampr 'Holzkübel') gestampft wurden. Für die Nordvölker waren Wollgewebe wichtiger als für die Anwohner des Mittelmeers. Daher auch ist die von den Germanen aus der alten Mörserstampfe entwickelten Stampfmühle mit ihrem germ. Namen früh zu fast allen Slaven entlehnt worden. — Der gemeingerm. Ausdruck für 'stampfen' lebt fort in mhd. niuwen, ahd. niuwan, anord. (g)nūa, norw. gnu, schwed. gno. Bei uns ist neuen bis etwa 1600 vorhanden. Dann ist es der deutlicheren Bildung stampfen gewichen, nur Mundarten bewahren genauwen 'stampfen' u. ä. Formen.

Stand M. mhd. mnd. mnl. stant (d), ahd. -stand (in fir-, urstand), nnl. agf. engl. dän. norw. isl. stand, schwed. stånd: Verbalsubst. zu stehen, demgemäß 'Handlung, Ort, Art des Stehens'. Das Geschlecht ist im Hd. stets M. In unsern Mundarten ist das Wort allgemein verbreitet.

Standarte F. mhd. (seit 1218) stanthart, mnd. stanthart, standerde, stander (daher auf dt. Schiffen seit dem 18. Jh. Stander 'Dreiecksflagge'), mnl. standaert, -art (d), nnl. standaard, -erd, engl. (seit 1138) standard, dän. standart, schwed. standar, mlat. standardum. Afränk. *standörd 'Aufstellungsplatz' ergibt im 12. Jh. afrz. estandart 'Sammelplatz der Soldaten', dann 'die um eine Fahne sich sammelnden Krieger; Fähnlein; Flagge'. Das frz. Wort wird nachträglich an étendre 'ausbreiten' angelehnt; entspr. ital. stendardo und span. estandarte. Im Mhd. findet das rückentlehnte stanthart Stütze am Imp. stant 'stehe' und am Adv. hart 'fest'. Nach ital. Weise wird der Fahnenmast auf einen Wagen (s. Karosse) gesetzt und von Ochsen in die Schlacht gezogen. Dieser Wortgebrauch hat bei uns das Ende des Mittelalters nicht erlebt. In neuer Entlehnung aus Frankreich wird Standarte im 17. Jh. zur Fahne der Reiterei, auch (wie Fähnlein und lat. vexillum) zu 'Reiterschar'. Bei unsern Jägern ist es seit Mitte des 18. Jh. der Schwanz von Wolf und Fuchs.

Standbild N. Ersatzwort für Statue, nach Campe 1813 Verd.-Wb. 567a von Eschenburg vorgeschlagen. Literar. nicht vor Thümmel 1785 Reise 5, 457 nachgewiesen; gebucht seit Adelung 1801.

Ständchen N., md. Verkl. zu Stand, kommt mit dem 17. Jh. im Sinn des musik. Fachworts Serenade auf: Prätorius 1619 Syntagma musicum 3, 18 „Wenn man des Abends uff der Gassen spatziren oder Gassaten gehet, vnd (wie es uff Vniuersiteten genennet wird) den Jungfern ein Ständichen oder Hoferecht macht". Im musik. Bereich bleibt Homburg 1624 Clio D 6b „Ständigen und Capriolen ihr nunmehr behagen nicht". Zesen verdeutlicht 1645 die Beziehung zu Serenade: Ibrahim 1, 224. 350 „Abendständichen, -ständlein" und bildet die Anschauung fort: Rosemund 88 „Linden... darauf ihr di Vogel manches Morgen- und Abänd-ständlein verehren". Stieler 1691 bucht Ständgen und Ständlein, Kirsch 1739 Cornu cop. 2, 305 Ständerlein 'Nachtmusik'. Auch fortan pflegen vor allem Studenten Wort und Sache: Zs. f. d. Wortf. 1, 49. 11, 205; Mod. lang. notes 39, 355.

Ständer M. 'Standgefäß, Stellfaß; Pfosten, Pfahl': spätahd. stanter zu ahd. stantan 'stehen'; mnd. stender, nl. stander 'Pfeiler'.

standhaft Adj. zu Stand M. gebildet wie frevel-, herz-, zweifelhaft zu Frevel, Herz, Zweifel. Constans/standhafft begegnet zuerst um 1500 in einem hd. Wörterbuch, wenige Jahre vorher in Köln das Adv. stantafflichen. Beide sind (wie das Adj. standhaftig und das F. Standhaftigkeit

Lieblingswörter des Straßburger Predigers J. Geiler v. Kaisersberg. Die Gruppe bleibt fast ganz auf das Nhd. begrenzt und findet kaum Eingang in die Mundarten. Das Adj. standhaft entspricht im älteren Nhd. unserm (be)ständig; es steht auch von Gebäuden und Bauteilen, Erzvorkommen, Reichen, Schulden und Währungen. Im 18. Jh. setzt sich die heutige Beschränkung auf Willen, Charakter und Gemütsleben des Menschen durch.

ständig Adj. in der ersten Hälfte des 16. Jh. gewonnen aus mhd. ahd. -stendic in Zus.-Setzungen wie inständig (zu stant 'Bestand'), übernimmt die Bed. des schon mhd. bestendec. Den Übergang bereiten Wendungen vor wie spätmhd. dor wider stendig sīn 'sich widersetzen' Lexer, Mhd. Handwb., Nachtr. 370 (aus Heiligenstadt 1335).

Standort M. für Garnison (s. d.) wird 1899 dienstlich eingeführt. Dazu Standort-ältester, -bereich, -verwaltung usw.: W. Linden 1943 Dt. Wortgesch. 2, 385.

Standpunkt M. Nach dem Vorbild von Gesichtspunkt, das 1525 als Lehnübersetzung des lat. punctum visus auftritt und weiterhin als Ersatz für frz. point de vue eine Rolle spielt, ist im 18. Jh. Standpunkt gebildet und von Adelung 1780 gebucht. Literar. seit Hermes 1778 Sophiens Reise 3, 151. Die vielgebrauchte Wendung vom überwundenen S. weist Ladendorf 1906 Schlagwb. 318 seit 1838 nach; sie entstammt der philos. Fachsprache von Hegels Schule: R. M. Meyer 1900 Vierhundert Schlagworte Nr. 108.

Standrecht N., dän. standret, schwed. ståndrett. Zuerst bei A. Reutter v. Speir 1594 Kriegsordn. 68 „folgt ein Standrecht, in Kriegsleufften, darzu man stehen muß, und nicht sitzen darff". Standgericht begegnet schon 1500 in Andernach (Grimms Weisth. 6, 649). Die Grenze zwischen beiden ist vielfach verwischt, die namengebende Vorstellung schwindet im 19. Jh., auch die Beziehung auf das Heer im Kriege kann aufgegeben werden. Nur die Vorstellung des raschen, harten Verfahrens bleibt immer gesichert.

Standrede F. 'kurze, kräftige Ansprache, im Stehen gehalten und gehört', nur dt., zuerst in Limmer bei Hannover vor 1718 von der Ansprache des evang. Geistlichen am offnen Grabe, bei der (im Unterschied zur Leichenpredigt) die Trauergemeinde steht. So allerorten noch durch das ganze 19. Jh. Die Übertragung auf die im Stehen gehaltene Rügerede an Untergebene, Kinder oder Schüler begegnet zuerst bei Gellert in Leipzig 1747. Sie hat den kirchlichen Gebrauch überlebt. Studenten verstärken den Klang der Rüge in Standpauke, die Vergröberung ist der Soldatensprache willkommen gewesen.

Stange F. Mhd. mnd. stange, ahd. asächs. langob. stanga (auch in Männernamen wie Stangulf und Geländenamen wie Stangbah), mnl. stanghe, nnl. engl. dän. stang, anord. stǫng, norw. stong, staang, schwed. stång führen auf germ. *stangō-, *stangu- (hieraus entlehnt finn. tanko, lapp. staggu-, staggo). Daneben germ. *stangi- in agf. steng M. 'Stab, Pfahl, Riegel, Knüttel', *stangiō- in nd. ostfries. stenge, mnl. stenghe, nnl. steng. Aus dem Langobard. entlehnt ist ital. stanga 'Ankerstange', das im 17. Jh. gleichbed. frz. stangue ergeben hat. Auch rätorom. stanga, friaul. stange, ngriech. στάγκα 'Stange' beruhen auf dem Germ. Die nächsten germ. Verwandten sind anord. stanga, got. staggan 'stechen, stoßen'. Mit Ablaut entsprechen agf. stingan, engl. sting, anord. stinga 'stechen', agf. norw. schwed. styng 'Stich', ahd. mhd. stungen 'stechen', mhd. stunge 'Stachel'. Die weitere germ. Verwandtschaft entbehrt des n: agf. stagga M., engl. stag 'Hirsch', anord. steggi, steggr 'männlicher Vogel; Kater; Fuchs', schwed. stagg 'steifes Gras; Achel; Stichling'. Verwandte germ. Bildungen sind Stengel mit, Stake ohne n. Auch die außergerm. Entsprechungen gliedern sich in solche mit und solche ohne n. Zur ersten Gruppe gehören gr. στόχος 'Ziel(stange)', στοχάζομαι 'ziele nach etw.', apreuß. lit. stegė, stegis 'Stichling', lett. stagars 'stachliger Fisch'. Zur zweiten Gruppe stellen sich gr. στόνυξ 'Spitze, Kante', στάχυς (mit α aus η) 'Ähre'. Idg. Wz. *ste(n)gh- 'stechen; stechender Schaft, Halm; etwas Spitzes, Steifes'.

stänkern schw. Ztw. mit den Ableitungen Stänker M. („Stencker, Raisonneur heißt bei den Soldaten derjenige, der murret und brummet" Zedler 39, 1821) und Stänkerei F.: eine seit Kramer 1678 gebuchte Sippe, die in frühnhd. Zeit mit mancherlei Spielarten der Bed. durchdringt, bes. in der Studentensprache. Stänkern gehört zum schw. Ztw. mhd. stenken, das als Faktitiv neben stinken st. Ztw. steht: s. steigern, stöbern und Wilmanns 1899 Dt. Gramm. 2, 94 f.

Stanniol N. 'Blattzinn, feinstes Zinnblech' begegnet als Stagnol N. bei M. Krämer (Nürnb. 1678) und J. Rädlein (Lpz. 1711), als Stanniol seit J. Hübner (Merseb. 1712). Die Form mit gn weist auf ital. stagnuolo, das uns nlat. stanniolum vermittelt hat. Dies zu lat. stannum 'Zinn', das kelt. Ursprungs ist: die brit. Inseln waren, als die Römer ihr Zinn von da bezogen, von Kelten besiedelt. S. Zinn.

Stanze F. Arab. bait 'Zimmer' hat die Bed. 'Vers' entwickelt; die im einſt arab. Sizilien entſtandene Lehnüberſetzung ital. stanza (aus mlat. stantia F. 'Aufenthalt, Wohnung') vereinigt die Bed. 'Zimmer' und 'Strophe'. Während das Wort im Ital. auf jede Strophe geht, gilt es im Dt. nur für die Ottaverime, wie ſie ſeit Dietrich von dem Werder (Taſſo, Erlöſetes Jeruſalem 1626) bei uns eine Rolle ſpielen. Volksüblich iſt bair. gſtanzl 'Couplet' geworden.

Stapel M., die nd. Entſprechung von Staffel (dort die germ., bei Stab die außergerm. Verwandten): mnd. mnl. nnl. stapel, engl. staple 'Haufe; Haupthandelsprodukt', afrieſ. stapul, agſ. stapol 'Stamm, Pfoſten, Stütze, Säule; Stapelplatz, Markt', anord. stǫpull 'Pfoſten, Turm'. Auf Entlehnung aus dem Mnl. beruht afrz. estaple, frz. étape 'Handelsplatz, Warenmagazin, Verköſtigungsſtation, (Weg zum) Lagerplatz'. Mnd. stapel 'Warenhaufen, -niederlage', ein im Hanſehandel vielgebrauchtes Fachwort, iſt im 15. Jh. über Köln u. a. rhein. Hanſeſtädte ins Hd. gelangt und hat Zuſ.-Setzungen wie Stapelgeld, -ort, -platz, -recht, -waren entwickelt. In nd. Seemannsſprache iſt mnd. stapel aus ſeiner Bedeutung 'Unterlage' verengt auf 'Balkenunterlage, die das werdende Schiff während des Baus trägt'. So n hd. Text zuerſt Hamburg 1616: F. Kluge 1911 Seemannsſpr. 746. Dazu auf Stapel legen, liegen; vom Stapel laſſen, laufen.

Stapf M., **Stapfe** F. 'Fußſpur', mhd. stapf(e) M. F. 'Auftreten des Fußes, Tritt; Fußſpur', ahd. stapf(o), staffo, mnd. stappe, mnl. nnl. afrieſ. stap M. 'Schritt, Fußſpur', agſ. stępe, stæpe M. 'Schritt, Tritt, Gang; Stufe, Fußgeſtell, Grad', engl. step 'Schritt, Tritt', anord. stapi 'hoher, ſteiler Fels' (nächſtverwandt iſt Stufe, ſ. d.). Die Subſt. ſind gebildet zum heute ſchw., urſpr. ſt. Ztw. ſtapfen, mhd. stapfen, stepfen, ahd. stapfōn, stephen, ſteffen 'treten', aſächſ. *steppian (Prät. stōp), mnd. mnl. nnl. stappen, afrieſ. stapa, steppa, agſ. steppan, stæppan, engl. step 'ſchreiten, gehen'. Die germ. Verwandten ſ. u. Staffel, die idg. Sippe u. Stab. Vgl. Stafette, Fußſtapfe.

Star[1] M. 'Sturnus vulgaris L.' Der Vogel heißt mhd. star, ahd. stara, mnd. star(e), agſ. dän. stær, engl. ſchwed. noriv. stare, anord. stari. Alte Reime und lebende weſtobd. Mundarten erweiſen Nebenformen mit ā, alſo Ablaut a: ā. Daneben ſtehen frieſ. stērn, agſ. stearn(a), engl. starn 'Star; Seeſchwalbe'. Außergerm. vergleichen ſich apreuß. starnite 'Möwe', tſchech. strnad (aus *sternadū) 'Ammer' und lat. sturnus (aus *stornos) 'Star'.

Die Stimmen aller dieſer Vögel haben einen eigentümlich ſchwirrenden Klang, den idg. *stor(n)os nachzubilden ſcheint. Ähnlich idg. *ster- in lat. stertere 'ſchnarchen', etwa auch gr. στροῦθος 'Sperling, kleiner Vogel', eigentl. 'Piepſer'. Neben agſ. stær tritt stærling (mengl. sterling, engl. starling), wie neben ahd. sparo unſer Sperling, ſ. d. Als Freund des Weideviehs, das er von Ungeziefer befreit, heißt der Vogel Rinderſtar. Als Käfigvogel führt er den Koſenamen Starmatz, deſſen zweites Glied aus Matthäus verkürzt iſt. — Der nd. nrhein. weſtmärk. Name Sprehe (ahd. spräa, mhd. sprǣe, mnl. sprēwe, nnl. spreeuw, nordfrieſ. sprian) weiſt auf weſtgerm. *sprä-(w)ōn, *spräjōn zurück, verwandt mit mhd. sprǣwen, sprǣjen 'ſpritzen'. Dieſen Namen (entlehnt zu afrz. esprohon, wallon. sproon) dankt der Vogel ſeinem geſprenkelten Gefieder, ſ. Sproſſer und Suolahti 1909 Vogelnamen 165 ff.

Star[2] M. Augenkrankheit, erſt frühnhd. gefolgert aus dem Adj. ahd. staraplint, mhd. mnd. starblint, mnl. staerblint, afrieſ. starublind, agſ. stærblind 'ſtarrend, mit offnen Augen blind', zum Stamm des ahd. starēn 'ſtarren'. Sachlich iſt zu erinnern, daß durch die Krankheit das Auge nicht ſtarr im Sinn von 'unbeweglich' wird, ſondern daß ſich das Bild trübt. Das Leiden iſt nicht vom Kranken, ſondern vom Beobachter aus benannt, im Gegenſatz zu den durch äußere Einwirkung Erblindeten, deren Auge geſchloſſen war.

Stär M. 'Widder' ſ. Ste(h)r.

Starbord M. 'rechte Seite des Schiffs': ſeit Gerſtäcker 1847 Reiſe 4, 20 in hd. Texten. Entlehnt aus engl. starboard; dies lautlich eins mit agſ. stēorbord 'Steuerbord': Kluge 1911 Seemannsſpr. 746.

ſtark Adj. Mhd. star(h), ahd. starc(h), star(a)h, aſächſ. anfr. engl. ſchwed. stark, mnd. stark; sterk, mnl. starc, staerc, sterc, nnl. afrieſ. dän. sterk, agſ. stearc, anord. sterkr, got. *starks (geſichert durch den Männernamen Starcēdius aus *Starkaipeis) führen auf germ. *starku- (mit umlautwirkendem i in den Endungen einiger Formen). Mit Ablaut entſprechen ahd. stirki 'ſtark', anord. styrkr (aus *sturki-) 'Stärke', ahd. gistorchanēn 'erſtarren, gerinnen', anord. storkna, got. gastaúrknan 'verdorren'. Weiteres ſ. u. Stehr, Sterke, Storch und ſtracc. Idg. *ster(e)g- iſt Velarerweiterung zur idg. Wz. *ster- 'ſtarr, ſteif ſein; ſtarrer Gegenſtand', die unerweitert in ſtarr vorliegt. — Zum Adj. ſtark gehören das F. Stärke (mhd. sterke, ahd. starchī, sterchī) und das ſchw. Ztw. ſtärken (mhd. sterken, ahd. sterchan, Prät. starhta). Aus dem Ztw. rückgebildet ist das seit 1605 bezeugte **Stärke** F. 'mit Wasser angerührtes Reismehl zum Steifen der Wäsche'.

Stärke F. 'Kuh, die noch nicht gekalbt hat' s. **Sterke.**

starr Adj. in dieser Form erst nhd., dafür mhd. **stärr, sterre,** wie obd. bis heute. Das höhere Alter des Adj. ist daraus zu erschließen, daß es Bestimmungswort von ahd. **staraplint** usw. geworden ist. S. **Star**² und **starren.**

starren schw. Ztw. In der nhd. Form sind zwei alte Ztw. zus.=gefallen, die noch mhd. auseinandergehalten werden. Das erste lautet auch mhd. **starren** und bedeutet 'steif sein oder werden'. Weiter gehören dazu **störrig** (s. d.) mit mhd. **storren,** ahd. **storrēn** 'steif hervorstehen', got. **andstaúrran** 'widerspenstig sein' und **stark,** s. d. Das zweite, mhd. **starn,** ahd. **starēn,** mnd. **staren,** agf. **starian,** engl. **stare,** anord. **stara** bedeutet 'starr blicken'. Rückbildung daraus ist das Adj. **starr,** verwandt sind **sterben, Sterke, stieren** und **stur.** Höher hinauf sind die beiden Ztw. verwandt, beide zur idg. Wurzel *ster- 'starr, steif sein' gehören. Die nächsten außergerm. Verwandten sind gr. στερρός, στερεός 'starr, fest, hart', lit. **starìnti** 'steif machen', air. **seirt** 'Kraft', serth 'steif, starr'.

Starrhals s. **halsstarrig.**

Start, starten s. **Sterz.**

Statt F. mhd. ahd. **stat** 'Ort, Stelle'. Aus dem Plur. dazu (ahd. **steti,** mhd. **stete**) stammt nhd. **Stätte** F. Entspr. agf. **staþs,** anord. **staðr** M. 'Stätte, Ort', asächs. **stedi** F. 'Stätte', nl. **ste(d)e** 'Stelle, Platz, Städtchen', agf. **stede** 'Ort, Stelle' (wozu engl. instead 'anstatt'). — Die nhd. Präp. **statt** ist von Haus aus Dat. des Subst. (vgl. die entspr. Entwicklung bei **kraft**). Dafür mhd. (selten) **an ... stete** 'an Stelle'. Die einleitende Präp. ist verloren wie bei (nach)be=sage, (nach)laut, (durch)mittelst, (nach)vermöge, (von)wegen: Behaghel 1928 Gesch. d. dt. Sprache 351; den Weg zur Konjunkt. zeigt derf. 1928 Dt. Syntax 3, 72f. — Nhd. **zustatten, vonstatten** gehören nicht zu diesem **Statt,** sondern beruhen auf mhd. **stat(e),** ahd. **stata** F. 'bequemer Ort oder Zeitpunkt, Gelegenheit, Hilfe'. Daher schon mhd. **ze staten,** ahd. **zi statu** 'zu gelegener Zeit, zur Hilfe'. Ahd. **stata** ist ebenso wie **stat** (Gen. **steti**) Verbalabstr. zu **stehen:** idg. *st(h)ǝ-ti, aind. **sthiti** 'Stand', gr. στάσις F. 'Stellung'.

Statthalter M. 'Stellvertreter': Lehnübersetzung für mlat. locum tenens (frz. lieutenant). Zuerst in der Kanzleisprache des beginnenden 15. Jh. Ebenso mnd. **stedeholder,** nl. **stadhouder,** dän. **stadholder,** schwed. **ståthållare.**

stattlich Adj. in heutiger Bed. dem Mhd. fremd (es gibt nur ahd. **statelicho,** mhd. **stateliche** Adv. 'in gehöriger Weise'), ins Nhd. von Norddeutschland aus vorgedrungen. Mnd. **statelik** 'ansehnlich' (entspr. nl. **statelijk,** engl. stately) ist Ableitung zu **Staat** in seiner Bed. 'Aufwand'. Dän. **statelig** und schwed. **ståtlig** beruhen auf Entlehnung aus dem Mnd.

Staub M. mhd. **stoup** (b), ahd. **stoub,** md. **stōp;** daneben mit andrer Bildungsweise gleichbed. nd. nl. **stof** und nhd. **Gestüpp** N. aus mhd. **(ge)stüppe,** ahd. **stuppi,** mnd. **stübbe,** got. **subjus** 'Staub': sämtlich mit Ablaut zum st. Ztw. **stieben,** s. d.

Stauche¹ F. 'weit offener Ärmel am Frauenkleid; (Kopf-)Tuch, Schleier, Schürze': mhd. **stûche,** ahd. **stûhha,** mnd. **stûke,** engl. stook, anord. **stûka** F. 'weiter Ärmel', sowie mit Ablaut agf. **stocu** 'langer Ärmel'. Dazu mit n-Suffix germ. **stuckna-,** s. **Stock.**

Stauche² F. s. **Staupe**².

Staude F. 'ausdauernde krautige Pflanze', mhd. **stûde,** ahd. **stûda** F. Daneben mnd. **stude** N. 'Gesträuch, Gebüsch'. Nur deutsch; schon im M. fehlen Entsprechungen. · Für nächstverwandt gelten ahd. **studen** 'festmachen, =setzen', anord. **styðja** 'stützen', ferner **stützen,** s. d. Außergerm. vergleicht man lett. **stute, stuta** 'Stütze; Rute, Reis', **stutêt** 'stützen': mit idg. -t zur Wurzel *stäu-: *stü- im Ablautsverhältnis mit der verbreiteten idg. Wurzel *stä- 'stehen'.

stauen schw. Ztw. Mhd. ahd. **stouwen** 'Einhalt tun, gebieten; schelten, anklagen', mnd. mnl. nnl. **stouwen** 'stauen', agf. **stówian** 'zurückhalten', engl. stow 'verstauen', got. **stōjan** 'richten' führen auf germ. *stōwjan. Aus dem Mnd. entlehnt sind dän. **stuve,** schwed. **stuva** 'fließendes Wasser hemmen; Waren fest schichten'. Die auseinander entwickelten Bedeutungen vereinigen sich auf 'zum Stehen bringen': mit Hilfe der unter **Staude** entwickelten idg. Wurzel *stäu-: *stü- (in Ablaut mit idg. *stä- 'stehen') deutet sich **stauen** als germ. Bewirkungswort zu **stehen.** Außergerm. vergleicht sich am nächsten aslav. **staviti** 'stellen'. Im Hd. ist das Ztw. zu Anfang des 16. Jh. im alten Sinn verklungen. In den heute geltenden Bedeutungen bringt **stauen** von Norden her neu ein: „Waren stauen" zuerst in Nürnberg 1702, 'Wasser hemmen' literarisch kaum vor Stolberg, Jahn und Eichendorff.

Stauf M. 'Becher ohne Fuß', die gemeingerm. Bezeichnung dafür, die im Dt. durch die Lehnwörter **Becher** und **Kelch** zurück-

gedrängt ist. Germ. *staupa- wird erwiesen
durch anord. staup N. 'Vertiefung im Weg;
Becher; Klumpen', ags. stēap, mnl. stoop,
mnd. stōp, ahd. stouf, stouph, mhd. stouf M.
Ins Mlat. übergegangen als staupus, -um.
Weitere Beziehungen unsicher. Das Wort
ist in der mnd. Schriftsprache bis zu ihrem Erlöschen üblich gewesen, Lauremberg 1649
Scherzged. 1661 Schröder „ihr drincket auß
dem Becher, wy drincken uth dem stope" betrachtet S. als ausgeprägt nd. Bald nachher
ist es auf nd. Boden untergegangen, während
es obb. landschaftlich bis heute lebt, zumal in
Geländenamen, denen die hd. Bed. 'kegelförmige Erhebung' zugrunde liegt.

staunen schw. Ztw. Zu der unter Staude
und stauen vorausgesetzten idg. Wz. *st(h)ū-
'steif, starr sein' (auch in aind. sthūṇā, avest.
stūna, stunā 'Säule', gr. στύειν 'steifen,
emporrichten') gehört mnl. stūnen 'sich
widersetzen', in den Wbb. seit Hulsius 1616
Dict. 307a als staunen 'starren'. Die hd. Entsprechung, die in alem. stūnen 'träumend vor sich
hin blicken' (so Hebel 1803 Wiese 76) vorliegt,
wird aus dieser Bed. besonders auf das starre
Blicken als Ausdruck der Ver- und Bewunderung
und geht auf diese Empfindung selbst über. Ins
Nhd. gelangt zunächst die Zus.-Setzung erstaunen, so schon im Züricher Neuen Test. 1529 Apg.
2, 7, gebucht seit Dasypodius 1537. Für das
Simplex fehlen Belege bis auf Haller 1730 Doris 31, der es mit der Anmerkung einführt:
„Dieses alte schweizerische Wort behalte ich mit
Fleiß. Es ist die Wurzel von erstaunen, und
bedeutet rever, ein Wort, das mit keinem andern
gegeben werden kann". Aufgenommen von
Mendelssohn 1761, Mylius 1777, Adelung
1780: Kuhberg 1933 Verschollenes Sprachgut 61.

Staupe¹ F. 'öffentl. Züchtigung mit Ruten',
urspr. 'Pfahl, an den der Verbrecher zum Aus-
peitschen gefesselt wird', mnd. mnl. stūpe,
afries. stūpa. Das Bild der Verbreitung bei
v. Künßberg 1926 Rechtssprachgeogr. 33 und
Bl. 5 zeigt, daß das Wort von der Unterelbe
ausgeht. Md. Gebiet wird im 13. Jh. erreicht,
in Riga erscheint das Rechtswort seit 1300,
in Osen im 15., in Trier im 16. Jh., in Freiburg i. B. 1730. Im Polabischen der Prov.
Hannover begegnet staup 'Altar', urspr. 'Opfer-
pfosten, -säule', von dem Fürst N. Trubetzkoy
1925 Zs. f. slav. Phil. 1, 153 ff. nachweist, daß
es nicht aus nd. stūp stammt, sondern auf
*stūlpū beruht, das in einer großen slav.
Sippe der Bed. 'Pfosten, Säule' (aslav.
stlŭpŭ) steht. Der Annahme einer Entlehnung
aus dem Slav. ins Germ. ist die Bed.-Ent-
faltung günstig (Wick 56).

Staupe² F. 'Krankheitsanfall', meist 'Hunde-
krankheit'. Das Wort geht vom Nordwesten aus,
ist aber auch dort erst seit 1599 nachweisbar:
stuype 'stupor, concussio, spasmus, convulsio'
Kilian 2, 650a; nnl. stuip 'Zuckung, Verrenkung; Laune'. Ins Nd. gelangt S. durch Entlehnung aus Holland, in md. Mundarten von
Hessen bis Schlesien ist es bodenständig, von da
gelangt es im 17. Jh. in die Schriftsprache, die
Wbb. buchen es seit Frisch 1741. Die Grundbed. 'Krampf' und das gleichbed. Staupe,
das namentlich als nd. stūke danebensteht,
empfehlen Zuordnung zu der unter Staude
entwickelten idg. Wurzel *stäu-: *stū.

stechen st. Ztw., mhd. stëchen, ahd. stëhhan,
asächs. stëkan, nd. nl. steken, afries. stëka.
Die Wörter sind (mit Stachel und stecken) in
die e-Reihe übergetreten; die ursprüngliche
Zugehörigkeit zur i-Reihe bewahren (mit
ersticken, Stich, Stichel und sticken) mnd.
sticken, ags. stician, engl. stick 'stechen', anord.
steikja 'braten' (ursprünglich 'an den Spieß
stecken') mit steikr 'Braten' und stikna 'gebraten werden'. Eine germ. Verwandte ohne
s- ist Distel (s. d.). Außergerm. vergleichen sich
lat. instigāre 'anstacheln', instinguere 'anreizen', distinguere 'unterscheiden', exstin-
guere 'auslöschen', gr. στίζω (aus *stígjō)
'steche', lit. stingù, stìgti 'bleiben', lett. stigt
'einsinken', ohne s- aind. tējatē 'ist scharf,
schärft', tigmá- 'spitzig'. Die idg. Wurzel *steig-
'stechen; spitz' gilt als Erweiterung von *stei-
'spitzig' in lat. stilus und stimulus, ohne s-
in avest. taēra 'Bergspitze' und afghan. tera
'scharf'.

Stechpalme F. für das in Westeuropa alt-
heimische Ilex begegnet nicht vor Bock 1539
Kräuterb. 3, 49. Die durchsichtige Bildung hat
das alte Hulst zurückgedrängt. Schürrüten-
holz heißt Ilex im Raum von Aachen, weil
Büschel der harten, stachligen Blätter zum
Reinigen der Schornsteine benutzt wurden.
Hoops 1905 Waldb. 30. 86. 256.

Steckbrief M. 'Haftbefehl, mandatum com-
prehensorium': wie Fang-, Haftbrief 'Urkunde, die eine Behörde veranlaßt, den von
einer andern verfolgten Verbrecher ins Gefängnis zu stecken'. Die Auffassung wird deutlich aus dem ältesten Beleg (Mainz 1555)
DWb. 10, 2, 1287 „ist darauf vnser bedencken,
das ir den befeder vnnd seinen mithelffern mit
vleis nachtrachtet, ob ir die zu hafften bringen
möchtet. Do ir auch dortzw vnserer hafft-
oder steckbrieffe bedurffet, seindt wir euch dieselben mitzuteilen gnediglich geneigt".

Stecken M. mhd. stëcke, ahd. stëcko mit
altem kk wie mnd. sticke, ags. sticca M. (engl.
stick), anord. stikka F. kk ist vor n der obliquen

Formen aus germ. k entſtanden; dieſes wirkt fort in mhd. ſtëche, ahd. ſtëhho, anord. ſtika 'Stab', ſtik N. Mz. 'ins Waſſer gerammte Pfähle'. Germ. Verwandte ſind auch anord. ſtjaki 'Pfoſten', ljósaſtjaki 'Leuchter'. Höher hinauf ſind die Verhältniſſe ſchwierig, weil ſich germ. Ableger der idg. Wurzel *steg- 'Stange' (ſ. Staken) mit ſolchen der idg. Wurzel *steig- 'ſtechen; ſpiß' (ſ. ſtechen) zu einer neuen Einheit zuſammengeſchloſſen haben, ſo daß ahd. ſtëhho uſw. der Form nach zu *steig-, der Bedeutung nach zu *steg- gehören. Das -n der obliquen Formen iſt in den nhd. Nom. gelangt; Luther ſchwankt noch zwiſchen Stecke und Stecken. In heutiger Umgangsſprache iſt Stecken weſentlich obb., auch als 'Schulſtock zur Züchtigung'.

ſtecken ſchw. Ztw. Vom ſt. Ztw. ſtechen (ſ. d.) ſind zwei nur deutſche ſchw. Ztw. abgeleitet: die intr. Dauer- und Zuſtandsbildung ahd. ſtëcchōn, mhd. ſtëcchen, ſtëcken (das Geld ſteckte in der Taſche), und das tranſ. Bewirkungswort hierzu, ahd. ſtecchen (aus *stakjan), mhd. ſtecken (er ſteckte das Geld in die Taſche). Die beiden ſchw. Ztw. ſind ſeit langem unſcheidbar zuſammengefallen; ſeit dem 16. Jh. begegnen Vermengungen auch mit dem ſt. Ztw. ſtecken (das Geld ſtak in der Taſche).

Steckenpferd N., nnl. ſtokpaardje, als Kinderſpielzeug zuerſt bei J. Ayrer († Nürnberg 1605) Dramen 762, 32 Keller „reyt auff einem Steckenpferdt", gebucht ſeit Stieler 1691 „Heiligenchriſtpferd alias Steckenpferd, eqvulus ligneus picturis variatus". Voraus geht frühnhd. Roßſtecken, z. B. Luther 1527 Weim. Ausg. 23, 599 „der Kneblin Roßſtecken vnd rothe Schuhe". Das nächſt vergleichbare engl. hobby-horse hat die übertragene Bed. 'Lieblingsbeſchäftigung' geliefert, bei uns ſeit Laur. Sterne, Triſtr. Shandy überſ. von Zückert 1763 Tl. 1, Kap. 7 f.; redender Beleg im Käſtner 1841 Werke 1, 138 „Den alten Gedanken, daß jeder Narr ſeine Kolbe hat, hat Triſtram Shandy etwas höſlicher ausgedrückt... Jeder Menſch habe ſein Steckenpferd": Walz 1912 Zſ. f. d. Wortf. 13, 124 ff.

Stecknadel F. 'Nadel mit kleinem Kopf, um etwas anzuſtecken': in md. Wörterbüchern ſtickenälde, ſtëcknölde ſeit 1420, als ſtäknahtel bei Ph. v. Zeſen 1645 Roſemund 32 Ndr. Dafür norddt. ſeit dem 18. Jh. Knopfnadel. Auch im Süden iſt Stecknadel nicht bodenſtändig (bair.-öſterr. Spenel aus lat. ſpinula und Sperl zu Spiere, ſ. d.), auch anſtecken iſt räumlich begrenzt: P. Kretſchmer 1918 Wortgeogr. 81. 484. Stecknadel ſiegt

als durchſichtige Bildung über das alte Glufe (ſ. d.): K. v. Bahder 1925 Wortwahl 150.

Steckrübe F., der norddt. Name der Kohlrübe (ſ. Kohlrabi). Während die Zuckerrübe in Reihen ins Feld geſät wird, zieht man die Steckrübe im Pflanzbeet und pflanzt ſie ſpäter mit Hilfe des Steckerts (md.) oder Planters (nd.) aus.

Steg M. mhd. ſtëc, ahd. ſtëg, germ. *stiga-z gehört mit Stiege zu ſteigen. Demgemäß iſt das germ. Wort als tikas 'Leiter' ins Finn. entlehnt. Der künſtliche Flußübergang heißt Steg nach den anſteigenden Zugängen, daher der Plur. ahd. ſtëga: Edw. Schröder 1912 Reallex. d. germ. Alt.-Kde. 1, 332.

Stegreif M. mhd. ſtëgreif, ahd. ſtëgareif, agſ. ſtigeräp, engl. ſtirrup, anord. ſtigreip 'Steigbügel', urſpr. 'Reif, Ring zum Beſteigen des Pferds': zu ahd. ſtëgōn, Nebenform von ſtīgan 'ſteigen' (die Bezeichnung Steigbügel, nl. ſtijgbeugel iſt dem Ahd. Mhd. fremd). Im klaſſ. Altertum fehlt die Sache, erſt nach der Völkerwanderung erſcheint ſie im 8. Jh. von Byzanz aus. Ein germ. Ausdruck dafür wäre Wurzelwort, nicht Zuſ.-Setzung. Im frühen Mlat. begegnen ſtreupa und ſtaffa als gleichbed. Namen germ. Urſprungs. Dazu übertragen aus dem (im 17. Jh. auch: im) Stegreif 'ohne alle Vorbereitung', eig. 'wie ein Reiter, der etwas erledigt, ohne abzuſitzen'.

ſtehen ſt. Ztw., mhd. ahd. ſtēn neben mhd. ahd. ſtān, nnl. ſtaan, dän. ſtaa, ſchwed. ſtå. Beide Stammformen ſind Reimwortbildungen zu gēn, gān (ſ. gehen), die Sippen haben ſich gegenſeitig beeinflußt; ſtē- mag auf eine Präſ.-Bildung idg. *stə-i̯e- (vgl. lat. ſtō aus *stə-i̯ō) zurückgehen. Daneben gleichbed. ein erweiterter Stamm *stand-, von dem die meiſten germ. Sprachen das Präſ. bilden: got. agſ. aſächſ. ſtandan, anord. ſtanda, engl. ſtand (engl. ſtay 'anhalten, zum Stehen bringen' ſtammt über afrz. eſter aus lat. ſtāre), ahd. ſtantan, mhd. (ſelten) ſtanden. Das Prät. wurde ſchon in germ. Zeit zu *stand-, *stəb- gebildet, während die alten Nom.-Ableitungen (Stadt, Statt, ſtetig) auf idg. *st(h)ā- weiſen. Das Ztw. kehrt (wie gehen, kommen, ſitzen) in faſt allen idg. Sprachen wieder, z. B. lit. ſtóti 'treten', aſlav. ſtati 'ſich ſtellen', ſtojati, lat. ſtāre 'ſtehen', dēſtināre 'feſtſetzen', ſiſtere 'ſtellen', gr. ἵστημι, ἱστάνω 'ſtelle', ἕστηκα 'ſtehe', air. -tāu, -tō 'bin', doneſſa 'betritt', tairiſſiur 'ſtehe', aind. tiſṭhati 'ſteht', áſthām 'ich ſtand', toch. ṣtām 'ſtehe'. S. Stadel, Stand, Statt, Stuhl, Stunde und Giulio Subak, Gehn e Stehn (Trieſt 1930).

ſtehlen ſt. Ztw. Mhd. ſtëln, ahd. aſächſ. agſ. ſtëlan, mnl. nnl. ſtelen, afrieſ. anord. norw. ſtëla, engl. ſteal, dän. ſtjæle, ſchwed. ſtjäla, got. ſtilan führen auf germ. *ſtelan: unter Anlehnung an *helan (ſ. hehlen), mit dem es oft zur Formel gebunden war, umgebildet aus *ſteran zur idg. Wurzel *ſter- 'rauben, ſtehlen' in gr. στερέω, att. στερίσκω 'beraube', στέρομαι 'bin beraubt, entbehre', mir. ſerb (aus *ſter-uā) 'Diebſtahl', aſlav. ſtrŭvo, ſtrŭvĭ 'Leichnam', ſerbokr. ſtrv 'Reſte eines vom Wolf gefreſſenen Viehs'. Die germ. Benennungen des Diebſtahls (ſ. d.) ſind erſt einzelſprachlich: ahd. ſtāla, aſächſ. ſtulina, agſ. ſtalu, engl. ſtealth, anord. ſtuldr, norw. ſtald ſchwed. ſtöld. Idg. *klep- 'ſtehlen' (in gr. κλέπτω, lat. clepo uſw.) erreicht die germ. Sprachen nur in got. hlifan 'ſtehlen' und hliftus 'Dieb'; ſonſt iſt das Erbwort vor Einſetzen der Denkmäler durch ſtelan verdrängt.

Ste(h)r M. 'Schafbock', urſpr. 'junger Widder': mhd. ſtër(e), ahd. ſtëro. Das Wort gehört mit got. ſtairō ſt. 'Unfruchtbare' zur idg. Wz. *ſter 'ſtarr ſein', ſ. Sterke. Im Nhd. iſt es neben Hammel und Widder abgeſtorben (wie mhd. ram, ſ. Ramme); geblieben iſt es in obb. Mundarten und in Fam.= Namen wie Stehr, Stöhr.

ſteif Adj. mhd. ſtīf, dem Hd. urſpr. fremd, erſt im 14. Jh. rheinaufwärts gedrungen und bis ins Hochalem. gelangt, wo es um 1500 häufig wird. Mnd. agſ. ſtīf, nl. ſtijf, anord. ſtīfr 'ſtarr, unbeugſam' weiſen auf germ. *ſtīfa-, vorgerm. *ſtīpo- in lat. ſtīpes 'Stamm, Pfahl', ſtīpāre 'dicht zuſ.=drängen'; daneben mit Ablaut lat. ſtīpula 'Halm, Stroh', alat. ſtīpŭlus 'feſt', lit. ſtipti 'erſtarren', ſtiprùs 'ſtark'. Im Dt. liegt dieſe Ablautſtufe vor in Stift, ſ. d.

Steig M. mhd. ahd. ſtīc, Gen. ſtīges, agſ. ſtīg, anord. ſtīgr 'Pfad': zum ſt. Ztw. ſteigen, mhd. ſtīgen, ahd. aſächſ. agſ. ſtīgan, mnl. ſtīghen, afrieſ. anord. ſtīga, got. ſteigan. Die germ. Wz. *ſtīg- (ſ. Steg, ſteil) ent= ſpricht idg. *ſtīgh- in aind. ſtigh- 'ſchreiten', gr. στείχειν 'gehen' (bei Homer 'ſteigen'), air. tiagaim 'gehe', lit. ſteigtis 'ſich beeilen', lett. ſtiga 'Pfad', aſlav. ſtignǫti 'einholen', ſtĭdza 'Pfad', ſtĭgna 'Platz'. Im Germ. hat demnach das Ztw. einen Bed.=Wandel erlebt, den es mit dem homeriſchen Griech. teilt.

Steigbügel ſ. Stegreif.

ſteigern ſchw. Ztw., ſpätmhd. ſteigern, nnl. ſteigeren, ſchwed. ſtegra. Zuerſt in einer bair. Urkunde von 1354, dann in nd. Quellen des 15. Jh., häufiger erſt nach 1750 beſ. unter Goethes Einfluß, doch auch als Wort des Rechts und der Sprachlehre. Nhd. ſteigern hat die Bed. des in frühnhd. Zeit abſterbenden mhd.

ahd. ſteigen ſchw. Ztw. 'etw. ſteigen machen, erhöhen' übernommen. Nach ſeiner Bildung ſteht es zu dieſem Faktitiv des ſt. Ztw. ſteigen wie ſtänkern zu mhd. ſtenken ſchw. Ztw. (neben ſtinken) oder wie ſtöbern zu mhd. ſtöuben ſchw. Ztw. (neben ſtieben).

ſteil Adj. in dieſer Form ſpätmhd. mnd. mnl.; vordem mhd. ſteigel, ahd. ſteigal: zum ſt. Ztw. ſtīgan, wie ahd. ëʒʒal 'gefräßig' zu ëʒʒan, ſprāhhal 'beredt' zu ſprëhhan, ſtëhhal 'ſtößig, abſchüſſig' zu ſtëhhan. Grundbed. iſt demgemäß 'anſteigend'. Ins Nhd. iſt ſteil von Norddeutſch= land gelangt: v. Bahder 1925 Wortwahl 55 f. Adelung ſchreibt es noch 1801 nur dem gemeinen Leben zu, während in der anſtändigeren Schreib= art jähe üblich ſei. Süddeutſch gilt ſtickel aus mhd. ſtëckel, ſtëchel, ahd. ſtëckal, ſtëhhal (ſ. o.). Agſ. ſtǣgel, weſtfäl. ſtiəgel ſetzen Ab= leitung auf -ila voraus; dän. ſteil, ſchwed. ſtel ſind aus dem Nd. entlehnt. Zu ſteidel ſ. Pfuhl.

Stein M. gemeingerm.: ahd. mhd. anl. ſtein, aſächſ. afrieſ. ſtēn, agſ. ſtān, anord. ſteinn, got. ſtains. Urverw. aſlav. ſtěna 'Mauer'. Beide mit no-Suffix zu idg. *ſteiā in aind. ſtyāyatē 'gerinnt, wird hart', gr. στία, στίον 'Kieſel', ſτέαρ 'Talg', lat. ſtiria 'gefrorener Tropfen'. — Eine Bed. 'Edelſtein' (ſ. d.) in ahd. giſteini.

Steinbeißer ſ. Beißker.

Steinbock M. mhd. ahd. ſteinboc (agſ. ſtānbucca): nach ahd. ſtein 'Fels' benannt, weil ſich das Tier auf den Felſen der Alpen aufhält. Aus dem Dt. entlehnt ſind rätorom. ſtambuoch, ital. ſtambecco, afrz. bouc-eſtain, frz. bouquetin: Palander 1899 Ahd. Tier= namen 113 f.

Steinbutt ſ. Butte M.

Steinmetz ſ. Metz.

Steinpilz M. heißt der Speiſepilz Boletus edulis Bull. ſeit 1703: J. Gottſched, Flora Pruſſica 83. Von den vergleichbaren Pilz= arten hat er das härteſte Fleiſch: H. Marzell 1943 Wb. d. dt. Pflanzennamen 1, 612. In Bair.=Schwaben und im Iſergebirge bedeutet Steinpilz Boletus badius Fr., der ſonſt nach ſeinem kaſtanienbraunen Hut Maronenröhr= ling heißt: daſ. 609 f. Im Böhmerwald heißt Boletus edulis Dobernigl zu tſchech. dobrý 'gut' (wie in Karlsbad Guter Schwamm, in den Vogeſen bon bola), oder wahrſchein= licher zu tſchech. dub 'Eiche' (wie ſonſt Eich= pilz). Vgl. Herrenpilz.

Steiß M. (mit md. ei ſtatt eu), mhd. ahd. ſtiuz (daher die ältere Nebenform Steuß bis in den Anfang des 18. Jh.) M. 'Hinterer'; mnd. ſtūt 'dicker Teil des Oberſchenkels' (ſ. Stuten M.), münſterländ. ſtȳt, nnl. ſtuit

'Hinterteil'. Das Wort gehört wohl zu stoßen (vgl. stutzen) und hat die Grundbed. 'abgestutzter (Körperteil)'; vgl. Stoß mundartl. für 'Bürzel', als Jägerwort für 'Schwanzfedern des Vogels' (DWb. 10, 3, 476f.) und älter nhd. für 'Endstück der Kanone'. Gleichen Ausgangspunkt haben Fam.=Namen wie obd. Steuß, Steißle, md. Stauß. Much 1898 Zf. f. dt. Alt. 42, 169.

Stellage F. 'Gestell', zuerst in einer 'Zeitung aus Brüssel' (Basel 1568) Bl. 2, auf nd. Boden seit Chytraeus 1582. Wie dän. stillads 'Gerüst' entlehnt aus nl. stellage, das seit 1478 bezeugt ist: zu stellen mit roman. Endung, die auch in nl. lekkage, takelage wortbildend gewirkt hat, s. Blamage, Staffage und vgl. hamb. schilleraatse 'Schilderei', kakeratze 'Kocherei, Geköch' Lauremberg 1649 Scherzged. 908 Schröder, Spendasche 'Geschenk' Stieler 1691.

Stelldichein N. Lehnübersetzung des frz. rendez-vous, das, bei uns im 17. Jh. als Kriegswort eingeführt (Wallhausen 1616 Kriegsman. 138 'Versammlung der Soldaten'), von da zum Wort des Alltags und des Liebeslebens geworden war. Stelldichein, nach Mustern wie Springinsfeld und Vergißmeinnicht richtig gebildet, beruht auf einem Vorschlag von Campe 1791 Proben einiger Versuche von dt. Sprachbereich. 38, wird im gleichen Jahr von Campes Freund Knigge (Verdeutschung von Mozarts Figaro, Akt 4) aufgenommen, von Zeitgenossen wie Nicolai verspottet und bekämpft: Allg. Lit.=Ztg. (Jena 1792) I 336; Kinderling 1795 Reinigkeit d. dt. Sprache 146 „Hrn. Campens Stell dich ein ist etwas komisch. Hr. Heynatz übersetzt Sammelplatz, Zusammenkunftsort"; Klinger 1797 Dichter und Weltmann (Werke 6, 308). Durchgesetzt wird S. von Jean Paul; bei ihm zuerst 1793: Wh. Pfaff 1933 Kampf um dt. Ersatzwörter 49f.

Stelle F. mhd. stal M. 'Stehort': Rückbildung zum Ztw. stellen, mhd. ahd. stellen 'auf-, feststellen'. Dies ist Denominativ zu dem unter Stall entwickelten germ. *stalla- 'Ort zum Stehen'. Zu der idg. Wz. *sthel 'stehen' (erweitert aus idg. *sthā, s. stehen) vgl. gr. στέλλειν 'bestellen, schicken', στόλος 'Zug', aind. sthúṇā (für sthulna) 'Säule', sthálati 'steht fest', armen. stełem 'stelle', apreuß. stalit 'stehen'. Vgl. Stiel, stillen, Stolle.

Stellmacher M., spätmhd. stellemacher (aus Schlesien). Zu Stelle, das auch in Bettstelle die Bed. 'Gestell' zeigt, gehört der norddt. und ostmd. Name des Handwerkers, der im Süden Wagner heißt. Die Grenze zieht Kretschmer 1918 Wortgeogr. 485f. In Zunfturkunden von Lüneburg 1596 (Quellen z. Gesch. d. nd. Städte 1, 236) steht stellneben rademacher: man sieht, wie die Vielheit der Namen auf der mittelalterl. Arbeitsteilung beruht; vgl. Böttcher, Büttner, Klempner, Schäffler, Schreiner usw.

Stellwagen M. Das heimische Wort für engl. break, wie Stellmacher aus Gestellmacher (s. Adelung; DWb.) gekürzt aus Gestellwagen, das in els. Mundart (Martin-Lienhart 2, 590) und im Bergbau (Veith 1871 Bergwb. 550) noch gilt. Landschaftlich (Sanders, Wb. 2, 2, 1452; Erg.=Wb. 598) vermittelt der Stellwagen den Personenverkehr zwischen Nachbarorten. Daraus mag die Vorstellung entstanden sein, es sei ein 'gestellter Wagen', die ursächlich nicht zutrifft: Behaghel 1929 Muttersprache 44, 343.

Stelze F. Ahd. stëlza, mhd. stëlze, mnd., mnl. stelte, nnl. stelt weisen auf germ. *steltōn, nd. fläm. mengl. stilte, engl. stilt, norw. stilta auf germ. *steltiōn. Mit Ablaut (germ. *stultiōn) stellen sich dän. stylte, schwed. stylta zur gleichen Wz. germ. *stelt 'steif sein, mit steifen Schritten gehen'. S. Bachstelze, stolz.

stemmen schw. Ztw. Mhd. mnd. mnl. ostfries. mengl. stemmen, asächs. stemmian, ags. stemman, anord. isl. stemma, norw. dän. stemme, schwed. stämma führen auf germ. *stamjan. Daneben stëmēn, -ōn in ahd. kistemēt 'compascit' und kestemō dir 'animā equior esto', mhd. (ge)stëmen 'Einhalt tun, bezähmen'. Germ. Verwandte s. u. stammeln, tiefstufige s. u. stumm. Außergerm. vergleichen sich lett. stuomitīs (aus *stōm-) 'stolpern; stottern', stumju 'stoße', lit. stumiù 'schiebe'. Jdg. Wurzel *stem- '(an)stoßen (auch von der Zunge), hemmen'.

Stempel M. nd. stempel, von da (mit unverschobenem p wie Kämpe, Klempner, Klumpen, Krempe usw.) ins Hd. des 17. Jh. entlehnt, wie anderseits dän. stempel, schwed. stämpel durch Entlehnung in den Norden gelangt sind, vielleicht unter Beteiligung des harzischen Bergbaus, in dem die Grubenstempel (Veith 1871 Dt. Bergwb. 461) früh eine Rolle spielen, die doch eher zu stumpf, nd. stump gehören als zu stampfen. Luthers Form (Spr. 27, 22) war stempffel, wie mhd. stempfel 'Stößel, Prägstock, =stempel, =bild' gegen gleichbed. mnd. nl. stempel steht. Sämtlich mit dem =el der männl. Gerätnamen (vgl. Hebel) zu stampfen, s. d. Die Bed. 'aufgedrücktes Zeichen' ist überall jung.

Stengel M. mhd. mnd. stengel, ahd. asächs. stengil: Verkl. zu Stange. Daneben mit Ablaut obd. stingel, ahd. stingil. Sting(e)l ist wie Stengel und Stengle zum Fam.=

Namen geworden auf dem Weg über den Necknamen des Langgewachsenen.

Stenographie F. 'Eng=, Kurz=, Schnell=schrift' aus gr. στενός 'eng' und γράφειν 'schreiben', in England am Ende des 16. Jh. erfunden, von John Willis, The art of steno-graphy 1602 dargestellt, 1796 in Taylors System nach Deutschland gebracht. Vorher erscheint Stenographia bei Speranter 1728, doch spricht noch 1754 die Übersetzung des Grandison von Geschwindschreiben. Steno-graph 'Schnellschreiber' bei Campe 1813.

Stentorstimme F. Nach Stentor, der bei Homer, Ilias 5, 785 so laut schreit, wie fünfzig andere, sprechen Musäus 1782 Volksmärchen 1, 197 Zaunert und Campe 1813 von stentori-scher Stimme. Dafür Stentorstimme seit Glaßbrenner 1837 Berlin 2, 27.

Steppe F. '(russisches) Heideland', aus russ. step', das durch Karls XII. Zug 1708 in den dt. Gesichtskreis tritt. In dt. Text kaum vor G. Opitz 1748 Merkw. Nachr. 1, 87 „Wüste-neien.. welche von den Russen Steppen ge-nannt werden". Danach bei Gleim 1758 Der Grenadier an die Kriegsmuse V. 76, von Ewald v. Kleist (Brief vom 21. Jan. 1759 in Sauers Ausg. 2, 545) nicht verstanden. Aufgenommen von Schiller 1787, gebucht seit Adelung 1789: Zs. f. d. Wortf. 7, 48; Wick 56.

steppen schw. Ztw., mhd. (seit kurz vor 1200) stěppen 'stellenweise stechen, reihenweise nähen, durchnähen, sticken': entlehnt aus einer Mund-art, die -pp- nicht verschiebt wie asächs. stěppon '(dem Vieh ein Besitzerzeichen) einstechen'. Verwandt sind mnd. nd. stip(pe) M. 'Punkt, Tupf', stippen, nl. stippelen 'mit etwas Spitzem berühren, sticken', engl. stipple 'tüp-feln'. Steppen ist als ein Arbeiten mit spitzem Stäbchen aufzufassen, urverwandt mit lat. stipes 'Pflock' und stipula 'Halm', idg. Wurzel *stip-: *stīb- 'Stecken'. Zum Ver-fahren: M. Heyne 1903 Hausaltert. 3, 248.

Ster M. N., els. bad. schwäb. stēr 'Raum-maß für Holz, Erz, Getreide': entlehnt aus frz. stère 'Kubikmeter', das (mit gleichbed. ital. stero) im 18. Jh. aus gr. στερεός 'fest' künstlich gebildet ist. Ster als Trocken= und Flüssigkeitsmaß in Tirol, Steiermark und Schwaben ist im 13. Jh. entlehnt aus rätorom. stēr, das aus lat. sextārius stammt: s. Sester und E. Ohmann, Neuphil. Mitt. 1941, 147 ff.

sterben st. Ztw., mhd. stěrben, ahd. stěrban, asächs. stěrban, mnl. nnl. sterven, afries. stěrva, ags. steorfan 'sterben', engl. starve 'umkommen, bes. vor Hunger oder Kälte'. Dem Ostgerm. fehlt das Wort (s. tot), das Anord. weist einige hierhergehörige Wörter auf, die der Grundbedeutung 'erstarren' näher

stehen: stjarfi M. 'Starrkrampf', stjarfr 'hartmäulig' (ursprünglich 'starr'), stirfinn 'halsstarrig', starf N. 'Mühe', starfa 'sich ab-mühen', norw. 'frieren, dem Tod nahe sein'. Eine ähnliche Entwicklung wie im West-germ. liegt vor in mir. ussarb F. (aus *ud-sterbhā) 'Tod'. Dazu gr. στέρφος N. 'harte Haut, Leder', στέρφνιος (Hesych) 'starr, hart', aslav. strŭblŭ 'hart, stark'. Die Wortgruppe zeigt die idg. Wurzel *ster- (s. starren) er-weitert um bh. Als schonender Ausdruck ist 'starr werden' an Stelle der alten zeitwört-lichen Ausdrücke für 'sterben' gerückt, die bei uns verklungen sind, während idg. *dheu- in tot, *mer- in Mord fortlebt. Die Abkömm-linge von *leit(h)- 'fortgehen, sterben' haben die Bedeutung gewandelt, s. leiden.

Sterbenswort, =wörtchen N. nur in der Formel „kein S.": im 19. Jh. verkürzt aus „kein sterbendes Wörtchen" (so Bürger 1774 Kaiser und Abt, Str. 35), wobei sterben in der Bed. 'ersterben, sich verlieren' steht, die Klopstock gepflegt hatte.

Sterke F. 'Kuh, die noch nicht gekalbt hat', ins Nhd. aus dem Nd. gelangt. Zu mnd. stěrke 'junge Kuh' stimmen bair. tirol. sterch 'Zuchteber, =widder', alem. štērchi 'Zuchtochs', ags. stiere, engl. stirk 'Kalb', anord. stirtla 'unfruchtbare Kuh', got. stairō F. 'Unfrucht-bare'. Hier liegt die Grundbed. vor. Urver-wandt sind lat. sterilis, gr. στέριφος, armen. sterj 'unfruchtbar', aind. starí, gr. στεῖρα F. 'Unfruchtbare', alb. štjere 'junge Kuh, Lamm', bulg. sterica 'Gelte, junge Kuh'. In idg. *ster- 'unfruchtbar' sieht man eine alte Son-deranwendung von *ster- 'steif'; s. starr und Stehr.

Sterlet M. Acipenser ruthenus ist ein Fisch des Schwarzen Meers, der von da vor allem die russ. Flüsse emporsteigt. Dazu stimmt, daß sein nhd. Name im 18. Jh. aus gleichbed. russ. stérljad' F. entlehnt ist: Wick 57. Vgl. Stör.

Sterling M. Gr.=lat. statēr als Name einer großen Münze gelangt aus 1. Kön. 9, 8 und Matth. 17, 27 zu Hieronymus, Isidor (Etym. 24, 16) und in die Glossare. In England ist stater als Münzwert bis ins 16. Jh. geläufig. Ins Vulgärlatein führt schon das Keron. Glossar (Ahd. Glossen 1, 254, 35) das klassische Wort als istater ein; über estedre führte die Entwicklung zu estèr, und dazu erwuchs auf westfränk. Boden als Sproßform *ester(e)ling. Bezeugt sind afrz. esterlin, estrelin, estellin und mlat. sterlingus. 1203 tritt in Wolframs Parz. 335, 29 das älteste mhd. Zeugnis auf: Artus schenkt Gawan silbers manegen stærlinc, eine ausländ. Münze, deren Name an mhd.

star 'sturnus' angelehnt wird; entspr. Ulrichs
Tristan 885; Mai und Beafl. 127, 18. Sonst
ist St. die Benennung des engl. Penny, die
im Munde der frz. Normannen und weiterhin
aller Franzosen und Provenzalen die Form
esterlin angenommen hatte und in dieser
Gestalt wohl bis in den Anfang der norm.
Herrschaft in England zurückreicht: Edw.
Schröder 1917 Hanf. Geschichtsblätter 23, 1 ff.

Stern[1] M. mhd. stërn(e), ahd. stërno schw.,
stërn st. M., mnd. stërne M., anord. stjarna,
got. staírnō F., krimgot. stern. Ursprünglicher
sind mhd. mnl. stërre, ahd. asächf. stërro, nnl.
ster, afrief. stëra (aus *stërra), agf. steorra,
engl. star. Urverwandt sind akorn. bret.
sterenn, kymr. seren, lat. stëlla, gr. ἀστήρ,
ἄστρον, armen. astl, toch. A śreñ (Mz.), avest.
starəm (Akk.), aind. stṛbhi- (Instr. Mz.):
idg. *əstér, Gen. *str-ós verbindet man mit
der idg. Wurzel *ster- 'ausbreiten' (f. Stirn)
und faßt die Sterne als 'die am Himmel
Ausgestreuten', wobei sich das n der germ.
Formen vom präf. n des lat. sternō her auf-
klärt. Gestirn N., ahd. gistirni, ist Kollektiv
zu Stern wie Gefilde zu Feld.

Stern[2] M. 'Heck des Schiffs', in nhd. Texten
nicht vor Gerstäcker 1847 Reise um die Welt
4, 63 (Kluge 1911 Seemannsspr. 751), im
19. Jh. übernommen aus gleichbed. engl.
stern, das seinerseits auf Entlehnung des
anord. stjörn F. 'Schiffsteuer' beruht: Ableitung zu steuern.

Sternschnuppe F. Wie die Kerzen der
alten Zeit geschneuzt werden mußten, so
setzte man das auch bei den Sternen voraus:
Faustbuch 1587 S. 72 Petsch „sahe, wie sie
sich butzen vnd herab fielen"; demgemäß
Butzen daf. 74; Sternputzen Rohr 1728
Zeremon.-Wiff. 2, 850; Sternenschuß Stieler
1691; Sternschneuze Ludwig 1716. Zu
Schnuppe 'glühender Dochtabfall' stellt sich
das im 18. Jh. auftretende, seit Adelung 1780
gebuchte Sternschnuppe, mit unverschobenem
Verschlußlaut wie gleichzeitiges Schnuppen
M., Schnupptuch, -tabak (f. d.). Ver-
hochdeutscht Sternschnupfe T. Merkur 1773
Nov. 114. Schnuppe allein steht in diesem
Sinn bei Zachariae, Goethe und Rückert.

Sternwarte F. von Popowitsch 1750 Untersuch. v. Meere 89 gebildet 'für einen Turm,
daraus jemand den Lauf der Sterne beobachtet'.
Aufgenommen von Niebuhr 1774 Reisebeschr.
1, 13; gebucht seit Adelung 1780.

Sterz M. 'Schwanz der Tiere, der Vögel,
des Pflugs; Kohlstrunk', mhd. ahd. stërz,
mnd. mnl. afrief. stërt, nnl. staart, agf. steort,
engl. start, anord. stertr, norw. start, dän.
stjert, schwed. stjärt. Das gemeingerm. Wort

ist der gangbare nd. Ausdruck geworden, aber
im Hd. nie sehr gebräuchlich gewesen. Wegen
seiner vielen sonstigen Bed. ist es im Nhd.
unterlegen: v. Bahder 1925 Wortwahl 105; vgl.
Schwanz. In Österreich ist (Mehl-) Sterz
eine einfache Mehlspeise. Start 'Ablaufstelle'
ist dasselbe Wort in nengl. Form und Bed.;
dazu starten 'ablaufen, -fahren, -fliegen'.
Der nächste außergerm. Verwandte ist lett.
stersk 'Wagenrunge'. Jdg. *sterd- gilt als
Erweiterung der Wurzel *ster- 'starr'.

stet Adj. mhd. stæte, md. stëte, ahd. stäti
'fest(stehend), beständig', urspr. 'was stehen
kann': Verbaladj. zur Wz. *stä, f. stehen.

stetig Adj. mhd. stætec (g) 'fest, beständig',
Weiterbildung zum gleichbed. mhd. stæte
(f. stet), mit dem stetig gleichen Ursprungs ist.

stets Adv. mhd. stætes, md. stëtes: zum
Adv. erstarrter Gen. Sing. des Adj. mhd.
stæte, f. stet.

Steuer F. mhd. stiure, ahd. stiura, asächf.
stiuria 'Abgabe', vorher 'Unterstützung (durch
Abgaben)', urspr. 'Stütze' in sinnlicher Bed.,
die in ahd. stiura 'baculum, fulcimen', mhd.
stiure 'Stütze', bair. Steuerleiste 'Stütz-
leiste am Wagen' vorliegt. S. Steuer N.
und Chrismann 1895 Beitr. 20, 57.

Steuer N. spätmhd. (md.) stiure N.: ein
urspr. nd. Wort, den meeranwohnenden Germanen eigen, nl. stuur, afrief. stiüre, agf.
stëor(rôðor), anord. stýri N. Dazu das schw.
Ztw. steuern, das unter dem Einfluß des
Subst. aus mhd. ahd. stiuren 'lenken, leiten,
stützen' entspringt; vgl. nl. sturen, stieren,
agf. stýran, engl. steer, anord. stýra 'steuern,
lenken' (got. stiurjan 'feststellen, behaupten').
Man verknüpft Steuer N., das mit Steuer
F. die Grundbed. 'körperl. Stütze' teilt (der
Übergang zum N. beruht auf dem Einfluß
der Zus.-Setzung Steuerruder) mit anord.
staurr, gr. σταυρός 'Pfahl', lat. re-staurâre
'wiederherstellen'.

Steuerbord N. nd. stürbord, nl. stuurboord,
agf. (um 900) stëorbord, anord. stjörnborði:
die rechte Seite des Schiffs, an der bei allen
germ. Seeschiffen bis zum 13. Jh. das Steuerruder saß. In einem hd. Text begegnet das
stierport zuerst um 1480: Kluge 1911 Seemannsspr. 753. Aus germ. *stiuribord ist
frz. tribord, ital. tribordo entlehnt. S. Back-,
Starbord.

Steuerschraube F. anschauliche Schelte künst-
lich gesteigerten Steuerdrucks, seit den 60er
Jahren des 19. Jh., von Bismarck 1881 Pol.
Reden 8, 370 aufgenommen: Ladendorf 1906
Schlagwb. 302.

Steven M. 'Holz, Gußstück, das vorn und
hinten (als Vor- und Achtersteven) den

Kiel nach oben verlängert, Bug und Heck nach außen begrenzt'. Ein Seewort aus Hansezeiten, mnd. steven (stets vom Vorsteven), kennzeichnend Rufus 1430 Lüb. Chron. 3, 318 wat en van clenen schepen vor de steven quam, de seghelden se dar nedder. Alt an allen Küsten der Nordsee: mnl. afriej. stevene, agj. stefn, anord. stafn (fram-, aptrstafn), dän. stavn: Kluge 1911 Seemannsſpr. 757. Zu dieser auf germ. *staba-beruhenden Wortgruppe (über ihre frühe Verquickung mit den Folgeformen von germ. *stamna- ſ. Stamm) gehört auch agſ. stefn M. 'Zeit, Mal, Periode', bedeutungsverwandt mit anord. stef N. (aus germ. *stabja-) und stefna F. (aus germ. *stabanjōn) 'bestimmte, feste Zeit': zur idg. Wurzel *stebh-: *stebh-: *stebh- 'Pfosten', zu der auch Stab gehört, ſ. d.

stibitzen ſchw. Ztw. 'stehlen', doch nur mit ſcherzhaft harmloſem Klang, nicht vor F. B. Mencke 1706 Scherzh. Ged. 35, gebucht ſeit Kindleben 1781 Stud.-Lex. 183, beidemal als ſtudentiſch. Mit gleichem Ton wegſtipitzt 1749 Leſſing 1, 308 Lachmann. Aus Berner Mattenengliſch Zſ. f. dt. Wortf. 2, 52. Das Wort macht den Eindruck, zur bi-Sprache der Schulkinder zu gehören, die ſeit dem 16. Jh. bezeugt iſt. Dann wäre es geſtreckt aus gleichbed. ſtitzen (mecklenb. ſtizen), neben dem gleichbed. ein mundartl. ſtritzen ſteht. Dies erſcheint bei J. J. Reiſke 1764 Demoſthenes 1, 468 geſtreckt zu ſtribitzen.

Stich M. mhd. stich, ahd. stih (hh), aſächſ. stiki, afrieſ. stek(e), agſ. stice, engl. stitch, got. stiks 'Stich, Punkt': zu ſtechen. — Dazu **Stichel** M., mhd. stichel, ahd. stihhil, mnd. stekel, agſ. sticel, engl. stickle, anord. stikill 'Gerät zum Stehen'. — Das ſchw. Ztw. ſticheln, zuerſt als mhd. stichelon in einem alem. Wb. von etwa 1300 (Zſ. f. dt. Wortf. 5, 17), Grundform ahd. *stihhilōn, iſt in einem Teil ſeiner Bedeutungen von Stichel abgeleitet, in andern Intenſiv-Bildung zu ſtechen.

Stichling M., mhd. stichelinc, mnd. stekeling, nnl. stekeling, mengl. stikeling, dän. norw. stikling, bezeichnet als Ableitung von germ. *stikila- 'Stachel' Dinge oder Weſen, die ſtechen. Das hd. Wort ſteht in Regensburg 1350 für 'Stachel der Diſteln' und 'Stachel der Mücken' (Konr. Megenberg, Buch d. Natur 183, 29 und 299, 13). Der Fiſch Gasterosteus aculeatus, kenntlich an den Stachelſtrahlen vor ſeiner Rückenfloſſe, heißt stichelinc zuerſt in Würzburg um 1350 (Zſ. f. dt. Alt. 5, 14), nachmals allgemein. Auch andre Stachelfloſſer können in älteren Werken wie in den Mundarten mit dem Namen gemeint ſein.

Stichprobe F. Die alten Hochöfen hießen auch Stichöfen und hatten vor ſich einen Stichherd. Ihm wird mit dem Problöffel eine Probe der Schmelzmaſſe entnommen: Hardanus Hake 1583 Bergchron. 140 „ſo mannigmahl alß nun der Schmelzer ſticht, ſo mannigmahl nimmet ehr eine Stichprobe darvon". Übertragener Gebrauch beginnt ſpät im 19. Jh.

Stichwahl F. 'entſcheidende Wahl zwiſchen den beiden Bewerbern, die im vorhergehenden Wahlgang die meiſten Stimmen erhalten hatten'. Nur nhd., nicht vor dem letzten Viertel des 19. Jh. Längſt vorher konnten zwei Schützen, die beim Scheibenſchießen gleich viel Punkte erzielt hatten, mit einem letzten Schuß ſtechen, d. h. 'die endgültige Entſcheidung herbeiführen'. Dieſer Ausdruck wieder ſtammt aus dem mittelalterl. Turnier, bei dem um den Preis mit Speeren geſtochen wurde.

Stichwort N. 'verletzendes Wort' 1420 Liv-, eſt- und kurländ. Urk.-Buch 5, 668 Bunge, entſpr. noch Seb. Franck 1538 Chron. 25b, dafür Stichelwort Stieler 1691, während Stichwort durch Bed.-Wandel ſeinen heutigen Sinn gewinnt und ſich gegen Schlagwort abgrenzt: ſ. d. und Zſ. f. dt. Wortf. 3, 153. 8, 286.

ſticken ſchw. Ztw., mhd. ahd. sticken, ahd. sticchen 'ſtechen; mit feinen Stichen erhabene Figuren nähen', urſpr. (als germ. *stikjan, Faktitiv zu Stich) 'Stiche machen'. Vgl. nl. stikken, engl. stitch (aus agſ. *sticcan). Dazu nhd. erſticken aus gleichbed. mhd. erſticken, ahd. irstickan.

Stickſtoff M. Das die Flamme erſtickende Nitrogen (ſ. Natron), in dem kein Leben möglich iſt (engl. azote, dän. kvælstof), von Rutherford 1772 dargeſtellt, erſcheint zuerſt bei Girtanner 1791 Neue chem. Nomenclatur als Stickſtoff. Noch der alternde Schopenhauer († 1860) lehnt S. als häßlich ab und bevorzugt Azot: Zſ. d. Sprachw. 24 (1909) 2. S. Sauer-, Waſſerſtoff.

ſtieben ſt. Ztw., mhd. stieben, ahd. stioban, stiuban, mnd. mnl. ſtüven, nnl. stuiven. Zur Sippe von Staub, ſ. d. Außergerm. vergleicht Much 1902 Zſ. f. dt. Wortf. 2, 286 gr. τῦφος 'Rauch, Qualm'.

Stief- in Zuſ.-Setzungen iſt im germ. Sprachgebiet meiſt nur als erſtes Glied von Verwandtſchaftsnamen erhalten: mhd. stiefbruoder, -kint, -muoter, -sun, -swester, -tohter, -vater; ahd. stiofbruoder, -kind. Entſprechend mnd. ſtēp-, afrieſ. ſtiāp-, agſ. ſtēop-, engl. step-, anord. ſtjūp-. Selbſtändig nur in anord. ſtjūpr 'Stiefſohn'. Nächſtverwandt ahd. ar-, bistiufen 'der Kinder oder Eltern berauben', agſ. ā-, bestīepan 'berauben', norw. andstøypingar 'zusammengebrachte Kinder'. Zur Bedeutungsentwicklung vgl. lat. prīvignus 'Stiefsohn' neben prīvus 'beraubt'. Außergerm. Beziehungen sind nicht gesichert; eine idg. Bezeichnung für das Stiefverhältnis fehlt.

Stiefel[1] M. Ahd. (11. Jh.) stival (mhd. stival, stivel, mnd. mnl. nnl. stevel, nnd. stäwel, stäbel, dän. støvle, schwed. stövel, norw. styvel) stammt aus dem Roman., wo afrz. estival, prov. estibal usw. einen über die Knöchel reichenden Sommerschuh bezeichnet. Derartige aestivalia (zu lat. aestas 'Sommer') erlaubte Kap. 50 der Bened.-Regel den Geistlichen bei sommerlichen Ritten statt der sonst gebotenen niederen caligae. Eingebürgert ist der Stiefel bei uns erst nach 1350 durch Übernahme des ital. stivale: E. Öhmann, Neuphil. Mitt. 1942, 29. Zur Vertretung des roman. v durch hd. f vgl. Brief, Käfig, liefern, prüfen, Tafel. Die umgangssprachliche Abgrenzung gegen Schuh vollzieht P. Kretschmer 1918 Wortgeogr. 486 ff.

Stiefel[2] M. 'Stange zum Stützen von Rankengewächsen', mhd. stivel 'Stütze bes. für den Weinstock'. Dazu spätahd. stifulen, nhd. stiefeln 'stützen'. Nächstverwandt ist wohl lat. stipula 'Halm', weiterhin auch die unter steif genannte Sippe.

Stiefmütterchen N. das dreifarbige Veilchen, so seit etwa 1600 wegen der eigentümlichen Verteilung der fünf Blütenblätter auf die fünf Kelchblätter. Das größte Kronenblatt (die Mutter) sitzt auf zwei Kelchblättern (Stühlen), die beiden benachbarten (die leiblichen Töchter) ruhen auf je einem, die beiden letzten (die Stieftöchter) haben zusammen nur ein Kelchblatt.

Stiege[1] F. mhd. stiege, ahd. stiega 'Treppe', eines mit Steg. Vgl. Treppe und Kretschmer 1918 Wortgeogr. 537 ff.

Stiege[2] F. (mundartl. Steig) im Sinn von 'zwanzig Stück'. Dazu gleichbed. nl. stieg, afries. stīge sowie das gleichbed. krimgot. Zahlwort stega 'zwanzig'. Die weiteren Beziehungen dieser Wortsippe sind dunkel. Vielleicht hat man mit Siebs, Beitr. 46, 171 an Verwandtschaft mit gr. στίχος, στοῖχος 'Reihe' zu denken, sodaß schließlich auch Stiege[1], Steig, steigen hierhergehören würden.

Stieglitz M. Der alte Name von Fringilla carduelis ist Distelfink, ahd. distilfinko. So heißt der Vogel nach den Disteln, deren Köpfe er plündert. Daneben hat das fremde Stieglitz, im 12. Jh. aus dem lautmalenden sloven. ščegljec (= tschech. stehlec, poln. szczygieł) übernommen (Wick 57 f.) und zuerst aus Albertus Magnus nachzuweisen, weite Verbreitung gefunden, auch als nd. steg(e)litze,

stegelisse. Mundartl. ist das Fremdwort stark umgebildet, s. Suolahti 1909 Vogelnamen 115 ff. Vogelnamen auf -itz, z. T. slavischen Ursprungs, sind auch Emmeritz, Gieritz, Gifitz, Girlitz, Fritsch, Kiebitz, Krinitz, Nickawitz, Schwunitz, Wonitz.

Stiel M. mhd. ahd. asächs. stil 'Handhabe, Pflanzenstiel, Stengel'. Lautlich und begrifflich ist Entlehnung aus lat. stilus 'Pfahl, Stengel' unbedenklich, zumal das ahd. Wort wie das lat. ein Hakengerät der Gärtner bezeichnet und Lehnwörter wie Flegel, Pflanze, Sichel, Stoppel dem gleichen Kreis angehören. Daneben entspricht nl. fries. nd. stīl M. einem in röm. Zeit von Westen eingedrungenen vulgärlat. stēlum, das gesichert ist durch portug. esteio 'Stütze', afrz. estoil 'Türpfosten', prov. estèu 'einzeln stehender Felsen' aber auch in rhein. Mundarten als stīl, steil M. fortlebt: Frings 1932 Germania Romana 180 f. Daß die Lehnwörter mit einem germ. Wort verwandter Bed. vermischt sind, lehren nnl. steel, ags. ste(o)la 'Stiel, Stengel', die auf urgerm. *stelan- weisen. Daneben mit anderm Suffix (urgerm. *stelu-) anord. stjǫlr 'Schwanzstück', norw. mundartl. stjøl 'Stengel' und mit Erweiterung aschwed. stiælke 'Stengel'. Außergerm. ist nächstverwandt gr. στελεός 'Stiel'. S. stellen, Stil, Stolle.

Stier M. gemeingerm. als 'Stier(kalb), Jungstier'. Ahd. asächs. stior, mhd. anfr. mnl. nnl. stier, mnd. stēr, ags. stēor, engl. steer, anord. stjǫrr, got. stiur weisen auf germ. *steura-, vorgerm. *stēuro-. Gleichbed. ohne s- nnl. mundartl. deur, anord. þjórr, norw. mundartl. -jor, adän. thiur, dän. tyr, schwed. tjur aus germ. *þeura-, vorgerm. *tēuro-. Auch außergerm. wechseln Formen mit und ohne s-: avest. staora- 'Groß-, Zugvieh', mpers. stōr 'Pferd' gegen lat. taurus, gr. ταῦρος, aslav. turŭ 'Stier', lit. tauras 'Auerochs', apreuß. tauris 'Wisent'. Agall. Taruos begegnet nur als Männername, dagegen bedeuten ir. tarbh, akorn. tarow, abret. taruu, bret. taro, tarv 'Stier'. Die kelt. Grundform *taru-os ist aus *taur- umgebildet nach dem Vorbild von *ųeruā, air. ferb 'Kuh'. Der idg. Wortgruppe vergleicht sich die gleichbed. semitische in assyr. šūru, hebr. šōr, aram. tōr: man sieht in Stier ein uraltes Wanderwort, das in beide Sprachfamilien aus einer dritten mit vorgeschichtlichem (kretisch-minoischem) Stierkult eingedrungen sein mag. Nachträglich sind Anknüpfungen an idg. Erbgut möglich, etwa an ahd. stiuri, stūri 'stark, stattlich', mnd. stūr 'steif, streng, ernst, störrisch, grimmig, wild', aschwed. stūr 'groß', armen. stvar, aind. sthūrá-, sthávira 'dick, derb'.

stieren schw. Ztw., anord. stira, norw.
stīra, dän. stirre, schwed. stirra 'starren',
isl. stirur 'Starrheit des Auges', ostfrief. stīr
'steif', stīren 'gerinnen', weiterhin lat. stīria
'gefrorener Tropfen, Eiszapfen' mit der Verkl.
stilla (aus *stīrelā) 'Tropfen', lit. styrstù,
stȳrti 'erstarren', stȳrau, -oti 'steif, lümmel-
haft dastehen'. Vgl. starren und stur. Erst
nachträglich sind das nhd. Adj. stier und das
Ztw. stieren unter den Einfluß des M. Stier
(anord. þjörr) geraten: H. W. J. Kroes, De
dri Talen 1938, 161 ff. 1939, 78 f.

Stift¹ M. 'dünner zugespitzter Gegenstand
aus Holz oder Metall', ahd. stĕft, mhd. stĕft,
stift, mnd. stift. Von da entlehnt zu mnl.
stifte F., nnl. dän. schwed. stift. Auch poln.
sztyft beruht auf Entlehnung aus dem Dt.
Germ. Verwandte sind Stiefel² sowie nd.
stipel, -er 'Stützholz', afries. stipe 'Pfahl',
engl. stipe 'Stengel'; die außergerm. Sippe
s. u. Stift N.

Stift² M. (ausgelassener) Junge, Halb-
wüchsiger', aus jüd. štīf 'üppig', das zu hebr.
šātaf 'überströmen' gehört. Gleichen Ursprungs ist stiften gehen 'weglaufen', durch
Gaunerkreise vor allem der Soldatensprache
vermittelt.

Stift N. frühmhd. stift M. N. '(geistliche)
Stiftung, Gründung, Bau, Einrichtung', dem
Ahd. noch fremd. Dagegen ist das schw. Ztw.
stiften den westgerm. Sprachen des Festlands
gemeinsam: ahd. mhd. mnd. stiften, afries.
stifta 'gründen'. Neben dieser Bildung auf
germ. -jan erscheint die Spur eines schw. Ztw.
auf -ōn im Anfr.: gestiftōda sulun werthan
burge 'aedificabuntur civitates'. Auf Entlehnung aus dem Hd. schwed. norw. stifta,
dän. stifte. Daneben stehen anfr. stichten
'bauen', mnl. mnd. stichten; hieraus entlehnt
aschwed. stikta, älter dän. stigte. Indem man
eine Urbedeutung 'Holz- und Ständerbauten
errichten' voraussetzt, gelangt man zur idg.
Wurzel *stīp- 'steif; Stange, Stecken', zu der
u. a. lat. stīpes 'Pflock, Pfahl' obstīpus 'seitwärts abstehend' und stīpula 'Halm' gehören.
Dt. Verwandte sind steif, steppen, Stift¹
M., stippen.

Stil M. 'Schreibgerät; Art des schriftlichen
und mündlichen Ausdrucks; Brauch im Recht;
Verfahren bei der Zeitrechnung; Darstellungsweise in allen Künsten; Haltung im Leben'.
Frühnhd. stil 'Darstellungsweise' zuerst bei
A. Kurzmann 1425 Spec. hum. salv.: Wiener
Sitz.-Ber. 88 (1877) 840, in geschlossener Belegreihe seit Ende des 15. Jh., die dt. Lehnform
bis ins 19. Jh. im Kampf mit lat. stilus, mlat.
stilus 'Stiel, Stengel, Griffel zum Schreiben'.
Dies (mit lat. stimulus 'Stachel', avest. staēra-

'Bergspitze' u. a. zur idg. Wurzel *stei- 'spitz')
ist Quellwort auch für ital. (13. Jh.) stilo,
frz. (14. Jh., als 'literarische Schreibart' erst
im 16. Jh.) style (von da engl. style), mnl.
nnl. stijl, spätanord. stíll 'Schreibstift; Stilart',
dän. schwed. (seit 1582) stil. Die einst häufige
Schreibung mit y beruht auf irrender Anlehnung an das unverwandte gr. στύλος
'Pfeiler'. Vgl. Stiel.

Stilett N. 'kleiner Dolch'. Zu ital. stile,
stilo 'Pfriem, Dolch' (aus lat. stilus, vgl.
Stil) gehört die Verkl. stiletto, die im 17. Jh.
über die Alpen zu uns gelangt und seit Schönsleder (Augsbg. 1618) gebucht wird.

still Adj. Alt bezeugt als westgerm. ja-
Stamm *stellja: ahd. asächs. stilli, mhd. mnd.
mnl. afries. ags. stille, nnl. stil, engl. still (dazu
Adv. still 'noch'). Für das Anord. wird das
Adj. vorausgesetzt durch das daraus abgeleitete
Ztw. stilla (s. stillen). Das ll kann, da es auch
im Nord. vorliegt, nicht durch j verursacht sein.
Das urverwandte aind. sthāṇú- (aus *sthalnú-)
'unbeweglich' zeigt außer der Entstehung des
ll aus ln auch die Urbedeutung und die Zugehörigkeit zur idg. Wurzel *st(h)el- (s. Stall,
stellen, Stolle usw.). Da nu-Adj. außerhalb des Arischen und Lit. nicht gesichert sind,
ist für still wohl idg. *stelni- vorauszusetzen.
Ohne s- vergleichen sich air. tuilim 'schlafe',
aslav. utoliti 'stillen', lit. tìlti 'verstummen',
tylùs 'still'.

Stilleben N. M. Maler haben den Nachbarsprachen Kunstwörter wie Esel 'Staffelei'
(nl. ezel ist älter als engl. easel) u. Stilleben
(nnl. stilleven) geliefert. Engl. still-life übersetzt der Zuschauer 1741 IV 375 Stück 321 „die
Abschilderungen des stillen Lebens, welche wir
in den Beschreibungen Edens, des Paradieses
... antreffen"; entspr. 1746 Mahler der Sitten
1, 29 „die leblosen Werke der Natur, welche
ein Mahler das Stille Leben heißen würde".
Wieder als Übersetzung von still-life, doch
außerhalb des Bereichs der Malkunst, im dt.
Grandison 6 (1755) 534 „ich bedaure dich wegen
deines Stillebens, meine liebe Lady". Im
heutigen Sinn kaum vor Goethe 1812 Dicht.
u. Wahrh. II 7 (Jub.-Ausg. 23, 77): „so ward
ich ... auf das Kleinleben der Natur (ich
möchte dieses Wort nach der Analogie von
Stilleben gebrauchen) höchst aufmerksam".

stillen Ztw. Zum Adj. still (s. d.) gehören
zwei schw. Bildungen, die schon in den mittelalterlichen Formen zusammengefallen sind:
1) ein häufiges trans. 'still machen, zum Schweigen bringen', germ. *stilljan, ahd. mhd. mnd.
mnl. nnl. stillen, asächs. stillian, ags. stillan
engl. still, anord. norw. schwed. stilla, dän.
stille. Nur fries. und got. ist diese gemein-

germ. Bildung nicht bezeugt. Ein Kind stillen 'es säugen' war ursprünglich 'es zum Schweigen bringen, wenn es nach Nahrung schreit'. 2) ein seltneres intrans. 'ruhig werden', ahd. (g)istillēn, mhd. stillen, asächs. stillōn. Das bei Luther und Pestalozzi noch lebendige Ztw. ist heute auf mundartlichen Gebrauch zurückgedrängt.

Stimme F. mhd. stimme, ahd. stimna, stimma, Tatian stëmna, stëmma, asächs. stëmna, stëmma, mnd. stëmne, stëmme, stimne, mnl. stëmme, stëvene, nnl. stem, afries. stifne, stëmme, ags. stëfn, stëmn, engl. steven, got. stibna. Aus dem Mnd. entlehnt sind dän. stemne und schwed. stämma. Mit jungem Gleitlaut mnd. stempne, frühnhd. stimp, stimb. Ob germ. *stemnō oder *stebnō vorausliegt, müßte unentschieden bleiben, entschiede nicht das Ags. (dort hätte n vor altem m zu i werden müssen) für *stebnō. Außergerm. Entsprechungen sind wahrscheinlich mbret. staffn, bret. (mit o aus v) staoñ 'Mund', kymr. (mit Verkl. und Umlaut) stefenic 'Gaumen'.

stimmen schw. Ztw. Zwei Bildungen sind lautlich zusammengefallen: 1) mhd. stimmen, mnd. mnl. stëmmen, zum F. Stimme, demgemäß 'die Stimme betätigen, mit ihr wirken'; 2) ahd. gistimnitun 'concinnebant' zu frühahd. *gastimnjan 'in Harmonie versetzen', Bewirkungsztw. zum Adj. gastimni 'harmonisch', das seinerseits von Stimme abgeleitet ist. Hierher mhd. nhd. stimmen, mnd. stëmmen 'einer Saite die richtige Tonhöhe geben; jem. in die rechte Gemütslage versetzen; nicht in Widerspruch stehen, richtig sein'. Dän. stemme und schwed. stämma sind aus dem Mnd. entlehnt.

Stimmenmehrheit F. zuerst bei Wieland 1774 Abderiten 4, 8, der das. 4, 4 noch „Mehrheit der Stimmen" gesagt hatte. Voraus liegen frz. majorité, lat. vota majora, plurima vota. S. Handmehr, Mehrheit.

Stimmvieh N. In den Verein. Staaten war voting cattle Schelte für die zugewanderten Iren und Deutschen. Von ihnen Friedr. Kapp in Walesrodes Demokrat. Studien 1861, 298 „(sie) hatten nie oder selten ein Wort mitzusprechen und wurden bloß als Stimmvieh (voting cattle) behandelt". Über die rasche Ausbreitung des Schlagworts bei uns Sanders 1885 Erg.-Wb. 588a; Ladendorf 1906 Schlagwb. 303; Arnold 1906 Zf. f. d. Wortf. 8, 20; Schoppe, Mitt. d. Ges. f. schles. Volkskde. 19, 243.

Stinkadores Plur. 'schlechte Zigarren': in Anlehnung an stinken und span. fumadores (Raabe 1857 Sperlingsgasse 90) seit Freytag 1864 Verl. Handschr. 2, 115. S. Glimmstengel.

stinken st. Ztw. 'üblen Geruch verbreiten'. Mhd. stinken 'Geruch, Duft verbreiten; Geruch wahrnehmen', ahd. stinkan, stinchen 'riechen, duften; wittern', asächs. anfr. stincan, mnd. mnl. nnl. stinken, fries. stiunk, stjonke 'üblen Geruch verbreiten', anord. støkkva, norw. støkka 'spritzen, bersten, springen, zusammenschrecken, prallen', agutn. stinqua 'prallen', aschwed. sti(u)nka, älter dän. stynke 'spritzen, springen, auffahren', got. stigqan 'stoßen' führen auf germ. *stinkwan. Das Nordgerm. bietet den heutigen Sinn von Haus aus nur in norw. mundartl. stokka aus germ. *stunkōn. Norw. dän. stinke, schwed. stinka (dies erst seit 1569) sind aus dem Mnd. entlehnt. Außergerm. vergleicht man mir. töcht (aus *tongto-) 'Gestank'. Außer dem Ags. scheint auch nl. mundartl. stinken 'ziehen' (vom Luftzug) die Bedeutung 'stieben' zu bezeugen, die offenbar im Ausgang steht. Vgl. die gleichbed. idg. Wurzel *dheu-, zu der u. a. lat. fūmus 'Rauch' und fimus 'Dünger' gehören. Auch an das Verhältnis zwischen riechen und rauchen ist zu erinnern. Mit der got. Bedeutung vgl. Ausdrücke wie stechender Geruch.

Stint M. Für die Lachsart Osmerus gelangt der nd. Name (mnd. stint, von da entlehnt gleichbed. lit. stìnta F.) ins Hd. seit Trochus 1517 Prompt. J 1 b; daneben die verhochdeutschte Form Stinz, mhd. stinz(e), noch bei Stieler 1691. Unsicher ist, ob die stand. Bezeichnungen für verschiedene kleine Fische wie dän. schwed. stint, norw. mundartl. stinta, stinte dem Mnd. entlehnt oder urverwandt sind; für das zweite spricht schwed. mundartl. stinta F. 'halbwüchsiges Mädchen'. Grundbed. von germ. *stenta- ist 'gestutzt, kurz'. Dazu mit Ablaut mhd. stunz 'stumpf, kurz', ags. stunt 'einfältig, dumm', schwed. dän. mundartl. stunt, anord. stuttr (tt aus nt) 'kurz'. Dazu ohne n die unter stutzen behandelte Sippe. Stint ist an der Ostsee als mittelbarer Berufsname schon 1402 zum Fam.-Namen geworden: Kurt Müller 1933 Barther Pers.-Namen 94.

Stipendium N. 'Unterstützung (besonders für Studenten)': im 16. Jh. entlehnt aus lat. stipendium 'Steuer, Löhnung', zusammengezogen aus *stipi-pendium (zu stips 'Geldbeitrag, Spende' und pendere 'wägen, zahlen').

Stirn F. Mhd. stirne, ahd. stirna, mnd. stërne, nfränk. (Kleve 1477) stërnn führen auf germ. *sternjā. Dazu die ags. Ableitung steornede 'dreist'. Außergerm. vergleichen sich air. sernim 'breite aus', kymr. sarn 'Pflaster', aslav. prostrěti 'ausbreiten', -stranŭ 'breit',

strana 'Seite; Gegend', lat. sternere 'hinbreiten', alb. štrin' (aus *strnjō) 'breite aus',
gr. στόρνῡμι 'bestreue', στέρνον 'Brust', aind.
strnáti 'streut', prastará- 'Fläche'. Jdg. Wurzel
*ster- 'ausbreiten'. Das germ. F. bedeutet
ursprünglich 'ausgebreitete Fläche'. Die Geltung von Stirn ist eingeschränkt durch gleichbed. mnl. vorehovet, nnl. voorhoofd, agf.
foranhēafod, engl. forehead ,anord. ẹnni, norw.
mundartl. enne, ahd. andī, endin (germ. *anþia-,
urverwandt mit lat. antiae 'Stirnlocken'). Bair.-
österr. steht vielfach Hirn für 'Stirn'.

Stirnenstößel, =er M. 'Hausierer, Fechtbruder' begegnet in Frankfurt a. M. von 1395
bis 1455: K. Bücher 1886 Bevölk. v. Frankfurt 1, 223. 407; derf. 1914 Berufe d. St.
Frankfurt 122. In rotwelschen Quellen sind
im gleichen Sinn seit 1470 stirn(en)stößer,
-stoßer, -stößel häufig: F. Kluge, Rotwelsch 1
(1901) 17. 24. 36 u. o. Von da aus wird
stürnenstößer literarisch durch Seb. Brant
1494 Narrensch. 63, 12 Zarncke; es hält sich
namentlich in Württemberg: H. Fischer,
Schwäb. Wb. 5 (1920) 1777. Rotwelsch stiri,
stier(e), stierchen, vielleicht ursprünglich ein
Zigeunerwort, ist 'Henne, Huhn' (Kluge a. a. O.
130. 137. 241 u. o.); Stoßer 'rerum vena-
lium fures in foro' (daf. 2) ist zweiter Wortteil
auch in Salzstößel 'Kleinhändler' und
Splett=, Splittstößer 'Verkäufer von Holz-
spänen'. Wie diese ist auch der in seiner Bed.
erweiterte Stirnenstößel zum Fam.=Namen
geworden: Max Gottschald, Dt. Namen-
kunde (1942) 442. 448.

stöbern schw. Ztw., erst nhd., zu älter nhd.
Stöber M. mhd. stöuber 'Jagdhund', das
zu mhd. stöuben 'aufscheuchen, =jagen' gehört;
dies ist Faktitiv zu stieben. Zur Bildungsweise
vgl. stänkern und steigern. Dazu nhd.
Gestöber N. nach mhd. stöuben 'Staub
machen'.

stochen schw. Ztw., erst nhd., nach nl. nd.
stoken, engl. stoke 'das Feuer schüren': Ableitung zu der unter Stock behandelten ibg.
Wz. *stug 'stoßen', wozu auch anorw. stauka
'stoßen'. Nhd. stochern scheint zuerst bei
Luther zu begegnen, doch nur außerhalb
der Bibel.

Stock M. ahd. mhd. mnl. stoc (ck), asächs.
afries. nnl. stok, agf. stocc, anord. stokkr
Germ. *stukná- ist verwandt mit lit. stugti
'in die Höhe ragen', stungis 'Messerstumpf'
sowie mit den unter Stauche und verstauchen
genannten Wörtern. Eine Form ohne s- wird
bezeugt durch aind. tu(ā)játi 'drängt, stößt',
anord. poka 'rücken'. Aus dem Germ. entlehnt sind afrz. estoc 'Stamm', ital. stocco
'Stoßdegen'. S. Stockwerk, Stück.

Stocker M. Zu mhd. stoc 'hölzernes Strafgerät, in das Gefangene geschlossen werden'
gehört mhd. stocker 'Gefangenenwärter', das
seit 1372 im Süden und Westen auch Bed. wie
'Scharfrichter' und 'Scherge' zeigt. Hier entspringen die Fam.=Namen Stocker, Stöcker.
Ähnlich Stockmeister, =wärter: E. Angstmann 1928 D. Henker in der Volksmeinung 57 f.

Stockfisch M. 'Gadus morrhua in gedörrtem
Zustand', im 14. Jh. als Wort des hansischen
Handels aus mnd. stokvisch ins Hd. gelangt.
Der Name rührt wohl daher, daß der Kabeljau auf Stockgerüsten getrocknet wird (wie
der Klippfisch urspr. auf Klippen). Als Schelte
des ungelenken Langweilers spielt S. von
Fischart 1572 Praktik 15 bis ins 19. Jh. eine
große Rolle.

Stockwerk N. nach opus contabulatum (wie
Mauerwerk nach opus caementarium) seit
Michelsen 1500 Mainzer Hof zu Erfurt 14.
Schon vorher tritt Stock allein als 'conti-
gnatio' auf. Die Bed. beruht auf Stock 'Stamm,
Balken'. Kollektivisch ist Stock(=werk) das
gesamte Ständerwerk eines Hauses im Gegensatz zum gemauerten Fundament. Daher auch
die gemeindeutsche Zählung im ersten Stockwerk 'eine Treppe hoch'. Wo (wie namentlich
in badischen Städten: Kretschmer 1918 Wortgeogr. 538) das Erdgeschoß als erster Stock
gerechnet wird, geht man vom alten, ganz aus
Stämmen gezimmerten Holzhaus aus.

Stoff M. begegnet in hd. Text zuerst bei
Stubenberg 1660 Von menschl. Vollkommenh.
279. Den Weg der Entlehnung weist Schottel
1663 Ausführl. Arbeit 1026 „Stoff ist ein
Teutsches Stammwort, heißet Materia, ist im
Niederländischen noch überall gebreuchlich".
Mnl. stoffe F. (15. Jh.) stammt aus afrz.
estoffe, das einer gesamtroman. Sippe der
Bed. 'Gewirk, Gewebe, Zeug, bef. auf Seide'
angehört. Zum wirtschaftl. Hintergrund hat
das Wort die Wanderung der Seidenzucht und
=weberei von Byzanz (wohin sie Justinian
552 aus dem Morgenland gebracht hatte)
über Sizilien und Norditalien nach Frankreich
und Flandern. So ist der sprachl. Ursprung
von Stoff, den man in gr. στύφειν 'zuf-
ziehen, verengern' vermutet, kulturgeschicht-
lich zu stützen. S. ausstaffieren.

Stoffel M. Christophorus 'Christusträger'
ist im Volksglauben aus einer riesigen zur um-
geschlachten Gestalt geworden. Von da erscheint Stoffel, Stöffel, auch in allerlei
Zuf.=Setzungen, als 'dummer Tölpel': Meisinger
1924 Hinz und Kunz 14 f. Vgl. Metze², Rüpel.

stöhnen schw. Ztw., mhd. stẹnen, md. ste-
nin, mnd. mnl. nnl. stenen (sämtlich aus *stan-
jan), agf. stẹnan st. Ztw. 'seufzen, stöhnen',

gleichbed. mit Ablaut mnd. stönen, agſ. stunian, anord. stynja. Dazu agſ. gestun N. 'Lärm, Geräuſch, Wirbelwind', stęnecian 'keuchen', anord. stanka 'ſtöhnen', stymr M. 'Geſtöhn'. Die Form stönen in hd. Text ſeit J. Matheſius 1562 Sarepta 52ᵇ, daneben das ältere ſte(h)nen noch 1741 bei Friſch; ö für ę wie in Köper, ſ. d. Außergerm. vergleichen ſich aind. stanáyati 'dröhnt, brüllt', gr. στένειν, στενάζειν 'ächzen', στόνος 'Geſtöhn', aſlav. stenją stenati, lit. stenù, stenĕti 'ächzen': ſämtlich zu der unter Donner entwickelten idg. Schallwurzel *(s)ten-.

Stolle, Stollen M. mhd. stolle, ahd. stollo 'Stütze, Pfoſten': mit Stall, stellen, still zur Wz. *stal, die auch in aind. sthúṇā 'Säule' ſteckt. Dies weiſt wie ahd. stollo (aus *stulno-) auf idg. *sthol̥nā 'Pfoſten'. Übertragungen der Grundbed. 'kurze, dicke Stütze', die in Tiſch-, Bettſtollen noch vorliegt, ſind 'Kuchen in Pfoſtenform, zu Weihnachten als Symbol für Chriſtus als Wickelkind gebacken', bergmänn. 'waagrecht in den Berg getriebener Gang', meiſterſing. 'Hälfte des Aufgeſangs einer Liedſtrophe (die mit der andern Hälfte den Abgeſang ſtützt, wie die Pfoſten die Tür)'.

stolpern ſchw. Ztw. erſt frühnhd. (oft bei Sachs). Alter gleichbed. bair. stolpen, stölpen, das von Norden eingedrungen iſt, wo mnd. stulpen 'umſtürzen, -kehren', ſchwed. mundartl. stjälpa ſt. Ztw. 'umfallen, ſtürzen' und norw. mundartl. stolpa 'mühſam einherſchreiten' entſprechen. Vgl. Stulpe, ſtülpen und holpern.

Stolprian M. Wie die mittelalterl. Heldenſage die Namen Aldrian, Aſprian, Nordian für ungeſchlachte Geſellen bietet, wie das Frühnhd. die ſcheingelehrten Bildungen Grobianus und Schlendrianus liebt, ihnen auch durch Anlehnung an die Kurzform Jan (für Johann) ein volkstüml. Ausſehen leiht (vgl. Dummrian), ſo erſcheint ſeit Sachs 1558 Faſtn. 79, 158. 309 Stolprian als Schelte deſſen, der ſtolpert, danach auch für 'einmaliges Stolpern, Fehltritt': Kluge 1918 Von Luther bis Leſſing 154.

stolz Adj. mhd. stolz 'übermütig, vornehm, ſein, prächtig'; in ahd. Texten vor 1100 unbekannt. Aber ſowohl wegen mnd. stolt 'ſtattlich, anſehnlich, ſtolz', afrieſ. stult 'ſtolz' wie auch wegen der Bed. wird afrz. estout 'keck, ſtolz' eher dem Mhd. entlehnt, als Quelle des dt. Wortes ſein. Germ. *stulta- ſteht im Ablaut zu den unter Stelze genannten Wörtern.

stolzieren ſchw. Ztw., mhd. mb. stolzieren 'ſtolz einhergehen': kurz vor 1300 mit frz. Endung zum dt. Adj. ſtolz gebildet. Alter iſt von ſolchen Zwitterbildungen nur hofieren:

über ihr Wuchern J. Grimm, Kl. Schriften 1, 355 ff.

ſtopfen ſchw. Ztw. Mhd. stopfen, ahd. stopfōn, mnd. stoppen, anfr. stuppon, engl. stop führen auf weſtgerm. *stoppōn; gleichen Stammes agſ. forstoppian 'zuſtopfen, ſchließen'. Anord. ſchwed. stoppa, dän. stoppe ſind aus dem Mnd. entlehnt. Man führt germ. pp auf idg. pn zurück und vergleicht lat. stupēre 'ſtarr ſtehen, betroffen ſein', aind. pra-stumpáti 'er ſtößt'. Das heimiſche Wort iſt in Form und Bed. unter Einfluß der roman. Abkömmlinge von mlat. stuppare 'mit Werg zuſtopfen' geraten (zu lat. stuppa, Nebenform des älteren stūpa 'Werg', das ſelbſt aus gr. στύππη entlehnt iſt). Dieſer Einfluß geht vom Niederrhein aus, wo von alters Wergstopfen für Verſchlüſſe gebraucht wurdcn: Frings 1932 Germania Romana 102.

Stopfen M. für ſonſtiges Kork, Pfropfen, Stöpſel zum Verſchließen von Flaſchen uſw. iſt in nordweſtdt. Umgangsſprache das gangbare Wort. Es bezeichnet urſpr. den Wergbauſch, mit dem man Öffnungen verſchloß (Kretſchmer 1918 Wortgeogr. 370), gehört ſomit zu mlat. stuppare, ſ. ſtopfen.

Stoppel F. die durch Luther (2. Moſ. 5, 12 u. ö.) ſchriftſprachlich gewordene md. nd. Form für hd. Stupfel 'Stumpf des abgeſchnittenen Halms', mnl. stoppele, nnl. mnd. stoppel, mhd. stupfel, ahd. stupfala. Urdeutſch *stuppla iſt mit andern Wörtern der Landwirtſchaft und des Körnerbaus (Flegel, Pflanze, Sichel, Speicher, Spelt, Stiel, Wanne uſw.) entlehnt aus ſpätlat. stup(u)la (lat. stipula 'Halm, Stroh'), auf das auch ital. stoppia, prov. estobla, frz. étoule zurückgehen. Gleichbed. engl. stubble beruht auf afrz. estoble. Mit den Getreideſtoppeln verglichen werden die in der Haut ſitzenden Federkiele der jungen Vögel und die Bartſtoppeln des Mannes. Entſpr. wurde (zuſammen)ſtoppeln zunächſt vom Ährenleſen auf dem Stoppelfeld, danach vom Leſholz, noch ſpäter von Hand- und Gedankenarbeit gebraucht.

ſtoppen ſchw. Ztw. 'anhalten, (ein Schiff) ſtillſtehen laſſen': als Seewort aus nd. nl. stoppen aufgenommen, das (wie engl. stop) die unverſchobene Form von ſtopfen darſtellt. Bedeutungsmäßig ſteht das Verſtopfen einer Strömung, das Verlegen eines Wegs im Übergang. Dazu stopp als Befehlswort.

Stöpſel M. ſeit Gottſched 1748 Dt. Sprachkunſt 92 für ſonſtiges Kork, Pfropfen und durch dieſe in ſeinem Geſchlecht beſtimmt, während die gleich gebildeten Anhängſel, Einſchiebſel, Mengſel, Rätſel, Streuſel N. ſind. Von Oberſachſen und Thüringen ſüd-

49

wärts gilt Stöpsel für jeden Flaschenverschluß, nordwärts davon nur für den aus Holz, Glas, Gummi; entsprechend grenzt sich (zu)stöpseln ab: Kretschmer 1918 Wortgeogr. 370. Vgl. Stopfen.

Stör M. der Fisch Acipenser sturio, mhd. störe, stüre, ahd. asächs. stur(i)o, mnl. store, störe, nnl. steur, agf. styr(i)a, anord. styrja. Westgerm. *sturjo drang als mlat. sturio ins Roman. und ergab ital. storione, frz. esturgeon (woraus engl. sturgeon). Man vermutet Verwandtschaft mit apreuß. esketres, lit. erskētras, russ. osëtr 'Stör': in Rußland liegt das alte Hauptgebiet des Störfangs; lit.-slav. Beziehungen zeigen auch Fischnamen wie Beißker, Karausche, Karpfen, Plötze, Schleie, Sterlet, Ukelei, Wels.

Storch M. Ahd. storah, mhd. storch, mnd. mnl. agf. storc, engl. dän. schweb. stork, anord. storkr beruhen auf germ. *storka, idg. *strgo, der Schwundstufe des Stammes *sterg- 'steif sein'. Der Vogel ist nach seinem stelzenden Gang benannt. Urverwandtschaft mit gr. τόργος 'Geier' ist möglich. Aslav. strŭkŭ, russ. sterch, lit. starkus, akorn. storc sind aus germ. Sprachen entlehnt. — Nach seinem Klappern heißt der Storch in der Mark knepner, in der Uckermark knepper 'Klapperstorch'. Weitere Namen f. u. Adebar und bei Suolahti 1909 Vogelnamen 368 ff.

Storchschnabel M. Lang, rot und steif bietet sich der Schnabel des Storchs zu vielen Bildern; zwei davon werden wichtig. Die Pflanzenfamilie Geranium führt den Namen wegen des schnabelförmig verlängerten Fruchtbodens der Samenkapseln. Ahd. storkessnabul (Zf. f. d. Wortf. 3, 300), mhd. storkensnabel stimmen hier zu engl. storksbill, frz. bec de cicogne; das gelehrte Vorbild gr. γεράνιον „Kranichkraut" legte den Vergleich schon nahe. Das gr. Wort bezeichnet wie unser Kran ein Hebezeug. Auch diese Bed. ist bei Storchschnabel früh vorhanden, doch drängt sich bei ihm das Gerät zum Vergrößern und Verkleinern von Zeichnungen seit dem 18. Jh. vor.

stören schw. Ztw., mhd. stœren, ahd. stôran, störren (aus *stôrjan, *staurjan) 'zerstreuen, vernichten'. Dazu nordfries. stiaren und mit Ablaut agf. styrian (engl. stir), mhd. stürn 'bewegen, stören'. Wohl verwandt mit Sturm, f. d.

Störenfried M. zuerst bei Mathesius 1562 Sarepta 235a, nd. Steurnfried seit Rollenhagen 1576 Tobias V. 1365: gedacht als Name eines Mannes (Teufels), der den Wahlspruch führen könnte „Ich störe den Frieden". Vgl. Küssenpfennig 'Geizhals', Schürenbrand 'Unruhstifter', Springinsfeld, Tunichtgut, Wagehals.

Storger M. 'Landfahrer, Marktschreier, Quacksalber'. Lat. histrio hat (vielleicht unter Anlehnung an Historie) eine Fortbildung historier erfahren, in der über rj (wie in Ferge, Latwerge, Scherge) rg entstand und die unbetonte Eingangssilbe schwand: John Meier, Schweiz. Arch. f. Volksfde. 11, 278. 14, 246; Behaghel 1928 Gesch. d. dt. Spr. 348. Zur Entwicklung Kluge 1895 Stud.-Spr. 128; 1901 Zf. f. d. Wortf. 1, 276; Crome 1921 DWb. 10, 3, 415 ff.

Storren M. 'Baumstumpf', mhd. storre, ahd. storro: zu ahd. storrên, mhd. storren 'herausstehen, -ragen', got. and-staúrran 'aufgerichtet jem. gegenüberstehen, ihn bedrohen'. Zur Wz. *star, f. starr.

störrig Adj. erst nhd., daneben seit Sachs 1563 Fabeln 344, 35 störrisch. Obd. sind beide unbekannt, denn Petri in Basel 1523 erklärt Luthers störrig mit widerspennig, streytig: A. Götze 1901 Beitr. 24, 517. Grundbed. des Adj. ist 'klotzartig, wie ein Klotz'. Zu Storren, f. d.

stoßen st. Ztw., mhd. stôzen, ahd. stôzan, asächs. stôtan, mnl. stôten, anord. stauta, got. stautan redupl. Ztw. Gleichbed. die -jan-Bildungen afries. stêta, anord. steyta. Der germ. Verbalwz. *staut entspricht außergerm. *tud in lat. tundere 'stoßen', tudes, -itis 'Hammer', aind. tudáti 'stößt'. Zum Anlaut vgl. Stier und Storch. S. auch stottern.

stottern schw. Ztw., nl. stotteren, engl. stutter: Intensitiv zu stoßen, durch seine Laute als nd. gekennzeichnet. Gleichbed. einfaches stota im Norw. und in schwed. Mundarten. Unser Wort tritt als stotern 'titubare' und stötern 'balbutire' in nd. Glossaren des 15. Jh. auf, erscheint vereinzelt bei Luther (Weim. Ausg. 16, 56, 35; nie in der Bibel), findet bei Fischart und Weckherlin Eingang, wird seit Comenius 1657 Sprachenthür 282 gebucht, bleibt aber dem Obd. fremd. Über die Synonyme, die das nd. Wort aus der Schriftsprache verdrängt hat, f. K. v. Bahder 1925 Wortwahl 48.

Stotz M. 'Baumstumpf' erst nhd. Vorgeschichte dunkel, ob zu stutzen? Alem. stotzen 'Hügel, Abhang' und stotzig 'jäh' (dazu gähstotzig Schiller 1804 Tell 4, 1 nach Scheuchzer 1716 Stoicheiographia 104) sind offenbar im Kern dasselbe Wort.

Stove F. nd. Form von Stube; f. d.

stoven, **stowen** Ztw. aus nd. stoven; f. Stube.

strack Adj. mhd. strac (ck) 'gerade, straff'. Dazu das Adv. stracks aus dem mhd. Gen. strackes, vereinzelt aus Fügungen wie strackes loufes, in denen sich die Bed. 'sofort' entwickeln konnte, während in schnurstracks der alte Sinn 'geradeaus' geblieben ist. S. strecken.

Strafe F., **strafen** schw. Ztw. Das Ztw. tritt um 1200 als mhd. sträfen 'mit Worten tadeln' unvermittelt auf, das daraus gefolgerte Fem. etwas später. Mnd. nl. straf(f)e 'Verweis', straffen, afries. straffia 'schelten, anfechten', dän. straffe, schwed. straffa 'tadeln, schelten', dän. schwed. straf 'Verweis, Buße' beruhen auf Entlehnung aus dem Hd. Die Entlehnung war dadurch begünstigt, daß das alte wizzi (s. Verweis) außerhalb des Hd. nicht lebenskräftig blieb. Mhd. sträfen löst das gleichbed. ältere refsen (Mhd. Wb. 2, 1, 608) derart ab, daß dieses genau da verschwindet, wo jenes auftritt. Darum sieht Edw. Schröder 1922 Zf. f. dt. Alt. 59, 308 in sträfen eine Sproßform von refsen, dessen Prät. rafste schwierig zu sprechen, leicht in strafte umzusetzen war, woraus ein Präs. sträfen gefolgert werden konnte.

straff Adj. gebucht seit Stieler (1691) 2185, von Frisch 2 (1741) 342c als schlesisch bezeichnet. In nhd. Prosa seit Joh. Dav. Michaelis 1769 Übers. des Alten Test., Hiob 4, 4 (S. 7) „die sinkenden Knie machtest du straff", in Versen seit Bürger 1776 Lied v. braven Mann Str. 10. Urspr. wohl ein nd. Wort, das irgendwie mit stramm in Verbindung zu stehen scheint.

Strahl M. mhd. mnd. sträle M. F., ahd. asächs. sträla F. 'Pfeil, Blitzstrahl', ahd. donarsträla 'Blitz', mnl. strael, sträle, agf. stræl 'Pfeil'. Die westgerm. Sippe, aus der ital. strale 'Pfeil' entlehnt ist, steht in engem Verband mit aslav. strěla, russ. strelá 'Pfeil' (die russ. Strelizen sind urspr. Bogenschützen). Dazu das erst nhd. Ztw. strahlen.

Strähl M. 'Kamm' (Nebenform Strähle F. unter Einfluß von Bürste), mhd. stræl; dazu das schw. Ztw. nhd. mhd. strælen, nl. streelen 'kämmen', von dem aus Umlaut auch im Subst. durchgeführt scheint. Das gleichbed. ahd. sträl(l)en (aus *sträljan) setzt sträl 'Kamm' voraus; asächs. sträl 'Kamm' ist bezeugt. Zus.-Hang mit Strahl erscheint nicht ausgeschlossen: die Zinken des Kamms wären mit den Zacken eines Pfeils verglichen worden. Strehler als obd. Fam.-Name ist 'Kammacher'.

Strähne F. mhd. strën(e), ahd. strëno 'Flechte von Haar, Garn, Flachs', gleichbed. mnl. strene, nnl. streen; dagegen schwed. mundartl. strena 'Streifen in der Haut'. Ursprung dunkel.

stramm Adj. als schriftsprachl. erst seit Campe 1810 gebucht, von Adelung noch 1801 als mundartl. geächtet. Entspr. nl. stram 'steif', stremmen 'gerinnen', aber auch schweiz. stramm 'straff'. Wohl verwandt mit isl.

strembinn 'straff', norw. mundartl. stremben 'ausgespannt, aufgeblüht'. Außergerm. Beziehungen sind unklar.

strampeln schw. Ztw. mit unverschobenem p (wie Stempel, s. d.) aus dem Nd. ins Nhd. des 16. Jh. entlehnt (daneben noch bei Ludwig 1716 die streng hd. Form strampfeln): mnd. stramp(el)en, mit Ablaut strump(el)en, nl. strompelen, älter strompen. Vorgeschichte dunkel.

Strand M., dem Obd. ursprünglich fremd (wie Ufer, s. d.), ins Spätmhd. als strant (d) aufgenommen aus nd. nl. strand. Gleichbed. agf. engl. dän. schwed. strand, anord. strǫnd, dazu agf. ferstrendr 'viereckig'. Ablautend anord. und norw. mundartl. strind 'Seite, Kante, Land'. Dem Germ. entlehnt sind gleichbed. pikard. étrain und finn. ranta (auch in Haparanta 'Espenstrand' und Loimarenta 'Lindenstrand'). Die Grundanschauung 'langgestreckter Streifen' erlaubt, an die idg. Wurzel *ster- 'ausbreiten' anzuknüpfen, s. Stirn. Vgl. Edw. Schröder, Nord. Lehn- u. Wanderwörter: Nachr. d. Gött. Ges. d. Wiss. 1941, S. 293ff.

stranden schw. Ztw. 'auf Strand geraten', nl. stranden, engl. strand. In hd. Text seit Olearius 1647 Reise 271.

Strang M. mhd. stranc, strange M. F., ahd. strang M. 'Strick, Seil', nl. streng, agf. streng, engl. string, anord. strengr 'Strick, Riemen'. Germ. *strangi- läßt sich ohne weiteres mit neuir. sreang 'Strang, Strick', altir. srengaim 'ziehe, schleppe', lat. stringere 'straff anziehen, schnüren', lett. stringt 'stramm werden, verdorren', strangs 'frisch, mutig' vereinigen. Aber auch gr. στράγξ 'Ausgepreßtes, Tropfen', στραγγός 'gedreht', στραγγάλη 'Strang, Strick' werden trotz der unregelmäßigen Lautverhältnisse hierhergehören. Vgl. streng.

strangulieren schw. Ztw. Zu gr. στραγγάλη (s. Strang) gehört στραγγαλόειν 'erdrosseln', das früh gleichbed. lat. stranguläre ergeben hat. Als Rechtswort entlehnt, erscheint strangulieren bei uns seit Creußnacher Tagebuch vom Augsb. Reichstag, 24. Nov. 1547 „wardt ein Italianer strangulirt vnd gefirtheillt": Zf. f. d. Wortf. 15, 212; Mod. lang. notes 36, 489. Gleichen Urspr. sind afrz. estrangler und engl. strangle.

Strapaze F. Auf lat. extra 'außerordentlich' und *patiäre (zu pati 'leiden') beruht ital. strapazzare 'einen übermäßig leiden machen, ihn überanstrengen' mit strapazzo M. 'Abarbeitung'. Im Teutschen Michel (1617) 41 erscheint strapizieren, bei Stieler 1691 der Strapaz. Das Genus hat sich

wohl unter Einfluß von Mühe und An=
strengung gewandelt.

Straße F. mhd. strâze, ahd. strâz(z)a,
asächs. anl. strâta, afrief. strête, agf. strǽt
(von da entlehnt anord. strǽti). Westgerm.
*strâta wurde (etwa gleichzeitig mit Münze,
Pfund, Sack) im 5. Jh., vor der roman.
Erweichung des lat. t zu d (ital. strada, span.
estrada) entlehnt aus spätlat. (4. Jh.) strâta
(via) 'gepflasterter Weg'. Sachlich verwandte
Lehnwörter sind Estrich und Pflaster. Aus
strâta (nicht strâda) stammt auch gleichbed.
air. sráth. Frz. chaussée ist ein spätlat. calciata,
während frz. chemin 'Weg' auf agall. cam-
mīnus beruht.

sträuben schw. Ztw., mhd. *striuben (dafür
striubeln), ahd. strūben, asächs. strūbian,
neben mhd. strūben, ahd. strūbēn 'starr
stehen, starren, emporrichten'. Vgl. mhd.
strūp (b), asächs. strūf, nl. stroef 'rauh (empor=
stehend), struppig'. Außerhalb des Germ. ge=
hören zu der germ. Wz. *strūb: *strūf 'rauh
sein' sowohl aslav. strūpitŭ 'Rauheit', strupŭ
'Wunde', als auch gr. στρυφνός 'sauer, fest,
herb'. S. Strumpf.

Strauch M. mhd. strûch (wozu als Sammel=
name nhd. Gesträuch). Im Ahd. fehlt das
Wort, dem nl. struik 'Strauch' entspricht.
Außerhalb des Germ. scheint lit. strungas,
str(i)ùgas 'kurz' verwandt zu sein. Daneben
mit Nasalinfix die unter Strunk behandelte
Sippe.

straucheln schw. Ztw., mhd. strûcheln, mnd.
mnl. strûkelen, mnl. struikelen: Intensiv=
bildung zum gleichbed. ahd. strûhhēn, -ōn.
Daß die Grundbed. 'über einen Strauch
fallen' ist, lehrt die Parallelbildung mhd.
strunken 'straucheln' in ihrem Verhältnis
zu Strunk.

Strauß[1] M. 'Streit, Gefecht', mhd. strûz,
dazu striuzen 'sträuben', agf. strûtian 'streiten',
mengl. strout 'Streit'. Nächstverwandt sind
aslav. trudŭ 'Mühe', air. trot (aus *trud-no-)
'Streit'. Grundbed. 'Aufschwellung' (vgl.
tumultus zu tumēre 'aufgeschwollen sein'),
daher zu strotzen.

Strauß[2] M. 'Büschel', mhd. *strûz, das aus
gestriuze und striuzach 'Buschwerk' zu er=
schließen ist. Dazu anord. strûtr 'kegelförmige
Spitze'. Grundbed. 'Aufgeschwollenes'. S.
Strauß[1].

Strauß[3] M. Der Vogel ist den Germanen
durch die Römer in der ersten Zeit ihrer Be=
ziehungen bekannt geworden. Lat. strûthio
ergab agf. strûta, strŷta; ahd. strûz, mhd.
strûze setzen eine Vorstufe *strût- voraus, die
aus der germ. Flexion Nom. *strûtjo, Gen.
*strûti- zu gewinnen war. Als die Konf.=

Gruppe tj zu ts geworden war, folgten anord.
strûz, mnd. mnl. strûs. Vogel Strauß folgt
demselben Deutlichkeitsstreben wie die roman.
Entwicklungen aus avis strûthio (span. avestruz,
afrz. ostruche, woraus mengl. ostriche):
Suolahti 1909 Vogelnamen 223 f.

Strazze F. ein Kaufmannswort, gleichbed.
mit Kladde, s. d. Aus mlat. extractiare
'herauszerren' wird ital. stracciare 'zerreißen,
beschmutzen'. Hierzu stracciafoglio 'Bogen
Papier zum Beschmutzen', bei uns zuerst etwa
1589 „so in Augsburg laut Strazzofoglio . . .
eingenommen" (B. Penndorf 1913 Gesch. d.
Buchhaltung 86). Schon vorher mit Eindeut=
schung des Grundworts Strazobuechlin
(Math. Schwartz 1518 Buchhalten 1ᵇ). Die
Kürzung „das Memorial oder Strazzo oder
Handbuch" zuerst in Nürnberg 1672 (G. N.
Schurtz, Materialkammer a 4ª). Schirmer 1911
Wb. d. dt. Kaufm.=Spr. 185.

streben schw. Ztw. Mhd. strëben 'ragen,
sich strecken, aufrichten, nach einer Seite hin
wenden', mnd. strëven 'steif, straff sein, sich
strecken' (zum Adj. mnd. strif, strëf, westfäl.
striaf 'stämmig', daneben mit Ablaut mhd.
strîben, älter nl. strijven. Das st. Wurzelverb
wird vorausgesetzt auch durch die Entlehnung afrz.
estriver 'kämpfen' (woraus anglonorm. striver,
engl. strive 'streben, kämpfen'), estrif (engl.
strife) 'Kampf'. Ahd. *strëbēn ist nicht belegt,
doch aus strëbunga zu erschließen. Die Bed. ist
bis ins Frühnhd. rein sinnlich, der Voc. theut.
(Nürnb. 1482) umschreibt lat. obstrepare mit
„streben oder zabeln mit den fußen"; in Strebe=
pfeiler hält sich ein Rest der sinnl. Grundbed.
bis heute. Erst in der Reformationszeit tritt
die Wendung ins Geistige ein: in der Bed.
'trachten' ersetzt streben fortan das ahd. rāmen,
mhd. mnd. rāmen: K. v. Bahder 1925 Wort=
wahl 95. Sichere Anknüpfungen fehlen.

Streber M. wird aus einem farblosen Aus=
druck („Religiös nenne ich den Streber nach
etwas Einfachem und Ewigem" Lavater) zur
Schelte des beförderungssüchtigen Beamten
und gesinnungslosen Einflußhaschers. So
Bismarck briefl. am 9. März 1855 „Schweinitz
empfehle ich Ihnen als einen brauchbaren
Menschen, etwas Streber". An der weiteren
Verbreitung ist die Stud.=Sprache beteiligt,
die auch streben in entspr. Sinn begünstigt:
Zs. f. dt. Wortf. 2, 310. 8, 21. 136; Ladendorf
1906 Schlagwb. 304 f.

Streckebein M. verhüllend für 'Tod', wohl
durch Luther literar. geworden. Zur Vorstellung
vgl. sterben, zur Bed. Knochen=, Sensen=
mann, zur Bildungsweise Knickebein.

strecken schw. Ztw., mhd. mnd. mnl. ahd.
strecken, ahd. strecchan, afrief. strekka, agf.

strecc(e)an, engl. stretch. Die Bed. lassen sich zurückführen auf 'strack machen', demgemäß Ableitung zum Adj. strack (s. o.) zur germ. Wz. *strak (für srack, Nebenform zu *rak in recken?).

Streckvers M. 'Verszeile, die über das Maß der Nachbarverse ausgedehnt ist', von Jean Paul 1804 Flegeljahre 1, 23. 47 Hempel gebildet, von Campe 1813 unter Polymeter gebucht. 1823 läßt Wolfg. Menzel seine „Streckverse" erscheinen. Von Sievers 1893 Altgerm. Metrik in die Fachsprache der Verslehre aufgenommen.

streichen st. Ztw., mhd. strīchen 'glätten, Striche ziehen, zeichnen, bestreichen', ahd. strīhhan; dazu das schw. Ztw. streichen aus mhd. streichen, ahd. streihhōn 'streifen, berühren, streicheln', sowie Streich M. aus mhd. streich 'Hieb' und Strich M., mhd. ahd. strich 'Linie', got. striks 'Strich'. In den andern germ. Sprachen entsprechen nl. strijken, ags. strīcan, engl. strike (dazu stroke 'Streich'), anord. strȳkva 'streichen'. Zur vorgerm. Wz. *strīg gehören lat. stringere (Part. stric-tus) 'abstreifen, blank ziehen, berühren', striga 'Strich', strigilis 'Kamm', aslav. striga (strišti) 'scheren'.

streifen schw. Ztw. und Streifen M. Zwei Labialerweiterungen der idg. Wurzel *ster- 'Streifen, Strich, Strähne' sind im nhd. Lautbild zusammengefallen: 1) idg. *streib-, air. sriab (aus *streibā) 'Streifen' liegt vor im M. Streifen, mhd. strīfe, mnd. strīpe, norw. strīpa 'Streifen', schwed. stripa 'herabhängendes Haarbüschel', sowie im Ztw. streifen, mhd. streifen 'streichen, gleiten, ziehen', mnd. mnl. strīpen '(ab)streifen' aus germ. *straipjan; 2) idg. *streub- liegt voraus den beiden nur germ. Ztw. *streupan, mhd. striefen 'streifen' (wozu die Intensivbildung mhd. strupfen 'streifen; abrupfen') und *straupjan, ahd. stroufen, mhd. ströufen 'abstreifen, berauben, plündern, umherstreifen', mnd. ströpen, ags. bestrīepan, engl. strip, norw. ströypa. S. Strippe.

Streifwache F. nach Campes Vorschlag 1810 für Patrouille.

Streik M. Engl. strike (s. streichen), als Seewort 'die Segel streichen', ist in den Kohlengruben von Wales in die Bed. 'die Arbeit einstellen' übergeführt worden. Von da bringt J. G. Kohl 1844 Reisen in England 2, 25 Strike 'Arbeitseinstellung' bei, das zunächst mit lat. Schrift, seit 1865 Strike gedruckt wird; damals zuerst striken Kladderad. S. 75. Die endgültige Form Streik Preuß. Jbr. 53 (1884) 166; Streikbrecher seit dem Ausstand (s. d.) der Hamburger Hafenarbeiter Nov. 1896: O. Ladendorf 1906 Schlagwb. 305 f.

Streit M. mhd. ahd. strīt, Gen. strītes, als a-Stamm auch in dem aus dem Germ. entlehnten finn. riita 'Hader'. Dem schw. Ztw. asächs. strīdian steht im Hd. das st. Ztw. streiten, mhd. strīten, ahd. strītan gegenüber. Anord. erscheint strīð N. 'Schmerz, Kummer, Bedrängnis'. Germ. *strīd- aus idg. *sreidh- kann eine Nebenform zu germ. *rīd- aus idg. *reidh- (s. reiten) sein, etwa so wie strecken neben recken steht. Grundbed. wäre dann 'Bewegung, Aufruhr', die Bed.-Entwicklung vergleichbar mit der von Strauß[1].

streng Adj. mhd. strenge, ahd. strengi 'stark, tapfer, hart, unfreundlich' (dazu Adv. mhd. strange, ahd. strango), asächs. fries. strang, mnl. strenghe, strenc, agf. engl. strong, anord. strangr 'stark': zu der unter Strang behandelten Sippe. — **strengen** (in anstrengen), mhd. ahd. strengen 'kräftig ausüben, bedrängen' ist Denominativ.

Streu F. mhd. ströu (strou): postverbal zum schw. Ztw. streuen, mhd. ströuwen (strouwen), ahd. strewen (strouwen), asächs. ströian, mnl. ströien (strouwen), ags. streowian, anord. strā (für *streyja). Das gemeingerm. *straujan (wozu Stroh), aus dem ital. sdraiarsi 'sich hinstrecken' entlehnt ist, hat seinen nächsten Verwandten in lat. struere 'aufschichten' und hängt weiter zusammen mit der idg. Wz. *ster 'ausbreiten' in lat. sternere, Perf. strāvī (wozu strāmen 'Streu'), gr. στορέννυμι, στρώννυμι, aind. str̥- 'streuen', aslav. strą 'breite aus'.

streunen schw. Ztw. 'umherstreichen, nach guten Bissen und kleinen Vorteilen umhersuchen', heute vorwiegend bairisch. Mhd. striunen 'neugierig oder argwöhnisch nach etwas forschen', ahd. gistriunan 'erwerben', asächs. striunian mit ahd. asächs. gistriuni N. 'Schatz', nd. strüne F. 'Gassendirne', ags. strēon 'Gewinn, Eigentum, Handel', strīenan 'erwerben, häufen, erzeugen, zunehmen'. Germ. strava bei Jordanes 'aus Feindrüstungen errichteter Siegeshügel' leitet über zu dem urverwandten lat. struēs 'Haufe schichtweis übereinandergelegter Sachen'.

Strich s. streichen.

Strichpunkt M. Bildung der zus.-fügenden Art wie vierzehn. Als Ersatz für Semikolon wagt Schottel 1641 Sprachkunst 527 Strichpünctlein, das Harsdörfer 1644, Stieler 1691 und Bödiker 1698 aufnehmen. Strichpunct Gottsched 1749 Sprachkunst 75: Leser 1914 Zs. f. dt. Wortf. 15, 39 f.; Wh. Pfaff 1933 Kampf um dt. Ersatzwörter 51 f.

Strick M. mhd. ahd. stric (ck). Zus.-Hang mit Strang oder strecken ist zweifelhaft.

Eher ist Beziehung zu aind. sraj 'Gewinde' möglich. Zu Strick in seiner alten Bed. 'Fangstrick, Schlinge' gehört das schw. Ztw. stricken, mnd. mhd. ahd. stricken, ahd. stricchan 'schnüren, heften, flechten', agf. (northumbr.) strician '(Netze) bessern': vom Netz für Jagd und Fischfang ist das Verfahren auf Kittel und Strumpf (f. b.) übergegangen. Stricknadel nicht vor Beginn des 15. Jh.: M. Heyne 1903 Körperpfl. und Kleidung 250 f.

Striegel M. F. mhd. strigel, ahd. strigil: lat. strigilis 'Schabeisen' (zu stringere 'streichen'), das in ital. stregghia, streglia, frz. étrille 'Striegel' fortlebt, ist zugleich mit Esel, Maultier, Pferd, Saumtier und Zelter entlehnt. Zum Schwanken des Geschlechts H. Paul 1917 Dt. Gramm. 2, 103.

Strieme M. F. mhd. strieme, streime, strīme, mnd. strēme, mnl. strieme, ahd. strīmo (wozu strīmil, mhd. strīmel) M. 'Streifen': Rest einer germ. idg. Wz. *strī, die noch in lat. stria 'Rippung von Säulen, Furche, Gewandfalte' vorliegt.

Strippe F. Gr. στρόφος 'Seil, Band' (zu στρέφειν 'drehen') ist entlehnt zu lat. stroppus, struppus 'Schnur, Riemen', das in ital. stroppo, span. estrovo, frz. étrope 'Strick' fortlebt. Das roman. Wort ergibt, früh ins Westgerm. entlehnt, gleichbed. agf. stropp, engl. strop, strap, mnl. strop (pp), nnl. strop, mnd. strop (pp), nd. strüppe, mhd. strupfe. Diese Form lebt in obd. Mundarten fort: H. Fischer 1920 Schwäb. Wb. 5, 1885 f. Daneben hat nd. Strippe mit unverschobenem Verschlußlaut (wie Stoppel) und entrundetem ü (wie Pilz) sein Gebiet ausgedehnt. Von Berlin aus bringt das dortige Strippe 'Bindfaden' gelegentlich auch in die Literatur: Kretschmer 1918 Wortgeogr. 122. Mit diesem Lehnwort ist in Berlin usw. ein heimisches Strippe 'Stiefelöse' zus.gefallen, das aus mnd. strippe 'Lederöse, Schlinge, Riemen am Beutel' entwickelt ist. Ihm entspricht westfäl. strüǝpe mit einfachem p (diphthongiert wird nur in offner Silbe) und germ. au. Es gehört zu streifen und bezeichnet den Strupf als Gerät, mit dessen Hilfe man den Stiefel anstreift: Woeste 1882 Wb. d. westfäl. Ma. 259; Kretschmer 1918 Wortgeogr. 504 f.; Lasch 1928 Berlinisch 211.

Strobel M. 'Schopf mit wirrem Haar': nhd. Rückbildung aus mhd. strobelen, ahd. strobalōn, dessen Sippe unter sträuben entwickelt ist. Früh in Eigennamen: auf eine Germanin Strubiloscalleo 'Strobelkopf' verweist Much, Zf. f. dt. Alt. 36, 48. Mit der rheinfränk. Form hat der Frankfurter Arzt Hnr. Hoffmann 1845 seinen Struwwelpeter benannt, wie schon Goethe in seiner Leipziger Zeit „der Frankfurter Strubbelpeter" hatte heißen müssen: Büchmann 1912 Gefl. Worte 237.

Stroh N. mhd. ahd. strō, Gen. strawes, strauwes, strōwes. Ein gemeingerm. Wort: anl. strō, afrief. strē, agf. strēaw, anord. strā (woraus mengl. strā, strō). Zuf.Hang von germ. *sträwa- mit streuen ist augenscheinlich, als Grundbed. ergibt sich 'Hingeschüttetes, Stallstreu'. Entspr. gehört lat. strā-men 'Streu, Stroh' zu sternere 'hinstreuen'.

Strohwitwe F. Frau, deren Mann verreist ist'. 1399 erscheinen in Chemnitz als strōbrüte Mädchen, die schon vor der Hochzeit ein Kind erwarten. Sie müssen sich zur Strafe im Strohkranz trauen lassen, nachdem ihnen in Süd und Nord die Burschen nächtlich Strohmänner vors Fenster gestellt haben. Die Strohpuppe, die einen Menschen nur vortäuscht, bildet das Gegenstück zur Strohjungfer, die tatsächlich keine Jungfrau ist. Ihr nachgebildet ist in der Barockzeit die Strohwitwe als die nur scheinbare Witwe, die (da ihr Mann nur verreist ist) in Wirklichkeit keine Witwe ist (so zuerst in Leipzig 1715 bei Amaranthes, Frauenz.Lex. 1916 „StrohWittben heißet man aus Schertz an etlichen Orten diejenigen Weiber, deren Männer verreiset aber abwesend seynd"). Sie hat Vorbilder in nl. (seit 1573) haeckweduwe 'Frau, die den abwesenden Mann heftig herbeisehnt' (zum Ztw. nnl. haken 'begehren', urspr. 'den Haken auswerfen nach'), schwed. gräsenka, dän. græsenke, engl. grasswidow (seit 1528), nd. (1598) graswedewe 'Mädchen, das auf dem Gras verführt und, da ihr Augenblicksliebhaber sie sofort verließ, auch gleich zu Witwen gemacht wurden'. Gegen Ende des 17. Jh. mag ein Witzbold nach Strohbraut und Graswitwe unser Strohwitwe gebildet haben. Strohwitwer im entspr. Sinne folgt in Leipzig 1716 bei Ludwig 2510: a husband whose wife is in the straw, or whose wife lies in. Engl. grasswidower und schwed. gräsänkling sind jünger. Abweichend J. G. Estor 1767 Teutsche Rechtsgelahrtheit 3, 430: „Strowitber, witwe 'unstandesgemäß verheiratete Männer, Frauen' gleichsam als wenn ein solcher Mann keine Frau hätte": Zf. f. dt. Wortf. 1, 79. 2, 347. 4, 298 ff.; G. Schoppe 1938 Germ.rom. Monatsschr. 26, 71 ff.; Beibl. z. Anglia 43, 283 f.; P. Kretschmer, Anz. d. Akad. Wien, phil.hist. Kl. 1942 Nr. 4 f.

Strolch M. nicht vor Grimmelshausen 1670 Kal. 7a; bei demf. 1673 T. Michel 7, 126 Khull „wann nun die Knaben .. auf der Gasse herumb strolten". Strollen mag neben jüngerem strolchen (nicht vor Adelung 1780) stehen, wie hören neben horchen. Herkunft aus dem Rotw. (Zf. f. d. Wortf. 2, 54) könnte die weite Verbreitung in lebenden Mundarten (H. Fischer 1920 Schwäb. Wb. 5, 186) erklären.

Strom M. Mhd. ahd. stroum, ström, asächf. ström, mnl. nnl. stroom, afrief. sträm, agf. strēam, engl. stream, anord. straumr, norw. straum, schwed. ström, dän. strøm führen auf germ. *strauma- 'Strom', das sich in dem früh entlehnten gleichbed. finn. rauma spiegelt. Zur Wortbildung auf germ. -ma(n)- f. Kluge 1926 Stammbildungsl. § 88. Im Germ. ist wie bei Schwester zwischen s und r ein t eingeschoben, ebenso im urverwandten poln. strumień 'Bach', lett. strauma 'Strom', thrak. Στρῡμων als Flußname. Vorgerm. *sroumo- 'Strom' (in gleichbed. air. sruaim, lit. sriaumie) beruht auf der idg. Wurzel *sreu- 'fließen' in lit. sravėti 'sickern', gr. ῥέειν (für *σρέϝειν), ῥύσις (für *srutis) 'das Fließen', aind. srávati 'er fließt'. Aus mhd. stroum hätte nhd. Straum werden sollen; diese Form gilt mundartlich in Westfalen, im mittleren Stück des Nd. und in Teilen des Alem. bis heute. In der Schriftsprache hat seit etwa 1600 Strom gesiegt, das im Nd. außerhalb Westfalens, in Ost- und Westmd. sowie in Schwaben bodenständig ist. Offenbar hat das literar. Übergewicht dieser Landschaften für das einst mundartliche Strom entschieden.

Stromer M. 'Landstreicher'. Zu mhd. strömen, das aus der Grundbed. 'strömen' die jüngere 'stürmend einherziehen' entwickelt, gehört: Stromer dicuntur kelsnyder, rotw. Quelle von Breslau 1350 bei Kluge 1901 Rotw. 1, 2. Das Wort mildert seinen Sinn: Stroomer 'Vagant' Zf. f. dt. Wortf. 2, 5 aus Berner Mattenenglisch, und lebt weithin in den Mundarten (H. Fischer 1920 Schwäb. Wb. 5, 1877), seit dem 18. Jh. auch studentisch (Kluge 1895 Stud.-Spr. 128) und dadurch in der Umgangssprache.

Strosse F. 'Luftröhre' f. **Drossel²**.

strotzen schw. Ztw., mhd. strotzen, mengl. strutte, strut(e), engl. strut 'stolzieren'. Alter mit langem Stammvokal agf. strūtian 'steif vorstehen', dem mhd. striuzen, schwäb. sträußen 'sträuben' gegenübersteht. Über das Germ. hinaus weisen agf. þrūtian 'schwellen, strotzen; drohen', anord. þrūtna, adän. trüde 'schwellen', denen sich zunächst kymr. trythu 'schwellen' und trythyll 'wollüstig' vergleichen: Dentalerweiterungen der verbreiteten idg. Wurzel *(s)ter- 'starr, steif sein'. S. **Strauß¹** und **Truthahn**.

Strudel M. mhd. (15. Jh.) strudel: ablautende Bildung zu ahd. strēdan st. Ztw. 'brausen'. Lat. fretum 'Brandung' kann hiermit auf einer idg. Wz. *sret 'branden' beruhen. Die Mehlspeise, die zuerst Amaranthes 1715 Frauenz.-Lex. 1917 Strudel nennt, ist schneckenförmig gewunden und vergleicht sich insofern dem Wasserwirbel.

Strumpf M. im heutigen Sinn ist jung wie die dem gesamten Altertum fremde Sache; mhd. strumpf 'Stummel, (Baum-) Stumpf, Rumpf', mnd. strump 'Halbhose'; 'Strumpf' nicht vor dem 15. Jh. Die heutige Bed., auf obd. Boden seit Maaler 1561, ergibt sich aus der urspr. geltenden Zuf.-Setzung Hosenstrumpf: demnach war S. 'Ende der Hose, Kurzhose'. Auf die Grundbed. 'Emporstarrendes, Stumpf' weisen neuisl. strumpr 'etwas Röhrenförmiges', norw. mundartl. strump 'längliches Gefäß' sowie mit Umstellung des Nasals (germ. *strumpa-: *strupna-) mnd. struppe 'Stumpf', norw. mundartl. stroppe 'mit Eisschollen bedecktes Wasser'. Weiterhin ist die unter sträuben behandelte Sippe verwandt. Zur Sache: Forrer, Reallex. d. prähist. Altert. unter Strumpf.

Strunt M. spätmhd. strunc, in den Mundarten von Lothringen bis zum Niederrhein und ins Nd. hinein, wo es seit Beginn der Überlieferung vorhanden ist: Frings 1932 Germania Romana 135. Gleichbed. nl. stronk. Außergerm. gilt lit. strungas 'gestutzt' für verwandt. Dazu ohne Nasalinfix Strauch, f. d.

Strupfe, Strüpfe f. **Strippe**.

struppig Adj. f. **sträuben**. Das Sammelwort Gestrüpp ist eine erst nhd. Bildung.

Struwwelpeter f. **Strobel**.

Stube F., in dt. Mundarten vielfach '(heizbare) Fußbank': Teuthonista 8, 108f. Mhd. stube, ahd. stuba 'heizbares Gemach (besonders für Frauen), Badezimmer' (so auch mlat. stuba in der Lex Alem. des 8. Jh.), mnd. mn. stove 'heizbarer Raum, warmes Bad', nnl. stoof 'Darrstube; Feuerkieke', agf. stofa, -u 'Badestube', engl. stove 'Ofen', anord. stofa, norw. stova, dän. stue, schwed. stuga 'Wohnstube'. Unmittelbar oder mittelbar aus dem Germ. entlehnt sind aslav. istúba, izba, lit. stubà, finn. tupa, ung. szoba (Melich 1933 Festschr. für Gideon Petz 178f.), türk. soba. Das germ. N. *stobō, Gen. *stubun beruht auf Entlehnung aus dem Roman.; dort entsprechen ital. stufa, frz. étuve 'Badestube; Schwitze', ital. stufare, frz. étuver 'bähen, schmoren', étouffer 'ersticken': alle gehen zurück auf volkslat. extūfāre 'ausdünsten' (zu volkslat. *tūfus, ital. tufo 'Qualm' aus gleichbed. gr. τῦφος) mit dem daraus rückgebildeten *extufa 'Ausdünsten'. Das alte ū ist im Vorbild der germ. Wörter nach volkslat. Regel vortonig verkürzt, während der ältere Teil der roman. Entsprechungen und das sehr früh entlehnte bret. stûv 'Waschküche' alte Länge voraussetzen. Daß der Begriff des heizbaren Gemachs (vgl. Pesel) von unsern Vorfahren durch Entlehnung gedeckt werden mußte, wird einleuchtend aus Seneca, De ira 1, 11, 3 '(was gibt es Abgehärteteres als die Germanen), ut quibus magna ex parte non tegimenta corporum provisa sint, non suffugia adversus perpetuum coeli rigorem?' und aus Tacitus, Germ. 16 'subterraneos specus ... suffugium hiemis'.

Stüber M. Im späten Mnl. tritt stüver als Name einer Scheidemünze auf, der sich lautgerecht zu nnl. stuiver entwickelt und von den Niederlanden ausstrahlt: engl. stiver, dän. styver, schwed. styfver, mnd. stüver, luxemb. šteiwər. Hd. wird v in b umgesetzt: stüber dreimal in Schweizer Berichten über die Schlacht von Murten 1476: Urk. d. Belag. von Murten hg. von Ochsenbein (1876) 553 und 560. Nachdem Schottel 1663 Stüfer, Duez 1664 Stüver geschrieben hatte, erscheint seit Kramer 1678 Stüber. M. ü hat sich erhalten wie in Büse, Düne, Süden. Mnl. stüver wird mit mnd. stûf 'stumpf, abgehackt' verbunden: insofern vergleicht sich die Herleitung von Deut.

Stück N. mhd. stücke, ahd. stucki, asächs. stukki, mnl. stuc(ke), ags. stycce, anord. stykki: zu Stock. Wie dieses bedeutet Stück urspr. 'Abgehauenes'. Mit der im Ahd. entwickelten Nebenbed. 'Rinde' ist ital. stucco entlehnt, das nachmals zu 'Gips' entwickelt und im 18. Jh. als Stuck rückentlehnt ist. (K. Wagner 1943 Dt. Wortgesch. 2, 337). Formeln wie ein Stücker vier sind entstanden aus mhd. ein stücke oder vier, nl. een stuk of vier: Behaghel 1923 Dt. Syntax 1, 49.

Stücklohn M. im Gegensatz zu Tagelohn schon 1600 in der Bremer Schuhmacherzunft: DWb. 10, 4, 245. Seit dem 19. Jh. Ersatzwort für Akkord (s. d.): W. Linden 1943 Dt. Wortgesch. 2, 384.

Student M., studieren schw. Ztw. im gleichen Verhältnis wie lat. studens und studēre. Das Ztw. braucht schon Cicero in Formeln wie litteris, artibus studēre; absoluter Gebrauch wird im 13. Jh. möglich: Dominus Fridreicus stetit et studuit in eadem universitate; ihn setzt unser studieren fort. Seit dem 14. Jh. wird studentes der amtliche Name der bisherigen schuler (scholares); wie dieses vordem, so wird Student im

kathol. Süden von den Schulen beansprucht und darum im Hochschulgebrauch (in Freiburg i. B. schon 1584) ersetzt durch academicus. — Dem seit 1513 bezeugten Ausdruck Bruder Veit für 'Landsknecht' bildet Luther 1529 (Weim. Ausg. 29, 206, 12) bruder studium für 'Studentenschaft' nach. „Das ist Bruder Studium" sagt Kurfürst Johann Friedrich beim Einzug in Jena 1552 und beflügelt damit das Wort. Dafür 1723/44 Bruder Studeo als Name dessen, der von sich sagt „studeo" (wie Jasomirgott, Habenichts u. ä.) und durch lässige Aussprache Bruder Studio, zuerst Altdorf 1711: A. Götze 1928 Nachr. der Gießener Hochschulges. 6, 2.

studentikos Adj., zuerst 1620 als Adv. studentικῶς in einem lat. Brief; noch im 18. Jh. nur als Adv., stets mit gr. Endung geschrieben: Kluge 1895 Stud.-Spr. 48.

Stufe F. ahd. stuof(f)a, mhd. stuofe, mnd. stôpe, mnl. stoep(e), nnl. stoep: ablautende Bildung zu der in Staffel und engl. step 'schreiten' steckenden germ. Wz. *stap 'gehen' (asächs. stôpo, asg. stôpol 'Fußspur'). Urspr. dem Obd. nicht fremd (stegenstuofa 'gradus scalarum' otfer), zieht sich das Wort in mhd. Zeit auf das Md. zurück und wird erst durch Luther (2. Mos. 20, 26 und noch 23mal in der Bibel) wieder literaturfähig. Luthers obd. Zeitgenossen muß es mit Staffel, Stapfel, Steig erläutert werden, in den nhd. Wörterbüchern erscheint es nicht vor Schottel 1663 und Krämer 1678: Kluge 1918 Von Luther bis Lessing 102. 111. 114; v. Bahder 1925 Wortwahl 9. Zur Bed.-Entwicklung vgl. unser Tritt im Sinn von 'Stufe'. Aslav. stepenĭ 'Stufe' beruht wegen seiner altertümlichen Bildung kaum auf Entlehnung aus dem Germ.

stufen, stofen schw. Ztw. 'dämpfen': erst nhd., entlehnt aus nd. stoven; s. Stube.

Stuhl M. mhd. ahd. stuol, asächs. afries. ags. stôl, nl. stoel, anord. stôll; got. stôls 'Hochsitz' (ags. cynestôl 'Thron'). Grundbed. 'Gestell': aus der unter stehen behandelten idg. Wz. *sthā 'stehen' mit lo-Suffix gebildet, wie got. sit-ls 'Sitz' aus der idg. Wz. *sēd 'sitzen'. Außerhalb des Germ. entsprechen lit. pastólas 'Gestell', aslav. stolŭ 'Stuhl, Thron', gr. στήλη (aus *stal-nā) 'Säule'. Zur Sache Falk 1919 Reallex. d. germ. Alt.-Kde. 4, 296.

Stulle F. Das unter Stolle dargestellte Bäckerwort entwickelt die ostmd. Form Stulle, die in der Bed. 'kleiner Brotlaib' in die Mark Brandenburg gelangt und hier die Bed. 'Butterbrot' annimmt. So in Berlin seit 1647: Danneil 1859 Altmärk. Wb. 215; Kretschmer 1918 Wortgeogr. 510f.; Ag. Lasch 1928 Berlinisch 211f.

Stulpe F. im 17. Jh. (als erster bucht Duez 1664 Stülp, Stülpen M. 'Rand eines Huts') ins Hd. entlehnt aus nd. stülpe 'Deckel zum Überstürzen, Hülle, (Hut-)Krempe, steifer Teil des Stiefelschafts', nl. stulp, stolp 'Glassturz'. Dem Ztw. stülpen, das in hd. Text zuerst bei Fischart 1580 Jes.-Hütl. 793 als vberstülpen begegnet, entspricht nd. nl. stulpen 'mit einem Deckel überstürzen, überdecken'. Dazu nl. stelpen 'hemmen', anord. stolpi M. 'Pfosten'. Urverwandt sind aruss. stůlbů, lit. stulbas (vielleicht aus dem Russ. entlehnt) 'Pfosten', lett. stulbs 'Pfosten, Haus ohne Dach, Schienbein, Wade, Stiefelschaft'. Grundbed. 'steif Stehendes'.

stumm Adj. Adv. mhd. ahd. asächs. afries. stum, -mmes, mnl. nnl. fries. stom, -mmes. Dän. norw. schwed. stum sind aus dem Dt. entlehnt. Nebenformen wie mhd. stump (b), mnl. stomp (b) sind nach den entsprechenden Formen von dumm (s. d.) gebildet, das gemeingerm. für 'sprachlos' galt. Stumm ist im festländ. Germ. als schonender Ausdruck an dessen Stelle getreten: gemäß seiner Zugehörigkeit zur idg. Wurzel *stem- '(an)stoßen' (s. stammeln und stemmen) bedeutet es ursprünglich '(sprachlich) gehemmt'. Tiefstufige germ. Verwandte bedeuten 'stolpern', so ostfries. stummeln, mengl. stumren, stum(b)len, anord. stumra. Die Bedeutungen 'stottern' und 'stolpern' vereinigt das urverwandte lett. stuomities (aus *stōm-); lett. stuostīt (aus *stamstīti) ist 'stoßen', rückbez. 'stottern'.

Stummel M. mhd. stummel, stumbel, ahd. stumbal M. 'abgeschnittenes Stück, Stumpf', eig. subst. Adj. zu ahd. stumbal, mhd. stumbel 'verstümmelt'. Dies beruht auf einer vorgerm. Wz. *stembh 'verstümmeln' in lit. stámbras 'Stummel', stámbras, stembrỹs, stémbras 'Stengel', stámbas 'Strunk', stambùs 'grob'. Dazu das schw. Ztw. verstümmeln aus gleichbed. mhd. (ver)stümbeln, ahd. stumbilōn. Vgl. Stump und stumpf.

Stump M. nd. md. Form für obd. Stumpf, mhd. ahd. stumpf; entspr. nl. stomp, engl. stump 'unteres Reststück'; auch Stümper (s. d.) ist nd. Herkunft. Daneben das Adj. stumpf, mhd. ahd. stumpf 'verstümmelt, unvollkommen', nl. stomp 'mit stumpfer Schneide'. Die Sippe beruht wohl auf Vermischung der beiden germ. Wurzeln *stumb (s. Stummel) und *stūp: *steup (s. Stief-).

Stümper M. 'Nichtskönner' löst in einer Bed. frühnhd. stümpler ab. Das ist urspr. wohl der Handwerker, der mit stumpfem, also unzulänglichem Werkzeug am Werkstoff herumpfuscht, vielleicht auch der Schneider, der aus Reststückchen ein Kleidungsstück zus.-flickt. Md. stümper bedeutete vom 14. bis zum 17. Jh. 'Schwächling', urspr. (als Ableitung zu Stump, s. d.) 'Verstümmelter'. Dän. stymper, schwed. stympare 'Stümper', älter 'Krüppel' beruhen auf Entlehnung aus mnd. stumpere 'Krüppel, armer Kerl'.

stumpf s. Stump.

Stunde F. mhd. mnd. afries. stunde, ahd. stunt(a), asächs. stunda, mnl. stonde, stont, ags. anord. stund. Got. *stunda wird in roman. Entlehnungen greifbar (Arch. f. n. Spr. 179, 35). Alle führen auf germ. *stundō-, wahrscheinlich eine ablautende Bildung zu germ. *standan (s. stehen). Als Grundbed. ergibt sich 'stehender Punkt (im Zeitverlauf)'. Über '(feststehender) Zeitpunkt, (kurzer) Zeitraum' hat sich im Spätmhd. (15. Jh.) die Weg-, Zeit-, Unterrichtsstunde von 60 Minuten entwickelt, durch junge Entlehnung auch an lit. stùndas weitergegeben. Das Bedürfnis nach genauer Zeitbezeichnung ist jung, wie auch die Wortgeschichten von Minute und Sekunde lehren. Reste des älteren Wortgebrauchs dauern in bibl. Wendungen wie die S. des Todes fort. Mundart und Umgangssprache kennen Fügungen wie von Stund an, bis zur S., eine Zahlung stunden. Wie diese sind vom älteren Sprachgebrauch aus gebildet die heute umgedeuteten Fügungen zur rechten S., er hat keine ruhige S., in der S. der Gefahr.

stupfen schw. Ztw., mhd. ahd. stupfen, stüpfen 'stoßen, stacheln, antreiben'. Dafür nnd. stupsen. Vgl. steppen.

stur Adj., sturen schw. Ztw.: erst im 19. Jh. aus nd. Ma. ins Nhd. aufgenommen: ablautende Bildungen zu starr, s. d. und stieren.

Sturm M. Mhd. ahd. sturm, asächs. nl. ags. storm, anord. stormr führen auf germ. *sturm- 'Unwetter', dessen Nasal Kluge 1926 Stammbild. § 152 als Suffix erweist. Damit ermöglicht sich Beziehung zu anord. styrr 'Tumult, Kampf', ags. styrian, engl. stir 'erregen, bewegen'; auch stören (s. d.) ist wz.-verwandt. Als Grundbed. ergibt sich 'Störung'. Aus dem Germ. früh entlehnt, sind ital. stormo 'Zus.-Laufen, Treffen, Streit', afrz. estour (woraus engl. stour), womit sich die Übertragung vom Wetter auf Streit und Kampf als uralt erweist. Sturm und Drang nannte nach Christoph Kaufmanns Vorschlag Klinger 1776 sein Schauspiel 'Wirrwarr'. Als Fahnenwort der Geniezeit zuerst in Wien Dez. 1781 bei Jos. Richter, ABC-Buch für große Kinder unter 'Originalgenie': Kurrelmeyer 1927 Mod. lang. notes 42, 176.

Stürmer M. mhd. sturmære 'Kämpfer', erlangt im 18. Jh. die Bed. 'studentischer Draufgänger' und ist so durch Zachariae 1744 Renommist 516 für Jenaer Stud.-Kreise bezeugt. Laukhard 1802 Mein Leben 5, 311 nennt S. als Student. Kopfbedeckung und merkt dazu an „Hüte, wie man sie im Jahr 1672 in Spanien getragen hat", Campe bucht 1810 S. 'sehr großer dreieckiger Hut' als studentisch, Stark 1816 über den Geist des Stud.-Lebens in Jena 29 nennt eine bestimmte Art Mützen so. Offenbar ist der Name des Renommisten auf seine verwegene Kopfbedeckung übergegangen. Der Bed.-Wandel entspricht dem von Maske.

stürzen schw. Ztw. 'umstülpen, hinunterstoßen; fallen, eilen'. Mhd. stürzen, sturzen, ahd. sturzen, mnd. mnl. nnl. storten, afries. stirta, ags. sturtian, styrtan, engl. sturt führen auf westgerm. *sturtjan. Aus dem Mnd. entlehnt sind dän. norw. styrte, schwed. störta. Mit Sterz (f. d.) zu idg. *sterd-, Erweiterung der Wurzel *ster-, die sich von 'starr' über 'steif gehen' zu 'stolpern, fallen', endlich zu 'umkehren, so daß das Oberste zu unterst kommt' entwickelt hat.

Stuß M. Hebr. š̌tūth 'Dummheit, Torheit' (verwandt mit Schaute, f. d.) ergab gleichbed. jüd.-dt. štuß (zum Wandel von th zu s vgl. Schabbes) wird seit Kindleben 1781 Stud.-Lex. 185 (Stusse, eig. ein jüdisches Wort für 'Thorheiten, närrische Dinge') und Klein 1792 Prov.-Wb. 2, 180 gebucht. Mundartlich erscheint S. auch in Bedeutungen wie 'Unsinn, Verdruß, Zank, Spaß'.

Stute F. Die Pferdeherde, die halbwild in den Wäldern weidete, hieß ahd. mhd. stuot. Dieselbe Bed. gilt auch für mnd. stöt (d), ags. mengl. stöd, engl. stud (wozu die jan-Bildung ags. stēda 'Zuchthengst', engl. steed '(Schlacht-)Roß'), anord. stöð. Dem germ. *stöda- (idg. *städho-) entspricht genau aslav. stado 'Herde'. Daß die Grundbed. etwa 'Stand' ist, das Wort somit von der idg. Wz. *st(h)ā 'stehen' gebildet ist, lehren lett. stads 'Setzlinge (koll.), lit. stodas 'Pflanze, Setzling'. Im Mhd. hat sich das Sammelwort zum Einzelbegriff entwickelt (wie Bursche, Fahrzeug, Frauenzimmer, Imme, Kamerad, Kanaille, Rat); dabei wurde es durch sein Geschlecht zur Bezeichnung des weibl. Pferds. Zu den fem. i-Stämmen war ahd. stuot als Bezeichnung der Stutenherde übergetreten, urspr. ist es neutr. a-Stamm: Palander 1899 Ahd. Tiernamen 85. Auffällig ein gleichbed. frühnhd. struot: Herr 1545 Feldbau 134 u. ö. Gestüt N. ist vor Ende des 16. Jh.

als Sammelwort neugebildet, nachdem Stute zum Einzelbegriff geworden war.

Stuten M. in Teilen Norddeutschlands ein längl. Weißbrot, urspr. von der Form eines Oberschenkels (vgl. Brezel): mnd. stüt 'dicker Teil des Oberschenkels' ist die Entsprechung von hd. Steiß, f. d. Stute als Fam.-Name (in Pommern seit 1429) ist mittelbarer Berufsname des Stutenbäckers: Kurt Müller 1933 Barther Pers.-Namen 90. Den umgangssprachl. Bereich von Stuten(weck) umschreibt Kretschmer 1918 Wortgeogr. 156; im gleichen Bereich gelten Stutenmond, -woche für 'Flitterwochen'.

stutzen schw. Ztw. 'stoßen, hemmen, zögern, prangen, aufrecht stehen', ahd. erstutzen 'wegscheuchen' neben stotzōn 'heftig, stoßweise ausführen', mhd. stutzen 'scheu werden', mnd. stutten 'aufschieben'. In andrer Lautform entspricht nnl. stuiten 'stoßen, hemmen, gehemmt werden, zögern, aufschneiden, passen': Intensivbildungen zu stoßen, f. d. Damit nahe verwandt ist nhd. stutzen 'ab-, beschneiden', zuerst bei J. Mathesius 1562 Sarepta 50: abgeleitet von Stutz (in Stutzbart, -uhr), mhd. stutz M. 'Stoß'. Diese Bildung ist nur deutsch; dän. studse ist aus dem Nhd. entlehnt.

stützen schw. Ztw., mhd. (under)stützen, ahd. (untar)stuzzen; dazu Stütze F., mhd. stütze. Ahd. stuzzen aus *stuttjan weist auf eine germ. Wz. *stut. Daneben zeugen schweiz. stüd F. 'Pfosten', ahd. studen, anord. styðja 'feststellen, stützen', ags. studu, studu 'Pfosten', anord. stoð 'Stab, Stütze' auf eine germ. Wz. *stup: *stud, idg. *stut. Nächstverwandt ist lett. stute 'Rute, abgefegter Besen'. Von der einfachen Wz. *stu- ist die unter stauen und Steuer entwickelte Sippe gebildet.

Stutzer M. literarisch seit Moscherosch 1650, gebucht seit Schottel 1663 Ausf. Arb. 340, urspr. „wer einen gestutzten Bart, sog. Henriquatre, trägt", darum auch nur von Männern. Aus dem Nhd. stammt älter dän. studser. Zf. f. dt. Wortf. 1, 49. 12, 291.

Substanz F. Lat. substantia 'Bestand, Wesen, Beschaffenheit' ergibt vor Ende des 13. Jh. mhd. substanzī: Suolahti 1929 Frz. Einfl. 247.

subtil Adj. Lat. subtīlis 'fein, dünn, zart' hatte als gelehrte Form afrz. subtil ergeben, das im 13. Jh. entlehnt wird zu mhd. subtīl: Suolahti 1929 Frz. Einfl. 247.

suchen schw. Ztw. Mhd. suochen, süechen ahd. suohhan, -en, asächs. sōkian, mnd. nnd. sōken, anfr. suocan, mnl. soeken, nnl. zoeken, afries. sēka, sēza, ags. sōcan (mit sōcn 'Untersuchung, Gerichtsbarkeit'), engl. seek, anord.

sōkja, got. sōkjan (wozu sōkns 'Untersuchung, Streitfrage') führen auf germ. *sōkjan. Das ist Faktitivbildung zum Verbalstamm germ. *sōk-, idg. *sāg- '(witternd) nachspüren'. Urverwandt sind lat. sāgīre 'aufspüren', sāgus 'prophetisch', sāga 'Wahrsagerin', sagāx 'scharfsinnig', air. saigim 'gehe einer Sache nach', gr. ἡγέομαι 'führe, gehe voran (als der den Weg Aufspürende)', ἡγεμών, ἡγήτωρ 'Anführer'. Grundbed. von *sōkjan ist 'aufspüren lassen', das urzeitliche Objekt dazu der Spürhund: suchen offenbart sich als altes Jägerwort. Diese Entwicklung ist den Germanen mit den nachmaligen Italikern gemeinsam: got. sōkja = lat. sāgio. Vgl. Sache.

Sucht¹ F. 'Krankheit'. Mhd. ahd. asächs. suht, mnl. socht, nnl. -zucht, afries. sechte, ags. (als Entlehnung aus dem Altsächs.) suht, syht, anord. sōtt, dän. schwed. sot, got. saúhts führen auf germ. *suhti-: Abstr. zu got. siukan st. Ztw. 'krank sein' (s. siech). Nhd. Sprachgefühl verbindet Sucht irrend mit suchen, darum Sucht nach etwas.

Sucht² F. 'saugende Strömung im Meer', ein Ausdruck der Ostseeküste. Zu saugen.

suckeln schw. Ztw. eine erst nhd. Intensivbildung zu saugen.

Süd s. Süden.

sudeln schw. Ztw. Zur idg. Wurzel *seu-, die unerweitert in gr. ὕει 'es regnet' erscheint und zu der mit velarer Erweiterung saugen, mit labialer saufen gehört, stellen sich mit dentaler Erweiterung germ. *seut- in ags. besūtian 'beschmutzen', germ. *seud- in ags. gesyd 'Suhle'. Dazu in gramm. Wechsel germ. *seuþ- in hd. Sudel M. 'Sumpf, Pfütze, Jauche'. Hierzu das schw. Ztw. sudeln 'schmutzige Arbeit tun; unsauber arbeiten', wofür auch obd. suttln, nd. soddeln gilt. Davon ist nach Ursprung und Bedeutung getrennt ein spätmhd. sudelen, das als Verkl. neben sieden (s. d.) tritt wie strudeln neben ahd. strёdan 'sprudeln, kochen'; vgl. fälteln, grübeln, klingeln, rieseln, schmuggeln, schwindeln, sticheln und W. Wilmanns 1899 Dt. Gramm. 2, 98. Rückbildung dazu ist frühnhd. sudel 'Gar-, Feldkoch'. Unserm Sudler entspricht mnl. zoetelaer 'schlechter Koch, Lagerkoch', dem engl. sutler 'Marketender' entlehnt ist.

Süden M. ist auf hd. Boden Lehnform aus Mundarten, in denen n vor Reibelaut unter Ersatzdehnung schwindet: asächs. sūthar, afries. sūth, ags. sūþ. So beruht Sauerland auf westfäl. suərland (alt sūdarland); Sudenburg und Suderode sind norddt. Ortsnamen. Nhd. ü weist auf Entlehnung aus dem M. (mnl. sūden; neben nnl. zuid mit öi steht eine

ältere u. mundartl. Form mit ü; vgl. Büse, Düne, Klüver, Stüber). Die alte hd. Form lebt in Sundgau, -heim, Sontheim, -hofen, Zunthof, Sündeläcker u. ä., dazu ahd. sund(ar)wind, mhd. sunderwint 'Südwind'. Das Grundwort ist im Obd. früh ausgestorben und durch Mittag ersetzt, wie auch Norden, Osten, Westen obd. Volkssprache wenig vertraut waren: die seefahrenden Germanen haben die Namen der Himmelsgegenden ausgebildet und den Nachbarn weitergegeben: frz. sud 'Süden' ist im 12. Jh. aus dem Ags. entlehnt. Urgerm. *sunþan 'von Süden her' und *sunþ(r)a- 'südwärts' werden vorausgesetzt durch ahd. sundan(a), asächs. sūdon, ags. sūdan 'von, im, nach Süden' und ahd. sundar, asächs. sūthar, anord. suðr 'südwärts'. Man hat germ. *sunþa- als 'Sonnenseite' gefaßt und mit *sunnon- (s. Sonne) verknüpft, was lautlich möglich ist und durch den Hinweis auf Osten 'Seite der Morgenröte' gestützt werden kann. Glaubhafter geht man (wie bei Nord, s. d.) von der Stellung des Betenden und Opfernden aus, der das Gesicht nach Osten wendet. Süd(en) ist dann 'rechts' und gehört zu *sunþa- 'rechts', (urspr. 'stark', s. geschwind und gesund): F. R. Schröder 1923 Beitr. 47, 345; H. Schröder 1929 Germ.-roman. Monatsschr. 17, 421.

Südpol M. kaum vor Kramer 1678. Noch Rabener († 1770) schreibt Süderpol, wie auch seemännisch Süderbreite, -sonne die gangbaren Bezeichnungen sind.

Südwester M. Ölhut, mit dem sich der Seemann bei Südweststurm schützt. In hd. Text kaum vor 1851: Kluge 1911 Seemannsspr. 770. Zum Teil älter sind nnl. zuidwester, engl. southwester, dän. sydvest(er).

Suff M. Nomen actionis zu saufen, entspr. mnd. söpe 'Trank' und ags. sype M. 'Befeuchtung'. Den ersten nhd. Beleg bietet in Worms 1551 K. Scheidt, Grobianus V. 111 Ndr. „Da laß mich thůn ein gůten Suff, Marcolffe, sich, der gilt dir druff". Studentenkreise haben das grobianische Wort gepflegt. Der stille Suff kaum vor K. v. Holtei († 1880) Erzähl. Schr. 22, 209. — Das Adj. süffig ist älter als das M. in der Bedeutung 'trunkliebend': Ferrarius 1533 Von dem gemeinen Nutz 40ᵇ „Rathspersonen sollen auch eines erbaren Lebens sein, nit suffig". In obd. Weingegenden ist süffig 'angenehm zu trinken'. Als Lob des Weins ist es heute allgemein bekannt.

Suhle F. 'Sumpf, in dem sich Wild zur Kühlung wälzt', im 17. Jh. rückgebildet aus suhlen schw. Ztw. 'sich im Kot wälzen', mhd. süln, ahd. sullen, ags. syljan 'beschmutzen';

mit andrer Ablautstufe die gleichbed. norw. søyla, got. bisauljan. Urverwandt sind apreuß. sulo 'geronnene Milch', lett. sula, lit. sulà 'Baumsaft', gr. ὕλη 'Schlamm', aind. súrā 'Branntwein'. S. besulbern.

Sühne F. mhd. (selten) süene (meist suone), ahd. suona 'Urteil, Gericht, Versöhnung'. Davon abgeleitet sühnen, mhd. süenen, ahd. suonen schw. Ztw. 'zur Sühne bringen, versöhnen, ausgleichen' (ahd. 'richten'). Dazu mnd. sōne 'Sühne, Ersatz', sōnen 'aussöhnen, beilegen, Ersatz zahlen', mnl. zoen, afries. sōne 'Sühne'; sēna, asächs. sōnian 'sühnen'. Westgerm. sōn- wird aus swōn- entstanden sein; vgl. mnd. swōne, mnl. zwoene, norw. mundartl. sōnast 'übel, ohnmächtig werden', anord. sōnarblōt 'ein rituelles Eberopfer', Sön F. 'Name eines der drei den Dichtertrank enthaltenden Kessel' (aber dän. norw. sone 'sühnen', norw. mundartl. sōna 'einen Streit beilegen' sind dem Mnd. entlehnt). Dazu mit Ablaut norw. mundartl. svœna 'nachlassen', svana 'hinschwinden, sich besänftigen'. Endlich gehören hierher noch anord. sōa 'opfern, töten' ags. āswōgan 'ersticken', geswōgen 'ohnmächtig, tot', münsterländ. beswaigen 'ohnmächtig werden' (germ. *swōh-: *swōg-). Grundbed. der Sippe dürfte 'still machen' sein. Sichere außergerm. Beziehungen fehlen. Dazu versöhnen.

Suite F. 'lustiger Streich', im 18. Jh. aus frz. suite F. (zu lat. sequi 'folgen') entlehnt und namentl. bei den Studenten beliebt, von da auch Goethes Wendung Suiten reißen. Dazu Suitier M. 'lustiger Bruder' und suitisieren 'tollen' als burschikose Bildungen des beginnenden 19. Jh.: Zs. f. dt. Wortf. 1, 49. 4, 313. 12, 291. 15, 212.

Sülzmeister M. 'Pfuscher', die nd. Entsprechung des hd. Selbmeister 'Handwerksgesell, der als Meister arbeiten will und nicht dazu gemacht ist'. Mnd. sulfmēster war der Aufseher über die Lüneburger Salinen: DWb. 10, 1, 439; K. E. H. Krause 1880 Erklär. Wb. der Lüneburger Sülze 46f.

Sultan M. Arab. sultān, das aus 'Herrschaft' zu 'Herrscher' geworden ist, war der Titel erst des Kalifen von Bagdad, dann türk. Generäle, die sich vom Kalifen unabhängig machten, endlich jedes kleinen Fürsten im Morgenland. Über mlat. soldānus und afrz. soldan erreicht uns das Wort im 13. Jh. als mhd. soldān. Der Fam.-Name Soldan, wohl durch Hauszeichen vermittelt, bewahrt die mittelalterl. Form.

Sülze F. (md. Form für obd. Sulz), md. sülze, mhd. sulz(e), ahd. sulza (aus *sultja) 'Salzwasser, Sülzwurst', asächs. sultia 'Salzwasser', anl. sulta: im Ablaut mit Salz.

Dem Germ. entlehnt sind ital. solcio 'Sülze, Gallert', aprov. soltz, afrz. souz M., souce F. Zur Sache M. Heyne 1901 Nahrungswesen 297.

Summe F. mhd. summe im 13. Jh. entlehnt aus lat. summa 'Gesamtzahl, urspr. oberste Zahl als Ergebnis der von unten nach oben vollzogenen Addition'. Daneben hält sich kaufmännisch und rechnerisch, namentlich in Österreich, die lat. Form Summa; so allgemein in Summa Summarum. Seit dem 14. Jh. ist die Bedeutung 'Geldbetrag' nachweisbar; heute gilt Summe auch für 'höchster Inbegriff'. Summieren ist in spätmhd. Zeit nach lat. summāre gebildet, summarisch zu Beginn des 16. Jh. nach spätlat. summārius.

summen schw. Ztw., spätmhd. summen: lautmalende Bildung.

Sumpf M. mhd. sumpf, fläm. zompe, engl. mundartl. sump 'Sumpf', urspr. 'schwammiger Boden'. Daneben mit Ablaut engl. swamp 'Sumpf', westfäl. swampen 'auf- und niedergehen' (von schwammigem Boden); hierher die unter Schwamm entwickelte Wortsippe. Anders abgeleitet ahd. sunft 'Sumpf'. Urverwandt gr. σομφός 'schwammig, locker, porös' aus gleichbed. idg. *suombhó-s. In Teilen des nd. Gebiets ist Sumpf junger Eindringling neben bodenständigem Bruch².

sumpfen schw. Ztw. 'liederlich leben': student. Bildung der 2. Hälfte des 19. Jh. Etwas älter scheint nach Kluge 1895 Stud.-Spr. 129 versumpfen zu sein, das die Vorstellung mit dem Fremdwort stagnieren teilt.

Sund M. erst in frühnhd. Zeit aus dem Nd. aufgenommen: mnd. ags. sund, engl. sound 'Meer(enge)', anord. sund 'Meerenge, Durchgang zwischen Häusern'. Man hat das Wort vielleicht nicht, wie üblich, mit ags. anord. sund 'Schwimmen' (aus vorgerm. *sum-tó-) gleichzusetzen, sondern darin eine ältere Nebenform zu Schwund zu erkennen mit der Grundbed. 'Schwund des Landes': Edw. Schröder 1921 Festschr. für Bezzenberger 136.

Sünde F. Mhd. mnd. sünde, ahd. sunt(e)a, asächs. sundia, anfr. sunda, mnl. sonde, nnl. zonde, afries. sende, ags. synn, engl. sin führen auf westgerm. *sundiō-. Die norw. Entsprechung (anord. synd, älter synþ, norw. dän. schwed. synd) ist aus dem Westgerm. entlehnt, got. *sundi- fehlt (für ἁμαρτία setzt Ulfilas frawaúrhts, für ἁμαρτάνειν frawaúrkjan; s. wirken). Alle Versuche, Sünde aus dem Germ. zu deuten, sind mißlungen; der von Edw. Schröder 1929 Zs. f. vgl. Sprachf. 56, 106 ff. unternommene, von einem germ. F. *skmtjō 'Verhalten, dessen man sich schämt' (s. Scham) auszugehen, scheitert daran, daß k vor m nicht ausgefallen wäre. Der germ. Rechtssprache gehört Sünde nirgends an. Möglich bleibt allein frühe Entlehnung aus lat. sons, Gen. sontis 'schuldig (seiend)'. Dies ist Part. zu es(se) 'sein'. Die Bedeutung 'das Seiende' liegt auch dem urverwandten got. sunjis (aus *sundjis) 'wahr' zugrunde. S. sein².

Sündenbock M. Der Bock, den Aaron nach 3. Mos. 16, 21 f. mit allen Sünden Israels beladen in die Wüste jagt, wurde in übertragenem Gebrauch zum Unschuldigen, der für die Schuld anderer leidet. So Goethe briefl. am 18. Juni 1798; aufgenommen von Jean Paul 1809 Katzenb. Badereise, 3. Summ. 35; gebucht seit Campe 1810. Vgl. Opferlamm und Prügeljunge. Die Lutherbibel kennt das Wort Sündenbock nicht.

Sündflut F. Unter Singrün ist germ. *sin entwickelt, das als erstes Glied von Zus.-Setzungen 'immer, umfassend' bedeutet. Die allgemeine Überschwemmung, die nach 1. Mos. 6, 17 ff. die sündige Menschheit verschlingt, heißt ahd. sin-vluot, seit Notker auch sintfluot mit t als Gleitlaut, seit dem 13. Jh. mit naheliegender Umdeutung sünd(en)fluot, nl. zondvloed. Luther bleibt bei Sindflut; trotz seines Sträubens dringt im 16. Jh. Sündflut durch. Eck schwankt zwischen Sindfluß und Sündfluß, die Züricher Bibel von 1537 bietet Sündfluß: Kluge 1918 Von Luther bis Lessing 102.

sündig Adj. ahd. suntig, mhd. sündec, siebenmal in der Lutherbibel, doch schon hier durch das häufigere sündlich bedrängt, wird von Frisch 1741 und Adelung 1780 als veraltet bezeichnet und erst von Herder und Goethe, offenbar aus der Bibelsprache, neu belebt: Kuhberg 1933 Verschollenes Sprachgut 61.

super-. Lat. super 'über' als steigernde Empfehlung begegnet zuerst in superfein bei Paracelsus († 1541) Arch. für Ref.-Gesch. 15, 152 f. Hier und bei Mathesius 1562 Sarepta 94 ff. ist es Fachausdruck für Silber vom höchsten Feingehalt: Zs. f. dt. Wortf., Beiheft zu Bd. 3, S. 93. Superklug folgt im 17. Jh.: Gynaecophilus 1686 Polit. Freiersmann 303. Es wird vor allem an den Hochschulen gebraucht: Reinwald 1720 Akad.-Spiegel 116. Ähnliche Mischbildungen s. u. erz-, ex-, hyper-, vize-.

Superkargo s. Kargo.

supfen schw. Ztw. 'schlürfend trinken', spätahd. gisupphen, mhd. frühnhd. supfen: Intensitiv zu dem unter saufen dargestellten st. Ztw., in nhd. Zeit aus der Schriftsprache geschwunden. Über das Fortleben in obd. und md. Mundarten (hier als suppen): K. v. Bahder 1925 Wortwahl 116.

Suppe F. Zu mnd. supen 'mit dem Löffel essen' (s. saufen) wird das Fem. im 14. Jh. gebildet (suppeln bei Meister Eckhart † 1327). Es wird in die roman. Sprachen entlehnt: span. portug. prov. sopa, frz. soupe. Das im Dt. fortlebende Wort gerät im 15. Jh. unter westlichen Einfluß, auch sachlich hat die frz. Küche eingewirkt, aus der auch nnl. soep und engl. soup 'Suppe' stammen.

Sure F. Kapitel des arab. Korans, in nhd. Text seit Goethe.

surren schw. Ztw. Im Hd. nicht vor G. F. Messerschmid, Spital (Straßb. 1618) 126 „ein Bienen- und Wespenschwarm ... mit ihrem Surren und Sausen", doch eine alte, lautmalende Bildung: mnd. surringe 'leises Sausen', norw. schwed. surra, dän. surre 'rieseln; summen'. Mit lit. surmà 'Pfeife', aslav. svirati 'pfeifen', lat. susurrus 'Zischen', susurrō 'flüstre, sumse', absurdus 'mißtönend', sōrex, gr. ὕραξ 'Spitzmaus', ὕρον 'Gesumme', aind. svárati 'tönt' zur idg. Wurzel *suer- 'surren': H. Güntert 1927 Idg. Forsch. 45, 346. Die Bildung gilt weithin in den Mundarten und gelangt von da vor Ende des 18. Jh. in nhd. Dichtung: von Kugeln Schiller 1781 Räuber 3, 2; von Grillen 1784 Kab. und Liebe 2, 1. Dazu Gesurr N., zuerst Voß 1795 Luise 3, 1, 214 vom Spinnrad.

süß Adj. Adv. Mhd. süeze Adj., s(w)uoze Adv., ahd. s(w)uozi Adj., suozo Adv., md. süze, söze, asächs. swōti, suoti, mnd. sőte, anfr. suoti, mnl. soete, nnl. zoet, agf. swēte, swōt, engl. sweet, anord. sœtr, schwed. söt, dän. sød führen auf germ. *swōtu-, *swōtia- 'süß'; früh entlehnt gleichbed. lapp. suotas. Dazu vielleicht got. sūtis 'mild, nachgiebig'. Die nächsten außergerm. Verwandten sind lat. suāvis (aus *suādvis) 'lieblich', gr. ἡδύς aind. svādú- 'süß', dazu die Namen gall. Suādurīx, -genus M., ir. Sadb F. und die Ztw. lat. suādēre 'raten' (urspr. 'schmackhaft machen'), gr. ἥδεσθαι 'sich freuen', ἁνδάνειν 'gefallen', aind. svādati 'würzt', svadáyati 'macht schmackhaft'. Idg. Wurzel *suād- 'süß; an etw. Geschmack, Freude finden'.

Süßholz N. Unter Lakritze ist als dessen Ausgangspunkt gr. γλυκύρριζα (aus γλυκύς 'süß' und ῥίζα 'Wurzel') aufgezeigt. Lehnübersetzung des lat. glycyrrhiza, das man aus Plinius kannte, ist spätmhd. süezholz. — Süßholzraspler weist Ladendorf 1906 Schlagwb. 309 seit 1848 nach: Spott auf den, der aller Welt nur Angenehmes zu sagen bestrebt ist.

Süßstoff M. für das 1878 entdeckte Sacharin: O. Sarrazin 1918 Verd.-Wb. 284. Durchgedrungen während des Weltkriegs infolge der Zuckernot.

Sutter M. 'Sumpf; (Tabak=)Jauche', erst nhd., zu spätmhd. sutteren 'im Kochen überwallen'. Dies mit nhd. Sudel zu sieden.

Syenit M. gr. συηνίτης: Gesteinsart, die nach der Stadt Assuan in Oberägypten (gr. Συήνη) benannt ist: Littmann 1924 Morgenl. Wörter 12.

Sykomore F. der urspr. in Agypten heimische Maulbeerfeigenbaum. Die Früchte, syr. šiknim (Plur.), erinnerten die Griechen an die Feige (σῦκον); den Wortausgang bildeten sie mit Anlehnung an μῶρον 'Brombeere': s. Maulbeere und Hoops 1905 Waldb. und Kulturpfl. 556 f. In dt. Text Sycomoreholz Oken 1841 Allg. Nat.=Gesch. 3, 3, 1560.

Symbol N. Gr. σύμβολον 'Wahrzeichen' gelangt über lat. symbolum zu uns und wird noch von Sperander 1727 in lat. Form gebucht. Dazu symbolisch seit Ludwig 1716. Symbolist weist Ladendorf 1906 Schlagw. 309 bei uns seit 1892 nach; das frz. symboliste hatte Verlaine 1885 geprägt: Elis. Krebel 1926 Hundert frz. Schlagworte 64. Über Symbolismus s. Marie=Luise Sior, Stefan George und der frz. Symbolismus (Gießen 1932).

Syringe s. Flieder.

Szepter s. Zepter.

T

Tabak M. Die kleine Antille Tobago gab mit ihrer gestreckten Gestalt den Rauchrohren der Indianer den Namen, der in den Tainosprachen tobaco, in den Tupisprachen tobaca lautet. Über span. (1535) tabaco, frz. tabac (älter auch tobac) gelangt das Wort 1579 zu uns (Palmer 127); o der ersten Silbe und Endbetonung noch 1801 in Goethes Faust 830. Die Wendung T. rauchen seit Stieler 1691, vorher T. trinken, wie alem. bis heute; bei den Gegnern T. saufen. Vgl. Knaster, Zigarre, Zigarette. Anno Tobak ist scherzhaft entstellt aus anno domini. Die Wendung das ist starker Tabak deutet sich aus nd. dat's baschen Toback, säd de Düwel, as de Jäger em en't Mul schaten harr. Daher auch das norddt. Ztw. vertobaken 'verprügeln'.

tabu Adj. 'unverletzlich', Tabu N. 'unberührbare Sache'. Der Begriff ist bei allen Völkern der Erde uralt, benannt ist er bei uns wie in engl. taboo, frz. tabou mit einem austral. Wort (s. Bumerang), das den Polynesiern vom alten Indien zugekommen ist. Es bezeichnet zunächst den priesterl. Bann, danach Dinge, die (von andern) nicht angerührt werden dürfen: Littmann 1924 Morgenl. Wörter 135 f.

Taburett N. 'niedriger Sessel ohne Lehne' erscheint bei Sperander 1727 als Tabouret. Die Schreibung verrät Entlehnung aus frz. tabouret, Verkl. von tabour 'Handtrommel' (s. Tambur), das dem gleichbed. arab. tabl entnommen ist. Arab. Ursprungs sind auch Diwan, Matratze, Ottomane und Sofa.

Tadel M. frühnhd. taddel, mhd. (nicht vor 1200) tadel M. N. 'Mangel, körperl. oder geistiges Gebrechen', wesentlich dem Ostmd. eigen. Luthers obd. Zeitgenossen muß sein tablen Luk. 20, 26 u. ö. mit stroffen, nach- reden, berafflen verdeutlicht werden: Kluge 1918 Von Luther bis Lessing 111. Ins Md. ist Tadel mit unverschobenem t- aus dem Nd. (mnd. *tadel) gelangt; nächstverwandt sind agf. tǽl, tāl 'Spott, Verleumdung', tǽlan, tēlan 'für fehlerhaft erklären': Weyhe 1905 Beitr. 30, 75. Auf hd. Gebiet entsprechen (mit verschobenem t- und altem -þ-) ahd. zādal, mhd. zādel 'Mangel'. Schwed. tadel, dän. dad(d)el beruhen auf junger Entlehnung aus dem Nhd. Außergerm. Beziehungen sind nicht gesichert.

Tafel F. mhd. tavel(e), ahd. tavala, tabala 'Tafel, Gemälde, Tisch'; in ahd. Zeit entlehnt aus rom. tavola (das in ital. tavola, frz. table fortwirkt; hieraus engl. table), dies entwickelt aus lat. tabula. Schon in vorahd. Zeit war lat. tabula (vulgärlat.) ins Germ. gedrungen und regelrecht verschoben zu ahd. zabal, mhd. zabel 'Brett' (s. Schach).

Tafelrunde F. afrz. table ronde 'Rundtafel (des Königs Artus)' wird um 1200 in mhd. Ritterepen nachgebildet, lebt bis ins 15. Jh., wird von Wieland und Thümmel neu aufgenommen, seit Campe 1810 gebucht: Kuhberg 1933 Verschollenes Sprachgut 61.

Taffet, Taft M. 'leichter Seidenstoff'. Pers. türk. tāftā 'das Gewobene' gelangt über ital. taffetà in der Renaissancezeit zu uns: Kurrelmeyer 1920 Mod. lang. notes 35, 412. Dazu das Adj. taften G. Keller 1879 Grün. Heinr. 4, 3.

Tag M. mhd. ahd. tac (g), in Namen Tagar-, asächs. nl. dag, afries. dī, dei (Plur. degar), agf. dæg, engl. day, urnord. dagaʀ, anord. dagr, got. dags. Daneben mit Ablaut got. fidur-dōgs 'viertägig', agf. dōgor, anord. dœgr N. (germ. *dōgaz-: *dōgiz-) 'Tag- oder Nachthälfte eines Tags'. Grundbed. von germ. *daga- scheint etwa 'lichte (Zeit)' gewesen zu sein. Jdg. Wz. *degᵘh: *dŏgᵘh in aind. dáhati 'brennt', dāha 'Brand', ni-dāghá 'Hitze, Sommer', neuperf. dāgh 'Brandmal', armen. dag 'eindringlich', gr. τέφρα (aus *dhegᵘhrā) 'Asche', alb. djek 'verbrenne', lat. fovēre 'erwärmen, hegen', favilla (aus *dhogᵘhlo-lā) '(glühende) Asche', air. daig 'Feuer', bret. devi 'brennen', kymr. deßio 'sengen', toch. tsäknāstär 'brennt', tsäkästär 'glänzt', apreuß. dagis 'Sommer', lit. dāgas 'Sommerhitze, Ernte', dègti 'brennen'.

Tageblatt N. Ersatzwort für Journal, zuerst bei Campe 1810, von ihm 1813 so begründet: „da es jetzt, besonders in Frankreich und England, Journale gibt, von welchen täglich ein Blatt geliefert wird, so kann man für diese auch Tageblatt sagen."

Tagebuch N. Gr. ἐφημερίς F. 'Tagebuch' (zu ἡμέρα 'Tag') erfährt Lehnübersetzung zu lat. diurnum (commentariolum) N. 'Tagebuch' (zu dies 'Tag'), wozu diurnāle, das Quellwort für Journal. Das dt. Wort führt Kepler 1613 Opera 1, 226 als Lehnübersetzung ein: „diurna oder Tagebuch". 1642 verzeichnet Duez Tagbuch für Journal.

Tageleuchter M. schreibt Zesen 1645 Ibrahim 55 für Fenster, ohne damit das alte Lehnwort verdrängen zu wollen. Als man ihm das nachsagte, hat er es für eine „unverschämte, grobe, ehrlose Schand- und Landlüge" erklärt: Behaghel 1928 Gesch. d. dt. Spr. 73. Dennoch ist der Spott darüber (DWb. 11, 1, 78 f.) an Zesen haften geblieben: Kluge 1918 Von Luther bis Lessing 219.

tagen¹ schw. Ztw. 'Tag werden', mhd. tagen, ahd. tagēn, agf. dagian, engl. dawn, anord. daga. Entspr. gebildet ist ahd. ābanden schw. Ztw. 'Abend werden'.

tagen² schw. Ztw. 'eine Tagung halten' kommt im 14. Jh. (DWb. 11, 1, 63) als Fachwort der westobd. Rechtssprache auf, gewinnt in frühnhd. Zeit Raum (Zf. f. dt. Wortf. 15, 284) und hält sich namentlich in der Schweiz. Aus J. G. Ebel 1798 Schilderung der Gebirgsvölker d. Schweiz 1, 90 ff. übernimmt es Schiller in den Tell V. 1117 und 1519. Durch ihn und Joh. v. Müller 1806 Gesch. schweiz. Eidg. 2, 236 wird das landschaftl. Wort literaturfähig.

Tagesordnung F. Engl. order of the day dringt als Fachwort des Parlamentarismus nach Frankreich und erfährt 1789 Lehnübersetzung zu ordre du jour, das in den folgenden Jahren (namentl. in der Formel on passe à l'ordre du jour) polit. Schlagwort wird und als solches seit 1790 auch in dt. Text begegnet. Als Lehnübersetzung erscheint Ordnung des Tages im Febr. 1791, Tagesordnung seit

Archenholz 1793 Die Pariser Jacobiner 180 f.: Feldmann 1912 Zf. f. d. Wortf. 13, 279 f.

täglich Adv. Adj. Unter männiglich ist auf ahd. gihwilīh 'jeder' verwiesen, auf dem sich die adv. Formel (allero) tago gihwilīh 'an jedem der Tage' aufbaut. Daraus entsteht das Adv. ahd. tagolīhhes, tagalīhhin, mhd. tegeliches, tagelīchen. Daraus gefolgert ist das Adj. ahd. tagolīh, mhd. tage-, tegelich. Vergleichbar die Entwicklung von agf. dæg-hwām (aus *daga-gi-hwām) Adv. 'an jedem Tage' und dæghwāmlic Adj. 'täglich' über gleichbed. agf. dæglic zu engl. daily.

tags Adv. Der westgerm. Formel dages endi nahtes (agf. asächs. ahd.) folgt dages 'bei Tag' seit Otfrid 3, 23, 35: Behaghel 1923 Dt. Syntax 1, 590 f.

tagtäglich Adv. zuerst bei Stieler 1691, selten Adj., wie es Steinbach 1734 bucht. Literarisch seit Bischer 1720 Rob. Crusoe 1, 308. Täglich wird in derselben Art verstärkt, wie sie in nachtnächtlich (seit Klopstock) und jahrjährlich (nicht vor Hippel) wiederkehrt.

Tagwan M. mhd. tagewan, -wen, -won, tag(m)en, tau(we)n Flächenmaß für Wiesen (bei Ackern entspricht Jauchert), urspr. 'so viel Land, wie man an einem Tag bestellen kann'. Das Grundwort gehört zu (ge)winnen. Heute vor allem ein Wort der westobd. Volkssprache, im Südosten entspricht Tagwerk: E. Ochs 1940 Bad. Wb. 1, 404; A. Lindqvist 1943 Meijerbergs Arkiv 5, 86.

Tafun M. Die Drehstürme der Südsee, die sich beim Wechsel von Monsun und Passat bilden, in der Nähe der Palau-Inseln entstehen und sich über die Philippinen zur asiatischen Küste ziehen, benennen wir nach chines. tai fung 'großer Wind': Lokotsch 1927 Etym. Wb. 1990. Als das fernöstl. Fremdwort ins Engl. gelangte, konnte es sich dort mit einem längst vorhandenen typhoon 'Wirbelwind' mischen, das auf gleichbed. gr. τυφῶν beruht. In hd. Text begegnet zuerst Tifon 1586: Kluge 1911 Seemannsspr. 771. Zu den Entlehnungen aus dem Chines. f. Apfelsine, Mah-Jongg, Mandarin, Tee.

Taill F. Zu lat. tālea F. 'abgeschnittenes Stück' gehört frz. tailler 'nach einer Form schneidern'. Rückbildung dazu ist taille F., das in seiner Hauptbed. 'Einschnitt in der Körpermitte über den Hüften' im 17. Jh. zu uns gelangt. Die ital. Entsprechung bei F. v. Troilo 1676 Orient. Reisebeschr. 638 „Sie waren von einer schönen talia vnd wol gewachsen". Die heutige Bed. 'anliegendes Gewand für den Oberkörper der Frau' ist landschaftl. eingeschränkt; in Österreich gilt statt dessen Leib: Kretschmer 1918 Wortgeogr. 512;

Zf. f. dt. Wortf. 8, 97. 15, 213. Vgl. Talje, Teller.

Takel N. 'Tauwerk und Hebezeug des Schiffs', in einem hd. Seetext zuerst 1591, mit unverschobenen Verschlußlauten entlehnt aus mnd. takel, aus dem auch dän. takkel, schwed. tackel stammen. Gleichbed. nl. takel, engl. tackle. Mit l-Suffix gebildet zu der unter Zacken behandelten Sippe; vgl. bef. mengl. takken 'lose befestigen, heften'. Die Ableitungen Takelage usw. bei Kluge 1911 Seemannsspr. 771 ff.

Takt M. Zuerst begegnet frühnhd. tact 'Berührung' bei Stanberger 1524 Dialogus oder Gespräch C 2b; entspr. noch Rot 1571 Dict. Q 1a: entlehnt aus gleichbed. lat. tactus. Dessen musik. Fachsinn (frz. mesure) zeigt H. G. Ernstinger, Raisbuch 258 „der ander Engel (der Straßburger Uhr) hat ein Scepter, damit er den Tact zur Glocken schlägt". Einfluß des frz. tact kommt erst ins Spiel bei der Bed. 'Feingefühl', die zu Zuf.-Setzungen wie taktvoll und Herzenstakt führt, während Taktgefühl vom Musikalischen ausgeht: Zf. f. dt. Wortf. 5, 113. 6, 324. 11, 127. 14, 80. 15, 213.

Tal N. (schlef. auch M.), mhd. ahd. tal M. N., asächs. nl. got. dal, agf. dæl, engl. dale, anord. dalr; dazu mhd. telle 'Schlucht', engl. dell 'Tal' (vgl. Delle und Tülle). Dazu got. dalaþ 'abwärts'. Vgl. afrief. tō dele, asächf. tō dal, mhd. ze tal 'herab'. Daneben mit Ablaut ahd. tuolla, nl. doel 'Schießbahn, anord. dœl (germ. *dōliō) 'kleines Tal', mhd. tuele 'Vertiefung'. Dem Germ. am nächsten steht aslav. dolŭ 'Grube', ruff. dol 'Tal', aslav. (do) dolŭ 'hinunter', dolinŭ 'unten befindlich'. Daß die Grundbed. 'Wölbung' (konkav oder konvex) war, lehren gr. θόλος 'Kuppelbau', θάλαμος 'Schlafgemach', ὀφ-θαλμός 'Auge' (urfpr. 'Augenwölbung'); vgl. anord. dalr 'Bogen'.

Talar M. Zu lat. tālus 'Knöchel' gehört tālāris (ornātus) 'bis zu den Knöcheln reichendes Gewand'. Bei uns zuerst in Huttens Gefprächbüchl. 1521; gebucht seit S. Rot 1571.

Talent N. Gr. τάλαντον, lat. talentum, die Gewichtseinheit und Rechnungsmünze des Altertums, steht im Neuen Testament in der Parabel von den „vertrauten Zentnern", wie Luther Matth. 25, 15 ff., vom „anvertrauten Pfund", wie er Luk. 19, 12 ff. übersetzt. Unabhängig von ihm steht der Vulgata entsprechend talentum 'Geistesanlage' bei Moscherosch 1642 Gef. 1, 348, Talent schon bei Ringwald 1597 Lautere Wahrheit 219.

Taler M. Aus dem Silber des 1516 eröffneten Bergwerks von Joachimstal (im Volksmund seit alters 's tāl genannt) im Erzgebirge wurde seit 1519 eine Münze geprägt, die anfangs Joachimstaler hieß. Daneben die Kürzung Taler seit Alberus 1540; beide Formen bei Sachs, Joachimstaler noch Mathefius 1553 Berglex. F 7b. Aus dem Hd. stammt ital. tallero, aus nd. dāler dän. schwed. daler, nnl. daalder (seit 1553), engl. dollar. Böhme, Germ. 28, 405.

Talg M. Das fefte Fett von Rindern, Schafen, Ziegen und Hirschen, das auch zu Kerzen verwendet wurde, heißt nd. Unschlitt (f. b.). Talg stammt aus dem Nd. (mnd. mnl. talch) und hat sich südwärts bis zu einer Grenze ausgedehnt, die Kretschmer 1918 Wortgeogr. 512 f. zieht. Die Aufnahme mag etwa gleichzeitig mit der von Tran erfolgt sein; in hd. Drucken steht talck seit Mathefius 1562 Sarepta 95a. Dem nd. Wort kommen am nächsten nnl. talk, isl. tólg, engl. tallow, das auf mengl. talgh, agf. *tealg weift. Bezeugt ist agf. tælg 'Farbe' (die Germanen färbten ihr Haar mit einer aus Talg bereiteten Seife). Zuf.-Hang mit got. tulgus 'fest' ist möglich: Talg wäre dann 'Festgewordenes', als urverwandt dürften gelten lat. in-dulgēre 'langmütig sein', gr. ἐν-δελεχής 'ausdauernd'.

Talisman M. Zu gr. τέλος N. 'Ende, Ziel' gehört τελεῖν 'zur Vollendung führen, weihen', dazu mgr. τέλεσμα 'geweihter Gegenstand', das arab. ṭilasm 'Zauberbild' ergibt. Dessen Plur. ṭilismān gelangt über span. talisman in die roman. Sprachen. Bei uns erscheint Talisman seit Harsdörfer 1646 Franenz.-Gespr. 6, 3.

Talje F. 'Flaschenzug aus zwei Blöcken, zwischen denen ein Seil läuft', in hd. Seetexten seit 1702, in hansischen Urkunden als mnd. tallige schon 1464, stammt mit nl. talie, dän. talje, schwed. talja aus ital. taglia 'Flaschenzug', das dem lat. tālea F. 'abgeschnittenes Stück' entspringt. S. Taille, Teller und Kluge 1911 Seemannsspr. 775.

Talk M. Das Mineral gelangt mit seinem arab. Namen ṭal(a)q nach Spanien; über span. talque, katal. frz. talc erreicht uns Talk im 16. Jh. (DWb. 11, 1, 100). Daneben seit dem 17. Jh. nach neulat. talcum die Form Talkum; so norddt. noch heute für den gepulverten Talk, der in Handschuhe und Stiefel gestreut wird, damit sie sich leichter anziehen lassen. Hierfür in Österreich Federweiß: Kretschmer 1918 Wortgeogr. 514.

Talmi, gekürzt aus Talmigold N. Ein Parifer namens Tallois brachte eine Kupfer-Zink-Mischung, dünn mit Gold überwalzt, in den Handel als Tallois-demi-or. Die Handelsabkürzung Tal.mi-or ergab die Kurzform, die seit 1876 übertragen für 'unechtes Wesen'

gebraucht wird, auch in Zus.-Setzungen wie
Talmi-Adel, -Engländer und dem präd.
Adj. talmi: Ladendorf 1906 Schlagw. 310f.;
Schirmer 1913 Zs. f. d. Wortf. 14, 218.

Talmud M. mhd. dalmut, talmut: die Sammlung der mittelalterl. jüd. Satzungen heißt
mit einem mhebr. Wort 'Gelerntes, Lehre,
Wissenschaft', dem gr. μάθημα entsprechend.

Talon M. Zu lat. tālus 'Ferse' stellt sich
mit roman. Vergrößerungsendung (s. Balkon)
frz. talon, das aus 'Ferse' die Bed. 'Stamm,
Rest von Dingen' entwickelt hatte und darum
geeignet war, den Erneuerungsschein an Wertpapieren zu benennen, der bei P. Rondeau
1740 Nouv. Dict. français 889 Stamm-Ende
heißt. In diesem Sinn ist T. seit 1839 im
Nhd. nachzuweisen: Schirmer 1911 Wb. d. dt.
Kaufmannsspr. 188.

Tamarinde F. Zu arab. tamr 'Dattel'
gehört tamr hindī 'indische Dattel', das als
Name des ostind. Sauerdattelbaums und seiner
Frucht in die Sprachen Europas gelangt ist,
zu uns seit Ryff 1574 Spiegel der Gesundheit
153b „saure Datteln oder Tamarinden". Ableitung aus tamr ist lat. tamariscus bei Palla-
dius im 4. Jh., das den Strauch Tamarix (so
schon im 1. Jh. n. Chr.) bezeichnet und als mhd.
tämris schon 1210 in Wolframs Parz. 601, 12
vorkommt.

Tambour M. Unter Taburett ist arab. tabl
'Handtrommel' genannt, auf dem gleichbed.
afrz. tabo(u)r beruht. Mit einem im Roman.
eingeschobenen m erscheinen mhd. tambūr
'Trommel, Tamburin' und tambūrære 'Tam-
burinschläger' seit etwa 1200: Suolahti 1929
Frz. Einfluß 251f. Weiterhin entwickelt frz.
tambour die Bed. 'Trommelschläger', mit der
es im 30jähr. Krieg neu entlehnt wird und
seit Aldenburgk 1627 Westind. Reise B 3a
erscheint. Endbetonung bezeugt Scherffer
1652 Gedichte 636.

Tamburin N. Frz. tambourin M., Verkl.
zu tambour 'Trommel' (s. Tambour) ist ins
spätere Mhd. entlehnt worden. Aus der
Grundbed. hat sich infolge äußerer Ähnlichkeit
'(runder) Stickrahmen' entwickelt.

Tamtam N. Die Trommel der Eingeborenen
heißt in Vorder- und Hinterindien mit einem
lautmalenden Ausdruck tamtam, uns durch
frz. tamtam M. vor Mitte des 19. Jh. vermittelt. Der übertragene Sinn 'Marktschreierei'
kaum vor 1876: Schirmer 1911 Wb. d. dt.
Kaufmannsspr. 188.

Tand M. Lat. tantum 'soviel' ist im Roman.
zum Kaufmannswort geworden (wie quantum
'wieviel' auch: s. Gant) und hat u. a. span.
tanto 'Kaufpreis, Spielgeld' ergeben. Bei
uns gilt mhd. üf den tant 'auf Borg', mnd.

tant van Nurenberch 'Nürnberger Spiel-
waren', daher tant 'Wertloses', tanten 'leere
Possen treiben'. In entspr. Bed. tändeln,
dazu Tändelei (seit Stieler 1691), mhd.
tenterie F.

Tang M. Zum Verbalstamm idg. *tenq-,
germ. *þenh-, *þeng- (s. gedeihen) gehört
germ. *þanga- 'dichte Masse', das in anord.
þang N., nordfries. thong als Sammelname
der großen Meeresalgen aus der Gruppe der
Braunalgen (wie Fucus, Sargassum usw.) erscheint. Zwischen 1300 und 1350 wandelt sich
in Teilen des Nord. anlautendes þ zu t, daher
dän. tang, schwed. tång und weiterhin fries.
tång, tung, nnl. (zee)tang, frz. tangue, tanque,
nordengl. tang. Mnd. dank erscheint in Greifswald 1465, nnd. danck in Wismar 1560, hd.
Tang seit Chr. Fr. Reuß, Dict. botan. 1 (1781)
146. In Binnendeutschland werden Wort und
Sache bekannt durch E. J. C. Espers Tafelwerk
„Icones Fucorum oder Abbildungen der Tange",
Nürnberg 1797.

Tank M. Hindost. tänkh bedeutet in den
Mundarten von Guzerat und Rajputana im
nördl. Vorderindien 'Wasserbehälter' und kommt
unmittelbar von da durch Mandelsloh 1658
Morgenl. Reisebeschr. 42f. erstmals in dt.
Text. Neue Entlehnung durch Vermittlung des
Portug. (die Ähnlichkeit mit portug. tanque
'Teich' aus lat. stagnum 'stehendes Gewässer'
beruht auf Zufall) und des Engl. folgt seit
Jacobsson 1784 Technol. Wb. 4, 369. — Den
Geheimnamen tank führten 1915 die ersten
gepanzerten Kraftwagen des engl. Heers während
ihres Baus: den Arbeitern, die die Bestandteile
herstellten, wurde gesagt, sie gehörten zu Benzin-
behältern. Der Name blieb ihnen im Feld und
gelangte über die Front von 1918 nach Deutschland. 1939 ist er im dt. Heer durch Panzer
verdrängt.

Tann M. mhd. tan(n) M. N. 'Wald'; gleichbed. ahd. *tan ist aus tan-esil 'Waldesel,
Equus onager' zu erschließen. Dazu mnd.
dan 'Wald', mnl. dann 'wüster Platz, Schlupfwinkel', sowie die unter Tanne behandelte
Sippe. Im Dt. scheint Bed.-Vermischung
mit Tann F. als Folge der lautl. Ähnlichkeit
eingetreten zu sein.

Tanne F. Abies alba Mill. Mhd. tanne,
ahd. tanna, asächs. danna, mnd. mnl. danne
'Tanne' führen auf germ. *danwō-. Daneben
germ. *danniō- in asächs. anfr. dennia, nnl.
den 'Fichte'. Mit aind. dhanvana- M. 'ein
bestimmter Fruchtbaum' und dhánvan- N.
'Bogen' zur idg. Baumbezeichnung *dhanuo-.
Zum Bedeutungswandel der Baumnamen s.
Buche. In Nürnberg und Obersachsen steht
Tanne auch umfassend für 'Nadelbaum'; nd.

dann(e) gilt vielfach für Edeltanne und Fichte
zugleich; entsprechend ist es in Siebenbürgen,
Schwaben und Baden. Unabhängig von den
germ. Nadelbaumnamen besteht ein kelt.
*tann- 'Eiche', das schon abrit. ist u. im Ge-
ländenamen agall. (Polybius) Tannēton 'Eich-
wald' sowie in den gleichbed. frz. Tannois,
nbret. Tannouet. ital. Taneto, engl. Thanet
enthalten ist.

Tantalusqualen Plur. für die Leiden un-
befriedigten Verlangens nach Homer, der
Odyssee 11, 582ff. von Tantalos erzählt: zur
Strafe seiner Sünden steht er in der Unterwelt bis zum Kinn in Wasser, das hinweg-
schwindet, sobald er sich zum Trinken neigt:
Büchmann 1912 Gefl. Worte 79.

Tante F. Lat. amita 'Vaterschwester',
Weiterbildung des kindl. Lallworts *am(m)a,
ergibt afrz. ante (das in engl. aunt 'Muhme'
fortlebt), abgelöst durch frz. tante, wiederum
eine kindliche Spielform. Unter Verdrängung
der heimischen Base und Muhme dringt
Tante etwa gleichzeitig mit Onkel, Mama
und Papa bei uns ein und wird seit Wächtler
1703 gebucht.

Tantieme F. 'Gewinnanteil' kurz nach 1800
entlehnt aus gleichbed. frz. tantième, urspr.
'der sovielte Teil' (zu lat. tantus, s. Tand).

Tanz M., mhd. tanz M., tanzen schw. Ztw.,
mhd. tanzen: als höfische Modewörter des
Rittertums um 1200 entlehnt aus afrz. danse
und danser (woher auch engl. dance, nl.
dansen). Das anl. t- (statt d-) erklärt sich durch
Verhochdeutschung einer nl. nd. Form dans(en),
so daß die Entlehnung über Flandern erfolgt
wäre (wie die von hübsch, Ritter, Roche,
Schach, Tölpel, Wappen). Das innere z
(statt s) ist aus Entwicklung eines Übergangs-
lautes zwischen n und s (nds zu nz) zu deuten:
Horn, Zf. f. frz. Spr. 22, 56. Der Ursprung
von frz. danser ist umstritten; die möglichen
Anknüpfungen mustert F. Appli 1925 Zf. f.
roman. Phil., Beiheft 75. Er bevorzugt die in
diesem Wb. 1921 und 1924 empfohlene Herleitung aus mlat. *danetzāre 'sich auf einer
Tenne (s. d. und dreschen) belustigen'. Germ.
Ursprung hätte gallorom. *dantsāre auch,
wenn es (nach F. Dietz und E. Gamillscheg 1928
Etym. Wb. d. frz. Spr. 290) auf afränk. *dan-
sōn 'ziehen' zurückzuführen wäre. A. Nord-
felts Vorschlag, auf ein im Anlaut gekürztes
vulgärlat. *cadentia, roman. *chadance zurückzugehen (Studier i modern språkvetensk. 11,
1931, 69ff.), scheitert (selbst wenn so frühe
Kürzung glaubhaft wäre) daran, daß frz.
danse postverbales Subst. zum afrz. Ztw.
dancier ist, von dem allein die Erklärung ausgehen darf.

Tapet N. 'Tischdecke in behördl. Sitzungs-
zimmern' in der Redensart „etw. aufs T.
bringen": Lehnübersetzung des frz. mettre une
affaire, une question sur le tapis, bei uns
seit Stieler 1697 Zeitungslust 315. Zur Herkunft s. Teppich, wo auch Tapete.

tapfer Adj. mhd. tapfer, dapfer, tapfel
'fest, gedrungen, voll, gewichtig, bedeutend',
erst spätmhd. auch 'tapfer', ahd. tapfar 'schwer,
(ge)wichtig', dän. tapper, nl. dapper 'tapfer;
viel', engl. dapper 'nett, gewandt', anord. dapr
'schwermütig, traurig'. Außergerm. vergleichen
sich apreuß. debīkan 'groß', aslav. debelŭ 'dick',
russ. mundartl. debélyj 'stark', mit denen sich
das germ. Adj. auf idg. *dheb- 'dick, fest, gedrungen' vereinigt.

Tapioka F. 'Mehl aus der Maniokwurzel',
in der Tupi-Sprache Brasiliens typy-, tapi-,
tipioca, bei uns als Tipioka seit 1673, engl.
tipioca erst 1707, frz. tapioca erst 1812:
Littmann (1924) 148; Palmer (1939) 129.

Tapir M. Das brasil. Wasserschwein (Ta-
pirus americ.) heißt in der Tupi-Sprache ta-
pira. Von der Mitte des 16. bis zu der des
18. Jh. war span. anta auch bei uns geläufig,
daneben tapiroussou 'großer Tapir'. Tapihire
'der wahre Tapir' ist im Frz. seit 1558, im
Engl. seit 1568 bezeugt, im Nnl. gilt die weitere
Tupi-Form taperete seit 1682. Unser Tapir,
das dem frz. engl. nnl. tapir entspricht, ist von
Buffon 1754 geprägt und uns durch die Franzosen vermittelt. In nhd. Text wird es 1775
greifbar: R. Loewe 1933 Zf. f. vgl. Sprachf. 60,
173; Palmer (1939) 130.

Tappe F. (schwäb. dǫb, daob, alem. dǫb,
dōb), mhd. tāpe 'Tierpfote; Menschenhand;
Schlag darauf (s. Tatze). Nicht völlig überzeugend hat man in Tappe Umgestaltung
eines roman. *patta vermutet, das in ital.
patta, frz. patte 'Pfote' fortlebt. Pfote fehlt
in den Gebieten, in denen Tappe gilt.

täppisch Adj. spätmhd. tæpisch zu tāpe F.
'Pfote' (s. Tappe). Das Gebiet von täppisch
ist dadurch gewachsen, daß es frühnhd. dil-
und zuteppisch beerbt hat (A. Götze, Beitr.
24, 518). Von ihnen ist dildeppisch nominalen
Ursprungs: diltapp 'Tölpel' neben gleichbed.
Tapp ist nach J. Jud verwandt mit oberital.
tapa, tappon 'Tölpel'. Dagegen gehört
zuteppisch zum Ztw. (zu)tappen, für das
man lautmalenden Ursprung vermutet.

Tara F. 'Gewicht der Verpackung', um
1400 entlehnt aus ital. tara 'Gewichtsabzug',
das aus arab. tarḥ 'Abzug' stammt, dem subst.
Inf. des Ztw. taraḥa 'entfernen, beseitigen':
Schirmer 1911 Wb. d. dt. Kaufm.-Spr. 188;
Lokotsch 1927 Etym. Wb. 2024.

Tarantel F. Ital. tarantola 'giftige Erdspinne' (nach ihrem Vorkommen bei Tarent benannt) gelangt zuerst 1586 als tarantula zu uns: Zf. f. d. Wortf. 15, 213. Nach dem Tier war ein mittelalterl. Belagerungsgerät benannt, das über afrz. tarente im 13. Jh. bei uns bekannt wird und mhd. tar(r)ant heißt: Suolahti 1929 Frz. Einfl. 254. Der ital. Volkstanz Tarantella, bei uns seit 1700, heißt nach seinen leidenschaftl. Bewegungen: die Tänzer springen „wie von der Tarantel gestochen".

Tarbusch M. Die Kopfbedeckung, die die Türken nach der Hauptstadt von Marokko Fes (f. d.) nennen, heißt arab. ṭarbūš 'Schweißkappe' (aus türk. ter 'Schweiß' und perf. pūš 'bedecken'): Lokotſch 1927 Etym. Wb. 2031.

Tarif M. 'Preisverzeichnis, Frachtſatz, Vertrag'. Zum arab. Ztw. 'arafa 'wiſſen' gehört als ſubſt. Inf. taʿrīf(a) 'Bekanntgabe (der Gebühren)', auf dem ſpan. portug. tarifa und ital. tariffa 'Warenverzeichnis' beruhen. Über Spanien erreicht uns 1514 „Driſſas von kauffmanſchaft" K. O. Müller, Welthandelsbräuche 236, 1535 „Triffas allerlei handlungen" daf. 305, über Italien 1527 „ein Tariſa Taffell" Inventur d. Firma Fugger 98 Strieder. Häufig wird das Fremdwort erſt ſeit 1700 in der frz. Form Tarif M.: Schirmer 1911 Wb. d. dt. Kaufm.=Spr. 188; Littmann 1924 Morgenländ. Wörter 99; Lokotſch 1927 Etym. Wb. 2037.

tarnen ſchw. Ztw. Während des Erſten Weltkriegs wurde frz. camoufler, urſpr. 'einem Dampf vor die Naſe blaſen, ihn foppen' (moufle 'Schnauze' mit Vorſilbe ca-) zum Fachwort für das Verſtecken und Decken der Stellungen. Das Ztw. wurde mit ſeinem Subſt. camouflage vorübergehend entlehnt, in den Vorſchriften der Reichswehr nach dem Krieg aber durch tarnen und Tarnung erſetzt, die Oberſtlt. Karl Ammon in einem Beitrag „Tarnkleidung" zur Zeitſchrift 'Technik u. Wehrmacht' 1921, 5/6 vorgeſchlagen hatte und die ſchon Zf. d. Sprachv. 39 (1924) 55 als völlig eingebürgert bezeichnet werden. 1931 wurde tarnen von alten Feldſoldaten in die polit. Sprache eingeführt: W. Linden 1943 Dt. Wortgeſch. 2, 397. S. Tarnkappe.

Tarnkappe F. Bei den Germanen ist der Volksglaube verbreitet, daß ſich elfiſche Weſen durch Überſtülpen eines Gewands oder Huts unſichtbar machen können: Mogk 1919 Reallex. d. germ. Alt.=Kde. 4, 306. Zum Verbalſtamm von ahd. tarnjan, mhd. tarnen 'verbergen' zu ahd. tarni (aſächſ. derni, afrief. dern-, agſ. dierne) Adj. 'heimlich' gehört mhd. tarnkappe F., deſſen zweiter Wortteil mlat. cappa 'Mantel' ist (f. Kappe). Das Wort fehlt dem Frühnhd. und den Wörterbüchern bis Campe 1810. Die Wiederbelebung, vorbereitet von Bodmer 1757 Chriemhildens Rache, Gloſſar Sp. 51, durchgeſetzt von Chamiſſo 1814 P. Schlemihl 2, 291, ist vollzogen bei Heine und Auerbach: Kuhberg 1933 Verſchollenes Sprachgut 62.

Tarock N. 'Siebenkönigsſpiel mit 78 Karten'. Zum Stamm des unter Tara genannten arab. ṭaraḥa 'entfernen, beſeitigen' gehört ital. tarocco M. als Name des Spiels, das ſeit 1756 für Berlin bezeugt ist: Leſſing 13, 19 Lachmann. Im Geſchlecht hat ſich das dt. Wort nach Spiel gerichtet. Lokotſch 1927 Etym. Wb. 2024.

Tartſche F. mhd. tar(t)ſche 'kleiner Rundſchild', im 13. Jh. entlehnt aus gleichbed. afrz. targe, das germ. Urſprungs ist, f. Zarge.

Taſche F. ahd. (ſeit dem 9. Jh.) tasca, dasga. aſächſ. (10. Jh.) dasga, mhd. tasche und (mit obd. weſtmd. ſ=Umlaut wie äſche, wäſchen), täſche, mnd. taske (daraus entlehnt ſpätanord. ſchwed. taska, dän. taske), mnl. tassche, tessche, nnl. tasch; ohne Spuren in England und im Oſtgerm. Als Rückbildung aus lat. taxāre 'abſchätzen' wird *taxa, volkslat. *tasca 'aufgetragenes Penſum' vorausgeſetzt durch ital. prov. katal. tasca, anglonorm. tasque (hieraus mengl. taske, engl. task 'Aufgabe'); dazu auch afrz. tasche, frz. tâche 'Aufgabe, übernommene Arbeit'. Aus demſelben volkslat. *tasca ist nach Abwanderung der Angelſachſen das ahd./aſächſ. F. entlehnt. Schon im roman. Vorbild war aus der auferlegten Tagesaufgabe das Entgelt dafür, der Tagelohn geworden, den der Arbeiter im Säckel heimträgt, dann der Säckel ſelbſt. Nur in dieſem Sinn hat das alte Lehnwort das ganze dt. Sprachgebiet erobert; der den Kleidern eingenähte Tragbeutel heißt in obd. Umgangsſprache bis heute Sack. Abgrenzung bei Kretſchmer 1918 Wortgeogr. 514.

Taſchentuch N. Das Wort ist nicht vor dem 19. Jh. nachzuweiſen. Die Sache erreicht uns vor Ende des 15. Jh. von Süden, im 16. Jh. von Weſten her. Auf ital. fazzoletto (zu lat. faciēs 'Geſicht') beruht ſpätmhd. fatzenet(lin), frühnhd. fazenet(lein), die älteſte Bezeichnung des Taſchentuchs im Deutſchen, die in den Mundarten von der Rheinpfalz bis zur Schweiz fortlebt: Kretſchmer 1918 Wortgeogr. 515ff.

Taß M. 'Scheunenfach für Getreide, taſen ſchw. Ztw. 'eingefahrenes Getreide im Scheunenfach aufſchichten': in die Altmark ſowie in Teile der Mark Brandenburg von nl. Siedler eingeführt. Nl. tas 'Haufen, Schober' und tassen 'anhäufen, aufſchichten' (von da entlehnt frz. tas 'Hauſe', (en)tasser 'anhäufen') sind verwandt mit zetten (s. Zettel[1]): H. Teuchert 1923 Zs. f. dt. Mundarten 18, 182f.; H. Brömse 1942 Mutterspr. 57, 183; W. Mitzka 1943 Dt. Wortgesch. 3, 33.

Tasse F. Pers. täst 'Becken, Untertasse' geht ins Arab. als tās 'Schälchen' über und gelangt von da in die roman. Sprachen. Ital. tazza 'Trinkschale' wird Ausgangspunkt für tatse, tatze im älteren Nhd., das sich in obd. Mundarten hält. Frz. tasse ergibt im 16. Jh. das Schriftwort, als tassen bei Maaler (Zürich 1561). P. Rondeau, Nouveau Dict. français (1740) nennt Tasse mot qui se commence à s'introduire. Neben dem Fremdwort haben Umgangssprache und Mundart das heimische Schale namentl. im Südosten weithin bewahrt: Kretschmer 1918 Wortgeogr. 521.

Taste F. Zu ital. tastāre (s. tasten) gehört tasto M., Plur. tasti 'Griffsteg zum Anschlagen von Saiteninstrumenten'. Bei uns kaum vor Joh. Mattheson 1735 Kl. Generalbaßschule 69, hier neben Schlüssel, das als Lehnübersetzung des lat. clavis den Begriff vorher gedeckt hatte.

tasten schw. Ztw. Zu spätlat. taxāre 'scharf berühren' gehört als Iterativ *taxitāre, aus dem die roman. Sippe des ital. tastare 'befühlen' hervorgeht. Das gleichbed. afrz. taster ergibt mhd. tasten, zuerst 1204 in Wolframs Parz. 285, 8 f.: Dâ wurde wênec nâch dem bade Getast, ez wær warm oder kalt. Gleichen Ursprungs sind md. mnd. mnl. tasten, afries. tasta. Dän. antaste, schwed. antasta sind weiterentlehnt aus mnd. antasten 'angreifen', während engl. taste auf selbständiger Entlehnung aus dem Afrz. beruht. Den obd. Mundarten bleibt das Ztw. weitgehend fremd.

Tat F. mhd. ahd. tāt: das durch Ablaut gebildete Verbalnomen zu tun, got. ga-dēps, anord. dāð, ags. dǣd, anl. (mis)dāt (d), afries. dēd(e), asächs. dād. Germ. *dē-di- aus vorgerm. *dhē-ti- zur germ. Wz. *dē: *dō aus idg. *dhē: *dhō. Die gleiche Stufe des Ablauts zeigt das Part. getan, mhd. getân, ahd. gitān. Über die Bildung der fem. Verbal-Abstr. auf -ti s. Flucht, Naht, Not, Zucht. — tätig Adj., mhd. tætec, ahd. tātīg.

Tatarennachricht F. Die von einem türk. Postreiter tatarischen Stammes Ende Sept. 1854 in Bukarest ausgesprengte Nachricht vom Fall Sebastopols wirkte derart auf Politik und Börse, daß seither Börsengerüchte und Zeitungsenten so heißen: Schirmer 1911 Wb. d. dt. Kaufmannsspr. 188; Büchmann 1912 Gefl. Worte 479; Zs. f. d. Wortf. 13, 298.

Taterkorn s. Buchweizen.

tätowieren schw. Ztw. Die Sitte des Tätowierens galt, wie bei allen jungen Völkern, auch bei den Germanen (Reallex. d. germ. Alt.-Kde. 4, 307), war aber erloschen und kam im 18. Jh. von den Marquesas-Inseln neu nach Europa: Palmer (1939) 159. Dabei wurde zu tahit. tatau 'Zeichen, Malerei' und 'zeichnen' (entspr. dem frz. tatouer und engl. tattow) das Ztw. gebildet, das noch bei Goethe tat(o)uiren lautet. Wörter verwandten Ursprungs s. u. Bumerang.

Tatsache F. Dem lat. res facti wird engl. matter of fact nachgebildet. Dafür steht zuerst bei Spalding 1756 Bestätigung der natürl. und geoffenb. Religion 51 Thatsache, das rasch allgemein aufgenommen (DWb. 11, 1, 322; Zs. f. d. Wortf. 14, 9 ff.) und seit Heynatz 1775 Handb. 768 gebucht wird. Adelung macht sich damit lächerlich, daß er T. noch 1801 als unschicklich, wider die Analogie zus.-gesetzt und der Mißdeutung unterworfen ablehnt. Mit besserem Sprachsinn haben Sturz, Lessing, Wieland, Herder, Goethe und Jean Paul das Wort durchgesetzt: Wh. Pfaff 1933 Kampf um dt. Ersatzwörter 52.

Tatterich M. 'Zittern der Hände im Katzenjammer'. Zu dem lautmalenden Ztw. tattern 'zittern, stottern, albern schwatzen' gehört ein Adj. tatterig 'zitternd', das in umgangssprachl. Gestalt substantiviert und von Studenten (Zs. f. dt. Wortf. 3, 97. 6, 127) weithin in die Mundarten getragen wird.

Tattersall M. 'geschäftliches Unternehmen für Reitsport, Reitbahn, -halle', benannt nach dem Stallmeister Richard Tattersall († 1795), dessen Pferdebörse mit Reitschule in London von 1773 bis 1936 bestand.

Tatze F. mhd. tatze 'Pfote der großen Raubtiere; breite, grobe Menschenhand; Schlag darauf' (als Schulstrafe weithin im Südwesten). Diese Bedeutungen vereinigt auch Tappe (s. d.), zu dem die Tatze (ursprünglich wohl ein Weidmannswort etwa der Bärenjagd) Intensitivbildung sein wird. Anders A. Bach 1950 Dt. Mundartforschg. § 275 a: von einem Ztw. *tatzen aus *takzen (wie blitzen aus mhd. bliczen) zu mnd. tacken 'berühren, betasten'.

Tau M. Mhd. ahd. tou (Gen. touwes) N. (md. auch M.), asächs. dou, mnl. dau, afries. dāw, ags. dēaw (engl. dew), anord. dǫgg (daraus entlehnt engl. mundartl. dag 'Nebelregen') führen auf germ. *dawwa- aus vorgerm. *dhouo-. Man vergleicht aind. dhávate 'fließt', gr. θέ(ϝ)ειν 'laufen', θο(ϝ)ός 'schnell'.

Tau N. den obd. Mundarten wie dem älteren Nhd. fremd; gebucht seit Trochus 1517 Prompt. O 4b, in hd. Text kaum vor Aldenburgk 1627 Westind. Reise B 2b. Ein urspr.

nd. Wort: mnd. touwe 'Werkzeug, Webstuhl', (noch heute dat tau 'Webstuhl' im Münsterland, wo es freilich mit der Hausweberei abstirbt), asächs. tou, mnl. tou(we), nnl. touw, afries. tau 'Tau', ags. tēag 'Schnur', anord. taug 'Strick'. Die hd. Entsprechung liegt in zauen vor; dort ist die Sippe entwickelt. Seemannswörter mit unverschobenen Verschlußlauten f. u. Bake, Beting, Boot, Pumpe, Takel, Teer, Topp.

taub Adj. mhd. ahd. toup (b) 'nichts hörend, nichts empfindend, stumpfsinnig, närrisch', mnd. dôf, nl. doof, afries. dâf, agf. dēaf, engl. deaf, anord. daufr, got. dauís. Obd. steht für 'taub' meist törisch (f. Tor). Da die Bedeutungen des ahd. mhd. toup sich mit der von tump (f. dumm) berühren, gilt Zuf.-Hang der beiden Sippen als sicher. Die unter dumm angenommene Beziehung zu der in gr. τυφλός 'blind' bewahrten idg. Wz. *dhubh 'stumpf, betäubt sein' führt weiter auf toben mit seiner Sippe. Nhd. betäuben (mhd. töuben, mhd. ahd. touben) 'empfindungs-, kraftlos machen' stimmt zu der angenommenen Grundbed. Die nd. Form dôf hat neuerdings von Berlin aus (Ag. Lasch 1928 Berlinisch 122. 156. 254) weit um sich gegriffen.

Taube F., **Tauber** M. Ahd. tûba, mhd. tûbe, asächs. dûba, anfr. dûva, mnd. mnl. dûve, nnl. duif, agf. *dûfe mit dem Frauennamen Dûfe (gestützt auch durch das daraus entlehnte bret. dubë: M. Förster 1941 Themse 321, Anm. 1), mengl. douve, engl. dove, anord. dûfa, got. dûbô (in hraiwa-dûbô 'Leichentaube') führen auf germ. *dûbon-, wohl 'die Dunkle' (wie gr. πέλεια 'Waldtaube' zu πελιός 'grau-schwarz'). Eine nasalierte Nebenform (idg. *dhumbhos 'dunkel') f. u. dumm. — Das Mask. Tauber, mhd. tûber, mnd. dûver, nnl. doffer(t) erscheint im 14. Jh. Nhd. Täuberich, mnd. dûverich, mnl. duveri(n)c ist Nachbildung von Enterich (f. d. und Gänserich). Dän. durik, älter duvrik, schwed. mundartl. durk stammen aus dem Mnd. Die Mundarten bieten heff. Taubhorn, Rückert, elf. Kütter, schweiz. Kuter, westfäl. Duffert, Arent (mundartl. Form des Taufnamens Arnold), nl. aorent, horn: Suolahti 1909 Vogelnamen 206 ff.

Taubenpost f. Brieftaube.

Täubling M. der eßbare Blätterpilz Russula: zu Taube F. wegen der taubengrauen Färbung einiger Arten; entfpr. ital. colombina. In Teilen Bayerns heißt der Pilz der Miesbacher Hut, nach äußerer Ähnlichkeit: DWb. 11, 1, 1, 180; H. Marzell 1943 Der Biologe 12, 180.

taubstumm Adj. Mark. 7, 32 κωφὸν καὶ μογιλάλον 'surdum et mutum' überfetzt das

mb. Passional des 13. Jh. der stumme toube 143, 69; Luther gewandter „einen Tauben, der stumm war", Eck 1537 mit engerem Anschluß „einen Tauben und stummen". Die Formel taub und stumm gilt durch das 17. und 18. Jh.; so noch Wieland 1771 Amadis 9 Str. 12. Die Zuf.-Bildung taubstumm (f. dummdreist, sauersüß) kaum vor Kindleben 1781 Stud.-Lex. 187 „Ein Institut für Taubstumme ist in Leipzig errichtet". Taubstummheit 'surdomutitas' Gött. Gel. Anz. 1845 S. 1544.

tauchen schw. Ztw. ist im Obd. ungebräuchlich und mußte schon Luthers obd. Zeitgenossen mit tunken verdeutlicht werden (Kluge 1918 Von Luther bis Lessing 103. 111). Erst mit Henisch 1616 erscheint dauchen in einem nhd. Wb. Luther kennt das Ztw. aus dem Md., nächstverwandt mnd. dûken, nl. duiken, engl. duck (dazu agf. dûce, engl. duck 'Ente', f. dûcken). Ahd. begegnen Reste eines st. Ztw. tûhhan, dessen Part. betochen noch im Rolandslied und Servatius: v. Bahder 1925 Wortwahl 9. Weitere Beziehungen der germ. Wz. *duk 'sich bücken, tauchen' fehlen; Zuf.-Hang mit taufen ist unwahrscheinlich.

Taucher M. Der Wasservogel Colymbus heißt ahd. tûhhil: ila-Bildung zu tûhhan (f. tauchen). Daneben früh die ärja-Bildung ahd. tûhhâri, mhd. tûchære, asächs. dûcari, mnd. fries. mnl. dûker, nnl. duiker: Suolahti 1909 Vogelnamen 444.

tauen schw. Ztw. 'zu schmelzen anfangen', mhd. touwen, töuwen, ahd. douwen, dôan, dewen, mnd. douwen, dôien, mnl. dôyen, douwen, nnl. dooien, agf. þawian, engl. thaw, anord. þeyja. Dazu nnl. dooi, engl. thaw, anord. þeyr 'Tauwind'. Mit germ. *þaw- sind am nächsten verwandt aind. tôya- 'Wasser' und offet. thayun 'tauen'. Eine einfache idg. Wz. *tā liegt vor in air. tām 'Seuche' (M. Förster 1941 Themse 728), kymr. tawdd 'geschmolzen, aufgelöst', toddi 'schmelzen', aflav. tajati 'schmelzen'. Dazu noch mit versch. Wz.-Erweiterungen gr. τήκειν 'schmelzen', lat. tābēre 'hinschwinden', tābes 'Hinschmelzen, Seuche'. Das t- der mhd. und nhd. Formen ist wohl durch Anlehnung an Tau M. entstanden. S. verdauen.

Taufe F. mhd. toufe, ahd. toufa, toufî: zu taufen, mhd. töufen, toufen, ahd. toufen, touffan (aus *toufjan), asächs. dôpian, mnd. dôpen, mnl. dôpen, afries. dēpa, sämtlich im Sinne des chriftl. baptizare. Grundwort ist das mit Ablaut zu got. diups 'tief' gebildete got. daupjan, das mit arianischen Glaubensboten etwa des 5./6. Jh. über Bayern zu uns gelangte (f. Kirche): daupjan 'eintauchen' anord. deypa hat diese weltl. Beb. behalten, ebenso meist das ablautende agf. dyppan, engl. dip) konnte nur in einem Kreis umgeprägt werden, der gr. βαπτίζειν 'taufen' (neben (ἐμ)-βάπτειν 'untertauchen') sinnvoll erlebte; das war dir junge got. Kirche. Das roman. Christentum bevorzugt Abkömmlinge von lat. baptizare (ital. battezzare, afrz. batoyer; auch air. baitsim beruht wie engl. baptize auf baptizare), wozu das Germ. keine Gegenstücke aufweist. Eigene Wege gehen agf. fulwiht 'Taufe' zu fulwian 'taufen' (aus *ful-wihjan 'voll weihen') und anord. skira 'reinigen, taufen', skīrn 'Taufe'. Mit afrz. chrestiener, eigtl. 'zum Christen machen' stehen in Verbindung agf. cristnian, mul. mnd. kerstenen; nach dessen Muster ist anord. kristna 'taufen' gebildet: Kluge 1909 Beitr. 35, 131; Braune 1918 daf. 43, 421; Frings 1932 Germania Romana 26.

taugen Ztw., mhd. tugen, ahd. tugan, 3. Sg. Präs. toug 'es taugt, nützt', asächs. dōg, agf. dēag, got. daug, afries. anord. Inf. duga Prät.-Präs. 'tüchtig, brauchbar, schicklich sein, passen, sich gut treffen'. Die germ. Beb. setzen die des idg. Verbalstamms *dheugh- fort, der vorliegt in gr. τυγχάνειν '(an)-treffen, ein Ziel erreichen, zufallen', τύχη 'Gelingen', τεύχειν '(tauglich) herrichten', ir. dūal (aus *dhuglo-) 'passend', lit. daũg 'viel'. S. tüchtig, Tugend.

Taugenichts M. mnd. dögenicht, nnl. deugniet (seit Kilian 1599), vergleichbar engl. good-for-nothing, frz. vaurien. Gebildet wie Wagehals (f. b.), Schelte eines Schlingels, der das Wort „Ich tauge nichts" als Wahlspruch führen könnte. So seit Waldis 1548 Esop 4, 68, 26 (schalt ihn) ein lügner, dieb und tügenicht. Daneben Tögenicht Frbr. Roth, Aller christl. Hausmütter A B C (1584) T 8b, im 17./18. Jh. meist Taugenicht; bei Stieler 1691 Taugenichts neben Nichtstaug.

taumeln schw. Ztw., mhd. tūmeln, ahd. *tūmalōn, mit l-Suffix zu mhd. tūmen, ahd. tūmōn 'sich drehen'. Frühnhd. deumelen dankt seinen Umlaut alter Ableitung auf -ilōn. Daneben stehen ahd. mhd. Nebenformen mit ü, die in tummeln einen nahen Verwandten haben. Die in allen enthaltene germ. Wz. *dū verknüpft man mit aind. dhūnōti 'er schüttelt'. Mhd. Taumel M. ist im 17. Jh. aus dem Ztw. rückgebildet, begegnet nicht vor Schottel 1663 und wird erst von den Stürmern und Drängern recht in Schwung gebracht: Nichtenhauser 1920 Rückbildungen im Nhd. 20. In der Vorgeschichte des Subst. scheint das vom Ztw. aus gebildete Taumelkelch Jes. 51, 17. 22 eine Rolle gespielt zu haben.

Tausch M. Das Wort bezeichnet den Vorgang, der dem ältesten Handel sein Gepräge gibt (agf. hwearfe, anord. skipti 'Vertrag, wobei Ware gegen Ware umgesetzt wird') erst seit Ende des Mittelalters und ist aus dem Ztw. tauschen rückgebildet. Dabei mag das vom Ztw. aus gebildete Tauschbrief (1454 in Grimms Weistümern 4, 164) eine Rolle gespielt haben. Tauschen steht neben täuschen (f. b.) und wird schon vor 1300 in rostiuschære 'Pferdehändler' vorausgesetzt, f. Roßkamm, -täuscher. Ausgangsbed. ist 'einem im Handel (betrügerisch) etwas aufreden', vgl. mhd. rostüschen N. 'betrügerisches Reden' Seifr. Helbling 7, 1158. Das Ztw. wird in den hd. Wbb. seit Dasypodius 1535 verzeichnet und ist seit dem 16. Jh. den obd. Mundarten geläufig: v. Bahder 1925 Wortwahl 42.

täuschen schw. Ztw., spätmhd. tiuschen, urspr. ein md. Wort, dem westl. Nd. und der obd. Volkssprache dauernd fremd, im md. Westen seit etwa 1400 nachweisbar, ins Nhd. durch die Lutherbibel gelangt, deren obd. Lesern es seit 1523 mit (be)triegen verdeutlicht werden muß: Kluge 1918 Von Luther bis Lessing 103. 111. In den ältesten mhd. Belegen bedeutet tiuschen 'unwahrhaftig reden': das ist Lexers Herleitung von einer Interj. tusch (DWb. 11, 1, 208) wenig günstig, denn mit ihr begleiteten Gaukler Kunststücke, bei denen Gegenstände vertauscht wurden: v. Bahder 1925 Wortwahl 42 f.

tauschieren schw. Ztw. 'Metall in Metall einlegen': junge nhd. Bildung zu ital. tausia F. F. 'Einlegearbeit', das seinerseits aus arab. taušija 'Färbung' entwickelt ist.

tausend Zahlwort, mhd. tūsent, älter tūsunt, ahd. dūsunt, älter thūsunt, asächs. thūsind, thūsundig (-ig nach twēntig '20' usw.), anl. thūsint, afries. thūsend, agf. þūsend, anord. þūsund, got. þūsundi. Daß das gemeingerm. Zahlwort auf *þūs-hundi beruht und zum zweiten Bestandteil hundert hat, wird gesichert durch gleichbed. anord. þūs-hundrað und salfränk. þūs-chunde 'Großtausend, 1200'. Während die Zahlwörter bis hundert allen idg. Sprachen gemeinsam sind, teilt das Germ. unser Wort nur mit dem Slav.: aslav. tysęšta, tysąšta (lit. túkstantis) beruht mit den germ. Wörtern auf *tūs-kəmtja, *tūs-komtja; vgl. apreuß. tūsimtons aus *tūs-simto mit lit. šimtas 'hundert'. Das erste Wortglied gehört mit westfäl. dūst M. 'Beule, Geschwulst' u. lat. tumēre 'schwellen' (f. Daumen) zur idg. Wz. *tu in aind. távas 'Kraft', tuvi 'viel', túviṣ-mat 'kräftig', tuvíṣṭama 'kräftigster'. So ist tausend urspr. 'vielhundert' (ähnlich steht ital. millione neben

mille). Zur Flexion von tauſend ſ. Behaghel
1923 Dt. Syntax 1, 430.

Tauſendfuß M. Lat. milipeda, das ſelbſt
Lehnüberſetzung von gr. χιλιόπους iſt, erſcheint
als Tauſendbein Anderſen 1696 Orient.
Reiſebeſchr. 31. Die treuere Überſetzung
Tauſendfuß kaum vor Adelung 1780.

Tauſendgüldenkraut N. Lat. centaurium
(aus gr. *κενταύριον: nach Plinius, Nat. hist.
25, 66 hat ſich der Zentaur Chiron, als ihm beim
Muſtern der Waffen des Herkules ein Pfeil in
den Fuß fiel, mit dieſem Wundkraut geheilt)
iſt irrig als Zuſ.-Setzung von centum und aurum gefaßt worden. Auf dieſem Irrtum beruht unſere Lehnüberſetzung, der im 15. Jh.
duſentgulden vorausgeht, während ein Vocab.
von 1574 bei Hundertgulden bleibt. Mundarten ſteigern: Hunderttauſendgulden-
kraut Otterſweier (Baden), Milliontouzent-
kraut Eichsfeld, Dauſendgoldgöllkreitchen
Luxemb. Weiteres bei Hnr. Marzell 1936 Med.
Mitt. 8, 106. 135 ff.

Tauſendkünſtler M. Ein mhd. tüſentliſteler,
das im 13. Jh. erſcheint, wird im 15./16. abgelöſt durch tauſendkünſtiger, -künſteler, aus
der Formel „tauſend Künſte“ zuſ.-gebildet und
zunächſt gern vom Teufel gebraucht. So ſteht
Siebenkünſtler ‘wer die ſieben (freien)
Künſte verſteht’ neben der Formel „ſieben
Künſte“: Gombert 1878 Bemerk. zu Weigands
Wb. 3, 9.

Tauſendſaſa M. Als Wort der Aufmunte-
rung und Hetzruf für Hunde iſt ſaſa verwandt
mit hopſaſa. Geſteigert zu tauſend ſa! ſa!
erſcheint der Zuruf bei J. J. Schwabe 1745
Tintenfäßl 9. Subſtantiviert Tauſend ſaſa
‘Mordskerl, Schwerenöter’ ſeit Schiller 1784
Kabale 1, 1. Den Wbb. fehlt das Wort bis lief
ins 19. Jh.

Tauſendſchön N. Das mit tauſend ver-
ſtärkte ſchön ergibt ein frühnhd. Adj. der Bed.
‘ſehr ſchön’, z. B. Murner 1512 Narrenbeſchw.
80, 69 ff. „Do ich meint, ich hets allein, Do was
ſy aller welt gemain, Die tuſent ſchon“. Subſtantiviert ergibt tauſentſchon ſeit Albertus 1540
Dict. DD 2ᵇ an den Namen verſch. ſchönfarbiger
Blumen, vor allem von Bellis perennis. Zum
Fam.-Namen iſt Tauſendſchön vom Adj. aus
geworden.

taxieren ſchw. Ztw. Zu lat. tangere ‘berühren’ ſtellt ſich taxāre ‘ſchätzen’, das über
die nrhein. Geſchäftsſprache (mnl. 1303 ghe-
taxeirt, Kleve 1477 taxeren ‘extimare’) zu uns
gelangt. Taxe F. ‘Schätzung, Anſchlag, Satz’
wird im 15. Jh. aus gleichbed. mlat. taxa
entlehnt. Anfangs erſcheint es mehrfach als
Tax M.: Schirmer 1911 Wb. der dt. Kaufm.-
Spr. 188 f.

Taxus M. Der bei uns altheimiſche Baum
Taxus baccata heißt dt. Eibe, ſ. d. Daneben
tritt ſeit frühnhd. Zeit die Entlehnung dahs-
boum auf (Zſ. f. d. Wortf. 6, 179), Taxus iſt
auf gelehrtem Weg im 18. Jh. entlehnt. Bair.
Dächſen ‘Nadelzweige’ hat nichts damit zu
tun: Weitzenböck 1937 Zſ. f. Mundartforſch.
13, 21 f.

Techtelmechtel N. bringt im 19. Jh. von
Öſterreich bei uns ein, von dort zuerſt gebucht:
Dechtlmechtl ‘geheimes Einverſtändnis’ Klein
1792 Prov.-Wb., wohl im Anſchluß an den
Luſtſpieldichter Phil. Hafner, Wien um 1780.
Littmann 1924 Morgenl. Wörter 56 denkt an
hebr. Urſprung, Schuchardt Zſ. f. roman. Phil.
31, 31 will an ital. teco meco anknüpfen, das
aus ‘ich mit dir, du mit mir’ zur Bed. ‘unter
vier Augen’ gelangt iſt.

Teckel M. ‘Dachshund’ zuerſt tekel Dähnert
1781 Pomm. Wb. 485; auch forthin weſentlich nd.: Heynatz 1796 Antibarb. 277. Mit
Dackel lautlich nicht zu vermitteln.

Tee M. Chineſ. tſchhā lautet in ſüdchineſ.
Mundart tē und iſt ſo zu den Malaien gelangt.
Von da haben wir Wort und Sache zu Ende
des 17. Jh. erhalten: die Zſ. f. Bücherfreunde
1934, 3, 46 nennt eine „Naturgemäße Be-
ſchreibung des Coffee, Thee, Chocolate, Ta-
backs... überſetzt durch J(ohann) L(ange),
Hamburg 1684“. Amaranthes 1715 Frauenz.-
Lex. 2006 f. verzeichnet Thée nebſt Thée-
Büchſe, -Kanne, -Keſſel und -Schälgen.
Die Aufgüſſe heimiſcher Blüten ſind wenig
jünger: „Die Preißwürdige Veronica Oder
Europäiſcher Thee, wie ſelbiger an ſtatt der
Indianiſchen Thee mit Fug gebrauchet werden
kan... Lübeck 1694“. Vgl. W. Horn 1941
Arch. f. d. Stud. d. n. Spr. 179, 102.

Teekeſſel M. ‘Dummkopf’ ſ. Keſſel².

Teer M. Jdg. *derev(o)- ‘Baum’, das in
aind. dāru N. ‘Holz’, gr. δόρυ N. ‘Baumſtamm, Holz, Speer’, alb. dru F. ‘Holz, Baum,
Stange’, kymr. derwen ‘Eiche’, aſlav. drěvo
‘Baum’ (daher oſtdt. Ortsnamen wie Dreb-
nitz, Treben, Treuen) vorliegt, iſt uns nur
als zweites Glied von Baumnamen wie Aſ-
folter, Flieder, Heiſter, Rüſter, Holunder, Maß-, Reckholder, Wacholder erhalten.
Im Germ. hat *trëwa- von je eine Rolle geſpielt (ſ. Trog). Ein Altar aus röm. Zeit iſt
Matribus Alatervis geweiht, den Matronen,
die ihr Heiligtum unter Bäumen haben; ein
Beiname der Weſtgoten lautet *Taírwiggōs
(lat. Tervingi) ‘Waldbewohner’. beide zu got.
triu, anord. afrieſ. trē, agſ. aſächſ. trēo, engl.
tree ‘Baum’. Ableitung zum gleichen Stamm
iſt vorgerm. *derv(i)o-, germ. *terw(i)a- ‘das
von (Nadel-)Bäumen Stammende’. Sie gilt,

auf das durch Schwelung aus Holz gewonnene Schweröl eingeengt, bei allen seeanwohnenden Germanen: urnord. *tjǫrva (von da in Urzeiten entlehnt finn. terva, lapp. tarve 'Teer'), anord. tjara (schwed. tjära, dän. tjære), ags. teoru N., tierwa M., -we F. (engl. tar), afries. tera, mnl. tar, ter(re), nnl. teer, mnd. ter(e) M. Der beim Schiffsbau unentbehrliche Stoff war durch Tabu geschützt: bis nahe an unsre Tage mußte man in Teilen Schwedens dafür det svarta sagen, auf Gotland vätan 'Feuchtigkeit', det våta 'das Nasse' oder godset 'das Gut'. Abgaben wurden in Teer geleistet, was gleichfalls die Wichtigkeit für die nadelholzreiche Landschaft des Nordens beleuchtet. Der dt. Süden half sich indes mit dem alten Lehnwort Pech (s. d.), das sonst nur von der gesottenen und geläuterten Form des Teers gilt. Erst in frühnhd. Zeit dringt ther nach Süden: 1517 erscheint es im Voc. rer. prompt. des Anhalters Trochus, 1556 in den Vocabula der Thüringer Peucer und Eber. Seither verbreitet es sich in wechselnden Formen (Tar u. ä.). Die hd. Entsprechung lautet mit z an. Sie begegnet in Formen wie (Wagen-)Zehr und in Flurnamen wie bei dem Zehrbaum in den westmd. Mundarten Kurhessens und der Schwalm. Dagegen ist ostfränk. bair. österr. zär 'Harz; Saft, der aus zurückgeschnittenen Bäumen und Reben tritt' aus Zähre entwickelt, s. d.

Teerjacke F. 'Matrose' seit 1848 in hd. Texten in Anlehnung an engl. Jack Tar ('Hans Teer'), das mit Jacke unmittelbar nichts zu tun hat. Die Anlehnung wurde dadurch erleichtert, daß die Jacke als hervorstechender Teil im Anzug der Matrosen gilt und Teerjacke als 'mit Teer getränkte Jacke der Schiffer' schon vorher vorkommt: Seume 1806 Apokryphen (Hempel) 7, 152 „ob ich einen Demantstern am Sammetrock oder einen Flecken an der Theerjacke trage". Kluge 1906 Zs. f. d. Wortf. 7, 43; 1911 Seemannsspr. 781; Lokotsch 1927 Etym. Wb. 929. Vgl. Schubbejack.

Teich M. mhd. tîch, dazu die nd. Sippe von Deich, s. d. Germ. *dīk- (aus *dhīghn-?) könnte urverwandt sein mit gr. τῖφος N. 'Teich, Sumpf'. Zur landschaftlichen Abgrenzung von Teich in heutiger Umgangssprache s. Kretschmer 1918 Wortgeogr. 523 u. A. Götze 1923 Zs. f. d. Phil. 49, 288: während Weiher als roman. Lehnwort den Süden und Westen erobert, also obd. und fränk. ist, herrscht ostmd. und nd. von alters her Teich, wird von da aus Schriftwort und dringt seit Ausgang des Mittelalters nach Bayern und Österreich, Thüringen und Hessen.

Teiding N. 'leeres Gerede', bei Luther 1530 Jer. 23, 32 verfuren mein volck mit yhren lugen vnd losen teydingen. Seit dem 17. Jh. nur noch in Narrenteiding: aus mhd. teidinc, älter tagading 'Ver-, Unterhandlung, Übereinkunft', urspr. 'die auf einen bestimmten Tag anberaumte (gerichtliche) Verhandlung'. S. Ding, tagen und verteidigen.

teig Adj. mhd. teic, mnd. dēch 'überreif' (vom Obst), 'unausgebacken' (vom Gebäck): das präd. gestellte Subst. Teig, s. d. Der Übergang vollzog sich in Sätzen wie Tabernaemontanus 1588 Kräuterbuch 1426 die früchte ... werden auf stroh ... gelegt, bis sie teig werden.

Teig M. mhd. ahd. teic (g), mnd. dēch, mnl. deech (gh), nnl. deeg, ags. dāg, anord. deig, got. daigs. Nächstverwandt aind. deha 'Körper', dehī 'Damm', toch. tseke 'Bildwerk', avest. paridaeza 'Umfriedigung' (vgl. Paradies), gr. τοῖχος 'Wand' (ablaut. τεῖχος 'Mauer'), thrak. δίζα 'Burg', aruss. děža 'Teigmulde'. Zugrunde liegt eine idg. Wz. *dhigh 'schmieren, bilden', vgl. got. digan, lat. fingere 'bilden' (figūra 'Gestalt'), aind. dih-'bestreichen', lit. dìžti 'durchwalken'. Derselbe Stamm auch in ags. hlǣf-dige (engl. lady) 'Herrin', urspr. 'Brotkneterin'.

Teil M. N. Mhd. ahd. teil, asächs. afries. dēl, anl. deil (mnl. nnl. deel), ags. dǣl, dāl (engl. deal, dole), got. dails führen über germ. *dai-li (-la) auf eine idg. Wz. *dhai, gesichert durch aslav. dělŭ 'Teil'. Das schw. Ztw. teilen (ahd. mhd. teilen, got. dailjan) ist vom Subst. aus gebildet wie gleichbed. aslav. děliti. Das Adv. teils ist eine erst nhd. Bildung: Behaghel 1923 Dt. Syntax 1, 483. Auf mhd. -teil beruht die Endung von Drittel, Viertel usw.; mhd. lauten die Wörter dritteil, vierteil usw. So ist Urteil zu Urtel verkürzt.

Telegraph M. Den von den Brüdern Chappe erfundenen optischen Telegraphen nennt Miot 1792 frz. télégraphe (zu gr. τῆλε Adv. 'fern' und γράφειν Ztw. 'schreiben'). Goethe nimmt Telegraph auf, das Ersatzwort Fernschreiber erscheint 1797. Engl. telegram hat der Amerikaner E. P. Smith in Rochester 1852 vorgeschlagen, Grundwort gr. γράμμα N. 'Buchstabe, Schrift'. Die Neugriechen sagen richtiger τηλεγράφημα. Über frz. télégramme M. gelangt die erfolgreiche Fehlbildung 1857 zu uns. Das Telephon (zu gr. φωνή F. 'Stimme') erfindet Reis 1860; der Name wird von älteren Erfindungen darauf übertragen, s. Fernsprecher und Schirmer 1911 Wb. d. dt. Kaufm.-Spr. 189.

Telle s. Delle.

Teller M. Zu lat. tālea 'Einschnitt' gehören ital. tagliare, frz. tailler 'zerschneiden', dazu wieder ital. tagliere, afrz. taill(e)or 'Speise=, Vorlegteller', mlat. tellerium. Aus dem Ital. wird mhd. talier, aus dem Afrz. mhd. dęller im 13. Jh. entlehnt: Suolahti 1929 Frz. Einfluß 250f. S. Taille, Talje.

Tempel M. mhd. tęmpel M. N., ahd. tęmpal N.: während der ahd. Zeit (mit christl. Wörtern wie Abt, Altar usw.) entlehnt aus lat. templum. Zwei altheimische Wörter für 'Heiligtum' werden um ihres heidnischen Klanges willen dadurch verdrängt: asächs. alah, ags. ealh, got. alhs F. und asächs. wîh, anord. vē N.

Tempo N. Aus lat. tempus N. 'Zeit' ist gleichbed. ital. tempo M. entwickelt, das seit Duez 1652 Nomencl. 203 in dt. Wbb. erscheint, zuerst als Fachwort der Reit= und Fechtkunst, doch schon im 17. Jh. verallgemeinert auf Zeit und Zeitmaß jeder Art. Spät im Bereich der Musik.

Tender M. Zu engl. attend 'achtgeben' gehört attender 'Aufwärter, Begleiter', gekürzt zu tender und übergeführt in den Sinn 'Begleitboot (eines Linienschiffs)'. So entlehnt zu seemänn. Tender M. 'Beiboot' seit Bobrick 1850 Allg. naut. Wb. 571. Mit dem Aufkommen der Eisenbahnen wurde engl. tender zu 'Begleitwagen der Lokomotive'. So wird es neu ins Dt. entlehnt, etwa gleichzeitig mit engl. locomotive, lorry, tunnel, viaduct und waggon.

Tenne F. mhd. tęnne N. F. M., ahd. tęnni N. Älteste Form vulgärlat. danea (Reichenauer Glossen, Südfrankr., 6./7. Jh.), woraus nordostfrz. daigne 'Tenne'. Das entspr. fläm. den bedeutet 'Dreschplatz auf freiem Felde'. Dazu weiterhin mnd. denne 'Lagerstätte, Niederung, Waldtal', ags. denn N. 'Wildlager, ō-den- F. 'Tenne', engl. den 'Höhle, Schlupfwinkel des Wilds'. Ferner mit anderm Suffix ags. dęnu 'Tal', mnd. dęne 'Vertiefung', afries. dene 'nieder, herab' sowie die unter Tann aufgeführten Wörter. Im Nord. scheint das Wort nur in dem Namen der Dänen (anord. Danir, eig. 'Niederungsbewohner' erhalten zu sein: Much bei Hoops, Reallex. 1, 388. Außerhalb des Germ. sind mit Ablaut wz.=verw. gr. θέναρ 'Fläche' (vgl. ahd. tenar 'flache Hand'), aind. dhanu 'Sandbank, Gestade'. Lit. děnis 'die aus Brettstücken bestehende Decke eines Kahns' und lett. denis 'das dreieckige Brett im Hinterteil des Boots' sind aus dem Nd. entlehnt, nicht mit dem germ. Wort urverwandt. Vgl. tanzen.

Tennis N. Auf afrz. tenez 'nehmt, haltet' (lat. tenētis) beruht der Name des Spiels mit Ball, Schläger und Netz, das in England seit dem 14. Jh. ausgebildet wird. Weil eine neue Abart, 1873 von dem engl. Politiker Sir William Hart Dhyke nach den bis heute grundlegenden Regeln eingerichtet, auf dem Rasen gespielt wird, heißt sie im Engl. des ausgehenden 19. Jh. lawn-tennis (lawn 'Rasen' aus afrz. lande 'Heide', dies aus gleichbed. gall. *landa, s. Land). Lawn=Tennis erscheint vor Ende der 70er Jahre im Hannöverschen (G. Pauli 1936 Erinn. 37), 1886 in Potsdam (A. Erman 1929 Mein Werden u. Wirken 231); diese Wortform noch 1905 bei O. J. Bierbaum, Das höll. Automobil 8. Die Kürzung „Ich spiele Tennis" (zuerst in einem Brief an H. v. Hofmannsthal vom 12. Aug. 1893: Briefe S. 90) setzt sich gleichzeitig in England durch, weil nun allgemein auf Sandplätzen gespielt wurde. Um die Überwindung des Tennis=Englisch hat sich R. Frh. Fichard das entscheidende Verdienst erworben: Zs. d. Sprachv. 12 (1897) 1ff.; Stiven 95.

Tenor M. Zu lat. tenēre 'halten' (urverwandt mit dehnen, s. d.) gehört tenor, -ōris 'Zusammenhang', das seit dem 18. Jh. als Tenor (mit dem Ton auf der ersten Silbe) 'Inhalt, Wortlaut' (z. B. eines Urteils) bei uns lebt. In musikalischer Fachsprache wird ital. tenóre fest für die höhere Männerstimme, die die Melodie hält und von den andern Singstimmen umrankt wird (s. Diskant). Entsprechend unser Tenor (mit dem Ton auf der zweiten Silbe) seit dem 15. Jh., gebucht seit E. Alberus, Dict. (Frankfurt a. M. 1540) c 1ᵇ.

Teppich M. ahd. tęp(p)ih, mhd. tęppich, tębech M. N.: etwa im 7. Jh. aus dem Roman. entlehnt. Die Nebenformen ahd. tęp(p)id, tęp(p)ith weisen auf volkslat. tapētum und dessen neutr. Kollektivplur. tapēta, deren i-haltiges ē als î aufgenommen wurde (vgl. Essig). Das Gebiet um Niederrhein und Nordsee bewahrt t, d im Auslaut (nl. tapijt, mnd. tep(pe)t, ags. tæpped, -t N. aus lat. tapētum), weiter südlich führt Suffixwechsel (Th. Frings 1932 Germania Rom. 212) zur Endung -ich, die durch die Lutherbibel im Nhd. siegt. Jüngerer Entlehnung danken Tapet(e) und tapezieren (dies aus gleichbed. ital. tappezzare) ihr Dasein. Kennzeichnend die Tapet 'Wandbehang' bei A. Gryphius 1657 Kath. v. Georgien I 725.

=ter s. =der.

Termin M. Lat. terminus 'Grenzpfahl, =stein, =zeichen' erscheint unverändert in hansischen Rechnungen am Niederrhein 1309, im Deutschordensgebiet 1404 als 'Frist, Zahltag'. Die lat. Endung wird zuerst 1417 im Plur. durch die deutsche ersetzt. Die hd. Belege setzen 1525 ein: Schirmer 1911 Wb. d. dt.

Kaufm.=Spr. 190. Von Handel und Handels=
recht aus erweitert das Wort bereits im 16. Jh.
sein Gebiet: Malherbe 1906 Das Fremdwort
im Ref.=Zeitalter 89; Zs. f. d. Wortf. 15, 213.

Terpentin N. wird von A. Kern 1907 Dt.
Hofordn. II 18 zuerst aus Braunschweig 1550
nachgewiesen. Das Wort stammt aus mlat.
terebíntina (resina) 'Harz der Terebinthe'.
Gr.=lat. terebinthus hatte schon spätmhd.
terebint ergeben. Gr. τερέβινθος gilt als
Entlehnung aus der nicht=idg. Sprache der
kretisch=minoischen Urbevölkerung.

Terrine F. Zu lat. terra 'Erde' ist über
vulgärlat. *terrína frz. terrine 'irdene Schüssel'
gebildet, das im 18. Jh. als (Suppen=)
Terrine in Norddeutschland erscheint und in
einem von Kretschmer 1918 Wortgeogr. 524
umgrenzten Gebiet neben süddt. Suppen=
schüssel bis heute gilt. Noch Amaranthes
1715 Frauenz.=Lex. 1951 kennt nur zinnerne
Suppennäpfe und =töpfe.

teuer Adj. mhd. tiure, ahd. tiuri 'lieb, wert,
kostbar', gleichbed. asächs. diuri, mnl. diere,
düre, mnl. duur, afries. diöre, diüre, agf.
dēore, dýre, engl. dear (dazu darling 'Liebling'
aus agf. dēorling), anord. dýrr. Über den in
dieser Sippe begegnenden Ablaut iu: ū (mhd.
tür(e) F. 'Wertschätzung') s. dauern². Zur
Vorgeschichte des nur dem Got. fehlenden ge=
meingerm. Adj., aus dem gleichbed. finn.
tiuris früh entlehnt ist, hat sich bisher nichts
Sicheres ermitteln lassen.

Teufel M. Gr. διάβολος 'Verleumder', bibel=
gr. 'Widersacher' ist got. als diabulus volk=
läufig geworden und durch die arianische Goten=
mission (Kluge 1909 Beitr. 35, 134) mit
Bischof, Heide, Kirche, Pfaffe, Sams=
tag, taufen u. a. vor der hd. Lautver=
schiebung nach Oberdeutschland gelangt, wo über
*diuvulus ahd. tiufal unter Angleichung an
obb. tiuf 'tief' und die Mask. auf -al (s. Spie=
gel) entstand. Späteres -il beruht auf Anleh=
nung an engil, Notkers tievel entspricht der
Ablösung von obb. tiuf durch tief: Frings
1929 Donum natalicium Schrijnen 486 f.; 1932
Germania Romana 24. 28. Von Oberdeutsch=
land sind asächs. diubal, afries. diövel, mnl.
düvel, anord. djǫfull ausgestrahlt; agf. dēofol
beruht auf selbständiger Entlehnung aus lat.
diabolus. Als kirchl. Wort hat Teufel Un=
hold (s. d.) zurückgedrängt.

Text M. Lat. textus, das zu texere 'weben'
gehört und von 'Gewebe' zu 'Zus.=Hang der
Rede, Wortlaut' geworden war, ist in spätmhd.
Zeit entlehnt zu text.

Theriak M. Gr. θηριακόν N. 'Gegengift
gegen Schlangenbiß' (zu θήρ M. 'wildes Tier')
ergibt über lat. theriaca die gelehrte Form afrz.

tiriaque, die als tyriacke ins Mhd. des späteren
13. Jh. gelangt. Daneben ist afrz. Normalform
triacle, die schon zu Beginn des 13. Jh. mhd.
triäkel M. ergibt: Suolahti 1929 Frz. Ein=
fluß 259. 264.

Thespiskarren M. 'Wanderbühne' beruht
auf Horaz, Ars poetica 276 Dicitur et plau=
stris vexisse poemata Thespis. Dabei irrt
Horaz, sofern Thespis der älteste attische
Tragödiendichter war, während der Wagen der
ältesten griech. Komödie angehört: Büchmann
1912 Gefl. Worte 389.

Thron M. Gr. θρόνος 'Stuhl, Herrschersitz'
ergibt über lat. thronus afrz. t(h)rone, das um
1200 entlehnt wird zu mhd. t(h)rön: Suolahti
1929 Frz. Einfl. 266. Verdrängt werden da=
durch die gleichbed. germ. Ausdrücke got.
stōls, agf. hēahsetl, ahd. kuningstuol. Thron=
erbe kaum vor Rabener 1764 Satiren 4, 316,
Thronfolger bei Wieland und Schiller.

Thunfisch M. der bis zu drei Metern lange
Mittelmeerfisch Thynnus vulg. Die Griechen
mögen den nicht einfachen Fang von den
Phönikern gelernt haben; gr. θύννος wird
(mit θ für semit. t wie regelmäßig) aus dem
phönik. Entsprechung von arab. tinnīn, hebr.
aram. tannīn 'großer Fisch' entlehnt sein. Der
gr. Name ergibt über lat. thunnus gleichbed.
ital. tonno, frz. thon, engl. tunny. Als wich=
tigster Mittelmeerfisch muß er in den Gesichts=
kreis schon der dt. Kreuzritter und Romfahrer
getreten sein. Benannt erscheint er erst in
Konr. Gesners Fischbuch übersetzt von Konr.
Forer (Zürich 1563) 58ª als Thunnfisch. Dabei
soll der zweite Wortteil, der in den Nachbar=
sprachen fehlt, verdeutlichend wirken (vgl.
Walfisch).

Thymian M. mhd. thimean, tymian, ahd.
(um 1100) timiäm N., thimiän, tymiäna 'die
Pflanze Thymus vulg., Biensaug, Immen=
kraut', got. þwmiama N. 'Rauchopfer': aus
gr. θυμίαμα N. 'Räucherwerk', zu θύειν
'opfern'.

tief Adj. mhd. tief, ahd. tiof, asächs. diop,
nl. diep, afries. diäp, agf. dēop, engl. deep
(depth 'Tiefe'; dip 'eintauchen'), anord. djúpr,
got. diups. Das gemeingerm. Adj. *deupa=
(wozu die Sippe von taufen Faktitiv ist) hat
seinen nächsten Verwandten in lit. dubùs
'tief, hohl'. Ferner gehören hierher wohl noch
aslav. dŭno (aus *dubno-) 'Boden', air.
domain 'tief', domun (aus *dubno-) 'Welt',
kymr. dwfn 'tief', gall. Dubnorix (eig. 'Welt=
könig').

Tiefsinn M. Während das Adj. tiefsinnig
seit dem 16. Jh. geläufig ist, begegnet das
Mask. kaum vor Klopstock 1748 Oden 1, 35.
Bevor die Rückbildung gefunden war, half

man sich mit Tiefsinnigkeit: Schnabel 1732 Insel Felsenburg 1, 60.

Tiegel M. Gr. τήγανον 'Pfanne', das mit ahd. dahhazzen 'flammen' und agf. þeccan 'verbrennen' zum idg. Verbalstamm *tēg-: *tǝg- 'brennen' gehört, wird von den Römern als tēgula übernommen, erhält also die gleiche Form wie das heimische, zur Dehnstufe von tēgere 'decken' (f. Dach) gebildete tēgula 'Dachziegel' (f. Ziegel). Daneben wird ein lat. *tēgula 'Pfanne, Platte, Deckel' erwiesen durch gleichbed. ital. teglia, tegghia. In ahd. Zeit aus Oberitalien entlehnt, kommt das Wort bei Notker als tēgel 'testa' vor; diese Form lebt fort in alem. dägl, schwäb. tēgl, dęǫgl, bair. tegel, kärnt. tögl. Näher beim lat. Vorbild bleibt ahd. *tēgula, vor dessen u sich ē der Tonsilbe lautgesetzlich in i wandelt. Die darauf beruhende Form hat in mhd. tigel, nhd. Tiegel und in den Mundarten außerhalb des Südsaums gesiegt. Auf dem Weg nach Norden erhält das Lehnwort unter dem Einfluß des Gegensatzes von hd. Topf zu nd. doppe anlaut. d: nd. dēgel, mnl. degel 'Topf', nnl. degel 'hängende Platte an einer Handpresse', anord. digull 'Schmelztiegel', dän. digel, schwed. degel. Daneben beruhen auf lat. tēgula älter nl. *tigol, mnl. nnl. tegel, tichel, teil 'irdener Topf', agf. tigol, tigele 'figulum, testa, anord. tigl.

Tier N. Ahd. tior, asächs. dior, afries. diar, anl. dier, agf. dēor (engl. deer 'Rotwild'), anord. dȳr, got. dius (belegt Dat. Plur. diuzam) 'wildes Tier'. Die Einschränkung der Bed. auf den Begriff 'Wild' zeigt sich noch in Tiergarten (gegenüber Viehstall) sowie in ahd. tiorīn, tiorlīh 'wild', agf. dēor 'kühn'. Germ. *deuza- aus idg. *dheusó-. Grundbed. scheint 'Tier' schlechthin, 'atmendes Wesen' zu sein. Verwandt sind dann lit. dùsti 'keuchen', aslav. duchŭ, duša 'Atem, Seele', gall. dusu 'unreine Geister'. Zur Bed.-Entwicklung vgl. lat. animal 'Tier' mit anima 'Seele'.

Tiger M. Aus dem Altpers. (avest. tigri- 'Pfeil') stammt gr. τίγρις, von da lat. tigris, das auf gelehrtem Weg ahd. tigirtior ergibt. Mhd. gilt tigertier, das erst im 17. Jh. durch einfaches Tiger ersetzt wird: Palander 1899 Ahd. Tiernamen 50. S. Panther.

tilgen schw. Ztw. Lat. dēlēre 'zerstören' entwickelt seit Cicero eine Sonderbed. 'Eingegrabenes, Geschriebenes auslöschen'. Dieses dēlēre gibt in übersetzten Psalmen agf. ādīlgian wieder; auch die späteren Belege für agf. ā-, fordīligian stammen aus Übersetzungen des kirchlichen Bereichs: offenbar in einer Schreibstube Altenglands ist das lat. Ztw. mit lautgesetzl. Übergang von ē zu ī und Entwicklung

des Gleitlauts g übernommen. Von da ist es mit agf. Glaubensboten der Merowingerzeit aufs Festland gelangt und hat anl. asächs. fardiligon ergeben. Ahd. wurde tīligōn, mhd. tīligen, (ūz-, ver-)tilgen (mit Kürzung von ī vor Doppelkonf.) daraus, zunächst immer mit der Bed. 'verwischen, auslöschen' und wesentlich im gelehrten Bereich. Im Heldenepos und bei den Klassikern der Blütezeit fehlen Belege, erst mit der Erweiterung des Sinnes auf 'zerstören' nach 1300 wird das Ztw. allgemein: Edw. Schröder 1923 Zf. f. dt. Alt. 60, 246 ff.; Behaghel 1928 Gesch. d. dt. Spr. 15; Frings 1932 Germania Romana 18. 172.

Tingeltangel N. kommt nach 1870 in Berlin auf als Name zweifelhafter Singhallen, die sonst Cafés chantants hießen. Mit dem lautmalenden Namen wird die aus diesen Gaststätten dringende Musik mit Beckenschlag und Schellenbaum nachgebildet: Zf. f. d. Wortf. 2, 21. 12, 54; Ladendorf 1906 Schlagwb. 313 f. Als frühestes Zeugnis bringt Ag. Lasch 1928 Berlinisch 213 f. Tingel-Tangel-Klänge aus R. Schmidt-Cabanis 1872 bei.

Tinnef N. Aram. tinnûf 'Schmutz' ist im 19. Jh. kaufmännische Schelte für 'schlechte Ware' geworden: Littmann 1924 Morgenländ. Wörter 49.

Tinte F. Mlat. tincta (aqua) 'gefärbte Flüssigkeit' ergibt (wie in den pyren. Sprachen und im Sardischen) ahd. tincta, frühmhd. tinkte. Die Gruppe nkt wird (wie in bunt) erleichtert zu nt in mhd. tinte (entspr. ital. span. tinta 'Farbstoff'). Die Schreibung mit anlaut. t ist sprachgeschichtlich dem lange geltenden Dinte vorzuziehen. Als jüngerer Eindringling hat Tinte die Entwicklungen aus lat. atramentum und encaustum zurückgedrängt: Frings 1932 Germania Romana 171 ff. E. Müller-Graupa 1934 Philol. Wochenschr. 54, 1356 ff. S. Blackfisch.

Tintenfaß N. kommt mit der Sache im 15. Jh. auf: Lexer, Mhd. Handwb. 2, 1441; DWb. 2, 1181. 11, 503. Mittelalterlich ist das Tintenhorn, das der Schreiber am Pult hängen hatte oder in der Linken hielt: Brant Narrensch. 1494 Kap. 79; Schreiber und Heiß, Dt. Accipies-Holzschnitte (1908) Tfl. 45.

Tip M. Engl. tip 'Spitze' (f. Zipfel) entwickelt die Bed. 'Hinweis auf eine Gewinnaussicht' und gelangt in der Sprache der Börse und der Pferderennen zu uns. Schirmer 1911 Wb. d. dt. Kaufm.-Spr. 190 belegt Tip seit 1894.

tipptopp Adj. Engl. tiptop (zu tip 'Spitze' und dem gleichbed. top, also 'Spitze der Spitze') gelangt über Hamburg zu uns. Als präd. Adj. seit Laverrenz 1896 Auf d. Bad ist alles wohl 115. Attr. Gebrauch („eine tiptope Firma") verzeichnet Schirmer 1911 Wb. d. dt. Kaufm.-Spr. 191.

Tisch M. mhd. tisch 'Speisetafel, Krämertisch', ahd. tisc 'Schüssel, Tisch', asächs. anfr. disk 'mensa', ags. disc 'Schüssel, Schale; Tisch', engl. dish 'Schüssel; Gericht', anord. diskr 'Schüssel, in der das Essen aufgetragen wird', älter dän. disk 'Schüssel, Eßtisch; Gefäß zur Erteilung des Abendmahls', neunorw. disk 'hölzerner Teller'. Voraus liegt gr. δίσκος (aus *δίκ-σκος) 'Wurfscheibe' (zu δικεῖν 'werfen'), das über lat. discus 'Schüssel' (so seit 150 n. Chr.) germ. *diskuz ergeben hat, das etwa gleichzeitig mit Kessel und Schüssel entlehnt sein mag. Der germ. Tisch war eine kleine hölzerne Platte auf Gestell, die gleichzeitig Eßschüssel war und bei den Mahlzeiten vor jeden gestellt wurde (sua cuique mensa Tacitus Germ. 22), daher der Bed.-Wandel von 'Schüssel' zu 'Tisch'. Zur Sache Meringer 1901 Wiener Sitz.-Ber. 144, 6; Falk 1919 Realler. d. germ. Alt.-Kde. 4, 327 f. S. Beute[1].

Tischler M., spätmhd. tischler, älter und mundartl. Tischer: der ostdeutsche Name des Möbelmachers, der im Süden und Westen Schreiner (s. d.) heißt. Die zeitliche und landschaftl. Abgrenzung vollzieht Kretschmer 1918 Wortgeogr. 526 ff.

Titel M. mhd. tit(t)el, ahd. titul(o): entlehnt aus lat. titulus 'Auf-, Überschrift, Titel', das in ital. titolo, frz. titre fortlebt.

Tituskopf M. Kopf mit kurzem wirrem Lockenhaar, frz. coiffure à la Titus, wie sie der Schauspieler Talma 1791 in der Rolle des Titus bei der Aufführung von Voltaires 'Brutus' trug. Bei uns seit Jean Paul 1809 Katzenb. Badereise 177 „wie an den Titusköpfen der Revolution zu sehen". S. Zf. f. d. Wortf. 7, 260 und Schwedenkopf.

Tjalk F. 'flaches Küstenfahrzeug mit einem Mast ohne Stenge'. Anord. kjöll 'Schiff' (s. Kiel[2]) wird als kjal ins Fries. entlehnt. Hierzu die verklein. Weiterbildung tjalk, die Kluge 1911 Seemannsspr. 783 f. seit 1767 in nd. Seetexten nachweist.

Toast M. Auf lat. tostus, Part. zu torrēre 'dörren' (urverwandt mit dürr und Durst, s. d.), beruht afrz. toster 'rösten', das gleichbed. engl. toast ergeben hat. Das zugehörige M. Toast 'geröstete Brotschnitte' bucht bei uns zuerst Sanders 1871. Im Engl. erscheint seit 1700 toast als 'Trinkspruch' (NewEngl. Dict. 10, 1, 94); den Bed.-Wandel erklärt man etwa so, daß dem, der einen Trinkspruch ausbringen sollte, ein Glas mit einer gerösteten Brotschnitte vorgesetzt wurde. Weiter wurde toast 'durch

Trinkspruch geehrte Person', besonders 'gefeierte Schöne': in diesem Sinn bei A. v. Haller 1731 Ged. 319 Hirzel, während es uns als 'Trinkspruch' nicht vor Jean Paul 1797 Jubelsenior S. 112. greifbar wird. Hier S. 211 toasten 'einen Trinkspruch ausbringen' nach gleichbed. engl. toast: Stiven 38. 94 mit Anm. 167 und 736.

Tobel M. 'Wald-, Bergschlucht', heute alem. schwäb. bair. österr., mhd. tobel, ahd. *tobal (belegt der Sammelbegriff getubele N.). Grundbed. 'Senke', zugehörig agf. dūfan 'tauchen, sinken', anorw. dūfa 'eintauchen', mnd. bedoven 'bedeckt', mnd. dobbe 'Sumpfland', norw. mundartl. dubba 'sich ducken'. Außergerm. scheinen verwandt aslav. dupina 'Höhle', russ. dupló 'Höhlung'.

toben schw. Ztw., mhd. toben, ahd. tobēn tobōn 'rasen, von Sinnen sein', asächs. dovōn 'wahnsinnig sein', mnd. doven 'betäuben, betäubt werden', agf. dofian 'delirare', gedof 'Raserei'. Voraus liegt die germ. Wz. *dub 'geistig verwirrt, betäubt sein', aus der auch taub und dumm stammen. Kennzeichnend bucht Maaler (Zürich 1561) taub 'nit bey Sinnen', Taubsucht 'Tobsucht', dagegen wird Luthers toben (2. Mos. 15, 14) seinen obd. Zeitgenossen mit 'grymmig, zornig sein' verdeutlicht: Schütt 1909 Zf. f. d. Wortf. 11, 278.

Tochter F. Mhd. ahd. tohter, asächs. dohtar, anl. dohter, agf. dohtor, engl. daughter, anord. dōttir (urnord. dohtiR Nom. Plur.), got. daúhtar führen auf germ. *duhtēr aus idg. *dhuktēr (*dhugatēr). Darauf weisen auch aind. duhitā, avest. duɣdar, toch. tkācar, armen. dustr, gr. θυγάτηρ, aslav. dŭšti, lit. duktė̃ 'Tochter'.

Tochtermann M. mhd. tohterman, neben älterem Eidam und jüngerem Schwiegersohn heute vor allem in Lothringen, der Rheinpfalz, Schwaben und im ganzen alem. Gebiet (Kretschmer 1918 Wortgeogr. 454; Zf. f. d. Wortf. 8, 224. 13, 206), hier auch als Fam.-Name alt und häufig: Götze 1918 Fam.-Namen im bad. Oberland 94. 115; Studerus 1926 Fam.-Namen von Freiburg i. Ü. 185.

Töchterschule F. geht im 18. Jh. von der Schweiz aus, wo seit mhd. Zeit Tochter (im Einklang mit frz. fille aus lat. filia) die Beziehung auf die Eltern abgestreift hatte und zu 'Mädchen' geworden war (so auch in Saaltochter). An den Ursprung führt Meiner 1788 Briefe über d. Schweiz 1, 113 „der Schöpfer dieser T. ist... Usteri; er ließ im Julius 1773 einen kleinen Aufsatz drucken, in welchem er seine Mitbürger zuerst auf das Bedürfnis einer bessern Erziehung ihrer Töchter aufmerksam macht". In die Schweiz führt auch Stolberg 1794

Reiſen 1, 104 „Unſer lieber Heß führte uns in eine öffentliche Mädchenanſtalt, ſie heißt die T." 1792 gelangen Wort und Sache ins Reich: damals ſchreibt Hartung ſeine „Kurze Nachricht von der Einrichtung der Berliner T."

Tocke, Toque F. 'Frauenhut von beſtimmter Form', bei uns gebucht ſeit Sanders 1871 Fremdwb. 2, 562, geht über gleichbed. frz. toque und ſpan. toca zurück auf arab. t̬ākija 'Untermütze, weißes Käppchen, das unter dem Turban getragen wird': Lokotſch 1927 Etym. Wb. 1997.

Tod M. mhd. tôt (d), ahd. tôd, aſächſ. dôth, anl. dôt (d), afrieſ. dâth, agſ. dēað, engl. death, anord. dauði. Älteſte Form iſt got. dauþus M., Verbalabſtr. zur Wz. *dau in anord. deyja (von da entlehnt engl. die) 'ſterben'; gleichbed. aſächſ. dôian (aus *daujan), ahd. touwen, mhd. touwen, töuwen ſchw. Ztw. Von derſelben Wz. (idg. *dheu̯: *dhou̯) ſind abgeleitet air. duine (aus vorkelt. *dhunios) 'Menſch' (urſpr. 'Sterblicher'), doini (aus vorkelt. *dheu̯enei̯es; vgl. zur Bildung anord. dáinn 'geſtorben', got. diwano 'das Sterbliche', 'Menſchen', lat. fūnus (aus idg. *dheu̯enos) 'Leichenbegängnis', lyd. Κανδαύλης 'Hundswürger', aſlav. daviti 'ſticken, würgen'. S. tot.

Tohuwabohu N. 'Wirrwarr'. 1. Moſ. 1, 2 liefert das von Luther mit 'wüſte und leer' überſetzte hebr. tōhū wa-bōhū.

Toilette F. Frz. toilette F. (Verkl. von toile F. 'Gewebe' aus gleichbed. lat. tēla F.) 'Tuch, auf das Putzgegenſtände gelegt werden' wird zu uns entlehnt als „Toilette oder Nacht-Tuch/ iſt ein Tuch von reiner Leinwand, worein das Frauenzimmer ihre Nachtkleider zu ſchlagen pfleget" Amaranthes 1715 Frauenz.-Lex. 2028f. Die Bed. wandelt ſich zu 'Ausſteuer an Nachtkleidern und Schmuckſachen bei Fürſtlichkeiten' (Sperander 1727) und 'Putztiſch' (Goethe 1765 Briefe 1, 8).

Töle F. 'Hündin' ein Wort der nd. Mundarten, gelegentl. ſchriftdeutſch ſeit Franciſci 1663 Schaubühne 1, 485. Die mutmaßl. Grundform aſächſ. *tôhila ſtellt man als Verkl. zu ahd. zôha 'Hündin'. — Vgl. öſter. Zauck 'Hündin'.

toll Adj. mit nhd. Ausgleichung zugunſten der Kürze (wie fromm, glatt, matt, ſatt), alt mit einfachem l: mhd. ahd. tol, aſächſ. mnd. mnl. nnl. afrieſ. agſ. dol 'töricht, einfältig, anmaßend' (engl. dull 'dumm, träg, matt'), anord. dulenn 'eingebildet': aus germ. *dula-. Daneben ablautend germ. *dwala- in mnd. dwal, got. dwals 'töricht', dazu Hauptwörter wie ahd. gatwolo, agſ. gedwola, dwala, dwęla M. 'Irrtum', anord. dvali M. 'Betäubung', dul F. 'Einbildung', auf -m ahd. twalm, aſächſ. dwalm, agſ. dwolma M. 'Betäubung, Berüt-

kung, Verwirrung', das ſt. Ztw. ahd. (gi)twëlan 'betäubt ſein', aſächſ. gedwëlan 'ſich irren', afrieſ. dwilith 'er irrt', agſ. gedwolen 'verwirrt, irrig', ſowie das ſchw. Bewirkungsztw. ahd. twęllen 'aufhalten', mnd. dwęlen 'irren', afrieſ. dwęlia 'verweilen', agſ. dwęlian 'irreführen', anord. dvala (aufhalten), dvęlja 'verzögern'. Außergerm. vergleichen ſich air. akorn. bret. kymr. dall (aus *dhu̯alno-) 'blind', air. clūasdall 'gehörgetrübt, taub'; lit. dūlinêti 'umhertollen', lett. dals 'halbtoll'; gr. θολός (aus *θϝολός) 'Schlamm', θολερός 'verwirrt' (urſprünglich 'ſchlammig'), θολόω 'trübe, beunruhige'. Jdg. *dh(e)u̯el- 'getrübt' iſt l-Erweiterung der idg. Wurzel *dheu̯- 'ſtieben, wirbeln' von Staub, Rauch und Dampf, zu der mit m-Erweiterung taumeln und tummeln gehören.

tolldreiſt Adj. kaum vor Leſſing 1772 Em. Galotti 3, 2. Dem etwas älteren dummdreiſt (ſ. d.) nachgebildet, ſeit Campe gebucht.

Tolle F. 'Haarſchopf'. Unter Dolde ſind ahd. toldo, mhd. tolde M. F. 'Pflanzenkrone' entwickelt. Mit Angleichung des ld zu ll ſtellt ſich dazu Tolle '(Haar-)Büſchel', das heute über Nord- und Mitteldeutſchland mit Ausnahme des Rheintals greift: Kretſchmer 1918 Wortgeogr. 529; Ag. Laſch 1928 Berliniſch 214. Im gleichen Raum gilt tollen 'mit dem Brenneiſen kräuſeln', das nach Ausweis der preuß. Formen tullen, tüllen andern Urſprungs iſt: das Gerät dazu heißt Tull-, Tülleiſen und hat den Namen von ſeiner tüllen- oder röhrenartigen Form: ſ. Tülle und Kretſchmer 530.

Tollkirſche F. heißt Atropa belladonna L. wegen ihrer aufregenden Wirkung ſeit K. Schwenckfelt 1600 Stirpium et fossilium Silesiae catalogus 198. Sonſt Tollbeere, -kraut, -wurz, Wut-, Schwindelbeere, Raſewurz u. ä.: H. Marzell 1943 Wb. d. dt. Pflanzennamen 1, 516ff.

tollkühn Adj. zuerſt als mnd. dul kone 'temerarius' in einem lat./nb. Vokabular des 15. Jh. ſtatt des dum-kune älterer Gloſſare, ſomit addierende Zuſ.-Setzung (wie taubſtumm), deren Beſtandteile noch bei Sachs („ein toller kühner Mann") auch getrennt begegnen.

Tolpatſch M. Zu magy. talp 'Sohle' gehört ein Adj. talpas 'breitfüßig', das einen Necknamen der ungar. Fußſoldaten lieferte, die ſtatt der Schuhe breite, mit Schnüren befeſtigte Sohlen trugen. So iſt tolbatz ſeit 1698 im Deutſchen belegt. Von da wird es zur Schelte des öſter. Soldaten, der (als Ungar oder Slave) nur unbeholfen deutſch ſpricht. Weiter gerät

T. unter Einfluß von Tölpel und wird diesem gleichbed., so zuerst bei Kindleben 1781.

Tölpel M. Afrz. vilain 'Bauer, Nichtadliger, ungebildeter Kerl', das seit 1200 zu mhd. vil(l)ān entlehnt erscheint, erfährt Lehnübersetzung zu mnl. dorpere. Mit hübsch, Ritter, Roche, Schach, Tanz, Wappen u. a. Wörtern des flandrischen Rittertums dringt dörpære ins Mhd. und wird mit unverschobenem p schriftdeutsch wie Stulpe und stülpen. Für mhd. d- tritt nhd. t- ein wie in Ton, tosen, traben, Trümmer. Durch Dissimilation wird dörper zu dörpel, das bis ins 17. Jh. begegnet. Der seit Luther eintretende Wandel zu Tölpel mag durch Einfluß eines älteren dolb 'Keule, Knüttel' bewirkt sein, das auch an der frühnhd. Wendung „jem. über den Tölpel werfen" 'ihn übertölpeln, zum Narren haben' beteiligt erscheint.

Tomahak M. Die Algonkin-Indianer der Neuenglandstaaten nennen ihre Streitaxt tomahack. Durch Vermittlung des Engl., in dem das Wort zuerst 1612 begegnet, gelangt es 1617 ins Nhd. An der Einbürgerung sind im 19. Jh. Cooper, Chamisso, Freiligrath und Gerstäcker beteiligt: Palmer (1939) 132f. Die engl. Form tomahawk beizubehalten besteht für uns kein Anlaß.

Tomate F. Solanum lycopersicum, in Mexiko heimisch. heißt dort tomatl (zu tomana 'schwellen'). Daraus wird span. tomate, die Stammform für engl. tomato, frz. tomate, ital. tomata und nhd. Tomate. In dt. Text steht zuerst die Mz. Tomates 1601, die zähes Leben bewiesen hat. Als Zierpflanze seit Jahrhunderten im Süden verbreitet, wird die Tomate erst im 19. Jh. für die Küche entdeckt: R. Loewe 1933 Zs. f. vgl. Sprachf. 61, 95f.; Palmer (1939) 133. Zur Abgrenzung gegen gleichbed. Gold=, Liebes=, Paradiesapfel: P. Kretschmer 1918 Wortgeogr. 531.

Tombak M. eine Kupferlegierung (Rotguß), über nnl. tombak N. seit 1700 ins Nhd. gelangt und von Minerophilus 1743 zuerst beschrieben. Zugrunde liegt ein mal. Wort; vgl. mal. těmbaga 'Kupfer', siam. tambac, tambaque 'Legierung aus Gold und Kupfer'. Span. tumbaga scheint aus tagal. (Philippinen) tumbaga 'Mischung aus Gold und Kupfer' entlehnt zu sein: R. Loewe 1933 Zs. f. vgl. Sprachf. 61, 130ff.

Ton¹ M. Mhd. tāhe, dāhe (Gen. dāhen), ahd. dāha 'Ton, Lehm, irdenes Gefäß', mnd. dā, asächs. *thāha zu erschließen aus thāhīn 'tönern', agf. dō, älter dōhe 'Ton, Lehm', anord. þā 'Lehmboden', got. þāhō 'Ton, Lehm', sämtlich F., führen auf germ. *þanhōn F. Die zugehörigen Ztw. bair. deihen 'austrocknen und dadurch dichter werden', steir. dahen 'trocknen, dörren' (vgl. dicht, gedeihen) weisen in dieselbe Richtung wie die außergerm. Verwandten (lit. tánkus 'dicht', russ. túča 'dichte Masse, Haufen, Gewitterwolke', armen. t'ajr 'dicht', perf. tang 'eng' usw.): Ton ist die beim Trocknen schrumpfende, dichter werdende Erde. Das in westobd. Ma. durch Lehm und Letten früh verdrängte Wort ist obd. in altertüml. Formen erhalten: bair. tāhen, oberpfälz. tāhel, kärnt. tàchnt, dòchn. Schriftsprachlich galt bis ins 16. Jh. t(h)an; unter dem Eindruck der Lutherbibel mit ihren 23 Thon hat diese Form gesiegt, deren ō aus ā vor n verdumpft ist (wie in Monat, ohne usw.). Das Geschlecht von Ton bleibt im Satz oft unerkennbar; dadurch begünstigt ist Wandel des schw. F. mhd. dāhe zunächst zum schw. M. eingetreten. Weiter ist n der obliquen Formen in den Nom. gedrungen und dāhen zusammengezogen wie Mohn. Fünfmal ist das st. M. in der Lutherbibel erkennbar. Das ist für die Schriftsprache maßgebend geworden. Das Adj. lautet urspr. tönen (wie irden, golden). Nach Vorbildern wie eisern, kupfern, ledern, silbern, deren r zum Subst. gehört, hat sich im 17. Jh. tönern durchgesetzt.

Ton² M. Gr. τόνος (in Ablaut mit τείνω 'spanne', s. dehnen) bedeutet 'das Angespannte, die Anspannung'; es wird auf Saiten und menschliche Stimmbänder angewendet. Das daraus entlehnte lat. tönus 'Spannung des Seils, der Saite; Ton' gelangt um 1000 zu uns und lautet bei Notker tonus, mhd. tōn, dōn (mit Dehnung wie Thron). Das Lehnwort stieß auf ein heimisches: ahd. tuni, agf. dyne, engl. din, anord. dynr 'Geräusch', urverwandt mit lit. dundéti 'pochen', aind. dhúni- 'brausend', dhunáyati, dhvánati 'rauscht' zur idg. Wurzel *dhu̯en-, *dhun- 'dröhnen': daher mhd. mnd. dōn 'Geräusch'. Gesiegt hat die fremdbestimmte Verwendung. Die mittelalterliche Kunstlehre nimmt dōn als 'Tonart' und 'Singweise', wie noch in der Wendung den Ton angeben. — Dazu das schw. Ztw. tönen, mhd. tœnen, dœnen.

Tonkunst F. für Musik, **Tonkünstler** M. für Musiker weist (wie übrigens auch Tonspiel und Tonwerkzeug) W. Kurrelmeyer 1924 Mod. lang. notes 39, 356 zuerst aus Stubenberg 1660 Von menschl. Vollkommenheit 295ff. nach. Tonsetzer M. für Komponist kaum vor Marpurg 1776 Temperatur 49.

Tonne F. ein urspr. gallisches Wort, das in mir. gäl. tunna sowie in roman. Sprachen (frz. tonne, tonneau, span. tonel, ital. tun(n)elo 'Maß für Flüssigkeiten') fortlebt, um 600 als mlat. tunna 'Faß' auftritt und agf. tunne, spätanord. tunna, afrief. mnl. mnd. tunne, tonne, ahd. tunna ergibt. Nach Frings 1932 Germania Romana 202ff. stößt das Wort nach der Zeit der hd. Lautverschiebung aus dem Trierer Raum nach Süddeutschland vor; dem Schwäb. und den Mundarten östlich davon bleibt es fremd.

Tonsetzer f. Tonkunst.

Topas M. Gr. τόπαζος, τοπάζιον, nach Littmann 1924 Morgenl. Wörter 20f. mit der Sache aus dem Osten bezogen, gelangt durch lat. Vermittlung in die Sprachen des europ. Westens, wie die meisten Edelsteinnamen. Dabei spiegelt mhd. topázius die lat. Form, während topáze auf frz. Vermittlung weist: Suolahti 1929 Frz. Einfl. 259f.

Topf[1] M. 'olla'. Zum germ. Stamm *deup-: *daup: *dup 'vertiefen, einsenken' (f. tief) stellt sich als Verbalabstr. westgerm. *dupp-, dessen Grundbed. 'Einsenken durch wiederholtes leichtes Berühren' namentl. aus dem alten England zu belegen ist, dort auch agf. dyppan 'eintauchen', engl. dip. Nach Abwanderung der Angeln und Sachsen werden nd. dopp(e), hd. topf(e) auf versch. Gegenstände angewendet, die nach einer sich einsenkenden oder oberflächlichen Berührung oder nach einer Berührungsspur benannt erscheinen. Mittelfränk., rheinfränk. und westthür. Formen erhalten die Bed. 'Gefäßdeckel', zu ihnen stellt sich (mit dem Suffix der Gefäßbezeichnungen beckīn, eimerīn, *häfīn, kezzīn) ein Neutr. *tupfīn 'Gefäß', zuerst als dupfen im Glossar der Hildegard (Ahd. Glossen 3, 400, 70), in den Mundarten vom Mittel- und Rheinfränk. ausgehend in reichem Formenspiel, bei Luther als Töpfen. Die īn-Bildung wird zur Verkl. umgedeutet. Als Rückbildung dazu tritt topf 'olla' seit Ende des 12. Jh. auf, bleibt zunächst auf md. Gebiet beschränkt und wird durch Luther schriftsprachlich. Seinen obd. Zeitgenossen muß es durch Hafen verdeutlicht werden (f. d. und Kluge 1918 Von Luther bis Lessing 103ff.). Bereits im 16. Jh. wird Topf dann auch von Obd. gebraucht.

Topf[2] M. 'Kreisel'. Anl. topp 'Spitze' (f. Topp M.) wird ins nordwestl. Frankreich entlehnt und zur Benennung des Spielzeugs gewandelt, das afrz. topet, topier, frz. toupie heißt. Auf Entlehnung aus dem Frz. beruht (wie engl. top) westmd. dop 'Kreisel', das aus dem Mittel- und Rheinfränk. in das angrenzende M. und Westfäl. dringt. Vor Abschluß der hd. Lautverschiebung wandert der Ausdruck in hd. Mundarten und ergibt thür. dopf, elf. schwäb. topf, das auch in einen Westsaum Bayerns und den Nordsaum der

Schweiz gelangt. Im gleichen Bereich erscheint ahd. doph, topf seit dem 10. Jh. in Glossen als 'turbo, trochus', entspr. mhd. topf, das von Wolfram bis Sachs auch bei den Dichtern begegnet, sich dann aber in der ostmd. bestimmten Schriftsprache nicht behaupten kann: f. Kräusel und Kretschmer 1918 Wortgeogr. 27.

Topfen M. mhd. (seit 1291) topfe 'Milchquark', ein bair.-österr. Wort, dessen Grenzen Kretschmer 1918 Wortgeogr. 562f. bestimmt. In Schwaben und der Schweiz begegnet der Ausdruck in Formen wie toppen und doppel, die seine Herkunft aus dem Fränk. verraten, wo der Quark heute Topf(en)käse heißt. Darin spiegelt sich mundartl. dopp, Plur. doppen, das von 'Berührung, Punkt' (f. Topf[1]) in den Sinn 'kleine Knollen gestockter Milch' übergeführt erscheint: DWb. 11, 1 (1935) 843 gegen G. Weitzenböck 1934 Teuthonista 7, 157, der Topfen als 'in Gefäßen gereiften Quark' fassen will.

Töpfer M. ist seit dem 14. Jh. der Name des Handwerkers im öftl. Mitteldeutschland und damit in der nhd. Schriftsprache (etwa 20mal in der Wenzelbibel, 22mal in der Lutherbibel). Westmd. gilt Aul(n)er, obd. Hafner und Kachler, nd. Pötter, entspr. in den Fam.-Namen: A. Götze 1918 Wege des Geistes in der Sprache 10f.

Topinambur F. M. 'Erdschocke': die Pflanze ist aus Brasilien eingeführt, wo man sie angeblich bei dem Stamm der Topinambus zuerst fand. Nach diesem Stamm wird im 16. Jh. frz. topinambou zur Schelte des Rohlings. Mit falscher Herstellung eines auslaut. r (das im 16. Jh. in andern Wörtern verstummt war), wird in der ersten Hälfte des 17. Jh. die Erdschocke frz. topinambour genannt. Von da gelangt sie (wohl wesentlich später) zu uns.

topp Interj., ebenso dän. und schwed. zuerst bei Chr. Reuter 1696 Schelmuffsky 13 Tob; in die obersächf. Literatursprache aus nd. Volksprache gelangt. Hier Redensarten wie topp machen 'eine Vereinbarung treffen', topp halten 'an einem Vertrag festhalten' und schon (1351) die Zus.-Setzung toppschilling 'Handgeld bei Abschluß eines Vertrags', somit aus nd. Rechtssprache, in der das Verbalabstr. zu der unter Topf[1] entwickelten Sippe die feierliche, eine Vereinbarung bekräftigende Berührung, den Handschlag bezeichnete. Das sonst als Quellwort für topp angesehene frz. toper 'im Spiel mithalten' beruht selbst erst auf anl. topp 'Berührung': man bekundete seine Bereitschaft mitzuspielen durch eine hörbare Berührung der Tischplatte mit dem Finger.

Topp M. 'Spitze der Masten und Stengen', seit 1702 in hd. Seetexten, aus dem älteren gleichbed. nd. nl. top, das dem hd. Zopf entspricht, s. d. Dazu die Fülle der von Kluge 1911 Seemannsspr. 785ff. gebuchten Zus.-Setzungen: Besan-, Groß-, Kreuz-, Vortopp, Toppmast, -reep, -segel usw. Mit der Mastbaumspitze wird der oberste Rang im Theater scherzhaft verglichen; T. Mitte, T. Seite sind die Plätze für Studenten und Schüler in sächs. Theatern: Albrecht 1881 Leipz. Ma. 223; Müller-Fraureuth 1911 Wb. d. obersächs. Ma. 1, 229.

Tor M., urspr. ein subst. Adj.: mhd. tōre, mnd. dōre, mnl. dōr 'Irrsinniger, Tauber' (ahd. *tōro ist nicht belegt). Daß das r des Adj. aus s (z) entstanden ist, zeigen ahd. tusig, agf. dysig 'töricht', engl. dizzy, nnl. duizelig 'schwindlig' (s. dösig). Dazu anord. dos 'Stille', dusa 'still sein'. — töricht Adj., mhd. tōreht, tœreht neben tœr(i)sch; tirol. tœrisch, bair. dōret 'taub': sämtlich Weiterbildungen zum mhd. Adj. tōre, s. o. — Torheit F. mhd. tōrheit.

Tor N. mhd. ahd. tor, asächs. agf. dor, got. daúr 'Pforte'. Ableitung zu Tür, vielleicht (wie gr. πρόθυρον) zuerst in Zus.-Setzungen.

Torf M., so seit Schottel 1663 für den im Boden des Heidelands und auf dem Grund von Mooren gefundenen Brennstoff, der wesentlich aus Pflanzenfasern besteht. Als dorfft, durfft, törff, torp bei M. Zeiller 1655 Handb. 1, 210, als dorff bei dem Schwaben L. Rauwolff 1583 Beschr. d. Reise (1582) 29: in nd. Form fest geworden, während die ahd. Entsprechung zurb 'Rasen' längst verklungen ist. Asächs. anfr. (seit dem 8. Jh.) afries. agf. engl. turf, anord. torf(a), schwed. torf, dän. tørv 'Rasen, Torf, Boden' führen auf idg. *dorbhós 'Zusammengedrehtes, Grasbüschel, Rasen' (s. Zirbel); am nächsten vergleicht sich aind. darbhá-M. 'Gras(büschel)'. Das anfr. Wort hat, ins Roman. entlehnt, im 12. Jh. frz. tourbe 'Torf' ergeben. Von da rückentlehnt erscheinen alem. schwäb. durbe 'Torf(stück)'.

Torkel F. M. Die Weinkelter heißt nrhein. pä(r)s, pärs, nl. pers(e): diese dem nhd. Presse entspr. Formen gelten südwärts bis zur Ahr und Sieg. Im md. Hauptgebiet des rhein. Weinbaus gilt Kelter, südlich schließt Trotte an in Lothringen, Elsaß, Schwaben und der Schweiz. Torkel reicht heute vom Bodensee bis Tirol; wesentlich aus demselben obd. Raum stammen auch die Belege für mhd. torkel, ahd. torcula. Frings 1932 Germania Romana 60. 65. 170 sieht darin eine Entlehnung der nachröm. Weinkultur aus mlat.

torcula, entwickelt aus lat. torculum 'Drehpresse' (zu torquēre 'drehen'), das auch in rätorom. tuorkel und ital. torchio fortlebt. Vgl. Kelter, Presse, Trotte.

torkeln schw. Ztw., mhd. torkeln 'taumeln' aus lat. torculāre 'keltern' (wie gleichbed. moselfränk. usw. storkeln aus lat. extorculāre): mit der in alter Zeit offenbar nicht sonderlich regelmäßigen Drehung der Weinpresse wird die schwankende Gangart des Berauschten verglichen. Spät und nicht überall folgt Anwendung auf die des vor Müdigkeit, Schwäche oder Alter Hinfälligen. Ein sonst als Ausgangspunkt für torkeln beanspruchtes mhd. turo M. 'Taumel' ist erst daraus zurückgebildet.

Tornado M. 'Wirbelsturm', vielleicht umgebildet aus span. tronada, das zu tronar 'donnern' gehört. In frühen engl. Berichten, die das Wort seit 1556 belegen, macht das Donnern stets den größten Eindruck. In nhd. Text begegnet Turnado 1697, Tornado seit 1732: Palmer (1939) 134.

Tornister M. Der Ranzen des Soldaten heißt bis ins 17. Jh. Habersack (woher frz. havresac 'Tornister'). Damals erscheint, zuerst bei S. v. Birken 1645 Fortf. d. Pegnitz-Schäferei 68, ostmd. Tanister, entlehnt aus tschech. tanystra, slovak. tanistra, magy. tanisz(t)ra 'Ranzen': Wick 58. Nach Gust. Meyer, Jbg. Forsch. 2, 441ff. sind diese Wörter Mischbildungen: die Bed. liefert mgr. τάγιστρον 'Futtersack der Reiter' (zu ταγίζειν 'dem Pferd sein Futter zumessen' aus gr. τάττειν 'ordnen'), die Form ist abgelenkt durch spätgr. κάνιστρον 'aus Rohr geflochtener Korb' (s. Kanister). Die nhd. Form Tornister begegnet kaum vor Fleming 1726 Vollk. Soldat 145; sie bedarf der Aufklärung.

Torpedo M. Zu lat. torpēre 'erstarren' gehört torpēdo F. 'Erstarrung', das früh auf den Zitterrochen übertragen wird, der die lebenden Wesen, die ihn berühren, durch elektr. Schläge lähmt. So heißt der Fisch im Span. bis heute; der span. Erfinder der beweglichen Seemine nannte diese mit guter Metapher torpedo. Der Amerikaner Bushnell gestaltete sie 1796 zu der Schiffswaffe um, die 1864 durch Rob. Whitehead ihre endgültige Gestalt erhielt. Der Name blieb, 1876 erscheint er im Nhd.: Götze 1917 Nomina ante res 24f.

Tort M. 'Unrecht, Verdruß'. Zu lat. torquēre 'drehen' stellt sich frz. tordre 'zusammenziehen', dazu tort M. 'Unrecht', das seit Stieler 1691 in dt. Wbb., seit Chr. Günther († 1723) in nhd. Texten erscheint.

Torte F. Zu lat. tortus, Part. von torquēre 'drehen', gehört mlat. tortum 'gewundenes Gebäck', auf dt. Boden seit 1418 Lüb. Urk.-B.

6, 88 unam tortam sicut in nupciis; gleichzeitig mnl. taerte, in Kleve 1475 tarte, im
heutigen Westfäl. tärte: diese Form im Einklang mit frz. tarte (so auch Fischart, Bienenk.
188 und els. Ma. bis heute), während die nhd.
Form zu ital. torta stimmt.

tosen schw. Ztw., mhd. dōsen, ahd. dōsōn
'brausen, rauschen, lärmen'. Zur germ. Wz.
*þus: *þaus wie anord. þausn F. 'Lärm', þyss
M. 'Erregung', þeysa 'vorwärtstreiben', ags.
þyssa M. 'Toser'. Das vom Ahd. bis gegen
Ende des 16. Jh. seltene Wort ist im 17. und
zu Beginn des 18. Jh. auf die Wbb. beschränkt,
bleibt aber in den obb. Mundarten lebendig
und wird von da durch Dichter wie Schubart,
Pfeffel, Kosegarten und Rückert neu belebt.
Nhd. t- für altes d- wie in Tölpel, Ton,
traben, Trümmer.

tot Adj. Mhd. tōt, ahd. tōt, tōd, asächs.
dōd, mnl. doot (d), afries. dād, ags. dēad,
anord. dauðr, got. dauþs führen auf germ.
*dau-da, *dau-þa, Part. (s. kalt) zu der unter
Tod entwickelten Verbalwz. germ. *dau 'sterben'. Zu ihr gehört als Faktitiv töten schw.
Ztw., mhd. tœten (tœden), ahd. töten (töden),
ags. ādīedan, got. dauþjan.

Tote M. F. 'Taufpate, -patin, Patenkind',
frühnhd. dot(t)e, mhd. tot(t)e, spätahd. toto,
tota: kindl. Lallformen für ahd. *goto, gota
'Pate, Patin', s. Gote. Zur Entstehung s.
Bube.

Totem N. bei den Indianern Nordamerikas
der in Tiergestalt gedachte Schützer eines
Stammes, daher dessen Sinnbild und das
Handzeichen des Häuptlings. Das Wort
stammt aus dem Algonkin (Chippewa) otote-
man und gehört zu ote 'Sippe'. Engl. totem
ist seit 1760 belegt, in nhd. Text begegnet zuerst Totam 1791: Palmer (1939) 134. To-
temismus M. 'urzeitliche Form des Tier-
kults' fehlt noch 1871 bei Sanders.

Trabant M. frühnhd. drabant 'Krieger zu
Fuß' seit 1424, in der Zeit und Gegend der
ersten Hussitenkriege. Entlehnt aus dem gleichbed., bereits im 15. Jh. belegten tschech. drabant,
für das (wegen der in echt tschech. Wörtern
unmöglichen Lautgruppe -ant) nach einem
fremden (weder dt. noch magy.) Vorbild zu
suchen ist. Auch das Verhältnis zu tschech. dráb
'Krieger zu Fuß', das 1429 ins Frühnhd.
dringt, bedarf der Klärung, desgleichen das
zu den gleichbed. Wörtern Südosteuropas:
poln. drabant, trabant, serbo-kroat. slov.
drabant, rumän. daraban(t), magy. d(a)rabant
(seit 1439). Endbetonung erhält Trabant
im Deutschen nach Vorbildern wie Brigant
und Sergeant; Anlehnung an traben tritt
erst nachträglich auf Grund der jungen Bed.

'Läufer' ein. Das Wort zieht rasch nach Westen,
zunächst innerhalb des Deutschen, aus dem es
1514 ins Dän. bringt, 1526 ins Schwed., 1573
ins Nl., 1617 ins Engl., um 1640 ins Frz.,
um 1700 ins Ital. A. Kluyver 1903 Zf. f. dt.
Wortf. 4, 153ff.; Wick 58f. Vgl. Heiduck.

traben schw. Ztw. Urspr. nd., zuerst in
asächs. Glossen als thrabō(ia)n 'traben',
gleichbed. mnd. mnl. draven, afries. tro(u)wia
(mit t aus th). Aus dem Fries. entlehnt sind
dän. trave, norw. traava, schwed. trafva.
Als ritterl. Fachwort des Nordwestens gelangt
im 12. Jh. draven auf hd. Boden und behält
diese Form sogar obd. bei. Daneben sind
draben und (nach 1200) traben als Verhochdeutschungen zu beurteilen. Anlaut. d hält sich
md. bis ins 18. Jh., Luthers Form ist draben,
Schottel 1663 Ausführl. Arbeit 1432 empfiehlt
daneben traben (vgl. Tölpel, Ton, tosen,
Trümmer). In obb. Mundarten vom Elsaß
bis Bayern gilt das Intensitiv trappen,
das gewiß, wie wohl auch traben, lautmalenden Ursprungs ist.

Tracht F. ahd. draht(a), mhd. traht(e),
mnd. nl. dracht. Auf Entlehnung aus dem
Mnd. beruhen schwed. dräkt, älter dän. drægt,
dän. norw. dragt. Als Verbalabstr. zu tragen
bezeichnet Tracht zunächst das Tragen und
Getragenwerden, dann die Art, sich (seine
Kleider) zu tragen, endlich auch Traglast in
versch. Besonderungen: Tracht Wasser, Holz,
Prügel; soviel mit einem Mal zu Tisch getragen
wird. Zum veralteten T. 'Leibesfrucht' gehört
trächtig, das Dichter gern übertragen anwenden.

trachten schw. Ztw., ahd. asächs. trahtōn,
mhd. trahten, mnd. nl. trachten, afries. trach-
tia, ags. trahtian: aus lat. tractāre, das auch
ital. trattare, frz. traiter ergeben hat, im Bereich der gelehrten Schule entlehnt, zunächst
als Fachwort für das Nachdenken über eine zu
beantwortende Frage (darin geschieden von
denken 'cogitare' und sinnen 'tendere';
nachdenken und überlegen werden erst im
15. Jh. üblich). Während die Fremdwörter
Traktat und traktieren lat. ct
bewahren, zeigt das Lehnwort trachten denselben Lautwandel wie dichten, Frucht,
Pacht. Volkswort ist es trotz vielfältigen
Gebrauchs auch in der Lutherbibel nicht geworden; auch in Österreich, wo es die Gebildeten täglich verwenden (Kretschmer 1918
Wortgeogr. 113f.), ist es gewählter Ausdruck
vorab der Amtssprache geblieben. Schwed.
(be)trakta, dän. (be)tragte sind aus dem Nd.
entlehnt.

Trasik M. F. 'Handel; Laden'. Der arab.
Inf. tafrīq 'das Verteilen', dessen Part. auch

als 'Kleinverkauf' vorkommt, wird mit einem dazu ersonnenen lat. traficere (für *transficere) 'übermachen' vermischt. Aus der Kreuzung entsteht mit Umstellung des r ital. traffico, frz. trafic 'Handel'. In dt. Kaufmannssprache erscheint, von Süden eindringend, 1504 traffegieren 'handeln' (Al. Schulte, Große Ravensb. Handelsges. 3, 277), 1518 thraphigirn (Math. Schwartz, Buchhalten 5ᵃ), 1647 Trafiquen 'Geschäfte' (R. Schück, Brandenburg-Preußens Kolonial-Politik 2, 7), 1662 „Trafico, oder trafique, Hndlungen oder Gewerb" (G. R. Schurtz, Buchhalten 70): Schirmer 1911 Wb. d. dt. Kaufm.-Spr. 192; Littmann 1924 Morgenländ. Wörter 99.

Tragant M. der Schmetterlingsblütler Astragalus und das daraus gewonnene Gummiharz. Aus gr. τράγος M. 'Bock' und ἄκανθα F. 'Dorn(strauch)' ist τραγάκανθα gebildet, das über lat. tragacanthum mlat. tragantum ergibt. Dafür erscheint dragant zuerst Ahd. Glossen 3, 528. 540. 554, tragant in einem Wörterbuch des 13. Jh. Die Lehnübersetzung Bocksdorn wird vermengt mit Bockshorn als Name von Pflanzen und Früchten, s. H. Marzell 1943 Wb. d. dt. Pflanzennamen 1, 501. 504. 899.

träge Adj. ahd. trāgi Adj., trāgo Adv.; mhd. meist træge, selten träge Adj., träge Adv.: asächs. trāg, mnd. trāch, mnl. trāghe Adj. Überall von langsamer, mühsamer Bewegung des Körpers und Geistes. Abseits stehen agf. trǣg Adj., trǣge Adv. 'schlecht'. Dän. træg beruht auf Entlehnung aus dem Nhd. In Ablaut zu träge stehen got. trigō F. 'Trauer', anord. tregi 'Sorge', trego Adj. 'widerstrebend, unwillig, langsam', tregliga Adv. 'mit Mühe'. Unter den vielen Folgeformen ist bemerkenswert norw. treg Adj. wegen seiner Bed. 'fest, dicht, stark' (von Leder und Lederzeug): es stimmt zu lit. diřžti 'zäh, hart werden', diřžas 'Riemen, Gürtel', diřžingas 'fest, dicht, stark'. Man vermutet idg. *dr̥ghʹ'fest, dicht, zäh' als gemeinsamen Ausgangspunkt.

tragen st. Ztw., mhd. tragen, ahd. tragan, asächs. dragan, afries. draga, drega, mnl. draghen, dreghen 'tragen, halten'. Dagegen agf. dragan, engl. draw, anord. draga 'ziehen', wozu das einmalige got. gadragan 'herziehen'. Die der Verknüpfung mit lat. trahere 'schleppen' entgegenstehenden lautl. Schwierigkeiten (Ferd. Sommer, Krit. Erläut. 50ff.) sind nicht behoben, andere außergerm. Beziehungen nicht gesichert.

Tragweite F. Lehnübersetzung des frz. portée in dessen Bed. 'Schußweite' (dies seit 1757), geprägt von Goethe 1806 Gespr. 1, 424 F. v. Biedermann, der sogleich bildl.

Gebrauch einführt, den W. v. Rahden 1847 Wander. 2, 55 aufnimmt. In Parlamentsreden von 1848 wird T. zum Schlagwort, dessen Mißbrauch Raveaux 1849 rügt (Zj. f. d. Wortf. 5, 123). Noch Schopenhauer 1860 Verhunzung d. dt. Sprache 172 Reclam schilt T. „Gallicismus und dazu Kanonierausdruck": Wh. Pfaff 1933 Kampf um dt. Ersatzwörter 52 f.

traktieren schw. Ztw. dem lat. tractāre im 15. Jh. nachgebildet, zuerst im Nordwesten: 1445 in der Bed. 'bewirten' Quellen d. westfäl. Gesch. 2, 315 Seibertz trachterden se in allen dyngen erlyke, sodann als 'theologari' Klebe 1477 Schueren, Teuth. 405 Verdam reden off tracteren van gotliken aken. Seit dem 16. Jh. sind auch die Bed. 'handhaben, behandeln, erörtern, verhandeln' vorhanden, die sämtlich dem (m)lat. Vorbild entnommen werden konnten.

Tralje F. 'Gitter'. Lat. trichila F. 'Laubhütte', mlat. tralia 'Gitterwerk' ergibt durch Vermittlung des mnl. tralie im 15. Jh. nd. trallie. Später wirkt frz. treille ein, das mit treillage 'Gitterwerk' zum Fachausdruck der Gartenkunst geworden war: daher im 19. Jh. die Schreibung Traille. Das Wort ist seemännisch, nd. und md.

trällern schw. Ztw., belegt seit J. J. Schwabe 1742 Belustig. 2, 348: setzt den Kehrreim tralla(la) voraus, der aus der span. Musik stammt und den der Musiker Hans Leo Hasler (1564—1612) ins deutsche Gesellschaftslied verpflanzt hat.

Trambahn F. aus engl. tramway 'Schienenbahn' (der erste Wortteil, mnd. mnl. träme, lebt als Tram M. 'Balken' im Baugewerbe bis heute) nach Weigand 1878 Dt. Wb. 2, 918 bald nach 1870 entstanden. In Teilen Osterreichs und Süddeutschlands hat sich (nach Kretschmer 1918 Wortgeogr. 58) Tramway behauptet. S. Pferdebahn. Stiven 56 mit Anm. 338.

trampeln schw. Ztw., spätmhd. trampelu 'schwer auftretend sich bewegen', von Norden her in die Schriftsprache gedrungen. Intensivbildung zu dem lautmalenden mnd. trampen 'mit den Füßen stampfen', das sich mit mengl. trampe, engl. tramp 'treten; wandern' deckt und zu got. anatrimpan 'drängen' in Ablaut steht. Gleichgebildet engl. trample. Ohne m stehen daneben nd. trappen, nl. trappen 'treten', engl. trape 'schlendern'. S. Treppe.

Trampeltier N. das zweihöckrige oder baktrische Kamel, seit Nemnich 1793 in bewußter Scheidung vom einhöckrigen oder Dromedar, vorher (seit Lindener 1558 Katzipori 81 Lichtenstein) unbestimmt für 'Kamel' schlechthin.

Gleich alt (Lindener 84. 157) ist Trampeltier 'plumper, schwerfällig auftretender Mensch', mundartlich über das ganze Sprachgebiet verbreitet. Die beiden Bed. gehen von der gleichen Anschauung aus, s. trampeln.

Tran M. erst nhd., gekürzt aus frühnhd. fischtran, für das Mathesius 1562 Sarepta 80b nd. Herkunft bezeugt. Mnd. trān ist (wie nnl. traan, dän. norw. schwed. tran) eins mit ahd. asächs. trahan, mhd. trahen 'Tropfen', unserm Träne, s. d. So ergibt sich die Bed. 'durch Kochen dem tierischen Fett ausgepreßter Tropfen'. Mit ähnlichem Wandel bedeutet frühnhd. Zahr 'Baumharz, lacrymae arborum', s. Teer und Zähre. Die von Köln bis Königsberg gangbare Redensart im Tran sein bed. urspr. 'angetrunken sein'. Westfäl. trän ist 'Tropfen geistigen Getränks', preuß. tränen 'dem Glas zusprechen'.

Träne F. beruht auf spätmhd. trëne F. Das ist seiner Form nach der kontrahierte Plur. zu mhd. trahen (Plur. trähene), ahd. trahan (Plur. *trahani) M. Diese führen mit asächs. trahni, anl. trāni Plur. auf germ. *trahnu-. Daneben steht gleichbed. mhd. traher, frühnhd. träher mit r-Formans wie Zähre (s. d.), germ. *tahru-, dissimiliert aus *trahru-, idg. *drakru-. Die Grundbed. 'Tropfen' ist in schweiz. trän bis heute vorhanden. Sie wird erkennbar auch in Tran (s. d.) und in Luthers Augenträne. Sein Bibelwort threnen setzen seine obd. Zeitgenossen in zehern um: Kluge 1918 Von Luther bis Lessing 103. 111. Nhd. steht Träne neben Zähre wie Luder, zittern, Last, Frühling neben Aas, beben, Bürde, Lenz. Im Obd. sind beide selten, man bevorzugt verbalen Ausdruck oder (Augen-)Wasser.

Trank M. mhd. ahd. trank, asächs. mnd. drank, afries. drẹnk, ags. drẹnc, engl. drench; neben diesen i-Stämmen der a-Stamm westfries. drank, nordfries. drõnk, got. dragk, N.: Abstr.-Bildung zu trinken, s. d. Daneben Tränke F., mhd. trẹnke, ahd. trẹncha, mnd. drẹnke, ags. drẹnce, anord. drẹkka. Das schw. Ztw. tränken (mhd. trẹnken, ahd. trẹnkan, mnd. drẹnken, afries. drẹnza, ags. drẹncan, engl. drench, anord. drẹkkja, got. dragkjan) stellt sich als Faktitiv zum st. Ztw. trinken, bedeutet somit 'trinken machen, zu trinken geben'.

tran(s)chieren schw. Ztw. Frz. trancher 'schneidend zerlegen' (aus lat. truncare 'abschneiden') gelangt im 16. Jh. mit frz. Tafelsitten zu uns und erscheint der Sache nach 1561 Zimm. Chron. ²2, 298. Als Fachwort der Kriegskunst des 17. Jh. spielt tranchée 'Laufgraben' eine Rolle; dazu transchiren 'Laufgräben anlegen' Wallhausen 1616 Kriegsk. zu Pferd 128.

Trappe M. F., **Trappgans** F. Otis tarda ist vorwiegend auf den baumlosen Ebenen Ostdeutschlands heimisch, im einst slav. Gebiet. Mhd. trap(pe), trapgans, mnd. trappe, mnl. trap(gans), nnl. trapgans, frühnhd. (acker)trapp sind aus poln. tschech. drop, älter drop(i)a vor 1200 entlehnt: Wick 59. Dän. trap(pe), trapgaas, schwed. trapp stammen aus dem Deutschen.

Traß M. '(Mörtel aus) Tuffsteinstaub'. Ital. terrazzo 'Estrich aus Zement' (aus terra 'Erde' abgeleitet) ergibt über frz. terrasse nl. terras, tras (16. Jh.), das im 17. Jh. zu uns gelangt.

Tratte F. Ital. tratta 'gezogener Wechsel' erscheint 1518 bei Math. Schwartz, Buchhalten 2b "so nimbt er zu werl auf Jn, das haist man alsdan tratto, oder traßiert". Die heutige Form ist aus der Mz. entwickelt, die z. B. im Titel von G. N. Schurtz, Buchhalten (Nürnberg 1662) steht: „mit Remessen und Tratten". Schirmer 1911 Wb. d. dt. Kaufm.-Spr. 193.

Traube F. mhd. trūbe M. F. 'Bündel, Büschel, Traube', ahd. thrūba, drūba F. trūbo M., asächs. thrūfo, mnd. mnl. drūve nnl. druif (schwed. druva, dän. drue sind aus dem Mnd. entlehnt). Die Grundbed. ist geblieben in ostfries. drūve, drūf 'Klumpen, Haufen', drūfel 'Büschel von Früchten oder Beeren'. Hierzu weiter nd. drubbel 'Haufe von Menschen', schweiz. truppele 'Haufen Vieh, Menge Haselnüsse', bair. trauppen 'Haufen von Einzelsachen, -wesen', frühahd. thrūpo 'Kriegshaufen'. Weitere Beziehungen sind unsicher; vielleicht ist aslav. trupŭ 'Körper' verwandt.

trauen schw. Ztw., mhd. trūwen 'hoffen, Zuversicht haben, erwarten, vermuten, (an)vertrauen', mit Dat. 'ehelich verloben', ahd. (ga)trū(w)ēn '(ver)trauen, glauben, hoffen, jem. etwas zutrauen', asächs. (gi)-trūon 'trauen', mnd. trūwen, anord. trūa, schwed. dän. tro 'glauben'. Gleichbed. mit Um- und Ablaut mhd. triuwen, asächs. triuwian, mnd. mnl. nnl. trouwen, afries. triūwe-, trouwa, ags. trēowian, trīewan, truwian, engl. trow, anord. tryggja, -va, trūa, got. trauan. Sämtlich zu der unter treu entwickelten Sippe; vgl. traun und Trost. Außergerm. vergleicht sich am nächsten apreuß. druwit 'trauen'.

Trauer F. mhd. trūre: Rückbildung zum Ztw. trauern, mhd. trūren, ahd. trūrēn. Dazu traurig, mhd. trūrec, ahd. trūrac (g). In Ablaut dazu steht gleichbed. ags. drēorig, engl. dreary. Wegen ahd. trūrēn 'die Augen niederschlagen' und ags. drūsian 'schlaff sein, nachlassen, aufhören; trauern', engl. drowse 'schläfern' legt man der Sippe von trauern

die germ. Wz. *drūs (in got. driusan, agſ.
drēosan, aſächſ. driosan) 'fallen' zugrunde. Die
Bedenken gegen den damit vorausgeſetzten
Anlaut germ. dr, die v. Wijk aus nl. treuren
'trauern', treurig 'traurig' ableitet, entfallen,
ſeit Frings 1932 Germania Romana 15ff.
die nl. Wörter als Entlehnungen aus dem Hd.
erwieſen hat. In den anfränk. Pſalmen und
noch im Tatian gelten die nordweſtgerm.
Ausdrücke, die den nachmals vom ahd. Süden
her verdrängten truobēn und mornēn entſprechen; treuren darf als Geſchenk der dt.
Myſtik an die Niederlande und ihre Mundarten gelten.

Trauerspiel N. als Erſatz für Tragödie
ſchlägt nach dem Vorbild des älteren Luſt-
ſpiel (ſ. d.) Zeſen 1640 im Dt. Helikon vor:
Harbrecht 1912 Zeſen als Sprachreiniger 10.
Schottel 1663 Ausführl. Arbeit 511 und
Morhof 1682 Unterricht 267 nehmen (wie
Harsdörfer und Gryphius) den Vorſchlag auf.

Traufe F. mhd. troufe F., mhd. ahd. trouf
M.: ablautende Bildung zum ſt. Ztw. triefen
(ſ. d.). Dazu als Faktitiv das ſchw. Ztw.
träufen (mhd. tröufen, mhd. ahd. troufen)
'triefen machen', wozu das verkl. nhd. träufeln.

traulich Adj. als Rückbildung aus dem ſchon
frühnhd. vertraulich ſeit M. Claudius 1779
Abendlied, beflügelt durch Bürger, Goethe,
Schiller, Hölderlin, gebucht nicht vor Campe
1810: Richtenhauſer 1920 Rückbildungen im
Nhd. 29 f.

Traum M., mhd. ahd. troum, aſächſ. drōm,
mnl. nnl. droom, afrieſ. drām, mengl. engl.
dream, anord. draumr, norw. draum, dän.
drøm, ſchwed. dröm. Dazu das ſchw. Ztw.
träumen, mhd. tröumen, mhd. ahd. troumen,
mnd. drōmen, mnl. nnl. droomen, anord.
dreyma, dän. drømme, ſchwed. drömma.
Wenn germ. *drauma- für *draugma- ſteht
(zum Lautwandel ſ. Baum), iſt die Grundbedeutung 'Trugbild' (vgl. aſächſ. gidrog
'Trugbild', dann 'Erſcheinung') und Traum
gehört mit Trug und vielleicht Zwerg zur
idg. Wurzel *dhreugh- 'trügen'. Der Einwand, daß Menſchen auf früher Stufe ihre
Träume für wirklich halten, iſt hinfällig: erſt
in germ. Zeit, als die Kritik erwachte, hat
*draugma- das idg. *oner- (in gr. ὄναρ,
armen. anurj, alb. ёndёrё uſw.) abgelöſt. Traum
iſt zu trennen von aſächſ. drōm, mnl. droom,
agſ. drēam 'Jubel, Getümmel, Geſang', das
ſich mit gr. θρέομαι 'ſchreie', θρόος, θροῦς 'Ge-
ſchrei', θρῦλος 'Lärm', τερθρεύομαι 'ſchwatze'
zur idg. Schallwurzel *dher- 'dröhnen' ſtellt;
ſ. Drohne.

traun Interj. Dem mhd. entriuwen 'in
Treuen, in Wahrheit', das in unbetonter
Stellung die erſte Silbe verliert wie mitten,
weg, zwiſchen, entſpricht mb. trūwen, trūn.
In der Form traun (Judith 10, 20) iſt es ein
Lieblingswort Luthers (Alberus 1540 Dict.
Dq 1b), durch den es ſchriftſprachlich wird
mit au für mhd. iuw wie brauen, graulen,
kauen; vgl. Naumann, Naumburg, Nau-
heim, Naundorf, Fauerbach.

traut Adj. mhd. trūt, ahd. trūt, drūt 'lieb,
geliebt'; dazu mhd. trūt M. N. 'Geliebte(r),
Gemahl'. Ahd. drūt ſowie die Lehngruppe
ital. drudo 'Geliebter', prov. druda 'Geliebte',
mlat. (8. Jh.) drūdus 'Freund' beweiſen Entſtehung aus germ. *drūda-, deſſen Anlaut
Verknüpfung mit der Sippe von treu und
trauen verbietet. Vorgerm. *dhrū-tó-s iſt
eine part. Bildung (ſ. kalt, tot) und vergleicht
ſich mit lit. drútas 'feſt, ſtark', aind. dhruvá-
'feſt, ausbauernd, unveränderlich'.

Treber Mz. 'Rückſtand beim Keltern und
Bierbrauen', mhd. treber(n), ahd. trebir, mnd.
drever, draver. Der im Hd. nicht belegte Sg.
erſcheint in balt. traff, mnd. mnl. draf 'Treber',
nnl. draf 'Grundſuppe eines Gebräus', agſ.
*dræf, engl. draff 'Bärme, Hefe', anord.
draf 'Abfall', norw. dän. drav, ſchwed. draf
'Treber, Spülicht, Hefe'. Auf früher Entlehnung aus dem Germ. beruht ſinn. rapa
'Treber'. Die idg. Grundform *dhrebh-
'Treber' iſt Erweiterung zu dem unter Druſen
(ſ. d. und Treſter) entwickelten Stamm idg.
*dher- 'trüber Bodenſatz'. Die nächſten außer-
germ. Verwandten ſind ruſſ. mundartl. drob
M., drobá F. 'Bodenſatz, Bierhefe'. — S.
auch trübe.

trecken Ztw. 'ziehen' aus gleichbed. mhd.
trëchen und deſſen Intenſitiv trecken. Dazu
mnd. nl. trekken und Treckſchute F., nl.
trekschuit 'von Tieren oder Menſchen ge-
zogenes Schiff'. Etymol. nicht geſichert.

Treff N. 'Eichel im Kartenſpiel'. Lat.
trifolium 'Dreiblatt' ergibt frz. trèfle, das
aus 'Klee' zum 'ſchwarzen Dreiblatt im Kartenſpiel' geworden iſt. Mit Pik u. a. Ausdrücken
der frz. Spielkarte gelangt treffle zu uns und
erſcheint zuerſt 1706 in Hazards Lebensgeſch.
35, zuletzt als Treflebube bei Jean Paul
1797 Jubelſenior (Hempel 6, 68). Im Südweſten hielt man Treffle für eine Verkl.-
Form und wagte die Rückbildung Treff,
zuerſt im Bürgerfreund (Straßbg. 1776) 180. 292.

treffen ſt. Ztw., mhd. trëffen, ahd. trëffan,
mnd. drepen, agſ. drepan, anord. drepa
'treffen, ſtoßen, ſchlagen'. Über die Vorgeſchichte der Wz. germ. *drep, vorgerm. *dhreb
läßt ſich nichts Sicheres ausſagen. S. triftig.

Treffen N. ſpätmhd. trëffen N. Aus dem
ſubſt. Inf. des Ztw. treffen in ſeiner Bed.

'feindlich aufeinanderstoßen' entwickelt sich im 15. Jh. die Beb. 'proelium': A. Götze 1907 Zf. f. d. Wortf. 8, 313 ff.

Treffer M. Mhd. treffære 'einer der trifft' 1291 Seifr. Helbling 2, 1357, frühnhd. treffer 'Schuß ins Ziel' (im Gegensatz zu fäler) Fischart 1575 Garg. 285; nhd. Treffer 'Gewinnlos' (im Gegensatz zu Niete) seit Gellert Los in der Lotterie 3, 8; stud. für 'Glück' Goethe 1786 Weim. Ausg. I 42, 2, 516; Bahrdt 1790 Rindvigius 1, 107 „Was der Mensch für einen impertinenten Treffer hat".

trefflich Adj. Zum Part. Präf. mhd. trëffende gehört trëffentlich, dessen Mittelsilbe (wie bei Klammerformen) seit spätmhd. Zeit schwindet: über trëffe(n)lich wird Luthers trefflich erreicht, das als Adj. 'gewaltig', als Adv. 'nachdrücklich, mit Eifer, außerordentlich, besonders' bedeutet.

treiben st. Ztw., gemeingerm.: ahd. trîban, asächs. drîban, mnd. mnl. driven, afries. drîva, ags. drîfan, anord. drîfa, got. dreiban. Überall bezeichnet das Ztw. ein nachdrückliches Bewegen, vorwiegend transf., daneben nd. nl. anglofries. in größerem Umfang, anord. ausschließlich intransf. Die Annahme, der intransf. Gebrauch sei aus dem unpersönl.-transf. entwickelt, läßt sich dadurch stützen, daß er fast nur von Sachen gilt, die von unpersönl. Kräften (wie Wind und Wasser) bewegt werden: das erklärt die Ausdehnung dieses Gebrauchs bei den seeanwohnenden Germanen. Als Ausgangsbeb. gilt 'propellere, trudere'. Außergerm. Beziehungen sind nicht gesichert. S. Trift.

treideln schw. Ztw. 'ein Schiff am Schlepptau ziehen'. Zu lat. tragula 'Schleppnetz' gehört spätlat. *tragulare 'schleppen', das gleichbed. frz. trailler ergibt. Von da stammen mengl. trailen, engl. trail u. nl. treilen, für das Kilian 1599 Dict. 566 die Beb. 'fune navem trahere' bietet, die weithin auch in nd. Mundarten gilt, so für ostfries. treilen, hamburg. treueln, holst. treueln, treideln, ostpreuß. treideln. Dies in hd. Seetexten seit 1778: Allg. dt. Bibl. 34, 2, 612.

Tremse F. mnd. (15. Jh.) trëm(e)se, trëmisse, nl. trëmse: der vorwiegend nordwestdt. Name der Kornblume, f. d. Man verbindet westgerm. *trimisjō- mit mhd. trëmen 'leuchten' und mhd. trimz 'Glanz', die aber selbst vereinzelt sind und der Erklärung bedürfen. Durch Dichter wie L. Th. Kosegarten und J. H. Voß ist Tremse gelegentlich in nhd. Verse gelangt.

Trendel M. F. 'Rundung' namentl. im Gelände; als Flur- und Ortsname 'Kuppe', so im westfäl. Trendelnburg u. v.; 'runder, dreh-barer Gegenstand', namentl. 'Kreisel' als Kinderspielzeug von Schwaben bis zur Steiermark; 'Wirbel': f. trendeln.

trendeln schw. Ztw. 'rollen, wälzen', spätmhd. trẹndeln 'sich drehen': zu mhd. trẹndel 'Kugel, Kreisel', ags. trendel 'Kugel', engl. trendle 'Rolle, Walze'. Dazu mit verschiedenen Stufen des Ablauts mnd. trent M. 'Rundung, Grenze', trint, trent 'kreisrund', ags. trinde F. 'runder Klumpen', aschwed. trindhel 'Kreis'; mnd. trunt 'rund', nd. trün-deln 'rollen, kugeln', ags. tryndel 'Ring'; endlich mit andrer Wz.-Erweiterung ahd. trẹnnila 'Kugel', trẹnnilōn 'rollen'. Grundbeb. von germ. *trandia- ist vielleicht 'Abgespaltenes', so daß trennen verwandt wäre. Vgl. noch schwed. mundartl. trinna, trenta 'Zaunscheit': Falk-Torp 2, 1283. Ein anderes trendeln f. u. Tröbel.

trennen schw. Ztw. Mhd. trẹnnen, ahd. en-, zatrẹnnen (dies seit dem 8. Jh.), mnl. trennen, ternen, nnl. tarnen, tornen vereinigen sich auf westgerm. *trannjan 'spalten, absondern, scheiden', Bewirkungsztw. zum st. Ztw. ahd. -trinnan, mhd. trinnen 'sich abspalten, absondern'. S. abtrünnig und entrinnen. Dazu ahd. ant-trunno 'Flüchtling', trennila 'Kugel', ursprünglich 'abgespaltenes Stammstück als Scheibe', schwed. mundartl. trinna 'gespaltner Zaunständer': mit vielen andern zur idg. Wurzel *der- '(ab)spalten'.

Trense F. 'Schnur, Litze, Pferdezaum'. Zu spätlat. *trinicare 'aus drei Strängen flechten' gehört span. trenza 'Flechte, Seil', das während der span. Besetzung in die Niederlande dringt und bei Kilian 1598 als nl. trensse 'funiculus, vinculum, camus, retinaculum equorum' erscheint. Bis zum 16. Jh. wurde in Deutschland fast nur auf Kandare (f. d. und Kappzaum) gezäumt; mit dem leichten Pferdezaum ohne Hebelmundstück dringt das nl. Wort ein. Die ersten Belege bringt das DWb. 11, 1, 2, 147 aus Wien 1591 und Dresden 1616 bei. Auch gleichbed. dän. norw. trendse, schwed. träns gehen vom M. aus.

Trepan M. 'Schädelbohrer': vor 1700 entlehnt aus gleichbed. frz. trépan, das über mlat. trepanum aus gr. τρύπανον 'Bohrer' stammt: Steubel 16.

Trepang M. 'Seewalze': über frz. trépang im 19. Jh. entlehnt aus mal. trīpang 'Holothuria edulis': Lokotsch 1927 Etym. Wb. 2096.

Treppe F. ein nd. md. Wort, das dem Obd. urspr. fehlt und den obb. Mundarten bis heute fremd ist (dafür Stiege, Staffel, Stapfel). Treppe gilt umgangssprachlich wie mundartlich in einem großen Nordraum, südwärts bis zum Erzgebirge, Thüringen, Fulda,

Mainz, Trier, Luxemburg. Die Form des Westens ist trapp(e), die des Ostens, auch Luthers, treppe. Die heutige Hauptbed. 'scala' gewinnt erst im 17. Jh. Übergewicht, noch im 16. Jh. fehlt sie den Wbb., vorher gilt sie nur in einem engen nsächs. Raum, zuerst bei Eilhart v. Oberge 1180 Tristrant 8928. Alte Hauptbed. ist 'Einzelstufe, gradus': so Luther 1524 Weim. Ausg. 15, 363 und 2. Chron. 9, 11; entspr. mnd. treppe, trappe, mnl. trap(pe), afries. treppe. Zur gleichen Wz. anfr. (Lex Salica) trappa, agf. treppe 'Tierfalle': mit alledem wird Zus.-Hang mit einem urspr. lautmalenden trappen deutlich, zu dem weiterhin **trampeln** (s. d.) gehört. — Im heutigen Gebiet von Treppe steht dieses an Stelle des sonstigen Stock(werk) (s. d.) in Wendungen wie „wir wohnen zwei Treppen (hoch)", die vom Obersächs. auszugehen scheinen und sich dem lat. scalis habito tribus (Martial 1, 117, 7) vergleichen: Kretschmer 1918 Wortgeogr. 537 f.

Treppenwitz M. Frz. esprit d'escalier 'passendes Wort, das dem Bittsteller erst einfällt, wenn er die Treppe wieder herunterkommt', in dt. Text schon 1827, findet in der Lehnübersetzung Treppenwitz nach 1850 rasch Verbreitung. Dazu T. der Weltgeschichte als Titel eines Buches von Hertslet 1882: Zf. f. d. Wortf. 8, 23; Ladendorf 1906 Schlagwb. 314 f.; Büchmann 1912 Gefl. Worte 260.

Trespe F. Bromus secalinus L., mhd. trefs(e) M., mnd. drespe, drepse, derspe, nnd. derspel, nl. dreps(e): s-Ableitung von gleichbed. nl. dreb, drep, drip, alem. dräff, norw. drap(havre) 'Raigras'. Mit Umstellung (vgl. Knospe, räuspern; Lefze) entstehen Formen wie trefs, trefzen, die mit vielen andern mundartl. weit verbreitet sind. Gesiegt hat die ostmb. Form, die als tresp M. seit Nik. v. Jeroschin gilt: Sehrt 1927 Mod. Lang. notes 42, 38 f.; H. Marzell 1943 Wb. d. dt. Pflanzennamen 1, 677.

Tresse F. bei uns seit Nehring 1710 Man. jur.-pol., als modisches Wort der frz. bestimmten Frauentracht Amaranthes 1715 Frauenz.-Lex. 2041 f. Aus frz. tresse F. 'Schnur, Borte', das seinerseits mit ital. treccia 'Flechte' verwandten Ursprungs ist, wie span. trenza (s. Trense): da zu jeder Flechte drei Stränge gehören, führt man die roman. Wörter über *trichea auf gr. τρίχα Adv. 'dreifach' zurück.

Trester Mz. 'Rückstand beim Bierbrauen und Keltern'. Mhd. trester, ahd. trestir, agf. dræst, dærst(e) F. 'Hefe, Bodensatz, Abfall', engl. drast führen auf germ. *drahsta- aus idg. *dhrəksto-, älter *dhr-əgh-sto-, Erweiterung zu dem unter Drusen (s. d. und Treber)

entwickelten Stamm idg. *dher- 'trüber Bodensatz'. Nächstverwandt ist anord. dregg F.; schwed. drägg 'Hefe' (germ. *drazjō). Vielleicht aus dem Germ. entlehnt ist apreuß. dragios 'Hefe'. Für urverwandt gelten alit. dragės, aslav. droždije 'Hefe', alb. dra 'Bodensatz des Öls', gr. θράσσειν 'beunruhigen', ταραχή 'Verwirrung'.

treten st. Ztw., mhd. trëten, ahd. trëtan, asächs. anl. agf. trëdan, afries. treda mit Hochstufe, anord. troða, norw. traa, got. trudan 'treten' mit Schwundstufe, die auch in Trott(e) vorliegt; vgl. Tritt. Die der Kausativbildung anord. treðja 'treten lassen' entspr. agf. treddan, mnd. tredden, ahd. tretten haben die Bed. 'trampeln' und 'niedertreten' angenommen. Außerhalb des Germ. keine gesicherte Entsprechung.

treu Adj., spätmhd. triuwe aus klassisch mhd. getriuwe (unserm getreu), ahd. gitriuwi: Ableitung aus dem F. Treue, mhd. triuwe, ahd. triuwa, asächs. treuwa, mnd. trūwe, mnl. trouwe, trūwe, nnl. trouw, afries. triūwe, triōwe, agf. trēow, anord. norw. trū, schwed. dän. tro, got. triggwa, germ. *trewwo: *trūwō. Aus dem Germ. entlehnt sind mlat. treuga, ital. tregua, frz. trêve 'Waffenstillstand'. Das Adj. lautet asächs. afries. triuwi, mnd. trūwe, mnl. (ghe)trūwe, -trouwe, nnl. getrouw, agf. trīewe, engl. true, anord. tryggr (Stamm tryggv-), trūr, norw. tru, schwed. trygg, tro, dän. tryg, got. triggws, germ. *trewwa- (:*trūwia-), idg. *dreu-uo-. Außergerm. vergleichen sich am nächsten air. derb 'sicher', kymr. drūd 'stark', gr. δρόος, lit. driútas 'fest'. H. Osthoff 1901 Parerga 1, 98 bringt in der Abhandl. 'Eiche und Treue' die Sippe in den größeren Zusammenhang der idg. Wurzel *dereu(o)- 'Baum' (s. Holunder, Lärche, Teer usw.): Grundbedeutung von treu wäre dann 'kernholzartig fest'.

tribulieren schw. Ztw., entlehnt aus lat. tribulāre 'pressen, bedrängen' (zu tribulum 'Dreschwalze', das zu tero, trīvi 'reiben' gehört). In dt. Text zuerst 1476 Publ. aus preuß. Staatsarch. 67, 245 „der bischof von Commyn tribulieret die vnsern gar vast". Gombert, Bemerk. 4, 14; Zf. f. d. Wortf. 3, 368. 13, 314; Kluge 1918 Von Luther bis Lessing 212; Mod. lang. notes 36, 489.

Trichter M. Lat. trājectōrium 'Trichter' (zu trājicere 'aus einem Gefäß ins andre gießen'), das in roman. Mundarten fortlebt (venez. traturo, rät. trachuoir, voges. wallon. tretœ) und auf dem gleichbed. mbret. traezer (abret. *traither), breton. trezer und alban. traftār beruht, ist mit andern Fachwörtern des roman. Weinbaus (Essig, Keller, Kufe,

Lauer, Moſt, Spund, Torkel, Wein uſw.) früh in weſtgerm. Sprachen entlehnt: agſ. trahter, mnl. trachter, trechter, nnl. mnd. trechter. Im Hd. begegnen ſeit ſpätahd. Zeit trahtare, trahter, træhter, trihtere. Im 13. Jh. erſcheinen triehter, trichter in Nürnberg. Sie leben hier fort: H. Sachs ſchreibt Trichter; G. Ph. Harsdörfers Poet. Trichter (Nürnb. 1647), der für unſer Ztw. eintrichtern verantwortlich iſt, mag zum Sieg der i-Form im Nhd. beigetragen haben. Die Städtenamen Utrecht (im 15. Jh. Utricht, lat. Ultrājectum) und Maaſtricht (Mōsae Trājectum) zeigen denſelben im Kern unerklärten Lautwandel, der mit Übergang des ach-Lauts in den ich-Laut verknüpft iſt. Die dt. Mundarten ſind großenteils bei Trachter (ſo hochalem., Stücke des Bad. u. Schwäb., bair.-öſterr. außer nordbair., frieſ.) oder daraus umgelauteten Trechter (ſo elſ., Maſſe des Schwäb., nd.) geblieben. Aus dem Dt. entlehnt ſind norw. tregt, dän. tragt, ſchwed. tratt (-er der Endung iſt als Plur.-Zeichen gefaßt) und tſchech. trahtár, trahtýr.

Trick M. 'Kniff'. Aus volkslat. *triccare, deſſen Herkunft ungeklärt iſt, entſteht frz. tricher 'beim Spiel betrügen', zu deſſen pikard. Form trikier pikard. trique 'Kniff, Streich' gebildet iſt, das zu gleichbed. engl. trick entlehnt wird. Zu uns gelangt das engl. Wort im 19. Jh. als Spielerausdruck: im Whiſt bezeichnet es jeden Stich über den ſechſten. Als Ausdruck des Sports, der Börſe und Kundenwerbung, zuletzt des Films wird es im 20. Jh. zu 'erlaubte Liſt': K. Wagner 1943 Dt. Wortgeſch. 2, 336.

Trieb M. erſt nhd.: zu treiben. S. Trift.

triefen ſt. Ztw., mhd. triefen, ahd. triofan, aſächſ. driopan, mnl. drüpen, afrieſ. driäpa, agſ. drēopan, anord. drjūpa. Dazu Traufe, träufeln, Tropfen. Zur Wz. germ. *drüp, vorgerm. *dhrüb gehört wohl auch air. drucht '(Tau=)Tropfen'. Ein anderes triefen ſ. u. Tropf.

Triel M. Die Regenpfeifergattung Oedicnemus crepitans führt den Namen nach ihrem Ruf, der als trüel, trüel aufgenommen werden kann. Zuerſt bei Geßner 1555 Hist. avium 245.

triezen ſchw. Ztw. 'quälen, foppen', nl. trijsen, die nord= und md. Entſprechung zu öſter. ſekkieren (Kretſchmer 1918 Wortgeogr. 539), urſpr. ein Küſtenwort, das nordoſtdt. 'in die Höhe winden' bedeutet und ſo ſeit Adelung 1780 gebucht wird. Seine Entwicklung teilt t. mit aufziehen: eine alte Matroſenſtrafe beſtand darin, daß der Sünder mit einem Seil unter den Armen unter die Rahe gehißt wurde (daher auch norw. være i heiſen

'übel daran ſein'). Triezen iſt Ableitung von Trieze F. 'Winde', mnd. tritse 'Tau, das ſich um eine Drehſcheibe windet' (Ag. Laſch 1928 Berliniſch 158). Deſſen Urſprung ungeklärt: Kluge 1911 Seemannſſpr. 796.

Trift F. Verbalſubſt. zu treiben, ſ. d. Ahd. unbezeugt, mhd. trift 'das Treiben, Schwemmen, Flözen von Holz; Ort wohin getrieben wird, Weide, Bezirk, Abteilung; was getrieben wird, Herde; was man treibt, Lebensweiſe'. In unſerm binnenländ. Sprachleben iſt Trift (wie Acker) ein Zeugnis germ. Hirtenlebens. Bei den ſeeanwohnenden Germanen treten (in mnd. nl. frieſ. neunord. drift) zu dieſen Bed. die ſeemänniſchen 'Treiben der Strömung' und 'Gang des Schiffes': Kluge 1911 Seemannſſpr. 9. 713. 795; dazu anord. drift 'Schneetreiben, =weh'. Hanſiſche Entwicklung iſt drift 'innerer Trieb, Eifer'; dazu mnd. driftich, nnl. dän. ſchwed. driftig 'tätig, fleißig'.

triftig Adj. ſpätmhd. (ſelten) triftec (g) 'treffend, das Ziel nicht verfehlend': abgeleitet aus einem in mhd. triftlich 'treffend' enthaltenen ahd. mhd. *trift, Verbalabſtr. zu treffen.

Trikot M. N. 'gewirkte, eng anliegende Kleidung', bei uns zuerſt in Zedlers Univ.-Lex. 45 (1745) 647, gebucht ſeit Campe 1801, ausführlich bei J. G. Krünitz 1845 Ökon.-techn. Encykl. 187, 706. Frz. tricot 'geſtrickter Stoff' iſt ſeit dem 17. Jh. bezeugt, gleich alt tricoter 'ſtricken', das (gegen Gamillſcheg 865) vom M. erſt abgeleitet iſt. Dies nach dem Ort Tricot im nordfrz. Sprachgebiet, wie Arras, Kammertuch, Raſch, Schalaune, Tüll: A. Götze 1923 Zſ. f. dt. Philol. 49, 288.

Triller M. Ital. trillo 'Triller' und trillare 'trillern', die lautmalenden Urſpr. ſind, bringen über Wien und das damals öſterr. Schleſien ein. Triller, gebucht ſeit Kramer 1678, findet ſich literar. ſeit Abr. a S. Clara 1723 Lauberhütt 42 und Stoppe 1729 Ged. 2, 147. Näher beim ital. Vorbild bleibt Trille F. Stieler (1691) 116.

trimmen ſchw. Ztw. 'in ſachgemäße Ordnung bringen': junge ſeemänniſche Entlehnung aus engl. trim 'putzen'; dies aus agſ. trymman 'feſt, ſtark machen', zu agſ. trum 'feſt, ſtark'. Binnenländiſch nur in der Wendung Kohlen trimmen geläufig: Kluge 1911 Seemannſſpr. 795. Aus dem Germ. vielleicht poln. trzymać 'halten': M. Vasmer 1947 Zſ. f. ſlav. Phil. 19, 451.

trinken ſt. Ztw., mhd. trinken, ahd. trinkan, aſächſ. anfr. drinkan, mnl. nnl. drinken, afrieſ. drinka, agſ. drincan, engl. drink, anord.

drëkka (kk aus nk), dän. drikke, schweb. dricka, got. drigkan. Dazu eine Fülle alter und neuer Ableitungen, s. Trank, Trunk, trunken. Frz. trinquer 'zutrinken' ist im 16. Jh. aus ital. trincare entlehnt, dies aus mhd. trinken. Dafür afrz. (seit dem 12. Jh.) drinquer aus mnl. drinken. Außergerm. Beziehungen sind nicht gesichert; am ehesten vereinigt sich germ. *drenk- mit aind. dhrájati 'gleitet, zielt' auf eine idg. Wurzel *dhreĝ-'ziehen', zu der ohne n anord. dräk F. 'Streifen' gehört. Grundbedeutung von trinken wäre dann 'einen Zug tun'. Den germ. Sprachen fehlt jede ererbte Spur der idg. Wurzel *pō(i)-: *pī- 'trinken', s. Pott.

trippeln schw. Ztw. 'mit kurzen, schnellen Schritten gehen', Ablautsneubildung zu trappeln, zuerst in einem Nürnberger Fastnachtsspiel vom Ende des 15. Jh. (Keller 1, 143, 33), gebucht seit Stieler 1691, der trappe(l)n und thür. treppeln zufügt. Außerdt. entsprechen nl. (seit 1598) trippelen und westfries. trippelje. In Aufnahme gebracht wird das Ztw. bei uns durch K. W. Ramler 1772 Lyr. Ged. 235 und die Dichter des Hains (Hölty, Boie, Bürger).

Tripper M. heißt der Harnröhrenkatarrh seit F. Wohl 1696 Thes. 179; voraus gehen Tröpper 1676, Tropfer, Trupfer, Trüpfer 1678, mnl. druipert 1681: nd. Ableitung zu trippen 'tropfen'. Gleichbed. dän. drybber(t), schwed. dröppel sind aus dem Nd. entlehnt.

trist Adj. 'traurig'. Afrz. triste (aus lat. tristis) ergibt zu Beginn des 13. Jh. mhd. triste. Mit neuer Entlehnung folgt vor 1800 trist als Stud.-Wort: Kluge 1895 Stud.-Spr. 131.

Tritt M. aus mhd. trit M.: zu treten.

Trittschäuflein N. mhd. drischuvel, -ubel, ahd. driscufli, -uvili, -ubli, ags. þerscold, engl. threshold, anord. þrescǫldr, schwed. tröskel, dän. terskel: ein gemeingerm. Wort für 'Schwelle', das wegen seiner schwankenden Formen im Nhd. verdrängt ist (s. Schwelle), aber in obd. Mundarten von der Schweiz bis Kärnten lebt und frühnhd. bei Aventin und Sachs in Formen wie tritscheubel und tritscheuffelein begegnet, die auf Umdeutung beruhen. Tatsächlich liegt eine Ableitung zu dreschen vor; fraglich bleibt, ob in dessen Grundbed. 'treten', so daß T. 'Trittholz' wäre (Falk-Torp 2, 1255), oder ob das Wort urspr. 'Dreschplatz, Tenne' bedeutet hat und über 'Vorraum' zu 'Schwelle' geworden ist (v. Bahder 1925 Wortwahl 70 f.). Zum Suffix Kluge 1926 Stammbild. § 97 b.

Triumph s. Trumpf.

trocken Adj. Von einem Stamm germ. *drŭg-: *draug- 'trocken', dem außergerm. Beziehungen fehlen, sind gebildet mnd. triuge, mnd. drüge, dröge, nd. dröge, mnl. druge, dröghe, mnl. droog, ags. drýge, engl. dry 'trocken'. Dazu im gleichen nordwestl. Raum nordfries. drügin 'seihen', ags. drügoþ, engl. drought 'Dürre' von germ. *drüg-, ags. drēahnian, engl. drain 'austrocknen', anord. draugr 'trocknes Holz' von germ. *draug(i)-. Neben *drugnēn 'austrocknen' bezeichnet *truknēn eine stärkeres Austrocknen zunächst im Ztw. ahd. (ir)truckanēn, asächs. *druknian, ags. *(ge)drycnan, Part. gedrycnede, danach im Adj. ahd. trucchan, trocken, mhd. truchen, trucken, asächs. drukno, drokno, anfr. trokken: Aubin-Frings-Müller 1926 Kulturström. 130 und Karte 44; Th. Frings 1932 Germ. Rom. 215 und Beitr. 59 (1935) 455; W. Krogmann 1934 Nd. Korr.-Bl. 47, 54; F. G. Jung, Das Wort trocken (Diss. Berlin 1938); E. Schwarz 1939 Anz. f. dt. Alt. 57, 181 f.

Trockenwohner M. zuerst in Berlin 1863 „Proletarier, welchen die Häuserspekulanten die Wohnungen in ihren neu erbauten ... Häusern ohne Forderung eines Miethzinses überlassen, bis jede Feuchtigkeit aus dem Neubau verschwunden ist und das Haus für zahlende Miether bewohnbar ist". Ladendorf 1906 Schlagwb. 315.

Troddel F. 'Quaste, Fransenbüschel', als Trodel bei Zesen 1645 Ibr. 1, 596, in Nürnberg 1475 trödel M. 'Holzfaser im Werg': Verkl. zu mhd. träde F. 'Saum des Gewands, Fransen am Saum', ahd. trädo M., träda F. 'Saum'. Den verwandten Sprachen fehlt ein entspr. Wort, über die Vorgeschichte läßt sich nichts Sicheres ermitteln.

Trödel M. 'Kram, Handel (bes. mit gebrauchten Sachen), Ort dieses Handels', Trödler M. (Alt-)Händler', trödeln schw. Ztw. 'mit Wertlosem handeln; seine Zeit verlieren'. Die auf das Deutsche beschränkte Sippe taucht in frühnhd. Zeit auf. Vorgeschichte und Lautverhältnisse werden nicht deutlich. Abweichungen wie frühnhd. treudel(n), westfäl. truodl F. bleiben aufzuklären. Gleichbed. trendeln könnte Mischbildung aus trödeln und tändeln sein. Vgl. Kretschmer 1918 Wortgeogr. 539 f.

Trog M., nur ostgerm. nicht bezeugt. Mhd. troc (g), ahd. asächs. mnl. ags. anord. trog, nnl. troch, engl. trough, norw. trug, trau(g), dän. trug, schwed. tråg. Aus dem Nord. entlehnt sind norm. trog 'Backtrog' und tro 'Krippe', aus dem Langob. altital. truogo 'Trog, Kessel, Kübel', troga 'Backtrog' und ital. truogolo '(kleiner) Trog'. Die west- und nordgerm. Formen führen auf germ. *trogaidg. *dru-kó-. Dies mit k-Erweiterung zu idg. *dereu(o)- 'Baum', somit urspr. 'aus einem Baum gefertigtes Gerät'. Der germ. Trog war ein liegender, ausgehöhlter Baumstamm. Im Dt. sind verwandt Hartriegel, Truhe, Wacholder usw., die idg. Sippe s. u. Teer.

trollen schw. Ztw., mhd. trollen 'in kurzen Schritten laufen': zu mhd. trolle M. 'Tölpel, ungeschlachter Mensch', urspr. 'gespensterhaftes Ungetüm', anord. troll N. 'Unhold'. Ein zugehöriges Fem. liegt vor in Trolle, Trulle 'Dirne', mhd. trülle 'Hure'. Aus dem Germ. entlehnt sind ital. truglio 'listig' und frz. trôler 'sich herumtreiben'.

Trommel F. spätmhd. trum(b)el, klassisch mhd. trum(b)e, trumme 'Trommel, Trompete, Posaune'. In den roman. Sprachen entspricht frz. trompe, ital. tromba: da ihnen eine lat. Grundform fehlt, hat als ihre Quelle ahd. trumba zu gelten. Dies ist lautmalenden Ursprungs.

Trompete F. mhd. trum(b)et beruht auf dem Roman. (frz. trompette, ital. trombetta; s. Trommel).

Tropf M. 'Tor, Narr', spätmhd. tropf(e), mnd. troppe (auch in nnd. Ma.n stets mit t-), wird nicht vor dem 15. Jh. greifbar. Das M. gehört zum st. Ztw. triefen 'trotten, trollen', spärlich bezeugt, aber gewiß alt. Der germ. Verbalstamm *treup- ist Labialerweiterung zu idg. *dreu- 'laufen' (s. zerren, Zorn). Nächstverwandt mit Tropf sind trappen, Treppe, trippeln: W. Krogmann 1938 Zf. f. dt. Phil. 63, 184 ff.

Tropfen M. Mhd. tropfe (troffe), ahd. tropfo (troffo), md. troppe, asächs. dropo, nl. drop, ags. dropa, engl. drop, anord. dropi führen auf germ. *drupan- 'Tropfen' (Ableitung aus der germ. Wz. *drup, s. triefen). In den flektierten Formen entstand pp (aus idg. bn), daher hd. pf, während die Formen mit nd. usw. -p-, hd. -ff- auf dem germ. Nom. beruhen. Zum Nebeneinander von triefen und Tropfen vgl. Knauf, raufen, schliefen, schnaufen neben Knopf, rupfen, schlüpfen, schnupfen.

Troß M. Frz. trousse 'Bündel' (s. Trosse) ergibt (wie nl. tros 'Bündel') spätmhd. mnd. trosse F. 'Gepäck', woraus sich 'Heergepäck' entwickelt hat. Sim. Rots Fremdwb. verzeichnet 1571 T. als „Hauffen von losen bösen Huren und Buben, so ohn alle Besoldung dem Krieg nachlauffen". Zum Bed.-Wandel vgl. Pack. Dän. tros, schwed. tross sind aus dem Dt. entlehnt.

Trosse F. 'starkes Schiffstau', hd. nicht vor 1807, während mnd. trosse schon in hansischen Seetexten eine Rolle spielt: Kluge 1911 See-

mannsspr. 797. Mit nl. tros 'Tau' aus gleichbed. frz. trousse F., Rückbildung zu trousser aus mlat. tortiare, dies zu lat. tortus, Part. von torquēre 'drehen'.

Trost M. Ahd. mhd. mnd. tröst, mnl. nnl. troost, afries. träst M. 'Trost', anord. traust N. 'Zuversicht' (daraus entlehnt mengl. trüst, engl. trust 'Vertrauen') führen auf germ. *trau-sta-, idg. *drou-sto-. Dazu die -ja-Ableitung got. trausti N. 'Vertrag, Bündnis' sowie das Adj. anord. traustr 'wozu man Vertrauen hat, zuverlässig, stark'. Die germ. Verwandten s. u. trauen und treu. Außergerm. steht am nächsten mir. druit (aus idg. *druzd-i) 'fest'. Die Notwendigkeit, für den christl. Begriff 'consolatio' einen germ. Ausdruck zu schaffen, hatte die kirchl. Führer Altenglands dazu geführt, ags. frōfor 'Hilfe' (aus idg. *prō-bhrā 'Vorwärtsbringen') umzuprägen. Südd. Missions- und Klosterkreise hatten um 700 tröst 'Zuversicht, Vertrauen' ins Christliche gewendet. Das gegensätzl. Vorgehen war notwendig, weil traust in England, fröbra in Süddeutschland untergegangen war. So trieben die Glaubensboten aus Nordwesten und Süden verschiedene Fachwörter in das zwischen ihnen liegende Missionsgebiet, wo sich die Gegensätze verzahnen. Im 9./10. Jh. dringt (während noch Heliand und Tatian mit fröbra und fluobra dem ags. Einfluß erlegen waren) tröst siegreich rheinab und beherrscht schon den Essener Beichtspiegel und die anfränk. Psalmen. Die Reformation hat dem christl. umgeprägten Trost auch den Norden erobert (dän. trøst, schwed. tröst): Frings 1932 Germania Romana 17 ff. — Das Adj. getrost, mhd. getröst, ahd. gitröst 'mit Vertrauen erfüllt', ist gebildet wie mhd. gehërze 'beherzt', gemuot 'gesinnt'.

trösten schw. Ztw., mhd. trœsten, ahd. trösten, asächs. tröstian bedeutet als Faktitiv zu Trost 'getrost machen'. Sprachgeschichtlich nimmt das Ztw. am Schicksal seines Subst. teil.

Trott M. Ahd. trottōn 'treten', mhd. trotten 'laufen', Intensitiv zu treten (s. Trotte), gelangt in die roman. Sprachen. Frz. trotter wird Quellwort für engl. trot 'traben'. Im Ital. wird aus dem Ztw. das Mask. trotto 'Trab' rückgebildet, das nach dem Zeugnis Fischarts 1575 Garg. 203 als trott für eine bestimmte Gangart des Pferds bei uns eingebürgert ist.

Trotte F. 'Kelter', das Wort Elsaß-Lothringens, der Schweiz und Schwabens zwischen den gleichbed. Nachbarwörtern Kelter im Nordwesten und Torkel im Südosten. Zu ahd. trottōn (s. Trott) stellt sich ahd. trot(t)a, mhd.

trot(t)e, agf. trodu (neben tredde) 'Wein=
kelter' (Obſt wird nicht getreten) offenbar
als Lehnüberſetzung von Kelter: ſ. d.; Frings
1932 Germania Romana 60. 170; H. Fiſcher,
Schwäb. Wb. 2, 408. 6, 1779.

Trottel M. 'Schwachſinniger', aus den
Tälern der Oſtalpen ins Nhd. des 19. Jh. ge=
langt, wie Kretin (ſ. d.) aus dem Wallis.
Schriftſprachl. kaum vor Normann 1833 Öſter=
reich 1, 1, 138. Als drottl bei Caſtelli 1847
Wb. d. öſterr.Mundart 116. Ob die Beziehung
zu trotteln 'planlos daherkommen' urſpr. iſt,
bleibt feſtzuſtellen.

Trottoir N. 'Bürgerſteig', zuerſt bei Campe
1813. Entlehnt aus gleichbed. frz. trottoir M.,
dies zu trotter 'trippeln', das auf ahd. trottôn
'treten' beruht. S. Trott.

Trotz M. mhd. tratz, trutz, md. trotz, mnd.
trot M. 'Widerſetzlichkeit', mhd. tratzen, tret=
zen Ztw. 'trotzen', tratz Adj. 'trotzig'. Dem
Ahd. ſowie den andern germ. Sprachen fehlt
die Sippe, die gleichwohl für heimiſch und
wegen des Ablauts für alt gilt. Die hd. Form
iſt ins Nd. und Ml., Dän. und Schwed. ent=
lehnt. Aus dem Satz „Ich biete Trotz" ent=
wickelt ſich die nhd. Präp. trotz, ihrem Ur=
ſprung gemäß zunächſt mit Dat. verbunden.
Weil der Dativ bei ſtatt und wegen von der
Schule als mundartlich bekämpft wurde, galt
er auch bei trotz (und dank) für unfein und
wich dem Gen. Als Reſt des alten Zuſtands
iſt trotzdem geblieben, zur Konjunkt. geworden
aus trotz dem, wo ſatzbindende Kraft zunächſt
nur dem anaphoriſchen Pronomen dem zu=
kam, dann aber das zur Einheit gewordene
Wort als Ganzes die Aufgabe der Verknüpfung
übernahm: Behaghel, Dt. Syntax 2, 33. 3,
304. Trotz bei Wettbewerb (Gellert, Der
Bauer u. ſein Sohn V. 3; Leſſing 1771 Sinn=
ged. Nr. 36; G. Hauptmann 1903 Roſe Bernd
30 „Das Mädel is fleißig trotz Omſa und Bie=
nen") iſt ſelten in heutiger Schriftſprache: Herm.
Reich, Der Mimus 1, 21 „An den Höfen zu
Syrakus und Alexandria haben die Poeten ge=
bettelt trotz jedem mittelalterlichen Hof= und
Minneſänger". Zu der Formel Schutz u.
Trutz ſ. Kluge 1908 Bunte Blätter 208.

Trotzkopf M. tritt als 'trotzende Gebärde'
ſeit Chr. Weiſe 1678 Polit. Näſcher 67 auf.
Umgeprägt zu 'Perſon, die Trotz äußert' von
Goethe 1779 Weim. Ausg. I 12, 13. Adelung
4 (1780) 1084 bucht Trotzkopf darüber hinaus
als Gemütsverfaſſung.

trüb(e) Adj. mhd. trüebe Adj., truobe Adv.;
ahd. truobi Adj. 'lichtlos, düſter', aſächſ. drôbi
'verwirrt, überwölkt', mnd. drôve, nl. droef,
afrieſ. drêve, agſ. drôf. Dazu trüben ſchw.
Ztw., mhd. trüeben, ahd. truoben, aſächſ.

drôbian, mnd. bedrôven (von da in die neunord.
Sprachen entlehnt), agſ. drêfan 'trüben', got.
drôbjan 'verwirren'. Vielleicht verwandt mit
der unter Treber behandelten Sippe. Grund=
bed. von trübe wäre dann 'dickflüſſig, zäh'.

Trubel M. 'Wirrwarr' im 17. Jh. entlehnt
aus gleichbed. frz. trouble, deſſen Schreibung
lange beibehalten wird. Das frz. Mask. iſt
Rückbildung zum Ztw. frz. troubler, mlat.
*turbulâre, dies Weiterbildung von lat. turbâre
'verwirren'.

Trübſal F. N. (zum Genus Feldmann 1905
Zſ. f. d. Wortf. 7, 58; H. Paul 1917 Dt. Gramm.
2, 114), mhd. trüebesal, ahd. truobisal: von
trüben abgeleitet mit Hilfe der unter =ſal
entwickelten Endſilbe. T. iſt ein Lieblingswort
der Lutherbibel, in der trübſelig nur Dan.
12, 1 und 1. Tim. 5, 10 vorkommt. Die Schrei=
bung mit e dankt das Adj. volksetym. An=
lehnung an ſelig.

Truchſeß M. mit Kürzung des nebentonigen
æ (vgl. an=, aufſäſſig) und Verluſt des =e
(vgl. Schultheiß, Steinmetz, Vorfahr)
aus mhd. truhsæze. Dies mit Erleichterung
der Drittkonſonanz aus truhtsæze, das bis
ins 14. Jh. vorkommt. Ahd. begegnen ſeit dem
10. Jh. truh(t)ſâzzo, =ſâzeo. Das tr= iſt verſchoben
aus nd. dr= (wie in tragen, trauern, Trop=
fen, trübe, trügen): mnd. drotſête (mit
vielen Nebenformen), nd. droſte (ſ. Droſte,
Inſte, Koſſat), mnl. droſſâte, nnl. droſſard,
afrieſ. druſta. Aus dem Ml. entlehnt iſt engl.
(17. Jh.) droſſard, =t, (19. Jh.) droſty, aus
dem Mnd. ſpätanord. drôttſeti, dän. droſt,
ſchwed. drots. Beſtimmungswort iſt ahd.
mhd. truht, aſächſ. druht=, afrieſ. drecht,
agſ. dryht, anord. drôtt, got. draúhts F.
'Schar, Gefolge': =ti=Ableitung zum Stamm
des Ztw. agſ. drêogan, engl. dree, anord.
drýgja 'ausrichten, tun', got. driugan 'Kriegs=
dienſt tun'. Germ. Verwandte ſind ahd.
truhtîn, afrieſ. drochten, agſ. dryhten, anord.
dróttinn 'Herr' und got. gadraúhts 'Krieger'.
Außergerm. entſprechen lit. draúgas 'Genoſſe',
aſlav. drugŭ 'Freund', air. drong 'Schar',
abret. drogn 'Verſammlung', gall. drungos
'Trupp'. Jdg. *dhereugh= gilt als Erweite=
rung der verbreiteten idg. Wurzel *dher=
'(feſt)halten'. Das Grundwort germ. *ſetjan=
kehrt wieder in ahd. ſtuolſâzzo, ûzſâzzeo, mhd.
landſæze, afrieſ. landſêta, agſ. land=, burgſæta.
Entweder iſt es abgeleitet vom Subſt. ahd. =ſâza,
mhd. ſâze, mnd. ſâte, afrieſ. ſête, agſ. ſæt, anord.
ſât 'Sitz' (urverwandt mit lat. ſêdês, aind.
ſâdá= 'Sitz'), oder weitergebildet zum Verbal=
adj. germ. *ſêti= in got. andaſêts 'abſcheulich',
agſ. andſæte 'feindlich', anord. ſætr 'wer
ſitzen kann'. In jedem Fall bedeutet die Zu=

sammensetzung ursprünglich 'der in der Krieger-schar sitzt, ihr vorsitzt'. Früh erfolgt Umdeu-tung von sitzen auf setzen (schon im 11. Jh. druhtsezo: Ahd. Glossen 3, 685, 4). Der In-haber des Amts hat dem Tafeldienst bei Hof vorzustehen, daher Umschreibung mit lat. dapifer, discoforus, infertor, propositor. Sein Amt wächst zusammen mit dem des Sene-schalls oder Major domus und erhält überra-gende Bedeutung auch in der Heldendichtung.

Trude s. Druide.

Trüffel F. von Amaranthes 1715 Frauenz.-Lex. 2045 als „Truffes oder Truffles" ein-geführt. Die zweite Form entspricht dem nl. truffel (Truffel schreibt auch J. Möser: Zs. f. d. Wortf. 13, 64), die erste dem frz. truffe, das durch Umstellung aus älterem *tufre entstanden sein soll. Dies führt man auf lat. tûbera, Plur. von lat. tûber 'Knollen, Erdschwamm, Trüffel' zurück. Gleichen Ur-sprungs sind span. trufa, engl. truffle, dän. trøffel, schwed. tryffel. S. Kartoffel.

Trug M. eine spätmhd., nicht vor Heinrich Frauenlob († 1318) nachgewiesene Rückbildung aus dem st. Ztw. trügen, das nach dem Vor-bild von lügen (s. d.) umgebildet ist aus äl-terem triegen. Dies aus gleichbed. mhd. triegen, ahd. triogan, asächs. driogan, mnd. drēgen, mnl. driegen, nnl. bedriegen, afries. (bi)driaga. Nächstverwandt sind Traum, vielleicht Zwerg (s. d.) und mhd. getroc, ahd. gitrog, asächs. gidrog, mnl. gedroch, anord. draugr 'Gespenst'. Das Nebeneinander der Bedeutungen 'betrügen' und 'Gespenst' kehrt in den urverwandten Bildungen zur idg. Wurzel *dhreugh- 'trügen, listig schädigen' wieder: mir. aur-ddrach 'Gespenst'; aind. drúhyati 'sucht zu schaden, tut zuleide', drógha-, dróha- M. 'Schädigung, Verrat', druh- 'schä-digend', druh F. 'Schädigung; Unholdin, Gespenst', M. 'Unhold'; avest. družaiti 'lügt, betrügt', draoga 'lügnerisch', draoga M. 'Lüge, Trug', drug- F. 'Lüge, Trug; Verkörperung der Lüge'; apers. adurujīya 'log', drauga-'lügnerisch'.

Trugschluß M. für Sophisma seit Wieland 1767 Agathon, Vorrede. Von Adelung 1780 und 1801 getadelt, von Campe 1810 verteidigt und gegen das von Adelung empfohlene Fehlschluß abgegrenzt. Beide haben sich seither durchgesetzt: Wh. Pfaff 1933 Kampf um dt. Ersatzwörter 53.

Truhe F. mhd. truhe, ahd. truha. Daneben weist alem. Trucke auf mhd. *trucke, ahd. truccha. Weiter vergleichen sich nd. trügge 'Trog', norw. mundartl. trygje 'Pack-, Saum-sattel' und trygja 'Fischkorb'. Wie Trog (s. d.)

mit k-Erweiterung zu idg. *dereu̯(o)- 'Baum', somit urspr. 'hölzernes Gerät'.

Trulle F. 'unordentliches Frauenzimmer' mit der älteren Nebenform Trolle (so Picander 1726 Weiberprobe 10): in lebenden Mund-arten des Nordens und Südens weit ver-breitet. Dazu spätmhd. trolle M. 'Unhold, Tölpel', trülle F. 'Dirne', anord. troll N. 'Unhold'. S. trollen.

Trumm N. 'Bruch-, Endstück' beruht auf frühnhd. trom 'Ende, Holzklotz', mhd. ahd. drum 'Endstück, Splitter', asächs. thrumi 'End-stück (am Speer)', mnd. drom, drum 'End-stück, Kante eines Gewebes', nl. dreum(el), mengl. þrum, engl. thrum N. 'Salband an der Leinwand', anord. þrǫmr M. 'Kante, Rand'. Germ. *þramu-, *þrumu- führen auf idg. *trmo-, das in lat. terminus, gr. τέρμα 'Grenze, Ende' wiederkehrt. — In nhd. Schriftsprache ist nur der Plur. Trümmer recht lebendig geblieben. Der bis ins 18. Jh. lebendige Sing. (Zedler, Univ.-Lex. 45, 1059 „die Schuhe mit einem einzelnen Trohm aufgesetzt, wie Altreiß Brauch ist") ist auf Mundart und Halbmundart zurückgedrängt.

Trumpf M. Gr. θρίαμβος als Beiname des Dionysos ergibt lat. triumpe als Festruf bei den Umzügen der Arvalbrüder. Durch etrusk. Vermittlung wird gr. θρίαμβος 'Festlied, -zug' entlehnt zu lat. triumphus, das als Triumph, Triumpf seit der zweiten Hälfte des 15. Jh. den gebildeten Deutschen bekannt ist. Die Volks-sprache vereinfacht das Fremdwort zu Trumpf, so im Hd. seit dem 16. Jh., entsprechend nd. nl. trump, tromp, engl. norw. trump, während norw. dän. schwed. trumf auf dem Hd. beruhen. Frühnhd. triumph steht seit S. Franck 1541 Sprichw. 1, 126ᵇ für 'siegende, stechende Farbe im Kartenspiel' mit einer (auch für frz. triomphe und engl. trump geltenden) Ver-engung des Sinns, die fortan nhd. Trumpf übernimmt. Dazu Trumpffen als Name des Kartenspiels 'Sechsundsechzig' bei J. Fischart 1575 Garg. 259 Ndr., das Dan. Martin 1637 Parlement nouv. 635 als trumffspiel (jeu de la triomphe) beschreibt: H. A. Rausch 1908 Spielverz. in Fischarts Garg. XXXVIIf.

Trunk M. mhd. ahd. trunc: zu trinken.

trunken Adj. mhd. trunken, ahd. trunkan: Part. Prät. ohne ge- (s. feist und Behaghel 1928 Gesch. d. dt. Spr. 471), mit aktiv. Bed. wie lat. pōtus 'wer getrunken hat', dann 'wer zu viel getrunken hat'. Gleichbed. mnd. drun-ken, nl. dronken, ags. druncen, engl. drunk, anord. drukkinn, got. drugkans.

Trunkenbold s. -bold.

Trupp M., **Truppe** F.: beide seit Wall-hausen 1616 Kriegsk. zu Pferd 24 (Zs. f. d.

Wortf. 14, 41) eingebürgert aus frz. troupe. Vereinzelt findet ſich der Plur. Troppen ſchon bei Konr. Stolle, Bericht über die Belag. v. Neuß 1474 (Bibl. d. lit. Vereins 32) 87. Stolle ſchreibt (nach W. Kurrelmeyer 1920 Mod. lang. notes 34, 258) auch Vorg, Doringen, Forſt, Gebort, Noß, Schoß, Storm. Afrz. trope (und mit ihm engl. troop) beruht auf gallorom. troppus (Lex Alam.) 'Herde' und weiter auf anfränk. þrop (für thorp) 'Anſammlung'; ſ. Dorf.

Truſt M. 'Ring zu einheitl. Preisbindung' wird kurz nach 1870 aus den Verein. Staaten übernommen: Zſ. f. d. geſ. Staatswiſſ. 1890, 114. Engl. trust beruht auf Kürzung des älteren trust company. der erſte Wortteil, engl. trust aus anord. traust 'Vertrauen', iſt verwandt mit trauen, treu und Troſt; 'Treuhandgeſellſchaft' bleibt inſofern eng beim Vorbild. Schirmer 1911 Wb. d. dt. Kaufm.= Spr. 194; Stiven 53 mit Anm. 290.

Truthahn M. Der mexikan. Hühnervogel Meleagris gallopavo wird bei uns zuerſt in Nürnberg 1531 genannt. Er heißt frühnhd. indianiſch han (frz. coq d'Inde ſeit 1548): zutreffend, ſofern er aus Weſtindien kommt, irreführend, ſofern ſich ſchon 1553 kalekutiſch hůn an die Stelle ſchiebt (Kalikat, engl. Calicut, der Hafen an der Malabarküſte, von dem aus die Portugieſen 1498 ihr oſtind. Reich gründen; ſ. Kaliko). Daraus verkürzt ſind nnl. kalkoen, nd. kalkün, meckl. kün(hân), während die verbreiteten Namen küter, Kauter, Kauder eher zum Ztw. mhd. kuteren, mnd. küten 'ſchwaßen, prahlen' zu ſtellen ſind. In ſonſtiges Ausland irren ab welſch, türkiſch Hahn (engl. turkey), windiſcher ('ſlove= niſcher') Spaß, luxemb. mierhong (wie frz. dindon de mer). Truthahn, zuerſt bei dem Lauſißer Chr. Weiſe 1673 Erznarren 202 Ndr., gebucht nicht vor dem Erfurter Stie= ler 1691, will Adelung 1780 von dem Ruf her= leiten, mit dem die Pute ihre Jungen lockt. Eher gehört der im Obd. nicht bodenſtändige Name zu mnd. dröten 'drohen', agſ. þrūtian 'vor Stolz oder Zorn ſchwellen', norw. trutne, anord. þrūtna 'anſchwellen'; ſ. ſtroßen. Auch Puter iſt nd. (zuerſt bei G. Lauterbeck 1559 Regentenbuch 39b): es gehört zu nd. puteren 'ſchnell und undeutlich plaudern'. Suolahti 1909 Vogelnamen 242 ff.; Kretſchmer 1918 Wortgeogr. 380 ff.; Palmer 1939 Neuweltw. 50 ff.; G. Weißenböck 1936 Zſ. f. Mundartf. 12, 83 ff.

Tſchako M. ſteife militär. Kopfbedeckung mit flachem rundem Deckel, ſeit 1800 in den europ. Heeren eingeführt, 1804 bei den preuß. Huſaren. Später kennzeichnend für Bürger=

wehr und Polizei. Sache und Wort ſtammen von magy. csákó 'Huſarenhelm'.

Tſetſefliege F. ein afrik. Tiername wie Gnu, Schimpanſe, Zebra: Littmann 1924 Morgenländ. Wörter 138 f.

Tuch N. mhd. tuoch, ahd. tuoh (hh), aſächſ. afrieſ. dōk, mnl. doec, nnl. doek M. N. Anord. dūkr 'Tuch' iſt aus dem Mnd. entlehnt. Weitere Beziehungen ſind unſicher. Falls germ. *dōka- aus *dwoka- entſtanden iſt (vgl. Huſten, ſüß), könnte aind. dhvajá 'Fahne' urverwandt ſein.

tüchtig Adj. mhd. (md.) tühtec (g) 'brauchbar, wacker': zu mhd. (md.) tuht, mnd. ducht F. 'Tüchtigkeit', Abſtr. zu taugen (ſ. Tugend). Entſpr. mnd. mnl. duchtich, nnl. duchtig, agſ. dyhtig, dohtig, engl. doughty.

Tücke F. mhd. tücke. Entwickelt aus dem Plur. des Maſk. Tuck, das im älteren Nhd. und vereinzelt bis ins 19. Jh., mundartlich bis heute gilt, mhd. tuc (ck) 'ſchnelle Bewegung', dann 'böſer Streich'. Dem Ahd. wie den andern germ. und idg. Sprachen ſcheint das Wort zu fehlen.

Tückebold ſ. Irrlicht.

Tuckerkahn M. 'einmaſtiges Fiſcherſchiff' Kluge 1911 Seemannsſpr. 798. So benannt, weil der Fiſcher vom ſtehenden Boot aus mit der Tuckangel Barſche fängt. Der erſte Wort= teil entſpricht dem hd. zucken, ſ. d. und Friſch= bier 1883 Preuß. Wb. 2, 414.

Tuffſtein M. Lat. tōfus, tūfus, urſpr. ein oſk. Wort, ergibt ſüdital. tufo, woraus nhd. Tuff entlehnt iſt. Längſt vorher entſteht die verdeutlichende Zuſ.=Seßung ahd. tuf-, tub= ſtein, md. tup-, tufſtein, mnd. dufſtēn. Auf volksethm. Vermiſchung mit ital. tuffo 'das Eintauchen' beruhen nhd. Duckſtein, ſüddt. Tauchſtein.

tüfteln ſchw. Ztw. iſt ſpät aus md. Mundart unter ſtudentenſprachl. Vermittlung (Zſ. f. d. Wortf. 12, 292) in die Schriftſprache gelangt und ſchwankt noch lange zwiſchen Schreibungen mit d und t, i und ü (DWb. 2, 1149; H. Paul 1916 Dt. Gramm. 1, 195. 335). Oberſächſ. 'mühſame Kleinarbeit ſauber verrichten' be= zeugt Nicolai 1781 Reiſe 1, 261 „Arbeiter, welche (wie man in Sachſen mit einem aus= drucksvollen Provinzialworte ſagt) ſehr gerne tüfteln mögen". Weitere Bed. bei Klein 1792 Prov.=Wb. 1, 84: „diſteln zeigt eine müßige Bewegung der Hände bei einer Sache an, ſo wie wenn die Kinder mit etwas ſpielen (Öſterr.) — künſteln, ausſinnen, erfinden, eine künſtliche Arbeit machen; auch ſehr lange an etwas arbeiten (Pfalz, Elſaß)"; auch rhein., ſchweiz., ſchwäb., bair., fränk., thür.; von da ſchriftſprachl. durch Goethe 1821 Wander. 2, 4 „Als junge Mädchen werden wir gewöhn=

mit den Fingern zu tüfteln". Von den vielen Erklärungs-Versuchen befriedigt keiner. Große Verbreitung und student. Vermittlung bei geringem Alter lassen an rotw. Urspr. denken; hier ließe sich an duft(e) 'gut' (s. d.) anknüpfen.

Tugend F. mhd. tugent, -ende, mnd. doge(n)t '(männl.) Tüchtigkeit, Kraft, gute Eigenschaft'. Ahd. tugund bedeutet als Ableitung zu tugan (s. taugen) 'Brauchbarkeit'. Der Zus.-Hang war Einhart noch klar, der Vita Caroli 10 utilitas (zu uti) da setzt, wo er in der Muttersprache tugund gebraucht hätte (Zf. f. d. Wortf. 2, 280). Später hat das Wort den Sinn unter Einfluß von lat. virtus als Träger der christl. Tugendlehre gewandelt. Auf germ. *dugunþu- (mit -unþu- aus idg. -n̥tu-, vgl. Jugend und Kluge 1926 Stammbild. § 131) weisen noch mnl. doghet, döghet, nnl. deugd, afries. duged, ags. dugoþ F. Zum gleichen Stamm mit andern Suffixen germ. *dugiþō, anord. dygð und germ. *duhti, mnd. ducht, mhd. tuht (s. tüchtig). Werner Bopp, Gesch. d. Wortes Tugend. Diss. Heidelb. 1934.

Tüll M. Das Gewebe wurde zuerst in der Hauptstadt Tulle des frz. Dep. Corrèze hergestellt: danach frz. tulle, nnl. tule, engl. tull. Bei uns zuerst als tull anglais: Nestroy 1833 Lump. 56. S. Trikot.

Tülle F. 'Ausgußmündung von Gefäßen, vorab die röhrenförmige der Kannen' (Kretschmer 1918 Wortgeogr. 540f.), nd. dölle 'Röhre', mhd. tülle, ahd. tulli N. 'Röhre der Pfeil- oder Speerspitze'. Frz. douille 'kurze Röhre zu einem Stiel' ist entlehnt aus anfr. germ. *dulja. Verwandt sind viele ablautende Bildungen, z. B. mhd. telle 'Schlucht', ags. engl. dell 'Tal' (germ. *daljō-), mhd. tüele 'Vertiefung' (germ. *dōliō), anord. dœla 'Rinne' (germ. *dēliōn-) sowie Tal. S. Delle, Dole, Tolle.

Tulpe F. Der gemeineurop. Pflanzenname geht durch türk. Vermittlung auf pers. dulbänd 'Turban' zurück; dies aus pers. dil 'Herz' und bänd, Präs.-Stamm von bästän 'binden', also 'herzentzückend'. Die Vergleichung mit der roten Kappe der mohammedanischen Kopfbedeckung geht offenbar aus von der Stellung der leuchtend roten Blüte auf der Spitze der Pflanze: R. Loewe 1939 Privatdruck 3ff. Der Niederländer A. G. Busbecq sieht bei Adrianopel 1554 die Blumen, quos Turcae tulipan vocant … tulipanti aut nullus aut exiguus odor; a coloris varietate et pulchritudine commendatur. Turcae flores valde excolunt. 1559 lernt der Züricher C. Geßner die Pflanze in Augsburg kennen: Turcio vocabulo Tulipam vocant aliqui. Schon 1549 ist ital. tulipa bezeugt, auf dem portug. tulipa, engl.

tulip und frz. tulipe beruhen. Als Lehnwort aus dem Frz. erscheint seit 1598 nnl. tulp(e) bezeugt. Die Niederlande werden das europ. Tulpenland und liefern uns mit der Sache das Wort. Während bei A. Lonicer, Kräuterbuch (1586) 304[b] noch Tulipan stand, gilt Tulpe seit E. C. Homburg, Clio (Jena 1642) M 7[a].

-tum mhd. ahd. -tuom, engl. -dom: Abstr.-Suffix, in Zus.-Setzungen (vgl. engl. kingdom) hervorgegangen aus einem selbständigen M. N. tuom 'Verhältnis, Stand, Würde, Zustand', einer Abstr.-Bildung zu nhd. tun. Das selbständige Wort liegt ferner vor in asächs. afries. ags. dōm 'Urteil, Gericht, Ruhm', anord. dōmr 'Urteil, Gericht', got. dōms 'Urteil, Ruhm'. Außergerm. sind nächstverwandt gr. θωμός 'Stapel, Haufe', lit. domė 'Aufmerksamkeit', aind. dhā́man 'Sitz, Stätte, Satzung, Gesetz'.

tummeln s. taumeln.

Tümmler M. 'Delphin', im 18. Jh. aus dem Nd. aufgenommen. Gleichbed. nl. (seit 1598) tuimelaar, engl. tumbler, dän. tumler, schwed. tumlare: ursprünglich 'Taumler'. In der dt. Flotte seit Ende des 19. Jh. auch scherzhafte Benennung der Marinesoldaten: F. Kluge 1911 Seemannsspr. 798. — Dieselbe Vorstellung ist wirksam in Tummler M., engl. tumbler, schwed. tumlare, dän. tumling 'halbkugelförmiger Becher, der sich stets wieder aufrichtet'.

Tümpel M. tritt im 16. Jh. aus west- und ostmd. Mundart in die Schriftsprache (Alberus 1540 dümpel, Mathesius 1562 tumpel) und drängt im 17. Jh. hd. Tümpfel zurück, das doch bis Stieler 1691 die Form der Wbb. bleibt (vgl. Kämpe, Klempner, Krempe, Krempel, plump, Stempel, trampeln, zimperlich). Die frühnhd. Form entspricht dem mhd. tümpfel 'tiefe Stelle in fließendem oder stehendem Wasser, Lache', ahd. tumphilo 'Strudel'. Die Grundform lebt in schwäb. alem. dumpf 'Einsenkung, Mulde, Grübchen': zur nasalierten Form der germ. Wz. *dup 'tief sein' (s. taufen, tief), wie auch engl. dimple 'Grübchen', mnd. dümpelen, nl. dompelen 'tauchen', dompelaar 'Tauchervogel'. Vorgerm. *dhumb 'tief sein' wird vorausgesetzt durch lit. dumbù (dùpti) 'durch Einsinken tief, hohl werden'. S. Topf[1].

Tumult M. Lat. tumultus 'Lärm' (zu tumēre 'anschwellen') wird durch die Humanisten des 16. Jh. entlehnt. Tumult in dt. Text seit Cyr. Spangenberg 1556 Leben Savon. H 4b.

tun Ztw., mhd. ahd. tuon, asächs. dūan, anl. duon, afries. duā(n), ags. dōn, engl. do. Die vorgerm. Wz. *dhē: *dhō hat eine reiche Sippe: gr. θη: θε in τίθημι 'setze, tue', aind. dhā in dádhāmi 'setzen, legen', vi-dhā-'einrichten, tun', armen. dnel, lit. děti, aslav. děti 'setzen, legen', lat. fac-ere (Perf. fēci = gr. ἔθηκα) 'machen, tun', condere 'gründen' (u. a. Komposita), air. do-ra-t 'hat gegeben'. S. Eingetüm, Tat, -tum, Ungetüm.

tünchen schw. Ztw. (einem Teil der obd. Ma. fremd, dafür weiß(l)en, gipsen: H. Fischer 1908 Schwäb. Wb. 2, 464; E. Ochs 1940 Bad. Wb. 1, 595), mhd. tünchen, ahd. (mit kalke) tunihhōn 'mit Kalk bekleiden'. Der Zusatz stützt die Annahme, tunihhōn sei urspr. 'bekleiden' zu ahd. tunihha 'Gewand', mit ags. tunice entlehnt aus gleichbed. lat. tunica (vgl. engl. coat 'anstreichen' und coat 'Kleid, Anstrich'). Dazu ital. intonacare 'tünchen', intonac(at)o 'Tünche'. Aus lautl. Gründen fällt die Entlehnung in frühahd. Zeit, wenig später als die von Fenster. An der Einbürgerung der Sache, die spät durchgedrungen ist (M. Heyne 1899 Wohnungswesen 246), mögen die Klöster beteiligt sein. Die nd. Entsprechungen (mnd. dönneken, dönken 'tünchen', dönneker 'Tüncher', dönnekinge 'Abputz') zeigen hypernd. d-, vgl. t- in tins 'Zins'. Das lat. Quellwort stammt mit gr. χιτών aus dem Altsemit., vgl. aram. kithuna 'Gewand, das auf dem bloßen Leib getragen wird'. Auch ital. tonica und span. tonga haben die Bed. 'Hülle' erreicht. -ica ist Fem.-Zeichen: P. Kaz 1940 Idg. Forsch. 57, 264; vgl. Barke.

Tunichtgut M. urspr. einer, der den Wahlspruch führen könnte „Ich tue nichts Gutes" (vgl. Taugenichts; frz. vaurien, engl. good-for-nothing). Pape 1586 Bettel- und Garteufel D 2b Thukeingut; Stieler 1691 „ein Thunichts sive Taugenichts". Heute auch mundartlich weit verbreitet; ein schwäb. Beleg von 1786 bei H. Fischer 2, 458.

Tunke F. Rückbildung des 17. Jh. (Schottel 1663 Ausführl. Arbeit 1436 tunke F. 'condimentum, saulse') aus weit älterem tunken schw. Ztw.: mhd. tunken, dunken, ahd. dunkōn 'eintauchen'. Die ältere Nebenform thunkōn im ahd. Tatian führt auf got. *þugkōn oder *þuggōn, das mit lat. ting(u)ere 'benetzen' und gr. τέγγειν 'erweichen' eine idg. Wz. *teng 'einweichen' sichert.

Tunnel M. Als 1839 zwischen Leipzig und Dresden der erste Eisenbahndurchstich gebaut wurde, entlehnte man engl. tunnel, das als 'subterranean passage' seit 1782 belegt ist: New Engl. Dict. 10, 1, 469. Voraus liegt frz. tonnelle 'Gewölbe', s. Tonne.

Tüpfel N. M. 'Pünktchen': Verkl. zu frühnhd. tupf, das unter Anlehnung an das verwandte tupfen schw. Ztw. (ahd. tupfan, md. düpfen, nd. dippen) umgebildet ist aus

mhd. topfe, ahd. topfo M. 'Punkt'. Wohl mit taufen und tief verwandt. Vgl. mnd. düppelen 'eintauchen' und Zs. f. d. Wortf. 8, 215.

Tür F. mhd. tür, ahd. turi F.: ein zum Sing. gewordener Plur., wie denn für den Begriff 'Tür' oft eine Dual- oder Plur.-Form steht und schon ahd. turi als Plur. mit der Bedeutung des Sing. begegnet. Die nächsten germ. Verwandten sind asächs. agf. duru, anfr. duri, afries. dure, dore, engl. door, anord. dyrr, dän. dør, schwed. dörr, got. daúrōns Plur. 'Tür'. Idg. *dhur- usw. auch in aind. dvárah Nom. Plur. 'Tür', durōna- N. 'Wohnung, Heimat', armen. durn, gr. θύρᾰ, alb. derë, aslav. dviri, lit. dùrys, lat. forēs Plur. 'Tür', forās 'hinaus', foris 'draußen'. Den germ. Formen stehen im Kelt. am nächsten agall. Isarno-dorum -dorii, abret. dor, bret. dōr, akhmr. kymr. dōr F. 'Tür' (aus idg. *dhurā). Eine st-Ableitung dazu ist air. dorus 'Tür' (idg. *dhuor-estu-), t-Ableitung akorn. darat 'Tür'. — S. Tor.

Turban M. Die für das Morgenland kennzeichnende Kopfbedeckung trägt einen pers. Namen: pers. dulbänd hat türk. tülbend ergeben. Vermittelt durch rumän. turban erscheint das Wort 1540 bei uns (engl. nicht vor 1561): Mod. lang. notes 38, 409. Lessing verwendet Nathan 4, 4 ein zum älteren Frz. stimmendes Tulban, Goethe sucht mit Tulbend engeren Anschluß an die türk. Form, der auch nnl. tulband nahe bleibt. S. Tulpe.

Türkenbund, türkischer Bund M. heißt Lilium martagon L., weil die Blüte, Cucurbita melopepo L., weil die Frucht einem Turban verglichen wird: Schweiz. Id. 4 (1901) 1361; H. Marzell 1943 Wb. d. dt. Pflanzennamen 1, 1260. Der Blumenname schon bei Abr. a S. Clara 1699 Etwas für alle 134 Ebner: „so seynd wir auch der Hofnung, daß die Türkischen Bünde (seynd gewisse Blumen) ehender verwelken, als der Christen ihre Schwertlilien". Der Kürbisname kaum vor J. Kachler 1829 Encycl. Pflanzenwb. 1, 130, doch weist die Verbreitung in Nachbarsprachen (vor allem nl. turksche mutsen, tulbandkalebas; frz. courge turquoise, turban) auf höheres Alter der Vorstellung.

Türkis M. Den blaugrünen Edelstein hat Europa zuerst aus dem einst türk. Mezaratal am Sinai erhalten. Darum frz. turquoise und daraus entlehnt mhd. turkoys, md. türggis. Luthers Form (2. Mos. 28, 20 u. ö.) ist Türkis.

Turm M. Aus turrem, dem Akk. zu lat. turris M. 'Turm', entsteht afrz. *torn, das neben dem allein bezeugten torz nach dem Vorbild der afrz. Deklination forz — forn,

jorz — jorn vorauszuſetzen und durch die ſeit
dem 13. Jh. belegte Verkl. tournelle (neben
tourelle) 'Türmchen' geſichert iſt: G. Baiſt,
Zſ. f. roman. Phil. 18, 280. Aus Oſtfrankreich
wird um 1000 mhd. torn, turn entlehnt:
Suolahti 1929 Frz. Einfluß 270. Die jüngere
Form turm iſt unter den vielen mhd. Belegen
für das Wort nur zweimal durch Reim geſichert; zum Lautwandel vgl. Farn, Harn
und nd. tūm für Zaun. -m gilt in Thüringen
und Oberſachſen; für Luthers Thurm bieten
Wormſer Propheten, Eck und Züricher Bibel
Thurn, wie ſich denn obd., rhein. und nd.
Turn und Türner erhalten haben und von
da bis ins 19. Jh. gelegentl. literariſch werden:
H. Paul 1916 Dt. Gramm. 1, 362. Lehnwort
iſt Turm ſchon darum, weil das im Hd. anl. t
in mnd. torn, turn (woraus anord. turn), anl.
turn, *torn, mnl. tor(e)n, nnl. toren wiederkehrt. Alte Entlehnung aus turrem zeigt agſ.
torr, das ein ahd. *zor: *zur erwarten ließe.
Aus frz. tour iſt agſ. tūr, engl. tower zu erklären. Als jüngere Entlehnung aus lat. turris
ſind ahd. turri, turra, mnl. tor(re) vorhanden.
Finn. torni iſt aus ſchwed. torn weiterentlehnt.
Aſlav. trěmŭ (aus *termo-) 'Turm', magy.
terem 'Saal' ſtammen aus gr. τέρεμνον
'Gebäude'.

turnen ſchw. Ztw. Fr. Ludw. Jahn erſetzt
1811 Gymnaſtik durch Turnen und bildet
zugleich Turnkunſt, -platz u. ä. Er meint,
damit einen urdeutſchen Ausdruck wieder zu
Ehren zu bringen und bezieht ſich auf ahd.
turnēn 'wenden' bei Notker, das doch aus lat.
tornāre 'runden' (hieraus über afrz. torner und
agſ. turnian auch engl. turn) entlehnt war;
dies aus gr. τορνεύειν 'drechſeln' zu τόρνος
'Dreheiſen'. Auch frühnhd. Turner 'junger
Soldat' war Jahn bekannt, das Moſcheroſch
1650 Geſ. 2, 416 aus Turnier 'ritterliches
Kampfſpiel' erſchloſſen hatte: A. Götze 1923 Zſ.
f. dt. Phil. 49, 288; R. Trögel 1928 Wiſſ. Beih.
z. Zſ. d. Sprachv. 6, 277.

Turnier N. Afrz. to(u)rnei 'Turnier' ergibt
um 1200 mhd. turnei. Die Form turnier,
im 13. Jh. noch nicht belegt, erſcheint in
ſpäteren Handſchriften der mhd. Klaſſiker unter
dem Einfluß des ſchw. Ztw. turnieren. Dies
nach gleichbed. afrz. torn(e)ier: Suolahti 1929
Frz. Einfl. 271 f.

Turnoſe M. 1266 hat Ludwig IX. in Tours den
grossus Turonensis (gros Tournois, ſ. Groſchen)
ſchlagen laſſen, der von vielen mrhein. und nrhein.
Herren nachgeahmt als Königsturnoſe im
14. und 15. Jh. umlief. 1452 beginnt Frankfurt a. M. mit Ausprägung echter Turnoſen
als Groſchenmünzen und fährt bis 1710 damit
fort. In Mecklenburg und Brandenburg gilt

Dornoſe ſeit Ende des 16. Jh. für eine Halb-
ſchillingmünze. Im 17. Jh. bringen frz.
Truppen deniers tournois nach Weſtdeutſchland. Der kupferne Turnes lebt in Heſſen
bis ins 19. Jh., ein Zweipfennigſtück, das dem
Trierer Doppelchen und dem nnl. dubbeltje
entſpricht: Edw. Schröder 1911 Frankf. Münz-
ztg. Nr. 110.

Turteltaube F. Columba turtur gilt den
Jdg. als Unglücksvogel und heißt got. hraiwa-
dūbō 'Leichentaube'. Die andern Germanen
entlehnen einzelſprachl. das lautmalende lat.
turtur, volkslat. turturella: agſ. turtur(e).
turtle, turtla, engl. turtle, anord. turturi
In ahd. turtulatūba bleibt der Dental unver-
ſchoben; es iſt erſt im Anſchluß an die Bibel
(Luk. 2, 24) entlehnt. Wie in Thunfiſch,
Tuffſtein u. v. a. tritt verdeutlichend der
Gattungsname hinzu, der doch in ahd. turtura,
elſ. ſchwäb. turtel auch fehlen kann. Die
Nebenform ahd. turtulatūba erklärt den Umlaut in mhd. türteltūbe; daraus diſſimiliert
iſt bair. Gürteltaube: Suolahti 1909 Vogelnamen 215.

Tuſch M. Wedekind (ſ. Krambambuli)
ſchließt 1747 in Danzig ſein Lied 'Der Krambam-
buliſt': „Tuſch! Vivat dein Krambambuli". Volkstümlich iſt das Wort nur an den Grenzen des
ſlav. Sprachgebiets. Aus Kärnten verzeichnet
Lexer 1862 Tuſch M. 'Schlag, Stoß, Lärm,
Trompeten- und Paukenſchall', Tuſchar M.
'einmaliges Tuſchen', aus der Steiermark
Unger-Khull 1903 Tuſcher 'Büchſenknall'.
Ins Nhd. iſt T. aus Öſterreich gelangt: Höfer
1815 Öſterr. Ma. 3, 247; Schöpf 1866 Tirol.
Jd. 777; Wick 59 f. Offenbar behält Schmeller
1, 628 recht, der in ſlav. tus 'signum laetitiae ad
sonitum musicum' den Ausgangspunkt vermutet.

Tuſche F. 'Zeichentinte'. Die volkslat.
Schallmalerei tŏccāre '(die Glocke) anſchlagen'
ergibt ital. toccare 'berühren' und im 12. Jh.
gleichbed. frz. toucher. Dies entwickelt die Bedeutung '(ſchwarze) Farbe auftragen' und liefert uns das ſchw. Ztw. tuſchen, zuerſt in
Augsburg 1618. Daraus rückgebildet das F.
Tuſche, zuerſt in Leipzig 1711. Daraus entlehnt gleichbed. dän. ſchwed. (ſeit 1737) tusch: D.
Nichtenhauſer 1920 Rückbildungen im Nhd. 20.

tuſchieren ſchw. Ztw. Zu frz. toucher
'berühren' (aus volkslat. tŏccāre, lautmalend
für das Anſchlagen der Glocke; dazu engl.
touch) gehört ein ſtud. touchieren 'beleidigen', ſo zuerſt Salinde 1718; Zſ. f. d.
Wortf. 1, 49 durch das ganze 18. Jh. verfolgt.
Daraus rückgebildet Tuſch M. 'Beleidigung'
nicht vor Adelung 1780: Kluge 1895 Stud.-
Spr. 130 f.; Nichtenhauſer 1920 Rückbild. 20.

Tüte F. ist seit dem 16. Jh. die gangbarste Bezeichnung des papiernen Behältnisses für trockne Waren. Formen und umgangssprachl. Bereich bei Kretschmer 1918 Wortgeogr. 542 f. über landschaftl. Synonyma wie Blase, Brief, Gestattel, Krämerhäuslein, Scharmützel, Skarnitze(l), Sack u. a. hat T. als Schriftwort gesiegt. Es geht von Norddeutschland aus und ist eines mit mnl. tûte, mnl. tuitzakje, mnd. tûte 'Hornförmiges', ostfäl. toute, das als urspr. lautmalendes Wort der Kindersprache eine Papierrolle zum Blasen bezeichnete. Es ging auf die Geldrolle über: nach Stieler sagte man in Erfurt 1691 „eine Deute Geldes". Wurde das Papier spitz zugedreht, so ergab sich die übliche Krämertüte. Auch deren frz. engl. Name cornet ist urspr. 'Blashorn'.

tuten schw. Ztw. mnd. tûten: lautmalende Bildung. S. Tüte und Journal of Engl. and Germ. Phil. 31, 422.

Tüttel M. 'Pünktchen' zuerst in einem Brief des Markgrafen Albrecht Achilles vom 3. Jan. 1474 Fontes rer. Austr. II 46, 252 „So geen wir auch eins tutels nicht wetjter, dann wie die schrift innen wird halten". Beflügelt durch Luther 1522 Matth. 5, 18 tittle für gr. κεραία 'Hörnchen an den hebr. Schriftzeichen'. Das Kraftwort ist eines mit mhd. tüttel (tütelin) N. 'Brustwarze', Verkl. zum gleichbed. mhd. tutte, ahd. tutta. S. Zitze.

twatsch Adj. 'albern', Nebenform zu quatsch (von quatschen), literar. durch nd. Schriftsteller wie Hermes, H. v. Kleist und Hebbel (Agnes Bernauerin 3, 6).

Twiete F. mnd. twite 'enges Gäßchen' Schiller-Lübben 4, 648; Brandstwiete in Hamburg, Markttwiete (1484 Brunstratentwiete) in Lübeck: Kretschmer 1918 Wortgeogr. 493; westfäl. twîte 'Gasse, Gang zwischen Gärten' Woeste 278; twēte 'schmaler Weg zwischen zwei Hecken' in Waldeck: Bauer-Collitz 106. Durch Schriftsteller wie Heine und Storm gelegentlich in nhd. Texte getragen, seit Comenius 1638 Sprachen-Thür § 617 gebucht. Es liegt nahe, an Verwandtschaft mit dem Zahlwort zwei zu denken, die doch unerhärtet ist.

Tyrann M. 'Gewaltherrscher', mhd. (14. Jh.) tyranne: über lat. tyrannus entlehnt aus gr. τύραννος, das von der Bed. 'Herr' ausgeht.

U

übel Adj. Mhd. übel, ahd. ubil, asächs. ubil, anfr. uvel, nl. euvel, afries. evel, ags. yfel, engl. evil, got. ubils führen auf germ. *ubila- aus vorgerm. *upelo-. Das Adj. hat seinen nächsten Verwandten in air. fel (aus idg. *upélo-: Stokes, Zf. f. vgl. Sprachf. 36, 274 f.) 'schlecht'. Dazu ahd. uppi (aus germ. *ubja- 'bösartig; Bösewicht') sowie die Sippe von üppig und vielleicht urnord. ûbaR, anord. ûfr 'tückisch', ȳfinn 'böse'. Grundbed. von *upélo-, *upo- dürfte 'überheblich' sein, so daß idg. *upó 'von unten hinauf' (aind. úpa 'hin zu', gr. ὑπό, lat. s-ub, gall. vo, ve, air. fo, got. uf Präp. 'unter') das Grundwort wäre. S. ob¹.

üben schw. Ztw., mhd. üeben, uoben, ahd. uoben aus *ōbjan 'ins Werk setzen, tätig sein', asächs. ōbian 'einen Festtag begehen', nl. oefenen, anord. œfa 'üben'. Nächstverwandt ahd. uoba F. 'Feier', uobo M. 'Landbebauer', lantuobo 'Landmann', uobâri 'Siedler'. Die in der Sippe enthaltene germ. Wz. *ōb 'ausüben' wird urspr. bes. vom Feldbau und von religiösen Handlungen auch schon der vorchristl. Zeit gebraucht. Der germ. Lautverschiebung gemäß stimmen dazu aind. ápas N. '(relig.) Werk', lat. opus N. 'Werk', operāri 'handeln; opfern' (idg. Wz. *ŏp): S. Karg-Gasterstädt 1939 Beitr. 63, 126—29.

über Präp. Adv., mhd. über. Ahd. uber, ubar ist Präp., woneben ubiri Adv. Entsprechend asächs. obar, ubar, anfr. over, ovir, afries. over, ūr, ags. ofer, engl. over, anord. yfir, got. ufar (mit a aus idg. e vor r in Mittelsilbe). Dem germ. Wort liegt gleichbed. idg. *uper(i) voraus. Urverwandt sind aind. upári, avest. upairi, apers. upariy, gr. ὑπερ, ὑπέρ, episch ὑπείρ, lat. super (aus *eksuper), gall. ver- (in vertragus 'schnellfüßiger Hund' und in Männernamen wie Vercingetorix), air. for- (aus *upor). Weiter gehören dazu die Präp. auf, ob, ober. S. übel und übrig.

überbein N. spätmhd. überbein, nl. overbeen, dän. overben. In dt. Mundarten von der Schweiz bis Westfalen, von Wien bis Mecklenburg. Zu Bein in dessen alter Bed. 'Knochen': das Leiden hat den Namen bekommen, als man es für einen Knochenauswuchs hielt, ihn aber behalten, nachdem man es als verhärtete Sehnengeschwulst erkannt hatte.

überbrettl N. 'buntes Theater', zu Brettl 'Bühne der Bänkelsänger' von Ernst v. Wolzogen 1900 gebildet (wobei Nietzsches Übermensch Patenstelle vertreten mochte). Ladendorf 1906 Schlagwb. 316.

Überdruß f. verdrießen.

Überfluß M. nur deutsch. Mhd. übervluz ist im 11. Jh. als Lehnübersetzung von lat. abundantia (oder mlat. superfluitas, superfluxus) gebildet, demgemäß kaum je in sinnlicher Bed., fast nur im Sing. Entspr. das Adj. überflüssig, mhd. übervlüzzec, nach lat. superfluus. Erst frühnhd. entwickelt sich die Bed. 'nutz-, zwecklos', nicht vor 1750 erscheint sie regelmäßig in den Wbb.

überhaupt Adv., zus.-gerückt aus Präp. über und Akk. Haupt, spätmhd. über houbet 'ohne die Stücke zu zählen' vom Viehhandel, in dem houbet zur Bezeichnung gezählter Tiere dient. Noch bei Schönsleder 1618 uber Haupt dingen 'im ganzen' (Gegensatz zu 'stückweise'), bei Stieler 1691 überhaubt kaufen, verkaufen 'in Bausch und Bogen', mundartl. „überhaupt arbeiten, schaffen" (nicht im Taglohn). Von da in die Bed. 'omnino' übergeführt, aus der überhaupt das ältere überall verdrängt hat. Noch Lavater 1773 Aussichten 3, 113 mißbilligt diesen jüngeren Gebrauch, der sich doch schon im 18. Jh. durchgesetzt hat.

überholen schw. Ztw. Engl. overhaul hat die Bed. 'durchaus nachprüfen' entwickelt und kann so z. B. vom Durcharbeiten einer Büchersammlung gebraucht werden: a complete overhauling of a stock (Report of the Carnegie United Kingdom Trust 16 (1929) 17), vor allem aber von Maschinen und Schiffen. Nach engl. Vorbild wird überholen 'nachsehen' vor 1870 in dt. Seemannssprache möglich: „die Blöcke und das Tauwerk überholen" Kluge 1911 Seemannsspr. 800. Dt. Wassersportleute sagen etwa auch „Das Haus, der Wagen muß mal ganz überholt werden". Von Technik und Sport her wird der Ausdruck allgemein: Zs. d. Sprachv. 37 (1922) 75. 38 (1923) 69.

Übermacht F. im geltenden Sinn vor Adelung in keinem Wb., scheint, nachdem mhd. übermaht 'große Menge' längst abgestorben war, im 18. Jh. rückgebildet zu sein aus dem Adj. übermächtig 'an Macht überlegen', das seit Ende des 15. Jh. begegnet.

Übermensch M. Während das Adj. übermenschlich 'supernaturalis' (frz. surhumain, nnl. bovenmenschelijk, dän. overmenneskelig) seit Geiler 1522 Postille 2, 14a geläufig ist, steht das daraus rückgebildete Mask. zuerst ironisch in einem Brief des Dominikaners Hermann Rab von 1527: „(Luthers Anhänger) wandeln allein im Geiste und sind Übermenschen und übermenschliche Engel." Ernsthaft gebraucht kommt das Subst. in theol. Kreisen des 17./18. Jh. hoch: Hnr. Müller 1714 Geistl. Erquickstunden 1, 649 „Im neuen Menschen bist du ein wahrer Mensch, ein Über-Mensch, ein Gottes- und Christen-Mensch". Von da kennt es Herder und verwendet es (Suphans Ausg. 2, 25. 3, 202. 5, 679. 17, 115 u. ö.) in der Bed. 'einer der mehr ist als ein bloßer Mensch'. Von Herder geht Ü. im gleichen Sinn auf Goethe (Urfaust V. 138; Zueignung Str. 8) über. Durch Nietzsches Zarathustra (Werke 6, 13) wird es 1883 neu geprägt im Sinn einer höheren, idealen Stufe des Menschen, zu der sich dieser emporbilden soll.

Übername M. Aus lat. supernōmināre 'mit Zunamen benennen' ist mlat. supernōmen N. rückgebildet. Lehnübersetzung davon ist mhd. übername 'Bei-, Nebenname' bei Berthold v. Regensburg († 1272).

überraschen schw. Ztw., urspr. 'rasch über jem. her sein'. In md. Fehden und Kriegen des 16. Jh. entwickelt, zuerst ostfränk. 1560 Quellen zur alten Gesch. d. Fürstent. Bayreuth 3, 41 denen hat der herzog ... mit 900 pferden nachgehangen, willens sie zu überraschen. Zur Vorsilbe vgl. das gleichbed. überrumpeln und frz. surprendre. Auch nl. verrassen kann 'durch überfall besiegen, einnehmen' bedeuten.

Überrest M. zuerst 1561 in einer brandenb. Hofordnung: A. Kern 1905 Dt. Hofordn. 1, 55. Wie das ältere Rest (s. d.) über die Sprache des Handels und der Rechnung, die beide eingebürgert hat, weit hinausgedrungen.

überrumpeln schw. Ztw. zu rumpeln 'lärmen, poltern', also 'mit Lärm überfallen' wie der älteste Beleg gut zeigt: Geiler 1512 Pilgerschaft 140 kümpt ein unsinniger hunt in ein hus, so überrumpelt er alles, das do stübt vnd flühet. Ins Nhd. gelangt das Wort durch Luther (Weim. Ausg. 8, 686. 17, 1, 446 u. ö.), der doch der Bibelübersetzung (über)rumpeln fern hält.

überschätzen schw. Ztw. Mhd. überschetzen 'über Vermögen besteuern', das in Straßburg 1400 auftritt (Chron. dt. Städte 8, 388. 419), geht im 16. Jh. wieder verloren. In der geltenden Bed. 'zu hoch einschätzen' steht zuerst bei Frisius Dict. 136a (Zürich 1541) sein kunst überschetzen; entspr. Steinbach (Breslau 1734), Herder und Goethe. Frisch (Berlin 1741) bezeichnet das Wort als ungebräuchlich, Adelung kennt es nicht, und erst Campe 1810 bucht es wieder: Kuhberg 1933 Verschollenes Sprachgut 62.

überschnappen schw. Ztw. Seit Stieler 1691 vom falsch gebauten oder behandelten Türschloß. Von da stammt das schonende Bild bei Zinzendorf 1757 Lond. Pred. 2, 47 „wir dürfen mit unsern Gedanken nicht extravagieren und überschnappen". Dann lieblos und geradezu

„verrücktwerden": Goethe 1775 Urfaust S. 81 Er. Schmidt: „nun bist du wieder am Ende deines Wißes, an dem Fleckgen wo euch Herrn das Köpfgen überschnappt". So in Mundart und Halbmundart von Köln bis Königsberg, von Luxemburg bis zur Steiermark.

überwinden st. Ztw., mhd. überwinden, ahd. ubarwintan 'übertreffen, überwältigen, besiegen'; daneben in derselben Bed. mhd. überwinnen, ahd. ubarwinnan. Ahd. wintan ist 'drehen'. Die Bed. 'kämpfen', die wir für das unserer Zus.-Setzung vorausliegende Simplex fordern müssen, findet sich bei ahd. winnan, agf. (ofer)winnan, anord. vinna. Hier liegt der Ursprung unseres überwinden: das t von ahd. ubarwintan kommt urspr. nur dem Präs. zu, wie das von ahd. swintan 'schwinden'. Vgl. stehen.

überzeugen schw. Ztw., zu Zeuge M. Mhd. überziugen 'mit Zeugen überführen' ist als Rechtswort seit dem 13. Jh. gangbar; die Bed. geben noch die Wbb. des 15./16. Jh. stets mit 'testibus evincere, coarguere'. Der daraus entwickelte, heute geltende Sinn 'mit Gründen zu einer Ansicht bekehren' bereitet sich bei den Theologen des 16. Jh. vor, wird aber erst im 18. Jh. recht deutlich.

überzieher M. zuerst bei Krünitz, Ocon.techn. Encycl. 193, 153 als Schußbekleidung gegen die Witterung, die über alle übrige Männerkleidung gezogen wird; über 'Wettermantel' zum heutigen gemeinhd. Sinn abgeschwächt. Zur landschaftl. Abgrenzung (s. Paletot) ist zu beachten, daß das Hd. Nomina agentis urspr. nur als Bezeichnung von Männern, nicht von Sachen kennt: s. Schanzläufer, Schmöker, Wälzer.

übrig Adj. mhd. überec (g), mnd. mnl. afries. overich, nnl. overig. Aus dem Nd. entlehnt dän. øvrig, schwed. öfrig. Abgeleitet von über; demgemäß ist von einer Grundbed. 'überschüssig' auszugehen, die sich in der Wendung „ein übriges tun" erhalten hat. Von da aus ist die gangbare Bed. entwickelt 'von einer größeren Anzahl als Rest geblieben'.

Ufer N. Mhd. (spät und selten) uover, mb. uover, über, mnd. afries. över (daneben asächs. *ōbir, mnd. över, götting. oiwer, westfäl. aiwer, mnl. nnl. oever), agf. ōfer M. 'Ufer, Rand, Küste' (engl. noch in Ortsnamen wie Windsor, agf. Windles ōfer 'Ufer des Windel', mit i-Umlaut Hēah-œfre) führen auf germ. *ōfer aus *ō-fer mit ē², das (wie die jüngeren Kiefer, Messer, Naber, Wimper) eine verdunkelte Zus.-Setzung sein könnte, gebildet aus dem westgerm. Nominalpräfix ō (z. B. in agf. ōheald, ahd. uohald 'abschüssig'; vgl. Ohnmacht, Ohmd und F. Kluge 1913 Ur-

germanisch S. 238) und germ. *fēr- in ahd. fiara, got. fēra F. 'Seite', urspr. 'Neigung (des Bodens)'? Älteste Bed. von *ō-fēr scheint 'Abhang' zu sein; von da sind germ. Sprachen mehrfach über 'Steilufer' zu 'Ufer' gelangt. Urverwandtschaft kommt einzig für gr. (lesb.) ἄπερρος, (dor.) ἄπειρος, (ion.) ἤπειρος 'Festland' in Betracht, und auch dies nur, falls von einer Grundform *ā-pēiros mit Langvokal ausgegangen werden darf: N. Törnqvist 1941 Studia neophil. 13, 253 ff. Während Ufer in nd. Mundarten geläufig ist (DWb. 11, 2, 716), fehlt es den obd. Mundarten wie allen älteren obd. Denkmälern. Aber auch die ältesten md. Quellen, der ahd. Tatian wie Otfrid, kennen nur das gemeingerm. stad (s. Staden). Zuerst erscheint mfränk. ůer 'litus' Ahd. Glossen 3, 369, 11, mhd. uover seit 1204 bei Wolfram (Parz. 311, 5. 603, 10), danach bei Ostmd. wie Frauenlob, M. Beheim und Nik. v. Jeroschin. Zu ihnen tritt entscheidend Luther, der seit 1522 Ufer 35mal in die Bibel aufnimmt. Seinen obd. Zeitgenossen muß das Wort mit Gestade erläutert werden, Sachs und Fischart bürgern Ufer im Nhd. ein: Kluge 1918 Von Luther bis Lessing 103. 112. 116; v. Bahder 1925 Wortwahl 37 f. 43.

Uhr F. Lat. hōra 'Stunde' (aus gr. ὥρα 'Zeit, Stunde') ergibt spätlat. ital. ora, afrz. (h)ore. Als frühe Entlehnung aus dem Frz. erscheinen engl. hour, mnl. üre, mnd. ūr(e). Im 14. Jh. wandert das Fremdwort rheinauf, in den Frankfurter Amtsurkunden 179 erscheint 1348 „(der) der orglocken wartit", 1405 „als die orglucke unrecht sluge". Die Zus.-Setzung zeigt zugleich, wie der alte Sinn 'Stunde' zum geltenden 'Stundenmesser' (wofür früher Seiger, s. d.) gewandelt wurde. Die alte Bed. bleibt in Wendungen wie „es schlägt drei Uhr", „Schlag sechs Uhr", „wie viel Uhr ist es?" (hierfür landschaftl. weithin Glocke); erst von der neuen aus konnten Zus.-Setzungen gebildet werden wie Sand-, Sonnen-, Taschenuhr. Die Form schwankt bis ins 16. Jh. zwischen (h)ore und ure, Luther bevorzugt hor(a), gegen Ende des 16. Jh. setzt sich ur(e) durch, das vom Mnd. ausgehend auch dän. schwed. ur ergibt. In westmd. Ma. ist das Wort so früh gelangt, daß es dort noch von der Diphthongierung ergriffen wurde: heff. auer, Alberus 1540 Dict. dd 1ª aur F.

Uhu M. In den Namen der größten Eulenart ist ihr nächtl. Schrei 'buh, puhu, uhu' zu erkennen: lat. būbo, gr. βύας, armen. bu, russ. pugač, finn. huuhkaja. Lautnachahmend ist auch germ. *ūf-, auf das altbair. ūvo, agf. ūf, anord. ūfr zurückweisen und worauf bair.

österr. auf beruht. Schweiz. hüw(e), hü(e) gehen auf das unter Eule erschlossene germ. *uwwōn zurück. Mit anderen Lautnachahmungen treten schwäb. thür. Schuhu, siebenb. Buhu, frühnhd. Huhu (Alberus 1550 Fab. 34, 185) und seit dem 16. Jh. ostmd. Uhu auf, das seit Luther 1523 (5. Mos. 14, 16) Schriftwort wird.

Ukelei M. Der karpfenartige Fisch Cyprinus alburnus heißt bei E. Alberus 1534 Fabeln 19, 152 Vcle. Nach V. Dollmayr 1936 DWb. 11, 2, 715f. ist der Name auf Nordostdeutschland beschränkt. Er stammt aus einer der ausgestorbenen westslav. Mundarten. Ihm entspricht kaschub. poln. russ. ukleja. Die Fülle der dt. Synonyma bei Wick 60.

Ulan M. 'Lanzenreiter'. In türk. oghlan 'junger Mann' (zum Stamm *ogh 'Kind') verstummt das gh. Das Wort wird auf leichte Reiter angewendet und entlehnt zu poln. ułan 'Kavallerist in tatarischer Kleidung'. Zur Zeit, als August der Starke († 1733) König v. Polen war, wurde die Truppe ins sächs., von Friedrich d. Gr. ins preuß. Heer eingeführt. Er schreibt 1742 hulahnen; unsere Form seit König 1745 Ged. 201. Im Namen ihres Waffenrocks Ulanka ist das türk. Wort mit poln. Endung versehen: Littmann 1924 Morgenl. Wörter 109; Wick 61; Forschungsarbeiten der Mitgl. des ungar. Inst. in Berlin (1927) 96.

ulen s. Eule.

Ult M. mnd. ulk; nhd. nicht vor A. Helvigius 1620 Origines dictionum germ. 288 „ulcf vulgus nostrum usurpat pro afflictione et calamitate", dann erst wieder bei Richey 1755 Id. Hamb. 325 „Ulck: Unglück, aus welchem Worte es scheinet zusammen gezogen zu seyn", und im Versuch e. brem.-niedersächs. Wb. 5 (1771) 147f., der Richeys unmögliche Deutung wiederholt, wie H. Schröder noch 1923 Beitr. 47, 165. In der nordwestdt. Küstenlandschaft, der es entstammt, bedeutet Ulk 'Spektakel, Radau, Händel': Schiller-Lübben, Mnd. Wb. 5, 1. Im Ausgang steht nach A. Lindqvist 1942 Studia neophil. 15, 173ff. nd. üle 'Eule' mit Verkl. ülke(n) und Ztw. ulken 'sich auffallend herausputzen' zu Einschüchterung und Mummenschanz. Bei Studenten ist dieses ulken zum lärmenden Spaß geworden, während sonst die Eule der unheimliche, Unglück bringende Vogel war. Aus dem Ztw. ist Ulk M. rückgebildet (wie Flirt, Pfiff, Scherz aus flirten, pfeifen, scherzen). Literarisch begegnet das Ztw. seit Hackländer 1850 Handel und Wandel 1, 106, das M. seit Gutzkow 1858 Zaub. v. Rom 4, 231.

Ulme F. Der Baum heißt mhd. ëlm(boum), ilm(e), ahd. ëlm(o), ëlmboum, ilme, ilmboum

Zs. f. dt. Wortf. 2, 211; entspr. mnd. agf. engl. dän. elm, anord. almr, norw. schwed. alm und außerhalb des Germ. thmr. llwyf, air. lem. Die Schwundstufe dieses Stammes, der in mundartl. ilm(e) und in Namen wie Elm (ahd. ëlmaha), Ilmendorf fortlebt, liegt im gleichbed. lat. ulmus vor. Von da entlehnt tritt ulmboum (wie agf. ulmtrëow) seit dem 12. Jh. (Ahd. Glossen 3, 263. 291), ulme seit Petr. de Crescentiis (1495) 97b auf. Aber schon seit 800 erscheinen im einst röm. Germanien von der Nordsee bis Südbaden Ortsnamen, die auf lat. ulmus oder seinen Ableitungen (Ulmet in der Pfalz und Olzheim bei Prüm auf ulmetum 'Ulmenwald') beruhen. Das in dat roman. Sippe von ulmus (ital. olmo, afrz. olme) entwickelte o erscheint in mnl. olme, nnl. mnd. olm sowie bei Fischart 1575 Garg. 41 „Olmenoder Rüstbaumrinden". S. Krause, Die nd. Namen der Ulme: Nd. Korr.-Blatt 12, 67. 13, 59. Vgl. Rüster.

Ulster M. 'langer, bequemer Mantel aus gerauhtem Stoff, häufig mit Gürtel'. Bei uns seit 1899. Nach gleichbed. engl. Ulster (overcoat), von einem Belfaster Kleidergeschäft 1867 in den Handel gebracht und mit dem alten Namen Nordirlands versehen: Stiven 92; W. Fischer 1943 Dt. Wortgesch. 2, 374.

ultramontan Adj. Ital. ultramontano 'jenseits der Berge (der Alpen) liegend' (aus lat. ultra 'jenseits' und montes 'Alpenberge') wird zu Beginn des 18. Jh. entlehnt und seit Speranber (1727) 788b gebucht. Als kirchenpolit. Begriff steht ultramontanisch bei Nicolai 1785 Reise 5, 123. Die Entwicklung zum Schlag- und Scheltwort bei Ladendorf 1906 Schlagwb. 319; Zs. f. dt. Wortf. 3, 335. 8, 23. 98.

um Adv. Präp. mhd. umbe, ümbe, ahd. asächs. umbi, agf. ymbe, anord. um(b). Außergerm. sind nächstverwandt (idg. *mbhi) gall. ambi-, air. imm(e), aind. abhí 'um, zu beiden Seiten von'. Daneben mit Ablaut (idg. *ambhi) lat. ambi-, gr. ἀμφί.

umgehend Adv. 'sofort', zu Beginn des 19. Jh. gewonnen aus der Formel mit umgehender Post, worin umgehen für 'umwenden, zurückfahren' steht. S. postwendend.

Umjat M. das mehrsitzige, offene Weiberboot der Eskimos, im Gegensatz zum Kajak, s. d. und Sanders 1871 Fremdwb. 1, 588b.

Umlaut M. Die seit Gueintz und Schottel 1641 beobachtete Erscheinung heißt bei diesem Sprachl. 22 Kleinlaut, weiterhin meist Diphthong u. ä. Umlaut zuerst bei Klopstock, Werke 12, 213. 371, gebucht seit Campe 1811, zum strengen Fachwort erhoben von J. Grimm 1819 Gramm. 1, 9: Zs. f. dt. Wortf. 15, 27f.

umſatteln ſchw. Ztw., zuerſt bei Kramer 1678 als 'ausreißen', kennt Stieler (1691) Sp. 2045 f. als 'deficere, studium vel religionem mutare, antiquos mores exuere', Sp. 2338 gleichwertig mit 'Von der Gotteslehre zur Arzeney ümtreten'. Hier wird deutlich einem Verlaſſen des Chriſtentums gleichgeſetzt, wenn ein Student die Theologie aufgibt. Vom Religionswechſel 1694 Schaupl. barb. Sclaverey 142 und Beſſer, Ged. 71. Als zunächſt Erfurter Stud.-Wort ſeit 1718: Zſ. f. d. Wortf. 1, 50. 12, 292; Mitt. d. Geſ. f. ſchleſ. Volksk. 19, 244.

Umſicht F. Mhd. umbesihtec Adj., Lehnüberſetzung des lat. circumspectus, ergibt nhd. umſichtig. Daraus rückgebildet iſt Umſicht F., das nicht vor Campe 1811 greifbar wird.

umſonſt Adv. mhd. umbe sus 'um ein So' wird von einer Gebärde begleitet, die ein Nichts andeutet, ſo daß die Bed. 'um ein Nichts' entſteht, die ſich wandelt zu 'ohne Entgelt, Wirkung, Erfolg': Behaghel 1924 Syntax 2, 54; Kallós 1931 Beitr. 55, 76 ff. S. ſonſt, vergebens.

Umſtand M. Mhd. umbestant iſt, wie gr. περίστασις, lat. circumstantia 'das Herumſtehen, die Geſamtheit der Umſtehenden'. So über die frühnhd. Zeit hinaus und bis heute in obd. Gerichtsumſtand 'Zuſchauer bei Gericht', wozu Umſtänder. Von einem vereinfachten Verfahren kann es heißen (wie im Frz. ne faites pas de circonstances) „es werden keine Umſtände gemacht". Wie ſpätlat. circumstantia, frz. circonstances entwickelt ſich U. zum 'beſonderen Verhältnis, wovon etwas umgeben iſt, worin ſich jem. befindet'; dabei entſprechen die erſchwerenden und mildernden Umſtände den circonstances aggravantes, atténuantes.

Umwelt F. zuerſt bei dem Dänen Baggeſen 1800 Werke 2, 102 nach dän. omverden, das als frei geſchaffnes Erſatzwort dem frz. milieu entſpricht. Campe bezeichnet Umwelt 1811 irrig aber ſicher in gutem Glauben als ſeine Erfindung; Goethe wendet es ſeit 1816 an: Weim. Ausg. I 30, 1, 27. Zſ. f. d. Wortf. 7, 58. 150 f.; Kluge 1912 Wortf. und Wortgeſch. 125.

Umwertung F. Nietzſche hatte 1886 „Umwertung aller Werte" zum Titel ſeines Hauptwerks beſtimmt, an deſſen Vollendung ihn der Schlaganfall 1889 hinderte. Der 1. Teil erſchien 1895 und führte ſogleich das Schlagwort herauf.

umzingeln ſ. Zingel.

un- Wortvereinigung von gemeingerm. und idg. Alter: mhd. ahd. aſächſ. anfr. afrieſ. agſ. englf. got. un-, anord. ū-, ō-. Außerhalb des Germ.

entſprechen air. in-, an-, ē-, kymr. korn. bret. an-, lat. en-, in-, oſk. umbr. an-, gr. ἀ(ν)-, armen. an-, aind. aveſt. aperſ. a(n)-. Dem got. unkunþs, anord. ūkūðr, agſ. uncúþ 'unbekannt' entſprechen gleichbed. air. ingnad, lat. ignōtus, gr. ἄγνωτος, armen. ancanaut', aind. ájñātus. In Ablaut mit der untrennbaren Vorſilbe idg. *n̥- ſteht die idg. Verneinung *ne, ſ. nein.

unbändig Adj. Mhd. bendec, mnd. bendich wird in älterer Weidmannsſprache zum Lob des Hundes, der ſich gut am bant 'Leitſeil' führen läßt, ſ. bändigen. Der Gegenſatz mhd. unbendec (mnl. onbandich, nnl. onbandig; aus dem Dt. entlehnt dän. ubændig, ſchwed. obändig) bedeutet 'durch kein Band gehalten' und wird zunächſt von Hunden an der Koppel gebraucht. Erſt nachdem es auf Menſchen, beſ. Kinder übertragen war, iſt in md. nd. Ma. das Mask. Unband daraus gefolgert, das in der Bed. 'Wildfang' ſeit F. Schlegel 1813 Dt. Museum 2, 98 literariſch wird.

unbequem Adj. Adv., ahd. umbequāmo 'moleste', mhd. unbequæme, mnd. unbequême, mnl. onbequāme, nnl. onbekwaam, dän. ubeqvem, ſchwed. obeqväm: Gegenteil von bequem, ſ. d. Namentlich im Ml. reich entfaltet, auch bei uns einſt ſehr vielſeitig, iſt unbequem (wie unbehaglich) eingeengt auf den Begriff des lat. inconveniens.

Unbeſtand M. (nnl. onbestand und ſchwed. obestånd gelten als Entlehnungen aus dem Dt.) beginnt in frühnhd. Rechts- und Geſchäftsſprache das alte Wandel zu erſetzen. Haltaus 1925 bringt mit unglimpff und unbestandt aus einer Quelle von 1528 bei. Man kann darin die Verneinung von mhd. bestant M. ſehen oder Rückbildung aus dem im 15. Jh. auftretenden Adj. unbeſtändig. Aber auch Reſte eines Adj. unbeſtand 'sine fundamento' ſind erhalten: Lohenſtein 1690 Arm. 2, 1423b.

Unbill F., Mz. Unbilden, mhd. mnd. unbil(e)de N. 'Unrecht', unter dem Einfluß des N. Bild aus älterem F.: Abſtr. auf ahd. -ida zum mhd. Adj. unbil 'ungemäß'; dies zu dem auch für Bild und billig vorausgeſetzten germ. Stamm *bil-. Subſtantiviert ergibt dasſelbe Adj. ein zunächſt ſchweiz. Unbill, das ſeit J. Fiſchart 1573 Flöhaz 992. 1202 im Mhd. erſcheint, aber ſich erſt in A. v. Hallers und Goethes Tagen durchſetzt. Seiner Bildung nach iſt Unbill N., der Wandel zum F. (H. Paul 1917 Dt. Gramm. 2, 115 f.) vollzieht ſich unter dem Einfluß des alten Geſchlechts von Unbilde.

unbotmäßig ſ. botmäßig.

und Konjunkt. Mhd. und(e), ahd. unta, unti, inti, älter enti, anti, aſächſ. endi, ande, anfr.

in(de), mnl. end(e), enn, nnl. en, afrief. and(a), ande, end(a), agf. end, and, engl. and 'und', anord. en(n) 'und, aber'. Außerhalb des Germ. vergleicht man aind. áthā́ 'darauf, dann', das sich mit den germ. u-Formen auf idg. *n̥thā́ vereinigen läßt. Andere Anknüpfungen sind noch ungewisser: E. H. Sehrt 1916 Hesperia Nr. 8.

unentwegt Adj. Das Ztw. mhd. entwëgen 'auseinander bewegen' hat sich in schweiz. entwegen 'vom Fleck rücken' erhalten. Dazu das Part. entwegt 'unruhig'. Dessen Verneinung unentwegt 'unerschütterlich' wird um 1840 schweiz. Zeitungswort, durch Gotthelf 1854 Schuldenbauer 384 und G. Keller 1878 Zür. Nov. 314. 319 ff. im Reich bekannt und bald zum Spott gegen spießbürgerl. Politiker gewendet. Gebucht seit Sanders 1876 Wb. 2, 2, 1515 b: Zf. f. dt. Unt. 15, 266. 701; 17, 236.

unerachtet, -geachtet Konjunkt. entstammt dem gleichlautenden Part.: Behaghel, Synt. 2, 51. 429. 3, 320 f. In Verbindung mit dem oder dessen, die urspr. Träger der Parataxe sind, bezeichnet es, daß eine Handlung ohne Beachtung des Vorhergehenden, später im Widerspruch dazu geschieht. So ist seit Lessing die Bed. 'trotzdem' erreicht.

Unfall M. frühnhd. unval verkürzt aus mhd. ungeval (mnd. ungeval, -gevel, nl. ongeval), wie schon ahd. val neben gival stand. Das alte ungeval, Gegenteil von nd. nrhein. nl. geval '(zufälliges) Glück' hält sich daneben schriftdeutsch bis ins 17. Jh., die Form Ungefälle bis ins 18. Jh.

Unflat M. mhd. (seit dem 12. Jh.) unvlāt M. F. N. 'Unsauberkeit'; mnd. unvlāt, -vlēde ist wesentlich jünger; an Stelle des seltenen nnl. onvlaat tritt durch Volksetymologie onverlaat. **Unflätig** Adj. aus mhd. unvlætec 'unsauber', woneben vlætec 'sauber' zu vlāt 'Sauberkeit'. Ahd. flāt 'Schönheit' (agf. flǣd) häufig in Frauennamen des 6. bis 9. Jh. Das Fem. ist ti-Abstr. zu einem älteren Verbalstamm, zu dem sich die schwachen Ztw. ahd. flāwen, mhd. vlæ(je)n 'säubern' stellen. Es ist gebildet wie Naht, Saat, Tat; Flucht, Zucht.

ungefähr Adv. Mhd. āne gevǣre 'ohne böse Absicht' (f. Gefahr), frühnhd. ongefer(e), entlehnt zu nnl. ongeveer, wird im 15. Jh. umgebildet zu ungevēr: auf dem Grenzgebiet zwischen Präp. ohne und Vorsilbe unherrschte damals eine durch die lautliche Entwicklung begünstigte Unsicherheit. In der neuen Gestalt ist schwed. ungefär (so seit 1634) übernommen. Auf Angaben, für deren volle Genauigkeit man nicht einstehen kann, wird das Adv. seit etwa 1450 angewendet: die mangelnde

Genauigkeit soll nicht als böse Absicht gelten. — Adj. und N. werden im 16. Jh. aus dem Adv. entwickelt.

Ungemach f. Gemach.

ungeheuer Adj. mhd. ungehiure, ahd. ungihiuri, mnd. ungehüre, mnl. ongehiere, ongehuur, nnl. onguur 'unheimlich, schrecklich', Gegenteil des im Nhd. stark zurückgedrängten geheuer, f. d. Substantiviert Ungeheuer N., mhd. ungehiure N. M. F., ahd. ungihiuri, mnd. ungehür(e), mnl. ongehier(e), -gehuer. Die Alleinherrschaft des Neutr. setzt sich erst im 18. Jh. durch, begünstigt durch Vorbilder wie lat. monstrum, prodigium, die auch die Bed.-Geschichte mitbestimmt haben.

ungenannt Part. Adj. Adv. Aus dem eigentl. Gebrauch 'nicht genannt', der alt, verbreitet und stets neu möglich ist, lösen sich einige feste Übertragungen. Gottes, des Teufels, der Elfen Namen nennt man nicht, darum sind sie schon mhd. die ungenanten. Frühnhd. gewinnt ungenant sünd für 'widernatürl. Laster' Verbreitung, seit dem 14. Jh. erscheint der Ungenannte als Krankheitsbezeichnung, namentl. für den Wurm oder Umlauf am Finger (Zf. f. dt. Wortf. 10, 134; H. Fischer 3, 354. 6, 166 f.), doch auch für Brand, Rotlauf, Podagra: Schnüffis 1695 Maultrommel 101.

ungeschlacht f. geschlacht.

ungestüm Adj. ahd. ungistuomi, mhd. ungestüeme, mnd. ungestüme, nnl. ongestuim 'stürmisch'. Das nicht verneinte Adj. begegnet in der Bedeutung 'ruhig, sanft' ahd. mhd., wenn auch selten. Zugrunde liegt eine m-Ableitung zur idg. Wurzel *st(h)ā- 'stehen'.

Ungetüm N. bezeugt nicht vor Alberus 1540 Dict. BB 3a und seinen md. Zeitgenossen wie Waldis im Westen, Mathesius im Osten. Genau entsprechend anord. ōdœmi 'beispiellose Begebenheit'. Germ. *un-ga-dōmia- 'was nicht seine rechte Stelle hat': H. Kuhn 1929 Das Füllwort of-um im Altwestnord. 28. S. auch -tum.

Ungeziefer N. spätmhd. ungezibere, unziver 'unreines, nicht zum Opfer geeignetes Tier'. Zugrunde liegt ahd. zëbar, agf. tifer 'Opfertier', zu denen sich got. *tibr gesellt, falls diese Vermutung J. Grimms und Ettmüllers für überliefertes aibr 'Opfertier' das Rechte trifft. Daß damit wesentl. 'Großvieh' gemeint ist und daß das germ. Wort weites Gebiet einnahm, vermutet man aus dem entlehnten afrz. atoivre 'Getier'. Weitere Beziehungen sind unsicher; vielleicht gehört hierher anord. tafn 'Opfer'.

ungezogen Part. Adj. Adv. ahd. ungazogan, mhd. ungezogen(lich), mnd. un(ge)togen, agf. ungetogen, aschwed. otughin. Neuerer Umgangssprache ist das norddt. übliche Wort in

Österreich fremd. Hier gelten brav und schlimm, in Böhmen artig und bös, unartig, in Hessen hübsch oder (im Süden) geschickt statt 'artig': Kretschmer 1918 Wortgeogr. 545.

Unhold M. mhd. unholde M. F., ahd. unholdo M., unholda F., asächs. unhold, ags. unholda, got. unhulþa M., unhulþō F.: der germ. Teufel- und Hexenname ist das subst. Adj. unhold, mhd. unholt, ahd. asächs. ags. unhold 'nicht geneigt, feindlich'. Der ursprüngliche religiöse Gehalt von hold (s. b.) tritt dabei zu Tage.

Uniform F. Lat. uniformis 'einförmig' ergibt im 14. Jh. das frz. Adj. uniforme, das in Bedeutungen wie 'gleichmäßig' um 1720 von Westen her bei uns eindringt. Das gleichlautende frz. F. war als Heereswort schon im 17. Jh. zu uns gelangt, als sich mit dem Aufkommen stehender Heere deren gleichförmige Bekleidung durchsetzte.

Universität F. Lat. universitas 'Gesamtheit' bezeichnete innerhalb des mittelalterl. Studium generale (dies der alte Name unserer Hochschulen) die Körperschaft der Lehrenden und Lernenden. Ruprecht II. von der Pfalz gründet 1393 Heidelberg als „unsere gefrite und privilegirte universiteten und schulen".

Unke F. Zugrunde liegen germ. *unkvi, ahd. mhd. mnl. unc M. 'Schlange', urverwandt mit gleichbed. lat. anguis; germ. *ūkōn, ahd. ūcha, mhd. ūche, nl. uike F. 'Kröte'; germ. *ūkiōn, ags. ýce, mnd. ūtze, nhd. eutze F. 'Kröte', diese beiden urverw. mit lat. ūvidus 'feucht'. Im Nhd. steht unk M. zunächst für 'Hausschlange, Ringelnatter' und in naheliegendem Bild für den Stubenhocker, der nie vor die Tür geht. Die vor der Kultur flüchtende Schlange wird im 17. Jh. selten, die Vorstellung 'Kröte' dringt vor, für die sonst ūche usw. vorhanden waren. Unke wird Fem. (wie Kröte, Otter, Schlange), zugleich hindert die eingerissene Unsicherheit den literar. Gebrauch des Worts bis Ende des 18. Jh. Noch Bürgers Vers „So sollst du tief ins Burgverließ, Wo Molch und Unke nistet" meint 'Schlange'. Dem durch seine 'Lenore' berühmten Unkenruf liegt nicht Beobachtung, sondern Aberglaube zugrunde; der Unkenruf klingt nicht unangenehm: Euling 1920 DWb. 11, 3, 1080 ff.

Unkosten Plur. Im 14. Jh. treten mnl. oncost, mnd. unkost (von da entlehnt älter dän. omkost, dän. omkostning, schwed. omkostnad) auf. Hd. unkost, unkoste(n) bietet zuerst eine Mainzer Chronik des 15. Jh. Von Norden und Westen erobert das Handelswort das innere Deutschland unter Verdrängung von Ungeld, das aus der Beb. 'Abgabe' die von Unkosten' entwickelt hatte: Schirmer 1911

Wb. b. dt. Kaufm.-Spr. 198. Einige Wörter, deren Beb. keinen Gegensatz zuläßt, erhalten durch Zus.-Setzung mit un- den Sinn des Schlimmen (Unart, -kraut, -tat). So sind Unkosten urspr. 'schlimme, außergewöhnl. Kosten', wie Unwetter 'schlimmes Wetter'. Indem Wetter und Kosten selbst starken Gefühlswert entwickeln, bleibt kaum ein wesentl. Unterschied, eher empfindet man heute un- als Verstärkung (wie in Unmenge, -zahl).

unlängst Abv. mhd. mnd. unlanges, mnl. onlanges, nnl. onlangs 'kurze Zeit'. Formen wie unlangs, -längs, -lengs begegnen bis nach Mitte des 17. Jh., doch schon vor Ende des 16. tritt unlängst als Gegensatz von längst auf. -t ist angetreten wie in Axt, Obst usw.

unmuster(n) s. muster.

Unnatur F., das bei uns erst mit der Wirkung von Rousseaus Lehre aufkommt und nicht vor Campe 1811 gebucht wird, ist Rückbildung aus dem weit älteren unnatürlich (spätmhd. unnatürlich).

Ünne F. 'Zwiebel'. Lat. ūnio M., auf dessen volkslat. Form ūniōne (mit lautgesetzl. Kürzung im Vorton) frz. oignon beruht, hat in Gallien fortgelebt und über *unja sowohl ags. ynne wie im Westsaum des dt. Sprachgebiets von Limburg bis Trier önn, enn ergeben. Am Niederrhein tritt gleichbed. Lauch als look rein heraus, im Raum von Köln kreuzen sich beide zu öllich: Th. Frings 1932 Germania Romana 93. 103 f.

unpäßlich Adj. Zu passen 'angemessen, gelegen sein' (s. b.) stellt sich nhd. (wohl) zu passe sein, nd. to passe sīn. Dazu unpäßlich wie nl. onpasselijk, dän. upasselig, schwed. opaslig. Noch im 18. Jh. steht unbaß daneben.

Unrat M. ahd. mhd. unrāt 'Hilflosigkeit, Mangel, Not, unnützes Zeug', agf. unræd: Gegensatz zu Rat in seinen verschiedenen Beb.

Unruhe F. ahd. unrāwa, mhd. unrāwe, -ruo(we), mnd. unro(u)we, mnl. onroeuwe, anord. ūrō. Zu den alten und stets wieder möglichen Beb. 'Mangel, Gegenteil der Ruhe' tritt die Übertragung auf Körperliches, namentl. Dinge, die sich stets bewegen, an Bratenwender, Barometer, Steigrad. Vom Regler der Uhr steht U. seit dem 16. Jh. von der Nordsee bis zur Schweiz.

uns Pron. ahd. mhd. uns; in derselben Gestalt gemeingerm. zur Ergänzung der Reihe von wir (s. b.): nl. ons, asächs. agf. ūs (engl. us), anord. oss, got. uns. Zus.-Hang dieses uns (aus *n̥s) mit lat. nōs (noster), gr. ἡμεῖς (für *ασ-μεῖς), aind. nas 'uns' steht fest. Dazu das Poss.-Pron. unser, mhd. unser,

ahd. unsēr. Über den Ausfall von n vor s
unter Ersatzdehnung (ūs, ūser): Frings 1932
Germania Romana 9; über die verkürzten
Formen im Fränk. (ahd. unsaz usw., mhd.
unses, unsem, unse): Braune 1911 Ahd. Gramm.
§ 286.

Unschlitt N. M. 'tierisches Eingeweidefett
zu gewerbl. Verwendung', ein Fachwort der
deutschen Viehwirtschaft, in den Glossen seit
dem 9. Jh., nachdem der Kienspan durch die
Kerze verdrängt war. Von vornherein stehen
nebeneinander ahd. ingislahti 'inneres Schlachtwerk' und *ungislahti 'zum Essen nicht ver-
wendbares Schlachtwerk' im Gegensatz zum
guten Geschläch. Beide fließen früh ineinander, werden auf die Bezeichnung des Einge-
weidefetts eingeengt und durch den starken
Ton auf der Vorsilbe verstümmelt, bis in
Inselt und Unschlitt die Stammsilbe zur
Bedeutungslosigkeit einer Endung gedrückt erscheint. Die seit alters entwickelte Formenfülle
stellt K. Euling 1923 DWb. 11, 3, 1330 ff. dar.
Gleichbed. Wörter wie Filz, Flomen, Gram-
meln, Griebe, Liesen, Micker, Spint bedrängen U. in den Mundarten, schriftsprachl.
engt Schmalz sein Gebiet ein, ebenso das vom
Nd. eingedrungene Talg (s. d.), das nun neben
dem hd. Wort steht wie Pocke, Spuk, sich
sputen neben Blatter, Gespenst, sich
eilen. Die umgangssprachl. Grenzen zieht
Kretschmer 1918 Wortgeogr. 512 f. Nordwestdt.
Ungel aus lat. ungu(entu)lum war mit der
Kerzenzieherei durch die Ags. entlehnt; mit
Unschlitt wird Ungel vermischt zu üngsel in
Eupen, zu ünksels in Köln.

Unsinn M. Während unsinnig seit Beginn
unserer Überlieferung vorhanden und weit verbreitet ist (ahd. unsinnig, mhd. unsinnec, mnd.
unsinnich, mnl. onsinnich, nnl. onzinnig), sind
die daraus rückgebildeten mhd. mnd. unsin,
nnl. onzin spät und selten. Rechten Auftrieb
gewinnt das frühnhd. in Bedeutungen wie
'Geisteskrankheit, Bewußtlosigkeit, Wut, Ver-
blendung' begegnende U. erst zur Zeit der
Aufklärung. Damals modelt es seine Bed.
nach frz. non-sens, engl. nonsense. Von da
aus ist es unter Beihilfe der Studenten zum
Kraftwort geworden wie Blech, Kaff, Mumpitz.

unsrig Adj. Während für seinig (s. d.)
Ursprung im 14. Jh. nachzuweisen ist, kann das
DWb. 11, 3, 1376 unserich erst seit 1580 bei-
bringen. Nicht älter sind die übrigen -ig-
Ableitungen zum Poss.-Pronomen, s. meinig.

Unstern M. seit Fischart 1589 Diskurs B 2 b
als Lehnübersetzung von frz. désastre „Unglück". Anfangs steht Unglücksstern daneben, dem mit nnl. ongeluksster, schwed.

olycksstjerna die weitere Verbreitung eignet.
Möglicherweise ist darum Unstern als Klammerform zu beurteilen.

unten Adv. mhd. unden, ahd. untanān.
Dazu unter Präp. Adv. aus mhd. under,
unter, ahd. unter, untar Präp., untari Adv.,
asächs. got. undar, nl. onder, afries. ags. engl.
under, anord. undir. In dem germ. Wort sind
zwei verschiedene Präp. der Grundsprache zusammengeflossen: idg. *ṇtér 'innerhalb,
zwischen' (lat. inter, osk. anter, air. éter,
korn. ynter, aslav. ǫtrŭ, aind. antár; dazu
gr. ἔντερα 'Eingeweide'), und idg. *ṇdhér-
'unter' (lat. infrā mit inferus 'der untere', gr.
ἀθερίζω 'verachte', toch. A añ 'unter', aind.
adhá- '(nach) unten', ádhara- 'der untere'). —
Unten durch, drunter durch sein 'verloren sein', besonders geschäftlich und gesellschaftlich, aus nnl. Seemannssprache: onder
door gaan, rijden zunächst vom Schiff unter
Sturzseen, dann vom Scheitern gewagter Unternehmungen.

unterdes(sen) Adv. Konjunkt., mhd. unter
des, mnd. under des, nl. onderdes, schwed.
under det. Bis ins 17. Jh. werden die dt.
Wörter oft getrennt geschrieben; die verlängerte
Form kommt im 16. Jh. auf. Zur Syntax der
Konjunkt., die heute durch während Einbuße
erlitten hat: O. Behaghel 1928 Dt. Syntax
3, 321.

Unterhose F., bis ins 18. Jh. meist im Plur.,
gebucht seit Hulsius 1618. Das Gegenwort
Hose bedarf als das ältere keiner Verdeutlichung, wie Nachthemd zum Gegenwort
einfaches Hemd hat. Doch gab es (wie Tag-
hemden) auch Ober- und Überhosen. Das
in Österreich volkstüml. Gatihosen ist mit
der Sache entlehnt aus magy. gatya 'weite
leinene Unterhosen', woher auch tschech. gatě,
poln. gatki: Kretschmer 1918 Wortgeogr. 112.

Unterkauf M. mhd. underkouf, mnd. under-
köp, mnl. ondercoop: ein vom 14. bis 16. Jh.
gangbares Handelswort, zunächst 'Kaufver-
mittlung', dann 'Gebühr dafür, Zwischen-
gewinn des Maklers'. Dazu Unterkäufel
M., mhd. underköufel 'Makler', das obd. bis
ins 18. Jh. gilt: Schirmer 1911 Wb. d. dt.
Kaufm.-Spr. 199. Unter 'inter', sonst von
zwischen zurückgedrängt, hat sich in der
Zus.-Setzung gehalten.

Untern M., **Unterbrot** N. 'Zwischenmahlzeit'. Ahd. untorn, -arn 'Mittag', mhd.
untern, undern 'Mittag, Nachmittagessen,
Vesperbrot', asächs. undorn, -ern 'Vormittag',
ags. undern 'Vormittagszeit', undernmete 'Frühstück', anord. undorn 'Vormittag', got. un-
daúrni-mats 'Mittagsmahl' führen auf germ.
*undurni, idg. *ṇtərno M. Das Wort enthält

unter 'zwiſchen'; 'Zwiſchenzeit' war der
Mittag zwiſchen Steigen und Sinken der
Sonne. Als dafür ahd. mittatac (nach lat.
meridies) geſchaffen war, wurde Untern
auf Zeit und Mahlzeit zwiſchen Mittag und
Abend verlegt; als 'Veſper' gilt es weithin
in den Mundarten: Kretſchmer 1918 Wortgeogr. 550f.

unternehmen ſt. Ztw., mhd. mnd. under-
nëmen, ahd. untarnëman, aſächſ. undarniman,
nnl. ondernemen, agſ. underniman, mengl.
undernim. Die alte Bildung wird ſeit dem
18. Jh. unter Einfluß von engl. undertake und
frz. entreprendre auf gewerbliche Beſchäfti-
gungen angewendet. Unternehmen N. (ſeit
1725) und Unternehmer (nach engl. under-
taker, frz. entrepreneur, ſeit 1691) ſind von
vornherein im wirtſchaftlichen Sinn gemeint
und werden entſprechend verdeutlicht, etwa zu
Fuhrunternehmen und Bauunterneh-
mer: K. Wagner 1943 Dt. Wortgeſch. 2,
326f.

Unterſchleif M. 'Betrug, Unterſchlagung',
frühnhd. unterſchleif: ſeit Not 1572 rückgebildet aus mhd. underſlei(p)fen 'machen,
daß etw. unterſchlieft; heimlich bei Seite
bringen', Faktitiv zu ſliefen, zu dem ein älteres
Unterſchleif M., mhd. underſlouf 'Zuflucht'
unmittelbar gehörte.

unterſtellen ſchw. Ztw. Das ſchon als mhd.
underſtellen 'ſubdere' vorhandene Ztw. gerät
im 18./19. Jh. unter den Einfluß von lat.
supponere, frz. supposer und entwickelt, zunächſt im Rechtsbereich, die Bed. 'fälſchlich
unterſchieben' und 'den Fall ſetzen, annehmen'.

untertan Adj. Mhd. úndertān, ahd. úntartān
bedeuten als Part. zu mhd. undertuon, ahd.
untartuon 'unterjocht, unterworfen'. Als
präd. Adj. entwickelt mhd. undertān die Bed.
'ſich unterordnend'; hierzu das Subſt. der
undertān(e). Nach alter Regel trägt das
Wort den Ton auf der erſten Silbe; unter-
wórfen und untergében folgen jüngerem
Sprachbrauch.

unterwegs Adv., älter unterwegen, mhd.
ahd. underwëgen, mnd. underweg(e), mnl.
onderwege(n), nnl. onderweg, dän. underveis,
ſchwed. under vägen, engl. on the way. Zugrunde liegt unter Wegen 'inter vias';
an die präp. Verbindung, die ſpät noch getrennt geſchrieben wird, iſt im 18. Jh. das
adv. -s getreten.

Untieſe F. Gegenſatz und Steigerung zu
Tieſe. Mhd. begegnet nur intiefi, dagegen
ahd. untiufi, mnd. undēpe (ſeemänniſch ſeit
1571: Kluge 1911 Seemannsſpr. 803), mnl.
ondiepe, nnl. ondiepte, agſ. undēop, dän.
odyb. Frühnhd. untieffe beginnt als Abſtr.

'Mangel an Tieſe' im körperl. Sinne, woran
(wie bei Flachheit und Seichtigkeit) Übertragung auf Geiſtiges anknüpft. Die ſtei-
gernde Bed. 'abgrundartige Tieſe' begegnet
ſeit dem 18. Jh.; wieder ſcheidet ſich abſtr.
und körperl. Gebrauch, an den (gleichfalls
ſchon im 18. Jh.) Übertragung auf Geiſtiges
anſchließt.

unverfroren Part. Adj. Adv. Seit dem
16. Jh. begegnet nd. unververt 'unerſchrocken'
als Part. zu (ſik) vervēren 'erſchrecken', das
als Ableitung von mnd. vāre F. 'Gefahr,
Furcht' mit hd. Gefahr (ſ. d.) verwandt iſt.
Für das in nd. Mundarten allenthalben fortlebende unververt tritt zuerſt in Berlin 1854
unverfroren auf (Theod. Fontane, Briefe 2
I 105): man verſtand das nd. Part. nicht mehr
und bildete es ſo um, daß es einen Sinn zu
geben ſchien. 1858 tritt Unverfrorenheit
daneben. Von Berlin ſtrahlen die Bildungen
ſeit 1860 aus: W. Stammler 1939 Nd. Korr.-
Bl. 51, 65f.

Unvogel ſ. Pelikan.

Unweſen N. mhd. unwēſen 'Nichtſein', ein
Wort der Myſtik, geprägt von Tauler († 1361)
Pred. 229, 9 Vetter. Ein neues Wort, nicht
mit dem verneinenden un- gebildet, ſondern
mit dem herabſetzenden (wie Unart, -kraut,
-tat; ſ. Unkoſten) iſt das im 15. Jh. auftretende Unweſen 'verderbliches Weſen', das
ſich ſeit dem 15. Jh. langſam durchſetzt. Daraus
entlehnt dän. uvæsen, ſchwed. oväsende.

unwirſch Adj. Mhd. unwirdeſch (zu wirde
F. 'Wert') bedeutet 'unwert, verächtlich'.
Durch Kürzung in unbetonter Silbe entſteht
frühnhd. unwirdſch, durch Erleichterung der
gehäuften Konſ. unwirs(ch); entſpr. mnl.
onwertſch, nnl. onwers. Unter Quereinfluß
des unverwandten mhd. wirs 'ſchlimmer' entwickelt ſich die Bed. 'mürriſch, verärgert',
die ſchon um 1470 erreicht iſt.

Unze[1] F. Mhd. unz(e), ahd. unza, mnd.
unse, mnl. once, nnl. ons, anord. unzia, dän.
unse, ſchwed. uns: bei Übernahme des röm.
Pfunds ins Germ. entlehnt aus lat. uncia.
Dies, aus altlat. *oin(i)ciā entwickelt, bedeutet
als Ableitung von lat. ūnus 'eins' urſprünglich
'Einheit'. Es lebt auch in den kelt. und roman.
Sprachen fort; auf afrz. (12. Jh.) once 'Gewicht von zwei Lot' beruht gleichbed. engl.
ounce. Im klaſſ. Lat. (ſ. As) war uncia 'ein
Zwölftel', ſowohl als Münze wie als Gewicht
und als Längenmaß. Als 'Zwölftel eines
Fußes; Zoll' gilt agſ. ynce; ſo lebt es in engl.
inch bis heute. Ofter gilt Unze als kleines
Handelsgewicht, ſteht aber auch als Flüſſig-
keits- und Zeitmaß ſowie für 'Kleinigkeit' überhaupt: K. Euling 1936 DWb. 11, 3, 2272ff.

Unze² F. Zu gr. λύγξ, lat. lynx (f. Luchs) gehört volkslat. luncea 'Luchskatze'. Der Name des heimischen Wilds ist in den roman. Sprachen auf Jaguar (f. b.) und Jagdleopard übertragen (ital. lonza, frz. once: l- als best. Artikel gefaßt) und aus dem Frz. zu uns entlehnt. Ob vor dem 18. Jh., ist zweifelhaft, da Unzenfell bei G. Fischart 1575 Garg. 182 noch 'Luchsfell' bedeutet: R. Loewe 1933 Zf. f. vgl. Sprachf. 60, 179 f.

üppig Adj. mhd. üppic (g), ahd. uppīg 'überflüssig, unnütz, nichtig, leichtfertig, übermütig'. Ein wesentl. hd. Wort; von da ist mnd. üppich entlehnt, daraus dän. schwed. yppig. Man führt üppig auf einen idg. Adj.-Stamm *upió zurück, den man mit über verbindet. Ausgangsbed. des Adj. ist 'über das Maß hinausgehend', von da gelangt man negativ zu 'überflüssig, leer, eitel, unnütz', positiv zu 'überschwellend, strotzend, überreich, stolz'. Diese Bed. ist in dem früh entlehnten finn. upia 'stolz' erreicht. Die negative Bed. ergibt, ins Sittliche gewendet, 'übermütig, hochfahrend, schwelgerisch': so zuerst im Stammesnamen der Ubii (Tacitus, Germ. 28), die wohl wegen ihres blühenden Landes am Rhein so heißen. Wie nahe es liegt, vom Stamme der Präp. ein Adj. der Bed. 'üppig' zu bilden, lehrt engl. uppish in seinem Verhältnis zu up.

Ur M. Der lautgesetzl. zu Auer (f. b.) entwickelte Name des Auerochsen wird seit Klopstock 1769 in alter Gestalt erneuert.

ur= betonte Vorsilbe (die unbetonte Form er-, mhd. er-, ahd. ir-, ar-), mhd. ahd. ur-, asächs. afries. ur-, or-, ags. or-. Urkunde steht neben erkunden, Urlaub neben erlauben, Ursprung neben erspringen. Warum nominale Zusammensetzungen erstbetont sind, zeitwörtliche stammsilbenbetont, wird bei ant= erläutert; f. auch ent=. Im Ahd. begegnet ur auch als Präp., ebenso got. us (uz- uh), anord. ör, ūr. Die Präp. bedeutet 'aus', die Vorsilbe 'aus, ursprünglich, anfänglich'. Vgl. urig. Außergerm. Beziehungen sind nicht gesichert: Euling 1933 DWb. 11, 3, 2355.

Urahn M. 'Urgroßvater, Vorfahr', mhd. urane, ahd. urano 'abavus'. S. Ahn.

uralt Adj. durch ur= gesteigertes alt (f. b.), ahd. uralt 'valde senex'. Im Mhd. fehlt das Wort nach einmaligem Auftreten um 1150; nach 1480 wird es rasch häufig. Außerhalb des Dt. entspricht ags. oreald; der anord. Name Ørgemlir zeugt für gleichbed. ørgamall.

Uraufführung F. 'allererste Aufführung eines dramat. oder musik. Werks', tritt in Zeitungen seit 1902 für frz. première auf und verdrängt das Fremdwort, nur Premierenpublikum und -tiger fristen ihr Dasein. Erstauf-führung ist die erste Aufführung eines Werks auf einer best. Bühne oder an einem best. Ort.

Urbar N. mhd. urbor, -bur, -ber, -bar, mnd. orbor, -ber, -bar, mnl. orbar(e), -baer, nnl. oorbaar, afries. orber. Mit Ablaut zu ahd. urbëran, mhd. erbërn 'hervorbringen'. Ausgangsbed. ist demgemäß 'Ertrag', daraus bildet sich 'ertragbringendes Grundstück' und daraus wieder 'Verzeichnis der Grundstücke und Einkünfte, Zins-, Salbuch'. Diese zuerst in Schlesien 1481 nachgewiesene Bed. behauptet sich als einzige, von den Formen ist Urbar allein geblieben, dessen a als Abschwächung von mhd. o zu beurteilen ist (vgl. Bräutigam, Monat, Nachbar).

urbar Adj. Das Subst. mnl. orbar(e), nnl. oorbaar (f. Urbar) hatte als Hauptbed. 'Nutzen, Vorteil' entwickelt. Aus Sätzen wie het is mij oorbaar wurde ein Adj. 'ertragbringend' entnommen (vgl. fromm, Schade). Aus mnd. orbarheit 'Nützlichkeit' ist ein mnd. Adj. orbar entspr. Sinnes zu erschließen, das südwärts wandert und 1640 als urbor in Bayern erscheint. Im 18. Jh. wird die Bed. 'ertragbringend' auf den ersten Bodenertrag eingeengt; derart bleibt das von obd. Mundarten nicht übernommene Wort von frucht- und tragbar verschieden.

Urbild N. Lehnübersetzung des gr.-lat. archetypus, zuerst bei Erasm. Francisci 1676 Lusthaus 45; seit Beginn des 18. Jh. auch Ersatzwort für Original, später auch für Ideal und Idee. Adelung schilt Urbild noch 1801 „sehr unschicklich"; trotzdem ist es aus philos. Fachsprache schon vor der klass. Zeit in die Gemeinsprache gedrungen und in dän. urbillede, schwed. urbild nachgeahmt worden.

Urfehde F. mhd. urvëhe(de), md. orvëde 'beschworener Verzicht auf Rache für erlittene Feindseligkeiten', urspr. 'Zustand, in dem die Fehde aus ist'.

Urgicht F. mhd. ahd. urgiht, mnd. orgicht 'Aussage, Bekenntnis, Geständnis': zu mhd. erjëhen, ahd. irjëhan st. Ztw. 'aussagen, bekennen'. Verwandt mit Beichte, f. d.

Urheber M. 'Verursacher', erst nhd. Ableitung zu mhd. urhap (b) 'Anfang, Ursache, Ursprung' (zu heben).

Uriasbrief M. 'für den Überbringer verderblicher Brief', nach 2. Sam. 11, 14. Als geflügeltes Wort in dt. Text zuerst 1476 Mod. lang. notes 36, 490 „also das er nit Urias brief gefurt hat". Sleidan 1542 Briefe 2, 57 weicht aus in Uriasbotschaft; die geschlossene Reihe der Belege für U. beginnt mit Mathesius 1562 Sarepta 161. Vergleichbare Bildungen sind Hiobspost und Kainszeichen.

urig Adj. Adv., mhd. (13./14. Jh.) urich, ſchwäb.-alem. urchig. Die in Mundarten und Umgangsſprache beliebte Ableitung von ur- bedeutet 'urwüchſig, urſprünglich, echt'. In Büchern wird ſie nur von Schriftſtellern gebraucht, die der Volksſprache naheſtehen.

Urkunde F. Ahd. urkundī, mhd. urkünde, -kunde, mnd. orkunde, mnl. o(o)rconde, nnl. oorkonde ſtellen ſich neben erkennen, wie Urlaub neben erlauben: die nominalen Zuſ.-Setzungen ſind auf der erſten, die verbalen auf der zweiten Silbe betont. Die Ausgangs-Bed. 'Bekundung' hat ſich in der Formel „des(ſen) zu Urkund" als Bezeichnung einer Tätigkeit erhalten, ſonſt iſt die Bed. 'rechtskräftige Aufzeichnung, die einen Vorgang bekundet' feſt geworden, die in alter Sprache durch Brief gedeckt war.

Urlaub M. ahd. mhd. urloup (b), aſächſ. anfr. orlōf, afrieſ. orlof, orlef: die neben erlauben (mhd. erlouben, ahd. irloubōn) ſtehende erſtbetonte, nominale Zuſ.-Setzung. Die Grundbed. 'Erlaubnis' iſt mhd. verengt auf die Erlaubnis, ſich zu entfernen, die ein Höherſtehender oder eine Dame dem niedriger Stehenden gibt, unter den veränderten Verhältniſſen der Neuzeit übertragen auf die zeitweilige Befreiung vom Dienſt. Entſpr. iſt engl. leave aus 'Erlaubnis' zu 'Abſchied' geworden. Voraus liegt agſ. lēafe, Nebenform zu agſ. lēaf 'Erlaubnis'.

Urne F. Lat. urna (aus *urcna zu urceus 'Krug') wird über Südtirol entlehnt zu ſpätmhd. ürn (Lexer 2, 2010); yrn hält ſich als bair.-tir. Flüſſigkeitsmaß (Schmeller ²1, 147). Neue Entlehnung auf gelehrtem Weg läßt urna bei Kepler 1616 (Zſ. f. dt. Phil. 49, 288) in dt. Text erſcheinen. Zeſen verſucht, das inzwiſchen eingedeutſchte Urne 1656 durch Todesgefäß, 1670 durch Leichentopf zu erſetzen (Zſ. f. d. Wortf. 14, 81), kann aber die Einbürgerung nicht aufhalten.

Urning M. 'der gleichgeſchlechtlichen Liebe Verfallener', Urningsliebe oder Uranismus 'Liebe von Mann zu Mann': nach Venus Urania von Ulrichs um 1860 willkürlich benannt. Das Gegenwort Dioning (nach Venus Dione) iſt auf Fachkreiſe beſchränkt geblieben, weil die Alltagsſprache keinen Bedarf dafür hatte: M. Hirſchfeld, Der urniſche Menſch, 1903.

urplötzlich Adv. Das Schallwort plotz M. 'hörbar auffallender Schlag', von dem plötzlich (ſ. d.) abgeleitet iſt, erſcheint verſtärkt als uhrplotz bei Wenzel Scherffer 1, 679. Dazu und zu verwandten Schallwörtern gehören frühnhd. urplützig, -plutzlichen, -plützlingen, -blitzlich, -pflüpfling, -blipfling; Nachweiſe bei

K. v. Bahder 1925 Wortwahl 126f. Die Formenfülle hat die Einbürgerung erſchwert, die das 17. Jh. im Sinne von Luthers urplötzlich 4. Esra 5, 4. 6, 22 vollzogen hat.

Urſache F. Das im Spätmhd. auftretende urſache ſteht frühnhd. für 'Grund zu Streit und Anklage, Anlaß zu feindl. Vorgehen', wie es der Weiterbildung zu Sache 'Streithandel' entſpricht. Von da war nhd. die Erweiterung auf alles möglich, was Veranlaſſung zu einem Vorgang gibt, der dann als Wirkung der Urſache gegenübergeſtellt wird. Zſ. f. d. Wortf. 12, 57. 15, 295. Aus dem Dt. entlehnt ſind mnl. o(o)rsake, nnl. oorzaak, dän. aarsag, ſchwed. orsak.

Urſchrift F. Als Lehnüberſetzung von griech.-lat. autographum bietet Trochus 1517 Prompt. R 5b orſchrifft. Für Original ſteht Urſchrift bei Zeſen 1645 Ibrahim 9 und bei Stieler 1691 Lehrſchrift 115. Adelung irrt, wenn er es 1801 „erſt in den neuern Zeiten eingeführet" nennt. Freilich allgemein üblich iſt U. erſt ſeit Campe 1811. Vgl. Handſchrift.

Urſprung M. mhd. urſprunc (g), mnd. or(t)ſprunk; aus dem Dt. entlehnt mnl. o(o)rſpronc (gh), nnl. oorſprong. Alter ahd. urſpring, mhd. urſprinc (g), mnd. ortſprink: nominale, erſtbetonte Bildungen neben erſpringen 'entſpringen', ſomit zunächſt die aus dem Boden ſpringende Quelle. Der Ausgangspunkt eines Waſſerlaufs iſt nachmals zum Ausgangspunkt jeder, auch geiſtiger Art erweitert. Zum Familiennamen iſt Urſprung durch Vermittlung der Namen von Orten geworden, die an einer Quelle lagen.

Urſtände F. ſpätahd. mhd. urſtende, -ſtende: ſeit Notker von der chriſtlichen Auferſtehung, zum ahd. irſtantan gebildet wie got. urriſts 'ἔγερσις' zu ur-reiſan 'aufſtehn'. Urſtänd(e) iſt ein weſentlich obd., ſchon md. ſeltnes Wort, das von dem Schriftwort Auferſtehung ſeit dem 18. Jh. zurückgedrängt, von neueren Dichtern aber mit Recht begünſtigt wird.

Urte F. 'Zeche'. Mhd. ürte(n), alem. ürtin führt auf germ. *urtin(n)ō-, das mit Tiefſtufenvokal zu anord. verōr 'Mahlzeit' und weiterhin zu Wirt gehört. Von den außergerm. Verwandten ſteht gr. ἑορτή 'Feſt' am nächſten. Die Vielgeſtalt der frühnhd. Formen (irte, örte, erte) iſt ſchuld, daß das Wort (außer in obd. md. Mundarten) vor Zeche zurückgewichen iſt: K. v. Bahder 1925 Wortwahl 59. 89ff.

Urteil N. mhd. urteil N., urteile F., ahd. urteil(i) N., urteil(ī), urteila F.: zu erteilen wie Urkunde, -laub, -ſprung zu erkunden, -lauben, -ſpringen. Die Ausgangsbed. 'was man erteilt' wird verengt auf 'Wahrſpruch, den der Richter erteilt', eine

Entwicklung, die (wie beim Ztw. irteilen, das durch Weglassung des Objekts an das gleiche Ziel gelangt) zunächst dem ahd. Süden eignet. Im Heliand begegnet urdēli, in den anfr. Psalmen urdeili nur je einmal, die Angelsachsen hat nur das späte Lehnwort ordāl (über frz. ordalie; vgl. mlat. ordalium, nnord. ordalie) 'Gottesurteil' erreicht, sonst steht im germ. Norden die Sippe dōm 'iudicium', dōmjan 'iudicare' (s. -tum) in breiter Geltung: Braune 1918 Beitr. 43, 366; Frings 1932 Germania Romana 30. 221. Jung ist die Verallgemeinerung auf jedes Aussprechen einer Ansicht über eine Sache. Die Anwendung auf das logische Urteil ist unserm Wort mit lat. iudicium gemeinsam.

Utopie F. Aus gr. οὐ 'nicht' und τόπος 'Ort' bildet Thomas Morus 1516 sein 'Nirgendreich' Utopia. Sogleich auf das Festland übernommen, wird Utopien als Name des von der Einbildungskraft geschaffenen, unmöglichen Landes etwa gleichbed. mit Wolkenkuckucksheim, die Rückbildung Utopie F. zu 'Wahnbild, Schwärmerei'.

Uttenschwalbe F. Der schwarze Storch (so von Gesner 1555 Hist. avium 261 benannt und danach wissenschaftlich als Ciconia nigra bezeichnet) heißt spätahd. vtinswal. Bair. taucht der Name im 16. Jh. als Ut(t)enschwalb wieder auf. Er stimmt zu südschwed. oden(s)svala 'Schwalbe Odins': Suolahti 1909 Vogelnamen 371 ff. Diese Benennung beruht auf einer alten Umdeutung. In ahd. Glossen begegnet vtinswal für lat. fulica 'Bleßhuhn'. Dieser Vogel lebt (wie der schwarze Storch) an schlammigen Ufern und auf sumpfigen Stellen, germ. *udan-. Gen. Sg. dieses n-Stamms ist ahd. utin, so daß wir auf denselben ersten Wortteil kommen, wie bei Adebar (s. d.): W. Krogmann 1939 Nd. Korr.-Bl. 51, 72 f.

uzen schw. Ztw. 'foppen', in Mundarten und Umgangssprache alt verbreitet von der Schweiz bis Hessen, von der Rheinpfalz bis Bayern (Kretschmer 1918 Wortgeogr. 547 f.), in einem Gebiet also, in dem Uz Koseform zu Ulrich ist. Zu diesem, wie das mißdeutete hänseln (s. d.) zu Hans bezogen wird. In Schwaben (H. Fischer 6, 312) schon vor 1570 literarisch, sonst nicht vor Maler Müller 1776 Fausts Leben 171.

V

Vademekum N. 'Begleit-, Taschenbuch', substantiviert aus lat. vade 'geh' und mēcum 'mit mir'. Zuerst bei Rot 1572.

Vagabund M. Zu lat. vagāri 'umherschweifen' gehört in spätem Latein, z. B. bei Augustin und Solinus, ein Adj. vagabundus 'unstet', das substantiviert in der Bed. 'Landstreicher' bei J. Ayrer 1600 Processus diaboli in dt. Text gestellt erscheint. Auf dem spätlat. Wort beruht frz. vagabond als Adj. und Subst. Dieses gelangt um 1700 als Vagabond zu uns. Seit Ende des 18. Jh. wird die dem Lat. angeglichene Form üblich.

Valand s. Voland.

Valet N. 'Abschiedsgruß', älter Valete entspr. dem lat. valēte 'lebt wohl', Plur. zu vale, dem Imp. von valēre 'bei Kräften sein'. Luther 1520 Adel 29 Ndr. „Es ist noch das Valete dahynden, das muß ich auch geben"; Urb. Rhegius 1525 Sat. und Pasqu. 3, 182 Schade zür letz oder zům valete enthalten Schul- oder student. Erinnerungen der Verfasser. „Valet will ich dir geben" in Valer. Herbergers († 1627) Kirchenlied steht des Reims wegen für älteres Valet sagen. Dies entspricht dem lat. vale dicere, das in älterer Sprache namentl. der Schule als valedicieren eine Rolle gespielt hat. Ausgangspunkt ist Ovid, Metam. 10, 62 supremum vale dicere. Zs. f. d. Wortf. 1, 50. 15, 214. 253.

Vampir M. 'blutsaugendes Gespenst', bei uns zuerst in Leipzig 1732: Wick 62. Die bei slav. Völkern weit verbreitete Vorstellung wird auf literar. Weg verbreitet: DWb. 12, 1, 10. Unsere Wortform deckt sich mit serb. vàmpir.

Vandalismus M. Der germ. Stamm der Vandālen plünderte 455 n. Chr. Rom. Daß er dabei schlimm gehaust habe, ist eine längst widerlegte Fabel. Aber in der Erinnerung der Romanen leben die Vandalen als Urbild räuberischer Barbaren und Kirchenschänder fort. Am 1. Febr. 1515 gewährt Leo X. einen Ablaß zur Ausschmückung des Trierer Doms, dem die Mittel hierzu fehlen „ab hiis citra temporibus ... quibus ecclesiam predictam in Romanae ecclesiae fide et devotione persistentem Hunni, Vandali et aliae barbarae gentes hostiliter invaserunt" Al. Schulte 1904 Die Fugger in Rom 2, 129. Die Anspielung entstammt der Geschichtskenntnis des kurtrierischen Offizials v. d. Ecken: Kalkoff 1922 Der Wormser Reichstag 37. Afrz. Heldengedichte nennen die Vandalen mehrfach als Kunstfrevler, spätere frz. Prosa (Voltaire z. B.)

nimmt die Schelte auf, 1772/89 erscheint sie bei Schubart. In einem Bericht an den Konvent prägt am 31. Aug. 1794 Henri Grégoire, Bischof von Blois, auf die Zerstörungen der Jakobiner das Schlagwort Vandalisme 'Kunstfrevel', das gleich darauf auch in Deutschland nachgesprochen wurde: Büchmann 1912 Gefl. Worte 462 f.; Zs. d. Sprachv. 1905, 305. 1906, 81. 1910, 345; Zs. f. dt. Wortf. 9, 301. 13, 281. 336.

Vanille F. ost- und westind. Rankengewächs mit Schoten; dessen gewürzhafte Schötchen, von denen die Namengebung ausgeht. Bei uns zuerst 1692 als Vanilla, dies aus span. vainilla, dem auch frz. vanille entspringt. Alle beruhen auf vulgär-lat. *vāginella 'Schote', das lat. vāginula 'kleine Hülse (des Spelts)' ersetzt: Gamillscheg (1928) 878; Palmer (1939) 135.

Vasall M. 'Gefolgsmann', mhd. vassal zuerst in Straßburg 1210 (Gottfried, Tristan 3354), 1220 schon bis Kärnten gelangt (Heinrich v. d. Türlin, Krone 871): entlehnt aus gleichbed. afrz. prov. vassal, das (mit mlat. vassallus, ital. vassallo, span. portug. vasallo 'Lehnsmann') auf dem Kelt. beruht. Hier stellt sich gall. vasall-, kymr. gwasawl 'dienend' zu gall. *vassos, gallorom. vassus, akorn. guas, kymr. gwas, bret. gwaz 'Mann'. Nächstverwandt ist frz. valet 'Knappe, Diener, Bube'.

Vater M. obd. Vatter. Mhd. vater, ahd. fater, asächs. fadar, anl. fader, afries. feder, ags. fæder, engl. father, anord. faðir, got. (einmal) fadar (sonst atta) führen auf germ. *fáđēr aus idg. *pətér. Urverwandt sind gleichbed. air. athir, lat. pater, gr. πατρ, armen. hayr, aind. pitár (-i- aus idg. -ə-), toch. pācar. Wahrscheinlich liegt die Weiterbildung eines uralten Lallworts vor, vgl. z. B. gr. πᾶ, πάππα und ähnliche Ausdrücke in anderen Sprachen: E. Risch 1944 Museum Helvet. 1, 115 ff. Abweichend J. Trier 1947 Savigny-Zs. f. Rechtsgesch., Germ. Abt. Bd. 65.

Vaterland N. mhd. vaterlant seit Beginn des 12. Jh., frei nach lat. patria. Vorher gelten ahd. heim(ōti), fateruodal. Engl. fatherland und dän. fædreland sind junge Nachbildungen des nhd. Worts. Vaterländisch seit Klopstock und Kant: Beitr. 24, 488.

Vatermörder M. Unter Mörder ist auf frz. assassin 'Schönpflästerchen' hingewiesen. Daneben stand parasite: der Hemdkragen mit langen Spitzen ist in Gefahr, Suppen usw. mitzuessen. Das frz. Wort wurde als parricide aufgefaßt und dies seit 1829 zu Vatermörder verdeutscht: Waiblinger, Abenteuer v. d. Sohle

1. Aus dem Nhd. stammen nnl. vadermoorder, dän. fadermorder, schwed. fadermördare.

Vaterunser N., das älteste geflügelte Wort der germ. Sprachen. Pater noster Matth. 6, 9 wird als fater unser ins Ahd. aufgenommen. Nachstellung des Adj. war im Ahd. möglich; auch got. atta unsar bietet sie; zugleich sichert es die Auffassung als Adj.: Gen. Plur., dem gr. πάτερ ἡμῶν entsprechend, wäre got. unsara. Die Altertümlichkeit erhält sich im kirchl. Bereich (vgl. Fronleichnam, Heiland, Karfreitag, Weihnachten, -rauch). So bleibt der Titel des Gebets unverändert, auch nachdem Luther und Zwingli unser vater übersetzt hatten. Die reform. Kirchen beten Unser Vater, entspr. nnl. onzevader neben kathol. vaderons. S. Paternoster.

Vegetari(an)er M. Zu lat. vegetāre 'beleben' gehört (wie vegetieren, Vegetation, Vegetabilien) engl. vegetarian. Jos. Simpson gründete 1847 in London eine Vegetarian Society, in der er für die Verwerfung tierischer Nahrung eintrat. Bewegung und Wort gelangten alsbald zu uns: Ladendorf 1906 Schlagwb. 323.

veil Adj. 'violett' als Farbbezeichnung von Wh. Ostwald († 1932) gebildet. S. kreß und Veilchen.

Veilchen N. Gr. ἴον (aus *ϝιον) 'Veilchen' gelangt als *viom nach Italien und wird verkleinert zu lat. viola. Als Fremdwort erscheint ahd. viola, eingedeutscht zu frühmhd. viol(e), mhd. viel, frühnhd. feil (als spätes Lehnwort mit f aus roman. v wie Brief, Käfig, Pferd, Stiefel, Vers, Vesper gegen Pfau, Weiher, Weiler, Wein). Die nhd. Schreibung stellt Übereinstimmung mit dem lat. Grundwort her. Mit mhd. Verkl.-Silbe erscheint Veiligen zuerst bei dem 1640 verstorbenen P. Fleming, Dt. Ged. 15; im 18. Jh. verdrängt Veilchen das unverkleinerte Veil, das etwa von einem altertümelnden Dichter wie J. V. v. Scheffel aufgenommen wird. Veilke mit nd. Endung gelangt aus nschles. Mundart vorübergehend zu ostmd. Dichtern des 17./18. Jh. Auf obd. -lein ist das in Mundarten und Volksliedern lebendige Veigelein gebildet, das auf mhd. violīn zurückgeht. Eine neue Verkl. s. u. violett. Gleichen Ursprungs sind mnd. fiole, mnl. viöle, nnl. viool, dän. fiol, schwed. viol.

Veitsbohne F. Phaseolus vulgaris, spät aus Amerika eingeführt, beginnt in Süddeutschland um den Veitstag (15. Juni) zu blühen, darum der seit Frisch 1741 bezeugte Name. Schmink(e)-, Schmückbohne heißt die Frucht seit Stieler 1691, weil ihr Mehl die Haut glättet und das aus ihren Blüten gebrannte Wasser ein Bestandteil der Schminke war.

Veitstanz M. frühnhd. Lehnübersetzung des mlat. chorea sancti Viti. Als Helfer in der früher epidemisch auftretenden Krankheit wurde der hlg. Veit angerufen, weil die tanzartigen Muskelzuckungen an die wilden Tänze erinnerten, mit denen sein Tag begangen wurde: Vilsinger 1902 Zs. f. dt. Wortf. 3, 238ff.

Venn s. Fenn.

Venner M. Unter Fähnrich ist ahd. faneri 'Fahnenträger' genannt, das sich zu mhd. venre entwickelt hat. Alter schweiz. Venner (Id. 1, 831) 'militär. Oberhaupt eines Stadtteils' (z. B. in Bern) wird aufgenommen von Pestalozzi 6, 99 und Jean Paul 1796 Siebenkäs 57. Die Fam.-Namen Fen(n)er, Venner, Fender werden in der Regel von 'Fähnrich' ausgehen; möglich bleibt daneben Herkunft von Fenn.

ver- Vorsilbe von mannigfaltiger Bed., mhd. ver-, ahd. fir-, far-, die aus mehreren vortonigen Formen zus.-geflossen sind. Im Got. entsprechen faír-, faúr-, fra- als unbetonte Vorsilben, faír, fra als Präp., ihnen wiederum gr. περί, παρά, πρό, ohne daß sich die Bed. genau verfolgen ließen. Namentlich bleibt es schwierig, Entsprechungen des got. faír- (in faír-weitjan 'umherspähen') im Deutschen zu sichern. Unverkennbar auf got. faúr- zurückzuführen ist ver- in den Fällen, in denen es eine Stellvertretung (versetzen, -treten, Verweser), 'über etw. hinaus' (verschlafen), 'über etw. hin' (verhören, -leben) bezeichnet. Viel öfter ist ver- auf got. fra zurückzuführen, so wenn der Sinn eines Verschwindens oder Zugrundegehens (vergehen, -rinnen, -hungern, -lechzen) vorliegt, der sich auf ein Verbrauchen von Mitteln oder Zeit einengen kann (verprassen, -spielen, -tun; -liegen, -träumen). Ein Beschädigen liegt vor in verletzen, -nutzen, das Einschlagen falscher Richtung in verdrehen, -führen, -kehren, -rechnen, das Gegenteil der einfachen Wörter in verachten, -bieten, -kennen, -lernen. Die Reihen got. faír-, faúr-, fra-, gr. περί, παρά, πρό lassen sich durch die verwandten Sprachen verfolgen: lat. per-, *por-, pro-, aind. pári, purā́, prá-, avest. pairi, para-, fra-, air. er-, air. ro-. S. für, vor und Max Leopold, Die Vorsilbe ver- und ihre Geschichte. Breslau 1907.

Veranda F. um die Mitte des 19. Jh. mit der Sache entlehnt aus engl. veranda(h), dies aus neuind. varanda 'bedeckter, nach vorn offener Vorraum, Altan': Lokotsch 1927 Etym. Wb. Nr. 223. Schon im 16. Jh. hatte das ind. Wort portug. varanda ergeben.

verbal(l)hornen s. bal(l)hornisieren.

verblüffen schw. Ztw., mnd. vorbluffen 'bestürzt machen' (nl. seit 1598 verbluffen 'betäuben, entmutigen') bringt aus nd. Mundarten, in denen es von der Rheinmündung bis in den Osten lebt, in die Schriftsprache des 18. Jh. Noch Hamann 7, 368 führt es mit „wie man bei uns sagt" ein, Stosch, Kl. Beitr. 1, 22 will es noch 1778 als mundartlich gemieden wissen. Campe empfiehlt es, Wieland, Goethe, Jean Paul setzen es durch. Unser Mask. Bluff ist aus dem Ztw. rückgebildet. Auf Entlehnung aus dem Mnd. beruhen auch älter dän. forbluffe, dän. forbløffe, schwed. förbluffa. Man nimmt lautmalenden Ursprung an, wie auch für engl. bluff 'plump', mnd. engl. buff 'Schlag'.

verbrämen schw. Ztw., spätmhd. verbrëmen, mnd. vorbrëmen 'mit einem Rand versehen', zu mhd. brëm N. 'Einfassung'. Dazu nl. braam, berm, mengl. brimme, engl. brim 'Rand'. S. Brombeere.

Verbrechen N. der subst. Inf. des Ztw. mhd. verbrëchen, das in verbrach, verbrochen fortlebt und selbst schon auf ein Brechen von Recht und Rechtsfrieden eingeengt war. Das Neutr. ist erst spätmhd.: J. Grimm, Rechtsalterth.[2] 623 verbrechen/infractio, violatio legis. Dagegen begegnet mhd. verbrëcher M. schon seit 1280.

verdammen schw. Ztw., nur deutsch: mhd. verdam(p)nen, ahd. firdamnōn. Nach Abschluß der hd. Lautverschiebung in der Bekehrungszeit etwa des 8. Jh., gleichzeitig mit Pein 'Höllenstrafe', aus lat. damnāre entlehnt, die Vorsilbe zugefügt unter Einfluß des sinnverwandten ahd. firtuomen, mhd. vertüemen zu ahd. mhd. tuom 'Urteil', wozu auch asächs. fardōmian, nl. verdoemen, ags. fordēman, anord. fordøma. Verdamnen ist noch Luthers Form, schon H. Sachs bietet verdammen mit derselben Angleichung wie in Stamm und Stimme. Vom kirchl. Ausgangspunkt her ist dem Part. verdammt der Klang des Fluch- und Scheltworts geblieben.

verdauen schw. Ztw., mhd. verdöu(we)n, verdouwen, ahd. firdouwen, asächs. farthewian, nl. verd(o)uwen. Aus mnd. vordöuwen ist älter dän. fordøve, dän. fordøie entlehnt. Daneben das einfache mhd. döuwen, douwen, ahd. douwen, dewen. Grundbed. etwa 'verflüssigen', insofern mit der unter tauen behandelten Sippe zu vermitteln. Vgl. schwed. smälta, das neben 'schmelzen' auch 'verdauen' bedeutet.

Verdeck s. Deck.

verderben Ztw. mhd. verdërben st. Ztw. 'zunichte werden, umkommen, sterben', womit sich im Nhd. das zugehörige Kausativ mhd.

verderben schw. Ztw. 'zugrunde richten, töten'
gemischt hat. Dazu afries. forderva st. Ztw.,
mnd. vorderven 'verderben', ags. deorfan 'sich
anstrengen, in Gefahr sein, umkommen'. Die
hd. Formen mit d- sind dem Nd. entlehnt.
Außergerm. gehört hierher lit. dírbti 'arbeiten',
dárbas 'Arbeit'.

Verderben N. Der subst. Inf. mhd. daz
verderben tritt schon vor 1200 in der Bed.
'Vernichtung' auf.

Verdikt N. 'Urteil (der Geschworenen)':
nach 1813 entlehnt aus gleichbed. engl. verdict,
dies aus lat. vere dictum. Petri 1834 verlangt noch w-Aussprache des Anlauts; die
heute häufige f-Aussprache scheint Vorbildern
wie Verurteilung zu folgen. Lehnübersetzung von Verdikt ist Wahrspruch, s. d.
Über den westeurop. Einfluß auf das Werden
unserer Schwurgerichte s. DWb. 4, 1, 2, 4009.

verdrießen st. Ztw. mhd. verdriezen, nl.
verdrieten 'Überdruß, Langeweile erregen'
neben gleichbed. mhd. erdriezen, ahd. ir-
driozan; dazu got. usþriutan 'lästig fallen',
ags. āþrēotan 'sich ekeln', anord. þrjóta 'mangeln, mißlingen', þrot 'Mangel', þraut 'Mühsal'. Die reiche Bed.-Entfaltung der Verbalwz.
*þrūt im Germ. erschwert es, außerhalb Ver-
wandte zu sichern. Auf idg. *trūd weisen
aslav. trudŭ 'Mühsal', truditi 'quälen', lat.
trūdere 'stoßen'. Für nhd. Verdruß gilt
mhd. verdriez und mit Ablaut urdruz, urdrütze.

verdutzt Adj. in nhd. Text nicht vor 1756:
Leipziger Aventurier 1, 195 „die Rolle eines
ganz vertutzten Menschen". Vorher verdutzet
'verworren' bei Paul Fleming († 1640) Dt.
Ged. 22, Part. zu mnd. vordutten 'verwirren',
das man mit engl. 'kindisch werden',
mundartl. dudder 'verwirren' verknüpft. Das
Grundwort dod M. 'geck' in Kleve 1477.
Unser d für germ. d (statt hd. t) im nd. Ein-
dringling wie in Damm, dauern², Deich,
Dill, Docht, Docke, Dohle, Dolde,
Dotter, dumm, Dung, dunkel, Dusel.
Im Obd. mischt sich der Fremdling mit dem
altheimischen Part. von vertutzen 'vor den
Kopf stoßen'. Dies zu mhd. tuz 'Stoß', einer
offenbar lautmalenden Bildung. Bei Seb.
Brant 1494 Narrensch. 92, 42 putzt sich eine
Närrin der welt zu tutz 'womit sie alle Welt
vor den Kopf stößt': A. Götze 1923 Zs. f. dt.
Phil. 49, 289.

Verein M. Zu mhd. (sich) vereinen gehört
als Rückbildung spätmhd. frühnhd. vereine F.
'Vereinigung, Übereinkommen', das im 18. Jh.
von unserm Mask. abgelöst wird. Aus 'Ver-
bundensein' als Zustand (geblieben in der
Formel 'im Verein mit') sind im 19. Jh. 'die
durch Vereinigung Verbundenen' geworden.

Verfasser M. Das Ztw. verfassen, das
urspr. die mannigfaltigen Verwendungen des
einfachen fassen teilt, steht bei Luther in
Wendungen wie Dan. 7, 1 „er schrieb den-
selbigen Traum und verfaßte ihn also". Ihnen
nahe steht die Formel „in Schriften verfassen",
zu der sich bei Zesen Schriftverfasser 'Autor'
stellt (Zs. f. d. Wortf. 3, 208), von ihm 1656
gekürzt zu Verfasser Helikon⁴ 2, S 3a. Im
18. Jh. tritt Schriftverfasser zurück (DWb.
9, 1750), von Schriftsteller (s. d.) grenzt
sich V. derart ab, daß neben V. die verfaßten
Werke im Gen. stehen. Dän. forfatter, schwed.
författare sind dem nhd. Wort nachgebildet,
bevor dieser Zwang durchgeführt war und
halten sich frei davon wie noch Lessing, Kant,
Herder.

verfitzen s. Fitze.

verfumfeien schw. Ztw. 'leichtfertig vertun;
verpfuschen', zuerst aus Altona 1589 bei Paul
Piper, Altona unter Schauenburgischer Herrschaft 3 (1893) 59 „hat Meister Fridrich, ein
Copperschmitt, einen gulten Rink gewonnen,
vor 40 Daler, der Docter aber hat ihm den
vorfumseyt und ihm einen geben, so nur 6
oder 7 Daler wert". Die Bed. ist verallgemeinert
aus 'beim Tanz nach der Bierfiedel vertun'. Als
Schallwort ist nd. fidelfumfei '(Tanz zum Klang
der) Bierfiedel' seit 1767 Brem. Wb. 1, 467 bezeugt; dazu verfum(fum)feien Richey 1755
Hamb. Id. 67. Aus nd. Mundarten, die es
von Livland bis Niederhessen in vielen Formen
lieben, hd. verfumfeien seit Joh. Gottw.
Müller v. Itzehoe 1790 Straußfedern 2, 60,
im 19. Jh. auch verbum-, -fumfiedeln: Zs.
f. dt. Wortf. 3, 241. 5, 297. 6, 227. 10. 23.

vergällen schw. Ztw., mhd. vergellen 'bitter
wie Galle machen, verbittern': zu Galle.

vergalstern s. galstern.

Vergangenheit F. als Fachwort der Sprachlehre erst nach Campe 1813. Die Versuche,
die zu dem guten Ersatzwort führen (noch
Adelung sagt „die vergangene Zeit" nach lat.
tempus perfectum) bei Leser 1914 Zs. f. dt.
Wortf. 15, 61 f.

verganten s. Gant.

vergattern schw. Ztw. 'versammeln'. In
spätmhd. Zeit tritt im Raum von Köln ver-
gatern auf, das als vergaderen ins M. und Nd.
hinüberreicht und zu der unter Gatte behandelten Sippe von engl. gather gehört.
In die Vorgeschichte des Ztw. weist auch finn.
katras 'Herde', nach Setälä 1934 Ann. acad.
scient. fenn. B 30, 570 aus gleichbed. germ.
*gaduraz entlehnt. Beim Subst. Vergatte-
rung F. ist die umfassende Bed. 'Versammlung'
in der Heeressprache eingeengt auf 'Signalruf
bei der Wachablösung'.

vergebens Adv. mhd. vergëbene(s), mnl.
vergheves, nnl. vergeefs, mnd. vorgeve(n)s,
daraus entlehnt dän. forgjæves, schwed. för-
gäves. Das Part. Prät. zu ahd. firgëban,
mhd. vergëben 'wegschenken' wird als Adj.
der Bed. 'unnütz, vergeblich' gebraucht. Dazu
das Adv. mhd. vergëbene 'schenkweise; so
daß man nichts bekommt; so daß man nichts
ausrichtet; ohne die beabsichtigte Wirkung', dem
in spätmhd. Zeit das -s der Adverbien genetiv.
Ursprungs angefügt wird. In der Schweiz
ist die ältere Bed. 'schenkweise' noch lebendig;
zur Entwicklung vgl. gr. δωρεάν Adv. urspr.
'als Geschenk', nachmals 'umsonst'.

vergessen st. Ztw. mhd. vergëzzen, ahd.
firgëzzan (daneben gleichbed. mhd. ergëzzen,
ahd. irgëzzan), asächs. anl. fargëtan, afries.
ûr-iëta, ags. forgitan. Das westgerm. Ztw.
ist mit seinem Faktitiv ergötzen (s. d.) ein Rest
der germ. Verbalwz. *get 'erreichen' in got.
bigitan, anord. geta 'erlangen' (daraus entlehnt
engl. get), denen idg. *ghed in gr. χανδάνειν,
lat. prehendere 'fassen' entspricht. Die Vorsilbe ver- (s. d.) verkehrt die Bed. des Ztw.
in ihr Gegenteil, vergessen ist somit urspr.
'aus seinem Bereich, seinem Besitz verlieren'.
S. gissen.

vergeuden schw. Ztw., mhd. giuden, gouden,
göuden, frühnhd. geud(n)en 'großtun; prahlerisch verschwenden', ahd. nicht belegt. K. v. Bahder 1925 Wortwahl 112 geht aus von anord.
geyja 'bellen, spotten, ausschelten' (wozu über
mhd. *gouwezen mundartl. gauzen 'bellen,
schreien'), gauð F. 'das Bellen', ags. gëad F.
'Torheit, Spott'. Als Ableitung von diesem
Fem. bedeutet mhd. gouden, göuden urspr.
'laut sein', das danebenstehende giuden stellt
eine Ablautstufe gëu- neben gau- dar; frühnhd.
geudnen ist über ein Subst. *giudem 'Gebell'
zu vermitteln. Die Bed. 'großtun', in mundartl. Resten obd. bis heute lebendig, wird nhd.
durch prahlen gedeckt; auch als 'verschwenden'
war unser Wort nach frühnhd. Zeit in Gefahr
unterzugehn. Steinbach 1734 bezeichnet es als
vox non ubique usitata, Adelung 1780 als
„im Obd. gangbar, im Hd. veraltet". Mylius
1777 Hamiltons Märlein 578 empfiehlt es als
neueres Dichterwort. Das zielt auf die Belebung, die mit Bodmer 1754 Ged. 31 einsetzt:
Kuhberg 1933 Verschollenes Sprachgut 62.

Vergißmeinnicht N. heißt Myosōtis (so
wegen der behaarten Stengelblätter; danach
ahd. mūsōra, jünger Mausöhrlein) bei uns
seit dem 15. Jh. Jünger sind nl. vergeet-
mijnietje, engl. forgetmenot, schwed. forgät-
migej; dän. forglemmigej. Beim ersten Vorkommen (in einem handschriftl. bair. Pflanzen-

glossar: Mones Anz. f. Kde. d. dt. Vorzeit 8
(1839) Sp. 103, Nr. 42) zielt gamandria/ver-
gismannicht auf Veronica chamaedrys, den
Gamander-Ehrenpreis. Er und Myosotis pa-
lustris teilen auch Namen wie Katzen-, Hen-
nen-, Gans-, Froschäuglein: beide zeigen
in der Mitte ihrer zierlichen Blüten eine an-
dersfarbige Kreisfläche; zudem liegen die
Kronblätter in einer runden Ebene. Auch den
Vergleich mit Menschenaugen forderten solche
Blüten heraus. Sehr wahrscheinlich zielt auf
beide der ahd. Name fridiles auga: die Lie-
benden sahen in den Blüten, deren lichtes
Blau von je die Farbe der Treue war, Ab-
bilder ihrer Augen. Der Liebhaber schenkte
sie dem Mädchen, damit es sich seiner stets erinnerte; vielleicht auch, daß das Auge ihre
Treue überwachen sollte: R. Loewe 1939
Sonderdruck 15 ff.

Vergleich M. Zu dem schon als mhd. ver-
gelichen vorhandenen Ztw. wird Vergleich
im 17. Jh. rückgebildet. Es erscheint in der
Bed. 'Zustand des Gleichseins' bei Logau 1654
Sinnged. 1, 5, 97, als „Beilegung eines Streits"
seit Duez 1664.

Vergnügen N. der subst. Inf. des mhd. Ztw.
vergenüegen 'zufriedenstellen', dies zu genug,
f. d. Das Subst. geht in der Bed. 'Genüge,
Befriedigung' von der Kanzlei des späteren
15. Jh. aus. Die im 18. Jh. vordringende Bed.
'voluptas' haftet urspr. an der Weiterbildung
Vergnügung(en).

Verhängnis N. Zu mhd. verhengen schw.
Ztw. '(dem Roß) die Zügel hängen lassen, ihm
den Willen lassen' gehört verhencnisse F. N.
'Einwilligung', das in der Reformationszeit zu
'Fügung (Gottes)' wird. Nach dem Verblassen
des relig. Einschlags in der Aufklärungszeit
wird das Wort durch die Klassik zum Träger
des Begriffes 'Schicksal'.

verhängnisvoll Adj. 'fatalis' nicht vor Schiller
1799 Wallenst. Tod 1, 1, somit gebildet erst,
als Verhängnis die Bed. 'fatum' angenommen hatte.

verharschen schw. Ztw. seit Anfang des 15. Jh.
S. Harsch.

verheddern, sich schw. Ztw. 'sich verwirren'
besonders im Sprechen, ursprünglich beim Ar-
beiten mit Fäden und Werg: demgemäß zu
Hede, f. d. Die wesentlich norddt. und ostmd.
Ableitung erscheint zuerst bei dem Ostpreußen
J. T. Hermes 1776 Sophiens Reise 1, 648:
„Herr Malgré hat sich da in Koschchens Schlin-
gen verheddert".

verheeren schw. Ztw. Zu Heer (f. d.) gehört ein germ. *harjōn 'bekriegen'. Es lebt in
anord. herja 'einen Raubzug unternehmen',
ags. hergian, engl. harry, harrow 'plündern',

ahd. heriōn, mhd. hern. Dazu ahd. firheriōn, mhd. verher(ge)n 'mit Krieg verderben'.

verheilen schw. Ztw. ist der Ausdruck für das Kastrieren des Viehs in obd. Mundarten. Von da kennen es Adelung 1780 und Stieler 1691; schon Fischart 1577 Podagr. Trostb. D 6b spricht von verhailten stiren. Die Bed.-Entw. des der Schriftsprache nicht geläufigen Worts s. u. heilen.

verhunzen schw. Ztw. stellt sich im 17. Jh. zu älterem hunzen 'wie einen Hund behandeln' (s. d.). Greifbar zuerst im Causenmacher (Lpz. 1701) 62 „die Sache verhunzen", in die Schriftsprache eingeführt durch Hamann und Lessing.

verkappen schw. Ztw. im Anfang des 16. Jh. zu Kappe (s. d.) in seiner Bed. 'Mantel mit Kapuze' gebildet; von da in die gangbare Bed. 'durch Verkleidung unkenntlich machen' übergeführt, die namentl. im Part. verkappt gilt. S. auch Tarnkappe.

verknacksen schw. Ztw. 'gerichtlich bestrafen'. Lat. cēnsus (gr. κῆνσος) 'Schatzung' gelangt zur Zeit Christi nach Judäa. Den Juden erschien der röm. Census wie eine schlimme Strafe: so entstand hebr. kānas 'bestrafen'. Hieraus jüd.-dt. Knast 'Geldstrafe' und ein zunächst student. verknassen 'verurteilen'. Gleichbed. verknacken (Zs. f. d. Wortf. 6, 98) ist daraus zurechtgedeutet: Lokotsch 1927 Etym. Wb. Nr. 1050.

verknusen schw. Ztw. Ein in nd. Ma. verbreitetes (ver)knüsen 'quetschen, zermalmen, kauen, verdauen', verwandt mit alem. chnüs-(t)en 'schlagen', nl. kneuzen 'quetschen', agf. cnossian 'stoßen, treffen', anord. knosa, knūska 'schlagen', norw. knūsa, schwed. mundartl. knosa 'zusammendrücken' (idg. *gneus-, Erweiterung der verbreiteten idg. Wurzel *gen-), wird in verneinter Wendung von unverdaulicher Speise übertragen auf schwer erträgliche Mitmenschen, auf Verhältnisse, die man innerlich nicht verarbeiten oder erlittenes Unrecht, das man nicht verwinden kann. Von Norden, namentl. von Berlin her, dringt die Formel „jem., etw. nicht verknusen können" in die Umgangssprache.

verkohlen schw. Ztw. zu Kohl², s. d.

verkorksen schw. Ztw. Kork (s. d.) wird im Osten und Norden zu Korks (wie Kleck, Knick, Knipp zu Klecks, Knicks, Knipps). Dazu das in Norddeutschland volkstüml. (ver)korksen: der schlecht gestöpselten Flasche wird die verunglückte Rede, die verpfuschte Behandlung einer Sache u. ä. verglichen

verkröpfen s. Kropf.

verkümmeln schw. Ztw. Rotw. verkimmern 'verkaufen' begegnet 1510, gleichbed. verkim-

meln 1847 (Kluge 1901 Rotw. 1, 55. 392). Seit 1822 erscheint verkümmeln in stud.-sprachl. Quellen (Kluge 1895 Stud.-Spr. 132; Zs. f. d. Wortf. 12, 292). Jetzt weithin in den Mundarten (DWb. 12, 1, 693; H. Fischer 1908 Schwäb. Wb. 2, 1203), kaum je gedruckt: Maltiz 1828 Der alte Student 2, 2.

verlangen schw. Ztw. mhd. (selten) verlangen 'sehnlich begehren', wofür meist belangen, ahd. (bi)langēn, gilangēn, asächs. langōn, mnl. (ver)langhen, agf. longian, anord. langa 'sich sehnen': verschiedene germ. Abl. zum Adj. lang. Im Vordergrund stand der unpersönl. Gebrauch ahd. mich (be)langēt, mnl. mī langhet 'etw. wird mir (zu) lang'.

Verlaub M. nur in der seit dem 16. Jh. nachweisbaren Formel mit Verlaub. Das Ztw. verlauben, spätmhd. verlouben, zu dem das M. als Rückbildung gehört, hat nie eine sonderliche Rolle gespielt; seit etwa 1700 ist es durch erlauben völlig verdrängt. Häufig sind nd. verlöv, mnd. vorlöf, mnl. verlöf 'Erlaubnis, Urlaub'.

verlegen Adj. 'unschlüssig, ratlos', entwickelt aus dem Part. zu mhd. verligen 'durch zu langes Liegen verderben'. Auf Menschen angewendet wurde daraus 'untätig'. Da Untätigkeit auf Unschlüssigkeit und Ratlosigkeit beruhen kann, ergab sich der nhd. Sinn, zuerst bei Frisch 1741. Dort auch das entspr. Verlegenheit F.

verlegen schw. Ztw., spätmhd. verlegen 'Geld auslegen, etwas auf seine Rechnung nehmen', seit dem 16. Jh.: von den Kosten eines Druckwerks, dazu Verlag M. 'Auslage; verlegtes Geld' seit dem 16. Jh.; Verleger M. im 15. Jh. 'Unternehmer', seit dem 17. 'Buchhändler, der Bücher verlegt'. Das 18. Jh. kennt Verleger beim Tuchmacherhandwerk, das 19. auch Bierverleger (für Berlin seit 1876 nachgewiesen). Verlagshandel, -handlung sind Klammerformen für Verlagsbuchhandel, -buchhandlung. Schirmer 1911 Wb. d. dt. Kaufm.-Spr. 202 f.

verletzen schw. Ztw. mhd. verletzen 'hemmen, schädigen, verwunden': zu letzen, s. d.

verleumden schw. Ztw. mhd. verliumden: zu Leumund, s. d.

verlieren st. Ztw., mhd. mnl. verliesen, ahd. virliosan, asächs. farliosan, nnl. verliezen, afries. urliasa, agf. forlēosan, got. fraliusan 'verlieren' mit fralusnan 'verlorengehen' und fralusts F. 'Verlust'. Der germ. Wz. *lus, zu der noch los und lösen gehören, steht eine einfachere Wz. *lū zur Seite in anord. lȳja 'schlagen, klopfen, ermatten', norw. mundartl. lua 'abwinden' und mit n-Erweiterung in got. lun (Akk. Sg.) 'Lösegeld', agf. ālynnan 'erlöfen'. Die idg. Verwandten f. u. los. Das durch gramm. Wechfel entstandene -r- der einst endbetonten Formen ist vom Plur. Prät. und Part. auf alle nhd. Formen übertragen. Auf Entlehnung von mnd. vorloren beruht dän. forloren. Es hat die Bed. 'unecht' entwickelt, zuerst in der Verbindung forlorent haar: die Frauen trugen lose Flechten ihrer eignen, ausgekämmten Haare. Danach forlorne tænder 'falsche Zähne'.

Verlies N. Zu verlieren (f. d.) in der nd. Form ferliesen erscheint im Brem.-nsächf. Wb. 3 (1768) 56 Verlies; durch Bürger 1778, Musäus 1782 und die Ritterromane gelangt (Burg-)Verlies in die Schriftsprache: Kluge 1907 Zf. f. d. Wortf. 9, 125 ff. Ausgangsbed. ist 'Ort wo man sich verliert', demgemäß bedeuten Steinverlies 'finstre Grube', Weinverlies 'tiefer Keller'. Die vorübergehend geltende Schreibung Verließ war an verlassen angelehnt.

verloben schw. Ztw. Mhd. verloben war 'versprechen'; es begegnet in gleicher Bed. wie geloben, f. d. und Lob. Die Bed.-Verengung vergleicht sich der von ledig, scheiden, Verhältnis, versprochen sein, lat. (de)-spondere.

Verlust M. mhd. verlust, ahd. far-, virlust, asächf. farlust, got. fralusts F.: zu verlieren gebildet wie Frost zu frieren, beide durch gramm. Wechfel von ihrem Stammwort getrennt. Zum Genuswechfel H. Paul 1917 Dt. Gramm. 2, 105 f. Über die frühnhd. und obd. Form verlurst, in der sich unser Wort mit gleichbed. mhd. verlor M. mischt: Hintner 1905 Zf. f. d. Wortf. 6, 363 f.

vermachen schw. Ztw. Mhd. vermachen, mnd. vormaken hat (wie übermachen) im 14. Jh. die Bed. 'in den Besitz eines andern übertragen' erlangt. Besonderung hierzu ist vermachen 'durch letztwillige Verfügung übertragen', zu dessen Part. vermacht im 17. Jh. Vermächtnis (Kramer 1678 Vermachtniß) gebildet wird. Ihrer Bildungsweise nach vergleichen sich Bewandtnis, Gedächtnis, Kenntnis.

vermählen schw. Ztw. Unter Gemahl (f. d.) ist ahd. gimahala F. 'Gattin' entwickelt. Dazu ahd. (gi)mahalen, mhd. (ge)mahelen, spätmhd. (ver)mähelen 'ein Mädchen einem Mann zur Gattin geben; sich eine Gemahlin nehmen'. Das verstummte h wurde als Längezeichen beibehalten wie in Ahre, erwähnen, Zähre; wie hier ist die durch Kontraktion aus mhd. ähe entstandene Länge offen geblieben.

vermessen Adj. Neben messen stehen ahd. firmëzzan, mhd. vermëzzen 'falsch messen' (f. ver-), deren Reflexiv 'das Maß seiner Kraft

zu hoch anschlagen, sich überschätzen' bedeutet. Das Part. ahd. firmëzzan erscheint früh verselbständigt zu 'verwegen, kühn'. Auch fermëzzenheit F. ist schon spätahd.; die Mystiker setzen das Wort durch, von ihnen übernimmt es Luther.

vermöge Präp. Zu mnd. vormoge F. 'Kraft' (f. Vermögen) stellen sich Formeln wie in, nach v. 'kraft, laut', in denen den Präp. bindende Kraft zukommt und von vormoge ein Gen. abhängt. Entfpr. mhd. nâch vermügen, frühnhd. in vermüg. Im Vorton schwinden die Präp. wie bei (nach) besage, (nach) kraft, (nach) laut, (durch, über)mittel(st), (an)statt, (von) wegen. Unter dem Einfluß von nach kann an Stelle des Gen. der Dativ treten: Behaghel 1924 Dt. Syntax 2, 31. 49; 1928 Gesch. d. dt. Spr. 351.

Vermögen N. mhd. vermügen N., subst. Inf. zum Ztw. mhd. vermügen, ahd. furimugan 'imstande sein, Kraft haben'. Anders gebildet ist mnd. vormoge F. 'Kraft', f. vermöge.

vermummen schw. Ztw. Neben Mummerei (f. d.) weisen Schiller-Lübben 3, 133 mnd. mummen nach. Von Norden her erreicht vermummen die Schriftsprache, früh bei Rollenhagen 1595 Froschmeuseler B 5b.

vernichten schw. Ztw. mhd. vernihten, mnd. vornihten 'zunichte machen'. Zu niht 'nichts'.

Vernunft F. mhd. vernunft, ahd. firnunft 'Tätigkeit des Vernehmens, sinnliche Wahrnehmung, Verständnis, Einsicht'. Al. vernuft, dän. fornuft, schwed. förnuft beruhen auf Entlehnung. Zu vernehmen, mhd. vernëmen, ahd. firnëman 'erfassen, erfahren, hören, begreifen'. Den übertragenen Bedeutungen, denen sich die des anord. nema 'lernen' vergleicht, liegt die sinnliche von got. franiman 'in Besitz nehmen, ergreifen' voraus. Ähnliche Entwicklung zeigen begreifen und vergessen. nft wie in Brunft, Zukunft (neben brummen, kommen).

Veronal N. Der Erfinder des Schlafmittels Emil Fischer (1852—1919) beendete die Verhandlungen über den Namen durch den Hinweis „In einer halben Stunde geht mein Zug; ich habe schon in Verona Nachtquartier bestellt", worauf man sich auf Veronal einigte: E. Müller-Graupa 1933 Wiener Blätter für die Freunde der Antike 9, 49 Abweichende Darstellungen bieten v. Lippmann, Zeittafeln z. org. Chemie (Berlin 1921); Starkenstein in der Zf. Lotos 70 (Prag 1922) 279; K. Sudhoff 1936 Mitt. z. Gesch. d. Med. 35, 77.

verplempern schw. Ztw., nd. plempe(r)n 'verschütten'. Unter Plempe (f. d.) ist obd. Plempel M. 'hin und her geschwapptes, daher schlechtes, schales Getränk' entwickelt.

Unratsames Umgehen mit Flüssigkeiten lockt früh zu Übertragungen, so 1430 Mon. med. aevi hist. res gestas Poloniae illustr. (Krakau 1874) 7, 415 „durch mancher mengunge vnd plemperey wille, dy durch weybir vnd logenhaftige speyer pflegit czu geschen". Schweiz. plempen ist 'frei hangend hin und her schwanken', aus Basel 1594 belegt das Schweiz. Jd. 5, 101 „das bluot, das ist vergossen und verplempert worden". Neben dem Vergeuden von Geld und Gut zielt v. auf unüberlegtes Verlieben: Amaranthes 1715 Frauenz.-Lex. 2071; Schiller 1788 Briefe 2, 18 „eine Frau habe ich noch nicht, aber bittet Gott, daß ich mich nicht ernsthaft verplempere".

verpönen schw. Ztw., spätmhd. verpönen: zu lat. poena 'Strafe' (wozu als ältere Entlehnung Pein, s. d.). Die frühnhd. Bed. 'mit (Geld-)Strafe belegen' wandelt sich im 18. Jh. zu 'etw. als strafbar hinstellen'.

verquicken schw. Ztw. bei Paracelsus, Thurneisser usw. 'mit Quecksilber legieren' (s. erquicken, Quecksilber, Quickborn) Von da im 18. Jh. auf außerchemische Vorgänge übertragen.

verquisten schw. Ztw. 'vergeuden': durch Lessing, der es von Berlin her kannte (Ag. Lasch 1928 Berlinisch 159), der Schriftsprache zugeführt aus nd. nl. (ver)kwisten. Diese zu der gemeingerm. Sippe von got. qistjan, ahd. quistan 'verderben', die man mit aind. jāsáte 'ist erschöpft', gr. σβεννύναι 'löschen', aslav. gasiti 'löschen', lit. gèsti 'erlöschen' verbindet.

verraten st. Ztw. ahd. firrātan, mhd. verrāten, mnd. vorrāden (von da entlehnt spätanord. forrāða), nl. verraden, afries. ûrrēda, ags. forrǣdan, somit westgerm. Die Grundbed. 'einen Entschluß zu jemands Verderben fassen' ist erst erweitert auf 'etw. zu jem. Verderben tun', dann eingeengt auf Fälle, in denen das durch Preisgabe von Geheimnissen geschieht.

verrecken schw. Ztw. Zu recken (s. d.) stellt sich ein mhd. noch seltenes verrecken 'die Glieder starr ausreckend verenden', im 17. Jh. auf sterbende Tiere beschränkt. Daher der rohe Klang, wenn es neuere Sprechweise auf Menschen anwendet.

verreißen st. Ztw. wird neben totschweigen und lobhudeln zum Schmähwort der literar. Kritik, das mit dem um 1885 aufstrebenden Dichtergeschlecht hochkam: Ladendorf 1906 Schlagwb. 324.

verrenken schw. Ztw. 'den Knochen aus der Gelenkkapsel zerren' zu renken, s. d. In ärztl. Fachsprache gilt Verrenkung für 'luxatio'. Bair.-österr. Umgangssprache sagt auskegeln: Kegel (s. d.) ist über 'Knöchel' zu 'Gelenkkugel' geworden: Kretschmer 1918 Wortgeogr. 548.

verrucht Adj. aus mhd. verruochet 'der aufgehört hat, sich um etwas zu kümmern', Part. zu verruochen, dem Gegenwort zu ruochen 'sich kümmern um'. Aus dem Sorg- und Achtlosen ist unter dem Einfluß der unverwandten Wörter anrüchig, berüchtigt, ruchbar der Ruchlose geworden, s. geruhen und v. Bahder 1925 Wortwahl 53.

verrückt Adj., dän. forrykt, schwed. förryckt, entwickelt aus dem Part. zu mnd. vorrücken, mhd. verrücken, obd. verrucken 'von der Stelle rücken'. Sofern das Gehirn als Uhrwerk gedacht wurde (vgl. eine Schraube ist locker), war v. geeignet, Geisteskrankheit zu bezeichnen. Ausdrücke für Geisteskranke (Narr, irr, gestört usw.) verbrauchen sich rasch. Am Bed.-Wandel von verrückt ist mlat. raptus beteiligt, desgl. die Zus.-Setzung sinnverrückt (um 1600), ebenso die Subst. Verrückung (des Verstandes delirium, furor, insania Stieler 1691; nnl. verruckinghe der sinnen 1598) und Verrücktheit (seit Kant und Adelung).

Vers M., mhd. ahd. vërs, fërs, mnd. nnl. anord. dän. schwed. vers, mnl. ve(e)rs, vaers, afries. ags. fërs: aus lat. versus (das über frz. vers engl. verse ergeben hat) mit dem f der frühen Lehnwörter (s. Veilchen) übernommen, etwa gleichzeitig mit Schule und Meister, greifbar schon im Abrogans des 8. Jh. (versicoli/ ersiclīn: Ahd. Glossen 1, 128, 38). Soweit vom Nd. eine Form Versch(e) ausgeht, ist sie aus vërske entwickelt; obd. Versch zeigt den üblichen Lautwandel von rs zu rš. Das lat. Wort bedeutet als Part. zu verrere 'schleifen, am Boden schleppen' (idg. Wurzel *u̯ers-, s. wirr) ursprünglich 'Furche', ist aber von vornherein und ausschließlich als 'versus metricus, Verszeile' entlehnt. Volkstümlich steht Vers für 'Strophe', in der Zus.-Setzung Bibelvers (dafür schon ahd. fërs bei Otfrid) auch für den Leseabschnitt in ungebundener Rede. S. Reim.

Versand M. um 1830 als Kaufmannswort rückgebildet aus versenden.

verschieden Adj. Zum st. Ztw. mhd. verscheiden 'fortgehen' in seiner bibl. Bed. 'sterben' gehört als Part. verschieden 'verstorben'. Von verscheiden '(sich) unterscheiden' geht das seit Kramer 1678 gebuchte verschieden 'unterschiedlich' aus. Adv. dazu ist verschiedentlich.

verschimpfieren s. schimpfieren.

Verschiß M. Der student. Verruf begann im 18. Jh. mit gröblicher Verunreinigung der Bude des Betroffenen: Laukhard 1791 Leben I Kap. 5; Zs. f. d. Wortf. 3, 101. 4, 314. 12, 292. Von daher sind für Kindleben 1781 Stud.-Lex. 205 die Wendungen „ich bin im V." und „ich bin auf dem Mist" gleichbed. Goethe kennt das derbe Wort aus seiner Straßburger Studentenzeit.

verschlagen Adj. Mhd. verslahen konnte aus seiner Grundbed. 'schlagend beseitigen' die Bed. 'verstecken' entwickeln. Dazu seit Trochus 1517 das Part. vorschlagen mit der aktiven Bed. 'der seine Gedanken zu verstecken weiß, undurchsichtig, schlau'. Das später zu verschlagen 'einen verprügeln' bezogene part. Adj. hat verschmitzt nach sich gezogen, s. d.

Verschleiß M. 'Kleinverkauf'. Zu dem unter schleißen entwickeltenVerbalstamm gehört mnd. vorsliten 'in Stücke spalten und so in den Handel bringen', von Kupfer u. ä. seit 1400 bezeugt, im 15. Jh. auch schon auf 'im Kleinhandel vertreiben' verallgemeinert. Zum entspr. hd. verschleißen gehört die seit Beginn des 16. Jh. bezeugte Rückbildung Verschleiß, die in Österreich (einst auch in Bayern) das fremde Detailverkauf entbehrlich macht: Schirmer 1911 Wb. d. dt. Kaufm.-Spr. 203; Kretschmer 1918 Wortgeogr. 548.

verschlimmbessern schw. Ztw. 'bei der Absicht, etw. zu bessern, es verschlimmern', von Lichtenberg gebildet, durch Campe 1807 Wb. 1, XIII abgelehnt, von Wolf 1811 Platons Phädon 11 aufgenommen.

verschlingen s. schlingen².

verschmitzt Adj. Dem mißdeuteten verschlagen (s. d.) folgt das Part. zu verschmitzen 'mit Ruten schlagen' seit Sachs 1551 Fastn. 32, 344 in der Bed. 'schlau'. Frisch 1741 Wb. 2, 209 deutet zutreffend: „weil theils Kinder durch Schmitze der Ruthe klug werden". Vgl. auch gerieben u. außerhalb des deutschen ags. äbered 'schlau' (zu berian 'schlagen').

verschollen Adj. Zum untergegangenen Ztw. verschallen 'aufhören zu schallen, verklingen' gehört (wie das Prät. erscholl zu erschallen) als Part. verschollen, das zunächst bei Adelung 1780 als gerichtl. Ausdruck für solche erscheint, die nach öffentl. Ladung am Gerichtstag nicht erscheinen und vermutlich tot sind.

verschroben Part. Das Ztw. schrauben ist als Ableitung von Schraube F. schwach, auch in uneigentl. Verwendung (geschraubter Ausdruck). Stark gebildet ist (nach dem Vorbild von schnauben) verschroben, in norddt. Umgangssprache allgemein (ein Gewinde ist v.), in der Schriftsprache seit Kant und Wieland nur von geistiger Verschrobenheit (dies bei Kant, Campe, Goethe).

verschrumpelt s. schrumpfen.

verschütt gehen Ztw. 'verhaftet werden', zu nd. schütten 'einsperren, pfänden': eine ins Rotwelsche gelangte nd. Form, sprachlich eines mit hd. schützen. Der Flurschütz hatte das

Vieh, das in fremde Felder ging, zu schütten: Ag. Lasch 1928 Berlinisch 173.

verschwenden schw. Ztw. Zum st. Ztw. verschwinden (ahd. firswintan, mhd. verswinden) stellt sich das Faktitiv ahd. mhd. verswenden, dessen geltende Bed. aus 'verschwinden machen' entwickelt ist.

versehren schw. Ztw. mhd. (ver)sēren, nnl. bezeeren 'Schmerz verursachen': zu mhd. ahd. sēr M. 'Schmerz'. S. sehr und sehren.

versiegen schw. Ztw. 'vertrocknen'. Zum st. Ztw. mhd. versihen, das als frühnhd. verseihen fortlebt, gehört das Part. versigen. Daran angelehnt ist die erst nhd. Bildung versiegen, urspr. 'aus-, verfließen'. So steht auch anord. siga 'sinken, fallen' neben sīga. S. seihen.

versöhnen schw. Ztw. mhd. versüenen, zu Sühne, s. d. Die geradlinig entwickelte Form versühnen hält sich vereinzelt bis ins 19. Jh. Der heute geltende Tonvokal stammt aus dem Bair./Schwäb., wo spätmittelalterl. üe vor n zu ö gewandelt wird (grön 'grün', höner 'Hühner', kön 'kühn').

Verstand M. Ein seltnes spätmhd. verstant (d) 'Verständigung' rückt im 16. Jh. in die Bed. des ahd. firstantnissi, mhd. verstantnisse 'Verständnis, Einsicht, Verstand'. Im gleichen Sinn löst nnl. verstand das mnl. verstan(de)nisse ab. Dän. forstand, schwed. förstånd stehen unter dt. Einfluß.

verstauchen schw. Ztw., im 17. Jh. aus dem Nd. aufgenommen, vgl. nnl. verstuiken 'verrenken', mnl. nd. stūken 'breitstoßen, -drücken'. Verwandt mit Stauche und Stock, s. d.

verstehen st. Ztw. von westgerm. Alter: mhd. versten, -stān, ahd. farstān, -stantan, asächs. farstandan, mnd. vorstān, mnl. verstaen, nnl. verstaan, afries. forstān, ags. forstandan. Anord. forstanda, schwed. forstå, dän. forstaa sind aus dem Mnd. entlehnt. „Er versteht seine Sache" ist ursprünglich Rechtsausdruck 'er vertritt sie (vor dem Thing) in überlegener Weise, bis er obsiegt'. Die Vorsilbe (s. ver-) steht im Sinn des lat. per- in perstāre. Von der geistigen Beherrschung einer (Rechts-)Sache geht die Entwicklung zum richtigen Erfassen eines geistigen Zusammenhangs: s. Verstand und R. Martin 1938 Zf. f. Deutschkde. 52, 626ff.

verstümmeln s. Stummel.

versühnen s. versöhnen.

vertagen schw. Ztw. Mhd. vertagen (seit dem 13. Jh.) bed. 'einen Gerichtstag ansetzen'. Rädlein kennt 1711 vertagen 'vor Gericht fordern', Adelung 1780 'auf einen gewissen Tag bestimmen' als mundartlich. In diesen Bed. ist das Wort verklungen, neues Leben gewinnt es als Lehnüberſetzung des frz. ajourner, das 1789 die parlament. Bed. des engl. adjourn angenommen hatte: Ratſchky, Melchior Striegel 1793 (Ausg. 1799, S. 319) „Vertagen iſt ein neugeprägtes Wort, das den bey den neufränkiſchen Staatsverhandlungen häufig vorkommenden Ausdruck ajourner ſehr glücklich erſetzt". Gebucht ſeit Stalder 1812 Verſ. e. ſchweiz. Jd. 1, 257: vertagen 'etw. auf eine andere Zeit verſchieben'. S. tagen und Feldmann 1912 Zſ. f. d. Wortf. 13, 281.

vertändeln ſchw. Ztw., zu Tand (ſ. d.): kommt in der Bed. 'um Tand, leichtſinnig hergeben' vor Ende des 17. Jh. auf. Früh bei Abr. a S. Clara 1686 Judas 1, 12 „als er umb ein geringes Affenſpiel der Welt ſo ohnweißlich das Ewige vertändlet".

verteidigen ſchw. Ztw. Auf ahd. tag 'Gerichtstermin' und ding 'Verhandlung' beruht ahd. tagading, mhd. tagedinc, teidinc (g) 'Gerichtsverhandlung', deſſen Entwicklung zu 'Gerede' unter Teiding dargeſtellt iſt. Kontraktion zu ei wie in Eidechſe, Getreide, Maid; Wandel von -ing zu -ig (der in Honig, König, Pfennig nach n eintrat) findet hier in unbetonter Silbe ſtatt wie in den Ortsnamen Arheilgen, Merligen (aus *Araheilingen, Merlingen). Die heutige Form bietet ſchon der ſpätere Luther; 1523 ſchreibt er Hiob 13, 7 verteydingen. Die Bed.-Entwicklung des mhd. (ver)tagedingen, verteidingen, mnd. verde(ge)di(n)gen, mnl. verde(ghe)dinghen geht von der Grundbed. 'jem. vor Gericht vertreten' aus.

Vertiko M. N. 'Zierſchrank', angeblich nach ſeinem erſten Verfertiger, einem Berliner Tiſchler Vertikow benannt: Zſ. d. Sprachv. 9 (1894) 228.

vertonen ſchw. Ztw. Goethe urteilt im Geſpräch mit Eckermann am 20. Juni 1831 hart über die Wörter komponieren und Kompoſition: Zſ. d. Sprachv. 15 (1900) 234. Der Vorſchlag, ſie durch das Wortpaar vertonen und Vertonung zu erſetzen, wird auf Campe zurückgeführt (daſ. 196), doch hat ſich das bisher nicht beſtätigen laſſen. Erſt um 1897 treten beide auf (daſ. 32, 21; DWb. 12, 1, 1918), werden von der Preſſe bekämpft (Zſ. d. Sprachv. 15, 194. 23, 15), ſetzen ſich aber durch: W. Linden 1943 Dt. Wortgeſch. 2, 386.

vertrackt Adj. Zum Ztw. vertrecken 'verziehen, verzerren' (ſ. trecken) gehört als umlautloſes Part. vertrackt, das zuerſt bei dem Leipziger Prätorius 1668 Blocksberg 295 und dem Schleſier Lohenſtein 1690 Arm. 2, 1554 erſcheint. Rädlein 1716 Sprachmeiſter, Vorr. nennt v. meißniſch, Eſtor 1767 Rechtsgelahrth. 1422 oberheſſiſch. In heutigen Mundarten gilt

es von Oſtpreußen bis ins Elſaß, von Pommern bis Wien. Von der Grundbed. 'verzerrt' aus entwickeln ſich '(körperlich) entſtellt' und '(geiſtig) verwirrt, verteufelt'.

Vertrag M. Zu (ſich) vertragen gehört ſpätmhd. vertrac, md. verdrag, zuerſt in Wbb. des ausgehenden 15. Jh. für pactio, pactum, conventio. Von Zeſen 1643 Hd. Sprachübung 44. 83 als Erſatzwort für Kontrakt empfohlen und durchgeſetzt.

vertragen ſt. Ztw. mhd. vertragen, ahd. fartragan 'in falſcher Richtung, an einen andern Ort tragen; tragend geſchehen laſſen'. Dazu Vertrag und verträglich.

Vertrieb M. 'Verbreiten durch den Kauf', zum kaufmänn. (Waren) vertreiben im 17. Jh. gebildet, vor allem ein Wort des Buchhandels, auf dieſem Gebiet dem öſterr. Verſchleiß nahekommend: Schirmer 1911 Wb. d. dt. Kaufm.-Spr. 205; Kretſchmer 1918 Wortgeogr. 548.

vertuſchen ſchw. Ztw., mhd. vertuschen 'bedecken, verheimlichen, zum Schweigen bringen' mit einer DWb. 12, 1, 2015 f. entwickelten Formenfülle, die jede ſichere Deutung verwehrt.

vervollkommnen ſchw. Ztw.: zum Adj. vollkommen wie frz. perfectionner zu perfection. Das im 16. Jh. von Friſius und Maaler vereinzelt gebuchte Wort wird ſeit 1780 von Jean Paul und Campe als Erſatz für perfectionieren durchgeſetzt gegen den Widerſpruch von Herder, Adelung und Kinderling: Wh. Pfaff 1933 Kampf um dt. Erſatzwörter 53 f.

verwahrloſen ſchw. Ztw., mhd. ſeit dem 13. Jh. verwarlōsen 'unachtſam behandeln', das auf ahd. waralōs 'achtlos' beruht (wozu auch mhd. warlœse F. 'Achtloſigkeit'). Das Ztw. iſt auch mnd. und nl.; es hat ein älteres Vorbild im gleichbed. ahd. ruohhalōsōn, mnd. (vor)rōkelōsen, mnl. verroekelōsen, agſ. (for)rēcelēasian. Zum erſten Teil des ahd. waralōs ſ. wahren.

verwandt Adj. urſpr. 'zugewandt'; vgl. die zugewandten Orte in der Schweiz. Mhd. verwant, das Part. von verwenden, hat ſich im 15. Jh. als ſelbſtändiges Wort von ſeinem Ztw. gelöſt und iſt (wie mnd. vorwant, nnl. verwant) ſeit dem 16. Jh. als (ſubſt.) Adj. allgemein verbreitet, auch in den Mundarten. Die verſchiedenen Arten von Beziehungen zwiſchen mehreren Größen, die das alte verwant deckt, ſind ſeither verengt auf die Familienzugehörigkeit, die von ahd. sippi und māc, mhd. sippe, māc und friunt getragen wurde. Die neue Beziehung wird ſeit dem 16. Jh. verdeutlicht durch Zuſ.-Setzungen wie ange-, anverwandt, blutsverwandt. Wegen der Vorſilbe an- iſt Einfluß des gleichbed. lat. affinis glaubhaft, mit dem sich unser Wort in älteren Rechtstexten berührt.

verwegen Adj. mhd. verwëgen, mnd. vorwegen (hieraus schwed. förvägen) 'frisch entschlossen': Part. zum st. Ztw. sich verwëgen 'sich frisch entschließen'. Die frühnhd. Form des Part. verwogen vereinzelt bei Wieland und Schiller, heute mundartl.-umgangssprachl.

Verweis M. spätmhd. verwiz 'strafender Tadel': Rückbildung zu verweisen, mhd. verwizen, ahd. firwizan st. Ztw. 'tadelnd vorwerfen', dem nl. verwijten 'vorwerfen', got. fraweitan 'rächen' entsprechen. Vgl. ags. æt-witan, engl. twit 'schelten'. Daß schon der einfache Stamm 'strafen' bedeutet, lehren ahd. wizan, asächs. ags. witan mit ahd. wiz(z)i, asächs. witi, afries., ags. wite, anord. viti 'Strafe'. Die germ. Wz. *wīt 'strafen' beruht auf idg. *wid 'sehen' in gr. (ϝ)ιδεῖν, lat. vidēre 'sehen', got. witan 'beobachten', fairweitjan 'umherspähen' (s. wissen). Auch lat. animadvertere ist aus 'wahrnehmen' zu 'strafen' geworden; nhd. auffallen im militär. Sinn 'sich Tadel zuziehen' und anmerken 'tadelnd bemerken' sind in neuerer Zeit denselben Weg gegangen. Die Beziehung von Verweis auf weisen ist volksetymologisch.

verwelken s. welk.

verwerden st. Ztw., mhd. mnl. verwërden 'zunichte werden', ahd. farwërdan 'perire', asächs. farwërdan, mnd. vorwërden, ags. forweorðan, got. frawaírþan 'zugrunde gehn'; in dt. Mundarten von Kärnten bis Schwaben und Schlesien lebendig, in der Schriftsprache seit frühnhd. Zeit selten geworden. Bei den Mystikern steht mhd. erwërden vom Aufgehen in dem Schöpfer, dem Tode durch Absterben des Willens: so hat es J. Scheffler aus Meister Eckhart aufgenommen und damit neuerdings allerhand Nachfolge gefunden: J. Minor 1902 Anz. f. dt. Alt. 28, 118; H. Kunisch 1943 Dt. Wortgesch. 1, 250.

verwesen schw. Ztw., mhd. verwësen, ahd. firwësan st. Ztw. 'zunichte werden, vergehen' (intr.), 'verderben' (trans.). Der Zus.-Hang mit Wesen (Wz. *wes 'sein') scheint klar, doch legen ahd. wësanēn 'trocken, faul werden', ags. forweoran 'verwest', (for)weornian, (for)wisnian 'verderben', anord. visenn 'verwelkt' die Annahme einer germ. Wz. *wīs 'verwesen' nahe. Ihr entspräche idg. *uīs in aind. viṣá 'Gift', avest. vaēsah- 'Moder', gr. ἰός, lat. virus (aus *vīsos) 'Gift'. — Im dt. Wort steht ver- (s. d.) im Sinn des got. fra-.

Verweser M. mhd. (14. Jh.) verwëser 'Stellvertreter', mit ver- im Sinn des got. faúr-, wie an dem nächst vergleichbaren got. faúra-gaggja 'Verwalter' deutlich wird: zu

mhd. verwësen, ahd. firwësan 'jemandes Stelle vertreten'.

verwirklichen schw. Ztw., von Heynatz 1775 gebildet, von Pfeffel u. a. aufgenommen, von Campe durchgesetzt.

verwirren s. wirr.

verwittern schw. Ztw. 'unter dem Wetter, der Luft leiden': ein Zeuge der großen Bedeutung, die die von Wetter ausgehenden Bildungen im bergmänn. Wortkreis haben: Veith 1871 Bergwb. 570. Kaum vor Henckel 1725 Kießhistorie 619 „Ob der weiße Kieß in der Erden zerfalle oder, wie es die Bergleute aussprechen, verwittere". Frisch 1741 bucht v. 'sich in der Luft auflösen und seinen Gehalt verlieren (bes. von Erzen)', Adelung kennt noch 1801 v. „besonders von Mineralien". Übertragener Gebrauch beginnt mit Schiller 1781 Räuber 1, 2 „Du willst also deine Gaben in dir v. lassen". Außerhalb des Nhd. vergleicht sich engl. wither aus mengl. widren 'vom Wetter leiden'.

verzeihen st. Ztw. ahd. farzîhan, mhd. verzîhen, mnd. vortîen. Auszugehen ist von zeihen (s. d.) und seiner Grundbed. 'sagen'. Die bis ins 18. Jh. bestehende Wendung sich eines Dinges verzeihen bedeutet 'es sich versagen, darauf verzichten'. Besonderung daraus ist etwas verzeihen 'seinen Anspruch auf Genugtuung oder Rache aufgeben'. Dazu Verzicht, verzichten.

verzetteln s. Zettel[1].

Vesen M. 'Triticum spelta', mhd. vëse F. M., ahd. fësa F., in den Mundarten weithin lebendig, auch in Fam.-Namen wie Veeser, Veesenmeyer. Das geschichtliche Verhältnis zu lat. pisum, gr. πίσ(σ)ος, πίσον 'eine Erbsenart' ist unklar. Vielleicht handelt es sich in allen drei Sprachen um eine sehr alte Entlehnung aus einer Sprache Südosteuropas oder Kleinasiens. Das lat. pisum seinerseits wurde ins Kelt. (ir. pis) und Agf. (pise, peose) entlehnt. Vgl. Erbse. Die gleichbed. Wörter s. u. Dinkel.

Vesper F. mhd. vësper, ahd. vëspera: etwa zur gleichen Zeit wie die Klosterwörter Mette und None mit dem f der späteren Lehnwörter (s. Veilchen) entlehnt aus lat. vespera 'Abend', das kirchenlat. 'sechs Uhr abends', bei der unter None entwickelten Zählweise 'drei Uhr nachmittags' bedeutete. Gleichen Ursprungs sind ital. vesp(e)ro, frz. vêpres, engl. vespers. Zur umgangssprachl. Verbreitung von Vesper 'nachmittägl. Zwischenmahlzeit' s. Kretschmer 1918 Wortgeogr. 548 f.

Vettel F. Lat. vetula 'altes Weib' (subst. F. zu vetulus 'ältlich', dies zu vetus 'alt') ergibt im 15. Jh., offenbar durch student. Vermittlung, spätmhd. vetel mit verschlimmerter Bed., so daß neben Unzucht, herenhaftem Aussehen und Wesen die Ausgangsbed. schwindet und in der Formel alte Vettel neu hergestellt werden muß.

Vetter M. mhd. vęter(e) 'Vatersbruder; Brudersſohn', ahd. fętiro, fatirro, fatureo, nd. vedder, agſ. fædera 'Oheim'; zum Bed.-Wandel vgl. Neffe und Oheim. Auszugehen ist von 'Vatersbruder', das zeigt der ſprachl. Zuſ.-Hang mit Vater, der in den außergerm. Entſprechungen ebenſo deutlich wird: aind. pitṛvyá, aveſt. tūirya- aus *ptūrya-, gr. πάτρως Gen. πάτρω(ϝ)ος, lat. patruus 'Vatersbruder'. In dt. Mundarten hat ſich durch Vermiſchung mit Gevatter (ſ. d.) und Pfetter gelegentl. die Bed. 'Pate' eingeſtellt.

vexieren ſchw. Ztw. Lat. vexāre 'hin und her reißen' (zum Part. *vexus von vehere 'fahren') ergibt frühnhd. vexiren 'plagen', zuerſt in Prag 1468 Fontes rer. Austr. II 20, 530 „Jerſik iſt widergekorth keyn Prage vnd wil vns mühen vnd vexiren". Das im älteren Nhd. häufige Wort ſchwindet im 18. Jh. aus der Schriftſprache, hält ſich aber in den Mundarten von Tirol bis Köln.

Veſir M. Der Titel hoher Staatsbeamten des Morgenlands, arab. wazīr 'Träger', erſcheint ſeit 1540 in dt. Text (Mod. lang. notes 38, 409), Groß-Veſier 'oberſter Miniſter' ſeit Spannutius 1720 Lex. 485.

Vieh N. Mhd. vēhe, vihe, vich, md. vie, ahd. fēho, fihu, aſächſ. fēhu, mnd. anfr. anord. fē, mnl. nnl. vee, afrieſ. fiā, agſ. feoh, engl. fee, dän. fæ, ſchwed. fä, got. faíhu führen auf germ. *fehu-, idg. *peḱu-, die ablautenden anord. fǽr, aſchwed. fār 'Schaf' auf germ. *fahaz-, idg. *poḱos-. Aus ahd. fēho iſt über anglonorm. fee das engl. fee 'Lehen, Beſiß' entlehnt. Aus anfr. *fēhu-ōd 'Beſiß an Vieh' ſtammt frz. fief 'Lehen'. Strittig, ob urverwandt oder entlehnt, ſind lit. pekus, pekas, apreuß. pecku. Urverwandt ſind lat. pecu(s), umbr. pequo 'Vieh', oſſet. fus, fys 'Schaf', aveſt. paſúš '(Klein-)Vieh', kurd. pez 'Schaf', aind. paſú-, ved. páſu- 'Vieh'. Die älteſte Bedeutung iſt 'Wolltier, Schaf': idg. *peḱu- gehört zur Wurzel *peḱ- 'Wolle oder Haare rupfen, zauſen'. Inſofern ſind verwandt ahd. aſächſ. fahs, afrieſ. fax, agſ. feax 'Haupthaar', anord. fax 'Mähne' (aus germ. *fahsa-) und außergerm. gr. πέκος, πόκος, armen. asr 'Vlies', gr. πέκειν, lat. pectere 'kämmen'. Die Erweiterung des Sinnes über 'Kleinvieh' auf 'Vieh' überhaupt iſt nicht erſt einzelſprachlich. Auch die aſächſ., anglofrieſ., nord. und got. Bedeutung 'Habe, Geld' findet außergerm. Stüßen: lat. pecūnia 'Geld', pecūlium 'Ver-

mögen'. Eine Erweiterung des Sinnes auf frei lebende Tiere hat nicht ſtattgefunden; nach wie vor ſteht Schlachtviehhof gegen Tiergarten. — Vgl. feudal.

viel Adv. Adj., mhd. vil, ahd. aſächſ. filu, anl. vilo, afrieſ. fёlo, fёl(e), agſ. fe(a)la, anord. fjǫl- (nur in Zuſ.-Setzungen), got. filu (Gen. filaus 'um vieles'): Neutr. eines germ. Adj. *fёlu-, von dem die Einzelſprachen nur Reſte bewahrt haben. Ihm liegt voraus idg. *pélu-: *polú- in aind. purú, aperſ. paru, gr. πολύ-, air. il 'viel'. Die Wz. dieſer Sippe iſt dieſelbe wie in voll, ſ. d. Der adj. Gebrauch von germ. *fёlu- iſt durch manch (ſ. d.) beeinträchtigt worden.

Vieleck N. Als Lehnüberſetzung des gr.-lat. Adj. polygonus tritt ſeit Heynſogel 1519 Sphaera materialis B 1a vilecket, ſeit Maaler 1561 vileckig auf. Aus dem Adj. rückgebildet iſt das ſeit Sim. Jacob 1565 Rechn. 294 nachgewieſene vileck. Vgl. Drei-, Recht-, Viereck und A. Schirmer 1912 Wortſch. d. Math. 53.

Vielfalt F. Als Rückbildung zu dem ſchon in Gloſſaren des 15. Jh. bezeugten Adj. vielfältig 'multiplex' tritt Vielfalt F. ſeit Schubart 1793 Leben 2, 305 auf, dort und weiterhin in Gegenſatz zu dem viel älteren Einfalt.

Vielfraß M. Ahd. vilifrāz, mhd. vilfrāz 'Gefräßiger' begegnen gelegentl. als Name der Hyäne. Durch den hanſiſchen Handel wird norw. fjeldfross 'Bergkater' bei uns bekannt; der Name wird in Lübeck vor Ende des 15. Jh. zu veelvratz (Reinke de Voß 2331) und villefras (Schiller-Lübben 5, 252b) umgedeutet. Nachmals geraten die nord. Wörter unter dt. Einfluß; ſo entſtehen norw. fjeldfras, dän. felfraads, ſchwed. filfras. Die Erzählungen von der Gefräßigkeit der Marderart beruhen erſt auf dem Namen; im alten Deutſchland ſah man immer nur den Pelz.

vielleicht Adv. 'forſitan': zuſ.-gerückt aus mhd. vil 'ſehr' und lîhte Adv., das allein ſchon der Bed. des heutigen vielleicht unbedingt nahe kommt. Die Zuſ.-Setzung wird in frühnhd. Zeit feſt; da ſie auf der zweiten Silbe betont iſt, wird die erſte kurz, die Erinnerung an viel ſchwindet, mundartl. kann die Vorſilbe ver- an die Stelle treten: G. Subak 1931 Due appunti di gramm. stor. tedesca 3 ff.

Vielliebchen N. Am Valentinstag (14. Febr.) haften Liebesbräuche, die dem engl. Valentine die Bed. 'Liebchen' einbringen. Sie geht über auf frz. Valentine, das zu Philippine umgeſtaltet und ſo ins weſtl. Mitteldeutſchland weitergegeben wird: Kretſchmer-Zuccalmaglio

1840 Volksl. 2, 502 „Von den witzigsten der Burschen werden am Rhein bis tief in Lothringen hinein alljährlich am ersten Sonntag in den Fasten die Liebchen, Vielliebchen, Valentinchen ausgerufen". Das Wb. der Luxemb. Ma. 108 kennt den Gesellschaftsscherz noch 1906 als Filipchen. Seit A. v. Arnim 1826 Werke 15, 138 erscheint die Umdeutung „der da eben ... um ein Vielliebchen die Mandeln öffnet", seit Grillparzer 1823 Werke 3, 13 Übertragung vom Gesellschaftsscherz auf die als Liebespaar angesehenen Mandelkerne „die Viel-Liebchen (Philippchen) der Doppel-Mandel". Als Buchtitel mit entspr. Titelbild „Vielliebchen. Histor.-romant. Taschenbuch für 1828 von A. v. Tromlitz". Auffallend früh werden Wort und Sitte für Deutschland und die Neuenglandstaaten erörtert von Bartlett 1848 Dict. of Americanisms.

vielmehr Konjunkt. Frühnhd. vil me(r) geht aus von der Bed. 'in noch höherem Grad'. Durch die überragende Geltung des auf v. folgenden Satzes verliert der ihm vorausgehende an Gewicht. So wird der neue Inhalt an Stelle des vorher Ausgesagten gesetzt: Behaghel 1928 Dt. Syntax 3, 324f.

Vielweiberei F. Lehnübersetzung von gr.-lat. polygamia, zuerst bei Stieler 1691. Zwey-, Dreyweiberey für di-, trigamia seit Kirsch 1739 Cornu cop. 2, 416. 93.

vier Zahlw. mhd. vier, ahd. fior, aiächf. fi(u)war, fior, mnl. vier(e). afrief. fiär-, fiūwer, fiōr, agf. fēower, engl. four. Das daneben erscheinende agf. fyðer- (in Zuf.-Setzungen) weist mit gleichbed. got. fidwōr, fidur-, anord. fjōrir auf eine vorgerm. Grundform *petwor, die mit akymr. petguar, air. cethir, lat. quattuor. att. τέτταρες, hom. äol. πίσυρες, aind. catúr. aslav. četyre, lit. keturí, toch. śtwar auf idg. *qṷetu̯ōr- (mit versch. Ablautsbildungen) zu vereinigen ist. Dessen Deutung kann nur mit Vorbehalt gegeben werden: nach F. Muller 1927 Jdg. Forsch. 44, 137f. ist es eine alte Zuf.-Setzung *oket(o)-ɥŏro 'Spitzenreihe' aus dem unter acht (f. d.) entwickelten *oketom und aind. vāra-, lit. vorà 'Reihe'. Zum Zählen an den Fingern f. fünf.

Viereck N. Als Lehnübersetzung des lat. Adj. quadrangulus erscheint seit etwa 1400 mhd. viereckëht. Rückbildung daraus ist Viereck, das Schirmer 1912 Wortsch. d. Math. 75 seit 1539 nachweist. Vgl. Drei-, Recht-, Vieleck und A. Göze 1919 Anfänge e. math. Fachsprache 198f.

vierschrötig Adj. mhd. vierschrœtec, älter vierschrœte, ahd. fiorscrōti: zu ahd. scrōt 'Schnitt' (f. Schrot), in seiner Bed. beeinflußt durch die einst häufigere Ableitung zu Schoß[3]

(f. d.): ahd. viorscōzzi, aiächf. fiarsceutig, mnl. vierschoot, agf. fyðerscȳte 'viereckig, -schrötig'.

Viertel N. mhd. viertel, älter vierteil, ahd. fiorteil, mnd. verdel. N. entspricht vierendeel. neunord. fjerdedel. Bei Zuf.-Rückung der Ord.-Zahl vierte mit Teil wurde der erste Wortteil verkürzt, der zweite büßte seinen Vokal ein, das Genus wurde N.: das virtl gilt schon im 16. Jh.; daneben konnte immer neu bewußt an Teil angeknüpft werden. Gebrauch und Bed. sind ungemein mannigfaltig; als 'Stadtviertel' zunächst bei Städten wie Mainz, die, aus röm. Standlagern hervorgegangen, im Grundriß eine klare Vierteilung aufwiesen.

Villa F., Mz. Villen 'Einfamilien-, Landhaus', im 18. Jh. entlehnt aus gleichbed. ital. villa, das aus lat. villa 'Herrenhof' (f. Weiler) entwickelt ist; dies über *vīcslā zu vīcus 'Häusergruppe' (f. Weichbild). Dazu villenartig, Villenbau, -dorf, -stadt, -stil, -viertel. Villenkolonie bei Th. Fontane 1882.

violett Adj. Zu lat. viola (f. Veilchen) stellt sich die Verkl. ital. violetta, frz. violette. Aus dem präd. gestellten Subst. (vgl. lila, rosa) entsteht das Farbadj. frz. violet, das als spätmhd. fiolet entlehnt, aber erst seit dem 17. Jh. bei uns häufiger wird. In älterer Sprache wie in den Mundarten deckt braun[2] den Begriff, f. d. — Vgl. veil.

Violine F. 'Diskantgeige', Mitte des 16. Jh. in Oberitalien zuerst gebaut und violino M. benannt mit der Verkl. von viola 'Altgeige', ursprünglich 'Veilchen': der Geigenkörper mit seinen Einbuchtungen vergleicht sich der Veilchenblüte. So heißt die Mandoline nach ihrer Mandelform. Bei uns kaum vor 1682: Zend. a Zendoriis, Dt. Winternächte 605 „der andere, so die Violin striche", somit von vornherein mit Wandel des Geschlechts. Eingebürgert im 18. Jh., heute weithin auch in den Mundarten namentl. des Nordens und der Mitte. S. Fiedel, Geige.

Violoncell(o) N. Zu ital. violone M. 'Baßgeige' (urspr. 'große Geige') gehört als Verkl. violoncello, seit Mattheson 1739 als Violoncell eingedeutscht. Daraus verkürzt Cello seit Campe 1813, noch jünger Cellist: Schulz 1913 Fremdwb. 1, 105.

Visier N. Ital. visiera, frz. visière F. liefern spätmhd. visier(e) F. 'bewegl. Helmgitter, Helmsturz mit Augenlöchern'. Die Benennung geht aus von der Sehspalte (frz. vis M. 'Gesicht' zu lat. vidēre 'sehen'). Der Genuswandel (nach Vorbildern wie Gesicht oder Scharnier) wird im 16. Jh. vollzogen. Breit in Aufnahme kommt V. durch Ritter-

schauspiel und -roman, die den Helm mit
bewegl. Visier schon dem frühen Mittelalter
zuschreiben.

Vitamin N. 'Ergänzungsnährstoff', eingeführt durch Casimir Funks Werk „Die Vi-
tamine" 1913. Er hatte beobachtet, daß der den
Beriberi-Kranken mangelnde Wirkstoff eine
organische Stickstoffverbindung, ein Amin ist.
Diesem Worte ist der Stamm von lat. vita
'Leben' vorgefügt.

Vivat N. Lat. vivat 'er lebe' kommt in
akad. Kreisen als Gegenwort zu pereat 'er
verderbe' auf und wird seit Wächtler 1703
gebucht. Aus Wendungen wie vivat rufen
wird Vivat N. 'Lebehoch' gewonnen, das seit
1719 Med. Maulaffe 294 rasch Boden gewinnt.
S. Lebehoch.

Vize- 'stellvertretend' als erstes Wortglied
ist fremden Ursprungs wie erz-, hyper-,
super-. Lat. vice 'an Stelle von' ist der
zum Adv. erstarrte Abl. des Fem. vicis 'Wechsel'.
Als erstes ist mhd. viztuom aus mlat. vicedominus entlehnt (s. Biztum), 1455 folgt
vitzcancler (Fontes rer. Austr. II 42, 175).
Dem frz. vicomte nachgebildet ist frühnhd.
vice-Graf (Chr. Spangenberg 1594 Adelspiegel 323), im 17. Jh. schießen Bildungen
wie Vice-Bürgermeister, -könig, -wirt
ins Kraut.

Biztum M. mhd. viztuom, mnl. vitsdom
'Vertreter eines geistl. oder weltl. Fürsten,
Stiftsverwalter, Statthalter': im 12. Jh. entlehnt aus mlat. vicedominus (s. Vize-),
unter Einwirkung der Nachsilbe -tum umgestaltet. Das als Amtsbezeichnung veraltete
Wort lebt in Fam.-Namen fort.

Vlies N. mnl. nnl. vlies, agf. flēos '(Schaf-)
Fell', daneben frühnhd. fleusz, vlüsz, mhd.
vlius, mnd. vlūs, nnl. vluus, afrief. fliūs-,
agf. flȳs. Eine zweite Nebenform f. u. Flaus.
Urverwandt ist nach Thurneysen, Idg. Forsch.
14, 128 ir. lō 'Wollflocke' (aus idg. *pluso-).
Das westgerm. Wort war im Hd. verklungen,
wie es heute nur der gebildeten Sprache angehört, den hd. Mundarten fehlt. Im 16. Jh.
kommt es in bezug auf die Argonautensage
und den in Brügge 1429 gestifteten Orden
vom goldenen Vlies auf. Der Stifter, Philipp
der Gute, plante eine Kreuzfahrt u. verglich die
Teilnehmer den Argonauten. Die amtlichen
Namen toison de oro, aureum vellus sind
zuerst ins Ml. übersetzt und von da entlehnt
worden. Ml. vlies hat die nhd. Schreibung
des Anlauts bestimmt, auch der volksetym.
Gedanke an lat. vellus (vgl. Wolle) wirkt
darin fort.

Vogel M. mhd. vogel, ahd. fogal, asächs.
fugal, mnl. voghel, afrief. fugel, agf. fugol,

engl. fowl, anord. fugl, got. fugls. Dem gemeingerm. Wort fehlen außergerm. Entsprechungen.
Man denkt an Ableitung aus der germ. Wz. *flug
'fliegen' (vgl. Geflügel als Sammelwort zu
Vogel) und müßte dann Dissimilation aus
germ. *flug-la- annehmen. Mit einer durch
das gramm. Geschlecht nahegelegten Besonderung wird das Wort auf den männl.
Vogel beschränkt (s. vögeln). Aus dieser Bed.
entwickelt sich frühnhd. vogel 'Hahnenstich,
-fleck, -tritt im Ei', das seit Gesner 1557 Vogelb.
87a Heußlin rasch häufig wird und landschaftlich bis heute gilt. Auffällig die frühnhd.
Nebenform fugel bei Geiler 1512 Schiff d.
Penitenz 112a „die selb Weiße (das Eiweiß)
hat ain Flecklin, nennet man den Fugel".

vögeln schw. Ztw., spätmhd. vogelen 'begatten': zu Vogel 'männl. Vogel', bef. 'Hahn,
Enterich': Herr 1545 Feldbau 125 „zur Zeit,
so die Enten vogeln". Vom Vogel ist das
Ztw. auf den Menschen übertragen, zuerst
bei Val. Schumann 1559 Nachtb. 280. So
heute weithin auch in den Mundarten.

Vogelbauer N. M. Zu Bauer[1] (s. d.) stellt
sich seit dem 15. Jh. die von der Lutherbibel
Jer. 5, 27 aufgenommene Verdeutlichung, die
neben gemeinh. Vogelkäfig im Norden und
Nordosten des Sprachgebiets gilt, dem Westen
und Süden fehlt. Die Grenzen gegen Vogel-
kasten, -korb, -haus, -häuschen, -häusel
zieht Kretschmer 1918 Wortgeogr. 553.

Vogelbeere F. die rote Frucht der Eberesche,
die als Lockspeise beim Vogelfang dient; danach
auch der Baum Sorbus aucuparia selbst: Hoops
1905 Waldb. 27. 39 u. ö. Zuerst bei Duez 1664.

vogelfrei Adj. Dem Körper des Geächteten
wird das Grab versagt, er wird „den Vögeln
erlaubt", d. h. den Raubvögeln anheimgegeben.
Daraus der alter Rechtssprache nicht ange-
hörende Ausdruck vogelfrei 'aqua et igni
interdictus' seit Seb. Franck 1538 Chron. Germ.
174a. J. Grimms Erklärung „frei wie ein
Vogel in der Luft, den jeder schießen darf"
(Gramm. 2, 560) trifft nicht zu, weil die Jagd
auf Vögel zum Wildbann gehörte. Dagegen
ist ein anderes vogelfrei, das zuerst 1490
Tirol. Weist. 3, 171 auftritt und 'völlig frei
von Herrschaftsdiensten' bedeutete, zunächst
'frei wie der Vogel in der Luft'.

Vogt M. mhd. vog(e)t, mnd. voget, vaget,
voit, vait, mnl. voocht, vo(i)cht, ahd. fógắt,
fogát: mit dem f der späteren Lehnwörter
(s. Veilchen) entlehnt aus mlat. vocātus
= lat. advocātus (woraus ahd. pfogát). Auf
Entlehnung aus dem Nd. beruhen spätanord.
fógutr, fóguti, dän. foged, schwed. fogde.
Ausgangsbed. ist 'Rechtsvertreter eines nicht
Rechtsfähigen', zunächst eines Bistums oder

Klosters (da sich die Kirche als Partei vor dem weltl. Gericht nicht selbst vertreten sollte), eines Unmündigen (daher Vormund, s. d.). Aus den Befugnissen der kirchlichen wie der Reichs- und Schutzvögte entwickeln sich Bed. wie 'Richter, Beschützer, Heerführer, Verwaltungsbeamter, Herr'. Darum auch häufig als Fam.-Name. Voit ist zus.-gezogen aus mhd. mnd. voget (wie Hain aus Hagen); Voigt erscheint als Mischform aus Vogt und Voit.

Vogtei F. Mhd. vog(e)tîe, mnl. vogedie, aus vog(e)t (s. Vogt) abgeleitet mit Hilfe des Lehnsuffixes -îe. Zuerst bei Berth. v. Regensburg († 1272). Die Bed. entsprechen denen des Mask. 'Amt, Pflichten, Rechte, Einkünfte eines Statthalters, Vormunds usw.' Im späteren Gebrauch treten die räumlichen Begriffe 'Amtsbezirk, Wohnung eines Vogts' stärker hervor.

Vokativus M. der 5. Kasus der lat. Deklination, in der Schulgrammatik mit „o du ...“ umschrieben. Von da 'Schelm, Heimtücker' und sonst durchtriebene Missetäter, die mit bewunderndem Unwillen begrüßt zu werden verdienen. Zuerst (mit gelehrter Mißdeutung) Scheräus 1619 Sprachschule 169. Die Lösung sieht zuerst C. Chr. Ldw. Schmidt 1800 Westerwäld. Jd. 316.

Voland M. 'Teufel' (Goethe 1806 Faust 4023, der das Wort aus Prätorius 1668 Blocksbergs Verrichtung kennt) mit der älteren Nebenform Valand, mhd. mnd. vâlant 'Teufel': ein altes Part. (wie Heiland) mit der Grundbed. 'der Schreckende'. Verwandt sind anord. fâla 'Riesenweib, Hexe', fæla 'erschrecken', felmtr 'Schreck', ags. eal-felo 'verderblich, schrecklich', got. us-filma 'erschrocken'. Außergerm. gehören hierher aslav. plachû (aus *pol-so-) 'Schrecken', plašiti 'schrecken', gr. πάλλειν 'schwingen'. Dazu die Fam.-Namen Fahland, Valand, Volland (wie Teufel): Zs. f. d. Wortf. 2, 32. 10, 115. 14, 305.

Volapük N. In der von dem bad. Pfarrer Joh. Martin Schleyer vorgeschlagenen Weltsprache, die etwa 1881 die Gemüter zu erregen begann, bedeutete vol 'Welt' und pük 'Sprache' in Nachbildung von engl. world und speak: Ladendorf 1906 Schlagwb. 328 f.

Volk N. Mhd. mnd. mnl. volc, ahd. folc(h), nnl. volk, aisächs. afries. anord. dän. schwed. folk, anfr. ags. folc führen auf germ. *fulka-, idg. *plgo-. Außergerm. Beziehungen sind nicht gesichert; am ehesten darf man Urverwandtschaft mit alb. plogu 'Haufe' vermuten. Die Grundbedeutung, mit der der Stamm in Männernamen wie Volkhart, -mar, -precht eingeht, ist 'Kriegerschar, Heerhaufe'; so im ahd. Hildebrandslied V. 10. 27. 51. In ihr ist das Wort (mit baltoslav. p für germ. f) entlehnt zu lit. pulkas 'Haufe, Schar', aslav. plûkû (aus *pûlkû) 'Kriegerschar', als Pulk um 1917 aus poln. połk 'Regiment' rückentlehnt. Diese Grundbedeutung verbietet, das germ. Wort mit lat. populus 'Volk', gr. πλῆθος 'Menge' usw. zu verknüpfen, was lautlich anginge. Die Bedeutungsentfaltung des dt. Worts ist eng mit unsrer staatlichen und gesellschaftlichen Entwicklung verknüpft, sein Gefühlston ist von Haltung und Stimmung des Redenden abhängig. Entscheidend wird die geistige Wandlung unsres 18. Jh., die im Volk den Ursprung der edelsten Güter und Sitten erkennen lehrt und damit auch das Wort zu neuer Würde adelt, zu der es, das fremde Nation zurückdrängend, um 1800 mit dem Ringen um Freiheit und Einheit der Deutschen vollends erstarkt.

Völkerfrühling M. Nachdem Campe 1790 Briefe aus Paris 329 von „dem herannahenden Frühlinge des allgemeinen Völkerwohls“ gesprochen hatte, prägt Börne 1818 Die Wage, Ankündigung (Ges. Schr. 3, 135) das schwärmerische Programmwort Völkerfrühling, das in den Revolutionen von 1830 und 1848 reichen Widerhall fand: Ladendorf 1906 Schlagwb. 325; Gombert 1907 Zf. f. d. Wortf. 8, 138; Büchmann 1912 Gefl. Worte 215.

Völkerschlacht F. Die Leipziger Schlacht vom Oktober 1813 erhielt unter dem Beifall der Zeitgenossen ihren gültigen Namen durch Oberst Karl Frh. v. Müffling, der den Armeebericht vom 19. Okt. schloß „So hat die viertägige Völkerschlacht vor Leipzig das Schicksal der Welt entschieden“: Ladendorf 1906 Schlagwb. 327 f.

Völkerwanderung F. Lehnübersetzung des lat. migratio gentium, von Gottsched 1735 Beitr. z. krit. Historie 6, 232 abgelehnt als „wohl nicht ein vollkommen reines deutsches Wort“. Durchgesetzt von M. J. Schmidt 1778 Gesch. d. Deutschen 1, 17, Adelung 1780 und Jean Paul 1797: Wh. Pfaff 1933 Kampf um dt. Ersatzwörter 54.

Volkheit F. von Wolke 1810 nach Mustern wie Christenheit gebildet, um „das Volk als ein Ganzes, als eine Person mit ihren menschlichen Eigenschaften und Eigenheiten“ zu kennzeichnen (Dt. Wortgesch. 2, 171). Als Wolkes Prägung bei Campe 1811. Unabhängig davon Goethe 1829 Jub.-Ausg. 4, 240: „Wir brauchen in unserer Sprache ein Wort, das, wie Kindheit sich zu Kind verhält, so das Verhältnis Volkheit zum Volke ausdrückt. Der Erzieher muß die Kindheit hören, nicht das Kind; der Gesetzgeber und Regent die Volkheit, nicht das Volk“.

Goethes Wort nimmt Eugen Diederichs in Jena 1925 auf: Dt. Wortgesch. 2, 407.

völkisch Adj. agf. folcisc 'volkstümlich'; frühnhd. volckisch 'popularis' Voc. theut. (Nürnberg 1482); mit Umlaut seit dem 16. Jh.: DWb. 12, 2, 485. Aufgenommen von Fichte 1811. Als Ersatzwort für national ist v. nach H. Schuchardt 1919 Lit.-Bl. 40, 19 im Jahr 1875 von dem Germanisten H. v. Pfister eingeführt. Seit etwa 1900 dringt es von Österreich her vor, noch G. Roethe 1923 Wege der dt. Phil. 3 lehnt es als unschön ab. Dazu neuerdings über-, zwischenvölkisch: W. Linden 1943 Dt. Wortgesch. 2, 407.

Volksgeist M. seit Campe 1794 Reinigung 20 als Ersatz für Nationalgeist (dies seit Moser 1761 Beherzigungen 362): Hist. Zf. 108 (1912) 298 ff.; Schulz-Basler 1942 Fremdwb. 2, 179.

Volkskunde F. zuerst 1806 in 'Des Knaben Wunderhorn' in Verbindung mit dem Murtener Lied, das als „Beitrag zur Volkskunde" bezeichnet wird. Neben Volkstum verwendet Jahn 1809 in der Voranzeige seines 'Deutschen Volkstums' Volkstumskunde. Möglicherweise als Klammerform dazu erscheint in der Steiermark 1813 Volkskunde bei J. R. F. Knaffl, sogleich als Name der damals entstehenden Wissenschaft. In Wiesbaden läßt J. A. Demian 1823 sein Handbuch der Geographie und Statistik des Herzogthums Nassau als „Landes- und Volkskunde" erscheinen. 1846 wird für 'das Wissen des Volkes', also in viel engerem Sinne, engl. folklore mit folklorist geprägt, aber Riehl, der aus seiner Heimat Demians Handbuch kennt, setzt seit 1849 das dt. Wort durch: A. Bach 1937 Dt. Volkskde. 8f. — Völkerkunde F. zuerst 1785 bei G. P. Norrmann: Euphorion 28 (1927) 305.

Volkslied N. Aus Percys Reliques of ancient English poetry (1765) lernt Herder engl. popular song kennen. Er bildet danach in seinem im August 1771 geschriebenen, 1773 in den 'Blättern von deutscher Art und Kunst' gedruckten „Auszug aus einem Briefwechsel über Ossian und die Lieder alter Völker" (Suphans Ausg. 5, 174) Populärlied und fährt fort: „endlich werden sie aufmerksam und mahnen mich um mehrere solche Volkslieder". Das Wort setzt sich schlagartig durch, zumal Herder 1778 seine eigene Sammlung Volkslieder nannte: Zf. f. d. Wortf. 3, 236. 4, 1 ff.; Ladendorf 1906 Schlagwb. 329.

Volkstum N. Nadem Campe 1794 volkseigentümlich für 'national', Volkseigentümlichkeit für 'Nationalität' gebraucht hatte, rechtfertigt Jahn Volksthum, volksthümlich u. Volksthümlichkeit als seine Prägungen in der Subskr.-Anzeige zu seinem Buch

„Deutsches Volksthum" 1809. Den Begriff bestimmt er 1810 (Eulers Ausg. der Werke 1, 154) auf „das Gemeinsame des Volks, sein innewohnendes Wesen, sein Regen und Leben". Campe bucht das Wort 1813, J. Grimm 1826 Gramm. 2, 491 tadelt es als unorganisch. Er wünscht Volktum — nnl. gilt seit Verloo 1790 volkdom: Mutterspr. 56 (1941) 41f. — gibt aber zu, daß auch in Fürstentum die Endung an den Gen. gefügt sei. Die Entwicklung hat für Jahn entschieden: Ladendorf 1906 Schlagwb. 332; Büchmann 1912 Gefl. Worte 208; Wh. Pfaff 1933 Kampf um dt. Ersatzwörter 54.

voll Adj. nd. agf. engl. full, mhd. ahd. fol (ll), asächf. afrief. ful, anfr. foll, anord. fullr, got. fulls (zum Adj. das schw. Ztw. füllen, f. d.) führen auf germ. *folla-. Dessen -ll- beruht auf älterem -ln-: lit. pilnas, aslav. plünŭ, air. lān, mkorn. leun, bret. leun (sprich ö), kymr. llawn, lat. plēnus, aind. pūrṇá 'voll' führen auf idg. *plnó-. Das idg. Adj. ist urspr. Part. auf -no zur idg. Verbalwz. *pel: *plē 'füllen' (im gleichbed. lat. com-, implēre, gr. πίμπλημι), die im Ind. als pur: prä erscheint. Nahe verwandt ist die Sippe von viel, f. d.

Vollblut N. Während das Adj. vollblütig 'sanguineus' seit Stieler 1691 erscheint, wird Vollblut erst seit Adelung und Krünitz greifbar. Dennoch ist das N. nicht aus dem Adj. rückgebildet, sondern Lehnübersetzung aus engl. full-blood, mit dem es die Beziehung auf die Pferdezucht teilt. Es bezeichnet die reine Abstammung von edlen, einst aus Arabien eingeführten Pferden mit gesichertem Stammbaum.

vollends Adv. ersetzt seit dem 17. Jh. älteres vollend (-s wie in nirgends), das auf mhd. (en)vollen zurückgeht. Dies ist aus in und erstarrtem Kasus des mhd. volle, ahd. follo M. 'Fülle' zus.-gerückt. Im Vorton ist die Präp. erst geschwächt, dann geschwunden: Behaghel 1923 Dt. Syntax 1, 607.

vollkommen Adj. Zum mhd. Ztw. volkomen 'zum Ziel kommen' gehört das gleichlautende Part., das schon in mhd. Zeit in Bedeutungen wie 'ausgebildet, ausgewachsen, vollständig' zum Adj. wird. Entspr. entwickeln sich mnd. vul(len)komen, mnl. vol-, vulcomen; aus dem Mnd. entlehnt ist anord. fullkominn. — S. vervollkommnen.

Vollmacht F. als Lehnübersetzung von lat. plenipotentia (das als Plenipotenz in alter Kanzleisprache eine Rolle spielt) seit 1372 (Germ. 28, 406): sollen dise gegenwertige bundnus und briefe in volmacht bestēn. Auch mnl. volmachte, mnd. vul(le)macht und das daraus entlehnte dän. fuldmagt zeigen die

Einschränkung auf die Rechtsbed. 'einem andern erteiltes Verfügungsrecht', an der auch mlat. plenum posse und frz. plein pouvoir teilnehmen.

voltigieren schw. Ztw. Zu lat. volvere 'drehen' gehört ital. volta, frz. volte F. 'Wendung', das als Fachwort der Reit- und Fechtkunst in 17. Jh. zu uns gelangt. Dazu voltieren 'mit dem Pferd, beim Fechten Volten schlagen' und (entspr. dem ital. volteggiare, frz. voltiger) voltigiren seit 1612, voltisieren 1677.

von Präp., mhd. von(e), van, ahd. fon(a), fan(a), asächs. afries. fan, fon, anl. fan, van. Die Formen mit a sind kennzeichnend für das Md., Nd. und Nl., aber dem älteren Obd. nicht fremd; von ihnen ist offenbar auszugehen. Dem Ags.-Engl., Nord. und Got. fehlt die Präp., die somit kein Erbwort aus germ. oder vorgerm. Zeit darstellt. Man hat an Verwachsung aus germ. *af + *ana gedacht. E. G. Graff 1837 Ahd. Sprachschatz 3, 523: „Eine Ableitung von af ... mit dem Suffix n scheint mir wahrscheinlicher als eine Zus.-Setzung des af mit der Präp. ana."

vor Adv. Präp., mhd. mnd. vor(e), ahd. fora, asächs. for(a), far, anl. fore, afries. fara, fore, ags. for(e), anord. for-, got. faúr Adv. Präp. 'vor, längs, für', faúra Adv. Präp. 'vor, vorn'. Außerhalb des Germ. entsprechen aind. purá, purás 'vor', gr. πάρος. Vgl. für, ver-, vorder.

vorauf Adv. Unter den „gedoppelten Vorwörtern" bei Schottel 1663 Ausführl. Arbeit 616. Urspr. 'voran und zugleich aufwärts' (im Sinn der Perspektive; vgl. das hohe Meer).

vorder Adj., mhd. vorder, ahd. fordaro örtlich 'voranstehend', zeitlich 'früher': ein alter Kompar. mit Endung idg. *-tero- (gr. -τερο-), vgl. ander. Zus.-Hang mit vor ist offenbar; vgl. aind. púrva 'voran seiend; früher' neben purás, purá 'vor' (s. vor). Dazu Altvordern, fordern, fördern, Fürst.

Vorfahr M., mhd. vorvar, mnd. vorvare, meist in der Mz. Dem nhd. -fahr entspräche ahd. -faro. Anord. gilt -fari in Englands-, Jórsalafari. Bis um 1800 steht die umfassende Bed. 'Vorgänger' voran; heute fast nur von den Menschen vorausgegangener Geschlechter, den Voreltern der einzelnen oder ganzer Völker. — Nachfahr M., mhd. náchvar, geht ganz entsprechende Wege.

Vorgebirge N. Seit Duez 1642 als Lehnübersetzung des lat. promontórium, dies umgedeutet aus promuntúrium (zu mungere 'schneuzen', *munctor 'Nase'; vgl. Blankenese, schwed. näs 'Landzunge', große und kleine Nase am Vierwaldstätter See).

vorgestern Adv., zus.-gerückt aus vor gestern, löst in frühnhd. Zeit (Dasypodius 1537 vorgestert) das alte ëgëstern ab, s. gestern.

vorhanden Adv. Adj., zus.-gerückt aus vor Handen 'vor den Händen' mit dem alten Dat. Plur. von Hand wie abhanden. Zum Fehlen des Artikels vgl. dies und behende. Aus dem Lutherschen Gebrauch „was dir fur handen kommt" erwächst schon frühnhd. das präd. Adj. „der Feind ist vorhanden". Attr. Verwendung mit adj. Flexion („der vorhandene Vorrath" Adelung) nicht vor dem 18. Jh. Anord. fyrir hondum ist gleichen Ursprungs; dän. forhaanden, schwed. förhanden beruht auf Entlehnung aus dem Nhd.

Vorhang s. Gardine.

Vorhaut F. Lehnübersetzung des lat. praeputium, gr. ἀκροβυστία, das Ulfila ganz entsprechend mit got. faúrafilli wiedergibt. Die Wenzelbibel bietet vorhout, ein Wörterbuch von 1466 vorhütly. Luther, der diese Vorgänger nicht kennt, setzt Vorhaut durch.

Vorhut F. Die Spitze eines Heers heißt seit dem 15. Jh. vortraber (Lexer, Mhd. Handwb. 3, 483). Das ist noch Luthers Wort 1529 Weish. 12, 8 „sandtest fur deine vordraber", doch ist daraus schon 1493 (DWb. 11, 1, 942) die Rückbildung Vortrab gewonnen, dem lat. praemissae cohortes entsprechend und sachgemäß, solange die Spitze aus Reitern bestand. Mit veränderter Kriegsführung, sachlich wie sprachlich unter frz. Einfluß, schiebt sich Vorhut (als Lehnübersetzung von avant-garde) an die Stelle, das Frisch 1741 und Adelung 1780 als veraltet bezeichnen. Teller 1794 und Campe 1811 empfehlen es zur Erneuerung, die durch Schiller, G. Keller und Treitschke gelingt: Kuhberg 1933 Verschollenes Sprachgut 62.

vorlaut Adj. heißen seit Mitte des 15. Jh. Hunde, die vorschnell anschlagen (Laut geben): Herm. v. Sachsenheim 93 Martin Du tuost recht als ein Hundt, der bilt Und vorlutt vor dem Jeger ist. Dieser Gebrauch wird in den weidmänn. Fachwerken seit Döbel 1746 Jägerpract. 1, 6 verzeichnet. Seit Adelung findet er sich auf den Jäger übertragen, der voreilig im Angeben ist. Von vorschnellem Handeln kaum vor Schiller 1781 Räuber 4, 5 „Ich bin ein bißchen vorlaut gewesen, seit du weg bist", der dabei an seiner Mundart keinen Rückhalt fand: H. Fischer 1936 Schwäb. Wb. 6, 1936. Seit dem 19. Jh. gern von Kindern.

vorletzter Adj. 'paenultimus', mit dem Klang der Lateinschule bei Stieler 1691 „der Vorletzte sive ohnein der letzte". Der zweite Ausdruck stimmt zu engl. last but one, dafür 1768 Der falsche Spieler 85 „letzter ohne einen". So auch Lessing.

vorlieb s. fürliebnehmen.

Vormund M. Mhd. vormunt (d) geht auf ahd. foramundo, mhd. vormünde auf ahd. *foramunteo zurück. Die Grundbed. 'Beschützer' ergibt sich aus Mund F., von da wird V. zum Rechtswort. Zuerst begegnet foramundo 'advocatus' in einer Emmeramer Glosse des 10. Jh. (Ahd. Glossen 2, 764), foremundus in Bamberger Urkunden von 1149 52; 1230 folgen Belege aus dem Hohenlohischen und Hildesheim. Der Sachsenspiegel trägt das Wort noch im 13. Jh. bis Lübeck, Augsburg und Breslau, danach fast über das ganze Sprachgebiet sowie ins Dän. (formyndere), Schwed. (förmyndare) und Lett. (verminderis). Das siegende Wort drängt gleichbed. Gerhab auf das Bair.-Österr. zurück, Momber auf den fränk. Westen, Vogt auf den Rhein, Träger auf den Südosten, Pfleger auf die Schweiz und Schwaben, Traunhalder auf Hessen: E. v. Künßberg 1926 Rechtssprachgeogr. 38 ff.; Kranzmayer 1933 Die Namen für den Vormund in den Mundarten von Bayern u. Österreich (in: Heimat u. Volkstum).

vorn Adv. mhd. vorn(e), vornen, vornän 'vorn' und 'vor' in räuml. Sinn. Im Ahd. begegnet nur forna als gleichbed. Raumadverb: Ableitung zu germ. *for-, das auch in für und vor enthalten ist, s. d.

vornehm Adj., mhd. vürnæme, md. vornæme, -næme: zu nehmen wie (an)genehm. Die Bed. legt nahe, an Lehnübersetzung von lat. praecipuus zu denken. Aus der Grundbed. '(aus einer Gruppe) hervorzunehmen' entwickeln sich 'hervorragend' und 'wichtig'. Die Verengung auf Geburt, Stand und Gesinnung ist neuzeitlich; das Adv. vornehmlich hat sie nicht mitgemacht.

Vorplatz, -saal M. Der Vorraum der städt. Mietwohnung, der unmittelbar hinter der Wohnungstür liegt und zu den Wohnräumen führt, hat in Teilen des Österr. den Namen Vorhaus bewahrt, der sonst im Veralten ist. Von Bremen bis Ingolstadt gilt strichweise Vorplatz, in Wiesbaden Vorraum, vorwiegend md. ist Vorzimmer, von Leipzig bis zum Vogtland und zur Lausitz herrscht Vorsaal. Die Grenzen gegen Ähren, Flur, Gang, Korridor usw. zieht Kretschmer 1918 Wortgeogr. 203 ff. Bestimmend ist, ob der Raum in der maßgebenden Zeit mehr gang-, platz-, saal- oder zimmerähnlichen Grundriß hatte. Alte Zeugnisse fehlen: die Sache ist erst im jungen Großstadthaus entwickelt; daher auch die Mannigfaltigkeit der Benennungen.

vorsagen schw. Ztw. Das Einsagen (so in Österreich) heißt in alter Schülersprache einblasen (mit unheiliger Lehnübersetzung des Bibelworts inspirare), in Berlin und Leipzig vorsagen. Örtliche Sonderentwicklung kennt auch einischpern, -zischeln, vorblasen, -feilen: A. Göße 1909 Zf. f. d. Wortf. 11, 249 ff.; Eilenberger 1910 Pennälerspr. 54 ff.; Kretschmer 1918 Wortgeogr. 553 f.

Vorsicht F. urspr. gleichbed. mit Vorsehung. Nachdem ein ahd. foresiht F., das bei Notker '(fürsorgende) Voraussicht' bedeutet hatte und wohl als Lehnübersetzung des lat. providentia zu beurteilen ist, längst verklungen war und durch den mhd. Zeitraum allein vür-, vorsihtec und vür-, vorsihtecheit gegolten hatten, erscheint Vorsicht bei Duez 1664 als Rückbildung aus dem Adj.: Ruppel 1911 Rückbildung dt. Subst. 30 ff.

Vorsitzer M. Dem nl. voorzitter entsprechend erscheint Vorsitzer 1788 in Goethes Egmont. 1811 wird es von Campe gebucht, tritt aber weiter hinter Vorsitzender derart zurück, daß es 1892 Zf. d. dt. Sprachvereins 7, 14 als bedenkliche Neubildung gelten kann: Wh. Pfaff 1933 Kampf um dt. Ersatzwörter 55. Gerade mit Hilfe des Sprachvereins hat es seither Boden gewonnen: W. Linden 1943 Dt. Wortgesch. 2, 386.

vorsündflutlich Adj. Zu lat. diluvium 'Sündflut' bildet das 16. Jh. ein antediluvianicus, das im Deutschen seit 1608 als antediluvianisch erscheint: H. Schulz 1913 Fremdwb. 1, 37. Die Übersetzung vorsündflutisch weist Schoppe 1923 Germ.-rom. Mon. 11, 184 aus Fischart 1588 nach, so daß der Ersatz bei uns früher erscheint, als das Fremdwort. Vorsündfluthig bei Campe 1813 Wb. z. Verd. 113a mit Beleg aus Jean Paul 7, 37. Vgl. A. Gombert 1902 Zf. f. d. Wortf. 3, 161 f.

Vortrab s. Vorhut.

Vortrag M. Aus dem schon mhd. vortragen 'vor Augen bringen; in Worten vorbringen' ist frühnhd. fürtrag rückgebildet: Eberlin v. Günzburg 1525 Schriften 2, 181 wa sy nit gnügsam fürtragen gotz wort, sol jnen nit glaubt werden, als yenen, die nit gnüg tůn irem fürtrag. Die Form Vortrag seit Schottel 1663 Ausführl. Arbeit 652.

vorüber Adv. aus „vor etw. über" mit einem von der Präp. abhängigen Dativ. Die Zus.-Setzung kaum vor Luther, dessen Form furuber (nur im zus.-gesetzten Ztw.) bei Duez 1664 als fürüber wiederkehrt. Erst Stieler 1691 setzt vorüber an; in den Beispielen bietet er nur fürüber.

Vorurteil N. In württemb. Rechtstexten von 1512 und 1557 (H. Fischer 1, 819) begegnet Vorurteil im Gegensatz zu Endurteil. Die nhd. Bed. 'vorgefaßte Meinung' bietet unter sichtbarem Einfluß von lat. praeiudicium zuerst Stieler 1691. Aus dem Rechtsbereich rückt das Wort seit Musander 1739 Der Studente in s. Probejahren 55.

Vorwand M. Als Lehnübersetzung von lat. praetextus ist fürwand (H. Fischer 2, 1886) im Juristendeutsch des 15. Jh. entstanden. Die heutige Form kaum vor Kramer 1678. Entspr. verhält sich vorwenden zu spätmhd. vürwenden und lat. praetexere 'als Vorwand gebrauchen', urspr. 'vorn anweben'. Lat. texere bed. zugleich 'bauen, zimmern', was offenbar dem Übersetzer den Gedanken an Wand nahegelegt hat.

Vorwelt F., älter als Mit- und Nachwelt (s. d.), stammt nach Adelung 4 (1801) 1312 von M. Opitz („Davon die Vorwelt nicht geredet noch gehöret"). Recht belebt hat erst Klopstock das Wort.

vorwiegen Ztw. junge Mischbildung aus vorherrschen und überwiegen, noch 1801 von Adelung als selten bezeichnet. Im 19. Jh. bei Behörden und Gebildeten, denen dabei präponderieren vorschweben mochte, üblich geworden; der Volkssprache allerorten fremd.

Vorwurf M. Zwei verschiedene Bildungen. Aus vorwerfen (mhd. vürwerfen) rückgebildet ist Vorwurf 'Tadel'; so seit Duez 1664. Als Lehnübersetzung von gr.-lat. problema, lat. objectum (s. Gegenstand) bilden die Mystiker des 14. Jh. (Zeugnisse im Mhd. Wb. 3, 741) vürwurf, md. vorwurf, das ins Nhd. fortlebt. Folge ist ein Doppelsinn, getadelt von Gottsched 1733 Beitr. z. krit. Hist. 6, 253. Schönaich 1754 Neol. Wb. 370 nimmt den Tadel auf, ebenso Adelung 1780 und Campe 1813 Wb. z. Verd. 441b. Das Fortleben dieses Sinnes namentl. in Künstlerkreisen, die (wenigstens in München) Vorwurf 'Objekt' auf der zweiten Silbe betonen, wie Entwurf, hat Jean Paul durchgesetzt: 1781 Lob der Dummheit 2, 1, 311 Berend. Wh. Pfaff 1933 Kampf um dt. Ersatzwörter 55 f.

w

Waage F. (so seit 1927 zur Unterscheidung vom Wagen amtlich geschrieben) mhd. wäge, ahd. asächs. anl. wäga, ags. wǽg, anord. väg: zur germ. Wz. *wёg in Wagen, wägen, Weg und wiegen. Die Sache lernen die Germanen in merowing. Zeit als röm. libra ohne Zunge und Schere kennen, s. Besemer. Waag als Fam.-Name erklärt sich über den häufigen Hausnamen „Zur Waage".

Wabe F. mhd. wabe(n) M., ahd. waba F., wabo M. 'Honigwabe'; dazu gleichbed. oberrhein. nürnb. Wift(i). Zu weben, Grundbed. 'Gewebe' (s. Waffel). Das urspr. nur obd. und ostfränk. Wabe hat als durchsichtige Bildung das hauptsächl. md. und nd. Erbwort Roße (s. d.) zurückgedrängt. Roße ist urspr. 'Geflecht'. Auch Gewirke gilt für das Zellenwerk des Bienenstocks. Luther kennt nur Honig und (Honig-)Seim. Auch über Honigfladen, -kuchen, -scheibe, -tafel hat Wabe gesiegt. S. Wachs.

Waberlohe F. Anord. vafrlogi M. ist in eddischer Dichtung die flackernde Flamme, die Heldenjungfrauen umloht, in isländ. Volksglauben die leuchtende, nicht sengende Flamme, die vergrabene Schätze anzeigt. Erster Wortteil wabern, s. d. Nach J. Grimm hat Rich. Wagner die nordische Vorstellung neu belebt.

wabern schw. Ztw., mhd. wabern, nl. wapperen, ags. wǽfre, mengl. waveren, anord. vafra 'sich hin und her bewegen', daraus entlehnt engl. waver 'schwanken'. Frühnhd. und in Mundarten namentl. des mittleren Westens lebendig in Bed. wie 'hin und her gehen, sich ziellos bewegen'. 'Flackern' von der Flamme bed. nhd. wabern erst seit Bekanntwerden der anord. Mythologie durch die Brüder Grimm und Rich. Wagner. Hierzu gehören weiter anord. vafla 'wackeln', mhd. wabelen 'in emsiger Bewegung sein', nnd. wabbeln 'sich hin und her bewegen' (von einer zähen Masse), engl. wabble, wobble 'wackeln, schlottern'; mhd. wappen 'schwanken'; anord. väfa 'schweben, baumeln'. Verwandt mit der unter weben behandelten Sippe.

wach Adj. nicht vor Liliencron 1546 Hist. Volksl. 4, 361, vom Nd. und Ostmd. allmählich über das Hd. verbreitet. In den Wbb. seit Nüßlein 1711, lange nur als Präd.-Nomin. gebraucht (wach sein, werden), als Präd.-Akk. (jem. wach machen) seit Fleming († 1640) Ged. 224, als attr. Adj. („der wache Schmerz": Mühlpforth 1686 Ged. 338) fast nur im Bereich der Dichtersprache. Das Adj. ist rückgebildet aus Wache F.: er ist (in) Wache 'im Zustand des Wachens, der Wachsamkeit' ergab er ist wach. Die Neubildung war nötig, weil das in älterer

Sprache den Begriff deckende wacker auf übertragenen Gebrauch beschränkt, wach(t)bar nicht allgemein üblich war und wachsam erst im 17. Jh. aufkam. Die anfängl. Beschränkung auf den Präd.-Nomin. teilt wach mit Adj. gleichen Ursprungs wie feind, not, rege, schade. Später hat das Adj. am Ztw. wachen seine Stütze gefunden; das gleichbed. norw. vak ist von vaka aus gebildet.

Wache F. Verbalsubst. zu wachen (s. d.), mhd. wache, ahd. wahha, nd. wake, nnl. waak, agf. wacu (engl. wake 'Totenwache'), anord. vaka, norw. voka dän. vage 'schwimmendes Seezeichen'. Wache stehen geht zurück auf mhd. ze wache stēn; s. Gevatter. Im Nhd. ist Wache seit und durch Luther durchgesetzt, der es (wie Nachtwache) in der Bibel verwendet. Auf den älteren Sprachstufen häufiger ist gleichbed. Wacht F.: ahd. asächs. wahta, mhd. wahte, mnd. wacht(e), nd. nl. wacht, got. wahtwō. Auf Entlehnung aus dem Nd. beruhen dän. vagt, norw. schwed. vakt. In der roman. Sprachen ist das Heereswort entlehnt als afrz. guaite, prov. guaita. Dazu die Ztw. afrz. gaitier, frz. guetter, prov. guaitar, ital. guatare. Auf afrz. agaitier beruht engl. await 'erwarten'; aus dem afrz. Ztw. rückgebildet ist agait 'Wacht', frz. aguet 'Hinterhalt'.

wachen schw. Ztw., mhd. wachen, ahd. wahhēn, wahhōn, asächs. wakōn, nl. waken, afrief. waka, agf. wacian, wæccan (engl. wake, watch), anord. vaka 'wach sein, werden'. Daneben das st. Ztw. got. wakan 'wachen'. Die Vorgeschichte der Sippe ist unter dem Kausativ wecken 'wach machen' entwickelt, s. d.

Wacholder M. Juniperus communis L. nur deutsch, in einer Fülle von Formen (Zf. f. d. Wortf. 2, 219), die sich zurückführen lassen auf ahd. wēchalter, wēchaltar, wēcholter, wachalter. Aus den beiden letzten vermischt wacholder, die seit dem 15. Jh. verbreitete Form Luthers, verdeutlicht zu wachholder, dessen h (wie das von Reck- und Maßholder) aus Holder, der Kurzform von Holunder, stammt. Mit diesem teilt W. Suffix und nhd. Betonung. Die Stammsilbenbetonung ist mundartl. geblieben: elf. pfälz. weklter, luxemb. wakelter, westfäl. wechelte usw. Das -k- in wekolter wie in kein (mhd. nechein > nekein). Mit geändertem Anlaut nd. Machandel; alem. Reckholder führt auf ahd. reckalter, das mit Anlehnung an recken den W. als seine Triebe überallhin verbreitenden Baum bezeichnet; das gleichfalls schon ahd. quēcholder rühmt ihn als bef. lebenskräftig (ravensb. heißt er geradezu quäke, s. Quecke). N. Törnqvist (Stud. Neophil. 17, 141 ff.) deutet ahd.

wehhal-ter aus germ. *wek-l-triu als 'Bindfelbaum', zur idg. Wz. *ueg 'binden' (die zähen Ruten dienten zum Flechten). — Vgl. Sebenbaum, Krammetsvogel.

Wachs N. Mhd. ahd. asächs. wahs, nd. nl. was, afrief. anord. schwed. vax, agf. weax, engl. wax, dän. vox führen auf germ. *wahsa- N. Urverwandt sind mit sk für ks gleichbed. lit. vãskas, lett. vasks, aslav. voskŭ, ruff. poln. wosk, tschech. vosk. Wie Wabe und Wespe zu weben, so gehört Wachs zu der auch unter Wacholder, Wickel, Wieche und Wocken vorausgesetzten idg. Wurzel *ueg- 'weben, Gewebe'. S. wichsen.

wachsen st. Ztw., mhd. wahsen, ahd. asächf. wahsan, mnd. nl. wassen, afrief. waxa, agf. weaxan, anord. vaxa. Daneben mit j-Präsens got. wahsjan, aschwed. væxa. Nächstverwandt sind aind. vakš, ukš 'erstarken, groß werden', avest. vaxš, gr. ἀ(ϝ)έξειν, αὐξάνειν 'stärken, mehren', toch. oks- 'wachsen'. Vgl. auch.

Wachslicht N. zuerst in nd. und ostmd. Glossaren des 15. Jh., seither in den Landschaften, die Licht (s. d.) als 'Kerze' kennen: Kretschmer 1918 Wortgeogr. 326 f.

wachsweich Adj. für sonstiges flaum-, kernweich: west- und südwestdt. von gekochten Eiern, die nicht mehr flüssig, aber auch noch nicht hart sind: Kretschmer 1918 Wortgeogr. 199. 605. Neuerdings übertragen auf Taten, Entschlüsse und Gesinnungen.

Wacht s. Wache.

Wachtel F. Der Anklang des westgerm. Namens, der sich in ahd. wahtala, mhd. mnd. mnl. wachtele spiegelt, an Wacht und wachen ist unursprünglich. Suolahti 1909 Vogelnamen 261 sieht in wak eine Nachbildung des Wachtelschlags, zu der die Endung -(a)lō mit verkl. Sinn getreten ist. Auch gallorom. coacula (frz. caille, engl. quail) ist aus dem Ruf des Vogels herzuleiten. Mischform von coacula mit ahd. wahtala ist ahd. quahtila, -ala, quattula, das in vielen mundartl. Formen unseres Westraums fortlebt: Frings 1932 Germania Romana 175 f. Schwed. vaktel, dän. vagtel sind aus dem Deutschen entlehnt, ein gemeingerm. Name des Vogels entgeht uns. Die idg. Form *wortok, durch aind. vártikā und gr. ὄρτυξ gesichert, begegnet in keiner germ. Sprache.

Wachtelkönig M. Ein westgerm. Name des Wiesenknarrers spiegelt sich in mfränk. scrēk, frühnhd. schrich, eines mit mnd. schrïk, agf. scrïc 'Drossel' und engl. shrike 'Neuntöter'. Der scheue Vogel, den man kaum je sieht, ist nach seinem Geschrei benannt, die Beziehung zu mengl. scriken 'schreien' deutlich. Die Ähnlichkeit mit der Wachtel, die er doch an

Größe übertrifft, verschafft dem Vogel den frühnhd. Namen der wachteln künig, der in wechselnden Formen von Preußen bis Luxemburg, von Mecklenburg bis Böhmen gilt. Mundartl. Namen wie Heckschär sind entstellt aus ahd. secgisner, agf. secgscēara, das segge 'Riedgras' mit snerren 'schnarren' verbindet. In elf. Mattkern sind Matte 'Wiese' (oder Mott 'Schlamm') und kerren 'knarren' enthalten, so daß dieser Name dem schriftdeutschen Wiesenknarrer am nächsten kommt. Der nahe verwandte Rallus aquaticus trägt wieder einen lautmalenden Namen: afrz. raalle, frz. râle hat über lat. rallus im 18. Jh. zu nhd. Ralle geführt, während mundartl. Tauschnarre, Gespenst, Kasper, Rohrhühnlein u. ä. gelten: Suolahti 1909 Vogelnamen 294ff.

Wachtmeister M. In md. Städten des 14. Jh. ist wachemeister der Zunftmeister, der im Wechsel der Zünfte die Nachtwachen ordnet; ein Zeugnis für Weimar bei Lexer, Mhd. Handwb. 3, 624. Dafür in obd. Städten (zuerst greifbar in Basel 1456: Mod. lang. notes 38, 409 und in Konstanz 1525: Baumann, Quellen z. Gesch. d. Bauernkr. in Oberschwaben 522) wachtmeister. Von da ins Heerwesen übertragen durch Fronsperger 1573 Kriegsb. 1, 84a, und zwar für den praefectus vigilium jeder Waffe. Die Beschränkung auf die Reiterei ist jung. Soldatensprachl. ist Wachtmeister 'ein großes Glas Schnaps', obersächs. 'dicker Tabaksqualm'.

Wacke F., **Wacken** M. 'Flußkiesel, Felsblock', mhd. wacke M., ahd. wacko, älter waggo M. 'silex'. Auf altes gg weist auch gleichbed. tirol. wokke (nicht wokke): Schatz 1897 Mundart von Imst 30. Sofern Wacke zuerst das Geröll in Flußbetten bezeichnet, darf man darin eine ahd. Ableitung zum Stamme von wëgan 'bewegen' sehen. Engl. wacke und dän. vakke beruhen auf Entlehnung aus dem Nhd.

wackeln schw. Ztw., mhd. (14. Jh.) wackeln mit ck aus gg, mnd. mnl. waggelen, engl. waggle, norw., schwed. mundartl. vagla 'schwanken' (dän. vakle, schwed. vackla beruhen auf Entlehnung aus dem Nhd.). Mhd. wackeln ist Iterativ zum älteren wacken 'schwanken', dies Intensivbildung zu ahd. wagōn 'sich bewegen, schwanken', verwandt mit bewegen, wägen, Wagen, wiegen, s. d.

wacker Adj. mhd. wacker, wacher, ahd. wacchar, wackar, wachar 'wach(sam)', mnd. wacker 'wachsam, frisch, hurtig', mnl. wacker, nnl. wakker, agf. wacor 'wach(sam)', mengl. waker, anord. vakr 'wach, frisch, tapfer', schwed. vacker 'schön', dän. vakker 'munter, brav, hübsch'. Im Got., Asächs. u. Afries. ist das Adj. nicht bezeugt, im Engl. ist es ausge-

storben. Die ahd. mhd. Doppelformen (hd. wacher begegnet bis ins 15. Jh.) sind durch die westgerm. Kons.-Dehnung entstanden: Kluge 1926 Stammbild. § 195. Das gleiche Suffix zeigen bitter, lauter, munter, sauer, tapfer; verwandt sind Adj.-Bildungen wie lat. vigil, agf. wacol, ahd. wachal. Mit wacker gehören sie zu dem unter wecken entwickelten Stamm, dem urspr. die Bed. 'lebenskräftig sein' zukam. Wie sich dazu aind. ugrá 'rege' stellt, so ist auch für unser germ. Adj. die Bed. 'frisch, kräftig' vorauszusetzen.

Wackes M. Lat. vagus 'Landfahrer' ergibt (zunächst wohl in rotwelschen Kreisen Straßburgs) eine Schelte des Bummlers. Daneben steht elf. wakebumm aus Vagabund. Sungeujer Waggis bei G. A. Seiler 1879 Basler Mundart 308 weist auf Ausstrahlung aus dem Elsaß. In der Schweiz, in Baden und Württemberg ist heute das nicht vor 1870 bezeugte Kraftwort der von den Betroffenen übel vermerkte Spottname der Elsässer: Pfaff 1899 Beitr. 15, 198 f.; H. Fischer 1924 Schwäb. Wb. 6, 332.

Wade F. mhd. mnd. nl. wade, ahd. wado, asächs. watho M. Das Fem., zuerst bei Dasypodius 1535, bringt im 18. Jh. bei dem selten im Sing. gebrauchten Wort vom Plur. her durch, vgl. Hüfte. Ahd. -do, asächs. -tho gehen auf germ. -þwo zurück, bestätigt durch anord. vǫðvi M., norw. vodve 'Muskel, dickes Fleisch', die zugleich die ältere Bed. zeigen, die erst südgerm. auf 'dickes Fleisch am Unterschenkel' verengt wurde. Als Grundbed. vermutet Lidén in Kuhns Ztschr. 41, 396 'Krümmung, Biegung'; dann vergliche sich lat. vatius 'einwärtsgebogen, krumm'. Das außerhalb des Germ. fehlende Subst. ist auch bei uns nicht überall heimisch: dafür dän. læg, engl. calf, nnl. kuit, mnd. küte, asächs. brādo, westnd. (bën)brōn (eigtl. 'Braten'), ostfäl. dicke flêsch.

Wadel M. 'Mondwechsel', schriftsprachl. im 16. Jh. ausgestorben, in den Mundarten des Nord- und Südsaums lebendig. Mhd. wädel, wedel, mnd. wadel 'Schwanken; die Mondphasen mit Ausnahme des Neumonds; Vollmond', ahd. wedal 'Neumond', wadal Adj. 'schweifend, unstet'. Mit agf. waðol 'Vollmond' zu der auch unter wallen² und Wedel vorausgesetzten germ. Wurzel *waþ- 'schwankend'.

Waffe F. mhd. wâfen, ahd. wâfan, älter wâffan N. (ff nach Länge vereinfacht), asächs. wâpan, mnl. wâpen, wâpijn, afries. wêpin, -en, agf. wæpen, engl. weapon, anord. vâpn, got. wêpna Nom. Plur. N. 'Waffen'. Das nhd. Fem. stammt daher, daß man Waffen als Plur. faßte und einen Sing. neu dazubildete. Gemeingerm. Grundbed. ist 'Kampfgerät'; die daraus entwickelte, im Mhd., Mnd. und Mnl. hervortretende Bed. 'Wappenzeichen' wird in der Neuzeit von Wappen getragen, s. d. In beiden ist ā vor Fortis + Endung -en verkürzt. Schon Luther reimt Waffen: getroffen und bezeugt damit zugleich die Verdumpfung des a nach w (vgl. Argwohn, Woge usw.). Außergerm. Beziehungen sind nicht gesichert.

Waffel F. ein altes nl. Fest- und Fastengebäck, das von Nordwesten zu uns gelangt und seit Schottel 1663 in hd. Text erscheint, in nd. Glossaren schon im 15. Jh. Mnl. wäfel ist kaum früher bezeugt, muß aber älter sein, weil daraus aspan. guafla entlehnt ist. Aus der vläm. Nebenform wäfer stammt afrz. walfre, waufre (frz. gaufre); darauf beruht mengl. wafur, engl. wafer, während engl. waffle aus dem Nl. entlehnt ist. Die roman. Wörter bedeuten 'Waffel' und 'Honigwabe'. Damit ist für anl. *wāfla- (aus germ. *wēblō-) Verwandtschaft mit Wabe (s. d. und weben) erwiesen: das Gebäck wird wegen seiner rautenförmigen Vertiefungen mit der Honigwabe verglichen. Im Hd. ist ā vor Fortis + Endung -el verkürzt, der Verschlußlaut auf nd. Verschiebungsstufe belassen. Sachlich entsprechen im alten Oberdeutschland (Hohl-)Hippe und Krapfen: M. Heyne 1901 Nahrungswesen 277.

Waffenstillstand M. Nachdem das 16. Jh. von Anstand oder Stillstand gesprochen und noch Böckler 1668 Neue Kriegsschule 14 „Stillstand der Waffen" gesagt hatte, begegnet Waffenstillstand seit 1669 Brandenb. Ulysses 64. Mnl. entsprechen stilstant van wapenen, wapenstant; gemeinsames Vorbild ist frz. armistice.

Wagehals M. Einen Johan Waginhals bringt A. Wyß im Heff. Urk.-Buch 1, 2, 888 aus einer Urkunde von 1353 bei: Übername dessen, der den Wahlspruch führen könnte „(Ich) wage den Hals", wobei Hals für 'Leben' steht. Von da appellativ für Tollkühne, die ihr Leben aufs Spiel setzen, zuerst in einem Zeugnis aus Lübeck 1431 bei Schiller-Lübben 5, 574. Die ältesten hd. Belege von Anfang des 16. Jh. zeigen schon Abschwächung auf bloß unternehmende Menschen. Schwed. Wågehals als Beiname des norrländ. Seemanns Jogan Nordlander 1566—84 bei Joh. Nordlander, Fisken och Sågkvarnar i norrländska vatten (1934) 106ff. Vgl. Haberecht, Hebenstreit, Springinsfeld, Störenfried, Stürzenbecher usw.

Wagen M. Mhd. mnd. nnl. wagen, ahd. asächs. wagan, mnl. krimgot. waghen, afries. wein, ags. wægn, engl. wain, anord. schwed.

vagn, dän. vogn führen auf germ. *wagna-, idg. *u̯oĝhno-. Voraus liegt (wie in bewegen, Weg, Woge) die idg. Wurzel *u̯eĝh-: *u̯oĝh- 'bewegen'. Urverwandt sind aind. váhanam 'Fahrzeug, Schiff', váhanam 'Zugtier, Fahrzeug', air. fēn (aus *u̯eĝhno-) 'eine Art Wagen'; ohne n gr. ὄχος (aus *ϝόχος) N. 'Wagen', aslav. vozŭ 'Wagen', lit. vãžis 'kleiner Schlitten', auf m lit. vežimas 'Fuhrwerk'. Die idg. Wörter Nabe und Rad bestätigen, daß es ein uraltes Gerät zur Fortbewegung gegeben hat.

wagen schw. Ztw. 'aufs Spiel setzen; kühn unternehmen'. Mhd. wäge F. (s. Waage) hat aus seiner körperlichen eine abstr. Bed. 'ungewisser Ausgang' entwickelt, die in Wendungen wie in die wäge setzen gilt. Hierzu das Ztw. wägen als Bildung zunächst der Dichter, nicht vor Konrads Rolandslied 185, 4 ich will selbe den līp mīn wägen. Von Hartmann, Wolfram, Gottfried häufig gebraucht, wandert das Ztw. ins Mnd. und Mnl. Aus dem Nd. entlehnt sind afries. wagia und (im 14. Jh.) anord. vāga.

wägen Ztw. mhd. trans. und intrans. wëgen (Präs. wige, Mz. wëgen, Prät. wac, Mz. wägen, daneben wuoc, Part. gewëgen), ahd. asächs. ags. wëgan 'bewegen, tragen, bringen; wägen, messen', engl. weigh, afries. wega, anord. vega, got. gawigan. Urverwandt sind lit. vežù, aslav. vezą 'fahre', air. fēn (aus *wegn) 'Wagen', fecht 'Gang', kymr. arwain 'führen', lat. vehi 'fahren', gr. ϝέχέτω 'soll bringen', aind. váhati 'fährt, führt' zum idg. Verbalstamm *u̯eĝh- 'bewegen, ziehen, fahren'. Heute lebt das Präs. wägen (außer im Sprichwort „Erst wägen, dann wagen") nur noch in obd. Ma. Sonst gilt wiegen, s. d.

Waggon M. Engl. waggon, das zu Wagen gehört, wird in frz. Aussprache (wohl wegen Balkon, Talon) mit andern engl. Fachwörtern des Eisenbahnwesens (s. Tender) entlehnt. Früh bei G. Freytag 1855 Soll und Haben 3, 1. Neben Wagen, (Eisen-)Bahnwagen ist das Fremdwort entbehrlich.

Wagner M. mhd. wagener, ahd. waganāri, asächs. waganāri, mnd. md. wegener(e), nnl. wagenaar. Die urspr. nur obd. umlautlose Form hat sich in den neueren Jh.en weit ins md. Gebiet vorgeschoben: E. Christmann 1944 Zf. f. Namenf. 19, 121ff. In heutiger Umgangssprache ist Wagner wesentl. der süddt. Name des Handwerkers gegenüber norddt. Stellmacher, s. d. und Kretschmer 1918 Wortgeogr. 485f. Entspr. verteilen sich die Fam.-Namen Wag(e)ner, Weg(e)ner usw. Zus.-Ziehungen sind md.: schles. weiner, thür. wainer, wäner, oberhess. wäner, rheinfränk. wēner, luxemb. wōner.

Wahl F. mhd. wal(e), ahd. wala F., abweichend anord. val N., von da entlehnt schott. wale. Dem Anglofries. fehlt das Subst. (wie auch das Ztw.), ins Nd. ist es erst im 16. Jh. aus dem Hd. gedrungen, got. begegnet nur gawaleins 'Wahl', Abstr.-Bildung zum Ztw. waljan. Diesem entsprechen anord. velja, anl. wellan, ahd. węllen, mhd. węl(le)n 'wählen'. Gleichbed. finn. valita beruht auf alter Entlehnung. Grammatisch ist Wahl Grundwort zu wählen, da aber dies eine idg. Bildung ist (aind. varayati 'wählt aus', aslav. voliti 'wollen'), während sich Wahl F. urspr. auf das Hd. beschränkt, ist sprachgeschichtlich vom Ztw. auszugehen. Dieses ist verwandt mit der idg. Wz. *uel 'wünschen' in wollen, teilweise decken sich sogar die Formen: ahd. wellen Inf. 'wollen' und 'wählen'.

wählerisch Adj. seit Stieler 1691 für 'electibilis, vulgo electitius': die äußerlich von Wähler ausgehende Bildung stellt sich beb.mäßig zu wählen. Offenbar daran nimmt Adelung Anstoß; Campe empfiehlt (ohne Erfolg) das in md. und nb. Mundarten begegnende wählisch: Wh. Pfaff 1933 Kampf um dt. Ersatzwörter 56.

Wahlspruch M. für symbolum schlägt Zesen 1648 vor (Krause 1855 Der Fruchtbring. Ges. ältester Erzschrein 489), Schottel 1663 kennt nur Denkspruch, Krämer 1678 nur Wappenspruch, bei Stieler 1691 fehlen alle drei ub erst mit Rädlein 1711 beginnt die geschlossene Reihe der Belege für Wahlspruch 'Sinnspruch, den man sich erwählt hat und zu dem man sich bekennt'.

Wahlverwandtschaft F. Die Eigenschaft zweier chem. Körper, die anderweit gebunden sind, sich miteinander zu vereinigen, nennen Albertus Magnus und Galilei affinitas. In Weiterbildung der anthropomorphen Vorstellung schreibt der Schwede Torbern Bergman 1775 De attractionibus electivis. Dies Fachwort gibt Chr. Ehr. Weigels Übersetzung 1779 durch Wahlverwandtschaft. Von da kennt Goethe die Sache seit 1799; den Ausdruck verwendet er erstmals in den Tagebüchern vom 11. Apr. 1808; durch seine „Wahlverwandtschaften" 1809 wird das Wort Gemeingut.

Wahn M. Mhd. ahd. wān 'unsichre, unbegründete Meinung, Hoffnung', zunächst ohne Vorwurf (s. Argwohn), asächs. mnd. wān, mnl. waen, nnl. waan, afries. wēn, ags. wēn, anord. vān, norw. von, schwed. vån, dän. vaan, got. wēns führen auf germ. *wǣni-, *wǣnō 'Erwartung'. Dazu das schw. Ztw. wähnen, mhd. wænen, ahd. wān(n)en, asächs. wānian, mnd. wēnen, anfr. wānan, afries. wēna, ags. wœnan, ngl. ween, anord. vǣna, got. wēnjan 'er-

warten'. Mit dem Adj. asächs. anawāni 'verdächtig', anord. vænn 'zu hoffen, hübsch, angenehm' und der Weiterbildung ahd. wānida 'argumentatio', anord. vænd (aus *vēnipō) 'Hoffnung, Erwartung' dehnstufig zur idg. Wurzel *uen '(er)streben', die in gewinnen, gewöhnen, wohnen, Wonne und Wunsch vorliegt. Außergerm. stellen sich dazu u. a. aind. vánati, vanŏti 'wünscht', lat. venus 'Liebreiz, Liebe', air. fine 'Verwandtschaft'.

Wahnsinn M., mit Wahn M. unverwandt, ist eine erst nhd. Nachbildung des älteren Wahnwitz; dies zum mhd. Adj. wanwitzec, das seinerseits auf mhd. wanwitze, ahd. wanawizzi Adj. 'unverständig, leer an Verstand' beruht. Damit ist Wahnsinn (neben wahnschaffen 'mißgestalt') der letzte Rest einer sonst nur im Nord. bewahrten Art von Zus.-Setzung mit *wana- 'ermangelnd' (vgl. ahd. wanaheil 'schwach, krank', engl. wanton 'unzüchtig, üppig' aus agf. wantogen 'unerzogen') in ahd. mhd. asächs. afries. ags. wan, anord. vanr, got. wans 'fehlend', zu dem sich mancher (bis auf Edw. Schröder 1938 Dt. Namenkde. 298f. verkannte) wasserarme Wa(h)n-, Wam-, Wohnbach gesellt: Part. auf idg. -ono- zur idg. Wurzel *ua-: *u- 'leer (sein)' in aind. ūná- 'nicht voll', avest. ūna- 'ermangelnd', pers. vang 'leer, arm', armen. unain 'leer', gr. εὖνις 'ermangelnd', lat. vānus 'leer, nichtig'.

wahr Adj. mhd. ahd. asächs. anl. wār (woneben mhd. wære, ahd. wāri), afries. wēr, ags. wær. Dazu bewähren, mhd. (be)wæren, ahd. (bi)wāren, asächs. giwāron, afries. wēria 'bekräftigen, beweisen'. Westgerm. *wārawahr' ist ein von Süden her vordringendes Wort, das im Asächs. das ältere sōth 'wahr' (afries. sōth 'was einem zukommt', ags. sōð, anord. sannr, saðr 'wahr', woneben mit Ablaut got. sunjis 'wahrhaftig', urspr. 'seiend' zur idg. Wz. *es-; vgl. sein) zurückgedrängt hat. Das Adj. *uēro- 'wahr' gehört von Haus aus dem Ital., Kelt. und Südgerm. an; vgl. lat. vērus, kymr. gwyr, air. fir 'wahr'. Damit wz.verwandt ist folgende Sippe: anord. vārar Nom. Pl. 'Treugelöbnis', Vār 'Göttin der Treuschwüre', ags. wær 'Dienstvertrag, Schutz, Treue, Bündnis, Huld', ahd. wāra 'Bündnistreue, Huld', mhd. wære 'Vertrag, Friede, aslav. věra 'Glaube' (die Bed. des alttschech. viera 'Wahrheit', tschech. verny, poln. wierny 'wahrhaftig' ist durch das Deutsche beeinflußt). Ferner gehören hierher got. tuzwerjan 'zweifeln', ahd. zurwāri 'verdächtig', got. allawerei 'Redlichkeit', anord. ǫlværr 'freundlich, gastlich', ahd. alawāri 'freundlich' (s. albern), got. unwerei 'Unwille', unwerjan 'unwillig sein', lat. sēvērus 'streng' (urspr. 'unfreundlich'), gr. ἥρα (Akk. Sg.) φέρειν 'einen Gefallen erweisen' (vgl. W. Wißmann 1932 Nomina postverbalia 115 ff.). Vielleicht ist auch die unter wahren behandelte Sippe urverwandt. Dann wäre die Grundbed. des Adj. *u̯ēro-('wahr') etwa 'achtbar', die von *u̯ērā ('Glaube, Treue, Bündnis') 'Achtung', die von *-u̯er(i)o-('freundlich') etwa 'achtend'.

wahren schw. Ztw., mhd. warn 'aufmerken, (be)achten' ahd. biwarōn 'bewahren', asächs. waron, afries. waria, ags. warian, engl. beware, anord. vara. Von den vorausliegenden Nomina lebt das Subst. (anord. vari, ags. war.., afries. ware, ahd. asächs. wara, mhd. war F. 'Aufmerksamkeit') in wahrnehmen aus mhd. war nëmen, ahd. asächs. wara nëman 'beachten'. Das Adj. s. u. gewahr. Die Wortgruppe gehört mit warnen und warten zur idg. Wurzel *u̯er- 'gewahren, achtgeben'. Urverwandt sind lett. vērtiês 'schauen, bemerken', lat. verēri 'ehrfurchtsvoll schauen', gr. ἐπὶ ὄρονται 'sie beaufsichtigen', οὖρος 'Wächter', ἔφορος 'Aufseher', ὁρᾶν 'sehen', ὥρα 'Hut, Sorge', hettit. u̯erite- 'Furcht haben'. S. auch verwahrlosen und wahrschauen.

währen schw. Ztw., mhd. wërn, ahd. wërēn: Durativ (über deren Bildungsweise Kluge 1906 Zf. f. d. Wortf. 8, 28) zu dem unter Wesen behandelten st. Ztw. mhd. wësen, ahd. wësan. Die Wortbildung ist die gleiche wie bei got. haban schw. Ztw. 'haben' neben hafjan st. Ztw. 'fassen'. Neben ahd. wërēn stellt sich mit anderer Ablautstufe gleichbed. asächs. warōn. S. langwierig.

während Präp.Konjunkt., im 18. Jh. hervorgegangen aus dem Part. Präs. von währen. Während der ist aus Fügungen wie in der Zeit werender Vormundschaft abgelöst, während dem aus in werendem krieg. Danach ist urspr. Verbindung mit Dat. wie mit Gen. möglich. Die mit Gen. hat gesiegt, weil der mundartl. Dativ bei statt und wegen den Gen. als das Vornehmere erscheinen ließ. Während als Konjunkt. ist verkürzt aus während daß: Behaghel 1924 Dt. Syntax 2, 33. 51. 433. 3, 326 f.

wahrnehmen s. wahren.

Wahrsager M. frühnhd. Umbildung aus mhd. wārsage M., das vom 13. bis ins 16. Jh. für 'Seher, Prophet' steht und dem asächs. wārsago entspricht. S. weissagen.

wahrschauen schw. Ztw., nd. mnd. warsch(o)uwen, mnl. waerscuwen, nl. waarschuwen 'warnend benachrichtigen'. Mit ahd. asächs. wara 'Obacht' verbindet sich eine Entsprechung von ahd. sciuhan 'erschrecken' zur Grundbed. 'zur Obacht aufschrecken'. Mit der Schiffahrt (Kluge 1911 Seemannsspr. 817 f.) gelangt das nd. Wort seit dem 15. Jh. in hd. Schrifttum. Auch dän. schwed. varsko stammen aus dem Nd. Wahrschauer ist ein Bootsmann der Rheinflöße, der entgegenkommende Schiffe warnt.

wahrscheinlich Adj. von Ph. v. Zesen 1679 Simson 192 dem nl. waarschijnlijk nachgebildet, das seit 1598 begegnet und eine Lehnübersetzung des lat. vērisimilis darstellt, nach dem schon im 14. Jh. frz. vraisemblable gestaltet war. Chr. Thomasius folgt Zesen 1688 Monats-Gespr. 1, 111, J. Bödiker 1690 Grundf. d. dt. Spr. 384. Vorher: der Wahrheit gleich, ähnlich, gemäß, wahrähnlich.

Wahrspruch M. Lehnübersetzung von Verdikt (s. d.), kaum vor C. E. Krause 1843 Die dt. Schwurgerichte 34. Nach 1848 vom Schwurgericht auf feierliche Entscheidungen anderer Art übertragen.

Währung F. mhd. wërunge, mnd. weringe 'Gewährleistung (des Münzgehalts)', weiter 'gesetzlicher Wert einer Münze'. Die älteren Fem. Währe und Währschaft, die gleichbed. danebenstanden, hat Währung verdrängt.

Wahrzeichen N. Wenn beim germ. Losen Runenzeichen mit bestimmter Bed. in Stäbchen geritzt wurden, so waren das 'Buchstaben' und 'Merkmale' zugleich. Diesen Doppelsinn trägt asächs. wordtēkan, ahd. (seit Notker) wortzeichen. Das im 11. und 12. Jh. nicht belegbare Wort tritt mit der höfischen Epik wieder auf. Daneben stellt sich seit Ende des 12. Jh. mhd. warzeichen, das als nd. wartēken älter ist, wenn das schon im 11. Jh. belegte anord. jarteikn darauf zurückgeht. Grundbed. ist 'Zeichen zur Aufmerksamkeit', erster Wortteil war F. 'Aufmerksamkeit', s. wahren.

Waid M. vor der Zeit des Indigos unsere wichtigste Färbepflanze, ihre Kenntnis in urgerm. Zeit zurückzuverfolgen: mhd. ahd. weit, mnd. wēt, mnl. weet, wēde, ags. wād, engl. woad; dafür got. die Verkl. *wizdila (überliefert uuisdil(e), ouisdelem, guisdil: Zf. f. d. Wortf. 8, 114). Dem Anord. fehlt der Name; aus dem Dt. entlehnt sind dän. schwed. ve(j)de, norw. vajd. Auf Entlehnung aus dem Germ. beruhen auch mlat. waisdus, -dum, -do, woraus afrz. guesde, frz. guède, ital. guado stammen; ferner tschech. vejt, russ. vajda. Germ. *waizda- gilt für urverwandt mit lat. vitrum 'Waid, blaue Farbe, Glas' und gr. ἰσάτις (aus *ϝιτ-σάτις) 'Waid'. Da Isatis tinctoria in versch. Gegenden Europas heimisch ist, nimmt Hoops 1905 Waldb. und Kulturpfl. 473 f. an, die wild gesammelte Pflanze habe schon vor dem Abzug der Griechen und Italiker nach Süden und vor der germ. Lautverschiebung (gr.-lat. t = germ. d) zum Blaufärben gedient. — S. blau.

Waise F. (M.) (volksübl. Waisenkind). Mhd. weise, ahd. anl. weiso, mnd. mnl. wēse, afriej. wēsa (wēsenclīna) führen auf germ. *waisan- M. 'eltern-, vater-, mutterloses Kind' zum st. Ztw. ahd. (bi)wisan 'vermeiden' mit Part. mhd. entwisan 'verlassen, leer von'. Germ. *weis- wohl aus idg. *ǔeidh-s-, entspr. germ. *waisan- aus vorgerm. *ǔoidh-son-, somit verwandt mit lat. dīvidere 'trennen' sowie mit der unter Wittib behandelten Sippe. So gehört got. widuwaírna M. 'Waise' zu widuwō 'Witwe'. Die nhd. Schreibung mit ai stammt aus der bair.-österr. Kanzlei (vgl. Kaiser); von da übernimmt sie Luther, um das Wort vom Fem. Weise und vom Adj. weise zu unterscheiden; bei Schottel und Bödiker ist sie fest. Auch die Zweisilbigkeit dankt das Wort Luthers Einfluß.

Waisenvater M. nach Psalm 68, 6 „der ein Vater ist der Waisen' seit Denzler 1716 Clavis 1, 532b. Von den Philanthropinisten durchgesetzt.

Wake F. 'offne Stelle im Eis', ein nd. Wort, ins Nhd. eingeführt durch Arndt, Dahlmann usw., nachdem schon 1663 Schottelius 1439 „die Waaken, Löcher im Eise, so bey hartem Froste gehauen werden" gebucht hatte. Mnd. wake, nnl. wak, anord. vǫk (Akk. vǫkuan), norw. vok, schwed. vak, dän. vaage führen auf germ. *wakwō 'feuchte Stelle': mit dem Adj. nnl. wak, anord. vǫkr 'feucht' zur idg. Wurzel *ǔegʷ-: *ūgʷ- 'feucht', zu der auch gleichbed. gr. ὑγρός und lat. ūvidus gehören (s. Ochse).

Wald M. mhd. walt (d), ahd. asächs. afries. mengl. wald, mnd. engl. wold M., nl. woud N., agf. weald M. Hierzu mit Bewahrung des westfäch. ea engl. Weald als Name des einst bewaldeten Bezirks in Südengland, während danebenstehendes wold 'weites offnes Land' auf der angl. Mundartform wald beruht. Anord. vǫllr bedeutet 'Erdboden, Grund, unbebautes Feld', norw. voll 'grasbewachsene Fläche', schwed. vall 'Grasweide'. Für das Urgerm. ist *walþus anzusetzen, daraus entlehnt afrz. gualt, prov. gaut 'Buschholz'. Vorgerm. entspricht *waltus 'der Kultur nicht unterworfenes Land'; die westgerm. Bedeutung ist eine Besonderung daraus. Noch ahd. asächs. wald können auch 'Wildnis' bedeuten, ja noch im Mhd. drängt sich der Nebensinn des Unwirtlichen, Wüsten stark hervor. Mit alledem wird Verwandtschaft mit wild nahegelegt.

Waldeinsamkeit F., von Tieck 1797 geschaffen (Volksmährchen hg. von Peter Lebrecht 1, 209 = Phantasus 1, 152 Märchen vom schönen Eckbert), von den Freunden zunächst angefochten (Büchmann 1912 Gefl. Worte 206), wird durch ihn und Arnim zum Schlagwort der Romantik. Heine, der es 1851 im Romanzero 391 aufnimmt, läßt 6, 434 Alpeneinsamkeit folgen, nachdem Bergeinsamkeit schon von Tieck 1825 Ged. 3, 220 gebildet war. Von Goethe stammen Garten-, Halb-, Tageseinsamkeit. Jünger sind Dorf- und Feldeinsamkeit: Zf. f. d. Wortf. 3, 260. 12, 77.

Waldmeister M. spätmhd. waltmeister, mnd. (15. Jh.) woltmēster, nnl. woudmeester 'Asperula odorata': falls wörtlich zu nehmen, vergliche sich der Name den gleichbed. dän. skovmærke, frz. reine des bois, rumän. mama pădurei, mlat. matrisylva, serb. prvenac 'Erstling, Anführer'. Ähnlich dankt die Meisterwurz (Peucedanum ostruthium) den Namen ihren Heilkräften. Waldmeister kann aber auch aus Waldmeier umgedeutet sein: Meier als Bezeichnung mehrerer Asperula-Arten ist eine Form des Pflanzennamens Miere, mnd. mīr. Die nd. Namen Mösch, Musch, Mösk usw. beruhen auf Moschus (spätlat. muscus) und zielen auf den feinen Duft der Pflanze. Als Würze des Maitranks dient sie erst im 19. Jh. ('Waldmeisters Brautfahrt' von O. Roquette ist 1851 erschienen). Seit dem 15. Jh. ist sie als Zusatz zum Bier beliebt, vorher als Arznei. Man hat darum Meister als magister in seiner Bed. 'Arzt' genommen. Der südfrz. Arzt Walther Agilon soll im 13. Jh. die Heilkraft entdeckt haben, daher afrz. erbe Water, mengl. herb wauter aus mlat. herba Walteri magistri: H. Schöffler 1917 Herrigs Arch. 136, 234ff.; Hnr. Marzell 1943 Wb. d. dt. Pflanzennamen 1, 469ff.; derf. 1941 Natur u. Volk 71, 239ff.; R. Loewe 1939 Privatdruck 30ff.

Waldrebe F. heißt die Kletterpflanze Clematis vitalba L. seit H. Bock 1539 Neu Kräuterbuch 2, 69b „der Stamm vergleicht sich den jungen Weinreben". Ihr altheimischer Name Liene, mhd. liel(e), ahd. liela, liola, auf den auch der altdt. Frauenname Liula zurückgeht und durch den über das Normann. frz. liane vermittelt zu sein scheint, ist ungeklärt: H. Marzell 1943 Wb. d. dt. Pflanzennamen 1, 1046ff.

Waldung F. kaum vor Guler v. Weineck 1616 Raetia 18b „den Wasserleitungen, Brunnendeüchlungen, gemeinen Waldungen, Weidungen, Richtstetten". Weiterbildung zu Wald, wie Feldung und Holzung zu Feld und Holz. Vgl. Dickung und Lichtung.

Waldwachs f. Wildwachs.

Walfisch M. mhd. mnd. nnl. walvisch, ahd. (selten) walfisc, mnl. walvisc, anord. hvalfiskr 'balaena'. Verdeutlichung wie Maultier (s. d. und kaufen). Das erste Wortglied Wal war urspr. die allein ausreichende Benennung des Tiers: mhd. ahd. wal, agf. hwæl (auch 'Walroß'), engl. whale, anord. hvalr M., aus dem Urnord. entlehnt finn. estn. valas. Germ. *hwala- 'Walfisch' (wozu gleichbed. mhd. walre, ahd. walar(r)a) stellt sich nach O. Schrader, Phil. Studien f. Sievers 1 f. zu apreuß. kalis 'Wels' (f. Wels), womit sich finn. kala 'großer Fisch' vergleicht. Unsicher ist, ob auch lat. squalus 'Meersaufisch' hierher gehört, wie Lidén, Uppsalastudier tillegnade S. Bugge 91 ff. will. Dazu Walroß nach gleichbed. dän. hvalros (aber anord. hrosshvalr, agf. hors-hwæl) sowie Narwal und Walrat, f. d.

walken schwaches, einst redupl. Ztw., bezeichnet alt stets ein rollendes, walzendes Hin- und Herbewegen: anord. valka 'etwas von Ort zu Ort ziehen', agf. (transf.) wealcan, (intransf.) wealcian 'rollen' (hierzu engl. walk 'gehen'), ahd. walchan 'kneten, Teig auswalzen', entspr. mhd. mnd. mnl. nnl. walken. Aind. válgati 'bewegt sich, hüpft, springt' führt auf einen gleichbed. idg. Verbalstamm *ualg-, zu dem sich auch lat. valgus 'säbelbeinig' und lett. valgs 'Schnur, (Vieh-)Strick' stellen. Aus dem Rollen der Wollgewebe im geriffelten Walktrog haben sich die jüngeren Walkverfahren entwickelt. Auf agf. gewealc 'Gewoge; Feldzug' beruht engl. walk 'Gang'. Aus afränk. *walkan 'rollen, hin und her bewegen' ist afrz. gauchier 'Tuch walken' entlehnt; auch ital. gualcare 'walken' beruht auf dem Germ.: E. Gamillscheg, Etym. Wb. d. frz. Spr. (1928) 462; v. Geramb 1929 Wörter u. Sachen 12, 40 ff.; A. Walde 1930 Vgl. Wb. d. idg. Spr. 1, 304; M. Förster, Engl. Stud. 1937, 10 ff.

Walküre F. nach anord. valkyrja (agf. wælcyrie) göttl. Jungfrau, die unter den Toten des Schlachtfelds wählt (f. kiesen) und die Helden zu Odin geleitet: J. Grimm 1854 Dt. Myth. 1³ 133. Belebt durch Rich. Wagner, H. Heine und Em. Geibel: Mogk 1919 Reallex. d. germ. Alt.-Kde. 4, 475 f.

Wall M. mhd. wal (ll). Lat. vallum, das die Germanen als 'Lagerwall' kennenlernten, ist etwa gleichzeitig mit Mauer, Pfahl, Pfosten, Straße entlehnt zu agf. weall, afächf. wal (ll), afrief. nl. wal. Hd. zuerst erdewal in einem Glossar des 11. Jh. Genuswandel wie bei Wein; bis ins 17. Jh. ist das N. häufig. Die afächf. Bed. 'Wand, Mauer' erklärt sich daraus, daß schon vulgärlat. vallum eine aus Stein und Mörtel gebaute Befestigung sein konnte. Auch natürl. Erdaufwürfe werden Wall genannt, so daß sich bei den meeranwohnenden Germanen wall zu 'Küste, Land von der Seeseite her' entwickeln konnte: Kluge 1911 Seemannsspr. 818.

Wallach M. 'verschnittenes Pferd' seit 1497 Script. rer. Pruss. 5, 295 „do dem pfarrer das pferdt, eyn walach, gestolen wardt". Eins mit dem Volksnamen Wallache, dies die slav. Benennung der Rumänen (aslav. Vlachü), die ihrerseits auf ahd. Walh zurückgeht: Wick 61 f. Verschnittene Hengste kamen zu uns aus der Wallachei, Ungarn (daher frz. hongre) und Rußland (f. Reuß); vgl. auch Schöps als östl. Lehnwort. Schon Ammianus Marcellinus B. 17 erwähnt solche Pferde bei den Quaden und Sarmaten; Vegetius hat die Benennung equus Hūniscus; die Lex Salica bietet caballus spathus. Frühnhd. steht gleichbed. münch, mönch. Viel verbreiteter schwäb. raun, mnd. nnl. rūne, westfäl. riune, nnl. ruin 'Wallach'; dazu die aus dem Germ. entlehnten finn. ruuna, lett. rūnis 'Wallach', rūnīt 'kastrieren, mit einem stumpfen Messer schneiden'. S. Hahnrei, wrinschen.

wallen[1] Ztw., heute schw., vordem redupl.: mhd. wallen, ahd. asächf. wallan, afrief. walla, agf. weallan 'wogen, kochen, quellen', engl. mundartl. wall, norw. valla. Dazu als schw. Bewirkungsztw. mhd. wellen, oberrhein. wellen 'wallen machen, kochen'. Daneben mit Ablaut anord. vella ft. Ztw. 'wallen, sieden', ihr stufig anord. ylr M. 'Wärmedunst', ylja 'wärmen', olmr 'wütend', norw. olla 'Quelle', got. wulan 'wallen'. Aus der gleichen idg. Wurzel *uel- 'drehen' stammen Welle und das Grundwort von Wurzel. Auf einer dentalen Weiterbildung dazu beruht Walze.

wallen[2] schw. Ztw. 'pilgern', mhd. mnd. wallen, ahd. wallōn (aus *waþlōn), agf. weallian (aus *waþlōjan) 'wandern, reisen'. Dazu mhd. wallære 'Pilger' und wallevart 'Wallfahrt'. Nächstverwandt ist ahd. wadalōn 'schweifen' zum Adj. wadal (urgerm. *waþla-, idg. *uotlo-) 'schweifend'. Die auch unter Wadel und Wedel vorausgesetzte germ. Wurzel *waþ- gilt als Dentalerweiterung der idg. Wurzel *uē- 'wehen'.

Wallwurz F. spätmhd. walwurz, frühnhd. walwurz(el), nnl. waalwortel, schwed. vallört: das Kraut Symphyton officinale L., dem schon Plinius die Kraft zuschreibt, Knochenbrüche und Wunden zu heilen. Über wallen 'zuheilen' f. Beinwell.

Walm, älter Walbe(n) M., mhd. walbe, ahd. walbo M., agf. hwealf F. 'Gewölbe', anord. hvalf N. 'gewölbtes Dach': zu wölben (f. d.), aber von der Grundbed. 'Wölbung' derart fortentwickelt, daß Walm(dach) heute meist das Dach des Giebels bedeutet, sofern es nicht senkrecht aufgeführt, sondern abgeschrägt ist.

Walnuß F. Juglans regia, im Mittelmeergebiet heimisch, wurde bef. in Gallien angepflanzt und hieß darum spätlat. nux gallica (afrz. nois gauge). Wie von Westen der Baum zu uns gelangt, spiegelt sich in den Ortsnamen Nußloch b. Heidelberg 776, Nußbaum b. Bretten 883, Nußdorf b. Überlingen 1134, Nußbach b. Oberkirch 1196 usw. Dort überall gedeiht der Baum, während in Norddeutschland die Früchte nicht überall reifen. Nux gallica ergibt mhd. wälhisch nuz; noch Adelung und Campe empfehlen welsche Nuß. Daneben ist Walnuß ein nd. Wort, das erst seit Ludwig 1716 im Hd. erscheint. Es stimmt zu mnd. walnut, -not, mnl. walnote, nnl. walnoot, agf. wealh-hnutu, anord. walhnot, ist somit vom Niederrhein ausgestrahlt und zeigt, wie die Agf. dort auf ihrem Zug nach England mit röm. Kulturgut in Berührung kamen und dessen Bezeichnungen mitnahmen: Hoops 1905 Waldb. 553. 577. Erstes Wortglied ist Walh. womit die Germanen erst den Stamm der Volcae, dann alle Kelten, endlich die Romanen Frankreichs und Italiens bezeichneten. S. welsch.

Walrat M. Der Fettstoff im Leib des Pottfischs heißt norw. dän. hvalrav (zu spätanord. raf N. 'Bernstein, gelber Amber'), bei Konr. v. Megenberg 1350 Buch d. Natur 248 umgedeutet zu walräm (nach mhd. räm 'Schmutz'), das noch Adelung als Wallrahm kennt. Weil W. als Heilmittel galt, folgt im späteren Mnd. Umdeutung zu walrät, das im 15. Jh. ins Hd. bringt, weiter zu baldrät „dieweil es bald hilft und rath thut in etlichen gebrechen" Lonicer 1679 Kräuterb. 742. Von mnd. röt 'Talg, Unschlitt' geht walrot bei Alberus 1540 aus.

Walroß f. Walfisch.

Walstatt F. mhd. walstat 'Schlachtfeld'; mhd. ahd. wal M. F. N. hat allein schon dieselbe Bed. Das entspr. agf. wæl bedeutet 'die auf dem Schlachtfeld Gebliebenen', auch 'die einzelne Leiche' (dazu wælstōw 'Kampfplatz'); vgl. anord. valr 'die Leichen auf dem Schlachtfeld', valfǫðr 'Vater der gefallenen Helden', valhǫll 'Wohnung der gefallenen Krieger'. Grundbed. von germ. *wala- ist 'tot'; dazu mit Ablaut ahd. wuol 'Niederlage', agf. wōl 'Pest, Seuche' (f. wühlen). Urverwandt sind toch. walu 'tot', walune 'Tod', lit. vėlės F. Plur. 'Geister der Verstorbenen'.

walten Ztw., heute schw., einst redupl.: mhd. walten, ahd. waltan, asächs. anfr. got. waldan, afries. walda, agf. wealdan, anord. valda (Prät. olla aus *wolþa), schwed. vålla, dän. volde. Dazu Gewalt, f. d. und ahd. alawaltendi, asächs. alowaldo 'allherrschend', anord. einvaldi 'Alleinherrscher': dh-Erweiterung der idg. Wurzel *ual- 'stark sein', die

unerweitert in lat. valēre 'bei Kräften sein, gelten' und toch. A wäl, B walo 'König' begegnet. Die dh-Erweiterung ist dem Germ. mit dem Balto-Slav. gemein: lit. veldu 'besitze', valdýti 'herrschen', apreuß. Akk. weldīsnan 'Erbteil', lett. vàlsts 'Reich'; aslav. atschech. vlasti 'herrschen', russ. voľodyj 'herrschend', slov. vlāst 'Grundbesitz'. Daneben stehen t-Ableitungen in avest. urvatat- 'gebietend' und urkelt. *ulati- 'Herrschaft' (gleichbed. air. flaith; kymr. gwlad 'Land', akorn. gulad 'Heimat', bret. glad 'Besitz').

Walvater f. Allvater und Walstatt.

Walze F. mhd. walze, ahd. walza, mnd. wolte 'Walze', agf. wealte 'Ring', anord. vǫlt F. 'Falle', norw. mundartl. velta 'Ackerwalze' (während dän. vaise, schwed. vals 'Walze' aus dem Hd. entlehnt sind). Das F. gehört mit dem Adj. agf. wealt, anord. valtr 'rollend' zum einst st. Ztw. walzen, mhd. walzen, ahd. walzan '(sich) wälzen', woneben mit Ablaut anord. vēlta st. Ztw. 'sich wälzen, rollen', schwed. välta, dän. velte. Schw. Bewirkungsztw. zu walzen ist wälzen, ahd. welzen, agf. wieltan, anord. velta, got. waltjan 'sich wälzen'. Germ. *welt- ist dentale Weiterbildung zur idg. Wurzel *uel- 'drehen' in wallen[1], Welle, Wurzel.

Walzer M. Eine bair. Verordn. von 1760 (Schmeller [2]2, 911) verbietet walzende Tänze: das älteste Zeugnis für walzen im Sinn des älteren schleifen 'die Füße beim Tanz am Boden drehen' im Gegensatz zu hopsen. Die Tanzart heißt nach Adelung 1786 obb. walzerisch tanzen. Dazu (wie Dreher, Hopser, Ländler, Schleifer) Walzer seit Schiller 1781 Eberh. b. Greiner 13. Nach F. M. Böhme 1886 Gesch. d. Tanzes 217 ist 1787 in Wien der erste Walzer auf der Bühne getanzt worden. Von da verbreitete er sich als Wiener W. (so Campe 1811) rasch überallhin. Aus dem Nhd. stammen engl. waltz und irz. valse, von da nnl. dän. schwed. vals.

Wälzer M. 'unhandliches Buch': scherzhafte Lehnübersetzung des lat. volumen, das in seiner Verwandtschaft mit volvere 'wälzen' den Gelehrten durchsichtig blieb. Zuerst bei A. Wichmann, Der Antikritikus (Lübeck 1768) 1, 300 „ein Buch von zween dicken Octav-Bänden... Wozu solche ungeheure Wälzer?" Wie das etwas jüngere Schmöker (f. d.) ein Mask. auf -er, das nicht den Träger, sondern den Gegenstand der Handlung bezeichnet: A. Götze 1909 Zf. f. d. Wortf. 11, 269.

Wamme F., mundartl. auch **Wampen** M. '(tierischer) Bauch, Mutterleib', jünger 'Hautfalte am Hals der Rinder'. Mhd. mnd. mnl. afries. wamme, älter wambe, ahd. wamba

-pa, **womba, wumba,** anfr. got. wamba, nnl. wam, agſ. wamb, womb, engl. womb, anord. vomb, norw. vomb, dän. vom, ſchweb. våmm führen auf germ. *wambō. Ein ablautenber es-Stamm in agſ. umbor N. 'Kind'. Außergerm. Beziehungen ſind nicht geſichert; bret. gwamm als Scherzausbruck für 'Frau' iſt aus dem Agſ. entlehnt.

Wams N. Zu mgr. βάμβαξ 'Baumwolle' gehört mlat. wambasium 'geſteppter Rock, unter dem Panzer zu tragen', woraus afrz. wambais 'Bekleidung des Rumpfs unter dem Panzer, Wams'. Aus oſtfrz. Mundarten (im Süden und Weſten galt gambais) wird um 1200 mhb. wambeis als ritterl. Modewort entlehnt. Aus dem Nordfrz. ſtammt mnl. wambaes; über mnb. wambois iſt bän. vams entſtanden. Weſtfäl. **wammes** iſt noch heute zweiſilbig.

Wand F. mhb. mnb. mnl. want (d), ahb. want (t), aſächſ. nnl. wand 'Wand, Seite'. Demgegenüber bebeuten got. wandus und anord. vondr 'Rute', dazu ſchweb. mundartl. vann 'Schlingfaben der Pflanzen'. Die Bedeutungen vereinigen ſich auf 'Gewundenes': die Ableitung zu winden wurde weſtgerm. zur Bezeichnung des Flechtwerks, aus dem die Hauswände hergeſtellt wurden. Auch got. waddjus 'Wand' beb. urſprüng'ich 'Geſlecht': Meringer, Feſtgabe für Heinzel 177; Jbg. Froch. 17, 139; M. Förſter 1903 Dt. Lit.-Ztg. 24, 216.

Wandel M. mhb. mnb. wandel, ahb. wantal 'Wandelbarkeit, Makel; Umgang, Verkehr': Rückbildung zum Ztw. wandeln, ahb. wantalōn, aſächſ. wandlōn, mhb. mnb. nl. wandelen, afrieſ. wantelia (ſchweb. vandla iſt entlehnt). Das Ztw. iſt weitergebilbet aus ahb. wantōn 'wenden', dies mit Ablaut zu winden, ſ. d. Das von Luther bevorzugte Wandel 'Fehler' muß ſeinen obb. Zeitgenoſſen mit Tabel, Makel, Breſten verbeutlicht werden: Kluge 1918 Von Luther bis Leſſing 103. Afrieſ. wandel, bän. ſchweb. vandel beruhen auf Entlehnung aus dem Mnb. Zu wandeln in der ſchon mhb. Beb. 'gehen' ſ. wandern.

Wandelſtern M. zuerſt bei Gryphius 1657 Cardenio (Ausg. der Werke von 1698 S. 231) vom Mond. Als Erſatzwort für Planet ſeit Abr. a S. Clara 1699 Etw. ſ. alle 2, 640, aufgenommen von Jean Paul 1784 Berend 2, 2, 259. Über die Dichterſprache, der Adelung 1786 das Wort mit Recht zuweiſt, kaum hinausgebrungen: Wh. Pfaff 1933 Kampf um bt. Erſatzwörter 56 f.

wandern ſchw. Ztw., nur weſtgerm.: mhb. wandern, mnb. mnl. wanderen, afrieſ. wondria, agſ. wandrian, engl. wander; bän. vandre,

ſchweb. vandra ſind aus dem Mnb. entlehnt. Wandern gehört zu den Jterativen, die auf ein ſchw. Ztw. zurückgehen. Zunächſt ſchließt es ſich an agſ. wandian, ahb. wantōn, weiterhin an wenden und winden an. Beb.verwandt iſt ahb. wantalōn (ſ. Wandel), wie denn häufig Ableitungen auf -eln und -ern nebeneinanderſtehen. Die Ausgangsbeb. 'verändern' iſt ſchon bei mhb. wandern nur in Spuren vorhanden, der auf Ortsveränderung verengte Sinn alt und feſt, jede weitere Beb. baraus entwickelt.

Wange F. umgangsſprachl. weſentlich auf Öſterreich (mit Ausnahme Vorarlbergs) beſchränkt, ſonſt außerhalb der gehobenen Sprache durch Backe erſetzt (ſ. d. und Kretſchmer 1918 Wortgeogr. 100 ſf. 601). Mhb. wange, mnl. wanghe, ahb. aſächſ. wanga, agſ. wonge (engl. wang-tooth 'Backenzahn'), anord. vangi 'Backe'; gleichbeb. got. *waggō läßt ſich aus waggāreis 'Kopfkiſſen' erſchließen. Das entlehnte ital. guancia 'Wange' ſetzt germ. *wankja voraus. Für verwandt gilt ahb. aſächſ. agſ. wang, anord. vangr, got. waggs M. 'Feld, Wieſe' (urverw. mit gleichbeb. kymr. gwaen, air. fān 'Abhang', vorkelt. *uagno-), das in Ortsnamen wie Ell-, Furtwangen, Wieſendangen, Tettnang fortlebt. Grundbeb. beider Sippen wäre dann etwa 'Krümmung' (auch kymr. grudd 'Wange' war einſt 'Abhang, Böſchung, Abbachung, Schräge'), vgl. anord. vangr 'falſch' (urſpr. 'krumm'), dazu mit ibg. auslautendem k aind. vaṅka 'Krümmung eines Fluſſes', vakrá 'gebogen', váñcati 'wankt, geht krumm', lat. vacillāre 'wanken', kymr. gwaeth 'ſchlechter', got. un-wāhs 'untabelhaft', agſ. wōh 'krumm, verkehrt', aſächſ. wāh 'übel'.

Wank M. in der Verbindung ohne Wank, mhb. āne wanc, ahb. āno wanc: zu mhb. ahb. wanc M. 'Unbeſtändigkeit'. Dazu das ſchw. Ztw. mhb. wanken, ahb. wankōn, anord. vakka (aus *wankōn) 'wanken' und das Abj. agſ. wancol, wencel, mhb. wankel, ahb. wanchal 'unbeſtändig', das in wankelmütig (ſo ſeit ſpätmhb. Zeit, auch mnb. wankelmōdich, nl. wankelmoedig; aus dem Dt. entlehnt bän. ſchweb. vankelmodig) und der Rückbildung Wankelmut fortlebt, die noch im Frühnhb. hinter Wankelmütigkeit zurückſteht. Gundbeb. von germ. *wanka- iſt 'krumm'. Urverw. ſind alb. vank, vangu 'Felge, Rabkranz', lit. vingùs 'krumm', vìngis 'Krümmung, Bogen'. Dazu winken, ſ. Wink.

Wankelmut ſ. Wank.

wann Abv. Konjunkt., mhb. wanne, ahb. (h)wanne: alte Ableitung zum Pron.-Stamm germ. *hwa-, ibg. *ku̯o- (ſ. wer, was) mit derſelben Endung wie dann und wenn, ſ. b.

Außerhalb des Deutschen kommen am nächsten afrief. hwęnne, agf. hwanne, **hwænne** 'wann, dann, zu einer, zu jeder Zeit', engl. when 'wann, als'. Auf idg. -dhē sind weitergebildet ahd. hwanta, asächf. hwanda, afrief. hwonde 'weil'. Daneben die einfacheren Bildungen asächf. hwan 'wann', anord. hvē (aus *hvēn) 'wie', got. hvan 'bis zu welchem Grad, wie, wann'.

Wanne F. Lat. vannus F. 'Getreide-Futterschwinge' (zur Sippe von ventus 'Wind'; vgl. ventilāre 'Getreide auf der Tenne worfeln') wird etwa gleichzeitig mit Flegel (f. d.) entlehnt zu gleichbed. ahd. asächf. wanna, mhd. mnd. wanne, nl. wan(ne); schwed. vanna ist aus dem Dt. weiterentlehnt. Aus der Bezeichnung der länglichrunden Futterschwinge wird seit dem 14. Jh. das Badegefäß von entspr. Gestalt: M. Heyne 1901/03 Fünf Bücher dt. Hausaltert. 2, 59. 3, 42 f. Sein Geschlecht (ital. vanno, frz. van sind Mask.) wandelt das Wort unter Einfluß der gleichbed. ahd. winta, -wanta, mhd. swinge. Auf jüngerer Entlehnung beruhen agf. fann, engl. fan 'Schwinge'.

Wanneweher M. 'Turmfalk', mhd. wannewehe, ahd. wannowëho. Das zweite Wortglied ist unter Weihe 'milvus' zum germ. Stamm *wī 'auf Fang gehen' gestellt: ahd. wëho ist lautgerecht entstanden, indem i vor h und suffigiertem o zu ë gebrochen wurde. Den ersten Wortteil verknüpft Suolahti 1909 Vogelnamen 342 mit got. winþjan 'worfeln', dem sich des Turmfalken Flügelflattern vergleiche. Dann wäre von *wanþna-wëho auszugehen.

Wanst M. Mhd. wanst, węnst, ahd. wanast, węnist führen auf germ. *wanasta-: *wanista- 'Tierbauch, Magen der Wiederkäuer, Fettablagerungen des Bauchs'. Mit Ablaut und r-Suffix steht daneben germ. *weniströ- in isl. vinstur, norw. mundartl. vinstr, schwed. mundartl. vinster 'Lab-, Blättermagen'. Zu -t nach s-Stamm vgl. Distel. Außergerm. vergleichen sich lat. vēnsica 'Blase', aind. vasti- '(Harn-)Blase', vaništhú- 'Mastdarm; in der Nähe des Netzes liegender Körperteil'. Idg. *udero-: *ŭędero- 'Bauch'.

Want N. F. 'Tau(werk), das Masten und Stengen seitlich stützt', in seemänn. Quellen des 17. 18. Jh. (der älteste hd. Beleg stammt von 1662) meist Wand, wie auch die nl. Entsprechungen zwischen nd und nt schwanken. Kluge 1911 Seemannsspr. 820 f. vermutet Entlehnung aus dem Nl. und Zuf.-Hang mit winden (vgl. das Verhältnis von Strick zu stricken), so daß als Grundbed. 'Gewundenes' anzusetzen wäre. Wahrscheinlich ist dann Verwandtschaft mit Want, mnd. nl. fläm.

want 'Netz zum Herings-, Kabeljau- und Schellfischfang', das von einer Grundbed. 'Strick-, Netzwerk' ausgeht und seit Comenius 1644 Janua 124 in hd. Texten erscheint.

Want(e) M. F. 'Fausthandschuh', ein uraltes Wort der seefahrenden Germanen, f. Handschuh. Anord. vǫttr und das aus dem Germ. früh entlehnte finn. vanttu, vantus 'Wollhandschuh' sichern urgerm. *vantuz, das in neunord. Mundarten (dän. vat, schwed. vante, mundartl. vatte, norw. vaatt) fortlebt. Für das Deutsche der alten Zeit ist das Wort aus roman. Lehnwörtern zu erschließen: in merowing. Latein erscheint seit Mitte des 7. Jh. der Akk. Plur. wantos (DWb. 13, 1924); afrz. wanz, frz. gant, ital. guanto, span. portug. guante beruhen auf Entlehnung aus dem Germ. Das dt. Wort erscheint im 15. Jh. als nd. nl. wante, Verkl. wanteke (auf Entlehnung aus dem Nd. beruhen dän. schwed. wante). Es wandert mit unverschobenem t rheinaufwärts bis zum Main. Der üblichen Herleitung von winden steht entgegen, daß sie germ. nd (nicht nt) voraussetzen würde; auch werden die Wanten der Vorzeit nie als die Hände umwindende Lappen geschildert. Der Waltharius (vor 930) V. 1426 kennt hirschlederne Handschuhe: cervos . . . quorum de corio wantis sine fine fruaris. Bedas Zeugnis vom Beginn des 8. Jh. (Kluge 1911 Seemannsspr. 820) tegumenta manuum, quae Galli wantos i. e. chirothecas vocant legt Entlehnung aus dem Kelt. nahe, doch fehlen dort Ansatzpunkte.

Wanze F. Das meist an Stubenwänden beobachtete Insekt heißt Wandlaus (entspr. mundartl. von Lothringen bis zum Niederrhein und Pommern noch heute), ahd. mhd. wantlūs, nl. wandluis; gleichbed. ahd. wëglūs (Glossen 3, 683), nl. weegluis, dän. væggeluus, schwed. väglus; mnd. wantworm (vgl. tschech. stěnice 'Wanze' zu stěna 'Wand'). Vom ersten Wortteil aus (wie Gotizo zu Gotfrit usw.) gebildete Kurzform ist mhd. wanze F., das von bair.-österr. und ostmd. Mundarten aus seit dem 14. Jh. das Stammwort aus der Schriftsprache verdrängt hat. Zur Übertragung der Namenendung -izo auf Tierbezeichnungen f. Hinz, Ratz, Spatz, Sperling. Die entspr. schwäb.-alem. Kurzform ist seit dem 15. Jh. wentel, heute Wändel, zu wantlūs wie Heinilo zu Heinrich.

Wappen N. Unter Waffe ist der Bed. 'Wappenzeichen (an der ritterl. Rüstung)' gedacht, die im Mnl., Mnd. und Mhd. seit Ende des 12. Jh. hervortritt. Sie ist an der unverschobenen Form haftengeblieben, die von Flandern ins Hd. gedrungen ist wie hübsch, Ritter, Roch, Schach, Tanz, Tölpel.

Im Mhd. stand das entlehnte wāpen gleichbed. neben heimischem wāfen N. Erst im 16. Jh. wird die Scheidung der Formen nach der Bed. durchgeführt, Grenzverletzungen sind noch im 17. Jh. möglich.

Waran M. Die Eidechsenart heißt in ihrer arab. Heimat waran; daraus frz. varan und im Nhd. des 19. Jh. Waran. Cuvier hatte den lat. Namen varānus mit monitor wiedergegeben; dieselbe Mißdeutung liegt unserm Warneidechse zugrund: Lokotsch 1927 Etym. Wb. 2156.

Wardein M. 'Erz-, Münzprüfer'. Mlat. guardianus (s. Garde) 'Aufsichtführender' ist über nordfrz. wardien und mnl. wardjn zu uns gelangt und erscheint am Oberrhein 1409 als wardyn: Mones Zs. 2, 424.

Ware F. Für den Begriff 'Handelsgut', den im älteren Obd. koufmanschatz, -schaft decken, tritt in hd. Text zuerst bei Raumsland († um 1290) Minnesinger 3, 57 a Hagen ware auf. Der Spruchdichter stammt aus nd. Gebiet. Mnd. Belege liegen zufällig erst seit 1330 vor, mnl. ware reicht bis etwa 1250 zurück. Ihm entsprechen afries. were, ags. waru, spätanord. vara. Man sieht darin dasselbe Wort wie in mnd. afries. ware, ags. waru 'Gewahrsam'; dann wäre im hansischen Handel Bed.-Verengung aus älterem 'was man in Gewahrsam hat' eingetreten. Da das Anord. nur vari M. 'Aufmerksamkeit' kennt, bestätigt sich die Hanse als Ausstrahlungsgebiet auch von der formalen Seite. S. wahren.

Warenhaus N. Aus einer älteren Bed. 'Lagerhaus für Warenvorräte', die seit Albr. v. Haller 1787 Tageb. 2, 8 auftritt, geht im 19. Jh. die heutige hervor: 'großes Handelshaus, das die verschiedensten Waren führt'. Während noch Sanders 1860 Wb. 1, 712 nur die alte Bed. kennt, kann die neue für eingebürgert gelten, seit 1889 das „Warenhaus für dt. Beamte" ins Leben tritt. Im großstädt. Geschäftsleben beginnt schon vor 1915 (DWb. 13, 2008) Kaufhaus für seiner zu gelten.

warm Adj. gemeingerm.: mhd. asächs. nl. afries. engl. warm, ahd. war(a)m, ags. wearm, anord. varmr, dän. schwed. varm; got. *warms ist aus warmjan 'wärmen' zu folgern. Meist geht man von der idg. Wz. *war 'wallen; heiß sein' aus, die in armen. var 'Glut; glühend' vorliegt und viele Zugehörige in den balt.-slav. Sprachen hat: aslav. varŭ 'Hitze', virju, vrěti 'sieden' (intr.), variti 'kochen' (trans.), lit. vérdu, virti 'sieden' (trans.), versmė̃ Quelle', lett. wersme 'Glut'. Falls germ. *warma- auf idg. *gu̯hormo zurückgeführt werden dürfte, wäre auch Urverwandtschaft

möglich mit avest. garəmō, armen. jerm, gr. θερμός, lat. formus 'warm', aind. gharmá-, alb. zjarm, apreuß. gorme, air. gor 'Hitze', aslav. gorěti 'brennen'.

Warneidechse s. Waran.

warnen schw. Ztw., mhd. mnd. warnen 'aufmerksam machen (bes. auf etw. Schädliches)', ahd. warnōn 'sich vorsehen, hüten', mnl. waernen 'versehen, ausrüsten, warnen', ags. wearnian 'achtgeben, bewahren vor', engl. warn 'warnen'. Gleichbed. dän. varne, schwed. varna stehen unter dt. Einfluß. Verwandt mit der unter wahren behandelten Sippe; Grundbed. 'auf etw. sehen'. Auf germ. *warnjan 'vorsehen' beruhen frz. garnir, ital. guarnire 'mit etw. versehen, ausrüsten'.

Wart M. mhd. ahd. wart, asächs. ward, ags. weard, got. -wards 'Wächter, Hüter'. Das hd. Wort begegnet fast nur in Zus.-Setzungen wie ahd. turiwart 'Torwart'. Im Nhd. ist die kurze Bildung auch hier hinter -wärter zurückgetreten, doch hat sich obd. Bannwart 'Flurschütz' gehalten, zu dem jüngeres Forstwart getreten ist. Die Ritterromane haben Burg-, Schloß-, Turmwart gebracht, die (Turn-)Vereine Kassen-, Schrift-, Turnwart. S. warten.

Warte F. mhd. warte, ahd. warta 'spähendes Ausschauen; Ort, von dem aus gelauert wird', asächs. warda, mnd. warde 'Warte(n), Wache', ags. wearde (engl. ward) 'Wachehalten, Beschützen', mengl. warde 'Wartturm', anord. varði M., varða F. 'Steinwarte'. Schwed. vård 'Pflege', dän. varde 'Warte' stehen unter deutschem Einfluß. Auf Entlehnung beruhen frz. garde, span. guarda 'Acht, Hut, Warte'. S. warten.

warten schw. Ztw. mhd. warten, ahd. wartēn 'ausschauen, erwarten', asächs. wardōn 'behüten, bewachen, versorgen, sich hüten', mnd. warden 'erwarten, Anwartschaft haben, besorgen, sich hüten' mnl. waerden, afries. wardia 'besorgen', ags. weardian, anord. varða 'bewachen': eine gemeingerm. Bildung, nur got. nicht belegt (doch s. Wart). Auf früher Entlehnung aus dem Germ. beruhen frz. garder 'bewachen', regarder (afrz. auch esgarder) 'schauen', ital. guardare, span. portug. guardar 'behüten'. Das schw. Ztw. ist abgeleitet vom Fem. Warte (germ. *wardō-), dies part. Bildung zur Wz. von wahren, s. d. und warnen. Grundbed. ist somit 'sehen', woraus sich im Dt. 'auf jem. hinsehen, den man erwartet' entwickelt hatte. Damit war warten befähigt, in spätahd. Zeit an die Stelle des gemeingerm. beiten zu treten, das in nl. b iden, engl. (a)bide, schwed. bide, dän. bie 'warten' erhalten ist und bis in frühnhd.

Zeit auch bei uns, in einigen obb. Mundarten ſogar bis heute fortlebt: v. Bahder 1925 Wortwahl 93.

-wärts Nachſilbe in Zuſ.-Setzungen wie aufwärts, aus mhd. ahd. -wërtes: adv. Gen. zu mhd. ahd. -wërt (ûfwërte daneben mit a-Stufe agſ. -weard, engl. -wards). Dieſes bewahrt im Ahd. Mhd. ſeine ältere adj. Geltung, in der heute -wärtig (aus -wërtic) ſteht. Vgl. Gegenwart und got. andwaírþs, agſ. andweard, aſächſ. andward, ahd. antwart, -wërt 'gegenwärtig', anord. ǫndverðr 'entgegengekehrt, im Anfang befindlich'. In ſelbſtändigem Gebrauch begegnet das Wort nirgends; da es Ortsadjektive im Sinn von 'ſich wendend' bildet, iſt das alte -wërt mit nhd. werden und lat. vertere 'drehen' (ſ. Wirtel) zu verbinden. Vgl. air. frith 'gegen' aus *vr̥ti-. S. heimwärts und dort.

warum Adv., mhd. ſpätahd. wārumbe für älteres hwanta. Erſter Wortteil iſt das Adv. wā(r) 'wo'; ſ. wo.

Warze F. gemeingerm., nur im Got. nicht belegt: mhd. warze, ahd. warza, aſächſ. warta, nl. wrat, afrieſ. warte, agſ. wearte, anord. varta. Germ. *wartō(n)- aus idg. *u̯ordā, *u̯ordōn- gehört nach P. Horn zunächſt zu perſ. bālū 'Warze' aus uriran. *vard-. Dazu wohl auch aſlav. vrědŭ (aus *u̯erdo-) 'Ausſchlag'. Grundbed. von idg. *u̯erd- dürfte 'Erhöhung' ſein, worauf die Nebenform *u̯ersdeutet, zu der aind. vársman 'Höhe, Scheitel', aſlav. vrŭchŭ 'Gipfel, Höhe', lit. viršùs 'das Obere', air. ferr 'beſſer', lat. verrūca (rr aus rs) 'Warze' (im Altlat. auch 'hochgelegener rauher Ort'), agſ. wearr 'Schwiele', nhd. mundartl. Werre 'Gerſtenkorn am Auge', ahd. werna 'Krampfader', nhd. mundartl. Wern 'Gerſtenkorn am Auge' gehören.

Waſchbecken N. Während hantbecken und waſchhafen, -kar, -ſchaff, -vaz ins Mhd. zurückreichen, erſcheint W. nicht vor Zainers Bibel (Augsb. 1475) 3. Kön. 7, 38: M. Heyne 1903 Körperpfl. 40. 94. Als junges Wort hat es ſich nicht gleichmäßig durchgeſetzt, ſondern bleibt weſentlich auf norddt. Umgangsſprache beſchränkt. Die Abgrenzung gegen Lavor (ſ. d.) und Waſchkumme, -kump, -napf, -ſchale, -ſchüſſel nimmt Kretſchmer 1918 Wortgeogr. 555f. vor.

waſchen ſt. Ztw. Ahd. aſächſ. anfr. agſ. wascan, mhd. mnd. waſchen, mnl. wasscen, nnl. wasschen, engl. wash, anord. ſchwed. vaska, dän. vaske führen auf germ. *wat-skō 'mit Waſſer reinigen' (im Got. durch þwahan verdrängt, ſ. Zwehle). Aus anfr. wascan entlehnt iſt afrz. waschier, guaschier 'rühren, rudern', das frz. gâcher 'Wäſche ausſpülen;

Mörtel anrühren' mit der Rückbildung gâche 'Kalkſchaufel, Rührſcheit' ergeben hat. Außergerm. vergleicht ſich (ſogar in der Erleichterung der alten Drittkonſonanz) toch. A wäsk, B wäsk 'ſich bewegen' (K. Schneider 1941 Idg. Forſch. 58, 50), das ſich mit dem germ. Ztw. auf eine Grundbedeutung 'in (fließendem) Waſſer hin und her bewegen' vereinigt. Das urſprünglich nur präſentiſche ſo der alten Formen iſt ſtammhaft geworden wie bei forſchen, miſchen, wünſchen. Die Bildung geht aus von germ. *wat- 'Waſſer', ſ. d. — Wäſche F. iſt eine erſt ahd. Rückbildung aus dem Ztw.

Waſchzettel M. Der Wäſchezettel, auf dem man der Wäſcherin die ausgegebenen Stücke verzeichnet, bei Amaranthes 1715 Frauenz.-Lex. Waſch-Zettul, wird ſeit 1873 im Gebrauch des Buchhandels und der Preſſe zur Begleitreklame, die Büchern beigegeben wird, und zur Anweiſung, die Blättern von Regierung oder Parteileitung zugeht: Ladendorf 1906 Schlagwb. 333f.

Waſe F. md. nd. Nebenform zu Baſe (ſ. d.), mnd. wase, ahd. aſächſ. wasa 'Vaterſchweſter'. Durch mlat. (langob.) barbas 'Vaterbruder', ital. barba 'Oheim' wird ein ſchw. Fem. *baswa 'Vaterſchweſter' wahrſcheinlich, aus dem mit einer bei Koſeformen häufigen Angleichung (vgl. Peppi aus Seppi) *waswa werden konnte. In den obliquen Kaſus (*baswūn > *basūn) fiel w lautgeſetzlich aus; von da konnte Baſe auch als Nomin. hergeſtellt werden. Koſeformen, die ſich an Vater anſchließen, ſind beide. S. Baas.

Waſen M. 'Raſenfläche, (feuchter) Boden', mhd. mnd. mnl. wase, ahd. aſächſ. waso 'Raſen', mnd. wasem 'Dunſt'. Aus dem Fränk. ſtammt frz. gazon, aus dem Bair.-Öſterr. ſloven. važa. Daneben zwei Ablautsformen in nnl. waas (urgerm. *wēsa-) 'Reif, Duft' und mnd. wôs 'Schaum, Abſud, Saft', agſ. wôs 'Feuchtigkeit, Saft', dän. os 'Dunſt, aufſteigender Saft in Bäumen' (urgerm. *wōsa-). Nächſtverwandt iſt lett. vasa 'Feuchtigkeit des Bodens'. Das Schickſal von Waſen im Nhd. iſt dadurch beſtimmt worden, daß es Luther nicht verwendet. Im 18. Jh. erliegt es der gleichbed. Reimwortbildung Raſen, ſ. d. und ſeiger.

Waſenmeiſter M. in ſeinen Bed. 'Abdecker' und 'Henker' eines der Zeugniſſe dafür, daß einſt beide Ämter in der gleichen Hand lagen. W. ſteht ſeit dem 15. Jh. obb. neben Schinder, weſtmd. neben Filler; der Gebrauch des Wortes gilt amtlich bis ins 18. Jh., mundartl. bis heute: E. Angſtmann 1928 D. Henker in der Volksmeinung 59f.

Waſſer N. mhd. wazzer, ahd. wazzar, aſächſ. watar, nd. nl. engl. water, afrieſ. wetir, wet(t)er, agſ. wæter. Dem weſtgerm. N. auf -r ſtehen oſt= und nordgerm. Bildungen auf -n gegenüber: got. watō (Gen. watins), anord. nnorw. vatn, ſchwed. vatten, dän. vand. Die zugrundliegende idg. Wz. *wĕd: *wŏd: *ŭd iſt enthalten auch in agſ. wæt, engl. wet 'feucht'. Dazu weiterhin die unter Otter behandelte Sippe. Außerhalb des Germ. ſind verwandt gr. ὕδωρ, aind. udán-, ſlav. voda (zu dieſem Wodka, eigtl. 'Wäſſerchen'). Das Wort iſt ein uraltes N., das im Nom. Aкk. auf -r endete, während die andern Kaſus ein n Suffix aufwieſen; dieſer alte Zuſtand ſpiegelt ſich am reinſten in hettit. Nom. watar, Dat. weteni 'Waſſer'. Im Germ. dagegen haben ſich zwei verſchiedene Paradigmen herausgebildet, das eine durch r, das andere durch n gekennzeichnet. Vgl. die ähnlichen Verhältniſſe bei Feuer.

Wafferfall M. engl. waterfall aus agſ. wætergefeall, ſpätmhd. wazzer al aus mhd. des wazzers val.

Waffer=, Windhoſe F. 'trichterförmiger Waſſer=, Windwirbel': zu Hoſe in ſeiner älteren Bed. 'Strumpf'. Vorbild iſt nnl. (water)hoos: Kluge 1911 Seemannsſpr. 381.

Waſſerkopf M. heißt der durch Gehirnwaſſerſucht aufgetriebene Kopf zuerſt bei Adelung 1786. Nachdem Tob. Smollett ſchon 1771 London a dropsical head genannt hatte, ſchilt Jul. Bachem 1882 Berlin den „Waſſerkopf der Monarchie": Büchmann 1912 Gefl. Worte 548.

Waſſerratte F. Arvicola amphibius heißt frühnhd. wasserratz(e), nd. nl. waterrot, engl. waterrat. In der Übertragung auf Menſchen wird W. zunächſt 'tüchtiger Schwimmer', im 19. Jh. 'befahrener Seemann': Kluge 1911 Seemannsſpr. 826. S. Landratte.

Waſſerſtoff M. zuerſt bei Girtanner 1791 Neue chem. Nomenclatur, Lehnüberſetzung des frz. hydrogène 'Waſſererzeuger'. S. Sauer=, Stickſtoff.

Waſſerſucht F. ahd. wazzarſuht, mhd. wazzerſühte, -ſuht, mnd. mnl. watersucht, ſchwed. vattenſot; dän. vaterſot iſt aus dem Dt. entlehnt: 'krankhafte Anſammlung von Flüſſigkeit im Körper': M. Heyne 1903 Körperpflege 128.

Wat F. Zur idg. Wz. *vedh 'weben' (in lit. áudžiu 'ich webe', got. gawidan 'binden', ahd. wetan 'anjochen') gehören ahd. mhd. mnd. wāt, aſächſ. wād, agſ. wǣd, anord. vāð 'Stück Zeug', Plur. 'Kleider'. Daneben ſteht das Sammelwort ahd. giwāti, aſächſ. wādi, mnd. wēde, nl. gewaad, agſ. wǣde, engl. weed. Grundbed. 'Gewebe'. Vom 12. Jh. an wird im hd. Wat durch Kleid und Gewand zurückgedrängt, im 17. Jh. ſcheidet es aus der Schriftſprache. Schon Luthers wad (nur Offenb. 3, 4; 1529 auch hier durch Kleid erſetzt) muß ſeinen obb. Zeitgenoſſen durch gewandt verdeutlicht werden. Im 19. Jh. verſuchen Wunderhorn und Uhland eine künſtliche Belebung, die doch mißlungen iſt. S. Gewand, Leinwand.

Wate F. 'Zugnetz', ahd. wata, mhd. wate, mnd. wade, nl. wad(d)e, agſ. wadu, dän. vod, ſchwed. norw. vad. Aus dem Germ. entlehnt ſind gleichbed. finn. vata und ital. guada. Das Wort gehört mit anord. vaðr M., norw. vad 'Angelſchnur' zur Wz. von Wat (ſ. d.) und bedeutet urſpr. 'Geflochtenes'. Urverwandt ſind lett. wadus 'großes Zugnetz', lit. vedéjà 'Fiſchnetz für zwei Fiſcher', aſlav. nevodŭ 'Netz'.

waten Ztw. mhd. ahd. waten, mnd. mnl. waden, afrieſ. wada, agſ. wadan, anord. vaða 'ſchreiten, vorwärtsdringen (beſ. im Waſſer)'. Gemeingerm., nur got. nicht belegt. Außergerm. Verwandte finden ſich nur im Lat.: vadum 'Furt' und vadāre 'waten' ſtimmen in der Geſtalt der Wz.-Silbe, während das ablautende vādere 'ſchreiten' der Bildung nach näherſteht. Das auf lat. vadāre beruhende ital. guadare 'waten' iſt in ſeinem Anlaut durch das deutſche Wort beeinflußt; frz. gué (afrz. guez) 'Furt' u. guéer 'eine Furt durchſchreiten' weiſen auf afränk. *wað u. *wadan zurück. S. Watt, Weed.

Watſche F. 'Ohrfeige', mhd. ōrewetzelīn Heinrich v. Freiberg, Triſtan (Nordböhmen um 1317) V. 5478. Heute bair.-öſterr., doch ausſtrahlend bis Schleſien, Berlin, Luxemburg und zur Schweiz: Kretſchmer 1918 Wortgeogr. 104. 602; G. Weißenböck 1937 Zſ. f. Mundartf. 13, 24 f. Urſpr. gemeint als Mittel, Ohr und Gedächtnis zu ſchärfen, gehört Watſche zu dem unter wetzen genannten Adj. ahd. was 'ſcharf'.

watſcheln ſchw. Ztw., aus den Mundarten mehr in die Umgangs= als in die Schriftſprache gedrungen. Zuerſt bei Sachs 1546 Fabeln 90, 44 Ndr. „Nach dem watſchlet daher die kröt'. Gebucht ſeit Ludwig 1716; von den Klaſſikern nur bei Wieland. Wegen der Grundbed. 'wackeln' iſt vom ſpätmhd. wackzen 'wackeln' (Weiterbildung zum gleichbed. mhd. wacken) auszugehen. Das daraus mit Belarverluſt entwickelte watſchen, das in einzelnen Mundarten bis heute gilt, hat dieſelbe Verkl.=Endung erhalten wie wackeln.

Watt N. mnd. wat 'der bei Ebbe trockenlaufende Teil des Meeresbodens', in einem hd. Seetext zuerſt 1694: Kluge 1911 Seemannsſpr. 827. Als Küſtenwort entwickelt aus 'ſeichte Stelle im Waſſer, die man durchwaten kann'. Entſpr. ahd. mnl. wat, nnl. wad, agſ. wæd, anord. vaδ 'Furt'. Aus dem Germ. entlehnt sind ital. guado, frz. gué 'Furt, seichte Stelle im Wasser'. Zu den lat. Urverwandten f. w a t e n.

Watte F., österr. auch **Watta**, begegnet seit Hohberg 1682 Georg. 2, 433. Früher als von gelockerter Baumwolle wird es von Flockseide gebraucht, geläufiger als Watte war die Form **Watten**. Sie entspricht dem mnl. watten (nach 1599; heute meist in der Verkl. watje), aus dem das dt. Wort stammt und das seinerseits mit engl. wad (seit 1550), frz. ouate, ital. ovate, ovatta auf mlat. wadda (so zuerst 1380) zurückgeführt wird. Dessen Ursprung vermutet Seybold 1909 Zf. f. b. Wortf. 10, 222 in arab. baṭn 'Bauch, Inneres', bāṭin, Plur. bāṭa'in 'Unterfutter, gefütterte, auswattierte Kleider'. Der Weg der Entlehnung bleibt noch aufzuklären: Lokotsch 1927 Etym. Wb. Nr. 273. Schwed. vadd stammt aus dem Engl., dän. vat und russ. watá aus dem Nhd. S. Baumwolle und Kattun.

Wau M. Für die Reseda (f. d.) ist der Name got. *walda zu erschließen aus altital. guada, frz. gaude, span. gualda (Holthausen 1929 Behrensfestschr. 109). Es entsprechen mengl. wolde, engl. weld, mnl. woude. Im Deutschen gelten seit dem 13. Jh. wolde und waude, im 17. Jh. bringt Wau aus nnl. wouw vor. Urverwandt ist das gleichbed. lat. lūtum (aus *vlūtum).

weben[1] st. Ztw. Die idg. Wz. *uebh bedeutete zunächst 'sich hin und her bewegen', sodann (vielleicht zunächst als Fachwort der Frauensprache) 'sich vor dem Webstuhl hin und her bewegen, weben'. Das Germ. hat beide Bed.-Stufen erhalten, teilweise bei denselben Wortformen; vgl. anord. vefa, agf. wefan (engl. weave), mnd. weven st. Ztw. 'weben, flechten, knüpfen', ahd. wëban, mhd. wëben st. Ztw. 'sich hin und her bewegen, weben, spinnen' (germ. *wëban). Daneben steht ein schw. Ztw. germ. *wabjan in anord. vefja 'wickeln, hüllen', agf. webbian, mnd. weffen schw. Ztw. 'weben, flechten, knüpfen', mhd. wеbеn schw. Ztw. 'weben' (vgl. weben[2]). Dazu ein Subst. germ. *wabja in anord. vefr 'Gewebe, Aufzug, gewobenes Zeug', agf. webb (engl. web), asächf. webbi, mnd. webbe 'Gewebe, Webstuhl, Aufzug', nnl. web(be) 'Gewebe', ahd. weppi, mhd. webbe, weppe 'Gewebe, Aufzug', nhd. Gewebe, Spinnewebe. Daneben mit Ablaut ahd. wuppi 'Gewebe', schwed. mundartl. öf 'Einschlag'. Eine andre Ableitung liegt vor in anord. veptr, vipta, agf. weft, wift, wefta (engl. weft) 'Einschlag', mhd. wift 'feiner Faden, Gewebe, Honigwabe' (vgl. Wabe). Außergerm. sind urverw. einerseits lit. vebždéti 'wimmeln,

sich verwirren', vãbalas 'Roßkäfer', anderseits aind. ubhnáti 'schnürt zusammen', ūrṇa-vãbhi 'Spinne' (wörtl. 'Wollweber'), avest. ubdaēna 'Gewebtes', perf. bäftän 'weben', gr. ὑφή, ὕφος 'Gewebe', ὑφαίνειν 'weben', alb. ven 'ich webe'. S. wabern, Waffel, Wespe, Wiebel, Wift.

weben[2] schw. Ztw. 'sich bewegen' aus Luthers Bibel (Matth. 7, 25 usw.) der Dichtersprache des 18. Jh. geläufig. Daher Goethe 1774 Urfaust 42. 151. 1436. S. weben[1].

Wechsel M. mhd. wëhsel, ahd. asächf. wëhsal, anl. wihsil, afrief. wixle '(Aus-)Tausch, Handel, Geld'. Dazu anord. vixl 'Tausch' (dän. veksel, schwed. vexel haben ihren Vokal aus dem Dt. bezogen). Das Wort ist eine Ableitung mit Suffix -sla- (Kluge 1926 Stammbild. § 142b) zu derselben Wz., aus der lat. vicēs 'Abwechslung, Gegenseitigkeit' hervorgegangen ist (f. weichen). Im Zahlungsverkehr ersetzt W. seit 1383 ital. cambio, mlat. cambium. Die heutige Bed. 'Urkunde über eine Wechselzahlung' zuerst bei Sperander 1712 Negotiant 25; vorher steht dafür Wechselbrief, das Schirmer 1911 Wb. d. dt. Kaufm.-Spr. 209 zuerst aus Köln 1393 nachweist; dafür in Lübeck noch 1437 litera cambii: Kurrelmeyer 1922 Mod. lang. notes 37, 392f.

Wechselbalg M. Bei allen Nordeuropäern gilt seit frühchristlicher Zeit der Glaube, Kinder mit dickem Hals oder blödem Gesicht stammten von Unholden und seien von diesen nach der Geburt gegen die echten Menschenkinder ausgetauscht. Bei den Germanen heißen sie anord. skiptingr, schwed. (bort)bytning, dän. bytting, engl. changeling, ahd. (bei Notker) wihseline, mhd. wëhselkint, spätmhd. wëhselbalc. Dies verbreitet Luther, der gleichbed. Kielkropf und Mondkalb verwendet: E. Mogk 1919 Reallex. d. germ. Alt.-Kde. 4, 492; G. Piaschewski, Der Wechselbalg (Diff. Breslau 1935); H. Appel, Die Wechselbalgsage (Diff. Heidelberg 1937).

Wechselreiterei F. Lehnübersetzung des nnl. wisselruiterij ist Wechselreuterey Allg. d. Bibl. 11 (1768) 66; dän. vexelrytteri ist durch das Nhd. vermittelt. Bei der alten Post spielt das Reiten auf Wechselpferden eine Rolle, offenbar auch im Verkehr von Börse zu Börse. Die Entfernungen werden zu anfechtbarer Ausweitung des kaufm. Kredits mißbraucht: Jacobßon 1783 Technol. Wb. 3, 408 „Reuterwechsel, wenn man den Holländer mit seinem Kredit in Hamburg und den Hamburger mit seinem Kredit in Holland bezahlt, um Zeit zu gewinnen". Bei der Umkehrung Wechselreiter, bei uns seit Büsch 1792 Darst. d. Handl. 1, 40, mochte man zugleich an nl. ruiter 'berittener Wegelagerer' denken.

Weck M. 'keilförmiges Gebäck', mhd. wecke, ahd. wecki (älter weggi), asächs. weggi, mnd. mnl. wegge 'Keil, Weizenbrötchen', ags. weeg, anord. veggr 'Keil'. Gemeingerm., nur got. nicht belegt. Grundform *wagja-, der das früh entlehnte finn. vaaja 'Keil' nahesteht. Außergerm. werden gleichbed. lit. vãgis, lett. wadsis verglichen, die doch auch auf früher Entlehnung beruhen können. Über die umgangssprachl. Verbreitung der heute Weck benannten Gebäckarten s. Kretschmer 1918 Wortgeogr. 152 ff.

wecken schw. Ztw. Mhd. mnd. mnl. wecken, ahd. wecken, älter wecchan, asächs. wekkian, ags. wecc(e)an, anord. vekja, got. (us)wakjan führen auf germ. *wakjan 'wecken, wach machen'. Das ist eine Kausativbildung, die ein nirgend bezeugtes st. Ztw. germ. *wëkan voraussetzt (das scheinbar primäre got. wakan 'wachsam sein' ist urspr. schwach). Außergerm. vergleichen sich aind. vaja 'Kraft, Schnelligkeit', vajáyati 'treibt an' (Faktitiv wie germ. *wakjan), lat. vigil 'wach', vegēre 'munter sein, erregen'. S. wach, wacker.

Wedel M. mhd. wadel, wedel, ahd. wadal, -ol, -il, wëdil M. N. 'Büschelartiges zum Hin- und Herbewegen, Fächer, Haarbüschel', afries. wedel, widel 'Weihquast', anord. vēl(i) 'Schwanz des Vogels' (über *veþl- aus *vaþil). Mnd. weddel 'Büschel' ist aus dem Hd. entlehnt. Grundbed. ist 'Schwankendes', s. Wadel, wallen². Nachdem das gemeingerm. Wort für 'Schwanz', Zagel (s. d.), durch den früh entwickelten Nebensinn 'penis' unmöglich geworden und bevor Schwanz (s. d.) an die Stelle gerückt war, wurde im 13. Jh. obd. wadel aus 'buschiges Ende des Schwanzes' erweitert auf 'Schwanz' und demgemäß bis ins 17. Jh. häufig gebraucht, dann aber durch Entwicklung des gleichen Nebensinns schriftsprachl. unmöglich. Gehalten hat es sich in einigen obb. md. Mundarten und in der Weidmannssprache: K. v. Bahder 1925 Wortwahl 104 f.

weder Part. (in Verbindung mit noch), mhd. wëder, ahd. wëdar: in der Einleitung von Doppelfragen wie wëder ist ëz übel oder ist ëz guot? 'welches von beiden ist es, schlecht oder gut?' hervorgegangen aus dem Neutr. zu ahd. wëdar 'jeder von beiden' (niwëdar — noh 'keiner von beiden — noch'). Vgl. die entspr. Entwicklung von entweder. Dazu auch engl. whether aus ags. hweðer. Ahd. (h)wëdar, asächs. hwëdar, mit anderer Vokalstufe ags. hwæðer, anord. hvárr, got. hvaþar 'wer von beiden' gehören mit gleichbed. gr. πότερος, aind. katará zum Pron.-Stamm germ. *hwa in wer, was. Das Suffix ist (wie in ander und vorder) das komparativische -tero-.

Weed F. 'künstl. angelegter Teich, Viehtränke, Pferdeschwemme'. Zu waten (s. d.) gehört als Kausativ ahd. *watjan, mhd. węten '(das Vieh) waten machen, es zu Schwemme und Tränke führen'. Dazu ahd. watī F., das aus abstr. 'Schwemmung, Tränkung (des Viehs)' in die örtl. Bed. 'Wasserbehälter (wo das geschieht)' übergeführt ist. Zuerst tritt węt(e) ostfränk. zu Anfang des 14. Jh. auf, schwäb. alem. wettin seit 1374. Entspr. nnl. wed N., vläm. wedde F. 'Tränke'. Kaum je in nhd. Schriftsprache.

Weg M. mhd. ahd. wëc (Gen. wëges), asächs. nl. ags. weg, engl. way, afries. wei, anord. vegr, got. wigs 'Weg': gemeingerm. Ableitung zur germ. Wz. *wëg 'ziehen, fahren' in bewegen und Wagen.

weg Adv., nl. weg, ags. onweg, engl. away. Neben Verben der Bewegung steht ahd. in wëg 'auf den Weg'. Daraus wird mit Abschwächung des vortonigen Vokals (wie in mhd. enëben, enhende, enlant, enzīte, enzwei) seit Mitte des 12. Jh. enwëc, das noch im beginnenden Nhd. vorkommt. Doch schon im 14. Jh. ist völliger Schwund der Vorsilbe möglich; vgl. mitten, traun, zwischen.

Wegbreite F., **Wegebreit** M. 'Wegerich' mhd. wëgebreite, ahd. wëgabreita, asächs. wëgabrēda, mnd. mnl. wegebrēde, ags. wegbrāde, engl. waybread (woraus entlehnt dän. veibred). Eine westgerm. Bildung, in der breita F. 'breiter Gegenstand' bedeutet. Somit 'am Weg wachsende Pflanze, die breite Flächen bildet'. Das M. hat sich unter Einfluß von Wegerich eingestellt, s. d.

wegen Präp., gekürzt aus mhd. von ... wegen, mnd. van ... wegen, mnl. van ... weghen 'von Seiten' mit zwischengeschaltetem Gen. Die Formel bringt von Norden her ins Md., dann ins Obd., das erst nach 1250 erreicht wird. Zur Kürzung, die zuerst 1369 im Urk.-B. d. Stadt Arnstadt 117 auftritt, vgl. (in)kraft, (nach)besage, (nach)laut, (nach)vermöge, (an)statt. Wie das statt haben die Mundarten für den Gen. den Dat. eintreten lassen; vereinzelt bringt dieser in die Schriftsprache: Behaghel 1924 Dt. Syntax 2, 49.

Wegerich M. 'Plantago', mhd. wëgerīch, ahd. wëgarīh: im Gegensatz zu Wegbreite (s. d.) nur hd. Die Pflanze heißt wegen ihres Vorkommens an Wegen auch Wegblatt, -kraut. Zweiter Wortteil (s. Reich) ist das alte Wort für 'König', got. reiks, doch ist wëgarīh gewiß nicht als 'Wegkönig' aufzufassen, sondern den Männernamen Fridu-, Diotrīh nach gebildet. Vgl. Pflanzennamen wie Hänse am Weg, guter Heinrich, Gundermann

Mangold, und Kluge 1926 Stammbild. § 32.
Zur Wortbildung vgl. Hederich, Weiderich.

Wegwarte F. 'Cichorium intybus L.', mhd.
(seit dem 14. Jh.) weg(e)wart(e), nnl. wegwarte,
wegenwaart, -wachter, schwed. (seit 1638)
vägvårda. In andern Nachbarsprachen gelten
Lehnübersetzungen wie lit. lūkestis 'Erwartung', poln. podróżnik 'am Weg Weilende',
tschech. čekanta 'Wartende'. Die Pflanze
öffnet ihre Blüten erst bei Sonnenaufgang
und heißt mlat. sponsa solis. Das älteste Zeugnis für die entsprechende Sage bei uns bietet
in Tirol 1411 Hans Vintler, Blume d. Tugend
7838: vil die jehent, die wegwart Sei gewesen
ain frawe zart Und wart irs puelen (des
Sonnenjünglings) noch mit smerzen. Demnach
ist Wegwarte 'die nach dem Weg der Sonne
am Himmel Ausschauende': R. Loewe 1939
Privatdruck 47 ff.

weh Interj. aus einem Naturlaut entstanden,
gemeingerm. nach Ausweis von mhd. wē,
wei, ahd. asächs. afries. wē, ags. wā, engl. woe,
anord. vei, væ, got. wai. Aus dem Germ.
entlehnt sind ital. span. portug. guai, afrz. wai.
Mit den germ. Formen gehen auf idg. *u̯ai
'wehe' zurück lat. vae, mir. fáe, kymr. gwae,
bret. gwā, lit. lett. vai, avest. vayōi,
ăvōi, aind. uvé. Neuschöpfungen sind frz.
ouais, gr. οά, ουά, ουαί, ngr. βάι 'weh',
armen. vay 'Unglück). Dem aus der Interj.
gewonnenen N. Weh entspricht ags. wā,
wǣ M. 'Weh, Unglück; Elend, Kummer'.
Die im N. Wehweh beliebte Verdopplung
schon in ahd. wēwo, -a, ags. wāwa, wēa M.
'Weh, Elend' sowie im früh entlehnten finn.
vaiva 'Plage, Elend'. S. weinen, wenig.

Wehdwinde F. Name mehrerer Schling-
pflanzen, des Geißblatts, des Efeus und der
Winde (s. d.), deren Name das Grundwort
stellt, während durch ags. widowinde, wi-
dubindae, jünger wuduwinde, engl. woodbine
als Bestimmungswort ags. wudu, älter widu
'Holz' (s. Wiedehopf) erwiesen wird. Zudem
verrät deren Übereinstimmung mit anord.
viðvindill und mnl. mnd. mhd. wedewinde das
germ. Alter der Bildung.

wehen schw., alt redupl. Ztw., mhd. wæ-
(j)en, wægen, weien, ahd. wā(h)en, wājen,
mnd. wēien, mnl. waeyen, nnl. waaien (daraus entlehnt dän. vaie, schwed. vaja), afries.
wāia, ags. wāwan, aschwed. via, got. wajan.
F. Kluge macht 1910 Festschr. f. W. Viëtor
106 ff. ein vorgerm. *u̯ēi̯ō mit präsent. i̯
glaubhaft. Zur idg. Wurzel *u̯ē- 'blasen'
(s. Wind) gehören auch aind. vắti, vắyati,
avest. vāiti, gr. ἄ(ϝ)ησι 'er, es weht', aslav.
vějati 'wehen, worfeln' mit aind. vāyú-,
lit. vėjas 'Wind' usw.

Wehklage F. fehlt wie das schw. Ztw.
wehklagen den Wbb. bis auf Maaler 1561 und
dem gesamten Mhd. Seit frühnhd. Zeit verdrängt W. als durchsichtige Bildung mhd.
wuof(t): K. v. Bahder 1925 Wortwahl 154 f.
Dabei sichert das erste Wortglied dem doppel-
deutigen Klage, das auch 'gerichtl. Klage'
sein kann, den Sinn 'querimonia'. In die
Schriftsprache gelangen Wehklage und wehklagen wesentlich durch Luther. Aus dem
Nhd. stammen nnl. weeklaage, dän. veklage,
schwed. veklaga.

Wehmut F. Rückbildung aus dem Adj.
wehmütig, das schon durch mhd. wēmüete-
heit vorausgesetzt wird, während das F. erst
im 15. Jh. aus dem Nd. über das Ostmd. ins
Obd. gelangt und erst durch Luther schriftsprachlich wird. Mnd. sind wēmōd M., wē-
mōdich Adj. und wēmōdicheit F. gleich gut
und früh entwickelt. In hd. Wbb. erscheint
Wehmuth nicht vor Stieler 1691; mundartlich
ist es nirgends bodenständig. Rud. Unger,
Heilige Wehmut: Jb. d. Freien dt. Hochstifts
1940 S. 337—407.

Wehmutter F. Die Pflege der Gebärenden
ist so ausschließlich alleinstehenden älteren
Frauen anvertraut gewesen, daß z. B. im
Holst. moder Lürssen usw. schlechthin zur Anrede
der Hebamme werden konnte. Zus.-Setzungen
wie Bade-, Hebe-, Kinder-, Püppel-
mutter verdeutlichen diesen Sinn, am klarsten
Wehmutter, das in den Wbb. seit Alberus
1540 Dict. m 1ᵇ erscheint, wohl als Bildung
Luthers (1. Mos. 35, 17 usw.), vor dem es
völlig fehlt. Mundartlich ist W. nirgends
bodenständig.

Wehr F. 'Verteidigung'. Zur idg. Wz.
*u̯or in aind. vṛṇóti, várati 'hemmt, wehrt,
umschließt' gehören die Nomina gr. ἔρυμα
'Schutz', altitalisch *vero 'Tor' in umbr. verisco
'bei der Tür', verofe 'zur Tür', lat. vestibulum
(aus *vero-stabulum) 'Raum bei der Tür',
aslav. vora 'Verzäunung', ir. ferenn 'Gürtel,
Strumpfband', alle auf die Bed. 'Hemmung'
zu vereinigen. Germ. stellen sich hierzu anord.
verja, vorn F., afries. mnl. mnd. were, nnl.
weer, ahd. warī, weri, mhd. wer(e) 'Verteidigung'. Dazu das gemeingerm. schw. Ztw.
wehren, mhd. wer(je)n, ahd. asächs. ags. werian, anord. verja, got. warjan. — Sich zur
Wehr setzen aus dem Turnierleben.

Wehr N. Das Stauwerk im fließenden
Wasser heißt niederösterr. pruch, alem. wuor,
siegerl. dich, fränk.-hess. fach. Luthers Wort ist
gewer(e). Wehr hat sich von der Küste aus
seit Ende des 13. Jh. verbreitet, asächs. werr
'Fischwehr' begegnet schon im 10. Jh. Es
entspricht dem gleichbed. ags. wer. Aus der

unter Wehr F. aufgezeigten Grundbed. 'Hemmung' hat sich an der Küste der Sondersinn entwickelt.

Wehrstand M. in der Verbindung mit Nähr- und Lehrstand, s. d. Luther, der das 3. Buch von Platos Politeia beherrscht sand von der Dreiteilung der Stände in γεωργοί καὶ δημιουργοί, ἄρχοντες und φύλακες, bildet danach Nähr-, Lehr- und Wehramt, dies seit Dez. 1526: Weim. Ausg. 19, 654. Wehrstand zuerst bei seinem Schüler Mathesius 1571 Sarepta 47ᵃ.

Wehtag M., geläufiger Wehtage Plur. 'Schmerz, Krankheit, Unglück', mhd. wētage M. seit 1250, mnd. wēdage M. seit 1400, nl. weedagh(e) seit 1477. Das Subst. Weh verbindet sich mit ahd. tago M., der schw. Nebenform zum st. M. Tag, die vorher in die Zus.-Setzungen ahd. ant-, endi-, fira-, giburti-, suono-, tulditago eingegangen war, wie auch got. augadaúrō 'Fenster' (neben daúr 'Tor') schw. Bildung zeigt. Grundbed. 'Tag, an dem man Schmerz leidet'; früh hat -tag seine eigentl. Bed. eingebüßt (wie -heit, -mal, -schaft, -tum). Es liegt Übergang vom Ablauf eines Zustands in der Zeit auf den Zustand selbst vor, wie in arme Tage 'Armut', Freudentag 'Jubel', Mühetag 'Mühsal'.

Weib N. Mhd. wîp, ahd. wîb, mnl. nnl. wijf, asächs. afries. agf. wîf, engl. wife, anord. vîf, dän. schwed. viv führen auf germ. *wîba- N., für das aus anord. vîfaðr, vîfinn 'verhüllt' und veifa 'wickeln, umhüllen' die Bedeutung 'das Verhüllen', danach 'Schleier, Brautlinnen', endlich 'verhüllte Braut' erschlossen wird. So gehört lat. nupta 'Braut' zu nūbere '(sich) verhüllen'. Unser Wort bleibt schon im Ostgerm. ohne Entsprechung, während der gleichbed. mhd. kone, ahd. asächs. quēna, agf. cwēne, anord. kona, got. qēns, qinō mit aind. gnā 'Götterweib' und gr. γυνή 'Frau' urverwandt sind: Holger Pedersen 1942 Studia neophil. 14, 252ff.; A. Lindqvist 1943 Meijerbergs Arkiv 5, 81f.

Weibel M. 'Gerichts-, Amtsdiener', ahd. weibil, mit Endung -ilo zu ahd. weibōn 'sich hin und her bewegen', wie butil 'Büttel' zu biotan 'entbieten'. Gleichgebildete Bezeichnungen für Amtspersonen s. Kluge 1926 Stammb. § 18. Sie vor allem alem., daneben schwäb. Wort. Darüber hinaus reicht allein der Gebrauch im frühnhd. Heerwesen. Die ostmd. Form ist in Feldwebel (s. d.) schriftsprachlich geworden.

Weibsbild N. Neben weiblich, weibisch Bild finden sich seit Ende des 13. Jh. mhd. Fügungen wie Konr. v. Würzburg, Trojanerkrieg 1474 wîp unt mannes bilde (dies in seiner alten Bed. 'Gestalt'): Gen. der Identität in Fällen, wo das regierende Nomen ein Verhältnis der Ähnlichkeit bezeichnet: Behaghel 1932 Dt. Syntax 1, 523. Die Formel findet sich in zwei Wörtern gedruckt noch 1477 bei Ortolf v. Bayrland, Arzn. 9ᵃ. Luthers Form ist Weibesbild Weim. Ausg. 20, 344; Weibsbild seit Stainhöwel 1473 Clar. mul. 322. Blütezeit des Worts ist das 16. Jh., im 17. und 18. sinkt es langsam in niedrigere Schichten des Schrifttums, im 19. wird es auf die Mundarten zurückgedrängt, in denen es bis heute allgemein gilt.

Weibsen N. aus mhd. wîbes name (wie Mannsen aus mann(e)s name, Rübsen aus Rübsamen) zus.-gezogen seit Prätorius 1666 Anthr. plut. 1, 268, von dessen ostmd. Heimat aus sich die Verschmelzung ausgebreitet hat. Mhd. name steht in Umschreibungen gern für die Person selbst, so daß sich Weibsen in seiner Bed. von Weib und Weibsbild kaum unterscheidet.

weich Adj. Aus der in weichen (s. d.) enthaltenen Wz. germ. *wîq 'nachgeben' ist das Adj. mit Grundbed. 'nachgebend' als a-Stamm mit Hochstufe des Vokals gebildet, wie bleich zu *blik 'heller Schein' in bleichen, los zu *lus 'lose sein' in verlieren. Dem Got. und Fries. fehlt die Bildung, den übrigen westgerm. Sprachen ist sie mit dem Nordgerm. gemein: mhd. weich, ahd. weih, asächs. mnd. wēk, mnl. weec, agf. mengl. wāc, anord. veikr, von da entlehnt engl. weak. Im Deutschen ist weich zu allen Zeiten häufig, in den Mundarten überall vorhanden, nur im Alem. durch (ge)lind beeinträchtigt.

Weichbild N. mhd. wichbilde, mnd. wîkbelde, mnl. wijchbelt: Rechtswort, das kurz vor 1170 in Westfalen auftritt und seither nd. und md. von Overijssel bis Livland, von Schleswig bis Thüringen gilt, dagegen dem Fries. und Obd. fremd bleibt. Bestimmungswort ist Weich M., das zur Zeit und im Gebiet des Aufkommens von Weichbild als 'selbständige Siedlung' lebte, den ersten Teil von mhd. wîchgräve 'Stadtrichter' und wîchvride 'Burgfrieden' bildet und in Ortsnamen wie Bardo-, Osterwiek, Braunschweig, Ipsgreen-, Norwich fortbesteht (M. Förster 1941 Themse 488): westgerm. Entlehnung aus lat. vîcus 'Häusergruppe' Th. Frings 1932 Germania Romana 87), mit dem gr. οἶκος 'Haus' und got. weihs 'Flecken' urverwandt ist. Grundwort ist unser N. Bild, s. d. Das Wik-Bild war urspr. ein aus Holz geschnitztes oder aus Stein gehauenes Bildwerk (signum), meist wohl ein Kreuz, mit dem ein dem Wik als Handelsplatz verliehenes (Markt-)Recht bezeichnet wurde. Aus dieser konkreten Bed. hat sich die abstrakte 'Wik-Recht' entwickelt, indem die Formel binnen wikbilede 'innerhalb der Grenzpfähle des Wik' umgedeutet wurde zu 'unter dem Wik-Recht'. Danach wieder wurde schon bald nach 1200 der Ortsbezirk benannt, in dem ein solches Recht galt: Otto Hoffmann 1938 Idg. Forsch. 56, 1 ff. S. Wispel.

Weiche[1] F. mit altem ei: mhd. weiche, ahd. weihhī: Abstr. zum Adj. weich (wie Süße zu süß), demgemäß in ahd. Glossen und bei Notker zur Widergabe von lat. imbecillitas, debilies, infirmitas. In konkr. Gebrauch wird W. zur 'weichen Stelle' z. B. des Bodens, nachmals verengt auf 'weiche Stelle des Körpers' z. B. zwischen den Wirbeln oder Schädelknochen, und mit abermaliger Verengung auf die ausgedehnteste derartige Stelle, die der Körpermitte zwischen Brustkorb und Becken. So seit Val. Boltz 1539 Terenz 5ᵃ „er erwischt das Weib in der mitlen Weiche" mediam mulierem complectitur.

Weiche[2] F. mit altem ī 'Zungenweiche', von Ch. Fox 1832 erfunden (engl. switch, österr. Wechsel, nnl. wissel), in die Umgangssprache und Mundarten gedrungen mit dem Bahnwesen, das seinen jungen Bedarf an Fachwörtern (Bahn, Gleis, Zug usw.) großenteils durch Bed.-Wechsel deckt. Ausweichen mußte der Verkehr auch vor der Zeit der Eisenbahnen; auf den Straßen bedurfte es dazu kaum besonderer Vorrichtungen, wohl aber auf den Wasserwegen. Nach dem Antiqu. d. Elbstroms (1741) 66 heißen die Ausweichstellen der Elbe Weiche, zu erklären aus mnd. nord. wik 'Bucht', das als postverbales Subst. zum Ztw. weichen (s. d.) urspr. 'Zurückweichen (des Festlands)' bedeutete. Auch in der nl. Schiffahrt gilt wijk.

weichen st. Ztw., mhd. wīchen, ahd. wīhhan, asächs. wīkan, mnd. mnl. wīken, afries. wi(a)ka, ags. wīcan, anord. vīkja, vīkva, ȳkva; got. nicht bezeugt. Die germ. Verbalwz. *wīq, auch in Wechsel und weich enthalten, bed. urspr. 'jem. Platz machen, nachgeben'. Ihre Vorstufe *uig spiegelt sich in aind. vijáte 'zittert, ist in heftiger Bewegung, eilt davon', und gr. οἰγνύναι 'öffnen' (urspr. 'weichen lassen'). Daneben steht *uik in gr. εἴκειν 'weichen' und lat. vicēs Plur. 'Wechsel'.

Weichsel F. Sauerkirschen sind durch die Römer seit dem 2. Jh. nach Deutschland gelangt. Ein heimisches Wort für Prunus cerasus L. fehlt; das seit dem 11. Jh. belegte ahd. wihsila, das in mhd. wīhsel, mnd. wissel und nhd. Weichsel fortlebt, bezeichnet ursprünglich die Holzkirsche (Prunus avium L.), wie

nd. wisselbere noch. Ihr Harz liefert Vogelleim, ihr Name ist auf germ. -ila (wie Distel, Hasel, Quendel, Schwertel usw.) gebildet zur idg. Wurzel *uiks- 'Mistel und andre leimliefernde Bäume' in gr. ἰξός (aus *ϝιξός) 'Mistel; der daraus bereitete Vogelleim' und dem gleichbed. lat. viscum (mit sk für ks) sowie russ. usw. višnja 'Kirsche' (woraus entlehnt lit. vyšnià, apreuß. wisnaytos): A. Götze 1917 N. Jbr. 20, 1, 68. Unverwandt ist der Name des Flusses Weichsel, germ. got. ahd. Wîhsila, von Balten und Slaven übernommen als apreuß. Wizla, poln. Visla, russ. Vísla: M. Förster 1941 Themse 262.

Weichselzopf M. Die Verfilzung des Haupthaars heißt poln. wieszczyce als Zauberwerk der Nachtgespenster (wieszczyca). In posn. Mundart wird das Wort verdeutlicht zu wickselzupp nach dem Vorbild der gleichbed. Alp-, Druden-, Haar-, Hexen-, Höllen-, Juden-, Mahr-, Schrötleins-, Trollenzopf, sonst zu Wichtelzopf gemäß der abergläub. Vorstellung, die auch in mundartl. Alpflatte, -schwanz, Bilwiszotte, Haarschrötel, Hollerkopf, Mahrpflechte, -klatte, -locke, -zotte, Selkenstert, dän. marelok, schwed. martova, engl. elflock lebt. Gesiegt hat die schles. Umbildung, die das poln. Leiden in Bez. zu dem Hauptstrom Polens setzt: „Weichselzopf, plica polonica" Steinbach (Breslau 1734): Wick 62 f.

Weide[1] F. 'salix'. Mhd. mnd. wîde, ahd. wîda, nl. wij(d)e, ags. wîþig, mengl. wiði, engl. withy, anord. vīðir führen auf germ. *wîþwō-, idg. *witwā. Darauf vereinen sich gleichbed. gr. ἰτέα (für *ϝειτέᾱ), poln. witwa, apreuß. witwan, akorn. guidan 'Weidenband, -reif', bret. gwadar 'Weidenreif', kymr. gwden 'Weide', avest. vaēti 'Weidengerte'. Indem man eine idg. Wz. *wī 'biegsam, drehbar' annimmt, vergleicht man noch lat. vītis 'Ranke, Rebe', vīmen 'Rute, Weide' und aslav. viti, lit. výti 'drehen, flechten'.

Weide[2] F. 'pascua', mhd. mnd. weide, ahd. weida, anl. weitha 'Futter, Speise, Ort zum Weiden, das Futter-, Speisesuchen (Jagd, Fischfang)', ags. wāþ 'Jagd, Umherstreifen', anord. veiðr 'Jagd, Fischfang'. Dazu weiden, mhd. weiden(en), ahd. weid(an)ōn 'Futter suchen'; Weidmann, mhd. weideman und Weidner, mhd. weidenære, ahd. weidināri (Kluge 1926 Stammbild. § 10) 'Jäger', beide auch als Fam.-Namen. Germ. *waiþ- aus vorgerm. *uoi-t-. Dazu mit versch. Wz.-Erweiterungen air. fiad (vorkelt. *ueid(h)ā) 'Wild', fiadach 'Jagd', lat. vēnārī 'jagen', aind. véti 'ist hinter etw. her, verfolgt', lit. výti 'jagen, verfolgen', aslav. voj 'Krieger'. S. Eingeweide, Weih.

Weiderich M. Name mehrerer Pflanzen, deren Blätter denen der Weide ähneln, vor allem von Lys'machia, Lythrum und Epilobium. Das hd. Wort gebucht seit Alberus 1540 Dict. EE 3ᵃ, nl. wēderik seit Kilian 1598. Zu Weide[1] wie Felberich zum gleichbed. Felber (f. d.). Zur Bildung des Pflanzennamens vgl. die älteren Hederich und Wegerich.

weidlich Adv. Adj., mhd. weide(n)lich(e), mnd. wēdelīk(e): Verbaladj. zu mhd. weiden(en) 'jagen', Grundbed. 'jagdgerecht'. Das auf das Deutsche beschränkte Wort steht zuerst um 1200 in Str. 957 des Nib.-Lieds von dem zur Jagd reitenden Siegfried: Dō reit der ritter edele vil weidenlīche dan. Schon hier ist die Auffassung als 'frisch, wacker, stattlich' möglich, die sich bis zur Blütezeit des Wortes, dem 16. Jh., völlig durchgesetzt hat. Danach tritt das Wort, das der höfischen Dichtung fremd geblieben war, schriftsprachlich zurück. Zur Zeit des Sturms und Drangs erfährt es eine Neubelebung aus obd. Mundart: Kuhberg 1933 Verschollenes Sprachgut 62 f.

Weidling M. mhd. weidlinc 'Nachen zum Fischfang' (f. Weide²). Das zuerst in Eßlingen 1314 bezeugte Wort ist schwäb. im 17. Jh. abgestorben; es bleibt auf den alem. Südwesten beschränkt, wo es bis heute in elf., bad. und schweiz. Ma. lebt. Sinnverw. Weidnachen ist mfränk., Weidzille (f. Zille) gilt im Donaugebiet.

Weife F. mhd. weife: neben älterem Haspel ein oftfränk. und ostmd. Wort, das im 18. Jh. mit dem Vorgewicht ostmd. Schrifttums seine Blüte erlebt. Es ist im 15. Jh. gefolgert aus weifen, mhd. wīfen, ahd. wīfan st. Ztw. 'schwingen, winden', zu dem das schw. Ztw. mhd. weifen 'schwingen machen, haspeln' als Faktitiv gehört. Mit got. weipan 'kränzen', waips, wipja 'Kranz' zur Verbalwz. germ. *wīp, idg. *wīb. Außergerm. Verwandte sind lat. vibrāre 'zittern, schwingen', lit. vȳburiu 'wedle', lett. viebt 'sich drehen'. S. schweifen und Wimpel.

Weigand M. 'Kämpfer', mhd. ahd. wīgant, asächs. wigand, agf. wīgend: Part. Präf. zu mhd. wīgen, ahd. agf. wīgan, anord. vega, vā, got. weihan 'kämpfen' (f. weigern). Die im Westgerm. abgestorbene germ. Verbalwz. *wīg 'kämpfen' ist eins mit idg. *nīk 'stark, kühn sein' in lat. vincere 'siegen', air. fichim 'kämpfe', aslav. věků 'Kraft' (= anord. veig 'Kraft'), lit. vikrùs 'hurtig'. Das subst. Part. (vgl. Feind, Freund) ist nach hoher Blüte zumal im Volksepos des Mittelalters seit Ende des 13. Jh. zurückgegangen, lebt aber im ganzen Sprachgebiet bis gegen Anfang des

16. Jh., darüber hinaus nur auf Grund gelehrter Kenntnis mhd. Dichtungen (daher auch der volle Vokal der Endung erhalten, vgl. Heiland, Voland). Hamann, Bürger, Möser, Arndt beleben das versunkene Wort; weil die Theoretiker Gottsched, Adelung, Campe nicht mitgehen, bringt W. über den gelehrten Kreis (Uhland, Gervinus, Vilmar) wenig hinaus.

weigern schw. Ztw., ahd. weigarōn, mhd. weiger(e)n, mnd. wei(g)eren, wegeren (von da entlehnt dän. vægre, schwed. vägra), mnl. we(i)geren, afrief. weigaria. Ableitung zum Adj. ahd. weigar, mhd. weiger, mnl. we(i)ger 'widerstrebend, halsstarrig, tollkühn', das fläm. als weeger 'wer übertrieben sorgfältig und sparsam mit etw. umgeht' fortlebt; mit dem Adj. zur germ. Verbalwz. *wīg 'kämpfen' (f. Weigand). Das nd. nl. frief. Ztw. ist wegen ei statt ē der Tonsilbe der Entlehnung aus dem hd. verdächtig. Hd. begegnet w. zufrühst alem. bei Notker um 1000, österr. seit 1070, bair. um 1150, elf. um 1180, damals zuerst auch mfränk.; nd. nicht vor dem Sachsenspiegel um 1220, seither allgemein. Von Anfang des 13. bis Ende des 18. Jh. ist Kontraktion des alten ei zu ē oft literar. geworden, so daß vom Sachsensp. bis auf Möser und Hagedorn wegern fast als Norm gelten kann. Die Klassiker und Adelung haben für weigern entschieden.

Weih M., **Weihe** F. 'milvus', ahd. wīo, mhd. mnd. wīe, mnl. wouwe 'Weih', isl. langhringvía 'Lomme'. Die nl. Formen sind über anl. *wīwōn mit den andern zu vermitteln (wie nl. sp(o)uwen mit ahd. spīwan). Neben jener ältesten Form steht (wie ahd. zwēho neben zwīvo) ahd. wēho in Wanneweher, f. d. Zugrunde liegt ein germ. Stamm *wī 'auf Fang gehen', f. Weide². Der Vogelname bed. urspr. 'Jäger'.

weihen schw. Ztw., mhd. ahd. wīhen 'heiligen'; asächs. wīhian, got. weihan; daneben mit gramm. Wechsel afrief. wī(g)a, anord. vīgja: Ableitung zum germ. Adj. *wīha- 'heilig', mhd. wīch, ahd. asächs. wīh, got. weihs (f. Weihnacht). Dazu das Subst. anord. vē N. 'Tempel', agf. wēoh, wīg 'Götterbild', asächs. wīh M. 'Tempel'. Mit -n-Infix gehört hierher auch anord. Ving-þórr (wörtl. 'Weihe-Thor'), ein Beiname Thors. Geht man für germ. *wīha- (aus idg. *ųeiko-) von einer Grundbed. '(magisch, religiös) gebunden' aus, so sind lat. vincīre 'binden, fesseln', vinculum 'Band, Fessel', gr. (Hesych) ἵμφας 'verbunden habend', aind. paḍ-vīsa 'Fußfessel' wz.-verwandt: W. Krause, Zf. f. b. Alt. 64, 269 ff.

Weiher M. '(Fisch-)Teich' mhd. wī(w)ære, wī(w)er, wiger, wīher; ahd. wī(w)āri, wiāre,

wīweri, wīhiri; aſächſ. wīhiri; mnl. wīer,
wüwer(e), wouwer. Zu lat. vīvus 'lebendig'
gehört vivārium N. 'Tierbehältnis, -garten,
Fiſchbehälter', das noch mit w-Ausſprache des
lat. v (wie Weiler, Wein, Wicke gegen
Vakanz, Vers, Vesper) entlehnt wird.
Schon für das 2. Jh. iſt ein vivarium genannter
Bärenzwinger für Köln bezeugt (DWb. 14, 1,
687), im 9. Jh. ſeßen die hd. Zeugniſſe für die
Bed. 'Teich' ein; nimmt man die Wortgeſchichte
als Ganzes, ſo iſt Weiher eines unſerer älteſten
Lehnwörter. Auch in Weſteuropa bleibt es
lebendig: ital. \ i aio, ſpan. viver, portug.
viveiro, frz. prov. vivier, engl. vivary, nnl.
vijver. Im Dt. hat Weiher den Süden und
Weſten erobert, iſt obd. und fränk., bleibt aber
dem Oſtmd. und Nd. fremd, fehlt ſomit dem
Heliand, Luther, den ſchleſ. Dichtern, Gottſched,
Klopſtock und Herder; dafür Teich, ſ. d. In
alem. Ortsnamen iſt -weier aus Weiler
entſtanden, ſ. d.

Weihnacht F., **Weihnachten** N., mhd.
wīhe(n)naht(en), mnd. wīnachten. Das urſpr.
nur hd. Wort tritt um 1170 bei Spervogel auf:
er iſt gewaltic unde starc, der ze wīhen naht
geborn wart, md. nicht vor Ende des 13. Jh.
Mnl. gilt kersmisse, -dach, nnl. kersmis, -feest,
mnd. auch kersnacht, kerstesmisse, engl.
Christmas. Chriſttag gilt mundartl. in Weſtfalen, Thüringen, Oberheſſen, Luxemburg und
Lothringen. Im öſtl. Norddeutſchland herrſcht
Jul (ſ. d.). Erſter Wortteil iſt das Adj. weih
'heilig' (ſ. weihen); Nacht im zweiten Teil
(ſ. d. und Mitternacht) entſpricht der bei
Beda bezeugten agſ. Bezeichnung mōdra niht
'der Mütter Nächte': wie mit Oſtern (ſ. d.)
iſt auch hier ein vorchriſtl. Feſtname in den
chriſtl. Kalender übernommen.

Weihnachtsbaum ſ. Chriſtbaum.

Weihnachtsmann M. vorwiegend norddeutſch,
zuerſt bei Chr. S. Th. Bernd 1820 Dt. Sprache
in Poſen 35. Beflügelt durch Hnr. Hoffmann
v. Fallersleben und ſein Lied vom Weihnachtsmann 1835. Zugrunde liegt die Vorſtellung
des Kinderbiſchofs Nikolaus mit ſeinem ſchwer-
beladenen Knecht Ruprecht: A. Göße 1922
Zſ. d. Sprachv. 37, 14.

Weihrauch M. Ahd. wīhrouh, mhd. wīch-
rouch (das erſte ch iſt nhd. wegdiſſimiliert),
aſächſ. wīhrōk, mnd. wirōk, mnl. wierooc, nnl.
wierook, dän. virak: zuſ.-geſeßt aus Adj. wīh
'heilig' und Rauch, ſomit 'heiliges Räucherwerk'. In der Verbindung mit Subſt. (vgl.
Weihnacht) hat ſich das vorchriſtl. Adj. erhalten, das ſonſt durch das chriſtl. heilig verdrängt iſt. Während Ulfilas gr. θυμίαμα übernimmt und die agſ. Miſſion rēcels 'Räucherwerk'
(daraus entlehnt anord. reykelse) ſagt, bildet

der hd. Miſſionskreis im 8. Jh. wīhrouh als
einziges kirchl. Konkretum. Frings 1922 Germania Romana 22 f.

weil Konjunkt., ahd. dia wīla sō (dō), mhd.
die wile, ſpätmhd. wile, mnd. de(r)wile, afrieſ.
hwīli, mnl. de wī e (dat), engl. while, whilst:
von allen deutſchen Bindewörtern, denen der
Kaſus eines Subſt. zugrunde liegt, das wichtigſte. Im Gegenſaß zu anſtatt, ſintemal,
im Fall, (in)maßen liegt nicht Abhängigkeit
von einer Präp. voraus, ſondern Akk. der Zeit.
Ahd. leitete dia wī a sō zeitl. Nebenſaß ein;
Träger der Saßanknüpfung war sō. Es blieb
früh fort, und ſo wurde mhd. die wile zur
Konjunkt. Alldieweil und dieweil ſeßen ſich
nhd. fort, ſind aber auf altertüml. Sprache
zurückgedrängt. Derweil hat ſich bedeutungsmäßig früh abgeſondert. Behaghel 1928 Dt.
Syntax 3, 339.

weiland Adv. Der Inſtr. Plur. des Fem.
Weile iſt erſtarrt zur Bed. 'vormals' in weſtgerm. Wortgebrauch, den ahd. hwīlōm, wilōn,
aſächſ. hwīlun, agſ. hwīlum, engl. whilom ſpiegeln. Das Verfahren kehrt wieder in ahd. un-
zītim 'zur Unzeit', wēhsalum 'abwechſelnd', a-
ſächſ. wundrum 'wunderbar', agſ. stundum 'zu
Zeiten', hat aber auch idg. Vorbilder, vgl. lat.
gratis (aus gratiis) 'für einen bloßen Dank'. Der
volle Vokal der Endung iſt ſeit dem 14. Jh.
aus lautgeſeßl. e (mhd. wilen) hergeſtellt wie in
Eidam, jemand, niemand, Ungarn (mhd.
Ungern); d nach n hat ſich im 12. Jh. eingeſtellt wie in (n)irgend.

Weile F. Ein idg. Verbalſtamm *qṷī erſcheint in lat. quiēs 'Ruhe', quiēscere 'ruhen',
quiētus 'ruhig'. Dieſer einfache Stamm, der
germ. nicht begegnet, wird mit l (wie lat.
tranquillus aus *trans-qilnos) erweitert zum
fem. ō-Stamm got. ƕeila, ahd. aſächſ. hwil(a),
afrieſ. (h)wīle, agſ. hwīl, engl. while, anord.
hvíla 'Bett', hvíld 'Ruhe'. Die Bildungsweiſe
kehrt in Seele wieder.

weilen ſchw. Ztw., ahd. wilōn, mhd. mnd.
wilen, nl. wijlen, mengl. hwilen, anord. hvíla,
got. ƕeilan: gemeingerm. Abl. zu Weile.
In nhd. Zeit bleibt einfaches weilen merklich
hinter der Zuſ.-Seßung verweilen zurück;
erſt Klopſtock und die Barden bevorzugen ſeit
1755 wieder das einfache Ztw., wie Klopſtock
auch hellen für erhellen, Haller löſchen
für verlöſchen, Bodmer quetſchen für
zerquetſchen, der junge Goethe decken,
reichen, teilen für bedecken, erreichen,
zuteilen. Kuhberg 1933 Verſchollenes Sprachgut 63.

Weiler M. N. ahd. wīlāri (nur als zweiter
Teil von Ortsnamen), mhd. wiler. Von lat.
villa 'Herrenhof' iſt ein Adj. villāris abgeleitet,

deſſen ſubſt. Neutr. villāre 'Gehöft, Vorwerk' nach der Übereinſtimmung von afrz. viller 'Gehöft' (in heutigen Ortsnamen auch Villers, Villiers, Villars) mit prov. katal. ſpan. portug. villar 'Dorf' ſchon für die Römerzeit vorauszuſetzen und ſchon vor der merow. Zeit nach Deutſchland gelangt iſt: Behaghel 1928 Geſch. d. d. Spr. 101. Die Ortsnamen auf ahd. -wīlāri haben eine Form auf -wīlre entwickelt, die hochalem. zu -wil (Flawil), im mittleren Baden und Elſaß zu -wīre (Appenweier) geworden iſt: daſ. 362.

Wein M. got. wein, ahd. aſächſ. afrieſ. anfr. agſ. wīn, engl. wine (als Getränk, gegenüber dem aus frz. vigne entlehnten engl. vine 'Weinſtock, -rebe'), anord. vīn, auf den jüngeren Sprachſtufen überall vorhanden, iſt gemeingerm. Entlehnung aus vulgärlat. vīno M., das auch in den roman. und kelt. Sprachen fortlebt: ital. ſpan. vino, portug. vinho, frz. engad. friaul. rumän. in, prov. katal. vi; air. fín, akorn. guin, kymr. bret. gwin. Aus dem Germ. weiterentlehnt iſt ſinn. viina (jetzt 'Branntwein'). Urheimat des Weinſtocks iſt der Kaukaſus: aus pont. *voino- iſt der Name in die idg. Sprachen gelangt: armen. gini, alb. vēnε, gr. ϝοῖνος, lat. vīnum. Hier iſt Anlehnung an den idg. Verbalſtamm *u̯ei̯ 'winden' (in lat. vītis 'Weinranke', viēre 'ranken') möglich, unurſpr. ſchon darum, weil das Wort in ſeiner pont. Heimat den berauſchenden Trank, nicht die rankende Rebe bezeichnet. Röm. Weinkultur ſpiegeln Eſſig, Kelch, Keller, Kelter, Kufe, Lauer, Moſt, Pfahl, pflücken, Preſſe, Spund, Torkel, Trichter, Winzer. Mit ihnen iſt auch Wein als Entlehnung aus dem Lat. zu betrachten, obwohl lautliche Beweiſe fehlen. Von einer germ. Bezeichnung des Weins vor Berührung mit den Römern fehlt jede Spur. S. Leikauf, Met.

Weinbeere ſ. Roſine.

Weinbrand M. Seit Art. 275 des Verſailler Vertrags vom 28. 6. 1919 der deutſchen Weinbrennerei den Gebrauch des Wortes Kognak (ſ. d.) für ihre Erzeugniſſe verbietet, heißen dieſe nach einem Vorſchlag von Ed. Engel 1921 amtlich Weinbrand.

weinen ſchw. Ztw., ahd. weinōn, mhd. weinen, mnd. mnl. wēnen, afrieſ. wēnia, agſ. wānian, anord. veina; got. wainahs Adj. 'elend'. Germ. Abl. *wainōn zur Interj. got. wai, ſomit urſpr. 'wehe rufen' (wie ächzen 'ach ſchreien'). Vergleichbar lett. waidēt 'jammern', lit. vainóju 'ich ſchelte'. Von Klopſtock bis Jean Paul dauert die literar. Blütezeit des Weinens. In den Mundarten ſeit langem zurückgedrängt durch ſinnkräftigere Wörter wie brüllen, flennen, greinen, heulen, kreiſchen, plärren, ſchreien.

weinerlich Adj. Mhd. wein(e)lich iſt nach dem Vorbild von jämmerlich in frühnhd. Zeit zu weinerlich erweitert worden und erſcheint ſo ſeit 1503; das aus mhd. lache(n)lich umgebildete lächerlich iſt älter. Die früheſten Belege für weinerlich ſtammen (wie die für leſerlich und fürchterlich) aus dem Md.; Luther, Zeſen, Zinſendorf verwenden es. Als Erſatz für das 1750 entlehnte larmoyant (ſ. d.) ſchlägt Leſſing 1754 Lachm.-Muncker 6, 6 weinerlich vor. Die Klaſſiker ſind ſeit Wieland 1767, Jean Paul ſeit 1783 Leſſings Sprachgebrauch gefolgt; Adelungs Widerſpruch hat ihn nicht aufhalten können: Wh. Pfaff 1933 Kampf um dt. Erſatzwörter 57.

Weinſalter M. 'Schmetterling'. Von den vielen Spielarten, in denen mhd. vīvalter in obd. Mundarten fortlebt (Baumfalter, Zweifalter, Falter) gilt Weinfalter in Öſterreich. Belegt ſeit Stubenberg 1660 Von menſchl. Vollkommenh. 696 f. und Hohberg 1682 Georg. cur. 1, 426.

Weinkauf M. mhd. wīnkouf, mnd. wīnkōp, mnl. wijncoop 'Trunk zur Beſiegelung eine Geſchäfts', ein Wort des Südweſtens, Weſtens und Nordens, während gleichbed. Leikauf (ſ. d.) bair.-öſterr. und oſtmd. gilt. Damit entſprechen die Ausdrücke den Gebieten von Wein und Obſtwein. Die Sache iſt ſeit 1218 nachgewieſen.

Weinmonat M. 'Oktober', mhd. wīnmānet, nl. wijnmaand. Dafür bei Karl d. Gr. ahd. windumemānōth, zu lat. vindēmia F. 'Weinleſe'.

weiſe Adj. Mhd. wīs(e), ahd. wīs(i) 'verſtändig, erfahren, kundig, gelehrt', aſächſ. mnd. afrieſ. agſ. wīs, mnl. nnl. wijs, engl. wise, anord. vīss, dän. ſchwed. vis, got. -weis führen auf germ. *wīsa- (woraus früh entlehnt ſinn. viisas 'weiſe'), idg. *u̯eidso- zum idg. Ztw. *u̯eid- 'ſehen', ſ. wiſſen. Die germ. Grundbedeutung 'wiſſend' iſt bis in die heutigen Gebrauchsweiſen des Adj. erkennbar: J. Trier, Die Worte des Wiſſens (Mitt. d. Univ.-Bundes Marburg 1931, Heft 3, S. 33). — Die kürzere Form des Adj., die in naſeweis und weisſagen gilt, lebt auch in der Wendung einem etw. weismachen aus mhd. einen eines dinges wīs tuon 'einen wiſſend machen, ihn über etw. belehren'. Im Mhd. wird zunächſt der Gen. der Sache durch den Akk. erſetzt, im 18. Jh. der Akk. der Perſon durch den Dativ. Seit dem 16. Jh. eingeſchränkt auf den Sinn 'jem. ein falſches Wiſſen beibringen, ihm etw. vorſpiegeln'.

Weise F. Mhd. wīs(e), ahd. wīs(a), asächs. wīsa, mnd. wīs(e), mnl. agf. wīse, nnl. wijse, afrief. wīs, engl. wise 'Art', anord. vīsa 'Strophe, Vers', vīs in ǫðru vīs 'anders', norw. dän. schwed. vis führen auf germ. *wīsa- N., *wīsō(n) F. aus idg. *ui̯d-to-, *ui̯d-tā- zu der unter wissen entfalteten Wurzel *ueid-'sehen'. Grundbedeutung ist somit 'Aussehen, Erscheinung', woraus sich 'Beschaffenheit' usw. entwickelt hat. Aus den westgerm. Nachbarsprachen entlehnt sind frz. guise, prov. guiza, ital. guisa. Vgl. Idee. — Als Adv.-Suffix in stück-, teilweise hat sich -weise erst im Nhd. ausgebildet; Wendungen wie mhd. in rëgenes wīs 'wie Regen' gehen voraus.

Weisel M. mhd. (13. Jh.) wisil, später wisel: zum Ztw. weisen 'führen', somit 'Führer' z. B. eines Blinden, dann der Bienen, deren Königin erst später als F. erkannt worden ist. Älter die einfache Bildung ahd. asächs. wīso, mhd. wīse, agf. wīsa, anord. vīsi 'Führer (der Bienen)', die mundartlich als nd. wīs(e) M. F., md. weis F. 'Bienenkönigin' fortlebt.

weisen st. Ztw., bis ins 16. Jh. immer schwach. Mhd. mnd. mnl. wīsen, ahd. wīsen aus *wīsjan, asächs. wīsian, nnl. wijzen, afrief. wīsa, agf. (felten) wīsan, anord. vīsa, norw. schwed. visa, dän. vise. Mit -jan abgeleitet vom Adj. weise (f. d.), mithin Grundbedeutung 'weise machen'.

Weisheit F. ahd. mhd. mnd. wīsheit, mnl. wijsheit, nnl. wijsheid 'Zustand des Weisefeins'. Asächs. agf. nord. entspricht wīsdōm, Ulfilas setzt für gr. σοφία das F. handugei (urverwandt mit mir. cond 'Verstand'). Ahd. wīsheit tritt bei Otfrid und Notker auf, nachdem weise und Weistum den Schritt vom sachlichen zum vernunftmäßigen und sittlichreligiösen Wissen schon getan haben: J. Trier, Der dt. Wortschatz im Sinnbezirk des Verstandes, 1931; H. L. Stoltenberg 1941 Blätter f. Philof. 15, 183; Dt. Wortgesch. (1943) 1, 128f. 175. 217; 2, 125. 157. 229. 232.

Weisheitszahn M. Der σωφρονιστήρ des Hippokrates, der kommt, wenn der Mensch verständig (σώφρων) wird, erfährt Lehnübersetzung zu lat. dens sapientiae, der in frz. dent de sagesse (engl. wisdom-tooth, nnl. verstandskies) fortlebt. Als Lehnüberf. des lat. erscheint das nhd. Wort bei dem Schwarzb.-Rudolst. Arzt Cron 1717 Candidatus chirurgiae oder Barbier-Geselle 156 „dentes sapientiae oder Weißheits-Zähne, dieweilen sie erst nach dem 20. bis gegen dem 30. Jahr hervorkommen". Gebucht seit Zedler, Univ.-Lex. 7 (1734) 574. Gegenwort Milchzahn, f. d.

weiß Adj. Mhd. wīz, ahd. (h)wīz, asächs. afrief. agf. hwīt, anfr. wīt, engl. white, anord. hvītr, norw. kvit, dän. hvid, schwed. vit, got. hveits führen auf germ. *hwīta-, vorgerm. *kueido-. Daneben nd. witt, mnd. mnl. nnl. wit, afrief. hwitt mit Kürze, die auf Ablaut beruhen kann, sich aber auch zunächst in Zuf.-Setzungen wie witbrot, -kopp, -penning vor Doppelkonf. eingestellt haben könnte. Idg. *kueid- findet eine außergerm. Stütze in aind. śvindatē 'ist weiß'; es gilt als Auslautvariante zur idg. Wurzel *kueit- 'leuchten; hell, weiß' in aind. asvait 'erglänzte', śvetá-'weiß', śvitrá- 'weißlich', lit. šviesti, aslav. svitěti 'leuchten', světŭ 'Licht'. S. Weizen.

Weißbäcker M. Klammerform für Weißbrotbäcker. In Fam.-Namen auch Weißbeck.

Weißkäse M. der beim Sauerwerden der Milch sich von der Molke scheidende Käsestoff, der frisch genossen wird. Ein Ausdruck der südostdt. Umgangssprache, dafür norddeutsch weißer Käse, ostmd. Quark, westmd. Matte: Kretschmer 1918 Wortgeogr. 559.

Weißkohl M. Brassica oleracea capitata alba, in norddeutscher Umgangssprache neben weißer Kohl: Kretschmer 1918 Wortgeogr. 565.

Weißtanne f. Rottanne.

weissagen schw. Ztw., mhd. wīssagen, ahd. wīssagēn: keine von Haus aus mit sagen zuf.-hängende Bildung. Zugrunde liegt ahd. wīz(z)ago (agf. wīt(e)ga 'Prophet', anord. vitki 'Zauberer'), das in ahd. Zeit durch Anlehnung an wīs 'weise' und sago 'Sprecher' oder an ahd. forasago, asächs. wārsago 'Prophet' zu wīs-sago umgeformt wurde, während es urspr. als Substantivierung zu einem Adj. germ. *witag- (agf. wītig) 'wissend, verständig' gehört. Für weissagen der Lutherbibel setzt Eck prophetisieren, die Zürcher Bibel von 1537 prophetiren.

Weistum N. mhd. ahd. wīstuom, asächs. afrief. agf. wīsdōm, anord. vīsdōmr M. 'Weisheit', so in engl. wisdom, dän. schwed. visdom erhalten, bei uns seit frühnhd. Zeit neben dem F. Weisheit (f. d.) verklungen, von dem es sich vorher auch begrifflich abgrenzte: J. Trier, Der dt. Wortschatz im Sinnbezirk d. Verstandes, 1931. Geblieben ist Weistum in dt. Rechtssprache, hier seit dem 14. Jh. unter Anlehnung an das st. Ztw. weisen (f. d.) umgebildet zu 'Rechts-, Urteilsspruch' in bäuerlichen Gemeinden, der mündlich und schriftlich weitergegeben als 'gesetzliche Bestimmung' auch für künftige Fälle verbindlich bleibt. Die Mz. Weistümer für 'Sammlungen älterer Rechtsdenkmäler' ist erst von neueren Forschern gebildet und nicht vor J. Möser 1780 nachgewiesen.

weit Adj. Mhd. wīt Adj., wīt(e) Adv., ahd. wīt Adj., wito Adv. Daneben ein (wie ahd. ferrano, nidana, obana usw. zu beurteilendes)

Adv. wīteno, mhd. wīten(e), das in nhd. von weitem fortwirkt. Das Adj. fehlt nur im Got.: aſächſ. mnd. afrieſ. agſ. wīd, mnl. wijt (d), nnl. wijd, engl. wide, anord. vīðr, dän. ſchweb. vid führen auf germ. *wīda-, idg. *ui-itós 'auseinandergegangen', aus den idg. Wurzeln *ui- 'auseinander' (in aind. ví, aveſt. vī- 'auseinander') und *ei- 'gehn'. Außergerm. vergleichen ſich aind. vītá- 'vergangen', vīta-bhaya- 'furchtlos', vīti- 'weggehn', vitaram 'weiter, ferner', aveſt. vitarəm 'ſeitwärts', vitara- 'der weitere, ſpätere', lat. vītāre 'meiden'.

Weitſicht F. 'Ausſicht in die Weite' bezeichnet Campe 5 (1811) 664 als neugebildetes Wort. Damit iſt es Rückbildung aus dem ſeit L. Fronsperger 1578 Kriegsbuch 1, z 1ᵃ belegten weitſichtig 'weit ſichtbar; weit hinaus blickend', das ſeit Kramer 1678 als augenärztl. Fachwort erſcheint.

Weizen M. 'Triticum', mhd. weize, ahd. weizzi; die mundartl. (dem Bair. fremde) Nebenform Weißen (Schweiz, Oberſchwaben, Wetterau,Oberheſſen,Hennegau,Thüringen) beruht auf mhd. weize, ahd. weizi; tz und z wechſelten in dieſem Wort wegen des älteren flexiviſchen Nebeneinanders von tj und ti (ſ. heizen). In gleicher Bedeutung entſprechen aſächſ. hwēti, mnd. we(i)te, nnl. weit, afrieſ. hwēte, agſ. hwǣte, engl. wheat, anord. hveiti, norw. kveite, ſchweb. (h)vete, dän. hvede, got. ƕaiteis, Dat. ƕaitja. In Ablaut mit germ. *hwaitja- ſtehen gleichbed. weſtfäl. wiəte, mengl. hwīte, ſchwed. mundartl. hvīte 'Weizen'. Aus dem Germ. entlehnt ſind lit. kvietỹs, lett. kviẽsis 'Weizenkorn'. Die Germanen haben die Getreideart nach der hellen Frucht und dem weißen Mehl benannt, das ſie liefert (vgl. Weißbrot 'Weizenbrot'). So bedeutet alb. barϑ (in Ablaut mit dem urverwandten got. baírhts 'hell') 'Weizen' und 'weiß' zugleich, kymr. gwenith, bret. gwiniz 'Weizen' gehören zu gwenn 'weiß': zur Zeit, als dieſe Weizennamen entſtanden, waren den Völkern Getreidearten bekannt, die dunkleres Mehl gaben.

welch Pron., mhd. wel(i)ch, ahd. (h)welich, (h)walich, nnl. wel(i)c, walc, afrieſ. hwel(i)k, agſ. hwelc. Mit andrer Ablautſtufe mhd. ahd. wil(i)ch, aſächſ. (h)wilik, mnd. mnl. wilk, agſ. hwilc, engl. which, anord. hvēlīkr, dän. hvilken, ſchweb. vilken, got. ƕileiks. Zuſammengeſetzt aus dem Stamm des Fragepronomens germ. *hwa-: *hwe- (got. ƕas, ahd. hwër), idg. *qᵘo- : *qᵘe- (ſ. wer) mit dem Hauptwort *līka- 'Leib' (ſ. gleich, ſolch). Grundbedeutung ſomit 'welchen Körper habend, wie beſchaffen'. Über die Umbildung des Frage- zum Relativpronomen ſ. O. Behaghel 1912 Zſ. f. dt. Wortf. 13, 157ff. Die Syntax bei demſ. 1923 Dt. Syntax 1, 372, die Wortgeſchichte bei S. Beyſchlag 1938 Zſ. f. dt. Alt. 75, 173ff.

Welf M. 'Junges von Säugetieren, beſonders von Hunden', mhd. wëlf M. N., ahd. (h)wëlf, aſächſ. agſ. hwëlp, mnd. nd. anfr. mnl. nnl. welp, engl. whelp, anord. hvëlpr, norw. kvelp, dän. hvalp, ſchweb. valp (a aus ë im nebentonigen Grundwort von Zuſammenſetzungen wie abän. biornawalper 'Bärenjunges') führen auf germ. *hwelpa- 'das Heulende, Winſelnde'. Nahe ſteht der weſtgerm. Name eines ſchrillenden Vogels: nd. wilp, wolp, wölp, nl. wulp, weſtfrieſ. wylp, agſ. hwilpe, engl. whaup 'Regenpfeifer'. Beide mit Labialerweiterung zur idg. Wurzel *quel- 'kläffen, winſeln' in ahd. (h)wël 'lärmend', agſ. hwëlan 'brüllen', anord. hvëllr 'gellend; gellender Ton', dän. hvæl 'Schrei', norw. kvelpa 'plätſchern, gluckſen'. Außergerm. vergleichen ſich mir. cuilén, kymr. colwyn, bret. kolen (aus *koligno-) 'junger Hund', lit. kãlé 'Hündin'. — Die ahd. Mz. wëlfir zeigt, daß ein neutr. s-Stamm vorausliegt: H. Palander 1899 Ahd. Tiernamen 18. Im Mittelalter iſt Welf Übername geworden: M. Gottſchald 1942 Dt. Namenkde. 44f. Im Hb. iſt das Wort häufig noch in den Gloſſaren des 15. Jh., die erſte Bibelüberſetzung verwendet es Matth. 15, 27 u. ö. Im 16. Jh. erſcheinen die Plur.-Formen als wölfe, wölflein: die lautl. Annäherung an das unverwandte Wolf ſchadet dem Wort. Luther ſetzt Matth. 15, 27 uſw. hündlein, nur fachſprachl. hält ſich Welf (nd. Welpe), ſchriftſprachl. iſt es trotz der Erneuerungsverſuche von Wieland und Rückert abgeſtorben. Nur das abgeleitete Ztw. welfen, mhd. wëlfen 'Junge werfen' behauptet ſich: K. v. Bahder 1925 Wortwahl 146f.

welk Adj., mhd. wëlc, ahd. wëlk 'feucht, mild, welk', aſächſ. mnd. mnl. welk. Hierzu das ſchw. Ztw. welken, mhd. wëlken, ahd. (ir)welkēn, mnd. mnl. nnl. mengl. welken. Damit ablautend ahd. wal(a)ch, nfränk. walck, mit Umſtellung des l bair. läck, mnd. wlak, agſ. wlæc, wlacu 'lau'. Urverwandte nur in den baltoſlav. Sprachen: lett. vȩlgs 'Feuchtigkeit; feucht', vȩlgt 'einweichen, waſchen', apreuß. welgen 'Schnupfen', lit. vìlgyti 'anfeuchten', aſlav. ſerb. vlaga 'Flüſſigkeit', tſchech. vlhký 'feucht': idg. Wurzel *uelg- 'naß' (ſ. Wolke), woneben gleichbed. *uelq- in ahd. wëlh 'feucht, milde, welk', (ir)wëlhēn 'weich, ſchwach werden', mnd. wëlen 'welken'; air. folc 'Waſſerflut', folcaim 'bade', kymr. golchi, korn. golhy, bret. gwalc'hi 'waſchen'.

Welle F. in wechselnden Bedeutungen ist zu verschiedenen Ztw. gebildet: als 'wallende Flüssigkeit, Quelle' (mnd. mnl. welle, agſ. wiella, anorð. velle, germ. *walljōn-) stellt es sich zu germ. *walljan 'zum Wallen bringen, aufkochen' (mhd. mnd. mnl. wellen, agſ. wiellan, anorð. norw. vella), Bewirkungsztw. zu anorð. vella ſt. Ztw. 'ſprudeln, ſieden, hervorquellen', ſ. **wallen**[1]. Welle in den drei Bedeutungen '(Reiſig-)Bündel' (im hd. Weſten), 'zylindriſcher Körper' (hd. nd. nl.) und 'Waſſerwoge' (urſprünglich nur obd., ahd. wella nicht vor Notker) gehört zum ſt. Ztw. **wellen** 'wälzen, rollen', mhd. wellen, ahd. wellan aus germ. *welnan mit präſensbildendem n zur idg. Wurzel *u̯el- 'drehen, winden, wälzen'. Mhd. welle dringt ſeit dem 15. Jh. nach Norden bis in den Südſaum des Nd. und verdrängt mhd. unde, bleibt aber faſt ganz auf die ſchriftſprachliche Oberſchicht beſchränkt.

Wels M. ſpätmhd. wels, ahd. *hwalis, urverw. mit apreuß. kalis 'Wels' (ſ. Stör). Die Germanen haben den Namen ihres größten Flußfiſchs auf den Walfiſch (ſ. d.) übertragen, den ſie ſpäter kennenlernten.

welſch Adj. mhd. wälhiſch, wel(hi)ſch 'romaniſch, franzöſiſch, italieniſch', ahd. wal(a)hiſc 'romaniſch'. nl. waalſch 'walloniſch', agſ. wieliſc 'keltiſch, normanniſch', anorð. valskr 'romaniſch' (ſ. **kauder-**, **rotwelſch** und K. v. Bahder, DWb. 13, 1327): Ableitung aus mhd. Walch, ahd. Walh 'Romane'. Das entſpr. agſ. Wealh bezeichnet den Kelten, dann aber auch den (keltiſchen) Sklaven (dazu wȳlen 'Magd'); anorð. Valir 'Romanen, Bewohner Cornwalls, Sklaven'. 'Kelte' iſt die urſpr. Bed. des Namens, der von der bei Cäſar genannten gall. Völkerſchaft der Volcae (= germ. *Walhōs) ausgeht. Sie verſchob ſich, als Romanen das vorher von Kelten bewohnte Gallien beſetzten. Vgl. **Walnuß** und die engl. Namen Wales (agſ. Wālas) und Cornwall, ferner L. Weisgerber, Walhisk (Rhein. Viertelj.-Bl. 1948, 87 ff.).

Welt F. mhd. wëlt, meiſt wërlt, älter wërelt, ahd. wëralt, worolt (das mhd. ahd. Wort hat noch die ältere Bed. 'Zeitalter'), aſächſ. wërold 'irdiſches Leben, Zeitalter', anl. wërolt (d) 'ſaeculum'; afrieſ. warld, wrald, agſ. w(e)orold (daraus entlehnt anorð. verold), engl. world haben die nhd. Bed. Die Doppelbed. 'Welt' und 'Zeitalter' läßt ſich ſchwer aus einer Grundform begreifen: die zweite Bed. knüpft an anorð. old, agſ. yld 'Zeitalter' an; die Bed. 'Welt' (got. alds kann allein 'Welt' bedeuten) ſcheint auf Nachbildung des chriſtl.-lat. saeculum 'Zeitalter' zu beruhen. Als erſtes Glied der Zuſ.-Setzung gilt das unter **Wergeld** und

-wolf angezogene germ. *wera- (älter *wira-) 'Mann, Menſch' in got. waír, anorð. verr, agſ. aſächſ. ahd. wër 'Mann'. Damit urverw. air. fer, lat. vir, aind. vīrá, lit. výras 'Mann'.

Weltall N. All, das Erſatzwort des 17./18. Jh. für Univerſum, wird ſeit Wieland 1751 Suppl. 1, 140 und Kant 1755 Naturgeſch. des Himmels 110 verdeutlicht zu Weltall. Adelung tadelt Bildung und dunkle Bed. des Worts, Jean Paul ſetzt es ſeit 1793 durch: Wh. Pfaff 1933 Kampf um dt. Erſatzwörter 57.

Weltbürger M. Lehnüberſetzung von Kosmopolit (das nicht vor Leſſing 1747 Lm.-M. 1, 318 in dt. Text erſcheint) zuerst bei Birken 1669 Brandenb. Ulyſſes, Zuſchr. 2a „Socrates hat ... auf die Frage, Von wannen Er bürtig wäre ... ſich von der Welt oder einen Weltbürger, κοσμοπολίτην sive Mundanum, genennet". Schlagwortmäßigen Gebrauch ſetzt dann voraus, daß Jac. Friedr. Lamprecht 1741/2 in Berlin eine Zeitſchrift 'Weltbürger' herausgibt, doch ſetzt die Maſſe der Belege erſt mit Wieland ein, der 1770 Diogenes den Begriff beſtimmen läßt: Zſ. f. d. Wortf. 4, 132. 6, 345 ff. 8, 138; Ladendorf 1906 Schlagwb. 336 f.

Weltflucht F. nach 2. Petr. 1, 4 „So ihr fliehet die vergängliche Luſt der Welt". Fehlt noch bei Kaltſchmidt 1851.

Weltkind N. gebildet nach Luk. 16, 8 „Die Kinder dieſer Welt ſind klüger denn die Kinder des Lichts", beflügelt durch Goethes Diné zu Coblenz 1774 „Prophete rechts, Prophete links, Das Weltkind in der Mitten". Die der Lutherbibel fehlende Zuſ.-Setzung ſteht zuerst bei Leo Jud 1532 Wackernagels Kirchenlied 3, 730[b] (Nr. 838).

weltklug Adj., **Weltklugheit** F. derſelben Bibelſtelle nachgebildet wie Weltkind. Gebucht ſeit Duez 1642.

Weltliteratur F. gebildet von Goethe am 31. Jan. 1827 „Nationalliteratur will jetzt nicht viel ſagen, die Epoche der Weltliteratur iſt an der Zeit" (Eckermann, Geſpr. 6, 46 Biedermann): Ladendorf 1906 Schlagwb. 337 ff.; Büchmann 1912 Gefl. Worte 159; Zſ. f. d. Wortf. 12, 76.

Weltmann M. Ahd. wëroltman, mhd. wërltman 'Menſch, der an der Welt hängt, irdiſch geſinnt iſt' wandelt ſich im 16. Jh. wohl unter ſpan. Einfluß zum 'Mann von Welt'. Dieſe Bed. zuerst bei Hayneccius 1598 Almanſor (Vorrede) 35. Der Gegenſatz zur geiſtl. Haltung noch bei Grimmelshauſen 1669 Simpl. 348 „daß ſie keinen Mönch, ſondern einen Weltmann auß mir machen wolten".

Weltmenſch M. ſteht im 16./17. Jh. neben Weltmann in deſſen damaliger Bed.: Fauſt buch 1587 Nbr. 13 „(Fauſt) wolte ſich hernacher keinen Theologum mehr nennen laſſen, ward ein Weltmenſch". Entſpr. noch Schnüffis 1695 Maultrommel 291.

Welträtſel N. für das große Weltganze vom jungen Deutſchland geprägt: Mundt 1834 Lebenswirren 58. Seit E. Du Bois-Reymond, Die ſieben Welträtſel (Leibniz-Rede der Preuß. Akad. vom 8. Juli 1880) von den Teilfragen, die der wiſſ. Weltbetrachtung zunächſt ungelöſt bleiben. In dieſem Sinn verbreitet durch E. Häckels Welträtſel 1899.

Weltreich N. zuerſt bei Zeſen 1677 Nl.Leu 146 „das Weltreich, das ſie aufzurichten geſonnen". Gebucht ſeit Stieler 1691.

Weltſchmerz M. bei Jean Paul, Selina 1, 132 (das 1827 gedruckte Werk iſt 1810 begonnen) etwa für den Begriff, den Goethe in e. Brief vom 3. Dez. 1812 mit taedium vitae umſchreibt. Genauer entſpricht engl. world-woe. Beflügelt durch H. Heine 1831: Zſ. f. d. Wortf. 8, 24. 12, 77. 80; R. M. Meyer 1901 Vierh. Schlagw. Nr. 46; Ladendorf 1906 Schlagwb. 341; Büchmann 1912 Gefl. Worte 197 f.

Wende F. mhd. wende, ahd. wentī 'Vorgang des Wendens, Umkehr; Grenze': Ableitung zu wenden, ſ. d.

Wendehals M. Der Zugvogel Jynx torquilla iſt vor dem 16. Jh. von Deutſchen nicht benannt worden. Seither heißt er nach den Drehungen ſeines ſchlangenartigen Halſes. Frühnhd. windhals zu mhd. winthalſen 'über die Achſel ſehen'. Oſtmd. wendehals (ſächſ. ſeit 1579, ſchleſ. ſeit 1603 bezeugt) gibt dem Vogel gewiſſermaßen den Wahlſpruch „Ich wende ben Hals" (vgl. Wagehals). Gleichen Sinnes elſ. dräjhälſel, renkhälsle, luxemb. dreihälsjen, helgol. dräiervink, preuß. natterwendel, tirol. otterfink, norw. vendehals, dän. dreiehals, nl. draaihals, älter windhals: Suolahti 1909 Vogelnamen 35 f.

Wendekreis M. als Lehnüberſetzung des lat. circulus tropicus zuerſt bei Denzler 1713 Clavis 827ᵇ; gekürzt aus älterem Sonnwendkreis. Dafür Sonnenwendezirkel Stieler 1691.

Wendeltreppe F. Die gewundenen Stiegen der mittelalterl. Treppentürme waren von Stein (M. Heyne 1899 Wohnungsweſen 133 f. 350) und hießen demgemäß agſ. windelstän, mhd. wendelstein; ſo noch Luther 1523 1.Kön. 6, 8. Aus dem Gebiet von Treppe (ſ. d.) verbreitet ſich Wendeltreppe ſeit Comenius 1641 Sprachentür 544. Erſter Wortteil iſt mhd. wendel M. 'ſich Wendendes', zu wenden gebildet wie Hebel zu heben.

wenden ſchw. Ztw., mhd. nl. wenden, ahd. wenten, aſächſ. wendian, afrieſ. wenda, agſ.

wendan, anord. venda, got. wandjan: gemeingerm. -jan-Faktitiv zum ſt. Ztw. winden, das urſpr. intranſ. war. Die Bed. von wenden gehen auf 'winden machen' zurück. Das Part. gewandt, mhd. gewant, iſt urſpr. 'auf die Verhältniſſe gerichtet, ihnen angemeſſen; irgendwie beſchaffen'.

wendig Adj. glückliches Erſatzwort für elaſtiſch, elegant uſw., gewonnen aus den ſonſt allein üblichen Zuſ.-Setzungen aus-, in-, notwendig. Von ihnen iſt auswendig, mhd. ūzwendec 'äußerlich, auswärtig' feſt geworden in der Wendung 'etw. auswendig können'. Auch hier bedeutet es urſpr. 'äußerlich', d. h. 'ohne Einſicht in ein Buch'.

wenig Adj. mhd. wēnec, weinec (g), ahd. wēnag, weinag, mnd. mnl. wēnich, weinich, nnl. weinig, got. wainahs: Ableitung von weinen (ſ. d.), ſomit urſpr. 'beweinenswert, elend' und erſt von da zu 'unbedeutend, klein' entwickelt. In mhd. Zeit wird der Nom. Akk. Sing. wēnec ſubſtantiviert zu der Bed. 'ein Kleines' und wie vil mit dem Gen. verbunden; wie dieſes iſt das Subſt. zum attributiven Adj. umgebildet, ſchon mhd. in Fällen, wo ſonſt der Kaſus kein äußeres Merkmal hätte (mit wēnec liuten): Behaghel 1923 Dt. Syntax 1, 4. — Wenigſtens iſt genit. Umbildung aus zum wenigſten, ſ. mindeſtens. — Meine Wenigkeit iſt Lehnüberſetzung aus mea parvitas der ſilbernen Latinität, nach langer Vorgeſchichte (Götze 1907 Zſ. f. d. Wortf. 9, 87 ff.) geprägt von Opitz 1624 Poeterey 20 Nbr. „weil mir meine wenigkeit vnd vnvermögen wol bewuſt iſt".

wenn Konjunkt., mhd. wenne: eins mit wann (ſ. d.), mhd. wanne. Zum Nebeneinander der Formen: K. v. Bahder 1922 DWb. 13, 1868; zur Syntax der Konjunkt.: O. Behaghel 1928 Dt. Syntax 3, 342 ff. Vgl. wer.

Wenzel M. Der böhm. Nationalheilige Wenzeslaus (lat. Form von Wenceslav, ruſſ. Vjačeslav, tſchech. Václav zu aſlav. vęste 'mehr' und slava 'Ruhm') ergibt Wenzel als häufigſten Männernamen im tſchech. Landvolk. Bei der dt. Bevölkerung des Landes erlangte W. die appellative Bed. 'Diener, Knecht', weiterhin 'Bube im Kartenſpiel'. So gebucht ſeit Adelung 1786, doch ſchon 1768 Der falſche Spieler 82 „ein Spiel, wo man die Däuſer oder Wenzel nöthig hat". S. Scharwenzel ſowie Kluyver 1912 Zſ. f. d. Wortf. 13, 90; K. Müller-Fraureuth 1914 Wb. d. oberſächſ. Ma. 2, 408. 656; O. Meiſinger 1924 Hinz u. Kunz 96.

wer Fragepron., mhd. wër, ahd. (h)wër. Der Nom. Sg. bewahrt -r als Vertreter des alten -s; vgl. got. hvas 'wer'; dazu agſ. hwā, engl.

who. Der germ. Stamm des Fragepron. war *hwa-: *hwë- aus idg. *qᵘo: *qᵘe-, das außergerm. auftritt in lat. quo-d 'welches', gr. πότερος 'wer von beiden', litwkàs, atnb. kas 'wer'. Dazu was, weder, welch, wann, wenn, wie, wo.

werben ft. Ztw., mhd. wërben, -ven, ahd. wërban, -van, älter hwërfan 'f. drehen, hin- und hergehen, f. umtun, bemühen, etw. betreiben, ausrichten'; zum Bed.=Wandel vgl. lat. ambīre. Ausgangsbed. ift 'sich drehen', wie die alte Ableitung Wirbel lehrt, f. auch Werft F. Das Ztw. ift gemeingerm.: asächf. hwërban 'hin- und herlaufen', nl. werven 'anwerben', afrief. hwërva 'sich drehen, Handel treiben', agf. hweorfan, anord. hverfa 'wenden, wandeln', got. ƕaírban (und ƕarbōn) 'wandeln'. Zur Wurzel germ. *hwerf-: *hwerb-, idg. *kᵘerp- 'sich drehen' gehören gr. καρπός 'Handwurzel' und καρπάλιμος 'geschwind'.

Werd f. Werder.

werden ft. Ztw. Mhd. wërden, ahd. wërdan, asächf. anl. wërthan, afrief. wërtha, agf. weorðan, anord. vërða, got. waírþan führen auf eine germ. Verbalwz. *werþ, die kein gleichbed. idg. *wert zur Seite hat. Doch ift Zuf.-Hang mit lat. vertere 'wenden', aflav. vrŭtěti, vratiti 'drehen', aind. vr̥t 'rollen' ficher; 'sich wenden' wurde im Germ. zu 'werden, entftehen'. Auffätze zum gleichen Bed.=Wandel zeigen lit. vìrsti 'werden', aind. sámvr̥t 'entftehen'. Die Ausgangsbed. 'sich wenden' ift geblieben in der Nachfilbe =wärts (f. d.) fowie in mhd. wirtel 'Spindelring' (aflav. vrěteno 'Spindel').

Werder, Werd, Wert, Wört M. 'Infel, Uferland', mhd. wërder, wërt (d) M. 'Infel, Halbinfel, erhöhtes, wafferfreies Land zwischen Sümpfen, Ufer', ahd. wërid, warid N. 'Infel', asächf. (11. Jh.) van wartera, mnd. wërde(r), mnl. waert, weert (d), nnl. waard 'eingedeichtes Land', agf. waroð N. 'Geftade, Strand, Ufer'. Oft in Ortsnamen, von denen die mit erhaltenem -er der s-Stämme wesentlich dem nordalbingisch-oftfäl. Gebiet angehören: W. Mißka 1932 Beitr. 56, 354ff.; 1933 Zf. f. Ortsnamenf. 9, 5. Grundbed. 'umhegtes (Land)', fomit zu der unter Wehr F. behandelten idg. Wurzel *uer- 'abwehren'. Außergerm. vergleicht sich vor allem aind. várūtha- N. 'Schutz'.

werfen ft. Ztw., mhd. wërfen, ahd. wër(p)fan, asächf. anfr. wërpan, mnd. nl. werpen, afrief. wërpa, agf. weorpan, engl. warp, anord. vërpa, dän. værpe, schwed. värpa, got. waírpan 'werfen', ursprünglich 'mit drehend geschwungenem Arm schleudern'. 'Drehen' als Grundbedeutung ift noch erkennbar in nhd.

fich werfen von Hölzern, Buchdeckeln u. dgl., engl. to warp 'sich krümmen', anord. verpa 'beugen', aldri orpinn 'vom Alter gebeugt'. Außergerm. vergleichen sich am nächften lit. verpiù, Inf. vẽrpti 'spinnen', varpstẽ 'Spule'. Auf Entlehnung aus dem Anfr. beruhen afrz. guerpir 'verlassen', frz. déguerpir 'überlassen; wegwerfen'. Den Abstand der Bedeutungen überbrückt der Rechtsbrauch des Halmwerfens als Sinnbild der Erbeinsetzung und Besitzabtretung.

Werft M. mhd. ahd. warf N. 'Kette eines Gewebes, Zettelgarn'; entfpr. agf. wearp, engl. warp, anord. schwed. varp in gleicher Bed., die man aus dem Ztw. werfen erklärt. Namengebend wirkt das Herüber- und Hinüberwerfen des Weberschiffchens. Nhd. -t ift angetreten wie in Hüfte aus mhd. huf; schon Luthers Form (3. Mof. 13, 48 u. ö.) ift Werfft.

Werft F. 'Schiffsbauplatz', in hd. Seetexten seit 1720, um 1700 aus nl. (scheepstimmer)werf entlehnt, das seit Winschooten 1681 Seeman 225 gebucht wird. Gleichen Ursprung hat engl. wharf, während neunord. verft 'Schiffswerft' aus dem Nhd. stammt. Die Sippe bed. urspr. 'Platz, an dem man sich hin- und herwendet', gehört fomit zu werben und Wirbel.

Werg N. mhd. wërch, wërc (der Doppelform wegen f. ftark und H. Paul 1916 Dt. Gramm. 1, 304. 309), ahd. wërah (hh) und wërc. Daneben ahd. āwirihhi, āwurihhi N. 'Werg, stuppa'. Der Form nach decken sich im Ahd. und Mhd. Werg und Werk genau, weshalb man das erste als Abzweigung aus dem zweiten faßt. Ahd. āwirihhi 'Werg' fordert Zuf.-Hang mit Werk, sofern es den 'Abfall bei der Arbeit' meint. Auch das Kelt. hat ein Wort für 'Werg', das mit der idg. Wurzel *uerg-'tun; Arbeit' zusammengesetzt ist: kymr. cywarch, bret. ko-arh 'Werg, Hanf, Flachs', abret. coarcholion 'aus Hanf'. Die Vorsilbe cy-, ko- 'zusammen' entspricht dem lat. comufw.; nachkonsonantisches gn des idg. *uergno- ift zu kk assimiliert worden, das regelrecht zu kymr.=bret. ch geführt hat. 'Arbeitsstoff' hat wie im Germ. als Grundbedeutung zu gelten; berufssprachlich ift der alte Sinn verengt worden.

Wergeld N. mhd. wërgëlt, afrief. werield, agf. wër(e)gild, langob. virgild, mlat. weregildus 'Wert eines Mannes; Mannbuße, die der Töter als Sühne zahlt'. Gleichbed. langob. vidrigild, afrief. liudwerdene, agf. lēodgëld, norw. mangjold, dän. schwed. manbōt. Zur Sache C. v. Schwerin 1919 Reallex. d. germ. Alt.-Kde. 4, 510. Das erste Wortglied f. u. Welt und Werwolf.

Werk N. mhd. wërc(h), ahd. wërc, wërah(hh); wegen der älteren Nebenformen mit ch f. Werg und ftark. Voraus liegt germ. *wërka- in gleichbed. afächf. nl. werk, agf. weorc, anord. verk. Weiteres über die zugrunde liegende idg. Wz. *u̯erĝ- 'tun, Arbeit' (wozu gr. ἔργον 'Werk') f. u. wirken. Im Germ. alt ist die Beziehung auf Krieg u. Befestigung: das zeigen die auf afränk. *werki 'Befestigung' beruhenden Ortsnamen im frz. Westen, an der alten Grenze gegen Goten u. Bretonen: La Gu(i)erche, urfundl. 1077 Wirchiae (f. fchützen).

Wermut M. Artemisia absinthium trägt einen weftgerm. Namen: mhd. wërmuot(e), -müete, ahd. wër(i)muota (Zf. f. d. Wortf. 2, 230), afächf. wërmōda, mnd. wermōt, -ōdə, agf. wërmōd. Die Angleichung an Wurm in ahd. wormuota, mhd. wormuot (Zf. f. dt. Wortf. 5, 21), mnd. wormōde, nd. wörmd, wörmken, agf. wormōd, engl. wormwood beruht offenbar darauf, daß aus manchen Artemisia-Arten ein Wurmmittel bereitet wurde. Auch die Beziehung des wohl nicht zuf.-gefetzten Worts (vgl. Armut) zu warm fcheint unurfprünglich zu fein. Im linksrhein. Deutfchland ift Wermut vor 1000 durch das Merowingerwort aloxinum zurückgedrängt worden, f. Alfem.

Wern, Werre f. Warze.

Wert[1] M. 'Flußinfel' f. Werder.

Wert[2] M. mhd. wërt (d), ahd. wërd N. M. 'Kaufpreis, koftbare Ware, Herrlichkeit', afächf. wërð 'Geld, Lohn', afrief. wert, werd, agf. weorð, anord. verð, got. waírþ N. 'Wert, Preis': gemeingerm. Substantivierung des Adj. wert, f. d.

wert Adj. mhd. wërt (d), ahd. wërd 'einen gewiffen Preis koftend, käuflich für etw.', dann auch 'von hohem Wert; herrlich, vornehm'. Entfpr. afächf. afrief. werth, agf. weorð, anord. verðr, got. waírþs 'wert, würdig'. Urverwandt aveft. avarəta- F. 'Wertgegenftand, Befitztum' zum Adj. *a-varəta- 'Wert in fich enthaltend'; kymr. gwerth 'Preis'. Aus dem Germ. entlehnt aflav. vrědŭ, lit. vertas, apreuß. werts 'wert'. S. Würde.

Werwolf M. fpätahd. mhd. wërwolf, frühnhd. wär-, beer-, neerwolf, agf. (Napier, Beitr. 23, 571) wër(e)wulf 'Wolf, in dem die Seele eines Menfchen fteckt'. Erfter Wortteil ift ahd. wër 'Mann' (f. Welt, Wergeld), die richtige Deutung fchon zu Beginn des 13. Jh. bei Gervafius v. Tilbury, Otia imp. 895 Anglici werewolf dicunt: were enim Anglice virum sonat, wolf lupum. Bei uns ift Werwolfglaube feit Burchard v. Worms um 1000 bezeugt: „(verwerflich der Glaube, Schickfalsgöttinnen könnten dem Menfchen Kraft geben)

ut quandocunque voluerit in lupum transformari possit, quos vulgaris stultitia werwolf vocat". Weftfäl. entfpricht Büxenwolf 'Wolf in Hofen', anord. vargúlfr (norw. varulv, fchwed. varulv, dän. værulf) 'fchlimmer, verbrecherifcher Wolf'. Aus dem Germ. entlehnt find mlat. guerulfus, normann. (12. Jh.) garwalf, frz. loup-garou. Denfelben Glauben bezeugen gr. λυκάνθρωπος, lat. versipellis: Wh. Hertz, Der Werwolf, 1862; Eug. Mogk 1919 Reallex. d. germ. Alt.-Kde. 4, 511 f.

Wefen N. mhd. wësen N. 'Aufenthalt, Hauswefen, Art zu leben, Eigenfchaft, Lage': fubft. Inf. zum ft. Ztw. ahd. wësan, mhd. wësen 'fein', nhd. noch lebendig in den Prät.-Formen war, waren, gewefen. Daffelbe Verhältnis befteht zwifchen Leben N. und dem Ztw. leben. Ahd. afächf. agf. wësan führen mit afrief. wesa, anord. vesa und got. wisan auf die ft. Verbal-Wz. wes, die außergerm. mehrfach wiedererfcheint, z. B. in aind. vásati 'er wohnt, verweilt'.

wefentlich Adj. Adv., mhd. wësen(t)lich Adj., -liche Adv. 'dem Wefen nach'. Gleitlaut t ift am Schluß der unbetonten Mittelfilbe eingefchoben, zwifchen denfelben Konf. wie in eigentlich, f. d. Es tritt feit dem 15. Jh. auf, ift aber bis ins 17. Jh. noch nicht feft.

Wefir f. Vezier.

Wefpe F. mhd. wefse, webse, webze, wefpe, vefpe, ahd. wefsa, älter wafsa, afächf. waspa, mnd. wefpe, wispe, mnl. wefpe, nnl. wesp, agf. wæfs, wæps, wæsp M., engl. wasp, dän. (h)veps, älter auch hvevse, norw. mundartl. (k)veps, (k)vefs, (k)veks mit einem wohl durch Analogie geftörten Anlaut. In frz. guêpe 'Wefpe' (fo feit dem 12. Jh.) hat fich, wie der Anlaut zeigt, anfr. wefpa mit lat. vespa gekreuzt. Diefes lat. Synonym hat den Sieg der nhd. Form entfchieden. In lebenden Mundarten herrfcht bunte Formenfülle: fchlesw.-holft. webs, wêbs, wöps, wüps, wispel, waus, oftfrief. weps(e), weftfäl. wiəspe (Hörde), wefpəlt(tə) (Cronenb.), wepše (Elberf.), wäsb (Siegerl.), oberheff. wêbs, luxemb. wis(e)bei, lothr. wišpəl, wešbəl, elf. wêfs, wafz, wašp, odenw. wispel, bad. wefts(ə), thür. wispel, weps-chen, wewetzchen, wiwese, bair. webes, wewess(n), wepsn, wechsl, wefz(g)en, fteir. webes(e), webse, kärnt. wešpe, wöšgge, wepsn, tirol. wespn, fchwäb. wefz(g), weps, fchweiz. wäspi, wächsi N., wäspil M. Germ. *wafs-, *wabis-, *wabit-, idg. *u̯obh(e)sä gehört mit Ablaut zur idg. Wurzel *u̯ebh- 'weben': das Infekt ift nach feinem gefpinftartigen Neft benannt. Außergerm. entfprechen aveft. vawžaka- etwa 'Spinne', balutfch. gvabz 'Biene, Wefpe, Horniffe', lat. vespa (aus *vospa), aſlav. vosa, apreuß. wobse 'Weſpe', lit. vapsà 'Weſpe, Bremſe', air. foich (aus brit. *uuochi), abret. guohi 'Brutbiene, Drohne', akorn. guhi-en 'Weſpe'. — Verwandt ſind Wabe, Waſſel, weben, Wiebel, vergleichbar iſt Wachs.

Weſte F. Das ärmelloſe Kleidungsſtück des Mannes, das über dem Hemd und unter dem Rock getragen wird, wahrt mit landſchaftl. Bruſtlatz, -tuch, Leible altheimiſche Namen. Das auf lat. vestis, ital. veste beruhende frz. veste F., ſeit 1640 bezeugt, erſcheint bei uns als Weſte zuerſt 1689 (H. Weiß, Koſtümkunde 3, 2, 1055), iſt ſomit zu einer Zeit entlehnt, als das frz. Wort noch das Wams (heute pourpoint) bezeichnete. Seit 1736 heißt das ärmelloſe Kleidungsſtück frz. gilet: über die Verbreitung dieſes jüngeren Fremdworts von Luxemburg bis Öſterreich ſ. Kretſchmer 1918 Wortgeogr. 574 ff. Dän. veſt und tſchech. vesta ſtammen aus dem Nhd.

Weſten M. mhd. wëſten, ahd. wëſtan N. 'Weſten'; daneben mhd. Weſt, das ahd. und mhd. nur als erſtes Glied von Zuſ.-Setzungen begegnet, z. B. in ahd. Wëſtfalo, mhd. Wëſt-vale. Gleichbed. mnd. mnl. afrieſ. agſ. engl. west (daraus frz. ouest), anord. veſtr. Man vergleicht lat. veſ-per, gr. ἑσπέρα 'Abend' u. faßt Weſt als 'Abendſeite' auf; vgl. die entſpr. Deutungen von Oſt und Süd. Im Obd. iſt Abend das volksübliche Wort für 'Weſten'.

Weſterhemd N. 'vom Paten geſchenktes Taufkleid', in nhd. Wb. ſeit Stieler 1691, beſchrieben von Amaranthes 1715 Frauenz.-Lex. 2119 f. Mhd. wëſte(r)hëmde; dazu wëſte(r)-barn, ahd. wastibarn 'Täufling im erſten Hemd'. Der germ. Stamm wasti- 'Kleid' ſtimmt mit Ablaut zu lat. vestis 'Kleid'; vgl. got. wasti F. 'Kleid' und wasjan 'kleiden'.

wett präd. Adj., ſpätmhd. wëtte 'quitt': dasſelbe Wort wie das F. Wette. Mhd. wët(t)e, wët N. 'Pfand(vertrag), Rechtsverbindlichkeit, Ein-, Erſatz', ahd. wët(t)i, aſächſ. wëddi, mnl. nnl. wedde, afrieſ. agſ. wëdd, engl. wed, anord. vëð, got. wadi 'Pfand' führen auf germ. *wadja- N. Hieraus entlehnt mlat. vadium 'Verpfändung beweglicher Habe'. Aus anfr. *waddi iſt afrz. wage (frz. gage) 'Pfand; Lohn' im 11. Jh. entlehnt. Auch ital. gaggio 'Pfand' iſt germ. Herkunft. Das abgeleitete Ztw. wetten greift ebenfalls über alle germ. Sprachen; die Bedeutung 'verloben', die agſ. wëddian mit got. gawadjön teilt, erweiſt das Fortleben der idg. Kauſehe bei den Germanen. Urverwandt ſind lat. vas, vadis 'Bürge', vadimōnium 'Bürgſchaft', praes, -dis (älter praevides aus prae und vas) 'Bürge', dazu praestō 'ich ſtehe als Bürge, bürge

für etwas'; lit. vadúoti 'Verpfändetes einlöſen', užvadúoti 'für jem. eintreten', užvadas 'Stellvertreter, Rechtsbeiſtand'. Jdg. Wurzel *uadh- 'Pfand; ein Pfand einlöſen'. Weiterführende Vermutungen bei J. Trier 1942 Beitr. 66, 238. S. Pfand.

Wetter N. mhd. wëter, ahd. wëtar, aſächſ. wëdar, afrieſ. agſ. wëder, engl. weather, anord. veðr 'Wetter, Wind'. Legt man dem germ. *wedra- ein vorgerm. *wedhro- mit der farbloſen Bed. 'Wetter' zugrunde, ſo ſteht aſlav. vedro- N. 'gutes Wetter' nahe, dazu vedrü 'heiter'. Geht man von 'Wind, Sturm' als Grundbed. aus, ſo muß *wetró- als idg. Grundform angenommen werden. Dann vergleichen ſich aſlav. větrü 'Luft, Wind' und lit. větra 'Sturm'. S. verwittern.

Wetterleuchten N. Unter Leich iſt eine Sippe entwickelt, der ſich mhd. leichen 'tanzen, hüpfen' angliedert. Dazu mhd. wëterleichen 'blitzen, ohne daß es donnert', wëterleich M., mnl. wederlije, norw. mundartl. weleik (aus vederleik) 'Wetterſpiel, Blitzſtrahl'. Das erſt nhd. Wetterleuchten iſt daraus unter volksetym. Anlehnung an leuchten umgebildet.

wetterwendiſch Adj. 'ſich wendend, unbeſtändig wie das Wetter', md. Urſprungs wie faſt jedes von Ztw. abgeleitete Adj. auf -isch (Götze, Beitr. 24, 517). Zuerſt bei Luther 1520 Weim. Ausg. 7, 8, 16 „(Eck) mit ſeynen wetterwendiſchen worten“, 1522 zur Verdeutſchung von πρόσκαιρος Matth. 13, 21 und Mark. 4, 17, von Adam Petri (Baſel 1523) den obd. Leſern mit vnſtet verdeutlicht; dem Süden dauernd fremd geblieben (A. Schütt 1908 Petris Bibelgloſſar 80; K. Bachmann 1909 Einfl. von Luthers Wortſch. 89). Gebucht ſeit Alberus 1540 Dict. O 3b. Auch die weitere Verbreitung ſteht deutlich unter Luthers Einfluß, ſo daß w. als geflügeltes Wort Lutherſcher Prägung zu beurteilen iſt. Aus nd. Ma. vergleicht ſich wickenwendiſch 'veränderlich': Schambach 1858 Gött. 297.

wetzen ſchw. Ztw., mhd. wetzen, ahd. wezzan (aus *hwazzjan), mnd. nl. wetten, agſ. hwettan, engl. whet, anord. hvetja, got. ga-hvatjan 'ſchärfen'. Zugrunde liegt ein germ. Adj. *hwata- 'ſcharf' in agſ. hwæt, ahd. waz 'ſcharf', anord. hvatr 'tapfer, rüſtig, flink'. Neben germ. *hwata- (aus idg. *quºedo-) ſteht germ. *hwassa- (aus idg. *quºed-to-) in got. hvass, anord. hvass, ahd. mhd. was 'ſcharf'. Wz.-verwandt iſt lat. triquetrus (aus *tri-quºedros) 'dreieckig'. Mit Ablaut gehören hierher got. hvōta, anord. hōt (Ntr. Pl.) 'Drohung', anord. hvæta 'durchbohren', aſächſ. for-hwātan, ahd. hwāzan 'verfluchen'. S. Watſche.

Wichs M. 'student. Galakleid': C. W. Kindsleben; Stud.-Lex. (Halle 1781) 217 „en Wix heißt bey den Studenten so viel, als en Galla, sehr geputzt". Wichs-, Wixkleid belegt F. Kluge 1895 Stud.-Spr. 134 seit 1778. Schon mhd. ist wihsen 'glänzend machen', aus dem die Subst. rückgebildet sind. S. aufwichsen.

wichsen schw. Ztw. tritt erst als spätmhd. wihsen neben das nach seiner Bildungsweise jüngere wachsen (ahd. wahsen 'mit Wachs überziehen'). Dabei muß wichsen uralt sein. In blenden neben blind oder erlauben, glauben neben lieb stehen die Ztw. auf o-Stufe, die Nomina auf e-Stufe. Bei wichsen (aus *wëhsjan) neben Wachs ist es umgekehrt. Das Alte wird uns zufällig erst später greifbar. Die Bed. 'schlagen' (kaum vor Hermes 1776 Sophiens Reise 2, 483) entwickelt sich wie bei schmieren[1] (s. d.): Putzmittel werden mit kräftigem Schlag aufgetragen.

Wicht M. mhd. ahd. wiht 'Ding, Wesen' (besonders von Kobolden und Dämonen; vgl. Bösewicht), asächs. wiht M. 'Ding', Mz. 'Dämonen', mnl. nnl. wicht 'kleines Kind', ags. wiht F. 'Wesen, Ding, Dämon', engl. wight 'Wesen, Wicht', whit 'Kleinigkeit', anord. vëttr, vættr, vitr F. 'Sache; lebendes Wesen', dän. vette, schwed. vätt(e) 'eine Art Erdgeist'. Das Got. unterscheidet waihts F. 'Ding, Sache' und ni-waiht N. 'nichts'. Das N. liegt unserm nicht(s) zugrunde, s. d. Die Germanen scheuten sich, übernatürliche Wesen bei Namen zu nennen und setzten dafür unser farbloses Wort, das auf idg. *ueqti- 'Sache, Ding' beruht, bestätigt durch das urverwandte Synonym aslav. veštĭ. Weitere Beziehungen fehlen.

Wichtelmännchen N. mhd. wihtelmenlīn: verdeutlichende Zus.-Setzung für gleichbed. wihtelīn, dessen Anwendung auf Wesen mit übernatürl. Kräften uralt ist. S. Wicht und Zs. f. d. Wortf. 11, 197. 209.

wichtig Adj. verhältnismäßig spät aus gewichtig 'Gewicht habend' (s. Gewicht[2]) rückgebildet (wie auch vollwichtig auf älterem vollgewichtig beruht). Die Bed. beider Formen grenzt Wunderlich DWb. 4, 1, 3, 5765 gegeneinander ab. Luthers obd. Zeitgenossen muß das 2. Kor. 4, 17 gebrauchte wichtig mit schwere, lastig erläutert werden: Kluge 1918 Von Luther bis Lessing 112. Dän. schwed. vigtig beruht auf Entlehnung aus dem Nhd.

Wicke F. Lat. vicia (auf dem ital. veccia, frz. vesce, engl. vetch beruhen) ist sehr früh, als lat. v noch die Geltung von w (s. Weiher, Wein) und c vor i noch k-Aussprache hatte (s. Kaiser, Kreuz) entlehnt zu germ. *wikja, westgerm. *wikkja. Daraus sind ahd. wicka, wiccha, asächs. wikka, mhd. mnl. wicke, nnl. wik(ke) hervorgegangen, ebenso gleichbed. kymr. gwyg und bret. gweg. Der Pflanzenname gehört in die gleiche Lehnschicht mit Flegel, Speicher und Stoppel.

Wickel M. mhd. wickel(īn), ahd. wickilīn, wicchilī N. 'Wickel, Flachs- oder Wollmenge zum Abspinnen'. Dazu das schw. Ztw. wickeln, spätmhd. wickeln 'in die Form eines Wickels bringen'. Rückbildung daraus ist nhd. Wickel 'Windel u. dgl.': mit Wachs, Wieche und Wocken zur idg. Wurzel *ueg- 'weben, Gewebe' in aind. vāgurā 'Fangstrick, Netz zum Wildfang, Garn' (dem ags. wōcig 'Schlinge, Fallstrick' entspricht); lat. vēlum 'Segel, Hülle, Tuch, Vorhang', vēlāre 'verhüllen', vexillum 'Fahne'; air. figim 'webe', fige 'das Weben', abret. gueig, bret. gwea 'Weberin'.

Widder M. Zu idg. *uet- 'Jahr' in aind. vatsará, gr. (F)έτος 'Jahr', lat. vetus 'bejahrt' gehören aind. vatsá, alb. vjetε, lat. vitulus 'Kalb', gr. ἔταλον 'Jährling'; dazu auch germ. *wёþru- 'einjähriges Tier' in got. wiþrus 'Lamm', ahd. widar, asächs. wethar, anl. wither, ags. weðer, anord. veðr 'Schafbock'.

wider Präp. Adv., mhd. wider, ahd. widar 'wider, (ent)gegen, zurück, wiederum', asächs. wið(ar) Präp. 'gegen', nl. we(d)er, ags. wið(er) 'gegen', anord. við(r), got. wiþra Präp. 'gegen, gegenüber'. Germ. *wiþrō 'gegen' neben gleichbed. *wiþr beruht auf der idg. Präp. *wi 'gegen', die in aind. vi 'auseinander' (wozu vitarám 'weiter') erhalten ist. — Dazu (an)widern schw. Ztw., urspr. 'zuwider sein' aus mhd. widern 'entgegen sein'. Ferner die Adj. widerlich und widrig.

Widerpart M. mhd. widerpart(e) M. F. 'Gegenpartei, Gegnerschaft, Gegner': vor Ende des 13. Jh. zu-gesetzt aus dem mhd. Adv. wider und dem aus frz. part F. 'Teil, Anteil' entlehnten mhd. parte 'Abteilung, Partei': Suolahti 1929 Frz. Einfluß 177. 305.

Widersacher M. im 15. Jh. entwickelt aus mhd. widersache, ahd. widarsahho, asächs. wiðarsako, afries. witherseka 'Gegner (im Rechtshandel)'. Der zweite Wortteil ist Nomen agentis zu ahd. sahhan, got. sakan 'streiten' und hängt nur mittelbar mit Sache (s. d.) zusammen. Durch Luther, in dessen Bibel Widersacher 38mal steht, wird es Kanzelwort zumal für 'Teufel' (1. Petr. 5, 8). Außerhalb dieses Gebrauchs nennt es Adelung 1786 veraltet, Campe empfiehlt es 1794 als Ersatz für Antagonist: Kuhberg 1933 Verschollenes Sprachgut 63.

widerspenstig Adj., spätmhd. widerspenstec (zu abspenstig und Gespenst, s. d.) hat das

gleichbed. mhd. widerspæne, -spænec abgelöst, das zu mhd. widerspän neben spän, span
(nn) 'Streit' gehörte.

Widerton M. Name versch. Moose und
Farne, spätmhd. wedertān, -tāt, -tōt: umgedeutet aus mhd. widertān (Zs. f. d. Wortf.
3, 302), urspr. 'dagegen getan': die Pflanzen
sind nach dem damit geübten Gegenzauber
benannt. Erst nachträglich stellt sich die Vorstellung ein, sie seien Heilmittel wider den Tod.

widerwärtig Adj. mhd. widerwërtic, -wartic,
älter widerwërt, -wart 'entgegengesetzt, widersetzlich', ahd. widarwart(ic) 'entgegengesetzt'.
S. -wärts und Gegenwart.

Widerwille M. spätmhd. frühnhd. widerwille 'Auflehnung' gerät unter Einfluß von
ahd. willōn, mhd. willen 'Brechreiz empfinden',
wille M. 'Ekel' und drängt als durchsichtige
Bildung dieses wie gleichbed. frühnhd. walgung
u. a. zurück: v. Bahder 1925 Wortwahl 109.

widmen schw. Ztw. mhd. widemen, ahd.
widimen 'ausstatten': zu ahd. widamo 'Aussteuer', s. Wittum.

wie Adv. mhd. wie, ahd. wio, älter hwio,
hweo. Dies ist aus *hwēu für *hwēwē, *hwai-
wai (?) hervorgegangen; auf die letzte Grundform weist got. hvaiwa 'wie'. Der erste Teil
dieses Worts enthält den Lokativ zum Pron.-
Stamm *hwa-(idg. *qu̯o-); vgl. lit. kaĩ(p) 'wie'.
Die Herleitung des zweiten Teils ist umstritten.
Nach W. Horn 1923 Sprachkörper 81 f. liegt
eine alte Zus.-Setzung *hwai wegai 'auf
welchem Wege' voraus. Eine andre Bildung
aus demselben germ. Pron.-Stamm *hwa-
bewahrt engl. how, agf. hū, asächs. hwō, hū
'wie'.

Wiebel M. 'Käfer', mhd. wibel, ahd. wibil,
asächs. wibil, agf. wifel, engl. weavil 'Korn-
wurm'. Mit ostfries. wefer, agf. wibba und lit.
vãbalas 'Käfer' gehört germ. *webila- zu weben
(f. Wabe, Wespe), offenbar in dessen Grundbed. 'sich tummeln', die auch in mhd. wëberen,
wëbelen nachwirkt.

Wieche M. 'Docht, Lunte, Scharpie', ahd.
wiohha, spätahd. mhd. wieche, mnd. wēke
(woraus entlehnt dän. væge, schwed. veke,
norw. veik 'Docht'), mnl. wieke, nnl. wiek,
agf. wēoce mit vielen Nebenformen, die dem
zudem mehrdeutigen Wort den Weg in die
Schriftsprache verlegt haben (K. v. Bahder 1925
Wortwahl 61 f.): redupl. Bildung zur idg.
Wurzel *ueg- 'weben; Gewebe', deren Hochstufe vorliegt in mnd. wecke 'Docht, Lunte',
mhd. wicke 'Docht, Scharpie', ahd. wickilī,
mhd. wickel 'vom Rocken abzuspinnende
Flachsmenge' (f. Wickel), mhd. wiht 'Docht'.
Die tiefstufige Bildung zur gleichen Wurzel f.
u. Wocken. Entfernter verwandt ist Wachs.

Wiedehopf M. ahd. wituhoffa, -hopfa,
-hopfo, asächs. widohoppa, mhd. witehopfe,
mnd. mnl. wēdehoppe. Herkömmlich wird der
Vogelname als 'Waldhüpfer' gedeutet und der
erste Teil zu ahd. witu (= anord. viðr, agf.
wudu, engl. wood· f. Krammetsvogel,
Pirol) 'Holz' gezogen. Beim zweiten Glied
wird neben der Beziehung zu hüpfen Entlehnung aus lat. upupa erwogen. Suolahti 1909
Vogelnamen 11 ff. sieht in alledem Umdeutung
des aus dem Paarungsruf (h)upup hervorgegangenen Namens. Den Naturlaut bilden auch
nach dän. hærpop, lett. puppukis, frz. huppe,
lat. upupa, gr. ἔποψ armen. popop, npers.
pūpū, in dt. Mundarten preuß. hupphupp,
huppke, ossepüper, westfäl. pūposse (Beitr. 57,
424), meckl. hupup, amärk. wuppwupp, münsterl. huppe, vorderpfälz. wuddwudd, tirol.
wudwud, kärnt. wudi, steierm. wudlup. Eine
entspr. Form wird auch für das germ. Wort
vorauszusetzen sein, bevor die übrigens auch
sachlich schiefe Anlehnung an ahd. witu eintrat,
das zudem vorwiegend 'Holz als Stoff bedeutet: v. Bahder 1925 Wortwahl 88.

wieder Adv.: urspr. eins mit wider, f. d.

Wiege F. mhd. wi(e)ge, ahd. wiga, *wiega(?),
mnd. wēge, westfäl. waige, mnl. wieghe, nnl.
wieg, afrief. widze und (mit anderer Stufe
des Ablauts) ahd. waga, anord. vagga. Aus
germ. *wagō ist finn. vaku 'Wiege' früh entlehnt. Zus.-Hang mit Wz. *wёg in bewegen
und wackeln (ahd. wagōn) ist deutlich, doch
bleiben lautliche Schwierigkeiten, sofern das
Verhältnis von ahd. mhd. ie: i: a nicht klar ist.

wiegen ft. Ztw. 'Gewicht haben; auf der
Waage die Schwere prüfen', im 16. Jh. neugebildet aus der 2. 3. Sg. wiegst, wiegt von
wägen, f. d. Zur Abgrenzung H. Paul 1917
Dt. Gramm. 2, 233.

Wiegendruck f. Inkunabel.

Wiegenfest f. Geburtstag.

wiehern schw. Ztw., Intensivbildung zu
gleichbed. mhd. wihen (wihenen, wihelen), ahd.
wihōn (für *wijōn, *hwijōn ?): zur gleichen
Wz. wie mhd. weijen, ahd. weiōn (hweiōn),
dän. vie, schon. via 'schreien', engl. mundartl. wicker 'wiehern'. Zur lautmalenden
Wz. *hwī gehören mit andrer Bed.-Entwick-
lung agf. hwīnan, engl. whine 'jammern, winseln',
anord. hvīna 'rauschen, sausen'. Gleichbed.
mit wiehern sind hess. thür. lachen, westfäl.
frensken (mit fr- aus wr-) und hissen, lipp.
nöijen, bair. mickern, tirol. rülen.

Wiemen M. 'Stab zum Aufhängen des
Räucherfleisches über der Esse; Schlafstange der
Hühner'. Lat. vīmen 'Rute zum Flechten,
Flechtwerk' (zu viëre 'binden, flechten') er-
gibt über prov. vime (die nordfrz. Entsprechung

ist ausgefallen) mnl. wim(m)e 'Lattenwerk im Rauchfang', mnd. wime 'Stangengerüst'. Zu den Zeugnissen für das Fortleben des landwirtschaftl. Fachworts in rhein. Mundarten bei Frings 1932 Germania Romana 182 tritt westfäl. wîm'm, wuime (mit ui aus i): Zs. f. dt. Phil. 49, 289.

wienern schw. Ztw. '(Metall, Leder) putzen', urspr. mit Wiener Putzkalk, dann auch mit andern Putzmitteln. Zunächst ein Wort der Kasernen: Haupt-Heydemarck 1934 Soldatendeutsch 193.

Wiepe F. 'Strohwisch': mit undiphth. î (s. Riese) und unverschobenem p (vgl. Kiepe, Stapel) übernommen aus nd. wîpe. Die hd. Entsprechungen ahd. wîfa, mhd. wîfe 'Markzeichen' lebt alem. fort, z. B. am Bodensee als wîfa 'Seezeichen'. Durch eine Grundbed. 'Flechtwerk' mit weifen (s. d.) zu vermitteln.

Wiese F. mhd. wise, ahd. wisa. Zur selben Wz. gehören mit andrer Stufe des Ablauts anord. veisa 'Pfuhl, stehendes Gewässer', ags. wäs 'Feuchtigkeit', engl. woosy 'feucht'. Nd. wische 'Wiese' beruht auf asächs. wisca (ags. wisc).

Wiesel N. Zu dem unter Iltis gesicherten germ. *wis(j)o 'Iltis' gehört als Verkl. germ. *wisulô(n), aus ahd. wisula, mnl. wesel, ags. weosule, wesle, engl. weasel, anord. visla zu erschließen. Das Wiesel ist kleiner als der Iltis, dabei durch seinen Gestank ihm ähnlich. Offenbar danach sind beide benannt: germ. *wis(j)o urverwandt mit spätlat. vissio 'Furz, Gestank', aus dem afrz. voison 'Iltis' hervorgegangen ist. P. Lessiak 1912. Zs. f. dt. Alt. 53, 121.

Wiesenknarrer s. Wachtelkönig.

Wist M. 'Honigwabe', mhd. wift: mit Wabe zu weben (wie Gift mit Gabe zu geben). Wabe hat als etym. durchsichtige Bildung gesiegt: v. Bahder 1925 Wortwahl 134.

Wigwam M. Aus dem Abenaki, das die Nordostgruppe der Algonkin-Indianer im nördl. Maine spricht, gelangt wigwam 'Haus' 1628 ins Engl. Darauf beruht das gleichlautende frz., span. und dän. Wort: R. Loewe 1933 Zs. f. vgl. Sprachwiss. 61, 99. Bei uns seit 1697: Palmer (1939) 140f.

wild Adj. Ahd. asächs. wildi, afries. ags. wilde, engl. wild, got. wilþeis, anord. villr (meist 'verirrt') führen auf germ. *wilþja, vorgerm. *weltjo. Daneben wird durch Wild N. einsaches *weltos Adj. vorausgesetzt, das auch dem akorn. guils, kymr. gwyllt 'ungezähmt, altbret. gueld-enes 'insula indomita' vorausliegt. Vielleicht ist auch Wald verwandt.

Wild N. Die Endung idg. -os, -es, germ. -az, -iz bildet sächl. Konkretbenennungen. Neben Tiernamen wie *lambaz 'Lamm', *kalbaz 'Kalb' tritt *wilþaz, -iz, aus ahd. wild, mhd. mnd. wilt, ags. wild, wildor (später umgedeutet zu wild(d)ēor) zu erschließen. Während das Adj. wild germ. *wilþja aus vorgerm. *weltjo voraussetzt, beruht das Subst. auf *weltos mit einfacherer Stammbildung.

Wildbret N. eine nur dt. Zus.-Setzung aus wild u. dem ja-Stamm bræte N., der sich im Kompositum neben den a-Stamm brāt M. stellt (s. Braten). Im Ahd. war wiltbrāt vorausgegangen, im Anord. villi-brāð. Auf Entlehnung aus dem Mhd. beruhen schwed. vildbråd, dän. vildbrad, schwed. wildbraad. Im 12. Jh. erscheint mhd. wiltpræte mit 'Fleisch ohne Speck u. Knochen, schieres Fleisch' als Bed. des zweiten Wortteils, 'Wildfleisch' als Bed. des Ganzen: Edw. Schröder 1934 Anz. f. dt. Alt. 53, 234. Der nicht hochtonige Wortteil büßt die alte Länge und das auslautende -e ein. Die Schreibung schwankt lange; Mundartformen wie westfäl. obersächs. wilbert, schles. fränk. wilpert, schwäb. wildprecht dringen in die Schrift. Spät im 18. Jh. setzt Adelung die etym. Schreibung Wildbret durch.

Wilderer M. mhd. wilderære 'Jäger'. Die Bildung scheint vom alten Plur. Wilder des N. Wild auszugehen; sie ist zunächst, wie Wildbretschütz, ohne den schlimmen Nebensinn, der seit dem 16. Jh. Oberhand gewinnt, wie er in den jüngeren Wilddieb, -frevler von vornherein gilt.

wildern schw. Ztw. 'unbefugterweise jagen', nicht vor Adelung 1780 gebucht, hat im 19. Jh. älteres wilddieben verdrängt.

Wildernis F. mnl. wildernisse, nnl. wildernis, engl. wilderness (zur alten Mz. wilder, ags. wildor N. 'Wild, wildes Tier'). Bei uns vereinzelt neben Wildnis vom 16. Jh. bis auf Goethe (Faust II 6236).

Wildfang M. spätmhd. wiltvanc, nnl. wildvang. Zwei Bildungen mischen sich: 1) aus Wild N. und Fang M. 'das Fangen' entsteht eine Tätigkeitsbez. 'Fang des Wilds, Jagdrecht, Wildbann'; 2) zu wild Adj. und Fang 'Beute' gehört die Sachbez. 'lebendig gefangene Tiere, Vögel; herrenlose, unbändige Menschen': H. Schulz 1909 Zs. f. d. Wortf. 11, 241ff. Im Bereich der Vorgeschichte ist W. die seit der Steinzeit nachweisbare Jagdweise, Großwild in Gruben zu fangen oder an Steilhängen zum Absturz zu zwingen. Lebend eingefangenes Wild, das zur Blutauffrischung dient oder in Tiergärten ausgestellt wird, heißt ebenso: Val. Palm 1941 Mutterspr. 56.

wildfremd Adj. tritt seit Nigrinus 1592 Von Zäuberern 312 als Steigerung von fremd (auch wild kann 'fremd' bedeuten) auf, ist somit Bildungen wie steinalt ver-

gleichbar, wie sich bei Steinbach 1734 stein-
fremd findet. Aus 'völlig fremd' entwickeln
sich Bed. wie 'gleichgültig, nicht vertraut' auf
der einen, 'seltsam, unheimlich, abstoßend' auf
der andern Seite. Die früh beliebte Substantivierung bedeutet 'Ortsfremder'. Das
Adj. ist den Mundarten vom Aargau bis zum
Niederrhein geläufig; gleichbed. nnl. wild-
vreemd, schwed. vildfrämmande.

Wildheuer M. Zu wild 'unzugänglich,
ungepflegt, herrenlos' gehört ein Alpenwort
Wildheu N. 'Heu, das auf den Kämmen und
Gipfeln der Berge gewonnen wird' und das
Ztw. wildheuen 'Wildheu ernten'. Dazu
schweiz. Wildheuer M., das aus Scheuchzer
1746 Schweizerland 2, 66 in Schillers Tell
IV 3 übergegangen ist. Aus Goethes
Kenntnis der Schweiz stammt seine Beschrei-
bung des Wildheuers Weim. Ausg. I 24, 368 f.

Wildschur F. M. '(derber) Reisepelz' entlehnt aus poln. wilczura 'Wolfspelz' (Ableitung zu wilk 'Wolf': Wick 63) seit Hermes
1778 Sophiens Reise 2, 158. Die gleichbed.
Nebenform Windschur schon bei Bob 1771
Sprachkunst 122.

Wildschütz M. (zu Wild N.) tritt seit Thom.
Münzer 1524 Schutzrede D 2ᵇ (Braunes
Neudr. 118 S. 36) in der Bed. 'Jäger' auf,
die ohne tadelnden Beisinn noch im 18. Jh.
begegnet. Die Bed. 'Wilddieb', zuerst in einem
rheinhess. Zentweistum von etwa 1600 (Weisth.
1, 490 Grimm), beflügelt durch Lortzings Oper
'Der Wildschütz' 1842.

Wildwachs N. M. ahd. wildi wahso, mhd.
wildiwahse, mnd. wildewasse, in Mundarten
z. B. westfäl. wildwass, cronenb. weiltwäs,
nass. wildwachs 'Sehne, Flechse, Nerv', mit
vielen Nebenformen wie obd. Waldwachs,
ahd. waltowahso, altowahso, frühmengl. fax-
wax, spätmengl. paxwax. Nach N. Törnqvist
(Stud. Neophil. 17, 132 ff.) aus walto- 'walten,
regieren' und wachs (< *wahstla 'Band,
Gewebe'). Sinnverwandt ist Haarwachs (s. d.).

Wille M. mhd. wille, ahd. will(i)o, asächs.
willio, afries. agf. willa, engl. will, anord. vili,
got. wilja: Verbalabstr. zu wollen, verwandt
mit Wahl, idg. Stammform *ʋeljōn. Außergerm. vergleichen sich aind. vára- 'Wahl,
Wunsch', aslav. volja 'Wille'.

willfahren schw. Ztw., spätmhd. *willen-
vären (belegt ist nur willenvarn ft. Ztw.) aus
mhd. eines willen vären 'auf jemandes Willen
Bedacht nehmen, ihn zu erfüllen suchen'. Zu
mhd. vären, ahd. fären schw. Ztw. 'nach-
trachten, -stellen', das auch sonst mit Gen.
verbunden erscheint (triuwe, rëhtes vären) in
frühnhd. Zeit, als die Verbindung willfahren fest wurde, stand meist Will M. für

mhd. wille. S. Gefahr und Zf. d. Sprachvereins 23 (1903) 370.

willig Adj. mhd. willec, ahd. asächs. anl.
afries. willig, dän. schwed. villig, auch in unsern
Mundarten lebendig.

willkommen Adj. spätahd. willechomen,
mhd. willekomen, anord. velkominn (danach
engl. welcome): vor das Part. von kommen
ist der Stamm des M. Wille getreten. Alter
ist das schw. M. Willkomm, ahd. willicomo,
mhd. willekome, -kume, mnd. willekome,
agf. wilcuma 'Wunschgast, gern gesehener
Ankömmling'. In der plur. Formel mhd.
sit willekomen ist nicht zu entscheiden, ob
Adj. oder Subst. vorliegt. Der Ton liegt auf
der zweiten Silbe, daher Kürzungen wie
kärnt. kuma 'grüß Gott' Lexer 1862 Kärnt.
Wb. 164. Afrz. wilecome, velcome, ital. belli-
cone 'großer Becher zum Zutrinken' beruhen
auf Entlehnung aus dem Mhd., entlehnt ist
auch magh. billikom 'Trinkgefäß'.

Willkür F. mhd. (12. Jh.) willekür, mnd.
willekor, afries. wilkere, nl. willekeur und,
mit der abweichenden Bed. 'Bedingung', schwed.
vilkor, dän. norw. vilkaar: zus.-gesetzt aus
Wille M. und Kür F. (s. Kur¹), Ausgangsbed. somit 'Willenswahl, freier Wille'. Gebildet wie mhd. willeklage 'freiwillige Klage'
und mnd. willemöt 'freier Wille'. Heute in
nd. Mundarten lebendig, den md. und obd.
fremd.

wimmeln schw. Ztw., mhd. (selten) wimelen:
als Iterativ (wie lächeln zu lachen, streicheln zu streichen) gebildet zu mhd. md. wim-
men 'sich regen'. Aus derselben Wz. *wëm:
*wam stammen mit gleicher Bed. ahd. wimidōn,
wimizzen, wamezzen. Gleichbed. ahd. wiuman
ist redupl. Präs. zur Wz. *wëm (*wë-wm-).

wimmern schw. Ztw., frühnhd. Ableitung
von mhd. wimmer N. 'Gewinsel', das lautmalend ist, wie (mit anderer Stufe des Ablauts) mhd. gewammer N. 'Gewimmel'. Eine
Weiterbildung spätmhd. wimmerzen, frühnhd.
wimmerzen lebt in bair.-österr. Mundarten. Mit
anderm Suffix oberhess. wëemerche, kurhess.
wemerichen. Dazu die Zus.-Setzungen mansfeld. wimmerleichen, frühnhd. wimmerklagen.

Wimpel M. 'schmale, langgeschlitzte Flagge,
die im Großtopp geführt wird', vor Mitte des
15. Jh. im hansischen Raum entwickelt als nd.
nl. wimpel, daraus entlehnt gleichbed. dän.
schwed. vimpel. Hd. nicht vor Aldenburgk
1627 Westind. Reise J 4ᵃ, mit unverschobenem
p wie Krempe, Stempel, Tümpel, zimperlich. Die ahd. Entsprechung winfila in
einer Glosse des 9. Jh. (Steinmeyer-Sievers
4, 335, 12) zeigt die Bedeutung 'Kopftuch',
aus der die seemännische entwickelt ist. Dazu

stimmen mhd. bewimpfen 'verhüllen', asächſ. wimpal, mnd. wimpel, wumpel, agſ. winpel, jünger wimpel, engl. wimple, ſpätanord. wimpill 'Schleier'. Für anfr. *wimpil iſt die Bedeutung 'Bruſttuch' geſichert durch das daraus entlehnte afrz. guimple (frz. guimpe 'Bruſtſchleier der Nonnen'), wozu ſeit dem 12. Jh. guimpler 'ins Kloſter ſtecken'. Verwandt ſind weſtfäl. wimpen 'aus Werg ſtricken', mnl. ſvimpen 'verhüllen': naſalierte Nebenformen zu der unter Weiſe dargeſtellten Wortgruppe, die beſonders mit anord. veipa F. 'Kopftuch' der unſern nahe kommt, etwa volksetymologiſch angelehnt an winden und eine Entlehnung aus lat. pallium, die in agſ. pæll 'Umhang' greifbar wird: F. Kluge 1918 Beitr. 43, 148 f.

Wimper F. mhd. wintbrā(we), ahd. wintbräwa, aſächſ. wintbräwia, mnl. wintbra(e)uwe (nnl. wenkbrauw). Lidén, Jdg. Forſch. 19, 345 ſieht im erſten Wortglied die germ. Entſprechung des air. find 'Haar': dann wäre ahd. wintbräwa urſpr. 'Haarrand' (ſ. Braue). Zum Wandel von tb zu p ſ. empor, zur Aſſimilation des n Amboß, empfangen, -fehlen, -finden, Himbeere, Imbiß.

Wimperg M. 'vor dem Wind ſchützender, hochgelegener Teil eines Bauwerks', ahd. wintberga, mhd. wintberge F., auch wintburgelīn 'Zinne; Schutzvorrichtung am Giebel namentlich des Strohdachs, gekreuzte Bretter; Giebel, Zier-, Staffelgiebel'. Das Grundwort gehört zum ſt. Ztw. bergen, ſ. d.

Wind M. Mhd. mnd. mnl. wint (d), ahd. wint (t), aſächſ. nnl. afrieſ. agſ. engl. wind, anord. vindr, ſchwed. dän. vind, got. winds, krimgot. wintsch führen auf germ. *winda-, idg. *u̯entó- in apreuß. wins 'Luft, Wetter', akorn. gwyns, kymr. gwynt, bret. gwent, lat. ventus, toch. A want, wänt, B yente, aveſt. vātō, aind. vāta- 'Wind'. Das M. gehört mit Vokalverkürzung zu idg. *u̯ē-nt-, Part. Präſ. zur Wurzel *u̯ē- 'blaſen'. S. wehen.

Winde F. mhd. winde, ahd. winta 'Vorrichtung zum Winden': zu winden in ſeinen verſchiedenen Bedeutungen. Der Pflanzenname (zu winden 'ſich um etw. ſchlingen') iſt erſt ſeit ſpätahd. Zeit bezeugt (Zſ. f. d. Wortf. 3, 307), da er aber als Grundwort im altbezeugten Namen der Wehdwinde (ſ. d.) wiederkehrt, iſt er gewiß gemeingerm. Bezeichnung der Schlingpflanze: H. Marzell 1943 Wb. d. dt. Pflanzennamen 1, 1136.

Windei N. ſeit dem 16. Jh. in den beiden Bedeutungen 'unbefruchtetes (zum Brüten untaugliches) Ei' und 'Ei ohne Kalkſchale mit lederartiger Hülle'. Lehnüberſetzung von lat. ova hypenemia, zephyria, subventanea, die nach Varro ſo heißen, weil ſie vom Wind empfangen ſein ſollen.

Windel F. mhd. windel, ahd. wintila, aſächſ. windila: zu winden (ſ. d.), ſomit urſprünglich 'Binde zum Wickeln'. Die Beziehung auf den Säugling iſt nur deutſch. Sie iſt noch im 16. Jh. weſentlich an die Verkleinerung Windelein gebunden. Von derſelben Urform germ. *windila- gehen aus agſ. windel, engl. mundartl. windle 'Korb', ſchwed. vindel 'gewundner Teil des Schneckenhauſes', iſl. vindill 'Wiſch' und anord. viðvindill 'Geißblatt'. Vgl. Wehdwinde.

windelweich Adj. Erſt im 19. Jh. bezeugt, aber nach ſeiner Verbreitung alt iſt der Vergleich der Geſichtsfarbe mit einem Leintuch im bair.-öſterr. windelbleich, dem ſchwäb. windelweiß, ſchweiz. bleich wines waſchtüechli und holſt. (1800) he is so blank as en liklaken naheſtehen. Als mißglückte Nachbildung erſcheint bei A. v. Kotzebue, Werke 5, 165 (Pagenſtr. 3, 4) windelweich prügeln, fortan allerorten in ähnlichen Wendungen, doch unanſchaulich und nirgends recht bodenſtändig.

winden ſt. Ztw., mhd. nl. winden, ahd. wintan, aſächſ. agſ. got. windan, engl. wind, anord. vinda. Das Kauſativ dieſer gemeingerm. ſt. Verbalwz. *wënd 'drehen, wickeln, ſich wenden' ſ. u. wenden; weitere Ableitungen ſind wandeln und wandern. Falls die Grundbed. von germ. *wënd- 'flechten' iſt, könnte aind. vandhúra 'Wagenkorb' urverwandt ſein. Aus dem Germ. entlehnt iſt die Sippe des ital. ghindare, afrz. guinder 'aufwinden'.

Windfang M. mhd. mnd. wintvanc M., ahd. wintvanga F. 'Vorrichtung, in der ſich Wind, Luft fängt': Kluge 1911 Seemannsſpr. 837; in der Gaunerſprache 'Mantel, Frauenrock': derſ. 1901 Rotwelſch 1, 55. 485.

Windhoſe ſ. Waſſerhoſe.

Windhund M., ſeit Mitte des 16. Jh. (Zimm. Chron. ²4, 240) übliche Verdeutlichung (ſ. Kaufmann) für älteres Wind, ahd. mhd. mnd. mnl. wint (d), nnl. wind M., das H. Suolahti, Neuphil. Mitt. 1918 S. 16 als alten Völkernamen erkannt hat. Auch Reuß und Wallach ſind aus Völker- zu Tiernamen geworden. Wenden (ahd. Winidā, mhd. Winden, mnl. Wenden, agſ. Wenedas, älter Venidas, anord. Vindar, auch in den Männernamen got. Winitharius, ahd. Winid-heri, aſächſ. Winoth-olf) iſt die germ. Bezeichnung der Slaven. Urſprünglich bezeichnet es die vor dieſen in Oſtdeutſchland wohnenden illyriſchen Venethi (Tacitus, Germ. 46), Venedi (Plinius, Nat. hist. 4, 13, 97), Οὐενέδαι (Ptolemaios 3, 5, 7 ff.). Aus idg. *u̯enetos 'befreundet': R. Much

1937 Germania 414 f. — Ältere Verdeutlichungen sind mhd. wintbracke, -spil 'Windspiel'.

Windlicht f. Fackel.

Windmonat M. bei Stieler und Gottsched für Oktober, mhd. windemānōt, spätahd. windumānōth, ahd. windumemānōth 'Monat der Weinlese' (lat. vindemia). Von Fischart bis Raabe für November, weil man im ersten Wortteil Wind 'ventus' vermutete: Kuhberg 1933 Verschollenes Sprachgut 22 f. 63.

Windrose F. die rosenförmig angeordnete Scheibe des Kompasses, aus seemänn. Fachsprache (Kluge 1911 Seemannsspr. 838) seit Kosegarten 1794 Rhaps. 2, 62 in bildl. Gebrauch überführt.

Windsbraut F. Neben ahd. wint M. (s. Wind) stand *winta, germ. *winda F., eig. 'Windung', für das R. Loewe 1929 Idg. Forsch. 47, 272 die Bed. 'Wirbelwind' aus dem ihm nachgebildeten mgr. ἄνεμη, ngr. ἀνεμική 'Wirbelwind' (neben ἄνεμος 'Wind') sichert. Auch ahd. wiwinta 'Wirbelwind' setzt ein gleichbed. *winta voraus. Statt des erschlossenen Fem. tritt im 8. Jh. wintes prūt, mhd. windesbrūt, frühnhd. wind(s)braut auf (weitere Formen DWb. 14, 2, 318): der Wirbelwind wird — ohne daß eine mythol. Grundlage dafür erweisbar wäre — als weibl. Wesen gefaßt, wie in gleichbed. nnl. vaerende wijf, vrouwe, moeder und in pfälz. Windhexe 'Windhose'. Der Versuch, ahd. wintes prūt von *sprū-t 'Gesprühe' herzuleiten (B. Schmidt, Beitr. 21, 111), oder an die idg. Wz. *bhreṷ (s. brauen, Brot) anzuknüpfen und Windsbraut als 'Windeswallen' aufzufassen (W. Krogmann, Idg. Forsch. 49, 184), scheitert an der Bed. (Loewe, Zf. f. vgl. Sprachf. 39, 291) und kann sich nur auf jüngere Nebenformen stützen, die sämtlich aus mhd. windesbrūt zu entwickeln sind. Eine Sage von der Windsbraut ist erst aus dem Namen entstanden: Loewe 1930 Zf. f. d. Phil. 55, 84.

Windspiel f. Windhund.

Windvogel M. landschaftlich Name verschiedner Vögel, zumeist des großen Brachvogels. Er ist auch zur Schelte des Leichtfertigen geworden, wie Windbeutel. Windfußgel ist der westfäl. Name des Papierdrachens der Kinder, der engl. kite 'Weih' heißt; sprachlich ist agf. cȳta die Entsprechung von Kauz (s. d.).

Wingert M. 'Weingarten', die im rhein. Hauptgebiet des dt. Weinbaus übliche Form des mhd. wīngart(e), ahd. wīngart(o): unser ältester Ausdruck für das Grundstück, auf dem Reben gebaut werden. Gemeinbesitz aller Germanen außer den Friesen: asächf. wingardo, mnl. wijngaerd (t), nnl. wijngaard, agf. wīngeard, älter engl. winyard (heute verdrängt durch vineyard; f. Wein), anord. vīngarðr, got. weinagards 'Weinberg', krimgot. wingart 'Rebstock'. Aus dem Germ. entlehnt aslav. vinogradŭ: A. Götze 1922 DWb. 14, 1, 916 ff.; derf. 1924 Beitr. z. germ. Sprachwiss. für O. Behaghel 280 ff. S. Bangert.

Wink M. mhd. winc (k), ahd. winch: zu winken, mhd. winken, ahd. winkan ft. Ztw. 'sich seitwärts bewegen, schwanken, nicken', gleichbed. mit agf. wincian, engl. wink. Daneben mit Ablaut Wank, s. d.

Winkel M. mhd. mnd. mnl. nnl. winkel, ahd. winkil, afrief. agf. wincel 'Ecke', engl. -winkle als Grundwort in Ortsnamen (wie auch in Bär-, Kräh-, Langen-, Bohwinkel). Im Nd.-M. hat sich über 'Hausecke' die Bedeutung 'Kaufladen' entwickelt, dazu der Fam.-Name Winkler. Die nächsten germ. Verwandten sind mhd. winken, ahd. winchan 'sich seitwärts bewegen, schwanken', mhd. winc, ahd. winch 'Wanken', agf. winc, engl. winch, norw. vinke 'Winde, Haspel, Kurbel': zur idg. Wurzel *ṷeng- 'gebogen sein' wie lit. véngiu, véngti '(ver)meiden', víngiuti 'Bogen, Umwege machen'.

Winkelschule F. 'Grundschule als Unternehmen eines Unbefugten', zufrühst in den von Joh. Bugenhagen verfaßten Kirchenordnungen für Braunschweig 1528, Hamburg 1529 u. Lübeck 1531. Von da rasch über Nord- und Mitteldeutschland verbreitet: Nyström 1915 Dt. Schulterm. 51.

winseln schw. Ztw., mhd. winseln: Intensivbildung zum schw. Ztw. mhd. winsen, ahd. win(i)sōn 'jammern'. Dies mit wiehern und wimmern zur germ. Wz. *hwī. Unwahrscheinlich ist Zus.-Hang mit weinen, s. d.

Winter M. ahd. wintar, mhd. nl. afrief. agf. winter, anord. vetr (Gen. vetrar), got. wintrus. Die verwandten Sprachen gebrauchen für das nur germ. wintrus einen Stamm *ĝheim: *ĝhim: *ĝhiem, vgl. air. gam, lat. hiems, gr. χειμών, aslav. zima, avest. zyam, aind. hemantá, alb. dimën. Daß auch das Germ. einst diesen Stamm besaß, lehrt das in der Lex Salica überlieferte ingimus 'einjähr. Tier', schwed. gimmerlamm 'einen Winter altes Lamm'. Vielleicht ist Winter (aus idg. *ṷindr-) als 'weiße Zeit' zu fassen und zu agall. vindo- 'weiß' in Vindo-bona, -magus, -nissa zu stellen; vgl. air. find 'weiß'. In den germ. Sprachen hat Winter (vgl. Nacht) die Bed. 'Jahr'; erhalten in nrhein. Einwinter 'einjähr. Ziege, Rind' westfäl. ē-inter 'einjähriges Pferd', engl. twinter 'zweijähr. Schaf' (aus agf. twiwintre 'zweijährig').

Wintermonat M. Ahd. wintarmānōt 'Januar', mhd. wintermānōt einer der Monate des Winters, schwankend von Oktober bis Januar, im 15. Jh. meist Dezember. Zesen versteht nach nl. Vorbild unter Wintermond den November: Kuhberg 1933 Verschollenes Sprachgut 22 f.

Winzer M. spätmhd. winzer, mhd. wīnzürl, wīnzürle(r), ahd. wīnzūril, -zurnil: entlehnt aus dem in roman. Sprachen (außer sard. benidore 'Winzer') fehlenden lat. vīnitor, -ōris, wofür das Roman. vineator (span. viñador) und vineatorius (aprov. vinher, frz. vigneron) bietet. Aus vulgärlat. *vīntōrem wurde zunächst ahd. *winzūr; wīnzūril entstand durch nachträgl. Anlehnung an heimische Mask. auf -il unter Anknüpfung an ahd. zëran 'zupfen'. Mit seinem aus t verschobenen z gehört W. zu der ältesten Lehnschicht des Weinbaus (s. Wein). Einheimische Bezeichnungen des Winzers sind Berghold, Häcker, Hauer, Rebmann, -leute; halbfremd Weingärtner, -häcker. Zu lat. vindēmia, ahd. wintimma, schweiz. wimme 'Weinlese' (s. Windmonat) gehören schweiz. Wimm(l)er, Wümm(l)er.

winzig Adj. mhd. winzic (g) 'überaus wenig, überaus klein'. Falls w. Weiterbildung zu wenig (mhd. weinec) ist (wie einzig zu einig), so wäre der Stammvokal vor Doppelkons. erst verkürzt, dann vor n zu i geworden. In Mundarten des Südwestens steht daneben wunzig, nach H. Fischer, Schwäb. Wb. 4, 1818. 6, 868 Mischform aus winzig und (klein)munzig.

Wipfel M. mhd. wipfel (wiffel), md. wippel 'Spitze eines Baumes, Besens, Gebäudes', ahd. wiphil (wiffil) 'Pflanzenspitze', urspr. 'Wippendes, Schaukelndes': zu der unter Wippe behandelten germ. Wz. *wip 'schaukeln'.

Wippe F. erst nhd., aus dem Nd. aufgenommen (vgl. nl. wippen 'schnellen, schaukeln', dän. vippe 'schaukeln'), dafür in hd. Lautgestalt ahd. mhd. wipf M. 'schnelle Bewegung, Schwung' neben mhd. wipfen 'springen' (s. weifen). Die in dieser Sippe wie in Wipfel (s. d.) enthaltene germ. Wz. *wip 'schaukeln' beruht auf vorgerm. *ueib, wozu auch lat. vibrāre 'schwingen'. Dazu die ältere idg. Nebenform *uip in aind. vip- 'zittern' ahd. weibōn, nl. weifelen 'schwanken'.

wir Pron. mhd. ahd. wir, asächs. wī, we, anl. wī, wir, afries. wi, ags. wē, anord. vēr, aschwed. wī(r), got. weis. Gemeingerm. *wīz (mit sekundärem nominativ. -s) beruht auf idg. *uei- in aind. vayám 'wir'. Die Deklination wird mit Hilfe der Formen von uns durchgeführt, s. d.

Wirbel M. Zu der unter werben und Werft F. vorausgesetzten germ. Wz. *hwerb- gehört mit dem Suffix -ila der männl. Gerätnamen (s. Beutel[1], Drischel, Flügel usw.) germ. *hwerbila- in anord. hvirfill 'Kreis, Ring, Scheitel, Bergspitze', von da entlehnt engl. whirl; nl. mnd. wervel 'Wirbel', mhd. wirbel' '(Kopf-)Wirbel, Scheitel', ahd. wirbil, -vil 'Wirbelwind'. Die Bed. vereinigen sich alle auf 'sich drehen', der Kopfwirbel ist nach dem kreisförmigen Stand der Haare benannt. Vgl. die Bed.-Entwicklung von Scheitel und lat. vertex.

wirken schw. Ztw., mhd. wirken (würken). ahd. wirchan (wurchan). Das urspr. st. Ztw. ist gemeingerm.: asächs. wirkian, anl. wirken, afries. werka, wirka, ags. wyrc(e)an, anord. yrkja (urnord. worahto 'ich stellte her'), got. waúrkjan führen auf germ. *wirk-, *wurkjan. Die germ. Verbalwz. *werk-: *work-, zu der auch Werk (s. d.) gehört, beruht auf der idg. Wz. *uerg- 'tun; Arbeit', die über mehrere idg. Sprachen greift: avest. varəz- 'arbeiten', vərəzyaiti = got. waúrkeiþ, toch. wark 'Weidwerk', armen. gorc 'Werk', gr. ἔργον, älter Ϝέργον 'Werk', ῥέζω 'tue', ὄργανον 'Werkzeug', ὄργιον 'heilige Handlung', gall. vergo-bretus 'oberster Richter, Beamter' bei den Aduern ('dessen Urteil wirksam ist'), abret. guerg 'wirksam', air. fairged 'machte'. Die nhd. Bed. 'nähend, stickend, webend verfertigen' beruht auf einer erst spätmittelalterl. Verengung; noch in mhd. Zeit wirkt man auch Häuser, Bilder und Geräte. Geblieben sind von da zweite Glieder von Fam.-Namen: ags. scōh-wyrhta, ahd. scuohwurhto, mhd. schuochwürhte 'Schuhmacher' ergibt Schubert, -bart, -chardt. Daneben stehen Lichtwark 'Kerzengießer' und Sallwürk (aus mhd. sarwürke) 'Panzerschmied'.

wirklich Adj. Adv. zum Ztw. wirken (s. d.) von den Mystikern des 13. Jh. gebildet: würkelich Dt. Myst. 2, 11 Pfeiffer; würkenlich das. 417; würklich, wirklich J. Tauler, Pred. 157 Vetter. Die hier geltenden Bedeutungen 'handelnd, tätig, durch Handeln geschehend, in einem Tun bestehend' kommen der Umgangssprache zu Beginn des 18. Jh. abhanden; das seit dem 16. Jh. auftretende wirksam hat sie übernommen. Die heutige Hauptbedeutung von wirklich, die auf den Gegensatz zum bloß Gedachten oder Scheinbaren zielt, bereitet sich beim Adv. im 15. Jh. vor, wird aber beim Adj. erst zu Anfang des 18. Jh. geläufig. Nur westobd. ist aus 'tatsächlich geschehend' wie bei frz. actuel, engl. actual 'gegenwärtig' geworden. Wieland und Schiller nehmen an diesem Wortgebrauch teil. Auch

Wirklichkeit ist eine Bildung der Mystiker des 13. Jh., zuerst als werkelicheit 'Werktätigkeit' Dt. Mystiker 2, 126, 17.

wirr Adj.: nhd. Rückbildung aus (ver)wirren. Dies (wie das Part. verworren zeigt) urspr. st. Ztw. beruht auf mhd. (ver)wërren, ahd. (fir)wërran 'verwickeln'. Aus dem zugehörigen F. ahd. anfr. wërra 'Streit' sind ital. guerra, frz. guerre 'Krieg' entlehnt. Zu ahd. asächs. wërran 'durcheinanderbringen' aus älterem *wërzan, idg. *uers-, gehört wohl auch Wurst als 'Gemengsel'. Man verwirrt etwas, indem man es unordentlich hinter sich herschleift. So läßt sich die dt. Wortgruppe verknüpfen mit lat. verrere 'schleifen, am Boden schleppen, fegen' und aslav. vrěšti 'dreschen'. S. Vers.

Wirrwarr M. N. Ein frühnhd. Wirenwar 'Wortstreit' (z. B. bei Melber 1486 Voc. praed. P 2ᵇ) scheint ohne Entwicklungsfolgen geblieben zu sein: Zs. f. d. Wortf. 2, 21. Bei Edelmann 1735 Unschuld. Wahrheiten 1, 26 und Chrysadens 1751 Brem. Avanturier 337 erscheint Wirrwald: dissimiliert aus dem lautmalend zu wirren gebildeten Wirrwarr, das als nd. Mundartwort seit Richey 1755 Id. Hamb. 341 gebucht, von Lessing u. a. als Ersatz für Chaos und Konfusion verwendet und von Jean Paul seit 1781 gegen Adelungs Einspruch durchgesetzt wird: Wh. Pfaff 1933 Kampf um dt. Ersatzwörter 57 f. Vergleichbare Stammdopplungen sind Krimskrams, Mischmasch, Singsang, Tingeltangel und Zickzack.

wirsch Adj. mit der älteren Nebenform wirrisch bei Stieler 1691; entspr. Schambach 1858 Gött. Wb. 300ª „ek was ganz wirrisch in'n Koppe" gegenüber wirrig bei Danneil 1859 Altmärk. Wb. 248ᵇ. Die Bed. 'verwirrt' (Alexis, Hosen des Herrn v. Bredow 34 „wirsch sprechen") steht euphemistisch für 'geistesgestört' (Storm, Zwei Novellen 57 „da wurde er wirrig und mußte in die Anstalt"). Entspr. schweiz. wirrisch 'rappelig'. Die Wortformen, die zu wirr(en) gehören, haben von Haus aus mit unwirsch nichts zu tun.

Wirsing M. Aus lat. viridia 'Grünes' entsteht lombard. venez. verdza, mailänd. verts, engad. verza 'Brassica oleracea capitata bullata'. In einem Vocabolario ital.-ted. (Wien 1479) erscheint 22ª Uerzi / Köllkraut, 26a Uerzi / Köll. Mit C. Schwenckfelt 1600 Stirpium et fossilium Silesiae catalogus 243 beginnen die Zeugnisse für Versich, mit K. Stieler 1691 die für Wersig, mit Marperger, Küch- und Keller-Dict. (Hamb. 1710) 657 die für Wersichkohl, mit Ludwig 1716 die für Wirsching. Den ital. Formen stehen die schweiz. wirz (in Zürich; alte Zeugnisse Zs. f. dt. Wortf, 6, 197) und werz (in Bern) am nächsten. Wirsing hat die Endung nach mundartl. Sellering, Grensing, Besing erhalten, Wirsich nach Vorbildern wie Lattich und Rettich. -rs- hat landschaftl. -rsch- ergeben wie bei Hirsche neben nhd. Hirse. Herkunft aus dem Süden bezeugt auch das gleichbed. Savoyenkohl; vgl. nl. Savoyekool, frz. chou de Savoie, chou de Milan und Kretschmer 1918 Wortgeogr. 576 ff.; E. Öhmann, Neuphilol. Mitt. 1942, 26.

Wirt M. mhd. ahd. wirt 'Ehemann, Haus-, Landesherr, Bewirter, Gastfreund, -wirt', asächs. wërd, mnl. waert, we(e)rt (d), afries. hūs-wërda 'Hauswirt', got. wairdus 'Gastfreund'. Dazu anord. verðr, Gen. verðar M. 'Mahlzeit'. Grundbed. von germ. *werdu- scheint 'Mahl, Bewirtung' gewesen zu sein, woraus sich eine Bed. 'Wirt' entwickeln konnte (etwa wie anord. vǫrðr 'Wacht' und 'Wächter' bedeutet). Außergerm. Bez. sind unsicher. Vielleicht darf aind. kalya-varta 'Frühmahl' als nächstverwandt gelten. Möglicherweise liegt dem Wort die idg. Wz. *uer 'sieden, kochen' zugrunde, zu der lit. vìrti 'kochen' (trans.), aslav. vrěti 'sieden, kochen' (intr.), variti 'kochen' (trans.) gehören. S. Ürte.

Wirtel M. 'Spulen-, Spindelring, Quirl', spätmhd. wirtel: zu der unter werden entwickelten idg. Wz. *uert 'sich drehen'. Zur Bildungsweise vgl. Wirbel, zum Stamm aslav. vrěteno 'Spindel', aind. vártana 'das Drehen' sowie ahd. wirt 'gewunden'.

Wirtschaft F., mhd. wirtschaft, ahd. wirtscaf(t), asächs. wërdscepi, mnd. wer(t)schap, mnl. wertscap, nnl. waardscap. Auf Entlehnung aus dem Mnd. beruhen dän. norw. wertskab, schwed. värdskap. Die Verbindung mit dem Stammwort Wirt (s. d.) ist seit ahd. und asächs. Zeit gelöst, die Ausgangsbed. 'Tun, Amt eines Wirts' schon auf ältester Stufe selten. Das mittelalterl. Wort bedeutet meist 'Bewirtung, Gastmahl'. Mit der stärkeren Ausbildung selbständiger Berufe tritt im 16. Jh. die Bed. 'Gastwirtschaft' hervor, im 17. die der (ländlichen) Hauswirtschaft, im 18. das Wirtschaftswesen als Zus.-Fassung der Einzelwirtschaften. Aus dem urspr. Begriff verflacht ist die junge Bed. 'Tun und Treiben' überhaupt. Die Fülle der Ableitungen und Zus.-Setzungen entfaltet H. L. Stoltenberg 1938 Jbr. f. Nat.-Ökon. 148, 556 ff.

Wisch M. Mhd. mnd. mnl. wisch, ahd. agf. -wisc, engl. whisk, anord. norw. dän. visk M. 'Bündel Heu, Stroh; Staubwedel, Wischlappen', schwed. viska F. 'Kehr-, Scheuerwisch' führen auf germ. *wiska-, *wiskō-, die in Ablaut mit aind. vēská- 'Schlinge zum Erwürgen' stehen. Vom Hauptwort abgeleitet ist das schw. Ztw. wischen, mhd. mnd. wischen, ahd. wisken, mnl. wisschen, agf. wiscian 'aus Gerten einen Zaun flechten' (jünger weoxian 'reinigen' mit Umstellung von sk zu ks und Brechung), engl. whisk, norw. schwed. viska, dän. viske 'abwischen'. Beim Ztw. hat sich aus der Bedeutung 'flüchtig über etwas hinwischen' die jüngere 'sich eilig bewegen' entwickelt. Voraus liegt die idg. Wurzel *ueis- 'drehen', zu der auch lat. virga (aus *uiz-gā-) 'dünner Zweig, Reis, Rute' und germ. Bildungen auf p (mengl. engl. wisp 'Wisch', norw. visp 'Quaste, Büschel', schwed. visp 'Quirl aus Ruten') gehören.

Wisent M. 'Bisonochse, Bos bison.' Mhd. wisent (d), ahd. wisunt, -ant und mit gramm. Wechsel wirunt, mnd. mnl. wësent, agf. wesand, wë(o)send, anord. visundr, got. *wisands führen auf germ. *wisund-, idg. *uis-onto-, das wie ein Part. Präs. wirkt (vgl. Elefant). Aus dem Germ. entlehnt sind lat. bisōn, -ontis (seit Seneca † 65 n. Chr.) und gr. βίσων (bei Pausanias um 175 n. Chr.). Der Stamm liegt auch vor in germ. Männernamen wie mhd. Wisent, Wirnt, ahd. Wisunt, Wirunt, ein Herulerfürst des 6. Jh. heißt bei Prokop Οὐίσανδος, auf dem Westgot. beruht span. Guisand, ebenso der nordspan. Ortsname Visontium, der in Pannonien wiederkehrt. Urverwandt ist apreuß. wis-sambrs 'Auerochse', dessen Grundwort dem aslav. ząbrŭ 'Auerochse' entspricht. Der Wisent ist nach dem für die alten Jäger wichtigen Moschusgeruch benannt, den seine Mähne zur Brunstzeit ausströmt, vgl. lat. vis(s)io, idg. *uiso 'Gestank' unter Iltis und Wiesel. Im Nhd. wird das Wort mit dem Aussterben des Tiers selten: Maaler (Zürich 1561) bucht visend, Frisch (Berlin 1741) Wisant; danach erscheint Wisent erst bei Campe (Braunschw. 1811) wieder, doch mit dem Zeichen der veralteten Wörter: Kuhberg 63. Weithin bekannt wird es durch Brehms Tierleben seit 1864: O. Schade 1882 Altdt. Wb. 2, 1173ff.; H. Palander 1899 Ahd. Tiernamen 133ff.

Wismut N. M. mnd. wesemōt, dän. schwed. vismut, engl. frz. bismuth, ital. bismutta, span. bismuto, nlat. bisemutum. Lokotsch 1927 Etym. Wb. 918 vermutet Entlehnung aus arab. itmid 'Antimon': unglaubhaft, da die Kenntnis des Metalls bei uns vom Erzgebirge ausgeht, wo sächs. Bergleute der Zeche St. Georgen in der Wiesen bei Schneeberg seit 1472 darauf muten (f. d.). Als erster gibt Gg. Agricola 1530 De re metallica eine wissensch. Beschreibung des bisemutum; Petrus Apianus 1527 Kaufmanß Rechnung ⸲ 7ᵃ schreibt Wyßmat,

Mathesius 1562 Sarepta Wismut, -mat, Wißmut: Zf. f. dt. Wortf. 3, Beiheft 104.

Wispel M. ein Hohl- und Getreidemaß, mit dem hansischen Handel verbreitet, im 16. Jh. ins Hd. gedrungen aus mnd. mnl. wispel. Zuerst in Mecklenburg 1191 als wichskepel, in Hamburg 1195 als wigskepele: Getreidemaß, das die Bauern verwendeten, wenn sie im wîk (dem Platz, an dem sich in rein ländlichen Gebieten der Handel abspielte) Getreide verkauften. S. Weichbild und Scheffel. Zur Kürzung des Grundworts vgl. echt, elf, Mannsen, Rübsen, Schulz, Schuster, Weibsen: DWb. 14, 2, 734; O. Hoffmann 1938 Jdg. Forsch. 56, 3.

wispeln schw. Ztw., mhd. wispeln, ahd. (h)wispalōn 'lispeln'. Daneben das erst nhd. (urspr. wohl nd.) wispern, das dem agf. hwisprian 'murmeln', engl. whisper 'flüstern' entspricht. Diese Intensitiva scheinen auf einem lautmalenden *hwis zu beruhen.

wissen schw. Ztw., gemeingerm. Prät.-Präs.: mhd. wizzen, ahd. wizzan, asächs. agf. witan, anfr. witon, mnl. mnl. weten, afries. wita, engl. wit 'wissen', anord. norw. vita, dän. vide, schwed. veta, got. witan 'wissen' mit der 1. 3. Sg. Präs. mhd. ahd. weiz, asächs. afries. wēt, mnl. weet, agf. wāt, engl. wot, anord. veit, got. wait 'ich, er weiß' wie air. rofetar, kymr. gwyr, aslav. vědě, apreuß. waid-, gr. οἶδα, aind. véda 'weiß'. Zugrunde liegt die idg. Wurzel *ueid- 'sehen' mit dem Perf. *uoida 'ich habe gesehen, ich weiß', aus dem die Bedeutung 'wissen' auch auf andre Formen übertragen ist. Der Grundbedeutung bleiben nahe die schw. Ztw. ahd. giwizzēn, agf. bewitian, anord. vita, got. witan 'sehen auf, beobachten', wie lat. vidēre, aslav. viděti 'sehen' und lit. pa-vydéti 'mißgönnen'. Nhd. Verwandte f. u. gewiß, verweisen, weise, weissagen, Witz.

Wissenschaft F. 'scientia', mhd. (zuerst in Erfurt 1392) wizzen(t)schaft, spätmnd. wetenschop 'Wissen, Vorwissen, Genehmigung': das alte Subst. schaft tritt an den subst. Inf. wizzen (entsprechend nur noch in dem jüngeren F. Leidenschaft, f. d.); t gilt Gleitlaut. Noch lange bezeichnet das F. ein Wissen um einzelne Sachen; im 17. Jh. wird es erweitert auf den Inbegriff ineinander gegründeter allgemeiner Wahrheiten. Der nhd. Entwicklung folgen unter Beibehaltung der mnd. Form die Lehnwörter nl. wetenschap, dän. videnskab, schwed. vetenskap, entsprechend beim Adj. wissenschaftlich (kaum vor E. Weigel 1687 Grund aller Tugenden 4). — Während Naturwissenschafter, das bei Campe 1809 noch fehlt und bei H. Riegel 1887 Zf. d. Sprachv. 1, 236 zu Naturwissenſchaftler entſtellt erſcheint, als notwendige Bildung gelten mag, iſt Wiſſenſchafter neben Forſcher und Gelehrter entbehrlich. Gleichwohl wird es ſeit der erſten Buchung durch Campe 1811, der es als Neubildung Wolkes kennzeichnet, raſch häufiger. Wiſſenſchaftler iſt Scherzbildung des Wieners A. Blumauer 1782 („Bei uns armen Wiſſenſchaftlern" Ged. 166), als ſolche von Campe 1811 gebucht, vom alten Goethe in herabſetzendem Sinn gebraucht („Der gemeine Wiſſenſchaftler hält alles für überlieferbar" Jub.-Ausg. 39, 111), in ſeinem Kreis weitergegeben (F. W. Riemer 1841 Mitth. über Goethe 1, 438), von dem Steiermärker P. Roſegger aufgenommen (Zſ. d. Sprachv. 1898, 219). Zu ernſthaftem Gebrauch ungeeignet wie das zugehörige wiſſenſchafteln, zuerſt bei Campe 1813 Wb. z. Verd. 579ᵃ.

wittern ſchw. Ztw. Mhd. witern, Ableitung zu Wetter 'Luftbeſchaffenheit' (vgl. anord. viðra 'riechen' und, als Ableitung zu Wind, engl. wind 'wittern'; frz. vent 'Witterung'), erſcheint um 1316 bei Hadamar v. Laber, Jagd Str. 57 waz witert dich nu an, geſelle? Von der weidmänn. Bed. 'mit Benutzung der Witterung riechend aufſpüren' gehen bei Chr. Weiſe, Günther und Hagedorn Übertragungen aus, die 1773 zu Bürgers Gebrauch (Lenore Str. 28 „Ich wittre Morgenluft") führen.

Wit(t)ib (mit lautgeſetzl. aus w entwickeltem b: H. Paul 1916 Dt. Gramm. 1, 274) — Witwe F. mhd. wit(e)we, ahd. wituwa, -awa, aſächſ. anl. widowa, afrieſ. widwe, agſ. widewe, wuduwe, engl. widow, got. widuwō. Den Nordgerm. iſt das Wort verlorengegangen; ſie gebrauchen oſtnord. ænkia, weſtnord. ekkja (heute norw. enkja, dän. enke, ſchwed. änka) 'die Einzelne'. Agſ. Sonderentwicklung iſt läf 'die Verlaſſene'. Außergerm. entſprechen gleichbed. air. fedb, lat. vidua, aſlav. vĭdova, aind. vidhávā-. Zu dem alten Fem. neugebildet ſind die Adj. lat. viduus 'ledig, vereinſamt', gr. ἠΐθεος (aus *ηϝιθεϝος) 'ledig, unverheiratet', aind. vidhú- 'vereinſamt'. Das erſchließbare idg. *uidhéuā F. 'Witwe' ſcheint eine alte Bildung zu einer idg. Wz. *uidh 'leer werden, Mangel haben', die auch in lat. di-videre 'trennen' ſteckt. Die Bezeichnungen für 'Witwer' ſind junge Ableitungen aus dem Fem. (ſ. Schwieger); vgl. ahd. wituwo, mhd. witwære, wozu dann wieder ein neues Fem. (mhd. witwerinne) geſchaffen werden konnte. Vgl. nhd. Witmann (danach Witfrau) ſowie ſchweiz. witling. Vgl. noch Waiſe.

Wittum N. mhd. widem(e), widen M. F. 'Gabe, die bei Abſchluß einer Ehe der Bräutigam der Braut (urſpr. ihrem Vater als Kauf-

preis) gibt, Brautgabe'; danach 'Dotierung einer Kirche, eines Kloſters'. In Lippe heißt der Pfarrhof wîms F. Ahd. widamo, burgund. wittemo 'quod maritus dedit', afrieſ. wetma M. 'Brautgabe', agſ. weotuma 'Kaufpreis der Braut' führen auf germ. *wetmanſowie auf Verwandtſchaft mit gr. ἕδνα, ἕδνον 'Brautgeſchenk(e) des Bräutigams'. Zugrunde liegt eine Wz. *ued(h), die ſchon früh neben der Grundbed. 'führen' die engere Bed. '(eine Frau) heimführen' entwickelt hat; vgl. aſlav. vesti (vedą) 'führen', lit. vèsti (vedù) 'leiten, heimführen, heiraten', aveſt. upavadayaěta 'man möge zur Ehe geben', air. fedaim 'führe', kymr. dy-weddio 'verheiraten', gwaudd 'Schwiegertochter', aind. vadhú 'junge Frau' (urſpr. 'Heimgeführte'), vielleicht auch aſlav. věno (falls aus *uedno-) 'Mitgift'. S. widmen.

Witwe ſ. Wittib.

Witz M. mhd. witze, ahd. wizzî F. 'Wiſſen, Verſtand, Klugheit, Weisheit': Abſtr. zu wiſſen; entſpr. agſ. engl. wit, anord. vit N., ſchwed. vett 'Verſtand, Bewußtſein' ſowie got. unwiti N. 'Unwiſſenheit'. Vom Wiſſen ausgehend, war Witz im vorliterariſchen Deutſch das Urwort des Verſtandesbereichs, in dem die allen Menſchen zukommende Klugheit mit dem erworbenen Wiſſensinhalt des einzelnen noch zuſ.-floß. Früh trat Witz hinter Liſt zurück: Trier 1931 Worte des Wiſſens 34. S. Treppenwitz. — Dazu witzig Adj., mhd. witzec (g), ahd. wizzîg, aſächſ. wittig 'verſtändig, klug', anord. vitugr 'weiſe'.

Witzbold ſ. -bold.

wo Adv. Konjunkt., ſpätmhd. wô, mhd. ſpätahd. wâ, ahd. (h)wâr, aſächſ. hwâr, mnl. waer, afrieſ. hwêr, agſ. hwær, germ. *hwêr 'wo'. Mit anderer Stufe des Ablauts got. hvar 'wo', anord. hvar 'wo(hin)'. Ortsadv. zum Stamm des Fragepron. germ. *hwa aus idg. *qᵘo, vgl. aind. kár-hi 'wann'. Zur Syntax von wo ſ. Behaghel 1928 Dt. Synt. 3, 150. 282. 349. 732. 736. Vgl. warum und wer.

Woche F. ein gemeingerm. Wort: mhd. woche, ahd. wohha, älter wёhha, aſächſ. wika in crûcewika 'Kreuz-, Leidenswoche', mnd. weke(n), wekene, mnl. weke, nnl. engl. week, afrieſ. wike, agſ. wice, -u, wucu 'Woche', anord. aſchwed. vika 'Woche' und 'Seemeile', eig. 'Strecke, nach der die Ruderer wechſeln'; ſchwed. vecka, norw. vika, dän. uge 'Woche', got. wiko '(die an jem. kommende) Reihenfolge'. Das F. gehört mit einer Grundbed. 'Wechſel, Abwechſlung' zu weichen; verwandt iſt Wechſel. Von der umfaſſenden Grundbed., die ſich auch in der ablautenden Bildung agſ. wîce '(Wechſel-)Dienſt' ſpiegelt, geht die Ent-

wicklung über 'regelmäßig wiederkehrender Zeitabschnitt' zu 'Zeitabschnitt von sieben Tagen'.
Dieser Begriff ist in vorchristlicher Zeit von den
Römern zu allen Germanen gelangt. Wesentlich
daran erschien ihnen die Wechselregierung der
die Wochentage beherrschenden Gottheiten. —
In die Wochen kommen 'niederkommen' erklärt
sich (trotz L. Witzel 1933 Teuth. 9, 192) wie
Wöchnerin, s. d.

Wochenblatt N. 'allwöchentlich erscheinende
Zeitung': seit Gellert 1747 Kranke Frau 1, 1;
Wochenblättgen Goethe 1773 Urfaust B. 866.

Wochentag M. kaum vor Reyscher 1782
Samml. d. württ. Gesetze 11, 1, 62 für älteres
Werktag; Alltag ist jünger. Über die um-
gangssprachl. Geltung der drei Wörter s.
Kretschmer 1918 Wortgeogr. d. hd. Umgangs-
spr. 581ff.

wöchentlich Adv. Adj., mhd. woche(n)lich,
schwäb.-alem. mit u, md. seit dem 16. Jh.
mit ö, mnd. (seit 1332) wekenlik. Der Gleitlaut t
(s. eigentlich) erscheint zuerst in Böhmen im
14. Jh., setzt sich md. im 16. Jh. durch, während
obd. und rheinfränk. damals noch wochenlich
gilt. Hochalem. herrscht wuchenlich bis über
die frühnhd. Zeit hinaus.

Wochentölpel M. Die sonst Bauerwetzel,
Mumps, Ziegenpeter benannte harmlose
Krankheit heißt Wochendippel bei J. Chr.
v. Schmid 1831 Schwäb. Wb. 537: "so genannt, weil er den daran leidenden Kindern
ein blödes Aussehen giebt und gewöhnlich
nicht über eine Woche dauert". Wochentölpel
in seiner älteren Bed. 'Landlümmel, der sich
gegen seine hoffende Frau roh benimmt'
belegt aus Arheiligen bei Darmstadt 1629
K. Helm 1912 Zs. f. d. Wortf. 13, 174.

Wöchnerin F. zuerst bei Stieler (1691) 2534
hebdomadaria, in specie autem puerpera, alias
Sechswöcherinn dicta. Die geschlossene Belegreihe für W. beginnt erst mit Weichmann
1732 Poesie d. Niedersachsen 4, 411, während
Sechswöch(n)erin von Luther 1534 Baruch
6, 28 bis Amaranthes 1715 Frauenz.-Lex.
1831 der gangbare Ausdruck für die Frau ist,
die nach der Geburt sechs Wochen 'Kindes
inne liegt'. Die Verkürzung (vgl. Fischbein
aus Walfischbein) ist bei Amaranthes in den
Zus.-Setzungen Wochen-Bette, -Stube usw.
schon vollzogen.

Wocken M. 'Spinnrocken, das Gerät wie
die davon abzuspinnende Menge Flachs, Hanf,
Wolle', mnd. wocke(n), mnl. wocke. Die Zeugnisse beginnen um 1350; heute gilt das Wort in
den nd. Mundarten und im angrenzenden
Nordsaum des Md. (das Mfränk. ausgenommen). Südlich davon gelten das unverwandte
Rocken und das Lehnwort Kunkel. Lite-

rarisch wird Wocken im 16. Jh. Nächstverwandt sind asächs. wocco 'Docht' und norw.
oke 'verfizte Masse z. B. von Zwirn': schwach-
stufige Bildungen zur idg. Wurzel *ueg-
'weben; Gewebe', deren Hochstufe in Wieche
vorliegt.

wofern Konjunkt. zur Einleitung von Bedin-
gungssätzen entsteht im 16. Jh. aus sofern
(s. d.), wie an Stelle des hypothet. so auch wo
treten kann: Behaghel 1928 Dt. Synt. 3, 352.

Woge F. Zur idg. Wz. *uegh- 'sich bewegen' (s. bewegen, Wagen) stellt sich vorgerm. *wegho-, germ. *wega- 'Bewegtes'.
Daraus got. wēgs M. 'Sturm', Plur. 'Wogen',
anord. vāgr M. 'Meer', agf. wǣg, afries. wēg,
wei, asächs. ahd. wāg M. 'bewegtes Wasser'.
Aus dem Adän. oder Mnd. ist frz. vague entlehnt. Für mhd. wāc (g) M. überwiegen schon
frühnhd. (auch bei Luther) Formen mit ō,
das sich nach w eingestellt hat (wie bei Argwohn, Kot, wo). Wog M. hält sich landschaftlich in der Bed. 'See' (der große und der
kleine Wog bei Darmstadt), sonst ist (wie bei
Borste, Hornisse, Locke) mit dem Übertritt ins Fem. vom Plur. aus eine neue Sing.-
Form auf -e gebildet. Woge 'Welle' dringt
von Norden ins Hd.; das Wort fehlt in dieser
Bed. dem Obd. wie den meisten md. Mundarten. In der Schriftsprache hat das in der
Lutherbibel dreimal verwendete Woge die
älteren bulge, tünne, ünde verdrängt: v.
Bahder 1925 Wortwahl 97ff.

wohl Adv. mhd. wol, ahd. wola, wēla, wala,
asächs. wola, wēl(a), wal(a), nl. wel, afries.
wol, wel, wal(a), agf. wēl, engl. well, schott.
weel, anord. vel, val, got. waīla: gemeingerm.
Adv. zu gut. Als Grundbed. ist 'nach Wunsch'
zu erschließen: das Adv. ist aus der Wz. von
wollen abgeleitet. Ein idg. *uelo- 'Wunsch,
Begehr' steckt in aind. váram á, práti váram
'nach Belieben'. Vgl. noch alb. valë 'wohl'
(in Fragesätzen), aslav. vole 'wohlan', kymr.
gwell 'besser', aind. vara 'vorzüglich, besser,
best.' Zs. f. d. Wortf. 13, 74.

Wohl N. geht in mhd. Zeit aus dem Adv. in
seiner Verwendung als Ausruf oder Zuruf hervor. Das Gegenwort Weh ist als Subst.
schon ahd.

Wohlfahrt F. Aus mhd. wol varn 'glücklich
leben' war spätmhd. ein starkes N. wolvarn
'Wohlergehen' hervorgegangen. Frühnhd. wird
daraus (nach dem Vorbild des älteren Hoffart,
s. d.) wolvart 'gutes Ergehen', zuerst bei Janssen
1501 Frankf. Reichskorr. 2, 664. Der zweite
Wortteil zeigt dieselbe Bed. wie fahren in
den Wendungen 'gut, schlecht, übel fahren'.

wohlfeil Adj. mhd. wol veile 'leicht käuflich'.
S. feil.

wohlgeboren Adj. mhd. wolgeborn (daneben hôchgeborn) 'vornehm'.

wohlgemut Adj. mhd. wolgemuot 'guten Sinnes, guter Stimmung': gebildet wie mhd. hôch-, lîht-, un-, vrômuot. Das zweite Glied bedeutet 'gesinnt', s. Gemüt und Mut. Der Fam.-Name Wolgemut geht, nachweisbar seit 1390, vom Adj. aus.

wohlhabend Adj. tritt kurz vor 1500 auf, etwa gleichzeitig mit wohlhäbig und wolhabenheit / abundantia.

Wohltat F. mhd. woltāt, ahd. wolatāt: Lehnübersetzung von lat. beneficium. Das zugehörige wohltätig (so seit dem 15. Jh.) wird in dän. veldædig halb übersetzt, halb übernommen, während dän. velgørende ganz aus eignen Mitteln gebildet ist.

Wohlverleih M. 'Arnika', zuerst aus Stralsund im 15. Jh. als wuleleie gemeldet, danach in Anlehnung an Wohl und verleihend umgestaltet zu mnd. wolverlei; daraus entlehnt dän. volverlei. Bestimmungswort ist Wolf. Im Grundwort hat man mhd. gelæge N. vermutet, doch das gibt in keiner seiner Bedeutungen ('das Liegen, Lage, Zustand, Beschaffenheit, Gelegenheit, Ladung') einen befriedigenden Sinn. Lei 'Fels' würde zum Standort von Arnica montana stimmen, doch nicht zum Verbreitungsgebiet des nord- und ostdt. Pflanzennamens, der somit schwierig bleibt. S. Arnika.

wohnen schw. Ztw., mhd. nl. wonen, ahd. wonēn, asächs. wonon, wunon, afries. wonia, (w)unia, ags. wunian 'wohnen, sein, bleiben'. Daß die Grundbed. 'zufrieden sein' ist, lehren anord. una 'zufrieden sein', got. *wunan (in un-wunands 'bekümmert'). Germ. *wun- ist Tiefstufe zu der verbreiteten idg. Wz. *u̯en 'verlangen, lieben', deren Ableitungen unter gewinnen, gewöhnen, Wahn, Wonne und Wunsch behandelt sind.

Wohnhöhle s. Kaserne.

wölben schw. Ztw. mit ö aus mhd. e̥ zwischen w und l (wie zwölf) für mhd. ahd. we̥lben, asächs. bihwe̥lbian, mnd. mnl. nnl. welven, ags. ā-, behwielfan, anord. hve̥lfa 'überwölben', Part. holfinn 'gewölbt' (germ. *hwalbjan 'bogenförmig gestalten'). Germ. Verwandte sind u. a. Walm, Wulst und got. hvilftrjôs Mz. F. 'Sarg', ursprünglich zwei ausgehöhlte Einbäume, die zur Bestattung aufeinandergelegt wurden, wie Moorfunde in Jütland und Hannover lehren. Außergerm. vergleicht sich gr. κόλπος (aus *ku̯olpos) 'Busen', ursprünglich 'Wölbung'; dem gr. αἰθέρος κόλπος kommt ags. heofan hwealf 'Himmelsgewölbe' nahe. Jdg. Wurzel *ku̯elp- 'wölben'.

Wolf¹ M. Ahd. mhd. afries. wolf, asächs. ags. wulf, got. wulfs, anord. ulfr weisen auf germ. *wolfa- aus *wulfa-. Urverw. aind. vŕka-s, alb. ul'k, gr. λύκος, lat. lupus, lit. vilka-s, aslav. vlŭkŭ, die auf idg. *u̯lqu̯os 'Wolf' weisen, das vielleicht zur Wz. *welq in gr. ἕλκειν 'schleppen', lit. velkù, aslav. vlěką 'ziehen' gehört. Wolf wäre dann 'das reißende Tier'. Ob lat. vulpēs 'Fuchs' zum gleichen Stamm gehört, ist strittig. Neben Wolf steht mit gramm. Wechsel und Umlaut Wülpe, ahd. wulpa, anord. ylgr, ein jö-Fem., das auf idg. *u̯lqī beruht. Mhd. treten neben altes wülpe noch wülpinne und wülfinne.

Wolf² M. 'intertrigo' bei H. Fischer 1924 Schwäb. Wb. 6, 925 seit 1472 nachgewiesen. Ältere Sprache benennt fressende Hautschäden namentl. an den Beinen nach dem gefräßigen Tier. Vgl. Krebs, Lupus.

Wolfram M. N. Mineral, auf das die erzgebirg. Bergleute im 16. Jh. aufmerksam werden: wolform Mathesius 1562 Sarepta 39ᵇ; wollfram Laz. Ercker 1580 Beschr. aller min. Erzt 120ᵇ, lat. spuma lupi, frz. écume de loup. Zweiter Teil ist mhd. rām 'Schmutz, Ruß', s. Rahm². Weil W. neben dem gesuchten Zinn als minderwertig galt und im Schmelzofen einen starken Zinnabgang verursachte, bekam es den an das Raubtier anknüpfenden Scheltnamen (vgl. Kobalt, Nickel): New Engl. Dict. unter Wolfram; A. Götze 1929 Zf. f. dt. Phil. 54, 24 ff.

Wolfsmilch F. mhd. wolf(s)milch, ahd. wolfuismilch (Zf. f. d. Wortf. 3, 303). Euphorbia esula ist nach ihrem milchweißen, brennenden Saft benannt.

Wolke F. mhd. wolken, ahd. wolkan N., daneben mhd. (alem. md.) wolke, ahd. wolka F. 'Wolke'. Gleichbed. asächs. wolkan N., anfr. wulca F., mnl. wolke, nnl. wolk, afries. wolken, ags. wolcen dazu ablautend engl. welkin 'Wolkenhimmel'. Dieselbe Ablautstufe zeigt die unter welk entwickelte idg. Wurzel *u̯elg- 'naß' in den außergerm. Verwandten. Die Westgermanen wurden von ihrem Klima, in dem sich fast jede Wolke abregnete, bestimmt, die Wolke als 'die Feuchte' zu bezeichnen. Das Erbwort Nebel (s. d.) wurde damit für anderweitigen Gebrauch frei.

Wolkenkratzer M. 'Hoch-, Turmhaus': Lehnübersetzung des amer.-engl. Scherzausdrucks skyscraper, woraus auch schwed. skyskrapare. Bei uns etwa seit 1905: Meyers Gr. Konv.-Lex.⁶ 9, 444. Eine verwandte Vorstellung ist schon früher in Nebelspalter wirksam, s. d.

Wolkenkuckucksheim. Aristophanes nennt in den 'Vögeln' V. 819 ff. die von den Vögeln in die Luft gebaute Stadt νεφελοκοκκυγία.

Der zuerst von Herm. Presber im Titel seiner Schrift 'Wolkenkukuksheim' (Frankf. a. M. 1859) wörtlich übersetzte Name ist bei uns im Sinn von 'Phantasiegebilde, Utopien' zum geflügelten Wort geworden.

Wolle F. Mhd. wolle, ahd. wolla, mnd. mnl. wolle, wulle, afries. wolle, ulle, agf. wull, engl. wool, anord. ull, got. wulla führen auf germ. *wullō aus vorgerm. *ulnā. Zur Entwicklung von ln zu ll s. voll und Welle. Außergerm. entsprechen aind. ū́rṇā, avest. varǝnā, armen. gelmn, kymr. gwalan, aslav. vlŭna, lit. vìlna 'Wolle'; auch lat. lāna 'Wolle' für *vlānā neben vellus (für *velnos) 'Vlies'. Die weiteren Beziehungen sind unsicher; vielleicht ist lat. vellere 'rupfen, zupfen' verwandt.

wollen Ztw., mhd. wollen, wellen, ahd. wellan, wollen (fränk. seit dem 9. Jh. auch wollen), ein unregelmäß. Ztw.: asächs. wellian, willian, anl. agf. willan, afries. willa, anord. vilja, got. wiljan. Der Zus.-Hang der germ. Wz. *wël 'wollen' (zu der auch wählen und wohl gehören) mit dem gleichbed. lat. velle ist augenscheinlich; vgl. noch aind. vṛ-ṇi-té, vṛ-ṇā-ti 'wählt, wünscht', armen. gel 'Gefallen, Schönheit', kymr. gwell 'Vorzug, Wahl', lit. pa-vel-mi 'ich will' aslav. voliti 'wollen', velěti 'befehlen'. Erweiterungen von derselben Wz. liegen vor in gr. ἔλδεσθαι 'sich sehnen, verlangen', ἔλπεσθαι 'hoffen'. — Die mhd. ahd. Formen wellen 'wollen' sind wohl völlig eins mit wählen (s. Wahl) und entsprechen in ihrer Bildung genau dem aind. varáyati 'wählt für sich'.

Wollust F. mhd. mnd. wol-lust M. F., ahd. (seit dem 11. Jh.) wollust 'deliciae', nl. wellust. Die Kürze von wol ist im zus.-gesetzten Wort regelrecht erhalten. Zum Wandel des Geschlechts Zf. f. d. Wortf. 7, 51. Tadelnder Sinn und Beziehung auf das Geschlechtsleben haben sich spät und nicht überall eingestellt.

Wombat M. eines der wenigen austral. Lehnwörter im Nhd. (s. Bumerang). Die beiden Arten des Beuteltiers Phascolomys haben Europäer des 19. Jh. in Südaustralien und Tasmanien kennengelernt.

Wonne F. mhd. wunne, wünne, ahd. wunja (runisch), wunna, wunni 'Freude, Lust, das Schönste und Beste', asächs. wunnia, agf. wynn 'Freude'. Germ. *wunjo gehört zur Wz. *wun 'lieben, zufrieden sein' (s. wohnen). Wohl als landwirtschaftl. Fachwort hat sich W. aus 'Lust' zu 'Weideplatz' entwickelt in got. winja 'Weide, Futter', anord. vin 'Grasplatz, Weide', mnd. ahd. winne 'Weideplatz', ablautend ahd. wunnja, mhd. wünne 'Weideland'. Im 18. Jh. war W. in Gefahr, der Schriftsprache ab-

handen zu kommen. Gegen Adelungs Widerspruch haben Wieland, Schiller u. a. die Neubelebung durchgesetzt: Kuhberg 1933 Verschollenes Sprachgut 64.

Wonnemonat M. 'Mai', mhd. wunne-, winnemānōt, ahd. winni-, wunnimānōd 'Weidemonat', seither auf die heutige Hauptbed. von Wonne umgedeutet. Schottel 1663 Ausführl. Arbeit 264 führt „Wunne-, Wonnemonat" auf, Adelung nennt 1786 die Benennung „im Hd. veraltet", Campe hat sich um ihre neue Einbürgerung bemüht: Kuhberg 1933 Verschollenes Sprachgut 22f. 64.

worfeln schw. Ztw. 'Getreide mit der Worfschaufel von der Spreu reinigen', zuerst bei Luther 1523 Ruth 3, 2: Weiterbildung zum gleichbed. mhd. worfen, das seinerseits zu werfen gehört. Schon ahd. begegnet wintworfa F. 'Worfschaufel': M. Heyne 1901 Nahrungswesen 58.

Wort N. Mhd. ahd. anl. wort, asächs. afries. agf. word, anord. orð, got. waúrd führen auf germ. *worda-, idg. *urdho-. Außergerm. vergleichen sich lat. verbum (lat. b für idg. dh wie bei Bart, rot), apreuß. wirds 'Wort', lit. vardas 'Name'. Unsicher bleibt die Verknüpfung mit einer idg. Wz. *uer in gr. εἴρειν 'sagen', ῥήτωρ 'Redner'.

Wört s. Werder.

Wörterbuch N. Ersatzwort für Lexikon (s. d.), zuerst bei Comenius 1631 Sprachentür, Vorrede A 3ᵃ ff.; Zesen 1641 Helicon II, Nachrede. Seit Gueintz und Schottel 1641 in allen Sprachlehren: Leser 1914 Zf. f. dt. Wortf. 15, 16.

Wortforschung F. für Etymologie seit Ratichius 1619; aufgenommen von Schottel 1663 Ausf. Arbeit 431: Jellinek 1911 Zf. f. d. Wortf. 13, 82.

Wrack N. 'beschädigtes, zur Ausbesserung untaugliches Schiff', in hd. Seetexten seit 1669: Kluge 1911 Seemannsspr. 840, entlehnt aus gleichbed. nd. nl. wrak, denen wrak Adj. 'unbrauchbar, schadhaft' und wraken 'ausschießen' zugrunde liegt. Beide früh in kaufmänn. Sprachgebrauch: Schirmer 1911 Wb. d. dt. Kaufm.-Spr. 212. S. rächen.

wribbeln s. reiben.

wricken schw. Ztw. 'ein Boot mit nur einem Riemen vorwärts treiben', (in hd. Seetexten seit 1676 (Kluge 1911 Seemannsspr. 842), entlehnt aus nd. nl. wrikken, dessen Bed. urspr. umfassender war: 'hin und her bewegen; etwas Festes durch Wackeln losmachen'. Dazu mnd. vorwricken 'verstauchen, verrenken', schwed. vricka, dän. vrikke 'verrenken'; weiterhin agf. wrigian, engl. wry 'drehen'.

wringen st. Ztw.: nd. Lautform für hd. ringen (s. d.), die sich nur in der Besonderung

'Wäsche zuf.-drehen, um das Wasser zu entfernen' gehalten hat. Einst auch für 'luctari': E.
Geise, Schulfest zu Lachen (Bielefeld 1808) 32.

wrinschen schw. Ztw. 'wiehern', im 16./17. Jh.
bei den nd. Schriftstellern üblich, entspr. dem nl.
wrenschen: zu ahd. reino, asächs. wrēnio
'Hengst'; vgl. agf. wrǣne 'geil'.

Wruke F. Bezeichnung der Kohlrübe im öftl.
Norddeutschland, bezeugt seit Adelung 1786:
vielleicht entlehnt aus gleichbed. poln. brukiew:
Wick 97 f. gegen Berneker, Slav. etym. Wb. 1,
89, der umgekehrt das poln. Wort auf nd.
bruke zurückführt.

Wucher M. mhd. wuocher, ahd. wuohhar
M. N. 'Ertrag, Frucht, Gewinn', mnd. afrief.
wöker, nl. woeker, anord. okr, got. wōkrs
M. 'Zins'. Das gleichbed. finn. vuokra ist
aus dem Germ. entlehnt. Die ahd. mhd. Bed.
'Nachkommenschaft' weist auf Verwandtschaft
mit der unter wachsen behandelten Sippe.
Zu vergleichen ist vielleicht toch. okar 'Pflanze'.

Wucherblume F. heißen mehrere durch
üppiges Wachstum ausgezeichnete Pflanzen,
seit 1769 das gefürchtete Unkraut Chrysanthe-
mum segetum L., seit 1777 das verwandte
Chrysanth. leucanthemum L., das seither den
Namen auf sich gezogen hat: H. Marzell 1943
Wb. d. dt. Pflanzennamen 1, 962, 977.

Wuchs M. erst nhd. Ablautbildung zu
wachsen.

Wucht F. erst nhd., aus dem nd. wucht,
einer Nebenform von Gewicht, s. d.

wühlen schw. Ztw. Mhd. wüelen, ahd.
wuolen, mnd. wȫlen, nl. woelen führen auf
urdt. *wōljan. Zur Wz. *wōl stellt man die
unter Walstatt behandelte Sippe von germ.
*wala-, wozu ahd. mhd. wuol, asächs. agf. wōl
'Niederlage, Verderben'.

Wu(h)ne F. 'Loch im Eis', spätmhd. wune,
mnd. wone: urverwandt mit avest. unā 'Loch im
Boden' und aind. ūná 'ermangelnd', s. Wahnsinn. Gleichbed. nd. lōm, wāke (anord. vǫk).

Wülpe s. Wolf[1].

Wulst M. F. mhd. (felten) wulst M., ahd.
wulsta F. Das ahd. Wort bedeutet auch 'auf-
geworfene Lippe'. Ableitung zu wölben wie
Gunst zu gönnen. Im germ. -ti-Abftr.
*hwulfsti- 'Wölbung' ist die Viertkonsonanz
früh erleichtert.

wund Adj. mhd. wunt(d), ahd. wunt(t),
asächs. agf. wund, mnl. wont (d) got. wunds
'verwundet': ein altes Part. auf idg. -to.
Daneben besteht ein altes Abftr. zur selben
Wz. mit idg. Suffix -tī (s. Schande): nhd.
Wunde F., mhd. afrief. wunde, ahd. wunta
asächs. anl. wunda, agf. wund, anord. und
F. 'Wunde'. Die zugrunde liegende Wz. germ.
*wen erscheint in got. win-nan 'leiden'.

Wundarzt M. Ersatzwort des 16. Jh. für
Chirurg. Zuerst bei Hadr. Munius 1567 No-
menclat. 519. mehrfach bei Goethe, z. B. 1809
Wahlverw. 2, 18 (Jub.-Ausg. 21, 299).

Wunder N. mhd. wunder, ahd. wuntar
'(Gegenstand der) Verwunderung, Außerordentliches' (die Bed. 'Verwunderung' bewahren
wir in der schon mhd. Verbindung wunder-
nehmen). Vgl. asächs. wundar, anl. wunder,
-ir, agf. wundor, anord. undr. Etym. dunkel.

Wunderkind N. steht zur Bezeichnung des
wunderbar geborenen Jesus vor 1741 im Gesangbuch der Brüdergemeine Nr. 1860; entspr.
bei Novalis, Görres und Goethe. 1726 wird
W. zum Schlagwort für geistige Frühreife, so
zuerst auf E. H. Heineken, das 'Lübecker
Wunderkind' angewendet: Ladendorf 1906
Schlagwb. 347; Zf. f. dt. Wortf. 2, 314. 9, 290.

Wunsch M. Mhd. mnd. wunsch, ahd.
wunsc 'Wunsch, Begehren' (mhd. auch 'Vermögen, Außerordentliches zu schaffen') mnl.
wonsc, wunsc (in Ablaut mit wensc, nnl.
wensch), agf. wūsc-, anord. ōsk 'Wunsch'
führen auf germ. *wunskō-. Davon abgeleitet wünschen, mhd. mnd. wünschen,
ahd. wunsken, mnl. wonscen, wunscen (im
Ablaut mit mnl. wenscen, nnl. wenschen),
agf. wȳscan, engl. wish, anord. ōeskja 'wünschen'. Man vergleicht mit dem germ. F. aind.
váñchā (für *vānskā) 'Wunsch', woneben
váñch 'wünschen'. Das ableitende skā- ist an die
Wz. *uen 'verlangen' getreten; s. gewinnen,
gewöhnen, Wahn, wohnen, Wonne.

Wünschelrute F. mhd. wünschelruote, -gerte
ahd. wunschiligerta. Erster Wortteil ist eine
Ableitung von Wunsch. Mit dt. Bergleuten
scheint die W. nach England gekommen zu
sein. Hier gilt seit 1691 das im ersten Teil
unerklärte dowsing-rod: W. Fischer 1935
Beibl. z. Angl. 46, 3.

wuppdich Interj. 'husch, geschwind', zuerst
von Klein 1792 Prov.-Wb. 2, 238 für die
Rheinpfalz bezeugt. Die zugehörige Scherzbildung Wuppdizität, gebucht seit 1882
Richt. Berliner 112, wird über Berlin hinaus
bekannt durch Stinde 1886 Fam. Buchholz
53. Das zugrunde liegende Ztw. wuppen
ist Spielform zu wippen.

Würde F. mhd. wirde, ahd. wirdī 'Ehre,
Ansehen': Abftr. zu wert. — würdig Adj.,
mhd. wirdec, ahd. wirdīg.

Würdenträger M. Lehnübersetzung des kirchenlat. dignitarius, frz. dignitaire. Kaum
vor Roquette 1851 Waldmeisters Brautfahrt 32.

Wurf M. mhd. wurf, westfäl. wuarp,
agf. wyrp M.: zu werfen. — Dazu Würfel
M. aus mhd. würfel, ahd. wurfil; vgl. anord.
verpill M. 'Würfel'.

würgen schw. Ztw., mhd. würgen, ahd. wurgen, asächs. *wurgian, mnl. wurghen, worghen 'erwürgen'. Daneben das gleichbed. st. Ztw. mhd. erwërgen, sowie anord. virgill, urga, asächs. wurgil 'Strick'. Germ. Wz. *werg aus idg. *u̯ergh. Dazu gr. ὄρχατος 'Gehege, Garten', ὄρχαμος 'Schützer, Führer', ἐρχατάειν 'einhegen', lat. vergere 'sich neigen, wenden', osk. Diúvei Verehasiúí 'Jovi Versori', lett. verst 'wenden', lit. veržiù, veřšti 'zus.-schnüren', aslav. vrǫzą, vrěsti 'binden'. Daneben mit Nasalinfix ringen, s. d.

Wurm M. mhd. ahd. asächs. wurm 'Wurm, Insekt, Schlange, Drache', afries. nl. engl. worm, ags. wyrm, anord. ormr, got. waúrms. Die Bed. des gemeingerm. Wortes schwankt zwischen 'Wurm' und 'Schlange' (vgl. Lindwurm). Die erste Bed. kehrt wieder im urverw. lat. vermis 'Wurm', gr. ῥόμος, ῥόμοξ 'Holzwurm' (dazu mit Ablaut der böot. Männername Γαρμιχος), lit. vařmas 'Insekt, Mücke, Viehfliege', apreuß. wormyan, warmun, urminan 'rot', aruss. vermije 'Insekten', kleinruss. vermjanyj 'rot'.

wurmen schw. Ztw., erst nhd. Vgl. westfäl. wuarmen, nnl. wurmen 'sich quälen, abhärmen, schwer arbeiten'. Wohl zu Wurm, urspr. 'wie ein Wurm an einem nagen'.

Wurst F. mhd. ahd. wurst, md. mnd. nl. worst. Ein nur deutsches Wort, das, als 'Gemengsel' gefaßt, mit wirren (Wz. *wers) zus.-hängen kann. Ebenfalls möglich ist Verknüpfung mit der unter werden und Wirtel besprochenen idg. Wz. *u̯ert 'drehen', so daß W. (Grundform *u̯rt-s-ti) urspr. 'Drehung, Walze' wäre. Die W. hat zwei gleichartige Enden, sie kann an der einen wie an der andern Seite angeschnitten und aufgehängt werden. Vielleicht von da stammt die Redensart „das ist mir Wurst".

Wurz F. mhd. ahd. wurz 'Kraut, Pflanze' (mhd. auch 'Wurzel'), asächs. wurt 'Kraut, Blume', ags. wyrt, engl. wort, anord. urt, aschwed. yrt, got. waúrts. Dazu das F. Würze 'Gewürzkraut, Spezerei' in mhd. würze, asächs. wurtia, woneben ablautend mhd. wirze, asächs. wirtia, das schw. Ztw. würzen (mhd. würzen, ahd. wurzen) sowie der alte Name der Bierwürze in mhd. ahd. wirz, mnd. wert, nl. engl. wort, ags. wyrt, anord. virtr N. aus germ. *wirtiz-, vorgerm. *u̯erdes-. Außergerm. vergleichen sich u. a. air. frēn (aus *u̯rdno-), akorn. grueien 'Wurzel', lat. rādīx 'Wurzel', rāmus (aus *u̯rādmos) 'Ast', radius 'Stab, Speiche, Strahl', gr. ῥάδῑξ 'Zweig, Rute', ῥάδαμνος 'junger Zweig'. Idg. Wurzel *u̯(e)rād-: *u̯rəd- 'Zweig, Rute; Wurzel'.

Wurzel F. mhd. wurzel, ahd. wurzala, mnd. mnl. wortele, nd. nl. wortel. Das l steht nicht verkleinernd wie in Armel oder Eichel, vielmehr ist ahd. wurzala nach Ausweis des gleichbed. ags. wyrt-wala, -walu eine Zusammensetzung mit Wurz, s. d., ursprünglich *wurzwalu 'Krautstock'. Im Ahd. ist w im Anlaut des Grundworts verklungen wie in Bürger oder Eichhorn (ags. burgware, ācwern). Dem Grundwort entsprechen mnd. wal, afries. ags. walu, engl. wale 'Schwiele, Strieme', anord. vǫlr, got. walus 'Stab', auch im germ. Frauennamen Waluburg: nächstverwandt mit nd.-fries. walen 'rollen' und anord. valr 'rund'. Außergerm. vergleichen sich u. a. lit. valùs 'rund', apreuß. walis 'Ortscheit', bret. gwalenn 'Rute', lat. vallus (aus *u̯alnos) 'Pfahl', gr. ϝάλλος, ἧλος (aus *u̯alnos) 'Pflock', aind. váláti 'dreht sich', vala- 'Balken, Stange'. Zu der verbreiteten idg. Wurzel *u̯el- 'drehen', s. Walze und F. Kluge 1887 Beitr. 12, 378.

Wust M. mhd. (selten) wuost 'Verwüstung, Schutt'. Daneben wüst Adj., mhd. wüeste, ahd. wuosti 'öde, unbebaut, leer', asächs. wōsti, nl. woest, ags. wēste. Mit dieser westgerm. Sippe, die auf ein vorgerm. Adj. *wāstu- weist, sind air. fás und lat. vāstus 'wüst' urverwandt. An Entlehnung des westgerm. Adj. aus dem Lat. ist nicht zu denken (nur mhd. waste F. 'Wüste' ist entlehnt). Dazu als Adj.-Abstr. Wüste F., mhd. wüeste, ahd. wuostī neber mhd. wüesten, ahd. wuostinna, asächs. wōstinnia, ags. wēsten F. 'Wüste', wozu wieder Wüstenei, mhd. wüestenīe F. mit frz. Abstr.-Endung.

Wut F. mhd. ahd. wuot 'Raserei'. Daneben das Adj. ahd. wuot, ags. wōd, anord. ōðr 'rasend', got. wōds 'besessen, geisteskrank'. Neben dieser Sippe steht ags. wōþ 'Stimme, Gesang', anord. ōðr Leidenschaft, Poesie'. Die Bed. vermittelt das urverw. lat. vātēs 'gottbegeisterter Sänger' (air. fáith 'Dichter'), vgl. aind. api-vātáyati 'regt geistig an, macht verstehen', avest. aipi-vat- 'verstehen'. Wahrscheinlich gehört zur selben Sippe der Göttername Wodan (ahd. Wuotan, asächs. Wōdan, ags. Wōden, anord. Ōðinn), der dem Mittwoch (lat. dies Mercurii) seinen germ. Namen gegeben hat: nl. Woensdag, afries. Wōnsdei, ags. Wōdnesdæg, anord. Ōðinsdagr. Die ursprünglich mythologische Vorstellung des „wütenden Heeres" beruht auf ahd. *Wuotanes heri.

Wüterich M. mhd. (seit dem 12. Jh.) wüeterich: eine den Männernamen auf -rich nachgebildete Ableitung aus Wut. Gleiche Wortbildung liegt vor in frühnhd. tauberich 'tauber Narr', mietrich 'Mietling'. Vgl. -bold und Fähnrich.

X

x=beliebig Adj. Die Araber nannten eine unbekannte Größe schai 'Sache, Etwas'; die ital. Mathematiker gaben das durch cosa wieder. Aus der Abkürzung co entstand ein dem x ähnliches Zeichen. Daran knüpfte Descartes die Reihe der Unbekannten x, y, z: E. Littmann 1924 Zs. d. morgenl. Ges. 78, 73ff. Die Umgangssprache der Gebildeten des späteren 19. Jh. gewinnt daraus die Formeln „ich habe ihm das x=mal, zum xten Mal gesagt", sowie das junge x=beliebig.

X=Strahlen Plur. nennt Röntgen 1896 mit fachwiss. Ausdruck (s. x=beliebig) die von ihm gefundenen, ihrem Wesen nach zunächst unbekannten Strahlen: Ladendorf 1906 Schlagwb. 348.

Y

Yak, Jak M., der Name des Grunzochsen, ist ein tibetan. Wort, das uns im 19. Jh. erreicht: E. Littmann 1924 Morgenl. Wörter 127. S. Lama M.

Yam N., Yamswurzel F. Die knollige, stärkehaltige Wurzel von Dioscorea wird in vielen Tropenländern an Stelle der Batate angebaut. Aus einer afrik. Negersprache stammt ihr Name, der portug. inhame, span. ingame ergab. Durch das Span. vermittelt, erscheint Igname bei S. Grynaeus 1534 Die neu Welt 51b; die Endform Yam ist 1769 erreicht: E. Littmann 1924 Morgenl. Wörter 149; Palmer (1939) 160f.

Yankee M. Spottname des Nordamerikaners, so im Engl. seit 1765, bei uns zuerst 1792 (Palmer 141f.), entwickelt aus der Verkl. des nl. Vornamens Jan, demnach urspr. Spitzname der holländ. Siedler. Ein nordamer. Seeräuber des 17. Jh. hieß Dutch Yanky. Der Yankee Doodle, 1755 von einem Offizier des Lord Amherst verfaßt, ist urspr. eine Verspottung der Kolonialtruppen.

Yo=Yo (Jo=Jo) N. Spiel aus Holzspule und Faden, 1932 von Kanada aus eingeführt. Unter anderen Namen ist es alt, z. B. im Vasenbild einer attischen Schale des 5. Jh. vor Chr. dargestellt. Vielleicht sah Goethe in Venedig Ähnliches, vgl. sein Epigramm „Welch ein lustiges Spiel: Es windet am Faden die Scheibe, Die von der Hand entfloh, eilig sich wieder herauf" Jub.=Ausg. 1, 224.

Ysop M. Hebr. ēzōb 'Hyssopus officinalis', das selbst babyl. Ursprungs ist, gelangt über die griech. Bibel (2. Mos. 12, 22 u. ö.) ins Lat. und Deutsche: spätahd. isipo, frühmhd. isōpe, īsōpe, mnd. ysopp.

Z

Zacken M. mhd. (md.) zacke M. F., ein urspr. nd. Wort: mnd. tacke, mnl. tacke, tac, nnl. tak 'Zweig, Ast, Zacke', nordfries. tāk 'Zacke', engl. tack 'Pflock, Stift, Nagel'. Dazu noch mengl. takken, engl. tack 'lose befestigen'. Ein anderer Auslaut liegt vor in mnd. tagge 'Zweig', norw. tagg 'Zacke'. Außergerm. Beziehungen sind unsicher. Vgl. Takel.

zackern schw. Ztw. Neben dem schon mhd. begegnenden ackern, das nhd. durchgedrungen ist, steht das alem., schwäb., rhein= und ostfränk. zackern, für die Wetterau schon vor Ende des 15. Jh. bezeugt (Diefenbach 1857 Gloss. 44b), aus mhd. z' acker gān. Wie ahd. erren, mhd. er(ie)n ist zackern in der nhd. Schriftsprache verdrängt durch Luthers pflügen: v. Bahder 1925 Wortwahl 138.

zag Adj. mhd. zage: junge Rückbildung aus dem Subst. mhd. zage, ahd. zago 'Feigling', wozu weiter mhd. ahd. zaghaft. Mnl. versaagd ist Lehnwort aus dem Hd. Zag war von Mitte des 17. bis zum Ende des 18. Jh. in Gefahr, von zaghaft verdrängt zu werden. Bürger und Voß haben es dichterisch erneuert, Campe bucht es wieder: Kuhberg 1933 Verschollenes Sprachgut 64. S. zagen.

Zagel M. 'Schwanz', mhd. zagel, ahd. zagal, ags. tægel, engl. tail. Das entspr. got. tagl 'Haar' vereinigt sich mit dem nhd.=engl. Wort auf eine Grundbed. 'Haarbüschel', vgl. anord. tagl 'Pferdeschwanz'. In übertragener Bed. mnd. tagel 'Endstück eines Taus'. Dem germ. *tagla- entspricht genau air. dūal (aus *doklo-) 'Locke'. Dazu weiter got. tahjan 'zerren', isl. tæja 'karden, fasern', anord. tāg F. 'Faser', womit nächstverwandt u. daßā 'Franse, Docht'. Zagel ist mundartl. vom Niederrhein bis Preußen und Siebenbürgen verbreitet. In die Schriftsprache ist es nicht gelangt, weil es früh den Nebensinn 'penis' entwickelt hatte: s. Rübezahl, Schwanz und v. Bahder 1925 Wortwahl 104.

zagen schw. Ztw., mhd. (ver-)zagen, ahd. er-zagen: das Ztw., aus dem ahd. zago 'Feigling' (s. zag) rückgebildet ist, besteht nur im Hd.; auf Entlehnung von da beruhen mnd. vortzagen, -sagen 'bang werden', mnl. versaghen 'bang machen, sein, werden', nnl. versagen 'verzagen', älter dän. forsage 'den Mut verlieren', dän. forsagt, schwed. (seit 1535) försagd 'verzagt'. Es gibt Fälle, in denen durch falsche Silbentrennung ein zur Vorsilbe gehöriger Kons. zu dem Ztw. gezogen wird, das den zweiten Teil einer Zus.-Setzung bildet. So entsteht scheinbar ein neues Simplex z. B. in ahd. zougen, asächs. tōgian 'zeigen' gegenüber got. at-augjan 'vor Augen stellen'. Dasselbe Präverb (ahd. az, asächs. anord. got. at, afries. et, ags. æt lat. ad; schwundstufig in ved. t-sárati 'schleicht heran') konnte vor den idg. Verbalstamm *agh- 'seelisch bedrückt sein' (in gr. ἄχος 'Beängstigung', ἄχομαι 'bin betrübt', air. ad-águr 'ich fürchte'; got. agis 'Furcht', af-agjan 'ängstigen', ahd. agiso 'Schrecken' mhd. ege 'Furcht') treten. Als Vorstufe von ahd. zagēn wäre dann germ. *at-agēn anzusetzen: F. Kluge, Zf. f. vgl. Sprachf. 26, 69f.; E. Fraenkel 1934 Slavia 13, 8.

zäh Adj. Mhd. zæhe, ahd. zāhi, mnd. tē(ge), tei(g)e, mnl. taey, nnl. taai neben mhd. ahd. zāch, mnd. tā, ags. tō(h) weisen auf germ. *tanhu- neben *tanhu-. Dazu mit gramm. Wechsel asächs. bitengi 'drückend', ags. getenge 'nahe befindlich, verwandt'. Zange scheint seiner Bed. wegen zu einer andern Wz. zu gehören.

Zahl F. mhd. zal 'Zahl, Menge, Schar; Erzählung, Rede', ahd. zala 'Zahl', nl. taal 'Sprache', ags. talu 'Erzählung', anord. tal N. 'Zahl, Erzählung': Fem.-Abstr. zu idg. *dol in lat. dolāre 'behauen, dolabra Axt'; urgerm. *talō 'Einschnitt' zunächst ins Kerbholz, als einfachste Art, Zählungen sinnenhaft festzuhalten: Rosenhagen, Zf. f. dt. Altert. 57, 189f. Über das in westgerm. Zeit abgelöste germ. Wort rīm für 'Zahl' (s. Reim) vgl. Wh. Braune 1916 Reim und Vers und Th. Frings 1932 Germania Romana 234.

zahlen schw. Ztw., mhd. zaln, ahd. zalōn 'zählen, (be)rechnen', asächs. talōn (mit einer k-Weiterbildung engl. talk) und zählen, mhd. zeln, ahd. zellan (aus *zaljan) 'zählen, rechnen, auf-, erzählen, berichten, sagen', nl. tellen 'zählen, rechnen, berücksichtigen', ags. tellan, anord. telja (von tal N. 'Zahl, Erzählung') 'erzählen'. Aus der urspr. starken

Verbalwz. tal stammt auch got. talzjan 'belehren'.

Zähler M. in der Bruchrechnung: Lehnübers. des mlat. numerator, von Schirmer 1912 Wortschatz d. Math. 78 seit 1400 nachgewiesen, somit älter als Nenner, s. d.

zahlungs(un)fähig Adj. von Campe 1811 für (in)solvent vorgeschlagen. 1813 möchte er zahl(un)fähig vorziehen: Wb. d. Verd. 379ᵃ 559ᵇ.

Zahlwort N. Lehnübers. des lat. numerale, von Schottel 1641 vereinfacht aus dem von Gueintz im gleichen Jahr vorgeschlagenen Zahlnennwort: Leser 1914 Zf. f. d. Wortf. 15, 45.

zahm Adj. Mhd. ahd. zam, asächs. mnd. mnl. nnl. afries. ags. dän. schwed. tam, engl. tame, anord. tamr führen auf germ. *tama-, Rückbildung aus dem schw. Ztw. zähmen, mhd. zem(m)en, ahd. zemmen, mnd. mnl. nnl. temmen, afries. tema, ags. temman, anord. temja, dän. tæmme, schwed. tämja, got. gatamjan, germ. *tamjan. Ihm entspricht aind. damāyáti 'bändigt'. Daneben mhd. zamen, ahd. zamōn, dem gleichbed. lat. domāre am nächsten kommt (2. Sg. Präs. ahd. zamōs, lat. domās). Sonst vergleichen sich air. damnaim 'binde (fest), bändige', dam 'Ochse'; gr. δαμάω, δαμάζω 'bezwinge, binde unters Joch, verheirate', δμητός 'gebändigt', ἀδμής 'ungebändigt, unverheiratet', δαμάλης 'Jungstier'; pers. dām 'zahmes Tier', aind. damya- 'junger, noch zu zähmender Stier' (vgl. bair.-österr. zamer(l) 'junger, noch nicht im Zug gewesener Ochse'). Zugrunde liegt die unter Zimmer entwickelte idg. Wurzel *dem(ā)- 'bauen': zähmen bedeutet ursprünglich 'Vieh in den Bau, ans Haus gewöhnen'.

Zahn M. mhd. mnd. zan (Mz. zene), ahd. zan (Mz. zeni). Dazu die ältere Nebenform mhd. zant (Mz. zende), ahd. zand (Mz. zendi); asächs. mnd. nnl. tand, mnl. tant (d), afries. tōth, ags. tōþ (engl. tooth) M., anord. tǫnn (Mz. tenn) F. Mit Ablaut ags. tūsc (aus *tunþska-) M., engl. tusk 'Fangzahn'. Dem germ. *tanþ(u)-: *tunþ(u)- 'Zahn' entsprechen gleichbed. air. dét, akorn. dans, bret. kymr. dant; lit. dantìs, apreuß. dantis, lat. dēns, Gen. dentis, gr. ὀδών, ὀδούς, Gen. ὀδόντος, äol. ἔδοντες Mz., armen. atamn, aind. dán, danta-, avest. dantan-. Obwohl der Zahn beißt und nicht ißt, kann kaum zweifelhaft sein, daß idg. *(e)dont-: *dṇt- als Part. Präs. zur idg. Wurzel *ed- 'essen' (s. d.) gehört. Vergleichbare Bildungen sind Feind, Freund, Heiland, Voland, Weigand.

Zahnarzt M. Das seit dem 14. Jh. auftretende Zahnbrecher wird durch das markt-

ſchreieriſche Gebaren der umherziehenden
Zahnkünſtler verächtlich. Zahnarzt löſt es
ſeit Stieler 1691 ab.

Zahnbürſte F. kommt im 18. Jh. auf und
wird nicht vor Friſch 1741 gebucht.

Zahnfleiſch N. ſpätahd. zendfleiſc, mhd.
zan(t)vleiſch hat als durchſichtige Bildung hd.
Biller (ſ. d.), nd. Gagel verdrängt. Die
nhd. Wbb. verzeichnen zanfleyſch ſeit Daſypodius 1535: v. Bahder 1925 Wortwahl 148 f.

Zähre F. urſpr. Plur. zu mhd. zaher (*za-
cher), ahd. zah(h)ar M.; die Form mit ch im
Mhd. ergibt das Ztw. zachern, zechern 'weinen'
(ahd. hhr aus hr). Außerhalb des Deutſchen
vergleichen ſich gleichbed. afrieſ. tār, agſ. tēar
(aus *teahor neben tæhher), anord. tār (für
*tahr-), got. tagr N. Jdg. *dakru- wird auch
durch gr. δάκρυ, lat. lacruma (für alat. dacruma), kymr. dacr, air. dér 'Träne' vorausgeſetzt. Auffällig iſt die gleichbed. Reimwort-
bildung aind. áśru, toch. ākär. S. Teer,
Träne.

Zaine F. 'Korb', heute ein Wort der obd.
Mundarten, mhd. zeine, ahd. zein(n)a, agſ.
tǣnel, got. tainjō F. 'Korb', anord. teinur
Plur. 'Fiſchreuſe'. Daneben ſtellt ſich als
Grundwort mhd. ahd. zein M. 'Stab, Gerte,
Rohr', nl. teen 'Weidengerte', agſ. tān 'Gerte'
(engl. mistletoe 'Miſtelzweig'), anord. teinn,
got. tains M. 'Zweig'. Das Fem. bedeutet
demnach urſpr. 'die aus Weidenruten Geflochtene'. Auf Entlehnung aus dem Hd.
beruhen ital. zana 'Korb', zaino, ſpan. zaina
'Schäfertaſche'. F. Kluge 1926 Wortbild. S. 43.

Zander M. Der Flußfiſch Lucioperca sandra
Cuv. fehlt in Rhein und Weſer, iſt aber häufig
in den öſtl. Flüſſen von der Elbe bis zur
Weichſel (auch in der Donau und den Seen ihres
Gebiets: Kretſchmer 1918 Wortgeogr. 585).
Die ältere dt. Bezeichnung iſt mnd. (15. Jh.)
ſandāt. Zander heißt der Fiſch ſeit dem 16. Jh.
im dt. Nordoſten, Sander in Lübeck und Roſtock,
Zanat in Danzig, Sanat in Mecklenburg,
Sandart in Dorpat und Lüneburg; ſo nennt
ihn auch Voß 1795 Luiſe 3, 46. Zant bucht
Friſchbier 1883 Preuß. Wb. 2, 487. Wick 64
vermutet Entlehnung aus einer der untergegangenen weſtſlaw. Sprachen. Am nächſten
kommen niederſorb. zanaŕ, zandor u. oberſorb.
sandak. Ferner vergleichen ſich tſchech. candát,
poln. sandacz, lett. sandahts, -arts, -ers: O.
Beke 1934 Jdg. Forſch. 52, 138. Zur Anlehnung an Sand mochte das gleichbed.
Sandbarſch verleiten. S. auch Schill.

Zange F. Mhd. zange, ahd. zanga, aſächſ.
tanga, mnl. tanghe, afrieſ. tange, agſ. tong(e
(engl. tongs Pl.), anord. tǫng F. führen auf
germ. *tangō- aus vorgerm. *danká- zur aind.

Wz. dams: daś, gr. δάκνω (Aor. ἔδακον)
'beiße'. Demgemäß bedeutet Zange urſpr.
'Beißerin'. Die Zuſ.-Setzung Beißzange
verdeutlicht dieſen Sinn. Entſpr. iſt frz. mor-
dache 'Zange' aus lat. mordax 'beißend' entwickelt.

zanger Adj. 'ſcharf', mhd. zanger 'ſcharf,
friſch, rührig', ahd. zangar (nur als Subſt.
'mordacitas'), mnd. tanger 'beißend, kräftig,
friſch', mnl. tangher 'klug': zum Stamm
von Zange, ſ. d. Die Bildungsweiſe vergleicht Kluge 1926 Stammbild. § 196 mit der
von bitter, lauter, mager, munter,
ſauer, tapfer, wacker uſw. In hd. Schriftſprache, in der zanger bis ins 16. Jh. häufig
iſt, hat es ſich neben ſcharf ſo wenig halten
können wie die gleichbed. räß und wachs.
Mundartl. lebt es in Bed. wie 'ſäuerlich,
ſüßſauer, begierig, hitzig, regſam, abgezehrt,
ſchlank' von Kärnten bis in die Niederlande:
v. Bahder 1925 Wortwahl 74 f. Jtal. tanghero
'ungeſchliffen' beruht auf Entlehnung aus dem
Germ.

Zankapfel M. Eris, die zur Hochzeit des
Peleus und der Thetis nicht geladene Göttin
der Zwietracht, rollte einen goldenen Apfel
mit der Aufſchrift „Die Schönſte ſoll mich bekommen" zwiſchen Hera, Athene und Aphrodite.
Der damit anhebende Zwiſt wurde durch das
Urteil des Paris entſchieden. Den Apfel nennt
Juſtinus 12, 15 malum Discordiae, 16, 3
Discordiae malum, Leibniz, Dt. Schr. 1, 198
pomum Eridis. Die Lehnüberſetzung weiſt
A. Gombert 1879 Bemerk. und Ergänz. 4, 23
zuerſt aus einem Wahrh. Bericht von 1570 nach
„ſie wollten zum wenigſten ein neu Pomum
Eridis, das iſt, wie ſie es gedeutſcht, ein Zank-
apfel in hauffen werffen". Aufgenommen
durch Zinkgref 1653 Apophthegm. 1, 53 und
Lohenſtein 1689 Armin. 1, 39ᵇ; gebucht ſeit
Ludwig 1716. Humaniſtiſche Wortbildung wie
Adamsapfel, Ariadne-, Leitfaden, Füllhorn, Jrrgarten, Kaiſerſchnitt.

zanken ſchw. Ztw. Die heutige Hauptbedeutung wird gedeckt durch mhd. bāgen, balgen, hadern, kīb(el)en, kīv(el)en: K. v. Bahder
1925 Wortwahl 122 ff. Die im Mhd. ſiegreiche
Ableitung von Zahn erſcheint als ahd. zanigōn
'mit den Zähnen zerren, zerfleiſchen'. Seit dem
14. Jh. bieten obd. Quellen zanken, md. zen-
ken (ſo heute mfränk., heſſ. und thür.) für
'ſtreiten'. Auch das M. Zank wird zunächſt für
'Hinundherzerren' gebraucht. Kennzeichnend
begegnet Zänklein bei H. Sachs als Name eines
Hunds, wie noch heute Zanker und Zankerle
ſchwäb. Namen für Dachshunde ſind.

Zapfen M. Mhd. zapfe, ahd. zapho, md.
zappe, mnd. mnl. tappe, nnl. engl. tap, agſ.

tæppa (anord. tappa '(Bier) ausschenken' und tappr 'Ausschank' sind dem Mnd. entlehnt) führen auf germ. *tappon-. Daneben die j-Bildung germ. *tappjan- in ahd. zepfo, mhd. zepfe und das schw. Ztw. zapfen, mhd. zapfen, mnd. tappen (daraus entlehnt schwed. norw. isl. tappa, dän. tappe), ags. tæppian, engl. tap. Als Grundbed. von Zapfen setzt man 'länglich Ausgezogenes' an und gewinnt so Anlehnung an Zipfel, s. d. Dem Germ. entlehnt sind gleichbed. frz. tape, ta(m)pon, span. tapón, ital. zaffo, während für Spund der umgekehrte Weg der Entlehnung feststeht.

Zapfenstreich M. urspr. der Schlag auf den Zapfen, durch den das Schenkfaß geschlossen wurde. Deutlich so in der nd. Wendung den tappen töslän und in den Subst. nd. taptō, nnl. taptoe (woraus im 17. Jh. engl. taptoo, nengl. tattoo, nnord. tapto, russ. táptu, heute taptá), nd. (Brem. Wb. 5, 25) tappenslag (woraus älter dän. tappeslag, schwed. tappenslag). Wallenstein († 1634) ließ, um den Zechgelagen seiner Soldaten Einhalt zu tun, jeden Abend ein Signal blasen, das den Marketendern befahl, den Zapfen in die Tonne zu schlagen; daher Chr. Weise 1676 Polit. Näscher 55 „abgeblaßne Zapfenschlag". Es wurde auch durch Trommelwirbel gegeben: Grimmelshausen 1669 Simpl. 181 „Trommelschlager, die den Zapfenstreich gethan"; 331 „Tambour, der sie deß Zapffenstreichs ... erinnert". 1652 bezeugt H. Schildknecht, Harmonia 3, 246 den Z. als Morgensignal. Aus dem Lagerleben wandert die Sitte in die Städte: Stieler (1691) 2599 „den Zapfen schlagen / in civitatibus est tympano claudendis vesperi tabernis signum dare". 1728 bucht Apinus, Gloss. nov. 556 „Zapffen-Streich / signum militare, quo in hospitium quisque suum vesperi vocatur". Nd. (Brem. Wb. 4, 1066) tappenstreke ergibt dän. tappenstreg, beide mit Strich st. Streich.

zappeln schw. Ztw., dem Hd. eigen: mhd. zappeln Nebenform zu mhd. frühnhd. zabeln, ahd. zabalōn 'sich unruhig bewegen'. Diese Form lebt in der Volkssprache als zabbeln, zawweln fast überall fort; zappeln ist in Teilen des Elf., Schwäb. und Fränk. daheim. So schreibt Luther 1530 Jer. 49, 24 und hilft damit unserer Form zum Sieg.

Zarge F. 'Seiteneinfassung', mhd. zarge, ahd. zarga, nd. targe, entspr. ags. targe F., targa M. 'schmaler Schild', anord. targa F. 'kleiner Schild' (urspr. 'Schildrand'). Das in dt. Mundarten häufige Abgleiten ins Mask. beruht auf volksethym. Vermengung mit Sarg. Aus dem Germ. entlehnt sind mlat. targ(i)a, frz. targe, span. tarja, ital. targa 'Schild';

von da als Tartsche (s. d.) zurückentlehnt. Da sich 'Rand, Einfassung' als Grundbed. des germ. Worts ergibt, betrachtet man wohl mit Recht aslav. po-dragŭ 'Rand', gr. δράσσεσθαι 'fassen, ergreifen' als urverwandt.

zart Adj. Mhd. zart 'lieb, geliebt, teuer, vertraut, fein, schön' begegnet literar. erst seit der mhd. Blütezeit, nur das Adv. schon in der Kaiserchron. (nach 1147), während das zugehörige Ztw. ahd. zartōn 'oblectare, blandiri' schon in Glossen des 8. Jh. auftritt: germ. *tarda-. Außerhalb des Hd. sind wohl die nächsten Verwandten mnd. tertel, tertlik 'verzärtelt, zierlich, fein', dän. tærtet 'zimperlich', norw. mundartl. tert 'kleiner Naseweis', tart 'kleiner Lachs': germ. *tarta-. Unter Hinweis auf mpers. dart 'geplagt' und pers. derd 'Schmerz' stellt man idg. *dortó- zur idg. Wurzel *der- 'schinden, die Haut abziehen, (ab)spalten' (s. trennen, zehren, zergen, zerren, Zorn) und gelangt von einer Grundbedeutung 'zerfasert' über 'dünn, fein' zu 'zart'.

Zartgefühl N. Ersatzwort für Delikatesse, zuerst bei Campe 1789 Briefe aus Paris Nr. 319; 1790 aufgenommen von Matthisson 2, 268, 1795 von Engel, Lor. Stark 51; von Kinderling 1795 Reinigk. 126 als Campes Bildung anerkannt. S. Zs. f. d. Wortf. 6, 324 f. 8, 140. Vorläufer ist „aus zartem Gefühl" Wieland 1780 (Ausg. d. Akad. 14, 232), „jenes zarte Gefühl" ders. 1764 Agathon 2, 166.

Zäsarenwahnsinn M. Bei Schilderung der Kämpfe zwischen Vitellius und Vespasian im Jahr 69 n. Chr. spricht Tacitus, Hist. 3, 72 von furor principum, was Bahrdt 1781 S. 1288 mit Fürstenraserei verdeutscht. Für die Gemütskrankheiten im julisch-klaudischen Kaiserhaus prägt Chamagny 1841 Les Césars den Ausdruck manie impériale. Danach überschreibt Scherr 1863 Blücher 2, 435 ein Kapitel über Napoleon I. „Kaiserwahnsinn". Den Ausdruck wendet G. Freytag 1864 Verl. Handschr. 1, 1 auf die röm. Kaiser an; mit dem Blick auf sie wandelt er ihn 4, 6 ab zu Cäsarenwahnsinn: Zs. f. d. Wortf. 2, 256. 7, 148; Ladendorf 1906 Schlagwb. 42; Büchmann 1912 Gefl. Worte 248 f.

Zaser F. 'Faser' erst nhd., dafür frühnhd. zasel, schwäb. zasem. Man vergleicht nd. tasen 'pflücken', norw. mundartl. tasa 'ausfasern', schwed. mundartl. tasa, tåsa 'Wolle zupfen, Heu ausbreiten', in Ablaut damit norw. dän. tæse 'entwirren, auffasern, aufzupfen'.

Zaspel F. 'Strang Garn', spätmhd. zalspil(le) aus urspr. zalspinnel(e) 'Garnwinde': zu zal 'Garnmaß' und spinnala 'Spindel'. Von

'Spindel, auf die ein bestimmtes Maß Garn geht' übertragen auf 'so viel Garn, als eine bestimmte Spindel enthält'. In den häufigen Formen ostmd. zanspel, nd. tanspel ist l vor l in n ausgewichen. Bech, Germ. 27, 187.

Zaster M. Zigeun. sáster 'Eisen', das aus aind. śastra 'Wurfgeschoß' stammt, gelangt in die Volkssprache Berlins und Ostdeutschlands, wo es gelegentl. Bed. wie 'Eisen(bahn)' bewahrt: H. Ostwald 1906 Rinnsteinspr. 169, meist aber 'Geld', soldatensprachl. 'Sold, Löhnung' bedeutet. Dazu zastern 'bezahlen', bezastert 'begütert'.

Zauber M. Mhd. zouber, zouver, ahd. zaubar, zauvar führen auf germ. *taubra-, *taufra- 'Zauberei, Zaubermittel, -spruch'; gleichbed. mnd. mnl. tōver, anord. taufr. Dazu zaubern, mhd. zoubern, ahd. zaubarōn, mnd. mnl. tōveren, anord. taufra; Zauberer, mhd. zouberære, ahd. zauparāri, mnl. tōvenāre aus tōverāre; Zauberei, mhd. zouberīe, nl. tooverij; zauberisch mit Ersparung einer Bildungssilbe für *zaubererisch (Beitr. 24, 515) seit 1502 Offenb. d. hlg. Birgitte 8ᵃ, mnd. tōverisch. Für die Bed. scheint das entspr. ags. tēafor 'Roteisenstein, Rötel' (M. Förster, Beibl. z. Anglia 34, 100 ff.), engl. mundartl. tiver 'roter Ocker' wichtig: mit roter Farbe waren die Runen eingerieben, so daß Zauber urspr. 'zauberkräftige Geheimschrift' bedeutet hätte: Sievers in Pauls Grundriß ¹1, 239. Die Herkunft des Farbnamens bleibt schwierig.

zaudern schw. Ztw., zuerst bei Hier. Emser (Dresden 1524) Weim. Lutherausg. 15, 172. Bei Luther nur außerhalb der Bibel 1528, Weim. Ausg. 27, 230. Ostmd. Bildung, mit hiatfüllendem d (wie haudern) zu md. züwen 'ziehen', mnd. tœven, dän. tøve 'warten'. Im Nd. gilt die entspr. l-Form tauel(ke)n. Ohne sichere Entsprechungen außerhalb des German.

zauen schw. Ztw. 'vonstatten gehen' mhd. zouwen 'gelingen, eilen, sich beeilen'; dazu ahd. zawēn 'vonstatten gehen, gelingen' und ahd. zouwen 'bereiten', asächs. tōgean 'machen', mnd. touwen 'eilen', nnl. touwen 'gerben', got. taujan 'machen', urnord. tawidō 'ich machte'. Dazu die Subst. Gezäh(e) N. 'Arbeitsgerät des Bergmanns', mhd. gezouwe 'Werkzeug, Webstuhl', ahd. zawa 'Farbe', mnd. touwe 'Werkzeug, Webstuhl', nnl. touw 'Seil, Tau' (s. Tau), afries. tauw, tow 'Werkzeug, Tau'. Daneben ags. tawian 'bereiten', -tewestre 'Bearbeiterin', engl. taw 'weißgerben', got. tēwa 'Ordnung', taui (Gen. tōjis) 'Handlung', anord. tō 'ungereinigte Wolle, Lein, Zwirnstoff', ags. tōw-hūs 'Spinnerei', engl. tow 'Werg'. Früh aus dem Germ. entlehnt ist

lapp. tuoje 'Werk'. Sichere außergerm. Entsprechungen fehlen.

Zaum M. mhd. zoum, zōm, zām 'Zügel, Zaum; Wurfriemen', ahd. zoum, asächs. mnd. anfr. tōm, mnl. nnl. toom, afries. tām, ags. tēam, anord. taumr, norw. taum, schwed. töm, dän. tømme 'Zaum, Zügel': auf germ. -ma- (wie Riemen, Saum usw.) gebildet zum Stamm des Ztw. ziehen, s. d. (*tauma, für *taugma, idg. *doukmo-, wie Traum für *draugma- zu trügen). Grundbedeutung ist (wie bei Zügel, s. d.) 'Mittel zum Ziehen, Zugriemen, Zugseil'. Zur Ableitung von ziehen stimmen mnd. tōm 'Stelle, wo Netze gezogen werden', ags. tēam 'Gespann Zugochsen', engl. team 'Gespann'. Ziehen in seiner Bedeutung '(er)zeugen' ergibt die nl. fries. ags. Bedeutung 'Nachkommenschaft, Geschlecht'. Dafür führen ags. tīeman 'erzeugen' und engl. teem 'zur Welt bringen, schwanger gehen, strotzen, reich sein' auf germ. *taumjan.

Zaun M. mhd. ahd. zūn, asächs. anfr. afries. ags. tūn, mnl. nnl. tuun M., anord. tūn N. 'Zaun', nnl. tuin 'Garten'. Im Got. wird der Begriff 'Zaun' durch faþa F. gedeckt, s. Faden. Die im Deutschen als einzige geltende Bedeutung 'Einfriedigung' ist gemeingerm. Neben ihr entwickeln Nord. und Ags. die Bed. 'eingefriedigter Raum'; für anord. tūn ist 'eingehegter Grasplatz, Hofstätte, Stadt' bezeugt, ags. tūn vereinigt 'Zaun, Hof, Garten, Dorf', im engl. steht town 'Stadt' neben mundartl. tine 'einzäunen' aus gleichbed. ags. tȳnan, afries. tēna. Germ. *tū-na- (oder *tū-nu-) ist urverw. mit -dūnum der gall. Ortsnamen Augusto-, Cambo-, Lug-, Novio-, Tarodūnum usw.; vgl. air. dūn (aus *dūnos N.) 'Burg, befestigte Stadt', kymr. din 'Burg'. Kennzeichen der germ. Siedlung war die Einfriedigung (s. Etter), vgl. das Zeugnis der Ags. Chron. zur Gründung von Bamborough 547 sēo wæs ǣrost mid hecge betȳned and þǣr æfter mid wealle. Die urspr. Anlage war kreisrund: Grundriß von St. Gallen 820 saepibus in gyrum ductis sic cingitur aula. — Z. T. abweichend F. Trier 1942 Beitr. 66, 232 ff.

Zaunkönig M. Ahd. heißt der Vogel wrend(il)o; das weist mit gleichbed. ags. wrænne, mengl. wrenne, engl. wren auf eine Grundform *wrandjan-, das mit andrer Ablautstufe in anord. isl. rindill erscheint. Neben diesem germ. Namen tritt ahd. kuningilīn auf, Zeuge für die Sage von der Königswahl der Vögel, auf die Aristoteles Hist. anim. 9, 11 und Plinius Nat. hist. 10, 74 anspielen. Urspr. ist das Goldhähnchen der König wegen seiner lebhaft gefärbten Kopffedern, die gesträubt

Kronenform annehmen und die Sage veranlaßt haben. Diese ist durch röm. Einfluß zu uns gelangt; als Lehnübersetzung von regulus dringt ahd. kuniclīn, mhd. künielīn vor und beherrscht in Zus.-Setzungen die dt. Mundarten. Nesselkönig heißt der Vogel von Rostock bis Westfalen wegen seines Schlüpfens durch Gestrüpp und Unkraut, Schneekönig von Thüringen bis Schlesien, weil er auch in Schnee und Eis munter singt (darum dort „sich freuen wie ein Schneekönig") und entspr. Winterkönig an der Küste, Dornkönig im alten Sachsen, Mäusekönig vom Elsaß bis in die Niederlande. Der sieghafte Name Zaunkönig hat seit dem 15. Jh. von Mitteldeutschland aus Gebiet gewonnen, auf Kosten der gleichbed. Zaunschlüpfer, -schnurz, -rieger: Suolahti 1909 Vogelnamen 80ff.

zausen schw. Ztw., mhd. ahd. erzûsen, ahd. zirzûsōn, ostfries. tûsen, mengl. tousen, engl. touse; gleichbed. mnd. tōsen; dazu mhd. zûsach 'Gestrüpp'. Außerhalb des Germ. ist urverw. lat. dûmus (aus alat. dûsmus) 'Gestrüpp'.

Zebra N. ein afrikan. Tiername wie Gnu, Okapi, Quagga, Schimpanse, Tsetsefliege. Zebra (zerba) bringt Job Ludolf 1681 Hist. Aethiop. 1 Kap. 10, 37 aus der Bundasprache des Kgr. Kongo bei; z ist als stimmhaftes s gemeint: R. Loewe 1933 Zs. f. vgl. Sprachf. 61, 114. Über die dabei vorliegende Verwechslung des Bergpferds mit dem Dauw s. Edw. Schröder, Nachr. d. Gött. Gesellsch., phil.-hist. Kl. 1932, 192. Das Genus, heute nach Pferd geregelt, steht nicht sogleich fest: Voss. Ztg. 1761 Nr. 10 „Der Gouverneur vom Vorgebürge der guten Hoffnung hat Sr. Allerchristlichen Majestät einen Zebra, oder Afrikanisches Eselspferd, geschickt".

Zebu M. Bos taurus indicus: der Name des Buckelochsen ist nicht indisch. Er taucht zuerst auf einer frz. Ausstellung nach 1750 auf und beruht wohl auf Mißverständnis oder freier Erfindung: Littmann 1924 Morgenl. Wörter 123. Bei uns seit L. Oken, Allg. Nat.-Gesch. 7, 1414 und K. Ritter, Erdkunde 5, 257.

Zeche F. mhd. zëche, mnd. tëche (seit Ende des 12. Jh.) 'Reihenfolge, Anordnung, Gesellschaft zu gemeinschaftlichen Zwecken; Geldbeitrag zu gemeinsamem Essen und Trinken', (seit dem 15. Jh.) 'an den Wirt zu zahlende Rechnung'. S. Ürte und K. v. Bahder 1925 Wortwahl 90f. Davon abgeleitet das schw. Ztw. zechen, mhd. zëchen 'anordnen, veranstalten, zustande bringen'. Ahd. werden uns nur (gi)zëhōn 'anordnen' und gizëh 'geordnet' greifbar, agf. tiohh M. F. 'Geschlecht; Bande,

Truppe, Schar, Gesellschaft', anord. tē N. 'Bestimmung'. Auf germ. -sman (F. Kluge 1926 Stammbild. § 155) gebildet ist mhd. zësem M. (aus ahd. *zëhsmo, germ. *tehsman) 'ununterbrochene Reihe'. J. Trier 1941 Dt. Lit.-Ztg. 62, 1243ff. und Beitr. 67 (1944) 118 verknüpft die germ. Bildungen mit gr. δοκάνη 'Stellgabel des Jagdnetzes', δόκανα 'zwei Pfosten mit Querverbindung', δοκός 'Pfette, Torriegel, waagrechtes Gerüstglied': aus der Vorstellung von Zaun und Gehege wären Kreis und Reihe der Versammelten geworden. — Aus 'Gesellschaft, Gewerkschaft' entwickelt sich Zeche im 16. Jh. zu 'Besitz einer bergbaulichen Gewerkschaft; Grubenfeld': H. Veith 1871 Dt. Bergwb. 583; H. Teuchert 1927 DWb. 15, 424ff.

Zechine F. Zu arab. sikka 'Münze, Prägestock' gehört dâr as-sikka 'Münzstätte', woraus verkürzt ital. la zecca 'Münzstätte (von Venedig)'. Die Ableitung ital. zecchino bezeichnet eine seit 1280 geprägte venezianische Goldmünze, die im Mittelmeergebiet jahrhundertelang Handelsmünze blieb, von andern ital. Staaten und der Türkei nachgeprägt. Bei uns zuerst als zesin M. 'Dukaten' bei Osw. v. Wolkenstein († 1445).

Zeck M. Das sonst Haschen genannte Kinderspiel heißt in Berlin und der Mark Zeck (bezeugt seit Frisch 1741 Wb. 2, 467) nach dem Schlag, den der Verfolger dem Gefangenen gibt. Zu mhd. zëcken 'einen leichten Stoß geben', zic M. 'leichter Schlag', nd. ticken, teckeln, obersächs. zeckeln 'schlagend berühren', engl. tick 'leichter Schlag': Kretschmer 1918 Wortgeogr. 588f.

Zecke F. die Milbe Ixodus ricinus, mhd. zëcke, zëche F. M., ahd. zëcho M., mnd. mengl. teke, nd. tîke, nl. (1598) teke, teecke, nnl. teek, agf. ticca, engl. tick, tike. Auf Entlehnung aus dem Germ. beruhen gleichbed. ital. zecca, frz. tique. Mit den urverwandten mir. dega 'Hirschkäfer' und armen. tiz 'Wanze' vereinigt sich germ. *tikan-, *tik(k)an- auf idg. *deigh- 'kneifendes, zwickendes Insekt'. Nach Laut und Bedeutung steht am nächsten eine germ. Zeitwortgruppe: ahd. zëchōn 'necken, plänkeln', mhd. zicken 'anstoßen', schles. zickeln 'kitzeln', nd. ticken 'antippen', engl. tickle 'kitzeln', norw. mundartl. tikka 'leise anstoßen', mit n agf. tinclian 'kitzeln'. Das Insekt sperrt sich beim Versuch, es aus der Haut zu ziehen: dem dankt es den nhd. Namen Holzbock, worin Holz 'Wald' bedeutet. S. Bock⁴.

Zeder F. mhd. zëder, cëder M., ahd. cëdarboum: aus lat. cedrus, das aus gr. κέδρος stammt. Letzte Quelle hebr. qātár 'räuchern'.

Das noch bei Luther (1. Kön. 4, 33) geltende Mask. stammt aus Zederbaum; das Fem. (kaum vor Neumark 1668 Palmb. 443) entspr. dem gr.-lat. Geschlecht.

Zehe F. mhd. zēhe, ahd. zē(c)ha, mnd. tēn(e), mnl. tē(n), nnl. teen, afries. tāne, agf. tā(he), engl. toe, anord. tā, dän. taa, schwed. tā. Neben der durch diese Formen vorausgesetzten Grundform germ. *taihō(n), älter *taihwō(n) erweisen neuere hd. und nd. Mundarten ein durch gramm. Wechsel entstand nes germ. *taiwō aus *taigwō: schweiz. mrhein. zēb(e), fränk. henneb. zēwe, thür. zīwe, mnd. nd. tēwe. Dem vorgerm. *dóiku̯ā und *doiku̯ā̆ steht am nächsten lat. digitus (aus dicitus) 'Finger, Zehe'. Zugrunde liegt die unter zeihen entwickelte idg. Wurzel *deik-. Der Bedeutungswandel von 'Finger' (denn das meint 'Zeigerin' ursprünglich) zu 'Zehe' ist von den Germanen mit den späteren Italikern in ihrer letzten gemeinsamen Zeit angebahnt, ein gemeinidg. Ausdruck für 'Zehe' entgeht uns.

zehn Zahlw. mhd. zēhen, zēn, ahd. zēhan, asächs. tēhan, anl. tēn, afries. tiān, agf. tíen, tȳn, anord. tíu, got. taíhun: ein gemeinidg. Zahlwort in der Form *dékm̥(t). Vgl. aind. dása, toch. šäk (K. Schneider 1940 Idg. Forsch. 57, 200), armen. tasn, gr. δέκα, lat. decem, air. deich, lit. dešimt(s), aslav. desętĭ. — Der zehnte Adj., mhd. zēhende, zēnde, ahd. zēhanto. Als Subst. urspr. 'Abgabe in Höhe von einem Zehntel der Einnahmen'. — Zehntel f. Teil. — Vgl. -zig.

zehren schw. Ztw., mhd. (ver)zern 'verbrauchen', ahd. zeren 'vernichten; verzehren', asächs. terian 'verzehren', farterian 'vernichten', mnd. tēren 'zehren' usw.: nächstverwandt mit zerren, f. d. Die Bedeutung geht aus vom Zerreißen des Fleisches bei den vorgeschichtlichen Mahlzeiten; zu den tochar. Verwandten gehört nach K. Schneider 1941 Idg. Forsch. 58, 173 tsar 'Hand', ursprünglich 'Zerrer'. Idg. Wz. *der(ē)- 'schinden', (ab)spalten' wie in kymr. darn 'Stück, Teil', lit. derù, aslav. derą, gr. δέρω 'schinde', aind. dr̥ṇáti 'birst, spaltet'. S. trennen, zergen, Zorn.

Zeichen N. Mhd. zeichen, ahd. zeihhan 'Wunder(zeichen)', asächs. tēkan, mnd. mnl. afries. tēken, anfr. teikin, teican, nnl. teeken, agf. tācen 'Zeichen, Wunder, Beweis; Banner', engl. token, anord. teikn 'Zeichen (im Tierkreis), Wahrzeichen, Bedeutung', schwed. tecken, dän. tegn, got. taikn 'Zeichen, Wunder, Beweis' führen auf germ. *taikna- N. (das daraus früh entlehnte finn. taika 'Vorzeichen, Wahrsagung' ist ein sprachliches Denkmal der von Cäsar und Tacitus bezeugten germ. Zauber-

kunst), g-Erweiterung der idg. Wz. *dei-, *deiā- 'hell glänzen, schimmern, scheinen', die unerweitert in aind. dídēti 'scheint, leuchtet', gr. (hom.) δέατο 'er wurde gesehen' und δέελος, δῆλος 'sichtbar' vorliegt und deren k-Erweiterung unter zeihen entwickelt ist. Wie entwicklungsfähig sich der urgerm. Begriff erwiesen hat, zeigt T. E. Karsten 1926 Kluge-Festschrift 65 ff. Die Ableitung zeichnen, mhd. zeichenen, ahd. zeihhinen bedeutet ursprünglich 'mit Zeichen versehen'.

Zeidler M. 'Bienenzüchter', mhd. zidelære (auch als Beiname des elf. Rittergeschlechts, dem Gottfried v. Straßburg entstammt), ahd. zídalāri: zu ahd. zídal-, mhd. zídel- in Zusammensetzungen wie ahd. zidalweida, mhd. zídelweide 'Waldbezirk zur Bienenzucht', das auch in mnd. tíl(e)bere 'Zeidel-, Honigbär' enthalten ist und auf germ. *tībla- zurückgeht, eine -tlo-Bildung zu der unter Zeichen entwickelten idg. Wz. *dei-, *deiā- 'hell glänzen': der klare Honig heißt nach seinem Glanze. Auf Entlehnung aus dem germ. beruht tílo 'Bienenstand' in frz. Mundarten der Schweiz: H. Meyer-Lübke, Zf. f. roman. Phil. 29, 412. S. Seidelbast.

zeigen schw. Ztw., mhd. zeigen, ahd. zeigōn: nur im Hd. bezeugte Intensivbildung zu dem unter zeihen behandelten ft. Ztw., sonst nur in ahd. zeigā, mhd. zeige 'Weisung', nhd. Anzeige. Entsprechend steht lat. dicāre 'feierlich verkünden' neben dīcere 'sprechen': Th. Frings 1932 Germ. Romana 4. 15 u. ö.

zeihen ft. Ztw., mhd. zíhen 'beschuldigen', ahd. zíhan 'anschuldigen', agf. tēon 'anklagen', engl. tee, asächs. aftíhan 'versagen', afries. for-, urtían 'verweigern'. Eine ältere Bedeutung liegt vor in anord. tjā, älter tēa 'zeigen, weisen', got. gateihan 'anzeigen, verkünden' (f. zeigen). Idg. Wz. *deik- (f. Zehe, Zeichen) in lat. dīcere, osk. deíkum 'sprechen', gr. δεικνύναι 'zeigen', aind. diśáti 'zeigt, weist', hettit. tekku-šami 'ich zeige'. Zeihen ist im 18. Jh. nahezu ausgestorben, von Herder und Schiller neu belebt worden, doch auf den höhern Stil beschränkt geblieben. Volksüblich ist verzeihen, f. d. und Kuhberg 1933 Verschollenes Sprachgut 64.

Zeiland M. mhd. spätahd. zīlant 'Daphne mezereum'. Auszugehen ist von ahd. *zilinta (bezeugt sind cigelinta, -linda: Zf. f. d. Wortf. 3, 280). Darin ist linta „Bast" (f. Linde). Im ersten Wortteil hat J. Grimm (mit dem Blick auf gleichbed. anord. tȳviðr, dän. tysved 'Thyrsholz'; f. Seidelbast) den Gott Ziu erkannt: Dt. Mythologie³ 1144.

Zeile F. mhd. zíle, ahd. zíla 'Reihe, Linie', spätmhd. auch 'Gasse', westfäl. tíle 'Garbenreihe': Ableitung zur germ. Wz. *tl, aus der auch Ziel und Zeit stammen. Grundbed. 'abgeteilte Reihe'.

Zeisig M. Für die Finkenart Fringilla spinus fehlt ein germ. Erbwort. Mhd. zīse, das zuerst bei Gottfr. v. Straßburg 1210 Tristan V. 16891 erscheint, ist (wie Stieglitz) östliches Lehnwort und entstammt dem lautmalenden tschech. čiž (poln. czyż, russ. čiž). Die slav. Herkunft ist deutlich in mnd. czītze, das seinerseits mnl. sijs, dän. sise und schwed. siska ergeben hat. Weiterhin sind Verkl.-Formen häufig, zumal frühnhd. zeislein. Vor allem aber wird die tschech. čižek seit Albert d. Gr. († 1280) zu mhd. zīsic, md. zeisich, mnd. sīsek, zīsek, nhd. Zeisig: Suolahti 1990 Vogelnamen 118; Wick 65.

Zeiselmaus s. Ziesel.

Zeit F. mhd. ahd. zīt F. M. (ahd. zīd N.), asächs. tīd, nl. tijd, agf. tīd, engl. tide 'Zeit' (engl. auch 'Flutzeit, Flut' wie im Nd.; vgl. nl. tij, anord. tīð). Daß *tī- die Wz.-Silbe des germ. *tī-di 'Zeit' ist, ergibt sich aus gleichbed. anord. tī-mi, agf. tī-ma, engl. time, sowie dem gleichbed. alem. zīmo. Germ. Wz. *tī aus idg. *dī: *dā(i) 'teilen, zerschneiden'. Vgl. aind. dāti, dyáti 'schneidet, teilt', dáyate 'teilt', gr. δαίεσθαι '(ver)teilen', armen. ti 'Alter, Jahre, Zeit', anord. tína 'zerpflücken, ausschneiden'. Dem deutschen F. am nächsten kommt alb. ditë 'Tag'. Auch gr. δῆμος 'Gau, Volk', air. dām 'Schar' (idg. *dāi-mo- 'Abschnitt') gehören hierher: Kluge 1907 Zs. f. d. Wortf. 8, 145 f.; Walde-Pokorny 1, 763 f.

Zeitgeist M. Während Goethe im Faust I 571 und 577 noch „Geist der Zeiten" schreibt, erscheint Zeitgeist seit Herder 1769 Krit. Wälder 3, 96. Als Vorstufe darf „Genius unserer Zeit" bei Zinzendorf 1739 Jerem. 227 gelten. Zeitgeist wird von Voß 1804 als Modewort verhöhnt, von Campe 1811 zuerst gebucht, von Goethe in einem Brief vom 14. II. 1814 aufgenommen. Seit 1873 begegnet Zeitgeist als Fremdwort im Engl.

Zeitgenosse M. als Lehnübersetzung des gleichbed. gr.-lat. synchronus seit S. Franck 1531 Chron. 59ᵇ. Recht durchgedrungen erst im 18. Jh.: A. Gombert 1902 Zs. f. dt. Wortf. 2, 315.

Zeitlose F. Mhd. zītlōse, ahd. zitilōsa (Zs. f. d. Wortf. 3, 304), mlat. (um 1000) tidilōsa stammt aus dem Südwesten des Sprachgebiets und bezeichnet urspr. den dort wild wachsenden Krokus als erste Blüte des Jahrs; das vorausliegende Adj. zitelōs steht im Sinn von 'früh-, vorzeitig'. Die Ähnlichkeit der Blüten führt seit Leonh. Fuchs 1542 Hist. stirpium 134 zur Übertragung des Namens auf das andere

außer der Zeit blühende Zwiebelgewächs, Colchicum autumnale, das vordem wilder Safran o. ä. hieß, wie volksmäßig heute noch. Die neue Beziehung wird durch die stets nur papierne Zus.-Setzung Herbstzeitlose (kaum vor Glorez 1701 Continuation 2, 111) gesichert: Edw. Schröder 1933 Hessenland Jg. 44 Nr. 9/10; H. Marzell, Wb. d. dt. Pflanzennamen 1 (1943) 1070 ff.

Zeitschrift F. übersetzt bei Harsdörfer 1645 lat. chronographicon 'Schrift, die eine Jahreszahl verbirgt', steht bei demselben 1648 für 'Inschrift', bei Valvasor 1689 für 'Chronik'. Den Bed.-Wandel zum heutigen Sinn vollzieht G. A. Bürger 1784 (Bohtz 184ᵃ). Ihm folgen Herder 1787, J. G. Forster 1790. Seit diesem Jahr erscheint in Halle die „Neue musik. Zeitschrift", während Adelung das Wort noch 1801 übergeht und erst Campe es 1811 bucht, 1813 als Ersatz für Journal und periodische Schrift empfiehlt.

Zeitung F. Zum agf. tīdan 'sich (in der Zeit) ereignen' gehört tīdung F. 'Bericht über ein Ereignis, Nachricht'. Entspr. ist die Entwicklung des mnl. mnd. tidinge 'Botschaft, Nachricht' zu denken, das kurz vor 1300 im Raum von Köln die Form zidung annimmt und in Bedeutungen wie 'Kunde, Botschaft' den frühnhd. Zeitraum beherrscht. Dabei sind zuerst mündliche, dann geschriebene, zuletzt gedruckte Berichte gemeint. Aktuelle Beilagen zu Briefen werden zuerst in Augsburg 1482 gedruckt, seit 1502 mit dem Titel Newe zeytung, in regelmäßigen Abständen und gewerbsmäßig nicht vor Straßburg 1609. Seitab steht das stammverwandte anord. tīdendi N. Plur. 'Ereignis, Bericht', das auf tīðr Adj. 'was sich ereignet' zurückgeht und in dän. norw. tidende 'Zeitung' fortlebt, während gleichbed. schwed. tidning aus dem Mnd. entlehnt ist.

Zeitungsente s. Ente².

Zeitwort N. für lat. verbum (temporale) schlagen 1641 Schottel, Sprachkunst 411 und Gueintz, Dt. Sprachlehre Entwurf 59 vor, Harsdörfer und Zesen nehmen es sogleich auf, Gottsched 1762 Sprachkunst 152 nennt Z. besser und bestimmter als verbum. Dennoch lehnt es Adelung, der es 1782 Umst. Lehrgeb. 280 beibehalten hatte, 1786 als unschicklich ab. Jean Paul 1796 Siebenk. I 6, 103 und Heynatz 1797 Antibarb. 2, 663 retten das gute Ersatzwort: Wh. Pfaff 1933 Kampf um dt. Ersatzwörter 58 f.

Zelge F. Zu der unter Zol l¹ beanspruchten idg. Wurzel *del- 'spalten, schnitzen, kunstvoll behauen' stellt sich ein gemeingerm. M. Zelge '(abgeschnittener) Zweig': mhd. zëlch, zëlge, mnd. tëlch, tëlge, mnl. tëlch, agf. tëlga, anord. tjalga. Hier auch das Ztw. anord. norw.

telgja, schwed. tälja 'schneiden, behauen', dem ein spät auftretendes alem. schwäb. bair. zelgen entspricht. Zum Ztw. in der erweiterten Bedeutung 'bearbeiten' stellt sich das F. Zelge, das im alem., schwäb. und bair. Gebiet mit Oberpfalz und Teilen Ostfrankens lebt, vormals auch in Thüringen galt und aus urspr. 'Bestellung des Ackers, Pflugarbeit' zu 'bestelltes Feld' geworden ist. In der Dreifelderwirtschaft wurde Zelge zum 'dritten, mit der gleichen Frucht bestandnen Teil der Ackerflur einer Gemeinde', so zuerst ahd. zëlga in St. Gallen 780. Bedeutungsverwandt sind Esch, Feld, Flur, norddt. Schlag, Gegensatz Brache: H. Teuchert 1931 DWb. 15, 599; J. Trier 1944 Beitr. 67, 126ff.

Zelle F. mhd. zëlle, ahd. cëlla: mit dem Christentum entlehnt aus lat. cella, als dessen c schon z-Aussprache hatte (k-Aussprache in der Ableitung cellarium setzt die ältere weltl. Entlehnung Keller voraus, s. d.). Das lat. Wort, das '(Vorrats)kammer' bedeutet, tritt ins Ahd. mit der Einengung auf 'Kammer eines Mönchs, Klause eines Einsiedlers'. Von da geht Zell(e) in Ortsnamen aus. Den kelt. Sprachen ist die Bedeutung 'Mönchszelle' fremd geblieben: bret. kel(i) bedeutet 'Schott, Abteilung im Stall', akorn. kymr. tal-gell 'Bodenkammer'.

Zellstoff M. Der Hauptbestandteil aller pflanzlichen Zellwandungen heißt in der Wissenschaft Zellulose mit einer jungen Ableitung von lat. cellula. Mit der Verarbeitung zu Papier, Kunstseide usw. hat sich seit 1854 die Verdeutschung zu Zellstoff, einer Klammerform zu Zellwandstoff, allmählich durchgesetzt. Entscheidend hat dabei der Entwurf zum Zolltarifgesetz 1899 gewirkt: W. Linden 1943 Dt. Wortgesch. 2, 384. 393.

Zelt N., nur west- u. nordgerm. Ahd. mhd. zëlt, mnd. tëlt(d), agf. tëld, anord. tjald 'Vorhang, Decke, Teppich, Zelt' sind Kurzformen zu gleichbed. ahd. gi-, mhd. frühnhd. gezëlt, anl. agf. getëld. Dies ist Verbalsubst. zum st. Ztw. afränk. *tëldan 'decken', gesichert durch das daraus entlehnte afrz. taudir 'Unterschlupf suchen', bezeugt in agf. betëldan 'überdecken'. Alle weiteren Anknüpfungen sind unsicher. Nur zufällig ist die Berührung von Zelt mit dem gleichbed. nnl. engl. tent, mnl. mnd. tente, die auf Entlehnung aus frz. tente 'Zelt' beruhen; dies aus gallorom. *tendita (pellis) zu lat. tendere 'spannen'.

Zelte(n) M. 'flacher Kuchen', heute ein Wort des Südsaums, früher bis zur Wetterau verbreitet, mhd. zëlte, ahd. zëlto. Dazu nhd. Lebzelten (s. Lebkuchen), mhd. ascher-, pfan-, pfefferzëlte. Zelter als Fam.-Name meint urspr. den Bäcker; auch Pfanzelt(er)

begegnet als Fam.-Name. Eine nur deutsche Bildung zu dem unter Zelt entwickelten Stamm germ. *tëld- 'flach überdecken, breit ausspannen'.

Zelter M. mhd. zëlter, ahd. zëltāri, asächf. tëlderi, mnd. telder, wozu telden, mhd. zëlten 'im Paßgang schreiten', zëlt 'Paßgang', nl. telde. Anord. tjaldari beruht auf Entlehnung aus dem Mnd. und bleibt vereinzelt. Zugrunde liegt die span. Benennung thieldo, die bei Plinius, Nat. hist. 8, 42 (67) im Plur. thieldones auftritt und eine Art im Paßschritt gehender asturischer Pferde bezeichnet. *Tëldo ist über Gallien vor der hd. Lautverschiebung, etwa gleichzeitig mit Pferd (vgl. Esel, Maul-, Saumtier) ins Deutsche gelangt und nach Vorbildern wie ahd. soumāri 'Saumtier' und egidāri 'Zugtier vor der Egge' mit der Endung -āri ausgestattet worden. Auch lat. tolūtārius (equus) 'Paßgänger' (tolūtim Adv. 'im Trab') mag hier mitgewirkt haben: H. Palander 1899 Ahd. Tiernamen 94f.

Zement M. begegnet im Nhd. seit Anfang des 18. Jh. für eine besondere Art Mörtel. In diesem Sinn entlehnt aus etwas älterem frz. cément, dessen Vorbild lat. caementum 'Bruchstein', spätlat. auch 'Mörtel' bedeutet, aus *caid(s)mentum entwickelt ist und zu lat. caedō 'schlage' gehört. Dies ist urverwandt mit dem Grundwort von Beutheie, s. d. Die Vorgeschichte von Zement im Dt. entwickelt H. Teuchert 1931 DWb. 15, 627f.

Zenit M. N. 'Scheitelpunkt am Himmel, Gipfelpunkt' beruht auf arab. as-samt 'Richtung der Köpfe': m zu ni verschrieben, so daß über span. zemt ital. zenit entstand (roman. z als stimmhaftes s gemeint). Bei uns seit 1519 (Sacroboskos) Sphera materialis, übersetzt v. C. Heynfogel C 3ᵃ: „Der haubt punkt aber... genant wird Zenith." — Vgl. Mammut und Monsun.

Zent- (in Zentgericht, -graf) mhd. zënte F.: zu mlat. centa (aus centēna), dies der aus merow.-karol. Gerichtssprache zunächst ins Fränk. gelangte Ausdruck für Hund(ert)schaft. Die alte Bed. ist demgemäß 'Gesamtheit der zur H. gehörigen Männer; Heerbann', sodann 'die zum Ding zus.-tretende H.; Schöffengericht mit dem Dingvolk als Umstand; Dingstätte', endlich 'Wohnsitz und Bezirk der H.; vierter Teil eines Gaus; Sprengel des Zentgerichts'. Hierher Fam.-Namen wie Zentgraf, -grebe, Zinkgreff.

Zentner M. 'Gewicht von hundert Pfund', mhd. zëntenaere, -(e)ner, ahd. cëntenāri, mnl. centenāre, nnl. centenaar aus mlat. centēnārius 'hundert Pfund schwer'. Geschlecht nach den ahd. Mask. auf -āri.

Zeppelin M. 1900 baut Graf Zeppelin sein erstes lenkbares Luftschiff. Dafür neben Lenkballon und Luftkreuzer die Namen Zeppelinkreuzer, -schiff, bald Zeppelin kurzweg. 1934 wird ein neuartiger Blitzzug der Reichsbahn Schienenzepp(elin) genannt: W. Linden 1943 Dt. Wortgesch. 2, 388f.

Zepter N. M. mhd. (seit dem 12. Jh.) zêpter: über lat. sceptrum aus gr. σκῆπτρον 'Stütze, (Herrscher)Stab' zu σκήπτειν 'stützen'. Das urspr. neutrale Geschlecht hat sich nach dem Vorbild von Stab gewandelt.

zer- Vorsilbe, mhd. zer-, md. zur-, ahd. zur-, zar-, zir-, wohl unter Einfluß von ir- gebildet aus ahd. za-, zi-, mhd. ze-, md. zu-, s. zu. Dies ein westgerm. Verbalpräfix mit der Bed. 'auseinander', vgl. asächs. ti, tō, agf. tō. Außergerm. entsprechen in derselben Bed. lat. dis-, alb. tš, gr. δια-. Idg. *dis- ist wohl in unbetonter Stellung aus *duis- entstanden, s. Zwist.

zergen schw. Ztw. 'necken, reizen', erst nhd., vielfach durch zerren beengt: zu mnd. nl. tergen 'reizen', agf. tergan, tyrgan 'zerren' aus westgerm. *targjan. Dän. terge, norw. terga, schwed. targa beruhen auf Entlehnung aus dem Mnd. Urverw. ist russ. dergat' 'reißen'; idg. Wz. *dergh.

zermalmen s. malmen.

Zerrbild N. von Campe 1789 Briefe aus Paris 249 für Karikatur vorgeschlagen, von der Jenaer Lit.-Ztg. 1792 „eine der unausstehlichsten Bildungen" gescholten, von Schubart, Originalien 260 als unnötig abgelehnt. Gegen den Widerspruch auch von Klopstock und Nicolai seit 1795 durchgesetzt von Kinderling, Heynatz, Jean Paul, Wieland, Goethe und Jahn: Wh. Pfaff 1933 Kampf um dt. Ersatzwörter 59f.

zerren schw. Ztw. Mhd. ahd. zerren 'reißen', mnd. terren 'zanken', mnl. terren 'plagen', mengl. terren 'reizen' führen auf westgerm. *tarrian (norw. mundartl. und isl. terra 'zerren' beruhen auf jüngerer Entlehnung). Zur gleichen Wz. wie zehren, dort auch die germ. und außergerm. Verwandten. S. auch Zorn und Zeiler.

zerrütten schw. Ztw., mhd. zerrütten 'zerstören, verderben'. Die einzige nhd. Zus.-Setz. des mhd. rütten (s. rütteln), mit diesem zu reuten in dessen Grundbed. '(Bäume) losrütteln'. Die verwandten hochalem. verzerroden, -rotten bedeuten noch 'rühren, lockern': Schweiz. Jd. 6, 620. 1794.

zerschellen Ztw. vereint zwei alte Bildungen: 1. intr. 'mit Schall auseinanderspringen' zum st. Ztw. mhd. schëllen 'schallend bersten', mit starken Formen bis ins 19. Jh.; seit Luther (Psalm 60, 4) vorwiegend schw. flektiert und darum zus.-gefallen mit 2. trans. 'mit Schall zerstoßen' zum schw. Ztw. mhd. schellen 'erschallen lassen', Kausativ zu schëllen. Eine dritte Bildung ist nhd. schellen 'läuten', s. Schelle.

zersingen st. Ztw. 'durch Singen schädigen', als Fachwort für die Formzerstörung des Volkslieds seit Görres 1831 Nachruf auf Achim v. Arnim „So habe ich ihn hundertmal an seinem Pulte gesehen, als er an den lezten Bänden des Wunderhornes arbeitete, und von seinem Rechte Gebrauch machte, alte zersungene Lieder, die Allen aber keinem Einzelnen mehr einzeln angehören, wieder herzustellen" Menzels Lit.-Blatt 1831, 108b (Nr. 27).

zerstreuen schw. Ztw., s. Streu. Von mhd. zerströuwen besondert sich in der Sprache der Mystiker das Part. in geistl. Sinn: Seuse († 1366) 28, 31 wann ir herz hin und her mit der zît zerströwet ist. Die Pietisten erweitern diesen myst. Gebrauch auf andere Formen. Francke 1702 Jungfrauenstand d. Kinder Gottes 69 tadelt die weltl. Arien, daß sie „das Gemüt zerstreuen", Tersteegen 1730 Geistl. Briefe 1, 278 wünscht nicht, „euer Gemüt durch allzuvieles Lesen zu beschweren und zu zerstreuen": Sperber 1930 Dt. Viert.-Schr. 8, 508. Vor allem ergreift dieser pietist. Gebrauch wieder das Part.: G. Arnold 1701 Leben der Gläub. 36 „du bist zerstreuet in deiner Gedächtnis"; Gichtel 1709 Theof. Sendschr. 2, 61 „(ich habe) zerstreuet geantwortet". Gottsched 1758 Beobacht. 435 erkennt die nahe Beziehung, die das auf weltl. Zustände ausgedehnte zerstreut mit frz. distrait verbindet. Lessing 1767 Lm.-M. 9, 301 sieht richtig, daß die neuere Entwicklung von zerstreut durch frz. distrait beeinflußt ist. Die ältere hatte unter Einfluß von (kirchen)lat. distrahi gestanden: E. Lerch 1943 Arch. f. d. gef. Psychol. 111, 388ff.

zertrümmern schw. Ztw. Nach Einbürgerung des nhd. Trümmer (s. Trumm) spielen Wendungen wie zu Trümmern gehn, machen eine Rolle. Daraus geht im 16. Jh. ein zunächst intrans. zertrümmern hervor: Wickram, Werke 4, 180 Bolte „es solt ein statt darvon zertrümmern und zu scheytern gon". Das nachmals weit häufigere Trans. (im Sinn des mhd. zerdrumen) kaum vor Butschky 1677 Pathmos 314 „der köstliche Diamant, wenn er zudrümmert worden, verleuret seinen Wehrt".

Zervelatwurst F., 1676 Servilat-Wurst: F. v. Troilo, Orient. Reisebeschr. 4. Die herkömml. Herleitung von lat. cerebellum (Verkl.

von cerebrum) 'Hirn' stößt auf die sachl. Schwierigkeit, daß Hirn beim Zubereiten weiße oder graue Ware gibt. Es handelt sich um eine dunkle Fleischwurst, urspr. aus Hirschfleisch, somit zu lat. cervus 'Hirsch': Juckenack, Zs. f. Unters. d. Lebensmittel 1930. Daneben erweisen frz. cervelas (so seit dem 16. Jh., älter cervelee) u. ital. cervellata, daß auch Wurst aus Hirn (frz. cervel, ital. cervello) eine Rolle gespielt hat. Für Westdeutschland ist im 14. Jh. Wurst aus Schweinshirn bezeugt: M. Heyne 1901 Nahrungswesen 294. Aber 1715 nennt Amaranthes, Frauenz.-Lex. 342 Cervelat „kurze, dicke und sehr derb gestopfte Fleischwürste".

zeter Interj. Bei Überfall, Mord, Raub oder Notzucht verpflichtete der Gefährdete durch den Schrei die Mitbürger zu sofortiger Hilfe. Von da Ruf bei Erhebung der Klage vor Gericht, wieder jünger als allgemeiner Wehruf. Diese Stufe ist um 1300 in Thüringen erreicht bei Kristan v. Lupin (v. d. Hagens Minnes. 2, 21ᵃ) ziehter, wie rehte zart is ir līp. Die zeitlich nächsten Zeugnisse gehören dem Rechtsbereich an und stammen aus Thüringen, Obersachsen, Böhmen und Schlesien. 1501 bezeichnet Olearius, De fide concub. 101 Ceter als thüringisch. Mit Verdopplung der ersten Silbe rufen heute Kinder in Leipzig und Umgebung dsedsé, wenn sie beim Haschenspielen eine Pause einschalten wollen. In den alten Schreibungen zêt(h)er, cetar, zetir steht md. ê für mhd. æ (Umlaut von ā), th für ht. Demgemäß geht Nils Törnqvist 1938 Studia neophilol. 11, 318 ff. aus von *ze æhte her 'zu Verfolgung! her!'. Das entspr. nd. tiodute, (te)jodute erklärt Hammerich 1931 Zs. f. dt. Philol. 56, 274 mit Hilfe eines germ. *jauð- (urverw. mit aind. yudh-, gr. ὑσμίνη, alit. judimas, akelt. *jud-) 'Kampf' als 'zum Kampf heraus'.

Zettel¹ M. spätmhd. zęttel 'Längsfäden (Aufzug, Kette) eines Gewebes': zu mhd. ahd. zęt(t)en schw. Ztw. 'ausstreuen', wozu auch nhd. verzetteln 'nutzlos ausstreuen'. Zetten gilt bis in frühnhd. Zeit schriftsprachlich als 'in kleinen Mengen ausstreuen, zerstreut fallen lassen' und lebt noch in den Mundarten von Kärnten bis Lothringen, von der Schweiz bis Hessen: K. v. Bahder 1925 Wortwahl 77. Dazu alem. zatte F. 'ausgebreitetes Heugras'. Im Anord. entsprechen tǫturr 'Fetzen', tǫð N. 'Dünger', tęðia 'düngen', entlehnt zu mengl. tędden, engl. ted 'ausbreiten, verstreuen'. Mit ss aus tt entspricht got. ungatass 'ungeregelt', mnl. getes (ss) 'passend', tas (ss) M. 'Haufen', nnl. tas (s. Taß). Idg. *dət- erscheint auch in gr. δατέομαι 'teile', δασμός 'Teilung', δάσμα 'Anteil', toch. A

tät-k 'teilen': K. Schneider 1941 Idg. Forsch. 58, 49.

Zettel² M. Gr. σχίδη 'Splitter' (zu σχίζειν 'spalten') wird entlehnt zu lat. scheda Verkl. dazu ist lat. schedula F. 'Papierblättchen', das die mlat. Form cedula entwickelt (vgl. ital. cedola, frz. cédule). Hieraus wird kurz vor 1300 mhd. zędel(e) entlehnt. Zedel ist Luthers Form (4. Mos. 5, 23), Zeddel hält sich bis auf Rabener und Goethe.

Zeug N., früher auch M., mhd. ziuc M., älter geziuc (g) M. N., ahd. giziug(i) M. N. 'Stoff, Ausrüstung, Gerät, Aufwand', asächs. gitiug M. 'Aufwand', mnd. tüch 'Handwerkszeug', mnl. ghetuuch (gh), nnl. tuig, ags. getéog 'Gerät' (in sulhgetéog 'Pfluggerät'), spätanord. tȳgi 'Werkzeug, Ausrüstung', dän. tøi, älter tøg, ty(g), schwed. tyg 'Zeug': germ. *teuga- 'Zuggerät; Erzeugungsmittel' gehört mit gramm. Wechsel zum Stamm des st. Ztw. ziehen, s. d. Das schw. Ztw. zeugen, mhd. ziugen, mnd. tügen kommt dem Subst. nahe in Bedeutungen wie 'erzeugen, verfertigen, anschaffen, erwerben'.

Zeuge M. spätmhd. ziuc 'Zeugnis, Zeuge'; dafür mhd. (um 1200) geziuc, -ziuge 'Zeugnis, Zeuge' zu mhd. gezingen 'durch Zeugnis beweisen', ahd. giziugôn 'declarare, explicare'. Entspr. mnd. tüge, getüch M. 'Zeuge' neben getüch 'Zeugnis' und tügen 'Zeugnis ablegen'. Grundwort ist wohl ein urdeutsches *gitiug M. 'Zus.-Führung, -Ziehung vor Gericht' (zu ziehen). Dann wäre die abstr. Bed. 'Zeugnis' älter als die konkrete (wie bei engl. witness 'Zeuge').

Zeughaus N. 'Gebäude zur Aufbewahrung von Waffen, Geschütz usw. für Landheer und Flotte, tritt kurz nach der Entlehnung von Arsenal (s. d.) als Verdeutschung dafür auf, zuerst 1524 Hoforduungen I 42 Kern. 1644 setzt sich Zesen dafür ein: Lysander u. Kaliste S. 83.

Zibebe F. Arab. zibība 'Rosine' ergibt sizil. zibibbo 'Art Rosinen'. Bei uns seit J. Pinicianus, Prompt. (Augsburg 1516) A 8ᵈ, heute vorwiegend in Süddeutschland (außer dem Elsaß) und Österreich für die großen Rosinen meist türk. Herkunft: Kretschmer 1918 Wortgeogr. 395 f.

Zibet M. Arab. zabād 'Schaum' ergibt mlat. zibethum 'Zibetkatze', so genannt, weil sie eine stark riechende, schaumartige Flüssigkeit absondert: Lokotsch 1927 Etym. Wb. 2173. Über ital. zibetto M. 'Zibet(katze)' erhalten wir Zibet im 16. Jh., Zibettenkatz seit Schönsleder 1647 Prompt. Nn. 8c.

Zichorie F. 'Cichorium intybus L.' Das ungedeutete gr. κιχόριον gelangt über mlat.

cichorea und ital. cicoria im 16. Jh. zu uns. Gebucht seit J. Fischart 1574 Onomast. 259ᵃ. Alter ist heimisches Wegwarte, s. d.

Zicklein s. Ziege und Kitze¹.

Zickzack M. zunächst ein Wort der Belagerungskunst für die Annäherungsgräben: Nehring 1710 „sicsac, ein neu Wort, so erst bey der Belagerung Landaus (seit 1703) bekandt gemacht worden" (vgl. Landauer). Chr. Wolff schreibt 1716 zigzac, 1734 Sic-Sac; Sperander fügt 1727 hinzu, das neue Wort sei „durch die Zeitungen bekannt geworden". Gleichbed. frz. zigzag, seit 1680 bezeugt, stammt gewiß aus dem Deutschen, wie nnl. engl. zigzag, neunord. siksak. Das Verhältnis von i zu a geht nicht auf den idg. Ablaut zurück, wenn Z. auch zu Zacken nach Vorbildern wie singe — sang (— gesungen) gebildet sein mag. Vgl. Kribskrabs, Krimskrams, Mischmasch, Schnickschnack, Tingeltangel, Wirrwarr.

Zider M. 'Obstwein, Apfelmost'. Vom hebr. Ztw. šāchar (Wz. škr) 'sich berauschen', zu dem šchₑ (s. d.) gehört, ist hebr. šēchār 'Rauschtrank' gebildet, das über gr. σίκερα, lat. sicera, ital. cidro (Mask. nach vino), frz. le cidre im 18. Jh. zu uns gelangt. Zinck 1753 Oecon. Lex. schreibt noch Cidre; Cider seit Adelung 1774.

Zieche F. 'Bettdecke, Kissenüberzug'. Gr. θήκη, das in Apotheke den zweiten Teil bildet, wird entlehnt zu mlat. thēca 'Hülle, Decke'. Etwa gleichzeitig mit Flaumfeder, Kissen und Pfühl erfolgte Entlehnung zu westgerm. *tēka (vgl. mnd. tēke, fries. tiik, mnl. tike, nnl. tijk, engl. tick) so früh, daß Verschiebung zu ahd. ziahha, mhd. zieche eintrat. Der Tonvokal ist behandelt wie in Brief, Fieber, Fliete, Priester, Riegel, Riemen 'Ruder', Spiegel, Tiegel, Ziegel. In neuerer Umgangssprache gilt Zieche (für sonstiges Bettanzug, -bezug, -überzug, Büre) von Ostpreußen bis Luxemburg, vor allem aber in Süddeutschland und Österreich: Kretschmer 1918 Wortgeogr. 118ff. Gleichen Ursprungs sind frz. taie, air. tiach 'Zieche'.

Ziege F. Mhd. zige (daraus entlehnt mnd. tzege, sege, mnl. (t)seghe), ahd. ziga, dazu die Verkl. Zicklein, mhd. zickelīn, ahd. zickīn, zicchī, ags. ticcen, mengl. ticchen, schwed. mundartl. ticka vereinigen sich mit urverwandtem gr. δίζα (aus *digja) 'Ziege', dem thrak. Eigennamen Διζα-τελμις und armen. tik 'Schlauch (aus Ziegenfell)' auf idg. *dik-, *digh 'Ziege'. Nach Ausweis ahd. und mhd. Texte ist Ziege vormals weiter verbreitet gewesen als in heutiger Volkssprache: alem. bair. thür. ist es durch Geiß, md. durch Hippe, westfäl.

durch Hitte, nd. nl. durch Mette zurückgedrängt. Der Schriftsprache gehört es durch die Lutherbibel an, deren obd. Lesern es durch Geiß verdeutlicht werden mußte: H. Palander 1899. Die ahd. Tiernamen 117f.; F. Kluge 1918 Von Luther bis Lessing 114ff.; P. Kretschmer 1918 Wortgeogr. 592f.; K. v. Bahder 1925 Wortwahl 12f. 40.

Ziegel M. Lat. tēgula 'Dachziegel' ist in der röm. Kaiserzeit mit dem südl. Steinbau (s. Mauer und M. Heyne 1899 Wohnungswesen 84. 89. 212) in den Gesichtskreis der Germanen gelangt (anord. tigl N., ags. tigele F., engl. tile, mnl. tiegel(e) F., asächs. tiegla F., nd. tēgel) und hat Lautverschiebung zu ahd. ziagala F., ziagal M., mhd. ziegel M. erlebt. Gleichen Ursprungs sind ital. tegola, frz. tuile 'Ziegelstein'. Zur Behandlung des Tonvokals s. Riemen²; über den Wandel von ē zu ie s. Zieche; zur Abgrenzung von Tiegel s. d.

Ziegenbart M. heißt der Korallenpilz Clavaria nach seinem verästelten Fruchtkörper zuerst bei C. Clusius 1601 Rariorum plantarum historia 274. Daneben seit 1673 Bocks-, Geißbart, wie nnl. geitenboard, frz. barbe de bouc, de chèvre usw.: H. Marzell 1943 Wb. d. dt. Pflanzennamen 1, 1037.

Ziegenhainer s. Herlitze.

Ziegenmelker M. 'Nachtschwalbe, Caprimulgus europaeus', so genannt, weil er das liegende Weidevieh zu melken scheint, indes er die Fliegen vom Euter wegpickt.

Ziegenpeter M. heißt im Gebiet von Ziege die Parotitis nach dem tölpelhaften Aussehen, das der Erkrankte vorübergehend annimmt. Peter im appellativen Sinn von 'Tölpel' weist O. Meisinger 1924 Hinz und Kunz 78ff. vielfach nach. Im Ton verwandt sind die gleichbed. dän. faaresyge (eig. 'Schafskrankheit'), Bauernwetzel, Mumps, Wochentölpel. Ziegenpeter ist bisher nicht vor Karl Ernst Bock 1853 Lehrb. d. Diagn. 391 nachgewiesen.

Zieger M., mhd. spätahd. ziger, bezeichnet im dt. Südwesten die Quarkmasse, die schwäb. und bair.-österr. der Schotten heißt. Dem alem. oberschwäb. tirol. ziger entspricht rätorom. tšigrun, sigrun u. A. Da weder an eine germ. noch an eine roman. Wortsippe angeknüpft werden kann, sieht Hubschmied 1935 Vox Romanica 1, 7ff. in Z. (wie in Nidel und Senn, s. d.) ein Wort der gall. Alpwirtschaft. Z. ist das Ergebnis einer zweiten Erwärmung der Milch (s. Schotte F.). Für 'erwärmen' hat das Kelt. einen Stamm ger- aus idg. *gᵘher- (s. warm), für 'zwiefach' ist gall. *dwi- vorauszusetzen (s. zwei, zwie-). Gall. *dwi-gro-s konnte über spätgall. *tsigros den germ. u.

roman. Erben der alpinen Milchwirtschaft ihr Wort liefern.

ziehen st. Ztw., mhd. ziehen, ahd. ziohan, asächs. tiohan, mnd. tēn, anfr. tian, tion, mnl. tien, afries. tiā, agf. tēon, engl. mundartl. tee, got. tiuhan 'ziehen', anord. nur das Part. toginn 'gezogen'. Jdg. Wurzel *deuk- 'ziehen'. Außergerm. vergleichen sich mkymr. dygaf 'ziehe', lat. dūcō 'ziehe, führe', gr. δαιδύσσομαι (aus *δύκιομαι) 'schleppe', alb. nduk 'rupfe'. Im Germ. ist die Sippe besonders reich entfaltet, s. Herzog, Zaum, Zeug, Zeuge, Zitter, Zohe, Zucht, züchtig(en), zufken, zücken, Zug, Zügel.

Ziel N. mhd. ahd. zil. Dazu got. (run.) tilarids 'zum Ziel strebend' als Speername (O. v. Friesen 1924 Rö-stenen i Bohuslän 128), bibelgot. (ga)tils Adj. 'passend', andtilōn 'sich anbequemen', gatilōn 'erzielen', agf. tilian 'sich beeifern, das Feld bestellen' (engl. till 'ackern'), afries. tilia 'erreichen', nl. telen 'zeugen, schaffen', asächs. tilian 'erlangen', ahd. zilēn, -ōn 'sich beeilen'. Zu dem germ. Adj. *tila- 'passend' (agf. afries. til 'gut') gehört die afries. agf. nord. Präp. til 'zu'. Hierzu noch anord. aldr-tili 'Lebensende', ō-tili 'Schaden'. Aus dem Germ. früh entlehnt ist finn. tila 'Gelegenheit'. Weitere Beziehungen sind unsicher; Aug. Fick, Vgl. Wb. ⁴2, 151 f. vermutet, air. dil 'angenehm' sei urverwandt. Der kaufmänn. Gebrauch von Ziel als 'Zahlungsfrist' beginnt in der mhd. Formel in zil versitzen in Augsburg 1283: Schirmer 1911 Wb. d. dt. Kaufm.-Spr. 214.

ziemen schw., einst st. Ztw., mhd. zëmen, md. zëmen, zimen, ahd. zëman, asächs. anfr. tëman, mnd. mnl. tëmen, nnl. betamen, afries. timia, got. gatiman 'geziemen', ursprünglich '(sich) zusammenfügen'. Dazu dehnstufig das Adj. ahd. gizāmi und das Adv. ahd. gizāmo, mnd. betāme, got. gatēmiba 'geziemend'. Die Tiefstufe s. u. Zunft. Sämtlich zu der unter Zimmer entwickelten idg. Wurzel *dem(ā)- in ihrer Grundbedeutung 'zusammenfügen'. Zum Bedeutungswandel vgl. füglich 'passend'. Beim Übergang zur schw. Beugung, der sich im Mhd. und Mnd. anbahnt, hat (wie bei wiegen aus mhd. wëgen) i gesiegt, weil die 3. Sg. Präs. Jnd. die häufigste Form war.

Ziemer M. 'Rückenstück des Wilds', mhd. zimere, zimb(e)re F. Mundartformen wie bair. zem(ser), zen und schweiz. (rinder)zän 'Ochsenziemer' sprechen für germ. Ursprung, so daß gleichbed. afrz. cimier (Suolahti 1929 Frz. Einfl. 308) aus dem Mhd. entlehnt und *tëmaz-, *timiz- als germ. Grundformen anzusetzen wären. — Ein anderes Ziemer s. u. Ochsenziemer.

Zier F. mhd. ziere, ahd. ziarī 'Schönheit Pracht, Schmuck': Abstr. zum Adj. mhd. ziere, ahd. ziari (zēri) 'kostbar, herrlich, schön', dem anord. tīrr (norw. mundartl. tīr 'Glanz, Schimmer, Ausguck', asächs. agf. tīr M. 'Ruhm, Ehre' (mnd. tēr, engl. tire 'Putz, Staat') entsprechen. Die Sippe ist schwer zu beurteilen, weil ahd. ia nicht dem asächs. agf. anord. ī entspricht. Vielleicht ist ein altes Ablautverhältnis idg. *dēi-ro-: *dī-ro- anzunehmen, so daß tz.-verwandt wären aind. dī-dé-ti 'glänzt, leuchtet', su-dī-tí 'schönen Glanz aufweisend', gr. (hom.) δέαται 'scheint', lit. dyrėti 'gucken, lauern', toch. tiri 'Art und Weise': K. Schneider 1939 Zf. f. vgl. Sprachf. 66, 251.

Zierat M. mhd. zierōt: Abstr. zum mhd. Adj. ziere, gebildet wie Armut und Kleinod, mit denen Zierat auch das Schwanken des Geschlechts teilt: Fem. ist nicht selten vom 17. bis 19. Jh. ā erscheint als Abschwächung wie in Heimat. Auf dem Quergedanken an Rat M. beruht die irrende Schreibung Zierrat (seit Stieler 1691).

Zierde F. mhd. zierde, ahd. ziar-ida: gleichbed. mit ahd. ziarī F., zum Adj. ahd. ziari (s. Zier) gebildet wie Gemeinde zu gemein.

Ziesel M. 'mus citellus spermophilus': mhd. zisel, zisemūs, ahd. zisi-, älter sisimūs, agf. sisemūs. Das östliche Tier, das erst im Anfang des 19. Jh. an der dt. Ostgrenze auftaucht, trägt einen slav. Namen: tschech. sysel (poln. susel, russ. susol, suslik). Wie in Zobel ist das slav. stimmlose s- durch dt. Affrikata ersetzt. Mlat. afrz. cisimus beruhen auf Entlehnung aus dem Ahd.: Palander 1899 Ahd. Tiernamen 68; Wick 65f.

Ziffer F. Aind. śūnya 'leer' ist zu 'Zahlzeichen ohne absoluten Wert, Null' geworden; das arab. Adj. şifr 'leer' hat durch Lehnübersetzung den gleichen math. Sinn erhalten. Mit der Bedeutung 'Null' erreicht im 13. Jh. das arab. Wort die roman. Sprachen: mlat. cifra, ital. span. port. cifra, afrz. cifre. Hieraus stammen engl. cipher (die alte Länge ī heute als ai gesprochen), anord. sifra, mnl. cifer, cīpher, nnl. cijfer, mnd. sifre, sifer, spätmhd. zif(f)er 'Null'. Über zéf(i)ro wird ital. engl. zero, frz. zéro 'Null' entwickelt. Nachdem ital. nulla (s. Null) den alten Sinn übernommen hat, wird Ziffer für die neue Bedeutung 'Zahlzeichen' frei, die bis dahin Figur (s. d.) getragen hatte. Das erste dt. Zeugnis für Ziffer im neuen Sinn bietet um 1400 der Ackermann aus Böhmen 26, 15. Diese Bedeutung teilt unser nhd. Wort mit seinen heutigen Entsprechungen in den meisten europ. Sprachen. Daneben entwickelt im 18. Jh. die Abzweigung

Chiffre (s. d.) die Bedeutung 'Geheimzeichen', weil in alter Geheimschrift die Buchstaben durch Zahlzeichen ersetzt wurden: Littmann 1924 Morgenl. Wörter 76 f.; Lokotsch 1927 Etym. Wb. Nr. 1894.

-zig Nachsilbe zur Bildung der Zehner, mhd. -zic (g), ahd. -zug, asächs. agf. -tig; got. tigus 'Zehner'. In zwanzig, vierzig usw. wurde germ. t nach Konf. zu hd. Affrikata verschoben (wie germ. *hërtōn zu ahd. hërza), in dreißig (mhd. drīzec, ahd. drīzug) führt die hd. Lautverschiebung zur Spirans wie stets bei germ. t im Inlaut zwischen Vokalen (germ. ëtan zu ahd. ëzzan). Got. tigus ist eine durch gramm. Wechsel entstandene Nebenform zu taíhun 'zehn' (vgl. gr. δεκάς 'Zehnheit' neben δέκα). Formell wären die westgerm. Formen auf *tigiz (neben got. tigjus Plur.) zurückzuführen, so daß die urgerm. Reihe *tigiz *tigē *tigum *tiguns anzusetzen ist. S. zehn.

Zigarette F. 'mit Tabak gefülltes Papierröllchen', aus gleichbed. frz. cigarette, das seit dem 19. Jh. als Verkl. von cigare auftritt. Bei uns erscheint Cigareto 1841, Segarrito 1844, Cigarrētas oder Cigaritos im Konv.-Lex. von Brockhaus 1854, Cigaretten 1858 ff.: P. M. Palmer 1939 Neuweltwörter 145. Die span. Verkl. ist cigarillo, so seit 1868 gebucht.

Zigarre F. aus span. cigarro M. Dies beruht auf dem Mayawort siqar 'gerollte Tabakblätter rauchen': Elise Richter, De Spiegel van Handel en Wandel 1915 Febr. 29 ff. Im Nhd. ist Cigarr M. seit 1777 vorhanden: Zs. f. dt. Wortf. 7, 137; P. M. Palmer 1939 Neuweltwörter 144. Eingedeutscht wurde zunächst die Mz., von der auch der Geschlechtswandel ausging. Anfangs als Verdeutschung, später scherzhaft steht Glimmstengel, s. d. 1730 spanische Röhre: Barchewitz, Ostind. Reise 656.

Ziger s. Decher.

Zille, Zülle F. 'Flußschiff, Kahn' im Gebiet der Donau, Elbe und Oder (nicht an den Küsten, im Rhein- und Wesergebiet), mhd. zülle, spätahd. zúlla: entlehnt aus der slav. Sippe von aslav. čilnŭ, slov. čóln, tschech. člun, poln. czoln, russ. čoln 'Boot'. Mit den slav. Wörtern urverw. ist ahd. scalm 'Schiff'. Zu den Deutschen ist Zülle aus der urtüml. Fischerei ihrer slav. Nachbarn gelangt; Entrundung zu Zille wie in Pilz und den dort verzeichneten Wörtern des mittleren Ostens. F. Kluge 1911 Seemannsspr. 844; P. Kretschmer 1918 Wortgeogr. 247; W. Mitzka 1933 Dt. Bauern- und Fischerboote 55. 59. 74; Wick 99. Vgl. Weidzille DWb. 14, 1, 630.

Zimbel F. (so seit Luther), mhd. cymbel(e) M., ahd. zymbala F., agf. cimbal(a) M., engl.

cimbal 'Musikgerät'. Über lat. cymbala Plur. N. entlehnt aus gr. κύμβαλα 'kleine, hellklingende Metallbecken, die man aneinander schlug'. Als Grundwort von ital. clavicembalo spielt es in der Vorgeschichte von Klavier eine Rolle, s. d.

Zimmer N. mhd. zim(m)er, zimber, ahd. zimbar 'Bauholz, Holzbau, Wohnung, Wohnraum', asächs. timbar, mnl. timmer 'Bau', afries. agf. engl. timber, anord. timbr, schwed. timmer, dän. tømmer 'Bauholz'. Davon abgeleitet das schw. Ztw. zimmern, mhd. zimberen, ahd. zimbarōn, -en, asächs. timbrian, -on, mnl. mnl. timmeren, afries. timbria, agf. timbr(i)an, anord. timbra, schwed. timra, dän. tømre, got. tim(b)rjan '(aus Holz) erbauen'. Das b der germ. Grundform *timbra- 'Bauholz' für älteres *temra-, idg. *dem-ro- ist als Gleitlaut eingeschoben. Außergerm. gleichen sich lat. domus 'Haus' mit domāre 'ans Haus gewöhnen, zähmen', gr. δόμος, δῶμα 'Haus', δέμω 'baue', aslav. domŭ 'Holzbau', lit. dimstis (aus *dmsto- 'Einfriedigung, Meierhof', aind. dámas 'Haus'. Idg. Wurzel *dem(ā)- 'bauen', ursprünglich 'zusammenfügen'. S. zahm und ziemen.

zimperlich Adj. mit unverschobenem p schriftsprachlich geworden (wie Klempner, Klumpen, Krempe, plump, Stempel, Tümpel usw.). Für die obd. Form fehlen Zeugnisse vor zümpferlich Ludwig 1716; als erster bietet Moscherosch 1650 Ges. 1, 135 zimperlich. Älter ist gleichbed. mnl. zimperlijc, dessen als stimmhaftes s gemeintes z-bei literar. Entlehnung für Affrikata genommen wurde. Häufiger steht mnl. simperlijc; dessen nächste Verwandte sind norw. schwed. dän. mundartl. semper 'geziert', älter schwed. simp 'geziertes Frauenzimmer'.

Zimt M. Die europ. Kulturwelt hat die Gewürzrinde von der Südsee her kennengelernt. Mal. kayu 'Holz' und manis 'süß' ergeben kayumanis, das über hebr. (phön.) qinnāmōn gr. κίνναμον, lat. cinnamum, mlat. cinnamōmum liefert. Daraus entlehnt ist ahd. sinamīn M. und (mit Antritt eines -t) cinmënt, mhd. zinemīn, zinmënt, frühnhd. (mit Angleichung von nm zu mm wie Grummet) zimmat. Die Verkürzung auf eine Silbe teilt Zimt mit Amt, Samt usw. Über die roman. Sprachen erreicht uns Kaneel, das für 'Stangenzimt' wesentlich in Norddeutschland gilt. — Zimt als wegwerfender Ausdruck für 'wertloses Zeug' ("der ganze Zimt") stammt aus dem Rotwelschen, wo es urspr. 'Goldwaren, Geld' bedeutet.

Zindel M. Das feine Seidenzeug, bis ins 12. Jh. aus Byzanz bezogen, wird damals nach gr. σινδών mhd. zindāl, zēndāl benannt. Die gleichbed. Formen zindāt, zēndāt, gehen über prov. cendat auf mlat. cendatum zurück; der Wechsel im Tonvokal beruht auf gegenseitiger Störung. Ital. cendale und cendado zeigen den gleichen Konf.-Wechsel. In σινδών sieht man das vom Indus (Sindhu) eingeführte Gewebe: M. Heyne 1903 Körperpfl. und Kleidung 229.

Zingel M. Mhd. zingel M. F. wird um 1200 aus lat. cingulus, cingula in den beiden Bed. 'Sattelgurt' und 'äußere, runde Umschanzung' entlehnt: M. Heyne 1899 Wohnungswesen 318. 342. Vom Subst. aus gebildet ist das schw. Ztw. mhd. zingeln 'umschanzen', wozu umzingeln.

Zink N. M. erst nhd. Die Alten kannten nur Zinkoxyd und Galmei (f. d.). Spätlat. zincum, nnl. frz. engl. schwed. zink, dän. sink sind aus dem Nhd. entlehnt. Hier tritt das Metall seit Ende des 15. Jh. auf, zunächst stets als der Zinken: Schade 1882 Altd. Wb. 2, 1280. Gegen Rud. Muchs Herleitung von ahd. zinco, mhd. zinke 'weißer Fleck im Auge' (Zf. f. dt. Alt. 42, 163) spricht, daß diese Bed. im Erzgeb. des 15. Jh. nicht lebt, gegen Beziehung zu Zinn, daß dort die Vokale nicht stimmen. Vielmehr eins mit Zinken M. 'Zacke': das Metall setzte sich in den Ofen in Zackenform an.

Zinken M. 'Zacke', mhd. zinke, ahd. zinko: k-Ableitung zu dem unter Zinne entwickelten Stamm, in entsprechenden Verwendungen, z. B. als 'vorspringender Teil der Gemarkung, Weiler' im Elsaß und auf dem Schwarzwald. Unklar bleibt, wie Zinken (spätmhd. zinke, zint) zum Namen eines Blasinstruments werden konnte. Die geheimer Verständigung dienenden Zinken der Gauner heißen nach frz. signe, lat. signum 'Zeichen'.

Zinn N., im 16./17. Jh. auch Zien. Mhd. ahd. zin führen mit nd. nl. agf. anord. tin auf gemeingerm. *tina-, dessen Ursprung umstritten ist. Da die Heimat des Metalls das nordwestl. Spanien sowie Südengland war, könnte man *tina- für ein voridg. Wort des alten Westeuropas halten, für das freilich in Westeuropa selbst jedes Zeugnis fehlt: frz. étain, ital. stagno 'Zinn' gehen auf lat. stagnum und dies wohl auf kelt. *stagno- (kymr. ystaen, ir. stān) zurück, f. Stanniol. Sollte also *tina- ein echt germ. Wort sein, so steht es vielleicht in Ablaut mit *taina- 'Zweig, Stäbchen' (f. Zaine): in vorgeschichtl. Funden aus der Schweiz tritt das Zinn gelegentlich in Form von Stäbchen auf: O. Schrader, Reallex. ²2, 701.

Zinne F. Mhd. zinne, ahd. zinna, mnd. und daraus entlehnt schwed. tinne 'mit Einschnitten versehener oberster Teil der Wehrmauer' führen auf germ. *tindjā, abgeleitet von dem Stamm, der in mhd. ahd. zint (t) 'Zacke', mnd. tind(e), agf. tind 'Nagel, Spitze; Zahn, Zinke', engl. tind, anord. tindr 'Spitze, Stachel, Berggipfel' greifbar wird. Außergerm. vergleichen sich mir. dinn, dind 'Hügel, Höhe', der phryg. Bergname Δίνδυμος und der illyr. Völkername Δίνδαροι. S. Zinken.

Zinnober M. Aus perf. šängärf 'Mennig, Zinnober' stammen gr. κιννάβαρι, lat. cinnābaris, afrz. cinabre, prov. cinobre. Hieraus ist kurz nach 1200 mhd. zinober entlehnt: Lokotsch 1927 Etym. Wb. 1827; Suolahti 1929 Frz. Einfluß 310.

Zins M. mhd. ahd. zins 'Abgabe, Tribut': aus lat. census (ital. censo) 'Abschätzung, Steuer' (zu lat. censēre 'schätzen') etwa im 7. Jh. entlehnt, bei Weitergabe nach Norden verniederdeutscht zu asächs. mnd. tins, vgl. tünchen, Zwiebel und Frings 1932 Germania Rom. 92. Daß census sein n vor s nicht verloren hat (die air. Entsprechung lautet cīs) erweist Entlehnung auf dem Verwaltungsweg. Älter ist Entlehnung des lat. tribūtum zu ahd. tribuz, agf. trifot. Vgl. Zoll.

Zinseszins M. 1563 sagt W. Hobel, Rechenbüchl. 124ᵃ „an Zinß, und Zinß Zinß". 1616 rechnet A. Neudörffer, Arithm. 231 „sampt deren Zinß, und Zinß Zinßen". Stieler 1691 und noch Campe 1813 setzen Zinsenzins an; erst um 1850 bringt Zinseszins durch. Das ältere Helfershelfer (f. d.) konnte als Vorbild dienen.

Zinshahn M. 'gallus censiticus' Stieler (1691) 749. Ländliche Abgaben wurden in Gestalt von Hühnern geleistet. Wie die aussahen, lehren das Beiwort alt (Schweiz. Jd. 2, 1378) und die Redensart fett wie e Zinshenn 'spindeldürr' (H. Fischer 1936 Schwäb. Wb. 6, 2, 3487). Um sich zu sichern, gaben die Herren genaue Vorschriften (J. Grimm, Rechtsaltert. 1, 521). Bei Zinshähnen sollte der Kamm rot durchblutet sein (Borchardt-Wustmann 1894 Sprichwörtl. Redensarten 511). Ein Mittel, das zu erreichen, fanden die Bauern darin, daß sie die Hähne im Zustand künstlicher Erregung ablieferten. Daher Lessing 1747 Sämmtl. Schr. 1, 286 Lachmann (Der junge Gelehrte 3, 12) „du bist erhitzt, erhitzt wie ein Zinshahn".

Zinstag f. Dienstag.

Zionswächter M. Die Höhe Zion in Jerusalem steht im 18. Jh. bildlich für 'rechtgläubige Kirche'. Dazu (wie die ältere Bildung Zioniten) Zionswächter als Schelte der streng Rechtgläubigen seit Bahrdt 1791 Lebensgesch.

2, 198. Noch M. Claudius 1774 Werke 1/2, 139 sagt „der Wächter Zions". Ein biblisches Vorbild fehlt.

Zipfel M. mhd. zipf(el) 'spitzes Ende', dazu nl. engl. tip 'Gipfel, Ende, Spitze' und mit Nasaleinschub nd. timpen 'Zipfel' (vgl. mhd. zumpf 'penis'). Das mit Zipfel nächstverwandte dt. Wort ist Zapfen, s. d. und Zs. f. dt. Wortf. 4, 329 f. Vgl. Kipfel.

Zipperlein N. frühnhd. (z. B. Albr. v. Eyb 1472 Ehebüchl. 85) zipperlin 'Fußgicht', gebucht seit Maaler 1561. Alter ist mhd. zippeltrit M. 'trippelnder Schritt', zu zipfen schw. Ztw. 'trippeln'. Zipperlein ist urspr. Spottname für einen, der trippelt; gleichen Ursprungs ist Zipperle(n) als Fam.-Name. Im 18. Jh. war Z. auf scherzhaften Gebrauch zurückgedrängt und in Gefahr auszusterben. Campe hat es 1794 als Ersatzwort für Podagra neu belebt: Kuhberg 1933 Verschollenes Sprachgut 64.

Zirbel(fichte, -kiefer) F. 'Pinus cembra L.' Der von alters Arve (s. d.) genannte Hochgebirgsbaum erscheint in Nürnberg 1678 als Zirbern. Nebenformen wie Zirm (aus Zirben) sind noch jünger. Dagegen findet sich schon bei A. Lonicer 1587 Kräuterb. 51ᵃ Zirbel für den runden Zapfen des Nadelbaums. Von ihm geht dessen Benennung aus: ahd. zirbel 'Fichtenzapfen' zu mhd. zirben 'wirbeln', ahd. zerben 'drehen', westfäl. tirfeln 'herumwirbeln', ags. tearflian 'sich wälzen, rollen', mengl. tirven, türven 'wenden' führen auf die idg. Wurzel *derbh-, die auch in Torf (s. d.), ferner in weißruss. doróbić 'krümmen' und aind. drbháti 'verknüpft, flicht zusammen, windet' enthalten ist.

Zirbeldrüse F., so seit Adelung 1786, Zirberdrüslein bei Th. Bartholinus 1677 Anatomie 539. Gleichbed. Dannenzäpplin bei J. Remmelinus, Catoptrum microcosm. (Augsb. 1619) 12 zeigt, daß die eirunde Hirndrüse nach ihrer Ähnlichkeit mit der Frucht des Nadelbaums benannt ist. Dasselbe Bestimmungswort in mhd. zirbelnuz 'pinea' und zirbelwint 'turbo'. Κωνάριον 'Pinienzapfen' hatte Galen die Drüse genannt: Steubel 9 f. 19.

Zirkel M. Mhd. zirkel, ahd. zirkil 'Kreis', mit z-Aussprache des lat. c, also verhältnism. spät entlehnt aus lat. circulus (Verkl. zu circus, gr. κίρκος) M. 'Kreis'. Die Bed. 'Kreislinie' wird noch von Kepler 1616 streng innegehalten und damit ein seit 1400 bevorzugter Gebrauch gewahrt. Für 'Kreisfläche' gelten ältere Fachwörter wie Zirkelfeld, -fläche, die im 17./18. Jh. durch Kreis (s. d.) verdrängt werden. In „Quadratur des Zirkels" hat sich die alte Bed. gehalten. Für Zirkel 'Gerät zum Schlagen einer Kreislinie', mhd. zirkel, ist lat. circinus (gr. κίρκινος) M. Vorbild; Übergang von n zu l wie in Esel, Himmel, Kessel, Kümmel, Lägel. Schirmer 1912 Wortsch. d. Math. 40; Götze 1919 Anf. einer math. Fachsprache 224 ff. Vgl. Bezirk.

zirpen schw. Ztw. lautmalende Bildung des 17. Jh., mit unverschobenem p nach r (wie Knorpel). Daneben stehen im 17./18. Jh. schirpen und tschirpen, jünger ist die Intensivbildung zirpsen.

zischeln schw. Ztw., Verkl. zu zischen (s. d.). Kaum vor Chr. Weise 1673 Erznarren 171 Ndr. Mhd. zispezen N. 'das Zischen'.

zischen schw. Ztw., lautmalende Bildung des 16. Jh.; dafür mhd. zispen, ahd. zispan. Im 17./18. Jh. auch schischen.

Zischlaut M. Schottel hatte 1641 Sprachkunst 187 „grob-zischender Laut" für Sibilans einführen wollen. Gottsched 1734 Crit. Beytr. 18, 280 schlägt dafür Zischlaut vor, Jean Paul und Campe setzen das gute Ersatzwort durch: Zs. f. d. Wortf. 15, 26.

Zistag s. Dienstag.

Zitadelle F. Lat. civitas 'Bürgerschaft' ergibt ital. città 'Stadt', dazu die Verkl. cittadella 'Stadtschloß', die in gleicher Form und Bed. im humanist. Latein erscheint und als citadelle ins Frz. gelangt. Alle drei Sprachen sind verantwortlich für frühnhd. zyttidell, zuerst 1453 bei Herm. v. Sachsenheim hg. v. Martin 235: Zs. f. d. Wortf. 14, 73. 15, 217. Frühnhd. begegnet das Citadel nach Vorbildern wie Karussell u. Rondell.

Zither F. Pers. sihtâr 'Instrument mit drei Saiten' gelangt über gr. κιθάρα (s. Gitarre) in die europ. Sprachen. Aus lat. cithara entnimmt Notker ums Jahr 1000 an dero zitherun Psalm 32, 2. Im Mhd. begegnet um 1272 in Albrechts Jüng. Titurel Str. 6078 Hahn: Rotten, harpfen, zimbeln vnd zitterie; überwiegend gilt zitôl(e) aus afrz. citole, das seinerseits aus lat. cithara umgebildet ist. Erst bei Kramer 1678 tauchen Cyther und Zitter wieder auf: C. H. Bell 1926 Mod. lang. notes 41, 43 f.

Zitronat N. 'eingezuckerte Schale einer Zitronenart', im 17. Jh. über gleichbed. frz. citronat M. entlehnt aus ital. citronata F., dies zu citrone (s. Zitrone). Citronat bei W. H. Ryff 1548 Konfektbuch 102ᵃ bedeutet 'Zitrone'; im heutigen Sinn steht Citrinat 1672 bei Grimmelshausen, Simpl. Schr. 4, 40 Kurz.

Zitrone F. Die Frucht heißt nach ihrem Duft gr. κεδρόμηλον 'Zedernapfel'; der Name des Baums, lat. citrus, gilt als Entstellung aus cedrus 'Zeder' (s. d.). Dazu ital. citrone M., das vor Mitte des 16. Jh. bei uns erscheint und sein Geschlecht wandelt wie das gleichbed. Limone (s. Limonade). Die Verdeutlichung Citronapfel 1534 Die neuw. Welt Bl. 4, die Zus.-Setzung Citronbaum bei Konr. Geßner 1542 Catal. plant. 23. In den Wbb. erscheint Citronie seit Maaler 1561; weiterhin ist frz. citron maßgebend geworden.

Zitter, Zieter M. F. N. 'Deichsel'. Mhd. zieter, ahd. ziotar M. N. 'Deichsel', mnd. tüder, mnl. tûder, nnl. tuier, afries. tiäder, anord. þjóðr (daraus engl. tether), schwed. tjuder, norw. tjo(de)r, dän. töir 'Weidestrick' führen auf germ. *teu-ðra-, idg. *deu-trom- für urverwandt gilt aind. dō-ra-kam 'Strick, Riemen'. Man kann *deu- 'ziehen' als einfachere Form neben idg. *deuk- (s. ziehen) auffassen, doch müssen Bedeutungen wie 'Deichsel, (Weide-)Strick, Riemen' nicht unbedingt auf die Anschauung des Ziehens zurückzugehen, und mindestens in obd. Mundarten ist Annäherung an ziehen auch durch Volksetymologie erfolgt, z. B. in schwäb. tsīəχdər. Daneben gelten hier Umbildungen wie die zu Zitterholz, -stange.

zittern schw. Ztw., mhd. zit(t)ern, ahd. zittarōn. Anord. entspricht titra 'zwinern' (tr bleibt unverschoben wie in bitter, Splitter, treu, Zitteroch). Aus vorauszusetzendem urgerm. *ti-trō-mi mit alter Präs.-Redupl. (vgl. beben) ist der Übergang des Ztw. in die schw. ō-Klasse zu verstehen, wie bei germ. *ri-rai-mi 'bebe' (vgl. got. reiran 'zittern' aus einer idg. Wz. *rai) der Übertritt in die schw. ai-Konjugation. Das zu erschließende vorgerm. *di-drā-mi hat seine nächsten Verwandten vielleicht in gr. ἀπο-δι-δρά-σκειν 'entlaufen'. Dazu ferner aind. drā-ti 'läuft'.

Zitteroch M. 'flechtenartiger Ausschlag', heute ein Wort der obd. Mundarten, mhd. ziteroch, ahd. zittaroh. Das Grundwort, zu dem ahd. zittaroh Ableitung ist, erscheint in agf. teter, engl. tetter 'Flechte, Zittermal' (tr unverschoben wie in zittern). Das vorauszusetzende idg. *dedru- ist eine redupl. Bildung (wie beben, Biber, zittern); es erscheint in aind. dadru 'Aussatz, Hautausschlag', lit. dedervinė 'Flechte, Schorf'.

Zitwer M. Die bittere Wurzel pers. žädwār wird als Gewürz und Arznei von den Arabern nach Europa gebracht. Arab. zidwār ergibt mlat. zedoārium N., ital. zettovario M., dies spätahd. zitewar (Zs. f. d. Wortf. 6, 198), mhd. zitwer: Lokotsch 1927 Etym. Wb. 2215.

Ziz M. Zu aind. citrá- 'bunt' stellt sich bengal. chits 'bunter Kattun', das über nnl. sits, chits in gleicher Bed. zu uns gelangt und seit Adelung 1786 als Zits gebucht wird.

Zize F. spätmhd. (selten) zitze, nb. titte, nl. tit F., agf. tit M. (Plur. tittas), engl. teat, schwed. tisse 'Zize' (das gewöhnliche Wort für Zize ist ahd. tut(t)a F., tut(t)o M., mhd. tut(t)e F., tütel N.; s. Tüttel). Auf roman. Boden begegnen lautverwandte Wörter: ital. tetta, zizza, zezzolo 'Zize', frz. tette F., tetin, teton M. 'Brustwarze', span. teta 'Zize' sowie ital. tettare, span. tetar, frz. teter 'säugen'. Für Entlehnung der roman. Sippe aus dem Germ. sprechen die Doppelformen mit t und z.

Zobel M. 'sibir. Marder (Mustela zibellina), schwarzer Zobelpelz'. Der Name des sibir. Pelztiers ist aus einer östl. Sprache ins Slav. gelangt, ins Germ. nach 600 aus russ. sóbol' (ahd. z- für slav. stimmloses s- auch in Ziesel: Wick 66) mit dem ost-westl. Pelzhandel der Karolingerzeit in Deutschland verbreitet, bezeugt seit dem 11. Jh.: tebelus/zobel Ahd. Glossen 3, 35. Aus dem Hd. stammt mnd. sabel, von da mlat. sabellum, afrz. engl. sable, anord. sofal(i), älter dän. schwed. sabel. Heutiges dän. schwed. sobel ist junge Entlehnung aus dem Hd.

Zobel N. 'Frauenzimmer' im 16. Jh. in die Schriftsprache übernommen aus obd. Ma., wo schweiz. zobeli, schwäb. zobele, bair.-österr. zoberl. für 'Dirne' gilt, freilich auch als Schelte von Burschen und Kindern gebraucht wird. Darf von der Bed. 'leichtfertiges Mädchen' ausgegangen werden, so wäre Zoberl als Verkl. von Zobel 'Pelz' aufzufassen. Anwendung etwa wie bei Festus 443, 62: scorta, quia ut pelliculae subiguntur.

Zofe F. 'Kammerjungfer'. Zu dem mundartl. verbreiteten zaufen 'rückwärts ziehen, gehen' gehört eine obersächs. Nebenform zofflen 'hinterdreinzotteln', die im 16. Jh. in dem Spottwort zoffmagd 'pedisequa' auftritt, zuletzt Barth 1586 Weiberspiegel E 7a. Daraus gekürzt Zoffe Corvinus 1623 Fons lat. 623. Heutige Aussprache und Bed. seit Zesen 1645 Adr. Rosem. 41 „Als ich nuhn in ihr haus kahm, so ward ich straks von einer zohffen in ein zimmer begleitet".

zögern schw. Ztw. Zum st. Ztw. ziehen gehört eine gemeingerm. Intensivbildung, die in anord. toga, engl. tug 'ziehen' erscheint und als ahd. zogōn, mhd. zogen schw. Ztw. 'zerren, ziehen, gehen, hinhalten, (ver)zögern' eine Rolle spielt. Weiterbildung zum entspr. nd. togen ist mnd. tögeren, das als zögeren zuerst bei Schottel 1663 Ausf. Arbeit 1449 erscheint und von den schles. Dichtern im Nhd. eingebürgert wird.

Zögling M. Als Stamm des st. Ztw. ziehen galt den Grammatikern des 17./18. Jh. die durch ein Wortbild wie Herzog (s. d.) gestützte

Silbe zog. An sie trat die bei den Sprachreinigern beliebte Endung -ling, als es galt, für frz. élève ein Ersatzwort zu finden, nachdem Lehrling auf Handel und Handwerk beschränkt war. So steht Zögling zuerst 1769 Allg. dt. Bibl. 3, 1, 276, demnächst bei Herder 1769 Krit. Wälder 3, 292, dessen baltische Heimat ein älteres Zügling kennt.

Zohe F. 'Hündin'. Mhd. zöhe, ahd. zōha, mnd. tō '(läufige, fruchtbare) Hündin', isl. tōa 'Füchsin' vereinen sich auf germ. *tauhōn 'weibliches Zuchttier': zum st. Ztw. ziehen mit der Ablautstufe von dessen Sg. Prät. Vergleichbar Zucht F., das aus 'Nachkommenschaft' im Bair. zu 'Zuchtsau' geworden ist, während schweiz. Züchtle 'Mutterschwein' bedeuten kann.

Zoll¹ M. Mhd. zol, -lles 'walzenförmiges Stück, Knebel, Klotz', iszolle 'Eiszapfen', mnd. tol(le) 'Zweig(spitze)', nnl. tol 'Kinderkreisel' (ursprünglich 'Pflock'), schwed. mundartl. tolle 'Pfropfreis', anorw. horntylla 'Holz, das die Hörner der Ochsen im Gespann verbindet' vereinigen sich auf vorgerm. *d n̥ós 'Abgeschnittenes' zur idg. Wurzel *del- 'spalten, schnitzen, kunstvoll behauen' (s. Zelge). Außergerm. vergleichen sich aind. dāláyati 'spaltet, macht bersten', dálati 'birst', gr. δαίδαλος 'künstlich gearbeitet', δαιδάλλειν 'kunstvoll bearbeiten, verzieren', lat. dolāre 'bebauen', dolābra 'Hacke', dehnstufig dōlium 'Faß'. Vorauszusetzen ist für mhd. zol eine Bedeutung 'Knöchel, Fingerglied', die vermittelt haben muß, als die obd. Bauhütten um 1500 dazu übergingen, die unscharfen mittelalterl. Maße düme, finger, eines fingers breit als zoll festzulegen. So zuerst Dürer 1527 Unterr. z. Befest. d. Städte E 4a. Bei Übertritt ins Nd. wurde das junge Kunstwort in tol(le) umgesetzt. Daß das Maß (wie Elle, Fuß, Klafter) vom menschl. Körper genommen ist, bleibt bewußt: Nic. Frischlin 1586 Nomencl. 210 „digitus, Zoll, Zwerchfinger". Noch heute messen die Steinschläger den Zoll als Daumenbreite.

Zoll² M. 'Abgabe'. Gr. τέλος N. hat sich von 'Ziel, Ende' zu 'endgült. Zahlung' entwickelt. Entspr. wurde τελωνεῖον zu 'Gebäude, wo solche Zahlungen geleistet werden; Zollhaus'. Es wird entlehnt zu lat. telōnēum, bulgärlat. tolōnēum 'Zoll(haus)', geht so in die Provinzen mit lat. Verwaltungssprache über und ergibt, etwa gleichzeitig mit Münze, Straße, Zins in die germ. Sprachen mit Ausnahme des Got. übergeführt, mnd. nd. nl. agf. engl. toll, anord. tollr, dän. told, schwed. tull, asächs. tolna, afries. tolen, tolne, mnd. toln(e), agf. toln und, nach der hd. Lautverschiebung, ahd. mhd.

zol (Gen. zolles). Auf einem fränk. Wort beruht afrz. tonliu, frz. tonlieu 'Abgabe an den Herrn eines Marktes'.

Zöllner M. Bulgärlat. tolōn(e)ārius ist seit dem 3. Jh. bezeugt. Das innere n verbleibt dem Wort bei seiner frühen Entlehnung ins Westgerm.: mnd. afries. tolner, nl. tollenaar, agf. tolnere und, nach der hd. Lautverschiebung, ahd. zolanāri, mhd. zolnære. Den jungen Umlaut bringt erst die Lutherbibel zu allg. Geltung. Den ost- und nordgerm. Sprachen bleibt das Wort fern: Ulfilas bildet zu mōta F. 'Zoll' (s. Maut) mōtareis M. 'Zöllner', das im gleichbed. bair.-österr. Mautner nachwirkt; schwed. tullnär beruht auf dt. Vorbild.

Zone F. Gr. ζώνη 'Gürtel' wird in der spätlat. Form zona (mit der vom Osk. oder Etrusk. beeinflußten Aussprache des z als ts) zum Fachwort der Erdkunde und bezeichnet die durch Polar- und Wendekreise begrenzten Querstreifen der (Himmels- und) Erdkugel. So bucht Chr. Wolff 1716 Math. Lex. 1488 Zona; noch die Ausgabe von 1734 wahrt die fremde Endung. Eingedeutscht werden zunächst die Plur.-Formen; unter Einfluß von frz. zone setzt sich seit Adelung 1786 auch der Sing. Zone durch. Auch dem freieren Gebrauch des Worts liegt die Anschauung der Erdzonen zugrunde.

Zopf M. mhd. ahd. zopf 'Ende, Zipfel, Zopf', nd. topp, nl. top 'Gipfel, Topp'; agf. engl. top 'Gipfel, Scheitel' (mengl. Nebenform tuft 'Locke'), anord. toppr 'Haarbüschel', afries. top 'Büschel', schwed. topp, dän. top 'Spitze, Ende, Zopf': ein gemeingerm. Wort, nur im Got. zufällig nicht belegt. Grundbed. 'hervorstehendes Ende'; über 'Spitzen der zus.-gefaßten Kopfhaare' ist die Hauptbed. entstanden (s. Topp, Zapfen, zupfen). Aus dem Germ. stammen span. tope 'Ende', ital. toppo, afrz. top 'Schopf', frz. toupet 'Büschel, Stirnhaar'. Urverw. Wörter sind nicht nachgewiesen. Schon vor dem Übergang der Frz. Revolution zum natürl. Haar sind bei uns die Männerzöpfe abgeschnitten worden: damals entstand die Übertragung des Worts auf 'überaltetes Herkommen'.

Zores M. 'Durcheinander': hebr. zārāh 'Not, Bedrängnis' erscheint 1812 in westdt. Gaunersprache als Zoro 'Unglück': Kluge 1901 Rotwelsch 1, 307. Der Plur. hebr. zārōth ergibt Zores 'Lärm' seit Niebergall 1837 Des Burschen Heimkehr 2, 10. Heute Volkswort vom Elsaß bis Hessen. Lautwandel von th zu s wie in kapores, Schabbes, Schmus.

Zorn M. Mhd. zorn M. N., ahd. zorn N. 'heftiger Unwille, Wut, Beleidigung, Streit' führen mit asächs. agf. torn N. 'Zorn, Belei-

digung', mnl. tor(e)n M., nnl. toorn 'Verunreinigung, Scheidung' auf 'Spaltung' als
Grundbedeutung des westgerm. Subst., das
dem Got. und Nord. fehlt. Das in alter Sprache
vorwiegende neutr. Geschlecht stützt die Vermutung, es liege Substantivierung eines Adj.
vor; dieses erscheint in mhd. zorn, asächs.
agf. torn 'bitter, grausam; schmerzlich, drückend'.
Man sieht darin das alte Part. auf -no zur
Verbalwurzel germ. *ter-, idg. *der- 'schinden,
die Haut abziehen, (ab) spalten' in trennen,
zart, zehren, zergen, zerren, so daß
Zorn über 'Zerrissenheit, Zwist' zu seiner
späteren Bedeutung gelangt wäre. Nahe vergleichbar sind mhd. zar, agf. taru 'Riß', anord.
tara 'Streit', got. distaíran 'zerreißen', af-
taúrnan 'abreißen' (intr.), außerhalb des Germ.
air. dor (aus *dorn) 'Zorn', drenn 'Streit',
kymr. darn 'Bruchstück', gr. δῆρις 'Streit',
serb. ù-dorac 'Angriff', aind. dīrṇá- 'ver-
zweifelt', hettit. tarnāi 'er entläßt', urspr.
'trennt sich von etwas': A. Senn 1932 Journ.
of Engl. and Germ. phil. 31, 423. Als begriff-
liche Parallele bietet sich russ. razdor 'Streit,
Hader'.

Zosse(n) M. 'Pferd', in Berlin 'alter
Droschkengaul', sonst auch Sosken, Süßchen,
Sus: durch das Rotwelsche vermittelt aus hebr.
sûs 'Pferd'.

Zote F. begegnet vor Ende des 15. Jh. in
den Nürnb. Fastnachtspielen 1, 187. 375 Keller,
wird aufgenommen von Luther 1523 Weim.
Ausg. 11, 295, Scheidt 1551 Grobianus V. 278.
4734 und den Schwankbüchern des 16./17. Jh.,
ein Bereich, der die sonst angenommene Entlehnung aus frz. sotie '(unflätiges) Narrenspiel'
unglaubhaft macht. Die noch lange vorwiegende
Schreibung zotte legt Zus.-Hang mit Zotte[1]
nahe: frühnhd. zot(t)en (fast immer im Plur.)
sind die Haare an den menschl. Geschlechts-
teilen, zotten reißen erlangt im derbsten Um-
gangston die Bed. 'etw. Unflätiges tun'; die
Beziehung auf das geschlechtl. Gebiet bleibt den
späteren Bed. 'unanständiger Spaß, Streich,
Erzählung davon'. Zum Bed.-Wandel vgl.
Flause.

Zotte[1], Zottel F., mhd. zot(t)e M. F.
'Haarzotte, Flausch', ahd. zot(t)a, zata F.,
zotto M. 'juba'. Da das Wort fast nur im
Plur. steht, war das Geschlecht oft nicht zu
erkennen. In andern germ. Sprachen nur M.:
nd. tot 'Zotte', nl. todde 'Fetzen, Lumpen',
engl. tod 'Busch, Wollgewicht', anord. toddi
'Büschel, Bißchen, Gewicht für Wolle'. Über
die Vorgeschichte von germ. *toddōn ist nichts
Sicheres bekannt. Aus dem Germ. entlehnt
ist ital. tattera 'Gerümpel, Plunder', aus dem
Hd. stammen ital. zazz(er)a 'langes Haupt-

haar', vielleicht auch zatter(a), span. zata(ra)
'Floß'.

Zotte[2] F. 'Gefäßmündung', ein Wort der
südwestdt. und md. Mundarten, gleichbed. nd.
tût, tüt, teute 'Ausguß, Röhre', mnl. tute,
nnl. tuit. Offenbar ein altes Wort; s. Tüte.

zotteln schw. Ztw., frühnhd. zodeln 1464
Fontes rer. Austr. 44, 195: zu mhd. zoten
'langsam gehen, schlendern'. Außerhalb des
Deutschen entspricht engl. tottle, toddle, totter
'wackeln, watscheln'. Der nachlässige, unsichere,
unschlüssige Gang des Menschen wird dem Hin-
und Herbaumeln der Behaarung von Schafen
und dgl. verglichen, insofern zu Zotte[1].

zu Präp. Adv., mhd. zuo, md. zū; ahd.
zuo, zua, zō ist wesentlich Adv. Vgl. asächs.
tō, nl. toe, afries. agf. tō. Neben das germ.
*tō als urspr. Adv. stellt sich eine germ. Präp.
*ta, ahd. za, zi, asächs. ti 'zu'. Adv. und Präp.
vereinigen sich in einer idg. Grundform *dŏ, *dĕ.
Außerhalb des Germ. sind verwandt aslav. do
'bis, zu', ostlett. da 'bis, zu', altlit. und ostlit.
Präverb da- 'heran-, hinzu-', alat. en-do,
in-du 'in', gr. -δε (z. B. οἰκόνδε 'nach Haus'),
avest. -da (z. B. vaēsmən-da 'zum Hause'). —
Nhd. zu, engl. too 'allzu' ist nichts andres als
die Vorsilbe zer- (s. d.), die in ältester Form
mit und ohne r erscheint: T. Johannisson 1939
Verbal ock postverbal partikelkomposition,
Kap. 5.

Zuber M. mhd. zuber, ahd. zubar, zuibar,
zuuipar 'tina, amphora'. Diese Bed. machen es
unmöglich, Zuber als frühe Entlehnung aus
lat. tubus zu erklären, denn das bedeutet
'Röhre'. Man wird 'zweiträgiges Gefäß' als
Grundbed. und einbar (s. Eimer) als
Gegenwort ansehen dürfen.

Zucht F. mhd. ahd. zuht, asächs. tuht, afries.
tocht, agf. tyht, engl. tight: westgerm. Verbalabstr. auf -ti zu ziehen (wie Flucht zu
fliehen). Got. us-taúhts F. 'Vollendung' (zu
uistiuhan 'vollenden') darf als ostgerm. Sonderentwicklung gelten; anord. tykt mit schwed.
tukt und dän. tugt beruht auf Entlehnung aus
dem Mnd. Die Bed. des Verbalsubst. geht
aus vom Ziehen als urtüml. Geburtshilfe bei
Haustieren; von da wird Zucht die vom
menschl. Besitzer beeinflußte Fortpflanzung des
Viehs (Paarung, Ernährung, Pflege), weiterhin ausgedehnt auf Pflanzen sowie Ernährung und Unterhalt von (jungen) Menschen.
Dem germ. *tuhti- steht von den außergerm.
Verwandten am nächsten lat. ductiō 'Führung'.
— S. Zug.

züchten schw. Ztw., mhd. zühten, ahd.
zuhten, -ōn: Ableitung von Zucht in seiner
wirtschaftl. Hauptbed., somit wesentl. von der

planmäßigen Aufzucht bestimmter Arten von Tieren und Pflanzen.

Zuchthaus N. erscheint zuerst bei Kasp. Scheit 1553 Fröhl. Heimf. 2845 als 'Erziehungsanstalt'. Seit dem 17. Jh. werden nach dem Vorbild des nl. tuchthuis (dies seit 1598) Anstalten errichtet, die Leichtfertige und Haltlose durch Zucht und Arbeit bessern sollen. Da diese Häuser auch als Gefängnisse dienten, zeigt Zuchthaus als milder Ausdruck für eine harte Sache seit Schottel 1641 Sprachkunst 119 diese Bed., die vorher Raspelhaus getragen hatte.

züchtig Adj. mhd. zühtec, ahd. zuhtig. Urspr. vom Ergebnis einer guten Zucht, das sich vor allem in Selbstbeherrschung und Mäßigkeit zeigt, später eingeschränkt auf geschlechtliches Verhalten.

züchtigen schw. Ztw. mhd. zühtegen 'strafen': zu züchtig wie gleichbed. lat. castigare zu castus (s. kasteien).

Züchtiger M. mhd. zühteger, -iger 'Büttel, Henkersknecht', sodann 'Scharfrichter' (der auch den Staupbesen schwang): wesentlich ein Wort des Südostens, das vom 14. bis 17. Jh. nordwärts bis zur Nordgrenze Böhmens und zur Mainlinie, nach Westen bis Schwaben galt. E. Angstmann 1928 D. Henker in d. Volksmein. 60 f.

Zuchtwahl F. Aus dem von Darwin 1859 in seinem 'Origin of species' geprägten Schlagwort natural selection wird bei seinen Übersetzern (zuerst bei Bronn 1860) (natürliche) Zuchtwahl. An der Einbürgerung sind J. V. Carus, D. Fr. Strauß, Gutzkow und Haeckel beteiligt: O. Ladendorf 1906 Schlagwb. 214 f.

Zuck M. mhd. zuc (Gen. zuckes), mnd. tuck 'kräftiges Ziehen, Ruck'. Vor 1350 von Mystikern wie Herm. v. Fritzlar (Dt. Myst. 1, 75 Pfeiffer) in der Bed. 'Verzückung' rückgebildet aus zucken, s. d.

zucken, **zücken** schw. Ztw., ahd. zucchen, zucken (aus *zukkjan), mhd. zucken, zücken, mnd. mnl. tucken, afrief. tetzia 'sich zueignen', mengl. tukken: westgerm. Intensiv-Bildung zu ziehen, s. d. Grundbed., von der alle weitere Verwendung ausgeht, ist demgemäß 'heftig ziehen'. Auf Geistiges übertragen sind die Zus.-Setzungen ent-, verzücken, mhd. en-, verzücken 'fortreißen, entrücken'.

Zucker M. Aind. śárkarā, prakrt. sakkara 'Sand- oder Körnerzucker' ergibt perf. šäkär. Daraus stammen einerseits gr. σάκχαρον, lat. saccharum, ruff. sáchar, rumän. zahar (f. Sacharin), andererseits arab. sukkar. Von den Mauren, die in Spanien Zuckerrohr bauten, gehen span. azúcar, portug. açucar aus. Von Sizilien bringt ital. zucchero nordwärts und ergibt mlat.

zuccarum, zuccara. Über die Alpen kommen Wort und Ware im 12. Jh. nach Oberdeutschland und erscheinen als cuccer, zuccer, zuker Ahd. Glossen 3, 532. 569. Wolframs Parz. 50, 16 und Willeh. 88, 2 zeigen zucker als allbekannt. Vom Hd. übernehmen Nd. und Nord. sukker. Über frz. sucre entstehen mnl. suker, nnl. zuiker, wfrief. süker, mengl. sucre, engl. sugar.

Zuckerkand(el) M. 'Zucker in Kristallform', frühnhd. zuckerkandi(t) seit dem 15. Jh. Gebucht zuerst von Dasypodius 1537 als zucker Candel: aus mlat. succurcandi, dessen zweiter Teil über arab. qand 'eingedickter Zuckersaft' aus aind. khanda M. N. 'Stück, Teil' stammt, f. Kandiszucker.

zuerst Adv. mhd. zērist, ze ērest, ahd. zi ērist, nd. to ērsten 'zum ersten Mal': Zus.-Rückung der Präp. zu mit der Ordnungszahl. S. erst und Behaghel 1928 Dt. Synt. 3, 170.

Zufall M. mhd. zuoval, mnd. toval, nl. (seit 1598) toeval: Lehnübersetzung des gleichbed. lat. accidens N., Part. von accidere (aus ad 'zu' und cadere 'fallen'). Anord. tilfall, -felli, schwed. tilfälle, dän. tilfælde sind dem Mnd. nachgebildet. Der Gebrauch des mhd. zuoval beginnt mit Tauler († 1361) Pred. 58 Vetter und Seuse († 1366) Dt. Schriften 162 Bihlmeyer: der theol. Sprachgebrauch dieser Mystiker folgt dem logischen des scholastischen accidens und accidentia.

zufrieden Adj., aus Präp. und Dativ zusgerückt wie ab-, vorhanden, behende, mhd. mit vride. Ihren urspr. Sinn zeigt die präp. Gruppe vor Verben der Richtung wie stellen oder bringen: Luther, Weim. Ausg. 33, 107 „da bistu sicher und kanst dein hertz zu frieden setzen". Daran schließt präd. Stellung der Gruppe neben sein mit Festigung einer selbständigen Bed.: Kirchhof, Wendunmut 2, 137 „des waren sie sämptlich zufrieden". Von hier geht der Gebrauch als attr. Adj. aus, flektiert kaum vor Brockes 1747 Jrd. Vergn. 8, 56 „Hier sitz' ich in zufriedener Stille".

Zug M. mhd. zuc (g), ahd. zug, in Zusammensetzungen -zugi, mnd. toch, töge, mnl. toghe, töghe, nnl. teug, agf. tyge, mengl. tige führen auf westgerm. *tuga-, *tugi-: Verbalabstr. zu ziehen (wie Flug zu fliegen). Alle Bedeutungen gehen von Tätigkeit und Vorgang des Ziehens aus. Das in alter Zeit dürftig bezeugte M. (es fehlt z. B. in Notkers Boethius und Hartmanns Iwein ganz) hat sich bef. seit dem 18. Jh. reich entfaltet. Auffällig ist dabei die Berührung mit frz. train ('Reihe von Menschen, Tieren, Bahnwagen') und trait ('Handlung des Ziehens, Trinkens, im Spiel, in Gesicht und Charakter'). S. Zucht.

Zugang M. mhd. zuoganc, ahd. zuogang: Lehnübersetzung des lat. aditus. Aus dem 'Hinzugehen' als Handlung ist einerseits die 'Stelle, an der man ins Haus oder Zimmer tritt' geworden, anderseits der 'Stoff, der hinzugekommen ist'. S. Eingang.

Zügel M. Mhd. zügel, md. zugel, ahd. zugil, zuhil (Notker zuol), mnd. nd. tögel, mnl. togel, nnl. teugel, agf. tygel, mengl. tüzel, anord. tygill, norw. schwed. tygel, dän. tøile führen auf germ. *tugila-: zur Tiefstufe des st. Ztw. ziehen (f. d.) mit -ila- gebildet, der Endung der männl. Gerätnamen (vgl. Beutel[1], Griffel, Gürtel, Schlegel, Schlüssel, Stuhl, Würfel), somit Gerät zum Ziehen'. Eingeführt, als man lernte, dem Zug- und Reittier ein Seil durchs Maul zu ziehen, um es zu lenken. Derselben Zeit gehört Zaum an, zum gleichen Ztw. gebildet, doch in einer Weise, die früh undurchsichtig wurde. Als darum ein metallenes Gebiß mit daran befestigtem Zugseil den alten Lenkriemen ersetzte, wurde das durchsichtig gebliebene Zügel auf 'Zugseil' beschränkt. Die mhd. noch nicht völlig durchgeführte Sonderung steht für das Nhd. von vornherein fest; auf ihr beruht aller neuere Gebrauch, auch der bildliche. Ein drittes Synonym, ahd. mhd. brîdel, mnd. nnl. breidel, agf. brigdels, engl. bridle, ist im Frühnhd. untergegangen: K. v. Bahder 1925 Wortwahl 72f.

Zuhälter M. „Mit einem zuhalten" zielt seit dem 15. Jh. auf das außereheliche Verhältnis eines Frauenzimmers mit einem Mann. Demgemäß tritt Zuhälterin F. in Frankfurt a. M. schon 1498 als 'Dirne' auf: K. Bücher 1914 Die Berufe d. St. Frankfurt 58. Dagegen gehört Zuhälter M. 'großstädt. Dirnenbeschützer' weder der Volks- noch der Verbrechersprache an; es mag vor Mitte des 19. Jh. von der Polizei geprägt sein, bei dieser seit Avé-Lallement 1856 Dt. Gaunerthum 2, 10 geläufig.

zuhand Adv. mhd. zehant, mnd. tohant, tohandes, westnd. nl. thans 'sogleich', urspr. 'bei der Hand': einer der vielen adv. Ausdrücke, die im Dt. mit Hand gebildet sind (f. ab-, vorhanden, behende). Im 16. Jh. noch häufig, schwindet z. seit Opitz aus dem Nhd. und wird von Teller 1794 Vollst. Darst. d. dt. Spr. in Luthers Bibelübers. 1, 171 veraltet genannt. Uhlands Belebungsversuch ist erfolglos geblieben.

Zukunft F. mhd. zuokumft, ahd. zuochumft, mnd. tökumst, -komst, mnl. toecomste, nnl. toecomst. Dafür agf. tōcyme M. Als Ableitung von zukommen 'herankommen' war 'Heran-, Ankunft' im räuml. Sinn die Hauptbed. bis ins Frühnhd., doch begegnet zeitl.

Bed. vereinzelt schon im Spätmhd. Noch weiter reicht das Adj. zukünftig 'futurus' ins Mhd. zurück. Entspr. hat bei Gegenwart und Vergangenheit das Subst. erst nach den Adj. zeitl. Bed. angenommen; überall wirkt die Philosophie des 18. Jh. entscheidend (wie auch für frz. avenir und engl. future). Als Ersatz für (tempus) futurum im gramm. Sinn steht von Gueintz 1641 bis Gottsched 1762 „die zukünftige Zeit" (Zf. f. d. Wortf. 15, 62), Zukunft kaum vor K. Ph. Moritz 1782 Sprachl. 442.

Zukunftsmusik F. Rich. Wagner veröffentlicht 1850 eine Schrift „Das Kunstwerk der Zukunft". Daraus erwächst in den Grenzboten 1853 II 2, 230 das Hohnwort Zukunftsmusiker und in einem Brief Ludw. Spohrs vom 26. Nov. 1854 Zukunftsmusik, das Grillparzer 1856 öffentlich gegen Wagner richtet, der es 1861 aufnimmt: Zf. f. d. Wortf. 5, 125; Ladendorf 1906 Schlagwb. 352 ff.; Büchmann 1912 Gefl. Worte 242 f.

Zukunftsstaat M. zuerst bei A. Meißner 1849 Revol. Studien aus Paris 1, 139 „Der Zukunftsstaat wird der Staat der Gleichen sein', also wohl ein Schlagwort der Februarrevolution von 1848. 1872 von Berliner Sozialdemokraten aufgenommen, von ihren Gegnern sofort verhöhnt: O. Ladendorf 1906 Schlagwb. 354 f.

zuletzt Adv. entstanden aus Zus.-Rückung der Präp. zu mit dem Superl. des Adj. laß, demgemäß ahd. zi lazost, zi lezzist, mhd. ze lezist, ze leste (wie afries. tolesta, engl. at last). Die Formen zü lest, ze lest sterben mit Nikl. v. Wyle 1478 Transl. 13. 155 Keller aus; fortan gilt zuletzt, das auch mit Schreibungen wie zletst Fischart 1573 Flöhaz 13 gemeint ist. Vgl. laß, letzt, zuerst.

Zulp M. 'Lutschbeutel der Kinder', aus obersächs. und thür. Ma. seit Amaranthes 1715 Frauenz.-Lex. 2165 in die Schriftsprache gelangt. Aus Leinwandresten gefertigt, demgemäß zu mundartl. Zulpen Plur. 'Abfall des gebrechten Flachses; zerrissene, zerlumpte Kleider; verwirrtes Haar', die Hertel 1895 Thür. Sprachschatz 266 aus versch. Ma.n Thüringens beibringt.

zumal Adv. Konjunkt., mhd. ze mâle, mnd. tö mâle, Aus der Grundbed. 'in dem Zeitpunkt' ist schon mhd. die engere 'in demselben Zeitpunkt' hervorgegangen, die als 'zugleich' auch auf räuml. Zusammensein ausgedehnt wird. Seit dem 17. Jh. leitet zumal ein besonders wichtiges Satzglied ein: wenn von einer Gruppe („die Junggrammatiker, zumal Sievers") das Dabeisein eines darin ohnehin enthaltenen Glieds ausgesagt wird, so ist dieses dem Redenden besonders wichtig. Zur Konjunkt. wird zumal durch Auslassung eines urspr. folgenden da, weil, wenn: Behaghel 1928 Dt. Synt. 3, 353 f. S. Mal.

zünden schw. Ztw., mhd. zünden 'in Brand setzen', ahd. zunten (aus *zuntjan) 'entzünden'; daneben mhd. zunden 'brennen, leuchten', ahd. *zuntēn 'in Brand sein, glühen'; vgl. got. tundnan 'entzündet werden', tandjan 'anzünden', mhd. enzenden, agf. tendan, tyndan, engl. mundartl. teend, tind 'entzünden', anord. tend(r)a, schwed. tända, dän. tænde. Daneben ein st. Ztw. in mhd. zinden 'brennen, glühen'. Die gleiche Ablautstufe (urgerm. *tënd-) liegt vor in anord. tinna (*tëndnōn) 'Flintstein', agf. tinnon 'brennen', ahd. zinsilo, -lōd 'Zunder', zinsilōn 'machinari'. Neben got. tandjan 'anzünden' stellt sich ahd. zantaro, mhd. zander 'glühende Kohle', anord. tandri 'Flintstein, Feuer, Funken'. Weitere Beziehungen sind unsicher.

Zunder M. 'mulmiges Holz, getrockneter Baumschwamm zum Feuerfangen', mhd. zunder M. N., ahd. zunt(a)ra F., mnd. tunder, nl. tonder, agf. tynder, engl. tinder, anord. tundr, schwed. tunder, dän. tonder. Daneben begegnen gleichbed. Formen auf -l: mhd. zundel, zündel, ahd. zuntil, nl. tondel. Beide zu zünden, f. d. Zundel, Zündel, Zindel; Zundler, Zündler, Zunderer als Fam.-Namen sind mittelbare und unmittelbare Berufsbezeichnungen dessen, der Zunder im Wald sammelt. Afrz. tondre 'Zunder' beruht auf Entlehnung aus dem Germ.

Zunft F. mhd. zunft, zumft, ahd. zumft; eine zunächst obd., tiefstufige Ableitung zu zëman (f. ziemen), mit Einschub eines f zwischen m und t (vgl. Kunft, Vernunft, Ranft). Das Suffix -ti (got. -þi) bildet Verbalabstrakta. Grundbed. ist somit 'Schicklichkeit, Gesetzmäßigkeit', Gegenteil das dem Hd. nachgebildete afächf. missetumft 'Uneinigkeit, Zwist'. Über 'Regel, nach der eine Genossenschaft lebt' entsteht im 13. Jh. die Bed. 'Verband von Handwerkern' (vgl. Orden in seinem Verhältnis zu lat. ordo), in der sich das Wort über Mitteldeutschland bis an die Küste ausdehnt und über die Schweiz als chomffe in roman. Mundarten gelangt. Mlat. Urk.-Sprache kennt es als zunfta 'monopolium, collegium'.

Zunge F. mhd. zunge, ahd. zunga, afächf. anfr. anord. schwed. tunga, nl. afriej. agf. dän. tunge, mnl. tonghe, nnl. tong, engl. tongue, got. tuggō vereinigen sich auf germ. *tungōn. Die Endung ist nur germ. Dieselbe Wurzel idg. *dṇg̑hu- setzt alat. dingua voraus; lat. lingua hat l- nach lingere 'lecken'. Demnächst vergleichen sich toch. A kāntu, B kantwa, beide mit Umstellung aus *tank-, das wieder

auf die gleiche idg. Wurzel zurückführt. Lautlich nicht glatt zu vermitteln sind gleichbed. akorn. tauot, mkymr. tafawt ufw., apreuß. insuwis, lit. liežùvis (l- nach liēžti 'lecken'), aslav. językŭ, aind. jihvá, juhú, aveft. hizvā, hizú, nordarisch bišān, mperf. zuvān, uzvān: man rechnet mit tabuierenden Entstellungen der Grundform, die in gr. γλῶττα (ursprünglich 'Spitze') völlig aufgegeben ist. Die abgeleiteten Bedeutungen 'Landzunge' und 'Sprache' sind uralt.

zunichte Adv. Die offne Gruppe mhd. ze nihte 'zu nichts' (f. nicht) erwuchs in den frühnhd. beliebten Verbindungen mit machen, werden, sein, gehen u. a. zur Worteinheit.

zünseln schw. Ztw. 'mit Licht und Feuer spielen': zu ahd. zinsilo 'Zunder' als Wort der Mundarten des obd. Westens. Dazu Zünsler M. 'Lichtmotte, Phalaena pyralis', auch 'Nachtgespenst' von Bayern bis zur Schweiz seit dem 16. Jh.

zupfen schw. Ztw. nicht vor dem 15. Jh., vorher (wie obd. noch) zopfen: Ableitung zu Zopf (f. d.) in der Bed. 'Büschel'. Grundbed. '(Flachs, Hanf) raufen': das Ziehen in kurzen Absätzen, zwischen Zeigefinger und Daumen, wird beim Fimmeln (f. Fimmelhanf) geübt.

zurecht Ad. Ahd. zi rëhte, mhd. ze rëhte, nd. te rechte (f. recht) gehen von der Rechtssprache aus und bedeuten 'gebührend, geziemend'. Entspr. gilt z. noch bei Opitz 1624 Poeterei 5 Ndr. „Kan mir also niemand zue rechte vbel deuten, das …" Seit Luther erscheint z. verbunden mit bringen, finden, kommen, legen, machen. Hier überall liegt die Vorstellung des rechten Wegs zugrunde, aus der sich die der rechten Zeit, Lage und Ordnung entwickelt. Aus dem Hd. gelangt der neue Sprachgebrauch ins Nd. und M.; Lehnübersetzungen sind dän. tilrætte und schwed. tilrätta.

zürnen schw. Ztw., ahd. zurnen, zornōn, mhd. zurnen, zürnen, md. zornen, mnd. mnl. tornen 'zürnen': abgeleitet aus Zorn (f. d.), als dieses schon seine endgültige Bed. erlangt hatte. Mhd. ü der Ableitung steht gegen o des Grundworts wie bei Bürge, dürr, Fülle, gülden, knüpfen, künftig, Lücke, Tür.

zurren, älter forren schw. Ztw. 'Anker, Boote, Spieren feftbinden': im 19. Jh. in die dt. Seemannsspr. entlehnt aus gleichbed. nl. sjorren, das wohl auf frz. serrer 'binden' zurückgeht: Kluge 1911 Seemannsspr. 845.

zurück Adv. ahd. mhd. ze rucke, md. zurücke, mnd. to rugge, nnd. torüch, nl. terug. In der alten Bed. 'auf den Rücken' sind Präp. und Subst. als solche deutlich. Die geltende Bed., die im Mhd. von hindersich und (üf) höher getragen wurde, bereitet sich seit dem 12. Jh. vor (Rolandsl. 289, 5 ja muose vor ime wenken der haiden al zerucke), ist aber erst im 17. Jh. durchgesetzt. Gleichen Gang nehmen schwed. til baka, dän. til bage, fries. to bek, engl. back. In jüngeren substantivischen Zus.=Setzungen steht rück=, s. d.

zusammen Adv. mhd. zesam(e)ne, ahd. za-, zisamane, asächs. tesamne, afries. tosamone, agf. tozemen, agsf. tosamne: westgerm. Verdeutlichung des gleichbed. germ. *samana (s. sammeln, samt). Dän. norw. tilsammen, schwed. tilsamman beruhen auf Lehnübersetzung des mnd. tosamene.

zuschanzen schw. Ztw. Zu Schanze¹ F. 'Glückswurf' gehört das schw. Ztw. spätmhd. frühnhd. schanzen 'sein Glück im Spiel versuchen'. Dazu im Kartenspiel des 16. 17. Jh. zuschanzen '(dem Mitspielenden) heimlich einen ungehörigen Vorteil zuwenden'. Bildlich schon 1542 Schades Sat. 1, 55, 41 Können im noch wol hülf und rat zuschanzen.

züsseln schw. Ztw. 'rupfen, schütteln': Verkl. zu zausen (s. d.) in md. Mundarten von Hessen bis Ostpreußen, nirgends alt.

Zustand M. spätmhd. zuostant, mnd. mnl. töstant, mnl. toestand. Dän. tilstand und schwed. tillstånd sind Nachbildungen des dt. Worts. Dieses ist Verbalabstr. von zustehen in dessen wechselnden Bedeutungen, erscheint seit dem 17. Jh. für Staat und Stand, entwickelt sich weiter von der sachlichen Bedeutung des äußeren status der Dinge, den man beobachten und feststellen kann, zur einheitlichen Bezeichnung alles dessen, was das Dasein des Menschen für sein Gefühl bestimmt. Goethe schilt Weim. Ausg. 4, 23, 164 in seinem Brief an B. G. Niebuhr vom 23. Nov. 1812 Zustand, das er sonst reichlich verwendet, ein albernes Wort, weil nichts stehe, alles beweglich sei. Die heutige Beliebtheit von Zustand beruht auf dem Bestreben, sich die Fülle der Vorgänge begrifflich zum Gegenstand zu machen: Zs. f. dt. Wortf. 2, 317. 3, 157. 8, 300.

Zuversicht F. ahd. zuofirsiht, md. züvorsiht, mnd. töversicht, mnl. toeversicht. Mit Sicht zu (sich zu jem. ver=)sehen, daher schon bei Notker 'Vertrauen (auf Gott)'.

zuvor Adv. Konjunkt. Eine westgerm. Bildung spiegelt sich in agf. toforan, afries. tofara, asächs. teforan. Sie lebt fort in mnd. tovoren und erreicht über md. zuvorn das Frühnhd. im Voc. ex quo (Eltvil 1472) zuvorn abante. Damals tritt Angleichung an das Adv. vor ein. Als Konjunkt. leitet zuvor temporale Nebensätze ein wie bevor; s. d. und Behaghel 1928 Dt. Synt. 3, 354. — zuvorkommen,

frühnhd. vorkommen, ist wohl Lehnübersetzung des lat. praevenire.

zuwege Adv. Mit ahd. zi wëge, mhd. ze wëge 'auf dem (rechten) Weg' fällt unser Adv. nur in einem Teil seines Gebrauchs zusammen. Zum andern ist es im 15. 16. Jh. aus der Wendung „etwas zu Wege bringen" in die Bed. 'zurecht, fertig' überführt. Kerngebiet seiner Verbreitung ist bis heute das Alem. Nhd. ist es seit dem 18. Jh. kaum mehr üblich.

zuweilen Adv. frühnhd. zů wylen seit Niederer 1493 Rhetorik d 1ᵃ. Erst als das mhd. Adv. wilen(t) (s. weiland) die Vorstellung einer längeren Dauer in der Vergangenheit angenommen hatte, wurde es durch zuweilen (und bisweilen, s. d.) abgelöst. Mhd. under wilen, das sehr passend die einzelnen Augenblicke innerhalb eines als dauernd gedachten vergangenen Zeitraums bezeichnet, hält sich als unterweilen bis zum Ende des 17. Jh.

zuwider Adv. Adj. Das im Mhd. noch fehlende Adv. tritt zuerst als mnd. toweddern auf und bringt im 16. Jh. von Norden her ins Hd., zunächst in der die Herkunft verratenden Form zuwidern. Die Bildungsweise erinnert an das ältere zugegen, mhd. zegegene, dem zuwider auch in seiner alten Bed. 'entgegen' gleichkommt. Die Entwicklung zum präd. Adj. (Schiller: „das Glück war uns zugegen") ist jung. Attr. Adj. („ein zuwiderer Kerl") ist z. nur landschaftlich geworden.

zwacken schw. Ztw., mhd. zwacken 'zupfen, zerren': im Ablaut zu zwicken (s. d.) mit diesem gemeinsam in gleicher lautsymbol. Bed. entwickelt, die vom Zupacken und Kneifen mit Zange, Fingern oder Zähnen ausgeht.

zwagen st. Ztw. Ahd. dwahan, mhd. dwahen, twahen, asächs. thwahan, mnd. dwagen, mnl. dwaen, agf. þwëan, anord. þvá führen auf gemeingerm. *þwahan, das auf das mit Lauge angesetzte warme Bad zielt, vgl. anord. þwætti 'Lauge'. Im Hd. hält sich das im 14. Jh. zu zwagen (s. zwerch=, zwingen) entwickelte Ztw. in der dem alten Brauch nahestehenden Anwendung auf Haupt= und Haarpflege literar. bis ins 18. Jh., sonst ist es außer in obb. Mundarten vor baden und waschen zurückgewichen, doch s. Zwehle und v. Bahder 1925 Wortwahl 75 f. Urverwandt ist allein apreuß. twaxtan 'Badequast'. Auf Entlehnung aus dem Germ. beruht die roman. Sippe von ital. tovaglia, frz. touaille (engl. towel) 'Handtuch'.

Zwang M. ahd. (selten) thuang, häufiger githuing, mhd. dwanc, twanc, häufiger getwanc, mnd. dwank: Verbalabstr. zu zwingen (s. d.) in dessen Grundbed. '(mit der Faust) zus.=pressen'. Von da auf die Beschwerden des Leibs, bes. der Verdauung gewendet: mhd. des 'ibes twanc, frühnhd. zwang des stûlgangs Verstopfung'; so auch Zus.-Setzungen wie Harn-, Huf-, Zahnzwang. In neuerer Sprache überwiegen die geistigen Bed. 'Nötigung, gegen die man sich nicht wehren kann' und 'Einwirkung äußerer Gewalt'.

zwängen schw. Ztw. ahd. dwęngen, mhd. twęngen neben ahd. mhd. zwangen, zwęngen: Faktitiv zum st. Ztw. zwingen, demgemäß 'Zwang anwenden'. Körperl. Bed. wie 'klemmen, kneifen, pressen' bleiben im Vordergrund; Übertragung auf 'belästigen, nötigen' entwickelt zuerst mnd. dwęngen.

zwangläufig Adj. geprägt von F. Reuleaux 1875 Theoret. Kinematik S. 90 „Das ruhende Element hält dann das bewegliche gleichsam gefangen, ihm alle Bewegungen bis auf eine einzige verwehrend, es also bei überhaupt eintretender Bewegung zwingend, sich mit seinen Punkten in bestimmten Bahnen zu bewegen; das Körperpaar kann demnach dann als ein zwangläufiges bezeichnet werden"; das. S. 597 „der von mir gewählte Ausdruck zwangläufig hat rasch Aufnahme gefunden". Er wird gern auf menschliche Entwicklungen, Erwägungen usw. übertragen (G. Rosenhagen 1933 DWb. 16, 942), gelegentlich auch mißbraucht (Mutterspr. 44, 87). Hauptanwendungsgebiet ist die Technik geblieben, die von zwangläufig verbundenen Teilen und zwangläufigen Bewegungen spricht.

zwanzig Zahlwort westgerm. Alters: mhd. zweinzec, zwênzic, ahd. zweinzug 'zwei Zehnheiten'; vgl. asächs. twêntig, nd. nl. twintig, afries. twintich, ags. twêntig (aus *twêgentig: Horn 1923 Sprachkörper 106f.). Zum zweiten Wortglied s. -zig; das erste ist der Nom. Plur. Mask. *zweine (ahd. zwên-e), s. zwei. Die alte Länge ist vor Doppelkons. gekürzt, dabei steht für altes ei das früher häufige zwenzig (wie in elf aus mhd. einlif), für altes ai die zunächst mundartliche Form zwanzig, die aus bisher unaufgeklärten Gründen im 17. Jh. schriftsprachlich geworden ist. Die gleichbed. ost- und nordgerm. Bildungen sind got. twai tigjus, anord. tuttugu.

zwar Adv. Konjunkt. mnd. zwâr, mhd. zwâre, älter ze wâre, ahd. zi wâre: zum subst. Adj. mhd. wâr N. 'Wahrheit', somit urspr. 'in Wahrheit' (vgl. fürwahr, mhd. vür wâr 'wahrlich'). An das Adv., das die Wahrheit des Gesagten erst bestätigt, dann einräumt, schließen sich Einwände. Wie allerdings, freilich, gewiß, ja, schon, wohl wird das der Anerkennung dienende Adv. zuerst im Mnd. zur Konjunkt., die ein Satzglied einführt, dessen Inhalt anerkannt wird, obwohl ein damit verknüpftes Satzglied gegen dessen Bestehen

zu sprechen scheint: Behaghel 1928 Dt. Syntax 3, 49. 354.

Zweck M. ahd. zwëc 'Nagel', mhd. zwëc, Gen. zwëckes 'Holznagel; Pflock inmitten der Zielscheibe'. Von hier aus wird in der Zeit der Armbrust- und Büchsenschießen, beginnend im 15. Jh., Zweck zum Ziel des Schießens, weiterhin (noch vor Ende des 16. Jh.) zum Ziel jeder Bemühung. Daneben hält sich die Ausgangsbed. in (Reiß-, Schuh-, Schuster-) Zweck(e); vgl. die nächstverwandten zwacken, Zwick, zwicken, mit denen Zweck zur Sippe von Zweig (und zwei) gehört: noch vor der Bed. 'Holznagel' steht somit 'Ast': Rollenhagen 1595 Froschmeuseler 1, 89, 72 Goedeke „(der Rabe) Setzt sich auf ein dürren zweck".

zweckmäßig Adj., das 1776 als „nicht eben alt" bezeichnet wird (Gombert, Bemerkg. u. Ergänzg. 5 S. 6), findet sich literar. zuerst bei Hermes 1778 Sophiens Reise 5, 35. Ihm nachgebildet ist nnl. doelmatig (zu doel 'Schießbahn').

zween s. zwei.

Zwehle F. 'Handtuch'. Zu dem unter zwagen entwickelten st. Ztw. germ. *þwahan gehören got. þwahl, ahd. dwahal 'Bad', anord. þvál 'Seife', ags. þwëal 'Wäsche', die dem Verbalstamm die Endung der neutr. Konkreta idg. -lo, germ. -la zufügen (Kluge 1926 Stammbild. § 89). Dazu mit dem für Kleidungsstücke usw. gebrauchten Suffix germ. -jōn (das. § 81/82b) germ. *þwahljōn F., das sich in ahd. dwahila, dwęhila, mhd. dwähele, dwële, asächs. thwahila, mnl. dwále, dwële, altags. þwehlæ 'Handtuch' spiegelt. Hierzu in gramm. Wechsel gleichbed. mnd. dweil(e), nnl. dweil (aus *þwagila-). Der Anlaut germ. þw, ahd. dw, ist weiterhin zu tw und zw geworden: mhd. twähel(e), nhd. Zwehle (wie zwagen und zwingen); Entwicklung zu qu (Quehle, md. quehele) gehört dem md. Osten an, wo auch mhd. quahen 'waschen', quingen 'zwingen' und quërch 'quer' daheim sind.

zwei Zahlwort mhd. ahd. zwêne M., zwô, zwâ F., zwei N. Allen germ. Sprachen gemeinsam: asächs. twêne M., twô, twâ F., twê N.; ags. twêgen M., twâ F., tû N.; engl. twain, two; anord. tveir M., tvær F., tvau N.; got. twai M., twôs F., twa N. Außergerm. entsprechen aind. dvā(u), avest. dva, alb. dü, gr. δύο, lat. duo, air. dā(u), lit. dù, aslav. dŭva, toch. wu: gemeinidg. Stammform *d(u)uōu M. Bis ins Nhd. des 17. Jh. (Behaghel 1923 Dt. Syntax 1, 427) wurden zween M., zwo F., zwei N. auseinandergehalten, wie in manchen Mundarten bis heute. Verwandte s. u. Geweih, Twiete, zwanzig, Zweifel, Zweig, zweite, zwie, zwier, Zwilling, zwischen, Zwift, zwölf.

zweierlei Adv. Adj. mhd. zweier lei(g)e zwiefacher Art': f. -lei.

Zweifalter M. 'Schmetterling' mhd. zwivalter: umgebildet aus gleichbed. vivalter (f. Falter). Die Form seiner Heimat (H. Fischer 6, 1455) schwebt Schiller 1795 im 'Spaziergang' V. 15 f. vor: „mit zweifelndem Flügel Wiegt der Schmetterling sich über dem rötlichten Klee". Noch weiter geht die Umdeutung in Zwiespalter Schwenckfeld 1603 Theriotropeum Silesiae 547.

Zweifel M., **zweifeln** schw. Ztw. Zur Sippe von zwei gehören (mit gr. δοιή 'Zweifel' und aind. dvayá- 'Falschheit') ahd. zwîvo, zwêho, aſächſ. twêho, mnl. twi(e), agſ. twêo M., anord. tŷja (Grundform germ. *twiwjōn, idg. *dui̯-ii̯ā-) F. 'Zweifel'. Dazu das ſchw. Ztw. ahd. zwêhôn, aſächſ. twêhon, mnl. mi twiet, agſ. twêogan 'zweifeln', urſpr. 'unſchlüſſig, geteilten Sinnes ſein', agſ. twæfan 'trennen'. Im Got. erſcheint tweifls M. 'Zweifel' aus germ. *twî-fla-. Deſſen erſtes Glied gehört zum idg. Stamm *dui- in aind. dvi-pád, gr. δί-πους, lat. bi-pēs, agſ. twi-fēte 'zweifüßig' (ſ. zwie-), das zweite ſtellt ſich zu gr. ά-πλοῦς, lat. simplus 'einfach', gr. δι-πλοῦς, lat. duplus 'zweifach' (ſ. -falt). Das got. Maſk. gelangt mit ſeiner Ableitung tweifljan ſchw. Ztw. 'in Zweifel verſetzen' in die weſtgerm. Sprachen des Feſtlands: ahd. zwîval, mhd. zwîvel, mnd. mnl. twivel, afrieſ. twifil M. 'Zweifel'; ahd. zwîvalôn, mhd. zwîvelen, aſächſ. twîflian, twiflon, mnl. twivelen 'zweifeln'. Auf Entlehnung aus dem Mnd. beruhen dän. tvil (älter tvivl), ſchwed. tvivel 'Zweifel'. Frings 1932 Germania Romana 15 f. 20 f.

Zweifelsknoten M. Schaidenreißer 1537 Odyſſea 81, 25 kennt zweifelknopff 'Doppelknoten'. Weitere Belege dafür bei Weidling 1901 Zf. f. d. Wortf. 1, 234. Zweifelknoten iſt von vornherein unkörperlich gemeint: Zeſen 1645 Ibrahim 1, 101; Stieler (1691) 998 „Zweifelknoten machen . . . ambiguè loqui". Als 'verwirrende, Zweifel veranlaſſende Frage' bucht H. Fiſcher 1924 Schwäb. Wb. 6, 1429 Zweiffelsknot aus Ulm 1646.

zweifelsohne Adv. frühnhd. (16. Jh.) zweifels on: A. Gombert, Bemerkg. u. Ergänzg. 5 (1882) S. 7. Gen. war früher allgemein bei Nachſtellung von ohne, das dann adverb. Charakter hatte (mhd. eines dinges âne ſîn wie: alles valſches eine ſîn 'frei davon'). Das geflügelte Wort „ſo reinlich und ſo zweifelsohne" geht auf L. Wantrup 1865 zurück: Büchmann 1912 Gefl. Worte 242.

Zweig M. mhd. zwîc (-ges), ahd. zwîg N., mnd. twîch (g), mnl. twijch, nnl. twijg. Damit verwandt mhd. ahd. zwî (Gen. zwîes), agſ. twî (Plur. twîgu) N. 'Zweig' ſowie ahd. zwiſila, mhd. zwiſel, weſtfäl. twiſſel und mnd. twêle, twill 'gegabelter Aſt'. Verwandtſchaft mit der idg. Sippe des Zahlworts zwei iſt ſicher: Zweig iſt urſpr. 'Gabelung'. Der Form nach am nächſten ſteht aind. dviká 'aus zwei beſtehend'.

Zweikampf M. als Lehnüberſetzung des lat. duellum zuerſt bei Ph. v. Zeſen 1645 Ibrahim Baſſa 1, 280; daſ. 93 Zweiſtreit, Adr. Roſemund (1645) 72 Ndr. Zwe-ſtreit nach nnl. tweeſtrijd. Die Zeitgenoſſen, voran Harsdörfer 1656 und Grimmelshauſen 1669, nehmen Zeſens Zweikampf um ſo lieber auf, als ſeit dem Abſterben des mhd. einwîc ein dt. Ausdruck für den Kampf zwiſchen zwei Gegnern fehlte.

zweite Ordnungszahl zu zwei, erſt kurz vor Ende des 15. Jh. gebildet (bis dahin galt gleichbed. ander, ſ. d.). Noch nach Luthers Tod erſetzen Nachdrucke ſeiner Bibel Luthers zweiter durch ander: Kluge 1918 Von Luther bis Leſſing 77. Nur ſelten werden in der jungen Ordnungszahl die Geſchlechter unterſchieden: 1782 läßt Schiller die „Vorrede zur zwoten Auflage" ſeiner Räuber drucken, ohne dafür in ſeiner Mundart eine Grundlage zu haben: H. Fiſcher 1924 Schwäb. Wb. 6, 1434.

zwerch- in Zuſ.-Setzungen wie Zwerchfell, -holz, -pfeife, -ſack aus mhd. twërch, dwërch, quërch, ahd. twërh, dwërah 'quer'; vgl. nl. dwars 'quer', agſ. þweorh 'verkehrt', anord. þverr 'quer', got. þwaírhs 'zornig'. Hierzu auch nhd. überzwerch Adj. Adv. (mhd. übertwërch, älter über twërch). Germ. *þwërhwa- weiſt auf eine idg. Wz. *twerk, zu der auch lat. torquēre 'winden' gehört.

Zwerg M., alt auch N., daneben mrhein. oſtmd. Querg, um 1600 oſtmd. Quergel, mhd. (ge)twërc, quërch, zwërc N. (md. auch M.), ahd. (ge)twërg, aſächſ. gidwërg, mnd. mnl. afrieſ. dwërch, nnl. dän. dwerg, agſ. dweorg, engl. dwarf, anord. dvergr, ſchwed. dvärg. Tiefſtufig nd. dorf 'Zwerg', anord. dyrgja (aus *durgi) 'Zwergin'. Der Name bezeichnet zugleich Krankheiten, die man von Zwergen bewirkt dachte: agſ. dweorg 'Krämpfe' wie norw. dvergskot 'Tierſeuche' (vgl. Hexenſchuß; ſo iſt ſchwed. mundartl. vätte 'Wicht' zugleich Krankheitsname; gr. ήπίαλος bedeutet 'Nachtmahr' und 'Schüttelfroſt' zugleich; zur Sache Ilias I 48ff.). Das berechtigt zur Verknüpfung des germ. *þwerza- mit aveſt. drva- (aus *druγva-), dem Namen eines körperlichen Gebrechens, und führt zur idg. Wurzel *dhuergh-:

*dhrugh-. Daneben beſteht die Möglichkeit, die Zwerge als 'Trugweſen' zu deuten und ihren Namen der für Traum und Trug vorausgeſetzten idg. Wurzel *dhreugh- 'trügen, liſtig ſchädigen' zuzuordnen.

Zwetſch(g)e F. Während das nordöſtl. Deutſchland alle Spielarten von Prunus domestica Pflaume nennt, ſcheidet der Süden und Weſten von der im Auguſt reifenden Pflaume die im September reifende, mehr längliche Zwetſch(g)e. Die Formen des Namens ſind bunt, z. B. gilt öſterr. zweſpen, bair. zweſ(p)n; ſchweiz. (z)wätſko, ſchwäb. zwętſk; rheinfränk. quekſt, oberheſſ. quetſ, koburg. quakſtr, thür. oſtmb. quatſge. Dazu ſtimmt die Verteilung der Formen in alter Zeit. Die Spielarten des Anlauts und ihre räumliche Verteilung weiſen auf eine Grundform mit tw- oder dw-. Deren w wird in nordital. und ſüdoſtfrz. davascena greifbar, aber der roman. Ziſchlaut c bleibt allen germ. Formen fremd, auch dem engl. damask plum u. nnl. damastpruin. Damaskus als Ausgangsort iſt altbekannt: Seb. Franck 1534 Weltbuch 201ᵇ „Die Pflomen zu Damasco". Die veredelten Sorten der in Mitteleuropa altheimiſchen Prunus domestica ſtammen aus den pontiſchen Ländern. Ihnen gilt mgr. δαμάσκηνον, deſſen k in Zwetſchke bis heute nachwirkt. Das weiſt auf Einführung von Südoſten; frühe Belege ſichern Wort u. Sache für Siebenbürgen und Schleſien: V. Moſer 1943 Zſ. f. Mundartforſch. 16, 96.

Zwick M. 'Nagel; das Zwicken', mhd. zwic, Nebenform zu zwëc (ſ. Zweck) 'Nagel, Zwicken'. Aus dem Nhd. ſtammt gleichbed. dän. svik.

Zwickel M. mhd. zwickel 'Keil'.

zwicken ſchw. Ztw., mhd. zwicken 'mit Nägeln befeſtigen, einklemmen, zerren': mit ahd. gizwickan, nl. twikken, agſ. twiccian, mengl. twicchen, engl. twitch auf weſtgerm. *twikkjōn zurückzuführen (ſ. zwacken, Zweck, Zwick). Ravellus, Haubtſchlüſſel (Augsb. 1648) nennt zwicken nürnbergiſch gegenüber ſonſtigem klemmen. In neuerer Umgangsſprache reicht zwicken von Öſterreich und Süddeutſchland bis Schleſien, Thüringen und Heſſen; nördlich davon gilt kneifen; pfetzen iſt weſentl. fränk.: Kretſchmer 1918 Wortgeogr. 297 ff.

Zwicker M. Für frz. pince-nez gilt um die Mitte des 19. Jh. die Lehnüberſetzung Naſenzwicker. Daraus verkürzt Zwicker, das im Gebiet des umgangsſprachl. zwicken (ſ. d.) für ſonſtiges Klemmer, Kneifer ſteht.

Zwickmühle F. 'günſtigſte Stellung der Steine im Mühleſpiel' erſcheint wie das zufällig etwas ſpäter bezeugte Fickmühle zuerſt in übertragenem Gebrauch: 1472 Publ. a.

preuß. Staatsarch. 59, 404 von einer polit. Stellung. Luther verwendet Zwickmühle außerhalb der Bibel. In tirol. Weidmannsſpr. ſteht es ſcherzhaft für 'Fuchsbau' (Zſ. f. d. Wortf. 9, 63); ſchwäb. iſt es 'Einrichtung zum Betrügen': H. Fiſcher 6, 1453.

zwie-, mhd. ahd. zwi-, mnd. twe-, nl. twee-, afrieſ. agſ. engl. twi-, anord. tve-, tvī-: die Form, die das Zahlwort zwei als erſtes Glied von Zuſ.-Setzungen zeigt. Entſpr. ſteht in den außergerm. Sprachen aind. dvi-, gr. δι- (aus *δϝ⟨ι⟩-), lat. bi-. S. Zweifel, Zwieback uſw.

Zwieback M. 'zweimal gebackenes Weißbrot': Lehnüberſetzung des gleichbed. ital. biscotto (ſ. Biskuit). Als Zweyback ſeit Wallhauſen 1617 Corp. milit., Tafel 8; die Form Zwiback kaum vor Andreſen 1669 Orient. Reiſebeſchr. 192. Über nnl. tweebak oder mnd. twebak iſt nnord. tvebak vermittelt: als Schiffszwieback ſpielt das Gebäck die größte Rolle: Kluge 1911 Seemannsſpr. 846.

Zwiebel F. Der germ. Sammelname der Zwiebelpflanzen iſt Lauch (ſ. d.), altheimiſch iſt auch gleichbed. Rams, ſ. d. Mit genauerer Scheidung bringt roman. Wortgut in drei Stößen ein. Lat. ūnio ergibt Ünne (ſ. d.), agſ. cīpe 'Zwiebel' beruht auf dem gleichbed. lat. cēpa (aus gr. *κήπη; dies ungedeutet). Große Teile des roman. Sprachgebiets kennen nur Folgeformen von deſſen Verkl. cēpulla; von ihnen hat ital. cipollo (mlat. cipolla) das ahd. cibolla, mhd. zibolle, zibel, ſchweiz. zibele, thür. zippel geliefert. Aus dem Mlat. iſt als Kloſterwort auch mnl. cipel, sipel, chibole, mnd. sipolle, tzipolle, sipel(e) übernommen: Frings 1932 Germania Romana 92. Schon hier wirkt Anlehnung an Bolle (ſ. d.) mit. In ahd. zwibolla (Zſ. f. d. Wortf. 6, 198), mhd. zwibolle ergreift die Umdeutung ('zwieſache, vielhäutige Bolle') das ganze Wort. Nd. tīpel, twiwel beruhen auf jüngerer Umſetzung ins Nd. (ſ. Zins). Das f in dem ſeit mhd. Zeit verbreiteten zwifel entſpr. zu erklären, verbietet ſich, weil es tief in hd. Gebiet greift. Da auch eine geeignete roman. Ausgangsform dafür fehlt, iſt mit der weiteren Anlehnung an ahd. mhd. zwivalt (ſ. zwiefältig) zu rechnen. Geſiegt hat zwibel als Luthers Form (4. Moſ. 11, 5). Dän. svibel iſt aus dem Nhd. entlehnt.

Zwiebelfiſch M. iſt zunächſt die minderwertige Fiſchſorte Alburnus lucidus (H. Fiſcher 6, 1448), die ſchon 1530 im Bild für ungeordneten, geringen Kram ſteht: Seb. Franck, Chron. 3, 603. Wie ein Gewimmel kleiner Fiſche erſcheinen den alten Druckern durcheinandergeratene Lettern, daher (wie ital. pescherello) für 'zuf.=gefallene Stücke Satz' seit Abr. Beier (Jena 1722): Klenz 1900 Druckerspr. 112.

zwiebeln schw. Ztw. 'quälen' seit Chr. Weise 1680 Böse Cath. 125, 27. Eig. 'jemand so behandeln, daß ihm die Augen tränen wie vom Zwiebelsaft' Müller-Fraureuth 1914 Wb. d. obersächs. Ma. 2, 720.

zwiefach Adj., mhd. zwivach 'doppelt'. Zum zweiten Wortteil f. Fach.

zwiefältig Adj., mhd. zwivaltec neben mhd. ahd. zwivalt. S. =falt.

Zwielicht N. erst nhd., gebildet nach nd. twelecht (engl. twilight). Mhd. dafür vereinzelt zwischenlieht.

zwier Zahladv. 'zweimal'. Aus lat. bis, gr. δίς, aind. dviṣ ergibt sich idg. *duis. Dazu erschließt Wh. Horn 1923 Sprachkörper 112 f. unter Hinweis auf anord. tvisvar eine germ. Grundform *twis-wŏr-, die das idg. Adv. durch Zusatz von -var 'mal' (zu aind. vāras 'Reihe, Folge'; vgl. vier, dazu) verdeutlicht. In fortschreitender Verstümmelung ergeben sich aschwed. tyswa, dän. tøsver, tøs, asächs. twī(w)o, mnd. twige, agf. t(w)uwa, mengl. twies, engl. twice, ahd. zwiro(r), mhd. zwi(e)r, md. zwis.

Zwiesel F. 'Gabel(ung)' mhd. zwisel(e), ahd. zwisila 'Gabel, gabelförmiger Zweig', agf. twisla 'Gabelung eines Flusses'. Dazu im Ablaut anord. norw. kvīsl F. 'gespaltener Zweig; Werkzeug mit Spalt; Flußarm'. Unter Zweig sind Sippe und Herleitung des F. entwickelt. Als 'Gabelung im Gelände' ist Zwiesel auch Flur= und Ortsname: B. Eberl 1925 Bayer. Ortsnamen 181.

Zwiespalt M. eine das mhd. zwispeltunge ablösende, nicht vor 1525 nachgewiesene Rückbildung zum Adj. zwiespältig, mhd. zwispeltec, ahd. zwispaltic 'bifidus'. Dies zu zwie= und spalten, f. d.

Zwiesprache F. nicht vor dem 18. Jh. Im Ahd. begegnet mit anders gerichteter Bed. zwisprëhho M. 'bifarius', im Agf. twisprëce Adj. 'doppelzüngig'.

Zwietracht F. spätmhd. zwitraht, md. zwitracht, mnd. mnl. afrief. twidracht. Dazu zwieträchtig Adj., mhd. zwitrehtec: zu mhd. enzwei tragen, mnd. twedragen 'uneins sein' (f. Eintracht). Dän. tvedragt, schwed. tvedräkt sind dem Mnd. entlehnt.

Zwillich, Zwilch M. mhd. zwil(i)ch, ahd. zwilih (hh): Substantivierung des Adj. mhd. zwil(i)ch, ahd. zwilīh 'zweifädig'. Dies ist Lehnübersetzung des gleichbed. lat. Adj. bilīx (zu bi-, f. zwie=, und licium 'Faden'), ebenso agf. twilic (f. Drillich; zur Sache M. Heyne 1903 Körperpfl. und Kleidung 228. 235).

Dän. dvælg (älter dvællik) ist dem Mnd., nnl. zwilk dem Hd. nachgebildet.

Zwilling M. mhd. zwillinc, älter zwinelinc (g), ahd. zwiniling: Ableitung zum Adj. zwinal 'geminus, gemellus', dies zu zwi- 'zweifach' (f. zwie=). Das n ist an l angeglichen wie in elf, Elle, Forelle, Müller, Spille. Dieselbe Angleichung im gleichbed. nnord. tvilling aus ält. dän. tvinling, aschwed. tvinlinger. Auf jüngerer Bildung zum Stamm von zwei beruhen mnd. twēlink, mnl. twēlinc (gh), nnl. tweeling. In entfpr. Bed. engl. twin; daneben mit anderer Bildungsweise mhd. zwiselinc, asächs. gitwiso, mnd. twese(link), agf. getwisa 'Zwilling'. Außerhalb des Germ. vergleicht sich lit. dvynù 'Zwillinge'. Zf. f. dt. Wortf. 2, 210. 4, 209. 5, 275. 12, 130. Vgl. Drell.

Zwing, Twink M. aus mhd. twinc M. 'das Einengende; Gerichtsbarkeit, =bezirk'; nhd. Zwinge F. 'das Einschließende, Zuf.=Drücken- de': mit vielleicht sekundärem Vokalismus im Anschluß an zwingen, f. d. Den wohl älteren Vokalismus zeigen anord. þvengr, schwed. mundartl. tväng 'Schuhriemen', dän. tvinge 'Schuhzwinge; Klemmgerät des Schreiners' (unter dt. Einfluß), agf. þwang (engl. thong) 'Riemen', mnd. dwenge 'Stockzwinge, Fang- eifen': germ. *þwangi-.

zwingen ft. Ztw., mhd. twingen, älter dwingen, ahd. dwingan, urfpr. thwingan 'drängen, unterdrücken, besiegen', asächs. thwingan, anord. þvinga, dän. tvinge, nl. dwingen, afrief. thwinga; vgl. Zwang. Wahrscheinlich ist eine germ. Wz. *þwëng aus idg. *tuen'h anzusetzen; außergerm. entspräche dann avest. θwaz-jaiti (aus idg. *tuengh-ske-ti) 'gerät in Bedrängnis'. Unsicher ist die Zugehörigkeit von ahd. dühen, mnl. duwen 'bedrängen, drücken', anl. bethüwen 'niederdrücken', die auf germ. *þuhian weisen können und möglicherweise mit aind. tvanakti 'zieht zusammen', gr. σάττω (aus idg. *tunk-jō) 'bepacke, drücke fest, stopfe voll', lit. tviñkti 'anschwellen', tvankùs 'schwül' (eig. 'drückend') näher verwandt sind.

Zwinger M. mhd. twingære bedeutet im 13. Jh. als Nomen agentis zu zwingen (f. d.) einen der bedrängt, niederhält, bändigt. Im 14. Jh. wird der Name volkswitzig auf den Raum zwischen Mauer und Graben der Burg übertragen, der bestimmt ist, den eingedrungenen Feind niederzuhalten und zu werfen. Gestützt wird diese Deutung durch die namenartige Bildung twingolf, zwingolf, die der Bauteil gleichzeitig erhält: M. Heyne 1899 Wohnungswesen 318. 342 f. Mit ähnlicher Verlebendigung ist um 1300 der Kellerhals benannt, durch den es in den Schlund des Kellers hinabgeht: daf. 206. In dem umhegten

Raum vor der Stadtmauer werden später wilde Tiere gehalten: von da nennen Studenten der alten Festung Gießen im 18. Jh. ihre Buden Zwinger: Zs. f. d. Wortf. 12, 293.

zwinkern schw. Ztw., erst seit etwa 1700; Weiterbildung zu mhd. zwinken 'blinzeln', neben dem gleichbed. agf. twinclian, engl. twinkle stehen. Die Weiterbildung mhd. zwinzen beruht auf *zwingezen.

zwirbeln schw. Ztw., in fränk. oberrhein. Mundarten heimisch, mhd. zwirbe(l)n 'sich im Kreis drehen' zu zwirbel M. 'kreisförmige Bewegung' (auch in zwirbelwint 'Wirbelwind'): wohl Mischbildung aus Zirbel und Wirbel.

Zwirn M. mhd. zwirn, nd. twërn 'zweidrähtiger Faden': germ. Grundform *twizna-, woraus auch nl. twijn, agf. twin, engl. twine, schwed. mundartl. tvinne 'Zwirn'. Eine germ. Wz. *twis steckt mit anderer Ableitung in engl. twist 'Faden, Flechte' und oberlauf. Zwist 'Doppelfaden'. Zum M. gehört das schw. Ztw. zwirnen, mhd. zwirnen, ahd. zwirnēn, -nōn 'Fäden zweifach zus.-drehen, zwirnen'; gleichbed. nl. tweernen, engl. twine, dän. tvinde. Auf idg. *dvis-no- beruhen auch lat. bīnī 'je zwei' und anord. tvinnr, tvennr 'doppelt'. Vgl. Zwist.

zwischen Adv., dann Präp., beides schon mhd. zwischen, zwüschen (über den Anlaut Behaghel 1928 Gesch. d. dt. Sprache 421): verkürzt aus den adv. Formeln mhd. in, under zwischen, ahd. in, untar zwiskēn 'in der Mitte von je zweien'. Zu mhd. zwisc(h), ahd. zwisk(i) Adj. 'zwiefach, je zwei'; vgl. asächf. twisk, nl. tusschen, engl. betwixt 'zwischen': Behaghel 1924 Dt. Syntax 2, 32. 39. 53. Dazu nhd. da-, inzwischen.

Zwist M. mhd. zwist dringt etwa im 14. Jh. über Köln südwärts. Älter sind mnd. mnl. twist 'Streit'. Dazu nl. engl. twist 'Geflecht, zweifädiger Strick', dän. tvist 'Zweig' (twisten 'flechten'), anord. tvistr 'traurig, zwiespältig', isl. tvistra 'zerteilen'. Die zugrundeliegende idg. Wz. *dvis erscheint in aind. dviṣ- mit der an Zwist erinnernden Bed. 'hassen'. Vgl. Zwirn.

zwitschern schw. Ztw. mit tsch, das erst nhd. (vgl. fletschen, klatschen, knutschen usw.) aus tz entwickelt ist: mhd. zwitzern 'zwitschern; zittern, flimmern', ahd. zwizzirōn mit zw aus urgerm. tw (vgl. zwei, Zweifel, Zweig usw.): mengl. (1375) twiteren, engl. twitter (dän. kvidre): wohl eine redupl. Bildung mit der germ. Grundform *twi-twiz-ōn, woraus westgerm. *twitt(w)irōn. Daher die Form zwitzwern bei Lorber 1670 Edle Jägerei V. 217. Eine germ. Wz. *twis

'zwitschern' scheint noch in ahd. zwistila-vinco zu stecken, falls das 'Zwitscherfink' bedeutet; doch f. Suolahti 1909 Vogelnamen 116.

Zwitter M. (älter nhd. Zwiedorn, z. B. Hellwig 1722 Haus- und Landarzt 502) 'hermaphroditus', mhd. zwitarn, -orn 'Zwitter Bastard, Mischling aus zwei Völkern', ahd. zwitar(a)n 'nothus hybris'. Ableitung zu zwi- 'duplex' (f. zwie-); vgl. Zwister in hd. Mundarten 'Zwitter'. Andere Bildungen zeigen westfäl. twiəte-, twētebock 'Zwitter' (Woeste 1882 Wb. d. westfäl. Ma. 277), anord. tvītōla, dän. tvetulle 'Hermaphrodit'.

zwitzern f. zwitschern.

zwölf Zahlw., gemeingerm.: mhd. zwelif, zwelef, zwelf, ahd. zwelif, asächf. twelif, nl. twaalf, afrief. twelif, tolif, agf. twelf, engl. twelve, anord. tolf, schwed. tolv, got. twa-lif (Gen. twalibē, Dat. twalibim). Erstes Wortglied ist germ. *twa- (f. zwei), zweites das unter elf (got. ain-lif) besprochene -lif. Eine entspr. Bildung zeigt von den idg. Schwestersprachen nur das Lit. mit dvý-lika 'zwölf' (neben vienuó-lika 'elf'). An Stelle von e nach w tritt ö zuerst in obd. Texten (wie in wölben und Gewölbe), Luther beginnt mit zwolf und zwelffte.

Zwölffingerdarm M., das an den Magen anschließende Stück des menschlichen Darms, etwa so lang wie zwölf Querfinger. Nicht vor Th. Garzoni, Allg. Schaupl. aller Professionen (Ffm. 1641) 357ᵇ. Lehnübersetzung von mlat. duodenum, gr. δωδεκαδάκτυλον, nach Galens Zeugnis im 3. vorchriftl. Jh. geprägt von dem alexandrin. Anatomen Herophilos: Steudel 9. 19.

Zylinder M. Gr. κύλινδρος M. 'Walze' (zu κυλίνδειν 'wälzen') gelangt über lat. cylindrus in die math. Fachsprache und erscheint bei Sim. Jacob 1565 Rechn. 317ᵇ „ich hab ein ronde Seul, so man sonsten ein Cilinder nennet", von Kepler 1616 mit Runde Seule, Welle, Walger, Waltzen verdeutscht: A. Götze 1919 Anfänge einer math. Fachspr. 238. Als Männerhut (f. Angströhre, Schlosser) ist der Zylinder im letzten Jahrzehnt des 18. Jh. in Paris aufgekommen und 1797 (wie nach London) so auch zu uns gelangt: Kretschmer 1918 Wortgeogr. 596.

Zypresse F., mhd. cipres(se) M., entlehnt aus ital. cipresso, das selbst aus lat. cyparissus (älter cupressus) F. stammt. Das lat. Wort ist (wie gr. κυπάρισσος F., doch unabhängig von diesem) einer kleinasiat. Sprache entnommen, aus der auch gleichbed. hebr. gofer stammt. Luther schreibt in Anlehnung ans Lat. die Cypresse und bestimmt damit die nhd. Form.

Sachverzeichnis

ronal Vertiko Waldmeister Wallach Walnuß Wenzel Zäsarenwahnsinn Zeppelin Ziegenpeter Zwetsch(g)e. S. Gewebe.

Arabisch Admiral Albatros Alchimie Alkohol Alkoven Amber Aprikose Arabeske Arrak Arsenal Artischocke Atlas[1] Barchent Besan Borax Borretsch Burnus Chemie Chiffre Damast damaszieren Diwan Dragoman Elixier Emir Fakir Fanfare Feluke Gala Galgant Gamasche Gasel Gazelle Giraffe Gitarre Harem Haschisch Havarie Intarsia Islam Jacke Joppe Kabel Kodi Kaffee Kaffer kalfatern Kali Kaliber Kalif Kamee Kampfer Kandis(zucker) Karaffe Karat Karavelle Karussell Kattun Kismet Kittel Koran Lack Laute lila Macheier Magazin Mameluk Marabu Marzipan Maske massieren Matratze Merino Minarett Mokka Monsun Moschee Mufti Mulatte Mumie Musselin Natron Ottomane Papagei Rasse Razzia Ries Safran Sakerfalk Samum Satin Schaube Scheich Schirokko Senesbaum Sirup Sofa Sorbet Stanze Sultan Sure Taburett Talisman Talk Tamarinde Tambour Tamburin Tara Tarif tauschieren Trafik Vezier Waran Watte x-beliebig Zechine Zenit Zibebe Zibet Ziffer Zucker. S. Persisch-Türkisches.

Archaismen s. Wiederaufleben verschollener Wörter.

Arianismus s. gotisches Christentum.

Arzneikunde Arznei Arzt Bad Bandage blähen Büchse Chinin Chirurgie desinfizieren Diät Doktor Dose Dosis drastisch Droge Eiter Elixier Feldscher Fliete Gerstenkorn Gift impfen Klistier Kur[2] kurieren Lakritze Latwerge Lazarett Lungenkraut Meißel F. Nerv Patient Pflaster Pille Puls Quacksalber Salbe Scharpie schröpfen Schwede Sirup Skelett Sonde Spital Theriak Trepan Waldmeister Wermut Wieche. S. Krankheiten; Pflanzen.

Australisch und Polynesisch Bumerang Emu Känguruh Tabu tätowieren Wombat.

Assyrisch Greif Naphtha Sack.

Bairisch-Österreichisch anbandeln bockbeinig Busserl Dult Erzeugnis Fasching fesch Fex Fiaker Gigerl Kaiserbirne Klamm Kren Ländler Larifari Marterl Obers Palatschinke Pfeidler Pfragner plauschen Plunze Protz Prügeljunge radeln Schampus Scharmützel Schlager Schmolle Schnaderhüpferl Schneid Schrammelmusik schütter Spitzel Strohwitwe Techtelmechtel Tropfen Trottel Tusch Verschleiß versöhnen Walzer Watsche. S. Alpen; Oberdeutsch.

Baltisch Elentier Litewka.

Bankwesen s. Kaufmannssprache.

Baskisch Anschowis Bai Bajonett Billard Kabeljau Laberdan.

Bäume Ahorn Akazie Alber Arlesbaum Arve Aspe Baum Birke Buche Eberesche Eibe Eiche Eller Erle Esche Espe Felber Fichte Föhre Hagebuche hanebüchen Heister Hulst Kastanie Kiefer[2] Kussel Lärche Lehne[3] Linde Lorbeer Machandel Mangrove Maßholder Myrte Nuß Oleander Palme Pappel[2] Quitte Rottanne Rüster Salweide Sandelholz Sebenbaum Senesbaum Spierling Spindelbaum Stechpalme Sykomore Tanne Taxus Vogelbeere Wacholder Weide[1] Weißtanne. S. Obst; Pflanzen.

Bauten, Bauteile Ähren Alkoven Altan Arkade Balken Balkon Balustrade Boden Brüstung Bühne Chor Dach Erker Esse Estrich Etage Fassade Fenster First Flur Fries[2] Geländer Gemach Giebel[1] Grundriß Haus Hütte Käpfer Kalk Kamin Kammer Keller Koje Korridor Küche Laube Lettner Loge Luke Mansarde Mauer Mörtel Ofen Pesel Pfahl Pfahlbau Pfeiler Pfette Pflaster Pforte Pfosten Plattform Säule[1] Schiefer Schindel Schlot Schnörkel Schornstein Schwelle Schwibbogen Sims Söller Speicher Staffel Stiege[1] Stockwerk Stube Stufe Tenne Tor N. Treppe tünchen Tür Turm Vorsaal Wand Wendeltreppe zähmen Zeche Ziegel Zimmer Zinne.

Bergbau Alaun Arsenik Ausbeute Basalt bergenzen Beryll Bims Blei Düse ehern Eisen Eisenbahn Erz Flöz Fundgrube Galmei Gicht[2] Gips Gneis Gold Grube Hüttenrauch Kaue Kobalt Kohle Kreide Kupfer Kux Lava Masse Marmor Mennig Messing muten Natron Nickel Ocker Opal Ort Platin Rauschgelb Salz Saphir Schacht[2] Schicht Schlacke Silber Smaragd Stahl Stollen Syenit Traß Trumm verwittern Wetter Wismut Wolfram Wünschelrute Zink Zinn.

Berlin Attentäter Bauernfänger belemmern Budike(r) Buttel Droschke Fatzke Faxen Göre keß Kladderadatsch Klamauk knorke Kremser Küchendragoner Liesen mau Muckepicke Müll Pleite Plötze Potentat Prahm Radau Rahm[2] Range Rauhbein Rollmops Sauregurkenzeit Schieber schnieke schnoddrig schnuppe Schrippe Spreeathen Strippe Stulle Tingeltangel triezen Trockenwohner verknusen verquisten Wuppdizität Zaster Zeck. S. Niederdeutsch.

Bern Batzen.

Biblisches Adamsapfel -kind Almosen Altar Augendiener Bibel bibelfest Bubenstück Denkzettel Enakskind Erzengel Fallstrick Feigenblatt Feuereifer -taufe Fliegengott

Gehasi Gehenna Geschlechtsregister Gottes=
furcht himmelschreiend Hiobspost Hölle
Jammertal Jeremiade Johannisbrot Jot
Jubel Judaskuß Kainszeichen kapitelfest
kasteien Kelch Kirchenlicht Kopfhänger Krethi
Kreuz Lästermaul =zunge Lazarett Leviathan
Levit Linsengericht Madensack Mammon
Meerwunder Menetekel Moloch Mörder=
grube Nächstenliebe nimmersatt Paradies
Paradiesapfel =vogel Passah Paternoster
Pelikan Pharao Pharisäer Philister Psalm
Rabbi Regenbogen Sabbat Scherflein
Schibboleth Schnur[2] Sekel sela Seraph
Silberling Simonie Skandal Skorpion
Sodomit Splitterrichter Sprachhaus Stamm=
baum Sündenbock Sündflut Talent Tohu=
wabohu Tüttel Uriasbrief Vaterunser Wai=
senvater Weltflucht =kind =klug wetterwen=
disch Widersacher Ysop. S. gotisches
Christentum; Kirche; Luther; Wochen=
tage.

Bienenzucht s. Imkerei.

Birken Jahrhundert.

Bismarck Drahtantwort Imponderabilien
Siele.

Blumauer Wissenschaftler.

Blumen Amarant Aster Bachbunge Batengel
Blume Brunnenkresse Dahlie Edelweiß
Eibisch Enzian Fuchsia Georgine Gunder=
mann Himmelschlüssel Hyazinthe Kamelie
Kettenblume Klee Kornblume Kresse[1] Kro=
kus Küchenschelle Levkoje Liebstöckel Lilie
Löwenzahn Majoran Malve Männertreu
Maßlieb(chen) Narzisse Nelke Osterluzei
Pappel[1] Pappenstiel Primel Rade Reseda
Rose Rosmarin Schlüsselblume Schwertel
Storchschnabel Tausendgüldenkraut Tau=
sendschön Tremse Tulpe Türkenbund Veil=
chen Vergißmeinnicht Waldmeister Wegwarte
Weiderich Wicke Wolfsmilch Zeitlose. S.
Pflanzen.

Börne freisinnig Völkerfrühling.

Boterus Gesichtskreis.

Bronn Zuchtwahl.

Buchdruck Alphabet Aushängebogen Autor
Ballen Buch Buchstabe Druck drucken
Duodez Exemplar Format Fraktur Gänse=
füßchen Imprimatur Inkunabel Presse
Preßbengel Punzen Schweizerdegen Wie=
gendruck Zwiebelfisch.

Budde Mucker.

Bürger Ballade Haarbeutel zag Zeitschrift.

Campe Absage Altmeister Bannware Bitt=
steller Ehrensold Eilpost Einzahl Einzel=
wesen Erdgeschoß Fallbeil feinfühlig Fein=
gefühl Festland Flugblatt Flugschrift Ge=
fallsucht Gemeinsprache Kerbtier Lehrgang
Minderheit Öffentlichkeit Stelldichein Streif=
wache Tageblatt verwirklichen Volksgeist
zahlungs(un)fähig Zartgefühl Zerrbild.

Chinesisch Apfelsine Mah-Jongg Mandarin
Satin Taifun Tee.

Comenius Wörterbuch.

Devisenwörter s. Wahlspruchwörter.

Devrient Sekt.

Dissimilationen Alber allmählich Almer Bal=
bier bidmen Birke Blachfeld Eiland Erker
Felchen Fibel finster fordern Gleisner Honig
Kaninchen Kartoffel Knäuel Knoblauch
Köder König Koriander Körper Kunkel
Leilachen man Marmel Marter Maulbeere
meinethalben =wegen Mörtel Murmel
murmeln Orgel Pardel Pfarr Pfennig
Pferd Pflaume Pilger sammeln samt
Tölpel Turteltaube Weihrauch Wurzel
Zaspel zwier.

Dopplungen beben Biber bidmen Bonbon
Bube Falter Hokuspokus Kribskrabs Krims=
krams Kuchen Kuckuck Kürbis Larifari Mama
Mischmasch Muhme Papa Picknick Popo
Schnickschnack Schorlemorle Techtelmechtel
Tingeltangel Uhu Wehweh Wespe Wirrwarr
Zickzack zittern Zunge zwitschern.

Druckersprache s. Buchdruck.

Durativa haben kleben leben schweben währen.

Dürer Gesichtspunkt.

Eastman Kodak.

Eisenbahn s. Nomina ante res; Sarrazin.

Elsaß Büsel Laum Misel Wackes. S. Ober=
deutsch.

Engel (Ed.) Weinbrand.

Englisch Ballade Banknote Bill Blaustrumpf
Bombast boxen Boykott Brecher Bunker
Clown Dandy Detektiv Dogge Elfe exklusiv
fesch Flagge Flammeri Flanell Flirt Frack
Freidenker =maurer Gemeingeist =platz
Gentleman Gig Gully Havelock Interview
jiddisch Jokei Jungfernrede Kautsch Klosett
Klub Koks Kronzeuge Landratte Leitartikel
Lift Linoleum Loge Lokomotive lynchen
Mob Mondamin Mumps Paddel Park Pick=
nick Pudding Punsch Quäker Rowdy Sand=
wich Scheck Scheckpfeife schneiden Schwindler
Sekt selbstisch sentimental Spleen Sport
Stilleben Streik Tank Tatsache Tennis Tip
tiptop Toast Trambahn Trick Trust Tunnel
Vegetari(an)er Veranda Verdikt Waggon.
S. Amerikanisch; Seemännisches;
Shakespeare.

Ersatzwörter Abbild Abstand abstimmen Abteil
All Altmeister Anwärter anziehend Aus=
stand Bahnsteig Bannware beeinträchtigen
Belange betätigen beugen Bevölkerung be=
wahrheiten bezüglich bezwecken Bindewort
Bittschrift =steller Brüderlichkeit Bücherei

Denker Doppelpunkt durchqueren Ehrensold
Eigenschaftswort Eilbote Einzahl Einzelwesen Entsagung Erdgeschoß Ergebnis Erzeugnis Fahrgast =karte =rad Fallbeil Feingefühl Festland folgerecht =richtig Freistaat
=statt Gaststätte Geburtshelfer Gefallsucht
Gegenstück Geschlechtswort Gesichtskreis
Glimmstengel großartig Großhändler Hauptwort Heckenschütz Heldentum Herausgeber
Hochschule Hörsaal Judenschule Kehrreim
=seite Kerbtier Kleinbahn Königtum Kraftfahrzeug =wagen Laufbahn Lebemann =wohl
Lehrgang =satz Leidenschaft Liebreiz Lockspitzel Mehrzahl mißliebig Mittelpunkt
Nebenbahn =buhler =sache Oberlehrer Öffentlichkeit Regenschirm Richtschnur Rundfunk
Schattenriß Schauburg =platz Schriftleiter
=steller =tum senkrecht Sinnbild =gedicht
Spannkraft Springbrunnen Staatsbürger
Standbild Standort Streifwache Strichpunkt Süßstoff Tageblatt tarnen Trauerspiel Trugschluß Vergangenheit vertonen
vervollkommnen völkisch Volksgeist Wahlspruch Wandelstern Weinbrand Weltall
wendig Wörterbuch Wortforschung Wundarzt Zartgefühl Zellstoff.

Euphemismen Abort Abtritt After Dachtel
Embonpoint heilen Irrenanstalt Kammerjäger Mastdarm niederkommen Ohrfeige
Propst Prügelsuppe Puff Rumpf schmeißen
sterben stumm überschnappen verheilen
verrückt Schwanz Zagel Zuchthaus.

Faktitiva ätzen beizen beugen blecken blenden
brennen denken flözen führen heizen kennen
leiten neigen reizen rennen schmelzen sengen
senken sprengen taufen tränken verschwenden wallen[1] wecken Weed wenden zwängen.

Farbnamen Bär[1] Belche[3] Biber blank blaß
blau bleich blond blümerant braun[1 2] brünett
bunt fahl falb Farbe Feh Forelle gelb
Gold Gras grau greis grün Hase Hering
Indigo Karmesin Krapp kreß Lackmus lila
orange Rose Rost[2] rot Schlehe schloh-,
schloßweiß schwarz veil violett Waid weiß
Winter Zauber.

Fechtkunst aufheben fechten Finte Florett
Fuchtel Parade parieren[2] pauken Plempe
Rapier schirmen Schmiß schwadronieren
Spiegelfechten Tempo voltigieren. S.
Heer; Krieg; Waffen.

Feste Antlaßtag Aschermittwoch Fasching Fastnacht Feier Feierabend Fronleichnam Gründonnerstag Himmelfahrt Jul Karfreitag
Kirmes Lichtmeß Ostern Pfingsten Rosenmontag Sabbat Sonntag Sporkel Weihnacht.

Fichte Bürgertum.

Finnische Lehnbeziehungen arm Bett Esse
Feld Flecken Ger gern Gold Hemd herb

Honig Joch Kessel König Lamm Morgen
Näher Nadel Nestel Reif[1] Ring Roggen
Säge Schelm schön sehr Strom teuer
Walfisch weise.

Fische Aal Aalraupe Alant[1] Albe Alse Anschovis
Äsche[2] Barbe Barsch Beitzker Belche[1] Bleihe
Bolch Brassen Butte Dorsch Alrütze Felchen
Fisch Flinken Flunder Forelle Giebel[2] Hai
Halbfisch Harder Hausen Hecht Heilbutt
Hering Kabeljau Karausche Karpfen Kaul-
knurrhahn Kresse[2] Laberdan Lachs Laich
Lamprete Makrele Muräne Nase Neunauge
Platteise Plötze Pomuchel Pottwal Quappe
Rapfen Rochen Rogen Salm Sardelle Sar-
dine Schellfisch Schleie Schmerle Scholle[2]
Sohle Sprotte Steinbutt Stichling Stint
Stockfisch Stör Thunfisch Wels Zander
Zwiebelfisch.

Fleming Beileid.

Freiburg i. B. Rappen.

Freytag Zäsarenwahnsinn.

Friesisch Bake Fracht Fries[2] frisieren.

Fröbel Kindergarten.

Funk Vitamin.

Gärtnerei Allee Arkade Artischocke Bast Beet
belzen Bitze Bouquet Fontäne Forke Gabel
Gießkanne Girlande Harke Irrgarten
Karotte pfropfen Rabatte Spalier Spring-
brunnen Staket. S. Landwirtschaft;
Pflanzen.

Gefäße Becher Bottich Bütte Buttel Eimer
Faß Flasche Gefäß Gelte Geschirr Glas
Hafen[1] Humpen Kanne Kelch Kopf Krause
Krug[1] Kübel Kufe[2] Lägel Lase Maser Napf
Pfanne Pokal Pott Römer Schaff Schüssel
Stauf Teller Tonne Topf Zuber. S. Maße.

Gemüse Artischocke Beete Blumenkohl Bohne
Dill Endivie Eppich Erbse Erdschocke Fenchel
Grünkohl Gurke Kappes Karfiol Karotte
Kartoffel Kichererbse Kohl[1] Kohlrabi Kopf-
salat Linse Mangold Meerrettich Möhre
Pastinak Petersilie Radieschen Rapunzel
Rettich Rhabarber Rosenkohl Rübe Runkel-
rübe Sago Saubohne Sauerkraut Schalotte
Schefe Schnittlauch Schote[1] Sellerie Senf
Soja(bohne) Spargel Spinat Tapioka To-
mate Topinambur Ünne Veitsbohne Weiß-
kohl Wirsing Zwiebel. S. Pflanzen.

Getränke Alkohol Arrak Bier Bischof Bock[3]
Champagner Essig Gose Grog Kaffee
Kakao Kardinal Kofent Krambambuli Lachs
Lauer Likör Limonade Met Milch Mokka
Molke Most Mumme Muskateller Plempel
Portwein Punsch Rebensaft Rotspon Rum
Schampus Schaumwein Schiller Schnaps
Schokolade Schorlemorle Sekt Sorbet Tee
Wasser Wein Weinbrand.

Getreide Buchweizen Dinkel Einkorn Emmer Gerste Getreide Graupe Grütze Haber Halm Heidekorn Hirse Korn Kukuruz Mais Pfenich Roggen Spalt Wesen Weizen. S. Pflanzen.

Gewebe Arras Atlas[1] Barchent Batist Beiderwand Boi Bombasin Brokat Chiffon Damast Drillich Flor Fries[1] Gaze Gewand Kammertuch Kanevas Kaschmir Kattun Kelim Kirsei Köper Kotze Krepp Leinen Leinwand Linnen Litze Loden Macheier Mull Musselin Nessel Plüsch Rasch Rips Samt Satin Schal Schärpe Seide Stoff Taffet Teppich Text Trikot Trumm Tuch Tüll Werft M. Zwillich. S. Tracht.

Gewichte Gran Karat Lot Pfund Skrupel Unze[1] Zentner.

Girtanner Sauer- Stick- Wasserstoff.

Gmelin (Leop.) Ester

Görres Dampfmaschine Nihilismus zersingen.

Goethe ahnen Ameise Aster Ballade banal Bauten behäbig Belletrist Brimborium Buckelorum Buhne Büsel Chaussee Dämmer Degen[1] Deutschtum Eppich Flederwisch Frack Grasaffe gruneln Gütchen haudern Katzenjammer Mignon Rätzel Schwager Sockel Tragweite Trotzkopf Übermensch Voland Vorsitzer Wahlverwandtschaft Weltkind Weltliteratur Wildernis Wildheuer.

gotisches Christentum barmherzig Bischof[1] Engel erbarmen fasten Heide M. Kirche Pfaffe Pfarre Pfingsten Taufe Teufel Zweifel. Dazu Wochentage.

Gottsched Begeisterung bibelfest Bombast Bramarbas Büste Gegenstand Hörsaal Zischlaut.

Griechisch Antilope Aolsharfe Apotheke Argusaugen Ariadnefaden Banause Bombe Danaergeschenk Delta drakonisch Effendi Epigone Epigramm erotisch Etymologie evangelisch exotisch Feluke Firnis frenetisch Galimathias gastrisch Gips Golf Hierarchie Hieroglyphe Horizont Karat Knaster Leitfaden Lyzeum Marmelade panisch Risiko Sardine sardonisch Scherbengericht Stentorstimme Talent Zankapfel. S. Arzneikunde; gotisches Christentum; Kirche.

Grimm Ablaut althochdeutsch mittelhochdeutsch Umlaut.

Gryphius Beweggrund Wandelstern.

Gueintz Doppelpunkt Geschlechtswort Selbstlauter Zeitwort.

Gutzkow Industrieritter.

Haller Abbild.

Hamburg Bellhammel Bocksbeutel[2] Böhnhase Börse Fleet Janhagel Niete[2]. S. Seemännisches.

Hanse bodmen Fracht Kram Kran liefern makeln Prahm Rolle Schute Stapel Ware Wimpel Wispel.

Harsdörfer Briefwechsel Rechtschreibung Sensenmann Trichter Zeitschrift.

Haustiere Apfelschimmel Aue Bär[3] Barch Bellhammel Blesse Bock[1] Bracke Bulle M. Eber Esel Faselschwein Farre Färse Ferkel Fohlen Füllen Gaul Geiß Gelze Grauschimmel Gromann Hammel Hengst Hermann Hinz Hitte Hummel Kalb Kämpe Kaninchen Kastraun Kater[1] Katze Kitze[1][2] Klepper Kuh Kunz Lamm Langohr Mähre Maul[2] Mieze Ochse Pferd Ramm(ler) Rappe M. Reuß Rind Roß Sau Saumtier Schaf Schellhengst Schimmel Schnucke Schöps Schwein Spanferkel Stärke Stehr Stier Stute Vieh Wallach Widder Zelter Zicklein Ziege. S. Hund, Vögel.

Hebräisch Basel Balsam benschen Bisam Dalles flötengehen Gehenna Greif Kohl[2] koscher Mammon mauscheln meschugge Passah pleite Satan schachern schächten Schaute Schibboleth schicker Schicksel schmusen schofel sela Seraph Stuß Zeder Zores Zosse(n). S. Biblisches; Rotwelsch.

Heer, Krieg, Waffen Affe[2] Alarm Armbrust Armee Artillerie Attacke Bagage Bajonett Bandelier Baracke Bastei Bataillon Batterie Beute Biwack Bleide blockieren Böller Bollwerk Bolzen Bombe bombenfest Brander Bresche Brigade Brünne damaszieren defensiv Degen[2] Division Dolch Dolman Dragoner drillen Erker Eskorte Esplanade Etappe exerzieren Fahne Fähnrich Fanfare Faschine fechten Feldwebel Fersengeld Flanke Flinte Flucht[1] Fort Furage Furier Füsilier Gage Garnison Gefreiter Gendarm General Ger Geschoß Geschwader Gewehr Granate Grenadier Groß[1] Hader[1] Harst Hatschier Haubitze Hauptmann Heer Heerschau Hellebarde Helm[1] Herberge Herold Herzog Holster hurra Husar Infanterie Kadett Kalbfell Kalpak Kamerad Kämpe Kampf kampieren Kanone Kapitulation Karabiner Karosse Kartätsche Kartaune Kasematte Kaserne Kastell Kavallerie Kehrt Klinge[1] Knecht Köcher Kokarde Kommando Kommißbrot Kompanie Korporal krakeelen krepieren Krieg Kriegsgurgel Krümper Küchendragoner Kuhfuß Küraß Lafette Landsknecht Landwehr -sturm Lanze Lärm Laufeuer -graben -paß Leutnant Löhnung Losung Lunte Major Mange(l) Manöver Marine Marketender Marsch Marschall Menage Miliz Munition Muskete Oberst Offizier Pack Palisade Pallasch Panier Panzer Parade Parole Pfeil Pickelhaube

Pionier Pistole plänkeln Platte Plattform Plempe Plunder Profil Protze Proviant Rädelsführer Rampe Rand Rang Ranzen Regiment Reise Reisiger Rittmeister Runde rüsten Säbel Salve Sappe Sarras Schaft[1] Schamade Schanze[2] Schar[2] Scharfschütz Scharmützel Scheide Schießprügel Schild Schildwache Schlachtenbummler Schlappe Schwadron Schwert Sergeant Soldat Soldateska Söldner Speer Spielraum Spieß[1] Spion Sporn Stafette Staket Standarte Stilett Strahl Streifwache Tambur Tartsche Tolpatsch Tornister Torpedo Trabant Tragweite Trommel Trompete Troß Trupp(e) Tusch überraschen Ulan Venner verheeren Volk Vorhut -trab Wachtmeister Waffe Wappen Wehr Wehrstand Weigand Zapfenstreich Zickzack. S. Fechtkunst.

Heidnisches Abgott Allvater Alp Asen Donnerkeil Drude Elfe fron Gilde Gott Götze Gütchen Heide M. heilig Heinzelmännchen Hexe Hexenschuß Himmel hold Hölle Jul Kobold Mahr Mensch Nix Ostern Schrat Seidelbast Tarnkappe Ungeziefer Unhold Voland Wechselbalg Weihnacht Werwolf Wicht Wichtelmännchen Wut Zeichen Zeiland Zwerg. S. Wochentage.

Helmont Gas.

Helwig Fall.

Henckell Lockspitzel.

Herder Erlkönig Literaturgeschichte Schaumwein Scherbengericht Übermensch Volkslied Zeitgeist.

Heynatz verwirklichen.

Hunde bärbeißig bellen Bullenbeißer Dogge Hund Hündin Hundsfott Koppel Köter Mops naseweis Petze Pinscher Pudel Rekel Rüde Schoßhund Spitz[2] Spürhund Teckel Töle verhunzen vorlaut Welf Windhund, -spiel Zänklein.

Hussiten Haubitze Pistole Trabant.

Imkerei Ausflug Beute[1] Biene Bienenkorb Drohne Honig Imker Imme Käfter Meltau Met Roße Seidelbast Seim Wabe Wachs Waffel Weisel Wist Zeidler.

Indisch Beriberi Betel Dschungel Dumdumgeschoß Indigo Jute Kaliko Kaschemme Kaschmir Kaste Kauri Khaki Kopra Kuli lila Mandarin Mull Mungo Paria Patschuli Polo Punsch Pyjama Sanskrit schampunieren Tamtam Veranda Zaster Zebu Zitz Zuckerkand(el).

Intensivbildungen ächzen belfern betteln bidmen Blitz brenzeln bücken duzen Erdbidem erschüttern erzen glitschen Grasmücke grunzen gruseln horchen ihrzen nicken placken quengeln rapsen rumpeln rupsen rütteln scherzen schlitzen schlottern schluchzen

schlüpfen schmarotzen schmorgen schmücken schmunzeln schnalzen schnarchen schrappen Schupf schwätzen seufzen stochern straucheln supfen trecken trippeln Trott wackeln wiehern winseln zeigen zirpsen zögern zucken zwitschern.

Jägersprache s. Weidmannssprache.

Jahn Barlauf Barren Eilbrief Hantel Kantel Kerf Kleinstaat Reck Riege turnen Volkstum.

Jahreseinteilung s. Zeitrechnung.

Japanisch Bonze Dschiu-Dschitsu Geisha Harakiri Kimono Mikado Sojabohne.

Jean Paul Abbild Doppelgänger Ehehälfte Eiweiß Fallschirm Fremdwort Gänsefüßchen Geburtshelfer Gefallsucht Irrenanstalt Jetztzeit Krähwinkel Leihbibliothek neureich Weltschmerz.

Jena Ehrenhandel Knickebein Philister. S. Studentisches.

Jud Weltkind.

Kanzlei beeinträchtigen beherzigen beseitigen Blankett dasig Datum diktieren einhändigen erheblich Errungenschaft ersprießlich freundnachbarlich Groschen Gutachten ihro Inserat Kaiser Kanzlei Kanzlist Kopie kostspielig Maßregel Original Pakt Residenz ruchbar Urschrift versöhnen Zins.

Kassel Rippespeer.

Kaufmannssprache Adresse Agio Akkord Aktie Anlehen Auktion Ausbund Auskunftei Ballen Bank[2] Bankerott Bankier Banknote Basar Bilanz billig bodmen Börse Börsianer Brack brutto buchen Budike Büro Datum Debet Defekt Defizit Detail Devise Diskont dito Dividende Dult Etikette Fabrik Faktotum fallieren Fazit feil feilschen Filiale Finanzen fix flau Fracht franko Fuder Gadem Gant Garantie Geschäft Geschäftsmann Gewandhaus Giro Gros[2] Gründer handeln handelseinig Hanse hausieren Hocke M. Industrie Inserat Interesse Jobber Journal Kabel F. Kapital Kargo Kasse kauderwelsch kaufen Kladde klittern Kompanie Konterbande Konto Kontor Kosten kosten[1] Krach Kram Kredit Kumpan Kurs Kux Laden Ladenhüter -schwengel -tisch -tochter Leikauf Lloyd Lombard Magazin makeln Manko Marke Markt Messe[1] Muster netto Nummer Pleite Posten Preis Probe quitt Rabatt Ramsch Rente Rest Risiko Salär Sauregurkenzeit Scheck schleudern Schuld Schund Schwindler Sensal Sorte Speicher Spekulation Spesen Stapel Strazze Talon Tantieme Tatarennachricht Termin Trafik Tratte Trick Trust Unterkauf verganten Versand Verschleiß Ware Warenhaus Wechsel Wechselreiterei Weinkauf

Wert[2] wert zahlen zahlungs(un)fähig Ziel Zins Zinseszins Zoll[2].

Kausativbildungen s. Faktitiva.

Keltisch Amt Barde Brünne Druiden Eid Eisen Fels Geisel Ger Glocke Lei Nidel Plaid Reich reich Senn Vasall Walnuß welsch Zieger.

Kerbtiere Ameise Assel Baumfalter Breme Engerling Falter Fliege Floh Gelse Grille Heimchen Heuschrecke Hirschkäfer Hornisse Hummel Insekt Kakerlak Kerbtier Larve Laus Libelle Made Maikäfer Milbe Milchdieb Molkendieb Motte Mücke Niß Nymphe Puppe Raupe Schabe[1] Schmeißfliege Schmetterling Schnake Schröter Schwalbenschwanz Skorpion Sommervogel Spinne Tarantel Tsetsefliege Wanze Weinfalert Wespe Zecke Zwiefalter. S. Imkerei.

Kindersprache Amme Bube Buhle Gote Habergeiß Hottpferd Kuchen Kuckuck Mama Papa Popo Sperling Tote. S. Kosenamen.

Kirche Abt Abtei Abtissin Almosen Ampel Andacht Andreaskreuz Antlaßtag barmherzig Beßchen Beichte Buße Demut Dom[1] erbarmen fromm geistlich Gevatter Gewissen Glocke Gote Götze Heiland heilig Kanzel Kapelle[1] Kaplan Ketzer Kirche Kirmes Klause Kloster Köhlerglaube Körper kreuzbrav Küster Kutte Laie lateinisch Marter Marterl Mesner Mette Mitleid Mönch Mucker Münster None Nonne Öl Olgötze opfern Ostereier -feuer -hase Papst Pate Pein Pfründe Pietist Pilger Plage Postille predigen Predigt Priester Printe Propst Quatember Regel Rektor Remter Reue Rosenkranz Sakristei Samstag Satan Segen Sekte Siebenschläfer Sigrist Sprengel Stift N. Stollen Sünde Talar Tempel verdammen Vesper weihen Weihnacht Weihrauch Zelle. S. Biblisches; Feste; gotisches Christentum; Luther; Wochentage.

Klammerformen bislang Bistum Bleistift Bootsmaat Brandsohle dereinst Drachensaat Ester Fernbeben Fleischer Haupthahn jemine Kirmes Ölblatt Ölgötze Ölzweig Pferdebahn Reichskanzler Seerecht Sonnabend Spießer Verlagshandel Volkskunde Weißbäcker Zellstoff.

Klaproth indogermanisch.

Klopstock Hain Halle Umlaut.

Knaffl Volkskunde.

Körperteile Achsel Adamsapfel Ader After Afterdarm Arm Arsch Auge Backe[1 2] Ballen Bart Bauch Bein Bille Biller Borste Braten Braue Brust Buckel Bug Bürzel Busen Darm Daumen Drossel[2] Drüse Eierstock Eingeweide Elle Ellenbogen Enkel[1] Euter Fell Ferse Fett Finger Flanke Flechse Flügel Fuß Galle Gelenk Gemächt Genick Gerippe Geschlinge Gesicht Geweih Giebel[1] Glatze Glied Gliedmaßen Granne Grat Gurgel Haar Hacke Hals Hand Haupt Haut Hechse Herz Hintere Hirn Hochripp Hode Horn Hüfte Hundsfott Kamm Kehle Kiefer M. Kieme Kinn Kinnlade Klaue Knebelbart Knie Knöchel Knochen Knorpel Knorren Kopf Körper Kragen Kralle Kreuz Krolle Labmagen Leber Lefze Leib Lende Lid Linse Lippe Locke Lunge Magen Mähne Mandel[2] Mark N. Mastdarm Maus Milz Mund M. Muskel Mutter Nacken Nagel Nase Nerv Netz Niere Nüster Ohr Podex Popo Potenzen Pratze Rachen Reihen[2] Rippe Rist Rücken Rückgrat Rumpf Schädel Schale[2] Scham Scheitel Schenkel Schienbein Schinken Schläfe Schlafittich Schlund Schnabel Schnauze Schnurrbart Schnute Schopf Schulter Schwanz Schweif Schwinge Sehne Sohle Spanne Speck Speiche Steiß Sterz Stirn Strosse Wade Wamme Wange Wanst Weiche[1] Wildwachs Wimper Wirbel Zagel Zahn Zehe Ziemer Zotte Zwölffingerdarm. S. Krankheiten.

Kosenamen Götze Hans Heimchen Hein Hinz Hippe[2] Hitte Kunz Lampe M. Muhme Mumme Ratz Spatz Wanze. S. Kindersprache.

Krankheiten Aussatz Bauernwetzel Beriberi Beule Bieber Blatter blind Bräune Bruch[1] Cholera Delirium Diarrhöe Diphtheritis Epidemie Feigwarze Fieber Finne[2] Fistel Frieseln Galle Gerstenkorn Geschwulst Geschwür Gicht[1] Grimmen Grippe Hexenschuß Husten hysterisch Keuchhusten Keller M. Krampf krank Krebs Kropf Krüppel lahm Leichdorn Lupe Lustseuche Masern Mauser Migräne Miselsucht Mondsucht Mumps Nagelzwang Neidnagel Pest Pestilenz Pickel Pips Pocke Podagra Rankhorn Rappe[1] Räude Ritten Ruhr Schanker Scharbock Scharlach Schlagfluß Schorf Schwär Schwerenot Schwindsucht Schwulst Seuche siech Skorbut Sodbrennen Spat[2] stammeln Star[2] Staupe[2] stottern stumm Sucht[1] taub taubstumm Tor M. Tripper Überbein Veitstanz Warze Wasserkopf -sucht Wehtag Wochentölpel Wolf[2] Ziegenpeter Zipperlein Zitteroch. S. Körperteile.

Kreuzzüge s. Rittertum.

landschaftliche Wörter s. Alpen Bairisch-Österreichisch Berlin Bern Elsaß Freiburg i. B. Friesisch Hamburg Jena Kassel Leipzig Mitteldeutsch München Niederdeutsch Nürnberg Oberdeutsch Schlesisch Schwäbisch Würzburg.

Landsknechte s. Heer, Krieg, Waffen.

Landwirtschaft asten ausmergeln ausmerzen Banse Barn Beige Biest Bohne Brache dengeln Dinkel dreschen Dung Egge[2] Einkorn Emmer Erbse Esch Faselschwein Feimen Felge[2] Fimme Fimmelhanf Flachs Flegel Flur Furche Garbe Gerste Gleis Haber Hanf Hechel Hirse Jahn Kern kernen Klee Korn Kukuruz Linse Mais Mergel Mist Pflanze Pflug Rechen Reck reuten roden Roggen rösten[2] rütteln Schaub Scheuer Scheune Schober Schopf[2] Schote Sech Sichel Speicher Spelt Stadel Stall Stiege[2] Stiel Stoppel Tenne Vesen Wanne Weizen zackern Zucht. S. Gärtnerei; Haustiere; Pflanzen.

Lautangleichungen Amboß bald elf Elle empor Flamme flirren Forelle Grummet Hampfel Himbeere Hoffahrt Imbiß Kirmes kotzen Krammetsvogel Lattich Latwerge Leilachen Lenz Lettner Mist Müller muster Näber nur Pfanne Pips Radebere Rahm[1] Runzel schamper Schlafittich schmatzen Schnatte Schnee schwänzen Schwibbogen Spille Tinte Traum unwirsch Urne Vernunft voll watscheln Welle Wimper Wingert Wispel Wolle Zaspel Zaum Zehe Zille Zimt Zwilling.

Lautwandel von s zu r Ähre bar Beere dürr ehern er er- Erz gären Hase hören Hort ihr irre lehren los Mark Messer nähren Ohr Ort Rohr ur- verlieren währen Warze wer wir zwitschern.

Lehnübersetzungen ablang Abwesenheit Abzucht After Alleinherrscher Allmacht Allvater Anwesenheit Augendiener Augenmerk ausarten Ausdruck Ausnahme Außenseiter außerordentlich barmherzig Beichte bequem beträchtlich Beweggrund Blaustrumpf Blinddarm Blumenkohl Brennpunkt Bruch[1] Buchhalter Dampfer Denkzettel Dreibund Dunstkreis Durchmesser Ebenbild Edelrost Ehrenmann -hold Eierstock Eigenname- -sinn Einblick Eindruck Einfalt -horn -sehen -siedel Einfluß Eingang Eintagsfliege Emporkömmling Ente[2] entsprechen Entwurf erbauen Erbschleicher -sünde erheblich erlaucht Essenz Fakultät Fall Fegfeuer Fehltritt Feldmarschall Fernglas -sprecher Fixstern Flugblatt -schrift Fluß folgenschwer Fortschritt Fragezeichen Fragment fragwürdig Freidenker -geist -handel -händler -maurer -tod Freudenmädchen Füllhorn Fürwort Fußball Gefreiter Gegenbesuch Gegend Gegenstand Gegner Geistesgegenwart Geisteskultur Gemeingeist -platz gemeinsam Genosse Geschäftsmann -träger Gesichtspunkt Gewissen Ge-

wissensfreiheit Gleicher Gleichgewicht Gleisner Großhändler -herzog -mutter -vater Gründonnerstag -span Halbinsel Halbwelt Handtuch handhaben Handschrift Handstreich Hauptmann Heiland heilen Heilsarmee Heimlicher Heimweh Heißsporn helldunkel Hellseher Herzog Hinterwäldler Hochverrat Höllenstein Hornhaut hübsch Hühnerauge Hundstage Industrieritter Jahrbuch Jungfernrede Justizmord Kegelschnitt Klapphut Krebs kreuzen Kriegsschauplatz Lachzähne Ladenhüter Landsmannschaft Lebenslauf Leberfleck Lehrstuhl Leitartikel Lichtung liebenswürdig Lösung Luftpumpe Machtvollkommenheit Mannweib Meerbusen Meerschaum Mehrheit Menschenfeind -fresser Milchzahn Minderheit minderjährig Mißheirat Mitesser -lauter -leid -schüler Mittelalter Mittwoch Montag Muttersprache Nachschrift Nashorn Naturgeschichte Nebensonne Renner Netzhaut Nießbrauch Nordlicht obendrein Oberfläche Papiergeld Perlmutter Pfadfinder Pförtner Randbemerkung Rechtschreibung Redensart Ritter Rosenkranz Rotlauf Rückfall Rücksicht Rundreise Sauerstoff Schadenfreude Schäferstunde Schauwein Scheide scheinheilig Scherbengericht Schläfe Schlag(fluß) Schlüsselbein Schneidezähne Schöngeist Schrittmacher Schütze Schutzengel Schwerpunkt Schwertel Schwindsucht Selbstgespräch selbstisch Selbstmord selig Sorgenbrecher Spiegeleier Staatsmann Staatsstreich Stammbaum Statthalter Steckbrief Stelldichein Stickstoff Stilleben Stimmvieh Stockwerk Storchschnabel Tafelrunde Tagebuch Tagesordnung Tapet Tatsache Tausendfuß Tausendgüldenkraut Tölpel Tragweite Treppenwitz Überfluß übername umsichtig Umstand Umwelt unbequem Unstern Urbild -schrift Vaterland -mörder Veitstanz Vieleck -weiberei Viereck Völkerwanderung Volkslied Vollblut -macht Vorgebirge Vorhaut vorletzter vornehm Vorsicht vorsündflutlich Vorurteil -wand -wurf Waffenstillstand Wahlverwandtschaft wahrscheinlich Wahrspruch Wälzer Wasserstoff Wechselreiterei Weisheitszahn Weltbürger Wendekreis Wiegendruck Windei Wohltat Wolkenkratzer Würdenträger Zähler Zahlwort Zeitgenosse Ziffer züchtigen Zuchtwahl Zufall Zugang zuvorkommen Zweikampf Zwicker Zwieback Zwillich Zwölffingerdarm.

Leipzig Gewandhaus Haschekater.

Leo Bildungsphilister naturwüchsig.

Leonhard Löß.

Lessing ähneln bieder Blitzmädel Bücherwurm Degen[1] empfindsam Liebchen Maßregel

Rücksicht rührend tolldreist verquisten zerstreut.

Lichtenberg verschlimmbessern.

Literaturwörter Alliteration Autor Ballade Bänkelsänger Barde Bardiet Barock Belletrist Benefiz Blaustrumpf Broschüre Bühne Chor Clique Debüt dichten Divan Drama Duodez Ente[2] Epigramm Epik Episode Fabel Farce Feuilleton Floskel Flugblatt -schrift Gasel Gassenhauer Hainbund Hanswurst Inkunabel Journal Kehrreim Klassiker Knittelvers Komödie Leitartikel Lustspiel Lyrik Madrigal Moritat Novelle Pamphlet Pasquill Person Pickelhering Poesie Posse Priamel Publikum Reim Rokoko Roman romantisch Sage Schamperlied Scharteke Schattenspiel Schauburg -platz Schlagwort Schmöker Schnaderhüpferl Schönbartspiel Schöngeist Schriftsteller -tum Schwanengesang Schwank Schwulst sentimental Singspiel Skalde Stabreim Stanze Stegreif Streckvers Symbol Tageblatt -buch Trauerspiel Überbrettl Uraufführung Verfasser verreißen Vers Volkslied Wälzer Waschzettel Weltliteratur Wochenblatt.

Logau Köhlerglaube Menschentum.

Luther albern alle anderweit Arbeit Arche Ausbeute bange beben belfern berüchtigt Beruf Biedermann Buseron Denkzettel dereinst Donnerkeil Ehrgeiz einsam einsehen Eintracht erlauben evangelisch falb Fehde Feuerprobe Firmament Freigeist Fundament geistreich Geizhals Gesetz Gottesacker Grammatik Graupe Hälfte hartnäckig haschen Häscher Hasenpanier Hausehre Irrwisch Kahn Kaninchen Kastanie Kielkropf kosten[2] Kot Krokodilsträne Lappen Lehrstand lenken Leuchter Lippe Loh Lückenbüßer Maultasche Memme Morgenland Oberlehrer Otter F. Pardel Parteke Pauke Peitsche pfetzen Pfote Phantasie pissen plappern Pöbel prahlen prellen prüfen Range Rätsel rechtschaffen Richtschnur Riege ruchbar rügen rüstig Rüstzeug Schaukel Schauplatz scheinheilig Schellhengst Schicht schimmern Schlamm schlank Schleuder schnöde Schoß[2] schüchtern Schwägerin Schwarmgeist schwülstig Selbstmörder spintisieren Spitzbube Stoppel störrig Streber Student Tadel tauchen Teiding traben trefflich Trübsal überrumpeln Verfasser Vogelbauer Vorhaut vorüber Wechselbalg Wehmutter Wehrstand weinerlich wetterwendisch Widersacher Woge Ziege Zöllner zweite Zypresse worfeln zappeln. S. Biblisches; gotisches Christentum; Kirche; Wochentage.

Magyarisch Heiduck Husar Palatschinke Säbel Schinakel.

Malaiisch Bambus Batik Betel Dschunke Gecko Gong Guttapercha Kakadu Kasuar Mangrove Ohrlamm Orang-Utan Pagode Pisang Prau Ramie Rotang Rum Sago Tamtam Tombak Zimt.

Malerei bildschön Esel helldunkel Kitsch Landschafter Skizze Spatel Staffelei Stilleben.

Marx Klassenkampf Klassenstaat.

Maße Ar Eimer Elle Fuß Hektar Immi Joch Juchert Klafter Liter Malter Meile Metze[1] Morgen nachahmen Nößel Ohm Ort Oxhoft Pegel Pinte Scheffel Simmer Spanne Ster Wispel. S. Gefäße; Gewichte.

Mauthner Freitod.

Meckbach Eulan.

Mehrzahlformen Ähre Beere Birne Blüte Brust Buch Drüse Eiche Ernte Fährte Furche Geschichte Hüfte Hürde Leiche Säule[1] Schere Sporn Stätte Träne Tür Zähre.

Metathese Bernstein bersten Bord Born Brunnen Elritze Erle Essig Fieber Kabeljau kitzeln Knospe Lefze preschen räuspern Trespe Warze Weichsel Wespe.

Mischbildungen aus Deutsch und Fremd Albertät Attentäter Blamage Börsianer Brimborium Buckelorum burschikos Ehrbartät Erz-Erkönig gassatim gastieren grillisieren Grobian halbieren Hallore hausieren hofieren hyperklug Lappalie Luftikus Narrifex Pfiffikus Philisterium Renommage Runks Sammelsurium Scharteke schimpfieren Schlendrian Schmieralien schnabulieren Schwachmatikus Schwulität Stellage Stolprian stolzieren strangulieren studentikos super-Vize-.

Mitteldeutsch ähnlich albern Babuschen bange beben Bohle Born brauen Buie bunt dahlen dämisch darben Durchlaucht Eifer Ekel empören erlaucht Feise Feldwebel Ficke Flappe flehen flicken fühlen Gänseklein gehorchen Grenze Hain Hälfte harren haschen Hauderer Heuchler Hippe[2] horchen Hügel Kahn Kamuff Kaninchen Kappfenster Kater[1] kauen Kelter Kerperich Kielkropf Kieze Kleks Klepper Klicker klöppeln Knan Knauser Kneipe Knirps Knüppel Kober Köte krauchen Krawall Küchlein Lehm Liederjan Lippe Matte[3] Odem Otter F. Pausback pimpeln plötzlich prüfen Quirl Radebere Salband schal Schelch schlank schlingen[2] Schloße Schlot Schmetterling schmorgen schmücken schnappen schnippisch Schüppe schwelgen Seiger Splitter spotten Stachel Sternschnuppe stöhnen Stoppel Stulle Stümper Träne traun trippeln Tümpel überraschen Ufer verschlingen Wachslicht Weißen Weise Ziege. S. Jena; Nürnberg; Schlesisch.

Mittellatein Banner Becher Futteral Gelte Laube Marschall Metz Napf Rose[1] Schenk

Sperber Spieß[2] Sporn Steinmetz Tenne Truchseß Wanten wett Zeitlose Zwiebel.

Monatsnamen April August Dezember Februar Ernte Heumond Hornung Jänner Juli Juni Mai März Monat Mond Sporkel Wintermonat Wonnemonat.

Morhof Ehrensold Hauptwort.

Müffling Völkerschlacht.

München Kitsch.

Münzen Angster Batzen Blamüser Büsel Deut Dollar Dreier Düttchen Florin Groschen Gulden Heller Kreuzer Mark Münze Ort Papphahn Pfennig Plappert prägen Rappen Schatz Scherflein Schilling Sold Sterling Stüber Taler Turnose.

Musik Adagio Akkord Allegro Alt Andante Arabeske Arie Bande Baß Bassist Bratsche Cello Choral Dirigent Diskant Dudelsack Dur Etüde Fagott Fiedel Finale Flöte Flügel Fuge Gavotte Geige Guitarre Hackbrett Harfe Harmonie Hoboe Horn Intervall Jazz Kantate Kapelle Klarinette Klavier Kontrabaß Kontrapunkt Konzert kunterbunt Laute Leier Lied Madrigal Mandoline Maultrommel Melodie melodisch Menuett Messe Moll Motette Musik musikalisch Musikant Musiker Musikus musizieren Neumen Nokturn Note Oktave Oper Orchester Orgel Ouvertüre Pauke Pedal Piano(forte) Posaune Resonanz rhythmisch Rhythmus Rundgesang Saxophon Schalmei Schlagzeug Schlüssel Serenade singen Sonate Sopran Spinett Ständchen Symphonie Takt Tarantelle Taste Tempo Tenor Ton Triller Trommel Trompete Violine Violoncello Vorspiel Zither. S. auch Rittertum.

Mystik Arbeit begabt Bildung einbilden Einblick Eindruck Einfall Einfluß einleuchten einsehen gelassen Persönlichkeit Unwesen verwerten wirklich zerstreuen Zufall.

Niederdeutsch Anker[2] aufpassen ausverschämt Backpfeife Bärme barsch Bauten Besschen benauen Bernstein berüchtigt beschuppen beschwichtigen Best Blackfisch blaken Block bohnen Borke Brackwasser Brägen Brause Brink Bücking Bult Buxe Daune Dönchen dösig drall dreist Droste Dummbart Dummerjan Dusel echt ekel Ekelname Fenn fett feudeln Finne[1] flau Fläz Fliese flötengehen fluschen Förde Fuppe Gat gätlich Gerücht Gezeiten glau grieslachen Grude Haff Hälfte hapern Happen Hufe Inste Juchten Kaldaunen Kaltschale Kante Kanthaken Kauffahrer keifen Kettich kieken Kiepe Kladde Klampe klat(e)rig Klei klempern klipp Klippschule knabbern Kneip kneipen Knocke Kolk Koog Köper Kossat Kot(e) Kote Krabbe krabbeln krakeelen Krampe Krautfischer Krempe Kropzeug Krug[2] Krüppel Kuddelmuddel kümpeln Laken Lappen Linnen Lippe makeln man Marsch F. messingisch Metten Mettwurst Midder Moor Nehrung Nichte nippen Nüster pardautz Pegel Pelle Pesel picheln Pick piekfein pinkeln pisacken pissen platt Plundermilch Pökel Pott Pottharst Pottwal prall Pranger prassen Priel Printe Prunk Pumpernickel pusten quabbelig Quarre quasseln Quatsch Quebbe Rademacher rank Raupe Riege Rührei sabbern sacht Sammelsurium Satte Schacht[1][2] Schick Schiedunter Schildpatt Schinn schlabbern schlampampen schlapp Schlappe schlau Schleppe schleppen Schlingel Schlips schlittern Schlucht schlubrig Schmarre Schmöker schmuggeln Schnack Schnake Schnaps schnapsen schnattern Schnickschnack Schniepel schnökern Schnuppe Schnurrpfeiferei Schnute Schoppen schrubben Schrulle Schuft Schuppen Schute[2] schwalken Schweder schwelen Schwiemel schwül Segge sichten Siel Sole Spickaal -gans Spind Spriet Sprotte Spuk Staken Stapel Stempel Sternschnuppe stöhnen straff stramm strampeln Strand Stulpe Stump Stuten Sülfmeister Sund Suppe Talg Tang Tau N. Teer Töle Tölpel Tonne Topf topp Torf traben trampeln Tran trecken treideln Treppe triezen Trosse Tuckerkahn Tüte twatsch Twiete Ufer Ulk verblüffen verdutzt verfumfeien Verlies vermummen verschütt Wake Wehr Wiepe Wippe Wispel Wocken Wrack wribbeln wringen wrinschen. S. Berlin; Friesisch; Hamburg; Niederländisch; Seemännisches.

Niederländisch Allee Augenmerk Baas Bagage baggern Bai bewahrheiten Bordell Börse Bücherei Bühre Büse deftig Dose drollig Düker Düne ermutigen Esel 'Staffelei' Fernglas Fontäne Freibeuter Gösch Hauste Janhagel Jaß Kammerkätzchen Karotte Kattun Kehrseite Klinker Klippe labsalben liebenswürdig löschen[2] Lotterie Malstrom Makrele Mannequin Matjeshering Muff[1] Niete[2] Pavian Plattdeutsch Polder Pottasche prenten Priem Quertreiber Rabatte Rabau ranzig Reeder Reuter Römer Rummel sacken Scharpie Schauburg scheinheilig Schellack Schlendrian Schubbejack Staat Staket Stellage Stilleben Stüber Süden Tomback Topf[2] Vorsitzer Waffel Waffenstillstand wahrscheinlich Wasserhose Watte Wechselreiterei Werft F. Wiemen wrinschen Yankee. S. Hamburg; Niederdeutsch; Seemännisches.

Nietzsche Übermensch Umwertung.

berschrift Bindewort Buch Buchstabe Dialekt Doppelpunkt Eigenname Eigenschaftswort Einzahl Fall Fragezeichen Fürwort Gänsefüßchen Gedankenstrich Geschlechtswort Grammatik Hauptwort hochdeutsch Keilschrift Komma Laut lesen Mehrzahl messingisch Mitlauter mitteldeutsch mittelhochdeutsch Mundart Muttersprache Name Namenbuch Namenkunde niederdeutsch oberdeutsch Orthographie Platt(deutsch) Rechtschreibung Satz schreiben Schriftsprache Selbstlauter Silbe Sprache Sprachgefühl Sprachkunst Sprachlehre Sprachvergleichung Sprachwissenschaft Strichpunkt Tinte Umlaut Wörterbuch Wortforschung Wurzel Zahlwort Zeitwort Zischlaut Zukunft.

Stephan Eilbrief Fernsprecher Postkarte.

Stubenberg Schriftsteller.

Studentisches abgebrannt aufkratzen aufwichsen auskneifen Backfisch bemoost Bene Wesen Bierbaß Blamage blamieren blechen Brandbrief Buckelorum Bude büffeln Burschenschaft burschikos Cerevis deicheln drastisch Duell durchfallen Ehrenhandel Fex fidel Fidibus Finke flott Fuchs² gassatim Gehäsi genieren Gerstensaft Grobian Habemus Hallore Haupthahn Kalmäuser Karzer Kater² Katzenjammer Katzenmusik Kessel² Kneipe Kniff Knote knüll koscher Krambambuli kraß kreuzbrav kreuzfidel Kümmeltürke kuranzen Ladenschwengel Lappalie ledern Luftikus Manichäer Mensur mogeln Monarchen Mucker nassauern ochsen patent Pech Pekesche Pennal petzen Pfiffikus Philister Philisterium piekfein Pimpf Pinsel² Potentat prellen Prosit pumpen Ramsch Randal rappelköpfisch Rebensaft rempeln Renommage Runks Salamander Salbader Sammelsurium schassen schiffen Schindluder Schmaus Schmollis Schnurre Schorlemorle Schwachmatikus schwadronieren Schwager schwänzen Schwefelbande Schwof Schwulität Spießbürger Spitz¹ Ständchen Streber Student studentikos Stürmer Suite sumpfen Tatterich trist tuschieren verknaxen Verschiß Vivat Wichs Zobel N. S. Schülersprache.

Stumm Scharfmacher.

substantivierte Adjektiva Ampfer Arg Bär² Eltern Farbe Feind Fladen Freund Frone Fürst Gott Greis Hammel Heide M. Heiland Hengst Herr Jammer Jünger Leid Leinen Linnen Mensch Mittel Nächste Nimmersatt Obers Oberst Salz Seite Semester Spieß² Stummel Tausendschön Untertan Weigand weissagen Wolke Wrack Zahn Zeine Zoll¹ Zorn zwar.

substantivierte Infinitive Anlehen Dasein Diner Essen Federlesen Gebresten Gut-

haben Gutachten Interesse Kesseltreiben Sein Trafik Treffen Verderben Vergnügen Vermögen Wesen.

Südfrüchte Ananas Apfelsine Banane Curaçao Dattel Feige Kokosnuß Kopra Korinthe Mandarine Marone Melone Olive Orange Pisang Pomeranze Rosine Tamarinde. S. Pflanzen.

Tabuwörter Bär Blut Fuchs Hase Marder nackt Otter Schlange Teer Wicht Zunge.

Tibetanisch Lama M. Yak.

Tieck Waldeinsamkeit.

Tierfabeln, -sagen, -namen Bär¹ Eichhorn Hans Hermann Hinz Isegrim Lampe M. Löwenanteil Petz Rabenvater Reineke Zaunkönig.

Tirol s. Alpen.

Tracht Andrienne Angströhre Ärmel Atzel Beffchen Beinkleid Bratenrock Bruch³ Buxe Frack Galosche Gamasche Gehrock Handschuh Hemd Hose Hut Jacke Jackett Joppe Kamisol Kappe Kasack Korsett Krawatte Litewka Manschette Mantel Mieder Mütze Nestel Palatin Paletot Paspel Pekesche Perücke Pfeidler Pohlrock Sandale Schanzläufer Schaube Scheitel Schlafmütze Schleppe Schlips Schlosser Schminke Schniepel Schönpflästerchen Schoß³ Schuh Schwedenkopf Socke Sohle Stauche Stiefel¹ Strumpf Taille Talar Tituskopf Toilette Tolle Tracht Tresse Überzieher verkappen Wams Want(e) Weste Wildschur Zylinder. S. Gewebe.

Türkisch s. Persisch-Türkisch.

Ullmann Manuldruck.

Ulrichs Urning.

unkenntlich gewordene Zusammensetzungen Adler albern beide bieder Demut Drittel elend Efeu gehen Grum(me)t heuer heute Kiefer F. Messer Näber neben Nest Ohmd Schulze Schuster Sperber weg Welt Wimpel Wimper Wurzel Zuber. S. Zusammenrückungen.

verdeutlichende Zusammensetzungen Biestmilch Dambock Diebstahl Ebenholz Eiderente Eifersucht Einbeere Elentier Gallapfel Hirschkäfer Kaufmann Kebsweib Kehreule Kiefer F. Knebelbart Kronleuchter Lebkuchen Lindwurm Mastbaum Maulbeere Maultier Murmeltier Nippsache Renntier Sackgasse Salweide Samstag Schellhengst Schienbein Schlagfluß Schmeißfliege Schwiegermutter Sebenbaum Thunfisch Tuffstein Turteltaube Vogelbauer Waffenstillstand Walfisch Weltall Windhund.

Verkleinerungen Ärmel Beffchen Besing Bißchen Bündel -chen Eichel Enkel² Floskel Forelle Fräulein Frettchen Füllen Heimchen

Hermelin Hornung Hänkel Jüngling Kaninchen Kapsel Karamel Karfunkel Karriole Kastagnette Kinkerlitzchen Kitzeln Klausel klingeln Kringel Küchlein Küken Kunkel Kuppel Lanzette -lein Libelle Libretto liebäugeln Liebchen Lorgnette Lüning Mädchen Mädel Märchen Maßliebchen Misel Nelke Nessel plänkeln Rädelsführer Radieschen Rakete rappeln rasseln rieseln Ringel Rodel Rolle Rösselsprung Runzel Säckel Salsierchen Schädchen Schenkel Scherflein schlängeln schmeicheln Schnippchen Schwein Spaten Sporteln Sperling Staket Ständchen Stengel Tüpfel Tüttel Veilchen Vettel watscheln Wichtelmännchen Yankee Zicklein zischeln züsseln Zwiebel.

Verslehre Alliteration Kehrreim Knittelvers Reim Stab Stabreim Streckvers Vers.

Verwandschaftsnamen s. Sippe.

Virchow Kulturkampf.

Vögel Aar Adebar Albatros Ammer Amsel Auerhahn Bachstelze Belche Birkhuhn Bussard Dohle Dorndreher Drossel Eisvogel Elster Ente Eule Falke Fasan Fink Gans Geier Gelbschnabel Gickelhahn Gimpel Grasmücke Greif Habergeiß Habicht Häher Hahn Hahnrei Hänkel Ibis Kanarienvogel Kapaun Kasuar Kauz Kiebitz Kolibri Kolkrabe Kondor Krähe Krammetsvogel Kranich Kreuzschnabel Krickente Küchlein Kuckuck Lerche Lüning Marabu Meise Möwe Nachtigall Papagei Paradiesvogel Pelikan Perlhuhn Pfau Pirol Rabe Raubvogel Rebhuhn Reiher Rohrdommel Rotkehlchen Sakerfalk Scharbe Schelldrack Schmerl Schneegans Schnepfe Schwalbe Schwan Specht Sperber Sperling Spielhahn Sprosser Star Stieglitz Storch Strauß Taube Trappe Truthahn Turteltaube Uhu Uttenschwalbe Wachtel Wachtelkönig Wanneweher Weihe Wendehals Wiedehopf Windvogel Zaunkönig Zeisig Ziegenmelter.

Völkernamen Anger Bart Burger deutsch Grieß Mann Mohr Neger Reuß üppig Vandalismus Wallach Walnuß welsch.

Volksetymologie Andauche Armbrust Berliner Blankscheit bleuen blümerant Duell Einöde Enzian Efeu Erdbeere Faltstuhl Flamberg Gamander Grasmücke Greif Griffel Grobian halsstarrig Hängematte hantieren heischen herrschen Hifthorn Kammertuch Karneval Kastemännchen kritteln Landsknecht Laute Leghorn Liebstöckel Marzipan Meltau Nippflut nüchtern Odermennig Ohnmacht Papagei Pickelhaube Polei Rainfarn Rebhuhn Renntier Rosenmontag Salband schiffreich schimpfieren Schornstein schwanen Seehund Seidelbast Tausend-

güldenkraut Trittschäuflein Unflat Vatermörder Verlies verschlagen verwesen Vielliebchen Viztum Vorgebirge Wahnsinn Wetterleuchten Widerton Wiedehopf Wimpel Wohlverleih.

Vorsilben ant- be- ent- er- ge- miß- ur- ver- zer-.

Wagenbau Achse Blahe Deichsel[1] Equipage Joch Kalesche Karch Karosse Karren Kipf Kutsche Landauer Leuchse Lünse Nabe Plane Rad reiten Runge Siele Spriegel.

Wagner Brünne Feuerzauber freislich Götterdämmerung Leitmotiv Waberlohe wabern Walküre Zukunftsmusik.

Wahlspruchwörter (mit Auslassung von ich) Gernegroß Guckindiewelt Haberecht Küssenpfennig Schindenhengst Springinsfeld Störenfried Tunichtgut Wagehals.

Weidmannssprache äsen Aser Ball[1] bolzen beilen beizen birschen blätteln Brunft Dickicht dressieren Drossel[2] Eingeweide Falte Fersengeld Fohe Geweih Hasenpanier Hifthorn Hirschfänger Hirschkalb Keiler Kesseltreiben Kette[1] kusch Lampe M. Meute naseweis Pfund Pranke prellen ranzen Ricke Rüde Rudel Rute Schweiß Schwinge Spur Spürhund Tatze Tier unbändig vorlaut Wedel Weide[2] weidlich Welf wittern Ziemer.

Weigel Wahlverwandtschaft.

Weinbau Becher belzen Essig impfen Kelch Keller Kelter Kufe[2] Lauer Most Pfahl pflücken pfropfen Presse Ranke Rapp Rebe Rebensaft Rießling Spund Stiefel[2] Torkel Traube Treber Trester Trichter Trotte Wein Windmonat Winzer.

Werner Graphit.

Wiederaufleben verschollener Wörter Aar Abenteuer abhold Absage abseits Abweg abwegig Acht achtbar ächten Ahn All alleinig Altvordern Anbeginn anheben Banner Barde Bardiet Barren baß Bedarf befangen Begehr Begier Beginn beginnen behagen bieder Brünne Degen[1] Elf Fee Fehde Ferge Flamberg Gau Ger Hain Halle hehr Heim Hort Kämpe kosen Kumpan Lindwurm lugen Luginsland Minne Minnelohn -sold Recke Rune vergeuden Weigand Wonne zuhand.

Wieland anziehend bemitleiden Clique dahlen Eigensinn Empfindelei entsprechen erotisch Finsterling Fortschritt Freistaat frottieren Gemeinplatz Königtum mißliebig Schriftsprache Schwabenalter Staatsbürger Stimmenmehrheit Trugschluß Weltall.

Wien s. Bairisch-Österreichisch.

wilde Tiere Affe[1] Antilope Auer Bache Bär[2] Biber Bilch Blindschleiche Büffel Dachs Dambock Delphin Dromedar Eber Eichhorn

Eidechse Einhorn Elch Elefant Elentier Emu Feh Fledermaus Fohe Frett(chen) Frischling Frosch Fuchs[1] Garnele Gazelle Gecko Gemse Giraffe Gnu Hamster Hase Hermelin Hinde Hirsch Hummer Hyäne Igel Iltis Jaguar Kamel Känguruh Keiler Krabbe Krautfischer Krebs Krokodil Kröte Lama N. Leguan Leopard Leviathan Lindwurm Löwe Luchs Mammut Mandrill Marder Maulwurf Maus Meerkatze Merino Munaffe Mungo Murmeltier Nashorn Natter Okapi Opossum Orang-Utan Otter M. F. Panther Pardel Pavian Polyp Protz Puma Ratte Reh Renntier Ricke Robbe Schimpanse Schnake Seehund Seeschlange Skunk Spießer Steinbock Tapir Tausendfuß Tier Tiger Walfisch Walroß Waran Wasserratte Welf Wiesel Wild Wisent Wolf Wombat Wülpe Wurm Yak Zebra Zebu Zibet Ziesel Zobel. S. Fische, Haustiere, Kerbtiere, Vögel.

Wochentage Dienstag Donnerstag Fastnacht Feierabend Freitag Gründonnerstag Karfreitag Mittwoch Montag Ostern Rosenmontag Samstag Sonntag Wadel Woche. S. Biblisches, gotisches Christentum, Kirche.

Wolff Naturwissenschaft.

Wolke Fernsprecher Volkheit Wissenschafter.

Wortschöpfer f. Abbt Ammon Birken Bismarck Blumauer Börne Boterus Bronn Budde Bürger Campe Comenius Devrient Dürer Eastman Engel Fichte Fleming Freytag Fröbel Funk Girtanner Gmelin Görres Goethe Gottsched Grimm Gryphius Gueintz Gutzkow Haller Harsdörfer Helmont Helwig Henckell Herder Heynatz Jahn Jean Paul Jud Klaproth Klopstock Knaffl Lavater Leo Leonhard Lessing Lichtenberg Logau Luther Marx Mauthner Meckbach Morhof Müffling Nietzsche Nörrenberg Notker Opitz Ostwald Para-celsus Pfister Popowitsch Pütter Ratichius Reuleaux Sarrazin Schiller Schimper Schlegel Schleyer Schlözer Schmid-Schwarzenberg Schottel Schubart Semler Shakespeare Spalding Spener Spohr Stephan Stubenberg Stumm Tieck Ullmamm Ulrichs Virchow Wagner Weigel Werner Wieland Wolff Wolke Zesen.

Würzburg Bocksbeutel[1].

Zählung acht Billion Dutzend gerade[1] Groß[2] Großhundert halb Mandel[1] Milliarde Million neun Null Paar Schilling Schock Stiege[2] Zahl Ziffer.

Zeitrechnung Abend Alter Dämmer Eulenflucht Frühling gestern Gezeiten heint(e) Herbst heuer heute Jahr Jahrhundert Kilt(gang) Lenz Minute Mittag Mittelalter Mitternacht Monat Mond Morgen morgen Nacht nächten Schaltjahr Sekunde Sommer Sonne Stunde Tag täglich tagtäglich vorgestern Wadel Welt Winter Woche Wochentag wöchentlich Zeit. S. Feste; Monatsnamen; Wochentage.

Zeitungswesen f. Literaturwörter.

Zesen Abstand Buschklepper Entwicklung Entwurf Freistatt Genossenschaft Gesichtserker Gesichtskreis Gewissensfreiheit Grundriß Handschrift Lehrling Lehrsatz Leidenschaft Liebreiz lustwandeln Mundart Nachruf Nachwelt Nasenstüber Oberfläche Oberlehrer Rechtschreibung Schauburg Sinngedicht Tageleuchter Trauerspiel Verfasser Vertrag Wahlspruch wahrscheinlich Weltreich Wintermond Zeughaus Zweikampf.

Zigeunersprache f. Indisch.

Zusammenrückungen abhanden behende Großmacht Haushalt jemals jemand keineswegs kurzum mittlerweile mitunter nachgerade nein nicht nie niemand querfeldein vorgestern vorhanden Weihnacht willfahren zufrieden zwar. Vgl. unkenntlich gewordene Zusammensetzungen.

Zwitterbildungen f. Mischbildungen.

Wustmann / Sprachdummheiten

Erneuert von WERNER SCHULZE

12. Auflage. Groß-Oktav. XII, 386 Seiten. Dünndruckpapier. 1949

Flexibel in Ganzleinen DM 6,—

„Ein prächtiges Werk, dessen alter guter Ruf sich durch diese Neuausgabe schnell wieder verlebendigen wird ... Schulze ist es gelungen, den frischen lebendigen Ton zu wahren, der dem ‚Wustmann' einst so viele Freunde schuf.“   Die Barke

Heinrich Spiero

Geschichte des deutschen Romans

Groß-Oktav. VIII, 592 Seiten. 1950. In Ganzleinen DM 24,—

„Was seine aus dem Nachlaß veröffentlichte Geschichte des deutschen Romans auszeichnet und zu einem zuverlässigen Nachschlagewerk macht, ist die profunde Belesenheit, die selbst in abgelegenen Bezirken mit selbstverständlicher Sicherheit zu Hause ist. Was ihr Duft und Farbe verleiht, ist die Tatsache, daß der Verfasser ein gutes Stück deutscher Literatur- und Geistesgeschichte aus nächster Nähe miterlebt hat ... Bemerkenswert ist, daß der Verfasser sich nicht auf den ‚literarischen' Roman beschränkt, sondern auch die Unterhaltungsliteratur weitgehend einbezieht, neben dem Roman auch die Novelle und selbst das Jugendschrifttum berücksichtigt.“   Bücherschiff, Frankfurt a. Main

Das neue Grundwerk für den Studierenden

Das unentbehrliche Handbuch für den Philologen im Beruf

Das zuverlässige Nachschlagewerk für den Wissenschaftler

Friedrich Stroh

Handbuch
der germanischen Philologie

Groß-Oktav mit 82 Abbildungen im Text und auf Tafeln

XX, 820 Seiten. 1952. Ganzleinen DM 32,—

„Hier ist ein Werk, das sollte jeder Deutschlehrer, jeder Student der Deutschwissenschaft haben, durcharbeiten und immer wieder zur Hand nehmen! ... Was zeichnet dieses Werk aus? Zuerst, es ist so hilfreich übersichtlich geschrieben, so angenehm lesbar gedruckt, dabei aber durchaus zuverlässig gelehrte Arbeit, die an der rechten Stelle stets das wichtigste Schrifttum zur Frage nennt ...“   Neubau, München, H. 12, 1952

„Der Anglist findet viel Anregung in einem Werk, wo er es vielleicht nicht vermutet ... Das Werk ist kein Nachschlage-, sondern ein Lesebuch, die beste Einführung, die man dem angehenden Germanisten in die Hand geben kann.“   Neuphilologische Zeitschrift, H. 6, 1952

WALTER DE GRUYTER & CO. / BERLIN W 35